Hut[1] [hu:t] *f* (-; *senza pl*) custodia *f*; ***auf der ~ sein*** stare in guardia
Hut[2] [hu:t] *m* (-*[e]s*; ¨-e) cappello *m*; (*Damen*≗) cappellino *m*; (*steifer* ~) tubino *m*; (*hoher* ~) cilindro *m*, tuba *f*

Hochzahlen (Exponenten) bei Stichwörtern mit gleicher Schreibung.

früh [fry:] **1.** *adj* primo; (*morgendlich*) mattutino; *Tod*: prematuro; **2.** *adv* presto; ***heute ~*** stamane; ***morgen ~*** domattina; ***~ aufstehen*** alzarsi la mattina presto (*od* di buon'ora)

Angabe der Wortart beim Stichwort. Verschiedene Wortarten desselben Stichworts sind durch Ziffern gekennzeichnet,

brennen ['brɛnən] (*brannte, gebrannt, h*) **1.** *v/t* bruciare; *Kaffee*: tostare; *Branntwein*: distillare; *tec Kalk, Töpfe*: cuocere; **2.** *v/i* bruciare, ardere; (*Sonne*) scottare; (*Lampe*) essere acceso; ***es brennt*** c'è un incendio; ***darauf ~ zu*** *inf* non vedere il momento di; '**~d** ardente; *fig* di scottante attualità; ***~er Schmerz*** *m* dolore *m* cocente; ***~e Frage*** *f* questione *f* scottante

ebenso transitives und intransitives Verb.

Andenken ['-dəŋkən] *n* (-*s*; -) ricordo *m*; souvenir *m*; ***zum ~ an*** (*acc*) in memoria di

Die Tilde ersetzt das ganze Stichwort,

Fahr|plan ['fa:rpla:n] *m* orario *m*; '**≗planmäßig** ['-me:siç] in orario; puntuale; '**~preis** *m* prezzo *m* del biglietto; tariffa *f*; '**~prüfung** *f* esame *m* di guida; '**~rad** *n* bicicletta *f*; '**~radverleih** *m* noleggio *m* (di) biciclette; '**~schein** *m* biglietto *m*

einen Teil des Stichworts,

abmach|en (*sep, -ge-, h*) *Geschäfte*: concludere; (*verabreden*) convenire; ***abgemacht!*** d'accordo!; '**≗ung** *f* (-; -*en*) accordo *m*; convenzione *f*; ***e-e ~ treffen*** stipulare un accordo

ein Stichwort, das selbst schon mithilfe der Tilde ge-

eser'vier|en [-zɛr'vi:rən] (*senza g*
riservare; *Zimmer*: prenotare; **≗u**
(-; -*en*) prenotazione *f*

Res'pekt [res'pɛkt] *m* (-*[e]s*; *senz*
rispetto *m*; **≗'ieren** (*senza ge-*,
rispettare

A B C D E F GH I JK L M N O P QR S T UV WY Z

Langenscheidt
Euro-Wörterbücher

Langenscheidt
Eurodizionario Tedesco

Italiano – Tedesco
Tedesco – Italiano

Realizzato dalla
Redazione Langenscheidt

Langenscheidt

Berlino · Monaco · Vienna · Zurigo · New York

Langenscheidt

Euro-Wörterbuch Italienisch

Italienisch – Deutsch
Deutsch – Italienisch

Herausgegeben von der
Langenscheidt-Redaktion

Langenscheidt

Berlin · München · Wien · Zürich · New York

Bearbeitung 2006: Dr. Birgit Klausmann
Neue deutsche Rechtschreibung nach
Duden-Empfehlungen (Stand 1. 4. 2006):
Dr. Iris Plack

Ergänzende Hinweise, für die wir jederzeit dankbar sind,
bitten wir zu richten an:
Langenscheidt Verlag, Postfach 40 11 20, 80711 München
redaktion.wb@langenscheidt.de

Druck: Graph. Betriebe Langenscheidt, Berchtesgaden/Obb.
Printed in Germany
ISBN 978-3-468-12183-8

Inhaltsverzeichnis
Indice

Seite

Vorwort – Prefazione 6
Hinweise für die Benutzung des Wörterbuches –
Istruzioni per l'uso del dizionario 8
Erklärung der Abkürzungen –
Spiegazione delle abbreviazioni 13
Die Aussprache des Italienischen 15
La pronuncia delle parole tedesche 18
Wörterverzeichnis Italienisch-Deutsch –
Vocabolario Italiano-Tedesco 25
Wörterverzeichnis Deutsch-Italienisch –
Vocabolario Tedesco-Italiano 295
Die Konjugation der italienischen Verben 573
Dic Deklination im Italienischen 591
Lista alfabetica dei verbi irregolari tedeschi 599
La declinazione in tedesco 605
Buchstabieralphabet –
Alfabeto telefonico 609
Geschäftskorrespondenz –
Corrispondenza commerciale 610
Formulierungshilfen – Modelli di frasi 615
Zahlwörter – Numerali 619
Maße und Gewichte – Misure e pesi correnti 621

Vorwort

In der zweiten Hälfte des 20. Jahrhunderts wurden die Fundamente für die Einigung Europas gelegt, beginnend mit der Gründung der Montanunion und der Europäischen Wirtschaftsgemeinschaft in den Fünfzigerjahren. Den sechs Gründungsmitgliedern schlossen sich weitere Staaten an, und in der Folge erhielt die europäische Integration durch den Vertrag von Maastricht 1993 (Europäische Union, gemeinsamer Binnenmarkt), das Schengener Abkommen 1995 (Abbau der Grenzkontrollen) und die Einführung der gemeinsamen Währung 1999 weitere Impulse. Mit der Ausgabe der Euro-Banknoten und -Münzen am 1. Januar 2002 wurde der Einigungsprozess für alle europäischen Bürger zur Alltagsrealität. Das politische wie wirtschaftliche Zusammenwachsen der europäischen Staaten bringt für die Bürger zwangsläufig engeren Kontakt mit ihren Nachbarn. Sprachkenntnisse, insbesondere der in der EU gesprochenen Sprachen, sind daher heute wichtiger denn je. Dies gilt nicht nur für Urlaubsreisende, sondern insbesondere für Geschäftsleute wie auch für Techniker, Politiker, Sportler und Künstler.

In der Wörterbuchredaktion von Langenscheidt wurde ein Konzept entwickelt, das den neuen sprachlichen Bedürfnissen Europas Rechnung trägt. Das Ergebnis dieser Arbeiten liegt in der Reihe der Euro-Wörterbücher vor. Zahlreiche Grammatikhinweise für deutsch- und italienischsprachige Benutzer bieten eine konkrete Hilfe für das korrekte Formulieren und die rasche Verständigung in beiden Sprachen.

Charakteristisches und damit wichtigstes Merkmal der Euro-Wörterbücher ist der dargebotene Wortschatz: Das Schwergewicht bei der Auswahl der über den allgemeinsprachlichen Wortschatz hinausgehenden Wörter und Wendungen lag dabei auf den Sachgebieten Wirtschaft, Handel, Reise und Büro, wobei aber auch so wichtige Gebiete wie Politik, Technik und Kultur gebührende Berücksichtigung fanden. Wörter wie *Arbeitsagentur, Benutzeroberfläche, CD-Brenner, Doppelbesteuerung, Feinstaub, genmanipuliert, LKW-Maut, Praxisgebühr, schadstofffrei, Stellenvermittlung, Vogelgrippe, Vorruhestand* und *Wellness* veranschaulichen beispielhaft die besondere Zielsetzung der Euro-Wörterbücher, möglichst vielen Menschen eine praktische und nützliche Hilfe bei der sprachlichen Kommunikation im neu gestalteten Europa zu bieten.

LANGENSCHEIDT VERLAG

Prefazione

Con la creazione della Comunità Europea del Carbone e dell'Acciaio e la fondazione della Comunità Economica Europea negli anni Cinquanta sono state gettate le basi per l'unificazione dell'Europa. Ai sei stati fondatori se ne unirono altri e successivamente l'integrazione europea ottenne nuovi stimoli grazie al Trattato di Maastricht del 1993 (Unione Europea e Mercato unico interno), all'accordo di Schengen entrato in vigore nel 1995 (soppressione del controllo alle frontiere) e all'introduzione della moneta unica nel 1999. Con l'emissione delle banconote dell'euro il 1° gennaio 2002 il processo di unificazione ha assunto contorni reali per tutti i cittadini europei. Lo sviluppo politico-economico che accomuna gli stati europei conduce inevitabilmente ad un avvicinamento dei cittadini tra loro. La conoscenza delle lingue straniere – in particolare quelle parlate nell'UE – è diventata oggi più importante che mai, e ciò vale non solo per i turisti, ma soprattutto per chi viaggia per affari, e per chi opera nel campo della tecnica, della politica, dello sport e dell'arte.

La Redazione Vocabolari della casa editrice Langenscheidt ha dunque concepito un tipo di dizionario che tiene conto dei nuovi bisogni linguistici dell'Europa. Il risultato di questo lavoro è la serie degli "eurodizionari". Numerose indicazioni grammaticali per tedeschi e italiani madrelingua offrono un aiuto concreto per una formulazione esatta e una pronta comprensione in entrambe le lingue.

Ciò che distingue gli "eurodizionari" dalle precedenti opere è il lessico offerto: nella scelta dei vocaboli e dei modi di dire si è dato grande peso, al di là del vocabolario generale, ai settori dell'economia, del commercio, dei viaggi e dell'ufficio, senza trascurare però campi importanti come la politica, la tecnica e la cultura. Parole come *antiglobalizzazione, cancelliera, cordless, devolution, DVD, influenza aviaria, masterizzatore, SMS, sudoku, telefonia* e *videofonino* mostrano in modo esemplare il particolare obiettivo degli "eurodizionari": offrire al maggior numero possibile di persone un aiuto pratico per comunicare nella nuova Europa.

LANGENSCHEIDT VERLAG

Hinweise für die Benutzung des Wörterbuches
Istruzioni per l'uso del dizionario

1. Die alphabetische Reihenfolge ist überall streng eingehalten. Die Umlaute ä, ö, ü wurden hierbei den Buchstaben a, o, u gleichgestellt. An alphabetischer Stelle sind auch die wichtigsten unregelmäßigen Formen der italienischen Verben angegeben.

2. Phonetische Angaben.

a) **Die Aussprache** der Stichwörter wird in eckigen Klammern durch die Zeichen der A.P.I. angegeben (s. S. 15 und 18).

b) **Die Betonung** der deutschen Wörter wird durch das Tonzeichen (') vor der betonten Silbe angegeben. Bei Gruppenartikeln ist der Tonwechsel zu beachten, z. B.

über...: '≗blick; ~'blicken.

3. Tilde und Strich. Abgeleitete und zusammengesetzte Wörter sind zwecks Raumersparnis oft zu Gruppen vereinigt.

Der senkrechte Strich (|) im ersten Stichwort einer solchen Gruppe trennt den Teil ab, der allen folgenden Wörtern dieser Gruppe gemeinsam ist.

Die Tilde (~) vertritt entweder das ganze erste Stichwort einer Gruppe oder den vor dem senkrechten Strich (|) stehenden Teil dieses Stichworts.

Die Tilde vertritt außerdem in Wendungen innerhalb des Artikels das ganze, unmittelbar vorhergehende Stichwort, das selbst schon mithilfe der Tilde gebildet sein kann.

Die Tilde mit Kreis (≗) steht, wenn sich der Anfangsbuchstabe ändert (klein in groß oder umgekehrt).

1. L'ordine alfabetico è stato osservato rigorosamente. Le vocali raddolcite ä, ö, ü equivalgono alle vocali semplici a, o, u. In ordine alfabetico sono pure indicate le forme irregolari più importanti dei verbi italiani.

2. Indicazioni fonetiche.

a) **La pronuncia** dei singoli lemmi viene indicata in parentesi quadre per mezzo dei segni dell'alfabeto dell'Associazione fonetica internazionale (v. pag. 15 e 18).

b) **L'accentuazione** delle voci tedesche è indicata mediante il segno (') che precede la sillaba accentuata. Se varie voci sono riunite in un gruppo in seguito ad una voce guida, si ha da tenere presente lo spostamento dell'accento, p.es.

über...: '≗blick; ~'blicken.

3. Tilde e sbarra verticale. Per ragioni di spazio sono stati spesso riuniti in gruppo i derivati e le voci composte.

La sbarra verticale (|) nella prima voce del gruppo segna l'elemento iniziale comune a tutte le parole del gruppo.

La tilde (~) può sostituire o tutta intera la voce che apre il gruppo o la parte che precede la sbarra verticale (|).

La tilde sostituisce inoltre negli esempi all'interno dell'articolo tutto il lemma a cui si riferisce, anche se questo è già formato a sua volta con l'aiuto della tilde.

La tilde con cerchietto (≗) indica il passaggio dalla lettera iniziale minuscola in maiuscola o viceversa.

Beispiele: **Schuh, ⁓geschäft** = Schuhgeschäft; **Natur|park, ⁓schutz** = Naturschutz; **überein..., ℒstimmung, *in ⁓ mit*** = in Übereinstimmung mit; **Sport, ℒlich** = sportlich.

4. Der Bindestrich (-) findet als Abkürzungszeichen vor der Endung *-a* der weiblichen Form von Substantiven Verwendung und bedeutet Ersatz des Endvokals *-o* der Maskulinform durch *-a*. Außerdem wird er verwendet bei Ersatz des Endvokals im Singular durch die Pluralendung.

Beispiele: **tedesco, -a** = tedesca; **italiano, -a** = italiana; **arco** (*pl* **-chi**) = archi.

5. Wörter gleicher Schreibung, aber verschiedener Abstammung sind getrennt aufgeführt und mit [1], [2] usw. bezeichnet worden, z. B. **rombo**[1] *m* Dröhnen *n*; **rombo**[2] *m* Steinbutt *m*; **rombo**[3] *m* Rhombus *m*.

6. Runde Klammern ( ). Wenn in einem Wort einzelne Buchstaben in runden Klammern stehen, so handelt es sich um zwei unterschiedslos gebräuchliche Formen, z. B. **cent(o)uno** = centouno und centuno.

7. Die grammatischen Bezeichnungen (*adj, adv, v/t, v/i, prp* usw.) sind dort, wo beide Sprachen übereinstimmen, weggelassen worden, außer wo eine Unterscheidung notwendig war.

Das Geschlecht (*m, f, n*) ist bei allen italienischen und deutschen Substantiven angegeben.

8. Die Rektion der Verben ist nur dort angegeben, wo sie in beiden Sprachen verschieden ist, z. B. **ricordarsi** sich erinnern (***di*** an *acc*).

Esempi: **Schuh, ⁓geschäft** = Schuhgeschäft; **Natur|park, ⁓schutz** = Naturschutz; **überein..., ℒstimmung, *in ⁓ mit*** = in Übereinstimmung mit; **Sport, ℒlich** = sportlich.

4. La lineetta di congiunzione (-) si impiega come segno di abbreviazione davanti alla lettera finale *-a* della forma femminile dei sostantivi ed indica la sostituzione della *-o* finale del maschile attraverso la *-a*. Si usa inoltre per sostituire la desinenza del singolare con quella del plurale.

Esempi: **tedesco, -a** = tedesca; **italiano, -a** = italiana; **arco** (*pl* **-chi**) = archi.

5. Voci con la stessa grafia ma di etimologia diversa vengono trattate come voci distinte e sono contrassegnate con l'esponente (...[1], ...[2] ecc.), per es. **rombo**[1] *m* Dröhnen *n*; **rombo**[2] *m* Steinbutt *m*; **rombo**[3] *m* Rhombus *m*.

6. Parentesi ( ). Quando in un lemma vengono chiuse in parentesi una o più lettere, si tratta di più forme usate senza distinzione di significato, per es. **cent(o)uno** = centouno e centuno.

7. Le indicazioni grammaticali (*adj, adv, v/t, v/i, prp* ecc.) sono state omesse quando non ci sono differenze fra le due lingue, ad eccezione dei casi in cui era necessaria una distinzione.

Il genere dei sostantivi (*m, f, n*) viene indicato per ogni parola tedesca e italiana.

8. La reggenza dei verbi si indica solo quando ci siano differenze fra le due lingue, per es. **ricordarsi** sich erinnern (***di*** an *acc*).

9. Übersetzung und Bedeutung. Die Bedeutungsunterschiede sind gekennzeichnet: durch Synonyme in runden Klammern; durch vorgesetzte italienische bzw. deutsche Ergänzungen oder Erklärungen und durch vorgesetzte Abkürzungen.
Zwischen verschiedenartigen Begriffen steht ein Semikolon, zwischen verwandten Begriffen ein Komma.
Wesentliche Bedeutungsunterschiede bzw. verschiedene Wortarten werden durch Zahlen oder Buchstaben gekennzeichnet.

9. Traduzione e significato. Le differenze di significato sono così indicate: mediante sinonimi tra parentesi rotonde; mediante complementi o spiegazioni anteposti alla traduzione e mediante abbreviazioni convenzionali.
I significati diversi sono separati da un punto e virgola, quelli affini dalla sola virgola.

Significati fondamentalmente diversi e le diverse qualifiche grammaticali di un lemma vengono indicati attraverso numeri arabi o lettere.

10. Grammatische Angaben

A) Italienische Substantive, Adjektive und Verben:

a) Bei italienischen **Substantiven** und **Adjektiven** wird in Klammern die Pluralform angegeben, wenn sie eine orthographische oder eine andere Besonderheit aufweist, z. B.:

uomo *m* (*pl uomini*); **lago** *m* (*pl -ghi*); **fuga** *f* (*pl -ghe*).

Ebenso wird angegeben, wenn ein Wort im Plural unveränderlich (*inv*) ist:

boa *m inv* Boa *f.*

b) Bei jedem italienischen **Verb** weisen die in runden Klammern stehenden Zahlen und Buchstaben – z. B. amare (1a), finire (4d) – auf das entsprechende Konjugationsmuster (s. S. 573–590).

B) Deutsche Substantive und Verben:

a) Bei jedem deutschen **Substantiv** wird die Genitiv- und Pluralform angegeben:

Affe *m* (*-n*; *-n*) = des Affen; die Affen

10. Indicazioni grammaticali

A) Sostantivi, aggettivi e verbi italiani:

a) Dopo i **sostantivi** e gli **aggettivi** italiani vengono riportate tra parentesi le desinenze del plurale se mostrano una irregolarità ortografica o di un altro tipo:

uomo *m* (*pl uomini*); **lago** *m* (*pl -ghi*); **fuga** *f* (*pl -ghe*).

I sostantivi invariabili vengono contrassegnati con l'abbreviazione (*inv*):

boa *m inv* Boa *f.*

b) I numeri e le lettere in parentesi accanto ai singoli **verbi** italiani, per es. amare (1a), finire (4d), si riferiscono ai paradigmi delle coniugazioni (v. pag. 573–590).

B) Sostantivi e verbi tedeschi:

a) Con i **sostantivi** semplici si indicano tra parentesi tonde il genitivo singolare ed il plurale:

Affe *m* (*-n*; *-n*) = des Affen; die Affen

Das „e" in eckigen Klammern bedeutet, dass der Genitiv mit „s" oder mit „es" gebildet werden kann: Das Zeichen „⸚" bedeutet, dass in der Pluralform ein Umlaut auftritt:

Blatt *n* (-[*e*]*s*; ⸚*er*) = des Blattes; die Blätter.

Bleibt das Substantiv im Genitiv bzw. im Plural unverändert, so wird dies mit einem Strich angegeben:

Dackel (-*s*; -) = des Dackels; die Dackel.

Diese Angaben stehen bei Grundwörtern. Bei zusammengesetzten Wörtern stehen sie nur, wenn der entsprechende Teil an alphabetischer Stelle in der Form abweicht oder wenn dort mehrere Formen angegeben sind, die für das zusammengesetzte Wort nicht alle zutreffen:

Bank *f* (-; *-en bzw.* ⸚*e*)
Datenbank *f* (-; *-en*).

b) Bei allen deutschen **Verben** wird das Hilfszeitwort „sn" oder „h" (sein oder haben) angegeben.
Wird das Partizip nicht mit „ge-" gebildet, so ist dies angegeben:

debattieren (*senza ge-*, *h*).

Bei unregelmäßigen Grundverben stehen in Klammern Imperfekt und Partizip sowie das Hilfszeitwort:

bringen (*brachte*, *gebracht*, *h*).

La "e" in parentesi quadre significa che il genitivo può essere formato con "-s" o con "-es". Il segno "⸚" indica che al plurale la vocale è raddolcita:

Blatt *n* (-[*e*]*s*; ⸚*er*) = des Blattes; die Blätter.

Se il sostantivo resta invariato al genitivo od al plurale, la relativa forma è indicata dal semplice trattino:

Dackel (-*s*; -) = des Dackels; die Dackel.

Queste indicazioni si riferiscono alle voci semplici. Con i sostantivi composti la declinazione viene indicata solo se si allontana da quella della voce semplice o quando quest'ultima ha più forme, alcune delle quali non sono valide per la voce composta:

Bank *f* (-; *-en bzw.* ⸚*e*)
Datenbank *f* (-; *-en*).

b) Con tutti i **verbi** tedeschi viene indicato l'ausiliare "sn" o "h" (essere o avere).
I verbi che formano il participio senza "ge-" vengono registrati come segue:

debattieren (*senza ge-*, *h*).

Con i verbi semplici irregolari vengono indicati in parentesi l'imperfetto, il participio passato e l'ausiliare:

bringen (*brachte*, *gebracht*, *h*).

Bei zusammengesetzten Verben ist angegeben, ob im Präsens (und im Imperfekt) die Vorsilbe abgetrennt wird und ob im Partizip ein „-ge-" eingeschoben wird:

abfassen (*sep*, *-ge-*, *h*) = fasst(e) ab, hat abgefasst.

Bei unregelmäßigen zusammengesetzten Verben ist zusätzlich „*irr*" (unregelmäßig) sowie der Verweis auf das Grundverb angegeben:

abschreiben (*irr*, *sep*, *-ge-*, *h* → ***schreiben***).

Eine Liste der unregelmäßigen deutschen Grundverben befindet sich im Anhang (s. S. 599).

Con i verbi composti viene indicato se al presente e all'imperfetto il prefisso è separabile e se il participio passato si forma aggiungendo la particella "-ge-" tra il prefisso e la forma verbale:

abfassen (*sep*, *-ge-*, *h*) = fasst(e) ab, hat abgefasst.

I verbi composti irregolari vengono contrassegnati inoltre con l'abbreviazione "*irr*" (irregolare) e con un rimando alla forma semplice:

abschreiben (*irr*, *sep*, *-ge-*, *h* → ***schreiben***).

Nell'appendice si trova un elenco dei verbi irregolari tedeschi più frequenti (v. pag. 599).

Erklärungen der Abkürzungen
Spiegazione delle abbreviazioni

a anche, *auch*
abbr abbreviazione, *Abkürzung*
acc accusativo, *Akkusativ*
adj Adjektiv, *aggettivo*
adv Adverb, *avverbio*
agr agricoltura e orticoltura, *Landwirtschaft und Gartenbau*
anat anatomia, *Anatomie*
arch architettura, *Architektur*
art articolo, *Artikel*
astr astronomia, astrologia, *Astronomie, Astrologie*
auto automobile, *Kraftfahrzeug(wesen)*
avia aviazione, *Luftfahrt*

biol biologia, *Biologie*
bot botanica, *Botanik*
bsd besonders, *specialmente*

chim chimica, *Chemie*
cj Konjunktion, *congiunzione*
cong congiuntivo, *Konjunktiv*

dat dativo, *Dativ*

ea einander, *l'un l'altro*
ecol ecologia, *Ökologie*
econ economia e commercio, *Wirtschaft und Handel*
el elettrotecnica, *Elektrotechnik*
EU Europäische Union, *Unione europea*
e-e eine, *una*
e-m einem, *a un(o)*
e-n einen, *un(o)*
e-r einer, *di una, a una*
e-s eines, *di un(o)*
et etwas, *qualcosa*

F familiare, *umgangssprachlich*
f femminile, *weiblich, Femininum*
fer ferrovia, *Eisenbahn*
fig in senso figurato, *bildlich, übertragen*
fil filosofia, *Philosophie*
fis fisica, *Physik*
fot fotografia, *Fotografie*
f/pl femminile plurale, *Femininum Plural*

gastr gastronomia, *Gastronomie*
gen genitivo, *Genitiv*
geogr geografia, *Geographie*
geol geologia, *Geologie*
gram grammatica, *Grammatik*

h haben, *avere*
hist historisch, *storico*

inf infinito, *Infinitiv*
inform informatica, *Informatik*
int interiezione, *Interjektion*
interr interrogativo, *fragend*
inv invariabile, *unveränderlich*
iro ironico, *ironisch*
irr irregolare, *unregelmäßig*

j jemand, *qualcuno*
j-m jemandem, *a qualcuno*
j-n jemanden, *qualcuno*
j-s jemandes, *di qualcuno*
jur juristisch, *giurisprudenza*

let letteratura, *Literatur*

m maschile, *männlich, Maskulinum*
mar marineria, *Schifffahrt*
mat matematica, *Mathematik*
m-e meine, *la mia, i miei, le mie*
med medicina, *Medizin*
mil militare, *Militär*
min industria mineraria, *Bergbau*
m-m meinem, *al mio*
m-n meinen, *il mio*

m/pl	maschile plurale, *Maskulinum Plural*
m-r	meiner, *della mia, alla mia*
m-s	meines, *del mio*
mst	meistens, *per lo più*
mus	musica, *Musik*
n	neutro, *sächlich, Neutrum*
neg!	negativo, può essere offensivo, *negativ, kann auf Betroffene beleidigend wirken*
n/pl	neutro plurale, *Neutrum Plural*
od	oder, *o*
öst	österreichisch, *austriaco*
ott	ottica, *Optik*
P	popolare, *derb, volkssprachlich*
pl	plurale, *Mehrzahl, Plural*
pol	politica, *Politik*
post	posta, *Postwesen*
pron	pronome, *Pronomen*
prp	preposizione, *Präposition*
psic	psicologia, *Psychologie*
qc	qualcosa, *etwas*
qu	qualcuno, *jemand(en)*
rad	radio, *Rundfunk*
refl	reflexiv, *riflessivo*
rel	religione, *Religion*
s	siehe, *vedi*
scherz	scherzoso, *scherzhaft*

s-e	seine, *la sua, i suoi, le sue*
sep	separabile, *trennbar*
sg	singolare, *Einzahl, Singular*
s-m	seinem, *al suo*
sn	sein, *essere*
s-n	seinen, *il suo*
spreg	spregiativo, *verächtlich*
s-r	seiner, *della sua, alla sua*
s-s	seines, *del suo*
su	Substantiv, *sostantivo*
tea	teatro, *Theater*
tec	tecnica, *Technik*
tel	telefono, *Telefon*
tip	tipografia, *Buchdruck*
TV	televisione, *Fernsehen*
u	und, *e*
usw	und so weiter, *eccetera*
v	von, vom, *di*
v/i	verbo intransitivo, *intransitives Verb*
v/refl	verbo riflessivo, *reflexives Verb*
v/t	verbo transitivo, *transitives Verb*
z. B.	zum Beispiel, *per esempio*
zo	zoologia, *Zoologie*
zs	zusammen, *insieme*
Zssg(n)	Zusammensetzung(en), *parola (-e) composta (-e)*
→	vedi, *siehe*

Die Aussprache des Italienischen

Die Aussprachebezeichnung ist in der Lautschrift der Association Phonétique Internationale wiedergegeben.

A. Allgemeines

1. Der Akzent (') wird vor die betonte Silbe gesetzt: telefono [te'lɛːfono] *Telefon*, pensare [pen'saːre] *denken*, fare ['faːre] *tun*.
2. Doppelkonsonanten werden wie zwei Konsonanten gesprochen: raffreddare [raffred'daːre] *abkühlen*, racchetta [rak'ketta] *Tennisschläger*.

B. Die Lautzeichen

1. Die Vokale

[a] kurzes helles a wie in L**a**st: pietà [pie'ta] *Mitleid*, agosto [a'gosto] *August*

[aː] langes helles a wie in s**a**gen: animo ['aːnimo] *Gemüt*, pensare [pen'saːre] *denken*.

[e] kurzes geschlossenes e wie in B**e**ruf: vendere ['vendere] *verkaufen*, generale [dʒene'raːle] *allgemein*.

[eː] langes geschlossenes e wie in S**ee**: vena ['veːna] *Vene*, seno ['seːno] *Busen*.

[ɛ] kurzes offenes e wie in **ä**ndern: inerte [i'nɛrte] *untätig*, indigesto [indi'dʒɛsto] *unverdaulich*.

[ɛː] langes offenes e wie in w**ä**hrend: collega [kol'lɛːga] *Kollege*, ebbene [eb'bɛːne] *nun*.

[i] kurzes i wie in **I**dee: invitare [invi'taːre] *einladen*, vigilare [vidʒi'laːre] *wachen*.

[iː] langes i wie in W**ie**ge: fine ['fiːne] *Ende*, sentire [sen'tiːre] *fühlen*.

[o] kurzes geschlossenes o wie in M**o**ral: orario [o'raːrio] *Stundenplan*, intonare [into'naːre] *einstimmen*.

[oː] langes geschlossenes o wie in **O**fen: ora [oːra] *Stunde*, coda ['koːda] *Schwanz*.

[ɔ] kurzes offenes o wie in W**o**lle: costa ['kɔsta] *Rippe*, notte ['nɔtte] *Nacht*.

[ɔː] langes offenes o wie in N**o**rden: rosa ['rɔːza] *Rose*, noto ['nɔːto] *bekannt*.

[u] kurzes u wie in p**u**blizieren: nutrire [nu'triːre] *nähren*, pubblicità [pubblitʃi'ta] *Werbung*.

[uː] langes u wie in Sch**u**le: puro ['puːro] *rein*, nudo ['nuːdo] *nackt*.

Nur in französischen und englischen Fremdwörtern kommen vor:

[ã] nasales a in: coll**an**t, dépli**an**t

[ɛ̃] nasales ɛ in: grat**in**

[ə] kurzer dumpfer ö-Laut in: freez**er**

[õ] nasales o in: coup**on**

[æ] ähnlich wie ä in Ähre, aber kürzer in: c**a**sual

[œ] offenes ö (wie in k**ö**nnen) in: tail**leur**

2. Die Halbvokale

[j] gleitendes i (wie in **J**ahr) in: tai**ll**eur

[w] kurzes u wie **w** in englisch: **w**are

[ɥ] gleitendes ü wie in: habit**u**é

3. Die Konsonanten

[r] mit der Zungenspitze gerolltes r: rotolare [roto'la:re] *rollen*, ritirare [riti'ra:re] *zurückziehen*.

[s] stimmloses s wie in Ha**s**t: senso ['sɛnso] *Sinn*, salsa ['salsa] *Soße*.

[z] stimmhaftes s wie in **S**onne: rosa ['rɔ:za] *Rose*, tesi ['tɛ:zi] *These*.

[ʃ] Zischlaut wie deutsches sch in **sch**ön: sciocco ['ʃɔkko] *dumm*, scena ['ʃɛ:na] *Szene*.

[v] wie deutsches w in **W**eg: vaso ['va:zo] *Gefäß*, valvola ['valvola] *Ventil*.

[ŋ] wie deutsches n vor g oder k in Me**n**ge, A**n**ker: stanco ['staŋko] *müde*, lungo ['luŋgo] *lang*.

[ɲ] mouilliertes n, wie der französische Schmelzlaut gn in Ko**gn**ak: bagno ['ba:ɲo] *Bad*, maligno [ma'li:ɲo] *böse*.

[ʎ] mouilliertes l, wie im deutschen Fremdwort „bri**ll**ant": figlia ['fi:ʎa] *Tochter*, famiglia [fa'mi:ʎa] *Familie*.

4. Konsonantengruppen

[ts] wie deutsches z in **Z**ahn: zitto ['tsitto] *still*, zucca ['tsukka] *Kürbis*.

[dz] wie d mit weichem s: zero ['dzɛ:ro] *null*, zigzag [dzig'dzag] *Zickzack*.

[tʃ] t mit deutschem sch, wie in tschüs: cima ['tʃi:ma] *Gipfel*, cencio ['tʃentʃo] *Lumpen*.

[dʒ] d mit französischem j (wie in **ja**mais): già [dʒa] *schon*, gengiva [dʒen'dʒi:va] *Zahnfleisch*.

Betonung und Akzente

Im Italienischen kann die Betonung auf der letzten, vorletzten, drittletzten oder viertletzten Silbe liegen; am häufigsten wird jedoch die vorletzte Silbe betont.

Das Italienische kennt zwei Tonzeichen: Gravis, *accento grave* (`) und Akut, *accento acuto* (´).

Nach den Regeln der italienischen Rechtschreibung wird der betonte Vokal nur in folgenden Fällen mit Akzent gekennzeichnet:

a) Bei mehrsilbigen endbetonten Wörtern, z. B. virtù, lunedì, perché.

b) Bei einsilbigen, auf zwei Vokale endenden Wörtern, wenn die Betonung auf dem letzten Vokal liegt, z. B. già, ciò, più; aber qui und qua ohne Akzent.

c) Bei folgenden Einsilbern, um sie von gleich lautenden Wörtern mit anderer Bedeutung zu unterscheiden: dì *Tag*, dà *er gibt*, lì *dort*, là *dort*, né *weder*, sì *ja*, è *er ist*, sé *sich*, ché *denn*, tè *Tee*.

Das italienische Alphabet

A, a [a]	B, b [bi]	C, c [tʃi]	D, d [di]	E, e [e]	F, f [ɛffe]	G, g [dʒi]
H, h [akka]	I, i [i]	J, j [i luŋga]	L, l [ɛlle]	M, m [ɛmme]	N, n [ɛnne]	O, o [o]
P, p [pi]	Q, q [ku]	R, r [ɛrre]	S, s [ɛsse]	T, t [ti]	U, u [u]	V, v [vu, vi]
Z, z [dzɛːta]						

Die Konsonanten K, k [kappa], W, w [vu doppia], X, x [iks], und Y, y [ipsilon] kommen nur in Fremdwörtern vor.

La pronuncia delle parole tedesche

Secondo il sistema dell'"Associazione Fonetica Internazionale"

a) Vocali:

(Le vocali seguite da due punti sono lunghe [ɑː], le altre brevi [a]).

ɑː lunga come in m**a**le, m**a**re.

a breve come in p**a**nno.

eː lunga come in v**e**ro.

e chiusa e breve come in d**e**bito, generale.

ɛː aperta e lunga come in t**e**dio.

ɛ aperta e breve come in f**e**sta.

ə (solo in sillabe atone); suona come la **e** francese in sabr**e**.

iː lunga come in f**i**ne.

i breve ed aperta come in b**i**rra.

o chiusa e breve come in **o**rario.

oː chiusa e lunga come in **o**ra, g**o**la.

ɔ aperta e breve come in p**o**rta.

øː più lunga e chiusa della **eu** francese in qu**eue**.

œ aperta e breve come la **eu** francese in m**eu**rtre o la **u** inglese in h**u**rt.

uː lunga come in n**u**be.

u breve come in b**u**rro.

yː lunga come la **û** francese in s**û**r.

y breve come la **u** francese in s**u**r.

ɑ̃, ɛ̃, ɔ̃, œ̃ː vocali dal suono nasale come nelle parole francesi pl**an**, f**in**, b**on**, br**un**; si incontrano solo in parole straniere di origine francese.

ʔ significa che la vocale che segue viene pronunciata aspirando leggermente, p. es. [bəˈʔamtə(r)].

b) Dittonghi:

aɪ come **ai** in l**ai**co.

aʊ come **au** in **au**la.

ɔʏ come **oi** in n**oi**a.

c) Consonanti:

k, p, t: come in **c**aldo, **p**osta, **t**avola; al principio di una sillaba tonica si pronunciano con una leggera aspirazione.

b, d, g: come in **b**ene, **d**onna, **g**amba.

f, v: come in **f**are, u**v**a.

s come la **s** sorda in ca**s**a.

z come la **s** dolce in chie**s**a.

ts come la **z** in raga**zz**o.

x **ch** aspirata gutturale come la **j** spagnola.

ç suono palatale che non esiste in italiano; molto più stretta della **sc** in **sc**endere.

j come la **i** in a**i**uto.

ʃ come la **sc** in la**sc**iare, **sc**iabola.

ʒ come la **g** francese in **g**êne; non s'incontra che in parole straniere di origine francese.

m, n, l: come in **m**adre, **n**otte, **l**ago.

ŋ suono nasale come la **n** in ta**ng**o.

r si pronuncia in alcune regioni come la **r** in mi**r**to; però nella maggior parte della Germania si pronuncia come la **r** francese (**r** moscia).

h come **c**asa con la **c** aspirata in dialetto toscano.

d) Accento:

L'accento viene collocato al principio della sillaba sulla quale deve cadere, p. es. fordern ['fɔrdərn], Forelle [fo'rɛlə].

Due accenti indicano un'accentuazione ambigua, p. es. undefinierbar ['undefi-'niːrbaːr].

e) Avvertenze:

Un trattino sostituisce una sillaba già trascritta nella trascrizione precedente, p. es. Witz... [vits]; ~bold ['-bɔlt]. – vorweg... [foːr'vɛk...]; ≈nahme ['-naːmə].

Per mancanza di spazio si rinuncia alla trascrizione di *parole composte* come *Briefkasten*, *Absicht*, dato che la pronuncia degli elementi componenti viene già indicata al rispettivo luogo alfabetico: *Brief*, *Kasten*, *ab*, *Sicht*.

Lista dei suffissi e delle desinenze

più comuni, alla cui trascrizione è stato rinunciato per mancanza di spazio:

-bar(**keit**) [-baːr(kaɪt)]
-ei [-'aɪ]
-el, **-eln**(**d**) [-əl, -əln(t)]
-en, **-ens...** [-ən(s...)]
-end, **-ende**(**r**) [-ənt, -əndə(r)]
-er(**in**), **-erisch** [-ər(in), -əriʃ]
-ern [-ərn]
-et [-ət]
-haft(**s...**), **-haftigkeit** [-haft(s...), -haftiçkaɪt]
-heit(**s...**) [-haɪt(s...)]
-ieren [-'iːrən]
-ig [-iç], **-igen** [-igən], **-ige**(**r**) [-igə(r)], **-igkeit** [-içkaɪt]
-igt [-içt], **-igung** [-iguŋ]
-in [-in]
-isch [-iʃ]
-keit(**s...**) [-kaɪt(s...)]
-lich(**keit**) [-liç(kaɪt)]
-los, **-losigkeit** [-loːs, loːziçkaɪt]
-nis [-nis]
-sal [-zaːl]
-sam(**keit**) [-zaːm(kaɪt)]
-schaft(**s...**) [-ʃaft(s...)]
-ste(**l**), **-stens** [-stə(l), -stəns]
-te(**l**), **-tens** [-tə(l), -təns]
-tum [-tuːm]
-ung(**s...**) [-uŋ(s...)]

L'alfabeto tedesco

A a	B b	C c	D d	E e	F f	G g	H h	I i
aː	beː	tseː	deː	eː	ɛf	geː	haː	iː
J j	K k	L l	M m	N n	O o	P p	Q q	R r
jɔt	kaː	ɛl	ɛm	ɛn	oː	peː	kuː	ɛr
S s	(ß)	T t	U u	V v	W w	X x	Y y	Z z
ɛs	(ɛs-'tsɛt)	teː	uː	faʊ	veː	iks	'ypsilɔn	tsɛt

Norme generali per la pronuncia tedesca

A **1.** La lingua tedesca possiede vocali lunghe, brevi e semilunghe.

2. Le vocali brevi sono sempre aperte: [ɛ] [œ] [i] [y] [ɔ] [u]

3. Le vocali lunghe e semilunghe sono sempre chiuse all'eccezione di [ɛ]: [eː] [øː] [iː] [yː] [oː] [uː]
Eccezione: [ɛː]

4. La **a** tedesca è neutrale, il che vuol dire che la sua pronuncia, sia essa breve o lunga, rimane ugualmente distante dalla **o** e dalla **e**. Generalmente la **a** lunga viene però pronunciata di qualche grado più bassa die quella breve e semilunga.
Indichiamo la **a** lunga e bassa (semivelare) come [ɑː]
e la **a** breve e semilunga "chiara" (semipalatale) come [a]

5. Nei prefissi **be-** e **ge-**, nei suffissi davanti a **-l**, **-ln**, **-lst**, **-m**, **-n**, **-nd**, **-nt**, [**-r**, **-rm**, **-rn**, **-rt**, **-rst**]*), **-s** e in fine di parola (**-e**) la **e** viene pronunciata come una cosiddetta "vocale mista" con valore fonetico poco distinto: [ə]

B L'ortografia tedesca segue in parte la tradizione storica, e in parte la pronuncia effettiva.
Si possono però stabilire delle norme per la giusta pronuncia della maggioranza delle parole tedesche:

1. Le vocali sono sempre brevi davanti a doppie consonanti (p.e. **ff**, **mm**, **tt**, **ss**** e **ck** che, nella scrittura, sta al posto di **kk**) e generalmente brevi davanti a due o più consonanti. offen [ˈˀɔfən] lassen [ˈlasən] oft [ˀɔft]
Le eccezioni sono segnalate nel vocabolario con l'indicazione della vocale lunga: Jagd [jɑːkt]

2. Le vocali sono lunghe
a) in sillabe aperte e accentuate: Ware [ˈvɑːrə]
Le vocali che sono lunghe nell'infinitivo dei verbi deboli, rimangono tali anche nelle forme della flessione: sagen [ˈzɑːgən] sagte [ˈzɑːktə] gesagt [gəˈzɑːkt]
b) quando sono raddoppiate Paar [pɑːr]

---

*) Vedi E 7c. **) Per ß vedi B 2e.

c) quando sono seguite da una **h** muta: — Bahn [bɑːn]

d) quando sono seguite da una singola consonante: — Tag [tɑːk]

Eccezioni:

ab	[ˀap]	ver-	[fɛr-]	was	[vas]
man	[man]	das	[das]	in	[ˀin]
-nis	[-nis]	wes	[vɛs]	um	[ˀum]
zum	[tsum]	weg	[vɛk]	bin	[bin]
un-	[ˀun-]	hin	[hin]	von	[fɔn]
des	[dɛs]	ob	[ˀɔp]	es	[ˀɛs]
bis	[bis]	zer-	[tsɛr-]		
mit	[mit]	an	[ˀan]		

e in alcune parole composte, p.e.: — barfuß ['bɑːrfuːs]

e) davanti a **ß** tra vocali la vocale è lunga: — grüßen ['gryːsən]

Se invece la parola viene scritta con **ss**, la vocale è breve: — Fass [a] – Fässer [ɛ]

f) Dato che la **ch** e la **sch** non vengono mai raddoppiate, non si può sapere per regola, se la vocale precedente sia lunga o breve. Prevale però la pronuncia breve: — Bach [bax] Wäsche ['vɛʃə]

Le eccezioni sono segnalate nel vocabolario con l'indicazione della vocale lunga: — Buch [buːx]

3. Le vocali semilunghe si trovano esclusivamente nelle sillabe àtone (non accentuate), e per la maggior parte nelle parole di origine straniera: — vielleicht [fiˑ'laɪçt] monoton [moˑnoˑ-'toːn]

C Il tedesco possiede tre dittonghi: — au [aʊ] ai, ei, ey [aɪ] äu, eu, oi [ɔʏ]

La prima vocale dei dittonghi è pronunciata più fortemente che non la seconda.

La seconda vocale è assai aperta, cioè la **u** aperta [ʊ] in **au** [ɑʊ] si avvicina alla **o** chiusa [o], la **i** aperta [ɪ] in **ein, ai** e **ey** [aɪ] alle **e** chiusa [e]; nel caso di **äu, eu, oi** [ɔʏ] si verifica un leggero arrotondamento verso la **ö** [ø]. Per questa ragione, molti non scrivono [aʊ], [aɪ], [ɔʏ], ma invece [ao], [ae], [ɔø].

D Vocali nasali si trovano solo in parole derivanti dal francese; in posizione tonica (accentuata) sono lunghe, a differenza, spesso, del francese; in posizione àtona sono semilunghe.

In parole di uso comune le nasali vengono spesso sostituite dalla stessa vocale pura seguita dalla consonante occlusiva nasale [ŋ]. Indichiamo la pronuncia di queste parole nella maniera in cui vengono pronunciate effettivamente dai tedeschi, senza badare a regole teoriche: — Waggon [va'gɔŋ]

E In seguito spieghiamo alcune particolarità che riguardano le singole consonanti tedesche e il loro valore fonetico in dipendenza dalla loro posizione nella parola.

1. Le vocali, che stanno all'inizio delle parole, vengono pronunciate, premettendo una cosiddetta occlusiva gutturale che si può definire anche come "attacco duro" (in inglese: glottal stop, in francese: coup de glotte); il suono è molto simile allo Stød danese e allo Hamza arabo: [ʔ]

Nell'ortografia tedesca questo suono non è indicato. Se si produce all'interno delle parole (dopo prefissi), lo segnaliamo mediante il segno [ʔ]: abändern [ˈʔapʔɛndərn]

2. La **h** viene pronunciata in tedesco:

a) all'inizio delle parole: hinein [hiˈnaɪn]

b) davanti a vocali accentuate; davanti a vocali facenti parte di una sillaba radicale (in tal caso portano un accento secondario): Halt [halt], anhalten [ʔanhaltən]

c) in parole di diverso tipo, specialmente in parole straniere: Uhu [ˈʔuːhu], Alkohol [ˈʔalkohoːl]

In tutti gli altri casi la **h** è muta: gehen [ˈgeːən], sehen [ˈzeːən], Ehe [ˈʔeːə]

3. p – t – k

Queste occlusive "sorde" vengono generalmente aspirate nelle posizioni definite meglio qui sotto. L'aspirazione si produce mediante una specie di soffio, pari ad una debole **h**, che segue la pronuncia della consonante stessa. In tal modo l'aspirazione avviene:

a) all'inizio delle parole davanti a vocali: Pech [pɛç]
oppure davanti a **l**, **n**, **r** e **v** (in **qu-**): Plage [ˈplɑːgə], Kreis [kraɪs], Quelle [ˈkvɛlə]

b) nella sillaba accentuata all'interno delle parole: ertragen [ɛrˈtrɑːgən]

c) nelle parole straniere davanti a vocali, anche nelle sillabe àtone: Krokodil [kroˌkoˈdiːl]

d) alla fine delle parole: Rock [rɔk]

In tutti gli altri casi **p**, **t** e **k** sono aspirate poco o affatto.

4. b – d – g

Queste occlusive "sonore" diventano "sorde" alla fine delle parole (v. regola 3d): ab [ʔap], und [ʔunt], Weg [veːk]

Lo stesso vale per i gruppi di consonanti **-gd**, **-bt**, **-gt**: Jagd [jɑːkt], gibt [giːpt], gesagt [gəˈzɑːkt]

In fine di sillaba e davanti ad una consonante della sillaba successiva **b**, **d**, **g** si pronunciano senza vibrazione; le trascriviamo sempre come [p], [t], [k]:

5. Quando s'incontrano due occlusive sorde uguali, ma appartenenti a due sillabe diverse (p.e. **-tt-**), solo una di esse viene pronunciata distintamente, seppure con un leggero prolungamento della sua articolazione in bocca. Così, pronunciando per esempio la parola "mitteilen", si esita per un attimo dopo **-t-**, prima di pronunciare la seguente **-ei-**. Si produce quindi una sola occlusiva con successiva aspirazione:

mitteilen
['mitaɪlən]

La pronuncia delle occlusive doppie come delle doppie consonanti in genere è quindi diversa dall'italiano, ove le consonanti doppie vengono realmente pronunciate come tali: lot-ta, tap-pa, boc-ca.

6. Quando ad una consonante sorda segue una consonante sonora, che sta all'inizio della sillaba successiva, non avviene l'assimilazione né in senso progressivo, né in senso contrario; con altre parole: né la consonante sorda rende tale quella seguente, né quella seguente rende sonora la consonante precedente. Si pronunciano quindi distintamente le due consonanti secondo la loro qualità fonetica:

aussetzen ['ʔaus-zɛtsən]
Absicht ['ʔapzɪçt]

7. In tedesco esistono tre pronuncie della **r**, e cioè:

a) una **r** gutturale ben distinta all'inizio delle sillabe e dopo consonanti. Si produce mediante la vibrazione dell'ugola:

rollen ['rɔlən]
Ware ['vɑːrə]
schreiben ['ʃraɪbən]

b) una **r** prodotta pure con la vibrazione dell'ugola in fine di parola e davanti a consonanti; è però più breve della prima e quasi smorzata:

für [fyːr]
stark [ʃtark]

c) una **r** fortemente vocalizzata nella sillaba finale àtona **-er**; si confonde quasi con la **e** precedente, rendendola più cupa:

Lehrer ['leːrer]

Wörterverzeichnis
Italienisch-Deutsch

A

a [a] *prp* **1.** *stato in luogo* ***a Roma*** in Rom; ***a casa*** zu Hause; **2.** *moto a luogo* ***andare a Roma*** nach Rom reisen; ***andare a casa*** nach Hause gehen; **3.** *tempo* ***alle quattro*** um vier (Uhr); ***a Natale*** zu Weihnachten; ***a maggio*** im Mai; ***a venti anni*** mit zwanzig Jahren; ***a giorni*** in wenigen Tagen; ***a domani*** bis morgen; **4.** *modo* ***a piedi*** zu Fuß; ***alla moda*** nach der Mode; ***al burro*** *gastr* mit Butter angerichtet; **5.** *mezzo* ***ricamato a mano*** handgestickt; ***fatto a macchina*** maschinell hergestellt; **6.** *funzione distributiva* ***a due a due*** immer zu zweit; ***a poco a poco*** nach und nach; **7.** *prezzo, misura* ***a che prezzo*** zu welchem Preis; ***al metro*** pro Meter

a. ***anno*** Jahr (*abbr* J.); ***ara*** Ar (*abbr* a)

@ [ɛt] *m* @ (at-Zeichen) *n*

AAST ***Azienda Autonoma di Soggiorno e Turismo*** Fremdenverkehrsamt

ab. ***abitanti*** Einwohner

abate [a'baːte] *m* Abt *m*

abat-jour [aba'ʒuːr] *m* Lampenschirm *m*; Tischlampe *f*

abbacchiato [abbakki'aːto] niedergeschlagen

abbacchio [ab'bakkio] *m* (*pl -cchi*) *gastr* Lamm(braten) *n*(*m*)

abbagli|ante [abba'ʎante] **1.** *adj* blendend; **2.** *m mst pl* ***-i*** *auto* Fernlicht *n*; **~are** [-'ʎaːre] (*1g*) blenden

abbaglio [ab'baːʎo] *m* (*pl -gli*) Versehen *n*, Fehler *m*; ***prendere un ~*** einen Bock schießen

abbaiare [abbai'aːre] (*1l*) bellen

abbaino [abba'iːno] *m* Dachfenster *n*; (*soffitta*) Mansarde *f*

abbandonare [abbando'naːre] (*1a*) verlassen, im Stich lassen; *progetto* aufgeben

abbandono [abban'doːno] *m* Verlassen *n*; *stato* Verlassenheit *f*; (*rinuncia*) Aufgabe *f*; *aus der Kernenergie* Ausstieg *m*

abbass|are [abbas'saːre] (*1a*) senken; herunterlassen; *prezzo* herabsetzen; ***~ la voce*** leiser reden; **~arsi** [-'sarsi] (*chinarsi*) sich bücken; *prezzo* fallen; *fig* sich erniedrigen

abbasso [ab'basso] **1.** *adv* unten; hinunter; herunter; **2.** *int* ***~ la guerra!*** nieder mit dem Krieg!

abbastanza [abbas'tantsa] **1.** *adj* genügend; **2.** *adv* genug; ziemlich

abbatt|ere [ab'battere] (*3a*) niederwerfen; *casa* niederreißen; *albero* fällen; *avia* abschießen; *fig* niederschlagen; **~ersi** [-si] verzagen

abbattimento [abbatti'mento] *m* Niederreißen *n*; *fig* Niedergeschlagenheit *f*

abbattuto [abbat'tuːto] *adj* niedergeschlagen

abbazia [abba'tsiːa] *f* Abtei *f*

abbellire [abbel'liːre] (*4d*) verschönern

abbeverare [abbeve'raːre] (*1m*) tränken

abbi ['abbi], **abbia** [-bia] → ***avere***

abbiente [abbi'ɛnte] *adj* wohlhabend

abbigli|amento [abbiʎa'mento] *m* Kleidung *f*; ***~ sportivo*** Freizeitkleidung *f*; ***industria f dell'~*** Bekleidungsindustrie *f*; **~are** [-'ʎaːre] (*1g*) kleiden

abbinare [abbi'naːre] (*1a*) koppeln; (*combinare*) kombinieren

abboc|care [abbok'kaːre] (*1d*) *pesce* anbeißen; **~ato** [-'kaːto] *vino* süffig

abbon|amento [abbona'mento] *m* *giornale, tea* Abonnement *n*; *treno, bus* Dauerkarte *f*; ***~ annuale*** Jahresabonnement; ***~ mensile*** Monatskarte *f*; **~are** [-'naːre] (*1c u o*) abonnieren; (*condonare*) vergüten; **~arsi** [-'narsi] abonnieren (***a un giornale*** e-e Zeitung); **~ato** [-'naːto] *m* Abonnent *m*; *telefono* Fernsprechteilnehmer *m*

abbond|ante [abbon'dante] reichlich, reich (***di*** an *dat*); **~anza** [-'dantsa] *f* Überfluss *m*

abbord|abile [abbor'daːbile] *persona* zugänglich; *prezzo* erschwinglich; **~are** [-'daːre] (*1a*) **1.** *v/t persona* anreden; *argomento* erörtern; **2.** *v/i mar* anlegen

abbottonare [abbotto'na:re] (*1a*) zuknöpfen
abbozzare [abbot'tsa:re] (*1c*) entwerfen, skizzieren; **~ *un sorriso*** ein Lächeln andeuten
abbozzo [ab'bɔttso] *m* Entwurf *m*, Skizze *f*
abbracci|are [abbrat' a:re] (*1f*) umarmen; *fig* umfassen; **~arsi** [-'tʃarsi] sich umarmen
abbraccio [ab'brattʃo] *m* (*pl -cci*) Umarmung *f*
abbrevi|are [abbrevi'a:re] (*1k u b*) ver-, abkürzen; **~azione** [-viatsi'o:ne] *f* Abkürzung *f*
abbronz|ante [abbron'dzante] *m* Bräunungsmittel *n*; **~are** [-'dza:re] (*1a*) *pelle* bräunen; **~arsi** [-'dzarsi] braun werden; **~ato** [abbron'dzato] braun gebrannt; **~atura** [-dza'tu:ra] *f* Sonnenbräune *f*
abbrustolire [abbrusto'li:re] (*4d*) rösten
abbui|are [abbui'a:re] (*1i*) **1.** *v/t* verdunkeln; **2.** *v/i* dunkel werden; **~arsi** [-'arsi] sich verdunkeln; *fig* sich verfinstern
abbuono [abbu'ɔ:no] *m* *econ* Preisnachlass *m*
abdic|are [abdi'ka:re] (*1l u d*) abdanken; **~azione** [-katsi'o:ne] *f* Abdankung *f*, Rücktritt *m*
abete [a'be:te] *m* Tanne *f*; **~ *rosso*** Fichte *f*
abile ['a:bile] geschickt, gewandt (***in*** in *dat*); fähig (***a*** zu)
abil|ità [abili'ta] *f* Geschicklichkeit *f*; ***avere l'~ di fare qc*** geeignet sein, et zu tun; **~itazione** [-litatsi'o:ne] *f* Befähigung *f*, Qualifikation *f*
abiotico [abi'ɔ:tico] (*pl -ci*) biologisch tot
abisso [a'bisso] *m* Abgrund *m*
abit|abile [abi'ta:bile] bewohnbar; **~acolo** [-'ta:kolo] *m* *auto* Innenraum *m*; **~ante** [-'tante] *m/f* Einwohner(in) *m(f)*, Bewohner(in) *m(f)*; **~are** [-'ta:re] (*1l*) **1.** *v/t* bewohnen; **2.** *v/i* wohnen; **~ato** [-'ta:to]; **1.** *adj* bewohnt; **2.** *m* Ortschaft *f*; **~azione** [-tatsi'o:ne] *f* Wohnung *f*
abito ['a:bito] *m* Kleid *n*; *da uomo* Anzug *m*; (*abitudine*) Gewohnheit *f*; ***~ da sera*** Abendanzug *m*, Abendkleid *n*
abitu|ale [abitu'a:le] gewöhnlich; **~are** [-tu'a:re] (*1l*) gewöhnen (***a*** an *acc*); **~arsi** [-tu'arsi] sich gewöhnen (***a*** an *acc*); **~dinario** [-tudi'na:rio] (*pl -ri*) **1.** *adj* Gewohnheits…; **2.** *m* Gewohnheitsmensch *m*
abitudine [abi'tu:dine] *f* Gewohnheit *f*
abol|ire [abo'li:re] (*4d*) abschaffen, aufheben; **~izione** [-litsi'o:ne] *f* Abschaffung *f*, Aufhebung *f*
abort|ire [abor'ti:re] (*4d*) e-e Fehlgeburt haben; abtreiben; **~ista** [-'ti:sta] *m/f* Abtreibungsbefürworter(in) *m(f)*
aborto [a'bɔrto] *m* *spontaneo* Fehlgeburt *f*; *provocato* Abtreibung *f*; *fig* misslungenes Werk *n*
abrog|are [abro'ga:re] (*1e u c od 1l*) aufheben, abschaffen; **~azione** [-gatsi'o:ne] *f* Aufhebung *f*, Abschaffung *f*
Abruzzi [a'bruttsi] *m/pl*, **Abruzzo** [-tso] *m* Abruzzen *pl*
abside ['abside] *f* Apsis *f*
abus|are [abu'za:re] (*1a*): ***~ di qc*** et missbrauchen; (*approfittare*) et ausnützen; ***~ nel bere*** zu viel trinken; **~ivo** [-'zi:vo] rechtswidrig, nicht genehmigt
abuso [a'bu:zo] *m* Missbrauch *m*
a.c. ***anno corrente*** laufenden Jahres (*abbr* l.J.)
a.C. ***avanti Cristo*** vor Christus (*abbr* v. Chr.)
acacia [a'ka:tʃa] *f* (*pl -ce*) Akazie *f*
acca ['akka] *f* H, h *n*; ***non capire un'~*** gar nichts verstehen
accad|emia [akka'dɛ:mia] *f* Akademie *f*; ***~ di belle arti*** Kunstakademie *f*; **~emico** [-'dɛ:miko] (*pl -ci*) akademisch
accad|ere [akka'de:re] (*2c*) geschehen; **~uto** [-'du:to] *m* Vorfall *m*
accald|arsi [akkal'darsi] (*1a*) sich erhitzen; **~ato** [-'da:to] erhitzt
accalorarsi [akkalo'rarsi] (*1a*) *fig* sich ereifern
accamp|amento [akkampa'mento] *m* Lager *n*; Biwak *n*; **~are** [-'pa:re] (*1a*) **1.** *v/t* *ragioni* vorbringen; **2.** *v/i u* **~arsi** [-'parsi] sich lagern
accan|imento [akkani'mento] *m* (*tenacia*) Zähigkeit *f*; (*odio*) Erbitterung *f*; **~irsi** [-'nirsi] (*4d*) (*ostinarsi*) sich versteifen; ***~ contro qu*** j-n schikanieren; *sorte* sich gegen j-n verschwören; **~ito** [-'ni:to] (*ostinato*) hartnäckig; erbit-

tert

accanto [ak'kanto] **1.** *prp* neben (*dat od acc*); **2.** *adv* daneben; (*a fianco*) nebenan

accantonare [akkanto'naːre] (*1a*) beiseitelegen, zurücklegen

accappatoio [akkappa'toːio] *m* (*pl -oi*) Bademantel *m*

accarezzare [akkaret'tsaːre] liebkosen; streicheln; *speranza* hegen

accasciarsi [akkaʃ'ʃarsi] (*1f*) zusammenbrechen

accatastare [akkatas'taːre] (*1a*) aufschichten

accatt|onaggio [akkatto'naddʒo] *m* (*pl -ggi*) Bettelei *f*; **~one** [-'toːne] *m* Bettler *m*

accavall|are [akkaval'laːre] (*1a*) übereinanderlegen, kreuzen; **~arsi** [-'larsi] sich auftürmen; *onde* sich überschlagen; *fig* sich überstürzen; (*coincidere*) sich überschneiden

accecare [attʃe'kaːre] (*1b u d*) **1.** *v/t* blind machen; (*abbagliare*) blenden; **2.** *v/i* erblinden

accedere [at'tʃɛːdere] (*3a*): **~ a** kommen in (*acc*), betreten (*acc*)

acceler|are [attʃele'raːre] (*1b u m*) beschleunigen; *auto* Gas geben; **~ato** [-'raːto] **1.** *adj* beschleunigt; **2.** *m* (*od treno m ~*) Personenzug *m*; **~atore** [-ra'toːre] *m auto* Gaspedal *n*; **~azione** [-ra'tsione] *f* Beschleunigung *f*

accend|ere [at'tʃɛndere] (*3c*) anzünden; *luce* anmachen; *rad*, *TV* einschalten; *econ* eröffnen; **~ersi** [-si] sich entzünden; Feuer fangen; *luce* aufleuchten

accendino [attʃen'diːno] *m* Feuerzeug *n*

accennare [attʃen'naːre] (*1a*) hindeuten auf (*acc*); andeuten; **~ *a fare qc*** Miene machen, et zu tun

accenno [at'tʃenno] *m* (*cenno*) Wink *m*; (*indizio*) Hinweis *m*; (*allusione*) Anspielung *f*

accensione [attʃensi'oːne] *f* Zündung *f*; *econ* Eröffnung *f*; *auto* **~ *elettronica*** elektronische Zündung *f*

accent|o [at'tʃɛnto] *m* Akzent *m*; Betonung *f*; **~uare** [-tu'aːre] (*1b u m*) betonen, hervorheben

accert|are [attʃer'taːre] (*1b*) feststellen; ermitteln; **~arsi** [-'tarsi]: **~ *di qc*** sich e-r Sache vergewissern

acceso [at'tʃeːso] *luce* brennend, F an; *motore* laufend; *TV* eingeschaltet, F an

accessibile [attʃes'siːbile] zugänglich; *prezzo* annehmbar

accesso [at'tʃɛsso] *m* Zugang *m*, Zufahrt *f*; *fig u med* Anfall *m*; ***divieto d'~*** Eintritt verboten

accesso|ri [attʃes'soːri] *m/pl* Zubehör *n*; **~riato** [-ri'aːto] *auto* mit allem Zubehör; *appartamento* mit allem Komfort; **~rio** [-rio] *adj* nebensächlich; Neben…

accetta [at'tʃetta] *f* Axt *f*

accett|abile [attʃet'taːbile] annehmbar; **~are** [-'taːre] (*1b*) an-, aufnehmen; *econ* akzeptieren; **~azione** [-tatsi'oːne] *f* Annahme *f*; Aufnahme *f*; *econ* Akzept *n*; **~ *bagagli*** Gepäckannahme *f*

acchiappare [akkiap'paːre] (*1a*) fangen, erwischen, ergreifen

acciaio [at'tʃaːio] *m* (*pl -ai*) Stahl *m*

acciden|tale [attʃiden'taːle] zufällig; nebensächlich, unwesentlich; **~tato** [-'taːto] *terreno* uneben, holprig

accidente [attʃi'dɛnte] *m* Vorfall *m*; (*disgrazia*) Unglück *n*; *med* Schlaganfall *m*; ***per ~*** zufällig; F ***accidenti!*** F verflixt!

accigliato [attʃi'ʎaːto] finster

accingersi [at'tʃindʒersi] (*3d*): **~ *a fare qc*** sich zu et (*dat*) anschicken

acciottolato [attʃotto'laːto] *m* Steinpflaster *n*

acciuffare [attʃuf'faːre] (*1a*) packen; aufgreifen

acciuga [at'tʃuːga] *f* (*pl -ghe*) Sardine *f*

acclamare [akkla'maːre] (*1a*): **~ *qu*** j-m zujubeln; j-n durch Zuruf wählen

acclimatarsi [akklima'tarsi] (*1m*) sich akklimatisieren

accl|udere [ak'kluːdere] (*3q*) beifügen, beilegen; **~uso** [-'kluːzo] beiliegend; ***qui ~*** anbei, in der Anlage

accogli|ente [akko'ʎɛnte] einladend; gemütlich; **~enza** [-'ʎɛntsa] *f* Aufnahme *f*, Empfang *m*; *econ* Honorierung *f*

accogliere [ak'kɔːʎere] (*3ss*) aufnehmen; *richiesta* annehmen; genehmigen; *econ* honorieren

accoll|are [akkol'laːre] (*1c*) aufbürden; **~arsi** [-'larsi] auf sich (*acc*) nehmen;

~ato [-'la:to] hochgeschlossen
accoltellare [akkoltel'la:re] (*1b*) j-m e-n Messerstich versetzen; erstechen
accolto [ak'kɔlto] → ***accogliere***
accomandita [akko'mandita] *f* Kommanditgesellschaft *f*
accomod|amento [akkomoda'mento] *m* Reparatur *f*; Anordnung *f*; (*accordo*) Vergleich *m*; **~ante** [-'dante] entgegenkommend; **~are** [-'da:re] (*1c u m*) **1.** *v/t* (*riparare*) ausbessern; *lite* beilegen; (*sistemare*) erledigen; *bilancio* frisieren; **2.** *v/i* passen; **~arsi** [-'darsi] es sich bequem machen; ***si accomodi!*** bitte nehmen Sie Platz!
accompagn|amento [akkompaɲa'mento] *m* Begleitung *f*; ***lettera di ~*** Begleitbrief *m*; **~are** [-'ɲa:re] (*1a*) begleiten; **~atore** [-ɲa'to:re] *m* Begleiter *m*
acconciatura [akkontʃa'tu:ra] *f* Frisur *f*
acconsentire [akkonsen'ti:re] (*4b*) einwilligen (***a*** in *acc*)
accontent|are [akkonten'ta:re] (*1b*) befriedigen, zufriedenstellen; **~arsi** [-'tarsi] sich begnügen (***di*** mit)
acconto [ak'konto] *m* Anzahlung *f*; ***pagare un ~*** anzahlen
accoppi|are [akkoppi'a:re] (*1k u c*) zusammenstellen; koppeln; *animali* paaren; **~arsi** [-pi'arsi] sich zusammentun; sich paaren
accorci|are [akkor'tʃa:re] (*1f*) kürzen; (*abbreviare*) abkürzen; ***~ le distanze*** den Abstand verringern; **~arsi** [-'tʃarsi] kürzer werden
accord|are [akkor'da:re] (*1c*) bewilligen, gewähren; *mus* stimmen; (*armonizzare*) abstimmen; **~arsi** [-'darsi] sich einigen
accordo [ak'kɔrdo] *m* Einklang *m*; Vereinbarung *f*; *pol* Abkommen *n*; *mus* Akkord *m*; ***~ aziendale*** Betriebsvereinbarung *f*; ***~ culturale*** Kulturabkommen *n*; ***essere d'~*** einig sein; ***mettersi d'~*** sich einigen; ***d'~!*** einverstanden!
accorgersi [ak'kɔrdʒersi] (*3d*): ***~ di qc*** et wahrnehmen, bemerken
accorrere [ak'korrere] (*3o*) herbeilaufen
accortezza [akkor'tettsa] *f* Umsicht *f*; Schlauheit *f*
accorto [ak'kɔrto] **1.** → ***accorgersi***; **2.** *adj* umsichtig; schlau
accost|are [akkos'ta:re] (*1c*) heranrücken, näher stellen; *porta* anlehnen; **~arsi** [-'tarsi] sich nähern
accreditare [akkredi'ta:re] (*1b u m*) glaubhaft machen; *econ* gutschreiben
accredito [ak'kre:dito] *m* Gutschrift *f*
accresc|ere [ak'kreʃʃere] (*3n*) vermehren; **~ersi** [-ʃersi] zunehmen
accudire [akku'di:re] (*4d*) **1.** *v/t* pflegen, versorgen; **2.** *v/i* ***~ a qc*** et besorgen
accumul|are [akkumu'la:re] (*1m*) anhäufen; **~atore** [-la'to:re] *m el* Akkumulator *m*; **~azione** [-latsi'o:ne] *f* Ansammlung *f*; Akkumulation *f*
accuratezza [akkura'tettsa] *f* Sorgfalt *f*
accurato [akku'ra:to] sorgfältig
accusa [ak'ku:za] *f* Beschuldigung *f*; *jur* Anklage *f*
accus|are [akku'za:re] (*1a*) beschuldigen; anklagen; ***~ ricevuta*** den Empfang bestätigen; **~ata** [-'za:ta] *f* Angeklagte *f*; **~ato** [-'za:to] *m* Angeklagte(r) *m*; **~atore** [-za'to:re] *m* Ankläger *m*, Kläger *m*
acerbo [a'tʃɛrbo] unreif
acero ['atʃero] *m* Ahorn *m*
aceto [a'tʃe:to] *m* Essig *m*; ***~ aromatico*** Kräuteressig *m*; ***~ balsamico*** Balsamessig *m*; ***mettere sott'~*** in Essig einlegen
ACI ***Automobile Club d'Italia*** Italienischer Automobilklub
acidità [atʃidi'ta] *f* Säure *f*; ***~ di stomaco*** Sodbrennen *n*
acido ['a:tʃido] **1.** *adj* sauer; *fig* beißend; **2.** *m* Säure *f*; ***~ muriatico*** Salzsäure *f*
ACLI ***Associazione Cristiana dei Lavoratori Italiani*** Christlicher Verband italienischer Arbeiter
acqua ['akkua] *f* Wasser *n*; ***~ corrente*** fließendes Wasser; ***~ minerale*** Mineralwasser *n*; ***~ potabile*** Trinkwasser *n*; ***~ di rubinetto*** Leitungswasser *n*; ***~ ossigenata*** Wasserstoffsuperoxyd *n*; ***~ in bocca!*** Mund halten!; ***ha l'~ alla gola*** ihm steht das Wasser bis zum Hals; ***-e*** *pl* Gewässer *n/pl*; Bad *n*; ***-e territoriali*** Hoheitsgewässer *n/pl*; ***in cattive -e*** in Bedrängnis

acquaforte [akkua'fɔrte] *f* Radierung *f*
acquaio [akku'a:io] *m* (*pl -ai*) Ausguss *m*, Spülstein *m*
acquaragia [akkua'ra:dʒa] *f* Terpentin *n*
acquario [akku'a:rio] *m* (*pl -ri*) Aquarium *n*; *astr* Wassermann *m*
acquatico [akku'a:tiko] (*pl -ci*) Wasser…; ***uccello*** *m* **~** Wasservogel *m*
acquavite [akkua'vi:te] *f* Branntwein *m*
acquazzone [akkuat'tso:ne] *m* Platzregen *m*
acquedotto [akkue'dotto] *m* Wasserleitung *f*; *hist* Aquädukt *m*
acqueo ['akkueo] Wasser…
acquerello [akkue'rɛllo] *m* Aquarell *n*
acquirente [akkui'rɛnte] *m/f* Käufer(in) *m(f)*
acqui|sizione [akkuizitsi'o:ne] *f* Erwerbung *f*; **~stare** [akkuis'ta:re] (*1a*) **1.** *v/t* erwerben, kaufen; *fig tempo* gewinnen; **2.** *v/i* gewinnen (***in*** an *dat*)
acquisto [akku'isto] *m* Erwerbung *f*; Kauf *m*, Abnahme *f*; ***potere*** *m* ***d'~*** Kaufkraft *f*; **~ *a rate*** Ratenkauf *m*; ***-i*** *pl* Einkäufe *m/pl*
acre ['a:kre] herb
acrobata [a'krɔ:bata] *m/f* (*m/pl -i*) Akrobat(in) *m(f)*
acustic|a [a'kustika] *f* Akustik *f*; **~o** [-ko] (*pl -ci*) akustisch
acuto [a'ku:to] **1.** *adj* scharf; spitz; *mus* hoch; *med* akut; ***suono*** *m* **~** schriller Ton *m*; ***dolore*** *m* **~** heftiger Schmerz *m*; **2.** *m mus* hoher Ton *m*
ad [ad] = ***a*** (*vor Vokalen*)
adagi|are [ada'dʒa:re] (*1f*) *persona* legen, betten; **~arsi** [-'dʒarsi] sich hinlegen; *fig* sich überlassen
adagio [a'da:dʒo] **1.** *adv* langsam; (*con cautela*) vorsichtig; **2.** *m* (*pl -gi*) *mus* Adagio *n*
adatt|amento [adatta'mento] *m* Anpassung *f*; Angleichung *f*; (*rielaborazione*) Bearbeitung *f*; **~are** [-'ta:re] (*1a*) anpassen; bearbeiten; **~arsi** [-'tarsi] (*adeguarsi*) sich anpassen (***a*** an *acc*); (*addirsi*) passen (***a*** zu *od* für)
adattatore [adatta'tore] *m* Adapter *m*
adatto [a'datto] passend, geeignet (***a*** zu, für)
ad|debitare [addebi'ta:re] (*1m*) *econ* **~ *qc a qu*** j-n mit et belasten; *fig* j-m et zur Last legen; **~debito** [-'de:bito] *m econ* Lastschrift *f*, Belastung *f*
addensarsi [adden'sarsi] (*1b*) sich zusammenballen
addestr|amento [addestra'mento] *m persone* Ausbildung *f*, Schulung *f*; *animali* Dressur *f*; **~are** [-'tra:re] (*1b*) ausbilden, schulen; *animali* abrichten
addetto [ad'detto] **1.** *adj* zuständig (***a*** für); zugeteilt; **2.** *m* zuständige Person *f*; **~ *ai lavori*** *fig* Insider *m*; **~ *commerciale*** Handelsattaché *m*; ***vietato l'ingresso ai non -i*** Zutritt für Unbefugte verboten
addio [ad'di:o] **1.** *int* lebe (*od* leben Sie) wohl, adieu; *fig* dahin!; aus!; **2.** *m* Abschied *m*
addirittura [addirit'tu:ra] geradezu; (*perfino*) sogar
addizio|nare [additsio'na:re] (*1a*) addieren; **~ne** [-tsi'o:ne] *f* Addition *f*
addobbare [addob'ba:re] (*1c*) ausschmücken, dekorieren
addobbo [ad'dɔbbo] *m* Dekoration *f*
addolcire [addol'tʃi:re] (*4d*) versüßen; *fig* mildern
addolorare [addolo'ra:re] (*1a*) betrüben; mit Schmerz erfüllen
addome [ad'dɔ:me] *m* Unterleib *m*
addomesticare [addomesti'ka:re] (*1b, d u n*) zähmen
addominale [addomi'na:le] Unterleibs…, Bauch…
addorment|are [addormen'ta:re] (*1b*) einschläfern; *med* betäuben; **~arsi** [-'tarsi] einschlafen; **~ato** [-'ta:to] schlafend; verschlafen; *med* betäubt
addoss|are [addos'sa:re] (*1c*) (*appoggiare*) anlehnen (***a*** an *acc*); **~ *qc a qu*** *fig* j-m et aufbürden; **~arsi** [-'sarsi] sich anlehnen (***a*** an *acc*); *fig* auf sich (*acc*) nehmen
addosso [ad'dɔsso] **1.** *prp* auf (*dat u acc*); **2.** *adv* ***avere*** **~** bei sich haben; *vestiti* anhaben
addurre [ad'durre] (*3e*) anführen, vorbringen
adegu|are [adegu'a:re] (*1a*) gleichmachen; anpassen; **~arsi** [-gu'arsi] sich anpassen; **~ *alle circostanze*** sich den Umständen anpassen; **~ato** [-gu'a:to] angemessen
adempiere [a'dempiere] (*4d u g*) *dovere* erfüllen

aderente [ade'rɛnte] **1.** *adj* klebend, haftend (***a*** an *dat*); *vestito* anliegend; ***socio*** *m* **~** außerordentliches Mitglied *n*; **2.** *m/f* Anhänger(in) *m(f)*
aderire [ade'ri:re] *(4d)* kleben (***a*** an *dat*); *partito, società* beitreten (***a*** *dat*); *richiesta* nachkommen (***a*** *dat*)
ades|ione [adezi'o:ne] *f* Beitritt *m*; *(consenso)* Zustimmung *f*; **~ivo** [-'zi:vo] **1.** *adj* klebend, Kleb...; **2.** *m* Klebstoff *m*; Aufkleber *m*
adesso [a'dɛsso] jetzt
adiacente [adia'tʃɛnte] anliegend, angrenzend
adibire [adi'bi:re] *(4d)* verwenden
Adige ['a:didʒe] *m* Etsch *f*
adir|arsi [adi'rarsi] zornig werden; **~** ***con qu*** auf j-n böse werden; **~ato** [-'ra:to] zornig
adolesc|ente [adoleʃ'ʃɛnte] *m/f* Jugendliche(r) *m/f(m)*; **~enza** [-'ʃɛntsa] *f* Jugend *f*
adoper|are [adope'ra:re] *(1m u c)* (ge-)brauchen; **~arsi** [-'rarsi] sich einsetzen (***per qc*** für et); sich bemühen
ador|are [ado'ra:re] *(1a)* verehren; lieben; **~azione** [-tsi'o:ne] *f* Verehrung *f*
adornare [ador'na:re] *(1a)* schmücken
adott|are [adot'ta:re] *(1c)* adoptieren; *(accogliere)* annehmen; *provvedimento* ergreifen; **~ivo** [-'ti:vo] adoptiert
adozione [adotsi'o:ne] *f* Adoption *f*; *fig* Wahl *f*
adriatico [adri'a:tiko] *(pl -ci) adj* adriatisch; ***costa*** *f* **-a** Adriaküste *f*
Adriatico *m (a mare m* **~***)* Adriatisches Meer *n*, Adria *f*
adul|are [adu'la:re] *(1a)*: **~** ***qu*** j-m schmeicheln; **~azione** [-latsi'o:ne] *f* Schmeichelei *f*
adulterare [adulte'ra:re] *(1m)* verfälschen; *vino* panschen
adulterio [adul'tɛ:rio] *m (pl -ri)* Ehebruch *m*
adulto [a'dulto] **1.** *adj* erwachsen; **2.** *m* Erwachsene(r) *m*
aera|re [ae'ra:re] *(1l)* lüften; **~to** [-'ra:to] gelüftet, luftig; **~zione** [-ratsi'o:ne] *f* Lüftung *f*
aereo[1] [a'ɛ:reo] Luft...; *avia* Flug...; ***prospettiva*** *f* **-a** Vogelperspektive *f*; ***base*** *f* **-a** Luftstützpunkt *m*; ***compagnia*** *f* **-a** Fluggesellschaft *f*; ***ponte*** *m* **~** Luftbrücke *f*; ***posta*** *f* **-a** Luftpost *f*
aereo[2] [a'ɛ:reo] *m* Flugzeug *n*; **~** ***di linea*** Linienmaschine *f*
aerobico [aɛ'rɔ:biko] *(pl -ci)* ***ginnastica*** *f* **-a** Aerobic *n*
aero|bus [aɛro'bus] *m inv* Airbus *m*; **~dinamico** [-di'na:miko] aerodynamisch; windschnittig; **~linea** [-'li:nea] *f* Luftverkehrslinie *f*
aero|modellismo [aɛromodel'lizmo] *m* Modellflugzeugsport *m*; **~modello** [-mo'dɛllo] *m* Modellflugzeug *n*; **~nautica** [-'na:utika] *f* Luftfahrt *f*; **~** ***militare*** Luftstreitkräfte *f/pl*; **~plano** [-'pla:no] *m* Flugzeug *n*; **~** ***da trasporto passeggeri*** Verkehrsflugzeug *n*; **~porto** [-'pɔrto] *m* Flughafen *m*
aerosol [aero'sɔl] *m inv* Aerosol *n*; *contenitore* Sprühdose *f*
aero|spaziale [aerospatsi'a:le] Raumfahrt...; **~stazione** [-statsi'o:ne] *f* Terminal *m u n*
aerostato [ae'rɔstato] *m* Luftballon *m*
afa ['a:fa] *f* Schwüle *f*
affabile [af'fa:bile] freundlich, umgänglich
affaccend|arsi [affattʃen'darsi] *(1b)* sich zu schaffen machen (***intorno a*** an *dat*); **~ato** [-'da:to] viel beschäftigt
affacciarsi [affat'tʃarsi] *(1f)* sich zeigen; *dubbi* aufkommen
affamato [affa'ma:to] *adj* hungrig, ausgehungert
affannato [affan'na:to] atemlos
affanno [af'fanno] *m* Atemnot *f*; *fig* Kummer *m*
affare [af'fa:re] *m econ* Geschäft *n*; Angelegenheit *f*; ***uomo*** *m* ***d'-i*** Geschäftsmann *m*; ***ministro*** *m* ***degli Affari Esteri*** Außenminister *m*; ***giro*** *m (od cifra f)* ***di -i*** Umsatz *m*
affarista [affa'rista] *m/f (m/pl -i)* Geschäftemacher(in) *m(f)*
affascin|ante [affaʃʃi'nante] bezaubernd, faszinierend; **~are** [-'na:re] *(1m)* bezaubern, faszinieren
affatic|are [affati'ka:re] *(1d)* anstrengen, ermüden; **~arsi** [-'karsi] sich anstrengen; müde werden
affatto [af'fatto] durchaus; gänzlich; ***niente*** **~** durchaus nicht
afferm|are [affer'ma:re] *(1a)* *(sostenere)* behaupten; *(confermare)* bestätigen; bejahen; **~arsi** [-'marsi] sich behaupten; sich durchsetzen; **~azione**

[-matsi'oːne] *f* Bestätigung *f*; Behauptung *f*; Bejahung *f*; (*successo*) Erfolg *m*
afferr|are [affer'raːre] (*1b*) ergreifen; (*comprendere*) begreifen; **~arsi** [-'rarsi] sich festklammern (***a*** an *dat*)
affettare[1] [affet'taːre] (*1a*) in Scheiben schneiden
affettare[2] [affet'taːre] (*1b*) heucheln; zur Schau tragen
affettato[1] [affet'taːto] *m* Aufschnitt *m*
affettato[2] [affet'taːto] *adj* geziert, affektiert; unnatürlich
affett|o [af'fɛtto] *m* Zuneigung *f*; Liebe *f*; **~uoso** [-tu'oːzo] herzlich; liebevoll
affezion|arsi [affetsio'narsi] (*1a*): ***~ a qu*** j-n lieb gewinnen; **~ato** [-'naːto]: ***~ a qu*** j-m zugetan
affiancare [affiaŋ'kaːre] (*1d*) Seite an Seite stellen; *fig* unterstützen
affibbiare [affibbi'aːre] (*1k*) zuschnallen
affid|amento [affida'mento] *m* Vertrauen *n*; ***fare ~ su*** sich verlassen auf (*acc*); **~are** [-'daːre] (*1a*) anvertrauen; **~arsi** [-'darsi]: ***~ a*** sich verlassen auf (*acc*)
affil|are [affi'laːre] (*1a*) schärfen; *fig* auszehren; **~ato** [-'laːto] scharf; *naso* schmal
affili|are [affili'aːre] (*1g*) *a una società* aufnehmen; **~ato** [-li'aːto] **1.** *m* Mitglied *n*; **2.** *adj* ***società*** *f* ***-a*** Tochtergesellschaft *f*; **~azione** [-liatsi'oːne] *f* Aufnahme *f*
affinché [affiŋ'ke] damit
affine [af'fiːne] ähnlich
affinità [affini'ta] *f* Ähnlichkeit *f*
affiorare [affio'raːre] (*1a*) auftauchen
affissione [affissi'oːne] *f* Anschlagen *n*
affitt|acamere [affitta'kaːmere] *m/f* Zimmervermieter(in) *m(f)*; **~are** [-'taːre] (*1a*) *locali* vermieten; *terre* verpachten; (*prendere in affitto*) mieten; pachten; ***affittasi camere*** Zimmer frei
affitto [af'fitto] *m* Miete *f*; Pacht *f*; ***dare in ~*** vermieten; ***prendere in ~*** mieten
affl|iggere [af'fliddʒere] (*3cc*) betrüben; **~itto** [-'flitto] betrübt
afflu|ente [afflu'ɛnte] *m* Nebenfluss *m*; **~enza** [-'ɛntsa] *f* Andrang *m*; **~ire** [-'iːre] (*4d*) zufließen; *persone* zusammenströmen
afflusso [af'flusso] *m* Zufluss *m*; *di persone* Zustrom *m*
affogare [affo'gaːre] (*1c u e*) **1.** *v/t* ertränken; **2.** *v/i* ersticken; ertrinken
affoll|amento [affolla'mento] *m* Gedränge *n*; **~are** [-'laːre] (*1c*) überfüllen; **~arsi** [-'larsi] zusammenströmen; *fig* stürmen (***in*** auf *acc*); **~ato** [-'laːto] überfüllt
affondare [affon'daːre] (*1a*) **1.** *v/t* versenken; **2.** *v/i* versinken
affranc|are [affraŋ'kaːre] (*1d*) befreien; *post* frankieren; **~atura** [-ka'tuːra] *f* Frankierung *f*; *tassa di spedizione* Porto *n*
affresco [af'fresko] *m* (*pl -chi*) Fresko *n*
affrett|are [affret'taːre] (*1a*) beschleunigen; **~arsi** [-'tarsi] sich beeilen
affrontare [affron'taːre] (*1a*) entgegentreten (***qu, qc*** j-m, e-r Sache); *et* in Angriff nehmen; ***~ un rischio*** ein Risiko eingehen
affum|icare [affumi'kaːre] (*1d u m*) verräuchern; *alimenti* räuchern; **~icato** [-mi'kaːto] geräuchert; Räucher…
affusolato [affuso'laːto] schlank, schmal
Afganistan [afganis'tan] *m* Afghanistan *n*
afoso [a'foːzo] schwül
Africa ['aːfrika] *f* Afrika *n*
AG ***Agrigento*** Agrigent
agenda [a'dʒɛnda] *f* Notizbuch *n*; Terminkalender *m*; Tagesordnung *f*
agente [a'dʒɛnte] *m* Agent *m*; Polizeibeamte(r) *m*; ***~ di cambio*** Börsenmakler *m*; ***~ di commercio*** Handelsvertreter *m*; ***~ immobiliare*** Immobilienmakler(in) *m(f)*; ***~ inquinante*** Schadstoff *m*; ***~ di pubblica sicurezza*** Polizeibeamte(r) *m*
agenzia [adʒen'tsiːa] *f* Agentur *f*; ***~ di cambio*** Wechselstube *f*; ***~ immobiliare*** Immobilienbüro *n*; ***~ di pubblicità*** Werbeagentur *f*; ***~ (di) viaggi*** Reisebüro *n*; ***~ pubblicitaria*** Werbeagentur *f*
agevol|are [adʒevo'laːre] (*1m*) erleichtern; **~ato** [-'laːto] erleichtert; *econ* zinsgünstig, zinsverbilligt; **~azione** [-latsi'oːne] *f* Erleichterung *f*
agevole [a'dʒeːvole] leicht
agganciare [aggan'tʃaːre] (*1f*) anhän-

gen; *cintura* zuschnallen
aggettivo [addʒet'tivo] *m* Adjektiv *n*, Eigenschaftswort *n*
agghiacciare [aggiat'tʃa:re] *(1f)* **1.** *v/t* gefrieren lassen; *fig* erstarren lassen; **2.** *v/i* gefrieren
aggiorn|amento [addʒorna'mento] *m* *(rinvio)* Vertagung *f*; *(riqualificazione)* Fortbildung *f*; ***corso d'~*** Fortbildungskurs *m*; **~are** [-'na:re] *(1a)* *(rinviare)* vertagen; *(mettere al corrente)* auf den heutigen Stand bringen; **~arsi** [-'narsi] sich auf dem Laufenden halten
aggir|are [addʒi'ra:re] *(1a)* umgehen; *fig* betrügen; **~arsi** [-'rarsi] sich herumtreiben; *econ* ungefähr betragen
aggiudicare [addʒudi'ka:re] *(1d u m)* zuerkennen; *all'asta* zuschlagen
aggiun|gere [ad'dʒundʒere] *(3d)* hinzufügen; **~ta** [-ta] *f* Zusatz *m*; Nachtrag *m*
aggiustare [addʒus'ta:re] *(1a)* *(riparare)* reparieren, ausbessern; *(sistemare)* in Ordnung bringen; *conto* ausgleichen
agglomerato [agglome'ra:to] *m* Anhäufung *f*; ***~ urbano*** Ballungszentrum *n*
aggrapparsi [aggrap'parsi] *(1a)* sich (an)klammern (***a*** an *acc*)
aggrav|ante [aggra'vante] **1.** *adj* erschwerend; **2.** *f* erschwerender Umstand *m*; **~are** [-'va:re] *(1a)* erschweren; *punizione* verschärfen; *(peggiorare)* verschlimmern; **~arsi** [-'varsi] sich verschlimmern
aggravio [ag'gra:vio] *m* *(pl -vi)* Belastung *f*, Last *f*; ***~ fiscale*** Steuerbelastung *f*
aggraziato [aggratsi'a:to] anmutig, graziös
aggredire [aggre'di:re] *(4d)* überfallen; *fig* anfahren
aggress|ione [aggressi'o:ne] *f* Überfall *m*; *pol* ***patto*** *m* ***di non ~*** Nichtangriffspakt *m*; **~ività** [-sivi'ta] *f* Aggressivität *f*; **~ivo** [-'si:vo] aggressiv; **~ore** [-'so:re] *m* Angreifer *m*; *pol* Aggressor *m*
agguato [aggu'a:to] *m* Hinterhalt *m*, Falle *f*; ***tendere un ~ a qu*** j-m eine Falle stellen
agguerrito [agguer'ri:to] kämpferisch
agiatezza [adʒa'tettsa] *f* Wohlstand *m*
agiato [a'dʒa:to] wohlhabend; *(comodo)* bequem
agibile [a'dʒi:bile] benutzbar
agile ['a:dʒile] flink
agilità [adʒili'ta] *f* Gelenkigkeit *f*; *fig* Wendigkeit *f*
agio ['a:dʒo] *m* *(pl -gi)* Bequemlichkeit *f*; ***sentirsi a proprio ~*** sich wohlfühlen; ***agi*** *pl* Wohlstand *m*
agire [a'dʒi:re] *(4d)* handeln; *medicina* wirken; *jur* gerichtlich vorgehen (***contro*** gegen)
agit|are [adʒi'ta:re] *(1l)* schütteln; *fazzoletto* schwenken; *fig* aufregen; **~ato** [-'ta:to] unruhig; *mare* bewegt; **~azione** [-tatsi'o:ne] *f* Aufregung *f*, Unruhe *f*
agli ['a:ʎi] *prp* ***a*** *mit art* ***gli***
aglio ['a:ʎo] *m* *(pl -gli)* Knoblauch *m*
agnello [a'ɲɛllo] *m* Lamm *n*
agnollotto [aɲol'lɔtto] *m* Teigklößchen *n* mit Fleischfüllung
ago ['a:go] *m* *(pl -ghi)* Nadel *f*; *di bilancia* Zeiger *m*
agon|ismo [ago'nizmo] *m* Kampfgeist *m*; **~istico** [-'nistiko] *(pl -ci)* wettkämpferisch
agopuntura [agopun'tu:ra] *f* Akupunktur *f*
agosto [a'gosto] *m* August *m*; ***in ~*** im August
agr|aria [a'gra:ria] *f* Agrarwissenschaft *f*; **~ario** [-rio] *(pl -ri)* landwirtschaftlich; Agrar…; ***riforma*** *f* ***-a*** Agrarreform *f*
agricolo [a'gri:kolo] landwirtschaftlich, Landwirtschafts…
agri|coltore [agrikol'to:re] *m* Bauer *m*; Landwirt *m*; **~coltura** [-kol'tu:ra] *f* Landwirtschaft *f*; **~turismo** [-tu'rizmo] *m* Ferien *pl* auf dem Bauernhof
agro ['a:gro] sauer
agrodolce [agro'doltʃe] süßsauer
agronomo [a'grɔ:nomo] *m* Diplomlandwirt *m*
agrumi [a'gru:mi] *m/pl* Zitrusfrüchte *f/pl*; Zitrusgewächse *n/pl*
aguzzare [agut'tsa:re] *(1a)* (zu)spitzen; *fig appetito* anregen; *vista* schärfen
aguzzo [a'guttso] spitz
ah! [a:] ach!; **ahi!** ['a:i] au!
ai ['ai] *prp* ***a*** *mit art* ***i***

aia ['a:ia] *f* Tenne *f*
Aids ['aidz] *f* Aids *n*; ***malato di ~*** aidskrank
AIDS, **Aids** (*Acquired Immune Deficiency Syndrome*) ***Sindrome da immunodeficienza acquisita*** Immunschwächekrankheit (*abbr* AIDS, Aids)
AIG ***Associazione Italiana Alberghi per la Gioventù*** italienischer Jugendherbergsverband
A.I.R.E. ***Anagrafe degli Italiani Residenti all'Estero*** Melderegister *der italienischen Staatsbürger mit Wohnsitz im Ausland*
aiuola [aiu'ɔ:la] *f* Beet *n*
aiut|ante [aiu'tante] *m/f* Helfer(in) *m(f)*; (*assistente*) Assistent(in) *m(f)*; Hilfskraft *f*; **~are** [-'ta:re] (*1a*) helfen; ***~ qu*** j-m helfen, j-n unterstützen
aiuto [ai'u:to] *m* Hilfe *f*; *persona* → ***aiutante***; ***~ allo sviluppo*** Entwicklungshilfe *f*
aizzare [ait'tsa:re] (*1a*) aufhetzen
al [al] *prp* ***a*** *mit art* ***il***
AL ***Alessandria*** Alessandria
ala ['a:la] *f* (*pl -i*) Flügel *m*; *avia* Tragfläche *f*
alabastro [ala'bastro] *m* Alabaster *m*
Alasca [a'laska] *f* Alaska *n*
alba ['alba] *f* Morgendämmerung *f*; ***all'~*** bei Tagesanbruch
albanese [alba'ne:se] **1.** *adj* albanisch; **2.** *m* Albanisch(e) *n*; **3.** *m/f* Albaner(in) *m(f)*
Albania [alba'ni:a] *f* Albanien *n*
albeggiare [albed'dʒa:re] (*1f*) dämmern, tagen
alberato [albe'ra:to] mit Bäumen bestanden
alberg|are [alber'ga:re] (*1b u e*) beherbergen, aufnehmen; **~atore** [-ga'to:re] *m* Gastwirt *m*; Hotelbesitzer *m*, Hotelier *m*
alberghiero [albergi'ɛ:ro] Hotel…; ***industria*** *f* ***-a*** Hotelgewerbe *n*
albergo [al'bergo] *m* (*pl -ghi*) Hotel *n*; ***~ di lusso*** Luxushotel *n*; ***guida*** *f* ***degli -ghi*** Hotelführer *m*
albero ['albero] *m* Baum *m*; *mar* Mast *m*; *avia, auto* Welle *f*; ***~ genealogico*** Stammbaum *m*; ***~ motore*** Antriebswelle *f*; ***~ di Natale*** Weihnachtsbaum *m*
albicocc|a [albi'kɔkka] *f* (*pl -cche*) Aprikose *f*; **~o** [-ko] *m* (*pl -cchi*) Aprikosenbaum *m*
albo ['albo] Schwarzes Brett *n*, Anschlagbrett *n*; (*registro*) Register *n*, Liste *f*; ***~ degli avvocati*** Rechtsanwaltsliste *f*
album [al'bum] *m* Album *n*
albume [al'bu:me] *m* Eiweiß *n*
alcalino [alka'li:no] alkalisch
alce ['altʃe] *m* Elch *m*
alcol ['alkol] *m inv* Alkohol *m*; ***senz'~*** alkoholfrei
alc|olico [al'kɔ:liko] (*pl -ci*) **1.** *adj* alkoholisch; ***gradazione*** *f* ***-a*** Alkoholgehalt *m*; **2.** *m* alkoholisches Getränk *n*; **~olismo** [-ko'lizmo] *m* Alkoholismus *m*; **~olizzato** [-kolid'dza:to] *m* Alkoholiker *m*
alcuno [al'ku:no] **1.** *adj* irgendein; ***non … ~*** kein; **2.** *pron* jemand; ***non … ~*** niemand; *pl* ***-i*** einige
aldilà [aldi'la] jenseits
aletta [a'letta] *f* Flügel *m*; *avia, mar* Klappe *f*, Flosse *f*; *auto* ***~ parasole*** Sonnenblende *f*; *auto* ***~ di raffreddamento*** Kühlrippe *f*
alfab|etico [alfa'bɛ:tiko] (*pl -ci*) alphabetisch; ***ordine ~*** alphabetische Reihenfolge *f*; **~eto** [-'bɛ:to] *m* Alphabet *n*
alfiere [alfi'ɛ:re] *m scacchi* Läufer *m*
alga ['alga] *f* (*pl -ghe*) Alge *f*
Algeri [al'dʒɛ:ri] *f* Algier *n*
Algeria [aldʒe'ri:a] *f* Algerien *n*
algerino [aldʒe'ri:no] **1.** *adj* algerisch; **2.** *m* Algerier *m*
aliante [ali'ante] *m* Segelflugzeug *n*
alice [a'li:tʃe] *f* Sardelle *f*
alien|are [alie'na:re] (*1b*) *jur* veräußern; *persone* entfremden; **~arsi** [-'narsi] sich entfremden; sich verscherzen; **~ato** [-'na:to] **1.** *adj* veräußert; geistesgestört; **2.** *m* Geistesgestörte(r) *m*; **~azione** [-natsi'o:ne] *f* Veräußerung *f*; ***~ mentale*** Geistesgestörtheit *f*
aliment|are [alimen'ta:re] (*1a*) **1.** *v/t* ernähren, *tec* speisen; **2.** *adj* Nahrungs…; ***generi*** *m/pl* ***-i*** Nahrungsmittel *n/pl*, Lebensmittel *n/pl*; **~azione** [-tatsi'o:ne] *f* Ernährung *f*; *tec* Beschickung *f*
alimento [ali'mento] *m* Nahrung *f*,

Nahrungsmittel *n*; **~ base** Grundnahrungsmittel *n*; **-i** *pl jur* Alimente *pl*
aliquota [a'liːkuota] *f* Anteil *m*; **~ d'imposta** Steuersatz *m*
aliscafo [-'skaːfo] *m* Tragflächenboot *n*
ALITALIA **Linee aeree italiane** Italienische Luftverkehrslinien
alito ['aːlito] *m* Hauch *m*; Atem *m*; Mundgeruch *m*
all', **alla** ['all, 'alla] *prp* **a** *mit art* **l', la**
all. **allegato** Anlage
allacci|amento [allattʃa'mento] *m tec* Anschluss *m*; Verbindung *f*; **~ alla rete elettrica** Stromanschluss *m*; **~are** [-lat'tʃaːre] (*1f*) zuschnüren; *tec* anschließen; **~** *od* **allacciarsi la cintura di sicurezza** sich anschnallen
allag|amento [allaga'mento] *m* Überschwemmung *f*; **~are** [-'gaːre] (*1e*) überschwemmen
allarg|are [allar'gaːre] (*1e*) verbreitern; *vestito* weiter machen; *braccia* ausbreiten; **~arsi** [-'garsi] breiter werden
allarm|are [allar'maːre] (*1a*) alarmieren; *fig* beunruhigen; **~arsi** [-'marsi] sich beunruhigen
allarme [al'larme] *m* Alarm *m*; **dare l'~** Alarm schlagen; **~ smog** Smogalarm *m*; **segnale d'~** *fer* Notbremse *f*
allattare [allat'taːre] (*1a*) stillen
alle ['alle] *prp* **a** *mit art* **le**
alle|anza [alle'antsa] *f* Bündnis *n*, Allianz *f*; **~arsi** [-'arsi] (*1b*) sich verbünden
allegare¹ [alle'gaːre] (*1b u e*) (*addurre*) anführen
alleg|are² [alle'gaːre] (*1e*) beifügen, beilegen; **~ato** [-'gaːto] *m* Anlage *f*; **in ~** in der Anlage, anbei
alleggerire [alleddʒe'riːre] (*4d*) leichter machen; *fig* erleichtern
all|egria [alle'griːa] *f* Fröhlichkeit *f*; **~egro** [-'leːgro] **1.** *adj* fröhlich, lustig; **2.** *m mus* Allegro *n*
allen|amento [allena'mento] *m* Training *n*; **~are** [-'naːre] (*1b*), **~arsi** [-'narsi] trainieren (**per, a** auf *acc*); **~atore** [-na'toːre] *m* Trainer *m*
allent|are [allen'taːre] (*1b*) **1.** *v/t* lockern; **2.** *v/i u* **~arsi** [-'tarsi] locker werden
allergia [aller'dʒiːa] *f* Allergie *f*
allergico [al'lɛrdʒiko] (*pl -ci*) allergisch (**a** gegen)
allest|imento [allesti'mento] *m* Ausstattung *f*; *tea* Inszenierung *f*; *mar* Ausrüstung *f*; **~ire** [-'tiːre] (*4d*) ausstatten; *cibi* zubereiten; *tea* inszenieren; *mar* ausrüsten
allev|amento [alleva'mento] *m bot u zo* Zucht *f*; **~ di massa** Massentierhaltung *f*; **~are** [-'vaːre] (*1b*) *zo* züchten; *bambini* aufziehen; **~atore** [-va'toːre] *m*, **-atrice** [-va'tritʃe] *f* Züchter(in) *m(f)*
alleviare [allevi'aːre] (*1b u k*) erleichtern
allievo [alli'ɛːvo] *m*, **-a** [-'ɛːva] *f* Schüler(in) *m(f)*
alline|amento [allinea'mento] *m econ* Angleichung *f* (*a fig*); **~ monetario** Währungsangleichung *f*; **~are** [-ne'aːre] (*1m*) aufreihen; **~arsi** [-ne'arsi] sich in Reih und Glied stellen; *fig* sich angleichen
allo ['allo] *prp* **a** *mit art* **lo**
allodola [al'lɔːdola] *f* Lerche *f*
alloggiare [allod'dʒaːre] (*1f u c*) **1.** *v/t* beherbergen, unterbringen; einquartieren (*a mil*); **2.** *v/i* wohnen
alloggio [al'lɔddʒo] *m* (*pl -gi*) Unterkunft *f*, Quartier *n*; Wohnung *f*; **dare ~ a qu** j-n beherbergen; **vitto e ~** Unterkunft und Verpflegung
allontan|are [allonta'naːre] (*1a*) entfernen; **~ qc da sé** et von sich fernhalten; **~arsi** [-'narsi] sich entfernen; *fig* sich abwenden
allora [al'loːra] **1.** *adv* da, damals; **2.** *c*[onj] dann; also; **d'~ in poi** von da an; **fin d'~** seit damals
alloro [al'lɔro] *m* Lorbeer *m*
alluce ['allutʃe] *m* große Zehe *f*
allucin|ante [allutʃi'nante] erschütternd; **~azione** [-natsi'oːne] *f* Halluzination *f*
alludere [al'luːdere] (*3q*) anspielen (*a* auf *acc*)
alluminio [allu'miːnio] *m* Aluminium *n*
allung|amento [alluŋga'mento] *m* Verlängerung *f*; **~are** [-'gaːre] (*1e*) verlängern; (*diluire*) verdünnen; *mano* ausstrecken; *passo* beschleunigen; **~arsi** [-'garsi] *giorni* länger werden; *persone* sich ausstrecken
allusione [al'luzi'oːne] *f* Anspielung
alluvione [alluvi'oːne] *f* Überschwem

mung *f*
almeno [al'me:no] wenigstens
alogena [a'lɔdʒena] *f* Halogenlampe *f*
Alpi ['alpi] *f/pl* Alpen *pl*
alp|inismo [alpi'nizmo] *m* Bergsteigen *n*; **~inista** [-pi'nista] *m/f* (*m/pl -i*) Bergsteiger(in) *m(f)*; **~ino** [-'pi:no] alpin, Alpen…; ***Club*** *m* ♀ Alpenverein *m*
alquanto [alku'anto] etwas; **-i** *m/pl* einige
Alsazia [al'sa:tsia] *f* Elsass *n*
alt ['alt] *int* halt
altalena [alta'le:na] *f* Schaukel *f*
altare [al'ta:re] *m* Altar *m*
alter|are [alte'ra:re] (*1l*) verändern; (*falsificare*) fälschen; **~arsi** [-'rarsi] sich verändern; (*guastarsi*) schlecht werden; (*irritarsi*) sich erregen; **~azione** [-ratsi'o:ne] *f* Veränderung *f*; Fälschung *f*; Erregung *f*
alterco [al'tɛrko] *m* (*pl -chi*) Wortwechsel *m*; Streit *m*
altern|are [alter'na:re] (*1b*) abwechseln; **~arsi** [-'narsi] sich abwechseln; **~ativa** [-na'ti:va] *f* Wechsel *m*; Alternative *f*; **~ativo** [-na'ti:vo] abwechselnd; *pol*, *sociologia* alternativ
alternato [-'na:to] ***corrente*** *f* **-a** *el* Wechselstrom *m*
alterno [al'tɛrno] ***a giorni -i*** jeden zweiten Tag
alt|ezza [al'tettsa] *f* Höhe *f*; *titolo* Hoheit *f*; **~iccio** [-'tittʃo] (*pl -cci*) angeheitert
altitudine [alti'tu:dine] *f* Höhe *f*
alto ['alto] **1.** *adj* hoch; *persona* groß; *notte* tief; ***a voce -a*** mit lauter Stimme, laut; ***in ~*** oben; *moto* hinauf; ***l'-a Italia*** *f* Oberitalien *n*; **2.** *m* Höhe *f*
Alto Adige ['alto'a:didʒe] *m* Südtirol *n*
altoatesino [altoate'si:no] **1.** *m* Südtiroler *m*; **2.** *adj* südtirolisch
alto|parlante [altopar'lante] *m* Lautsprecher *m*; **~piano** [-pi'a:no] *m* (*pl altipiani*) Hochebene *f*
altrettanto [altret'tanto] ebenfalls
altrimenti [altri'menti] (*in modo diverso*) anders; (*in caso contrario*) sonst
altro ['altro] anderer; (*nuovo, aggiunto*) noch ein, weiterer; ***l'~ anno*** voriges Jahr; ***l'~ giorno*** neulich; ***l'~ ieri*** vorgestern; ***tutt'~!*** im Gegenteil!; ***senz'~*** ohne weiteres; ***l'un l'~*** einander; ***tra l'~*** unter anderem
altr|onde [al'tronde] ***d'~*** andererseits; **~ove** [al'tro:ve] anderswo(hin); **~ui** [-'trui] anderer; **~uismo** [-'izmo] *m* Altruismus *m*
altura [al'tu:ra] *f* Anhöhe *f*
alunno [a'lunno] *m* Schüler *m*
alzacristallo [altsakris'tallo] *m inv auto* Fensterheber *m*
alz|are [al'tsa:re] (*1a*) (hoch-, er)heben; *prezzi* anheben, erhöhen; (*costruire*) errichten; ***~ le spalle*** die Achseln zucken; **~arsi** [-'tsarsi] aufstehen; *sole* aufgehen
a. m. ***antimeridiano*** vormittags (*abbr* vorm.)
amab|ile [a'ma:bile] liebenswürdig; *vino* lieblich; **~ilità** [amabili'ta] *f* Liebenswürdigkeit *f*
amaca [a'ma:ka] *f* (*pl -che*) Hängematte *f*
amalgamare [amalga'ma:re] (*1m*) vermischen
amante [a'mante] *m/f* Liebhaber(in) *m(f)*; Geliebte(r) *m/f(m)*; ***~ della musica*** Musikliebhaber *m*
amare [a'ma:re] (*1a*) lieben; lieb haben; gernhaben
amareggi|are [amared'dʒa:re] (*1f*) verbittern; **~ato** [-'dʒa:to] verbittert
amarena [ama'rɛ:na] *f* Sauerkirsche *f*
amarezza [ama'rettsa] *f fig* Verbitterung *f*
amaro [a'ma:ro] **1.** *adj* bitter; **2.** *m liquore* Bitter *m*
ambasci|ata [ambaʃ'ʃa:ta] *f* Botschaft *f*; **~atore** [-ʃa'to:re] *m*, **-atrice** [-a'tri:tʃe] *f* Botschafter(in) *m(f)*
ambedue [ambe'du:e] beide
ambient|ale [ambien'ta:le] Umwelt…; ***danni*** *m/pl* **-i** Umweltschäden *pl*; **~alista** [-ta'lista] **1.** *adj* Umweltschutz …; ***associazione*** *f* **~** Umweltschutzorganisation *f*; **2.** *m/f* (*m/pl -i*) Umweltschützer(in) *m(f)*
ambientarsi [ambien'tarsi] (*1b*) sich eingewöhnen, sich akklimatisieren
ambiente [ambi'ɛnte] *m biol* Umwelt *f*; Milieu *n*; Umgebung *f*; ***protezione*** *f* ***dell'~*** Umweltschutz *m*; ***~ di lavoro*** Betriebsklima *n*
ambiguità [ambigui'ta] *f* Zweideutigkeit *f*
ambiguo [am'bi:guo] zweideutig

ambito ['ambito] *m* Bereich *m*
ambiz|ione [ambitsi'o:ne] *f* Ehrgeiz *m*; **~ioso** [-tsi'o:zo] ehrgeizig
ambul|ante [ambu'lante] **1.** *adj* Wander…; **2.** *m/f* Straßenhändler(in) *m(f)*; **~anza** [-'lantsa] *f* Krankenwagen *m*; **~atorio** *med* [-la'tɔ:rio] *m* (*pl -ri*) Sprechzimmer *n*
Amburgo [am'burgo] *f* Hamburg *n*
America [a'mɛ:rika] *f* Amerika *n*; **~ *del Nord*** Nordamerika *n*; **~ *del Sud*** Südamerika *n*; **~ *Centrale*** Mittelamerika *n*; **~ *Latina*** Lateinamerika *n*
americano [ameri'ka:no] **1.** *adj* amerikanisch; **2.** *m*, **-a** [-na] *f* Amerikaner(in *f*) *m*
ametista [ame'tista] *f* Amethyst *m*
amianto [ami'anto] *m* Asbest *m*
ami|ca [a'mi:ka] *f* Freundin *f*; **~chevole** [-'ke:vole] freundschaftlich; **~cizia** [-'tʃi:tsia] *f* Freundschaft *f*; ***in*** **~** im Vertrauen
amico [a'mi:ko] (*pl -ci*) **1.** *adj* befreundet; (*benevolo*) freundlich; **2.** *m* Freund *m*; **~ *intimo*** Busenfreund *m*
amido ['a:mido] *m* (Mehl)Stärke *f*
ammacc|are [ammak'ka:re] (*1d*) verbeulen; **~atura** [-ka'tu:ra] *f* Beule *f*
ammaestrare [ammaes'tra:re] (*1b*) belehren; *animali* dressieren
ammal|arsi [amma'larsi] (*1a*) krank werden; **~ato** [-'la:to] **1.** *adj* krank; **2.** *m* Kranke(r) *m*
ammanco [am'maŋko] *m* (*pl -chi*) Fehlbetrag *m*, Manko *n*
ammanettare [ammanet'ta:re] (*1a*): **~ *qu*** j-m Handschellen anlegen
ammarare [amma'ra:re] (*1a*) *avia* wassern
ammass|are [ammas'sa:re] (*1a*) anhäufen; sammeln; **~arsi** [-'sarsi] sich anhäufen; sich zusammendrängen
ammasso [am'masso] *m* Haufen *m*; *geol* Ablagerung *f*
ammazz|are [ammat'tsa:re] (*1a*) töten, umbringen; *animali* schlachten; *fig tempo* totschlagen; **~arsi** [-'tsarsi] sich töten
ammenda [am'mɛnda] *f* Geldstrafe *f*
ammesso [am'messo] → ***ammettere***
ammettere [am'mettere] (*3ee*) zulassen; (*supporre*) annehmen; (*riconoscere*) zugeben; ***ammesso che …*** zugegeben, dass …
amministr|are [amminis'tra:re] (*1a*) verwalten; **~ativo** [-tra'ti:vo] verwaltungsmäßig; Verwaltungs…; ***diritto*** *m* **~** Verwaltungsrecht *n*; **~atore** [-tra'to:re] *m* Verwalter *m*; **~azione** [-tratsi'o:ne] *f* Verwaltung *f*; **~ *comunale*** Stadtverwaltung *f*; **~ *centrale*** Hauptverwaltung *f*; ***spese*** *f/pl* ***d'~*** Verwaltungskosten *pl*
ammirabile [ammi'ra:bile] bewundernswert
ammir|aglia [ammi'ra:ʎa] *f mar* Flaggschiff *n*; **~aglio** [-'ra:ʎo] *m* (*pl -gli*) Admiral *m*
ammir|are [ammi'ra:re] (*1a*) bewundern; **~atore** [-ra'to:re] *m* Bewunderer *m*; **~azione** [-ratsi'o:ne] *f* Bewunderung *f*; **~evole** [-'re:vole] bewundernswürdig
ammis|sibile [ammis'si:bile] annehmbar; zulässig; **~sione** [-si'o:ne] *f* Zulassung *f*; Aufnahme *f*; ***esame*** *m* ***d'~*** Aufnahmeprüfung *f*
ammobi|liare [ammobili'a:re] (*1g*) möblieren; einrichten; **~liato** [-li'a:to] möbliert
ammodo [am'mɔ:do] *inv* anständig
ammonimento [ammoni'mento] *m* Ermahnung *f*, Warnung *f*
ammon|ire [ammo'ni:re] (*4d*) ermahnen; *jur* verwarnen; **~izione** [-nitsi'o:ne] *f* Mahnung *f*; *jur* Verwarnung *f*; *sport* Verweis
ammontare [ammon'ta:re] **1.** (*1a*) *v/i* betragen, sich belaufen (***a*** auf *acc*); **2.** *m* Betrag *m*, Summe *f*, Höhe *f*; ***per l'~ di …*** in Höhe von …
ammorbidire [ammorbi'di:re] (*4d*) erweichen; *fig* besänftigen
ammort|amento [ammorta'mento] *m* Amortisierung *f*, (*estinzione*) Tilgung *f*, Abschreibung *f*; **~ *dei debiti*** Schuldentilgung *f*; **~izzare** [-tid'dza:re] (*1a*) *econ* amortisieren; tilgen; *tec* dämpfen; **~izzatore** [-tiddza'to:re] *m auto* Stoßdämpfer *m*
ammucchi|are [ammukki'a:re] (*1g*) aufhäufen; **~arsi** [-ki'arsi] sich ansammeln; sich zusammendrängen
ammuffire [ammuf'fi:re] (*4d*) schimmeln; *fig* verkümmern
ammutolire [ammuto'li:re] (*4d*) verstummen
amnesia [amne'zi:a] *f* Gedächtnis-

schwäche *f*, -verlust *m*
amnistia [amnis'tiːa] *f* Amnestie *f*
amo ['aːmo] *m* Fischangel *f*
amor|e [a'moːre] *m* Liebe *f*; ***per l'~ di qu*** j-m zuliebe; ***per l'~ di Dio!*** um Gottes willen!; ***fare l'~*** (*od* ***all'~***) ***con qu*** mit j-m schlafen, j-n lieben; **~eggiare** [-red'dʒaːre] (*1f*) flirten; **~evole** [-'reːvole] liebevoll
amoroso [amo'roːzo] liebevoll
amovibile [amo'viːbile] absetzbar; versetzbar; *oggetto* beweglich
amperaggio [ampe'raddʒo] *m* (*pl -gi*) Stromstärke *f*
ampiezza [ampi'ettsa] *f* Weite *f*; Geräumigkeit *f*; *fig* Reichtum *m*
ampio ['ampio] (*pl -pi*) weit; (*spazioso*) geräumig
ampli|amento [amplia'mento] *m* Erweiterung *f*; **~are** [-'aːre] (*1l*) erweitern, vergrößern; ausdehnen; **~ficare** [-fi'kaːre] (*1m u d*) *tec suono* verstärken; **~ficatore** [-fika'toːre] *m* Verstärker *m*
ampolla [am'polla] *f* Fläschchen *n*; *med* Ampulle *f*
amput|are [ampu'taːre] (*1l*) amputieren; **~azione** [-tatsi'oːne] *f* Amputation *f*
amuleto [amu'leːto] *m* Amulett *n*
AN[1] ***Alleanza Nazionale*** italienische Rechtspartei
AN[2] ***Ancona*** Ancona
anabbagliante [anabba'ʎante] **1.** *adj* blendfrei; **2.** *m* Abblendlicht *n*
anacronistico [anakro'nistiko] (*pl -ci*) anachronistisch
anagrafe [a'naːgrafe] ***ufficio m ~*** Einwohnermeldeamt *n*
analcolico [anal'kɔːliko] (*pl -ci*) **1.** *adj* alkoholfrei; **2.** *m* alkoholfreies Getränk *n*
anale [a'naːle] anal
analfab|eta [analfa'bɛːta] *m/f* (*m/pl -i*) Analphabet(in) *m(f)*; **~etismo** [-be'tizmo] *m* Analphabetismus *m*
analgesico [anal'dʒɛːziko] (*pl -ci*) **1.** *adj* schmerzstillend; **2.** *m* schmerzstillendes Mittel *n*
analisi [a'naːlizi] *f* Analyse *f*
anal|ista [ana'lista] *m/f* (*m/pl -i*) Analytiker(in) *m(f)*; ***~ programmatore*** Organisationsprogrammierer(in) *m(f)*; **~izzare** [-lid'dzaːre] (*1a*) analysieren
analogia [analo'dʒiːa] *f* Analogie *f*
analogo [a'naːlogo] (*pl -ghi*) analog
ananas ['aːnanas] *m* Ananas *f*
anarchia [anar'kiːa] *f* Anarchie *f*
anarchico [a'narkiko] (*pl -ci*) **1.** *adj* anarchisch; **2.** *m* Anarchist *m*
ANAS ***Azienda Nationale Autonoma della Strada*** italienische Straßenaufsichtsbehörde
anat|omia [anato'miːa] *f* Anatomie *f*; **~omico** [ana'tɔːmiko] (*pl -ci*) anatomisch
anatra ['aːnatra] *f* Ente *f*
anca ['aŋka] *f* (*pl -che*) Hüfte *f*
anche ['aŋke] auch; (*perfino*) sogar; ***~ se*** auch wenn, selbst wenn
ancora[1] [aŋ'koːra] noch; ***non ~*** noch nicht; ***~ una volta*** noch einmal
ancora[2] ['aŋkora] *f* Anker *m*; ***gettare l'~*** den Anker auswerfen
ancor|aggio [aŋko'raddʒo] *m* (*pl -ggi*) Ankergeld *n*; *luogo* Ankerplatz *m*; **~are** [-'raːre] (*1l*) verankern; **~arsi** [-'rarsi] ankern
andamento [anda'mento] *m* Gang *m*; Verlauf *m*; Entwicklung *f*
andare [an'daːre] (*1p*) **1.** *v/i* gehen; *in macchina, treno ecc* fahren; *in aereo* fliegen; (*funzionare*) laufen, funktionieren; *merce* Absatz finden; *vestito* passen; ***~ a cavallo*** reiten; ***~ a passeggio*** spazieren gehen; ***~ a male*** schlecht werden; ***~ in bicicletta*** Rad fahren; ***~ in giro*** umherstreifen; ***come va?*** wie geht es?; ***non mi va*** es passt mir nicht, es gefällt mir nicht; **2.** *m* Gehen *n*; ***con l'~ del tempo*** im Laufe der Zeit; ***a lungo ~*** auf die Dauer; ***va sempre a finire così*** es läuft immer auf dasselbe hinaus
andarsene [an'darsene] weggehen
andata [an'daːta] *f* Gehen *n*; *fer* Hinreise *f*; ***biglietto m di ~*** einfache Fahrkarte *f*; ***~ e ritorno*** Hin- und Rückfahrt *f*; ***biglietto m di ~ e ritorno*** Rückfahrkarte *f*
andatura [anda'tuːra] *f* Gang *m*
andirivieni [andirivi'ɛːni] *m inv* Hin und Her *n*
androne [an'droːne] *m* Hausflur *m*
aneddoto [a'nɛddoto] *m* Anekdote *f*
anello [a'nɛllo] *m* Ring *m*; ***~ stradale*** Ring(straße) *m(f)*

anemia [ane'miːa] *f* Blutarmut *f*
anemico [a'nɛːmiko] (*pl -ci*) blutarm
anemone [a'nɛːmone] *m* Anemone *f*
anest|esia [aneste'ziːa] *f* Anästhesie *f*, Narkose *f*; **~esista** [-te'zista] *m/f* (*m/pl -i*) Anästhesist(in) *m(f)*; **~etico** [-'tɛːtiko] *m* (*pl -ci*) betäubendes Mittel *n*
anfibio [an'fiːbio] (*pl -bi*) amphibisch, Amphibien…
anfiteatro [anfite'aːtro] *m* Amphitheater *n*
anfora ['anfora] *f* Amphore *f*
angelo ['andʒelo] *m* Engel *m*; **~ custode** Schutzengel *m*
angl|icano [aŋgli'kaːno] **1.** *adj* anglikanisch; **2.** *m* Anglikaner *m*; **~ista** [aŋ'glista] *m* Anglist *m*; **~osassone** [aŋglo'sassone] angelsächsisch
angolare [aŋgo'laːre] eckig
angol|o ['aŋgolo] *m* Winkel *m*; Ecke *f*; **~ cottura** Kochnische *f*; **~oso** [-'loːzo] eckig; kantig
ang|oscia [aŋ'gɔʃʃa] *f* (*pl -sce*) Angst *f*, Beklemmung *f*; **~oscioso** [-goʃ'ʃoːzo] quälend, beängstigend
anguilla [aŋgu'illa] *f* Aal *m*; **~ affumicata** Räucheraal *m*
anguria [aŋ'guːria] *f* Wassermelone *f*
anice ['aːnitʃe] *m* Anis *m*
anidride [ani'dride] *f* **~ carbonica** Kohlendioxid *n*
anima ['aːnima] *f* Seele *f*; **non c'è ~ viva** es ist keine Menschenseele da; **rompere l'~ a qu** j-m auf die Nerven gehen
anim|ale [ani'maːle] **1.** *adj* tierisch, Tier…; **2.** *m* Tier *n*; (*essere animato*) Lebewesen *n*; **~ domestico** Haustier *n*; **protezione** *f* **degli -i** Tierschutz *m*; **~are** [-'maːre] (*1l*) beleben; ermuntern, anregen; **~ato** [-'maːto] belebt; lebhaft; **~atore** [-ma'toːre] *m di gruppo* Animateur *m*; **~azione** [-matsi'oːne] *f* Lebhaftigkeit *f*; Leben *n*; (*movimento*) Betrieb *m*
animo ['aːnimo] *m* Gemüt *n*; Seele *f*; (*pensiero*) Sinn *m*; (*coraggio*) Mut *m*; **farsi ~** Mut fassen; **perdersi d'~** den Mut verlieren
anisetta [ani'zetta] *f* Anislikör *m*
anitra ['aːnitra] *f* Ente *f*
annacquare [annakku'aːre] (*1a*) verwässern; *vino* verdünnen; *fig* abschwächen
annaf|fiare [annaffi'aːre] (*1k*) (be-)gießen; **~fiatoio** [-fia'toːio] *m* (*pl -oi*) Gießkanne *f*
annata [an'naːta] *f* Jahrgang *m*; (*anno*) Jahr *n*; *importo* Jahresbetrag *m*
anneg|are [anne'gaːre] (*1e*) **1.** *v/t* ertränken; **2.** *v/i u* **~arsi** [-'garsi] ertrinken
anner|ire [anne'riːre] (*4d*) **1.** *v/t* schwärzen; **2.** *v/i u* **~irsi** [-'rirsi] schwarz werden
annessione [annessi'oːne] *f* Angliederung *f*; *pol* Annexion *f*
annesso [an'nɛsso] **1.** → ***annettere***; **2.** *adj* zugehörig; (*allegato*) beiliegend; **3.** *m arch* Anbau *m*
annettere [an'nɛttere] (*3m*) *pol* annektieren; *arch* anbauen; (*allegare*) beifügen
annidarsi [anni'darsi] (*1a*) sich einnisten
anniversario [anniver'saːrio] *m* (*pl -ri*) Jahrestag *m*
anno ['anno] *m* Jahr *n*; **~ finanziario** Haushaltsjahr *n*; Etatjahr *n*; **~ scolastico** Schuljahr *n*; **~ in corso** laufendes Jahr *n*; **quanti -i hai?** wie alt bist du?; **ho 33 -i** ich bin 33 Jahre alt
annodare [anno'daːre] (*1c*) verknoten, verknüpfen; *cravatta* binden; *fig* anknüpfen
annoi|are [annoi'aːre] (*1i*) langweilen; belästigen; **~arsi** [-'arsi] sich langweilen; **~ato** [-'aːto] gelangweilt
annot|are [anno'taːre] (*1c*) notieren, aufschreiben; mit Anmerkungen versehen; **~azione** [-tatsi'oːne] *f* Anmerkung *f*
annu|ale [annu'aːle] *adj* jährlich; *di un anno* Jahres…; **~ario** [-'aːrio] *m* (*pl -ri*) Jahrbuch *n*; **~ commerciale** Handelsadressbuch *n*
annuire [annu'iːre] (*4d*) zustimmen
annull|amento [annulla'mento] *m* Annullierung *f*; Aufhebung *f* (*a jur*); **~are** [-'laːre] (*1a*) für ungültig erklären, annullieren; (*eliminare*) aufheben; (*revocare*) widerrufen, rückgängig machen; *francobollo* entwerten
annunci|are [annun'tʃaːre] (*1f*) ankündigen; *matrimonio* bekannt geben; *rad, TV* ansagen; **~ qu** j-n melden; **~atore** [-tʃa'toːre] *m rad, TV* Ansager *m*; **℘azione** [-tʃatsi'oːne] *f rel* Maria

Verkündigung *f*
annuncio [an'nuntʃo] *m* (*pl -ci*) Ankündigung *f*; Meldung *f*; *giornale* Annonce *f*, Anzeige *f*; ***-i economici*** Kleinanzeigen *f/pl*; ***~ pubblicitario*** Werbeanzeige *f*
annunziare [annuntsi'a:re] → ***annunciare***
annuo ['annuo] jährlich
annusare [annu'sa:re] (*1a*) riechen an (*dat*); *fig* wittern
annuvolarsi [annuvo'larsi] sich bewölken; *fig in volto* sich verfinstern
anomalo [a'nɔ:malo] anomal; unregelmäßig
anonimo [a'nɔ:nimo] **1.** *adj* anonym; ***società*** *f* ***-a*** Aktiengesellschaft *f*; **2.** *m* Anonymus *m*
anoressia [anores'si:a] *f* Magersucht *f*
anormale [anor'ma:le] anormal
ansa ['ansa] *f* Henkel *m*; *di un fiume* Schleife *f*
ANSA ***Agenzia Nationale Stampa Associata*** italienische Presseagentur
ansia ['ansia] *f* angstvolle Unruhe *f*; (*desiderio*) Sehnsucht *f*
ansimare [ansi'ma:re] (*1l*) keuchen
ansioso [ansi'o:zo] besorgt, ängstlich
antagon|ismo [antago'nizmo] *m* Antagonismus *m*, Gegensatz *m*; **~ista** [-'nista] *m/f* (*m/pl -i*) Gegner(in) *m*(*f*)
antartico [an'tartiko] (*pl -ci*) antarktisch
Antartide [an'tartide] *f* Antarktis *f*
ante|cedente [antetʃe'dɛnte] vorhergehend; **~fatto** [-'fatto] *m* Vorgeschichte *f*; **~guerra** [-gu'ɛrra] *m* Vorkriegszeit *f*; **~nato** [-'na:to] *m* Vorfahr *m*
antenna [an'tenna] *f rad*, *TV* Antenne *f*; *zo* Fühler *m*; *mar* Rahe *f*; ***~ parabolica*** Parabolantenne *f*
ante|porre [ante'porre] (*3ll*) vorsetzen; *fig* vorziehen; **~posto** [-'pɔsto] → ***anteporre***; **~prima** [-'pri:ma] *f* Voraufführung *f*
anteriore [anteri'o:re] vordere; Vorder…; *precedente* vorhergehend
anti… Gegen…; anti…
anti|atomico [antia'tɔ:miko] (*pl -ci*) Atom…; ***rifugio ~*** Atombunker *m*; **~biotico** [-bi'ɔ:tiko] (*pl -ci*) **1.** *adj* antibiotisch; **2.** *m* Antibiotikum *n*
anticamente [antika'mente] vor (*od* in) alter Zeit
anticamera [anti'ka:mera] *f* Vorzimmer *n*; ***fare ~*** warten
antichità [antiki'ta] *f inv* Altertum *n*; Altertümlichkeit *f*; *econ* Antiquität *f*
anticiclone [antitʃi'klo:ne] *m* Hochdruckgebiet *n*
anticipare [antitʃi'pa:re] (*1m*) vorverlegen; *denaro* vorauszahlen; (*fare in anticipo*) vorwegnehmen
anticipo [an'ti:tʃipo] *m* Vorschuss *m*; (*caparra*) Anzahlung *f*; ***in ~*** im Voraus; (*troppo presto*) zu früh
antico [an'ti:ko] (*pl -chi*) **1.** *adj* alt; **2.** ***gli -chi*** *pl* die Alten *pl*
anti|concezionale [antikontʃetsio'na:le] *m* empfängnisverhütendes Mittel *n*; **~conformista** [-konfor'mista] *m/f* (*m/pl -i*) Nonkonformist(in) *m*(*f*); **~congelante** [-kondʒe'lante] *m* Frostschutzmittel *n*; **~corpo** [-'kɔrpo] *m* Antikörper *m*, Abwehrstoff *m*; **~costituzionale** [-kostitutsio'na:le] verfassungswidrig
antidoto [an'ti:doto] *m* Gegengift *n*
antifebbrile [an'ti:feb'brile] *m* fiebersenkendes Mittel *n*
antifurto [anti'furto] *m* Alarmanlage *f*; Diebstahlsicherung *f*
anti|gas [anti'gas] ***maschera*** *f* **~** Gasmaske *f*; **~globalizzazione** [-globaliddza'tsio:ne] Antiglobalisierungs-; ***movimento*** *m* **~** Protestbewegung gegen die Globalisierung
Antille [an'tille] *f/pl* Antillen *pl*
anti|meridiano [antimeridi'a:no] Vormittags…; **~militarista** [-milita'rista] *m/f* (*m/pl -i*) Antimilitarist(in) *m*(*f*)
anti|nebbia [anti'nebbia] *m inv* Nebelscheinwerfer *m*; **~nucleare** [-nukle'a:re] *pol m/f* Kernkraftgegner(in) *m*(*f*); **~pasto** [-'pasto] *m* Vorspeise *f*; **~patia** [-pa'ti:a] *f* Abneigung *f*; **~patico** [-'pa:tiko] (*pl -ci*) unsympathisch
antiqu|ariato [antikuari'a:to] *m* Antiquitätenhandel *m*; ***negozio*** *m* ***di ~*** Antiquitätenladen *m*; **~ario** [-ku'a:rio] *m* (*pl -ri*) Antiquitätenhändler *m*; **~ato** [-ku'a:to] veraltet
anti|riflesso [antiri'flɛsso] *adj inv* entspiegelt; **~ruggine** [-'ruddʒine] *m* Rostschutzmittel *n*; **~semitismo** [-semi'tizmo] *m* Antisemitismus *m*; **~settico** [-'sɛttiko] (*pl -ci*) antiseptisch;

~sismico [-'sizmiko] (*pl -ci*) erdbebensicher
antitesi [an'tiːtezi] *f fil* Antithese *f*; Gegensatz *m*
anti|tetanica [antite'taːnika] *f* Tetanusimpfung *f*; **~virus** [-'viːrus] *m inform* Antivirusprogramm *n*
antologia [antolo'dʒiːa] *f* Anthologie *f*
antracite [antra'tʃiːte] *f* Anthrazit *m*
antropologia [antropolo'dʒiːa] *f* Anthropologie *f*
anulare [anu'laːre] **1.** *adj* ringförmig; **2.** *m* Ringfinger *m*
Anversa [an'vɛrsa] *f* Antwerpen *n*
anzi ['antsi] im Gegenteil; (*o meglio*) besser noch; sogar
anzianità [antsiani'ta] *f* Dienstalter *n*
anziano [antsi'aːno] **1.** *adj* alt; **2.** *m* alter Mensch *m*
anziché [antsi'ke] *cj* (*piuttosto che*) eher als, lieber als; (*invece di*) anstatt zu
anzitutto [antsi'tutto] vor allem
AO ***Aosta*** Aosta
aorta [a'ɔrta] *f* (große) Schlagader *f*
Aosta [a'ɔsta] *f* Aosta *n*
AP ***Ascoli Piceno*** Ascoli Piceno
apatia [apa'tiːa] *f* Apathie *f*; (*indifferenza*) Gleichgültigkeit *f*
apatico [a'paːtiko] (*pl -ci*) apathisch; gleichgültig
ape ['aːpe] *f* Biene *f*
aperitivo [aperi'tiːvo] *m* Aperitif *m*
aperto [a'pɛrto] **1.** → ***aprire***; **2.** *adj* offen, geöffnet; *mentalità* aufgeschlossen; ***all'~*** im Freien
apertura [aper'tuːra] *f* Öffnung *f*; Eröffnung *f*; ***~ di credito*** Akkreditiv *n*; ***~ delle scuole*** Schulbeginn *m*
apice ['aːpitʃe] *m* Gipfel *m*; *fig* Höhepunkt *m*
apicol|tore [apikol'toːre] *m* Imker *m*; **~tura** [-'tuːra] *f* Imkerei *f*
apolide [a'pɔːlide] **1.** *adj* staatenlos; **2.** *m* Staatenlose(r) *m*
apolitico [apo'liːtiko] (*pl -ci*) unpolitisch
apopl|essia [apoples'siːa] *f* Schlaganfall *m*; **~ettico** [apo'plɛttiko] (*pl -ci*) apoplektisch
apostolico [apos'tɔːliko] (*pl -ci*) apostolisch
apostolo [a'pɔstolo] *m* Apostel *m*
apostrofare [apostro'faːre] (*1m u c*) anreden; *gram* apostrophieren
apostrofo [a'pɔstrofo] *m* Apostroph *m*
appagare [appa'gaːre] (*1e*) befriedigen
appaiare [appai'aːre] (*1i*) paaren
appallottolare [appallotto'laːre] (*1c u n*) zusammenballen
appalto [ap'palto] *m* Vergabe *f* von Aufträgen; (*contratto*) Pacht *f*; ***dare in ~*** in Auftrag geben; ***prendere in ~*** in Auftrag übernehmen; ***gara di ~*** Ausschreibung *f*
appann|are [appan'naːre] (*1a*) trüben; **~arsi** [-'narsi] sich trüben; *vetro* beschlagen
apparato [appa'raːto] *m tec*, *anat u fig* Apparat *m*; ***~ digerente*** Verdauungsapparat *m*
apparecchi|are [apparekki'aːre] (*1g*) *tavola* decken; (*preparare*) vorbereiten; **~atura** [-kia'tuːra] *f* Apparatur *f*, Vorrichtung *f*
apparecchio [appa'rekkio] *m* (*pl -cchi*) *tec* Apparat *m*; Gerät *n*; *avia* Flugzeug *n*; *denti* Zahnspange *f*
appar|ente [appa'rɛnte] scheinbar; **~enza** [-'rɛntsa] *f* Schein *m*; (*aspetto*) Aussehen *n*; ***salvare le -e*** den Schein wahren
appar|ire [appa'riːre] (*4e*) erscheinen; **~iscente** [-riʃ'ʃɛnte] auffällig, auffallend; **~izione** [-ritsi'oːne] *f* Erscheinung *f*
appartamento [apparta'mento] *m* Wohnung *f*; ***~ ammobiliato*** möblierte Wohnung *f*
appartarsi [appar'tarsi] (*1a*) sich absondern, sich zurückziehen
appartenere [apparte'neːre] (*2q*) gehören; (*far parte*) an-, zugehören (*dat*)
appassion|are [appassio'naːre] (*1a*) begeistern; (*commuovere*) rühren; **~arsi** [-'narsi] sich begeistern (***a*** für); **~ato** [-'naːto] leidenschaftlich; begeistert
appassire [appas'siːre] (*4d*) verwelken, welk werden
appell|are [appel'laːre] (*1b*) *jur* Berufung einlegen, anfechten; **~arsi** [-'larsi] (*esortare*) appellieren (***a*** an *acc*); sich berufen (***a*** auf *acc*); *jur* Berufung einlegen (***contro*** gegen)
appello [ap'pɛllo] *m* Aufruf *m*; *jur* Berufung *f*; ***fare ~ a qu*** sich an j-n (*acc*) wenden; ***ricorrere in ~*** Berufung ein-

legen

appena [ap'pe:na] **1.** *adv* kaum; **2.** *cj* (*a* **~ che**) sobald

appendere [ap'pɛndere] (*3c*) aufhängen

appen|dice [appen'di:tʃe] *f* Anhang *m*; *med* Blinddarm *m*; *giornale* Feuilleton *n*; *contratto* Nachtrag *m*; **~dicite** [-di'tʃi:te] *f* Blinddarmentzündung *f*

Appennini [appen'ni:ni] *m/pl*, **Appennino** [-no] *m* Apennin *m*

appesantire [appesan'ti:re] (*4d*) schwer machen, belasten

appesi, **appeso** [ap'pɛ:si, ap'pɛ:so] → ***appendere***

appet|ito [appe'ti:to] *m* Appetit *m*; Lust *f*; ***stuzzicare l'~*** den Appetit anregen; ***buon ~!*** guten Appetit!; **~itoso** [-ti'to:zo] appetitlich

appianare [appia'na:re] (*1a*) ebnen; *lite* schlichten

appiattire [appiat'ti:re] (*4d*) platt drücken

appiccic|are [appittʃi'ka:re] (*1m u d*) *v/t* ankleben; *fig* anhängen; **~arsi** [-'karsi] kleben; **~oso** [-'ko:zo] klebrig; *fig* aufdringlich, lästig

app|igliarsi [appi'ʎarsi] (*1g*) sich anklammern (***a*** an *acc u dat*), sich festhalten (***a*** an *dat*); **~iglio** [-'pi:ʎo] *m* (*pl -gli*) Halt *m*; *fig* Vorwand *m*

applaudire [applau'di:re] (*4a od d*) **1.** *v/i* Beifall klatschen; **2.** *v/t* j-m Beifall spenden

applauso [ap'pla:uzo] *m* Beifall *m*

applic|are [appli'ka:re] (*1l u d*) *etichetta* aufkleben; *regolamento* anwenden; **~arsi** [-'karsi]: **~ *a qc*** sich e-r Sache widmen; **~azione** [-katsi'o:ne] *f* Anwendung *f*; *fig* Fleiß *m*; Eifer *m*

appoggi|are [appod'dʒa:re] (*1f u c*) lehnen, anlehnen; (*posare*) legen; *fig* unterstützen; **~arsi** [-'dʒarsi]: **~ *a*** sich anlehnen an (*acc*); *fig* sich stützen auf (*acc*); **~atesta** [-dʒa'tɛsta] *m inv* Kopfstütze *f*

appoggio [ap'pɔddʒo] *m* (*pl -ggi*) Stütze *f*; Halt *m*; *fig* Unterstützung *f*

apporre [ap'porre] (*3ll*) anbringen; ***~ la firma*** unterschreiben

apportare [appor'ta:re] (*1c*) bringen; *fig* (*causare*) verursachen

apposito [ap'pɔ:zito] geeignet; dazu bestimmt, dafür vorgesehen

apposta [ap'pɔsta] *adv* absichtlich, mit Absicht

apprendere [ap'prɛndere] (*3c*) lernen; *notizia* erfahren

apprend|ista [appren'dista] *m/f* (*m/pl -i*) Auszubildende(r) *m/f(m)*, Lehrling *m*; **~istato** [-dis'ta:to] *m* Lehrzeit *f*; Lehre *f*

appren|sione [apprensi'o:ne] *f* Besorgnis *f*; **~sivo** [-'si:vo] ängstlich, furchtsam

appreso [ap'pre:so] → ***apprendere***

appresso [ap'prɛsso] **1.** *prp* neben (*dat od acc*); **2.** *adv* daneben; (*con sé*) bei sich; (*dopo*) darauf

apprezzare [appret'tsa:re] (*1b*) schätzen; *fig* zu würdigen wissen

approccio [ap'prɔttʃo] *m* (*pl -cci*) Annäherung *f*, Annäherungsversuch *m*; *metodo* Ansatz *m*

appr|odare [appro'da:re] (*1c*) landen; *fig* führen (zu); ***non ~ a nulla*** zu nichts führen; **~odo** [-'prɔ:do] *m* Landung *f*; *luogo* Landungsplatz *m*

approfittare [approfit'ta:re] (*1a*): ***~ di qc*** et nutzen; (*sfruttare*) et ausnützen

approfondire [approfon'di:re] (*4d*) vertiefen

appropri|arsi [appropri'arsi] (*1m u c*): ***~ di qc*** sich et aneignen; **~ato** [-'a:to] geeignet; treffend

approv|are [appro'va:re] (*1c*) billigen; genehmigen; *legge* verabschieden; **~azione** [-vatsi'o:ne] *f* Billigung *f*, Zustimmung *f*

approvvigion|amento [approvvidʒona'mento] *m* Versorgung *f*; **~are** [-'na:re] (*1a*) versorgen

appunt|amento [appunta'mento] *m* Verabredung *f*; *dal medico* Termin *m*; **~are** [-'ta:re] (*1a*) notieren; *con spilli* anstecken; anheften; *matita* (an-)spitzen; **~ito** [-'ti:to] spitz

appunto [ap'punto] **1.** *m* Notiz *f*, Vermerk *m*; Bemerkung *f*; ***prendere -i*** sich Notizen machen; **2.** *adv* (*a* ***per l'~***) genau

apribottiglie [apribot'ti:ʎe] *m inv* Flaschenöffner *m*

aprile [a'pri:le] *m* April *m*

apr|ire [a'pri:re] (*4f*) öffnen, aufmachen; *libro* aufschlagen; *conto*, *negozio* eröffnen; **~irsi** [-'prirsi] sich öffnen; ***~ con qu*** sich j-m anvertrauen; **~i-**

scatole [-'ska:tole] *m inv* Büchsenöffner *m*
AQ ***L'Aquila*** Aquila
aquila ['a:kuila] *f* Adler *m*
aquilone [akui'lo:ne] *m* Drache *m*
Aquisgrana [akuiz'gra:na] *f* Aachen *n*
AR ***Arezzo*** Arezzo
arabesco [ara'besko] *m* (*pl -chi*) Arabeske *f*
Arabia [a'ra:bia] *f* Arabien *n*; **~ *Saudita*** Saudi-Arabien *n*
arachide [a'ra:kide] *f* Erdnuss *f*
aragosta [ara'gosta] *f* Languste *f*
arare [a'ra:re] (*1a*) pflügen
aratro [a'ra:tro] *m* Pflug *m*
arazzo [a'rattso] *m* Wandteppich *m*
arbitr|aggio [arbi'traddʒo] *m* (*pl -ggi*) Schiedsspruch *m*; **~ale** [-'tra:le] schiedsrichterlich; ***tribunale*** *m* **~** Schiedsgericht *n*; **~are** [-'tra:re] (*1l*) Schiedsrichter sein; **~ario** [-'tra:rio] (*pl -ri*) willkürlich
arbitro ['arbitro] *m* Schiedsrichter *m*
arbusto [ar'busto] *m* Strauch *m*
arca ['arka] *f* (*pl -che*) (*cassa*) Truhe *f*; *rel* Arche *f*; ***l'~ di Noè*** die Arche Noah
arcaico [ar'ka:iko] (*pl -ci*) archaisch
arcangelo [ar'kandʒelo] *m* Erzengel *m*
arcata [ar'ka:ta] *f anat u arch* Bogen *m*; *mus* Bogenstrich *m*
arche|ologia [arkeolo'dʒi:a] *f* Archäologie *f*; **~ologo** [-'ɔ:logo] *m* (*pl -gi*), **archeologa** [-'ɔ:loga] *f* (*pl -ghe*) Archäologe *m*, Archäologin *f*
archetto [ar'ketto] *m mus* Bogen *m*
archi|tetto [arki'tetto] *m* Architekt *m*; **~tettonico** [-tet'tɔ:niko] (*pl -ci*) architektonisch; **~tettura** [-tet'tu:ra] *f* Architektur *f*
archiviare [arkivi'a:re] (*1k*) zu den Akten legen; archivieren, ablegen; *inform* abspeichern
archivio [ar'ki:vio] *m* (*pl -vi*) Archiv *n*; *inform* **~** (***di dati***) Datei *f*
arci|pelago [artʃi'pɛ:lago] *m* (*pl -ghi*) Archipel *m*; **~vescovo** [-'vɛskovo] *m* Erzbischof *m*
arco ['arko] *m* (*pl -chi*) Bogen *m*; **~ *a sesto acuto*** Spitzbogen *m*; **~ *di tempo*** Zeitspanne *f*; ***orchestra*** *f* ***d'archi*** Streichorchester *n*; **~ *di trionfo*** Triumphbogen *m*
arcobaleno [-ba'le:no] *m* Regenbogen *m*
ardente [ar'dɛnte] brennend; glühend
ardere ['ardere] (*3uu*) **1.** *v/t* verbrennen; **2.** *v/i* brennen
area ['a:rea] *f* Fläche *f*; (*zona*) Gebiet *n*, Zone *f*; **~ *fabbricabile*** Bauland *n*, *sport* **~ *di rigore*** Strafraum *m*; **~ *di servizio*** Autobahnraststätte *f*
arena [a're:na] *f* Sand *m*; Arena *f*
aren|arsi [are'narsi] (*1a*) stranden; *fig* stocken, ins Stocken geraten; **~oso** [-'no:zo] sandig
argano ['argano] *m* Winde *f*
argentare [ardʒen'ta:re] (*1b*) versilbern
argenteria [ardʒente'ri:a] *f* Silberzeug *n*
Argentina [ardʒen'ti:na] *f* Argentinien *n*
argentino [ardʒen'ti:no] **1.** *adj* argentinisch; **2.** *m* Argentinier *m*
argento [ar'dʒɛnto] *m* Silber *n*; **~ *vivo*** Quecksilber *n*; *fer* ***carta*** *f* ***d'~*** Seniorenpass *m*
arg|illa [ar'dʒilla] *f* Ton *m*; **~illoso** [-dʒil'lo:zo] lehmig
arginare [ardʒi'na:re] (*1l*) eindämmen
argine ['ardʒine] *m* Damm *m*
argomentare [argomen'ta:re] (*1a*) argumentieren
argomento [argo'mento] *m* Argument *n*; Beweisgrund *m*; (*contenuto*) Inhalt *m*; Thema *n*; (*pretesto*) Anlass *m*; ***cambiare* ~** das Thema wechseln
arg|uto [ar'gu:to] scharfsinnig; witzig; **~uzia** [-'gu:tsia] *f* Scharfsinn *m*; Witz *m*
aria ['a:ria] *f* **1.** Luft *f*; **~ *condizionata*** Klimaanlage *f*; ***all'~ aperta*** im Freien; ***corrente*** *f* ***d'~*** Luftzug *m*; ***mandare all'~ qc*** et zunichtemachen; **2.** (*aspetto*) Schein *m*, Anschein *m*; (*espressione*) Miene *f*; ***aver l'~ di*** den Anschein haben (*gen*), aussehen wie; ***darsi delle arie*** sich aufspielen; **3.** *mus* Arie *f*
aridità [aridi'ta] *f* Dürre *f*; *fig* Gefühllosigkeit *f*
arido ['a:rido] dürr, trocken; *fig* gefühllos
arieggiare [aried'dʒa:re] (*1f*) *stanza* lüften
ariete [ari'ɛ:te] *m* Widder *m* (*a astr*)
aringa [a'riŋga] *f* (*pl -ghe*) Hering *m*
arista [a:r'rista] *f gastr* Schweinsrücken *m*; *bot* Granne *f*

aristocr|atico [aristo'kra:tiko] (*pl -ci*) **1.** *adj* aristokratisch; **2.** *m* Aristokrat *m*; **~azia** [-kra'tsi:a] *f* Aristokratie *f*
aritmetica [arit'mɛ:tika] *f* Arithmetik *f*
arma ['arma] *f* (*pl -i*) Waffe *f*; ***~ da fuoco*** Schusswaffe *f*; ***-i convenzionali*** konventionelle Waffen; ***-i nucleari*** Kernwaffen *f/pl*; ***-i atomiche, biologiche e chimiche*** ABC-Waffen *f/pl*; ***chiamare alle -i*** einberufen; *fig* ***essere alle prime -i*** Anfänger sein
armadio [ar'ma:dio] *m* (*pl -di*) Schrank *m*; ***~ a muro*** Wandschrank *m*
armamentario [armamen'ta:rio] *m* (*pl -ri*) *mst scherz* Rüstzeug *n*
arm|amento [arma'mento] *m* Bewaffnung *f*; Ausrüstung *f*; ***industria f degli -i*** Rüstungsindustrie *f*; **~are** [-'ma:re] (*1a*) **1.** *v/t* bewaffnen; *arch* stützen; **2.** *v/i u* **~arsi** [-'marsi] sich bewaffnen; **~ata** [-'ma:ta] *f* Armee *f*; Heer *n*; **~ato** [-'ma:to] bewaffnet; **~atore** [-ma'to:re] *m* Reeder *m*; **~atura** [-ma'tu:ra] *f hist* Rüstung *f*; (*struttura*) Gerüst *n*
Armenia [ar'mɛ:nia] *f* Armenien *n*
armeno [ar'mɛ:no] **1.** *adj* armenisch; **2.** *m* Armenier *m*
armistizio [armis'ti:tsio] *m* (*pl -zi*) Waffenstillstand *m*
arm|onia [armo'ni:a] *f* Harmonie *f*; **~onica** [-'mɔ:nika] *f* (*pl -che*) Harmonika *f*; ***~ a bocca*** Mundharmonika *f*; **~onico** [-ko] (*pl -ci*), **~onioso** [-moni'o:so] harmonisch; **~onizzare** [-monid'dza:re] (*1a*) **1.** *v/t* harmonisieren, in Einklang bringen; **2.** *v/i* harmonieren; übereinstimmen
arnese [ar'ne:se] *m* Werkzeug *n*, Gerät *n*; ***-i*** *pl* Handwerkszeug *n*
arnia ['arnia] *f* Bienenstock *m*
arom|a [a'rɔ:ma] *m* (*pl -i*) Aroma *n*; **~atico** [-'ma:tiko] (*pl -ci*) aromatisch; würzig; **~atizzare** [-matid'dza:re] (*1a*) würzen
arpa ['arpa] *f* Harfe *f*
arpione [arpi'o:ne] *m* Haken *m*; *pesca* Harpune *f*
arrabattarsi [arrabat'tarsi] (*1a*) sich abmühen
arrab|biarsi [arrabbi'arsi] (*1k*) sich ärgern; zornig (*od* wütend) werden; **~biato** [-bi'a:to] zornig, wütend; (*idrofobo*) tollwütig
arrampic|arsi [arrampi'karsi] (*1m u d*) klettern; **~ata** [-'ka:ta] *f* Klettern *m*; **~atore** [-ka'to:re] *m* Kletterer *m*; ***~ sociale*** Emporkömmling *m*
arrangi|amento [arrandʒa'mento] *m mus* Arrangement *n*; **~are** [-'dʒa:re] (*1f*) in Ordnung bringen; *fig* organisieren, arrangieren (*a mus*); **~arsi** [-'dʒarsi] (*accordarsi*) sich einigen; (*destreggiarsi*) sich arrangieren, sich zu helfen wissen
arrecare [arre'ka:re] (*1b u d*) bringen; *fig* verursachen
arred|amento [arreda'mento] *m* Einrichtung *f*; **~are** [-'da:re] (*1b*) einrichten; **~atore** [-da'to:re] *m* Innenarchitekt *m*
arrend|ersi [ar'rɛndersi] (*3c*) sich ergeben; *fig* nachgeben; **~evole** [arren'de:vole] nachgiebig
arrest|are [arres'ta:re] (*1b*) anhalten; *jur* verhaften; **~arsi** [-'tarsi] stehen bleiben
arresto [ar'rɛsto] *m* Anhalter *n*; Stillstand *m*; *jur* Verhaftung *f*
arretrato [arre'tra:to] **1.** *adj* rückständig; *giornale* alt; **2.** ***-i*** *m/pl* Rückstände *m/pl*
arricch|ire [arrik'ki:re] (*4d*) bereichern; **~irsi** [-'kirsi] reich werden; **~ito** [-'ki:to] *m* Neureiche(r) *m*
arricciare [arrit'tʃa:re] (*1f*) *capelli* kräuseln, locken; *naso* rümpfen
arringa [ar'riŋga] *f* (*pl -ghe*) Ansprache *f*, Rede *f*; *jur* Plädoyer *n*
arrivare [arri'va:re] (*1a*) ankommen, eintreffen; (*raggiungere un limite*) erreichen (***a qc*** et); *fig* kommen, gelangen; ***~ in orario*** pünktlich sein; ***~ a fare qc*** dazu kommen, et zu tun; ***a che punto è arrivato col Suo lavoro?*** wie weit sind Sie mit Ihrer Arbeit?
arrivederci [arrive'dertʃi], **arrivederLa** [-la] auf Wiedersehen
arrivista [arri'vista] *m/f* (*m/pl -i*) Streber(in) *m*(*f*)
arrivo [ar'ri:vo] *m* Ankunft *f*, Eintreffen *n*; *sport* Ziel *n*
arrog|ante [arro'gante] arrogant, anmaßend; **~anza** [-'gantsa] *f* Arroganz *f*, Überheblichkeit *f*
arrossire [arros'si:re] (*4d*) erröten, rot werden
arr|ostire [arros'ti:re] (*4d*) rösten; *carne* braten; *ai ferri* grillen; **~osto** [ar'rɔ-

sto] *m* Braten *m*; **~ d'agnello** Lammbraten *m*
arrotolare [arroto'la:re] (*1m u c*) zusammenrollen
arrotondare [arroton'da:re] (*1a*) abrunden; *stipendio* aufbessern
arroventato [arroven'ta:to] glühend
arruff|are [arruf'fa:re] (*1a*) verwirren; *capelli* zerzausen; **~ato** [-'fa:to] wirr; zerzaust
arruggin|ire [arruddʒi'ni:re] (*4d*) **1.** *v/t* rostig machen; **2.** *v/i u* **~irsi** [-'nirsi] rosten; *fig* einrosten
arruol|amento [arruola'mento] *m* Einberufung *f*; **~are** [-'la:re] (*1o*) einziehen, einberufen; **~arsi** [-'larsi] sich freiwillig verpflichten
arsenale [arse'na:le] *m* Arsenal *n*; *mar* Werft *f*; *fig* Rumpelkammer *f*
ars|o ['arso] **1.** → **ardere**; **2.** verbrannt; verdörrt; trocken; **~ura** [-'su:ra] *f* Hitze *f*; (*siccità*) Dürre *f*
arte ['arte] *f* Kunst *f*; *tec* Handwerk *n*; (*abilità*) Kunstfertigkeit *f*; **le -i figurative** die bildenden Künste *f/pl*; **-i grafiche** Grafik *f*; **storia** *f* **dell'~** Kunstgeschichte *f*; **ad ~** absichtlich
artefatto [arte'fatto] künstlich, gefälscht
artefice [ar'te:fitʃe] *m* Schöpfer *m*, Urheber *m*
arteria [ar'tɛ:ria] *f* Schlagader *f*; **~ stradale** Verkehrsader *f*
arterioso [arteri'o:zo] Arterien…
artico ['artiko] (*pl -ci*) arktisch
articol|are [artiko'la:re] **1.** *adj* Gelenk…; **2.** *v/t* (*1m*) artikulieren, formulieren; *anat* die Glieder bewegen; (*suddividere*) unterteilen; **~azione** [-latsi'o:ne] *f anat* Gelenk *n*; Gliederung *f*; **~ del polso** Handgelenk *n*
articolo [ar'ti:kolo] *m* Artikel *m*; **~ di consumo** Konsumartikel *m*; **~ di fondo** Leitartikel *m*; **~ di prima necessità** Bedarfsartikel *m*
Artide ['artide] *f* Arktis *f*
artif|iciale [artifi'tʃa:le] künstlich; **seta** *f* **~** Kunstseide *f*; **~icio** [-'fi:tʃo] *m* (*pl -ci*) Kunstgriff *m*, Trick *m*; **fuochi** *m/pl* **d'~** Feuerwerk *n*; **~icioso** [-fi'tʃo:so] gekünstelt
artigian|ale [artidʒa'na:le] handwerklich; **~ato** [-'na:to] *m* Handwerk *n*; **~ artistico** Kunsthandwerk *n*
artigiano [arti'dʒa:no] *m*, **-a** [-'dʒa:na] *f* Handwerker(in) *m(f)*
artiglieria [artiʎe'ri:a] *f* Artillerie *f*
artiglio [ar'ti:ʎo] *m* (*pl -gli*) Kralle *f*
art|ista [ar'tista] *m/f* (*m/pl -i*) Künstler(in) *m(f)*; **~istico** [-'tistiko] (*pl -ci*) künstlerisch
arto ['arto] *m* Glied *n*
artr|ite [ar'tri:te] *f* Arthritis *f*; **~osi** [-'trɔzi] *f* Arthrose *f*
a.s. **anno scorso** vergangenen Jahres
ascella [aʃ'ʃɛlla] *f* Achselhöhle *f*
ascendente [aʃʃen'dɛnte] **1.** *adj* aufsteigend, ansteigend; **2.** *m astr* Aszendent *m*; *fig* Einfluss *m*
ascen|sione [aʃʃensi'o:ne] *f* Aufstieg *m*; *montagna* Besteigung *f*; *rel* Himmelfahrt *f*; **~sore** [-'so:re] *m* Fahrstuhl *m*
ascesa [aʃ'ʃe:sa] *f* Aufstieg *m*
ascesso [aʃ'ʃɛsso] *m* Abszess *m*
asceta [aʃ'ʃɛ:ta] *m* (*pl -i*) Asket *m*
ascia ['aʃʃa] *f* (*pl -sce*) Axt *f*
asciugacapelli [aʃʃugaka'pelli] *m* Haartrockner *m*; **~ elettrico** Föhn *m*
asciugamano [aʃʃuga'ma:no] *m* Handtuch *n*; **~ da bagno** Badetuch *n*
asciugare [aʃʃu'ga:re] (*1e*) (ab)trocknen; *lacrime* abwischen
asciugarsi [aʃʃu'garsi] sich abtrocknen
asciugatrice [aʃʃuga'tritʃe] *f* Trockner *m*
asciutto [aʃ'ʃutto] **1.** *adj* trocken; *vino* herb; **rimanere a bocca -a** das Nachsehen haben; **2.** *m* Trockene(s) *n*; **trovarsi all'~** *fig* auf dem Trockenen sitzen
ascolt|are [askol'ta:re] (*1a*) (an-, zu-)hören; **~atore** [-ta'to:re] *m*, **-atrice** [-ta'tritʃe] *f* Zuhörer(in) *m(f)*
ascolto [as'kolto] *m* Zuhören *n*; **dare** (*od* **prestare**) **~** Gehör schenken; **indice** *m* **di ~** Einschaltquote *f*
asettico [a'sɛttiko] (*pl -ci*) *med* keimfrei, aseptisch; *fig* kühl
asfaltare [asfal'ta:re] (*1a*) asphaltieren
asfalto [as'falto] *m* Asphalt *m*
asfis|sia [asfis'si:a] *f* Erstickung *f*; **~siare** [-si'a:re] (*1k*) ersticken
Asia ['a:zia] *f* Asien *n*
asiatico [azi'a:tiko] (*pl -ci*) **1.** *adj* asiatisch; **2.** *m* Asiat *m*
asilo [a'zi:lo] *m* Asyl *n*; *fig* (*ricovero*

Zuflucht *f*; ***richiesta f di ~ politico*** Asylantrag *m*; ***~ infantile*** Kindergarten *m*; ***~ nido*** Kinderhort *m*
asimmetrico [asim'mɛːtriko] (*pl -ci*) asymmetrisch
asino ['aːsino] *m* Esel *m*
ASL ***Azienda Sanitaria Locale*** Örtliches Gesundheitsamt
asma ['azma] *m* Asthma *n*
asmatico [az'maːtiko] (*pl -ci*) asthmatisch
asociale [aso'tʃaːle] unsozial
asola ['aːzola] *f* Knopfloch *n*, Öse *f*
asparago [as'paːrago] *m* (*pl -gi*) Spargel *m*
aspett|are [aspet'taːre] (*1b*) erwarten, warten auf (*acc*); **~arsi** [-'tarsi]: ***~ qc*** et erwarten; auf et (*acc*) gefasst sein; ***dovevo aspettarmelo*** das war vorauszusehen; **~ativa** [-ta'tiːva] *f* Erwartung *f*; *amministrazione* Wartestand *m*
aspetto[1] [as'pɛtto] *m* Aussehen *n*; (*punto di vista*) Aspekt *m*; ***sotto quest'~*** unter diesem Gesichtspunkt
aspetto[2] [as'pɛtto] *m* ***sala f d'~*** Wartesaal *m*
aspir|ante [aspi'rante] **1.** *adj tec* aufsaugend; ***pompa f ~*** Saugpumpe *f*; **2.** *m/f* Anwärter(in) *m(f)*; **~apolvere** [-ra'polvere] *m* Staubsauger *m*; **~are** [-'raːre] (*1a*); **1.** *v/t* einatmen; *tec* (auf)saugen; **2.** *v/i* ***~ a qc*** nach et streben
aspirina® [aspi'riːna] *f* Aspirin® *n*; ***compressa f d'~*** Aspirintablette *f*
asportare [aspor'taːre] (*1c*) entfernen
aspro ['aspro] rau; herb; (*duro*) hart
assaggiare [assad'dʒaːre] (*1f*) kosten, probieren
assaggio [as'saddʒo] *m* (*pl -ggi*) Kosten *n*; Probe *f*, Kostprobe *f*
assai [as'saːi] **1.** *adj* viel; **2.** *adv* sehr; genug; ziemlich
assalire [assa'liːre] (*4m*) überfallen; angreifen
assaltare [assal'taːre] (*1a*) → ***assalire***
assalto [as'salto] *m* Überfall *m*; Angriff *m*; *fig* ***prendere d'~*** sich stürzen auf (*acc*)
asse[1] ['asse] *f* Brett *n*; *sport* ***~ elastica*** Sprungbrett *n*
asse[2] ['asse] *m* Achse *f*
assecondare [assekon'daːre] (*1a*) unterstützen; (*esaudire*) nachkommen (*dat*)
assediare [assedi'aːre] (*1k*) belagern; *fig* bestürmen
assedio [as'sɛːdio] *m* (*pl -di*) Belagerung *f*
assegnare [asse'ɲaːre] (*1a*) anweisen; (*concedere*) gewähren; (*destinare*) zuteilen
assegno [as'seːɲo] *m* Scheck *m*; ***~ in bianco*** Blankoscheck *m*; ***~ sbarrato*** Verrechnungsscheck *m*; ***~ pagabile in contanti*** Barscheck *m*; ***~ turistico*** Reisescheck *m*; ***contro ~*** gegen Nachnahme; ***-i familiari*** Kindergeld *n*; ***emettere un ~*** e-n Scheck ausstellen
assemblea [assem'blɛːa] *f* Versammlung *f*; ***~ generale*** Voll-, Hauptversammlung *f*
assennato [assen'naːto] vernünftig
assentarsi [assen'tarsi] (*1b*) sich entfernen
assente [as'sɛnte] abwesend; ***essere ~*** fehlen
assenza [as'sɛntsa] *f* Abwesenheit *f*; ***~ di qc*** Mangel *m* an et (*dat*)
assessore [asses'soːre] *m* Beisitzer *m*; ***~ comunale*** Stadtrat *m*
assetato [asse'taːto] durstig
assetto [as'sɛtto] *m* Ordnung *f*; *mar* Trimm *m*; ***in buon ~*** in gutem Zustand
Assia ['assia] *f* Hessen *n*
assicur|are [assiku'raːre] (*1a*) versichern; (*mettere al sicuro*) sichern, sicherstellen; (*legare*) befestigen; **~arsi** [-'rarsi] sich versichern; sich sichern; sich vergewissern; **~ata** [-'raːta] *f* Wertbrief *m*; **~ato** [-'raːto] **1.** *adj* versichert; **2.** *m* Versicherte(r) *m*; **~azione** [-ratsi'oːne] *f* Versicherung *f*; ***~ contro i danni*** Schadenversicherung *f*; ***~ degli impiegati*** Angestelltenversicherung *f*; ***~ dei bagagli*** Gepäckversicherung *f*; ***~ di responsabilità civile*** Haftpflichtversicherung *f*; ***~ sulla vita*** Lebensversicherung *f*; ***~ terzi trasportati*** Insassenversicherung *f*; ***~ contro tutti i rischi*** Vollkaskoversicherung *f*; ***stipulare un'~*** e-e Versicherung abschließen
assideramento [assidera'mento] *m* Erfrieren *n*
assiduo [as'siːduo] ausdauernd; (*diligente*) fleißig; (*regolare*) Stamm…
assieme [assi'ɛːme] zusammen
ass|illare [assil'laːre] (*1a*) quälen; ***un***

problema assillante ein brennendes Problem; **~illo** [-'sillo] *m zo* Bremse *f*; *fig* quälende Sorge *f*
assimil|are [assimi'laːre] *(1m)* assimilieren; *fig* sich aneignen *(dat)*; **~azione** [-latsi'oːne] *f* Assimilation *f*
assise [as'siːze] *f/pl* ***Corte*** *f* ***d'~*** Schwurgericht *n*
assist|ente [assis'tɛnte] *m/f* Assistent(in) *m(f)*; ***~ sociale*** Sozialarbeiter(in) *m(f)*; ***~ di volo*** Steward *m*, Hostess *f*; **~enza** [-'tɛntsa] *f* Anwesenheit *f*; Betreuung *f*; Hilfe *f*, Beistand *m*; ***~ medica*** ärztliche Betreuung *f*; ***~ sociale*** Sozialhilfe *f*; ***~ tecnica*** Kundendienst *m*, Service *m*
assistere [as'sistere] *(3f)* **1.** *v/t* (j-m) beistehen; *(curare)* pflegen; **2.** *v/i (essere presente)* beiwohnen; teilnehmen (***a*** an *dat*)
assistito [assi'stiːto] *adj* unterstützt, betreut; ***~ al computer*** *inform* computerunterstützt
asso ['asso] *m* Ass *n*; ***piantare in ~*** im Stich lassen
associ|are [asso'tʃaːre] *(1f)* vereinigen; *fig* verknüpfen; ***~ qu a qc*** j-n an et *(dat)* teilnehmen lassen; **~arsi** [-'tʃarsi] *(unirsi)* sich vereinigen; *(iscriversi)* beitreten (***a*** *dat*); *(prendere parte)* teilnehmen
associazione [assotʃatsi'oːne] *f* Vereinigung *f*, Verein *m*; Gesellschaft *f*; ***~ a delinquere*** kriminelle Vereinigung *f*; ***~ per la difesa dei consumatori*** Verbraucherschutzverband *m*
assoggettare [assoddʒet'taːre] *(1b)* unterwerfen
assolato [asso'laːto] sonnig
assolo [as'soːlo] *m inv mus* Solo *n*
assolto [as'sɔlto] → ***assolvere***
assol|utamente [assoluta'mente] *(necessariamente)* absolut, unbedingt; *(completamente)* völlig, ganz; **~uto** [-'luːto] absolut; unumschränkt; **~uzione** [-tsi'oːne] *f* Freispruch *m*; *rel* Absolution *f*
assolvere [as'sɔlvere] *(3g)* freisprechen; *un obbligo* absolvieren; *(adempiere)* erfüllen; *rel* j-m die Absolution erteilen
assomigli|are [assomi'ʎaːre] *(1g)*: ***~ a qu*** j-m ähnlich sein; **~arsi** [-'ʎarsi] sich ähneln, sich ähnlichsehen
assonnato [asson'naːto] verschlafen
assorb|ente [assor'bɛnte] **1.** *adj* aufsaugend; ***carta*** *f* ***~*** Löschpapier *n*; **2.** *m* ***~ igienico*** Damenbinde *f*; **~ire** [-'biːre] *(4c od 4d)* aufsaugen, absorbieren; *fig (assimilare)* sich aneignen; *fig (impegnare)* in Anspruch nehmen
assord|ante [assor'dante] ohrenbetäubend; **~are** [-'daːre] *(1a)* **1.** *v/t* betäuben; **2.** *v/i* taub werden
assort|imento [assorti'mento] *m* Sortiment *n*, Auswahl *f*; **~ito** [-'tiːto] assortiert, gemischt; *(adatto)* passend (***con*** zu)
assorto [as'sɔrto] versunken, vertieft
assue|fare [assue'faːre] *(3aa)* gewöhnen (***a*** an *acc*); **~farsi** [-'farsi] sich gewöhnen; **~fatto** [-'fatto] → ***assuefare***; **~fazione** [-fatsi'oːne] *f* Gewöhnung *f*
assumere [as'suːmere] *(3h) impiegato* anstellen; *incarico* annehmen
assunzione [assuntsi'oːne] *f impiegato* Einstellung *f*; Übernahme *f*
Assunzione *f* Mariä Himmelfahrt *f*
ass|urdità [assurdi'ta] *f* Absurdität *f*; **~urdo** [-'surdo] absurd, unsinnig
asta ['asta] *f* Stange *f*; *(bastone)* Stock *m*; *econ* Versteigerung *f*, Auktion *f*; ***~ giudiziaria*** Zwangsversteigerung *f*; ***~ online*** Internetauktion *f*; ***mettere all'~*** versteigern
astemio [as'tɛːmio] *(pl -mi)* **1.** *adj* abstinent; **2.** *m* Abstinenzler *m*
ast|enersi [aste'nersi] *(2q)*: ***~ da*** sich enthalten *(gen)*; **~ensione** [-tensi'oːne] *f* Enthaltung *f*; ***~ dal voto*** Stimmenthaltung *f*
asterisco [aste'risko] *m (pl -chi)* Sternchen *n*
astigm|atico [astig'maːtiko] *(pl -ci)* astigmatisch; **~atismo** [-ma'tizmo] *m* Astigmatismus *m*
astinenza [asti'nɛntsa] *f* Enthaltsamkeit *f*
astio ['astio] *m (pl -ti)* Groll *m*; Missgunst *f*
astratto [as'tratto] abstrakt
astringente [astrin'dʒɛnte] **1.** *adj med* stopfend; **2.** *m* stopfendes Mittel *n*
astr|o ['astro] *m* Stern *m*, Gestirn *n*; **~ologia** [-lo'dʒiːa] *f* Astrologie *f*; **~ologo** [as'trɔːlogo] *m (pl -ghi)* Astrologe *m*; **~onauta** [-'naːuta] *m/f (m/pl -i)* Astronaut(in) *m(f)*; **~onave** [-'naːve] *f*

Raumschiff *n*; **~onomia** [-no'miːa] *f* Astronomie *f*; **~onomico** [-'nɔːmiko] (*pl -ci*) astronomisch; **~onomo** [as'trɔːnomo] *m* Astronom *m*
astuccio [as'tuttʃo] *m* (*pl -cci*) Etui *n*, Futteral *n*
astuto [as'tuːto] schlau, listig
A.T. ***Antico Testamento*** Altes Testament
AT ***Asti*** Asti
ateismo [ate'izmo] *m* Atheismus *m*
Atene [a'tɛːne] *f* Athen *n*
ateneo [ate'nɛːo] *m* Universität *f*
ateo ['aːteo] *m* Atheist *m*
atlant|e [at'lante] *m* Atlas *m*; **~ico** [-tiko] (*pl -ci*) atlantisch; ***Oceano m Atlantico*** Atlantischer Ozean *m*
Atlantico [a'tlantiko] *m* Atlantik *m*
atleta [at'lɛːta] *m/f* (*m/pl -i*) Athlet(in) *m(f)*
atlet|ica [at'lɛːtika] *f* Athletik *f*; ***~ leggera*** Leichtathletik *f*; **~ico** [-tiko] (*pl -ci*) athletisch
atmosf|era [atmos'fɛːra] *f* Atmosphäre *f*; Stimmung *f*; **~erico** [-'fɛːriko] (*pl -ci*) atmosphärisch
atomico [a'tɔːmiko] (*pl -ci*) atomar, Atom…
atomo ['aːtomo] *m* Atom *n*
atrio ['aːtrio] *m* (*pl -ri*) Vorhalle *f*, Vorraum *m*; ***~ della stazione*** Bahnhofshalle *f*
atr|oce [a'troːtʃe] entsetzlich; grausam; **~ocità** [atrotʃi'ta] *f* Grausamkeit *f*
attacc|abrighe [attakka'briːge] *m inv* F Streithahn *m*; **~amento** [-ka'mento] *m* Anhänglichkeit *f*; **~ante** [-'kante] *m sport* Stürmer *m*; **~apanni** [-ka'panni] *m inv* Kleiderhaken *m*; *a stelo* Kleiderständer *m*
attacc|are [attak'kaːre] (*1d*) **1.** *v/t* befestigen; (*incollare*) ankleben; (*appendere*) aufhängen; (*assalire*) angreifen; (*iniziare*) beginnen; *discorso* anknüpfen; *malattia* anstecken; **2.** *v/i* kleben, haften; **~arsi** [-'karsi] kleben, haften; *gastr* anbrennen; (*aggrapparsi*) sich anklammern (***a*** an *dat u acc*)
attacco [at'takko] *m* (*pl -cchi*) Angriff *m*; (*punto di unione*) Verbindungsstelle *f*; *el* Anschluss *m*; *sci* Bindung *f*; *med* Anfall *m*; (*inizio*) Beginn *m*
attardarsi [attar'darsi] (*1a*) sich verspäten; sich aufhalten
atteggi|amento [atteddʒa'mento] *m* Haltung *f*, Verhalten *n*; (*posizione*) Einstellung *f*, Standpunkt *m*; **~arsi** [-'dʒarsi] (*1f*): ***~ a*** sich gebärden als, sich verhalten als
attendere [at'tɛndere] (*3c*) **1.** *v/t* erwarten; warten auf (*acc*); **2.** *v/i* ***~ a*** sich widmen (*dat*)
attendibile [atten'diːbile] zuverlässig; glaubwürdig
attenersi [atte'nersi] (*2q*) sich halten (***a*** an *acc*)
attent|are [atten'taːre] (*1b*) e-n Anschlag verüben auf (*acc*); **~ato** [-'taːto] *m* Attentat *n*, Anschlag *m*
attento [at'tɛnto] **1.** *adj* aufmerksam; **2.** *int* **~!** Achtung!; ***stare ~ a*** aufpassen auf (*acc*)
attenu|ante [attenu'ante] *f* mildernder Umstand *m*; **~are** [-'aːre] (*1m u b*) abschwächen; mildern; **~arsi** [-'arsi] schwächer werden
attenzione [attentsi'oːne] *f* Aufmerksamkeit *f*; (*considerazione*) Beachtung *f*; **~!** Achtung!; ***far ~ a qc*** auf et (*acc*) Acht geben
atterr|aggio [atter'raddʒo] *m* (*pl -ggi*) Landung *f*; ***~ intermedio*** Zwischenlandung *f*; ***~ di fortuna*** Notlandung *f*; ***effettuare un ~ di fortuna*** notlanden; **~are** [-'raːre] (*1b*) **1.** *v/t* niederwerfen; *edificio* niederreißen; **2.** *v/i* landen
att|esa [at'teːza] *f* Warten *n*; (*tempo d'attesa*) Wartezeit *f*; (*aspettativa*) Erwartung *f*; **~eso** [-'teːzo] → ***attendere***
attest|are [attes'taːre] (*1b*) bezeugen; bescheinigen; **~ato** [-'taːto] *m* Bescheinigung *f*, Zeugnis *n*; ***~ di buona condotta*** Führungszeugnis *n*
attico ['attiko] *m* (*pl -ci*) Dachwohnung *f*
attiguo [at'tiːguo] angrenzend (***a*** an *acc*)
attimo ['attimo] *m* Augenblick *m*; ***in un ~*** im Nu
attinente [atti'nɛnte] betreffend (***a qc*** et)
attirare [atti'raːre] (*1a*) anziehen; (*adescare*) (ver)locken; ***~ l'attenzione di qu*** j-s Aufmerksamkeit auf sich (*acc*) lenken
attitudine [atti'tuːdine] *f* Anlage *f*, Be-

gabung *f*; ***avere ~ per qc*** für et begabt sein
attiv|are [atti'vaːre] (*1a*) in Betrieb setzen; **~ità** [-vi'ta] *f* Tätigkeit *f*; Aktivität *f*; (*lavoro*) Beschäftigung *f*; *econ pl* Aktiva *pl*; ***essere in ~*** in Betrieb sein; **~o** [-'tiːvo] **1.** *adj* aktiv, tätig; *econ* aktiv, Aktiv…; **2.** *m econ* Aktiva *pl*, Aktivposten *m*; *gram* Aktiv *n*
atto ['atto] *m* Akt; Tat *f*, Haltung *f*; (*gesto*) Zeichen *n*; (*documento*) Urkunde *f*; *tea* Akt *m*; ***~ di fede*** Glaubensbekenntnis *n*; ***all'~ pratico*** in der Praxis *f*; ***mettere in ~*** in die Tat umsetzen; ***prendere ~ di*** zur Kenntnis nehmen; ***-i*** *pl jur* Akten *f/pl*; ***mettere agli -i*** zu den Akten legen
attorcigli|are [attortʃi'ʎaːre] (*1g*) (auf)wickeln; **~arsi** [-'ʎarsi] sich wickeln
attore [at'toːre] *m* Schauspieler *m*; *jur* Kläger *m*
attorno [at'torno] ringsherum, herum; ***~ a qc*** um et herum
attraccare [attrak'kaːre] (*1d*) *mar* anlegen
attracco [at'trakko] *m* (*pl -chi*) *mar* Anlegen *n*; Kai *m*
attraente [attra'ɛnte] anziehend, attraktiv; (*affascinante*) reizvoll, verlockend
attr|arre [at'trarre] (*3xx*) anziehen; **~attivo** [-trat'tiːvo] anziehend; **~atto** [-'tratto] → ***attrarre***
attrav|ersare [attraver'saːre] (*1b*) *strada* überqueren; *confine* überschreiten; *fig* durchmachen; **~erso** [-'vɛrso] **1.** *prp* durch; **2.** *adv* quer, schief
attrazione [attratsi'oːne] *f* Anziehung *f*, Anziehungskraft *f*
attrezz|are [attret'tsaːre] (*1a*) ausrüsten, ausstatten; **~ato** [-'tsaːto] gut ausgestattet; **~atura** [-tsa'tuːra] *f* Ausrüstung *f*, Ausstattung *f*
attrezzo [at'trettso] *m* Gerät *n*, Werkzeug *n*; ***-i*** *pl* ***da ginnastica*** Turngeräte *pl*
attrib|uire [attribu'iːre] (*4d*): ***~ qc a qu*** j-m et zuschreiben; **~uto** [-'buːto] *m* Attribut *n*
attrice [at'triːtʃe] *f* Schauspielerin *f*; *jur* Klägerin *f*
attrito [at'triːto] *m* Reibung *f*; *fig* Spannung *f*; ***senza ~*** reibungslos
attu|ale [attu'aːle] gegenwärtig; (*recente*) aktuell; **~alità** [-ali'ta] *f* Aktualität *f*; **~alizzare** [-alid'dzaːre] aktualisieren; **~are** [-'aːre] (*1l*) verwirklichen; **~azione** [-atsi'oːne] *f* Verwirklichung *f*
aud|ace [au'daːtʃe] mutig; (*arrischiato*) kühn, gewagt; (*provocante*) herausfordernd; (*sfacciato*) frech; **~acia** [-'daːtʃa] *f* Mut *m*; Kühnheit *f*; Frechheit *f*
audio|leso [audio'leːzo] **1.** *adj* hörgeschädigt; **2.** *m* Hörgeschädigte(r) *m*; **~visivo** [-vi'ziːvo] audiovisuell
audizione [auditsi'oːne] *f* Hören *n*; *rad* Empfang *m*
augur|ale [augu'raːle] Glückwunsch…; **~are** [-'raːre] (*1l*) wünschen; ***~ buon viaggio*** eine gute Reise wünschen
augurio [au'guːrio] *m* (*pl -ri*) Glückwunsch *m*; ***fare gli -ri a qu*** j-m Glück wünschen; ***tanti -ri!*** herzliche Glückwünsche!
Augusta [au'gusta] *f* Augsburg *n*
aula ['aːula] *f* Saal *m*; *scuola* Klassenzimmer *n*; *università* Hörsaal *m*; Sitzungssaal *m*
aumentare [aumen'taːre] (*1a*) **1.** *v/t* vermehren, vergrößern; *prezzi* erhöhen; (*intensificare*) steigern; **2.** *v/i* sich vermehren; *prezzi* steigen; *peso* zunehmen
aumento [au'mento] *m* Erhöhung *f*, Steigerung *f*; Zunahme *f*; ***~ salariale*** Lohnerhöhung *f*; ***~ dei prezzi*** Preisanstieg *m*; ***~ del fatturato*** Umsatzsteigerung *f*
aureo ['aːureo] golden, Gold…
auricolare [ɑuriko'lɑre] *m* Kopfhörer *m*; Ohrknopf *m*; ***-i*** *pl tel* Headset *n*
aurora [au'roːra] *f* Morgenröte *f*; ***~ boreale*** Nordlicht *n*
ausili|are [auzili'aːre] **1.** *adj* Hilfs…; **2.** *m/f* Helfer(in) *m*(*f*); **3.** *gram* Hilfsverb *n*; **~ario** [-'aːrio] (*pl -ri*); **1.** *adj* Hilfs…; ***motore*** *m* ***~*** Hilfsmotor *m*; **2.** *m* Helfer *m*
austerità [austeri'ta] *f* Strenge *f*; *econ* Sparmaßnahmen *f/pl*
australe [aus'traːle] südlich
Australia [aus'traːlia] *f* Australien *n*
australiano [australi'aːno] **1.** *adj* australisch; **2.** *m*, ***-a*** [-na] *f* Australier(in

f) *m*
Austria ['austria] *f* Österreich *n*
austriaco [aus'triːako] (*m/pl -ci*) **1.** *adj* österreichisch; **2.** *m*, **-a** [aus'triːaka] *f* Österreicher(in *f*) *m*
autenticare [autenti'kaːre] (*1m, d u b*) beglaubigen
autenticità [autentitʃi'ta] *f* Echtheit *f*; Glaubwürdigkeit *f*
autentico [au'tɛntiko] (*pl -ci*) authentisch, echt; glaubwürdig
autista [au'tista] *m/f* (*m/pl -i*) Fahrer(in) *m*(*f*)
auto ['aːuto] *f* Auto *n*; → ***automobile***
auto... ['aːuto] Selbst...; **~accensione** [-attʃensi'oːne] *f tec* Selbstzündung *f*; **~adesivo** [-ade'ziːvo] **1.** selbstklebend; **2.** *m* Aufkleber *m*; **~ambulanza** [-ambu'lantsa] *f* Krankenwagen *m*; **~biografia** [-biogra'fiːa] *f* Autobiographie *f*; **~bomba** [-'bomba] *f* Autobombe *f*; **~bus** [-'bus] *m* Bus *m*; ***~ di linea*** Linienbus *m*; **~caravan** [-'karavan] *f* Wohnmobil *n*; **~carro** [-'karro] *m* Lastwagen *m*; **~cisterna** [-tʃis'tɛrna] *f* Tankwagen *m*
auto|controllo [autokon'trollo] *m* Selbstbeherrschung *f*; **~critica** [-'kriːtika] *f* Selbstkritik *f*
auto|didatta [autodi'datta] *m/f* (*m/pl -i*) Autodidakt(in) *m*(*f*); **~difesa** [-di'feːsa] *f* Selbstverteidigung *f*
autodromo [au'tɔːdromo] *m* Autorennbahn *f*
autofinanziamento [autofinantsia'mento] *m* Eigenfinanzierung *f*
uto|gestione [autodʒesti'oːne] *f* Selbstverwaltung *f*; **~gol** [-'gol] *m inv* Eigentor *n*
utografo [au'tɔːgrafo] **1.** *adj* eigenhändig; **2.** *m* Autogramm *n*
uto|grill [auto'grill] *m inv* Raststätte *f*; **~lavaggio** [-la'vaddʒo] *m* (*pl -ggi*) Autowaschanlage *f*; **~linea** [-'liːnea] *f* Omnibuslinie *f*
utoma [au'tɔːma] *m* (*pl -i*) Roboter *m*
utomatico [auto'maːtiko] (*pl -ci*) **1.** *adj* automatisch; **2.** *m bottone* Druckknopf *m*
uto|mezzo [auto'mɛddzo] *m* Kraftfahrzeug *n*; **~mobile** [-'mɔːbile] *f* Auto *n*, Wagen *m*; ***~ da corsa*** Rennwagen *m*; ***~ da noleggio*** Mietwagen *m*; ***~ utilitaria*** Kleinwagen *m*; **~mobilismo** [-mobi'lizmo] *m* Automobilsport *m*; **~mobilista** [-'lista] *m/f* (*m/pl -i*) Autofahrer(in) *m*(*f*); **~noleggio** [-no'leddʒo] *m* (*pl -ggi*) Autovermietung *f*, -verleih *m*; **~nomia** [-no'miːa] *f* Autonomie *f*, Unabhängigkeit *f*; *tec* Reichweite *f*
autonomo [au'tɔːnomo] autonom, selbstständig
autoradio [auto'raːdio] *f* Autoradio *n*
autore [au'toːre] *m* Autor *m*; Urheber *m*; *let* Verfasser *m*; *jur* Täter *m*; ***diritto m d'~*** Urheberrecht *n*
autorevole [auto'reːvole] angesehen, einflussreich
autorimessa [autori'messa] *f* Garage *f*
autor|ità [autori'ta] *f* Autorität *f*; *jur* Recht *n*, Macht *f*; (*amministrazione*) Behörde *f*; *fig* Ansehen *n*; ***abuso m di ~*** Machtmissbrauch *m*; ***~ portuale*** Hafenbehörde *f*; **~itario** [-ri'taːrio] (*pl -ri*) autoritär
autor|izzare [autorid'dzaːre] (*1a*) genehmigen; berechtigen; **~izzazione** [-riddzatsi'oːne] *f* Genehmigung *f*; Berechtigung *f*
auto|scatto [autos'katto] *m* Selbstauslöser *m*; **~scuola** [-sku'ɔːla] *f* Fahrschule *f*; **~silo** [-'siːlo] *m inv* Parkhaus *n*; **~soccorso** [-sok'korso] *m* Pannendienst *m*; **~stop** [-s'tɔp] *m* ***fare l'~*** per Anhalter fahren, trampen; **~stoppista** [-stop'pista] *m/f* (*m/pl -i*) Tramper(in) *m*(*f*); **~strada** [auto'strada] *f* Autobahn *f*; ***~ informatica*** *inform* Datenautobahn *f*; **~treno** [-'trɛːno] *m* Lastzug *m*; **~vettura** [-vet'tuːra] *f* Personen(kraft)wagen *m*; ***~ di media cilindrata*** Mittelklassewagen *m*
autrice [au'tritʃe] *f* Autorin *f*; *let* Verfasserin *f*
autunno [au'tunno] *m* Herbst *m*
AV ***Avellino*** Avellino
avambraccio [avam'brattʃo] *m* (*pl -cci*) Unterarm *m*
avanguardia [avaŋgu'ardia] *f* Avantgarde *f*
avanti [a'vanti] **1.** *adv stato in luogo* vorn; *avvicinamento* nach vorn; *allontanamento* voraus; (*prima*) vorher; ***d'ora in ~*** von jetzt an; **2.** *int* **~!** herein!; vorwärts!; *orologio* ***andare ~*** vorgehen; **3.** *m sport* Stürmer *m*
avantieri [avanti'ɛːri] vorgestern

avanzare [avan'tsaːre] (*1a*) **1.** *v/i* vorrücken; *fig* vorwärtskommen; (*rimanere*) übrig bleiben; **2.** *v/t* vorrücken; ***~ un'ipotesi*** eine Hypothese aufstellen
avanzo [a'vantso] *m* Rest *m*; *econ* Überschuss *m*; ***~ della bilancia commerciale*** Handelsüberschuss *m*
avaria [ava'riːa] *f* Schaden *m*
avariato [avari'aːto] beschädigt; verdorben
avarizia [ava'riːtsia] *f* Geiz *m*
avaro [a'vaːro] **1.** *adj* geizig; **2.** *m* Geizhals *m*
avena [a'veːna] *f* Hafer *m*
avere [a'veːre] (*2b*) **1.** *v/t* haben; ***~ 20 anni*** 20 Jahre alt sein; ***~ qc da fare*** et zu tun haben; ***avercela con qu*** auf j-n böse sein; **2.** *m econ* Guthaben *n*; ***dare e ~*** Soll und Haben *n*; ***-i*** *m/pl* Vermögen *n*
avi ['aːvi] *m/pl* Ahnen *m/pl*
avia|tore [avia'toːre] *m* Flieger *m*; **~zione** [-tsi'oːne] *f* Flugwesen *n*; Luftfahrt *f*; *mil* Luftwaffe *f*
avidità [avidi'ta] *f* Gier *f*; Habsucht *f*
avido ['aːvido] gierig; habsüchtig
aviogetto [avio'dʒɛtto] *m* Düsenflugzeug *n*
AVIS ***Associazione Volontari Italiani del Sangue*** Verein der freiwilligen italienischen Blutspender
avocado [avo'kaːdo] *m* Avocado *f*
avorio [a'vɔːrio] *m* (*pl -ri*) Elfenbein *n*
avvalersi [avva'lersi] (*2r*): ***~ di qc*** von et Gebrauch machen
avvallamento [avvalla'mento] *m* Senkung *f*
avvantaggi|are [avvantad'dʒaːre] (*1f*) begünstigen; **~arsi** [-'dʒarsi]: ***~ di qc*** aus et Nutzen ziehen
avve|dersi [avve'dersi] (*2s*): ***~ di qc*** et (be)merken, wahrnehmen; **~duto** [-'duːto] umsichtig
avvelen|amento [avvelena'mento] *m* Vergiftung *f*; **~are** [-'naːre] (*1a*) vergiften
avven|imento [avveni'mento] *m* Ereignis *n*; **~ire** [-'niːre] (*4p*) **1.** *v/i* geschehen, sich ereignen; **2.** *m* Zukunft *f*
Avvento [av'vento] *m* Advent *m*
avvent|ore [avven'toːre] *m* Kunde *m*; ***-i*** *pl* Kundschaft *f*; **~ura** [-'tuːra] *f* Abenteuer *n*; **~urarsi** [-tu'rarsi] sich wagen; **~uriero** [-turi'ɛːro] *m* Abenteurer *m*; **~uroso** [-tu'roːzo] abenteuerlich
avvenuto [avve'nuːto] → ***avvenire***
avverarsi [avve'rarsi] (*1a*) eintreffen
avverbio [av'verbio] *m* (*pl -bi*) Adverb *n*, Umstandswort *n*
avver|sario [avver'saːrio] (*pl -ri*) **1.** *adj* gegnerisch; **2.** *m* Gegner *m*; **~sione** [-si'oːne] *f* Abneigung *f* (***per*** gegen); Feindseligkeit *f*
avvert|enza [avver'tɛntsa] *f* (*ammonimento*) Warnung *f*; (*precauzione*) Vorsicht *f*; (*premessa*) Vorbemerkung *f*; **-e** *pl* (*istruzioni per l'uso*) Gebrauchsanweisung *f*; **~imento** [-ti'mento] *m* Warnung *f*; Benachrichtigung *f*; **~ire** [-'tiːre] (*4b*) benachrichtigen; warnen; (*percepire*) empfinden
avvi|amento [avvia'mento] *m* Einführung *f*; Einleitung *f*; *tec* Inbetriebsetzung *f*; *auto* Anlassen *n*; **~are** [-'aːre] (*1h*) leiten; einführen (***a*** in *acc*); (*iniziare*) einleiten; *motore* anlassen; **~arsi** [-'arsi] sich auf den Weg machen; **~ato** [-'aːto] gut im Gange; blühend; *fig* eingeweiht
avvicend|are [avvitʃen'daːre] (*1b*) abwechseln; **~arsi** [-'darsi] sich ablösen
avvicin|amento [avvitʃina'mento] *m* Annäherung *f*; **~are** [-'naːre] (*1a*) nähern; **~arsi** [-'narsi] sich nähern, nahekommen (***a*** *dat*)
avvil|ire [avvi'liːre] (*4d*) erniedrigen, herabsetzen; **~irsi** [-'lirsi] den Mut verlieren; **~ito** [-'liːto] niedergeschlagen; entmutigt
avvio [av'viːo] *m* ***dare l'~ a qc*** et in Gang bringen
avvisare [avvi'zaːre] (*1a*) (*informare*) benachrichtigen; (*mettere in guardia*) warnen
avviso [av'viːzo] *m* Meldung *f*; Benachrichtigung *f*, Warnung *f*; *sul giornale* Anzeige *f*, Inserat *n*; (*comunicato*) Bekanntmachung *f*; ***~ di chiamata*** *tel* Anklopfen *n*; ***a mio ~*** meiner Ansicht nach; ***mettere qu sull'~*** j-n warnen
avvitare [avvi'taːre] (*1a*) anschrauben
avvocat|essa [avvoka'tessa] *f* Rechtsanwältin *f*; **~o** [-'kaːto] *m* Rechtsanwalt *m*
avv|olgere [av'vɔldʒere] (*3d*) (ein)w

ckeln; einhüllen; **~olgibile** [-vol'dʒiːbile] *m* Rollladen *m*

avvolto [av'vɔlto] → ***avvolgere***

avvoltoio [avvol'toːio] *m (pl -oi)* Geier *m*

azienda [adzi'ɛnda] *f* Betrieb *m*, Unternehmen *n*; ***~ a conduzione familiare*** Familienbetrieb *m*; ***~ autonoma di soggiorno*** Verkehrsamt *n*

aziendale [adzien'daːle] Betriebs…, betrieblich; ***cogestione f ~*** betriebliche Mitbestimmung *f*

azionare [atsio'naːre] *(1a)* in Bewegung setzen

azionario [atsio'naːrio] Aktien…; ***capitale m ~*** Aktienkapital *n*

azion|e [atsi'oːne] *f* Handlung *f*; Tat *f*; Aktion *f*; *(effetto)* Wirkung *f*; *econ* Aktie *f*; *jur* Klage *f*; ***raggio m d'~*** Wirkungsbereich *m*; *econ* ***~ ordinaria*** Stammaktie *f*; ***emettere -i*** Aktien ausgeben; **~ista** [-o'nista] *m/f (m/pl -i)* Aktionär(in) *m(f)*; ***maggiore ~*** Hauptaktionär(in) *m(f)*

azoto [a'dzɔːto] *m* Stickstoff *m*

azzannare [attsan'naːre] *(1a)* mit den Zähnen packen

azzard|arsi [addzar'darsi] *(1a)* sich erkühnen, wagen; **~ato** [-'daːto] gewagt

azzardo [ad'dzardo] *m* Wagnis *n*; ***gioco m d'~*** Glücksspiel *n*

azzerare [addze'raːre] *(1b)* *tec* auf Null einstellen

Azzorre [ad'dzɔrre] *f/pl* Azoren *pl*

azzuffarsi [attsuf'farsi] *(1a)* aneinandergeraten

azz|urino [addzur'riːno] bläulich; **~urro** [-'dzurro] **1.** *adj* blau; **2.** *m colore* Blau *n*; *sport* ***gli -i*** *pl* die italienische Nationalmannschaft *f*

B

b. ***beato*** selig

BA ***Bari*** Bari

babà [ba'ba] *m Süßspeise aus Mehl, Eiern, Sahne und Marsala*

babbo ['babbo] *m* F Papa *m*; ***~ Natale*** Weihnachtsmann *m*

babbuino [babbu'iːno] *m* Pavian *m*

babordo [ba'bordo] *m mar* Backbord *n*

baby-sitter [bebi'sitter] *m/f* Babysitter(in) *m(f)*

bacato [ba'kaːto] wurmstichig

bacca ['bakka] *f (pl -cche)* Beere *f*

baccalà [bakka'la] *m* Stockfisch *m*

baccano [bak'kaːno] *m* Heidenlärm *m*

bacchetta [bak'ketta] *f* Stab *m*, Rute *f*; *mus* Taktstock *m*; ***~ magica*** Zauberstab *m*

bacello [ba'tʃɛllo] *m* Schote *f*

bacheca [ba'kɛːka] *f (pl -che)* Schwarzes Brett *n*; *di museo* Schaukasten *m*

baci|are [ba'tʃaːre] *(1f)* küssen; **~arsi** [-'tʃarsi] sich küssen

bacillo [ba'tʃillo] *m* Bazillus *m*

bacinella [batʃi'nɛlla] *f* Waschschüssel *f*

bacino [ba'tʃiːno] *m* Becken *n*; *mar* Dock *n*

bacio ['baːtʃo] *m (pl -ci)* Kuss *m*

backup [bɛ'kap] *m inform* Sicherheitskopie *f*

baco ['baːko] *m (pl -chi)* Wurm *m*, Made *f*; ***~ da seta*** Seidenraupe *f*

bada ['baːda] *f*: ***tenere a ~ qu*** j-n hinhalten

badante [ba'dante] *m/f* Privatpfleger(in) *m(f)*

badare [ba'daːre] *(1a)*: ***~ a*** sich kümmern um; *(fare attenzione)* achten auf *(acc)*, Acht geben auf *(acc)*; ***~ ai fatti suoi*** sich um seine Angelegenheiten kümmern; ***non ~ a spese*** keine Kosten scheuen; ***~ alla casa*** das Haus hüten

badge [bɛdʒ] *m* **1.** Besucherausweis *m*; **2.** Button *m*; **3.** ***~ magnetico*** Magnetkarte *f*

badile [ba'dile] *m* Schaufel *f*

baffo ['baffo] *m mst -i pl* Schnurrbart *m*

bagagliaio [baga'ʎaːio] *m (pl -ai)* Gepäckwagen *m*; *auto* Kofferraum *m*

bagaglio [ba'gaːʎo] *m (pl -gli)* Gepäck *n*; ***deposito m -i*** Gepäckaufbewahrung *f*; ***fare i -i*** die Koffer packen; ***spedire come ~ appresso*** als Gepäckstück aufgeben; ***assicurazione f -i*** Reisegepäckversicherung *f*

B

bagattella [bagat'tɛlla] *f* Lappalie *f*
bagn|ante [ba'ɲante] *m* Badegast *m*; **~are** [-'ɲaːre] (*1a*) nass machen; anfeuchten; *fiume* fließen durch; **~arsi** [-'ɲarsi] nass werden; **~ato** [-'ɲaːto] nass; **~ fradicio** klatschnass; **~ino** [-'ɲiːno] *m* Bademeister *m*
bagno ['baːɲo] *m* Bad *n*; *stanza* Badezimmer *n*; **~ di fango** Schlammbad *n*; **~ di sole** Sonnenbad *n*; **~ a vapore** Dampfbad *n*; **cura** *f* **di -i** Badekur *f*; **fare il ~** baden; **i -i** *pl* Thermalbad *n*
bagnomaria [baɲoma'riːa] *m inv* Wasserbad *n*
baia ['baːia] *f* Bucht *f*
baio ['baːio] *m* (*pl bai*) **cavallo ~** Braune(r) *m*
baita ['baːita] *f* (Berg)Hütte *f*
balaustra [bala'ustra] *f* Balustrade *f*
balbett|are [balbet'taːre] (*1a*) stottern; *per l'emozione* stammeln; *bambino* lallen; **~io** [-'tiːo] *m* Gestotter *n*
balbuzie [bal'buːtsie] *f* Stottern *n*
balbuziente [balbutsi'ɛnte] stotternd
Balcani [bal'kaːni] *m/pl* Balkan *m*
balcanico [bal'kaːniko] (*pl -ci*) balkanisch, Balkan…; **paesi** *m/pl* **-ci** Balkanländer *n/pl*
balconata [balko'naːta] *f tea* Rang *m*
balcone [bal'koːne] *m* Balkon *m*
baldoria [bal'dɔːria] *f* Rummel *m*; **fare ~** feiern; lustig sein
Baleari [bale'aːri] *f/pl* Balearen *pl*
balena [ba'leːna] *f* Wal(fisch) *m*
balenare [bale'naːre] (*1a*) blitzen; *fig* aufblitzen
baleno [ba'leːno] *m* Blitz *m*; **in un ~** im Nu
balestra [ba'lɛstra] *f auto* Blattfeder *f*
balia[1] [ba'liːa] *f* **in ~ di** in der Gewalt (*gen*)
balia[2] ['baːlia] *f* Amme *f*
balla ['balla] *f* Warenballen *m*; *fig* Lüge *f*, Märchen *n*; F **raccontare -e** Märchen erzählen
ball|are [bal'laːre] (*1a*) tanzen; **~ata** [-'laːta] *f mus* Ballade *f*; **~erina** [-le'riːna] *f* Tänzerin *f*; *scarpa* Ballerina (-schuh) *f*(*m*); *zo* Bachstelze *f*; **~erino** [-le'riːno] *m* Tänzer *m*; **~etto** [-'letto] *m* Ballett *n*
ballo ['ballo] *m* Tanzen *n*; Tanz *m*; *festa* Ball *m*; **corpo** *m* **di ~** Ballettgruppe *f*; **locale** *m* **da ~** Tanzlokal *n*; **essere in ~** auf dem Spiel stehen; **tirare in ~ qc** et aufs Tapet bringen
balneare [balne'aːre] Bade…; **stagione** *f* **~** Badesaison *f*; **stabilimento** *m* **~** Seebad *n*; **stazione** *f* **~** Badeort *m*
balocco [ba'lɔkko] *m* (*pl -cchi*) Spielzeug *n*
balordo [ba'lordo] **1.** *adj* dumm, blöd; **2.** *m* Tölpel *m*, Dummkopf *m*
balsamico [bal'saːmiko] (*pl -ci*) balsamisch
balsamo ['balsamo] *m* Balsam *m*
baltico ['baltiko] (*pl -ci*) baltisch
Baltico ['baltiko] *m* Ostsee *f*
balzare [bal'tsaːre] (*1a*) springen (*a* *fig*); **~ in piedi** aufspringen
balzo ['baltso] *m* Sprung *m*; *fig* **cogliere la palla al ~** die Gelegenheit beim Schopfe ergreifen
bambagia [bam'baːdʒa] *f* Watte *f*
bamb|ina [bam'biːna] *f* Kind *n*, kleines Mädchen *n*; **~inaia** [-bi'naːia] *f* Kindermädchen *n*; **~ino** [-'biːno] *m* Kind *n*; Junge *m*; **~ in provetta** Retortenbaby *n*
bambola ['bambola] *f* Puppe
bambolotto [bambo'lɔtto] *m* Puppe *f*
bambù [bam'bu] *m* Bambus *m*; **canna** *f* **di ~** Bambusrohr *n*
ban|ale [ba'naːle] banal; **~alità** [banali'ta] *f* Banalität *f*
banan|a [ba'naːna] *f* Banane *f*; **~o** [-'naːno] *m* Bananenbaum *m*
banca ['baŋka] *f* (*pl -che*) *econ* Bank *f*; *inform* **~ dati** Datenbank *f*; **~ di credito al consumo** Kundenkreditbank *f*; **~ popolare cooperativa** Genossenschaftsbank *f*; **~ degli organi** Organbank *f*; **presidente** *m* **della Banca centrale** Zentralbankpräsident *m*
bancarella [baŋka'rɛlla] *f* Verkaufsstand *m*
ban|cario [baŋ'kaːrio] (*pl -ri*) **1.** *adj* Bank…; **2.** *m* Bankangestellte(r) *m*; **~carotta** [-ka'rotta] *f* Bankrott *m*
banchetto [baŋ'ketto] *m* Festessen *n*, Festmahl *n*
banchiere [baŋki'ɛːre] *m* Bankier *m*
banchina [baŋ'kiːna] *f mar* Kai *m*; *fe* Bahnsteig *m*; *strada* Seitenstreifen *m*; **~ spartitraffico** Mittelstreifen *m*
banchisa [baŋ'kiːza] *f* Packeis *n*
banco ['baŋko] *m* (*pl -chi*) Bank *f* (*a* *econ*); *di bar* Theke *f*; *di negozio* La

B

dentisch *m*; *geol* Schicht *f*; **~ del lotto** Lottoannahmestelle *f*; ***vendere qc sotto ~*** et unter dem Ladentisch verkaufen; **~giro** [-'dʒiːro] *m* Giroverkehr *m*; **~mat®** [-'mat] *m inv* Geldautomat *m*; EC-Karte *f*; **~ne** [-'koːne] *m* (*bar*) *Theke f*; (*banca*) *Schalter m*; (*negozio*) *Ladentisch m*; **~nota** [-'nɔːta] *f* Geldschein *m*

banda ['banda] *f* Bande *f*; *mus* (Musik)Kapelle *f*; *inform* Band *n*, Streifen *m*

banderuola [banderu'ɔːla] *f* Wetterfahne *f* (*a fig*); *piccola bandiera* Wimpel *m*

bandiera [bandi'ɛːra] *f* Fahne *f*, *mar* Flagge *f*; **~ *bianca*** weiße Fahne

bandire [ban'diːre] (*4d*) *concorso* ausschreiben; (*esiliare*) verbannen

bandito [ban'diːto] *m* Bandit *m*

banditore [bandi'toːre] *m all'asta* Versteigerer *m*

bando ['bando] *m* Bekanntmachung *f*; Ausschreibung *f*; (*esilio*) Verbannung *f*

bar ['bar] *m* Bar *f*; (Steh)Café *n*

bara ['baːra] *f* Sarg *m*

barac|ca [ba'rakka] *f* (*pl -cche*) Baracke *f*; *F* ***mandare avanti la ~*** sich durchschlagen; **~copoli** [-'kɔpoli] *f inv* Elendsviertel *n*

baraonda [bara'onda] *f* Trubel *m*; Getümmel *n*

barare [ba'raːre] (*1a*) betrügen

baratro ['baːratro] *m* Abgrund *m*

barattare [barat'taːre] (*1a*) tauschen

baratto [ba'ratto] *m* Tausch *m*

barattolo [ba'rattolo] *m* Büchse *f*, Dose *f*; *di vetro* Glas *n*

barba ['barba] *f* Bart *m*; ***farsi la ~*** sich rasieren; *fig* ***che ~!*** wie langweilig!

barbabietola [barbabi'ɛːtola] *f* rote Rübe *f*; **~ *da zucchero*** Zuckerrübe *f*

barb|arico [bar'baːriko] (*pl -ci*) barbarisch; **~arie** [-'baːrie] *f* Barbarei *f*

barbaro ['barbaro] **1.** *adj* barbarisch; **2.** *m* Barbar *m*

barbecue [baːbiki'uː] *m inv* Barbecue *n*; Grill *m*; Grillfest *n*

barbiere [barbi'ɛːre] *m* Herrenfriseur *m*

barbone [bar'boːne] *m cane* Pudel *m*; (*vagabondo*) Landstreicher *m*

barca ['barka] *f* (*pl -che*) Boot *n*; ***~ a remi*** Ruderboot *n*; ***~ a vela*** Segelboot *n*; **~iolo** [-kai'ɔːlo] *m* Bootsführer *m*; *noleggiatore* Bootsverleiher *m*

barcollare [barkol'laːre] (*1c*) taumeln, wanken

barcone [bar'koːne] *m* großer Kahn *m*

barella [ba'rɛlla] *f* Tragbahre *f*

baricentro [bari'tʃɛntro] *m* Schwerpunkt *m*

barile [ba'riːle] *m* Fass *n*

barista [ba'rista] *m/f* (*m/pl -i*) Barmann *m*, -dame *f*; *proprietario* Barbesitzer(in) *m*(*f*)

baritono [ba'riːtono] *m* Bariton *m*

baro ['baːro] *m* Falschspieler *m*

barocco [ba'rɔkko] (*pl -cchi*) **1.** *adj* barock; ***chiesa f -a*** Barockkirche *f*; ***epoca f -a*** Barockzeit *f*; ***stile m ~*** Barockstil *m*; **2.** *m* Barock *m od n*

barometro [ba'rɔːmetro] *m* Barometer *n*

barone [ba'roːne] *m* Baron *m* (*a fig*); ***~ dell'industria*** Industriemagnat *m*

barr|a ['barra] *f* Stange *f*; *di metallo* Barren *m*; *mar* Ruderpinne *f*; *jur* Schranken *f/pl*; ***~ spaziatrice*** Leertaste *f*; **~icare** [-ri'kaːre] (*1l u d*) verbarrikadieren; **~icata** [-ri'kaːta] *f* Barrikade *f*; **~iera** [-ri'ɛːra] *f* Barriere *f*, Schranke *f*; *fig* Hindernis *n*; ***~ doganale*** Zollschranke *f*; ***~ insonorizzante*** Lärmschutzwall *m*

baruffa [ba'ruffa] *f* Rauferei *f*; ***far ~*** streiten; sich raufen

barzelletta [bardzel'letta] *f* Witz *m*

bas|are [ba'zaːre] (*1a*) begründen; **~arsi** [-'zarsi] sich stützen (***su*** auf *acc*)

basco ['basko] (*pl -chi*) **1.** *adj* baskisch; **2.** *m* Baske *m*; *berretto* Baskenmütze *f*

base ['baːze] *f* Basis *f*, Grundlage *f* (*a fig*); *mil* Stützpunkt *m*; ***in ~ a ...*** auf Grund von ...

basette [ba'zette] *f/pl* Koteletten *pl*

basilare [bazi'laːre] grundsätzlich

Basilea [bazi'lɛːa] *f* Basel *n*

basilica [ba'ziːlika] *f* (*pl -che*) Basilika *f*

basilico [ba'ziːliko] *m* Basilikum *n*

bassa ['bassa] *f* Tiefebene *f*

Bassa Sassonia ['bassa sas'sɔnia] *f* Niedersachsen *n*

bassezza [bas'settsa] *f* Niedrigkeit *f*; *fig* Gemeinheit *f*

basso ['basso] **1.** *adj* niedrig; *di statura* klein; *mus* tief; *fig* gemein; ***a -a voce***

mit leiser Stimme; ***a capo ~*** gesenkten Hauptes; ***a occhi -i*** mit niedergeschlagenen Augen; ***la -a Italia*** *f* Süd-, Unteritalien *n*; ***fare man -a di qc*** et an sich (*acc*) raffen; **2.** *adv* ***in ~*** unten; **3.** *m mus* Bass *m*

basso|piano [bassopi'a:no] *m* (*pl bassipiani*) Tiefebene *f*; **~rilievo** [-rili'ɛ:vo] *m* (*pl bassirilievi*) Basrelief *n*

bassotto [bas'sɔtto] *m* Dackel *m*

basta ['basta] → ***bastare***

bastardo [bas'tardo] *animale* nicht reinrassig; *persona* unehelich; *fig* unecht

bastare [bas'ta:re] (*1a*) genügen, reichen; ***basta!*** genug!; ***adesso basta!*** jetzt aber Schluss!; ***basta che tu scriva*** du brauchst nur zu schreiben

bastimento [basti'mento] *m* Schiff *n*

bastonare [basto'na:re] (*1a*) (ver-) prügeln

bastone [bas'to:ne] *m* Stock *m*; *fig* Stütze *f*; ***~ da passeggio*** Spazierstock *m*

battagli|a [bat'ta:ʎa] *f* Schlacht *f*, Kampf *m*; ***~ elettorale*** Wahlkampf *m*; **~ero** [-ta'ʎɛ:ro] kämpferisch

battello [bat'tɛllo] *m* Boot *n*

battente [bat'tɛnte] *m* Tür-, Fensterflügel *m*; Türklopfer *m*

batt|ere ['battere] (*3a*) **1.** *v/i* schlagen; (*bussare*) klopfen; **2.** *v/t* schlagen; *record* brechen; ***senza ~ ciglio*** ohne e-e Miene zu verziehen; ***~ le mani*** in die Hände klatschen; ***~ i piedi*** mit den Füßen stampfen; ***~ i denti*** mit den Zähnen klappern; ***~ bandiera*** die Flagge führen; **~ersela** [-sela] sich aus dem Staube machen; **~ersi** [-si] sich schlagen

batteria [batte'ri:a] *f* Batterie *f*; *mus* Schlagzeug *n*

batterio [bat'tɛ:rio] *m* (*pl -ri*) Bakterie *f*

batterista [batte'rista] *m* (*pl -i*) Schlagzeuger *m*

bat|tesimo [bat'te:zimo] *m* Taufe *f*; **~tezzare** [-ted'dza:re] (*1a*) taufen

batti|baleno [batti'baleno] *m* ***in un ~*** blitzschnell; **~becco** [batti'bekko] *m* (*pl -cchi*) Wortstreit *m*; **~cuore** [-ku'ɔ:re] *m* Herzklopfen *n*

batti|mano [batti'ma:no] *m* Händeklatschen *n*; **~panni** [-'panni] *m inv* Ausklopfer *m*

battistero [battis'tɛ:ro] *m* Taufkapelle *f*

battistrada [battis'tra:da] *m inv auto* (Reifen)Profil *n*

battito ['battito] *m* Schlag *m*; ***~ cardiaco*** Herzschlag *m*

battuta [bat'tu:ta] *f* Schlag *m*; *dattilografia* Anschlag *m*; *mus* Takt *m*; *sport* Aufschlag *m*; ***~ di caccia*** Treibjagd *f*; ***non perdere una ~*** keine Silbe überhören

baule [ba'u:le] *m* Koffer *m*; *auto* Kofferraum *m*

bavaglino [bava'ʎi:no] *m* Lätzchen *n*; **bavaglio** [ba'va:ʎo] *m* (*pl -gli*) Knebel *m*

bavarese [bava're:se] **1.** *adj* bay(e)risch; **2.** *m/f* Bayer(in) *m*(*f*)

bavero ['ba:vero] *m* Kragen *m*

Baviera [bavi'ɛ:ra] *f* Bayern *n*

bazar [ba'dza:r] *m inv* Basar *m*; Warenhaus *n*

bazzecola [bad'dzɛ:kola] *f* Kleinigkeit *f*

Bce ***Banca centrale europea*** Europäische Zentralbank (*abbr* EZB)

beat|ificare [beatifi'ka:re] (*1n u d*) seligsprechen; **~itudine** [-ti'tu:dine] *f* Seligkeit *f*

beato [be'a:to] selig; glücklich; ***~ te!*** du Glücklicher!

beauty-case [biu:ti'keis] *m inv* Kosmetikkoffer *m*

bebè [be'bɛ] *m* Baby *n*

beccaccia [bek'kattʃa] *f* (*pl -cce*) Waldschnepfe *f*

becc|are [bek'ka:re] (*1d*) picken; F *fig* erwischen, kriegen; sich zuziehen; **~arsi** [-'karsi] *fig* sich zanken; *malattia* sich zuziehen

beccheggiare [bekked'dʒa:re] (*1f*) *mar* stampfen

becchino [bek'ki:no] *m* Totengräber *m*

becco ['bekko] *m* (*pl -cchi*) Schnabel *m*; *chim* Brenner *m*; F ***chiudi il ~!*** F halt den Schnabel!; ***non avere il ~ di un quattrino*** keinen Pfennig besitzen

Befana [be'fa:na] *f Sagengestalt, die Kinder in der Dreikönigsnacht beschert*; *fig* alte Hexe *f*; (*a festa f dell ~*) Dreikönigsfest *n*

beffa ['bɛffa] *f* Spott *m*; ***farsi -e di qc*** j-n verspotten

bega ['bɛːga] *f* (*pl -ghe*) Unannehmlichkeit *f*; Streit *m*
begli ['bɛːʎi] → ***bello***
begonia [be'gɔːnia] *f* Begonie *f*
bei ['bɛːi] → ***bello***
Bei ***Banca europea per gli investimenti*** Europäische Investitionsbank (*abbr* EIB)
belare [be'laːre] (*1b*) *pecora* blöken; *capra* meckern
belga ['bɛlga] (*pl -gi*) **1.** *adj* belgisch; **2.** *m/f* Belgier(in) *m(f)*
Belgio ['bɛldʒo] *m* Belgien *n*
Belgrado [bel'graːdo] *f* Belgrad *n*
belladonna [bella'dɔnna] *f* Tollkirsche *f*
bellezza [bel'lettsa] *f* Schönheit *f*; ***istituto*** *m* ***di ~*** Schönheitsfarm *f*; ***le -e di una città*** die Sehenswürdigkeiten einer Stadt
bellico ['bɛlliko] (*pl -ci*) Kriegs…; kriegerisch
bellicoso [belli'koːzo] kriegerisch
bello ['bɛllo] **1.** *adj* schön; gut; ***quest'è -a!*** das ist ein Ding!; ***a -a posta*** absichtlich; ***hai un bel dire*** du hast gut reden; ***nel bel mezzo*** mittendrin; ***farsi ~*** sich schön machen; **2.** *m* Schöne(s) *n*; *tempo* schönes Wetter *n*; ***domani farà ~*** morgen wird schönes Wetter sein; ***sul più ~*** im schönsten Augenblick
belva ['belva] *f* wildes Tier *n*
belvedere [belve'deːre] *m inv* Aussichtspunkt *m*
benarrivato [benarri'vaːto] willkommen
benché [bɛŋ'ke] obwohl
benda ['bɛnda] *f* Binde *f*
bendare [ben'daːre] (*1b*) *med* verbinden
bene ['bɛːne] **1.** *adv* gut; wohl; ***~!*** schön!; ***per ~*** ordentlich; ***~ ti sta!*** das geschieht dir recht!; ***va ~!*** gut!, schön!; ***di ~ in meglio*** immer besser; ***sentirsi ~*** sich wohlfühlen; **2.** *m* Gute(s) *n*; Wohl *n*; ***per il tuo ~*** für dein Wohl; ***-i*** *pl* Güter *n/pl*; ***-i*** *pl* ***di consumo*** Konsumgüter *n/pl*; ***-i culturali*** Kulturgut *n*; ***-i*** *pl* ***immobili*** Immobilien *f/pl*; ***voler ~ a qu*** j-n lieb haben; ***~ pubblico*** Allgemeinwohl *n*
benedetto [bene'detto] **1.** → ***benedire***; **2.** *adj* gesegnet; *rel* geweiht
bene|dire [bene'diːre] (*3t*) segnen; (ein)weihen; **~dizione** [-ditsi'oːne] *f* Segen *m*
beneducato [benedu'kaːto] wohlerzogen
bene|fattore [benefat'toːre] *m* Wohltäter *m*; **~ficenza** [-fi'tʃɛntsa] *f* Wohltätigkeit *f*; ***spettacolo*** *m* ***di ~*** Wohltätigkeitsvorstellung *f*; **~ficio** [-'fiːtʃo] *m* (*pl -ci*) Wohltat *f*; (*vantaggio*) Nutzen *m*; ***a ~ di*** zugunsten (*gen*)
benefico [be'nɛːfiko] (*pl -ci*) wohltätig
benemerito [bene'mɛːrito] wohlverdient (***di*** um *acc*)
benessere [be'nɛssere] *m* Wohlsein *n*, Wohlbefinden *n*; (*agiatezza*) Wohlstand *m*
bene|stante [benes'tante] **1.** *adj* wohlhabend; **2.** *m* wohlhabender Mann *m*; **~stare** [-s'taːre] *m* Zustimmung *f*; Genehmigung *f*; **~volenza** [-vo'lɛntsa] *f* Wohlwollen *n*
benevolo [be'nɛːvolo] wohlwollend
benigno [be'niːɲo] gütig; mild; *med* gutartig
beninteso [benin'teːso] natürlich, selbstverständlich; ***~ che*** vorausgesetzt
benone [be'noːne] sehr gut
ben|pensante [benpen'sante] *m* Spießer *m*; **~servito** [-ser'viːto] *m* Arbeitszeugnis *n*; *fig* ***dare il ~ a qu*** j-m den Laufpass geben
bensì [ben'si] sondern
ben|tornato [bentor'naːto] willkommen daheim; **~venuto** [-ve'nuːto] **1.** *adj* willkommen; **2.** *m* Willkommen *n*; ***dare il ~ a qu*** j-n willkommen heißen; **~visto** [-'visto] beliebt; **~volere** [-vo'leːre]; **1.** *v/t* ***farsi ~ da qu*** sich bei j-m beliebt machen; **2.** *m* Zuneigung *f*; **~voluto** [-vo'luːto] beliebt
benzina [ben'dziːna] *f* Benzin *n*; ***serbatoio*** *m* ***della ~*** Benzintank *m*; ***~ verde*** *od* ***senza piombo*** bleifreies Benzin *n*; ***fare ~*** tanken
benzinaio [bendzi'naːio] *m* Tankwart *m*
bere ['beːre] **1.** *v/t* (*3i*) trinken; ***darla a ~ a qu*** j-m et weismachen; **2.** *m* Trinken *n*; *vizio* Trunksucht *f*
berlina [ber'liːna] *f auto* Limousine *f*
berlinese [berli'neːse] **1.** *adj* berlinisch; Berliner; **2.** *m/f* Berliner(in) *m(f)*

B

Berlino [ber'li:no] *f* Berlin *n*
Berna ['bɛrna] *f* Bern *n*
bernoccolo [ber'nɔkkolo] *m* Beule *f*; *fig* Anlage *f*; ***aver il ~ di qc*** die natürliche Anlage zu et haben
berretto [ber'retto] *m* Mütze *f*, Kappe *f*
berrò [ber'rɔ] → ***bere***
bersaglio [ber'saːʎo] *m* (*pl -gli*) Zielscheibe *f*; *mil u fig* Ziel *n*
besciamella [beʃʃa'mɛlla] *f* Béchamelsoße *f*
bestemmia [bes'temmia] *f* Fluch *m*, Gotteslästerung *f*
bestemmiare [bestemmi'aːre] (*1k*) **1.** *v/i* fluchen, Gott lästern; **2.** *v/t* lästern; (*imprecare*) verfluchen
bestia ['bɛstia] *f* Tier *n*; Bestie *f*; *fig* ***andare in ~*** wütend werden
besti|ale [besti'aːle] bestialisch; F (*molto intenso*) tierisch; **~ame** [-'aːme] *m* Vieh *n*
bettola ['bettola] *f spreg* Spelunke *f*
betulla [be'tulla] *f* Birke *f*
bevanda [be'vanda] *f* Getränk *n*
beve ['beːve] → ***bere***
bev|ibile [be'viːbile] trinkbar; **~itore** [-vi'toːre] *m* Trinker *m*; **~uta** [-'vuːta] *f* Trunk *m*; (*sorsata*) Schluck *m*, Zug *m*
BG ***Bergamo*** Bergamo
B.I. ***Banca d'Italia*** Zentralnotenbank von Italien
BI ***Biella*** Biella
biada [bi'aːda] *f* Futter *n*
biancheria [biaŋke'riːa] *f* Wäsche *f*; ***~ intima*** Unterwäsche *f*
bianco [bi'aŋko] (*pl -chi*) **1.** *adj* weiß; *fig* ***foglio*** *m* ***~*** unbeschriebenes Blatt *n*; ***dare carta -a a qu*** j-m Vollmacht erteilen; ***notte*** *f* ***in ~*** schlaflose Nacht *f*; ***sciopero*** *m* ***~*** Bummelstreik *m*; **2.** *m* Weiße(s) *n*; Weiße(r) *m*; ***~ d'uovo*** Eiweiß *n*; ***lasciare in ~*** unbeschrieben lassen; ***di punto in ~*** unversehens; *gastr* ***in ~*** nur mit Butter *od* Öl zubereitet; ***film*** *m* ***in ~ e nero*** Schwarzweißfilm *m*; *econ* ***assegno*** *m* ***in ~*** Blankoscheck *m*
biancospino [biaŋkos'piːno] *m* Weißdorn *m*
biasim|are [biazi'maːre] (*1l*) tadeln; **~evole** [-'meːvole] tadelnswert
biasimo [bi'aːzimo] *m* Tadel *m*
bibbia ['bibbia] *f* Bibel *f*
biberon [bibe'rɔn] *m* Babyflasche *f*
bibita ['biːbita] *f erfrischendes, nicht alkoholisches* Getränk *n*
bibli|ografia [bibliogra'fiːa] *f* Bibliographie *f*; **~ografico** [-o'graːfiko] (*pl -ci*) bibliographisch; **~oteca** [-o'tɛːka] *f* (*pl -che*) Bibliothek *f*; *mobile* Bücherschrank *m*; ***~ circolante*** Leihbibliothek *f*; **~otecario** [-ote'kaːrio] *m* (*pl -ri*) Bibliothekar *m*
bicamera|le [bikame'raːle] *pol* Zweikammer…; **~lismo** [-ra'lizmo] *m* Zweikammersystem *n*
bicamere [bi'kaːmere] *m inv* Zweizimmerwohnung *f*
bicarbonato [bikarbo'naːto] *m* (***~ di sodio***) Natron *n*
bicchiere [bikki'ɛːre] *m* (Trink)Glas *n*; ***un ~ di birra*** ein Glas *n* Bier; ***~ da birra*** Bierglas *n*; ***~ di carta*** Pappbecher *m*; ***alzare il ~ a*** das Glas erheben auf (*acc*)
bicentenario [bitʃente'naːrio] *m* zweihundertster Jahrestag *m*
bici ['bitʃi] *f abbr für* ***bicicletta***
bicicletta [bitʃi'kletta] *f* Fahrrad *n*; ***andare in ~*** Rad fahren; ***in ~*** mit dem Rad; ***~ pieghevole*** Klapprad *n*; ***~ da corsa*** Rennrad *n*; ***gita*** *f* ***in ~*** Radtour *f*
bidè [bi'dɛ] *m* Bidet *n*
bidone [bi'doːne] *m* Kanister *m*; (*secchio*) Eimer *m*; P (*imbroglio*) Schwindel *m*; ***~ per rifuti biodegradabili*** *ecol* Biotonne *f*
biella [bi'ɛlla] *f tec* Pleuelstange *f*
Bielorussia [biɛlo'russia] *f* Weißrussland *n*
Biennale *f* Biennale *f*
biennio [bi'ɛnnio] *m* (*pl -nni*) Zeitraum *m* von zwei Jahren; zweijähriger Studienkurs *m*
bietola [bi'ɛːtola] *f* Mangold *m*
bifase [bi'faːze] zweiphasig
bifora ['biːfora] *f* zweibogiges Fenster *n*
biforc|arsi [bifor'karsi] (*1d*) sich gabeln; **~azione** [-katsi'oːne] *f* Gabelung *f*, Abzweigung *f*
bigamia [biga'miːa] *f* Bigamie *f*
bigamo ['biːgamo] *m* Bigamist *m*
bigiotteria [bidʒotte'riːa] *f* Modeschmuck *m*; (*negozio*) Modeschmuckladen *m*
bigliettaio [biʎet'taːio] *m* (*pl -ai*) Kartenverkäufer *m*; *fer* Fahrkartenver-

B

käufer *m*; *tram* Schaffner *m*

biglietteria [biʎette'riːa] *f* Fahrkartenschalter *m*; *tea, cinema* Kasse *f*

biglietto [bi'ʎetto] *m* Karte *f*; Zettel *m*; *fer, tram, autobus* Fahrkarte *f*; *tea, cinema* Eintrittskarte *f*; **~ aereo** Flugticket *n*; **~ per ragazzi** Kinderfahrkarte *f*; **~ d'andata e ritorno** Rückfahrkarte *f*; **~ d'auguri** Glückwunschkarte *f*; **~ da visita** Visitenkarte *f*; **~ di banca** Banknote *f*; **~ della lotteria** Lotterielos *n*; **un ~ da 100 euro** ein Hunderteuroschein *m*; **fare il ~** die Fahrkarte lösen

bigodino [bigo'diːno] *m* Lockenwickler *m*

bigotto [bi'gɔtto] **1.** *adj* bigott, scheinheilig; **2.** *m* Frömmler *m*

bikini [bi'kiːni] *m inv* Bikini *m*

bilan|cia [bi'lantʃa] *f* (*pl -ce*) Waage *f* (*a astr*); *econ* Bilanz *f*; **~ commerciale** Handelsbilanz *f*; **~ dei pagamenti** Zahlungsbilanz *f*; **~ciare** [-'tʃaːre] (*1f*) balancieren; (*pareggiare*) ausgleichen; *fig* abwägen; *econ* **~ un conto** ein Konto ausgleichen; **~ciarsi** [-'tʃarsi] sich im Gleichgewicht halten

bilancio [bi'lantʃo] *m* (*pl -ci*) Bilanz *f*; (*budget*) Etat *m*, Haushalt *m*; **~ annuale** Jahresbilanz *f*; **~ di chiusura** Schlussbilanz *f*; **~ dello Stato** Staatshaushalt *m*; **~ preventivo** Haushaltsplan *m*; **fare il ~** die Bilanz aufstellen; *fig* die Bilanz ziehen (**di qc** aus et)

bilaterale [bilate'raːle] bilateral, zweiseitig

bile ['biːle] *f* Galle *f*; *fig* Wut *f*

biliardo [bili'ardo] *m* Billard *n*

bilico ['biːliko] *m* **essere in ~** kein Gleichgewicht haben; *fig* auf der Kippe stehen

bilingue [bi'liŋgue] zweisprachig

bilione [bili'oːne] *m* Billion *f*; *in Italia* Milliarde *f*

bimb|a ['bimba] *f* Kind *n*, kleines Mädchen *n*; **~o** [-bo] *m* Kind *n*, kleiner Junge *m*

bimensile [bimen'siːle] zweimal im Monat; halbmonatlich

bimestrale [bimes'traːle] *ogni due mesi* zweimonatlich; *che dura due mesi* zweimonatig

bimotore [bimo'toːre] **1.** *adj* zweimotorig; **2.** *m* zweimotoriges Flugzeug *n*

binario [bi'naːrio] *m* (*pl -ri*) Gleis *n*; (*marciapiede*) Bahnsteig *m*; **~ morto** Abstellgleis *n*

binocolo [bi'nɔːkolo] *m* Fernglas *n*

bio|chimica [bio'kiːmika] *f* Biochemie *f*; **~degradabile** [-degra'daːbile] biologisch abbaubar, umweltfreundlich; **~dinamico** [-di'naːmiko] biodynamisch

bio|grafia [biogra'fiːa] *f* Biographie *f*; **~grafico** [-'graːfiko] (*pl -ci*) biographisch

biografo [bi'ɔːgrafo] *m* Biograph *m*

bio|logia [biolo'dʒiːa] *f* Biologie *f*; **~logico** [-'lɔːdʒiko] (*pl -ci*) biologisch

biologo [bi'ɔːlogo] *m* (*pl -ghi*) Biologe *m*

biondo [bi'ondo] blond

bio|ritmo [bio'ritmo] *m* Biorhythmus *m*; **~ssido** [bi'ɔssido] *m* Dioxid *n*; **~terrorismo** [bioterro'rizmo] *m* Bioterrorismus *m*; **~topo** [bi'ɔtopo] *m* Biotop *n*

biplano [bi'plaːno] *m* Doppeldecker *m*

bipolare [bipo'laːre] bipolar

biposto [bi'posto] **1.** *adj* zweisitzig; **2.** *m* Zweisitzer *m*

birbante [bir'bante] *m* Bengel *m*

birichino [biri'kiːno] **1.** *adj* schelmisch; **2.** *m* Schelm *m*, Spitzbub *m*

birillo [bi'rillo] *m gioco* Kegel *m*

biro ['biːro] *f inv* Kugelschreiber *m*

birra ['birra] *f* Bier *n*; **~ chiara** helles Bier *n*; **~ scura** dunkles Bier; **~ in lattina** Dosenbier *n*; **~ alla spina** Bier *n* vom Fass; **lievito** *m* **di ~** Bierhefe *f*; **a tutta ~** mit höchster Geschwindigkeit

birreria [birre'riːa] *f* Bierstube *f*; *fabbrica* Brauerei *f*

bis [bis] **1.** *m inv* Zugabe *f*; **2.** *int* Zugabe

bisbetico [biz'bɛtiko] (*pl -ci*) launisch

bisb|igliare [bizbi'ʎaːre] (*1g*) flüstern; **~iglio** [biz'biːʎo] *m* Geflüster *n*

bisca ['biska] *f* (*pl -che*) Spielkasino *n*

Biscaglia [bis'kaːʎa] *f* Biskaya *f*

biscia ['biʃʃa] *f* (*pl -sce*) Natter *f*

biscotto [bis'kɔtto] *m* Keks *m*, Plätzchen *n*

bisessuale [bisessu'aːle] bisexuell

bisestile [bises'tiːle] **anno** *m* **~** Schaltjahr *n*

bisettimanale [bisettima'naːle] zweimal wöchentlich

B

bis|nonna [biz'nɔnna] *f* Urgroßmutter *f*; **~nonno** [-no] *m* Urgroßvater *m*
bisogna [bizo'ɲa] *(1a)* man muss, es ist nötig; man braucht; **~ *farlo*** man muss es machen; ***non* ~** man darf nicht
bisogno [bi'zo:ɲo] *m* Bedürfnis *n*; Not *f*; *econ* Bedarf *m*; ***in caso di* ~** im Notfall; ***avere* ~ *di qc*** et brauchen
bisognoso [bizo'ɲo:zo] bedürftig, hilfsbedürftig
bisonte [bi'zonte] *m zo* Bison *m*
bistecca [bis'tekka] *f (pl -cche)* Beefsteak *n*; **~ *ai ferri*** Beefsteak *n* vom Rost; **~ *alla fiorentina*** (großes) Rumpsteak *n* vom Grill
bisticciare [bistit'tʃa:re] *(1f)* zanken, streiten
bisticcio [bis'tittʃo] *m (pl -cci)* Gezänk *n*, Streit *m*
bisturi ['bisturi] *m inv med* Skalpell *n*
bit [bit] *m inv inform* Bit *n*
bitter ['bitter] *m* Bitter *m*
bivaccare [bivak'ka:re] *(1d)* biwakieren
bivacco [bi'vakko] *m (pl -cchi)* Biwak *n*
bivio ['bi:vio] *m (pl -vi)* Gabelung *f*; *fig* Scheideweg *m*
bizantino [bidzan'ti:no] byzantinisch
bizzarro [bid'dzarro] sonderbar, bizarr
bizzeffe [bid'dzɛffe] ***a* ~** in Hülle und Fülle
BL *Belluno* Belluno
blatta ['blatta] *f* Schabe *f*
blind|are [blin'da:re] *(1a)* panzern; **~ato** [-'da:to] gepanzert; Panzer…
blitz ['blits] *m inv* Blitzaktion *f*
blocc|are [blok'ka:re] *(1c u d)* blockieren, (ab)sperren; *(fermare)* anhalten; *prezzi* stoppen; *econ conto* sperren; **~asterzo** [-kas'tɛrtso] *m auto* Lenkradschloss *n*
blocco ['blɔkko] *m (pl -cchi)* Block *m*; *mil* Blockade *f*; *di strada* Sperre *f*; *dei fitti* Stopp *m*; *econ* Bindung *f*; ***comprare in* ~** en bloc kaufen; **~ *dei prezzi*** Preisbindung *f*; **~ *delle esportazioni*** Ausfuhrstopp *m*
block-notes [blɔk'nɔtes] *m inv* Notizblock *m*
blu [blu] blau
blusa ['blu:za] *f* Bluse *f*
BN *Benevento* Benevent
BO *Bologna* Bologna

boa[1] ['bɔ:a] *m inv zo* Boa *f*
boa[2] ['bɔ:a] *f mar* Boje *f*
boato [bo'a:to] *m del tuono* Rollen *n*; Donnern *n*
bob ['bob] *m inv sport* Bob *m*; **~bista** [bɔb'bista] *m/f* Bobfahrer(in) *m(f)*
bobina [bo'bi:na] *f* Spule *f*; *auto* **~ *d'accensione*** Zündspule *f*
bocca ['bokka] *f (pl -cche)* Mund *m*; *d. animale* Maul *n*; *di fiume* Mündung *f* *(apertura)* Öffnung *f*; ***igiene f della* ~** Mundpflege *f*; ***in* ~ *al lupo!*** Hals und Beinbruch!; ***essere sulla* ~ *di tutti*** in aller Munde sein; ***lasciare la* ~ *amara*** einen bitteren Nachgeschmack hinterlassen; ***rimanere a* ~ *aperta*** mit offenem Mund dastehen; ***rimanere a* ~ *asciutta*** das Nachsehen haben
boccaccia [bok'kattʃa] *f (pl -cce)* hässlicher Mund *m*; *(smorfia)* Grimasse *f*
boccaglio [bok'ka:ʎo] *m (pl -gli)* Mundstück *n*
boccale [bok'ka:le] *m* Krug *m*
boccetta [bot'tʃetta] *f* Fläschchen *n*
bocch|eggiare [bokked'dʒa:re] *(1f)* nach Luft schnappen; **~ino** [-'ki:no] *m* Mundstück *n*; Zigarettenspitze *f*
bocci|a ['bɔttʃa] *f (pl -cce)* Karaffe *f* *(palla)* Kugel *f*; ***gioco delle -cce*** Bocciaspiel *n*; **~are** [bot'tʃa:re] *(1c u f)* ablehnen; *scuola* durchfallen lassen; **~atura** [-tʃa'tura] *f* Durchfallen *n*
bocciolo [bot'tʃɔ:lo] *m* Knospe *f*
bocc|oncino [bokkon'tʃi:no] *m* Häppchen *n*; Leckerbissen *m*; **~one** [-'ko:ne] *m* Bissen *m*; **~ *amaro*** bittere Pille *f*; **~oni** [-'ko:ni] auf dem Bauch bäuchlings
Boemia [bo'ɛ:mia] *f* Böhmen *n*
boia ['bɔ:ia] *m inv* Henker *m*; ***fa un freddo* ~** F es ist eine Hundekälte F
boicott|aggio [boikot'taddʒo] *m* Boykott *m*; **~are** [-'ta:re] *(1c)* boykottieren
bolgia ['bɔldʒa] *f fig* Durcheinander *n*
bolide ['bɔ:lide] *m astr* Bolid *m*; schneller Wagen *m*, Rennwagen *m*; ***come un* ~** wie ein Blitz
Bolivia [bo'li:via] *f* Bolivien *n*
bolla ['bolla] *f* Blase *f*
bollare [bol'la:re] *(1a)* stempeln, abstempeln
bollente [bol'lɛnte] kochend; heiß
bolletta [bol'letta] *f* Rechnung *f*; *(polizza)* Schein *m*; **~ *di consegna*** Lie…

ferschein *m*; **~ della luce** Stromrechnung *f*; **~ del telefono** Telefonrechnung *f*; F **essere in ~** F abgebrannt sein

bollettino [bollet'ti:no] *m* **~ meteorologico** Wetterbericht *m*

boll|ire [bol'li:re] (*4c*) kochen, sieden; **~ di rabbia** vor Wut kochen; **~ito** [-'li:to] **1.** *adj* gekocht; **2.** *m* gekochtes Rindfleisch *n*; **~itore** [-'li:tore] *m* Kocher *m*

bollo ['bollo] *m* Stempel *m*; **marca** *f* **da ~** Stempelmarke *f*; **esente da ~** stempelfrei

Bolzano [bol'tsa:no] *f* Bozen *n*

bomba ['bomba] *f* Bombe *f*; **a prova di ~** bombensicher; **~ a mano** Handgranate *f*; **~ a orologeria** Zeitbombe *f*; **~ atomica** Atombombe *f*

bombard|amento [bombarda'mento] *m* Bombardierung *f*; (*attacco aereo*) Bombenangriff *m*; **~are** [-bar'da:re] (*1a*) bombardieren; **~iere** [-bardi'ɛ:re] *m* Bomber *m*

bombola ['bombola] *f* Flasche *f*; **~ (di gas)** Gasflasche *f*

bomboniera [bomboni'ɛ:ra] *f* Bonbonniere *f*

bon|accia [bo'nattʃa] *f* Windstille *f*; **~accione** [-nat'tʃo:ne] *m* gutmütiger Mensch *m*; **~ario** [-'na:rio] (*pl -ri*) gutmütig

bo|nifica [bo'ni:fika] *f* (*pl -che*) Urbarmachung *f*; Trockenlegung *f*; **~ delle scorie di produzione** *ecol* Altlastensanierung *f*; **~nificare** [-nifi'ka:re] (*1m u d*) *econ* vergüten; *agr* urbarmachen; (*prosciugare*) trockenlegen; **~nifico** [-'ni:fiko] *m econ* Vergütung *f*; Überweisung *f*; Gutschrift *f*

bontà [bon'ta] *f* Güte *f*

bonus-malus [bɔnus 'malus] *m inv assicurazione* Schadenfreiheitsrabatt *m*

bora ['bo:ra] *f* kalter Nordostwind

borbottare [borbot'ta:re] (*1a*) murmeln

bordello [bor'dɛllo] *m* Bordell *n*; *fig* Lärm *m*

bordo ['bordo] *m mar* Bord *m*; (*orlo*) Rand *m*; *mar, avia, auto* **a ~** an Bord; **salire a ~** an Bord gehen

borea ['bɔ:rea] *m* (kalter) Nordwind *m*

boreale [bore'a:le] Nord…; nordisch; **aurora** *f* **~** Nordlicht *n*

bor|gata [bor'ga:ta] *f* Weiler *m*; (*rione popolare*) Vorort *m*; **~ghese** [-'ge:se] **1.** *adj* bürgerlich; **in ~** in Zivil; **2.** *m* Bürger *m*; **piccolo ~** Kleinbürger *m*; **~ghesia** [-ge'si:a] *f* Bürgertum *n*

borgo ['borgo] *m* (*pl -ghi*) Dorf *n*; Vorstadt *f*

boria ['bɔ:ria] *f* Hochmut *m*

borico ['bɔ:riko] (*pl -ci*) Bor…; **acido** *m* **~** Borsäure *f*

borotalco [boro'talko] *m* Puder *m*

borraccia [bor'rattʃa] *f* (*pl -cce*) Feldflasche *f*

borsa ['borsa] *f* Tasche *f*; Handtasche *f*; Beutel *m*; *econ* Börse *f*; **~ della spesa** Einkaufstasche *f*; **~ da viaggio** Reisetasche *f*; **~ di plastica** Plastiktüte *f*; **~ termica** Kühltasche *f*; **~ di studio** Stipendium *n*; **~ nera** Schwarzmarkt *m*; **~ merci** Warenbörse *f*; **~ valori** Effekten-, Wertpapierbörse *f*; **bollettino** *m* (*od listino m*) **di ~** Börsenbericht *m*; **metter mano alla ~** in die Tasche greifen

bors|aiolo [borsai'ɔ:lo] *m* Taschendieb *m*; **~eggio** [-'seddʒo] *m* (*pl -ggi*) Taschendiebstahl *m*; **~ellino** [-sel'li:no] *m* Geldbeutel *m*; **~etta** [-'setta] *f* Handtasche *f*; **~ista** [-'sista] *m/f* (*m/pl -i*) Stipendiat(in) *m(f)*

bos|caglia [bos'ka:ʎa] *f* Gehölz *n*; **~caiolo** [-kai'ɔ:lo] *m* Holzhauer *m*

bosco ['bɔsko] *m* (*pl -chi*) Wald *m*; **~so** [bos'ko:zo] waldig

Bosforo ['bɔsforo] *m* Bosporus *m*

Bosnia-Erzegovina ['bɔsnia erzego'vi:na] *f* Bosnien-Herzegowina *n*

bossolo ['bɔssolo] *m* Büchse *f*; *di proiettili* Hülse *f*

BOT, bot ***Buono Ordinario del Tesoro*** einfache Schatzanweisung

botan|ica [bo'ta:nika] *f* Botanik *f*; **~ico** [-ko] (*pl -ci*) **1.** *adj* botanisch; **2.** *m* Botaniker *m*

botola ['bɔ:tola] *f* Falltür *f*

botta ['bɔtta] *f* Schlag *m*, Hieb *m*; **fare a -e** sich prügeln

botte ['botte] *f* Fass *n*; *arch* **volta** *f* **a ~** Tonnengewölbe *n*; **essere in una ~ di ferro** von allen Seiten abgesichert sein

bottega [bot'te:ga] *f* (*pl -ghe*) Laden *m*; *laboratorio* Werkstatt *f*

botte|gaio [botte'ga:io] *m* (*pl -ai*) Händler *m*; **~ghino** [-'gi:no] *m* Kasse *f*; *lotto* Lottoannahmestelle *f*

B

bot|tiglia [bot'tiːʎa] *f* Flasche *f*; **~tiglieria** [-tiʎe'riːa] *f* Wein- und Spirituosenhandlung *f*
bottino [bot'tiːno] *m* Beute *f*
botto ['bɔtto] *m* Schlag *m*; *rumore* Knall *m*; ***di ~*** plötzlich
bottone [bot'toːne] *m* Knopf *m*; ***~ automatico*** Druckknopf *m*; ***attaccare un ~*** (***a qu***) (j-m) einen Knopf annähen; *fig* j-n in ein endloses Gespräch verwickeln
bovino [bo'viːno] **1.** *adj* Rind…; **2.** *m* Rind *n*
box ['bɔks] *m inv* Box *f*; *per bambini* Laufstall *m*
boxe ['bɔks] *f* Boxen *n*
bozz|a ['bɔttsa] *f* Entwurf *m*; *tip* Probeabzug *m*; **~etto** [-'tsetto] *m* Entwurf *m*; Skizze *f*
bozzolo ['bɔttsolo] *m* Kokon *m*
BR ***Brindisi*** Brindisi
braccetto [brat'tʃetto] *m* ***a ~*** Arm in Arm
bracci|ale [brat'tʃaːle] *m* Armband *n*; **~aletto** [-tʃa'letto] *m* Armband *n*; **~ante** [-'tʃante] *m* Tagelöhner *m*; **~ata** [-'tʃaːta] *f* Arm *m* voll; *nel nuoto* Stoß *m*
braccio ['brattʃo] *m* (*pl le braccia u a i bracci*) Arm *m*; ***a -a aperte*** mit offenen Armen; ***~ di terra*** Landzunge *f*; ***~ di mare*** Meerenge *f*; *fig* ***essere il ~ destro di qu*** j-s rechte Hand sein; ***incrociare le -a*** die Arbeit niederlegen
bracciolo [brat'tʃɔːlo] *m* Armlehne *f*
bracco ['brakko] *m* (*pl -cchi*) Bracke *f*, Jagdhund *m*
bracconiere [brakkoni'ɛːre] *m* Wilddieb *m*
brace ['braːtʃe] *f* Kohlenglut *f*; ***alla ~*** vom Holzkohlengrill
braciola [bra'tʃɔːla] *f gastr* Kotelett *n*
branca ['braŋka] *f* (*pl -che*) Klaue *f*; *fig* Zweig *m*, Gebiet *n*, Branche *f*; ***~ dell'industria*** Industriezweig *m*
branchia ['braŋkia] *f* Kieme *f*
branco ['braŋko] *m* (*pl -chi*) *zo* Rudel *n*; (*gregge*) Herde *f*; *di uccelli* Schwarm *m*; *fig spreg* Haufen *m*
brancolare [braŋko'laːre] (*1l*) herumtappen
branda ['branda] *f* Feldbett *n*
Brandeburgo [brande'burgo] *m* Brandenburg *n*
brandello [bran'dɛllo] *m* Fetzen *m*; ***a -i*** in Fetzen
brano ['braːno] *m* Stück *n*; Abschnitt *m*
brasato [bra'saːto] *m* Schmorbraten *m*
Brasile [bra'ziːle] *m* Brasilien *n*
brasiliano [brazili'aːno] **1.** *adj* brasilianisch; **2.** *m* Brasilianer *m*
bravata [bra'vaːta] *f* Angeberei *f*
bravo ['braːvo] gut; (*abile*) fähig, geschickt; (*onesto*) brav, rechtschaffen; (*buono*) brav, lieb; ***~!*** bravo!
bravura [bra'vuːra] *f* Tüchtigkeit *f*
break ['brɛk] *m inv* Pause *f*
breccia ['brettʃa] *f* (*pl -cce*) Bresche *f*; Steinschotter *m*
Brema ['brɛːma] *f* Bremen *n*
Brennero ['brɛnnero] *m* Brenner *m*
Bressanone [bressa'noːne] *f* Brixen *n*
Bretagna [bre'taːɲa] *f* Bretagne *f*
bretella [bre'tɛlla] *f* (*raccordo*) Zubringerstraße *f*; **-e** *pl* Hosenträger *m/pl*
brev. ***brevetto*** Patent
breve ['brɛːve] kurz; ***in ~*** kurz
brev|ettare [brevet'taːre] (*1a*) patentieren; **~etto** [-'vetto] *m* Patent *n*; ***~ di pilota*** Flugzeugführerschein *m*; ***ufficio*** *m* ***dei -i*** Patentamt *n*
brevità [brevi'ta] *f* Kürze *f*
brezza ['breddza] *f* Brise *f*
bricco ['brikko] *m* (*pl -cchi*) Kanne *f*, Kaffeekanne *f*; Teekanne *f*
briciol|a ['briːtʃola] *f* Krume *f*; **~o** [-lo] *m* Stückchen *n*; *fig* Funke *m*, Spur *f*
bricolage [briko'laːʒ] *m inv* Heimwerken *n*, Basteln *n*
briga ['briːga] *f* (*pl -ghe*) ***darsi la ~ di fare qc*** sich Mühe geben, et zu tun; ***attaccar ~ con qu*** Streit mit j-m suchen
brig|adiere [brigadi'ɛːre] *m* Unteroffizier *m bei den Karabinieri u bei der Polizei*; **~ante** [-'gante] *m* Bandit *m*
brigata [bri'gaːta] *f* Gesellschaft *f*, Runde *f*; *mil* Brigade *f*
briglia ['briːʎa] *f* Zügel *m*; *fig* ***a ~ sciolta*** zügellos
brill|ante [bril'lante] **1.** *adj* glänzend; *colore* leuchtend; *fig* glänzend, brillant; **2.** *m* Brillant *m*; **~are** [-'laːre] (*1a*) glänzen; strahlen
brillo ['brillo] angeheitert
brina ['briːna] *f* (Rau)Reif *m*
brindare [brin'daːre] (*1a*) anstoßen (auf *acc*); ***~ alla salute di qu*** auf j-

(*acc*) Wohl trinken
brindisi ['brindizi] *m inv* Toast *m*, Trinkspruch *m*
brio ['bri:o] *m* Lebhaftigkeit *f*
brioche [bri'ɔʃ] *f* Hefegebäck *n*
brioso [bri'o:zo] lebhaft
britannico [bri'tanniko] (*pl -ci*) britisch
brivido ['bri:vido] *m di freddo* Frösteln *n*; *di spavento* Schauer *m*
brizzolato [brittso'la:to] gesprenkelt; *capelli* grau meliert
brocca ['brɔkka] *f* (*pl -cche*) Krug *m*
broccato [brok'ka:to] *m* Brokat *m*
broccoli ['brɔkkoli] *m/pl* Brokkoli *pl*
brod|o ['brɔ:do] *m* Brühe *f*; **~ *ristretto*** Kraftbrühe *f*; **~oso** [bro'do:zo] dünn(-flüssig)
broker ['bro:kɐ] *m Börse* Broker *m*
bron|chiale [broŋki'a:le] Bronchial…; **~chite** [-'ki:te] *f* Bronchitis *f*
broncio ['brontʃo] *m* Schmollmund *m*; ***fare*** (*od* ***tenere***) ***il ~ a qu*** mit j-m schmollen
bronco ['broŋko] *m* (*pl -chi*) *anat* Bronchie *f*; **~polmonite** [-polmo'ni:-'te] *f* Bronchopneumonie *f*
brontol|are [bronto'la:re] (*1l*) brummen; *stomaco* knurren; **~io** [-'li:o] *m* Murren *n*; *stomaco* Knurren *n*; **~one** [-'lo:ne] **1.** *m* Brummbär *m*; **2.** *adj* mürrisch
bronzo ['brondzo] *m* Bronze *f*
bruci|apelo [brutʃa'pe:lo] ***a ~*** aus nächster Nähe; plötzlich; **~are** [-'tʃa:-re] (*1f*) **1.** *v/t* verbrennen; *gastr* anbrennen lassen; *med* ausbrennen; ***~ le tappe*** rasch aufs Ziel lossteuern; **2.** *v/i* brennen; *fig* schmerzen; **~arsi** [-'tʃarsi] sich verbrennen; **~ato** [-'tʃa:-to] verbrannt; (*abbronzato*) sonnenverbrannt; **~atura** [-tʃa'tu:ra] *f* Verbrennung *f*; (*scottatura*) Brandwunde *f*; **~ore** [-'tʃo:re] *m* Brennen *n*; ***~ di stomaco*** Sodbrennen *n*
bruco ['bru:ko] *m* (*pl -chi*) Raupe *f*
brufolo ['bru:folo] *m* Pickel *m*
brughiera [brugi'ɛ:ra] *f* Heideland *n*
bruli|care [bruli'ka:re] (*1l u d*) wimmeln; **~chio** [-'ki:o] *m* Gewimmel *n*
brullo ['brullo] kahl
Brunico [bru'ni:ko] *f* Bruneck *n*
bruno ['bru:no] braun; *di capelli* braunhaarig, brünett
brusco ['brusko] (*pl -chi*) brüsk, schroff; *sapore* herb
brut|ale [bru'ta:le] brutal; **~alità** [-tali-'ta] *f* Brutalität *f*
bruto ['bru:to] **1.** *adj* tierisch, roh; **2.** *m* Tier *n*; Unmensch *m*
brutt|a ['brutta] *f* (*a adj* **~ *copia*** *f*) das Konzept *n*; **~ezza** [-'tettsa] *f* Hässlichkeit *f*; **~o** [-to] hässlich; schlecht, schlimm, unerfreulich; ***una -a città*** *f* eine hässliche Stadt *f*; ***una -a notizia*** *f* eine unerfreuliche Nachricht *f*
Bruxelles [bry'sɛl] *f* Brüssel *n*
BS ***Brescia*** Brescia
BSE ***Bovine spongiform Encephalopathy*** BSE
B.U. ***Bollettino Ufficiale*** Amtliches Anzeigeblatt
buca ['bu:ka] *f* (*pl -che*) Loch *n*; (*avvallamento*) Vertiefung *f*; ***~ delle lettere*** Briefkasten *m*
buc|aneve [buka'ne:ve] *m inv* Schneeglöckchen *n*; **~are** [-'ka:re] (*1d*) durchlöchern; *biglietto* lochen, knipsen; ***~ una gomma*** eine Reifenpanne haben; *fig* ***avere le mani bucate*** das Geld zum Fenster hinauswerfen; **~arsi** [-'karsi] F fixen
Bucarest ['bu:karest] *f* Bukarest *n*
bucato [bu'ka:to] *m* Wäsche *f*; ***fare il ~*** waschen
buccia ['buttʃa] *f* (*pl -cce*) Schale *f*; Haut *f*
bucherellare [bukerel'la:re] (*1b*) durchlöchern
buco ['bu:ko] *m* (*pl buchi*) Loch *n*; ***~ d'ozono*** Ozonloch *n*
Budapest ['bu:dapest] *f* Budapest *n*
budello [bu'dɛllo] *m* (*pl le budella*) Darm *m*; (*tubo*) Schlauch *m*; (*vicolo*) enge Gasse *f*
budget [by'dʒe:] *m inv* Budget *n*
budino [bu'di:no] *m* Pudding *m*
bue ['bu:e] *m* (*pl buoi*) Ochse *m*
bufalo ['bu:falo] *m* Büffel *m*
bufera [bu'fɛ:ra] *f* Sturm *m*
buffet [buf'fe] *m inv* Büffet *n*; *mobile a* Anrichte *f*
buff|o ['buffo] komisch, witzig; **~one** [-'fo:ne] *m* Hanswurst *m*; *hist* (Hof-)Narr *m*
bugia[1] [bu'dʒi:a] *f* Handleuchter *m*
bugia[2] [bu'dʒi:a] *f* Lüge *f*; ***dire -e*** lügen
bugiardo [bu'dʒardo] **1.** *adj* lügnerisch;

B

2. *m* Lügner *m*

bugigattolo [budʒi'gattolo] *m* Loch *n*; (*ripostiglio*) Abstellraum *m*

buio ['buːio] **1.** *adj* dunkel; *cielo* düster; **2.** *m* Dunkel *n*; **~ pesto** stockfinster; **essere al ~ di qc** im Unklaren sein über et (*acc*)

bulbo ['bulbo] *m bot* (Blumen)Zwiebel *f*

Bulgaria [bulga'riːa] *f* Bulgarien *n*

bulgaro ['bulgaro] **1.** *adj* bulgarisch; **2.** *m* Bulgare *m*; Bulgarisch(e) *n*

bulletta [bul'letta] *f* Zwecke *f*

bullismo [bul'lismo] *m* Mobbing *n* in der Schule

bullone [bul'loːne] *m* Bolzen *m*

buoi [bu'ɔːi] → **bue**

buon [bu'ɔn] → **buono**

buonafede [buona'feːde] *f* **in ~** in gutem Glauben

buona|notte [buona'nɔtte] *f* gute Nacht *f*; **dare la ~** Gute Nacht wünschen; **~sera** [-'seːra] *f* guten Abend *m*

buon|giorno [buon'dʒorno] *m* guten Tag *m*, guten Morgen *m*; **~gustaio** [-gus'taːio] *m* (*pl -i*) Feinschmecker *m*; **~gusto** [-'gusto] *m* Geschmack *m*; **di ~** geschmackvoll

buono [bu'ɔːno] **1.** *adj* gut; (*valido*) gültig; (*adatto*) geeignet; *tempo* schön; **alla -a** schlicht, einfach; **-a fortuna** viel Glück; **a buon mercato** billig; **di buon'ora** früh(morgens); **di buon grado** gern; **avere buon naso** e-e feine Nase haben; **~ a nulla** zu nichts zu gebrauchen; **2.** *m* Gute(s) *n*; *econ* Bon *m*; Gutschein *m*; **~ (di) benzina** Benzingutschein *m*; **~ pasto** Essensmarke *f*

buon|senso [buon'sɛnso] *m* gesunder Menschenverstand *m*; **~uscita** [-uʃ'ʃiːta] *f* Abfindung *f*

burattino [burat'tiːno] *m* Puppe *f*; Marionette *f*; **teatro** *m* **dei -i** Marionetten-, Kasperletheater *n*

burbero ['burbero] **1.** *adj* mürrisch; **2.** *m* Griesgram *m*

burl|a ['burla] *f* Scherz *m*, Spaß *m*; **~arsi** [-'larsi] (*1a*): **~ di qu** sich über j-n lustig machen; **~one** [-'loːne] *m* Spaßvogel *m*, Witzbold *m*

burocrate [bu'rɔkrate] *m* Bürokrat *m*

burocr|atico [buro'kraːtiko] (*pl -ci*) bürokratisch; **~azia** [-kra'tsiːa] *f* Bürokratie *f*

burr|asca [bur'raska] *f* (*pl -che*) Sturm *m*; **~ascoso** [-ras'koːzo] stürmisch

burro ['burro] *m* Butter *f*; *gastr* **al ~** mit Butter angerichtet; **tenero come il ~** butterweich

burrone [bur'roːne] *m* Schlucht *f*

bussare [bus'saːre] (*1a*) klopfen; **~ alla porta** an die Tür klopfen

bussola ['bussola] *f* Kompass *m*; **~ magnetica** Magnetkompass *m*; **perdere la ~** die Fassung verlieren

busta ['busta] *f per lettera* (Brief)Umschlag *m*, Kuvert *n*; *per documenti* (Akten)Mappe *f*; (*astuccio*) Futteral *n*; **~ paga** Lohntüte *f*

bust|arella [busta'rɛlla] *f* Schmiergeld *n*; **~ina** [-'tiːna] *f* **~ di tè** Teebeutel *m*

busto ['busto] *m anat* Oberkörper *m*; *scultura* Büste *f*; (*corsetto*) Korsett *n*

buttafuori [buttafu'ɔːri] *m inv* Rausschmeißer *m*

butt|are [but'taːre] (*1a*) **1.** *v/i bot* ausschlagen; **~ bene** gut ansetzen; **2.** *v/t* werfen; **~ via** wegwerfen; *fig* vergeuden; **~ giù** niederreißen (*a fig*); *lettera* hinschmieren; *boccone* hinunterschlingen; **~arsi** [-'tarsi] sich fallen lassen (**su** auf *acc*); (*scagliarsi*) sich werfen, sich stürzen; **~ giù** *fig* den Kopf hängen lassen

by-pass [bai'paːs] *m inv* Bypass *m*

byte ['bait] *m inv inform* Byte *n*

BZ *Bolzano* Bozen

C

ca. ***circa*** ungefähr (*abbr* ca.)
c.a. ***corrente alternata*** Wechselstrom
CA ***Cagliari*** Cagliari
cabaret [kaba'rɛ] *m* Kabarett *n*
cabi|na [ka'biːna] *f* Kabine *f*; ***~ di guida*** Führerhaus *n*; ***~ telefonica*** Telefonzelle *f*; **~nato** [-'naːto] *m* Kajütboot *n*
cabl|aggio [ka'bladdʒo] *m* (*pl -gi*) Verkabelung *f*; **~are** [-'blaːre] (*1a*) verkabeln
cabotaggio [kabo'taddʒo] *m* Küstenschifffahrt *f*
cabrio|lé, **-let** [kabrio'lɛ] *m inv* Kabriolett *n*
cacao [ka'kaːo] *m* Kakao *m*
caccia ['kattʃa] (*pl -cce*) **1.** *f* Jagd *f*; ***andare a ~*** auf die Jagd gehen; Jagd machen (***di*** auf *acc*); ***dare la ~ a qu*** j-n verfolgen; **2.** *m avia* Jagdflugzeug *n*
cacciagione [kattʃa'dʒone] *f gastr* Wildbret *n*
cacci|are [kat'tʃaːre] (*1f*) jagen; (*scacciare*) verjagen; (*ficcare*) stecken; (*allontanare*) vertreiben; ***~ via*** hinauswerfen; **~arsi** [-'tʃarsi] sich hineindrängen; stecken; ***dove ti sei cacciato?*** wo steckst du denn?; **~atora** [-tʃa'toːra] *f gastr* ***alla ~*** auf Jägerart; **~atore** [-tʃa'toːre] *m* Jäger *m*
cacciavite [kattʃa'viːte] *m inv* Schraubenzieher *m*
cachemire [kaʃ'miːr] *m inv* Kaschmir (-wolle) *m*(*f*)
cachet [ka'ʃɛ] *m inv med* Kapsel *f*
cacio ['kaːtʃo] *m* (*pl -ci*) Käse *m*; ***essere, arrivare come il ~ sui maccheroni*** F wie gerufen kommen
cadavere [ka'daːvere] *m* Leiche *f*
cad|ente [ka'dɛnte] baufällig; ***stella f ~*** Sternschnuppe *f*; **~ere** [-'deːre] (*2c*) abfallen, einfallen; *edificio* einstürzen; *capelli* ausfallen; *avia* abstürzen; ***~ dalle nuvole*** aus allen Wolken fallen; ***~ ammalato*** krank werden; ***lasciar ~*** fallen lassen; ***lasciarsi ~ su una poltrona*** in e-n Sessel sinken
caduta [ka'duːta] *f* Fall *m*; Sturz *m*; Absturz *m*; ***~ massi*** Steinschlag *m*; ***~ di tensione*** Spannungsabfall *m*
caffè [kaf'fɛ] *m inv* Kaffee *m*; Café *n*; ***~ corretto*** Kaffee mit Schuss; ***~ macchiato*** Kaffee mit wenig Milch
caffeina [kaffe'iːna] *f* Koffein n; ***senza ~*** koffeinfrei
caffellatte [kaffel'latte] *m inv* Milchkaffee *m*
caffettiera [kaffetti'ɛːra] *f* Kaffeekanne *f*; Kaffeemaschine *f*
cafone [ka'foːne] *m* Flegel *m*
cagionevole [kadʒo'neːvole] kränklich
cagna ['kaɲa] *f* Hündin *f*
CAI ***Club Alpino Italiano*** Italienischer Alpenverein
caipirinha [kaipi'riːɲa] *f* Caipirinha *m*
Cairo ['kaːiro] *m* Kairo *n*
cala ['kaːla] *f* kleine Bucht *f*
Calabria [ka'laːbria] *f* Kalabrien *n*
calabrone [kala'broːne] *m* Hornisse *f*
calamaro [kala'maːro] *m* Tintenfisch *m*
calamita [kala'miːta] *f* Magnet *m*
calamità [kalami'ta] *f inv* Unglück *n*, Katastrophe *f*; ***~ naturale*** Naturkatastrophe *f*
calante [ka'lante] abnehmend; ***luna f ~*** abnehmender Mond *m*
calare [ka'laːre] (*1a*) **1.** *v/t* herablassen, hinunterlassen; *prezzi* herabsetzen; **2.** *v/i* herabsteigen; *peso* abnehmen; *prezzi* fallen, sinken; *sole* untergehen
calca ['kalka] *f* (*pl -che*) Gedränge *n*
calcagno [kal'kaːɲo] *m* (*pl i calcagni od le calcagna*) Ferse *f*
calcare[1] [kal'kaːre] (*1d*) drücken; *parole* betonen; ***~ le scene*** sich dem Theater widmen
calce ['kaltʃe] *f* Kalk *m*; *fig* ***in ~*** am unteren Rand, unten stehend
calcestruzzo [kaltʃes'truttso] *m* Beton *m*
calci|are [kal'tʃaːre] (*1f*) treten; *sport* schießen; **~atore** [-tʃa'toːre] *m* Fußballspieler *m*
calcinaccio [kaltʃi'nattʃo] *m* (*pl -cci*) Kalkbrocken *m*; **-i** *pl* Schutt *m*
calcio ['kaltʃo] *m* (*pl -ci*) Fußtritt *m*;

C

sport Fußball *m*; *mil* Kolben *m*; *chim* Kalzium *n*; ***giocare al ~*** Fußball spielen; ***campionato*** *m* ***di ~*** Fußballmeisterschaft *f*; ***~ di rigore*** Elfmeter *m*, Strafstoß *m*
calco ['kalko] *m* (*pl -chi*) Abdruck *m*
calcol|are [kalko'la:re] (*1l*) rechnen; berechnen; abwägen; (*valutare*) abschätzen; **~atore** [-la'to:re] *m* Rechner *m*; **~atrice** [-la'tri:tʃe] *f* Rechenmaschine *f*; Rechner *m*; ***~ tascabile*** Taschenrechner *m*; ***~ da tavolo*** Tischrechner *m*
calcolo ['kalkolo] *m* Rechnung *f*; Berechnung *f*; *med* Stein *m*; ***~ preventivo*** Kostenvoranschlag *m*
caldarrosta [kaldar'rɔsta] *f* geröstete Marone *f*
caldo ['kaldo] **1.** *adj* warm; heiß; ***non fare né ~ né freddo*** gleichgültig lassen; **2.** *m* Wärme *f*; Hitze *f*; ***ho ~*** mir ist warm
calendario [kalen'da:rio] *m* (*pl -ri*) Kalender *m*; ***~ delle manifestazioni*** Veranstaltungskalender *m*
calibrare [kali'bra:re] (*1l*) kalibrieren
calibro ['ka:libro] *m* Kaliber *n*; *tec* Lehre *f*
calice ['ka:litʃe] *m* Kelch *m*
California [kali'fɔrnia] *f* Kalifornien *n*
calle ['kalle] *m a Venezia* Gasse *f*
calligrafia [kalligra'fi:a] *f* Handschrift *f*
callo ['kallo] *m* Hornhaut *f*; Hühnerauge *n*; Schwiele *f*; ***fare*** *od* ***farci il ~ a qc*** sich an et (*acc*) gewöhnen
calma ['kalma] *f* Stille *f*; Ruhe *f*; *mar* Flaute *f*
calm|ante [kal'mante] *m* Beruhigungsmittel *n*; **~are** [-'ma:re] (*1a*) beruhigen; *dolore* lindern; **~arsi** [-'marsi] sich beruhigen; *dolore* nachlassen
calmo ['kalmo] ruhig
calo ['ka:lo] *m* Abnahme *f*; *prezzi* Rückgang *m*, Sinken *n*
cal|ore [ka'lo:re] Wärme *f*; Hitze *f*; **~oria** [-lo'ri:a] *f* Kalorie *f*; **~oroso** [-lo'ro:zo] *fig* herzlich
calpestare [kalpes'ta:re] (*1a*) zerstampfen; *aiuola* betreten; *fig* mit Füßen treten
calunni|a [ka'lunnia] *f* Verleumdung *f*; **~are** [-ni'a:re] (*1k*) verleumden
calura [ka'lu:ra] *f* Hitze *f*
calvario [kal'va:rio] *m* Kreuzweg *m*
calvizie [kal'vi:tsie] *f inv* Kahlköpfigkeit *f*
calvo ['kalvo] kahl(köpfig); ***essere ~*** eine Glatze haben
calz|a ['kaltsa] *f* Strumpf *m*; ***~ elastica*** Gummistrumpf *m*; ***fare la ~*** stricken; **~amaglia** [-tsa'maʎa] *f* Strumpfhose *f*
calz|are [kal'tsa:re] (*1a*) **1.** *v/t scarpe* anziehen, tragen; **2.** *v/i fig* passen; **~ascarpe** [-'skarpe] *m* Schuhlöffel *m*; **~atoio** [-tsa'to:io] *m* (*pl -oi*) Schuhanzieher *m*; **~atura** [-tsa'tu:ra] *f* Schuhwerk *n*; **-e** *pl* Schuhwaren *f/pl*; **~aturificio** [-tsaturi'fi:tʃo] *m* (*pl -ci*) Schuhfabrik *f*
calz|ettone [kaltset'to:ne] *m* Kniestrumpf *m*; **~ino** [-'tsi:no] *m* (Herren-) Socke *f*; **~olaio** [-tso'la:io] *m* (*pl -ai*) Schuhmacher *m*; **~oleria** [-tsole'ri:a] *f* Schuhmacherladen *m*; Schuhgeschäft *n*; **~oncini** [-tson'tʃi:ni] *m/pl* ***~ da bagno*** Badehose *f*; **~oni** [-'tso:ni] *m/pl* Hose *f*
camaleonte [kamale'onte] *m* Chamäleon *n*
cambiale [kambi'a:le] *f* Wechsel *m*; ***~ in bianco*** Blankowechsel *m*; ***girare una ~*** e-n Wechsel übertragen; ***pagare una ~*** e-n Wechsel einlösen; ***~ a vista*** Sichtwechsel *m*; ***~ a scadenza fissa*** Datowechsel *m*
cambiamento [kambia'mento] *m* Änderung *f*; Wechsel *m*; ***~ climatico*** Klimaveränderung
cambi|are [kambi'a:re] (*1k*) **1.** *v/t* wechseln, tauschen; auswechseln; (*trasformare*) ändern; *fer* umsteigen; *auto* ***~ la marcia*** schalten; ***~ casa*** umziehen; ***~ idea*** s-e Meinung ändern; **2.** *v/i* sich (ver)ändern; **~arsi** [-'arsi] sich umziehen
cambiavalute [kambiava'lu:te] *m/f inv* Geldwechsler(in) *m(f)*
cambio ['kambio] *m* (*pl -bi*) Wechsel *m*; Tausch *m*; Geldwechsel *m*; (Wechsel)Kurs *m*; *auto* (Gang)Schaltung *f*; *tec* Getriebe *n*; ***~ automatico*** Automatik-Getriebe *n*; ***~ dell'olio*** Ölwechsel *m*; ***~ di un pneumatico*** Reifenwechsel *m*; ***~ d'indirizzo*** Adressenänderung *f*; ***in ~*** anstatt, stattdessen; ***meccanismo*** *m* ***dei -i*** *econ* Wechselkursmechanismus *m*; ***rischio*** *m* ***di ~***

econ Wechselkursrisiko *n*; ***fluttuazione** f* ***del ~*** *econ* Wechselkursschwankungen *pl*

Cambogia [kam'boːdʒa] *f* Kambodscha *n*

camelia [ka'mɛːlia] *f* Kamelie *f*

camera ['kaːmera] *f* Zimmer *n*; ***~ da letto*** Schlafzimmer *n*; ***~ singola*** Einzelzimmer *n*; ***~ doppia*** Doppelzimmer *n*; ***~ a due letti*** Zweibettzimmer *n*; ***~ d'albergo*** Hotelzimmer *n*; ***~ blindata*** Tresorraum *m*; ***~ dei deputati*** Abgeordnetenhaus *n*; *fot* ***~ oscura*** Dunkelkammer *f*; ***~ d'aria*** (Luft-)Schlauch *m*; ***~ dell'industria e del commercio*** Industrie- und Handelskammer *f*

cameraman ['kaːmeramen] *m* Kameramann *m*

camer|ata [kame'raːta] *f* Schlafsaal *m*; *in ospedale* Krankensaal *m*; **~iera** [-ri'ɛːra] *f* Zimmermädchen *n*; Kellnerin *f*; **~iere** [-ri'ɛːre] *m* Kellner *m*, Ober *m*; **~ino** [-'riːno] *m* Umkleideraum *m*

camice ['kaːmitʃe] *m* Kittel *m*

camicetta [kami'tʃetta] *f* Bluse *f*

camicia [ka'miːtʃa] *f* (*pl -cie*) Hemd *n*; ***~ sportiva*** Sporthemd *n*; ***~ da notte*** Nachthemd *n*

camiciola [kami'tʃɔːla] *f* Unterhemd *n*; Sommerhemd *n*

cam|inetto [kami'netto] *m* Kamin *m*; **~ino** [-'miːno] *m* Kamin *m*

camion ['kaːmion] *m inv* Lastwagen *m*, Lkw

camion|cino [kamion'tʃiːno] *m* Lieferwagen *m*; **~ista** [-'nista] *m* (*pl -i*) Lastwagenfahrer *m*

cammello [kam'mɛllo] *m* Kamel *n*

cammin|are [kammi'naːre] (*1a*) gehen; laufen; **~ata** [-'naːta] *f* Gang *m*, Spaziergang *m*

cammino [kam'miːno] *m* Weg *m*; ***mettersi in ~*** sich auf den Weg machen

camomilla [kamo'milla] *f* Kamille *f*

camoscio [ka'mɔʃʃo] *m* (*pl -sci*) Gämse *f*; *pelle* Wildleder *n*

campagna [kam'paːɲa] *f* Land *n*; *fig u pol* Kampagne *f*; ***vivere in ~*** auf dem Land leben; ***~ pubblicitaria*** Werbekampagne *f*; ***~ elettorale*** Wahlkampf *m*

campagnola [kampa'ɲɔːla] *f* Geländewagen *m*

campana [kam'paːna] *f* Glocke *f*; ***~ del vetro*** *ecol* Altglascontainer *m*

campanello [kampa'nɛllo] *m* Klingel *f*; ***~ d'allarme*** Alarmsignal *n* (*a fig*); ***suonare il ~*** klingeln

Campania [kam'paːnia] *f* Kampanien *n*

campanile [kampa'niːle] *m* Glockenturm *m*

campanula [kam'paːnula] *f* Glockenblume *f*

camp|are [kam'paːre] (*1a*) leben; sich durchschlagen; ***~ alla giornata*** von der Hand in den Mund leben; **~eggiare** [-ped'dʒaːre] (*1f*) campen, zelten; **~eggiatore** [-peddʒa'toːre] *m* Camper *m*; **~eggio** [-'peddʒo] *m* Camping *n*, Zelten *n*; Zelt-, Campingplatz *m*

camper ['kamper] *m inv* Campingbus *m*, Wohnmobil *n*

campestre [kam'pɛstre] ***corsa ~*** Geländelauf *m*

campi|onario [kampio'naːrio] *m* (*pl -ri*) Musterkatalog *m*; Musterkollektion *f*; **~onato** [-pio'naːto] *m* Meisterschaft *f*; ***~ mondiale*** Weltmeisterschaft *f*

campione [kampi'oːne] *m sport* Meister *m*; *econ* Muster *n*, Probestück *n*

campo ['kampo] *m* Feld *n*; Lager *n*; *fig* Gebiet *n*; ***~ giochi*** Spielplatz *m*; ***~ da golf*** Golfplatz *m*; ***~ da, di calcio*** Fußballplatz *m*; ***~ da, di tennis*** Tennisplatz *m*; ***~ (di) profughi*** Flüchtlingslager *n*; ***~ di concentramento*** Konzentrationslager *n*; ***~ di ricerche*** Forschungsgebiet *n*; ***~ sportivo*** Sportplatz *m*

camposanto [kampo'santo] *m* (*pl campisanti*) Friedhof *m*

Canada ['kaːnada] *m* Kanada *n*

canadese [kana'deːse] **1.** *adj* kanadisch; **2.** *m/f* Kanadier(in) *m(f)*

canal|e [ka'naːle] *m* Kanal *m*; *geogr* Meerenge *f*; ***~ lavaggio*** Waschstraße *f*; **~izzazione** [-naliddzatsi'oːne] *f* Kanalisation *f*

Canale della Manica [ka'naːle della 'maːnika] *m* Ärmelkanal *m*

canapa ['kaːnapa] *f* Hanf *m*

canard [ka'nar] *m inv* Zeitungsente *f*

Canarie [ka'naːrie] *f/pl* Kanarische Inseln *f/pl*

canarino [kana'riːno] *m* Kanarienvo-

C

gel *m*
cancellare [kantʃel'laːre] (*1b*) (aus-)löschen; (aus)streichen; (aus)radieren; *debito* tilgen; *appuntamento* absagen
cancelleria [kantʃelle'riːa] *f* Kanzlei *f*; ***oggetti*** (*od articoli*) *m/pl* ***di ~*** Schreibwaren *f/pl*, Büroartikel *m/pl*
cancelletto [kantʃel'letto] *m* **1.** *Sport*: Zeitschranke *f*; **2.** *inform*, *tel* Rautezeichen *n*, Nummernzeichen *n*
cancelliera [kantʃelli'ɛːra] *f* (Bundes-) Kanzlerin *f*; **cancelliere** [kantʃelli'ɛːre] *m jur* Urkundsbeamte *m* der Geschäftsstelle; *pol* ***~ federale*** Bundeskanzler *m*
cancello [kan'tʃɛllo] *m* Gittertor *n*
cancerogeno [kantʃe'rɔːdʒeno] krebserregend
cancro ['kaŋkro] *m med*, *astr* Krebs *m*; ***prevenzione*** *f* ***del ~*** *med* Krebsvorsorgeuntersuchung *f*
candeggiante [kaŋded'dʒante] *m* Bleichmittel *n*
cand|ela [kan'deːla] *f* Kerze *f*; ***~ d'accensione*** Zündkerze *f*; **~elabro** [-de'laːbro] *m* Kandelaber *m*; **~eliere** [-deli'ɛːre] *m* Kerzenleuchter *m*
candid|ato [kandi'daːto] *m* Kandidat *m*; ***presentarsi ~*** kandidieren; **~atura** [-da'tuːra] *f* Kandidatur *f*
candido ['kandido] schneeweiß; rein
canditi [kan'diːti] *m/pl* kandierte Früchte *f/pl*
cane ['kaːne] *m* Hund *m*; ***~ da guardia*** Wachhund *m*; ***freddo ~*** Hundekälte *f*; ***non c'era un ~*** es war keine Menschenseele da
canestro [ka'nɛstro] *m* Korb *m*
canguro [kaŋ'guːro] *m* Känguru *n*
can|ile [ka'niːle] *m* Hundehütte *f*; Hundezwinger *m*; **~ino** [-'niːno] **1.** *adj* Hunde…; **2.** *m* Eckzahn *m*
canna ['kanna] *f* Rohr *n*; Stock *m*; (Gewehr)Lauf *m*; ***~ da pesca*** Angelrute *f*; ***~ da zucchero*** Zuckerrohr *n*
cannella [kan'nɛlla] *f gastr* Zimt *m*
cannibale [kan'niːbale] *m* Menschenfresser *m*
cann|occhiale [kannokki'aːle] *m* Fernrohr *n*, Fernglas *n*; **~one** [-'noːne] *m mil* Kanone *f*; **~uccia** [-'nuttʃa] *f* (*pl -cce*) Trinkhalm *m*
canoa [ka'nɔːa] *f* Kanu *n*
canone ['kanone] *m* Norm *f*; *econ* Abgabe *f*; *rad*, *TV* Gebühr *f*; ***~ d'affitto*** Miete *f*
can|ottaggio [kanot'taddʒo] *m* (*pl -ggi*) Rudersport *m*; ***società f di ~*** Ruderverein *m*; **~ottiera** [-notti'ɛːra] *f* Unterhemd *n*; Trikot *n*; **~otto** [-'nɔtto] *m* Boot *n*; ***~ pneumatico*** Schlauchboot *n*; ***~ di salvataggio*** Rettungsboot *n*
cant|ante [kan'tante] *m/f* Sänger(in) *m*(*f*); **~are** [-'tare] (*1a*) singen; **~autore** [-tau'toːre] *m* Liedermacher *m*; **~autrice** [-tau'tritʃe] *f* Liedermacherin *f*
cantiere [kanti'ɛːre] *m* Baustelle *f*; *mar* Werft *f*
cantina [kan'tiːna] *f* (Wein)Keller *m*; Weinausschank *m*
canto[1] ['kanto] *m* Gesang *m*; Lied *n*; ***~ popolare*** Volkslied *n*; ***~ del cigno*** Schwanengesang *m*
canto[2] ['kanto] *m* Ecke *f*; Kante *f*; Seite *f*; ***dal ~ mio*** meinerseits; ***dall'altro ~*** andererseits
cantone [kan'toːne] *m* Kanton *m*; ***Lago m dei Quattro Cantoni*** Vierwaldstätter See *m*
cantoniera [kantoni'ɛra] *f* ***casa f ~*** Straßenwärterhaus *n*; Bahnwärterhaus *n*
canzonare [kantso'naːre] (*1a*) hänseln, foppen
canz|one [kan'tsoːne] *f* Lied *n*; ***la solita ~*** die alte Leier; **~oniere** [-tsoni'ɛːre] *m* Liederbuch *n*; Gedichtsammlung *f*
caos ['kaos] *m* Chaos *n*
caotico [ka'ɔːtiko] (*pl -ci*) chaotisch
CAP ***Codice di Avviamento Postale*** Postleitzahl (*abbr* PLZ)
cap|ace [ka'paːtʃe] (*abile*) fähig, tüchtig; (*ampio*) geräumig; ***~ di fare qc*** imstande, et zu tun; **~acità** [-patʃi'ta] *f* Fähigkeit *f*, Tüchtigkeit *f*; (*capienza*) Fassungsvermögen *n*; *econ* Kraft *f*; ***~ di acquisto*** Kaufkraft *f*; *inform* ***~ di memoria*** Speicherkapazität *f*
capanna [ka'panna] *f* Hütte *f*
capannone [kapan'noːne] *m* Schuppen *m*; Werkhalle *f*
caparra [ka'parra] *f econ* Anzahlung *f*
capello [ka'pello] *m* Haar *n*; **-i** *pl* Haar(e *pl*) *n*; *gastr* ***-i d'angelo*** Fadennudeln *f/pl*

cap|iente [kapi'ɛnte] geräumig; **~ienza** [-'ɛntsa] Fassungsvermögen *n*
cap|igliatura [kapiʎa'tu:ra] *f* Haarwuchs *m*; **~illare** [-pil'la:re] haarfein; kapillar; *anat* ***vaso*** *m* **~** Haargefäß *n*
capire [ka'pi:re] (*4d*) verstehen; begreifen, F kapieren; ***si capisce*** natürlich, versteht sich; ***far ~ qc a qu*** j-m et begreiflich machen; ***farsi ~*** sich verständlich machen
capit|ale [kapi'ta:le] **1.** *adj* prinzipiell, fundamental; **2.** *f* (*a città f ~*) Hauptstadt *f*; **3.** *m econ* Kapital *n*; **~ *disponibile*** flüssiges Kapital *n*; **~ *iniziale*** Grundkapital *n*; ***fuga di -i*** Kapitalflucht *f*; **~ *proprio*** Eigenkapital *n*; **~ *sociale*** Stammkapital *n*; **~alismo** [-ta'lizmo] *m* Kapitalismus *m*; **~alista** [-ta'lista]; **1.** *m/f* (*m/pl -i*) Kapitalist(in) *m*(*f*); **2.** *adj* kapitalistisch
capitaneria [kapitane'ri:a] *f* Hafenamt *n*
capitano [kapi'ta:no] *m* Hauptmann *m*; *mar, avia u sport* Kapitän *m*
capitare [kapi'ta:re] (*1l*) *persona* zufällig kommen; *avvenimento* geschehen, vorkommen; ***se mi capita l'occasione di ...*** (*inf*) wenn sich Gelegenheit bietet, dass ich ...; **~ *in buone mani*** in gute Hände geraten; **~ *a proposito*** wie gerufen kommen; ***sono cose che capitano*** so etwas kommt vor
capitello [kapi'tɛllo] *m* Kapitell n
capitolo [ka'pi:tolo] *m* Kapitel *n*; ***avere voce in ~*** mitzureden haben
capitombolo [kapi'tombolo] *m* Sturz *m*
capo ['ka:po] *m anat* Kopf *m*; *persona* Chef *m*, Oberhaupt *n*; *geogr* Kap *n*; **~ *del governo*** Regierungschef *m*; **~ *dello Stato*** Staatsoberhaupt *n*; **~ *d'anno*** Neujahr *n*; **~ *di vestiario*** Kleidungsstück *n*; ***da ~*** noch einmal; ***da ~ a fondo*** von Anfang bis zu Ende; ***in ~ al mondo*** am Ende der Welt; ***per sommi -i*** in großen Zügen; ***non venire a ~ di nulla*** nichts zustande bekommen; ***non avere né ~ né coda*** weder Hand noch Fuß haben
capo|danno [kapo'danno] *m* Neujahr *n*; **~famiglia** [-fa'mi:ʎa] *m* (*pl capifamiglia*) Familienoberhaupt *n*; **~fitto** [-'fitto] ***a ~*** kopfüber; **~giro** [-'dʒi:ro] *m* Schwindel *m*; **~gruppo** [-'gruppo] *m pol* Fraktionsvorsitzende(r) *m*
capo|lavoro [kapola'vo:ro] *m* Meisterwerk *n*; **~linea** [-'li:nea] *m* (*pl capilinea*) Endstation *f*, Endhaltestelle *f*; **~luogo** [-lu'ɔ:go] *m* (*pl capoluoghi*) Hauptort *m*; **~mastro** [-'mastro] *m* (*pl capimastri*) Bauleiter *m*
capo|reparto [kapore'parto] *m* (*pl capireparto*) Abteilungsleiter *m*; **~sala** [-'sala] *f inv* Stationsschwester *f*, Oberschwester *f*
capo|saldo [kapo'saldo] *m* (*pl capisaldi*) Stützpunkt *m*; **~sezione** [-setsi'o:ne] *m* (*pl capisezione*) Abteilungschef *m*; **~stazione** [-statsi'o:ne] *m* (*pl capistazione*) Bahnhofsvorsteher *m*
capote [ka'pɔt] *f inv auto* Verdeck *n*
capo|treno [kapo'trɛ:no] *m* (*pl capitreno*) Zugführer *m*; **~ufficio** [-uf'fi:tʃo] *m* (*pl capiufficio*) Bürochef *m*; **~verso** [-'vɛrso] *m* (*pl capoversi*) Absatz *m*; **~volgere** [-'vɔldʒere] (*3d*) umkehren; auf den Kopf stellen; **~volgersi** [-'vɔldʒersi] umkippen; *mar* kentern; **~volgimento** [-voldʒi'mento] *m* Umsturz *m*; **~volto** [-'vɔlto] → ***capovolgere***
cappa ['kappa] *f* Mantel *m*; **~ *del camino*** Rauchfang *m*
cappella [kap'pɛlla] *f* Kapelle *f*
cappellano [kappel'la:no] *m* Kaplan *m*
cappelletti [kappel'letti] *m/pl mit Fleisch gefüllter* Nudelteig *m in Hütchenform*
cappello [kap'pɛllo] *m* Hut *m*; **~ *di feltro*** Filzhut *m*; **~ *di paglia*** Strohhut *m*; ***senza ~*** barhäuptig; ***mettersi il ~*** den Hut aufsetzen; ***togliersi il ~*** den Hut abnehmen
cappero ['kappero] *m* Kaper *f*; ***capperi!*** na so was!
cappotto [kap'pɔtto] *m* Mantel *m*
cappuccino [kapput'tʃi:no] *m bevanda* Cappuccino *m*; *rel* Kapuziner *m*
cappuccio [kap'puttʃo] *m* (*pl -cci*) Kapuze *f*; **~** *od cavolo m* **~** Kohlkopf *m*; ***lattuga*** *f* ***a ~*** Kopfsalat *m*
capra ['ka:pra] *f* Ziege *f*; *tec* Bock *m*
capr|etto [ka'pretto] *m* Böckchen *n*; **~iccio** [-'prittʃo] *m* (*pl -cci*) Laune *f*; Trotz *m*; ***fare i -i*** bocken, unartig sein; **~iccioso** [-prit'tʃo:zo] launisch; unartig; **~icorno** [-pri'kɔrno] *m* (*a astr*) Steinbock *m*; **~ino** [-'pri:no] ziegenartig; Ziegen...; **~iola** [-pri'ɔ:la] *f*

C

Luftsprung *m*; **~iolo** [-pri'ɔːlo] *m* Reh *n*

Capri ['kaːpri] *f* Capri *n*

capro ['kaːpro] *m* Ziegenbock *m*; **~ espiatorio** Sündenbock *m*; **~ne** [-'proːne] *m* Ziegenbock *m*

capsula ['kapsula] *f* Kapsel *f*; **~ spaziale** Raumkapsel *f*

captare [kap'taːre] (*1a*) *rad* empfangen

carab|ina [kara'biːna] *f* Karabiner *m*; **~iniere** [-bini'ɛːre] *m* Karabiniere *m* (*italienischer Gendarm*)

caraffa [ka'raffa] *f* Karaffe *f*

caramella [kara'mɛlla] *f* Bonbon *m*

carattere [ka'rattere] *m* Charakter *m*; (*lettera*) Buchstabe *m*; **-i** *pl tip* Lettern *f/pl*

caratter|istico [karatte'ristiko] (*pl -ci*) charakteristisch, bezeichnend; **~izzare** [-rid'dzaːre] (*1a*) charakterisieren, kennzeichnen

cara|van [kærə'væn] *m inv* Wohnwagen; **~vanning** [-'væniŋ] *m inv* Caravaning *m*

carboidrato [karboi'draːto] *m* Kohlehydrat *n*

carbone [kar'boːne] *m* Kohle *f*

carbur|ante [karbu'rante] *m* Brennstoff *m*; Treibstoff *m*; **consumo** *m* **di ~** Brennstoffverbrauch *m*; **~atore** [-ra'toːre] *m* Vergaser *m*

carcassa [kar'kassa] *f* Gerippe *n*; *tec* Gehäuse *n*; *mar* Wrack *n*; *fig* Klapperkasten *m*

carcer|ato [kartʃe'raːto] *m* Häftling *m*; **~azione** [-ratsi'oːne] *f* Inhaftierung *f*; Haft *f*; **~ preventiva** Untersuchungshaft *f*

carcere ['kartʃere] *m* (*pl le -i*) Gefängnis *n*

carceriere [kartʃeri'ɛːre] *m* Gefängniswärter *m*

carciofo [kar'tʃɔːfo] *m* Artischocke *f*; **carciofini** *pl* **sott'olio** Artischockenherzen *n/pl* in Öl

cardellino [kardel'liːno] *m* Stieglitz *m*

cardiaco [kar'diːako] (*pl -ci*) Herz…; **vizio** *m* **~** Herzfehler *m*

cardinale [kardi'naːle] **1.** *adj* hauptsächlich, Haupt…, Grund…; **punto** *m* **~** Himmelsrichtung *f*; **2.** *m rel* Kardinal *m*

cardine ['kardine] *m* (Tür)Angel *f*

cardio|logia [kardiolo'dʒiːa] *f* Kardiologie *f*; **~logo** [-di'ɔːlogo] *m* (*pl -gi*) Herzspezialist *m*; **~tonico** [-'tɔːniko] *m* (*pl -ci*) Herzmittel *n*

cardo ['kardo] *m* Distel *f*

carena [ka'rɛːna] *f mar* Kiel *m*

carenza [ka'rɛntsa] *f* Mangel *m* (**di** an *dat*)

carestia [kares'tiːa] *f* Not *f*; Mangel *m*

carezza [ka'rettsa] *f* Liebkosung *f*

carezzare [karet'tsaːre] (*1a*) liebkosen

cariato [kari'aːto]: **dente** *m* **~** hohler Zahn *m*

carica ['kaːrika] *f* (*pl -che*) Amt *n*; *tec* Ladung *f*; **in ~** im Amt, amtierend; **durata** *f* **della ~** Amtsdauer *f*

caric|are [kari'kaːre] (*1d u l*) (be)laden; *mil* angreifen; *orologio* aufziehen; *fig* aufbürden; **~arsi** [-'karsi] auf sich (*acc*) laden; **~atura** [-ka'tuːra] *f* Karikatur *f*; **~aturista** [-katu'rista] *m/f* (*m/pl -i*) Karikaturist(in) *m*(*f*)

carico ['kaːriko] (*pl -chi*) **1.** *adj* beladen; *el* geladen; *caffè* stark; *colore* kräftig; **~ di lavoro** mit Arbeit überladen; **2.** *m* Last *f*; *econ* Verladung *f*, Fracht *f*; **a ~ di qu** zu j-s Lasten; **~ utile** Nutzlast *f*; **lettera** *f* (*od polizza f*) **di ~** Frachtbrief *m*

carie ['kaːrie] *f inv* Karies *f*

carino [ka'riːno] hübsch; lieb

Carinzia [ka'rintsia] *f* Kärnten *n*

carisma [ka'rizma] *m* (*pl -i*) Ausstrahlung *f*, Charisma *n*

carità [kari'ta] *f* Barmherzigkeit *f*; Almosen *n*; **per ~!** um Gottes willen!

carn|agione [karna'dʒoːne] *f* Hautfarbe *f*; **~ale** [-'naːle] fleischlich; **fratello** *m* **~** leiblicher Bruder *m*

carne ['karne] *f* Fleisch *n*; **~ in scatola** Dosenfleisch *n*; **~ tritata** Hackfleisch *n*

carnevale [karne'vaːle] *m* Karneval *m*, Fasching *m*

carn|ivoro [kar'niːvoro] fleischfressend; **~oso** [-'noːzo] fleischig

caro ['kaːro] **1.** *adj* lieb; (*gradito*) beliebt (**a** bei *dat*); (*costoso*) teuer; **2.** *adv* teuer; **costare ~** teuer sein, viel kosten; **3.** *m* Liebe(r) *m*

carota [ka'rɔːta] *f* Möhre *f*, Karotte *f*

carotide [ka'rɔːtide] *f* Halsschlagader *f*

carovana [caro'vaːna] *f* Karawane *f*

carovita [karo'viːta] *m inv* Teuerung *f*; **indennità di** *f* **~** Teuerungszuschlag *m*

carpa ['karpa] *f* Karpfen *m*

carpentiere [karpentie'ɛre] *m* Zimmermann *m*
carponi [kar'poːni] auf allen vieren
carrabile [kar'raːbile]: ***passo ~*** Einfahrt *f*
carreggiata [karred'dʒaːta] *f* Fahrbahn *f*; Fahrdamm *m*
carrello [kar'rɛllo] *m* Wagen *m*; Einkaufswagen *m*; *avia auto* Fahrgestell *n*; ***~ portabagagli*** Kofferkuli *m*
carr|etto [kar'retto] *m* Handkarren *m*; **~iera** [-ri'ɛra] *f* Laufbahn *f*, Karriere *f*; ***fare ~*** Karriere machen; **~iola** [-ri'ɔla] *f* Schubkarren *m*
carro ['karro] *m* Fuhrwerk *n*; *fer* Wagen *m*; *tec* Karren *m*; ***~ armato*** Panzer *m*; ***~ attrezzi*** Abschleppwagen *m*
carr|ozza [kar'rɔttsa] *f fer* Wagen *m*; Kutsche *f*; *fer* ***~ cuccette*** Liegewagen *m*; ***~ diretta*** Kurswagen *m*; ***~ letti*** Schlafwagen *m*; ***~ ristorante*** Speisewagen; **~ozzella** [-rot'tsɛlla] *f* Kinderwagen *m*; **~ozzeria** [-rottse'riːa] *f* Karosserie *f*; Karosseriewerkstatt *f*; **~ozzina** [-rot'tsiːna] *f* Kinderwagen *m*; **~ozziere** [-rottsi'ɛːre] *m* Karosseriemechaniker *m*
carta ['karta] *f* Papier *n*; *geogr* (Land-) Karte *f*; *gastr* Speisekarte *f*; ***~ assegni*** Scheckkarte *f*; ***~ da gioco*** Spielkarte *f*; ***~ da lettere*** Briefpapier *n*; ***~ da parati*** Tapete *f*; ***~ d'argento*** Seniorenpass *m*; ***~ di credito*** Kreditkarte *f*; ***~ d'identità*** Personalausweis *m*; *avia* ***~ d'imbarco*** Bordkarte *f*; ***~ igienica*** Toilettenpapier *n*; ***~ stradale*** Straßenkarte *f*; ***~ telefonica*** Telefonkarte *f*; *auto* ***~ verde*** grüne Versicherungskarte *f*
cartacarbone [kartakar'boːne] *f* (*pl cartecarbone*) Kohlepapier *n*
carta|moneta [kartamo'neːta] *f inv* Papiergeld *n*; **~pecora** [-'peːkora] *f* (*pl cartapecore*) Pergament *n*, **~pesta** [-'pesta] *f* Pappmaschee *n*; **~straccia** [-'strattʃa] *f* (*pl cartestracce*) Altpapier *n*
cart|eggio [kar'teddʒo] *m* (*pl -ggi*) Briefwechsel *m*; **~ella** [-'tɛlla] *f* (Sammel)Mappe *f*; Aktentasche *f*; Schultasche *f*; **~ellino** [-tel'liːno] *m* Etikett *n*; Schild *n*; ***timbrate il ~*** die Stechkarte einstechen
cartello [kar'tɛllo] *m* Plakat *n*; Anschlagzettel *m*; Schild *n*; *econ* Kartell *n*; ***~ stradale*** Verkehrsschild *n*; ***~ indicatore*** Wegweiser *m*
cartellone [kartel'loːne] *m* Plakat *n*; *sport* Liste *f*; *tea* Programm *n*
cartiera [karti'ɛːra] *f* Papierfabrik *f*
cartilagine [karti'laːdʒine] *f* Knorpel *m*
cart|occio [kar'tɔttʃo] *m* (*pl -cci*) Tüte *f*; *gastr* ***al ~*** in der Folie gebacken; **~ografia** [-togra'fiːa] *f* Kartographie *f*; **~oleria** [-tole'riːa] *f* Schreibwarengeschäft *n*; **~olina** [-to'liːna] *f* Postkarte *f*; ***~ illustrata*** Ansichtskarte *f*; ***~ postale*** Postkarte *f*; **~one** [-'toːne] *m* Pappe *f*; Karton *m*; ***-i** pl* ***animati*** Zeichentrickfilm *m*; **~uccia** [-'tuttʃa] *f* (*pl -cce*) Patrone *f*
casa ['kaːsa] *f* Haus *n*; ***~ d'affitto*** Mietshaus *n*; ***~ di cura*** Heilanstalt *f*; ***~ editrice*** Verlag *m*; ***~ dello studente*** Studentenheim *n*; ***~ a schiera*** Reihenhaus; ***~ unifamiliare*** Einfamilienhaus *n*; ***~ per le vacanze*** Ferienhaus *n*; ***seconda ~*** Zweitwohnung *f*; ***essere di ~*** zum Familienkreis gehören; ***stare in ~ di qu*** bei j-m wohnen; ***a ~ mia*** bei mir (zu Hause); ***cambiar ~*** umziehen; ***fatto in ~*** hausgemacht; ***a ~*** zu *od* nach Hause; ***senza ~*** obdachlos
cas|alinga [kasa'liŋga] *f* (*pl -ghe*) Hausfrau *f*; *gastr* ***alla ~*** nach Hausfrauenart; **~alingo** [-sa'liŋgo] (*pl -ghi*) häuslich; ***cucina** f **-a*** Hausmannskost *f*; ***pane** m **~*** selbst gebackenes Brot *n*; ***-ghi** m/pl* Haushaltswaren *f/pl*
casc|are [kas'kaːre] (*1d*) fallen; (ein-) stürzen; **~arci** [-'kartʃi] F *fig* hereinfallen; **~ata** [-'kaːta] *f* Wasserfall *m*
cascina [kaʃ'ʃiːna] *f* Bauernhof *m*; Bauernhaus *n*
casco ['kasko] *m* (*pl -chi*) (Sturz)Helm *m*; Trockenhaube *f*; ***caschi blu*** Blauhelme *m/pl*
caseggiato [kased'dʒaːto] *m* Häuserblock *m*; Wohnhaus *n*
caseificio [kazei'fiːtʃo] *m* (*pl -ci*) Käserei *f*
cas|ella [ka'sɛlla] *f* Fach *n*; ***~ postale*** Postfach *f*; **~ellario** [-sel'laːrio] *m* (*pl -ri*) Aktenschrank *m*; ***~ giudiziario*** Strafregister *n*; **~ello** [-'sɛllo] *m* Mautstelle *f*; **~ereccio** [-se'rettʃo] (*pl -cci*) hausgemacht; *pane* selbst gebacken
caserma [ka'zɛrma] *f* Kaserne *f*
casino P [ka'siːno] *m* heilloses Durch-

einander *n*; Lärm *m*
casinò [kazi'nɔ] *m* Spielkasino *n*
caso ['ka:zo] *m* Fall *m*; Zufall *m*; (*destino*) Schicksal *n*; *gram* Kasus *m*; ***~ d'emergenza*** Notfall *m*; ***per ~*** zufällig; ***a ~*** aufs Geratewohl; ***(in) ~ che*** falls; ***in ogni ~*** auf jeden Fall; ***in nessun ~*** auf keinen Fall; ***nel peggiore dei -i*** schlimmstenfalls
casolare [kaso'la:re] *m* allein stehendes Landhaus *n*
caspita! ['kaspita] Donnerwetter!
cass|a ['kassa] *f* Kasse *f*; (*cassetta*) Kasten *m*, Kiste *f*; *tec* Gehäuse (Uhrgehäuse) *n*; ***~ continua*** Tag- und Nachttresor *m*; ***~ di risparmio*** Sparkasse *f*; ***~ malati, ~ mutua*** Krankenkasse *f*; ***~ toracica*** Brustkasten *m*; ***orario m di ~*** Kassenzeit *f*; **~aforte** [-sa'forte] *f* (*pl casseforti*) Safe *m*, Geldschrank *m*; **~apanca** [-sa'paŋka] *f* (*pl cassepanche*) Truhe *f mit Rückenlehne*
cassero ['kassero] *m mar* Achterdeck *n*
casseruola [kasseru'ɔ:la] *f* Kasserolle *f*
cass|etta [kas'setta] *f* Kasten *m*; Kassette *f*; ***~ delle lettere*** Briefkasten *m*; ***~ del pronto soccorso*** Verbandskasten *m*; ***~ di sicurezza*** Schließfach *n*; **~etto** [-'setto] *m* Schublade *f*; *auto* ***~ portaoggetti*** Handschuhfach *n*; **~ettone** [-set'to:ne] *m* Kommode *f*; ***soffitto m a -i*** Kassettendecke *f*
cassier|a [kassi'ɛ:ra] *f* Kassiererin *f*; **~e** [-re] *m* Kassierer *m*
cassonetto [kasso'netto] *m* Müllcontainer *m*
cast|agna [kas'ta:ɲa] *f* Kastanie *f*; **~agno** [-'ta:ɲo] *m* Kastanienbaum *m*
castano [kas'ta:no] kastanienbraun
castello [kas'tɛllo] *m* Schloss *n*; *tec* Gestell *n*
castigare [kasti'ga:re] (*1e*) (be)strafen
castigo [kas'ti:go] *m* (*pl -ghi*) Strafe *f*
castoro [kas'tɔ:ro] *m* Biber *m*
casual ['kæʒuəl] **1.** *adj* salopp; **2.** *m* Freizeitkleidung *f*
casu|ale [kazu'a:le] zufällig; **~alità** [-ali'ta] *f* Zufälligkeit *f*
cata|clisma [kata'klizma] *m* (*pl -i*) Naturkatastrophe *f*; **~comba** [-'komba] *f* Katakombe *f*
catalizzatore [kataliddza'to:re] *m* Katalysator *m*; ***~ a tre vie*** Dreiwegekatalysator *m*
catalogare [katalo'ga:re] (*1m u e*) katalogisieren, verzeichnen
catalogo [ka'ta:logo] *m* (*pl -ghi*) Katalog *m*, Verzeichnis *n*; ***~ di vendita per corrispondenza*** Versandkatalog *m*; ***~ ragionato*** Sachkatalog *m*
cata|pecchia [kata'pekkia] *f* verfallene Hütte *f*; **~pultare** [-pul'ta:re] (*1a*) schleudern; **~rifrangente** [-rifran'dʒɛnte] *m* Rückstrahler *m*
catarro [ka'tarro] *m* Katarr *m*
cat|asta [ka'tasta] *f* Stoß *m*, Stapel *m*; **~asto** [-'tasto] *m* Grundbuch *n*
catastrofe [ka'tastrofe] *f* Katastrophe *f*
catastrofico [katas'trɔ:fiko] (*pl -ci*) katastrophal
categ|oria [katego'ri:a] *f* Kategorie *f*; **~orico** [-'gɔ:riko] (*pl -ci*) kategorisch
cat|ena [ka'te:na] *f* Kette *f*; ***-e pl da neve*** Schneeketten *f/pl*; ***reazione f a ~*** Kettenreaktion *f*; ***~ di montaggio*** Fließband *n*; **~enaccio** [-te'nattʃo] *m* (*pl -cci*) Riegel *m*
cateratta [kate'ratta] *f* Stromschnelle *f*; *med* grauer Star *m*
catering [kate'riŋ] *m* ***servizio m ~*** Partyservice *m*, *n*
catrame [ka'tra:me] *m* Teer *m*
cattedra ['kattedra] *f* Katheder *n* (*a m*) ***~ universitaria*** Lehrstuhl *m*
cattedrale [katte'dra:le] *f* Kathedrale *f*; Dom *m*
catt|iveria [katti'vɛ:ria] *f* Bosheit *f*; **~ività** [-tivi'ta] *f* Gefangenschaft *f*; **~ivo** [-'ti:vo] schlecht; böse
catt|olicesimo [kattoli'tʃe:zimo] *m*; **~olicismo** [-toli'tʃizmo] *m* Katholizismus *m*; **~olico** [-'tɔ:liko] (*pl -ci*) **1.** *adj* katholisch; **2.** *m* Katholik *m*
catt|ura [kat'tu:ra] *f* Verhaftung *f*; **~urare** [-tu'ra:re] (*1a*) gefangen nehmen
Caucaso ['kaukaso] *m* Kaukasus *m*
caucciù [kaut'tʃu] *m* Kautschuk *m*
causa ['ka:uza] *f* Ursache *f*; *jur* Rechtsstreit *m*; *fig* Sache *f*; ***far ~*** e-n Prozess anstrengen; ***essere ~ di un incidente*** einen Unfall verursachen; ***a ~ di*** wegen; ***per ~ tua*** deinetwegen
caus|ale [kau'za:le] *f* Beweggrund *m*; **~are** [-'zare] (*1a*) verursachen
cautela [kau'tɛ:la] *f* Vorsicht *f*

cauto ['kaːuto] vorsichtig
cauzione [kautsi'oːne] *f* Kaution *f*
Cav. ***cavaliere*** Ritter (*italienischer Ehrentitel*)
cava ['kaːva] *f* Grube *f*; Steinbruch *m*
cavalc|are [kaval'kaːre] (*1d*) reiten; **~ata** [-'kaːta] *f* Ritt *m*; **~atura** [-ka'tuːra] *f* Reittier *n*; **~avia** [-ka'viːa] *m inv* Überführung *f*, Bahnüberführung *f*, Straßenüberführung *f*
cavalcioni [kaval'tʃoːni] ***a ~*** rittlings
cavaliere [kavali'ɛːre] *m* Reiter *m*; Ritter *m*
cavalla [ka'valla] *f* Stute *f*
cavall|etta [kaval'letta] *f* Heuschrecke *f*; **~etto** [-'letto] *m* Gestell *n*; Bock *m*; *fot* Stativ *n*; *da pittore* Staffelei *f*
cavall|o [ka'vallo] *m* Pferd *n*; ***~ baio*** Brauner *m*; ***~ bianco*** Schimmel *m*; ***~ marino*** Seepferd *n*; ***~ da corsa*** Rennpferd *n*; *auto* ***~ vapore*** Pferdestärke *f*; ***andare a ~*** reiten; ***vivere a ~ di due secoli*** um die Jahrhundertwende leben; *fig* ***essere a ~*** über den Berg sein; **~one** [-'loːne] *m große* Welle *f*
cav|are [ka'vaːre] (*1a*) herausnehmen; ausreißen; *dente* ziehen; **~arsela** [-'varsela] davonkommen; **~arsi** [-'varsi]: ***~ d'impiccio*** sich aus der Verlegenheit ziehen
cavatappi [kava'tappi] *m inv* Korkenzieher *m*
cav|erna [ka'vɛrna] *f* Höhle *f*; **~ernoso** [-ver'noːzo] hohl; tief; ***una voce -a*** eine tiefe Stimme
cavia ['kaːvia] *f* Meerschweinchen *n*; *fig* Versuchskaninchen *n*
caviale [kavi'aːle] *m* Kaviar *m*
caviglia [ka'viːʎa] *f* (*pl -glie*) *anat* Knöchel *m*
cavillo [ka'villo] *m* Spitzfindigkeit *f*
cavità [kavi'ta] *f* Höhlung *f*; Höhle *f*
cavo ['kaːvo] **1.** *adj* hohl; **2.** *m* Kabel *n*; Seil *n*; ***~ d'accensione*** Zündkabel *n*; ***~ di avviamento*** Starthilfekabel *n*; ***~ di rimorchio*** Abschleppseil *n*; ***~ in fibra ottica*** Glasfaserkabel *n*
cavolfiore [kavolfi'oːre] *m* Blumenkohl *m*
cavolo ['kaːvolo] *m* Kohl *m*; ***~ di Bruxelles*** Rosenkohl *m*; ***~ rapa*** Kohlrabi *m*; ***~ verzotto*** Wirsingkohl *m*
cazzo V ['kattso] *m* P Schwanz *m*
CB ***Campobasso*** Campobasso
cc ***centimetri cubici*** Kubikzentimeter (*abbr* ccm)
c.c. ***corrente continua*** Gleichstrom
c/c ***conto corrente*** Kontokorrent
CC ***Carabinieri*** Karabinieri; ***Codice Civile*** italienisches Zivilgesetzbuch
CCD ***Centro Cristiano Democratico*** italienische Christlich-Demokratische Partei der Mitte
CD[1] ***Corpo Diplomatico*** diplomatisches Korps (*abbr* CD)
CD[2] [tʃi'ddi] *m* CD *f*; **~-ROM** *m* CD-ROM *f*; ***lettore*** *m* **~** CD-ROM-Laufwerk *n*
ce ['tʃe] = ***ci*** (*vor* **lo, la, li, le, ne**)
C.E. ***Consiglio d'Europa*** Europarat
CE ***Caserta*** Caserta
c'è ['tʃɛ] es gibt, da ist
cece ['tʃeːtʃe] *m* Kichererbse *f*
cecità [tʃetʃi'ta] *f* Blindheit *f*
ceco ['tʃɛːko] **1.** *adj* tschechisch; **2.** *m* Tscheche *m*
cedere ['tʃɛːdere] (*3a*) **1.** *v/t* abtreten; übertragen; überlassen; ***~ il posto*** s-n Platz überlassen; **2.** *v/i* nachgeben; zurückweichen (***a*** *vor dat*); ***non ~*** nicht lockerlassen
ced|evole [tʃe'deːvole] nachgiebig; **~ibile** [-'diːbile] übertragbar
cedola ['tʃɛːdola] *f* Schein *m*, Zettel *m*; *econ* Kupon *m*; ***~ di consegna*** Lieferschein *m*; ***~ di interessi*** Zinskupon *m*
cedro ['tʃeːdro] *m* Zeder *f*
CEE, **Cee** *hist* ***Comunità (Economica) Europea*** Europäische (Wirtschaft) Gemeinschaft (*abbr* EWG)
CEEA *hist* ***Comunità Europea dell'Energia Atomica*** Europäische Atomgemeinschaft (*abbr* EURATOM)
cefalo ['tʃɛːfalo] *m zo* Meeräsche *f*
ceffone [tʃef'foːne] *m* Ohrfeige *f*
celare [tʃe'laːre] (*1b*) verbergen
celebr|are [tʃele'braːre] (*1l u b*) feiern; *rel* zelebrieren; *jur* vollziehen; **~azione** [-bratsi'oːne] *f* Feier(lichkeit) *f*
celebre ['tʃɛːlebre] berühmt
celebrità [tʃelebri'ta] *f* Berühmtheit *f*
celere ['tʃɛːlere] schnell, rasch
celerità [tʃeleri'ta] *f* Geschwindigkeit *f*
celeste [tʃe'lɛste] hellblau, himmelblau
celibato [tʃeli'baːto] *m* Ledigsein *n*; *rel* Zölibat *n u m*
celibe ['tʃɛːlibe] **1.** *adj* ledig; **2.** *m* Jung-

C

geselle *m*
cella ['tʃɛlla] *f* Zelle *f*
cellula ['tʃɛllula] *f* Zelle *f*; **~ fotoelettrica** photoelektrische Zelle *f*; **-e** *pl* **staminali** Stammzellen *f/pl*
cellulare [tʃɛllu'lare] *m tel* Handy *n*
cellul|ite [tʃellu'li:te] *f* Zellulitis *f*; **~osa** [-'lo:sa] *f* Zellulose *f*
celtico ['tʃɛltiko] (*pl -ci*) keltisch
cemento [tʃe'mento] *m* Zement *m*; **~ armato** Eisenbeton *m*
cena ['tʃe:na] *f* Abendessen *n*
cen|acolo [tʃe'na:kolo] *m pittura* Abendmahl *n*; **~are** [-'na:re] (*1a*) zu Abend essen
cencio ['tʃentʃo] *m* (*pl -ci*) Lappen *m*; Lumpen *m*; **bianco come un ~** kreideweiß
cenere ['tʃe:nere] *f* Asche *f*; **le Ceneri** *f/pl* Aschermittwoch *m*
cenno ['tʃenno] *m* Zeichen *n*; Wink *m*; (*allusione*) Andeutung *f*; **far ~ a qu** j-m zuwinken; **far ~ di voler andare** Anstalten machen fortzugehen
cenone [tʃe'no:ne] *m* Festessen *n*; **~ di San Silvestro** Silvesterabendessen *n*
censimento [tʃensi'mento] *m* (Volks-)Zählung *f*
cens|ura [tʃen'su:ra] *f* Zensur *f*; **~urare** [-su'ra:re] (*1a*) zensieren
cent|enario [tʃente'na:rio] (*pl -ri*) **1.** *adj* hundertjährig; **2.** *m* hundertster Jahrestag *m*; Hundertjahrfeier *f*; **~esimo** [-'tɛ:zimo]; **1.** *adj* hundertste; **2.** *m* Hundertstel *n*; **~igrado** [-'ti:grado] *m* Grad Celsius; **~imetro** [-'ti:metro] *m* Zentimeter *m u n*; **~ quadrato** Quadratzentimeter *m u n*
centinaio [tʃenti'na:io] *m* (*pl le centinaia*) Hundert *n*; **un ~ di** etwa hundert
cento ['tʃɛnto] hundert; **per ~** Prozent *n*
centr|ale [tʃen'tra:le] **1.** *adj* zentral; Haupt…; **2.** *f* Zentrale *f*; **~ atomica** *od* **~ nucleare** Atomkraftwerk *n*, Kernkraftwerk *n*; **~alino** [-tra'li:no] *m* Telefonzentrale *f*; **~alismo** [-tra'lizmo] *m* Zentralismus *m*; **~alizzare** [-tralid'dza:re] (*1a*) zentralisieren; **~are** [-'tra:re] (*1b*) treffen
centr|ifuga [tʃen'tri:fuga] Zentrifuge *f*; Entsafter *m*; **~ dei panni** Wäscheschleuder *m*; **~ifugare** [-trifu'ga:re] (*1e u m*) schleudern
centro ['tʃɛntro] *m* Mittelpunkt *m*; Zentrum *n* (*a pol*); **~ commerciale** Einkaufszentrum *n*; **~ della città** Stadtmitte *f*, Innenstadt *f*; **~ di raccolta** Sammelstelle *f*; **~ storico** Altstadt *f*
cera[1] ['tʃe:ra] *f* Wachs *n*; **~ da scarpe** Schuhcreme *f*
cera[2] ['tʃe:ra] *f* Aussehen *n*; **avere una buona ~** gesund aussehen; **avere una brutta ~** schlecht aussehen
ceralacca [tʃera'lakka] *f* (*pl -cche*) Siegellack *m*
cera|mica [tʃe'ra:mika] *f* (*pl -che*) Keramik *f*; **~ta** [-ta] *f* Ölzeug *n*
cerca ['tʃerka] *f* **in ~ di …** auf der Suche nach
cercare [tʃer'ka:re] (*1d*) **1.** *v/t* suchen (**qu** nach j-m); **2.** *v/i* **~ di** versuchen zu
cer|chia ['tʃerkia] *f fig* Kreis *m*; **~chio** [-kio] *m* (*pl -chi*) Kreis *m*; Reifen *m*
cerchione [tʃerki'o:ne] *m tec* Felge *f*
cereale [tʃere'a:le] **1.** *adj* Getreide… **2.** **-i** *m/pl* Getreide *n*
cerealicoltura [tʃerealikol'tu:ra] *f* Getreideanbau *m*
cerebrale [tʃere'bra:le] Gehirn…; **commozione** *f* **~** Gehirnerschütterung *f*
cerimonia [tʃeri'mɔ:nia] *f* Zeremonie *f*; Feier *f*; **-e** *pl* Umstände *m/pl*; **senza -e** zwanglos
cerimoni|ale [tʃerimoni'a:le] **1.** *adj* zeremoniell; **2.** *m* Zeremoniell *n*; **~oso** [-ni'o:zo] förmlich
cerino [tʃe'ri:no] *m* Wachszündholz *n*
cernia ['tʃɛrnia] *f* Zackenbarsch *m*
cerniera [tʃerni'ɛ:ra] *f* Scharnier *n*; **~ lampo** Reißverschluss *m*
cernita ['tʃɛrnita] *f* Auswahl *f*
cer|o ['tʃe:ro] *m* Altarkerze *f*; **~otto** [-'rɔtto] *m* Pflaster *n*; **~ adesivo** Heftpflaster *n*
cert|ezza [tʃer'tettsa] *f* Gewissheit *f*; **~ificare** [-tifi'ka:re] (*1m u d*) bestätigen; bescheinigen; **~ificato** [-'ka:to] *m* Zeugnis *n*; Bescheinigung *f*; Schein *n*; **~ medico** ärztliches Attest *n*; **~ di buona condotta** Führungszeugnis *n*; **~ di nascita** Geburtsurkunde *f*; **~ di sana e robusta costituzione** Gesundheitszeugnis *n*
certo ['tʃɛrto] gewiss, sicher; bestimmt; **un ~ non so che** ein gewisses Etwas; **dopo un ~ tempo** nach einiger

Zeit

certosa [tʃer'tɔːza] *f* Kartause *f*

certuni [tʃer'tuːni] *pl* manche

cervello [tʃer'vɛllo] *m* (*pl i cervelli, fig le cervella*) Gehirn *n*; *inform* Rechner *m*; *gastr* Hirn *n*; *fig* Verstand *m*; ***farsi saltare le -a*** sich e-e Kugel durch den Kopf schießen

Cervino [tʃer'viːno] *m* Matterhorn *n*

cervo ['tʃɛrvo] *m* Hirsch *m*; ***~ volante*** Hirschkäfer *m*

cesareo [tʃe'zaːreo] ***taglio*** *m* **~** Kaiserschnitt *m*

cesellare [tʃezel'laːre] (*1b*) ziselieren

cesello [tʃe'zɛllo] *m* Grabstichel *m*

cesoia [tʃe'zoːia] *f* Schere *f*

cespuglio [tʃes'puːʎo] *m* (*pl -gli*) Strauch *m*

cessare [tʃes'saːre] (*1b*) aufhören

cessione [tʃessi'oːne] *f* Abtretung *f*

cesso P ['tʃɛsso] *m* P Abort *m*

cesta ['tʃesta] *f* Korb *m*

cest|inare [tʃesti'naːre] (*1a*) in den Papierkorb werfen; **~ino** [-'tiːno] *m* Papierkorb *m*; ***~ da viaggio*** Lunchpaket *n*

cesto ['tʃesto] *m* Korb *m*

cetaceo [tʃe'taːtʃeo] *m* Walfisch *m*

ceto ['tʃɛːto] *m* Klasse *f*, Stand *m*; ***~ medio*** Mittelstand *m*

cetra ['tʃɛːtra] *m* Zither *f*

cetr|iolino [tʃetrio'liːno] *m* Essiggurke *f*; **~iolo** [-tri'ɔːlo] *m* Gurke *f*

cf., **cfr.** ***confronta*** vergleiche (*abbr* vgl.)

CFU [tʃiɛffe'u] *m* ***Credito Formativo Universitario*** ECTS-Credit *m* (*European Credit Transfer System-Credit*), Credit *m*

cg ***centigrammo*** Zentigramm (*abbr* cg)

CGIL ***Confederazione Generale Italiana del Lavoro*** Allgemeiner italienischer Gewerkschaftsbund

CH ***Chieti*** Chieti

charter ['tʃaːtə] *m inv* Chartermaschine *f*; Charterflug *m*

chassis [ʃas'si] *m* Fahrgestell *n*

chattare [tʃat'taːre] (*1a*) chatten

che [ke] **1.** *adj* welcher, welche, welches; was für ein; **2.** *pron* der, die, das; welcher, welche, welches; ***~?*** was?; ***ciò ~*** das, was; **3.** *cj* dass; *dopo il comparativo* als

check-in [tʃek'in] *m inv avia* Abfertigung *f*; ***fare il ~*** einchecken

chetichella [keti'kɛlla] ***alla ~*** heimlich

chemioterapia [kemiotera'piːa] *f* Chemotherapie *f*

chewing gum [tʃuːiŋ'gʌm] *m* Kaugummi *m od n*

chi [ki] wer; (*acc*) wen; ***di ~?*** wessen?; ***a ~?*** wem? ***c'è ~ dice …*** es gibt Leute, die sagen; **~ … ~** der eine … der andere …; ***di ~ è il libro?*** wem gehört das Buch?

chiacchiera [ki'akkiera] *f* Geschwätz *n*; ***-e!*** dummes Geschwätz!; ***far due -e con qu*** mit j-m ein wenig plaudern

chiacchier|are [kiakkie'raːre] (*1l*) plaudern; *spreg* klatschen; **~ata** [-'raːta] *f* Plauderei *f*; **~one** [-'roːne] **1.** *adj* geschwätzig; **2.** *m* Schwätzer *m*

chiam|are [kia'maːre] (*1a*) rufen; nennen; *tel* anrufen; ***andare a ~ qu*** j-n holen; ***mandare a ~ qu*** j-n holen lassen; *tel* ***~ in teleselezione*** durchwählen; **~arsi** [-'marsi] heißen; **~ata** [-'maːta] *f* Ruf *m*; *tel* Anruf *m*; ***~ interurbana*** Ferngespräch *n*; ***~ d'emergenza*** Notruf *m*

chiar|ezza [-'rettsa] *f* Helligkeit *f*; *fig* Klarheit *f*, Deutlichkeit *f*; **~ificare** [-rifi'kaːre] (*1m u d*) klären; aufklären; **~imento** [-ri'mento] *m* Erklärung *f*; Erläuterung *f*; **~ire** [-'riːre] (*4d*) klären, klarstellen

chiar|o [ki'aːro] **1.** *adj* klar; hell; *fig* deutlich; ***~ e tondo*** klipp und klar; **2.** *m* Licht *n*; Helligkeit *f*; ***~ d'uovo*** Eiweiß *n*; ***~ di luna*** Mondschein *m*; ***mettere in ~*** klarstellen; **~oscuro** [-ros'kuːro] *m* Helldunkel *n*

chiasso [ki'asso] *m* Lärm *m*; ***fare ~*** Lärm machen; *fig* Aufsehen erregen

chiatta [ki'atta] *f* Frachtkahn *m*; Fähre *f*

chiave [ki'aːve] **1.** *adj inv* Schlüssel…; **2.** *f* Schlüssel *m* (*a mus*); ***~ d'accensione*** Zündschlüssel *m*; ***~ della macchina*** Autoschlüssel *m*; ***~ inglese*** Schraubenschlüssel *m*; ***sotto ~*** unter Verschluss

chiavistello [kiavis'tɛllo] *m* Riegel *m*

chiazza [ki'attsa] *f* Fleck *m*

chic [ʃik] *adj inv* schick, elegant

chicco ['kikko] *m* (*pl -cchi*) Korn *n*; (Kaffee)Bohne *f*; ***~ d'uva*** Weinbeere *f*

chiedere [ki'ɛːdere] (*3k*) fragen (***di***

C

nach *dat*); verlangen; bitten; **~ *qc a qu*** j-n et fragen; **~ *notizie di qu*** sich nach j-m erkundigen; **~ *un piacere a qu*** j-n um e-n Gefallen bitten
chiesa [ki'ɛ:za] *f* Kirche *f*
chiesto [ki'ɛsto] → ***chiedere***
chil|o ['ki:lo] *m* Kilo *n*; ***mezzo ~*** halbes Kilo *n*, ein Pfund *n*; **~ogrammo** [-lo'grammo] *m* Kilogramm *n*; **~ometraggio** [-lome'traddʒo] *m auto* Anzahl *f* zurückgelegter Kilometer; **~ometro** [-'lɔ:metro] *m* Kilometer *m*; **~ *all'ora*** Stundenkilometer *m*; **~ *quadrato*** Quadratkilometer *m*; **~owatt** [-lo'vat] *m* Kilowatt *n*
chimic|a ['ki:mika] *f* Chemie *f*; **~o** [-ko] (*pl -ci*) **1.** *adj* chemisch; **2.** *m* Chemiker *m*
chin|are [ki'na:re] (*1a*) neigen; senken; *fig* **~ *il capo*** sich beugen; **~arsi** [-'narsi] sich bücken
chincaglierie [kiŋ'kaʎe'ri:e] *f/pl* Nippsachen *pl*; Kleinkram *m*
chino ['ki:no] gebeugt
chioccia ['kiɔttʃa] *f* Glucke *f*
chiocciola [ki'ɔttʃola] *f* Schnecke *f*; ***scala f a ~*** Wendeltreppe *f*; *inform* Klammeraffe *m*, at-Zeichen *n*
chiodato [kio'da:to] genagelt; *scarpe* Nagel…
chiodo [ki'ɔ:do] *m* Nagel *m*; **~ *di garofano*** Gewürznelke *f*; *fig* **~ *fisso*** fixe Idee *f*
chioma [ki'ɔ:ma] *f* Haar *n*; Mähne *f*; Baumkrone *f*
chiosco [ki'ɔsko] *m* (*pl -chi*) Kiosk *m*
chiostro [ki'ɔstro] *m* Kreuzgang *m*
chip ['tʃip] *m inv* Chip *m*; ***carta f ~*** *inform* Chipkarte *f*
chir|urgia [kirur'dʒi:a] *f* Chirurgie *f*; **~urgico** [-'rurdʒiko] (*pl -ci*) chirurgisch; **~urgo** [-'rurgo] *m* (*pl -ghi*) Chirurg *m*
chissà [kis'sa] wer weiß; vielleicht
chit|arra [ki'tarra] *f* Gitarre *f*; **~arrista** [-tar'rista] *m/f* (*m/pl -i*) Gitarrenspieler(in) *m(f)*
chiudere [ki'u:dere] (*3b*) schließen, zumachen; *a chiave* abschließen; *strada* (ver)sperren; *gas* abdrehen; *fig* **~ *un occhio*** ein Auge zudrücken; *econ* **~ *in perdita*** mit Verlust abschließen
chiunque [ki'uŋkue] wer auch immer
chius|a [ki'u:sa] *f di fiume* Schleuse *f*; *di discorso* Schluss *m*; **~o** [-so] **1.** → ***chiudere***; **2.** *adj* geschlossen, zu; verschlossen; **~ura** [-'su:ra] *f* (Ver-)Schluss *f*; Schließung *f*; *auto* **~ *centralizzata*** Zentralverriegelung *f*; **~ *lampo*** Reißverschluss *m*; **~ *dei negozi*** Ladenschluss *m*
choc [ʃɔk] *m* Schock *m*
choke [tʃɔk] *m auto* Choke *m*
ci [tʃi] **1.** *pron* uns; **2.** *adv* hier(her), dort(hin); **~ *penso*** ich denke daran
C.ia ***compagnia*** Kompanie (*abbr* Komp., Co.)
ciabatta [tʃa'batta] *f* Pantoffel *m*; *scarpa vecchia* F Latsche *f*
cialda ['tʃalda] *f* Waffel *f*
ciambella [tʃam'bɛlla] *f gastr* Kringel *m*; (*salvagente*) Rettungsring *m*
cianfrusaglia [tʃanfru'za:ʎa] *f* Krimskrams *m*, Firlefanz *m*
ciao! [tʃ'a:o] *nell'incontrarsi* hallo!; *nel congedarsi* tschüss!
ciarlatano [tʃarla'ta:no] Scharlatan *m*
ciascuno [tʃas'ku:no] jeder(mann)
cibarsi [tʃi'barsi] (*1a*) sich ernähren (*di* von)
cibernetica [tʃiber'nɛ:tika] *f* Kybernetik *f*
cibo ['tʃi:bo] *m* Speise *f*; Nahrung *f* (*a fig*); **-i** *pl* Nahrungsmittel *n/pl*; **~ *pronto*** Fertiggericht *n*
cicala [tʃi'ka:la] *f* Zikade *f*
cicatr|ice [tʃika'tri:tʃe] *f* Narbe *f*; **~izzare** [-trid'dza:re] *v/i u* **~izzarsi** [-trid'dzarsi] vernarben
cicca ['tʃikka] *f* (*pl -cche*) *di sigaretta* Kippe *f*; P Kaugummi *m*
cicerone [tʃitʃe'ro:ne] *m* Fremdenführer *m*
ciclabile [tʃi'kla:bile] ***pista f ~*** Radweg *m*
ciclamino [tʃikla'mi:no] *m* Alpenveilchen *n*
ciclico ['tʃi:kliko] zyklisch
cicl|ismo [tʃi'klizmo] *m* Radsport *m*; **~ista** [-'klista] *m/f* (*m/pl -i*) Radfahrer(in) *m(f)*; **~istico** [-'klistiko] Rad…
ciclo ['tʃi:klo] *m* Zyklus *m*; (*serie*) Reihe *f*
ciclomotore [tʃiklomo'to:re] *m* Moped *n*
cicl|one [tʃi'klo:ne] *m* Zyklon *m*; **~ostilare** [-klosti'la:re] (*1a*) vervielfältigen; **~ostile** [-klos'ti:le] *m* Vervielfä…

tigungsapparat *m*
cicloturismo [tʃiklotu'rizmo] *m* Radwandern *n*
cicogna [tʃi'koːɲa] *f* Storch *m*
cicoria [tʃi'kɔːria] *f* Chicorée *f*
cieco ['tʃɛːko] (*pl -chi*) **1.** *adj* blind; ***vicolo*** *m* **~** Sackgasse *f*; **2.** *m* Blinde(r) *m*
cielo ['tʃɛːlo] *m* Himmel *m*; ***grazie al ~*** Gott sei Dank
cifra ['tʃiːfra] *f* Ziffer *f*; Chiffre *f*; ***~ d'affari*** Umsatz *m*
cifrato [tʃi'fraːto] chiffriert, verschlüsselt
ciglio ['tʃiːʎo] *m* (*pl le ciglia*) *anat* Wimper *f*; (*pl i cigli*) Rand *m*
cigno ['tʃiːɲo] *m* Schwan *m*
cigolare [tʃigo'laːre] (*1l*) quietschen, knarren
Cile ['tʃiːle] *m* Chile *n*
cilecca [tʃi'lekka] ***far ~*** versagen
cileno [tʃi'leːno] *m* **1.** *adj* chilenisch; **2.** *m* Chilene *m*
ciliegi|a [tʃili'ɛːdʒa] *f* (*pl -ge*) Kirsche *f*; **~o** [-dʒo] *m* (*pl -gi*) Kirschbaum *m*
cilindrata [tʃilin'draːta] *f tec* Hubraum *m*; ***automobile*** *f* ***di media ~*** Mittelklassewagen *m*
cil|indrico [tʃi'lindriko] (*pl -ci*) zylindrisch; **~indro** [-'lindro] *m tec* Walze *f*; Zylinder *m*
cima ['tʃiːma] *f* Spitze *f*; Gipfel *m*; ***da ~ a fondo*** von oben bis unten
cimentarsi [tʃimen'tarsi] sich versuchen (***in*** in *dat*)
cimice ['tʃiːmitʃe] *f* Wanze *f*; *tec* Reißzwecke *f*, Heftzwecke *f*
ciminiera [tʃʒimini'ɛːra] *f* Schornstein *m*
cimitero [tʃimi'tɛːro] *m* Friedhof *m*
Cina ['tʃiːna] *f* China *n*
cinciallegra [tʃintʃal'leːgra] *f* Kohlmeise *f*
cincil|la [tʃin'tʃilla], **~là** [-tʃil'la] *f* Chinchilla *n*
cin cin! [tʃin'tʃin] F prost!
cine ['tʃiːne] *m abbr für* ***cinema***; **~amatore** [-ama'toːre] *m* Filmamateur *m*; **~forum** [-'foːrum] *m inv* Filmklub *m*; Filmdebatte *f*
cinema ['tʃiːnema] *m inv* Film *m*; Kino *n*; ***~ d'essai*** Experimentalfilm *m*; Programmkino *n*
cinemat|ografare [tʃinematogra'faːre] (*1n u c*) filmen; **~ografia** [-gra'fiːa] *f* Filmkunst *f*; **~ografico** [tʃinemato'graːfiko] (*pl -ci*) Kino…; Film…; ***arte*** *f* ***-a*** Filmkunst *f*; ***regista*** *m* **~** Filmregisseur *m*
cine|matografo [tʃinema'tɔːgrafo] *m* → ***cinema***; **~presa** [-'preːsa] *f* Filmkamera *f*
cinese [tʃi'neːse] **1.** *adj* chinesisch; **2.** *m* Chinesisch(e) *n*; **3.** *m/f* Chinese *m*, Chinesin *f*
cingere ['tʃindʒere] (*3d*) umgeben; *la vita* umgürten
cinghia ['tʃiŋgia] *f* Riemen *m*; Gurt *m*; *auto* ***~ trapezoidale*** Keilriemen *m*
cinghiale [tʃiŋgi'aːle] *m* Wildschwein *n*
cinguett|are [tʃiŋguet'taːre] (*1a*) zwitschern; **~io** [-'tiːo] *m* Zwitschern *n*
cinico ['tʃiːniko] (*pl -ci*) **1.** *adj* zynisch; **2.** *m* Zyniker *m*
cinquanta [tʃiŋku'anta] fünfzig
cinquant|enne [tʃiŋkuan'tɛnne] fünfzigjährig; **~esimo** [-'tɛːzimo] fünfzigste; **~ina** [-'tiːna] *f* etwa fünfzig
cinqu|e ['tʃiŋkue] fünf; **~ecento** [-kue'tʃɛnto] fünfhundert
Cinquecento [-kue'tʃɛnto] *m* 16. Jahrhundert *n*
cinto ['tʃinto] → ***cingere***
cin|tura [tʃin'tuːra] *f* Gürtel *m*; ***~ di salvataggio*** Rettungsgürtel *m*; ***~ di sicurezza*** Sicherheitsgurt *m*, Anschnallgurt *m*; ***allacciarsi la ~ di sicurezza*** sich anschnallen; **~turino** [-tu'riːno] *m* Uhrarmband *n*
ciò [tʃ'ɔ] das, dies; ***con ~*** damit; ***~ nonostante*** trotzdem; ***~ che*** was; ***oltre a ~*** außerdem
ciocca ['tʃɔkka] *f* (*pl -cche*) Büschel *n*
cioccol|ata [tʃokko'laːta] *f* Schokolade *f*; **~atino** [-la'tiːno] *m* Praline *f*; **~ato** [-'laːto] *m* Schokolade *f*
cioè [tʃo'ɛː] das heißt; und zwar
ciondolare [tʃondo'laːre] (*1l*) baumeln; *fig* bummeln
ciondolo ['tʃondolo] *m* Anhänger *m*
ciotola ['tʃɔːtola] *f* Schüssel *f*
ciottolo ['tʃɔttolo] *m* Kieselstein *m*
cipolla [tʃi'polla] *f* Zwiebel *f*
cipollina [tʃipol'liːna] *f* Schnittlauch *m*
cipresso [tʃi'prɛsso] *m* Zypresse *f*
cipria ['tʃiːpria] *f* Puder *m*
Cipro ['tʃiːpro] *f* Zypern *n*
circa ['tʃirka] **1.** *adv* ungefähr; gegen;

2. *prp* betreffend
circo ['tʃirko] *m* (*pl -chi*) Zirkus *m*
circol|are [tʃirko'la:re] **1.** *v/i* (*1l*) weitergehen; fahren; umlaufen; **2.** *adj* kreisförmig; ***viaggio*** *m* ~ Rundreise *f*; ***biglietto*** *m* ~ Rundreisekarte *f*; **3.** *f lettera* Rundschreiben *n*; *autobus* Ringbus *m*, -linie *f*; **~azione** [-latsi'o:ne] *f* Verkehr *m*; Umlauf *m*; *med* Kreislauf *m*; *jur* ***libera*** ~ Freizügigkeit *f*; ~ ***rotatoria*** Kreisverkehr *m*; ~ ***del sangue*** Blutkreislauf *m*; ***mettere in*** ~ in Umlauf bringen; ***ritirare dalla*** ~ aus dem Verkehr ziehen
circolo ['tʃirkolo] *m* Kreis *m*; Klub *m*
circon|dare [tʃirkon'da:re] (*1a*) umgeben; **~ferenza** [-fe'rɛntsa] *f* Umfang *m*; **~vallazione** [-vallatsi'o:ne] *f* Umgehungsstraße *f*
circo|scrivere [tʃirkos'kri:vere] (*3tt*) begrenzen; **~scrizione** [-skritsi'o:ne] *f* Bezirk *m*; ~ ***elettorale*** Wahlbezirk *m*; **~stante** [-s'tante] umliegend; **~stanza** [-s'tantsa] *f* Umstand *m*; Lage *f*; ***date le circostanze*** unter diesen Umständen
circuito [tʃir'ku:ito] *m sport* Rennstrecke *f*; *el* Stromkreis *m*; *el* ***corto*** ~ Kurzschluss *m*
CISL ***Confederazione Italiana Sindacati Lavoratori*** Italienischer Arbeitergewerkschaftsbund
cisterna [tʃis'tɛrna] *f* Zisterne *f*; Tank *m*; ~ ***di benzina*** Bezintank *m*; ***nave*** *f* ~ Tankschiff *n*
cisti ['tʃisti] *f anat* Zyste *f*
cistifellea [tʃisti'fɛllea] *f* Gallenblase *f*
cistite [tʃis'ti:te] *f* Blasenentzündung *f*
CIT ***Compagnia Italiana del Turismo*** Italienische Reiseverkehrsgesellschaft
citare [tʃi'ta:re] (*1a*) zitieren; *jur* vorladen
citazione [tʃitatsi'o:ne] *f* Zitat *n*; *jur* Vorladung *f*
citofono [tʃi'tɔ:fono] *m* Sprechanlage *f*
città [tʃit'ta] *f* Stadt *f*; ~ ***dormitorio*** Schlafstadt *f*; ~ ***giardino*** Gartenstadt *f*; ~ ***universitaria*** Universitätsgelände *n*; ***la*** ~ ***vecchia*** die Altstadt; ***Città del Vaticano*** Vatikanstadt *f*, -staat *m*
Città del Capo [tʃit'ta del 'ka:po] *f* Kapstadt *f*
Città del Vaticano [tʃit'ta del vati'ka:no] *f* Vatikanstadt *f*
citta|dina [tʃitta'di:na] *f* Kleinstadt *f*; **~dinanza** [-di'nantsa] *f* Staatsangehörigkeit *f*; **~dino** [-'di:no] **1.** *adj* städtisch; **2.** *m* (Staats)Bürger *m*
civetta [tʃi'vetta] *f zo* Käuzchen *n*; *fig* Kokette *f*; ***far la*** ~ kokettieren
civico ['tʃi:viko] (*pl -ci*) städtisch; Stadt…; ***numero*** *m* ~ Hausnummer *f*
civile [tʃi'vi:le] bürgerlich; zivil; *società* zivilisiert; *persona* wohlerzogen; ***guerra*** *f* ~ Bürgerkrieg *m*; ***matrimonio*** *m* ~ standesamtliche Trauung *f*; ***stato*** *m* ~ Familienstand *m*
civiltà [tʃivil'ta] *f* Kultur *f*; Zivilisation *f*; Anstand *m*
CL ***Caltanissetta*** Caltanissetta
clacson ['klakson] *m* Autohupe *f*
clamoroso [klamo'ro:zo] *fig* aufsehenerregend, sensationell
clandestino [klandes'ti:no] **1.** *adj* heimlich; (*illegale*) schwarz; **2.** *m* blinder Passagier *m*
clarinetto [klari'netto] *m* Klarinette *f*
classe ['klasse] *f* Klasse *f*; ~ ***turistica*** Touristenklasse *f*; ***prima*** ~ erste Klasse; ***seconda*** ~ zweite Klasse
classicismo [klassi'tʃizmo] *m* Klassizismus *m*
classico ['klassiko] (*pl -ci*) **1.** *adj* klassisch; ***liceo*** *m* ~ humanistisches Gymnasium *n*; **2.** *m* Klassiker *m*
classifica [klas'si:fika] *f* Rangliste *f*
classif|icare [klassifi'ka:re] (*1m u d*) klassifizieren; **~icatore** [-fika'tore] *m* Aktenschrank *m*
clausola ['klauzola] *f* Klausel *f*
claustrofobia [klaustrofo'bi:a] *f* Klaustrophobie *f*
clavicola [kla'vi:kola] *f* Schlüsselbein *n*
clem|ente [kle'mɛnte] mild(e); gnädig; **~enza** [-'mɛntsa] *f* Milde *f*; Gnade *f*
clericale [kleri'ka:le] klerikal
clero ['klɛ:ro] *m* Geistlichkeit *f*, Klerus *m*
clessidra [kles'si:dra] *f* Sanduhr *f*
clic [klik] *m inv* Klick *m*; ~ ***del mouse*** *inform* Mausklick *m*; ***fare doppio*** ~ (***su qc***) (auf et) doppelklicken
cliccare [klik'kare] (*1o*) klicken; ~ ***su*** *inform* anklicken
cliché [kli'ʃe] *m inv* Klischee *n*
cliente [kli'ɛnte] *m/f* Kunde *m*, Kundi

f; *di locale* Gast *m*; *med* Patient(in) *m*(*f*); ~ ***abituale*** Stammkunde *m*

lientela [klien'tɛːla] *f* Kundschaft *f*

lima ['kliːma] *m* (*pl -i*) Klima *n*; *fig* Atmosphäre *f*; ~ ***mediterraneo*** Mittelmeerklima *n*

limatico [kli'maːtiko] (*pl -ci*) klimatisch

linic|a ['kliːnika] *f* (*pl -che*) Klinik *f*; ~ ***privata*** Privatklinik *f*; **~o** [-ko] (*pl -ci*) **1.** *adj* klinisch; **2.** *m* Kliniker *m*

lip [klip] *m inv* Klipp *m*

litoride [kli'tɔride] *m od f* Klitoris *f*

loro ['klɔːro] *m* Chlor *n*

lor|ofilla [kloro'filla] *f* Chlorophyll *n*; **~ofluorocarburo** ['klɔro'fluɔrokar'buro] *m* Fluorchlorkohlenwasserstoff *m*; **~oformio** [-ro'fɔrmio] *m* Chloroform *n*

lub ['klub] *m inv* Klub *m*, Verein *m*

m ***centimetro*** Zentimeter (*abbr* cm)

.m. ***corrente mese*** laufenden Monats (*abbr* lfd. M.)

N ***Cuneo*** Cuneo

NR ***Consiglio Nazionale delle Ricerche*** Nationaler Forschungsrat

O ***Como*** Como

oabitare [koabi'taːre] (*1m*) zusammenwohnen

oagularsi [koagu'larsi] (*1m*) gerinnen

oalizione [koalitsi'oːne] *f* Koalition *f*; ***governo m di*** ~ Koalitionsregierung *f*

oalizzarsi [koalid'dzarsi] (*1a*) sich verbünden; *pol* koalieren

oBas ***Comitati di Base*** italienische Basis- und Alternativgewerkschaft

oblenza [ko'blɛntsa] *f* Koblenz *n*

obra ['kɔbra] *m inv* Kobra *f*

oc|aina [koka'iːna] *f* Kokain *n*; **~ainomane** [-kai'nɔːmane] **1.** *adj* kokainsüchtig; **2.** *m* Kokainsüchtige(r) *m*

occinella [kottʃi'nɛlla] *f* Marienkäfer *m*

occio ['kɔttʃo] *m* (*pl -cci*) Scherbe *f*

occiuto [kot'tʃuːto] dickköpfig, starrköpfig

occo ['kɔkko] *m* (*pl -cchi*) Kokospalme *f*; ***noce di*** ~ Kokosnuss *f*

occodrillo [kokko'drillo] *m* Krokodil *n*

occolare [kokko'lare] (*1a*) schmusen

ocktail ['kokteil] *m* Cocktail *m*, (alkoholisches) Mischgetränk *n*

ocomero [ko'koːmero] *m* Wassermelone *f*

coda ['koːda] *f* Schwanz *m*; *fila* Schlange *f*; *di abito* Schleppe *f*; *astr* Schweif *m*; ***piano m a*** ~ Flügel *m*; ***in*** ~ am Ende, zuletzt; ***fare la*** ~ Schlange stehen; ***mettersi in*** ~ sich anstellen

codardo [ko'dardo] **1.** *adj* feige; **2.** *m* Feigling *m*

codazzo [ko'dattso] *m* Schwarm *m*

codesto [ko'desto] der da *od* die da *od* das da

codice ['kɔːditʃe] *m* Kodex *m*; *jur* Gesetzbuch *n*; Kode *m*; ~ ***a barre*** Strichkode *m*; ~ ***di avviamento postale*** Postleitzahl *f*; ~ ***fiscale*** Steuernummer *f*; ~ ***stradale*** Straßenverkehrsordnung *f*

coefficiente [koeffi'tʃɛnte] *m* Koeffizient *m*

coe|rente [koe'rɛnte] zusammenhängend; *fig* konsequent; **~renza** [-'rɛntsa] *f* Zusammenhang *m*; *fig* Konsequenz *f*; **~taneo** [-'taːneo] **1.** *adj* gleichaltrig; **2.** *m* Altersgenosse *m*

cofanetto [kofa'netto] *m* Schmuckkästchen *n*

cofano ['kɔːfano] *m auto* Motorhaube *f*

cogestione [kodʒesti'oːne] *f* Mitbestimmung *f*

cogliere ['kɔːʎere] (*3ss*) pflücken; *occasione* benutzen, ergreifen; (*capire*) begreifen; ~ ***all'improvviso*** überrumpeln; ~ ***sul fatto*** auf frischer Tat ertappen

cognac ['koːɲak] *m inv* Kognak *m*

cogn|ata [ko'ɲaːta] *f* Schwägerin *f*; **~ato** [-'ɲaːto] *m* Schwager *m*

cognizione [koɲitsi'oːne] *f* Kenntnis *f*; *fil* Erkenntnis *f*; ~ ***di causa*** Sachkenntnis *f*

cognome [ko'ɲoːme] *m* Zuname *m*, Familienname *m*; ***nome m e*** ~ Vor- und Zuname *m*

coi [k'oi] *prp* ***con*** *mit art* ***i***

coin|cidenza [kointʃi'dɛntsa] *f* Zusammenfallen *n*; (*caso*) Zufall *m*; *fer* Anschluss *m*; ***perdere la*** ~ den Anschluss verpassen; **~cidere** [-'tʃiːdere] (*3q*) zusammenfallen; **~quilino** [-kui'liːno] *m* Mitbewohner *m*; **~volgere** [-'vɔldʒere] (*3d*) verwickeln (***in*** in *acc*); **~volto** [-'vɔlto] → ***coinvolgere***

coito ['koito] *m* Beischlaf *m*

col [kol] *prp* ***con*** *mit art* ***il***

C

C

colapasta [kola'pasta] *m inv* Sieb *n*
colare [ko'la:re] *(1a)* **1.** *v/t* durchseihen; abgießen; **2.** *v/i* tropfen; *mar* **~ a fondo, a picco** untergehen
colazione [kolatsi'o:ne] *f* (**prima**) **~** Frühstück *n*; **seconda ~** Mittagessen *n*; **~ al sacco** Picknick *n*; **far ~** frühstücken
colei [ko'lɛ:i] die da; **~ che** diejenige, welche
colera [ko'lɛ:ra] *m* Cholera *f*
colesterolo [koleste'rɔlo] *m* Cholesterin *f*
colf [kolf] *f inv* Hausangestellte *f*
colica ['kɔ:lika] *f* (*pl* -*che*) Kolik *f*; **~ renale** Nierenkolik *f*
colla ['kɔlla] *f* Leim *m*; Klebstoff *m*
collabor|are [kollabo'ra:re] *(1m)* mitarbeiten; zusammenarbeiten; unterstützen; **~atore** [-ra'to:re] *m* Mitarbeiter *m*; **~atrice** [-ra'tri:tʃe] *f* Mitarbeiterin *f*; **~ domestica** Hausangestellte *f*; **~azione** [-ratsi'o:ne] *f* Mitarbeit *f*
collana [kol'la:na] *f* Halskette *f*; (*raccolta*) Serie *f*, Reihe *f*
collant [kɔ'lã] *m inv* Strumpfhose *f*
collare [kol'la:re] *m* Halsband *n*
collasso [kol'lasso] *m* Kollaps *m*; **~ nervoso** Nervenzusammenbruch *m*
coll|audare [kollau'da:re] *(1a)* testen, prüfen; *fig* erproben; **~audo** [-'la:udo] *m* Test *m*, Prüfung *f*
colle ['kɔlle] *m* Hügel *m*
collega [kol'lɛ:ga] *m/f* (*m/pl* -*ghi*) Kollege *m*, Kollegin *f*
colleg|amento [kollega'mento] *m* Verbindung *f*; **~ aereo** Flugverbindung *f*; **~ ferroviario** Zugverbindung *f*; **~are** [-'ga:re] *(1a)* verbinden
collegio [kol'lɛ:dʒo] *m* (*pl* -*gi*) Internat *n*; Kollegium *n*; **~ elettorale** Wahlkreis *m*
collera ['kɔllera] *f* Zorn *m*; **andare in ~** in Zorn geraten; **essere in ~ con qu** auf j-n böse sein
collerico [kol'le:riko] (*pl* -*ci*) jähzornig
colletta [kol'letta] *f* Geld-, Spendensammlung *f*
collett|ività [kollettivi'ta] *f* Gemeinschaft *f*; **~ivo** [-'ti:vo] **1.** *adj* kollektiv; gemeinschaftlich; **2.** *m pol* Kollektiv *n*
colletto [kol'letto] *m* Kragen *n*
colle|zionare [kollettsio'na:re] *(1a)* sammeln; **~zione** [-tsi'o:ne] *f* Sammlung *f*; *moda* Kollektion *f*; **fare ~ di qc** et sammeln; **~zionista** [-tsio'nista] *m/f* Sammler(in) *m(f)*; **~ di francobolli** Briefmarkensammler *m*
coll|ina [kol'li:na] *f* Hügel *m*; **~inoso** [-li'no:zo] hügelig
collirio [kol'li:rio] *m* Augentropfen *m/pl*
collisione [kollizi'o:ne] *f* Kollision *f*, Zusammenstoß *m*
collo ['kɔllo] *m* Hals *m*; (*colletto*) Kragen *m*; *econ* Ballen *m*, Stück *n*; **~ del piede** Spann *m*
colloc|amento [kolloka'mento] *m* Unterbringung *f*; Anordnung *f*; **agenzia di ~** Stellenvermittlung *f*; **ufficio m di ~** Arbeitsamt *n*; **~are** [-'ka:re] *(1l u d)* stellen; legen; unterbringen; **~ a riposo** in den Ruhestand versetzen; **~azione** [-katsi'o:ne] *f* Stellung *f*, Anordnung *f*
collo|quiale [kollokui'a:le] Umgangs…; **~quio** [-'lɔ:kuio] *m* (*pl* -*qui*) Gespräch *n*, Unterredung *f*; **~ di presentazione** Vorstellungsgespräch *n*
colmare [kol'ma:re] *(1a)*: **~ di** füllen mit; *fig* erfüllen mit
colmo ['kolmo] **1.** *adj* voll (**di** von); *f*… erfüllt (**di** von); **2.** *m* Gipfel *m*; Höhepunkt *m*
colom|ba [ko'lomba] *f* Taube *f*; **~bo** [-'lombo] *m* Tauber *m*; Taube *f*
Colombia [ko'lombia] *f* Kolumbien *n*
colon ['kɔ:lon] *m* Dickdarm *m*
colonia [ko'lɔ:nia] *f* Kolonie *f*; **~ marina** Ferienkolonie *f* am Meer
Colonia[1] [ko'lɔ:nia] *f* **acqua** *f* **di ~** Kölnischwasser *n*
Colonia[2] [ko'lɔ:nia] *f* Köln *n*
coloniale [koloni'a:le] kolonial; **gene**… *m/pl* **-i** Kolonialwaren *f/pl*
colonico [ko'lɔ:niko] (*pl* -*ci*) Bauern…; **casa** *f* **-a** Bauernhaus *n*
colonizzare [kolonid'dza:re] *(1a)* kolonisieren
col|onna [ko'lonna] *f* Säule *f*; *di lib*… Spalte *f*; *di veicoli* Kolonne *f*; *fig* Stütze *f*; **~ vertebrale** Wirbelsäule *f*; **~onnato** [-lon'na:to] *m* Säulengang *m*; **~onnello** [-lon'nɛllo] *m* Oberst *m*
color|ante [kolo'rante] *m* Farbstoff *m*; **senza -i** ohne Farbstoff; **~are** [-'ra:re] *(1a)* färben; **~ato** [-'ra:to] farbig; **~**

zione [ra'tzione] *f* Färbung *f*
colore [ko'lo:re] *m* Farbe *f*; **~ *di moda*** Modefarbe *f*; **~ *preferito*** Lieblingsfarbe *f*; ***scatola f dei -i*** Farbkasten *m*; **~ *a olio*** Ölfarbe *f*; ***a -i*** bunt, farbig, Farb…
colorito [kolo'ri:to] **1.** *adj* farbig; *volto* rosig; **2.** *m* Teint *m*, Gesichtsfarbe *f*, Hautfarbe *f*
coloro [ko'lo:ro] die da; **~ *che*** diejenigen, welche
colossale [kolos'sa:le] kolossal, riesenhaft
Colosseo [kolos'sɛ:o] *m* Kolosseum *n*
colosso [ko'lɔsso] *m* Koloss *m*
colpa ['kolpa] *f* Schuld *f*; ***essere in ~*** schuldig sein, ***per ~ tua*** deinetwegen
colpevole [kol'pe:vole] schuldig
colpire [kol'pi:re] *(4d)* treffen; schlagen; *fig* auffallen; **~ *nel segno*** ins Schwarze treffen
colpo ['kolpo] *m* Schlag *m*; Stich *m*; Schuss *m*; **~ *apoplettico*** Schlaganfall *m*; **~ *di calore*** Hitzschlag *m*; **~ *di sole*** Sonnenstich *m*; **~ *di Stato*** Putsch *m*; **~ *di telefono*** kurzer Anruf *m*; ***sul ~, di ~*** sofort; schlagartig
coltell|ata [koltel'la:ta] *f* Messerstich *m*; **~ino** [-'li:no] *m* Taschenmesser *n*
coltello [kol'tɛllo] *m* Messer *n*
coltiv|are [kolti'va:re] *(1a)* *agr* bestellen, bebauen; anpflanzen; *fig* pflegen; *(educare)* ausbilden; **~atore** [-va'to:re] *m* Landwirt *m*; **~ *diretto*** selbstständiger Landwirt; **~azione** [-vatsi'o:ne] *f* Anbau *m*
colto[1] ['kolto] gebildet, kultiviert
colto[2] ['kɔlto] → ***cogliere***
coltura [kol'tu:ra] *f* Anbau *m*
colui [ko'lu:i] der da; **~ *che*** derjenige, welcher
oma ['kɔ:ma] *m* Koma *n*
omand|amento [komanda'mento] *m* Gebot *n*; **~ante** [-'dante] *m* Befehlshaber *m*; **~are** [-'da:re] *(1a)* befehlen; führen; *econ (ordinare)* bestellen; *tec* steuern, bedienen; **~ *a distanza*** fernsteuern
omando [ko'mando] *m* Befehl *m*; *(direzione)* Leitung *f*; *tec* Schaltung *f*; Antrieb *m*; ***leva f di ~*** Steuerungshebel *m*; **~ *a distanza*** Fernsteuerung *f*, Fernbedienung *f*
ombaciare [komba'tʃa:re] *(1f)* zusammenpassen

comb|attente [kombat'tɛnte] *m* Kämpfer *m*; **~attere** [-'battere] *(3a)* **1.** *v/t* bekämpfen; **2.** *v/i* kämpfen; **~attimento** [-batti'mento] *m* Kampf *m*
combin|are [kombi'na:re] *(1a)* **1.** zusammenstellen, kombinieren; *(organizzare)* arrangieren; **~ *un guaio*** et anstellen; **2.** *v/i* übereinstimmen; zusammenpassen; **~azione** [-natsi'o:ne] *f* Zusammenstellung *f*; Kombination *f*; *fig* Zufall *m*; ***per ~*** zufällig
combust|ibile [kombus'ti:bile] **1.** *adj* brennbar; **2.** *m* Brennstoff *n*; **~ione** [-ti'o:ne] *f* Verbrennung *f*
come ['ko:me] wie; als; **~ *me, te*** wie ich, du; **~ *se*** als ob; **~ *mai?*** wieso?; ***oggi ~ oggi*** wie es heute steht
cometa [ko'mɛ:ta] *f* Komet *m*
comfort [kom'fɔrt] *m inv* Komfort *m*; *auto* **~ *di marcia*** Fahrkomfort *m*; ***dotato di tutti i ~*** mit allem Komfort ausgestattet
comicità [komitʃi'ta] *f* Komik *f*
comico ['kɔ:miko] *(pl -ci)* **1.** *adj* komisch; **2.** *m* Komiker *m*
comignolo [ko'mi:ɲolo] *m* Schornstein *m*
cominciare [komin'tʃa:re] *(1f)* anfangen, beginnen (***a*** zu); ***a ~ da oggi*** von heute an
com|itato [komi'ta:to] *m* Komitee *n*, Ausschuss *m*; **~ *direttivo*** Vorstand *m*; **~ *per la difesa dei consumatori*** Verbraucherschutzverband *m*; **~itiva** [-mi'ti:va] *f* Gesellschaft *f*; (Reise-) Gruppe *f*, **~izio** [-'mi:tsio] *m* Versammlung *f*; **~ *elettorale*** Wahlversammlung *f*
Comm. ***commendatore*** Komtur (*italienischer Ehrentitel*)
commedia [kom'mɛ:dia] *f* Lustspiel *n*, Komödie *f*
commemor|are [kommemo'ra:re] *(1m u b)* gedenken *(gen)*; **~ *qu*** j-s Andenken feiern; **~azione** [-ratsi'o:ne] *f* Gedächtnisfeier *f*, Gedenkfeier *f*
comment|are [kommen'ta:re] *(1a)* kommentieren, erläutern; **~atore** [-ta'to:re] *m* Kommentator *m*
commento [kom'mento] *m* Kommentar *m*; Erläuterung *f*; *fig* Bemerkung *f*
commerci|ale [kommer'tʃa:le] Handels…, Geschäfts…, kaufmännisch; *fig* kommerziell; ***lettera f ~*** Handels-

C

C

brief *m*; **~alista** [-tʃa'lista] *m/f* Handelsrechtsexperte *m*, -tin *f*; Betriebswirt *m*, -in *f*; **~alizzare** [-tʃalid'dzaːre] (*1a*) vermarkten; kommerzialisieren; **~ante** [-'tʃante] *m* Händler, Kaufmann *m*; Geschäftsmann *m*; **~are** [-'tʃaːre] (*1b u f*) handeln (***in*** mit)

commercio [kom'mɛrtʃo] *m* (*pl -ci*) Handel *m*; *spreg* Kommerz *m*; ***~ all'ingrosso*** Großhandel *m*; ***~ al minuto*** Einzelhandel *m*; ***~ estero*** Außenhandel *m*; ***camera f di ~*** Handelskammer *f*; ***essere in ~*** im Handel sein

commes|sa [kom'messa] *f* **1.** *econ* Auftrag *m*, Bestellung *f*; **2.** *econ* Verkäuferin *f*; **~so** [-'messo] *m* Verkäufer *m*; ***~ viaggiatore*** Handelsvertreter *m*

commestibile [kommes'tiːbile] **1.** *adj* essbar; **2.** ***-i*** *m/pl* Esswaren *f/pl*, Lebensmittel *n/pl*

commettere [com'mettere] (*3ee*) begehen; *econ* bestellen, in Auftrag geben

commiserare [kommize'raːre] (*1m*) bemitleiden

commiss|ariato [kommissari'aːto] *m* Kommissariat *n*; ***~ di pubblica sicurezza*** Polizeirevier *n*; **~ario** [-'saːrio] *m* (*pl -ri*) Kommissar *m*; **~ionare** [-sio'naːre] (*1a*) *econ* bestellen; **~ionario** [-sio'naːrio] *m* (*pl -ri*) Kommissionär *m*; **~ione** [-si'oːne] *f econ* Auftrag *m*, Bestellung *f*; (*comitato*) Kommission *f*, Ausschuss *m*; ***~ europea*** *od* ***Ue*** EU-Kommission *f*; ***~ interna*** Betriebsrat *m*; ***fatto su ~*** auf Bestellung angefertigt

committente [kommit'tɛnte] *m/f* Auftraggeber(in) *m(f)*

commosso [kom'mɔsso] **1.** → ***commuovere***; **2.** *a fig* bewegt, ergriffen

comm|ovente [kommo'vɛnte] rührend; **~ozione** [-motsi'oːne] *f* Rührung *f*; ***~ cerebrale*** Gehirnerschütterung *f*; **~uovere** [-mu'ɔːvere] (*3ff*) bewegen; rühren; **~uoversi** [-mu'ɔːversi] gerührt sein, ergriffen sein

comò [ko'mɔ] *m inv* Kommode *f*

comod|ino [komo'diːno] *m* Nachttisch *m*; **~ità** [-di'ta] *f* Bequemlichkeit *f*; Komfort *m*

comodo ['kɔːmodo] **1.** *adj* bequem, komfortabel; gemütlich; ***stia ~!*** lassen Sie sich nicht stören!; ***fa' con ~!*** lass dir Zeit!; **2.** *m* Bequemlichkeit *f*; ***con ~*** in aller Ruhe

compact disk ['kompakt 'disk] *m* CD *f*, Compact Disc *f*

compaesano [kompae'zaːno] *m* Landsmann *m*

comp|agna [kom'paːɲa] *f* Kameradin *f*; Gefährtin *f*, Freundin *f*; **~agnia** [-pa'ɲiːa] *f* Gesellschaft *f*; *mil* Kompanie *f*; ***~ aerea*** Fluggesellschaft *f*; ***~ di assicurazioni*** Versicherungsgesellschaft *f*; ***far ~ a qu*** j-m Gesellschaft leisten; **~agno** [-'paːɲo] *m* Kamerad *m*; Gefährte *m*, Freund *m*; *econ* Partner *m*; ***~ di viaggio*** Reisegefährte *m*; ***~ di scuola*** Schulfreund *m*

compar|ativo [kompara'tiːvo] **1.** *ad* vergleichend; **2.** *m gram* Komparativ *m*; **~azione** [-ratsi'oːne] *f* Vergleich *m*

compar|ire [kompa'riːre] (*4e*) erscheinen; auftreten; *fig* hervortreten; **~izione** [-ritsi'oːne] *f jur* ***mandato m di ~*** Vorladung *f*

comp|arsa [kom'parsa] *f* Erscheinen *n*; *tea* Statist(in) *m(f)*; *med* Ausbruch *m*; **~arso** [-so] → ***comparire***

compart|imento [komparti'mento] *m* Abteilung *f*; *fer* Abteil *n*; ***~ per (non) fumatori*** (Nicht)Raucherabteil *n*; **~o** [-'parto] *m* Fach *n*

compassione [kompassi'oːne] *f* Mitleid *n* (***di*** mit)

compasso [kom'passo] *m* Zirkel *m*

compat|ibile [kompa'tiːbile] entschuldbar; vereinbar, kompatibel (*inform*); **~ire** [-'tiːre] (*4d*): ***~ qu*** mit j-m Mitleid haben

compatriota [kompatri'ɔːta] *m/f* (*m/pl -i*) Landsmann *m*, Landsmännin *f*

compatto [kom'patto] kompakt, dicht; *fig* geschlossen

comp|ensare [kompen'saːre] (*1b*) ausgleichen; bezahlen; ***~ qu di qc*** j-n für et entschädigen; **~enso** [-'pɛnso] *m* Entschädigung *f*, Belohnung *f*; ***in ~ di*** (zum Ausgleich) für; ***dietro ~*** gegen Entgelt

compera ['kompera] *f* → ***compra***; ***andare a fare le -e*** einkaufen gehen

comp|etente [kompe'tɛnte] fachkundig; (*responsabile*) kompetent, zuständig; **~etenza** [-pe'tɛntsa] *f* Sachkenntnis *f*; Kompetenz *f*; Zuständigkeit *f*; **~etere** [-'pɛːtere] (*3a*) streiten; wetteifern; **~etitività** [-petitivi'ta] *f* Konku

renzfähigkeit *f*; *econ* Wettbewerbsfähigkeit *f*
competitivo [-peti'tiːvo] konkurrenzfähig, Konkurrenz…; *econ* ***svantaggio*** *m* **~** Wettbewerbsnachteil *m*; *econ* ***vantaggio*** *m* **~** Wettbewerbsvorteil *m*
competizione [-petitsi'oːne] *f* Wettstreit *m*
compiac|ente [kompia'tʃɛnte] gefällig; **~enza** [-'tʃɛntsa] *f* Gefälligkeit *f*; **~ere** [-'tʃeːre] (*2k*) gefällig sein, entgegenkommen; **~ersi** [-'tʃersi] Freude haben; **~ *di fare …*** die Güte haben, (*et*) zu tun
compiangere [kompi'andʒere] (*3d*) bedauern; ***ti compiango*** du tust mir leid
compianto [kompi'anto] → ***compiangere***
compier|e ['kompiere] (*4g*) vollenden; (*eseguire*) ausführen; erfüllen; **~ *gli anni*** Geburtstag haben; **~si** [-si] sich vollziehen
compil|are [kompi'laːre] (*1a*) zusammenstellen; verfassen; *formulario* ausfüllen; **~atore** [-la'toːre] *m inform* Compiler *m*; **~azione** [-latsi'oːne] *f* Zusammenstellung *f*; Ausfüllung *f*
comp|imento [kompi'mento] *m* Vollendung *f*; Erfüllung *f*; **~ire** [-'piːre] (*4g*) → ***compiere***
compito ['kɔmpito] *m* Aufgabe *f*; ***essere all'altezza di un ~*** e-r Aufgabe gewachsen sein
compleanno [komple'anno] *m* Geburtstag *m*; ***buon ~!*** alles Gute zum Geburtstag!
complem|entare [komplemen'taːre] Ergänzungs…; ***imposta*** *f* **~** Zusatzsteuer *f*; **~ento** [-'mento] *m* Ergänzung *f*
complessivo [komples'siːvo] Gesamt…; umfassend
complesso [kom'plɛsso] **1.** *adj* kompliziert; komplex; **2.** *m* Komplex *m* (*a med*); Gruppe *f* (*a mus*); ***in ~*** im Ganzen
completare [komple'taːre] (*1b*) vervollständigen
completo [kom'plɛːto] **1.** *adj* vollständig; voll; *fer* besetzt; **2.** *m* Anzug *m*
complic|are [kompli'kaːre] (*1l u d*) komplizieren, erschweren; **~ato** [-'kaːto] kompliziert; **~azione** [-katsi'oːne] *f* Komplikation *f*; Schwierigkeit *f*
complice ['kɔmplitʃe] *m/f jur* Mittäter(in) *m(f)*; Komplize *m*, Komplizin *f*
complim|entarsi [komplimen'tarsi]: **~ *con qu*** j-m gratulieren; **~ento** [-'mento] *m* Kompliment *n*; ***-i!*** gratuliere!; ***senza -i!*** ohne Umstände!
comp|onente [kompo'nɛnte] *m* Bestandteil *m*; Mitglied *n*; **~onimento** [-poni'mento] *m jur* Vergleich *m*; Werk *n*; **~orre** [-'porre] (*3ll*) zusammensetzen; bilden; *mus* komponieren; *tel* **~ *un numero*** eine Nummer wählen; **~orsi** [-'porsi] bestehen (***di*** aus)
comportamento [kompor'ta'mento] *m* Benehmen *n*, Verhalten *n*; **~ *dei consumatori*** Konsumverhalten; **~ *ecologico dei consumatori*** umweltfreundliches Konsumverhalten
comport|are [-'taːre] (*1c*) mit sich bringen; **~arsi** [-'tarsi] sich verhalten
comp|ositore [kompozi'toːre] *m mus* Komponist *m*; **~osizione** [-positsi'oːne] *f* Zusammensetzung *f*; Werk *n*; *mus* Komposition *f*
comp|osta [kom'posta] *f* Kompott *n*; **~osto** [-'posto] **1.** → ***comporre***; **2.** *adj* zusammengesetzt, bestehend; geordnet; **3.** *m* Zusammensetzung *f*
compra ['kompra] *f* (Ein)Kauf *m*
compr|are [kom'praːre] (*1a*) kaufen; **~ *a rate*** auf Abzahlung kaufen; **~atore** [-pra'toːre] *m* Käufer *m*; **~avendita** [-pra'vendita] *f* Kaufvertrag *m*
comprendere [kom'prɛndere] (*3c*) begreifen, verstehen; (*contenere*) umfassen, enthalten
compren|sibile [kompren'siːbile] begreiflich, verständlich; **~sione** [-si'oːne] *f* Verständnis *n*; Verstehen *n*; **~sivo** [-'siːvo] umfassend; (*tollerante*) verständnisvoll
compreso [kom'preːso] **1.** → ***comprendere***; **2.** *adj* inbegriffen; ***tutto ~*** alles inbegriffen
compressa [kom'prɛssa] *f* Tablette *f*; **~ *per*** (*od* ***contro***) ***il mal di testa*** Kopfschmerztablette *f*
comprimere [kom'priːmere] (*3r*) (zusammen)drücken; *inform* zippen, komprimieren

comprom|esso [kompro'messo] **1.** → ***compromettere***; **2.** *adj* gefährdet; **3.** *m* Kompromiss *m u n*; *jur* Vorvertrag *m*; **~ettere** [-'mettere] (*3ee*) gefährden; j-n bloßstellen; **~ettersi** [-'mettersi] sich bloßstellen

computer [kɔmpi'u:tə] *m inv* Computer *m*; ***assistito dal ~*** computergestützt; ***pilotato dal ~*** computergesteuert; ***~ palmare*** Palmtop *m*; ***~ portatile*** Laptop *m*

computerizzare [komputerid'dza:re] (*1a*) computerisieren

comunale [komu'na:le] Gemeinde...; kommunal; ***consiglio*** *m* **~** Gemeinderat *m*; ***palazzo*** *m* **~** Rathaus *n*

comune [ko'mu:ne] **1.** *adj* (*usuale*) gewöhnlich, gemein; (*di più persone*) gemeinsam; (*generale*) allgemein; ***in ~*** gemeinsam; ***non ~*** ungewöhnlich; **2.** *m* Gewöhnliche(s) *n*; Gemeinde(amt) *f*(*n*); ***palazzo*** *m* ***del ~*** Rathaus *n*

comunemente [komune'mente] *adv* gewöhnlich

comunic|are [komuni'ka:re] (*1m u d*) **1.** *v/t* mitteilen; bekannt geben; **2.** *v/i* verbunden sein (**con** mit); *persone* kommunizieren; **~ato** [-'ka:to] *m* Meldung *f*; Bericht *m*; *pol* Kommuniqué *n*; **~azione** [-katsi'o:ne] *f* Mitteilung *f*; *fer*, *tel* Verbindung *f*; ***~ internazionale*** Auslandsgespräch *n*; ***dare ~ di qc a qu*** j-m et mitteilen

comun|ione [komuni'o:ne] *f* Gemeinschaft *f*; *rel* Kommunion *f*, Abendmahl *n*; ***~ d'interessi*** Interessengemeinschaft *f*; **~ismo** [-'nizmo] *m* Kommunismus *m*; **~ista** [-'nista] *m/f* (*m/pl -i*) Kommunist(in) *m*(*f*); **~ità** [-ni'ta] *f* Gemeinschaft *f*; ***Comunità europea*** *hist* Europäische Gemeinschaft; **~itario** [-ni'ta:rio] gemeinschaftlich, Gemeinschafts...; Euro...; EU-...

comunque [ko'muŋkue] wie auch immer; jedenfalls

con [kon] mit; durch; bei; trotz; ***~ questo*** damit; ***~ questo tempo*** bei diesem Wetter; ***~ tutto ciò*** trotz alledem; ***avere ~ sé*** bei sich haben

conc|edere [kon'tʃɛ:dere] (*3l*) gewähren, bewilligen; zugestehen; (*permettere*) erlauben; **~edersi** [-'tʃɛ:dersi]: ***~ qc*** sich et leisten

concentr|amento [kontʃentra'mento] *m* Konzentration *f*; *pol* Zentralisierung *f*; **~are** [-'tra:re] (*1b*) konzentrieren; zusammenziehen; **~arsi** [-'trarsi] sich konzentrieren; **~azione** [-tratsi'o:ne] *f* Konzentration *f*

concentrico [kon'tʃɛntriko] (*pl -ci*) konzentrisch

concep|ibile [kontʃe'pi:bile] denkbar, begreiflich; **~imento** [-pi'mento] *m* Empfängnis *f*; *fig* Einfall *m*; **~ire** [-'pi:re] (*4d*) empfangen; schöpfen; entwerfen; (*comprendere*) begreifen

concernere [kon'tʃɛrnere] (*3a*) betreffen

concerto [kon'tʃɛrto] *m* Konzert *n*

concess|ionario [kontʃessio'na:rio] *m* (*pl -ri*) Vertragshändler *m*; ***~ esclusivo*** Alleinvertreter *m*; **~ione** [-si'o:ne] *f* Genehmigung *f*; Konzession *f*; ***~ di credito*** Kreditgewährung *f*

concesso [kon'tʃɛsso] → ***concedere***

conc|etto [kon'tʃɛtto] *m* Konzept *n* Begriff *m*; Meinung *f*; **~ezione** [-tʃetsi'o:ne] *f* Konzeption *f*; *fig* Auffassung *f*

conchiglia [koŋ'ki:ʎa] *f* Muschel *f*

conciare [kon'tʃa:re] (*1f*) gerben; ***~ qu per le feste*** j-n übel zurichten

concili|are [kontʃili'a:re] *v/t* (*1k*) versöhnen; *multa* sofort bezahlen; ***~ l'appetito*** den Appetit anregen; **~azione** [-liatsi'o:ne] *f* Versöhnung *f*

concilio [kon'tʃi:lio] *m* (*pl -li*) Konzil *n*

concimare [kontʃi'ma:re] (*1a*) düngen

concime [kon'tʃi:me] *m* Dünger *m*

conciso [kon'tʃi:zo] kurz, bündig

concitato [kontʃi'ta:to] aufgeregt

concittadino [kontʃitta'di:no] *m* Mitbürger *m*

concl|udere [koŋ'klu:dere] (*3q*) **1.** *v/t* (be)schließen; folgern (**di** aus); *affari* abschließen; ***non ~ nulla*** nichts zustande bringen; **2.** *v/i* schließen, überzeugen; **~udersi** [-'klu:dersi] enden; **~usione** [-kluzi'o:ne] *f* Schluss *m*; Abschluss *m*; Schlussfolgerung *f*; ***~ di un affare*** Geschäftsabschluss *m*; ***in ~*** schließlich; **~usivo** [-klu'zi:vo] (abschließend; **~uso** [-'klu:zo] → ***concludere***

concord|anza [koŋkor'dantsa] *f* Übereinstimmung *f*; **~are** [-'da:re] (*1c*) **1.** *v/t* vereinbaren; in Einklang bringen; **2**

v/i übereinstimmen; **~ato** [-'da:to]; **1.** *adj* vereinbart; **2.** *m* Abmachung *f*; *rel* Konkordat *n*; *jur* Vergleich *m*

conc|orde [koŋ'kɔrde] einig; **~ordia** [-'kɔrdia] *f* Eintracht *f*

concorr|ente [koŋkor'rɛnte] *m/f* Kandidat(in) *m(f)*; Mitbewerber(in) *m(f)*; *econ* Konkurrent(in) *m(f)*; ***ditta f ~*** Konkurrenzunternehmen *n*; **~enza** [-'rɛntsa] *f* Konkurrenz(kampf) *f(m)*; **~enziale** [-rentsi'a:le] Konkurrenz…; konkurrenzfähig

conc|orrere [koŋ'korrere] *(3o)* beitragen (***a*** zu); sich bewerben (***a*** um *acc*); *strade* zusammenlaufen; **~orso** [-'korso] **1.** → ***concorrere***; **2.** *m* Wettbewerb *m*; ***bandire un ~*** e-n Wettbewerb ausschreiben

condanna [kon'danna] *f* Verurteilung *f*

condannare [kondan'na:re] *(1a)* verurteilen (***a*** zu)

condens|are [konden'sa:re] *(1b)* kondensieren, verdichten; **~arsi** [-'sarsi] sich kondensieren, sich verdichten; **~azione** [-satsi'o:ne] *f* Verdichtung *f*; Kondensation *f*

cond|imento [kondi'mento] *m* Gewürz *n*; **~ire** [-'di:re] *(4d)* *(a fig)* würzen; *insalata* anmachen

condito [kon'di:to] gewürzt

condiv|idere [kondi'vi:dere] *(3q)* teilen; **~iso** [-'vi:zo] → ***condividere***

condizionale [konditsio'na:le] **1.** *adj* bedingt; **2.** *m gram* Konditional *m*; **3.** *f* Bewährungsfrist *f*

condizionamento [konditsiona'mento] *m* ***~ dell'aria*** Klimaanlage *f*

condizionare [konditsio'na:re] *(1a)* bedingen; *psic* prägen

condizionato [konditsio'na:to] bedingt; geprägt; ***con aria -a*** mit Klimaanlage

condizione [konditsi'o:ne] *f* Bedingung *f*; Lage *f*; *stato fisico* Zustand *m*; *sport* Kondition *f*; ***-i di lavoro*** Arbeitsbedingungen *f/pl*; ***-i generali*** Rahmenbedingungen *f/pl*; ***-i stradali*** Straßenverhältnisse *f/pl*; ***a ~*** unter der Bedingung

condoglianze [kondo'ʎantse] *f/pl* Beileid *n*; ***fare le ~ a qu*** j-m sein Beileid ausdrücken

condominio [kondo'mi:nio] *m* Mitbesitz *m*; Mehrfamilienhaus *n*

condonare [kondo'na:re] *(1a)* erlassen

condono [kon'do:no] *m* Straferlass *m*

cond|otta [kon'dotta] *f* Benehmen *n*, Verhalten *n*; **~otto** [-'dotto] **1.** → ***condurre***; **2.** *adj* ***medico m ~*** Gemeindearzt *m*; praktischer Arzt *m*; **3.** *m* Leitungsröhre *f*; *anat* Kanal *m*

cond|ucente [kondu'tʃɛnte] *m* Fahrer *m*; ***~ di autobus*** Busfahrer *m*; **~urre** [-'durre] *(3e)* führen; leiten; *veicolo* fahren, lenken; **~ursi** [-'dursi] sich benehmen; **~uttore** [-dut'to:re] *m* Fahrer *m*; *fer* Zugführer *m*; *rad, TV* Moderator *m*; **~uttura** [-dut'tu:ra] *f* Leitung *f*

confeder|ale [konfede'ra:le] Bundes…; **~arsi** [-'rarsi] *(1m u b)* sich verbünden; **~ato** [-'ra:to] **1.** *adj* Bundes…; **2.** *m* Verbündete(r) *m*; **~azione** [-ratsi'o:ne] *f* Bund(esstaat) *m*

confer|enza [konfe'rɛntsa] *f* Besprechung *f*; Konferenz *f*; Vortrag *m*; ***~ al vertice*** Gipfelkonferenz *f*; ***~ stampa*** Pressekonferenz *f*; **~enziere** [-rentsi'ɛ:re] *m* Vortragende(r) *m*; **~imento** [-ri'mento] *m* Verleihung *f*; **~ire** [-'ri:re] *(4d)* **1.** *v/t* vergeben; verleihen; **2.** *v/i* ***~ con qu*** mit j-m e-e Besprechung haben

conferma [kon'ferma] *f* Bestätigung *f*

confermare [konfer'ma:re] *(1a)* bekräftigen, bestätigen

confess|are [konfes'sa:re] *(1b)* gestehen; **~arsi** [-'sarsi] beichten; **~ione** [-si'o:ne] *f* Geständnis *n*; *rel* Beichte *f*

confessore [konfes'so:re] *m* Beichtvater *m*

confetto [kon'fɛtto] *m gastr* Mandel *f* mit Zuckerguss; *med* Dragee *n*

confettura [konfet'tu:ra] *f* Konfitüre *f*

confez|ionare [konfetsio'na:re] *(1a)* *merce* einpacken, verpacken; *abiti* anfertigen; **~ione** [-tsi'o:ne] *f* Verpackung *f*; ***~ originale*** Originalverpackung *f*; ***-i*** *pl* Konfektion *f*

confid|are [konfi'da:re] *(1a)* **1.** *v/t* anvertrauen; **2.** *v/i* vertrauen (***in*** auf *acc*); **~arsi** [-'darsi] sich anvertrauen; **~enza** [-'dentsa] *f* Vertrauen *n*; vertrauliche Mitteilung *f*; *(familiarità)* Vertraulichkeit *f*; ***avere ~ con qu*** mit j-m vertraut sein; **~enziale** [-dentsi'a:le] vertraulich; ***strettamente ~*** streng vertraulich

confin|ante [konfi'nante] **1.** *adj* angrenzend; ***stato*** *m* ~ Grenzstaat *m*; **2.** *m* Nachbar *m*; **~are** [-'na:re] (*1a*) angrenzen (***con*** an *acc*)

confine [kon'fi:ne] *m* Grenze *f*; ***passaggio*** *m* ***di*** ~ Grenzübergang *m*; ***zona*** *f* ***di*** ~ Grenzgebiet *n*

confisca [kon'fiska] *f* (*pl -che*) Beschlagnahme *f*

confiscare [konfis'ka:re] (*1d*) beschlagnahmen

conflitto [kon'flitto] *m* Konflikt *m*

confluire [konflu'i:re] (*4d*) zusammenfließen

confond|ere [kon'fondere] (*3bb*) verwirren, durcheinanderbringen; (*scambiare*) verwechseln; **~ersi** [-dersi] (*mescolarsi*) sich mischen; (*sbagliarsi*) sich täuschen; (*turbarsi*) durcheinandergeraten

conform|are [konfor'ma:re] (*1a*) anpassen; **~arsi** [-'marsi]: ~ ***a*** sich anpassen (*dat*)

conf|orme [kon'forme] **1.** *adj* gleichlautend; übereinstimmend, entsprechend; **2.** *adv* wie; je nachdem; ~ ***a*** gemäß; **~ormismo** [-for'mizmo] *m* Konformismus *m*; **~ormista** [-for'mista] *m/f* (*m/pl -i*) Konformist(in) *m*(*f*); **~ormità** [-formi'ta] *f* ***in*** ~ ***a*** gemäß (*dat*)

confort|are [konfor'ta:re] (*1c*) trösten; **~evole** [-'te:vole] komfortabel, bequem; behaglich

conforto [kon'fɔrto] *m* Trost *m*

confrontare [konfron'ta:re] (*1a*) vergleichen, gegenüberstellen

confronto [kon'fronto] *m* Vergleich *m*; ***a*** ~ ***di*** im Vergleich zu

conf|usione [konfuzi'o:ne] *f* Unordnung *f*, Durcheinander *n*; Verwirrung *f*; Verwechs(e)lung *f*; **~uso** [-'fu:zo] **1.** → ***confondere***; **2.** *adj* konfus; wirr; (*imbarazzato*) verlegen

conged|are [kondʒe'da:re] (*1b*) verabschieden; *mil* entlassen; **~arsi** [-'darsi] sich verabschieden

congedo [kon'dʒɛ:do] *m* Abschied *m*; *mil* Entlassung *f*; Urlaub *m*

congel|are [kondʒe'la:re] (*1b*) **1.** *v/t* zum Gefrieren bringen; *cibi* einfrieren (*a econ*); **2.** *v/i u* **~arsi** [-'larsi] gefrieren; einfrieren; **~ato** [-'la:to] gefroren; tiefgefroren; eingefroren; ***crediti*** *m/pl* **-*i*** eingefrorene Kredite *m/pl*; **~atore** [-la'to:re] *m* Tiefkühltruhe *f*; Gefrierfach *n*

congenito [kon'dʒɛ:nito] angeboren

congestion|are [kondʒestio'na:re] verstopfen; **~ato** [-'na:to] gestaut, verstopft; **~e** [-ti'o:ne] *f del traffico* Stau *m*; *med* Blutandrang *m*

con|giungere [kon'dʒundʒere] (*3d*) verbinden; **~giungersi** [-si] sich verbinden; sich vereinigen; **~giuntivite** [-dʒunti'vi:te] *f* Bindehautentzündung *f*; **~giuntivo** [-dʒun'ti:vo] *m gram* Konjunktiv *m*; **~giunto** [-'dʒunto] **1.** → ***congiungere***; **2.** *m* Verwandte(r) *m*; **~giuntura** [-dʒun'tu:ra] *f* Verbindung(sstelle) *f*; Gelegenheit *f*; *anat* Gelenk *n*; *econ* Konjunktur *f*; ***alta*** ~ Hochkonjunktur *f*; **~giunzione** [-dʒuntsi'o:ne] *f* Verbindung *f*; *gram* Bindewort *n*

congiura [kon'dʒu:ra] *f* Verschwörung *f*

Congo ['kɔŋgɔ] *m* Kongo *m*

congratul|arsi [koŋgratu'larsi] (*1m*): ~ ***con qu*** j-m gratulieren; **~azione** [-latsi'o:ne] *f* (*mst pl -i*) Gratulation *f*, Glückwunsch *m*; **-*i!*** herzlichen Glückwunsch!

congr|essista [koŋgres'sista] *m/f* (*m/pl -i*) Kongressteilnehmer(in) *m*(*f*); **~esso** [-'grɛsso] *m* Kongress *m*

conguaglio [koŋgu'a:ʎo] *m* (*pl -gli*) Ausgleich *m*; ~ ***annuale*** Jahresausgleich *m*

CONI ***Comitato Olimpico Nazionale Italiano*** Nationales Italienisches Olympisches Komitee

coniare [koni'a:re] (*1k u c*) prägen; *fig* erfinden

conifere [ko'ni:fere] *f/pl* Nadelhölzer *n/pl*

coniglio [ko'ni:ʎo] *m* (*pl -gli*) Kaninchen *n*; *fig* Angsthase *m*

coniug|are [koniu'ga:re] (*1l, c u e*) konjugieren; **~azione** [-gatsi'o:ne] *f* Konjugation *f*

coniuge ['kɔ:niudʒe] *m/f* Ehepartner(in) *m*(*f*); **-*i*** *pl* Ehepaar *n*, Eheleute *pl*

connazionale [konnatsio'nale] *m/f* Landsmann *m*, -männin *f*

connessione [konnes'sio:ne] *f* Verbindung *f*; ~ ***ADSL*** *tel* ADSL-Verbindung

connesso: ***essere connessi*** online sein, verbunden sein

ono ['kɔːno] *m* Kegel *m*; **~ gelato** Eistüte *f*

onosc|ente [konoʃ'ʃɛnte] *m/f* Bekannte(r) *m/f(m)*; **~enza** [-'ʃɛntsa] *f* Kenntnis *f*; Bekanntschaft *f*; **per ~** zur Kenntnisnahme; **fare la ~ di qu** j-n kennenlernen; **perdere la ~** das Bewusstsein verlieren

onoscere [ko'noʃʃere] *(3n)* kennen; kennenlernen; **~ qu di vista** j-n nur vom Sehen kennen

onosc|itore [konoʃi'toːre] *m* Kenner *m*; **~iuto** [-'ʃuːto] bekannt

onquist|a [koŋku'ista] *f* Eroberung *f*; *fig* Errungenschaft *f*; **~are** [-kuis'taːre] *(1a)* erobern; *fig* erwerben

onsacr|are [konsa'kraːre] *(1a)* weihen; widmen; **~ato** [-'kraːto] heilig; **~azione** [-kratsi'oːne] *f* Weihe *f*

onsanguineo [konsaŋgu'iːneo] blutsverwandt

onsap|evole [konsa'peːvole]: **~ di** bewusst *(gen)*; **~evolezza** [-pevo'lettsa] *f* Bewusstsein *n*

onscio ['kɔnʃo] bewusst

onsecutivo [konseku'tiːvo] aufeinanderfolgend

onsegna [kon'seːɲa] *f* Übergabe *f*; *econ* Lieferung *f*; Ablieferung *f*; **termine m di ~** Liefertermin *m*; **~ a domicilio** frei Haus; **~ bagagli** Gepäckausgabe *f*

onsegnare [konse'ɲaːre] *(1a)* übergeben; aushändigen; *econ* abliefern; *post* aufgeben

onsegu|ente [konsegu'ɛnte] folgend; *fig* konsequent; **~enza** [-gu'ɛntsa] *f* Konsequenz *f*; *(conclusione logica)* (Schluss)Folgerung *f*; Folge *f*; **di ~** folglich; **in ~ di qc** infolge von et; **~ire** [-gu'iːre] *(4a)* **1.** *v/t* erreichen, erlangen; **2.** *v/i* folgen

onsenso [kon'sɛnso] *m* Zustimmung *f*, Einwilligung *f*

onsentire [konsen'tiːre] *(4b)* **1.** *v/i* zustimmen; zugeben; **2.** *v/t* erlauben, gestatten

onserva [kon'sɛrva] *f gastr* Konserve *f*; **~ di frutta** eingemachtes Obst *n*

onserv|ante [konser'vante] *m* Konservierungsmittel *n*; **~are** [-'vaːre] *(1b)* aufbewahren; *gastr* einmachen, konservieren; **~arsi** sich halten; *in salute* gesund bleiben; **~atore** [-va'toːre] **1.** *m* Konservative(r) *m*; **2.** *adj* konservativ; **~atorio** [-va'tɔːrio] *m (pl -ri)* Konservatorium *n*; **~azione** [-vatsi'oːne] *f* Erhaltung *f*; *gastr* Konservierung *f*; **istinto** *m* **di ~** Selbsterhaltungstrieb *m*

consider|are [konside'raːre] *(1m)* betrachten; erwägen; *(tener conto)* berücksichtigen; **~azione** [-ratsi'oːne] *f* Betrachtung *f*; Überlegung *f*; *(stima)* Ansehen *n*; **prendere in ~** in Erwägung ziehen; **~evole** [-'reːvole] beträchtlich

consigli|are [-konsi'ʎaːre] *(1g)* *v/t* raten, empfehlen; beraten; **~arsi** [-'ʎarsi] sich beraten; **~ere** [-'ʎɛːre] *m* Berater *m*, Ratgeber *m*; Rat *m*; **~ municipale** Stadtrat *m*

consiglio [kon'siːʎo] *m (pl -gli)* Rat *m*; **~ d'amministrazione** Vorstand *m*; **Consiglio d'Europa** Europarat *m*; **Consiglio Europeo** Europäischer Rat *m*; **~ dei ministri** Ministerrat *m*; **~ di fabbrica** Betriebsrat *m*

consistere [kon'sistere] *(3f)* bestehen (**in, di** aus)

consocio [kon'sɔːtʃo] *m (pl -ci)* Teilhaber *m*

consol|are[1] [konso'laːre] *(1c)* trösten; **~arsi** [-'larsi] sich trösten

consol|are[2] [konso'laːre] konsularisch; **~ato** [-'laːto] *m* Konsulat *n*; **~ generale** Generalkonsulat *n*

consolazione [konsolatsi'oːne] *f* Trost *m*

console ['kɔnsole] *m* Konsul *m*; **~ generale** Generalkonsul *m*

consolidare [konsoli'daːre] *(1m u c)* befestigen; stärken; *econ* konsolidieren

consonante [konso'nante] *f* Konsonant *m*

con|sorte [kon'sɔrte] *m/f* Gatte *m*, Gattin *f*; **~sorzio** [-'sɔrtsio] *m (pl -zi)* Genossenschaft *f*

constat|are [konsta'taːre] *(1l)* feststellen; **~azione** [-tatsi'oːne] *f* Feststellung *f*

consueto [konsu'ɛːto] gewohnt

consuetudine [konsue'tuːdine] *f* Gewohnheit *f*

cons|ulente [konsu'lɛnte] *m* Berater *m*; **~ aziendale** Unternehmensberater *m*; **~ legale** Rechtsberater *m*; **~ fiscale**

C

C

Steuerberater *m*; **~ulenza** [-'lɛntsa] *f* Beratung *f*; ~ ***aziendale*** Unternehmensberatung *f*; **~ultare** [-sul'ta:re] (*1a*) befragen; um Rat fragen; *avvocato* konsultieren; *libro* nachschlagen in (*dat*); **~ultarsi** [-sul'tarsi] sich beraten (***con qu*** mit j-m); **~ultazione** [-sultatsi'o:ne] *f* Beratung *f*; *med* Untersuchung *f*; ***opera f di ~*** Nachschlagewerk *n*; **~ultorio** [-sul'tɔ:rio] *m* Beratungsstelle *f*

consumare [konsu'ma:re] (*1a*) verbrauchen; konsumieren; *in un locale* verzehren; (*logorare*) abnutzen; **~arsi** [-'marsi] sich abnutzen; *fig* sich verzehren

consumatore [-ma'to:re] *m*, **-trice** *f* *econ* Verbraucher *m*; ~ ***medio*** Normalverbraucher *m*; ***associazione f dei -i*** Verbraucherzentrale *f*

consum|azione [-matsi'o:ne] *f* Verzehr *m*; **~ismo** [-'mizmo] *m* Konsumzwang *m*

consumo [kon'su:mo] *m* Verbrauch *m*; Konsum *m*; ~ ***interno*** Inlandsverbrauch *m*; ~ ***di energia elettrica*** Stromverbrauch *m*; ***generi m/pl di ~*** Verbrauchsgüter *n/pl*

cont|abile [kon'ta:bile] *m* Buchhalter *m*; **~abilità** [-tabili'ta] *f* *econ* Buchhaltung *f*

contachilometri [kontaki'lɔ:metri] *m* *inv* Kilometerzähler *m*

contad|ina [konta'di:na] *f* Bäuerin *f*; **~ino** [-'di:no] **1.** *adj* bäu(e)risch; **2.** *m* Bauer *m*

cont|agiare [konta'dʒa:re] (*1f*) anstecken; **~agio** [-'ta:dʒo] *m* (*pl -gi*) Ansteckung *f*; **~agioso** [-ta'dʒo:zo] ansteckend

contagiri [konta'dʒi:ri] *m* *inv* Drehzahlmesser *m*

container [kon'teinə] *m* *inv* Container *m*

contamin|are [kontami'na:re] (*1m*) verunreinigen; **~azione** [-natsi'o:ne] *f* Verunreinigung *f*

contante [kon'tante] **1.** *adj* bar; **2.** *m* Bargeld *n*; ***in -i*** bar; ***assegno m pagabile in -i*** Barscheck *m*

cont|are [kon'ta:re] (*1a*) **1.** *v/t* zählen; rechnen; **2.** *v/i* rechnen; gelten; **~ascatti** [-ta'skatti] *m* Gebührenzähler *m*; Einheitenzähler *m*; **~atore** [-ta'to:re] *m* Zähler *m*; ~ ***dell'elettricit***[...] Stromzähler *m*

contatto [kon'tatto] *m* Berührung [...] Kontakt *m* (*a el*)

conte ['konte] *m* Graf *m*

contegno [kon'te:ɲo] *m* Benehmen

contemplare [kontem'pla:re] (*1b*) be[...]trachten; *econ* vorsehen

contemporaneo [kontempo'ra:neo] [...] *adj* gleichzeitig; zeitgenössisch; **2.** [...] Zeitgenosse *m*

contendere [kon'tɛndere] (*3c*) **1.** *v*[...] streitig machen; **2.** *v/i* streiten

conten|ere [konte'ne:re] (*2q*) entha[...]ten; (*trattenere*) zurückhalten; **~er**[...] [-'nersi] sich beherrschen; **~itore** [-n[...]'to:re] *m* Behälter *m*

content|are [konten'ta:re] (*1b*) zufri[...]denstellen; **~arsi** [-'tarsi] sich begn[...]gen (***di*** mit); **~ezza** [-'tettsa] *f* Zufri[...]denheit *f*

contento [kon'tɛnto] zufrieden ([...] mit); (*lieto*) froh

contenuto [konte'nu:to] *m* Inhalt *m*

cont|esa [kon'te:sa] *f* Streit *m*; **~es**[...] [-so] → ***contendere***

contessa [kon'tessa] *f* Gräfin *f*

contest|are [kontes'ta:re] (*1b*) anfec[...]ten; bestreiten; *pol* protestieren; **~at**[...]**re** [-ta'to:re] *m* *pol* Protestler *m*; ~[...]**zione** [-tatsi'o:ne] *f* Anfechtung [...] *pol* Protest *m*

contesto [kon'tɛsto] *m* Zusamme[...]hang *m*, Kontext *m*

contiene [konti'ɛ:ne] → ***contenere***

contiguo [kon'ti:guo] angrenzend an *acc*)

continentale [kontinen'ta:le] kon[...]nental, festländisch; ***blocco m ~*** Ko[...]tinentalsperre *f*

continente [konti'nɛnte] *m* Kontine[...] *m*; Festland *n*

continu|are [kontinu'a:re] (*1m*) **1.** [...] fortsetzen; **2.** *v/i* fortfahren; weiterg[...]hen; andauern; **~azione** [-atsi'o:ne] [...] Fortsetzung *f*; ~ ***del viaggio*** Weit[...]fahrt *f*; **~ità** [-i'ta] *f* Stetigkeit *f*

continuo [kon'ti:nuo] (an)dauer[...] ständig; ***di ~*** fortwährend; *el* ***corren***[...] ***f -a*** Gleichstrom *m*

conto ['konto] *m* Rechnung *f*; Konto[...] ~ ***corrente*** Girokonto *n*; ~ ***corre***[...] ***postale*** Postgirokonto *n*; ~ ***profitt***[...] ***perdite*** Gewinn- und Verlustrechnu[...]

f; ~ ***vincolato*** Sperrkonto *n*; ***rendere*** ~ ***di qc*** über et (*acc*) Rechenschaft ablegen; ***fare*** ~ ***su qu*** mit j-m rechnen; ***tenere*** ~ ***di qc*** et berücksichtigen; ***rendersi*** ~ ***di qc*** sich et klarmachen; ***per*** ~ ***mio*** was mich anbelangt; ***sul tuo*** ~ über dich; ***in fin dei -i*** schließlich; ~ ***alla rovescia*** Countdown *m*

contorno [kon'torno] *m* Umriss *m*; *gastr* Beilage *f*

contr|abbandare [kontrabban'da:re] (*1a*) schmuggeln; **~abbandiere** [-bandi'ɛ:re] *m* Schmuggler *m*; **~abbando** [-'bando] *m* Schmuggel *m*; **~abbasso** [-'basso] *m mus* Kontrabass *m*

contrac|cambiare [kontrakkambi'a:re] (*1k*) sich revanchieren für; *saluti* erwidern; **~cambio** [-'kambio] *m* (*pl -bi*) Vergeltung *f*; Erwiderung *f*

contrac|cettivo [kontrattʃet'ti:vo] *m* Verhütungsmittel *n*; **~cezione** [-tʃetsi'o:ne] *f* Empfängnisverhütung *f*

contraccolpo [kontrak'kolpo] *m* Rückschlag *m*

contrad|dire [kontrad'di:re] (*3t*) widersprechen; **~dizione** [-ditsi'o:ne] *f* Widerspruch *m*

contraf|fare [kontraf'fa:re] (*3aa*) nachmachen; fälschen; **~fatto** [-'fatto] nachgemacht, gefälscht; unecht; **~fazione** [-fatsi'o:ne] *f* Nachahmung *f*; Fälschung *f*

contralto [kon'tralto] *m mus* Alt *m*

contrap|peso [kontrap'pe:so] *m* Gegengewicht *n*; **~porre** [-'porre] (*3ll*) entgegensetzen; entgegenstellen; **~posizione** [-pozitsi'o:ne] *f* Gegenüberstellung *f*; **~posto** [-'posto] → ***contrapporre***

contrari|amente [kontraria'mente]: ~ ***a*** im Gegensatz zu; **~are** [-ri'a:re] (*1k*) *piani* durchkreuzen, behindern; *j-n* ärgern; **~ato** [-ri'a:to] verärgert, ärgerlich; **~età** [-rie'ta] *f/pl* Unannehmlichkeiten *f/pl*

contrario [kon'tra:rio] (*pl -ri*) **1.** *adj* gegensätzlich; entgegengesetzt; ungünstig; schädlich; ***essere*** ~ dagegen sein; **2.** *m* Gegenteil *n*; ***al*** ~ im Gegenteil

contrarre [kon'trarre] (*3xx*) zusammenziehen; *amicizia* schließen; *debito* machen; *malattia* sich zuziehen

contrassegno [kontras'se:ɲo] **1.** *m* Kennzeichen *n*; **2.** *adv econ* gegen Nachnahme

contr|astare [kontras'ta:re] (*1a*) **1.** *v/t* (*ostacolare*) entgegenwirken (*dat*); verhindern; **2.** *v/i* nicht übereinstimmen (***con*** mit), widersprechen (*dat*); e-n Gegensatz bilden; ~ ***con qu*** mit j-m streiten; **~asto** [-'trasto] *m* Gegensatz *m*; Kontrast *m* (*a fot*)

contrattacco [kontrat'takko] *m* (*pl -cchi*) Gegenangriff *m*

contrattare [kontrat'ta:re] (*1a*) verhandeln

contrattempo [kontrat'tɛmpo] *m* Zwischenfall *m*

contratto[1] [kon'tratto] → ***contrarre***

contr|atto[2] [kon'tratto] *m* Vertrag *m*; ~ ***collettivo di lavoro*** Tarifvertrag *m*; ~ ***di compravendita*** Kaufvertrag *m*; ~ ***d'affitto*** Mietvertrag *m*; ~ ***generazionale*** Generationenvertrag *m*; **~attuale** [-trattu'a:le] vertragsmäßig

contrav|venire [kontravve'ni:re] (*4p*) zuwiderhandeln; **~venzione** [-ventsi'o:ne] *f* Übertretung *f*; Geldstrafe *f*

contrazione [kontratsi'o:ne] *f* Zusammenziehung *f*; Kontraktion *f*

contri|buente [kontribu'ɛnte] *m/f* Steuerzahler(in) *m*(*f*); **~buire** [-bu'i:re] (*4d*) beitragen (***a*** zu); **~buto** [-'bu:to] *m* Beitrag *m*; (*tassa*) Abgabe *f*; ***-i pl sociali*** Sozialabgaben *pl*

contro ['kontro] gegen; wider; ~ ***ricevuta*** gegen Quittung *f*

contro|battere [kontro'battere] (*3a*) zurückschlagen; *fig* widerlegen; **~corrente** [-kor'rɛnte] **1.** *f el* Gegenstrom *m*; **2.** *adv* gegen den Strom; ***andare*** ~ gegen den Strom schwimmen

contro|figura [kontrofi'gu:ra] *f film* Double *n*; **~firmare** [-fir'ma:re] (*1a*) gegenzeichnen; **~indicazione** [-indikatsi'o:ne] *f med* Kontraindikation *f*

contr|ollare [kontrol'la:re] (*1c*) prüfen, kontrollieren; **~oller** [kɔn'trolə] *m* Controller *m*; **~olling** [kɔn'tro:liŋ] *m* Controlling *n*; **~ollo** [-'trɔllo] *m* Kontrolle *f*; ~ ***alla frontiera*** Grenzkontrolle *f*; ~ ***dei biglietti*** Fahrkartenkontrolle *f*; ~ (***dei***) ***passaporti*** Passkontrolle *f*; ~ ***valutario*** Devisenkontrolle *f*; **~ollore** [-trol'lo:re] *m* Kontrolleur *m*; *fer u bus* Schaffner *m*; ~ ***di volo*** Fluglotse *m*

contro|luce [kontro'lu:tʃe] *f* Gegen-

C

licht *n*; **~mano** [-'ma:no] ***viaggiare ~*** auf der falschen Straßenseite fahren; **~marca** [-'marka] *f* (*pl -che*) Garderobenmarke *f*; **~parte** [-'parte] *f* Gegenpartei *f*; **~producente** [-produ'tʃɛnte] entgegenwirkend; **~proposta** [-pro-'posta] *f* Gegenvorschlag *m*

contrordine [kon'trordine] *m* Gegenbefehl *m*

controsenso [kontro'sɛnso] *m* Widerspruch *m*; Unsinn *m*

contro|versia [kontro'vɛrsia] *f* Meinungsverschiedenheit *f*; *jur* Streitfrage *f*; **~verso** [-'vɛrso] strittig; **~voglia** [-'vɔ:ʎa] widerwillig

cont|usione [kontuzi'o:ne] *f* Quetschung *f*; Verletzung; **~uso** [-'tu:zo] gequetscht

convalesc|ente [konvaleʃ'ʃɛnte] **1.** *adj* genesend; **2.** *m* Genesende(r) *m*; **~enza** [-'ʃɛntsa] *f* Genesung *f*

convalidare [konvali'da:re] (*1m*) bestätigen

convegno [kon've:ɲo] *m* Zusammenkunft *f*, Treffen *n*; *luogo* Treffpunkt *m*

conven|evoli [konve'ne:voli] *m/pl* Höflichkeiten *f/pl*; **~iente** [-ni'ɛnte] passend; vorteilhaft, günstig; *prezzo* angemessen; **~ienza** [-ni'ɛntsa] *f* Vorzug *m*; **~ire** [-'ni:re] (*4p*) zusammenkommen; (*concordare*) übereinstimmen; (*stabilire*) vereinbaren; (*essere opportuno*) passen, günstig sein; (*bisognare*) müssen

convento [kon'vɛnto] *m* Kloster *n*

convenuto [konve'nu:to] → ***convenire***

convenz|ionale [konventsio'na:le] konventionell; **~ione** [-tsi'o:ne] *f* Vertrag *m*; (*accordo*) Abkommen *n*, Vereinbarung *f*; ***~ doganale*** Zollabkommen *n*; ***~ tariffale*** Tarifvertrag *m*

conver|genza [konvɛr'dʒentza] *f econ* Konvergenz *f*; **~gere** [kon'vɛrdʒere] (*3uu*) zusammenlaufen

convers|are [konver'sa:re] (*1b*) sich unterhalten; **~azione** [-satsi'o:ne] *f* Unterhaltung *f*; Gespräch *n* (*a tel*)

conversione [konversi'o:ne] *f* (*trasformazione*) Umwandlung *f*; *rel* Bekehrung *f*, Übertritt *m*; *econ*, *inform* Konvertierung *f*; ***~ alla moneta fiduciaria*** *EU* Bargeldumstellung *f*

convert|ibile [konver'ti:bile] umwandelbar; *econ* konvertierbar; **~ibilità** [-tibili'ta] *f* Konvertierbarkeit *f* (*a econ*); **~ire** [-'ti:re] (*4b od d*) verwandeln, umstellen; *rel* bekehren; *econ inform* konvertieren; **~irsi** [-'tirsi] sich verwandeln; sich bekehren

convincere [kon'vintʃere] (*3d*) überzeugen

convinto [kon'vinto] → ***convincere***

convinzione [konvintsi'o:ne] *f* Überzeugung *f*

conviv|ente [-konvi'vɛnte] *m/f* Lebensgefährte *m*, -gefährtin *f*; **~enza** [-'vɛntsa] *f* Zusammenleben *n*

convivere [kon'vi:vere] (*3zz*) zusammenleben; zusammenwohnen

convoc|are [konvo'ka:re] (*1l, c u d*) *conferenza* einberufen; *non ufficialmente* zusammenrufen; **~azione** [-katsi'o:ne] *f riunione* Einberufung *f*

convoglio [kon'vɔ:ʎo] *m* (*pl -gli*) Konvoi *m*, Kolonne *f*; *fer* Zug *m*

convulsione [konvulsi'one] *f* Krampf *m*

cooper|are [koope'ra:re] (*1m u c*) mitarbeiten; (*contribuire*) beitragen (*a* zu); *econ* kooperieren; **~ativa** [-ra'ti:va] *f* (*od società f ~*) Genossenschaft *f*; ***~ di consumo*** Konsumgenossenschaft *f*; **~ativo** [-ra'ti:vo] kooperativ; **~atore** [-ra'to:re] *m* Mitarbeiter *m*; **~azione** [-ratsi'o:ne] *f* Mitwirkung *f*; Kooperation *f* (*a econ*)

coordin|amento [koordina'mento] *m* Koordination *f*; **~are** [-'na:re] (*1m*) koordinieren; **~ata** [-'na:ta] *f mat* Koordinate *f*; ***-e pl bancarie*** Bankverbindungen *f/pl*; **~atore** [-na'to:re] *m* Koordinator *m*; **~azione** [-natsi'o:ne] Koordination *f*

Copenaghen [kope'na:gen] *f* Kopenhagen *n*

coperchio [ko'pɛrkio] *m* (*pl -chi*) Deckel *m*

cop|erta [ko'pɛrta] *f* (Bett)Decke *f*; *mar* Deck *n*; (*fodera*) Umschlag *m*; **~ertina** [-per'ti:na] *f* Umschlag *m*; **~erto** [-'pɛrto] **1.** → ***coprire***; **2.** *adj* überdacht; *cielo* bedeckt (***di*** mit); **3.** *m* Gedeck *n*; ***essere al ~*** in Sicherheit sein; **~ertone** [-per'to:ne] *m auto* (Reifen)Mantel *m*; **~ertura** [-per'tu:ra] *f* Bedeckung *f*; *econ u fig* Deckung *f*; ***~ delle spese*** Kostendeckung *f*; *~*

credito Kreditabdeckung *f*

copia ['kɔːpia] *f* Abschrift *f*, Kopie *f*; *fot* Abzug *m*; ***in duplice ~*** in zweifacher Ausfertigung

copi|are [kopi'aːre] (*1k u c*) kopieren, abschreiben; nachbilden; **~ *qu*** j-n nachahmen; **~one** [-'oːne] *m tea* Textbuch *n*; *cinema* Drehbuch *n*

copioso [kopi'oːzo] reichlich

copisteria [kopiste'riːa] *f* Schreibbüro *n*

coppa ['kɔppa] *f* Becher *m*; (*trofeo*) Pokal *m*; *auto* Radkappe *f*

coppia ['kɔppia] *f* Paar *n*; ***in ~*** paarweise

copri|capo [kopri'kaːpo] *m inv* Kopfbedeckung *f*; **~costume** [-kos'tuːme] *m inv* Strandkleid *n*; **~fuoco** [-fu'ɔːko] *m* Ausgangssperre *f*; **~letto** [-'lɛtto] *m* Bettdecke *f*, Tagesdecke *f*

copr|ire [ko'priːre] (*4f u c*) bedecken; zudecken; *spese* decken; *carica* bekleiden; **~irsi** [-'prirsi] sich bedecken; sich zudecken; (*vestirsi*) sich anziehen

oproduzione [koprodutsi'oːne] *f* Gemeinschaftsproduktion *f*

or|aggio [ko'raddʒo] *m* Mut *m*; Tapferkeit *f*; ***farsi ~*** Mut fassen; ***~, andiamo!*** los, gehen wir!; ***perdersi di ~*** den Mut verlieren; **~aggioso** [-rad'dʒoːzo] mutig

orallo [ko'rallo] *m* Koralle *f*

or|azza [ko'rattsa] *f* Panzer *m*; **~azzato** [-rat'tsaːto] gepanzert, Panzer…

orda ['kɔrda] *f* Seil *n*, Leine *f*; Schnur *f*; *mus* Saite *f* (*a fig*); ***~ vocale*** Stimmband *n*; *fig* ***tenere sulla ~*** auf die Folter spannen; ***tagliare la ~*** sich aus dem Staub machen

ord|ame [kor'daːme] *m mar* Tauwerk *n*; **~ata** [-'daːta] *f alpinismo* Seilschaft *f*

ordi|ale [kordi'aːle] **1.** *adj* herzlich; ***-i saluti*** *m/pl* mit herzlichen (*od* freundlichen) Grüßen; **2.** *m* Herz-, Magenstärkung *f*; **~alità** [-ali'ta] *f* Herzlichkeit *f*

ordless [kɔrd'lɛs] *m tel* schnurloses Telefon *n*

ordoglio [kor'dɔːʎo] *m* (*pl -gli*) Schmerz *m*; Beileid *n*

ordone [kor'doːne] *m* Schnur *f*; Kabel *n*; (*insegna*) Ordensband *n*; (*sbarramento*) Absperrung *f*; ***~ ombelicale*** Nabelschnur *f*

Corea [ko'rɛːa] *f* Korea *n*; ***~ del Nord*** Nordkorea *n*; ***~ del Sud*** Südkorea *n*

core|ografia [koreogra'fiːa] *f* Choreographie *f*; **~ografo** [-'ɔːgrafo] *m* Choreograph *m*

coriandoli [kori'andoli] *m/pl* Konfetti *pl*

coric|are [kori'kaːre] (*1l, c u d*) hinlegen; **~arsi** [-'karsi] sich hinlegen; zu Bett gehen

cornacchia [kor'nakkia] *f* Krähe *f*

cornamusa [korna'muːza] *f* Dudelsack *m*

cornea ['kɔrnea] *f* Hornhaut *f*

corneo ['kɔrneo] hornartig

cornetto [kor'netto] *m* Hörnchen *n*, Croissant *n*; Eis *n* in Waffeltüte

cornice [kor'niːtʃe] *f* Rahmen *m*

cornicione [korni'tʃoːne] *m arch* Gesims *n*

corno ['kɔrno] *m* (*pl mst le corna*) Horn *n*; Geweih *n*; (*bernoccolo*) Beule *f*; ***~ da scarpe*** Schuhanzieher *m*; *fig* ***fare le -a a qu*** j-m untreu werden; F ***non m'importa un ~*** F ich pfeife darauf

cornuto [kor'nuːto] gehörnt

coro ['kɔːro] *m* Chor *m*; ***in ~*** einstimmig

corona [ko'roːna] *f* Krone *f*; Kranz *m*; ***~ di fiori*** Blumenkranz *m*

coron|are [koro'naːre] (*1a*) krönen; **~aria** [-'naːria] *f anat* Kranzschlagader *f*; **~ario** [-'naːrio] Kranz…, Koronar…; ***vasi*** *m/pl* ***-i*** Kranzgefäße *n/pl*

corpetto [kor'petto] *m di neonato* Leibchen *n*; *da uomo* Weste *f*; *da donna* Oberteil *m*

corpo ['kɔrpo] *m* Körper *m*, Leib *m*; (*cadavere*) Leiche *f*; Körperschaft *f*, Gruppe *f*; (*parte principale*) Hauptteil *m*; ***~ celeste*** Himmelskörper *m*; ***~ diplomatico*** diplomatisches Korps *n*; ***~ di ballo*** Ballett(truppe) *n*(*f*); ***a ~ a ~*** Mann gegen Mann

corp|oratura [korpora'tuːra] *f* Körperbau *m*; **~orazione** [-ratsi'oːne] *f* Körperschaft *f*; **~ulento** [-pu'lɛnto] beleibt

Corpus Domini [korpuz'dɔːmini] *m* Fronleichnamsfest *n*

corredo [kor'rɛːdo] *m* Ausstattung *f*; Aussteuer *f*

C

corregg|ere [kor'rɛddʒere] (*3cc*) verbessern; **~ersi** [-si] sich bessern
correlazione [korrelatsi'o:ne] *f* (Wechsel)Beziehung *f*
corrente [kor'rɛnte] **1.** *adj acqua* fließend; *mese, anno* laufend; *uso* gängig, üblich; ***opinione** f* **~** gängige Meinung *f*; **2.** *m* ***essere al*** **~** auf dem Laufenden sein; **3.** *f* Strom *m*; *fig* Strömung *f*; **~ *continua*** Gleichstrom *m*; **~ *d'aria*** Durchzug *m*
correre ['korrere] (*3o*) **1.** *v/t* (durch-) laufen; **~ *pericolo*** Gefahr laufen; **2.** *v/i* laufen; rennen; *veicolo* schnell fahren, rasen; *strada* verlaufen; *acqua* fließen; **~ *in aiuto*** zu Hilfe eilen; **~ *dietro a qu*** j-m nachlaufen; ***lasciar*** **~** et auf sich (*dat*) beruhen lassen; ***corre voce*** es geht das Gerücht
corr|ettezza [korret'tettsa] *f* Richtigkeit *f*, Korrektheit *f*; **~etto** [-'rɛtto] **1.** → ***correggere***; **2.** *adj* richtig, fehlerfrei, korrekt; ***caffè** m* **~** Kaffee *m* mit Schuss; **~ettore** [-ret'to:re] *m* Korrektor *m*; *liquido* Tipp-Ex® *n*; *cosmetico* Abdeckstift *m*; **~ *di bozze*** Korrektor *m*; **~ *ortografico*** *inform* Rechtschreibprüfung *f*; **~ezione** [-retsi'o:ne] *f* Verbesserung *f*; *tip* Korrektur *f*
corrid|oio [korri'do:io] *m* (*pl -oi*) Korridor *m*, Flur *m*, Gang *m*; *mar* Zwischendeck *n*; **~ *aereo*** Luftkorridor *m*; **~ore** [-'do:re] *m a piedi* Läufer *m*; *con un veicolo* Rennfahrer *m*
corr|iera [korri'ɛ:ra] *f* Überlandbus *m*; **~iere** [-re] *m* Eilbote *m*; Kurier *m*, Post *f*; ***a volta di*** **~** umgehend, postwendend
corrispond|ente [korrispon'dɛnte] **1.** *adj* entsprechend; **2.** *m/f* Korrespondent(in) *m(f)*, Berichterstatter(in) *m(f)*; **~ *estero*** Auslandskorrespondent *m*; **~enza** [-'dɛntsa] *f* Übereinstimmung *f*; (*scambio di lettere*) Korrespondenz *f*, Briefwechsel *m*; Post *f*; ***aprire la*** **~** die Post öffnen
corrisp|ondere [korris'pondere] (*3hh*) **1.** *v/t* erwidern; *econ* bezahlen; **2.** *v/i* entsprechen (***a*** *dat*); im Briefwechsel stehen, korrespondieren (***con qu*** mit j-m); **~osto** [-'posto]; **1.** → ***corrispondere***; **2.** *adj* erwidert
corrodere [kor'ro:dere] (*3b*) zerfressen; *acido* ätzen

corrompere [kor'rompere] (*3rr*) verderben; *con denaro* bestechen
corr|osione [korrozi'o:ne] *f* Korrosio[n] *f*; Ätzung *f*; **~osivo** [-ro'zi:vo] *adj* ätzend; **~oso** [-'ro:zo] → ***corrodere***
corrotto [kor'rotto] **1.** → ***corrompere*** **2.** *adj* verderbt
corrugare [korru'ga:re] (*1e*) runzeln
corruzione [korrutsi'o:ne] *f* Bestechung *f*, Korruption *f*
corsa ['korsa] *f* Laufen *n*, Lauf *m*; *d[i] autobus* Fahrt *f*; *sport* Lauf *m*; Renne[n] *n*; (*gara*) Wettlauf *m*; **~ *agli armamenti*** Wettrüsten *n*; **~ *a ostacoli*** Hindernisrennen *n*; ***di*** **~** schnell, rasch; ***vettura** f **da*** **~** Rennwagen *m*; ***-e** pl* Pferderennen *n*
corsia [kor'si:a] *f* Fahrbahn *f*; *di ospedale* Krankensaal *m*; **~ *di emergenz[a]*** Standspur *f*; **~ *di sorpasso*** Überholspur *f*; **~ *per veicoli lenti*** Kriechspu[r] *f*; ***a tre -e*** dreispurig
Corsica ['kɔrsika] *f* Korsika *n*
corsivo [kor'si:vo] *m* Kursivschrift *f*
corso[1] ['kɔrso] **1.** *adj* korsisch; **2.** *m* Korse *m*
corso[2] ['korso] **1.** → ***correre***; **2.** *m* Lau[f] *m*, Verlauf *m*; Kurs(us) *m*; *econ* Kur[s] *m*; **~ *di lingue*** Sprachkurs *m*, **~ *di sc[i]*** Skikurs *m*; **~ *delle azioni*** Aktienkur[s] *m*; **~ *dei cambi*** Devisenkurs *m*; **~ *c[i] chiusura*** Schlusskurs *m*; ***fuori*** **~** auße[r] Kurs; *tip* ***in*** **~ *di stampa*** im Druck; ***ne[l]*** **~ *dell'anno*** im Laufe des Jahres
corte ['korte] *f* Hof *m*; Gerichtshof *m*; **~ *costituzionale*** Verfassungsgerich[t] *n*; ***Corte dei conti europea*** Europäischer Rechnungshof *m*; **~ *di giustizi[a] europea*** Europäischer Gerichtshof *m* (EuGH)
corteccia [kor'tettʃa] *f* (*pl -cce*) Rind[e] *f*
corteggiare [korted'dʒa:re] (*1f*) (j-m) den Hof machen
cort|eo [kor'tɛ:o] *m* Zug *m*; **~ese** [-'teze] höflich; **~esia** [-te'zi:a] *f* Höflichkeit *f*; ***per*** **~!** bitte!
cortile [kor'ti:le] *m* Hof *m*
cortina [kor'ti:na] *f* Vorhang *m*
corto ['korto] kurz; *fig* beschränkt; ***t[a]gliar*** **~** es kurz machen; ***essere a*** **~** ***[di] quattrini*** knapp bei Kasse sein; **~ci[r]cuito** [-tʃir'ku:ito] *m* Kurzschluss *m*; **~metraggio** [-me'traddʒo] *m* Ku[r]...

film *m*
corvo ['kɔrvo] *m* Rabe *m*
cosa ['kɔːza] *f* Sache *f*; Ding *n*; **~ ovvia** Selbstverständlichkeit *f*; **~ od che ~** was; **qualche ~** etwas; **a che ~** wozu; **di che ~** wovon; **dimmi una ~** sag mal; **una ~ da nulla** e-e Kleinigkeit; **un'altra ~** etwas anderes; **-e** *pl* **da vedere** Sehenswürdigkeiten; **fra le altre -e** unter anderem; **tante belle -e!** alles Gute!
coscia ['kɔʃʃa] *f* (*pl -sce*) Schenkel *m*, Oberschenkel *m*; **~ di vitello** Kalbskeule *f*
cosciente [koʃ'ʃɛnte] bewusst
coscienza [koʃ'ʃɛntsa] *f* Gewissen *n*; (*consapevolezza*) Bewusstsein *n*; **~ ecologica** Umweltbewusstsein *n*; **agire secondo ~** nach dem Gewissen handeln
coscienzioso [koʃʃentsi'oːzo] gewissenhaft
così [ko'si] so; **~ ~** mittelmäßig; **e ~ via** und so weiter; **per ~ dire** sozusagen
cosicché [kosik'ke] sodass
cosiddetto [kosid'detto] sogenannt
cosiffatto [kosif'fatto] derartig
cosm|esi [koz'mɛːzi] *f* Kosmetik *f*; **~etico** [-'mɛːtiko] (*pl -ci*) **1.** *adj* kosmetisch; **2.** *m* Schönheitsmittel *n*; Hautpflegemittel *n*
cosmico ['kɔzmiko] (*pl -ci*) kosmisch
cosmo ['kɔzmo] *m* Weltall *n*; Weltraum *m*
cosmo|nauta [kozmo'naːuta] *m/f* (*pl -i, -e*) Kosmonaut(in) *m(f)*; **~nave** [-'naːve] *f* Raumschiff *n*; **~polita** [-po'liːta] **1.** kosmopolitisch; **2.** *m/f* (*m/pl -i*) Weltbürger(-in) *m(f)*, Kosmopolit(in) *m(f)*
coso ['kɔːzo] *m* Ding *n*; F Dingsda *n*
cospar|gere [kos'pardʒere] (*3uu*) bestreuen; (*coprire*) bedecken; **~so** [-so] → **cospargere**
cospir|are [kospi'raːre] (*1a*) sich verschwören; **~atore** [-ra'toːre] *m* Verschwörer *m*; **~azione** [-ratsi'oːne] *f* Verschwörung *f*
costa ['kɔsta] *f* Küste *f*; *anat* Rippe *f*; *libro* Rücken *m*
costante [kos'tante] **1.** *adj* andauernd; (*stabile*) konstant, beständig; **2.** *f* (*a quantità f ~*) *mat* Konstante *f*
costanza [kos'tantsa] *f* Beständigkeit *f*; Ausdauer *f*
Costanza [kos'tantsa] *f* Konstanz *n*
costare [kos'taːre] (*1c*) kosten
costata [kos'taːta] *f* Rumpsteak *n*
costat|are [kosta'taːre] (*1a*) feststellen; **~azione** [-tatsi'oːne] *f* Feststellung *f*
costeggiare [kosted'dʒaːre] (*1f*) entlanggehen an (*dat*), entlangführen an (*dat*); *mar* entlangfahren an (*dat*)
costei [kos'tɛi] die da (*f*)
costellazione [kostellatsi'oːne] *f* Sternbild *n*
costiero [kosti'ɛːro] Küsten…; **navigazione** *f* **-a** Küstenschifffahrt *f*
costipato [kosti'paːto] verschnupft; *Verdauung*: verstopft
costitu|ire [kostitu'iːre] (*4d*) bilden; *società* gründen; **~irsi** [-tu'irsi] sich bilden; sich *der Polizei* stellen
costit|uzionale [kostitutsio'naːle] konstitutionell, verfassungsgemäß; **~uzione** [-tutsi'oːne] *f* Bildung *f*; Gründung *f*; (*salute*) Konstitution *f*; *pol* Verfassung *f*
costo ['kɔsto] *m* Kosten *pl*; Preis *m*; **~ della vita** Lebenshaltungskosten *pl*; **prezzo** *m* **di ~** (Selbst)Kostenpreis *m*; **-i** *pl* **di produzione** Produktionskosten *pl*; **a ~ di …** (*inf*) auf die Gefahr hin zu … (*inf*); **ad ogni ~** um jeden Preis
costola ['kɔstola] *f* Rippe *f*; *dorso* Rücken *m*
costoletta [kosto'letta] *f gastr* Kotelett *n*
costoro [kos'toːro] die da, diese (*pl*)
costoso [kos'toːzo] kostspielig, teuer
costr|uire [kostru'iːre] (*4d*) bauen; konstruieren; **~uttivo** [-trut'tiːvo] Bau…; *fig* konstruktiv; **~uttore** [-trut'toːre] *m* Erbauer *m*; **~uzione** [-trutsi'oːne] *f* Bau *m*, Konstruktion *f*; *gram* Satzbau *m*; **~ rustica** Rohbau *m*
costui [kos'tui] der da, dieser
costume [kos'tuːme] *m* Sitte *f*; Gewohnheit *f*; *indumento* Tracht *f*, Kostüm *n*; **~ da bagno** Badeanzug *m*, Badehose *f*; **~ nazionale** Nationaltracht *f*
costura [kos'tuːra] *f* Naht *f*
cotechino [kote'kiːno] *m* Art dicke Schlackwurst *f*
cotenna [ko'tenna] *f* Schwarte *f*

C

cotogna [ko'toːɲa] *f* Quitte *f*
cotoletta [koto'letta] *f gastr* Kotelett *n*; ***cotoletta alla milanese*** Wiener Schnitzel *n*
cotone [ko'toːne] *m* Baumwolle *f*; *med* ***~ idrofilo*** Watte *f*
cottimo ['kɔttimo] *m* Akkord *m*; ***lavorare a ~*** im Akkord arbeiten
cotto ['kɔtto] **1.** → ***cuocere***; **2.** *adj* gekocht, gar; *fritto* gebacken; *arrosto* gebraten; F *fig* verliebt
cottura [kot'tuːra] *f* Kochen *n*; *in forno* Backen *n*
coupon [ku'põ] *m inv* Abschnitt *m*; ***~ per la benzina*** Benzingutschein *m*
covare [ko'vaːre] (*1a*) **1.** *v/t* ausbrüten; *fig odio* nähren; **2.** *v/i* brüten; *fig* nisten
covo ['koːvo] *m* Höhle *f*; (*nido*) Nest *n*; *fig* Versteck *n*
covone [ko'voːne] *m* Garbe *f*
cozza ['kɔttsa] *f* Miesmuschel *f*
cozzare [kot'tsaːre] (*1c*): ***~ contro*** stoßen gegen; *veicolo* fahren gegen; *fig* im Widerspruch stehen zu
C.P. ***Casella Postale*** Postfach; ***Codice Penale*** Strafgesetzbuch (*abbr* StGB)
CR ***Cremona*** Cremona
crac [krak] *m inv fig* Bankrott *m*
crampo ['krampo] *m* Krampf *m*
cranio ['kraːnio] *m* (*pl -ni*) Schädel *m*
cratere [kra'tɛːre] *m* Krater *m*
crauti ['kraːuti] *m/pl* Sauerkraut *n*
cravatta [kra'vatta] *f* Krawatte *f*, Schlips *m*
crawl [krɔːl] *m sport* Kraulen *n*
cre|are [kre'aːre] (*1b*) schaffen, erschaffen; *moda* kreieren; *fig* (*causare*) verursachen; **~atività** [-ativi'ta] *f* Kreativität *f*; **~ativo** [-a'tiːvo] **1.** *adj* kreativ, schöpferisch; **2.** *m* (Werbe-)Texter *m*; **~ato** [-'aːto]; **1.** → ***creare***; **2.** *m* Schöpfung *f*; **~atore** [-a'toːre]; **1.** *adj* schöpferisch; **2.** *m* Schöpfer *m*; **~atura** [-a'tuːra] *f* Geschöpf *n*; **~azione** [-atsi'oːne] *f* Schöpfung *f*; (Er)Schaffung *f*; *moda* Kreation *f*
credente [kre'dɛnte] *m* Gläubige(r) *m*
credenza[1] [kre'dɛntsa] *f* Anrichte *f*
cred|enza[2] [kre'dɛntsa] *f* Glaube *m*; **~enziale** [-dentsi'aːle] ***lettera ~*** Beglaubigungsschreiben *n*; *econ* Kreditbrief *m*
credere ['kreːdere] (*3a*) **1.** *v/t* glauben; halten für; ***lo credo bene!*** das glaube ich wohl!; ***credersi*** sich halten für; **2.** *v/i* glauben (***in*** an *acc*; ***a qu, a qc*** j-m, et); ***credo in Dio*** ich glaube an Gott; ***non ci credo*** ich glaube es nicht; ***non credevo ai miei occhi*** ich traute m-n Augen nicht; **3.** *m* Glauben *n*
cred|ibile [kre'diːbile] glaubhaft; **~ibilità** [-dibili'ta] *f* Glaubwürdigkeit *f*
credito ['kreːdito] *m* Kredit *m*; Guthaben *n*; *fig* Ansehen *n*; (*attendibilità*) Glauben *m*; ***acquistare a ~*** auf Kredit kaufen; ***dare ~ a qc*** e-r Sache Glauben schenken
creditore [kredi'toːre] *m* Gläubiger *m*
credo ['krɛːdo] *m* Glaubensbekenntnis *n*
crema ['krɛːma] *f* Creme *f*; *di latte* Rahm *m*, Sahne *f*; ***~ al cioccolato*** Schokoladencreme *f*; ***~ da barba*** Rasiercreme *f*; ***~ idratante*** Feuchtigkeitscreme *f*; ***~ solare*** Sonnenschutzcreme *f*
Cremlino [krem'liːno] *m* Kreml *m*
cren [krɛn] *m* Meerrettich *m*
crepa ['krɛːpa] *f* Riss *m*
crepaccio [kre'pattʃo] *m* (*pl -cci*) Riss *m*; Gletscherspalte *f*
crepare [kre'paːre] (*1b*) (*spaccarsi*) bersten; springen; (*morire*) krepieren ***~ dalle risa*** sich totlachen
crepitare [krepi'taːre] (*1l u b*) *fuoco* knistern; *pioggia* prasseln
crepuscolo [kre'puskolo] *m* Dämmerung *f*, Dämmerlicht *n*
cresc|endo [kreʃ'ʃɛndo] *m mus* Crescendo *n*; **~ente** [-'ʃɛnte] wachsend zunehmend
crescere ['kreʃʃere] (*3n*) **1.** *v/t* erhöhen; ***~ qu*** j-n großziehen; **2.** *v/i* wachsen; (*aumentare*) zunehmen
crescione [kreʃ'ʃoːne] *m* Kresse *f*
crescita ['kreʃʃita] *f* Wachstum *n*; Zunahme *f*; ***~ economica*** Wirtschaftswachstum *n*; ***~ zero*** Nullwachstum *n*
cresima ['krɛːzima] *f* Firmung *f*
cresimare [krezi'maːre] (*1l u b*) firmen
cresta ['kresta] *f* Kamm *m*
creta ['kreːta] *f* Ton *m*; *geol* Kreide *f*
Creta ['krɛːta] *f* Kreta *n*
cretino F [kre'tiːno] **1.** *adj* blöd(e); **2.** *m* Idiot *m*
CRI ***Croce Rossa Italiana*** Italienische Rotes Kreuz

ric [krik] *m inv tec* Winde *f*; *auto* Wagenheber *m*
imin|ale [krimi'na:le] **1.** *adj* strafrechtlich, kriminell; **2.** *m* Verbrecher *m*; **~ *di guerra*** Kriegsverbrecher *m*; **~alità** [-nali'ta] *f* Kriminalität *f*; **~alizzare** [-nalid'dza:re] (*1a*) kriminalisieren
imine ['kri:mine] *m* Verbrechen *n*
iniera [krini'ɛ:ra] *f* Mähne *f*
ipta ['kripta] *f* Krypta *f*
isantemo [krizan'tɛ:mo] *m* Chrysantheme *f*
isi ['kri:zi] *f* Krise *f*, Notlage *f*; **~ *economica*** Wirtschaftskrise *f*; **~ *energetica*** Energiekrise *f*; **~ *degli alloggi*** Wohnungsnot *f*
istall|izzare [kristallid'dza:re] (*1a*) kristallisieren; **~izzarsi** [-lid'dzarsi] kristallisieren; *fig* erstarren
istallo [kris'tallo] *m* Kristall *m u n*; (Glas)Scheibe *f*; ***bicchiere*** *m* ***di*** **~** Kristallglas *n*
istiana [kristi'a:na] *f* Christin *f*
istianesimo [kristia'ne:zimo] *m* Christentum *n*
ist|ianità [kristiani'ta] *f* Christenheit *f*; **~iano** [-ti'a:no] **1.** *adj* christlich; **2.** *m* Christ *m*
isto ['kristo] *m* Christus *m*
iterio [kri'tɛ:rio] *m* (*pl* -*ri*) Kriterium *n*, Maßstab *m*; (*buon senso*) Verstand *m*; *econ* **-ri** *m*/*pl* ***di convergenza*** Konvergenzkriterien *pl*
itica ['kri:tika] *f* (*pl* -*che*) Kritik *f*
iticare [kriti'ka:re] (*1l u d*) kritisieren, bemängeln
itico ['kri:tiko] (*pl* -*ci*) **1.** *adj* kritisch; **2.** *m* Kritiker *m*
oato [kro'a:to] **1.** *adj* kroatisch; **2.** *m* Kroate *m*; Kroatisch(e) *n*
oazia [kro'a:tsia] *f* Kroatien *n*
occante [krok'kante] **1.** *adj* knusprig; **2.** *m* Krokant *m*
occhette [krok'kette] *f*/*pl* Kroketten *pl*
oce ['kro:tʃe] *f* Kreuz *n*; ***Croce Rossa*** Rotes Kreuz *n*; ***farsi il segno della*** ~ sich bekreuz(ig)en; ***a occhio e*** **~** ungefähr
ocevia [krotʃe'vi:a] *m* (Weg-)Kreuzung *f*
oc|iata [kro'tʃa:ta] *f* Kreuzzug *m*; *fig* Kampf *m*; **~icchio** [-'tʃikkio] *m* (*pl* -*cchi*) Kreuzung *f*; *fer* Knotenpunkt *m*; **~iera** [-'tʃɛ:ra] *f mar* Kreuzfahrt *f*; *avia* Flug *m*; *intersezione di linee* Kreuz *n*; **~ifiggere** [-tʃi'fiddʒere] (*3mm*) kreuzigen; **~ifissione** [-tʃifissi'o:ne] *f* Kreuzigung *f*; **~ifisso** [-tʃi'fisso] **1.** → ***crocifiggere***; **2.** *m* Kruzifix *n*
croco ['kroko] *m* Krokus *m*
crogiolo [kro'dʒɔ:lo] *m* Schmelztiegel *m*
crollare [krol'la:re] (*1c*) einstürzen; zusammenbrechen; *prezzi* fallen
crollo ['krɔllo] *m* Einsturz *m*; Zusammenbruch *m*; *econ* Sturz *m*; **~ *del cambio*** Kurssturz *m*
cromare [kro'ma:re] (*1c*) verchromen
cromatico [kro'ma:tiko] (*pl* -*ci*) Farb…; *mus* chromatisch
cromo ['krɔ:mo] *m* Chrom *n*
cron|aca ['krɔ:naka] *f* (*pl* -*che*) Chronik *f*; *stampa* Bericht *m*, Reportage *f*; ***fatto di*** **~** Tagesereignis *n*; **~ico** ['krɔ:niko] (*pl* -*ci*) chronisch
cron|ista [kro'nista] *m*/*f* (*m*/*pl* -*i*) Berichterstatter(in) *m*(*f*), Reporter(in) *m*(*f*); **~ologia** [-nolo'dʒi:a] *f* Chronologie *f*; **~ologico** [-no'lɔ:dʒiko] (*pl* -*ci*) chronologisch; **~ometrare** [-nome'tra:re] abstoppen; **~ometro** [-'nɔ:metro] *m* Chronometer *n*; Stoppuhr *f*
crosta ['krɔsta] *f* Kruste *f*; *med* Schorf *m*; **~ *del pane*** Brotrinde *f*
crost|acei [kros'ta:tʃei] *m*/*pl* Krustentiere *n*/*pl*; **~ata** [-'ta:ta] *f* Mürbeteigkuchen *m*; **~ino** [-'ti:no] *m* gerösteter Brotwürfel *m*
cruciale [kru'tʃa:le] entscheidend
cruciverba [krutʃi'vɛrba] *m inv* Kreuzworträtsel *n*
crud|ele [kru'dɛ:le] grausam; **~eltà** [-del'ta] *f* Grausamkeit *f*
crudo ['kru:do] roh; (*aspro*) rau
crumiro [kru'mi:ro] *m* Streikbrecher *m*
crusca ['kruska] *f* Kleie *f*
cruscotto [krus'kɔtto] *m* Armaturenbrett *n*
c.s. ***come sopra*** wie oben (*abbr* w.o.)
CS ***Cosenza*** Cosenza
CSCE ***Conferenza sulla Sicurezza e la Cooperazione in Europa*** Konferenz über Sicherheit u. Zusammenarbeit in Europa (*abbr* KSZE)
CSI ***Comunità di Stati Indipendenti***

C

Gemeinschaft Unabhängiger Staaten (*abbr* GUS)
CSM ***Consiglio Superiore della Magistratura*** Oberster Gerichtsrat
CT ***Catania*** Catania
c.to ***conto*** Konto
Cuba ['ku:ba] *f* Kuba *n*
cubano [ku'ba:no] **1.** *adj* kubanisch; **2.** *m* Kubaner *m*
cubetto [ku'betto] *m* **~ *di ghiaccio*** Eiswürfel *m*
cubico ['ku:biko] (*pl -ci*) kubisch, würfelförmig
cubo ['ku:bo] **1.** *adj* Kubik…; **2.** *m* Würfel *m*, Kubus *m*; *mat* dritte Potenz *f*
cuccagna [kuk'ka:ɲa] *f* (*a paese m della* ~) Schlaraffenland *n*; ***albero*** *m* ***della*** ~ Maibaum *m*
cuccetta [kut'tʃetta] *f fer* Liegeplatz *m*; *mar* Koje *f*
cucchi|aiata [kukkiai'a:ta] *f* Löffel *m* voll; **~aino** [-a'i:no] *m* Teelöffel *m*; **~aio** [-'a:io] *m* (*pl -ai*) Löffel *m*
cuccia ['kuttʃa] *f* (*pl -cce*) Hundelager *n*; *in casa* Körbchen *n*
cucciolo ['kuttʃolo] *m* Junges *n*; *di cane* Welpe *m*
cucina [ku'tʃi:na] *f* Küche *f*; Herd *m*; *cibi* Kost *f*; ~ ***casalinga*** Hausmannskost *f*; ~ ***dietetica*** Diätküche *f*; ~ ***elettrica*** Elektroherd *m*; ~ ***a gas*** Gasherd *m*; ***libro di*** ~ Kochbuch *n*
cucin|are [kutʃi'na:re] (*1a*) kochen; **~ino** [-'ni:no] *m* Kochnische *f*
cuc|ire [ku'tʃi:re] (*4a*) nähen; *libro* heften; ***macchina*** *f* ***da*** ~ Nähmaschine *f*; **~ito** [-'tʃi:to] **1.** *adj* genäht; **2.** *m* Näharbeit *f*; **~itura** [-tʃi'tu:ra] *f* Naht *f*
cuculo ['ku:kulo] *m* Kuckuck *m*
cuffia ['kuffia] *f* Haube *f*, Kappe *f*; *rad, TV* Kopfhörer *m*; ~ ***da bagno*** Badekappe *f*; ~ ***del radiatore*** Kühlerhaube *f*
cugin|a [ku'dʒi:na] *f* Cousine *f*; **~o** [-no] *m* Vetter *m*, Cousin *m*
cui [k'ui] (*a* ***a*** ~) dem, der, denen; ***il*** ~ dessen, deren; ***il*** ~ ***nome*** dessen (*od* deren) Name; ***la*** ~ ***figlia*** dessen (*od* deren) Tochter; ***per*** ~ für den, für die; deshalb
culinari|a [kuli'na:ria] Kochkunst *f*; **~o** [-o] Koch…; kulinarisch; ***arte*** *f* ***-a*** Kochkunst *f*
culla ['kulla] *f* Wiege *f*
cullare [kul'la:re] (*1a*) wiegen
culmin|ante [kulmi'nante] Haupt..; ***punto*** *m* ~ Höhepunkt *m*; **~are** [-'na re] (*1l*) gipfeln
culmine ['kulmine] *m* Gipfel *m* (*a fi*
culo V ['ku:lo] *m* V Arsch *m*
culto ['kulto] *m* Kult(us) *m*
cult|ura [kul'tu:ra] *f* Kultur *f*; Bildur *f*; *agr* Anbau *m*; ~ ***generale*** Allg meinbildung *f*; ~ ***di massa*** Massenku tur *f*; **~urale** [-tu'ra:le] kulturell; **~u smo** [-tu'rizmo] *m* Bodybuilding *n*
cumulo ['ku:mulo] *m* Haufen *m*; A häufung *f*
cuneo ['ku:neo] *m* Keil *m*
cunetta [ku'netta] *f* Querrinne *f*
cuoca [ku'ɔ:ka] *f* (*pl -che*) Köchin *f*
cuocere [ku'ɔ:tʃere] (*3p*) kochen; *pa* backen; *arrosto* braten; *fig* brennen
cuoco [ku'ɔ:ko] *m* (*pl -chi*) Koch *m*
cuoio [ku'ɔ:io] *m* Leder *n* (*fig pl cuoia*); P ***tirare le -a*** sterben
cuore [ku'ɔ:re] *m* Herz *n*; ***-i*** *pl ca* Herz *n*; ***di*** ~ herzlich; ***senza*** ~ herzlo *fig* ***nel*** ~ ***di*** mitten in (*dat od acc*); ***sta a*** ~ am Herzen liegen
cupo ['ku:po] finster, dunkel (*a colo*
cupola ['ku:pola] *f* Kuppel *f*
cura ['ku:ra] *f* Sorge *f*; Pflege *f*; (*acc ratezza*) Sorgfalt; *med* Behandlung Kur *f*; ~ ***del corpo*** Körperpflege *f*; ***dimagrante*** Schlankheitskur *f*; ***so giorno*** *m* ***di*** ~ Kuraufenthalt *m*; ***ave*** ~ ***di qc*** auf et (*acc*) achten; ***con*** ~ so fältig
cur|abile [ku'ra:bile] heilbar; **~a** [-'ra:re] (*1a*) pflegen; achten a (*acc*); *med* behandeln; **~arsi** [-'rars ~ ***di qc*** sich um et kümmern; **~a** [-'ra:to] *m* Pfarrer *m*; **~atore** [-ra't re] *m* Verwalter *m*; *libro* Herausgeb *m*; ~ ***fallimentare*** Konkursverwal *m*
curia ['ku:ria] *f* Kurie *f*
curios|are [kurio'sa:re] (*1a*) heru schnüffeln; **~ità** [-si'ta] *f* Neugier *f*; S henswürdigkeit *f*
curioso [kuri'o:zo] neugierig; (*stra* sonderbar; ***sarei*** ~ ***di sapere*** möchte gern wissen
cursore [kur'so:re] *m inform* Cursor
curva ['kurva] *f* Kurve *f*
curvo ['kurvo] krumm, gebogen; *persona* gebeugt

uscinetto [kuʃʃi'netto] *m* kleines Kissen *n*; *el* Lager *n*; ***~ a sfere*** Kugellager *n*; *pol* ***stato ~*** Pufferstaat *m*
uscino [kuʃ'ʃi:no] *m* Kissen *n*
ust|ode [kus'tɔ:de] *m* Wärter *m*; Aufseher *m*; ***angelo*** *m* **~** Schutzengel *m*; **~odia** [-'tɔ:dia] *f* Aufsicht *f*; Aufbewahrung *f*; (*astuccio*) Etui *n*, Futteral *n*; ***dare in ~*** in Aufbewahrung geben; **~odire** [-to'di:re] (*4d*) (*sorvegliare*) bewachen, hüten; (*conservare*) aufbewahren; **~odito** [-to'di:to] bewacht
cute ['ku:te] *f* Haut *f*
CV ***Cavallo Vapore*** Pferdestärke (*abbr* PS)
Cybercafé [saibɛrka'fɛ] *m* InternetCafé *n*
CZ ***Catanzaro*** Catanzaro

D

a [da] *prp stato in luogo* bei; *moto da luogo* von; aus; *moto a luogo riferito a persone* zu; *tempo* von; seit; ***viene ~ Roma*** er kommt aus Rom; ***sono ~ mio fratello*** ich bin bei m-m Bruder; ***vado dal medico*** ich gehe zum Arzt; ***~ ieri*** seit gestern; ***~ oggi in poi*** von heute an; ***~ bambino*** als Kind; ***l'ho fatto ~ me*** ich habe es selbst gemacht; ***qc ~ mangiare*** et zu essen
à [da] → ***dare***
accapo [dak'ka:po] noch einmal von vorn; → ***capo***
acché [dak'ke] seit, seitdem
ado ['da:do] *m* Würfel *m*; *gastr* Brühwürfel *m*; *tec* Schraubenmutter *f*
agli ['da:ʎi] *prp* ***da*** *mit art* ***gli***
ai[1] [d'ai] *prp* ***da*** *mit art* ***i***
ai[2] [d'ai] → ***dare***
aino ['da:ino] *m* Damhirsch *m*
al [dal] *prp* ***da*** *mit art* ***il***
alia ['da:lia] *f* Dahlie *f*
all', **dalla**, **dalle**, **dallo** [dall, 'dalla, dalle, 'dallo] *prp* ***da*** *mit art* ***l', la, le, lo***
almazia [dal'ma:tsia] *f* Dalmatien *n*
altonico [dal'tɔ:niko] (*pl -ci*) farbenblind
ma ['da:ma] *f* Dame *f*; *gioco* Dame (-spiel) *f*(*n*)
masco [da'masko] *m* (*pl -chi*) Damast *m*
migiana [dami'dʒa:na] *f* große Korbflasche *f*
naro [da'na:ro] *m* → ***denaro***
nese [da'ne:se] **1.** *adj* dänisch; **2.** *m* Dänisch(e) *n*; **3.** *m/f* Däne *m*, Dänin *f*
nimarca [dani'marka] *f* Dänemark *n*
nneggiare [danned'dʒa:re] (*1f*) (*rovinare*) beschädigen; (*nuocere*) schaden (*dat*)
danno ['danno] *m* Schaden *m*; ***~ materiale*** Sachschaden *m*; ***~ totale*** Totalschaden *m*; ***risarcire i -i a qu*** j-n entschädigen; ***-i all'ambiente*** Umweltschäden *pl*
dannoso [dan'no:zo] schädlich
Danubio [da'nu:bio] *m* Donau *f*
danz|a ['dantsa] *f* Tanz *m*; **~are** [dan'tsa:re] (*1a*) tanzen
Danzica ['dantsika] *f* Danzig *n*
dappertutto [dapper'tutto] *od* ***da per tutto*** überall
dappoco [dap'pɔ:ko] *adj inv* (*inetto*) nichtsnutzig; (*irrilevante*) unbedeutend
dapprima [dap'pri:ma] zuerst
dare ['da:re] (*1r*) **1.** *v/t* geben; (*consegnare*) übergeben; ***~ uno sguardo*** einen Blick werfen; ***~ del tu*** duzen; ***~ del lei*** siezen; ***~ peso a qc*** Wert auf et (*acc*) legen; ***~ il via*** beginnen; *sport* das Startzeichen geben; **2.** *v/i finestra*, *porta* gehen, hinausgehen (***su*** auf *acc*); ***~ sul giardino*** in den Garten hinausgehen; *fig* ***~ nell'occhio*** auffallen; **3. darsi** ['darsi] (***a qc***) sich widmen (*dat*); ***può ~*** es kann sein; ***darsela a gambe*** sich aus dem Staub machen; **4.** *m econ* Soll *n*; ***~ ed avere*** Soll und Haben
data ['da:ta] *f* Datum *n*; ***~ di nascita*** Geburtsdatum *n*; ***~ di scadenza*** Haltbarkeitsdatum *n*; ***indicazione della ~*** Datumsangabe *f*
data glove [data'glo:v] *m/pl inform* Datenhandschuh *m*
datare [da'ta:re] (*1a*) datieren; ***a ~ da oggi*** von heute an

D

dato ['da:to] **1.** → ***dare***; **2.** *adj* (*certo*) bestimmt, gewiss; (*dedito*) ergeben (***a*** *dat*); ***in -i casi*** in bestimmten Fällen; ***~ che*** *cj* in Anbetracht, dass; da; angenommen, dass; **3.** *m* Tatsache *f*; ***-i*** *pl* Daten *n/pl*, Angaben *f/pl*
datore [da'to:re] *m*: ***~ di lavoro*** Arbeitgeber *m*
dattero ['dattero] *m* Dattel *f*
dattil|ografare [dattilogra'fa:re] (*1n*) Maschine schreiben; **~ografia** [-logra'fi:a] *f* Maschinenschrift *f*
dattilografo [datti'lo:grafo] *m*, **-a** *f* Schreibkraft *f*
davanti [da'vanti] **1.** *prp* vor (*dat od acc*); **2.** *adv* vorn; **3.** *adj inv* Vorder…; **4.** *m* Vorderseite *f*
davanzale [davan'tsa:le] *m* Fensterbrett *n*
davanzo [da'vantso] im Überfluss
davvero [dav've:ro] wirklich
dazio ['da:tsio] *m* (*pl -zi*) Zoll *m*; ***~ d'importazione*** Einfuhrzoll *m*; ***~ d'esportazione*** Ausfuhrzoll *m*; ***esente da ~*** zollfrei
d.c. ***da capo*** da capo
d.C. ***dopo Cristo*** nach Christus (*abbr* n.Chr.)
D.C., **Dc** ***Democrazia Cristiana*** Christlich-Demokratische Partei
dea [d'ɛ:a] *f* Göttin *f*
debito ['dɛ:bito] *m* Schuld *f*; (*dovere*) Pflicht *f*; *econ* ***~ pubblico*** Staatsschuld *f*; ***avere un ~ con qu*** j-m et schulden; *fig* ***sentirsi in ~ verso qu*** sich j-m gegenüber verpflichtet fühlen
debitore [debi'to:re] *m* Schuldner *m*; ***essere ~ di qc*** et schulden
debole ['de:bole] **1.** *adj* schwach; **2.** *m* Schwäche *f*; ***avere un ~ per qc*** e-e Schwäche für et haben
debolezza [debo'lettsa] *f* Schwäche *f*
debutt|ante [debut'tante] *m/f* Debütant(in) *m(f)*, Anfänger(in) *m(f)*; **~are** [-'ta:re] (*1a*) debütieren
debutto [de'butto] *m* Debüt *n*
decad|ente [deka'dɛnte] dekadent; **~enza** ['dɛntsa] *f* Dekadenz *f*; Verfall *m*
decaffeinato [dekaffei'na:to] koffeinfrei
decano [de'ka:no] *m* Dekan *m*
decappottabile [dekappot'ta:bile] **1.** *adj auto* mit Klappverdeck; **2.** *f* Kabriolett *n*
deceduto [detʃe'du:to] verstorben
decelerare [detʃele'ra:re] (*1b u m*) die Geschwindigkeit reduzieren
decennio [de'tʃɛnnio] *m* (*pl -ni*) Jahrzehnt *n*
decente [de'tʃɛnte] anständig
decentr|amento [detʃentra'mento] *m* Dezentralisierung *f*, Dezentralisation *f*; **~are** [-'tra:re] (*1b*) dezentralisieren
decesso [de'tʃɛsso] *m* Tod *m*
decid|ere [de'tʃi:dere] (*3q*) beschließen; entscheiden; **~ersi** [-si] sich entschließen (***a*** zu)
decifrare [detʃi'fra:re] (*1a*) entziffern
deci|male [detʃi'ma:le] Dezimal…; **~metro** [-'tʃi:metro] *m* Dezimeter *m od n*
decimo ['dɛ:tʃimo] **1.** *adj* zehnte; **2.** *m* Zehntel *n*
decina [de'tʃi:na] *f* ***una ~*** etwa zehn
decisamente [detʃiza'mente] *adv* entschlossen; ausgesprochen, absolut
dec|isione [detʃizi'o:ne] *f* Entscheidung *f*, Entschluss *m*; (*risolutezza*) Entschlossenheit *f*; ***prendere una ~*** eine Entscheidung treffen; ***~ della maggioranza*** Mehrheitsbeschluss *m*; **~isivo** [-tʃi'zi:vo] entscheidend; **~iso** [-'tʃi:zo] **1.** → ***decidere***; **2.** *adj* entschlossen
declassare [deklas'sa:re] (*1a*) deklassieren
declin|are [dekli'na:re] (*1a*) **1.** *v/t* (*rifiutare*) ablehnen; *jur* (*dichiarare*) angeben; *gram* deklinieren; **2.** *v/i* (*tramontare*) untergehen; (*diminuire*) abnehmen; **~azione** [-natsi'o:ne] *f* Deklination *f*
declino [de'kli:no] *m* Untergang *m*
declivio [de'kli:vio] *m* (*pl -vi*) Abhang *m*
decodificatore [dekodifika'tore] *m* Decoder *m*
decollare [dekol'la:re] (*1c*) starten
decollo [de'kɔllo] *m avia* Start *m*, Abflug *m*
decomp|orre [dekom'porre] (*3ll*) zerlegen; *chim* auflösen; **~osizione** [-positsi'o:ne] *f* Zerlegung *f*; Auflösung
decompressione [dekompressi'o:ne] *f* Druckentlastung *f*
decongestionare [dekondʒestio'na:re] (*1a*) *traffico* entlasten; *med* a

schwellen lassen
decor|are [deko'ra:re] *(1b)* dekorieren, schmücken; **~atore** [-ra'to:re] *m* Dekorateur *m*; **~azione** [-ratsi'o:ne] *f* Ausschmückung *f*, Dekoration *f*
decoro [de'kɔ:ro] *m* Anstand *m*
decoroso [deko'ro:zo] anständig
decorrenza [dekor'rɛntsa] *f* Frist *f*; Laufzeit *f*; ***con immediata ~*** ab sofort
dec|orrere [de'korrere] *(3o)* vergehen; *(avere effetto)* laufen; ***a ~ da oggi*** ab heute; **~orso** [-'korso] **1.** → ***decorrere***; **2.** *m* Verlauf *m*
decrepito [de'krɛ:pito] altersschwach
decrescere [de'kreʃʃere] *(3n)* abnehmen, zurückgehen
decreto [de'kre:to] *m* Erlass *m*, Verordnung *f*; ***~-legge*** Verordnung *f* mit Gesetzeskraft, Notverordnung *f*; ***~ dell'Ue*** EU-Verordnung *f*
dedica ['dɛ:dika] *f (pl -che)* Widmung *f*
dedic|are [dedi'ka:re] *(1b u d)* widmen; *rel* weihen; **~arsi** [-'karsi] sich widmen *(dat)*
dedito ['dɛ:dito] ergeben
ded|urre [de'durre] *(3e)* folgern, schließen; *econ* abziehen, absetzen; *(derivare)* ableiten; **~uttivo** [-dut'ti:vo] deduktiv; **~uzione** [-dutsi'o:ne] *f* (Schluss)Folgerung *f*; *econ* Abzug *m*; Ableitung *f*
defalcare [defal'ka:re] *(1d)* abziehen
defalco [de'falko] *m (pl -chi)* Abzug *m*
defici|ente [defi'tʃɛnte] **1.** *(mancante)* mangelhaft; **2.** *m* Schwachsinnige(r) *m*; **~enza** [-'tʃɛntsa] *f* *(scarsezza)* Mangel *m* (***di*** an *dat*)
deficit ['dɛ:fitʃit] *m inv* Defizit *n*, Fehlbetrag *m*; ***~ del bilancio pubblico*** Haushaltsdefizit *n*
defin|ire [defi'ni:re] *(4d)* definieren; festlegen; *(risolvere)* lösen; *(concludere)* (ab)schließen; **~itivo** [-ni'ti:vo] endgültig, definitiv; **~izione** [-nitsi'o:ne] *f* Definition *f*; *jur* Entscheidung *f*
deflettore [deflet'to:re] *m auto* Ausstellfenster *n*
deflusso [de'flusso] *m* Abfluss *m*
deform|are [defor'ma:re] *(1a)* entstellen; **~azione** [-matsi'o:ne] *f* Entstellung *f*; *parti del corpo* Missbildung *f*
deforme [de'forme] unförmig; missgestaltet
defunto [de'funto] **1.** *adj* verstorben; **2.** *m* Verstorbene(r) *m*
degenerare [dedʒene'ra:re] *(1m u b)* degenerieren, entarten; *(mutare in peggio)* ausarten (***in*** in *acc*)
degen|te [de'dʒɛnte] bettlägerig; **~za** [-tsa] *f in ospedale* Krankenhausaufenthalt *m*
degli ['de:ʎi] *prp mit art* ***gli***
degn|are [de'ɲa:re] *(1a)* **1.** *v/t* würdigen; **2.** *v/i u* **~arsi** [-'ɲarsi]: ***~ di*** … *(inf)* sich (dazu) herablassen zu … *(inf)*
degno ['de:ɲo] würdig, wert; ***~ di fede*** glaubwürdig
degrado [de'gra:do] *m* Verschmutzung *f*, Zerfall *m*, Verschlechterung *f*
degust|are [degus'ta:re] *(1a)* kosten; **~azione** [-tatsi'o:ne] *f* Kostprobe *f*; ***~ del vino*** Weinprobe *f*
dei[1] [d'ei] *prp* ***di*** *mit art* ***i***
dei[2] [d'ɛ:i] *(pl di* ***dio****)* ***gli ~*** die Götter *m/pl*
del [del] *prp* ***di*** *mit art* ***il***
delatore [dela'to:re] *m* Denunziant *m*
delega ['dɛlega] *f (pl -ghe)* Vollmacht *f*
deleg|are [dele'ga:re] *(1l u b u e)* beauftragen; delegieren; *jur* bevollmächtigen; ***~ qc a qu*** j-m et übertragen; **~ato** [-'ga:to] **1.** *adj* beauftragt, bevollmächtigt; **2.** *m* Delegierte(r) *m*, Bevollmächtigte(r) *m*; ***~ sindacale*** Gewerkschaftsvertreter *m*; **~azione** [-gatsi'o:ne] *f* Delegation *f*
delfino [del'fi:no] *m* Delfin *m*
deliberare [delibe'ra:re] *(1m)* beschließen; beraten (***su*** über *acc*)
delic|atezza [delika'tettsa] *f* Zartheit *f*; Zartgefühl *n*; *(discrezione)* Diskretion *f*; *gastr* Delikatesse *f*; **~ato** [-'ka:to] zart; delikat; *(difficile)* heikel
delimitare [delimi'ta:re] *(1m)* begrenzen; abgrenzen
delineare [deline'a:re] *(1m)* *(a fig)* umreißen, beschreiben
delinqu|ente [deliŋku'ɛnte] *m* Verbrecher *m*; **~enza** [-ku'ɛntsa] *f* Kriminalität *f*; ***~ minorile*** Jugendkriminalität *f*
delirare [deli'ra:re] *(1a)* fantasieren; *med* delirieren
delirio [de'li:rio] *m (pl -ri)* Delirium *n*; *fig* Rausch *m*
delitto [de'litto] *m* Verbrechen *n*; Straftat *f*, Delikt *n*; ***corpo*** *m* ***del ~*** Beweisstück *n*

D

delizia [de'liːtsia] *f* Wonne *f*, Freude *f*
delizioso [delitsi'oːzo] entzückend; *cibo* köstlich
dell', **della**, **delle**, **dello** [dell, 'della, 'delle, 'dello] *prp* **di** *mit art* **l', la, le, lo**
delta ['dɛlta] *m* Delta *n*; **~planista** [-pla'nista] *m/f* (*m/pl -i*) Drachenflieger(in) *m(f)*; **~plano** [-'plaːno] *m* Drachen *m*; *sport* Drachenfliegen *n*
del|udere [de'luːdere] (*3q*) enttäuschen; **~usione** [-luzi'oːne] *f* Enttäuschung *f*; **~uso** [-'luːzo] enttäuscht
demagogo [dema'gɔːgo] *m* (*pl -ghi*) Demagoge *m*
demanio [de'maːnio] *m* Staatseigentum *n*
dem|ente [de'mɛnte] schwachsinnig; **~enza** [-'mɛntsa] *f* Schwachsinn *m*
democr|atico [demo'kraːtiko] (*pl -ci*) demokratisch; **~azia** [-kra'tsiːa] *f* Demokratie *f*; **~istiano** [-kristi'aːno] christdemokratisch
demol|ire [demo'liːre] (*4d*), abreißen; *macchine* verschrotten; *fig* vernichten; **~izione** [-litsi'oːne] *f* Abriss *m*; Verschrottung *f*
demone ['dɛːmone] *m* Dämon *m*
demonio [de'mɔːnio] *m* (*pl -ni*) Teufel *m*
demoralizzare [demoralid'dzaːre] (*1a*) demoralisieren, entmutigen
demotivare [demoti'vaːre] (*1a*) demotivieren
denaro [de'naːro] *m* Geld *n*; **~ contante** Bargeld *n*
denatalità [denatali'ta] *f* Geburtenrückgang *m*
denaturato [denatu'raːto] **alcool** *m* **~** vergällter Alkohol *m*
denigr|are [deni'graːre] (*1a*) verleumden; **~azione** [-gratsi'oːne] *f* Verleumdung *f*
denomin|are [denomi'naːre] (*1m u c*) benennen; **~arsi** [-'narsi] heißen; **~azione** [-natsi'oːne] *f* Benennung *f*; Name *m*
denotare [deno'taːre] (*1l u b od 1c*) bedeuten, zeigen
densità [densi'ta] *f* Dichte *f*; Dicke *f*; **~ della popolazione** Bevölkerungsdichte *f*
denso ['dɛnso] dicht; dickflüssig
dent|ario [den'taːrio] (*pl -ri*) Zahn…; **~atura** [-ta'tuːra] *f* Gebiss *n*; *tec* Verzahnung *f*
dente ['dɛnte] *m* Zahn *m*; *tec* Zacken *m*; **~ del giudizio** Weisheitszahn *m*; **~ di leone** Löwenzahn *m*; **mal di -i** Zahnweh *n*; *fig* **stringere i -i** die Zähne zusammenbeißen; *gastr* **al ~** bissfest, al dente
dentice ['dɛntitʃe] *m* Zahnbrassen *m*
dent|iera [denti'ɛːra] *f* künstliches Gebiss *n*, Zahnersatz *m*; **~ifricio** [-ti'friːtʃo] *m* (*pl -ci*) Zahnpasta *f*; **~ista** [-'tista] *m/f* (*m/pl -i*) Zahnarzt *m*, Zahnärztin *f*
dentro ['dentro] **1.** *prp* in; (*entro*) innerhalb; **2.** *adv stato* drinnen; *moto* hinein; herein; (*nell' intimo*) im Innern; F **metter ~** einsperren
denuclearizzato [denuklearid'dzaːto] atomwaffenfrei
denunci|a [de'nuntʃa] *f* (*pl -ce*) Anzeige *f*; *amministrazione* Anmeldung *f*; (*dichiarazione*) Erklärung *f* **sporgere ~** Anzeige erstatten; **~ dei redditi** Steuererklärung *f*; **~are** [-nun'tʃaːre] (*1f*) anzeigen; (*notificare*) anmelden; (*dichiarare*) erklären; **~ la propria partenza** sich polizeilich abmelden; **~ il proprio arrivo** sich polizeilich anmelden
denunzia [de'nuntsia] → **denuncia**
denutrito [denu'triːto] unterernährt
deodorante [deodo'rante] *m* Deo(dorant) *n*
depil|are [depi'laːre] (*1a*) enthaaren; **~atorio** [-la'tɔːrio] (*pl -ri*) **1.** *adj* Enthaarungs…; **2.** *m* Enthaarungsmittel *n*
dépliant [depli'ã] *m inv* Prospekt *m*
deplor|are [deplo'raːre] (*1c*) bedauern; (*biasimare*) tadeln; **~evole** [-'reːvole] bedauernswert; tadelnswert
deporre [de'porre] (*3ll*) ablegen; niederlegen; (*destituire*) absetzen; *jur* aussagen
deposit|are [depozi'taːre] (*1m u c*) zur Aufbewahrung geben; hinterlegen, deponieren; *in banca* einzahlen; **~ato** [-'taːto] **marchio** *m* **~** eingetragenes Warenzeichen *n*
deposito [de'pɔːzito] *m* Aufbewahrung *f*; Hinterlegung *f*; (*cauzione*) Kaution *f*; *merci* Lagerung *f*; *luogo* Lager *n*; *fer* **~ bagagli** Gepäckaufbewahrung *f*; **~ per il vuoto** Flaschenpfand *n*; *econ* **~ vincolato** Festgeld *n*

eposizione [depozitsi'oːne] *f* (→ ***deporre***) *jur* Zeugenaussage *f*
epr|essione [depressi'oːne] *f* Depression *f*; Niedergeschlagenheit *f*; (*avvallamento*) Senkung *f*; **~ atmosferica** Tiefdruck *m*; **zona** *f* **di ~ atmosferica** Tiefdruckgebiet *n*; **~essivo** [-pres'siːvo] depressiv; **~esso** [-'prɛsso] **1.** → ***deprimere***; **2.** *adj* deprimiert, niedergeschlagen; **aree** *f/pl* **-e** Notstandsgebiete *n/pl*
eprezz|amento [deprettsa'mento] *m* Wertminderung *f*; Entwertung *f*; **~are** [-'tsaːre] (*1b*) abwerten
e|primente [depri'mɛnte] bedrückend; **~primere** [-'priːmere] (*3r*) deprimieren, niederdrücken
epur|are [depu'raːre] (*1a*) reinigen; *chim* klären; **~azione** [-ratsi'oːne] *f* Reinigung *f*; Klärung *f*; **impianto** *m* **di ~** Kläranlage *f*
eputato [depu'taːto] *m* Abgeordnete(r) *m*; **Camera** *f* **dei -i** Abgeordnetenhaus *n*
eragliare [dera'ʎaːre] (*1g*) *fer* entgleisen
er|idere [de'riːdere] (*3g*) auslachen, verspotten; **~isione** [-rizi'oːne] *f* Verspottung *f*; **~iso** [-'riːzo] → ***deridere***
eriva [de'riːva] *f mar* Abtrift *f*; **andare alla ~** abgetrieben werden
eriv|are [deri'vaːre] (*1a*) **1.** *v/t* ableiten; **2.** *v/i* **~ da** herkommen von; abstammen aus *od* von; **~azione** [-vatsi'oːne] *f* Ableitung *f*; (*discendenza*) Abstammung *f*; *el* Abzweigung *f*; *tel* Nebenanschluss *m*
erm|atologia [dermatolo'dʒiːa] *f* Dermatologie *f*; **~atologo** [-'tɔːlogo] *m* (*pl -ghi*) Hautarzt *m*
erubare [deru'baːre] (*1a*) bestehlen
escr|itto [des'kritto] → ***descrivere***; **~ivere** [-'kriːvere] (*3tt*) beschreiben, schildern; **~izione** [-kritsi'oːne] *f* Beschreibung *f*, Schilderung *f*
eserto [de'zɛrto] **1.** *adj* menschenleer; **2.** *m* Wüste *f*
esiderare [deside'raːre] (*1m*) wünschen; **che cosa desidera?** was möchten Sie?
esiderio [desi'dɛːrio] *m* (*pl -ri*) Wunsch *m*; **~ di qc** Verlangen *n* nach et
esign [di'zain] *m inv* Design *n*
esignare [desi'ɲaːre] (*1a*) bestimmen; (*nominare*) ernennen
designer [di'zainə] *m/f inv* Designer(in) *m*(*f*)
desistere [de'sistere] (*3f*) absehen (**da** von)
desol|ante [dezo'lante] trostlos; **~ato** [-'laːto] *adj* trostlos; tief betrübt; **sono ~!** es tut mir leid!; **~azione** [-latsi'oːne] *f* Verwüstung *f*; Trostlosigkeit *f*; tiefe Betrübnis *f*
dessert [des'sɛr] *m* Nachtisch *m*
dest|are [des'taːre] (*1a*) wecken; *fig* erwecken; **~arsi** [-'tarsi] aufwachen; erwachen
destin|are [desti'naːre] (*1a*) bestimmen (**a** für); *lettera* adressieren (**a** an *acc*); **~atario** [-na'taːrio] *m* (*pl -ri*) *post* Empfänger *m*; **~azione** [-natsi'oːne] *f* Bestimmung *f*; (*a luogo m di ~*) Bestimmungsort *m*
destino [des'tiːno] *m* Schicksal *n*
destra ['dɛstra] *f* Rechte *f*; **a ~** rechts
destr|eggiarsi [destred'dʒarsi] (*1f*) sich durchkämpfen; **~ezza** [-'trettsa] *f* Geschicklichkeit *f*
destro ['dɛstro] recht; (*abile*) geschickt
detenere [dete'neːre] (*2q*) innehaben; *record* halten; *in prigione* gefangen halten
deten|uto [dete'nuːto] *m* Häftling *m*, Gefangene(r) *m*; **~zione** [-tsi'oːne] *f* Haft *f*
detergente [deter'dʒɛnte] *m* Reinigungsmittel *n*
deterior|abile [deterio'raːbile] verderblich; **~arsi** [-'rarsi] (*1a*) verderben, schlecht werden; verfallen
determin|are [determi'naːre] (*1m u b*) bestimmen, festlegen; (*causare*) verursachen; **~ato** [-'naːto] bestimmt; **in -i giorni** an bestimmten Tagen; **una quantità -a** e-e bestimmte Menge; **~azione** [-natsi'oːne] *f* Bestimmung *f*; Entschluss *m*
detersivo [deter'siːvo] *m* Reinigungs-, Putz-, Waschmittel *n*
detestare [detes'taːre] (*1b*) hassen, verabscheuen
detonare [deto'naːre] (*1c*) detonieren
detr|arre [de'trarre] (*3xx*) abziehen (**da** von), abrechnen (**da** von); **~atto** [-'tratto] → ***detrarre***; **~azione** [-tratsi'oːne] *f* Abzug *m*, Abrechnung *f*
detrito [de'triːto] *m* Abfall *m*; *geol* Ge-

D

röll *n*
detta ['detta] *f* ***a ~ di qu*** nach j-s Aussage
dettaglio [det'taːʎo] *m* (*pl -gli*) Einzelheit *f*, Detail *n*; *econ* ***commercio m al ~*** Einzelhandel *m*
dett|are [det'taːre] (*1a*) diktieren; *leggi* vorschreiben; **~ato** [-'taːto] *m* Diktat *n*; **~atura** [-ta'tuːra] *f* Diktat *n*; ***sotto ~*** nach Diktat
detto ['detto] **1.** → ***dire***; **2.** *adj* oben genannt; **3.** *m* Ausspruch *m*
devast|are [devas'taːre] (*1a*) verwüsten; **~azione** [-tatsi'oːne] *f* Verwüstung *f*
deve ['dɛːve], **devi** ['dɛːvi] → ***dovere***
devi|are [devi'aːre] (*1h*) **1.** *v/t traffico* umleiten; *fig* ablenken; **2.** *v/i* abkommen; abweichen; **~azione** [-viatsi'oːne] *f* Umleitung *f*; Umweg *m*
devo ['dɛːvo] → ***dovere***
devolution [devo'luʃon] *f pol föderaler Umbau Italiens*
devoto [de'vɔːto] ergeben; *rel* fromm, gläubig
devozione [devotsi'oːne] *f* Ergebenheit *f*; *rel* Andacht *f*; Frömmigkeit *f*
di [di] *prp* von, aus; *con il comparativo* als; ***~ ferro*** aus Eisen; ***io sono ~ Roma*** ich bin aus Rom; ***l'auto ~ mio padre*** das Auto meines Vaters; ***un litro ~ vino*** ein Liter Wein; ***~ giorno*** tagsüber; ***parlare ~ politica*** über (*od* von) Politik reden; ***d'estate*** im Sommer; ***~ questo passo*** auf diese Weise; ***~ chi è questo libro?*** wem gehört dieses Buch?; ***più bello ~*** schöner als
di' [di] → ***dire***
dia [d'iːa] → ***dare***
diab|ete [dia'bɛːte] *m* Diabetes *m*; **~etico** [-tiko] (*pl -ci*) **1.** *adj* zuckerkrank; **2.** *m* Diabetiker *m*
diaframma [dia'framma] *m* (*pl -i*) *anat* Zwerchfell *n*; *fot*, *ott* Blende *f*; *med* Diaphragma *n*, Pessar *n*
diagnosi [di'aːɲozi] *f* Diagnose *f*
diagnosticare [diaɲosti'kaːre] (*1n u c u d*) diagnostizieren
diagonale [diago'naːle] **1.** *adj* diagonal; **2.** *f* Diagonale *f*
diagramma [dia'gramma] *m* (*pl -i*) Diagramm *n*
dialetto [dia'lɛtto] *m* Dialekt *m*, Mundart *f*
dialisi [di'aːlizi] *f inv* Dialyse *f*
dialogo [di'aːlogo] *m* (*pl -ghi*) Dialog *m*, Gespräch *n*
diamante [dia'mante] *m* Diamant *m*
diametro [di'aːmetro] *m* Durchmesser *m*
diapason [di'aːpazon] *m inv* Stimmgabel *f*
diapositiva [diapozi'tiːva] *f fot* Dia(-positiv) *n*
diario [di'aːrio] *m* (*pl -ri*) Tagebuch *n*
diarrea [diar'rɛːa] *f* Durchfall *m*
diavolo [di'aːvolo] *m* Teufel *m*; ***un buon ~*** ein guter Kerl *m*; ***mandare qu al ~*** j-n zum Teufel schicken
dib|attere [di'battere] (*3a*) debattieren, erörtern; **~attersi** [-si] um sich schlagen; (*divincolarsi*) sich winden; *fig* kämpfen (***in*** mit); **~attito** [-'battito] *m* Debatte *f*
dibosc|amento [diboska'mento] *m* Abholzung *f*; **~are** [-'kaːre] (*1d*) abholzen
dica ['diːka] bitte (sehr); Sie wünschen?
dicastero [dikas'tɛːro] *m* Ministerium *n*
dicembre [di'tʃɛmbre] *m* Dezember *m*
dichiar|are [dikia'raːre] (*1a*) erklären; angeben; ***ha qualcosa da ~?*** haben Sie etwas zu verzollen?; **~arsi** [-'rarsi] sich erklären; **~azione** [-ratsi'oːne] *f* Erklärung *f*; ***~ dei redditi*** Einkommensteuererklärung *f*; ***~ doganale*** Zollerklärung *f*
diciottenne [ditʃot'tɛnne] achtzehnjährig
didattica [di'dattika] *f* Didaktik *f*
dieci [di'ɛːtʃi] zehn; ***alle*** (*od* ***verso le***) ***~*** um (*od* gegen) zehn Uhr
diecina [die'tʃiːna] *f* ***una ~*** etwa zehn
diesel ['diːzəl] *m* Diesel *m*, Dieselmotor *m*, Dieselfahrzeug *n*
dieta [di'ɛːta] *f* Diät *f*; ***essere a ~*** Diät halten
dietetic|a [die'tɛːtika] *f* Diätetik *f*; **~o** [-ko] (*pl -ci*) diätetisch
dietro [di'ɛːtro] **1.** *prp* hinter (*dat* *o* *acc*); nach; ***~ di me*** hinter mir; ***uno ~ l'altro*** einer nach dem anderen; ***~ ricevuta*** gegen Quittung; **2.** *adv* hinten; ***di ~*** Hinter…; **3.** *m inv* Hinterseite *f*
difatti [di'fatti] in der Tat
difendere [di'fɛndere] (*3c*) verteidigen

difen|siva [difen'si:va] *f* Defensive *f*, Verteidigung *f*; ***stare sulla ~*** in der Defensive bleiben; **~sivo** [-'si:vo] defensiv, Verteidungungs…; **~sore** [-'so:re] *m* Verteidiger *m*

dif|esa [di'fe:sa] *f* Verteidigung *f*; Schutz *m*; ***~ dei consumatori*** Verbraucherschutz *m*; ***legittima ~*** Notwehr *f*; **~eso** [-so] → ***difendere***

dif|etto [di'fɛtto] *m* Fehler *m*; ***~ di*** Mangel *m* an (*dat*), Fehlen *n* von; ***far ~*** fehlen; **~ettoso** [-fet'to:zo] fehlerhaft; defekt

diffamare [diffa'ma:re] (*1a*) verleumden

differ|ente [diffe'rɛnte] verschieden; **~enza** [-'rɛntsa] *f* Verschiedenheit *f*; (*divario*) Unterschied m; *fig u mat* Differenz *f*; ***~ di prezzo*** Preisunterschied *m*

difficile [dif'fi:tʃile] schwer; schwierig; (*improbabile*) unwahrscheinlich

difficoltà [diffikol'ta] *f* Schwierigkeit *f*; ***senza ~*** reibungslos

diffida [dif'fi:da] *f* Warnung *f*

diffid|are [diffi'da:re] (*1a*) **1.** *v/t* warnen; auffordern; **2.** *v/i* ***~ di qu*** j-m misstrauen; **~ente** [-'dɛnte] misstrauisch; **~enza** [-'dɛntsa] *f* Misstrauen *n*

diffond|ere [dif'fondere] (*3bb*) verbreiten; **~ersi** [-si] sich verbreiten; sich ausbreiten

diff|usione [diffuzi'o:ne] *f* Verbreitung *f*; **~uso** [-'fu:zo] **1.** → ***diffondere***; **2.** *adj* (weit) verbreitet; ausführlich

difterite [difte'ri:te] *f* Diphtherie *f*

diga ['di:ga] *f* (*pl -ghe*) Deich *m*; ***~ di sbarramento*** Staudamm *m*

dige|rire [didʒe'ri:re] (*4d*) verdauen; **~stione** [-sti'o:ne] *f* Verdauung *f*; **~stivo** [-'ti:vo] **1.** *adj* Verdauungs…; **2.** *m* Magenlikör *m*

digit|ale [didʒi'ta:le] Finger…; digital; ***impronta*** *f* ***~*** Fingerabdruck *m*; ***orologio*** *m* ***~*** Digitaluhr *f*; **~are** [-'ta:re] (*1l*) *inform* eingeben

digiunare [didʒu'na:re] (*1a*) fasten

digiuno [di'dʒu:no] **1.** *adj* nüchtern; *fig* ***essere ~ di qc*** von et nichts verstehen; **2.** *m* Fasten *n*; ***a ~*** nüchtern

dignit|à [diɲi'ta] *f* Würde *f*; **~oso** [-'to:zo] würdevoll

dilagare [dila'ga:re] (*1e*) überfluten; *fig* um sich greifen

dilapidare [dilapi'da:re] (*1m*) verschwenden

dilat|are [dila'ta:re] (*1a*) ausdehnen; (*aprire*) aufreißen; **~azione** [-tatsi'o:ne] *f* Ausdehnung *f*

dilaz|ionare [dilatsio'na:re] (*1a*) stunden; aufschieben; **~ione** [-tsi'o:ne] *f* Stundung *f*; Aufschub *m*

dileguarsi [dilegu'arsi] (*1a*) verschwinden

dilemma [di'lɛmma] *m* (*pl -i*) Dilemma *n*

dilett|ante [dilet'tante] *m/f* Dilettant(in) *m*(*f*), Laie *m*; **~are** [-'ta:re] (*1b*) erfreuen; **~arsi** [-'tarsi] Freude haben (***di*** an *dat*); ***~ a fare qc*** aus Liebhaberei et tun

diletto [di'lɛtto] **1.** *adj* geliebt; **2.** *m* Vergnügen *n*

dilig|ente [dili'dʒɛnte] fleißig; (*accurato*) sorgfältig; **~enza** [-'dʒɛntsa] *f* Fleiß *m*; Sorgfalt *f*

diluire [dilu'i:re] (*4d*) verdünnen

dilungarsi [diluŋ'garsi] (*1e*) *fig* sich verbreiten (***su*** über *acc*)

diluviare [diluvi'a:re] (*1k*) in Strömen regnen

diluvio [di'lu:vio] *m* Wolkenbruch *m*; ***~ universale*** Sintflut *f*

dimagr|ante [dima'grante] ***cura ~*** Schlankheitskur *f*; **~ire** [-'gri:re] (*4d*) abnehmen

dimen|are [dime'na:re] (*1a*) schlenkern; **~arsi** [-'narsi] sich hin- und herbewegen

dimensione [dimensi'o:ne] *f* Umfang *m*; Dimension *f*

dimestichezza [dimesti'kettsa] *f* Vertraulichkeit *f*; (*pratica*) Vertrautheit *f*

dim|ettere [di'mettere] (*3ee*): ***~ qu da*** j-n entlassen aus; **~ettersi** [-si] zurücktreten (***da*** von)

dimezzare [dimed'dzare] (*1b*) halbieren; auf die Hälfte herabsetzen

dimin|uire [diminu'i:re] (*4d*) **1.** *v/t* vermindern; verringern; *prezzi* senken, herabsetzen; **2.** *v/i* abnehmen; **~uzione** [-nutsi'o:ne] *f* Verminderung *f*; Abnahme *f*; Rückgang *m*; ***~ del personale*** Personalabbau *m*

dimissione [dimissi'o:ne] *f*, *mst -i pl* Rücktritt *m*; Entlassung *f*; ***dare le -i*** kündigen

dimora [di'mɔ:ra] *f* Wohnung *f*; Wohnsitz *m*; ***senza fissa ~*** ohne festen Wohnsitz

dimostr|are [dimos'tra:re] (*1a*) beweisen; zeigen; demonstrieren; **~arsi** [-'trarsi] sich erweisen; **~azione** [-tratsi'o:ne] *f* Beweis *m*; Bezeigung *f*; Demonstration *f*

dinami|ca [di'na:mika] *f* Dynamik *f*; **~co** [-'na:miko] (*pl -ci*) dynamisch

dinamite [dina'mi:te] *f* Dynamit *n*

dinamo ['di:namo] *f inv* Dynamo *m*; Generator *m*; *auto* Lichtmaschine *f*

dinanzi [di'nantsi] **1.** *prp* vor (*dat od acc*); **2.** *adv* vorn(e)

dinastia [dinas'ti:a] *f* Dynastie *f*

dintorno [din'torno] **1.** *adv* ringsherum; **2.** *m*, *mst -i pl* Umgebung *f*

dio [d'i:o] *m* (*pl gli dei*) *idolo* Abgott *m*

Dio [d'i:o] *m* Gott *m*; ***grazie a ~!*** Gott sei Dank!; ***per amor di ~*** um Gottes willen

diossina [dios'si:na] *f* Dioxin *n*

dipartimento [diparti'mento] *m* Verwaltungsbezirk *m*

dipend|ente [dipen'dɛnte] **1.** *adj* abhängig; **2.** *m/f* Angestellte(r) *m/f(m)*; **~enza** [-'dɛntsa] *f* Abhängigkeit *f*

dip|endere [di'pɛndere] (*3c*): ***~ da*** abhängen von; abhängig sein von; ***dipende*** es kommt darauf an; **~eso** [-'pe:so] → ***dipendere***

dipin|gere [di'pindʒere] (*3d*) malen; *fig* schildern; **~to 1.** → ***dipingere***; **2.** *m* Gemälde *n*

diploma [di'plɔ:ma] *m* (*pl -i*) Diplom *n*

diplomarsi [diplo'marsi] (*1c*) sein Diplom erwerben

diplom|atico [diplo'ma:tiko] (*pl -ci*) **1.** *adj* diplomatisch; **2.** *m* Diplomat *m*; **~ato** [-'ma:to] staatlich geprüft; Diplom…; **~azia** [-ma'tsi:a] *f* Diplomatie *f*

dirad|are [dira'da:re] (*1a*) lichten; seltener machen; **~arsi** [-'darsi] sich lichten; seltener werden; *nebbia* sich auflösen

dire ['di:re] (*3t*) **1.** *v/t* sagen; erzählen; behaupten; ***vale a ~*** das heißt; ***a ~ il vero*** um die Wahrheit zu sagen; ***come si dice in tedesco?*** wie heißt das auf Deutsch?; ***dico sul serio*** ich meine es ernst; **2.** *m* Reden *n*; ***Lei ha un bel ~*** Sie haben gut reden

dir|ettissima [diret'tissima] *f jur* Schnellverfahren *n*; **~ettiva** [-ret'ti:va] *f* Richtlinie *f*; **~ettivo** [-ret'ti:vo] **1.** *adj* leitend; **2.** *m* Vorstand *m*

dir|igente [diri'dʒɛnte] **1.** *adj* leitend; **2.** *m/f* Leiter(in) *m(f)*; Führungskraft *f*; **~igere** [-'ri:dʒere] (*3u*) leiten; *mus* dirigieren; **~igersi** [-'ri:dʒersi] zugehen (***verso*** auf *acc*); sich wenden (***a, verso*** nach, zu); **~igibile** [-ri'dʒi:bile] *m* Luftschiff *n*

dirimpetto [dirim'pɛtto] gegenüber (***a*** *dat*)

diritto [di'ritto] **1.** *adj* gerade; recht; **2.** *adv* geradeaus, direkt; **3.** *m* rechte Seite *f*; *jur* Recht *n*; *università* Jura; ***-i pl*** Gebühren *f/pl*; ***~ commerciale*** Handelsrecht *n*; ***~ costituzionale*** Verfassungsrecht *n*; ***~ internazionale*** Völkerrecht *n*; ***~ di precedenza*** Vorfahrtsrecht *n*; ***~ di voto*** Wahlrecht *n*; ***parità f di -i*** Gleichberechtigung *f*; ***-i umani*** Menschenrechte *n/pl*; ***aver ~ a*** Anspruch haben auf (*acc*); ***di ~*** von Rechts wegen

diroccato [dirok'ka:to] verfallen

dir|ottamento [dirotta'mento] *m* Flugzeugentführung *f*; **~ottare** [-rot'ta:re] (*1c*) den Kurs ändern; *traffico* umleiten; *avia* entführen; **~ottatore** [-rotta'to:re] *m* Luftpirat *m*; **~otto** [-'rotto] ***piove a ~*** es regnet in Strömen

dirupo [di'ru:po] *m* Absturz *m*

disabile [di'za:bile] **1.** *adj* behindert; **2** *m/f* Behinderte(r) *m/f(m)*

disabitato [dizabi'ta:to] unbewohnt

disabituare [dizabitu'a:re] (*1n*) abgewöhnen (***qu a qc*** j-m et)

disaccordo [dizak'kɔrdo] *m* Uneinigkeit *f*

disadatto [diza'datto] ungeeignet

disadorno [diza'dorno] schmucklos

disagiato [diza'dʒa:to] armselig, dürftig

disagio [di'za:dʒo] *m* (*pl -gi*) Unbequemlichkeit *f*; (*imbarazzo*) Verlegenheit *f*; ***essere a ~*** sich unbehaglich fühlen

disambientato [dizambien'ta:to] fremd

disappetenza [dizappe'tɛntsa] *f* Appetitlosigkeit *f*

disapprov|are [dizappro'va:re] (*1c*) missbilligen; **~azione** [-vatsi'o:ne] *f* Missbilligung *f*

isappunto [dizap'punto] *m* Missmut *m*
isarm|are [dizar'maːre] (*1a*) entwaffnen; *mil* abrüsten; **~ato** unbewaffnet
isarmo [di'zarmo] *m* Abrüstung *f*
is|astro [di'zastro] *m* schweres Unglück *n*, Katastrophe *f*; **~astroso** [-za-s'troːzo] katastrophal
isatt|ento [dizat'tɛnto] unaufmerksam; **~enzione** [-tentsi'oːne] *f* Unaufmerksamkeit *f*
isavanzo [diza'vantso] *m* Defizit *n*, Fehlbetrag *m*; **~ *della bilancia commerciale*** Handelsbilanzdefizit *n*; **~ *commerciale con l'estero*** Außenhandelsdefizit *n*
isavventura [dizavven'tuːra] *f* Unglück *n*
isbrigo [diz'briːgo] *m* (*pl -ghi*) Erledigung *f*
iscarica [dis'kaːrika] *f* (*pl -che*) Schuttplatz *m*, Mülldeponie *f*
iscend|ente [diʃʃen'dɛnte] *m* **1.** absteigend; **2.** *m* Nachkomme *m*; **~enza** [-'dɛntsa] *f* Herkunft *f*, Abstammung *f*
iscendere [diʃ'ʃendere] (*3c*) herab-, hinabsteigen; *da veicoli* aussteigen; (*derivare*) abstammen
scepolo [diʃ'ʃeːpolo] *m* Schüler *m*
iscesa [diʃ'ʃeːsa] *f* Abhang *m*; Abstieg *m*; *avia* Landen *n*; *bus* Aussteigen *n*; *sci* **~ *libera*** Abfahrt *f*
ischetto [dis'ketto] *m* Diskette *f*; **~ *di sicurezza*** *inform* Sicherungsdiskette *f*
isciogliere [diʃ'ʃɔːʎere] (*3ss*) auflösen
sciplina [diʃʃi'pliːna] *f* Disziplin *f*; (*materia*) Lehrfach *n*
sciplin|are [diʃʃipli'naːre] **1.** *adj* Disziplinar…; **2.** *v/t* (*1a*) disziplinieren; **~ato** [-'naːto] diszipliniert
sco ['disko] *m* (*pl -chi*) Scheibe *f*; Diskus *m*; *mus* Schallplatte *f*; *inform* Platte *f*; **~ *rigido*** (*od* ***fisso***) Festplatte *f*; *auto* **~ *orario*** Parkscheibe *f*; **~ *volante*** fliegende Untertasse *f*
scobolo [dis'kɔːbolo] *m* Diskuswerfer *m*
scografia [diskogra'fiːa] *f* Diskographie *f*
scolo ['diskolo] **1.** *adj* ungezogen; **2.** *m* Bengel *m*
scontinuo [diskon'tiːnuo] diskontinuierlich, unterbrochen

disc|orde [dis'kɔrde] uneinig; **~ordia** [-'kɔrdia] *f* Uneinigkeit *f*
disc|orrere [dis'korrere] (*3o*) reden, sich unterhalten (***di*** über *acc*); **~orso** [-'korso] **1.** → ***discorrere***; **2.** *m* Gespräch *n*, Unterhaltung *f*; Rede *f*
discoteca [disko'tɛːka] *f* (*pl -che*) Diskothek *f*
discrepanza [diskre'pantsa] *f* Diskrepanz *f*
discr|eto [dis'kreːto] diskret; (*abbastanza buono*) ziemlich gut; **~ezione** [-kretsi'oːne] *f* Diskretion *f*; Verschwiegenheit *f*; ***a* ~** nach Belieben
discrimin|are [diskrimi'naːre] (*1m*) diskriminieren; **~azione** [-natsi'oːne] *f* Diskriminierung *f*; **~ *per età*** Altersdiskriminierung *f*
disc|ussione [diskussi'oːne] *f* Diskussion *f*, Auseinandersetzung *f*; **~usso** [-'kusso] → ***discutere***
disc|utere [dis'kuːtere] (*3v*) diskutieren; besprechen; **~utibile** [-ku'tiːbile] umstritten, fragwürdig
disd|etta [diz'detta] *f* Kündigung *f*; *fig* Unglück *n*, F Pech *n*; **~etto** [-'detto] → ***disdire***
disdire [diz'diːre] (*3t*) abbestellen; *impegno* absagen, *contratto* kündigen
dis|egnare [dise'ɲaːre] (*1a*) zeichnen; entwerfen; **~egnatore** [-seɲa'toːre] *m* Zeichner *m*; **~egno** [-'seːɲo] *m* Zeichnung *f*; Entwurf *m*; *fig* Plan *m*; **~ *di legge*** Gesetzentwurf *m*
disered|are [dizere'daːre] (*1b*) enterben; **~ato** [-'daːto] enterbt; entrechtet
diser|tare [dizer'taːre] (*1b*) **1.** *v/t* (*abbandonare*) verlassen; fern bleiben (von); **2.** *v/i* desertieren; **~tore** [-'toːre] *m* Deserteur *m*; **~zione** [-tsi'oːne] *f* Fahnenflucht *f*
dis|fare [dis'faːre] (*3aa*) auflösen; zerstören; auseinandernehmen; **~ *la valigia*** auspacken; **~farsi** [-'farsi]: **~ *di qu*** (*od* ***qc***) j-n (*od* et) loswerden; **~fatta** [-'fatta] *f* Niederlage *f*; **~fatto** [-'fatto] → ***disfare***
disfunzione [disfuntsi'oːne] *f* *med* Funktionsstörung *f*
disgelo [diz'dʒɛːlo] *m* Tauwetter *n*; Auftauen *n*
disgrazia [diz'graːtsia] *f* Unglück *n*; ***per* ~** unglücklicherweise
disgraziato [dizgratsi'aːto] unglück-

lich
disguido [dizgu'i:do] *m* *(errore)* Versehen *n*; *post* falsche Beförderung *f*
disgust|are [dizgus'ta:re] *(1a)* anwidern; **~arsi** [-'tarsi] angeekelt sein (***di*** von)
disg|usto [diz'gusto] *m* Widerwille *m*; **~ustoso** [-gus'to:zo] ekelhaft, widerlich
disidratato [dizidra'ta:to] ausgetrocknet
disil|ludere [dizil'lu:dere] *(3b)* enttäuschen, ernüchtern; **~lusione** [-lusi'o:ne] *f* Enttäuschung *f*; Ernüchterung *f*; **~luso** [-'lu:so] ernüchtert
disimparare [dizimpa'ra:re] *(1a)* verlernen
disinf|ettante [dizinfet'tante] *m* Desinfektionsmittel *n*; **~ettare** [-'ta:re] *(1b)* desinfizieren; **~ezione** [-fetsi'o:ne] *f* Desinfektion *f*
disingannare [diziŋgan'na:re] *(1a)* ernüchtern; j-m die Augen öffnen
disinibito [dizini'bi:to] ungehemmt
disinnescare [dizinnes'ka:re] *(1d)* *bomba* entschärfen; *auto*: *marcia* herausnehmen
disinquinare [diziŋkui'na:re] *(1a)* reinigen; entseuchen
disinserire [dizinse'ri:re] *(4d)* abschalten
disinter|essarsi [dizinteres'sarsi] kein Interesse mehr haben (***di*** an *dat*); sich nicht kümmern (***di*** um); **~essato** [-'sa:to] desinteressiert; uneigennützig; **~esse** [-'rɛsse] *m* Interesselosigkeit *f*; *(generosità)* Selbstlosigkeit *f*
disintossic|are [dizintossi'ka:re] *(1m, c u d)* entgiften; **~azione** [-katsi'o:ne] *f* Entgiftung *f*
disinv|olto [dizin'vɔlto] ungezwungen; unbefangen; **~oltura** [-vol'tu:ra] *f* Ungezwungenheit *f*; Unbefangenheit *f*
dislivello [dizli'vɛllo] *m* Höhenunterschied *m*; *fig* Unterschied *m*
disobbedire [dizobbe'di:re] → ***disubbidire***
dison|està [dizones'ta] *f* Unehrlichkeit *f*; **~esto** [-'nɛsto] unehrlich
dison|orare [dizono'ra:re] *(1a)* entehren; **~ore** [-'no:re] *m* Schande *f*
disopra [di'so:pra] oben; darüber; ***al ~ di*** über *(acc od dat)*
disordin|are [dizordi'na:re] *(1m)* in Unordnung bringen; verwirren; **~ato** [-'na:to] unordentlich
disordine [di'zordine] *m* Unordnung *f*; ***-i pl*** Unruhen *f/pl*
disorganizzazione [dizorganiddzatsi'o:ne] *f* Desorganisation *f*
disorient|are [dizorien'ta:re] *(1b)* verwirren; **~arsi** [-'tarsi] sich verwirren
disotto [di'sotto] unten; ***al ~ di*** unter *(dat od acc)*
dispari ['dispari] ungerade
disparità [dispari'ta] *f* Verschiedenheit *f*
disparte [dis'parte] ***in ~*** beiseite
dispendio [dis'pɛndio] *m* Aufwand *m*; Verschwendung *f*
dispendioso [dispendi'o:zo] kostspielig, aufwendig
dispensa [dis'pɛnsa] *f* Anrichte *f*; Speisekammer *f*; *jur* Erlass *m*; ***~ universitaria*** Vorlesungstext *m*
dispensare [dispen'sa:re] *(1b)* *(esonerare)* befreien
disper|are [dispe'ra:re] *(1b)* verzweifeln (***di*** an *dat*), die Hoffnung aufgeben (***di*** auf *acc*); ***far ~*** zur Verzweiflung bringen; **~arsi** [-'rarsi] in Verzweiflung geraten; verzweifeln; **~ato** [-'ra:to] verzweifelt; hoffnungslos; **~azione** [-ratsi'o:ne] *f* Verzweiflung *f*
disp|erdere [dis'pɛrdere] *(3uu)* zerstreuen; auseinandertreiben; *(consumare)* verschwenden; **~erdersi** [-'pɛrdersi] sich zerstreuen, auseinanderlaufen; **~ersione** [-persi'o:ne] *f chim u fis* Dispersion *f*; *fig* Zerstreuung *f*; **~erso** [-'pɛrso] **1.** → ***disperdere***; **2.** *adj* vermisst
dispetto [dis'pɛtto] *m* Ärger *m*; Bosheit *f*; ***a ~ di qu*** j-m zum Trotz; ***fare -i a qu*** j-n ärgern
dispettoso [dispet'to:zo] boshaft, frech
dispiacere [dispia'tʃe:re] **1.** *v/i* *(2k)* missfallen; leidtun, bedauern; ***mi dispiace*** es tut mir leid; **2.** *m* Kummer *m*; Bedauern *n*
disp|onibile [dispo'ni:bile] verfügbar; vorrätig; **~onibilità** [-ponibili'ta] *f* Verfügbarkeit *f*
disporre [dis'porre] *(3ll)* **1.** *v/t* anordnen; vorbereiten; **2.** *v/i* bestimmen, verfügen (***di*** über *acc*)
disp|ositivo [dispozi'ti:vo] *m tec* Vo

richtung *f*; **~osizione** [-pozitsi'oːne] *f* Anordnung *f*; Anlage *f* (**a** zu); (*norma*) Bestimmung *f*; **~ d'animo** Verfassung *f*; **stare** (**mettere**) **a ~** zur Verfügung stehen (stellen); **~osto** [-'posto] **1.** → **disporre**; **2.** *adj* bereit (**a** zu)
dispotico [dis'pɔtiko] despotisch
disprezzare [dispret'tsaːre] (*1b*) verachten
disprezzo [dis'prɛttso] *m* Verachtung *f*
disputa ['disputa] *f* Streit *m*, Wortstreit *m*; Wortgefecht *n*
disseminare [dissemi'naːre] (*1m*) verstreuen; *fig* verbreiten
dissenso [dis'sɛnso] *m* Meinungsverschiedenheit *f*; (*disapprovazione*) Missbilligung *f*
dissenteria [dissente'riːa] *f* Ruhr *f*
disseppellire [disseppel'liːre] (*4d*) ausgraben
dissertazione [dissertatsi'oːne] *f* Abhandlung *f*
disservizio [disser'viːtsio] *m* (*pl* *-zi*) Misswirtschaft *f*
dissest|are [disses'taːre] (*1b*) *econ* abwirtschaften; **~ato** [-'taːto] abgewirtschaftet
dissesto [dis'sɛsto] *m* Zerrüttung *f*
disset|ante [disse'tante] durststillend; **~are** [-'taːre] (*1a*): **~ qu** j-m den Durst löschen; **~arsi** [-'tarsi] s-n Durst löschen
dissidente [dissi'dɛnte] *m* Dissident *m*
dissimul|are [dissimu'laːre] (*1m*) verheimlichen; vortäuschen; **~azione** [-latsi'oːne] *f* Verstellung *f*, Heuchelei *f*
dissip|are [dissi'paːre] (*1l*) zerstreuen; (*sperperare*) verschwenden; **~azione** [-patsi'oːne] *f* Verschwendung *f*
dissoci|are [disso'tʃaːre] (*1f*) trennen; **~arsi** sich distanzieren (**da** von)
dissodare [disso'daːre] (*1c*) urbar machen
dissolv|ere [dis'sɔlvere] (*3g*) auflösen; *dubbi* zerstreuen; **~ersi** [-versi] sich auflösen
disson|ante [disso'nante] misstönend; nicht übereinstimmend; **~anza** [-'nantsa] *f mus u fig* Dissonanz *f*; Unstimmigkeit *f*
dissu|adere [dissua'deːre] (*2i*): **~ qu da qc** j-m et ausreden; **~aso** [-su'aːzo] → **dissuadere**
distaccare [distak'kaːre] (*1d*) loslösen, trennen
distacco [dis'takko] *m* (*pl* *-cchi*) Trennung *f*; *fig* Abstand *m*
dist|ante [dis'tante] weit; entfernt; entlegen; **~anza** [-'tantsa] *f* Entfernung *f*; Abstand *m*; *fig* Unterschied *m*; **comando a ~** Fernsteuerung *f*; **~are** [-'taːre] (*1a*) entfernt sein
distend|ere [dis'tɛndere] (*3c*) ausbreiten; ausstrecken; (*adagiare*) hinlegen; **~ersi** [-ersi] sich hinlegen; (*rilassarsi*) sich entspannen
disten|sione [distensi'oːne] *f* Entspannung *f* (*a pol*); **~sivo** [-'siːvo] entspannend
dist|esa [dis'teːsa] *f* Weite *f*; **~eso** [-so] **1.** → **distendere**; **2.** *adv* ausgestreckt; (*rilassato*) entspannt
distill|are [distil'laːre] (*1a*) destillieren; **~eria** [-le'riːa] *f* Brennerei *f*
distinguere [dis'tiŋguere] (*3d*) unterscheiden; kennzeichnen; erkennen
distintivo [distin'tiːvo] **1.** *adj* unterscheidend; **2.** *m* Abzeichen *n*
distinto [dis'tinto] **1.** → **distinguere**; **2.** *adj* (*diverso*) verschieden; (*chiaro*) deutlich; *fig* vornehm; **-i saluti** hochachtungsvoll
distinzione [distintsi'oːne] *f* Unterscheidung *f*; Unterschied *m*; *fig* Vornehmheit *f*
distorsione [distorsi'oːne] *f* Verstauchung *f*; *fig* Verzerrung *f*
distr|arre [dis'trarre] (*3xx*) zerstreuen; ablenken; **~atto** [-'tratto] **1.** → **distrarre**; **2.** *adj* unaufmerksam, zerstreut; **~azione** [-tratsi'oːne] *f* Unaufmerksamkeit *f*; Zerstreutheit *f*; (*svago*) Zerstreuung *f*
distretto [dis'tretto] *m* Bezirk *m*
distribu|ire [distribu'iːre] (*4d*) verteilen; **~tore** [-'toːre] *m* Verteiler *m*; **~** (**di benzina**) Tankstelle *f*; **~ automatico di bibite** Getränkeautomat *m*; **~ automatico di biglietti** Fahrkartenautomat *m*; **~zione** [-tsi'oːne] *f* Verteilung *f*; *post* Ausgabe *f*
distr|uggere [dis'truddʒere] (*3cc*) zerstören, vernichten; **~uttivo** [-trut'tivo] zerstörerisch; **~utto** [-'trutto] → **distruggere**; **~uzione** [-trutsi'oːne] *f* Zerstörung *f*, Vernichtung *f*
disturbare [distur'baːre] (*1a*) stören;

D

non si disturbi lassen Sie sich nicht stören
disturbo [dis'turbo] *m* Störung *f*; ~ ***circolatorio*** Kreislaufstörung *f*
disubbid|iente [dizubbidi'ɛnte] ungehorsam; **~ienza** [-di'ɛntsa] *f* Ungehorsam *m*; **~ire** [-'di:re] *(4d)* nicht gehorchen *(dat)*
disugu|aglianza [dizugua'ʎantsa] *f* Ungleichheit *f*; **~ale** [-gu'a:le] ungleich
disumano [dizu'ma:no] unmenschlich
disuso [di'zu:zo] *m* ***in*** ~ veraltet
ditale [di'ta:le] *m* Fingerhut *m*
dito ['di:to] *m (pl le dita)* Finger *m*; *del piede* Zehe *f*; *misura* Finger breit *m*; ***un ~ di vino*** ein Schluck Wein
ditta ['ditta] *f* Firma *f*; ~ ***fornitrice*** Lieferfirma *f*; ~ ***di vendite per corrispondenza*** Versandhaus *n*
dittafono [dit'ta:fono] *m* Diktiergerät *n*
dittat|ore [ditta'to:re] *m* Diktator *m*; **~ura** [-'tu:ra] *f* Diktatur *f*
diurno [di'urno] Tages…; ***albergo*** *m* ~ Tageshotel *n*
diva ['di:va] *f* Diva *f*, Star *m*
divano [di'va:no] *m* Couch *f*, Sofa *n*; ~ ***letto*** Bettcouch *f*
divaricare [divari'ka:re] *(1m u d)* auseinanderspreizen
divario [di'va:rio] *m (pl -ri)* Unterschied *m*; Gefälle *n*
divenire [dive'ni:re] *(4p)* werden
diventare [diven'ta:re] *(1b)* werden
diverbio [di'vɛrbio] *m (pl -bi)* Wortwechsel *m*
diver|gente [diver'dʒɛnte] auseinandergehend; *mat* divergent; **~genza** [-'dʒɛntsa] *f* (Meinungs)Verschiedenheit *f*, Divergenz *f (a mat)*
divergere [di'vɛrdʒere] *(3uu u 3a)* auseinandergehen; *fig* abweichen; *mat* divergieren
divers|amente [diversa'mente] *adv* anders; andernfalls; **~ificare** [-sifi'ka:re] *(1n u d)* **1.** *v/t* unterscheiden; **2.** *v/i u* **~ificarsi** [-sifi'karsi] sich unterscheiden; **~ità** [-si'ta] *f* Verschiedenheit *f*; Unterschied *m*; **~ivo** [-'si:vo] *m* Abwechslung *f*; Ablenkung *f*
diverso [di'vɛrso] verschieden (***da*** von), anders (***da*** als); ***-i*** mehrere; ***da -i giorni*** seit einigen Tagen
divert|ente [diver'tɛnte] amüsant; **~imento** [-ti'mento] *m* Vergnügen *n*; ***buon ~!*** viel Vergnügen!, viel Spaß!; **~ire** [-'ti:re] *(4b)* unterhalten, amüsieren; **~irsi** [-'tirsi] sich amüsieren
div|idendo [divi'dɛndo] *m mat* Dividend *m*; *econ* Dividende *f*; **~idere** [-'vi:dere] *(3q)* (auf-, ein- ver)teilen; trennen; *mat* dividieren; **~idersi** [-'vi:dersi] sich trennen
divieto [divi'ɛ:to] *m* Verbot *n*; ~ ***d'importazione*** Einfuhrverbot *n*; *auto* ~ ***di segnalazioni acustiche*** Hupverbot *n*; ~ ***di sosta*** Halteverbot *n*
divincolarsi [diviŋko'larsi] *(1m)* sich winden; sich befreien
divinità [divini'ta] *f* Göttlichkeit *f*; Gottheit *f*
divino [di'vi:no] göttlich
divisa [di'vi:za] *f* Wahlspruch *m*; Uniform *f*; *econ* Devisen *pl*
divisione [divizi'o:ne] *f* Teilung *f*; Abteilung *f*; Trennung *f*; *mat, mil, mar* Division *f*; ~ ***del lavoro*** Arbeitsteilung *f*
divo ['di:vo] *m* Star *m*
divorare [divo'ra:re] *(1c)* fressen; verschlingen; *fig* verzehren
divorzi|are [divortsi'a:re] *(1c u g)* sich scheiden lassen; **~ato** [-tsi'a:to] geschieden
divorzio [di'vɔrtsio] *m (pl -zi)* (Ehe-)Scheidung *f*
divulg|are [divul'ga:re] *(1e)* verbreiten; **~azione** [-gatsi'o:ne] *f* Verbreitung *f*
dizionario [ditsio'na:rio] *m (pl -ri)* Wörterbuch *n*
do[1] [dɔ] → ***dare***
do[2] [dɔ] *m inv mus* C *n*
Dobbiaco [dobbi'a:ko] *f* Toblach *n*
dobbiamo [dobbi'a:mo] → ***dovere***
D.O.C., **doc** ***Denominazione d'Origine Controllata*** Qualitätswein aus bestimmten Anbaugebieten *(abbr* QbA)
doccia ['dottʃa] *f (pl -cce)* Dusche *f*; Dachrinne *f*; ***fare la ~*** duschen
docente [do'tʃɛnte] **1.** *adj* Lehr(er)…; ***personale*** *m* ~ Lehrkörper *m*; **2.** *m/f* Lehrer(in) *m(f)*; ~ ***universitario*** Dozent(in *f*)
docile ['dɔ:tʃile] fügsam, gelehrig
docum|entare [dokumen'ta:re] *(1a)* dokumentieren; belegen; **~entars**

[-men'tarsi] sich informieren; **~entario** [-men'ta:rio] *m* Dokumentarfilm *m*; **~entazione** [-mentatsi'o:ne] *f* Dokumentation *f*; Unterlagen *f/pl*; **~ento** [-'mento] *m* Dokument *n*; Beleg *m*; **-i** *pl* Papiere *n/pl*, Ausweispapiere *n/pl*; **-i d'accompagnamento** Begleitpapiere *n/pl*; **-i dell'autoveicolo** Wagenpapiere *n/pl*

ogana [do'ga:na] *f* Zoll *m*; Zollamt *n*

ogan|ale [doga'na:le] Zoll…; ***autorità*** *f* **~** Zollbehörde *f*; ***barriera*** *f* **~** Zollschranke *f*; ***dichiarazione*** *f* **~** Zollerklärung *f*; ***formalità*** *f/pl* **-i** Zollabfertigung *f*; ***controllo*** *m* **~** Zollkontrolle *f*; **~iere** [-ni'ɛ:re] *m* Zollbeamte(r) *m*

oglie ['dɔ:ʎe] *f/pl* ***le ~ del parto*** (Geburts)Wehen *f/pl*

ogma ['dɔgma] *m* (*pl -i*) Dogma *n*

olce ['doltʃe] **1.** *adj* süß; sanft; mild; **2.** *m* Süßspeise *f*; Kuchen *m*; **-i** *pl* Süßigkeiten *f/pl*

olc|ezza [dol'tʃettsa] *f* Süße *f*; Sanftheit *f*; Milde *f*; **~iastro** [-'tʃastro] widerlich süß; **~ificante** [-tʃifi'kante] *m* Süßstoff *m*; **~iumi** [-'tʃu:mi] *m/pl* Süßwaren *f/pl*

ol|ente [do'lɛnte] schmerzlich; ***essere ~ per qc*** et bedauern; **~ere** [-'le:re] (*2e*) schmerzen; wehtun; **~ersi** [-'lersi] sich beklagen (***di*** über *acc*); bedauern

ollaro [dɔl'laro] *m* Dollar *m*

olomiti [dolo'mi:ti] *f/pl* Dolomiten *pl*

olorante [dolo'rante] *adj* schmerzhaft

ol|ore [do'lo:re] *m* Schmerz *m*; **~oroso** [-lo'ro:zo] schmerzhaft; schmerzlich

omanda [do'manda] *f* Frage *f*; (*richiesta*) Anfrage *f*; Antrag *m*; *econ* Nachfrage *f*; ***~ e offerta*** Angebot und Nachfrage; ***~ di lavoro*** Bewerbung *f*

omandare [doman'da:re] (*1a*) fragen; bitten; ***~ a qu*** j-n fragen; ***~ di qu*** nach j-m fragen; ***~ qc a qu*** j-n um et bitten; ***~ scusa*** um Entschuldigung bitten; ***~ il prezzo*** nach dem Preis fragen

omani [do'ma:ni] **1.** *adv* morgen; ***~ mattina*** morgen früh; ***~ sera*** morgen Abend; ***a ~!*** bis morgen!; **2.** *m* der nächste Tag

omare [do'ma:re] (*1a*) bändigen

omattina [domat'ti:na] morgen früh

omenica [do'me:nika] *f* (*pl -che*) Sonntag *m*; ***la*** (*od* ***di***) **~** sonntags, am Sonntag

domestica [do'mɛstika] *f* (*pl -che*) Hausangestellte *f*

domestico [do'mɛstiko] (*pl -ci*) **1.** *adj* häuslich; Haus…; ***animale*** *m* **~** Haustier *n*; **2.** *m* Hausangestellte(r) *m*

domiciliato [domitʃili'a:to] wohnhaft

domicilio [domi'tʃi:lio] *m* (*pl -li*) Wohnsitz *m*; Wohnung *f*

domin|ante [domi'nante] beherrschend; **~are** [-'na:re] (*1l u c*) **1.** *v/t* beherrschen; **2.** *v/i* herrschen

dominio [do'mi:nio] *m* (*pl -ni*) Herrschaft *f*; (*controllo*) Beherrschung *f*; *fig* (*campo*) Gebiet *n*, Domäne *f*

domino ['dɔ:mino] *m* Domino(spiel) *n*

don|are [do'na:re] (*1a*) schenken; spenden; **~atore** [-na'to:re] Spender *m*; ***~ di sangue*** Blutspender *m*; **~azione** [-natsi'o:ne] *f* Schenkung *f*

dondol|are [dondo'la:re] (*1l*) schaukeln; **~arsi** [-'larsi] schaukeln; **~io** [-'li:o] *m* Schaukeln *n*

dondolo ['dondolo] *m* ***cavallo*** *m* ***a ~*** Schaukelpferd *n*; ***sedia*** *f* ***a ~*** Schaukelstuhl *m*

donna ['dɔnna] *f* Frau *f*; *carte da gioco* Dame *f*; ***~ di servizio*** Dienstmädchen *n*, ***da ~*** weiblich; Frauen…

donnola ['dɔnnola] *f* Wiesel *n*

dono ['do:no] *m* Geschenk *n*; *fig* Gabe *f*

DOP [dɔp] ***Denominazione di Origine Protetta*** Geschützte Ursprungsbezeichnung (*abbr* GUB, GU)

dopo ['do:po] **1.** *prp* nach; ***~ tutto*** schließlich; **2.** *adv* nachher; danach; ***il giorno ~*** tags darauf, am Tag danach; ***~ che*** nachdem

dopo|barba [dopo'barba] *m* After-shave-Lotion *f*; **~domani** [-do'ma:ni] *adv* übermorgen; **~guerra** [-gu'ɛrra] *m inv* Nachkriegszeit *f*; **~pranzo** [-'prandzo] *m* Nachmittag *m*; **~sci** [-'ʃi] *m inv* Après-Ski *n*; **~sci** *pl stivali* Moonboots *m/pl*; **~tutto** [-'tutto] schließlich

doppi|aggio [doppi'addʒo] *m film* Synchronisierung *f*; **~are** [-pi'a:re] (*1k*) synchronisieren

doppio ['doppio] (*pl -pi*) **1.** *adj* doppelt; *fig* zweideutig; **2.** *m* Doppelte(s) *n*; *sport* Doppel *n*; **~ne** [-pi'o:ne] *m* Duplikat *n*; **~petto** [-'pɛtto] *m* Zweireiher *m*

dor|are [do'raːre] (*1c*) vergolden; *gastr* anbräunen; **~ato** [-'raːto] **1.** → ***dorare***; **2.** *adj* vergoldet; *gastr* goldbraun gebacken

dorico ['dɔːriko] (*pl -ci*) dorisch

D

dorm|icchiare [dormikki'aːre] (*1k*) schlummern; **~iglione** [-mi'ʎoːne] *m* Langschläfer *m*; **~ire** [-'miːre] (*4c*) schlafen; **~ita** [-'miːta] *f* Schlaf *m*; **~itorio** [-mi'tɔːrio] *m* (*pl -ri*) Schlafsaal *m*; **~iveglia** [-mi'veːʎa] *f* Halbschlaf *m*

dorso ['dɔrso] *m* Rücken *m*

dos|aggio [do'zaddʒo] *m* (*pl -gi*) Dosierung *f*; **~are** [-'zaːre] (*1c*) dosieren

dose ['dɔːze] *f* Dosis *f*

dot|are [do'taːre] (*1c*) ausstatten (***di*** mit); **~ato** [-'taːto] ausgestattet (***di*** mit); begabt (***per*** für); **~azione** [-tatsi'oːne] *f* Ausstattung *f*, Ausrüstung *f*

dote ['dɔːte] *f* Mitgift *f*, Aussteuer *f*; *fig* Gabe *f*

dott. ***dottore*** Doktor (*abbr* Dr.)

dotto ['dɔtto] **1.** *adj* gelehrt; **2.** *m* Gelehrte(r) *m*

dottore [dot'toːre] *m* Doktor *m*; Arzt *m*; **~ *in* ...** Doktor der ...

dottoressa [dotto'ressa] *f* Frau Doktor *f*; Ärztin *f*

dottrina [dot'triːna] *f* Lehre *f*

dott.ssa ***dottoressa*** Frau Doktor

dove ['doːve] wo; wohin; ***~ sei?*** wo bist du?; ***~ vai?*** wohin gehst du?; ***di*** *od* ***da ~*** woher

dovere [do'veːre] (*2f*) **1.** *v/i* müssen; sollen; ***come si deve*** wie es sich gehört; **2.** *v/t* verdanken; *denaro* schulden; **3.** *m* Pflicht *f*

dovunque [do'vuŋkue] wo auch immer; überall(hin)

dovuto [do'vuːto] **1.** → ***dovere***; **2.** *adj* ***~ a*** verursacht durch (*od* von)

dozzina [dod'dziːna] *f* Dutzend *n*; ***a -e*** dutzendweise

d.p.r. ***Decreto del Presidente della Repubblica*** Verordnung des Präsidenten der Italienischen Republik

drago ['draːgo] *m* (*pl -ghi*) Drache *m*

dragoncello [dragon'tʃɛllo] *m* Estragon *m*

dramma ['dramma] *m* (*pl -i*) Drama *n*; Schauspiel *n*

dramm|atico [dram'maːtiko] (*pl -ci*) dramatisch; **~atizzare** [-matid'dzaːre] (*1a*) dramatisieren; **~aturgia** [-maturʼdʒiːa] *f* Dramaturgie *f*; **~aturgo** [-ma'turgo] *m* (*pl -ghi*) Dramatike *m*, Bühnenautor *m*

drastico ['drastiko] (*pl -ci*) drastisch

Dresda ['drɛzda] *f* Dresden *n*

dribblare [drib'blaːre] (*1a*) *sport* dribbeln

drive [dr'aiv] *m inv inform* Laufwerk *n*

drizz|are [drit'tsaːre] (*1a*) gerade machen, gerade biegen; ***~ le orecchi*** die Ohren spitzen; **~arsi** [-'tsarsi] sich aufrichten

droga ['drɔːga] *f* (*pl -ghe*) Gewürz *n* Droge *f*, Rauschgift *n*

dro|gare [dro'gaːre] (*1c u e*) würzen Rauschgift geben (***qu*** j-m); *sport* dopen; **~garsi** [-'garsi] Rauschgift nehmen; *sport* sich dopen; **~gato** [-'gato] *m*, **-a** [-'gata] *f* Drogenabhängige(r) *m/f(m)*; **~gheria** [-ge'riːa] *f* Drogerie

DS ***Democratici di Sinistra*** linke demokratische Partei

DSL [di-'ɛsse-'ɛlle] *m tel* DSL

dubbio ['dubbio] (*pl -bbi*) **1.** *adj* dubio zweifelhaft; **2.** *m* Zweifel *m*; ***metter qc in ~*** et bezweifeln; ***senza ~*** zweifelos

dubbioso [dubbi'oːzo] zweifelnd; unsicher; dubios

dubitare [dubi'taːre] (*1l*) zweifeln (*an dat*); bezweifeln (***di qc*** etwas); ***dubito che venga*** ich zweifele, dass kommt

duca ['duːka] *m* (*pl -chi*) Herzog *m*

duc|ato [du'kaːto] *m* Herzogtum *n*; **~hessa** [-'kessa] *f* Herzogin *f*

due [d'uːe] zwei; ***a ~ a ~*** immer zu zwei paarweise; ***tutt'e ~*** beide; ***~ parole*** ein paar Worte

duecento [due'tʃɛnto] *adj* zweihundert

Duecento [due'tʃɛnto] *m* dreizehnte(Jahrhundert *n*

duello [du'ɛllo] *m* Duell *n*

duepezzi [due'pɛttsi] *m* Zweiteiler *m*

duetto [du'etto] *m* Duett *n*

duna ['duːna] *f* Düne *f*

dunque ['duŋkue] also

duomo [du'ɔːmo] *m* Dom *m*

duplicato [dupli'kaːto] *m* Duplikat *n*

duplice ['duːplitʃe] *adj* zweifach

dur|ante [du'rante] *prp* während; ***vita natural ~*** zeitlebens; **~are** [-'raːre]

(*1a*) dauern; aushalten; (*conservarsi*) halten; **~ata** [-'ra:ta] *f* Dauer *f*; (*conservazione*) Haltbarkeit *f*; **~ di volo** Flugzeit *f*; **~aturo** [-ra'tu:ro], **~evole** [-'re:vole] dauerhaft; haltbar
durezza [du'rettsa] *f* Härte *f*
duro ['du:ro] hart; schwer; **~ d'orecchi** schwerhörig
durone [du'ro:ne] *m* Hornhaut *f*
duttile ['duttile] dehnbar; geschmeidig; *fig* flexibel
DVD [divu'ddi] *m inv* DVD *f*

E

e [e] *cj* und; **e … e …** sowohl … als auch …
E est Osten (*abbr* O)
è [ɛ] → **essere**
ebanista [eba'nista] *m* (*pl -i*) Kunsttischler *m*
ebano ['ɛ:bano] *m* Ebenholz *n*
ebbe ['ɛbbe], **ebbi** ['ɛbbi] → **avere**
ebbene [eb'bɛ:ne] also, nun
ebbrezza [eb'brettsa] *f* Trunkenheit *f*
ebraico [e'bra:iko] (*pl -ci*) jüdisch; *lingua* hebräisch
ebre|a [e'brɛ:a] *f* Jüdin *f*; **~o** [-o] **1.** *m* Jude *m*; **2.** *adj* jüdisch
ecc. eccetera und so weiter (*abbr* usw.)
Ecc. Eccellenza Exzellenz (*abbr* Exz.)
ecced|ente [ettʃe'dɛnte] überschüssig; **~enza** [-'dɛntsa] *f* Überschuss *m* (**di** an *dat*); **~ demografica** Bevölkerungsüberschuss *m*
eccedere [et'tʃɛ:dere] (*3a*) übertreiben; zu weit gehen; **~ nel bere** übermäßig trinken
eccellente [ettʃel'lɛnte] hervorragend, vortrefflich; (*squisito*) ausgezeichnet
eccentrico [et'tʃɛntriko] (*pl -ci*) exzentrisch; überspannt
eccessivo [ettʃes'si:vo] übermäßig; übertrieben
eccesso [et'tʃɛsso] *m* Übermaß *n*; **~ di velocità** Geschwindigkeitsüberschreitung *f*; **in ~** zu viel
eccetera [et'tʃɛ:tera] und so weiter
eccetto [et'tʃɛtto] ausgenommen (*acc*); abgesehen von; **~ te** außer dir; **~ che** es sei denn
eccez|ionale [ettʃetsio'na:le] außergewöhnlich; **caso** *m* **~** Ausnahmefall *m*; **in via ~** ausnahmsweise; **~ionalmente** [-tsional'mente] ausnahmsweise; **~ione** [-tsi'o:ne] *f* Ausnahme *f*
ecchimosi [ek'ki:mozi *od* ekki'mɔ:zi] *f* Bluterguss *m*
eccit|ante [ettʃi'tante] **1.** *adj* aufregend; **2.** *m* Aufputschmittel *n*; **~are** [-'ta:re] (*1l u b*) erregen; aufregen; (*stimolare*) anregen; **~azione** [-tatsi'o:ne] *f* Erregung *f*; Aufregung *f*
ecclesiastico [ekklezi'astiko] (*pl -ci*) **1.** *adj* geistlich; kirchlich; **2.** *m* Geistliche(r) *m*
ecco ['ɛkko] hier (*od* da) ist (sind); da kommt (kommen); **~!** eben!; genau!; **~ fatto** fertig; **~ tutto** das ist alles; *in Zssgn* **eccomi** hier bin ich; **eccolo** hier ist er; **eccoti il libro** da hast du das Buch
ecliss|are [eklis'sa:re] (*1a*) verdunkeln, *fig* in den Schatten stellen; **~arsi** [-'sarsi] *fig* verschwinden
eclissi [e'klissi] *inv* Eklipse *f*; **~ solare** Sonnenfinsternis *f*; **~ lunare** Mondfinsternis *f*
eco ['ɛ:ko] *m/f* (*pl echi*) Echo *n*
ecografia [ekogra'fi:a] *f* Ultraschalluntersuchung *f*
ecol|ogia [ekolo'dʒi:a] *f* Ökologie *f*; **~ogico** [-'lɔdʒiko] (*pl -ci*) ökologisch, umweltfreundlich; umweltverträglich; *tec* schadstoffarm; **~ogista** [-lo'dʒista] **1.** *m/f* Umweltschützer(in) *m*(*f*); **2.** *adj* Umwelt…, Ökologie…
ecologo [e'kɔ:logo] *m* (*pl -gi*) Ökologe *m*; Umweltforscher *m*
economia [ekono'mi:a] *f* Wirtschaft *f*; **fare ~** sparen; **~ di mercato** Marktwirtschaft *f*; *università* **~ e commercio** Betriebswirtschaft *f*; **-e** *pl* Ersparnisse *f/pl*
economico [eko'nɔ:miko] (*pl -ci*) wirtschaftlich; (*poco costoso*) preiswert; billig; **politica** *f* **-a** Wirtschaftspolitik *f*
econom|ista [ekono'mista] *m/f* (*m/pl -i*) Volkswirtschaftler(in) *m*(*f*); **~izza-**

re [-mid'dza:re] (*1a*) sparen
economo [e'kɔ:nomo] **1.** *adj* sparsam; **2.** *m* Verwalter *m*
eco|sistema [ekosis'tɛ:ma] *m* Ökosystem *n*; **~tassa** [-'tassa] *f pol* Umweltsteuer *f*, Ökosteuer *f*
eczema [ek'dzɛ:ma] *m* (*pl -i*) Ekzem *n*
ed [ed] = ***e*** (*vor Vokalen*)
edera ['ɛ:dera] *f* Efeu *m*
edicola [e'di:kola] *f* Zeitungskiosk *m*
edificare [edifi'ka:re] (*1m u d*) bauen; erbauen (*a fig*)
edificio [edi'fi:tʃo] *m* (*pl -ci*) Bau *m*; Gebäude *n*; *fig* Aufbau *m*; ***complesso** m **di -i*** Häuserblock *m*
edile [e'di:le] Bau…; ***industria** f* **~** Bauindustrie *f*
edilizia [edi'li:tsia] *f* Bauwesen *n*; (*urbanistica*) Städteplanung *f*; **~ *abitativa*** (*od **residenziale***) Wohnungsbau *m*
edit|ore [edi'to:re] **1.** *adj* Verlags…; ***casa** f **editrice*** Verlag *m*; **2.** *m* Verleger *m*; (*curatore*) Herausgeber *m*; **~oria** [-to'ri:a] *f* Verlagswesen *n*; **~oriale** [-tori'a:le]; **1.** *adj* Verlags…; **2.** *m* Leitartikel *m*
edizione [editsi'o:ne] *f* Ausgabe *f*; Auflage *f*; **~ *clandestina*** Raubdruck *m*; **~ *interamente rifatta*** Neubearbeitung *f*; **~ *straordinaria*** Sonderausgabe *f*; **~ *tascabile*** Taschenbuchausgabe *f*; ***quarta*** **~** vierte Auflage *f*
EDP (*Electronic Data Processing*) ***Elaborazione Elettronica dei Dati*** Elektronische Datenverarbeitung (*abbr* EDV)
educ|are [edu'ka:re] (*1l, b u d*) erziehen; **~ato** [-'ka:to] (*a **ben** ~*) wohlerzogen, höflich; **~azione** [-katsi'o:ne] *f* Erziehung *f*
effervescente [effervеʃ'ʃɛnte] aufbrausend, sprudelnd
effett|ivamente [effettiva'mente] in Wirklichkeit, tatsächlich; **~ivo** [-'ti:vo] **1.** *adj* wirklich; **2.** *m econ* Effektivbestand *m*
effetto [ef'fɛtto] *m* Wirkung *f*; Effekt *m*; *econ* Wechsel *m*; **~ *serra*** Treibhauseffekt *m*; ***fare*** **~** wirken; ***fare l'~ di …*** den Eindruck machen zu …; ***-i*** *pl* ***collaterali*** Nebenwirkungen *pl*; ***a tutti gli -i*** in jeder Hinsicht; ***in -i*** in der Tat
effettuare [effettu'a:re] (*1m u b*) ausführen, durchführen; *pagamento* leisten
effic|ace [effi'ka:tʃe] wirksam; **~acia** [-'ka:tʃa] *f* Wirksamkeit *f*; **~iente** [-'tʃɛnte] wirkend; leistungsfähig, effizient (*a econ*); **~ienza** [-'tʃɛntsa] *f* Leistungsfähigkeit *f*, Effizienz *f*; Wirksamkeit *f*
EFTA ***Associazione Europea di Libero Scambio*** Europäische Freihandelszone (*abbr* EFTA)
Egeo [e'dʒɛ:o] *m* Ägäis *f*
Egitto [e'dʒitto] *m* Ägypten *n*
egiziano [edʒitsi'a:no] **1.** *adj* ägyptisch; **2.** *m* Ägypter *m*
egizio [e'dʒi:tsio] altägyptisch
egli ['e:ʎi] er; es
egocentrico [ego'tʃɛntriko] egozentrisch
ego|ismo [ego'izmo] *m* Egoismus *m*; **~ista** [-'ista] **1.** *adj* egoistisch; **2.** *m/f* (*m/pl -i*) Egoist(in) *m(f)*
egr. ***egregio*** sehr geehrt (*Briefstil*)
egregio [e'grɛ:dʒo] (*pl -gi*) ausgezeichnet, vortrefflich; *nelle lettere* **~ *signor … *** sehr geehrter Herr …
eguale → ***uguale***
eh? [e] nun?, na?
eh! [ɛ] ach!, oh!
ehi! ['ei] he!
E.I. ***Esercito Italiano*** Italienisches Heer
elabor|are [elabo'ra:re] (*1m*) ausarbeiten; **~ato** [-'ra:to] ausgearbeitet; *stile* ausgefeilt
elaboratore [elabora'to:re] *m* **~ *elettronico*** Computer *m*, EDV-Anlage *f*
elaborazione [elaboratsi'o:ne] *f* Ausarbeitung *f*; Verarbeitung *f*; **~ *elettronica dei dati*** elektronische Datenverarbeitung *f*; **~ *del testo*** Textverarbeitung *f*
elasticità [elastitʃi'ta] *f* Elastizität *f*; *fig* Spannkraft *f*
elastico [e'lastiko] (*pl -ci*) **1.** *adj* elastisch; **2.** *m* Gummiband *n*
Elba ['ɛlba] *f* Elba *n*
elefante [ele'fante] *m* Elefant *m*
eleg|ante [ele'gante] elegant; **~anza** [-'gantsa] *f* Eleganz *f*
eleggere [e'lɛddʒere] (*3cc*) wählen
elem|entare [elemen'ta:re] elementar; ***scuola** f* **~** Grundschule *f*; **~ento** [-'mento] *m* Element *n*; Bestandteil

m; **-i** *pl* Grundlagen *f/pl*
lem|osina [ele'mɔːzina] *f* Almosen *n*; **~osinare** [-mozi'naːre] (*1n u c*) betteln
lencare [eleŋ'kaːre] (*1b u d*) auflisten; (*enumerare*) aufzählen
lenco [e'lɛŋko] *m* (*pl -chi*) Verzeichnis *n*; Liste *f*; **~ *telefonico*** Telefonbuch *n*; **~ *dei participanti*** Teilnehmerliste *f*
letto [e'lɛtto] **1.** → ***eleggere***; **2.** *adj* gewählt
lett|orale [eletto'raːle] Wahl…; ***campagna*** *f* **~** Wahlkampf *m*; **~orato** [-to'raːto] *m* Wählerschaft *f*; Wähler *m/pl*; **~ore** [-'toːre] *m* Wähler *m*
lettrauto [elet'traːuto] *m inv* Kraftfahrzeugelektriker *m*; Werkstatt *f* für Autoelektrik
lettrice [elet'triːtʃe] *f* Wählerin *f*
lettr|icista [elettri'tʃista] *m* (*pl -i*) Elektriker *m*; **~icità** [-tritʃi'ta] *f* Elektrizität *f*
lettrico [e'lɛttriko] (*pl -ci*) elektrisch; ***centrale*** *f* **-a** Elektrizitätswerk *n*
lettro [e'lɛttro] *m* Bernstein *m*
lettrocardiogramma [elettrokardio'gramma] *m* (*pl -i*) Elektrokardiogramm *m*, EKG *n*
lettrodomestico [elettrodo'mɛstiko] *m* (*pl -ci*) elektrisches Haushaltsgerät *n*, Elektrogerät *n*
lettro|motore [elettromo'toːre] *m* Elektromotor *m*; **~motrice** [-mo'triːtʃe] *f* E-Lok *f*
lettr|one [elet'troːne] *m* Elektron *n*; **~onica** [-'trɔːnika] *f* Elektronik *f*; **~onico** [-'trɔːniko] elektronisch
lettro|tecnica [elettro'tɛknika] *f* Elektrotechnik *f*; **~tecnico** [-'tɛkniko] (*pl -ci*) **1.** *adj* elektrotechnisch; **2.** *m* Elektrotechniker *m*
lev|are [ele'vaːre] (*1b*) erhöhen, erheben; **~ato** [-'vaːto] hoch; *fig* erhaben; **~azione** [-vatsi'oːne] *f* Erhebung *f*
lezione [eletsi'oːne] *f* Wahl *f*; **-i** ***pl anticipate*** vorgezogene Wahlen *pl*; **-i *europee*** Europawahlen *pl*
liambulanza [eliambu'lantsa] *f* Rettungshubschrauber *m*
lica ['ɛːlika] *f* (*pl -che*) *mar* (Schiffs-)Schraube *f*; *avia* Propeller *m*
licottero [eli'kɔttero] *m* Hubschrauber *m*
limin|are [elimi'naːre] (*1m*) beseitigen, eliminieren; *sport* ausschalten; **~atoria** [-na'tɔːria] *f sport* Ausscheidungskampf *m*; **~azione** [-natsi'oːne] *f* Beseitigung *f*; Ausscheidung *f*
eliporto [eli'pɔrto] *m* Hubschrauberlandeplatz *m*
élite [e'lit] *f* Elite *f*
ella ['ella] sie
ellenico [el'lɛːniko] (*pl -ci*) hellenisch
ellenismo [elle'nizmo] *m* Hellenismus *m*
ellepì [elle'pi] *m inv* Langspielplatte *f*, LP *f*
elmetto [el'metto] *m* Stahlhelm *m*
elmo ['elmo] *m* Helm *m*
elogiare [elo'dʒaːre] (*1f u c*) loben
elogio [e'lɔːdʒo] *m* (*pl -gi*) Lobrede *f*; Lob *n*
eloqu|ente [eloku'ɛnte] redegewandt; (*espressivo*) ausdrucksvoll; **~enza** [-ku'ɛntsa] *f* Beredsamkeit *f*
el|udere [e'luːdere] (*3q*) umgehen, ausweichen (*dat*); **~usivo** [-lu'ziːvo] ausweichend
elvetico [el'vɛːtiko] (*pl -ci*) helvetisch, schweizerisch
e-mail ['iːmeil] *f inform* E-Mail *f*
eman|are [ema'naːre] (*1a*) **1.** *v/t* ausstrahlen; ausströmen; *legge* erlassen; **2.** *v/i* herkommen; **~azione** [-natsi'oːne] *f* Ausstrahlung *f*; Erlass *m*
emancip|are [emantʃi'paːre] (*1m*) emanzipieren; befreien; *jur* mündigsprechen; **~arsi** [-'parsi] sich emanzipieren, sich freimachen; **~azione** [-patsi'oːne] *f* Emanzipation *f*; Befreiung *f*
emargin|are [emardʒi'naːre] (*1m*) ausschließen, ausstoßen; **~ato** [-'naːto] *m* Ausgestoßene(r) *m*
ematoma [ema'tɔːma] *m* (*pl -i*) Bluterguss *m*
embargo [em'bargo] *m* Embargo *n*
emblema [em'blɛːma] *m* (*pl -i*) Emblem *n*, Symbol *n*
embolia [embo'liːa] *f* Embolie *f*
embrione [embri'oːne] *m* Embryo *m*; *fig* Keim *m*
emergenza [emer'dʒɛntsa] *f* Notfall *m*; ***freno d'~*** Notbremse *f*; ***in caso di ~*** im Notfall
emergere [e'mɛrdʒere] (*3uu*) auftauchen; (*distinguersi*) hervorragen
emersione [emersi'oːne] *f* Auftauchen *n*

E

emerso [e'mɛrso] → ***emergere***
emesso [e'messo] → ***emettere***
emettere [e'mettere] (*3ee*) *calore* ausstrahlen; *suono* ausstoßen; *econ u tec* emittieren; *assegno* ausstellen
emicrania [emi'kraːnia] *f* Migräne *f*
emigr|ante [emi'grante] *m* Auswanderer *m*; **~are** [-'graːre] (*1a*) auswandern, emigrieren; **~ato** [-'graːto] *m* Auswanderer *m*; **~azione** [-gratsi'oːne] *f* Auswanderung *f*, Emigration *f*

E

emisfero [emis'fɛːro] *m* Halbkugel *f*
emissario [emis'saːrio] *m* (*pl -ri*) *geogr* Abfluss *m*; Abgesandter *m*; (*agente segreto*) Geheimagent *m*
emissione [emissi'oːne] *f* Emission *f*; Ausgabe *f*; ***banca f di ~*** Notenbank *f*; ***data di ~*** Ausstellungsdatum *n*; ***-i** pl **inquinanti*** Schadstoffemissionen *pl*
emittente [emit'tɛnte] **1.** *adj* Emissions…; *rad* ***stazione f ~*** Sender *m*; **2.** *f rad* Sender *m*
emoglobina [emoglo'biːna] *f* Hämoglobin *n*
emorr|agia [emorra'dʒiːa] *f* Blutung *f*; **~oidi** [-'rɔːidi] *f/pl* Hämorrhoiden *f/pl*
emostatico [emos'taːtiko] *m* blutstillendes Mittel *n*
emotivo [emo'tiːvo] emotional, Gefühls…; empfindlich
emoz|ionante [emotsio'nante] aufregend, spannend; **~ionato** [-tsio'naːto] aufgeregt, erregt; **~ione** [-tsi'oːne] *f* Aufregung *f*
empirico [em'piːriko] (*pl -ci*) empirisch
emporio [em'pɔːrio] *m* (*pl -ri*) Kaufhaus *n*
emulsione [emulsi'oːne] *f* Emulsion *f*
EN ***Enna*** Enna
enciclop|edia [entʃiklope'diːa] *f* Enzyklopädie *f*, Lexikon *n*; **~edico** [-'pɛːdiko] (*pl -ci*) enzyklopädisch
endovenoso [endove'noːzo] intravenös
ENEL ***Ente Nazionale per l'Energia Elettrica*** Nationale Elektrizitätsgesellschaft
energia [ener'dʒiːa] *f* Energie *f*; ***~ nucleare*** Kernernergie *f*; ***~ solare*** Sonnenenergie *f*
energico [e'nɛrdʒiko] (*pl -ci*) energisch, kraftvoll
ENI ***Ente Nationale Idrocarburi*** Nationale Brennstoffverwaltung
enigm|a [e'nigma] *m* (*pl -i*) Rätsel *n*; **~atico** [-'maːtiko] (*pl -ci*) rätselhaft
ENIT ***Ente Nazionale Italiano per il Turismo*** Staatliches Fremdenverkehrsamt
ennesimo [en'nɛːzimo] *mat* n-ter; F ***per l'-a volta*** F zum x-ten Mal
enorme [e'nɔrme] ungeheuer, riesig, enorm
enoteca [eno'tɛːka] *f* Weinhandlung *f*; Weinprobierstube *f*
ente ['ɛnte] *m* Einrichtung *f*; Anstalt *f*; *fil* Wesen *n*; ***~ per il turismo*** Fremdenverkehrsamt *n*
entrambi [en'trambi] beide
entrare [en'traːre] (*1a*) hereinkommen; hineingehen; eintreten; *fer* einfahren; *vestiti* passen; ***questa chiave non c'entra*** dieser Schlüssel geht nicht hinein; *fig* ***questo non c'entra*** das hat damit nichts zu tun; ***~ in carica*** ein Amt antreten
entrata [en'trata] *f* Eingang *m*; *per un veicolo* Einfahrt *f*; *spettacolo* Eintritt *m*; *in un paese* Einreise *f*; *inform* Eingabe *f*; *econ* **-e** *pl* Einkommen *n*; Einnahme *f*; ***permesso** m **d'~*** Einreiseerlaubnis *f*
entro ['entro] binnen; → ***dentro***
entroterra [entro'tɛrra] *m inv* Hinterland *n*
entusi|asmare [entuziaz'maːre] (*1a*) begeistern; **~asmo** [-zi'azmo] *m* Begeisterung *f*; **~astico** [-zi'astiko] (*pl -ci*) begeistert
enumer|are [enume'raːre] (*1m*) aufzählen; **~azione** [-ratsi'oːne] *f* Aufzählung *f*
Eolie [e'ɔːlie] *f/pl* Liparische Inseln *f/pl*, Äolien *f/pl*
epatite [ɛpa'tite] *f* Hepatitis *f*
epicentro [epi'tʃɛntro] *m* Epizentrum *n*; *fig* Herd *m*
epidemia [epide'miːa] *f* Epidemie *f*; ***~ di influenza*** Grippewelle *f*
epidermide [epi'dɛrmide] *f* Haut *f*
Epifania [epifa'niːa] *f* Dreikönigsfest *n*
epilessia [epiles'sia] *f* Epilepsie *f*
episodio [epi'zɔːdio] *m* (*pl -di*) Episode *f*
epistolare [episto'laːre] ***stile** m* Briefstil *m*
epoca ['ɛːpoka] *f* (*pl -che*) Epoche *f*

Zeit *f*
eppure [ep'puːre] und doch
E.P.T. ***Ente Provinciale per il Turismo*** Fremdenverkehrsamt der Stadt und Provinz
equ|atore [ekua'toːre] *m* Äquator *m*; **~atoriale** [-tori'aːle] äquatorial; **~azione** [-atsi'oːne] *f* Gleichung *f*
equi|latero [ekui'laːtero] gleichseitig; **~librare** [-li'braːre] *(1a)* ins Gleichgewicht bringen, ausgleichen; **~librato** [-li'braːto] *fig* ruhig; ausgeglichen; **~librio** [-'liːbrio] *m (pl -ri)* Gleichgewicht *n*; *fig* Ausgeglichenheit *f*
equino [eku'iːno] Pferde…
equinozio [ekui'nɔːtsio] *m (pl -zi)* Tagundnachtgleiche *f*
equip|aggiamento [ekuipaddʒa'mento] *m* Ausrüstung *f*; **~aggiare** [-pad'dʒaːre] *(1f)* ausrüsten; *mar u avia* bemannen; **~aggio** [-'paddʒo] *m (pl -ggi)* Besatzung *f*, Mannschaft *f*
equiparare [ekuipa'raːre] *(1m)* gleichstellen
equipe [e'kip] *f* Gruppe *f*, Team *n*; ***lavoro*** *m* ***di ~*** Teamarbeit *f*
equitazione [ekuitatsi'oːne] *f* Reitsport *m*
equivalente [ekuiva'lɛnte] **1.** *adj* gleichwertig; gleichbedeutend; **2.** *m* Gegenwert *m*
equivoco [eku'iːvoko] *(pl -ci)* **1.** *adj* zweideutig; **2.** *m* Missverständnis *n*
era[1] ['ɛːra] *f* Ära *f*; *(epoca)* Zeitalter *m*; ***~ atomica*** Atomzeitalter *n*
era[2] ['ɛːra], **erano** ['ɛːrano] → ***essere***
erba ['ɛrba] *f* Gras *n*; ***-e*** *pl gastr* Gemüse *n*; Kräuter *n/pl*; ***-e aromatiche*** Gewürzkräuter; ***alle -e*** mit Kräutern; *fig* ***in ~*** unerfahren
erb|accia [er'battʃa] *f (pl -cce)* Unkraut *n*; **~ivendolo** [-bi'vendolo] *m* Gemüsehändler *m*
erbor|ista [erbo'rista] *m (pl -i)* Pflanzensammler *m*; **~isteria** [-riste'riːa] *f* Heilpflanzenhandlung *f*
erboso [er'boːzo] grasbewachsen, Gras…
erede [e'rɛːde] *m/f* Erbe *m*, Erbin *f*
ered|ità [eredi'ta] *f* Erbschaft *f*; **~itare** [-di'taːre] *(1m u b)* erben; **~itario** [-di'taːrio] *(pl -ri)* Erb…; *biol* erblich, vererblich
eremita [ere'miːta] *m (pl -i)* Einsiedler *m*
eretto [e'rɛtto] **1.** → ***erigere***; **2.** *adj* aufgerichtet
erezione [eretsi'oːne] *f* Errichtung *f*; *fisiologia* Erektion *f*
erg|astolano [ergasto'laːno] *m* Lebenslängliche(r) *m*; **~astolo** [-'gastolo] *m* lebenslängliche Freiheitsstrafe *f*
erica ['ɛːrika] *f* Heidekraut *n*
erig|ere [e'riːdʒere] *(3u)* errichten; gründen; **~ersi** [-dʒersi] sich aufspielen (***a*** als)
Eritrea [eri'trɛːa] *f* Eritrea *n*
ermellino [ermel'liːno] *m* Hermelin *n u m*
ermetico [er'mɛːtiko] *(pl -ci)* hermetisch; luftdicht; *fig* schwer verständlich
ernia ['ɛrnia] *f med* Bruch *m*; ***~ al disco*** Bandscheibenvorfall *m*
ero ['ɛːro] → ***essere***
eroe [e'rɔːe] *m* Held *m*
erog|are [ero'gaːre] *(1l, b u e)* verteilen; *gas* liefern; **~azione** [-gatsi'oːne] *f* Verteilung *f*; Lieferung *f*, Versorgung *f*
eroico [e'rɔːiko] *(pl -ci)* heldenmütig
eroi|na [ero'iːna] *f droga* Heroin *n*; **~nomane** [-'nɔːmane] *m/f* Heroinsüchtige(r) *m/f(m)*
erosione [erozi'oːne] *f geol* Erosion *f*
erotico [e'rɔːtiko] *(pl -ci)* erotisch
errare [er'raːre] *(1b)* (sich) irren
errore [er'roːre] *m* Irrtum *m*; Fehler *m*; ***~ di battitura*** Tippfehler *m*; ***~ di stampa*** Druckfehler *m*; ***per ~*** aus Versehen
erta ['ɛrta] *f* ***stare all'~*** auf der Hut sein
erud|ito [eru'diːto] **1.** *adj* gelehrt; **2.** *m* Gelehrte(r) *m*; **~izione** [-ditsi'oːne] *f* Gelehrsamkeit *f*
eruttare [erut'taːre] *(1a)* *vulcano* ausspeien, herausschleudern
eruzione [erutsi'oːne] *f* Ausbruch *m*; *med* Ausschlag *m*
es. ***esempio*** Beispiel
esager|are [ezadʒe'raːre] *(1m)* übertreiben; **~ato** [-'raːto] übertrieben, übermäßig; *persona* übertreibend; **~azione** [-ratsi'oːne] *f* Übertreibung *f*
es|agonale [ezago'naːle] sechseckig; **~agono** [e'zaːgono] *m* Sechseck *n*
esalt|are [ezal'taːre] *(1a)* verherrlichen; *(entusiasmare)* begeistern; **~arsi** sich begeistern; sich aufregen; **~ato**

E

[-'taːto] **1.** *adj* überspannt; überschwänglich; **2.** *m* Schwärmer *m*; **~azione** [-tatsi'oːne] *f* Verherrlichung *f*; Aufregung *f*
esame [e'zaːme] *m* Prüfung *f*; Examen *n*; *med* Untersuchung *f*; **~ d'idoneità** Eignungsprüfung *f*; **~ finale** Abschlussprüfung *f*; *econ* **in ~** zur Ansicht
esaminare [ezami'naːre] (*1m*) prüfen; *med* untersuchen
esasper|ante [ezaspe'rante] nervenaufreibend; **~are** [-'raːre] (*1m*) (*inasprire*) verschärfen; (*irritare*) reizen, zur Verzweiflung bringen; **~arsi** [-'rarsi] wütend werden; **~ato** [-'raːto] gereizt; **~azione** [-ratsi'oːne] *f* Verschärfung *f*; Gereiztheit *f*
esattezza [ezat'tettsa] *f* Genauigkeit *f*
esatto [e'zatto] **1.** → ***esigere***; **2.** *adj* genau; **~!** richtig!; stimmt!
esattoria [ezatto'riːa] *f* Steuerannahmestelle *f*, -amt *n*
esaudire [ezau'diːre] (*4d*) erhören
esaur|iente [ezau'riːɛnte] ausreichend; **~imento** [-ri'mento] *m* Erschöpfung *f*; *econ* **svendita *f* fino ad ~** Totalausverkauf *m*; *med* **~ nervoso** Nervenzusammenbruch *m*; **~ire** [-'riːre] (*4d*) erschöpfen; verbrauchen; *merci* ausverkaufen; **~ito** [-'riːto] (*esausto*) erschöpft; *econ* ausverkauft; vergriffen
esausto [e'zaːusto] erschöpft
esca ['eska] *f* (*pl -che*) Köder *m*; *fig* Lockmittel *n*
esce ['ɛʃʃe] → ***uscire***
eschimese [eski'meːse] *m* Eskimo *m*
esclam|are [eskla'maːre] (*1a*) ausrufen; **~azione** [-matsi'oːne] *f* Ausruf *m*
escludere [es'kluːdere] (*3q*) ausschließen
esclus|ione [eskluzi'oːne] *f* Ausschluss *m*; **~iva** [-'ziːva] *f* Exklusivrecht *n*; *econ* **~ di vendita** Alleinverkaufsrecht *n*; **~ivo** [-'ziːvo] exklusiv; **~o** [-'kluːzo] ausgeschlossen
esco ['ɛsko] → ***uscire***
escogitare [eskodʒi'taːre] (*1m u c*) ausdenken
escoriazione [eskoriatsi'oːne] *f* Hautabschürfung *f*
escremento [eskre'mento] *m* Exkrement *n*
escurs|ione [eskursi'oːne] *f* Ausflug *m*; *a piedi* Wanderung *f*; (*gita didattica*) Exkursion *f*; *meteorologia* Schwankung *f*; **~ ciclistica** Radtour *f*; **~ di un giorno** Tagesausflug *m*; **~ionismo** [-sio'nizmo] *m* Bergwandern *n*
esecut|ivo [ezeku'tiːvo] **1.** *adj* exekutiv; **2.** *m* Exekutive *f*; **~ore** [-'toːre] *m jur* Gerichtsvollzieher *m*; *mus* Vortragende(r) *m*; **~ testamentario** Testamentsvollstrecker *m*
esecuzione [ezekutsi'oːne] *f* Ausführung *f*; *jur* Vollstreckung *f*
eseguire [ezegu'iːre] (*4b od 4d*) ausführen; *mus* vortragen
esempio [e'zempio] *m* (*pl -pi*) Beispiel *n*; **per ~** zum Beispiel, beispielsweise; **prendere ~ da qu** sich ein Beispiel an j-m nehmen
esemplare [ezem'plaːre] **1.** *adj* beispielhaft; **2.** *m* Muster *n*; (*copia*) Exemplar *n*
esentare [ezen'taːre] (*1b*) befreien (**da** von)
esente [e'zɛnte] befreit; frei; **~ da tasse** steuerfrei
esequie [e'zɛːkuie] *f/pl* Begräbnisfeier *f*
eserc|itare [ezertʃi'taːre] (*1m u b*) üben, trainieren; *professione* ausüben; **~itazione** [-tʃitatsi'oːne] *f* Übung *f*
esercito [e'zertʃito] *m* Heer *n*, Armee *f*
esercizio [ezer'tʃiːtsio] *m* (*pl -zi*) Übung *f*; Ausübung *f*; *econ* **~ pubblico** Lokal *n*
esib|ire [ezi'biːre] (*4d*) vorzeigen, vorweisen; **~irsi** [-'birsi] auftreten
esibizion|e [ezibitsi'oːne] *f* Vorlegung *f*, Vorzeigen *n*; (*spettacolo*) Vorführung *f*; **~ista** [-bitsio'nista] *m/f* (*m/pl -i*) Angeber(in) *m(f)*; *psic* Exhibitionist(-in) *m(f)*
esig|ente [ezi'dʒɛnte] anspruchsvoll; **~enza** [-'dʒɛntsa] *f* Erfordernis *n*, Anspruch *m*
esigere [e'ziːdʒere] (*3w*) verlangen
esile ['ɛːzile] dünn; zart
esiliare [ezili'aːre] (*1k*) ins Exil schicken
esilio [e'ziːlio] *m* (*pl -li*) Exil *n*
esist|ente [ezis'tɛnte] bestehend, existent; **~enza** [-'tɛntsa] *f* Existenz *f*, Dasein *n*

esistere [e'zistere] *(3f)* existieren, bestehen, vorhanden sein
esit|are [ezi'ta:re] *(1l u b)* zögern; **~azione** [-tatsi'o:ne] *f* Zögern *n*
esito ['ɛ:zito] *m* Ausgang *m*; Ergebnis *n*; *econ* Absatz *m*; ***senza ~*** ergebnislos
eskimo ['ɛskimo] *m* Parka *m*
esodo ['ɛ:zodo] *m* Auszug *m*, Abwanderung *f*
esofago [e'zɔ:fago] *m (pl -ghi)* Speiseröhre *f*
esonerare [ezone'ra:re] *(1m u c)* befreien (***da*** von)
esonero [e'zɔ:nero] *m* Befreiung *f*
esorbitante [ezorbi'tante] übermäßig, enorm
esordiente [ezordi'ɛnte] *m* Anfänger *m*, Debütant *m*
esordio [e'zɔrdio] *m (pl -di)* Anfang *m*; *(debutto)* Debüt *n*
esordire [ezor'di:re] anfangen; *tea* debütieren
esort|are [ezor'ta:re] *(1c)* ermahnen; j-m zureden, j-n ermuntern; **~azione** [-tatsi'o:ne] *f* Ermahnung *f*; Ermutigung *f*
esot|erico [ezo'tɛ:riko] *(pl -ci)* esoterisch; **~erismo** [-te'rizmo] *m* Esoterik *f*
esotico [e'zɔ:tiko] *(pl -ci)* exotisch
espand|ere [es'pandere] *(3uu)* ausdehnen; **~ersi** [-dersi] sich ausdehnen
espans|ione [espansi'o:ne] *f* Ausdehnung *f*; *pol*, *econ* Expansion *f*; **~ività** [-sivi'ta] *f* Offenherzigkeit *f*; **~ivo** [-'si:vo] expansiv; *fig* offenherzig, überschwänglich
espatriare [espatri'a:re] *(1m u k)* auswandern
espatrio [es'pa:trio] *m (pl -i)* Auswanderung *f*
espediente [espedi'ɛnte] *m* Ausweg *m*; Mittel *n*; Notbehelf *m*; ***vivere di -i*** sich (mehr oder weniger ehrlich) durchs Leben schlagen
espellere [es'pɛllere] *(3y)* ausstoßen
esper|ienza [esperi'ɛntsa] *f* Erfahrung *f*; ***per ~*** aus Erfahrung; **~imento** [-ri'mento] *m* Versuch *m*, Experiment *n*
esperto [es'pɛrto] **1.** *adj* erfahren; geschickt, gewandt; **2.** *m* Fachmann *m*, Sachverständige(r) *m*
espir|are [espi'ra:re] *(1a)* ausatmen; **~azione** [-ratsi'o:ne] *f* Ausatmung *f*
esplicito [es'pli:tʃito] ausdrücklich
esplodere [es'plɔ:dere] *(3q)* **1.** *v/t* abfeuern; **2.** *v/i* explodieren
esplor|are [esplo'ra:re] *(1c)* erforschen; **~atore** [-ra'to:re] *m* Forscher *m*; ***giovane ~*** Pfadfinder *m*; **~azione** [-ratsi'o:ne] *f* Erforschung *f*
espl|osione [esplozi'o:ne] *f* Explosion *f*; *fig* Ausbruch *m*; ***~ dei costi*** Kostenexplosion *f*; **~osivo** [-plo'zi:vo] **1.** *adj* explosiv; **2.** *m* Sprengstoff *m*; **~oso** [-'plɔ:zo] → ***esplodere***
esponente [espo'nɛnte] *m/f* Vertreter(in) *m(f)*
esporre [es'porre] *(3ll)* ausstellen; *(riferire)* darlegen; *fot* belichten
esport|are [espor'ta:re] *(1c)* exportieren, ausführen; **~atore** [-ta'to:re] **1.** *adj* Export…; ***paese m ~*** Exportland *n*; **2.** *m* Exporteur *m*; **~azione** [-tatsi'o:ne] *f* Export *m*, Ausfuhr *f*
espos|imetro [espo'zi:metro] *m fot* Belichtungsmesser *m*; **~itore** [-zi'to:re] *m* Aussteller *m*; **~izione** [-zitsi'o:ne] *f* Ausstellung *f*; Darlegung *f*; *fot* Belichtung *f*; ***sala f dell'~*** Ausstellungsraum *m*
esposto [es'posto] **1.** → ***esporre***; **2.** *adj* ausgestellt; *(soggetto)* ausgesetzt; *(orientato)* gelegen; ***~ a mezzogiorno*** nach Süden gelegen; **3.** *m* Denkschrift *f*
espress|ione [espressi'o:ne] *f* Ausdruck *m*; **~ivo** [-'si:vo] ausdrucksvoll
espresso [es'prɛsso] **1.** → ***esprimere***; **2.** *adj* ausdrücklich; Express…; **3.** *m post* Eilbrief *m*; *fer* (Fern)Schnellzug *m*, ~ *(od caffè m ~)* Espresso *m*; ***macchina f ~*** Espressomaschine *f*; ***per ~*** durch Eilboten
esprimere [es'pri:mere] *(3r)* zum Ausdruck bringen, ausdrücken
espropri|are [espropri'a:re] *(1m u c)* enteignen; **~azione** [-priatsi'o:ne] *f* Enteignung *f*
espulsione [espulsi'o:ne] *f* Ausschluss *m*, Ausweisung *f*
espulso [es'pulso] → ***espellere***
essa ['essa] sie
essenziale [essentsi'a:le] **1.** *adj* wesentlich; **2.** *m* Hauptsache *f*
essere ['ɛssere] *(3z)* **1.** *v/i* sein; sich befinden; ***~ di*** *(provenire)* stammen aus; ***~ di qu*** *(appartenere)* j-m gehören; ***lei è***

di Roma sie ist aus Rom; ***è di mio padre*** es gehört meinem Vater; ***esserci*** vorliegen; ***c'è*** es gibt; ***non c'è di che!*** keine Ursache!; ***chi è?*** wer ist da?; ***ci siamo!*** da haben wirs!; ***se fossi in te*** wenn ich an deiner Stelle wäre; ***sarà*** mag sein; **2.** *m* Sein *n*; Wesen *n*; (*essere vivente*) Lebewesen *n*; ***l'~ umano*** der Mensch

E

esso ['esso] er; es

est [ɛst] *m* Osten *m*; ***a ~ di*** östlich von

estasi ['estazi] *f* Ekstase *f*

estate [es'ta:te] *f* Sommer *m*; ***~ di San Martino*** Altweibersommer *m*; ***in ~, d'~*** im Sommer

estend|ere [es'tɛndere] (*3c*) ausdehnen, erweitern, vergrößern; **~ersi** [-dersi] sich erstrecken; sich aus-, verbreiten

estensione [estensi'o:ne] *f* Ausdehnung *f*; (*dimensione*) Umfang *m*, Größe *f*

ester|iore [esteri'o:re] **1.** *adj* äußere(r), äußerlich; **2.** *m* Äußere(s) *n*; **~iorità** [-riori'ta] *f* Äußerlichkeit *f*

esternalizzazione [esternalittza'tzione] *f di produzione* Auslagerung *f*

esterno [es'tɛrno] **1.** *adj* äußere(r), Außen…; *med* ***per uso ~*** zum äußerlichen Gebrauch; **2.** *m* Äußere(s) *n*; Außenseite *f*; ***all'~*** außen

estero ['ɛstero] **1.** *adj* ausländisch; *pol* Außen…, auswärtig; ***politica*** *f* ***-a*** Außenpolitik *f*; ***ministro*** *m* ***degli Affari -i*** Außenminister *m*; ***commercio*** *m* ***~*** Außenhandel *m*; **2.** *m* Ausland *n*; ***all'~*** im (*od* ins) Ausland

esteso [es'te:so] **1.** → ***estendere***; **2.** *adj* ausgedehnt; ***per ~*** ausführlich

estetista [este'tista] *f* Kosmetikerin *f*

est|inguere [es'tiŋguere] (*3d*) löschen; *debito* tilgen; **~inguersi** [-'tiŋguersi] erlöschen; (*morire*) aussterben; **~intore** [-tin'to:re] *m* Feuerlöscher *m*; **~inzione** [-tintsi'o:ne] *f* Löschen *n*; Aussterben *n*; *econ* Tilgung *f*

estirpare [estir'pare] (*1a*) ausrotten

estivo [es'ti:vo] sommerlich; Sommer…; ***vacanze*** *f/pl* ***-e*** Sommerferien *pl*

Estonia [es'tɔ:nia] *f* Estland *n*

est|orcere [es'tɔrtʃere] (*3d*) *denaro* erpressen; **~orsione** [-torsi'o:ne] *f* Erpressung *f*; **~orto** [-'tɔrto] → ***estorcere***

estrad|are [estra'da:re] (*1a*) ausliefern; **~izione** [-ditsi'o:ne] *f* Auslieferung *f*

estraneo [es'tra:neo] **1.** *adj* fremd; **2.** *m* Fremde(r) *m*

estr|arre [es'trarre] (*3xx*) herausziehen; *dente* ziehen; *min* fördern; ***~ a sorte*** auslosen; **~atto** [-'tratto] **1.** → ***estrarre***; **2.** *m* Auszug *m*; *chim u gastr* Extrakt *m*; *econ* ***~ conto*** Kontoauszug *m*; **~azione** [-tratsi'o:ne] *f* (Aus)Ziehung *f*; Gewinnung *f*; *min* Förderung *f*

estremista [estre'mista] *m/f* (*m/pl -i*) Radikale(r) *m/f(m)*, Extremist(in) *m(f)*

estr|emità [estremi'ta] *f* äußerste(s) Ende *n*, Extrem *n*; **~emo** [-'trɛ:mo] **1.** *adj* äußerst, extrem; ***l'-a sinistra*** die extreme Linke; **2.** *m* äußerste(s) Ende *n*; Extrem *n*; ***gli -i*** die Hauptdaten *n/pl*; ***l'Estremo Oriente*** der Ferne Osten

estromettere [estro'mettere] (*3ee*) ausschließen, ausstoßen

estroverso [estro'vɛrso] extrovertiert

estuario [estu'a:rio] *m* (*pl -ri*) Mündungstrichter *m*

esuber|ante [ezube'rante] üppig; (*vivace*) überschwänglich; **~anza** [-'rantsa] *f* Überfluss *m*; Überschwänglichkeit *f*

esule ['ɛ:zule] *m/f* Flüchtling *m*

esultare [ezul'ta:re] (*1a*) jubeln

età [e'ta] *f* Alter *n*; Zeitalter *n*; ***che ~ ha?*** wie alt ist er?; ***all'~ di*** im Alter von; ***maggiore ~*** Volljährigkeit *f*; ***secondo l'~*** nach dem Alter; ***limiti*** *m/pl* ***d'~*** Altersgrenze *f*; ***essere della stessa ~*** gleichaltrig sein

eternità [eterni'ta] *f* Ewigkeit *f*

eterno [e'tɛrno] ewig; ***in ~*** ewig

eterogeneo [etero'dʒɛ:neo] verschiedenartig

etica ['ɛ:tika] *f* Ethik *f*

etichetta [eti'ketta] *f* (*cartellino*) Etikett *n*; (*definizione*) Bezeichnung *f*; *cerimoniale* Etikette *f*

etico ['ɛ:tiko] ethisch

etimologia [etimolo'dʒi:a] *f* Etymologie *f*

etiope [e'ti:ope] **1.** *adj* äthiopisch; **2.** *m* Äthiopier *m*

Etiopia [eti'ɔːpia] *f* Äthiopien *n*
Etna ['ɛtna] *m* Ätna *m*
etnico ['ɛtniko] (*pl -ci*) ethnisch
etrusco [e'trusko] (*pl -chi*) **1.** *adj* etruskisch; **2.** *m* Etrusker *m*
ettaro ['ɛttaːro] *m* Hektar *n*
etto ['ɛtto] *m* hundert Gramm *n/pl*
ett|ogrammo [etto'grammo] *m* (*pl -i*) Hektogramm *n*; **~olitro** [-'tɔːlitro] *m* Hektoliter *m u n*
eucaristia [eukaris'tiːa] *f rel* Abendmahl *n*
euforia [eufo'riːa] *f* Euphorie *f*
euro ['ɛːuro] *m* Euro *m*
euro|cheque [-'ʃɛk] *m inv* Euroscheck *m*; **~crate** [eu'rɔkrate] *m* Eurokrat *m*; **~deputato** [-depu'taːto] *m* Europaabgeordnete(r) *m*; **~parlamento** [-parla'mento] *m* Europäisches Parlament *n*; **2tassa** [-'tassa] *f italienische Eurosteuer*
Europa [eu'rɔːpa] *f* Europa *n*
europeo [euro'pɛːo] **1.** *adj* europäisch, Europa…; ***Banca centrale -a*** Europäische Zentralbank *f*; ***Commissione -a*** Europäische Kommission *f*; ***Consiglio ~*** Europäischer Rat *m*; ***Istituto monetario ~*** Europäisches Währungsinstitut *n*; ***Sistema monetario europeo*** Europäisches Währungssystem *n*; **2.** *m*, **-a** [-'pɛːa] *f* Europäer(in *f*) *m*
evacu|are [evaku'aːre] (*1m*) evakuieren, räumen; *med* entleeren; **~azione** [-kuatsi'oːne] *f* Evakuierung *f*; Räumung *f*; Entleerung *f*
evadere [e'vaːdere] (*3q*) fliehen (***da*** aus); ***~ le tasse*** Steuern hinterziehen
evaporare [evapo'raːre] (*1m*) *v/i* verdunsten
evas|ione [evazi'oːne] *f* Flucht *f*, Ausbruch *m*; ***~ fiscale*** Steuerhinterziehung *f*; **~ivo** [-'ziːvo] ausweichend
evento [e'vɛnto] *m* Ereignis *n*
eventu|ale [eventu'aːle] möglich; eventuell; **~alità** [-tuali'ta] *f* Möglichkeit *f*; ***nell'~ che*** falls; ***per ogni ~*** für alle Fälle; **~almente** [-tual'mente] eventuell
evid|ente [evi'dɛnte] offensichtlich; klar, deutlich; **~enza** [-'dɛntsa] *f* Offensichtlichkeit *f*; Klarheit *f*; ***mettere in ~*** hervorheben; **~enziatore** [-dɛntsia'toːre] *m* Leuchtstift *m*
evitare [evi'taːre] (*1l u b*) vermeiden; umgehen
evo ['ɛːvo] *m* Zeitalter *n*; ***medio ~*** Mittelalter *n*
evviva [ɛv'viːva] hurra!, er lebe hoch!
ex… (*in Zssgn*) ex…, Ex…, ehemalig
extra **1.** *adj inv* extra…, Extra…, besonder(e); ***di qualità ~*** von besonderer Qualität; **2.** *m* Extra *n*
extra|comunitario [ekstrakomuni'taːrio] **1.** *adj* Nicht-EG-…; **2.** *m* Angehörige(r) *m* eines Nicht-EG-Mitgliedsstaats; **~coniugale** [-koniu'gaːle] außerehelich; **~terrestre** [-ter'rɛstre]; **1.** *adj* außerirdisch; **2.** *m/f* außerirdisches Wesen *n*; **~vergine** [-'verdʒine] *olio* kalt gepresst

F

fa [fa] **1.** → ***fare***; **2.** *adv* ***3 anni ~*** vor 3 Jahren; **3.** *m mus* F *n*
fabbisogno [fabbi'zoːɲo] *m* Bedarf *m*
fabbrica ['fabbrika] *f* (*pl -che*) Fabrik *f*; Bauwerk *n*
fabbric|ante [fabbri'kante] *m/f* Fabrikant(in) *m*(*f*); **~are** [-'kaːre] (*1l u d*) herstellen; *arch* bauen; *fig* ersinnen; **~ato** [-'kaːto] *m* Bau *m*, Gebäude *n*; **~azione** [-katsi'oːne] *f* Herstellung *f*; ***difetto m di ~*** Fabrikationsfehler *m*
fabbro ['fabbro] *m* Schmied *m*; (***~ ferraio***) Schlosser *m*; ***~ meccanico*** Maschinenschlosser *m*
faccenda [fat'tʃɛnda] *f* Angelegenheit *f*; ***una ~ seria*** eine heikle Angelegenheit
facchino [fak'kiːno] *m* Gepäckträger *m*; Hoteldiener *m*
faccia ['fattʃa] *f* (*pl -cce*) Gesicht *n*; (*aspetto*) Aussehen *n*; (*lato*) Seite *f*; ***~ tosta*** Unverschämtheit *f*; ***~ a ~*** unter vier Augen; ***in ~*** ins Gesicht, offen
facciata [fat'tʃaːta] *f* Fassade *f*; Vorderseite *f*
faccio ['fattʃo] → ***fare***

F

facile ['faːtʃile] leicht; ***è ~ a dirsi*** das ist leicht gesagt; ***è ~ che venga*** es ist leicht möglich, dass er kommt; ***non è mica una cosa ~*** das ist kein Kinderspiel; ***~ da usare*** *inform* benutzerfreundlich

facil|ità [fatʃili'ta] *f* Leichtigkeit *f*; **~itare** [-li'taːre] (*1m*) erleichtern; **~itazione** [-litatsi'oːne] *f* Erleichterung *f*; *di prezzo* Vergünstigung *f*; **~mente** [-'mente] mühelos

facol|tà [fakol'ta] *f* (*capacità*) Fähigkeit *f*; *università* Fakultät *f*; *econ* Vermögen *n*; *jur* ***~ di disporre*** Verfügungsrecht *n*; **~tativo** [-ta'tiːvo] fakultativ; **~toso** [-'toːzo] vermögend

facsimile [fak'siːmile] *m* Faksimile *n*

faggio ['faddʒo] *m* (*pl -ggi*) Buche *f*

fagiano [fa'dʒaːno] *m* Fasan *m*

fagiolini [fadʒo'liːni] *m/pl* grüne Bohnen *f/pl*

fagiolo [fa'dʒɔːlo] *m* Bohne *f*

fagotto [fa'gɔtto] *m* Bündel *n*; *mus* Fagott *n*; *fig* ***far ~*** sein Bündel schnüren; fortgehen

fai [f'ai] → ***fare***

fai da te [fai da 'te] *m inv* Heimwerken *n*

falce ['faltʃe] *f* Sichel *f*

fal|ciare [fal'tʃaːre] (*1f*) (ab)mähen; **~ciatrice** [-tʃa'triːtʃe] *f* (Gras)Mähmaschine *f*

falco ['falko] *m* (*pl -chi*) Falke *m*

falda ['falda] *f* Schicht *f*; *di vestito* Schoß *m*; (Schnee)Flocke *f*; (Hut-)Krempe *f*; ***le -e di un monte*** der Fuß eines Berges; ***~ acquifera*** Grundwasser *n*

falegn|ame [fale'ɲaːme] *m* Tischler *m*, Schreiner *m*; **~ameria** [-ɲame'riːa] *f* Tischlerei *f*, Schreinerei *f*

falla ['falla] *f mar* Leck *n*; *fig* ***chiudere una ~*** ein Loch stopfen

fall|imento [falli'mento] *m* Scheitern *n*; *econ* Konkurs *m*; **~ire** [-'liːre] (*4d*) **1.** *v/t* verfehlen; **2.** *v/i* scheitern, fehlschlagen; *econ* Konkurs machen; **~ito** [-'liːto] gescheitert; *econ* bankrott

fallo ['fallo] *m* Fehler *m*; *sport* Foul *n*; ***mettere il piede in ~*** e-n Fehltritt tun; ***cogliere in ~*** auf frischer Tat ertappen

fals|are [fal'saːre] (*1a*) fälschen; **~ario** [-'saːrio] *m* (*pl -ri*) Fälscher *m*

falsific|are [falsifi'kaːre] (*1m u d*) fälschen; **~azione** [-katsi'oːne] *f* Fälschung *f*

falsità [falsi'ta] *f* Falschheit *f*

falso ['falso] **1.** *adj* falsch; **2.** *m* Falsche(s) *n*; (*falsificazione*) Fälschung *f*; ***~ in atto pubblico*** Urkundenfälschung *f*

fama ['faːma] *f* Ruf *m*; Gerücht *n*

fame ['faːme] *f* Hunger *m*; Hungersnot *f*; ***aver ~*** hungrig sein

famiglia [fa'miːʎa] *f* Familie *f*; ***~ numerosa*** kinderreiche Familie

familiare [famili'aːre] **1.** *adj* familiär, Familien…; (*conosciuto*) vertraut, heimisch; (*confidenziale*) vertraulich; ***vita f ~*** Familienleben *n*; ***linguaggio m ~*** Umgangssprache *f*; **2.** *m* Familienangehörige(r) *m*; **3.** *f* Kombiwagen *m*

familiarità [familiari'ta] *f* Vertraulichkeit *f*; Vertrautheit *f*

famili|arizzare [familiarid'dzaːre] (*1a*) vertraut machen; **~arizzarsi** [familiarid'dzarsi] vertraut werden

famoso [fa'moːzo] berühmt

fanale [fa'naːle] *m* Licht *n*, Scheinwerfer *m*

fanalino [fana'liːno] *m* ***~ di coda*** Rücklicht *n*; *fig* Schlusslicht *n*

fanatico [fa'naːtiko] (*pl -ci*) **1.** *adj* fanatisch; **2.** *m* Fanatiker *m*

fanciulla [fan'tʃulla] *f* (junges) Mädchen *n*

fanciullezza [fantʃul'lettsa] *f* Kindheit *f*

fanciullo [fan'tʃullo] *m* Kind *n*

fandonia [fan'dɔːnia] *f* Märchen *n*, Lüge *f*

fango ['faŋgo] *m* (*pl -ghi*) Schlamm *m*; *med* Fango *m*; ***-ghi*** *pl* Moorbäder *n/pl*

fangoso [faŋ'goːzo] schlammig; dreckig

fannullone [fannul'loːne] *m* Faulenzer *m*

fantascienza [fantaʃ'ʃɛntsa] *f* Science-fiction *f*

fant|asia [fanta'ziːa] *f* Fantasie *f*; (*capriccio*) Laune *f*; *mus* Fantasie *f*; **~asma** [-'tazma] *m* (*pl -i*) Gespenst *n*, Phantom *n*; **~asticare** [-tasti'kaːre] (*1m u d*) fantasieren, träumen; (*almanaccare*) grübeln; **~astico** [-'tastiko] (*pl -ci*) fantastisch

fante ['fante] *m carte da gioco* Bube *m*

antoccio [fan'tɔttʃo] *m* (*pl -cci*) Puppe *f*, Marionette *f*; Hampelmann *m*
arabutto [fara'butto] *m* Gauner *m*
araona [fara'oːna] *f* (*a gallina f* **~**) Perlhuhn *n*
arc|ire [far'tʃiːre] (*4d*) *gastr* füllen; **~ito** [-'tʃiːto] gefüllt
ard [fard] *m inv* Rouge *n*
ardello [far'dɛllo] *m* Bündel *n*; *fig* Bürde *f*
are ['faːre] (*3aa*) **1.** *v/t* machen, tun; *professione* ausüben; *sport* treiben; *biglietto* lösen; ***far bene*** guttun; ***~ benzina*** tanken; ***~ il pieno*** volltanken; ***~ un bagno*** baden; ***~ il conto*** die Rechnung aufstellen; ***~ il medico*** Arzt sein; ***non fa niente*** das macht nichts; ***~ vedere*** zeigen; ***farcela*** es schaffen; **2.** *v/i* (*essere adatto*) geeignet sein; ***questo non fa per me*** das ist nichts für mich; ***faccia pure!*** bitte sehr!; ***oggi fa caldo*** (***freddo***) heute ist es warm (kalt)
arfalla [far'falla] *f* Schmetterling *m*; ***cravatta a ~*** Fliege *f*; *nuoto* Schmetterlingsstil *n*
arina [fa'riːna] *f* Mehl *n*
arinaceo [fari'natʃeo] **1.** *adj* mehlig; **2. *-cei*** *m/pl* Mehlprodukte *n/pl*
ar|inge [fa'rindʒe] *f* Rachen *m*; **~ingite** [-rin'dʒiːte] *f* Rachenentzündung *f*
armac|eutico [farma'tʃɛːutiko] (*pl -ci*) pharmazeutisch; **~ia** [-'tʃiːa] *f* Apotheke *f*; **~ista** [-'tʃista] *m/f* (*m/pl -i*) Apotheker(in) *m(f)*
armaco ['farmako] *m* (*pl -ci*) Arznei *f*
aro ['faro] *m mar* Leuchtturm *m*; *auto* Licht *n*, Scheinwerfer *m*; ***-i*** *pl* ***abbaglianti*** Fernlicht *n*; ***-i*** *pl* ***anabbaglianti*** Abblendlicht *n*; ***-i*** *pl* ***fendinebbia*** Nebelscheinwerfer *pl*
arsa ['farsa] *f* Posse *f*, Farce *f*
arsi ['farsi] werden; ***~ grande*** groß werden; ***~ tardi*** spät werden; ***~ avanti*** vortreten
ascia ['faʃʃa] *f* (*pl -sce*) Binde *f*; Windel *f*; *tec* Band *n*; *med* Verband *m*; ***~ elastica*** elastische Binde *f*
asci|are [faʃ'ʃaːre] (*1f*) *med* verbinden; *neonato* wickeln; **~atura** [-ʃa'tuːra] *f* Verband *m*
ascicolo [faʃ'ʃiːkolo] *m* (*opuscolo*) Heft *n*; (*incartamento*) Akten *f/pl*; ***~ personale*** Personalakte *f*
ascino ['faʃʃino] *m* Zauber *m*, Reiz *m*
fascio ['faʃʃo] *m* (*pl -sci*) Bündel *n*
fasc|ismo [faʃ'ʃizmo] *m* Faschismus *m*; **~ista** [-'ʃista] **1.** *adj* faschistisch; **2.** *m/f* (*m/pl -i*) Faschist(in) *m(f)*
fase ['faːze] *f* Phase *f*, Abschnitt *m*; *motore* Takt *m*; *fig* ***essere fuori ~*** nicht in Form sein; ***~ di lavorazione*** Arbeitsgang *m*
fast|idio [fas'tiːdio] *m* (*pl -di*) Belästigung *f*, Störung *f*; ***dare ~ a qu*** j-n belästigen, stören; **~idioso** [-tidi'oːzo] lästig, unangenehm
fasto ['fasto] *m* Prunk *m*
fastoso [fas'toːzo] prunkvoll, prächtig
fata ['faːta] *f* Fee *f*; ***~ Morgana*** Fata Morgana *f*
fat|ale [fa'taːle] fatal, verhängnisvoll; **~alità** [-tali'ta] *f* Verhängnis *n*; Unglück *n*; **~ato** [-'taːto] verzaubert
fatica [fa'tiːka] *f* (*pl -che*) Mühe *f*, Anstrengung *f*; ***a ~*** mit Mühe
fatic|are [fati'kaːre] (*1d*) hart arbeiten; sich abmühen; Mühe haben; **~oso** [-'koːzo] mühsam, anstrengend
fatt. ***fattura*** Rechnung
fattibile [fat'tiːbile] ausführbar, möglich
fatto ['fatto] **1.** → ***fare***; **2.** *adj* gemacht, getan; *agr* reif; ***~ a mano*** handgefertigt; ***~ in casa*** hausgemacht; **3** *m* Tat *f*; Tatsache *f*; (*avvenimento*) Ereignis *n*; (*faccenda*) Angelegenheit *f*; ***il ~ è che …*** Tatsache ist, dass …; ***cogliere sul ~*** auf frischer Tat ertappen; ***di -i*** in der Tat
fatt|ore [fat'toːre] *m* Faktor *m*; ***~ di protezione antisolare*** Lichtschutzfaktor *m*; **~oria** [-to'riːa] *f* Bauernhof *m*; (Land)Gut *n*; Farm *f*; **~orino** [-to'riːno] *m* Bote *m*; *post* Postbote *m*
fatt|ura [fat'tuːra] *f di abiti* Fasson *f*, Anfertigung *f*; *econ* Rechnung *f*; ***rilasciare una ~*** eine Rechnung ausstellen; **~urare** [-tu'raːre] (*1a*) berechnen, in Rechnung stellen; **~urato** [-tu'raːto] *m econ* Umsatz *m*
fauna ['faːuna] *f* Fauna *f*, Tierwelt *f*
fava ['faːva] *f* Saubohne *f*
favola ['faːvola] *f* Fabel *f*; Märchen *n*
favoloso [favo'loːzo] fabelhaft; großartig
favore [fa'voːre] *m* Gunst *f*; (*piacere*) Gefallen *m*; ***prezzo*** *m* ***di ~*** Vorzugspreis *m*; ***a ~ di qu*** zu j-s Gunsten;

per ~! bitte!; ***fare un ~*** e-n Gefallen tun
favor|evole [favo're:vole] günstig; **~ire** [-'ri:re] (*4d*) **1.** *v/t* begünstigen; (*promuovere*) fördern; **2.** *v/i* ***vuol ~?*** möchten Sie?; ***favorisca!*** bitte!; ***favorisca alla cassa*** begeben Sie sich bitte zur Kasse; **~ito** [-'ri:to]; **1.** *adj* begünstigt; Lieblings...; **2.** *m* Favorit *m*
fax [faks] *m* (*Brief, Gerät*) Fax *n*; **~are** [fak'sa:re] (*1a*) faxen
fazzoletto [fattso'letto] *m* Taschentuch *n*; *per la testa* Tuch *n*; ***fazzoletto di carta*** Papiertaschentuch *n*

F

f.co ***franco*** frei
FE ***Ferrara*** Ferrara
febbraio [feb'bra:io] *m* Februar *m*
febbre ['fɛbbre] *f* Fieber *n* (*a fig*)
febbr|ifugo [feb'bri:fugo] *m* (*pl -ghi*) fiebersenkendes Mittel *n*; **~ile** [-'bri:le] fieberhaft; Fieber...
fecond|are [fekon'da:re] (*1a*) befruchten; **~azione** [-datsi'o:ne] *f* Befruchtung *f*; **~ità** [-di'ta] *f* Fruchtbarkeit *f*
fecondo [fe'kondo] fruchtbar
fede ['fe:de] *f* Glaube *m*; (*fedeltà*) Treue *f*; *anello* Trauring *m*; ***aver ~ in qc*** an et (*acc*) glauben; ***prestar ~ a qu*** j-m Glauben schenken
fedele [fe'de:le] **1.** *adj* treu; (*esatto*) genau; **2.** *m rel* Gläubige(r) *m*
fedeltà [fedel'ta] *f* Treue *f*; Genauigkeit *f*; *mus* ***alta ~*** Hi-Fi *f*
federa ['fɛ:dera] *f* (Kopfkissen)Bezug *m*
feder|ale [fede'ra:le] Bundes..., föderativ; **~azione** [-ratsi'o:ne] *f* Bund *m*, Föderation *f*; (*associazione*) Verband *m*, Verein *m*; ***Federazione delle Borse valori europee*** Europäischer Börsenverband *m*
fegato ['fe:gato] *m* Leber *f*; *fig* Mut *m*
felce ['feltʃe] *f* Farn *m*
fel|ice [fe'li:tʃe] glücklich; **~icità** [-litʃi'ta] *f* Glück *n*
felicit|arsi [felitʃi'tarsi] (*1m*) sich freuen (***di*** über *acc*); ***~ con qu*** j-n beglückwünschen; **~azione** [-tatsi'o:ne] *f* Glückwunsch *m*
felino [fe'li:no] Katzen...
felpa ['felpa] *f* Sweatshirt *n*
feltro ['feltro] *m* Filz *m*; ***capello*** *m* ***di ~*** Filzhut *m*
femmina ['femmina] *f* Mädchen *n*; *spreg* Weib *n*; *zo* Weibchen *n*
femm|inile [femmi'ni:le] **1.** *adj* weiblich; Frauen...; **2.** *m gram* Femininum *n*; **~inilità** [-minili'ta] *f* Weiblichkeit *f*; **~inismo** [-mi'nizmo] *m* Feminismus *m*; **~inista** [-mi'nista] *m/f* (*f/pl -e*) Feminist(in) *m(f)*
femore ['fɛ:more] *m* Oberschenkel *m*
fendinebbia [fendi'nebbia] *m/pl* Nebelscheinwerfer *pl*
fenomeno [fe'nɔ:meno] *m* Phänomen *n*
feriale [feri'a:le] ***giorno*** *m* ***~*** Werktag *m*
ferie ['fɛ:rie] *f/pl* Ferien *f/pl*, Urlaub *m*
ferimento [feri'mento] *m* Verletzung
fer|ire [fe'ri:re] (*4d*) verwunden, verletzen; ***si è ferito gravemente*** er hat sich schwer verletzt; **~ita** [-'ri:ta] *f* Wunde *f*, Verletzung *f*; **~ito** [-'ri:to] **1.** *adj* verletzt, verwundet; **2.** *m* Verletzte(r) *m*, Verwundete(r) *m*
ferm|acravatte [fermakra'vatte] *m inv* Krawattennadel *f*; **~aglio** [-'ma:ʎo] *m* (*pl -gli*) Schnalle *f*, Spange *f*; *per capelli* Haarklammer *m*; (*gioiello*) Brosche *f*
ferm|are [fer'ma:re] (*1a*) anhalten; befestigen (***a*** an *dat*); *motore* abstellen; **~arsi** [-'marsi] halten; stehen bleiben; (*restare*) sich aufhalten; **~ata** [-'ma:ta] *f* Halt *m*; (*sosta*) Aufenthalt *m*; *luogo* Haltestelle *f*; ***~ dell'autobus*** Bushaltestelle *f*; ***~ facoltativa*** *od* ***~ a richiesta*** Bedarfshaltestelle *f*; *fer* ***dieci minuti di ~*** zehn Minuten Aufenthalt
ferment|are [fermen'ta:re] (*1a*) gären; **~azione** [-tatsi'o:ne] *f* Gärung *f*
fermento [fer'mento] *m* Gärstoff *m*; *fig* Gärung *f*, Unruhe *f*
fermezza [fer'mettsa] *f* Entschlossenheit *f*; Beständigkeit *f*
fermo ['fermo] **1.** *adj* still(stehend), unbeweglich; (*saldo*) fest; *fig* entschlossen; beständig; ***terra*** *f* ***ferma*** Festland *n*; ***essere ~*** stehen; ***star ~*** ruhig bleiben; ***l'orologio è ~*** die Uhr ist stehen geblieben; **2.** *int* ***~!*** halt!; **3.** *m jur* Festnahme *f*
fermoposta [fermo'pɔsta] postlagernd
fer|oce [fe'ro:tʃe] wild; grausam; **~ocia** [-'rɔ:tʃa] *f* (*pl -ce*) Wildheit *f*; Grausamkeit *f*
ferragosto [ferra'gosto] *m* Mariä-Himmelfahrts-Fest *n*; *periodo* Mit

f August

ferr|amenta [ferra'menta] *f* Eisenwaren *f/pl*; *negozio* Eisenwarenhandlung *f*; **~avecchio** [-ra'vɛkkio] *m* (*pl -cchi*) Schrotthändler *m*

ferro ['fɛrro] *m* Eisen *n*; (*arnese*) Werkzeug *n*; **~ *da calza*** Stricknadel *f*; **~ *da stiro a vapore*** Dampfbügeleisen *n*; **~ *di cavallo*** Hufeisen *n*; **~ *battuto*** Schmiedeeisen *n*; *gastr* ***ai -i*** vom Rost (*od* Grill), gegrillt

ferro|via [ferro'vi:a] *f* Eisenbahn *f*; **~ *a cremagliera*** Zahnradbahn *f*; **~ *a scartamento ridotto*** Schmalspurbahn *f*; **~ *suburbana*** Vorortbahn *f*; ***per*** **~** mit der Eisenbahn; **~viario** [-vi'a:rio] (*pl -ri*) Eisenbahn…; ***orario*** *m* **~** (Eisenbahn)Fahrplan *m*, Kursbuch *n*; **~viere** [-vi'ɛ:re] *m* Eisenbahner *m*

fertile ['fɛrtile] fruchtbar (***di*** an *dat*), ergiebig

fertil|ità [fertili'ta] *f* Fruchtbarkeit *f*; **~izzanti** [-lid'dzanti] *m/pl* Düngemittel *n/pl*

fesso ['fesso] dumm

fessura [fes'su:ra] *f* Riss *m*; Spalt *m*

festa ['fɛsta] *f* Fest *n*, Party *f*; Feiertag *m*; **~ *nazionale*** Nationalfeiertag *m*; **~ *popolare*** Volksfest *n*; ***buone -e!*** schöne Feiertage!

festeggiare [fested'dʒa:re] (*1f*) feiern

festival ['fɛstival] *m inv* Festival *n*

fest|ività [festivi'ta] *f* Fest *n*; Feiertag *m*; **~ivo** [-'ti:vo] festlich; Fest…, Feier…; ***giorno*** *m* **~** Feiertag *m*; **~oso** [-'to:zo] freudig; festlich

feto ['fɛ:to] *m* Fötus *m*

fetta ['fetta] *f* Scheibe *f*; ***una*** **~ *di pane*** eine Scheibe Brot; ***a -e*** in Scheiben geschnitten

feudale [feu'da:le] feudal; Feudal…

f.f. ***facente funzione*** in Vertretung (*abbr* i. V., I.V.)

FG ***Foggia*** Foggia

FI ***Firenze*** Florenz

fiaba [fi'a:ba] *f* Märchen *n*

fiabesco [fia'besko] (*pl -chi*) märchenhaft

fiacca [fi'akka] *f* Müdigkeit *f*; (*svogliatezza*) Trägheit *f*; ***battere la*** **~** herumtrödeln

fiacco [fi'akko] (*pl -cchi*) schlapp, müde

fiaccola [fi'akkola] *f* Fackel *f*

fiala [fi'a:la] *f* Ampulle *f*

fiamma [fi'amma] *f* Flamme *f*; *mar* Wimpel *m*; *gastr* ***alla*** **~** flambiert

fiamm|ante [fiam'mante] ***rosso*** **~** knallrot; ***nuovo*** **~** brandneu, funkelnagelneu; **~ifero** [-'mi:fero] *m* Streichholz *n*

fiammingo [fiam'miŋgo] *m* (*pl -ghi*) *zo* Flamingo *m*

fiancheggiare [fiaŋked'dʒa:re] (*1f*) säumen; entlanglaufen an (*dat*); *fig* zur Seite stehen (*dat*)

fianco [fi'aŋko] *m* (*pl -chi*) Seite; *anat* Hüfte *f*; **~ *a*** **~** Seite an Seite; ***di*** **~** seitlich; ***a*** **~ *di*** neben (*dat od acc*)

fiasco [fi'asko] *m* (*pl -chi*) Strohflasche *f*; *fig* Fiasko *n*, Misserfolg *m*

FIAT ***Fabbrica Italiana Automobili Torino*** Italienische Automobilwerke Turin

fiato [fi'a:to] *m* Atem *m*; Hauch *m*; *fig* ***senza*** **~** sprachlos; *mus* ***strumento*** *m* ***a*** **~** Blasinstrument *n*; ***in un*** **~** in e-m Atemzug; ***riprendere*** **~** wieder zu Atem kommen; sich erholen

fibbia ['fibbia] *f* Schnalle *f*

fibr|a ['fi:bra] *f* Faser *f*, Fiber *f*; *fig* Konstitution *f*; **~ *artificiale*** Kunstfaser *f*; **~ *di vetro*** Glasfaser *f*; **~oso** [-'bro:zo] faserig

ficc|anaso [fikka'na:so] *m* Topfgucker *m*; **~are** [-'ka:re] (*1d*) stecken; **~arsi** [-'karsi] sich stecken; **~ *nei guai*** sich in e-e unangenehme Lage bringen; **~ *qc in testa*** sich et in den Kopf setzen; ***dove s'è ficcato?*** wo steckt er (*od* es)?

fico ['fi:ko] *m* (*pl -chi*) Feige *f*; Feigenbaum *m*; **~ *d'India*** *albero* Feigenkaktus *m*; *frutto* Kaktusfeige *f*

fidanz|amento [fidantsa'mento] *m* Verlobung *f*; **~arsi** [-'tsarsi] (*1a*) sich verloben; **~ata** [-'tsa:ta] *f* Braut *f*; **~ato** [-'tsa:to] *m* Bräutigam *m*; ***i -i*** *pl* die Verlobten *pl*

fid|are [fi'da:re] (*1a*) (*confidare*) vertrauen (***in*** auf *acc*); **~arsi** [-'darsi]: **~ *di qu*** sich auf j-n verlassen; j-m trauen; **~ *di fare qc*** sich trauen, et zu tun; **~ato** [-'da:to] zuverlässig

fideiussione [fideiussi'o:ne] *f* Bürgschaft *f*

fido ['fi:do] **1.** *adj* treu; **2.** *m* Kredit *m*

fid|ucia [fi'du:tʃa] *f* Vertrauen *n*; ***di*** **~** Vertrauens…; **~uciaria** [-du'tʃa:ria] *f*

F

(*a società f* ~) *econ* Treuhandgesellschaft *f*; **~uciario** [-du'tʃaːrio] (*pl -ri*) **1.** *adj jur* treuhänderisch; **2.** *m* Treuhänder *m*; **~ucioso** [-du'tʃoːzo] vertrauensvoll

fieno [fi'ɛːno] *m* Heu *n*

fiera[1] [fi'ɛːra] *f* wildes Tier *n*

fiera[2] [fi'ɛra] *f* Messe *f*; (Jahr)Markt *m*; ~ ***campionaria*** Mustermesse *f*

fierezza [fie'rettsa] *f* Stolz *m*

fiero [fi'ɛːro] stolz

fifa F ['fiːfa] *f* F Bammel *m*; ***aver*** ~ Bammel haben

figlia ['fiːʎa] *f* Tochter *f*

figli|astra [fi'ʎastra] *f* Stieftochter *f*; **~astro** [-'ʎastro] *m* Stiefsohn *m*

figlio ['fiːʎo] *m* (*pl -gli*) Sohn *m*; ***avere -gli*** *pl* Kinder haben

figli|occia [fi'ʎɔttʃa] *f* (*pl -cce*), **~occio** [-'ʎɔttʃo] *m* (*pl -cci*) Patenkind *n*; **~ola** [-'ʎɔːla] *f* Tochter *f*; **~olo** [-'ʎɔːlo] *m* Sohn *m*; ***essere un buon*** ~ ein guter Kerl sein

figura [fi'guːra] *f* Figur *f*; Gestalt *f*; (*illustrazione*) Bild *n*; (*apparenza*) Aussehen *n*; ***far brutta*** ~ sich blamieren

figur|are [figu'raːre] (*1a*) **1.** *v/t* darstellen; bilden; **2.** *v/i* (dabei) sein, sich befinden; **~arsi** [-'rarsi] sich denken; sich vorstellen; ***figurati!*** stell dir vor!; aber bitte!; ***si figuri!*** stellen Sie sich vor!; **~ato** [-'raːto] bildlich; **~ino** ['riːno] *m* Modeskizze *f*; (*rivista*) Modezeitschrift *f*

fila ['fiːla] *f* Reihe *f*; ***di*** ~ ohne Unterbrechung; ***in*** ~ ***indiana*** im Gänsemarsch; ***tre giorni di*** ~ drei Tage hintereinander; ***fare la*** ~ Schlange stehen

filamento [fila'mento] *m* Faser *f*; *el* Faden *m*; *bot* Staubfaden *m*

filare [fi'laːre] (*1a*) **1.** *v/t* spinnen; **2.** *v/i ragno* spinnen; *formaggio* Fäden ziehen; *veicolo* rasen; F (*andarsene*) sich aus dem Staub machen; **3.** *m* Reihe *f*

filarmonico [filar'mɔːniko] (*pl -ci*) philharmonisch

filastrocca [filas'trɔkka] *f* (*pl -cche*) Kinderreim *m*

filatelia [filate'liːa] *f* Briefmarkenkunde *f*

file ['fail] *m inv inform* Datei *f*

filetto [fi'letto] *m* Band *n*; *gastr* Filet *n*; *tec* Gewinde *n*

filiale [fili'aːle] *f* Filiale *f*, Zweigstelle *f*; Niederlassung *f*; (*società affiliata*) Tochtergesellschaft *f*

filigrana [fili'graːna] *f* Filigran *n*; Wasserzeichen *n*

Filippine [filip'piːne] *f/pl* Philippinen *pl*

film [film] *m* (*pl inv*) Film *m*; ~ ***giallo*** Kriminalfilm *m*; ~ ***a colori*** Farbfilm *m*; ~ ***in bianco e nero*** Schwarzweißfilm *m*; ~ ***d'animazione*** Zeichentrickfilm *m*; ***girare un*** ~ e-n Film drehen

film|are [fil'maːre] (*1a*) filmen; verfilmen; **~ato** [-'maːto] *m* Filmstreifen *m*

filo ['fiːlo] *m* (*pl a le -a*) Faden *m*; Schnur *f*; *metallico* Draht *m*; ~ ***d'erba*** (Gras)Halm *m*; *fig* roter Faden *m*; *el* ~ ***conduttore*** Leitungsdraht *m*; ~ ***interdentale*** Zahnseide *f*; ~ ***spinato*** Stacheldraht *m*; ~ ***di voce*** dünne Stimme *f*; ***per*** ~ ***e per segno*** ganz genau; ***dare del*** ~ ***da torcere a qu*** j-m zu schaffen machen

filobus ['fiːlobus] *m* O(berleitungs)bus *m*

filodiffusione [filodiffuzi'oːne] *f* Drahtfunk *m*

filodrammatica [filodram'maːtika] *f* Laienbühne *f*

fil|ologia [filolo'dʒiːa] *f* Philologie *f*; **~ologo** [-'lɔːlogo] *m* (*pl -gi*) Philologe *m*

filone [fi'loːne] *m min* Ader *f*; *pane* Stangenbrot *n*, Baguette *f*; *fig* Richtung *f*

filos|ofia [filozo'fiːa] *f* Philosophie *f*; **~ofico** [-'zɔːfiko] (*pl -ci*) philosophisch

filosofo [fi'lɔːzofo] *m* Philosoph *m*

filovia [filo'viːa] *f* Oberleitungsbuslinie *f*

filtrare [fil'traːre] (*1a*) **1.** *v/t* filtern; **2.** *v/i* durchsickern

filtro ['filtro] *m* Filter *m u n*; ~ ***giallo*** Gelbfilter *m*; ~ ***dell'aria*** Luftfilter *m*; ~ ***di carta*** Filtertüte *f*

finale [fi'naːle] **1.** *adj* letzte, End...; Schluss...; (*definitivo*) endgültig; ***esito*** *m* ~ Endergebnis *n*; **2.** *m* Schluss *m*, Ende *n*; **3.** *f sport* Finale *n*, Endspiel *n*

finalmente [final'mente] endlich; schließlich

finché [fiŋ'ke] bis; solange

fine ['fiːne] **1.** *adj* fein; **2.** *m* Zweck *m*;

~ di … um zu …; **3.** *f* (*a m*) Ende *n*; ***alla ~*** schließlich; ***in ~*** zum Schluss
ne settimana [finesetti'maːna] *m od f inv* Wochenende *n*
nestra [fi'nɛstra] *f* Fenster *n*; *inform* (Bildschirm)Fenster *n*
nestrino [fines'triːno] *m* Fenster *n*; *auto* **~ *posteriore*** Heckfenster *n*
nezza [fi'nettsa] *f* Feinheit *f*
ng|ere ['findʒɛre] (*3d*) vortäuschen, heucheln; **~ *di*** so tun, als ob …; **~ersi** [-dʒersi] sich stellen
nire [fi'niːre] (*4d*) **1.** *v/t* beenden; ***finiscila!*** hör auf!; **2.** *v/i* enden; ausgehen (***in*** auf *acc*); aufhören; ***andrà a ~ male*** das wird ein schlechtes Ende nehmen
nito [fi'niːto] vollendet, fertig; (*esaurito*) ausverkauft; ***è finita*** es ist aus; ***farla finita con qc*** ein Ende machen mit et
nlandese [finlan'deːse] **1.** *adj* finnisch; **2.** *m* Finne *m*; Finnisch(e) *n*
nlandia [fin'landia] *f* Finnland *n*
no¹ ['fiːno] *adj* dünn; fein
no² ['fiːno] *prp* bis; **~ *a domani*** bis morgen; **~ *a che*** solange; ***fin da ieri*** seit gestern
nocchio [fi'nɔkkio] *m* (*pl -cchi*) Fenchel *m*; *spreg* Schwule(r) *m*
nora [fi'noːra] bis jetzt
nta ['finta] *f* Verstellung *f*; *sport* Finte *f*; ***far ~ di*** so tun, als ob
ntantoché [fintanto'ke] bis, solange
nto ['finto] **1.** → ***fingere***; **2.** *adj* falsch; künstlich
nzione [fintsi'oːne] *f* Verstellung *f*
occo [fi'ɔkko] *m* (*pl -cchi*) Schleife *f*; (Schnee)Flocke *f*; **-*cchi*** *pl* ***d'avena*** Haferflocken *f/pl*; *fig* ***coi -cchi*** ausgezeichnet
oco [fi'ɔːko] (*pl -chi*) schwach
oraio [fio'raːio] *m* (*pl -ai*) Blumenhändler *m*
ordaliso [fiorda'liːzo] *m* Kornblume *f*
ordo [fi'ɔrdo] *m* Fjord *m*
ore [fi'oːre] *m* Blume *f*; *parte migliore* Auslese *f*; ***a -i*** geblümt, mit Blumenmuster; ***a fior d'acqua*** an der Wasseroberfläche; ***a fior di labbra*** leise; ***essere in ~*** in Blüte sein
orente [fio'rɛnte] blühend
orentino [fioren'tiːno] **1.** *adj* florentinisch; **2.** *m* Florentiner *m*
or|etto [fio'retto] *m* Florett *n*; **~icoltura** [-rikol'tuːra] *f* Blumenzucht *f*
fior|ire [fio'riːre] (*4d*) blühen; **~itura** [-ri'tuːra] *f* Blüte *f*
Firenze [fi'rɛntse] *f* Florenz *n*
firma ['firma] *f* Unterschrift *f*; Unterzeichnung *f*; *econ* ***avere la ~*** Prokura haben
firmamento [firma'mento] *m* Firmament *n*
firm|are [fir'maːre] (*1a*) unterschreiben; unterzeichnen; *dipinto* signieren; **~atario** [-ma'taːrio] *m* (*pl -ri*) Unterzeichner *m*
fisarmonica [fizar'mɔːnika] *f* (*pl -che*) Ziehharmonika *f*, Akkordeon *n*
fisc|ale [fis'kaːle] Steuer …; *fig* hart; ***ritenuta f ~*** Steuerabzug *m*; **~alità** [-kali'ta] *f* Steuersystem *n*
fischiare [fiski'aːre] (*1k*) **1.** *v/t* pfeifen; **~ *qu*** j-n auspfeifen; **2.** *v/i* pfeifen; *vento* sausen
fischio ['fiskio] *m* (*pl -chi*) Pfiff *m*; *sport* **~ *finale*** Abpfiff *m*
fisco ['fisko] *m* (*pl -chi*) Fiskus *m*; Staatskasse *f*
fisica ['fiːzika] *f* Physik *f*; **~ *nucleare*** Atomphysik *f*
fisico ['fiːziko] (*pl -ci*) **1.** *adj* physikalisch; physisch, körperlich; **2.** *m* Physiker *m*; *anat* Körperbau *m*
fis|iologia [fiziolo'dʒiːa] *f* Physiologie *f*; **~ionomia** [-ziono'miːa] *f* Physiognomie *f*; *fig* Charakter *m*
fisioter|apia [fiziotera'piːa] *f* Krankengymnastik *f*; **~apista** [-ra'pista] *m/f* (*m/pl -i*) Krankengymnast(in) *m*(*f*)
fiss|are [fis'saːre] (*1a*) (*fermare*) befestigen, festmachen; (*guardare intensamente*) j-n anstarren, fixieren; (*stabilire*) festsetzen; (*prenotare*) buchen; **~atore** [-sa'toːre] *m* Festiger *m*; **~azione** [-satsi'oːne] *f* Festsetzung *f*; fixe Idee *f*, Einbildung *f*
fisso ['fisso] **1.** *adj* fest; (*fissato*) befestigt; *sguardo* starr; **2.** *m* festes Gehalt *n*
fitta ['fitta] *f* Stich *m*
fitto¹ ['fitto] **1.** *adj* dicht; **2.** *m* Tiefe *f*; ***nel ~ della notte*** im tiefsten Dunkel der Nacht
fitto² ['fitto] *m* Miete *f*
fiume [fi'uːme] *m* Fluss *m*; *fig* Strom *m*; ***letto*** *m* ***del ~*** Flussbett *n*
fiutare [fiu'taːre] (*1a*) beschnuppern;

F

wittern; *tabacco* schnupfen; *fig* aufspüren

fiuto [fi'u:to] *m* Witterung *f*; *fig* Spürsinn *m*; F Nase *f*

flacone [fla'ko:ne] *m* Flakon *m u n*

flanella [fla'nɛlla] *f* Flanell *m*

flash [flɛʃ] *m inv fot* Blitzlicht *n*; *stampa* Kurznachricht *f*

flatulenza [flatu'lɛntsa] *f* Blähung *f*

flauto ['fla:uto] *m* Flöte *f*

flemmatico [flem'ma:tiko] (*pl -ci*) phlegmatisch

F

fless|ibile [fles'si:bile] biegsam; *fig* flexibel, anpassungsfähig; **~ione** [-si'o:ne] *f* Biegung *f*, Beugung *f*; *gram* Flexion *f*; (*diminuzione*) Rückgang *m*

flipper ['flipper] *m inv* Flipper *m*

flirt [flœrt] *m* Flirt *m*

flirtare [flir'ta:re] (*1a*) flirten

F.lli ***fratelli*** Gebrüder (*abbr* Gebr.)

floppy disk [flɔpi 'disk] *m inv* Diskette *f*

flora ['flɔ:ra] *f* Flora *f*

floreale [flore'a:le] ***stile*** *m* **~** Jugendstil *m*

florido ['flɔ:rido] blühend

floscio ['flɔʃʃo] (*pl -sci*) schlaff, weich

flotta ['flɔtta] *f* Flotte *f*; **~ *mercantile*** Handelsflotte *f*

fluido [fl'u:ido] **1.** *adj* flüssig; **2.** *m* Flüssigkeit *f*

fluoro [flu'oro] *m* Fluor *n*

flusso ['flusso] *m* Strom *m*; Flut *f*; **~ *e riflusso*** Ebbe und Flut

fluttu|are [fluttu'a:re] (*1l*) wogen; *econ u fig* schwanken; **~azione** [-tuatsi'o:ne] *f* Wogen *n*; Schwankung *f*; **~ *dei prezzi*** Preisschwankung *f*

fluviale [fluvi'a:le] Fluss…; ***navigazione*** *f* **~** Flussschifffahrt *f*

f.m. ***fine mese*** ultimo

FMI ***Fondo Monetario Internazionale*** Internationaler Währungsfonds (*abbr* IWF)

fo ***firmato*** gezeichnet (*abbr* gez.)

FC ***Forlì-Cesena*** Forlì-Cesena

foca ['fɔ:ka] *f* (*pl -che*) Seehund *m*

focaccia [fo'kattʃa] *f* (*pl -cce*) Fladenbrot *n*; *dolce* Kuchen *m*; ***rendere pan per*** **~** Gleiches mit Gleichem vergelten

focalizzare [fokalid'dzare] (*1a*) *f* scharf einstellen

foce ['fɔ:tʃe] *f* Mündung *f*

focol|aio [foko'la:io] *m* (*pl -ai*) Her… *m*; **~are** [-la:re] *m* Herd *m* (*a fig*) *tec* Feuerraum *m*

focoso [fo'ko:zo] feurig

fodera ['fɔ:dera] *f* Bezug *m*; *di libr…* Schutzhülle *f*; *di abito* Futter *n*

foderare [fode'ra:re] (*1l u c*) *abito* füt… tern

fodero ['fɔ:dero] *m* Futteral *n*; Scheid… *f*

foggia ['fɔddʒa] *f* (*pl -gge*) Art *f* un… Weise *f*; *abito* Schnitt *m*

foglia ['fɔ:ʎa] *f* Blatt *n*

fogliame [fo'ʎa:me] *m* Laubwerk *n*

foglio ['fɔ:ʎo] *m* (*pl -gli*) Blatt *n*; *ti…* Bogen *m*; **~ *complementare*** Fah… zeugbrief *m*; **~ *rosa*** provisorisch… Fahrerlaubnis *f*; **~ *di via*** Ausweisung… bescheid *m*

fogna ['fo:ɲa] *f* Abzugskanal *m*

fognatura [foɲa'tu:ra] *f* Kanalisat… on(ssystem) *f*(*n*)

folcl|ore [folk'lɔ:re] *m* Folklore *f*; **~or… stico** [-lo'ristiko] (*pl -ci*) folkloristisc…

folgor|are [folgo'ra:re] (*1l*) blitze… **~ato** [-'ra:to] vom elektrischen Schla… getroffen

folklore [folk'lɔ:re] *m* → ***folclore***

folla ['fɔlla] *f* Menschenmenge *f*; G… dränge *n*; *fig* Unmenge *f*

folle ['fɔlle] verrückt, wahnsinnig, t… richt

follia [fol'li:a] *f* Wahnsinn *m*, Torheit…

folto ['folto] **1.** *adj* dicht; **2.** *m* Dickic… *n*

fon [fɔn] *m* Haartrockner *m*

fondale [fon'da:le] *m mar* Wassertie… *f*; *tea* Hintergrund *m*

fondam|entale [fonda:men'tale] w… sentlich; Grund…; ***principi*** *m/pl* Hauptgrundsätze *m/pl*; **~entalis…** [-menta'lista] **1.** *adj* fundamental… tisch; **2.** *m/f* (*m/pl -i*) Fundament… list(in) *m*(*f*); **~ento** [-'mento] *m* (*pl…* *le -a*) Fundament *n* (*a fig*); Grundla… *f*; ***le -a*** die Grundmauern *f/pl*; ***senz…*** grundlos

fond|are [fon'da:re] (*1a*) (*a fig*) grü… den, stiften; **~arsi** [-'darsi] sich stütz… (***su*** auf *acc*); **~ato** [-'da:to] begründ… **~atore** [-da'to:re] *m* Gründer *m*; St… ter *m*; **~azione** [-datsi'o:ne] *f* Grü… dung *f*; Stiftung *f*

fond|ere ['fondere] (*3bb*) schmelze…

colori verschmelzen; *fig* (*riunire*) fusionieren; **~ersi** [-dersi] schmelzen; *fig* fusionieren, sich zusammenschließen
fonderia [fonde'ria] *f* Gießerei *f*
fondiario [fondi'a:rio] (*pl* *-ri*) Grund…; ***imposta*** *f* (*od tassa f*) ***-a*** Grundsteuer *f*
fondo ['fondo] **1.** *adj* tief; **2.** *m* Grund *m*; Boden *m*; (*sfondo*) Hintergrund *m*; *terreno* Grundstück *n*; *econ* Fonds *m*; *sport* Langstreckenlauf *m*; *sci* Langlauf *m*; *-i pl* Geldmittel *pl*; ***a ~*** gründlich; ***in ~*** hinten; unten; *fig* im Grunde (genommen); ***in ~ alla strada*** am Ende der Straße; *econ* ***~ d'ammortamento*** Tilgungsfonds *m*; ***andare a ~*** untergehen; ***-i*** *pl* ***di magazzino*** Restbestände *m/pl*
fonduta [fon'du:ta] *f* Fondue *n*
fonetica [fo'nɛ:tika] *f* Phonetik *f*
fontana [fon'ta:na] *f* Brunnen *m*
fonte ['fonte] *m/f* Quelle *f* (*a fig*); ***~ energetica*** Energiequelle *f*; ***da ~ attendibile*** aus zuverlässiger Quelle
footing ['futiŋ] *m inv* Jogging *n*
foraggio [fo'raddʒo] *m* (*pl* *-ggi*) (Vieh)Futter *n*
for|are [fo'ra:re] (*1a*) durchlöchern; durchbohren; *biglietto* lochen; *pneumatico* eine Reifenpanne haben; **~atura** [-ra'tu:ra] Reifenpanne *f*
forbici ['fɔrbitʃi] *f/pl* Schere *f*; ***un paio di ~*** eine Schere
for|cella [for'tʃɛlla] *f tec* Gabel *f*; **~chetta** [-'ketta] *f* Gabel *f*, Essgabel *f*; ***essere una buona ~*** ein tüchtiger Esser sein; **~cina** [-'tʃi:na] *f* Haarnadel *f*
foresta [fo'rɛsta] *f* Wald *m*; ***~ vergine*** Urwald *m*
forestale [fores'ta:le] Wald…; Forst…; ***guardia*** *f* ***~*** Förster *m*
forest|eria [foreste'ri:a] *f* Gästehaus *n*; **~iero** [-ti'ɛ:ro] **1.** *adj* fremd; **2.** *m* Fremde(r) *m*; Ausländer *m*
forfait [for'fɛ] *m* Pauschale *f*, Pauschalpreis *m*; ***a ~*** Pauschal…
forfettario [forfet'tario] Pauschal…
forfora ['forfora] *f* Schuppen *f/pl*
forma ['forma] *f* Form *f* (*a tec*); Gestalt *f*; ***essere in ~*** gut in Form sein
formaggiera [formad'dʒɛ:ra] *f* Käsedose *f*
formaggio [for'maddʒo] *m* (*pl* *-ggi*) Käse *m*
form|ale [for'ma:le] formal; (*convenzionale*) formell, förmlich; **~alità** [-mali'ta] *f* Formalität *f*
form|are [for'ma:re] (*1a*) bilden; formen; (*educare*) ausbilden; *tel* ***~ il numero*** wählen; **~arsi** [-'marsi] sich bilden; sich entwickeln; **~ato** [for'ma:to] *m* Format *n*; Größe *f*; **~attare** [format'ta:re] (*1a*) *inform* formatieren; **~attazione** [formattatsi'o:ne] *f inform* Formatierung *f*; **~azione** [-matsi'o:ne] *f* Bildung *f*; Entstehung *f*; *mil*, *geol* Formation *f*; *sport* Mannschaft *f*; ***~ professionale*** Berufsausbildung *f*
formica [for'mi:ka] *f* (*pl* *-che*) Ameise *f*
formi|caio [formi'ka:io] *m* (*pl* *-ai*) Ameisenhaufen *m*; **~colare** [-ko'la:re] (*1m*) wimmeln; *mano*, *gamba* kribbeln; **~colio** [-ko'li:o] *m* Gewimmel *n*; Kribbeln *n*
formidabile [formi'da:bile] außergewöhnlich, großartig
formula ['fɔrmula] *f* Formel *f*
formul|are [formu'la:re] (*1l*) formulieren; **~ario** [-'la:rio] *m* (*pl* *-ri*) Formular *n*
forn|aio [for'na:io] *m* (*pl* *-ai*) Bäcker *m*; **~ello** [-'nɛllo] *m* Kochherd *m*, Kocher *m*; ***~ elettrico*** Elektroplatte *f*
forn|ire [for'ni:re] (*4d*) (be)liefern; (*dotare*) versorgen, ausstatten (***qc a qu*** j-n mit et); *informazioni* erteilen; **~irsi** [-'nirsi] sich versehen (***di*** mit); **~itore** [-ni'to:re] *m* Lieferant *m*; **~itura** [-ni'tu:ra] *f* Lieferung *f*; Ausstattung *f*
forno ['forno] *m* Ofen *m*, Backofen *m*; (*panetteria*) Bäckerei *f*; ***~ a microonde*** Mikrowellenherd *m*; *gastr* ***al ~*** überbacken
foro[1] ['fo:ro] *m* Loch *n*; Öffnung *f*
foro[2] ['fɔ:ro] *m* Forum *n*; *jur* Gerichtshof *m*
forse ['forse] vielleicht; ***mettere in ~*** als zweifelhaft hinstellen
forte ['fɔrte] **1.** *adj* stark; kräftig; *gastr* scharf; **2.** *adv* stark; (*ad alta voce*) laut; (*velocemente*) schnell; ***parlare ~*** laut sprechen; **3.** *m* Stärke *f*; (*fortezza*) Festung *f*; ***questo è il suo ~*** dies ist s-e Stärke
fort|ezza [for'tettsa] *f* Stärke *f*; *mil* Festung *f*; **~ificare** [-tifi'ka:re] (*1m u d*)

stärken; *mil* befestigen

fort|uito [for'tu:ito] zufällig; **~una** [-'tu:na] *f* Glück *n*; Schicksal *n*; (*patrimonio*) Vermögen *n*; ***fare*** **~** sein Glück machen; ***per*** **~** glücklicherweise; ***di*** **~** provisorisch; Not...; ***atterraggio*** *m* ***di*** **~** Notlandung *f*; **~unatamente** [-tunata'mente] glücklicherweise; **~unato** [-tu'na:to] glücklich

foruncolo [fo'ruŋkolo] *m* Furunkel *m*

forza ['fɔrtsa] *f* Kraft *f*; Gewalt *f*; ***~ di gravità*** Schwerkraft *f*; ***~ maggiore*** höhere Gewalt *f*; ***a viva ~*** mit Gewalt, gewaltsam; ***a ~ di ...*** mittels, durch viel(es) ...; ***per ~*** notgedrungen; gewaltsam; ***per ~!*** natürlich!; ***~!*** los!; ***-e*** *pl* (***armate***) *mil* Streitkräfte *pl*

forwardare [fɔʀwar'da:re] (*1a*) F *inform* forwarden

forzare [for'tsa:re] (*1c*) (*costringere*) zwingen; *porta* aufbrechen

foschia [fos'ki:a] *f* Dunst *m*, Nebel *m*

fosco ['fosko] (*pl -chi*) dunkel; *fig* düster

fosfato [fos'fa:to] *m* Phosphat *n*

fosforescente [fosforeʃ'ʃɛnte] phosphoreszierend; glänzend

fosforo ['fɔsforo] *m* Phosphor *m*

fossa ['fɔssa] *f* Graben *m*; Grube *f*

fossato [fos'sa:to] *m* Wassergraben *m*

fosso ['fɔsso] *m* Graben *m*

foto|copia [foto'kɔ:pia] *f* Fotokopie *f*; **~copiare** [-kopi'a:re] (*1k u c*) fotokopieren; **~copiatrice** [-kopia'tri:tʃe] *f* Kopierer *m*; **~genico** [-'dʒɛ:niko] (*pl -ci*) fotogen

foto|grafare [fotogra'fa:re] (*1m u c*) fotografieren; aufnehmen; **~grafia** [-gra'fi:a] *f* Fotografie *f*; ***~ formato tessera*** Passbild *n*; ***~ aerea*** Luftaufnahme *f*; ***~ a colori*** Farbfoto *n*, Farbaufnahme *f*; **~grafico** [-'gra:fiko] (*pl -ci*) fotografisch; ***macchina*** *f* ***-a*** Fotoapparat *m*; ***articoli*** *m/pl* ***-ci*** Fotobedarf *m*

fotografo [fo'tɔ:grafo] *m* Fotograf *m*

foto|montaggio [fotomon'taddʒo] *m* Fotomontage *f*; **~reporter** [-re'pɔrter] *m inv* Pressefotograf *m*; **~romanzo** [-ro'mandzo] *m* Fotoroman *m*

FR ***Frosinone*** Frosinone

fra [fra] *prp* **1.** zwischen (*dat od acc*); ***~ Roma e Berlino*** zwischen Rom und Berlin; **2.** unter (*dat*); ***~ l'altro*** unter anderem; ***~ questi*** darunter; ***~ di noi*** unter uns; **3.** in (*dat*), binnen (*dat od gen*); ***~ breve*** in kurzem; ***~ tre giorni*** in drei Tagen; **4.** ***~ sé e sé*** mit sich selbst

frac [frak] *m inv* Frack *m*

frac|assare [frakas'sa:re] (*1a*) zertrümmern; **~asso** [-'kasso] *m* Lärm *m*

fradicio ['fra:ditʃo] (*pl -ci*) (*marcio*) verdorben, faul (*a fig*); (*bagnato*) nass; ***ubriaco ~*** betrunken

fragile ['fra:dʒile] zerbrechlich; *fig* (*delicato*) zart; schwach

fragola ['fra:gola] *f* Erdbeere *f*

fraintendere [frain'tɛndere] (*3c*) missverstehen

framm|entario [frammen'ta:rio] (*pl -ri*) fragmentarisch; **~ento** [-'mɛnto] *m* Fragment *n*, Bruchstück *n*

frana ['fra:na] *f* Erdsturz *m*

franare [fra'na:re] (*1a*) einstürzen

francamente [fraŋka'mente] offen

francese [fran'tʃe:ze] **1.** *adj* französisch; **2.** *m* Französisch(e) *n*; **3.** *m/f* Franzose *m*, Französin *f*

franch|ezza [fraŋ'kettsa] *f* Offenheit *f*, Ehrlichkeit *f*; **~igia** [-'ki:dʒa] *f* Freiheit *f*; *post*, *fer* Portofreiheit *f*; ***~ doganale*** Zollfreiheit *f*

Francia ['frantʃa] *f* Frankreich *n*

franco ['fraŋko] (*pl -chi*) **1.** *adj* frei; *fig* offen; ***farla -a*** unbehelligt davonkommen; *post* portofrei; ***~ domicilio*** frei (ins) Haus; **2.** *m econ* Franc *m*, Franken *m*; ***~ svizzero*** Schweizer Franken

francobollo [fraŋko'bollo] *m* Briefmarke *f*; ***due -i da ... euro*** zwei Briefmarken zu ... Euro

Francoforte [fraŋko'fɔrte] *f* Frankfurt *n*

frangia ['frandʒa] *f* (*pl -ge*) Franse *f*; *di capelli* Pony *m*; *geol* Küstenstreifen *m*

frant|umare [frantu'ma:re] (*1a*) zertrümmern, zersplittern; **~umi** [-'tu:mi] *m/pl* (Bruch)Stücke *n/pl*; ***in ~*** in Stücke; in Trümmern

frappé [frap'pe] *m* Milch- *od* Eismixgetränk *n*

frase ['fra:ze] *f* Satz *m*; ***~ fatta*** Gemeinplatz *m*

frassino ['frassino] *m* Esche *f*

frastagliato [frasta'ʎa:to] ***costa*** *f* ***~*** zerklüftete Küste

frastuono [frastu'ɔ:no] *m* Getöse *n*

Lärm *n*
rate ['fraːte] *m* Bruder *m*, Mönch *m*
ratello [fra'tɛllo] *m* Bruder *m*; **-i** *pl* Geschwister *pl*; *econ* Gebrüder *pl*
raterno [fra'tɛrno] brüderlich
rat|tanto [frat'tanto] inzwischen; mittlerweile; **~tempo** [-'tɛmpo] *m* **nel ~** unterdessen, inzwischen
rattura [frat'tuːra] *f* Bruch *m*
razion|are [fratsio'naːre] (*1a*) teilen; **~ario** [-'naːrio] (*pl -ri*) **numero** *m* **~** Bruchzahl *f*
razione [fratsi'oːne] *f* Bruchteil *m*; *pol* Fraktion *f*; (*borgata*) Ortsteil *m*; *mat* Bruch *m*; **~ decimale** Dezimalbruch *m*
reccia ['frettʃa] *f* (*pl -cce*) Pfeil *m*; *auto* **~** (**di direzione**) Blinker *m*
reddezza [fred'dettsa] *f* (Gefühls-) Kälte *f*; Kaltblütigkeit *f*
reddo ['freddo] **1.** *adj* kalt; *fig* **a ~** kaltblütig; **2.** *m* Kälte *f*; **aver ~** frieren; **far ~** kalt sein; **~ umido** nasskalt; **non mi fa né caldo né ~** das lässt mich ganz kalt
redd|oloso [freddo'loːzo] **essere ~** leicht frösteln, gegen Kälte empfindlich sein; **~ura** [-'duːra] *f* Kalauer *m*
reezer ['friːzə] *m* Gefrierfach *n*
reg|are [fre'gaːre] (*1e*) reiben, scheuern; F (*imbrogliare*) betrügen; (*rubare*) klauen; **~arsene** P [-'garsene] P pfeifen (**di** auf *acc*); **~ata** [-'gaːta] *f mar* Fregatte *f*; **~atura** [-ga'tuːra] *f* Betrug *m*; F Reinfall *m*
regio ['frɛdʒo] *m* Fries *n*
ren|are [fre'naːre] (*1a*) bremsen; zügeln; *sentimenti* im Zaum halten; *lacrime* zurückhalten; **~ata** [-'naːta] *f* Bremsen *n*; *segno* Bremsspur *f*
reno ['freːno] *m* Bremse *f*; **~ d'allarme** Notbremse *f*; **~ a mano** Handbremse *f*; **~ a pedale** Fußbremse *f*; **porre ~ a qc** e-r Sache Einhalt gebieten; **senza ~** zügellos; **tirare il ~** die Bremse anziehen; **regolare i -i** die Bremsen einstellen
requent|are [frekuen'taːre] (*1b*) *luogo* verkehren in (*dat*); *persona* verkehren mit; **~ato** [-'taːto] viel besucht; **una strada** *f* **-a** e-e belebte Straße *f*
requ|ente [freku'ɛnte] **1.** *adj* häufig; **2.** *adv* **di ~** oft; **~enza** [-ku'ɛntsa] *f* Häufigkeit *f*; *fis*, *rad* Frequenz *f*; (*affollamento*) Besucherzahl *f*; **con ~** häufig
freschezza [fres'kettsa] *f* Frische *f*
fresco ['fresko] (*pl -chi*) **1.** *adj* frisch; kühl; *fig* **stare ~** ganz schön in der Patsche sitzen; **2.** *m* Kühle *f*; **pigliare il ~** frische Luft schnappen; **fa ~** es ist kühl; **mettere al ~** kalt stellen; *fig* ins Gefängnis stecken
frescura [fres'kuːra] *f* Kühle *f*
fretta ['fretta] *f* Eile *f*; **aver ~** es eilig haben, in Eile sein; **non c'è ~** es eilt nicht; **in tutta ~**, **in ~ e furia** in aller Eile
frettoloso [fretto'loːzo] eilig
Friburgo [fri'burgo] *f* Freiburg *n*
fricassea [frikas'sɛːa] *f* Frikassee *n*
friggere ['friddʒere] (*3cc*) **1.** *v/t* frittieren, braten; **2.** *v/i* brutzeln
friggitrice [friddʒi'tritʃe] *f* Fritteuse *f*
frigido ['friːdʒido] (gefühls)kalt; *med* frigid
frigo ['friːgo] *m inv* Kühlschrank *m*
frigorifero [frigo'riːfero] **1.** *adj* Kühl…; **2.** *m* Kühlschrank *m*; **~ per surgelati** Tiefkühltruhe *f*
fringuello [friŋgu'ɛllo] *m* Fink *m*
Frisia ['friːzia] *f* Friesland *n*
frittata [frit'taːta] *f* Eierkuchen *m*, Omelett(e) *n*(*f*); **~ verde** mit Kraut gefüllte Omelette *f*; *fig* **fare la ~** e-e Dummheit machen
frittella [frit'tɛlla] *f* kleiner Pfannkuchen *m*; *fig* Fettfleck *m*
fritto ['fritto] **1.** → **friggere**; **2.** *adj* frittiert, gebacken; **3.** *m* gebackenes Gericht *n*; **~ misto** gemischtes Gebackenes
frittura [frit'tuːra] *f* gebackenes Gericht *n*; **~ di pesce** gebackene Fische *m*/*pl*
friulano [friu'laːno] friaulisch
Friuli [fri'uːli] *m* Friaul *n*
frivolo ['friːvolo] leichtfertig; nichtig
frizionare [fritsio'naːre] (*1a*) einreiben; massieren
frizione [fritsi'oːne] *f* Einreibung *f*; *tec* Reibung *f*; *auto* Kupplung *f*
frizzante [frid'dzante] sprudelnd; prickelnd
frodare [fro'daːre] (*1c*) j-n betrügen (**di** um *acc*); **~ il fisco** Steuern hinterziehen
frode ['frɔːde] *f* Betrug *m*
front|ale [fron'taːle] Stirn…; frontal;

scontro ~ Frontalzusammenstoß *m*; **~aliere** [-tali'ɛːre] *m* Grenzgänger *m*

fronte ['fronte] **1.** *f* Stirn *f*; *arch* Vorderseite *f*; **2.** *m mil* Front *f*; *meteorologia* ~ ***caldo*** Warmfront *f*; ***di*** ~ gegenüber; ***di*** ~ ***alla casa*** dem Haus gegenüber; ***far*** ~ ***agli impegni*** den Verpflichtungen nachkommen; ***far*** ~ ***alle spese*** für die Kosten aufkommen; ***tener*** ~ ***a qu*** j-m die Stirn bieten

front|eggiare [fronted'dʒaːre] (*1f*) widerstehen; *difficoltà* bewältigen; (*stare di fronte*) gegenüberliegen (*dat*); ~ ***qu*** j-m die Stirn bieten; **~espizio** [-tes'piːtsio] *m* (*pl -zi*) Titelblatt *n*; *arch* Vordergiebel *m*; **~iera** [-ti'ɛːra] *f* Grenze *f*; ***polizia*** *f* ***di*** ~ Grenzpolizei *f*; ***valico*** *m* ***di*** ~ Grenzübergang *m*; **~one** [-'toːne] *m arch* Giebel *m*

frottola F ['frɔttola] *f* F Märchen *n*

Fr.s. ***franco svizzero*** Schweizer Franken (*abbr* Sfr)

frugale [fru'gaːle] *di persona* genügsam, anspruchslos; *di cibo* frugal, einfach

frugare [fru'gaːre] (*1e*) (herum)stöbern, kramen; ~ ***le tasche a qu*** j-m die Taschen durchsuchen

fruire [fru'iːre] (*4d*): ~ ***di qc*** et genießen

frull|are [frul'laːre] (*1a*) **1.** *v/t* quirlen; mixen; **2.** *v/i* schwirren; **~ato** [-'laːto] *m* Mixgetränk *n*

frullatore [frulla'toːre] *m* Mixer *m*

frumento [fru'mento] *m* Korn *n*; Weizen *m*

frusciare [fruʃ'ʃaːre] (*1f*) rauschen

fruscio [fruʃ'ʃiːo] *m* Rauschen *n*

frusta ['frusta] *f* Peitsche *f*; *gastr* Schneebesen *n*

frust|are [frus'taːre] (*1a*) peitschen; **~ino** [-'tiːno] *m* Reitpeitsche *f*

frustr|are [frus'traːre] (*1a*) frustrieren; (*impedire*) vereiteln; **~ato** [-'trato] frustriert; **~azione** [-tratsi'oːne] *f* Frustration *f*, F Frust *m*

frutta ['frutta] *f* Obst *n*; ~ ***candita*** kandierte Früchte *f/pl*; ~ ***fresca*** Frischobst *n*; ~ ***secca*** Trockenobst *n*

frutt|are [frut'taːre] (*1a*) **1.** *v/t* einbringen; **2.** *v/i* Früchte tragen; **~eto** [-'teːto] *m* Obstgarten *m*; **~ifero** [-'tiːfero] fruchtbringend; *econ* zinsbringend; ***albero*** *m* ~ Obstbaum *m*; **~ivendolo** [-ti'vendolo] *m* Obsthändler *m*

frutto ['frutto] *m* Frucht *f*; *fig* Ertrag *m*; ***-i*** *pl* ***di mare*** Meeresfrüchte *f/pl*

fruttuoso [fruttu'oːzo] fruchtbar

FS, **FF.SS.** ***Ferrovie dello Stato*** staatliche Eisenbahn

f.to ***firmato*** gezeichnet (*abbr* gez.)

fu [fu] **1.** → ***essere***; **2.** *adj inv* verstorben; ***Pietro*** ~ (*od* ***del*** ~) ***Giovanni*** Peter, Sohn des verstorbenen Johannes

fucil|are [futʃi'laːre] (*1a*) erschießen; **~ata** [-'laːta] *f* Gewehrschuss *m*

fucile [fu'tʃiːle] *m* Gewehr *n*

fucina [fu'tʃiːna] *f* Schmiede *f*

fuga ['fuːga] *f* (*pl -ghe*) Flucht *f*; *mu* Fuge *f*; ~ ***di gas*** Gasausströmung *f*; *econ* ~ ***di capitali*** Kapitalflucht *f*

fugg|evole [fud'dʒeːvole] flüchtig; **~iasco** [-'dʒasko] *m* (*pl -chi*) Flüchtling *m*; **~ifuggi** [-dʒi'fuddʒi] *m inv* wilde Flucht *f*; **~ire** [-'dʒiːre] (*4a*) fliehen, flüchten; **~itivo** [-dʒi'tiːvo] *m* Flüchtling *m*

fulcro ['fulkro] *m* Stützpunkt *m*

ful|iggine [fu'liddʒine] *f* Ruß *m*; **~igginoso** [-liddʒi'noːzo] rußig

fulmin|ante [fulmi'nante] *sguardo* blitzend; *malattia* tödlich; (*esplosivo*) Schieß…, Spreng…; **~are** [-'naːre] (*1l*) **1.** *v/t* treffen, erschlagen; **2.** *v*… blitzen; **~ato** [-'naːto] vom Blitz (*o*… elektrischen Schlag) getroffen; *el lampadina* durchgebrannt; *fig* ***rimanere*** … wie vom Blitz getroffen sein

fulmine ['fulmine] *m* Blitz *m*

fulmineo [ful'miːneo] blitzschnell

fum|aiolo [fumai'ɔːlo] *m* Schornstei… *m*; **~are** [-'maːre] (*1a*) rauchen; **~atore** [-ma'toːre] *m* Raucher *m*; *fer* ***scompartimento*** *m* ***per*** (***non***) ***-i*** (Nicht…) Raucherabteil *n*; **~etto** [-'metto] … Blasentext *m*; ***-i*** *pl* Comics *pl*

fumo ['fuːmo] *m* Rauch *m*; Rauchen …; *fig* ***andare in*** ~ in Rauch aufgehe…; ***mandare in*** ~ über den Haufen werfe…

fumoso [fu'moːzo] rauchig, verräu…chert; (*oscuro*) dunkel

fune ['fuːne] *f* Seil *n*; *mar* Tau *n*; ~ ***metallica*** Drahtseil *n*; ~ ***di rimorch***… Schlepptau *n*

funebre ['fuːnebre] Trauer…; Le…chen…; *fig* traurig; ***carro*** *m* ~ Le…chenwagen *m*; ***messa*** *f* ~ Totenmes… *f*

funerale [fune'raːle] *m* (*a -i pl*) Beer…

gung *f*

fungere ['fundʒere] (*3d*) **1.** *v/t* ausüben; **2.** *v/i* fungieren; ein Amt ausüben (**da** als)

fungo ['fuŋgo] *m* (*pl -ghi*) Pilz *m* (*a med*); **~ velenoso** Giftpilz *m*; **~ prataiolo** Champignon *m*

funi|colare [funiko'la:re] *f* Standseilbahn *f*; **~via** [-'vi:a] *f* Seil(schwebe)bahn *f*; Drahtseilbahn *f*

funzion|amento [funtsiona'mento] *m* Funktionieren *n*; **~are** [-'na:re] (*1a*) funktionieren; F klappen; *tec* in Betrieb sein; *orologio* gehen; **~ario** [-'na:rio] *m* (*pl -ri*) Beamte(r) *m*

funzione [funtsi'o:ne] *f* Funktion *f*; *rel* Gottesdienst *m*; **mettere in ~** in Betrieb setzen; **in ~ di ...** als ...

fuoco [fu'ɔ:ko] *m* (*pl -chi*) Feuer *n* (*a fig*); *fis u fot* Brennpunkt *m*; **dar ~ a qc** Feuer an et (*acc*) legen; et anzünden; **~ di campo** Lagerfeuer *n*; **-chi** *pl* **d'artificio** Feuerwerk *n*; **far ~** feuern; *fot* **mettere a ~** scharf einstellen

fuorché [fuor'ke] außer

fuori [fu'ɔ:ri] **1.** *prp* außer; **~ di** außerhalb; **~ città** außerhalb der Stadt; **~ luogo** nicht am Platze, unangebracht; **~ mano** abgelegen; **~ di sé** außer sich; **~ uso** unbrauchbar; **2.** *adv* draußen; heraus, hinaus; *sport* aus; **di ~** von außen; **~!** heraus!

fuori|bordo [fuori'bordo] *m inv* Außenborder *m*; *motore* Außenbordmotor *m*; **~classe** [-'klasse] **1.** *adj* erstklassig; **2.** *m/f inv* Ass *n*; **~gioco** [-'dʒɔ:ko] *m inv* Abseits *n*; **~serie** [-'sɛ:rie]; **1.** *adj* Sonder…; **2.** *f inv* Luxuswagen *m*; **~strada** [-'stra:da] *f inv* Geländewagen *m*

fuor|uscita [fuoruʃ'ʃi:ta] *f* Austritt *m*, Ausströmung *f*; **~uscito** [-to] *m* Emigrant *m*; **~viare** [-vi'a:re] (*1h*) **1.** *v/i* aus dem Geleise treten; vom rechten Weg abkommen; **2.** *v/t* irreleiten

furbizia [fur'bi:tsia] *f* Schlauheit *f*

furbo ['furbo] schlau

furfante [fur'fante] *m* Spitzbube *m*

furg|oncino [furgon'tʃi:no] *m* Lieferwagen *m*; **~one** [-'go:ne] *m* Lieferwagen *m*

furia ['fu:ria] *f* Wut *f*; Eile *f*; **in fretta e ~** in aller Eile; **a ~ di ...** durch viel(es) ...

furibondo [furi'bondo] wütend

furioso [furi'o:zo] wütend; (*violento*) heftig

furore [fu'ro:re] *m* Wut *f*, Raserei *f*

furtivo [fur'ti:vo] gestohlen; *fig* verstohlen, heimlich

furto ['furto] *m* Diebstahl *m*; **~ aggravato** schwerer Diebstahl *m*; **~ con scasso** Einbruch(s)diebstahl *m*

fuscello [fuʃ'ʃɛllo] *m* Halm *m*

fusibile [fu'zi:bile] *m el* Sicherung *f*

fusione [fuzi'o:ne] *f* Fusion *f* (*a econ*); *di metalli* Schmelzen *n*; *pol* Zusammenschluss *n*; **~ nucleare** Kernfusion *f*

fuso[2] ['fu:so] *m* (*pl a le fusa*) Spindel *f*; **~ orario** Zeitzone *f*; **fare le -a** schnurren

fusto ['fusto] *m* Fass *n*; (Säulen)Schaft *m*; (Baum)Stamm *m*

futile ['fu:tile] geringfügig

futilità [futili'ta] *f* Geringfügigkeit *f*

futuro [fu'tu:ro] **1.** *adj* zukünftig; **2.** *m* Zukunft *f*; *gram* Futur *n*; **in ~** zukünftig

G

g grammo Gramm (*abbr* g)

g. giorno Tag

gabbia ['gabbia] *f* Käfig *m*; **~ toracica** Brustkorb *m*

gabbiano [gabbi'a:no] *m* Möwe *f*

gabinetto [gabi'netto] *m* Toilette *f*, F Klo *n*; *med* Praxis *f*; *pol* Kabinett *n*; **~ fotografico** Fotolabor *n*; *pol* **~ ombra** Schattenkabinett *n*

gaffe [gaf] *f inv* Taktlosigkeit *f*; **fare una ~** eine Taktlosigkeit begehen; F ins Fettnäpfchen treten

gaio [g'a:io] (*pl gai*) fröhlich

gala ['ga:la] *f* (*lusso*) Prunk *m*; (*ricevimento*) Fest *n*; **serata** *f* **di ~** Galaabend *m*

galante [ga'lante] galant

galanteria [galante'ri:a] *f* Galanterie *f*

galantuomo [galantu'ɔːmo] (*pl galantuomini*) *m* Ehrenmann *m*
galassia [ga'lassia] *f* Milchstraße *f*
galateo [gala'tɛːo] *m* gute Manieren *pl*
galera [ga'lɛːra] *f* Gefängnis *n*, F Knast *m*
galla ['galla] *f bot* Galle *f*; Blase *f*; ***a ~*** auf der Oberfläche; ***venire a ~*** auftauchen; ***tenersi a ~*** sich über Wasser halten
galleggi|ante [galled'dʒante] **1.** *adj* schwimmend; **2.** *m* Schwimmer *m*; Schwimmkörper *m*; **~are** [-'dʒaːre] (*1f*) (obenauf) schwimmen
galleria [galle'riːa] *f* Galerie *f*; *passaggio con negozi* Passage *f*; *fer* Tunnel *m*; *tea* Rang *m*; *min* Stollen *m*; ***~ di quadri*** Gemäldegalerie *f*; ***~ degli orrori*** Geisterbahn *f*

gallina [gal'liːna] *f* Henne *f*; Huhn *n*
gallo ['gallo] *m* Hahn *m*; *sport* ***peso*** *m* ***~*** Bantamgewicht *n*
gallone [gal'loːne] *m* Borte *f*; *unità di misura* Gallone *f*
galoppare [galop'paːre] (*1c*) galoppieren
galoppo [ga'lɔppo] *m* Galopp *m*; ***al ~*** im Galopp
gamba ['gamba] *f* Bein *n*; *fig* ***in ~*** fit; ***darsela a -e*** sich aus dem Staub machen
gamberetto [gambe'retto] *m* Garnele *f*
gambero ['gambero] *m* Krebs *m*; ***~ di mare*** Hummer *m*
gambo ['gambo] *m* Stiel *m*, Stängel *m*
gamma ['gamma] *f* Serie *f*, Reihe *f*; Skala *f*; *mus* Tonleiter *f*
gancio ['gantʃo] *m* (*pl -ci*) Haken *m*; ***~ di traino*** Anhängerkupplung *f*
gara ['gaːra] *f* Wettstreit *m*; *sport* Wettkampf *m*; ***~ automobilistica*** Autorennen *n*; ***~ finale*** End-, Entscheidungsspiel *n*; ***fare a ~*** wetteifern
garage [ga'raːʒ] *m inv* Garage *f*; ***~ sotteraneo*** Tiefgarage *f*
garagista [gara'dʒista] *m* (*pl -i*) (Auto)Mechaniker *m*
garante [ga'rante] *m* Bürge *m*
garan|tire [garan'tiːre] (*4d*) bürgen für; garantieren; **~tito** [-'tiːto] garantiert; **~zia** [-'tsiːa] *f* Garantie *f*; *jur* Bürgschaft *f*; ***biglietto m di ~*** Garantieschein *m*; ***senza ~*** ohne Gewähr
garb|are [gar'baːre] (*1a*) gefallen; passen; **~ato** [-'baːto] höflich
garbo ['garbo] *m schöne* Form *f*; Anmut *f*; (*gentilezza*) Liebenswürdigkeit *f*; ***senza ~*** plump, ungeschliffen
Gardena [gar'dɛːna] *f* Gröden *n*; ***Val ~*** Grödnertal *n*
gardenia [gar'dɛːnia] *f* Gardenie *f*
gareggiare [gared'dʒaːre] (*1f*) wetteifern
gargarismo [garga'rizmo] *m* (*collutorio*) Gurgelmittel *n*; Gurgeln *n*; ***fare i -i*** gurgeln
garofano [ga'rɔːfano] *m* Nelke *f*; *gastr* ***chiodi m/pl di ~*** Gewürznelke *f*
garza ['gardza] *f* Gaze *f*, Verbandmull *m*
garzone [gar'dzoːne] *m* Laufbursche *m*
gas [gas] *m inv* Gas *n*; ***~ lacrimogeno*** Tränengas *n*; ***~ asfissiante*** Giftgas *n*; ***~ naturale*** Erdgas *n*; ***~ di scarico*** Abgase *pl*
gasato [ga'zaːto] *bibita* kohlensäurehaltig
gasolio [ga'zɔːlio] *m* Diesel(kraftstoff) *m*
gassosa [gas'soːsa] *f* Brause *f*
gastrico ['gastriko] (*pl -ci*) gastrisch Magen…; ***succo m ~*** Magensaft *m*
gastr|ite [gas'triːte] *f* Magenschleimhautentzündung *f*; **~onomia** [-trono'miːa] *f* Gastronomie *f*; **~onomico** [-tro'nɔːmiko] (*pl -ci*) gastronomisch
gat|ta ['gatta] *f* Katze *f*; **~to** [-to] *m* Katze *f*; *maschio* Kater *m*; ***c'erano quattro -i*** es waren nur wenige da
gay [g'ei] **1.** *adj* homosexuell, schwul; **2.** *m* Homosexueller *m*
gazosa [ga'dzoːsa] *f* → ***gassosa***
gazza ['gaddza] *f* Elster *f*
gazzella [gad'dzɛlla] *f* Gazelle *f*
gazzetta [gad'dzetta] *f* Zeitung *f*; ***~ ufficiale*** Amtsblatt *n*
G.d.F. ***Guardia di Finanza*** Zollbehörde
GE ***Genova*** Genua
gel [dʒɛl] *m inv* Gel *n*
gel|are [dʒe'laːre] (*1b*) **1.** *v/t* zum Gefrieren bringen; **2.** *v/i u* **~arsi** [-'larsi] (ge)frieren; erfrieren; *sangue* erstarren; **~ata** [-'laːta] *f* Glatteis *n*; **~ateria** [-late'riːa] *f* Eisdiele *f*; **~atina** [-la'tiːna] *f* Gelee *n*; ***~ di frutta*** Fruchtgelee
gelato [dʒe'laːto] **1.** *adj* eiskalt; **2.** *m*

(Speise)Eis *n*; ~ ***misto*** gemischtes Eis *n*; ~ ***alla vaniglia*** Vanilleeis *n*; ~ ***di fragola*** Erdbeereis *n*
elido ['dʒɛːlido] eisig, eiskalt
elo ['dʒɛːlo] *m* Frost *m*
el|osia [dʒelo'siːa] *f* Eifersucht *f*; **~oso** [-'loːzo] eifersüchtig (***di*** auf *acc*)
elso ['dʒɛlso] *m* Maulbeerbaum *m*
elsomino [dʒelso'miːno] *m* Jasmin *m*
emellaggio [dʒemel'laddʒo] *m* (*pl -ggi*) Städtepartnerschaft *f*
emello [dʒe'mɛllo] **1.** *adj* Zwillings…; **2.** *m* Zwilling *m*; **-i** *pl* Zwillinge *m/pl* (*a astr*); *di camicia* Manschettenknöpfe *m/pl*
emere ['dʒɛːmere] (*3a*) stöhnen
emito ['dʒɛːmito] *m* Stöhnen *n*
emma ['dʒɛmma] *f* Juwel *n*; *bot* Knospe *f*
ene ['dʒɛːne] *m biol* Gen *n*
eneal|ogia [dʒenealo'dʒiːa] *f* Genealogie *f*; **~ogico** [-'lɔːdʒiko] (*pl -ci*) genealogisch; ***albero*** *m* ~ Stammbaum *m*
ener|ale [dʒene'raːle] **1.** *adj* allgemein; ***in*** ~ im Allgemeinen; **2.** *m mil* General *m*; **~alità** [-rali'ta] *f* Personalien *pl*; **~alizzare** [-ralid'dzaːre] (*1a*) verallgemeinern; **~almente** [-ral'mente] im Allgemeinen, gewöhnlich
ener|are [dʒene'raːre] (*1l u b*) (er-)zeugen; **~atore** [-ra'toːre] *m el* Generator *m*; **~azione** [-ratsi'oːne] *f* Generation *f*
nere ['dʒɛːnere] *m* Geschlecht *n* (*a gram*); Art *f*; ***in*** ~ gewöhnlich; meistens; **-i** *pl* ***alimentari*** Lebensmittel *n/pl*; **-i** *pl* ***di consumo*** Konsumgüter *n/pl*, Gebrauchsgüter *n/pl*
nerico [dʒe'nɛːriko] (*pl -ci*) generell; allgemein; ***medico*** *m* ~ praktischer Arzt *m*
nero ['dʒɛːnero] *m* Schwiegersohn *m*
ner|osità [dʒenerosi'ta] *f* Freigebigkeit *f*, Großzügigkeit *f*; **~oso** [-'roːzo] großzügig (***con*** gegen *acc*)
nesi ['dʒɛːnezi] *f* Entstehung *f*; Genesis *f*
netico [dʒe'nɛtiko] *adj* genetisch; ***manipolazione*** *f* **-a** *biol* Genmanipulation *f*
ngi|va [dʒen'dʒiːva] *f* Zahnfleisch *n*; **~vite** [-dʒi'viːte] *f* Zahnfleischentzündung *f*
gen|iale [dʒeni'aːle] genial; **~ialità** [-niali'ta] *f* Genialität *f*
genio ['dʒɛːnio] *m* (*pl -ni*) Geist *m*; Genie *n*; (*talento*) Begabung *f*; (*inclinazione*) Neigung *f*; ***andare a*** ~ gefallen
genit|ali [dʒeni'taːli] *m/pl* Geschlechtsorgane *n/pl*; **~ivo** [-'tiːvo] *m* Genitiv *m*
genitori [dʒeni'toːri] *m/pl* Eltern *pl*
gennaio [dʒen'naːio] *m* Januar *m*
genocidio [dʒeno'tʃiːdio] *m* (*pl -di*) Völkermord *m*
Genova ['dʒɛːnova] *f* Genua *n*
gentaglia [dʒen'taːʎa] *f* Pack *n*
gente ['dʒɛnte] *f* Leute *pl*; ***c'è*** ~ da ist jemand; ***viene*** ~ es kommen Leute; *iro* ~ ***bene*** Schickeria *f*
gent|ile [dʒen'tiːle] freundlich; liebenswürdig; nett; *nelle lettere* ~ ***signora … *** sehr geehrte Frau …; **~ilezza** [-ti'lettsa] *f* Freundlichkeit *f*; Liebenswürdigkeit *f*; **~iluomo** [-tilu'ɔːmo] (*pl uomini*) *m* Gentleman *m*; (*nobile*) Edelmann *m*
genuino [dʒenu'iːno] echt; ***vino*** *m* ~ Naturwein *m*
genziana [dʒentsi'aːna] *f* Enzian *m*
geo|grafia [dʒeogra'fiːa] *f* Geographie *f*, Erdkunde *f*; ~ ***economica*** Wirtschaftsgeographie *f*; **~grafico** [-'graːfiko] (*pl -ci*) geographisch; ***carta*** *f* **-a** Landkarte *f*
geol|ogia [dʒeolo'dʒiːa] *f* Geologie *f*; **~ogico** [-'lɔːdʒiko] (*pl -ci*) geologisch
geologo [dʒe'ɔːlogo] *m* (*pl -gi*) Geologe *m*
geom|etria [dʒeome'triːa] *f* Geometrie *f*; **~etrico** [-'mɛːtriko] (*pl -ci*) geometrisch
Georgia [dʒe'ɔrdʒa] *f* Georgien *n*
geranio [dʒe'raːnio] *m* (*pl -ni*) Geranie *f*
ger|archia [dʒerar'kiːa] *f* Hierarchie *f*; **~archico** [-'rarkiko] (*pl -ci*) hierarchisch; ***per via -a*** auf dem Dienstweg
gerente [dʒe'rɛnte] *m* Geschäftsführer *m*
gergo ['dʒergo] *m* (*pl -ghi*) Jargon *m*
geriatrico [dʒeri'aːtriko] (*pl -ci*) geriatrisch; ***istituto*** *m* ~ Altenpflegeheim *n*
Germania [dʒer'maːnia] *f* Deutschland *n*
germ|anico [dʒer'maːniko] (*pl -ci*) germanisch; **~anista** [-ma'nista] *m/f*

G

(*m/pl -i*) Germanist(in) *m*(*f*); **~anistica** [-ma'nistika] *f* Germanistik *f*
germe ['dʒɛrme] *m* Keim *m*
germ|inare [dʒermi'naːre] (*1l u b*) keimen; **~ogliare** [-mo'ʎaːre] (*1g u c*) sprossen, sprießen; **~oglio** [-'mɔːʎo] *m* (*pl -gli*) Trieb *m*, Spross *m*
geroglifico [dʒero'gliːfiko] *m* (*pl -ci*) Hieroglyphe *f*
gerundio [dʒe'rundio] *m* (*pl -di*) Gerundium *n*
Gerusalemme [dʒeruza'lɛmme] *f* Jerusalem *n*
gesso ['dʒɛsso] *m* Gips *m*; *per scrivere* Kreide *f*; *scultura* Gipsfigur *f*

G

gesticolare [dʒestiko'laːre] (*1m*) gestikulieren
gest|ione [dʒesti'oːne] *f* Leitung *f*, Führung *f*; (*amministrazione*) Verwaltung *f*; **~ire** [-'tiːre] (*4d*) leiten, führen; verwalten
gesto ['dʒɛsto] *m* Geste *f*, Gebärde *f*
gestore [dʒes'toːre] *m* Verwalter *m*; Pächter *m*; Inhaber *m*
Gesù [dʒe'zu] *m* Jesus *m*; **~ *bambino*** Christkind *n*
gett|are [dʒet'taːre] (*1b*) werfen; *fondamenta* legen; *grido* ausstoßen; **~ *fuori*** hinauswerfen; **~ *via*** wegwerfen; **~arsi** ['tarsi] sich stürzen; *fiume* münden
getto ['dʒɛtto] *m* (Wasser)Strahl *m*; ***di* ~** aus e-m Guss; ***a* ~ *continuo*** fortwährend
gettone [dʒet'toːne] *m* Spielmarke *f*; **~ *di presenza*** Sitzungsgeld *n*; ***apparecchio m a* ~** Münzautomat *m*
gg. ***giorni*** Tage
ghetto ['getto] *m* Getto *n*
ghiac|ciaio [giat'tʃaːio] *m* (*pl -ai*) Gletscher *m*; **~ciare** [-'tʃaːre] (*1f*) **1.** *v/t* erfrieren lassen; **2.** *v/i* gefrieren; **~ciato** [-'tʃaːto] vereist, gefroren; eiskalt
ghiaccio [gi'attʃo] *m* (*pl -cci*) Eis *n*
ghiacciolo [giat'tʃɔːlo] *m* Eiszapfen *m*; *gelato* Wassereis *n*
ghiaia [gi'aːia] *f* Kies *m*
ghianda [gi'anda] *f* Eichel *f*
ghiandola [gi'andola] *f* Drüse *f*; **~ *linfatica*** Lymphdrüse *f*
ghignare [gi'ɲaːre] (*1a*) grinsen
ghigno ['giːɲo] *m* Grinsen *n*
ghiotto [gi'otto] *persona* naschhaft; *fig* gierig; *cibo* lecker

ghiottoneria [giottone'riːa] *f* Lecke
bissen *m*; Delikatesse *f*
ghirlanda [gir'landa] *f* Girlande
Kranz *m*
ghiro ['giːro] *m* Siebenschläfer *m*
ghisa ['giːza] *f* Gusseisen *n*
già [dʒa] schon; bereits; (*ex*) ehemals; allerdings; schon gut
giacca ['dʒakka] *f* (*pl -cche*) Jacke *f*;
abito maschile Jackett *n*; Sakko *m*; **~ *vento*** Anorak *m*; **~ *di pelle*** Lederjacke *f*
giacché [dʒak'ke] da (*cj*)
giac|enza [dʒa'tʃɛntsa] *f* Rücklage
f/pl; *periodo* Lagerzeit *f*; **~ *di magazzino*** Lagerbestand *m*; ***in* ~** lagern
~ere [-'tʃeːre] (*2k*) liegen; *fig* ruhen
~imento [-tʃi'mento] *m mineralog*
Lager *n*
giacinto [dʒa'tʃinto] *m bot* Hyazinthe
giada ['dʒaːda] *f* Jade *m*
giallo ['dʒallo] **1.** *adj* gelb; **2.** *m* Gelb(
n
giammai [dʒam'maːi] niemals
Giappone [dʒap'poːne] *m* Japan *n*
giapponese [dʒappo'neːse] **1.** *adj* japanisch; **2.** *m* Japanisch(e) *n*; **3.** *m/f* Jap
ner(in) *m*(*f*)
giardin|aggio [dʒardi'naddʒo] *m* Ga
tenbau *m*; **~etta** [-'netta] *f* Komb
(-wagen) *m*; **~iera** [-ni'ɛːra] *f* Gärtn
rin *f*; *mobile* Blumengestell *n*; *gas*
Mixed Pickles *pl*; **~iere** [-ni'ɛːre]
Gärtner *m*
giardino [dʒar'diːno] *m* Garten *m*;
botanico botanischer Garten *m*;
d'infanzia Kindergarten *m*; **~ *pens***
Dachgarten *m*; **~ *pubblico*** öffent
cher Park *m*
Gibilterra [dʒibil'tɛrra] *f* Gibraltar
gigante [dʒi'gante] **1.** *adj* riesig; **2.**
Riese *m*
gigantesco [dʒigan'tesko] (*pl -ch*
riesenhaft, gigantisch
giglio ['dʒiːʎo] *m* (*pl -gli*) Lilie *f*
gilè [dʒi'lɛ] *m* Weste *f*
gin [dʒin] *m* Gin *m*
ginecologo [dʒine'kɔːlogo] *m* (*pl -g*
Gynäkologe *m*, Frauenarzt *m*
ginepro [dʒi'neːpro] *m* Wacholder
ginestra [dʒi'nɛstra] *f* Ginster *m*
Ginevra [dʒi'neːvra] *f* Genf *n*
ging|illarsi [dʒindʒil'larsi] (*1a*) die Z
vertrödeln; **~illo** [-'dʒillo] *m* Nipps

che *f*
ginnastica [dʒin'nastika] *f* Gymnastik *f*; Turnen *n*; **~ presciistica** Skigymnastik *f*; **fare ~** turnen
ginocchio [dʒi'nɔkkio] *m* (*pl i -cchi u le -cchia*) Knie *n*; **stare in ~** knien
gioc|are [dʒo'ka:re] (*1o*) **1.** *v/i* spielen; **~ a tennis** Tennis spielen; **~ a flipper** flippern; **2.** *v/t* spielen; wetten; **~arsi** [-'karsi]: **~ qc** et verspielen; **~atore** [-ka'to:re] *m* Spieler *m*; **~attolo** [-'kattolo] *m* Spielzeug *n*
gioco ['dʒɔ:ko] *m* (*pl -chi*) Spiel *n*; **~ d'azzardo** Glücksspiel *n*; **~ da bambini** Kinderspiel *n*; **per ~** aus Spaß; **farsi ~ di qu** sich über j-n lustig machen; **-chi olimpici** Olympische Spiele
giocoliere [dʒokoli'ɛ:re] *m* Jongleur *m*
gioia [dʒ'ɔ:ia] *f* Freude *f*; (*gioiello*) Juwel *n*; *fig* **darsi alla pazza ~** sich toll amüsieren
gioi|elleria [dʒoielle'ri:a] *f* Juweliergeschäft *n*; **~elliere** [-elli'ɛ:re] *m* Juwelier *m*; **~ello** [-'ɛllo] *m* Juwel *n*, Schmuckstück *n*
gioire [dʒo'i:re] (*4d*) sich freuen
giorn|alaio [dʒorna'la:io] *m* (*pl -ai*) Zeitungsverkäufer *m*; **~ale** [-'na:le] *m* Zeitung *f*; (*rivista*) Zeitschrift *f*; (*diario*) Tagebuch *n*; **~ di moda** Modezeitschrift; **~ locale** Lokalblatt *n*; **~ murale** Wandzeitung *f*; **~ radio** Nachrichten *f/pl*; **~ scandalistico** Boulevardblatt *n*; **~aliero** [-nali'ɛ:ro] **1.** *adj* täglich; **2.** *m* Tagelöhner *m*; **~alino** [-na'li:no] *m* Comicheft *n*
giorn|alismo [dʒorna'lizmo] *m* Journalismus *m*, Zeitungswesen *n*; **~alista** [-na'lista] *m/f* (*m/pl -i*) Journalist(in) *m*(*f*); **~alistico** [-na'listiko] (*pl -ci*) journalistisch; **~almente** [-nal'mente] täglich
giornata [dʒor'na:ta] *f* Tag *m*; **la ~ di 8 ore** der Achtstundentag; **in ~** im Laufe des Tages; **vivere alla ~** in den Tag hinein leben
giorno ['dʒorno] *m* Tag *m*; **~ feriale** Werktag *m*; **~ festivo** Feiertag *m*; **~ di arrivo** Anreisetag *m*; **~ di partenza** Abreisetag *m*; **avvenimento** *m* **del ~** Tagesereignis *n*; **ogni ~** täglich; **al ~** täglich; **l'altro ~** neulich; **di ~** bei Tage; tagsüber; **al ~ d'oggi** heutzutage; **a -i** in wenigen Tagen
giostra ['dʒɔstra] *f* Karussell *n*
giovane ['dʒo:vane] **1.** *adj* jung; **2.** *m/f* junger Mann *m*; Jugendliche(r) *m*; junges Mädchen *n*; **i -i** *pl* die jungen Leute *pl*
giovanile [dʒova'ni:le] jugendlich
giovanotto [dʒova'nɔtto] *m* junger Mann *m*
giov|are [dʒo'va:re] (*1a*) nützen; **~arsi** [-'varsi]: **~ di qu** (*od* **di qc**) sich j-n (*od* et) zunutze machen
giovedì [dʒove'di] *m* Donnerstag *m*; **di ~** donnerstags
gioventù [dʒoven'tu] *f* Jugend *f*; die jungen Leute *pl*
giovinezza [dʒovi'nettsa] *f* Jugend *f*, Jugendalter *n*
giradischi [dʒira'diski] *m inv* Plattenspieler *m*
giraffa [dʒi'raffa] *f* Giraffe *f*
gir|amondo [dʒira'mondo] *m/f* Weltenbummler(in) *m*(*f*); **~andola** [-'randola] *f* Feuerrad *n*; *giocattolo* Windrad *n*; (*banderuola*) Wetterfahne *f*
girare [dʒi'ra:re] (*1a*) **1.** *v/t* drehen (*a film*); wenden; *città* gehen durch; *paese* bereisen, durchreisen; *econ* girieren; **2.** *v/i* sich drehen; (*andare in giro*) umhergehen, *con un veicolo* herumfahren; (*voltare*) abbiegen; **mi gira la testa** mir ist schwind(e)lig
gir|asole [dʒira'so:le] *m* Sonnenblume *f*; **~ata** [-'ra:ta] *f* Drehung *f*; *econ* Giro *n*; Indossament *n*; **~ in bianco** Blankogiro *n*; **~avolta** [-ra'vɔlta] *f* Drehung *f* (um sich selbst)
giro ['dʒi:ro] *m* Drehung *f*; *auto* Drehzahl *f*; (*percorso*) Rundgang *m*, Runde *f*; (*passeggiata*) Bummel *m*, Spaziergang *m*; (*viaggio*) Rundfahrt *f*, Reise *f*; *econ* Umlauf *m*; **~ d'affari** Umsatz *m*; **~ turistico della città** Stadtrundfahrt *f*; **~ dei negozi** Einkaufsbummel *m*; **~ di parole** Umschreibung *f*; **in ~** unterwegs; **andare in ~** umherbummeln; *fig* **prendere in ~ qu** j-n auf den Arm nehmen; **a ~ di posta** postwendend
gir|ocollo [dʒiro'kɔllo] *m inv* **maglione** *m* **a ~** Pullover *m* mit rundem Ausschnitt; **~onzolare** [-rondzo'la:re] (*1m*) umherschweifen, sich herumtreiben; **~ovagare** [-rova'ga:re] (*1m, c u e*) umherziehen; **~ovago** [-'rɔ:vago]

(*pl -ghi*) **1.** *adj* umherziehend; **2.** *m* Bummler *m*

gita ['dʒiːta] *f* Fahrt *f*; Ausflug *m*; ***andare in ~*** e-n Ausflug machen; ***~ domenicale*** Sonntagsausflug *m*; ***~ in bicicletta*** Radtour *f*

gitante [dʒi'tante] *m/f* Ausflügler(in) *m(f)*

giù [dʒu] unten; herunter; hinunter; ***andar ~*** hinuntergehen; *fig* ***essere ~*** niedergeschlagen sein; ***in ~*** nach unten; ***su e ~*** auf und ab

giubbotto [dʒub'bɔtto] *m* Sportjacke *f*; ***~ di salvataggio*** Schwimmweste *f*

giudicare [dʒudi'kaːre] (*1l u d*) **1.** *v/t* beurteilen; halten für; ***~ male qu*** j-n schlecht beurteilen; **2.** *v/i* urteilen; entscheiden

giudice ['dʒuːditʃe] *m* Richter(in) *m(f)*; ***~ istruttore*** Untersuchungsrichter *m*; ***~ di gara*** Schiedsrichter *m*

giud|iziario [dʒuditsi'aːrio] (*pl -ri*) gerichtlich; Gerichts…; ***procedura*** *f* ***-a*** Gerichtsverfahren *n*

giud|izio [-'diːtsio] *m* (*pl -zi*) Urteil *n*; (*senno*) Verstand *m*; *jur* Gericht *n*; ***a mio ~*** meiner Ansicht nach; ***~ civile*** Zivilprozess *m*; ***mettere ~*** vernünftig werden; **~izioso** [-ditsi'oːzo] vernünftig

giugno ['dʒuːɲo] *m* Juni *m*

giunco ['dʒuŋko] *m* (*pl -chi*) Binse *f*

giungere ['dʒundʒere] (*3d*) **1.** *v/t* verbinden; *mani* falten; **2.** *v/i* ankommen, eintreffen; *fig* gelangen; ***~ a qc*** et erreichen; zu et kommen

giungla ['dʒuŋgla] *f* Dschungel *m*

giunta ['dʒunta] *f* Zusatz *m*; *di abito* Ansatz *m*; *pol* Kommission *f*; Ausschuss *m*; (*a* ***~ municipale***) Gemeindeausschuss *m*; ***per ~*** obendrein

giunto ['dʒunto] → ***giungere***

giuntura [dʒun'tuːra] *f* Verbindung *f*; *anat* Gelenk *n*

Giura ['dʒuːra] *m* Jura *m*

giur|amento [dʒura'mento] *m* Schwur *m*, Eid *m*; ***~ falso*** Meineid *m*; ***fare un ~*** e-n Eid ablegen; **~are** [-'raːre] (*1a*) schwören; **~ato** [-'raːto] **1.** *adj* vereidigt, **2.** *m* Geschworene(r) *m*

giuria [dʒu'riːa] *f jur* Schwurgericht *n*; *in un concorso* Jury *f*

giur|idico [dʒu'riːdiko] (*pl -ci*) rechtlich; juristisch; ***situazione*** *f* ***-a*** Rechtslage *f*; **~isdizione** [-rizditsi'oːne] *f* Gerichtsbarkeit *f*, Rechtsprechung *f*; Verantwortungsbereich *m*; **~isprudenza** [-rispru'dɛntsa] *f* Rechtswissenschaft *f*, Jura *n/pl*; **~ista** [-'rista] *m/f* (*m/pl -i*) Jurist(in) *m(f)*

giust|ezza [dʒus'tettsa] *f* Richtigkeit *f*; **~ificare** [-tifi'kaːre] (*1m u d*) rechtfertigen; (*scusare*) entschuldigen; **~ificazione** [-tifikatsi'oːne] *f* Rechtfertigung *f*, Entschuldigung *f*

giustizia [dʒus'tiːtsia] *f* Gerechtigkeit *f*; *pol* Justiz *f*; ***~ sociale*** soziale Gerechtigkeit *f*; ***fare ~ sommaria*** kurzen Prozess machen

giusto ['dʒusto] **1.** *adj* richtig; gerecht; (*adatto*) passend; **2.** *adv* richtig; (*proprio*) gerade; **3.** *m* Richtige(s) *n*; Gerechte(r) *m*

glaciale [gla'tʃaːle] eisig

gladiolo [gla'diːolo] *m* Gladiole *f*

glassa ['glassa] *f* Zuckerguss *m*

gli [ʎi] **1.** *art m/pl* die; **2.** *pron* ihm; ihnen

glicemia [glitʃe'miːa] *f* Blutzucker *m*

glicerina [glitʃe'riːna] *f* Glyzerin *n*

glicine ['gliːtʃine] *m* Glyzinie *f*

glie [ʎe] ***gliela, glielo, glieli, gliele gliene*** = *pron* **gli** (*od* **le** *od* **loro**) *mi pron* **la, lo, li, le, ne**

globale [glo'baːle] Pauschal…, global ***controllo*** *m* ***~*** *econ* Globalsteuerung

globalizzazione [globalittza'tzioːne] *econ* Globalisierung *f*

globo ['glɔːbo] *m* Kugel *f*; *geogr* Globus *m*; (*a* ***~ terrestre***) Erdkugel *f*; *e* Lampenglocke *f*; ***~ oculare*** Augapfe *m*

globulo ['glɔːbulo] *m* Blutkörperche *n*

gloria ['glɔːria] *f* Ruhm *m*

glorificare [glorifi'kaːre] (*1m u d*) verherrlichen; *Dio* lobpreisen

glorioso [glori'oːzo] glorreich, ruhmreich

glossa ['glɔssa] *f* Glosse *f*, Anmerkun *f*

glossario [glos'saːrio] *m* (*pl -ri*) Glossar *n*

glucosio [glu'kɔːzio] *m* Traubenzucker *m*

gnocco ['ɲɔkko] *m* (*pl -cchi*) Klößche *n*; ***gnocchi alla romana*** überbacken Grießklößchen

O ***Gorizia*** Görz
oal [gol] *m inv sport* Tor *n*
obba ['gɔbba] *f* Buckel *m*; Unebenheit *f*
obbo ['gɔbbo] **1.** *adj* buck(e)lig; **2.** *m* Bucklige(r) *m*
occia ['gottʃa] *f* (*pl -cce*) Tropfen *m*; **(a)** ~ **(a)** ~ tropfenweise; ~ ***d'acqua*** Wassertropfen *m*
occiol|are [gottʃo'la:re] (*1l*) tropfen; **~io** [-'li:o] *m* ständiges Tropfen *n*
odere [go'de:re] (*2a*) **1.** *v/t* genießen; ***godersela*** sich amüsieren; **2.** *v/i* sich freuen (***di*** über *acc*)
odimento [godi'mento] *m* Genuss *m*
offo ['gɔffo] plump
ol [go:l] *m*: **~!** *Fußball* Tor!
ola ['go:la] *f* Kehle *f*; Hals *m*; *geogr* Schlucht *f*; ***mal m di*** ~ Halsweh *n*; ***far*** ~ Appetit machen
olf [gɔlf] *m inv* Golf *n*, Golfspiel *n*; *indumento* Strickjacke *f*; (*maglione*) Pullover *m*
olfista [gol'fista] *m/f* (*m/pl -i*) Golfspieler(in) *m(f)*
olfo ['golfo] *m* Golf *m*, Meerbusen *m*
ol|osità [golosi'ta] *f* Gefräßigkeit *f*; (*ghiottoneria*) Naschhaftigkeit *f*; (*leccornia*) Leckerbissen *m*; **~oso** [-'lo:zo] naschhaft; gefräßig; *fig* gierig
olpe ['golpe] *m inv* Putsch *m*
omito ['go:mito] *m* Ell(en)bogen *m*; *di tubo* Knie *n*; ***curva f a*** ~ Haarnadelkurve *f*; *fig* ***alzare il*** ~ e-n über den Durst trinken
omitolo [go'mi:tolo] *m* Knäuel *m u n*
omma ['gomma] *f* Gummi *n u m*; *per cancellare* Radiergummi *m*; (*pneumatico*) Reifen *m*; ~ ***da masticare*** Kaugummi *m*; *auto* ~ ***di scorta*** Ersatzreifen *m*; ***avere una*** ~ ***a terra*** einen Platten (*od* eine Reifenpanne) haben
ommapiuma [gommapi'u:ma] *f* Schaumgummi *m*
omm|ato [gom'ma:to] gummiert; **~ista** [-'mista] *m* (*pl -i*) Reifenhändler *m*; *officina* Reifendienst *m*; **~one** [-'mo:ne] *m* Schlauchboot *n*
ondola ['gondola] *f* Gondel *f*
onfi|are [gonfi'a:re] (*1k*) **1.** *v/t* aufblasen; mit Gas füllen; *camera d'aria* aufpumpen; **2.** *v/i u* **~arsi** [-fi'arsi] anschwellen; *fig* sich aufblähen
onfio ['gonfio] (*pl -fi*) geschwollen; *fig* aufgeblasen; *stile* schwülstig; ***a -e vele*** mit vollen Segeln
gonfiore [gonfi'o:re] *m* Schwellung *f*
gonna ['gonna] *f* (Damen)Rock *m*; ~ ***a pieghe*** Faltenrock *m*; ~ ***pantalone*** Hosenrock *m*
gonorrea [gonor'rɛa] *f* Tripper *m*
gorgo ['gorgo] *m* (*pl -ghi*) Strudel *m*
gorgogliare [gorgo'ʎa:re] (*1g*) gurgeln; *stomaco* kollern; *acqua* brodeln
gorilla [go'rilla] *m inv* Gorilla *m*
gota ['gɔ:ta] *f* Backe *f*
gotico ['gɔ:tiko] (*pl -ci*) **1.** *adj* gotisch; **2.** Gotik *f*
gotta ['gɔtta] *f* Gicht *f*
Gottinga [got'tiŋga] *f* Göttingen *n*
govern|ante [gover'nante] *f* Haushälterin *f*; **~are** [-'na:re] (*1b*) leiten; führen; *pol* regieren; *mar* steuern; **~ativo** [-na'ti:vo] Regierungs…; Staats…; ***forze*** *f/pl* ***-e*** Regierungstruppen *f/pl*; **~atore** [-na'to:re] *m* Gouverneur *m*
governo [go'vɛrno] *m* Regierung *f*; (*amministrazione*) Verwaltung *f*; *mar* Steuerung *f*; ~ ***di coalizione*** Koalitionsregierung *f*; ~ ***di minoranza*** Minderheitsregierung *f*; ~ ***federale*** Bundesregierung *f*; ***forma f di*** ~ Regierungsform *f*
gozzo ['gottso] *m* Kropf *m*
gr ***grammo*** Gramm (*abbr* g)
GR ***Grosseto*** Grosseto
gracile ['gra:tʃile] zart; (*debole*) schwach
gradasso [gra'dasso] *m* Prahlhans *m*
gradazione [gradatsi'o:ne] *f* Abstufung *f*; ~ ***alcolica*** Alkoholgehalt *m*
grad|evole [gra'de:vole] angenehm; **~imento** [-di'mento] *m* Wohlgefallen *n*
grad|inata [gradi'na:ta] *f* Treppe *f*; *stadio* Sitzreihe *f*; **~ino** [-'di:no] *m* Stufe *f*
grad|ire [gra'di:re] (*4d*) (gern) annehmen; entgegennehmen; (*desiderare*) mögen, wünschen; ***gradirei sapere*** ich möchte gern wissen; ***gradisce un po' di vino?*** wünschen Sie ein wenig Wein?; **~ito** [-'di:to] angenehm; willkommen
grado[1] ['gra:do] *m* Wohlgefallen *n*; ***di buon*** ~ gern; ***in*** ~ ***di lavorare*** arbeitsfähig; ***mio mal*** ~ gegen m-n Willen
grado[2] ['gra:do] *m* Grad *m*; *di gerarchia, sociale* Rang *m*; ***30 -i all'ombra***

G

30 Grad im Schatten; ***essere in ~ di*** imstande sein zu; ***per -i*** stufenweise, schrittweise
gradu|ale [gradu'aːle] stufenweise; **~atoria** [-dua'tɔːria] *f* Rangordnung *f*; *sport* Rangliste *f*; **~azione** [-duatsi'oːne] *f* Abstufung *f*
graffa ['graffa] *f* Klammer *f*
graffiare [graffi'aːre] (*1k*) kratzen
graffio ['graffio] *m* (*pl -ffi*) Kratzer *m*; Kratzwunde *f*
graffito [graf'fiːto] *m* Graffito *m*
grafia [gra'fiːa] *f* Schrift *f*; Schreibart *f*
grafic|a ['graːfika] *f* Grafik *f*; **~o** [-ko] (*pl -ci*) **1.** *adj* grafisch; **2.** *m* (*diagramma*) Diagramm *n*; Grafik *f*; (*disegnatore*) Grafiker *m*
graf|ite [gra'fiːte] *f* Graphit *m*; **~ologia** [-folo'dʒiːa] *f* Graphologie *f*
gramm|atica [gram'maːtika] *f* Grammatik *f*, Sprachlehre *f*; **~aticale** [-mati'kaːle] grammatisch
grammo ['grammo] *m* Gramm *n*
grammofono [gram'mɔːfono] *m* Grammofon *n*
gran [gran] → ***grande***
grana ['graːna] **1.** *f* Körnung *f*; F (*seccatura*) Ärger *m*, Unannehmlichkeit *f*; F *fig* Geld *n*; **2.** *m inv* Parmesan *m*
gran|aio [gra'naːio] *m* (*pl -ai*) Kornkammer *f*; **~ata** [-'naːta] *f* Besen *m*; *mil* Granate *f*; *bot* Granatapfel *m*
Gran Bretagna [gran bre'taːɲa] *f* Großbritannien *n*
granchio ['graŋkio] *m* (*pl -chi*) Krebs *m*; *med* Krampf *m*; *fig* Fehler *m*; *fig* ***prendere un ~*** einen Bock schießen
grandangolare [grandaŋgo'laːre] *m* *fot* Weitwinkelobjektiv
grande ['grande] groß; ***~ città*** *f* Großstadt *f*; ***gran tempo*** *m* lange Zeit *f*; *fer* ***~ velocità*** *f* Eilgut *n*; ***non è un gran che*** das ist nichts Besonderes
grandezza [gran'dettsa] *f* Größe *f*
grandin|are [grandi'naːre] (*1l*) hageln; **~ata** [-'naːta] *f* Hagelschauer *m*
grandine ['grandine] *f* Hagel *m*
grandioso [grandi'oːzo] großartig
gran|duca [gran'duːka] *m* (*pl -chi*) Großherzog *m*; **~ducato** [-du'kaːto] *m* Großherzogtum *n*
granello [gra'nɛllo] *m* Korn *n*
gran|ita [gra'niːta] *f* *körniges Eis aus zerstoßenem gefrorenem Fruchtsaft od Kaffee*; **~ito** [-'niːto] *m* Granit *m*
grano ['graːno] *m* Korn *n*; Getreide *n*; *fig* Körnchen *n*
granturco [gran'turko] *m* Mais *m*
grappa ['grappa] *f* Grappa *m u* Branntwein *m*
grappolo ['grappolo] *m* Traube *f*
grassetto [gras'setto] *m* *tip* Halbfett schrift *f*
grasso ['grasso] **1.** *adj* fett; dick; (*unto*) fettig; *fig* schlüpfrig; **2.** *m* Fett *n*; Schmalz *n*; ***~ lubrificante*** Schmierfett *n*; ***privo di -i*** fettarm
grassoccio [gras'sɔttʃo] (*pl -cci*) pummelig, rundlich
grata ['graːta] *f* Gitter *n*
grat|ella [gra'tɛlla] *f*, **~icola** [-'tiːkola] *gastr* Grill *m*, Rost *m*
gratifica [gra'tiːfika] *f* Gratifikation *f*; ***~ natalizia*** Weihnachtsgeld *n*
gratin [gra'tɛ̃] *m* ***al ~*** gratiniert, überbacken
gratinato [grati'naːto] → ***gratin***
gratis ['gratis] umsonst, gratis
gratitudine [grati'tuːdine] *f* Dankbarkeit *f*
grato ['graːto] dankbar; (*gradito*) angenehm
gratt|acapo [gratta'kaːpo] *m* Sorge *f*; **~acielo** [-ta'tʃɛːlo] *m inv* Wolkenkratzer *m*, Hochhaus *n*; **~are** [-'taːre] (*1a*) kratzen; abkratzen; P klauen; **~ugia** [-'tuːdʒa] *f* (*pl -ge*) Reibeisen *n*; **~ugiare** [-tu'dʒaːre] (*1f*) reiben
gratuito [gra'tuːito] unentgeltlich, kostenlos; (*infondato*) unbegründet
gravare [gra'vaːre] (*1a*) **1.** *v/t* belasten (*a fig*); **2.** *v/i* lasten
grave ['graːve] schwer; (*serio*) ernst; schlimm
gravidanza [gravi'dantsa] *f* Schwangerschaft *f*
gravità [gravi'ta] *f* Ernst *m*; *fis* (***forza di***) ***~*** Schwere *f*, Schwerkraft *f*
gravoso [gra'voːzo] beschwerlich, hart, schwer
grazia ['graːtsia] *f* Anmut *f*; (*gentilezza*) Freundlichkeit *f*; *rel* Gnade *f*; *jur* Begnadigung *f*; ***in ~ di*** wegen; ***con ~*** anmutig; ***colpo*** *m* ***di ~*** Gnadenstoß *m*
graziare [gratsi'aːre] (*1g*) begnadigen
grazie ['graːtsie] *int* danke; ***tante ~*** besten (*od* vielen) Dank; ***~ a*** dank (*gen*); ***~ a Dio!*** Gott sei Dank!

grazioso [gratsi'o:zo] anmutig; liebenswürdig
grecale [gre'ka:le] *m* Nordostwind *m*
Grecia ['grɛ:tʃa] *f* Griechenland *n*
greco ['grɛ:ko] (*m/pl -ci*) **1.** *adj* griechisch; **2.** *m*, **-a** [-ka] *f* Grieche *m*, Griechin *f*; **3.** *lingua* Griechisch(e) *n*
gregge ['greddʒe] *m* Herde *f*
greggio ['greddʒo] (*pl -ggi*) **1.** *adj* roh; **2.** *m* Rohöl *n*
grembiule [grembi'u:le] *m* Schürze *f*
grembo ['grɛmbo] *m* Schoß *m*
gremito [gre'mi:to] voll
gretto ['gretto] kleinlich; engherzig
gridare [gri'da:re] (*1a*) **1.** *v/t* rufen, schreien; **~ aiuto** um Hilfe rufen; **2.** *v/i* schreien
grido ['gri:do] *m* (*pl mst le -a*) Schrei *m*
grigio ['gri:dʒo] (*pl -gi*) grau; *fig* düster, finster; **~ chiaro** hellgrau; **~ scuro** dunkelgrau
Grigioni [grid'ʒo:ni] *m/pl* Graubünden *n*
grigiore [gri'dʒo:re] *m* Grau *n*; *fig* Eintönigkeit *f*
griglia ['gri:ʎa] *f* Gitter *n*; *gastr* Grill *m*, Rost *m*; **alla ~** gegrillt, vom Grill
grilletto [gril'letto] *m* Drücker *m*, Abzug *m*
grillo ['grillo] *m* Grille *f*
grill-room [gril 'rum] *m inv* Grillrestaurant
grimaldello [grimal'dɛllo] *m* Dietrich *m*
grinfia ['grinfia] *f* Kralle *f*
grinta ['grinta] *f* finsteres Gesicht *n*; *fig* Entschlossenheit *f*
grinza ['grintsa] *f* Falte *f*, Runzel *f*
grinzoso [grin'tso:zo] faltig, runz(e)lig
grissino [gris'si:no] *m* dünne Weißbrotstange *f*
Groenlandia [groen'landia] *f* Grönland *n*
grond|aia [gron'da:ia] *f* Dachrinne *f*; **~are** [-'da:re] (*1a*) **1.** *v/i* triefen; **2.** *v/t* tropfen
gross|ezza [gros'settsa] *f* Größe *f*; Dicke *f*; Stärke *f*; **~ista** [-'sista] *m/f* (*m/pl -i*) Großhändler(in) *m*(*f*)
grosso ['grɔsso] **1.** *adj* groß; dick; (*robusto*) kräftig, stark; (*rozzo*) roh; **mare** *m* **~** bewegtes Meer *n*; F **pezzo** *m* **~** hohes Tier *n*; **questa è -a** das ist stark; **sbagliarsi di ~** sich schwer irren; **farle -e** unglaubliche Dummheiten machen; **2.** *m* Hauptteil *m*; Wichtigste(s) *n*
grossolano [grosso'la:no] grob; plump
grotta ['grɔtta] *f* Grotte *f*
grottesco [grot'tesko] (*pl -chi*) grotesk
groviglio [gro'vi:ʎo] *m* (*pl -gli*) Knoten *m*; *fig* Verwirrung *f*; Durcheinander *n*
gru [gru] *f inv* Kranich *m*; *tec* Kran *m*
gruccia ['gruttʃa] *f* (*pl -cce*) Krücke *f*; *per vestiti* Kleiderbügel *m*
gruppo ['gruppo] *m* Gruppe *f*; **~ industriale** Konzern *m*; **~ sanguigno** Blutgruppe *f*; **~ di lavoro** Arbeitsgruppe *f*; **~ di turisti** Reisegruppe *f*; **a -i** gruppenweise
G.U. ***Gazzetta Ufficiale*** Amtsblatt
guad|agnare [guada'ɲa:re] (*1a*) verdienen; (*ottenere*) gewinnen; **~agno** [-'da:ɲo] *m* Verdienst *m*; (*profitto*) Gewinn *m*; **~ secondario** Nebenerwerb *m*; **margine** *m* **di ~** Verdienstspanne *f*
guai! [gu'a:i] weh(e)!
guaina [gua'i:na] *f* Scheide *f*; Korsett *n*, Mieder *n*
guaio [gu'a:io] *m* (*pl -ai*) Unglück *n*; (*seccatura*) Unannehmlichkeit *f*; **guai** *pl* Sorgen *f/pl*; **essere nei guai** in der Klemme sitzen
gualcire [gual'tʃi:re] (*4d*) zerknittern
guancia [gu'antʃa] *f* (*pl -ce*) Wange *f*
guanciale [guan'tʃa:le] *m* Kopfkissen *n*
guanto [gu'anto] *m* Handschuh *m*
guantone [guan'to:ne] *m* Boxhandschuh *m*
guarda|boschi [guarda'bɔski] *m inv* Förster *m*; **~caccia** [-'kattʃa] *m inv* Jagdaufseher *m*; **~coste** [-'kɔste] *m inv mar* Küstenwache *f*; **~linee** [-'li:nee] *m inv sport* Linienrichter *m*; **~macchine** [-'makkine] *m inv* Parkwächter *m*
guard|are [guar'da:re] (*1a*) **1.** *v/t* anschauen; ansehen; (*osservare*) zusehen bei; (*esaminare*) nachsehen; (*custodire*) achten auf (*acc*); **2.** *v/i* sehen, schauen; (*badare*) Acht geben; *di finestra, porta* schauen, gehen (**su** auf *acc*); **~arsi** [-'darsi] sich hüten; **si guardi!** Vorsicht!
guarda|roba [guarda'rɔ:ba] *m inv* Gar-

G

derobe *f*; *armadio* Kleiderschrank *m*; **~robiera** [-robi'ɛ:ra] *f*, **~robiere** [-robi'ɛ:re] *m* Garderobier(e) *m*(*f*)

guardia [gu'ardia] *f* Wache *f*, Bewachung *f*; (*custode*) Wächter *m*; *mil* Wache *f*; **~ forestale** Förster *m*; **~ di finanza** Zollbeamte(r) *m*; **~ di pubblica sicurezza** Polizist *m*; **~ del corpo** Leibwache *f*; **~ medica** ärztlicher Notdienst *m*; **medico** *m* **di ~** diensthabender Arzt *m*; **fare la ~** Wache halten; **stare in ~** auf der Hut sein

guardiano [guardi'a:no] *m* Wächter *m*

guardrail [gua:rd'reil] *m inv* Leitplanke *f*

guar|igione [guari'dʒo:ne] *f* Genesung *f*; **in via di ~** auf dem Wege der Genesung; **~ire** [-'ri:re] (*4d*) **1.** *v/t* heilen; **2.** *v/i* genesen

guarn|ire [guar'ni:re] (*4d*) garnieren (*a gastr*); verzieren; (*equipaggiare*) versehen (**di** mit); **~izione** [-nitsi'o:ne] *f* Besatz *m*; *el* Dichtung *f*; **~ di gomma** Gummidichtung *f*

guastafeste [guasta'fɛste] *m inv* Spielverderber *m*

guast|are [guas'ta:re] (*1a*) beschädigen, F kaputtmachen; *fig* verderben; **~arsi** [-'tarsi] F kaputtgehen; *tempo*, *cibi* schlecht werden

guasto [gu'asto] **1.** *adj* beschädigt, defekt; F kaputt; *cibi* verdorben, schlecht; **un dente ~** ein kranker Zahn; **2.** *m* Schaden *m*, Defekt *m*; *auto* Panne *f*

guerra [gu'ɛrra] *f* Krieg *m*; **~ civile** Bürgerkrieg *m*; **~ lampo** Blitzkrieg *m*; **~ fredda** kalter Krieg *m*

guerr|afondaio [guerrafon'da:io] *m* (*pl -ai*) Kriegshetzer *m*; **~iglia** [-'ri:ʎa] *f* Guerilla *f*; **~igliero** [-ri'ʎɛ:ro] *m* Guerillakämpfer *m*

gufo ['gu:fo] *m* Uhu *m*

guida [gu'i:da] *f* Leitung *f*; *persona*, *libro* Führer *m*; (*manuale*) Anleitung *f*; *auto* Fahren *n*, Lenkung *f*; **~ alpina** Bergführer *m*; **~ telefonica** Telefonbuch *n*; **~ della città** Stadtführer *m*; **~ turistica** Reiseführer *m*; *auto* **~ a destra** Rechtssteuerung *f*; **~ a sinistra** Linkssteuerung *f*

guid|are [gui'da:re] (*1a*) führen, leiten; *auto* fahren; **in grado di ~** fahrtüchtig; **~atore** [-da'to:re] *m* Fahrer *m*

guinzaglio [guin'tsa:ʎo] *m* (*pl -gli*) (Hunde)Leine *f*

guscio ['guʃʃo] *m* (*pl -sci*) Schale *f*; *bot* Hülse *f*

gustare [gus'ta:re] (*1a*) **1.** *v/t* genießen, kosten; **2.** *v/i* schmecken

gusto ['gusto] *m* Geschmack *m*; *fig* Freude *f*; **buon ~** guter Geschmack *m*; **cattivo ~** schlechter Geschmack *m*; **senza ~** geschmacklos; **è questione di ~** das ist Geschmackssache

gustoso [gus'to:zo] schmackhaft

H

h *ora* Stunde (*abbr* h)

ha[1] [a], **hai** ['ai], **hanno** ['anno] → **avere**

ha[2] *ettaro* Hektar (*abbr* ha)

habitat ['a:bitat] *m inv biol* Habitat *n*

habitué [abitɥ'e:] *m inv* Stammgast *m*

hacker ['ha:kə] *m* Hacker *m*

hall [hɔ:l] *f inv* Halle *f*, Hotelhalle *f*

handicap ['andikap] *m inv* Handikap *n*

handicappato [andikap'pa:to] **1.** *adj* behindert; **2.** *m* Behinderte(r) *m*

hard disk [ha:'disk] *m inform* Festplatte *f*

hardware ['ha:dwɛə] *m inform* Hardware *f*

herpes ['ɛrpes] *m inv* Herpes *m*

hg *ettogrammo* Hektogramm (*abbr* hg)

hinterland ['hintərlant] *m inv* Hinterland *n*

hl *ettolitro* Hektoliter (*abbr* hl)

hm *ettometro* Hektometer (*abbr* hm)

ho [ɔ] → **avere**

hobby ['hɔbi] *m inv* Hobby *n*

hockey [o'kɛ:i] *m inv* Hockey *n*; **~ su ghiaccio** Eishockey *n*

holding ['houldiŋ] *f inv* Holdinggesellschaft *f*

homepage [om'pɛidʒ] *f inform* Homepage *f*

ostess ['ɔstes] *f inv* Stewardess *f*; (*guida*) Hostess *f*

i] *art m/pl* die

., ibid. ***nello stesso luogo*** am gleichen Ort

erico [i'bɛːriko] (*pl -ci*) iberisch; ***penisola f -a*** Iberische Halbinsel *f*

E *Istituto Nazionale per il Commercio Estero* Staatliches Institut für Außenhandel

eberg ['aisberg] *m inv* Eisberg *m*

I *Imposta Comunale sugli Immobili* Immobiliensteuer der Gemeinde

ona [i'koːna] *f* Ikone *f*

dio [id'diːo] *m* Gott *m*

ea [i'dɛːa] *f* Idee *f*; Gedanke *m*; Vorstellung *f*; (*opinione*) Meinung *f*; **~ *fissa*** fixe Idee *f*; ***cambiare ~*** es sich anders überlegen; ***non avere la minima ~ di qc*** nicht die geringste Ahnung von et haben; ***scambio m di -e*** Gedankenaustausch *m*; ***neppur por ~*** nicht einmal im Traum

e|ale [ide'aːle] **1.** *adj* ideal; **2.** *m* Ideal *n*; **~alizzare** [-alid'dzaːre] (*1a*) idealisieren; **~are** [-'aːre] (*1b*) ersinnen; (*inventare*) erfinden; (*progettare*) planen; **~atore** [-a'toːre] *m* Schöpfer *m*, Erfinder *m*

em ['iːdem] ebenso

entico [i'dɛntiko] (*pl -ci*) identisch;

entificare [identifi'kaːre] (*1n u d*) identifizieren; **~entificazione** [-fikatsi'oːne] *f* Identifizierung *f*

ent|ikit [identi'kit] *m inv* Phantombild *n*; **~ità** [-ti'ta] *f* Identität *f*

e|ologia [ideolo'dʒiːa] *f* Ideologie *f*; **~ologico** [-o'loːdʒiko] (*pl -ci*) ideologisch

oma [idi'ɔːma] *m* (*pl -i*) Sprache *f*; Idiom *n*

omatico [idio'maːtiko] (*pl -ci*) idiomatisch

ota [idi'ɔːta] *m/f* (*m/pl -i*) Idiot(in) *m*(*f*), Schwachsinnige(r) *m/f*(*m*)

ozia [idio'tsiːa] *f* Schwachsinn *m*

lo ['iːdolo] *m* Idol *n*, Abgott *m*

neità [idonei'ta] *f* Tauglichkeit *f*; Befähigung *f*

idoneo [i'dɔːneo] tauglich, fähig; (*adatto*) geeignet (***a*** zu)

idrante [i'drante] *m* Hydrant *m*

idraulico [i'draːuliko] *m* (*pl -ci*) Installateur *m*

idr|ofobo [i'drɔːfobo] *zo* tollwütig; (*furioso*) wütend; **~ogeno** [i'drɔːdʒeno] *m* Wasserstoff *m*; **~oplano** [idro'plaːno] *m* Tragflächenboot *n*; **~oscalo** [idros'kaːlo] *m* Wasserflughafen *m*; **~ovolante** [idrovo'lante] *m* Wasserflugzeug *n*

ieri [i'ɛːri] gestern; ***~ l'altro, l'altro ~*** vorgestern; ***~ mattina*** gestern früh

IGE *Imposta generale sull'entrata* Umsatzsteuer

ig|iene [i'dʒɛːne] *f* Hygiene *f*; ***~ del corpo*** Körperpflege *f*; ***~ intima*** Intimpflege *f*; **~ienico** [i'dʒɛːniko] (*pl -ci*) hygienisch; gesund

ignaro [i'ɲaːro] unwissend, ahnungslos; ***essere ~ di qc*** et nicht wissen

ignor|ante [iɲo'rante] **1.** *adj* inkompetent; (*incolto*) ungebildet; (*maleducato*) unerzogen; **2.** *m/f* ungebildeter Mensch *m*; **~anza** [-'rantsa] *f* Unwissenheit *f*; Unbildung *f*; **~are** [-'raːre] (*1a*) (*non sapere*) nicht wissen; (*non conoscere*) nicht kennen; (*trascurare*) ignorieren

ignoto [i'ɲɔːto] unbekannt

il [il] *art* der

illecito [il'leːtʃito] unzulässig, unerlaubt

illeg|ale [ille'gaːle] illegal, ungesetzlich; **~alità** [-gali'ta] *f* Illegalität *f*; Gesetzwidrigkeit *f*

illeggibile [illed'dʒiːbile] unleserlich

illegittimo [ille'dʒittimo] unrechtmäßig; ***figlio m ~*** uneheliches Kind *n*

illeso [il'leːzo] unverletzt

illimitato [illimi'taːto] unbeschränkt

ill.mo *illustrissimo* hochverehrt (*Briefstil*)

illogico [il'lɔːdʒiko] (*pl -ci*) unlogisch

I

illudere [il'lu:dere] (*3q*) täuschen
illumin|are [illumi'na:re] (*1m*) beleuchten; *fig* erleuchten; **~azione** [-natsi'o:ne] *f* Beleuchtung *f*; **~ *artificiale*** künstliches Licht *n*; **~ *stradale*** Straßenbeleuchtung *f*
ill|usione [illuzi'o:ne] *f* Täuschung *f*, Illusion *f*; **~uso** [-'lu:zo] → ***illudere***; **~usorio** [-lu'zɔ:rio] (*pl -ri*) illusorisch, trügerisch
illustr|are [illus'tra:re] (*1a*) illustrieren; bebildern; (*spiegare*) erläutern; **~atore** [-tra'to:re] *m* Illustrator *m*; **~azione** [-tratsi'one] *f* Illustration *f*; Abbildung *f*; (*spiegazione*) Erläuterung *f*
illustre [il'lustre] berühmt
IM *Imperia* Imperia
imball|aggio [imbal'laddʒo] *m* (*pl -ggi*) Verpackung *f*; **~are** [-'la:re] (*1a*) verpacken
imbarazz|ante [imbarat'tsante] peinlich, heikel; **~are** [-'tsa:re] (*1a*) in Verlegenheit bringen; (*confondere*) verwirren; **~ato** [-'tsa:to] verlegen; verwirrt
imbarazzo [imba'rattso] *m* Verlegenheit *f*; ***mettere in ~*** in Verlegenheit bringen; **~ *di stomaco*** Magenverstimmung *f*; ***l'~ della scelta*** die Qual der Wahl
imbarc|adero [imbarka'dɛ:ro] *m* Landungssteg *m*; **~are** [-'ka:re] (*1d*) einschiffen; *merci* verladen; **~arsi** [-'karsi] sich einschiffen; **~ *in un'impresa*** sich in ein Unternehmen einlassen; **~azione** [-katsi'o:ne] *f* Boot *n*; **~ *da diporto*** Freizeitboot *n*
imbarco [im'barko] *m* (*pl -chi*) Einschiffung *f*; *merci* Verladung *f*; (*banchina*) Kai *m*
imbattersi [im'battersi] (*3a*): **~ *in qu*** j-m begegnen, auf j-n stoßen
imbattibile [im'bat'ti:bile] unschlagbar
imbecille [imbe'tʃille] **1.** *adj* dumm; schwachsinnig; **2.** *m* Dummkopf *m*
imbianc|are [imbiaŋ'ka:re] (*1d*) **1.** *v/t* weißen; weiß machen; *bucato* bleichen; weiß waschen; **2.** *v/i u* **~arsi** [-'karsi] weiß werden
imbianchino [imbiaŋ'ki:no] *m* Anstreicher *m*
imbocc|are [imbok'ka:re] (*1d*) füttern; *fig* einflüstern; **~ *una strada*** in e-e Straße einbiegen; **~atura** [-ka'tu:ra] (*apertura*) Öffnung *f*; (*ingresso*) Einfahrt *f*; *mus* Mundstück *n*
imbocco [im'bokko] *m* Eingang *m* Einfahrt *f*
imborghes|ire [imborge'zi:re] (*4d*) **~irsi** [-'zirsi] bürgerlich werden
imboscata [imbos'ka:ta] *f* Hinterha[lt] *m*
imbottigli|amento [imbottiʎa'ment[o]] *m* Flaschenabfüllung *f*; *traffico* Sta[u] *m*; **~are** [-'ʎa:re] (*1g*) in Flaschen fü[l]len; *strada* verstopfen
imbott|ire [imbot'ti:re] (*4d*) polster[n]; *fig* (*riempire*) vollstopfen; **~ita** [-'ti:ta] *f* Steppdecke *f*; **~ito** [-'ti:to] gepolstert; *panino* belegt
imbranato [imbra'na:to] ungeschickt
imbratt|are [imbrat'ta:re] (*1a*) beschmutzen; beschmieren; **~atele** [-ta'te:le] *m inv* Farbenkleckser *m*
imbr|ogliare [imbro'ʎa:re] (*1g u c*) verwirren; verwickeln; (*ingannare*) betrügen; **~oglio** [-'brɔ:ʎo] *m* (*pl -gli*) Verwicklung *f*; (*inganno*) Betrug *m* Schwindel *m*; **~oglione** [-bro'ʎo:ne] *m* Betrüger *m*, Schwindler *m*
imbronciato [imbron'tʃa:to] mürrisc[h]; *cielo* bezogen
imbruttire [imbrut'ti:re] (*4d*) **1.** [*v/t*] hässlich machen; **2.** *v/i* hässlich werden
imbucare [imbu'ka:re] (*1d*) *post* einwerfen
imburrare [imbur'ra:re] (*1a*) mit Butter bestreichen
imbuto [im'bu:to] *m* Trichter *m*
Ime *Istituto monetario europeo* Europäisches Währungsinstitut (*ab*[*k*] EWI)
imit|are [imi'ta:re] (*1a od 1l*) nachahmen, imitieren; **~azione** [-tatsi'o:ne] *f* Nachahmung *f*, Imitation *f*
immagazzinare [immagadzi'na:re] (*1a*) lagern; *inform* speichern
immagin|abile [immadʒi'na:bile] […]denklich; vorstellbar; **~are** [-'na:re] (*1m*) sich vorstellen, sich denken; (*supporre*) vermuten; ***s'immagi[ni]!*** keine Ursache!; **~ario** [-'na:rio] (*pl -ri*) unwirklich; **~azione** [-natsi'o:ne] *f* Fantasie *f*; Einbildung *f*
immagine [im'ma:dʒine] *f* Bild *n*; Ebenbild *n*; *fig* Image *n*; ***cura f de[ll'immagine]***

propria ~ Imagepflege *f*
mmangiabile [imman'dʒa:bile] ungenießbar
mmatricol|are [immatriko'la:re] (*1n*) eintragen; *all'università* einschreiben, immatrikulieren; *auto* zulassen; **~azione** [-latsi'o:ne] *f* Eintragung *f*; Immatrikulation *f*; Zulassung *f*
mmaturo [imma'tu:ro] unreif; (*precoce*) vorzeitig
mmedesim|are [immedezi'ma:re] (*1n*) identifizieren; **~arsi** [-'marsi] sich in e-e Rolle hineinleben; sich einfühlen; sich in dieselbe Lage versetzen
mmedi|atamente [immediata'mente] gleich, sofort; **~ato** [-di'a:to] unmittelbar, direkt; (*pronto*) sofortig, unverzüglich
mmenso [im'mɛnso] unermesslich; (*enorme*) unendlich, ungeheuer
mmerg|ere [im'mɛrdʒere] (*3uu*) eintauchen; **~ersi** (unter)tauchen; *fig* sich vertiefen (***in*** in *acc*)
mmeritato [immeri'ta:to] unverdient
mm|ersione [immersi'o:ne] *f* Tauchen *n*; **~erso** [-'mɛrso] **1.** → ***immergere***; **2.** *adj* getaucht, eingetaucht; *fig* vertieft, versunken
mmettere [im'mettere] (*3ee*) einführen
mmigr|ante [immi'grante] *m* Einwanderer *m*; **~are** [-'gra:re] (*1a*) einwandern; *capitali* zufließen; **~ato** [-'gra:to] *m* Einwanderer *m*; Zugezogene(r) *m*; **~azione** [-gratsi'o:ne] *f* Einwanderung *f*; *econ* Zufluss *f*; ***paese*** *m* ***d'~*** Einwanderungsland *n*
mmin|ente [immi'nɛnte] unmittelbar bevorstehend; (*minaccioso*) drohend; **~enza** [-'nɛntsa] *f* Bevorstehen *n*
mmischiarsi [immiski'arsi] (*1k*) sich einmischen
nmissione [immissi'o:ne] *f* Zufuhr *f*; Einführung *f*; *inform* Eingabe *f*
nmobile [im'mɔ:bile] **1.** *adj* unbeweglich; *fig* unerschütterlich; **2. -*i*** *m/pl* Immobilien *f/pl*
nmob|iliare [immobili'a:re] Immobiliar…, Immobilien…; ***società*** *f* ~ Immobiliengesellschaft; **~ilismo** [-bi'lizmo] *m* Unbeweglichkeit *f*; *pol* Immobilismus *m*; **~ilità** [-bili'ta] *f* Unbeweglichkeit *f*; **~ilizzare** [-bilid'dza:re] (*1a*) unbeweglich machen; *fig* lähmen; *econ capitali* fest anlegen
immondizia [immon'di:tsia] *f* (*mst pl*) Müll *m*, Abfälle *pl*
immor|ale [immo'ra:le] unmoralisch, unsittlich; **~alità** [-morali'ta] *f* Unmoral *f*, Unsittlichkeit *f*
immort|ale [immor'ta:le] unsterblich; **~alità** [-tali'ta] *f* Unsterblichkeit *f*
imm|une [im'mu:ne] frei; *med* immun (***a*** gegen); **~unità** [-muni'ta] *f* Immunität *f* (*a pol*); **~unitario** [-muni'ta:rio] ***sistema*** *m* ~ Immunsystem *n*; **~unizzare** [-munid'dza:re] (*1a*) immunisieren
immut|abile [immu'ta:bile] unveränderlich; **~ato** [-'ta:to] unverändert
impacchettare [impakket'ta:re] (*1a*) einpacken, verpacken
impacc|iare [impat'tʃa:re] (*1f*) hindern; stören; **~iato** [-'tʃa:to] verlegen; (*goffo*) unbeholfen
impaccio [im'pattʃo] *m* (*pl -cci*) Hindernis *n*; Verlegenheit *f*
impacco [im'pakko] *m* (*pl -cchi*) *med* Umschlag *m*
impadronirsi [impadro'nirsi] (*4d*): ***~ di qc*** sich e-r Sache bemächtigen; ***~ di una lingua*** sich e-e Sprache aneignen
impagabile [impa'ga:bile] unbezahlbar
impagin|are [impadʒi'na:re] (*1m*) *tip* umbrechen; **~azione** [-natsi'o:ne] *f* Umbruch *m*
impalcatura [impalka'tu:ra] *f* Gerüst *n*
impallidire [impalli'di:re] (*4d*) blass werden, erbleichen
impan|are [impa'na:re] (*1a*) *gastr* panieren; **~ato** [-'na:to] paniert
impantanarsi [impanta'narsi] (*1a*) versumpfen; *fig* in die Patsche geraten
impaperarsi [impape'rarsi] (*1m*) sich verhaspeln
imparare [impa'ra:re] (*1a*) lernen; ***~ a leggere*** lesen lernen; ***~ a scrivere*** schreiben lernen
impari ['impa:ri] ungleich; *mat* ungerade
impar|tire [impar'ti:re] (*4d*) erteilen; **~ziale** [-tsi'a:le] unparteiisch; **~zialità** [-tsiali'ta] *f* Unparteilichkeit *f*
impassibile [impas'si:bile] unerschütterlich; gleichmütig
impastare [impas'ta:re] (*1a*) kneten; *colori* mischen

I

impasto [im'pasto] *m* Kneten *n*; *fig* Gemisch *n*
impatto [im'patto] *m* Aufprall *m*; (*urto*) Zusammenstoß *m*; ***a basso ~ ambientale*** *ecol* umweltverträglich
impaurire [impau'ri:re] (*4d*) ängstigen; erschrecken
impa|ziente [impatsi'ɛnte] ungeduldig; **~zienza** [-tsi'ɛntsa] *f* Ungeduld *f*
impazz|ata [impat'tsa:ta] ***all'~*** wie wahnsinnig; **~ire** [-'tsi:re] (*4d*) verrückt werden
impeccabile [impek'ka:bile] tadellos, einwandfrei
imped|imento [impedi'mento] *m* Verhinderung *f*; (*ostacolo*) Hindernis *n*; ***essere d'~*** hinderlich sein; **~ire** [-'di:re] (*4d*) hindern, verhindern
impegn|are [impe'ɲa:re] (*1a*) (*dare in pegno*) verpfänden; (*riservare*) reservieren; (*occupare*) in Anspruch nehmen; (*costringere*) verpflichten; ***~ qu per contratto*** j-n vertraglich binden; **~arsi** [-'ɲarsi] sich verpflichten; (*dedicarsi*) sich widmen (***a*** *dat*); **~ativo** [-ɲa'ti:vo] verbindlich; stark beanspruchend; (*importante*) ernsthaft, gewichtig; **~ato** [-'ɲa:to] bestellt; (*occupato*) beschäftigt; *fig* engagiert; ***essere già ~*** schon besetzt sein
impegno [im'pe:ɲo] *m* Verpflichtung *f*; (*zelo*) Eifer *m*; *fig* Engagement *n*; ***senza ~*** unverbindlich
impen|sabile [impen'sa:bile] undenkbar; **~sato** [-'sa:to] ungeahnt; überraschend
imper|ante [impe'rante] herrschend; **~are** [-'ra:re] (*1b*) herrschen; **~ativo** [-ra'ti:vo] *m gram* Imperativ *m*; **~atore** [-ra'to:re] *m*, **~atrice** [-ra'tri:tʃe] *f* Kaiser(in) *m*(*f*)
impercettibile [impertʃet'ti:bile] unwahrnehmbar
imperdonabile [imperdo'na:bile] unverzeihlich
imperf|etto [imper'fɛtto] **1.** *adj* unvollkommen; **2.** *m gram* Imperfekt *n*; **~ezione** [-fetsi'o:ne] *f* Unvollkommenheit *f*; (*difetto*) Fehler *m*
imperme|abile [imperme'a:bile] **1.** *adj* undurchlässig; wasser-, luftdicht; **2.** *m* Regenmantel *m*; **~abilità** [-abili'ta] *f* Undurchlässigkeit *f*; **~abilizzare** [-abilid'dza:re] (*1a*) abdichten, isolieren; **~abilizzato** imprägniert
impero [im'pɛ:ro] *m* (Kaiser)Reich *n*; Herrschaft *f*
imperson|ale [imperso'na:le] unpersönlich; **~are** [-'na:re] (*1a*) verkörpern
impertin|ente [imperti'nɛnte] frech, unverschämt; **~enza** [-'nentsa] *f* Frechheit *f*, Unverschämtheit *f*
imperturb|abile [impertur'ba:bile] unerschütterlich; gleichgültig; **~abilità** [-babili'ta] *f* Unerschütterlichkeit *f*; Gleichgültigkeit *f*
imperversare [imperver'sa:re] (*1b*) toben; *fig* grassieren
impeto ['impeto] *m* Wucht *f*; Schwung(-kraft) *m*(*f*); ***con ~*** heftig
impetuoso [impetu'o:zo] stürmisch; heftig
impiantare [impian'ta:re] (*1a*) anlegen; errichten; (*fondare*) gründen; *fig* in Gang bringen
impianto [impi'anto] *m* Anlage *f*; Einrichtung *f*; ***~ di depurazione*** Kläranlage *f*; ***~ elettrico*** elektrische Anlage *f*; ***~ di riscaldamento*** Heizung *f*; ***~ stereo*** Stereoanlage *f*; ***-i*** *pl* ***sanitari*** sanitäre Einrichtungen *f/pl*
impiastro [impi'astro] *m* Umschlag *m*; *fig* Plagegeist *m*
impicc|are [impik'ka:re] (*1d*) (auf-) hängen; **~arsi** [-'karsi] sich erhängen
impicci|are [impit'tʃa:re] (*1f*) hindern, stören; **~arsi** [-'tʃarsi]: ***~ di*** (*od* ***in qc***) sich in et (*acc*) einmischen
impiccio [im'pittʃo] *m* (*pl -cci*) (*ostacolo*) Hindernis *n*; (*seccatura*) lästige Angelegenheit *f*; ***essere d'~*** im Weg sein, stören; ***essere in un ~*** in einer Klemme sein
impieg|are [impie'ga:re] (*1b u e*) anwenden; verwenden; (*metterci*) brauchen; (*assumere*) anstellen; ***ho impiegato un'ora*** ich habe eine Stunde gebraucht; **~ata** [-'ga:ta] *f* Angestellte *f*; ***~ di ruolo*** Beamtin *f*; **~ato** [-'ga:to] *m* Angestellte(r) *m*; ***~ di ruolo*** Beamte(r) *m*
impiego [impi'ɛ:go] *m* (*pl -ghi*) (*uso*) Verwendung *f*, Gebrauch *m*; (*occupazione*) Beschäftigung *f*; (*posto*) Stelle *f*, Stellung *f*; ***domanda f d'~*** Stellengesuch *n*; ***offerta f d'~*** Stellenangebot
impietos|ire [impieto'si:re] (*4d*) zu Mitleid rühren; **~irsi** [-'sirsi] Mitleid

haben
mpigrire [impi'gri:re] (*4d*) **1.** *v/t* faul werden lassen; **2.** *v/i* faul werden
mplacabile [impla'ka:bile] unversöhnlich; unerbittlich
npl|icare [impli'ka:re] (*1l u d*) (*coinvolgere*) verwickeln; (*comportare*) mit sich bringen; **~icito** [-'pli:tʃito] implizit
nplor|are [implo'ra:re] (*1c*) *j-n* anflehen; **~azione** [-ratsi'o:ne] *f* flehende Bitte *f*
mpolverato [impolve'ra:to] verstaubt, staubbedeckt
np|onente [impo'nɛnte] imponierend, beeindruckend; (*maestoso*) imposant; **~onibile** [-po'ni:bile] besteuerbar
npopol|are [impopo'la:re] unpopulär, unbeliebt; **~arità** [-lari'ta] *f* Unbeliebtheit *f*
np|orre [im'porre] (*3ll*) auferlegen; vorschreiben; (*far valere*) durchsetzen; **~orsi** [-'porsi] sich durchsetzen; (*apparire necessario*) nötig erscheinen
nport|ante [impor'tante] wichtig, bedeutend; **~anza** [-'tantsa] *f* Bedeutung *f*; Wichtigkeit *f*; ***darsi*** **~** sich wichtigmachen; ***senza*** **~** belanglos, unwichtig; **~are** [-'ta:re] (*1c*) **1.** *v/t* einführen, importieren; **2.** *v/i* am Herzen liegen; (*significare*) bedeuten; (*riguardare*) angehen; (*essere necessario*) nötig sein; ***che t'importa?*** was gehts dich an?; ***non importa*** das macht nichts; **~atore** [-ta'to:re] *m* Importeur *m*; **~azione** [-tatsi'one] *f* Einfuhr *f*; ***permesso*** *m* ***d'~*** Einfuhrerlaubnis *f*
nporto [im'pɔrto] *m* Betrag *m*, Summe *f*
nport|unare [importu'na:re] (*1a*) belästigen; **~uno** [-'tu:no] aufdringlich; lästig
nposizione [impozitsi'o:ne] *f* Auferlegung *f*; (*tassazione*) Besteuerung *f*
npossessarsi [imposses'sarsi] (*1b*) sich bemächtigen (***di*** *gen*)
nposs|ibile [impos'sibile] unmöglich; **~ibilità** [-sibili'ta] *f* Unmöglichkeit *f*
nposta[1] [im'pɔsta] *f* Steuer *f*; **~** ***di consumo*** Verbrauchssteuer *f*; **~** ***sui salari*** Lohnsteuer *f*; **~** ***sul valore aggiunto*** Mehrwertsteuer *f*; **~** ***sulla cifra d'affari*** Umsatzsteuer *f*; ***ufficio*** *m* ***delle -e*** Finanzamt *n*
imposta[2] [im'pɔsta] *f* (Fenster)Laden *m*
impostare [impos'ta:re] (*1c*) anlegen; *problema* formulieren; *post* aufgeben, einwerfen
impostazioni [imposta'tsio:ni] *f/pl* *inform*, *tel* Einstellungen *f/pl*
imposto [im'posto] → ***imporre***
impostore [impos'to:re] *m* Betrüger *m*; Schwindler *m*
impot|ente [impo'tɛnte] ohnmächtig; unfähig; (*inefficace*) wirkungslos; *med* impotent; **~enza** [-'tɛntsa] *f* Ohnmacht *f*; Unfähigkeit *f*; Wirkungslosigkeit *f*; Impotenz *f*
imprati|cabile [imprati'ka:bile] *strada* nicht befahrbar; *persona* unumgänglich; **~chirsi** [-'kirsi] (*4d*) sich üben
imprec|are [impre'ka:re] (*1d u b*) fluchen (***contro*** auf, über *acc*); **~azione** [-katsi'o:ne] *f* Fluch *m*
impreciso [impre'tʃi:zo] ungenau
impregn|are [impre'ɲa:re] (*1a*) durchtränken; (*riempire*) füllen; *tec* imprägnieren; **~arsi** [-'ɲarsi] durchtränkt werden
imprenditore [imprendi'to:re] *m* Unternehmer *m*
impreparato [imprepa'ra:to] unvorbereitet
impr|esa [im'pre:sa] *f* Unternehmen *n*, Betrieb *m*; **~** ***commerciale*** Handelsunternehmen; **~** ***familiare*** Familienbetrieb *m*; ***piccola*** **~** Kleinbetrieb *m*; **~** ***di servizi*** Dienstleistungsunternehmen *n*; **~esario** [-pre'sa:rio] *m* (*pl -ri*) Unternehmer *m*; *tea* Impresario *m*
impressionabile [impressio'na:bile] empfindlich (*a fot*); **~ante** [-'nante] eindrucksvoll; beängstigend; **~are** [-'na:re] (*1a*) beeindrucken; *a fot* belichten; **~ato** [-'na:to] beeindruckt; *a fot* belichtet
impressione [im'pressi'o:ne] *f* Eindruck *m*
impresso [im'prɛsso] → ***imprimere***
imprev|edibile [impreve'di:bile] unvorhersehbar; **~isto** [-'visto] **1.** *adj* unvorhergesehen, unvermutet; **2.** *m* Unvorhergesehene(s) *n*
imprigionare [impridʒo'na:re] (*1a*) einsperren

I

imprimere [im'pri:mere] *(3r)* aufdrücken; *fig* einprägen; *tip* drucken
improb|abile [impro'ba:bile] unwahrscheinlich; **~abilità** [-babili'ta] *f* Unwahrscheinlichkeit *f*
improduttivo [improdut'ti:vo] unproduktiv, unergiebig
impronta [im'pronta] *f* Abdruck *m*; *fig* Spur *f*; **~ *digitale*** Fingerabdruck *m*
improprio [im'prɔ:prio] *(pl -ri)* unpassend, unangebracht
improvvis|amente [improvviza'mente] plötzlich, unerwartet; **~are** [-'za:re] improvisieren; aus dem Stegreif dichten *(od* reden); **~ata** [-'za:ta] *f* Überraschung *f*; **~ato** [-'za:to] improvisiert
improvviso [improv'vi:zo] plötzlich; ***all'~*** unversehens
imprud|ente [impru'dɛnte] unklug; unvorsichtig; **~enza** [-'dɛntsa] *f* Leichtsinn *m*; Unvorsichtigkeit *f*
impugn|are [impu'ɲa:re] *(1a)* ergreifen; *jur* anfechten; **~atura** [-ɲa'tu:ra] *f* Griff *m*
impulsivo [impul'si:vo] impulsiv
impulso [im'pulso] *m* Impuls *m*, Antrieb *m*
impun|ità [impuni'ta] *f* Straflosigkeit *f*; **~ito** [-'ni:to] unbestraft
impunt|are [impun'ta:re] *(1a)* stolpern; *fig* stocken; **~arsi** [-'tarsi] sich versteifen, beharren (***in, bei*** auf *dat*)
imput|ato [impu'ta:to] *m* Angeklagte(r) *m*; **~azione** [-tatsi'o:ne] *f* Beschuldigung *f*; Anklage *f*
in [in] *prp* in; nach; **~ *casa*** zu Hause; ***lui è ~ Germania*** er ist in *(dat)* Deutschland; ***va ~ Germania*** er fährt nach Deutschland; **~ *italiano*** auf Italienisch; **~ *campagna*** auf dem Land; **~ *viaggio*** auf Reisen, unterwegs; ***viaggiare ~ macchina*** mit dem Auto fahren; ***se fossi ~ te*** wenn ich an deiner Stelle wäre
INA ***Istituto Nazionale delle Assicurazioni*** Nationales Versicherungsinstitut
inabile [i'na:bile] unfähig; *mil* untauglich
inabit|abile [inabi'ta:bile] unbewohnbar; **~ato** [-'ta:to] unbewohnt
inaccessibile [inattʃes'si:bile] unzugänglich
inaccettabile [inattʃet'ta:bile] unannehmbar, indiskutabel
inadatto [ina'datto] ungeeignet, unpassend
inadeguato [inadegu'a:to] unangemessen
inafferrabile [inaffer'ra:bile] ungreifbar
inal|are [ina'la:re] *(1a)* inhalieren; einatmen; **~atore** [-la'to:re] *m* Inhalationsapparat *m*; **~ *d'ossigeno*** Sauerstoffatemgerät *n*; **~azione** [-latsi'o:ne] *f* Inhalation *f*
inalterato [inalte'ra:to] unverändert
inamidare [inami'da:re] *(1m)* stärken
inammissibile [inammis'si:bile] unzulässig
inappellabile [inappel'la:bile] endgültig, unanfechtbar
inappetenza [inappe'tɛntsa] *f* Appetitlosigkeit *f*
inaridire [inari'di:re] *(4d)* **1.** *v/t* austrocknen; **2.** *v/i* verdorren
inaspettato [inaspet'ta:to] unerwartet
inaspr|imento [inaspri'mento] *m* Verschärfung *f*; **~ire** [-'pri:re] *(4d)* verschärfen; **~irsi** [-'prirsi] schärfer werden; *malattia* sich verschlimmern
inattaccabile [inattak'ka:bile] unangreifbar
inattendibile [inatten'di:bile] unzuverlässig
inatteso [inat'te:so] unerwartet
inatt|ività [inattivi'ta] *f* Untätigkeit *f*; **~ivo** [-'ti:vo] untätig
inattuabile [inattu'a:bile] undurchführbar
inaugur|are [inaugu'ra:re] *(1m)* einweihen; (feierlich) eröffnen; **~azione** [-ratsi'o:ne] *f* Einweihung *f*; (feierliche) Eröffnung *f*
inavvert|enza [inavver'tɛntsa] *f* Unachtsamkeit *f*; **~ito** [-'ti:to] unbemerkt; unvorhergesehen
incagliarsi [iŋka'ʎarsi] *(1g)* *mar* stranden
incalcolabile [iŋkalko'la:bile] unberechenbar; *(enorme)* ungeheuer
incalz|ante [iŋkal'tsante] dringend; *pericolo* drohend; **~are** [-'tsa:re] *(1a)* bedrängen
incammin|are [iŋkammi'na:re] *(1a)* anleiten, einführen; *fig* in Gang bringen; **~arsi** [-'narsi] sich auf den We

machen

ncandescente [iŋkandeʃ'ʃɛnte] weißglühend; Glüh…; *fig* hitzig, erhitzt

ncant|are [iŋkan'ta:re] (*1a*) **1.** bezaubern; *fig* entzücken; **2.** *econ* versteigern; **~arsi** [-'tarsi] verzückt sein; *tec* stocken; **~ato** [-'ta:to] verzaubert; (*trasognato*) verträumt; (*affascinato*) entzückt; **~esimo** [-'te:zimo] *m* Zauberei *f*; Zauber *m*; **~evole** [-'te:vole] bezaubernd

ncanto[1] [iŋ'kanto] *m* Zauberei *f*; Zauber *m*

ncanto[2] [iŋ'kanto] *m* Auktion *f*; ***mettere all'~*** versteigern

ncap|ace [iŋka'pa:tʃe] **1.** *adj* unfähig (***di*** zu); außerstande; **2.** *m* unfähiger Mensch *m*; (*fallito*) Versager *m*; **~acità** [-patʃi'ta] *f* Unfähigkeit *f*

ncappare [iŋkap'pa:re] (*1a*) geraten

ncapricciarsi [iŋkaprit'tʃarsi] (*1f*): ***~ di qu*** sich in j-n vernarren

ncarcerare [iŋkartʃe'ra:re] (*1m*) inhaftieren

ncaric|are [iŋkari'ka:re] (*1m u d*) beauftragen; ***~ qu di qc*** j-n mit et beauftragen; **~arsi** [-'karsi]: ***~ di qc*** et übernehmen; **~ato** [-'ka:to] *m* Beauftragte(r) *m*

ncarico [iŋ'ka:riko] *m* (*pl -chi*) Auftrag *m*; ***per ~ di*** im Auftrag von

ncarn|are [iŋkar'na:re] (*1a*) verkörpern; **~azione** [-natsi'o:ne] *f* Verkörperung *f*

ncart|amento [iŋkarta'mento] *m* Aktenheft *n*, Aktenbündel *n*; **~are** [-'ta:re] (*1a*) (in Papier) einwickeln

ncarto [iŋ'karto] *m* Verpackung *f*; (*incartamento*) Aktenheft *n*

nc|assare [iŋkas'sa:re] (*1a*) *econ* (*riscuotere*) einnehmen, einkassieren; *colpi* nehmen; *fig* einstecken; **~asso** [-'kasso] *m* Inkasso *n*; Einnahme *f*; ***~ lordo*** Bruttoeinnahme *f*

ncaston|are [iŋkasto'na:re] (*1a*) (ein-)fassen; **~atura** [-na'tura] *f* Einfassung *f*

ncastrare [iŋkas'tra:re] (*1a*) einklemmen, einzwängen; F *fig* in die Zange nehmen

castro [iŋ'kastro] *m* Einschnitt *m*

catenare [inkate'na:re] (*1a*) mit einer Kette absperren; j-n *u fig* fesseln

cavato [iŋka'va:to] hohl; ***occhi*** *m/pl* ***-i*** tief liegende Augen *n/pl*

incendi|are [intʃendi'a:re] (*1b u k*) anzünden, in Brand stecken; **~ario** [-di'a:rio] *m* (*pl -ri*) Brandstifter *m*

incendio [in'tʃɛndio] *m* (*pl -di*) Feuer *n*, Brand *m*; ***pericolo*** *m* ***d'~*** Feuergefahr *f*

incener|imento [intʃeneri'mento] *m* Einäscherung *f*; ***~ dei rifiuti*** Müllverbrennung *f*; **~ire** [-'ri:re] (*4d*) einäschern; **~itore** [-ri'to:re] *m* Müllverbrennungsanlage *f*

incenso [in'tʃɛnso] *m* Weihrauch *m*

incensurato [intʃensu'ra:to] nicht vorbestraft

incent|ivare [intʃenti'va:re] (*1a*) anregen; **~ivo** [-'ti:vo] *m* Anreiz *m*, Antrieb *m*

inc|ertezza [intʃer'tettsa] *f* Unsicherheit *f*; Ungewissheit *f*; **~erto** [-'tʃɛrto] unsicher; ungewiss

incessante [intʃes'sante] unaufhörlich

inchiesta [iŋki'ɛsta] *f* Umfrage *f*; *econ* Untersuchung *f*; ***commissione*** *f* ***d'~*** Untersuchungskommission *f*

inchin|are [iŋki'na:re] (*1a*) neigen; **~arsi** [-'narsi] sich beugen

inchino [iŋ'ki:no] *m* Verbeugung *f*

inchiodare [iŋkio'da:re] (*1c*) annageln; *fig* festnageln

inchiostro [iŋki'ɔstro] *m* Tinte *f*; ***~ di China*** Tusche *f*

inciampare [intʃam'pa:re] (*1a*) stolpern (***in*** über *acc*); ***~ in qu*** j-m begegnen; j-m über den Weg laufen

incid|entale [intʃiden'ta:le] zufällig; (*secondario*) nebensächlich; **~ente** [-'dɛnte] *m* Zwischenfall *m*; (*infortunio*) Unfall *m*, Unglück *n*; ***~ stradale*** Verkehrsunfall *m*

incidere[1] [in'tʃi:dere] (*3q*) einschneiden; (*scolpire*) gravieren; (*registrare*) aufnehmen; *fig* einprägen

incidere[2] [in'tʃi:dere] (*3q*) (*influire*) sich auswirken (***su*** auf *acc*)

incinta [in'tʃinta] schwanger

incirca [in'tʃirka] ***all'~*** ungefähr; schätzungsweise

inc|isione [intʃizi'o:ne] *f* Einschnitt *m*; Gravur *f*; ***~ in legno*** Holzschnitt *m*; ***~ in rame*** Kupferstich *m*; ***~ di dischi*** Schallplattenaufnahme *f*; **~isivo** [-tʃi'zi:vo] *m* Schneidezahn *m*

I

incitare [intʃi'taːre] (*1l*) anregen; anspornen
incivile [intʃi'viːle] unkultiviert; (*villano*) ungezogen, unhöflich
inclin|are [iŋkli'naːre] (*1a*) **1.** *v/t* neigen; **2.** *v/i* hinneigen; **~azione** [-natsi'oːne] *f* Neigung *f*
incline [iŋ'kliːne] geneigt
incl|udere [iŋ'kluːdere] (*3q*) mit einschließen; (*allegare*) beilegen; ***incluso il servizio*** Bedienung inbegriffen; **~usivo** [-klu'ziːvo] einschließlich; **~uso** [-'kluːzo] inbegriffen, inklusive
incoer|ente [iŋkoe'rɛnte] inkonsequent; zusammenhanglos; **~enza** [-'rɛntsa] *f* Inkonsequenz *f*; Zusammenhanglosigkeit *f*
incognit|a [iŋ'kɔːɲita] *f mat* unbekannte Größe *f*; *fig* Rätsel *n*; **~o** [-to] *m* Inkognito *n*; ***in ~*** inkognito
incollare [iŋkol'laːre] (*1c*) (an)kleben, leimen
incolore [iŋko'loːre] farblos
incolp|are [iŋkol'paːre] (*1a*) beschuldigen; **~arsi** [-'parsi]: ***~ a vicenda*** sich gegenseitig anklagen
incolto [iŋ'kolto] ungebildet; (*trascurato*) ungepflegt; *agr* unbebaut
inc|olume [iŋ'kɔːlume] unversehrt; **~olumità** [-kolumi'ta] *f* Unversehrtheit *f*
incomb|ente [iŋkom'bɛnte] bevorstehend; *pericolo* drohend; **~enza** [-'bɛntsa] *f* Auftrag *m*
incominciare [iŋkomin'tʃaːre] (*1f*) anfangen (***a*** zu); ***a ~ da oggi*** von heute an
incomod|are [iŋkomo'daːre] (*1m u c*) stören, belästigen; **~arsi** [-'darsi] sich bemühen; ***non si incomodi!*** lassen Sie sich nicht stören!; machen Sie keine Umstände!
incomodo [iŋ'kɔːmodo] **1.** *adj* unbequem; **2.** *m* Störung *f*; ***scusi l'~*** verzeihen Sie die Störung
incompat|ibile [iŋkompa'tiːbile] unvereinbar; (*insopportabile*) unverträglich; **~ibilità** [-tibili'ta] *f* Unvereinbarkeit *f*; Unverträglichkeit *f*
incompet|ente [iŋkompe'tɛnte] inkompetent, unfähig; *jur* nicht zuständig; **~enza** [-'tɛntsa] *f* Unkenntnis *f*; Unfähigkeit *f*; Inkompetenz *f*
incom|piuto [iŋkompi'uːto] unvollendet; **~pleto** [-'plɛːto] unvollständig

incomprens|ibile [iŋkompren'siːbile] unverständlich; **~ibilità** [-sibili'ta] *f* Unverständlichkeit *f*; **~ione** [-si'oːne] *f* Unverständnis *n*
incompreso [iŋkom'preːso] unverstanden; verkannt
inconcepibile [iŋkontʃe'piːbile] unbegreiflich
inconciliabile [iŋkontʃili'aːbile] unversöhnlich; unvereinbar
inconcludente [iŋkoŋklu'dɛnte] nichtssagend
incondizionato [iŋkonditsio'naːto] bedingungslos
inconfondibile [inkonfon'diːbile] unverwechselbar
inconsapevol|e [iŋkonsa'peːvole] unbewusst; (*ignaro*) ahnungslos, unwissend; **~ezza** [-pevo'lettsa] *f* Unbewusstheit *f*; Ahnungslosigkeit *f*
inconscio [iŋ'kɔnʃo] **1.** *adj* unbewusst; **2.** *m inv* Unbewusste(s) *n*
inconsist|ente [iŋkonsis'tɛnte] unhaltbar; *fig* haltlos; (*vago*) vage; **~enza** [-'tɛntsa] *f* Unbeständigkeit *f*; Haltlosigkeit *f*
inconsolabile [iŋkonso'laːbile] untröstlich
inconsueto [iŋkonsu'ɛːto] ungewohnt
incontentabile [iŋkonten'taːbile] ungenügsam; nicht zufriedenzustellen
incontestato [iŋkontes'taːto] unbestritten
incontr|are [iŋkon'traːre] (*1a*) **1.** *v/t* begegnen (*dat*); treffen; (*imbattersi*) stoßen auf (*acc*); (*trovare*) finden; ***~ difficoltà*** auf Schwierigkeiten stoßen; **2.** *v/i* Anklang finden; **~arsi** [-'trarsi]: ***con qu*** j-m begegnen, zusammenkommen mit j-m; **~ario** [-'traːrio]: ***all'~*** verkehrt, umgekehrt
incontrastato [iŋkontras'taːto] unbestritten; unangefochten
incontro [iŋ'kontro] **1.** *m* Begegnung, Treffen *n*; ***~ di calcio*** Fußballspiel; *pol* ***~ al vertice*** Gipfeltreffen *n*; *prp u adv* entgegen; ***andare ~ a q*** j-m entgegengehen
inconveniente [iŋkonveni'ɛnte] Unannehmlichkeit *f*, Schwierigkeit; (*svantaggio*) Nachteil *m*
incoragg|iamento [iŋkoraddʒa'mento] *m* Ermutigung *f*; **~iante** [-'dʒante] ermutigend; **~iare** [-'dʒaːre] (*1f*) e

mutigen
incorniciare [iŋkorni'tʃa:re] *(1f)* einrahmen
incoron|are [iŋkoro'na:re] *(1a)* krönen; **~azione** [-natsi'o:ne] *f* Krönung *f*
incorporare [iŋkorpo'ra:re] *(1m u c)* einverleiben
incorreggibile [iŋkorred'dʒi:bile] unverbesserlich
incorrere [iŋ'korrere] *(3o)* verfallen, geraten (***in*** in *acc*); ***~ in un errore*** e-n Fehler begehen
incorruttibile [iŋkorrut'ti:bile] unbestechlich
incosci|ente [iŋkoʃ'ʃɛnte] bewusstlos; *(irresponsabile)* verantwortungslos, gewissenlos; **~enza** [-'ʃɛntsa] *f* Unbewusstheit *f*; Verantwortungslosigkeit *f*
incost|ante [iŋkos'tante] unbeständig; **~anza** [-'tansa] *f* Unbeständigkeit *f*
incostituzion|ale [iŋkostitutsio'na:le] verfassungswidrig; **~alità** [-nali'ta] *f* Verfassungswidrigkeit *f*
incr|edibile [iŋkre'di:bile] unglaublich; **~edulo** [-'krɛ:dulo] ungläubig
increm|entare [iŋkremen'ta:re] steigern; *(promuovere)* fördern; **~ento** [-'mento] *m* Steigerung *f*, Zunahme *f*; ***~ demografico*** Bevölkerungswachstum *n*
incrociare [iŋkro'tʃa:re] *(1f)* kreuzen
incrocio [iŋ'kro:tʃo] *m (pl -ci)* Kreuzung *f*
incrollabile [iŋkrol'labile] fest; *fig* unerschütterlich
incub|atrice [iŋkuba'tri:tʃe] *f* Brutapparat *m*; **~azione** [-tsi'o:ne] *f med* Inkubationszeit *f*
incubo ['iŋkubo] *m* Alptraum *m*
incur|abile [iŋku'ra:bile] unheilbar; **~ante** [-'rante] unbekümmert (***di*** um)
incuria [iŋ'ku:ria] *f* Nachlässigkeit *f*
incurios|ire [iŋkurio'si:re] *(4d)* neugierig machen; **~irsi** [-'sirsi] neugierig werden
incursione [iŋkursi'o:ne] *f* Einfall *m*; ***~ aerea*** Luftangriff *m*
incurvare [inkur'va:re] *(1a)* krümmen
incustodito [iŋkusto'di:to] unbewacht
indaffarato [indaffa'ra:to] viel beschäftigt
indagare [inda'ga:re] *(1e)* erforschen, untersuchen
indagine [in'da:dʒine] *f* Nachforschung *f*; Untersuchung *f*; *jur* Ermittlung *f*; ***~ demoscopica*** Meinungsforschung *f*
indebit|are [indebi'ta:re] *(1m)* mit Schulden belasten; **~arsi** [-'tarsi] sich in Schulden stürzen; **~ato** [-'ta:to] verschuldet
indebol|imento [indeboli'mento] *m* Schwächung *f*; **~ire** [-'li:re] *(4d)* **1.** *v/t* schwächen; **2.** *v/i* schwach werden
indec|ente [inde'tʃɛnte] unanständig; **~enza** [-'tʃɛntsa] *f* Unanständigkeit *f*
indec|isione [indetʃizi'o:ne] *f* Unentschlossenheit *f*; **~iso** [-'tʃi:zo] unentschlossen
indefinito [indefi'ni:to] unbestimmt
indegno [in'de:ɲo] unwürdig
indelebile [inde'lɛ:bile] unauslöschlich; *colore* echt
indenne [in'dɛnne] unverletzt
indenn|ità [indenni'ta] *f* Entschädigung *f*; ***~ di trasferta*** Reisekostenvergütung *f*; ***~ parlamentare*** Diäten *pl*; **~izzare** [-nid'dʒa:re] *(1a)* entschädigen; **~izzo** [-'niddzo] *m* Schadenersatz *m*; Abfindung *f*
indescrivibile [indeskri'vi:bile] unbeschreiblich
indesiderato [indeside'ra:to] unerwünscht
indeterminato [indetermi'na:to] unbestimmt
India ['india] *f* Indien *n*
indiano [indi'a:no] **1.** *adj dell'India* indisch; *dell'America* indianisch; ***in fila -a*** im Gänsemarsch; **2.** *m* Inder *m*; Indianer *m*
indic|are [indi'ka:re] *(1l u d)* zeigen; *(dire)* angeben; *(significare)* bezeichnen; **~ativo** [-ka'ti:vo] *m gram* Indikativ *m*; **~ato** [-'ka:to] gezeigt; *(adatto)* geeignet, angebracht; **~atore** [-ka'to:re] *m* Anzeiger *m*; ***~ stradale*** Wegweiser *m*; *auto* ***~ di direzione*** Blinker *m*
indicazione [indikatsi'o:ne] *f* Angabe *f*; Hinweis *m*; *(direttiva)* Anweisung *f*; *med* Indikation *f*
indice ['inditʃe] *m* Inhaltsverzeichnis *n*; *anat* Zeigefinger *m*; *TV* ***~ di ascolto*** Einschaltquote *f*
indietreggiare [indietred'dʒa:re] *(1f)* zurückweichen
indietro [indi'ɛ:tro] zurück; ***essere ~*** im Rückstand sein; *orologio* nachgehen; ***all'~*** rückwärts

I

indifeso [indi'fe:so] wehrlos
indiffer|ente [indiffe'rɛnte] gleichgültig; **~enza** [-'rɛntsa] *f* Gleichgültigkeit *f*
indigeno [in'di:dʒeno] **1.** *adj* einheimisch; **2.** *m* Einheimische(r) *m*
indig|estione [indidʒesti'o:ne] *f* Verdauungsstörung *f*; Magenverstimmung *f*; **~esto** [-'dʒɛsto] unverdaulich
indign|are [indi'ɲa:re] (*1a*) empören; **~arsi** [-'ɲarsi] sich entrüsten (***per*** über *acc*); **~azione** [-ɲatsi'o:ne] *f* Entrüstung *f*
indimenticabile [indimenti'ka:bile] unvergesslich
indipend|ente [indipen'dɛnte] unabhängig; **~enza** [-'dɛntsa] *f* Unabhängigkeit *f*
indire [in'di:re] (*3t*) *conferenza* anberaumen; *concorso* ausschreiben
indir|etto [indi'rɛtto] indirekt; **~izzare** [-rit'tsa:re] (*1a*) adressieren, richten (***a*** an *acc*); ***~ qu in qc*** j-n in et (*dat*) anleiten; **~izzo** [-'rittso] *m* Richtung *f*; *post* Adresse *f*, Anschrift *f*; ***cambiamento m d'~*** Adressenänderung *f*
indisciplinato [indiʃʃipli'na:to] undiszipliniert
indiscr|eto [indis'kre:to] indiskret, taktlos; zudringlich; **~ezione** [-kretsi'o:ne] *f* Indiskretion *f*, Taktlosigkeit *f*
indisc|usso [indis'kusso] unbestritten; **~utibile** [-ku'ti:bile] unbestreitbar
indispensabile [indispen'sa:bile] **1.** *adj* unentbehrlich; **2.** *m* Allernötigste(s) *n*
indispett|ire [indispet'ti:re] (*4d*) ärgern; **~ito** [-'ti:to] ärgerlich; gereizt
indisp|osizione [indispositsi'o:ne] *f* Unwohlsein *n*; **~osto** [-'posto] unpässlich; ***sono ~*** mir ist unwohl
indistinto [indis'tinto] undeutlich
indistruttibile [indistrut'ti:bile] unzerstörbar
indivia [in'di:via] *f* Endivie *f*
individu|ale [individu'a:le] individuell; **~alismo** [-dua'lizmo] *m* Individualismus *m*; **~alista** [-dua'lista] *m/f* (*m/pl -i*) Individualist(in) *m*(*f*); **~alità** [-duali'ta] *f* Persönlichkeit *f*
individuo [indi'vi:duo] *m* Individuum *n*; Mensch *m*
indiv|isibile [indivi'zi:bile] unteilbar; **~iso** [-'vi:zo] ungeteilt
indizio [in'di:tsio] *m* (*pl -zi*) Anzeichen *n*; *jur* Indiz *n*
indole ['indole] *f* Natur *f*
indol|ente [indo'lɛnte] träge; **~enza** [-'lɛntsa] *f* Trägheit *f*
indolore [indo'lo:re] schmerzlos
indomani [indo'ma:ni] *m* ***l'~, all'~*** der folgende Tag; am nächsten Tag, am Tag darauf
Indonesia [indo'nɛ:zia] *f* Indonesien *n*
indoss|are [indos'sa:re] (*1c*) anziehen; anhaben, tragen; **~atrice** [-sa'tri:tʃe] *f* Mannequin *n*
indovin|are [indovi'na:re] (*1a*) erraten; raten; **~ato** [-'na:to] gelungen; **~ello** [-'nɛllo] *m* Rätsel *n*
indovino [indo'vi:no] *m* Wahrsager *m*
indubbiamente [indubbia'mente] zweifellos
ind|ugiare [indu'dʒa:re] (*1f*) **1.** *v/t* verzögern; **2.** *v/i* zögern; **~ugio** [-'du:dʒo] *m* (*pl -gi*) Verzögerung *f*; ***senza ~*** unverzüglich
indulg|ente [indul'dʒɛnte] nachsichtig; **~enza** [-'dʒɛntsa] *f* Nachsicht *f*
indumento [indu'mento] *m* Kleidungsstück *n*
indur|ire [indu'ri:re] (*4d*) **1.** *v/t* (ver-)härten; *fig* abhärten; **2.** *v/i u* **~irsi** [-'rirsi] hart werden; **~ito** [-'ri:to] verhärtet
industria [in'dustria] *f* Industrie *f*; Gewerbe *n*; ***~ ausiliaria*** Zulieferindustrie *f*; ***~ automobilistica*** Autoindustrie *f*; ***~ del futuro*** Zukunftsindustrie *f*; ***~ pesante*** Schwerindustrie *f*; ***~ tessile*** Textilindustrie *f*
industri|ale [industri'a:le] **1.** *adj* industriell, Industrie…, Gewerbe…; ***città ~*** Industriestadt *f*; **2.** *m* Industrielle(r) *m*; **~alizzare** [-alid'dza:re] (*1a*) industrialisieren; **~alizzazione** [-trialiddzatsi'o:ne] *f* Industrialisierung *f*
ineccepibile [inettʃe'pi:bile] einwandfrei
inedito [i'nɛ:dito] unveröffentlicht
ineducato [inedu'ka:to] unerzogen, ungezogen
ineffic|ace [inneffi'ka:tʃe] unwirksam; **~acia** [-'ka:tʃa] *f* Unwirksamkeit *f*
inefficì|ente [ineffi'tʃɛnte] nicht leistungsfähig, ineffizient; **~enza** [-'tʃɛ

tsa] *f* Unwirksamkeit *f*, Ineffizienz *f*
negu|aglianza [inegua'ʎantsa] *f* Ungleichheit *f*; Unebenheit *f*; **~ale** [-gu'aːle] ungleich; uneben
nequivocabile [inekuivo'kaːbile] unmissverständlich
nerte [i'nɛrte] untätig; *fis u fig* träge
nerzia [i'nɛrtsia] *f* Trägheit *f*; ***forza** f* ***d'~*** Beharrungsvermögen *n*
nes|attezza [inezat'tettsa] *f* Ungenauigkeit *f*; **~atto** [-'zatto] ungenau
nesauribile [inezau'riːbile] unerschöpflich
nesorabile [inezo'raːbile] unerbittlich
nesp|erienza [inesperi'ɛntsa] *f* Unerfahrenheit *f*; **~erto** [-'pɛrto] unerfahren
nesplicabile [inespli'kaːbile] unerklärlich
nesplorato [inesplo'raːto] unerforscht
nesprimibile [inespri'miːbile] unaussprechlich
nestimabile [inesti'maːbile] unschätzbar
netto [i'nɛtto] unfähig; untauglich
nevaso [ine'vaːzo] unerledigt; *lettera* unbeantwortet
nevitabile [inevi'taːbile] unvermeidbar
nezia [i'nɛːtsia] *f* Lappalie *f*
nfallibile [infal'liːbile] unfehlbar
nfantile [infan'tiːle] Kinder…, kindlich; (*immaturo*) kindisch; ***asilo** m* **~** Kindergarten *m*
nfanzia [in'fantsia] *f* Kindheit *f*
nfarin|are [infari'naːre] (*1a*) mit Mehl bestreuen; F pudern; **~atura** [-na'tuːra] *f fig* oberflächliche Kenntnis *f*
nfarto [in'farto] *m* Infarkt *m*; ***~ cardiaco*** Herzinfarkt *m*; ***~ cerebrale*** Gehirnschlag m
nfastidire [infasti'diːre] (*4d*) belästigen
nfaticabile [infati'kaːbile] unermüdlich
nfatti [in'fatti] in der Tat
nfed|ele [infe'deːle] (*sleale*) untreu; *traduzione* ungenau; *rel* ungläubig; **~eltà** [-del'ta] *f* Untreue *f*; Ungenauigkeit *f*
nfel|ice [infe'liːtʃe] unglücklich; **~icità** [-litʃi'ta] *f* Unglück *n*; Unglücklichsein *n*
infer|iore [inferi'oːre] unterer; geringer; minderwertig; *fig* unterlegen; ***di qualità ~*** von geringerer Qualität; ***essere ~ a qu*** j-m nachstehen; ***essere ~ al proprio compito*** s-r Aufgabe nicht gewachsen sein; **~iorità** [-riori'ta] *f* Minderwertigkeit *f*; Unterlegenheit *f*; ***complesso** m* ***d'~*** Minderwertigkeitsgefühl *n*, -komplex *m*
inferm|eria [inferme'riːa] *f* Krankensaal *m*; **~iera** [-mi'ɛːra] *f* Krankenschwester *f*; **~iere** [-mi'ɛre] *m* Krankenpfleger *m*; **~ità** [-mi'ta] *f* Krankheit *f*
infermo [in'fermo] **1.** *adj* leidend; **2.** *m* Kranke(r) *m*
infernale [infer'naːle] höllisch
inferno [in'fɛrno] *m* Hölle *f*
inferriata [inferri'aːta] *f* Eisengitter *n*
infet|tare [infet'taːre] (*1b*) infizieren, anstecken; verseuchen; **~tivo** [-'tiːvo] ansteckend; Infektions…; ***malattia** f* ***-a*** Infektionskrankheit *f*
infetto [in'fɛtto] infiziert
infezione [infetsi'oːne] *f* Infektion *f*, Ansteckung *f*
infiamm|abile [infiam'maːbile] leicht entzündbar; feuergefährlich; **~are** [-'maːre] (*1a*) anzünden; *med* entzünden; **~arsi** [-'marsi] *med* sich entzünden; **~azione** [-matsi'oːne] *f* Entzündung *f*; ***~ alla gola*** Halsentzündung *f*
infil|are [infi'laːre] (*1a*) *ago* einfädeln; (*introdurre*) (hinein)stecken; (*indossare*) anziehen; schlüpfen in (*acc*); *strada* einschlagen; ***~ la porta*** zur Tür hinausgehen; **~arsi** [-'larsi]: ***~ in qc*** in et (*acc*) schlüpfen
infiltr|arsi [infil'trarsi] (*1a*) durchsickern; *fig* eindringen; **~azione** [-tratsi'oːne] *f* Durchsickern *n*; Eindringen *n*
infimo ['infimo] unterst; geringst
infine [in'fiːne] schließlich, endlich
infin|ità [infini'ta] *f* Unendlichkeit *f*; Unmenge *f*; **~ito** [-'niːto] **1.** *adj* unendlich; **2.** *m* Unendliche(s) *n*; *gram* Infinitiv *m*; ***ripetere all'~*** ohne Ende wiederholen
infittire [infit'tiːre] (*4d*) dicht werden
inflazione [inflatsi'oːne] *f* Inflation *f*; ***tasso** m* ***d'~*** Inflationsrate *f*
infless|ibile [infles'siːbile] unbiegsam; *fig* unbeugsam; **~ibilità** [-sibili'ta] *f*

Unbiegsamkeit *f*; Unbeugsamkeit *f*; **~ione** [-si'o:ne] *f* Tonfall *m*

influ|ente [influ'ɛnte] einflussreich; **~enza** [-flu'ɛntsa] *f* Einfluss *m*; *med* Grippe *f*; **~ *aviaria*** Vogelgrippe *f*; **~enzare** [-fluen'tsa:re] (*1b*) beeinflussen; **~ire** [-flu'i:re] (*4d*) einwirken (***su*** auf *acc*); Einfluss haben (***su*** auf *acc*)

influsso [in'flusso] *m* Einfluss *m*

infocato [info'ka:to] glühend

infondato [infon'da:to] unbegründet

infondere [in'fondere] (*3bb*) *fig* einflößen

inforcare [infor'ka:re] (*1d*) aufgabeln; *occhiali* aufsetzen; **~ *la bicicletta*** sich auf das Fahrrad setzen

informale [infor'ma:le] informell

inform|are [infor'ma:re] (*1a*) benachrichtigen, unterrichten, informieren (***di*** über *acc*); **~arsi** [-'marsi] sich erkundigen (***di, su*** nach *dat*); sich informieren

inform|atica [infor'ma:tika] *f* Informatik *f*; **~atico** [-'ma:tiko] (*pl -ci*) **1.** *adj* Datenverarbeitungs…; **2.** *m* Informatiker *m*

informazione [informatsi'o:ne] *f* Auskunft *f*, Information *f*; Erkundigung *f*; ***ufficio** m **-i*** Auskunftsbüro *n*

informe [in'forme] unförmig

infortunio [infor'tu:nio] *m* (*pl -ni*) Unfall *m*; **~ *sul lavoro*** Arbeitsunfall *m*; ***assicurazione** f **contro gli -i*** Unfallversicherung *f*

infossato [infos'sa:to] tief liegend; eingefallen

infr|angere [in'frandʒere] (*3d*) zerbrechen; (*violare*) verletzen; **~angibile** [-fran'dʒi:bile] unzerbrechlich; ***vetro** m* **~** splitterfreies Glas *n*; **~anto** [-'franto] → ***infrangere***

infrarosso [infra'rosso] infrarot; ***raggi** m/pl **-i*** Infrarotstrahlen *m/pl*

infrasettimanale [infrasettima'na:le] ***festa** f* **~** in die Woche fallender Festtag *m*

infrastruttura [infrastrut'tu:ra] *f* Infrastruktur *f*

infrazione [infratsi'o:ne] *f* Übertretung *f*, Verstoß *m*; **~ *al codice stradale*** Verstoß *m* gegen die Straßenverkehrsordnung; Verkehrsvergehen *n*

infreddatura [infredda'tu:ra] *f* leichte Erkältung *f*

infrutt|ifero [infrut'ti:fero] *econ* unver zinslich; **~uoso** [-tu'o:zo] fruchtlos

infuori [infu'ɔ:ri] ***all'~ di*** außer

infuri|are [infuri'a:re] (*1k*) wüten; **~arsi** [-ri'arsi] in Wut geraten; **~ato** [-ri'a:to] wütend

inf|usione [infuzi'o:ne] *f* Aufguss *m* Kräutertee *m*; **~uso** [-'fu:zo] *m* Aufguss *m*

ing. ***ingegnere*** Ingenieur (*abbr* Ing.)

ingaggiare [iŋgad'dʒa:re] (*1f*) anstellen; (*iniziare*) beginnen

ingaggio [iŋ'gaddʒo] *m* (*pl -ggi*) Einstellung *f*; (*somma*) Gage *f*

ingann|are [iŋgan'na:re] (*1a*) täuschen; betrügen; **~ *il tempo*** die Zei totschlagen; **~arsi** [-'narsi] sich täuschen

inganno [iŋ'ganno] *m* Betrug *m*; Täuschung *f*

ingegn|arsi [indʒe'ɲarsi] (*1a*) sich bemühen; (*arrangiarsi*) sich durchschlagen; **~ere** [-'ɲɛ:re] *m* Ingenieur *m*; **~eria** [-ɲe'ri:a] *f* Ingenieurwesen *n*; **~ *genetica*** Gentechnik *f*; **~ *meccanic*** Maschinenbau *m*

ingegno [in'dʒe:ɲo] *m* Talent *n*; Begabung *f*

ingegnoso [indʒe'ɲo:zo] einfallsreich erfinderisch

ingelosire [indʒelo'si:re] (*4d*) **1.** *v/t* eifersüchtig machen; **2.** *v/i* eifersücht werden

ing|enuità [indʒenui'ta] *f* Naivität **~enuo** [-'dʒɛ:nuo] naiv

inger|enza [indʒe'rɛntsa] *f* Einmischung *f*; **~ire** [-'ri:re] (*4d*) einnehmen; **~irsi** [-'rirsi] sich einmischen

ingess|are [indʒes'sa:re] (*1b*) eingipsen; **~atura** [-sa'tu:ra] *f* Gipsverban *m*

Inghilterra [iŋgil'tɛrra] *f* England *n*

inghiottire [iŋgiot'ti:re] (*4d*) schlucken, hinunterschlucken; *fig* verschlingen

ingiall|ire [indʒal'li:re] (*4d*) **1.** *v/t* ge machen; **2.** *v/i* vergilben; **~ito** [-'li:t vergilbt

inginocchiarsi [indʒinokki'arsi] (*1.* niederknien

ingiù [in'dʒu] abwärts; hinunter; na unten

ingiunzione [indʒuntsi'o:ne] *f* Befe *m*; **~ *di pagamento*** Zahlungsbefehl

ngiuria [in'dʒuːria] *f* Beleidigung *f*; Beschimpfung *f*
ngiuriare [indʒuri'aːre] (*1k*) beschimpfen; beleidigen
ngiust|ificato [indʒustifi'kaːto] ungerechtfertigt; unentschuldigt; **~izia** [-'tiːtsia] *f* Ungerechtigkeit *f*
ngiusto [in'dʒusto] ungerecht
nglese [iŋ'gleːse] **1.** *adj* englisch; **2.** *m* Englisch(e) *n*; **3.** *m/f* Engländer(in) *m(f)*
ngoiare [iŋgoi'aːre] (*1i*) schlucken; (*a fig*) *et* hinunterschlucken
ngolf|are [iŋgol'faːre] (*1a*) *motore* überlaufen lassen; **~arsi** [-'farsi] überlaufen
ng|ombrante [iŋgom'brante] sperrig; **~ombrare** [-'braːre] (*1a*) im Wege sein; versperren; *fig* überfüllen; **~ombro** [-'gombro] versperrt; dicht angefüllt
ngorgo [iŋ'gorgo] *m* (*pl -ghi*) Verkehrsstau *m*
ngovernabile [iŋgover'naːbile] unregierbar
ngran|aggio [iŋgra'naddʒo] *m* (*pl -ggi*) *tec* Getriebe *n* (*a fig*); **~ *del cambio*** Wechselradgetriebe *n*; **~are** [-'naːre] (*1a*) ineinandergreifen; F *fig* klappen; *auto* **~ *la marcia*** den Gang einlegen
ngrand|imento [iŋgrandi'mento] *m* Vergrößerung *f*; **~ire** [-'diːre] (*4d*) **1.** *v/t* vergrößern; **2.** *v/i* größer werden
ngrassare [iŋgras'saːre] (*1a*) **1.** *v/t* dick machen; (*lubrificare*) schmieren; **2.** *v/i* zunehmen
gr|atitudine [iŋgrati'tuːdine] *f* Undankbarkeit *f*; **~ato** [-'graːto] undankbar; (*spiacevole*) unangenehm
gr|ediente [iŋgredi'ɛnte] *m* Bestandteil *m*; Zutat *f*; **~esso** [-'grɛsso] *m* Eingang *m*; Eintritt *m*; **~ *principale*** Haupteingang *m*; ***biglietto*** *m* **d'~** Eintrittskarte *f*
grossare [iŋgros'saːre] (*1c*) **1.** *v/t* dick machen; (*gonfiare*) anschwellen lassen; (*accrescere*) vergrößern; **2.** *v/i* dicker werden, zunehmen; anschwellen
grosso *econ* [iŋ'grɔsso] **all'~** en gros, Groß…; ***commercio*** *m* **all'~** Großhandel *m*
guaribile [iŋgua'riːbile] unheilbar
inguinale [iŋgui'naːle] Leisten…; ***ernia*** *f* **~** Leistenbruch *m*
inguine ['iŋguine] *m* *anat* Leiste *f*
inib|ire [ini'biːre] (*4d*) untersagen; *psic* hemmen; **~ito** [-'biːto] gehemmt; **~izione** [-bitsi'oːne] *f* Verbot *n*; *psic* Hemmung *f*
iniettare [iniet'taːre] (*1b*) einspritzen
iniezione [inietsi'oːne] *f* Einspritzung *f*; *med* Spritze *f*
inimicizia [inimi'tʃiːtsia] *f* Feindschaft *f*
inimitabile [inimi'taːbile] unnachahmlich
inimmaginabile [inimmadʒi'naːbile] undenkbar, unvorstellbar
ininterrotto [ininter'rotto] ununterbrochen
inizi|ale [initsi'aːle] **1.** *adj* Anfangs…; ***stipendio*** *m* **~** Anfangsgehalt *n*; **2.** *f* Anfangsbuchstabe *m*; **~are** [-tsi'aːre] (*1g*) anfangen, beginnen; *fig* einführen; **~ativa** [-tsia'tiːva] *f* Initiative *f*, Anregung *f*; **~ *civica*** Bürgerinitiative *f*; ***spirito*** *m* **d'~** Unternehmungsgeist *m*
inizio [i'niːtsio] *m* (*pl -zi*) Anfang, Beginn *m*; **all'~** anfangs, am Anfang, zu Beginn
innaffi|are [innaffi'aːre] (*1k*) begießen; **~atoio** [-fia'toːio] *m* (*pl -oi*) Gießkanne *f*
innalzare [innal'tsaːre] (*1a*) erheben (*a fig*); *prezzi* erhöhen; (*erigere*) errichten
innamor|arsi [innamo'rarsi] (*1a*): **~ *di*** sich verlieben in (*acc*); **~ato** [-'raːto] *m* Verliebte(r) *m*
innanzi [in'nantsi] **1.** *prp* vor (*dat od acc*); **~ *tutto*** vor allem; **2.** *adv* vorher; vorn
innato [in'naːto] angeboren
innaturale [innatu'raːle] unnatürlich
innervos|ire [innervo'siːre] (*4d*) nervös machen; **~irsi** [-'sirsi] nervös werden
innestare [innes'taːre] (*1b*) *agr* veredeln; *med* einimpfen; *el spina* einstecken; *auto* **~ *la marcia*** den Gang einlegen
inno ['inno] *m* Hymne *f*; **~ *nazionale*** Nationalhymne *f*
innoc|ente [inno'tʃente] unschuldig; **~enza** [-'tʃɛntsa] *f* Unschuld *f*

I

innocuo [in'nɔːkuo] unschädlich; harmlos

innov|ativo [innova'tiːvo] innovativ; **~azione** [-vatsi'oːne] *f* Erneuerung *f*

innumerevole [innume'reːvole] unzählig

inoffensivo [inoffen'siːvo] harmlos

inoltr|are [inol'traːre] (*1a*) einreichen; (*trasmettere*) weiterleiten; **~arsi** [-'trarsi] eindringen

inoltre [i'noltre] außerdem; darüber hinaus

inond|are [inon'daːre] (*1a*) überschwemmen; **~azione** [-datsi'oːne] *f* Überschwemmung *f*

inopportuno [inoppor'tuːno] unangebracht; ungelegen

inorrid|ire [inorri'diːre] (*4d*) **1.** *v/t* entsetzen; **2.** *v/i* schaudern; **~ito** [-'diːto] entsetzt

inospitale [inospi'taːle] *persona* ungastlich; *regione* unwirtlich

inosservato [inosser'vaːto] unbeachtet; unbemerkt

inossidabile [inossi'daːbile] rostfrei

INPS ***Istituto Nazionale della Previdenza Sociale*** staatliche Anstalt für soziale Fürsorge

inquadr|are [iŋkua'draːre] (*1a*) einrahmen; (*collocare*) einordnen; *fot* aufnehmen; **~atura** [-dra'tuːra] *f fot* Bildausschnitt *m*

inquiet|ante [iŋkuie'tante] besorgniserregend; **~are** [-'taːre] (*1b*) beunruhigen; ***fare ~ qu*** j-n ärgern

inquieto [iŋkui'ɛːto] unruhig; (*preoccupato*) besorgt

inquietudine [iŋkuie'tuːdine] *f* Unruhe *f*; Beunruhigung *f*; Sorge *f*

inquilino [iŋkui'liːno] *m* Mieter *m*; Hausbewohner *m*

inquin|amento [iŋkuina'mento] *m* Verschmutzung *f*; ***~ acustico*** Lärmbelastung *f*; ***~ atmosferico*** Luftverschmutzung *f*; ***~ dell'ambiente*** Umweltverschmutzung *f*; ***~ elettromagnetico*** Elektrosmog *m*; **~ante** [-'nante] umweltfeindlich; ***non ~*** umweltfreundlich; ***sostanza** f* **~** Schadstoff *m*; **~are** [-'naːre] (*1a*) verschmutzen, verunreinigen

insabbi|amento [insabbia'mento] *m* Versandung *f*; **~are** [-bi'aːre] (*1k*) versanden

insala|ta [insa'laːta] *f* Salat *m*; ***~ mista*** gemischter Salat *m*; ***~ verde*** grüner Salat *m*; **~tiera** [-lati'ɛːra] *f* Salatschüssel *f*

insanabile [insa'naːbile] unheilbar

insaponare [insapo'naːre] (*1a*) einseifen

insaputa [insa'puːta] ***all'~ di qu*** ohne j-s Wissen

insaziabile [insatsi'aːbile] unersättlich

inscatolare [inskato'laːre] (*1m*) in Dosen füllen

insegna [in'seːɲa] *f* Abzeichen *n*; *econ* (Laden)Schild *n*

insegnamento [inseɲa'mento] *m* Unterricht *m*; Lehre *f*; *professione* Lehrberuf *m*; ***~ dell'italiano*** Italienischunterricht *m*

insegnante [inse'ɲante] **1.** *adj* lehrend ***corpo** m* **~** Lehrkörper *m*; **2.** *m/f* Lehrer(in) *m*(*f*); **-*i*** *m/pl* Lehrkräfte *f/pl*

insegnare [inse'ɲaːre] (*1a*) lehren; unterrichten; ***~ qc a qu*** j-n et lehren; j-n in et (*dat*) unterrichten

insegu|imento [insegui'mento] *m* Verfolgung *f*; **~ire** [-gu'iːre] (*4b*) verfolgen

insenatura [insena'tuːra] *f* Bucht *f*

insens|ato [insen'saːto] unsinnig; **~ibile** [-'siːbile] unempfindlich (***a*** gegen); **~ibilità** [-sibili'ta] *f* Unempfindlichkeit *f*

inseparabile [insepa'raːbile] untrennbar; unzertrennlich

inser|ire [inse'riːre] (*4d*) (*infilare*) (hinein)stecken; (*collegare*) anschließen; (*aggiungere*) einfügen; *econ annunci* inserieren; **~irsi** [-'rirsi] sich einfügen; (*intromettersi*) sich einmischen

inserto [in'sɛrto] *m* Aktenheft *n*; (*pubblicazione*) Beilage *f*

inservibile [inser'viːbile] unbrauchbar

inserzione [insertsi'oːne] *f* Inserat *n* Anzeige *f*; ***mettere un'~*** inserieren

insett|icida [insetti'tʃiːda] *m* (*pl -i*) Insektizid *n*; **~ifugo** [-'tiːfugo] *m* (*pl -ghi*) Insektenschutzmittel *n*

insetto [in'sɛtto] *m* Insekt *n*

insieme [insi'ɛːme] **1.** *adv* zusammen **2.** *prp* ***~ a*** (*od* ***con***) zusammen mit **3.** *m* Gesamtheit *f*; Ganze(s) *n*

insignificante [insiɲifi'kante] unbedeutend

insinu|are [insinu'aːre] (*1m*) hineinstecken; *fig* unterstellen; *sospetto* err

gen; **~arsi** [-nu'arsi] eindringen; *fig* sich einschleichen; **~azione** [-nuatsi'oːne] *f* Verdächtigung *f*; Unterstellung *f*
insipido [in'siːpido] fade
insist|ente [insis'tɛnte] eindringlich; beharrlich; **~enza** [-'tɛntsa] *f* Eindringlichkeit *f*; Beharrlichkeit *f*
insistere [in'sistere] (*3f*) auf et (*dat*) bestehen, auf et (*dat*) insistieren
insoddisfatto [insoddis'fatto] unbefriedigt
insofferente [insoffe'rɛnte] unduldsam
insolazione [insolatsi'oːne] *f* Sonnenstich *m*
insol|ente [inso'lɛnte] frech; **~enza** [-'lɛntsa] *f* Frechheit *f*
insolito [in'sɔːlito] ungewöhnlich; ungewohnt
insol|ubile [inso'luːbile] unlösbar; **~uto** [-'luːto] ungelöst; **~vente** [-'vɛnte] **1.** *adj* zahlungsunfähig, insolvent; **2.** *m* Zahlungsunfähige(r) *m*; **~venza** [-'vɛntsa] *f* Zahlungsunfähigkeit *f*, Insolvenz *f*
insomma [in'somma] also; schließlich; (*in breve*) kurz und gut
ins|onne [in'sɔnne] schlaflos; **~onnia** [-'sɔnnia] *f* Schlaflosigkeit *f*
insopportabile [insoppor'taːbile] unerträglich
insorgere [in'sordʒere] (*3d*) sich erheben (***contro*** gegen); *difficoltà, dubbi* auftreten, entstehen
insorto [in'sorto] **1.** → ***insorgere***; **2.** *m* Aufständische(r) *m*
insosp|ettabile [insospet'taːbile] über jeden Verdacht erhaben; **~ettato** [-'taːto] unverdächtig; (*imprevedibile*) unvermutet; **~ettire** [-'tiːre] (*4d*) **1.** *v/t* **~ *qu*** in j-m Verdacht erregen; **2.** *v/i u* **~ettirsi** [-'tirsi] Verdacht schöpfen
insostenibile [insoste'niːbile] unhaltbar
insostituibile [insostitu'iːbile] unersetzbar
insperato [inspe'raːto] unverhofft; (*inatteso*) unerwartet
inspiegabile [inspie'gaːbile] unerklärlich
inspirare [inspi'raːre] (*1a*) einatmen
inst|abile [ins'taːbile] unbeständig; **~abilità** [-tabili'ta] *f* Unbeständigkeit *f*

install|are [instal'laːre] (*1a*) einsetzen; *tec* installieren; **~azione** [-latsi'oːne] *f* Installation *f*; (*impianto*) Anlage *f*
instancabile [instaŋ'kaːbile] unermüdlich
insù [in'su] ***all'~*** hinauf; nach oben
insuccesso [insut'tʃɛsso] *m* Misserfolg *m*
insuffici|ente [insuffi'tʃɛnte] ungenügend; unzureichend; **~enza** [-'tʃɛntsa] *f* (*scarsità*) Mangel *m*; (*inadeguatezza*) Unzulänglichkeit *f*; **~ *cardiaca*** Herzschwäche *f*
insulare [insu'laːre] inselartig; Insel…
insulina [insu'liːna] *f* Insulin *n*
insultare [insul'taːre] (*1a*) beleidigen; beschimpfen
insulto [in'sulto] *m* Beleidigung *f*; Beschimpfung *f*
insuper|abile [insupe'raːbile] unübertrefflich; unüberwindlich; **~ato** [-'raːto] unübertroffen
insurrezione [insurretsi'oːne] *f* Aufstand *m*
intanto [in'tanto] inzwischen; unterdessen; **~ *che*** während
intarsio [in'tarsio] *m* (*pl -si*) Einlegearbeit *f*
intas|amento [intasa'mento] *m* Verstopfung *f*; **~are** [-'saːre] (*1a*) verstopfen; **~arsi** [-'sarsi] sich verstopfen; **~ato** [-'saːto] verstopft
intascare [intas'kaːre] (*1d*) einstecken
intatto [in'tatto] unberührt; unversehrt
integr|ale [inte'graːle] **1.** *adj* vollständig, gesamt; *mat* Integral…; ***pane*** *m* **~** Vollkornbrot *n*; **2.** *m mat* Integral *n*; **~are** [-'graːre] (*1l*) ergänzen, vervollständigen; *mat* integrieren; **~azione** [-gratsi'oːne] *f* Vervollständigung *f*; Integration *f*; **~ *pensionistica privata*** private Altersvorsorge *f*; **~ità** [-gri'ta] *f* Unversehrtheit *f*; Integrität *f*
intelaiatura [intelaia'tuːra] *f* Struktur *f*; Rahmen *m*; Gerüst *n*
intell|etto [intel'lɛtto] *m* Verstand *m*; Geist *m*; Intellekt *m*; **~ettuale** [-lettu'aːle] **1.** *adj* geistig; intellektuell; **2.** *m/f* Intellektuelle(r) *m/f(m)*; **~igente** [-li'dʒɛnte] klug, intelligent; **~igenza** [-li'dʒɛntsa] *f* Verstand *m*; Intelligenz *f*; **~ *artificiale*** künstliche Intelligenz *f*
intend|ere [in'tɛndere] (*3c*) (*comprendere*) verstehen; (*udire*) hören; (*voler*

dire) meinen; (*avere intenzione*) beabsichtigen; (*pretendere*) verlangen; ***s'intende!*** selbstverständlich!; **~ersi** [-si] sich verstehen; sich verständigen; **~ *di qc*** sich auf et (*acc*) verstehen; **~ersela** [-sela]: **~ *con qu*** sich mit j-m verstehen; *spreg* mit j-m unter e-r Decke stecken

intenditore [intendi'to:re] *m* Kenner *m*

intens|ificare [intensifi'ka:re] (*1n u d*) intensivieren, verstärken, steigern; **~ità** [-si'ta] *f* Intensität *f*; Heftigkeit *f*; *el* **~ *di corrente*** Stromstärke *f*; **~ivo** [-'si:vo] intensiv

intenso [in'tɛnso] heftig; intensiv

intento [in'tɛnto] **1.** *adj* bedacht; beschäftigt (***a*** mit); **2.** *m* Absicht *f*; Zweck *m*

intenzione [intentsi'o:ne] *f* Absicht *f*; ***avere l'~ di fare qc*** die Absicht haben, et zu tun; ***con ~*** absichtlich; ***senza ~*** unabsichtlich

interamente [intera'mente] gänzlich

inter|attivo [interat'ti:vo] interaktiv; **~azione** [-ratsi'o:ne] *f* Wechselwirkung *f*; Interaktion *f*

intercambiabile [interkambi'a:bile] auswechselbar

intercett|are [interʃet'ta:re] (*1b*) auffangen; abhören; **~azione** [-tatsi'o:ne] *f* Auffangen *n*; *tel* Abhören *n*

interconnettersi [interkon'nettersi] (*3a*) *von Handy in ein Telefonnetz* sich einbuchen

intercorrere [inter'korrere] (*3o*) bestehen; dazwischenliegen

interd|ire [inter'di:re] (*3t*) untersagen; *jur* **~ *qu*** j-n entmündigen; **~izione** [-ditsi'o:ne] *f* Verbot *n*

interess|amento [interessa'mento] *m* Interesse *n*, Anteilnahme *f*; **~ante** [-'sante] interessant; ***in stato ~*** in anderen Umständen; **~are** [-'sa:re] (*1b*) **1.** *v/t* interessieren; angehen, betreffen; **2.** *v/i* von Wichtigkeit sein; **~arsi** [-'sarsi] sich interessieren (***di*** für); sich kümmern (***di*** um *acc*), sich annehmen (***di*** *gen*); **~ato** [-'sa:to]; **1.** *adj* interessiert (***a*** an *dat*); gewinnsüchtig; *econ* beteiligt; **2.** *m* Beteiligte(r) *m*

interesse [inte'rɛsse] *m* Interesse *n*; Anteilnahme *f*; (*tornaconto*) Gewinnsucht *f*; *econ* Zins *m*, Zinsen *m/pl*; ***tasso** m **d'~*** Zinssatz *m*; **~ *composto*** Zinseszins *m*; ***fare gli -i di qu*** für den Vorteil e-s anderen arbeiten; ***per ~*** aus Interesse; ***senza ~*** interesselos

interfaccia [inter'fattʃa] *f* (*pl -cce*) *inform* Schnittstelle *f*

interfer|enza [interfe'rɛntsa] *f* Interferenz *f*; *fig* Einmischung *f*; Überschneidung *f*; **~ire** [-'ri:re] (*4d*) interferieren *fig* sich einschalten

interfono [inter'fɔ:no] *m* Haustelefon *n*

interiezione [interietsi'o:ne] *f* Interjektion *f*

interiora [interi'o:ra] *f/pl* Innereien *f/pl*

interiore [interi'o:re] **1.** *adj* innere; Innen...; **2.** *m* Innere(s) *n*

interlocutore [interloku'to:re] *m* Gesprächspartner *m*

interm|ediario [intermedi'a:rio] (*pl -ri*) **1.** *adj* dazwischenliegend; **2.** *m* Vermittler *m*; **~edio** [-'mɛ:dio] (*pl -di*) mittlere; **~ezzo** [-'mɛddzo] *m* Intermezzo *n*; Zwischenstück *n*; Zwischenspiel *n*

interminabile [intermi'na:bile] endlo[s]

intermittente [intermit'tɛnte] wech[s]elnd; ***luce** f* **~** Blinklicht *n*

internazionale [internatsio'na:le] international

internet, **Internet** [inter'nɛt] *m inform* Internet *n*; **~ Café** [internɛtka'fe] *n* Internet-Café *n*

internista [inter'nista] *m* (*pl -i*) Internist *m*, Arzt *m* für innere Krankheite[n]

interno [in'tɛrno] **1.** *adj* innere; Innen..., Binnen...; *fig* innerlich; **2.** *m* Innere(s) *n*; Innenraum *m*; Inland *n*; *tel* Anschlussnummer *f*; ***via Dante 6 ~ 9*** Dantestraße Nr 6 Tür 9; ***commercio** m* **~** Inlandshandel *m*; ***ministro** m **degli Interni*** Innenminister *m*

intero [in'te:ro] ganz; vollständig; ***latte** m* **~** Vollmilch *f*; ***un anno ~*** ein ganze[s] Jahr

interpellare [interpel'la:re] (*1b*) befragen

interp|orre [inter'porre] (*3ll*) dazwischenlegen; **~orsi** [-'porsi] sich dazwischenlegen; vermitteln

interpret|are [interpre'ta:re] (*1m u ...*) interpretieren; *sentimenti* Ausdruck geben (*dat*); *tea, film* darstellen, spielen; *fig* auffassen; **~azione** [-tatsi'o...

ne] *f* Auslegung, Interpretation *f*; *tea* Darstellung *f*

nterprete [in'tεrprete] *m/f* Dolmetscher(in) *m(f)*; *tea, film* Darsteller(in) *m(f)*; ~ ***simultaneo(-a)*** Simultandolmetscher(in) *m(f)*; ***fare da*** ~ dolmetschen

nterpunzione [interpuntsi'oːne] *f* Interpunktion *f*

nterrog|are [interro'gaːre] (*1m, b u e*) befragen; *jur* verhören; **~ativo** [-ga'tiːvo] fragend; ***punto*** *m* ~ Fragezeichen *n*; **~atorio** [-ga'tɔːrio] *m* (*pl -ri*) Verhör *n*; **~azione** [-gatsi'oːne] *f* Befragung *f*

nterr|ompere [inter'rompere] (*3rr*) unterbrechen; **~otto** [-'rotto] → ***interrompere***; **~uttore** [-rut'toːre] *m el* Schalter *m*; Lichtschalter *m*; **~uzione** [-rutsi'oːne] *f* Unterbrechung *f*; *el* Störung *f*

nter|secare [interse'kaːre] (*1m, b u d*) kreuzen; (durch)schneiden; **~sezione** [-setsi'oːne] *f* Schnittpunkt *m*; **~urbana** [-ur'baːna] *f* Ferngespräch *n*; **~urbano** [-ur'baːno] ***comunicazione*** *f* ***-a*** Ferngespräch *n*; **~vallo** [-'vallo] *m* Zwischenraum *m*; Abstand *m*; Pause *f*

ntorv|enire [interve'niːre] (*4p*) sich einsetzen, eingreifen; (*partecipare*) teilnehmen; *pol* intervenieren; *med* einen Eingriff vornehmen; **~ento** [-'vεnto] *m* Eingreifen *n*, Dazwischentreten *n*; (*partecipazione*) Anwesenheit *f*; (*discorso*) Rede *f*; *pol, econ* Intervention *f*; *med* Eingriff *m*

ter|vista [inter'vista] *f* Interview *n*; **~vistare** [-vis'taːre] (*1a*) interviewen; **~vistatore** [-vista'toːre] *m* Interviewer *m*

tes|a [in'teːsa] *f* Einverständnis *n*; (*patto*) Vereinbarung *f*; **~o** [-so] **1.** → ***intendere***; **2.** *adj* vereinbart, verstanden; ***ben ~ che*** wenn nur; unter der Bedingung, dass

test|are [intes'taːre] (*1b*) mit der Überschrift versehen; *econ* auf j-s Namen eintragen; **~atario** [-ta'taːrio] *m* (*pl -ri*) (eingetragener) Inhaber *m*

testazione [intestatsi'oːne] *f* Überschrift *f*, Titel *m*; *in una lettera* Briefkopf *m*

testino [inte'stiːno] *m* Darm *m*; ~ ***cieco*** Blinddarm *m*

tim|are [inti'maːre] (*1l od 1a*) auffordern (*a jur*); befehlen; **~azione** [-matsi'oːne] *f* Aufforderung *f*; Befehl *m*

intimidire [intimi'diːre] (*4d*) einschüchtern

intimità [intimi'ta] *f* Vertrautheit *f*

intimo ['intimo] **1.** *adj* intim, vertraut; **2.** *m* Innerste(s) *n*; (*a adj* ***amico*** *m* ~) Busenfreund *m*

intimorire [intimo'riːre] (*4d*) verängstigen

int|ingere [in'tindʒere] (*3d*) eintauchen; *fig* schöpfen; **~ingolo** [-'tiŋgolo] *m* Soße *f*, Tunke *f*

intitolare [intito'laːre] (*1m*) betiteln; benennen (***a*** nach *dat*); ~ ***qc a qu*** j-m et widmen

intoller|abile [intolle'raːbile] unerträglich; **~ante** [-'rante] intolerant, unduldsam; **~anza** [-'rantsa] *f* Intoleranz, Unduldsamkeit *f*

intonacare [intona'kaːre] (*1m, c u d*) verputzen

intonaco [in'tɔːnako] *m* (*pl -chi*) Verputz *m*

inton|are [into'naːre] (*1c*) einstimmen; *strumento* stimmen; *colori* abstimmen; **~ato** [-'naːto] aufeinander abgestimmt; ***essere*** ~ den Ton halten

intontito [inton'tiːto] betäubt, benommen

intoppo [in'tɔppo] *m* Hindernis *n*

intorno [in'torno] **1.** *prp*, *a* ~ ***a*** um; um ... herum; (*circa*) ungefähr; (*riguardo a*) über (*acc*); **2.** *adv* umher, herum; ***tutt'~*** ringsumher; ***guardarsi*** ~ umherschauen

intossic|are [intossi'kaːre] (*1m, c u d*) vergiften; **~azione** [-katsi'oːne] *f* Vergiftung *f*; ~ ***alimentare*** Lebensmittelvergiftung *f*

intr|alciare [intral'tʃaːre] (*1f*) behindern; **~alcio** [-'traltʃo] *m* (*pl -ci*) Hindernis *n*

Intranet [intra'nεt] *m inform* Intranet *n*

intransigente [intransi'dʒεnte] unnachgiebig

intransitivo [intransi'tiːvo] intransitiv

intrapr|endente [intrapren'dεnte] unternehmungslustig; **~endenza** [-'dεntsa] *f* Unternehmungslust *f*; **~endere** [-'prεndere] (*3c*) unternehmen; (*cominciare*) beginnen

intrattabile [intrat'taːbile] schwer zu behandeln; unzugänglich

intratten|ere [intratte'ne:re] (*2q*) unterhalten; **~ersi** [-'nersi] sich aufhalten (***su*** bei *dat*)
intra|vedere [intrave'de:re] (*2s*) erblicken; *fig* ahnen; **~visto** [-'visto] → ***intravedere***
intrecci|are [intret'tʃa:re] (*1f*) verflechten, flechten; *dita* ineinanderkreuzen; **~arsi** [-'tʃarsi] sich verschlingen
intreccio [in'trettʃo] *m* (*pl -cci*) Geflecht *n*; *fig* Verwick(e)lung *f*
intricato [intri'ka:to] verwickelt; *fig* verworren
intrigo [in'tri:go] *m* (*pl -ghi*) Intrige *f*
intrinseco [in'trinseko] (*pl -ci*) inner; *fig* vertraut; ***valore*** *m* **~** Sachwert *m*
introd|urre [intro'durre] (*3e*) einführen; *persone* vorlassen; **~ursi** [-'dursi] sich einschleichen; **~uzione** [-dutsi'o:ne] *f* Einführung *f*; Einleitung *f*; *econ* Einfuhr *f*; *mus* Ouvertüre *f*
introm|ettere [intro'mettere] (*3ee*) einführen; **~ettersi** [-'mettersi] sich einmischen; **~issione** [-missi'o:ne] *f* Einmischung *f*; Vermittlung *f*
introvabile [intro'va:bile] unauffindbar
introverso [intro'vɛrso] **1.** *adj* introvertiert; **2.** *m* Introvertierte(r) *m*
intrufolarsi [intrufo'larsi] (*1m*) sich einschleichen
intruglio [in'tru:ʎo] *m* (*pl -gli*) Gebräu *n*; Mischmasch *m*
intr|usione [intruzi'o:ne] *f* Eindringen *n*; **~uso** [-'tru:zo] *m* Eindringling *m*
intuire [intu'i:re] (*4d*) ahnen; fühlen
intuito [in'tu:ito] *m* Intuition *f*; Scharfsinn *m*
intuizione [intuitsi'o:ne] *f* Intuition *f*; Ahnung *f*
inumano [inu'ma:no] unmenschlich
inumid|ire [inumi'di:re] (*4d*) anfeuchten; **~irsi** [-'dirsi] feucht werden
in|utile [i'nu:tile] unnütz; sinnlos; **~utilità** [inutili'ta] *f* Nutzlosigkeit *f*; **~utilizzabile** [inutilid'dza:bile] unverwendbar; **~utilizzato** [-'dza:to] ungebraucht, unbenutzt; **~utilmente** [inutil'mente] vergebens, umsonst
inv|adente [inva'dɛnte] aufdringlich; **~adenza** [-va'dɛntsa] *f* Aufdringlichkeit *f*; **~adere** [-'va:dere] (*3q*) eindringen in (*acc*); einfallen in (*acc*); (*occupare*) besetzen; (*inondare*) überfluten
invalid|are [invali'da:re] (*1m*) entkräften; für ungültig erklären; **~ità** [-di'ta] *f* Ungültigkeit *f*; Arbeitsunfähigkeit *f*
invalido [in'va:lido] **1.** *adj* invalid; *jur* ungültig; rechtsungültig; **2.** *m* Invalide *m*
invano [in'va:no] vergebens
invari|abile [invari'a:bile] unveränderlich; **~abilità** [-riabili'ta] *f* Unveränderlichkeit *f*; **~ato** [-ri'a:to] unverändert
inv|asione [invazi'o:ne] *f* (feindlicher) Einfall *m* (***di*** in *acc*); Eingreifen *n*; **~asore** [-va'zo:re] *m* Eindringling *m*
invecchiare [invekki'a:re] (*1k*) **1.** *v/t* alt machen; **2.** *v/i* alt werden; altern; *fig* veralten
invece [in've:tʃe] stattdessen; hingegen; **~ *di*** *inf* anstatt zu *inf*
invenduto [inven'du:to] unverkauft
inventare [inven'ta:re] (*1b*) erfinden
inventario [inven'ta:rio] *m* (*pl -ri*) Inventar *n*; Inventur *f*
inven|tore [inven'to:re] *m* Erfinder *m*; **~zione** [-tsi'o:ne] *f* Erfindung *f*
invernale [inver'na:le] winterlich; Winter…; ***sport*** *m* **~** Wintersport *m*
inverno [in'vɛrno] *m* Winter *m*; ***d'~*** im Winter
inverosimile [invero'si:mile] unwahrscheinlich
inversione [inversi'o:ne] *f* Umkehrung *f*; *auto* **~ *di marcia*** Wenden *n*
inverso [in'vɛrso] umgekehrt
invertire [inver'ti:re] (*4b od 4d*) umkehren; umstellen; **~ *le parti*** die Rollen vertauschen
investig|are [investi'ga:re] (*1m, b u e*) forschen; erforschen; nachforschen; **~azione** [-gatsi'o:ne] *f* Nachforschung *f*
invest|imento [investi'mento] *m veicolo* Zusammenstoß *m*; *econ* Investition *f*, Anlage *f*; **~ *di capitali*** Kapitalanlage *f*; **~ire** [-'ti:re] (*4d od 4b*) *pedone* anfahren, überfahren; *veicolo* zusammenstoßen mit, auffahren auf (*acc*); *econ* anlegen, investieren (*a fig*); *tempo* aufwenden (***in*** für)
invi|are [invi'a:re] (*1h*) senden; schicken; **~ato** [-vi'a:to] *m* Berichterstatter *m*; **~ *speciale*** Sonderberichterstatter *m*

invidia [in'vi:dia] *f* Neid *m*
invidi|are [invidi'a:re] (*1k*) beneiden; **~oso** [-di'o:zo] neidisch
invincibile [invin'tʃi:bile] unbesiegbar
invio [in'vi:o] *m* (*pl -vii*) Sendung *f*
inviolabile [invio'la:bile] unverletzlich; unantastbar
invisibile [invi'zi:bile] unsichtbar
invitante [invi'tante] einladend
invit|are [invi'ta:re] (*1a*) einladen; auffordern; **~ato** [-'ta:to] *m* Gast *m*
invito [in'vi:to] *m* Einladung *f*; Aufforderung *f*; **~ *a presentarsi*** Vorladung *f*
invoc|are [invo'ka:re] (*1c u d*) anrufen; anflehen; **~azione** [-katsi'o:ne] *f* Anrufung *f*
involontario [involon'ta:rio] (*pl -ri*) ungewollt, unabsichtlich
inv|oltare [invol'ta:re] (*1c*) einwickeln; **~oltini** [-vol'ti:ni] *m/pl gastr* Rouladen *f/pl*; **~olto** [-'vɔlto] *m* Bündel *n*; Paket *n*; **~olucro** [-'vɔ:lukro] *m* Hülle *f*
inzuccherare [intsukke'ra:re] (*1m*) zuckern
inzupp|are [intsup'pa:re] (*1a*) einweichen; **~ato** [-'pa:to] durchnässt
io ['i:o] **1.** *pron* ich; **2.** *m inv* Ich *n*
iodio [i'ɔ:dio] *m* Jod *n*
ionico [i'ɔ:niko] (*pl -ci*) ionisch
iosa [i'ɔ:za] ***a ~*** in Hülle und Fülle
iperalimentazione [iperalimentatsi'o:ne] *f* Überernährung *f*
iperbole [i'pɛrbole] *f* Hyperbel *f*
iper|mercato [ipermer'ka:to] *m* Verbrauchermarkt *m*; **~sensibile** [-sen-'si:bile] überempfindlich; **~tensione** [-tensi'o:ne] *f* Hypertension *f*, Hypertonie *f*; **~ *sanguigna*** erhöhter Blutdruck *m*
ipnosi [ip'nɔ:zi] *f* Hypnose *f*
ipnotizzare [ipnotid'dza:re] (*1a*) hypnotisieren
ipocalorico [ipoka'lɔ:riko] (*pl -ci*) kalorienarm
ipocrisia [ipokri'zi:a] *f* Heuchelei *f*
ipocrita [i'pɔ:krita] **1.** *adj* heuchlerisch; **2.** *m/f* (*m/pl -i*) Heuchler(in) *m(f)*
ipot|eca [ipo'tɛ:ka] *f* (*pl -che*) Hypothek *f*; ***accendere un'~*** e-e Hypothek aufnehmen; **~ecare** [-te'ka:re] (*1b u d*) mit Hypotheken belasten
ipotesi [i'pɔ:tezi] *f* Annahme *f*, Hypothese *f*
ipotetico [ipo'tɛ:tiko] (*pl -ci*) hypothetisch
ipotizzare [ipotid'dza:re] (*1a*) annehmen, vermuten, schätzen
ippica ['ippika] *f* Reitsport *m*
ippocastano [ippokas'ta:no] *m* Rosskastanie(nbaum) *f(m)*
ippodromo [ip'pɔ:dromo] *m* Hippodrom *n*; Rennbahn *f*
ippopotamo [ippo'pɔ:tamo] *m* Nilpferd *n*
ira ['i:ra] *f* Zorn *m*
iracheno [ira'kɛ:no] **1.** *adj* irakisch; **2.** *m* Iraker *m*
Iran [i'ran] *m* Iran *m*
iraniano [irani'a:no] **1.** *adj* iranisch; **2.** *m* Iran(i)er *m*
Iraq [i'rak] *m* Irak *m*
irascibile [iraʃ'ʃi:bile] jähzornig
iride ['i:ride] *f anat* Iris *f*, Regenbogenhaut *f*; *bot* Iris *f*, Schwertlilie *f*
Irlanda [ir'landa] *f* Irland *n*
irlandese [irlan'de:se] **1.** *adj* irisch; **2.** *m* Irisch(e) *n*; **3.** *m/f* Irländer(in) *m(f)*
ironia [iro'ni:a] *f* Ironie *f*
ironico [i'rɔ:niko] (*pl -ci*) ironisch
ironizzare [ironid'dza:re] (*1a*) ironisieren
IRPEF ***Imposta sul Reddito delle Persone Fisiche*** ital. Einkommensteuer
irradi|are [irradi'a:re] (*1k*) **1.** *v/t* bestrahlen; (*diffondere*) ausstrahlen; **2.** *v/i* strahlen; ausstrahlen; **~azione** [-diatsi'o:ne] *f* Bestrahlung *f*; Ausstrahlung *f*
irraggiungibile [irraddʒun'dʒi:bile] unerreichbar
irragionevole [irradʒo'ne:vole] unvernünftig
irrazionale [irratsio'na:le] unvernünftig; (*illogico*) unlogisch
irreale [irre'a:le] unwirklich
irrealizzabile [irrealid'dza:bile] nicht zu verwirklichen(d), nicht durchführbar
irrefrenabile [irrefre'na:bile] unaufhaltsam
irregol|are [irrego'la:re] unregelmäßig; **~arità** [-lari'ta] *f* Unregelmäßigkeit *f*
irreparabile [irrepa'ra:bile] unersetzbar; nicht wieder gutzumachen(d)
irreperibile [irrepe'ri:bile] unauffindbar
irreprensibile [irrepren'si:bile] tadel-

I

los, einwandfrei

irre|quietezza [irrekuie'tettsa] *f* Unruhe *f*; **~quieto** [-kui'ɛːto] ruhelos; unruhig

irresistibile [irresis'tiːbile] unwiderstehlich

irrespons|abile [irrespon'saːbile] unverantwortlich; **~abilità** [-sabili'ta] *f* Unverantwortlichkeit *f*

irrestringibile [irrestrin'dʒiːbile] nicht einlaufend

irrevocabile [irrevo'kaːbile] unwiderruflich

irriconoscibile [irrikonoʃ'ʃiːbile] nicht wieder zu erkennen(d)

irrig|are [irri'gaːre] (*1e*) bewässern; **~azione** [-gatsi'oːne] *f* Bewässerung *f*

irrigid|ire [irridʒi'diːre] (*4d*) erstarren lassen; *fig* verschärfen; **~irsi** [-'dirsi] sich versteifen; **~ito** [-'diːto] steif, erstarrt; versteift

irrilevante [irrile'vante] unerheblich, unbedeutend

irrimediabile [irrimedi'aːbile] unheilbar; nicht wieder gutzumachen(d)

irripetibile [irripe'tiːbile] unwiederholbar; einmalig

irrisorio [irri'zɔːrio] (*pl -ri*) spöttisch; ***prezzo** m* **~** Spottpreis *m*

irrit|abile [irri'taːbile] reizbar; **~abilità** [-tabili'ta] *f* Reizbarkeit *f*; **~are** [-'taːre] (*1l od 1a*) irritieren, reizen, ärgern; *med* entzünden; **~arsi** [-'tarsi] sich ärgern; *med* sich entzünden

irrobustire [irrobus'tiːre] (*4d*) stärken

irrompere [ir'rompere] (*3rr*) einbrechen, eindringen

irruzione [irrutsi'oːne] *f* Einbruch *m*

IS ***Isernia*** Isernia

iscr|itto [is'kritto] **1.** eingeschrieben; eingetragen; **2.** *m* Mitglied *n*; ***per*** **~** schriftlich; **~ivere** [-'kriːvere] (*3tt*) einschreiben, eintragen; anmelden; **~iversi** [-'kriːversi] sich einschreiben; sich anmelden; **~ *a un partito*** e-r Partei beitreten

iscrizione [iskritsi'oːne] *f* Einschreibung *f*; Anmeldung *f*

Islanda [iz'landa] *f* Island *n*

islandese [izlan'deːse] **1.** *adj* isländisch; **2.** *m/f* Isländer(in) *m(f)*

isola ['iːzola] *f* Insel *f*; Verkehrsinsel *f*; **~ *pedonale*** Fußgängerzone *f*; **~ *spartitraffico*** Mittelstreifen *m*

isol|amento [izola'mento] *m* Absonderung *f*; *tec* Isolierung *f*; *detenzione* Isolationshaft *f*; **~ *acustico*** Schallisolierung *f*; **~ano** [-'laːno] *m* Inselbewohner *m*; **~ante** [-'lante] **1.** *adj* Isolier…, isolierend; **2.** *m* Isolierstoff *m*, Isoliermaterial *n*; **~are** [-'laːre] (*1l*) absondern; isolieren; **~arsi** [-'larsi] sich absondern; **~ato** [-'laːto]; **1.** *ad* isoliert; (*luogo*) entlegen; ***in casi*** - vereinzelt; **2.** *m* Häuserblock *m*

isp|ettore [ispet'toːre] *m* Inspektor *m*; **~ezionare** [-petsio'naːre] (*1a*) inspizieren, besichtigen; **~ezione** [-petsi'oːne] *f* Inspektion *f*; Aufsicht *f*

ispir|are [ispi'raːre] (*1a*) inspirieren (*suscitare*) erwecken, einflößen; **~ars** [-'rarsi] sich inspirieren lassen; folge (***a** dat*); **~azione** [-ratsi'oːne] *f* Inspiration *f*; Eingebung *f*

israeliano [izraeli'aːno] *m* Israeli *m*

issare [is'saːre] (*1a*) hissen; aufziehe

istallare [istal'laːre] (*1a*) installieren aufstellen

istant|anea [instan'taːnea] *f* Momentaufnahme *f*; **~aneo** [-'taːneo] augenblicklich

istante [is'tante] *m* Augenblick *m*, Moment *m*; ***all'*~** sofort

istanza [is'tantsa] *f* Antrag *m*, Gesuch *n*; *jur* Instanz *f*

ISTAT ***Istituto Centrale di Statistic*** Zentralinstitut für Statistik

isterico [is'tɛːriko] (*pl -ci*) hysterisch

istintivo [istin'tiːvo] instinktiv

istinto [is'tinto] *m* Instinkt *m*; Natu trieb *m*

istit|uire [istitu'iːre] (*4d*) gründen; sti ten; **~uto** [-'tuːto] *m* Institut *n*; An stalt *f*; **~ *di bellezza*** Kosmetiksalo *m*; **~ *di credito*** Kreditinstitut *n*; **~uzione** [-tutsi'oːne] *f* Institution *f*; Ein richtung *f*

istmo ['istmo] *m* Landenge *f*

istrice ['istritʃe] *m* Stachelschwein *n*

istru|ire [istru'iːre] (*4d*) unterrichte ausbilden, schulen; **~irsi** [-'irsi] sic bilden; **~ito** [-'iːto] gebildet

istrutt|ivo [istrut'tiːvo] lehrreich; au schlussreich; **~ore** [-'toːre] *m* Lehr *m*

istruzione [istrutsi'oːne] *f* Unterric *m*; Ausbildung *f*; (*cultura*) Bildung (*direttiva*) Anweisung *f*; **-i** *pl* **p**

l'uso Gebrauchsanweisung *f*

Italia [i'ta:lia] *f* Italien *n*

italiano [itali'a:no] **1.** *adj* italienisch; **2.** *m*, **-a** [-na] *f* Italiener(in *f*) *m*; **3.** *lingua* Italienisch(e) *n*; ***in ~*** auf Italienisch; ***parla ~?*** sprechen Sie Italienisch?

itinerario [itine'ra:rio] *m* (*pl -ri*) Reiseroute *f*; Weg *m*

ittico ['ittiko] (*pl -ci*) Fisch…; ***mercato m ~*** Fischmarkt *m*

Iugoslavia [iugoz'la:via] *f hist* Jugoslawien *n*

iugoslavo [iugoz'la:vo] *hist* **1.** *adj* jugoslawisch; **2.** *m* Jugoslawe *m*

iuta [i'u:ta] *f* Jute *f*

IVA ***Imposta sul Valore Aggiunto*** Mehrwertsteuer (*abbr* MwSt, MWSt)

J

jazz [dʒɛts] *m* Jazz *m*; **~ista** [dʒad'dzista] *m* (*pl -i*) Jazzmusiker *m*

jeans [dʒi:nz] *m/pl* Jeans *pl*

jeep® [dʒi:p] *f* Jeep® *m*

jet [dʒɛt] *m inv* Düsenflugzeug *n*

jet-lag ['dʒɛtlɛg] *m* Jetlag *n*

jet-set [dʒet'set] *m inv* Jetset *m*; *iro* Schickeria *f*

jockey ['dʒɔ:ki] *m inv* Jockey *m*

jogging ['dʒɔgiŋ] *m inv* Jogging *n*; ***fare ~*** joggen

joint-venture [dʒɔint'ventʃə] *f inv* Joint Venture *n*

judo [dʒu:do *u* dʒu'do] *m inv* Judo *n*

juke-box [dʒu:k'bɔks] *m inv* Jukebox *f*

jumbo ['dʒumbou] *m inv* Jumbojet *m*

junior [i'u:nior] **1.** *adj* junior; **2.** *m* (*pl juniores*) *sport* Junior *m*

K

karatè [kara'tɛ] *m inv* Karate *n*

ketchup ['kɛtʃap] *m* (Tomaten-)Ket(s)chup *m od n*

kg ***chilogrammo*** Kilogramm (*abbr* kg)

kit [kit] *m inv* Bausatz *m*

kitsch [kitʃ] *m* Kitsch *m*

kiwi ['kiwi] *m inv bot* Kiwi *f*

km ***chilometro*** Kilometer (*abbr* km)

km/h ***chilometri all'ora*** Kilometer je Stunde (*abbr* km/h)

knock-out [nɔ'kaut] knock-out; *fig* erledigt

know-how [nou'hau] *m inv* Know-how *n*

k.o. ***fuori combattimento*** knock-out (*abbr* k.o.)

kolossal [ko'lɔssal] *m inv* Monumentalfilm *m*

KR ***Crotone*** Crotone

kV ***chilovolt*** Kilovolt (*abbr* kV)

kW ***chilowatt*** Kilowatt (*abbr* kW)

kWh ***chilowattora*** Kilowattstunde (*abbr* kWh)

L

l ***litro*** Liter (*abbr* l)

la[1] [la] *art f/sg* die

la[2] [la] *pron acc sg* sie; ***~ prenderò*** ich werde sie nehmen

la[3] [la] *m mus* A *n*

La [la] *pron acc sg* Sie; ***quando ~ rivedrò?*** wann werde ich Sie wieder sehen?

là ['la] da, dort; dahin, dorthin; ***di ~*** von dort; ***al di ~*** jenseits; auf der anderen Seite; ***più in ~*** weiter

labbro ['labbro] *m* (*pl le -a*) Lippe *f*

labile ['la:bile] (*passeggero*) vergänglich; (*debole*) schwach, labil
labirinto [labi'rinto] *m* Labyrinth *n*
labor|atorio [labora'tɔ:rio] *m* (*pl -ri*) Labor *n*; (*officina*) Werkstatt *f*; **~iosità** [-riosi'ta] *f* Arbeitsamkeit *f*; *fig* Beschwerlichkeit *f*; **~ioso** [-ri'o:zo] arbeitsam; *fig* beschwerlich
lacca ['lakka] *f* (*pl -cche*) Lack *m*; *per capelli* Haarspray *n*
laccare [lak'ka:re] (*1d*) lackieren
laccetto [lat'tʃetto] *m* Schnürband *n*
laccio ['lattʃo] *m* (*pl -cci*) Schlinge *f*; **~ *per le scarpe*** Schnürsenkel *m*
lacero ['la:tʃero] zerrissen
lacrima ['la:krima] *f* Träne *f*
lacrim|are [lakri'ma:re] (*1l*) tränen; **~ogeno** [-'mɔ:dʒeno] tränenerzeugend; ***gas*** *m* **~** Tränengas *n*
lac|una [la'ku:na] *f* Lücke *f*; **~unoso** [-ku'nozo] lückenhaft
laddove [lad'do:ve] dort, wo
ladino [la'di:no] **1.** *adj* ladinisch; **2.** *m* Ladiner *m*
ladro ['la:dro] *m* Dieb *m*
laggiù [lad'dʒu] da unten
laghetto [la'getto] *m* Teich *m*
lagn|anza [la'ɲantsa] *f* Beschwerde *f*; **~arsi** [-'ɲarsi] (*1a*) sich beklagen (***di*** über *acc*)
lago ['la:go] *m* (*pl -ghi*) See *m*; **~ *artificiale*** Stausee *m*; ***Lago di Como*** Comer See *m*; ***Lago di Costanza*** Bodensee *m*; ***Lago di Garda*** Gardasee *m*; ***Lago di Ginevra*** Genfer See *m*; ***Lago di Lugano*** Luganer See *m*; ***Lago Maggiore*** Lago Maggiore *m*; ***Lago dei Quattro Cantoni*** Vierwaldstätter See *m*; ***Lago Trasimeno*** Trasimenischer See *m*
laguna [la'gu:na] *f* Lagune *f*
L'Aia ['la:ia] *f* Den Haag *n*
laico ['la:iko] (*pl -ci*) **1.** *adj* weltlich; Laien…; **2.** *m* Laie *m*
lama ['la:ma] *f* Klinge *f*; **~ *di coltello*** Messerklinge *f*
lament|are [lamen'ta:re] (*1a*) beklagen; **~arsi** [-'tarsi] sich beklagen (***di*** über *acc*); **~ela** [-'tɛ:la] *f* Klage *f*, Beschwerde *f*
lamento [la'mento] *m* Klage *f*; Gejammer *n*
lamentoso [lamen'to:zo] jämmerlich
lametta [la'metta] *f* **~ *da barba*** Rasierklinge *f*
lamiera [lami'ɛ:ra] *f* Blech *n*; **~ *ondulata*** Wellblech *n*
lamina ['la:mina] *f* Folie *f*; Blatt *n*; **~ *d'oro*** Goldfolie *f*
lampada ['lampada] *f* Lampe *f*; **~ *alogena*** Halogenlampe *f*; **~ *a stelo*** Stehlampe *f*; **~ *al neon*** Neonröhre *f*; **~ *spia*** Kontrolllampe *f*
lampad|ario [lampa'da:rio] *m* (*pl -ri*) Kronleuchter *m*; **~ina** [-'dina] *f* (Glüh)Birne *f*; **~ *tascabile*** Taschenlampe *f*
lamp|eggiare [lamped'dʒa:re] (*1f*) blitzen; *auto* blinken; **~eggiatore** [-peddʒa'to:re] *m auto* (Warn)Blinker *m*; *fot* Blitzlicht *n*; **~ione** [-pi'o:ne] *m* Straßenlaterne *f*
lampo ['lampo] *m* Blitz *m*; ***in un*** **~** im Nu
lampone [lam'po:ne] *m* Himbeere *f*
lana ['la:na] *f* Wolle *f*; **~ *vergine*** Schurwolle *f*
lancetta [lan'tʃetta] *f* Zeiger *m*
lancia ['lantʃa] *f* (*pl -ce*) Lanze *f*; *mar* Schaluppe *f*; **~ *di salvataggio*** Rettungsboot *n*
lanci|are [lan'tʃa:re] (*1f*) werfen, schleudern; *bomba* abwerfen; *fig* lancieren (*a econ*); **~ *un'occhiata*** einen Blick zuwerfen; **~arsi** [-'tʃarsi] sich stürzen (***contro*** auf *acc*) (*a fig*); *dall'alto* abspringen
lancinante [lantʃi'nante] *dolore* stechend
lancio ['lantʃo] *m* (*pl -ci*) Wurf; (Ab-)Sprung *m*; *fig* Lancieren *n*; **~ *del disco*** Diskuswerfen *n*; **~ *del giavellotto*** Speerwerfen *n*; **~ *del peso*** Kugelstoßen *n*; **~ *col paracadute*** Fallschirmabsprung *m*
lanerie [lane'ri:e] *f/pl* Wollwaren *f/pl*
langu|ire [laŋgu'i:re] (*4a od 4d*) schmachten; *conversazione* stocken; *fig* sich verzehren; **~ore** [-gu'o:re] *m* Schwäche *f*; Mattigkeit *f*
lanificio [lani'fi:tʃo] *m* (*pl -ci*) Wollspinnerei *f*, Wollweberei *f*
lanterna [lan'tɛrna] *f* Laterne *f*
lapide ['la:pide] *f* Grabstein *m*; Gedenktafel *f*
lapis ['la:pis] *m inv* Bleistift *m*; **~ *colorato*** Buntstift *m*
lardo ['lardo] *m* Speck *m*

larghezza [lar'gettsa] *f* Breite *f*; (*ampiezza*) Weite *f*; *fig* Freigebigkeit *f*
largo ['largo] (*pl -ghi*) **1.** *adj* breit; (*ampio*) weit; *indumento* bequem; *fig* (*abbondante*) reich; (*aperto*) offen; ***alla -a!*** Platz gemacht!; ***stare alla -a da qu*** j-m aus dem Wege gehen; **2.** *m* Breite *f*; (*piazza*) Platz *m*; (*mare aperto*) offene See *f*; ***~!*** Platz!; ***farsi ~*** sich Platz machen; ***prendere il ~*** *mar* das offene Meer gewinnen; *fig* sich davonmachen
larice ['la:ritʃe] *m* Lärche *f*
laring|e [la'rindʒe] *f* Kehlkopf *m*; **~ite** [-'dʒi:te] *f* Kehlkopfentzündung *f*
larva ['larva] *f zo* Larve *f*
lasagne [la'za:ɲe] *f/pl* Lasagne *f/pl*
lasciapassare [laʃʃapas'sa:re] *m inv* Passierschein *m*
lasci|are [laʃ'ʃa:re] (*1f*) lassen; (*abbandonare*) verlassen; (*a ~ **andare***) loslassen; (*dimenticare*) liegen lassen; *eredità* hinterlassen; (*affidare*) überlassen; ***~ andare, ~ correre*** ein Auge zudrücken; ***~ fare*** machen lassen; ***~ perdere*** sich nicht weiter um et kümmern; ***lasciamo andare!*** lassen wirs gut sein!; **~arsi** [-'ʃarsi] sich trennen; auseinandergehen; ***~ andare*** sich gehen lassen
lascito ['laʃʃito] *m* Vermächtnis *n*
laser ['la:zer] ***raggio*** *m* ~ Laserstrahl *m*
lassativo [lassa'ti:vo] *m* Abführmittel *n*
lasso ['lasso] *m* ***~ di tempo*** Zeitraum *m*
lassù [las'su] da oben; dort hinauf
lastra ['lastra] *f* Platte *f*; Steinplatte *f*; (Fenster)Scheibe *f*; *med* Röntgenaufnahme *f*
lastrico ['lastriko] *m* (*pl -chi od -ci*) (Straßen)Pflaster *n*; *fig* Elend *n*; ***ridursi sul ~*** in Not geraten
latente [la'tɛnte] verborgen, versteckt; *med* latent
laterale [late'ra:le] seitlich; Seiten…
laterizio [late'ri:tsio] *m* (*pl -zi*) Ziegelstein *m*
latice ['la:titʃe] *m bot* Milchsaft *m*
latif|ondista [latifon'dista] *m/f* (*m/pl -i*) Großgrundbesitzer(in) *m(f)*; **~ondo** [-'fondo] *m* Großgrundbesitz *m*
latino [la'ti:no] **1.** *adj* lateinisch; ***~-americano*** lateinamerikanisch; **2.** *m* Latein *n*
latitante [lati'tante] *m* Flüchtige(r) *m*
latitudine [lati'tu:dine] *f* Breite *f*
lato ['la:to] *m* Seite *f*; ***dal ~ mio*** meinerseits; ***d'altro ~*** andererseits
latr|are [la'tra:re] (*1a*) bellen; **~ato** [-'tra:to] *m* Gebell *n*
latrina [la'tri:na] *f* Abort *m*
latta ['latta] *f* Blech *n*; ***~ di benzina*** Benzinkanister *m*
latt|aio [lat'ta:io] *m* (*pl -ai*) Milchmann; **~ante** [-'tante] *m* Säugling *m*
latte ['latte] *m* Milch *f*; ***~ a lunga conservazione*** H-Milch *f*; ***~ intero*** Vollmilch *f*; ***~ scremato*** Magermilch *f*
latt|eo ['latteo] milchig; Milch…; ***via f -a*** Milchstraße *f*; **~eria** [-te'ri:a] *f* Milchgeschäft *n*; **~icino** [-ti'tʃi:no] *m* (*pl -ni*) Milchprodukt *n*
lattina [lat'ti:na] *f* Büchse *f*, Dose *f*
lattoniere [lattoni'ɛ:re] *m* Klempner *m*
lattuga [lat'tu:ga] *f* (*pl -ghe*) grüner Salat *m*; ***~ a cappuccio*** Kopfsalat *m*
laurea ['la:urɛa] *f italienischer Hochschulabschluss*; ***~ specialistica*** Magister *m*, Diplom *n* (*Hochschulabschluss nach fünfjährigem Studium*); ***~ triennale*** Bachelor *m* (*Hochschulabschluss nach dreijährigem Studium*)
laure|arsi [laure'arsi] (*1l*) das Hochschulexamen ablegen, den Studienabschluss erwerben; **~ato** [-'a:to] *m* Hochschulabsolvent *m*, Akademiker *m*
lava ['la:va] *f* Lava *f*
lav|abile [la'va:bile] waschbar; abwaschbar; ***~ in lavatrice*** waschmaschinenfest; **~abo** [-'va:bo] *m* Waschbecken *n*; **~acristallo** [-vakris'tallo] *m auto* Scheibenwaschanlage *f*; **~aggio** [-'vaddʒo] *m* (*pl -ggi*) Waschen *n*; ***~ del cervello*** Gehirnwäsche *f*; ***~ a secco*** chemische Reinigung *f*
lavagna [la'va:ɲa] *f* Tafel *f*; *geol* Schiefer *m*; ***~ luminosa*** Tageslichtprojektor *m*
lav|anda [la'vanda] *f bot* Lavendel *m*; **~anderia** [-vande'ri:a] *f* Wäscherei *f*; ***~ a gettone*** Waschsalon *m*; **~andino** [-van'di:no] *m* Waschbecken *n*; **~apiatti** [-vapi'atti] *m/f inv* Tellerwäscher(in) *m(f)*
lav|are [la'va:re] (*1a*) waschen; *stoviglie* spülen; *denti* putzen; **~arsi** [-'varsi] sich waschen; **~asecco** [-va'sekko]

L

m/f inv chemische Reinigung *f*

lav|astoviglie [lavasto'viːʎe] *f inv* Geschirrspülmaschine *f*; **~atoio** [-va'toːio] *m* (*pl -oi*) Waschküche *f*, Waschraum *m*; **~atrice** [-va'triːtʃe] *f* Waschmaschine *f*; **~ello** [-'vɛllo] *m* Spülbecken *n*

lavina [la'viːna] *f* Lawine *f*

lavor|are [lavo'raːre] (*1a*) **1.** *v/i* arbeiten; **~ *saltuariamente*** F jobben; **2.** *v/t* bearbeiten; **~ativo** [-ra'tiːvo] Arbeits…; ***giornata*** *f* **-a** Arbeitstag *m*; **~ato** [-'raːto] bearbeitet; **~ *a mano*** handgearbeitet; **~atore** [-ra'toːre] *m* Arbeiter *m*; **~ *autonomo*** Selbstständige(r) *m*; **~ *dipendente*** Arbeitnehmer *m*; **~ *specializzato*** Facharbeiter *m*; **~atrice** [-ra'triːtʃe] *f* Arbeiterin *f*; **~azione** [-ratsi'oːne] *f* Bearbeitung *f*, Verarbeitung *f*

lavoro [la'voːro] *m* Arbeit *f*, F Job *m*; **~ *di gruppo*** Teamarbeit *f*; **~ *a mano*** Handarbeit *f*; **~ *malfatto*** Pfuscharbeit *f*; **~ *nero*** Schwarzarbeit *f*; ***condizioni*** *f/pl* ***di*** **~** Arbeitsbedingungen *f/pl*; ***permesso di*** **~** Arbeitserlaubnis *f*; ***posto di*** **~** Arbeitsplatz *m*; **-*i pl in corso*** Straßenarbeiten *pl*; Bauarbeiten *pl*; ***senza*** **~** arbeitslos

lay-out [lɛi'aut] *m* Layout *n*

Lazio ['laːtsio] *m* Latium *n*

LC ***Lecco*** Lecco

l.c.s. ***letto, confermato, sottoscritto*** gelesen, bestätigt, unterschrieben

le[1] [le] *art f/pl* die

le[2] [le] *pron* (*dat f/sg*) ihr; (*acc f/pl*) sie

LE ***Lecce*** Lecce

leader ['liːder] *m inv* Führer *m* (*a pol*); *econ* Marktführer *m*; **~ship** [-ʃip] *f inv* Führung *f*

leale [le'aːle] aufrichtig, ehrlich; fair

lealtà [leal'ta] *f* Aufrichtigkeit *f*, Ehrlichkeit *f*

lecca lecca [lekka 'lekka] *m* Lutscher *m*

leccio ['lettʃo] *m* (*pl -cci*) Steineiche *f*

leccornia [lekkor'niːa] *f* Leckerbissen *m*

lecito ['leːtʃito] erlaubt

lega ['leːga] *f* (*pl -ghe*) Legierung *f*; *pol* Bund *m*, Liga *f*; (*associazione*) Verband *m*; *misura* Meile *f*

leg|ale [le'gaːle] **1.** *adj* legal, gesetzlich; gesetzmäßig; **2.** *m* Rechtsanwalt *m*; **~alità** [-gali'ta] *f* Gesetzlichkeit *f*; **~alizzare** [-galid'dzaːre] (*1a*) beglaubigen; legalisieren; **~alizzazione** *f* amtliche Beglaubigung *f*

leg|ame [le'gaːme] *m* Bindung *f*; (*nesso*) Zusammenhang *m*; **~amento** [-ga'mento] *m* Band *n*

leg|are [le'gaːre] (*1e*) **1.** *v/t* binden, festbinden, zusammenbinden; (*collegare*) verbinden; **2.** *v/i fig* zusammenpassen; **~arsi** [-'garsi] sich binden

leg|ato [le'gaːto] *m* Gesandte(r) *m*; **~atore** [-ga'toːre] *m* Buchbinder *m*; **~atoria** [-gato'riːa] *f* Buchbinderei *f*; **~azione** [-gatsi'oːne] *f* Gesandtschaft *f*

legge ['lɛddʒe] *f* Gesetz *n*; (*diritto*) Recht *n*; *università* Jura *n/pl*; ***studiare*** **~** Jura studieren; ***a norma di*** **~** laut Gesetz; ***fuori*** **~** illegal

legg|enda [led'dʒɛnda] *f* Legende *f*; **~endario** [-dʒen'daːrio] (*pl -ri*) legendenhaft, märchenhaft

leggere ['lɛddʒere] (*3cc*) lesen; **~ *qc a qu*** j-m et vorlesen

leggerezza [leddʒe'rettsa] *f* Leichtigkeit *f*; *fig* Leichtfertigkeit *f*

leggero [led'dʒɛːro] leicht; *fig* leichtsinnig; ***alla -a*** leichtsinnig, ohne Bedacht

leggibile [led'dʒiːbile] leserlich

leggio [led'dʒiːo] *m* (*pl -ii*) Lesepult *n*; *mus* Notenständer *m*

legisl|ativo [ledʒizla'tiːvo] gesetzgebend; **~atore** [-la'toːre] *m* Gesetzgeber *m*; **~atura** [-la'tuːra] *f* Legislatur *f*; *periodo* Legislaturperiode *f*; **~azione** [-latsi'oːne] *f* Gesetzgebung *f*

legittim|are [ledʒitti'maːre] (*1m*) legitimieren; **~azione** [-matsi'oːne] *f* Legitimation *f*; Ausweis *m*

legittimo [le'dʒittimo] legitim; rechtmäßig; *figlio* ehelich

legna ['leːɲa] *f* Brennholz *n*; ***far*** Brennholz sammeln

legname [le'ɲaːme] *m* (Nutz)Holz *n*; ***da costruzione*** Bauholz *n*

legno ['leːɲo] *m* (*pl i -i*) Holz *n*; ***di*** Holz…, aus Holz

legumi [le'guːmi] *m/pl* Hülsenfrüchte *f/pl*

lei [l'ɛːi] *pron f/sg* sie

Lei [l'ɛːi] *pron* Sie; ***dare del*** **~ *a qu*** j siezen

lembo ['lembo] *m* Zipfel *m*; (*margin*

Rand *m*
ente ['lɛnte] *f ott* Linse *f*; **-i** *pl* Brille *f*; **~ d'ingrandimento** Lupe *f*; **-i a contatto** Kontaktlinsen *pl*
entezza [len'tettsa] *f* Langsamkeit *f*
ent|icchia [len'tikkia] *f bot* Linse *f*; **~iggine** [-'tiddʒine] *f* Sommersprosse *f*
ento ['lɛnto] langsam; (*allentato*) locker
enza ['lentsa] *f* Angelschnur *f*
enzuolo [lentsu'ɔːlo] *m* (*pl i -i u le -a*) Laken *n*, Betttuch *n*
eone [le'oːne] *m* Löwe *m* (*a astr*)
eonessa [leo'nessa] *f* Löwin *f*
eopardo [leo'pardo] *m* Leopard *m*
epre ['leːpre] *f* Hase *m*
esbica ['lɛzbika] *f* Lesbierin *f*
es|ionare [lezio'naːre] beschädigen; **~ione** [-zi'oːne] *f* Beschädigung *f*; *med* Verletzung *f*; Körperverletzung *f*
essare [les'saːre] (*1a*) *v/t* kochen
essico ['lɛssiko] *m* (*pl -ci*) Wortschatz *m*; (*dizionario*) Wörterbuch *n*, Lexikon *n*
esso ['lesso] **1.** *adj* gekocht; **2.** *m* gekochtes Fleisch *n*
esto ['lɛsto] flink; (*sbrigativo*) rasch
etale [le'taːle] tödlich
etame [le'taːme] *m* Mist *m*
etargo [le'targo] *m* (*pl -ghi*) Winterschlaf *m*
etizia [le'tiːtsia] *f* Freude *f*
ettera ['lɛttera] *f* Brief *m*, Schreiben *n*; (*segno dell'alfabeto*) Buchstabe *m*; **per ~** brieflich; **alla ~** buchstäblich; **~ assicurata** Wertbrief *m*; **~ commerciale** Geschäftsbrief *m*; **~ di accompagnamento** Begleitschreiben *n*; *econ* **~ di cambio** Wechsel *m*, Tratte *f*; **~ espresso** Eilbrief *m*; **~ per l'estero** Auslandsbrief *m*; **~ raccomandata** Einschreibebrief *m*
tter|ale [lette'raːle] buchstäblich; wörtlich; **~ario** [-'raːrio] (*pl -ri*) literarisch; **~ato** [-'raːto] *m* Schriftsteller *m*; (*colto*) gebildeter Mensch *m*; **~atura** [-ra'tuːra] *f* Literatur *f*
tt|iga [let'tiːga] *f* (*pl -ghe*) Tragbahre *f*; **~ino** [-'tiːno] *m per bambini* Kinderbett *n*; **~ solare** Sonnenbank *f*
tto[1] ['lɛtto] *m* Bett *n*; **~ a una piazza** Einzelbett *n*; **~ matrimoniale** Doppelbett *n*; **andare a ~** schlafen gehen; **essere a ~** im Bett liegen
letto[2] ['lɛtto] → ***leggere***
Lettonia [let'tɔːnia] *f* Lettland *n*
lett|ore [let'toːre] *m* Leser *m*; *all'università* Lektor *m*; *tec, inform* Lesegerät *n*; **~ compact disc** CD-Spieler *m*; **~ MP3** MP3-Player *m*; **~rice** [-'triːtʃe] *f* Leserin *f*
lettura [let'tuːra] *f* Lektüre *f*; Vortrag *m*; **dare ~ di qc** et vorlesen
leucemia [leutʃe'miːa] *f* Leukämie *f*
leva ['lɛːva] *f* Hebel *m* (*a fig*); *auto* **~ del cambio** Schalthebel *m*
levante [le'vante] *m* Osten *m*
lev|are [le'vaːre] (*1b*) (*alzare*) heben, aufheben; (*togliere*) fort-, wegnehmen; (*rimuovere*) beseitigen; *dente* ziehen; *ancora* lichten; **~ qc dal capo a qu** j-m et ausreden; **~arsi** [-'varsi] aufstehen; *sole* aufgehen; *cappello* abnehmen; *indumento* ausziehen; *vizio* sich abgewöhnen
lev|ata [le'vaːta] *f post* Leerung *f*; **~atrice** [-va'triːtʃe] *f* Hebamme *f*
levig|are [levi'gaːre] (*1l, b u e*) glätten; schleifen; **~ato** [-'gaːto] glatt; geschliffen
lezione [letsi'oːne] *f* Lektion *f*; (Unterrichts)Stunde *f*; *all'università* Vorlesung *f*; *fig* Lehre *f*; **~ privata** Privatstunde *f*; **~ di lingua straniera** Sprachunterricht *m*; **dare -i** Stunden geben; *fig* **dare una ~ a qu** j-m eine Lektion erteilen
li [li] *pron m/pl* sie
LI ***Livorno*** Livorno
lì [li] dort, da; **~ per ~** auf der Stelle; im ersten Augenblick; **giù di ~** ungefähr; **di ~ a pochi giorni** wenige Tage darauf
Libano ['liːbano] *m* Libanon *m*
libbra ['libbra] *f* Pfund *n*
libellula [li'bɛllula] *f* Libelle *f*
liber|ale [libe'raːle] **1.** *adj* freigebig; großzügig; *pol* liberal; **2.** *m* Liberale(r) *m*; **~alità** [-rali'ta] *f* Freigebigkeit *f*; **~alizzare** [-ralid'dzaːre] (*1a*) liberalisieren; **~alizzazione** [-raliddzatsi'oːne] *f* Liberalisierung *f*; **~amente** [-ra'mente] frei; offen; **~are** [-'raːre] (*1l*) befreien; (*rilasciare*) freilassen; (*sgomberare*) räumen; **~arsi** [-'rarsi] sich befreien (**di** von); **~azione** [-ratsi'oːne] *f* Befreiung *f*; Freilassung *f*
libero ['liːbero] frei; **~** *m* (**-a** *f*) ***profes-***

L

sionista Freiberufler(in) *m(f)*

libertà [liber'ta] *f* Freiheit *f*; ***mettersi in ~*** es sich bequem machen; ***~ di stampa*** Pressefreiheit *f*; ***~ professionale*** Gewerbefreiheit *f*; ***prendersi la ~ di*** sich die Freiheit nehmen zu

liberty ['li:berti] *m* Jugendstil *m*

Libia ['li:bia] *f* Libyen *n*

libraio [li'bra:io] *m* (*pl -ai*) Buchhändler *m*

libr|ario [li'bra:rio] (*pl -ri*) Buch...; Buchhändler...; ***mercato*** *m* ***~*** Büchermarkt *m*; **~eria** [-bre'ri:a] *f* Buchhandlung *f*; (*biblioteca*) Bibliothek *f*; *mobile* Bücherschrank *m*

libretto [li'bretto] *m* Bändchen *n*; (*taccuino*) Notizblock *m*; (*documento*) Ausweis *m*; *mus* Operntext *m*; ***~ di assegni*** Scheckheft *n*; *auto* ***~ di circolazione*** Kraftfahrzeugschein *m*; ***~ di risparmio*** Sparbuch *n*

libro ['li:bro] *m* Buch *n*; ***~ di testo*** Lehrbuch *n*; ***~ illustrato*** Bilderbuch *n*

licenza [li'tʃɛntsa] *f* Erlaubnis *f*; *econ* Lizenz *f*, Zulassung *f*; *mil* Urlaub *m*; *scuola* Abgangszeugnis *n*; ***~ di costruzione*** Baugenehmigung *f*; ***~ di esercizio*** Gewerbeschein *m*

licenzi|amento [litʃentsia'mento] *m* Entlassung *f*, Kündigung *f*; ***~ senza preavviso*** fristlose Entlassung *f*; **~are** [-tsi'a:re] (*1g*) entlassen; kündigen (***qu*** j-m); ***~ alle stampe*** in Druck geben; **~arsi** [-tsi'arsi] kündigen

liceo [li'tʃɛ:o] *m* Gymnasium *n*; ***~ classico*** humanistisches Gymnasium *n*; ***~ scientifico*** naturwissenschaftliches Gymnasium *n*

lido ['li:do] *m* Strand *m*

lieto [li'ɛ:to] froh, erfreut (***di*** über *acc*)

lieve [li'ɛ:ve] leicht

lievitare [lievi'ta:re] (*1l u b*) aufgehen; *fig* steigen

lievito [li'ɛ:vito] *m* Hefe *f*; Sauerteig *m*; ***~ in polvere*** Backpulver *n*

Liguria [li'gu:ria] *f* Ligurien *n*

lilla ['lilla] **1.** *adj* lila; **2.** *m* Flieder *m*

lima ['li:ma] *f* Feile *f*

lim|are [li'ma:re] (*1a*) feilen; *fig* ausfeilen; **~etta** [-'metta] *f* Nagelfeile *f*

limit|are [limi'ta:re] *v/t* (*1l*) beschränken (***a*** auf *acc*); (*contenere*) einschränken; **~ato** [-'ta:to] beschränkt, begrenzt; *econ* ***società f a responsabilità -a*** Gesellschaft *f* mit beschränkte[r] Haftung; **~azione** [-tatsi'o:ne] *f* Be[-]schränkung *f*; Einschränkung *f*

limite ['li:mite] *m* Grenze *f*; ***~ di età*** Al[-]tersgrenze *f*; ***~ di velocità*** Geschwin[-]digkeitsbeschränkung *f*; ***al ~*** höchs[-]tens; ***nei -i del possibile*** so weit e[s] möglich ist

limitrofo [li'mi:trofo] angrenzend Grenz...

limonata [limo'na:ta] *f* Zitronenlimo[-]nade *f*

limone [li'mo:ne] *m* Zitrone *f*; Zitro[-]nenbaum *m*

limpidezza [limpi'dettsa] *f* Klarheit *f*

limpido ['limpido] klar

lince ['lintʃe] *f* Luchs *m*

linea ['li:nea] *f* Linie *f*; *tip* Zeile *f*; *fe[rr]* Strecke *f*; *el*, *tel* Leitung *f*; ***~ aere[a]*** Fluglinie *f*; ***~ dell'autobus*** Autobusli[-]nie *f*; ***~ di navigazione*** Schifffahrtsli[-]nie *f*; ***mantenere la ~*** schlank bleiben *tel* ***~ occupata*** besetzte Leitung *f*; ***re[-]stare in ~*** am Apparat bleiben

line|amenti [linea'menti] *m/pl* (*fisiono[-]mia*) Gesichtszüge *m/pl*; (*fondamenti*) Grundzüge *m/pl*; **~are** [-'a:re] linear **~etta** [-ne'etta] *f* Bindestrich *m*

linfonodo [linfo'nɔdo] *m* Lymphkno[-]ten *m*

lingotto [liŋ'gɔtto] *m* (Metall)Barre[n] *m*

lingua ['liŋgua] *f* Zunge *f*; (*linguaggio*) Sprache *f*; ***~ materna*** Muttersprache *f*; ***~ parlata*** Umgangssprache *f*; ***~ stra[-]niera*** Fremdsprache *f*; ***~ naziona[le]*** Landessprache *f*; ***conoscenza*** *f* ***del[le] -e*** Sprachkenntnisse *f/pl*

lingu|aggio [liŋgu'addʒo] *m* (*pl -gg[i]*) Sprache *f*; ***~ tecnico*** Fachsprache *inform* ***~ di programmazione*** Pro[-]grammiersprache *f*; **~istica** [-gu'ist[i]ka] *f* Sprachwissenschaft *f*, Linguist[ik] *f*

link [liŋk] *m inv inform* Link *m*

lino ['li:no] *m bot* Flachs *m*; *tessuto* Le[i]nen *n*, Leinwand *f*

liofilizzato [liofilid'dzato] gefrierg[e]trocknet

Lipsia ['lipsia] *f* Leipzig *n*

liquid|are [likui'da:re] (*1l*) (*pagare*) b[e]zahlen; auszahlen; (*svendere*) ausve[r]kaufen; *azienda* liquidieren, auflöse[n] *fig* erledigen; **~atore** [-da'to:re] *m* L

quidator *m*; **~azione** [-datsi'oːne] *f* Zahlung *f*; Ausverkauf *m*; Liquidation *f*; **~ di fine stagione** Schlussverkauf *m*; **~ totale** Räumungsverkauf *m*; **~ità** [-di'ta] *f econ* Liquidität *f*
liquido ['liːkuido] **1.** *adj* flüssig; *econ* bar; **2.** *m* Flüssigkeit *f*
liquirizia [likui'riːtsia] *f* Lakritze *f*
liquore [liku'oːre] *m* Likör *m*
lira ['liːra] *f econ* Lira *f*
liric|a ['liːrika] *f* (*pl -che*) Lyrik *f*; **~o** [-ko] (*pl -ci*) **1.** *adj* lyrisch; **cantante** *m* **~** Opernsänger *m*; **teatro** *m* **~** Oper *f*; **2.** *m* Lyriker *m*
Lisbona [liz'boːna] *f* Lissabon *n*
lisca ['liska] *f* (*pl -che*) (Fisch)Gräte *f*; **avere la ~** lispeln
lisciare [liʃ'ʃaːre] (*1f*) glätten; polieren; (*accarezzare*) streichen; *fig* **~ qu** j-m schmeicheln
liscio ['liʃʃo] (*pl -sci*) glatt; *bevanda* pur, ohne Selterswasser; *fig* **passarla -a** gut davonkommen
liso ['liːzo] abgetragen
lista ['lista] *f* (*elenco*) Liste *f*; (*striscia*) Streifen *m*; *avia* **~ d'attesa** Warteliste *f*; **~ delle vivande** Speisekarte *f*; **~ dei vini** Weinkarte *f*
listino [lis'tiːno] *m* Liste *f*; **~ di borsa** Kurszettel *m*; **~ prezzi** Preisliste *f*
Lit. *hist* **lire italiane** italienische Lire
lite ['liːte] *f* Streit *m*
litigare [liti'gaːre] (*1l u e*) streiten; sich zanken
lit|igio [li'tiːdʒo] *m* (*pl -gi*) Streit *m*; **~igioso** [-ti'dʒoːzo] streitsüchtig
litografia [litogra'fiːa] *f* Lithographie *f*
litografo [li'tɔːgrafo] *m* Lithograph *m*
litor|ale [lito'raːle] **1.** *adj* Küsten…; **2.** *m* Küste(nstreifen) *f(m)*; **~anea** [-'raːnea] *f* Küstenstraße *f*; **~aneo** [-'raːneo] Küsten…
litro ['liːtro] *m* Liter *m u n*; **un ~ di vino** ein Liter Wein
Lituania [litu'aːnia] *f* Litauen *n*
lit|urgia [litur'dʒiːa] *f* Liturgie *f*; **~urgico** [-'turdʒiko] (*pl -ci*) liturgisch
liutaio [liu'taːio] *m* (*pl -ai*) Lautenmacher *m*
liuto [li'uːto] *m* Laute *f*
livella [li'vɛlla] *f* Wasserwaage *f*
livell|amento [livella'mento] *m* Nivellierung *f*; **~are** [-'laːre] (*1b*) nivellieren, ausgleichen
livello [li'vɛllo] *m* Niveau *n*, Stand *m* (*a fig*); *rad*, *TV* Pegel *m*; *auto* **~ dell'olio** Ölstand *m*; *fig* **ad altissimo ~** auf höchster Ebene; **sopra il ~ del mare** über dem Meeresspiegel; **~ di vita** Lebensstandard *m*
livido ['liːvido] **1.** *adj* fahl; bläulich; **2.** *m* blauer Fleck *m*
lo [lo] **1.** *art m/sg* der; **2.** *pron acc m/sg* den, das, es
LO ***Lodi*** Lodi
lobo ['lɔːbo] *m* Ohrläppchen *n*
loc|ale [lo'kaːle] **1.** *adj* örtlich, Lokal…; *med* **anestesia** *f* **~** örtliche Betäubung *f*; **stampa** *f* **~** Lokalpresse *f*; **2.** *m* Räumlichkeit *f*; *luogo pubblico* Lokal *n*; *fer* Bummelzug *m*; **~alità** [-'kali'ta] *f* Ort *m*, Ortschaft *f*; *zona* Gegend *f*; **~ balneare** Badeort *m*; **~ turistica** Touristenort *m*; **~alizzare** [-kalid'dzaːre] (*1a*) lokalisieren; *avia* orten
loc|anda [lo'kanda] *f* Gasthaus *n*, Gastwirtschaft *f*; **~andina** [-kan'diːna] *f tea* Programmzettel *m*; **~atario** [-ka'taːrio] *m* (*pl -ri*) Mieter *m*; **~atore** [-ka'toːre] *m* Vermieter *m*; **~azione** [-katsi'oːne] *f* Vermietung *f*; *jur* Mietvertrag *m*
locom|otiva [lokomo'tiːva] *f* Lokomotive *f*; **~otore** [-mo'toːre] *m* E-Lok *f*; **~otrice** [-mo'triːtʃe] *f* Triebwagen *m*
locomozione [lokomotsi'oːne] *f* **mezzo** *m* **di ~** Transportmittel *n*
locuzione [lokutsi'oːne] *f* Redewendung *f*
lodare [lo'daːre] (*1c*) loben
lode ['lɔːde] *f* Lob *n*
lodevole [lo'deːvole] lobenswert
loggia ['lɔddʒa] *f* (*pl -gge*) Loggia *f*, Säulenhalle *f*
loggione [lod'dʒoːne] *m tea* Galerie *f*
logico ['lɔːdʒiko] (*pl -ci*) logisch
login [log'in] *m* **fare il ~** *inform* sich einloggen
logor|are [logo'raːre] (*1l*) abnutzen, verbrauchen; **~io** [-'riːo] *m* Abnutzung *f*
logoro ['loːgoro] abgenutzt; *indumento* abgetragen; *fig* zerrüttet
lombaggine [lom'baddʒine] *f* Hexenschuss *m*
Lombardia [lombar'diːa] *f* Lombardei *f*
lombata [lom'baːta] *f* Lendenstück *n*

L

lombo ['lombo] *m* Lende *f*
lombrico [lom'bri:ko] *m* (*pl -chi*) Regenwurm *m*
Londra ['londra] *f* London *n*
longevo [lon'dʒɛ:vo] langlebig
longitudine [londʒi'tu:dine] *f geogr* Länge *f*
lont|ananza [lonta'nantsa] *f* Entfernung *f*; **~ano** [-'ta:no] **1.** *adj* fern, entfernt, weit; **2.** *adv* weit; ***di*** (*od* ***da***) **~** von ferne, aus der Ferne; ***alla -a*** von weitem; **~ *da*** weit entfernt von; ***abita molto ~?*** wohnen Sie sehr weit entfernt?
lontra ['lontra] *f* Fischotter *m*
loquace [loku'a:tʃe] gesprächig
lordo ['lordo] schmutzig; *econ* Brutto...; ***peso*** *m* **~** Bruttogewicht *n*
loro ['lo:ro] *pron* **a)** *nom u acc* sie **b)** *dat* ihnen; ***ero da ~*** ich war bei ihnen; ***senza di ~*** ohne sie **c)** *possessivo* ihr; ***il ~ amico*** ihr Freund; ***i ~ genitori*** ihre Eltern
Loro ['lo:ro] *pron* Ihr
Losanna [lo'zanna] *f* Lausanne *n*
lotta ['lɔtta] *f* Kampf *m*; *sport* Ringkampf *m*; **~ *contro gli stupefacenti*** Rauschgiftbekämpfung *f*
lott|are [lot'ta:re] (*1c*) kämpfen; ringen (***per*** um *acc*; ***con*** gegen *acc*); **~atore** [-ta'to:re] *m* Kämpfer *m*; Ringer *m*
lotteria [lotte'ri:a] *f* Lotterie *f*; ***biglietto*** *m* ***della ~*** Lotterieschein *m*
lotto ['lɔtto] *m* Lotto *n*
lozione [lotsi'o:ne] *f* Lotion *f*; **~ *da barba*** Rasierwasser *n*; **~ *per capelli*** Haarwasser *n*
L.st. ***lira sterlina*** Pfund Sterling (*abbr* £ Stg)
LT ***Latina*** Latina
LU ***Lucca*** Lucca
Lubecca [lu'bɛkka] *f* Lübeck *n*
lubrif|icante [lubrifi'kante] *m* Schmieröl *n*; **~icare** [-'ka:re] (*1m u d*) (ab-)schmieren
lucchetto [luk'ketto] *m* Vorhängeschloss *n*
luccicare [luttʃi'ka:re] (*1l u d*) leuchten; funkeln
luccio ['luttʃo] *m* (*pl -cci*) Hecht *m*
lucciola ['luttʃola] *f* Glühwürmchen *n*
luce ['lu:tʃe] *f* Licht *n*; ***dare alla ~*** (*partorire*) zur Welt bringen; *fig* ***far ~ su qc*** et aufklären; *auto* ***-i pl di posizione*** Standlicht *n*; ***-i pl posteriori*** Rücklicht *n*
luc|ente [lu'tʃɛnte] leuchtend; **~entezza** [-tʃen'tettsa] *f* Glanz *m*
Lucerna [lu'tʃɛrna] *f* Luzern *n*
lucertola [lu'tʃɛrtola] *f* Eidechse *f*
lucherino [luke'ri:no] *m* Zeisig *m*
lucid|are [lutʃi'da:re] (*1l*) glänzen; *mobili* polieren; *pavimento* bohnern; *scarpe* putzen; *disegno* pausen; **~atrice** [-da'tri:tʃe] *f* Bohnermaschine *f*
lucido ['lu:tʃido] **1.** *adj* blank; glänzend; *fig* klar; **2.** *m* Glanz *m*; (*a* **~** ***da scarpe***) Schuhcreme *f*; *tec* Putzmittel *n*; *disegno* Pause *f*
lucrativo [lukra'ti:vo] gewinnbringend, rentabel
lucro ['lu:kro] *m* Gewinn *m*; ***a scopo di ~*** zu Gewinnzwecken; gewinnorientiert
luglio ['lu:ʎo] *m* Juli *m*
lugubre ['lu:gubre] düster
lui [l'ui] *pron* er; ihn; ***di ~*** seiner, von ihm; ***a ~*** ihm
lumaca [lu'ma:ka] *f* (*pl -che*) Schnecke *f*
lume ['lu:me] *m* Licht *n*, Lampe *f*; *a fig* Leuchte *f*
luminosità [luminosi'ta] *f* Helligkeit *f*; *fot* Lichtstärke *f*
luminoso [lumi'no:zo] leuchtend; hell; ***sorgente*** *f* ***-a*** Lichtquelle *f*
luna ['lu:na] *f* Mond *m*; *fig* schlechte Laune *f*; **~ *crescente*** zunehmender Mond; **~ *calante*** abnehmender Mond; **~ *piena*** Vollmond *m*; **~ *di miele*** Flitterwochen *f/pl*
luna-park [luna'park] *m inv* Vergnügungspark *m*
lunario [lu'na:rio] *m* ***sbarcare il ~*** sich durchschlagen
lunatico [lu'na:tiko] (*pl -ci*) launenhaft
lunedì [lune'di] *m* Montag *m*; ***il*** (*od* ***di***) **~** montags; **~ *grasso*** Rosenmontag *m*
lunetta [lu'netta] *f arch* Lünette *f*
lunghezza [luŋ'gettsa] *f* Länge *f*
lungo ['luŋgo] (*pl -ghi*) **1.** *adj* lang; (*lento*) langsam; (*allungato*) dünn; ***a ~*** lange; *fig* ausführlich; ***alla lunga*** auf die Dauer; ***andare per le lunghe*** in die Länge ziehen; ***di gran lunga*** bei weitem; **2.** *prp* entlang; (*durante*) während (*gen*)
lungo|lago [luŋgo'la:go] *m* (*pl -ghi*)

Uferpromenade *f*; **~mare** [-'mare] *m inv* Strandpromenade *f*

lunotto [lu'nɔtto] *m auto* Heckscheibe *f*

luogo [lu'ɔːgo] *m (pl -ghi)* Ort *m*; Platz *m*; **~ di nascita** Geburtsort *m*; **avere ~** stattfinden; **fuori ~** nicht am Platz; **in primo ~** erstens; **in qualche ~** irgendwo; **in nessun ~** nirgends; **in ~ di qu** an j-s Stelle; **in ~ di** *(inf)* anstatt zu *(inf)*

lupo ['luːpo] *m* Wolf *m*

lurido ['luːrido] schmutzig

lus|inga [lu'ziŋga] *f (pl -ghe)* Schmeichelworte *n/pl*; **~ingare** [-ziŋ'gaːre] *(1e)* schmeicheln (**qu** j-m); **~inghiero** [-ziŋgi'ɛːro] schmeichelhaft

lussazione [lussatsi'oːne] *f* Verrenkung *f*

Lussemburgo [lussem'burgo] *m* Luxemburg *n*

lusso ['lusso] *m* Luxus *m*; **albergo** *m* **di ~** Luxushotel *n*

lussuoso [lussu'oːzo] luxuriös, prunkvoll; Luxus…

lustrare [lus'traːre] *(1a)* putzen; *mobili* polieren

lustrascarpe [lustras'karpe] *m inv* Schuhputzer *m*

lustro ['lustro] *m* Jahrfünft *n*

lutto ['lutto] *m* Trauer *f*

L/V ***lettera di vettura*** Frachtbrief

M

m ***metro*** Meter *(abbr* m)

m. ***mese*** Monat

ma [ma] aber; sondern; **~ no!** *(davvero)* echt!; **~ va là!** ach was!

maccheroni [makke'roːni] *m/pl* Makkaroni *pl*

macchia ['makkia] *f* Fleck *m*; *bot* Buschwald *m*; **~ mediterranea** mittelmeerische Macchia *f*; **~ d'olio** Ölfleck *m*

macchi|are [makki'aːre] *(1k)* beflecken; **~ato** [-ki'aːto] gefleckt; **caffè** *m* **~** Kaffee *m* mit etwas Milch

macchina ['makkina] *f* Maschine *f*; Auto *n*, Wagen *m*; *fig* Apparat *m*; Maschinerie *f*; **~ fotografica** Fotoapparat *m*; **~ da cucire** Nähmaschine *f*; **~ da presa** Filmkamera *f*; **~ da scrivere** Schreibmaschine *f*; **~ sportiva** Sportwagen *m*; **~ a noleggio** Leihwagen *m*; **fatto a ~** maschinell hergestellt

macchin|ario [makki'naːrio] *m (pl -ri)* Maschinenwerk *n*; **~ista** [-'nista] *m (pl -i)* Mechaniker *m*; *fer* Lokomotivführer *m*

macedonia [matʃe'dɔːnia] *f* **~ di frutta** Obstsalat *m*

Macedonia [matʃe'dɔːnia] *f* Mazedonien *n*

macell|aio [matʃel'laːio] *m (pl -ai)* Metzger *m*; **~are** [-'laːre] *(1b)* schlachten; **~eria** [-le'riːa] *f* Metzgerei *f*

macerie [ma'tʃɛːrie] *f/pl* Schutt *m*, Trümmer *pl*

macigno [ma'tʃiːɲo] *m* (Bruch)Stein *m*; Fels *m*

macin|acaffè [matʃinakaf'fɛ] *m inv* Kaffeemühle *f*; **~apepe** [-na'peːpe] *m inv* Pfeffermühle *f*; **~are** [-'naːre] *(1l)* mahlen

macinino [matʃi'niːno] *m* Kaffeemühle *f*; *(auto) scherz* Kiste *f*, Klapperkasten *m*

macro|biotica [makrobi'ɔːtika] *f* Makrobiotik *f*; **~biotico** [-bi'ɔːtiko] *(pl -ci)* makrobiotisch; **~scopico** [-'skɔːpiko] *(pl -ci)* makroskopisch; *fig* gewaltig

Mad|onna [ma'dɔnna] *f* Madonna *f*; Heilige Jungfrau *f*; **2onnaro** [-don'naːro] *m* Pflastermaler *m*

madre ['maːdre] *f* Mutter *f*; **~lingua** [-'linqua] *f* Muttersprache *f*; **~patria** [-'patria] *f* Vaterland *n*; **~perla** [-'pɛrla] *f* Perlmutt *n*; **~vite** [-'viːte] *f* Schraubenmutter *f*

madrina [ma'driːna] *f* Patin *f*

maest|à [maes'ta] *f* Majestät *f*; **~oso** [-'toːzo] majestätisch

maestra [ma'ɛstra] *f* Lehrerin *f*; Meisterin *f*

maestr|ale [maes'traːle] *m* Nordwestwind *m*; **~anza** [-'trantsa] *f* Arbeiterschaft *f*, Belegschaft *f (e-r Fabrik)*; **~ia** [-'triːa] *f* Meisterschaft *f*

maestro [ma'ɛstro] **1.** *adj* meisterhaft; Haupt…; *mar* ***albero*** *m* **~** Großmast *m*; **2.** *m* Lehrer *m*; Meister *m*; *mus* Maestro *m*; **~ *di nuoto*** Schwimmlehrer *m*; **~ *di sci*** Skilehrer *m*
mafia ['mafia] *f* Mafia *f*
magari [ma'ga:ri] **1.** *adv* sogar; vielleicht; **2.** *int* **~!** und wie!; schön wärs!; **~ *venisse*** wenn er nur kommen wollte
magazz|inaggio [magaddzi'naddʒo] *m* Lagerung *f*; Lagergeld *n*; **~ino** [-'dzi:no] *m* Magazin *n*; Lager *n*; (*assortimento*) Sortiment *n*; (*emporio*) Kaufhaus *n*; ***grandi -i*** *pl* Warenhaus *n*
Magdeburgo [magde'burgo] *f* Magdeburg *n*
maggio ['maddʒo] *m* Mai *m*
maggiolino [maddʒo'li:no] *m* Maikäfer *m*
maggiorana [maddʒo'ra:na] *f* Majoran *m*
maggior|anza [maddʒo'rantsa] *f* Mehrheit *f*; **~ *assoluta*** absolute Mehrheit *f*; **~ *azionaria*** Aktienmehrheit *f*; **~are** [-'ra:re] (*1a*) erhöhen; **~ *i prezzi*** die Preise hochtreiben
maggiore [mad'dʒo:re] **1.** *adj* größer; (*più vecchio*) älter; ***il*** **~** der Größte; der Älteste; *mus* Dur…; ***la maggior parte*** die meisten; **2.** *m mil* Major *m*
maggior|enne [maddʒo'rɛnne] volljährig, mündig; **~itario** [-ri'ta:rio] (*pl -ri*) Mehrheits…; ***sistema*** *m* **~** Mehrheitswahlsystem *n*
magia [ma'dʒi:a] *f* Magie *f*, Zauberei *f*
magico ['ma:dʒiko] (*pl -ci*) magisch; *fig* bezaubernd
magist|rale [madʒis'tra:le] Lehrer…; (*eccellente*) meisterhaft; **~rato** [-'tra:to] *m jur* Richter *m*
maglia ['ma:ʎa] *f* Masche *f*; Unterhemd *n*; (*maglione*) Pullover *m*; *sport* Trikot *n*; ***lavorare a*** **~** stricken
magli|eria [maʎe'ri:a] *f* Strickwaren *f/pl*; Strickwarengeschäft *n*; **~etta** [-'ʎetta] *f* T-Shirt *n*; **~one** [-'ʎo:ne] *m* Pullover *m*
magnaccia [ma'ɲattʃa] *m* Zuhälter *m*
magn|esia [ma'ɲɛ:zia] *f* Magnesia *f*; **~esio** [-'ɲɛ:zio] *m* Magnesium *n*; **~ete** [-'ɲɛ:te] *m* Magnet *m*; **~etico** [-'ɲɛ:tiko] (*pl -ci*) magnetisch; **~etofono** [-ɲe'tɔ:fono] *m* Tonbandgerät *n*
magnifico [ma'ɲi:fiko] (*pl -ci*) (*stupendo*) wunderbar, herrlich, fabelhaft; (*sontuoso*) prächtig
magnolia [ma'ɲɔ:lia] *f* Magnolie *f*
mago ['ma:go] *m* **1.** (*pl -ghi*) Zauberer *m*; **2.** (*pl -gi*) ***i tre re -gi*** die Heiligen Drei Könige
Magonza [ma'gontsa] *f* Mainz *n*
magro ['ma:gro] mager
mah [ma:] wer weiß; mag sein
mai [m'ai] nie, niemals; (*qualche volta*) je, jemals; **~ *più*** nie wieder; nie mehr; **~ *e poi*** **~** nie und nimmermehr; ***come*** **~?** wieso denn?; ***se*** **~** wenn überhaupt; ***meglio tardi che*** **~** besser spät als nie
maiale [mai'a:le] *m* Schwein *n*; (***carne*** ***di***) **~** Schweinefleisch *n*
mail [me:il] *f inform* E-Mail *f*; ***mandami una mail*** schick mir eine E-Mail; ***mi spedisca una mail*** senden Sie mir eine E-Mail
mailbox ['mɛilbɔks] *f* Mailbox *f*
maiolica [mai'ɔ:lika] *f* (*pl -che*) Majolika *f*; *pl* Majolikawaren *f/pl*
maionese [maio'ne:se] *f* Majonäse *f*
Maiorca [mai'ɔrka] *f* Mallorca *n*
mais ['mais] *m* Mais *m*
maiuscol|a [mai'uskola] *f* große Buchstabe *m*; **~o** [-lo] groß
mal [mal] *m* → ***male***
malandato [malan'da:to] heruntergekommen; verwahrlost
mal|anno [ma'lanno] *m* Unheil *n*; Krankheit *f*; **~apena** [-la'pe:na] ***a*** kaum, mit Müh und Not; **~aria** [-'la:ria] *f* Malaria *f*
mal|aticcio [mala'tittʃo] (*pl -cci*) kränklich; **~ato** [-'la:to] **1.** *adj* krank (***di*** an *dat*); **~ *di stomaco*** magenkrank; **2.** *m* Kranke(r) *m*; **~attia** [-lat'ti:a] Krankheit *f*; **~ *infettiva*** Infektionskrankheit *f*; **~ *senile*** Alterskrankheit *f*; ***-e della pelle*** Hautkrankheiten *f/pl*
mal|avita [mala'vi:ta] *f* Verbrecherwelt *f*; **~avoglia** [-la'vɔ:ʎa] *f* Unlust *f*; ***di*** ungern; **~concio** [-'kontʃo] (*pl -ci*) übel zugerichtet; **~contento** [-kon'tɛnto] *m* Unzufriedenheit *f*; **~costume** [-kos'tu:me] *m* Sittenlosigkeit *f*; **~destro** [-'dɛstro] ungeschickt
Maldive [mal'di:ve] *f/pl* Malediven *pl*
male ['ma:le] **1.** *m* **a**) Böse(s) *n*; Schlechte(s) *n*; Übel *n*; ***fare del*** **~** Böses tun; ***che c'è di*** **~?** was ist denn Schlimmes dabei?; ***il*** **~ *è che*** da

Schlimme dabei ist, dass; ***andare a ~*** verderben, schlecht werden; ***aversela*** (*od* ***prendersela***) ***a ~*** übel nehmen **b)** *med* Leiden *n*; Schmerz *m*; ***mal di denti*** Zahnschmerz *m*; ***mal di gola*** Halsschmerzen *m/pl*; ***mal di testa*** Kopfschmerz *m*; ***mal di mare*** Seekrankheit *f*; ***fare ~*** wehtun; *alla salute* schädlich sein; ***farsi ~*** sich wehtun; **2.** *adv* schlecht; ***capir ~*** falsch verstehen; ***di ~ in peggio*** immer schlimmer, immer schlechter; ***meno ~!*** Gott sei Dank!; ***stare ~*** krank sein; sich schlecht fühlen

maledetto [male'detto] **1.** → ***maledire***; **2.** *adj* verdammt

maled|ire [male'diːre] (*3t*) verfluchen; verdammen; **~izione** [-ditsi'oːne] *f* Fluch *m*; **~!** verflucht!

maleducato [maledu'kaːto] ungezogen

mal|essere [ma'lɛssere] *m* Unbehagen *n*; Unwohlsein *n*; **~famato** [malfa'maːto] verrufen; **~fatto** [-'fatto] **1.** *adj persona* missgestaltet; *cosa* missraten; **2.** *m* Übeltat *f*; **~fattore** [-fat'toːre] *m* Missetäter *m*; **~formazione** [-forma'tzioːne] *f* Missbildung *f*; **~governo** [-go'vɛrno] *m* Misswirtschaft *f*; *pol* Missregierung *f*

malgrado [mal'graːdo] **1.** *prp* trotz; **2.** *cj* obwohl; ***mio ~*** gegen meinen Willen; ***tuo ~*** gegen deinen Willen

maligno [ma'liːɲo] boshaft; *med* bösartig

malinc|onia [maliŋko'niːa] *f* Melancholie *f*, Schwermut *f*; **~onico** [-'kɔːniko] (*pl -ci*) melancholisch, schwermütig

mal|incuore [maliŋku'ɔːre] ***a ~*** schweren Herzens; **~intenzionato** [-lintentsio'naːto] übel gesinnt; **~inteso** [-lin'teːzo] **1.** *adj* missverstanden; **2.** *m* Missverständnis *n*; **~izia** [-'liːtsia] *f* (*cattiveria*) Bosheit *f*; (*furbizia*) Verschmitztheit *f*, Pfiffigkeit *f*; (*astuzia*) List *f*; ***senza ~*** arglos; **~izioso** [-litsi'oːzo] boshaft; *sorriso* verschmitzt, pfiffig

malleolo [mal'lɛːolo] *m* Fußknöchel *m*

malloppo [mal'lɔppo] *m* Bündel *n*; (*refurtiva*) Diebesgut *n*

mal|menare [malme'naːre] (*1a*) misshandeln; **~messo** [-'messo] schlecht gekleidet; ungepflegt; **~nutrito** [-nu'triːto] schlecht ernährt, unterernährt

mal|ore [ma'loːre] *m* Unwohlsein *n*; plötzliche Übelkeit *f*; **~sano** [-'saːno] ungesund; **~sicuro** [-si'kuːro] unsicher

malta ['malta] *f* Mörtel *m*

Malta ['malta] *f* Malta *n*

maltempo [mal'tɛmpo] *m* Unwetter *n*

malto ['malto] *m* Malz *n*

maltrattare [maltrat'taːre] (*1a*) misshandeln

malumore [malu'moːre] *m* schlechte Laune *f*

malva ['malva] *f* Malve *f*

malvagio [mal'vaːdʒo] (*pl -gi*) böse, niederträchtig; gemein

mal|visto [mal'visto] unbeliebt; **~vivente** [-vi'vɛnte] *m* Verbrecher *m*; **~vivenza** [-vi'vɛntsa] *f* Verbrechertum *n*; **~volentieri** [-volenti'ɛːri] ungern; **~volere** [-vo'leːre] **1.** *v/t* ***farsi ~ da qu*** sich bei j-m unbeliebt machen; **2.** *m* Abneigung *f*

mamma ['mamma] *f* Mama *f*, Mutti *f*; ***~ mia!*** du lieber Himmel!

mamm|ella [mam'mɛlla] *f weibliche* Brust *f*; **~ifero** [-'miːfero] *m* Säugetier *n*; **~ografia** [-mogra'fia] *f* Mammographie *f*

manag|ement ['mænidʒmənt] *m inv* Management *n*; **~er** ['manager] *m inv* Manager *m*; **~eriale** [manadʒeri'aːle] Manager…

manc|anza [maŋ'kantsa] *f* Mangel *m* (***di*** an *dat*); (*errore*) Verfehlung *f*, Fehltritt *m*; ***~ di abitazioni*** Wohnungsnot *f*; ***~ di corrente*** Stromausfall *m*; ***~ di personale*** Personalmangel *m*; ***per ~ di tempo*** aus Zeitmangel *m*; **~are** [-'kaːre] (*1d*) fehlen; ausfallen; (*fallire*) verfehlen; ***~ di fare qc*** versäumen, et zu tun; ***~ di parola*** sein Wort nicht halten; ***sentirsi ~*** ohnmächtig werden; **~ato** [-'kaːto] ausgefallen; (*fallito*) missglückt, verfehlt; ***~ pagamento*** *m* Nichtzahlung *f*

manchevole [maŋ'keːvole] mangelhaft

mancia ['mantʃa] *f* (*pl -ce*) Trinkgeld *n*

manciata [man'tʃaːta] *f* Hand *f* voll

mancino [man'tʃiːno] **1.** *adj* links; linkshändig; *fig* ***colpo*** *m* **~** hinterhältiger Streich *m*; **2.** *m* Linkshänder *m*

mand|ante [man'dante] *m* Auftraggeber *m*; *jur* Mandant *m*; **~are** [man'da:re] (*1a*) schicken, senden; ***~ fuori*** (her)ausschicken; ***~ a prendere*** holen lassen; ***~ a monte*** über den Haufen werfen; *fig* ***~ giù*** herunterschlucken
mandarino *bot* [manda'ri:no] *m* Mandarine *f*
mandato [man'da:to] *m* Auftrag *m*; *pol* Mandat *n*; Vollmacht *f*; *econ* Anweisung *f*; ***~ bancario*** Bankanweisung *f*; ***~ di pagamento*** Zahlungsanweisung *f*; ***~ d'arresto*** Haftbefehl *m*
mandibola [man'di:bola] *f* Unterkiefer *m*
mandolino [mando'li:no] *m* Mandoline *f*
mandorl|a ['mandorla] *f* Mandel *f*; **~o** [-lo] *m* Mandelbaum *m*
maneg|gevole [maned'dʒe:vole] handlich; **~giare** [-'dʒa:re] (*1f*) handhaben; bedienen; umgehen mit; *fig* (*amministrare*) verwalten
maneggio [ma'neddʒo] *m* (*pl -ggi*) Handhabung *f*; Bedienung *f*; Umgang *m*; (*pista per cavalli*) Reitbahn *f*, Manege *f*; ***-i*** *pl spreg* Intrigen *f/pl*
man|esco [ma'nesko] (*pl -chi*) handgreiflich; **~ette** [-'nette] *f/pl* Handschellen *f/pl*
manganello [maŋga'nɛllo] *m* Knüppel *m*
mangiabile [man'dʒa:bile] essbar
mangia|cassette [mandʒakas'sette] *m inv*, **~nastri** [-'nastri] *m inv* Kassettenrekorder *m*
mangiare [man'dʒa:re] **1.** *v/t* (*1f*) essen; *animale* fressen; (*divorare*) verschlingen; *fig* verzehren; ***mangiarsi le parole*** Wörter verschlucken; **2.** *m* Essen *n*
mangime [man'dʒi:me] *m* Futter *n*
mangiucchiare [mandʒukki'a:re] (*1g*) naschen; mit Unlust essen
mango ['maŋgo] *m* (*pl -ghi*) Mangobaum *m*; Mangofrucht *f*
mania [ma'ni:a] *f* Manie *f*, Wahn *m*
manica ['ma:nika] *f* (*pl -che*) Ärmel *m*; ***senza -che*** ärmellos; ***è un altro paio di -che!*** das ist et anderes!
manicaretto [manika'retto] *m* Leckerbissen *m*
manichino [mani'ki:no] *m* (Modell-) Puppe *f*; *da vetrina* Schaufensterpuppe *f*

manico ['ma:niko] *m* (*pl -ci*) Griff *m*; Henkel *m*; Stiel *m*
manicomio [mani'kɔ:mio] *m* (*pl -mi*) Irrenanstalt *f*
manicotto [mani'kɔtto] *m tec* Muffe *f*
manicure [mani'ku:re] *f inv* Maniküre *f*
maniera [mani'ɛ:ra] *f* Art *f*; Weise *f*; ***d***
~ che so, dass; ***-e*** *pl* Manieren *f/pl*
manifattura [manifat'tu:ra] *f* Herstellung *f*; (*stabilimento*) Fabrik *f*; ***-e*** *p* Manufakturwaren *f/pl*
manifest|ante [manifes'tante] *m/f* Demonstrant(in) *m*(*f*); **~are** [-'ta:re] (*1b*) **1.** *v/t* (*esprimere*) äußern, kundtun; (*mostrare*) zeigen; **2.** *v/i* demonstrieren; **~arsi** [-'tarsi] sich zeigen; **~azione** [-tatsi'o:ne] *f* Kundgebung *f*; Willenskundgebung *f*; ***~ di protesta*** Protestkundgebung *f*; ***~ sportiva*** Sportveranstaltung *f*; **~ino** [-'ti:no] *m* Flugblatt *n*
manifesto [mani'fɛsto] **1.** *adj* klar; offenbar; **2.** *m* Plakat *n*, Bekanntmachung *f*; *pol* Manifest *n*
maniglia [ma'ni:ʎa] *f* Klinke *f*; Griff *n*
manipolare [manipo'la:re] (*1m*) manipulieren
manipolato [manipo'la:to] *adj* manipuliert; ***~ geneticamente*** *biol* genmanipuliert
manipolazione [-polatsi'o:ne] *f* Manipulation *f*
mano ['ma:no] *f* (*pl -i*) Hand *f*; ***a portata di ~*** bei der Hand, griffbereit; ***fuori ~*** entlegen, abgelegen; *fig* ***all ~*** umgänglich; ***di seconda ~*** aus zweiter Hand; ***dare una ~ a qu*** j-m helfen; ***mettere ~ a qc*** et anfangen; ***a ~ a*** nach und nach; ***-i in alto!*** Hände hoch
manodopera [mano'dɔ:pera] *f* Arbeitskräfte *f/pl*; Arbeiterschaft *f*
manomettere [mano'mettere] (*3ee*) (*alterare*) verfälschen; (*aprire*) aufbrechen; (*violare*) verletzen
mano|scritto [manos'kritto] *m* Manuskript *n*; **~vale** [-'va:le] *m* Bauhilfsarbeiter *m*; **~vella** [-'vɛlla] *f* Kurbel *f*
man|ovra [ma'nɔ:vra] *f tec* Bedienung *f*; *mar*, *mil u fig* Manöver *n*; **~ovrare** [-no'vra:re] (*1c*) *tec* bedienen, betätigen; *fer* rangieren
mansarda [man'sarda] *f* Mansarde *f*
mansueto [mansu'ɛto] zahm

mantello [man'tɛllo] *m* Mantel *m*; (*strato*) Decke *f*; *zo* Fell *n*

man|tenere [mante'ne:re] (*2q*) (*conservare*) halten, erhalten; (*provvedere al sostentamento*) unterhalten; *segreto* bewahren; ***mantenersi in forma*** sich fit halten; **~tenimento** [-teni'mento] *m* Erhaltung *f*; Unterhalt *m*; **~tenuto** [-te'nuto] ausgehalten

manto ['manto] *m* Mantel *m*; *fig* Deckmantel *m*; ***~ di neve*** Schneedecke *f*

Mantova ['mantova] *f* Mantua *n*

man|uale [manu'a:le] **1.** *adj* Hand…; ***lavoro*** *m* **~** Handarbeit *f*; **2.** *m* Handbuch *n*; Lehrbuch *n*; **~ubrio** [-'nu:brio] *m* (*pl -ri*) Lenkstange *f*, Lenker *m*; **~utenzione** [-nutentsi'o:ne] *f* Instandhaltung *f*, Wartung *f*

manzo ['mandzo] *m* (junges) Rind *n*; ***carne*** *f* ***di*** **~** Rindfleisch *n*

mappa ['mappa] *f* Karte *f*, Plan *m*; ***~ pieghevole*** Faltplan *m*; ***~ topografica*** topographische Karte *f*

mappamondo [mappa'mondo] *m* Weltkarte *f*; Globus *m*

Mar [mar] *m* → ***mare***

mara|tona [mara'to:na] *f* Marathonlauf *m*; **~tonista** [-to'nista] *m/f* (*m/pl -i*) Marathonläufer(in) *m*(*f*)

marca ['marka] *f* (*pl -che*) Zeichen *n*; *econ* Marke *f*; ***articolo*** *m* ***di*** **~** Markenartikel *m*; ***~ da bollo*** Gebührenmarke *f*

marcare [mar'ka:re] (*1d*) (kenn)zeichnen; markieren; *fig* hervorheben; *sport* ***~ un goal*** ein Tor schießen

Marche ['marke] *f/pl* Marken *f/pl*

marchiare [marki'a:re] (*1k*) (kenn-)zeichnen; markieren; *fig* (*bollare*) brandmarken

marchio ['markio] *m* (*pl -chi*) *econ* Markenzeichen *n*; ***~ depositato*** eingetragenes Warenzeichen *n*

marcia ['martʃa] *f* (*pl -ce*) Marsch *m*; *sport* Lauf *m*; *tec auto* Gang *m*; ***~ indietro*** Rückwärtsgang *m*; ***~ in folle*** Leerlauf *m*; ***mettersi in*** **~** sich in Bewegung setzen

marci|apiede [martʃapi'ɛ:de] *m* Bürgersteig *m*; *fer* Bahnsteig *m*; **~are** [-'tʃa:re] (*1f*) marschieren; gehen; *motore* laufen

marcio ['martʃo] (*pl -ci*) *adj* faul, verfault; morsch; (*corrotto*) verderbt; ***avere torto*** **~** ganz und gar unrecht haben

marcire [mar'tʃi:re] (*4d*) faulen; vermodern; *fig* zugrunde gehen, verkommen

marco ['marko] *m* (*pl -chi*) *hist* Mark *f*; ***dieci -chi*** zehn Mark

mare ['ma:re] *m* Meer *n*, See *f*; ***Mare Adriatico*** Adriatisches Meer *n*, Adria *f*; ***Mar Baltico*** Ostsee *f*; ***Mar Egeo*** Ägäisches Meer *n*; ***Mar Ionio*** Ionisches Meer *n*; ***Mar Ligure*** Ligurisches Meer *n*; ***Mare Mediterraneo*** Mittelmeer *n*; ***Mar Nero*** Schwarzes Meer *n*; ***Mare del Nord*** Nordsee *f*; ***Mar Rosso*** Rotes Meer *n*; ***Mar Tirreno*** Tyrrhenisches Meer *n*; ***in alto*** **~** auf hoher See; ***via*** **~** auf dem Seeweg

mar|ea [ma'rɛ:a] *f* Gezeiten *f/pl*; *fig* Flut *f*, Masse *f*; ***alta*** **~** Flut *f*; ***bassa*** **~** Ebbe *f*; ***~ nera*** Ölpest *f*; **~eggiata** [-red'dʒa:ta] *f* Sturmflut *f*; **~emoto** [-re'mɔ:to] *m* Seebeben *n*

margarina [marga'ri:na] *f* Margarine *f*

margherita [marge'ri:ta] *f* Margerite *f*

margine ['mardʒine] *m* Rand *m*, Linie *f*; *econ* Spanne *f*; *sport* Vorsprung *m*; *tip* Steg *m*; ***~ di guadagno*** Gewinnspanne *f*

marina [ma'ri:na] *f* Seeküste *f*; *mar* Marine *f*

marijuana [mariu'a:na] *f* Marihuana *f*

marinaio [mari'na:io] *m* (*pl -ai*) Matrose *m*, Seemann *m*

marinare [mari'na:re] (*1a*) *gastr* marinieren; *la scuola* blaumachen

marinato [mari'na:to] *gastr* mariniert

marino [ma'ri:no] See…; Meer…

marionetta [mario'netta] *f* Marionette *f*

marito [ma'ri:to] *m* (Ehe)Mann *m*, Gatte *m*

marittimo [ma'rittimo] See…; *clima* maritim

marketing ['marketiŋ] *m inv* Marketing *n*

marmellata [marmel'la:ta] *f* Marmelade *f*

marmitta [mar'mitta] *f auto* Auspufftopf *m*; ***~ catalitica a tre vie*** Dreiwegekatalysator *m*

marmo ['marmo] *m* Marmor *m*

marmotta [mar'mɔtta] *f* Murmeltier *n*; *fig* Faultier *n*

marocchino [marok'ki:no] **1.** *adj* marokkanisch; **2.** *m* Marokkaner *m*
Marocco [ma'rɔkko] *m* Marokko *n*
marrone [mar'ro:ne] **1.** *adj* kastanienbraun; **2.** *m* Marone *f*, Edelkastanie *f*
marsala [mar'sa:la] *m* Marsalawein *m*
Marsiglia [mar'si:ʎa] *f* Marseille *n*
marsina [mar'si:na] *f* Frack *m*
Marte ['marte] *m* Mars *m*
martedì [marte'di] *m* Dienstag *m*; ~ ***grasso*** Faschingsdienstag *m*
martello [mar'tɛllo] *m* Hammer *m*; ~ ***pneumatico*** Presslufthammer *m*
martire ['martire] *m/f* Märtyrer(in) *m(f)*
martirio [mar'ti:rio] *m* (*pl -ri*) Martyrium *n*
martora ['martora] *f* Marder *m*
marx|ismo [mar'ksizmo] *m* Marxismus *m*; **~ista** [-'ksista] *m/f* (*m/pl -i*) Marxist(in) *m(f)*
marzapane [martsa'pa:ne] *m* Marzipan *n*
marziano [martsi'a:no] *m* Marsbewohner *m*
marzo ['martso] *m* März *m*
mascalzone [maskal'tso:ne] *m* Lump *m*, Schurke *m*

M

mascara [mas'ka:ra] *m inv* Wimperntusche *f*
mascarpone [maskar'po:ne] *m* sahniger Frischkäse *m*
mascella [maʃ'ʃɛlla] *f* Kiefer *m*; ~ ***inferiore*** Unterkiefer *m*; ~ ***superiore*** Oberkiefer *m*
maschera ['maskera] *f* Maske *f*; *tea, cinema* Platzanweiser(in) *m(f)*; ~ ***antigas*** Gasmaske *f*; ~ ***subacquea*** Taucherbrille *f*; ***ballo** m **in*** ~ Maskenball *m*
mascher|are [maske'ra:re] (*1l*) maskieren; tarnen; *fig* verbergen; **~arsi** [-'rarsi] sich verkleiden, sich maskieren
masch|ile [mas'ki:le] männlich (*a gram*); Männer…; **~ilista** [-ki'lista] (*pl -i*) **1.** *m* Chauvinist *m*, Macho *m*; **2.** *adj* chauvinistisch, machohaft
maschio ['maskio] (*pl -chi*) **1.** *adj* männlich; **2.** *m* (*ragazzo*) Junge *m*; (*uomo*) Mann *m*; *zo* Männchen *n*; *tec* Gewindebohrer *m*
mascolino [masko'li:no] → ***maschile***
mascotte [mas'kɔt] *f inv* Maskottchen *n*
massa ['massa] *f* Masse *f*, Menge *f*; *el* Erde *f*
mass|acrare [massa'kra:re] (*1a*) massakrieren; **~acro** [-'sa:kro] *m* Massaker *n*, Gemetzel *n*
massaggi|are [massad'dʒa:re] (*1f*) massieren; **~atore** [-dʒa'to:re] *m*, **~atrice** [-dʒa'tri:tʃe] *f* Masseur(in) *m(f)*
massaggio [mas'saddʒo] *m* (*pl -ggi*) Massage *f*
massaia [mas'sa:ia] *f* Hausfrau *f*
massiccio [mas'sittʃo] (*pl -cci*) **1.** *adj* massiv; *corporatura* kräftig; **2.** *m* Massiv *n*
massima ['massima] *f* Grundsatz *m*; Regel *f*
massimale [massi'ma:le] *m* Höchstbetrag *m*; Höchstgrenze *f*
massimo ['massimo] **1.** *adj* größte höchste; maximal; **2.** *m* Maximum *n* Höchstmaß *n*; ***al*** ~ höchstens
mass media [mas'mɛ:dia] *m/pl* Massenmedien *pl*
masso ['masso] *m* Felsblock *m*
masterizz|are [masterid'dza:re] (*1a* *inform* brennen; **~atore** [-dza'to:re *m* CD-Brenner *m*
mastice ['mastitʃe] *m* Kitt *m*
mastino [mas'ti:no] *m* Hetzhund *m*
mastodontico [masto'dɔntiko] (*pl -ci* kolossal
masturb|are [mastur'ba:re] (*1a*), **ms** **~arsi** [-'barsi] masturbieren; **~azion** [-batsi'o:ne] *f* Masturbation *f*
matassa [ma'tassa] *f* Strähne *f*
matematic|a [mate'ma:tika] *f* (*pl -che* Mathematik *f*; **~o** [-ko] (*pl -ci*) **1.** *ac* mathematisch; **2.** *m* Mathematiker *n*
mater|assino [materas'si:no] *m* Luf matratze *f*; **~asso** [-'rasso] *m* Matra ze *f*
materia [ma'tɛ:ria] *f* Stoff *m*; Materie (*disciplina*) Fach *n*; ~ ***facoltati*** Wahlfach *n*; ~ ***obbligatoria*** Pflichtfac *n*; ~ ***prima*** Rohstoff *m*; ~ ***sintetic*** Kunststoff *m*
materi|ale [materi'a:le] **1.** *adj* materiel konkret; (*rozzo*) grob, plump; **2.** Material *n*; *tec* Zeug *n*; ~ ***plastic*** Kunststoff *m*; **~alista** [-ria'list (*m/pl -i*); **1.** *adj* materialistisch; *m/f* Materialist(in) *m(f)*
maternità [materni'ta] *f* Mutterscha

f; *reparto ospedaliero* Entbindungsstation *f*; ***protezione*** *f* (*od difesa f*) ***della ~*** Mutterschutz *m*

materno [ma'tɛrno] mütterlich; Mutter…; ***scuola*** *f* ***-a*** Kindergarten *m*

matita [ma'tiːta] *f* Bleistift *m*; ***~ colorata*** Buntstift *m*; ***~ per gli occhi*** Eyeliner *m*; ***~ per sopracciglia*** Augenbrauenstift *m*

matr|ice [ma'triːtʃe] *f tec u tip* Matrize *f*; *mat* Matrix *f*; **~icola** [-'triːkola] *f* Matrikel *f*, Register *n*; Registernummer *f*; *all'università* Student(in) *m(f)* des ersten Jahrs; **~igna** [-'triɲa] *f* Stiefmutter *f*; **~imoniale** [-trimoni'aːle] ehelich; Ehe…; **~imonio** [-tri'mɔːnio] *m* (*pl -ni*) Ehe *f*; Heirat *f*; *rito* Hochzeit *f*

mattina [mat'tiːna] *f* Morgen *m*; ***di ~*** morgens; ***questa ~*** heute Morgen; ***domani ~*** morgen früh

mattin|ata [matti'naːta] *f* Vormittag *m*; *mus* Matinee *f*; **~iero** [-ni'ɛːro] **1.** *adj* früh aufstehend; **2.** *m* Frühaufsteher *m*

mattino [mat'tiːno] *m* Morgen *m*; ***di buon ~*** frühmorgens

matto ['matto] **1.** *adj* verrückt; **2.** *m* Verrückte(r) *m*

matt|one [mat'toːne] *m* Ziegelstein *m*; *fig* Wälzer *m*; **~onella** [-to'nɛlla] *f* Kachel *f*, Fliese *f*

mattutino [mattu'tiːno] **1.** *adj* morgendlich, Morgen…; **2.** *m rel* Frühmesse *f*

matur|are [matu'raːre] (*1a*) **1.** *v/t* reifen lassen; **2.** *v/i u* **~arsi** [-'rarsi] reifen; *econ* fällig werden; **~ità** [-ri'ta] *f* Reife *f*; (*diploma*) Reifeprüfung *f*, Abitur *n*

maturo [ma'tuːro] reif

mausoleo [mauzo'lɛːo] *m* Mausoleum *n*

maximulta *f* Höchststrafe *f* (*für zu schnelles Fahren*)

maxischermo [maksi'skermo] *m inform* Großbildschirm *m*

mazza ['mattsa] *f* Stock *m*; Knüppel *m*; *sport* Schläger *m*; ***~ da golf*** Golfschläger *m*

mazzo ['mattso] *m* Bündel *n*; ***~ di fiori*** (Blumen)Strauß *m*; ***~ di chiavi*** Schlüsselbund *m u n*; ***~ di carte*** Spiel *n* Karten

mc ***metro cubo*** Kubikmeter (*abbr* cbm)

m.c. ***mese corrente*** laufenden Monats (*abbr* lfd.M.)

MC ***Macerata*** Macerata

me [me] (*acc*) mich; (*dat*) mir (= ***mi*** *vor* ***lo, la, li, le, ne***); ***povero ~!*** ich Armer!; ***come ~*** wie ich; ***per ~*** für mich; meinetwegen; ***quanto a ~*** was mich betrifft; ***secondo ~*** m-r Meinung nach

ME ***Messina*** Messina

mecc|anica [mek'kaːnika] *f* Mechanik *f*; **~anicamente** [-kanika'mente] mechanisch, unwillkürlich; **~anico** [-'kaːniko] (*pl -ci*) **1.** *adj* mechanisch; ***ingegnere*** *m* ***~*** Maschineningenieur *m*; **2.** *m* Mechaniker *m*; Autoschlosser *m*; **~anismo** [-ka'nizmo] *m* Mechanismus *m*; Getriebe *n*; Uhrwerk *n*; ***~ di chiusura*** Verschlussvorrichtung *f*

mecenate [metʃe'nate] *m* Mäzen *m*

Mecklemburgo [meklem'burgo] *m* Mecklenburg *n*

medaglia [me'daːʎa] *f* Medaille *f*

medesimo [me'deːzimo] gleich; selbst; ***il ~*** derselbe; dasselbe; ***la -a*** dieselbe; ***la -a cosa*** ein und dasselbe

media ['mɛːdia] *f* Durchschnitt *m*; ***in ~*** durchschnittlich, im Durchschnitt; ***~ oraria*** Durchschnittsgeschwindigkeit *f*

med|iano [medi'aːno] Mittel…; **~iante** [-di'ante] mittels, durch; **~iatore** [-dia'toːre] *m* Vermittler *m*; **~iazione** [-diatsi'oːne] *f* Vermittlung *f*

mediatico [me'djatiko] massenmedial

medic|amento [medika'mento] *m* Arznei *f*, Medikament *n*; **~are** [-'kaːre] (*1l, b u d*) behandeln; (*disinfettare*) desinfizieren; **~azione** [-katsi'oːne] *f* Behandlung *f*

medic|ina [medi'tʃiːna] *f* Medizin *f*; (*farmaco*) Medikament *n*, Arznei *f*; ***~ interna*** innere Medizin *f*; **~inale** [-tʃi'naːle] **1.** *adj* Heil…; **2.** *m* Arznei(-mittel) *f(n)*

medico ['mɛːdiko] (*pl -ci*) **1.** *adj* medizinisch; ärztlich; ***visita*** *f* ***-a*** ärztliche Untersuchung *f*; **2.** *m* Arzt *m*; ***~ di famiglia*** Hausarzt *m*; ***~ generico*** praktischer Arzt *m*; ***~ della mutua*** Kassenarzt *m*; ***~ di guardia*** Notarzt *m*; ***~ specialista*** Facharzt *m*

medievale [medie'vaːle] mittelalterlich

medio ['mɛːdio] (*pl -di*) mittlere; Mittel…; durchschnittlich; ***guadagno** m* **~** durchschnittlicher Gewinn *m*

med|iocre [medi'oːkre] mittelmäßig; **~iocrità** [-diokri'ta] *f* Mittelmäßigkeit *f*

medioevo [medio'ɛːvo] *m* Mittelalter *n*

medit|are [medi'taːre] (*11 u b*) meditieren; (*riflettere*) überlegen, nachdenken; **~ *su qc*** über et (*acc*) nachdenken; **~azione** [-tatsi'oːne] *f* Meditation *f*; (*riflessione*) Überlegung *f*

Mediterraneo *m* (*a mare m* **~**) Mittelmeer *n*

medium ['mɛːdium] *m inv* Medium *n*

medusa [me'duːza] *f zo* Qualle *f*

meeting ['miːtiŋ] *m inv* Treffen *n*, Meeting *n*

megabyte [mɛga'bait] *m inv* Megabyte *n*

megalomania [megaloma'niːa] Größenwahn *m*

meglio ['mɛːʎo] **1.** *adv* besser; ***~! od tanto ~!*** umso besser!; ***~ di no!*** besser nicht!; ***alla ~*** so gut wie möglich; ***di bene in ~*** immer besser!; *econ **al** ~* bestmöglich; **2.** *m* Bessere(s) *n*; Beste(s) *n*

mela ['meːla] *f* Apfel *m*; **~grana** [-'graːna] *f* Granatapfel *m*

melanzana [melan'tsaːna] *f* Aubergine *f*

melatonina [melato'niːna] *f med* Melatonin *n*

melma ['melma] *f* Schlamm *m*

melo ['meːlo] *m* Apfelbaum *n*

mel|odia [melo'diːa] *f* Melodie *f*; **~odico** [-'lɔːdiko] (*pl -ci*) melodisch

melodramma [melo'dramma] *m* (*pl -i*) Melodram(a) *n*

melograno [melo'graːno] *m* Granatapfelbaum *n*

melone [me'loːne] *m* Melone *f*, Honigmelone *f*

membrana [mem'braːna] *f* ***~ del timpano*** Trommelfell *n*

membro ['mɛmbro] *m* (*pl le membra*) *anat* Glied *n*; *fig* (*pl i -i*) Mitglied *n*

memor|abile [memo'raːbile] denkwürdig; **~andum** [-'randum] *m inv* Denkschrift *f*; (*promemoria*) Merkzettel *m*

memoria [me'mɔːria] *f* Gedächtnis *n*; (*ricordo*) Erinnerung *f*; *inform* Speicher *m*; ***a ~*** auswendig; ***~ centrale*** Hauptspeicher *m*; ***~ RAM*** *f inform* Arbeitsspeicher *m*; ***richiamare alla ~*** ins Gedächtnis rufen; ***-e*** *pl* Memoiren *p*

memorizzare [memorid'dzaːre] (*1a*) *inform* (ab)speichern

menage [me'naːʒ] *m inv* Haushalt *m* Eheleben *n*; Alltag *m*

menare [me'naːre] (*1a*) führen; F (*picchiare*) schlagen

mendic|ante [mendi'kante] *m/f* Bettler(in) *m(f)*; **~are** [-'kaːre] (*1l u d o* *1d*) **1.** *v/t* erbetteln; **2.** *v/i* betteln

menefreghismo [menefre'gizmo] *n* Interesselosigkeit *f*; P Wurstigkeit *f*

men|inge [me'nindʒe] *f* Hirnhaut *f*; **~ingite** [-nin'dʒiːte] *f* Hirnhautentzündung *f*

menisco [me'nisko] *m* (*pl -chi*) Meniskus *m*

meno ['meːno] **1.** *adv* weniger; ***di ~*** weniger; ***a ~ che*** außer wenn; es sei denn dass; ***per lo ~*** wenigstens; ***sono le se ~ un quarto*** es ist Viertel vor sechs ***fare a ~ di qc*** et entbehren können; ***fa re a ~ di*** (*inf*) darauf verzichten z (*inf*); ***venir ~*** in Ohnmacht fallen; **2** *prp* außer, bis auf (*acc*)

Meno ['mɛːno] *m* Main *m*

menom|ato [meno'maːto] geschmälert; (*handicappato*) behindert; **~azione** [-matsi'oːne] *f* Schmälerung *f*; Behinderung *f*

mensa ['mensa] *f* Kantine *f*; **~ (*unive sitaria*)** Mensa *f*

mens|ile [men'siːle] **1.** *adj* monatlich Monats…; *trasporti* ***tessera*** *f* **~** Monatskarte *f*; **2.** *m* (*periodico*) Monatsschrift *f*; (*stipendio*) Monatsgehalt *r* **~ilità** [-sili'ta] *f* Monatsgehalt *n*

mensola ['mɛnsola] *f* Konsole *f*

menta ['menta] *f* Minze *f*; ***~ piperit*** Pfefferminze *f*

ment|ale [men'taːle] geistig; Geistes… **~alità** [-tali'ta] *f* Mentalität *f*

mente ['mente] *f* Geist *m*, Verstand *n* Sinn *m*; ***malato di ~*** geisteskrank; ***ave re in ~ di*** (*inf*) im Sinn haben, beabsichtigen zu (*inf*); ***tenere a ~ qc*** sic et (*acc*) merken; et behalten; an (*acc*) denken; ***venire in ~*** einfalle ***passare*** (*od* ***uscire***) ***di ~*** entfallen

mentire [men'tiːre] (*4d od 4b*) lügen

mento ['mento] *m* Kinn *n*

mentre ['mentre] *cj* (*a* **~ *che***) währer

menù [me'nu] *m inv* Speisekarte *f*; M

nü *n* (*a inform*)

menzionare [mentsio'na:re] (*1a*) erwähnen

nenzogna [men'tso:ɲa] *f* Lüge *f*

Merano [me'ra:no] *f* Meran *n*

neraviglia [mera'vi:ʎa] *f* Wunder *n*; Verwunderung *f*; ***a ~*** wunderbar

neravigli|are [meravi'ʎa:re] (*1g*) verwundern; **~arsi** [-'ʎarsi] sich wundern (***di*** über *acc*); **~ato** [-'ʎa:to] verwundert; **~oso** [-'ʎo:zo] wunderbar, fabelhaft

nerc|ante [mer'kante] *m* Händler *m*, Kaufmann *m*; **~anteggiare** [-kanted'dʒa:re] (*1f*) handeln; feilschen; ***~ in qc*** mit et handeln; **~antile** [-kan'ti:le] **1.** *adj* kaufmännisch; Handels…; **2.** *m* Frachtschiff *n*; **~anzia** [-kan'tsi:a] *f* Ware *f*

nercato [mer'ka:to] *m* Markt *m*; Absatzgebiet *n*; (*a* ***~ coperto***) Markthalle *f*; *econ* ***~ dei valori*** Wertpapiermarkt *m*; ***~ estero*** Auslandsmarkt *m*; ***~ mondiale*** Weltmarkt *m*; ***~ nazionale*** Binnenmarkt *m*; ***~ interno*** Binnenmarkt *m*; ***~ unico europeo*** Europäischer Binnenmarkt *m*; ***~ nero*** Schwarzmarkt *m*; ***~ delle pulci*** Flohmarkt *m*; ***a buon ~*** billig

nerce ['mertʃe] *f* Ware *f*; ***~ di contrabbando*** Schmuggelware *f*; ***libera circolazione*** *f* ***delle -i*** freier Warenverkehr *m*

nerceria [mertʃe'ri:a] Kurzwarenhandlung *f*; Kurzwaren *f/pl*

nercoledì [merkole'di] *m* Mittwoch *m*; ***~ delle Ceneri*** Aschermittwoch *m*

nercurio [mer'ku:rio] *m* Quecksilber *n*

nerda V ['merda] *f* P Scheiße *f*

nerenda [me'renda] *f* Vesperbrot *n*

neridi|ana [meridi'a:na] *f* Sonnenuhr *f*; **~ano** [-di'a:no] **1.** *adj* Mittags…; **2.** *m* Meridian *m*; **~onale** [-dio'na:le]; **1.** *adj* südlich; Süd…; ***Italia*** *f* ***~*** Süditalien *n*; **2.** *m/f* Süditaliener(in) *m(f)*; **~one** [-di'o:ne] *m* Süden *m*; Süditalien *n*

neringa [me'ringa] *f* (*pl -ghe*) Baiser *n*

nerit|are [meri'ta:re] (*1l u b*) **1.** *v/t* verdienen; **2.** *v/i impersonale* sich lohnen; **~evole** [-'te:vole] würdig, wert (***di*** *gen*)

nerito ['me:rito] *m* Verdienst *n*; ***in ~ a*** in Bezug auf (*acc*); ***per ~ suo*** durch ihn (sie)

merletto [mer'letto] *m* Spitze *f*

merlo ['merlo] *m arch* Zinne *f*; *zo* Amsel *f*

merluzzo [mer'luttso] *m* Kabeljau *m*

meschino [mes'ki:no] armselig; kleinlich

mescol|anza [mesko'lantsa] *f* Mischung *f*; **~are** [-'la:re] (*1l*) mischen, vermischen; **~arsi** [-'larsi] sich vermischen; sich mischen

mese ['me:ze] *m* Monat *m*; ***al ~*** monatlich, im Monat; ***per -i e -i*** monatelang; ***ai primi del ~*** Anfang des Monats

messa[1] ['messa]: ***~ in piega*** Wasserwelle *f*; ***~ in scena*** Inszenierung *f*; *auto* ***~ in marcia*** Ingangsetzen *n*; ***~ in moto*** Anlassen *n*; *fot* ***~ a fuoco*** Scharfeinstellung *f*; *tec* ***~ a punto*** Einstellung *f*, Regulierung *f*

messa[2] ['messa] *f rel* Messe *f*; Gottesdienst *m*; ***~ pontificale*** Pontifikalamt *n*; ***~ solenne*** Hochamt *n*

mess|aggeria [messaddʒe'ri:a] *f* (*mst -e pl*) Bücher- und Zeitschriftenvertrieb *m*; **~aggino** *m* F *tel* SMS(-Nachricht) *f*; **~aggero** [-'dʒe:ro] *m* Bote *m*; **~aggio** [mes'saddʒo] *m* (*pl -ggi*) Botschaft *f*; Nachricht *f*; *inform* ***~ di posta elettronica*** E-Mail-Nachricht *f*

messale [mes'sa:le] *m* Messbuch *n*

messicano [messi'ka:no] **1.** *adj* mexikanisch; **2.** *m* Mexikaner *m*

Messico ['messiko] *m* Mexiko *n*

messinscena [messin'ʃe:na] *f* Inszenierung *f*

messo ['messo] → ***mettere***

mestiere [mesti'e:re] *m* Handwerk *n*; (*professione*) Beruf *m*; (*attività*) Tätigkeit *f*; ***essere del ~*** vom Fach sein; ein Fachmann sein

mestolo ['mestolo] *m* Kochlöffel *m*; Schöpflöffel *m*

mestruazioni [mestruatsi'o:ni] *f/pl* Monatsblutung *f*, Regel *f*

meta ['me:ta] *f* Ziel *n*; ***arrivare alla ~*** das Ziel erreichen

metà [me'ta] *f* Hälfte *f*; ***a ~*** zur Hälfte; ***a ~ prezzo*** zum halben Preis; ***a ~ strada*** auf halbem Wege; ***fare a ~*** halbe-halbe machen

metabolismo [metabo'lizmo] *m* Stoffwechsel *m*

metafora [me'ta:fora] *f* Metapher *f*

M

metaforico [meta'fɔːriko] (*pl -ci*) metaphorisch, bildlich
metallico [me'talliko] (*pl -ci*) metallisch
metallizzato [metallid'dzaːto] metallic
metallo [me'tallo] *m* Metall *n*; **~ prezioso** Edelmetall *n*
metallurgia [metallur'dʒiːa] *f* Metallurgie *f*
metamorfosi [meta'mɔrfozi] *f* Metamorphose *f*, Verwandlung *f*
metan|o [me'taːno] *m* Methangas *n*; **~odotto** [-tano'dɔtto] *m* Methangasleitung *f*
meteora [me'tɛːora] *f* Meteor *m*
mete|orite [me'tɛːo'rite] *f* Meteorit *m*; **~orologico** [-oro'lɔːdʒiko] (*pl -ci*) meteorologisch; **bolletino** *m* **~** Wetterbericht *m*; **servizio** *m* **~** Wetterdienst *m*
meticoloso [metiko'loːzo] gewissenhaft; peinlich genau
metodico [me'tɔːdiko] (*pl -ci*) methodisch
metodo ['mɛːtodo] *m* Methode *f*; Verfahren *n*
metric|a ['mɛːtrika] *f* Metrik *f*, Verslehre *f*; **~o** [-ko] (*pl -ci*) metrisch
metro[1] ['mɛːtro] *m* Meter *m u n*; **~ quadrato** Quadratmeter *m*; **~ cubo** Kubikmeter *m*
metro[2] ['mɛːtro] *m inv od* **metrò** ['mɛː'tro] *m inv* (*abbr di* **metropolitana**) U-Bahn *f*, Metro *f*
metronotte [metro'nɔtte] *m inv* Nachtwächter *m*
metropoli [me'trɔːpoli] *f* Metropole *f*, Großstadt *f*
metropolitana [metropoli'taːna] *f* Untergrundbahn *f*, U-Bahn *f*, Metro *f*
mett|ere ['mettere] (*3ee*) legen; setzen; stellen; *tec* **~ a punto** einstellen; **~ in conto** in Rechnung stellen; **~ in moto** anlassen; **~ in ordine** aufräumen; **~ al sicuro** sicherstellen; **~ fine** ein Ende machen; **~ su casa** e-n Haushalt gründen; **mettiamo che** nehmen wir an, dass; **metterci** brauchen, benötigen; **~ersi** [-si] sich stellen, sich setzen; **~ a letto** sich zu Bett legen; **~ a sedere** sich hinsetzen; **~ un abito** ein Kleid anziehen; **~ il cappello** den Hut aufsetzen; *avia, auto* **~ la cintura** sich anschnallen; **~ in corsia** sich einordnen; **~ a fare qc** anfangen, et zu tun; **~ in cammino** sich auf den Weg machen
mezzaluna [meddza'luːna] *f* (*pl mezzelune*) Halbmond *m*; *gastr* Wiegemesser *n*
mezzanino [meddza'niːno] *m* Zwischenstock *m*
mezzanotte [meddza'nɔtte] *f* (*pl mezzenotti*) Mitternacht *f*
mezzo ['mɛddzo] **1.** *adj* halb; **uno e ~** anderthalb; **mezz'ora** eine halbe Stunde; **le sei e ~** halb sieben; **~ chilo** ein Pfund; **a -a strada** auf halbem Weg; **di -a età** mittleren Alters; **~ servizio** *m* Halbtagsarbeit *f*; **2.** *m* (*parte centrale*) Mitte *f*; (*metà*) Hälfte *f*; (*strumento*) Mittel *n*; (*veicolo*) Verkehrsmittel *n*; **~ di trasporto pubblico** öffentliches Verkehrsmittel *n*; **-i** *pl* **di comunicazione di massa** Massenmedien *pl*; **per ~ di** durch; mittels; **in ~ a** inmitten; **nel ~ di** mitten in (*dat*), in der Mitte (*gen*)
mezzo|busto [meddzo'busto] *m* (*pl mezzibusti*) Brustbild *n*; **~fondo** [-'fondo] *m* Mittelstreckenlauf *m*; **~giorno** [-'dʒorno] *m* Mittag *m*; *geogr* Süden *m*
Mezzogiorno [-'dʒorno] *m* Süditalien *n*
mg **milligrammo** Milligramm (*abbr* mg)
mi[1] [mi] *m mus* E *n*; **~ maggiore** E-Dur *n*; **~ bemolle** e-Moll *n*
mi[2] [mi] *pron* mir; mich
MI **Milano** Mailand
mia [m'ia] *f von* **mio**
miagol|are [miago'laːre] (*1l*) miauen; **~io** [-'liːo] *m* fortwährendes Miauen *n*
mica ['miːka] *adv* gar nicht, keineswegs, doch nicht; **non è ~ vero** es ist gar nicht wahr; **~ male** gar nicht übel
miccia ['mittʃa] *f* Zündschnür *f*
micidiale [mitʃidi'aːle] tödlich
micro... *in Zssgn* Klein…
microbo ['mikrɔːbo] *m* Mikrobe *f*
micro|camera [mikro'kaːmera] Kleinbildkamera *f*; **~computer** [-kompi'uːtə] *m inv* Mikrocomputer *m*; **~film** [-'film] *m inv* Mikrofilm *m*
microfono [mi'krɔːfono] *m* Mikrofon
microonda [mikro'onda] *f* Mikrowelle *f*; **forno** *m* **a -e** Mikrowellenherd *m*
microprocessore [mikroprotʃes'sore] *m* Mikroprozessor *m*
micr|oscopico [mikros'kɔːpiko] (

-ci) mikroskopisch; **~oscopio** [-kros'kɔːpio] *m (pl -pi)* Mikroskop *n*

midollo [mi'dollo] *m* (Knochen)Mark *n*; **~ *spinale*** Rückenmark *n*

mie ['mie] *f/pl von* ***mio***

miei [mi'ɛːi] *pl von* ***mio***

miele [mi'ɛːle] *m* Honig *m*

mietere [mi'ɛːtere] *(3a)* mähen

migliaio [mi'ʎaːio] *m (pl le migliaia)* Tausend *n*; ***un*** **~** etwa tausend; ***migliaia*** *pl* (***di***) tausende (von)

miglio[1] ['miːʎo] *m (pl le miglia)* Meile *f*; **~ *marino*** Seemeile *f*

miglio[2] ['miːʎo] *m (pl -gli)* Hirse *f*

miglior|amento [miʎora'mento] *m* Verbesserung *f*; Besserung *f*; **~are** [-'raːre] *(1a)* **1.** *v/t* verbessern; **2.** *v/i u* **~arsi** [-'rarsi] sich bessern; ***lui migliora*** es geht ihm besser

migliore [mi'ʎoːre] besser; ***il*** **~** der Beste

mignolo ['miːɲolo] *m (od a dito m* **~***)* kleiner Finger *m*; *del piede* kleine Zehe *f*

migr|are [mi'graːre] *(1a)* wandern; **~azione** [-gratsi'oːne] *f* Wanderung *f*

mila ['mila] *in Zssgn* ***due~*** zweitausend

Milano [mi'laːno] *f* Mailand *n*

miliardario [miliar'daːrio] *m (pl -ri)* Milliardär *m*

miliardo [mili'ardo] *m* Milliarde *f*

mili|onario [milio'naːrio] *m (pl -ri)* Millionär *m*; **~one** [-li'oːne] *m* Million *f*

milit|are [mili'taːre] **1.** *v/i (1l)*: **~ *in un partito*** in e-r Partei aktiv sein; **2.** *adj* militärisch; Militär...; ***servizio*** *m* **~** Wehr-, Militärdienst *m*; **3.** *m* Soldat *m*; ***fare il*** **~** den Militärdienst ableisten; **~arismo** [-ta'rizmo] *m* Militarismus *m*; **~arista** [-ta'rista] *m/f (m/pl -i)* Militarist(in) *m(f)*; **~arizzare** [-tarid'dzaːre] *(1a)* militarisieren

milite ['miːlite] *m* Soldat *m*; ***il*** **~ *ignoto*** der Unbekannte Soldat

militesente [milite'zɛnte] vom Militärdienst befreit

mille ['mille] *(pl mila)* tausend

mill|efoglie [mille'fɔːʎe] *m inv* Blätterteigschnitte *f*; **~ennio** [-'lɛnnio] *m (pl -nni)* Jahrtausend *n*; **~epiedi** [-lepi'ɛːdi] *m inv* Tausendfüß(l)er *m*; **~esimo** [-'lɛːzimo] **1.** *adj* tausendste; **2.** *m* Tausendstel *n*

mill|igrammo [milli'grammo] *m* Milligramm *n*; **~imetro** [-'liːmetro] *m* Millimeter *m u n*

milza ['miltsa] *f* Milz *f*

mimetizz|are [mimetid'dzaːre] *(1a) mil* tarnen; **~arsi** [-'dzarsi] sich tarnen; *fig* sich anpassen

mimica ['miːmika] *f* Mimik *f*

mimo ['miːmo] *m* Pantomime *m*

mimosa [mi'moːsa] *f* Mimose *f*

min. *minuto* Minute *(abbr* min)

mina ['miːna] *f* Mine *f*

minaccia [mi'nattʃa] *f (pl -cce)* Drohung *f*; Bedrohung *f*; *(danno)* Gefährdung *f*

minacci|are ['minattʃaːre] *(1f)* (be-)drohen; *(mettere in pericolo)* gefährden; **~oso** [-'tʃoːzo] drohend; bedrohlich

min|are [mi'naːre] *(1a)* verminen; *fig* untergraben; **~ato** [-'naːto] ***campo*** *m* **~** Minenfeld *n*

minareto [mina'rɛːto] *m* Minarett *n*

min|atore [mina'toːre] *m* Bergmann *m*; **~atorio** [-'tɔːrio] *(pl -ri)* Droh...; ***lettera*** *f* **-*a*** Drohbrief *m*

minerale [mine'raːle] **1.** *adj* mineralisch; Mineral...; ***acqua*** *f* **~** Mineralwasser *n*; **2.** *m* Mineral *n*

minestra [mi'nɛstra] *f* Suppe *f*; **~ *del giorno*** Tagessuppe *f*; **~ *di fagioli*** Bohnensuppe *f*; **~ *di verdura*** Gemüsesuppe *f*

minestr|ina [mines'triːna] *f* leichte Suppe *f*; Brühe *f* mit Einlage; **~one** [-'troːne] *m* dicke Gemüsesuppe *f*

miniatura [minia'tuːra] *f* Miniatur(malerei) *f*

miniera [mini'ɛːra] *f* Bergwerk *n*; *fig* Fundgrube *f*

mini|golf [mini'gɔlf] *m inv* Minigolf *n*; **~gonna** [-'gɔnna] *f* Minirock *m*

minimizzare [minimid'dzaːre] *(1a)* bagatellisieren

minimo ['miːnimo] **1.** *adj* kleinste, geringste, wenigste; ***prezzo*** *m* **~** Mindestpreis *m*; ***offerta*** *f* **-*a*** Mindestgebot *n*; ***salario*** *m* **~** Mindestlohn *m*; **2.** *m* Minimum *n*; *motore* Leerlauf *m*

ministero [minis'tɛːro] *m* Ministerium *n*; **~ *dell'economia*** Wirtschaftsministerium *n*; ***pubblico*** **~** Staatsanwaltschaft *f*

ministro [mi'nistro] *m* Minister *m*; **~**

M

degli Esteri Außenminister *m*; ***~ degli Interni*** Innenminister *m*; ***primo ~*** Ministerpräsident *m*, Premierminister *m*; ***consiglio*** *m* ***dei -i*** Ministerrat *m*

minor|anza [mino'rantsa] *f* Minderheit *f*; **~ato** [-'ra:to] **1.** *adj* behindert; **2.** *m* Behinderte(r) *m*

minore [mi'nɔ:re] **1.** *adj* kleiner; (***a ~ d'età***) jünger; (*minorenne*) minderjährig; *mus* Moll...; **2.** *m/f* Minderjährige(r) *m/f(m)*

minorenne [mino'rɛnne] **1.** *adj* minderjährig; **2.** *m/f* Minderjährige(r) *m/f(m)*

minusc|ola [mi'nuskola] *f* kleiner Buchstabe *m*; **~olo** [-kolo] winzig

minuto [mi'nu:to] **1.** *adj* klein; (*sottile*) fein; genau; ***pioggia*** *f* ***-a*** feiner Regen *m*; ***spese*** *f/pl* ***-e*** kleine Ausgaben *f/pl*; *econ* ***al ~*** im Einzelnen, im Detail; ***commercio*** *m* ***al ~*** Klein-, Einzelhandel *m*; **2.** *m* Minute *f*

minuzioso [minutsi'o:zo] kleinlich, minuziös

mio [m'i:o] (*pl miei*) **1.** *adj u pron* mein; ***un ~ amico*** ein Freund von mir; ***i miei amici*** meine Freunde; ***questo libro è ~*** dieses Buch gehört mir; **2.** *m* Meine(s) *n*; Meinige(s) *n*; ***i miei*** m-e Eltern *pl*

M

miope [m'i:ope] kurzsichtig

miopia [mio'pi:a] *f* Kurzsichtigkeit *f*

mira ['mi:ra] *f* Ziel *n*; ***prendere di ~ qc*** auf et (*acc*) zielen; ***prendere di ~ qu*** j-n aufs Korn nehmen

mirabella [mira'bɛlla] *f* Mirabelle *f*

miracolo [mi'ra:kolo] *m* Wunder *n*; ***~ economico*** Wirtschaftswunder *n*; ***per ~*** wie durch ein Wunder

miraggio [mi'raddʒo] *m* (*pl -ggi*) Luftspiegelung *f*

mirare [mi'ra:re] (*1a*) zielen (***a*** auf *acc*); *fig* streben (***a*** nach *dat*)

mirino [mi'ri:no] *m mil* Korn *n*; *fot* Sucher *m*

mirtillo [mir'tillo] *m* Heidel-, Blaubeere *f*

mirto ['mirto] *m* Myrte *f*

miscel|a [mi'ʃɛ:la] *f* Mischung *f*; **~atore** [-la'to:re] *m* Mixer *m*; *auto* Gemisch *n*

mischia ['miskia] *f* Gedränge *n*; (*rissa*) Handgemenge *n*

mischi|are [miski'a:re] (*1k*) mischen; **~arsi** [-ki'arsi] sich einmischen

miscuglio [mis'ku:ʎo] *m* (*pl -gli*) Mischung *f*; Gemisch *n*

miser|abile [mize'ra:bile] elend; armselig; erbärmlich; **~evole** [-'re:vole] bejammernswert

miseria [mi'zɛ:ria] *f* Elend *n*, Armut *f*; Not *f*; ***cadere*** (***vivere***) ***in ~*** in Not geraten (leben); ***costare una ~*** spottbillig sein; F ***porca ~!*** F verdammt!

misericordia [mizeri'kɔrdia] *f* Barmherzigkeit *f* (***di*** mit); ***senza ~*** erbarmungslos

misero ['mi:zero] elend; jämmerlich

misfatto [mis'fatto] *m* Verbrechen *n* Missetat *f*

miss|aggio [mis'saddʒo] *m* (*pl -ggi*) Mischen *n*; **~are** [-'sa:re] *mus* mixen

missile ['missile] *m* Rakete *f*; ***~ a lung. gittata*** Langstreckenrakete *f*

miss|ionario [missio'na:rio] *m* (*pl -ri*) Missionar *m*; **~ione** [-si'o:ne] *f* Mission *f*; Aufgabe *f*; ***compiere una ~*** eine Aufgabe erfüllen

mist|erioso [misteri'o:zo] geheimnisvoll; **~ero** [-'tɛ:ro] *m* Geheimnis *n* (*enigma*) Rätsel *n*

mistico ['mistiko] (*pl -ci*) mystisch

misto ['misto] gemischt

misura [mi'zu:ra] *f* Maß *n*, Ausmaß *n* (*taglia*) Größe *f*; (*provvedimento*) Maßnahme *f*; *mus* Takt *m*; *fig* Ma[ß] *n*, Maßstab *m*; Grenze *f*; ***-e prevent. ve*** Schutzmaßnahmen *f/pl*; ***unità f di*** Maßeinheit *f*; ***con ~*** maßvoll; ***su*** nach Maß

misur|abile [mizu'ra:bile] messba[r]; **~are** [-'ra:re] (*1a*) (aus)messen; (*lim. tare*) einschränken; **~arsi** [-'rarsi] sic[h] messen (***con*** mit); (*limitarsi*) sich zu[-]rückhalten; **~ato** [-'ra:to] gemäßig[t] maßvoll

misurino [mizu'ri:no] *m* Messbech[er] *m*

mite ['mi:te] mild, sanft

mitigare [miti'ga:re] (*1l u e*) milder[n] lindern

mito ['mi:to] *m* Mythos *m*

mitol|ogia [mitolo'dʒi:a] *f* Mytholog[ie] *f*; **~ogico** [-'lɔ:dʒiko] (*pl -ci*) mytholo[-]gisch

mitra ['mi:tra] *m* Maschinenpistole *f*

mitragliatrice [mitraʎa'tri:tʃe] *f* M[a]schinengewehr *n*

mitt. ***mittente*** Absender (*abbr* Abs.)

mittente [mit'tɛnte] *m* Absender *m*

nl ***millilitro*** Milliliter (*abbr* ml)

nm ***millimetro*** Millimeter (*abbr* mm)

M.M. ***Marina Militare*** Kriegsmarine

MMS ['ɛmme-'ɛmme-'ɛsse] *m* ***Multimedia Messaging Service*** *tel* MMS *f*

MN ***Mantova*** Mantua

MO ***Modena*** Modena

nobbing ['mɔbbiŋ] *m* Mobbing *n*; ***fare ~*** mobben

nobile ['mɔ:bile] **1.** *adj* beweglich; *fig* unbeständig; mobil; ***squadra*** *f* **~** mobiles Einsatzkommando *n*; **2.** *m* Möbel(stück) *n*; ***-i*** *pl* Einrichtung *f*, Möbel *pl*; ***~ da giardino*** Gartenmöbel *n*

nobilia [mo'bi:lia] *f* Mobiliar *n*

nobil|ificio [mobili'fi:tʃo] *m* Möbelfabrik *f*; **~io** [-'bi:lio] *m* → ***mobilia***

nobil|ità [mobili'ta] *f* Beweglichkeit *f*; Mobilität *f*; **~itare** [-li'ta:re] (*1m*) mobilisieren

noca ['mɔ:ka] *m* Mokka *m*

nocassino [mokas'si:no] *m* Mokassin *m*

noda ['mɔ:da] *f* Mode *f*; ***alla ~*** modisch; ***di ~*** modern; ***fuori ~*** altmodisch

nodalità [modali'ta] *f* Bedingung *f*

nodella [mo'dɛlla] *f* Modell *n*; (*indossatrice*) Mannequin *n*, Model *n*

nodellare [model'la:re] (*1b*) modellieren; formen

nodello [mo'dɛllo] **1.** *adj* Muster…; *fig* musterhaft; **2.** *m* Modell *n*; *fig* Muster *n*

nodem ['mɔdɛm] *m* Modem *n*

noder|are [mode'ra:re] (*1l u c*) mäßigen; *rad*, *TV* moderieren; **~ato** [-'ra:to] *adj* mäßig; maßvoll; *pol* gemäßigt; **~atore** [-ra'to:re] *m* Moderator *m*, Diskussionsleiter *m*; **~azione** [-ratsi'o:ne] *f* Mäßigung *f*; Moderation *f*

nodernizzare [modernid'dza:re] (*1a*) modernisieren

noderno [mo'dɛrno] modern, neu

nod|estia [mo'dɛstia] *f* Bescheidenheit *f*; **~esto** [-'dɛsto] bescheiden; *prezzo* niedrig

odico ['mɔ:diko] (*pl -ci*) mäßig, gering; *prezzo* niedrig

odifica [mo'di:fika] *f* (Ab)Änderung *f*; Umänderung *f*

odificare [modifi'ka:re] (*1m u d*) abändern, umändern, verändern

odificato [modifi'kato] *adj* verändert; umgeändert; ***~ geneticamente*** *biol* gentechnisch verändert

modo ['mɔ:do] *m* Art *f*, Weise *f*; Art und Weise *f*; *mus* Tonart *f*; *gram* Modus *m*; ***~ di dire*** Redensart *f*; ***~ di pensare*** Denkart *f*; ***per ~ di dire*** sozusagen, gewissermaßen; ***avere ~ di*** Gelegenheit (*od* Möglichkeit) haben zu; ***a ~ mio*** auf meine Art; ***di ~ che*** so, dass; ***ad ogni ~*** jedenfalls

modulo ['mɔ:dulo] *m* Formular *n*, Vordruck *m*, Formblatt *n*; ***~ di domanda*** Antragsformular *n*; ***~ d'iscrizione*** Anmeldeformular *n*; ***~ di versamento*** *banca* Überweisungsformular *n*; *posta* Zahlkarte *f*; ***~ per telegrammi*** Telegrammformular *n*

mogano ['mɔ:gano] *m* Mahagoni *n*

moglie ['mo:ʎe] *f* (*pl -gli*) (Ehe)Frau *f*, Gattin *f*

mola ['mɔ:la] *f* Schleifstein *m*

molare [mo'la:re] **1.** *v/t* (*1c*) schleifen; **2.** *m* Backenzahn *m*

Moldavia [mol'davia] *f* Moldawien *n*

mole ['mɔ:le] *f arch* gewaltiges Bauwerk *n*; Umfang *m*

molecola [mo'lɛ:kola] *f* Molekül *n*

molestare [moles'ta:re] (*1b*) belästigen

mol|estia [mo'lɛstia] *f* Belästigung *f*; **~esto** [-'lɛsto] lästig

molla ['mɔlla] *f* Feder *f*; *fig* Triebfeder *f*; ***-e*** *pl* Feuerzange *f*

mollare [mol'la:re] (*1c*) loslassen, locker lassen

molle ['mɔlle] weich; (*debole*) schwach; (*bagnato*) nass

moll|eggiare [molled'dʒa:re] (*1f*) federn; **~eggio** [-'leddʒo] *m* Federung *f*

molletta [mol'letta] *f* Klammer *f*; Haarklammer *f*; ***~ da bucato*** Wäscheklammer *f*

mollica [mol'li:ka] *f* (*pl -che*) Krume *f*

mollusco [mol'lusko] *m* (*pl -chi*) Molluske *f*, Weichtier *n*

molo ['mɔ:lo] *m* Mole *f*, Kai *m*

molotov ['mɔ:lotov] *f inv* Molotowcocktail *m*

molt|eplice [mol'te:plitʃe] vielfältig; **~eplicità** [-teplitʃi'ta] *f* Vielfalt *f*

moltiplic|are [moltipli'ka:re] (*1m u d*) **1.** *v/t* vermehren, vervielfältigen; *mat* multiplizieren (***per*** mit); **2.** *v/i u* **~arsi** [-'karsi] sich vermehren

moltitudine [molti'tu:dine] *f* Menge *f*

molto ['molto] **1.** *adj* viel; **2.** *adv* viel, sehr; (*a* ~ ***tempo***) lange; ***da*** ~ (***tempo***) seit langem, schon lange; ***fra non*** ~ in absehbarer Zeit; **3.** *m* Viele(s) *n*
momentaneo [momen'taːneo] augenblicklich
momento [mo'mento] *m* Moment *m*, Augenblick *m*; Zeitpunkt *m*; ***dal*** ~ ***che*** da; ***a -i*** bald, gleich; ***per il*** ~ vorläufig; ***sul*** ~ sofort
monaca ['mɔːnaka] *f* (*pl -che*) Nonne *f*; *zo* Bachstelze *f*
monaco ['mɔːnako] *m* (*pl -ci*) Mönch *m*
Monaco ['mɔːnako] *f* (*principato*) Monaco *n*; ~ ***di Baviera*** München *n*
mon|arca [mo'narka] *m* (*pl -chi*) Monarch *m*; **~archia** [-nar'kiːa] *f* Monarchie *f*; **~archico** [-'narkiko] (*pl -ci*) **1.** *adj* monarchisch; **2.** *m* Monarchist *m*
monastero [monas'tɛːro] *m* Kloster *n*
mondano [mon'daːno] mondän, gesellschaftlich; (*terreno*) weltlich
mondare [mon'daːre] (*1a*) *frutta* schälen
mondiale [mondi'aːle] Welt…; ***campionato*** *m* ~ Weltmeisterschaft *f*; ***economia*** *f* ~ Weltwirtschaft *f*; ***potenza*** *f* ~ Weltmacht *f*; ***esposizione*** *f* ~ Weltausstellung *f*; ***di fama*** ~ weltberühmt
mondo ['mondo] *m* Welt *f*; ***giro*** *m* ***del*** ~ Weltreise *f*; ***l'altro*** ~ das Jenseits
monello [mo'nɛllo] *m* Lausbub *m*, Schlingel *m*; Straßenjunge *m*
moneta [mo'neːta] *f* Münze *f*; (*valuta*) Währung *f*; (*denaro*) Geld *n*; (*spiccioli*) Kleingeld *n*; ~ ***d'oro*** Goldstück *n*; ~ ***europea*** Eurowährung *f*; ***svalutazione*** *f* (*od deprezzamento m*) ***della*** ~ Geldentwertung *f*
monetario [mone'taːrio] (*pl -ri*) Geld…, Währungs…, monetär; ***riforma*** *f* ***-a*** Währungsreform *f*; *EU* Währungsumstellung *f*; ***fondo*** *m* ~ ***europeo*** europäischer Währungsfonds *m*; ***ordine*** *m* ~ *econ* Währungsordnung *f*; ***politica*** *f* ***-a*** Währungspolitik *f*; ***unione*** *f* ***-a*** *econ* Währungsunion *f*
mongolfiera [moŋgolfi'ɛːra] *f* Luftballon *m*
monito ['mɔːnito] *m* Mahnung *f*
monitor ['mɔːnitor] *m inv* Monitor *m*
mono|camera [mono'kaːmera] *f* Einzimmerwohnung *f*; **~colore** [-ko'loːre] **1.** *adj* einfarbig; *pol* Einparteien…; **2.** *m* Einparteiensystem *n*
mono|grafia [monogra'fiːa] *f* Monographie *f*; **~gramma** [-'gramma] *m* (*pl -i*) Monogramm *n*, Namenszug *m*
monolocale [monolo'kaːle] *m* Einzimmerwohnung *f*
monologo [mo'nɔːlogo] *m* (*pl -ghi*) Monolog *m*, Selbstgespräch *n*
mono|pattino [mono'pattino] *m* Roller *m*; **~petto** [-'pɛtto] *m* Einreiher *m*; **~polio** [-'pɔːlio] *m* (*pl -li*) Monopol *n*; **~polizzare** [-polid'dzaːre] (*1a*) monopolisieren; **~posto** [-'posto] *m* Einsitzer *m*
monotonia [monoto'niːa] *f* Eintönigkeit *f*, Monotonie *f*
monotono [mo'nɔːtono] eintönig, monoton
monouso [mono'uzo] Einweg…; ***siringa*** *f* ~ Einwegspritze *f*
montacarichi [monta'kaːriki] *m inv* Lastenaufzug *m*
montaggio [mon'taddʒo] *m* (*pl -ggi*) *e* Montage *f*; *film* Schnitt *m*
mont|agna [mon'taːɲa] *f* Gebirge *n* Berg *m*; *fig* Haufen *m*; ***-e*** *pl* ***russ*** Achterbahn *f*; **~agnoso** [-ta'ɲoːzo] gebirgig; **~anaro** [-ta'naːro] *m* Bergbewohner *m*
mont|are [mon'taːre] (*1a*) **1.** *v/t* besteigen; *tec* montieren, zusammenbauen *gastr* schlagen; **2.** *v/i* steigen; einsteigen; ~ ***in collera*** in Zorn geraten; **~atura** [-ta'tuːra] *f di occhiali* Gestell *n di gioiello* Fassung *f*; *fig* Übertreibun *f*
monte ['monte] *m* Berg *m*; *fig* Haufe *m*; ***a*** ~ stromaufwärts; *fig* ***mandare a*** über den Haufen werfen
Monte Bianco ['monte bi'anko] *m* Montblanc *m*
Monte Cervino ['monte tʃer'viːno] *m* Matterhorn *n*
Montenegro [monte'neːgro] *m* Montenegro *n*
montone [mon'toːne] *m* Hammel *m* Lammfellmantel *m*, -jacke *f*
montuoso [montu'oːzo] gebirgig
monumento [monu'mento] *m* Denkmal *n*, Monument *n*; ~ ***nazionale*** Nationaldenkmal *n*
moquette [mo'kɛt] *f inv* Teppichbode *m*

mora ['mɔːra] *f bot* Maulbeere *f*; Brombeere *f*

morale [mo'raːle] **1.** *adj* moralisch; Moral…; **2.** *f* Moral *f*; **3.** *m* Moral *f*, Stimmung *f*; ***essere giù di ~*** niedergeschlagen sein

moralista [mora'lista] *m (pl -i)* Moralist *m*

morbidezza [morbi'dettsa] *f* Weichheit *f*; *(delicatezza)* Zartheit *f*

morbido ['mɔrbido] weich; zart

morbillo [mor'billo] *m* Masern *pl*

morbo ['mɔrbo] *m* Seuche *f*

morboso [mor'boːzo] krankhaft

mordace [mor'daːtʃe] bissig

mordere ['mɔrdere] *(3uu)* beißen

morena [mo'reːna] *f* Moräne *f*

morfina [mor'fiːna] *f* Morphium *n*

moria [mo'riːa] *f* große Sterblichkeit *f*; ***~ dei boschi*** Waldsterben *n*

moribondo [mori'bondo] im Sterben liegend

morire [mo'riːre] *(4k)* sterben; *bot* eingehen; *fig* ***~ di*** umkommen vor *(dat)*

mormor|are [mormo'raːre] *(1l)* murmeln; murren; rauschen; **~io** [-'riːo] *m* Gemurmel *n*

morsetto [mor'setto] *m tec* Klammer *f*; *el* Klemme *f*

morsicare [morsi'kaːre] *(1l, c u d)* beißen; *insetti* stechen

morso ['mɔrso] **1.** → ***mordere***; **2.** *m* Biss *m*; *segno* Bisswunde *f*; Stich *m*; *(boccone)* Bissen *m*

mortale [mor'taːle] sterblich; tödlich

mortalità [mortali'ta] *f* Sterblichkeit *f*; ***~ infantile*** Säuglingssterblichkeit *f*

morte ['mɔrte] *f* Tod *m*; ***pericolo*** *m* ***di ~*** Lebensgefahr *f*

mort|ificare [mortifi'kaːre] *(1m u d)* kränken, demütigen; **~ificazione** [-tifikatsi'oːne] *f* Kränkung *f*, Demütigung *f*

morto ['mɔrto] **1.** → ***morire***; **2.** *adj* tot; gestorben; ***stanco ~*** todmüde; **3.** *m* Tote(r) *m*; ***giorno*** *m* ***dei -i*** Allerseelen *n*

mortuario [mortu'aːrio] *(pl -ri)* Leichen…; Toten…; ***annuncio*** *m* ***~*** Todesanzeige *f*

Mosa ['mɔːza] *f* Maas *f*

mosaico [mo'zaːiko] *m (pl -ci)* Mosaik *n*

mosca ['moska] *f (pl -che)* Fliege *f*; ***peso*** *m* ***~*** Fliegengewicht *n*; ***~ cieca*** Blindekuh *f*; ***restare con un pugno di -e*** mit leeren Händen abziehen

Mosca ['moska] *f* Moskau *n*

mosc|atello [moska'tɛllo] *m* Muskateller(wein) *m*; **~ato** [-'kaːto] ***noce*** *f* ***-a*** Muskatnuss *f*

moscerino [moʃe'riːno] *m* kleine Fliege *f*

moschea [mos'kɛːa] *f* Moschee *f*

moscio ['moʃo] *(pl -sci)* schlaff; *fig* niedergeschlagen

moscone [mos'koːne] *m zo* Brummer *m*; *(imbarcazione)* Doppelrumpf(ruder)boot *n*

Mosella [mo'zɛlla] *f* Mosel *f*

mossa ['mɔssa] *f* Bewegung *f*; Gebärde *f*, Geste *f*; *fig* Zug *m*

mosso ['mɔsso] **1.** → ***muovere***; **2.** *adj* bewegt

mostarda [mos'tarda] *f* Senfsoße *f*

mosto ['mɔsto] *m* (Trauben)Most *m*

mostra ['mostra] *f* Ausstellung *f*; Messe *f*; ***~ fotografica*** Fotoausstellung *f*; *fig* ***mettere in ~*** zur Schau tragen

mostr|are [mos'traːre] *(1a)* zeigen; vorzeigen; **~arsi** [-'trarsi] sich zeigen; sich erweisen

mostro ['mostro] *m* Ungeheuer *n*

mostruoso [mostru'oːzo] ungeheuerlich; scheußlich

motel [mo'tɛl] *m* Motel *n*

motiv|are [moti'vaːre] *(1a)* begründen; motivieren; **~azione** [-vatsi'oːne] *f* Motivation *f*

motivo [mo'tiːvo] *m* Grund *m*, Motiv *n* *(a mus)*; ***per quale ~?*** aus welchem Grund?

moto¹ ['mɔːto] *m* Bewegung *f*; ***mettere in ~*** in Bewegung setzen; *motore* anlassen

moto² ['mɔːto] *f* Motorrad *n*

moto|cicletta [mototʃi'kletta] *f* Motorrad *n*; **~ciclista** [-tʃi'klista] *m/f (m/pl -i)* Motorradfahrer(in) *m(f)*; **~ciclo** [-'tʃiːklo] *m* Motorrad *n*

motore [mo'toːre] *m* Motor *m*; ***~ Diesel*** Dieselmotor *m*; ***~ a due tempi*** Zweitaktmotor *m*; ***~ a quattro tempi*** Viertaktmotor *m*; ***~ a combustione*** Verbrennungsmotor *m*; ***~ fuoribordo*** Außenbordmotor *m*; ***veicolo*** *m* ***a ~*** Motorfahrzeug *n*; ***accendere il ~*** den Motor anlassen; ***fermare il ~***

den Motor abstellen; *~ di ricerca inform* Suchmaschine *f*

motor|etta [moto'retta] *f* Motorroller *m*; **~ino** [-'riːno] *m* Moped *n*, Mofa *n*; *~ d'avviamento* Anlasser *m*; **~izzato** [-rid'dzaːto] motorisiert

moto|scafo [motos'kaːfo] *m* Motorboot *n*; **~scooter** [-'skuːter] *m inv* Motorroller *m*

motrice [mo'triːtʃe] *f fer* Triebwagen *m*

motteggio [mot'teddʒo] *m* (*pl -ggi*) Spott *m*

motto ['mɔtto] *m* Witz *m*; Leitspruch *m*

mouse [m'aus] *m inv inform* Maus *f*

mov|ente [mo'vɛnte] *m* Beweggrund *m*; **~imento** [-vi'mento] *m* Bewegung *f*; (*vita*) Leben *n*; *mus* Tempo *n*; *~ ecologista* Ökobewegung *f*; *~ pacifista* Friedensbewegung *f*

mozione [motsi'oːne] Antrag *m*, Motion *f*; *~ di fiducia* Vertrauensfrage *f*

mozzarella [mottsa'rɛlla] *f* Mozzarella *m*

mozzicone [mottsi'koːne] *m* Zigarrenstummel *m*

mozzo[1] ['mottso] *m mar* Schiffsjunge *m*

mozzo[2] ['mottso] *m tec* Nabe *f*

mq *metro quadrato* Quadratmeter (*abbr* qm)

MS *Massa Carrara* Massa Carrara

MSI *hist Movimento Sociale Italiano rechtsgerichtete ital. Partei*

MT *Matera* Matera

mucca ['mukka] *f* (*pl -cche*) Kuh *f*; *la ~ pazza* F Rinderwahn(sinn) *m*

mucchio ['mukkio] *m* (*pl -cchi*) Haufe(n) *m*, Menge *f*

muco ['muːko] *m* (*pl -chi*) Schleim *m*

mucosa [mu'koːsa] *f* Schleimhaut *f*

muffa ['muffa] *f* Schimmel *m*; *sapere di ~* muffig riechen (*od* schmecken); *fare la ~* schimmeln

mughetto [mu'getto] *m* Maiglöckchen *n*

mugnaio [mu'ɲaːio] *m* (*pl -ai*) Müller *m*

mugol|are [mugo'laːre] (*1l*) *cane* winseln; (*gemere*) heulen; **~io** [-'liːo] *m* Gewinsel *n*; Geheul *n*

mugugnare [mugu'ɲaːre] (*1a*) brummen, murren

mula ['muːla] *f* Mauleselin *f*

mulattiera [mulatti'ɛːra] *f* Saumpfad *m*

mulatto [mu'latto] *m* Mulatte *m*

mulinello [muli'nɛllo] *m* Wirbel *m* Rolle *f*; *mar* Ankerwinde *f*

mulino [mu'liːno] *m* Mühle *f*; *~ a vent*… Windmühle *f*

mulo ['muːlo] *m* Maulesel *m*; Maultie… *n*; *fig* starrköpfiger Mensch *m*

multa ['multa] *f* Geldstrafe *f*

multare [mul'taːre] (*1a*) zu e-r Geld strafe verurteilen

multi|colore [multiko'loːre] vielfarbig bunt; **~culturale** [-kultu'raːle] multi kulturell, F multikulti; **~mediale** [-me'diaːle] Multimedia…; **~nazionale** [-natsio'naːle] **1.** *adj* multinational **2.** *f* Multi *m*, multinationaler Konzer… *m*

multiplo ['multiplo] vielfach, mehrfac…

multiuso [multi'uːzo] Mehrzweck…

mungere ['mundʒere] (*3d*) melken

municipale [munitʃi'paːle] städtisch Stadt…; *consiglio m ~* Gemeindera… *m*

municipio [muni'tʃiːpio] *m* (*pl -pi*) Ge meinde *f*; *edificio* Rathaus *n*

mun|ire [mu'niːre] (*4d*) versehen (*d*… mit); **~izioni** [-nitsi'oːni] *f/pl* Munitio… *f*

muov|ere [mu'ɔːvere] (*3ff*) **1.** *v/t* bewe gen; *tec* antreiben; *fig* treiben; **2.** *v*… ausgehen (*da* von); **~ersi** [-si] sich be wegen; (*darsi da fare*) sich rühren

mur|aglia [mu'raːʎa] *f* Mauer *f*; **~al**… [-'raːle] Wand…, Mauer…; **~are** [-'ra re] (*1a*) mauern; zumauern; **~ator**… [-ra'toːre] *m* Maurer *m*; **~atura** [-ra 'tuːra] *f* Maurerarbeit *f*

murena [mu'rɛːna] *f* Muräne *f*

muro ['muːro] *m* (*pl a le mura*) Mauer *~ del suono* Schallmauer *f*; *fig mett… re con le spalle al ~* in die Enge tre ben; *le -a f/pl* (Stadt)Mauer *f*

muschio ['muskio] *m* (*pl -chi*) *b*… Moos *n*

muscol|are [musko'laːre] Muskel. *strappo m ~* Muskelzerrung *f*; **~atu**… [-la'tuːra] *f* Muskulatur *f*

muscolo ['muskolo] *m* Muskel *m*

muscoloso [musko'loːzo] muskulös

museo [mu'zɛːo] *m* Museum *n*; *~ a… cheologico* archäologisches Museu… *n*; *~ dell'arte* Kunstmuseum *n*; *~ n*…

zionale Nationalmuseum *n*
museruola [muzeru'ɔːla] *f* Maulkorb *m*
musica ['muːzika] *f* Musik *f*; Kapelle *f*; **~ *da camera*** Kammermusik *f*; **~ *leggera*** Unterhaltungsmusik *f*
musicale [muzi'kaːle] musikalisch; Musik…; ***serata*** *f* **~** Musikabend *m*; ***strumento*** *m* **~** Musikinstrument *n*
musicassetta [muzikas'setta] *f* Musikkassette *f*
musicista [muzi'tʃista] *m/f* (*m/pl -i*) Musiker(in) *m(f)*
muso ['muːzo] *m* Maul *n*; Schnauze *f*; ***tenere il ~ a qu*** mit j-m schmollen
musone [mu'zoːne] *m* Griesgram *m*
mustacchi [mus'takki] *m/pl* Schnurrbart *m*
musulmano [musul'maːno] **1.** *adj* muselmanisch; **2.** *m* Moslem *m*
muta ['muːta] *f* (Hunde)Meute; *sport* Taucheranzug *m*
mutabile [mu'taːbile] veränderlich
mut|amento [muta'mento] *m* Wechsel *m*; Veränderung *f*; **~ande** [-'tande] *f/pl* Unterhose *f*; **~andine** [-tan'diːne] *f/pl* Slip *m*; Unterhöschen *n*; **~ (*da bagno*)** Badehose *f*; **~are** [-'taːre] (*1a*) **1.** *v/t* ändern; wechseln; **~ *casa*** umziehen; **2.** *v/i* sich ändern; **~evole** [-'teːvole] → ***mutabile***
mutil|are [muti'laːre] (*1l*) verstümmeln; **~ato** [-'laːto] *m* Versehrte(r) *m*; **~azione** [-latsi'oːne] *f* Verstümmelung *f*
muto ['muːto] **1.** *adj* stumm; ***film*** *m* **~** Stummfilm *m*; **2.** *m* Stumme(r) *m*
mutua ['muːtua] *f* Krankenversicherung *f*; Krankenkasse *f*
mutuato [mutu'aːto] *m*, **-a** [-'ata] *f* Kassenpatient(in) *m(f)*
mutuo ['muːtuo] **1.** *adj* gegenseitig; **2.** *m* Darlehen *n*; **~ *bancario*** Bankdarlehen *n*; ***contrarre un ~*** ein Darlehen aufnehmen

N

. ***numero*** Nummer (*abbr* Nr.)
' ***nord*** Norden (*abbr* N)
A ***Napoli*** Neapel
acchere ['nakkere] *f/pl* Kastagnetten *f/pl*
afta ['nafta] *f* Heizöl *n*
ano ['naːno] **1.** *adj* zwergenhaft; **2.** *m* Zwerg *m*
apoli ['naːpoli] *f* Neapel *n*
appa ['nappa] *f* Nappaleder *n*
arciso [nar'tʃiːzo] *m* Narzisse *f*
arc|osi [nar'kɔːzi] *f inv* Narkose *f*, Betäubung *f*; **~otico** [-'kɔːtiko] *m* (*pl -ci*) Betäubungsmittel *n*; **~otizzare** [-kotid'dzaːre] (*1a*) betäuben
arice [na'riːtʃe] *f* Nasenloch *n*
arrare [nar'raːre] (*1a*) erzählen
ascere ['naʃʃere] (*3gg*) geboren werden; zur Welt kommen; *bot* keimen; *fig* entstehen
ascita ['naʃʃita] *f* Geburt *f*; *fig* Anfang *m*, Beginn *m*; ***fin dalla ~*** von Geburt an
asc|ondere [nas'kondere] (*3hh*) verstecken, verbergen; (*tacere*) verheimlichen; **~ondersi** [-'kondersi] sich verstecken; **~ondiglio** [-kon'diːʎo] *m* (*pl -gli*) Versteck *n*
nascosto [nas'kosto] **1.** → ***nascondere***; **2.** *adv* ***di ~*** heimlich; ***di ~ a qu*** hinter j-s Rücken
nasello [na'sɛllo] *m* Seehecht *m*
naso ['naːso] *m* Nase
nastro ['nastro] *m* Band *n*; **~ *adesivo*** Klebeband *n*; **~ *isolante*** Isolierband *n*; **~ *magnetico*** Magnetband *n*
natale [na'taːle] Heimat…; Geburts…
Natale [na'taːle] *m* Weihnacht(en) *f(n)*; ***vigilia*** *f* ***di ~*** Weihnachtsabend *m*; ***buon ~!*** frohe Weihnachten!
natalità [natali'ta] Geburtenziffer *f*; ***a bassa ~*** geburtenschwach; ***ad alta ~*** geburtenstark
natalizio [nata'liːtsio] (*pl -zi*) Weihnachts…
natante [na'tante] **1.** *adj* schwimmend; **2.** *m* Boot *n*
nativo [na'tiːvo] **1.** *adj* Geburts…; (*originario*) gebürtig, stammend (***di*** aus); **2.** *m* Eingeborene(r) *m*

N

nato ['na:to] geboren
NATO ***Organizzazione del Trattato nord-atlantico*** Nordatlantikpakt (*abbr* NATO)
natura [na'tu:ra] *f* Natur *f*; Wesen *n*; Charakter *m*; *pittura* ***~ morta*** Stillleben *n*; ***contro ~*** naturwidrig; ***per ~*** von Natur aus; ***secondo ~*** naturgemäß
natur|ale [natu'ra:le] natürlich; Natur…; ***scienze*** *f/pl* ***-i*** Naturwissenschaften *f/pl*; **~alezza** [-ra'lettsa] *f* Natürlichkeit *f*; **~alizzare** [-ralid'dza:re] (*1a*) naturalisieren
naturalmente [natural'mente] natürlich, selbstverständlich
naufr|agare [naufra'ga:re] (*1l u e*) Schiffbruch erleiden (*a fig*); *fig* scheitern; **~agio** [-'fra:dʒo] *m* (*pl -gi*) Schiffbruch *m*; *fig* Scheitern *n*
naufrago ['na:ufrago] *m* (*pl -ghi*) Schiffbrüchige(r) *m*
nausea ['na:uzea] *f* Übelkeit *f*, Brechreiz *m*; Ekel *m*
nauseare [nauze'a:re] (*1l*) anekeln
nautic|a ['na:utika] *f* Schifffahrtskunde *f*; **~o** [-ko] (*pl -ci*) See…; Schifffahrts…
nav|ale [na'va:le] See…; Schiffs…; ***cantiere*** *m* **~** Werft *f*; **~ata** [-'va:ta] *f arch* Schiff *n*; ***~ centrale*** Mittelschiff *n*; ***~ laterale*** Seitenschiff *n*
nave ['na:ve] *f* Schiff *n*; ***~ da carico*** Frachtschiff *n*; ***~ passeggeri*** Passagierschiff *n*; ***~ traghetto*** Fähre *f*
navetta [na'vetta] *adj inv* ***bus*** *m* **~** Pendelbus *m*
navicella ['navitʃɛlla] *f avia* Gondel *f*
navig|abile [navi'ga:bile] schiffbar; **~are** [-'gare] (*1e*) zur See fahren; ***~ in Internet*** im Internet surfen; ***~ in Rete*** im Web surfen; **~atore** [-ga'to:re] *m* Seefahrer; ***~ satellitare*** *auto* Navigationssystem *n*; **~azione** [-gatsi'o:ne] *f* Schifffahrt *f*; *avia* Luftfahrt *f*; Navigation *f*
nazion|ale [natsio'na:le] **1.** *adj* national; staatlich; einheimisch; Landes…; ***festa*** *f* **~** Nationalfeiertag *m*; **2.** *f* (Fußball-)Nationalmannschaft *f*; **~alismo** [-na'lizmo] *m* Nationalismus *m*; **~alista** [-na'lista] *m/f* (*m/pl -i*) Nationalist(in) *m*(*f*); **~alità** [-nali'ta] *f* Nationalität *f*; Staatsangehörigkeit *f*; **~alizzare** [-nalid'dza:re] (*1a*) verstaatlichen; **~alsocialismo** [-nalsotʃia'lizmo] *m* Nationalsozialismus *m*
nazione [natsi'o:ne] *f* Nation *f*; Staat *m*
N. B. ***nota bene*** notabene (*abbr* NB)
N.d.A. ***nota dell'autore*** Anmerkung des Verfassers (*abbr* Anm. d. Verf.)
N.d.E. ***nota dell'editore*** Anmerkung des Verlags (*abbr* Anm. d. Verl.)
N.d.R. ***nota della redazione*** Anmerkung der Redaktion (*abbr* Anm. d. Red.)
ne [ne] (= ***di lui***) von ihm, von ihr, von ihnen; (= ***di ciò***) davon, darüber, damit; einige, welche
ne' [ne] = ***nei***
NE ***nord-est*** Nordosten (*abbr* NO)
né [ne] und nicht; auch nicht; **~ … ~** weder … noch
neanche [ne'aŋke] auch nicht; nicht einmal
nebbia ['nebbia] *f* Nebel *m*
nebbioso [nebbi'o:zo] neblig
nebul|osa [nebu'lo:sa] *f astr* Nebelfleck *m*; **~oso** [-'lo:zo] *fig* verschwommen
necessaire [nesɛ'sɛr] *m inv* Necessaire *n*; ***~ da viaggio*** Kulturbeutel *m*
necess|ario [netʃes'sa:rio] (*pl -ri*) **1.** *adj* nötig, notwendig; **2.** *m* Nötige(s) *n*; **~ità** [-si'ta] *f* Notwendigkeit *f*; Not *f*; ***articolo*** *m* ***di prima ~*** Bedarfsartikel *m*; ***in caso di ~*** im Notfall; bei Bedarf; ***per ~*** aus Not
nefrite [ne'fri:te] *f* Nierenentzündung
neg|are [ne'ga:re] (*1e*) verneinen; abstreiten; leugnen; (*rifiutare*) verweigern; **~ativa** [-ga'ti:va] *f* Verneinung *f*; *fot* Negativ *n*; **~ativo** [-ga'ti:vo] *adj* negativ, verneinend; **2.** *m fot* Negativ *n*; **~ato** [-'ga:to] ***essere ~ per qc*** für et (*acc*) unbegabt sein; **~azione** [-gatsi'o:ne] *f* Verneinung *f*
negli ['ne:ʎi] *prp* ***in*** *mit dem art* ***gli***
neglig|ente [negli'dʒɛnte] nachlässig; **~enza** [-'dʒɛntsa] *f* Nachlässigkeit *f*
negozi|ante [negotsi'ante] *m* Kaufmann *m*; **~are** [-tsi'a:re] (*1g u c*) *v/t* verhandeln über (*acc*); **2.** *v/i* verhandeln; *econ* handeln (***in*** mit); **~ato** [-tsi'a:to] *m* Verhandlung *f*; ***-i pl di pace*** Friedensverhandlungen *f/pl*; **~azione** [-tsiatsi'o:ne] *f* Verhandlung
negozio [ne'gɔ:tsio] *m* (*pl -zi*) G…

N

schäft *n*, Laden *m*; *borsa* ~ ***alle grida*** Parketthandel *m*; ~ ***di articoli sportivi*** Sportgeschäft *n*; ~ ***di generi alimentari*** Lebensmittelgeschäft *n*; ~ ***specializzato*** Fachgeschäft *n*, Spezialgeschäft *n*

negro ['ne:gro] **1.** *adj* schwarz; **2.** *m* Schwarzer *m*

nei [n'ei], **nel** [nel], **nell'** [nell], **nella** ['nella], **nelle** ['nelle], **nello** ['nello] *prp* ***in*** *mit dem art* ***i, il, l', la, le, lo***

nem|ica [ne'mi:ka] *f* (*pl -che*) Feindin *f*; **~ico** [-'mi:ko] (*pl -ci*) **1.** *adj* feindlich; **2.** *m* Feind *m*

nemmeno [nem'me:no] auch nicht, nicht einmal; ~ ***io*** ich auch nicht

neo ['nɛ:o] *m* Leberfleck *m*; Muttermal *n*; *fig* kleiner Fehler *m*

neonato [neo'na:to] *m* Neugeborene(r) *m*

neppure [nep'pu:re] auch nicht; nicht einmal; ~ ***per idea*** nicht im Geringsten

nero ['ne:ro] schwarz; *fig* finster

nerofumo [nero'fu:mo] *m* Ruß *m*

nervo ['nɛrvo] *m* Nerv *m*; ***dare ai -i a qu*** j-n nervös machen, j-m auf die Nerven gehen

nerv|osismo [nervo'sizmo] *m* Nervosität *f*; **~oso** [-'vo:zo] **1.** *adj* Nerven…; (*irritabile*) nervös, reizbar; (*asciutto*) sehnig; ***esaurimento*** *m* ~ Nervenzusammenbruch *m*; ***malattie*** *f/pl* ***-e*** Nervenkrankheiten *f/pl*; **2.** *m* F Nervosität *f*; F ***mi viene il*** ~ ich werde nervös

nespol|a ['nɛspola] *f* Mispel *f*; **~o** [-lo] *m* Mispelbaum *m*

nessuno [nes'su:no] **1.** *adj* kein; ***in nessun caso*** keinesfalls; **2.** *pron* niemand

netiquette [neti'kɛt] *f inform* Netikette *f*

nettezza [net'tettsa] *f* ~ ***urbana*** städtische Müllabfuhr *f*

netto ['netto] rein, sauber; (*chiaro*) klar; *econ* Netto…; ***di*** ~ glatt; ***reddito*** *m* ~ Nettoeinkommen *n*

netturbino [nettur'bi:no] *m* Straßenkehrer *m*

neurologo [neu'rɔ:logo] *m* (*pl -gi*) Neurologe *m*

neutr|ale [neu'tra:le] neutral; **~alità** [-trali'ta] *f* Neutralität *f*; **~alizzare** [-tralid'dʒa:re] (*1a*) neutralisieren

neutro ['nɛ:utro] **1.** *adj* neutral; *gram* sächlich; **2.** *m* Neutrum *n*

neve ['ne:ve] *f* Schnee *m*; ~ ***fresca*** Neuschnee *m*; ***fiocco*** *m* ***di*** ~ Schneeflocke *f*

nev|icare [nevi'ka:re] (*1l u d*) schneien; **~icata** [-vi'ka:ta] *f* Schneefall *m*; **~oso** [-'vo:zo] schneebedeckt

nevr|algia [nevral'dʒi:a] *f* Neuralgie *f*; **~algico** [-'vraldʒiko] (*pl -ci*) neuralgisch, Nerven…; ***punto*** *m* ~ empfindliche Stelle *f* (*a fig*); **~osi** [-'vrɔ:zi] *f* Neurose *f*; **~otico** [-'vrɔ:tiko] (*pl -ci*) **1.** *adj* neurotisch; **2.** *m* Neurotiker *m*

nicchia ['nikkia] *f* Nische *f*

nichel ['ni:kel] *m* Nickel *n*

nicotina [niko'ti:na] *f* Nikotin *n*

nido ['ni:do] *m* Nest *n*

niente [ni'ɛnte] **1.** *m* Nichts *n*; **2.** *adv* nichts; ***non ho*** ~ ich habe nichts; ~ ***affatto*** durchaus nicht; ***per*** ~ vergebens; umsonst

niente|dimeno [niɛntedi'me:no] nichtsdestoweniger; **~meno** [-'me:no] nichts weniger; nichts Geringeres

ninfea [nin'fɛ:a] *f* Seerose *f*

nipote [ni'po:te] *m/f* (*di zio*) Neffe *m*, Nichte *f*; (*di nonno*) Enkel(in) *m(f)*, Enkelkind *n*

nitidezza [niti'dettsa] *f* Klarheit *f*; *fot* Schärfe *f*

nitido ['ni:tido] klar; *fot* scharf

N.N. ***nomen nescio*** Name unbekannt (*abbr* N.N.)

no[1] [nɔ] nein; ~ ***e poi*** ~ nein und nochmals nein; ***come*** **~!** natürlich!; ***se*** ~ sonst; andernfalls; ***dire di*** ~ Nein sagen

no[2], **No**, **n°** ***numero*** Nummer

NO[1] ***nord-ovest*** Nordwesten (*abbr* NW)

NO[2] ***Novara*** Novara

nobile ['nɔ:bile] **1.** *adj* ad(e)lig; *fig* nobel, edel, vornehm; **2.** *m* Adlige(r) *m*

nobiltà [nobil'ta] *f* Adel *m*; *fig* Vornehmheit *f*

nocca ['nɔkka] *f* (*pl -cche*) Knöchel *m*

nocci|ola [not'tʃɔ:la] *f* Haselnuss *f*; ***color*** ~ haselnussfarben; **~olina** [-tʃo'li:na] *f* (*a* ~ ***americana***) Erdnuss *f*; **~olo**[1] [-'tʃɔ:lo] *m* Haselnussstrauch *m*

nocciolo[2] ['nɔttʃolo] *m* Kern *m* (*a fig*)

noce ['no:tʃe] **1.** *m* Nussbaum *m*; Nussbaumholz *n*; **2.** *f* (Wal)Nuss *f*; *anat*

N

Fußknöchel *m*; ~ ***di cocco*** Kokosnuss *f*; ~ ***moscata*** Muskatnuss *f*
nocella [no'tʃɛlla] *f* (Hand)Knöchel *m*
nocepesca [notʃe'pɛska] *f* Nektarine *f*
nocivo [no'tʃiːvo] schädlich, gesundheitsgefährdend
nodo ['nɔːdo] *m* Knoten *m* (*a mar*); *fig* Schwierigkeit *f*, Verwicklung *f*; *fer* Knotenpunkt *m*; *inform* Einwahlknoten *m*
no global [no'glɔbal] **1.** *adj* globalisierungskritisch; ***il movimento*** ~ die globalisierungskritische Bewegung; **2.** *m/f* Globalisierungsgegner(in) *m(f)*, Globalisierungskritiker(in) *m(f)*
noi [n'oi] wir; ***a*** ~ uns; ***con*** ~ mit uns; ***senza di*** ~ ohne uns; ~ ***altri*** wir
noia ['nɔːia] *f* Lang(e)weile *f*; Belästigung *f*; **-e** *pl* Unannehmlichkeiten *f/pl*; ***dar*** ~ ***a qu*** j-n belästigen; ***venire a*** ~ zum Überdruss werden
noioso [noi'oːzo] langweilig; (*molesto*) lästig
nol|eggiare [noled'dʒaːre] (*1f*) mieten; vermieten; verleihen; *mar, avia* chartern; **~eggio** [-'leddʒo] *m* Miete *f*; Verleih *m*; ~ ***automobili*** Autovermietung *f*; ~ (***di***) ***biciclette*** Fahrradverleih *m*
nolo ['nɔːlo] *m* Fracht *f*; Miete *f*; ***prendere a*** ~ mieten; ***dare a*** ~ vermieten
nome ['noːme] *m* Name *m*; Vorname *m*; *gram* Substantiv *n*, Hauptwort *n*; ~ ***di battesimo*** Vorname *m*; ~ ***di famiglia*** Familienname *m*; ~ ***e cognome*** Vor- und Zuname *m*; ***conoscere di*** ~ dem Namen nach kennen; ***in*** ~ ***di*** in Vertretung von
nomignolo [nɔː'miɲolo] *m* Spitzname *m*
nomina ['nɔːmina] *f* Ernennung *f*
nominare [nomi'naːre] (*1l u c*) nennen; ernennen (***a*** zu); benennen
non [non] nicht; ~ ***ancora*** noch nicht; ~ ***che*** nicht, dass; ~ ***cedibile*** unabtretbar; ~ ***valido*** ungültig
nonché [noŋ'ke] geschweige denn; ebenso wie, so wie
noncur|ante [noŋku'rante] gleichgültig; ~ ***di*** unbekümmert um; **~anza** [-'rantsa] *f* Unbekümmertheit *f*; Gleichgültigkeit *f*
nondimeno [nondi'meːno] nichtsdestoweniger
non fumatore [non fuma'toːre] *m* Nichtraucher *m*
nonn|a ['nɔnna] *f* Großmutter *f*, F Oma *f*; **~o** [-no] *m* Großvater *m*, F Opa *m*; -
pl Großeltern *pl*
nonnulla [non'nulla] *m inv* Kleinigkei *f*
nono ['nɔːno] **1.** *adj* neunte; **2.** *m* Neuntel *n*
non|ostante [nonos'tante] trotz; ob wohl; (*a* ~ ***che***) trotzdem; ***ciò*** ~ trot: alledem; **~senso** [-'sɛnso] *m* Unsinr *m*
non stop [non 'stɔp] *adj inv* Non stop…; *avia* ***volo*** ~ Nonstopflug *m*
nontiscordardimé [nontiskor'dardi me] *m inv* Vergissmeinnicht *n*
non vedente [non ve'dɛnte] *m/f* Blin de(r) *m/f(m)*
non violenza [non vio'lɛntsa] *f* Ge waltlosigkeit *f*
nord [nɔrd] *m* Nord(en) *m*; ***mare*** *m* ***de*** ~ Nordsee *f*; ***al*** ~ ***di*** nördlich von
nordest [nɔr'dɛst] *m* Nordosten *m*
nordico ['nɔrdiko] (*pl -ci*) nordisch
nordovest [nɔr'dɔːvest] *m* Nordwes ten *m*
Norimberga [norim'bɛrga] *f* Nürnber *n*
norma ['nɔrma] *f* Norm *f*, Richtschnu *f*; Regel *f*; (*disposizione*) Bestimmun *f*; **-e** *pl* ***vigenti*** geltende Bestimmun gen *f/pl*; **-e** *pl* ***per l'uso*** Gebrauchsar weisungen *f/pl*; **-e** *pl* ***di circolazion*** Verkehrsvorschriften *f/pl*; ***a*** ~ ***di legg*** laut Gesetz
norm|ale [nor'maːle] normal; üblicl **~alità** [-mali'ta] *f* Normalität *f*; **~ali zare** [-malid'dzaːre] normalisieren
Normandia [norman'diːa] *f* Normar die *f*
norvegese [norve'dʒeːse] **1.** *adj* no wegisch; **2.** *m* Norwegisch(e) *n*; *m/f* Norweger(in) *m(f)*
Norvegia [nor'vɛːdʒa] *f* Norwegen *n*
nostalgia [nostal'dʒiːa] *f* Sehnsucht (***di*** nach *dat*); Heimweh *n*
nostr|ale [nos'traːle], **~ano** [-'traːn einheimisch; Landes…
nostro ['nɔstro] **1.** *adj pron* unser; ***i genitori*** unsere Eltern; **2.** *m* Unsri *n*; unsere Habe *f*
nota ['nɔːta] *f* Anmerkung *f*, Notiz (*postilla*) Fußnote *f*; (*elenco*) Ve zeichnis *n*; *econ* Rechnung *f*; *mus*

pol Note *f*; ***degno di ~*** bemerkenswert; ***prendere ~ di qc*** sich (*dat*) eine Notiz über et (*acc*) machen; von et Kenntnis nehmen

otaio [no'taːio] *m* (*pl -ai*) Notar *m*

otare [no'taːre] (*1c*) (*prendere nota*) notieren, aufschreiben; (*osservare*) bemerken; ***Le faccio ~ che*** ich mache Sie darauf aufmerksam, dass

ot|ariato [notari'aːto] *m* Notariat *n*; **~arile** [-ta'riːle] notariell; Notariats…; ***diritti*** *m/pl* ***-i*** Notariatsgebühren *f/pl*

otebook [noːt'buk] *m inform* Notebook *n*

ot|evole [no'teːvole] *m* bemerkenswert; beachtlich; **~ificare** [-tifi'kaːre] (*1m u d*) mitteilen; anmelden

ot|izia [no'tiːtsia] *f* Nachricht *f*, Meldung *f*; (*novità*) Neuigkeit *f*; (*informazione*) Auskunft *f*; ***-e pl sportive*** Sportnachrichten *f/pl*; ***le ultime -e*** die letzten Nachrichten; **~iziario** [-titsi'aːrio] *m* (*pl -ri*) *rad*, *TV* Nachrichten *f/pl*

oto ['nɔːto] bekannt; berühmt; ***rendere ~*** bekannt geben, mitteilen

otorio [no'tɔːrio] (*pl -ri*) allgemein bekannt, notorisch; *jur* ***atto*** *m* **~** Zeugenurkunde *f*

ottata [not'taːta] *f* Nacht *f*; ***fare la ~*** die Nacht aufbleiben

otte ['nɔtte] *f* Nacht *f*; ***di ~*** nachts; ***buona ~!*** gute Nacht!; ***nel cuore della ~*** mitten in der Nacht

otturno [not'turno] nächtlich; Nacht…; ***ore*** *f/pl* ***-e*** Nachtstunden *f/pl*; ***volo*** *m* **~** Nachtflug *m*

ɔvanta [no'vanta] neunzig

ɔve ['nɔːve] neun

ɔvecento [nove'tʃɛnto] *adj* neunhundert

ovecento [nove'tʃɛnto] *m* zwanzigstes Jahrhundert *n*

ɔvella [no'vɛlla] *f* Novelle *f*; Erzählung *f*

ɔvembre [no'vɛmbre] *m* November *m*

ov|ità [novi'ta] *f* Neuheit *f*; Neuigkeit *f*; **~izio** [-'viːtsio] (*pl -zi*) **1.** *adj* neu; unerfahren; **2.** *m* Neuling *m*; *rel* Novize *m*

ɔzze ['nɔttse] *f/pl* Hochzeit *f*; ***seconde ~*** zweite Ehe *f*

. nostro unser (*Briefstil*)

N.T. ***Nuovo Testamento*** Neues Testament (*abbr* N.T.)

NU[1] ***Nazioni Unite*** Vereinte Nationen (*abbr* UN); ***nettezza urbana*** Städtische Müllabfuhr

NU[2] ***Nuoro*** Nuoro

nube ['nuːbe] *f* Wolke *f*

nubifragio [nubi'fraːdʒo] *m* (*pl -gi*) Wolkenbruch *m*

nubile ['nuːbile] *donna* ledig

nuca ['nuːka] *f* (*pl -che*) Nacken *m*

nucleare [nukle'aːre] Kern…, Atom…, nuklear; ***armi*** *f/pl* ***-i*** Atom-, Kernwaffen *f/pl*; ***centrale*** *f* **~** Atomkraftwerk *n*; ***fisica*** *f* **~** Atomphysik *f*; ***energia*** *f* **~** Atomenergie *f*

nucleo ['nuːkleo] *m* Kern *m*; *fis* Atomkern *m*; *pol* Zelle *f*; *fig* Gruppe *f*

nud|ismo [nu'dizmo] *m* Freikörperkultur *f* (FKK); **~ista** [-'dista] *m/f* (*m/pl -i*) Nudist(in) *m*(*f*); FKKler(in) *m*(*f*); **~ità** [-di'ta] *f* Nacktheit *f*; *fig* Kahlheit *f*

nudo ['nuːdo] **1.** *adj* nackt; bloß; (*spoglio*) kahl; ***a occhio ~*** mit bloßem Auge; **2.** *m arte* Akt *m*

null|a ['nulla] **1.** *adv* nichts; ***cosa*** *f* ***da ~*** Kleinigkeit *f*; ***per ~*** durchaus nicht; ***non per ~*** nicht ohne Grund; **2.** *m* Nichts *n*; ***un bel ~*** rein gar nichts; **~aosta** [-la'ɔsta] *m* Genehmigung *f*

nullo ['nullo] *adj* nichtig; ungültig; ***partita*** *f* ***-a*** unentschiedener Kampf *m*; ***dichiarare ~*** für ungültig erklären

numer|ale [nume'raːle] *m* Zahlwort *n*; **~are** [-'raːre] (*1l*) aufzählen; nummerieren; **~ato** [-'raːto] nummeriert; **~atore** [-ra'toːre] *m* Zähler *m*

numerico [nu'mɛːriko] (*pl -ci*) numerisch

numero ['nuːmero] *m* Zahl *f*, Nummer *f*; (*cifra*) Ziffer *f*; (*quantità*) Anzahl *f*; (Schuh)Größe *f*; *Bus*, *Tram* Linie *f*; ***~ di casa*** Hausnummer *f*; ***~ di codice postale*** Postleitzahl *f*; ***~ d'ordine*** Bestellnummer *f*; ***~ di volo*** Flugnummer *f*; ***~ segreto*** Geheimzahl *f*; ***~ di targa*** Autonummer *f*; ***~ di telefono*** Telefonnummer *f*; *tel* ***sbagliare il ~*** sich (*acc*) verwählen; *tip* ***~ unico*** Sonderausgabe *f*; ***~ legale*** Beschlussfähigkeit *f*; ***in gran ~*** zahlreich; F ***dare i -i*** F spinnen

numeroso [nume'roːzo] zahlreich

nuocere [nu'ɔːtʃere] (*3ii*) schaden

nuora [nu'ɔːra] *f* Schwiegertochter *f*
nuot|are [nuo'taːre] (*1c*) schwimmen; ***ho nuotato*** ich bin geschwommen; **~ata** [-'taːta] *f* Schwimmen *n*; **~atore** [-ta'toːre] *m* Schwimmer *m*; ***non ~*** Nichtschwimmer *m*
nuoto [nu'ɔːto] *m* Schwimmen *n*; ***a ~*** schwimmend
nuovamente [nuova'mente] wieder, nochmals
Nuova Zelanda [nu'ɔːva dze'landa] *f* Neuseeland *n*
nuovo [nu'ɔːvo] **1.** *adj* neu; unerfahren; ***di ~*** wieder, nochmals; ***essere ~ in una città*** in e-r Stadt fremd sein; ***~ fiammante*** funkelnagelneu; ***un viso ~*** ein unbekanntes Gesicht; **2.** *m* Neue(s) *n*; ***che c'è di ~?*** was gibt es Neues?
nutr|iente [nutri'ɛnte] nahrhaft; **~imento** [-tri'mento] *m* Nahrung *f*; **~ire** [-'triːre] (*4d od 4a*) (er)nähren (***di*** mit); **~irsi** [-'trirsi] sich ernähren (***di*** von); **~itivo** [-tri'tiːvo] nahrhaft
nuvola ['nuːvola] *f* Wolke *f*; ***senza -e*** wolkenlos; *fig* ***cascare dalle -e*** aus allen Wolken fallen
nuvoloso [nuvo'loːzo] bewölkt, wolkig
nylon® ['nailon] *m* Nylon® *n*

O

o [o] *cj* oder; ***~ ... ~*** entweder … oder; ***~ che ..., ~ che*** sei es, dass … oder
O ***ovest*** Westen (*abbr* W)
oasi ['ɔːazi] *f* Oase *f*
obbedire → ***ubbidire***
obblig|are [obbli'gaːre] (*1l, c u e*) verpflichten; zwingen; **~atorio** [-ga'tɔːrio] (*pl -ri*) obligatorisch; ***materia f -a*** Pflichtfach *n*; **~azione** [-gatsi'oːne] *f* Verpflichtung *f*; *econ* Obligation *f*; Schuldschein *m*; ***~ bancaria*** Bankschuldverschreibung *f*
obbligo ['ɔbbligo] *m* (*pl -ghi*) Verpflichtung *f*; Pflicht *f*; ***-ghi militari*** Militärdienstpflicht *f*; ***d'~*** vorgeschrieben
obesità [obezi'ta] *f* Fettleibigkeit *f*
obeso [o'bɛːzo] fettleibig
obiett|are [obiet'taːre] (*1b*) einwenden; **~ivo** [-'tiːvo] **1.** *adj* objektiv; sachlich; **2.** *m* Ziel *n*; *fot* Objektiv *n*
obiettore [obiet'toːre] *m* ***~ di coscienza*** Kriegsdienstverweigerer *m*
obiezione [obietsi'oːne] *f* Einwand *m*; ***~ di coscienza*** Kriegsdienstverweigerung *f*; ***senza -i*** stillschweigend
obliquo [o'bliːkuo] schräg; schief
obliter|are [oblite'raːre] (*1m*) *biglietto* entwerten; **~atore** [-ra'toːre] *m* Entwerter *m*
oblò [o'blɔ] *m inv mar* Bullauge *n*
oca ['ɔːka] *f* (*pl -che*) Gans *f*
occasion|ale [okkazio'naːle] gelegentlich; **~almente** [-nal'mente] gelegentlich, bei Gelegenheit
occasione [okkazi'oːne] *f* Gelegenhei[t] *f*; *econ* Gelegenheitskauf *m*; ***automobile f d'~*** Gebrauchtwagen *m*; ***coglie[re] l'~*** die Gelegenheit ergreifen; ***in ~ d[i]*** anlässlich (*gen*)
occhi|aia [okki'aːia] *f* Augenhöhle *f*; ***-[e]*** *pl* Augenringe *pl*; **~ali** [-ki'aːli] *m/p[l]* Brille *f*; ***~ da sole*** Sonnenbrille *f*; **~ata** [-ki'aːta] *f* Blick *m*; ***dare un'~ [a] qc*** auf et (*acc*) einen Blick werfen; **~e[l]lo** [-ki'ɛllo] *m* Knopfloch *n*; Öse *f*
occhio ['ɔkkio] *m* (*pl -cchi*) Auge *n*; Blick *m*; ***a ~ nudo*** mit bloßen Auge[n]; ***a ~ e croce*** schätzungsweise; ***dar[e] nell'~*** auffallen; ***a quattr' -i*** unter vie[r] Augen
occid|entale [ottʃiden'taːle] westlich; West…; ***Europa f ~*** Westeuropa *n*; **~ente** [-'dɛnte] *m* Westen *m*; ***a ~*** wes[t]lich
occorr|ente [okkor'rɛnte] **1.** *adj* erfor[]derlich; **2.** *m* Nötige *n*; ***~ per scriver[e]*** Schreibzeug *n*; **~enza** [-'rɛntsa] *f* Bedarfsfall *m*; Gelegenheit *f*; ***all'~*** b[ei] Bedarf
occorrere [ok'korrere] (*3o*) erforde[r]lich sein, nötig sein; (*accadere*) gesche[]hen; ***mi occorre*** ich brauche; ***Le oc[]corre altro?*** brauchen Sie noch e[t]was?; ***occorre*** man muss; ***non occo[r]re!*** es ist nicht notwendig!
occup|are [okku'paːre] (*1l u c*) einne[h]men; besetzen; j-n beschäftigen; **~ar[si]** [-'parsi] sich beschäftigen (***di*** mit); ***~ [...]***

qu sich um j-n kümmern; **~ato** [-'pa:to] *luogo, tel* besetzt; *persona* beschäftigt; **~azione** [-patsi'o:ne] *f* Besetzung *f*; (*attività*) Beschäftigung *f*; (*impiego*) Arbeit *f*

Oceania [otʃe'a:nia] *f* Ozeanien *n*

oceano [o'tʃɛ:ano] *m* Ozean *m*

OCSE ***Organizzazione per la Cooperazione e lo Sviluppo Economico*** Organisation für wirtschaftliche Zusammenarbeit und Entwicklung (*abbr* OECD)

oculista [oku'lista] *m* (*pl -i*) Augenarzt *m*

od = ***o*** (*vor Vokalen*)

odi|are [odi'a:re] (*1k*) hassen; **~ato** [-di'a:to] verhasst

odierno [odi'ɛ:rno] heutig

odio ['ɔ:dio] *m* Hass *m*

odioso [odi'o:zo] verhasst; widerlich

odontotecnico [odonto'tɛkniko] *m* (*pl -ci*) Zahntechniker *m*

odor|are [odo'ra:re] (*1a*) **1.** *v/t* riechen an (*dat*), beriechen; *fig* ahnen; **2.** *v/i* riechen (***di*** nach *dat*); **~ato** [-'ra:to] *m* Geruchssinn *m*

odore [o'do:re] *m* Geruch *m*, Duft *m*; *gastr* **-i** *pl* Küchenkräuter *n/pl*

odoroso [odo'ro:zo] (wohl)riechend

offend|ere [of'fɛndere] (*3c*) beleidigen; (*ferire*) verletzen; **~ersi** [-dersi] sich gekränkt fühlen

offen|siva [offen'si:va] *f* Offensive *f*; Angriff *m*; **~sivo** [-'si:vo] beleidigend; verletzend

off|erente [offe'rɛnte] *m* Bieter *m*; ***maggior ~*** Meistbietende(r) *m*; **~erta** [-'fɛrta] *f* Angebot *n*; (*dono*) Spende *f*; ***~ d'impiego*** Stellenangebot *n*; ***~ di merce*** Warenangebot *n*; ***~ speciale*** Sonderangebot *n*

off|esa [of'fe:sa] *f* Beleidigung *f*, Verletzung *f*; **~eso** [-so] → ***offendere***

officina [offi'tʃi:na] *f* Werkstatt *f*; ***~ convenzionata*** Vertragswerkstatt *f*; ***~ di riparazioni*** Reparaturwerkstatt *f*

offrire [of'fri:re] (*4f u c*) anbieten; darbieten; *econ* bieten

oggettivo [oddʒet'ti:vo] objektiv, sachlich

oggetto [od'dʒɛtto] *m* Gegenstand *m*; Objekt *n* (*a gram*); ***-i pl di valore*** Wertsachen *f/pl*

oggi ['ɔddʒi] heute; ***d'~*** heutig; ***da ~ a domani*** von heute auf morgen; ***~ stesso*** heute noch; ***da ~ in poi*** von heute an; ***~ come ~*** heutzutage

oggigiorno [oddʒi'dʒorno] heutzutage

OGM ***Organismo Geneticamente Modificato*** gentechnisch veränderte Organismen (*abbr* GVO)

ogni ['o:ɲi] jeder, jede, jedes; ***~ giorno*** jeden Tag; ***~ tanto*** ab und zu; ***~ sei giorni*** alle sechs Tage

Ogn|issanti [oɲis'santi] *m inv* Allerheiligen *n*; **♀uno** [o'ɲu:no] jedermann

oh! [ɔ:] o!; oh!; ach!

Olanda [o'landa] *f* Holland *n*

olandese [olan'de:se] **1.** *adj* holländisch; **2.** *m* Holländisch(e) *n*; **3.** *m/f* Holländer(in) *m(f)*

oleandro [ole'andro] *m* Oleander *m*

oleoso [ole'o:zo] ölig; ölhaltig

olfatto [ol'fatto] *m* Geruchssinn *m*

oliare [oli'a:re] (*1k*) ölen, schmieren

oliera [oli'ɛ:ra] *f* Öl- und Essigständer *m*

olimpiade [olim'pi:ade] *f* Olympiade *f*; ***~ invernale*** Winterolympiade *f*

olimpionico [olimpi'ɔ:niko] (*pl -ci*) **1.** *adj* olympisch; **2.** *m* Olympiasieger *m*

olio ['ɔ:lio] *m* (*pl -li*) Öl *n*; ***~ lubrificante*** Motorenöl *n*; ***~ per il cambio*** Getriebeöl *n*; ***~ vergine d'oliva*** reines Olivenöl *n*; ***~ solare*** Sonnenöl *n*

oliv|a [o'li:va] *f* Olive *f*; **~o** [-vo] *m* Olivenbaum *m*

olmo ['olmo] *m* Ulme *f*

OLP ***Organizzazione per la Liberazione della Palestina*** Palästinensische Befreiungsorganisation (*abbr* PLO)

oltraggi|are [oltrad'dʒa:re] (*1f*) beschimpfen; beleidigen; **~o** [-'traddʒo] *m* (*pl -ggi*) Beschimpfung *f*, Beleidigung *f*

oltre ['oltre] **1.** *prp* außer (*dat*); jenseits (*gen*); über (*dat od acc*); **2.** *adv* weiter; ***andare ~*** weitergehen

oltre|mare [oltre'ma:re]: ***d'~*** aus Übersee; **~passare** [-pas'sa:re] (*1a*) überschreiten

omaggio [o'maddʒo] *m* (*pl -ggi*) Huldigung *f*; (*dono*) Geschenk *n*; ***copia f (in) ~*** Freiexemplar *n*; ***~ pubblicitario*** Werbegeschenk *n*; ***i miei -i …*** m-e Empfehlungen *f/pl* …

ombelico [ombe'li:ko] *m* (*pl -chi*) Bauchnabel *m*

ombra ['ombra] *f* Schatten *m*; *fig* Spur *f*; ***all'~*** im Schatten

ombr|ello [om'brɛllo] *m* Regenschirm *m*; **~ellone** [-brel'loːne] *m* Strand-, Garten-, Sonnenschirm *m*; **~etto** [-'bretto] *m* Lidschatten *m*

ombroso [om'broːzo] schattig

omelette [ome'lɛt] *f* Omelett(e) *n(f)*

omeop|atia [omeopa'tiːa] *f* Homöopathie *f*; **~atico** [-'paːtiko] (*pl -ci*) homöopathisch

omero ['ɔːmero] *m* Oberarmknochen *m*

omesso [o'messo] → ***omettere***

omettere [o'mettere] (*3ee*) auslassen; unterlassen

om|icida [omi'tʃiːda] (*m/pl -di*) **1.** *adj* mörderisch; **2.** *m/f* Mörder(in) *m(f)*; **~icidio** [-mi'tʃiːdio] *m* (*pl -di*) Mord *m*; ***~ colposo*** fahrlässige Tötung *f*; ***tentato ~*** Mordversuch *m*

omog|eneizzato [omodʒeneid'dzaːto] *m* Kinderfertignahrung *f*; **~eneo** [-'dʒɛːneo] homogen, gleichartig

omolog|are [omolo'gaːre] (*1m, c u e*) bestätigen; (*veicoli*) zulassen; **~ato** [-'gaːto] zugelassen

omonimo [o'mɔːnimo] **1.** *adj* gleichnamig; **2.** *m* Namensvetter *m*

omosessuale [omosessu'aːle] **1.** *adj* homosexuell; **2.** *m/f* Homosexuelle(r) *m/f(m)*

OMS ***Organizzazione Mondiale della Sanità*** Weltgesundheitsorganisation (*abbr* WHO)

O

on. ***onorevole*** Parlamentsabgeordneter

onda ['onda] *f* Welle *f*; *fig* Flut *f*; ***-e*** *pl* ***corte*** Kurzwellen *f/pl*; ***-e*** *pl* ***ultracorte*** Ultrakurzwellen *f/pl*; ***~ media*** Mittelwelle *f*; ***~ verde*** grüne Welle *f*; *rad* ***andare in ~*** gesendet werden

ondata [on'daːta] *f* Sturzwelle *f*; *fig* Welle *f*; ***~ di caldo*** Hitzewelle *f*; ***~ di freddo*** Kältewelle *f*; Kaltwelle *f*

ondeggiare [onded'dʒaːre] (*1f*) wogen; schwanken

ondulato [ondu'laːto] wellig, gewellt

on|està [ones'ta] *f* Ehrlichkeit *f*; **~esto** [o'nɛsto] ehrlich, anständig

ONG ***Organizzazione non Governativa*** nicht-staatliche Einrichtung

onice ['ɔːnitʃe] *m* Onyx *m*

online ['ɔnlaɪn] online; ***servizio*** *m* ***~*** *inform* Onlinedienst *m*

onni|potente [onnipo'tɛnte] allmächtig; **~presente** [-pre'zɛnte] allgegenwärtig

onnivoro [on'niːvoro] **1.** *adj* alles fressend; **2.** ***-i*** *m/pl* Allesfresser *m/pl*

onomastico [ono'mastiko] *m* (*pl -ci* Namenstag *m*

onor|are [ono'raːre] (*1a*) ehren; beehren (***di*** mit); *econ* honorieren; **~ario** [-'raːrio] (*pl -ri*) **1.** *adj* Ehren…; ***membro*** *m* ***~*** Ehrenmitglied *n*; **2.** *m* Honorar *n*; Vergütung *f*; **~ato** [-'raːto] angesehen, geachtet

onore [o'noːre] *m* Ehre *f*; ***in ~ di*** zu Ehren von

onor|evole [ono'reːvole] **1.** *adj* rühmlich; ehrenwert; **2.** ***Onorevole*** *m* *Titel der Parlamentsmitglieder*; **~ificenza** [-rifi'tʃɛntsa] *f* Auszeichnung *f*; Orden *m*

ONU ***Organizzazione delle Nazioni Unite*** Organisation der Vereinten Nationen (*abbr* UNO)

OPA ***Offerta Pubblica di Acquisto*** (***d… azioni di società***) Angebot des Er… werbs von Aktien

op|acità [opatʃi'ta] *f* Undurchsichtigkeit *f*; **~aco** [-'paːko] (*pl -chi*) matt undurchsichtig; lichtundurchlässig

op.cit. ***opera citata*** ebenda (*abbr* ebd…

opera ['ɔːpera] *f* Werk *n*, Arbeit *f*; *mu…* Oper *f*; Opernhaus *n*; ***~ d'arte*** Kunstwerk *n*

oper|are [ope'raːre] (*1l u c*) **1.** *v/t* tun; vollbringen; (*produrre*) bewirken; *med* operieren; **2.** *v/i* handeln; wirken; **~ativo** [-ra'tiːvo] operativ; angewandt; (*valido*) gültig, wirksam; **~atore** [-ra'toːre] *m rad, TV* Techniker *m*; *inform* Operator *m*; (*a ~ cinematografico*) Kameramann *m*; ***~ sociale*** Sozialarbeiter *m*; ***~ turistico*** Reiseveranstalter *m*; **~azione** [-ratsi'oːne] Operation *f*; **~etta** [-'retta] *f* Operette *f*; **~oso** [-'roːzo] tätig; arbeitsam

opinione [opini'oːne] *f* Meinung *f*; ***secondo la tua ~*** deiner Meinung nach

oppio ['oppio] *m* Opium *n*

opp|orre [op'porre] (*3ll*) entgegensetzen; ***~ resistenza*** Widerstand leisten; **~orsi** [-'porsi] sich widersetzen; *j…* Einspruch erheben

opport|unità [opportuni'ta] *f* Gelege…

heit *f*; ***pari ~ pl*** Chancengleichheit *f*; **~uno** [-'tuːno] angebracht; zweckmäßig; günstig; ***al momento ~*** bei passender Gelegenheit

opp|osizione [oppozitsi'oːne] *f* Gegenüberstellung *f*; *pol* Opposition *f*; **~osto** [-'posto] **1.** → ***opporre***; **2.** *adj* entgegengesetzt; gegenüberliegend; ***all'~*** im Gegenteil

oppr|essione [oppressi'oːne] *f* Unterdrückung *f*; *fig* Beklemmung *f*; **~imente** [-pri'mɛnte] drückend, niederdrückend; *fig* beklemmend; **~imere** [-'priːmere] (*3r*) bedrücken; unterdrücken

oppure [op'puːre] oder (auch); andernfalls

optare [op'taːre] (*1c*) sich entscheiden für

opuscolo [o'puskolo] *m* Broschüre *f*; Prospekt *m*

opzione [optsi'oːne] *f* Option *f*; ***~ zero*** Nulllösung *f*

OR ***Oristano*** Oristano

ora ['oːra] **1.** *f* Stunde *f*; ***che ~ è?*** (*od* ***che -e sono?***) wie viel Uhr ist es?; ***~ legale*** Sommerzeit *f*; ***~ locale*** Ortszeit *f*; ***-e pl straordinarie*** Überstunden *f/pl*; ***-e pl di punta*** Hauptverkehrszeit *f*, Stoßzeiten *f/pl*; ***di buon'~*** frühzeitig; **2.** *adv* jetzt; nun; ***or ~*** gleich; eben; ***per ~*** vorläufig; ***~ come ~*** unter diesen Umständen; ***d'~ in poi*** von nun an

orafo ['ɔːrafo] *m* Goldschmied *m*

orale [o'raːle] mündlich

orario [o'raːrio] (*pl -ri*) **1.** *adj* stündlich; Stunden…; *rad* ***segnale m ~*** Zeitzeichen *n*; **2.** *m* Zeit-, Stundenplan *m*; *fer*, *bus* Fahrplan *m*; *avia* Flugplan *m*; *fer a* Kursbuch *n*; ***~ di apertura*** Öffnungszeit *f*; ***~ di chiusura dei negozi*** Ladenschlusszeit *f*; ***~ di sportello*** Schalterstunden *f/pl*; ***~ flessibile*** Gleitzeit *f*; ***in ~*** pünktlich; fahrplanmäßig

orata [o'raːta] *f* Goldbrasse *f*

orat|ore [ora'toːre] *m* Redner *m*; **~orio** [-'tɔːrio] *m* (*pl -ri*) Oratorium *n*

orbita ['ɔrbita] *f* Bahn *f*; *astr* Kreisbahn *f*; *anat* Augenhöhle *f*

orchestra [or'kɛstra] *f* Orchester *n*

orchidea [orki'dɛːa] *f* Orchidee *f*

ordigno [or'diːɲo] *m* Gerät *n*; Mechanismus *m*; ***~ esplosivo*** Sprengkörper *m*

ordinale [ordi'naːle] *m* (*a numero m ~*) Ordnungszahl *f*

ordinamento [ordina'mento] *m* Ordnung *f*; ***~ sociale*** Gesellschaftsordnung *f*

ordinare [ordi'naːre] (*1l*) ordnen, in Ordnung bringen; (*comandare*) befehlen; *merce*, *cibi* bestellen; *med* verordnen

ordin|ario [ordi'naːrio] (*pl -ri*) alltäglich; normal; ordentlich; (*scadente*) ordinär, gewöhnlich; **~ato** [-'naːto] ordentlich

ordinazione [ordinatsi'oːne] *f econ* Bestellung *f*; ***lettera f d'~*** Bestellbrief *m*; ***dietro ~*** auf Bestellung

ordine ['ordine] *m* Ordnung *f*; (*successione*) Reihenfolge *f*; (*comando*) Befehl *m*; (*categoria*) Rang *m*; *rel* Orden *m*; *econ* Auftrag *m*, Bestellung *f*; ***~ alfabetico*** alphabetische Reihenfolge *f*; ***~ dall'estero*** Auslandsauftrag *m*; ***~ di pagamento*** Zahlungsanweisung *f*; ***di prim'~*** erstklassig; ***~ del giorno*** Tagesordnung *f*; ***l'~ dei medici*** die Ärztekammer *f*; ***~ permanente*** Dauerauftrag *m*

orecchino [orek'kiːno] *m* Ohrring *m*

orecchio [o'rekkio] *m* (*pl -cchi od -cchie*) Ohr *n*; *mus* Gehör *n*; ***a ~*** nach dem Gehör; ***orecchie a sventola*** abstehende Ohren *n/pl*

orecchioni [orekki'oːni] *m/pl* Mumps *m*, Ziegenpeter *m*

or|efice [o'reːfitʃe] *m* Goldschmied *m*; **~eficeria** [-refitʃe'riːa] *f* Goldschmiedekunst *f*, Goldarbeit *f*; (*gioielleria*) Juweliergeschäft *n*

orfano ['ɔrfano] **1.** *adj* verwaist; **2.** *m* Waisenkind *n*

organico [or'gaːniko] (*pl -ci*) organisch

organ|ismo [orga'nizmo] *m* Organismus *m*; **~ista** [-'nista] *m/f* (*m/pl -i*) Organist(in) *m*(*f*); **~izzare** [-nid'dzaːre] (*1a*) organisieren; veranstalten; **~izzazione** [-niddzatsi'oːne] *f* Organisation *f*, Veranstaltung *f*

organo ['ɔrgano] *m* Organ *n*; *mus* Orgel *f*

orgasmo [or'gazmo] *m* Orgasmus *m*

org|oglio [or'gɔːʎo] *m* Stolz *m*; **~oglio-**

O

so [-go'ʎoːzo] stolz
orient|abile [orien'taːbile] einstellbar; **~ale** [-'taːle] **1.** *adj* östlich; Ost…; (*dell'Oriente*) orientalisch; **2.** *m* Orientale *m*; **~amento** [-ta'mento] *m* Orientierung *f*; **~ *professionale*** Berufsberatung *f*; **~are** [-'taːre] (*1b*) *v/t* richten (***a*** nach); **~arsi** [-'tarsi] sich orientieren; *fig* sich zuwenden
oriente [ori'ɛnte] *m* Osten *m*, Orient *m*; ***Medio Oriente*** Mittlerer Osten *m*; ***Vicino Oriente*** Naher Osten *m*; ***a ~ di*** östlich von
origano [o'riːgano] *m* Origano *m*
origin|ale [oridʒi'naːle] **1.** *adj* ursprünglich; originell, einzigartig; **2.** *m* Original *n* (*a fig*); Vorlage *f*; Urtext *m*; **~ario** [-'naːrio] (*pl -ri*) ursprünglich; *persona* gebürtig (***di, da*** aus); ***essere ~ di*** stammen aus
origine [o'riːdʒine] *f* Ursprung *m*; Herkunft *f*; ***in ~*** ursprünglich
origliare [ori'ʎaːre] (*1g*) horchen, lauschen
orizzontale [oriddzon'taːle] horizontal, waagerecht
orizzonte [orid'dzonte] *m* Horizont *m*
orlare [or'laːre] (*1a*) säumen
orlo ['orlo] *m* Rand *m*; *di vestito* Saum *m*
orma ['orma] *f* Spur *f*, Fußstapfe *f*
ormai [or'mai] nunmehr
ormone [or'moːne] *m* Hormon *n*
ornamento [orna'mento] *m* Ornament *n*; Verzierung *f*
ornare [or'naːre] (*1a*) schmücken; verzieren
oro ['ɔːro] *m* Gold *n*; ***d'~*** golden
orol|ogeria [orolodʒe'riːa] *f* Uhrengeschäft *n*; **~ogiaio** [-lo'dʒaːio] *m* (*pl -ai*) Uhrmacher *m*; **~ogio** [-'lɔːdʒo] *m* (*pl -gi*) Uhr *f*; ***~ al quarzo*** Quarzuhr *f*; ***~ da polso*** Armbanduhr *f*; ***~ da tasca*** Taschenuhr *f*; ***~ digitale*** Digitaluhr *f*; ***~ subacqueo*** Taucheruhr *f*
oroscopo [o'rɔskopo] *m* Horoskop *n*
orr|endo [or'rɛndo] fürchterlich; **~ibile** [-'riːbile] schrecklich; entsetzlich
orrore [or'roːre] *m* Entsetzen *n*; Abscheu *m* (***di*** vor *dat*); ***avere in ~ qc*** et verabscheuen
Orsa ['orsa] *f* ***~ maggiore*** Großer Bär *m*; ***~ minore*** Kleiner Bär *m*
orsacchiotto [orsakki'ɔtto] *m* junger Bär *m*; ***~ (di stoffa)*** Teddybär *m*
orso ['orso] *m* Bär *m*; *fig* ungeschliffener, ungeselliger Mensch *m*; ***~ bianco*** Eisbär *m*
ortaggio [or'taddʒo] *m* (*pl -ggi*) Gemüse *n*
ortica [or'tiːka] *f* (*pl -che*) Brennnessel *f*; *fig* ***gettare qc alle -che*** et an den Nagel hängen
orticaria [orti'kaːria] *f* Nesselfieber *n*
orto ['ɔrto] *m* Gemüsegarten *m*; ***~ botanico*** botanischer Garten *m*
orto|dosso [orto'dɔsso] orthodox; **~grafia** [-gra'fiːa] *f* Rechtschreibung *f*
ortolano [orto'laːno] *m* Gemüsegärtner *m*; Gemüsehändler *m*
ortop|edia [ortope'diːa] *f* Orthopädie *f*; **~edico** [-'pɛːdiko] (*pl -ci*) **1.** *adj* orthopädisch; **2.** *m* Orthopäde *m*
orzaiolo [ordzai'ɔːlo] *m* Gerstenkorn *n*
orzata [or'dzaːta] *f* Mandelmilch *f*
orzo ['ɔrdzo] *m* Gerste *f*; ***~ perlato*** Graupe *f*
osare [o'zaːre] (*1c*) wagen
osceno [oʃ'ʃɛːno] obszön
oscill|are [oʃʃil'laːre] (*1a*) schwanken; *fis* schwingen; **~azione** [-latsi'oːne] *f* Schwankung *f*; Schwingung *f*; ***~ dei prezzi*** Preisschwankung *f*
oscur|are [osku'raːre] (*1a*) verdunkeln; **~ità** [-ri'ta] *f* Dunkelheit *f*, Finsternis *f*; *fig* Unklarheit *f*; ***nell'~*** im Dunkel
oscuro [os'kuːro] **1.** *adj* dunkel, finster; (*sconosciuto*) unbekannt; **2.** *m* Dunkel *n*; ***essere all'~ di qc*** von et (*dat*) nicht unterrichtet sein
ospedale [ospe'daːle] *m* Krankenhaus *n*
ospit|ale [ospi'taːle] gastfreundlich; **~alità** [-tali'ta] *f* Gastfreundschaft *f*; **~are** [-'taːre] (*1l u c*) beherbergen
ospite ['ɔspite] *m/f* Gast *m*; *chi ospita* Gastgeber(in) *m*(*f*)
ospizio [os'piːtsio] *m* (*pl -zi*) Heim *n*
ossatura [ossa'tuːra] *f* Knochengerüst *n*; *fig, arch* Gerüst *n*
osseo ['ɔsseo] Knochen…, Bein…
osserv|are [osser'vaːre] (*1b*) (*guardare*) beobachten, betrachten; (*rilevare*) bemerken; (*seguire*) befolgen; ***~ una dieta*** eine Diät einhalten; ***Le faccio ~*** ich mache Sie darauf aufmerksam; **~atore** [-va'toːre] *m* Beobachter *m*

~atorio [-va'tɔːrio] *m* (*pl -ri*) Observatorium *n*; **~ *meteorologico*** Wetterwarte *f*; **~azione** [-vatsi'oːne] *f* Beobachtung *f*; Bemerkung *f*; (*obiezione*) Einwand *m*

ossessione [ossessi'oːne] *f* quälender Gedanke *m*; Besessenheit *f*; *psic* Zwangsvorstellung *f*

ossia [os'siːa] oder (auch); das heißt

ossid|abile [ossi'daːbile] oxidierbar; **~are** [-'daːre] (*1l u c*) oxidieren; **~azione** [-datsi'oːne] *f* Oxidation *f*

ossigeno [os'siːdʒeno] *m* Sauerstoff *m*; ***tenda*** *f* ***a*** **~** Sauerstoffzelt *n*

osso ['ɔsso] *m* (*anat pl le ossa*) Knochen *m*, Bein *n*; (Obst)Stein *m*; ***di*** **~** beinern; **~ *sacro*** Kreuzbein *n*; **~ *del collo*** Genick *n*; ***in carne e -a*** aus Fleisch und Blut, leibhaftig

ossobuco [osso'buːko] *m gastr* geschmorte Kalbshaxe *f*

ost|acolare [ostako'laːre] (*1m*) *piani* durchkreuzen; **~ *qu*** j-m Hindernisse bereiten; **~acolo** [-'taːkolo] *m* Hindernis *n*; *sport* Hürde *f*

ostaggio [os'taddʒo] *m* (*pl -ggi*) Geisel *f*; ***in*** **~** als Geisel

oste ['ɔste] *m* Gastwirt *m*

ostello [os'tɛllo] *m* **~ *della gioventù*** Jugendherberge *f*

ost|eria [oste'riːa] *f* Kneipe *f*, Gaststätte *f*; **~essa** [-'tessa] *f* Gastwirtin *f*

ostetric|a [os'tɛːtrika] *f* Hebamme *f*; **~o** [-'tɛːtriko] (*pl -ci*) **1.** *adj* Entbindungs…; **2.** *m* Geburtshelfer *m*

ostia ['ɔstia] *f* Hostie *f*; Oblate *f*

ostile [os'tiːle] feindlich; feindselig

ostilità [ostili'ta] *f* Feindschaft *f*

ostin|arsi [osti'narsi] (*1a*) sich versteifen (***in qc*** auf et *acc*); hartnäckig bestehen (***a*** auf *dat*); **~ato** [-'naːto] hartnäckig; **~azione** [-natsi'oːne] *f* Hartnäckigkeit *f*

ostrica ['ɔstrika] *f* (*pl -che*) Auster *f*

ostr|uire [ostru'iːre] (*4d*) verschließen; verstopfen; **~uito** [-tru'iːto] verstopft; versperrt; **~uzione** [-trutsi'oːne] *f* Verstopfung *f*, Verschließung *f*

otite [o'tiːte] *f* Ohrenentzündung *f*; **~orinolaringoiatra** [-torinolariŋgoi'aːtra] *m* (*pl -i*) Hals-Nasen-Ohren-Arzt *m*

ottano [ot'taːno] *m* Oktan *n*; ***numero*** *m* ***di -i*** Oktanzahl *f*

ottanta [ot'tanta] achtzig

ott|ava [ot'taːva] *f mus* Oktave *f*; **~avo** [-'taːvo] **1.** *adj* achte; **2.** *m* Achtel *n*

ott|enere [otte'neːre] (*2q*) erlangen, erhalten, erreichen; **~engo** [-'tɛŋgo] → ***ottenere***; **~enibile** [-te'niːbile] erhältlich; erreichbar

ottic|a ['ɔttika] *f* Optik *f*; **~o** [-ko] (*pl -ci*) **1.** *adj* optisch; ***nervo*** *m* **~** Sehnerv *m*; **2.** *m* Optiker *m*

ottim|ale [otti'maːle] optimal; **~ismo** [-'mizmo] *m* Optimismus *m*; **~ista** [-'mista] *m/f* (*m/pl -i*) Optimist(in) *m*(*f*); **~istico** [-'mistiko] (*pl -ci*) optimistisch; **~izzare** [-mid'dzaːre] (*1a*) optimieren

ottimo ['ɔttimo] sehr gut, beste

otto ['ɔtto] **1.** *adj* acht; ***oggi a*** **~** heute in acht Tagen; **2.** *m* Acht *f*; **~ *volante*** Achterbahn *f*

ottobre [ot'toːbre] *m* Oktober *m*

ottocento [otto'tʃɛnto] *adj* achthundert

Ottocento [otto'tʃɛnto] *m* 19. Jahrhundert *n*

ottone [ot'toːne] *m* Messing *n*; ***-i*** *pl mus* Blechinstrumente *n/pl*

ottur|are [-'raːre] (*1a*) zu-, verstopfen; *dente* plombieren; **~atore** [-ra'toːre] *m fot* Verschluss *m*; **~azione** [-ratsi'oːne] *f* Verschließung *f*; Füllung *f*; *dente* Plombierung *f*

ottuso [ot'tuːzo] stumpf; *fig* stumpfsinnig

outsourcing [aut'sorsiŋ] *m inv di produzione* Auslagerung *f*

ov|aia [o'vaːia] *f anat* Eierstock *m*; **~ale** [o'vaːle] **1.** *adj* oval; **2.** *m* Oval *n*

ovatta [o'vatta] *f* Watte *f*

overdose [ouvə'dous] *f inv* Überdosis *f*

ovest ['ɔːvest] *m* Westen *m*

ovi|le [o'viːle] *m* Schafstall *m*; **~ni** [o'viːni] *m/pl* Schafe *n/pl*

ovunque [o'vuŋkue] wo(hin) auch immer

ovvero [ov'veːro] oder, oder auch; das heißt

ovvio ['ɔvvio] (*pl ovvi*) selbstverständlich, klar

oziare [otsi'aːre] (*1g*) faulenzen, müßiggehen

ozio ['ɔːtsio] *m* (*pl -zi*) Muße *f*; Müßiggang *m*

ozioso [oːtsi'oːzo] müßig

O

ozono [o'dzɔːno] *m* Ozon *n u m*; ***allarme*** *m* ~ Ozonalarm *m*; ***buco*** *m* ***d'~*** Ozonloch *n*; ***strato*** *m* ***d'~*** Ozonschich *f*

P

p. ***pagina*** Seite (*abbr* S.), ***per ordine*** im Auftrag (*abbr* i. A.)
PA ***Palermo*** Palermo
pacato [pa'kaːto] ruhig
pacchetto [pak'ketto] *m* Päckchen *n*; *econ* Paket *n*; ***un ~ di sigarette*** eine Schachtel Zigaretten; ***~ azionario*** Aktienpaket *n*; ***~ risparmio*** *pol* Sparpaket *n*
pacchiano [pakki'aːno] grob, geschmacklos
pacco ['pakko] *m* (*pl -cchi*) Paket *n*; ***~ assicurato*** Wertpaket *n*; ***~ postale*** Postpaket *n*
pace ['paːtʃe] *f* Friede(n) *m*; ***trattato*** *m* ***di ~*** Friedensvertrag *m*; ***lasciare in ~ qu*** j-n in Ruhe lassen
pace-maker [peis'meikə] *m inv* Herzschrittmacher *m*
pacifico [pa'tʃiːfiko] (*pl -ci*) friedlich; Friedens…
Pacifico [pa'tʃiːfiko] *m* (*a oceano m Pacifico*) Pazifischer Ozean *m*; Pazifik *m*
pacif|ismo [patʃi'fizmo] *m* Pazifismus *m*; **~ista** [-'fista] *m/f* (*m/pl -i*) Pazifist(in) *m(f)*
padella [pa'dɛlla] *f* Pfanne *f*
padiglione [padi'ʎoːne] *m* Halle *f*, Pavillon *m*; Zelt *n*; ***~ fieristico*** Messehalle *f*; ***~ auricolare*** Ohrmuschel *f*
Padova ['paːdova] *f* Padua *n*
padre ['paːdre] *m* Vater *m*; *rel* Pater *m*
padr|igno [pa'driːɲo] *m* Stiefvater *m*; **~ino** [-'driːno] *m* Pate *m*
padr|ona [pa'droːna] *f* Eigentümerin *f*; Chefin *f*; ***~ di casa*** Gastgeberin *f*; Hausfrau *f*; **~onanza** [-dro'nantsa] *f* Herrschaft *f*; (*controllo, conoscenza*) Beherrschung *f*; **~onato** [-dro'naːto] *m* Unternehmertum *n*; **~one** [-'droːne] *m* (*proprietario*) Eigentümer *m*; (*principale*) Chef *m*; (*datore di lavoro*) Arbeitgeber *m*; ***~ di casa*** Hausherr *m*
paes|aggio [pae'zaddʒo] *m* (*pl -ggi*) Landschaft *f*; **~ano** [-'zaːno] **1.** *adj* einheimisch; Landes…; **2.** *m* Dorfbewohner *m*
paese [pa'eːze] *m* Land *n*; (*villaggio*) Dorf *n*; ***~ d'origine*** Herkunftslan *n*; ***~ esportatore*** Exportland *n*; ***-i*** *p* ***in via di sviluppo*** Entwicklungslär der *n/pl*; ***~ membro*** Mitgliedsland *n*; ***~ produttore*** Erzeugerland *n*
Paesi Bassi [pa'eːzi'bassi] *m/pl* Niederlande *n/pl*
paga ['paːga] *f* (*pl -ghe*) (Arbeits)Loh *m*
pagabile [pa'gaːbile] zahlbar; ***~ a vist*** zahlbar bei Sicht
pagamento [paga'mento] *m* Zahlun *f*; Bezahlung *f*; ***~ anticipato*** Voraus zahlung *f*; ***~ in contanti*** Barzahlun *f*; ***~ a rate*** Ratenzahlung *f*; ***~ a saldo*** Restzahlung *f*; ***condizioni*** *f/pl* ***di*** Zahlungsbedingungen *f/pl*; ***a ~*** gebührenpflichtig; ***~ elettronico*** elektronischer Zahlungsverkehr; ***-i*** *pl* ***eco*** Zahlungsverkehr *m*
pag|are [pa'gaːre] (*1e*) zahlen; bezahlen; *fig* belohnen; ***~ anticipatamen*** im Voraus zahlen; ***~ in contanti*** b zahlen; ***~ a rate*** ratenweise zahlen; ***un acconto*** anzahlen; **~ato** [-'gaːt bezahlt
pagina ['paːdʒina] *f* Seite *inform* Webseite *f*; ***a ~*** auf Seite; *pl* ***gialle*** gelbe Seiten *pl*
paglia ['paːʎa] *f* Stroh *n*
paio ['paːio] *m* (*pl le paia*) Paar *n*; ***un di*** ein paar; ***un ~ di pantaloni, di fo bici*** eine Hose, eine Schere
pala ['pala] *f* Schaufel *f*; *mar* Rude blatt *n*; *arte* Altarbild *n*
palanca [pa'laŋka] *f* (*pl -che*) Planke
palasport [pala'spɔrt] *m inv* Sportp last *m*
Palatinato [palati'naːto] *m* Pfalz *f*
palato [pa'laːto] *m* Gaumen *m*
palazzina [palat'tsiːna] *f* Wohnhaus große Villa *f*
palazzo [pa'lattso] *m* Palast *m*; (*iso*

P

to) Wohnhaus *n*, *spreg* Mietskaserne *f*; **~ *comunale*** Rathaus *n*; **~ *di giustizia*** Justizpalast *m*

alco ['palko] *m* (*pl -chi*) Gerüst *n*; *tea* Loge *f*

alcoscenico [palkoʃ'ʃɛːniko] *m* (*pl -ci*) Bühne *f*

alese [pa'leːze] offenbar

alestra [pa'lɛstra] *f* Turnhalle *f*; Fitnessraum *m*

alett|a [pa'letta] *f* kleine Schaufel *f*; *fer* Signalscheibe *f*; **~o** [-to] *m* Riegel *m*

alla ['palla] *f* Kugel *f*; Ball *m*; **~ *di neve*** Schneeball *m*; *fig* ***cogliere la ~ al balzo*** die Gelegenheit beim Schopf ergreifen

alla|canestro [pallaka'nɛstro] *f* Basketball *m*; **~mano** [-'maːno] *f* Handball *m*; **~nuoto** [-nu'ɔːto] *f* Wasserball *m*; **~volo** [-'voːlo] *f* Volleyball *m*

alliativo [pallia'tiːvo] *m* Linderungsmittel *n*

allidezza [palli'dettsa] *f* Blässe *f*

allido ['pallido] bleich, blass

allin|a [pal'liːna] *f* Kügelchen *n*; **~ *da golf*** Golfball *m*; **~ *da tennis*** Tennisball *m*; **~o** [-no] *m* kleiner Ball *m*; kleine Kugel *f*; Malkugel *f*; *munizione* Schrot *m u n*; *fig* Manie *f*; ***avere il ~ della pesca*** begeisterter Angler sein

all|oncino [pallon'tʃiːno] *m* Luftballon *m*; Lampion *m*; **~one** [-'loːne] *m* großer Spielball *m*; *calcio* Fußball *m*; *avia* Ballon *m*; **~ *sonda*** Ballonsonde *f*

allore [pal'loːre] *m* Blässe *f*

allottola [pal'lɔttola] *f* Kugel *f*

alma ['palma] *f bot* Palme *f*; *anat* Handfläche *f*

almo ['palmo] *m* Spanne *f*; *anat* Handfläche *f*; **(*a*) ~ (*a*) ~** Schritt für Schritt

alo ['palo] *m* Pfahl *m*; (Telegrafen-) Mast *m*

alombaro [palom'baːro] *m* Taucher *m*

alp|abile [pal'paːbile] *fig* fühlbar; **~are** [-'paːre] (*1a*) betasten

alpebra ['palpebra] *f* Augenlid *n*

alpit|are [palpi'taːre] (*1l*) klopfen, pochen; **~azione** [-tatsi'oːne] *f* Herzklopfen *n*; *fig* Sorge *f*, Angst *f*

alpito ['palpito] *m* Herzklopfen *n*

altò [pal'tɔ] *m inv* Wintermantel *m*

pal|ude [pa'luːde] *f* Sumpf *m*; **~udoso** [-lu'doːzo] sumpfig; **~ustre** [-'lustre] sumpfig; Sumpf…

panacea [pana'tʃɛːa] *f* Allheilmittel *n*

Panama ['paːnama] *m* Panama *n*

panca ['paŋka] *f* (*pl -che*) (Sitz)Bank *f*

pancarrè [pankar're] *m inv* Kastenbrot *n*

pancetta [pan'tʃetta] *f* Bauchspeck *m*

panch|etto [paŋ'ketto] *m* Schemel *m*; **~ina** [-'kiːna] *f* (Sitz)Bank *f*; *sport* Reservebank *f*

pancia ['pantʃa] *f* (*pl -ce*) Bauch *m*; Leib *m*; ***mal m di ~*** Bauchweh *n*; ***mettere su ~*** einen Bauch bekommen

panci|otto [pan'tʃɔtto] *m* Weste *f*; **~uto** [-'tʃuːto] dickbäuchig

pancreas ['paŋkreas] *m inv* Bauchspeicheldrüse *f*

pane ['paːne] *m* Brot *n*; **~ *bianco*** Weißbrot; **~ *biscottato*** Zwieback *m*; **~ *nero*** (*od* ***di segala***) Schwarz-, Roggenbrot *n*; **~ *misto*** Mischbrot *n*; **~ *integrale*** Vollkornbrot *n*

panett|eria [panette'riːa] *f* Bäckerei *f*; **~iere** [-ti'ɛːre] *m* Bäcker *m*; **~one** [-'toːne] *m* Hefenapfkuchen *m*

panfilo ['panfilo] *m* Jacht *f*; **~ *a motore*** Motorjacht *f*

pangrattato [paŋgrat'taːto] *m* geriebenes Brot *n*, Semmelbrösel *m/pl*

panico ['paːniko] (*pl -ci*) **1.** *adj* panisch; **2.** *m* Panik *f*

paniere [pani'ɛːre] *m* Korb *m*

pan|ificio [pani'fiːtʃo] *m* (*pl -ci*) Bäckerei *f*; **~ino** [-'niːno] *m* Brötchen *n*; **~ *imbottito*** belegtes Brötchen *n*

panna ['panna] *f* Sahne *f*, Rahm *m*; **~ *da cucina*** saure Sahne *f*; **~ *montata*** Schlagsahne *f*

panne ['panne] *f inv* (Auto)Panne *f*; ***essere in ~*** eine Panne haben

pannello [pan'nɛllo] *m* Paneel *n*; *el* Schaltbrett *n*, Schalttafel *f*; **~ *isolante*** Isolierplatte *f*; **~ *solare*** Sonnenkollektor *m*

panno ['panno] *m* Tuch *n*; Lappen *m*; ***-i*** *pl* Wäsche *f*; Kleider *n/pl*; ***essere nei -i di qu*** in j-s Lage sein

pannocchia [pan'nɔkkia] *f* Maiskolben *m*

pannolino [panno'liːno] *m* Windel *f*

panor|ama [pano'raːma] *m* (*pl -i*) Panorama *n*, Rundblick *m*; ***godere un bel***

P

~ e-e schöne Aussicht genießen; **~amica** [-'ra:mika] *f* Überblick *m*, Übersicht *f*; Panoramastraße *f*; *fot* Panoramaaufnahme *f*
pantal|oncini [pantalon'tʃi:ni] *m/pl* kurze Hose *f*; **~oni** [-'lo:ni] *m/pl* Hose *f*; **~ di velluto a coste** Kordhose *f*
pantera [pan'tɛ:ra] *f* Panther *m*
pantofola [pan'tɔ:fola] *f* Pantoffel *m*
pantom|ima [panto'mi:ma] *f* Pantomime *f*; **~imico** [-'mi:miko] (*pl -ci*) pantomimisch
paonazzo [pao'nattso] violett
papa [pa:pa] *m* Papst *m*
papà [pa'pa] *m* Papa *m*, Vati *m*
papale [pa'pa:le] päpstlich
papavero [pa'pa:vero] *m* Mohn *m*
paper|a ['pa:pera] *f zo* junge Gans *f*; *fig* Versprechen *n*; **~o** [-ro] *m* Gänserich *m*
papiro [pa'pi:ro] *m* Papyrus *m*
pappa ['pappa] *f* Brei *m*, Mus *n*; *spreg* Pampe *f*
pappagallo [pappa'gallo] *m* Papagei *m*
paprica ['pa:prika] *f droga alimentare* Paprika *m*
par. ***paragrafo*** Paragraph
parabolica [para'bɔ:lika] *f*: ***antenna ~*** Satellitenschüssel *f*
parabrezza [para'breddza] *m* Windschutzscheibe *f*
paracadut|e [paraka'du:te] *m inv* Fallschirm *m*; **~ista** [-'tista] *m* (*pl -i*) Fallschirmspringer *m*
paracarro [para'karro] *m* Leitplanke *f*
paradentosi [paraden'tɔ:zi] *f* Paradontose *f*
paradiso [para'di:zo] *m* Paradies *n*; ***~ terrestre*** Eden *n*
paradossale [parados'sa:le] paradox
parafango [para'faŋgo] *m* (*pl -ghi*) Kotflügel *m*
parafulmine [para'fulmine] *m* Blitzableiter *m*
paraggi [pa'raddʒi] *m/pl* Umgegend *f*; Umgebung *f*, Nähe *f*; ***nei ~ di*** in der Gegend von
parag|onabile [parago'na:bile] vergleichbar; **~onare** [-go'na:re] (*1a*) vergleichen; **~one** [-'go:ne] *m* Vergleich *m*; ***a ~ di*** im Vergleich zu; ***senza ~*** unvergleichlich
paragrafo [pa'ra:grafo] *m* Abschnitt *m*; Paragraph *m*

paralisi [pa'ra:lizi] *f* Lähmung *f*
paral|itico [para'li:tiko] (*pl -ci*) gelähmt; **~izzare** [paralid'dza:re] (*1a*) lähmen; *fig* lahmlegen
parall|ela [paral'lɛ:la] *f* Parallele *f*; ***-e pl*** (Turn)Barren *m*; **~elo** [-'lɛ:lo] **1.** *adj* parallel; **2.** *m* Parallele *f*
para|luce [para'lu:tʃe] *m inv fot* Sonnenblende *f*; **~lume** [-'lu:me] *m* Lampenschirm *m*
parametro [pa'ra:metro] *m* Parameter *m*
paran|oia [para'nɔ:ia] *f* Paranoia *f*; **~oico** [-'nɔ:iko] (*pl -ci*) paranoisch
parapetto [para'pɛtto] *m* Geländer *n*; *mar* Reling *f*
paraplegico [para'plɛ:dʒiko] (*pl -ci*) **1.** *adj* querschnitt(s)gelähmt; **2.** *m* Querschnitt(s)gelähmte(r) *m*
parare [pa'ra:re] (*1a*) **1.** *v/t* (*ornare*) schmücken; (*proteggere*) schützen (**da** vor *dat*, gegen *acc*); (*scansare*) abwehren; **2.** *v/i* hinzielen
parasole [para'so:le] *m* Sonnenschirm *m*; *fot* Blende *f*
parassita [paras'si:ta] *m* (*m/pl -i*) Parasit *m*; *fig* Schmarotzer *m*
parata [pa'ra:ta] *f* Parade *f*
paraurti [para'urti] *m inv* Stoßstange
parcheggiare [parked'dʒa:re] (*1f*) parken
parch|eggio [par'keddʒo] *m* Parken *n*; Parkplatz *m*; ***~ sotteraneo*** Tiefgarage *f*; ***divieto*** *m* ***di ~*** Parkverbot *n*; **~imetro** [-'ki:metro] *m* Parkuhr *f*
parco[1] ['parko] (*pl -chi*) spärlich, karg; genügsam; ***~ di parole*** wortkarg
parco[2] ['parko] *m* (*pl -chi*) Park *m*; ***~ naturale*** Naturpark *m*; ***~ nazionale*** Nationalpark *m*
parecchio [pa'rekkio] ziemlich viel; ziemlich lange; ***parecchi*** *m/pl*, ***parecchie*** *f/pl* mehrere
pareggiare [pared'dʒa:re] (*1f*) gleichmachen; *conto* ausgleichen; *sport* unentschieden spielen
pareggio [pa'reddʒo] *m* (*pl -ggi*) Ausgleich *m*; *sport* Unentschieden *n*
parente [pa'rɛnte] *m/f* Verwandte(r) *m/f(m)*
parentela [paren'te:la] *f* Verwandtschaft *f*
parentesi [pa'rɛntezi] *f inv* Klammer; (***detto***) ***fra ~*** beiläufig gesagt; *fig* ***ap***

P

re una ~ e-e Zwischenbemerkung einschieben

parere [pa're:re] **1.** *v/i* (*2h*) scheinen, erscheinen; den Anschein haben; ***pare che*** es scheint, dass; ***che Le pare?*** was meinen Sie?; ***a quanto pare*** anscheinend; wie es scheint; ***non mi par vero*** ich kann es kaum glauben; **2.** *m* Ansicht *f*, Meinung *f*; ***a mio*** ~ meiner Meinung nach

parete [pa're:te] *f* Wand *f*; ~ ***divisoria*** Trennwand *f*; ***le -i domestiche*** die eigenen vier Wände

pari ['pa:ri] **1.** *adj* gleich; *mat* gerade; ***al*** ~ ***di*** ebenso wie; ***alla*** ~ auf derselben Stufe; *sport* unentschieden; ***senza*** ~ ohnegleichen; **2.** *m* Gleichgestellte(r) *m*; ***da*** ~ ***a*** ~ wie ein Gleichgestellter

Parigi [pa'ri:dʒi] *f* Paris *n*

parigino [pari'dʒi:no] *adj u m* Pariser *adj u m*

parità [pari'ta] *f* Gleichheit *f*; ~ ***di diritti*** Gleichberechtigung *f*; ***a*** ~ ***di condizioni*** bei gleichen Bedingungen

parka ['parka] *m inv* Parka *m*

parlam|entare [parlamen'ta:re] **1.** *adj* parlamentarisch; ***commissione*** *f* ~ parlamentarischer Ausschuss *m*; **2.** *v/i* (*1a*) verhandeln; **3.** *m* (*pl -ri*) Parlamentarier *m*; **~ento** [-'mento] *m* Parlament *n*; ***Parlamento europeo*** Europäisches Parlament *n*, Europaparlament *n*

parlare [par'la:re] (*1a*) sprechen (***a qu*** -n; ***di qc*** über et *acc*); reden; ~ ***del più e del meno*** von diesem und jenem sprechen; ***parla tedesco?*** sprechen Sie Deutsch?

parmigiano [parmi'dʒa:no] *m* Parmesankäse *m*

parodia [paro'di:a] *f* Parodie *f*

parola [pa'rɔ:la] *f* Wort *n*; ~ ***d'ordine*** Kennwort *n*; ***-e*** *pl* ***incrociate*** Kreuzworträtsel *n*; ***essere di*** ~ sein Wort halten; ***domandare la*** ~ ums Wort bitten; ~ ***per*** ~ wortwörtlich

parolaccia [paro'lattʃa] *f* unanständiges Wort *n*; Schimpfwort *n*

parquet [par'ke] *m inv* Parkettboden *m*

parrocchia [par'rɔkkia] *f* Pfarrei *f*

parroco ['parroko] *m* (*pl -ci*) Pfarrer *m*

parr|ucca [par'rukka] *f* (*pl -cche*) Perücke *f*; **~ucchiere** [-rukki'ɛ:re] *m* Friseur *m*; ~ ***per signora*** Damenfriseur *m*; ~ ***per uomo*** Herrenfriseur *m*

parte ['parte] *f* Teil *m*, Anteil *m*; Seite *f*; *tea* Rolle *f*; *jur* Partei *f*; ~ ***civile*** Privatkläger *m*; ***far*** ~ ***di una società*** e-m Verein angehören; ***prendere*** ~ ***a*** teilnehmen an (*dat*); ***a*** ~ getrennt; extra; ***da*** ~ beiseite; ***da nessuna*** ~ nirgends; ***da tutte le -i*** überall; ***da*** ~ ***mia*** meinerseits; ***in*** ~ teils, teilweise; ***in gran*** ~ zum großen Teil

partecip|ante [partetʃi'pante] *m/f* Teilnehmer(in) *m*(*f*); **~are** [-'pa:re] (*1m*) **1.** *v/t* mitteilen; **2.** *v/i* teilnehmen (***a*** an *dat*); Anteil haben (an *dat*); **~azione** [-patsi'o:ne] *f* (*intervento*) Teilnahme *f*; Beteiligung *f*; (*annuncio*) Anzeige *f*; *econ* Anteil *m*; ~ ***agli utili*** Gewinnbeteiligung *f*

parteggiare [parted'dʒa:re] (*1f*) Partei ergreifen

partenza [par'tɛntsa] *f* Abreise *f*; Abfahrt *f*; *sport* Start *m*; ***essere di*** ~ vor der Abreise stehen; ***pronto per la*** ~ fahrbereit; *fig* ***punto*** *m* ***di*** ~ Ausgangspunkt *m*

participio [parti'tʃi:pio] *m* (*pl -pi*) Partizip *n*

particol|are [partiko'la:re] **1.** *adj* besondere(r); einzeln; ***in*** ~ besonders; **2.** *m* Einzelheit *f*; **~areggiato** [-lared'dʒa:to] ausführlich; **~arità** [-lari'ta] *f* Einzelheit *f*; Eigentümlichkeit *f*

partigiano [parti'dʒa:no] *m* Anhänger *m*; Partisan *m*

partire [par'ti:re] (*4a*) *v/i* abreisen; *fer, auto* abfahren; *avia* abfliegen; *sport u fig* starten; ~ ***per*** reisen nach; ~ ***per l'estero*** ins Ausland fahren

partita [par'ti:ta] *f* Partie *f*; *econ* Posten *m*; *sport* Spiel *n*, Treffen *n*; ~ ***amichevole*** Freundschaftsspiel *n*; ~ ***di calcio*** Fußballspiel *n*

partito [par'ti:to] *m pol* Partei *f*; *fig* (*decisione*) Entschluss *m*; ~ ***d'opposizione*** Oppositionspartei *f*; ***prendere un*** ~ e-n Entschluss fassen; ***ridursi a mal*** ~ sich in einer schlimmen Lage befinden

partitura [parti'tu:ra] *f* Partitur *f*

partner ['partner] *m/f inv* Partner(in) *m*(*f*)

parto ['parto] *m* Entbindung *f*; *fig* Erzeugnis *n*; ***dolori*** *m/pl* ***di*** ~ Geburtswehen *f/pl*

partorire [parto'riːre] (*4d*) gebären; zur Welt bringen; *fig* erzeugen

part time [paːt'taim] **1.** *adj* Teilzeit...; ***lavoro*** *m* **~** Teilzeitbeschäftigung *f*; **2.** *adv* auf Teilzeitbasis

party ['parti] *m* Party *f*, Fest *n*

parziale [partsi'aːle] Teil..., teilweise; *fig* parteiisch, voreingenommen

pascolo ['paskolo] *m* Weide *f*

Pasqua ['paskua] *f* Ostern *n*

passaggio [pas'saddʒo] *m* (*pl -ggi*) Durchgang *m*; *veicolo* Durchfahrt *f*; Durchreise *f*; *mar* Passage *f*; *auto* Mitfahrgelegenheit *f*; *fig* (*cambiamento*) Übergang *m*; ***essere di*** **~** auf der Durchreise sein; **~ *pedonale*** Fußgängerüberweg *m*; **~ *a livello*** Bahnübergang *m*; **~ *a livello incustodito*** unbeschrankter Bahnübergang *m*; ***dare un*** **~ *a qu*** j-n im Auto mitnehmen

passante [pas'sante] *m/f* Passant(in) *m*(*f*); Vorübergehende(r) *f*(*m*)

passaporto [passa'pɔrto] *m* (Reise-) Pass *m*; ***controllo*** *m* ***dei -i*** Passkontrolle *f*

passare [pas'saːre] (*1a*) **1.** *v/i* vorbeigehen, -kommen, -fahren (an *dat*; ***da qu*** bei j-m); gehen, kommen (***per*** durch *acc*); hinübergehen (zu); *sport* passen; *tempo* vergehen; *fiume* durchfließen; **~ *di mente*** entfallen; **~ *di moda*** aus der Mode kommen; ***con il passar del tempo*** im Laufe der Zeit; **~ *per*** gelten für (*acc*); **2.** *v/t confine* überschreiten; durchfahren; (*sorpassare*) überholen; (*porgere*) reichen; (*trascorrere*) verbringen; *tel* ***mi passi Milano*** verbinden Sie mich mit Mailand

P

pass|ata [pas'saːta] *f* **~ *di pioggia*** Regenschauer *m*; **~atempo** [-sa'tɛmpo] *m* Freizeitbeschäftigung *f*; **~ato** [-'saːto] **1.** → ***passare***; **2.** *adj* vergangen; *alimento* verdorben; **3.** *m* Vergangenheit *f*; *gastr* Püree *n*; **~atoia** [-sa'toːia] *f* Läufer *m*

passaverdura [passaver'duːra] *m inv* Passiergerät *n*

passeggero [passed'dʒeːro] **1.** *adj* vorübergehend; flüchtig, vergänglich; **2.** *m* Reisende(r) *m*; Passagier *m*; Fahrgast *m*; *avia* Fluggast *m*

passeggi|are [passed'dʒaːre] (*1f*) spazieren gehen; **~ata** [-'dʒaːta] *f* Spaziergang *m*; Spazierweg *m*

passeggio [pas'seddʒo] *m* (*pl -ggi*) Spaziergang *m*; ***andare a*** **~** spazieren gehen

passe-partout [paspar'tu] *m inv* Hauptschlüssel *m*; Passepartout *n*

passerella [passe'rɛlla] *f* Laufsteg *m*; *mar* Bootssteg *m*; *avia* Gangway *f*

passero ['passero] *m* Sperling *m*

passionale [passio'naːle] leidenschaftlich; Leidenschafts...

passione [passi'oːne] *f* Leidenschaft *f*; Liebhaberei *f*; *rel* Passion *f*

passivo [pas'siːvo] **1.** *adj* passiv; **2.** *m gram* Passiv *n*; *econ* Passiva *pl*

passo ['passo] *m* Schritt *m* (*a fig*); Durchgang *m*; *veicolo* Durchfahrt *f*; (Text)Stelle *f*; *geogr* Pass *m*; **~ *di lumaca*** Schneckentempo *n*; **~ *falso*** Fehltritt *m*; ***a ogni*** **~** auf Schritt und Tritt; ***a*** **~ *d'uomo*** im Schritttempo; ***veicoli al*** **~!** im Schritt fahren!; **~ *carrabile*** Einfahrt *f*; Ausfahrt *f*; ***fare due*** ... ein paar Schritte machen

password ['paswoːrd] *f inform* Passwort *n*

pasta ['pasta] *f* Teig *m*; Teigwaren *f/pl*; (*pastasciutta*) Nudeln *f/pl*; (*dolce*) Gebäck *n*; **~ *dentifricia*** Zahnpaste *f*

pastasciutta [pastaʃ'ʃutta] *f* Nudeln *f/pl*; Nudelgericht *n*

past|ello [pas'tɛllo] *m* Pastell *n*; Pastellstift *m*; **~icca** [-'tikka] *f* (*pl -cche*) Tablette *f*; **~icceria** [-tittʃe'riːa] *f* Konditorei *f*; **~ *da tè*** Teegebäck *n*; **~icciere** [-tit'tʃɛːre] *m* Konditor *m*; **~iccino** [-tit'tʃiːno] *m* Feingebäck *n*; **~iccio** [-'tittʃo] *m* (*pl -cci*) Pastete *f*; Auflauf *m*; *fig* verwickelte Geschichte *f*; wirres Zeug *n*; **~ *di fegato d'oca*** Gänseleberpastete *f*; ***essere nei -i*** in der Patsche sitzen; **~iglia** [-'tiːʎa] *f* Tablette *f*, Pastille *f*; *auto* Bremsbelag *m*; **~ina** [-'tiːna] *f* Suppennudeln *f/pl*; **~ *in brodo*** Brühe *f* mit Einlage

pasto ['pasto] *m* Mahlzeit *f*; Essen *n*

past|orale [pasto'raːle] **1.** *m* Bischofsstab *m*; **2.** *f rel* Hirtenbrief *m*; **~ore** [-'toːre] *m* Hirt *m*; *rel* Prediger *m*; **~ *evangelico*)** Pastor *m*

pastorizzato [pastorid'dzaːto] pasteurisiert; ***latte*** *m* **~** pasteurisierte Milch

patata [pa'taːta] *f* Kartoffel *f*; ***-e*** *pl* ***fritte*** Pommes frites *f/pl*; ***-e*** *pl* ***lesse*** Salzkartoffeln *f/pl*; ***-e*** *pl* ***arroste*** Bratk...

toffeln *f/pl*

patente [pa'tɛnte] *f* (*a* **~ *di guida***) Führerschein *m*; ***ritiro*** *m* ***della*** **~** Führerscheinentzug *m*

paterno [pa'tɛrno] väterlich

paternostro [pater'nɔstro] *m* Vaterunser *n*

patetico [pa'tɛːtiko] (*pl -ci*) pathetisch

pat|ire [pa'tiːre] (*4d*) **1.** *v/i* leiden (***di*** an *dat*); **2.** *v/t* leiden, erleiden; **~ *la fame*** hungern; **~ito** [-'tiːto]; **1.** *adj* leidend; abgemagert; **2.** *m* Fanatiker *m*; **~ *del jazz*** Jazzfan *m*

patria ['patria] *f* Vaterland *n*; Heimat *f*

patr|igno [pa'triːɲo] *m* Stiefvater *m*; **~imonio** [-'mɔːnio] *m* (*pl -ni*) Erbgut *n*; Vermögen *n*; **~ *artistico*** Kunstschätze *m/pl*; **~ *ereditario*** Erbteil *n*; **~ *immobiliare*** Grundbesitz *m*

patriota [patri'ɔːta] *m* (*pl -i*) Patriot *m*

patr|onato [patro'naːto] *m* Schirmherrschaft *f*; (*istituzione benefica*) Hilfswerk *n*; **~ono** [-'trɔːno] *m rel* Schutzheilige(r) *m*, Schutzpatron *m*

patteggiare [patted'dʒaːre] (*1f*) verhandeln

pattin|aggio [patti'naddʒo] *m* (*pl -ggi*) Eislauf *m*; Rollschuhlaufen *n*; **~ *artistico*** Eiskunstlaufen *n*; **~are** [-'naːre] (*1l*) Schlittschuh laufen; Rollschuh laufen; **~atore** [-na'toːre] *m* Schlittschuhläufer *m*; Rollschuhläufer *m*

pattino[1] ['pattino] *m* Schlittschuh *m*; **~ *a rotelle*** Rollschuh *m*

pattino[2] ['pattiːno] *m* Doppelrumpf(ruder)boot *n*

patto ['patto] *m* Abmachung *f*; Vertrag *m*; ***a*** **~ *che*** unter der Bedingung, dass; ***venire a -i*** übereinkommen

pattuglia [pat'tuːʎa] *f* Patrouille *f*; Streife *f*; **~ *di polizia*** Polizeistreife *f*

pattumiera [pattumi'ɛːra] *f* Mülleimer *m*

paura [pa'uːra] *f* Angst *f*, Furcht *f*; ***avere*** **~ *di qu*** sich vor j-m fürchten

pauroso [pau'roːzo] furchtsam, ängstlich

pausa ['paːuza] *f* Pause *f*

pavimento [pavi'mento] *m* Fußboden *m*

pavone [pa'voːne] *m* Pfau *m*

pay-TV ['pɛitiːvi] *f TV* Bezahlfernsehen *n*

pazi|entare [patsien'taːre] (*1b*) sich gedulden; **~ente** [-tsi'ɛnte] **1.** *adj* geduldig; **2.** *m/f* Patient(in) *m(f)*; **~enza** [-tsi'ɛntsa] *f* Geduld *f*

pazz|esco [pat'tsesko] (*pl -chi*) verrückt; **~ia** [-'tsiːa] *f* Verrücktheit *f*, Wahnsinn *m*

pazzo ['pattso] **1.** *adj* verrückt, wahnsinnig; **~ *da legare*** total verrückt; ***andar*** **~ *di*** verrückt sein auf (*acc*); **2.** *m* Verrückte(r) *m*, Wahnsinnige(r) *m*

p.c. ***per conoscenza*** zur Kenntnisnahme; ***per condoglianze*** herzliches Beileid

PC ***Piacenza*** Piacenza

p.c.c. ***per copia conforme*** für die Richtigkeit der Abschrift

PCI *hist* ***Partito Comunista Italiano*** Kommunistische Partei Italiens

PD ***Padova*** Padua

PDS, **Pds** ***Partitio Democratico della Sinistra*** Demokratische Partei der Linken

p.e., **p.es.** ***per esempio*** zum Beispiel (*abbr* z. B.)

PE ***Pescara*** Pescara

pecca ['pɛkka] *f* (*pl -cche*) Fehler *m*; Mangel *m*

pecc|are [pek'kaːre] (*1b u d*) sündigen; **~ato** [-'kaːto] *m* Sünde *f*; (***che***) **~!** (wie) schade!

pece ['peːtʃe] *f* Pech *n*

Pechino [pe'kiːno] *f* Peking *n*

pecora ['pɛːkora] *f* Schaf *n*

pecorino [peko'riːno] *m* (*a formaggio m* **~**) Schaf(s)käse *m*

peculiarità [pekuliari'ta] *f* Eigentümlichkeit *f*

pedaggio [pe'daddʒo] *m* (*pl -ggi*) Maut *f*, Straßenbenutzungsgebühr *f*; **~ *autostradale*** Autobahngebühr *f*

ped|alare [peda'laːre] (*1a*) Rad fahren; F radeln; **~ale** [-'daːle] *m* Pedal *n*; **~ *dell'accelleratore*** Gaspedal *n*

pedalò [peda'lɔ] *m inv* Tretboot *n*

pedana [pe'daːna] *f* Fußbank *f*; *sport* Sprungbrett *n*

pedante [pe'dante] **1.** *adj* pedantisch; **2.** *m* Pedant *m*

pedata [pe'daːta] *f* Fußstapfe *f*; Fußtritt *m*

pedi|atra [pedi'aːtra] *m* (*pl -i*) Kinderarzt *m*; **~atria** [-dia'triːa] *f* Pädiatrie *f*; *reparto* Kinderstation *f*

pedicure [pedi'kuːre] *f* Fußpflege *f*

P

ped|ina [pe'di:na] *f* Stein *m*; *gioco degli scacchi* Bauer *m*; **~inare** [-di'na:re] (*1a*) heimlich folgen (*dat*); ausspionieren; **~ofilia** [-dofi'li:a] *f* Kindesmissbrauch *m*; **~onale** [-do'na:le] Fußgänger…; **~one** [-'do:ne] *m* Fußgänger *m*

peggio ['pɛddʒo] **1.** *adv* schlechter; schlimmer; **2.** *m* Schlechtere(s) *n*; ***c'è di ~*** es gibt Schlimmeres; ***il ~*** das Schlimmste; ***il ~ è che*** das Schlimmste dabei ist, dass; ***avere la ~*** den Kürzeren ziehen; ***di male in ~*** immer schlimmer

peggi|oramento [peddʒora'mento] *m* Verschlimmerung *f*; Verschlechterung *f*; ***~ del tempo*** Wettersturz *m*; **~orare** [-'ra:re] (*1a*) **1.** *v/t* verschlechtern; verschlimmern; **2.** *v/i* sich verschlimmern; **~ore** [-'dʒo:re] schlechter, schlimmer; ***il ~*** der Schlechteste, Schlimmste; ***nel ~ dei casi*** schlimmstenfalls

pegno ['pe:ɲo] *m* Pfand *n*

pelare [pe'la:re] (*1a*) schälen; *pollo* rupfen

pellame [pel'la:me] *m* Leder *n*

pelle ['pɛlle] *f* Haut *f* (*a fig*); (*pellame*) Leder *n*; ***~ di camoscio*** Wildleder *n*

pellegr|inaggio [pellegri'naddʒo] *m* (*pl -ggi*) Pilgerfahrt *f*; **~inare** [-gri'na:re] (*1a*) pilgern; wandern; **~ino** [-'gri:no] *m* Pilger *m*

pelletteria [pellette'ri:a] *f* Lederwarengeschäft *n*; ***-e pl*** Lederwaren *f/pl*

pellicano [pelli'ka:no] *m* Pelikan *m*

pell|icceria [pellittʃe'ri:a] *f* Pelzgeschäft *n*; ***-e pl*** Pelzwaren *f/pl*; **~iccia** [-'littʃa] *f* (*pl -cce*) Pelz *m*; Pelzmantel *m*

pellicola [pel'li:kola] *f fot* Film *m*; *tec* Schicht *f*; ***~ a colori*** Farbfilm *m*; ***~ impressionata*** belichteter Film *m*; ***~ pubblicitaria*** Werbefilm *m*

pelo ['pe:lo] *m* (Körper)Haar *n*; (*pelliccia*) Fell *n*; ***~ dell'acqua*** Wasserspiegel *m*; ***contro ~*** gegen den Strich; *fig* ***per un ~*** um ein Haar

peluria [pe'lu:ria] *f* Flaum *m*

pena ['pe:na] *f* Strafe *f*; Qual *f*; Sorge *f*; ***stare in ~ per qu*** in Sorge um j-n sein; ***valer la ~*** der Mühe wert sein, ***a mala ~*** mit knapper Not, mit Mühe

pen|ale [pe'na:le] **1.** *adj* strafbar; Straf…; ***codice m ~*** Strafgesetzbuch *n*; **2.** *f* Strafe *f*; **~alista** *m/f* (*m/pl -i*) Strafrechtler(in) *m(f)*; Strafverteidiger(in) *m(f)*; **~alità** [-nali'ta] *f sport* Strafpunkt *m*

pendenza [pen'dɛntsa] *f* Neigung *f*

pendere ['pɛndere] (*3a*) hängen; sich neigen; *fig* schweben

pendio [pen'di:o] *m* Abhang *m*; Gefälle *n*

pendolare [pendo'la:re] *m/f* Pendler(in) *m(f)*

pendolo ['pɛndolo] *m* Pendel *n*

pene ['pɛ:ne] *m* Penis *m*

penetr|ante [pene'trante] eindringend; *fig* scharf; **~are** [-'tra:re] (*1l u b*) **1.** *v/t* durchdringen; **2.** *v/i* eindringen

penicillina [penitʃil'li:na] *f* Penizillin *n*

peninsulare [peninsu'la:re] peninsular; Halbinsel…

penisola [pe'ni:zola] *f* Halbinsel *f*

penit|enza [peni'tɛntsa] *f* Buße *f*; Strafe *f*; **~enziario** [-tentsi'a:rio] *m* (*pl -ri*) Strafanstalt *f*

penna ['penna] *f* Feder *f*; Schreibfeder *f*; ***~ biro*** Kugelschreiber *m*; *inform* ***~ ottica*** Leuchtstift *m*; ***~ stilografica*** Füllfederhalter *m*; ***~ a feltro*** Filzstift *m*; **~rello** [-'rello] *m* Filzstift *m*

pennello [pen'nɛllo] *m* Pinsel *m*

penombra [pe'nombra] *f* Halbschatten *m*

penoso [pe'no:zo] schmerzlich; (*faticoso*) mühselig; (*spiacevole*) peinlich

pens|are [pen'sa:re] (*1b*) denken (***a*** an *acc*); überlegen (*acc*); (*occuparsi di*) sorgen (***a*** für); ***~ di*** (*inf*) gedenken zu (*inf*); ***che ne pensa?*** was meinen Sie?; ***ci penso io*** das lassen Sie nur m-e Sorge sein; ***senza ~*** aus Versehen, unabsichtlich; **~iero** [-si'ɛ:ro] *m* Gedanke *m*; Sorge *f*; ***sopra ~*** in Gedanken versunken; ***stare in ~*** besorgt sein; **~ieroso** [-sie'ro:zo] nachdenklich

pensile ['pɛnsile] hängend

pensilina [pensi'li:na] *f* Schutzdach *n*

pension|amento [pensiona'mento] *m* Pensionierung *f*; **~are** [-'na:re] (*1a*) pensionieren; **~ato** [-'na:to] *m* Rentner *m*; Ruheständler *m*; (*alloggio*) Heim *n*

pensione [pensi'o:ne] *f* Ruhestand *m*; Rente *f*; Pension *f*; ***~ completa*** Vollpension *f*; ***mezza ~*** Halbpension *f*;

di vecchiaia Altersversorgung *f*; ***andare in ~*** in den Ruhestand treten, in Rente gehen

pensoso [pen'soːzo] nachdenklich

Pentecoste [pente'kɔste] *f* Pfingsten *n*

pent|imento [penti'mento] *m* Reue *f*; **~irsi** [-'tirsi] (*4b od 4d*) (***di qc*** et) bereuen; ***mi pento*** ich bereue

pentola ['pɛntola] *f* Kochtopf *m*; ***~ a pressione*** Schnellkochtopf *m*

penultimo [pe'nultimo] vorletzte

penuria [pe'nuːria] *f* Mangel *m* (***di*** an *dat*); ***~ di alloggi*** Wohnungsmangel *m*; ***~ d'acqua*** Wassermangel *m*; ***~ di denaro*** Geldknappheit *f*

penzol|are [pendzo'laːre] *u* **~arsi** [-'larsi] (*1l*) herabhängen, baumeln; **~oni** [-'loːni] baumelnd

peonia [pe'ɔːnia] *f* Pfingstrose *f*

pep|are [pe'paːre] (*1a*) pfeffern; **~ato** [-'paːto] gepfeffert

pepe ['peːpe] *m* Pfeffer *m*

peper|onata [pepero'naːta] *f gastr* gedünstete(r) Paprika mit Zwiebeln und Tomaten; **~one** [-'roːne] *m* Paprika *m*; Paprikaschote *f*

pera ['peːra] *f* Birne *f*

per|altro [pe'raltro] übrigens; **~bene** [-'bɛːne] anständig; **~cento** [-'tʃɛnto] *m* Prozent *n*; **~centuale** [-tʃentu'aːle] **1.** *adj* prozentual; **2.** *f* Prozentsatz *m*

perc|epire [pertʃe'piːre] (*4d*) wahrnehmen; *compenso* beziehen; **~ezione** [-tʃetsi'oːne] *f* Wahrnehmung *f*

perché [per'ke] weil; damit; ***~?*** warum?

perciò [per'tʃɔ] deshalb; darum

perc|orrere [per'korrere] (*3o*) zurücklegen; (*attraversare*) durchlaufen; **~orso** [-'korso] **1.** → ***percorrere***; **2.** *m* Fahrt *f*; Strecke *f*; ***~ vita*** Trimm-dich-Pfad *m*

perc|ossa [per'kɔssa] *f* Schlag *m*; **~osso** ['kɔsso] → ***percuotere***; **~uotere** [-ku'ɔːtere] (*3ff*) schlagen; **~ussione** [-kussi'oːne] *f* Stoß *m*, Schlag *m*; *mus* **-i** *pl* Schlaginstrumente *pl*

perd|ere ['pɛrdere] (*3b u 3uu*) verlieren; *treno* verpassen, *occasione* versäumen; *speranza* aufgeben; ***~ di vista*** aus den Augen verlieren; ***a ~*** Einweg…, Wegwerf…; **~ersi** [-dersi] sich verlaufen; verloren gehen; ***~ d'animo*** den Mut verlieren

perdita ['pɛrdita] *f* Verlust *m*; *di gas*, *di acqua* Leck(stelle) *n*(*f*); ***~ di produzione*** Produktionsausfall *m*; ***operazione f in ~*** Verlustgeschäft *n*; ***~ di tempo*** Zeitverlust *m*; ***a ~ d'occhio*** so weit das Auge reicht

perditempo [perdi'tɛmpo] *m* Zeitverschwendung *f*; *fig* Trödler *m*

perdonare [perdo'naːre] (*1a*) verzeihen

perdono [per'doːno] *m* Verzeihung *f*; ***chiedere ~ a qu*** j-n um Verzeihung bitten

perenne [pe'rɛnne] ewig (dauernd)

perequazione [perekua'tzione] *f* Ausgleich *m*; *econ* ***~ finanziaria*** Finanzausgleich *m*

perf|ettamente [perfetta'mente] völlig; ausgezeichnet; **~etto** [-'fɛtto] **1.** *adj* perfekt; vollkommen; **2.** *m gram* Perfekt *n*; **~ezionamento** [-fetsiona'mento] *m* Vervollkommnung *f*; ***corso m di ~*** Fortbildungskurs *m*; **~ezionare** [-fetsio'naːre] (*1a*) vervollkommnen; **~ezione** [-fetsi'oːne] *f* Vollkommenheit *f*; Perfektion *f*

perfido ['pɛrfido] hinterhältig, falsch

perfino [per'fiːno] sogar

perfor|are [perfo'raːre] (*1c*) durchbohren; *inform* lochen; **~atrice** [-ra'triːtʃe] *f* Locher *m*; **~azione** [-ratsi'oːne] *f med* Durchbruch *m*

pergola ['pɛrgola] *f* (Wein)Laube *f*

pergolato [pergo'laːto] *m* Laubengang *m*

per|icolante [periko'lante] einsturzgefährdet; **~icolo** [-'riːkolo] *m* Gefahr *f*; ***~ di epidemie*** Seuchengefahr *f*; ***~ di morte*** Lebensgefahr *f*; ***~ d'incendio*** Feuergefahr *f*; ***~ di contagio*** Ansteckungsgefahr *f*; ***fuori ~*** außer Gefahr; ***mettere in ~*** gefährden; **~icoloso** [-ko'loːszo] gefährlich

periferia [peri'feriːa] *f* Peripherie *f*; Stadtrand *m*

periodico [peri'ɔːdiko] (*pl -ci*) **1.** *adj* periodisch; **2.** *m* Zeitschrift *f*; Zeitung *f*; ***~ mensile*** Monatsschrift *f*

periodo [pe'riːodo] *m* Periode *f*; Zeit(-raum) *f*(*m*); ***~ delle ferie*** Urlaubszeit *f*; ***~ di transizione*** Übergangsperiode *f*

perito [pe'riːto] **1.** *adj* erfahren; sachverständig; **2.** *m* Sachverständige(r) *m*

peritonite [perito'niːte] *f* Bauchfellent-

P

zündung *f*
perizia [pe'riːtsia] *f* Gewandtheit *f*; *jur* Gutachten *n*
perizoma [peri'dzɔːma] *m* Stringtanga *m*
perla ['pɛrla] *f* Perle *f*; **~ coltivata** Zuchtperle *f*; **collana** *f* **di -e** Perlenschnur *f*
perlo|meno [perlo'meːno] mindestens; **~più** [-pi'u] meistens
perlustrare [perlus'traːre] (*1a*) auskundschaften; durchsuchen
permaloso [perma'loːzo] übelnehmerisch
perman|ente [perma'nɛnte] **1.** *adj* ständig; **2.** *f* Dauerwelle *f*; **~enza** [-'nɛntsa] *f* Fortdauer *f*; Aufenthalt *m*
perm|esso [per'messo] **1.** → **permettere**; **2.** *m* Erlaubnis *f*, Genehmigung *f*; (*breve licenza*) Urlaub *m*; **~ d'atterraggio** Landeerlaubnis *f*; **~ d'espatrio** Ausreiseerlaubnis *f*; **~ di lavoro** Arbeitserlaubnis *f*; **~ di soggiorno** Aufenthaltsgenehmigung *f*; **con ~!** gestatten Sie!; **~ettere** [-'mettere] (*3ee*) erlauben; **~ettersi** [-'mettersi] sich erlauben; sich die Freiheit nehmen; **non posso permettermelo** ich kann es mir nicht leisten
pernice [per'niːtʃe] *f* Rebhuhn *n*
pernott|amento [pernotta'mento] *m* Übernachtung *f*; **~are** [-'taːre] (*1c*) übernachten
pero ['peːro] *m* Birnbaum *m*
però [pe'rɔ] aber
perpendicolare [perpendiko'laːre] **1.** *adj* senkrecht; **2.** *f* Senkrechte *f*
perpetuo [per'pɛːtuo] fortdauernd
perplesso [per'plɛsso] unschlüssig, hilflos
perquis|ire [perkui'ziːre] (*4d*) durchsuchen; **~izione** [-zitsi'oːne] *f* Durchsuchung *f*; **~ personale** Leibesvisitation *f*; **mandato** *m* **di ~** Durchsuchungsbefehl *m*
persecuzione [persekutsi'oːne] *f* Verfolgung *f*; **mania** *f* **di ~** Verfolgungswahn *m*
perseg|uibile [persegu'iːbile] strafbar; **~uitare** [-i'taːre] (*1m*) verfolgen; belästigen
persever|ante [perseve'rante] beharrlich; **~anza** [-'rantsa] *f* Ausdauer *f*; **~are** [-'raːre] (*1m u b*) beharren

Persia ['pɛrsia] *f* Persien *n*
persiana [persi'aːna] *f* Fensterladen *m*
persiano [persi'aːno] **1.** *adj* persisch; **2.** *m* Perser *m*
persino [per'siːno] sogar
persistere [per'sistere] (*3f*) beharren; dabei bleiben
perso ['pɛrso] → **perdere**
persona [per'soːna] *f* Person *f*; Mensch *m*; **a ~** pro Person; **in ~, di ~** persönlich
person|aggio [perso'naddʒo] *m* (*pl* -*ggi*) Persönlichkeit *f*; *tea* Person *f*; **~ale** [-'naːle] **1.** *adj* persönlich, privat; **pulizia** *f* **~** Körperpflege *f*; **2.** *m* Personal *n*; *avia* **~ a terra** Bodenpersonal *n*; **riduzione** *f* **del ~** Personalabbau *m*; **~alità** [-nali'ta] *f* Persönlichkeit *f*; **~almente** [-nal'mente] selbst, persönlich; **~ificare** [-nifi'kaːre] (*1n u d*) verkörpern
persp|icace [perspi'kaːtʃe] scharfsichtig; **~icacia** [-spi'kaːtʃa] *f* Scharfblick *m*
persu|adere [persua'deːre] (*2i*) überzeugen; überreden (**qu di qc** j-n z et); **~asione** [-suazi'oːne] *f* Überzeugung *f*; **~asivo** [-sua'ziːvo] überzeugend; **~aso** [-su'aːzo] → **persuadere**
pertanto [per'tanto] deswegen
pertin|ente [perti'nɛnte] zugehörig; passend; **~enza** [-'nɛntsa] *f* Zugehörigkeit *f*; Zuständigkeit *f*
perturbazione [perturbatsi'oːne] *f* Störung *f*; **~ atmosferica** atmosphärische Störung *f*
Perù [pe'ru] *m* Peru *n*
peruviano [peruvi'aːno] **1.** *adj* peruanisch; **2.** *m* Peruaner *m*
pervenire [perve'niːre] (*4p*) gelangen; **far ~ qc a qu** j-m et zukommen lassen; **mi è pervenuta la sua lettera** ich habe Ihren Brief bekommen
perverso [per'vɛrso] verderbt; perve…
pes|alettere [pesa'lɛttere] *m inv* Briefwaage *f*; **~ante** [-'sante] schwer; *a…* drückend; *fig* schwerfällig, plump; **~antezza** [-san'tettsa] *f* Schwere *f*, Druck *m*; **~ di stomaco** Völlegefühl *n*; **~apersone** [-saper'soːne] *f inv* Personenwaage *f*; **~are** [-'saːre] (*1a*) **1.** *v/t* wiegen; *fig* erwägen; **2.** *v/i* wiegen; schwer sein
pesca[1] ['pɛska] *f* (*pl* -*che*) Pfirsich *m*
pesca[2] ['peska] *f* Fischerei *f*; Fischfa…

m; ~ ***con la lenza*** Angeln *n*; ~ ***subacquea*** Unterwasserfischerei *f*

pesc|are [pes'kaːre] (*1d*) fischen; angeln; *fig* auffischen; **~atore** [-ka'toːre] *m* Fischer *m*; Angler *m*

pesce ['peʃʃe] *m* Fisch *m*; ~ ***spada*** Schwertfisch *m*; ~ ***d'aprile*** Aprilscherz *m*

pescecane [peʃʃe'kaːne] *m* (*pl pescicani*) Hai *m*

pesch|ereccio [peske'rettʃo] *m* (*pl -cci*) Fischerboot *n*; **~eria** [-ke'riːa] *f* Fischhandlung *f*

pescivendolo [peʃʃi'vendolo] *m* Fischhändler *m*

pesco ['pɛsko] *m* (*pl -chi*) Pfirsichbaum *m*

pescoso [pes'koːzo] fischreich

peso ['peːso] *m* Gewicht *n*; *fig* Last *f*; *sport* Gewichtsklasse *f*; ~ ***netto*** Nettogewicht *n*; ~ ***lordo*** Bruttogewicht *n*; ***aumento*** *m* ***di*** ~ Gewichtszunahme *f*; ***perdita*** *f* ***di*** ~ Gewichtsverlust *m*; ~ ***massimo consentito*** zulässiges Gesamtgewicht *n*; ***di nessun*** ~ belanglos, unwichtig; ***a*** ~ nach Gewicht

pessim|ista [pessi'mista] *m/f* (*m/pl -i*) Pessimist(in) *m*(*f*); **~istico** [-'mistiko] (*pl -ci*) pessimistisch

pessimo ['pɛssimo] sehr schlecht

pest|aggio [pes'taddʒo] *m* (*pl -ggi*) Prügel *pl*; Prügelei *f*; **~are** [-'taːre] (*1a*) zertreten; (*picchiare*) verprügeln

peste ['pɛste] *f* Seuche *f*; Gestank *m*; *persona* Plage *f*

pesticida [pesti'tʃiːda] *m* (*pl -i*) Pestizid *n*

petalo ['pɛːtalo] *m* Blütenblatt *n*

petardo [pe'tardo] *m* Knallfrosch *m*

petizione [petitsi'oːne] *f* Petition *f*

petro|liera [petroli'ɛːra] *f* Öltanker *m*; **~lifero** [-tro'liːfero] Erdöl…; ***industria*** *f* ***-a*** Erdölindustrie *f*; **~lio** [-'trɔːlio] *m* Petrolium *n*; Erdöl *n*; ~ ***greggio*** Rohöl *n*

pett|egolezzo [pettego'lettso] *m* Klatsch *m*; **~egolo** [-'teːgolo] **1.** *adj* geschwätzig; **2.** *m* Klatschmaul *n*

pettin|are [petti'naːre] (*1l u b*) kämmen; frisieren; **~atura** [-na'tuːra] *f* Frisur *f*

pettine ['pɛttine] *m* Kamm *m*

pettirosso [petti'rosso] *m* Rotkehlchen *n*

petto ['pɛtto] *m* Brust *f*; (*seno*) Busen *m*; ~ ***di pollo*** Hühnerbrust *f*; *abito* ***a doppio*** ~ zweireihig

pezza ['pɛttsa] *f* Lappen *m*; Tuch *n*; (*toppa*) Flicken *m*; ~ ***giustificativa*** *od* ~ ***d'appoggio*** Beleg *m*

pezzo ['pɛttso] *m* Stück *n*; *periodo di tempo* Weile *f*; (Schach)Figur *f*; ***da un*** ~ seit langer Zeit; ***per un*** ~ e-e Zeit lang; ***due -i*** zweiteiliges Kleid *n*; Bikini *m*; ~ ***di ricambio*** Ersatzstück *n*; *fig* ~ ***grosso*** großes Tier *n*; ***andare in -i*** zu Bruch gehen

PG ***Perugia*** Perugia

PI ***Pisa*** Pisa

piac|ente [pia'tʃɛnte] gefällig; **~ere** [-'tʃeːre] **1.** *v/i* (*2k*) gefallen; *vivande* schmecken; ***Le piace il vino?*** trinken Sie gern Wein?; **2.** *m* Gefallen *m*, *n*; Vergnügen *n*; ***viaggio*** *m* ***di*** ~ Vergnügungsreise *f*; ***aver*** ~ ***di*** sich freuen über (*acc*); ***far*** ~ Freude machen; ***mi faccia il*** ~ tun Sie mir den Gefallen; ***con*** ~ gern; ***per*** ~ bitte; ***a*** ~ nach Belieben; **~evole** [-'tʃeːvole] angenehm; **~imento** [-tʃi'mento] *m* Belieben *n*; ***a mio*** ~ nach m-m Belieben

piaga [pi'aːga] *f* (*pl -ghe*) Wunde *f*

pialla [pi'alla] *f* Hobel *m*

piallare [pial'laːre] (*1a*) hobeln

piana [pi'aːna] *f* ebenes Gelände *n*

pianerottolo [piane'rɔttolo] *m* Treppenabsatz *m*

pianeta [pia'neːta] **1.** *m* Planet *m*; **2.** *f* Messgewand *n*

piangere [pi'andʒere] (*3d*) **1.** *v/i* weinen; **2.** *v/t* beweinen

pianific|are [pianifi'kaːre] (*1m u d*) planen, planmäßig einteilen; **~azione** [-katsi'oːne] *f* Planung *f*

pianista [pia'nista] *m/f* (*m/pl -i*) Pianist(in) *m*(*f*); Klavierspieler(in) *m*(*f*)

piano [pi'aːno] **1.** *adj* eben, flach; **2.** *adv* (*adagio*) langsam; (*a voce bassa*) leise; **3.** *m* Fläche *f*; Plan *m*; *arch* Stockwerk *n*, Etage *f*; *mus* Klavier *n*; ~ ***rialzato*** Hochparterre *n*; ~ ***della direzione*** *od* ~ ***nobile*** Vorstandsetage *f*, Chefetage *f*; ***primo*** ~ Vordergrund *m*; *film* Nahaufnahme *f*

pianoforte [piano'fɔrte] *m* Klavier *n*; ~ ***a coda*** Flügel *m*

pianta [pi'anta] *f bot* Pflanze *f*; Plan *m*; ~ ***medicinale*** Heilpflanze *f*; ~ ***della***

P

città Stadtplan *m*; ***~ del piede*** Fußsohle *f*; ***di sana ~*** ganz und gar

piantare [pian'taːre] (*1a*) pflanzen; *chiodo* (hin)einschlagen; *fig* ***~ qu*** j-n im Stich lassen; ***~ grane*** Scherereien bereiten; ***piantala!*** hör endlich auf!

pianterreno [pianter'reːno] *m* Parterre *n*, Erdgeschoss *n*

pianto [pi'anto] **1.** → ***piangere***; **2.** *m* Weinen *n*

pianura [pia'nuːra] *f* Ebene *f*; ***~ padana*** Poebene *f*

piastr|a [pi'astra] *f* Platte *f*; ***~ riscaldante*** Heizplatte *f*; ***~ella*** [-'trɛlla] *f* Fliese *f*, Kachel *f*

piatt|aforma [piatta'forma] *f* Plattform *f*; *fer* Drehscheibe *f*; ***~ di lancio*** Abschussrampe *f*; ***~ino*** [-'tiːno] *m* Tellerchen *n*; Untertasse *f*

piatto [pi'atto] **1.** *adj* platt; flach; **2.** *m* Teller *m*; *gastr* Gericht, Gang *m*; Speise *f*; *mus* ***-i*** *pl* Becken *n*; ***~ forte*** Hauptgericht *n*; ***~ fondo*** Suppenteller *m*; ***~ nazionale*** Nationalgericht *n*; ***primo ~*** erster Gang *m*; ***~ del giorno*** Tagesgericht *n*

piazza [pi'attsa] *f* Platz *m*; *fig* ***fare ~ pulita*** reinen Tisch machen

piazz|ale [piat'tsaːle] *m* Platz *m*; ***~are*** [-'tsaːre] (*1a*) aufstellen; *econ* (*vendere*) absetzen; ***~ola*** [-'tsɔːla] *f* Ausweichstelle *f*; ***~ di sosta*** Rastplatz *m*

piccante [pik'kante] pikant, scharf, würzig

picchi|are [pikki'aːre] (*1a*) schlagen; ***~ata*** [-ki'aːta] *f avia* Sturzflug *m*

picchio ['pikkio] *m* (*pl -cchi*) Schlag *m*; *zo* Specht *m*

picci|onaia [pittʃo'naːia] *f* Taubenschlag *m*; *tea* Olymp *m*; ***~one*** [-'tʃoːne] *m* Taube *f*; ***~ viaggiatore*** Brieftaube *f*; ***prendere due -i con una fava*** zwei Fliegen mit e-r Klappe schlagen

picco ['pikko] *m* (*pl -cchi*) Bergspitze *f*; ***a ~*** senkrecht; *mar* ***andare a ~*** untergehen

piccolezza [pikko'lettsa] *f* Kleinheit *f*; (*inezia*) Kleinigkeit *f*; *fig* Kleinlichkeit *f*

piccolo ['pikkolo] **1.** *adj* klein; gering; ***~ borghese*** kleinbürgerlich; **2.** *m* Kleine(r) *m*, Kleinkind *n*; *zo* (*cucciolo*) Junge(s) *n*; ***da ~*** als Kind; ***fin da ~*** von klein auf

piccozza [pik'kɔttsa] *f* Eispickel *m*

picnic [pik'nik] *m inv* Picknick *n*; ***fare un ~*** picknicken

pidocchio [pi'dɔkkio] *m* (*pl -cchi*) Laus *f*

piede [pi'ɛːde] *m* Fuß *m*; ***~ piatto*** Senkfuß *m*; ***a -i*** zu Fuß; ***su due -i*** sogleich; ***stare in -i*** stehen; stehen bleiben; ***a ~ libero*** auf freiem Fuß; ***a -i nudi*** barfuß

piedistallo [piedis'tallo] *m* Sockel *m*

piega [pi'ɛːga] *f* (*pl -ghe*) Falte *f*; ***a -e*** faltig

pieg|are [pie'gaːre] (*1b u e*) **1.** *v/t* biegen; (*ripiegare*) falten, zusammenlegen; *testa* beugen; **2.** *v/i* abbiegen; sich neigen; ***~arsi*** [-'garsi] sich biegen; *fig* sich beugen; nachgeben

pieghevole [pie'geːvole] biegsam; zusammenklappbar; *fig* nachgiebig

Piemonte [pie'monte] *m* Piemont *n*

piena [pi'ɛːna] *f* Hochwasser *n*; Gedränge *n*

pienezza [pie'nettsa] *f* Fülle *f*

pieno [pi'ɛːno] **1.** *adj* voll (***di*** von); reich (***di*** an *dat*); ***in ~ giorno*** am hellen Tag; ***in -a notte*** mitten in der Nacht; **2.** *m* Fülle *f*; ***nel ~ dell'inverno*** mitten im Winter; *auto* ***fare il ~*** volltanken

pietà [pie'ta] *f* Mitleid *n* (***di*** mit); Barmherzigkeit *f*; *arte* Pietà *f*

pietanza [pie'tantsa] *f* Speise *f*, Gericht *n*

pietoso [pie'toːzo] barmherzig; jammervoll

pietra [pi'ɛtra] *f* Stein *m*; ***~ preziosa*** Edelstein *m*; ***~ miliare*** Meilenstein *m* (*a fig*)

pietr|ina [pie'triːna] *f* Feuerstein *m*; ***~oso*** [-'troːzo] steinig

pigiama [pi'dʒaːma] *m inv* Schlafanzug *m*

pigione [pi'dʒoːne] *f* Miete *f*

pigli|are [pi'ʎaːre] (*1g*) nehmen; ergreifen; ***~ fiato*** Atem holen; ***~arsi*** [-'ʎarsi] sich zuziehen; ***~ cura di qu*** sich um j-n kümmern

pigna ['piːɲa] *f* Tannenzapfen *m*

pignolo [pi'ɲɔːlo] pingelig, pedantisch

pignor|amento [piɲora'mento] *m* Pfändung *f*; ***~are*** [-'raːre] (*1a*) pfänden

pigrizia [pi'griːtsia] *f* Faulheit *f*

pigro ['piːgro] faul; träge

PIL ***Prodotto Interno Lordo*** Bruttoinlandsprodukt

landsprodukt (*abbr* BIP)
ila ['pi:la] *f el* Batterie *f*; (*catasta*) Stapel *m*, Stoß *m*; (*vaschetta*) Becken *n*; **-e** *pl* ***usate*** Altbatterien *f/pl*
ilastro [pi'lastro] *m* Pfeiler *m*
illola ['pillola] *f* Pille *f*; ~ (***anticoncezionale***) Antibabypille *f*
ilone [pi'lo:ne] *m* Stützpfeiler *m*; *el* Leitungsmast *m*
il|ota [pi'lɔ:ta] (*pl -i*) **1.** *m avia* Pilot *m*; *mar* Lotse *m*; *auto*, *sport* Fahrer *m*; ~ ***automatico*** Autopilot *m*; **2.** *adj* Pilot ...; **~otare** [-lo'ta:re] (*1c*) führen; steuern
IN [pin] *m*: ***codice*** *m* ~ PIN-Code *m*
inacoteca [pinako'tɛ:ka] *f* (*pl -che*) Pinakothek *f*, Gemäldesammlung *f*
ineta [pi'ne:ta] *f* Pinienwald *m*
ing-pong [piŋg'pɔŋg] *m* Tischtennis *n*, Pingpong *n*
inna ['pinna] *f* Flosse *f*; Schwimmflosse *f*
ino ['pi:no] *m* Pinie *f*; Kiefer *f*
inolo [pi'nɔ:lo] *m* Pinienkern *m*
inz|a ['pintsa] *f* Pinzette *f*; **~etta** [-'tsetta] *f* Pinzette *f*
io [p'i:o] fromm
ioggerella [pioddʒe'rɛlla] *f* Sprühregen *m*
ioggia [pi'ɔddʒa] *f* (*pl -gge*) Regen *m*; ~ ***acida*** saurer Regen *m*
iomb|are [piom'ba:re] (*1a*) **1.** *v/t* verplomben; *dente* plombieren; **2.** *v/i* abfallen; **~atura** [-ba'tu:ra] *f* Plombierung *f*; Plombe *f*; Füllung *f*; **~ino** [-'bi:no] *m* Senkblei *n*
iombo [pi'ombo] *m* Blei *n*; Plombe *f*; ***a*** ~ senkrecht; ***con*** ~ verbleit; ***senza*** ~ bleifrei, unverbleit
ioppo [pi'ɔppo] *m* Pappel *f*
iovere [pi'ɔ:vere] (*3kk*) regnen; ~ ***a dirotto*** in Strömen gießen
iov|igginare [piovidd3i'na:re] (*1m*) nieseln; **~igginoso** [-viddʒi'no:zo] regnerisch; **~oso** [-'vo:zo] regnerisch; ***giornata*** *f* **-a** Regentag *m*; ***tempo*** *m* ~ Regenwetter *n*
ovra [pi'o:vra] *f* Polyp *m*
pa ['pi:pa] *f* Pfeife *f*; ***fumare la*** ~ Pfeife rauchen
pistrello [pipis'trɛllo] *m* Fledermaus *f*
ramide [pi'ra:mide] *f* Pyramide *f*
rata [pi'ra:ta] *m* (*pl -i*) Seeräuber *m*; Pirat *m*; ~ ***dell'aria*** Luftpirat *m*; ~ ***della strada*** Verkehrsrowdy *m*
Pirenei [pire'nɛ:i] *m/pl* Pyrenäen *pl*
pirofila [pi'rɔ:fila] *f* feuerfeste Schüssel *f*
pir|oscafo [pi'rɔskafo] *m* Dampfer *m*; **~osi** [-'rɔ:zi] *f* Sodbrennen *n*; **~otecnico** [-ro'tɛkniko] (*pl -ci*) **1.** *adj* Feuerwerks...; **2.** *m* Feuerwerker *m*
piscina [piʃ'ʃi:na] *f* Schwimmbad *n*; Swimmingpool *m*; ~ ***coperta*** Hallenbad *n*
pisello [pi'sɛllo] *m* Erbse *f*
pisolino [pizo'li:no] *m* Nickerchen *n*
pista ['pista] *f* Piste *f*, Bahn *f*; (*traccia*) Spur *f*; *avia* ~ ***d'atterraggio*** Landebahn *f*; ~ ***di volo*** Start- und Landebahn *f*; ~ ***da ballo*** Tanzfläche *f*; ~ ***da sci*** Skipiste *f*; ~ ***ciclabile*** Fahrradweg *m*
pistacchio [pis'takkio] *m* (*pl -cchi*) Pistazie *f*
pist|ola [pis'tɔ:la] *f* Pistole *f*; ~ ***automatica*** Maschinenpistole *f*; **~one** [-'to:ne] *m* Kolben *m*
pitt|ore [pit'to:re] *m* Maler *m*; **~oresco** [-to'resko] (*pl -chi*) malerisch; **~rice** [-'tri:tʃe] *f* Malerin *f*; **~ura** [-'tu:ra] *f* Malerei *f*; Gemälde *n*; **~urare** [-tu'ra:re] (*1a*) malen; ausmalen
più [pi'u] mehr (***di***, ***che*** als); *mat* und, plus; ~ ***giorni*** mehrere Tage; ~ ***su*** weiter oben; ~ ***grande*** größer; ***di*** ~ mehr; ***non*** ~ nicht mehr; ~ ***o meno*** ungefähr; ***per di*** ~ noch dazu; ***mai*** ~ nie wieder; ***al*** ~ ***tardi*** spätestens; ***per lo*** ~ meistens; ***i*** ~, ***le*** ~ die meisten
piuma [pi'u:ma] *f* Daune *f*; Feder *f*
pium|aggio [piu'maddʒo] *m* Gefieder *n*; **~ino** [-'mi:no] *m* Federbett *n*
piuttosto [piut'tɔsto] lieber; eher; (*alquanto*) ziemlich
P.IVA ***Partita IVA*** Mehrwertsteuernummer
pizz|a ['pittsa] *f* Pizza *f*; **~aiolo** [-tsai'ɔ:lo] *m* Pizzabäcker *m*; **~eria** [-tse'ri:a] *f* Pizzeria *f*
pizzicare [pittsi'ka:re] (*1l u d*) **1.** *v/t* kneifen; stechen; **2.** *v/i* jucken
pizzico ['pittsiko] *m* (*pl -chi*) Prise *f*; (Insekten)Stich *m*; ***un*** ~ ***di sale*** e-e Prise Salz
pizzicotto [pittsi'kɔtto] *m* Kneifen *n*
pizzo ['pittso] *m* Spitze *f*; *barba* Spitz-

P

bart *m*
placare [pla'ka:re] (*1d*) besänftigen; beruhigen
placca ['plakka] *f* (*pl -cche*) Platte *f*; (*targhetta*) Plakette *f*, Metallschild *n*; **~ dentaria** Zahnbelag *m*
placido ['pla:tʃido] ruhig; gelassen
plan|are [pla'na:re] (*1a*) *avia* gleiten; **~ata** [-'na:ta] *f* Gleitflug *m*
plancia ['plantʃa] *f* Kommandobrücke *f*
planetario [plane'ta:rio] (*pl -ri*) **1.** *adj* planetarisch; Planeten…; **2.** *m* Planetarium *n*
plasma ['plazma] *m* Plasma *n*; **~ sanguigno** Blutplasma *n*
plasm|abile [plaz'ma:bile] gestaltungsfähig; **~are** [-'ma:re] (*1a*) formen
plastica ['plastika] *f* Plastik *n*, Kunststoff *m*; *med* Plastik *f*; **posate** *f/pl* **di ~** Plastikbestecke *n/pl*
plastico ['plastiko] (*pl -ci*) **1.** *adj* plastisch; **2.** *m arch* Modell *n*
plastificare [plastifi'ka:re] (*1m u d*) mit Kunststoff beschichten
platano ['pla:tano] *m* Platane *f*
platea [pla'tɛ:a] *f tea* Parkett *n*
plateau [pla'to] *m inv* **~ per frutta** Obstkiste *f*
platino ['pla:tino] *m* Platin *n*
plausibile [plau'zi:bile] plausibel; annehmbar
plebiscito [plebiʃ'ʃi:to] *m* Volksentscheid *m*, -abstimmung *f*
pleni|lunio [pleni'lu:nio] *m* (*pl -ni*) Vollmond *m*; **~potenziario** [-poten-tsi'a:rio] (*pl -ri*) **1.** *adj* bevollmächtigt; **2.** *m* Bevollmächtigte(r) *m*
pletora ['plɛ:tora] *f fig* Überfluss *m*
pleura ['plɛ:ura] *f* Rippenfell *n*
pleurite [pleu'ri:te] *f* Rippenfellentzündung *f*
plico ['pli:ko] *m* (*pl plichi*) Päckchen *n*; **in ~ separato** mit gesonderter Post
plurale [plu'ra:le] *m* (*od adj* **numero** *m* **~**) Mehrzahl *f*
pluripartitico [pluripar'ti:tiko] (*pl -ci*) Mehrparteien…
plusvalore [pluzva'lo:re] *m* Mehrwert *m*; **tassa** *f* **sul ~** Mehrwertsteuer *f*
plutonio [plu'tɔ:nio] *m* Plutonium *n*
pm [pi'ɛmme] *m* **Pubblico Ministero** Staatsanwalt *m*
p.m. **pomeridiano** nachmittags (*abbr* nachm.)
PMI **Piccole e Medie Imprese** kleine und mittelständische Betriebe
PN **Pordenone** Pordenone
pneumatico [pneu'ma:tiko] (*pl -ci*) **1** *adj* pneumatisch; **2.** *m* Reifen *m*; **~ estivo** Sommerreifen *m*; **~ invernal**… Winterreifen *m*; **-ci antineve** M…und-S-Reifen *pl*
PNL **Prodotto Nazionale Lordo** Bruttosozialprodukt (*abbr* BSP)
po' [pɔ] **un ~** (**di**) ein bisschen, etwas; → **poco**
p/o **per ordine** im Auftrag
PO **Prato** Prato
poco ['pɔ:ko] (*pl pochi*) **1.** *adj* wenig… gering; **2.** *adv* wenig; **senti un po**… hör mal!; **a ~ a ~** nach und nach; **~ all**… **volta** allmählich; **~ fa** vor kurzem, vo… kurzer Zeit; **da ~** seit kurzer Zeit; **fi**… unbedeutend; **fra ~** bald; **~ dopo** kur… darauf; **per ~** auf kurze Zeit
podere [po'de:re] *m* (Land)Gut *n*
podio ['pɔ:dio] *m* (*pl -di*) Podium *n*… *mus* Dirigentenpult *n*
poesia [poe'zi:a] *f* Dichtung, Poesie … (*singolo componimento*) Gedicht *n*
poeta [po'ɛ:ta] *m* (*pl -i*) Dichter *m*
poetessa [poe'tessa] *f* Dichterin *f*
poetico [po'ɛ:tiko] (*pl -ci*) poetisch… dichterisch
poggi|are [pod'dʒa:re] (*1f u c*) lehne… anlehnen; (*posare*) legen; **~ar**… [-'dʒarsi]: **~ a** sich anlehnen an (*acc*… sich stützen auf (*acc*); **~atesta** [-dʒ… 'tɛsta] *m inv* Kopfstütze *f*
poggio ['pɔddʒo] *m* (*pl poggi*) Anhöh… *f*
poi [p'ɔi] *adv* dann; nachher; **dalle 6** … **~** von 6 Uhr an; **prima o ~** früher od… später
poiché [poi'ke] da, denn
poker ['pɔ:ker] *m inv* Poker *n*
polacc|a [po'lakka] *f* (*pl -cche*) Polin… **~o** [po'lakko] (*pl -cchi*) **1.** *adj* polnisc… **2.** *m* Pole *m*; Polnisch *n*
pol|are [po'la:re] Polar…; **circolo** *m*… Polarkreis *m*; **~arizzare** [-larid'dza:r… (*1a*) polarisieren
polemic|a [po'lɛ:mika] *f* (*pl -che*) Pol… mik *f*; **~o** [-ko] (*pl -ci*) polemisch
polemizzare [polemid'dza:re] (*1a*) p… lemisieren
polenta [po'lɛnta] *f* Polenta *f*, Maisbr…

P

m

policlinico [poli'kli:niko] (*pl -ci*) **1.** *adj* poliklinisch; **2.** *m* Poliklinik *f*

poliedrico [poli'ɛ:driko] (*pl -ci*) vielflächig; *fig* vielfältig, vielseitig

poliglotta [poli'glɔtta] vielsprachig, polyglott

poligono [po'li:gono] *m mat* Vieleck *n*; *mil* Schießplatz *m*

poliomielite [poliomie'li:te] *f* Kinderlähmung *f*

polipo ['pɔ:lipo] *m* Polyp *m*

politica [po'li:tika] *f* Politik *f*; **~ *estera*** Außenpolitik *f*; **~ *interna*** Innenpolitik *f*; ***di ~ interna*** innenpolitisch; **~ *sanitaria*** Gesundheitspolitik *f*; **~ *sociale*** Gesellschaftspolitik *f*

politico [po'li:tiko] (*pl -ci*) **1.** *adj* politisch; **2.** *m* Politiker *m*

polizia [poli'tsi:a] *f* Polizei *f*; **~ *ferroviaria*** Bahnpolizei *f*; **~ *stradale*** (*od* ***della strada***) Verkehrspolizei *f*; ***agente m di ~*** Polizeibeamte(r) *m*

poliziesco [politsi'esko] (*pl -chi*) Polizei…; ***romanzo m ~*** Kriminalroman *m*

poliziotto [politsi'ɔtto] *m* Polizist *m*

polizza ['pɔlittsa] *f* Schein *m*, Police *f*; **~ *di cambio*** Wechselbrief *m*; **~ *di carico*** Frachtbrief *m*; **~ *di assicurazione*** Versicherungspolice *f*

pollame [pol'la:me] *m* Geflügel *n*

pollice ['pɔllitʃe] *m mano* Daumen *m*; *piede* große Zehe *f*; *unità di misura* Zoll *m*

polline ['pɔlline] *m* Blütenstaub *m*

pollo ['pollo] *m* Huhn *n*; **~ *arrosto*** Brathuhn *n*; **~ *novello*** Hähnchen *n*

polluzione [pollutsi'o:ne] *f* Verschmutzung *f*

polm|onare [polmo'na:re] Lungen…; **~*one*** [-'mo:ne] *m* Lunge *f*; **~*onite*** [-mo'ni:te] *f* Lungenentzündung *f*

polo[1] ['pɔ:lo] *m* Pol *m*; **~ *nord*** Nordpol *m*; **~ *sud*** Südpol *m*

polo[2] ['pɔ:lo] *m* Polospiel *n*

Polonia [po'lɔ:nia] *f* Polen *n*

polpa ['polpa] *f* (Frucht)Fleisch *n*

polpaccio [pol'pattʃo] *m* (*pl -cci*) Wade *f*

polpastrello [polpas'trɛllo] *m* Fingerkuppe *f*

polpetta [pol'petta] *f* Klops *m*; Klößchen *n*

polpettone [polpet'to:ne] *m* Hackbraten *m*

polposo [pol'po:zo] fleischig

polsino [pol'si:no] *m* Manschette *f*

polso ['polso] *m* Handgelenk *n*; Puls *m*

poltrire [pol'tri:re] (*4d*) faulenzen

poltrona [pol'tro:na] *f* Sessel *m*; Lehnstuhl *m*; *tea* Parkettplatz *m*; **~ *letto*** Schlafsessel *m*

poltrone [pol'tro:ne] **1.** *adj* faul; **2.** *m* Faulenzer *m*

polvere ['polvere] *f* Staub *m*; Pulver *n*; ***caffè m in ~*** Pulverkaffee *m*

polver|ina [polve'ri:na] *f med* Pulver *n*; **~*izzare*** [-rid'dza:re] (*1a*) pulverisieren; *fig* zerstören; **~*oso*** [-'ro:zo] staubig

pomata [po'ma:ta] Creme *f*, Salbe *f*; *per capelli* Pomade *f*

pomeridiano [pomeridi'a:no] Nachmittags…; ***alle tre -e*** um drei Uhr nachmittags

pomeriggio [pome'riddʒo] *m* (*pl -ggi*) Nachmittag *m*; ***di ~, nel ~*** nachmittags; ***domani ~*** morgen Nachmittag

pomo ['pɔ:mo] *m* Knopf *m*, Knauf *m*

pomodoro [pomo'dɔ:ro] *m* Tomate *f*

pompa[1] ['pompa] *f* Pomp *m*, Prunk *m*; ***impresa f di -e funebri*** Bestattungsinstitut *n*

pompa[2] ['pompa] *f tec* Pumpe *f*; (*distributore*) Tankstelle *f*; (*colonnina*) Zapfsäule *f*

pompelmo [pom'pɛlmo] *m* Pampelmuse *f*, Grapefruit *f*

pompiere [pompi'ɛ:re] *m* Feuerwehrmann *m*; ***-i*** *pl* Feuerwehr *f*

pomposo [pom'po:zo] prunkvoll, pompös

ponder|are [ponde'ra:re] (*1l u c*) abwägen; **~*ato*** [-'ra:to] überlegt; bedachtsam

pone ['po:ne] → ***porre***

ponente [po'nɛnte] *m* Westen *m*

pongo ['poŋgo] → ***porre***

ponte ['ponte] *m* Brücke *f*; *arch* Gerüst *n*; *mar* Deck *n*; **~ *di passeggio*** Promenadendeck *n*; **~ *girevole*** Drehbrücke *f*; **~ *sospeso*** Hängebrücke *f*; **~ *radio*** Funkverbindung *f*; **~ *aereo*** Luftbrücke *f*; ***fare il ~*** an e-m Brücken- *od* Fenstertag ebenfalls nicht arbeiten

pontefice [pon'te:fitʃe] *m* (*a* **~ *massimo*** *od* ***sommo ~***) Papst *m*

pont|eggio [pon'teddʒo] *m* Baugerüst

P

n; ~**icello** [-ti'tʃɛllo] *m* Steg *m*
pontificio [ponti'fiːtʃo] (*pl -ci*) päpstlich; ***Stato*** *m* ~ Kirchenstaat *m*
pontile [pon'tiːle] *m* Einsteigesteg *m*
pop [pɔp]: ***musica*** *f* ~ Popmusik *f*
popol|amento [popola'mento] *m* Besiedelung *f*; *zo* Besetzung *f*; ~**are** [-'laːre] **1.** *adj* volkstümlich; Volks…; ***ballo*** *m* ~ Volkstanz *m*; **2.** *v/t* besiedeln, bevölkern; ~**arità** [-lari'ta] *f* Popularität *f*; Beliebtheit *f*; ~**ato** [-'laːto] bevölkert; (*abitato*) bewohnt; (*pieno*) voll von; ***scarsamente*** ~ dünn besiedelt; ~**azione** [-latsi'oːne] *f* Bevölkerung *f*
popolo ['pɔːpolo] *m* Volk *n*
poppa ['poppa] *f mar* Heck *n*
porcellana [portʃel'laːna] *f* Porzellan *n*
porcellino [portʃel'liːno] *m* Ferkel *n*; ~ ***d'India*** Meerschweinchen *n*
porche|ria [porke'riːa] *f* Schweinerei *f*; ~**tta** [-'ketta] *f* im Ofen gebratenes Ferkel *n*
porc|ile [por'tʃiːle] *m* Schweinestall *m*; ~**ino** [-'tʃiːno] *m* Steinpilz *m*
porco ['pɔrko] *m* (*pl -ci*) Schwein *n*; P Schweinehund *m*
porcospino [porko'spiːno] *m* Stachelschwein *n*
porgere ['pɔrdʒere] (*3d*) reichen; *aiuto* leisten
pornogr|afia [pornogra'fiːa] *f* Pornographie *f*; ~**afico** [-'graːfiko] (*pl -ci*) pornographisch
porre ['porre] (*3ll*) setzen; stellen; legen
porro ['pɔrro] *m* Porree *m*, Lauch *m*; *med* Warze *f*
porta ['pɔrta] *f* Tor *n*; Tür *f*; ~ ***scorrevole*** Schiebetür *f*; ***a -e chiuse*** unter Ausschluss der Öffentlichkeit
portabagagli [portaba'gaːʎi] *m inv* Gepäckträger *m*; *auto* Dachgepäckträger *m*
portabile [por'taːbile] tragbar
porta|cenere [porta'tʃeːnere] *m inv* Asch(en)becher *m*; ~**chiavi** [-ki'aːvi] *m inv* Schlüsselring *m*; ~**cipria** [-'tʃiːpria] *m inv* Puderdose *f*; ~**finestra** [-fi'nɛstra] *f* (*pl portefinestre*) Balkontür *f*; ~**foglio** [-'fɔːʎo] *m* (*pl -gli*) Brieftasche *f*; ~**fortuna** [-for'tuːna] *m inv* Talisman *m*
portale [por'taːle] *m* Portal *n*
portalettere [porta'lɛttere] *m inv* Briefträger *m*, Postbote *m*
portamento [porta'mento] *m* Haltung *f*; Benehmen *n*
porta|monete [portamo'neːte] *m inv* Geldbeutel *m*, Portemonnaie, Portmonee *n*; ~**ombrelli** [portaom'brɛlli] *m inv* Schirmständer *n*; ~**pacchi** [-'pakki] *m inv bicicletta* Gepäckträger *m*; ~**penne** [-'penne] *m inv* Federhalter *m*
port|are [por'taːre] (*1c*) bringen; tragen; ~ ***via*** wegtragen; ~ ***un regalo*** ein Geschenk mitbringen; ~ ***in tavola*** auftragen; ***essere portato a qc*** zu et geneigt sein; ~**arsi** [-'tarsi] sich benehmen
porta|sci [porta'ʃi] *m auto* Skiträger *m*; ~**sigarette** [-siga'rette] *m inv* Zigarettenetui *n*
port|ata [por'taːta] *f gastr* Gang *m*; *tec* Tragfähigkeit *f*; ***alla*** ~ ***di*** erschwinglich für (*acc*); ***a*** ~ ***di mano*** bei der Hand, griffbereit; ~**atessera** [-ta'tɛssera] *m inv* Ausweishülle *f*; ~**atile** [-'taːtile] tragbar; ***farmacia*** *f* ~ Haus-, Reiseapotheke *f*; ~**atore** [-ta'toːre] *m econ* Überbringer *m*; Inhaber *m*
porta|uovo [portau'ɔːvo] *m inv* Eierbecher *m*; ~**voce** [-'voːtʃe] *m inv* Sprecher *m*
portico ['pɔrtiko] *m* (*pl -ci*) Bogengang *m*
port|iera [porti'ɛːra] *f* Wagen-, Autotü *f*; ~**iere** [-ti'ɛːre] *m* Pförtner *m*; Portie *m*; *sport* Torwart *m*; ~**inaia** [-ti'naːia] Pförtnerin *f*; ~**inaio** [-ti'naːio] *m* (*p -ai*) Pförtner *m*; ~**ineria** [-tine'riːa] Pförtnerloge *f*
porto[1] ['pɔrto] → ***portare***
porto[2] ['pɔrto] *m post* Porto *n*; *fe* Fracht *f*; ~ ***d'armi*** Waffenschein *m*
porto[3] ['pɔrto] *m* Hafen *m*; ~ ***mercantile*** Handelshafen *m*; ~ ***d'imbarc*** Einschiffungshafen *m*
Portogallo [porto'gallo] *m* Portugal
portoghese [porto'geːse] **1.** *adj* portugiesisch; **2.** *m* Portugiesisch(e) *n*; *m/f* Portugiese *m*, Portugiesin *f*
portone [por'toːne] *m* Haustor *n*; Einfahrt *f*
porzione [portsi'oːne] *f* Teil *m*; Ante *m*; *gastr* Portion *f*; ***mezza*** ~ halbe Portion *f*

posa ['pɔːsa] *f* Haltung *f*, Pose *f*; *fot* Belichtung *f*
posacenere [posa'tʃeːnere] *m inv* Asch(en)becher *m*
pos|are [po'saːre] (*1c*) **1.** *v/t* hinlegen; hinstellen; *tel* auflegen; **2.** *v/i* ruhen; *liquidi* sich setzen; (*stare in posa*) Modell stehen; *fig* sich stützen; **~arsi** [-'sarsi] sich legen; sich niederlassen; **~ata** [-'saːta] *f* Besteck *n*; **~atezza** [-sa'tettsa] *f* Gesetztheit *f*; **~ato** [-'saːto] gesetzt
positivo [pozi'tiːvo] positiv
posizione [pozitsi'oːne] *f* Stellung *f*; Lage *f*; Position *f*; *corpo* Haltung *f*; *sport* Platz *m*; **~ chiave** Schlüsselstellung *f*
possed|ere [posse'deːre] (*2o*) besitzen; **~imento** [-di'mento] *m* Besitz *m*
poss|essivo [posses'siːvo] possessiv, besitzanzeigend; **~esso** [-'sɛsso] *m* Besitz *m*; **~essore** [-ses'soːre] *m* Besitzer *m*; **~ di assegno** Scheckinhaber *m*
possiamo [possi'aːmo] → **potere**
poss|ibile [pos'siːbile] **1.** *adj* möglich; **il più presto ~** so schnell wie möglich; **2.** *m* Mögliche(s) *n*; **fare il ~** sein Möglichstes tun; **~ibilità** [-sibili'ta] *f* Möglichkeit *f*; **~ di guadagno** Verdienstmöglichkeit *f*; **~ibilmente** [-sibil'mente] möglichst; möglicherweise
posso ['pɔsso] → **potere**
posta ['pɔsta] *f* Post *f*; (*ufficio postale*) Postamt *n*; **~ aerea** Luftpost *f*; **andare alla ~** auf die (*od* zur) Post gehen; **per ~** mit der (*od* durch die) Post; **a giro di ~** postwendend; **fermo (in) ~** postlagernd
postale [pos'taːle] Post…; **servizio** *m* **~** Postverkehr *m*; **cartolina** *f* **~** Postkarte *f*
post|datare [postda'taːre] (*1a*) nachdatieren; **~eggiare** [-ted'dʒaːre] (*1f*) parken; **~eggio** [-'teddʒo] *m* (*pl -ggi*) Parkplatz *m*; **divieto** *m* **di ~** Parkverbot *n*; **~ di tassì** Taxistand *m*
posteriore [posteri'oːre] Hinter…; (*successivo*) später, nachfolgend; **ruota** *f* **~** Hinterrad *n*; **sedile** *m* **~** Rücksitz *m*
posticip|are [postitʃi'paːre] (*1m*) hinausschieben; später ansetzen; **~ato** [-'paːto] nachträglich; **pagamento** *m* **~** Nachzahlung *f*
postino [pos'tiːno] *m* Postbote *m*
posto[1] ['posto] → **porre**; **~ che** gesetzt, dass; da nun
posto[2] ['posto] *m* Platz *m*; Stelle *f*; Stellung *f*; Posten *m*; **~ macchina** Stellplatz *m*; **~ d'angolo** Eckplatz *m*; **~ al finestrino** Fensterplatz *m*; **~ in piedi** Stehplatz *m*; **~ a sedere** Sitzplatz *m*; **~ di polizia** Polizeiwache *f*; **~ di prevendita** Vorverkaufsstelle *f*; **~ di pronto soccorso** Unfallstation *f*; **~ di ristoro** Rasthaus *n*; **fuori ~** nicht an s-m Platz; *fig* unangebracht; **essere a ~** in Ordnung sein
postoperatorio [postopera'tɔːrio] (*pl -ri*) postoperativ
postumo ['pɔstumo] nachträglich; *opera* nachgelassen; *jur* nachgeboren
potabile [po'taːbile] trinkbar; **acqua** *f* **~** Trinkwasser *n*
potassio [po'tassio] *m* Kalium *n*
pot|ente [po'tɛnte] mächtig, einflussreich; stark; **~enza** [-'tɛntsa] *f* Macht *f*; *tec* Leistung *f*; **~ mondiale** Weltmacht *f*; **~ del motore** Motorleistung *f*; **in ~** potentiell, möglich; **~enziare** [-tentsi'aːre] (*1a*) verstärken
potere [po'teːre] **1.** *v/i* (*2l*) können, imstande sein; (*avere il permesso*) dürfen; **non ho potuto farlo** ich habe es nicht machen können; **posso fumare?** darf ich rauchen?; **può essere** es kann sein; **2.** *m* Gewalt *f*; Macht *f*; **~ d'acquisto** Kaufkraft *f*; **pieni -i** *pl* Vollmacht *f*; **essere al ~** an der Macht sein
pover|accio [pove'rattʃo] *m* (*pl -cci*) armer Teufel *m*; **~etto** [-'retto] *m*, **~ino** [-'riːno] *m* Ärmste(r) *m*
povero ['pɔːvero] **1.** *adj* arm; dürftig; **~ me!** ich Armer!; **2.** *m* Arme(r) *m*
povertà [pover'ta] *f* Armut *f*
pozzanghera [pot'tsaŋgera] *f* Pfütze *f*
pozzo ['pottso] *m* Brunnen *m*; *min* Schacht *m*; **~ d'estrazione** Förderschacht *m*; **~ petrolifero** Erdölquelle *f*
p. p. **per procura** in Vollmacht (*abbr* i. V.); **pacco postale** Postpaket
pp. **pagine** Seiten
PPI **Partito Popolare Italiano** italienische Partei der Mitte
PP.TT. **Poste e Telecomunicazioni** Post- und Fernmeldewesen

P

p.r. ***per ringraziamento*** zum Ausdruck des Dankes
PR ***Parma*** Parma
Praga ['pra:ga] *f* Prag *n*
pranzare [pran'dza:re] (*1a*) zu Mittag essen
pranzo ['prandzo] *m* Mittagessen *n*
prassi ['prassi] *f inv* Praxis *f*
prataiolo [pratai'ɔ:lo] *m* Wiesenchampignon *m*
pratica ['pra:tika] *f* (*pl -che*) Praxis *f*; Erfahrung *f*; Übung *f*; (*atto*) Akte *f*; ***mettere in ~*** befolgen; zur Ausführung bringen; ***fare ~*** sich (für e-n Dienst) ausbilden; ***-che*** *f/pl* Unterlagen *pl*; ***fare le -che necessarie*** die nötigen Unterlagen zusammenstellen; ***in ~*** in der Praxis, in Wirklichkeit; ***avere ~ di qc*** in et (*dat*) bewandert sein
pratic|abile [prati'ka:bile] ausführbar; *strada* gangbar, befahrbar; **~are** [-'ka:re] (*1l u d*) (*mettere in atto*) in die Praxis umsetzen; (*esercitare*) ausüben; (*frequentare*) besuchen; ***~ qu*** mit j-m verkehren; ***~ molto sport*** viel Sport treiben
pratico ['pra:tiko] (*pl -ci*) praktisch; erfahren; ***essere ~ della città*** sich in der Stadt auskennen
prato ['pra:to] *m* Wiese *f*
preavviso [preav'vi:zo] *m* Voranmeldung *f*, Vorankündigung *f*; ***licenziamento*** *m* ***senza ~*** fristlose Entlassung *f*
precario [pre'ka:rio] (*pl -ri*) vorläufig; unsicher; *salute* bedenklich
precauzione [prekautsi'o:ne] *f* Vorsicht *f*; ***-i*** *pl* Vorsichtsmaßregeln *f/pl*
pre|cedente [pretʃe'dɛnte] **1.** *adj* vorhergehend; vorig; **2.** *m* Präzedenzfall *m*; **~cedenza** [-tʃe'dɛntsa] *f* Vorrang *m*; *auto* ***diritto*** *m* ***di ~*** Vorfahrtsrecht *n*; ***avere la ~*** Vorfahrt haben; **~cedere** [-'tʃɛ:dere] (*3a*) vorangehen (*dat*)
precipit|are [pretʃipi'ta:re] (*1m*) **1.** *v/t* hinabstürzen; *fig* überstürzen; **2.** *v/i* hinabstürzen; *chim* niederschlagen; **~arsi** [-'tarsi] (sich) stürzen; **~azione** [-tatsi'o:ne] *f* Überstürzung *f*; ***-i*** *pl* ***atmosferiche*** Niederschläge *m/pl*; ***ricco di -i*** niederschlagsreich; **~oso** [-'to:zo] überstürzt; unüberlegt
precipizio [pretʃi'pi:tsio] *m* (*pl -zi*) Abgrund *m*; ***a ~*** Hals über Kopf
precis|amente [pretʃiza'mente] genau; ***e ~*** und zwar; ***~ perché*** gerade weil; **~are** [-'za:re] (*1a*) präzisieren; **~ione** [-zi'o:ne] *f* Präzision *f*, Genauigkeit *f*; ***con ~*** genau, exakt
preciso [pre'tʃi:zo] genau; bestimmt; ***alle tre -e*** Punkt drei Uhr
precoce [pre'kɔ:tʃe] frühreif, vorzeitig
precotto [pre'kotto] *m* Fertiggericht *n*
preda ['prɛ:da] *f* Beute *f*; ***in ~ a*** gepackt von
predecessore [predetʃes'so:re] *m* Vorgänger *m*
predestinare [predesti'na:re] (*1a*) prädestinieren, vorherbestimmen
predica ['prɛ:dika] *f* (*pl -che*) Predigt *f*
predicare [predi'ka:re] (*1l, b u d*) predigen
predil|etto [predi'lɛtto] **1.** → ***prediligere***; **2.** *adj* Lieblings…, bevorzugt; **~ezione** [-letsi'o:ne] *f* Vorliebe *f*; **~igere** [-'li:dʒere] (*3u*) am meisten lieben, vorziehen
predire [pre'di:re] (*3t*) voraussagen
predisp|orre [predis'porre] (*3ll*) vorbereiten; **~osto** [-'posto] → ***predisporre***
predom|inare [predomi'na:re] (*1m u c*) vorherrschen; **~inio** [-'mi:nio] *m* (*pl -ni*) Vorherrschaft *f*
prefazione [prefatsi'o:ne] *f* Vorwort *n*
prefer|enza [prefe'rɛntsa] *f* Vorliebe *f*; **~ire** [-'ri:re] (*4d*) vorziehen; lieber mögen; **~ito** [-'ri:to] Lieblings…
pref|etto [pre'fɛtto] *m* Präfekt *m*; **~ettura** [-fet'tu:ra] *f* Präfektur *f*
prefisso [pre'fisso] *m tel* Vorwählnummer *f*
pregare [pre'ga:re] (*1b u e*) bitten (***qu*** um et); *divinità* beten; ***farsi ~*** sich bitten lassen; ***prego!*** bitte! bitte sehr!
preghiera [pregi'ɛ:ra] *f* Bitte *f*; *rel* Gebet *n*; ***rivolgere una ~ a qu*** e-e Bitte an j-n richten
pregiato [pre'dʒa:to] (*stimato*) geschätzt; (*prezioso*) wertvoll
pregio ['prɛ:dʒo] *m* Wert *m*; Vorzug *m*
pregiud|icato [predʒudi'ka:to] *jur* Vorbestrafte(r) *m*; **~izio** [-'di:tsio] (*pl -zi*) Vorurteil *n*
preg.mo ***pregiatissimo*** sehr geehrt (*Briefstil*)
prego *int* bitte
pregustare [pregus'ta:re] (*1a*) im Vo…

aus kosten
preist|oria [preis'tɔːria] *f* Vorgeschichte *f*; **~orico** [-'tɔːriko] (*pl -ci*) vorgeschichtlich
pre|levamento [preleva'mento] *m* Entnahme *f*; *econ* Abhebung *f*; **~ in contanti** Barabhebung *f*; **~levare** [-le'vaːre] (*1b*) *denaro* abheben; *ditta* übernehmen; **~libato** [-li'baːto] köstlich; **~lievo** [-li'ɛːvo] *m* Entnahme *f*; *econ* Abhebung *f*; **~ del sangue** Blutentnahme *f*
pre-maman [prema'mã] **1.** *adj* Umstands...; **2.** *m inv* Umstandskleid *n*
pre|matrimoniale [prematrimoni'aːle] vorehelich; **~maturo** [-ma'tuːro] vorzeitig; frühreif; **~meditato** [-medi'taːto] absichtlich
premere ['prɛːmere] (*3a*) **1.** *v/t* drücken; *fig* bedrücken; **2.** *v/i* lasten; am Herzen liegen; drängen; ***mi preme che*** es liegt mir daran, dass
premess|a [pre'messa] *f* Voraussetzung *f*; **~o** [-so] → ***premettere***
premettere [pre'mettere] (*3ee*) voraussetzen
premi|are [premi'aːre] (*1k u b*) prämieren; belohnen; **~azione** [-miatsi'oːne] *f* Preisverteilung *f*
premio ['prɛːmio] *m* (*pl -mi*) Preis *m*; *econ* Prämie *f*; **~ *Nobel per la pace*** Friedensnobelpreis *m*; ***assegnare un ~*** e-n Preis verleihen
prem|ura [pre'muːra] *f* (*fretta*) Eile *f*; (*attenzione*) Aufmerksamkeit *f*; (*cura*) Bemühung *f*; ***darsi ~*** sich bemühen; ***aver ~*** es eilig haben; ***non c'è ~*** es eilt nicht; ***con la massima ~*** schnellstens; **~uroso** [-mu'roːzo] aufmerksam, zuvorkommend
prendere ['prɛndere] (*3c*) **1.** *v/t* nehmen; ergreifen; hinnehmen; *farmaco* einnehmen; *fuoco* fangen; *malattia* sich holen; *coraggio* fassen; **~ *qu per un italiano*** j-n für e-n Italiener halten; **~ *alloggio*** absteigen (*in un hotel*); ***andare*** (*od* ***venire***) ***a ~*** holen, abholen; **~ *il sole*** sich sonnen; **~ *il treno*** mit dem Zug fahren; **~ *nota di qc*** et aufschreiben; *avia* **~ *quota*** Höhe gewinnen; **~ *in giro qu*** sich über j-n lustig machen; ***prendersela*** sich ärgern; sich aufregen; ***che ti prende?*** was fällt dir ein?; **2.** *v/i* **~ *a destra*** nach rechts gehen
prendisole [prendi'soːle] *m inv* Strandkleid *n*
prenot|are [preno'taːre] (*1c*) vorbestellen, reservieren; *viaggio* buchen; **~ato** [-'taːto] vorbestellt, reserviert; **~azione** [-tatsi'oːne] *f* Vorbestellung *f*, Reservierung *f*; Buchung *f*
preoccup|are [preokku'paːre] (*1m u c*) besorgt machen; beunruhigen; **~arsi** [-'parsi] sich Sorgen machen (***di*** über *acc*); **~ato** [-'paːto] besorgt; **~azione** [-patsi'oːne] *f* Sorge *f*
prepagato [prepa'gaːto] *tel* Prepaid...
prepar|are [prepa'raːre] (*1a*) vorbereiten; *gastr* zubereiten; **~arsi** [-'rarsi] sich vorbereiten (***a*** auf *acc*); sich fertig machen; **~ativi** [-ra'tiːvi] *m/pl* Vorbereitungen *f/pl*; **~ato** [-'raːto] **1.** *adj* vorbereitet; bereit, fertig; **2.** *m* Präparat *n*; **~azione** [-ratsi'oːne] *f* Vorbereitung *f*; Zubereitung *f*; ***senza ~*** unvorbereitet
preposizione [prepozitsi'oːne] *f* Präposition *f*
prepot|ente [prepo'tɛnte] herrisch; gewalttätig; **~enza** [-po'tɛntsa] *f* Anmaßung *f*; Rechthaberei *f*
presa ['preːsa] *f* Griff *m*; Halt *m*; *el* **~ *di corrente*** Steckdose *f*; ***macchina f da ~*** Filmkamera *f*; *fig* **~ *di possesso*** Besitzergreifung *f*; ***essere alle -e con qu*** sich mit j-m herumschlagen
presagio [pre'zaːdʒo] *m* (*pl -gi*) Vorzeichen *n*
presalario [presa'laːrio] *m* (*pl -ri*) Studienbeihilfe *f*
presbite ['prɛzbite] weitsichtig
prescindere [preʃ'ʃindere] (*3v*) absehen (***da*** von); ***prescindendo da*** abgesehen von
prescr|itto [pres'kritto] → ***prescrivere***; **~ivere** [-'kriːvere] (*3tt*) vorschreiben; *med* verschreiben; **~izione** [-kritsi'oːne] *f* Vorschrift *f*; *med* Verordnung *f*
present|are [-'taːre] (*1b*) vorzeigen; vorführen; j-n vorstellen; *tea* aufführen; *fig* aufweisen; **~arsi** [-'tarsi] sich vorstellen; (*apparire*) erscheinen; *occasione* sich bieten; **~ *candidato*** kandidieren, als Kandidat auftreten; **~atore** [-ta'toːre] *m rad*, *TV* Ansager *m*; Moderator *m*; Showmaster *m*; **~a-**

P

zione [-tatsi'o:ne] *f* Vorstellung *f*; ***fare le -i*** vorstellen

presente [pre'zɛnte] **1.** *adj* gegenwärtig; anwesend; ***essere ~*** da sein; **2.** *m* Gegenwart *f*; Anwesende(r) *m*; *gram* Präsens *n*

presentimento [presenti'mento] *m* Vorahnung *f*

presenza [pre'zɛntsa] *f* Anwesenheit *f*; (*aspetto*) Aussehen *n*; ***alla ~*** (*od* ***in ~***) ***di qu*** vor j-m, in Gegenwart von j-m; ***di bella ~*** von schönem Äußeren

presepio [pre'zɛpio] *m* Krippe *f*

preserv|are [preser'va:re] (*1b*) bewahren (***da*** vor *dat*); ***~ativo*** [-va'ti:vo] *m* Präservativ *n*

presid|ente [presi'dɛnte] *m* Vorsitzende(r) *m*; Präsident *m*; ***Presidente dello Stato*** Staatsoberhaupt *n*; ***~entessa*** [-den'tessa] *f* Vorsitzende *f*; Präsidentin *f*; ***~enza*** [-'dɛntsa] *f* Vorstand *m*; Vorsitz *m*; Präsidentenstelle *f*

preso ['pre:so] → ***prendere***

pressappoco [pressap'pɔ:ko] ungefähr, annähernd

pressione [pressi'o:ne] *f* Druck *m*; ***~ atmosferica*** Luftdruck *m*; ***~ delle gomme*** Reifendruck *m*; ***~ sanguigna*** Blutdruck *m*; *fig* ***far ~*** Druck ausüben; ***pentola*** *f* ***a ~*** Schnellkochtopf *m*

pressochè [presso'ke] fast; beinahe

prest|are [pres'ta:re] (*1b*) (aus)leihen; borgen; *ascolto* schenken; *aiuto* leisten; ***~arsi*** [-'tarsi] sich eignen; ***~atore*** [-ta'to:re] *m* ***~ d'opera*** Arbeitnehmer *m*; ***~azione*** [-tatsi'o:ne] *f* Leistung *f*

prestigio [pres'ti:dʒo] *m* Prestige *n*, Ansehen *n*

prestito ['prɛstito] *m* Darlehen *n*; Anleihe *f*; Ausleihe *f*; ***in ~*** leihweise; ***dare in ~*** (ver)leihen; ***prendere in ~*** sich (aus)leihen

presto ['prɛsto] (*fra poco*) bald; (*in fretta*) schnell; (*di buon'ora*) früh; ***a ~!*** bis bald!; ***far ~*** sich beeilen

presumere [pre'zu:mere] (*3h*) vermuten

presun|tuoso [prezuntu'o:zo] eingebildet; ***~zione*** [-tsi'o:ne] *f* Einbildung *f*

prete ['prɛ:te] *m* Priester *m*

pret|endente [preten'dɛnte] *m* Bewerber *m*; ***~endere*** [-'tɛndere] (*3c*) verlangen; beanspruchen; ***~ensioso*** [-tensi'o:zo] anspruchsvoll

pretesa [pre'te:sa] *f* Anspruch *m*; Forderung *f*; ***avanzare -e*** Forderungen stellen; ***senza -e*** anspruchslos

pretesto [pre'tɛsto] *m* Vorwand *m*

pretore [pre'to:re] *m* Amtsrichter *m*

pretura [pre'tu:ra] *f* Amtsgericht *n*

preval|enza [preva'lɛntsa] *f* ***in ~*** überwiegend; ***~ere*** [-'le:re] (*2r*) überwiegen; die Oberhand behalten

prev|edere [preve'de:re] (*2s*) voraussehen; ***~edibile*** [-ve'di:bile] vorhersehbar

prevendita [-'vendita] *f* Vorverkauf *m*

prevenire [preve'ni:re] (*4p*) zuvorkommen (*dat*); (*influenzare negativamente*) einnehmen; *malattia* vorbeugen (*dat*)

prevenzione [preventsi'o:ne] *f* Vorbeugung *f*; ***~ degli infortuni*** Unfallverhütung *f*

previd|ente [previ'dɛnte] vorsorglich; ***~enza*** [-vi'dɛntsa] *f* Vorsorge *f*; ***~ sociale*** Sozialversicherung *f*

prev|isione [previzi'o:ne] *f* Vorhersage *f*; ***-i*** *pl* ***del tempo*** Wettervorhersage *f*; ***~isto*** [-'visto] → ***prevedere***

prezioso [pretsi'o:zo] **1.** *adj* kostbar; edel; ***pietra*** *f* ***-a*** Edelstein *m*; **2.** *m* (*mst pl -i*) Schmuckgegenstände *m/p*

prezzemolo [pret'tse:molo] *m* Petersilie *f*

prezzo ['prɛttso] *m* Preis *m*; ***~ global*** Inklusivpreis *m*; ***~ di fabbrica*** Erzeugerpreis *m*; ***~ di listino*** Katalogprei *m*; ***~ di promozione*** Einführungsprei *m*; ***aumento*** *m* ***del ~*** Preiserhöhung; ***crollo*** *m* ***dei -i*** Preissturz *m*; ***a buon*** billig; ***a caro ~*** teuer; ***a metà ~*** zur halben Preis; ***a qualunque ~*** um jede Preis; ***~ limite*** Höchstpreis *m*; ***~ nett*** Nettopreis *m*

PRI ***Partito Repubblicano Italiano*** Republikanische Partei Italiens

prigione [pri'dʒo:ne] *f* Gefängnis *n*

prigion|ia [pridʒo'ni:a] *f* Gefangenschaft *f*; ***~iero*** [-ni'ɛ:ro] *m* Gefangene(r) *m*; ***fare ~*** gefangen nehmen

prima[1] ['pri:ma] *adv* früher; eher; ***~*** vor (*dat*); ***~ di*** (*inf*), ***~ che*** bevor; ***~ … poi …*** zuerst … dann …; ***quanto ~*** bald wie möglich

prima[2] ['pri:ma] *f fer* erste Klasse; *auto* erster Gang *m*; *tea* Premiere *f*

primario [pri'ma:rio] *m* (*pl -ri*) Che

arzt *m*

prima|vera [prima'vɛːra] *f* Frühling *m*; **~verile** [-ve'riːle] Frühlings…

prim|itivo [primi'tiːvo] primitiv; *(iniziale)* ursprünglich; **~izia** [-'miːtsia] *f* Frühgemüse *n*; Frühobst *n*; Neuigkeit *f*

primo ['priːmo] **1.** *adj* erster; **~ piano** *m* Vordergrund *m*; *film* **-a visione** *f* Erstaufführung *f*; **2.** *m* Erste(r) *m*; *gastr* erster Gang *m*; **ai -i del mese** in den ersten Tagen des Monats; **sulle -e** anfangs

primogenito [primo'dʒɛːnito] **1.** *adj* erstgeboren; **2.** *m* Erstgeborene(r) *m*

princip|ale [printʃi'paːle] **1.** *adj* hauptsächlich; Haupt…; **ingresso** *m* **~** Haupteingang *m*; **via** *f* **~** Hauptstraße *f*; **2.** *m* Chef *m*; **~ato** [-'paːto] *m* Fürstentum *n*

principe ['printʃipe] *m* Fürst *m*; Prinz *m*

principessa [printʃi'pessa] *f* Fürstin *f*; Prinzessin *f*

principiante [printʃipi'ante] *m* Anfänger *m*; **corso** *m* **per -i** Anfängerkurs *m*

principio [prin'tʃiːpio] *m* (*pl* *-pi*) *(inizio)* Anfang *m*; *(norma)* Prinzip *n*, Grundsatz *m*; **al ~** anfangs, zu Beginn; **da ~** zuerst; **per ~, in linea di ~** prinzipiell

priv|are [pri'vaːre] *(1a)*: **~ qu di qc** j-n e-r Sache berauben; *jur* j-m et aberkennen; **~arsi** [-'varsi]: **~ di qc** auf et *(acc)* verzichten; **~atizzare** [-vatid'dzaːre] *(1a)* privatisieren; **~ato** [-'vaːto] **1.** *adj* privat; Privat…; **strada** *f* **-a** Privatweg *m*; **in ~** vertraulich; **2.** *m* Privatperson *f*; **~azione** [-vatsi'oːne] *f* Entbehrung *f*

privi|legiare [privile'dʒaːre] *(1f)* bevorzugen; **~legiato** [-le'dʒaːto] privilegiert; **~legio** [-'lɛːdʒo] *m* (*pl* *-gi*) Vorrecht *n*, Privileg *n*

privo ['priːvo] ohne; …los; **~ di sensi** bewusstlos

pro [prɔ] **1.** *m* Nutzen *m*; **il ~ e il contro** das Für und Wider; **a che ~?** wozu?; **2.** *prp* für; zugunsten *(gen)*; **~ capite** pro Kopf

prob|abile [pro'baːbile] wahrscheinlich; **~abilità** [-babili'ta] *f* Wahrscheinlichkeit *f*

probl|ema [pro'blɛːma] *m* (*pl* *-i*) Problem *n*; Frage *f*; **~ematico** [-ble'maːtiko] (*pl* *-ci*) problematisch

procedere [pro'tʃɛːdere] *(3a)* vorwärtsgehen, vorangehen; *fig u jur* verfahren; **~ oltre** weitergehen, fortfahren

proced|imento [protʃedi'mento] *m* Vorgehen *n*, Verfahren *n*; **~ arbitrale** Schiedsverfahren *n*; **~ura** [-'duːra] *f* Verfahren *n*, Prozedur *f*; *jur* Gerichtsverfahren *n*, Prozess *m*

processare [protʃes'saːre] *(1b)* prozessieren gegen; *dati* verarbeiten

processione [protʃessi'oːne] *f* Prozession *f*; *fig* Schlange *f*

proc|esso [pro'tʃɛsso] *m* Prozess *m*; **~ civile** Zivilprozess *m*; **~ di fabbricazione** Herstellungsverfahren *n*; **essere sotto ~** unter Anklage stehen; **fare un ~** e-n Prozess führen; **~essuale** [-tʃessu'aːle] Prozess…; **atti** *m/pl* **-i** Prozessakten *f/pl*

procinto [pro'tʃinto] *m* **essere in ~ di** im Begriff sein zu

proclam|are [prokla'maːre] *(1a)* verkünden; proklamieren; **~azione** [-matsi'oːne] *f* Proklamation *f*

procura [pro'kuːra] *f* Vollmacht *f*; **Procura di Stato** *jur* Staatsanwaltschaft *f*; Oberstaatsanwaltschaft *f*; **per ~** in Stellvertretung

procur|are [proku'raːre] *(1a)* verschaffen, besorgen; *(causare)* verursachen; **~arsi** [-'rarsi] sich verschaffen, sich zuziehen; **~atore** [-ra'toːre] *m* Bevollmächtigte(r) *m*; *jur* Staatsanwalt *m*; Prokurist *m*; **~ generale** Generalstaatsanwalt *m*

prod|igio [pro'diːdʒo] *m* (*pl* *-gi*) Wunder *n*; **~igioso** [-di'dʒoːzo] wunderbar

prodotto [pro'dotto] **1.** → **produrre**; **2.** *m* Erzeugnis *n*, Produkt *n*; **-i** *pl* **alimentari** Nahrungsmittel *n/pl*; **~ farmaceutico** Arzneimittel *n*; **~ finito** Endprodukt *n*; **~ nazionale** Landeserzeugnis *n*; **~ nazionale lordo** Bruttosozialprodukt *n*; **-i** *pl* **di bellezza** Kosmetika *n/pl*; **~ di massa** Massenerzeugnis *n*; *ecol* **~ organico** Bioprodukt *n*

prod|uco [pro'duːko] → **produrre**; **~urre** [-'durre] *(3e)* erzeugen; produzieren; *(fabbricare)* herstellen; *danni* verursachen; **~uttivo** [-dut'tiːvo] produk-

P

tiv; **~uttore** [-dut'toːre] *m* Hersteller *m*, Erzeuger *m*; **~uzione** [-dutsi'oːne] *f* Herstellung *f*, Produktion *f*; **~ *giornaliera*** Tagesleistung *f*; **~ *in serie*** Serienabfertigung *f*

prof. ***professore*** Professor (*abbr* Prof.)

profanare [profa'naːre] (*1a*) entweihen

profano [pro'faːno] **1.** *adj* weltlich; *fig* laienhaft; **2.** *m fig* Laie *m*

profess|ionale [professio'naːle] professionell; Berufs…; ***scuola f* ~** Berufsschule *f*; **~ione** [-si'oːne] *f* Beruf *m*; *rel*, *pol* Bekenntnis *n*; **~ *di fede*** Glaubensbekenntnis *n*; ***di* ~** von Beruf, Berufs…; **~ionista** [-sio'nista] *m/f* (*m/pl -i*) Angehörige(r) *m* freier Berufe; (*laureato*) Akademiker(in) *m*(*f*); F Profi *m*; *sport* Berufssportler(in) *m*(*f*); ***libero* ~** Freiberufler *m*

profess|orato [professo'raːto] *m* Professur *f*; Lehramt *n*; **~ore** [-'soːre] *m* Lehrer *m*; *d'università* Professor *m*; ***-i*** *pl* Lehrkräfte *f/pl*; **~oressa** [-so'ressa] *f* Lehrerin *f*; Professorin *f*

prof|eta [pro'fɛːta] *m* (*pl -i*) Prophet *m*; **~ezia** [-fe'tsiːa] *f* Prophezeiung *f*

proficuo [pro'fiːkuo] nutzbringend

profil|assi [profi'lassi] *f* Prophylaxe *f*; **~attico** [-'lattiko] (*pl -ci*) prophylaktisch

profilo [pro'fiːlo] *m* Profil *n*; Umriss *m*

profitto [pro'fitto] *m* (*vantaggio*) Nutzen *m*; (*progresso*) Fortschritt *m*; *econ* Profit *m*, Gewinn *m*

prof|ondità [profondi'ta] *f* Tiefe *f*; **~ *dell'acqua*** Wassertiefe *f*; *fot* **~ *di campo*** Tiefenschärfe *f*; **~ondo** [-'fondo] **1.** *adj* tief; **2.** *m* Tiefe *f*

P

profugo ['prɔːfugo] *m* (*pl -ghi*) Flüchtling *m*

profum|are [profu'maːre] (*1a*) parfümieren; **~atamente** [-mata'mente]: ***pagare* ~** teuer (be)zahlen; **~eria** [-me'riːa] *f* Parfümerie *f*

profumo [pro'fuːmo] *m* Parfüm *n*, Duft *m*

prog|ettare [prodʒet'taːre] (*1b*) planen; entwerfen; **~ettazione** [-dʒettatsi'oːne] *f* Planung *f*, Entwerfen *n*; **~etto** [-'dʒɛtto] *m* Projekt *n*, Plan *m*; **~ *pilota*** Pilotprojekt *n*; **~ *di legge*** Gesetzentwurf *m*; ***essere in* ~** geplant sein

prognosi ['prɔːɲozi] *f* Prognose *f*

programma [pro'gramma] *m* (*pl -i*) Programm *n* (*a inform*); **~ *televisivo*** Fernsehprogramm *n*; ***fuori* ~** außerplanmäßig; ***avere in* ~ *qc*** et vorhaben; *inform* **~ *di ortografia e grammatica*** Rechtschreibprüfprogramm *n*; *inform* **~ *di traduzione*** Übersetzungsprogramm *n*

programmare [program'maːre] (*1a*) planen, programmieren (*a inform*)

programmatore [-gramma'toːre] *m* Programmierer *m*

programmazione [-grammatsi'oːne] *f* Programmgestaltung *f*; *econ* Planung *f*; *inform* Programmierung *f*; ***linguaggio m di* ~** Programmiersprache *f*

progred|ire [progre'diːre] (*4d*) fortschreiten; Fortschritte machen; **~ito** [-'diːto] fortgeschritten

progress|ione [progressi'oːne] *f* Steigerung *f*, Zunahme *f*; *mat* Progression *f*; **~ivo** [-'siːvo] fortschreitend; *pol* progressiv

progresso [pro'grɛsso] *m* Fortschritt *m*; ***fare -i*** Fortschritte machen

proib|ire [proi'biːre] (*4d*) verbieten; **~izione** [-bitsi'oːne] *f* Verbot *n*

pro|iettare [proiet'taːre] (*1b*) (*lanciare*) hinauswerfen; *ombra* werfen; *film* vorführen, projizieren (*a fig*); **~iettile** [-i'ɛttile] *m* Geschoss *n*; **~iettore** [-iet'toːre] *m* Projektor *m*; Scheinwerfer *m*; **~ *per diapositive*** Diaprojektor *m*; **~ *alogeno*** Halogenscheinwerfer *m*; **~iezione** [-ietsi'oːne] *f film*, *diapositive* Vorführung *f*

proletario [prole'taːrio] (*pl -ri*) **1.** *adj* proletarisch; **2.** *m* Proletarier *m*

prologo ['prɔːlogo] *m* (*pl -ghi*) Prolog *m*

prolunga [pro'luŋga] *f el* Verlängerungsschnur *f*

prolung|amento [proluŋga'mento] *m* Verlängerung *f*; **~are** [-'gaːre] (*1e*) verlängern; (*dilungare*) in die Länge ziehen; **~arsi** [-'garsi] dauern; sich in die Länge ziehen; *strada* sich hinziehen

promemoria [prome'mɔːria] *m inv* Notiz *f*

pro|messa [pro'messa] *f* Versprechen *n*; ***-e*** *pl* Versprechungen *f/pl*; **~messo** [-'messo] **1.** → ***promettere***; **2.** *adj* versprochen; **~mettente** [-met'tɛnte] vielversprechend; **~mettere** [-'metter…

(*3ee*) versprechen; **~ bene** Gutes versprechen

promontorio [promon'tɔːrio] *m* (*pl -ri*) Kap *n*

prom|osso [pro'mɔsso] → **promuovere**; **~ozione** [-motsi'oːne] *f* Beförderung *f*; *scuola* Versetzung *f*; *econ* Förderung *f*, Promotion *f*; **~ delle vendite** Absatzförderung *f*

promuovere [promu'ɔːvere] (*3ff*) (be-)fördern; *scuola* versetzen

pronipote [proni'poːte] *m/f* Urenkel(in) *m(f)*

pronome [pro'noːme] *m* Pronomen *n*

prontezza [pron'tettsa] *f* Schnelligkeit *f*; **~ di spirito** Geistesgegenwart *f*

pronto ['pronto] bereit (**a** zu *inf od* **a qc** zu et *dat*); (*preparato*) fertig; (*rapido*) schnell; *tel* **~!** hallo!; **-a cassa** *f* Barzahlung *f*; **~ soccorso** *m* Erste Hilfe *f*; **~ per l'uso** gebrauchsfertig

pronuncia [pro'nuntʃa] *f* Aussprache *f*

pronunci|are [pronun'tʃaːre] (*1f*) aussprechen; **~arsi** [-'tʃarsi] sich äußern (**su** über *acc*); **~ato** [-'tʃaːto] *fig* ausgeprägt

propag|anda [propa'ganda] *f* Werbung *f*; *pol* Propaganda *f*; **~are** [-'gaːre] (*1e*) propagieren; verbreiten; **~arsi** [-'garsi] sich ausbreiten; *fig* um sich greifen

propano [pro'paːno] *m* Propan *n*

propenso [pro'pɛnso] geneigt (**a** zu)

propizio [pro'piːtsio] (*pl -zi*) günstig (**a** *dat*)

prop|ongo [pro'poŋgo] → **proporre**; **~onimento** [-poni'mento] *m* Vorsatz *m*; **fare ~** sich vornehmen; **~orre** [-'porre] (*3ll*) vorschlagen; **~orsi** [-'porsi] sich vornehmen

proporzion|ale [proportsio'naːle] verhältnismäßig; *pol* proportional; **~ato** [-'naːto] im richtigen Verhältnis (**a** zu); angemessen, entsprechend (**a** *dat*)

proporzione [proportsi'oːne] *f* Verhältnis *n* (**a, con** zu); *fig* Umfang *m*; **in ~** im Verhältnis, verhältnismäßig

proposito [pro'pɔːzito] *m* Absicht *f*, Vorsatz *m*; **a che ~?** in Bezug worauf?; **a ~** übrigens; **a ~ di** was ... betrifft; bezüglich (*gen*); **di ~** absichtlich; **venire a ~** wie gerufen kommen

prop|osta [pro'posta] *f* Vorschlag *m*; **~osto** [-'posto] → **proporre**

propri|amente [propria'mente] eigentlich; **~età** [-prie'ta] *f* Eigenschaft *f*; Eigentum *n*; Besitz *m*; **~ privata** Privateigentum *n*; **essere di ~ di qu** j-s Eigentum sein; **~etaria** [-prie'taːria] *f* Eigentümerin *f*, Besitzerin *f*; **~etario** [-prie'taːrio] *m* (*pl -ri*) Eigentümer *m*, Besitzer *m*

proprio ['prɔːprio] (*pl -ri*) **1.** *adj* eigen; (*caratteristico*) typisch; (*adatto*) geeignet; **nome** *m* **~** Eigenname *m*; **amor** *m* **~** Ehrgeiz *m*; **a -e spese** auf eigene Kosten; **2.** *adv* gerade; (*davvero*) wirklich; **è ~ lui** er ist es selbst; **è ~ impossibile** das ist wirklich unmöglich; **3.** *m* Eigene(s) *n*; **campare del ~** von s-m Vermögen leben

propuls|ione [propulsi'oːne] *f* Antrieb *m*; **~ore** [-'soːre] *m* Triebwerk *n*

prora ['prɔːra] *f* Bug *m*

proroga ['prɔːroga] *f* (*pl -ghe*) Aufschub *m*; Verlängerung *f*

prorogare [proro'gaːre] (*1l, e u c*) (*rinviare*) aufschieben, vertagen; (*prolungare*) verlängern

prosa ['prɔːza] *f* Prosa *f*

prosciogliere [proʃ'ʃɔːʎere] (*3ss*) befreien; *jur* freisprechen

prosciugare [proʃʃu'gaːre] (*1e*) austrocknen; *palude* trockenlegen

prosciutto [proʃ'ʃutto] *m* Schinken *m*; **~ cotto** gekochter Schinken *m*; **~ crudo** roher Schinken *m*

pro|seguimento [prosegui'mento] *m* Fortsetzung *f*; **~seguire** [-segu'iːre] (*4a*) **1.** *v/t* fortsetzen; **2.** *v/i* fortfahren; *fer* weiterfahren (**per** nach)

prosper|are [prospe'raːre] (*1l u c*) gedeihen; **~ità** [-ri'ta] *f* Wohlstand *m*

prospero ['prɔspero] blühend; günstig

prosp|ettiva [prospet'tiːva] *f* Aussicht *f*; Perspektive *f*; *fig* Aussicht *f*; **~etto** [-'pɛtto] *m* Prospekt *m*; Anblick *m*; (*facciata*) Fassade *f*

prossim|amente [prossima'mente] demnächst; **~ità** [-mi'ta] *f* (nächste) Nähe *f*; **in ~ di** in der Nähe von

prossimo ['prɔssimo] **1.** *adj* nächst; sehr nahe; nahe bevorstehend; **la -a volta** das nächste Mal; **2.** *m* Nächste(r) *m*

prostit|uta [prosti'tuːta] *f* Prostituierte *f*; **~uzione** [-tutsi'oːne] *f* Prostitution *f*

protagonista [protago'nista] *m/f* (*m/pl -i*) Hauptdarsteller(in) *m(f)*

P

proteg|gere [pro'tɛddʒere] *(3cc)* (be-) schützen (***da*** vor *dat*); **~gersi** [dʒersi] sich schützen (***da*** vor *dat*)
proteico [pro'tɛːiko] eiweißhaltig
proteina [prote'iːna] *f* Eiweiß *n*
protesi ['prɔːtezi] *f* Prothese *f*; ***~ dentaria*** Zahnersatz *m*
protesta [pro'tɛsta] *f* Protest *m*
protest|ante [protes'tante] **1.** *adj* protestantisch; **2.** *m/f* Protestant(in) *m(f)*; **~are** [-'taːre] *(1b)*; **1.** *v/t* beteuern; **2.** *v/i* protestieren
protesto [pro'tɛsto] *m* Protest *m*; ***~ cambiario*** Wechselprotest *m*
protettivo [protet'tiːvo] (be)schützend; Schutz…; ***occhiali*** *m/pl* ***-i*** Schutzbrille *f*; ***vernice*** *f* ***-a*** Schutzfarbe *f*
protetto [pro'tɛtto] → ***proteggere***; ***~ dal vento*** im Windschatten
protezione [protetsi'oːne] *f* Schutz *m*; *(favoreggiamento)* Protektion *f*; ***~ degli animali*** Tierschutz *m*; ***~ dell'ambiente*** Umweltschutz *m*; ***~ del paesaggio*** Naturschutz *m*; ***~ delle acque*** Gewässerschutz *m*; *inform* ***~ dati*** Datenschutz *m*
proto|collare [protokol'laːre] **1.** *adj* protokollarisch; **2.** *v/t (1c)* protokollieren; **~collo** [-'kɔllo] *m* Protokoll *n*; ***carta*** *f* ***~*** Kanzleipapier *n*; ***mettere a ~*** zu Protokoll geben
prototipo [pro'tɔːtipo] *m* Prototyp *m*
prova ['prɔːva] *f* Probe *f*; *(tentativo)* Versuch *m*; *(testimonianza)* Beweis *m*; ***~ di forza*** Machtprobe *f*; ***~ di laboratorio*** Laborversuch *m*; ***banco*** *m* ***di ~*** Prüfstand *m*; ***a ~ di bomba*** bombensicher; ***salvo ~ contraria*** Gegenbeweis vorbehalten; ***per insufficienza di -e*** aus Mangel an Beweisen; ***mettere alla ~*** auf die Probe stellen
prov|are [pro'vaːre] *(1c)* probieren; prüfen; versuchen; *(dimostrare)* beweisen; *vestito* anprobieren; **~ato** [-'vaːto] bewährt, erprobt; *fig* heimgesucht
provengo [pro'vɛŋgo] → ***provenire***
prov|enienza [proveni'ɛntsa] *f* Herkunft *f*; **~enire** [-ve'niːre] *(4p)* (her-) kommen (***da*** aus, von)
Provenza [pro'ventsa] *f* Provence *f*
prov|erbio [pro'verbio] *m* *(pl -bi)* Sprichwort *n*
provetta [pro'vetta] *f* Reagenzglas *n*; ***bambino*** *m* ***in ~*** Retortenbaby *n*
prov|incia [pro'vintʃa] *f* *(pl -ce)* Provinz *f*; **~inciale** [-vin'tʃaːle] **1.** *adj* provinziell; kleinstädtisch; Provinzial…; **2.** *m/f* Kleinstädter(in) *m(f)*; **3.** *f* Landstraße *f*
provoc|ante [provo'kante] herausfordernd; **~are** [-'kaːre] *(1l, c u d)* *(causare)* hervorrufen, verursachen; *(sfidare)* provozieren; *invidia* erregen
provv|edere [provve'deːre] *(2s)* **1.** *v/t* beschaffen; ***~ qu di qc*** j-n mit et versorgen; **2.** *v/i* sorgen (***a, per*** für); **~edersi** [-ve'dersi] sich versorgen (***di*** mit); **~edimento** [-vedi'mento] *m* Vorkehrung *f*, Maßnahme *f*; ***~ d'urgenza*** Notstandsmaßnahme *f*; **~idenza** [-vi'dɛntsa] *f* Vorsehung *f*
provvigione [provvi'dʒoːne] *f* Provision *f*; ***~ sul fatturato*** Umsatzprovision *f*
provvisorio [provvi'zɔːrio] *(pl -ri)* provisorisch, vorläufig, Übergangs…
provv|ista [prov'vista] *f* Vorrat *m*; ***fare -e*** Einkäufe machen; ***far ~ di qc*** sich mit et *(dat)* eindecken; **~isto** [-'visto] **1.** → ***provvedere***; **2.** *adj* versehen (***di*** mit)
pro|zia [pro'tziːa] *f* Urtante *f*; **~zio** [-'tziːo] *m* Uronkel *m*
prua [pr'uːa] *f* Bug *m*
prud|ente [pru'dɛnte] vorsichtig; **~enza** [-'dɛntsa] *f* Vorsicht *f*
prudere ['pruːdere] *(3a)* jucken
prugn|a ['pruːɲa] *f* Pflaume *f*; ***~ secca*** Backpflaume *f*; **~o** [-ɲo] *m* Pflaumenbaum *m*
prurito [pru'riːto] *m* Juckreiz *m*; Kitzel *m*
Prussia ['prussia] *f* Preußen *n*
prussiano [prussi'aːno] **1.** *adj* preußisch; **2.** *m* Preuße *m*
P.S. ***Pubblica Sicurezza*** Polizei; ***post scriptum*** Nachschrift *(abbr* PS)
PS ***Pesaro*** Pesaro
pseudo… [ps'eudo] Pseudo…; falsche(r); unecht
pseudonimo [pseu'dɔːnimo] *m* Pseudonym *n*
psicanalista [psikana'lista] *m/f* *(m/pl -i)* Psychoanalytiker(in) *m(f)*
psich|iatra [psiki'aːtra] *m* *(pl -i)* Psychiater *m*; **~iatria** [-kia'triːa] *f* Psychia…

rie *f*; **~iatrico** [-ki'a:triko] (*pl -ci*) psychiatrisch
psic|ologia [psikolo'dʒi:a] *f* Psychologie *f*; **~ologico** [-ko'lɔ:dʒiko] (*pl -ci*) psychologisch; **~ologo** [-'kɔ:logo] *m* (*pl -gi*) Psychologe *m*; **~osi** [-'kɔ:zi] *f* Psychose *f*; **~oterapia** [-kotera'pi:a] *f* Psychotherapie *f*
PT ***Pistoia*** Pistoia
P.T.P. ***Posto Telefonico Pubblico*** Öffentliches Telefon
pubblic|are [pubbli'ka:re] (*1l u d*) veröffentlichen; **~azione** [-katsi'o:ne] *f* Veröffentlichung *f*; ***-i pl matrimoniali*** Aufgebot *n*
pubbli|cità [pubblitʃi'ta] *f* Öffentlichkeit *f*; *econ* Werbung *f*, Reklame *f*; ***~ diretta*** Direktwerbung *f*; ***~ televisiva*** Fernsehwerbung *f*; ***piccola ~*** Kleinanzeigen *f/pl*; ***fare ~ a qc*** für et Werbung machen; **~citario** [-tʃi'ta:rio] **1.** *adj* Werbe...; **2.** *m* Werbefachmann *m*
pubblico ['pubbliko] (*pl -ci*) **1.** *adj* öffentlich; allgemein; Staats...; ***opinione f -a*** öffentliche Meinung *f*; ***~ ministero m*** Staatsanwalt *m*; **2.** *m* Öffentlichkeit *f*; Publikum *n*; ***in ~*** öffentlich
pube ['pu:be] *m* Schamhügel *m*
pubertà [puber'ta] *f* Pubertät *f*
pudore [pu'do:re] *m* Scham(gefühl) *f*(*n*); ***senza ~*** unverschämt
pugilato [pudʒi'la:to] *m* Boxen *n*; ***incontro m di ~*** Boxkampf *m*
pugile ['pu:dʒile] *m* Boxer *m*
Puglia ['pu:ʎa] *f* Apulien *n*
pugnale [pu'ɲa:le] *m* Dolch *m*
pugno ['pu:ɲo] *m* Faust *f*; Faustschlag *m*; ***di proprio ~*** eigenhändig; ***avere in ~ qc*** (*od* ***qu***) et (*od* j-n) in der Hand haben; ***rimanere con un ~ di mosche*** mit leeren Händen dastehen
pulce ['pultʃe] *f* Floh *m*
pulcino [pul'tʃi:no] *m* Küken *n*
puledro [pu'le:dro] *m* Fohlen *n*, Füllen *n*
pulire [pu'li:re] (*4d*) sauber machen, reinigen, putzen
pul|ito [pu'li:to] **1.** *adj* rein; sauber (*a fig*); **2.** *m* Reine(s) *n*; **~itura** [-li'tu:ra] *f* Reinigung *f*; ***~ a secco*** chemische Reinigung *f*; **~izia** [-li'tsi:a] *f* Sauberkeit *f*; ***donna f delle -e*** Putzfrau *f*; ***fare le -e*** putzen
pullman ['pulman] *m inv* Reisebus *m*
pullover [pul'lɔ:ver] *m inv* Pullover *m*, F Pulli *m*
pullulare [pullu'la:re] (*1l*) wimmeln; voll sein (***di*** von)
pulpito ['pulpito] *m* Kanzel *f*
pulsante [pul'sante] *m* Druckknopf *m*, Knopf *m*
puls|are [pul'sa:re] (*1a*) pulsieren; **~azione** [-satsi'o:ne] *f* Pulsschlag *m*
pulviscolo [pul'viskolo] *m* feiner Staub *m*
pungente [pun'dʒɛnte] stechend; *freddo* beißend; *parola* bissig; *desiderio* brennend
pungere ['pundʒere] (*3d*) stechen; *fig* sticheln; beißen; ***~ qu sul vivo*** j-n an s-r empfindlichen Stelle treffen
pungiglione [pundʒi'ʎo:ne] *m* Stachel *m*
pun|ibile [pu'ni:bile] strafbar; **~ire** [-'ni:re] (*4d*) (be)strafen; **~izione** [-nitsi'o:ne] *f* Bestrafung *f*, Strafe *f*; *sport* ***calcio m di ~*** Freistoß *m*
punta ['punta] *f* Spitze *f*; *geogr* Landzunge *f*
puntare [pun'ta:re] (*1a*) **1.** *v/t* stemmen; (*dirigere*) richten; (*scommettere*) setzen; **2.** *v/i* (*dirigersi*) vorstoßen; (*tendere*) streben (***a*** nach *dat*); (*contare*) rechnen (***su*** auf *acc*)
puntata [pun'ta:ta] *f di serie televisiva* Folge *f*
punteggiatura [puntedʒa'tu:ra] *f* Interpunktion *f*
punteggio [pun'teddʒo] *m* Punktezahl *f*
puntina [pun'ti:na] *f* Stift *m*; *giradischi* Nadel *f*; ***~ da disegno*** Reißzwecke *f*
punto ['punto] **1.** → ***pungere***; **2.** *m* Punkt *m*; Stelle *f*; (*momento*) Zeitpunkt *m*; *med* Stich *m*; (*maglia*) Masche *f*; ***~ di vista*** Stand-, Gesichtspunkt *m*; ***~ cardinale*** Himmelsrichtung *f*; ***~ culminante*** Höhepunkt *m*; ***~ di partenza*** Ausgangspunkt *m*; ***~ di fusione*** Schmelzpunkt *m*; ***fino a che ~ sei arrivato?*** bis wohin bist du gekommen?; ***alle dieci in ~*** um Punkt zehn Uhr; ***due -i*** Doppelpunkt *m*; ***~ e virgola*** Semikolon *n*; ***~ esclamativo*** Ausrufungszeichen *n*; ***~ interrogativo*** Fragezeichen *n*; ***di ~ in bianco*** plötzlich; ***essere sul ~ di*** (*inf*) im Begriff sein zu (*inf*)

P

punt|uale [puntu'a:le] pünktlich; **~ualità** [-tuali'ta] *f* Pünktlichkeit *f*; **~ualizzare** [-tualid'dza:re] (*1a*) genau umreißen, Punkt für Punkt darlegen; **~ura** [-'tu:ra] *f* Stich *m*; *med* Injektion *f*; **~ *d'insetto*** Insektenstich *m*
punzecchiare [puntsekki'a:re] (*1k*) sticheln
può [pu'ɔ], **puoi** [pu'ɔi] → ***potere***
pupazzo [pu'pattso] *m* Puppe *f*; Hampelmann *m*; **~ *di neve*** Schneemann *m*
pupilla [pu'pilla] *f* Pupille *f*
purché [pur'ke] wenn nur
pure ['pu:re] doch; auch; dennoch; nur; ***pur di*** nur um zu; ***pur di non vederlo*** nur um ihn nicht zu sehen; ***venga ~ avanti!*** kommen Sie nur herein!; ***sia ~!*** meinetwegen!
purè [pu'rɛ] *m* Püree *n*
purezza [pu'rettsa] *f* Reinheit *f*
purg|a *med* ['purga] *f* (*pl -ghe*) Abführmittel *n*; **~ante** [-'gante] *m* Abführmittel *n*
puro ['pu:ro] rein; pur
purtroppo [pur'trɔppo] leider
pus [pus] *m inv* Eiter *m*
pustola ['pustola] *f* Pustel *f*
puttana [put'ta:na] *f* V Hure *f*, Nutte *f*
puzza ['puttsa] *f* Gestank *m*
puzzare [put'tsa:re] (*1a*) stinken; **~ *di*** riechen nach
puzzo ['puttso] *m* Gestank *m*
puzzola ['puttsola] *f zo* Stinkmarder *m*, Iltis *m*
p.v. ***prossimo venturo*** nächst
PV ***Pavia*** Pavia
PZ ***Potenza*** Potenza

Q

q ***quintale*** Doppelzentner (*abbr* dz)
q. ***quadrato*** Quadrat (*abbr* q)
qua [ku'a] hier; hierher; ***di ~*** von hier; ***al di ~ da*** diesseits (*gen*)
quaderno [kua'dɛrno] *m* Heft *n*, Schreibheft *n*
quadr|angolare [kuadraŋgo'la:re] viereckig; **~angolo** [-'draŋgolo] *m* Viereck *n*; **~ante** [-'drante] *m* Zifferblatt *n*; **~ *luminoso*** Leuchtzifferblatt *n*; **~ato** [-'dra:to] **1.** *adj* viereckig, quadratisch; Quadrat…; **2.** *m* Viereck *n*, Quadrat *n*; **~ifoglio** [-dri'fɔ:ʎo] *m* (*pl -gli*) vierblätt(e)riges Kleeblatt *n*
quadro [ku'a:dro] **1.** *adj* viereckig; **2.** *m* Bild *n*; (*ambito*) Rahmen *m*; *mat* Viereck *n*; (*a* **~ *sinottico***) Übersichtstabelle *f*; ***-i*** *pl* ***direttivi*** Führungskräfte *f/pl*; **~ *luminoso*** Leuchttafel *f*; **~ *di comando*** Schalttafel *f*; **~ *a olio*** Ölbild *n*; ***collezione*** *f* ***di -i*** Bildersammlung *f*; ***a -i*** kariert
quadruplice [kua'dru:plitʃe] vierfach
quadruplo [ku'a:druplo] **1.** *adj* vierfach; **2.** *m* Vierfache(s) *n*
quaggiù [kuad'dʒu] hier unten; hier herunter
quaglia [ku'a:ʎa] *f* Wachtel *f*
qualche [ku'alke] irgendein; einige; **~ *giorno*** einige Tage; **~ *cosa*** etwas; **~ *volta*** manchmal; ***in ~ luogo*** irgendwo; **~ *mese fa*** vor einigen Monaten; ***in ~ modo*** irgendwie
qual|cheduno [kualke'du:no] irgendjemand; **~cosa** [-'kɔ:sa] etwas; **~ *di bello*** etwas Schönes; **~cuno** [-'ku:no] irgendjemand; ***c'è ~?*** ist jemand da?; ***credersi ~*** sich für etwas Besonderes halten
quale [ku'a:le] **1.** *adj u pron* welche(r, s); **~?** welche(r, s)?; **~ *libro vuoi?*** was für ein Buch willst du?; ***il ~*** der, welcher; ***la ~*** die, welche; ***la persona della ~ stai parlando*** die Person, von der du sprichst; **2.** *adv* wie; als; ***è venuto ~ rappresentante*** er ist als Vertreter gekommen
qualifica [kua'li:fika] *f* (*pl -che*) Bezeichnung *f*; Titel *m*; Qualifikation *f*, Eignung *f*; ***note*** *f/pl* ***di ~*** Arbeitszeugnis *n*; **~ *professionale*** Berufsbezeichnung *f*
qualific|are [kualifi'ka:re] (*1m u d*) bezeichnen; **~arsi** [-'karsi] sich qualifizieren; **~ato** [-'ka:to] qualifiziert; geeignet; **~azione** [-katsi'o:ne] *f* Qualifikation *f*
qualità [kuali'ta] *f* Eigenschaft *f*; *ec*…

Q

Qualität *f*; ***merce f di prima ~*** Qualitätsware *f*; ***di ~ minore*** zweitklassig; ***~ della vita*** Lebensqualität *f*; ***controllo m della ~*** Qualitätskontrolle *f*; ***garanzia f di ~*** Qualitätssicherung *f*; ***gestione f di ~*** Qualitätsmanagement *n*; ***miglioramento m della ~*** Qualitätssteigerung *f*

qual|ora [kua'loːra] falls; **~siasi** [-'siːasi] jeder Beliebige; **~unque** [-'luŋkue] wer *od* was auch immer; ***uno ~*** irgendeiner; **~volta** [-'vɔlta]: ***ogni ~*** jedes Mal, wenn

quando [ku'ando] wann; wenn; als; ***per ~?*** für wann?; ***da ~?*** seit wann?; ***~ vengo*** wenn ich komme; ***~ ero bambino*** als ich ein Kind war; ***di ~ in ~*** dann und wann

quantità [kuanti'ta] *f* Menge *f*

quanto [ku'anto] **1.** *adj* wie viel; (*a* ***tutto ~***) alles, was; ***tutto ~ il libro*** das ganze Buch; ***tutti -i*** alle miteinander; ***-i ne abbiamo oggi?*** der Wievielte ist heute?; ***~ sopra*** obiges; **2.** *adv* wie; wie sehr; wie lange; ***~ dura ancora?*** wie lange dauert es noch?; ***~ a me*** was mich betrifft; ***~ costa?*** wie viel kostet es?; ***~ prima*** so bald als möglich; ***in ~ che*** sofern; ***per ~ io sappia*** so viel ich weiß; **3.** *m* ***teoria f dei -i*** Quantentheorie *f*

quaranta [kua'ranta] vierzig

quarant|ena [kuaran'tɛːna] *f* Quarantäne *f*; **~enne** [-'tɛnne] vierzigjährig

quaresima [kua'reːzima] *f* Fastenzeit *f*

quarta [ku'arta] *f auto* vierter Gang *m*

quartiere [kuarti'ɛːre] *m* (Stadt)Viertel *n*, Stadtteil *m*; *mil* Quartier *n*; ***~ nuovo*** Neubauviertel *n*; ***~ generale*** Hauptquartier *n*

quarto [ku'arto] **1.** *adj* vierte; **2.** *m* Viertel *n*; ***~ d'ora*** Viertelstunde *f*; ***sono le due e un ~*** es ist Viertel nach zwei; ***un ~ di rosso*** ein Viertel(liter) Rotwein

quarzo [ku'artso] *m* Quarz *m*; ***orologio f al ~*** Quarzuhr *f*

quasi [ku'aːzi] fast, beinahe

quassù [kuas'su] hier oben, hier herauf

quattrini [kuat'triːni] *m/pl* Geld *n*

quattro [ku'attro] vier; *fig* ein paar; ***al ~ per cento*** vierprozentig; ***~ passi*** ein paar Schritte

quattrocchi [kuat'trɔkki] *m inv* ***a ~*** unter vier Augen

quattrocento [kuattro'tʃɛnto] *adj* vierhundert

Quattrocento [kuattro'tʃɛnto] *m* 15. Jahrhundert *n*

quattromila [-'miːla] viertausend

quegli [ku'eːʎi] *pron* jener

quei [ku'ei] **1.** *pron* jener; **2.** *adj u pron* jene *m/pl*

quello [ku'ello] *adj u pron* jener; ***~ che*** der-, dasjenige; welcher, welches; ***tutto ~*** all das; ***tutto ~ che*** alles, was

quercia [ku'ɛrtʃa] *f* (*pl -ce*) Eiche *f*

querela [kue'rɛːla] *f* Klage *f*; ***sporgere ~ contro qu*** j-n verklagen; ***~ per diffamazione*** Verleumdungsklage *f*

quesito [kue'ziːto] *m* Frage *f*; Aufgabe *f*

questi [ku'esti] *adj u pron* diese *m/pl*

questionario [kuestio'naːrio] *m* (*pl -ri*) Fragebogen *m*

questione [kuesti'oːne] *f* Frage *f*; Problem *n*; ***~ sociale*** soziale Frage *f*; ***~ di fiducia*** Vertrauensfrage *f*; ***qui non è ~ di*** hier handelt es sich nicht um (*acc*); ***è ~ di fortuna*** es ist Glückssache; ***è fuori ~*** das steht außer Frage

questo [ku'esto] dieser, der (da); ***con ~*** und damit; ***per ~*** deshalb; ***quest'oggi*** heute; ***-a poi!*** das ist ja allerhand!; ***ci mancherebbe anche -a!*** das fehlte gerade noch!; ***-a non me l'aspettavo*** das hätte ich nicht erwartet

questore [kues'toːre] *m* Polizeipräsident *m*

questura [kues'tuːra] *f* Polizeipräsidium *n*

qui [ku'i] hier; hierher; ***di ~*** von hier; ***di ~ a un mese*** in e-m Monat

quietanza [kuie'tantsa] *f* Quittung *f*

quiete [kui'ɛːte] *f* Ruhe *f*; Stille *f*

quieto [kui'ɛːto] ruhig; still

quindi [ku'indi] **1.** *adv* dann, danach; **2.** *cj* daher; also, somit

quindici [ku'inditʃi] fünfzehn; ***tra ~ giorni*** in vierzehn Tagen

quindicina [kuindi'tʃiːna] *f* etwa fünfzehn; ***una ~ di giorni*** etwa vierzehn Tage

quinta [ku'inta] *f auto* fünfter Gang *m*; *tea* Kulisse *f*; *fig* ***dietro le -e*** hinter den Kulissen

quintale [kuin'taːle] *m* Doppelzentner *m*; ***mezzo ~*** Zentner *m*

Q

quinto [ku'into] **1.** *adj* fünfte; **2.** *m* Fünfte(r) *m*; Fünftel *n*
quota [ku'ɔːta] *f* Quote *f*, Anteil *m*; Beitrag *m*; *econ* Rate *f*, Teilzahlung *f*; (*altitudine*) Höhe *f*; **~ *sociale*** Mitgliedsbeitrag *m*; *avia* ***a bassa ~*** im Tiefflug; ***perdere ~*** an Höhe verlieren; ***prendere ~*** an Höhe gewinnen
quot|are [kuo'taːre] (*1c*) schätzen; *econ* quotieren; notieren; **~ato** [-'taːto] geschätzt, angesehen; *econ* notiert, quotiert; ***non ~*** unnotiert; **~azione** [-tatsi'oːne] *f* Quotierung *f*; Notierung *f*; *fig* Wertschätzung *f*; **~ *ufficiale*** amtliche Notierung *f*; **~ *di borsa*** Börsenkurs *m*; **~ *di chiusura*** Schlussnotierung *f*
quotidianamente [kuotidiana'mente] täglich, jeden Tag

R

R., **racc.** ***raccomandata*** Einschreiben
R/A ***raccomandata con avviso di ritorno*** Einschreiben mit Rückschein
RA ***Ravenna*** Ravenna
rabarbaro [ra'barbaro] *m* Rhabarber *m*
rabbia ['rabbia] *f* Wut *f*; *med* Tollwut *f*; ***accesso*** *m* ***di ~*** Zornausbruch *m*; ***fare ~ a qu*** j-n ärgern
rabbioso [rabbi'oːzo] wütend; tobend
rabbrividire [rabbrivi'diːre] (*4d*) schaudern
rabbuiarsi [rabbui'arsi] (*1i*) sich verfinstern (*a fig*), sich verdunkeln
raccapricciante [rakkaprit'tʃante] schauderhaft, grauenvoll
raccattare [rakkat'taːre] (*1a*) (*tirar su*) aufheben; aufnehmen; (*mettere insieme*) sammeln
racchetta [rak'ketta] *f* Tennisschläger *m*; **~ *da sci*** Skistock *m*
racchiudere [rakki'uːdere] (*3b*) enthalten; bergen
raccogliere [rak'kɔːʎere] (*3ss*) (*tirar su*) aufheben, auflesen; (*radunare*) sammeln; *agr u fig* ernten
raccoglitore [rak'koʎitoːre] *m* Schnellhefter *m*; **~ *del vetro*** Glascontainer *m*
racc|olgo [rak'kɔlgo] → ***raccogliere***; **~olta** [-'kɔlta] *f* Sammlung *f*; *agr* Ernte *f*; **~ *di frutta*** Obsternte *f*; **~ *di poesie*** Gedichtsammlung *f*; **~ *vetro*** Altglassammlung *f*; **~olto** [-'kɔlto] **1.** → ***raccogliere***; **2.** *m agr* Ernte *f*
raccomand|abile [rakkoman'daːbile] empfehlenswert; **~are** [-'daːre] (*1a*) empfehlen; *post* einschreiben; **~ata** [-'daːta] *f* Einschreibebrief *m*, Einschreiben *n*; **~azione** [-datsi'oːne] *f* Empfehlung *f*
raccontare [rakkon'taːre] (*1a*) erzählen; **~ *per filo e per segno*** ausführlich erzählen
racconto [rak'konto] *m* Erzählung *f*
raccordo [rak'kɔrdo] *m tec* Verbindung(sstück) *f*(*n*), Anschluss(stück) *m*(*n*); *strada* Zubringer *m*; *fer* Gleisanschluss *m*; **~ *anulare*** Ringstraße *f*; **~ *autostradale*** Autobahnzubringer *m*; **~ *di entrata*** Autobahnauffahrt *f*; **~ *di uscita*** Autobahnausfahrt *f*
rada ['raːda] *f mar* Reede *f*
radar ['raːdar] *m inv* Radar *m u n*; ***impianto*** *m* **~** Radaranlage *f*
raddolc|ire [raddol'tʃiːre] (*4d*) versüßen; *fig* mildern; *voce* dämpfen; j-n besänftigen; **~irsi** [-'tʃirsi] milder werden
raddoppiare [raddoppi'aːre] (*1k*) verdoppeln
raddrizz|are [raddrit'tsaːre] (*1a*) gerade machen; aufrichten; *fig* verbessern; **~arsi** [-'tsarsi] sich aufrichten
rad|ere ['raːdere] (*3b*) rasieren; (*sfiorare*) streifen; **~ *al suolo*** dem Erdboden gleichmachen; **~ersi** [-dersi] sich rasieren
radi|atore [radia'toːre] *m* Heizkörper *m*; *auto* Kühler *m*; **~azione** [-diatsi'oːne] *f* Strahlung *f*
radicale [radi'kaːle] radikal; gründlich; Radikal…; *bot u mat* Wurzel…; ***cura ~*** Radikalkur *f*
radice [ra'diːtʃe] *f* Wurzel *f* (*a mat fig*); *fig* Ursache *f*; **~ *quadrata*** Qua[…]

ratwurzel *f*; ***mettere -i*** Wurzel fassen

radio ['ra:dio] **1.** *m anat* Speiche *f*; **2.** *m inv chim* Radium *n*; **3.** *f inv* Radio (-gerät) *n(n)*; (*stazione*) Rundfunk *m*; ***giornale*** *m* **~** Radionachrichten *pl*; ***via ~*** per Funk; ***ascoltare la ~*** Radio hören

radio|ascoltatore [radioaskolta'to:re] *m* Radiohörer *m*; **~attività** [-attivi'ta] *f* Radioaktivität *f*; **~attivo** [-at'ti:vo] radioaktiv; **~cronaca** [-'krɔ:naka] *f* Rundfunkreportage *f*; **~cronista** [-kro'nista] *m* (*pl -i*) Rundfunkreporter *m*; **~fonico** [-'fɔ:niko] (*pl -ci*) Rundfunk..., Funk..., Radio...; ***programma*** *m* **~** Radioprogramm *n*; ***pubblicità*** *f* ***-a*** Rundfunkwerbung *f*; **~grafia** [-gra'fi:a] *f* Röntgenaufnahme *f*; **~grafico** [-'gra:fiko] (*pl -ci*) ***esame*** *m* **~** Röntgenuntersuchung *f*; **~registratore** [-redʒistra'to:re] *m* Radiorekorder *m*

radioso [radi'o:zo] glänzend

radio|sveglia [radio'zve:ʎa] *f* Radiowecker *m*; **~tassì** [-tas'si] *m inv* Funktaxi *n*; **~telefono** [-te'lɛ:fono] *m* Funktelefon *n*; **~telegrafista** [-telegra'fista] *m/f* (*m/pl -i*) Funker(in) *m(f)*; **~televisione** [-televizi'o:ne] *f* Rundfunk- und Fernsehanstalt *f*; **~terapia** [-tera'pi:a] *f* Strahlentherapie *f*; **~trasmittente** [-trazmit'tɛnte] *f* Rundfunksender *m*

rado ['ra:do] spärlich, dünn; ***di ~*** selten

radun|are [radu'na:re] (*1a*) ansammeln; *persone* versammeln; **~arsi** [-'narsi] sich versammeln

raduno [ra'du:no] *m* Zusammenkunft *f*, Treffen *n*

rafano ['ra:fano] *m* Rettich *m*; ***~ tedesco*** Meerrettich *m*

raffermo [raf'fermo] *pane* altbacken

raffica ['raffika] *f* (*pl -che*) Windstoß *m*, Bö *f*

raffigurare [raffigu'ra:re] (*1a*) darstellen

raffin|are [raffi'na:re] (*1a*) verfeinern; *zucchero u fig* raffinieren; **~atezza** [-na'tettsa] *f* (*finezza*) Feinheit *f*; (*cosa raffinata*) Raffinesse *f*; **~ato** [-'na:to] raffiniert; *fig* erlesen; **~eria** [-neri:a] *f* Raffinerie *f*

rafforzare [raffor'tsa:re] (*1c*) verstärken; *fig* stärken

raffredd|amento [raffredda'mento] *m* Abkühlung *f*; *tec* Kühlung *f*; ***~ ad acqua*** Wasserkühlung *f*; **~are** [-'da:re] (*1a*) abkühlen (*a fig*); erkalten lassen; **~arsi** [-'darsi] sich abkühlen (*a fig*); kalt werden; *med* sich erkälten; **~ato** [-'da:to] erkältet; *fig* lau; **~ore** [-'do:re] *m* Erkältung *f*, Schnupfen *m*; ***~ da fieno*** Heuschnupfen *m*

rag. ***ragioniere*** Buchhalter

raganella [raga'nɛlla] *f zo* Laubfrosch *m*

ragazz|a [ra'gattsa] *f* Mädchen *n*; ***la mia ~*** meine Freundin *f*; ***~ alla pari*** Aupairmädchen *n*; ***nome*** *m* ***da ~*** Mädchenname *m*; **~o** [-tso] *m* Junge *m*; ***il mio ~*** mein Freund *m*

raggiante [rad'dʒante] strahlend

raggio ['raddʒo] *m* (*pl -ggi*) Strahl *m*; *mat* Radius *m*; *fig* Umkreis *m*; ***~ d'azione*** Aktionsradius *m*; *fig* Wirkungskreis *m*; ***~ di sole*** Sonnenstrahl *m*; ***-i*** *pl* ***X*** Röntgenstrahlen *m/pl*; ***-i*** *pl* ***infrarossi*** (***ultravioletti***) infrarote (ultraviolette) Strahlen *m/pl*

ragg|irare [raddʒi'ra:re] (*1a*) hintergehen; ***~ qu*** j-n aufs Glatteis führen, j-n reinlegen; **~iro** [-'dʒi:ro] *m* Betrug *m*

raggiungere [rad'dʒundʒere] (*3d*) *j-n* einholen; *scopo* erreichen

raggomitol|are [raggomito'la:re] (*1n*) aufwickeln; **~arsi** [-'larsi] sich zusammenkauern

raggrinzito [raggrin'tsi:to] runzelig

ragion|amento [radʒona'mento] *m* Überlegung *f*; **~are** [-'na:re] (*1a*) überlegen; vernünftig reden; reden (***di*** über *acc*)

ragione [ra'dʒo:ne] *f* (*intelletto*) Vernunft *f*; (*prova*) Argument *n*; (*motivo*) Grund *m*, Ursache *f*; (*diritto*) Recht *n*; *econ* Satz *m*; ***~ sociale*** Firma *f*; ***per -i di salute*** aus Gesundheitsgründen; ***aver ~*** recht haben; ***dare ~ a qu*** j-m recht geben; ***a ~, con ~*** mit Recht; ***senza ~*** grundlos

ragion|eria [radʒone'ri:a] *f econ* Buchhaltung *f*; **~evole** [-'ne:vole] vernünftig; **~iera** [-ni'ɛ:ra] *f* Buchhalterin *f*; **~iere** [-ni'ɛ:re] *m* Buchhalter *m*

ragnatela [raɲa'te:la] *f* Spinngewebe *n*

ragno ['ra:ɲo] *m* Spinne *f*

ragù [ra'gu] *m* Ragout *n*

RAI ***Radio Audizioni Italiane*** *Italienische Rundfunkanstalt*
RAI-TV ***Radio Televisione Italiana*** *Italienische Rundfunk- und Fernsehanstalt*
rallegr|amenti [rallegra'menti] *m/pl* Glückwünsche *m/pl*; **~are** [-'gra:re] (*1a*) erfreuen; **~arsi** [-'grarsi] sich freuen; ***~ con qu di qc*** j-n zu et beglückwünschen; ***mi rallegro!*** ich gratuliere!
rallent|are [rallen'ta:re] (*1b*) verlangsamen; langsam fahren; *fig* lockern; **~atore** [-ta'to:re] *m* Zeitlupe *f*
rame ['ra:me] *m* Kupfer *n*
ramific|arsi [ramifi'karsi] (*1m u d*) sich verzweigen; **~azione** [-katsi'o:ne] *f* Verzweigung *f*
rammaric|are [rammari'ka:re] (*1m u d*) betrüben; **~arsi** [-'karsi] bedauern; sich beklagen (***di*** über *acc*)
rammarico [ram'ma:riko] *m* (*pl -chi*) Kummer *m*; Bedauern *n*
rammendare [rammen'da:re] (*1a*) flicken
rammendo [ram'mendo] *m* geflickte Stelle *f*
rammollire [rammol'li:re] (*4d*) **1.** *v/t* erweichen; **2.** *v/i* weich werden
ram|o ['ra:mo] *m bot* Zweig *m*; (*settore*) Branche *f*; (*disciplina*) Fach *n*, Gebiet *n*; **~oscello** [ramoʃ'ʃɛllo] *m* Ästchen *n*, Zweig *m*
rampa ['rampa] *f* Rampe *f*; *avia* Piste *f*; ***~ di carico*** Laderampe *f*
rampicante [rampi'kante] **1.** *adj* Kletter…; **2.** *f* (*od adj* ***pianta*** *f* **~**) Kletterpflanze *f*
rampone [ram'po:ne] *m* Harpune *f*
rana ['ra:na] *f* Frosch *m*; ***uomo*** *m* **~** Froschmann *m*
rancido ['rantʃido] ranzig; *fig* abgestanden
rancore [raŋ'ko:re] *m* Groll *m*; feindselige Gefühle *n/pl*
randagio [ran'da:dʒo] (*pl -gi*) umherirrend; *cane* herrenlos
randello [ran'dɛllo] *m* Knüppel *m*
rango ['raŋgo] *m* (*pl -ghi*) (*ceto*) Rang *m*; (*fila*) Reihe *f*
rannicchiarsi [rannikki'arsi] (*1k*) sich zusammenkauern
rannuvol|amento [rannuvola'mento] *m* Bewölkung *f*; **~are** [-'la:re] *u* **~arsi** [-'larsi] (*1m*) sich bewölken
ranocchio [ra'nɔkkio] *m* (*pl -chi*) Frosch *m*
rapa ['ra:pa] *f* Rübe *f*
rapace [ra'pa:tʃe] raubgierig; Raub…
rapida ['ra:pida] *f* Stromschnelle *f*
rapidità [rapidi'ta] *f* Schnelligkeit *f*, Schnelle *f*
rapido ['ra:pido] **1.** *adj* schnell; **2.** *m* (***treno*** *m* **~**) Fernschnellzug *m*
rap|imento [rapi'mento] *m* Entführung *f*; **~ina** [-'pi:na] *f* Raub(überfall *m*(*m*); **~inare** [-pi'na:re] (*1a*) berauben; rauben; **~inatore** [-pina'to:re] *m* Räuber *m*; **~ire** [-'pi:re] (*4d*) entführen; **~itore** [-pi'to:re] *m* Entführer *m*
rappac|ificamento [rappatʃifika'mento] *m* Aussöhnung *f*; **~ificare** [-tʃifi'ka:re] (*1n u d*) aussöhnen
rappezzare [rappet'tsa:re] (*1b*) flicken; *fig* zusammenstoppeln
rappezzo [rap'pɛttso] *m* Flicken *n*
rapporto [rap'pɔrto] *m* (*resoconto*) Bericht *m*; (*relazione*) Verhältnis *n*, Beziehung *f* (***con*** zu); (*nesso a*) Zusammenhang *m*; ***~ epistolare*** Briefwechsel *m*; ***-i pl intimi*** Geschlechtsverkehr *m*; ***in ~ a*** in Bezug auf (*acc*); ***aver -i co***… Umgang haben mit
rappresent|ante [rapprezen'tante] *m* Vertreter *m*; **~anza** [-'tantsa] *f* Vertretung *f*; ***~ esclusiva*** Alleinvertretung *f*; **~are** [-'ta:re] (*1b*) darstellen; vertreten; *tea* aufführen; **~azione** [-tatsi'o:ne] *f tea* Vorstellung *f*; Aufführung *f*; ***~ serale*** Abendvorstellung *f*
rarità [rari'ta] *f inv* Seltenheit *f*; *fig* Sehenswürdigkeit *f*
raro ['ra:ro] selten; ***-e volte*** selten
ras|are [ra'sa:re] (*1a*) rasieren; **~atura** [-sa'tu:ra] *f* Rasur *f*
raschiare [raski'a:re] (*1k*) **1.** *v/t* abkratzen; **2.** *v/i* sich räuspern
ras|entare [razen'ta:re] (*1b*) (*sfiorare*) streifen; *fig* (*avvicinarsi*) nahe kommen (*dat*) ***~ la cinquantina*** an die Fünfzig sein; **~ente** [-'zɛnte]: ***~ a*** hart an (*dat*)
rasoio [ra'so:io] *m* (*pl -oi*) Rasiermesser *n*; ***~ di sicurezza*** Rasierapparat *m*; ***~ elettrico*** elektrischer Rasierapparat *m*
rassegn|a [ras'se:ɲa] *f* Überprüfung

Schau *f*; *mil* Parade *f*; **~ *di moda*** Modenschau *f*; ***passare in*** **~** mustern; besichtigen; **~arsi** [-se'ɲarsi] (*1a*) resignieren; sich abfinden (***a*** mit); **~ato** [-se'ɲa:to] resigniert; **~azione** [-seɲatsi'o:ne] *f* Resignation *f*

rasserenare [rassere'na:re] (*1a*) aufheitern; *fig* ermuntern

rassicur|are [rassiku'ra:re] (*1a*) beruhigen; **~arsi** [-'rarsi] sich vergewissern

rassomigli|ante [rassomi'ʎante] ähnlich; **~anza** [-'ʎantsa] *f* Ähnlichkeit *f*; **~are** [-'ʎa:re] (*1g*) *u* **~arsi** [-'ʎarsi] sich gleichen, sich ähneln

rastrell|are [rastrel'la:re] (*1b*) harken; *fig* durchkämmen; **~iera** [-li'ɛ:ra] *f* Ständer *m*; **~ *per biciclette*** Fahrradständer *m*

rastrello [ras'trɛllo] *m* Harke *f*

rata ['ra:ta] *f* Rate *f*; ***a -e*** ratenweise

rateale [rate'a:le] in Raten

Ratisbona [ratiz'bo:na] *f* Regensburg *n*

ratto ['ratto] *m* Ratte *f*

rattopp|are [rattop'pa:re] (*1c*) flicken; **~o** [-'tɔppo] *m* Flicken *m*

rattrapp|ire [rattrap'pi:re] (*4d*) *u* **~irsi** [-'pirsi] verkrümmen; **~ito** [-'pi:to] verkrümmt

rattrist|are [rattris'ta:re] (*1a*) betrüben; **~arsi** [-'tarsi] traurig werden

raucedine [rau'tʃɛ:dine] *f* Heiserkeit *f*

rauco ['ra:uko] (*pl -chi*) heiser

ravanello [rava'nɛllo] *m* Radieschen *n*

ravioli [ravi'ɔ:li] *m/pl* Ravioli *pl*

ravvicin|amento [ravvitʃina'mento] *m* Annäherung *f*; Aussöhnung *f*; **~are** [-'na:re] (*1a*) annähern; *fig* (*confrontare*) vergleichen; (*riappacificare*) versöhnen

ravvivare [ravvi'va:re] (*1a*) wieder beleben

razion|ale [ratsio'na:le] rational, vernunftmäßig; rationell, zweckmäßig; **~alizzare** [-nalid'dza:re] (*1a*) rationalisieren; **~are** [-'na:re] (*1a*) rationieren

razione [ratsi'o:ne] *f* Ration *f*; Portion *f*

razza ['rattsa] *f* Rasse *f*; *fig* Sorte *f*; *zo* Rochen *m*

razziale [rattsi'a:le] rassisch; Rassen…; ***discriminazione*** *f* **~** Rassendiskriminierung *f*

razzismo [rat'tsizmo] *m* Rassismus *m*

razzista [rat'tsista] (*m/pl -i*) **1.** *adj* rassistisch; **2.** *m/f* Rassist(in) *m*(*f*)

razzo ['raddzo] *m* Rakete *f*; ***come un*** **~** blitzschnell

RC ***Reggio Calabria*** Reggio (di) Calabria

RDT *hist* ***Repubblica Democratica Tedesca*** Deutsche Demokratische Republik (*abbr* DDR)

re [re] *m inv* König *m*; *mus* D *n*

RE ***Reggio Emilia*** Reggio Emilia

reagire [rea'dʒi:re] (*4d*) reagieren (***a*** auf *acc*)

real|e [re'a:le] (*vero*) wirklich; (*regale*) königlich; **~ismo** [-a'lizmo] *m* Realismus *m*; **~ista** [-a'lista] *m/f* (*m/pl -i*) Realist(in) *m*(*f*); **~istico** [-a'listiko] (*pl -ci*) realistisch

realizz|abile [realid'dza:bile] realisierbar; durchführbar; **~are** [-'dza:re] (*1a*) realisieren, verwirklichen; **~arsi** [-'dzarsi] sich verwirklichen, in Erfüllung gehen; **~azione** [-dzatsi'o:ne] *f* Realisierung *f*, Verwirklichung *f*

real|mente [real'mente] wirklich; **~tà** [-al'ta] *f* Realität *f*, Wirklichkeit *f*; ***in*** **~** in Wirklichkeit, tatsächlich

reato [re'a:to] *m* Verbrechen *n*

reattore [reat'to:re] *m* Reaktor *m*; **~ *nucleare*** Kernreaktor *m*

reazi|onario [reatsio'na:rio] (*pl -ri*) **1.** *adj* reaktionär; **2.** *m* Reaktionär *m*; **~one** [-tsi'o:ne] *f* Reaktion *f*, Rückwirkung *f*

rec|apitare [rekapi'ta:re] (*1m*) abgeben, zustellen; **~apito** [-'ka:pito] *m* Adresse *f*, Anschrift *f*; ***per mancato*** **~** wegen Unzustellbarkeit

rec|are [re'ka:re] (*1d*) (*portare*) bringen; (*arrecare*) verursachen; **~arsi** [-'karsi] sich begeben

recens|ione [retʃensi'o:ne] *f* Rezension *f*, Besprechung *f*; **~ire** [-'si:re] (*4d*) besprechen, rezensieren

rec|ente [re'tʃɛnte] neu; jüngst; **~entemente** [-tʃente'mente] neulich, kürzlich

rec|intare [retʃin'ta:re] (*1a*) einzäunen; **~into** [-'tʃinto] *m* eingeschlossener Raum *m*; *per animali* Gehege *n*; (*steccato*) Zaun *n*; **~ *di filo di ferro*** Drahtzaun *m*

recipiente [retʃipi'ɛnte] *m* Behälter *m*; Gefäß *n*

R

reciproco [re'tʃiːproko] (*pl -ci*) gegenseitig
recita ['rɛːtʃita] *f* Aufführung *f*
recitare [retʃi'taːre] (*1l u b*) vortragen; *tea* spielen; *preghiera* sprechen
recl|amare [rekla'maːre] (*1a*) **1.** *v/i* reklamieren, sich beschweren; **2.** *v/t* fordern, verlangen; **~ame** [-'klam] *f* Reklame *f*; ***~ luminosa*** Leuchtreklame *f*; **~amizzare** [-klamid'dzaːre] (*1a*) Reklame machen für (*acc*); **~amo** [-'klaːmo] *m* Beschwerde *f*
recl|usione [rekluzi'oːne] *f* Haft *f*; **~uso** [-'kluːzo] *m* Häftling *m*
recluta ['rɛkluta] *f* Rekrut *m*
record ['rɛkord] *m inv* Rekord *m*; ***stabilire il ~*** den Rekord aufstellen; ***a tempo di ~*** im Nu
recuperare [rekupe'raːre] → ***ricuperare***
red|atto [re'datto] → ***redigere***; **~attore** [-dat'toːre] *m* Verfasser *m*; *di giornale* Redakteur *m*; ***~ capo*** Chefredakteur *m*; **~azione** [-datsi'oːne] *f* Redaktion *f*
redditizio [reddi'tiːtsio] (*pl -zi*) einträglich, rentabel
reddito ['rɛddito] *m* Einkommen *n*; ***~ lordo*** Bruttoeinkommen *n*; ***~ medio*** Durchschnittseinkommen; ***a ~ fisso*** festverzinslich; ***~ nazionale lordo*** Bruttosozialprodukt *n*
redentore [reden'toːre] *m rel* Erlöser *m*
redigere [re'diːdʒere] (*3oo*) redigieren; (*stendere*) verfassen
redini ['rɛːdini] *f/pl* Zügel *m*
reduce ['rɛːdutʃe] *m* Heimkehrende(r) *m*
refe ['reːfe] *m* Zwirn *m*
refer|endum [refe'rɛndum] *m inv* Volksentscheid *m*; **~enza** [-'rɛntsa] *f* Referenz *f*
referto [re'fɛrto] *m med* Befund *m*
refettorio [refet'tɔːrio] *m* (*pl -ri*) Refektorium *n*, Speisesaal *m*
refill [ri'fil] *m inv* Patrone *f*
refrig|erante [refridʒe'rante] **1.** *adj* kühlend; erfrischend; ***cella f ~*** Gefrierkammer *f*; **2.** *m* Kühlanlage *f*; **~erare** [-dʒe'raːre] (*1m*) kühlen; **~eratore** [-dʒera'toːre] *m* Kühlmittel *n*; Kühler *m*; **~erio** [-'dʒɛːrio] *m* (*pl -ri*) Erfrischung *f*; *fig* Erleichterung *f*
refurtiva [refur'tiːva] *f* Diebesgut *n*

regalare [rega'laːre] (*1a*) verschenken; ***~ qc a qu*** j-m et schenken
regale [re'gaːle] königlich
regalino [rega'liːno] *m* Mitbringsel *n*
regalo [re'gaːlo] *m* Geschenk *n*; ***articolo m da ~*** Geschenkartikel *m*
regata [re'gaːta] *f* Regatta *f*
regg|ere ['rɛddʒere] (*3cc*) **1.** *v/t* (*sostenere*) halten; (*sopportare*) vertragen; (*guidare*) leiten, führen; **2.** *v/i* (*sopportare*); standhalten (*a dat*); ***~ al fuoco*** feuerfest sein; **~ersi** [-dʒersi] sich aufrecht halten
reggia ['rɛddʒa] *f* (*pl -gge*) Königspalast *m*
reggi|calze [reddʒi'kaltse] *m inv* Hüfthalter; **~petto** [-'pɛtto] *m*, **~seno** [-'seːno] *m* Büstenhalter *m*
regia [re'dʒiːa] *f* Regie *f*
regime [re'dʒiːme] *m* Regime *n*; *med* Diät *f*; ***essere a ~*** Diät halten; ***~ valutario*** Devisenregelung *f*
regina [re'dʒiːna] *f* Königin *f*; *scacch* Dame *f*
regionale [redʒo'naːle] regional; ***a livello ~*** auf Regionalebene
regione [re'dʒoːne] *f* Region *f*, Gebie *n*, Gegend *f*; Landschaft *f*
regista [re'dʒista] *m* (*pl -i*) Regisseur *n*
registrare [redʒis'traːre] (*1a*) eintragen; registrieren; (*incidere*) aufnehmen
registratore [redʒistra'toːre] *m* ***~*** (***a cassetta***) Kassettenrekorder *m*; ***~ a nastro*** Tonbandgerät *n*
registrazione [redʒistratsi'oːne] *f* Eintragung *f*, Buchung *f*; ***~ sonora*** Tonaufnahme *f*
registro [re'dʒistro] *m* (*pl -i*) Registe *n*; Verzeichnis *n*
regnare [re'ɲaːre] (*1a*) regieren; herrschen (*a fig*)
regno ['reːɲo] *m* (König)Reich *n*
Regno Unito ['reɲo 'uniːto] *m* Vereinigtes Königreich *n*
regola ['rɛːgola] *f* Regel *f*; Vorschrift *f*; ***in ~*** in Ordnung; ***di ~*** normalerweis
regolabile [rego'laːbile] regulierbar, einstellbar
regolamento [regola'mento] *m* Regelung *f*; Vorschriften *f/pl*; *econ* Begleichung *f*; ***~ dei conti*** Begleichung *f* de Rechnungen; ***~ stradale*** Verkehrsregelung *f*

R

regolare[1] [rego'la:re] (*1l u b*) regeln; ordnen; *tec* einstellen; (*pagare*) begleichen

regol|are[2] [rego'la:re] *adj* regulär; normal; regelmäßig; **~arità** [-lari'ta] *f* Regelmäßigkeit *f*; **~arizzare** [-larid'dza:re] (*1a*) regeln

regr|edire [regre'di:re] (*4d*) Rückschritte machen; **~essione** [-gressi'o:ne] *f* Rückgang *m*; **~essivo** [-gres'si:vo] rückgängig; **~esso** [-'grεsso] *m* Rückgang *m*

relat|ività [relativi'ta] *f* Relativität *f*; ***teoria*** *f* ***della ~*** Relativitätstheorie *f*; **~ivo** [-'ti:vo] relativ; bezüglich (***a*** *gen*); (*rispettivo*) dazugehörig; (*corrispondente*) entsprechend

rel|atore [rela'to:re] *m* Referent *m*; **~azione** [-latsi'o:ne] *f* (*legame*) Beziehung *f*; Verhältnis *n*; (*esposizione*) Referat *n*; Bericht *m*; ***in ~ a*** mit Bezug auf (*acc*); ***~ commerciale*** Geschäftsbeziehung *f*; ***~ di un viaggio*** Reisebericht *m*; ***~ d'amicizia*** Freundschaftsverhältnis *n*; ***-i*** *pl* ***pubbliche*** Öffentlichkeit *f*; ***presentare una ~*** ein Referat halten

relig|ione [reli'dʒo:ne] *f* Religion *f*; **~iosa** [-'dʒo:za] *f* Ordensschwester *f*; **~iosità** [-dʒozi'ta] *f* Religiosität *f*, Frömmigkeit *f*; **~ioso** [-'dʒo:zo] **1.** *adj* religiös, fromm; **2.** *m* Ordensbruder *m*

relitto [re'litto] *m* Wrack *n*; Relikt *n*

rem|are [re'ma:re] (*1b*) rudern; **~atore** [-ma'to:re] *m* Ruderer *m*

remo ['rε:mo] *m* Ruder *n*

remoto [re'mɔ:to] weit zurückliegend

remuner|are [remune'ra:re] (*1m*) belohnen; **~ativo** [-ra'ti:vo] lohnend; ***non ~*** unrentabel; **~azione** [-ratsi'o:ne] *f* Belohnung *f*

Renania [re'na:nia] *f* Rheinland *n*

rendere ['rεndere] (*3c*) (*restituire*) zurückgeben; (*fruttare*) einbringen; *un servizio* leisten; *conto* ablegen; ***~ felice*** glücklich machen; ***non rende molto*** es bringt nicht viel ein

rendimento [rendi'mento] *m* Leistung *f*; *econ* Ertrag *m*; ***~ chilometrico*** Kilometerleistung *f*; ***~ giornaliero*** Tagesleistung *f*

rendita ['rεndita] *f* Rente *f*; *econ* Rendite *f*; ***~ vitalizia*** Lebensrente *f*; ***vivere di ~*** von den Zinsen leben

rene ['rε:ne] *m* Niere *f*

Reno ['rε:no] *m* Rhein *m*

reparto [re'parto] *m* Abteilung *f*; *ospedale* Station *f*

repentaglio [repen'ta:ʎo] *m* ***mettere a ~*** aufs Spiel setzen

rep|eribile [repe'ri:bile] auffindbar; **~erire** [-pe'ri:re] (*4d*) auffinden; **~erto** [-'pεrto] *m* Fundstück *n*; Befund *m*; **~ertorio** [-per'tɔ:rio] *m* (*pl -ri*) *tea u mus* Repertoire *n*, Spielplan *m*

replica ['rε:plika] *f* (*pl -che*) Wiederholung *f*; Erwiderung *f*; *tea* Wiederaufführung *f*; ***non ammettere -e*** keine Widerrede dulden

replicare [repli'ka:re] (*1l, b u d*) (*ripetere*) wiederholen; (*ribattere*) erwidern, entgegnen

reportage [repɔr'ta:ʒ] *m inv* Reportage *f*, Bericht *m*

reporter [re'pɔ:rter] *m inv* Reporter *m*, Berichterstatter *m*

repr|essione [repressi'o:ne] *f* Unterdrückung *f*; **~essivo** [-res'si:vo] unterdrückend; **~esso** [-'prεsso] → ***reprimere***; **~imere** [-'pri:mere] (*3r*) unterdrücken; **~imersi** [-'pri:mersi] sich beherrschen

repubblica [re'pubblika] *f* (*pl -che*) Republik *f*; ***~ federale*** Bundesrepublik *f*

Repubblica Ceca [re'pubblika 'tʃε:ka] *f* Tschechien *n*

repubblicano [repubbli'ka:no] republikanisch

repulsione [repulsi'o:ne] *f* Abstoßung *f*, Repulsion *f*

reput|are [repu'ta:re] (*1l u b*) halten für (*acc*); schätzen; **~arsi** [-'tarsi] sich halten für (*acc*), sich schätzen; **~azione** [-tatsi'o:ne] *f* Ruf *m*

requis|ire [rekui'zi:re] (*4d*) beschlagnahmen; **~ito** [-'zi:to] *m* Voraussetzung *f*; (*pregio*) gute Eigenschaften *f/pl*

resa ['re:za] *f* Übergabe *f*; (*restituzione*) Rückgabe *f*; (*rendimento*) Leistung *f*; *econ* Remittenden *f/pl*

resid|ente [resi'dεnte] wohnhaft, ansässig; **~enza** [-'dεntsa] *f* Wohnsitz *m*; *sede* Sitz *m*; ***cambiamento*** *m* ***di ~*** Wohnsitzänderung *f*; **~enziale** [-dentsi'a:le] ***zona*** *f* ***~*** Wohnviertel *n*

residuo [re'si:duo] *m* Rest *m*; Abfallprodukt *n*; *chim* Rückstand *m*

R

resina ['rɛːzina] *f* Harz *n*
resist|ente [resis'tɛnte] *persona* robust; *materiale* widerstandsfähig, fest; ***~ al fuoco*** feuerfest; ***~ al freddo*** kältebeständig; **~enza** [-'tɛntsa] *f* Widerstand *m*; (*durevolezza*) Haltbarkeit *f*; (*instancabilità*) Ausdauer *f*
resistere [re'sistere] (*3f*) standhalten (*a dat*); aushalten (*a dat*); (*opporsi*) j-m Widerstand leisten; j-m widerstehen
reso ['reːso] → ***rendere***
resoconto [reso'konto] *m* (Rechenschafts)Bericht *m*
resp|ingere [res'pindʒere] (*3d*) zurückweisen; ablehnen; **~into** [-'pinto] → ***respingere***
respir|are [respi'raːre] (*1a*) **1.** *v/t* (ein-)atmen; **2.** *v/i* atmen; *fig* aufatmen; **~atore** [-ra'toːre] *m* Sauerstoffgerät *n*; *per apnea* Schnorchel *m*; **~azione** [-ratsi'oːne] *f* Atmung *f*
respiro [res'piːro] *m* Atem *m*
respons|abile [respon'saːbile] verantwortlich (***di*** für); **~abilità** [-sabili'ta] *f* Verantwortlichkeit *f*; *jur* Haftung *f*; ***~ civile*** Haftpflicht *f*; ***~ limitata*** beschränkte Haftung *f*
ressa ['rɛssa] *f* Gedränge *n*; ***far ~*** sich drängen
restare [res'taːre] (*1b*) bleiben; (*avanzare*) übrig bleiben; ***~ indietro*** zurückbleiben; ***~ di stucco*** sprachlos sein; ***restarci male*** enttäuscht sein
restaur|are [restau'raːre] (*1a*) restaurieren; (*ripristinare*) wiederherstellen; **~atore** [-ra'toːre] *m* Restaurator *m*
restauro [res'taːuro] *m* Renovierung *f*, Restaurierung *f*; ***chiuso per -i*** wegen Renovierung geschlossen
restitu|ire [restitu'iːre] (*4d*) zurückgeben; *saluto* erwidern; (*rimborsare*) zurückerstatten; **~zione** [-tsi'oːne] *f* Rückgabe *f*; Erwiderung *f*; Rückerstattung *f*
resto ['rɛsto] *m* Rest *m*; ***ricevere di ~*** herausbekommen; ***del ~*** übrigens; sonst
restr|ingere [res'trindʒere] (*3d*) enger machen; *fig* beschränken; **~ingersi** [-'trindʒersi] enger werden; zusammenrücken; *stoffa* einlaufen; **~izione** [-tritsi'oːne] *f* Einschränkung *f*
rete ['reːte] *f* Netz *n*; *calcio* Tor *n*; ***~ metallica*** Drahtgitter *n*; ***~ autostradal***
Autobahnnetz *n*; *tel* ***~ fissa*** Festnet
n; ***~ radiomobile*** Mobil(funk)netz *n*
~ telefonica Telefonnetz *n*
retina ['rɛːtina] *f anat* Netzhaut *f*
retribu|ire [retribu'iːre] (*4d*) belohnen
~zione [-tsi'oːne] *f* Belohnung *f*; Ent-lohnung *f*
retroattivo [retroat'tiːvo] rückwirkend
retro|bottega [retrobot'teːga] *m in*
Hinterraum *m*; **~cedere** [-'tʃɛːdere
(*3l*) zurückweichen; **~datare** [-da'taː
re] (*1a*) zurückdatieren
retrogrado [re'trɔːgrado] rückständig
retro|marcia [retro'martʃa] *f* (*pl -ce*
auto Rückwärtsgang *m*; **~scena** [-'ʃɛː
na] *m inv fig* Hintergründe *pl*; **~spet
tivo** [-spet'tiːvo] zurückblickend
rückschauend; **~terra** [-'tɛrra] *m in*
Hinterland *n*; **~visivo** [-vi'ziːvo]
specchio *m* ***~*** Rückspiegel *m*
retta¹ ['rɛtta] *f* Preis *m*; Pension *f*
retta² ['rɛtta] *f mat* gerade Linie *f*
retta³ ['rɛtta] *f* ***dare ~ a qu*** j-m Gehö
schenken
rett|angolare [rettaŋgo'laːre] recht
wink(e)lig; **~angolo** [-'taŋgolo] *r*
Rechteck *n*
rettifica [ret'tiːfika] *f* (*pl -che*) Berich
tigung *f*; *tec* Schleifen *n*
rettificare [rettifi'kaːre] (*1m u d*) be
richtigen; *tec* schleifen
rettile ['rɛttile] *m* Reptil *n*
rettilineo [retti'liːneo] **1.** *adj* geradlini
2. gerade Strecke *f*
rett|orato [retto'raːto] *m* Rektorat
~ore [-'toːre] *m* Rektor *m*
reuma ['rɛːuma] *m* (*pl -i*) Rheuma *n*
reum|atico [reu'maːtiko] (*pl -ci*) rhe
matisch; **~atismo** [-ma'tizmo]
Rheumatismus *m*
reverendo [reve'rɛndo] ehrwürdig;
Euer Hochwürden!
revi|sionare [revizio'naːre] (*1a*) übe
holen; **~sione** [-zi'oːne] *f* Überpr
fung *f*; *tec* Überholung *f*
revoca ['rɛːvoka] *f* (*pl -che*) Widerr
fung *f*; ***~ dall'impiego*** Amtsenth
bung *f*
revocare [revo'kaːre] (*1l, b u d*) wide
rufen; rückgängig machen
RFT ***Repubblica Federale Tedes***
Bundesrepublik Deutschland (*ab*
BRD)

RG ***Ragusa*** Ragusa
ri... [ri] *prefisso* (*di nuovo*) wieder, von neuem; (*indietro*) wieder…, zurück…
R.I. ***Repubblica Italiana*** Italienische Republik
RI ***Rieti*** Rieti
riabilit|are [riabili'taːre] (*1n*) rehabilitieren; **~azione** [-tatsi'oːne] *f* Rehabilitation *f*
riacquistare [riakkuis'taːre] (*1a*) wieder erlangen
riagganciare [riaggan'tʃaːre] (*1f*) *tel* auflegen
riallacciare [riallat'tʃaːre] (*1f*) wieder anknüpfen
rialzare [rial'tsaːre] (*1a*) (*alzare di nuovo*) wieder aufrichten; (*aumentare*) erhöhen
rialzo [ri'altso] *m* Erhöhung *f*, Steigerung *f*
rianim|are [riani'maːre] (*1m*) wieder beleben; **~arsi** [-'marsi] wieder zu sich kommen; wieder Mut fassen; **~azione** [-matsi'oːne] *f* Wiederbelebung *f*; ***centro*** *m* ***di ~*** Intensivstation *f*
riapertura [riaper'tuːra] *f* Wiedereröffnung *f*
riaprire [ria'priːre] (*4f*) wieder öffnen
riarm|are [riar'maːre] *v/t* (*1a*) aufrüsten; **~o** [-'armo] *m* Aufrüstung *f*
riass|umere [rias'suːmere] (*3h*) wieder aufnehmen; *testo* zusammenfassen; **~unto** [-'sunto] **1.** → ***riassumere***; **2.** *m* Zusammenfassung *f*
riav|ere [ria've:re] (*2b*) wieder haben; (*ricuperare*) zurückbekommen; **~ersi** [-'versi] sich erholen
riavviare [riavvi'are] (*1h*) *inform* booten
ribalt|abile [ribal'taːbile] Klapp…; ***sedile*** *m* **~** Klappsitz *m*; **~are** [-'taːre] (*1a*) **1.** *v/t* niederklappen, zurückklappen; umwerfen; **2.** *v/i* umstürzen; umschlagen
ribass|are [ribas'saːre] (*1a*) **1.** *v/t* herabsetzen; **2.** *v/i* sinken
ribasso [ri'basso] *m* Preissenkung *f*; (*sconto*) Rabatt *m*; *econ titoli* Baisse *f*; ***essere in ~*** im Rückgang sein
ribattere [ri'battere] (*3a*) erwidern; *palla* zurückschlagen; **~ *un'accusa*** e-e Anklage zurückweisen
rib|ellarsi [ribel'larsi] (*1b*) sich auflehnen (***a*** gegen); **~elle** [-'bɛlle] **1.** *adj* rebellisch, aufständisch; *fig* störrisch; **2.** *m/f* Aufrührer(in) *m*(*f*); **~ellione** [-belli'oːne] *f* Aufstand *m*
ribes ['riːbes] *m inv* Johannisbeere *f*
ribrezzo [ri'breddzo] *m* Abscheu *m*; Ekel *m*; ***fare ~*** Abscheu erregen
ricad|ere [rika'deːre] (*2c*) wieder fallen; (*cadere indietro*) zurückfallen (*a fig*); **~uta** [-'duːta] *f* Rückfall *m*
ricamare [rika'maːre] (*1a*) sticken
ric|ambiare [rikambi'aːre] (*1k*) austauschen; **~ *qc a qu*** j-m et erwidern; **~ambio** [-'kambio] *m* Austausch *m*; *med* Stoffwechsel *m*; ***di ~*** Ersatz…
ricamo [ri'kaːmo] *m* Stickerei *f*
ricapitolare [rikapito'laːre] (*1n*) rekapitulieren, zusammenfassen
ricaricare [rikari'kaːre] (*1m u d*) *batteria* wieder aufladen
ric|attare [rikat'taːre] (*1a*) erpressen; **~atto** [-'katto] *m* Erpressung *f*
ricav|are [rika'vaːre] (*1a*) gewinnen; **~ato** [-'vaːto] *m* Ertrag *m*; Gewinn *m*
ricchezza [rik'kettsa] *f* Reichtum *m*; ***-e artistiche*** Kunstschätze *m/pl*; ***-e del sottosuolo*** Bodenschätze *m/pl*
riccio[1] ['rittʃo] *m* (*pl -cci*) *zo* Igel *m*; **~ *di mare*** Seeigel *m*; *bot* Kastanienschale *f*
riccio[2] ['rittʃo] (*pl -cci*) **1.** *adj* kraus; **2.** *m* (Haar)Locke *f*
ricciolo ['rittʃolo] *m* Locke *f*
ricco ['rikko] (*pl -cchi*) **1.** *adj* reich (***di*** an *dat*); **2.** *m* Reiche(r) *m*
ricerca [ri'tʃerka] *f* (*pl -che*) Suche *f* (***di*** nach *dat*); (*studio*) Forschung; **~ *nucleare*** Kernforschung *f*; ***alla ~ di*** auf der Suche nach; *inform* **~ *nel testo completo*** Volltextsuche *f*
ricerc|are [ritʃer'kaːre] (*1d*) wieder suchen; (*cercare con cura*) suchen; (*indagare*) (er)forschen; **~ato** [-'kaːto] gesucht; **~atore** [-ka'toːre] *m* Forscher *m*
ricetta [ri'tʃɛtta] *f* Rezept *n*
ricevere [ri'tʃeːvere] (*3a*) erhalten, bekommen, F kriegen; empfangen (*a rad*); *medico* Sprechstunde haben
ricev|imento [ritʃevi'mento] *m* Empfang *m*; **~itore** [-vi'toːre] *m* Empfänger *m*; *tel* Hörer *m*; **~uta** [-'vuːta] *f* Quittung *f*; **~ *di versamento*** Einzahlungsbeleg *m*; ***accusare ~*** den Empfang bestätigen
richiam|are [rikia'maːre] (*1a*) wieder

R

anrufen; zurückrufen; *attenzione* lenken; *fig* (*rimproverare*) tadeln; ***~ l'attenzione di qu su qc*** j-n auf et (*acc*) aufmerksam machen; **~arsi** [-'marsi]: ***~ a*** sich berufen auf (*acc*)
richiedente [rikie'dɛnte] *m/f* Antragsteller(in) *m*(*f*)
richiedere [riki'ɛːdere] (*3k*) verlangen; benötigen, erfordern; *documento* beantragen
richi|esta [riki'ɛsta] *f* Forderung *f*, Anfrage *f*, Bitte *f*; Antrag *m*; Nachfrage *f*; ***~ di asilo*** Asylantrag *m*; ***a ~ di*** auf Wunsch von; **~esto** [-ki'ɛsto] → ***richiedere***; ***una merce molto -a*** e-e sehr begehrte Ware
ricicl|abile [ritʃi'klaːbile] wiederverwertbar; **~aggio** [-'klaːddʒo] *m* (*pl -ggi*) *ecol* Recycling *n*, Wiederverwertung *f*; ***~ di denaro sporco*** Geldwäsche *f*; **~are** [-'klaːre] (*1a*) recyceln, wieder verwerten
ricompens|a [rikom'pɛnsa] *f* Belohnung *f*; **~are** [-'saːre] (*1b*) belohnen (***qu di qc*** j-n für et)
riconcili|are [rikontʃili'aːre] (*1g*) aussöhnen, wieder versöhnen; **~azione** [-atsi'oːne] *f* Aussöhnung *f*, Wiederversöhnung *f*
ricondurre [rikon'durre] (*3e*) zurückführen (***a*** auf *acc*)
ricon|oscente [rikonoʃ'ʃɛnte] dankbar; ***mostrarsi ~*** sich dankbar zeigen; **~oscenza** [-noʃ'ʃɛntsa] *f* Dankbarkeit *f*; ***per ~*** aus Dankbarkeit; **~oscere** [-'noʃʃere] (*3n*) erkennen; wiedererkennen; (*dichiarare legittimo*) anerkennen; (*ammettere*) zugeben; ***riconosco che*** ich gebe zu, dass; ***non si riconosce più*** er ist nicht wiederzuerkennen; **~oscibile** [-noʃ'ʃibile] erkennbar; **~oscimento** [-noʃʃi'mento] *m* Anerkennung *f*; *inform* ***~ vocale*** Spracherkennung *f*
riconquistare [rikoŋkuis'taːre] (*1a*) wieder erlangen
ricord|are [rikor'daːre] (*1c*) sich erinnern an (*acc*); in Erinnerung bringen; (*menzionare*) erwähnen; **~arsi** [-'darsi] sich erinnern (***di*** an *acc*)
ricordo [ri'kɔrdo] *m* Erinnerung *f*; *oggetto* Andenken *n*; ***~ di viaggio*** Reiseandenken *n*
ricorr|ente [rikor'rɛnte] wiederkehrend; **~enza** [-'rɛntsa] *f* Gedenktag *m*
ric|orrere [ri'korrere] (*3o*) *date, festa* fallen ***~ a qu*** sich an j-n wenden; ***~ a qc*** zu et (*dat*) greifen; ***oggi ricorre l'onomastico*** heute ist der Namenstag; **~orso** [-'korso] **1.** → ***ricorrere***; **2.** *m jur* Berufung *f*; ***presentare ~*** Berufung einlegen
ricostr|uire [rikostru'iːre] (*4d*) wieder aufbauen; *fig* rekonstruieren; **~uzione** [-trutsi'oːne] *f* Wiederaufbau *m*
ricotta [ri'kɔtta] *f* Frischkäse *m*
ricov|erare [rikove'raːre] (*1m u c*) unterbringen; *in ospedale* einliefern; **~erato** [-'raːto] **1.** *adj* untergebracht; **2.** *m in ospedale* Kranke(r) *m*, Patient *m*
ricovero [ri'kɔːvero] *m* Heim *n*; Unterbringung *f*; *med* Einlieferung *f*
ricreazione [rikreatsi'oːne] *f* Erholung *f*; Pause *f*
ricredersi [ri'kreːdersi] (*3a*) s-e Meinung ändern; s-n Irrtum einsehen
ricuperare [rikupe'raːre] (*1m*) wieder erlangen; *tempo* aufholen, nachholen
ricurvo [ri'kurvo] krumm; gebeugt
ridare [ri'daːre] (*1r*) wiedergeben; (*restituire*) zurückgeben
rid|ere ['riːdere] (*3b*) lachen (***di*** über *acc*); ***far ~ di sé*** sich lächerlich machen; **~ersi** [-dersi]: ***~ di qu*** sich über j-n lustig machen
ridicolizzare ['ridikolid'dzare] (*1a*) lächerlich machen
ridicolo [ri'diːkolo] **1.** *adj* lächerlich; **2.** *m* Lächerliche(s) *n*; ***mettere qu in ~***, ***gettare il ~ su qu*** j-n lächerlich machen
ridimensionare ['ridimensio'nare] (*1a*) neu strukturieren; *fig* zurechtweisen
rid|otto [ri'dotto] → ***ridurre***; ***a prezzi ~*** zu ermäßigten Preisen; **~uco** [-'duːko] → ***ridurre***
rid|urre [ri'durre] (*3e*) zurückführen (***a*** auf *acc*); verwandeln (***a*** in *acc*); (*diminuire*) verkürzen, reduzieren; *prezzi* herabsetzen; *personale* abbauen; (*limitare*) einschränken; ***~ al silenzio*** zum Schweigen bringen; **~ursi** [-'dursi] zusammenschrumpfen; ***~ male*** herunterkommen; ***~ in miseria*** ins Elend geraten; ***come ti sei ridotto!*** wie siehst du aus!; **~uzione** [-dutsi'oːne] *f* Verminderung *f*; *econ* Ermäßigung

f, Nachlass *m*; *econ* ***~ dei posti di lavoro*** Stellenabbau *m*; ***~ dell'orario di lavoro*** Arbeitszeitverkürzung *f*; ***~ sul prezzo del biglietto*** Fahrpreisermäßigung *f*; ***~ dei costi*** Kostensenkung *f*; ***~ del personale*** Personalabbau *m*

iempire [riem'pi:re] (*4g*) füllen; *formulario* ausfüllen

ientrare [rien'tra:re] (*1a*) zurückkehren; heimkommen

ientro [ri'entro] *m* Rückkehr *f*; Heimkehr *f*

if|are [ri'fa:re] (*3aa*) wieder machen; (*rinnovare*) erneuern; (*rielaborare*) neu bearbeiten; umarbeiten; *stanza* aufräumen; *letto* machen; **~arsi** [-'farsi] sich schadlos halten; ***~ delle spese*** auf seine Kosten kommen

ifer|imento [riferi'mento] *m* Hinweis *m*; ***punto*** *m* ***di ~*** Ausgangspunkt *m*; Anhaltspunkt *m*; ***con ~ a*** mit Bezug auf (*acc*); **~ire** [-'ri:re] (*4d*) berichten; **~irsi** [-'rirsi] sich beziehen (***a*** auf *acc*); sich berufen (***a*** auf *acc*); ***riferendomi a*** Bezug nehmend auf (*acc*)

ifiut|are [rifiu'ta:re] (*1a*) ablehnen; **~arsi** [-'tarsi] sich weigern

ifiuto [rifi'u:to] *m* Ablehnung *f*; Weigerung *f*; (*risposta negativa*) Absage *f*; ***-i*** *pl* Abfall *m*, Müll *m*; ***-i pericolosi*** Sondermüll *m*; ***-i (solidi) urbani*** Siedlungsabfälle *m/pl*; ***-i tossici*** Giftmüll *m*; *ecol* ***gestione*** *f* ***dei rifiuti*** Abfallmanagement *n*; *ecol* ***raccolta*** *f* ***differenziata dei rifiuti*** Mülltrennung *f*; *ecol* ***riciclaggio*** *m* ***dei rifiuti*** Abfallverwertung *f*; *ecol* ***smaltimento*** *m* ***dei rifiuti*** Abfallbeseitigung, Abfallentsorgung *f*; *ecol* ***trattamento*** *m* ***dei rifiuti*** Abfallaufbereitung *f*

fless|ione [riflessi'o:ne] *f* Überlegung *f*; *fis* Reflexion *f*; **~ivo** [-'si:vo] nachdenklich; *gram* reflexiv

'lesso [ri'flɛsso] **1.** → ***riflettere***; **2.** *m* Reflex *m*; ***di ~*** indirekt

flett|ere [ri'flɛttere] (*3qq*) **1.** *v/t* widerspiegeln; **2.** *v/i* ***~ su qc*** et überlegen, über et (*acc*) nachdenken; **~ersi** [-si] sich (wider)spiegeln

lettore [riflet'to:re] *m* Scheinwerfer *m*

'lusso [ri'flusso] *m* Rückfluss *m*; Ebbe *f*

riforma [ri'forma] *f* Reform *f*; *rel* Reformation *f*; ***~ monetaria*** Währungsreform *f*

riform|are [rifor'ma:re] (*1a*) (*rifare*) neu bilden; (*cambiare*) reformieren, umgestalten; *mil* für untauglich erklären; **~ato** [-'ma:to] *mil* untauglich

riforn|imento [riforni'mento] *m* Versorgung *f*; ***-i*** *pl* Vorräte *m/pl*; ***fare ~ di benzina*** tanken; **~ire** [-'ni:re] (*4d*) versorgen; ***~ il magazzino*** das Lager ergänzen; **~irsi** [-'nirsi] sich versorgen, sich eindecken

rif|ugiarsi [rifu'dʒarsi] (*1f*) sich flüchten; **~ugiato** [-fu'dʒa:to] *m* Flüchtling *m*; **~ugio** [-'fu:dʒo] *m* (*pl -gi*) Zuflucht *f*; Zufluchtsort *m*; ***~ alpino*** Berghütte *f*; ***~ antiaereo*** Luftschutzraum *m*

riga ['ri:ga] *f* (*pl -ghe*) Linie *f*; Zeile *f*; (*fila*) Reihe *f*; (*regolo*) Lineal *n*; *stoffa* Streifen *m*; *capelli* Scheitel *m*; ***stoffa*** *f* ***a -ghe*** gestreifter Stoff *m*; ***carta*** *f* ***a -ghe*** liniiertes Papier *n*

rigatoni [riga'to:ni] *m/pl* kurze Röhrennudeln *f/pl*

rigener|are [ridʒene'ra:re] (*1m u b*) erneuern; *tec* wieder aufbereiten; **~azione** [-ratsi'o:ne] *f* Regeneration *f*; Wiederaufbereitung *f*

rigetto *med* [ri'dʒɛtto] *m* Abstoßung *f*

rigido ['ri:dʒido] (*duro*) steif; *clima* rau; *fig* (*severo*) streng

rigirare [ridʒi'ra:re] (*1a*) **1.** *v/i* herumgehen; **2.** *v/t* umdrehen; ***~ qu*** j-n hinters Licht führen

rigo ['ri:go] *m* (*pl -ghi*) Linie *f*; Zeile *f*; ***~ musicale*** Liniensystem *n*

rigoglioso [rigo'ʎo:zo] üppig

rig|ore [ri'go:re] *m di clima* Rauheit *f*; (*severità*) Strenge *f*; *sport* (*a calcio m di ~*) Elfmeter *m*; ***di ~*** unerlässlich; **~oroso** [-go'ro:zo] streng

rigovernare [rigover'na:re] (*1b*) in Ordnung bringen; *stoviglie* abwaschen

riguard|ante [riguar'dante] betreffend; **~are** [-'da:re] (*1a*) wieder betrachten; (*rivedere*) durchsehen; (*riferirsi*) betreffen; ***per quanto riguarda ...*** was ... (*acc*) anbelangt; **~arsi** [-'darsi] sich in Acht nehmen

rigu|ardo [rigu'ardo] *m* Rücksicht *f*; ***mancanza*** *f* ***di ~*** Rücksichtslosigkeit *f*; ***di ~*** angesehen; ***~ a*** in Bezug auf (*acc*), was ... (*acc*) betrifft

rilasciare [rilaʃ'ʃa:re] *(1f)* *j-n* freilassen; *documento* ausstellen
rilascio [ri'laʃʃo] *m* Freilassung *f*; Ausstellung *f*
rilass|amento [rilassa'mento] *m* Entspannung *f*; **~are** [-'sare] *(1a)* entspannen; **~arsi** [-'sarsi] sich entspannen; **~ato** [-'sa:to] entspannt
rileg|are [rile'ga:re] *(1e)* *libro* (ein-)binden; **~atore** [-ga'to:re] *m* Buchbinder *m*; **~atura** [-ga'tu:ra] *f* Einband *m*; Einbinden *n*
rilevamento [rileva'mento] *m* *econ* Übernahme *f*
rilevare [rile'va:re] *(1b)* (*ricavare*) entnehmen; (*osservare*) feststellen; aufnehmen; *ditta* übernehmen
rilievo [rili'ɛ:vo] *m* Erhöhung *f*; *fig* Bedeutung *f*; Relief *n*; **dare ~ a qc** et hervorheben; **di ~** erheblich, wichtig; **di nessun ~** unbedeutend
rima ['ri:ma] *f* Reim *m*; **far ~** reimen
rimandare [riman'da:re] *(1a)* nochmals schicken; (*restituire*) zurückschicken; (*rinviare*) verschieben; *palla* zurückschlagen; *riunione* vertagen
riman|ente [rima'nɛnte] *m* Rest *m*; **~enza** [-'nɛntsa] *f* Restbestand *m*; Überbleibsel *n*; **~ere** [-'ne:re] *(2m)* bleiben; (*avanzare*) übrig bleiben
rimango [ri'maŋgo] → ***rimanere***
rimargin|are [rimardʒi'na:re] *(1m)* *u* **~arsi** [-'narsi] vernarben
rimasto [ri'masto] → ***rimanere***
rimb|alzare [rimbal'tsa:re] *(1a)* zurückprallen; **~alzo** [-'baltso] *m* Rückprall *m*, Abprall *m*; *fig* **di ~** indirekt
rimboccare [rimbok'ka:re] *(1d)* *coperte* umschlagen; *maniche* aufschlagen
rimborsare [rimbor'sa:re] *(1a)* zurückerstatten
rimborso [rim'borso] *m* Rückzahlung *f*; Rückerstattung *f*; **~ spese** Kostenerstattung *f*; **contro ~** gegen Nachnahme
rimbosch|imento [rimboski'mento] *m* Aufforstung *f*; **~ire** [-'ki:re] *(4d)* aufforsten
rimediare [rimedi'a:re] *(1k u b)* **1.** *v/i* abhelfen; **~ a qc** et wieder gutmachen; **2.** *v/t* besorgen
rimedio [ri'mɛ:dio] *m* (*pl -di*) Abhilfe *f*; *med* (Heil)Mittel *n*; **senza ~** hoffnungslos
rimescolare [rimesko'la:re] *(1m)* mischen; *caffè* umrühren
rimessa [ri'messa] *f* Garage *f*; Schuppen *m*; *econ* Überweisung *f*
rimett|ere [ri'mettere] *(3ee)* wieder aufstellen, wieder hinlegen; *econ* merce senden; *med* (*vomitare*) brechen; **~ a posto** zurückstellen; **~ in marci[a]** wieder in Gang setzen; **~ in ordin[e]** wieder in Ordnung bringen; **ci ho rimesso molto** ich habe viel Geld dabe[i] verloren; **~ersi** [-si] sich wieder erholen; *tempo* sich aufklären; **~ a qu** sic[h] auf j-n verlassen
rimmel ['rimmɛl] *m* Wimperntusche *f*
rimodernare [rimoder'na:re] *(1b)* modernisieren
rimorchi|are [rimorki'a:re] *(1k u c)* *auto* abschleppen; **~atore** [-kia'to:re] *m* *mar* Schleppdampfer *m*
rimorchio [ri'mɔrkio] *m* *auto* Anhänger *m*
rimorso [ri'mɔrso] *m* Gewissensbiss *m*
rimozione [rimotsi'o:ne] *f* Entfernun[g] *f*; Beseitigung *f*
rimp|atriare [rimpatri'a:re] *(1k u m)* **1.** *v/t* in die Heimat zurückbefördern; **2.** *v/i* heimkehren; **~atrio** [-'pa:trio] *m* (*pl -ri*) Heimkehr *f*
rimpi|angere [rimpi'andʒere] *(3d)* bedauern; j-n beweinen; **~anto** [-pi'ant[o]] **1.** → ***rimpiangere***; **2.** *m* Bedauern *n*
rimpiazzare [rimpiat'tsa:re] *(1a)* erse[t]zen
rimpicciolire [rimpittʃo'li:re] *(4d)* [1.] *v/t* verkleinern; **2.** *v/i* kleiner werde[n]
rimproverare [rimprove'ra:re] *(1m u* [b)] *j-m* Vorwürfe machen; **~ qc a qu** j-m [et] vorwerfen
rimprovero [rim'prɔ:vero] *m* Vorwu[rf] *m*
rimuovere [rimu'ɔ:vere] *(3ff)* entfe[r]nen; *ostacoli* beseitigen; j-n *von et* a[b]bringen
Rinascimento [rinaʃi'mento] *m* R[e]naissance *f*
rincarare [riŋka'ra:re] *(1a)* **1.** *v/t* ve[r]teuern; **2.** *v/i* teurer werden
rincaro [riŋ'ka:ro] *m* Verteuerung [*f*]; Preissteigerung *f*; **ondata *f* di ~** Teu[e]rungswelle *f*
rincasare [riŋka'sa:re] *(1a)* heimke[h]ren
rinchiudere [riŋki'u:dere] *(3b)* ei[n]schließen; verschließen

R

inc|orrere [riŋ'korrere] (*3o*) *j-m* nachlaufen; j-n verfolgen; **~orsa** [-'korsa] *f* Anlauf *m*; **~orso** [-so] → ***rincorrere***
incr|escere [riŋ'kreʃʃere] (*3n*) leidtun; ***mi rincresce*** es tut mir leid; **~escimento** [-kreʃʃi'mento] *m* Bedauern *n*
infacciare [rinfat'tʃaːre] (*1f*) vorwerfen
inforzare [rinfor'tsaːre] (*1c*) **1.** *v/t* (ver)stärken; **2.** *v/i* stärker werden
inforzo [rin'fɔrtso] *m* Verstärkung *f*
infresc|are [rinfres'kaːre] (*1d*) **1.** *v/t* abkühlen; (*ristorare*) erfrischen; (*rinnovare*) auffrischen; **2.** *v/i* sich abkühlen; **~arsi** [-'karsi] sich erfrischen, sich frisch machen
infresco [rin'fresko] *m* (*pl -chi*) Erfrischung *f*; ***dare un ~*** e-n Empfang geben
infusa [rin'fuːza]: ***alla ~*** durcheinander
inghiare [riŋgi'aːre] (*1k*) knurren
inghiera [riŋgi'ɛːra] *f* Geländer *n*
ingiovanire [rindʒova'niːre] (*4d*) **1.** *v/t* verjüngen; **2.** *v/i* sich verjüngen
ingrazi|amento [riŋgratsia'mento] *m* Dank *m*, Danksagung *f*; ***lettera*** *f* ***di ~*** Dankschreiben *n*; **~are** [-tsi'aːre] (*1g*) (***qu di qc*** j-m für et) danken
nnov|amento [rinnova'mento] *m* Erneuerung *f*; **~are** [-'vaːre] (*1c*) **1.** *v/t* erneuern; *abbonamento* verlängern; (*ripetere*) wiederholen; **2.** *v/i* sich erneuern
nnovo [rin'nɔːvo] *m* Erneuerung *f*; Verlängerung *f*
noceronte [rinotʃe'ronte] *m* Nashorn *n*
nomato [rino'maːto] berühmt
nsaviro [rinsa'viːre] (*4d*) **1.** *v/t* zur Vernunft bringen; **2.** *v/i* wieder vernünftig werden
ntanarsi [rinta'narsi] (*1a*) sich verkriechen
ntracciare [rintrat'tʃaːre] (*1f*) aufspüren, auffinden
nuncia [ri'nuntʃa] *f* (*pl -ce*) Verzicht *m*
nunciare [rinun'tʃaːre] (*1f*) verzichten (***a*** auf *acc*); ***non ~ a qc*** sich etwas nicht nehmen lassen
nunzia [ri'nuntsia] → ***rinuncia***
nven|imento [rinveni'mento] *m* Entdeckung *f*; **~ire** [-'niːre] (*4p*) **1.** *v/t* entdecken; **2.** *v/i* wieder zu sich kommen
rinviare [rinvi'aːre] (*1h*) (*mandare indietro*) zurückschicken; (*posticipare*) vertagen; *let*, *jur* verweisen
rinvio [rin'viːo] *m* (*pl -vii*) Rücksendung *f*; Vertagung *f*; *in un testo* Verweis *m*
rione [ri'oːne] *m* Stadtviertel *n*
riordinare [riordi'naːre] (*1m*) neu ordnen, neu regeln; *stanza* aufräumen
riorganizz|are [riorganid'dzaːre] (*1a*) reorganisieren; **~azione** [-dzatsi'oːne] *f* Umgestaltung *f*
ripar|are [ripa'raːre] (*1a*) **1.** *v/t* (*proteggere*) schützen (***da*** vor *dat*); (*aggiustare*) reparieren, ausbessern; *un torto* wieder gutmachen; **2.** *v/i* abhelfen; **~arsi** [-'rarsi] sich schützen; **~ato** [-'raːto] geschützt; **~azione** [-ra'tsioːne] *f* Reparatur *f*; *fig* Wiedergutmachen *n*; ***officina*** *f* ***-i*** Reparaturwerkstatt *f*; ***~ dei danni*** Schadenersatz *m*
riparo [ri'paːro] *m* Schutz *m*; ***mettersi al ~*** sich in Sicherheit bringen
ripartire[1] [ripar'tiːre] (*4a*) wieder abreisen
ripart|ire[2] [ripar'tiːre] (*4d*) verteilen; **~izione** [-titsi'oːne] *f* Verteilung *f*
ripassare [ripas'saːre] (*1a*) **1.** *v/i* wieder vorbeigehen (→ ***passare***); **2.** *v/t* noch einmal durchsehen; *lezione* wiederholen; *tec* überholen
ripens|amento [ripensa'mento] *m* Überlegung *f*; Meinungsänderung *f*; **~are** [-'saːre] (*1b*) wiederholt denken (***a*** an *acc*); (*riflettere*) überlegen (*acc*); (*cambiare parere*) s-e Meinung ändern; (*ricordare*) zurückdenken (***a*** an *acc*); ***ci ripenserò*** ich werde es mir nochmals überlegen; ***ci ho ripensato*** ich habe es mir anders überlegt
ripetere [ri'pɛːtere] (*3a*) wiederholen
ripet|izione [ripetitsi'oːne] *f* Wiederholung *f*; **~uto** [-'tuːto] wiederholt
ripido ['riːpido] steil
ripiegare [ripie'gaːre] **1.** *v/t* wieder zusammenfalten; **2.** *v/i* zurückweichen
ripiego [ripi'ɛːgo] *m* (*pl -ghi*) Ausweg *m*
ripieno [ripi'ɛːno] **1.** *adj* voll; *gastr* gefüllt; **2.** *m* Füllung *f*
riporre [ri'porre] (*3ll*) zurücklegen
riportare [ripor'taːre] (*1c*) wiederbrin-

gen; (*restituire*) zurückbringen; (*riferire*) wieder erzählen; (*citare*) zitieren; *fig* (*conseguire*) davontragen; *danno* erleiden; *econ* übertragen

riporto [ri'pɔrto] *m econ* Übertrag *m*

ripos|are [ripo'saːre] (*1c*) ausruhen, ruhen; **~arsi** [-'sarsi] sich ausruhen; **~ato** [-'saːto] ausgeruht

riposo [ri'pɔːzo] *m* Ruhe *f*; Pause *f*; Ruhestand *m*; ***giorno** m **di ~*** Ruhetag *m*; ***collocare a ~*** in den Ruhestand versetzen; ***senza ~*** ruhelos, rastlos

ripostiglio [ripos'tiːʎo] *m* (*pl -gli*) Abstellraum *m*, Rumpelkammer *f*

riprend|ere [ri'prɛndere] (*3c*) wieder nehmen; (*prendere indietro*) zurücknehmen; *lavoro* wieder aufnehmen; *fot* aufnehmen, fotografieren; ***~ coscienza*** wieder zu sich kommen; ***~ a*** wieder anfangen zu; **~ersi** [-dersi] sich erholen

ripresa [ri'preːza] *f* Wiederaufnahme *f*; *econ* Wiederaufschwung *m*; *film* Aufnahme *f*; *tec* Beschleunigung *f*; *rad, TV* ***in ~ diretta*** in Direktübertragung; ***a più -e*** zu wiederholten Malen

riprod|uco [ripro'duːko] → ***riprodurre***; **~urre** [-'durre] (*3e*) wieder hervorbringen; *copia* reproduzieren; **~ursi** [-'dursi] sich fortpflanzen, sich vermehren; **~uzione** [-dutsi'oːne] *f* Wiedergabe *f*; Reproduktion *f*; (*ristampa*) Nachdruck *m*; *biol* Fortpflanzung *f*; ***~ vietata*** Nachdruck verboten

riprovare [ripro'vaːre] (*1c*) noch einmal versuchen

ripugn|ante [ripu'ɲante] abstoßend; widerwärtig; **~anza** [-'ɲantsa] *f* Widerwille *m*; **~are** [-'ɲaːre] (*1a*): ***~ a qu*** j-n abstoßen, j-n anwidern

R

ripulire [ripu'liːre] (*4d*) gründlich reinigen, säubern; *scherz* ausrauben, leeren

riqualificarsi [rikualifi'karsi] (*1d*) umschulen; sich weiterbilden

riqualificazione [rikualifika'tzione] *f* Umschulung *f*; Fortbildung *f*; ***misure** f/pl **di ~*** Umschulungsmaßnahme *f*

risaia [ri'zaːia] *f* Reisfeld *n*

risal|ire [risa'liːre] (*4m*) wieder hinaufgehen; wieder steigen; ***~ alle origini*** auf die Quelle zurückgehen; **~ita** [-'liːta] *f* Wiederaufstieg *m*

risal|tare [rizal'taːre] (*1a*) **1.** *v/i* sich abheben; auffallen; **2.** *v/t*: ***far ~ qc*** et hervorheben; **~to** [ri'zaːlto]: ***mettere in ~*** hervorheben

risan|abile [risa'naːbile] heilbar; **~amento** [-na'mento] *m* Genesung *f*; *fig* Sanierung *f*; ***~ del centro storico*** Altstadtsanierung *f*; **~are** [-'naːre] (*1a*) **1.** *v/i* genesen; **2.** *v/t* heilen; sanieren; *econ a* gesundschrumpfen

risarc|imento [rizartʃi'mento] *m* Entschädigung *f*; Ersatz *m*; **~ire** [-'tʃiːre] (*4d*) entschädigen; *danno* ersetzen

risata [ri'zaːta] *f* Gelächter *n*

riscald|amento [riskalda'mento] *m* Heizung *f*; ***~ centrale*** Zentralheizung *f*; ***impianto** m **di ~*** Heizanlage *f*; **~are** [-'daːre] (*1a*) wärmen; erhitzen; *cibo* aufwärmen; *stanza* heizen; **~arsi** [-'darsi] sich erwärmen

rischiararsi [riskia'rarsi] (*1a*) sich aufklären; *cielo* aufhellen; ***~ in volto*** sich aufheitern

rischiare [riski'aːre] (*1k*) **1.** *v/t* riskieren, aufs Spiel setzen; **2.** *v/i* riskieren, Gefahr laufen (***di*** zu)

rischio ['riskio] *m* (*pl -chi*) Gefahr *f*; Risiko *n*; ***a ~ di*** (*inf*) auf die Gefahr hin zu (*inf*); ***mettere a ~*** aufs Spiel setzen

rischioso [riski'oːzo] gewagt, riskant

risc|ontrare [riskon'traːre] (*1a*) (*confrontare*) vergleichen; (*controllare*) überprüfen; **~ontro** [-'kontro] *m* Vergleich *m*; Überprüfung *f*; ***in ~ alla Vostra*** in Erwiderung Ihres Schreibens

riscuotere [risku'ɔːtere] (*3ff*) *econ somma di* (ein)kassieren; *vaglia* einlösen; *fig* erzielen, ernten

riserbo [ri'sɛrbo] *m* Zurückhaltung *f*; ***senza ~*** ohne Rücksicht

riserva [ri'sɛrva] *f* (*scorta*) Vorrat *m*; *econ, sport u mil* Reserve *f*; *fig* Vorbehalt *m*; *caccia* Revier *n*; *auto* Reserve *f*; ***fondo** m **di ~*** Reservefonds *m*; ***senza ~*** rückhaltlos; ***~ naturale*** Naturschutzgebiet *n*; ***fare ~ di*** Vorräte anlegen an (*dat*)

riserv|are [riser'vaːre] (*1b*) aufsparen; *posto* reservieren; *facoltà* vorbehalten; **~arsi** [-'varsi] sich vorbehalten; **~atezza** [-va'tettsa] *f* Zurückhaltung *f*; **~ato** [-'vaːto] (*discreto*) zurückhaltend; (*confidenziale*) vertraulich; *f*… reserviert

risiedere [risi'ɛ:dere] (*3a*) s-n Wohnsitz haben, wohnen
riso[1] ['ri:so] **1.** → ***ridere***; **2.** *m* (*pl le risa*) Lachen *n*
riso[2] ['ri:so] *m* Reis *m*; ***chicco*** *m* ***di ~*** Reiskorn *n*
risolto [ri'sɔlto] → ***risolvere***
risol|utezza [risolu'tettsa] *f* Entschlossenheit *f*; ***con ~*** entschlossen; ***~uto*** [-'lu:to] entschlossen; ***~uzione*** [-lutsi'o:ne] *f* (*soluzione*) Lösung *f*; (*decisione*) Entschluss *m*; Beschluss *m*; *jur* ***~ d'un contratto*** Auflösung *f* e-s Vertrages; ***prendere una ~*** e-n Entschluss fassen
ris|olvere [ri'sɔlvere] (*3g*) lösen; (*decidere*) beschließen; ***~olversi*** [-'sɔlversi] sich entschließen; ***~ in nulla*** in nichts zerfließen
risonanza [riso'nantsa] *f mus* Resonanz *f*; *fig* Nachwirkung *f*
ris|orgere [ri'sɔrdʒere] (*3d*) auferstehen; wieder aufblühen; ***~orgimento*** [risordʒi'mento] *m* Wiederaufblühen *n*
Risorgimento *hist* [risordʒi'mento] *m* Risorgimento *n*
risorsa [-'sorsa] *f* Ressource *f*; ***senza -e*** mittellos
risotto [ri'sɔtto] *m* Risotto *m*
risparmi|are [risparmi'a:re] (*1k*) (ein-, er)sparen; *fig* (ver)schonen; ***~arsi*** [-mi'arsi] sich schonen; ***~atore*** [-mia'to:re] *m* Sparer *m*
risparmio [ris'parmio] *m* (*pl -mi*) Ersparnis *f*; ***cassa*** *f* ***di ~*** Sparkasse *f*
rispecchiare [rispekki'a:re] (*1k*) widerspiegeln
rispett|are [rispet'ta:re] (*1b*) achten; *legge* beachten; *contratto* einhalten; ***~ivo*** [-'ti:vo] betreffend, bezüglich; jeweilig
rispetto [ris'pɛtto] **1.** *m* Respekt *m*, Achtung *f*, Rücksicht *f*; **2.** *prp* ***~ a*** in Bezug auf (*acc*); ***~ a ciò*** in dieser Hinsicht
risplendere [ris'plɛndere] (*3a*) glänzen
risp|ondere [ris'pondere] (*3hh*) antworten (***a*** auf *acc*); beantworten (*acc*); *saluto* erwidern (*acc*); ***~ alle speranze*** den Erwartungen entsprechen; ***~ di qc*** für et (*acc*) bürgen; ***~ male*** frech antworten; *tel* ***non risponde*** es meldet sich niemand; ***~osta*** [-'posta] *f* Antwort *f*; ***~ negativa*** Absage *f*; *post* ***~ pagata*** bezahlte Rückantwort *f*
rissa ['rissa] *f* Schlägerei *f*
ristabil|imento [ristabili'mento] *m* Wiederherstellung *f*; (*guarigione*) Erholung *f*; ***~ire*** [-'li:re] (*4d*) wiederherstellen; ***~irsi*** [-'lirsi] sich erholen
rist|ampa [ris'tampa] *f* Nachdruck *m*; neue Auflage *f*; ***~ampare*** [-tam'pa:re] (*1a*) nachdrucken; neu auflegen
ristorante [risto'rante] *m* Restaurant *n*, Gaststätte *f*
ristr|ettezza [ristret'tettsa] *f* Enge *f*; Beschränktheit *f*; (*mst pl -e*) Notlage *f*; ***~etto*** [-'tretto] eng; beschränkt; ***caffè*** *m* ***~*** starker Kaffee *m*
ristruttur|are [ristruttu'ra:re] (*1a*) umstrukturieren; *casa* umbauen; ***~azione*** [-turatsi'o:ne] *f* Umstrukturierung *f*
risult|are [risul'ta:re] (*1a*) (*derivare*) sich ergeben; (*rivelarsi*) sich erweisen als; ***mi risulta che*** mir ist bekannt geworden, dass; ***~ato*** [-'ta:to] *m* Ergebnis *n*; ***senza ~*** vergeblich
risurrezione [risurretsi'o:ne] *f rel* Auferstehung *f*
risvegli|are [rizve'ʎa:re] (*1g*) wieder wecken; *fig* wieder erregen; ***~arsi*** [-'ʎarsi] wieder erwachen
risveglio [ri'zve:ʎo] *m* (*pl -gli*) Erwachen *n*; *fig* Wiederaufleben *n*
ritard|are [ritar'da:re] (*1a*) **1.** *v/t* verzögern; **2.** *v/i* sich verspäten; Verspätung haben; *orologio* nachgehen; ***~atario*** [-da'ta:rio] *m* (*pl -ri*) Nachzügler *m*; ***~ato*** [-'dato] *fig* zurückgeblieben
ritardo [ri'tardo] *m* Verspätung *f*; Verzögerung *f*; ***senza ~*** pünktlich; ***essere in ~*** zu spät kommen; *fer* Verspätung haben
riten|ere [rite'ne:re] (*2q*) behalten; zurückhalten; (*credere*) halten für (*acc*); ***~ersi*** [-'nersi] sich halten für (*acc*); ***~uta*** [-'nu:ta] *f* Abzug *m*; ***~ sullo stipendio*** Gehaltsabzug *m*
ritir|are [riti'ra:re] (*1a*) *v/t* zurückziehen; *proposta* zurücknehmen; (*riscuotere*) einziehen; abheben; (*andare a prendere*) (ab)holen; ***~arsi*** [-'rarsi] sich zurückziehen; ***~ a vita privata*** sich ins Privatleben zurückziehen; ***~ dalla gara*** aus dem Wettkampf ausscheiden
ritiro [ri'ti:ro] *m* Zurücknahme *f*; Einzug *m*

R

ritmo ['ritmo] *m* Rhythmus *m*

rito ['riːto] *m* Ritual *n*, Ritus *m*; ***essere di ~*** üblich sein

ritoccare [ritok'kaːre] (*1d*) überarbeiten, durchfeilen; *fot* retuschieren

ritorn|are [ritor'naːre] (*1a*) **1.** *v/i* zurückkommen; zurückgehen; ***~ in sé*** wieder zu sich kommen; **2.** *v/t* zurückgeben; zurückschicken; **~ello** [-'nɛllo] *m* Refrain *m*

ritorno [ri'torno] *m* Rückkehr *f*; ***di ~*** zurück; ***far ~*** zurückkehren; ***viaggio** m **di ~*** Rückreise *f*

ritrarre [ri'trarre] (*3xx*) zurückziehen; (*rappresentare*) schildern

ritratt|are [ritrat'taːre] (*1a*) widerrufen; **~azione** [-tatsi'oːne] *f* Widerruf *m*

ritratto [ri'tratto] *m* Porträt *n*, Bildnis *n*; Fotografie *f*; *fig* Schilderung *f*

ritrov|are [ritro'vaːre] (*1c*) wieder finden; **~arsi** [-'varsi] sich treffen; (*capitare*) sich befinden; (*orientarsi*) sich zurechtfinden

ritrovo [ri'trɔːvo] *m* Zusammenkunft *f*, Treffpunkt *m*; ***~ notturno*** Nachtlokal *n*; ***~ pubblico*** öffentliches Lokal *n*

ritto ['ritto] gerade; aufrecht; ***star ~*** aufrecht stehen

riunificazione [riunifikatsi'oːne] *f* Wiedervereinigung *f*

riun|ione [riuni'oːne] *f* Vereinigung *f*; Versammlung *f*, Sitzung *f*; ***punto** m **di ~*** Treffpunkt *m*; **~ire** [-'niːre] (*4d*) vereinigen; versammeln; **~irsi** [-'nirsi] sich versammeln, zusammenkommen

riusc|ire [riuʃ'ʃiːre] (*4o*) gelingen; Erfolg haben; (*essere capace*) können; ***~ bene*** gut gelingen; ***~ male*** misslingen; ***riesco a fare** od **mi riesce di fare*** es gelingt mir zu tun; ***~ in qc*** sich in et (*dat*) bewähren; **~ita** [-'ʃiːta] *f* Erfolg *m*; **~ito** [-'ʃiːto] wohlgelungen

riutilizzare [riutilidz'zaːre] (*1a*) wieder verwenden

riva ['riːva] *f* Ufer *n*

rivale [ri'vaːle] **1.** *adj* rivalisierend; **2.** *m/f* Rivale *m*, Rivalin *f*; Konkurrent(in) *m*(*f*)

rivalità [rivali'ta] *f* Rivalität *f*

rivalut|are [rivalu'taːre] (*1a*) wieder schätzen; aufwerten; **~azione** [-tatsi'oːne] *f* Aufwertung *f*

rivedere [rive'deːre] (*2s*) wieder sehen; (*riguardare*) noch einmal durchsehen

rivel|are [rive'laːre] (*1a*) offenbaren, enthüllen; (*tradire*) verraten; (*mostrare*) zeigen; **~azione** [-latsi'oːne] *f* Offenbarung *f*

rivendere [ri'vendere] (*3a*) wieder verkaufen; weiterverkaufen

rivendic|are [rivendi'kaːre] (*1m u d*) fordern; Anspruch erheben au(f) (*acc*); **~azione** [-katsi'oːne] *f* Forderung *f*; ***-i** pl **salariali*** Lohnforderunge(n) *f/pl*

rivendita [ri'vendita] *f* Verkaufsstelle

rivenditore [rivendi'toːre] *m* Verkäufer *m*; ***~ specializzato*** Fachhändler *m*

rivest|imento [rivesti'mento] *m* Verkleidung *f*; (*involucro*) Bezug *m*; (*~ interno*) Futter *n*; **~ire** [-'tiːre] (*4b*) (*foderare*) verkleiden, beziehen

rivincita [ri'vintʃita] *f* Revanche *f*; ***prendere la ~*** sich revanchieren

rivista [ri'vista] *f* Zeitschrift *f*; Illustrierte *f*; *tea* Revue *f*; *mil* Parade *f*; ***~ di moda*** Modezeitschrift *f*

rivolg|ere [ri'vɔldʒere] (*3d*) wenden; *saluto*, *domanda* richten (***a qu*** an j-n); ***~ la parola a qu*** j-n ansprechen; ***~ l'attenzione a qc*** die Aufmerksamkeit auf et (*acc*) richten; **~ersi** [-dʒers(i)] sich wenden (***a qu*** an j-n)

rivolta [ri'vɔlta] *f* Aufstand *m*

rivolt|are [rivol'taːre] (*1c*) umdrehen, wenden; *fig* empören; **~ella** [-'tɛlla] *f* Revolver *m*

rivoluz|ionario [rivolutsio'naːrio] (*pl* *-ri*) revolutionär; **~ione** [-tsi'oːne] *f* Revolution *f*

rizz|are [rit'tsaːre] (*1a*) aufrichten; *bandiera* hissen; *orecchie* spitzen; **~arsi** [-'tsarsi] aufstehen, sich aufrichten

RM ***Roma*** Roma

RN ***Rimini*** Rimini

RO ***Rovigo*** Rovigo

roba ['rɔːba] *f* Sachen *f/pl*; F Zeug *n*; ***~ da mangiare*** Esswaren *f/pl*; ***~ da ma(tti)*** unglaubliches *od verrücktes* Zeug *n*

robot [rɔ'bo] *m inv* Roboter *m*; **~izza(to)** [tidz'zaːto] automatisiert

rob|ustezza [robus'tettsa] *f* Robustheit *f*; Belastbarkeit *f*; **~usto** [-'busto] robust; belastbar

rocca ['rɔkka] *f* (*pl -cche*) Burg *f*

rocchetto [rok'ketto] *m* Spule *f*; Ro(lle) *f*

R

'occ|ia ['rɔttʃa] *f (pl -cce)* Fels *m*; **~iatore** [-tʃa'to:re] *m* Kletterer *m*
'occioso [rot'tʃo:zo] felsig
'ock [rok] *m inv mus* Rock *m*; ***concerto m ~*** Rockkonzert *n*; **~ettaro** [rokket'ta:ro] *m* Rocksänger *m*
'oco ['rɔ:ko] *(pl -chi)* heiser
odaggio [ro'daddʒo] *m tec* Einlaufen *n*; *auto* Einfahren *n*; *fig* Eingewöhnung *f*
Rodano ['rɔ:dano] *m* Rhone *f*
od|ere ['ro:dere] *(3b)* ab-, an-, zernagen; **~ersi** [-dersi] sich verzehren
oditore [rodi'to:re] *m* Nagetier *n*
ogn|a ['ro:ɲa] *f* Krätze *f*; **~one** [ro'ɲo:ne] *m* Niere *f (di animale)*
ROM [rɔm] *f inform* Festspeicher *m*, ROM-Speicher *m*
Roma ['ro:ma] *f* Rom *n*
Romania [roma'ni:a] *f* Rumänien *n*
om|anico [ro'ma:niko] *(pl -ci)* romanisch; **~anista** [-ma'nista] *m/f (m/pl -i)* Romanist(in) *m(f)*; **~ano** [-'ma:no] **1.** *adj* römisch; ***fare alla -a*** jeder für sich bezahlen; **2.** *m* Römer *m*
om|anticismo [romanti'tʃizmo] *m* Romantik *f*; **~antico** [-'mantiko] *(pl -ci)* **1.** *adj* romantisch; **2.** *m* Romantiker *m*
om|anziere [romandzi'ɛ:re] *m* Romanschriftsteller *m*; **~anzo** [-'mandzo] **1.** *adj* romanisch; ***lingue f/pl -e*** romanische Sprachen *pl*; **2.** *m* Roman *m*; ***~ giallo*** Kriminalroman *m*
ombare [rom'ba:re] *(1a)* dröhnen
ombo¹ ['rombo] *m* Dröhnen *n*
ombo² ['rombo] *m zo* Steinbutt *m*
ombo³ ['rombo] *m mat* Rhombus *m*
omeno [ro'mɛ:no] **1.** *adj* rumänisch; **2.** *m* Rumäne *m*; Rumänisch(e) *n*
omp|ere ['rompere] *(3rr)* **1.** *v/t* (zer-)brechen, F kaputtmachen; *(interrompere)* unterbrechen; *fig* ***~ con qu*** mit j-m brechen; **2.** *v/i* ausbrechen; ***~ in pianto*** in Tränen ausbrechen; **~ersi** [-persi] zerbrechen, F kaputtgehen; ***~ un braccio*** sich e-n Arm brechen
ompi|capo [rompi'ka:po] *m inv* Kopfzerbrechen *n*; Sorge *f*; **~ghiaccio** [-gi'attʃo] *m inv* Eisbrecher *m*; *alpinismo* Eispickel *m*
ndine ['rondine] *f* Schwalbe *f*
nzare [ron'dza:re] *(1a)* summen
nzio [ron'dzi:o] *m* Summen *n*

rosa ['rɔ:za] **1.** *f bot* Rose *f*; ***~ selvatica*** Heckenrose *f*; ***~ dei venti*** Windrose *f*; **2.** *m* Rosa *n*; **3.** *adj inv* rosa
ros|aio [ro'za:io] *m (pl -ai)* Rosenstrauch *m*; **~ario** [-'za:rio] *m (pl -ri) rel* Rosenkranz *m*; **~ato** [-'za:to] *m* Rosé(wein) *m(m)*
rosbif ['rɔzbif] *m inv* Roastbeef *n*
roseo ['rɔ:zeo] rosig
ros|eto [ro'ze:to] *m* Rosengarten *m*; **~etta** [-'zetta] *f arch* Rosette *f*
rosmarino [rozma'ri:no] *m* Rosmarin *m*
ros|olare [rozo'la:re] *(1l u c)* braun braten; **~olia** [-zo'li:a] *f* Röteln *pl*
rosone [ro'zo:ne] *m arch* Rosette *f*
rospo ['rɔspo] *m* Kröte *f*; *fig* ***ingoiare un ~*** e-e bittere Pille schlucken
ross|astro [ros'sastro] rötlich; **~etto** [-'setto] *m* Lippenstift *m*; **~iccio** [-'sittʃo] *(pl -cci)* rötlich
rosso ['rosso] **1.** *adj* rot; **2.** *m* Rot *n*; ***~ d'uovo*** Eigelb *n*; ***fermarsi al ~*** bei Rot halten; ***passare col ~*** bei Rot rübergehen (durchfahren)
rossore [ros'so:re] *m* Röte *f*
rosticceria [rostittʃe'ri:a] *f* Schnellimbiss *m*
rot|aia [ro'ta:ia] *f fer* Schiene *f*; **~are** [-'ta:re] *(1o)* sich drehen; **~atoria** [-ta'tɔ:ria] *f* Kreisverkehr *m*; **~azione** [-tatsi'o:ne] *f* Umdrehung *f*; *fig* Wechsel *m*; **~ella** [-'tɛlla] *f* Rädchen *n*; *anat* Kniescheibe *f*
rotocalco [roto'kalko] *m (pl -chi)* Illustrierte *f*
rotol|are [roto'la:re] *(1l u c)* **1.** *v/t* zusammenrollen; fortrollen; **2.** *v/i* rollen; **~arsi** [-'larsi] sich wälzen
rotolo ['rɔ:tolo] *m* Rolle *f*; ***andare (mandare) a -i*** zugrunde gehen (richten)
rotondo [ro'tondo] rund
rotta ['rotta] *f mar, avia u fig* Kurs *m*; ***cambiare ~*** den Kurs ändern *(a fig)*; ***a ~ di collo*** Hals über Kopf
rottame [rot'ta:me] *m* Bruchstück *n*; ***-i pl*** Schrott *m*
rotto ['rotto] entzwei, kaputt
rottura [rot'tu:ra] *f* Bruch *m*
rotula ['rɔ:tula] *f* Kniescheibe *f*
roulotte [ru'lɔt] *f inv* Wohnwagen *m*
routine [ru'tin] *f inv* Routine *f*
rovesciare [roveʃ'ʃa:re] *(1f u b) liquidi*

R

verschütten; *oggetto* umstoßen, umwerfen; (*capovolgere*) wenden; *di barca* umkippen; *fig* stürzen

rovesciata [rovɛʃ'ʃiata] *f sport* Fallrückzieher *m*

rovescio [ro'vɛʃʃo] (*pl -sci*) **1.** *adj* verkehrt; **2.** *m* Rückseite *f*; *stoffa* linke Seite *f*; *fig* ***~ d'acqua*** Platzregen *m*; ***il ~ della medaglia*** die Kehrseite der Medaille; ***al ~*** verkehrt

rovina [ro'vi:na] *f* Ruin *m*; Verderben *n*; ***andare*** (***mandare***) ***in ~*** zugrunde gehen (richten); ***-e*** *pl* Ruinen *f/pl*; (*macerie*) Trümmer *pl*

rovin|are [rovi'na:re] (*1a*) **1.** *v/t* ruinieren; **2.** *v/i* einstürzen; **~arsi** [-'narsi] zugrunde gehen

rovo ['ro:vo] *m* Brombeerstrauch *m*

rozzo ['roddzo] roh; plump

RSM ***Repubblica di San Marino*** Republik San Marino

R.U. ***Regno Unito*** Vereinigtes Königreich

ruba ['ru:ba] *f* ***andare a ~*** reißenden Absatz finden

rubare [ru'ba:re] (*1a*) stehlen

rubinetto [rubi'netto] *m* Hahn *m*; ***~ dell'acqua*** Wasserhahn *m*

rubino [ru'bi:no] *m* Rubin *m*

rubrica [ru'bri:ka] *f* (*pl -che*) Rubrik *f*

rude ['ru:de] rau

rudere ['ru:dere] *m* Ruine *f*

rudim|entale [rudimen'ta:le] rudimentär; Anfangs…; **~enti** [-'menti] *m/pl* Anfangsgründe *m/pl*

ruga ['ru:ga] *f* (*pl -ghe*) Runzel *f*, Falte *f*

ruggine ['ruddʒine] *f* Rost *m*

rugg|ire [rud'dʒi:re] (*4d*) brüllen; **~ito** [-'dʒi:to] *m* Gebrüll *n*

rugiada [ru'dʒa:da] *f* Tau *m*

rugoso [ru'go:zo] runz(e)lig

rull|aggio [rul'laddʒo] *m* (*pl -ggi*) Rollen *n*; ***pista f di ~*** Rollfeld *n*; **~are** [-'la:re] (*1a*) *v/i* wirbeln; *mar* schlingern; *avia* rollen; **~ino** [-'li:no] *m* Filmrolle *f*; **~io** [-'li:o] *m avia* Rollen *n*

rullo ['rullo] *m* Rolle, Walze *f*

rum [rum] *m* Rum *m*

ruminante [rumi'na:nte] *m* Wiederkäuer *m*

rumore [ru'mo:re] *m* Geräusch *n*; Lärm *m*; ***lotta f contro i -i*** Lärmbekämpfung *f*; ***far ~*** Lärm machen

rumor|eggiare [rumored'dʒa:re] (*1f*) lärmen; *tuono* grollen; *folla* murren; **~oso** [-'ro:zo] laut

ruolo [ru'ɔ:lo] *m* Rolle *f*; (*elenco*) (Mitglieds)Liste *f*; ***essere di ~*** verbeamtet sein; ***personale m di ~*** fest angestelltes Personal *n*

ruota [ru'ɔ:ta] *f* Rad *n*; ***~ anteriore*** Vorderrad *n*; ***~ dentata*** Zahnrad *n*; ***~ posteriore*** Hinterrad *n*; ***~ motrice*** Antriebsrad *n*; ***~ di scorta*** Ersatzrad *n*; *fig* ***mettere i bastoni tra le -e*** Hindernisse in den Weg legen

rupe ['ru:pe] *f* Fels(en) *m*

ruscello [ruʃ'ʃɛllo] *m* Bach *m*

russare [rus'sa:re] (*1a*) schnarchen

Russia ['russia] *f* Russland *n*

russo ['russo] **1.** *adj* russisch; ***montagne f/pl -e*** Achterbahn *f*; **2.** *m* Russ… *m*; Russisch(e) *n*

rustico ['rustiko] (*pl -ci*) ländlich; rustikal; *fig* derb

ruttare V [rut'ta:re] (*1a*) rülpsen

ruvidezza [ruvi'dettsa] *f* Rauheit *f*

ruvido ['ru:vido] rau

ruzzol|are [ruttso'la:re] (*1l*) hinunterrollen, hinstürzen; **~one** [-'lo:ne] *m* Sturz *m*; ***fare un ~*** hinstürzen

S

s ***secondo*** Sekunde (*abbr* s)

S ***sud*** Süden (*abbr* S)

S. ***santo*** heilig (*abbr* hl., St.)

sa [sa] → ***sapere***

S.A. ***Società Anonima*** Aktiengesellschaft (*abbr* AG)

SA ***Salerno*** Salerno

sabato ['sa:bato] *m* Sonnabend *m*, Samstag *m*; ***di ~*** sonnabends

sabbia ['sabbia] *f* Sand *m*

sabbioso [sabbi'o:zo] sandig

sabot|aggio [sabo'taddʒo] *m* Sabotage *f*; **~are** [-'ta:re] (*1a*) sabotieren; **~atore** [-ta'to:re] *m* Saboteur *m*

acca ['sakka] *f* (*pl -cche*) (Reise-)Tasche *f*; *anat, biol* Beutel *m*
accheggi|are [sakked'dʒa:re] (*1f*) plündern; **~atore** [-dʒa'to:re] *m* Plünderer *m*
accheggio [sak'keddʒo] *m* (*pl -ggi*) Plünderung *f*
acchetto [sak'ketto] *m* Tüte *f*, Beutel *m*
acco ['sakko] *m* (*pl -cchi*) Sack *m*; F *fig* Unmenge *f*, Haufen *m*; **~ a pelo** Schlafsack *m*; **~ da montagna** Rucksack *m*; *fig* **vuotare il ~** gehörig auspacken; **mangiare a ~** ein Picknick machen; **~pelista** [-pe'lista] *m/f* (*m/pl -i*) Rucksacktourist(in) *m(f)*
acerdote [satʃer'dɔ:te] *m* Priester *m*
acramento [sakra'mento] *m* Sakrament *n*; **-i** *pl* Sterbesakramente *n/pl*
acr|ificare [sakrifi'ka:re] (*1m u d*) opfern; **~ificio** [-kri'fi:tʃo] *m* (*pl -ci*) Opfer *n*
acro ['sa:kro] heilig; **musica** *f* **-a** Kirchenmusik *f*; **osso** *m* **~** Kreuzbein *n*
adico ['sa:diko] (*pl -ci*) **1.** *adj* sadistisch; **2.** *m* Sadist *m*
adismo [sa'dizmo] *m* Sadismus *m*
afari [sa'fa:ri] *m inv* Safari *f*; **~ fotografico** Fotosafari *f*
aggezza [sad'dʒettsa] *f* Weisheit *f*
aggiare [sad'dʒa:re] (*1f*) prüfen; *fig* probieren
aggio[1] ['saddʒo] (*pl -ggi*) **1.** *adj* weise; **2.** *m* Weise(r) *m*
agg|io[2] ['saddʒo] *m* (*pl -ggi*) Probe *f*; (*campione*) Muster *n*; *let* Essay *m*; *econ* **~ d'interesse** Zinssatz *m*; **~ di sconto** Diskontsatz *m*; **~istica** [-'dʒistika] *f* Essayistik *f*
agittario [sadʒit'ta:rio] *m astr* Schütze *m*
ahariana [saari'a:na] *f* Safarijacke *f*
ala ['sa:la] *f* Saal *m*; **~ d'aspetto** Wartesaal *m*; **~ da pranzo** Speisesaal *m*; **~ di lettura** Lesesaal *m*; **~ giochi** Spielhalle *f*; **~ operatoria** Operationssaal *m*
alamandra [sala'mandra] *f* Salamander *m*
alame [sa'la:me] *m* Salami *f*
alamoia [sala'mɔ:ia] *f* **in ~** gepökelt
alare [sa'la:re] (*1a*) salzen
alari|ale [salari'a:le] Lohn…; **~ato** [-'a:to] *m* Lohnempfänger *m*
alario [sa'la:rio] *m* (*pl -ri*) Lohn *m*; Entlohnung *f*; **~ base** Grundlohn *m*; **aumento** *m* **del ~** Lohnerhöhung *f*
salatino [sala'ti:no] *m* Salzgebäck *n*
salato [sa'la:to] salzig; gesalzen
saldare [sal'da:re] (*1a*) löten; schweißen; *econ fattura* begleichen
saldo ['saldo] **1.** *adj* fest; steif; **2.** *m* Saldo *m*; (*resto*) Restbetrag *m*; **-i** *pl* **di fine stagione** Schlussverkauf *m*; **~ attivo** Aktivsaldo *m*; **~ passivo** Passivsaldo *m*
sale ['sa:le] *m* Salz *n*
salgo ['salgo] → **salire**
salice ['sa:litʃe] *m* Weide *f*; **~ piangente** Trauerweide *f*
sal|iera [sali'ɛ:ra] *f* Salzstreuer *m*; **~ina** [-'li:na] *f* Saline *f*
salire [sa'li:re] (*4m*) **1.** *v/i* steigen; hinaufsteigen; (*scalare*) besteigen (**su** *acc*); *veicolo* einsteigen; zusteigen; *fig* emporsteigen; **2.** *v/t* besteigen; *scale* hinaufgehen
Salisburgo [saliz'burgo] *f* Salzburg *n*
sal|iscendi [saliʃ'ʃendi] *m inv* Klinke *f*; **~ita** [-'li:ta] *f* Aufstieg *m*; Anstieg *m*; *strada* Steigung *f*; *fer, bus* Einstieg *m*; **strada** *f* **in ~** ansteigender Weg *m*
saliva [sa'li:va] *f* Speichel *m*
salma ['salma] *f* Leichnam *m*
salmarino [salma'ri:no] *m* Meersalz *n*
salmastro [sal'mastro] salzig; salzhaltig
salmì [sal'mi] *m* Wildragout *n*; **lepre** *f* **in ~** Hasenpfeffer *m*
salmone [sal'mo:ne] *m* Lachs *m*; **~ affumicato** Räucherlachs *m*
salmonella [salmo'nɛlla] *f* Salmonelle *f*
sal|one [sa'lo:ne] *m* Salon *m*; **~ dell'automobile** Automobilsalon *m*; **~ della moda** Modesalon *m*; **~otto** [-'lɔtto] *m* Wohnzimmer *n*; *hist* Salon *m*
salpare [sal'pa:re] (*1a*) die Anker lichten; abfahren
salsa ['salsa] *f* Soße *f*, Tunke *f*; **~ di pomodoro** Tomatensoße *f*
sals|iccia [sal'sittʃa] *f* (*pl -cce*) Wurst *f*; **~iera** [-si'ɛ:ra] *f* Soßenschüssel *f*
salt|are [sal'ta:re] (*1a*) **1.** *v/t* überspringen (*a fig*); **2.** *v/i* springen; (*a* **~ in piedi**) aufspringen; *mil* explodieren; *el* durchbrennen; **far ~ in aria** in die Luft sprengen; **~ellare** [-tel'la:re] (*1b*) hüpfen

S

saltimbocca ['saltim'bokka] *f mit Schinken und Salbei gefüllte Kalbsroulade*
salto ['salto] *m* Sprung *m*; **~ mortale** Überschlag *m*; **~ in alto** Hochsprung *m*; **~ in lungo** Weitsprung *m*; **a -i** sprungweise; *fig* **~ nel buio** Sprung *m* ins Ungewisse
saltu|ariamente [saltuaria'mente] zeitweise; **~ario** [-tu'a:rio] (*pl -ri*) unterbrochen; gelegentlich; **lavoro** *m* **~** Gelegenheitsarbeit *f*
salubre [sa'lu:bre] gesund
sal|umi [sa'lu:mi] *m/pl* Wurstwaren *f/pl*; **~umeria** [-lume'ri:a] *f* Wurstwarenhandlung *f*
sal|utare [salu'ta:re] **1.** *adj* heilsam; gesund; **2.** *v/t* (*1a*) (be)grüßen; **~ute** [-'lu:te] *f* Gesundheit *f*; **~!** Gesundheit!; **stato** *m* **di ~** Gesundheitszustand *m*; **alla Sua ~!** auf Ihr Wohl!, F Prosit!; **~utista** [-lu'tista] *m/f* (*m/pl -i*) Gesundheitsapostel *m*
saluto [sa'lu:to] *m* Gruß *m*; **tanti -i** viele Grüße
salva|gente [salva'dʒɛnte] *m inv* Rettungsgürtel *m*, -ring *m*; (*isola spartitraffico*) Verkehrsinsel *f*; **~guardare** [-guar'da:re] (*1a*) schützen; **~guardia** [-gu'ardia] *f* Schutz *m*
salv|are [sal'va:re] (*1a*) retten; bewahren; *inform* abspeichern; **~aschermo** [-'skɛrmo] *m inform* Bildschirmschoner *m*; **~aslip** [-'slip] *m inv* Slipeinlage *f*; **~ataggio** [-va'taddʒo] *m* (*pl -ggi*) Rettung *f*; **azione** *f* **di ~** Rettungsaktion *f*; **barca** *f* **di ~** Rettungsboot *n*
salve! ['salve] grüß dich!
salvezza [sal'vettsa] *f* Rettung *f*
salvia ['salvia] *f* Salbei *m u f*
salvietta [salvi'etta] *f* Serviette *f*
salvo ['salvo] **1.** *adj* gerettet; heil; unversehrt; **2.** *adv* außer; ausgenommen; **~ che** außer wenn; **3.** *m* **in ~** in Sicherheit
sambuco [sam'bu:ko] *m* (*pl -chi*) Holunder *m*
San [san] = **Santo**
san|are [sa'na:re] (*1a*) heilen; *econ, arch u fig* sanieren; **~atorio** [-na'tɔ:rio] *m* (*pl -ri*) Sanatorium *n*
sandalo ['sandalo] *m* Sandale *f*; *bot* Sandelholz *n*
San Gottardo [saŋ got'tardo] *m* Sankt Gotthard *m*
sangue ['saŋgue] *m* Blut *n*; **a ~ fredd**[o] kaltblütig; **donare il ~** Blut spenden; *gastr* **al ~** englisch
sangu|igno [saŋgu'i:ɲo]: **gruppo** *m* [~] Blutgruppe *f*; **vaso** *m* **~** Blutgefäß *n*; **~inare** [-gui'na:re] (*1l*) bluten; **~inoso** [-gui'no:zo] blutig; **~isuga** [-gui'su:ga] *f* (*pl -ghe*) Blutegel *m*
san|ità [sani'ta] *f* Gesundheit *f*; **amm**[i]**nistrazione** Gesundheitswesen *n*; **~itario** [-ni'ta:rio] (*pl -ri*) **1.** *adj* sanitä[r]; Gesundheits...; **assistenza** *f* **-a** Gesundheitsfürsorge *f*; **impianti** *m/pl* sanitäre Einrichtungen *f/pl*; **2.** *m* Ar[zt] *m*
sanno ['sanno] → **sapere**
sano ['sa:no] gesund; **~ e salvo** woh[l]behalten
santo ['santo] *adj* heilig; **acqua** *f* [~] Weihwasser *n*; **tutto il ~ giorno** den lie[ben] langen Tag
Santo ['santo] *m*, **-a** *f* Heilige(r) *m/f(m)*; *davanti al nome* Sankt
santuario [santu'a:rio] *m* (*pl -ri*) Heiligtum *n*; Wallfahrtskapelle *f*, -kirche
sapere [sa'pe:re] (*2n*) **1.** *v/t* wisse[n]; kennen; (**a venire a ~**) erfahren; (*ess[e]re capace*) können; **~ nuotare** schwim[m]men können; **2.** *v/i* (*avere sapor[e]*) schmecken (**di** nach *dat*); (*avere odor[e]*) riechen (**di** nach *dat*); **far ~** mitteile[n], melden; **saperla lunga** schlau sei[n]; **non sa di nulla** es schmeckt na[ch] nichts; **non si sa mai** man kann n[ie] wissen; **3.** *m* Wissen *n*
sap|iente [sapi'ɛnte] **1.** *adj* weise; **2.** Weise(r) *m*; Gelehrte(r) *m*; **~ienza** [-pi'ɛntsa] *f* Weisheit *f*
sapone [sa'po:ne] *m* Seife *f*
saponetta [sapo'netta] *f* (Stück *n*) T[o]ilettenseife *f*
sapore [sa'po:re] *m* Geschmack *m* ([di] nach *dat*); **-i** *pl* Gewürzkräuter *n/p[l]*; **avere ~ di qc** nach et (*dat*) schmecke[n]; **senza ~** geschmacklos
saporito [sapo'ri:to] schmackha[ft]; stark gewürzt
saracinesca [saratʃi'neska] *f* (*pl -sch*[e]) Rollladen *m*
sarc|asmo [sar'kazmo] *m* Sarkasm[us] *m*; **~astico** [-'kastiko] (*pl -ci*) sark[as]tisch
sarcofago [sar'kɔ:fago] *m* (*pl -gi*

-*ghi*) Sarkophag *m*

ardegna [sar'deːɲa] *f* Sardinien *n*

ard|ella [sar'dɛlla] *f*, **~ina** [-'diːna] *f* Sardelle *f*, Sardine *f*; ***sardine** pl* ***sott'olio*** Ölsardinen

arò [sa'rɔ] → ***essere***

art|a ['sarta] *f* Schneiderin *f*; **~o** [-to] *m* Schneider *m*

artoria [sarto'riːa] *f* Schneiderei *f*

.a.s. ***società in accomandita semplice*** Kommanditgesellschaft (*abbr* KG)

asso ['sasso] *m* Stein *m*; ***caduta*** *f* **-*i*** Steinschlag *m*; ***di ~*** steinern; ***restare di ~*** starr bleiben

as|sofonista [sassofo'nista] *m* (*pl -i*) Saxofonist *m*, Saxofonspieler *m*; **~sofono** [-'sɔːfono] *m* Saxofon *n*

assonia [sas'sɔːnia] *f* Sachsen *n*

atellite [sa'tɛllite] **1.** *m* Satellit *m*; ***~ televisivo*** Fernsehsatellit *m*; **2.** *adj* Satelliten…; ***città*** *f* **~** Trabantenstadt *f*

atira ['saːtira] *f* Satire *f*

atirico [sa'tiːriko] (*pl -ci*) satirisch

atur|are [satu'raːre] (*1l*) sättigen (***di*** mit); **~azione** [-ratsi'oːne] *f* Sättigung *f*

aturo ['saːturo] gesättigt

auna ['saːuna] *f* Sauna *f*

auro ['saːuro] *m cavallo* Fuchs *m*

azi|are [satsi'aːre] (*1g*) sättigen; **~arsi** [-tsi'arsi] satt werden; *fig* müde werden; ***non ~ di*** (*inf*) nicht müde werden zu (*inf*); **~età** [-tsie'ta] *f* Sättigung *f*; ***mangiare a ~*** sich satt essen

azio ['saːtsio] (*pl -zi*) satt

badato [zba'daːto] zerstreut

bad|igliare [zbadi'ʎaːre] (*1g*) gähnen; **~iglio** [-'diːʎo] *m* (*pl -gli*) Gähnen *n*

bagli|are [zba'ʎaːre] (*1g*) **1.** *v/i u* **~arsi** [-'ʎarsi] sich irren; ***~ nel contare*** sich verrechnen; **2.** *v/t* falsch gehen, verfehlen; verwechseln; ***~ strada*** sich verlaufen; **~ato** [-'ʎaːto] falsch

baglio ['zbaːʎo] *m* (*pl -gli*) Fehler *m*; (*equivoco*) Missverständnis *n*, Irrtum *m*; ***per ~*** aus Versehen; ***senza -i*** fehlerfrei

balord|imento [zbalordi'mento] *m* Verblüffung *f*; **~ire** [-'diːre] (*4d*) verblüffen; **~itivo** [-di'tiːvo] verblüffend

balzare [zbal'tsaːre] (*1a*) schleudern

balzo ['zbaltso] *m* Sprung *m*; Stoß *m*; *fig* plötzlicher Wechsel *m*; ***~ di temperatura*** plötzlicher Temperaturwechsel *m*

sbandare [zban'daːre] (*1a*) *auto* schleudern, ins Schleudern geraten; *fer u fig* entgleisen

sbarazz|are [zbarat'tsaːre] (*1a*) frei machen; **~arsi** [-'tsarsi] sich entledigen (***di*** *gen*)

sbarcare [zbar'kaːre] (*1d*) **1.** *v/t merci* löschen; *persone* an Land bringen; *avia* auschecken; *fig* ***~ il lunario*** sich durchschlagen; **2.** *v/i* an Land gehen

sbarco ['zbarko] *m* (*pl -chi*) Landung *f*; Löschung *f*

sbarra ['zbarra] *f* Stange *f*; *fer* Schranke *f*; *sport* Reck *n*

sbarr|amento [zbarra'mento] *m* Absperrung *f*; Sperre *f*; **~are** [-'raːre] (*1a*) (ver)sperren; *occhi* aufreißen; **~ato** [-'raːto] *occhi* starr; ***assegno m ~*** Verrechnungsscheck *m*

sbattere ['zbattere] (*3a*) **1.** *v/t* schlagen, klopfen; *porta* zuwerfen; (*urtare*) stoßen; *gastr* schlagen; ***~ la porta in faccia a qu*** j-m die Tür vor der Nase zuschlagen; **2.** *v/i* schlagen

sbattitore [zbatti'toːre] *m* Mixer *m*

sbendare [zben'daːre] (*1b*) *j-m* den Verband abnehmen

sberla F ['zbɛrla] *f* Ohrfeige *f*

sbiad|ire [zbia'diːre] (*4d*) ausbleichen, verschießen; **~ito** [-'diːto] verschossen, ausgeblichen; *bellezza* verblüht; *stile* farblos

sbiancare [zbiaŋ'kaːre] (*1d*) bleichen

sbilanci|are [zbilan'tʃaːre] (*1f*) aus dem Gleichgewicht bringen; **~arsi** [-'tʃarsi] aus dem Gleichgewicht kommen; *fig* zu weit gehen

sbizzarrirsi [zbiddzar'rirsi] (*4d*) sich austoben, seiner Laune freien Lauf lassen

sbloccare [zblok'kaːre] (*1c u d*) frei geben; *tec* lösen

sblocco ['zblɔkko] *m* (*pl -cchi*) Freigabe *f*

sboccare [zbok'kaːre] (*1d*) münden; *strada a* führen; *fig* enden, ausgehen

sbocciare [zbot'tʃaːre] (*1f u c*) aufbrechen

sbocco ['zbokko] *m* (*pl -cchi*) Mündung *f*; *econ* Absatzgebiet *n*; ***strada f senza ~*** Sackgasse *f*

sbornia F ['zbɔrnia] *f* Rausch *m*; ***prendersi una ~*** e-n über den Durst trin-

S

ken
sborsare [zbor'saːre] (*1a*) bezahlen; *für j-n* auslegen
sbotton|are [zbotto'naːre] (*1a*) aufknöpfen (*a fig*); **~arsi** [-'narsi] sich aufknöpfen; **~ con qu** j-m sein Herz ausschütten
sbozzare [zbot'tsaːre] (*1c*) entwerfen, skizzieren
sbozzo ['zbɔttso] *m* Entwurf *m*
sbraitare [zbrai'taːre] (*1a*) grölen
sbranare [zbra'naːre] (*1a*) zerfleischen
sbriciolare [zbritʃo'laːre] (*1l*) zerkrümeln
sbrig|are [zbri'gaːre] (*1e*) *j-n* abfertigen; *et* erledigen; **~arsi** [-'garsi] sich beeilen; **~ativo** [-ga'tiːvo] (*rapido*) schnell; (*brusco*) kurz angebunden; (*superficiale*) oberflächlich
sbrin|are [zbri'naːre] (*1a*) *frigorifero* abtauen; **~atore** [-na'toːre] *m* Abtauautomatik *f*; *auto* Defroster *m*
sbrogliare [zbro'ʎaːre] (*1g u c*) entwirren; **sbrogliarsela** sich aus der Affäre ziehen
sbronza F ['zbrontsa] *f* Rausch *m*
sbronzarsi F [zbron'tsarsi] (*1a*) sich betrinken; F sich besaufen
sbronzo F ['zbrontso] betrunken; F besoffen
sbucare [zbu'kaːre] (*1d*) herauskommen; *fig* auftauchen
sbuccia|re [zbut'tʃaːre] (*1f*) (ab-)schälen; *legumi* enthülsen; **~to** [-to] geschält; **~tura** [-tʃa'tuːra] *f* Abschürfung *f*
s.c. **sopra citato** oben erwähnt (*abbr* o. e.)
scabroso [ska'broːzo] rau; uneben; *fig* schwierig; heikel
scacchiera [skakki'ɛːra] *f* Schachbrett *n*
scacciare [skat'tʃaːre] (*1f*) verjagen; (fort)stoßen
scacco ['skakko] *m* (*pl -cchi*) Schachfigur *f*; Schachfeld *n*; *fig* Niederlage *f*; **~ matto** schachmatt; **scacchi** *pl* Schachspiel *n*; **giocare a scacchi** Schach spielen; *stoffa* **a scacchi** kariert
scad|ente [ska'dɛnte] **1.** → **scadere**; **2.** *adj* gering; von geringer Qualität; **~enza** [-'dɛntsa] *f* Ablauf *m*; Fälligkeit *f*; Verfallstag *m*; **~ di pagamento** Zahlungstermin *m*; **~ del termine** Fristablauf *m*; **a breve ~** kurzfristig; **a lunga ~** langfristig; **~ere** [-'deːre] (*2c*) *passaporto* ablaufen, ungültig werden; *cambiale* fällig sein; (*perdere valore*) verfallen; **~uto** [-'duːto] verfallen; *passaporto* abgelaufen, ungültig; *alimenti* nicht mehr genießbar
scaffale [skaf'faːle] *m* Regal *n*
scafista [ska'fista] *m/f* (*m/pl -i*) F Schleuser(in) *m*(*f*)
scaglia ['skaːʎa] *f* Schuppe *f*; Splitter *m*
scagli|are [ska'ʎaːre] (*1g*) schleudern; **~arsi** [-'ʎarsi] sich stürzen (**contro** auf *acc*)
scala ['skaːla] *f* Treppe *f*; (*a* **~ a pioli**) Leiter *f*; *geogr u fig* Maßstab *m*; **~ mobile** Rolltreppe *f*; *econ* gleitende Lohnskala *f*; *mus* Tonleiter *f*; **su larga ~** in großem Umfang; **su ~ nazionale** auf nationaler Ebene; **fare le -e** die Treppe hinaufgehen; **a ~** stufenweise
scal|are [ska'laːre] besteigen; ersteigen; **~ata** [-'laːta] *f* Besteigung *f*; Ersteigen *n*; **dare la ~ a qc** et ersteigen; **~ ostile** *econ* feindliche Übernahme *f*; **~atore** [-la'toːre] *m* Bergsteiger *m*
scaldabagno [skalda'baːɲo] *m* Boiler *m*
scald|are [skal'daːre] (*1a*) wärmen; erwärmen; *stanza* heizen; *fig* erhitzen; **~arsi** [-'darsi] sich wärmen, sich erwärmen; *motore* heiß laufen; *fig* sich erhitzen, in Hitze geraten; **~avivande** [-davi'vande] *m inv* Warmhalteplatte *f*
scal|inata [skali'naːta] *f* Freitreppe *f*; **~ino** [-'liːno] *m* Stufe *f*
scalo ['skaːlo] *m avia* Zwischenlandung *f*; *mar* Anlegehafen *m*; **volo senza ~** Nonstopflug *m*; **~ merci** Güterbahnhof *m*; **fare ~** zwischenlanden, anlegen
scalogna [ska'loːɲa] *f* F Pech *n*; **portare ~** Unglück bringen
scalognato [skalo'ɲaːto] vom Pech verfolgt
scaloppa [ska'lɔppa] *f*, **scaloppina** [-lop'piːna] *f* Schnitzel *n*
scalpello [skal'pɛllo] *m* Meißel *m*
scaltro ['skaltro] schlau
scalzo ['skaltso] barfuß
scambiare [skambi'aːre] (*1k*) (*confo*

dere) verwechseln (***per*** mit); (*baratta-re*) tauschen; *fig* austauschen (***con*** gegen *acc*); *soldi* wechseln

cambio ['skambio] *m* (*pl -bi*) Verwechslung *f*; Austausch *m*; *fer* Weiche *f*; ***-i** pl* ***commerciali*** Handelsverkehr *m*; ***~ di lettere*** Briefwechsel *m*; ***~ d'opinioni*** Meinungsaustausch *m*; ***-i** pl* ***culturali*** Kulturaustausch *m*; ***valore** m* ***di ~*** Tauschwert *m*; ***libero ~*** Freihandel *m*

campagnata [skampa'ɲa:ta] *f* Ausflug *m* ins Grüne

campan|ellare [skampanel'la:re] (*1b*) heftig klingeln; **~ellata** [-nel'la:ta] *f* heftiges Klingeln *n*

cam|pi ['skampi] *m/pl zo* Scampi *pl*; **~po** [-po] *m* Rettung *f*; ***non c'è ~*** es gibt keinen Ausweg; ***senza ~*** aussichtslos

campolo ['skampolo] *m* Rest *m*

cand|agliare [skanda'ʎa:re] (*1g*) loten; *fig* ergründen; **~aglio** [-'da:ʎo] *m* (*pl -gli*) Lot *n*

candalistico [skanda'listiko] (*pl -ci*) Skandal…

candalizz|are [skandalid'dza:re] (*1a*) Anstoß erregen (***qu*** bei j m); empören; **~arsi** [-'dzarsi] Anstoß nehmen (***di*** an *dat*); sich empören (***di*** über *acc*); **~ato** [-'dza:to] skandalisiert, empört

candalo ['skandalo] *m* Skandal *m*

candaloso [skanda'lo:zo] skandalös

candinavia [skandi'na:via] *f* Skandinavien *n*

candinavo [skandi'na:vo] **1.** *adj* skandinavisch; **2.** *m* Skandinave *m*, Skandinavier *m*

canner ['skɛnə] *m inv* Scanner *m*; **~izzare** [skan-nerit-'tza:re] (*1a*) *inform* einscannen

cans|afatiche [skansafa'ti:ke] *m/f inv* Faulpelz *m*; **~are** [-'sa:re] (*1a*) (*allontanare*) wegrücken; (*evitare*) ausweichen (*dat*) (ver)meiden; ***~ un colpo*** einem Schlag ausweichen; **~arsi** [-'sarsi] beiseitetreten; ausweichen

cansia [skan'si:a] *f* Regal *n*

cantinato [skanti'na:to] *m* Kellergeschoss *n*

capito ['ska:pito] *m* ***a ~ di*** zum Schaden (*gen*)

capola ['ska:pola] *f* Schulterblatt *n*

scapolo ['ska:polo] **1.** *adj* ledig; **2.** *m* Junggeselle *m*

scapp|amento [skappa'mento] *m tec* Auspuff *m*; **~are** [-'pa:re] (*1a*) weglaufen, F davonlaufen; (*fuggire*) fliehen; (*affrettarsi*) eilen; ***lasciarsi ~ l'occasione*** sich die Gelegenheit entgehen lassen; ***mi è scappato un errore*** mir ist ein Fehler unterlaufen; **~ata** [-'pa:ta] *f* Sprung *m*; **~atella** [-pa'tella] *f* Seitensprung *m*; **~atoia** [-pa'to:ia] *f* Ausweg *m*

scarabocchiare [skarabokki'a:re] (*1k u c*) bekritzeln; (*macchiare*) beklecksen; *fig* schmieren

scarabocchio [skara'bɔkkio] *m* (*pl -cchi*) Kritzelei *f*; Klecks *m*; *fig* Schmiererei *f*

scarafaggio [skara'faddʒo] *m* (*pl -ggi*) Schabe *f*

scaravent|are [skaraven'ta:re] (*1b*) schleudern; **~arsi** [-'tarsi] sich stürzen

scarcer|are [skartʃe'ra:re] (*1l*) aus der Haft entlassen; **~azione** [-ratsi'o:ne] *f* Haftentlassung *f*

scardinare [skardi'na:re] (*1l*) aus den Angeln heben

scarica ['ska:rika] *f* (*pl -che*) Entladung *f*, *ecol* ***~ a mare*** Verklappung *f*

scaric|are [skari'ka:re] (*1l u d*) entladen; ausladen; *rifiuti* abladen; *sostanze nocive* auslassen; *coscienza* erleichtern; *inform* downloaden, herunterladen; F ***~ qu*** j-n loswerden; *ecol* ***~ a mare*** verklappen; **~arsi** [-'karsi] sich von einer Last befreien; *batteria* entladen

scarico ['ska:riko] (*pl -chi*) **1.** *adj* leer; *fig* unbelastet; **2.** *m* Ausladen *n*; *auto* Auspuff *m*; *fig u econ* Entlastung *f*; ***gas** m* ***di ~*** Abgase *n/pl*; ***tubo** m* ***di ~*** Auspuffrohr *n*; ***divieto di ~*** Schuttabladen verboten; ***-chi** pl* ***industriali*** Industrieabfälle *m/pl*

scarlattina [skarlat'ti:na] *f* Scharlach *m*

scarpa ['skarpa] *f* Schuh *m*; ***-e** pl* ***da uomo*** Herrenschuhe *m/pl*; ***-e** pl* ***da donna*** Damenschuhe *m/pl*; ***-e** pl* ***da ginnastica*** Turnschuhe *m/pl*

scarpata [skar'pa:ta] *f* Böschung *f*

scarpetta [skar'petta] *f* Kinder-, Damenschuh *m*; ***-e** pl* ***da ginnastica*** Turnschuhe *m/pl*

scarpin|are [skarpi'na:re] (*1a*) lange

S

herumlaufen; **~ata** [-'naːta] *f* langer Fußmarsch *m*
scarpone [skar'poːne] *m* Bergschuh *m*; **~ da sci** Skistiefel *m*
scarseggiare [skarsed'dʒaːre] (*1f*) knapp sein (*od* werden); spärlich vorhanden sein; verknappen; **~ di qc** wenig haben von et (*dat*)
scars|ezza [skar'settsa] *f*, **~ità** [-si'ta] *f* Knappheit *f*; Verknappung *f*; **~ di viveri** Mangel *m* an Lebensmitteln
scarso ['skarso] spärlich; knapp
scartare [skar'taːre] (*1a*) (*svolgere*) auspacken, auswickeln; (*eliminare*) verwerfen
scarto ['skarto] *m* Wegwerfen *n*; *fig* Abfall *m*, Ramsch *m*; **merce** *f* **di ~** Ausschussware *f*
scass|are F [skas'saːre] (*1a*) F kaputtmachen; **~arsi** F [-'sarsi] F kaputtgehen; **~ato** F [-'saːto] F kaputt; **~inare** [-si'naːre] (*1a*) aufbrechen; **~inatore** [-sina'toːre] *m* Einbrecher *m*
scasso ['skasso] *m* Einbruch *m*
scaten|are [skate'naːre] (*1a*) *fig* entfesseln; **~arsi** [-'narsi] *fig* losbrechen; **~ato** [-'naːto] losgelassen; tobend
scatola ['skaːtola] *f* Schachtel *f*; Büchse *f*; Dose *f*; **una ~ di tonno** eine Büchse *f* Tunfisch; **cibi** *m/pl* **in ~** Dosengerichte *n/pl*; *avia* **~ nera** Flugschreiber *m*
scattare [skat'taːre] (*1a*) (hoch-, los-)schnellen; *trappola* zuschnappen; *fot* knipsen; **~ in piedi** aufspringen; **far ~** auslösen
scatto ['skatto] *m* Losgehen *n*; Zuschnappen *n*; (*movimento brusco*) Ruck *m*; *sport* Spurt *m*; *fot* Auslöser *m*; *fig* Ausbruch *m*; *tel* Gebühreneinheit *f*; **~ automatico** Selbstauslöser *m*
scavalcare [skaval'kaːre] (*1d*) *muro* erklettern
scavare [ska'vaːre] (*1a*) graben; *et* ausgraben
scavi ['skaːvi] *m/pl* Ausgrabungen *f/pl*
scegliere ['ʃeːʎere] (*3ss*) (aus)wählen, aussuchen
scelgo ['ʃelgo] → **scegliere**
scellino [ʃel'liːno] *m hist* Schilling *m*
scelta ['ʃelta] *f* (Aus)Wahl *f*; **fare la ~** seine Wahl treffen
scelto ['ʃelto] **1.** → **scegliere**; **2.** *adj* auserlesen; gewählt

scemo ['ʃeːmo] schwachsinnig, dumm
scena ['ʃɛːna] *f* Szene *f*; Bühne *f*; *fig* **colpo** *m* **di ~** Überraschung *f*; **mettere in ~** inszenieren; **messa** *f* **in ~** Inszenierung *f*; *fig* **fare ~ muta** keinen Ton herausbringen
scen|ario [ʃe'naːrio] *m* (*pl -ri*) Bühnendekoration *f*; Szenario *n*; **~ata** [-'naːta] *f* Szene *f*; **fare una ~ a qu** j-m e-e Szene machen
scendere ['ʃendere] (*3c*) **1.** *v/i* hinunter-, heruntergehen; herab-, hinabsteigen; *fer* aussteigen; *in hotel* absteigen; *temperatura*, *prezzi* sinken; **~ a terra** landen; **2.** *v/t scale* hinuntergehen; *serranda* herunterlassen
scendiletto [ʃendi'lɛtto] *m* Bettvorleger *m*
sceneggiatura [ʃeneddʒa'tuːra] *f* Drehbuch *n*
scen|ografia [ʃenogra'fiːa] *f* Bühnengestaltung *f*; **~ografo** [-'nɔːgrafo] *m* Bühnenbildner *m*
scheda ['skɛːda] *f* Zettel *m*; Karteikarte *f*; *inform* **~ audio** Soundkarte *f*; *inform* **~ grafica** Grafikkarte *f*; **~ elettorale** Wahlzettel *m*; **~ telefonica** Telefonkarte *f*
sched|ario [ske'daːrio] *m* (*pl -ri*) Kartei(kasten) *f*(*m*); **~ina** [-'diːna] *f* Totozettel *m*
scheggia ['skeddʒa] *f* (*pl -gge*) Splitter *m*
scheletro ['skɛːletro] *m* Skelett *n*
schema ['skɛːma] *m* (*pl -i*) Schema *n*; Muster *n*; Grundriss *m*
schem|atico [ske'maːtiko] (*pl -ci*) schematisch; **~atizzare** [-matid'dzaːre] (*1a*) schematisieren
scherma ['skerma] *f* Fechtkunst *f*; **tirare di ~** fechten
schermo ['skermo] *m* (*riparo*) Schirm *m*; Schutz *m*; *inform*, *TV* Bildschirm *m*; *film* Leinwand *f*; **~ acustico** Schallwand *f*
scherzare [sker'tsaːre] (*1a*) Spaß machen, scherzen
scherzo ['skertso] *m* Scherz *m*, Spaß *m*; **-i a parte!** Spaß beiseite!
scherzoso [sker'tsoːzo] spaßig, scherzhaft
schiacci|anoci [skiattʃa'noːtʃi] *m inv* Nussknacker *m*; **~are** [-'tʃaːre] (*1*...) (zer)quetschen; zusammenpresse[n]

S

dito quetschen; *noce* knacken; F **~ *un sonnellino*** ein Nickerchen machen; **~ato** [-'tʃaːto] platt

chiaffeggiare [skiaffed'dʒaːre] (*1f*) ohrfeigen

chiaffo [ski'affo] *m* Ohrfeige *f*

chiam|azzare [skiamat'tsaːre] (*1a*) lärmen; **~azzo** [-'mattso] *m* Lärm *m*

chiant|are [skian'taːre] (*1a*) **1.** *v/t* zerreißen; *piante* entwurzeln; **2.** *v/i u* **~arsi** [-'tarsi] zerschellen

chianto [ski'anto] *m* Krach *m*, Knall *m*

chiar|imento [skiari'mento] *m* Aufhellung *f*; **~ire** [-'riːre] (*4d*) aufhellen, heller machen; **~irsi** [-'rirsi] hell(er) werden; **~ita** [-'riːta] *f* Aufheiterung *f*

chiava [ski'aːva] *f* Sklavin *f*

chiavitù [skiavi'tu] *f* Sklaverei *f*

chiavo [ski'aːvo] **1.** *adj* sklavisch; **2.** *m* Sklave *m*

chiena [ski'ɛːna] *f* Rücken *m*; ***dolore m di ~*** Rückenschmerz *m*

chienale [skie'naːle] *m* Rückenlehne *f*

chiera [ski'ɛːra] *f* Schar *f*; ***a -e*** scharenweise

chier|are [skie'raːre] (*1b*) aufstellen; **~arsi** [-'rarsi]: **~ *in favore di qu*** für -n Partei ergreifen

hietto [ski'ɛtto] rein; echt; *fig* ehrlich

hifezza [ski'fettsa] *f* ***che ~!*** so was Fürchterliches!; P was für ein Mist!

hifo ['skiːfo] *m* Ekel *m*; ***fare ~ a qu*** -n (an)ekeln

hifoso [ski'foːzo] ekelhaft

hioppo [ski'ɔppo] *m* Flinte *f*

hiuma [ski'uːma] *f* Schaum *m*; **~ *da barba*** Rasierschaum *m*

hium|are [skiu'maːre] (*1a*) abschäumen; **~oso** [-'moːzo] schaumig

hivare [ski'vaːre] (*1a*) (ver)meiden

hivo ['skiːvo] scheu

hizzare [skit'tsaːre] (*1a*) **1.** *v/t* (*spruzzare*) bespritzen; (*abbozzare*) skizzieren; **2.** *v/i* spritzen

hizzinoso [skittsi'noːzo] zimperlich; wählerisch

hizzo ['skittso] *m* Spritzer *m*; (*abbozzo*) Skizze *f*

opping ['ʃɔppiŋ] *m* Shopping *n*

[ʃi] *m inv* Ski *m*; Skisport *m*; **~ *acquatico*** Wasserski *n*; **~ *di fondo*** Langlauf(ski) *m*(*m*); ***gli ~*** die Skier *pl*

sciacqu|are [ʃakku'aːre] (*1a*) (ab-)spülen; **~atura** [-kua'tuːra] *f* Spülwasser *n*

Sciaffusa [ʃaf'fuːsa] *f* Schaffhausen *n*

sciag|ura [ʃa'guːra] *f* Unglück *n*; **~urato** [-gu'raːto] unglücklich

scialle ['ʃalle] *m* Schultertuch *n*

scialuppa [ʃa'luppa] *f* Schaluppe *f*

sciame ['ʃaːme] *m* Schwarm *m*

sciare [ʃi'aːre] (*1h*) Ski laufen, Ski fahren

sciarpa ['ʃarpa] *f* Schal *m*

sciatica ['ʃaːtika] *f* Ischias *m*

sciat|ore [ʃia'toːre] *m* Skiläufer *m*; ***rifugio m per -i*** Skihütte *f*; **~rice** [-'triːtʃe] *f* Skiläuferin *f*

sciatteria [ʃatte'riːa] *f* Schlampigkeit *f*; Nachlässigkeit *f*

sciatto ['ʃatto] schlampig; nachlässig

scientifico [ʃen'tiːfiko] (*pl -ci*) wissenschaftlich

scienza ['ʃɛntsa] *f* Wissenschaft *f*; ***-e pl naturali*** Naturwissenschaften *f/pl*

scienziato [ʃentsi'aːto] *m* Wissenschaftler *m*

scimmia ['ʃimmia] *f* Affe *m*

scimmiottare [ʃimmiot'taːre] (*1c*) nachäffen

scimpanzé [ʃimpan'tsɛ] *m inv* Schimpanse *m*

scin|tilla [ʃin'tilla] *f* Funke *m*; **~tillante** [-til'lante] funkelnd; glänzend; **~tillare** [-til'laːre] (*1a*) funkeln; **~tillio** [-til'liːo] *m* Glitzern *n*

sciocchezza [ʃok'kettsa] *f* (*idiozia*) Dummheit *f*; (*cosa da nulla*) Kleinigkeit *f*

sciocco ['ʃɔkko] (*pl -cchi*) **1.** *adj* dumm; **2.** *m* Dummkopf *m*

sciogli|ere ['ʃɔːʎere] (*3ss*) (auf)lösen; (*liberare*) losmachen; **~ersi** [-si] sich (auf)lösen; *burro, neve* schmelzen

scioltezza [ʃol'tettsa] *f* Gewandtheit *f*

sciolto ['ʃɔlto] **1.** → ***sciogliere***; **2.** *adj* lose; *fig* gewandt

scioper|ante [ʃope'rante] *m/f* Streikende(r) *m/f(m)*; **~are** [-'raːre] (*1l u c*) streiken

sciopero ['ʃɔːpero] *m* Streik *m*; ***fare ~*** streiken; **~ *bianco*** Bummelstreik *m*; **~ *generale*** Generalstreik *m*; **~ *della fame*** Hungerstreik *m*

sciovia [ʃio'viːa] *f* Skilift *m*

sciovin|ismo [ʃovi'nizmo] *m* Chauvi-

nismus *m*; **~ista** [-'nista] *m/f* (*m/pl -i*) Chauvinist(in) *m(f)*
scipito [ʃi'piːto] fade
scippatore [ʃippa'toːre] *m* Handtaschenräuber *m*
scippo ['ʃippo] *m* Handtaschenraub *m*
scirocco [ʃi'rɔkko] *m* Schirokko *m*
sciroppo [ʃi'rɔppo] *m* Sirup *m*; (Husten)Saft *m*; Fruchtsaft *m*
scissione [ʃissi'oːne] *f* Spaltung *f*; **~ *nucleare*** Kernspaltung *f*
sciup|are [ʃu'paːre] (*1a*) (*logorare*) abnutzen; *salute* verderben; *tempo, denaro* verschwenden, vergeuden; **~ato** [-'paːto] *persona* verbraucht; abgekämpft; *cosa* abgenutzt; **~io** [-'piːo] *m* Verschwendung *f*
scivolare [ʃivo'laːre] (*1l*) gleiten; rutschen
scivolo ['ʃiːvolo] *m* Rutschbahn *f*; **~ *d'emergenza*** Notrutsche *f*
scivoloso [ʃivo'loːzo] glatt, rutschig
sclerosi [skle'rɔːzi] *f* Sklerose *f*
scocci|are F [skot'tʃaːre] (*1f*) F nerven, F auf den Wecker gehen (***a qu*** j-m); **~atore** F [-tʃa'toːre] *m* F Nervensäge *f*; **~atura** F [-tʃa'tuːra] *f* lästige Angelegenheit *f*; Schererei *f*
scodella [sko'dɛlla] *f* Schüssel *f*
scogliera [sko'ʎɛːra] *f* Felsenriff *n*
scoglio ['skɔːʎo] *m* (*pl -gli*) Klippe *f* (*a fig*); Fels *m*
scoiattolo [skoi'attolo] *m* Eichhörnchen *n*
scolapasta [skola'pasta] *m inv* Nudelsieb *n*
scolara [sko'laːra] *f* Schülerin *f*
scolare [sko'laːre] (*1a*) ausgießen; abtropfen lassen
scol|aro [sko'laːro] *m* Schüler *m*; **~astico** [-'lastiko] (*pl -ci*) Schul…; ***vacanze** f/pl* **-che** Schulferien *pl*
scoliosi [skoli'ɔːzi] *f* Skoliose *f*
scoll|ato [skol'laːto] dekolletiert, ausgeschnitten; **~atura** [-la'tuːra] *f* Ausschnitt *m*
scolo ['skoːlo] *m* Abfluss *m*
scolor|ire [skolo'riːre] (*4d*) **1.** *v/t* entfärben; **2.** *v/i u* **~irsi** [-'rirsi] die Farbe verlieren; verblassen; **~ito** [-'riːto] ausgebleicht; verblasst
scolpire [skol'piːre] (*4d*) *marmo* behauen; *statua* ausmeißeln; *legno* schnitzen; (*incidere*) einmeißeln; *fig* einprägen
scomm|essa [skom'messa] *f* Wette *f*
~esso [-'messo] → ***scommettere***
scommettere [skom'mettere] (*3ee* wetten
scomod|are [skomo'daːre] (*1l u c*) stören; **~arsi** [-'darsi] sich bemühen
scomodo ['skɔːmodo] unbequem
scomp|arire [skompa'riːre] (*4e*) verschwinden; **~arsa** [-'parsa] *f* Verschwinden *n*; **~arso** [-'parso] → ***scomparire***
scompartimento [skomparti'mento *m* Abteilung *f*; *fer* Abteil *n*; **~ pe (*non*) *fumatori*** (Nicht)Raucherabte *n*
scompenso [skom'pɛnso] *m* Dekompensation *f*; **~ *cardiaco*** Herzdekompensation *f*
scomp|igliare [skompi'ʎaːre] (*1g*) i Unordnung bringen; *capelli* zerzausen; **~iglio** [-'piːʎo] *m* (*pl -gli*) Unordnung *f*
scomponibile [skompo'niːbile] zerlegbar
scomporre [skom'porre] (*3ll*) auseinandernehmen; zerlegen
sconcert|ante [skontʃer'tante] verwirrend, bestürzend; **~are** [-'taːre] (*1l* verwirren, stören; *fig* aus der Fassung bringen
sconcio ['skontʃo] (*pl -ci*) unanständi
sconclusionato [skoŋkluzio'naːt zusammenhanglos
sconfiggere [skon'fiddʒere] (*3c* schlagen, besiegen
sconfin|are [skonfi'naːre] (*1a*) d Grenzen überschreiten; **~ato** [-'naːt grenzenlos
sconf|itta [skon'fitta] *f* Niederlage
~itto [-'fitto] → ***sconfiggere***
sconf|ortante [skonfor'tante] trostlo
~ortare [-for'taːre] (*1c*) entmutige
~orto [-'fɔrto] *m* Trostlosigkeit *f*; Niedergeschlagenheit *f*
scongelare [skondʒe'laːre] (*1b*) au tauen
scongiurare [skondʒu'raːre] (*1a*) b schwören; *pericolo* abwenden
sconosciuto [skonoʃ'ʃuːto] unb kannt
sconsigliare [skonsi'ʎaːre] (*1g*) ab ten (***qc a qu*** j-m von et)
sconsolato [skonso'laːto] trostlos

cont|are [skon'ta:re] (*1a*) *econ* abziehen, abrechnen; *cambiale* diskontieren; *pena* abbüßen; **~ato** [-'ta:to] reduziert; (*previsto*) erwartet
contento [skon'tɛnto] **1.** *adj* unzufrieden (***di*** mit); **2.** *m* Unzufriedenheit *f*
conto ['skonto] *m* Rabatt *m*, Skonto *m u n*, Preisnachlass *m*; Diskont *m*; ***aumentare*** (***ridurre***) ***il tasso di ~*** den Diskontsatz heraufsetzen (herabsetzen); ***praticare uno ~*** e-n Rabatt gewähren
contrarsi [skon'trarsi] (*1a*) *veicoli* zusammenstoßen; *persone* sich begegnen; *fig* nicht übereinstimmen
contrino [skon'tri:no] *m* Kassenzettel *m*, Kassenbon *m*; **~** (***del bagaglio***) Gepäckschein *m*; ***fare lo ~ alla cassa*** an der Kasse zahlen
contro ['skontro] *m* Zusammenstoß *m*
controso [skon'tro:zo] mürrisch, ungesellig
conveniente [skonveni'ɛnte] ungehörig; *prezzo* unangemessen
convolgente [skonvɔl'dʒente] überwältigend; erschütternd
conv|olgere [skon'vɔldʒere] (*3d*) erschüttern; durcheinanderbringen; **~olto** [-'vɔlto] **1.** → ***sconvolgere***; **2.** *adj* erschüttert; verwirrt
cooter ['sku:ter] *m inv* Motorroller *m*
copa ['sko:pa] *f* Besen *m*
copare [sko'pa:re] (*1a*) kehren; V bumsen
cop|erchiare [skoperki'a:re] (*1k*) abdecken; **~ *la pentola*** den Deckel vom Topf abheben; **~erta** [-'pɛrta] *f* Entdeckung *f*; ***di recente ~*** neu entdeckt; **~erto** [-'pɛrto] **1.** → ***scoprire***; **2.** *adj* unbedeckt, bloß; offen; *assegno* ungedeckt; **3.** *m* Freie(s) *n*; *econ* Überziehung *f*
opo ['skɔ:po] *m* Zweck *m*; Ziel *n*; ***allo ~ di*** (*inf*) um zu (*inf*); ***senza ~*** zwecklos
oppiare [skoppi'a:re] (*1k u c*) explodieren; platzen (*a pneumatico*); *fig* ausbrechen
oppio ['skɔppio] *m* (*pl -ppi*) Explosion *f*; Platzen *n*; Knall *m*; *fig* Ausbruch *m*
oprire [sko'pri:re] (*4f*) entdecken; (*denudare*) entblößen; *verità* herausfinden; *fig et* bloß legen
scoragg|iare [skorad'dʒa:re] (*1f*) entmutigen; **~iarsi** [-'dʒarsi] den Mut verlieren; **~iato** [-'dʒa:to] mutlos
scorciatoia [skortʃa'to:ia] *f* Abkürzung *f*
scorgere ['skɔrdʒere] (*3d*) erblicken, bemerken; sehen; ***non farsi ~*** sich nicht blicken lassen
scoria ['skɔ:ria] *f* Schlacke *f*; ***-e*** *pl* ***radioattive*** radioaktive Abfälle *m/pl*; *ecol* ***-e*** *pl* ***di produzione*** Altlasten *f/pl*
scorpione [skorpi'o:ne] *m* (*a astr*) Skorpion *m*
scorrere ['skorrere] (*3o*) **1.** *v/i* fließen; laufen; *tempo* vergehen; **2.** *v/t giornale* überfliegen
scorretto [skor'rɛtto] voller Fehler; fehlerhaft; unkorrekt
scorrevole [skor're:vole] gleitend; fließend; *stile* flüssig
scorso ['skorso] **1.** → ***scorrere***; **2.** *adj* vergangen; vorig
scorta ['skɔrta] *f* Geleit *n*; (*provvista*) Vorrat *m*
scortare [skor'ta:re] (*1c*) geleiten
scort|ese [skor'te:ze] unhöflich; **~esia** [-te'zi:a] *f* Unhöflichkeit *f*
scorto ['skɔrto] → ***scorgere***
scorza ['skɔrdza] *f* Rinde *f*; *frutto* Schale *f*
scorzonera [skordzo'ne:ra] *f* Schwarzwurzel *f*
scossa ['skɔssa] *f* Stoß *m*; Schlag *m*; **~ *di terremoto*** Erdstoß *m*; **~ *elettrica*** elektrischer Schlag *m*
scosso ['skɔsso] → ***scuotere***
scost|are [skos'ta:re] (*1c*) wegrücken; entfernen; **~arsi** [-'tarsi] sich entfernen; *fig* abweichen
scotch® [skɔtʃ] *m* Klebeband *n*
scott|ante [skot'tante] heiß, brennend; *fig* heikel; **~are** [-'ta:re] (*1c*) **1.** *v/t* verbrennen; **2.** *v/i* brennen; ***scotta!*** zu heiß!; **~ato** [-'ta:to] verbrannt; **~atura** [-ta'tu:ra] *f* Verbrennung *f*; Sonnenbrand *m*
scout ['skaut] *m/f inv* Pfadfinder(in) *m*(*f*)
Scozia ['skɔ:tsia] *f* Schottland *n*
screditare [skredi'ta:re] (*1l*) diskreditieren, in Verruf bringen
scremato [skre'ma:to] entrahmt

screpol|are [skrepo'laːre] (*1l u b*) *u* **~arsi** [-'larsi] rissig werden; aufspringen; **~atura** [-la'tuːra] *f* Riss *m*
scricchi|olare [skrikkio'laːre] (*1l*) knarren; **~olio** [-kio'liːo] *m* (*pl -ii*) Geknarre *n*
scricciolo ['skrit'tʃolo] *m* Zaunkönig *m*
scritt|a ['skritta] *f* Aufschrift *f*; **~o** [-to] **1.** → ***scrivere***; **2.** *m* Schrift *f*; ***in*** (*od* ***per***) ***iscritto*** schriftlich
scritt|ore [skrit'toːre] *m* Schriftsteller *m*; **~rice** [-'triːtʃe] *f* Schriftstellerin *f*; **~ura** [-'tuːra] *f* Schrift *f*; **~urare** [-tu'raːre] (*1a*) engagieren
scrivania [skriva'niːa] *f* Schreibtisch *m*
scrivere ['skriːvere] (*3tt*) schreiben; (*annotare*) aufschreiben; (*comporre*) verfassen
scroccare F [skrok'kaːre] (*1d*) schnorren
scrofa ['skrofa] *f* Sau *f*
scrollare [skrol'laːre] (*1c*) schütteln; ***~ le spalle*** mit den Achseln zucken
scrosciare [skroʃ'ʃaːre] (*1f u c*) *pioggia* prasseln; *acqua* rauschen
scrupolo ['skruːpolo] *m* Skrupel *m*; Bedenken *n*; ***senza -i*** skrupellos
scrupol|osità [skrupolosi'ta] *f* Gewissenhaftigkeit *f*; **~oso** [-'loːzo] peinlich genau
scrut|are [skru'taːre] (*1a*) erforschen; durchschauen; **~atore** [-ta'toːre] *m pol* Stimm(en)zähler *m*; **~inio** [-'tiːnio] *m* (*pl -ni*) Stimm(en)zählung *f*
scuc|ire [sku'tʃiːre] (*4a*) auftrennen; **~irsi** [-'tʃirsi] aufgehen; **~ito** [-'tʃiːto] aufgegangen
scud|eria [skude'riːa] *f* Rennstall *m*; **~etto** [-'detto] *m sport* Meistertitel *m*; ***vincere lo ~*** den Meistertitel erringen
scudo ['skuːdo] *m mil* Schild *m*; *fig* Schutz *m*
scult|ore [skul'toːre] *m* Bildhauer *m*; **~rice** [-'triːtʃe] *f* Bildhauerin *f*; **~ura** [-'tuːra] *f* Bildhauerei *f*; Skulptur *f*
scuola [sku'ɔːla] *f* Schule *f*; ***~ di lingue*** Sprachenschule *f*; ***~ elementare*** Grundschule *f*; ***~ media*** Mittelschule *f*; ***~ parificata*** staatlich anerkannte Schule *f*; ***~ serale*** Abendschule *f*; ***~ superiore*** Oberschule *f*; ***~ guida*** Fahrschule *f*; ***andare a ~*** zur Schule gehen

scuot|ere [sku'ɔːtere] (*3ff*) schütteln; (*turbare*) erschüttern; **~ersi** [-si] sich rühren
scure ['skuːre] *f* Beil *n*
scurire [sku'riːre] (*4d*) **1.** *v/t* verdunkeln; **2.** *v/i* dunkel werden
scuro ['skuːro] dunkel
scusa ['skuːza] *f* Entschuldigung *f* (*pretesto*) Ausrede *f*; ***bella ~!*** das ist eine faule Ausrede!; ***chiedo ~!*** Verzeihung!
scus|are [sku'zaːre] (*1a*) entschuldigen; ***mi scusi*** ich bitte Sie um Entschuldigung; **~arsi** [-'zarsi] sich entschuldigen
scuter ['skuːter] *m inv* Motorroller *m* Roller *m*
S.C.V. ***Stato della Città del Vatican*** Vatikanstaat
s.d. ***senza data*** ohne Datum (*abbr* o D.)
sdebitarsi [zdebi'tarsi] (*1l*) sein Schulden bezahlen; sich revanchieren
sdegn|are [zde'ɲaːre] (*1a*) verschmähen; **~arsi** [-'ɲarsi] sich empören (***con qu*** über j-n)
sdegno ['zdeːɲo] *m* Empörung *f*
sdentato [zden'taːto] zahnlos
SDI ***Socialisti Democratici Italiani*** italienische Sozial-Demokratische Partei
sdogan|amento [zdogana'mento] *m* Verzollung *f*; **~are** [-'naːre] (*1a*) verzollen
sdolcinato [zdoltʃi'naːto] schmalzig
sdrai|are [zdrai'aːre] (*1i*) ausstrecken; **~arsi** [-'arsi] sich hinlegen; **~ato** [-'aːto] ausgestreckt; liegend
sdraio ['zdraio] *f* ***sedia a ~*** Liegestuhl *m*
se[1] [se] *cj* wenn; ob; ***~ no*** sonst
se[2] [se] *pron* = ***si*** *vor* ***lo, la, li, le, ne***
S.E. ***Sua Eccellenza*** Seine Exzellenz
sé [se] sich; ***da ~*** allein; von selbst; ***sé stesso*** sich selbst
sebbene [seb'bɛːne] (*mit cong*) obwohl; ***~ abbia detto la verità*** obwohl er die Wahrheit gesagt hat
secca ['sekka] *f* (*pl -cche*) Trockenheit *f*; *mar* Untiefe *f*
secc|ante [sek'kante] *fig* lästig; unerfreulich; **~are** [-'kaːre] (*1d*) **1.** *v/t* austrocknen; *fig* stören, belästigen; **2.** *v/i u* **~arsi** [-'karsi] austrocknen; ve

trocknen; *fig* sich langweilen; **~atore** [-ka'toːre] *m* Nervensäge *f*; **~atura** [-ka'tuːra] *f* Belästigung *f*

secchio ['sekkio] *m* (*pl -cchi*) Eimer *m*

secco ['sekko] (*pl -cchi*) trocken (*a fig*); ***vino m ~*** trockener Wein *m*; ***frutta f -a*** Dörrobst *n*

secolare [seko'laːre] hundertjährig; hundertjährlich; weltlich

secolo ['sɛːkolo] *m* Jahrhundert *n*; *fig* Ewigkeit *f*

seconda [se'konda] *f auto* zweiter Gang *m*; *fer, scuola* zweite Klasse *f*

secondario [sekon'daːrio] (*pl -ri*) zweitrangig; sekundär

secondo [se'kondo] **1.** *adj* zweite; ***di -a mano*** aus zweiter Hand; ***~ fine m*** Hintergedanke *m*; **2.** *prp* nach, gemäß, entsprechend (*dat*); ***~ me*** meiner Meinung nach; ***~ le istruzioni*** vorschriftsmäßig; **3.** *m* Zweite(r) *m*; Sekunde *f*; *gastr* zweiter Gang *m*

ecrétaire [səkre'tɛːr] *m inv mobile* Sekretär *m*

edano ['sɛːdano] *m* Sellerie *m u f*

ed|are [se'daːre] (*1b*) lindern; **~ativo** [-da'tiːvo] *m* Beruhigungsmittel *n*

ede ['sɛːde] *f* Sitz *m*; Wohnsitz *m*; *econ* Niederlassung *f*; ***la Santa Sede*** der Heilige Stuhl

ed|entario [seden'taːrio] (*pl -ri*) **1.** *adj persona* bewegungsfaul; *lavoro* sitzend; ***vita f -a*** gesetztes Leben; **2.** *m* Bewegungsmuffel *m*; **~ere** [-'deːre]; **1.** *m anat* Gesäß *n*; **2.** *v/i* (*2o*) sitzen; **~ersi** [-'dersi] sich setzen

edia ['sɛːdia] *f* Stuhl *m*; ***~ a sdraio*** Liegestuhl *m*; ***~ a dondolo*** Schaukelstuhl *m*; ***~ a rotelle*** Rollstuhl *m*

edici ['seːditʃi] sechzehn

edile [se'diːle] *m* Sitz *m*, Bank *f*; *auto* ***~ posteriore*** Rücksitz *m*

edurre [se'durre] (*3e*) verführen

edut|a [se'duːta] *f* Sitzung *f*; ***~ plenaria*** Vollversammlung *f*; **~o** [-to] sitzend

ed|uttore [sedut'toːre] *m* Verführer *m*; **~uzione** [-dutsi'oːne] *f* Verführung *f*

.E. e O. ***salvo errori e omissioni*** unter üblichem Vorbehalt (*abbr* u. ü. V.)

eg. ***seguente*** folgend (*abbr* f.)

ega ['seːga] *f* (*pl -ghe*) Säge *f*

egale ['seːgale] *f* Roggen *m*; ***pane m di ~*** Roggenbrot *n*

segare [se'gaːre] (*1e*) (ab-, zer)sägen

segatura [seːga'tura] *f* Sägemehl *n*

seggio ['sɛddʒo] *m* (*pl -ggi*) Sitz *m*; Thron *m*; (***a ~ elettorale***) Wahllokal *n*, Wahlraum *m*

seggiola ['sɛddʒola] *f* Stuhl *m*

seggiol|ino [seddʒo'liːno] *m auto, bicicletta* Kindersitz *m*; **~one** [-'loːne] *m* Kinderstuhl *m*

seggiovia [seddʒo'viːa] *f* Sessellift *m*

seggo ['sɛggo] → ***sedere***

segnalare [seɲa'laːre] (*1a*) anzeigen, signalisieren; (*annunciare*) melden

segnale [se'ɲaːle] *m* Signal *n*; Zeichen *n*; (*segno*) Anzeichen *n*; ***~ d'allarme*** Alarmsignal *n*; Notbremse *f*; ***~ orario*** (***alla radio***) Zeitansage *f*; ***~ stradale*** Verkehrsschild *n*; ***~ di divieto*** Verbotsschild *n*; ***~ di deviazione*** Umleitungsschild *n*

segnaletica [seɲa'lɛːtika] *f* Markierung *f*; ***~ stradale*** Verkehrszeichen *n/pl*

segna|libro [seɲa'liːbro] *m* Lesezeichen *n*; **~linee** [-'liːnee] *m inv* Linienrichter *m*

segnare [se'ɲaːre] (*1a*) (*marcare*) markieren; (*annotare*) notieren; (*indicare*) zeigen; *sport* ein Tor schießen; ***~ a dito qu*** mit dem Finger auf j-n zeigen

segno ['seːɲo] *m* Zeichen *n*; Symptom *n*; ***-i pl caratteristici*** besondere Kennzeichen *n/pl*; ***non dar -i di vita*** kein Lebenszeichen von sich geben; ***cogliere nel ~*** ins Schwarze treffen; ***~ zodiacale*** Sternzeichen *n*

segret|aria [segre'taːria] *f* Sekretärin *f*; ***~ di direzione*** Chefsekretärin *f*; **~ariato** [-tari'aːto] *m* Sekretariat *n*; **~ario** [-'taːrio] *m* (*pl -ri*) Sekretär *m*; **~eria** [-te'riːa] *f* Sekretariat *n*; ***~ telefonica*** automatischer Anrufbeantworter *m*

segreto [se'greːto] **1.** *adj* geheim; **2.** *m* Geheimnis *n*; ***~ professionale*** Schweigepflicht *f*

segu|ace [segu'aːtʃe] *m/f* Anhänger(in) *m*(*f*); **~ente** [-gu'ɛnte] folgend

segu|ire [segu'iːre] (*4a*) **1.** *v/t* folgen (***qu*** j-m); *prescrizioni* befolgen; (*tenersi al corrente*) verfolgen; *corso* besuchen; **2.** *v/i* folgen (***a qc*** auf et *dat*); ***come segue*** folgendermaßen; **~itare** [-gui'taːre] (*1l*) fortfahren

S

seguito ['se:guito] *m* Folge *f*; Fortsetzung *f*; ***di ~*** hintereinander; ***in ~*** darauf; künftig; ***in ~ a*** infolge (*gen*)
sei[1] [s'ɛi] → ***essere***
sei[2] [s'ɛi] sechs
seicento [sei'tʃɛnto] *adj* sechshundert
Seicento [sei'tʃɛnto] *m* 17. Jahrhundert *n*
selciato [sel'tʃa:to] *m* Straßenpflaster *n*
selezione [seletsi'o:ne] *f* Auswahl *f*; *tel* Wählen *n*
self-service [self'sə:vis] *m* Selbstbedienung *f*, Selbstbedienungsladen *m*, Selbstbedienungsrestaurant *n*
sella ['sɛlla] *f* Sattel *m*
sellino [sel'li:no] *m* Fahrrad-, Motorradsattel *m*
selva ['selva] *f* Wald *m*
selv|aggina [selvad'dʒi:na] *f* Wild *n*; Wildbret *n*; **~aggio** [sel'vaddʒo] (*pl -ggi*) **1.** *adj* wild; **2.** *m* Wilde(r) *m*; **~atico** [sel'va:tiko] (*pl -ci*) wild; *fig* widerborstig
Selva Nera ['selva 'ne:ra] *f* Schwarzwald *m*
selz [sɛlts] *m* ***acqua f di ~*** Selterswasser *n*
semaforo [se'ma:foro] *m* (Verkehrs-) Ampel *f*
sembrare [sem'bra:re] (*1a*) scheinen; aussehen
seme ['se:me] *m* Samen *m*
semestre [se'mɛstre] *m* Semester *n*, Halbjahr *n*
semi|cerchio [semi'tʃerkio] *m* (*pl -chi*) Halbkreis *m*; **~circolare** [-tʃirko'la:re] halbkreisförmig; **~conduttore** [-kondut'to:re] *m el* Halbleiter *m*; **~finale** [-fi'na:le] *f* Halbfinale *n*; **~freddo** [-'freddo] *m* Halbgefrorene(s) *n*; **~lavorato** [-lavo'ra:to]: ***articolo m ~*** Halbfertigfabrikat *n*
S
semin|a ['se:mina] *f* Aussaat *n*; **~are** [-'na:re] (*1l*) säen; **~ario** [semi'nario] *m* (*pl -ri*) Seminar *n*
semi|nudo [semi'nu:do] halb nackt; **~nuovo** [-nu'ɔ:vo] neuwertig; **~sfera** [-'sfɛ:ra] *f* Halbkugel *f*
semolino [semo'li:no] *m* Grieß *m*
semplice ['semplitʃe] einfach; *fig* schlicht
semplicità [semplitʃi'ta] *f* Einfachheit *f*; *fig* Schlichtheit *f*
semplific|are [semplifi'ka:re] (*1m u d*) vereinfachen; **~azione** [-katsi'o:ne] *f* Vereinfachung *f*
sempre ['sɛmpre] immer, stets; ***da ~*** seit jeher; ***di ~*** alt, üblich; ***per ~*** für immer; ***~ più*** immer mehr; ***~ che*** vorausgesetzt, dass
sen. ***senatore*** Senator
senape ['sɛ:nape] *f* Senf *m*
senato [se'na:to] *m* Senat *m*
senatore [sena'to:re] *m* Senator *m*
senile [se'ni:le] greisenhaft, senil
Senna ['sɛnna] *f* Seine *f*
senno ['senno] *m* Verstand *m*; ***uscire di ~*** von Sinnen kommen
seno ['se:no] *m* Busen *m* (*a geogr*); Brust *f*; *mat* Sinus *m*; *fig* Schoß *m*; ***in ~ a*** im Schoß (*gen*)
sens|ato [sen'sa:to] *discorso* sinnvoll; *persona* vernünftig; **~azionale** [-satsio'na:le] sensationell; **~azione** [-satsi'o:ne] *f* Empfindung *f*; (*impressione*) Gefühl *n*, Eindruck *m*; *fig* (*sorpresa*) Sensation *f*, Aufsehen *n*
sens|ibile [sen'si:bile] wahrnehmbar; (*evidente*) deutlich, spürbar; (*delicato*) empfindlich; (*emotivo*) sensibel, feinfühlig; ***~ al calore*** hitzeempfindlich; ***~ al freddo*** kälteempfindlich; **~ibilità** [-sibili'ta] *f* Empfindlichkeit *f* (*a fis*) Sensibilität *f*; ***~ ecologica*** Umweltbewusstsein *n*; **~ibilizzare** [-sibilid'dza:re] (*1a*) sensibilisieren
senso ['sɛnso] *m* Sinn *m*; Gefühl *n*; (*direzione*) Richtung *f*; ***-i*** *pl* Sinnesorgane *n/pl*; ***~ comune*** gesunder Menschenverstand *m*; ***~ unico*** Einbahnstraße *f*; ***~ vietato*** Einfahrverbot *n*; ***in ~ orario*** im Uhrzeigersinn; ***privo di -i*** bewusstlos; ***perdere i -i*** ohnmächtig werden
sensu|ale [sensu'a:le] sinnlich; **~alità** [-suali'ta] *f* Sinnlichkeit *f*
sentenza [sen'tɛntsa] *f jur* Urteil *n*
sentiero [senti'ɛ:ro] *m* Pfad *m*, Weg *m*, Wanderweg *m*
sentimentale [sentimen'ta:le] sentimental
sentimento [senti'mento] *m* Gefühl
sentinella [senti'nɛlla] *f* Wache *f*
sent|ire [sen'ti:re] (*4b*) fühlen; hören; *odore* riechen; *cibo* schmecken; **~irsi** [-'tirsi] sich fühlen; ***sentirsela*** (*inf*) imstande sein zu (*inf*); de

Mut haben zu (*inf*)
senza ['sɛntsa] ohne; ...los; ***senz'altro*** ohne weiteres; bestimmt; ***~ colore*** farblos; ***~ impegno*** unverbindlich; ***~ di me*** ohne mich
senzatetto [sentsa'tɛtto] *m/f inv* Obdachlose(r) *m/f(m)*
separ|are [sepa'ra:re] (*1a od 1l u b*) trennen; **~arsi** [-'rarsi] sich trennen; **~azione** [-ratsi'o:ne] *f* Trennung *f*; ***~ dei beni*** Gütertrennung *f*
sep|olto [se'polto] → ***seppellire***; **~oltura** [-pol'tu:ra] *f* Begräbnis *n*
seppellire [seppel'li:re] (*4d*) begraben, beerdigen
eppia ['seppia] *f* Tintenfisch *m*
eppure [sep'pu:re] wenn überhaupt
equestrare [sekues'tra:re] (*1b*) beschlagnahmen; (*rapire*) entführen
equestro [seku'ɛstro] *m* Beschlagnahme *f*; Entführung *f*
era ['se:ra] *f* Abend *m*; ***di ~*** abends; ***questa ~*** heute Abend; ***verso ~*** gegen Abend
er|ale [se'ra:le] abendlich; Abend...; **~ata** [-'ra:ta] *f* Abend *m*; ***~ danzante*** Tanzabend *m*; ***~ di gala*** Galaabend *m*
erbatoio [serba'to:io] *m* (*pl -oi*) Behälter *m*; Tank *m*; ***~ di riserva*** Reservetank *m*
erbia ['sɛrbia] *f* Serbien *n*
erbo ['sɛrbo] **1.** *adj* serbisch; **2.** *m* Serbe *m*; Serbisch(e) *n*
eren|ata [sere'na:ta] *f* Serenade *f*; **~ità** [-ni'ta] *f* Heiterkeit *f*; *fig* Ausgeglichenheit *f*
ereno [se're:no] klar; heiter; hell; *fig* ausgeglichen
erie ['sɛ:rie] *f inv* Serie *f*, Folge *f*; *francobolli* Satz *m*; ***articolo m di ~*** Serienartikel *m*; ***in ~*** serienmäßig; ***produzione f in ~*** Serienanfertigung *f*, -produktion *f*
erietà [serie'ta] *f* Ernst *m*
erigrafia [serigra'fi:a] *f* Siebdruck *m*
erio ['sɛ:rio] (*pl -ri*) **1.** *adj* ernst; ernsthaft; **2.** *m* Ernst *m*; ***sul ~*** im Ernst
ermone [ser'mo:ne] *m* Predigt *f*
erpe ['sɛrpe] *f* Schlange *f*
erp|eggiare [serped'dʒa:re] (*1f*) sich schlängeln; *malattia* um sich greifen; **~ente** [-'pɛnte] *m* Schlange *f*; **~entina** [-pen'ti:na] *f* Serpentine *f*
rra ['sɛrra] *f* Treibhaus *n*

serr|anda [ser'randa] *f* Rollladen *m*; **~are** [-'ra:re] (*1b*) (ver)schließen; **~ata** [-'ra:ta] *f* Arbeiteraussperrung *f*; **~atura** [-ra'tu:ra] *f* Schloss *n*
server ['sɛrver] *m inv* Server *m*
serv|ire [ser'vi:re] (*4b*) **1.** *v/i* dienen; nützen; ***a che serve quest'arnese?*** wozu dient dieses Gerät?; ***~ da bere a qu*** j-m zu trinken geben; **2.** *v/t* dienen (*dat*); *clienti* bedienen; *vivande* servieren; ***mi serve ...*** ich brauche ...; **~irsi** [-'virsi] (*usare*) benutzen (***di qc*** et); sich bedienen (***di qc*** e-r Sache); *a tavola* ***prego, si serva!*** bitte bedienen Sie sich!
servitù [servi'tu] *f* Dienerschaft *f*; *pol* Knechtschaft *f*
servizio [ser'vi:tsio] *m* (*pl -zi*) Dienst *m*; Bedienung *f*; Service *n*; *stampa* Bericht *m*; ***~ assistenza tecnica*** Kundendienst *m*; ***~ civile*** Zivildienst *m*; ***~ militare*** Militärdienst *m*; ***~ d'emergenza*** Bereitschaftsdienst *m*; ***~ da tavola*** Tafelservice *n*; ***di ~*** diensthabend; ***fuori ~*** außer Dienst; außer Betrieb; ***in ~*** im Dienst; in Betrieb; ***per ~*** dienstlich; ***-zi*** *pl* Küche, Bad, WC
servo|freno [servo'fre:no] *m* Servobremse *f*; **~sterzo** [-'stɛrtso] *m* Servolenkung *f*
sesamo ['sɛ:zamo] *m* Sesam(kraut) *m(n)*
sess|anta [ses'santa] sechzig; **~antenne** [-san'tɛnne] sechzigjährig
sesso ['sɛsso] *m* Geschlecht *n*; ***differenza f di ~*** Geschlechtsunterschied *m*
ses|suale [sessu'a:le] geschlechtlich; Geschlechts...; **~sualità** [-suali'ta] *f* Sexualität *f*
seta ['se:ta] *f* Seide *f*; ***~ artificiale*** Kunstseide *f*
sete ['se:te] *f* Durst *m*; ***aver ~*** durstig sein
setola ['se:tola] *f* Borste *f*
setta ['sɛtta] *f* Sekte *f*
sett|anta [set'tanta] siebzig; **~antenne** [-tan'tɛnne] siebzigjährig; **~antina** [-tan'ti:na] *f* etwa siebzig; ***sulla ~*** um siebzig herum
sette ['sɛtte] sieben
settecento [sette'tʃɛnto] *adj* siebenhundert
Settecento [sette'tʃɛnto] *m* achtzehntes Jahrhundert *n*

S

settembre [set'tɛmbre] *m* September *m*
settentri|onale [settentrio'naːle] **1.** *adj* nördlich; Nord...; ***Italia*** *f* **~** Norditalien *n*; ***Europa*** *f* **~** Nordeuropa *n*; **2.** *m* Nordländer *m*; **~one** [-tri'oːne] *m* Nord(en) *m*
setticemia [settitʃe'miːa] *f* Blutvergiftung *f*
settim|ana [setti'maːna] *f* Woche *f*; **~** ***corta*** Fünftagewoche *f*; **~** ***santa*** Karwoche *f*; **~anale** [-ma'naːle] **1.** *adj* wöchentlich; **2.** *m* Wochenblatt *n*
settore [set'toːre] *m* Sektor *m*
sev|erità [severi'ta] *f* Strenge *f*; **~ero** [-'vɛːro] streng; hart
sezione [setsi'oːne] *f* Schnitt *m*
sfaccendato [sfattʃen'daːto] **1.** *adj* beschäftigungslos; **2.** *m* Müßiggänger *m*
sfacchinare [sfakki'naːre] (*1a*) schuften
sfacciato [sfat'tʃaːto] unverschämt; frech
sfacelo [sfa'tʃɛːlo] *m* Zusammenbruch *m*
sfamare [sfa'maːre] (*1a*) sättigen
sfarzo ['sfartso] *m* Prunk *m*
sfarzoso [sfar'tsoːzo] prunkvoll
sfasci|are [sfaʃ'ʃaːre] (*1f*) zerbrechen, F kaputtmachen; zertrümmern; *med* den Verband abnehmen; **~arsi** [-'ʃarsi] zerbrechen, F kaputtgehen; (*crollare*) zusammenstürzen
sfaticato [sfati'kaːto] *m* Faulpelz *m*
sfav|ore [sfa'voːre] *m* Ungunst *f*; **~orevole** [-vo'reːvole] ungünstig
sfera ['sfɛːra] *f* Kugel *f*; *fig* Sphäre *f*; Kreis *m*; **~** ***d'azione*** Wirkungskreis *m*; **~** ***di competenza*** Kompetenzbereich *m*
sferico ['sfɛːriko] (*pl -ci*) kugelförmig
sfida ['sfiːda] *f* Herausforderung *f*
sfidare [sfi'daːre] (*1a*) herausfordern
sfid|ucia [sfi'duːtʃa] *f* Misstrauen *n*; ***voto*** *m* ***di*** **~** Misstrauensvotum *n*; **~uciato** [-du'tʃaːto] entmutigt
sfigur|are [sfigu'raːre] (*1a*) **1.** *v/t* entstellen; **2.** *v/i* sich blamieren; **~ato** [-'raːto] verunstaltet
sfil|are [sfi'laːre] (*1a*) **1.** *v/t* ausfädeln; (*togliere*) herausziehen; *indumento* ausziehen; **2.** *v/i* vorbeiziehen; **~ata** [-'laːta] *f* **~** ***di moda*** Modenschau *f*
sfin|imento [sfini'mento] *m* Erschöpfung *f*; **~ito** [-'niːto] erschöpft
sfior|are [sfio'raːre] (*1a*) streifen; *argomento* berühren, andeuten; **~ire** [-'riːre] (*4d*) welken, verblühen
sfitto ['sfitto] unvermietet, leer
sfocato [sfo'kaːto] *foto* unscharf
sfociare [sfo'tʃaːre] (*1f*) münden
sfogarsi [sfo'garsi] (*1e*) sich Luft machen; sich austoben; **~** ***con qu*** j-m sein Herz ausschütten
sfoglia ['sfɔːʎa] *f* ***pasta*** *f* **~** Blätterteig *m*
sfogliare [sfo'ʎaːre] (*1g u c*) entblättern; *libro* durchblättern
sfogo ['sfoːgo] *m* (*pl -ghi*) Gefühlsausbruch *m*; *med* Ausschlag *m*
sfoltire [sfol'tiːre] (*4d*) lichten, weniger dicht machen
sfondare [sfon'daːre] (*1a*) einschlagen; durchbrechen; (*scassinare*) aufbrechen
sfondo ['sfondo] *m* Hintergrund *m*
sform|are [sfor'maːre] (*1a*) deformieren; **~ato** [-'maːto] *m gastr* Auflauf *m*
sfornito [sfor'niːto] schlecht sortiert; ***essere*** **~** ***di qc*** et nicht haben; mit et nicht versorgt sein
sfort|una [sfor'tuːna] *f* Unglück *n*; Pech *n*; **~unatamente** [-tunata'mente] unglücklicherweise; **~unato** [-tu'naːto] unglücklich
sforz|are [sfor'tsaːre] (*1c*) zwingen; **~arsi** [-'tsarsi] sich anstrengen
sforzo ['sfɔrtso] *m* Anstrengung *f*; ***far uno*** **~** sich Mühe geben; sich anstrengen; ***senza*** **~** mühelos
sfracellare [sfratʃel'laːre] (*1b*) zerschmettern
sfrattare [sfrat'taːre] (*1a*) *inquilino* kündigen (*dat*)
sfratto ['sfratto] *m* Kündigung *f*
sfregare [sfre'gaːre] (*1e*) reiben
sfrenato [sfre'naːto] zügellos
sfrontato [sfron'taːto] frech
sfrutt|amento [sfrutta'mento] *m* Ausbeutung *f*; Ausnutzung *f*; **~are** [-'taːre] (*1a*) ausbeuten; ausnutzen
sfugg|evole [sfud'dʒeːvole] flüchtig; **~ire** [-'dʒiːre] (*4a*) **1.** *v/i* (*scampare*) entgehen; (*uscire di mente*) entfallen; **2.** *v/t* fliehen; meiden; **~ita** [-'dʒiːta] ***di*** **~** flüchtig
sfumatura [sfuma'tuːra] *f* Nuance *f*; Schattierung *f*

S

sfuriata [sfuri'a:ta] *f* Wutausbruch *m*
sfuso ['sfu:zo] lose; *burro* zerlassen
sgabello [zga'bɛllo] *m* Schemel *m*
sgabuzzino [zgabud'dzi:no] *m* Abstellraum *m*
sgambettare [zgambet'ta:re] *(1f)* strampeln
sgambetto [zgam'betto] *m* ***fare lo ~ a qu*** j-m ein Bein stellen
sganci|are [zgan'tʃa:re] *(1f) fer* abkoppeln; **~arsi** [-'tʃarsi] sich abhängen; abgehen; *fig* sich loslösen
sgarbato [zgar'ba:to] unhöflich
sgarbo ['zgarbo] *m* Unhöflichkeit *f*
sgelare [zdʒe'la:re] *(1b)* auftauen
sgelo ['zdʒɛ:lo] *m* Tauen *n*; ***tempo m di ~*** Tauwetter *n*
sghembo ['zgembo] schief; schräg; ***di ~*** schief
sgobbare [zgob'ba:re] *(1c)* schuften
sgobbone [zgob'bo:ne] *m* Arbeitstier *n*
sgocciolare [zgottʃo'la:re] *(1l)* **1.** *v/i* (ab)tropfen; **2.** *v/t* (ab)tropfen lassen
sgomberare [zgombe'ra:re] *(1l)* → ***sgombrare***
sgombero ['zgombero] *m* Räumung *f*; *(trasloco)* Umzug *m*
sgombrare [zgom'bra:re] *(1a)* räumen; ausräumen; *ostacolo* wegräumen, beseitigen; *appartamento* frei machen
sgombro[1] ['zgombro] leer, frei
sgombro[2] ['zgombro] *m* Makrele *f*
sgom|entare [zgomen'ta:re] *(1a)* bestürzen; **~entarsi** [-men'tarsi] bestürzt sein; **~ento** [-'mento] *m* Bestürzung *f*
sgonfi|are [zgonfi'a:re] *(1k)* **1.** *v/t* entleeren; **2.** *v/i u* **~arsi** [-fi'arsi] sich entleeren; *med* abschwellen
sgonfio ['zgonfio] *(pl -fi) pneumatico* ohne Luft; *med* abgeschwollen
sgorgare [zgor'ga:re] *(1e)* hervorquellen; *lacrime* fließen
sgrad|evole [zgra'de:vole] unangenehm; **~ito** [-'di:to] unerwünscht
sgranch|ire [zgraŋ'ki:re] *(4d)*, **~irsi** [-'kirsi]: ***~ le gambe*** sich die Beine vertreten
sgraziato [zgratsi'a:to] plump
sgrid|are [zgri'da:re] *(1a)* (aus-)schimpfen; **~ata** [-'da:ta] *f* Schelte *f*
sguaiato [zguai'a:to] ordinär
sgualdrina [zgual'dri:na] *f* Dirne *f*
sguardo [zgu'ardo] *m* Blick *m*; ***al primo ~*** auf den ersten Blick
sguazzare [zguat'tsa:re] *(1a)* plantschen; *fig* schwimmen
sgusciare [zguʃ'ʃa:re] *(1f)* **1.** *v/t* abschälen; aushülsen; **2.** *v/i* (aus)gleiten; ***~ di mano*** aus der Hand gleiten
shampoo ['ʃampo] *m inv* Shampoo(n) *n*
shock [ʃɔk] *m inv* Schock *m*; ***~ culturale*** Kulturschock *m*
shorts [ʃorts] *m/pl* Shorts *pl*
si[2] [si] *m mus* H *n*
SI ***Siena*** Siena
sì [si] *adv* ja; doch; ***dire di ~*** ja sagen; ***~ e no*** etwa; ungefähr
sia [s'i:a]: ***~ … ~ od ~ … che*** sowohl … als auch
SIAE ***Società Italiana Autori ed Editori*** Italienischer Autoren- und Verlegerverband
siamo [si'a:mo] → ***essere***
Siberia [si'bɛ:ria] *f* Sibirien *n*
sibilare [sibi'la:re] *(1l)* zischen; pfeifen
sibilo ['si:bilo] *m* Zischen *n*; Pfeifen *n*
sicché [sik'ke] sodass
siccità [sittʃi'ta] *f* Dürre *f*
siccome [sik'ko:me] da; weil
Sicilia [si'tʃi:lia] *f* Sizilien *n*
siciliano [sitʃili'a:no] **1.** *adj* sizilianisch; **2.** *m* Sizilianer *m*; Sizilianisch(e) *n*
sic|ura [si'ku:ra] *f* Sicherung *f*, Sicherungsvorrichtung *f*; **~urezza** [-ku'rettsa] *f* Sicherheit *f*; ***pubblica ~*** Polizei *f*; ***cintura f di ~*** Sicherheitsgurt *m*; ***misure f/pl di ~*** Sicherheitsmaßnahmen *f/pl*; **~uro** [-'ku:ro] **1.** *adj* sicher; ***~ di sé*** selbstsicher; ***di ~*** sicherlich; **2.** *m* Sicherheit *f*; ***essere al ~ da qc*** vor et *(dat)* sicher sein; ***mettere al ~*** in Sicherheit bringen
siderurgia [siderur'dʒi:a] *f* Eisen- und Stahlindustrie *f*
sidro ['si:dro] *m* Apfelwein *m*
siedo [si'ɛ:do] → ***sedere***
siepe [si'ɛ:pe] *f* Hecke *f*
siero [si'ɛ:ro] *m med* Serum *n*; **~positivo** [-pozi'ti:vo] HIV-positiv
siesta [si'ɛsta] *f* Siesta *f*, Mittagsruhe *f*
siete [si'ɛ:te] → ***essere***
sifilide [si'fi:lide] *f* Syphilis *f*
sig. ***signore*** Herr
sigaretta [siga'retta] *f* Zigarette *f*; ~

col filtro Filterzigarette *f*
sigaro ['si:garo] *m* Zigarre *f*
sigg. ***signori*** Herren
sigillare [sidʒil'la:re] (*1a*) versiegeln
sigillo [si'dʒillo] *m* Siegel *n*
sigla ['si:gla] *f* Sigel *n*, Kürzel *n*
sig.na ***signorina*** Fräulein
signific|are [siɲifi'ka:re] (*1m u d*) bedeuten; **~ativo** [-ka'ti:vo] bezeichnend; bedeutsam; vielsagend; **~ato** [-'ka:to] *m* Bedeutung *f*
sign|ora [si'ɲo:ra] *f* Dame *f*; Frau *f*; Gemahlin *f*; **~!** gnädige Frau!; ***la ~ Rossi*** Frau Rossi; **~ore** [-'ɲo:re] *m* Herr *m*; **~!** mein Herr!; ***il signor Rossi*** Herr Rossi; ***signore e signori*** meine Damen und Herren; ***i signori Rossi*** Herr und Frau Rossi; **~orile** [-ɲo'ri:le] herrschaftlich; vornehm; **~orina** [-ɲo'ri:na] *f* Fräulein *n*
sig.ra ***signora*** Frau
sil|enziatore [silentsia'to:re] *m* Schalldämpfer *m*; **~enzio** [-'lɛntsio] *m* Schweigen *n*; Ruhe, Stille *f*; ***fare ~*** schweigen; **~!** Ruhe!; **~enzioso** [-lentsi'o:zo] still; ruhig; leise
sillaba ['sillaba] *f* Silbe *f*
sillabare [silla'ba:re] (*1l*) buchstabieren
silo ['si:lo] *m* Silo *m u n*
siluetta [silu'etta] *f* Schattenriss *m*
siluro [si'lu:ro] *m zo* Wels *m*; *mar* Torpedo(geschoss) *m*(*n*)
SIM [sim]: *tel* ***carta*** *f* **~** SIM-Karte *f*
s.l.m. ***sul livello del mare*** über dem Meeresspiegel (*abbr* ü. d. M.)
simb|oleggiare [simboled'dʒa:re] (*1f*) symbolisieren; **~olico** [-'bɔ:liko] (*pl -ci*) symbolisch
simbolo ['simbolo] *m* Symbol *n*; *inform* Sonderzeichen *n*
simile ['si:mile] **1.** *adj* ähnlich; so ein; ***essere ~ a qu*** j-m ähneln; **2.** *m* Nächste(r) *m*
simm|etria [simme'tri:a] *f* Symmetrie *f*; **~etrico** [-'mɛ:triko] (*pl -ci*) symmetrisch
simp|atia [simpa'ti:a] *f* Sympathie *f*; ***avere ~ per qu*** j-n gut leiden können; **~atico** [-'pa:tiko] (*pl -ci*) sympathisch; **~atizzare** [-patid'dza:re] (*1a*) sympathisieren, sich verstehen
simposio [sim'pɔ:zio] *m* (*pl -si*) Tagung *f* (*von Fachleuten*)
simul|are [simu'la:re] (*1l*) vortäuschen; simulieren (*a tec*); **~azione** [-latsi'o:ne] *f* Vortäuschung *f*; Simulation *f*
sinagoga [sina'gɔ:ga] *f* (*pl -ghe*) Synagoge *f*
sinc|eramente [sintʃera'mente] ehrlich gesagt; **~erarsi** [-tʃe'rarsi] (*1b*) sich vergewissern; **~erità** [-tʃeri'ta] Aufrichtigkeit *f*; **~ero** [-'tʃɛ:ro] aufrichtig, ehrlich
sincronizzare [siŋkronid'dza:re] (*1a*) synchronisieren, aufeinander abstimmen
sindac|alista [sindaka'lista] *m/f* (*m/pl -i*) Gewerkschaft(l)er *m*; **~ato** [-'ka:to] *m* Gewerkschaft *f*
sindaco ['sindako] *m* (*pl -ci*) Bürgermeister *m*
sinf|onia [sinfo'ni:a] *f* Symphonie *f*; **~onico** [-'fɔ:niko] (*pl -ci*) symphonisch
singh|iozzare [siŋgiot'tsa:re] (*1a*) den Schluckauf haben; schluchzen; **~iozzo** [-gi'ottso] *m* Schluckauf *m*; ***-zi*** *p* Schluchzen *n*
single [siŋgl] *m/f inv* Single *m*
singol|are [siŋgo'la:re] **1.** *adj* einzeln; (*unico*) einzigartig; (*insolito*) ungewöhnlich; (*strano*) sonderbar; **2.** *m* Einzahl *f*; *sport* Einzel(spiel) *n*; **~arità** [-lari'ta] *f* Eigenartigkeit *f*
singolo ['siŋgolo] **1.** *adj* einzeln; Einzel...; **2.** *m* Einzelne(r) *m*; *tennis* Einzel *n*; *canottaggio* Einer *m*
sinistra [si'nistra] *f* Linke *f*; linke Hand *f*; linke Seite *f*; ***a ~*** links
sinistro [si'nistro] **1.** *adj* link; *fig* unheilvoll; **2.** *m* Schaden *m*; Unfall *m*
sino ['si:no]: **~ *a*** bis zu
sinonimo [si'nɔ:nimo] *m* Synonym *n*
sinora [si'no:ra] bis jetzt, bisher
sintesi ['sintezi] *f* Synthese *f*
sint|etico [sin'tɛ:tiko] (*pl -ci*) synthetisch; ***cuoio*** *m* **~** Kunstleder *n*; **~etizzare** [-tetid'dza:re] (*1a*) zusammenfassen
sintomo ['sintomo] *m* Symptom *n*
sint|onia [sinto'ni:a] *f rad* Feinabstimmung *f*; *fig* Einklang *m*; **~onizzare** [-tonid'dza:re] (*1a*) *rad* abstimmen; *fig* in Einklang bringen
sinusite [sinu'zi:te] *f* Nebenhöhlenentzündung *f*

S

sipario [si'pa:rio] *m* (*pl -ri*) Vorhang *m*
sirena [si'rɛ:na] *f* Sirene *f*; Heulsirene *f*; **~ d'allarme** Alarmsirene *f*
Siria ['si:ria] *f* Syrien *n*
siringa [si'riŋga] *f* (*pl -ghe*) *med* Spritze *f*; *bot* Flieder *m*; **~ monouso** Einwegspritze *f*
sismico ['sizmiko] (*pl -ci*) Erdbeben…
sistema [sis'tɛ:ma] *m* (*pl -i*) System *n*; **~ antibloccaggio** Antiblockiersystem *n*; **~ elettorale proporzionale** Verhältniswahlsystem *n*; **~ immunitario** Immunsystem *n*; **~ monetario** Währungssystem *n*; *inform* **~ operativo** Betriebssystem *n*; **con ~** systematisch
sistem|are [siste'ma:re] (*1b*) regeln, in Ordnung bringen; (*alloggiare*) unterbringen; **~arsi** [-'marsi] unterkommen; e-e Stellung bekommen; **~atico** [-'ma:tiko] (*pl -ci*) systematisch; **~azione** [-matsi'o:ne] *f* Ordnung *f*; Unterkunft *f*
sito ['sito] *m* Ort *m*; **~ internet** *od* **web** Website *f*
situ|are [situ'a:re] (*1l*) stellen; setzen; legen; **~ato** [-tu'a:to] gelegen; **~azione** [-tuatsi'o:ne] *f* Lage *f*; Situation *f*; **~ economica** Wirtschaftslage *f*; **~ meteorologica** Wetterlage *f*
slacciare [zlat'tʃa:re] (*1f*) aufbinden; aufknöpfen
slalom ['zla:lom] *m* Slalom *m*
slanciato [zlan'tʃa:to] schlank
slancio ['zlantʃo] *m* (*pl -ci*) Elan *m*; Schwung *m*
slavo ['zla:vo] **1.** *adj* slawisch; **2.** *m* Slawe *m*; Slawisch(e) *n*
sle|ale [zle'a:le] unehrlich; **~altà** [-al'ta] *f* Unehrlichkeit *f*
sleg|are [zle'ga:re] (*1e*) losbinden; **~arsi** [-'garsi] aufgehen; **~ato** [-'ga:to] losgebunden, gelöst
Slesia ['zlɛ:zia] *f* Schlesien *n*
slip [zlip] *m* Slip *m*
slitta ['zlitta] *f* Schlitten *m*
slitt|are [zlit'ta:re] (*1a*) Schlitten fahren; gleiten; rutschen; **~ino** [-'ti:no] *m* (Rodel)Schlitten *m*
slogan ['zlɔgan] *m inv* Slogan *m*
slog|are [zlo'ga:re] (*1e*) verrenken; verstauchen; **~arsi** [-'garsi]: **~ un piede** sich den Fuß verrenken; **~atura** [-ga'tu:ra] *f* Verrenkung *f*; Verstauchung *f*
sloggiare [zlod'dʒa:re] (*1f*) ausquartieren; ausziehen
Slovacchia [slo'vakkia] *f* Slowakei *f*
Slovenia [slo'vɛ:nia] *f* Slowenien *n*
sloveno [slo'vɛ:no] **1.** *adj* slowenisch; **2.** *m*, **-a** [-na] *f* Slowenier(in *f*) *m*; **3.** *lingua* Slowenisch(e) *n*
smacchi|are [zmakki'a:re] (*1k*) Flecken entfernen von, reinigen; **~atore** [-kia'to:re] *m* Fleckentferner *m*
smagliatura [zmaʎa'tu:ra] *f* Laufmasche *f*; *med* Dehnungsstreifen *m*
smalt|are [zmal'ta:re] (*1a*) lackieren; emaillieren; **~ato** [-'ta:to] emailliert; glasiert
smalt|imento [zmalti'mento] *m econ* Absatz *m*; *di rifiuti tossici* Entsorgung *f*; **~ire** [-'ti:re] (*4d*) *merce* absetzen; *rifiuti tossici* entsorgen; *fig* verdauen
smalto ['zmalto] *m* Lack *m*; Emaille *f*; **~ per unghie** Nagellack *m*
smantell|amento [zmantella'mento] *m* Abbau *m*; **~are** [-'la:re] (*1b*) abbauen
smarr|imento [zmarri'mento] *m* Verlust *m*; *fig* Verwirrung *f*; **~ire** [-'ri:re] (*4d*) verlieren; **~irsi** [-'rirsi] sich verlaufen
smascherare [zmaske'ra:re] (*1l*) entlarven (*a fig*); *j-m* die Maske abnehmen
Sme ***Sistema monetario europeo*** Europäisches Währungssystem (*abbr* EWS)
smemorato [zmemo'ra:to] vergesslich
sment|ire [zmen'ti:re] (*4d*) *j-n* Lügen strafen; *et* dementieren; ***non smentirsi*** sich selbst treu bleiben; **~ita** [-'ti:ta] *f* Dementi *n*
smeraldo [zme'raldo] **1.** *m* Smaragd *m*; **2.** *adj* smaragdgrün
smerciare [zmer'tʃa:re] (*1f u b*) absetzen
smercio ['zmertʃo] *m* (*pl -ci*) Absatz *m*; Verkauf *m*
smesso ['zmesso] → ***smettere***
smettere ['zmettere] (*3ee*) **1.** *v/t* aufhören (***qc*** mit et; ***di fare qc*** et zu tun); *abiti* ablegen; **2.** *v/i* aufhören
smilitar|izzare [zmilitarid'dza:re] (*1a*) entmilitarisieren; **~izzazione** [-riddzatsi'o:ne] *f* Entmilitarisierung *f*
sminuire [zminu'i:re] (*4d*) vermindern
smist|amento [zmista'mento] *m* Sor-

tierung *f*; *fer* Rangieren *n*; **~are** [-'taː-re] (*1a*) sortieren; *fer* rangieren
smisurato [zmizu'raːto] maßlos
smodato [smɔ'dato] maßlos; übermäßig
smog [smɔg] *m inv* Smog *m*
smoking ['smɔkiŋ] *m inv* Smoking *m*
smont|aggio [zmon'taddʒo] *m* Demontage *f*; **~are** [-'taːre] (*1a*) **1.** *v/i* aussteigen; absteigen (*da cavallo*); **2.** *v/t* absetzen; *tec* auseinandernehmen, demontieren
smorfia ['zmɔrfia] *f* Grimasse *f*, Fratze *f*
smorfioso [zmɔrfi'oːzo] zimperlich
smorto ['zmɔrto] blass; verblasst; ausdruckslos
smorz|amento [zmortsa'mento] *m* Dämpfung *f*; **~are** [-'tsaːre] (*1c*) dämpfen; (*spegnere*) löschen; **~ato** [-'tsaːto] gedämpft; ausgelöscht
smottamento [zmotta'mento] *m* Erdrutsch *m*
sms ['ɛsse-ɛmme-'ɛsse] *f inv tel* SMS *f*
smuovere [zmu'ɔːvere] (*3ff*) wegrücken; *fig j-n* abbringen (**da** von)
s.n.c. ***società in nome collettivo*** Offene Handelsgesellschaft (*abbr* OHG)
snell|ezza [znel'lettsa] *f* Schlankheit *f*; **~ire** [-'liːre] (*4d*) schlanker machen; *fig* beschleunigen; vereinfachen
snello ['znɛllo] schlank
snerva|nte [zner'vante] nervenaufreibend, F stressig; **~re** [zner'vaːre] (*1a*) entnerven
snob [znɔb] *m inv* Snob *m*
snowboard [zno'bɔrd] **1.** *m* Snowboard *n*; ***fare ~*** snowboarden; **2.** *v/i* snowboarden
so [sɔ] → ***sapere***
SO[1] ***sud-ovest*** Südwesten (*abbr* SW)
SO[2] ***Sondrio*** Sondrio
sobborgo [sob'borgo] *m* (*pl -ghi*) Vorstadt *f*, Vorort *m*
sobrietà [sobrie'ta] *f* Mäßigkeit *f*; *fig* Maß *n*
sobrio ['sɔːbrio] (*pl -ri*) maßvoll; nüchtern; (*semplice*) schlicht
Soc. ***società*** Gesellschaft (*abbr* Ges.)
socchi|udere [sokki'uːdere] (*3b*) halb schließen; *porta* anlehnen; **~uso** [-'uːso] **1.** → ***socchiudere***; **2.** *adj* angelehnt
soccombere [sok'kombere] (*3a*) unterliegen; erliegen
socc|orrere [sok'korrere] (*3o*) helfen (***qu*** j-m); **~orritore** [-korri'toːre] *m* Helfer *m*; **~orso** [-'korso] **1.** → ***soccorrere***; **2.** *m* Hilfe *f*; ***pronto ~*** Erste Hilfe *f*; ***~ stradale*** Pannendienst *m*; ***gridare ~*** um Hilfe rufen; ***segnale*** *m* ***di ~*** Notzeichen *n*
soci|ale [so'tʃaːle] gesellschaftlich; sozial; ***oneri*** *m/pl* ***-i*** Soziallasten *f/pl*; ***politica*** *f* ***~*** Sozialpolitik *f*; **~alismo** [-tʃa'lizmo] *m* Sozialismus *m*; **~alista** [-tʃa'lista] (*m/pl -i*) **1.** *adj* sozialistisch; **2.** *m/f* Sozialist(in) *m(f)*; **~alizzare** [-tʃalid'dzaːre] (*1a*) Kontakte knüpfen
società [sotʃe'ta] *f* Gesellschaft *f*; (*associazione*) Verein *m*; *econ* ***~ a responsabilità limitata*** Gesellschaft *f* mit beschränkter Haftung; ***~ in accomandita*** Kommanditgesellschaft *f*; ***~ per azioni*** Aktiengesellschaft *f*; ***~ del benessere*** Wohlstandsgesellschaft *f*; ***~ dei consumi*** Konsumgesellschaft *f*; ***~ sportiva*** Sportverein *m*; ***~ multiculturale*** Multikulti-Gesellschaft *f*
socievole [so'tʃeːvole] gesellig
socio ['sɔːtʃo] *m* (*pl -ci*) Mitglied *n*; *econ* Teilhaber *m*, Gesellschafter *m*
soci|ologia [sotʃolo'dʒiːa] *f* Soziologie *f*; **~ologo** [-'tʃɔːlogo] *m* (*pl -gi*) Soziologe *m*
soddisf|acente [soddisfa'tʃɛnte] zufriedenstellend; befriedigend; **~are** [-'faːre] (*3aa*) befriedigen; zufriedenstellen; erfüllen; **~atto** [-'fatto] **1.** → ***soddisfare***; **2.** *adj* zufrieden; ***essere ~ di qu*** mit j-m zufrieden sein; **~azione** [-fatsi'oːne] *f* Zufriedenheit *f*; Genugtuung *f*
sodio ['sɔːdio] *m* Natrium *n*
sodo ['sɔːdo] hart; fest; *fig* ***venire al*** zur Sache kommen
sofà [so'fa] *m inv* Sofa *n*
soffer|ente [soffe'rɛnte] leidend; **~enza** [-'rɛntsa] *f* Leiden *n*
sofferm|are [soffer'maːre] (*1a*) kurz anhalten; **~arsi** [-'marsi] sich (einen Augenblick) aufhalten
sofferto [sof'fɛrto] → ***soffrire***
soffi|are [soffi'aːre] (*1k*) blasen; schnauben; ***soffiarsi il naso*** sich die Nase putzen; **~atore** [-fia'toːre] *m*

di vetro Glasbläser *m*
soffice ['sɔffitʃe] weich
soffio ['soffio] *m* Hauch *m*
soffitt|a [sof'fitta] *f* Dachboden *m*; **~o** [-'fitto] *m* (Zimmer)Decke *f*
soffoc|ante [soffo'kante] erstickend; *fig* bedrückend; **~are** [-'ka:re] (*1l, c u d*) ersticken (*a fig*)
soffriggere [sof'friddʒere] (*3cc*) anbraten
soffrire [sof'fri:re] (*4f*) **1.** *v/t* ertragen; *persone* ausstehen; **2.** *v/i* leiden (***di*** an *dat*)
sofisticato [sofisti'ka:to] affektiert; raffiniert
software [sɔft'wɛə] *m inv inform* Software *f*; ***~ di traduzione*** Übersetzungssoftware *f*
softwarista [sɔftwɛ'rista] *m* (*pl -ti*) Softwareentwickler *m*
soggettivo [soddʒet'ti:vo] subjektiv
sogg|etto [sod'dʒɛtto] **1.** *adj* unterworfen; ***~ a tassa*** steuerpflichtig; ***andare ~ a qc*** an et (*dat*) leiden; unter et (*dat*) leiden; **2.** *m* Thema *n*; *gram* Subjekt *n*; **~ezione** [-dʒetsi'o:ne] *f* Unterworfenheit *f*; Scheu *f*
soggi|ornare [soddʒor'na:re] (*1a*) sich aufhalten; **~orno** [-'dʒorno] *m* Aufenthalt *m*; (*a stanza f di ~*) Wohnzimmer *n*; ***permesso m di ~*** Aufenthaltserlaubnis *f*; ***tassa f di ~*** Kurtaxe *f*
soglia ['sɔ:ʎa] *f* Schwelle *f*
sogliola ['sɔ:ʎola] *f* Seezunge *f*
sogn|are [so'ɲa:re] (*1a*) *u* **~arsi** [-'ɲarsi] träumen (***di*** von); **~atore** [-ɲa'to:re] *m* Träumer *m*
sogno ['so:ɲo] *m* Traum *m*; ***neppur per ~!*** nicht im Traum!
soia ['sɔ:ia] *f* Soja(bohne) *f*
sol [sɔl] *m mus* G *n*
solaio [so'la:io] *m* (*pl -ai*) Dachboden *m*; Dachkammer *f*
solamente [sola'mente] nur; ***~ ieri*** erst gestern
sol|are [so'la:re] Sonnen…; ***anno m ~*** Sonnenjahr *n*; **~arium** [-'la:rium] *m inv* Solarium *n*
solco ['solko] *m* (*pl -chi*) Furche *f*; Spur *f*
soldato [sol'da:to] *m* Soldat *m*
soldi ['sɔldi] *m/pl* Geld *n*
sole ['so:le] *m* Sonne *f*; ***c'è il ~*** die Sonne scheint; ***colpo m di ~*** Sonnenstich *m*; ***mettersi al ~*** sich in die Sonne legen; ***prendere il*** (*od* ***stare al***) ***~*** sich sonnen
soleggi|are [soled'dʒa:re] (*1f*) sonnen; **~ato** [-'dʒa:to] sonnig
solenne [so'lɛnne] feierlich
solennità [solenni'ta] *f* Feierlichkeit *f*
solere [so'le:re] (*2p*) pflegen (***fare qc*** et zu tun)
soletta [so'letta] *f* Einlegesohle *f*
solforico [sol'fɔ:riko] (*pl -ci*) Schwefel…; ***acido m ~*** Schwefelsäure *f*
solid|ale [soli'da:le] solidarisch; **~arietà** [-darie'ta] *f* Solidarität *f*; **~arizzare** [-darid'dza:re] (*1a*) solidarisieren
solidità [solidi'ta] *f* Festigkeit *f*
solido ['sɔ:lido] fest, solide; stabil; (*robusto*) kräftig
sol|ista [so'lista] *m/f* (*m/pl -i*) Solist(in) *m(f)*; **~itario** [-li'ta:rio] (*pl -ri*) **1.** *adj* einsam; (*deserto*) verlassen; **2.** Einzelgänger *m*; *gioco* Patience *f*
solito ['sɔ:lito] gewohnt, üblich; ***al*** (*od* ***di***) ***~*** gewöhnlich; ***come al ~*** wie gewöhnlich; ***più del ~*** mehr als sonst
solitudine [soli'tu:dine] *f* Einsamkeit *f*
sollecitare [solletʃi'ta:re] (*1m*) drängen auf (*acc*); ersuchen um (*acc*); (*affrettare*) beschleunigen; (*stimolare*) anregen
soll|ecito [sol'le:tʃito] **1.** *adj persona* eifrig; *cosa* prompt; **2.** *m* Aufforderung *f*; Mahnbrief *m*; **~ecitudine** [-letʃi'tu:dine] *f* Eifer *m*; Schnelligkeit *f*
soll|eticare [solleti'ka:re] (*1m u d*) kitzeln; *appetito* reizen; **~etico** [-'le:tiko] *m* Kitzel *m*; Jucken *n*; ***fare il ~ a qu*** j-n kitzeln; ***soffrire il ~*** kitzelig sein
sollevamento [solleva'mento] *m* ***~ pesi*** Gewichtheben *n*
sollev|are [solle'va:re] (*1b*) erheben; (*raccogliere*) aufheben; **~arsi** [-'varsi] sich erheben; *avia* abheben
sollievo [solli'ɛ:vo] *m* Erleichterung *f*; Trost *m*
solo ['so:lo] **1.** *adj* allein; einzig; ***da ~*** allein; **2.** *adv* allein; nur; **3.** *m* Einzige(r) *m*; *mus* Solo *n*
solstizio [sol'sti:tsio] *m* (*pl -zi*) Sonnenwende *f*
soltanto [sol'tanto] nur, allein; erst; ***~ ieri*** erst gestern
sol|ubile [so'lu:bile] löslich; **~uzione** [-lutsi'o:ne] Lösung *f*; ***~ provvisoria***

Zwischenlösung *f*; **~vente** [-'vɛnte] **1.** *adj econ* zahlungsfähig; **2.** *m chim* Lösungsmittel *n*

Somalia [so'maːlia] *f* Somalia *n*

somigli|ante [somi'ʎante] ähnlich; **~anza** [-'ʎantsa] *f* Ähnlichkeit *f*; **~are** [-'ʎaːre] (*1g*): ***~ qu*** (*od* ***a qu***) j-m ähnlich sein, j-m gleichen

somma ['somma] *f* Summe *f*; ***fare la ~*** zusammenzählen; *fig* ***tirare le -e*** abrechnen

somm|are [som'maːre] (*1a*) addieren, zusammenzählen; **~ario** [-'maːrio] (*pl -ri*) **1.** *adj* summarisch; **2.** *m* Inhaltsangabe *f*; **~ato** [-'maːto]: ***tutto ~*** alles in allem

somm|ergere [som'mɛrdʒere] (*3uu*) überschwemmen; *fig* versenken; **~ergersi** [-'mɛrdʒersi] versinken; **~ergibile** [-mer'dʒiːbile] *m* U-Boot *n*; **~erso** [-'mɛrso] → ***sommergere***

sommesso [som'messo] unterwürfig; ***voce*** *f* ***-a*** leise Stimme *f*

somministrare [somminis'traːre] (*1a*) *med* verabreichen

sommo ['sommo] **1.** *adj* höchst; **2.** *m* Gipfel *m* (*a fig*)

sommossa [som'mɔssa] *f* Aufruhr *m*

sond|aggio [son'daddʒo] *m* (*pl -ggi*) Sondierung *f*; **~** (***d'opinione***) Umfrage *f*; Meinungsforschung *f*; **~are** [-'daːre] (*1a*) sondieren

sonn|ambulo [son'nambulo] *m* Schlafwandler *m*; **~ecchiare** [-nekki'aːre] (*1k*) schlummern, F dösen; **~ifero** [-'niːfero] *m* Schlafmittel *n*

sonno ['sonno] *m* Schlaf *m*; ***aver ~*** müde sein; ***prendere ~*** einschlafen

sonn|olento [sonno'lɛnto] verschlafen; **~olenza** [-no'lɛntsa] *f* Schläfrigkeit *f*

sono ['soːno] → ***essere***

son|orità [sonori'ta] *f* Wohlklang *m*; **~oro** [-'nɔːro] klangvoll; schallend; ***onde*** *f/pl* ***-e*** Schallwellen *f/pl*

sontu|osità [sontuosi'ta] *f* Pracht *f*; **~oso** [-tu'oːzo] prächtig

soppesare [soppe'saːre] (*1a*) abwiegen; *fig* abwägen

sopport|abile [soppor'taːbile] erträglich; **~are** [-'taːre] (*1c*) ertragen, vertragen, aushalten

soppr|essione [soppressi'oːne] *f* Abschaffung *f*, Aufhebung *f*; Beseitigung *f*; **~esso** [-'prɛsso] → ***sopprimere***

sopprimere [sop'priːmere] (*3r*) (*abolire*) abschaffen, aufheben; (*eliminare*) *j-n* beseitigen

sopra ['soːpra] **1.** *prp* auf (*dat od acc*), über (*dat od acc*); ***~ il tavolo*** auf dem Tisch; ***~ la città*** über der Stadt; ***~ tutto*** vor allem; **2.** *adv* oben; ***la parte di ~*** der obere Teil

sopr|abito [so'praːbito] *m* Überzieher *m*; Mantel *m*; **~acciglio** [-prat'tʃiːʎo] *m* (*pl le -a*) Augenbraue *f*; **~aggiungere** [-prad'dʒundʒere] (*3d*) plötzlich kommen; *difficoltà* auftauchen; **~alluogo** [-prallu'ɔːgo] *m* (*pl -ghi*) Besichtigung *f*; *jur* Lokaltermin *m*; **~annaturale** [-prannatu'raːle] übernatürlich; **~annome** [-pran'noːme] *m* Bei-, Spitzname *m*; **~annumero** [-pran'nuːmero] *m* Überzahl *f*; ***in ~*** überzählig

soprano [sop'raːno] *m* Sopran *m*; ***mezzo ~*** Mezzosopran *m*

sopr|appensiero [soprappensi'ɛːro] in Gedanken versunken; **~assalto** [-pras'salto]: ***di ~*** plötzlich; **~attassa** [-prat'tassa] *f* Zuschlag(s)gebühr *f*; *post* Strafporto *n*; **~attutto** [-prat'tutto] vor allem; **~avvalutare** [-pravvalu'taːre] (*1a*) überschätzen; **~avvalutazione** [-pravvalutatsi'oːne] *f* Überschätzung *f*; **~avvenire** [-pravve'niːre] (*4p*) plötzlich kommen (*od* erscheinen); *fatto* eintreten; (*capitare*) passieren; **~avvissuto** [-pravvis'suːto] **1.** *ad* überlebend; **2.** *m* Überlebende(r) *m* **~avvivenza** [-pravvi'vɛntsa] *f* Überleben *n*; **~avvivere** [-prav'viːvere] (*3zz* überleben (***a qu*** j-n)

soqquadro [sokku'aːdro]: ***mettere a*** durcheinanderbringen

sorb|etto [sor'betto] *m* Sorbett *m u n* **~ire** [-'biːre] (*4d*) schlürfen; **~irs** [-'birsi] aushalten, ertragen

sorcio ['sortʃo] *m* (*pl -ci*) Maus *f*

sord|ina [sor'diːna] *f* (Schall)Dämpfe *m*; ***in ~*** leise, heimlich; **~ità** [-di'ta] Taubheit *f*

sordo ['sordo] taub

sordomuto [sordo'muːto] taubstumm

sor|ella [so'rɛlla] *f* Schwester *f*; **~ellastra** [-rel'lastra] *f* Stiefschwester *f*

sorgente [sor'dʒɛnte] *f* Quelle *f*

sorgere ['sordʒere] (*3d*) sich erheben

S

sole aufgehen; *fig* entstehen

sormontare [sormon'taːre] (*1a*) übersteigen; *difficoltà* überwinden

sorpass|are [sorpas'saːre] (*1a*) überschreiten; *auto* überholen; **~ato** [-pas'saːto] überholt; altmodisch, rückständig; **~o** [-'passo] *m* Überholen *n*; ***divieto** m* ***di ~*** Überholverbot *n*

sorpr|endente [sorpren'dɛnte] erstaunlich; verwunderlich; **~endere** [-'prɛndere] (*3c*) überraschen; (*cogliere sul fatto*) ertappen, erwischen; **~esa** [-'preːsa] *f* Überraschung *f*; **~eso** [-'preːso] → ***sorprendere***

sorr|idere [sor'riːdere] (*3b*) lächeln; **~iso** [-'riːso] **1.** → ***sorridere***; **2.** *m* Lächeln *n*

sorseggiare [sorsed'dʒaːre] (*1f*) schlürfen

sorso ['sorso] *m* Schluck *m*

sorta ['sɔrta] *f* Sorte *f*, Art *f*

sorte ['sɔrte] *f* Los *n*; Schicksal *n*; ***tirare a ~*** losen

sort|eggiare [sorted'dʒaːre] (*1f*) auslosen; **~eggio** [-'teddʒo] *m* (*pl -ggi*) Auslosung *f*

sorto ['sorto] → ***sorgere***

sorvegli|anza [sorve'ʎantsa] *f* Überwachung *f*; Aufsicht *f*; **~are** [-'ʎaːre] (*1g*) überwachen

sorvolare [sorvo'laːre] (*1a*) *avia* überfliegen; *fig* übergehen

sosia ['sɔːzia] *m inv* Doppelgänger *m*

sosp|endere [sos'pɛndere] (*3c*) (*appendere*) aufhängen; (*interrompere*) unterbrechen; *pagamento* einstellen; (*differire*) aufschieben; *da una carica j-n* suspendieren; **~ensione** [-pensi'oːne] *f* Unterbrechung *f*; Einstellung *f*; *auto* Federung *f*; ***~ dei pagamenti*** Zahlungseinstellung *f*; **~eso** [-'peːso] **1.** → ***sospendere***; **2.** *adj* hängend; *fig* schwebend; ***tenere in ~*** in der Schwebe lassen

sosp|ettare [sospet'taːre] (*1b*) verdächtigen; (*supporre*) vermuten; ***~ qu*** (*od* ***di qu***) j-n in Verdacht haben; **~etto** [-'pɛtto] **1.** *adj* verdächtig; **2.** *m* Verdacht *m*; **~ettoso** [-pet'toːzo] misstrauisch

sosp|irare [sospi'raːre] (*1a*) **1.** *v/i* seufzen; **2.** *v/t* herbeisehnen; **~iro** [-'piːro] *m* Seufzer *m*

sosta ['sɔsta] *f* Halt *m*; Anhalten *n*; Pause *f*; ***divieto** m* ***di ~*** Halteverbot *n*

sost|antivo [sostan'tiːvo] *m* Substantiv *n*, Hauptwort *n*; **~anza** [-'tantsa] *f* Substanz *f*; Stoff *m*; ***-e** pl* ***nocive*** Schadstoffe *m/pl*; ***in ~*** im Wesentlichen; schließlich

sostare [sos'taːre] (*1c*) (an)halten; Station machen; eine Pause einlegen

sost|egno [sos'teːɲo] *m* Stütze *f*; ***a ~ di*** zur Stütze (*gen*); **~enere** [-te'neːre] (*2q*) halten, tragen; stützen; *fig j-n* unterstützen; (*affermare*) behaupten; *punto di vista* vertreten; **~engo** [-'tɛŋgo] → ***sostenere***; **~enitore** [-teni'toːre] *m* Befürworter *m*; Unterstützer *m*; **~entamento** [-tenta'mento] *m* Unterhalt *m*; **~enuto** [-te'nuːto] zurückhaltend

sostit|uibile [sostitu'iːbile] ersetzbar; austauschbar; **~uire** [-tu'iːre] (*4d*) auswechseln; ersetzen; (*supplire*) vertreten; **~uto** [-'tuːto] *m* Stellvertreter *m*; **~uzione** [-tutsi'oːne] *f* Auswechselung *f*; Ersetzung *f*; Vertretung *f*

sottaceti [sotta'tʃeːti] *m/pl* Mixedpickles *pl*

sottana [sot'taːna] *f* Unterrock *m*; (*gonna*) Rock *m*

sotterr|anea [sotter'raːnea] *f* U-Bahn *f*; **~aneo** [-'raːneo] **1.** *adj* unterirdisch; **2.** *m* Kellergeschoss *n*; **~are** [-'raːre] (*1b*) begraben; vergraben

sottile [sot'tiːle] dünn; fein; *fig* scharf; spitzfindig

sottin|tendere [sottin'tɛndere] (*3c*) nicht erwähnen; mit einbeziehen; **~teso** [-'teːso] **1.** → ***sottintendere***; **2.** *m* Hintergedanke *m*

sotto ['sotto] **1.** *prp* unter (*dat od acc*); **2.** *adv* unten; ***c'è qc ~*** da steckt et dahinter

sotto|banco [sotto'baŋko] heimlich, unter der Hand; **~braccio** [-'brattʃo]: ***camminare ~*** Arm in Arm gehen; ***prendere qu ~*** sich bei j-m einhängen

sottocchio [sot'tɔkkio] vor den Augen; ***tenere ~ i bambini*** auf die Kinder achten

sotto|chiave [sottoki'aːve] unter Verschluss; *fig* hinter Schloss und Riegel; **~costo** [-'kɔsto] unter dem Preis; **~esposto** [-es'posto] *fot* unterbelichtet; **~fondo** [-'fondo] *m* Hintergrund *m*; **~lineare** [-line'aːre] (*1n*) unterstrei-

S

chen; *fig* hervorheben; **~marino** [-ma'riːno] *m* U-Boot *n*; **~messo** [-'messo] **1.** → ***sottomettere***; **2.** *adj* unterwürfig; **~mettere** [-'mettere] (*3ee*) unterwerfen; **~missione** [-missi'oːne] *f* Unterwerfung *f*; **~passaggio** [-pas'saddʒo] *m* (*pl -ggi*) Unterführung *f*; **~porre** [-'porre] (*3ll*) unterziehen; *j-m et* unterbreiten; **~porsi** [-'porsi] sich unterziehen; sich unterwerfen

sotto|scrivere [sotto'skriːvere] (*3tt*) unterzeichnen; **~scrizione** [-skritsi'oːne] *f* Unterzeichnung *f*; Unterschriftensammlung *f*; *libri* Subskription *f*

sottosopra [sotto'soːpra] verkehrt; durcheinander, drunter und drüber; *fig* ***essere ~*** in großer Unordnung (*od* Aufregung) sein

sottosuolo [sottosu'ɔːlo] *m* Untergrund *m*; ***ricchezze f/pl del ~*** Bodenschätze *m/pl*

sotto|sviluppato [sottozvilup'paːto] unterentwickelt; **~valutare** [-valu'taːre] (*1a*) unterschätzen; **~veste** [-'vɛste] *f* Unterrock *m*; **~voce** [-'voːtʃe] leise

sottrarre [sot'trarre] (*3xx*) entziehen; *denaro* unterschlagen; *mat* subtrahieren, abziehen

sottrarsi [sot'trarsi]: ***~ a qc*** sich e-r Sache entziehen

sottratto [-'tratto] → ***sottrarre***

sottrazione [-tratsi'oːne] *f* Unterschlagung *f*; *mat* Subtraktion *f*

sottufficiale [sottuffi'tʃaːle] *m* Unteroffizier *m*

souvenir [suvə'nir] *m inv* Andenken *n*, Souvenir *n*

sovietico [sovi'ɛːtiko] (*pl -ci*) sowjetisch

sovr|abbondante [sovrabbon'dante] überreichlich; **~abbondanza** [-abbon'dantsa] *f* Überfluss *m*; **~abbondare** [-abbon'daːre] (*1a*) im Überfluss vorhanden sein; **~accarico** [-ak'kaːriko] **1.** *adj* überladen; *fig* überlastet (***di*** mit); **2.** *m* Überladung *f*; *fig* Überlastung *f*

sovrano [so'vraːno] **1.** *adj* souverän; **2.** *m* Herrscher *m*

sovrap|peso [sovrap'peːso] *m* Übergewicht *n*; **~popolato** [-popo'laːto] übervölkert; **~porre** [-'porre] (*3ll*) aufeinanderlegen; **~posizione** [-pozitsi'oːne] *f* Überlagerung *f*; **~produzione** [-produtsi'oːne] *f* Überproduktion *f*

sovrastare [sovra'staːre] (*1a*) beherrschen, überragen; *fig* bevorstehen, drohen

sovr|intendente [sovrinten'dɛnte] *m* Leiter *m*; **~umano** [-vru'maːno] übermenschlich

sovvenzi|onare [sovventsio'naːre] (*1a*) subventionieren; **~one** [-tsi'oːne] *f* Subvention *f*, Unterstützung *f*

sovversivo [sovver'siːvo] subversiv

S.P. ***Strada Provinciale*** Provinzstraße

SP ***La Spezia*** La Spezia

S.p.A. ***Società per Azioni*** Aktiengesellschaft (*abbr* AG)

spacc|are [spak'kaːre] (*1d*) spalten; *legna* hacken; **~arsi** [-'karsi] platzen; **~atura** [-ka'tuːra] *f* Spalt *m*

spacci|are [spat'tʃaːre] (*1f*) verkaufen; absetzen; ***~ moneta falsa*** Falschgeld in Umlauf bringen; ***~ droga*** mit Drogen handeln; ***siamo spacciati*** wir sind verloren!; **~arsi** [-'tʃarsi]: ***~ per*** sich ausgeben als; **~ato** [-'tʃaːto] verloren, geliefert, ruiniert; **~atore** [-tʃa'toːre] *m* Händler *m*; *droga* Dealer *m*

spaccio ['spattʃo] *m* (*pl -cci*) Verkauf *m*; Verkaufsstelle *f*

spacco ['spakko] *m* (*pl -cchi*) Spalt *m*; *gonna* Schlitz *m*

spaccone [spak'koːne] *m* Prahlhans *m*

spada ['spaːda] *f* Schwert *n*

spadroneggiare [spadroned'dʒaːre] (*1f*) den Herrn spielen

spaesato [spae'zaːto] fremd

spaghetti [spa'getti] *m/pl* Spagetti *pl*

spagnolo [spa'ɲɔːlo] **1.** *adj* spanisch; **2.** *m*, **-a** [-'ɲɔːla] *f* Spanier(in *f*) *m*; **3.** *lingua* Spanisch(e) *n*

Spagna ['spaːɲa] *f* Spanien *n*

spago ['spaːgo] *m* (*pl -ghi*) Bindfaden *m*

spalancare [spalaŋ'kaːre] (*1d*) aufreißen; aufsperren

Spalato ['spaːlato] *f* Split *n*

spalla ['spalla] *f* Schulter *f*; Achsel *f*; ***stringersi nelle -e*** die Achseln zucken; ***vivere alle -e di qu*** auf j-s Kosten leben

S

pall|eggiare [spalled'dʒaːre] (*1f*) *j-m* beistehen; **~iera** [-li'ɛːra] *f* (Rücken-)Lehne *f*; **~ina** [-'liːna] *f* Schulterpolster *n*
palmare [spal'maːre] (*1a*) bestreichen, auftragen
pam [spɛm] *m* ***fare ~*** *di e-mail* zumüllen
pamming ['spɛmmiŋ] *m* ***fare ~*** *con e-mail* zumüllen
pand|ere ['spandere] (*3a*) ausstreuen; ausgießen; *fig* verbreiten; **~ersi** [-si] sich verbreiten
par|are [spa'raːre] (*1a*) schießen; **~atoria** [-ra'tɔːria] *f* Schießerei *f*
parecchiare [sparekki'aːre] (*1k*) abdecken
pargere ['spardʒere] (*3uu*) ausstreuen; *liquido* verschütten; *fig* verbreiten
par|ire [spa'riːre] (*4d od 4e*) verschwinden; **~izione** [-ritsi'oːne] *f* Verschwinden *n*
paro ['spaːro] *m* Schuss *m*
parpagliare [sparpa'ʎaːre] (*1g*) verstreuen; *forze* zersplittern
parso ['sparso] **1.** → ***spargere***; **2.** *adj* lose
part|iacque [sparti'akkue] *m inv* Wasserscheide *f*; **~ire** [-'tiːre] (*4d*) (ver)teilen; trennen; **~ito** [-'tiːto] *m mus* Partitur *f*; **~itraffico** [-ti'traffiko] *m* (*pl -ci*) Fahrbahnteiler *m*; Mittelstreifen *m*; **~izione** [-titsi'oːne] *f* Verteilung *f*; ***~ del tempo*** Zeiteinteilung *f*
pasimo ['spaːzimo] *m* Krampf *m*; *fig* Qual *f*
asso ['spasso] *m* Vergnügen *n*; ***andare a ~*** spazieren gehen; *fig* ***essere a ~*** arbeitslos sein; ***per ~*** zum Scherz, zum Spaß
assoso [spas'soːzo] unterhaltend, belustigend
astico ['spastiko] (*pl -ci*) spastisch, krampfhaft
aurito [spau'riːto] erschreckt, verängstigt
avaldo [spa'valdo] dreist
aventapasseri [spaventa'passeri] *m inv* Vogelscheuche *f* (*a fig*)
av|entare [spaven'taːre] (*1b*) *u* **~entarsi** [-ven'tarsi] erschrecken; **~ento** [-'vɛnto] *m* Schrecken *m*; **~entoso** [-ven'toːzo] entsetzlich
aziale [spatsi'aːle] (Welt)Raum…
spazientirsi [spatsien'tirsi] (*4d*) die Geduld verlieren
spazio ['spaːtsio] *m* (*pl -zi*) Raum *m*; (*universo*) Weltraum *m*; *fig* Spielraum *m*; (***a ~ di tempo***) Zeitraum *m*; ***~ vitale*** Lebensraum *m*
spazioso [spatsi'oːzo] geräumig
spazz|acamino [spattsaka'miːno] *m* Schornsteinfeger *m*; **~aneve** [-tsa'neːve] *m inv* Schneepflug *m*; **~are** [-'tsaːre] (*1a*) fegen, kehren; wegfegen; **~atura** [-tsa'tuːra] *f* Müll *m*; Abfall *m*; **~ino** [-'tsiːno] *m* Straßenkehrer *m*
spazzola ['spattsola] *f* Bürste *f*
spazzol|are [spattso'laːre] (*1l*) bürsten; **~ino** [-'liːno] *m* ***~ da denti*** Zahnbürste *f*
specchi|arsi [spekki'arsi] (*1k*) sich im Spiegel betrachten; (*riflettersi*) sich spiegeln; **~etto** [-ki'etto] *m* Handspiegel *m*; *let* Übersichtstabelle *f*; *auto* ***~ retrovisore*** (*od* ***retrovisivo***) Rückspiegel *m*
specchio ['spɛkkio] *m* (*pl -cchi*) Spiegel *m*
speci|ale [spe'tʃaːle] speziell, besonder(e); Sonder…; **~alista** [-tʃa'lista] *m/f* (*m/pl -i*) Spezialist(in) *m*(*f*); **~alità** [-tʃali'ta] *f* Fachgebiet *n*; (*prodotto od piatto tipico*) Spezialität *f*; **~alizzarsi** [-tʃalid'dzarsi] (*1a*) sich spezialisieren; **~almente** [-tʃal'mente] besonders
specie ['spɛːtʃe] **1.** *f inv* Art *f*; Sorte *f*; **2.** *adv* insbesondere
spec|ificare [spetʃifi'kaːre] (*1m u d*) genau angeben; **~ifico** [-'tʃiːfiko] (*pl -ci*) spezifisch; bestimmt
specul|are [speku'laːre] (*1l u b*) spekulieren (***in*** mit, ***su*** auf *acc*); **~ativo** [-la'tiːvo] spekulativ; **~atore** [-la'toːre] *m* Spekulant *m*; **~azione** [-latsi'oːne] *f* Spekulation *f*
sped|ire [spe'diːre] (*4d*) (ab-, ver)senden; schicken; **~ito** [-'diːto] schnell, rasch; **~itore** [-di'toːre] *m* Absender *m*; **~izione** [-ditsi'oːne] *f* Sendung *f*; Versand *m*; (*viaggio*) Expedition *f*; ***~ di un pacco*** Paketsendung *f*; ***agenzia f di ~*** Speditionsfirma *f*; ***spese f/pl di ~*** Versandkosten *pl*; **~izioniere** [-ditsio'niɛːre] *m* Spediteur *m*
spegn|ere ['spɛːɲere] (*3vv*) (aus-)löschen; *luce*, *rad* ausschalten, ausma-

S

chen; *motore* abstellen; **~ersi** [-si] verlöschen, ausgehen
spelling ['spelliŋ] *m* ***fare lo ~*** buchstabieren
spelonca [spe'loŋka] *f* (*pl -che*) Höhle *f*
spendere ['spɛndere] (*3c*) ausgeben; *fig* aufwenden, verwenden
spennare [spen'na:re] (*1a*) *pollo* rupfen
spensierato [spensie'ra:to] sorglos, sorgenfrei
spento ['spɛnto] → ***spegnere***
sper|anza [spe'rantsa] *f* Hoffnung *f*; ***senza ~*** hoffnungslos; **~are** [-'ra:re] (*1b*) hoffen (***in*** auf *acc*)
sperduto [spɛr'du:to] verirrt, verlaufen; *luogo* abgelegen, verlassen; ***sentirsi ~*** sich verloren fühlen
spergi|urare [sperdʒu'ra:re] (*1a*) falsch schwören; ***giurare e ~*** hoch und heilig schwören; **~uro** [-'dʒu:ro] *m* Meineid *m*
spericolato [speriko'la:to] **1.** *adj* waghalsig; **2.** *m* Wagehals *m*
speriment|ale [sperimen'ta:le] experimentell; **~are** [-'ta:re] (*1a*) experimentieren; *prodotto* testen; ausprobieren; *fig* auf die Probe stellen
sperma ['spɛrma] *m* Sperma *n*, Samen *m*
sperperare [sperpe'ra:re] (*1l u b*) vergeuden
sperpero ['spɛrpero] *m* Verschwendung *f*
spesa ['spe:sa] *f* Ausgabe *f*; ***-e*** *pl* Kosten *pl*, Unkosten *pl*, Spesen *pl*; ***fare la ~*** einkaufen; ***-e di produzione*** Herstellungskosten *pl*; ***-e di pubblicità*** Werbungskosten *pl*; ***-e di storno*** Stornogebühren *pl*; ***-e di trasferta*** Reisespesen *pl*; ***-e di trasporto*** Frachtkosten *pl*; ***-e d'esercizio*** Betriebskosten *pl*; ***a proprie -e*** auf eigene Kosten
spesso ['spesso] **1.** *adj* dick; dicht; ***-e volte*** oftmals; **2.** *adv* oft
spessore [spes'so:re] *m* Dicke *f*, Stärke *f*
spett. ***spettabile*** geschätzt (*Briefstil*)
spettabile [spet'ta:bile] geschätzt; *econ nelle lettere* ***~ ditta …*** Firma …
spettacolare [spettako'la:re] großartig, grandios
spettacolo [spet'ta:kolo] *m* Veranstaltung *f*; Vorstellung *f*; Anblick *m*; ***~ cinematografico*** Filmvorstellung *f*; ***~ teatrale*** Theateraufführung *f*
spettare [spet'ta:re] (*1b*) zustehen
spett|atore [spetta'to:re] *m*, **~atrice** [-ta'tri:tʃe] *f* Zuschauer(in) *m*(*f*)
spettinare [spetti'na:re] (*1l u b*): ***~ qu*** j-m die Haare zerzausen
spettinato [spetti'nato] zerzaust
spettro ['spɛttro] *m* Gespenst *n*; *fi* Spektrum *n*
spezie ['spɛ:tsie] *f*/*pl* Gewürze *n*/*pl*
spezz|are [spet'tsa:re] (*1b*) brechen, zerbrechen; **~atino** [-tsa'ti:no] *m* Gulasch *n u m*; **~ato** [-'tsa:to] **1.** *adj* gebrochen; **2.** *m* Kombination *f*; **~ettare** [-tset'ta:re] (*1a*) zerstückeln
spia [sp'i:a] *f* Spion(in) *m*(*f*); *tec* Kontrollleuchte *f*
spiacente [spia'tʃɛnte]: ***essere ~*** bedauern; ***sono molto ~*** es tut mir sehr leid
spiacevole [spia'tʃe:vole] unangenehm
spiaggia [spi'addʒa] *f* (*pl -gge*) Strand *m*
spianare [spia'na:re] (*1a*) ebnen; *past* (aus)rollen
spiare [spi'a:re] (*1h*) spionieren; ***~ q*** j-m nachspionieren
spiazzo [spi'attso] *m* freier Platz *m*
spiccato [spik'ka:to] scharf; deutlich
spicchio ['spikkio] *m* (*pl -cchi*) *frutt* Scheibe *f*; ***~ d'aglio*** Knoblauchzehe
spicci|are [spit'tʃa:re] (*1f*) erledigen; *cliente* abfertigen; **~arsi** [-'tʃarsi] sich beeilen; **~ativo** [-tʃa'ti:vo] kurz und bündig
spiccioli ['spittʃoli] *m*/*pl* Kleingeld *n*
spiacere [spia'tʃe:re] (*2k*) leidtun; ***mi spiace*** es tut mir leid; ich bedaure
spiedo [spi'ɛ:do] *m* (Brat)Spieß *m*; ***allo ~*** am (*od* vom) Spieß
spieg|abile [spie'ga:bile] erklärbar; **~are** [-'ga:re] (*1b u e*) (*stendere*) ausbreiten; (*chiarire*) erklären; **~arsi** [-'garsi] sich erklären, sich klar ausdrücken; ***mi spiego?*** habe ich mich klar genug ausgedrückt?; ***non so se mi spiego*** verstehen Sie mich recht; **~azione** [-gatsi'o:ne] *f* Erklärung *f*; **~azzare** [-gat'tsa:re] (*1a*) zerknittern
spietato [spie'ta:to] erbarmungslos
spiga ['spi:ga] *f* (*pl -ghe*) Ähre *f*

spigliato [spiˈʎaːto] ungezwungen; gewandt
spigol|a [ˈspiːgola] *f* Seebarsch *m*; **~o** [-lo] *m* Kante *f*
spill|a [ˈspilla] *f* (Ansteck)Nadel *f*; *gioiello* Brosche *f*; **~o** [-lo] *m* Stecknadel *f*; **~ *di sicurezza*** Sicherheitsnadel *f*
spina [ˈspiːna] *f bot* Dorn *m*; *zo* Stachel *m*; (Fisch)Gräte *f*; *el* Stecker *m*; **~ *doppia*** Doppelstecker *m*; *anat* **~ *dorsale*** Rückgrat *n*, Wirbelsäule *f*; **~ *di pesce*** Fischgrätmuster *n*; ***birra** f **alla** ~* Bier *n* vom Fass; *fig* ***stare sulle -e*** wie auf glühenden Kohlen sitzen
spinaci [spiˈnaːtʃi] *m/pl* Spinat *m*
spinale [spiˈnaːle] Rückgrat…; ***midollo** m* **~** Rückenmark *n*
spinello F [spiˈnɛllo] *m* F Joint *m*
sping|ere [ˈspindʒere] (*3d*) stoßen; schieben, F drängeln; *fig* treiben; **~ersi** [-si] sich (vor)drängen
spino [ˈspiːno] *m* Schlehdorn *m*
spinoso [spiˈnoːzo] dornig; *fig* heikel
spin|ta [ˈspinta] *f* Stoß *m*; *fig* Anstoß *m*; **~terogeno** [-teˈrɔːdʒeno] *m auto* Zündverteiler *m*; **~to** [-to] → ***spingere***
spionaggio [spioˈnaddʒo] *m* (*pl -ggi*) Spionage *f*
spiovere [spiˈɔːvere] (*3kk*) aufhören zu regnen
spira [ˈspiːra] *f* Speyer *n*
spir|aglio [spiˈraːʎo] *m* (*pl -gli*) Ritze *f*, Spalt *m*; *fig* Ausweg *m*; **~ *di luce*** Lichtstrahl *m*; **~ale** [-ˈraːle] *f* Spirale *f*; **~are** [-ˈraːre] (*1a*) wehen; *fig* sterben
spirito [ˈspiːrito] *m* Geist *m*; (*disposizione*) Sinn *m*; (*umorismo*) Witz *m*, Humor *m*; *chim* Spiritus *m*; **~ *d'osservazione*** Beobachtungsgabe *f*; ***fare dello*** **~** humorvoll sein
spirit|oso [spiriˈtoːzo] geistreich, humorvoll, witzig; **~uale** [-tuˈaːle] geistig
splendente [splenˈdɛnte] glänzend
splendere [ˈsplɛndere] (*3a*) glänzen
splendido [ˈsplɛndido] herrlich, wunderschön, fabelhaft; *carriera* glänzend
splendore [splenˈdoːre] *m* Glanz *m*
S.P.M. ***sue proprie mani*** zu Händen (*abbr* z. H.)
spogli|are [spoˈʎaːre] (*1g*) ausziehen; (*rubare*) berauben; **~arsi** [-ˈʎarsi] sich ausziehen; **~ *di qc*** sich e-r Sache entledigen; sich von et (*dat*) befreien; **~arello** [-ʎaˈrɛllo] *m* Striptease *m u n*; **~atoio** [-ʎaˈtoːio] *m* (*pl -oi*) Umkleideraum *m*
spoglio [ˈspɔːʎo] (*pl -gli*) entblößt; beraubt; frei (***di*** von)
spola [ˈspɔːla] *f* Spule *f*; ***fare la ~ da un luogo all'altro*** zwischen zwei Orten hin- und herpendeln
spolver|are [spolveˈraːre] (*1l*) abstauben; **~izzare** [-ridˈdzaːre] (*1a*) bestreuen (***di*** mit); pulverisieren
sponda [ˈsponda] *f* Rand *m*; *geogr* Ufer *n*
sponsor [ˈspɔnsor] *m inv* Sponsor *m*
sponsorizzare [sponsoridˈdzaːre] (*1a*) sponsern
spont|aneità [spontaneiˈta] *f* Spontaneität *f*; Natürlichkeit *f*; **~aneo** [-ˈtaːneo] freiwillig; spontan; natürlich
sporadico [spoˈraːdiko] (*pl -ci*) sporadisch
sporc|are [sporˈkaːre] (*1c u d*) beschmutzen; schmutzig machen; **~izia** [-ˈtʃiːtsia] *f* Schmutz *m*, F Dreck *m*
sporco [ˈspɔrko] (*pl -chi*) schmutzig, F dreckig
sporg|ere [ˈspɔrdʒere] (*3d*) **1.** *v/t* vorstrecken; hinhalten; *denuncia* einreichen; **2.** *v/i* hervorragen; hervortreten; **~ersi** [-dʒersi] sich hinauslehnen
sport [spɔrt] *m inv* Sport *m*; **~ *invernale*** Wintersport *m*; **~ *nautico*** Wassersport *m*; ***fare dello*** **~** Sport treiben; ***per*** **~** zum Vergnügen, zum Spaß
sporta [ˈspɔrta] *f* Einkaufstasche *f*
sportello [sporˈtɛllo] *m* Schalter *m*; *auto* Tür *f*; **~ *automatico*** Geldautomat; **~ *(dei) biglietti*** Fahrkartenschalter *m*
sportivo [sporˈtiːvo] **1.** *adj* Sport…; sportlich; ***attrezzatura** f* **-a** Sportausrüstung *f*; ***campo** m* **~** Sportplatz *m*; **2.** *m* Sportler *m*
sporto [ˈspɔrto] → ***sporgere***
sposa [ˈspɔːza] *f* Braut *f*
spos|are [spoˈzaːre] (*1c*), **~arsi** [-ˈzarsi] heiraten; **~ato** [-ˈzaːto] verheiratet
sposo [ˈspɔːzo] *m* Bräutigam *m*; **-i** *pl* Brautleute *pl*; ***promessi -i*** Verlobte *pl*
spostare [sposˈtaːre] (*1a*) rücken; (*trasferire*) verlegen; *persone* versetzen; (*rimandare*) verschieben
S.P.Q.R. ***Senatus Populusque Romanus*** Senat und Volk von Rom

spranga ['spraŋga] *f* (*pl -ghe*) Querstange *f*; Riegel *m*
sprangare [spraŋ'ga:re] (*1e*) verriegeln
spray [sprɛ:i] *m inv* Spray *n*
spr|ecare [spre'ka:re] (*1b u d*) verschwenden, vergeuden; **~eco** ['sprɛ:ko] *m* (*pl -chi*) Verschwendung *f*
spregevole [spre'dʒe:vole] verächtlich
spregiudicato [spredʒudi'ka:to] vorurteilslos; *spreg* skrupellos
spremere ['sprɛ:mere] (*3a*) auspressen
spremilimoni [spremili'mo:ni] *m inv* Zitronenpresse *f*
spremuta [spre'mu:ta] *f* frisch ausgepresster (Frucht)Saft *m*; **~ di limone** Zitronensaft *m*; **~ d'arancia** Orangensaft *m*
sprizzare [sprit'tsa:re] (*1a*) spritzen; *fig* versprühen
sprofond|are [sprofon'da:re] (*1a*) versinken; einstürzen; *fig* geraten (**in** in *acc*); **~arsi** [-'darsi] einsinken; *fig* sich versenken (**in** in *acc*)
spronare [spro'na:re] (*1a*) anspornen
sprone ['spro:ne] *m* Sporn *m* (*a fig*); Ansporn *m*
sproporzionato [sproportsio'na:to] unproportioniert; (*esagerato*) übertrieben; **essere ~ a** in keinem Verhältnis stehen zu
sproposito [spro'pɔ:zito] *m* Dummheit *f*; **a ~** unpassend
sprovv|eduto [sprovve'du:to] weltfremd, unbeholfen; **~isto** [-'visto]: **~ di** nicht versehen mit, ohne (*acc*); (*sfornito*) nicht versorgt mit; **sono ~ di** mir fehlt es an (*dat*); **alla -a** unvermutet
spruzz|are [sprut'tsa:re] (*1a*) bespritzen; spritzen; **~atore** [-tsa'to:re] *m* Düse *f*
spruzzo ['spruttso] *m* Strahl *m*; *fango* Spritzer *m*
spudorato [spudo'ra:to] schamlos
spugna ['spu:ɲa] *f* Schwamm *m*
spum|a ['spu:ma] *f* Schaum *m*; **~ante** *m u vino m ~* Schaumwein *m*, Sekt *m*
spunt|are [spun'ta:re] (*1a*) erscheinen; auftauchen; *bot* sprießen; *sole* aufgehen; *giorno* anbrechen; **~ino** [-'ti:no] *m* Imbiss *m*
spunto ['spunto] *m* Anregung *f*, Anstoß *m*

sputare [spu'ta:re] (*1a*) spucken; speien
sputo ['spu:to] *m* Speichel *m*; Spucke *f*
squadra [sku'a:dra] *f strumento* Winkelmaß *n*; (*gruppo*) Gruppe *f*; *sport* Mannschaft *f*; **~ femminile** Damenmannschaft *f*; **~ nazionale** Nationalmannschaft *f*; **~ volante** Überfallkommando *n*
squal|ifica [skua'li:fika] *f* (*pl -che*) Disqualifizierung *f*; **~ificare** [-lifi'ka:re] (*1m u d*) disqualifizieren
squallido [sku'allido] trostlos, elend trist; **nella più -a miseria** im tiefsten Elend
squallore [skual'lo:re] *m* Trostlosigkeit *f*, Elend *n*
squalo [sku'a:lo] *m* Hai(fisch) *m*(*m*)
squama [sku'a:ma] *f* Schuppe *f*
squarcio [sku'artʃo] *m* (*pl -ci*) Riss *m*
squil|ibrato [skuili'bra:to] *med* geistesgestört; **~ibrio** [-'li:brio] *m* (*pl -ri*) Ungleichgewicht *f*, Störung *f* des Gleichgewichts; **~ mentale** geistige Verwirrung *f*
squillare [skuil'la:re] (*1a*) klingeln läuten
squillo [sku'illo] *m* Klang *m*; Klingeln *n*; Läuten *n*; **ragazza** *f* **~** Callgirl *n*
squisito [skui'zi:to] auserlesen; fein köstlich
SR ***Siracusa*** Syrakus
sradicare [zradi'ka:re] (*1l u d*) entwurzeln; *fig* ausrotten
S.r.l. ***Società a responsabilità limitata*** Gesellschaft mit beschränkter Haftung (*abbr* GmbH)
SS. ***santi*** heilige
S.S. ***Sua Santità*** Seine Heiligkeit; ***Strada Statale*** Bundesstraße
SS ***Sassari*** Sassari
stabile ['sta:bile] **1.** *adj* fest, stabil (*a econ*); *tempo* beständig; **2.** *m* Gebäude *n*
stabil|imento [stabili'mento] *m* (*impianto*) Anlage *f*; (*istituto*) Anstalt *f*; (*fabbrica*) Werk *n*, Betrieb *m*; *jur* Niederlassung *f*; **~ balneare** Badeanstalt *f*; **~ire** [-'li:re] (*4d*) (*fissare*) festsetzen; (*decidere*) beschließen; bestimmen; *record* aufstellen; **~irsi** [-'lirsi] sich niederlassen; **~ità** [-li'ta] *f* Festigkeit *f*, Stabilität *f* (*a econ*); **~izzare** [-id'dza:re] (*1a*) stabilisieren

S

staccare [stak'ka:re] (*1d*) abtrennen, loslösen; abreißen; *el* ausschalten; *tel* ~ ***il ricevitore*** den Hörer abnehmen
stadio ['sta:dio] *m* (*pl -di*) Stadium *n*; *sport* Stadion *n*
staffa ['staffa] *f* Steigbügel *m*; ***perdere le -e*** die Fassung verlieren
staffetta [staf'fetta] *f sport* Staffel *f*; ***corsa f a -e*** Staffellauf *m*
stagionale [stadʒo'na:le] Saison…; saisonal; ***lavoro m*** ~ Saisonarbeit *f*
stagion|are [stadʒo'na:re] (*1a*) lagern; **~ato** [-'na:to] abgelagert
stagione [sta'dʒo:ne] *f* Jahreszeit *f*; *tea* Spielzeit *f*; ***alta*** ~ Hochsaison *f*; ***bassa*** ~ Nach-, Vorsaison *f*; ~ ***morta*** tote Saison *f*; *scherz* Saure-Gurken-Zeit *f*; ~ ***balneare*** Badesaison *f*; ~ ***estiva*** Sommersaison *f*; ~ ***invernale*** Wintersaison *f*; ***frutta f di*** ~ Obst *n* der Jahreszeit
stagnare [sta'ɲa:re] (*1a*) *acqua* sich stauen; *econ* stagnieren
stagno ['sta:ɲo] **1.** *m* Teich *m*, Weiher *m*; *tec* Zinn *n*; **2.** *adj* wasserdicht; luftdicht
stalla ['stalla] *f* Stall *m*
sta|mane [sta'ma:ne], **~mani** [-'ma:ni], **~mattina** [-mat'ti:na] heute Morgen
stambecco [stam'bekko] *m* (*pl -cchi*) Steinbock *m*
stampa ['stampa] *f* Druck *m*; Buchdruck *m*; Presse *f*; *fot* Abzug *m*; *post* ***-e pl*** Drucksache *f*; ***in corso di*** ~ im Druck; ~ ***locale*** Lokalpresse *f*; ~ ***scandalistica*** Skandalpresse *f*; ***libertà f di*** ~ Pressefreiheit *f*
stampante [stam'pante] *f inform* Drucker *m*; ~ ***a getto d'inchiostro*** Tintenstrahldrucker *m*; ~ ***laser*** Laserdrucker *m*
stamp|are [stam 'pa:re] (*1a*) drucken; *inform* ausdrucken; *fot* abziehen; **~atello** [-pa'tɛllo] *m* Druckschrift *f*; **~ato** [-'pa:to] *m* Drucksache *f*; Vordruck *m*, Formular *n*; *inform* Ausdruck *m*; ***-i pl*** Drucksachen *f/pl*
stampella [stam'pɛlla] *f* Krücke *f*
stampo ['stampo] *m* Form *f*
stanc|are [staŋ'ka:re] (*1d*) ermüden; **~arsi** [-'karsi] müde werden
stanchezza [staŋ'kettsa] *f* Müdigkeit *f*
stanco ['staŋko] (*pl -chi*) müde; (*stufo*) satt, überdrüssig; ~ ***morto*** todmüde
stand [stænd] *m inv* Messestand *m*; Schießstand *m*
standard ['standard] *m* Modell *n*; Standard *m*
standard|izzare [standardid'dza:re] (*1a*) standardisieren; **~izzazione** [-dzatsi'o:ne] *f* Standardisierung *f*
stanga ['staŋga] *f* (*pl -ghe*) Stange *f*
stanghetta [staŋ'getta] *f* Brillenbügel *m*
stanotte [sta'nɔtte] heute Nacht
stantuffo [stan'tuffo] *m tec* Kolben *m*
stanza ['stantsa] *f* Zimmer *n*
stanziare [stantsi'a:re] (*1g*) *somma di denaro* bereitstellen, zur Verfügung stellen
stanzino [stan'tsi:no] *m* Abstellraum *m*
stappare [stap'pa:re] (*1a*) entkorken
star [star] *f inv* Star *m*; Filmdiva *f*
stare ['sta:re] (*1q*) sein; (*restare*) bleiben, sich aufhalten; (*abitare*) wohnen; (*trovarsi*) sich befinden; (*a* ~ ***in piedi***) stehen; (*a* ~ ***seduto***) sitzen; ~ ***bene*** sich wohlfühlen; *vestiti* gut stehen, sitzen, passen; ~ ***per*** (*inf*) im Begriff sein zu (*inf*); ~ ***a vedere*** zusehen; ~ ***a sentire*** zuhören; ***stammi a sentire*** hör(e) mir zu; ***lascialo*** ~ lass ihn in Ruhe; ~ ***telefonando*** gerade telefonieren, ***come sta?*** wie geht es Ihnen?; ***ben ti sta!*** das geschieht dir recht!; ***ci sto!*** ich bin dabei!; ***sta bene*** schon gut
starn|utire [starnu'ti:re] (*4d*) niesen; **~uto** [-'nu:to] *m* Niesen *n*
start [start] *m inv* Start *m*; Abflug *m*
starter ['starter] *m inv sport* Starter *m*; *auto* Anlasser *m*
stasera [sta'se:ra] heute Abend
statale [sta'ta:le] **1.** *adj* Staats…; **2.** *m* (*mst pl -i*) Staatsangestellte(r) *m*; **3.** *f* Staatsstraße *f*, Bundesstraße *f*
stat|istica [sta'tistika] *f* (*pl -che*) Statistik *f*; **~izzare** [-tid'dza:re] (*1a*) verstaatlichen
Stati Uniti d'America ['sta:ti u'ni:ti da'mɛ:rika] *m/pl* Vereinigte Staaten von Amerika *m/pl*
statua ['sta:tua] *f* Statue *f*, Standbild *n*
statunitense [statuni'tɛnse] **1.** *adj* nordamerikanisch; **2.** *m/f* Nordamerikaner(in) *m(f)*
statura [sta'tu:ra] *f* Statur *f*, Größe *f*
statuto [sta'tu:to] *m* Statut *n*, Satzung *f*
stavolta [sta'vɔlta] diesmal

S

stazion|amento [statsiona'mento] *m* Parken *n*; **~are** [-'na:re] (*1a*) parken; sich aufhalten; **~ario** [-'na:rio] (*pl* *-ri*) gleichbleibend; stationär

stazione [statsi'o:ne] *f fer* Bahnhof *m*; Station *f*; (*fermata*) Haltestelle *f*; **~ *di servizio*** Tankstelle *f*; **~ *balneare*** Badeort *m*; **~ *climatica*** Luftkurort *m*; **~ *centrale*** Hauptbahnhof *m*; **~ *termale*** Kurbad *n*; **~ *trasmittente*** Sender *m*; ***andare alla* ~** zum Bahnhof gehen; ***accompagnare qu alla* ~** j-n zum Bahnhof bringen (*od* begleiten)

stecca ['stekka] *f* (*pl -cche*) Stab *m*; Stange *f*; Billardstock *m*; *med* Schiene *f*; *mus* Kickser *m*, falscher Ton *m*

stecchino [stek'ki:no] *m* Zahnstocher *m*

stella ['stella] *f* Stern *m*; *fig* Star *m*; **~ *alpina*** Edelweiß *n*; **~ *polare*** Polarstern *m*; **~ *cadente*** Sternschnuppe *f*; **~ *di mare*** Seestern *m*; *fig* ***vedere le -e*** die Engel im Himmel singen hören

stelo ['stɛ:lo] *m bot* Stiel *m*

Stelvio ['stɛlvio]: ***Passo dello* ~** Stilfser Joch *n*

stemma ['stɛmma] *m* (*pl -i*) Wappen *n*

stendere ['stɛndere] (*3c*) ausbreiten; *braccio* ausstrecken; *biancheria* aufhängen

stenditoio [stendi'to:io] *m* (*pl -oi*) Trockenraum *m*; Wäscheständer *m*

stenodattil|ografa [stenodatti'lɔgrafa] *f* Stenotypistin *f*; **~ografia** [-logra'fi:a] *f* Stenografie *f* und Maschineschreiben *n*; **~ografo** [-'lɔgrafo] *m* Stenotypist *m*

sten|ografare [stenogra'fa:re] (*1m u c*) stenografieren; **~ografia** [-nogra'fi:a] *f* Stenografie *f*

stentare [sten'ta:re] (*1b*): **~ *a fare qc*** Mühe haben, et zu tun

stento ['stɛnto] *m* ***a* ~** mühsam

S

stereo ['stɛ:reo] *m* Stereoanlage *f*

stereotipo [stere'ɔ:tipo] **1.** *adj* stereotyp, schablonenhaft; **2.** *m* Stereotyp *n*

sterile ['stɛ:rile] unfruchtbar

steril|ità [sterili'ta] *f* Unfruchtbarkeit *f*; **~izzare** [-lid'dza:re] (*1a*) sterilisieren; **~izzazione** [-liddzatsi'o:ne] *f* Sterilisierung *f*

sterlina [ster'li:na] *f* Pfund *n* Sterling

sterm|inare [stermi'na:re] (*1l u b*) ausrotten; vernichten; **~inato** [-mi'na:to] endlos; **~inio** [-'mi:nio] *m* (*pl -ni*) Ausrottung *f*; Vernichtung *f*

sterno ['stɛrno] *m* Brustbein *n*

sterpi ['stɛrpi] *m/pl* Gestrüpp *n*

sterz|are [ster'tsa:re] (*1b*) lenken; ausweichen; *fig* die Gesinnung wechseln; **~ *a sinistra*** nach links lenken; **~ata** [-'tsa:ta] *f* Ausweichmanöver *n*; *fig* Kurswechsel *m*

sterzo ['stɛrtso] *m auto* Lenkung *f*

steso ['ste:so] → ***stendere***

stesso ['stesso] selbst, selber; ***lo* ~, *la stessa*** der-, die-, dasselbe; der, die, das Gleiche; ***è lo* ~** es ist gleich; es macht nichts aus; ***oggi* ~** noch heute

stile ['sti:le] *m* Stil *m*; *sport* **~ *libero*** Freistil *m*

stilografica [stilo'gra:fika] *f* Füllfederhalter *m*, Füller *m*

stima ['sti:ma] *f* (*ammirazione*) Achtung *f*; (*valutazione*) Wertschätzung *f*

stim|are [sti'ma:re] (*1a*) *persona* achten, schätzen; *oggetto* abschätzen; **~arsi** [-'marsi] sich halten für; **~ato** [-'ma:to] geschätzt

stimol|ante [stimo'lante] **1.** *adj* anregend; **2.** *m* Anregungsmittel *n*; **~are** [-'la:re] (*1l*) anregen, stimulieren; aufputschen

stimolo ['sti:molo] *m* Anreiz *m*, Ansporn *m*

sting|ere ['stindʒere] (*3d*) **1.** *v/t* bleichen; **2.** *v/i u* **~ersi** [-dʒersi] abfärben

stinto ['stinto] abgefärbt; verblasst

stip|are [sti'pa:re] (*1a*) zusammendrängen, -pferchen; **~ato** [-'pa:to] vollgestopft (***di*** mit); zusammengepfercht

stip|endiare [stipendi'a:re] (*1b u k* besolden; **~endiato** [-pendi'a:to] *n* Gehaltsempfänger *m*; **~endio** [-'pɛndio] *m* (*pl -di*) Gehalt *n*, Vergütun *f*; ***aumento m di* ~** Gehaltserhöhung

stipul|are [stipu'la:re] (*1l*) *contratt* abschließen; **~azione** [-latsi'o:ne] Abschluss *m*

stir|amento [stira'mento] *m med* Ze rung *f*; **~are** [-'ra:re] (*1a*) bügeln; (***che non si stira*** bügelfrei; **~arsi** [-'rars sich strecken; **~atrice** [-ra'tri:tʃe] *f* ***automatica*** Bügelmaschine *f*; **~atu** [-ra'tu:ra] *f* Bügeln *n*; *med* Muskelze rung *f*

Stiria [sti:ria] *f* Steiermark *f*

stiro ['sti:ro] *m* **ferro** *m* **da ~** Bügeleisen *n*; **non ~** bügelfrei
stirpe ['stirpe] *f* Geschlecht *n*
stitichezza [stiti'kettsa] *f* Verstopfung *f*
stivale [sti'va:le] *m* Stiefel *m*; **-i** *pl* **di gomma** Gummistiefel *m/pl*
sto [stɔ] → **stare**
stoccafisso [stokka'fisso] *m* Stockfisch *m*
stoccaggio [stok'kaddʒo] *m* (*pl -ggi*) *econ* Lagerung *f*
Stoccarda [stok'karda] *f* Stuttgart *n*
Stoccolma [stok'kolma] *f* Stockholm *n*
stoffa ['stɔffa] *f* Stoff *m*, Gewebe *n*; *F fig* Zeug *n*; (*capacità*) Begabung *f*, Talent *n*
stomaco ['stɔ:mako] *m* (*pl -chi*) Magen *m*; **dolori** *m/pl* **di ~** Magenschmerzen *m/pl*; *fig* **avere qc sullo ~** et schwer im Magen liegen haben
ston|are [sto'na:re] (*1c*) falsch singen (*od* spielen); *fig* stören, nicht passen; **~ato** [-'na:to] *persona* unmusikalisch; *nota* falsch; *strumento* verstimmt
stop [stɔp] *m inv auto* Bremslicht *n*; *cartello* Stoppschild *n*
stoppa ['stoppa] *f* Werg *n*
stoppare [stop'pa:re] (*1c*) anhalten, stoppen
storc|ere ['stɔrtʃere] (*3d*) krümmen; biegen; *occhi* verdrehen; *naso* rümpfen; **~ersi** [-tʃersi] sich verbiegen; **~ un piede** sich den Fuß verstauchen
stord|imento [stordi'mento] *m* Verwirrung *f*; Benommenheit *f*; **~ire** [-'di:re] (*4d*) verwirren; *fig* verblüffen; **~ito** [-'di:to] verwirrt; benommen
storia ['stɔ:ria] *f* Geschichte *f*; **~ dell'arte** Kunstgeschichte *f*; **non far -e!** mach keine Geschichten!
storico ['stɔ:riko] (*pl -ci*) **1.** *adj* historisch, geschichtlich; **2.** *m* Historiker *m*
stori|ografia [storiogra'fi:a] *f* Geschichtsschreibung *f*; **~ografo** [-ri'ɔ:grafo] *m* Geschichtsschreiber *m*
storione [stori'o:ne] *m* Stör *m*
stormo ['stormo] *m* Schwarm *m*
stornare [stor'na:re] (*1a*) ablenken; *econ* stornieren; umbuchen
storno[1] ['storno] *m zo* Star *m*
storno[2] ['storno] *m econ* Storno *m u n*
storpio ['stɔrpio] (*pl -pi*) **1.** *adj* verkrüppelt; **2.** *m* Krüppel *m*
storta ['stɔrta] *f med* Verrenkung *f*; **prendere una ~ al piede** sich den Fuß verrenken
storto ['stɔrto] krumm; schief
stoviglie [sto'vi:ʎe] *f/pl* Geschirr *n*
strabico ['stra:biko] (*pl -ci*) schielend
strabismo [stra'bizmo] *m* Schielen *n*
stra|carico [stra'ka:riko] (*pl -chi*) überladen; **~caro** [-'ka:ro] außerordentlich teuer
stracci|are [strat'tʃa:re] (*1f*) zerreißen; **~atella** [-tʃa'tɛlla] *f* (*gelato*) Vanilleeis *n* mit Schokoladenstücken; Einlaufsuppe *f*; **~ato** [-'tʃa:to] zerrissen, zerfetzt
straccio ['strattʃo] (*pl -cci*) **1.** *m* Lumpen *m*, Lappen *m*; **2.** *adj* **carta** *f* **-a** Altpapier *n*; Makulatur *f*
strada ['stra:da] *f* Straße *f*; Weg *m*; **~ a grande circolazione** Hauptverkehrsstraße *f*; **~ con diritto di precedenza** Vorfahrtstraße *f*; **~ principale** Hauptstraße *f*; **~ provinciale** Landstraße *f*; **~ a senso unico** Einbahnstraße *f*; **~ statale** Staatsstraße *f*, Bundesstraße *f*; **~ facendo, per la ~** unterwegs; **farsi ~** vorwärtskommen; **a mezza ~** auf halbem Wege
strad|ale [stra'da:le] **1** *adj* Straßen…; **incidente** *m* **~** Verkehrsunfall *m*; **regolamento** *m* **~** Verkehrsregelung *f*; **rete** *f* **~** Straßennetz *n*; **2.** *f* Verkehrspolizei *f*; **~ario** [-'da:rio] *m* Straßenverzeichnis *n*
strafare [stra'fa:re] (*3aa*) mehr als nötig tun; übertreiben
strage ['stra:dʒe] *f* Gemetzel *n*; *fig* **fare ~ di qc** et vernichten
stragrande [stra'grande] riesig; **la ~ maggioranza** die große Mehrheit
stranezza [stra'nettsa] *f* Seltsamkeit *f*
strangolare [strangо'la:re] (*1l*) erdrosseln
strano ['stra:no] seltsam, sonderbar; komisch
straordinario [straordi'na:rio] (*pl -ri*) **1.** *adj* außergewöhnlich; Sonder…; **2.** *m* Überstunden *f/pl*
strap|azzare [strapat'tsa:re] (*1a*) strapazieren; schlecht behandeln; **uova** *f/pl* **strapazzate** Rühreier *n/pl*; **~azzarsi** [-pat'tsarsi] sich strapazieren; **~azzo** [-'pattso] *m* Strapaze *f*; Überanstrengung *f*; **medico da ~** Quacksal-

S

ber *m*
stra|pieno [strapi'ɛːno] überfüllt; **~piombo** [-pi'ombo] *m* Überhang *m*, Felsvorsprung *m*; ***a ~*** überhängend
strappare [strap'paːre] (*1a*) (zer-)reißen; (*staccare*) abreißen; (*togliere*) entreißen
strappo ['strappo] *m* Riss *m*; *med* Muskelriss *m*; *fig* ***uno ~ alla regola*** e-e Ausnahme von der Regel
straricco [stra'rikko] (*pl -cchi*) steinreich
straripare [strari'paːre] (*1a*) über die Ufer treten
Strasburgo [straz'burgo] *f* Straßburg *n*
strascico ['straʃʃiko] *m* (*pl -chi*) Schleppe *f*; *fig* Folge *f*
strascinare [straʃʃi'naːre] (*1a*) schleppen; *gamba* nachschleifen
stratagemma [strata'dʒɛmma] *m* (*pl -i*) Kniff *m*, List *f*
strat|egia [strate'dʒiːa] *f* Strategie *f*; **~egico** [-'tɛːdʒiko] (*pl -ci*) strategisch
strato ['straːto] *m* Schicht *f*; ***~ d'ozono*** Ozonschicht *f*; ***~ protettivo*** Schutzschicht *f*
stravag|ante [strava'gante] extravagant; **~anza** [-'gantsa] *f* Extravaganz *f*
stra|vecchio [stra'vɛkkio] (*pl -cchi*) steinalt; **~vedere** [-ve'deːre] (*2s*): ***~ per qu*** in j-n vernarrt sein; j-n blind lieben; **~vincere** [-'vintʃere] (*3d*) glänzend siegen; **~volgere** [-'vɔldʒere] (*3d*) aufwühlen; (*travisare*) verdrehen; **~volto** [-'vɔlto] **1.** → ***stravolgere***; **2.** *adj* aufgewühlt
strazio ['straːtsio] *m* (*pl -zi*) Qual *f*
strega ['streːga] *f* (*pl -ghe*) Hexe *f*
stregare [stre'gaːre] (*1e*) verhexen
strem|are [stre'maːre] (*1b*) erschöpfen; **~ato** [-'maːto] ganz erschöpft
strenna ['strɛnna] *f* Geschenk *n*
stress [stres] *m inv* Stress *m*
stress|ante [stres'sante] stressig; **~are** [-'saːre] (*1b*) stressen
stretta ['stretta] *f* Druck *m*; ***~ di mano*** Händedruck *m*; ***~ al cuore*** Stich *m* ins Herz; ***mettere alle -e*** in die Enge treiben
strettezza [stret'tettsa] *f* Enge *f*; *fig* (*mst -e pl*) Armut *f*
stretto ['stretto] **1.** → ***stringere***; **2.** *adj* (zu) eng, schmal; knapp; ***lo ~ necessario*** das Allernotwendigste; **3.** *m* Meerenge *f*
strettoia [stret'toːia] *f* Verengung *f*; *fig* Engpass *m*
stridere ['striːdere] (*3a*) kreischen; *porta* quietschen; *colori* sich beißen
stridulo ['striːdulo] schrill
stril|lare [stril'laːre] (*1a*) schreien, brüllen; **~lo** ['strillo] *m* Schrei *m*; **~lone** [-'loːne] *m* Zeitungsverkäufer *m*
striminzito [strimin'tsiːto] kümmerlich, dürftig; mager
strimpellare [strimpel'laːre] (*1b*) klimpern
stringa ['striŋga] *f* (*pl -ghe*) Schnürsenkel *m*
string|ere ['strindʒere] (*3d*) **1.** *v/t* drücken; zusammendrücken; *abito* enger machen; *amicizia* schließen; **2.** *v/i* drücken; *tempo* drängen; **~ersi** [-dʒersi] sich zusammenziehen; *persone* zusammenrücken; ***~ addosso a qu*** sich dicht an j-n herandrängen
striscia ['striʃʃa] *f* (*pl -sce*) Streifen *m*; ***-sce pedonali*** Zebrastreifen *m*; ***a -sce*** gestreift
strisciare [striʃ'ʃaːre] (*1f*) **1.** *v/t piedi* nachschleifen; (*sfiorare*) streifen; **2** *v/i* kriechen
striscio ['striʃʃo] *m* Streifen *n*
striscione [striʃ'ʃoːne] *m* Spruchband *n*, Transparent *n*
strizzare [strit'tsaːre] (*1a*) auspressen auswringen; ***~ l'occhio a qu*** j-m zu zwinkern
strofa ['strɔːfa] *f* Strophe *f*
strofin|accio [strofi'nattʃo] *m* (*pl -cci* Wischlappen *m*; **~are** [-'naːre] (*1a*) po lieren; scheuern
stroncare [stroŋ'kaːre] (*1d*) abbre chen; *fig* niederwerfen
stropicciare [stropit'tʃaːre] (*1f*) rei ben
strozz|are [strot'tsaːre] (*1c*) erwürger **~atura** [-tsa'tuːra] *f* Verengung *f*; **~in** [-'tsiːno] *m* Halsabschneider *m*
struggente ['struddʒente] quälend
strumentalizzare [strumentalid'dza re] instrumentalisieren
strumento [stru'mento] *m* Instrumer *n*; *tec* Gerät *n*, Werkzeug *n* (*a fig*); ***musicale*** Musikinstrument *n*; ***-i*** ***ad arco*** Streichinstrumente *n/pl*; *pl **a fiato*** Blasinstrumente *n/pl*
strutto ['strutto] *m* Schmalz *n*

S

struttur|a [strut'tu:ra] *f* Struktur *f*; Bau *m*; Aufbau *m*, Gliederung *f*; **~are** [-tu'ra:re] (*1a*) strukturieren
struzzo ['struttso] *m zo* Strauß *m*
stuccare [stuk'ka:re] (*1d*) verkitten
stucco ['stukko] *m* (*pl -cchi*) Stuck *m*; ***rimanere di ~*** verblüfft sein
stud|ente [stu'dɛnte] *m* Schüler *m*; *d'università* Student *m*; ***~ di medicina*** Medizinstudent *m*; ***casa f dello ~*** Studentenheim *n*; **~entessa** [-den'tessa] *f* Schülerin *f*; Studentin *f*; **~iare** [-di'a:re] (*1k*) lernen; studieren
studio ['stu:dio] *m* (*pl -di*) Lernen *n*; Studium *n*; *stanza* Arbeitszimmer *n*; *di artista* Atelier *n*; *di professionista* Büro *n*; *di medico* Praxis *f*; *rad*, *TV* Studio *n*; ***borsa f di ~*** Stipendium *n*
studioso [studi'o:zo] **1.** *adj* fleißig; **2.** *m* Wissenschaftler *m*, Gelehrte(r) *m*
stufa ['stu:fa] *f* Ofen *m*
stuf|are [stu'fa:re] (*1a*) *gastr* schmoren; *fig* unerträglich langweilen; **~arsi** [-'farsi] überdrüssig werden (***di*** *gen*); **~ato** [-'fa:to] **1.** *adj* geschmort; **2.** *m* Schmorbraten *m*; ***~ di manzo*** geschmortes Rindfleisch *n*
tufo ['stu:fo]: ***essere ~ di qc*** et sattha-ben
tuoia [stu'ɔ:ia] *f* Strohmatte *f*
tuolo [stu'ɔ:lo] *m* Schar *f*
tupef|acente [stupefa'tʃɛnte] **1.** *adj* erstaunlich; **2.** *m* Rauschgift *n*; **~atto** [-'fatto] erstaunt
tup|endo [stu'pɛndo] wundervoll; fabelhaft; **~idaggine** [-pi'daddʒine] *f* Dummheit *f*; **~idità** [-pidi'ta] *f* Dummheit *f*
tupido ['stu:pido] **1.** *adj* dumm; **2.** *m* Dummkopf *m*
tup|ire [stu'pi:re] (*4d*) **1.** *v/t* in Erstaunen setzen; **2.** *v/i u* **~irsi** [-'pirsi] sich wundern; **~ore** [-'po:re] *m* Erstaunen *n*
tupro ['stu:pro] *m* Vergewaltigung *f*
turare [stu'ra:re] (*1a*) entkorken; anstechen; *tubo* (wieder) frei machen
tuzzic|adenti [stuttsika'dɛnti] *m inv* Zahnstocher *m*; **~are** [-'ka:re] (*1l u d*) reizen; necken; ***~ l'appetito*** den Appetit anregen
u [su] **1.** *prp* auf (*dat od acc*); über (*dat od acc*); *argomento* über (*acc*); (*circa*) um, circa, ungefähr; ***sul tavolo*** auf dem Tisch; ***sul mare*** am Meer; ***sui trenta euro*** um die dreißig Euro; ***su misura*** nach Maß; ***nove volte su dieci*** neun von zehn Malen; **2.** *adv* oben; hinauf; herauf; ***su!*** auf!; ***su via!*** los!; ***su e giù*** auf und ab; ***su per giù*** ungefähr
SU ***Stati Uniti*** Vereinigte Staaten (*abbr* US)
sub [sub] *m/f inv* Taucher(in) *m(f)*
sub|acqueo [su'bakkueo] **1.** *adj* Unterwasser…; **2.** *m* Taucher *m*; **~affittare** [-affit'ta:re] (*1a*) weitervermieten; **~affitto** [-af'fitto] *m* Untermiete *f*
subdolo ['subdolo] hinterhältig
subentrare [suben'tra:re] (*1a*): ***~ a qu*** an j-s Stelle treten
subire [su'bi:re] (*4d*) erleiden; ***~ un esame*** sich e-r Prüfung unterziehen
subito ['su:bito] **1.** *adj* plötzlich; **2.** *adv* sofort, sogleich
subordinare [subordi'na:re] (*1m*) unterordnen; ***~ qc a qc*** et von et (*dat*) abhängig machen
suburbano [subur'ba:no] Vorstadt…
succ|edere [sut'tʃɛ:dere] (*3a od 3l*) (nach)folgen (***a*** *dat*); (*accadere*) geschehen, passieren; vorkommen; ***che succede?*** was ist los?; **~essione** [-tʃessi'o:ne] *f* Nachfolge *f*; **~essivo** [-tʃes'si:vo] (darauf) folgend; **~esso** [-'tʃɛsso] **1.** → ***succedere***; **2.** *m* Erfolg *m*; ***di ~*** erfolgreich; **~essore** [-tʃes'so:re] *m* Nachfolger *m*
succhiare [sukki'a:re] (*1k*) saugen; *dito* lutschen
succo ['sukko] *m* (*pl -cchi*) Saft *m*; ***~ d'arancia*** Orangensaft *m*; ***~ di frutta*** Fruchtsaft *m*; ***~ di mele*** Apfelsaft *m*
succoso [suk'ko:zo] saftig
succursale [sukkur'sa:le] *f* Filiale *f*; Zweigniederlassung *f*, Zweigstelle *f*
sud [sud] *m* Süd(en) *m*; ***~ ovest*** Südwest(en) *m*; ***~ est*** Südost(en) *m*; ***a(l) ~*** südlich von
Sudafrica [su'da:frika] *m* Südafrika *n*
sud|are [su'da:re] (*1a*) schwitzen; **~ata** [-'da:ta] *f* Schwitzen *n*; **~ato** [-'da:to] verschwitzt
suddiv|idere [suddi'vi:dere] (*3q*) unterteilen; **~isione** [-vizi'o:ne] *f* Unterteilung *f*
sudicio ['su:ditʃo] (*pl -ci*) schmutzig, dreckig
sudiciume [sudi'tʃu:me] *m* Schmutz

m, F Dreck *m*
sudoku [su'doku] *m* Sudoku *n* (*japanisches Zahlenrätsel*)
sudore [su'do:re] *m* Schweiß *m*
sufficien|te [suffi'tʃɛnte] genügend, ausreichend; **~za** [-'tʃɛntsa] *f* **a ~** zur Genüge
suffragio [suf'fra:dʒo] *m* (*pl -gi*) Wahlrecht *n*; (*voto*) Stimme *f*; **~ universale** allgemeines Wahlrecht *n*
sugger|imento [suddʒeri'mento] *m* Rat *m*, Empfehlung *f*; **~ire** [-'ri:re] (*4d*) einflüstern, suggerieren; (*consigliare*) *j-m et* nahelegen, *j-m et* raten; **~ un' idea a qu** j-n auf e-n Gedanken bringen; **~itore** [-ri'to:re] *m tea* Souffleur *m*
suggest|ionare [suddʒestio'na:re] (*1a*) beeinflussen; **~ione** [-ti'o:ne] *f* Suggestion *f*; **~ivo** [-'ti:vo] suggestiv; wirkungsvoll
sughero ['su:gero] *m* Kork *m*; Korkeiche *f*
sugli ['su:ʎi] *prp* **su** *mit dem art* **gli**
sugo ['su:go] *m* (*pl -ghi*) Soße *f*, Tunke *f*; *fig* Kern *m*, Wesentliche(s) *n*; **al ~** mit Fleisch- und Tomatensoße
sugoso [su'go:zo] saftig
sui [s'ui] *prp* **su** *mit dem art* **i**
suic|ida [sui'tʃi:da] *m/f* (*m/pl -i*) Selbstmörder(in) *m*(*f*); **~idarsi** [-tʃi'darsi] (*1a*) sich das Leben nehmen; **~idio** [-'tʃi:dio] *m* (*pl -di*) Selbstmord *m*
suino [su'i:no] Schweine...
sul [sul] *prp* **su** *mit dem art* **il**
sull' [sull], **sulla** ['sulla], **sulle** ['sulle], **sullo** ['sullo] *prp* **su** *mit dem art* **l', la, le, lo**
suo [s'u:o] *adj u pron* sein; ihr; **il ~ maestro** sein (*od* ihr) Lehrer; **i suoi amici** seine (*od* ihre) Freunde; **questo libro è ~** dieses Buch gehört ihm (*od* ihr)
Suo [s'u:o] Ihr; *m* Seinige *n*; Ihrige *n*
suocer|a [su'ɔ:tʃera] *f* Schwiegermutter *f*; **~i** [-ri] *m/pl* Schwiegereltern *pl*; **~o** [-ro] *m* Schwiegervater *m*
suola [su'ɔ:la] *f* (Schuh)Sohle *f*
suolo [su'ɔ:lo] *m* Boden *m*
suonare [suo'na:re] (*1o*) **1.** *v/t mus* spielen; **~ il campanello** klingeln; **2.** *v/i* klingeln (*a tel*); läuten (*a campane*); *ore* schlagen
suono [su'ɔ:no] *m* Klang *m*; Ton *m*; *fis* Schall *m*; *gram* Laut *m*
suora [su'ɔ:ra] *f rel* Schwester *f*; Nonne *f*
super F ['super] *f inv* Super(benzin) *n*(*n*)
super|are [supe'ra:re] (*1l*) übertreffen; *fig* überschreiten; übersteigen; *pericolo* überwinden; *esame* bestehen; **~ato** [-'ra:to] überholt, veraltet
sup|erbia [su'pɛrbia] *f* Hochmut *m*; **~erbo** [-'pɛrbo] hochmütig
super|ficiale [superfi'tʃa:le] oberflächlich; **~ficie** [-'fi:tʃe] *f* Fläche *f*; Oberfläche *f*; **alla ~** an der Oberfläche
superfluo [su'pɛrfluo] überflüssig
super|iora [superi'o:ra] *f* Oberin *f*; **~iore** [-ri'o:re] **1.** *adj* höher; obere; *qualità* hochwertig; **~ alla media** überdurchschnittlich; **è ~ a tutti** er ist allen überlegen; **2.** *m* Vorgesetzte(r) *m*; **~iorità** [-riori'ta] *f* Überlegenheit *f*; **~lativo** [-la'ti:vo]; **1.** *adj* höchst; **2.** *m* Superlativ *m*; **~market** [-'market] *m inv* **~mercato** [-mer'ka:to] *m* Supermarkt *m*
superstite [su'pɛrstite] **1.** *adj* überlebend; **2.** *m* Überlebende(r) *m*
superstizi|one [superstitsi'o:ne] *f* Aberglaube *m*; **~oso** [-tsi'o:zo] abergläubisch
super|strada [super'stra:da] *f* Schnellstraße *f*; **~uomo** [-u'ɔ:mo] *m* (*pl uomini*) Übermensch *m*; F Supermann *m*
suppergiù F [supper'dʒu] ungefähr
suppl|ementare [supplemen'ta:re] ergänzend; zusätzlich; Ergänzungs...; **~emento** [-ple'mento] *m* Ergänzung *f*; *let* Nachtrag *m*; (Zeitungs)Beilage *f*; *fer* Zuschlag *m*; *fer* **~ rapido** Intercity-Zuschlag *m*; **fare il ~** nachlösen; **~ente** [-'plɛnte] **1.** *adj* stellvertretend; **2.** *m* Stellvertreter *m*; **~enza** [-'plɛntsa] *f* Vertretung *f*
supplì [sup'pli] *m inv* Reiskrokette *f*
supplicare [suppli'ka:re] (*1l u d*) bitten, flehen
supplizio [sup'pli:tsio] *m* (*pl -zi*) Folter *f*; *fig* Qual *f*
supp|ongo [sup'poŋgo] → **supporre**; **~orre** [-'porre] (*3ll*) vermuten, annehmen; **~orto** [-'pɔrto] *m tec* Träger *m*, Unterlage *f*; *inform* **~ dati** Datenträger *m*; **~osizione** [-pozitsi'o:ne] *f* Vermutung *f*; **~osta** [-'pɔsta] *f med* Zäpfchen

n; **~osto** [-'posto] **1.** → ***supporre***; **2.** *adj* vorausgesetzt
suppur|are [suppu'raːre] (*1a*) eitern; **~azione** [-ratsi'oːne] *f* Eiterung *f*
supr|emazia [suprema'tsiːa] *f* Oberhoheit *f*; **~emo** [-'prɛːmo] höchste
surf [səːf] *m inv sport* Surfen *n*; ***fare ~*** surfen; ***tavola da ~*** Surfbrett *n*
surfista [sər'fista] *m/f* (*m/pl -i*) Surfer(in) *m(f)*
sur|gelare [surdʒe'laːre] (*1b*) einfrieren, tiefkühlen; **~gelato** [-dʒe'laːto] **1.** *adj* tiefgekühlt; **2.** *m* (*mst -i pl*) tiefgekühlte Lebensmittel *n/pl*
surriscaldare [surriskal'daːre] (*1a*) überhitzen
surrogato [surro'gaːto] *m* Surrogat *n*, Ersatz *m*
suscett|ibile [suʃʃet'tiːbile] empfindlich; ***~ di miglioramento*** verbesserungsfähig; **~ibilità** [-tibili'ta] *f* Empfindlichkeit *f*
suscitare [suʃʃi'taːre] (*1l*) hervorrufen
susin|a [su'siːna] *f* Pflaume *f*; **~o** [-no] *m* Pflaumenbaum *m*
suspense ['səspens] *f* Spannung *f*
sussidio [sus'siːdio] *m* (*pl -di*) Unterstützung *f*; *fig* Hilfe *f*; ***~ di disoccupazione*** Arbeitslosenunterstützung *f*
suss|ultare [sussul'taːre] (*1a*) zusammenzucken; aufspringen; **~ulto** [-'sulto] *m* Zuckung *f*
suss|urrare [sussur'raːre] (*1a*) **1.** *v/t* zuflüstern; **2.** *v/i* flüstern; **~urro** [-'surro] *m* Flüstern *n*; Gemurmel *n*
sutura [su'tuːra] *f med* Naht *f*
S.V. ***Signoria Vostra*** Euer Wohlgeboren
SV ***Savona*** Savona
svag|are [zva'gaːre] (*1e*) ablenken, zerstreuen; **~arsi** [-'garsi] sich zerstreuen; sich erholen
svago ['zvaːgo] *m* (*pl -ghi*) Erholung *f*, Ablenkung *f*; Vergnügung *f*; ***per ~*** zum Vergnügen
svaligiare [zvali'dʒaːre] (*1f*) ausrauben
svalut|are [zvalu'taːre] (*1a*) abwerten; entwerten; **~azione** [-tatsi'oːne] *f* Abwertung *f*; Entwertung *f*
svanire [zva'niːre] (*4d*) verschwinden
svant|aggio [zvan'taddʒo] *m* (*pl -ggi*) Nachteil *m*; **~aggioso** [-tad'dʒoːzo] nachteilig
svariato [zvari'aːto] verschiedenartig

svedese [zve'deːse] **1.** *adj* schwedisch; **2.** *m* Schwedisch(e) *n*; **3.** *m/f* Schwede *m*, Schwedin *f*
sveglia ['zveːʎa] *f* Wecker *m*
svegli|are [zve'ʎaːre] (*1g*) wecken; **~arsi** [-'ʎarsi] aufwachen
sveglio ['zveːʎo] wach; *fig* aufgeweckt
svelare [zve'laːre] (*1a*) enthüllen; entschleiern; *segreto* lüften
svelto ['zvɛlto] rasch, schnell; flink; *fig* aufgeweckt; ***alla -a*** rasch, schnell
svend|ere ['zvendere] (*3a*) ausverkaufen; **~ita** [-dita] *f* Ausverkauf *m*; ***~ di fine stagione*** Schlussverkauf *m*
sven|imento [zveni'mento] *m* Ohnmacht *f*; **~ire** [-'niːre] (*4p*) ohnmächtig werden
sventolare [zvento'laːre] (*1l u b*) **1.** *v/t* schwenken; **2.** *v/i* wehen, flattern
svent|ura [zven'tuːra] *f* Unglück *n*; **~urato** [-tu'raːto] unglücklich
svenuto [zve'nuːto] **1.** → ***svenire***; **2.** *adj* ohnmächtig
svergognato [zvergo'ɲaːto] schamlos
svernare [zver'naːre] (*1b*) überwintern
svest|ire [zves'tiːre] (*4b*) ausziehen; **~irsi** sich ausziehen
Svevia [sv'ɛːvia] *f* Schwaben *n*
Svezia ['zvɛːtsia] *f* Schweden *n*
svi|are [zvi'aːre] (*1h*) ablenken; ableiten; *fig* irreleiten; **~arsi** [-'arsi] sich verirren; vom richtigen Weg abkommen
svignarsela F [zvi'ɲarsela] (*1a*) F sich aus dem Staub machen
svilupp|are [zvilup'paːre] (*1a*) entwickeln; **~arsi** [-'parsi] sich entwickeln; wachsen; **~ato** [-'paːto] entwickelt; ausgewachsen
sviluppo [zvi'luppo] *m* Entwicklung *f*
svincolo ['zviŋkolo] *m econ merci* Auslösung *f*; Freigabe *f*; *strada* Autobahnauffahrt *f*, -ausfahrt *f*
svista ['zvista] *f* Versehen *n*; ***per ~*** aus Versehen
svit|are [zvi'taːre] (*1a*) abschrauben; **~ato** [-'taːto] abgeschraubt, lose; *fig* verrückt
svizzero ['zvittsero] **1.** *adj* schweizerisch; **2.** *m*, ***-a*** [-ra] *f* Schweizer(in *f*) *m*; **3.** *lingua* Schweizerisch(e) *n*
Svizzera ['zvittsera] *f* Schweiz *f*
svogli|atezza [zvoʎa'tettsa] *f* Lustlosigkeit *f*; **~ato** [-'ʎaːto] lustlos

svolazzare [zvolat'tsa:re] *(1a)* flattern; umherflattern
svolg|ere ['zvɔldʒere] *(3d)* *pacco* auswickeln; *tema* erörtern, behandeln; *attività* durchführen; **~ersi** [-dʒersi] sich abspielen; *tea, film* spielen
svolgimento [zvoldʒi'mento] *m* Ablauf *m*; *tema* Abhandlung *f*
svolta ['zvɔlta] *f* Abbiegen *n*; *(curva)* Kurve *f*; *fig* Wende *f*
svoltare [zvol'ta:re] *(1c)* abbiegen; ***~ a destra*** nach rechts abbiegen; ***~ a sinistra*** nach links abbiegen
svolto ['zvɔlto] → ***svolgere***
svuotare [zvuo'ta:re] *(1c)* entleeren

T

t ***tonnellata*** Tonne (*abbr* t)
TA ***Taranto*** Tarent
tabac|caio [tabak'ka:io] *m (pl -ai)* Tabakwarenhändler *m*; **~cheria** [-ke'ri:a] *f* Tabakwarengeschäft *n*
tabacco [ta'bakko] *m (pl -cchi)* Tabak *m*
tabagismo [taba'dʒizmo] *m* Nikotinvergiftung *f*
tab|ella [ta'bɛlla] *f* Tabelle *f*; Liste *f*; ***~ dei prezzi*** Preisliste *f*; **~ellare** [-bel'la:re] tabellarisch; **~ellina** *f* [-elli:na] *f* Einmaleins *n*; **~ellone** [-bel'lo:ne] *m* Anschlagtafel *f*
tabernacolo [taber'na:kolo] *m* Tabernakel *n*
tabù [ta'bu] **1.** *adj* tabu; **2.** *m inv* Tabu *n*
tabulato [tabu'la:to] *m* (Computer-)Ausdruck *m*
TAC ***Tomografia Assiale Computerizzata*** Computertomographie
taccagno [tak'ka:ɲo] knauserig, geizig
taccheggio [tak'keddʒo] *m* Ladendiebstahl *m*
tacchino [tak'ki:no] *m* Truthahn *m*, Puter *m*
tacco ['takko] *m (pl -cchi)* (Schuh-)Absatz *m*
taccuino [takku'i:no] *m* Notizbuch *n*
tacere [ta'tʃe:re] *(2k)* **1.** *v/t* verschweigen; **2.** *v/i* schweigen
tachicardia [takikar'di:a] *f* Tachykardie *f*
tachimetro [ta'ki:metro] *m* Tachometer *m u n*
taciturno [tatʃi'turno] schweigsam
tafano [ta'fa:no] *m zo* Bremse *f*
tafferuglio [taffe'ru:ʎo] *m (pl -gli)* Tumult *m*, Krawall *m*
taglia ['ta:ʎa] *f* Größe *f*; *somma di denaro* Kopfgeld *n*; ***di ~ media*** von mittlerer Größe; ***~ forte*** Übergröße *f*; ***~ unica*** Einheitsgröße *f*
tagli|acarte [taʎa'karte] *m inv* Brieföffner *m*; **~ando** [-'ʎando] *m* Abschnitt *m*, Coupon *m*; **~are** [-'ʎa:re] *(1g)* schneiden; abschneiden; *(ridurre)* kürzen; *albero* fällen; ***farsi ~ i capelli*** sich die Haare schneiden lassen; **~atelle** [-ʎa'tɛlle] *f/pl* Bandnudeln *f/pl*; **~ente** [-'ʎɛnte] scharf; **~ere** [-'ʎɛ:re] *m* Hackbrett *n*; **~erini** [-ʎe'ri:ni] *m/pl* schmale Eiernudeln *f/pl*
tailleur [ta'jœ:r] *m inv* Kostüm *n*
talco ['talko] *m (pl -chi)* Talkum *n*
tale ['ta:le] so ein(e); (ein) solcher, -e (eine) solche; ***~ e quale*** genauso wie; ***un ~*** ein gewisser; ***il signor tal dei*** … Herr Soundso *m*
talento [ta'lɛnto] *m* Talent *n*, Begabung *f*
tall|onare [tallo'na:re] *(1a)* verfolgen, bedrängen; ***~ qu*** j-m auf den Fersen bleiben; **~oncino** [-lon'tʃi:no] *m* Abschnitt *m*, Schein *m*; **~one** [-'lo:ne] *m* Ferse *f*
talmente [tal'mente] dermaßen, dera…
talora [ta'lo:ra] bisweilen, manchmal
talpa ['talpa] *f* Maulwurf *m*
talvolta [tal'vɔlta] manchmal, mitunt…
tamburo [tam'bu:ro] *m* Trommel *f*
Tamigi [ta'mi:dʒi] *m* Themse *f*
tamp|onamento [tampona'mento] … Auffahrunfall *m*; ***~ a catena*** Massenkarambolage *f*; **~onare** [-'na:re] *(1…)* zustopfen; *med* tamponieren; *au…* auffahren auf *(acc)*; **~one** [-'po:ne] *m med* Tampon *m*; *tec* Puffer *m*
tana ['ta:na] *f* Höhle *f*
tandem ['tandem] *m inv* Tandem *n*

T

ang|ente [tan'dʒɛnte] *f mat* Tangente *f*; *econ* (*quota*) Anteil *m*; (*denaro estorto*) Schutzgeld *n*; **~enziale** [-dʒentsi'a:le] *f* Umgehungsstraße *f*, Stadtautobahn *f*
anica ['ta:nika] *f* (Benzin)Kanister *m*
anto ['tanto] **1.** *adj* viel; so viel; **-i saluti** viele Grüße; **-e grazie** vielen Dank; **2.** *pron* viel; **-i** *pl* viele; **3.** *adv* so sehr; so viel; so; so lange; **di ~ in ~** von Zeit zu Zeit; **~ meglio** umso besser; **~ quanto** so viel wie; **da ~** seit langem
appa ['tappa] *f* Rast *f*, Station *f*; Etappe *f*
app|are [tap'pa:re] (*1a*) zustopfen; *bottiglia* zukorken; **~arella** [-pa'rɛlla] *f* Rollladen *m*
appeto [tap'pe:to] *m* Teppich *m*
appezz|are [tappet'tsa:re] (*1a*) tapezieren; **~eria** [-tse'ri:a] *f* Tapeten *f/pl*
appo ['tappo] *m* (Flaschen)Verschluss *m*; *di sughero* Korken *m*; Stöpsel *m*
aranto ['ta:ranto] *m* Tarent *n*
aratura [tara'tu:ra] *f* Eichung *f*
archiato [taraki'a:to] untersetzt
ardare [tar'da:re] (*1a*) **1.** *v/t* verzögern; **2.** *v/i* zögern; sich verspäten
rdi ['tardi] spät; **più ~** später; **al più ~** spätestens; **a più ~!** bis später!; **far ~** sich verspäten
rdivo [tar'di:vo] spätreif; verspätet
rdo ['tardo] spät; langsam
rga ['targa] *f* (*pl -ghe*) Schild *n*; Plakette *f*; *auto* Nummernschild *n*
rghetta [tar'getta] *f* Schildchen *n*; Türschild *n*
riffa [ta'riffa] *f* Tarif *m*, Gebühr *f*; **~ locale** Ortstarif *f*; **~ notturna** Nachttarif *f*; **~ urbana a tempo** Zeittakt *m*
rlato [tar'la:to] wurmstichig
rlo ['tarlo] *m* Holzwurm *m*
rma ['tarma] *f* Motte *f*
rtaro ['tartaro] *m* Zahn-, Kalk-, Weinstein *m*
rtaruga [tarta'ru:ga] *f* (*pl -ghe*) Schildkröte *f*
rtina [tar'ti:na] *f* belegte Brotschnitte *f*
rtufo [tar'tu:fo] *m* Trüffel *f*
rvisio [tar'vi:sio] *f* Tarvis *n*
sca ['taska] *f* (*pl -che*) Tasche *f*; F **ne ho le tasche piene** F ich habe die Nase voll davon
scabile [tas'ka:bile] **1.** *adj* Taschen…; **dizionario** *m* **~** Taschenwörterbuch *n*; **2.** *m* Taschenbuch *n*
tassa ['tassa] *f* Steuer *f*; Gebühr *f*; **~ di circolazione** Kraftfahrzeugsteuer *f*; **~ di soggiorno** Kurtaxe *f*; **esente da ~** gebührenfrei; **soggetto a ~** gebührenpflichtig
tass|ametro [tas'sa:metro] *m* Taxameter *n u m*; **~are** [-'sa:re] (*1a*) besteuern
tassì [tas'si] *m inv* Taxi *n*
tassista [tas'sista] *m/f* (*m/pl -i*) Taxifahrer(in) *m(f)*
tasso ['tasso] *m econ* Quote *f*, Rate *f*, Satz *m*; **~ di cambio** Umrechnungskurs *m*; **~ d'inflazione** Inflationsrate *f*; **~ d'interesse** Zinssatz *m*; **~ di sconto** Diskontsatz *m*
tast|are [tas'ta:re] (*1a*) (be)tasten; *polso* fühlen; *fig* **~ il terreno** sondieren; **~iera** [-ti'ɛ:ra] *f* Tastatur *f*; **~ierista** [-tie'rista] *m/f* (*m/pl -i*) Datentypist(in) *m(f)*
tasto ['tasto] *m* Taste *f*; *tel* **~ di selezione rapida** Kurzwahltaste *f*; *inform* **~ operativo** Funktionstaste *f*
tattic|a ['tattika] *f* (*pl -che*) Taktik *f*; **~o** [-ko] (*pl -ci*) taktisch
tatto ['tatto] *m* (*senso*) Tastsinn *m*; *fig* Takt *m*, Fingerspitzengefühl *n*; **mancanza** *f* **di ~** Taktlosigkeit *f*
tatuaggio [tatu'addʒo] *m* Tätowierung *f*
taverna [ta'vɛrna] *f* Schenke *f*
tavola ['ta:vola] *f* (*asse*) Brett *n*; *mobile* Tisch *m*; (*tabella*) Tabelle *f*; **~ calda** Imbissstube *f*; **~ rotonda** Round-Table-Gespräch *n*; *sport* **~ a vela** Surfbrett *n*; **a ~** bei Tisch, beim Essen
tavoletta [tavo'letta] *f* **~ di cioccolata** Tafel *f* Schokolade
tavolo ['ta:volo] *m* Tisch *m*
taxi ['taksi] *m inv* → **tassì**
tazza ['tattsa] *f* Tasse *f*; **una ~ di caffè** e-e Tasse Kaffee
tazzina [tat'tsi:na] *f* Kaffeetasse *f*
tbc, **TBC** **tubercolosi** Tuberkulose (*abbr* Tbc, Tb)
TCI **Touring Club Italiano** Italienischer Touring Club
te [te] dich; dir; **come ~** wie du
TE **Teramo** Teramo
tè [tɛ] *m* Tee *m*; **sala** *f* **da ~** Teeraum *m*; **tazza** *f* **da ~** Teetasse *f*
teatrale [tea'tra:le] theatralisch; Thea-

T

ter...; ***rappresentazione*** *f* ~ Theatervorstellung *f*

teatro [te'aːtro] *m* Theater; *fig* Schauplatz *m*; ~ ***all'aperto*** Freilichtbühne *f*; ~ ***lirico*** Opernhaus *n*; ~ ***dei burattini*** Kasperletheater *n*

tecnic|a ['tɛknika] *f* (*pl -che*) Technik *f*; **~o** [-ko] (*pl -ci*) **1.** *adj* technisch; **2.** *m* Techniker *m*

tecnol|ogia [teknolo'dʒiːa] *f* Technologie *f*; ***alta*** ~ Hightech *n*; **~ogico** [-'lɔːdʒiko] (*pl -ci*) technologisch

tedesco [te'desko] (*mpl -chi*) **1.** *adj* deutsch; **2.** *m*, **-a** [-ka] *f* Deutsche(r *m*) *m/f*; **3.** *lingua* Deutsch(e) *n*; ***in*** ~ auf Deutsch

tegame [te'gaːme] *m* Bratpfanne *f*

teglia ['teːʎa] *f* Backform *f*

tegola ['teːgola] *f* Dachziegel *m*

teiera [tei'ɛːra] *f* Teekanne *f*

tel. ***telefono*** Telefon (*abbr* Tel.)

tela ['teːla] *f* Leinwand *f*; *fig* Gewebe *n*; *arte* Gemälde *n*; ~ ***cerata*** Wachstuch *n*

telaio [te'laːio] *m* (*pl -ai*) Webstuhl *m*; Rahmen *m*, Gestell *n*; *auto* Fahrgestell *n*

tele|camera [tele'kaːmera] *f* Fernsehkamera *f*; **~comando** [-ko'mando] *m* Fernsteuerung *f*; *TV* Fernbedienung *f*; **~comunicazioni** [-komunikatsi'oːni] *f/pl* Fernmeldewesen *n*; **~conferenza** [telekɔnfe'rentza] *f* Telefonkonferenz *f*; **~fax** [-'faks] *m* Faxgerät *n*; **~ferica** [-'fɛːrika] *f* (*pl -che*) Drahtseil-, Schwebebahn *f*; **~film** [-'film] *m inv* Fernsehfilm *m*

telefonare [telefo'naːre] (*1m u b*) telefonieren (***a qu*** mit j-m); anrufen (***a qu*** j-n)

telefonata [telefo'naːta] *f* Anruf *m*; ~ ***interurbana*** Ferngespräch *n*; ~ ***urbana*** Ortsgespräch *n*; ***fare una*** ~ ***a qu*** j-n anrufen

telefonia *f*: ~ ***fissa*** Festnetz *n*; ~ ***mobile*** Mobilnetz *n*, Mobilfunk *m*

tele|fonico [tele'fɔːniko] (*pl -ci*) telefonisch; ***chiamata*** *f* **-a** (Telefon)Anruf *m*; **~fonino** [telefo'nino] *m tel* Handy *n*; **~fonista** [-fo'nista] *m/f* (*m/pl -i*) Telefonist(in) *m(f)*

telefono [te'lɛːfono] *m* Telefon *n*; ~ ***a scheda*** Kartentelefon *m*; ~ ***a tastiera*** Tastentelefon *m*; ~ ***cellulare*** Funktelefon *m*; ***dare un colpo di*** ~ ***a qu*** j-n kurz anrufen

tele|giornale [teledʒor'naːle] *m* Fernsehnachrichten *f/pl*; **~grafare** [-gra'faːre] (*1m u b*) telegrafieren; **~grafico** [-'graːfiko] (*pl -ci*) telegrafisch

telegrafo [te'lɛːgrafo] *m* Telegraf *m*

tele|gramma [tele'gramma] *m* (*pl -i*) Telegramm *n*; **~guidato** [-gui'daːto] ferngesteuert; **~lavoro** [-la'voːro] *m* Bildschirmarbeit *f*; **~obiettivo** [-obiet'tiːvo] *m* Teleobjektiv *n*; **~pass**® [-'pas] *m inv* elektronische Mautstelle *f*; **~patia** [-pa'tiːa] *f* Telepathie *f*; **~schermo** [-'skermo] *m* Bildschirm *m*; **~scopio** [-'skɔːpio] *m* (*pl -pi*) Teleskop *n*, Fernrohr *n*; **~selezione** [-seletsi'oːne] *f* Selbstwählferndienst *m*; **~spettatore** [-spetta'toːre] *m* Fernsehzuschauer *m*; **~vendita** [-'vendita] *f* Homeshopping *n*

telev|isione [televizi'oːne] *f* Fernsehen *n*; ~ ***via cavo*** Kabelfernsehen *n*; ~ ***vi[a] satellite*** Satellitenfernsehen *n*; **~isiv[o]** [-vi'ziːvo] Fernseh...; **~isore** [-vi'zoːre] *m* Fernsehgerät *n*, Fernseher *m*; ~ ***a colori*** Farbfernseher *m*

telex ['tɛːleks] *m inv* Telex *n*

telone [te'loːne] *m tea* Vorhang *m*

tema ['tɛːma] *m* Thema *n*; Aufsatz *m*

tem|erario [teme'raːrio] (*pl -ri*) verwegen; **~ere** [-'meːre] (*2a*) (be-)fürchten; ~ ***qu*** sich vor j-m fürchten

temperamatite [temperama'tiːte] *m inv* Bleistiftspitzer *m*

temper|amento [tempera'mento] *m* Temperament *n*; **~are** [-'raːre] (*1l b*) mildern, mäßigen; *matita* spitzen; **~ato** [-'raːto] maßvoll, gemäßigt; *clima* mild; **~atura** [-ra'tuːra] *f* Temperatur *f*; ~ ***ambientale*** Raumtemperatur

temperino [tempe'riːno] *m* Taschenmesser *n*; Bleistiftstifter *m*

temp|esta [tem'pɛsta] *f* Sturm *m*; Unwetter *n*; **~estoso** [-pes'toːzo] stürmisch

tempia ['tɛmpia] *f* Schläfe *f*

tempio ['tɛmpio] *m* (*pl -pli*) Tempel *m*

tempo ['tɛmpo] *m* Zeit *f*; *meteorolog* Wetter *n*; ~ ***libero*** Freizeit *f*; ***a*** ~ ***pers[o]*** in der Freizeit; ***a*** (*od* ***in***) ~ rechtzeiti[g]; ***col*** ~ mit der Zeit; ***un*** ~ einst; ***per*** [~] frühzeitig; ***non ho*** ~ ich habe kein[e] Zeit; ***da molto*** ~ seit langem; ***fa b[el]*** ~ es ist schönes Wetter; ***fa brutto***

T

es ist schlechtes Wetter
tempo|rale [tempo'ra:le] *m* Gewitter *n*; **~raneo** [-'ra:neo] zeitweilig
ten|ace [te'na:tʃe] zäh; hartnäckig; **~acia** [-'na:tʃa] *f* Zähigkeit *f*; Hartnäckigkeit *f*
tenaglie [te'na:ʎe] *f/pl* Zange *f*
tenda ['tɛnda] *f* Vorhang *m*; *da campeggio* Zelt *n*
tendenza [ten'dɛntsa] *f* Neigung *f*, Tendenz *f*; Trend *m*
tendere ['tɛndere] (*3c*) **1.** *v/t* spannen; *mano* reichen; *braccio* ausstrecken; *fig* stellen; **2.** *v/i* streben (***a*** nach *dat*); tendieren, neigen (***a*** zu)
tendina [ten'di:na] *f* Gardine *f*
tendine ['tɛndine] *m* Sehne *f*
tenebre ['tɛ:nebre] *f/pl* Finsternis *f*
tenente [te'nɛnte] *m* Oberleutnant *m*
ten|ere [te'ne:re] (*2q*) **1.** *v/t* halten; behalten; *riunione* abhalten; ***~ d'occhio*** im Auge behalten; **2.** *v/i* halten; ***~ a qc*** auf et (*acc*) Wert legen; **~ersi** [-'nersi] sich halten; ***~ in piedi*** sich aufrecht halten
tenerezza [tene'rettsa] *f* Zärtlichkeit *f*
tenero ['tɛ:nero] weich; zart; *fig* zärtlich
tengo ['tɛŋgo] → ***tenere***
tennis ['tɛnnis] *m* Tennis *n*; ***~ da tavolo*** Tischtennis *n*
tennista [ten'nista] *m/f* (*m/pl -i*) Tennisspieler(in) *m(f)*
tenore [te'no:re] *m* Wortlaut *m*; *mus* Tenor *m*; ***~ di vita*** Lebensstandard *m*
tensione [tensi'o:ne] *f* Spannung *f*; *fig* Anspannung *f*
tent|are [ten'ta:re] (*1b*) versuchen; ***~ tutto il possibile*** nichts unversucht lassen; **~ativo** [-ta'ti:vo] *m* Versuch *m*; **~azione** [-tatsi'o:ne] *f* Versuchung *f*
tenuta [te'nu:ta] *f* Fassungsvermögen *n*; *agr* Landgut *n*; *auto* ***~ di strada*** Straßenlage *f*
teo|logia [teolo'dʒi:a] *f* Theologie *f*; **~logico** [-'lɔ:dʒiko] (*pl -ci*) theologisch
teologo [te'ɔ:logo] *m* (*pl -ghi*) Theologe *m*
teor|ema [teo'rɛ:ma] *m* (*pl -i*) Lehrsatz *m*; **~ia** [-'ri:a] *f* Theorie *f*
teorico [te'ɔ:riko] (*pl -ci*) theoretisch
tepore [te'po:re] *m* milde Wärme *f*
teppista [tep'pista] *m* (*pl -i*) Rowdy *m*, Gangster *m*
terapia [tera'pi:a] *f* Therapie *f*
tergicristallo [terdʒikris'tallo] *m auto* Scheibenwischer *m*
termale [ter'ma:le] Thermal…; ***stazione f ~*** Kurort *m*; ***stabilimento m ~*** Thermalbad *n*
terme ['tɛrme] *f/pl* Thermalquellen *f/pl*
terminal ['tə:minl] *m inv avia* Terminal *n*; Endstation *f*
termin|ale [termi'na:le] **1.** *adj* Grenz…; End…; ***stazione f ~*** Endstation *f*; **2.** *m inform* Terminal *n*, Endgerät *n*; *el* Klemme *f*; **~are** [-'na:re] (*1l u b*); **1.** *v/t* beenden; abschließen; **2.** *v/i* enden, zu Ende gehen
termine ['tɛrmine] *m* Ende *n*; Schluss *m*; (*confine*) Grenze *f*; *econ* (*scadenza*) Frist *f*; Termin *m*; (*parola*) Ausdruck *m*, Wort *n*; ***~ di consegna*** Liefertermin *m*; ***~ di pagamento*** Zahlungsfrist *f*; ***~ tecnico*** Fachausdruck *m*; ***a breve ~*** kurzfristig; ***a lungo ~*** langfristig; ***in altri -i*** mit anderen Worten; ***volgere al ~*** dem Ende zugehen
term|ocoperta [termoko'pɛrta] *f* Heizdecke *f*; **~oforo** [-'mɔ:foro] *m* Heizkissen *n*; **~ometro** [-'mɔ:metro] *m* Thermometer *n*
termos ['tɛrmos] *m inv* Thermosflasche *f*
term|osifone [termosi'fo:ne] *m* Heizkörper *m*; **~ostato** [-'mɔstato] *m* Thermostat *m*
terra ['tɛrra] *f* Erde *f*; Land *n*; (*suolo*) Boden *m*; ***-e*** *pl* Ländereien *f/pl*; ***a ~, per ~*** zu, am Boden; ***cadere a ~*** zu Boden fallen; ***prendere ~*** landen
terracotta [terra'kɔtta] *f* Tonerde *f*; Terracotta *f*
terra|ferma [terra'ferma] *f* Festland *n*, **~pieno** [-pi'ɛ:no] *m* Erdwall *m*
terr|azza [ter'rattsa] *f*, **~azzo** [-'rattso] *m* Terrasse *f*; **~emoto** [-re'mɔ:to] *m* Erdbeben *n*; **~eno** [-'re:no] **1.** *adj* irdisch; **2.** *m* Boden *m*; Gelände *n*; Grundstück *n*; *fig* Bereich *m*, Gebiet *n*; ***~ fabbricabile*** Baugrundstück *n*
terrestre [ter'rɛstre] Erd…; Land…; irdisch; ***globo m ~*** Erdkugel *f*
terribile [ter'ri:bile] schrecklich, fürchterlich
terrina [ter'ri:na] *f* Terrine *f*

T

territ|oriale [territori'aːle] Gebiets…; **~orio** [-'tɔːrio] *m* (*pl -ri*) Gebiet *n*; ***~ nazionale*** Hoheitsgebiet *n*
terr|ore [ter'roːre] *m* Schrecken *m*; Terror *m*; **~orismo** [-ro'rizmo] *m* Terrorismus *m*; **~orista** [-ro'rista] *m/f* (*m/pl -i*) Terrorist(in) *m(f)*; **~orizzare** [-rorid'dzaːre] (*1a*) terrorisieren
terza ['tɛrtsa] *f* dritte Klasse *f*; *auto* dritter Gang *m*
terz|iario [tertsi'aːrio] *m* (*pl -ri*) Dienstleistungsgewerbe *n*; ***settore m ~*** Dienstleistungssektor *m*; **~ino** [-'tsiːno] *m sport* Verteidiger *m*
terzo ['tɛrtso] **1.** *adj* dritte(r); ***il ~ mondo*** die Dritte Welt; ***-a pagina*** *f* Feuilleton *n*; **2.** *m* Dritte(r) *m*, Drittel *n*
tesi ['tɛːzi] *f inv* These *f*; (*a **~ di laurea***) Dissertation *f*
teso ['teːso] **1.** → ***tendere***; **2.** *adj* gespannt; *fig* angespannt
tesoro [te'zɔːro] *m* Schatz *m*
tessera ['tɛssera] *f* Ausweiskarte *f*; Mitgliedskarte *f*; ***~ d'abbonamento mensile*** Monatskarte *f*
tesserato [tɛsse'raːto] *m* Mitglied *m*
tesserino [tɛssɛ'rino] *m* Karte *f*; *inform **~ elettronico*** Chipkarte *f*
tessile ['tɛssile] **1.** *adj* Textil…; ***industria f ~*** Textilindustrie *f*; **2. *-i*** *m/pl* Textilien *pl*
tessuto [tes'suːto] *m* Gewebe *n*; Stoff *m*; ***~ di lana*** Wollstoff *m*; ***-i*** *pl* Textilien *pl*
test [tɛst] *m inv* Test *m*
testa ['tɛsta] *f* Kopf *m*; ***a ~*** pro Kopf; ***alla ~ di*** an der Spitze von; ***essere in ~*** an der Spitze liegen
testamento [testa'mento] *m* Testament *n*
test|ardaggine [testar'daddʒine] *f* Starrköpfigkeit *f*; **~ardo** [-'tardo] **1.** *adj* starrköpfig; **2.** *m* Starrkopf *m*
testata [tes'taːta] *f* Kopfende *n*; Kopfteil *m*; *auto* Zylinderkopf *m*; ***~ nucleare*** Atomsprengkopf *m*
teste ['tɛste] *m/f* Zeuge *m*, Zeugin *f*
testicolo [tes'tiːkolo] *m* Hoden *m*
test|imone [testi'mɔːne] *m/f* Zeuge *m*, Zeugin *f*; ***~ oculare*** Augenzeuge *m*; ***~ di nozze*** Trauzeuge *m*; **~imonianza** [-timoni'antsa] *f* Zeugenaussage *f*; (*prova*) Beweis *m*; **~imoniare** [-timoni'aːre] (*1k u c*) bezeugen; aussagen
testo ['tɛsto] *m* Text *m*; *inform **~ completo*** Volltext *m*
tetano ['tɛːtano] *m* Tetanus *m*, Wundstarrkrampf *m*
tetro ['tɛːtro] düster
tetto ['tetto] *m* Dach *n*
tettoia [tet'toːia] *f* Vordach *n*; Schutzdach *n*
Tevere ['teːvere] *m* Tiber *m*
TG ***Telegiornale*** Fernsehnachrichten
thermos® ['tɛrmos] → ***termos***
ti [ti] dir; dich
tibia ['tibia] *f* Schienbein *n*
tic [tik] *m* Tick *m*
ticchettare [tikket'taːre] (*1a*) ticken
Ticino [ti'tʃiːno] *m* Tessin *n*
ticket [ti'kɛt] *m inv* Arzneimittel-Selbstkostenbeteiligung *f*
tiene [ti'ɛːne] → ***tenere***
tiepido [ti'ɛːpido] lau(warm); *fig* lau
tifo ['tiːfo] *m med* Typhus *m*; sportliche Begeisterung *f*; ***fare il ~ per una squadra*** Anhänger von einer Mannschaft sein
tifoso [ti'foːzo] *m* Fan *m*; *sport* Fußballfan *m*
tiglio ['tiːʎo] *m* (*pl -gli*) Linde *f*
tigre ['tiːgre] *f* Tiger *m*
tilt [tilt] *m*: ***andare in ~*** kaputtgehen, zusammenbrechen; *computer* abstürzen; ***mandare in ~*** ruinieren; außer Gefecht setzen
timballo [tim'ballo] *m* Pauke *f*; *gast* Pastete *f*
timbrare [tim'braːre] (*1a*) stempeln
timbro ['timbro] *m* Stempel *m*; *mus* Klangfarbe *f*; ***~ postale*** Poststempel
timidezza [timi'dettsa] Schüchternheit *f*
timido ['tiːmido] schüchtern, scheu
timo ['tiːmo] *m* Thymian *m*
tim|one [ti'moːne] *m* Deichsel *f*; *mar* Steuer *n*; *fig* Führung *f*, Leitung *f*; **~oniere** [-moni'ɛːre] *m* Steuermann *m*
tim|ore [ti'moːre] *m* Furcht *f*; **~oroso** [-mo'roːzo] ängstlich
timpano ['timpano] *m mus* Pauke *f*; *anat* Trommelfell *n*
tinca ['tiŋka] *f* (*pl -che*) Schlei *m*
tingere ['tindʒere] (*3d*) färben
tint|a ['tinta] *f* Farbe *f*; **~arella** [-ta'rɛlla] *f* Sonnenbräune *f*; **~o** [-to] → ***tingere***
tint|oria [tinto'riːa] *f* (chemische) Re…

nigung *f*; **~ura** [-'tu:ra] *f* Färben *n*; Färbung *f*; (*colorante*) Färbemittel *n*; *med* **~ di iodio** Jodtinktur *f*
ipico ['ti:piko] (*pl -ci*) typisch
ipo ['ti:po] *m* Typ *m* (*a F fig*); Art *f*; **che ~ di ...?** was für ein(e) ...?
ip|ografia [tipogra'fi:a] *f* Buchdruckerei *f*; **~ografo** [-'pɔ:grafo] *m* Buchdrucker *m*
IR ***Trasporti Internazionali su Strada*** Internationale Lkw-Transporte
irann|eggiare [tiranned'dʒa:re] (*1f*) tyrannisieren; **~ia** [-'ni:a] *f* Tyrannei *f*
ir|annico [ti'ranniko] (*pl -ci*) tyrannisch; **~anno** [-'ranno] **1.** *adj* tyrannisch; **2.** *m* Tyrann *m*
ir|are [ti'ra:re] (*1a*) **1.** *v/t* ziehen; (*tendere*) spannen; (*lanciare*) werfen; *colpo* schießen; **~ fuori** herausziehen; **~ su** aufziehen; **~ giù** herunterziehen; **2.** *v/i* ziehen; *abito* zu eng sein; *mil* schießen; *vento* blasen, wehen; **~ avanti** sich durchschlagen; **~ dritto** s-r Wege gehen; **~ a sorte** losen; **~arsi** [-'rarsi]: **~ indietro** zurücktreten; **~atore** [-ra'to:re] *m* Schütze *m*; **~atura** [-ra'tu:ra] *f tip* Auflage *f*
rchio ['tirkio] (*pl -chi*) geizig
ro ['ti:ro] *m* (*lancio*) Wurf *m*; (*sparo*) Schuss *m*; **~ con l'arco** Bogenschießen *n*; *fig* **un brutto ~** ein böser Streich; **bestia** *f* **da ~** Zugtier *n*; **essere a ~** in Schussweite sein
rocinio [tiro'tʃi:nio] *m* (*pl -ni*) Lehrzeit *f*
roide [ti'rɔ:ide] *f* Schilddrüse *f*
rolese [tiro'le:se] **1.** *adj* Tiroler; **2.** *m* Tiroler *m*
rolo [ti'rɔ:lo] *m* Tirol *n*
sana [ti'za:na] *f* (Kräuter)Tee *m*
tano [ti'ta:no] *m* Titan *m*
tolare [tito'la:re] *m/f* Inhaber(in) *m(f)*; **~ di una ditta** Firmeninhaber(in) *m(f)*
tolo ['ti:tolo] *m* Titel *m*; *econ* Wertpapier *n*; **~ di credito** Schuldschein *n*; **a ~ di** als, in der Eigenschaft als; **~ di studio** Studienabschluss *m*
ubare [titu'ba:re] (*1l*) zögern
zio ['ti:tsio] **un ~** irgendjemand; ***Tizio, Caio e Sempronio*** Hinz und Kunz
MEC ***Tempo Medio dell'Europa Centrale*** Mitteleuropäische Zeit (*abbr* MEZ)
TN ***Trento*** Trient
TO ***Torino*** Turin
toccare [tok'ka:re] (*1d*) **1.** *v/t* berühren (*a fig*); anfassen; (*riguardare*) *j-n* betreffen; *fig* **~ la cinquantina** nahe an fünfzig Jahre sein; **2.** *v/i* zustoßen (**a** *dat*); (*spettare*) zustehen (**a** *dat*); **tocca a me** ich bin an der Reihe; **mi tocca** (*inf*) ich muss (*inf*)
tocco ['tokko] *m* (*pl -cchi*) Berührung *f*
togliere ['tɔːʎere] (*3ss*) (weg)nehmen; entfernen; **~ di mezzo** beseitigen; **ciò non toglie che** das hindert nicht, dass
toilette [twa'lɛt] *f* Toilette *f*
toletta [to'lɛtta] *f* Toilette *f*
tolgo ['tɔlgo] → **togliere**
toller|ante [tolle'rante] tolerant; **~anza** [-'rantsa] *f* Toleranz *f*; **~are** [-'ra:re] (*1l u c*) tolerieren; (*sopportare*) ertragen; vertragen; (*subire*) dulden
tolto ['tɔlto] → **togliere**
tomba ['tomba] *f* Grab *n*
tomografia [tomogra'fi:a] *f* **~ assiale computerizzata** Computertomographie *f*
tonaca ['tɔ:naka] *f* (*pl -che*) Kutte *f*
tonalità [tonali'ta] *f mus* Tonalität *f*; Farbton *m*
tondeggiante [tonded'dʒante] rundlich
tondo ['tondo] rund; **chiaro e ~** klipp und klar
tonfo ['tonfo] *m* Sturz *m*, dumpfer Schlag *m*
tonico ['tɔ:niko] *m* (*pl -ci*) Stärkungsmittel *n*; Gesichtswasser *n*
tonificare [tonifi'ka:re] (*1m u d*) kräftigen, stärken
tonnellata [tonnel'la:ta] *f* Tonne *f*
tonno ['tonno] *m* Tunfisch *m*
tono ['tɔ:no] *m* Ton *m*; **rispondere a ~** e-e gehörige Antwort geben
tons|ille [ton'sille] *f/pl anat* Mandeln *f/pl*; **~illite** [-sil'li:te] *f* Mandelentzündung *f*
topazio [to'pa:tsio] *m* (*pl -zi*) Topas *m*
topo ['tɔ:po] *m* Maus *f*; *fig* **~ d'auto** Autoknacker *m*
topografia [topogra'fi:a] *f* Topographie *f*
topolino [topo'li:no] *m* Mickymaus *f*
toppa ['tɔppa] *f* (*serratura*) (Tür-)Schloss *n*; (*rattoppo*) Flicken *m*

torace [to'raːtʃe] *m* Brustkorb *m*
torbido ['torbido] trüb(e)
torcere ['tɔrtʃere] (*3d*) (um-, ver-)drehen; biegen, krümmen; *biancheria* auswringen; *bocca* verziehen; *naso* rümpfen
torchio ['tɔrkio] *m* (*pl -chi*) Presse *f*; (Wein)Kelter *f*; *tip* Druckpresse *f*
torcia ['tɔrtʃa] *f* (*pl -ce*) Fackel *f*
torcicollo [tortʃi'kɔllo] *m med* steifer Hals *m*
tordo ['tordo] *m* Drossel *f*
Torino [to'riːno] *f* Turin *n*
torm|enta [tor'menta] *f* Schneesturm *m*; **~entare** [-men'taːre] (*1a*) quälen; plagen; **~entarsi** [-men'tarsi] sich abplagen; **~ento** [-'mento] *m* Qual *f*; **~entoso** [-men'toːzo] quälend
torn|aconto [torna'konto] *m* Vorteil *m*; **~ante** [-'nante] *m* Haarnadelkurve *f*; **~are** [-'naːre] (*1a*) zurückkommen; wiederkommen; (*quadrare*) stimmen; ***~ utile*** nützlich sein (*od* werden); ***~ a fare*** (***dire***) ***qc*** et wieder machen (sagen); ***ben tornato!*** willkommen!; ***~ in sé*** wieder zu sich kommen
torneo [tor'nɛːo] *m* Turnier *n*
tornio ['tornio] *m* (*pl -ni*) Drehbank *f*
toro ['tɔːro] *m* (*a astr*) Stier *m*
torpedine [tor'pɛdine] *m zo* Zitterrochen *m*; *mil* Torpedo *m*
torpore [tor'poːre] *m* Schlaffheit *f*; Trägheit *f*
torre ['torre] *f* Turm *m*
torref|are [torre'faːre] (*3aa*) rösten; **~azione** [-fatsi'oːne] *f* Rösten *n*
torreggiare [torred'dʒaːre] (*1f*) turmartig überragen
torrente [tor'rɛnte] *m* Wildbach *m*
torrido ['tɔrrido] glühend heiß
torrone [tor'roːne] *m* weißes Nougatkonfekt *n*
torsione [torsi'oːne] *f* Drehung *f*; *tec* Torsion *f*
torso ['torso] *m* Rumpf *m*; *arte* Torso *m*
torsolo ['torsolo] *m* Strunk *m*; Kerngehäuse *n*
torta ['torta] *f* Torte *f*; Kuchen *m*
tortellino [tortel'liːno] *m* (*mst pl -i*) Tortellini *m/pl*
torto ['tɔrto] *m* Unrecht *n*; ***a ~*** zu Unrecht
tortora ['tortora] *f* Turteltaube *f*
tort|uoso [tortu'oːzo] gewunden; ***vie f/pl -e*** Schleichwege *m/pl*; **~ura** [-'tuːra] *f* Folter *f*; *fig a* Qual *f*; **~urare** [-tu'raːre] (*1a*) foltern; *fig* quälen
torvo ['torvo] finster
tosaerba [toza'ɛrba] *m* Rasenmäher *m*
tosare [to'zaːre] (*1a*) scheren
Toscana [tos'kaːna] *f* Toskana *f*
tosse ['tosse] *f* Husten *m*; ***~ canina*** Keuchhusten *m*; ***aver la ~*** Husten haben
tossico ['tɔssiko] (*pl -ci*) **1.** *adj* giftig; **2.** *m* Gift *n*; **~dipendente** [tossikodipen'dɛnte] *m/f* Drogenabhängige(r) *m/f(m)*; **~dipendenza** [-dipen'dɛntsa] *f* Drogenabhängigkeit *f*
tossicomane [tossi'kɔːmane] *m/f* Rauschgiftsüchtige(r) *m/f(m)*
tossire [tos'siːre] (*4a u d*) husten
tostapane [tosta'paːne] *m* Toaster *m*
tostare [tos'taːre] (*1c*) rösten; *pane* toasten
tot|ale [to'taːle] **1.** *adj* gänzlich; völlig; Gesamt…; **2.** *m* Gesamtsumme *f*; **~alità** [-tali'ta] *f* Gesamtheit *f*
totip [to'tip] *m* Pferdelotto *n*
totocalcio [toto'kaltʃo] *m* Fußballtoto *m*
tov|aglia [to'vaːʎa] *f* Tischtuch *n*; **~agliolo** [-va'ʎɔːlo] *m* Serviette *f*
tozzo ['tɔttso] *m* Stück *n*
TP ***Trapani*** Trapani
tr. ***tratta*** Tratte (*abbr* Tr., Te)
TR ***Terni*** Terni
tra [tra] → ***fra***
traballare [trabal'laːre] (*1a*) schwanken; *mobile* wackeln
traboccare [trabok'kaːre] (*1d*) überlaufen; *fig* überströmen
traccia ['trattʃa] *f* (*pl -cce*) Spur *f*; (*abbozzo*) Entwurf *m*
tracciare [trat'tʃaːre] (*1f*) entwerfen; zeichnen
trachea [tra'kɛːa] *f* Luftröhre *f*
trac|olla [tra'kɔlla] *f* ***a ~*** umgehängt; ***borsa*** *f* ***a ~*** Umhängetasche *f*; **~ollo** [-'kɔllo] *m* Sturz *m*
trad|imento [tradi'mento] *m* Verrat *m*; ***a ~*** hinterrücks; heimlich; **~ire** [-'diːre] (*4d*) verraten; *coniuge* betrügen; **~irsi** [-'dirsi] sich verraten; **~itore** [-di'toːre] **1.** *adj* verräterisch; **2.** *m* Verräter *m*; Betrüger *m*; **~izionale** [-ditsio'naːle] traditionell; **~izione** [-ditsi'oːne] *f* Tradition *f*

tradotto [tra'dotto] → ***tradurre***; **~urre** [-'durre] *(3e)* übersetzen; ***~ in tedesco*** ins Deutsche übersetzen; **~uttore** [-dut'to:re] *m*, **~uttrice** [-dut'tritʃe] *f* Übersetzer(in) *m(f)*; **~uzione** [-dutsi'o:ne] *f* Übersetzung *f*; ***ufficio*** *m* ***(di) ~uzioni*** Übersetzungsbüro *n*, Übersetzungsdienst *m*

trafficante *spreg* [traffi'kante] *m* Händler *m*; ***~ di droga*** Drogenhändler *m*; **~are** *spreg* [-'ka:re] *(1l u d)* handeln (***in*** mit)

traffico ['traffiko] *m (pl -chi u -ci)* Verkehr *m*; *econ* Handel *m*; ***~ aereo*** Luftverkehr *m*; ***~ ferroviario*** Schienenverkehr *m*; ***~ postale*** Postverkehr *m*; ***~ stradale*** Straßenverkehr *m*; ***volume*** *m* ***del ~*** Verkehrsaufkommen *n*; ***~ di armi*** Waffenhandel *m*

traforo [tra'fo:ro] *m* Tunnel *m*

tragedia [tra'dʒɛ:dia] *f* Tragödie *f*

traghettare [traget'ta:re] *(1a)* übersetzen; **~etto** [-'getto] *m* Fähre *f*

tragico ['tradʒiko] *(pl -ci)* tragisch

tragitto [tra'dʒitto] *m* Überfahrt *f*; Weg *m*, Strecke *f*

traguardo [tragu'ardo] *m* Ziel *n*

traiettoria [traiet'tɔ:ria] *f* Flugbahn *f*

trainare [trai'na:re] *(1l)* schleppen; ziehen

traino ['tra:ino] *m* Fuhre *f*

tralasciare [tralaʃ'ʃa:re] *(1f)* unterlassen

traliccio [tra'littʃo] *m (pl -cci) el* Gittermast *m*; *tec* Eisengerüst *n*

tram [tram] *m* Straßenbahn *f*

trama ['tra:ma] *f fig* Intrige *f*; *film u libro* Handlung *f*

tramandare [traman'da:re] *(1a)* überliefern

tramare [tra'ma:re] *(1a) fig* anzetteln

trambusto [tram'busto] *m* Getümmel *n*

tramezzino [tramed'dzi:no] *m* Sandwich *n*; **~ezzo** [-'mɛddzo] *m* Zwischenwand *f*

tramite ['tra:mite] *m* Vermittlung *f*; ***per (il) ~ di*** durch *(acc)*

tramontana [tramon'ta:na] *f* Nordwind *m*; **~ontare** [-mon'ta:re] *(1a)* untergehen; **~onto** [-'monto] *m* (Sonnen-)Untergang *m*

trampolino [trampo'li:no] *m* Sprungbrett *n*; *sci* Sprungschanze *f*

tranello [tra'nɛllo] *m* Falle *f*; Attrappe *f*; ***cadere in un ~*** in e-e Falle geraten

tranne ['tranne] ausgenommen

tranquillante [traŋkuil'lante] *m* Beruhigungsmittel *n*; **~illità** [-kuilli'ta] *f* Ruhe *f*; Stille *f*; Gelassenheit *f*; **~illizzare** [-kuillid'dza:re] *(1a)* beruhigen; **~illo** [-ku'illo] ruhig; still; gelassen

transatlantico [transat'lantiko] *(pl -ci)* **1.** *adj* überseeisch; **2.** *m* Ozeandampfer *m*; **~azione** [-atsi'o:ne] *f jur* Vergleich *m*; *econ* Transaktion *f*

transenna [tran'sɛnna] *f* Absperrung *f*

transformare [trasfor'ma:re] *(1a)* verwandeln; umgestalten; *tec* verarbeiten; *el* umspannen; **~atore** [-ma'to:re] *m el* Transformator *m*; **~azione** [-matsi'o:ne] *f* Verwandlung *f*; Umgestaltung *f*

transgenico [trans'dʒɛniko] *adj* transgen

transistor [tran'sistor] *m* Transistor *m*

transitabile [transi'ta:bile] begehbar; befahrbar; **~are** [-'ta:re] *(1l)* durchgehen, -fahren; verkehren; **~itivo** [-si'ti:vo] *gram* transitiv

transito ['transito] *m* Durchgang *m*; Durchfahrt *f*; Transit *m*; ***divieto*** *m* ***di ~*** Durchfahrverbot *n*, keine Durchfahrt

transitorio [transi'tɔ:rio] *(pl -ri)* vorübergehend; Übergangs…; **~izione** [-sitsi'o:ne] *f* Übergang *m*; **~oceanico** [-sotʃe'a:niko] *(pl -ci)* überseeisch

trantràn [tran'tran] *m* F Trott *m*; ***il solito ~*** der tägliche Trott

tranvai [tran'vai] *m inv* Straßenbahn *f*; **~viere** [-vi'ɛ:re] *m* Straßenbahner *m*

trapanare [trapa'na:re] *(1l)* durchbohren

trapano ['tra:pano] *m* Bohrer *m*; ***~ a percussione*** Schlagbohrmaschine *f*

trapezio [tra'pɛ:tsio] *m (pl -zi)* Trapez *n*; **~ezista** [-pe'tsista] *m/f (m/pl -i)* Trapezkünstler(in) *m(f)*

trapiantare [trapian'ta:re] *(1a)* umpflanzen; *med* transplantieren

trapianto [trapi'anto] *m* Umpflanzung *f*; *med* Transplantation *f*

trappola ['trappola] *f* Falle *f*

trapunta [tra'punta] *f* Steppdecke *f*

trarre ['trarre] *(3xx)* ziehen; führen

trasalire [trasa'li:re] *(4m)* zusammenfahren

trasandato [trazan'da:to] verwahrlost; schlampig, ungepflegt

trasb|ordare [trazbor'da:re] (*1a*) umladen; **~ordo** [-'bordo] *m* Umladung *f*

trascinare [traʃʃi'na:re] (*1a*) schleppen; *fig* hin-, mitreißen

tras|correre [tras'korrere] (*3o*) **1.** *v/t* verbringen; **2.** *v/i* verstreichen, vergehen; **~corso** [-'korso] → ***trascorrere***

trascr|ivere [tras'kri:vere] (*3tt*) abschreiben; **~izione** [-kritsi'o:ne] *f* Abschreiben *n*; **~ *fonetica*** Lautschrift *f*

trascur|abile [trasku'ra:bile] unbedeutend, unerheblich; belanglos; **~are** [-'ra:re] (*1a*) vernachlässigen; (*tralasciare*) unterlassen; **~atezza** [-ra'tettsa] *f* Nachlässigkeit *f*; **~ato** [-'ra:to] nachlässig; (*non curato*) vernachlässigt

trasfer|ibile [trasfe'ri:bile] übertragbar; **~imento** [-ri'mento] *m* Umzug *m*; Versetzung *f*; *jur* Übertragung *f*; *inform* **~ *di dati*** Datentransfer *m*; **~ire** [-'ri:re] (*4d*) *sede* verlegen; j-n versetzen; *jur u fig* übertragen; **~irsi** [-'rirsi] umziehen

trasferta [tras'fɛrta] *f* Dienstreise *f*; *sport* Auswärtsspiel *n*

trasfusione [trasfuzi'o:ne] *f* Transfusion *f*

trasgr|edire [trazgre'di:re] (*4d*) übertreten; **~essione** [-gressi'o:ne] *f* Übertretung *f*; **~essore** [-gres'so:re] *m* Übertreter *m*

trasl|ocare [trazlo'ka:re] (*1c u d*) **1.** *v/t* versetzen; verlegen; **2.** *v/i* umziehen; **~oco** [-'lɔ:ko] *m* (*pl -chi*) Umzug *m*

trasmettere [traz'mettere] (*3ee*) *rad, TV* übertragen; senden; *jur diritti* übertragen (***a*** auf *acc*); übermitteln

trasmissione [trazmissi'o:ne] *f* Übertragung *f*; *rad, TV a* Sendung *f*; *tec* Transmission *f*; *rad, TV* **~ *in diretta*** Livesendung *f*, Direktübertragung *f*; *inform* **~ *dati*** Datenübertragung *f*

trasognato [traso'ɲa:to] verträumt

trasp|arente [traspa'rɛnte] **1.** *adj* durchsichtig; **2.** *m* Overheadfolie *f*; **~arenza** [-pa'rɛntsa] *f* Durchsichtigkeit *f*

trasp|ortare [traspor'ta:re] (*1c*) fortschaffen; transportieren, befördern; **~orto** [-'pɔrto] *m* Transport *m*, Beförderung *f*; **~ *combinato rotaiastrada*** Huckepack-Verkehr *m*; ***-i** pl **pubblic*** öffentliche Verkehrsmittel *n/pl*

trasversale [trazver'sa:le] **1.** *adj* quer Quer…; **2.** *f* Querstraße *f*

trasvol|are [trazvo'la:re] (*1a*) überflie gen; **~ata** [-'la:ta] *f* Überflug *m*

tratta ['tratta] *f econ* Tratte *f*, *gezogene* Wechsel *m*; **~ *delle bianche*** Mädchen handel *m*; ***pagare una ~*** e-e Tratt einlösen

tratt|amento [tratta'mento] *m* Be handlung *f* (*a med*); *inform* **~ *dati*** Da tenverarbeitung *f*; **~are** [-'ta:re] (*1a*) **1** *v/t* behandeln; *tec* verarbeiten, aufar beiten; *econ* führen; (*negoziare*) ver handeln; **2.** *v/i* **~ *di*** handeln von *econ* **~ *in*** handeln mit; **~arsi** [-'tarsi sich handeln (***di*** um *acc*); **~ativa** [-ta 'ti:va] *f* (*mst pl -e*) Verhandlung *f* **~ato** [-'ta:to] *m* Abhandlung *f*; *ju pol* Vertrag *m*; **~ *di pace*** Friedensver trag *m*

tratten|ere [tratte'ne:re] (*2q*) aufha ten; zurückhalten; *somma* einbehal ten, abziehen; (*intrattenere*) unterha ten; **~ersi** [-'nersi] sich aufhalten, blei ben; **~ *da*** sich enthalten (*gen*); *fig* sic beherrschen; **~uta** [-'nu:ta] *f* Abzug *n*

tratto ['tratto] *m* Strich *m*; Stück *n* (*percorso*) Strecke *f*; (*periodo*) Wei *f*; ***-i** pl* (Gesichts)Züge *pl*; ***ad un ~*** au einmal; ***a -i*** streckenweise; zeitweise

tratt|ore [trat'to:re] *m* Traktor *m*; **~ori** [-to'ri:a] *f* Gasthaus *n*; Gaststätte *f*

trauma ['tra:uma] *m* (*pl -i*) Trauma *n* *fig* Schlag *m*

traumatico [trau'ma:tiko] (*pl -ci*) tra matisch

travasare [trava'za:re] (*1a*) umfüller

trave ['tra:ve] *f* Balken *m*

traversa [tra'vɛrsa] *f* Querbalken *n* Querstraße *f*

travers|are [traver'sa:re] (*1b*) übe queren; durchqueren; **~ata** [-'sa:ta] Überquerung *f*; Durchquerung *mar* Überfahrt *f*

traverso [tra'vɛrso] quer; ***di ~*** schie quer; ***strada** f **-a*** Querstraße *f*; ***v** f/pl **-e*** Schleichwege *m/pl*

travest|imento [travesti'mento] Verkleidung *f*; **~ire** [-'ti:re] (*4b*) ve kleiden; **~ito** [-'ti:to] *m* Transvestit

trav|olgere [tra'vɔldʒere] (*3d*) mitre ßen (*a fig*); *con un veicolo* überfahre

~olto [-'vɔlto] → ***travolgere***
razione [tratsi'oːne] *f tec* Antrieb *m*; *auto* ~ ***anteriore*** Vorderradantrieb *m*; ~ ***posteriore*** Hinterradantrieb *m*
e [tre] drei
ebbiare [trebbiaːre] (*1a*) dreschen
eccia ['trettʃa] *f* (*pl -cce*) Zopf *m*
ecento [tre'tʃɛnto] *adj* dreihundert
recento [tre'tʃɛnto] *m* 14. Jahrhundert *n*
edici ['treːditʃi] dreizehn
egua ['treːgua] *f* Waffenstillstand *m*; *fig* Atempause *f*
ekking ['trekiŋ] *m inv* Trekking *n*
em|ante [tre'mante] zitternd, bebend; **~are** [-'maːre] (*1b*) zittern, beben (***di, per*** vor *dat*); **~endo** [-'mɛndo] schrecklich, furchtbar; F riesig, toll
emila [tre'miːla] dreitausend
eno ['trɛːno] *m* Zug *m*; ~ ***diretto*** Eilzug *m*; ~ ***espresso*** Schnellzug *m*; ~ ***locale*** Nahverkehrszug *m*; ~ ***merci*** Güterzug *m*; ***in*** ~ mit der Bahn
enta ['trenta] dreißig
ent|enne [tren'tɛnne] **1.** *adj* dreißigjährig; **2.** *m/f* Dreißigjährige(r) *m/f(m)*; **~ina** [-'tiːna] etwa dreißig; ***essere sulla*** ~ um die Dreißig herum sein
entino [tren'tiːno] **1.** *adj* trientinisch; **2.** *m* Trientiner *m*
entino-Alto Adige [tren'tiːno 'alto 'aːdidʒe] *m* Trentino-Südtirol *n*, Trentino-Tiroler Etschland *n*
ento ['trɛnto] *f* Trient *n*
eppiedi [treppi'ɛːdi] *m inv* Stativ *n*
eviri ['trɛːviri] *f* Trier *n*
angolare [triaŋgo'laːre] dreieckig
angolo [tri'aŋgolo] *m* Dreieck *n*; *auto* Warndreieck *n*
bordo [tri'bordo] *m* Steuerbord *n*
bù [tri'bu] *f inv* (Volks)Stamm *m*
b|una [tri'buːna] *f* Tribüne *f*; **~unale** -bu'naːle] *m* Gericht *n*; ~ ***supremo*** Oberster Gerichtshof *m*; ~ ***per i minorenni*** Jugendgericht *n*
butario [tribu'taːrio] (*pl -ri*) Steuer…; steuerpflichtig; ***sistema*** *m* ~ Steuersystem *n*
buto [tri'buːto] *m* Steuer *f*, Abgabe *f*; *fig* Tribut *m*
checo [tri'kɛːko] *m* (*pl -chi*) Walross
ciclo [tri'tʃiːklo] *m* Dreirad *n*; **~colore** [-ko'loːre] **1.** *adj* dreifarbig; **2.** *m* Trikolore *f*
tri|ennale [trien'naːle] dreijährlich; **~ennio** [-'ɛnnio] *m* (*pl -nni*) Zeitraum *m* von drei Jahren
Trieste [tri'ɛste] *f* Triest *n*
trifoglio [tri'fɔːʎo] *m* (*pl -gli*) Klee *m*
triglia ['triːʎa] *f* Seebarbe *f*
trilaterale [trilate'raːle] dreiseitig
trillare [tril'laːre] (*1a*) trillern
trillo ['trillo] *m* Triller *m*
trim. ***trimestre*** Trimester
trimestr|ale [trimes'traːle] vierteljährlich; **~e** [-'mɛstre] *m* Vierteljahr *n*, Quartal *n*
trinc|ea [trin'tʃɛːa] *f* Schützengraben *m*; **~erare** [-tʃe'raːre] (*1b*) verschanzen; **~erarsi** [-tʃe'rarsi] sich verschanzen, sich verbergen
trinchetto [triŋ'ketto] *m* Focksegel *n*; Fockmast *m*
trinciare [trin'tʃaːre] (*1f*) zerschneiden; *gastr* tranchieren
Trinità [trini'ta] *f* Dreieinigkeit *f*
trio [tr'iːo] *m* Trio *m*
trionfare [trion'faːre] (*1a*) triumphieren (***su*** über *acc*); *sport* siegen
trionfo [tri'onfo] *m* Triumph *m*; *sport* Sieg *m*
triplicare [tripli'kaːre] (*1l u d*) verdreifachen
triplice ['triːplitʃe] dreifach
triplo ['triːplo] *m* Dreifache(s) *n*
trippa ['trippa] *f* Kutteln *f/pl*, Kaldaunen *f/pl*
triste ['triste] traurig; betrübt
tristezza [tris'tettsa] *f* Traurigkeit *f*
tritacarne [trita'karne] *m* Fleischwolf *m*
trit|are [tri'taːre] (*1a*) zerkleinern; hacken; **~ato** [-'taːto] **1.** *adj* gehackt; **2.** *m* Hackfleisch *n*
trito ['triːto] zerkleinert; *fig* ~ ***e ritrito*** abgedroschen
trittico ['trittiko] *m* (*pl -ci*) Triptychon *n*
triturare [tritu'raːre] (*1a*) zerkleinern, zermahlen
triv|ellare [trivel'laːre] (*1b*) bohren; **~ello** [-'vɛllo] *m* Bohrer *m*
triviale [trivi'aːle] vulgär, ordinär; trivial, banal
trofeo [tro'fɛːo] *m* Trophäe *f*
tromba ['tromba] *f mus* Trompete *f*;

T

auto Hupe *f*; *zo* Rüssel *m*; **~ *d'aria*** Windhose *f*; **~ *delle scale*** Treppenhaus *n*
tromb|one [trom'bo:ne] *m* Posaune *f*; **~osi** [-'bɔ:zi] *f* Thrombose *f*
troncare [troŋ'ka:re] (*1d*) abschneiden; *fig* abbrechen; zunichtemachen
tronco ['troŋko] *m* (*pl -chi*) *anat* Rumpf *m*; *bot* Stamm *m*; *fer* Strecke *f*; ***licenziare in* ~** auf der Stelle entlassen
trono ['trɔ:no] *m* Thron *m*
tropico ['trɔ:piko] (*pl -ci*) **1.** *adj* tropisch; **2.** *m* Wendekreis *m*
troppo ['trɔppo] **1.** *adj* zu viel, zu groß; **2.** *adv* zu; zu viel; zu sehr; ***non* ~** nicht besonders; ***è* ~ *tardi*** es ist zu spät
trota ['trɔ:ta] *f* Forelle *f*
trottare [trot'ta:re] (*1c*) *cavallo* traben; *persona* herumlaufen
trotto ['trɔtto] *m* Trab *m*
trottola ['trɔttola] *f* Kreisel *m*
trov|are [tro'va:re] (*1c*) finden; treffen; (*inventare*) erfinden; ***andare a* ~ *qu*** j-n besuchen; **~arsi** [-'varsi] sich (be-)finden; sich treffen; **~ *bene*** sich wohlfühlen; **~ata** [-'va:ta] *f* Einfall *m*
trucc|are [truk'ka:re] (*1d*) verkleiden, maskieren; schminken; *motore* frisieren; (*falsificare*) verfälschen; **~arsi** [-'karsi] sich schminken
trucco ['trukko] *m* (*pl -cchi*) Make-up *n*, Schminke *f*; (*inganno*) Betrug *m*; (*astuzia*) Trick *m*
truce ['trutʃe] grimmig
truffa ['truffa] *f* Betrug *m*
truff|are [truf'fa:re] (*1a*) betrügen (***di*** um *acc*); **~atore** [-fa'to:re] *m* Betrüger *m*, Gauner *m*
truppa ['truppa] *f* *mil* Truppe *f*; *fig* Trupp *m*
TS ***Trieste*** Triest
tu [tu] du; ***dare del* ~ *a qu*** j-n duzen
tuba ['tu:ba] *f* *mus* Tuba *f*
tuba|tura [tuba'tu:ra] *f*, **~zione** [-tsi'o:ne] *f* Rohrleitung *f*
tubercolosi [tuberko'lɔ:zi] *f* Tuberkulose *f*
tubero ['tu:bero] *m* Knolle *f*
tubetto [tu'betto] *m* (*Pillen*)Röhrchen *n*; Tube *f*
Tubinga [tu'biŋga] *f* Tübingen *n*
tubo ['tu:bo] *m* Rohr *n*; Röhre *f*; *flessibile* Schlauch *m*; *auto* **~ *di scappamento*** Auspuffrohr *n*; **~ *fluorescente*** Leuchtstoffröhre
tuff|are [tuf'fa:re] (*1a*) (ein)tauchen; **~arsi** [-'farsi] (*immergersi*) (unter-) tauchen; (*buttarsi dentro*) springen; *fig* sich stürzen; **~ *negli studi*** sich in das Studium versenken; **~ista** [-'fista] *m/f* (*m/pl -i*) *sport* Kunstspringer(in) *m(f)*
tuffo ['tuffo] *m* Tauchen *n*; Sprung *m*
tugurio [tu'gu:rio] *m* (*pl -ri*) Bruchbude *f*; Loch *n*
tulipano [tuli'pa:no] *m* Tulpe *f*
tumore [tu'mo:re] *m* Geschwulst *f*, Tumor *m*
tumult|o [tu'multo] *m* Tumult *m*, Aufruhr *m*; **~uoso** [-tu'o:zo] stürmisch
tunica ['tu:nika] *f* (*pl -che*) Tunika *f*
Tunisi ['tu:nizi] *f* Tunis *n*
Tunisia [tuni'zi:a] *f* Tunesien *n*
tunisino [tuni'zi:no] **1.** *adj* tunesisch; **2** *m* Tunesier *m*
tunnel ['tunnel] *m* *inv* Tunnel *m*; **~ *dell'orrore*** Geisterbahn *f*
tuo ['tu:o] (*pl tuoi*) **1.** *adj u pron* dein; **~ *amico*** dein Freund; **2.** *m* Deinige
tuoi ['tu:o] *pl von* ***tuo***
tuonare [tuo'na:re] (*1c*) donnern
tuono [tu'ɔ:no] *m* Donner *m*
tuorlo [tu'ɔrlo] *m* Eidotter *m u n*, Eigelb *n*
turare [tu'ra:re] (*1a*) zustopfen; *bottiglia* zukorken
turbamento [turba'mento] *m* Störung *f*; Verwirrung *f*
turbante [tur'bante] *m* Turban *m*
turb|are [tur'ba:re] (*1a*) stören; verwirren; beunruhigen; **~arsi** [-'barsi] in Verwirrung geraten; sich beunruhigen
turbina [tur'bi:na] *f* Turbine *f*
turbine ['turbine] *m* Wirbelwind *m*
turbo... *in Zssgn* Turbo...
turboreattore [turboreat'to:re] *m* Turbinenflugzeug *n*
turchese [tur'ke:se] **1.** *adj* türkisgrün **2.** *m* Türkis *m*
Turchia [tur'ki:a] *f* Türkei *f*
turco ['turko] (*pl -chi*) **1.** *adj* türkisch; *m* Türke *m*; Türkisch(e) *n*
Turingia [tu'rindʒa] *f* Thüringen *n*
tur|ismo [tu'rizmo] *m* Tourismus *m* Fremdenverkehr *m*; **~ *di massa*** Massentourismus *m*; **~ista** [-'rista] *m* (*m/pl -i*) Tourist(in) *m(f)*; Reisende(

T

m; **~istico** [-'ristiko] (*pl -ci*) touristisch, Touristen…, Fremdenverkehrs…; ***classe** f* **-a** Touristenklasse *f*; ***guida** f* **-a** Reiseführer *m*
urno ['turno] *m* Reihenfolge *f*; *di lavoro* Schicht *f*; ***a ~*** abwechselnd; ***di ~*** diensthabend, dienstbereit; ***è il mio ~*** ich bin dran; ***~ di riposo*** Ruhetag *m*; ***darsi il ~*** sich abwechseln, sich ablösen
uta ['tu:ta] *f* Overall *m*; Arbeitsanzug *m*; ***~ sportiva*** Jogginganzug *m*
ut|ela [tu'tɛ:la] *f* Schutz *m*; *jur* Vormundschaft *f*; **~elare** [-te'la:re] **1.** *adj* schützend; **2.** *v/t* (*1b*) schützen; *interessi* wahrnehmen; **~ore** [-'to:re] *m* Vormund *m*
tuttavia [tutta'vi:a] jedoch, dennoch, trotzdem
tutto ['tutto] **1.** *adj* ganz; all; alles; **-i, -e** *pl* alle; ***~ il libro*** das ganze Buch; ***-i i giorni*** jeden Tag *m*; ***-i e tre*** alle drei; **2.** *adv* ganz, völlig; ***era ~ solo*** er war ganz allein; ***del ~*** ganz, gänzlich; ***in ~*** im Ganzen
tuttofare [tutto'fa:re] *m/f inv* F Mädchen *n* für alles
tuttora [tut'to:ra] noch, noch immer
TV[1] ***televisione*** Fernsehen (*abbr* TV)
TV[2] ***Treviso*** Treviso

U

bbid|iente [ubbidi'ɛnte] gehorsam; **~ienza** [-di'ɛntsa] *f* Gehorsam *m*; **~ire** [-'di:re] (*4d*) gehorchen; ***~ ai genitori*** den Eltern gehorchen
bri|acare [ubria'ka:re] (*1d*) berauschen; **~acarsi** [-'karsi] sich betrinken; **~achezza** [-'kettsa] *f* Trunkenheit *f*, Rausch *m*; **~aco** [ubri'a:ko] (*pl -chi*) **1.** *adj* betrunken; **2.** *m* Betrunkene(r) *m*
ccello [ut'tʃɛllo] *m* Vogel *m*; ***~ rapace*** Raubvogel *m*
cc|idere [ut'tʃi:dere] (*3q*) töten, umbringen; **~idersi** [-'tʃi:dersi] sich umbringen; **~iso** [-'tʃi:zo] → ***uccidere***; **~isione** [-tʃizi'o:ne] *f* Tötung *f*
craina [ukra'i:na] *f* Ukraine *f*
D ***Udine*** Udine
DEUR ***Unione Democratici per l'Europa*** Italienische Partei der Mitte
dienza [udi'ɛntsa] *f* Audienz *f*; *jur* Verhandlung *f*
d|ire [u'di:re] (*4n*) hören; **~ito** [u'di:to] *m* Gehör *n*; **~itore** [udi'to:re] *m* Hörer *m*; Zuhörer *m*; *jur* Referendar *m*; **~itorio** [udi'tɔ:rio] *m* (*pl -ri*) Hörerschaft *f*
E ***Unione europea*** Europäische Union (*abbr* EU)
EM ***Unione economica e monetaria europea*** Europäische Wirtschafts- und Währungsunion (*abbr* EWU, EWWU)
ufficiale [uffi'tʃa:le] **1.** *adj* offiziell, amtlich; ***non ~*** inoffiziell; **2.** *m* Beamte(r) *m*; *mil* Offizier *m*
ufficio [uf'fi:tʃo] *m* (*pl -ci*) Amt *n*; Büro *n*; ***~ cambi*** Wechselstube *f*; ***~ doganale*** Zollamt *n*; ***~ informazioni*** Informationsbüro *n*; ***~ oggetti smarriti*** Fundbüro *n*; ***~ postale*** Postamt *n*; ***~ spedizioni*** Versandstelle *f*; ***~ stampa*** Presseamt *n*; ***~ di collocamento*** Arbeitsamt *n*; ***~ turistico*** Fremdenverkehrsbüro *n*; ***orario** m* ***d'~*** Bürozeit *f*
ufo ['ufo] *m* UFO *n*
ugu|aglianza [ugua'ʎantsa] *f* Gleichheit *f*; **~agliare** [-'ʎa:re] (*1g*) gleichmachen; *j-m* gleichkommen; **~ale** [ugu'a:le] gleich; identisch
UIL ***Unione Italiana del Lavoro*** Italienischer Gewerkschaftsbund
ulcera ['ultʃera] *f* Geschwür *n*; ***~ gastrica*** Magengeschwür *n*
ult. ***ultimo*** letzt
ulteriore [ulteri'o:re] weiter; jenseitig
ultima ['ultima] *f* letzte Nachricht *f*
ultim|amente [ultima'mente] in letzter Zeit, kürzlich; **~are** [-'ma:re] (*1l*) beenden, abschließen; **~atum** [-'ma:tum] *m inv* Ultimatum *n*
ultimo ['ultimo] letzte; neueste; ***all'~*** zuletzt, am Ende; schließlich; ***l'~ prezzo*** der äußerste Preis
ultra|rosso [-'rosso] infrarot; **~suono** [-su'ɔ:no] *m* Ultraschall *m*

ululare [ulu'laːre] (*1l*) heulen

uman|ità [umani'ta] *f* (*genere umano*) Menschheit *f*; (*altruismo*) Menschlichkeit *f*; **~itario** [-ni'tario] (*pl -ri*) humanitär

umano [u'maːno] menschlich, human; ***natura*** *f* ***-a*** menschliche Natur *f*

Umbria ['umbria] *f* Umbrien *n*

Ume ***unione monetaria*** **(*europea*)** Europäische Währungseinheit

umid|ificatore [umidifika'toːre] *m* Luftbefeuchter *m*; **~ità** [-di'ta] *f* Feuchtigkeit *f*

umido ['uːmido] **1.** *adj* feucht; nass; **2.** *m* Feuchtigkeit *f*; *gastr* ***in ~*** geschmort

umile ['uːmile] (*modesto*) bescheiden; (*povero*) ärmlich, dürftig

umil|iante [umili'ante] demütigend, erniedrigend; **~iare** [-'aːre] (*1g*) demütigen; **~iazione** [-atsi'oːne] *f* Demütigung *f*; **~tà** [umil'ta] *f* Demut *f*; Bescheidenheit *f*

umore [u'moːre] *m* Laune *f*; ***di cattivo ~*** schlecht gelaunt

umor|ismo [umo'rizmo] *m* Humor *m*; **~ista** [-'rista] *m/f* (*m/pl -i*) Humorist(in) *m(f)*

un ['un] ein; **un',~una** ['uːna] eine

un|anime [u'naːnime] einstimmig; **~animità** [unanimi'ta] *f* Einstimmigkeit *f*

uncinetto [untʃi'netto] *m* Häkelnadel *f*; ***lavorare all'~*** häkeln

uncino [un'tʃiːno] *m* Haken *m*

undicesimo [undi'tʃɛːzimo] elfte

undici ['unditʃi] elf

ungere ['undʒere] (*3d*) einfetten; schmieren

ungherese [uŋge'reːse] **1.** *adj* ungarisch; **2.** *m* Ungarisch(e) *n*; **3.** *m/f* Ungar(in) *m(f)*

Ungheria [uŋge'riːa] *f* Ungarn *n*

unghia ['uŋgia] *f* Nagel *m*

unguento [uŋgu'ɛnto] *m* Salbe *f*

unico ['uːniko] (*pl -ci*) einzig; *fig* einmalig; ***moneta -a*** Europäische Einheitswährung *f*

unifamiliare [unifamili'aːre] ***villetta f ~*** Einfamilienhaus *n*

unific|are [unifi'kaːre] (*1m u d*) vereinen; einigen; **~azione** [-katsi'oːne] *f* Vereinigung *f*; Einigung *f*

uni|formare [unifor'maːre] (*1a*) angleichen; vereinheitlichen; **~formarsi** [-for'marsi]: ***~ a*** sich richten nach; **~forme** [-'forme] **1.** *adj* gleichförmig; **2.** *f* Uniform *f*; **~formità** [-formi'ta] *f* Einheitlichkeit *f*

unione [uni'oːne] *f* Verbindung *f*; Zusammenschluss *m*; *pol* Union *f*; *fig* Einigkeit *f*; ***Unione economica e monetaria europea*** Europäische Wirtschafts- und Währungsunion *f*; ***Unione europea*** (Ue) Europäische Union *f* (EU); ***Unione monetaria*** **(*europea*)** Europäische Währungseinheit *f*

Unione Sovietica [uni'oːne sovi'ɛːtika] *hist f* Sowjetunion *f*

unir|e [u'niːre] (*4d*) vereinigen; zusammenfügen; **~si** [u'nirsi] sich zusammenschließen; ***~ in matrimonio*** die Ehe schließen

unità [uni'ta] *f inv* Einheit *f*; ***~ monetaria*** Währungseinheit *f*; ***~ di misura*** Maßeinheit *f*; *inform* ***~ a dischi flessibili*** Diskettenlaufwerk *n*; ***~ pl periferiche*** Peripheriegeräte *pl*

unito [u'niːto] vereinigt, vereint

univers|ale [univer'saːle] allgemein universal; Welt…; **~ità** [-si'ta] *f* Universität *f*; **~itario** [-si'taːrio] (*pl -ri*) **1.** *adj* Universitäts…; **2.** *m* Student *m*

universo [uni'vɛrso] *m* Weltall *n*

uno ['uːno] **1.** *art* ein; **2.** *adj* ein; einer einzig; ***a ~ a ~*** einzeln; einer nach dem andern; ***l'~ dopo l'altro*** hintereinander; ***l'un l'altro*** einander; ***~ e mezzo*** anderthalb; **3.** *m* Eins *f*

unto ['unto] **1.** → ***ungere***; **2.** *adj* schmierig; **3.** *m* Fett *n*

unzione [untsi'oːne] *f* ***estrema ~*** Letzte Ölung *f*

uomo [u'ɔːmo] *m* (*pl uomini*) Mensch *m*; (*maschio*) Mann *m*; ***~ d'affari*** Geschäftsmann *m*; ***~ di fiducia*** Vertrauensmann *m*; ***~ qualunque*** Mann *m* von der Straße; ***da ~*** Herren…, Männer…

uovo [u'ɔːvo] *m* (*pl le uova*) Ei *n*; ***~ à la coque*** weiches Ei *n*; ***~ di Pasqua*** Osterei *n*; ***~ sodo*** hart gekochtes Ei *n*; ***al tegamino*** Spiegelei *n*; ***-a pl strapazzate*** Rührei *n*

uragano [ura'gaːno] *m* Orkan *m* Sturm *m*

Urali [u'raːli] *m/pl* Ural *m*

uranio [u'raːnio] *m* Uran *n*

urb|anistica [urba'nistika] *f* Urbani

tik *f*; **~ano** [-'baːno] städtisch, Stadt…; *fig* höflich
retra [u'rɛtra] *f* Harnröhre *f*
rg|ente [ur'dʒɛnte] dringend; *lettera* Eil…; **~enza** [-'dʒɛntsa] *f* Dringlichkeit *f*; ***in caso d'~*** notfalls
rlare [ur'laːre] (*1a*) heulen; schreien
rlo ['urlo] *m* (*pl a le -a*) Schrei *m*
rna ['urna] *f* Urne *f*
rologo [u'rɔːlogo] *m* (*pl -ghi*) Urologe *m*
rrà! [ur'ra] hurra!
rtare [ur'taːre] (*1a*) stoßen; *con un veicolo* anfahren; *fig* verletzen
rto ['urto] *m* Stoß *m*; (*scontro*) Zusammenstoß *m*, Aufprall *m*
.s. ***ultimo scorso*** vergangen
sa ['uːza]: ***~ e getta*** Wegwerf…
SA ***Stati uniti d'America*** Vereinigte Staaten von Amerika (*abbr* USA)
s|anza [u'zantsa] *f* Sitte *f*, Brauch *m*; **~are** [-'zaːre] (*1a*) **1.** *v/t* gebrauchen, verwenden, benutzen; **2.** *v/i* pflegen; (*essere di moda*) Mode sein; **~ato** [-'zaːto]; **1.** *adj* gebraucht, benutzt; ***automobile*** *f* **-a** Gebrauchtwagen *m*; **2.** *m* Gebrauchte(s) *n*
scio [uʃ'ʃo] *m* (*pl -sci*) Tür *f*
sc|ire [uʃ'ʃiːre] (*4o*) (hin)ausgehen; herauskommen; *libro* erscheinen; **~ita** [-'ʃiːta] *f* Ausgang *m*; *per veicoli* Ausfahrt *f*; *econ* Ausgabe *f*; ***~ di sicurezza*** Notausgang *m*; ***buona ~*** Abstandssumme *f*
ser [i'uːzə] *m/f inv* Benutzer(in) *m(f)*
signolo [uzi'ɲɔːlo] *m* Nachtigall *f*
so ['uːzo] *m* Gebrauch *m*; (*utilizzazione*) Benutzung *f*; ***avere l'~ di*** (*inf*) pflegen zu (*inf*); ***pronto per l'~*** gebrauchsfertig; ***fuori ~*** außer Gebrauch; ***~ indebito*** Missbrauch *m*; ***con ~ di cucina*** mit Kochgelegenheit *f*; *med* ***per ~ interno*** (*od* ***esterno***) innerlich (*od* äußerlich) anzuwenden
ust|ionarsi [ustio'narsi] (*1a*) sich verbrennen; **~ione** [-ti'oːne] *f* Verbrennung *f*
usuale [uzu'aːle] gebräuchlich, üblich
usufr|uire [uzufru'iːre] (*4d*): ***~ (di) qc*** et genießen; et benutzen; die Nutznießung e-r Sache haben; **~utto** [-'frutto] *m* Nutznießung *f*
usura [u'zuːra] *f tec* Verschleiß *m*
usuraio [uzu'raːio] *m* (*pl -ai*) Kredithai *m*
utensile [uten'siːle] **1.** *adj* Werkzeug…; **2.** *m* Gerät *n*; **-i** *pl* Handwerkzeug *n*; Utensilien *pl*; ***-i domestici*** Haushaltsgeräte *pl*
utente [u'tɛnte] *m* Benutzer *m*; ***~ della strada*** Verkehrsteilnehmer *m*
utero ['uːtero] *m* Gebärmutter *f*
utile ['uːtile] **1.** *adj* nützlich; nutzbar; ***in tempo ~*** zur rechten Zeit; **2.** *m* Nutzen *m*; *econ* Gewinn *m*; ***~ netto*** Reinertrag *m*; ***~ d'esercizio*** Betriebsgewinn *m*
util|ità [utili'ta] *f* Nützlichkeit *f*; ***di ~ pubblica*** gemeinnützig; **~itaria** [-li'taːrla] *f* Kleinwagen *m*; **~izzare** [-lid'dzaːre] (*1a*) benutzen, gebrauchen; verwerten; **~izzazione** [-liddzatsi'oːne] *f* Benutzung *f*, Gebrauch *m*; Verwertung *f*; **~izzo** [-'liddzo] *m* Benutzung *f*; Anwendung *f*; Ausnutzung *f*; ***di facile ~*** benutzerfreundlich
utop|ia [uto'piːa] *f* Utopie *f*; **~ista** [-'pista] *m/f* (*m/pl -i*) Utopist(in) *m(f)*
uva ['uːva] *f* Weintraube *f*; ***~ passa*** Rosinen *f/pl*; ***~ spina*** Stachelbeere *f*

V

vedi siehe (*abbr* s.)
volt Volt (*abbr* V)
via Straße (*abbr* Str.)
[va] → ***andare***
Varese Varese
c|ante [va'kante] frei; unbesetzt; **~anza** [-'kantsa] *f* Urlaub *m*; Ferien *pl*; **-e** *pl* ***estive*** Sommerferien *pl*; **-e** *pl* ***natalizie*** Weihnachtsferien *pl*; ***andare in ~*** in Urlaub fahren; **~anziere** [-kantsi'ɛre] *m* Urlauber *m*
vacca ['vakka] *f* (*pl -cche*) Kuh *f*
vacc|inare [vattʃi'naːre] (*1a*) impfen; **~inazione** [-tʃinatsi'oːne] *f* Impfung *f*; **~ino** [-'tʃiːno] *m* Impfstoff *m*
vado ['vaːdo] → ***andare***

V

vagab|ondare [vagabon'da:re] (*1a*) umherstreichen; **~ondo** [-'bondo] **1.** *adj* umherstreifend; **2.** *m* Landstreicher *m*
vagare [va'ga:re] (*1e*) umherstreifen
vagina *anat* [va'dʒi:na] *f* Scheide *f*
vaglia ['va:ʎa] *m inv* Anweisung *f*; (*a* **~ postale**) Postanweisung *f*; **~ bancario** Bankanweisung *f*
vago ['va:go] (*pl -ghi*) unbestimmt, vage
vagone [va'go:ne] *m* (Eisenbahn-)Wagen *m*, Waggon *m*; **~ letto** Schlafwagen *m*; **~ merci** Güterwagen *m*; **~ ristorante** Speisewagen *m*
vai [v'ai] → **andare**
vaiolo [vai'ɔ:lo] *m* Pocken *f/pl*
val. **valuta** Valuta
valanga [va'laŋga] *f* (*pl -ghe*) Lawine *f*
val|ere [va'le:re] (*2r*) wert sein; (*essere valido*) gelten, gültig sein; **non ~ nulla** nichts wert sein; **far ~** geltend machen; **~ la pena** die Mühe wert sein; **~ersi** [-'lersi]: **~ di qc** sich e-r Sache bedienen; et gebrauchen
valeriana [valeri'a:na] *f* Baldrian *m*
valevole [va'le:vole] gültig
valgo ['valgo] → **valere**
valico ['va:liko] *m* (*pl -chi*) Pass *m*, Übergang *m*; **~ di confine** Grenzübergang *m*
validità [validi'ta] *f* Gültigkeit *f*
valido ['va:lido] gültig; *persona* fähig; **non ~** ungültig
valigia [va'li:dʒa] *f* (*pl -ge*) Koffer *m*; **fare le -e** die Koffer packen
valle ['valle] *f* Tal *n*
Valle d'Aosta [valle da'ɔsta] *f* Aostatal *n*
val|ore [va'lo:re] *m* Wert *m*; (*coraggio*) Tapferkeit *f*; **~ aggiunto** Mehrwert *m*; **~ commerciale** Handelswert *m*; **~ corrente** Kurswert *m*; **~ indicativo** Eckwert *m*; *econ* **-i** *pl* Wertpapiere *n/pl*, Effekten *pl*; **di ~** wertvoll; **senza ~** wertlos; **~orizzare** [-lorid'dza:re] (*1a*) aufwerten; **~oroso** [-lo'ro:zo] tapfer
Valsugana [valsu'ga:na] *f* Suganatal *n*
Valtellina [valtel'li:na] *f* Veltlin *n*
valuta [va'lu:ta] *f* Währung *f*; Devisen *pl*; **~ estera** Fremdwährung *f*; **~ guida** Leitwährung *f*; **~ nazionale** Landeswährung *f*; **stabilità** *f* **della ~** Währungsstabilität *f*
valut|are [valu'ta:re] (*1a*) schätzen; *fig* abwägen; **~ario** [-'ta:rio] Devisen…; **~azione** [-tatsi'o:ne] *f* Schätzung *f*; **errore** *m* **di ~** Fehleinschätzung *f*
valvola ['valvola] *f* Ventil *n*; *anat* Klappe *f*; *el* Sicherung *f*; *rad* Röhre *f*
valzer ['valtser] *m inv* Walzer *m*
vandalismo [vanda'lizmo] *m* Vandalismus *m*
vandalo ['vandalo] *m* Vandale *m*
vanga ['vaŋga] *f* (*pl -ghe*) Spaten *m*
vangelo [van'dʒɛ:lo] *m* Evangelium *n*
vaniglia [va'ni:ʎa] *f* Vanille *f*
van|ità [vani'ta] *f* Eitelkeit *f*; **~itoso** [-ni'to:zo] eitel
vanno ['vanno] → **andare**
vano ['va:no] **1.** *adj* hohl; *fig* leer; (*inutile*) vergeblich; **2.** *m arch* Raum *m* Öffnung *f*; *auto* **~ portaoggetti** Handschuhfach *n*; **appartamento** *m* **a tre ~** Dreizimmerwohnung *f*
vant|aggio [van'taddʒo] *m* (*pl -ggi*) Vorteil *m*; *gara* Vorsprung *m*; **~aggioso** [-tad'dʒo:zo] vorteilhaft
vant|are [van'ta:re] (*1a*) rühmen, loben; **~arsi** [-'tarsi] sich rühmen (*di gen*)
vanto ['vanto] *m* Ruhm *m*
vap|ore [va'po:re] *m* Dampf *m*; *mar* Dampfer *m*; **~oretto** [-po'retto] *m* Motorschiff *n*; **~orizzare** [-porid'dza:re] (*1a*) verdampfen; zerstäuben; **~oroso** [-po'ro:zo] duftig; *fig* unklar
vari|abile [vari'a:bile] veränderlich; *tempo* wechselhaft; **~are** [-ri'a:re] (*1k*) **1.** *v/t* (ab-, ver)ändern; variieren; **2.** *v/i* wechseln; **~azione** [-riatsi'o:ne] *f* Veränderung *f*; Wechsel *m*
var|ice [va'ri:tʃe] *f* Krampfader *f*; **~icella** [-ri'tʃɛlla] *f* Windpocken *f/pl*; **~ietà** [-rie'ta] **1.** *f* Verschiedenartigkeit *f*; Vielfalt *f*; (*tipo*) Art *f*; **2.** *m* (*a teatro m od spettacolo m di ~*) Varietee *n*
vario ['va:rio] (*pl -ri*) verschieden(-artig); **vari** *pl* einige *pl*, mehrere *pl*; **~pinto** [-'pinto] bunt
Varsavia [var'sa:via] *f* Warschau *n*
vasca ['vaska] *f* (*pl -che*) Becken *n*, Bassin *n*; **~ da bagno** Badewanne *f*
vaselina [vaze'li:na] *f* Vaselin *n*
vasellame [vazel'la:me] *m* Geschirr *n*
vaso ['va:zo] *m* Gefäß *n* (*a anat*); Topf *m*; Vase *f*; **~ da fiori** Blumentopf *m*

Blumenvase *f*
assoio [vas'so:io] *m* (*pl -oi*) Tablett *n*
asto ['vasto] weit; ausgedehnt; *fig* umfassend
at. ***Vaticano*** Vatikan
aticano [vati'ka:no] *m* Vatikan *m*
B ***Verbania*** Verbania
C ***Vercelli*** Vercelli
.d.F. ***vigili del fuoco*** Feuerwehr
e [ve] = **vi** (*vor* **lo, la, li, le, ne**)
E. ***Vostra Eccellenza*** Eure Exzellenz
E ***Venezia*** Venedig
ecchia ['vɛkkia] *f* Alte *f*
ecchiaia [vekki'a:ia] *f* Alter *n*
ecchio ['vɛkkio] (*pl -cchi*) **1.** *adj* alt; (*usato*) gebraucht; (*logoro*) abgenutzt; **2.** *m* Alte(r) *m*
ece ['ve:tʃe] *f* ***in ~*** anstatt; ***in ~ sua*** an s-r Stelle; ***fare le -i di qu*** j-n vertreten
edere [ve'de:re] (*2s*) sehen; ***far ~*** zeigen; ***stare a ~*** zusehen; ***vedi ...*** siehe ...
edov|a ['ve:dova] *f* Witwe *f*; **~o** [-vo] **1.** *adj* verwitwet; **2.** *m* Witwer *m*
eduta [ve'du:ta] *f* Ansicht *f*; Aussicht *f*, Blick *m* (**su** auf *acc*); ***~ aerea*** Luftaufnahme *f*; ***~ panoramica*** Panoramaansicht *f*; *fig* ***larghezza f di -e*** Weitblick *m*
eget|ale [vedʒe'ta:le] **1.** *adj* pflanzlich; **2.** *m* Pflanze *f*; **-i** *pl* Pflanzen *fpl*; **~are** [-'ta:re] (*1l u b*) vegetieren; **~ariano** [-tari'a:no]; **1.** *adj* vegetarisch; **2.** *m* Vegetarier *m*; **~azione** [-tatsi'o:ne] *f* Vegetation *f*
ggente [ved'dʒente] *f/m* Wahrsager(in) *m(f)*
glia ['ve:ʎa] *f* Wachen *n*
gliare [ve'ʎa:re] (*1g*) **1.** *v/i* wachen; **2.** *v/t* ***~ qu*** bei j-m wachen
icolo [ve'i:kolo] *m* Fahrzeug *n*; ***~ spaziale*** Raumschiff *n*
la ['ve:la] *f* Segel *n*; ***fare ~*** segeln; ***a onfie -e*** mit vollen Segeln
leggi|are [veled'dʒa:re] (*1f*) segeln; **~atore** [-dʒa'to:re] *m* Segelschiff *n*; Segelflugzeug *n*
l|eno [ve'le:no] *m* Gift *n*; **~enoso** [-le'no:zo] giftig
l|iero [veli'ɛ:ro] *m* Segelschiff *n*; **~ina** [-'li:na] ***carta f ~*** Seidenpapier *n*, Durchschlagpapier *n*; **~ismo** [-'lizmo] *m* Segelsport *m*, Segeln *n*; **~ista** [-'lista] *m/f* (*m/pl -i*) Segelsportler(in) *m(f)*, Segler(in) *m(f)*
velluto [vel'lu:to] *m* Samt *m*; ***~ a coste*** Cordsamt *m*
velo ['ve:lo] *m* Schleier *m*
veloce [ve'lo:tʃe] schnell
velocità [velotʃi'ta] *f inv* Geschwindigkeit *f*; Schnelligkeit *f*; *fer* ***merce f a grande ~*** Eilgut *n*; ***merce f a piccola ~*** Frachtgut *n*; ***~ del suono*** Schallgeschwindigkeit *f*; ***~ della luce*** Lichtgeschwindigkeit *f*; ***~ di crociera*** Reisegeschwindigkeit *f*; ***~ massima*** Höchstgeschwindigkeit *f*
velodromo [ve'lɔ:dromo] *m* Radrennbahn *f*
vena ['ve:na] *f* Vene *f*; Ader *f*; ***essere in ~*** in Stimmung sein
vend|emmia [ven'demmia] *f* Weinlese *f*; **~emmiare** [-demmi'a:re] (*1k*) **1.** *v/t* lesen; **2.** *v/i* die Weinlese halten
vendere ['vendere] (*3a*) verkaufen; ***~ all'asta*** versteigern; ***~ all'ingrosso*** en gros verkaufen; ***~ al minuto*** im Kleinen (*od* Einzeln) verkaufen
vendetta [ven'detta] *f* Rache *f*
vendic|are [vendi'ka:re] (*1f u d*) rächen; **~arsi** [-'karsi]: ***~ di qu*** sich an j-m rächen
vendita ['vendita] *f* Verkauf *m*; ***~ di fine stagione*** Schlussverkauf *m*; ***~ diretta*** Direktverkauf *m*
vendit|ore [vendi'to:re] *m* Verkäufer *m*; **~rice** [-'tri:tʃe] *f* Verkäuferin *f*
vener|are [vene'ra:re] (*1l u b*) verehren; **~azione** [-ratsi'o:ne] *f* Verehrung *f*
venerdì [vener'di] *m inv* Freitag *m*; ***Venerdì Santo*** Karfreitag *m*
Venere ['vɛ:nere] *f* Venus *f*
Veneto ['vɛ:neto] *m* Venetien *n*
Venezia [ve'nɛ:tsia] *f* Venedig *n*
vengo ['vɛŋgo] → ***venire***
venire [ve'ni:re] (*4p*) kommen; herkommen; (*provenire*) herstammen (**da** aus); *ausiliare* werden; ***~ a costare*** kosten; ***~ a sapere qc*** et erfahren; ***~ a proposito*** wie gerufen kommen
venoso [ve'no:zo] ad(e)rig; venös
ventaglio [ven'ta:ʎo] *m* (*pl -gli*) Fächer *m*
ventenne [ven'tɛnne] zwanzigjährig
venti ['venti] zwanzig
ventil|atore [ventila'to:re] *m* Ventilator *m*; **~azione** [-latsi'o:ne] *f* Ventila-

tion *f*
vent|ina [ven'tiːna] *f* etwa zwanzig; **~iquattrore** [-tikuat'troːre] *f inv* Handkoffer *m*
vento ['vɛnto] *m* Wind *m*; ***c'è ~*** es ist windig
ventoso [ven'toːzo] windig
ventre ['vɛntre] *m* Bauch *m*; ***basso ~*** Unterleib *m*
venturo [ven'tuːro] künftig; nächst
venut|a [ve'nuːta] *f* Kommen *n*; Ankunft *f*; **~o** [-to] (→ ***venire***): ***ben ~*** willkommen; ***il primo ~*** der erste Beste
veramente [vera'mente] wirklich; tatsächlich; eigentlich
veranda [ve'randa] *f* Veranda *f*
verb|ale [ver'baːle] **1.** *adj* mündlich; **2.** *m* Protokoll *n*; ***~ d'una seduta*** Sitzungsprotokoll *n*; **~alizzare** [-balid'dzaːre] (*1a*) zu Protokoll geben; **~almente** [-bal'mente] mündlich
verbo ['vɛrbo] *m* Zeitwort *n*, Verb *n*
verde ['verde] **1.** *adj* grün; *frutta* unreif; ***essere al ~*** auf dem Trocknen sitzen; **2.** *m* Grün *n*; ***~ pubblico*** Grünanlage *f*; ***i -i*** *pl pol* die Grünen *pl*
verdura [ver'duːra] *f* Gemüse *n*
vergine ['vɛrdʒine] **1.** *adj* jungfräulich; *fig* unberührt; ***foresta f ~*** Urwald *m*; **2.** *f* (*a astr*) Jungfrau *f*
verginità [verdʒini'ta] *f* Jungfräulichkeit *f*
verg|ogna [ver'goːɲa] *f* Scham *f*; Schande *f*; **~ognarsi** [-go'ɲarsi] (*1a*) sich schämen; **~ognoso** [-go'ɲoːzo] schamhaft; schändlich
verifica [ve'riːfika] *f* (*pl -che*) Nachprüfung *f*, Kontrolle *f*
verific|are [verifi'kaːre] (*1m u d*) nachprüfen, überprüfen; feststellen; **~arsi** [-'karsi] geschehen
verità [veri'ta] *f* Wahrheit *f*
verme ['vɛrme] *m* Wurm *m*; ***~ solitario*** Bandwurm *m*
vermut ['vɛrmut] *m* Wermut(wein) *m*
verni|ce [ver'niːtʃe] *f* Firnis *m*; Lack *m*; ***~ antiruggine*** Rostschutzlack *m*; ***~ protettiva*** Schutzlack *m*; **~ciare** [-ni'tʃaːre] (*1f*) lackieren; streichen; ***verniciato di fresco*** frisch gestrichen; **~ciatura** [-nitʃa'tuːra] *f* Lackierung *f*
vero ['veːro] **1.** *adj* wahr; echt; ***~?*** nicht wahr?; **2.** *m* Wahrheit *f*; *arte* Natur *f*
verosimile [vero'siːmile] wahrscheinlich
verruca [ver'ruːka] *f* (*pl -che*) Warze *f*
vers|amento [versa'mento] *m econ* Einzahlung *f*; ***ricevuta f di ~*** Einzahlungsbeleg *m*; **~ante** [-'sante] *m* Abhang *m*; **~are** [-'saːre] (*1b*) **1.** *v/t* (ein-) gießen; *vino* einschenken; *denaro* einzahlen; **2.** *v/i* sich befinden
versione [versi'oːne] *f* Übersetzung *f*; Version *f*, Fassung *f*; ***in ~ originale*** in Originalfassung
verso ['vɛrso] **1.** *prp* nach, in Richtung; gegen; ***andare ~ casa*** nach Hause gehen; ***~ le otto*** gegen 8 Uhr; **2.** *m* Vers *m*
vertebra ['vɛrtebra] *f* Wirbel *m*
vertebrale [verte'braːle] ***colonna f ~*** Wirbelsäule *f*
verticale [verti'kaːle] **1.** *adj* senkrecht; **2.** *f* Handstand *m*
vertice ['vɛrtitʃe] *m* Scheitel *m*; Gipfel *m* (*a pol*); ***incontro m al ~*** Gipfeltreffen *n*
vert|igine [ver'tiːdʒine] *f* Schwindel *m*; ***ho le -i*** mir ist schwindelig; **~iginoso** [-tidʒi'noːzo] schwindelerregend
verza ['verdza] *f* Wirsingkohl *m*
vescica *anat* [veʃ'ʃiːka] *f* (*pl -che*) Blase *f*
vescovo ['veskovo] *m* Bischof *m*
vespa ['vɛspa] *f zo* Wespe *f*; Motorroller *m*
vespaio [ves'paːio] *m* (*pl -ai*) Wespennest *n*
vestaglia [ves'taːʎa] *f* Morgenrock *m*
veste ['vɛste] *f* Kleid *n*; *fig* Form *f*; ***~ da camera*** Morgenrock *m*
vestiario [vesti'aːrio] *m* (*pl -ri*) Kleidung *f*; Garderobe *f*
vest|ire [ves'tiːre] (*4b*) kleiden, anziehen; **~irsi** [-'tirsi] sich kleiden, sich anziehen; **~ito** [-'tiːto] *m* Anzug *m*, Kleid *n*; ***~ da mezza stagione*** Übergangskleid *n*, -anzug *m*; ***~ su misura*** Maßanfertigung *f*; ***-i pl da uomo*** Herrenkleidung *f*
Vesuvio [ve'suːvio] *m* Vesuv *n*
veterinario [veteri'naːrio] *m* (*pl -ri*) Tierarzt *m*
veto ['vɛːto] *m* Veto *n*; ***porre il ~*** sein Veto einlegen
vetr|ata [ve'traːta] *f* Glastür *f*; **~eria** [-tre'riːa] *f* Glashütte *f*; ***-e pl*** Glaswaren *f/pl*; **~ina** [-'triːna] *f* Schaufenster *n*; Glasschrank *m*, Vitrine *f*; **~inis**

[-tri'nista] *m* (*pl -i*) Schaufensterdekorateur *m*

vetro ['ve:tro] *m* Glas *n*; Fensterscheibe *f*; ***di ~*** aus Glas, gläsern; ***~ isolante*** Isolierglas *n*; ***~ smerigliato*** Mattglas *n*; ***pittura*** *f* ***su ~*** Glasmalerei *f*

vetta ['vetta] *f* Gipfel *m*

vett|ura [vet'tu:ra] *f* Wagen *m*; Auto *n*; ***~ da corsa*** Rennwagen *m*; ***~ di lusso*** Luxusauto *n*; *fer* ***~ diretta*** Kurswagen *m*; ***in ~!*** einsteigen!

vi [vi] **1.** *pron* euch; **2.** *adv* dort; dorthin

VI ***Vicenza*** Vicenza

via [v'i:a] **1.** *f* Weg *m*; Straße *f*; ***~ Goethe*** Goethestraße *f*; ***per ~ aerea*** auf dem Luftweg *m*; ***~ legale*** Rechtsweg *m*; ***in ~ eccezionale*** ausnahmsweise; ***per ~ di*** wegen (*gen*); ***~ lattea*** Milchstraße *f*; **2.** *m* Startzeichen *n*; ***dare il ~*** das Startzeichen geben; **3.** *adv* fort, weg; ***andar ~*** weggehen; ***~ ~*** nach und nach; ***e così ~*** und so weiter; ***~!*** weg!; ***su ~!*** los!; **4.** *prp* über (*acc*), via (*acc*); ***~ Brennero*** über den Brenner

viabilità [viabili'ta] *f* Fahrbarkeit *f*; Straßenzustand *m*

viadotto [via'dotto] *m* Viadukt *m*

viaggi|are [viad'dʒa:re] (*1f*) reisen; fahren; ***~ per affari*** geschäftlich reisen; ***~ senza biglietto*** schwarzfahren; ***~atore*** [-dʒa'to:re] *m* Reisende(r) *m*; ***~ di commercio*** Handelsreisende(r) *m*

viaggio [vi'addʒo] *m* (*pl -ggi*) Reise *f*; ***~ aereo*** Flugreise *f*; ***~ di nozze*** Hochzeitsreise *f*; ***~ in comitiva*** Gruppenreise *f*; ***~ in treno*** Bahnfahrt *f*; ***~ d'affari*** Geschäftsreise *f*; ***~ di studio*** Studienreise *f*; ***cestino*** *m* ***da ~*** Lunchpaket *n*; ***mettersi in ~*** sich auf die Reise machen; ***essere in ~*** auf der Reise sein

viale [vi'a:le] *m* Allee *f*

viavai [via'vai] *m inv* Hin- und Hergehen *n*

vibr|are [vi'bra:re] (*1a*) **1.** *v/i* vibrieren; **2.** *v/t colpo* versetzen; ***~azione*** [-bratsi'o:ne] *f* Schwingung *f*

vice|console [vitʃe'konsole] *m* Vizekonsul *m*; ***~direttore*** [-diret'to:re] *m* Vizedirektor *m*

vicenda [vi'tʃɛnda] *f* Ereignis *n*; ***-e*** *pl* Wechselfälle *m/pl*; ***a ~*** gegenseitig

viceversa [vitʃe'vɛrsa] umgekehrt

vicinanza [vitʃi'nantsa] *f* Nähe *f*; ***-e*** *pl* Umgegend *f*; ***nelle -e*** in der Gegend

vicinato [vitʃi'na:to] *m* Nachbarschaft *f*

vicino [vi'tʃi:no] **1.** *adj* nahe; ***~ a*** in der Nähe von; neben (*dat od acc*); ***da ~*** aus der Nähe; **2.** *m* Nachbar *m*

vicolo ['vi:kolo] *m* Gasse *f*; ***~ cieco*** Sackgasse *f*

video ['video] *m* Video *n*, Videorekorder *m*

videocamera [video'kamera] *f* Videokamera *f*

video|cassetta [videokas'setta] *f* Videokassette *f*; ***~fonino*** [-fo'ni:no] *m* Fotohandy *n*; UMTS-Handy *n*; ***~gioco*** [-'dʒɔko] *m* Videospiel *n*; ***~registratore*** [-redʒistra'to:re] *m* Videorekorder *m*; ***~teca*** [-'tɛ:ka] *f* Videothek *f*; ***~tel*** [-'tɛl] *m inv* Bildschirmtext *m*; ***~telefono*** [-te'lɛ:fono] *m* Bildtelefon *n*

Vienna [vi'ɛnna] *f* Wien *n*

vietare [vie'ta:re] (*1b*) verbieten

vietato [vie'ta:to]: ***~ ai minori di 16 anni*** für Jugendliche unter 16 Jahren verboten

vigil|anza [vidʒi'lantsa] *f* Überwachung *f*; ***sotto ~*** unter Polizeiaufsicht; ***~are*** [-'la:re] (*1l*) **1.** *v/t* überwachen; **2.** *v/i* wachen

vigile ['vi:dʒile] *m* Polizist *m*; ***-i*** *pl* ***del fuoco*** Feuerwehr *f*

vigilia [vi'dʒi:lia] *f* Vorabend *m*; ***~ di Natale*** Heiligabend *m*

vigliacco [vi'ʎakko] (*pl -cchi*) **1.** *adj* feige; **2.** *m* Feigling *m*

vigna ['vi:ɲa] *f* Weinberg *m*

vigneto [vi'ɲe:to] *m* Weinberg *m*

vignetta [vi'ɲetta] *f* Vignette *f*

vig|ore [vi'go:re] *m* Kraft *f*; ***~oroso*** [-go'ro:zo] kräftig

vile ['vi:le] **1.** *adj* feige; *fig* niedrig; **2.** *m* Feigling *m*

villa ['villa] *f* Villa *f*; Landhaus *n*

Villaco [vil'la:ko] *f* Villach *n*

villaggio [vil'laddʒo] *m* (*pl -ggi*) Dorf *n*; ***~ turistico*** Ferienanlage *f*

villeggiatura [villeddʒa'tu:ra] *f* Sommeraufenthalt *m*; Sommerfrische *f*

villino [vil'li:no] *m* Einfamilienhaus *n*; kleines Landhaus *n*

vincere ['vintʃere] (*3d*) **1.** *v/t j-n* besiegen; *et* gewinnen; *difficoltà* überwinden; **2.** *v/i* siegen

vincita ['vintʃita] *f* Gewinn *m*; Spielgewinn *m*

vincitore [vintʃi'to:re] *m* Sieger *m*; Gewinner *m*

vincol|are [viŋko'la:re] *(1l)* binden; **~ il capitale** das Kapital festlegen; **~ato** [-'la:to] gebunden; *econ* fest, vinkuliert

vincolo ['viŋkolo] *m* Band *n*

vino ['vi:no] *m* Wein *m*; **~ brulè** Glühwein *m*; **~ bianco** Weißwein *m*; **~ rosso** Rotwein *m*; **~ da pasto** Tischwein *m*

vinto ['vinto] → **vincere**

viola [vi'ɔ:la] *f mus* Bratsche *f*; *bot* Veilchen *n*; **~ del pensiero** Stiefmütterchen *n*

viol|are [vio'la:re] *(1l)* verletzen; brechen; **~azione** [-latsi'o:ne] *f* Verletzung *f*; Bruch *m*; **~ di domicilio** Hausfriedensbruch *m*; **~entare** [-len'ta:re] *(1b)* vergewaltigen; **~entatore** [-lenta'to:re] *m* Vergewaltiger *m*; **~ento** [-'lɛnto] gewaltsam; heftig; **~enza** [-'lɛntsa] *f* Gewalt *f*; Gewalttätigkeit *f*

viol|inista [violi'nista] *m/f* *(m/pl -i)* Geigenspieler(in) *m(f)*; **~ino** [-'li:no] *m* Geige *f*; **~oncello** [-lon'tʃɛllo] *m* Cello *n*

viottolo [vi'ɔttolo] *m* Pfad *m*

vipera ['vi:pera] *f* Viper *f*

Vipiteno [vipi'tɛ:no] *f* Sterzing *n*

virgola ['virgola] *f* Komma *n*

virile [vi'ri:le] männlich; mannhaft

vir|tù [vir'tu] *f inv* Tugend *f*; **~tuoso** [-tu'o:zo] **1.** *adj* tugendhaft; **2.** *m* Virtuose *m*

virus ['vi:rus] *m inv* Virus *n u m*

viscere ['viʃʃere] *f/pl* Eingeweide *n/pl*

vischio ['viskio] *m* *(pl -chi)* Mistel *f*

viscido ['viʃʃido] schlüpfrig; aalglatt; glitschig, rutschig

visc|osa [vis'ko:sa] *f* Viskose *f*; **~oso** [-'ko:zo] klebrig

vis|ibile [vi'zi:bile] sichtbar; **~ibilità** [-zibili'ta] *f* Sicht *f*; **~iera** [-zi'ɛ:ra] *f* Mützenschirm *m*

visione [vizi'o:ne] *f* Vision *f*; *film* Vorführung *f*; **prima ~** Erstaufführung *f*; **prendere ~ di qc** Einsicht nehmen in et *(acc)*; *econ* **in ~** zur Ansicht

visita ['vi:zita] *f* Besuch *m*; Besichtigung *f*; **~ medica** ärztliche Untersuchung *f*; **far ~ a qu** j-n besuchen

visit|are [vizi'ta:re] *(1l)* besuchen; besichtigen; *med* untersuchen; **~ator**[e] [-ta'to:re] *m* Besucher *m*; **~atric**[e] [-ta'tri:tʃe] *f* Besucherin *f*

viso ['vi:zo] *m* Gesicht *n*

visone [vi'zo:ne] *m* Nerz(pelz) *m*

vissuto [vis'su:to] → **vivere**

vista ['vista] *f* Sehvermögen *n*; *(ved*[u]*ta)* Blick *m*; *(prospettiva)* Aussicht [*f*]; **a prima ~** auf den ersten Blick; *m*[us] vom Blatt; **in ~ di** im Hinblick a[uf] *(acc)*; **con ~ sul mare** mit Meerblic[k]; **perdere di ~** aus den Augen verliere[n]

visto ['visto] **1.** → **vedere**; **~ che** in A[n]betracht dessen, dass; **2.** *m* Visum; [**~**] **d'entrata** Einreisevisum *n*; **~ di trans**[i]**to** Transitvisum *n*; **~ d'uscita** Ausre[i]sevisum *n*

vistoso [vis'to:zo] auffallend

visuale [vizu'a:le] *f* Aussicht *f*

vita ['vi:ta] *f* Leben *n*; *anat* Taille *f*; **a** [**vita**] auf Lebenszeit; *jur* lebensläglic[h]; **costo** *m* **della ~** Lebenshaltungsko[s]ten *pl*; **senza ~** leblos

vit|ale [vi'ta:le] Lebens…; *fig* leben[s]wichtig; **~amina** [-ta'mi:na] *f* Vitam[in] *n*

vite[1] ['vi:te] *f tec* Schraube *f*

vite[2] ['vi:te] *f agr* Weinrebe *f*

vitello [vi'tɛllo] *m* Kalb *n*; Kalb(s)led[er] *n*; *gastr* Kalbfleisch *n*

viticolt|ore [vitikol'to:re] *m* Weinba[u]er *m*, Winzer *m*; **~ura** [-'tu:ra] *f* Wei[n]bau *m*

vitreo ['vitreo] glasig

vittima ['vittima] *f* Opfer *n*

vitto ['vitto] *m* Verpflegung *f*; **~ e allo**[g]**gio** Unterkunft und Verpflegung

vittoria [vit'tɔ:ria] *f* Sieg *m*

vittorioso [vittori'o:zo] siegreich

viva ['vi:va]: **~!** hoch!; er *(od* sie) le[be] hoch!; sie leben hoch!

viv|ace [vi'va:tʃe] lebhaft; **~acità** [-vatʃi'ta] *f* Lebhaftigkeit *f*; **~anda** [-'va[n]da] *f* Speise *f*; **~ente** [-'vɛnte] lebe[nd]

vivere ['vi:vere] *(3zz)* **1.** *v/i* leben; **2.** [*v/t*] erleben; verleben; **~ una vita tranq**[uil]**la** ein ruhiges Leben führen

viveri ['vi:veri] *m/pl* Lebensmittel *n*[/pl]

vivo ['vi:vo] lebend, lebendig; **fars**[i **~**] von sich hören lassen; **nel ~ della** [di]**scussione** mitten in der Debatte

vizi|are [vitsi'a:re] *(1g)* verwöhn[en]; verderben; **~ato** [-'a:to] verwöh[nt]; verdorben; **aria** *f* **-a** verbrauchte Lu[ft]

vizio ['viːtsio] *m* (*pl -zi*) Laster *n*; schlechte Angewohnheit *f*; *anat* Fehler *m*; ~ ***cardiaco*** Herzfehler *m*
vizioso [vitsi'oːzo] lasterhaft; *fig* fehlerhaft; ***circolo*** *m* ~ Teufelskreis *m*
v.le ***viale*** Allee
voc|abolario [vokabo'laːrio] *m* (*pl -ri*) Wörterbuch *n*; **~abolo** [-'kaːbolo] *m* Vokabel *f*, Wort *n*; **~ale** [-'kaːle] *f* Vokal *m*; **~azione** [-katsi'oːne] *f* Berufung *f*, Anlage *f*
voce ['voːtʃe] *f* Stimme *f*; *fig* Gerücht *n*; ***ad alta*** ~ laut; ***a bassa*** ~ leise; ***spargere -i*** Gerüchte in Umlauf setzen
voglia ['vɔːʎa] *f* Lust *f*; ***avere ~ di fare qc*** Lust haben, et zu tun; ***di buona*** ~ gern; ***contro*** ~, ***di mala*** ~ widerwillig
voglio ['vɔːʎo] → ***volere***
voi [v'oi] ihr; ***a*** ~ euch; ***senza di*** ~ ohne euch; ~ ***altri*** ihr
vol. ***volume*** Band (*abbr* Bd.)
vol|ano [vo'laːno] *m* Federball *m*; **~ante** [-'lante] **1.** *m* Lenkrad *n*; **2.** *f* Überfallkommando *n*; **~antino** [-lan'tiːno] *m* Flugblatt *n*
volare [vo'laːre] (*1a*) fliegen; *fig* eilen
volent|eroso [volente'roːzo] bereitwillig; **~ieri** [-ti'ɛːri] gern(e)
volere [vo'leːre] **1.** *v/t u v/i* (*2t*) wollen, belieben; ~ ***dire*** bedeuten; ~ ***bene a qu*** j-n lieb haben; ***volerci*** nötig sein; ***ci vogliono dieci mesi*** dazu sind zehn Monate nötig; ***senza*** ~ unabsichtlich; **2.** *m* Wille *m*
Volga ['vɔlga] *m* Wolga *f*
volgare [vol'gaːre] gewöhnlich; gemein; ordinär
volgere ['vɔldʒere] (*3d*) **1.** *v/t* wenden; **2.** *v/i* neigen; ***il tempo volge al brutto*** das Wetter verschlechtert sich; ~ ***al peggio*** eine böse Wendung nehmen
volo ['voːlo] *m* Flug *m*; ***prendere il*** ~ davonfliegen; ~ ***diretto*** Direktflug *m*; ~ ***di linea*** Linienflug *m*; ~ ***internazionale*** Auslandsflug *m*; ~ ***nazionale*** Inlandflug *m*; ~ ***senza scalo*** Nonstopflug *m*; ***al*** ~ im Nu
volon|tà [volon'ta] *f* Wille *m*; ***a*** ~ nach Belieben; **~tariato** [-tari'aːto] *m* Volontariat *n*, freiwilliger Dienst *m*; **~tario** [-'taːrio] (*pl -ri*) **1.** *adj* freiwillig; **2.** *m* Freiwillige(r) *m*
volpe ['volpe] *f* Fuchs *m*
volt [vɔlt] *m inv el* Volt *n*
volta ['vɔlta] *f* Drehung *f*; Mal *n*; *arch* Gewölbe *n*; ***qualche*** ~ manchmal; ***questa*** ~ diesmal; ***ogni*** ~ jedes Mal; ***una ~ per sempre*** ein für alle Mal; ***poco per*** ~ allmählich; ***un'altra*** ~ ein andermal; noch einmal; ***molte -e*** oft, oftmals
voltaggio [vol'taddʒo] *m* (*pl -ggi*) *el* Spannung *f*
volt|are [vol'taːre] (*1c*) **1.** *v/t* wenden; herumdrehen; *pagina* umblättern; ~ ***le spalle a qu*** j-m den Rücken kehren; **2.** *v/i* biegen, abbiegen; **~arsi** [-'tarsi] sich drehen, sich wenden
volto[1] ['volto] *m* Gesicht *n*
volto[2] ['vɔlto] → ***volgere***
vol|ume [vo'luːme] *m* Umfang *m*; *tip* Band *m*; *mat* Inhalt *m*; *mus* Lautstärke *f*; **~uminoso** [-lumi'noːzo] umfangreich; Platz raubend
voluttà [voːlut'ta] *f* Wollust *f*
vomitare [vomi'taːre] (*1l u c*) (er-)brechen, sich übergeben
vomito ['vɔːmito] *m* Erbrechen *n*
vongola ['vɔŋgola] *f gastr* Venusmuschel *f*
voragine [vo'raːdʒine] *f* Schlund *m*
vortice ['vɔrtitʃe] *m* Wirbel *m*, Strudel *m*
vostro ['vɔstro] **1.** *adj u pron* euer; ***i -i amici*** eure Freunde; ***questi libri sono -i*** diese Bücher gehören euch; ***ho ricevuto la -a (lettera) del cinque marzo*** ich habe euren Brief vom fünften März erhalten; **2.** *m* Eurige(s) *n*
vot|are [vo'taːre] (*1a*) (ab)stimmen; wählen; **~azione** [-tatsi'oːne] *f* Abstimmung *f*, Wahl *f*
voto ['voːto] *m* Gelübde *n*; *pol* Stimme *f*; *scuola* Note *f*; ***maggioranza*** *f* ***di -i*** Stimmenmehrheit *f*; ***mettere qc ai -i*** abstimmen lassen über et (*acc*)
v.r. ***vedi retro*** siehe Rückseite
VR ***Verona*** Verona
v.s. ***vedi sopra*** siehe oben (*abbr* s. o.)
Vs. ***vostro*** Ihr (*Briefstil*)
V.S. ***Vostra Signoria*** Euer Wohlgeboren
V.S.Ill.ma ***Vostra Signoria Illustrissima*** Euer Hochwohlgeboren
VT ***Viterbo*** Viterbo
V.U. ***Vigili Urbani*** Stadtpolizei
vulc|anico [vul'kaːniko] (*pl -ci*) vulkanisch; **~ano** [-'kaːno] *m* Vulkan *m*

vulnerabile [vulne'ra:bile] *adj* verwundbar
vuole [vu'ɔ:le] → ***volere***
vuot|are [vuo'ta:re] (*1c*) leeren; ausleeren; **~arsi** [-'tarsi] leer werden
vuoto [vu'ɔ:to] **1.** *adj* leer; **2.** *m* Leere *f*; (*recipiente*) leere Flasche *f*, Leergut *n*; ***~ a perdere*** Einwegflasche *f*; ***~ a rendere*** Pfandflasche *f*; ***andare a ~*** fehlschlagen
VV ***Vibo-Valentia*** Vibo-Valentia

W

W ***watt*** Watt (*abbr* W); ***viva*** es lebe
walkman ['wɔ:kmən] *m inv* Walkman® *m*
watt [vat] *m inv* Watt *n*
WC ***gabinetto*** Wasserklosett (*abbr* WC)
web [ueb] *m* Web *n*
week-end [wi:k'end] *m inv* Wochenende *n*
western ['wɛstern] *m inv* Western *m*; ***~ all'italiana*** Italowestern *m*
whisky ['wiski] *m inv* Whisky *m*
windsurf ['windsə:f] *m inv* Windsurfer *m*; *sport* Windsurfen *n*; ***fare ~*** windsurfen
W.L. ***vagone letto*** Schlafwagen
work-station ['uœ:k'steiʃn] *f* Bildschirmarbeitsplatz *m*
www [vu:vu'vu] *m* ***World Wide Web*** WWW *n*

X

X, x [iks] *f u m* X, x *n*; ***raggi*** *m/pl* ***~*** X-Strahlen *m/pl*, Röntgenstrahlen *m/pl*
xen|ofobia [ksenofo'bi:a] *f* Fremdenfeindlichkeit *f*; Ausländerfeindlichkeit *f*; **~ofobo** [-'nɔ:fobo] fremdenfeindlich; ausländerfeindlich
xilofono [ksi'lɔfono] *m* Xylophon *n*

Y

yacht [jɔt] *m inv* Jacht *f*
yoga ['jɔ:ga] *m inv* Joga *m*
yogurt ['jɔ:gurt] *m inv* Jog(h)urt *m u*

Z

zabaione [dzabai'o:ne] *m* Eierschaumcreme *f* mit Marsala
zafferano [dzaffe'ra:no] *m* Safran *m*
zaffiro [dzaf'fi:ro] *m* Saphir *m*
Zagabria [dza'ga:bria] *f* Zagreb *n*
zagara ['dza:gara] *f* Orangenblüte *f*
zaino ['dza:ino] *m* Rucksack *m*
zampa ['tsampa] *f* Fuß *m*; (*a fig*) Pfote *f*; *gastr* Haxe *f*
zamp|illare [tsampil'la:re] (*1a*) hervorsprudeln; **~illo** [-'pillo] *m* feiner Strahl *m*
zampone [tsam'po:ne] *m gastr* gefüllter Schweinsfuß *m*
zanz|ara [dzan'dza:ra] *f* Mücke; **~ariera** [-dzari'ɛ:ra] *f* Mückennetz

zappa ['tsappa] *f* Hacke *f*
zappare [tsap'pa:re] (*1a*) hacken
zattera ['tsattera] *f* Floß *n*
zavorra [dza'vɔrra] *f* Ballast *m*
zebra ['dzɛ:bra] *f* Zebra *n*
zecca[1] ['tsekka] *f* (*pl -cche*) *zo* Zecke *f*
zecca[2] ['tsekka] *f* (*pl -cche*) Münzprägestelle *f*, Münze *f*; ***nuovo di*** ~ funkelnagelneu
zelante [dze'lante] eifrig
zelo ['dzɛ:lo] *m* Eifer *m*
zenit ['dzɛ:nit] *m* Zenit *m*
zenzero ['dzɛndzero] *m* Ingwer *m*
zeppo ['tseppo]: ***pieno*** ~ vollgestopft (***di*** mit)
zerbino [dzer'bi:no] *m* Fußmatte *f*
zero ['dzɛ:ro] *m* Null *f*; *fig* nichts; ***2 gradi sotto*** ~ 2 Grad unter Null
zia [ts'i:a] *f* Tante *f*
zigomo ['dzi:gomo] *m* Jochbein *n*
zigzag [dzig'dzag] *m* Zickzack *m*
zimbello [dzim'bɛllo] *m* Gespött *n*
zincare [dziŋ'ka:re] (*1d*) verzinken
zinco ['dziŋko] *m* Zink *n*; ***lamiera f di*** ~ Zinkblech *n*
zio [ts'i:o] *m* Onkel *m*
zip [dzip] *f inv* Reißverschluss *m*
zitto ['tsitto] still; ***sta*** ~***!*** sei still!
zoccolo ['tsɔkkolo] *m* Holzschuh *m*; *zo* Huf *m*; *arch* Sockel *m*
zodiacale [dzodia'ka:le] Zodiakal…; ***segni*** *m/pl* ***-i*** Tierkreiszeichen *n/pl*
zodiaco [dzo'di:ako] *m* Tierkreis *m*
zolfo ['tsolfo] *m* Schwefel *m*
zona ['dzɔ:na] *f* Zone *f*; Gebiet *n*, Gegend *f*; Stadtbezirk *m*; ~ ***a traffico limitato*** verkehrsberuhigte Zone *f*; ~ ***del libero scambio*** Freihandelszone *f*; ~ ***disco*** Kurzparkzone *f*; ~ ***industriale*** Industriegebiet *n*; ~ ***pedonale*** Fußgängerzone *f*; ~ ***residenziale*** Wohngebiet *n*; ~ ***verde*** Grünanlagen *f/pl*
zonzo ['dzondzo]: ***andare a*** ~ herumbummeln, schlendern
zoo [dz'ɔ:o] *m inv* zoologischer Garten *m*, Zoo *m*
zoppicare [tsoppi'ka:re] (*1l, c u d*) hinken; *mobile* wackeln
zoppo ['tsɔppo] hinkend; wack(e)lig
zucca ['tsukka] *f* (*pl -cche*) Kürbis *m*
zuccher|are [tsukke'ra:re] (*1l*) zuckern; *fig* versüßen; ~***ato*** gezuckert; ***non*** ~ ungesüßt; ~***iera*** [-ri'ɛ:ra] *f* Zuckerdose *f*
zucchero ['tsukkero] *m* Zucker *m*; ~ ***greggio*** brauner Zucker *m*; ~ ***in zollette*** Würfelzucker *m*
zucchina [tsuk'ki:na] *f* Zucchini *f*
zuffa ['tsuffa] *f* Schlägerei *f*
zumare [tsu'mare] zoomen
zuppa ['tsuppa] *f* Suppe *f*; ~ ***di verdura*** Gemüsesuppe *f*; ~ ***alla marinara*** (*od* ***di pesce***) Fischsuppe *f*; ~ ***inglese*** *Süßspeise aus mit Likör getränktem Biskuitteig und Cremeschichten*
zuppiera [tsuppi'ɛ:ra] *f* Suppenschussel *f*
zuppo ['tsuppo] durchgeweicht, durchnässt
Zurigo [dzu'ri:go] *f* Zürich *n*

Wörterverzeichnis
Deutsch-Italienisch

A

A ***Austria*** (*Kfz-Nationalitätskennzeichen für Österreich*) Austria; ***Autobahn*** autostrada

@ [ɛt] *n inform* @ *m*, chiocciola *f*

AA ***Auswärtiges Amt*** Ministero degli Affari Esteri (*abbr* MAE)

Aachen ['aːxən] *n* Aquisgrana *f*

Aal [aːl] *m* (-[*e*]*s*; -*e*) anguilla *f*

Aargau ['aːrgau] *m* Argovia *f*

ab [ap] **1.** *zeitlich, bei Zahlenangaben*: a partire da; **~ *und zu*** di quando in quando; **2.** *räumlich*: da; **~ *Fabrik*** dalla fabbrica; **~!** via!

abarbeiten: ***sich* ~** (*sep, -ge-, h*) affaticarsi, logorarsi

Abb. ***Abbildung*** illustrazione

Abbau *m* (-[*e*]*s*; *senza pl*) *von Gebäuden*: demolizione *f*; *Personal, Lohn*: riduzione *f*, diminuzione *f*; *min* estrazione *f*; *tec* smontaggio *m*; **'2en** (*sep, -ge-, h*) ridurre; *min* estrarre; *Personal, Lohn*: ridurre, diminuire

abbeißen (*irr, sep, -ge-, h,* → **beißen**) staccare con un morso

abberuf|en *v/t* (*irr, sep, senza -ge-, h,* → **berufen**) *pol* richiamare; rimuovere, destituire; **'2ung** *f* (-; -*en*) *vorläufige*: sospensione *f*

abbestellen *v/t* (*sep, senza -ge-, h*) annullare; revocare

abbiegen (*irr, sep, -ge-, sn,* → **biegen**) girare, svoltare; ***nach rechts* ~** svoltare a destra

Abbildung ['apbilduŋ] *f* (-; -*en*) ritratto *m*; disegno *m*; illustrazione *f*

abbinden (*irr, sep, -ge-, h,* → **binden**) *med* legare; fasciare

abblättern (*sep, -ge-, sn*) sfaldarsi

abblenden (*sep, -ge-, h*) *auto* abbassare i fari (abbaglianti)

abbremsen (*sep, -ge-, h*) frenare

abbrennen (*irr, sep, -ge-,* → **brennen**) **1.** *v/t* (*h*) bruciare completamente; **2.** *v/i* (*sn*) bruciare (completamente); ridursi in cenere

Abbruch *m* (-[*e*]*s*; *senza pl*) rottura *f*; *arch* demolizione *f*

abbuchen (*sep, -ge-, h*) defalcare

Ab'c [abeː'tse] *n* (-; *senza pl*) abbiccì *m*, alfabeto *m*

AB'C-Waffen *f/pl* armi *f/pl* atomiche, biologiche e chimiche

'abdanken (*sep, -ge-, h*) dimettersi; abdicare

'abdecken (*sep, -ge-, h*) scoprire; *Tisch*: sparecchiare; (*verdecken*) coprire

'abdichten (*sep, -ge-, h*) rendere impermeabile (*od* stagno); turare

'abdrängen (*sep, -ge-, h*) far deviare; spingere alle deriva

'abdrehen (*sep, -ge-, h*) staccare girando; torcere; *Hahn*: chiudere; *tec* tornire; svitare

'Abdruck *m* (-[*e*]*s*; *Abdrücke*) impronta *f*; copia *f*; *tip* bozza *f*; **'2en** (*sep, -ge-, h*) imprimere; *tip* stampare; riprodurre

'Abend ['aːbənt] *m* (-*s*; -*e*) sera *f*; **2s, *am* ~** di sera; ***gestern* ~** ieri sera; ***heute* ~** questa sera, stasera; ***morgen* ~** domani sera; ***der Heilige* ~** la vigilia *f* di Natale; ***zu* ~ *essen*** cenare; **'~anzug** *m* abito *m* da sera; **'~brot** *n* cena *f*; **'~dämmerung** *f* crepuscolo *m*; **'~essen** *n* cena *f*; **'~kasse** *f* cassa *f*, botteghino *m*; **'~kleid** *n* abito *m* da sera; **'~kurs** *m* corso *m* serale; **'~land** *n* (-[*e*]*s*; *senza pl*) Occidente *m*; **'~mahl** *n* (-[*e*]*s*; *senza pl*) *rel* comunione *f*; *Bild*: cenacolo *m*; **'~zeitung** *f* giornale *m* della sera

'Abenteu|er ['aːbəntɔʏər] *n* (-*s*; -) avventura *f*; **'2erlich** avventuroso

'aber ['aːbər] ma; però; ***oder* ~** ovvero

'Aber|glaube *m* (-*ns*; *senza pl*) superstizione *f*; **'2gläubisch** ['-glɔʏbiʃ] superstizioso

'aberkenn|en ['apˀɛrkɛnən] (*irr, sep, senza -ge-, h,* → **erkennen**): ***j-m et* ~** negare qc a qu, non riconoscere qc a qu; condannare qu alla perdita di qc; **'2ung** *f* (-; -*en*) disconoscimento *m*

Abf. ***Abfahrt*** partenza

'abfahren ['apfaːrən] (*irr, sep, -ge-,* → **fahren**) **1.** *v/t* (*h*) portar via; (*abnutzen*) consumare; **2.** *v/i* (*sn*) partire (**von** da);

Ski: scendere
'**Abfahrt** *f* (-; *-en*) partenza *f*; *Sport*: discesa *f*; '**~(s)zeit** *f* orario *m* di partenza
'**Abfall** *m* (-[*e*]*s*; *Abfälle*) (*Müll*) spazzatura *f*; immondizie *f*/*pl*; *tec* rifiuti *m*/*pl*
'**Abfall|aufbereitung** [-be'raɪtuŋ] *f* (-; *senza pl*) *ecol* trattamento *m* dei rifiuti; '**~beseitigung** [-be'zaɪtiguŋ] *f* (-; *senza pl*) *ecol* smaltimento *m* dei rifiuti; '**~eimer** *m* pattumiera *f*
'**abfallen** (*irr*, *sep*, *-ge-*, *sn*, → ***fallen***) *rel*, *pol* rinnegare (***von et*** qc); ***von e-r Partei ~*** abbandonare un partito
'**Abfallentsorgung** ['-ɛntzɔrguŋ] *f* (-; *senza pl*) *ecol* smaltimento *m* dei rifiuti
'**abfällig** *fig* sfavorevole
'**Abfallmanagement** *n* (*-s*; *senza pl*) *ecol* gestione *f* dei rifiuti
'**Abfall|produkt** *n* sottoprodotto *m*; '**~ver'wertung** [-fɛr'vertuŋ] *f* (-; *senza pl*) *ecol* riciclaggio *m* dei rifiuti
'**abfärben** (*sep*, *-ge-*, *h*) stingere; *fig* ***~ auf*** (*acc*) influenzare
'**abfass|en** (*sep*, *-ge-*, *h*) *Werke*: redigere; *Akte*: stendere; '**2ung** *f* (-; *-en*) redazione *f*
'**abfertig|en** ['apfɛrtigən] (*sep*, *-ge-*, *h*) *econ*, *post* spedire; preparare per la partenza; *an Grenze*, *avia* ispezionare, sottoporre a visita doganale; *j-n*, *ein Geschäft*: sbrigare; *Kunden*: servire; '**2ung** *f* (-; *-en*) spedizione *f*; *an Grenze*, *avia* visita *f* doganale
'**abfind|en** (*irr*, *sep*, *-ge-*, *h*, → ***finden***) soddisfare; indennizzare; ***sich ~ mit*** accordarsi con; rassegnarsi a; '**2ung** *f* (-; *-en*) liquidazione *f*; indennizzo *m*
'**abflauen** ['apflaʊən] (*sep*, *-ge-*, *sn*) *Wind*: calmarsi
'**abfliegen** (*irr*, *sep*, *-ge-*, *sn*, → ***fliegen***) *avia* decollare
'**abfließen** (*irr*, *sep*, *-ge-*, *sn*, → ***fließen***) scolare
'**Abflug** *m* (-[*e*]*s*; *Abflüge*) *avia* decollo *m*; partenza *f*; '**~halle** *f* sala *f* partenze; '**~(s)zeit** *f* orario *m* di partenza
'**Abfluss** *m* (*-es*; *Abflüsse*) scolo *m*; *econ von Geld*: fuga *f*
'**abführ|en** (*sep*, *-ge-*, *h*) portare via; *econ* versare; pagare; '**2mittel** *n* purga *f*, purgante *m*
'**abfüllen** (*sep*, *-ge-*, *h*) travasare; *in Flaschen*: imbottigliare

'**Abgabe** *f* (-; *-n*) consegna *f*; vendita
(*Steuer*) imposta *f*; *Pass*: rilascio *n*
'**2nfrei** esente da tasse; '**2npflichti**
soggetto a tasse
'**Abgang** *m* (-[*e*]*s*; *⸚e*) *econ* smercio *n*
(*Verlust*) perdita *f*; '**~szeugnis** *n* (ce
tificato *m* di) licenza *f*; congedo *m*
'**Abgas** *n* (*-es*; *-e*) gas *m* di scaric
'**2arm** a bassa emissione di gas inqu
nanti; ecologico
'**abgeben** (*irr*, *sep*, *-ge-*, *h* → ***gebe***
consegnare; *Stimme*, *Urteil*: dare; *W*
ren: lasciare; *econ* trarre
'**abgebrannt** ['apgəbrant] bruciato;
sein *fig* essere al verde
'**abgegriffen** ['apgəgrifən] logoro, co
sumato; *fig* trito e ritrito
'**abgehen** (*irr*, *sep*, *-ge-*, *sn* → ***gehe***
partire; *von der Schule*: lascia
(*acc*); *econ* smerciarsi; (*sich löse*
staccarsi
'**abgekämpft** ['apgəkɛmpft] esausto
'**abgelaufen** *Pass*, *Fahrschein*, *Ze*
scaduto
'**abgelegen** isolato, fuori mano
'**abgemacht** convenuto; ***~!*** d'accord
'**abgeneigt** avverso (***j-m***, ***et*** *dat* a qu
qc)
'**abgenutzt** logoro; consumato
'**Abgeordnet|e** ['apgəɔrdnətə] *m*/*f* d
legato *m*, -a *f*; *pol* deputato *m*, -a
'**~enhaus** [apgəɔrdnə'tənhaʊs] *n* C
mera *f* dei deputati
'**abgerissen** lacero; strappato
'**abgeschlossen** ['apgəʃlɔsən] isola
chiuso a chiave; *Werk*: concluso
'**abgesehen** ['apgəzeːən]: ***~ von*** p
scindendo (*od* eccezione fatta) da
'**abgespannt** spossato; estenuato
'**abgestanden** ['apgəʃtandən] stant
guasto
'**abgestumpft** ['apgəʃtumpft] ottu
fig indifferente (***gegen*** verso)
'**abgetragen** logoro
'**abgewöhnen** (*sep*, *senza -ge-*, *h*) di
bituare (***j-m et*** qu a qc); ***sich*** (*dat*) ***e***
togliersi il vizio di qc
'**Abgott** *m* (-[*e*]*s*; *Abgötter*) idolo *m*
'**abgrenzen** (*sep*, *-ge-*, *h*) delimita
tracciare i limiti di; porre un limit
'**Abgrund** *m* (-[*e*]*s*; *Abgründe*) abi
m; precipizio *m*
'**abhaken** (*sep*, *-ge-*, *h*) togliere dal g
cio; *econ* spuntare

'abhalten (*irr, sep, -ge-, h,* → ***halten***) trattenere; (*hindern*) impedire; *Sitzung*: tenere; *rel* celebrare
'abhandeln (*sep, -ge-, h*) *econ* (*j-m et*) ottenere qc da qu contrattando; *vom Preis*: tirare sul prezzo
ab'handenkommen [ap'handənkɔmən] *v/i* (*irr, sep, -ge-, sn* → ***kommen***) smarrirsi, perdersi
'Abhandlung *f* (-; *-en*) trattato *m*, dissertazione *f*; discussione *f*
'Abhang *m* (-[*e*]*s*; *⸗e*) pendio *m*, declivio *m*
'abhäng|en (*irr, sep, -ge-, h,* → ***hängen***) dipendere; ***es hängt davon ab*** dipende; ***es hängt nicht von mir ab*** non dipende da me; **'~ig** dipendente; **'Ⓢigkeit** *f* (-; *senza pl*) dipendenza *f*
'abhärt|en (*sep, -ge-, h*) indurire; temprare; **'Ⓢung** *f* (-; *senza pl*) indurimento *m*
abheben (*irr, sep, -ge-, h,* → ***heben***) **1.** *v/t* togliere; levare; *Karten*: alzare; *Geld*: prelevare, ritirare; *tel* alzare il ricevitore; **2.** *v/i avia* ***vom Boden ~*** decollare; ***sich ~ von*** distinguersi da
abheilen *v/i* (*sep, -ge-, sn*) cicatrizzarsi
Abhilfe *f* (-; *senza pl*) rimedio *m*; ***~ schaffen*** porre rimedio a qc, rimediare a qc
abholen (*sep, -ge-, h*) andare (*od* venire) a prendere; ritirare; *post* prendere, levare; ***~ lassen*** mandare a prendere
abhorchen (*sep, -ge-, h*) *med* auscultare
Abi'tur [abi'tuːr] *n* (-*s*; *senza pl*) esame *m* di maturità
Abk. ***Abkürzung*** abbréviazione
abkaufen (*sep, -ge-, h*) comprare
abklären (*sep, -ge-, h*) chiarire
abklingen (*irr, sep, -ge-, sn,* → ***klingen***) (*Ton*) smorzarsi, affievolirsi, (*Schmerz*) farsi meno acuto, diminuire
abklopfen (*sep, -ge-, h*) battere; *med* ascoltare
abkochen (*sep, -ge-, h*) far bollire
abkommandieren (*sep, senza -ge-, h*) distaccare
abkommen *v/i* (*irr, sep, -ge-, sn,* → ***kommen***) allontanarsi; ***vom Weg ~*** perdere la strada
Abkommen *n* (-*s*; -) accordo *m*; convenzione *f*; ***ein ~ treffen*** concludere un accordo
'abkömmlich ['apkœmliç] libero, disponibile
'abkühl|en (*sep, -ge-, h*) raffreddare; **'Ⓢung** *f* (-; *senza pl*) raffreddamento *m*
'abkuppeln (*sep, -ge-, h*) sganciare
'abkürz|en (*sep, -ge-, h*) accorciare; abbreviare; **'Ⓢung** *f* (-; *-en*) abbreviazione *f*; *Weg*: scorciatoia *f*
'abladen (*irr, sep, -ge-, h,* → ***laden***) scaricare
'Ablage *f* (-; *-n*) deposito *m*; (*Kleider*Ⓢ) guardaroba *m*; (*Akten*Ⓢ) archivio *m*
'ablager|n (*sep, -ge-*) **1.** *v/t* (*h*) depositare; **2.** *v/i* (*sn*) stagionare; riposare; **'Ⓢung** *f* (-; *-en*) *geol* sedimento *m*; deposizione *f*
'ablassen (*irr, sep, -ge-, h,* → ***lassen***) **1.** *v/t* far scolare; *Dampf, Gas*: scaricare; *econ* vendere; cedere; *vom Preis*: ridurre; fare lo sconto su; **2.** *v/i* smettere
'Ablauf *m* (-[*e*]*s*; *Abläufe*) scolo *m*; *econ* scadenza *f*; ***nach ~ von*** in capo a, alla fine di; ***vor ~*** prima della scadenza
'ablaufen (*irr, sep, -ge-,* → ***laufen***) **1.** *v/t* (*h*) *Schuhe*: consumare; **2.** *v/i* (*sn*) scorrere; *Frist, Pass, econ Wechsel*: scadere; ***gut*** (***schlecht***) ***~*** andare a finire bene (male)
'ablegen (*sep, -ge-, h*) deporre; *Kleider*: togliersi; *Akten, Dokumente*: passare agli atti; ***Rechenschaft ~*** rendere conto
'ablehn|en (*sep, -ge-, h*) rifiutare; respingere; declinare; **'~end 1.** *adj* negativo; **2.** *adv* ***sich ~ verhalten*** mostrarsi contrario; **'Ⓢung** *f* (-; *-en*) rifiuto *m*
'ableit|en (*sep, -ge-, h*) sviare; *Strom*: deviare; *fig* derivare; *fil* dedurre; **'Ⓢung** *f* (-; *-en*) sviamento *m*; deviazione *f*; derivazione *f*; deduzione *f*
'ablenk|en (*sep, -ge-, h*) **1.** *v/t* deviare; *fig* distogliere; distrarre; **2.** *v/i* divagare, cambiare discorso; **'Ⓢung** *f* (-; *-en*) deviazione *f*; distrazione *f*
'ablesen (*irr, sep, -ge-, h,* → ***lesen***) leggere
'abliefer|n (*sep, -ge-, h*) rimettere, consegnare; **'Ⓢung** *f* (-; *-en*) consegna *f*
'ablös|en (*sep, -ge-, h*) staccare; *j-n*: rilevare; sostituire; *econ* estinguere; **'Ⓢung** *f* (-; *-en*) separazione *f*; cambio *m*

'abmach|en (*sep*, *-ge-*, *h*) *Geschäfte*: concludere; (*verabreden*) convenire; ***abgemacht!*** d'accordo!; **'2ung** *f* (-; *-en*) accordo *m*; convenzione *f*; ***e-e ~ treffen*** stipulare un accordo

'abmager|n ['apmɑːgərn] (*sep*, *-ge-*, *sn*) dimagrire; **'2ungskur** *f* cura *f* dimagrante

'abmelden (*sep*, *-ge-*, *h*) (*Besuch*) disdire; ***sich ~*** congedarsi; ***sich polizeilich ~*** denunciare il cambiamento di residenza

'abmess|en (*irr*, *sep*, *-ge-*, *h*, → ***messen***) misurare; prendere le misure di; **'2ungen** *f/pl* misure *f/pl*, dimensioni *f/pl*

'abmontieren (*sep*, *senza -ge-*, *h*) smontare

'abmühen ***sich ~*** (*sep*, *-ge-*, *h*) affaticarsi; arrabattarsi; ***sich ~ mit*** darsi pena con

'Abnahme ['apnɑːmə] *f* (-; *senza pl*) *e-s Verbandes*: asportazione *f*; *e-s Gliedes*: amputazione *f*; *von Waren*: acquisto *m*; *tec* collaudo *m*; *der Kräfte*: diminuzione *f*; *econ* ***~ finden*** trovare smercio

'abnehm|en (*irr*, *sep*, *-ge-*, *h*, → ***nehmen***) **1.** *v/t* levare, togliere; *Waren*: acquistare; *tec* collaudare; *an Gewicht*: dimagrire; *tel* alzare il ricevitore; **2.** *v/i* calare, diminuire; **'2er** ['apneːmər] *m* (*-s*; -) compratore *m*, acquirente *m*

'Abneigung *f* (-; *-en*) avversione *f*; antipatia *f* (***gegen*** verso)

ab'norm [ap'nɔrm] anormale; **2i'tät** [apnɔrmi'tɛːt] *f* (-; *-en*) anormalità *f*

'abnutz|en (*sep*, *-ge-*, *h*) logorare; **'2ung** *f* (-; *senza pl*) logoramento *m*

Abon'n|ent [abɔ'nɛnt] *m* (*-en*; *-en*), **~entin** *f* (-; *-nen*) abbonato *m*, -a *f*; **2ieren** [abɔ'niːrən] (*senza ge-*, *h*) abbonarsi (***et*** *acc* a qc)

'abprallen (*sep*, *-ge-*, *sn*) rimbalzare

'abraten (*irr*, *sep*, *-ge-*, *h*, → ***raten***) sconsigliare; dissuadere (***j-m von et*** qu da qc)

'abräumen (*sep*, *-ge-*, *h*) sgombrare; *Tisch*: sparecchiare

'abrechn|en (*sep*, *-ge-*, *h*) fare i conti; *fig* ***mit j-m ~*** regolare i conti con qu; **'2ung** *f* (-; *-en*) conto *m*; liquidazione *f*; *fig* resa *f* dei conti

'Abreise *f* (-; *-n*) partenza *f*; **'2n** (*sep*, *-ge-*, *sn*) partire (***nach*** per); **'~tag** *m* giorno *m* della partenza

'abreißen (*irr*, *sep*, *-ge-*, → ***reißen***) **1.** *v/t* (*h*) strappare; *Gebäude*: demolire; **2.** *v/i* (*sn*) strapparsi

'abriegeln ['-riːgəln] *v/t* (*sep*, *-ge-*, *h*) serrare col catenaccio; *Straße*: bloccare; *mil* sbarrare

'Abriss *m* (*-es*; *-e*) pianta *f*; *let* abbozzo *m*; *Gebäude*: demolizione *f*

'Abruf *m* (*-[e]s*; *senza pl*) *econ*: ***auf ~*** a richiesta; **'2en** (*irr*, *sep*, *-ge-*, *h*, → ***rufen***) *econ* richiamare

'abrunden (*sep*, *-ge-*, *h*) arrotondare

'abrüst|en (*sep*, *-ge-*, *h*) disarmare; **'2ung** *f* (-; *senza pl*) disarmo *m*

'abrutschen (*sep*, *-ge-*, *sn*) scivolare

Abs. ***Absatz*** paragrafo; ***Absender*** mittente

ABS ***Antiblockiersystem*** Sistema (frenante) Anti Bloccaggio

'Absage ['-zɑːgə] *f* (-; *-n*) risposta *f* negativa; rifiuto *m*; **'2n** (*sep*, *-ge-*, *h*) *Einladung*: rifiutare; *Termin*, *Veranstaltung*: disdire

'absägen (*sep*, *-ge-*, *h*) segare; F *fig j-n* silurare

'Absatz *m* (*-es*; *Absätze*) pausa *f*; (*Schuh2*) tacco *m*; *tip* capoverso *m*, paragrafo *m*; *econ* smercio *m*, vendita *f*; **'2fähig** smerciabile; **'~gebiet** *n* mercato *m*; sbocco *m* commerciale

'abschaff|en (*sep*, *-ge-*, *h*) abolire; **'2ung** *f* (-; *senza pl*) abolizione *f*

'abschalten (*sep*, *-ge-*, *h*) *el* spegnere; *Maschine*: fermare

'abschätz|en (*sep*, *-ge-*, *h*) stimare; (*berechnen*) valutare; **'~ig** sprezzante

'Abscheu *m* (*-s*; *senza pl*) avversione *f*, ribrezzo *m*, orrore *m*; **2lich** [-'ʃɔyliç] abominevole, orribile

'abschicken (*sep*, *-ge-*, *h*) spedire

'abschieben (*irr*, *sep*, *-ge-*, → ***schieben***) **1.** *v/t* (*h*) rimuovere; ***in die Heimat ~*** rimpatriare; ***et von sich ~*** respingere qc da sé; **2.** *v/i* (*sn*) *fig* F andarsene

'Abschied ['-ʃiːt] *m* (*-[e]s*; *senza pl*) partenza *f*; (*Lebewohl*) addio *m*, commiato *m*, congedo *m*; ***~ nehmen von*** congedarsi da; **'~sfeier** *f* festa *f* d'addio

'abschießen (*irr*, *sep*, *-ge-*, *h*, → ***schießen***) *avia* abbattere; *Rakete*: lanciare

'abschirmen (*sep*, *-ge-*, *h*) schermare

coprire; proteggere (*alle*: **vor** *dat* da)
'**abschlagen** (*irr, sep, -ge-, h,* → **schlagen**) staccare; *Bitte, Angriff*: respingere; (*verweigern*) rifiutare
'**abschlägig** ['-ʃlɛːgiç] negativo; **~e Antwort** risposta *f* negativa; rifiuto *m*
'**Abschlagszahlung** *f* acconto *m*; pagamento *m* parziale
'**Abschlepp|dienst** *m* servizio *m* rimorchio; '**2en** (*sep, -ge-, h*) rimorchiare; '**~seil** *n* cavo *m* da rimorchio; '**~wagen** *m* carro *m* attrezzi
abschließen (*irr, sep, -ge-, h,* → **schließen**) chiudere a chiave; *Vertrag*: concludere; *Versicherung*: stipulare; '**~d** definitivo
Abschluss *m* (*-es; Abschlüsse*) chiusura *f*; fine *f*; *Vertrag*: conclusione *f*; *Rechnung*: bilancio *m*; *pl econ* (*Käufe*) transazioni *f/pl*; '**~zeugnis** *n* diploma *m*; licenza *f*
abschmecken (*sep, -ge-, h*) assaggiare
abschmieren (*sep, -ge-, h*) *Auto*: ingrassare, lubrificare
Abschn. ***Abschnitt*** paragrafo, capitolo
abschneiden (*irr, sep, -ge-, h,* → **schneiden**) **1.** *v/t* tagliare; *Wort*: troncare; **2.** *v/i* **gut** (**schlecht**) **~** riuscire bene (male)
Abschnitt *m* (*-[e]s; -e*) ritaglio *m*; sezione *f*; *mil* settore *m*; *mat* segmento *m*; *econ* cedola *f*, tagliando *m*; *let* capoverso *m*; (*Zeit2*) periodo *m*
abschrauben (*sep, -ge-, h*) svitare
abschreck|en (*sep, -ge-, h*) intimidire; '**~end** scoraggiante; **~es Beispiel** esempio *m* ammonitore
abschreib|en (*irr, sep, -ge-, h,* → **schreiben**) copiare; ricopiare; *econ* ammortizzare; '**2ung** *f* (*-; -en*) *econ* detrazione *f*; deprezzamento *m*
Abschrift *f* (*-; -en*) copia *f*
abschürf|en (*sep, -ge-, h*) scalfire, escoriare; '**2ung** *f* (*-; -en*) *med* escoriazione *f*
Abschuss *m* (*-es; ⸗e*) scarica *f*; *Rakete*: lancio *m*; '**~rampe** *f* rampa *f* di lancio
abschüssig ['-ʃysiç] ripido; scosceso
abschütteln (*sep, -ge-, h*) scuotere; ***j-n* ~** levarsi qu dai piedi
abschwächen (*sep, -ge-, h*) affievolire; *fig* attenuare; *Töne*: smorzare
abschweifen (*sep, -ge-, sn*) divagare
'**absehbar** ['-zeːbaːr] visibile; prevedibile; **in ~er Zeit** in un prossimo futuro
'**absehen** (*irr, sep, -ge-, h,* → **sehen**) **1.** *v/t fig* prevedere; vedere, scorgere; **2.** *v/i* **abgesehen von ...** a prescindere da ..., a parte ...
'**abseits** ['-zaɪts] in disparte; da parte; **2** *n* (*-; senza pl*) fuorigioco *m*
'**absend|en** (*irr, sep, -ge-, h,* → **senden**) spedire; '**2er** *m* (*-s; -*), '**2erin** *f* (*-; -nen*) mittente *m/f*
'**absetzbar** ['-zɛtsbaːr] amovibile; *econ* smerciabile, vendibile; *von der Steuer*: deducibile (*od* detraibile) dal reddito
'**absetzen** (*sep, -ge-, h*) **1.** *v/t* deporre, posare; *Hut*: togliersi; *Beamte*: destituire; *Waren*: smerciare; *Passagier*: far scendere; *von der Steuer*: detrarre dal reddito; **2. sich ~** depositarsi
'**Absicht** *f* (*-; -en*) intenzione *f*; '**2lich 1.** *adj* premeditato; deliberato; **2.** *adv* di proposito
abso'lut [-zo'luːt] **1.** *adj* assoluto; **2.** *adv* assolutamente; **2ismus** *m* (*-; senza pl*) assolutismo *m*
absol'vieren [-zɔl'viːrən] (*senza -ge-, h*) portare a termine, finire
'**absonder|n** ['-zɔndərn] (*sep, -ge-, h*) separare; *med* secernere; '**2ung** *f* (*-; -en*) separazione *f*; isolamento *m*; secrezione *f*
'**abspeichern** (*sep, -ge-, h*) *inform* salvare, registrare
'**absperr|en** (*sep, -ge-, h*) sbarrare; *Straße*: chiudere; '**2ung** *f* (*-; -en*) sbarramento *m*; blocco *m*; chiusura *f*; (*Polizei*) cordone *m* di polizia
'**abspielen** (*sep, -ge-, h*) **1.** *v/t* suonare; rovinare a forza di suonare; **2. sich ~** avvenire, svolgersi
'**Absprache** *f* (*-; -n*) accordo *m*
'**absprechen** (*irr, sep, -ge-, h,* → **sprechen**) *Recht, Verdienst*: negare; (*besprechen*) discutere; (*verabreden*) mettersi d'accordo per; concertare
'**abspringen** (*irr, sep, -ge-, sn,* → **springen**) saltare giù; scendere (**von** da); *avia* lanciarsi col paracadute
'**Absprung** *m* (*-[e]s; Absprünge*) salto *m*; *avia* lancio *m* col paracadute
'**abspülen** (*sep, -ge-, h*) sciacquare; lavare
'**abstammen** (*sep, -ge-, h*) discendere

'Abstand *m* (-[*e*]*s*; *Abstände*) distanza *f*; distacco *m*; *fig* differenza *f*; **~ *nehmen*** desistere

'abstatten ['-ʃtatən] (*sep*, *-ge-*, *h*) rendere; *Besuch*: fare; ***Dank* ~** ringraziare

'Abstecher *m* (*-s*; -) scappatina *f*, salto *m*

'absteigen (*irr*, *sep*, *-ge-*, *sn*, → ***steigen***) scendere; *in e-m Hotel*: prendere alloggio, pernottare; *Sport*: retrocedere; **'~d** discendente

'abstell|en (*sep*, *-ge-*, *h*) deporre; *Radio*, *Motor*: spegnere; *fig* abolire; **'2gleis** *n* binario *m* di servizio (*od* morto)

'abstempeln (*sep*, *-ge-*, *h*) bollare, timbrare

'abstimm|en (*sep*, *-ge-*, *h*) **1.** *v/t* accordare; (*aufeinander*) armonizzare; **2.** *v/i* votare; **~ *lassen*** mettere ai voti; **'2ung** *f* (-; *-en*) votazione *f*; *pol* plebiscito *m*

absti'nent [-sti'nɛnt] astemio

'abstoß|en (*irr*, *sep*, *-ge-*, → ***stoßen***) **1.** *v/t* (*h*) staccare, rompere con un urto; *fig* disgustare; *Waren*: smerciare, liquidare; **2.** *v/i* (*sn*) scostarsi; **'~end** ripugnante

abs'trakt [aps'trakt] astratto

'abstreiten (*irr*, *sep*, *-ge-*, *h* → ***streiten***) contestare

'Abstrich *m* (-[*e*]*s*; *-e*) (*Abzug*) deduzione *f*; defalco *m*; *med* raschiatura *f*

'abstuf|en ['-ʃtu:fən] (*sep*, *-ge-*, *h*) graduare; digradare; **'2ung** *f* (-; *-en*) graduazione *f*; digradazione *f*

'Absturz *m* (*-es*; *Abstürze*) caduta *f*; *Computer*: crash *m*, crollo *m*

'abstürzen (*sep*, *-ge-*, *sn*) precipitare

'absuchen (*sep*, *-ge-*, *h*) cercare; *Gegend*: perlustrare

ab'surd assurdo

Ab'szess [aps'tsɛs] *m* (*-sses*; *-sse*) *med* ascesso *m*

Abt. ***Abteilung*** sezione; reparto

'abtasten (*sep*, *-ge-*, *h*) tastare; *fig* sondare

Ab'tei [-'taı] *f* (-; *-en*) abbazia *f*

Ab'teil [-'taıl] *n* (-[*e*]*s*; *-e*) scompartimento *m*

Ab'teilung [-'taıluŋ] *f* (-; *-en*) sezione *f*; reparto *m*; *Behörde*: dipartimento *m*; *mil* distaccamento *m*; **~sleiter** *m* caposezione *m*; caporeparto *m*

'abtippen (*sep*, *-ge-*, *h*) copiare a mac china

'abtragen (*irr*, *sep*, *-ge-*, *h*, → ***tragen*** portar via; *Schulden*: pagare; *Kleider* logorare

'abtreib|en (*irr*, *sep*, *-ge-*, → ***treiben***) **1** *v/t* (*h*) far deviare; cacciare, espellere *med* (far) abortire; **2.** *v/i* (*sn*) *mar* an dare alla deriva; **'2ung** *f* (-; *-en*) *me* aborto *m*; **2ungspille** *f* *med* pillola abortiva

'abtrennen (*sep*, *-ge-*, *h*) separare, stac care; *Genähtes*: scucire

'abtret|en (*irr*, *sep*, *-ge-*, → ***treten***) **1.** *v* (*h*) ***j-m et* ~** cedere qc a qu; **2.** *v/i* (*sn* ritirarsi; *pol* dimettersi; **'2ung** *f* (-; *-en* cessione *f*

'abtrocknen (*sep*, *-ge-*, *h*) asciugare

'abtun (*irr*, *sep*, *-ge-*, *h*, → ***tun***) (*von sic weisen*) respingere

'abwägen (*wog ab*, *abgewogen*, *h*) pe sare; *fig* ponderare; considerare

'abwandern (*sep*, *-ge-*, *sn*) emigrare

'abwarten (*sep*, *-ge-*, *h*) aspettare

'abwärts ['-vɛrts] in giù; → ***abwärtsgehen***; **'~gehen** *v/i* (*irr*, *sep*, *-ge-*, *sn* → ***gehen***) *fig* peggiorare, andar male

'abwasch|bar lavabile; **'~en** (*irr*, *sep*, *-ge-*, *h*, → ***waschen***) lavare (via)

'Abwasser *n* (*-s*; *Abwässer*) acque *fl* di scarico; ***industrielle Abwässer*** sc richi industriali

'abwech|seln (*sep*, *-ge-*, *h*) cambiar *mit j-m*: alternare; avvicendar **'~selnd 1.** *adj* vario; alternante; *adv* alternativamente; a turn **'2slung** *f* (-; *-en*) varietà *f*; variazio *f*; alternativa *f*

'Abwehr *f* (-; *senza pl*) difesa *f*; contr spionaggio *m*; **'2en** (*sep*, *-ge-*, *h*) dife dersi da; **'~stoff** *med* *m* anticorpo *n*

'abweich|en (*irr*, *sep*, *-ge-*, *sn* → ***weichen***) scostarsi; (*verschieden sein*) d ferire; **'~end** differente; **'2ung** *f* *-en*) deviazione *f*; differenza *f*

'abweis|en (*irr*, *sep*, *-ge-*, *h*, → ***weise*** respingere; **'~end** negativo; brusco

'abwenden (*sep*, *-ge-*, *h*) *fig* evita prevenire

'abwerfen (*irr*, *sep*, *-ge-*, *h*, → ***werfe*** *Karten*: scartare; *Gewinn*: frutta rendere; *Bomben*: lanciare

'abwert|en (*sep*, *-ge-*, *h*) svaluta **'2ung** *f* (-; *-en*) svalutazione *f*

'abwesen|d ['-ve:zənt] assente; *fig* distratto; **'2heit** *f* (-; *senza pl*) assenza *f*

'abwick|eln (*sep*, *-ge-*, *h*) dipanare; *Geschäft*: sbrigare; **'2lung** *f* (-; *-en*) disbrigo *m*; svolgimento *m*

'abwiegen (*irr*, *sep*, *-ge-*, *h*, → ***wiegen***) pesare

'abwischen (*sep*, *-ge-*, *h*) pulire; *Feuchtes*: asciugare

'abzahlen (*sep*, *-ge-*, *h*) dare un acconto; pagare a rate; rimborsare

'abzählen (*sep*, *-ge-*, *h*) contare

'abzeichnen (*sep*, *-ge-*, *h*) ritrarre; ***sich ~*** risaltare (***von et*** da qc); *fig* delinearsi, profilarsi

abzgl. ***abzüglich*** meno

'abziehen (*irr*, *sep*, *-ge-*, → ***ziehen***) **1.** *v/t* (*h*) sfilare, togliere; *mat* sottrarre; *Betrag*: detrarre; *mil* ritirare; *fot* stampare; *chim* distillare; **2.** *v/i* (*sn*) *Rauch*: uscire; *mil* ripiegare

'Abzug ['-tsu:k] *m* (-[*e*]*s*; *Abzüge*) *tip* (*Korrektur*2) bozza *f* di stampa; *fot* copia *f*; *econ* sconto *m*; detrazione *f*; *vom Preis*: ribasso *m*; (*senza pl*) partenza *f*; *mil* ritiro *m*

'abzüglich ['-tsy:kliç] dedotto, previa deduzione di

'abzweig|en ['-tsvaɪgən] (*sep*, *-ge-*) **1.** *v/t* (*h*) diramare; *fig* separare; **2.** *v/i* (*sn*) *u* ***sich ~*** diramarsi; staccarsi; **'2ung** *f* (-; *-en*) diramazione *f*; deviazione *f*; separazione *f*

ach! [ax] ahimé!; ***~ so!*** ah, capisco; ***~ was!*** macché!

a. Chr. (n.) ***ante Christum*** (***natum***) avanti Cristo (*abbr* a. C.)

Achse ['aksə] *f* (-; *-n*) (*a pol*) asse *m*; *tec* albero *m*

Achsel ['aksəl] *f* (-; *-n*) spalla *f*; **'~höhle** *f* ascella *f*

acht [axt] *adj* otto; ***morgen in ~ Tagen*** domani a otto

Acht[1] [axt] *f* (-; *-en*) otto *m*

Acht[2] *f* (-; *senza pl*) (*Obacht*) attenzione *f*; ***sich in ~ nehmen*** guardarsi; ***außer ~ lassen*** trascurare

achte ottavo; *Datum*: ***heute ist der ~*** oggi ne abbiamo otto; ***am ~n*** l'otto

Achtel ['axtəl] *n* (-*s*; -) ottavo *m*

achten ['axtən] (*h*) **1.** *v/t* stimare; rispettare; considerare; **2.** *v/i* badare (***auf*** *acc* a)

Achterbahn *f* ottovolante *m*

'acht|'hundert [axt'hundərt] ottocento; **'~jährig** di otto anni; **'~mal** otto volte

Acht|'stundentag [-'ʃtundəntɑ:k] *m* giornata *f* di otto ore; **'2stündig** di otto ore; **'2tägig** di otto giorni; **'2'tausend** ottomila

'Achtung ['axtuŋ] *f* (-; *senza pl*) (*Aufmerksamkeit*) attenzione *f*; (*Hochachtung*) stima *f*; ***~ haben vor*** (*dat*) avere stima di; ***~!*** attenti!; **'2svoll** rispettoso; *im Brief*: con (molta) stima

'acht|zehn ['axtse:n] diciotto; **'~zehnte** diciottesimo

'achtzig ['axtsiç] ottanta; **'~ste** ottantesimo

a. D. ***außer Dienst*** a riposo

ADAC ***Allgemeiner Deutscher Automobil-Club*** Automobile-Club Generale della Germania

ad 'acta: ***~ legen*** mettere agli atti

ad'dier|en [a'di:rən] (*senza -ge-*, *h*) addizionare; **2maschine** *f* addizionatrice *f*

Addi'tion [adits'jo:n] *f* (-; *-en*) addizione *f*

'Adel ['ɑ:dəl] *m* (-*s*; *senza pl*) nobiltà *f*; aristocrazia *f*; **'2ig** nobile

'Ader ['ɑ:dər] *f* (-; *-n*) vena *f*; (*Schlag*2) arteria *f*; *min* filone *m*

'Adler ['ɑ:dlər] *m* (-*s*; -) aquila *f*

administra'tiv [atministra'ti:f] amministrativo

Admi'ral [atmi:'rɑl] *m* (-*s*; *Admiräle*) ammiraglio *m*

adop't|ieren [adɔp'ti:rən] (*senza ge-*, *h*) adottare; **2ion** [-ts'jo:n] *f* (-; *-en*) adozione *f*

Adr. ***Adresse*** indirizzo

Adres'sat [adrɛ'sɑ:t] *m* (*-en*; *-en*), **~in** *f* (-; *-nen*) destinatario *m*, -a *f*

A'dressbuch [a'drɛsbu:x] *n* elenco *m* degli indirizzi; agenda *f*

A'dresse [a'drɛsə] *f* (-; *-n*) indirizzo *m*

adres'sieren (*senza ge-*, *h*): ***~ an*** (*acc*) indirizzare a

Adres'siermaschine *f* macchina *f* stampaindirizzi

Adria ['ɑ:dria] *f* Adriatico *m*

Ad'vent [at'vɛnt] *m* (-[*e*]*s*; *senza pl*) avvento *m*

Af'färe [a'fɛ:rə] *f* (-; *-n*) affare *m*, faccenda *f*

'Affe [afə] *m* (-*n*; *-n*) scimmia *f*

Af'fekt [a'fɛkt] *m* (*-*[*e*]*s*; *-e*) agitazione *f*
Afghanistan [af'gɑːnistɑːn] *n* Afganistan *m*
Afrika ['ɑːfrika] *n* Africa *f*
Afri'ka|ner [afri'kɑːnər] *m* (*-s*; *-*), **~nerin** *f* (*-*; *-nen*), **2nisch** africano *m*, -a *f*
'After ['aftər] *m* (*-s*; *-*) ano *m*
AG ***Aktiengesellschaft*** Società per azioni (*abbr* S.p.A.)
Ägäisches Meer [ɛ'gɛːiʃəs meːr] *n* Mare *m* Egeo
A'gent [a'gɛnt] *m* (*-en*; *-en*), **~in** *f* (*-*; *-nen*) agente *m*/*f*; *pol* agente *m*/*f* segreto, -a; *econ* rappresentante *m*/*f*; **~ur** [-'tuːr] *f* (*-*; *-en*) agenzia *f*
Aggre'gat [agre'gɑːt] *n* (*-*[*e*]*s*; *-e*) aggregato *m*
Aggres's|ion [agrɛs'joːn] *f* (*-*; *-en*) aggressione *f*; **2iv** [-'siːf] aggressivo
A'grar|land [a'grɑːrlant] *n* paese *m* agricolo; **~markt** *m* mercato *m* agricolo; **~politik** *f* politica *f* agraria (*od* agricola)
Ägypten [ɛ'gyptən] *n* Egitto *m*
Ä'gypt|er [ɛ'gyptər] *m* (*-s*; *-*), **~erin** *f* (*-*; *-nen*), **2isch** egiziano *m*, -a *f*
'ahnen ['ɑːnən] (*h*) presentire; prevedere; sospettare
'ähnlich ['ɛːnliç] somigliante, simile; **'2keit** *f* (*-*; *-en*) somiglianza *f*; **'~sehen** *v/i* (*irr*, *sep*, *-ge-*, *h*, → ***sehen***) *fig* somigliare (*dat* a); ***das sieht ihm ähnlich*** questa è proprio una delle sue
'Ahnung ['ɑːnuŋ] *f* (*-*; *-en*) presentimento *m*; (*Vorstellung*) idea *f*; ***ich habe keine ~*** non ho la minima idea; **'2slos** senza sospetto
Aids [eɪdz] *n* (*-*; *senza pl*) Aids *f*, sindrome *f* da immunodeficienza acquisita; **'2krank** malato di Aids; **'~test** *m* test *m* per l'Aids
AIDS, **Aids** (*Acquired Immune Deficiency*) ***Immunschwächekrankheit*** Sindrome da immunodeficienza acquisita
'Airbag ['ɛːəbɛk] *m* (*-s*; *-s*) airbag *m*
Akad|e'mie [akade'miː] *f* (*-*; *-n*) accademia *f*; **~'emiker** [-'deːmikər] *m* (*-s*; *-*), **~'emikerin** *f* (*-*; *-nen*) laureato *m*, -a *f*; membro *m* di un'accademia; **2'emisch** [-'deːmiʃ] accademico
akklimati'sieren [aklimati'ziːrən] (*senza ge-*, *h*): ***sich ~*** acclimatarsi
Ak'kord [a'kɔrt] *m* (*-*[*e*]*s*; *-e*) accordo *m*; *econ* cottimo *m*; **~arbeit** *f* lavoro *m* a cottimo; **~lohn** *m* salario *m* a cottimo
akkredi't|ieren [akredi'tiːrən] (*senza ge-*, *h*) accreditare; **2iv** [-'tiːf] *n* (*-s*; *-e*) credenziali *f*/*pl*; (*Kreditbrief*) lettera *f* di credito
'Akne ['aknə] *med f* (*-*; *-n*) acne *f*
Akro'bat [akro'bɑːt] *m* (*-en*; *-en*), **~in** *f* (*-*; *-nen*) acrobata *m*/*f*
Akt [akt] *m* (*-*[*e*]*s*; *-e*) *tea* atto *m*; *Malerei*: nudo *m*
'Akte ['aktə] *f* (*-*; *-n*) pratica *f*; **~n** *pl* atti *m*/*pl*; documenti *m*/*pl*; ***zu den ~n legen*** archiviare; **'~nkoffer** *m* borsa *f* portadocumenti, ventiquattrore *f*; **'~nmappe** *f* cartella *f*; **'~nnotiz** *f* nota *f*; promemoria *m*; **'~nordner** ['-ʔɔrdnər] *m* raccoglitore *m*, classificatore *m*; **'~nschrank** *m* classificatore *m*
'Aktie ['aktsjə] *econ f* (*-*; *-n*) azione *f*; **'~ngesellschaft** *f* società *f* per azioni; **'~nkurs** *m* corso *m* delle azioni; **'~nmarkt** *m* mercato *m* azionario; **'~nmehrheit** *f* maggioranza *f* azionaria
Ak'tion [akts'joːn] *f* (*-*; *-en*) azione *f*; *mil* operazione *f*; **~är** [-jo'nɛːr] *m* (*-s*; *-e*) azionista *m*
ak'tiv [ak'tiːf] attivo; **2ität** [-tivi'tɛːt] *f* (*-*; *-en*) attività *f*
Aktu|ali'tät [aktuali'tɛːt] *f* (*-*; *-en*) attualità *f*; **2'ell** [-tu'ɛl] attuale
Akupunk'tur [akupuŋk'tuːr] *f* (*-*; *-en*) agopuntura *f*
A'kust|ik [a'kustik] *f* (*-*; *senza pl*) acustica *f*; **2isch** acustico
a'kut [a'kuːt] acuto
Ak'zent [ak'tsɛnt] *m* (*-*[*e*]*s*; *-e*) accento *m*
akzep'tieren [aktsɛp'tiːrən] (*senza ge-*, *h*) accettare
A'larm [a'larm] *m* (*-*[*e*]*s*; *-e*) allarme *m*; **~anlage** *f* impianto *m* (*od sistema m*) d'allarme; **2ieren** (*senza ge-*, *h*) allarmare
Albanien [al'bɑːnjən] *n* Albania *f*
'albern ['albərn] sciocco
'Albtraum ['alp-] *m* (*-*[*e*]*s*; *Albträume*) incubo *m*
'Album ['album] *n* (*-s*; *Alben*) album
'Alge ['algə] *f* (*-*; *-n*) alga *f*
Algerien [al'geːrjən] *n* Algeria *f*
Al'ger|ier [al'geːrjər] *m* (*-s*; *-*), **~ierin**

(-; *-nen*), **ᘝisch** algerino *m*, -a *f*
Algier ['alʒiːr] *n* Algeri *f*
'Alibi ['ɑːlibi] *n* (*-s*; *-s*) alibi *m*
Ali'mente [ali'mɛntə] *pl* alimenti *m/pl*
al'kalisch [al'kɑːliʃ] alcalino
'Alko|hol ['alkohoːl] *m* (-[*e*]*s*; *-e*) alcol *m*; **'ᘝholfrei** analcolico; **'~holgehalt** *m Wein*: gradazione *f*; **ᘝ'holisch** alcolico; **'~holtest** *m* prova *f* del tasso alcolico
all [all] *adj* tutto; (*jeder*) ogni; ***~e 14 Tage*** ogni quindici giorni; → ***alles***
All *n* (*-s*; *senza pl*) universo *m*
Al'lee [a'leː] *f* (-; *-n*) viale *m*; corso *m*
al'lein [a'laɪn] **1.** *adj* solo; da solo; ***~ der Gedanke*** solo l'idea; **2.** *adv* solo, soltanto; **3.** *cj* ma, però; ***~ stehend*** *Haus*: isolato; **ᘝherrschaft** *f* autocrazia *f*; **'~stehend** *adj unverheiratet* solo; *ohne Verwandte* senza famiglia; *Haus*: isolato; **ᘝvertretung** *f* rappresentanza *f* esclusiva; **ᘝvertrieb** *m* vendita *f* esclusiva
allerdings ['alərdiŋs] **1.** però; (*gewiss*) ma certo; **2.** *int* veramente
Aller|'gie [alɛr'giː] *f* (-; *-n*) allergia *f*; **ᘝgisch** [a'lɛrgiʃ] allergico (***gegen*** a)
aller|'hand ['alər'hant] ogni sorta di ...; ***das ist ~!*** questo è il colmo; **ᘝ'heiligen** [-'haɪligən] *n* (-; *senza pl*) Ognissanti *m*; **'~'lei** ['-'laɪ] d'ogni genere; **'~'letzt** ultimissimo; **'~'liebst** ['-'liːpst] graziosissimo; adorabile; incantevole; **ᘝ'seelen** [-'zeːlən] *n* (-; *senza pl*) giorno *m* dei morti; **'~'seits** ['-'zaɪts] (a, da) tutti quanti; da tutte le parti
alles ['aləs] tutto; ***das ist ~*** ecco tutto; ***~ in allem*** tutto sommato
allg. ***allgemein*** generale; generalmente
allge'mein [algə'maɪn] generale; ***im ᘝen*** in generale; ***~ verständlich*** comprensibile a tutti; **ᘝbefinden** *n* stato *m* generale; **ᘝbildung** *f* cultura *f* generale; **ᘝheit** *f* (-; *senza pl*) comunità *f*; ***für die ~*** per tutti; per il grosso pubblico; **~verständlich** → ***allgemein***
Al'lianz [al'jants] *f* (-; *-en*) alleanza *f*
Alli'ierte [aliiːrtə] *m* (*-n*; *-n*) alleato *m*
all|'jährlich **1.** *adj* annuale; **2.** *adv* ogni anno; **~'mählich** a poco a poco; **'~seitig** ['alzaɪtiç]; **1.** *adj* universale; **2.** *adv* da tutte le parti; sotto ogni aspetto; **ᘝtag** *m* (-[*e*]*s*; *-e*) vita *f* quotidiana; **'täglich**; **1.** *adj* giornaliero; *fig* banale; **2.** *adv* ogni giorno; **'~zu** troppo; ***'~zu viel*** troppo
Alm [alm] *f* (-; *-en*) pascolo *m* alpestre
'Almosen ['almoːzən] *n* (*-s*; -) elemosina *f*
'Alpen ['alpən] *f/pl* Alpi *f/pl*; **'~veilchen** *n* ciclamino *m*
Alpha'bet [alfa'beːt] *n* (-[*e*]*s*; *-e*) alfabeto *m*; **ᘝisch** alfabetico
al'pin [al'piːn] alpino; **ᘝ'ist** [-i'nist] *m* (*-en*; *-en*) alpinista *m*
als [als] come; *zeitlich*: quando; ***~ ob*** come se; ***~ wenn*** come se; ***~ Kind*** da bambino; ***~ Freund*** da amico; ***nichts ~*** nient'altro che; ***~ dass*** per
'also ['alzoː] dunque; quindi; (*so*) così
alt [alt] vecchio; *Ggs zu modern*: antico; ***wie ~ ist er?*** quanti anni ha?; ***er ist 2 Jahre ~*** ha 2 anni; ***er wird 2 Jahre ~*** compie 2 anni; ***gleich ~ sein*** avere la stessa età
Alt *mus m* (*-s*; *senza pl*) contralto *m*
Al'tar [al'tɑːr] *m* (-[*e*]*s*; *Altäre*) altare *m*
'altbacken ['altbakən] vecchio; *Brot* raffermo
'Alte *m/f* (*-n*; *-n*) vecchio *m*, -a *f*
'Alter ['altər] *n* (*-s*; *senza pl*) età *f*
'altern ['altərn] (*sn*) invecchiare
Alterna'tiv|e [altɛrna'tiːvə] *f* (-; *-n*) alternativa *f*; **~energie** [-'tiːfʔenərgiː] *f* energia *f* alternativa
'Alters|diskriminierung *f* (-; *-en*) discriminazione *f* per età; **'~heim** *n* casa *f* di riposo; **'~rente** *f*, **'~versorgung** *f* pensione *f* di vecchiaia; **'~vorsorge** *f* (-; *-n*) pensione *f* di vecchiaia; ***private ~*** *f* integrazione *f* pensionistica privata
'Alter|tum ['-tuːm] *n* (-[*e*]*s*; *senza pl*) antichità *f*; **'ᘝtümlich** ['-tyːmliç] antico, arcaico
'Alt|glascontainer *m* (*-s*; -) *ecol* campana *f* (*od contenitore m*) del vetro; **'~lasten** *pl ecol* scorie *f/pl* di produzione; **'~lastensanierung** *f* (-; *senza pl*) *ecol* bonifica *f* delle scorie di produzione; **'~metall** *n* metallo *m* vecchio; **'ᘝmodisch** antiquato, fuori moda; **'~papier** *n* carta *f* straccia; **'~stadt** *f* città *f* vecchia; centro *m* storico; **'~stadtsanierung** *f* risanamento *m* del centro storico
'Alufolie ['aːlufoːljə] *f* foglio *m* d'alluminio
Alu'minium [alu'miːnjum] *n* (*-s*; *senza*

pl) alluminio *m*
am = ***an dem***
Ama'teur [ama'tøːr] *m* (*-s; -e*), **~in** *f* (*-; -nen*) dilettante *m/f*
ambul|'ant [ambu'lant] ambulante; **2'anz** [-'lants] *f* (*-; -en*) ambulanza *f*
'Ameise ['ɑːmaɪzə] *f* (*-; -n*) formica *f*
Amerika [a'meːrika] *n* America *f*
Ameri'ka|ner [ameri'kɑːnər] *m* (*-s; -*), **~nerin** *f* (*-; -nen*), **2nisch** americano *m*, -a *f*
Amnes'tie [amnɛs'tiː] *f* (*-; -n*) amnistia *f*; **2ren** (*senza ge-, h*) amnistiare
Amortis|a'tion [amɔrtizats'joːn] *f* (*-; -en*) ammortizzazione *f*; **2'ieren** (*senza ge-, h*) ammortizzare
'Ampel ['ampəl] *f* (*-; -n*) lampada *f* sospesa; (*Verkehrs2*) semaforo *m*
Am'pere [am'pɛːr] *n* (*-[e]s; -*) ampère *m*
Am'phithe'ater [am'fiːte'ɑːtər] *n* (*-s; -*) anfiteatro *m*
Am'pulle [am'pulə] *f* (*-; -n*) ampolla *f*
Amput|a'tion [-putats'joːn] *f* (*-; -en*) amputazione *f*; **2'ieren** (*senza ge-, h*) amputare
'Amsel ['amzəl] *f* (*-; -n*) merlo *m*
Amt [amt] *n* (*-[e]s; ⸚er*) carica *f*; impiego *m*; posto *m*; ufficio *m*; (*Tätigkeit*) funzione *f*; ***das Auswärtige ~*** ministero *m* degli Esteri; **2'ieren** (*senza ge-, h*) essere in carica; **'2lich** ufficiale
'Amts|arzt *m* medico *m* fiscale, ufficiale *m* sanitario; **'~bezirk** *m* distretto *m*; giurisdizione *f*; **'~gericht** *n* pretura *f*; **'~missbrauch** *m* abuso *m* di potere; **'~zeit** *f* durata *f* del mandato, periodo *m* della carica; ***während seiner ~*** durante la sua carica
amü's|ant [amy'zant] divertente; **~'ieren** (*senza ge-, h*) divertire; ***sich ~*** divertirsi
an [an] **1.** *prp* (*dat, acc*) a; (*~ e-r Krankheit*) di; ***~ der Oder*** sull'Oder; ***~ die See*** al mare; ***~ e-m Sonntag*** una domenica; ***am Abend*** la sera *od* di sera; ***es fehlt mir ~ Zeit*** mi manca il tempo; **2.** *adv* ***von heute ~*** da oggi in poi; ***von drei Euro ~*** da tre euro in su; *auf Fahrplänen*: arrivo (*abbr* a)
ana'log [ana'loːk] analogo
Ana'l|yse [ana'lyːzə] *f* (*-; -n*) analisi *f*; **2'ytisch** [-'lyːtiʃ] analitico
'Ananas ['ɑːnanas] *f* (*-; - u -se*) ananas *m*
Anato'm|ie [anato'miː] *f* (*-; -n*) anatomia *f*; **2isch** [-'toːmiʃ] anatomico
'anbahnen ['anbɑːnən] (*sep, -ge-, h*) avviare; ***sich ~*** profilarsi, delinearsi
'Anbau ['-bau] *m* (*-[e]s; senza pl*) agcoltivazione *f*; **'2en** (*sep, -ge-, h*) agcoltivare; **'~möbel** *n/pl* mobili *m/p* componibili
an'bei [-'baɪ] accluso *od* qui accluso
'anbelangen (*sep, senza -ge-, h*) riguadare; ***was mich anbelangt*** per quanmi riguarda
an'beraumen ['-bəraumən] (*sep, senz* *-ge-, h*) indire, fissare
'Anbetracht *m*: ***in ~*** (*gen*) quanto concernente (qc); visto *od* considera
'anbiet|en (*irr, sep, -ge-, h,* → ***biete*** offrire; **'2er** *m* (*-s; -*) *econ* datore *n* offerente *m*
'Anblick *m* (*-[e]s; -e*) aspetto *m*; vista **'2en** (*sep, -ge-, h*) guardare
'Anbruch *m* (*-[e]s; senza pl*) inizio *n* principio *m*; ***bei ~ der Nacht*** al cade (*od* sul fare) della notte
An'chovis → ***Anschovis***
'andächtig ['andɛçtiç] devoto
'andauern ['-dauərn] (*sep, -ge-, h*) cotinuare, persistere; **'~d** continuo, pemanente
'Andenken ['-dɛŋkən] *n* (*-s; -*) ricor*m*; souvenir *m*; ***zum ~ an*** (*acc*) in mmoria di
'ander ['andər] altro; ***am ~n Tag*** il giono dopo; ***das ist etwas ~es*** è un alt paio di maniche; **'~erseits** d'altra pate; **'~mal** ['-mɑːl]: ***ein ~*** un'altra vo
'ändern ['ɛndərn] (*h*) cambiare; moficare; ***seine Meinung ~*** cambiare prere; ***sich ~*** cambiare
'andernfalls ['andərnfals] in caso cotrario
'anders ['-dərs] altrimenti; ***~ denke*** dissidente; ***~ sein als*** esser diverso ***~ werden*** cambiare; **'~denkend** dissidente; **'~wo**, **'~wohin** altrove
'andert'halb ['-dərt'halp] uno e mez ***~ Meter*** un metro e mezzo
'Änderung ['ɛndəruŋ] *f* (*-; -en*) cambmento *m*; modifica *f*
'andeut|en ['andɔʏtən] (*sep, -ge-, h*) cennare; **'2ung** *f* insinuazione *f*, alsione *f*; accenno *m*
'Andrang *m* (*-[e]s; senza pl*) ressa *f*,

follamento *m*
'**andrehen** ['andre:ən] *v/t* (*sep*, *-ge-*, *h*) *Heizung*: aprire; *el* accendere
'**androhen** (*sep*, *-ge-*, *h*): ***j-m et*** ~ minacciare qu di qc
'**aneignen** ['-ʔaɪgnən] (*sep*, *-ge-*, *h*): ***sich*** (*dat*) ~ appropriarsi
anei'nander [-ʔaɪ'nandər] l'uno presso l'altro; l'uno all'altro; reciprocamente; → ***aneinandergeraten*** *etc.*; **~geraten** *v/i* (*irr*, *senza -ge-*, *sn* → ***geraten***) venire alle mani; **~grenzen** *v/i* (*sep*, *-ge-*, *h*) confinare
'**anerkannt** ['-kant] riconosciuto; *fig a* rinomato
'**anerkenn|en** (*irr*, *sep*, *senza -ge-*, *h*, → ***erkennen***) riconoscere; approvare; (*würdigen*) apprezzare; '**~end** favorevolmente; '**2ung** *f* (-; *senza pl*) riconoscimento *m*; apprezzamento *m*
'**anfahren** (*irr*, *sep*; *-ge-*, → ***fahren***) **1.** *v/t* (*h*) trasportare; *Auto*: avviare; **2.** *v/i* (*sn*) urtare
'**Anfahrt** *f* (-; *-en*) arrivo *m*; (*Weg*) strada *f* d'accesso
'**Anfall** *m* (-[*e*]*s*; *Anfälle*) attacco *m*; *fig* accesso *m*; '**2en** *v/t* (*irr*, *sep*, *-ge-*, *sn*, *h*, → ***fallen***) assalire; colpire; investire; *v/i* risultare
anfällig incline (***für*** a); *med* predisposto
Anfang *m* (-[*e*]*s*; *Anfänge*) principio *m*; inizio *m*; ***am*** ~ in principio; ***zu*** ~ dapprima; ~ ***Januar*** ai primi di gennaio; ~ ***1990*** all'inizio del 1990
anfangen (*irr*, *sep*, *ge-*, *h*, → ***fangen***) (in)cominciare, iniziare; ***mit der Arbeit*** ~ cominciare un lavoro; ***bei einer Firma*** cominciare a lavorare presso una ditta
Anfäng|er ['-fɛŋər] *m* (-*s*; -), **~erin** *f* (-; *-nen*) principiante *m/f*
Anfangs|gehalt *n* stipendio *m* iniziale; '**~stadium** *n* fase *f* iniziale; principi *m/pl*
anfassen (*sep*, *-ge-*, *h*) toccare; prendere; ***mit*** ~ dare una mano
anfertig|en ['-fɛrtigən] (*sep*, *-ge-*, *h*) fare, fabbricare, confezionare; '**2ung** *f* (-; *-en*) confezione *f*, fabbricazione *f*
anfliegen (*irr*, *sep*, *-ge-*, *h*, → ***fliegen***) *avia* puntare su, far scalo a; ***angeflogen kommen*** venire (in aereo)
Anflug *m* (-[*e*]*s*; *Anflüge*) *avia* atterraggio *m*; *fig* traccia *f*
'**anforder|n** (*sep*, *-ge-*, *h*) esigere; '**2ung** *f* (-; *-en*) esigenza *f*; ***hohe ~en stellen*** pretendere molto; essere molto esigente
'**Anfrage** *f* (-; *-n*) domanda *f*, richiesta *f*; *pol* interpellanza *f*; '**2n** (*sep*, *-ge-*, *h*) domandare; interrogare; informarsi
'**anfreunden** ['-frɔyndən]: ***sich*** ~ (*sep*, *-ge-*, *h*) fare amicizia; ***sich mit et*** ~ *fig* abituarsi a qc
'**anfühlen** (*sep*, *-ge-*, *h*) toccare; ***sich weich*** ~ essere morbido al tatto
'**anführen** (*sep*, *-ge-*, *h*) *Gründe*: addurre; *Zeugen*: produrre
'**Angabe** *f* (-; *-n*) indicazione *f*; (*Aussage*) dichiarazione *f*; (*Prahlerei*) vanteria *f*; (*Sport*) battuta *f*; '**~n** *f/pl* dati *m/pl*; ***nach amtlichen*** ~ secondo fonti ufficiali
'**angeben** (*irr*, *sep*, *-ge-*, *h*, → ***geben***) **1.** *v/t* dare; (*erklären*) indicare, dichiarare; fissare; *Gründe*: addurre; **2.** *v/i fig* F darsi delle arie
'**angeblich** ['-ge:pliç] **1.** *adj* presunto; sedicente; **2.** *adv* secondo quel che si dice
'**angeboren** innato; congenito
'**Angebot** *n* (-[*e*]*s*; *-e*) offerta *f*
'**angebracht** ['-gəbraxt] opportuno; consigliabile
'**angebunden**: ***kurz*** ~ brusco
'**angehen** (*irr*, *sep*, *-ge-*, → ***gehen***) **1.** *v/t* (*betreffen*) riguardare; ***was geht Sie das an?*** che c'entra Lei?, che cosa La riguarda?; **2.** *v/i* (*sn*) cominciare; '**~d** principiante; (*künftig*) futuro
'**angehör|en** (*sep*, *senza -ge-*, *h*) appartenere; *Partei*: essere membro di; '**2ige** ['-rigə] *m/f* (*-n*; *-n*) congiunto *m*; ***meine Angehörigen*** *pl* i miei (parenti)
'**Angeklagte** ['-gəkla:ktə] *m/f* (*-n*; *-n*) accusato *m*, -a *f*
'**Angel** ['aŋl] *f* (-; *-n*) canna *f* da pesca; (*Tür*) cardine *m*
'**Angelegenheit** *f* (-; *-en*) faccenda *f*; affare *m*
'**angelernt** qualificato; '**~er Arbeiter** operaio qualificato
'**Angel|haken** [aŋəlha:kən] *m* amo; '**2n** (*h*) pescare all'amo; '**~schnur** *f* lenza *f*
'**angemessen** ['angəmɛsən] conveniente; adeguato; (*Preis*) ragionevole
'**angenehm** gradevole, piacevole; ***sehr***

~! piacere!
'**angenommen** ['angənɔmən] ipotetico, fittizio; **~, dass** supposto che
'**angeregt** animato
'**angeschlossen** affiliato
'**angesehen** ['-gəzəːen] rispettato
'**angesichts** (*gen*) in vista di, in considerazione di
'**angespannt** intenso; **~ arbeiten** lavorare intensamente
'**Angestellt|e** ['-gəʃtɛltə] *m/f* (*-n*; *-n*) impiegato *m*, -a *f*; '**~enversicherung** *f* assicurazione *f* per gli impiegati
'**angetrunken** ['-gətruŋkən] brillo
'**angewöhnen** (*sep, senza -ge-, h*) avvezzare; **sich ~** abituarsi (**et** a qc)
'**Angewohnheit** *f* (-; *-en*) abitudine *f*
An'gina [aŋ'giːna] *med* (-; *-nen*) angina *f*
'**Angler** ['aŋlər] *m* (*-s*; -) pescatore *m* (con la lenza)
'**anglieder|n** (*sep, -ge-, h*) aggregare; associare; annettere; '**2ung** *f* (-; *-en*) aggregazione *f*; annessione *f*
'**angreif|en** (*irr, sep, -ge-, h,* → **greifen**) toccare; *feindlich*: assalire, attaccare, investire; *die Ehre*: intaccare; *den Körper*: spossare, indebolire; '**2er** *m* (*-s*; -) aggressore *m*
'**angrenzen** (*sep, -ge-, h*): **~ an** (*acc*) confinare con; '**~d** adiacente; contiguo; *Land*: limitrofo
'**Angriff** *m* (-[*e*]*s*; *-e*) attacco *m*; *pol* aggressione *f*; *mil* carica *f*; **zum ~ übergehen** passare all'offensiva; **in ~ nehmen** cominciare
Angst [aŋst] *f* (-; *⸚e*) ansia *f*; (*Furcht*) paura *f* (**vor et** *dat*, **j-m** di qc, qu; **um et, j-n** per qc, qu)
Anh. ***Anhang*** appendice
'**anhaben** (*sep, -ge-, h,* → **haben**) *Kleidung*: avere indosso; **j-m nichts ~ können** non poterla fare a qu
'**anhalt|en** (*irr, sep, -ge-, h,* → **halten**) **1.** *v/t* fermare, arrestare; sospendere; **2.** *v/i* fermarsi; (*fortdauern*) continuare; '**~end** continuo; persistente; '**2er** *m* (*-s*; -), '**2erin** *f* (-; *-nen*) autostoppista *m/f*; **per ~ fahren** fare l'autostop; '**2spunkt** *m* punto *m* d'appoggio; indizio *m*
'**Anhang** *m* (-[*e*]*s*; *Anhänge*) appendice *f*; allegato *m*; *von Personen*: seguito *m*; famiglia *f*; **ohne ~** *iro* senza famiIiari
'**anhäng|en** (*irr, sep, -ge-, h,* → **hängen**) attaccare; (*hinzufügen*) aggiungere; *fig* appiccicare; '**2er** *m* (*-s*; -) *pol* sostenitore *m*, seguace *m*; *auto* rimorchio *m*; (*Schmuck*) ciondolo *m*; '**2erkupplung** *f* gancio *m* per rimorchio
'**anhäufen** (*sep, -ge-, h*) accumulare; ammucchiare; ammassare
'**anheften** (*sep, -ge-, h*) attaccare
'**anheizen** (*sep, -ge-, h*) cominciare a riscaldare
'**Anhieb** *m*: F **auf ~** di colpo
'**Anhöhe** *f* (-; *-n*) altura *f*
'**anhören** (*sep, -ge-, h*) ascoltare
ani'mieren [ani'miːrən] (*h*) animare
Ank. ***Ankunft*** arrivo
'**Ankauf** *m* (-[*e*]*s*; *Ankäufe*) acquisto *m* '**2en** (*sep, -ge-, h*) comprare; **sich ~** comprarsi una casa (*od* un pezzo di terreno)
'**Anker** ['aŋker] *m* (*-s*; -) *mar, tec* ancora *f*; *el* indotto *m*; '**2n** (*h*) ancorare '**~platz** *m* ancoraggio *m*
'**anklagen** (*sep, -ge-, h*) accusare; incolpare (**wegen** di)
'**Ankläger** *m* (*-s*; -) accusatore *m*
'**ankleben** (*sep, -ge-, h*) **1.** *v/t* attaccare *mit Leim*: incollare; **2.** *v/i* appiccicars
'**ankleiden** (*sep, -ge-, h*) vestire; **sich ~** vestirsi
'**anklicken** ['-klikən] *v/t* (*sep, -ge-, h*) *inform* cliccare su *v/i*
'**anklopfen** (*sep, -ge-, h*) bussare, picchiare; *fig* tastare (*od* sondare) il terreno
'**anknüpfen** (*sep, -ge-, h*) annodare *Gespräch*: attaccare; *Bekanntschaf* fare; *Verbindungen*: stringere; stabilire; '**~d**: **~ an** (*acc*) riguardo a
'**ankommen** *v/i* (*irr, sep, -ge-, sn,* → **kommen**) arrivare; **gut** (**beim Publikum**) **~** *Buch usw.*: riscontrare molt successo (nel pubblico); **auf et** (**j-n**) **~** dipendere da qc (qu), essere impo tante; **es kommt darauf an** dipende
'**ankündigen** (*sep, -ge-, h*) annunciare dichiarare; avvisare; *jur* notificare
'**Ankunft** ['-kunft] *f* (-; *senza pl*) arriv *m*; '**~szeit** *f* ora *f* d'arrivo
'**ankurbeln** (*sep, -ge-, h*) *fig* ravvivar dare nuovi impulsi
Anl. ***Anlage*** allegato
'**anlachen** (*sep, -ge-, h*) guardare ride

do

'Anlage *f* (-; *-en*) predisposizione *f* (**zu** a); talento *m* (**zu** per); *arch* costruzione *f*; *el, tec* impianto *m*; *econ* investimento *m*; (*Brief*) allegato *m*; **in der ~** nell'allegato; **'~n** *pl* (*öffentliche*) giardini *m/pl* pubblici; **'~kapital** *n* capitale *m* d'investimento

'Anlass ['-las] *m* (*-es*; *Anlässe*) motivo *m*; (*Vorwand*) pretesto *m*; (*Gelegenheit*) occasione *f*; **~ geben zu** dar luogo a, dare adito a

anlassen (*irr, sep, -ge-, h* → **lassen**) *Kleider*: tenere addosso; *Maschine*: mettere in moto, azionare

'Anlasser ['anlasər] *m* (*-s*; -) starter *m*

'anlässlich ['-lɛsliç] (*gen*) in occasione di

'Anlauf *m* (-[*e*]*s*; *Anläufe*) slancio *m*; **~ nehmen** (*h*) prender la rincorsa; **'≈en** (*irr, sep, -ge-,* → **laufen**) **1.** *v/t* (*h*) *e-n Hafen*: toccare; **2.** *v/i* (*sn*) *Maschine*: mettersi in moto; *Glas*: appannarsi

anleg|en (*sep, -ge- h*) **1.** *v/t* mettere; *Geld*: collocare; investire; **2.** *v/i mar* approdare; **'≈eplatz** *m* approdo *m*

Anleihe ['-laɪə] *f* (-; *-n*) prestito *m*

anleit|en (*sep, -ge-, h*) avviare; istruire; **'≈ung** *f* (-; *-en*) istruzione *f*; guida *f*; **unter ~ von** sotto la guida di

anliegen *v/i* (*irr, sep, -ge-, h,* → **liegen**) essere vicino; *Kleidung*: (*gut*) andar bene; (*eng*) essere attillato

Anliegen *n* (*-s*; -) domanda *f*, preghiera *f*; desiderio *m*

anliegend vicino; attiguo, adiacente

Anlieger *m* (*-s*; -) confinante *m*

anmachen (*sep, -ge-, h*) attaccare; *Feuer*: accendere; *gastr* condire

anmaßen ['-ma:sən]: **sich** (*dat*) **et ~** (*sep, -ge-, h*) arrogarsi qc; **'~end** presuntuoso; arrogante; insolente; **'≈ung** *f* (-; *-en*) presunzione *f*; arroganza *f*

Anmelde|formular *n* modulo *m* di denuncia; **'≈n** (*sep, -ge-, h*) annunciare; *amtlich*: denunciare, notificare; *beim Zoll*: dichiarare alla dogana; **sich polizeilich ~** denunciare il cambio di residenza

Anmeldung *f* (-; *-en*) annuncio *m*; notifica *f*; iscrizione *f*; dichiarazione *f*

nmerk|en (*sep, -ge-, h*) annotare; prender nota di; **'≈ung** *f* (-; *-en*) nota *f*; annotazione *f*

'annähen (*sep, -ge-, h*) attaccare (cucendo)

'annäher|nd approssimativo; *adv* approssimativamente; **'≈ung** *f* (-; *-en*) avvicinamento *m*

'Annahme ['anɑ:mə] (-; *senza pl*) accettazione *f*; *fig* supposizione *f*, ipotesi *f*

'annehm|bar ['ane:mbɑ:r] accettabile; *Preis*: ragionevole; *Grund*: plausibile; **'~en** *v/t* (*irr, sep, -ge-, h,* → **nehmen**) accettare; *fig* supporre; **sich e-r Sache ~** interessarsi di qc; **angenommen, dass** supposto che; **'≈lichkeit** *f* (-; *-en*) piacere *m*; vantaggio *m*; comodità *f*

annek'tieren [anɛk'ti:rən] (*senza ge-, h*) annettere

An'nonce [a'nɔ̃sə] *f* (-; *-n*) annuncio *m*, inserzione *f*

annon'cieren [-'si:rən] (*senza ge-, h*) mettere (*od* fare) un annuncio (*od* un'inserzione) sul giornale; annunciare

annul'lieren [anu'li:rən] (*senza ge-, h*) annullare

ano'nym [ano'ny:m] anonimo

'Anorak ['anorak] *m* (*-s*; *-s*) giacca *f* a vento

'anordn|en ['-ʔɔrdnən] (*sep, -ge-, h*) disporre; (*verfügen*) ordinare; **'≈ung** *f* (-; *-en*) disposizione *f*

'anpass|en (*sep, -ge-, h*) adattare, adeguare; **'≈ung** *f* (-; *-en*) adattamento *m*; **'~ungsfähig** ['-suŋsfɛ:iç] adattabile

'Anpfiff *m* (-[*e*]*s*; *-e*) *Sport*: fischio *m* iniziale; *fig* sgridata *f*

'anpflanzen (*sep, -ge-, h*) piantare

'anprangern ['-praŋərn] (*sep, -ge-, h*) denunciare pubblicamente; mettere alla gogna

'anprobieren (*sep, senza -ge-, h*) provare

'Anraten *n*: **auf ~** dietro consiglio

'anrechnen (*sep, -ge-, h*) mettere in conto; *fig* attribuire, ascrivere (**zu** a); **hoch ~** apprezzare molto

'Anrede *f* (-; *-n*) modo *m* di rivolgersi; *im Brief*: intestazione *f*; **'≈n** *v/t* (*sep, -ge-, h*) rivolgere la parola a

'anreg|en (*sep, -ge-, h*) stimolare; **j-n zu et ~** suggerire qc a qu; **'~end** interessante; *med* stimolante; **'≈ung** *f* (-;

-en) stimolo *m*; suggerimento *m*; iniziativa *f*

'Anreiz *m* (*-es*; *-e*) stimolo *m*, incentivo *m*

'Anruf *m* (*-*[*e*]*s*; *-e*) chiamata *f* (telefonica); telefonata *f*; **'~beantworter** *m* segreteria *f* telefonica; **'2en** (*irr*, *sep*, *-ge-*, *h*, → **rufen**) chiamare (al telefono); telefonare; **'~er** *m* (*-s*; *-*), **'~erin** *f* (*-*; *-nen*) chi telefona *m/f*

'Ansage ['-zɑːgə] *f* (*-*; *-n*) annuncio *m*; **'2n** (*sep*, *-ge-*, *h*) (*ankündigen*) annunciare; *Kartenspiel*: accusare

'ansamm|eln (*sep*, *-ge-*, *h*) ammassare; *Menschen*: radunare; *Kapital*: accumulare; **'2lung** *f* (*-*; *-en*) assembramento *m*; accumulo *m*

'ansässig ['-zɛsiç] domiciliato; **sich ~ machen** stabilirsi

'anschaff|en (*sep*, *-ge-*, *h*) procurare; comprare; acquistare; **'2ung** *f* (*-*; *-en*) provvista *f*; acquisto *m*; **'2ungspreis** *m* prezzo *m* d'acquisto

'anschalten (*sep*, *-ge-*, *h*) *el* inserire; *Radio*, *Motor*: accendere

'anschau|en (*sep*, *-ge-*, *h*) guardare; contemplare; **'~lich** chiaro, evidente; **'2ung** *f* (*-*; *-en*) veduta *f*, opinione *f*; *fil* concezione *f*

'Anschein *m* (*-*[*e*]*s*; *senza pl*) apparenza *f*; **'2end** apparente; *adv* apparentemente

'Anschlag *m* (*-*[*e*]; *Anschläge*) manifesto *m*; (*Angriff*) attentato *m*; *Sport*: battuta *f*; *econ* (*Vor2*) preventivo *m*; **'~brett** *n* bacheca *f*, albo *m* degli avvisi; **'2en** *v/t* (*irr*, *sep*, *-ge-*, *h*, → **schlagen**) *Plakat*: affiggere; *fig* **e-n anderen Ton ~** cambiare tono

'anschließen *v/t* (*irr*, *sep*, *-ge-*, *h*, → **schließen**) attaccare; (*beifügen*) accludere; *el* **~** (**an** *acc*) innestare (su); *tel* collegare alla rete telefonica; **sich ~** unirsi; seguire; *e-m Vorschlag*: aderire a; **'~d** seguente; *adv* subito dopo

'Anschluss *m* (*-es*; *Anschlüsse*) *tel* collegamento *m* alla rete; comunicazione *f*; *el* contatto *m*; *avia*, *fer* coincidenza *f*; *pol* unione *f*, incorporazione *f*; annessione *f*; **den ~ verpassen** perdere la coincidenza (*od fig* il treno); **im ~ an** (*acc*) facendo seguito a; in seguito a

'anschnall|en (*sep*, *-ge-*, *h*) allacciare; **sich ~** *avia* allacciare la cintura *f* (d sicurezza); **'2gurt** *avia* *m* cintura *f* d sicurezza

'anschneiden (*irr*, *sep*, *-ge-*, *h*, → **schneiden**) intaccare; cominciare tagliare; *Frage*: intavolare

An'schovis [an'ʃoːvis] *f inv* acciuga

'anschreiben (*irr*, *sep*, *-ge-*, *h* → **schreiben**) notare; *econ* mettere in conto

'Anschrift *f* (*-*; *-en*) indirizzo *m*

'ansehen *v/t* (*irr*, *sep*, *-ge-*, *h*, → **sehen**) guardare; *j-m et*: riconoscere, vedere

'Ansehen *n* (*-s*; *senza pl*) autorità *f* considerazione *f*; credito *m*

'ansetzen (*sep*, *-ge-*, *h*) **1.** *v/t* mettere applicare; *Frist*: fissare; **2.** *v/i* cominciare; *bot* germogliare; allegare

'Ansicht *f* (*-*; *-en*) veduta *f*; (*Meinung*) opinione *f*; parere *m*; *econ* **zur ~** i esame, in visione; **meiner ~ nach** secondo me, secondo la mia opinione; **'~skarte** *f* cartolina *f* illustrata

'anspann|en (*sep*, *-ge-*, *h*) tendere; *Kräfte*: impegnare; applicare; **'2ung** *f* (*-*; *-en*) impegno *m*; sforzo *m*

'anspiel|en (*sep*, *-ge-*, *h*) **auf et** *acc* **~** alludere a qc; **'2ung** *f* (*-*; *-en*) allusione

'Ansporn *m* (*-*[*e*]*s*; *senza pl*) sprone *m*

'Ansprache *f* (*-*; *-n*) discorso *m*

'ansprechen (*irr*, *sep*, *-ge-*, *h*, → **sprechen**) *v/t* rivolgere la parola a; chiedere; ritenere; (*gefallen*) piacere; *v/i* rispondere; reagire a; **'~d** piacevole

'anspringen (*irr*, *sep*, *-ge-*, → **springen**) **1.** *v/t* (*h*) saltare addosso a; **2.** *v/i* (*s*) *Motor*: accendersi, mettersi in moto

'Anspruch *m* (*-*[*e*]*s*; *Ansprüche*) pretesa *f*; *jur* diritto *m*; *a bsd pol* rivendicazione *f*; **~ geltend machen** far valere un proprio diritto; **et in ~ nehmen** servirsi di qc; **j-n in ~ nehmen** ricorrere a qu; **ich bin sehr in ~ genommen** sono molto occupato; **'2slos** senza pretese; **'2svoll** esigente

'Anstalt ['-ʃtalt] *f* (*-*; *-en*) ente *m*; istituzione *f*; istituto *m*

'anständig ammodo (*inv*), decoroso; decente; (*ehrlich*) onesto

'anstandslos senza esitazione, senza difficoltà

an'statt [-'ʃtat] (*gen*, **zu** *inf*) invece (d

'anstechen (*irr*, *sep*, *-ge-*, *h*, → **stechen**) pungere; *Fass*: spillare

'ansteck|en (*sep*, *-ge-*, *h*) **1.** *v/t med* co

taminare; *j-n*: contagiare; **2.** *v/i* essere contagioso; '**~end** contagioso, infettivo

'**anstehen** (*irr, sep, -ge-, sn,* → **stehen**) fare la coda

'**ansteigen** (*irr, sep, -ge-, sn,* → **steigen**) salire; '**~d** in salita; **steil ~** ripido

'**anstell|en** (*sep, -ge-, h*) *Gerät*: avviare, mettere in moto; *rad* accendere; *Arbeitskräfte*: impiegare; **sich ~** fare la coda; comportarsi; '**&ung** *f* (-; *-en*) impiego *m*; posto *m*

'**Anstieg** ['-ʃtiːk] *m* (-[*e*]*s*; *-e*) salita *f*

'**Anstoß** *m* (*-es*; *Anstöße*) urto *m*; *zu et*: impulso *m*; *Sport*: primo colpo *m*; *fig* scandalo *m*; **~ erregen** dare scandalo; **~ nehmen** scandalizzarsi

'**anstoßen** (*irr, sep, -ge-,* → **stoßen**) (*sn*) **1.** *v/t* urtare; **2.** *v/i* (*h*) *fig* scandalizzare; *mit Gläsern*: brindare

'**anstößig** ['-ʃtøːsiç] indecente; scandaloso

'**anstreng|en** ['-ʃtrɛŋən] (*sep, -ge-, h*) *Kräfte*: adoperare; *jur* intentare; **sich ~** sforzarsi; '**~end** faticoso; '**&ung** *f* (-; *-en*) sforzo *m*; fatica *f*

'**Anstrich** *m* (-[*e*]*s*; *-e*) tinta *f*

'**Ansturm** *m* (-[*e*]*s*; *Anstürme*) assalto *m*

Antarktis [ant'ʔarktis] *f* Antartide *f*

'**Anteil** *m* (-[*e*]*s*; *-e*) parte *f*; porzione *f*; quota *f*; **~ haben an** (*dat*) partecipare a, aver parte in; '**&mäßig** *econ* ['-taɪlmɛːsiç] proporzionale; '**~nahme** ['-nɑːmə] *f* (-; *senza pl*) partecipazione *f*; compassione *f*; simpatia *f*

An'tenne [-'tɛnə] *f* (-; *-n*) antenna *f*

Anti|'babypille [anti'beːbipilə] *f* pillola *f* anticoncezionale; **~bi'otikum** *n* antibiotico *m*

an'tik [an'tiːk] antico; **&e** [-kə] *f* (-; *senza pl*) antico *m*; arte *f* (*od civiltà f*) antica; (*Altertum*) antichità *f*

Antipa'thie [-pa'tiː] *f* (-; *-n*) antipatia *f*

Antiqui'tät [antikvi'tɛːt] *f* (-; *-en*) antichità *f*, oggetto *m* antico; **~engeschäft** *n* negozio *m* di antiquariato

Anti|se'mit [antize'miːt] *m* (*-en*; *-en*) antisemita *m/f*; **~'terrorgesetz** *n* legge *f* antiterrorismo; **~'virensoftware** [-'viːrənsɔftvɛːr] *f inform* programma *m* antivirus

Antrag ['-trɑːk] *m* (-[*e*]*s*; *Anträge*) domanda *f*, istanza *f*; *Parlament*: mozione *f*; (*Heirats&*) proposta *f*; di matrimonio; '**~sformular** *n* modulo *m* di domanda; '**~steller(in** *f*) ['-traːkʃtɛlə-r(in)] *m* richiedente *m/f*

'**antreffen** (*irr, sep, -ge-, h,* → **treffen**) trovare; incontrare

'**antreten** (*irr, sep, -ge-, h,* → **treten**) *Reise*: cominciare; *Erbschaft*: accettare; *Amt*: entrare in

'**Antrieb** *m* (-[*e*]*s*; *-e*) impulso *m*; motivo *m*; *tec* comando *m*; propulsione *f*; forza *f* motrice

'**Antritt** *m* (-[*e*]*s*; *senza pl*) principio *m*; **vor ~ der Reise** prima di mettersi in viaggio (*od* di partire)

Antwerpen [ant'vɛrpən] *n* Anversa *f*

'**Antwort** ['antvɔrt] *f* (-; *-en*) risposta *f*; '**&en** (*h*) rispondere; (*erwidern*) replicare

'**anvertrauen** (*sep, senza -ge-, h*) affidare; *Geheimnis*: confidare

'**Anwalt** ['-valt] *m* (-[*e*]*s*; *Anwälte*) avvocato *m*

'**Anwältin** ['-vɛltin] *f* (-; *-nen*) avvocatessa *f*

'**anweis|en** (*irr, sep, -ge-, h,* → **weisen**) *j-m et*: assegnare; (*befehlen*) ordinare; (*beauftragen*) incaricare; *Geld*: dare ordine di pagare; **auf j-n** *od* **et angewiesen sein** dipendere da qc *od* qu; '**&ung** *f* (-; *-en*) assegnazione *f*; direttiva *f*; ordine *m*; *econ* assegno *m*; *post* vaglia *m*

'**anwend|en** (*sep, -ge-, h*) applicare; '**&ersoftware** ['anvɛndərsɔftwɛːr] *f* software *m* applicativo; '**&ung** *f* (-; *-en*) uso *m*; applicazione *f*

'**anwesen|d** ['-veːzənt] presente; **~ sein bei** assistere a; **die &en** *pl* i presenti *m/pl*; '**&heit** *f* (-; *senza pl*) presenza *f*

'**Anzahl** *f* (-, *senza pl*) numero *m*; (*Menge*) quantità *f*; '**&en** (*sep, -ge-, h*) pagare in acconto; '**~ung** *f* (-; *-en*) acconto *m*

'**Anzeichen** *n* (*-s*; -) indizio *m*; segnale *m*; (*Vorzeichen*) presagio *m*; *bsd sintomo m*

'**Anzeig|e** ['-tsaɪgə] *f* (-; *-n*) annuncio *m*; avviso *m*; **~ erstatten** *jur* denunciare qu; '**&en** (*sep, -ge-, h*) indicare; annunciare; *jur* denunciare

'**anzieh|en** (*irr, sep, -ge-, h,* → **ziehen**) **1.** *v/t* tirare; *fig* attirare; *Kleider*: mettersi; **sich ~** vestirsi; **2.** *v/i Preise*: essere in

rialzo, aumentare; '**~end** attraente; '**≈ungskraft** *f* attrattiva *f*; *fis* forza *f* d'attrazione
'**Anzug** *m* (-[*e*]*s*; *Anzüge*) vestito *m*, abito *m*
'**anzüglich** ['-tsyːkliç] allusivo; personale; offensivo
'**anzünden** (*sep*, *-ge-*, *h*) accendere
AOK ***Allgemeine Ortskrankenkasse*** *Cassa malati provinciale*
A'partment [a'partmənt] *n* (*-s*; *-s*) piccolo appartamento *m*
a'pathisch apatico
Apennin [apɛ'niːn] *m* Appennino *m*
'**Apfel** ['apfəl] *m* (*-s*; *⸗*) mela *f*; '**~kuchen** *m* torta *f* di mele; '**~mus** *n* passata *f* di mele
'**Apfel'sine** [-'ziːne] *f* (*-*; *-n*) arancia *f*
'**Apfelwein** *m* sidro *m*
A'postel [a'pɔstəl] *m* (*-s*; *-*) apostolo *m*
Apo'theke [-'teːkə] *f* (*-*; *-n*) farmacia *f*
Appa'rat [apa'rɑːt] *m* (-[*e*]*s*; *-e*) apparecchio *m*; apparato *m*; (*Foto≈*) macchina *f*; *tel* telefono *m*; ***wer ist am ~?*** con chi parlo?; ***bleiben Sie am ~!*** resti in linea!
Ap'pell [a'pɛl] *m* (*-s*; *-e*) appello *m*; **≈'ieren** (*senza ge-*, *h*) appellarsi (***an*** *acc* a); ricorrere (***an*** *acc* a)
Appe'tit [apə'tiːt] *m* (-[*e*]*s*; *senza pl*) appetito *m*; ***guten ~!*** buon appetito!; **≈lich** appetitoso
Ap'plaus [a'plaʊs] *m* (*-es*; *senza pl*) applauso *m*
Apri'kose [apri'koːzə] *f* (*-*; *-n*) albicocca *f*
A'pril [a'pril] *m* (*-s*; *senza pl*) aprile *m*; **~scherz** *m* pesce *m* d'aprile
Apulien [a'puːljən] *n* Puglia *f*
Aqua|'planing [akva'plɑniŋ] *n* (*-*; *-*) aquaplaning *m*; **~'rell** [-'rɛl] *n* (*-s*; *-e*) acquerello *m*
A'quarium [a'kvɑːrjum] *n* (*-s*; *-rien* [-rjən]) acquario *m*
Ä'quator [ɛ'kvɑːtɔr] *m* (*-s*; *senza pl*) equatore *m*
'**Ära** [ɛːra] *f* (*-*; *Ären*) era *f*
'**Arab|er** ['ɑːrabər] *m* (*-s*; *-*), '**~erin** *f* (*-*; *-nen*), **≈isch** [a'rɑːbiʃ] arabo *m*, -a *f*
Arabien [a'rɑːbjən] *n* Arabia *f*
'**Arbeit** ['arbaɪt] *f* (*-*; *-en*) lavoro *m*; impiego *m*; *Mühe*: fatica *f*; '**≈en** (*h*) lavorare; '**~er** *m* (*-s*; *-*) lavoratore *m*, operaio *m*; '**~erin** *f* (*-*; *-nen*) operaia *f*; '**~erklasse** *f* classe *f* operaia
'**Arbeit'|geber** ['-'geːbər] *m* (*-s*; *-*) datore *m* di lavoro; imprenditore *m*; '**~'nehmer** ['-'neːmər] *m* (*-s*; *-*) prestatore *m* d'opera, lavoratore *m* dipendente
'**Arbeits|agentur** *f* agenzia *f* di collocamento; '**~amt** *n* ufficio *m* del lavoro; '**~bedingungen** *f/pl* condizioni *f/pl* di lavoro; '**~beschaffungsmaßnahme** ['-bəʃafuŋs-] *f* misure *f/pl* per la creazione di posti lavoro; '**~erlaubnis** *f* permesso *m* di lavoro; '**~essen** *n* (*-s*; *-*) pranzo *m* (*oder cena f*) di lavoro; '**≈fähig** in grado di lavorare; '**~gebiet** *n* campo *m* d'attività; '**~gruppe** *f* gruppo *m* di lavoro; '**~kampf** *m* lotta *f* operaia, conflitto *m* sindacale; '**~kräfte** ['krɛftə] *f/pl* manodopera *f*; '**~leistung** *f* prestazione *f* d'opera; *tec* rendimento *m*; '**~lohn** *m* paga *f*, salario *m*; '**≈los** disoccupato; '**~lose** *m/f* (*-n*; *-n*) disoccupato *m*, -a *f*; '**~losengeld** *n* indennità *f* (*od sussidio m*) di disoccupazione; '**~losenversicherung** *f* assicurazione *f* contro la disoccupazione; '**~losigkeit** *f* disoccupazione *f*; '**~markt** *m* mercato *m* del lavoro; '**~platz** *m* *Stelle*: posto *m*, impiego *m*; *Ort*: posto *m* di lavoro; '**~speicher** *m* (*-s*; *-*) *inform* memoria *f* RAM; '**~tag** *m* giornata *f* lavorativa; '**~teilung** *f* divisione *f* del lavoro; '**≈unfähig** inabile al lavoro, invalido; '**~unfall** *m* infortunio *m* sul lavoro; '**~zeit** *f* orari *m* di lavoro
Archi'tekt [-'tɛkt] *m* (*-en*; *-en*), **~in** *f* (*-*; *-nen*) architetto *m*, -a *f*; '**~ur** [-'tuːr] *f* (*-*; *-en*) architettura *f*
Ar'chiv [ar'çiːf] *n* (*-s*; *-e*) archivio *m*
ARD ***Arbeitsgemeinschaft der öffentlich-rechtlichen Rundfunkanstalten der Bundesrepublik Deutschland*** primo canale della televisione tedesca
A'rena [a'reːna] *f* (*-*; *-nen*) arena *f*
Argentinien [argɛn'tiːnjən] *n* Argentina *f*
'**Ärger** ['ɛrgɛr] *m* (*-s*; *senza pl*) indignazione *f*, sdegno *m*; stizza *f*; (*Wut*) rabbia *f*; collera *f*; '**≈lich** spiacevole; '**≈**... (*h*) indispettire; far arrabbiare; ***sich ~*** adirarsi
a. Rh. ***am Rhein*** sul Reno
'**Arie** ['ɑːrjə] *f* (*-*; *-n*) aria *f*

Arktis ['arktis] *f inv* Artide *f*
arktisch ['arktiʃ] artico
arm [arm] povero (**an** *dat* di); **~ werden** impoverire
Arm [arm] *m* (-[*e*]*s*; -*e*) braccio *m*; *fig* **j-m unter die ~e greifen** dare una mano a qu, aiutare qu
Arm|band ['armbant] *n* braccialetto *m*; '**~banduhr** *f* orologio *m* da polso; '**~binde** *f* bracciale *m*; *med* fasciatura *f* al braccio
Ar'mee [ar'me:] *f* (-; -*n*) armata *f*; esercito *m*
Ärmel ['ɛrməl] *m* (-*s*; -) manica *f*
Ärmelkanal ['ɛrməlkanɑ:l] *m* (Canale *m* della) Manica *f*
Armenien [ar'me:njən] *n* Armenia *f*
ärmlich ['ɛrmliç] povero, misero
Armut ['armu:t] *f* (-; *senza pl*) povertà *f*
aro'matisch [aro:'mɑ:tiʃ] aromatico
Arrang|e'ment [arãʒə'mã] *n* (-*s*; -*s*) accordo *m*; **2'ieren** (*senza ge-*, *h*) disporre; organizzare; **sich ~ mit** mettersi d'accordo con
arro'gant [aro'gant] arrogante; presuntuoso
Arsch [arʃ] *m* V culo *m*
Arse'nal [arze'nɑ:l] *n* (-*s*; -*e*) arsenale *m*
Art [ɑ:rt] *f* (-; -*en*) genere *m*; (*Natur*) natura *f*; (*Weise*) modo *m*; *zo*, *bot* specie *f*
Art. *Artikel* articolo
Ar'terie [ar'te:rjə] *f* (-; -*n*) arteria *f*
Ar'tikel [ar'ti:kəl] *m* (-*s*; -) articolo *m*
Artille'rie [artilə'ri:] *f* (-; -*n*) artiglieria *f* (**schwere** pesante)
Ar'tist [ar'tist] *m* (-*en*; -*en*), **~in** *f* (-; -*nen*) artista *m/f* (di circo, di varietà), acrobata *m/f*
Arz'nei [arts'naı] *f* (-; -*en*) medicina *f*; **~mittel** *n* farmaco *m*, medicinale *m*
Arzt [artst] *m* (-*es*; ≃*e*) medico *m*, dottore *m*; **praktischer ~** medico *m* generico
Ärzt|in ['ɛrtstin] *f* (-; -*nen*) medico *m*, dottoressa *f*; '**2lich** ['ɛrtstliç] medico
As'best [as'bɛst] *m* (-[*e*]*s*; -*e*) asbesto *m*, amianto *m*
Asche ['aʃə] *f* (-; *senza pl*) cenere *f*; **~nbecher** *m* posacenere *m*, portacenere *m*; '**~nbrödel** ['-brø:dəl] *n* Cenerentola *f*
Ascher'mittwoch [aʃər'mitvɔx] *m* (-*s*; *senza pl*) mercoledì *m* delle Ceneri

ASCII ***American Standard Code of Information Interchange*** ASCII
A'siat [az'jɑ:t] *m* (-*en*; -*en*), **~in** *f* (-; -*nen*), **2isch** asiatico *m*, -a *f*
Asien ['ɑ:zjən] *n* Asia *f*
'**asozial** ['ɑ:zo:tsjɑ:l] asociale
'**Asphalt** ['asfalt] *m* (-*s*; *senza pl*) asfalto *m*; **2'ieren** (*senza ge-*, *h*) asfaltare
Assis'tent [asis'tɛnt] *m* (-*en*; -*en*), **~in** *f* (-; -*nen*) assistente *m/f*
Ast [ast] *m* (-[*e*]*s*; ≃*e*) ramo *m*
'**Aster** *bot* ['astər] *f* (-; -*n*) aster *m*
äs'thetisch [ɛs'te:tiʃ] estetico
'**Asthma** ['astmɑ] *n* (-*s*; *senza pl*) asma *f*
Astro'l|oge [astro'lo:gə] *m* (-*n*; -*n*) astrologo *m*; **~o'gie** *f* (-; *senza pl*) astrologia *f*
Astro|'naut [-'naʊt] *m* (-*en*; -*en*) astronauta *m*; **~no'mie** [-no'mi:] *f* (-; *senza pl*) astronomia *f*; **2'nomisch** astronomico
A'syl [a'zy:l] *n* (-*s*; *senza pl*) asilo *m*; (*Zufluchtsort*) rifugio *m*; **~'ant** [azy'lant] *m* (-*en*; -*en*), **~'antin** *f* (-; -*nen*) richiedente *m/f* asilo politico; rifugiato *m*, -a *f* politico, -a; **~antrag** *m* richiesta *f* di asilo politico
'**Atem** ['ɑ:tem] *m* (-*s*; *senza pl*) fiato *m*; **außer ~** senza respiro, sfiatato; '**~beschwerden** *f/pl* difficoltà *f* di respirazione; '**2los** ansante; trafelato
Athe|'ist [ate'ist] *m* (-*en*; -*en*), **~'istin** *f* (-; -*nen*) ateo *m*, -a *f*; **2'istisch** ateo, ateistico
Athen [a'te:n] *n* Atene *f*
Äthiopien [ɛ'tjo:pjən] *n* Etiopia *f*
Ath'let [at'le:t] *m* (-*en*; -*en*) atleta *m*
Atlantik [at'lantik] *m* (Oceano *m*) Atlantico *m*
at'lantisch: **2er Ozean** *m* (Oceano) Atlantico *m*
'**Atlas** ['atlas] *m* (-*ses*; -*se u Atlanten*) atlante *m*
'**atmen** ['ɑ:tmən] (*h*) respirare
Atmo'sphäre [atmɔs'fɛ:re] *f* (-; -*n*) atmosfera *f*
'**Atmung** ['ɑ:tmuŋ] *f* (-; *senza pl*) respirazione *f*
Ätna ['ɛtna] *m* Etna *m*
A'tom [a'to:m] *n* (-*s*; -*e*) atomo *m*; **2'ar** atomico; nucleare; **~bombe** *f* bomba *f* atomica *f*; **~energie** *f* energia *f* nucleare; **~kraftgegner** *m* antinuclearista

m; **~kraftwerk** *n* centrale *f* nucleare; **~krieg** *m* guerra *f* atomica; **~müll** *m* residui *m/pl* radioattivi; **~waffen** *f/pl* armi *f/pl* atomiche

Atten'|tat [atɛn'tɑːt] *n* (-[*e*]*s*; -*e*) attentato *m*; **~'täter** [-'tɛːtər] *m* (-*s*; -), **~'täterin** *f* (-; -*nen*) attentatore *m*, -trice *f*

'ätzend ['ɛtsənt] corrosivo; *med u fig* caustico

auch [aʊx] anche; **~ *nicht*** non … neppure, non … neanche, non … nemmeno; ***sowohl … als ~ …*** sia … che …

Au'dienz [aʊd'jɛnts] *f* (-; -*en*) udienza *f*

auf [aʊf] **1.** *prp* (*acc od dat*) su, sopra; **~ *den Tisch*** sulla (*od* sopra la) tavola; **~** *die Jagd, Post, Ball*: a; **~** *dem Lande, Reise, Art*: in; **~** *Befehl, Rat*: per; **2.** *adv* **~ *sein*** F (*Tür, Kleider*) essere aperto; *Personen*: essere alzato; **~ *und ab*** su e giù; **3.** *cj* **~ *dass*** affinché; **4.** *int* **~!** su!

'aufarbeiten ['-ˀarbaɪtən] (*sep*, -*ge*-, *h*) finire

'aufatmen (*sep*, -*ge*-, *h*) respirare liberamente; tirare un sospiro

'Aufbau *m* (-[*e*]*s*; *senza pl*) costruzione *f*; (*Gliederung*) struttura *f*; *fig* organizzazione *f*; *auto* carrozzeria *f*; **'2en** (*sep*, -*ge*-, *h*) costruire; organizzare

'aufbewahr|en (*sep*, *senza* -*ge*-, *h*) conservare; *für später*: riservare; ***zum Aufbewahren geben*** dare in deposito; **'2ung** *f* (-; *senza pl*) custodia *f*; deposito *m*

'aufbleiben (*irr*, *sep*, -*ge*-, *sn*, → ***bleiben***) *wach*: restare alzato; vegliare; *offen*: restare aperto

'aufblühen (*sep*, -*ge*-, *sn*) sbocciare; *fig* fiorire

'aufbrausen (*sep*, -*ge*-, *sn*) ribollire; *fig* andare in collera; **'~d** *fig* collerico

'aufbringen (*irr*, *sep*, -*ge*-, *h*, → ***bringen***) riuscire ad aprire; (*einführen*) introdurre; *Geld*: procacciare, procurare, trovare

'Aufbruch *m* (-[*e*]*s*; *Aufbrüche*) partenza *f*; mossa *f*

'aufbrühen (*sep*, -*ge*-, *h*) bollire leggermente; ***Tee* ~** fare del tè

'aufdecken (*sep*, -*ge*-, *h*) scoprire; *fig* svelare

'aufdrehen (*sep*, -*ge*-, *h*) svitare; avvitare; *Hahn*: aprire

'aufdringlich importuno, invadente

'Aufdruck *m* (-[*e*]*s*; -*e*) stampa *f*; **'2en** (*sep*, -*ge*-, *h*) imprimere

aufei'nander [-ˀaɪ'nandər] l'uno sopr (*od* dopo) l'altro → ***aufeinanderfo gend***; **~folgend** *adj* successivo; consecutivo

'Aufenthalt ['aʊfənthalt] *m* (-[*e*]*s*; -*e* soggiorno *m*, permanenza *f*; *fer* fermata *f*; **'~sgenehmigung** permess *m* di soggiorno

'Auferstehung ['-ˀɛrʃteːuŋ] *f* (-; *senz pl*) risurrezione *f*

'auffahr|en (*irr*, *sep*, -*ge*-, → ***fahren***) *v/t* (*h*) trasportare; **2.** *v/i* (*sn*) scattare (*zusammenstoßen*) cozzare, urtare **'2unfall** *m* tamponamento *m*

'auffallen (*irr*, *sep*, -*ge*-, *sn*, → ***fallen*** *fig* dare nell'occhio; (*sich bemerkba machen*) farsi notare; ***es ist mir nich aufgefallen*** non me ne sono accort

'auffällig ['aʊfɛliç] che dà nell'occhi *Kleidung*: vistoso; (*seltsam*) stravaga te

'auffass|en (*sep*, -*ge*-, *h*) intender prenderla; **~ *als*** considerare com **'2ung** *f* (-; -*en*) concezione *f*; mod *m* di vedere; (*Meinung*) opinione *f*

'aufforder|n (*sep*, -*ge*-, *h*) invitare; int mare; (*ermahnen*) esortare; **'2ung** *f* (-*en*) invito *m*; intimazione *f*

'aufführ|en (*sep*, -*ge*-, *h*) *tea* rapprese tare; *Zeugen*: produrre; **'2ung** *f* (-; -*e* rappresentazione *f*; produzione *f*; co dotta *f*

'auffüllen (*sep*, -*ge*-, *h*) riempire

'Aufgabe *f* (-; -*n*) compito *m*; impeg *m*; scopo *m*; missione *f*; problema (*senza pl*) *post* consegna *f*; (*Verzic* rinuncia *f*; *Sport*: abbandono *m*

'Aufgang *m* (-[*e*]*s*; *Aufgänge*) ingres *m*; *nach oben*: salita *f*; *Treppe*: scala *der Sonne*: levare *m*, spuntare *m*

'aufgeben (*irr*, *sep*, -*ge*-, *h*, → ***gebe*** spedire; *Brief*: impostare; *Gepä* consegnare; *Bestellung*: fare; *Anno ce*: pubblicare; (*verzichten*) rinuncia a, rassegnarsi; (*schließen*) cessare

'aufgebracht ['-gəbraxt] furioso, rabbiato (***über*** *acc* di)

'aufgehen (*irr*, *sep*, -*ge*-, *sn*, → ***gehe*** alzarsi; (*sich öffnen*) aprirsi; *Naht*: s cirsi; *Sonne, Saat*: spuntare; *Re nung*: tornare

'aufgeklärt ['-gəklɛːrt] illumina

Wetter: schiarito
'aufgeregt ['-gəre:kt] eccitato
'aufgeschlossen aperto
'aufgreifen (*irr, sep, -ge-, h*, → **greifen**) acchiappare; *Gedanken*: riprendere, far proprio
auf'grund (*gen od* von) a causa di; (*dank*) in base a
'aufhalten (*irr, sep, -ge-, h*, → **halten**) tenere aperto; (*zurückhalten*) trattenere; ***sich*** ~ trattenersi, fermarsi
'aufhäng|en (*sep, -ge-, h*) appendere; **'2ung** *f* (-; *-en*) sospensioni *f/pl*
'aufheb|en *v/t* (*irr, sep, -ge-, h*, → **heben**) sollevare, alzare; (*aufbewahren*) custodire; *vom Boden*: raccogliere; *Tafel, Lager*: levare; *Vertrag*: annullare; *Sitzung*: sciogliere; stroncare; *jur* revocare; ***sich*** ~ compensarsi; ***gut aufgehoben*** in buona custodia, in buone mani; **'2ung** *f* (-; *-en*) abolizione *f*; annullamento *m*; scioglimento *m*
aufheiter|n ['-haɪtərn] (*sep, -ge-, h*) rasserenare; (*fröhlich stimmen*) rianimare; **'2ung** *f* (-; *-en*) ricreazione *f*; divertimento *m*; rasserenamento *m*
aufhören (*sep, -ge-, h*) finire; ~ ***zu ...*** smettere di ...
aufkaufen (*sep, -ge-, h*) incettare
Aufkäufer *m* (*-s*; -) incettatore *m*
aufklappen (*sep, -ge-, h*) aprire; ribaltare
aufklär|en (*sep, -ge-, h*) schiarire; spiegare; rischiarare; *j-n*: illuminare; ***sich*** ~ *Wetter*: rischiararsi; **'2ung** *f* (-; *senza pl*) schiarimento *m*; spiegazione *f*; ***sexuelle*** ~ educazione *f* sessuale
aufkleben (*sep, -ge-, h*) appiccicare; *Marken*: mettere
aufkommen *v/i* (*irr, sep, -ge-, sn*, → **kommen**) *Wind*: rialzarsi; *fig* prosperare, venire in voga; *Zweifel*: sorgere; *für et*: garantire qc
Aufkommen *n* (*-s*; -) *Steuer*: entrate *f/pl* effettive
Aufl. ***Auflage*** edizione; tiratura
Auflage *f* (-; *-n*) *tip* edizione *f*; tiratura *f*; (*Bedingung*) condizione *f*
auflassen (*irr, sep, -ge-, h*, → **lassen**) *Tür*: lasciare aperto; *Hut*: tenere
Auflauf *m* (-[*e*]*s*; *Aufläufe*) assembramento *m*; *mit Lärm*: tumulto *m*; (*Aufruhr*) sommossa *f*; *gastr* sformato *m*
auflegen (*sep, -ge-, h*) mettere; *tel* riattaccare il ricevitore; *Karten*: mettere in tavola; ***neu*** ~ *tip* ristampare
'auflehn|en (*sep, -ge-, h*) appoggiare; ***sich gegen et*** ~ ribellarsi contro qc; **'2ung** *f* (-; *-en*) ribellione *f*
'auflös|en (*sep, -ge-, h*) sciogliere; *Bestandteile*: scomporre; *mat* risolvere; *chim* decomporre; **'2ung** *f* (-; *-en*) scioglimento *m*; decomposizione *f*; *chim* soluzione *f*; risoluzione *f*
'aufmach|en (*sep, -ge-, h*) aprire; ***gut*** (***schlecht***) ***aufgemacht*** presentato bene (male); **'2ung** *f* (-; *-en*) *von Waren*: presentazione *f*; ***in großer*** ~ in grande
'aufmerksam attento; ***j-n*** ~ ***machen*** richiamare l'attenzione di qu (***auf et*** *acc* su qc); **'2keit** *f* (-; *-en*) attenzione *f*
'aufmuntern ['-muntərn] (*sep, -ge-, h*) animare
'Aufnahme ['-na:mə] *f* (-; *-n*) accoglienza *f*; (*Eintritt*) ingresso *m*; *Kredit*: contrazione *f* di un credito; *fot* foto *f*; *Schallplatte*: incisione *f*; *Film*: ripresa *f*; **'2fähig** ricettivo
'aufnehmen (*irr, sep, -ge-, h*, → **nehmen**) alzare; prendere; accogliere; *in e-n Verein*: ammettere; accettare; *fot* fotografare; *Kredit*: contrarre; *Inventar, Protokoll*: fare; registrare; *Flüssigkeit*: assorbire
'aufopfernd **1.** *adj* pieno d'abnegazione; **2.** *adv* con spirito di sacrificio
'aufpassen (*sep, -ge-, h*) stare attento
'Aufprall ['-pral] *m* (-[*e*]*s*; *-e*) rimbalzo *m*; urto *m*; **'2en** (*sep, -ge-, sn*) rimbalzare; urtare
'Aufpreis *m* (*-es*; *-e*) sovrapprezzo *m*
'aufpumpen (*sep, -ge-, h*) *Reifen*: gonfiare
'aufräumen (*sep, -ge-, h*) mettere in ordine; fare ordine, (*wegräumen*) sgombrare; ***mit et*** ~ farla finita con qc
'aufrecht diritto; **'~erhalten** (*irr, sep, senza -ge-, h*, → **erhalten**) mantenere
'aufreg|en (*sep, -ge-, h*) agitare; *Leidenschaft*: eccitare; ***sich*** ~ arrabbiarsi; **'~end** eccitante; emozionante; **'2ung** *f* (-; *-en*) agitazione *f*; eccitazione *f*
'aufreiben (*irr, sep, -ge-, h*, → **reiben**) scalfire; escoriare; scorticare; *fig* estenuare; **'~d** estenuante
'aufreizend provocante
'aufrichtig sincero; **'2keit** *f* (-; *senza pl*)

sincerità *f*

'Aufruf *m* (*-[e]s; -e*) proclama *m*; appello *m*; **'≈en** (*irr, sep, -ge-, h,* → ***rufen***) chiamare

'Aufruhr *m* (*-[e]s; -e*) tumulto *m*; (*Aufstand*) rivolta *f*

'aufrühr|en (*sep, -ge-, h*) rimestare; rivoltare; **'≈er** *m* (*-s; -*), **'~erisch** *adj* sedizioso; rivoltoso; ribelle

'aufrunden (*sep, -ge-, h*) arrotondare

'aufrüst|en (*sep, -ge-, h*) riarmare; **'≈ung** *f* (*-; -en*) *mil* riarmo *m*

'Aufsatz *m* (*-[e]s; Aufsätze*) tema *m*; saggio *m*

'aufschieben (*irr, sep, -ge-, h,* → ***schieben***) *fig* rimandare

'Aufschlag *m* (*-[e]s; Aufschläge*) colpo *m*; *econ* rialzo *m*; *mus, Sport*: battuta *f*; **'≈en** (*irr, sep, -ge-,* → ***schlagen***) **1.** *v/t* (*h*) *Bücher, Tür*: aprire; *econ Preise*: rincarare; **2.** *v/i* (*sn*) sbattere (***auf*** *acc* contro), cadere; (*h*) *econ* rincarare; *Sport*: servire, battere

'aufschließen (*irr, sep, -ge-, h,* → ***schließen***) aprire

'Aufschluss *m* (*-es; Aufschlüsse*) chiarimento *m*; informazione *f*; **'≈reich** istruttivo

'aufschneiden (*irr, sep, -ge-, h,* → ***schneiden***) tagliare; affettare

'Aufschnitt *m* (*-[e]s; senza pl*) *gastr* affettato *m*

'aufschnüren (*sep, -ge-, h*) slacciare

'aufschrauben (*sep, -ge-, h*) svitare

'Aufschrei *m* (*-[e]s; -e*) urlo *m*, grido *m*

'aufschreiben (*irr, sep, -ge-, h,* → ***schreiben***) scrivere; ***sich et*** (*dat*) **~** annotarsi qc

'Aufschrift *f* (*-; -en*) iscrizione *f*; *auf e-m Schild*: scritta *f*

'Aufschub *m* (*-[e]s; Aufschübe*) proroga *f*

'aufschütten (*sep, -ge-, h*) versare sopra; *Straße*: selciare; *Damm*: erigere

'Aufschwung *m* (*-[e]s; Aufschwünge*) sviluppo *m*, progresso *m*; ***neuen ~ verleihen*** dare nuovi impulsi

'Aufsehen *n* (*-s; senza pl*) sensazione *f*; ***~ erregen*** fare scalpore; ***~ erregend*** sensazionale; **'≈erregend** *adj* sensazionale

'aufsetzen *v/t* (*sep, -ge-, h*) mettere; *Schriftstück*: redigere, stendere

'Aufsetzen *n* (*e-s Schriftstückes*) stesura *f*

'Aufsicht *f* (*-; senza pl*) sorveglianza *f*; **'~srat** *m* consiglio *m* di sorveglianza

'aufspannen (*sep, -ge-, h*) *Schirm*: aprire; *Segel*: spiegare

'aufspielen (*sep, -ge-, h*) suonare; ***sich ~*** darsi delle arie

'Aufstand *m* (*-[e]s; Aufstände*) insurrezione *f*; rivolta *f*; sedizione *f*

'Aufständische ['-ʃtɛndiʃə] *m/f* (*-n; -n*) insorto *m*, -a *f*

'aufstehen (*irr, sep, -ge-, sn,* → ***stehen***) alzarsi; (*offen stehen, h*) star aperto

'aufsteigen (*irr, sep, -ge-, sn,* → ***steigen***) salire; ascendere; *avia* prendere quota; *fig* venire

'aufstell|en (*sep, -ge-, h*) collocare; *Truppen*: schierare; *Kandidaten*: presentare; *Rechnung*: fare, stendere; **'≈ung** *f* (*-; -en*) collocamento *m*; innalzamento *m*; schieramento *m*; formazione *f*, disposizione *f*; presentazione *f*; (*Liste*) tabella *f* riassuntiva

'Aufstieg ['-ʃtiːk] *m* (*-[e]s; -e*) ascensione *f*; salita *f*; *Berg*: scalata *f*; *fig* ascesa *f*; ***sozialer ~*** ascesa *f* sociale

'aufsuchen (*sep, -ge-, h*) ricercare; ***j-n*** far visita a qu; *regelmäßig*: frequentare; *Arzt*: consultare

'Auftakt *m* (*-[e]s; -e*) *mus* arsi *f*; *fig* preludio *m*; fase *f* iniziale; ***den ~ geben zu*** dare il via a

'auftanken (*sep, -ge-, h*) **1.** *v/i* fare il pieno; **2.** *v/t* rifornire di carburante

'aufteil|en (*sep, -ge-, h*) spartire, ripartire, dividere; **'≈ung** *f* (*-; -en*) spartizione *f*; divisione *f*

'Auftrag ['-trɑːk] *m* (*-[e]; Aufträge*) incarico *m*; *econ* ordinazione *f*, commissione *f*; ordine *m*; ***im ~*** per incarico; **'≈en** ['-gən] (*irr, sep, -ge-, h,* → ***tragen***) servire; ***j-m et ~*** incaricare qu di qc; **'~geber** *m* committente *m*; cliente *m*; *jur* mandante *m*; **'~sbestätigung** *f* conferma *f* d'incarico; **'≈sgemäß** ['-gəmɛːs] secondo gli ordini

'auftreten (*irr, sep, -ge-, sn,* → ***treten***) camminare; (*erscheinen*) presentarsi; *fig* procedere; *tea* prodursi, esibirsi

'Auftreten *n* (*-s; senza pl*) apparizione *f*; (*Benehmen*) condotta *f*

'Auftrieb *m* (*-[e]s; senza pl*) *fig* impulso *m*

'Auftritt *m* (*-[e]s; -e*) *tea* scena *f*

'auftun: ***sich ~*** (*irr, sep, -ge-, h,* → ***tun***) aprirsi
'aufwachen (*sep, -ge-, sn*) svegliarsi
'aufwachsen (*irr, sep, -ge-, sn,* → ***wachsen***) crescere
Aufwand *m* (-[*e*]*s*; *senza pl*) lusso *m*; spreco *m*; (*Kosten*) spese *f/pl*
aufwärts insù (*od* in su); *mar* (*strom~*) contro corrente
aufweisen (*irr, sep, -ge-, h,* → ***weisen***) presentare; (di)mostrare
aufwend|en (*sep, -ge-, h*) impiegare; *nutzlos*: sprecare; **'~ig** lussuoso; **'≈ungen** *f/pl* (*Ausgaben*) spese *f/pl*
aufwerfen (*irr, sep, -ge-, h,* → ***werfen***) *Frage*: sollevare
aufwert|en (*sep, -ge-, h*) rivalutare; **'≈ung** *f* (-; *-en*) rivalutazione *f*
aufwiegen (*irr, sep, -ge-, h,* → ***wiegen***) *fig* compensare; controbilanciare
aufwirbeln *v/t* (*sep, -ge-, h*) *Staub*: sollevare; alzare
aufwischen (*sep, -ge-, h*) asciugare
aufzähl|en (*sep, -ge-, h*) enumerare; **'≈ung** *f* (-; *-en*) enumerazione *f*
aufzeichn|en (*sep, -ge-, h*) notare; (*notieren*) appuntare; **'≈ungen** *f/pl* appunti *m/pl*, annotazioni *f/pl*
aufziehen (*irr, sep, -ge-, h,* → ***ziehen***) **1.** *v/t* (*h*) tirare su; *Segel*: spiegare; *Anker*: levare; issare; *Uhr*: caricare; **2.** *v/i* (*sn*) *Gewitter*: levarsi
Aufzucht *f* (-; *-en*) allevamento *m*
Aufzug *m* (-[*e*]*s*; *Aufzüge*) ascensore *m*; *für Lasten*: montacarichi *m*
Auge ['aʊgə] *n* (*-s*; *-n*) occhio *m* (*a bot*); *Spiel*: punto *m*; ***aus den ~n lassen*** perdere di vista; ***ins ~ sehen*** guardare in faccia; ***et im ~ haben*** mirare a qc; ***unter vier ~n*** a quattr'occhi
Augen|arzt ['aʊgənʔartst] *m*, **'~ärztin** *f* oculista *m/f*; **'~blick** *m* momento *m*, istante *m*; ***jeden ~*** da un momento all'altro; **'≈blicklich 1.** *adj* momentaneo; **2.** *adv* subito; **'≈fällig** evidente; **~lid** ['-liːt] *n* palpebra *f*; **'~maß** *n*: ***nach ~*** a occhio nudo; **'~merk** ['-mɛrk] *n* mira *f*; **'~schein** *m*: ***in ~ nehmen*** esaminare; **'≈'scheinlich** ['-'ʃaɪnlɪç] evidente; **'~zeuge** *m* testimone *m* oculare
Augsburg ['aʊksbʊrk] *n* Augusta *f*
Au'gust [aʊ'gʊst] *m* (-[*e*]*s*; *senza pl*) (*Monat*) agosto *m*
Auk'tion [aʊkts'joːn] *f* (-; *-en*) asta *f*
Au'pairmädchen [o'pɛːrmɛːtçən] *n* ragazza *f* alla pari
aus [aʊs] **1.** *prp* da; ***ich komme ~ Bonn*** vengo da Bonn; ***ich bin ~ Bonn*** sono di Bonn; *Stoff*: ***~ Leder*** di cuoio; *Grund*: ***~ Furcht*** per timore; *Art und Weise*: con; ***~ Leibeskräften*** con tutte le forze; ***~ Erfahrung*** per esperienza; ***was ist ~ ihm geworden?*** che ne è stato di lui?; **2.** *adv*; **~ sein** esser(e) terminato (*od* finito)
'ausarbeit|en ['-ʔarbaɪtən] (*sep, -ge-, h*) elaborare; **'≈ung** *f* (-; *-en*) elaborazione *f*; composizione *f*
'Ausbau *m* (-[*e*]*s*; *senza pl*) completamento *m* (d'un edificio); (*Erweiterung*) ampliamento *m*; potenziamento *m*; *fig* intensificazione *f*
'ausbauen (*sep, -ge-, h*) completare; (*erweitern*) ampliare; ingrandire; potenziare; (*entwickeln*) sviluppare; *Motor*: smontare; *fig* intensificare, allargare
'Ausbeute *f* (-; *senza pl*) provento *m*; *econ, min* frutto *m*, guadagno *m*, profitto *m*; *fig* risultato *m*
'ausbeut|en ['-bɔʏtən] (*sep, -ge-, h*) sfruttare; **'≈er** *m* (*-s*; -) sfruttatore *m*; **'≈ung** *f* (-; *senza pl*) sfruttamento *m*
'ausbild|en (*sep, -ge-, h*) formare; *mil* istruire; *fig* educare; ***sich ~*** perfezionarsi (***zu*** per diventare); **'≈er** *m* (*-s*; -) istruttore *m*; **'≈ung** *f* (-; *-en*) formazione *f* (professionale); *Schule*: istruzione *f*
'Ausblick *m* (-[*e*]*s*; *-e*) vista *f*; *fig* prospettiva *f*
'ausbreit|en ['-braɪtən] (*sep, -ge-, h*) (e)stendere; **'≈ung** *f* (-; *senza pl*) spargimento *m*; diffusione *f*; allargamento *m*
'Ausbruch *m* (-[*e*]*s*; *Ausbrüche*) scoppio *m*; *e-s Vulkans*: eruzione *f*; *med* comparsa *f*; *aus dem Gefängnis*: evasione *f*
'ausbürgern ['-byrgərn] (*sep, -ge-, h*) togliere la cittadinanza
'ausbürsten (*sep, -ge-, h*) spazzolare
'auschecken ['aʊsʃɛkən] (*sep, -ge-, h*) *avia* sbarcare; passare dall'accettazione; *Hotel*: liberare la camera
'Ausdauer *f* (-; *senza pl*) perseveranza *f*; costanza *f*; **'≈nd** perseverante; tena-

ce

'**ausdehn|en** (*sep*, *-ge-*, *h*) estendere; *zeitlich*: prolungare; '**≗ung** *f* (-; *-en*) estensione *f*; prolungamento *m*

'**ausdrehen** (*sep*, *-ge-*, *h*) *Licht*: spegnere

'**Ausdruck** *m* (-[*e*]*s*; *Ausdrücke*) espressione *f*; (*Wort*) termine *m*; *Computer*: stampato *m*, tabulato *m*; ***technischer ~*** termine *m* tecnico; ***zum ~ bringen*** (*acc*) esprimere (*acc*), dare espressione a

'**ausdrück|en** (*sep*, *-ge-*, *h*) spremere; *fig* (*durch Worte*) esprimere, formulare; '**~lich** ['-drykliç] **1.** *adj* espresso, esplicito; **2.** *adv* espressamente

'**ausei'nander** [-ʔaɪ'nandər] *adv* l'uno dall'altro; a parte; separatamente; → ***auseinandergehen***, ***auseinanderhalten*** *etc.*; **~gehen** *v/i* (*irr*, *sep*, *-ge-*, *sn* → ***gehen***) lasciarsi, separarsi; *Menge*: disperdersi; *Meinung*: divergere; **~halten** *v/t* (*irr*, *sep*, *-ge-*, *h* → ***halten***) *fig* distinguere; **~setzen** *v/t* (*sep*, *-ge-*, *h*) esporre, spiegare; ***sich ~ mit*** riflettere su, considerare a fondo; **≗setzung** *f* (-; *-en*) spiegazione *f*; ***heftige ~*** alterco *m*; *fig* disputa *f*

'**Ausfahrt** *f* (-; *-en*) gita *f* in macchina; *Autobahn*, *Garage*: uscita *f*

'**Ausfall** *m* (-[*e*]*s*; *Ausfälle*) *Haare*: caduta *f*; (*Verlust*) perdita *f*; *econ* ammanco *m*; deficit *m*; '**≗en** (*irr*, *sep*, *-ge-*, *sn*, → ***fallen***) cadere; (*gelingen*) riuscire; '**≗end** aggressivo; offensivo; '**~straße** *f* strada *f* di sbocco

'**ausfertig|en** ['-fɛrtigən] (*sep*, *-ge-*, *h*) redigere; rilasciare; *Urkunde*: stendere; '**≗ung** *f* (-; *-en*) stesura *f*

'**ausfindig**: ***~ machen*** riuscir a trovare

'**Ausflucht** *f* (-; *Ausflüchte*) scappatoia *f*; sotterfugio *m*; scusa *f*, pretesto *m*; ***Ausflüchte machen*** tergiversare

'**Ausflug** *m* (-[*e*]*s*; *Ausflüge*) gita *f*; escursione *f*

'**Ausfuhr** ['-fuːr] *f* (-; *-en*) esportazione *f*; '**~genehmigung** *f* licenza *f* d'esportazione

'**ausführen** (*sep*, *-ge-*, *h*) *econ* esportare; (*ins Werk setzen*) eseguire; *arch* costruire; *Verbrechen*: perpetrare; *Plan*: realizzare; *Redner*: dichiarare; esporre

aus'führlich [-'fyːrliç] **1.** *adj* dettagliato, particolareggiato; **2.** *adv* per esteso, ampiamente

'**Ausführung** *f* (-; *-en*) esecuzione *f*, realizzazione *f*; **~en** *pl* argomenti *m/pl*, dichiarazioni *f/pl*

'**Ausfuhr|verbot** *n* divieto *m* d'esportazione; '**~zoll** *m* dazio *m* d'esportazione

'**ausfüllen** (*sep*, *-ge-*, *h*) *a Formular*: riempire, compilare; *Platz*, *Zeit*: occupare

Ausg. ***Ausgabe*** edizione

'**Ausgabe** *f* (-; *-n*) spesa *f*; *post* distribuzione *f*; *econ* emissione *f*; *tip* edizione *f*; ***Einnahmen und Ausgaben*** entrate ed uscite

'**Ausgang** *m* (-[*e*]*s*; *Ausgänge*) uscita *f*; (*Ende*) fine *f*; (*Ergebnis*) esito *m*; risultato *m*

'**ausgeben** (*irr*, *sep*, *-ge-*, *h*, → ***geben***) distribuire; *Geld*: spendere; *Aktien*: emettere

'**ausgebucht** al completo

'**ausgefallen** stravagante

'**ausgeglichen** ['-gliçən] equilibrato, sereno

'**ausgehen** (*irr*, *sep*, *-ge-*, *sn*, → ***gehen***) uscire; *Farben*: andar via; *Licht*: spegnersi; *Haar*: cadere; (*zu Ende*) finire

'**ausgenommen** ['-nɔmən] eccetto, eccettuato, eccezion fatta per

'**ausgeprägt** ['-prɛkt] marcato

'**ausgerechnet** ['-rɛçnət] *adv* proprio

'**ausgeschlossen** escluso; ***~!*** impossibile!

'**ausgesprochen** spiccato; *adv* proprio

'**ausgesucht** scelto; ricercato

'**ausge'zeichnet** ['-'tsaɪçnət] eccellente; distinto; *adv* benissimo

'**ausgiebig** ['-giːbiç] abbondante; (*ergiebig*) ricco

'**ausgießen** (*irr*, *sep*, *-ge-*, *h*, → ***gießen***) versare; *Gefäß* vuotare

'**ausgrab|en** (*irr*, *sep*, *-ge-*, *h*, → ***graben***) dissotterrare; scavare; '**≗ungen** *f/pl* scavi *m/pl*

'**aushalten** (*irr*, *sep*, *-ge-*, *h*, → ***halten***) **1.** *v/t* sostenere; (*ertragen*) sopportare; resistere a; **2.** *v/i* durare, resistere; ***nicht zum Aushalten*** insopportabile

'**aushändigen** ['-hɛndigən] (*sep*, *-ge-*, *h*) consegnare

'**Aushang** *m* (-[*e*]*s*; *Aushänge*) avviso *m* pubblico

'aushängen **1.** *v/t* (*sep*, *-ge-*, *h*) esporre in pubblico; *fer* staccare; **2.** *v/i* (*irr*, *sep*, *-ge-*, *h* → **hängen**) essere esposto
'aushelfen (*irr*, *sep*, *-ge-*, *h*, → **helfen**) (*dat*) aiutare
'Aushilfe *f* (-; *-n*) aiuto *m*; sostituto *m*
'aushorchen (*sep*, *-ge-*, *h*) spiare, tastare, cercare di sapere
'auskennen: **sich ~** (*irr*, *sep*, *-ge-*, *h*, → **kennen**) **in et** (*dat*) intendersi di qc; conoscere bene (*od* a fondo) qc; **sich nicht mehr ~** non raccapezzarsi più
'auskleiden (*sep*, *-ge-*, *h*) svestire
'ausklingen (*irr*, *sep*, *-ge-*, *sn*, → **klingen**) smorzarsi; spegnersi
'auskommen (*irr*, *sep*, *-ge-*, *sn*, → **kommen**): **mit j-m ~** andare d'accordo con qu; **mit et ~** cavarsela con qc; arrivarci con qc, farcela con qc; **~ ohne** fare a meno di
'Auskommen *n* (*-s*; *senza pl*) necessario *m*
'auskosten (*sep*, *-ge-*, *h*) gustare; *fig* provare
'Auskunft ['-kunft] *f* (-; *Auskünfte*) informazione *f*; **~ erteilen** (**einholen**) dare (assumere) informazioni; **'~sschalter** *m* sportello *m* informazioni
Auslage *f* (-; *-n*) *für Waren*: vetrina *f*; *Geld*:; **~n** *pl* spese *f*/*pl*
'aus|lagern (*sep*, *-ge-*, *h*) *Produktion*: mettere in vendita (merce immagazzinata); **'2lagerung** *f* (-; *-en*) *Produktion*: outsourcing *m*, esternalizzazione *f*
Aus|land *n* (-[*e*]*s*; *senza pl*) estero *m*; **'~länder** *m* (*-s*; -), **'~länderin** *f* (-; *-nen*) straniero *m*, -a *f*; **'2ländisch** straniero; *pol* estero
Auslands|auftrag *m* ordine *m* proveniente dall'estero; **'~gespräch** *n* comunicazione *f* (*od telefonata f*) internazionale; **'~krankenschein** *m* formulario *m* per prestazioni sanitarie all'estero
auslassen (*irr*, *sep*, *-ge-*, *h*, → **lassen**) lasciar uscire; *fig Zorn*: sfogare; **sich ~** dire la propria opinione
auslaufen (*irr*, *sep*, *-ge-*, *sn*, → **laufen**) uscire; *mar* salpare; *Flüssigkeit*: scolare, fuoriuscire; (*enden*) finire; esaurirsi
ausleg|en (*sep*, *-ge-*, *h*) esporre; *Geld*: sborsare; *Buch*: spiegare; *Worte*: interpretare; *mit et*: rivestire di; **'2ung** *f* (-; *-en*) esposizione *f*; interpretazione *f*
'ausleihen (*irr*, *sep*, *-ge-*, *h*, → **leihen**) prestare, dare in prestito
'auslernen (*sep*, *-ge-*, *h*) terminare il tirocinio; finir d'imparare
'ausliefer|n (*sep*, *-ge-*, *h*) rimettere; consegnare; *pol* estradare; **'2ung** *f* (-; *-en*) consegna *f*; estradizione *f*
'auslosen (*sep*, *-ge-*, *h*) sorteggiare, estrarre a sorte
'auslös|en (*sep*, *-ge-*, *h*) svincolare; *Gefangene*: riscattare; *fig* causare; provocare; **'2er** *m* (*-s*; -) *fot* scatto *m*
'Auslosung *f* (-; *-en*) sorteggio *m*; estrazione *f*
'Auslösung *f* (-; *-en*) *Gefangene*: riscatto *m*; *fig* causa *f*
'ausmachen (*sep*, *-ge-*, *h*) fare; (*verabreden*) fissare, combinare; *Licht*: spegnere; *Betrag*: ammontare a; **das macht nicht viel aus** non importa molto
'Ausmaß *n* (*-es*; *-e*) misura *f*, proporzione *f*; dimensione *f*; **in großem ~** su larga (*od* vasta) scala
'ausmerzen ['-mɛrtsən] (*sep*, *-ge-*, *h*) scartare, eliminare, escludere; (*streichen*) cancellare
'ausmessen (*irr*, *sep*, *-ge-*, *h*, → **messen**) misurare
'Ausnahme ['-naːmə] *f* (-; *-en*) eccezione *f*; **mit ~** ad eccezione di; **'~fall** *m* caso *m* eccezionale; **'~zustand** *m* stato *m* eccezionale; *mil* stato *m* d'assedio
'ausnahms|los ['-naːmsloːs] senza eccezione; **'~weise** ['-vaɪzə] in via eccezionale, eccezionalmente
'ausnehmen (*irr*, *sep*, *-ge-*, *h*, → **nehmen**) eccettuare; sventrare; **sich gut** (**schlecht**) **~** fare bella (brutta) figura; **'~d** straordinario; molto
'ausnutz|en ['-nutsən] (*sep*, *-ge-*, *h*) approfittarsi di; sfruttare; *Zeit*: impiegare; **'2ung** *f* sfruttamento *m*
'auspacken (*sep*, *-ge-*, *h*) **1.** *v/t* sballare; *Koffer*: disfare; **2.** F *v/i* (*alles sagen*) vuotare il sacco
'ausprägen (*sep*, *-ge-*, *h*) coniare; *fig* imprimere; **sich ~** *fig* pronunciarsi
'auspressen (*sep*, *-ge-*, *h*) spremere; *fig* estorcere
'Auspuff *m* (-[*e*]*s*; *-e*) scarico *m*; scappamento *m*; **'~gas** *n* gas *m* di scarico

'**auspumpen** (*sep*, *-ge-*, *h*) vuotare con la pompa
'**ausquartieren** ['-kvarti:rən] (*sep*, *senza -ge-*, *h*) sloggiare
'**ausradieren** (*sep*, *senza -ge-*, *h*) raschiare, radiare; *mit Gummi*: cancellare con la gomma
'**ausrauben** (*sep*, *-ge-*, *h*) saccheggiare, rapinare; *Person*: derubare
'**ausrechnen** (*sep*, *-ge-*, *h*) calcolare; computare; → ***ausgerechnet***
'**ausreden** (*sep*, *-ge-*, *h*) finire di parlare; ***j-m et ~*** dissuadere qu da qc
'**ausreichen** (*sep*, *-ge-*, *h*) bastare; '**~d** abbastanza, sufficiente
'**Ausreise** *f* (-; *-n*) uscita *f*; ***bei der ~*** al passaggio del confine; '**~erlaubnis** *f* permesso *m* d'espatrio; '**2n** (*sep*, *-ge-*, *sn*) andare all'estero; espatriare; partire, uscire; emigrare; '**~visum** *n* visto *m* di uscita
'**ausrichten** (*sep*, *-ge-*, *h*) allestire, effettuare; *pol* orientare; *tec*, *mil* allineare; *Grüße*: portare, fare
'**Ausruf** *m* (-[*e*]*s*; *-e*) esclamazione *f*; grido *m*; proclamazione *f*; '**2en** (*irr*, *sep*, *-ge-*, *h*, → ***rufen***) esclamare; '**~ezeichen** *n* (*-s*; -) punto *m* esclamativo
'**ausruhen** (*sep*, *-ge-*, *h*) riposare; ***sich ~*** riposarsi
'**ausrüst|en** (*sep*, *-ge-*, *h*) fornire, provvedere (***mit*** di); *mil*, *mar* armare; equipaggiare; '**2ung** *f* (-; *-en*) *mil*, *mar* armamento *m*; equipaggiamento *m*
'**ausrutschen** (*sep*, *-ge-*, *h*) scivolare
'**Aussage** ['-za:gə] *f* (-; *-n*) dichiarazione *f*; *jur* deposizione *f*; ***nach ~*** a detta; '**2n** (*sep*, *-ge-*, *h*) riferire; *jur* deporre
'**ausschalten** (*sep*, *-ge-*, *h*) *j-n*: eliminare; *el* interrompere; aprire il circuito; *rad* spegnere
'**ausscheid|en** (*irr*, *sep*, *-ge-*, → ***scheiden***) **1.** *v/t* (*h*) separare; *med* secernere; *Sport*, *mat* eliminare; **2.** *v/i* (*sn*) uscire; ritirarsi; ***das scheidet für uns aus*** di ciò non teniamo conto; '**2ung** *f* (-; *-en*) ritiro *m*; eliminazione *f*; *med* secrezione *f*
'**ausschiffen** (*sep*, *-ge-*, *h*) sbarcare; *Waren*: scaricare; ***sich ~*** sbarcare
ausschl. ***ausschließlich*** esclusivo; esclusivamente
'**ausschlafen** (*irr*, *sep*, *-ge-*, *h*, → ***schlafen***) **1.** *v/t Rausch*: smaltire; **2.** *v/i* far una bella dormita, dormire a sufficienza
'**Ausschlag** *m* (-[*e*]*s*; *Ausschläge*) tracollo *m*; *med* eruzione *f* cutanea; ***den ~ geben*** essere decisivo; dare il colpo decisivo; '**2en** (*irr*, *sep*, *-ge-*, *h*, → ***schlagen***) **1.** *v/t* rompere; *Angebot*: respingere; **2.** *v/i Pferd*: tirar calci; *Zeiger*: oscillare; '**2gebend** ['-ge:bənt] decisivo; *Person*: molto influente
'**ausschließ|en** (*irr*, *sep*, *-ge-*, *h*, → ***schließen***) chiuder fuori; *fig* escludere; *Sport*: squalificare; '**~lich** esclusivo
'**Ausschluss** *m* (*-es*; *Ausschlüsse*) esclusione *f*; squalifica *f*; ***unter ~ der Öffentlichkeit*** a porte chiuse
'**ausschneiden** (*irr*, *sep*, *-ge-*, *h*, → ***schneiden***) ritagliare
'**Ausschnitt** *m* (-[*e*]*s*; *-e*) *Kleidung*: scollatura *f*; (*Zeitungs2*) ritaglio *m*; *mat*, *fig* settore *m*
'**ausschreib|en** (*irr*, *sep*, *-ge-*, *h*, → ***schreiben***) scrivere per intero; *Sitzung*: indire; *Wettbewerb*: bandire *Preis*, *Stelle*: mettere a concorso '**2ung** *f* (-; *-en*) messa *f* a concorso bando *m*; indizione *f*; invito *m* alla partecipazione
'**Ausschreitungen** *f/pl* eccessi *m/pl*
'**Ausschuss** *m* (*-es*; *Ausschüsse*) scarto *m*; (*Komitee*) comitato *m*, commissione *f*
'**ausschweif|end** ['-ʃvaɪfənt] licenzioso, dissoluto, libertino; *Fantasie*: esuberante; '**2ungen** *f/pl* eccessi *m/pl*; libertinaggio *m*; dissolutezza *f*; stravizi *m*
'**aussehen** (*irr*, *sep*, *-ge-*, *h*, → ***sehen***) aver l'aria; sembrare; ***gut ~*** (*von Personen*) avere una buona cera
'**Aussehen** *n* (*-s*; *senza pl*) aria *f*; aspetto *m*; apparenza *f*
'**außen** ['aʊsən] fuori
'**Außen|bordmotor** ['aʊsənbɔrt'mo:tɔr] *m* (motore) fuoribordo *m*; '**~dienst** *m* servizio *m* esterno; '**~handel** *m* commercio *m* estero; '**~handelsdefizit** *n* disavanzo *m* commerciale con l'estero; disavanzo *m* della bilancia commerciale; '**~handelsüberschuss** *m* saldo *m* attivo della bilancia commerciale; '**~minister** *m* ministro *m* degli Esteri; '**~politik** *f* politic

f estera; **'~seiter** *m* (*-s*; -) emarginato *m*; *Sport*: outsider *m*; **'~stände** ['ausənʃtɛndə] *m/pl* crediti *m/pl*; **'~stelle** *f* agenzia *f*

außer ['ausər] **1.** *prp* (*dat*) fuori (di); (*ausgenommen*) eccettuato, tranne, eccetto, salvo; **2.** *cj* **~ dass** fuorché; **~ wenn** a meno che

außerdem ['ausərde:m] inoltre

äußere ['ɔysərə] *adj* esterno, esteriore

Äußere *n* (*-n*; *senza pl*) esteriore *m*; *fig* apparenza *f*

außer|gewöhnlich ['ɔysərgəvø:nliç] straordinario; **'~halb** ['ausərhalp] (al di) fuori di

äußerlich ['ɔysərliç] esteriore; *fig* superficiale; *med* per uso esterno

äußern ['ɔysərn] (*h*) esternare; manifestare; *Wunsch*: esprimere

äußerst ['ɔysərst] *adj* estremo; *Preis*: ultimo; *adv* estremamente; assai

ußer'stande [ausər'ʃtandə] incapace; **~ sein zu ...** non essere in grado di ...

Äußerste *n* (*-n*; *senza pl*) estremo *m*; **das ~ tun** fare il possibile

Äußerung ['ɔysəruŋ] *f* (-; *-en*) dichiarazione *f*; manifestazione *f*; espressione *f*

ussetzen (*sep*, *-ge-*, *h*) **1.** *v/t* esporre; *Preis*: mettere in palio; *Summe*: stanziare; *fig* **et an et** (*od* **j-m**) **auszusetzen haben** trovar da ridire su qc (*od* qu); **2.** *v/i* interrompersi; *Puls*: essere intermittente

ussicht *f* (-; *-en*) vista *f*; panorama *m*; *fig* speranza *f*, prospettiva *f*; **in ~ stellen** promettere

ussichts|los ['ausziçtslo:s] disperato; **'≈punkt** *m* belvedere *m*

ussperr|en (*sep*, *-ge-*, *h*) chiuder fuori; *Arbeiter*: effettuare la serrata; **'≈ung** *f* (-; *-en*) serrata *f*

ussprache *f* (-; *-en*) pronuncia *f*; (*Gespräch*) scambio *m* di vedute

ussprechen (*irr*, *sep*, *-ge-*, *h* → **sprechen**) pronunciare, esprimere; **sich ~ für** dichiararsi per, pronunciarsi a favore di

usspülen (*sep*, *-ge-*, *h*) sciacquare

usstand *m* (-[*e*]*s*; *Ausstände*) (*Streik*) sciopero *m*; **in den ~ treten** entrare in sciopero

usstatt|en ['-ʃtatən] (*sep*, *-ge-*, *h*) corredare; *Haus*: arredare; *tec* attrezzare; *fig* dotare; **'≈ung** ['-ʃtatuŋ] *f* (-; *-en*) equipaggiamento *m*; corredo *m*; arredamento *m*; dotazione *f*

'ausstehen (*irr*, *sep*, *-ge-*, *h*, → **stehen**) **1.** *v/t* sopportare, soffrire; **2.** *v/i* essere esposto; **~de Gelder** *n/pl* crediti *m/pl*

'aussteig|en (*irr*, *sep*, *-ge-*, *sn*, → **steigen**) scendere; *aus e-m Geschäft*: uscire, abbandonare; **'≈er** *m* (*-s*; -), **'≈erin** *f* (-; *-nen*) persona *f* che ha rotto i ponti con la società; drop-out *m/f*

'ausstell|en (*sep*, *-ge-*, *h*) esporre; *Scheck*: emettere; **'≈er** *m* (*-s*; -) espositore *m*; *von Scheck*: emittente *m*; *econ* estensore *m*; **'≈ung** *f* (-; *-en*) esposizione *f*; mostra *f*; rilascio *m*; **'≈ungsgelände** *n* area *f* dell'esposizione

'Ausstieg ['ausʃti:k] *m* (*-s*; *-e*) *ecol aus der Kernenergie*: abbandono *m* dell'energia nucleare

'Ausstoß ['-ʃto:s] *m* (*-es*; *senza pl*) (volume *m* di) produzione *f*; *tec* espulsione *f*; **'≈en** (*irr*, *sep*, *-ge-*, *h*, → **stoßen**) cacciare; *j-n*: espellere

'ausstrahl|en (*sep*, *-ge-*, *h*) emanare; irradiare; *Licht*, *Wärme*: diffondere; **'≈ung** *f* (-; *-en*) irradiazione *f*; diffusione *f*; *fig* emanazione *f*

'aussuchen (*sep*, *-ge-*, *h*) scegliere

'Austausch *m* (-[*e*]*s*; *senza pl*) cambio *m* (**im ... für** in ... di); *Waren*, *Gedanken*, *Gefangene*: scambio *m*; **'≈bar** (s)cambiabile; sostituibile; **'≈en** (*sep*, *-ge-*, *h*) (s)cambiare

'austrag|en ['-tra:gən] (*irr*, *sep*, *-ge-*, *h*, → **tragen**) portare ai clienti; *Post*: consegnare, distribuire; *Sport*: disputare; **'≈ung** *f* (-; *-en*) consegna *f*; *Sport*: disputa *f*

Australien [aus'tra:ljən] *n* Australia *f*

Aus'tr|aller *m* (*-s*; -), **~'alierin** *f* (-; *-nen*), **≈'alisch** australiano *m*, -a *f*

'austreten *v/i* (*irr*, *sep*, *-ge-*, *sn*, → **treten**) uscire; *aus e-m Amt*: ritirarsi; (*Toilette*) andare al gabinetto

'austrinken (*irr*, *sep*, *-ge-*, *h*, → **trinken**) bere tutto; vuotare (il bicchiere, la bottiglia *usw*)

'Austritt *m* (-[*e*]*s*; *-e*) uscita *f*; ritiro *m*

'ausüb|en (*sep*, *-ge-*, *h*) esercitare; praticare; **'≈ung** *f* (-; *senza pl*) esercizio *m*

'Ausverkauf *m* (-[*e*]*s*; *Ausverkäufe*) saldi *m/pl* di fine stagione; liquidazio-

ne *f*; vendita *f* totale; vendita *f* eccezionale; '**2en** (*sep*, *senza -ge-*, *h*) vendere tutto, liquidare; ***ausverkauft sein*** essere esaurito
'**Auswahl** *f* (-; *senza pl*) scelta *f*; *econ* assortimento *m*; '**~spiel** *n* gara *f* di selezione
'**auswählen** (*sep*, *-ge-*, *h*) scegliere; selezionare
'**auswärts** ['-vɛrts] fuori; (*nach außen*) in fuori; (*im Ausland*) all'estero
'**auswechseln** (*sep*, *-ge-*, *h*) cambiare; sostituire; *tec* ricambiare
'**Ausweg** *m* (-[e]*s*; *-e*) uscita *f*; *fig* scappatoia *f*; '**2los** *fig* senza speranza
'**ausweichen** (*irr*, *sep*, *-ge-*, *sn*, → ***weichen***): ***j-m ~*** scansare qu; *Auto*: sterzare; '**~d** evasivo
'**Ausweis** ['-vaɪs] *m* (*-es*; *-e*) carta *f* d'identità, tessera *f* di riconoscimento; legittimazione *f*
'**ausweis|en** (*irr*, *sep*, *-ge-*, *h* → ***weisen***) *aus e-m Ort*: espellere; ***sich ~*** legittimarsi; '**2papiere** *n/pl* documenti *m/pl*
'**ausweiten** (*sep*, *-ge-*, *h*) allargare
'**auswendig** a memoria
'**auswert|en** (*sep*, *-ge-*, *h*) valorizzare; *Daten*: analizzare; '**2ung** *f* (-; *-en*) valorizzazione *f*; analisi *f*
'**auswirk|en**: ***sich ~*** (*sep*, *-ge-*, *h*) ripercuotersi, produrre i suoi effetti; '**2ung** *f* (-; *-en*) effetto *m*; ripercussione *f*
'**auszahl|en** (*sep*, *-ge-*, *h*) pagare; liquidare; '**2ung** *f* (-; *-en*) pagamento *m*
'**auszeichn|en** (*sep*, *-ge-*, *h*) contrassegnare; *j-n*: distinguere; trattare con speciale attenzione; ***sich ~*** distinguersi; '**2ung** *f* (-; *-en*) contrassegno *m*; distinzione *f*; (*Orden*) onorificenza *f*
'**ausziehen** (*irr*, *sep*, *-ge-*, → ***ziehen***) **1.** *v/t* (*h*) estrarre; *Kleidung*: togliere; ***sich ~*** spogliarsi; **2.** *v/i* andar via; (*umziehen*) traslocare; sgomberare
'**Auszubildende** ['-tsuːbɪldəndə] *m/f* (*-n*; *-n*) apprendista *m/f*
'**Auszug** *m* (-[e]*s*; *Auszüge*) (*Umzug*) trasloco *m*; sgombero *m*; *chim* estratt *m*
au'thentisch [aʊ'tɛntiʃ] autentico
'**Auto** ['aʊto] *n* (*-s*; *-s*) auto *f*, automobile *f*, macchina *f*; ***~ fahren*** andare i macchina
'**Autobahn** *f* (-; *-en*) autostrada *f*; '**~auffahrt** *f* (raccordo *m* di) entrata ; '**~ausfahrt** *f* (raccordo *m* di) uscita ; '**~dreieck** *n* svincolo *m* autostradale '**~gebühr** *f* pedaggio *m* (autostradale
'**Auto|fähre** *f* nave *f* traghetto; '**~fahrer(in)** *m*(*f*) automobilista *m/* **~'gramm** [-'gram] *n* (*-s*; *-e*) autogra *m*; '**~karte** *f* carta *f* per automobilis
Auto'mat [-'maːt] *m* (*-en*; *-en*) distribu tore *m* automatico; **~ik** [-'maːtik] *f* (*tec -en*) automatismo *m*; (*Steuerung* comando *m* automatico; '**~io** [-mats'joːn] *f* automazione *f*; **2isc** automatico; *adv* automaticamente
Automo'bilklub [-mo'biːlklup] automobil club *m*
auto'nom [-'noːm] autonomo
'**Autor** ['aʊtɔr] *m* (*-s*; *-en*) autore *m*
'**Auto|radio** *n* autoradio *f*; '**~reifen** pneumatico *m*; '**~reisezug** *m* tren *m* con auto al seguito; '**~rennen** *n* co sa *f* automobilistica; '**~reparaturwerkstatt** *f* officina *f* di riparazioni
Au'tor|in [aʊ'toːrin] *f* (-; *-nen*) autrice **2i'sieren** (*senza ge-*, *h*) autorizzar **2i'tär** autoritario; **~i'tät** *f* (-; *-en*) aut rità *f*
'**Auto|schlüssel** *m* chiave *f* della ma china; '**~vermietung** *f* noleggio automobili; '**~waschanlage** *f* impia to *m* di lavaggio; '**~werkstatt** *f* (-; *A towerkstätte*) autofficina *f*
A'vis [a'viː(s)] *n* (*-es*; *-e*) avviso *m*; **2'**~~**ren** [-'ziːrən] (*senza ge-*, *h*) avvisare
Axt [akst] *f* (-; *Äxte*) accetta *f*, ascia
Aza'lee [atsa'leːə] *f* (-; *-n*) azalea *f*
Azoren [a'tsoːrən] *pl* Azzorre *f/pl*
A'zubi [a'tsuːbi] *m* (*-s*; *-s*), *f* (-; *-s*) ***Auszubildende***) apprendista *m/f*

B

b. ***bei*** presso

B ***Bundesstraße*** strada statale (*abbr* S.S.)

'**Baby** ['bebi] *n* (*-s*; *-s*) bebè *m*; **~'nahrung** *f* alimenti *m/pl* per neonati; **~'sitter** [-'sitər] *m*, **-in** *f* baby-sitter *m/f*

Bach [bax] *m* (*-[e]s*; *⸗e*) ruscello *m*

'**Backbord** *mar* ['bakbɔrt] *n* (*-[e]s*; *senza pl*) babordo *m*

'**Backe** ['bakə] *f* (*-*; *-n*) guancia *f*

'**backen** ['bakən] (*bäckt*, *backte/buk*, *gebacken*, *h*) cuocere al forno; *in Öl*: friggere

Bäcker ['bɛkər] *m* (*-s*; *-*) fornaio *m*; panettiere *m*; **~ei** [-'raɪ] *f* (*-*; *-en*) panetteria *f*, panificio *m*, forno *m*

Backstein ['bakʃtaɪn] *m* mattone *m*

Bad [baːt] *n* (*-[e]s*; *⸗er*) bagno *m* (*a fot*); *Ort*: stazione *f* balneare (*od* termale)

Bade... ['baːdə...] *in Zssgn oft* da bagno; '**~anstalt** *f* stabilimento *m* balneare; piscina *f*; '**~anzug** *m* costume *m* da bagno; '**~gast** *m* bagnante *m*; '**~hose** *f* calzoncini *m/pl* da bagno; '**~kappe** *f* cuffia *f* da bagno; '**~mantel** *m* accappatoio *m*; '**~meister** *m* bagnino *m*

'**baden** ['baːdən] (*h*) **1.** *v/t* fare il bagno (***j-n*** a qu); **2.** *v/i u v/refl* fare il bagno

Baden-Württemberg ['baːdən 'vyrtəmbɛrk] *n* Baden-Württemberg *m*

'**Bade|ort** ['baːdəˀɔrt] *m* località *f* balneare; stazione *f* termale; '**~sachen** *pl* cose *f/pl* per la spiaggia (*od* per il bagno); '**~tuch** *n* asciugamano *m* da bagno; '**~urlaub** *m* vacanza *f* al mare; '**~wanne** *f* vasca *f* da bagno; '**~zimmer** *n* bagno *m*

BaFöG ***Bundesausbildungsförderungsgesetz*** legge federale per la promozione dell'istruzione (secondaria superiore)

'**Bagger** ['bagər] *m* (*-s*; *-*) ruspa *f*

Bahn [baːn] *f* (*-*; *-en*) (*Straße*) strada *f*, via *f*; (*Fahr*⁓) carreggiata *f*; corsia *f*; *fer* ferrovia *f*; (*Straßen*⁓) tram *m*; *Sport*: pista *f*; *econ* ***frei ~*** franco stazione; ***mit der ~*** in treno

'**Bahn|anschluss** *m* collegamento *m* ferroviario; coincidenza *f*; '**~beamte** *m* impiegato *m* delle ferrovie; ferroviere *m*; '**⁓brechend** ['-brɛçənt] precursore; decisivo; d'avanguardia; '**~damm** *m* terrapieno *m* della ferrovia

'**bahnen** (*h*) (*Wege*) spianare; aprire; ***sich e-n Weg ~*** farsi strada

'**Bahn|fahrt** *f* viaggio *m* in treno; '**~hof** *m* stazione *f*; '**⁓lagernd** fermo in stazione; '**~linie** *f* linea *f* ferroviaria; '**~polizei** *f* polizia *f* ferroviaria; '**~steig** *m* banchina *f*, marciapiede *m*; '**~übergang** *m* passaggio *m* a livello (***beschrankter*** custodito; ***unbeschrankter*** incustodito)

'**Bahre** ['baːrə] *f* (*-*; *-n*) barella *f*; bara *f*

Bak'terie [bak'teːrjə] *f* (*-*; *-n*) batterio *m*

bald [balt] presto; fra poco (*od* breve); ***~ darauf*** subito dopo; ***so ~ wie möglich*** il (*od* al) più presto possibile

'**bald|ig** ['baldiç] pronto, sollecito, prossimo; '**~igst** ['-diçst], '**~'möglichst** il (*od* al) più presto possibile

Balearen [bale'aːrən] *pl* Baleari *f/pl*

Balkan ['balkaːn] *m* Balcani *m/pl*

'**Balken** ['balkən] *m* (*-s*; *-*) trave *f*

Bal'kon [bal'kõ; -'koːn] *m* (*-s*; *-e*) balcone *m*

Ball [bal] *m* (*-[e]s*; *⸗e*) palla *f*; (*Fuß*⁓) pallone *m*; (*Tanz*) ballo *m*

Bal'last [-'last] *m* (*-[e]s*; *senza pl*) zavorra *f*

'**ballen** ['-lən] (*h*) appallottolare; ***sich ~*** addensarsi; ammassarsi

'**Ballen** ['-lən] *m* (*-s*; *-*) balla *f*; *anat* eminenza *f*

Bal'lett [ba'lɛt] *n* (*-[e]s*; *-e*) balletto *m*

Bal'lon [ba'lõ; -'loːn] *m* (*-s*; *-e*) pallone *m*; (*Glas*⁓) damigiana *f*

'**Ballspiel** *n* gioco *m* con la palla (*od* con il pallone)

'**Ballungsräume** ['baluŋsrɔʏmə] *m/pl* agglomerati *m/pl* urbani

ba'nal [ba'naːl] banale; **⁓i'tät** *f* (*-*; *-en*) banalità *f*

Ba'nane [ba'naːnə] *f* (*-*; *-n*) banana *f*

Band[1] [bant] *n* (*-[e]s*; *⸗er*) nastro *m*;

B

(*Schnür*⁓) laccio *m*; ***laufendes ~*** nastro *m* trasportatore; ***am laufenden ~*** *fig* ininterrottamente

Band[2] [bant] *m* (-[*e*]*s*; ⁼*e*) volume *m*; (*Einband*) rilegatura *f*

Ban'dag|e [ban'da:ʒə] *f* (-; -*n*) fasciatura *f*; **⁓'ieren** (*senza ge-*, *h*) bendare

'bändigen ['bɛndigən] (*h*) domare

Ban'dit [ban'di:t] *m* (-*en*; -*en*) bandito *m*

'Band|maß ['bantma:s] *n* metro *m* a nastro; **'~nudeln** *f/pl* tagliatelle *f/pl*; **'~scheibenvorfall** *m med* ernia *f* del disco

Bank[1] [baŋk] *f* (-; ⁼*e*) panca *f*; (*Garten*⁓) panchina *f*; ***auf die lange ~ schieben*** tirar in lungo

Bank[2] (*pl* -*en*) *econ* banca *f*; (*Spiel*⁓) casa *f* da gioco; **'~anweisung** *f* assegno *m* bancario; **'~beamte** *m* bancario *m*; impiegato *m* di banca

Ban'kett [baŋ'kɛt] *n* (-[*e*]*s*; -*e*) banchetto *m*

'bank|fähig ['baŋkfɛ:iç] negoziabile, bancabile; **'⁓filiale** *f* succursale *f* di banca; **'⁓geschäft** *n* operazione *f* bancaria; **'⁓ier** ['-je:] *m* (-*s*; -*s*) banchiere *m*; **'⁓konto** *n* conto *m* bancario; **'⁓leitzahl** *f* (*od BLZ*) *codice m di avviamento bancario*; **'⁓note** *f* banconota *f*; **~'rott** fallito; **⁓'rott** *m* (-[*e*]*s*; -*e*) bancarotta *f*; fallimento *m*; **'⁓safe** ['-se:f] *m* cassaforte *f*; cassetta *f* di sicurezza; **'⁓verbindung** *f* conto *m* bancario

'Banner ['banər] *n* (-*s*; -) vessillo *m*

bar [ba:r] *adj* privo; *econ* in contanti, a pronta cassa; ***~es Geld*** (denaro) contante; *fig* ***für ~e Münze nehmen*** prendere per oro colato

Bar [ba:r] *f* (-; -*s*) bar *m*

Bär [bɛ:r] *m* (-*en*; -*en*) orso *m*; *astr* ***der Große*** (***Kleine***) ***~*** l'orsa maggiore (minore)

Ba'racke [ba'rakə] *f* (-; -*n*) baracca *f*; catapecchia *f*

Bar'bar [bar'ba:r] *m* (-*en*; -*en*) barbaro *m*; **⁓isch** [-riʃ] barbaro

'barfuß ['ba:rfu:s] scalzo

'Bargeld ['ba:rgɛlt] *n* denaro *m* contante (*od* in contanti); **'~automat** *m* cassa *f* automatica prelievi; **'⁓los** per assegno; scritturale; **'~umstellung** *f* (-; -*en*) *EU* conversione *f* alla moneta (fiduciaria)

'Bariton *mus* ['ba:ritɔn] *m* (-*s*; -*e*) baritono *m*

Bar'kasse *mar* [-'kasə] *f* (-; -*n*) barcone *m*

ba'rock [ba'rɔk], **Ba'rock** *n*, *m* (-*s*; *senza pl*) barocco *m*

Ba'rockstil *m* stile *m* barocco

Baro'meter [baro'me:tər] *n* (-*s*; -) barometro *m*

Ba'ron [ba'ro:n] *m* (-*s*; -*e*) barone *m*; **~in** *f* (-; -*nen*) baronessa *f*

'Barren ['barən] *m* (-*s*; -) sbarra *f*; (*Metall*⁓) lingotto *m*; *Gold, Silber*: verga

Bar'riere [-r'jɛ:rə] *f* (-; -*n*) barriera *f*

Barri'kade [-ri'ka:də] *f* (-; -*n*) barricata *f*

'Barscheck *m* assegno *m* circolare

Bart [ba:rt] *m* (-[*e*]*s*; ⁼*e*) barba *f*

'bärtig ['bɛ:rtiç] barbuto

'bartlos ['ba:rtlo:s] imberbe

'Barzahlung ['ba:rtsa:luŋ] *f* pagamento *m* in contanti; **'~spreis** *m* prezzo *m* in contanti

Basel ['ba:zəl] *n* Basilea *f*

ba'sieren [ba'zi:rən] (*v/i*) (*senza* -*ge*, *h*) basare, basarsi (***auf*** *dat* su)

'Basis ['ba:zis] *f* (-; *Basen*) base *f*

'Baskenmütze ['baskənmytsə] *f* berretto *m* basco

'Basketball *m Spiel* pallacanestro *f*; *Ball* pallone *m* da pallacanestro

Bass *mus* [bas] *m* (-*es*; ⁼*e*) basso *m*

Bas'sin [ba'sɛ̃] *n* (-*s*; -*s*) bacino *m*; (*Schwimm*⁓) piscina *f*

'basteln ['bastəln] (*h*) fare bricolage

Batte'rie [batə'ri:] *f* (-; -*n*) batteria *f*, *a* pila *f*

Bau [bau] *m* (-[*e*]*s*; -*ten*) costruzione *f*; *das Gebäude*: edificio *m*

'Bau|arbeiten *f/pl* lavori *m/pl* edili; ***Achtung ~*** attenzione, lavori in corso; **'~arbeiter** *m* operaio *m* edile

Bauch [baux] *m* (-[*e*]*s*; *Be*) ventre *m*; pancia *f*; *anat* addome *m*; ***e-n ~ bekommen*** mettere su pancia; **'~binde** *f* panciera *f*

'bauchig ['bauxiç] panciuto

'Bauchschmerzen *m/pl* dolori *m/pl* di ventre, mal *m* di pancia

'Baudenkmal ['baudɛŋkma:l] *n* monumento *m*

'bauen ['bauən] (*h*) **1.** *v/t* costruire; *a* coltivare; **2.** *v/i*: ***auf j-n ~*** contare su qu

'Bauer ['bauər] *m* (-*n*; -*n*) contadino *m*

agricoltore *m*, coltivatore *m* diretto; *Schach*: pedone *m*
'Bäuer|in ['bɔʏərin] *f* (-; *-nen*) contadina *f*; **'2lich** contadinesco; rustico
Bauern|hof *m* fattoria *f*, masseria *f*; **'2schlau** furbo, scaltro
bau|fällig cadente; **~ sein** essere pericolante; **'2gelände** *n* terreno *m* fabbricabile; **'2genehmigung** *f* permesso *m* di costruzione; **'2gewerbe** *n* edilizia *f*; **'2herr** *m* committente *m* della costruzione; **'2industrie** *f* industria *f* edile; **'2jahr** *n* anno *m* di costruzione; **'2kosten** *pl* spese *f/pl* di costruzione
baulich ['-liç] edilizio
Baum [baʊm] *m* (-[*e*]*s*; *Bäume*) albero *m*
Baumarkt *m* grande superficie *f* di vendita di edilizia, bricolage e giardinaggio
Bau|material ['-matərjaːl] *n* materiale *m* da costruzione; **'~meister** ['-maɪstər] *m* architetto *m*, costruttore *m* edile
Baum|kuchen *m* dolce *m* a forma di piramide; **'2los** senza alberi; **'~stumpf** *m* ceppo *m*
Baumwoll... ['-vɔl]: ... di cotone; **'~e** *f* cotone *m*; **'2en** *adj* di cotone
Bau|platz *m* terreno *m* per costruzioni; **'~polizei** *f* genio *m* civile; **'~sparkasse** *f* istituto *m* di credito per la costruzione di alloggi; **'~stelle** *f* cantiere *m* edile; **'~stil** *m* stile *m* architettonico
Bauten ['baʊtən] *m/pl* edifici *m/pl* (pubblici)
Bau|unternehmer *m* imprenditore *m* edile; **'~werk** *n* edificio *m*; **'~wesen** *n* edilizia *f*
Bay|er ['baɪər] *m* (-*n*; -*n*), **'~erin** *f* (-; *-nen*),' 2**(e)risch** bavarese *m/f*
Bayern ['baɪərn] *n* Baviera *f*
Bd. ***Band*** volume
BDI ***Bundesverband der Deutschen Industrie*** Confederazione dell'Industria Tedesca
be'absich|tigen [bə'ʔapziçtigən] (*senza -ge-, h*) intendere; avere l'intenzione; **~tigt** progettato; *Zweck*: prefisso
be'acht|en (*senza -ge-, h*) osservare; tener conto di; ***nicht ~*** ignorare; **2ung** *f* (-; *senza pl*) attenzione *f*; considerazione *f*; ***zur ~!*** da osservare!
Be'amt|e [-'ʔamtə] *m* (-*n*; -*n*), **~in** *f* (-; *-nen*) impiegato *m*, -a *f* statale; funzionario *m*, -a *f*; pubblico ufficiale *m*
be'anspruch|en [-'ʔanʃpruxən] (*senza -ge-, h*) pretendere; reclamare, esigere; *Zeit*: richiedere; **~t** impegnato; **2ung** *f* (-; *-en*) sollecitazione *f*; (*Abnutzung*) logorio *m*
be'anstand|en [-'ʔanʃtandən] (*senza -ge-, h*) fare delle critiche a; opporsi a; *Wahlen*: contestare; **2ung** *f* (-; *-en*) obiezione *f*; protesta *f*; reclamo *m*
be'antragen [-'ʔantraːgən] (*senza -ge-, h*) fare domanda per; proporre
be'antwort|en (*senza -ge-, h*) rispondere (a); **2ung** *f* (-; *senza pl*) risposta *f*; ***in ~*** (*gen*) in risposta a
be'arbeit|en lavorare; (*erledigen*) evadere; sbrigare; ***e-n Antrag ~*** evadere una domanda; *let* elaborare; **2ung** *f* (-; *-en*) lavorazione *f*; **2ungsgebühr** *f* diritti *m/pl* amministrativi (*od* fissi)
be'aufsichtigen [-'ʔaʊfziçtigən] (*senza -ge-, h*) sorvegliare
be'auftrag|en [-'ʔaʊftraːgən] (*senza -ge-, h*): ***j-n mit et ~*** incaricare qu di qc; **2te** [-traːktə] *m/f* (-*n*; -*n*) incaricato *m*, -a *f*; *jur* mandatario *m*, -a *f*
be'bauen *v/t* (*senza -ge-, h*) *arch* costruire, (*erschließen*) urbanizzare; *agr* coltivare
'Becher ['bɛçər] *n* (-*s*; -) ciotola *f*; (*Würfel2*) bossolo *m*
'Becken ['bɛkən] *n* (-*s*; -) bacino *m*; (*Wasch2*) catinella *f*
be'danken (*senza -ge-, h*): ***sich bei j-m für et ~*** ringraziare qu di qc
Be'darf [-'darf] *m* (-[*e*]*s*; *senza pl*) fabbisogno *m*; *econ* richiesta *f*; **~sfall** *m* occorrenza *f*; ***im ~*** all'occorrenza, in caso di bisogno; **~shaltestelle** *f* fermata *f* a richiesta, fermata *f* facoltativa
be'dauerlich [-'daʊərliç] spiacevole
be'dauern *v/t* (*senza -ge-, h*) deplorare; *j-n*: compiangere; ***ich bedaure, dass ...*** mi rincresce che ...
be'decken (*senza ge-, h*) coprire
be'denk|en **1.** *v/t* (*irr, senza -ge-, h*, → ***denken***) riflettere (su); considerare; **2.** **2en** *n* (-*s*; -) riflessione *f*; (*Zweifel*) dubbio *m*; scrupolo *m*; **~enlos** senza scrupoli; **~lich** serio; critico, grave; (*gewagt*) arrischiato; (*heikel*) delicato
be'deut|en (*senza -ge-, h*) significare; ***das hat nicht viel zu ~*** non è cosa

B

di grande importanza; **~end** importante; significante; (*umfangreich*) considerevole; **~sam** significativo; **ℒung** *f* (-; *-en*) significato *m*; importanza *f*; **~ungslos** insignificante; **~ungsvoll** significativo

be'dien|en (*senza -ge-, h*) servire; *Kartenspiel*: rispondere; *Maschine*: manovrare; ***sich* ~** servirsi (*gen* di); *fig* avvalersi (*gen* di); **ℒung** *f* (-; *-en*) servizio *m*; personale *m* di servizio; (*senza pl*) *tec* manovra *f*, uso *m*, impiego *m*; **ℒungsanleitung** *f* istruzioni *f/pl* per l'uso

be'ding|en [-'diŋən] (*senza -ge-, h*) comportare, avere come conseguenza; (*erfordern*) richiedere; **~t** condizionato; **~ *sein durch*** dipendere da; **ℒung** *f* (-; *-en*) condizione *f* (***stellen*** porre); ***unter der ~, dass*** alla condizione che; **~slos** incondizionato

be'droh|en (*senza -ge-, h*) minacciare; **~lich** minaccioso; **ℒung** *f* (-; *-en*) minaccia *f*

be'drücken (*senza -ge-, h*) opprimere; **~d** opprimente, oppressivo

Be'dürfnis [-'dyrfnis] *n* (*-sses; -sse*) bisogno *m*; **~anstalt** *f* gabinetto *m* pubblico

be'dürftig bisognoso

'Beefsteak ['bi:fste:k] *n* (*-s; -s*) bistecca *f*

be'eilen: ***sich* ~** (*senza -ge-, h*) affrettarsi

be'eindrucken [-'ʔaɪndrukən] (*senza -ge-, h*) impressionare

be'einflussen [-flusən] *v/t* (*senza -ge-, h*) influire su, influenzare

be'einträchtig|en [-trɛçtigən] (*senza -ge-, h*) pregiudicare; **ℒung** *f* (-; *-en*) pregiudizio *m*, danno *m*

be'enden (*senza -ge-, h*) finire, terminare, ultimare, compiere, concludere

be'erben (*senza -ge-, h*): ***j-n* ~** ereditare da qu

be'erdig|en [-'ʔe:rdigən] (*senza -ge-, h*) seppellire; **ℒung** *f* (-; *-en*) sepoltura *f*; funerali *m/pl*

'Beere ['be:rə] *f* (-; *-n*) bacca *f*; *von Trauben*: chicco *m*

be'fähig|en [bə'fɛ:igən] (*senza -ge-, h*) abilitare; **~t** [-içt] *adj* capace; **ℒung** *f* (-; *-en*) abilitazione *f*; qualifica *f*; (*Fähigkeit*) capacità *f*

be'fahrbar [-'fa:rba:r] praticabile; *m*… *Wagen*: carrozzabile; transitabile… *mar* navigabile

be'fassen (*senza -ge-, h*): ***sich* ~ *mit*** oc… cuparsi di

Be'fehl [-'fe:l] *m* (-[*e*]*s*; *-e*) ordine *m*… *über j-n*: comando *m*; **ℒen** (*befahl, be*… *fohlen, h*) comandare

be'festigen (*senza -ge-, h*) fissare, a… taccare (***an et*** *dat* a qc); *fig* consolidar…

be'finden (*befand, befunden, h*) **1.** *v/*… ***für gut* ~** approvare; **2.** *v/refl* ***sich* ~** e… sere; (*sich fühlen*) stare, sentirsi

Be'finden *n* (*-s; senza pl*) (*Gesundhe*… salute *f*, stato *m*

be'förder|n (*senza -ge-, h*) promuover… *im Rang a*: avanzare; *post* spedire; tr… sportare; *fer* trasportare; *fig* favorir… **ℒung** *f* (-; *-en*) promozione *f*; *post* sp… dizione *f*; trasporto *m*

be'frei|en [-'fraɪən] (*senza -ge-, h*) lib… rare; *von Abgaben*: esentare; **ℒung** … (-; *senza pl*) liberazione *f*; esonero …

be'freund|en [-'frɔyndən] (*senza -ge*… *h*): ***sich mit j-m* ~** fare amicizia c… qu; **~et**: **~ *mit*** amico di

be'friedig|en [-digən] (*senza -ge-*, … soddisfare; **~end** soddisfacente; … [-diçt] soddisfatto; contento; **ℒung** … (-; *senza pl*) soddisfacimento *m*; so… disfazione *f*

be'fristet [-'fristət]: ***lang*** (***kurz***) **~** a lu… ga (breve) scadenza

Be'fug|nis [-'fu:knis] *f* (-; *-se*) autor… zazione *f*; diritto *m*; **ℒt** autorizza… competente

Be'fund [-'funt] *m* (-[*e*]*s*; *-e*) (*Zustan*… stato *m*; *med* reperto *m*

be'fürcht|en (*senza -ge-, h*) teme… **ℒung** *f* (-; *-en*) timore *m*

be'fürwort|en [-'fy:rvɔrtən] *v/t* (*sen*… *-ge-, h*) appoggiare, parlare in fav… di; (*empfehlen*) raccomandare; **ℒu**… *f* (-; *-en*) appoggio *m*; raccomandaz… ne *f*

be'gab|t [-'ga:pt] ingegnoso, inte… gente; **~ *mit*** dotato di; **ℒung** *f* … *-en*) talento *m*, ingegno *m*

be'geben (*begab, begeben, h*): ***sic***… recarsi

be'gegn|en [-'ge:gnən] (*senza -ge-*, … *dat*: ***j-m* ~** incontrare qu; **ℒung** *f* (-; … incontro *m*

be'gehen (*beging, begangen, h*) perc…

rere; *Feste*: celebrare; *Verbrechen*, *Fehler*: commettere; *Unrecht*: fare

be'gehren [-'ge:rən] (*senza -ge-*, *h*) desiderare; agognare; (*verlangen*) chiedere; *econ* ***sehr begehrt sein*** esserci gran richiesta (di)

be'geister|n [-'gaɪstərn] (*senza -ge-*, *h*) entusiasmare; *zu et*: animare; ***sich ~*** appassionarsi; **~t** entusiasta; appassionato; fanatico; **⁀ung** *f* (*-*; *senza pl*) entusiasmo *m*

Be'ginn [-'gin] *m* (*-[e]s*; *senza pl*) principio *m*; **⁀en** (*begann*, *begonnen*, *h*) (in)cominciare

be'glaubig|en [-'glaubigən] (*senza -ge-*, *h*) *v/t* autenticare; vidimare; **⁀ung** *f* (*-*; *-en*) autenticazione *f*; vidimazione *f*

be'gleich|en (*beglich*, *beglichen*, *h*) saldare, regolare; **⁀ung** *f* (*-*; *senza pl*) saldo *m*, pagamento *m*

be'gleit|en [-'glaɪtən] (*senza -ge-*, *h*) accompagnare; **⁀er** *m* (*-s*; *-*), **⁀erin** *f* (*-*; *-nen*) accompagnatore *m*; accompagnatrice *f*; **⁀papiere** *n/pl* documenti *m/pl* d'accompagnamento; **⁀schreiben** *n* bollettino *m* (*od lettera f*) d'accompagnamento; **⁀ung** *f* (*-*; *-en*) compagnia *f*; accompagnamento *m*; ***in ~ von*** in compagnia di

be'glückwünschen [-'glykvynʃən] *v/t* (*senza -ge-*, *h*) congratularsi con, felicitarsi con

be'gnadig|en [-digən] (*senza -ge-*, *h*) graziare; **⁀ung** *f* (*-*; *-en*) grazia *f*; perdono *m*; indulto *m*

Be'gräbnis [-'grɛ:pnis] *n* (*-ses*; *-se*) sepoltura *f*; **~stätte** *f* tomba *f*

be'greif|en (*begriff*, *begriffen*, *h*) comprendere; capire; ***nicht zu ~*** inconcepibile, incomprensibile; **~licher'weise** naturalmente

be'grenz|en (*senza -ge-*, *h*) limitare; **~t** limitato; *fig* ristretto; **⁀ung** *f* (*-*; *-en*) limitazione *f*

Be'griff *m* (*-[e]s*; *-e*) idea *f*; *fil* concetto *m*; ***im ~ sein zu …*** essere in procinto di …

be'gründ|en (*senza -ge-*, *h*) fondare; *Behauptung*: motivare; *Rechtsanspruch*: documentare; **⁀ung** *f* (*-*; *-en*) fondazione *f*; motivazione *f*

be'grüß|en [-'gry:sən] (*senza -ge-*, *h*) salutare; **⁀ung** *f* (*-*; *-en*) saluto *m*

be'günstigen [-'gynstigən] (*senza -ge-*, *h*) favorire; favoreggiare

be'gutachten [-'gu:tˀaxtən] (*senza -ge-*, *h*) fare una perizia; (*prüfen*) esaminare

be'gütert [-'gy:tərt] benestante, danaroso

be'halten *v/t* (*behielt*, *behalten*, *h*) (trat)tenere; (*bewahren*) serbare; ***recht ~*** aver ragione; ***im Auge ~*** tenere d'occhio

Be'hälter [-'hɛltər] *m* (*-s*; *-*) recipiente *m*; serbatoio *m*

be'hand|eln (*senza -ge-*, *h*) trattare; *med* curare; **⁀lung** *f* (*-*; *-en*) trattamento *m*; *med* cura *f*

be'harr|en (*senza -ge-*, *h*) perseverare; insistere (***auf*** *dat* su); **~lich** perseverante; insistente; (*zäh*) tenace

be'haupt|en [-'hauptən] (*senza -ge-*, *h*) asserire, sostenere; *Stellung*: mantenere, tenere; *Meinung*: sostenere; ***sich ~*** affermarsi; **⁀ung** *f* (*-*; *-en*) asserzione *f*; affermazione *f*

be'heben (*behob*, *behoben*, *h*) togliere, levare; *Schwierigkeiten*: rimediare a, eliminare

be'helfen: ***sich ~*** (*behalf*, *beholfen*, *h*) accontentarsi (***mit*** di); cavarsela

be'herbergen [-'hɛrbɛrgən] (*senza -ge-*, *h*) alloggiare; accogliere

be'herrsch|en (*senza -ge-*, *h*) dominare; *fig* essere padrone di; **~t** padrone di sé; **⁀ung** *f* (*-*; *senza pl*) dominio *m*; padronanza *f*

be'hilflich [-'hilfliç]: ***~ sein*** aiutare (***j-m*** qu)

be'hinder|n (*senza -ge-*, *h*) impedire; *von Sachen*: ingombrare; ostacolare; **⁀te** *m/f* (*-n*; *-n*) handicappato *m*; -a *f*, disabile *m/f*; **⁀ung** *f* (*-*; *-en*) impedimento *m*; ostacolo *m*; *Verkehr*: intralcio *m*

Be'hörd|e [-'hø:rdə] *f* (*-*; *-n*) autorità *f/pl*; **⁀lich** [-'hø:rtliç] ufficiale; da parte delle autorità; concernente le autorità

bei [baɪ] (*dat*) presso; ***~ mir*** (*in der Tasche*) con me; ***~ j-m*** (*zu Hause*) da qu; (*~ Tisch*) a; (*~ Tag*) di; (*~ dem Wetter*) con; (*~ Strafe*) sotto; (*~ Gelegenheit*) all'occasione

'beibehalt|en ['-bəhaltən] (*irr*, *sep*, *senza -ge-*, *h*, → ***behalten***) conservare;

B

'**2ung** *f* (-; *senza pl*): ***unter ~ von*** conservando (*acc*)
'**beibringen** (*irr, sep, -ge-, h,* → ***bringen***): ***j-m et ~*** (*j-n lehren*) insegnare qc a qu; (*verständlich machen*) spiegare qc a qu
'**Beichte** ['baɪçtə] *f* (-; -*n*) confessione *f*; '**2n** (*h*) **1.** *v/t* confessare; **2.** *v/i* confessarsi
'**Beicht|stuhl** *m* confessionale *m*; '**~vater** *m* confessore *m*
'**beide** ['baɪdə] ambedue; ***alle ~*** tutt'e due; ***e-r von den ~n*** uno dei due; ***keiner von ~n*** nessuno dei due
'**beider|lei** ['baɪdərlaɪ] l'uno e l'altro; ***~ Geschlechts*** di ambo i sessi; '**~seitig** ['-zaɪtɪç] di (*od* da) ambedue le parti; (*gegenseitig*) reciproco; mutuo
beiei'nander [baɪˀaɪ'nandər] l'uno accanto all'altro; insieme
'**Beifahrer** ['baɪfɑːrər] *m* (-*s*; -), '**~in** *f* (-; -*nen*) passeggero (accanto al conducente) *m*; secondo autista *m*
'**Beifall** ['-fal] *m* (-[*e*]*s*; *senza pl*) applauso *m*; *mit Worten*: approvazione *f*; (*Händeklatschen*) applausi *m/pl*; ***~ klatschen*** applaudire
'**beifällig** ['-fɛlɪç] favorevole, consenziente; d'approvazione
'**beifügen** (*sep, -ge-, h*) aggiungere; *e-m Brief*: allegare; accludere
'**Beigeschmack** *m* (-[*e*]*s*; *senza pl*) sapore *m* strano; ***e-n ~ haben von*** sapere di
'**Beihilfe** *f* (-; -*n*) assistenza *f*; *finanziell*: sovvenzione *f*; (*senza pl*) aiuto *m*; *jur* complicità *f*
beil. ***beiliegend*** accluso
Beil [baɪl] *n* (-[*e*]*s*; -*e*) scure *f*
'**Beilage** *f* (-; -*n*) aggiunta *f*; (*Schriftstück*) allegato *m*; *Zeitung*: supplemento *m*; *gastr* contorno *m*
'**beiläufig** ['-lɔʏfɪç] **1.** *adj* incidentale; **2.** *adv* di passaggio, incidentalmente
'**beileg|en** (*sep, -ge-, h*) accludere; *Streit*: comporre; '**2ung** *f* (-; -*en*) *Streit*: accomodamento *m*
'**Beileid** *n* (-[*e*]*s*; *senza pl*) condoglianza *f*; ***sein ~ bezeigen*** fare le proprie condoglianze
'**beiliegend** (qui) accluso
beim [baɪm] = ***bei dem***
'**beimessen** (*irr, sep, -ge-, h,* → ***messen***) attribuire; ascrivere; ***Wert ~*** dare importanza
Bein [baɪn] *n* (-[*e*]*s*; -*e*) gamba *f*; (*Knochen*) osso *m*; ***auf die ~e bringen*** mettere in piedi; *fig* organizzare; ***wieder auf die ~e kommen*** rimettersi, ristabilirsi
bei'nah(e) [baɪ'nɑː(ə)] quasi
'**Beinbruch** ['baɪnbrux] *m* frattura *f* d'una gamba
'**Beipackzettel** *m* foglietto *m* delle istruzioni
'**beipflichten** ['-pflɪçtən] (*sep, -ge-, h*) aderire; dar ragione
bei'sammen [baɪ'zamən] insieme; **2sein** *n* (-*s*; *senza pl*) ritrovo *m*; riunione *f*
bei'seite [-'zaɪtə] da parte; → ***beiseitelassen*** *etc.*; **~lassen** *v/t* (*irr, sep, -ge-, h,* → ***lassen***) lasciare da parte; **~treten** (*irr, sep, -ge-, sn* → ***treten***) tirarsi in disparte
'**beisetz|en** *v/t* (*sep, -ge-, h*) seppellire; *Segel*: spiegare; '**2ung** *f* (-; -*en*) funerali *m/pl*
'**Beispiel** ['-ʃpiːl] *n* (-[*e*]*s*; -*e*) esempio *m*; ***zum ~*** per esempio; '**2los** inaudito, senza precedenti; '**2sweise** a modo d'esempio
'**beiß|en** ['baɪsən] (*biss, gebissen, h*) mordere; *Pfeffer*: pizzicare; '**~end** pungente; *fig* mordace
'**Beistand** *m* (-[*e*]*s*; *senza pl*) aiuto *m*; *von Personen*: assistente *m*; *jur* avvocato *m*, consulente *m* legale
'**beistehen** (*irr, sep, -ge-, h,* → ***stehen***) (*dat*) assistere; ***j-m ~*** soccorrere qu
'**beisteuern** (*sep, -ge-, h*) contribuire
'**Beitrag** ['-trɑːk] *m* (-[*e*]*s*; ⸚*e*) contributo *m*; (*Mitglieds2*) quota *f*; *Zeitung*: articolo *m*; '**2en** (*irr, sep, -ge-, h,* → ***tragen***) contribuire
'**beitreten** (*irr, sep, -ge-, sn,* → ***treten***) aderire a; *pol* affiliarsi a
'**Beitritt** *m* (-[*e*]*s*; -*e*) entrata *f*; adesione *f*
bei'zeiten [baɪ'tsaɪtən] per tempo
be'jahen [bə'jɑːən] (*senza -ge-, h*) rispondere affermativamente a; confermare; **~d** affermativo
be'jahrt [bə'jɑːrt] attempato
be'kämpf|en (*senza -ge-, h*) combattere; lottare contro; **2ung** *f* (-; *senza pl*) lotta *f* (*gen* contro)
be'kannt [-'kant] conosciuto; noto; ***da***

ist mir nicht ~ non ne so nulla; ***mit j-m ~ sein*** conoscere qu; ~ ***werden*** farsi un nome; ~ ***geben*** rendere noto, pubblicare; ***j-n mit j-m ~ machen*** presentare qu a qu; **2e** *m/f* (*-n*; *-n*) conoscente *mu f*; **~geben** → ***bekannt***; **~lich** notoriamente, come tutti sanno; **~machen** → ***bekannt***; **2machung** [-maxuŋ] *f* (*-*; *-en*) comunicato *m*, avviso *m*, notificazione *f*, pubblicazione *f*; **2schaft** *f* (*-*; *-en*) conoscenza *f*; (*Personen*) conoscenti *m/pl*; **~werden** → ***bekannt***

be'kennen (*bekannte*, *bekannt*, *h*) confessare; ***Farbe ~*** *Kartenspiel*: rispondere, *fig* mettere le carte in tavola; ***sich ~*** professarsi

be'kleid|en (*senza -ge-*, *h*) vestire; *tec* rivestire; *fig u ein Amt*: ricoprire; **2ung** *f* (*-*; *-en*) abbigliamento *m*, vestiti *m/pl*

Be'klemmung [-'klεmuŋ] *f* (*-*; *-en*) oppressione *f*, affanno *m*

be'kommen (*bekam*, *bekommen*) **1.** *v/t* (*h*) avere, ricevere; (*erlangen*) ottenere; *Kinder*: avere; *Krankheit*, *Hunger*: venire a (*z. B.* ***ich bekomme Hunger*** mi viene fame); ***ich bekomme dreitausend Lire von ihm*** mi deve tremila lire; ***wie viel ~ Sie?*** quanto Le devo?; ***e-n Rückfall ~*** avere una ricaduta; **2.** *v/i* (*sn*): ***gut ~*** giovare; *Speisen*, *Wein*: far bene; ***schlecht ~*** far male; ***wohl bekomm's!*** buon pro!; ***diese Luft bekommt mir nicht*** quest'aria non mi fa bene

be'kömmlich [-'kœmliç] sano; buono per la salute; *Speise* (*leicht*): leggero; ***~ sein*** far bene (alla salute)

be'kräftigen (*senza -ge-*, *h*) confermare

be'kunden [-'kundən] (*senza -ge-*, *h*) manifestare, dimostrare, rivelare

be'laden *v/t* (*belud*, *beladen*, *h*) caricare

be'lag|ern (*senza -ge-*, *h*) assediare; **2erungszustand** *m* stato *m* d'assedio

Be'lang [-'laŋ] *m* (*-[e]s*; *-e*) importanza *f*; ***~e pl*** interessi *m/pl*; **2en** (*senza -ge-*, *h*) citare; ***j-n ~*** far causa a qu; **2los** senza importanza

be'lasten (*senza -ge-*, *h*) caricare; *fig* aggravare; *Konto*: addebitare, gravare; *jur* deporre a carico di; *Umwelt*: inquinare

be'lästigen [-'lεstigən] (*senza -ge-*, *h*) importunare, molestare

Be'lastung [-'lastuŋ] *f* (*-*; *-en*) carico *m*; addebito *m*; *Umwelt*: inquinamento *m*; *tec* sollecitazione *f*; *Person*: sforzo *m*; *fig* peso *m*

be'laufen: ***sich ~*** (*belief*, *belaufen*, *h*) ammontare (***auf*** *acc* a)

be'lebt animato; *fig* frequentato

Be'leg [-'le:k] *m* (*-[e]s*; *-e*) documento *m* (giustificativo); (*Beweis*) prova *f*; (*Rechnungs2*) quietanza *f*; **2en** [-'le:gən] (*senza -ge-*, *h*) coprire; *e-n Platz*: occupare, riservare

Be'leg|schaft [-'le:kʃaft] *f* (*-*; *-en*) personale *m*; maestranze *f/pl*; **2t** *adj* (*besetzt*) occupato; (*reserviert*) riservato; (*bestätigt*) documentato

be'leidig|en [-'laıdigən] (*senza -ge-*, *h*) offendere; **~end** offensivo; **2ung** *f* (*-*; *-en*) offesa *f*

be'lesen istruito; ben informato; erudito

be'leucht|en (*senza -ge-*, *h*) illuminare; *fig* esaminare; **2ung** *f* (*-*; *-en*) illuminazione *f*; luce *f*

Belgien ['bεlgjən] *n* Belgio *m*

'Belg|ier *m* (*-s*; *-*), **'~ierin** *f* (*-*; *-nen*) belga *m*, *f*; **'2isch** belga

Belgrad ['bεlgra:t] *n* Belgrado *f*

be'licht|en [-'liçtən] *v/t* (*senza -ge-*, *h*) *fot* impressionare, esporre alla luce; **2ung** *f* (*-*; *-en*) esposizione *f*; posa *f*; **2ungsmesser** *m* esposimetro *m*

Be'lieben [-'li:bən] *n* (*-s*; *senza pl*) piacere *m*; ***nach ~*** a piacere

be'liebt [-'li:pt] benvoluto; popolare; *Sachen*: in voga; **2heit** *f* (*-*; *senza pl*) favore *m*; popolarità *f*; ***sich e-r großen ~ erfreuen*** essere molto popolare

be'liefer|n (*senza -ge-*, *h*) fornire a; rifornire; *Markt*: approvvigionare; **2ung** *f* (*-*; *-en*) fornitura *f*

'bellen ['bεlən] (*h*) abbaiare

be'lohn|en (*senza -ge-*, *h*) ricompensare; **2ung** *f* (*-*; *-en*) ricompensa *f*

be'lügen *v/t* (*belog*, *belogen*, *h*) dire delle bugie a

be'merk|bar percettibile; ***sich ~ machen*** farsi notare; **~en** *v/t* (*senza -ge-*, *h*) osservare; notare; **~enswert** notevole; **2ung** *f* (*-*; *-en*) osservazione *f*

be'müh|en *v/t* (*senza -ge-*, *h*) incomodare; ***sich*** (*eifrig*) ***~*** adoprarsi; sforzar-

B

si; ***sich um et ~*** cercare di ottenere qc; ***~ Sie sich nicht*** non si disturbi; **2ungen** *f/pl* sforzi *m/pl*
be'nachbart [-'naxbaːrt] vicino
be'nachrichtig|en [-'naːxriçtigən] (*senza -ge-, h*) avvertire; avvisare; **2ung** *f* (-; *-en*) avviso *m*
be'nachteiligen [-taɪligən] (*senza -ge-, h*) pregiudicare, danneggiare
be'nehmen: ***sich ~*** (*benahm, benommen, h*) comportarsi
Be'nehmen *n* (-*s*; *senza pl*) contegno *m*, condotta *f*; (*Manieren*) maniere *f/pl*, modi *m/pl*; ***sich ins ~ setzen*** mettersi in contatto
be'neiden [-'naɪdən] (*senza -ge-, h*) invidiare; ***j-n um et ~*** invidiare qc a qu; **~swert** invidiabile
Benelux ***Belgien, Niederlande, Luxemburg*** Benelux
Beneluxstaaten [beːne'luksʃtaːtən] *m/pl* Stati *m/pl* Benelux
be'nommen [-'nɔmən] intontito; stordito
be'nötigen *v/t* (*senza -ge-, h*) aver bisogno di
be'nutzen (*senza -ge-, h*) approfittare di; (*anwenden*) adoperare, servirsi di
Be'nutzer *m* (-*s*; -) *inform* user *m*, utente *m*; **2freundlich** *inform* facile da usare; **~oberfläche** *f inform* interfaccia *f* dell'utente
Be'nutzung *f* (-; *senza pl*) uso *m*; impiego *m*; ***unter ~ von*** (*od gen*) approfittando di; servendosi di
Ben'zin [bɛn'tsiːn] *n* (-*s*; -*e*) benzina *f*; **~gutschein** *m* buono *m* per la benzina; **~kanister** *m* latta *f* di benzina
be'obacht|en [bə'ʔoːbaxtən] (*senza -ge-, h*) osservare; **2er** *m* (-*s*; -) osservatore *m*; **2ung** *f* (-; *-en*) osservazione *f*
be'quem [-'kveːm] comodo; ***es sich ~ machen*** accomodarsi
be'rat|en (*beriet, beraten, h*) *j-n*: consigliare, *et*: discutere; ***über et*** (*acc*) **~** consigliarsi su qc, discutere qc; **~end** consultivo; ***~e Stimme*** voto *m* consultivo; **2er** *m* (-*s*; -) consigliere *m*; (*Fach2*) perito *m*, consulente *m*; **2ung** *f* (-; *-en*) consiglio *m*; discussione *f*; *Ärzte*: consulenza *f*
be'rechn|en (*senza -ge-, h*) calcolare; conteggiare; **2ung** *f* (-; *-en*) calcolo *m*, conteggio *m*

be'rechtig|en [-'rɛçtigən] (*senza -ge h*) autorizzare; **~t** autorizzato; *fig* giu stificato; **2ung** *f* (-; *senza pl*) autori zazione *f*; diritto *m*
be'reden (*senza -ge-, h*) *et*: parlare d
be'redt [-'reːt] eloquente
Be'reich *m* (-[*e*]*s*; -*e*) ambito *m*, sfera
be'reinigen (*senza -ge-, h*) *fig* chiarir regolare
be'reisen (*senza -ge-, h*) percorrer viaggiare; *Märkte*: frequentare
be'reit [-'raɪt] pronto, disposto (***zu*** a
be'reiten [-'raɪtən] (*senza -ge-, h*) pr parare; *Empfang*: fare; *Freude*: proc rare
be'reits [-'raɪts] già
Be'reit|schaft [-'raɪtʃaft] *f* (-; *senza p* essere *m* pronto; disponibilità **~schaftsdienst** *m* servizio *m* di gua dia; **2stellen** (*sep, -ge-, h*) mettere a c sposizione, preparare; **2willig** pront volonteroso
Berg [bɛrk] *m* (-[*e*]*s*; -*e*) monte *m*, mo tagna *f*; ***über den ~ sein*** aver supera il peggio
berg'ab [bɛrk'ʔap] in discesa; *fig* a r toli
'Berg|arbeiter *m* minatore *m*; **2'a** [-'ʔauf] in salita; *fig* bene; **'~bahn** *f* f nicolare *m*; **'~bau** *m* industria *f* mir raria; **'~führer** *m* guida *f* alpina; **'~hi te** *f* rifugio *m*
'bergig ['bɛrgiç] montuoso
'Berg|kette *f* catena *f* montuosa; **'~pr digt** *f rel* Sermone *m* della Montag **'~rutsch** *m* frana *f*; **'~steigen** *n* (*senza pl*) alpinismo *m*; **'~steiger** (-*s*; -), **'~steigerin** *f* (-; *-nen*) alpinis *m/f*; **'~wandern** *n* (-*s*; *senza pl*) esc sionismo *m*; **'~werk** *n* miniera *f*
Be'richt [bə'riçt] *m* (-[*e*]*s*; -*e*) relazio *f*; rapporto *m*; *rad, Zeitungen*: servi *m*; *econ* ***laut ~*** secondo avviso; ***j über et*** (*acc*) ***~ erstatten*** inform qu di qc; **2en** (*senza -ge-, h*) riferir
be'richtig|en [bə'riçtigən] (*senza -g h*) rettificare; *Rechnung*: salda **2ung** *f* (-; *-en*) rettifica *f*; saldo *m*
Berlin [bɛr'liːn] *n* Berlino *f*
Ber'lin|er [bɛr'liːnər] *m* (-*s*; -), **~eri** (-; *-nen*) berlinese *m/f*; **2erisch** be nese
Bern [bɛrn] *n* Berna *f*
be'rücksichtig|en [-ziçtigən] (*se*

-ge-, h): **et ~** tener conto di qc; considerare qc; **2ung** *f* (-; *senza pl*) considerazione *f*

Be'ruf [-'ru:f] *m* (-[*e*]*s*; -*e*) professione *f*; mestiere *m*

be'rufen *v/t* (*berief, berufen, h*) chiamare; (*ernennen*) nominare, designare; ***sich ~*** appellarsi (***auf*** *acc* a); richiamarsi (***auf*** *acc* a)

be'ruflich [-'ru:fliç] professionale

Be'rufs|anfänger *m* principiante *m*; **~ausbildung** *f* formazione *f* professionale; **~beratung** *f* avviamento *m* (*od orientamento m*) professionale; **2tätig** che esercita una professione

Be'rufung *f* (-; -*en*) nomina *f*; convocazione *f*; *jur* appello *m*; ***~ einlegen*** interporre appello

be'ruhen (*senza -ge-, h*) fondarsi (***auf et*** *dat* su qc), essere fondato (***auf et*** *dat* su qc)

be'ruhig|en [-'ru:igən] (*senza -ge-, h*) calmare; quietare; **~end** calmante; **2ungsmittel** *n* calmante *m*, sedativo *m*

be'rühmt [-'ry:mt] celebre; famoso

be'|rühren (*senza -ge-, h*) toccare; *im Gespräch*: accennare a; ***j-n (un)angenehm ~*** essere (s)gradevole a qu; **2'rührung** [-'ryruŋ] *f* (-; -*en*) contatto *m*

bes. ***besonders*** specialmente

Be'satzung [bə'zatsuŋ] *f* (-; -*en*) guarnigione *f*; *Sport, mar* equipaggio *m*; **~struppen** *f/pl* truppe *f/pl* d'occupazione

be'schädig|en (*senza -ge-, h*) danneggiare; guastare; (*verletzen*) ferire; **2ung** *f* (-; -*en*) danneggiamento *m*; (*Schaden*) danno *m*

be'schaffen 1. *v/t* (*senza -ge-, h*) procurare; **2.** fatto; ***gut ~*** in buono stato; **2heit** *f* (-; *senza pl*) natura *f*; (*Zustand*) stato *m*

be'schäftig|en [-'ʃɛftigən] (*senza -ge-, h*) occupare; **2te** *m/f* (-*n*; -*n*) occupato *m*, -a *f*; impiegato *m*; **2ung** *f* (-; -*en*) occupazione *f*; impiego *m*; **~ungslos** disoccupato

be'schämend [-'ʃɛ:mənt] umiliante

Be'scheid [-'ʃaɪt] *m* (-[*e*]*s*; -*e*) ordinanza *f*; (*Antwort*) risposta *f*; (*Auskunft*) informazioni *f/pl*; ***~ wissen*** essere pratico (***über*** *acc* di), essere al corrente (***über*** *acc* di)

be'scheiden [-'ʃaɪdən] *adj* modesto

be'scheinig|en [-'ʃaɪnigən] (*senza -ge-, h*) attestare, certificare; *Empfang*: accusare ricevuta; **2ung** *f* (-; -*en*) attestazione *f*; (*Schriftstück*) certificato *m*

be'schenken (*senza -ge-, h*) fare regali a; ***j-n mit et ~*** regalare qc a qu

be'schießen (*beschoss, beschossen, h*) bombardare; cannoneggiare

be'schimpf|en (*senza -ge-, h*) ingiuriare; insultare; **2ung** *f* (-; -*en*) insulto *m*, ingiuria *f*

Be'schlag [-'ʃla:k] *m* (-[*e*]*s*; ⸗*e*) ferratura *f*; ***in ~ nehmen, mit ~ belegen*** sequestrare; **2en** [-gən] (*beschlug, beschlagen*) **1.** *v/t* (*h*) ferrare; **2.** *v/i* (*sn*) coprirsi (di); appannarsi; **3.** *adj* ben istruito, ben informato; **2nahmen** [-'ʃla:kna:mən] (*senza -ge-, h*) sequestrare; confiscare

be'schleunig|en [-'ʃlɔynigən] (*senza -ge-, h*) affrettare; accelerare; *Geschäft*: sollecitare; **2ung** *f* (-; -*en*) acceleramento *m*; sollecitamento *m*; *fis* accelerazione *f*

be'schließen (*beschloss, beschlossen, h*) chiudere; (*entscheiden*) decidere; *pol* votare

Be'schluss *m* (-*es*; ⸗*e*) fine *f*; decisione *f*; risoluzione *f*; *pol* voto *m*; **2fähig** in numero legale

be'schmutzen (*senza -ge-, h*) insudiciare; sporcare

be'schönigen [-'ʃø:nigən] (*senza -ge-, h*) trovare delle scuse per; abbellire

be'schränk|en [-'ʃrɛŋkən] (*senza -ge-, h*) limitare; ***sich ~ auf et*** (*acc*) limitarsi a qc; **~t** limitato; *geistig*: corto di mente; **2ung** *f* (-; -*en*) limitazione *f*

be'schreib|en (*beschrieb, beschrieben, h*) descrivere; **2ung** *f* (-; -*en*) descrizione *f*

be'schriften [-'ʃriftən] *v/t* (*senza -ge-, h*) etichettare, munire di dicitura

be'schuldig|en [-'ʃuldigən] (*senza -ge-, h*) incolpare, accusare; **2ung** *f* (-; -*en*) imputazione *f*, incriminazione *f*; accusa *f*

be'schütz|en (*senza -ge-, h*) proteggere; **2er** *m* protettore *m*

Be'schwerde [-'ʃve:rdə] *f* (-; -*n*) lagnanza *f*, reclamo *m*; *jur* ricorso *m*; *med* disturbo *m*

be'schwer|en [-'ʃveːrən] (*senza -ge-, h*) gravare; tener fermo con un peso; ***sich ~*** lagnarsi, reclamare; **~lich** gravoso, faticoso, difficile

be'schwipst [-'ʃvipst] F brillo

be'schwören (*senza -ge-, h*) *et*: giurare

be'seitig|en [-'zaɪtigən] *v/t* (*senza -ge-, h*) rimuovere, togliere; *j-n*: eliminare, sopprimere; **℞ung** *f* (-; *senza pl*) eliminazione *f*; soppressione *f*

'Besen ['beːzən] *m* (-*s*; -) scopa *f*

be'sessen [-'zɛsən] ossessionato

be'setz|en (*senza -ge-, h*) occupare; fornire; *Spiel*: ***e-e Karte ~*** mettere su una carta; **~t** guarnito; (*Platz, tel*) occupato; ***alles ~!*** completo!; **℞ung** *f* (-; -*en*) occupazione *f*; *tea* distribuzione *f* (delle parti)

be'sichtig|en [-'ziçtigən] *v/t* (*senza -ge-, h*) visitare; ispezionare; **℞ung** *f* (-; -*en*) ispezione *f*; visita *f*

be'siedeln (*senza -ge-, h*) colonizzare; ***dicht besiedelt*** molto popolato

be'siegeln (*senza -ge-, h*) suggellare

be'siegen (*senza -ge-, h*) vincere

be'sinn|en [-'zɪnən]: ***sich ~*** (*besann, besonnen, h*) riflettere; (*sich erinnern*) rammentarsi (***auf*** *acc* di); **℞ung** *f* (-; *senza pl*) sensi *m/pl*; (*Nachdenken*) riflessione *f*; ***zur ~ kommen*** ricuperare i sensi, ritornare in sé; **~ungslos** privo di sensi

Be'sitz [-'zits] *m* (-*es*; *senza pl*) possesso *m*; **℞en** (*besaß, besessen, h*) possedere; **~er** *m* (-*s*; -) proprietario *m*, -a *f*

be'sonder|e [-'zɔndərə] particolare, speciale; ***im ℞n*** anzitutto; ***im ~n Maße*** particolarmente; **℞heit** *f* (-; -*en*) particolarità *f*; singolarità *f*

be'sonders [bə'zɔndərs] particolarmente, specialmente

be'sonnen [-'zɔnən] giudizioso; **℞heit** *f* (-; *senza pl*) giudizio *m*

be'sorg|en [-'zɔrgən] (*senza -ge-, h*) provvedere a; *j-m et*: procurare; *Geschäfte*: sbrigare; *Einkäufe*: fare acquisti; ***et zu ~ haben*** aver da fare una commissione; **~t** preoccupato; allarmato; agitato; ***~ sein*** stare in pensiero; **℞ung** *f* (-; -*en*) commissione *f*

be'spielen *Schallplatte*: incidere

be'sprech|en (*besprach, besprochen, h*): ***et ~*** parlare di qc; discutere (di) qc; commentare qc; *Buch*: recensire; ***sich ~*** conferire; **℞ung** *f* (-; -*en*) discussione *f*; recensione *f*; conferenza *f*; colloquio *m*

'besser ['bɛsər] **1.** *adj* migliore, pi[ù] buono; **2.** *adv* meglio; ***~ werden*** mi[gliorare]; ***es wäre ~*** sarebbe meglio

best [bɛst] **1.** *adj* ***der*** (***die***) ***~e*** il (la) migliore; ***mein ~er Freund*** il mio miglio[re] amico; **2.** **'℞e** *m* (-*n*; -*n*) il migliore **3.** *adv* ***am ~en*** nel miglior modo pos[sibile]; ***am ~en gehen Sie …*** la cos[a] migliore è che vada …; ***am ~en gefäl[lt] mir …*** a me piace di più …; → ***Bes[te]***

Be'stand *m* (-[*e*]*s*; ⸗*e*) effettivo *m*; (*Fortbestehen*) stabilità *f*; *Kasse*: fond[o] *m* di cassa

be'ständig costante; (*dauerhaft*) stabi[le]; (*andauernd*) continuo

Be'standteil [-'ʃtantaɪl] *m* element[o] *m*; parte *f* integrante; componente; ***e-n ~ bilden von*** fare parte di

be'stärken (*senza -ge-, h*) conferma[re]; *j-n*: incoraggiare; *Meinung*: corrobo[rare]

be'stätig|en [-'ʃtɛːtigən] (*senza -ge-, h*) confermare; *Gesetze*: sanzionar[e]; *Empfang*: accusare; **℞ung** *f* (-; -*e*[*n*]) conferma *f*; legalizzazione *f*; sanzion[e] *f*

be'statt|en [-'ʃtatən] *v/t* (*senza -ge-,* …) seppellire; **℞ung** *f* (-; -*en*) sepoltura

'Beste ['bɛstə] *n* (-*n*; *senza pl*) megl[io] *m*; ***sein ~s tun*** fare del proprio m[e]glio; ***das ~ wäre …*** la cosa migliore s[a]rebbe …; → ***best***

be'stech|en (*bestach, bestochen,* …) corrompere; subornare; *fig* sedur[re]; **℞ung** *f* (-; -*en*) corruzione *f*; suborn[a]zione *f*; **℞ungsgeld** *n* bustarella *f*, ta[n]gente *f*

Be'steck [bə'ʃtɛk] *n* (-[*e*]*s*; -*e*) posa[te] *f/pl*

be'stehen (*bestand, bestanden, h*) **1.** … *Prüfung*: superare; **2.** *v/i* esistere; … *Kraft sein*) vigere; ***aus et ~, in et ~*** co[n]sistere di qc, in qc; insistere (***auf et*** …) su qc)

Be'stehen *n* (-*s*; *senza pl*): ***seit ~*** … quando esiste

be'stehend composto (***aus*** di)

be'stehlen (*bestahl, bestohlen, h*) de[ru]bare

be'stell|en (*senza -ge-, h*) *econ* ordin[a]re; *Zimmer*: riservare; *j-n*: far ven

qu; *j-m et*: far sapere; *agr* coltivare; *Auftrag*: eseguire; *Grüße*: trasmettere; **2er** *m* (*-s*; -) committente *m*; cliente *m*; **2formular** *n* modulo *m* per ordinazioni; **2ung** *f* (*-*; *-en*) ordinazione *f*; consegna *f*; *agr* coltivazione *f*
be'steuer|n (*senza -ge-*, *h*) tassare; **2ung** *f* (*-*; *senza pl*) tassazione *f*
bestimm|en (*senza -ge-*, *h*) (*entscheiden*) decidere; (*festsetzen*) fissare, stabilire; (*ausersehen*) destinare; *wissenschaftlich*: determinare; **'~t** determinato; stabilito; deciso; certo; *adv* di sicuro
Be'stimmung|en *f/pl* disposizioni *f/pl*, norme *f/pl*; prescrizioni *f/pl*; regolamento *m*; **~sort** [-ʔɔrt] *m* luogo *m* di destinazione
bestmöglich ['bɛst'møːkliç] meglio possibile
Best.-Nr. ***Bestellnummer*** numero dell'ordine
be'straf|en [bə'ʃtrɑːfən] (*senza -ge-*, *h*) punire; castigare; **2ung** *f* (*-*; *-en*) punizione *f*; castigo *m*
be'strahl|en (*senza -ge-*, *h*) irradiare; *med* trattare con i raggi X; **2ung** *f* (*-*; *-en*) irradiazione *f*; *med* raggi *m/pl*
be'streb|t [bə'ʃtreːpt]: ***~ sein zu*** studiarsi di, sforzarsi di, cercare di; **2ungen** *f/pl* sforzi *m/pl*
be'streiken (*senza -ge-*, *h*) colpire con lo sciopero
be'streiten (*bestritt*, *bestritten*, *h*) contestare; *Kosten*: fronteggiare; sostenere
be'stücken [-'ʃtykən] (*senza -ge-*, *h*) armare (di cannoni)
be'stürzt [-'ʃtyrtst] costernato
Be'such [bə'zuːx] *m* (*-[e]s*; *-e*) visita *f*; *häufiger*: frequenza *f*; **2en** (*senza -ge-*, *h*) visitare; *j-n*: andare (*od* venire) a trovare; *Lokal*, *Schule*: frequentare; **~er** *m* (*-s*; -), **~erin** *f* (*-*; *-nen*) visitatore *m*, -trice *f*; *Gast*: ospite *m/f*; frequentatore *m*, -trice *f*; **~szeit** *f* orario *m* delle visite
be'tätig|en (*senza -ge-*, *h*); *tec* azionare, mettere in funzione; ***sich bei et ~*** prender parte a qc; **2ung** *f* (*-*; *-en*) azionamento *m*
be'täub|end [-'tɔybənt] *Lärm*: assordante; **2ung** *f* (*-*; *-en*) assordamento *m*; stordimento *m*; narcosi *f*
be'teilig|en [bə'taıligən] (*senza -ge-*, *h*): ***sich ~*** partecipare (***an*** *dat* a); ***j-n an et*** (*dat*) **~** interessare qu in qc; **2ung** *f* (*-*; *-en*) partecipazione *f*; collaborazione *f*
'beten ['beːtn] (*h*) pregare
Be'ton [be'tõ; -'toːn] *m* (*-s*; *-s u -e* [be'toːnə]) cemento *m* armato, calcestruzzo *m*
be'tonen [bə'toːnən] (*senza -ge-*, *h*) *fig* rilevare, affermare, sottolineare, insistere su
betr. ***betreffend, betreffs*** riguardante, concernente
Betr. ***Betreff*** oggetto
Be'tracht [-'traxt] *m* (*-[e]s*; *senza pl*): ***in ~ kommen*** essere in questione; ***et in ~ ziehen*** tener conto di qc; **2en** (*senza -ge-*, *h*) guardare; *geistig*: considerare; **~ung** *f* (*-*; *-en*) contemplazione *f*; considerazione *f*
be'trächtlich [-'trɛçtliç] considerevole
Be'trag [-'trɑːk] *m* (*-[e]s*; *⸚e*) importo *m*; ***~ erhalten*** ricevuto; ***im ~ von*** per l'importo di
be'tragen *v/i* (*betrug*, *betragen*, *h*) ammontare (a); ***sich ~*** comportarsi
Be'treff [-'trɛf] *m* (*-[e]s*; *-e*) *im Brief*: oggetto; **2en** *v/t* (*betraf*, *betroffen*, *h*) (*angehen*) riguardare, concernere; ***es betrifft ...*** si tratta di ...; **2end** concernente; rispettivo
be'treffs riguardo a, concernente
be'treiben azionare; (*Hobby*) praticare; (*Geschäft*) gestire, condurre
be'treten **1.** *v/t* (*betrat*, *betreten*, *h*) *Haus*, *Laufbahn*: entrare in; **2.** *adj fig* sorpreso, confuso
Be'treten *n* (*-s*; *senza pl*): ***~ verboten*** accesso *m* vietato
be'treuen [-'trɔyən] *v/t* (*senza -ge-*, *h*) aver cura di; assistere
Be'trieb [-'triːp] *m* (*-[e]s*; *-e*) azienda *f*; impresa *f*; (*Fabrik*) fabbrica *f*; stabilimento *m*; *tec* funzionamento *m*; *fig* movimento *m*; ***in ~ sein*** funzionare, essere in funzione; **2lich** aziendale; ***~e Mitbestimmung*** cogestione aziendale
Be'triebs|ausgaben *f/pl* spese *f/pl* d'esercizio; **2fähig** pronto a funzionare; **~gewinn** *m* utile *m* d'esercizio; **~kapital** *n* capitale *m* d'esercizio, fondi *m/pl* di gestione; **~kosten** *pl* costi

B

f/pl d'esercizio; **~leitung** *f* direzione *f*; **~rat** *m* consiglio *m* di fabbrica; **~system** *n inform* sistema *m* operativo; **~vereinbarung** *f* accordo *m* aziendale; **~wirtschaft** *f* amministrazione *f* aziendale; scienze *f/pl* economiche

Be'trug [-'tru:k] *m* (-[*e*]*s*; *senza pl*) inganno *m*; *econ* frode *f*

be'trüg|en (*betrog*, *betrogen*, *h*) ingannare; *econ* truffare; frodare; **2er** *m* (-*s*; -) imbroglione *m*; truffatore *m*; **~erisch** imbroglione; doloso

be'trunken [-'truŋkən] ubriaco

Bett [bɛt] *n* (-[*e*]*s*; -*en*) letto *m*; ***zu ~ gehen*** andare a letto; **'~decke** *f* coperta *f*; copriletto *m*

'Bettlaken *n* lenzuolo *m*

'Bettler ['bɛtlər] *m* (-*s*; -), **'~in** *f* (-; -*nen*) mendicante *m/f*, accattone *m*, -a *f*

'Bettwäsche *f* lenzuola *f/pl*

'Beule ['bɔilə] *f* (-; -*n*) bernoccolo *m*; *auto* ammaccatura *f*

be'unruhig|en [bə'ˀunru:igən] (*senza -ge-*, *h*) inquietare; preoccupare; allarmare; **~end** inquietante, allarmante

be'urkunden [-'ˀu:rkundən] (*senza -ge-*, *h*) documentare; legalizzare

be'urlaub|en [-'ˀu:rlaubən] *v/t* (*senza -ge-*, *h*) mandare in congedo; **~t** in congedo

be'urteilen [-'ˀu:rtailən] (*senza -ge-*, *h*) giudicare; criticare

'Beute ['bɔitə] *f* (-; -) bottino *m*; *fig* preda *f*, vittima *f*

'Beutel ['bɔʏtəl] *m* (-*s*; -) borsa *f*; sacchetto *m*

be'völker|n [bə'fœlkərn] (*senza -ge-*, *h*) popolare; **2ung** *f* (-; -*en*) popolazione *f*

be'vollmächtig|en [-'fɔlmɛçtigən] (*senza -ge-*, *h*) dare pieni poteri a; autorizzare; delegare; **~t** autorizzato; **2te** [-tiçtə] *m/f* (-*n*; -*n*) delegato *m*, -a *f*; *jur* mandatario *m*

be'vor [-'fo:r] prima che (*mit cj*), prima di (*mit inf*)

be'vorstehen [-ʃte:ən] (*irr*, *sep*, *-ge-*, *h*, → ***stehen***) essere imminente

be'vorzugen [-tsu:gən] (*senza -ge-*, *h*) preferire; (*begünstigen*) favorire

be'währen: ***sich ~*** (*senza -ge-*, *h*) dare buoni risultati; affermarsi

be'wahrheiten [-'va:rhaitən] (*senza -ge-*, *h*): ***sich ~*** avverarsi

be'währt [-'vɛ:rt] provato

be'waldet [-'valdət] boscoso

be'wältigen [-'vɛltigən] (*senza -ge-*, *h Schwierigkeiten*: superare; *e-e Arbei* venire a capo di

be'wandert [-'vandərt] versato

be'wässer|n [-'vɛsərn] (*senza -ge-*, irrigare; **2ung** *f* (-; -*en*) irrigazione

be'weg|en [-'ve:gən] (*senza -ge-*, muovere; *fig* agitare; (*rühren*) com muovere; *j-n zu*: indurre; **~lich** [-'ve kliç] mobile; *Personen*: agile, vivac *Charakter*: volubile; ***~e Güter*** *n/pl* b ni *m/pl* mobili

be'wegt [-'ve:kt] agitato; commosso

Be'wegung *f* (-; -*en*) movimento *m*; moto *m*; *fig* commozione *f*; ***sich in*** ***setzen*** mettersi in cammino; **~sfre heit** *f* libertà *f* di azione; **2slos** imm bile

Be'weis [-'vais] *m* (-[*e*]*s*; -*e*) prova *f*; c mostrazione *f*; ***unter ~ stellen*** prov re; **2en** *v/t* (*bewies*, *bewiesen*, *h*) prov re; dimostrare; **~führung** *f* dimostr zione *f*; **~stück** *n* documento *m* di pr va, pezzo *m* giustificativo; *jur* corpo del reato

be'werb|en (*bewarb*, *beworben*, ***sich um et ~*** chiedere qc; *um Amt*: fare una domanda di lavoro; cc correre a un posto; **2er** *m* (-*s*; -), **2eri** (-; -*nen*) aspirante *m*; candidato **2ung** *f* (-; -*en*) domanda *f* d'assunzi ne; **2ungsgespräch** *n* colloquio *m* presentazione; **2ungsschreiben** *n* c manda *f* d'impiego

be'werten (*senza -ge-*, *h*) valutare

be'willigen [-'viligən] (*senza -ge-*, concedere; *et*: accordare

be'wirtschaften (*senza -ge-*, *h*) amn nistrare; (*rationieren*) razionare

be'wohn|en (*senza -ge-*, *h*) abitare; *m* (-*s*; -), **2erin** *f* (-; -*nen*) abitante *m e-s Hauses*: inquilino *m*

be'wölk|en [-'vœlkən]: ***sich ~*** (*sen -ge-*, *h*) rannuvolarsi; **~t** nuvoloso

be'wundern (*senza -ge-*, *h*) ammira **~swert** ammirabile

be'wusst [-'vust] cosciente; *e-r Sac* consapevole; conscio; (*bekannt*) questione; ***sich et*** (*gen*) ***~ werden*** r dersi conto di qc; ***sich et*** (*gen*) ***~ s*** essere consapevole di qc; **~los** sve to, privo di sensi; **2sein** *n* (-*s*; *senza* coscienza *f*; **~werden** → ***bewusst***

bez. ***bezahlt*** pagato

Bez. ***Bezeichnung*** denominazione; ***Bezirk*** distretto

be'zahl|en (*senza -ge-, h*) pagare; retribuire; saldare; **'2fernsehen** *n* (*-s; -*) pay-TV *f*; **2ung** *f* (*-; senza pl*) pagamento *m*; retribuzione *f*; saldo *m*

be'zeichn|en (*senza -ge-, h*) marcare, contrassegnare; (*zeigen*) indicare; **~end** caratteristico; significativo; **2ung** *f* (*-; -en*) segno *m*; indicazione *f*; designazione *f*

be'zeugen (*senza -ge-, h*) attestare

be'zichtigen [-'tsiçtigən] (*senza -ge-, h*) incolpare

be'zieh|en (*bezog, bezogen, h*) **1.** *v/t econ* ricevere; *Geld*: riscuotere; *Ware*: acquistare; *Zeitschrift*: essere abbonato a; ***ein Haus ~*** andare ad abitare in una casa; **2.** ***sich ~*** riferirsi; *Himmel*: annuvolarsi; **2ung** *f* (*-; -en*) rapporto *m*; relazione *f*; ***in dieser ~*** da questo punto di vista; **~ungsweise** oppure; rispettivamente

Be'zirk [-'tsirk] *m* (*-[e]s; -e*) distretto *m*; (*Stadt2*) quartiere *m*

Be'zug [-'tsu:k] *m* (*-[e]s; ¨e*) copertura *f*; *Geld*: riscossione *f*; *Waren*: acquisto *m*; *Zeitungen*: abbonamento *m*; ***Bezüge*** *pl* (*Gehalt*) introiti *m/pl*; *econ* ***bei ~ von*** acquistando; ***mit ~*** *oder* ***in ~ auf*** riguardo a; ***~ nehmen*** riferirsi (***auf*** *acc* a)

be'züglich [bə'tsy:kliç] relativo a, con riferimento a

be'zwecken [-'tsvɛkən] (*senza -ge-, h*) mirare a, tendere a

be'zweifeln *v/t* (*senza -ge-, h*) mettere in dubbio; dubitare (***et*** di qc)

BGB ***Bürgerliches Gesetzbuch*** Codice civile

BH ***Büstenhalter*** reggiseno

Bhf. ***Bahnhof*** stazione ferroviaria

Bibel ['bi:bəl] *f* (*-; -n*) Bibbia *f*

Biblio'thek [bi:blio'te:k] *f* (*-; -en*) biblioteca *f*

biblisch ['bi:bliʃ] biblico; ***2e Geschichte*** *f* Storia *f* Sacra

bieg|en ['bi:gən] *v/t* (*bog, gebogen, h*) piegare; (in)curvare; **'~sam** ['bi:kza:m] pieghevole; flessibile

Biene ['bi:nə] *f* (*-; -n*) ape *f*; **'~nstock** *m* alveare *m*

Bier [bi:r] *n* (*-[e]s; -e*) birra *f*; ***helles ~*** birra *f* chiara; ***dunkles ~*** birra *f* scura; **'~garten** *m* birreria *f* all'aperto; **'~glas** *n* bicchiere *m* da birra

'bieten ['bi:tən] (*bot, geboten, h*) offrire; *Hand*: tendere; ***sich ~*** presentarsi; ***das lasse ich mir nicht ~!*** questa non me la faccio fare!; **'~lassen** → ***bieten***

Bi'lanz [-'lants] *f* (*-; -en*) bilancio *m*; ***die ~ ziehen*** fare il bilancio

'bilateral ['bi:latera:l] bilaterale

Bild [bilt] *n* (*-[e]s; -er*) immagine *f*; *Malerei*: quadro *m*; (*Porträt*) ritratto *m*; *Buch*: illustrazione *f*; ***im ~e sein*** essere al corrente; ***sich ein ~ machen*** farsi un'idea; **'~berichterstatter** *m* fotocronista *m*

'bilden ['bildən] (*h*) formare; *geistig*: istruire; (*schaffen*) creare; (*ausmachen*) costituire; ***~de Künste*** arti *f/pl* figurative; ***gebildet*** istruito, colto; **'~d** istruttivo

'Bilder|buch *n* libro *m* illustrato; **'~galerie** *f* galleria *f* (di quadri); **'~rätsel** *n* rebus *m*; **'~sammlung** *f* collezione *f* di quadri; **'~schrift** *f* scrittura *f* ideografica

'Bild|fläche ['biltflɛçə] *f* piano *m*, fondo *m*; ***auf der ~ erscheinen*** farsi vedere; ***von der ~ verschwinden*** scomparire; **'~hauer** ['-hauər(in)] *m* scultore *m*; **'~hauerin** *f* scultrice *f*

'bild|lich figurato, metaforico; **'2nis** *n* (*-ses; -se*) *Malerei*: ritratto *m*; effigie *f*

'Bildschirm *m* schermo *m*; ***am ~ arbeiten*** lavorare al computer; **'~arbeit** *f* (*-; senza pl*) lavoro *m* al computer, telelavoro *m*; **'~arbeitsplatz** *m* (*-es; Bildschirmarbeitsplätze*) work-station *f*; **'~fenster** *n* (*-s; -*) *inform* finestra *f*; **'~schoner** *m* (*-s; -*) *inform* salvaschermo *m*, screen saver *m*; **'~text** *m* (*od Btx*) Videotex *m*, Videotel *m*

'Bildung ['bilduŋ] *f* (*-; -en*) formazione *f*; *e-r Gesellschaft*: costituzione *f*; (*Aus2*) educazione *f*; (*senza pl*) *wissenschaftliche*: cultura *f*; (*Schul2*) istruzione *f*; **'~sweg** *m* corso *m* di studi; ***zweiter ~*** scuole *f/pl* superiori serali

'Billard ['biljart] *n* (*-s; -e*) biliardo *m*

'billig ['biliç] **1.** *adj* giusto, equo; *Preis*: economico; basso; **2.** *adv* a buon prezzo, a buon mercato; **'~en** ['-gən] (*h*) approvare; **'2flug** *m* volo *m* a tariffa ri-

B

dotta; '**≈lohnland** *n* paese *m* a basso costo di manodopera; '**≈ung** *f* (-; *-en*) approvazione *f*
'**Billion** ['biljo:n] *f* (-; *-en*) bilione *m*
'**Binde** ['bində] *f* (-; *-n*) fascia *f*; fasciatura *f*; '**~glied** *n* anello *m* di congiunzione; vincolo *m*
'**bind|en** ['bindən] *v/t* (*band*, *gebunden*, *h*) legare (*a fig*); *Strauß*: fare; '**~end** vincolante, obbligatorio
'**Bindfaden** ['bintfa:dən] *m* spago *m*
'**Bindung** ['-duŋ] *f* (-; *-en*) legame *m*, unione *f*; (*Verpflichtung*) obbligo *m*, impegno *m*; *Skisport*: attacco *m*
'**binnen** ['binən] entro; **~ *24 Stunden*** entro 24 ore; '**≈markt** *m* mercato *m* interno; (***europäischer***) **~** mercato unico (europeo); '***~-Richtlinien*** *pl* direttive *f/pl* del mercato unico; '**≈verkehr** *m* traffico *m* interno
Bioche'mie [bio:çe:'mi:] *f* biochimica *f*
Biogra'ph|ie [-gra'fi:] *f* (-; *-n*) biografia *f*; **≈isch** [-'gra:fiʃ] biografico
'**Bioladen** *m* *ecol* negozio *m* di prodotti biologici
Biolo'g|ie [-lo'gi:] *f* (-; *senza pl*) biologia *f*; **≈isch** [-'lo:giʃ] biologico
'**Bio|müll** *m* *ecol* rifiuti *m/pl* umidi; '**~produkt** *n* (*-s*; *-e*) *ecol* prodotto *m* organico (*od* biodegradabile); '**~tonne** *f* (-; *-n*) *ecol* bidone *m* per rifiuti biodegradabili; '**~top** [-'to:p] *n* (*-s*; *-e*) biotopo *m*
BIP ***Bruttoinlandsprodukt*** Prodotto Interno Lordo (*abbr* PIL)
'**Birke** ['birkə] *f* (-; *-n*) betulla *f*
'**Birne** ['birnə] *f* (-; *-n*) pera *f*; (*Glüh≈*) lampadina *f*
bis [bis] **1.** *prp* sino a, fino a; ***von 3 bis 4 Uhr*** dalle 3 alle 4; ***neun ~ zehn Jahre*** da nove a dieci anni; ***~ auf*** (*acc*) (*ausgenommen*) eccetto; ***~ auf weiteres*** fino a nuovo ordine; **2.** *cj* finché, sinché
'**Bischof** ['biʃɔf] *m* (*-s*; *¨-e*) vescovo *m*
bis'her [bis'he:r] finora, sinora; **~ig** che è stato (*od* è durato) finora
Biskaya [bis'ka:ja] *f* Biscaglia *f*; ***Golf m von ~*** Golfo *m* di Biscaglia
Biss [bis] *m* (*-es*; *-e*) morso *m*; '**≈chen** ['-çən] poco, pochino
'**Bissen** ['bisən] *m* (-; -) boccone *m*
'**bissig** ['bisiç] mordace
'**bitte** *adv* per favore; *nach Dank*: prego; ***wie ~?*** come?
'**Bitte** ['bitə] *f* (-; *-n*) preghiera *f*; ***ich ha[be e-e ~ an Sie*** vorrei chiederle un favore
'**bitten** ['bitən] (*bat*, *gebeten*, *h*) pregare; ***j-n um et ~*** domandare qc a qu; ***ich bitte Sie*** La prego
'**bitter** ['bitər] amaro
'**Bittschrift** *f* supplica *f*
bi'zarr [bi'tsar] bizzarro
BKA ***Bundeskriminalamt*** Dipartimento federale di polizia criminale
Bl. ***Blatt*** foglio
'**Blähung** ['blɛ:uŋ] *f* (-; *-en*) *med* flatulenza *f*
Bla'm|age [bla'ma:ʒə] *f* (-; *-n*) figuraccia *f*; **≈'ieren**: ***sich ~*** (*senza ge-*, *h*) fa[re una] brutta figura; ***j-n ~*** compromettere qu[,] mettere in ridicolo qu
'**blanko** *econ* ['blaŋko] in bianco; '**≈scheck** *m* assegno *m* in bianco; **≈unterschrift** *f* firma *f* in bianco
'**Bläschen** ['blɛ:sçən] *n* (*-s*; -) bollicin[a] *f*; *med* pustola *f*
'**Blase** ['bla:zə] *f* (-; *-n*) bolla *f*; *anat* vescica *f*; *chim* lambicco *m*
'**blasen** ['bla:zən] (*blies*, *geblasen*, *h*) soffiare
'**Blasenentzündung** ['bla:zənˀɛnttsynduŋ] *f* cistite *f*
'**Blasinstrument** ['bla:sˀinstrumɛnt] strumento *m* a fiato
blass [blas] pallido
Blatt [blat] *n* (*-[e]s*; *¨er*; *als Maß im p[l] inv*) foglia *f*; *Papier*: foglio *m*; (*Zeitung*) giornale *m*; *Säge*: lama
'**Blätterteig** ['blɛtərtaɪk] *m* pasta *f* sfoglia
blau [blaʊ] *adj* blu; azzurro; *med* livid[o]; F (*betrunken*) brillo; ; '**~machen** *v*[*/i*] (*sep*, *-ge-*, *h*, → ***machen***) F non presentarsi al lavoro
Blau *n* (*-s*; *senza pl*) azzurro *m*; ***ins ~ hinein reden*** parlare a vanvera; ***Fah[rt] ins ~e*** gita *f* senza meta; '**≈färben** ***färben***; '**~helm** *m* casco *m* blu
Blech [blɛç] *n* (*-[e]s*; *-e*) lamiera (*Weiß≈*) latta *f*; '**~büchse** *f*, '**~dose** scatola *f* di latta, lattina *f*; '**~instrumente** *n/pl* *mus* ottoni *m/pl*; '**~schaden** *m* danni *m/pl* alla carrozzeria
Blei [blai] *n* (*-[e]s*; *-e*) piombo *m*
'**bleiben** ['blaɪbən] (*blieb*, *geblieb[en]*, *sn*) restare, rimanere; ***es ~ lassen*** [la]sciar stare; ***lass das ~!*** finiscila!; ***dab***

~ persistere; ***bei et ~*** non allontanarsi da qc, perseverare in qc; ***es bleibt dabei*** resta inteso; '**~d** *adj* permanente; '**~lassen** → ***bleiben***

bleich [blaɪç] pallido; '**~en** *(blich, geblichen) v/t (h)* imbiancare; *Haare*: ossigenare

'**blei|frei** ['blaɪfraɪ] *adj (Benzin)* senza piombo; '**~haltig** ['-haltɪç] piombifero; '**≈stift** *m* lapis *m*, matita *f*

'**Blend|e** ['blɛndə] *f (-; -n) fis, fot* diaframma *m*; '**≈en** *(h)* abbagliare; '**≈end** *fig* fantastico

Blick [blɪk] *m (-[e]s; -e)* sguardo *m*; *flüchtiger*: occhiata *f*; *(Aussicht)* vista *f*; panorama *m*; ***e-n ~ werfen auf*** *(acc)* dare un'occhiata a; '**≈en** *(h)* guardare; ***sich ~ lassen*** farsi vivo; '**≈enlassen** → ***blicken***; '**~fang** ['-faŋ] *m (-[e]s; ¨e)* attrazione *f*; '**~feld** *n* campo *m* visivo

blind [blɪnt] cieco; ***~er Passagier*** viaggiatore *m* clandestino; '**≈bewerbung** *f (-; -en)* domanda *f* di lavoro mandata alla cieca; '**≈darm** *m* intestino *m* cieco; '**≈darmentzündung** *f* appendicite *f*

Blind|e ['blɪndə] *m/f (-n; -n)* cieco *m*, -a *f*; '**~enschrift** *f* scrittura *f* Braille

Blind|flug ['blɪntfluːk] *m* volo *m* strumentale; '**~heit** *f (-; senza pl)* cecità *f*

blink|en ['blɪŋkən] *(h)* brillare; *Zeichen geben*: segnalare; '**≈licht** *n* luce *f* ad intermittenza; *auto*: lampeggiatore *m*

Blitz [blɪts] *m (-es; -e)* lampo *m*; baleno *m*; *Wetterstrahl*: fulmine *m*; '**≈en** *(h)* lampeggiare; '**~gespräch** *n* telefonata *f* urgentissima; '**~krieg** *m* guerra *f* lampo; '**~licht** *n fot* flash *m*, lampo *m*; '**~schlag** *m* fulmine *m*; '**~telegramm** *n* telegramma *m* lampo

Block [blɔk] *m (-[e]s; ¨e)* blocco *m*; *(pl -s) (Häuser≈)* isolato *m*; *(Notiz≈)* taccuino *m*, agenda *f*

Blo'ckade [blɔ'kaːdə] *f (-; -n)* blocco *m*

blo'ckieren [blɔ'kiːrən] *(senza ge-, h)* bloccare

Blockschrift *f* stampatello *m*

blöd|e ['bløːdə] scemo; stupido; tonto; '**~sinnig** ['bløːtzɪnɪç] cretino

blond [blɔnt] biondo; **≈'ine** [-'diːnə] *f (-; -n)* biondina *f*

bloß [bloːs] **1.** *adj* nudo; *Kopf*: scoperto; *Fuß*: scalzo; ***mit ~em Auge*** ad occhio nudo; **2.** *adv* solamente

'**Blöße** ['bløːsə] *f (-; -n)* nudità *f*; *fig* ***sich e-e ~ geben*** scoprirsi *(fig)*

'**bloßstellen** ['bloːsʃtɛlən] *(sep, -ge-, h)* compromettere

Bluff [bløf] *m (-s; -s)* bluff *m*; '**≈en** *(h)* bleffare

'**blühen** ['blyːən] *(h)* fiorire; '**~d** fiorente; *Fantasie*: esuberante

'**Blume** ['bluːmə] *f (-; -n)* fiore *m*; *vom Wein*: aroma *m*

'**Blumen|händler** *m* fioraio *m*; '**~kohl** *m* cavolfiore *m*; '**~strauß** *m* mazzo *m* di fiori; '**~topf** *m* vaso *m* da fiori

'**Bluse** ['bluːzə] *f (-; -n)* camicetta *f*; blusa *f*

Blut [bluːt] *n (-[e]s; senza pl)* sangue *m*; ***~ stillend*** → ***blutstillend***

'**Blut|ader** *f* vena *f*; '**~armut** *f* anemia *f*; '**~bad** *n* strage *f*; '**~bild** *med n* quadro *m* ematologico; '**~druck** *m* pressione *f* sanguigna

'**Blüte** ['blyːtə] *f (-; -n)* fiore *m*

'**bluten** ['bluːtən] *(h)* sanguinare; *fig* versare il sangue; *iro* dover pagare

'**Blut|entnahme** ['-ʔɛntnaːmə] *f* prelievo *m* del sangue; '**~erkrankheit** ['bluːtərkraŋkhaɪt] *f* emofilia *f*; '**~gefäß** *n* vaso *m* sanguigno; '**~gruppe** *f* gruppo *m* sanguigno; '**≈ig** insanguinato; pieno di sangue; '**~körperchen** ['-kœrpərçən] *n (-s; -)* globulo *m* del sangue; ***weiße ~*** *n/pl* leucociti *m/pl*; '**~kreislauf** *m* circolazione *f* del sangue; '**~probe** *f* emoscopia *f*; '**~spender** *m* donatore *m* di sangue; '**≈stillend** ['bluːtʃtɪlənt] emostatico; '**~sturz** *m* sbocco *m* di sangue; '**~sverwandtschaft** *f* consanguineità *f*; '**~übertragung** *f* trasfusione *f* di sangue; '**~ung** *f (-; -en)* perdita *f* di sangue; '**~vergießen** *n (-s; senza pl)* spargimento *m* di sangue; '**~vergiftung** *f* setticemia *f*; infezione *f* purulenta; '**~wurst** *f* sanguinaccio *m*

BLZ ***Bankleitzahl*** Codice di Avviamento Bancario *(abbr* CAB)

BND ***Bundesnachrichtendienst*** Servizi segreti federali tedeschi

Bö [bøː] *f (-; -en)* raffica *f*

Bob [bɔp] *m (-s; -s)* bob *m*

Bock [bɔk] *m (-[e]s; ¨e)* maschio *m*; *(Ziegen≈)* becco *m*; *(Kutsch≈)* cassetta *f*; '**≈ig** caparbio; capriccioso

'Boden ['boːdən] *m* (*-s*; ⸗) suolo *m*; *zum Bauen*: terreno *m*; *e-s Gefäßes*: fondo *m*; (*Dach*Ձ) solaio *m*; (*Fuß*Ձ) pavimento *m*; *fig* base *f*; ~ ***gewinnen*** guadagnar terreno; ***zu*** ~ a terra; **'~abwehr** *avia f* difesa *f* antiaerea; **'Ձlos** sfondato; *fig* immenso; incredibile; **'~nebel** *m* foschia *f*; **'~personal** *avia n* personale *m* a terra; **'~reform** *f* riforma *f* agraria; **'~schätze** *m/pl* ricchezze *f/pl* del sottosuolo; **'Ձständig** nativo, autoctono; **'~station** ['-ʃtatsjoːn] *f* stazione *f* a terra
Bodensee ['boːdənzeː] *m* Lago *m* di Costanza
'Bogen ['boːgən] *m* (*-s*; -) arco *m*; *Papier*: foglio *m*; **'~gang** *m* portico *m*; **'~gewölbe** *n* volta *f* a centina; **'~lampe** *f* lampada *f* ad arco
Böhmen ['bøːmən] *n* Boemia *f*
'Bohne ['boːnə] *f* (-; *-n*) fagiolo *m*; (*Sau*Ձ) fava *f*; (*Kaffee*Ձ) chicco *m*; ***grüne ~n*** fagiolini *m/pl*
'bohr|en ['boːrən] (*h*) forare; *ein Loch*: fare; *tec* trivellare, alesare; *med* trapanare; **'Ձer** *m* (*-s*; -) trivello *m*, succhiello *m*; *med* trapano *m*; **'Ձloch** *n* foro *m*; **'Ձmaschine** *f* perforatrice *f*; trapano *m*; **'Ձturm** *m* torre *f* di trivellazione; **'Ձung** *f* (-; *-en*) trivellazione *f*; perforazione *f*; *med* trapanazione *f*; *Auto*: alesaggio *m*
'Boiler ['bɔʏlər] *m* (*-s*; -) scaldabagno *m*
'Boje ['boːjə] *f* (-; *-n*) boa *f*, gavitello *m*
bombar'dieren [bɔmbar'diːrən] (*senza ge-*, *h*) bombardare
'Bombe ['bɔmbə] *f* (-; *-n*) bomba *f*; ***~n werfen*** lanciare bombe
Bon [bɔ̃] *m* (*-s*; *-s*) buono *m*; scontrino *m*
Bon'bon [bɔ̃'bɔ̃] *m u n* (*-s*; *-s*) caramella *f*; confetto *m*
Bonn [bɔn] *n* Bonn *f*
'Bonus ['boːnus] *m* (*-[ses]*; *-se u Boni*) premio *m*; extradividendo *m*
Boot [boːt] *n* (*-[e]s*; *-e*) barca *f*, imbarcazione *f*, natante *m*; **'Ձen** ['butən] *inform* riavviare; **'~sfahrt** *f* giro *m* (*od gita f*) in barca; **'~smann** *m* barcaiolo *m*; **'~sverleih** *m* noleggio *m* di barche
Bord[1] [bɔrt] *m* (*-[e]s*; *senza pl*) bordo *m*; ***an ~ gehen*** andare a bordo; ***über ~ werfen*** buttare a mare; **~**[2] *n* (*pl -e*
(*Wand*Ձ, *Bücher*Ձ) scaffale *m*
Bor'dell [bɔr'dɛl] *n* (*-s*; *-e*) bordello *n*
'Bordkarte *f* carta *f* d'imbarco
'borgen ['bɔrgən] (*h*) ***j-m et*** ~ prestar
qc a qu
bor'niert [bɔr'niːrt] ottuso
'Börse ['bœrzə] *f* (-; *-n*) borsellino *n*
Borsa *f*
Börsenbericht *m* listino *m* (*od bolle*
tino m) di borsa; **'~kurs** *m* corso
(*od quotazione f*) della borsa; **'~mak**
ler *m* agente *m* di borsa (*od* di cam
bio); **'~notierung** *f* quotazione *f*
borsa; **'~spekulation** *f* aggiotaggi
m, speculazione *f* in borsa; **'~verban**
m (*-s*; *Börsenverbände*): ***Europ***
ischer ~ EU Federazione *f* delle Bors
valori europee
'bösartig ['bøːsʔɑːrtiç] maligno
med)
'Böschung ['bœʃuŋ] *f* (-; *-en*) scarpa
f, pendio *m*
'böse ['bøːzə] *adj* cattivo; (*zornig*) ad
rato; ***e-e ~ Sache*** una faccenda seri
j-m ~ sein essere in collera con qu
'boshaft ['boːshaft] maligno
Bosnien-Herzegowina ['bɔsniən hɛ
tse'goːvina] *n* Bosnia-Erzegovina *f*
Bosporus ['bɔsporus] *m* Bosforo *m*
'böswillig ['bøːsviliç] malevolo; mali
tenzionato; *jur* doloso; *adv* intenzi
nalmente
Bo'tan|ik [bo'tɑːnik] *f* (-; *senza pl*) b
tanica *f*; **Ձisch** *adj* botanico
'Bote ['boːtə] *m* (*-n*; *-n*) messaggero
post postino *m*; (*Laufbursche*) fatto
no *m*
'Botschaft ['boːtʃaft] *f* (-; *-en*) messa
gio *m*; *pol* ambasciata *f*; **'~er** *m* (*-s*;
'~erin *f* (-; *-nen*) ambasciatore *m*, -tri
f
Bouil'lon [bul'jɔ̃] *f* (-; *-s*) brodo *m*
Boule'vard [bulə'vɑːr] *m* boulevard
viale *m*; **~presse** *f* stampa *f* scanda
stica
Bourgeoi'sie [burʒwa'ziː] *f* (-; *sen*
pl) borghesia *f*
'box|en ['bɔksən] *v/i* (*h*) fare il pugila
'Ձer *m* (*-s*; -) pugile *m*; **'Ձkampf** *m*
contro *m* di pugilato
Boy'kott [bɔʏ'kɔt] *m* (*-[e]s*; *-s u -e*) b
cottaggio *m*; **Ձ'ieren** (*senza ge-*, *h*) b
cottare

Bozen ['bo:tsən] *n* Bolzano *f*

Branche ['brã∫ə] *f* (-; *-n*) ramo *m*, settore *m*; '**~nverzeichnis** *n* catalogo *m* per categorie; *tel* pagine *f/pl* gialle

Brand [brant] *m* (-[*e*]*s*; *⸗e*) incendio *m*; *fig* ardore *m*; *tec* cottura *f*; '**~bombe** *f* bomba *f* incendiaria; '**~fleck** *m* bruciatura *f*; '**♀marken** ['-markən] (*h*) *fig* bollare, stigmatizzare; '**~opfer** *n* olocausto *m*; '**~schaden** *m* danno *m* causato da incendio; '**~stätte** *f* luogo *m* dell'incendio; '**~stifter** *m* incendiario *m*; '**~stiftung** *f* incendio *m* doloso

Brandenburg ['brandənburk] *n* Brande(n)burgo *m*

Brandung ['brandʊŋ] *f* (-; *senza pl*) frangente *m*, risacca *f*

Brandwunde *f* scottatura *f*

Branntwein ['brantvaɪn] *m* acquavite *f*

Brasi'lian|er [brazil'ja:nər] *m* (*-s*; -), **~erin** *f* (-; *-nen*), **♀isch** brasiliano *m*, -a *f*

Brasilien [bra'zi:ljən] *n* Brasile *m*

braten ['bra:tən] *v/t* (*briet*, *gebraten*, *h*) arrostire; (*backen*) friggere; *Beefsteak*: fare; ***braun ~*** rosolare

Braten *m* (*-s*; -) arrosto *m*

Brat|fisch ['bra:tfi∫] *m* pesce *m* arrosto, pesce *m* fritto; '**~huhn** *n* pollo *m* arrosto; '**~kartoffeln** *f/pl* patate *f/pl* al forno; '**~wurst** *f* salsiccia *f* arrostita

Brauch [braʊx] *m* (-[*e*]*s*; *Bräuche*) costume *m*, uso *m*; '**♀bar** utilizzabile; abile; (*tauglich*) idoneo; (*nützlich*) utile; '**♀en** (*h*) aver bisogno di; volerci; (*anwenden*) adoperare; usare; ***Sie ~ nur zu ...*** non ha che da ...

brau|en ['braʊən] (*h*) fare (la birra, il ponce, il caffè *usw*); **♀e'rei** *f* (-; *-en*), '**♀haus** *n* birreria *f*

braun [braʊn] (*dunkel~*) bruno; (*kastanien~*) marrone; (*Haar*) castano; (*Auge*) scuro; (*hell~*) color avana; ***braun gebrannt*** abbronzato

Bräune ['brɔʏnə] *f* (-; *senza pl*) (*Sonnen♀*) abbronzatura *f*; '**♀n** (*h*) abbrunire; brunire; ***sich ~*** abbronzarsi

Braunkohle *f* lignite *f*

Braut [braʊt] *f* (-; *Bräute*) fidanzata *f*, sposa *f*

Bräutigam ['brɔʏtigam] *m* (*-s*; *-e*) fidanzato *m*, sposo *m*

Braut|kleid *n* abito *m* da sposa; '**~paar** *n* (coppia *f* di) sposi *m/pl*

brav [bra:f] bravo; (*Kind*) buono; (*ehrenhaft*) perbene, onorato

BRD ***Bundesrepublik Deutschland*** Repubblica Federale Tedesca (*abbr* RFT)

'**brechen**[1] ['brɛçən] (*brach*, *gebrochen*) **1.** *v/t* (*h*) rompere; *med* fratturare; *Wort*: mancare a; *Gesetz*: violare; **2.** *v/i* (*sn*) *u* ***sich ~*** rompersi; ***mit j-m ~*** (*h*) romperla con qu; (*Wellen*) frangersi; (*Licht*) rifrangersi

'**brechen**[2] ['brɛçən] (*brach*, *gebrochen*) (*h*) *med* vomitare

'**Brech|reiz** ['brɛçraɪts] *m* nausea *f*; '**~stange** *f* leva *f* di ferro; '**~ung** *f* (-; *-en*) *fis* rifrazione *f*

Brei [braɪ] *m* (-[*e*]*s*; *-e*) poltiglia *f*; *gastr u fig* pappa *f*; *von Kartoffeln*, *Erbsen*: purè *m*

breit [braɪt] largo; ***weit und ~*** da ogni parte; '**♀e** *f* (-; *-n*) larghezza *f*; '**♀engrad** *m* (grado *m* di) latitudine *f*; '**~machen** *v/r* (*sep*, *-ge-*, *h*) *fig* ***sich ~*** occupare tutto il posto disponibile; '**~schlagen** (*irr*, *sep*, *-ge-*, *h*, → ***schlagen***) *fig* F persuadere (a forza di chiacchiere); '**♀seite** *f mar* fianco *m*; '**~treten** (*irr*, *sep*, *-ge-*, *h*, → ***treten***) *fig* dilungarsi su, propalare; '**♀wand** *f* schermo *m* panoramico

Bremen ['bre:mən] *n* Brema *f*

'**Brems|e** ['brɛmzə] *f* (-; *-n*) freno *m*; *zo* tafano *m*; assillo *m*; ***die ~ einstellen*** regolare il freno; '**♀en** (*h*) frenare; '**~pedal** *n* pedale *m* del freno

'**brennbar** ['brɛnba:r] combustibile

'**brennen** ['brɛnən] (*brannte*, *gebrannt*, *h*) **1.** *v/t* bruciare; *Kaffee*: tostare; *Branntwein*: distillare; *tec Kalk*, *Töpfe*: cuocere; **2.** *v/i* bruciare; ardere; (*Sonne*) scottare; (*Lampe*) essere acceso; ***es brennt*** c'è un incendio; ***darauf ~ zu*** *inf* non vedere il momento di; '**~d** ardente; *fig* di scottante attualità; ***~er Schmerz*** *m* dolore *m* cocente; ***~e Frage*** *f* questione *f* scottante

Brenne'rei [brɛnə'raɪ] *f* (-; *-en*) distilleria *f*

'**Brenn|holz** *n* legna *f*; '**~nessel** *f* ortica *f*; '**~punkt** *m* fuoco *m*; *fig* centro *m*; punto *m* nevralgico; '**~spiritus** *m* alcol *m* denaturato; '**~stoff** *m* combustibile *m*; *Auto*: carburante *m*

'brenzlig ['brɛntsliç] bruciaticcio; *fig* critico; precario

Brett [brɛt] *n* (-[*e*]*s*; -*er*) asse *f*, tavola *f*; (*Spiel*≈) scacchiera *f*; ***Schwarzes ~*** tavola *f* degli avvisi; **'~er** *pl tea* scena *f*; *Skisport*: sci *m/pl*

Brief [bri:f] *m* (-[*e*]*s*; -*e*) lettera *f*; ***gewöhnlicher ~*** lettera *f* semplice; ***eingeschriebener ~*** lettera *f* raccomandata; **'~bogen** *m* foglio *m* di carta da lettere; **'~geheimnis** *n* segreto *m* epistolare; **'~kasten** *m* cassetta *f* postale, buca *f* delle lettere; **'~kastenfirma** *f* società *f* bucalettere; **'~kopf** *m* intestazione *f*

'brieflich ['bri:fliç] per lettera

'Brief|marke *f* francobollo *m*; **'~markenautomat** *m* distributore *m* automatico di francobolli; **'~öffner** ['-ʔœfnər] *m* (-*s*; -) tagliacarte *m*; **'~papier** *n* carta *f* da lettere; **'~porto** *n* affrancatura *f*; **'~post** *f* corrispondenza *f*; **'~tasche** *f* portafoglio *m*; **'~telegramm** *n* telegramma *m* lettera; **'~träger(in)** *m*(*f*) portalettere *m/f*; postino *m*, -a *f*; **'~umschlag** *m* busta *f*; **'~waage** *f* pesalettere *m*

Bril'lant [bril'jant] *m* (-*en*; -*en*), **bril'lant** *adj* brillante *m*

'Brille ['brilə] *f* (-; -*n*) occhiali *m/pl*; (*Schutz*≈) occhiali *m/pl* da protezione; **'~netui** *n* astuccio *m* per occhiali

'bringen ['briŋən] (*brachte*, *gebracht*, *h*) **1.** portare; (*begleiten*) accompagnare; (*ein*~) rendere; (*hervor*~) produrre; *Opfer*: fare; **2.** *mit prp*: ***an sich*** (*acc*) **~** appropriarsi di; ***j-n auf et*** (*acc*) **~** suggerire qc a qu; ***mit sich ~*** *fig* portare con sé, comportare, implicare; ***j-n um et ~*** togliere qc a qu; ***j-n zu et ~*** indurre qu a fare qc; ***j-n zum Lachen ~*** far ridere qu; ***es zu et ~*** far carriera; ***in Gefahr ~*** mettere in pericolo; ***unter die Leute ~*** mettere in giro

'Brise ['bri:zə] *f* (-; -*n*) brezza *f*

'britisch ['brɪtiʃ] britannico

'Brocken ['brɔkən] *m* (-*s*; -) pezzo *m*

Broker ['bro:kɐ] *m* (-*s*; -) *econ* broker *m*

'Brokkoli ['brɔkoli] *m* (-*s*; -*s*) broccoli *m/pl*

'Brombeere ['brɔmbe:rə] *f* mora *f* (di rovo)

Bron'chitis [brɔn'çi:tɪs] *f* (-*s*; -*itiden*) bronchite *f*

'Bronze ['brɔ̃sə, '-zə] *f* (-; -*n*) bronzo

'Brosch|e ['brɔʃə] *f* (-; -*n*) spilla *f*; **≈'ie**[…] [-'ʃi:rt] in brossura; **≈'üre** [-'ʃy:rə] *f* (-; -*n*) opuscolo *m*, dépliant *m*

Brot [bro:t] *n* (-[*e*]*s*; -*e*) pane *m*

'Brötchen ['brø:tçən] *n* (-*s*; -) panin[o] *m*; ***belegtes ~*** panino *m* imbottito

'Brot|röster *m* tostapane *m*; **'~schnit[te]** *f* fetta *f* di pane

BRT ***Bruttoregistertonne*** tonnellata [...] stazza lorda

Bruch [brux] *m* (-[*e*]*s*; ≃*e*) rottura [...] *med* frattura *f*; *am Unterleib*: ernia [...] *mat* frazione *f*; (*Stein*≈) cava *f*; ***zu ~ gehen*** rompersi; ***in die Brüche gehen*** fallire, andare in fumo

'bruchfest ['-fəst] infrangibile

'brüchig ['bryçiç] fragile; friabile

'Bruch|landung *f avia* atterraggio con avaria; **'~stück** *n* frammento [...] **'~teil** *m* frazione *f*; *fig* minima parte

'Brücke ['brykə] *f* (-; -*n*) ponte *m*

'Brücken|bau *m* costruzione *f* di pon[te]; **'~kopf** *m* testa *f* di ponte

'Bruder ['bru:dər] *m* (-*s*; ≃) fratello [...] *rel* frate *m*

'brüderlich ['bry:dərliç] fraterno

'Brüderschaft ['bry:dərʃaft] *f* (-; *sen*[za] *pl*) fratellanza *f*; ***~ trinken*** brindare [in] segno di fratellanza (dandosi del tu)

'Brühe ['bry:ə] *f* (-; -*n*) brodo *m*; [...] broda *f*

'brühen ['bry:ən] (*h*) bollire

'brummen ['brumən] *v/i* (*h*) bronto[la]re; *Kopf*: ronzare

brü'nett [bry'nɛt] castano; moro

'Brunnen ['brunən] *m* (-*s*; -) fonte [...] (*Zier*≈) fontana *f*; pozzo *m*; (*Gesund*[...]) acque *f/pl* minerali

brüsk [brysk] brusco; **~'ieren** (*sen*[za] *ge*-, *h*) offendere; **≈'ierung** *f* (-; -*en*) [of]fesa *f*

Brüssel ['brysəl] *n* Bruxelles *f*

Brust [brust] *f* (-; ≃*e*) petto *m*; (*Bus*[en]) seno *m*

'brüsten ['brystən]: ***sich ~*** (*h*) vanta[rsi]

'Brust|korb *m* torace *m*; **'~krebs** [...] cancro *m* alla mammella; **'~schw[im]men** *n* nuoto *m* a rana; **'~umfang** [...] circonferenza *f* toracica

'Brüstung ['brystuŋ] *f* (-; -*en*) parap[et]to *m*

'Brustwarze ['brustvartsə] *f* capezz[olo]

m

Brut [bruːt] *f* (-; -*en*) (*Brüten*) cova *f*; *die Jungen*: covata *f*; *Vögel*: nidiata *f*; *Fische*: avannotti *m*/*pl*

bru'tal [bru'tɑːl] brutale; **2i'tät** *f* (-; -*en*) brutalità *f*

'brüten ['bryːtən] *v*/*i* (*h*) covare; *fig* meditare (***über*** *dat* su)

'Brutkasten *m* incubatrice *f*

'brutto ['bruto] lordo; **'2einkommen** *n* reddito *m* lordo; **'2sozialprodukt** *n* *econ* prodotto *m* nazionale lordo

BSE ***bovine spongiforme Enzephalopathie*** BSE, F mucca pazza

BSP ***Bruttosozialprodukt*** Prodotto Nazionale Lordo (*abbr* PNL)

'Bube ['buːbə] *m* (-*n*; -*n*) ragazzo *m*; *Spiel*: fante *m*

Buch [buːx] *n* (-[*e*]*s*; ⸗*er*) libro *m*; **~ *führen*** tenere la contabilità; **'~druck** *m* (-[*e*]*s*; *senza pl*) stampa *f*; **'~drucker** *m* (-*s*; -) tipografo *m*

'Buche ['buːxə] *f* (-; -*n*) faggio *m*

'buchen ['buːxən] *v*/*t* (*h*) *econ* registrare; (*Platz*) riservare

'Bücher|brett ['byːçərbrɛt] *n* scaffale *m*; **~'ei** [-'raɪ] *f* (-; -*en*) biblioteca *f*; **'~sammlung** *f* raccolta *f* di libri; **'~schrank** *m* biblioteca *f*

'Buch|führung ['-fyːruŋ] *f* (-; *senza pl*) contabilità *f*; ***einfache*** (***doppelte***) **~** contabilità *f* a partita semplice (doppia); **'~haltung** *f* (-; *senza pl*) contabilità *f*; **'~handel** *m* commercio *m* librario; **'~handlung** *f* libreria *f*; **'~macher** *m* (-*s*; -) allibratore *m*; **'~markt** *m* mercato *m* librario; **'~messe** *f* fiera *f* del libro

Büchse ['byksə] *f* (-; -*n*) bossolo *m*; *aus Glas*, *Stein*: barattolo *m*; *für Fleisch*, *Gemüse*: scatola *f*

Büchsen|fleisch ['byksənflaɪʃ] *n* carne *f* in scatola; **'~öffner** *m* apriscatole *m*

Buch|stabe ['buːxʃtɑːbə] *m* (-*n*; -*n*) lettera *f*; carattere *m*; ***großer* ~** maiuscola *f*; ***kleiner* ~** minuscola *f*; **2sta'bieren** (*senza ge*-, *h*) sillabare, compitare

Bucht [buxt] *f* (-; -*en*) baia *f*, insenatura *f*

Buchung ['buːxuŋ] *f* (-; -*en*) allibramento *m*; registrazione *f*; prenotazione *f*; **'~sbestätigung** *f* conferma *f* della registrazione

'Bude ['buːdə] *f* (-; -*n*) (*Markt2*) chiosco *m*, bancarella *f*; F baracca *f*

Bud'get [byd'ʒeː] *n* (-*s*; -*s*) bilancio *m*; budget *m* (*od stanziamento m previsto*)

Bü'fett [by'fɛt] *n* (-*s*; -*s*) buffet *m*; ***kaltes* ~** tavola *f* fredda

Bug [buːk] *m* (-[*e*]*s*; -*e*) *mar* prua *f*, prora *f*

'Bügel ['byːgəl] *m* (-*s*; -) (*Kleider2*) attaccapanni *m*; *am Korb*: manico *m*; **'~brett** *n* asse *f* da stiro; **'~eisen** *n* ferro *m* da stiro; **'~falte** *f* piega *f*

'bügeln ['byːgəln] (*h*) stirare

'Bühne ['byːnə] *f* (-; -*n*) palcoscenico *m*; scena *f*, *fig* teatro *m*; *tec* piattaforma *f*; *fig* ***über die* ~ *gehen*** svolgersi; **'~nbild** *n* scenario *m*; **'~nstück** *n* dramma *m*, commedia *f*, lavoro *m* drammatico, produzione *f*

Bul'gar|e [bul'gɑːrə] *m* (-*n*; -*n*), **~in** *f* (-; -*nen*), **2isch** bulgaro *m*, -a *f*

Bulgarien ['bul'gɑːrjən] *n* Bulgaria *f*

'Bull|auge ['bulˀaugə] *n* oblò *m*; **'~dogge** *f* (-; -*n*) bulldog *m*; **'~e** ['-lə] *m* (-*n*; -*n*) *zo* toro *m*

'Bummel ['buməl] *m* (-*s*; -) passeggiata *f*, giretto *m*; **~'ei** [-'laɪ] *f* (-; *senza pl*) lentezza *f*; **'2n** (*h*) gironzolare, andare a zonzo; **'~streik** *m* sciopero *m* bianco

Bund[1] [bunt] *m* (-[*e*]*s*; ⸗*e*) legame *m*; *pol* lega *f*; (*Bündnis*) alleanza *f*

Bund[2] [bunt] *n* (*pl* -*e*; *nach Zahlen im pl inv*) fascio *m*; *Schlüssel*, *Spargel*: mazzo *m*

'Bündel ['byndəl] *n* (-*s*; -) fascio *m*; *Kleider*: fagotto *m*; **'2n** *v*/*t* (*h*) affastellare, fare un fagotto di

'Bundes... ['bundəs...]: *in Zssgn oft* federale; **'~bahnen** *f*/*pl* ferrovie *f*/*pl* federali; **'~bank** *f* Bundesbank *f* (*od banca f centrale tedesca*); **'~genosse** *m* alleato *m*; **'~kanzler** *m* cancelliere *m* federale; **'~kanzlerin** *f* cancelliera *f* (federale); **'~land** *n* stato *m* federato; **'~liga** *f* la serie A *f* della RFT; **'~regierung** *f* governo *m* federale; **'~republik** *f*: **~ *Deutschland*** Repubblica *f* Federale Tedesca; **'~staat** *m* stato *m* federale; **'~tag** *m*: ***Deutscher* ~** Parlamento *m* della Repubblica federale tedesca; **'~wehr** *f* forze *f*/*pl* armate (della Repubblica federale tedesca)

'Bündnis ['byntnis] *n* (*-ses*; *-se*) alleanza *f*
'Bunker ['buŋkər] *m* (*-s*; -) fortino *m*; (*Luftschutz*2) rifugio *m*
bunt [bunt] variopinto; (*farbig*) colorato; (*Stoff*) a colori; ~ ***gemustert*** (*Stoff*) a fantasia; ***~er Abend*** serata *f* di varietà; **'2metall** *n* metallo *m* non ferroso; **'2stift** *m* matita *f* colorata
Burg [burk] *f* (-; *-en*) castello *m*; (*Bergfeste u rel*) rocca *f*
'Bürge ['byrgə] *m* (*-n*; *-n*) garante *m*, mallevadore *m*; **'2n** (*h*) garantire; avallare
'Bürger ['byrgər] *m* (*-s*; -), **'~in** *f* (-; *-nen*) cittadino *m*, -a *f*; (*Einwohner*) abitante *m*/*f*; **'~krieg** *m* guerra *f* civile; **'2lich** civile; **'~meister** *m* sindaco *m*; borgomastro *m*; **'~tum** *n* (*-s*; *senza pl*) classe *f* media, borghesia *f*
'Bürgschaft ['byrkʃaft] *f* (-; *-en*) garanzia *f*; *Geld*: fideiussione *f*
Bü'ro [by'ro:] *n* (*-s*; *-s*) ufficio *m*; agenzia *f*; **~angestellte** *m*/*f* impiegato *m*, -a *f*; **~arbeit** *f* lavoro *m* d'ufficio; **~bedarf** *m* articoli *m*/*pl* di cancelleria; **~kauffrau** *f*, **~kaufmann** *m* impiegata *f*, -o *m* di commercio; **~kommunikation** [-kɔmunikatsjo:n] *f* comunicazione *f* aziendale; **~'krat** *m* (*-en*; *-en*) burocrate *m*, F pignolo *m*; **~kra'tie** *f* (-; *senza pl*) burocrazia *f*; **2'kratisch** burocratico; **~maschinen** *f*/*pl* macchine *f*/*pl* per ufficio; **~möbel** *n*/*pl* mobili *m*/*pl* per ufficio
burschi'kos [-ʃi'ko:s] disinvolto, libero

'Bürst|e ['byrstə] *f* (-; *-n*) spazzola *f* **'2en** (*h*) spazzolare
Bus [bus] *m* (*-ses*; *-se*) autobus *m* **'~bahnhof** *m* stazione *f* autocorriere **'~fahrer** *m* conducente *m* di autobus **'~haltestelle** *f* fermata *f* dell'autobus
Busch [buʃ] *m* (*-[e]s*; *¨e*) cespuglio *m* (*Gebüsch*) boscaglia *f*
'Busen ['bu:zən] *m* (*-s*; -) seno *m*; *fig* cuore *m*; **'~freund** *m* amico *m* intimo **'~halter** *m* reggiseno *m*; **'~nadel** *f* spilla *f*
'Bussard ['busart] *m* (*-s*; *-e*) poiana *f*
'Buße ['bu:sə] *f* (-; *-n*) ammenda *f*; *re* penitenza *f*
'büßen ['by:sən] (*h*) espiare; ***et m*** ***dem Leben*** ~ pagare qc con la vita
'Buß|geld ['bu:sgɛlt] *n* ammenda *f* **'~tag** *m* giorno *m* di penitenza
'Büste ['bystə] *f* (-; *-n*) busto *m*; **'~nhalter** *m* reggipetto *m*, reggiseno *m*
'Busverbindung *f* collegamento *m* vi autobus
'Butter ['butər] *f* (-; *senza pl*) burro *m* **'~brot** *n* panino *m* imburrato; *fig* ***fü*** ***ein*** ~ per un tozzo di pane; **'~dose** burriera *f*; **'~milch** *f* latticello *m*
'Button [bʌtn] *m* (*-s*; *-s*) distintivo *m* *inform* pulsante *m*
'Butzenscheiben ['butsənʃaıbən] *f*/*p* tondi *m*/*pl* di vetro
b.w. ***bitte wenden*** vedere a tergo
BWL ***Betriebswirtschaftslehre*** economia aziendale
Byte [baıt] *n* (-[*s*]; -[*s*]) *inform* byte *n*
bzw. ***beziehungsweise*** rispettivamente

C

C ***Celsius*** Celsius
ca. ***circa, ungefähr, etwa*** circa, all'incirca
'Cabrio(let) ['kabrio, kabrio'le:] *n* (*-s*; *-s*) decapottabile *f*
Ca'fé [ka'fe:] *n* (*-s*; *-s*) caffè *m*; bar *m*
'campen ['kɛmpən] (*h*) campeggiare
'Camping ['kɛmpiŋ] *n* (*-s*; *senza pl*) campeggio *m*; **'~platz** *m* campeggio *m*
Ca'sino [-'zi:no] *n* (*-s*; *-s*) *A* → ***Kasino***
C'D [tse:'de:] *f* (-; *-s*) cd *m*; **~-Brenner** *m* (*-s*; -) masterizzatore *m*; **~-'ROM** [-'rɔm] *f* (-; *-s*) cd-rom *m*; **~-Spieler** *m* lettore *m* (di) cd
CDU ***Christlich-Demokratische Union*** Unione Democratica Cristiana
'Cello ['tʃɛlo] *n* (*-s*; *-s*) violoncello *m*
'Celsius ['tsɛlsjus] *m* (*inv*): ***Grad*** *m* gradi centigradi
'Cent [sɛnt] *m* (*-s*; *-[s]*) centesimo *m*
CH ***Confoederatio Helvetica*** (*Kfz.-Nationalitätskennzeichen für* ...

Schweiz) Confederazione Elvetica

Champignon ['ʃampinjɔ̃] *bot m (-s; -s)* (fungo) prataiolo *m*

Chance [ʃã:sə] *f (-; -n)* occasione *f* fortunata; possibilità *f*; '**~ngleichheit** *f* pari opportunità *f/pl*

Chaos ['kaːɔs] *n (-; senza pl)* caos *m*

Cha'rakter [ka'raktər] *m (-s; -e* [-'teː-rə]) carattere *m*; natura *f*; **2i'sieren** *(senza ge-, h)* caratterizzare; **2'istisch** caratteristico; **2los** senza carattere; **~zug** *m* tratto *m* caratteristico

Charter|flug ['(t)ʃartərfluːk] *m* volo *m* charter; '**2n** *(h) avia* noleggiare

Chatroom ['tʃɛtruːm] *m (-s; -s) inform* chatroom *f*

chatten ['tʃɛtən] *(h)* chattare

Chau'ffeur [ʃɔ'føːr] *m (-s; -e)* autista *m*, conducente *m*, conduttore *m*

Check-in [tʃɛk'in] *m (-s; senza pl)* accettazione *f*

Chef [ʃɛf] *m (-s; -s)* capo *m*, direttore *m*; *econ* principale *m*; '**~arzt** *m* medico *m* primario; '**~in** *f (-; -nen)* direttrice *f*; '**~redakteur** *m* redattore *m* capo; '**~sekretärin** *f* segretaria *f* di direzione

Che'm|ie [çeː'miː] *f (-; senza pl)* chimica *f*; **~iefasern** *f/pl* fibre *f/pl* sintetiche; **~i'kalien** [-'kaːljən] *f/pl* prodotti *m/pl* chimici; **~iker** ['-kər] *m (-s; -)*, '**2isch** chimico *(m)*

Chemotherapie *f* chemioterapia *f*

Chile ['çiːle] *n* Cile *m*

China ['çiːna] *n* Cina *f*

Chi'nes|e [çi'neːzə] *m (-n; -n)*, **~in** *f (-; -nen)*, **2isch** cinese

Chi'nin *med* [çi'niːn] *n (-s; senza pl)* chinino *m*

Chip [tʃip] *m (-s; -s) Spielmarke* gettone *m*; *el, inform* chip *m*; **~s** *pl gastr* patatine *f/pl* fritte; '**~karte** *f (-; -n) inform* tesserino *m* elettronico, carta *f* chip

Chi'rurg [çi'rurk] *m (-en; -en)* chirurgo *m*; **~ie** [-'giː] *f (-; -n)* chirurgia *f*; **2isch** [-giʃ] chirurgico

Chlor *chim* [kloːr] *n (-s; senza pl)* cloro *m*

Choleste'rin [kolɛste'riːn] *n (-s; -e)* colesterolo *m*

Chor [koːr] *m (-[e]s; ⸚e)* coro *m*; '**~gestühl** *n (-s; senza pl)* stallo *m* del coro

Christ [krist] *m (-en; -en)* cristiano *m*; '**~baum** *m* albero *m* di Natale; '**~enheit** *f (-; senza pl)* cristianità *f*; '**~entum** *n (-s; senza pl)* cristianesimo *m*; '**~in** *f (-; -nen)* cristiana *f*; '**~kind** ['-kint] *n (-[e]s; senza pl)* Gesù *m* bambino; '**2lich** cristiano

'**Christus** *m (Christi; senza pl)* Cristo *m*

Chrom [kroːm] *n (-s; senza pl)* cromo *m*

'**Chron|ik** ['kroːnik] *f (-; -en)* cronaca *f*; '**2isch** cronico

'**Clearing** ['kliːriŋ] *n (-s; -s)* clearing *m*, compensazione *f*

'**Clique** ['klikə] *f (-; -n)* cricca *f*

Clou F [kluː] *m (-s; -s)* apice *m*

Clown [klaʊn] *m (-s; -s)* pagliaccio *m*

'**Cluburlaub** ['klupuːrlaup] *m* club *m* vacanza, vacanza *f* organizzata

cm ***Zentimeter*** centimetro

'**Cocktail** ['kɔkteːl] *m (-s; -s)* cocktail *m*

Code [koːd] *m (-s; -s)* codice *m*; cifrario *m*

'**Comic** ['kɔmɪk] *m* fumetti *m/pl*

Com'puter [kɔm'pjuːtər] *m (-s; -)* computer *m*; **~ausdruck** *m* stampato *m*; tabulato *m*; **2gesteuert** pilotato da computer; **2gestützt** assistito da computer; **~kriminalität** *f* pirateria *f* informatica; **~technik** *f (-; -en) inform* (tecnologia *f*) informatica *f*; **2unterstützt** *inform* assistito da computer

Con'tainer [kɔn'teːnər] *m (-s; -)* container *m*, contenitore *m*; **~schiff** *n* nave *f* portacontainers

'**Copyright** ['kopiraɪt] *n (-s; -s)* copyright *m*

Couch [kautʃ] *f (-; -es)* divano-letto *m*

Cou'pon [ku'pɔ̃] *m (-s; -s)* cedola *f*, tagliando *m*; *(Stoff)* taglio *m*

Cou'sin [ku'zɛ̃] *m (-s; -s)* cugino *m*; **~e** [-'ziːnə] *f (-; -n)* cugina *f*

Creme [krɛːm] *f (-; -s)* crema *f*

'**cremig** ['kremiç] cremoso

CSU ***Christlich-Soziale Union*** Unione Sociale Cristiana

'**Cursor** ['kɜːsə] *m (-s; -s) inform* cursore *m*

CVJM ***Christlicher Verein Junger Menschen*** Associazione cristiana giovani

D

D

da [daː] **1.** *cj* (*Grund*) siccome, poiché, visto che; *zeitlich*: quando; (*nachdem*) dal momento che; **2.** *adv* (*zeitlich*) allora; ***von ~ an*** d'allora in poi; **3.** (*hier*) qui, qua; (*dort*) lì, là; ***~ oben*** lassù, ***~ unten*** laggiù; ***~ sein*** esser presente; esistere; ***wer ist ~?*** chi è?; chi c'è; ***ist er ~?*** è lì?; ***nein, er ist nicht ~*** no, non c'è; ***~ ist er*** (*od* ***es***) eccolo; ***da bin ich*** eccomi

DAAD ***Deutscher Akademischer Austauschdienst*** Servizio Tedesco per gli Scambi Accademici

da'bei [da'baɪ] accanto, vicino; (*außerdem*) inoltre; (*obwohl*) tuttavia; *gleichzeitig*: intanto; con questo, in ciò; ***~ sein*** essere presente, esserci; ***ich bin ~*** io ci sto; ***~ sein et zu tun*** star facendo qc; ***es bleibt ~, dass …*** rimane inteso che …

'dableiben ['daːblaɪbən] (*irr, sep, -ge-, sn,* → ***bleiben***) rimanere *od* restare qui

Dach [dax] *n* (-[*e*]*s*; ⸚*er*) tetto *m*; *fig* ricovero *m*; ***unter ~ und Fach*** al sicuro; **'~fenster** *n* abbaino *m*; **'~gepäckträger** *m* portabagagli *m*; **'~rinne** *f* grondaia *f*, gronda *f*; **'~verband** *m* federazione *f*; **'~wohnung** *f* mansarda *f*; **'~ziegel** *m* tegola *f*

'Dackel ['dakəl] *m* (-*s*; -) bassotto *m*

'da'durch ['daː'durç] *räumlich*: attraverso il quale, per il quale, per di là; (*deshalb*) con questo, per ciò, con ciò; (*auf diese Weise*) così; ***~, dass er die Ware nicht lieferte …*** non avendo consegnato le merci …

da'für [da'fyːr] per questo, per ciò; in cambio; pro, a favore; (*als Gegenleistung*) in cambio; (*stattdessen*) invece; ***~ und dagegen*** pro e contro; ***~ sein*** esser favorevole; **~können** *v/i* (*sep, -ge-, h*) ***nichts ~*** non averne la colpa; ***ich kann nichts dafür*** non è colpa mia; non posso farci niente

da'gegen [da'geːgən] lì (*od* qui) contro; a sfavore; (*als Gegenleistung*) in cambio; (*Gegensatz*) al contrario, invece, mentre; ***~ sein*** esser contrario; ***et ~ haben*** avere qc in contrario

'da'her ['daː'heːr] **1.** *adv* di là, da lì; qua, da qui; **2.** *cj* perciò, quindi; ***kommt es, dass*** da ciò deriva che

da'hin [daː'hin] là, lì; in quella direzione; (*vergangen*) passato, andato; ***bis*** da qui a lì; (*zeitlich*) fino a quel momento; ***ist es noch weit bis ~?*** c'è ancora molta strada?; **~gestellt** [-gʃtɛlt]: ***~ sein lassen*** lasciare indecis

da'hinten [da'hintən] là dietro

da'hinter [da'hintər] là dietro; ***~ kommen*** scoprire (il segreto)

'daliegen ['daːliːgən] (*irr, sep, -ge-,* → ***liegen***) stare; essere (steso) per terra

Dalmatien [dal'maːtsjən] *n* Dalmazia

'damalig ['daːmaːliç] d'allora

'damals ['daːmaːls] allora, a quei tempi

'Dame ['daːmə] *f* (-; -*n*) signora *f*; *Spi* dama *f*

'Damen|bekleidung *f* abbigliamento *m* femminile; **'~binde** *f* assorben *m* (igienico); **'~friseur** *m* parrucchie *m* per signora; **'~handtasche** *f* bors ta *f*; **'~toilette** *f* gabinetto *m* per don

da'mit [da'mit] **1.** *adv* con ciò; con qu sto; (somit) quindi, perciò; ***wie ste es ~?*** a che punto siamo?; **2.** *cj* aff ché, perché (*mit cong*); di modo ch

Damm [dam] *m* (-[*e*]*s*; ⸚*e*) terrapie *m*; *Wasserbau u fig*: argine *m*; d *f*; (*Hafen*⁓) molo *m*; *fig* ***auf dem sein*** *fig* sentirsi bene

'dämmer|n ['dɛmərn] (*h*) *morgens*: beggiare; *abends*: imbrunire; **'⁓ung** (-; -*en*) crepuscolo *m*; (*Morgendämmerung*) alba *f*

dä'monisch [dɛ'moːniʃ] demonia diabolico

Dampf [dampf] *m* (-[*e*]*s*; ⸚*e*) vapore **'⁓en** (*h*) fumare, esalare vapori

'dämpfen ['dɛmpfən] (*h*) smorza *Stimme*: abbassare; *gastr* stufare

'Dampfer ['dampfər] *m* (-*s*; -*s*) (batte *m* a) vapore *m*; vaporetto *m*; pirosc *m*; **'~fahrt** *f* viaggio *m* in piroscafo

'Dampf|heizung *f* riscaldamento *m* a vapore; **'~kochtopf** *m* pentola *f* a pressione; **'~maschine** *f* macchina *f* a vapore

da'nach [da'naːx] *zeitlich*: dopo, poi; (*gemäß*) conforme a ciò (ad essi *usw*); di ciò, ne, lo; ***sich ~ erkundigen*** informarsene; ***er (es) sieht nicht ~ aus*** non ne ha l'aria; ***sich ~ richten*** conformarvisi

'Däne ['dɛːnə] *m* (*-n*; *-n*) danese *m*

da'neben [da'neːbən] accanto; a confronto di; (*außerdem*) inoltre; F fuori; **~gehen** *v/i* (*irr*, *sep*, *-ge-*, *sn*, → ***gehen***) andare di traverso; fallire; **~schießen** *v/t* (*irr*, *sep*, *-ge-*, *h*, → ***schießen***) sbagliare il colpo

Dänemark ['dɛːnəmark] *n* Danimarca *f*

'Dän|in ['dɛːnin] *f* (*-*; *-nen*), **'2isch** danese *f*

dank *prp* (*dat*) grazie a; **'~bar** grato, riconoscente; **'~e** *int* grazie; ***danke (bestens)!*** grazie (mille)!; **'~en** (*h*) ringraziare (***j-m*** qu); **'2schreiben** *n* lettera *f* di ringraziamento

Dank [daŋk] *m* (*-[e]s*; *senza pl*) ringraziamento *m*; ***vielen ~!*** tante (*od molte*) grazie *f/pl*

dann [dan] allora; (*nachher*) poi

da'ran ['daː'ran] *denken*, *glauben*: a ciò, a questo; ci, vi; ne; ***denkst du daran?*** ci pensi?; ***ich glaube daran*** ci credo; ***ich war nahe ~ ...*** poco mancò che io ...; ***gut (übel) ~ sein*** trovarsi bene (male); ***ich bin daran!*** tocca a me!; **~gehen** (*irr*, *sep*, *-ge-*, *sn*, → ***gehen***) mettersi a, cominciare a; **~setzen** (*sep*, *-ge-*, *h*) metterci; ***alles ~ um zu ...*** fare tutti gli sforzi per..., mettercela tutta per ...

da'rauf ['daː'rauf] a ciò, vi; *örtlich*: lì sopra; sopra; *zeitlich*: dopo; ci; ***ich komme ~*** mi viene in mente

darauf'hin ['-'hin] in conseguenza, in seguito a ciò

da'raus ['daː'raus] da ciò; di là; ne; ***sich et ~ machen*** farci caso

darbiet|en ['daːrbiːtən] (*irr*, *sep*, *-ge-*, *h*, → ***bieten***) offrire; (*zeigen*) presentare; **'2ungen** *f/pl tea* esibizioni *f/pl*

da'rin ['daː'rin] dentro; in ciò; ci, vi

darleg|en ['daːrleːgən] (*sep*, *-ge-*, *h*) esporre; (*erklären*) spiegare; *fig* mostrare; **'2ung** *f* (*-*; *-en*) esposizione *f*; spiegazione *f*

'Darlehen ['-leː(ə)n] *n* (*-s*; *-*) prestito *m*, mutuo *m*

Darm [darm] *m* (*-[e]s*; *⸗e*) intestino *m*; budello *m*

'darstell|en ['daːrʃtɛlən] (*sep*, *-ge-*, *h*) esporre, presentare; *Künste*: rappresentare; *tea* recitare, fare la parte di; **'2er** *m* (*-s*; *-*), **'2erin** *f* (*-*; *-nen*) attore *m*, attrice *f*, interprete *m/f*; **'2ung** *f* (*-*; *-en*) rappresentazione *f*; (*Auslegung*) interpretazione *f*; (*Beschreibung*) descrizione *f*

'da'rüber ['daː'ryːbər] di ciò, ne; a ciò, ci; (*mehr*) più; ***ich spreche ~*** ne parlo; ***ich denke ~ nach*** ci penso; *örtlich*: sopra, di sopra

'darum ['daːrum] perciò; per questo; di questo, ne; ***es ist mir sehr ~ zu tun, dass ...*** per me sarebbe molto importante (che) ...

darunter ['daː'runtər] sotto; *econ* a (*od* per) meno; ***was verstehen Sie ~?*** che vuole dire con questo?

das [das] **1.** *art n* il *m*, la *f*; **2.** *pron* questo; ciò; che; ***~ heißt*** vale a dire

dass [das] *cj* che; *final*: affinché, così; ***so ... ~*** così ... che; ***das liegt daran, ~ ...*** dipende dal fatto che ...

'dastehen ['daːʃteːən] (*irr*, *sep*, *-ge-*, *h*, → ***stehen***) star lì; ***gut ~*** *fig* fare bella figura

Da'tei [da'taɪ] *f* (*-*; *-en*) *inform* file *m*

'Daten ['daːtən] *pl* dati *m/pl*; **'~autobahn** *f* (*-*; *-en*) *inform* autostrada *f* informatica; **'~bank** *f* (*-*; *-en*) banca *f* (dei) dati; **'~handschuh** *m* (*-s*; *-e*) *inform* data glove *m/pl*, guanti *m/pl*; **'~schutz** *m* protezione *f* dati; **'~transfer** *m* (*-s*; *-*) *inform* trasferimento *m* di dati; **'~verarbeitung** *f* elaborazione *f* dei dati

da'tieren [da'tiːrən] (*senza ge-*, *h*) datare

'Datum ['daːtum] *n* (*-s*; *Daten*) data *f*

'Dauer ['dauər] *f* (*-*; *senza pl*) durata *f*; ***auf die ~*** alla lunga, a lungo andare; ***für die ~ von 2 Jahren*** per due anni; (*ständig*) permanente; **'~auftrag** *m* ordine *m* permanente; **'2haft** durevole; *Stoffe*: resistente; **'~karte** *f* abbonamento *m*; tessera *f* permanente

'dauern (*h*) durare; ***wie lange wird es ~?*** quanto durerà? *od* quanto ci vor-

rà?; **'~d** continuo, costante; permanente
'Dauerwelle *f* permanente *f*
'Daumen ['daʊmən] *m* (*-s*; *-*) pollice *m*; ***j-m den ~ halten*** augurare il successo a qu

D

'da'von ['dɑː'fon] da ciò; da questo; di ciò; per ciò; di qua; di là; (*Teil einer Menge*) ne; ***er hat nichts ~*** non ci ricava niente; ***ich hätte gerne drei ~*** ne vorrei tre; **~kommen** (*irr, sep, -ge-, sn,* → ***kommen***) cavarsela; **~laufen** (*irr, sep, -ge-, sn,* → ***laufen***) darsela a gambe
'da'vor ['dɑː'foːr] davanti; *zeitlich*: prima; *fig* da ciò, di ciò, ne
DAX ***Deutscher Aktien Index*** indice borsistico tedesco
'da'zu ['dɑː'tsuː] a ciò; a questo; vi, ci; ne; (*außerdem*) oltre a ciò, in più; per questo; ***wie kommst du ~, zu …?*** cosa ti viene in mente di …?; ***~ habe ich keine Lust*** non ne ho voglia; ***was sagst du ~?*** cosa ne dici?; ***~ gehört …*** ci vuole …; **~gehören** [-gəhøːrən] (*sep, senza -ge-, h*) farne parte; appartenervi; **~gehörig** rispettivo; corrispondente; **~kommen** (*irr, sep, -ge-, sn,* → ***kommen***) sopravvenire; aggiungersi
da'zwischen [dɑː'tsviʃən] in mezzo a, tra gli altri; fra le altre cose; **~kommen** (*irr, sep, -ge-, sn,* → ***kommen***) sopraggiungere; **~reden** (*sep, -ge-, h*) interrompere
DB ***Deutsche Bundesbahn*** Ferrovie Federali Tedesche
DDR *hist* ***Deutsche Demokratische Republik*** Repubblica Democratica Tedesca
deakti'vieren ['deːaktiviːrən] (*senza ge-, h*) disattivare
De'batt|e [de'batə] *f* (*-*; *-n*) discussione *f*; ***zur ~ stellen*** intavolare; **2'ieren** [-'tiːrən] (*senza -ge-, h*) discutere
dechif'frieren [-ʃi'friːrən] (*senza -ge-, h*) decifrare
Deck *mar* [dɛk] *n* (*-[e]s*; *-s*) coperta *f*; **'~bett** *n* piumino *m*
'Decke ['dɛkə] *f* (*-*; *-n*) coperta *f*; *arch* soffitto *m*; *fig* manto *m*
'Deckel ['-kəl] *m* (*-s*; *-*) coperchio *m*
'decken ['-kən] (*h*) coprire (*a econ Bedarf, Kosten*); *Tisch*: apparecchiare; ***sich ~*** (*übereinstimmen*) corrispondere; coincidere
'Deckung ['dɛkuŋ] *f* (*-*; *senza pl*) *eco*[n] copertura *f*; garanzia *f*
de'fekt [de'fɛkt] *adj* difettoso; *tec* gua[…] sto
De'fekt *m* (*-[e]s*; *-e*) difetto *m*
defen'siv [defɛn'ziːf] difensivo; **2**[…] [-'ziːvə] *f* (*-*; *-n*) difensiva *f*
defi'n|ieren [-fi'niːrən] (*senza -ge-, h*[…]) definire; **2i'tion** *f* (*-*; *-en*) definizion[e] *f*; **~i'tiv** definitivo
'Defizit ['deːfitsit] *n* (*-s*; *-e*) deficit *m*[…] disavanzo *m*
degene'rieren [-gene'riːrən] (*senz*[a] *-ge-, sn*) degenerare
'dehn|en ['deːnən] (*h*) stendere; *fis* di[…]latare; **'2ung** *f* (*-*; *-en*) espansione […] estensione *f*; dilatazione *f*
dein [daɪn] (il) tuo; (la) tua; (*deiner*) d[…] te
Dein *in Briefen*: → ***dein***; **'2etwege**[…] ['-nətveːgən] per causa tua
De'kade [de'kɑːdə] *f* (*-*; *-n*) decade *f*
deka'dent [-ka'dɛnt] decadente
De'kan [-'kɑːn] *m* (*-s*; *-e*) decano *m* (*Fakultäts2*) preside *m*
Deklar|a'tion [-klarats'joːn] *f* (*-*; *-en*) dichiarazione *f*; **2'ieren** (*senza ge*[…] *h*) dichiarare
Dekor|a'tion [-korats'joːn] *f* (*-*; *-en*) de[…]corazione *f*; **2'ieren** [-ko'riːrən] (*senz*[a] *-ge-, h*) decorare
Deleg|a'tion [-legats'joːn] *f* (*-*; *-en*) de[…]legazione *f*; **~'ierte** *m/f* (*-n*; *-n*) deleg[a]to *m*, -a *f*
Del'fin [dɛl'fiːn] *m* (*-s*; *-e*) delfino *m*
deli'kat [-li'kɑːt] delicato; *gastr* squisi[…]
Delika'tesse [-'tɛsə] *f* (*-*; *-n*) (*Lecke*[r]*bissen*) leccornia *f*; **~n** *f/pl* speciali[tà] *f/pl* gastronomiche; **~ngeschäft** *n* ne[…]gozio *m* di specialità gastronomiche
Del'phin → ***Delfin***
demen'tieren [-mɛn'tiːrən] (*senza -ge*[-], *h*) smentire
'dem|ent'sprechend ['deːmʔɛnt'ʃp[r]…çənt], **'~gemäß** conforme
'dem'nach ['deːm'nɑːx] dunque; […] conseguenza
'dem'nächst ['deːm'nɛːçst] poi; […] breve, in breve
Demo'krat [demo'krɑːt] *m* (*-en*; *-e*[n]) democratico *m*; **~'ie** [-kra'tiː] *f* (*-*; […]) democrazia *f*; **2isch** [-'kratiʃ] dem[…]

cratico
demo'lieren [-'liːrən] (*senza -ge-, h*) demolire
Demons'tr|ant [-mɔns'trant] *m* (*-en; -en*), **~antin** *f* (*-; -nen*) dimostrante *m/f*, manifestante *m/f*; **~a'tion** [-strats'joːn] *f* (*-; -en*) dimostrazione *f*; manifestazione *f* di protesta; **2'ieren** (*senza ge-, h*) **1.** *v/t* dimostrare; **2.** *v/i* fare dimostrazioni
Demon't|age [-mɔn'taːʒə] *f* (*-; -n*) smontaggio *m*; **2'ieren** (*senza ge-, h*) smontare
demzu'folge ['deːmtsu'fɔlgə] perciò, in seguito a ciò
Den Haag [den 'haːk] *m* L'Aia *f*
denk|bar ['dɛŋkbaːr] immaginabile; **'~en** ['dɛŋkən] (*dachte, gedacht, h*) pensare; ***sich ~*** immaginarsi; ***ich denke nicht daran!*** non ci penso nemmeno!; **'2mal** *n* (*-[e]s; ⸗er*) monumento *m*; **'2malschutz** *m* tutela *f* dei monumenti; **'2schrift** *f* memoriale *m*; memoria *f*; **'~würdig** memorabile; **'2zettel** *m* appunto *m*; *fig* lezione *f*
denn [dɛn] poiché, giacché; ***wo ist er ~?*** ma dov'è?; ***wer ~?*** chi mai?; ***mehr ~ je*** più che mai
dennoch ['dɛnɔx] tuttavia
Deo, Deodo'rant ['deːo, deodo'rant] *n* (*-s; -s*) deodorante *m*
depo'nieren *econ* [dɛpo'niːrən] (*senza -ge-, h*) depositare
Depo'siten|bank [-po'ziːtənbaŋk] *f*, **~kasse** *f* banca *f* di deposito
De'pot [-'poː] *n* (*-s; -s*) deposito *m*
depri'mierend [depri'miːrənt] deprimente
der (die, das) [deːr, diː, das] **1.** *art m* il, lo; (la); **2.** *pron* che; il quale; quello; ***~ …, ~ …*** l'uno …, l'altro …; ***~ da*** colui; ***~ hier*** costui
'der-, 'die-, 'dasjenige ['deːr, 'diː, 'dasjeːnigə] colui *m*, colei *f*; quello *m*, quella *f*
der-, die-, das'selbe [deːr, diː, das'zɛlbə] lo stesso, la stessa; il medesimo, la medesima
DER ***Deutsches Reisebüro*** Ufficio viaggi tedesco
der'art ['deːr'ʔaːrt] talmente; **'~ig** siffatto, tale
derb [dɛrp] rozzo; (*kräftig*) robusto; (*grob*) grossolano
'der'gleichen ['deːr'glaɪçən] simile; e simili
'der'maßen ['-'maːsən] talmente
'derzeit ['deːrtsaɪt] attualmente; **'~ig** attuale
'deshalb ['dɛshalp] perciò, per questa ragione; quindi
De'sign [di'zaɪn] *n* (*-s; -s*) design *m*; **~er** *m* (*-s; -*), **~erin** *f* (*-; -nen*) designer *m/f*; disegnatore *m*, -trice *f* di prodotti industriali
Desinf|ek'tion [-ʔinfɛkts'joːn] *f* (*-; -en*) disinfezione *f*; **~ek'tionsmittel** *n* disinfettante *m*; **2i'zieren** (*senza -ge-, h*) disinfettare
De'spot [-'spoːt] *m* (*-en; -en*) despota *m*; **2isch** dispotico
'dessen ['dɛsən]: ***~ unge'achtet*** nonostante ciò
Des'sert [dɛ'sɛːr] *n* (*-s; -s*) dessert *m*; frutta *f*; **~wein** *m* vino *m* dolce, vino *m* da dessert
Destill|a'tion *chim* [dɛstilats'joːn] *f* (*-; -en*) distillazione *f*; **2'ieren** (*senza ge-, h*) distillare
'desto ['dɛsto] tanto …; ***~ mehr*** tanto più; ***~ besser*** tanto meglio
'des'wegen ['dɛs'veːgən] perciò, quindi
De'tail [deː'taːj] *n* (*-s; -s*) dettaglio *m*, particolare *m*; *econ* ***im ~*** al minuto; **2'liert** [-'jiːrt] dettagliato
Detek'tiv [detɛk'tiːf] *m* (*-s; -e*) investigatore *m* privato
'deut|en ['dɔʏtən] (*h*) **1.** *v/t* interpretare; **2.** *v/i* ***~ auf*** (*acc*) accennare a; ***alles deutet darauf hin, dass …*** tutto fa credere che …; **'2lich** chiaro
deutsch [dɔʏtʃ] tedesco; ***~ sprechen*** parlare tedesco; ***auf gut Deutsch*** in parole povere
'Deutsch|e **1.** **'~e** *m/f* (*-n; -n*) tedesco *m*, -a *f*; **2.** **'~(e)** *n* tedesco *m*, germanico *m*; **'2-itali'enisch** italo-tedesco
Deutsche Demokratische Republik ['dɔʏtʃə demo'kraːtiʃə repu'bliːk] *hist f* Repubblica *f* Democratica Tedesca
Deutschland ['dɔʏtʃlant] *n* Germania *f*
'Deutung ['dɔʏtuŋ] *f* (*-; -en*) interpretazione *f*
De'visen [de'viːzən] *econ f/pl* divisa *f* (*od valuta f*) estera; **~kontrolle** *f* controllo *m* dei cambi; **~kurs** *m* corso *m*

D

D

delle divise (*od* del cambio); **⁓makler** *m* agente *m* di cambio
De'zember [de'tsɛmbər] *m* (-[*s*]; *senza pl*) dicembre *m*
de'zent [-'tsɛnt] decente
Dezer'nat [-tsɛr'nɑːt] *n* (-[*e*]*s*; -*e*) reparto *m*, divisione *f*; giurisdizione *f*
dezi'mier|en [-'miːrən] (*senza -ge-*, *h*) decimare; **𝔖ung** *f* (-; -*en*) decimazione *f*
DFB ***Deutscher Fußballbund*** Federazione Tedesca di Calcio
DFÜ ***Datenfernübertragung*** trasmissione dati
DGB ***Deutscher Gewerkschaftsbund*** Confederazione dei Sindacati Tedeschi
d. h. ***das heißt*** vale a dire; cioè
Dia'betes [dia'beːtɛs] *m* (-; *senza pl*) *med* diabete *m*
Diag'nose [diag'noːzə] *f* (-; -*n*) diagnosi *f*
diago'nal [-go'nɑːl], **𝔖e** (-; -*n*) *f* diagonale *f*
Dia'gramm [-'gram] *n* (-*s*; -*e*) diagramma *m*
Dia'log [-'loːg] *m* (-[*e*]*s*; -*e*) dialogo *m*
Dia'mant [-'mant] *m* (-*en*; -*en*) diamante *m*; **𝔖en** *adj* di diamante
'Diapositiv ['-pozitiːf] *n* (-*s*; -*e*) diapositiva *f*
Di'ät [di'ɛːt] *f* (-; -*en*) *med* regime *m*, dieta *f*; **⁓ *halten*** stare a dieta; **⁓en** *pl pol* indennità *f* parlamentare
dich [diç] ti; te; ***für*** **⁓** per te
Dich *in Briefen*: → ***dich***
dicht [diçt] fitto; *Haare*, *Wald*: folto; *Rauch*: denso; (*kompakt*) compatto; (*luftdicht*) ermetico; (*wasserdicht*) impermeabile; **⁓ *dabei*** proprio vicino; **⁓ *hinter mir*** subito dietro di me; **'𝔖e** *f* (-; *senza pl*) densità *f*
'Dichter ['diçtər] *m* (-*s*; -) poeta *m*; **'⁓in** *f* (-; -*nen*) poetessa *f*; **'𝔖isch** poetico
'Dichtung¹ ['diçtuŋ] *f* (-; *senza pl*) poesia *f*; (*pl* -*en*) (*Gedicht*) poema *m*
'Dichtung² *f* (-; -*en*) *tec* guarnizione *f*
dick [dik] spesso; (*groß*) grosso; *Flüssigkeit*: denso; *Person*: grasso; **⁓*e Freunde*** amici *m/pl* per la pelle; **⁓ *werden*** *Person*: ingrassare
'Dicke ['dikə] *f* (-; *senza pl*) spessore *m*; grossezza *f*; densità *f*; fittezza *f*; *Person*: obesità *f*, grassezza *f*

'dick|flüssig denso, consistente; **'⁓köpfig** ['-kœpfiç] testardo, ostinat
die [diː] **1.** *art* la; i, gli, le; **2.** *pron* che quella, la quale; → ***der***
Dieb [diːp] *m* (-[*e*]*s*; -*e*) ladro *m*
'Diebstahl ['diːpʃtɑːl] *m* (-[*e*]*s*; ⁼*e*) fu to *m*; **'⁓versicherung** *f* assicurazione contro i furti
'Diele ['diːlə] *f* (-; -*n*) asse *f*; (*Hausflur* vestibolo *m*, ingresso *m*
'dienen ['diːnən] (*h*) servire; *mil* fare servizio militare; ***zu et*** **⁓** servire a q ***womit kann ich Ihnen ⁓?*** in che poss servirLa? *od* in che posso servirvi?
Dienst [diːnst] *m* (-*es*; -*e*) servizio *n* impiego *m*; (*Gefälligkeit*) favore *n* ***außer*** **⁓** (*abbr* ***a. D.***) a riposo, in ritir fuori servizio; **⁓ *haben*** essere di serv zio
'Dienstag ['diːnstɑːk] *m* (-[*e*]*s*; -*e*) ma tedì *m*
'Dienst|alter ['diːnstˀaltər] *n* anziani *f* di servizio; **'𝔖bereit** servizievol **'⁓boten** *m/pl* personale *m* di servizi **'𝔖eifrig** zelante; attivo; servizievol **'𝔖frei** libero; **'⁓grad** *mil m* grado di servizio; **'⁓leistung** *f* prestazione di servizio *m*; **'⁓leistungssektor** (-*s*; -*en*) *econ* settore *m* terziari **'⁓leistungsunternehmen** *n* impre *f* di servizi
'dienstlich ['diːnstliç] **1.** *adj* di servizi **2.** *adv* per ragioni di servizio
'Dienst|mädchen ['diːnstmɛːtçən] donna *f* di servizio; **'⁓reise** *f* viagg *m* per (ragioni di) servizio; **'⁓stelle** posto *m* di servizio; (*Büro*) uffic *m*; (*Polizei*𝔖) commissariato **'⁓stunden** *f/pl* ore *f/pl* di servizio; o rio *m* d'ufficio; **'⁓wagen** *m* vettura *f* servizio; **'⁓weg** *m* via *f* gerarchica
'Diesel ['dizəl] *n* (-*s*; -) diesel *m*; gaso *m*; **'⁓motor** *m* motore *m* Diesel; **'⁓ö** nafta *f*
'dieser, **'diese**, **'die(se)s** ['diːzər, 'd zə, 'diː(zə)s] questo, questa; ***am dieses Monats*** il cinque del mese c rente
'diesig *mar* ['diːziç] caliginoso
'dies|jährig ['diːsjɛːriç] di quest'an **'⁓mal** questa volta; **'⁓seits** ['-zar *adv* di qua
'Dietrich ['diːtriç] *m* (-*s*; -*e*) grimalde *m*

Diffe'renz [difə'rɛnts] *f* (-; *-en*) differenza *f*; (*Meinungsverschiedenheit*) dissenso *m*; divergenza *f*; **~'ial...** [-rɛn'tsjaːl]: *in Zssgn* differenziale; **~'ieren** (*senza ge-, h*) differenziare

diffe'rieren [-'riːrən] (*senza ge-, h*) differire

digi'tal [digi'taːl] digitale; **2anzeige** *f* indicazione *f* digitale; **2kamera** *f* macchina *f* fotografica digitale; **2uhr** *f* orologio *m* digitale

Dik'tat [diktaːt] *n* (*-s*; *-e*) dettato *m*; *fig* diktat *m*; **~or** [-'taːtɔr] *m* (*-s*; *-en* [-ta'toːrən]) dittatore *m*; **2'orisch** dittatoriale; **~'ur** [-'tuːr] *f* (-; *-en*) dittatura *f*

dik'tier|en [-'tiːrən] (*senza ge-, h*) dettare; **2gerät** *n* dittafono *m*

Dimen'sion [dimenz'joːn] *f* (-; *-en*) dimensione *f*

DIN ***Deutsche Industrie-Norm*** norma industriale tedesca; ***Deutsches Institut für Normung*** Istituto Tedesco per la Standardizzazione

Ding [diŋ] *n* (*-[e]s*; *-e*) cosa *f*; oggetto *m*; ***vor allen ~en*** innanzitutto

'DIN-Norm ['diːn-] *f* normativa *f* DIN

Dio'zese [dio'tseːzə] *f* (-; *-n*) diocesi *f*

Diphthe'rie [diftə'riː] *f* (-; *-n*) difterite *f*

Dipl. ***Diplom*** diploma

Dipl.-Ing. ***Diplomingenieur*** ingegnere diplomato

Di'plom [di'ploːm] *n* (*-[e]s*; *-e*) diploma *m*

Diplo'mat [-'maːt] *m* (*-en*; *-en*), **2isch** diplomatico (*m*); **'~ie** [-'tiː] *f* diplomazia *f*

dir [diər] a te; ti; → ***du***

Dir *in Briefen*: → ***dir***

di'rekt [di'rɛkt] diretto; **2flug** *m* volo *m* diretto

Di'rekt|or [-'rɛktɔr] *m* (*-s*; *-en* [-'toːrən]) direttore *m*; **~'orin** *f* (-; *-nen*) direttrice *f*

Di'rekt|übertragung [-ʔyːbərtraːguŋ] *f* trasmissione *f* in diretta, ripresa *f* diretta; **~verkauf** *m* vendita *f* diretta

Diri'g|ent [-ri'gɛnt] *m* (*-en*; *-en*) direttore *m* d'orchestra; **2'ieren** (*senza ge-, h*) dirigere

Dirne ['dirnə] *f* (-; *-n*) prostituta *f*

Dis'kette [dis'kɛtə] *f* (-; *-n*) *inform* dischetto *m*, floppy disk *m*

Disko ['disko] *f* (-; *-s*) discoteca *f*

Dis'kont [-'kɔnt] *m* (*-s*; *-e*) sconto *m*; **~satz** *m* tasso *m* di sconto

dis'kret [-'kreːt] discreto; **2'ion** [-ts'joːn] *f* (-; *senza pl*) discrezione *f*

diskrimi'nier|en [-krimi'niːrən] (*senza -ge-, h*) screditare; discriminare; **2ung** *f* (-; *-en*) discriminazione *f*

Diskus'sion [diskus'joːn] *f* (-; *-en*) discussione *f*

disku't|abel [disku'taːbəl] discutibile; **~'ieren** (*senza ge-, h*) discutere

dispo'n|ibel [dispo'niːbəl] disponibile; **~'ieren** (*senza ge-, h*) disporre

Disposi'tion [-zits'joːn] *f* (-; *-en*) disposizione *f*

Dis'tanz [dis'tants] *f* (-; *senza pl*) distanza *f*

Dis'trikt [dis'trikt] *m* (*-[e]s*; *-e*) distretto *m*

Diszi'plin [-tsi'pliːn] *f* (-; *-en*) disciplina *f*; **2'iert** [-pli'niːrt] disciplinato

diszipli'n|arisch [-tsipli'naːriʃ] disciplinare; **2arverfahren** *n* processo *m* disciplinare

Divi'dende [divi'dɛndə] *f* (-; *-n*) dividendo *m*

divi'dieren [-'diːrən] (*senza ge-, h*) dividere

d. J. ***dieses Jahr*** dell'anno corrente

DJH ***Deutsches Jugendherbergswerk*** Associazione Tedesca Alberghi per la Gioventù

dl ***Deziliter*** decilitro

d. M. ***dieses Monats*** del mese corrente

DM ***Deutsche Mark*** *hist* marco tedesco

'D-Mark ['deːmark] *f* (-; -) *hist* marco *m* tedesco

DNA ***Deutscher Normenausschuss*** Commissione Tedesca per la Standardizzazione

doch [dɔx] pure; **~!** sì, certo!; ***du kommst ~ mit?*** tu vieni, nevvero?; ***du hast ihm ~ nichts gesagt?*** non gli hai mica detto nulla, eh?

Dock *mar* [dɔk] *n* (*-s*; *-s*) (*Werft*) cantiere *m*

'Doge ['doːʒə] *m* (*-n*; *-n*) doge *m*

'Dogma ['dɔgma] *n* (*-s*; *-men*) dogma *m*

'Doktor ['dɔktɔr] *m* (*-s*; *-en* [-'toːrən]) (*Arzt*) medico *m*, dottore *m*; **~in** [-'toːrin] *f* (-; *-nen*) medico *m*, dottoressa *f*

Doku'ment [doku'mɛnt] *n* (*-[e]s*; *-e*) documento *m*; **~'arfilm** *m* documentario *m*

'Dollar ['dɔlar] *m* (*-s*; *-s*) dollaro *m*
'dolmetsch|en ['dɔlmɛtʃən] (*h*) fare da interprete; **'2er** *m* (*-s*; -), **'2erin** *f* (-; *-nen*) interprete *m/f*
Dolomiten [dolo'mi:tən] *pl* Dolomiti *f/pl*
Dom [do:m] *m* duomo *m*; cattedrale *f*
Donau ['do:naʊ] *f* Danubio *m*
'Donner ['dɔnər] *m* (*-s*; *senza pl*) tuono *m*; **'2n** ['dɔnərn] (*h*) tuonare; **'~stag** ['-sta:k] *m* giovedì *m*
'Doping ['do:pɪŋ] *n* (*-s*; *-s*) doping *m*
'Doppel ['dɔpəl] *n* (*-s*; -) doppio (*a Sport*) *m*; duplicato *m*; *in Zssgn mst*: doppio; ***gemischtes ~*** doppio *m* misto; **'~besteuerung** *f* doppia tassazione *f*; **'~bett** *n* letto *m* a due piazze (*od* matrimoniale); **'2deutig** ['-dɔʏtɪç] a doppio senso; **'~fenster** *n* controfinestra *f*; **'~punkt** *m* doppio punto *m*, due punti *m/pl*; **'~stecker** *el m* spina *f* doppia
'doppelt ['dɔpəlt] doppio; ***das 2e*** il doppio; ***~e Buchführung*** *f* contabilità *f* a partita doppia
'Doppel|verdiener *m* (*-s*; -) *Person*: persona *f* con doppio reddito; ***~verdiener*** *m/pl Paar*: coppia *f* con doppio reddito; **'~währungsphase** *f* (-; *-n*) *EU* fase *f* con contabilità in lire e in euro; **'~zentner** *m* quintale *m*; **'~zimmer** *n mit zwei Betten*: camera *f* doppia; *mit einem Doppelbett*: camera *f* matrimoniale
Dorf [dɔrf] *n* (*-[e]s*; *⸚er*) paese *m*, villaggio *m*; **'~bewohner(in)** *m(f)* paesano *m*, -a *f*
Dorn [dɔrn] *m* (*-[e]s*; *-en*) spina *f*; (*pl -e*) *tec* perno *m*; punta *f*; **'2ig** spinoso
'Dörrobst *n* frutta *f* secca
Dorsch [dɔrʃ] *m* (*-es*; *-e*) merluzzo *m*
dort [dɔrt] lì, là; ci, vi; ***~ ist*** ecco; ***~ oben*** lassù; ***~ unten*** laggiù; **~'hin** di là
'Dose ['do:zə] *f* (-; *-n*) scatola *f*; (*Büchse*) barattolo *m*; lattina *f*; **'~nöffner** *m* apriscatole *m*
do's|ieren [do'zi:rən] (*senza ge-*, *h*) dosare; **'2is** ['do:zis] *f* (-; *Dosen*) dose *f*
'Dotter ['dɔtər] *m u n* (*-s*; -) tuorlo *m* (d'uovo)
'downloaden ['daʊnlodən] (*h*) *inform* scaricare (dall'Internet)
Do'zent [do'tsɛnt] *m* (*-en*; *-en*), **~in** *f* (-; *-nen*) docente *m/f*

dpa ***Deutsche Presse-Agentur*** Agenzia Stampa Tedesca
Dr. ***Doktor*** dottore
'Drachen ['draxən] *m* (*-s*; -) (*Papier2*) aquilone *m*, cervo *m* volante; (*Flug2*) deltaplano *m*; **'~fliegen** *n* volo *m* a delta; **'~flieger(in)** *m(f)* deltaplanista *m/f*
Dra'gee [dra'ʒe:] *n* (*-s*; *-s*) confetto *m*
Draht [drɑ:t] *m* (*-[e]s*; *⸚e*) filo *m* (metallico); ***auf ~ sein*** *fig* essere molto in gamba; **'~seilbahn** *f* funicolare *f*; funivia *f*; **'~zieher** ['-tsi:ər] *m* (*-s*; -) *fig* orditore *m*, istigatore *m*
dra'konisch [dra'ko:niʃ] draconiano
'Drama ['drɑ:ma] *n* (*-s*; *-men*) dramma *m*
Dra'm|atik [dra'mɑ:tik] *f* (-; *senza pl*) drammatica *f*; **~'atiker** [-'mɑ:tikər] *m* (*-s*; -) drammaturgo *m*, autore *m* drammatico; **2'atisch** drammatico
Drang [draŋ] *m* (*-[e]s*; *senza pl*) stretta *f*; (*Antrieb*) impulso *m*; istinto *m* (*Wunsch*) brama *f*
'drängeln F ['drɛŋəln] (*h*) spingere; insistere
'drängen ['drɛŋən] (*h*) **1.** *v/t* spingere *fig* far pressione su; incitare, sollecitare; ***sich ~ durch*** farsi largo in mezzo a **2.** *v/i* urgere; ***die Zeit drängt*** il tempo stringe; ***auf et*** (*acc*) ***~*** insistere su qc
'drastisch ['drastiʃ] drastico; ***~e Maßnahme*** misura *f* drastica
'draußen ['draʊsən] fuori
Dreck P [drɛk] *m* (*-[e]s*; *senza pl*) sporcizia *f*, sudiciume *m*; (*Schlamm*) fango *m*; *fig* porcheria *f*, robaccia *f*; **'2ig** sudicio; sporco; *fig* ***es geht ihm ~*** gli va proprio male
'Dreh|bank ['dre:baŋk] *f* tornio *m*; **'~bleistift** *m* matita *f* automatica; lapis *m* girevole (*od* automatico); **'~buch** *Film*: copione *m*; sceneggiatura *f*; **'~bühne** *f* palcoscenico *m* girevole
'drehen ['dre:ən] *v/t* (*h*) girare (*a Film*); ***sich ~*** girare *u* girarsi; rotare
'Dreh|kreuz *n* tornello *m*; **'~orgel** *f* organetto *m*; **'~strom** *m* corrente *f* trifase; **'~stuhl** *m* sedia *f* girevole; **'~tür** porta *f* girevole; **'~ung** *f* (-; *-en*) giro *m*; rotazione *f*; **'~zahl** *f* numero *m* dei giri; **'~zahlmesser** *m* contagiri *m*
drei [draɪ] *adj* tre
Drei *f* (-; *-en*) tre *m*
'Drei|bettzimmer *n* camera *f* a tre letti

'**~eck** ['-ʔɛk] *n* (-[*e*]*s*; -*e*) triangolo *m*; '**2eckig** triangolare
drei|er'lei ['-ər'laɪ] di tre specie; '**~fach** ['-fax] triplo, triplice; '**~hundert** trecento; '**~jährig** triennale; di tre anni; **2'königstag** *m* Epifania *f*; '**~mal** tre volte; '**~malig** triplice; '**2rad** *n* triciclo *m*; '**~sprachig** ['-ʃpraːxɪç] trilingue
dreißig ['-sɪç] trenta
dreist [draɪst] ardito; sfacciato
drei|stellig ['-ʃtɛlɪç] a tre cifre; '**~stündig** ['-styndɪç] di tre ore; '**~tägig** ['-tɛːgɪç] di tre giorni; '**~tausend** tremila; '**~teilig** tripartito; **~'viertel** tre quarti; '**~zehn** tredici
Dresden ['dreːsdən] *n* Dresda *f*
dres's|ieren [drɛ'siːrən] (*senza -ge-, h*) ammaestrare; addestrare; **2'ur** [-'suːr] *f* (-; -*en*) addestramento *m*
Drillinge [drilɪŋə] *pl* fratelli *m/pl* trigemini
Dr.-Ing. ***Doktor der Ingenieurwissenschaft*** dottore in ingegneria
dring|en ['drɪŋən] (*drang, gedrungen*) **1.** (*sn*): **~ *aus*** uscire da; **~ *durch*** penetrare attraverso (*od* in); **2.** (*h*): **~ *auf*** (*acc*) insistere su; **~ *in j-n*** sollecitare qu; '**~end**, '**~lich** urgente, '**2lichkeit** *f* (-; *senza pl*) urgenza *f*
drinnen ['drɪnən] là dentro
dritt [drɪt]: ***zu* ~** in tre
dritt|e(r) terzo; '**2el** *n* (-*s*; -) terzo *m*; terza parte *f*; '**~ens** in terzo luogo
Dr. jur. ***Doktor der Rechte*** dottore in legge
DRK ***Deutsches Rotes Kreuz*** Croce Rossa Tedesca
Dr. med. ***Doktor der Medizin*** dottore in medicina
Drog|e ['droːgə] *f* (-; -*n*) droga *f*; '**~enberatungsstelle** *f* centro *m* di accoglienza per tossicodipendenti; servizio *m* accertamento e trattamento tossicodipendenze; '**~enhandel** *m* traffico *m* della droga; narcotraffico *m*; '**~enproblem** *n* problema *m* della droga; **~e'rie** [-gə'riː] *f* (-; -*n*) drogheria *f*
drohen ['droːən] (*h*) minacciare; *Gefahr*: sovrastare; '**~d** minaccioso; *Gefahr*: imminente, sovrastante
drosseln ['drɔsəln] (*h*) *tec* strozzare; ridurre
Dr. phil. ***Doktor der Philosophie*** dottore in (lettere e) filosofia
'**drüben** ['dryːbən] dall'altra parte
'**drüber** F ['dryːbər] → ***darüber***
Druck [drʊk] *m* (-[*e*]*s*; *senza pl*) pressione *f*; *tip* (*pl* -*e*) stampa *f*; ***in* ~ *geben*** dare alle stampe; '**~buchstabe** *m* carattere *m* di stampa; ***in* ~*n schreiben*** scrivere in stampatello
'**drucken** ['drʊkən] (*h*) stampare
'**drücken** ['drykən] (*h*) premere; stringere; *Schuhe*: esser stretto; *econ* deprimere; *Preise*: far abbassare; *Rekord*: battere; ***j-m et in die Hand* ~** mettere qc in mano a qu; ***sich* ~ *von*** sottrarsi a; '**~d** opprimente; *fig a* oneroso, gravoso
'**Drucker** ['drʊkər] *m* (-*s*; -) tipografo *m*; *inform* stampante *f*; **~'ei** [-'raɪ] *f* (-; -*en*) stamperia *f*, tipografia *f*
'**Druck|fehler** ['drʊkfeːlər] *m* errore *m* di stampa; '**2fertig** pronto per la stampa; '**~knopf** *m* bottone *m* automatico (*od* a molla); *el* pulsante *m*; '**~luft** *f* aria *f* compressa; '**~mittel** *fig n* mezzo *m* per fare pressione; '**~posten** F *m* posto *m* di tutto riposo, sinecura *f*; '**~sache** *post f* stampe *f/pl*; '**~schrift** *f* stampato *m*; *tip* stampatello *m*
drum [drʊm] → ***darum***; ***das ganze Drum und Dran*** tutti gli annessi e connessi; tutti gli accessori
'**drunter** ['drʊntər] → ***darunter***; **~ *und drüber gehen*** essere sottosopra
'**Drüse** ['dryːzə] *f* (-; -*n*) ghiandola *f*
'**Dschungel** ['dʒʊŋəl] *m* (-*s*; -) giungla *f*
dt. ***deutsch*** tedesco
Dtzd. ***Dutzend*** dozzina
du [du] tu; ***mit j-m auf Du und Du stehen*** essere in buonissimi rapporti con qu
Du *in Briefen*: → ***du***
d.U. ***der Unterzeichnete*** il sottoscritto
'**Dübel** ['dyːbəl] *m* (-*s*; -) tassello *m*
Duft [dʊft] *m* (-[*e*]*s*; ~*e*) odore *m*; (*Wohlgeruch*) profumo *m*; fragranza *f*; '**2en** (*h*): **~ *nach*** avere l'odore di, mandare un odore di; '**2end** fragrante; odoroso; profumato
'**dulden** ['dʊldən] (*h*) sopportare, soffrire; (*gestatten*) tollerare
dumm [dʊm] stupido; sciocco; ***~es Zeug!*** sciocchezze!; '**2heit** *f* (-; -*en*) sciocchezza *f*; stupidaggine *f*; (*senza pl*) (*Dummsein*) stupidità *f*; '**2kopf** *m* imbecille *m*
dumpf [dʊmpf] cupo; (*muffig*) ammuf-

fito

'Dumping ['dampiŋ] *n* (*-s*; *senza pl*) dumping *m*; **'~preis** *m* prezzo *m* di dumping

'Düne ['dy:nə] *f* (*-*; *-n*) duna *f*

'Düngemittel ['dyŋəmitəl] *n* fertilizzante *m*

'düng|en ['dyŋən] (*h*) concimare; **'2er** *m* (*-s*; *-*) concime *m*

'dunkel ['duŋkəl] *adj* oscuro; (*lichtlos*) buio; *fig* (*düster*) tetro; **~ werden** farsi buio; **'~blau** (**'~braun**) blu (marrone) scuro

'Dunkel|heit ['duŋkəlhaıt] *f* oscurità *f*; ***bei einbrechender ~*** sull'imbrunire; **'~kammer** *f* camera *f* oscura

dünn [dyn] sottile; *Haar*: rado; *Kaffee*: lungo; ***~ besiedelt*** scarsamente popolato

Dunst [dunst] *m* (*-[e]s*; *⸗e*) vapore *m*; *fig* ***keinen blassen ~ haben*** non avere la minima idea

'dünsten ['dynstən] (*h*) stufare

'Dunstglocke *f* cappa *f* di smog

'dunstig ['dunstiç] nebbioso; fumoso; umido

Dupli'kat [dupli'ka:t] *n* (*-[e]s*; *-e*) duplicato *m*; copia *f*

Dur *mus* [du:r] *n* (*-*; *senza pl*) maggiore *m*

durch [durç] **1.** *prp* per; con; (*quer, mitten*) attraverso; (*~ Personen*) per mezzo di; (*beim Passiv*) da; **2.** *adv* ***der Zug ist schon ~*** il treno è già passato; ***~ und ~*** da parte a parte; (*ganz*) completamente; ***die ganze Nacht ~*** per tutta la notte

'durcharbeiten (*sep*, *-ge-*, *h*) **1.** *v/t* lavorare (*od* studiare) con cura; **2.** *v/i* lavorare senza sosta

durch'aus [-'ʔaʊs] interamente; assolutamente; ***~ nicht*** niente affatto

durchei'nander [-ʔaı'nandər] *adv* sottosopra, confusamente; indistintamente

Durchei'nander *n* (*-s*; *senza pl*) confusione *f*

'durch|fahren (*irr*, *sep*, *-ge-*, *sn* → ***fahren***) passare (***in*** per); (*nicht halten*) non fermarsi; **'2fahrt** *f* (*-*; *senza pl*) passaggio *m*; ***auf der ~ sein*** essere di passaggio; **'2fall** *m* (*-[e]s*; *Durchfälle*) *med* diarrea *f*; **'~fallen** (*irr*, *sep*, *-ge-*, *sn*, → ***fallen***) cadere; fare fiasco; *Schule*: essere bocciato; **'~fragen**: ***sic*** ***~*** (*sep*, *-ge-*, *h*) trovare la strada (*od* luogo) a forza di domandare

durch|'froren [-'fro:rən] ghiacciato

'2fuhr ['-fu:r] *f* (*-*; *-en*) transito *m*

'~führbar realizzabile, eseguibile

'~führen *v/t* (*sep*, *-ge-*, *h*) *fig* eseguire, realizzare; **'2führung** *f* (*-*; *-en*) esecuzione *f*; **'2gang** *m* (*-[e]s*; *Durchgänge*) passaggio *m*; ***~ verboten!*** passaggio vietato!; **'~gängig** ['-gɛŋıç] generale *adv* senza eccezione

'Durchgangs|land ['-gaŋslant] *n* paes*e* *m* di transito; **'~verkehr** *m* moviment*o* *m* di transito

'durch|gehen (*irr*, *sep*, *-ge-*, *sn*, → ***ge-hen***) **1.** *v/t* percorrere; **2.** *v/i* passare (*fliehen*) scappare; *Pferd*: sfuggire di mano; **'~gehend** continuato; *fer* diretto; ***~ geöffnet*** ad orario continuato; **'~greifen** (*irr*, *sep*, *-ge-*, *h*, → ***greifen***) *fig* agire energicamente; usare mezzi efficaci; **'~greifend** radicale; energico; **'~halten** (*irr*, *sep*, *-ge-*, *h*, → ***halten***) resistere sino alla fine; andare sino in fondo; **'~kommen** (*irr*, *sep*, *-ge-*, *s*… → ***kommen***) passare; *fig* scampar… **~'kreuzen** (*senza -ge-*, *h*) *Pläne*: butt… re all'aria; intralciare; contrariar… **'~lassen** (*irr*, *sep*, *-ge-*, *h*, → ***lassen***) l… sciar passare; **'~lässig** permeabil… poroso

durch|'laufen (*irr*, *sep*, *senza -ge-*, *h*, … ***laufen***) percorrere; **'2lauferhitz…** ['-ʔɛrhitsər] *m* (*-s*; *-*) scaldacqua istantaneo; **'~lesen** (*irr*, *sep*, *-ge-*, → ***lesen***) leggere per intero; (*flüchti…*) scorrere; **~'leuchten** (*senza -ge-*, *med* fare una radioscopia (*od* i ragg… **2'leuchtung** *med* *f* (*-*; *-en*) radioscop… *f*; **'~machen** (*sep*, *-ge-*, *h*) subire, pa… sare; (*dulden*) soffrire; **'2messer** (*-s*; *-*) diametro *m*; **~'nässt** [-'nɛst] b… gnato come un pulcino; **~'queren** (*se…* *za -ge-*, *h*) attraversare; **'~rechn…** (*sep*, *-ge-*, *h*) calcolare; *Rechnung*: v… rificare; **'2reise** *f* (*-*; *-n*) passaggio transito *m*; ***auf der ~ sein*** essere … passaggio; **'2reisevisum** *n* visto *m* … transito; **'~reißen** (*irr*, *sep*, *-ge-*, *h*, … ***reißen***) **1.** *v/t* (*h*) strappare; **2.** *v/i* (… rompersi; **'2sage** *f* (*-*; *-n*) comunic… *m*; annuncio *m*; **~'schauen** (*se…* *-ge-*, *h*) *fig* indovinare; capire; **'~sch…**

nend trasparente; diafano; **'♀schlag** *m* (-[*e*]*s*; *Durchschläge*) *Schrift*: copia *f*; **'~schlagen**: ***sich*** ~ (*irr*, *sep*, *-ge-*, *h*, → ***schlagen***) aprirsi un varco; *fig* tirare avanti; F sbarcare il lunario; **'~schlagend** *Erfolg*: strepitoso; **'♀schlagpapier** *n* carta *f* velina (*od* vergatina); **'~schneiden** (*irr*, *sep*, *-ge-*, *h*, → ***schneiden***) tagliare; fendere

'Durchschnitt ['-ʃnit] *m* (-[*e*]*s*; *-e*) media *f*; valore *m* medio; ***im*** ~ in media; **'♀lich** *adj* medio; (*mittelmäßig*) mediocre; *adv* in media

'Durchschnitts|einkommen *n* reddito *m* medio; **'~ertrag** *m* rendita *f* media; **'~geschwindigkeit** *f* velocità *f* media; media *f* oraria; **'~temperatur** *f* temperatura *f* media

'durch|sehen (*irr*, *sep*, *-ge-*, *h*, → ***sehen***) **1.** *v/t* rivedere, ripassare; esaminare; *flüchtig*: dare une scorsa a; **2.** *v/i* guardare; **'~setzen** (*sep*, *-ge-*, *h*) conseguire, ottenere; raggiungere; *Meinung*: far prevalere; *Willen*: imporre; ***sich*** ~ affermarsi; imporsi; **'♀sicht** *f* (-; *senza pl*) revisione *f*; scorsa *f*; esame *m*; **'~sichtig** trasparente; **'~sprechen** (*irr*, *sep*, *-ge-*, *h*, → ***sprechen***) discutere punto per punto; **'~stehen** (*irr*, *sep*, *-ge-*, *h*, → ***stehen***) passare, sopportare; riuscire a resistere; **'~streichen** (*irr*, *sep*, *-ge-*, *h*, → ***streichen***) cancellare; **~'suchen** (*senza -ge-*, *h*) frugare (in); (*ein Haus*) perquisire; **♀'suchung** *f* (-; *-en*) perquisizione *f*; **'♀wahl** *post f* (-; *senza pl*) teleselezione *f* automatica; **'~wählen** (*sep*, *-ge-*, *h*) comporre un numero telefonico in teleselezione

'durchweg ['durçvɛk] in genere, interamente; sempre

durch|'wühlen (*senza -ge-*, *h*) rovistare; **'~zählen** (*sep*, *-ge-*, *h*) contare; **'~ziehen 1.** *v/i* (*irr*, *sep*, *-ge-*, *sn*, → ***ziehen***) passare (**durch** per); **2.** [durç'vyːlən] *v/t* (*irr*, *senza -ge-*, *h*, → ***ziehen***) percorrere, attraversare; **'♀zug** *m* (-[*e*]*s*; *Durchzüge*) passaggio *m*; (*senza pl*) *Luft*: corrente *f* d'aria

'dürfen ['dyrfən] (*durfte*, *gedurft*, *h*) potere; ***darf ich?*** posso?; ***man darf nicht*** non è permesso, non si deve; ***ich habe es nicht machen*** ~ non ho potuto farlo

'dürftig ['dyrftiç] meschino

dürr [dyr] secco; *Land*: arido; **'♀e** *f* (-; *-n*) siccità *f*; aridità *f*

Durst [durst] *m* (*-es*; *senza pl*) sete *f*; **'♀ig** assetato; ~ ***sein*** aver sete

'Dusche ['duːʃə] *f* (-; *-n*) doccia *f*; **'♀n** (*h*) fare la doccia

'Düse *tec* ['dyːzə] *f* (-; *-n*) getto *m*, ugello *m*; **'~nflugzeug** *n* apparecchio *m* a reazione

'düster ['dyːstər] fosco; tetro

'Dutzend ['dutsənt] *n* (*-s*; *-e*) dozzina *f*

'duzen ['duːtsən] *v/t* (*h*) dare del tu (***j-n*** a qu)

DV'D [deːfau'deː] *f* (-; *-s*) DVD *m*; **~-Player** *m* (*-s*; -) lettore *m* DVD; **~-Rekorder** *m* (*-s*; -) lettore *m* DVD

Dy'nam|ik [dy'nɑːmik] *f* (-; *senza pl*) dinamica *f*; **♀isch** [-'nɑːmiʃ] dinamico

Dy'namo [dy'nɑːmo] *m* (*-s*; *-s*) dinamo *f*

dz ***Doppelzentner*** quintale

'D-Zug ['deːtsuːk] *m* espresso *m*

E

E *Eilzug* treno diretto

Ebbe ['ɛbə] *f* (-; *-n*) riflusso *m*

eben ['eːbən] **1.** *adj* piano; (*gleichmäßig*) uguale; ***zu ~er Erde*** a pianterreno; **2.** *adv* (*genau*) precisamente, proprio; (*gerade*) appunto; (*zeitlich*) or ora, in questo momento

Ebene ['eːbənə] *f* (-; *-n*) pianura *f*

eben|falls ['eːbənfals] parimenti, altrettanto; **'~so** altrettanto; ~ ***... wie*** così ... come; ~ ***sehr*** altrettanto; ~ ***viel*** altrettanto; ~ ***viel ... wie*** tanto ... quanto; ~ ***wenig*** altrettanto poco

'ebnen ['eːbnən] (*h*) appianare

'Echo ['ɛço] *n* (*-s*; *-s*) eco *f* (*im pl m*)

echt [ɛçt] **1.** *adj* genuino; *Farben*: indelebile, durevole; *Urkunden*: autentico; *Gold*: puro; *jur* legittimo; **2.** *adv* schiettamente; **'2heit** *f* (-; *senza pl*) genuinità *f*; autenticità *f*; purezza *f*; legittimità *f*

'Eck|ball ['ɛkbal] *m* calcio *m* d'angolo; **'~daten** *pl* valori *m/pl* di riferimento (*od* indicativi); **'~lohn** *m* paga *f* sindacale

'Eck|e ['ɛkə] *f* (-; *-n*) angolo *m*; (*Kante*) canto *m*, cantone *m*; **'2ig** angolare; (*mit vielen Ecken*) angoloso

E

E'conomyklasse [i'kɔnəmiklasə] *f* classe *f* economica

Ecuador [ekua'doːr] *n* Ecuador *m*

'edel ['eːdəl] nobile; *Metall*: prezioso; **'2gas** *n* gas *m* nobile; **'2metall** *n* metallo *m* prezioso; **'2stahl** *m* acciaio *m* affinato; **'2stein** *m* pietra *f* preziosa; **'2weiß** *n* (-[*e*]*s*; *-e*) edelweiss *m*, stella *f* alpina

EDV ***Elektronische Datenverarbeitung*** elaborazione elettronica dei dati (*abbr* EDP)

Ef'fekt [ɛ'fɛkt] *m* (-[*e*]*s*; *-e*) effetto *m*; **~en** *econ pl* effetti *m/pl* bancari; **2'iv** [-'tiːf] *adj* effettivo; **2voll** [-fɔl] di grande effetto

effi|'zient [ɛfits'jɛnt] *adj* efficiente; **2'zienz** *f* (-; *-en*) efficienza *f*

EFTA (*European Free Trade Association*) ***Europäische Freihandelszone*** Associazione Europea di Libero Scambio

EG|-... *hist* Cee, della Cee, comunitario; **~-Kommis'sion** *f hist* Commissione *f* Cee

e'gal [e'gaːl] F uguale, indifferente; ***das ist mir ganz ~*** me ne importa un cavolo

EGKS ***Europäische Gemeinschaft für Kohle und Stahl*** Comunità Europea del Carbone e dell'Acciaio (*abbr* CECA)

Ego'ist [ego'ʔist] *m* (*-en*; *-en*), **~in** *f* (-; *-nen*) egoista *m/f*; **2isch** egoistico, egoista

'ehe ['eːə] prima che

'Ehe ['eːə] *f* (-; *-n*) matrimonio *m*; ***die ~ schließen*** contrarre matrimonio

'Ehe... *in Zssgn*: matrimoniale; **'~bett** *n* letto *m* matrimoniale; **'~bruch** *m* adulterio *m*; **'~frau** *f* moglie *f*; **'~leute** *pl* coniugi *m/pl*; **'2lich** coniugale; *Kinder*: legittimo; **'~losigkeit** *f* celibato *m*

ehem., **ehm.** ***ehemals*** anticamente

'ehemal|ig ['eːəmaːliç] antico; ex...; **~er Minister** ex-ministro *m*; **'~s** altre volte, in passato

'Ehe|mann ['eːəman] *m* marito *m*; **'~paar** *n* coppia *f*, coniugi *m/pl*

'eher ['eːər] prima; (*vielmehr*) piuttosto

'Ehe|ring *m* fede *f*; **'~scheidung** ['eːəʃaɪduŋ] *f* divorzio *m*; **'~schließung** *f* matrimonio

'Ehre ['eːrə] *f* (-; *-n* [*nur in Wendungen*]) onore *m*; (*Ruf*) reputazione *f*; ***zu ~n von*** in onore di; ***der Wahrheit die ~ geben*** rendere omaggio alla verità; ***die letzte ~ erweisen*** rendere gli estremi onori

'ehren ['eːrən] (*h*) onorare; rispettare; ***sehr geehrter Herr!*** (*Brief*) egregio signore

'ehren|amtlich ['eːrənʔamtliç] a titolo onorario; **'2bürger** *m* cittadino *m* onorario; **'2doktor** *m* dottore *m* honoris causa; **'2mal** *n* monumento *m*; **'2mann** *m* galantuomo *m*, uomo *m* d'onore; **'2mitglied** *n* membro *m* onorario; **'2rechte** *jur n/pl* diritti *m/pl* civili; **'2runde** *f Sport*: giro *m* d'onore; **'2tag** *m* giornata *f* d'onore; anniversario *m*; **'~voll** onorato; onorevole; **'2wort** *n* parola *f* d'onore

'ehr|fürchtig ['eːrfyrçtiç] rispettoso; **'2geiz** *m* (*-es*; *senza pl*) ambizione *f*; **'~geizig** ambizioso; **'~lich** onesto; (*aufrichtig*) sincero; **'2lichkeit** *f* (-; *senza pl*) onestà *f*; sincerità *f*; **'~los** disonesto; **'2würden**: ***Euer ~*** Reverendo; **'~würdig** venerando

Ei [aɪ] *n* (-[*e*]*s*; *-er*) uovo *m*; ***die ~er*** *pl* uova *f/pl*

EIB ***Europäische Investitionsbank*** Banca europea per gli investimenti

'Eibe *bot* ['aɪbə] *f* (-; *-n*) tasso *m*

'Eiche ['aɪçə] *f* (-; *-n*) quercia *f*

'eichen ['aɪçən] *v/t* (*h*) tarare; *jur* stazare; *Radio*: tarare

Eid [aɪt] *m* (-[*e*]*s*; *-e*) giuramento *m*; ***e- ~ leisten*** prestare giuramento

'eidbrüchig spergiuro

'eidesstattlich ['aɪdəsʃtatliç] in luogo di giuramento; ***~e Erklärung*** *f* dichiarazione *f* giurata

'Eidgenossenschaft *f*: ***Schweizerische ~*** Confederazione *f* elvetica

'Eier|becher ['aɪərbɛçər] *m* portauovo *m*; **'~kuchen** *m* frittata *f*; **'~schale** g scio *m* d'uovo; '~**stock** *m anat* ovaia *f*

Eifer ['aɪfər] *m* (*-s; senza pl*) fervore *m*; '~**sucht** *f* (*-; senza pl*) gelosia *f*; '2**süchtig** ['-zyçtiç] geloso (***auf** acc* di)

eifrig ['aɪfriç] fervente; zelante; *beim Arbeiten*: assiduo

eig., **eigtl.** ***eigentlich*** propriamente

Eigelb [aɪgɛlp] *n* (*-s; -e; nach Zahlen inv*) rosso *m* (*od tuorlo m*) d'uovo

eigen ['aɪgən] proprio; (*besonderer*) speciale, particolare; (*seltsam*) singolare

eigen|artig ['-ʔɑːrtiç] singolare; '2**bedarf** *m* proprio fabbisogno *m*; '2**finanzierung** *f* autofinanziamento *m*; '~**händig** ['-hɛndiç] **1.** *adj* autografo; **2.** *adv* di proprio pugno; '2**heim** *n* casa *f* propria; '2**heit** *f* (*-; -en*) particolarità *f*; '2**kapital** *n* capitale *m* proprio (*od* di diretta pertinenza); '~**mächtig** arbitrario; '~**nützig** ['-nytsiç] interessato; egoistico

eigens ['aɪgəns] espressamente

Eigen|schaft ['aɪgənʃaft] *f* (*-; -en*) qualità *f*; '2**sinnig** ['-ziniç] ostinato

eigentlich ['aɪgəntliç] **1.** *adj* proprio; vero; **2.** *adv* veramente, in realtà

Eigen|tum ['aɪgəntuːm] *n* (*-s; senza pl*) proprietà *f*; '~**tümer** *m* (*-s; -*), '~**tümerin** *f* (*-; -nen*) proprietario *m*, -a *f*; '2**tümlich** ['-tyːmliç] particolare; (*sonderbar*) strano; '~**tumswohnung** *f* appartamento *m* di proprietà; '2**willig** ostinato; stravagante, bizzarro

eign|en ['aɪgnən]: ***sich*** ~ (*h*) adattarsi; essere adatto (*od* atto, adeguato) (***für, zu*** a); '2**er** *m* (*-s; -*) proprietario *m*; '2**ung** *f* (*-; -en*) qualificazione *f*, idoneità *f*; '2**ungstest** *m* test *m* attitudinale

Eilbrief ['aɪlbriːf] *m* (lettera *f*) espresso *m*

Eil|e ['aɪlə] *f* (*-; senza pl*) fretta *f*; '2**ig** frettoloso; (*dringlich*) urgente; *adv* in fretta; ***es*** ~ ***haben*** avere fretta

Eilzug *m* treno *m* diretto

Eimer ['aɪmər] *m* (*-s; -*) secchio *m*; secchia *f*

ein[1] [aɪn] **1.** *adj Zahlwort*: ~**er**, ~**es**, ~**e** uno, una; ~ ***für alle Mal*** una volta per tutte; **2.** *art* ~, ~**e**, ~ un, uno, una; **3.** *pron* ~***e(r)*** uno; ~***(e)s*** una cosa

ein[2] *adv* (*hinein*) ***er weiß weder*** ~ ***noch aus*** non sa dove sbattere la testa

ei'nander [aɪ'nandər] l'un l'altro; reciprocamente

'**einarbeit|en** *v/t* (*sep, -ge-, h*) introdurre, iniziare; ***sich*** ~ impratichirsi; '2**ung** *f* (*-; senza pl*) l'impratichirsi

'**einatmen** (*sep, -ge-, h*) aspirare, respirare; inalare

'**Einbahnstraße** ['-bɑːnʃtrɑːsə] *f* (strada *f* a) senso *m* unico

'**Einband** *m* (*-[e]s; ⸗e*) (ri)legatura *f*

'**Einbau** *m* (*-[e]s; -ten*) montaggio *m*; installazione *f*; '2**en** (*sep, -ge-, h*) installare, montare

'**einberufen** (*irr, sep, senza -ge-, h,* → ***berufen***) convocare; *mil* richiamare

'**Einbettzimmer** *n* camera *f* singola

'**einbeziehen** (*irr, sep, senza -ge-, h,* → ***beziehen***) includere

'**einbiegen** (*irr, sep, -ge-, sn,* → ***biegen***) piegare; voltare; ***in e-e Straße*** ~ svoltare, girare

'**einbild|en**: ***sich*** (*dat*) ~ (*sep, -ge-, h*) figurarsi, immaginarsi; '2**ung** *f* (*-; senza pl*) immaginazione *f*

'**Einblick** *m* (*-[e]s; -e*) occhiata *f*; ***e-n*** ~ ***gewinnen*** farsi un'idea; ~ ***gewähren*** permettere di dare un'occhiata; *fig* far guardare, far conoscere

'**einbringen** (*irr, sep, -ge-, h,* → ***bringen***) introdurre; *Gesetz*: presentare; *Getreide*: riporre nel granaio; *Gewinn*: fruttare

'**Einbruch** *m* (*-[e]s; ⸗e*) rottura *f*; effrazione *f*; irruzione *f*; *von Dieben*: (furto *m* con) scasso *m*; '~**sdiebstahl** *m* furto *m* con scasso

'**einbuchen**: ***sich*** ~ *v/r tel von Handy in ein Telefonnetz*: interconnettersi

'**einbürger|n** ['-byrgərn] (*sep, -ge-, h*) naturalizzare; *fig* ***sich*** ~ venire in voga, prender piede; '2**ung** *f* (*-; -en*) naturalizzazione *f*

'**Einbuße** *f* (*-; -n*) perdita *f*

'**einbüßen** (*sep, -ge-, h*) perderci

'**einchecken** ['-tʃɛkən] (*sep, -ge-, h*) *avia* fare il check in

'**eincremen** ['-kreːmən] (*sep, -ge-, h*) spalmare la crema su

'**eindecken**: ***sich*** ~ (*sep, -ge-, h*) rifornirsi; approvvigionarsi

'**eindeutig** ['-dɔʏtiç] evidente

'**eindringen** (*irr, sep, -ge-, sn* → ***dringen***) penetrare; introdursi; *mil* invade-

re; ***auf j-n ~*** far pressione su qu
'**Eindruck** *m* (-[*e*]*s*; *⸗e*) impressione *f*; ***einen guten*** (***schlechten***) ***~ machen*** far bella (brutta) figura
'**eindrucksvoll** ['-druksfɔl] suggestivo; efficace
'**einem** ['aɪnəm], '**einer** ['aɪnər] → ***ein***[1]
'**Einer** ['aɪnər] *m* (*-s*; -) *mat* unità *f*; '**≈lei** (*gleichgültig*) lo stesso; (*gleich*) medesimo; '**≈seits** da una parte
'**einfach** ['-fax] semplice; *fig a* modesto; ***~e Fahrt*** *fer* sola andata *f*; '**≈heit** *f* (-; *senza pl*) semplicità *f*
'**Einfahrt** *f* (-; *senza pl*) entrata *f*; (*Ankunft*) arrivo *m*; (*pl -en*) (*Tor*) ingresso *m*; entrata *f*; portone *m*
'**Einfall** *m* (-[*e*]*s*; *⸗e*) caduta *f*; *mil* irruzione *f*; invasione *f*; *fig* idea *f*
'**einfallen** (*irr*, *sep*, *-ge-*, *sn*, → ***fallen***) cadere; *mil* irrompere, invadere; *fig* venir in mente
'**einfältig** ['-fɛltiç] semplice; candido, ingenuo
'**einfarbig** d'un solo colore; *Stoff*: in tinta unita
'**einfass|en** (*sep*, *-ge-*, *h*) *Edelsteine*: incastonare; '**≈ung** *f* (-; *-en*) incastonatura *f*; *der Brille*: montatura *f*
'**Einflugschneise** ['-flu:kʃnaɪzə] *f* sentiero *m* di discesa
'**Einfluss** *m* (*-es*; *⸗e*) imboccatura *f*; *fig* influenza *f*, influsso *m*
'**einförmig** ['-fœrmiç] uniforme; monotono
'**einfrieren** (*irr*, *sep*, *-ge-*, → ***frieren***) **1.** *v/t* (*h*) *econ* bloccare; congelare (*a Fleisch*); **2.** *v/i* (*sn*) gelarsi
'**einfügen** (*sep*, *-ge-*, *h*) incastrare; inserire; *Wörter*: interpolare; ***sich ~*** adattarsi
'**Einfühlungsvermögen** ['-fy:luŋsfɛrmø:gən] *n* intuito *m*, capacità *f* di immedesimazione
'**Einfuhr** ['-fu:r] *f* (-; *-en*) importazione *f*; '**~beschränkung** *f* restrizione *f* delle importazioni; '**~bestimmungen** *f/pl* norme *f/pl* per l'importazione
'**einführ|en** (*sep*, *-ge-*, *h*) introdurre; *econ* importare; *in ein Amt*: insediare; '**≈ung** *f* (-; *-en*) introduzione *f*; insediamento *m*; installazione *f*; *econ* lancio *m*; '**≈ungspreis** *m* prezzo *m* di promozione
'**Einfuhr|genehmigung** *f* licenza *f* d'importazione; '**~land** *n* paese *m* importatore; '**~verbot** *n* divieto *m* d'importazione; '**~zoll** *m* dazio *m* d'importazione
'**Eingabe** *f* (-; *-n*) domanda *f*, petizione *f*; *inform* entrata *f*, ingresso *m*; '**~gerä**[t] *n inform* unità *f* di ingresso
'**Eingang** *m* (-[*e*]*s*; *⸗e*) ingresso *m*; entrata *f*; *der Waren*: arrivo *m*; '**≈s** i[n] principio; '**~sbestätigung** ['-gaŋsbəʃtɛ:tiguŋ] *f* accusa *f* di ricevuta; '**~sdatum** *n* data *f* d'arrivo
'**eingearbeitet** ['-gəˀarbaɪtət] pratic[o] del lavoro, impratichito
'**eingeben** (*irr*, *sep*, *-ge-*, *h*, → ***geben***) somministrare; *inform* digitare, introdurre; *fig* suggerire
'**eingebildet** ['-gəbildət] presuntuoso; (*Krankheit*) immaginario
'**eingehen** (*irr*, *sep*, *-ge-*, *sn*, → ***gehen***) **1.** *v/t* concludere; *Wette*: fare; *Ehe*, *Verpflichtung*: contrarre; **2.** *v/i* entrare; *Briefe*, *Waren*: arrivare; *Stoffe*: restringersi; ***~ auf*** (*acc*) interessarsi di; accettare; *Zeitungen*: sospendere le pubblicazioni; '**~d** minuzioso, esauriente, [a] fondo
'**eingenommen** ['-nɔmən] infatuat[o] (*vor~*) prevenuto; ***von sich ~*** presuntuoso, borioso
'**eingeschränkt** ristretto, limitato
'**eingeschrieben** iscritto; *post* raccomandato
'**eingetragen**: ***~e Schutzmarke*** marchio *m* depositato
'**eingewöhnen** (*sep*, *-ge-*, *h*) avvezza[re]
'**eingießen** (*irr*, *sep*, *-ge-*, *h*, → ***gieße[n]***) versare
'**eingleisig** *fer* ['-glaɪziç] a un binari[o]
'**einglieder|n** (*sep*, *-ge-*, *h*) incorporar[e]; '**≈ung** *f* (-; *senza pl*) incorporazione annessione *f*, inserimento *m*
'**eingreifen** *v/i* (*irr*, *sep*, *-ge-*, *h*, → ***greifen***) intervenire; *tec* ingranare; *fig* immischiarsi
'**Eingriff** *m* (-[*e*]*s*; *-e*) intervento *m*; i[n]gerenza *f*; *tec* presa *f*
'**Einhalt** *m*: ***~ gebieten*** (*dat*) porre te[r]mine a; arrestare (qc); porre freno
'**einhängen** (*sep*, *-ge-*, *h*) *tel* attacca[re]
'**einheimisch** nativo; nostrano, local[e]; '**≈e** *m/f* (*-n*; *-n*) nativo *m*, -a *f*
'**Einheit** ['-haɪt] *f* (-; *-en*) unità *f*; '**≈li**[ch] unito, unitario; '**~lichkeit** *f* (-; *sen*

pl) uniformità *f*; '**~spreis** ['-praɪs] *m* prezzo *m* unico
'**einhellig** ['-hɛlɪç] unanime
ein'hergehen [-'heːrgeːən] (*irr, sep, -ge-, sn,* → **gehen**) *fig* andare di pari passo
'**einholen** (*sep, -ge-, h*) andare a prendere; *Versäumtes*: riguadagnare; *Genehmigung, Rat*: chiedere; (*einkaufen*) andare a fare la spesa
'**einig** ['aɪnɪç] d'accordo
'**einige** ['aɪnɪgə] alcuni, alcune; qualche
'**einig|en** ['aɪnɪgən] (*h*) unificare; unire; **sich ~** mettersi d'accordo; **~er'maßen** [-gər'maːsən] in certo qual modo; (*nicht schlecht*) così così; '**~es** qualche cosa; '**≗keit** *f* (-; *senza pl*) unione *f*; concordia *f*; '**≗ung** *f* (-; *-en*) unificazione *f*; accordo *m*
'**einjährig** ['-jɛːrɪç] di un anno
'**einkalkulieren** ['-kalkuliːrən] (*sep, senza -ge-, h*) includere nei calcoli; *fig a* considerare, mettere in conto
'**Einkauf** *m* (-[*e*]*s*; *Einkäufe*) compra *f*, acquisto *m*; '**≗en** (*sep, -ge-, h*) comprare; fare la spesa; fare acquisti
'**Einkäufer(in)** *m*(*f*) compratore *m*, -trice *f*
'**Einkaufs|bummel** *m* giro *m* dei negozi; '**~preis** *m* prezzo *m* d'acquisto; '**~zentrum** *n* centro *m* commerciale
'**einkehren** ['-keːrən] (*sep, -ge-, sn*) prendere alloggio; fare sosta in un ristorante; F andare a bere
'**einklagen** (*sep, -ge-, h*) reclamare per via giudiziaria
'**Einklang** *m* (-[*e*]*s*; *senza pl*) accordo *m*; *mus* unisono *m*; **in ~ bringen** mettere d'accordo, armonizzare
'**einkleiden** (*sep, -ge-, h*) vestire
'**Einkommen** *n* (-*s*; -) introito *m*; (*festes* ~) reddito *m*; entrata *f*; '**~steuer** *f* imposta *f* sul reddito
Einkünfte ['-kynftə] *pl* entrate *f/pl*
'**einlad|en** (*irr, sep, -ge-, h,* → **laden**) *Waren*: caricare; *j-n*: invitare; '**~end** accogliente; '**≗ung** *f* (-; *-en*) invito *m*
Einlage *f* (-; *-n*) *im Brief*: allegato *m*; inclusa *f*; *Spiel*: posta *f*; *tea* intermezzo *m*; *econ* deposito *m*; quota *f* di capitale
'**einlagern** (*sep, -ge-, h*) *Waren*: immagazzinare
'**Einlass** ['-las] *m* (-*es*; ⸗*e*) ingresso *m*; *zu j-m*: adito *m*
'**einlassen** (*irr, sep, -ge-, h,* → **lassen**) lasciar passare; *tec* introdurre; *fig* **sich ~ auf** (*acc*) avventurarsi in, mettersi in; accettare
'**einleben**: **sich ~** (*sep, -ge-, h*) acclimatarsi; *fig* familiarizzarsi
'**einlegen** (*sep, -ge-, h*) mettere; (*einfügen*) inserire; *Berufung*: interporre; **ein gutes Wort ~ für j-n** intercedere (*od* adoperarsi) per qu
'**einleit|en** (*sep, -ge-, h*) introdurre; (*vorbereiten*) avviare; (*einführen*) iniziare; *jur* istruire; '**~end** introduttivo; '**≗ung** *f* (-; *-en*) introduzione *f*, prefazione *f*; *jur* istruzione *f*
'**einleuchten** (*sep, -ge-, h*) parer chiaro; **es will mir nicht ~** non posso crederci; '**~d** evidente, plausibile
'**einliefer|n** (*sep, -ge-, h*) consegnare; *Kranke*: ricoverare; '**≗ung** *f* (-; *-en*) consegna *f*
'**einloggen** ['aɪnlɔgən] *inform* fare il login
'**einlösen** *v/t* (*sep, -ge-, h*) riscattare; *Wort*: mantenere; *Versprechen*: adempiere; *Scheck*: pagare
'**einmal** ['-maːl] una volta; **nicht ~** nemmeno, neanche; **auf ~** ad un tratto; **noch ~** ancora una volta; '**~ig** unico; di una sola volta
'**Einmarsch** *m* (-[*e*]*s*; ⸗*e*) entrata *f*; '**≗ieren** (*sep, senza -ge-, sn*) entrare
'**einmieten**: **sich ~** (*sep, -ge-, h*) prendere alloggio
'**einmisch|en**: **sich ~** (*sep, -ge-, h*) immischiarsi; '**≗ung** *f* (-; *-en*) ingerenza *f*
'**einmünd|en** (*sep, -ge-, sn*) sboccare; '**≗ung** *f* (-; *-en*) sbocco *m*
'**einmütig** ['-myːtɪç] unanime
'**Einnahme** ['-naːmə] *f* (-; *-n*) presa *f*; occupazione *f*; (*Geld*) introiti *m/pl*; entrate *f/pl*; '**~quelle** *f* fonte *f* di guadagno
'**einnehmen** (*irr, sep, -ge-, h,* → **nehmen**) prendere; *econ* riscuotere; *e-e Stellung u mil*: occupare
'**einordnen** (*sep, -ge-, h*) classificare; *auto* **sich ~** mettersi in corsia
'**einpacken** (*sep, -ge-, h*) impacchettare; *in Ballen*: imballare
'**einparken** (*sep, -ge-, h*) parcheggiare
'**einprägen** (*sep, -ge-, h*) imprimere; *fig*

E

inculcare; **sich** (*dat*) **et~** imprimersi qc nella memoria
'**einräumen** (*sep*, *-ge-*, *h*) mettere in ordine; *Wohnung*: ammobiliare; *Recht*: riconoscere; (*abtreten*) cedere; *fig* concedere
'**einreiben** (*irr*, *sep*, *-ge-*, *h*, → **reiben**) frizionare
'**einreichen** (*sep*, *-ge-*, *h*) presentare
'**Einreise** *f* (-; *-n*) entrata *f* (in territorio straniero); '**2n** (*sep*, *-ge-*, *sn*) entrare; '**~visum** *n* visto *m* d'entrata
'**einreißen** (*irr*, *sep*, *-ge-*, → **reißen**) **1.** *v/t* (*h*) stracciare; (*niederreißen*) demolire; **2.** *v/i* (*sn*) strapparsi; *fig* radicarsi
'**einricht|en** (*sep*, *-ge-*, *h*) rimettere; *Zimmer*: arredare, ammobiliare; *tec* attrezzare; **sich ~** metter su casa; '**2ung** *f* (-; *-en*) disposizione *f*; arredamento *m*; mobili *m/pl*; *tec* dispositivo *m*
eins [aɪns] uno; **um ~** all'una
Eins *f* (-; *-en*) uno *m*
'**einsam** ['-zaːm] solo, solitario
'**Einsatz** ['-zats] *m* (-[*e*]*s*; *⸗e*) aggiunta *f*; *Spiel*: posta *f*; *Kleidung*: applicazione *f*; *mus* attacco *m*; (*senza pl*) *des Lebens*: rischio *m*; *der Kräfte*: impiego *m*; '**2bereit** pronto a funzionare
'**einscannen** ['aɪnskɛnən] *inform* scannerizzare
'**einschalt|en** (*sep*, *-ge-*, *h*) *el* innestare, inserire; *Lampe*, *Radio*: accendere; *el Maschinen*: mettere in circuito; mettere in contatto; chiudere il circuito; *Motor*: mettere in moto; *tec* azionare, avviare; **sich ~** intervenire; *in ein Gespräch*: intromettersi; '**2quote** *f* indice *m* d'ascolto
'**einschätz|en** (*sep*, *-ge-*, *h*) valutare; *Steuer*: tassare; '**2ung** *f* (-; *-en*) valutazione *f*
'**einschenken** (*sep*, *-ge-*, *h*) versare
'**einschicken** (*sep*, *-ge-*, *h*) inviare
'**einschiff|en** (*sep*, *-ge-*, *h*) imbarcare; '**2ung** *f* (-; *senza pl*) imbarco *m*
einschl. **einschließlich** compreso; incluso
'**einschlafen** (*irr*, *sep*, *-ge-*, *sn*, → **schlafen**) addormentarsi, prendere sonno
'**einschlagen** (*irr*, *sep*, *-ge-*, *h*, → **schlagen**) **1.** *v/t* (con)ficcare; *Tür*: sfondare; *e-n Weg*: prendere; (*einwickeln*) incartare; involtare; **2.** *v/i* dare la mano; *Blitz*: cadere; **es hat eingeschlagen** è caduto un fulmine; *fig* è riuscito bene
'**einschlägig** ['-ʃlɛːgiç] relativo, corrispondente
'**einschließ|en** (*irr*, *sep*, *-ge-*, *h*, → **schließen**) (rin)chiudere; *mil* accerchiare; *fig* comprendere; '**~lich** incluso; compreso; **bis ~ Montag** lunedì compreso
'**einschneidend** *fig* incisivo, radicale
'**Einschnitt** *m* (-[*e*]*s*; *-e*) incisione *f*; taglio *m*; *fig* cesura *f*; *Geschichte*: svolta *f*
'**einschränk|en** ['-ʃrɛŋkən] (*sep*, *-ge-*, *h*) limitare, restringere, ridurre; '**~end** restrittivo; '**2ung** *f* (-; *-en*) limitazione *f*, riduzione *f*; **ohne ~** senza restrizione
'**Einschreibebrief** ['-ʃraɪbəbriːf] *m* (lettera *f*) raccomandata *f*
'**einschreiben** *v/t* (*irr*, *sep*, *-ge-*, *h*, → **schreiben**) iscrivere; *post* spedire qc per raccomandata; **sich ~** iscriversi (**an** *dat*, **für**, **bei** a)
'**Einschreiben** *n* (*-s*; -) *post* raccomandata *f*
'**einschüchter|n** ['-ʃyçtərn] (*sep*, *-ge-*, *h*) intimidire; '**2ung** *f* (-; *-en*) intimidazione *f*
'**einsehen** *v/t* (*irr*, *sep*, *-ge-*, *h*, → **sehen**) esaminare; (*begreifen*) comprendere (*erkennen*) riconoscere
'**einseitig** ['-zaɪtiç] **1.** *adj* unilaterale *fig* parziale; **2.** *adv* da una parte
'**einsend|en** (*sep*, *-ge-*, *h*) inviare; *econ* rimettere; '**2ung** *f* (-; *-en*) spedizione *f* invio *m*
'**einsetz|en** (*sep*, *-ge-*, *h*) mettere (*fig* in gioco); *j-n in ein Amt*: insediare; installare; *j-n zu …* nominare; *sein Leben*: rischiare, mettere a repentaglio *mil* mobilitare, impegnare; '**2ung** (-; *senza pl*) istituzione *f*; insediamento *m*; inserzione *f*; nomina *f*; impiego *m*
'**Einsicht** *f* (-; *senza pl*) esame *m*; (*pl* *-en*) (*Verständnis*) comprensione *f* (*Erkenntnis*) conoscenza *f*; **~ nehmen in** (*acc*) esaminare, prendere visione di; **zur ~ kommen, dass** capire che '**2ig** comprensivo; (*überlegt*) giudizioso; ragionevole
'**einsparen** (*sep*, *-ge-*, *h*) risparmiare

einspielen: ***sich*** **~** (*sep*, *-ge-*, *h*) esercitarsi; far pratica; *fig* affiatarsi
einspringen (*irr*, *sep*, *-ge-*, *sn*, → ***springen***) *für j-n*: supplire qu
Einspruch *m* (-[*e*]*s*; ⸚*e*) protesta *f*; **~** ***erheben*** protestare
einspurig *fer* ['-ʃpuːriç] a un solo binario
einstecken (*sep*, *-ge-*, *h*) introdurre; *Briefe*: impostare, imbucare; *fig* mandar giù; *in die Tasche*: intascare
einsteigen (*irr*, *sep*, *-ge-*, *sn*, → ***steigen***) salire; *fer* **~!** in vettura!
einstell|en (*sep*, *-ge-*, *h*) mettere; *rad*, *tec* regolare; *fot* mettere a fuoco; *Arbeiter*: assumere; (*beenden*) sospendere; ***sich*** **~** prepararsi a qc; ***sich auf et*** (*acc*) **~** adattarsi a qc, aspettare qc; '**~ig** ['-ʃtɛliç] di una cifra sola; '**2ung** *f* (-; *-en*) *Arbeiter*: assunzione *f*; *tec* regolazione *f*; (*Haltung*) atteggiamento *m*; '**2ungsgespräch** *n* colloquio *m* (per l'assunzione)
Einstieg ['aɪnʃtiːk] *m* (-[*e*]*s*; *-e*) entrata *f*
einstimmig ['-ʃtimiç] **1.** *adj* unanime; **2.** *adv* all'unanimità
einstöckig ['-ʃtœkiç] a un solo piano
einstuf|en (*sep*, *-ge-*, *h*) inquadrare, classificare; '**2ung** *f* (-; *-en*) inquadramento *m*, classificazione *f*
einstündig ['-ʃtyndiç] di un'ora
einstürzen (*sep*, *-ge-*, *sn*) *Häuser*: crollare, andare in rovina; *Erdreich*: franare
einst'weilig ['aɪnst'vaɪliç] provvisorio
eintägig ['aɪntɛːgiç] d'un solo giorno; effimero
einteilen (*sep*, *-ge-*, *h*) dividere; (*verteilen*) distribuire
eintönig ['-tøːniç] monotono
Eintopf *m* (-[*e*]*s*; ⸚*e*) *gastr* minestrone *m*
eintrag|en (*irr*, *sep*, *-ge-*, *h*, → ***tragen***) registrare; ***sich*** **~** iscriversi; (*einbringen*) fruttare; '**2ung** *f* (-; *-en*) registrazione *f*; iscrizione *f*
einträglich ['-trɛːkliç] lucrativo, vantaggioso
eintreffen *v/i* (*irr*, *sep*, *-ge-*, *sn*, → ***treffen***) arrivare; *Ereignis*: avverarsi
Eintreffen *n* (*-s*; *senza pl*) arrivo *m*; avveramento *m*
eintreten *v/i* (*irr*, *sep*, *-ge-*, *sn*, → ***treten***) entrare; avvenire; sopravvenire; *Besserung*: manifestarsi; (*anfangen*) cominciare; ***für j-n*** **~** intercedere in favore di qu, difendere la causa di qu
'**Eintritt** ['-trit] *m* (-[*e*]*s*; *-e*) entrata *f*, ingresso *m*; *fig* ***vor*** **~** ***in*** (*acc*) prima d'entrare in; '**~skarte** *f* biglietto *m* d'ingresso; '**~spreis** *m* prezzo *m* d'ingresso
'**eintrüben**: ***sich*** **~** (*sep*, *-ge-*, *h*) rannuvolarsi
'**Einvernehmen** ['-fɛrneːmən] *n* (*-s*; *senza pl*) accordo *m*; ***im*** **~** ***mit*** d'accordo con
'**einverstanden** ['-ʃtandən] d'accordo
'**Einverständnis** *n* (*-ses*; *senza pl*) accordo *m*, consenso *m*
'**Einwahlknoten** *m* (*-s*; -) nodo *m*
'**Einwand** ['-vant] *m* (-[*e*]*s*; ⸚*e*) obiezione *f*; *jur* eccezione *f*
'**Einwander|er** ['-dərər] *m* (*-s*; -), '**~in** *f* (-; *-nen*) immigrante *m*/*f*; '**2n** (*sep*, *-ge-*, *sn*) immigrare
'**einwandfrei** ['-vantfraɪ] (*Ware*) senza difetti
'**Einwegflasche** *f* vuoto *m* a perdere
'**einweih|en** (*sep*, *-ge-*, *h*) consacrare; (*eröffnen*) inaugurare; ***in et*** **~** iniziare a qc; '**2ung** *f* (-; *-en*) consacrazione *f*; inaugurazione *f*; iniziazione *f*
'**einweisen** (*irr*, *sep*, *-ge-*, *h*, → ***weisen***) insediare, installare; (*Krankenhaus*) far ricoverare
'**einwenden** (*sep*, *-ge-*, *h*) obiettare
'**einwerfen** (*irr*, *sep*, *-ge-*, *h*, → ***werfen***) gettare; *fig* obiettare
'**einwickeln** *v/t* (*sep*, *-ge-*, *h*) avvolgere; *fig* imbrogliare
'**einwillig|en** ['-viligən] (*sep*, *-ge-*, *h*) consentire; '**2ung** *f* (-; *-en*) consenso *m*
'**einwirken** (*sep*, *-ge-*, *h*) influire; agire (***auf*** su)
'**einwöchig** ['-vœçiç] di una settimana
'**Einwohner** ['-voːnər] *m* (*-s*; -), '**~in** *f* (-; *-nen*) abitante *m*/*f*; '**~meldeamt** *n* anagrafe *f*
'**Einwurf** *m* (-[*e*]*s*; ⸚*e*) obiezione *f*; *post* buca *f* (delle lettere); *Fußball*: rimessa *f* in gioco
'**einzahl|en** (*sep*, *-ge-*, *h*) pagare, versare; '**2ung** *f* (-; *-en*) pagamento *m*, versamento *m*; '**2ungsbeleg** *m* ricevuta *f* di versamento
'**Einzel|fall** ['aɪntsəlfal] *m* caso *m* uni-

E

co; '**~händler** *m* commerciante *m* al minuto; '**~handel** *m* commercio *m* al minuto; '**~heit** *f* (-; *-en*) dettaglio *m*
'**einzeln** ['-tsəln] singolo; (*allein*) solo; (*gesondert*) *tec* isolato; *econ* al minuto; ***im* 2*en*** in particolare, *econ* al minuto
'**Einzel|teil** *n* elemento *m* singolo; '**~verkauf** *m* vendita *f* al minuto; '**~zimmer** *n* camera *f* singola; '**~zimmerzuschlag** *m* differenza *f* camera singola

'**einziehen** (*irr, sep, -ge-,* → ***ziehen***) **1.** *v/t* (*h*) ritirare; *Geld*: riscuotere; *Segel*: ammainare; *Auskunft*: prendere; *jur* confiscare; **2.** *v/i* (*sn*) entrare; *Flüssigkeit*: penetrare
'**einzig** ['-tsiç] unico, solo; ***kein* 2*er*** nessuno, neanche uno; '**~artig** ['-ʔɑːrtiç] unico; incomparabile
'**Einzug** ['-tsuːk] *m* (-[*e*]*s*; ⸚*e*) ingresso *m*; *econ* incasso *m*; '**~sbereich** *m* area *f* metropolitana; *geogr* bacino *m* idrografico
Eis [aɪs] *n* (*-es*; *senza pl*) ghiaccio *m*; (*Speise*2) gelato *m*; '**~bahn** *f* pista *f* di ghiaccio; '**~bär** *m* orso *m* bianco; '**~becher** *m* coppa *f* di gelato; '**~bein** *n* zampetto *m* di maiale; '**~berg** *m* iceberg ['aɪsbɛrk] *m*; '**~café** *m* bar-gelateria *f*; '**~creme** *f* gelato *m* di crema
'**Eisen** ['aɪzən] *n* (*-s*; *senza pl*) ferro *m*
'**Eisenbahn** ['aɪzənbɑːn] *f* ferrovia *f*; (*Zug*) treno *m*; '**~...**: *in Zssgn* ferroviario; '**~fähre** *f* traghetto *m* ferroviario; '**~fahrplan** *m* orario *m* ferroviario; '**~netz** *n* rete *f* ferroviaria; '**~wagen** *m* vagone *m*; carrozza *f*; vettura *f*
'**Eisen|erz** *n* minerale *m* di ferro; '**2haltig** ['-haltiç] ferruginoso; '**~waren** ['-vɑːrən] *f/pl* ferramenta *f/pl*
'**eisern** ['aɪzərn] di ferro; *fig* ferreo; duro
'**Eis|fläche** *f* campo *m* di ghiaccio; '**2frei** libero dal ghiaccio; '**2gekühlt** ['-gəkyːlt] ghiacciato; '**~hockey** ['-hɔki] *n* hockey *m* su ghiaccio
'**eisig** ['aɪziç] glaciale, gelido
'**Eis|kaffee** ['aɪskafeː] *m* caffè *m* freddo con panna e gelato; '**2'kalt** ['aɪs'kalt] gelido; '**~kunstlauf** *m* pattinaggio *m* artistico; '**~pickel** *m* piccozza *f*; '**~revue** *f* rivista *f* su ghiaccio; '**~scholle** *f* lastra *f* di ghiaccio; '**~zapfen** *m* ghiacciolo *m*; '**~zeit** *f* epoca *f* glaciale

'**eitel** ['aɪtəl] (*stolz*) vanitoso; borioso
'**eitern** ['-tərn] (*h*) suppurare
'**Eiweiß** ['aɪvaɪs] *n* (*-es*; *-e*) chiara *f* (*o… bianco m*) d'uovo, albume *m*; *chin…* proteina *f*
'**ekeln** ['eːkəln] (*h*) nauseare; ***es eke… mich*** mi fa schifo
EKG ***Elektrokardiogramm*** elettrocardiogramma (*abbr* ECG)
E'lan [e'lɑːn] *m* (*-s*; *senza pl*) slancio *n…*
e'lastisch [e'lastiʃ] elastico
Elbe ['ɛlbə] *f* Elba *f*
Ele'fant [ele'fant] *m* (*-en*; *-en*) elefant… *m*
ele'gant elegante
e'lektri|sch [e'lɛktriʃ] elettrico; **2zi'tä…** [-tsi'tɛːt] *f* (-; *senza pl*) elettricità *f*
E'lektroakustik *f* elettroacustica *f*
Elek'trode [-'troːdə] *f* (-; *-n*) elettrod… *m*
E'lektro|gerät *n* elettrodomestico *m* **~rasierer** *m* rasoio *m* elettrico
Ele'ment [ele'mɛnt] *n* (-[*e*]*s*; *-e*) elemento *m*; *el* pila *f*; **2'ar** [-'tɑːr] elementare
'**elend** *adj* misero; miserabile; *fig* me… schino; *med* malato
'**Elend** ['eːlɛnt] *n* (*-s*; *senza pl*) miseri… *f*; povertà *f*
elf [ɛlf] *adj* undici
Elf *f* (-; *-en*) undici *m*
'**Elfenbein** ['ɛlfənbaɪn] *n* (*-s*; *senza p…*) avorio *m*
Elfenbeinküste ['ɛlfənbaɪn-] *f* Costa d'Avorio
Elf'meter *m* *Fußball*: calcio *m* di rigo…
E'lite [e'liːtə] *f* (-; *-n*) fior fiore *m*, élite
'**Ellbogen** ['ɛlboːgən] *m* (*-s*; -) gomi… *m*
Elsass ['ɛlzas] *n* Alsazia *f*
'**Eltern** ['ɛltərn] *pl inv* genitori *m/p…* '**~haus** *n* casa *f* paterna; '**2los** orfan…
'**E-Mail** ['iːmeːl] *inform f* (-; *-s*) e-mail … *od f*, posta *f* elettronica; '**~-Adresse** indirizzo *m* e-mail
Emanzipa'tion [emantsipats'joːn] *f* (… *senza pl*) emancipazione *f*
emanzi'pieren [emantsi'piːrən] (*sen… ge-, h*) emancipare
Em'bargo [ɛm'bargo] *n* (*-s*; *-s*) emba… go *m*
'**Embryo** ['ɛmbryo] *m* (*s*; *-nen*) embri… ne *m*
Emis'sion [-s'joːn] *f* (-; *-en*) emissio…

f; **~sbelastung** *f tec* inquinamento *m* provocato da emissioni di sostanze nocive; **~swerte** *pl* valori *m/pl* d'emissione

E'moticon [ɪ'motikon] *n* (*-s*; *-s*) *inform* faccina *f*

Em'pfang [ɛm'pfaŋ] *m* (*-[e]s*; *⸚e*) ricevimento *m*; accoglienza *f*; *e-r Sache*: ricevuta *f*; *rad* ricezione *f*; ***bei ~*** alla consegna; ***nach ~ von et*** ricevuto qc; **≈en** (*empfing*, *empfangen*, *h*) accogliere; (*erhalten*) ricevere; *med* concepire

Em'pfänger [-'pfɛŋər] *m* (*-s*; *-*) ricevente *m*; *von Sendungen*: destinatario *m*

Em'pfängnis [-'pfɛŋnis] *f* (*-*; *senza pl*) *biol* concepimento *m*; **~verhütung** *f* contraccezione

em'pfangs|berechtigt [-sbərɛçtiçt] autorizzato a ricevere …; **≈bestätigung** *f* ricevuta *f*; quietanza *f*

em'pfehl|en [-'pfeːlən] (*empfahl*, *empfohlen*, *h*) raccomandare; **~enswert** [-sveːrt] raccomandabile; **≈ung** *f* (*-*; *-en*) raccomandazione *f*; **≈ungsschreiben** *n* lettera *f* di raccomandazione; lettera *f* di presentazione

em'pfind|en [-'pfindən] *v/t* (*empfand*, *empfunden*, *h*) sentire; **≈en** *n* (*-s*; *senza pl*) (*Gefühl*) sentimento *m*; **~lich** sensibile; suscettibile; **~ungslos** [-duŋsloːs] insensibile

Em'pirestil [ɑ̃'piːrʃtiːl] *m* (*-s*; *senza pl*) stile *m* impero

em'por [ɛm'poːr] su, in su, in alto; **~arbeiten**: ***sich ~*** (*sep*, *-ge-*, *h*) farsi una posizione col proprio lavoro; **~bringen** (*irr*, *sep*, *-ge-*, *h*, → ***bringen***) sollevare; *Unternehmen*: far fiorire

Em'pore [-'poːrə] *f* (*-*, *-n*) galleria *f*

em'pör|en [-'pøːrən] (*senza -ge-*, *h*) ribellare; *fig* indignare; ***sich ~*** ribellarsi; **~end** scandaloso

em'por|kommen [-'poːrkomən] (*irr*, *sep*, *-ge-*, *sn*, → ***kommen***) avere successo; venire su bene; fiorire; *Person*: far carriera (*od* molta strada); **≈kömmling** [-'poːrkœmliŋ] *m* (*-s*; *-e*) arrivista *m*; **~ragen** (*sep*, *-ge-*, *h*) sovrastare

Em'pörung [-'pøːruŋ] *f* (*-*; *senza pl*) ribellione *f*; indignazione *f*

Ende ['ɛndə] *n* (*-s*; *senza pl*) fine *f*, termine *m*; ***am ~*** alla fine; ***am ~ des Monats*** alla fine del mese; ***letzten ~s*** in ultima analisi; alla fin fine; ***am ~ der Straße*** in fondo alla strada; ***am ~ des Zuges, der Schlange*** in coda; ***zu ~ gehen*** stare per finire; ***zu ~ sein*** essere finito; ***~ Juli*** agli ultimi di luglio

'enden ['ɛndən] *v/i* (*h*) finire; terminare; *Frist*: cessare

'end|gültig ['ɛntgyltiç] definitivo; **'≈lagerung** *f* stoccaggio *m* finale; deposito *m* definitivo; **'~lich** **1.** *adj* (*schließlich*) finale; limitato; **2.** *adv* finalmente; **'~los** sterminato; senza fine; **'≈produkt** *n* prodotto *m* finito; **'≈punkt** *m* termine *m*; **'≈spiel** *n* finale *f*; **'≈station** *f* capolinea *m*, stazione *f* terminale; **'≈verbraucher** *m* consumatore *m* (finale)

Ener'gie [enɛr'giː] *f* (*-*; *-n*) energia *f*; **≈bewusst** cosciente dei problemi energetici; **~quelle** *f* fonte *f* energetica; **~versorgung** *f* erogazione *f* d'energia; approvvigionamento *m* d'energia

e'nergisch [-giʃ] energico

eng [ɛŋ] stretto; (*dicht*) fitto

Engag|e'ment [ɑ̃gaʒə'mɑ̃] *n* (*-s*; *-s*) *fig* impegno *m*; **≈'ieren** (*senza ge-*, *h*) impegnare; ingaggiare

'Enge ['ɛŋə] *f* (*-*; *senza pl*) strettezza *f*; (*pl -n*) (*Meer≈*) stretto *m*

'Engel ['ɛŋəl] *m* (*-s*; *-*) angelo *m*

England ['ɛŋlant] *n* Inghilterra *f*

'Engländer ['-lɛndər] *m* (*-s*; *-*), **'~in** *f* (*-*; *-nen*) inglese *m/f*

'englisch ['ɛŋliʃ] inglese

'Engpass *m* strettoia *f*; passo *m* stretto; *fig* difficoltà *f*

'Enkel ['ɛŋkəl] *m* (*-s*; *-*), **'~in** *f* (*-*; *-nen*) nipote *m/f*

e'norm [e'nɔrm] enorme

En'semble [ɑ̃'sɑ̃blə] *n* (*-s*; *-s*) complesso *m*; compagnia *f*, gruppo *m*

ent'behr|en [-'beːrən] (*senza -ge-*, *h*) mancare di; fare a meno di; **~lich** superfluo; secondario; **≈ung** *f* (*-*; *-en*) privazione *f*

ent'bind|en *v/t* (*entband*, *entbunden*, *h*) sciogliere (da); dispensare; *med* assistere nel parto; **≈ung** *f* (*-*; *-en*) scioglimento *m*; *med* parto *m*

ent'brennen (*entbrannte*, *entbrannt*, *sn*) accendersi; *Krieg*: scoppiare

ent'deck|en (*senza -ge-*, *h*) scoprire;

(*enthüllen*) rivelare; **≗er** *m* (*-s*; -) scopritore *m*; **≗ung** *f* (-; *-en*) scoperta *f*; *fig* rivelazione *f*

'Ente ['ɛntə] *f* (-; *-n*) anitra *f*; *fig* fandonia *f*; (*Zeitungs≗*) canard *m*, falsa notizia *f*

ent'eign|en (*senza -ge-, h*) espropriare; **≗ung** *f* (-; *-en*) espropriazione *f*

ent'fachen [ɛnt'faxən] (*senza -ge-, h*) accendere; *Streit*: provocare, scatenare

ent'fallen (*entfiel, entfallen, sn*) sfuggire; scappare; toccare (***auf j-n*** a qu)

ent'falt|en (*senza -ge-, h*) *fig* sviluppare; *Tätigkeit*: svolgere; **≗ung** *f* (-; *senza pl*) *fig* sviluppo *m*; dimostrazione *f*; spiegamento *m*

ent'fern|en [-'fɛrnən] (*senza -ge-, h*) allontanare; *fig* eliminare; **~t** lontano; distante; **≗ung** *f* (-; *-en*) distanza *f*; allontanamento *m*; lontananza *f*

ent'flechten (*entflocht, entflochten, h*) *econ* decentrare; districare

ent'führ|en (*senza -ge-, h*) rapire; **≗er** *m* (*-s*; -) rapitore *m*; **≗ung** *f* (-; *-en*) rapimento *m*; *jur* sequestro *m* di persona

ent'gegen [-'ge:gən] *prp* contro; *adv* contrariamente; contrario; **~gesetzt** opposto; *fig* contrario; **~kommen** (*irr, sep, -ge-, sn,* → ***kommen***) venire incontro; *fig* mostrarsi conciliante; far un piacere; **≗kommen** *n* (*-s*; *senza pl*) compiacenza *f*; gentilezza *f*; **~kommend** compiacente, cortese; **~nehmen** (*irr, sep, -ge-, h,* → ***nehmen***) accettare; gradire

ent'gehen (*entging, entgangen, sn*) sfuggire

Ent'gelt [-'gɛlt] *n* (*-[e]s*; *-e*) ricompensa *f*; (*Entlohnung*) rimunerazione *f*

ent'gleisen [-'glaɪzən] (*senza -ge-, sn*) deviare; *fer* deragliare

ent'halt|en (*enthielt, enthalten, h*) contenere; comprendere; ***sich ~*** astenersi (*gen* da); **~sam** sobrio; *Alkohol*: astemio; **≗ung** *f* (-; *-en*) *pol* astensione *f*

ent'heben (*enthob, enthoben, h*) esonerare (*gen* da)

ent'hüll|en (*senza -ge-, h*) scoprire; *Geheimnisse*: rivelare; **≗ung** *f* (-; *-en*) rivelazione *f*

ent'kommen (*entkam, entkommen, sn*) scappare; *e-r Gefahr*: scampare

ent'kräften [-'krɛftən] (*senza -ge-, h*) *fig* infirmare; invalidare

ent'lad|en (*entlud, entladen, h*) scaricare; **≗ung** *f* (-; *-en*) scarico *m*; *el* scarica *f*

ent'lang [-'laŋ] lungo

ent'lass|en (*entließ, entlassen, h*) licenziare; **≗ung** *f* (-; *-en*) licenziamento *m*; dimissione *f*

ent'laufen (*entlief, entlaufen, sn*) fuggire

ent'ledigen [-'le:digən]: ***sich ~*** (*senza -ge-, h*) disfarsi, sbarazzarsi, liberarsi (*gen* di); *e-s Auftrages*: disimpegnarsi

ent'legen [-'le:gən] distante; fuori mano

ent'lohn|en (*senza -ge-, h*) retribuire; pagare; **≗ung** *f* (-; *senza pl*) retribuzione *f*

entmilitari'sier|en [-militari'zi:rən] (*senza -ge-, h*) smilitarizzare; **≗ung** *f* (-; *-en*) smilitarizzazione *f*

ent'mündigen [-'myndigən] (*senza -ge-, h*) interdire

ent'nehmen (*entnahm, entnommen, h*) prendere; levare; *Betrag*: prelevare; *fig* desumere

ent'richten (*senza -ge-, h*) pagare

ent'schädig|en (*senza -ge-, h*) risarcire; indennizzare; **≗ung** *f* (-; *-en*) risarcimento *m*; indennità *f*

ent'schärfen [-'ʃɛrfən] (*senza -ge-, h*) *fig* appianare, sdrammatizzare

ent'scheid|en [-'ʃaɪdən] (*entschied, entschieden, h*) decidere (***über*** acc su); ***sich ~ für*** decidersi per; **~end** decisivo; **≗ung** *f* (-; *-en*) decisione *f*; *jur* sentenza *f*; *Sport*: finale *f*

ent'schieden [-'ʃi:dən] fermo; risoluto

ent'schließ|en: ***sich ~*** (*entschloss, entschlossen, h*) risolversi, decidersi; **≗ung** *f* (-; *-en*) risoluzione *f*, decisione *f*

ent'schlossen [-'ʃlɔsən] risoluto

Ent'schluss [-'ʃlus] *m* (*-es*; *⸚e*) risoluzione *f*, decisione *f*

ent'schuldig|en [-'ʃuldigən] (*senza -ge-, h*) scusare; perdonare; giustificare; ***~ Sie!*** scusi!; **≗ung** *f* (-; *-en*) scusa

ent'setzlich [-'zɛtsliç] terribile, orribile

ent'sorg|en (*senza -ge-, h*) smaltire e trattare (rifiuti tossici); **≗ung** *f* smaltimento *m* e trattamento *m* (di rifiuti tossici)

ent'spann|en (*senza -ge-, h*) distendere

re; *fig a* rilassare; *pol* normalizzare; **2ung** *f* (-; *-en*) *körperlich*: rilassamento *m*; *pol* distensione *f*
entspr. ***entsprechend*** corrispondente; rispettivo
ent'sprech|en (*entsprach*, *entsprochen*, *h*) corrispondere a; *e-r Erwartung*: rispondere a; *e-m Wunsch*: soddisfare (*acc*); **~end** corrispondente; (*angemessen*) adeguato; ***Ihrem Wunsch ~*** conforme al Suo desiderio
ent'steh|en (*entstand*, *entstanden*, *sn*) nascere; risultare (***aus*** da); **2ung** *f* (-; *-en*) formazione *f*, genesi *f*, origine *f*
ent'stellen (*senza -ge-*, *h*) sfigurare; *Wahrheit*: svisare
ent'täusch|en (*senza -ge-*, *h*) disingannare; *Hoffnungen*: deludere; **2ung** *f* (-; *-en*) disinganno *m*; delusione *f*
Ent'warnung [-'varnuŋ] *f* (-; *-en*) segnale *m* di cessato allarme
entweder ['-veːdər]: ***~ ... oder ...*** o … o …
ent'wenden (*senza -ge-*, *h*) sottrarre
ent'werfen (*entwarf*, *entworfen*, *h*) abbozzare; *Plan*: elaborare; *arch* tracciare
ent'wert|en (*senza -ge-*, *h*) deprezzare; svalutare; *Marken*: annullare; **2ung** *f* (-; *-en*) deprezzamento *m*, svalutazione *f*; annullamento *m*
ent'wick|eln (*senza -ge-*, *h*) sviluppare; **2lung** *f* (-; *-en*) sviluppo *m*; evoluzione *f*; **2lungshelfer** *m* cooperante *m*, volontario *m*; **2lungshilfe** *f* aiuto *m* ai paesi in via di sviluppo; **2lungsland** *n* paese *m* in via di sviluppo; **2lungspolitik** *f* politica *f* di aiuti allo sviluppo
ent'würdig|end [-'vyrdigənt] degradante, umiliante; **2ung** *f* (-; *-en*) degradazione *f*
Ent'wurf *m* (-[e]s; *=e*) abbozzo *m*, schizzo *m*; *fig* piano *m*; progetto *m* (*a Gesetz*); (*Brief2*) minuta *f*; (*Gestaltung*) progettazione *f*
ent'ziehen (*entzog*, *entzogen*, *h*) togliere; *Führerschein*: ritirare; ***sich e-r Sache ~*** sottrarsi a qc
ent'zünd|en [-'tsyndən] (*senza -ge-*, *h*) accendere; infiammare; **2ung** *f* (-; *-en*) *med* infiammazione *f*
En'zym [ɛn'tsyːm] *n* (-*s*; *-e*) enzima *m*
Epi|de'mie [epide'miː] *f* (-; *-n*) epidemia *f*; **2'demisch** epidemico
Epil|ep'sie [epilɛp'siː] *f* (-; *-n*) epilessia *f*; **~'eptiker** *m* (-*s*; -) epilettico *m*
Epi'sode [-'zoːdə] *f* (-; *-n*) episodio *m*
E'poche [e'pɔxə] *f* (-; *-n*) epoca *f*
er [eːr] *pron* egli, lui; esso; ***~ selbst*** lui stesso
er'achten [ɛr'ʔaxtən] *v/t* (*senza -ge-*, *h*) giudicare, considerare
Er'achten *n* (-*s*; *senza pl*): ***m-s ~s*** a mio parere
er'arbeiten (*senza -ge-*, *h*) elaborare; guadagnarsi con il lavoro
er'bärmlich [-'bɛrmliç] compassionevole; miserabile; meschino
er'bau|en (*senza -ge-*, *h*) edificare; costruire, erigere; **2er** *m* (-*s*; -) costruttore *m*; *e-r Stadt*: fondatore *m*
'Erb|e ['ɛrbə] **1.** *m* (-*n*; *-n*) erede *m*; **2.** *n* (-*s*; *senza pl*) eredità *f*; **'2en** *v/t* (*h*) ereditare; **'~in** *f* (-; *-nen*) erede *f*
er'bitten [-'bitən] (*erbat*, *erbeten*, *h*) sollecitare; (*erlangen*) supplicare
er'bitter|t [-'bitərt] esperato; esacerbato; **2ung** *f* esasperazione *f*
'Erbkrankheit ['ɛrpkraŋkhaɪt] *f* malattia *f* ereditaria
'erblich ['ɛrpliç] ereditario
er'brechen (*erbrach*, *erbrochen*, *h*): ***sich ~*** vomitare; **2** *n* (-*s*; *senza pl*) vomito *m*
er'bringen [ɛr'briŋən] (*erbrachte*, *erbracht*, *h*) produrre; fruttare
'Erbschaft ['ɛrpʃaft] *f* (-; *-en*) eredità *f*; **'~ssteuer** *f* tassa *f* di successione
'Erbse ['ɛrpsə] *f* (-; *-n*) *grüne*: pisello *m*; **'~nsuppe** *f* zuppa *f* di piselli
'Erb|stück ['ɛrpʃtyk] *n* oggetto *m* di famiglia; **'~sünde** *f* peccato *m* originale
'Erd|arbeiten ['eːrtʔarbaɪtən] *f/pl* lavori *m/pl* di sterro; **'~bahn** *f* orbita *f* terrestre; **'~beben** *n* terremoto *m*; **'~beere** *f* fragola *f*; **'~boden** *m* suolo *m*; terra *f*; ***dem ~ gleichmachen*** radere al suolo
'Erde ['eːrdə] *f* (-; *senza pl*) terra *f*; ***zu ebener ~*** al pianterreno
'erden ['eːrdən] (*h*) *rad* mettere a (*od* la) terra, collegare a terra
er'denklich [ɛr'dɛŋkliç] immaginabile
'Erd|gas ['eːrtgas] *n* gas *m* naturale, metano *m*; **'~geschichte** *f* geologia *f*; **'~geschoss** *n* pianterreno *m*; **'~halbkugel** *f* emisfero *m* terrestre

'Erd|karte *f* mappamondo *m*; **'~kugel** *f* globo *m* terrestre; **'~kunde** *f* geografia *f*; **'~nuss** *f* nocciolina *f* americana; **'~öl** *n* petrolio *m*; **'~ölindustrie** *f* industria *f* petrolifera; **'~ölvorkommen** *n* giacimento *m* petrolifero

er'drückend [ɛr'drykənt] schiacciante

'Erd|rutsch ['e:rtrutʃ] *m* frana *f*, smottamento *m*; **'~stoß** *m* scossa *f* (di terremoto); **'~teil** *m* continente *m*

E

er'eig|nen [ɛr'ʔaɪgnən]: ***sich*** **~** (*senza -ge-, h*) avvenire, accadere; **2nis** *n* (*-ses; -se*) avvenimento *m*, evento *m*

er'fahr|en [-'fa:rən] **1.** *v/t* (*erfuhr, erfahren, h*) (venire a) sapere; (*empfinden*) provare; **2.** *adj* esperto; **2ung** *f* (*-; -en*) esperienza *f*; ***in*** **~** ***bringen*** venir a sapere; **~ungsgemäß** [-ruŋsgəmɛ:s] *adv* secondo (*od* come insegna) l'esperienza

er'fassen (*senza -ge-, h*) afferrare; *geistig*: comprendere; *statistisch*: registrare; *Daten*: raccogliere; immettere

er'find|en (*erfand, erfunden, h*) inventare; **2er** *m* (*-s; -*) inventore *m*; **2ung** *f* (*-; -en*) invenzione *f*

Er'folg [ɛr'fɔlk] *m* (*-[e]s; -e*) successo *m*; esito *m*, risultato *m*; **2en** (*senza -ge-, sn*) seguire; (*stattfinden*) succedere, verificarsi, aver luogo; **2los** senza successo, infruttuoso; **2reich** fruttuoso, coronato da successo; *Maßnahme*: efficace

er'ford|erlich [-'fɔrdərlɪç] necessario; occorrente; (*verlangt*) richiesto; **~** ***sein*** occorrere, necessitare; **~ern** (*senza -ge-, h*) esigere; occorrere; *fig* richiedere; **2ernis** *n* (*-ses; -se*) esigenza *f*; (*Notwendigkeit*) necessità *f*

er'forschen (*senza -ge-, h*) indagare; *Land*: esplorare

er'fragen (*senza -ge-, h*): ***et bei j-m*** **~** apprendere qc da qu a forza di domande

er'freu|en (*senza -ge-, h*) rallegrare; ***erfreut sein*** aver piacere; **~lich** lieto, piacevole

er'frieren (*erfror, erfroren, sn*) gelare; morire di freddo

er'frisch|en [-'frɪʃən] (*senza -ge-, h*) rinfrescare; **2ung** *f* (*-; -en*) rinfresco *m*

er'füll|en (*senza -ge-, h*) riempire (***mit*** di); *Bitte*: accondiscendere a; *Wunsch*: appagare; *Zweck*: raggiungere; ***sich*** **~** avverarsi; **2ung** *f* (*-; -en*) adempiment *m*; attuazione *f*; ***in*** **~** ***gehen*** realizzars

er'gänz|en [-'gɛntsən] (*senza -ge-, h* completare; **2ung** *f* (*-; -en*) completamento *m*; complemento *m*; supplemento *m*

er'geb|en **1.** *v/t* (*ergab, ergeben, h*) frut tare; ***die Untersuchung ergab*** dall'in chiesta risulta; ***sich*** **~** darsi; *mil* arren dersi; *aus et*: risultare; **2.** *adj* devot **2nis** [-'ge:pnɪs] *n* (*-ses; -se*) risultat *m*; **~nislos** infruttuoso, senza risultat

er'gehen *v/i* (*erging, ergangen, sn*) *U teil*: essere mandato; ***über sich*** **~** ***las sen*** subire; ***wie wird es ihm*** **~?** che n sarà di lui?; ***wie ist es dir ergangen*** come te la sei passata?

er'giebig [-'gi:bɪç] produttivo; (*reic lich vorhanden*) abbondante; *G schäft*: redditizio; lucrativo

er'greif|en (*ergriff, ergriffen, h*) afferra re, prendere; (*rühren*) commuover *Gelegenheit*: cogliere; *Beruf*: intra prendere; ***die Flucht*** **~** darsi alla fug fuggire; **~end** commovente; **2ung** *f* (*senza pl*) *Maßnahmen*: adozione *f*; *d Täters*: cattura *f*, arresto *m*

er'griffen [-'grɪfən] *adj* commosso

er'haben [-'ha:bən] elevato; *Kunst*: rilievo; *fig* sublime; ***über*** (*acc*) ***et*** **~** s periore a qc; ***über jeden Zweifel*** **~** fu ri di ogni dubbio

Er'halt [-'halt] *m* (*-[e]s; senza pl*) ric vuta *f*; **2en** (*erhielt, erhalten, h*) mant nere; *gesund, gut, schlecht*: conserv re; (*bekommen*) ricevere; *e-e Stel* ottenere

er'hältlich [-'hɛltlɪç] in vendita

er'härten (*senza -ge-, h*) indurire; *f* corroborare

er'heb|en (*erhob, erhoben, h*) alza *fig* sollevare; *Ansprüche*: avanza **~lich** [-'he:plɪç] *adj* rilevante; *a* molto; considerevolmente; **2ung** *f* *-en*) elevazione *f*; *pol* insurrezione (*Umfrage*) inchiesta *f*

er'höh|en [-'hø:ən] (*senza -ge-, h*) ri zare; *Honorar*: aumentare; *Produk on*: incrementare; **2ung** *f* (*-; -en*) inn zamento *m*; aumento *m*; (*Höhe*) alt ra *f*

er'hol|en: ***sich*** **~** (*senza -ge-, h*) rim tersi; *Preise*: essere in ripresa; **~sam** posante; **2ung** *f* (*-; senza pl*) riposo

econ ripresa *f*
er'inner|n [-'ʔinərn] (*senza -ge-, h*): ***j-n an et*** (*acc*) ~ ricordare qc a qu; ***sich ~*** ricordarsi (***an*** *acc* di); **2ung** *f* (-; *-en*) ricordo *m*; (*Gedächtnis*) memoria *f*
er'kält|en [-'kɛltən]: ***sich ~*** (*senza -ge-, h*) raffreddarsi; **2ung** *f* (-; *-en*) raffreddore *m*
er'kenn|en (*erkannte, erkannt, h*) **1.** *v/t* riconoscere; **2.** *v/i jur* emettere la sentenza (***auf*** *acc* di); **~tlich** [-'kɛntliç] riconoscente; **2tnis** *f* (-; *-se*) conoscenza *f*; (*Einsicht*) cognizione *f*
'Erker ['ɛrkər] *m* (*-s*; -) *arch* bovindo *m*
er'klär|en (*senza -ge-, h*) dichiarare; (*erläutern*) spiegare; **~lich** spiegabile; **2ung** *f* (-; *-en*) dichiarazione *f*; spiegazione *f*
er'krank|en (*senza -ge-, sn*) ammalarsi; **2ung** *f* (-; *-en*) malattia *f*
er'kunden [ɛr'kundən] (*senza -ge-, h*) esplorare; *mil* perlustrare
er'kundig|en [-'kundigən]: ***sich ~*** (*senza -ge-, h*) informarsi (***nach*** di); **2ung** *f* (-; *-en*) informazione *f*
erl. ***erledigt*** sbrigato
er'langen [-'laŋən] (*h*) ottenere, conseguire
er'lassen (*erließ, erlassen, h*) emanare; *Schuld, Strafe*: condonare (***j-m et*** qc a qu); *Steuer*: esentare; *Arbeit*: dispensare (***j-m et*** qu da qc)
er'lauben [-'laubən] (*senza -ge-, h*) permettere
Er'laubnis [-'laupnis] *f* (-; *senza pl*) permesso *m*
er'läuter|n (*senza -ge-, h*) spiegare; *Text*: commentare; **2ung** *f* (-; *-en*) spiegazione *f*; commento *m*
er'leb|en [-'le:bən] (*senza -ge-, h*) vivere; vedere, sperimentare; (*erfahren*) sperimentare; (*kennenlernen*) conoscere; **2nis** [-'le:pnis] *n* (*-ses*; *-se*) avvenimento *m*; evento *m*; esperienza *f*
er'ledig|en [-'le:digən] (*senza -ge-, h*) sbrigare; **~t** [-diçt] *adj* bell'e fatto, a posto; **2ung** *f* (-; *-en*) disbrigo *m*; esecuzione *f*
er'leichter|n [-'laiçtərn] (*senza -ge-, h*) alleggerire; *fig* facilitare; *Kranken*: alleviare; **2ung** *f* (-; *-en*) alleggerimento *m*; (*senza pl*) *fig* facilitazione *f*; alleviamento *m*
er'lernen (*senza -ge-, h*) imparare
Er'lös [-'lø:s] *m* (*-es*; *-e*) ricavo *m*
er'mächtigen [-'mɛçtigən] (*senza -ge-, h*) autorizzare
er'mäßig|en (*senza -ge-, h*) ridurre, ribassare; **2ung** *f* (-; *-en*) riduzione *f*, ribasso *m*
er'messen *v/t* (*ermaß, ermessen, h*) misurare; *fig* giudicare
Er'messen *n* (*-s*; *senza pl*) giudizio *m*; ***nach meinem ~*** a mio avviso
er'mitt|eln [-'mitəln] (*senza -ge-, h*) accertare; (*ausfindig machen*) scoprire; **2lung** *f* (-; *-en*) accertamento *m*; indagine *f*
er'möglichen [-'mø:gliçən] (*senza -ge-, h*) rendere possibile
er'mord|en (*senza -ge-, h*) assassinare; **2ung** *f* (-; *-en*) assassinio *m*
er'müden [ɛr'mydən] (*senza -ge-, sn*) stancarsi, affaticarsi
er'mutig|en [-'mu:tigən] (*senza -ge-, h*) incoraggiare; **~end** incoraggiante
er'nähr|en (*senza -ge-, h*) nutrire; (*erhalten*) mantenere; *ein Kind*: allattare; **2er** *m* (*-s*; -) sostentatore *m*; **2ung** *f* (-; *senza pl*) nutrizione *f*; alimentazione *f*; mantenimento *m*
er'nenn|en (*ernannte, ernannt, h*) nominare; **2ung** *f* (-, *-en*) nomina *f*
er'neuer|n [-'nɔyərn] (*senza -ge-, h*) rinnovare; **2ung** *f* (-; *-en*) rinnovamento *m*; rinnovo *m*
er'neut [-'nɔyt] di nuovo, un'altra volta
er'niedrigend [-'ni:drigənt] umiliante
'Ernt|e ['ɛrntə] *f* (-; *-n*) raccolta *f*; **'2en** (*h*) raccogliere; *Beifall*: riscuotere
Er'nüchterung [ɛr'nyçtəruŋ] *f* (-; *-en*) disinganno *m*
er'obern [ɛr'obərn] (*senza -ge-, h*) conquistare
er'öffn|en (*senza -ge-, h*) aprire; (*mitteilen*) comunicare; (*Ausstellung*) inaugurare; **2ung** *f* (-; *-en*) apertura *f*; comunicazione *f*; inaugurazione *f*
er'örtern [-'ʔœrtərn] (*senza -ge-, h*) discutere; dibattere su
e'rotisch [e'ro:tiʃ] erotico
er'press|en (*senza -ge-, h*) ricattare; *Geld*: estorcere; **2ung** *f* (-; *-en*) estorsione *f*, ricatto *m*
er'prob|en (*senza -ge-, h*) provare; mettere alla prova; **2ung** *f* (-; *-en*) prova *f*; collaudo *m*
er'raten (*senza -ge-, h*) indovinare

E

er'reg|en [ɛr're:gən] (*senza -ge-, h*) eccitare; *fig* destare; causare; provocare; **2er** *m* (*-s; -*) *med* agente *m* patogeno; **'~t** agitato, eccitato; **2ung** *f* (*-; -en*) eccitazione *f*, agitazione *f*
er'reich|bar [-'raɪçba:r] raggiungibile; **~en** (*senza -ge-, h*) raggiungere; *fig* ottenere; conseguire
er'richt|en [-'rɪçtən] (*senza -ge-, h*) erigere; (*gründen*) fondare; **2ung** *f* (*-; senza pl*) erezione *f*; fondazione *f*
er'ringen [-'rɪŋən] (*errang, errungen, h*) riportare
Er'rungenschaft [-'ruŋənʃaft] *f* (*-; -en*) conquista *f*; progresso *m*
Er'satz [-'zats] *m* (*-es; senza pl*) surrogato *m*; (*Vergütung*) compenso *m*; (*Schaden2*) indennizzo *m*; *von Personen*: sostituzione *f*; **~mann** *m* sostituto *m*; **~reifen** *m* ruota *f* di scorta; **~teil** *n* pezzo *m* di ricambio
er'scheinen *v/i* (*erschien, erschienen, sn*) apparire; *vor Gericht*: comparire; *Bücher*: uscire
Er'scheinen *n* (*-s; senza pl*) comparsa *f*; intervento *m*; *vor Gericht*: comparizione *f*; *tip* pubblicazione *f*
Er'scheinung *f* (*-; -en*) apparizione *f*; (*Aussehen*) aspetto *m*; *fis* fenomeno *m*
er'schieß|en (*erschoss, erschossen, h*) fucilare; **2ung** *f* (*-; -en*) fucilazione *f*
er'schließ|en (*erschloss, erschlossen, h*) aprire, rendere accessibile; (*nutzbar machen*) sfruttare; *econ* mettere a profitto; **2ung** *f* (*-; senza pl*) apertura *f* (*a Markt*); sfruttamento *m*; **2ungskosten** *pl* spese *f/pl* di valorizzazione
er'schöpf|t [-'ʃœpft] sfinito; **2ung** *f* (*-; senza pl*) esaurimento *m*
er'schrecken [-'ʃrɛkən] **1.** *v/i* (*erschrak, erschrocken, sn*) spaventarsi, prendere paura; **2.** *v/t* (*senza -ge-, h*) spaventare
er'schütter|n [-'ʃytərn] (*senza -ge-, h*) scuotere; *fig* sconvolgere; **2ung** *f* (*-; -en*) scossa *f*; (*Gefühl*) forte commozione *f*
er'schweren [-'ʃve:rən] (*senza -ge-, h*) aggravare; rendere (più) difficile
er'schwinglich alla portata (***für j-n*** di qu); ***zu ~en Preisen*** a prezzi modici
er'setzen (*senza -ge-, h*) sostituire; rimpiazzare; *Schaden*: risarcire
er'sichtlich visibile; evidente
er'spar|en (*senza -ge-, h*) risparmiare; *fig* evitare; **2nis** *f* (*-; -se*) risparmio *m*
erst [e:rst] **1.** *adj* primo; ***am ~en Mai*** il primo maggio; ***fürs 2e*** per il momento; ***2e Hilfe*** *med* pronto soccorso; ***~e Klasse*** prima classe; **2.** *adv* prima, dapprima; non prima che; ***er ist ~ 10 Jahre alt*** ha soltanto dieci anni
er'statt|en [-'ʃtatən] (*senza -ge-, h*) rendere; restituire; *Kosten*: rimborsare; *Anzeige, Bericht*: fare; **2ung** *f* (*-; -en*) rimborso *m*; risarcimento *m*
er'staunlich [-'ʃtaunlɪç] sorprendente
er'staunt [-'ʃtaunt] sorpreso
'erstens ['e:rstəns] in primo luogo; prima
er'sticken [ɛr'ʃtɪkən] *v/i* (*senza -ge-, sn*) soffocare
'erst|klassig ['e:rstklasɪç] di prima categoria, di prim'ordine; **'~malig** ['-ma:lɪç] *adj* primo; *adv* per la prima volta
er'strecken: ***sich ~*** (*senza -ge-, h*) estendersi (***auf*** *acc* a)
er'suchen *v/t* (*senza -ge-, h*) pregare (***um*** di); ***j-n um et ~*** chiedere qc a qu
er'teilen (*senza -ge-, h*) dare; impartire
Er'trag [-'tra:k] *m* (*-[e]s; ⸗e*) provento *m*; *agr, tec* rendimento *m*; (*Geld*) rendita *f*; (*Nutzen*) profitto *m*; **2en** (*ertrug, ertragen, h*) sopportare
er'träglich [-'trɛ:klɪç] sopportabile
Er'tragslage *f* situazione *f* dei redditi
er'trinken *v/i* (*ertrank, ertrunken, sn*) annegare
er'übrigen [-'ʔy:brɪgən] (*senza -ge-*) **1.** *v/t* (*h*) *Geld*: spendere; **2.** *v/refl* (*h*) ***sich ~: es erübrigt sich …*** è superfluo
er'wachen (*senza -ge-, sn*) svegliarsi
er'wachsen **1.** *v/i* (*erwuchs, erwachsen, sn*) crescere; *fig* risultare; **2.** *adj* adulto; **2e** *m/f* (*-n; -n*) adulto *m*, -a *f*
er'wäg|en (*erwog, erwogen, h*) ponderare; considerare; **2ung** *f* (*-; -en*) considerazione *f*; ***in ~ ziehen*** prendere in considerazione
er'wähnen (*senza -ge-, h*) menzionare
er'wärmen (*senza -ge-, h*) riscaldare; ***sich ~ für et*** entusiasmarsi per qc
er'wart|en (*senza -ge-, h*) aspettare; (*hoffen*) aspettarsi; ***wider alles Erwarten*** contro ogni aspettativa; ***das war zu ~*** c'era da aspettarsela; **2ung** *f* (*-; -en*) attesa *f*; *fig* aspettativa *f*

er'weisen [-'vaɪsən] (*erwies, erwiesen, h*) dimostrare; *Dienst*: rendere; *Gefälligkeit*: usare; ***sich ~*** mostrarsi
er'weiter|n [-'vaɪtərn] (*senza -ge-, h*) allargare; ingrandire; **2ung** *f* (-; *-en*) allargamento *m*; ingrandimento *m*
Er'werb [-'vɛrp] *m* (-[*e*]*s*; *-e*) acquisto *m*; (*Gewinn*) guadagno *m*; **2en** [-bən] (*erwarb, erworben, h*) acquistare; ***sich et ~*** guadagnarsi; **2slos** senza lavoro, disoccupato; **2stätig** che esercita una professione; lavoratore
er'widern [-'viːdərn] *v/t* (*senza -ge-, h*) rendere; *Liebe*: corrispondere; (*antworten*) replicare
er'wischen (*senza -ge-, h*) F acchiappare
er'wünscht [-'vynʃt] desiderato; propizio; ***es wäre mir sehr ~, wenn ...*** sarei molto contento se ...
Erz [eːrts] *n* (*-es*; *-e*) minerale *m*
er'zähl|en [ɛr'tsɛːlən] (*senza -ge-, h*) raccontare; narrare; **2ung** *f* (-; *-en*) racconto *m*; narrazione *f*
Erz|bischof ['ɛrtsbiʃof] *m* arcivescovo *m*; **'~engel** *m* arcangelo *m*
er'zeug|en (*senza -ge-, h*) generare; (*hervorbringen*) produrre; fabbricare; (*hervorrufen*) provocare; **2er** *m* (*-s*; -) genitore *m*; *econ* produttore *m*; **2erland** *n* paese *m* produttore; **2erpreis** *m* prezzo *m* di fabbrica; **2nis** [-'tsɔʏknis] *n* (*-ses*; *-se*) prodotto *m*; **2ung** *f* (-; *senza pl*) produzione *f*; fabbricazione *f*
er'zieh|en [-'tsiːən] (*erzog, erzogen, h*) educare; **2ung** *f* (-; *senza pl*) educazione *f*; istruzione *f*; **2ungszeit** *f* congedo *m* parentale, congedo *m* dei genitori
er'zielen (*senza -ge-, h*) ottenere; conseguire; *Gewinn*: realizzare
er'zwingen [-'tsviŋən] (*erzwang, erzwungen, h*) ottenere con la forza
es [ɛs] *n pron* esso *m*, essa *f*; lo *m*, la *f*
Esel ['eːzəl] *m* (*-s*; -) asino *m*
Es'presso [ɛs'prɛso] *m* (-[*s*]; *-s*) caffè *m*, espresso *m*
essbar ['ɛsbaːr] commestibile
essen ['ɛsən] *v/t*, *v/i* (*aß, gegessen, h*) mangiare; ***zu Abend ~*** cenare; ***zu Mittag ~*** desinare, pranzare
Essen *n* (*-s*; *senza pl*) mangiare *m*; (*pl* -) (*Mahlzeit*) pranzo *m*; pasto *m*; (*Speise*) cibo *m*; **'~(s)marke** *f* buono *m* pasto; **'~szeit** *f* ora *f* dei pasti
'Essig ['ɛsiç] *m* (*-s*; *-e*) aceto *m*
'Esszimmer *n* sala *f* da pranzo
Estland ['eːstlant] *n* Estonia *f*
eta'blieren [eta'bliːrən] (*senza -ge-, h*) stabilire
E'tage [e'taːʒə] *f* (-; *-n*) piano *m*
E'tappe [e'tapə] *f* (-; *-n*) tappa *f*; **2nweise** a tappe; *fig* per gradi
E'tat [e'taː] *m* (*-s*; *-s*) bilancio *m*, budget *m*
Eti'kett [eti'kɛt] *n* (-[*e*]*s*; *-e*[*n*]) etichetta *f*
'etliche ['ɛtliçə] diversi; certi; parecchi
Etsch [ɛtʃ] *f* Adige *m*
Et'ui [et'viː] *n* (*-s*; *-s*) astuccio *m*
'etwa ['ɛtva] circa, pressappoco, su per giù; forse; **'~ig** eventuale
'etwas ['ɛtvas] qualcosa, qualche cosa; (*ein wenig*) un po' (di); ***~ anderes*** un'altra cosa
EU *f* (-; -) ***Europäische Union*** Unione europea (*abbr* Ue)
euch [ɔʏç] voi; a voi; vi
Euch *in Briefen*: → ***euch***
'euer ['ɔʏər] di voi, vostro
'Euer *in Briefen*: → ***euer***
EuGH ***Europäischer Gerichtshof*** Corte di Giustizia (europea)
'Eule ['ɔʏlə] *f* (-; *-n*) civetta *f*
EUR ***Euro*** euro
'eurer'seits da parte vostra
'euret|'halben, **'~'wegen** per voi; a causa vostra; per amor vostro
'Euro ['ɔʏro] **1.** *nelle parole composte* euro...; ... comunitario (*adj*); **2.** *m* (***EUR***) euro *m*; ***die Einführung des ~*** introduzione *f* dell'euro; **'~krat** *m* eurocrate *m*; **'~norm** *f* norma *f* Ue (*od* comunitaria)
Europa [ɔʏ'roːpa] *n* Europa *f*
Euro'p|äer [ɔʏro'pɛːər] *m* (*-s*; -), **~äerin** *f* (-; *-nen*) europeo *m*, -a *f*
euro'päisch europeo; **2er *Gerichtshof*** *m* (***EuGH***) Corte *f* di Giustizia (europea); **2e *Investitionsbank*** *f* (***EIB***) Banca *f* europea per gli investimenti (Bei); **2e *Kommission*** *f* Commissione *f* europea; **2es *Parlament*** *n* Parlamento *m* europeo, europarlamento *m*; **2er *Rat*** *m* Consiglio *m* europeo; **2er *Rechnungshof*** *m* Corte *f* dei conti (europea); **2e *Union*** *f* (***EU***) Unione *f* europea (Ue); **2e *Währungseinheit*** *f*

E

Unione *f* monetaria (europea) (Ume); **≈es *Währungsinstitut*** *n* (***EWI***) Istituto *m* monetario europeo (Ime); **≈es *Währungssystem*** *n* (***EWS***) Sistema *m* monetario europeo (Sme); **≈e** (***Wirtschafts- und***) ***Währungsunion*** *f* (***EWU, EWWU***) Unione *f* (*od Comunità f*) economica e monetaria europea (Uem); **≈e *Zentralbank*** *f* (***EZB***) Banca *f* centrale europea (Bce)

Eu'ropa|meisterschaft [ɔʏ'roːpamaɪstərʃaft] *f* campionato *m* europeo; **~parlament** *n* Parlamento *m* europeo; **~pokal** *m* Coppa *f* Europa; **~rat** *m* Consiglio *m* d'Europa; **~wahlen** *pl EU* elezioni *f/pl* europee

'Euroscheck ['ɔʏroʃɛk] *m* eurocheque *m*; **'~karte** *f* carta *f* eurocheque

'Eurowährung *f* (-; *-en*) moneta *f* europea

E'U-Verordnung *f* (-; *-en*) decreto *m* dell'Ue

ev. *evangelisch* protestante

e. V. *eingetragener Verein* associazione registrata

evaku'ieren [evaku'iːrən] (*senza ge-, h*) sfollare; *mil* sgombrare

evan'g|elisch [evaŋ'geːlɪʃ] evangelico; **≈'elium** [evaŋ'geːljum] *n* (-*s*; *-lien*) Vangelo *m*

eventu'ell [evɛntu'ɛl] eventuale; *adv* eventualmente

evtl. *eventuell* eventualmente

EWI *Europäisches Währungsinstitut* Istituto Monetario Europeo (*abbr* IME)

'ewig ['eːvɪç] eterno; **'≈keit** *f* (-; *senza pl*) eternità *f*

EWS *Europäisches Währungssystem* Sistema Monetario Europeo (*abbr* SME)

e'xakt [ɛ'ksakt] esatto

E'xamen [ɛk'saːmən] *n* (-*s*; -) esame *m*

Exem'plar [ɛksɛm'plaːr] *n* (-*s*; *-e*) esemplare *m*; (*Buch*) copia *f*

E'xil [ɛk'siːl] *n* (-*s*; *-e*) esilio *m*

Exis'tenz [-sis'tɛnts] *f* (-; *-en*) esistenza *f*; ***e-e ~ gründen*** farsi una posizione, sistemarsi; **~minimum** *n* minimo *m* di sussistenza

exis'tieren [-s'tiːrən] (*senza ge-, h*) esistere

exkl. *exklusive* escluso

exklu'siv [ɛksklu'ziːf] esclusivo

Expan'sion [-panz'joːn] *f* (-; *-en*) espansione *f*

Expe'd|ient [-ped'jɛnt] *m* (*-en*; *-en*) spedizioniere *m*; **≈'ieren** (*senza ge-, h*) spedire; **~i'tion** *f* (-; *-en*) spedizione *f*

Experi'ment [-peri'mɛnt] *n* (-[*e*]*s*; *-e*) esperimento *m*

Ex'perte [-'pɛrtə] *m* (-*n*; -*n*) esperto *m*

Expl. *Exemplar* esemplare; copia

expl|o'dieren [-plo'diːrən] (*senza -ge-, sn*) esplodere; **≈o'sion** [-z'joːn] *f* (-; *-en*) esplosione *f*

Ex'port [-'pɔrt] *m* (-[*e*]*s*; *-e*) esportazione *f*; **~'eur** [-'tøːr] *m* (-*s*; *-e*) esportatore *m*; **≈'ieren** (*senza ge-, h*) esportare; **~land** *n* paese *m* esportatore; **~überschuss** *m* eccedenza *f* delle esportazioni

ex'press [-'prɛs] espresso

'extra ['ɛkstra] extra; a parte; **'≈blatt** *n* edizione *f* straordinaria

ex'trem [-'treːm], **Ex'trem** *n* (-*s*; *-e*) estremo (*m*); **≈ist** [-'mist] *m* (*-en*; *-en*), **≈istin** [-'mistin] *f* (-; *-en*) estremista *m/f*

EZB *Europäische Zentralbank* Banca centrale europea (*abbr* Bce)

F

f. *folgende Seite* pagina seguente

Fa. *Firma* ditta

'fabelhaft ['faːbəlhaft] F (*wunderbar*) fantastico, favoloso

Fa'brik [fa'briːk] *f* (-; *-en*) fabbrica *f*; **~'ant** [-'kant] *m* (*-en*; *-en*) fabbricante *m*; **~arbeiter(in)** *m*(*f*) operaio *m*, -a *f*; **~'at** [-'kaːt] *n* (-[*e*]*s*; *-e*) fabbricato *m*, manufatto *m*, prodotto *m*; **~a'tion** [-kats'joːn] *f* (-; *-en*) fabbricazione *f*

Fach [fax] *n* (-[*e*]*s*; *=er*) compartimento *m*; (*Schublade*) cassetto *m*; *e-s Schrankes*: casella *f*; *fig* materia *f*; (*Spezialgebiet*) specialità *f*; **'~arbeiter(in)** *m*(*f*) oper io *m*, -a *f* specializzato, -a (*od* qualificato, -a); **'~arzt** *m* (medico *m*) specialista *m*; **'~frau** *f* esperta *f*; specialista *f*; **'~gebiet** *n* specialità *f*; **'~händler** *m* rivenditore *m* specializzato; **'~kenntnis** *f* conoscenza *f* speciale; **'~mann** *m* (*pl* -*leute*) esperto *m*; specialista *m*; **'~messe** *f* fiera *f* di settore; **'~schule** *f* scuola *f* professionale

'Fackel ['fakəl] *f* (-; -*n*) torcia *f*

'Faden ['fɑːdən] *m* (-*s*; ⸗) filo *m*

'fähig ['fɛːiç] capace; **'⁀keit** *f* (-; -*en*) capacità *f*; idoneità *f*

'fahnd|en ['fɑːndən] (*h*) ricercare (***nach j-m*** qu); **'⁀ung** *f* (-; -*en*) ricerca *f*

'Fahne ['fɑːnə] *f* (-; -*n*) bandiera *f*

'Fahr|ausweis ['fɑːrˀausvais] *m* biglietto *m*; **'~bahn** *f* carreggiata *f*

'Fähre ['fɛːrə] *f* (-; -*n*) traghetto *m*

'fahren ['fɑːrən] (*fuhr*, *gefahren*) **1.** *v/t* (*h*) condurre, guidare; *Last*: trasportare; **2.** *v/i* (*sn*) andare; *auto a* circolare, girare; *durch et*: passare; ***wann fährt der Zug?*** quando parte il treno?; ***wie lange fährt der Zug bis …?*** quanto tempo ci mette il treno da qui a …?; ***Auto ~*** andare in macchina

'Fahrer ['fɑːrər] *m* (-*s*; -) conducente *m*; *auto* automobilista *m*; *Beruf*: autista *m*; **'~flucht** *f* fuga *f* del conducente

'Fahr|gast ['fɑːrgast] *m* passeggero *m*; **'~geld** *n* prezzo *m* della corsa (*od* del biglietto); **'~gestell** *n avia* carrello *m*; *auto* telaio *m*

'Fahrkarte ['fɑːrkartə] *f* biglietto *m*; **'~nautomat** *m* distributore *m* automatico di biglietti; **'~nschalter** *m* sportello *m* dei biglietti; biglietteria *f*

'Fahr|plan ['fɑːrplɑːn] *m* orario *m*; **'⁀planmäßig** ['-mɛːsiç] in orario; puntuale; **'~preis** *m* prezzo *m* del biglietto; tariffa *f*; **'~prüfung** *f* esame *m* di guida; **'~rad** *n* bicicletta *f*; **'~radverleih** *m* noleggio *m* (di) biciclette; **'~schein** *m* biglietto *m*; **'~schule** *f auto* scuola *f* guida; **'~stuhl** *m* ascensore *m*

Fahrt [fɑːrt] *f* (-; -*en*) viaggio *m*; corsa *f*; (*Ausflug*) gita *f*; ***gute Fahrt!*** buon viaggio!

Fahr|trichtung ['fɑːrtriçtuŋ] *f* direzione *f*; **'⁀tüchtig** *adj* in grado di guidare

Fahrzeug ['fɑːrtsɔyk] *n* (-[*e*]*s*; -*e*) veicolo *m*; **'~halter** *m* proprietario *m* di un veicolo

fair [fɛːr] leale, corretto

'faktisch ['faktiʃ] effettivo; *adv* effettivamente

'Faktor ['faktɔr] *m* (-*s*; -*en* [-'toːrən]) fattore *m*

Fakul'tät [fakul'tɛːt] *f* (-; -*en*) facoltà *f*

fakulta'tiv [fakulta'tiːf] facoltativo

Fall [fal] *m* (-[*e*]*s*; ⸗*e*) caduta *f*; (*Vorfall*) caso *m*; ***von ~ zu ~*** secondo il caso; ***in jedem ~*** ad ogni caso

'Falle ['falə] *f* (-; -*n*) trappola *f*; *fig* tranello *m*

'fallen ['falən] (*fiel*, *gefallen*, *sn*) cadere; (*sinken*) scendere; ***in die Augen ~*** saltare agli occhi; ***~ lassen*** (*j-n*) abbandonare; (*Anspruch*) rinunciare a; **'~lassen** (*j-n*) → ***fallen***

'fällen ['fɛlən] (*h*) abbattere; *Urteil*: pronunciare

'fällig ['fɛliç] in scadenza; che scade; *Zinsen*: maturato; ***~ sein*** scadere; **'⁀keit** *f* (-; *senza pl*) scadenza *f*

falls [fals] qualora, nel caso che, caso mai; ***~ nicht*** a meno che non

'Fall|schirm ['falʃirm] *m* paracadute *m*; **'~schirmspringer(in)** *m*(*f*) paracadutista *m/f*

falsch [falʃ] **1.** *adj* falso; *Haar*, *Zahn*: finto; (*fehlerhaft*) sbagliato; **2.** *adv* male; falsamente; **'⁀geld** *n* moneta *f* falsa

'fälschlich, **'~erweise** ['fɛlʃliç, -ər'vaizə] per errore, erroneamente

'Fälschung ['fɛlʃuŋ] *f* (-; -*en*) falsificazione *f*; contraffazione *f*

'Falte ['faltə] *f* (-; -*n*) piega *f*; *auf der Haut*: ruga *f*

'falten ['faltən] (*h*) piegare; *Hände*: giungere

Fa'milie [fa'miːljə] *f* (-; -*n*) famiglia *f*; **~nbetrieb** *m* azienda *f* a conduzione familiare; **⁀nfreundlich** *pol* che favorisce la famiglia; *Hotel*: a misura di famiglia; che accetta volentieri famiglie; **~nmitglied** *n* membro *m* di famiglia; **~nname** *m* nome *m* di famiglia; **~nstand** *m* stato *m* civile

'Fan [fɛn] *m* (-*s*; -*s*) tifoso *m*

fa'natisch [fa'nɑːtiʃ] *adj* fanatico

'fangen ['faŋən] (*fing*, *gefangen*, *h*) prendere; (*ergreifen*) acchiappare

Fan|ta'sie [fanta'ziː] *f* (-; -*n*) fantasia *f*; **⁀ta'sieren** (*senza ge*-, *h*) fantasticare;

F

Kranke: delirare; farneticare
'Farbband ['farpbant] *n* nastro *m* per macchina da scrivere
'Farb|e ['farbə] *f* (-; -*n*) colore *m*; *Kartenspiel*: seme *m*; **'2echt** ['farpʔɛçt] di colore indelebile
'färben ['fɛrbən] (*h*) colorire, tingere (***blau*** di blu)
'Farb|fernsehen ['farpfɛrnzeːən] *n* televisione *f* a colori; **'~film** *m* film *m* a colori; **'2ig** ['-biç] colorato; **'~ige** *m/f* (-*n*; -*n*) uomo *m* (*od donna f*) di colore; mulatto *m*, -a *f*; **'2los** senza colore, incolore; **'~stift** *m* matita *f* colorata; **'~ton** *m* tinta *f*
Fa'san [fa'zaːn] *m* (-[*e*]*s*; -*e*) fagiano *m*
'Fasching ['faʃiŋ] *m* (-*s*; -*e u* -*s*) carnevale *m*
Fa'sch|ismus [fa'ʃismus] *m* (-; *senza pl*) fascismo *m*; **~'ist** *m* (-*en*; -*en*), **2'istisch** fascista *m u adj*
'Faser ['faːzər] *f* (-; -*n*) fibra *f*
Fass [fas] *n* (-*es*; *⸚er*) botte *f*, *kleineres*: barile *m*
Fas'sade [fa'saːdə] *f* (-; -*n*) facciata *f*
'fassen ['fasən] (*h*) prendere; (*begreifen*) comprendere; (*enthalten*) contenere; → ***kurzfassen***
'Fassung ['fasuŋ] *f* (-; *senza pl*) (*Ruhe*) calma *f*, autocontrollo *m*; (*pl* -*en*) *Text*: stesura *f*; *Brille*: montatura *f*; *von Steinen*: incastonatura *f*; **'2slos** sconcertato; disperato; **'~svermögen** *n* capacità *f*, capienza *f*
fast [fast] quasi; a momenti
'fasten ['fastən] (*h*) digiunare
'Fastnacht ['fastnaxt] *f* (-; *senza pl*) martedì *m* grasso; carnevale *m*
faul [faʊl] putrido; *Personen*: pigro; *Ei*, *Obst*: marcio
'faulenzen ['faʊlɛntsən] (*h*) oziare
'Fauna ['faʊna] *f* (-; -*nen*) fauna *f*
Faust [faʊst] *f* (-; *Fäuste*) pugno *m*; ***auf eigene ~*** per proprio conto; di propria iniziativa
Favo'rit [favo'riːt] *m* (-*en*; -*en*), **~in** *f* (-; -*nen*) favorito *m*, -a *f*
Fax [faks] *n* (-; -*e*) fax *m*; **'2en** (*h*) faxare, mandare per fax; **'~gerät** *n* fax *m*
Fa'yence [fa'jãːs] *f* (-; -*n*) maiolica *f*, terraglia *f* (di Faenza)
'Fazit ['faːtsit] *n* (-*s*; -*s*) risultato *m*
FC ***Fußballclub*** società calcistica
FCK'W *m* (***Fluorchlorkohlenwasserstoff***) clorofluorocarburo *m* (CFC)
FCK'W-frei senza CFC
FDP ***Freie Demokratische Partei*** Partito Liberale Democratico
'Februar ['feːbruaːr] *m* (-[*s*]; -*e*) febbraio *m*
fechten ['fɛxtən] (*focht*, *gefochten*, *h*) tirare di scherma; *fig* combattere
'Feder ['feːdər] *f* (-; -*n*) penna *f*; *tec* molla *f*; (*Uhr2*) spirale *f*; **'~ball** *m* volano *m*; **'~bett** *n* piumino *m*
'feder|n ['feːdərn] *v/i* (*h*) essere elastico; *tec* molleggiare; **'2ung** *f* (-; -*en*) *tec f* sospensione *f*; molleggio *m*; molleggiamento *m*
'Fegefeuer ['feːgəfɔʏər] *n* (-*s*; *senza pl*) purgatorio *m*
'fegen ['feːgn] (*h*) scopare
fehl [feːl]: ***~ am Platz*** fuori luogo; inadatto; **'2betrag** *m* ammanco *m*
'fehlen ['feːlən] *v/i* (*h*) mancare; essere assente; ***es fehlt an et*** (*dat*) manca qc; ***was fehlt Ihnen?*** che cosa ha (*od* avete)?; ***du hast mir gefehlt*** mi sei mancato (*od* mancata)
'Fehler ['feːlər] *m* (-*s*; -) difetto *m*; (*Versehen*) sbaglio *m*; (*Irrtum*, *a beim Sport*) errore *m*; **'2frei** (*Person*) impeccabile, senza difetti; (*Sache*) corretto senza errori, senza sbagli; **'2haft** difettoso; scorretto
'Fehl|griff *m* sbaglio *m*; **'2leiten** (*sep*, -*ge*-, *h*) sviare; **'~schlag** *m* colpo *m* mancato (*od* a vuoto); *fig*: insuccesso *m*; **'2schlagen** (*irr*, *sep*, -*ge*-, *sn*, → ***schlagen***) fallire, andare a vuoto; **'~zündung** *f* accensione *f* difettosa
'Feier ['faɪər] *f* (-; -*n*) (*das Feiern*) celebrazione *f*; (*Fest*) festa *f*; festività; **'~abend** *m* tempo *m* libero (dopo il lavoro); fine *f* della giornata lavorativa
'feierlich ['faɪərliç] solenne; **'2keit** *f* (-; -*en*) (*Veranstaltung*) celebrazione *f*, festeggiamento *m*
'feier|n ['faɪərn] (*h*) **1.** *v/t* festeggiare, celebrare; **2.** *v/i* non lavorare; riposare; **'2tag** *m* giorno *m* festivo, festa *f*
'feig(e) [faɪk, -gə] vile
'Feige *bot* ['faɪgə] *f* (-; -*n*) fico *m*
'Feile ['faɪlə] *f* (-; -*n*) lima *f*; **'2n** (*h*) limare
'feilschen ['faɪlʃən] (*h*) mercanteggiare; tirare sul prezzo
fein [faɪn] fine, fino; *Person*: distint

Kleid: elegante; (*dünn*) sottile
Feind [faınt] *m* (-[*e*]*s*; -*e*), '**~in** *f* (-; -*nen*) nemico *m*, -a *f*; '**2lich** ostile
fein|fühlig ['-fy:liç] sensibile, delicato; '**2heit** *f* (-; -*en*) finezza *f*; '**2kostgeschäft** *n* negozio *m* di specialità gastronomiche; '**2staub** *m* polveri *f/pl* sottili
Feld [fɛlt] *n* (-[*e*]*s*; -*er*) campo *m* (*a fig*); *Spiel*: casella *f*; scacco *m*; '**~bett** *n* branda *f*; '**~flasche** *f* borraccia *f*; '**~herr** *m* stratega *m*, comandante *m*; '**~marschall** *m* feldmaresciallo *m*; '**~weg** *m* sentiero *m* campestre; '**~zug** *m* campagna *f* (militare)
Felge ['fɛlgə] *f* (-; -*n*) cerchione *m*
Fell [fɛl] *n* (-[*e*]*s*; -*e*) pelo *m*; pelle *f*
Fels|en ['fɛlzən] *m* (-*s*; -) roccia *f*; (*Meeres*2) scoglio *m*; '**2ig** roccioso; scoglioso
femi'nin [femi'ni:n] femminile, femmineo
Fenster ['fɛnstər] *n* (-*s*; -) finestra *f*; '**~brett** *n* davanzale *m*; '**~laden** *m* persiana *f*; '**~platz** *m* posto *m* accanto al finestrino; '**~scheibe** *f* vetro *m*
Ferien ['fe:rjən] *pl inv* vacanze *f/pl*, ferie *f/pl*, '**~arbeit** *f* lavoro *m* svolto durante le vacanze; '**~dorf** *n* villaggio *m* turistico; '**~ort** *m* località *f* di villeggiatura; '**~wohnung** *f* casa *f* per le vacanze
fern [fɛrn] lontano; *fig* lungi; → ***fernhalten***; → ***fernliegen***
Fern|amt *n* centralino *m* interurbano; '**~bedienung** *f* telecomando *m*; '**2bleiben** (*irr, sep, -ge-, sn,* → ***bleiben***) (*dat*) non prendere parte a, rimanere assente da
Ferne ['fɛrnə] *f* (-; *senza pl*) lontananza *f*, ***aus der ~*** da (*od* di) lontano
ferner ['fɛrnər] **1.** *adj* ulteriore; **2.** *adv* inoltre; poi
Fern|fahrer ['fɛrnfa:rər] *m* camionista *m*; '**~gespräch** *n* telefonata *f* interurbana; '**2gesteuert** *adj* teleguidato, telecomandato; '**~glas** *n* cannocchiale *m*; binocolo *m*; '**2halten** *v/t* (*irr, sep, -ge-, h,* → ***halten***) tenere lontano; '**~heizung** *f* riscaldamento *m* a distanza; '**~licht** *n auto*: fari *m/pl* abbaglianti; '**2liegen** *v/i* (*irr, sep, -ge-, h,* → ***liegen***) essere lungi da; ***es liegt mir fern*** non ci penso neppure; '**~mündlich** telefonico; *adv* per telefono; '**~schreiben** *n* telex *m*; '**~schreiber** *m* telescrivente *m*; '**~sehapparat** *m* televisore *m*
'**fernsehen** (*irr, sep, -ge-, h,* → ***sehen***) vedere la televisione
'**Fernsehen** (-*s*; -) *n* televisione *f*; ***~ gucken*** F guardare la televisione
'**Fernseh|er** (-*s*; -) *m* televisore *m*; '**~programm** *n* programma *m* televisivo; '**~sendung** *f* trasmissione *f* televisiva; '**~überwachung** *f* (-; -*en*) televisione *f* a circuito chiuso; '**~zuschauer(in)** *m*(*f*) telespettatore *m*, -trice *f*
'**Fernsprech|amt** ['-ʃprɛç?amt] *n post* centralino *m* interurbano; '**~auskunft** *f tel* servizio *m* informazioni abbonati; '**~teilnehmer** *m* abbonato *m* al telefono
'**Fern|steuerung** *f* (-; -*en*) telecomando *m*; '**~verkehr** *m* traffico *m* a grande distanza
'**Ferse** ['fɛrzə] *f* (-; -*n*) calcagno *m*
'**fertig** ['fɛrtiç] pronto; finito; ***~!*** ecco fatto!; ***mit et ~ sein*** aver finito qc; ***~ machen*** → ***fertigmachen***; ***~ stellen*** → ***fertigstellen***
'**Fertig|gericht** *n gastr* precotto *m*; '**~keit** *f* (-; -*en*) prontezza *f*; '**2machen** *v/t* (*sep, -ge-, h*) preparare; ***sich ~*** prepararsi; '**~produkt** *n* prodotto *m* finito; '**2stellen** *v/t* (*sep, -ge-, h*) ultimare, completare
'**fesseln** ['-səln] (*h*) incatenare; *Gefangene*: legare; *fig* affascinare, incantare; *Aufmerksamkeit*: attirare; *ans Bett*: inchiodare
fest [fɛst] *adj* fermo; solido; *Gewebe*: compatto; *Börse*: sostenuto; *Schlaf*: profondo; *adv* fermamente; ***~ angestellt*** impiegato fisso
Fest [fɛst] *n* (-[*e*]*s*; -*e*) festa *f*
'**Fest|akt** ['fɛst?akt] *m* atto *m* solenne; cerimonia *f*; '**2halten** (*irr, sep, -ge-, h,* → ***halten***) **1.** *v/t* tenere fermo; ***sich ~ an*** (*dat*) tenersi saldo, aggrapparsi a; **2.** *v/i* perseverare (***an*** *dat* in)
'**festig|en** ['-stigən] (*h*) consolidare; '**2keit** ['-içkaıt] *f* (-; *senza pl*) fermezza *f*; solidità *f*; fissità *f*; compattezza *f*; resistenza *f*; '**2ung** *f* (-; *senza pl*) consolidamento *m*, stabilizzazione *f*
'**Fest|land** *n* terra *f* ferma; continente *m*; '**2legen** (*sep, -ge-, h*) stabilire, fissare; *Geld*: vincolare; ***sich ~ auf***

F

(*acc*) impegnarsi in
'festlich ['-liç] festivo; *fig* solenne; **'2keit** *f* (-; *-en*) festività *f*; festa *f*
'fest|machen ['-maxən] (*sep*, *-ge-*, *h*) fissare; assicurare; **'2nahme** ['-nɑːmə] *f* (-; *-n*) arresto *m*; **'~nehmen** (*irr*, *sep*, *-ge-*, *h*, → ***nehmen***) arrestare; **'2netz** *n* (*-s*; *-e*) *tel* rete *f* fissa; **'2platte** *f* (-; *-n*) *inform* hard disk *m*, disco *m* rigido (*od* fisso); **'2preis** *m* prezzo *m* fisso; prezzo *m* di calmiere; **'2rede** *f* discorso *m* (ufficiale); **'~setzen** (*sep*, *-ge-*, *h*) stabilire; fissare; *j-n*: arrestare; **'2speicher** *m* (*-s*; -) *inform* read-only-memory *f*, ROM *f*; **'2spiele** *n/pl* festival *m*; **'~stehen** (*irr*, *sep*, *-ge-*, *h*, → ***stehen***) essere fissato; *fig* constare, essere certo; **'~stellen** (*sep*, *-ge-*, *h*) constatare; stabilire; *Person*: identificare; **'2stellung** *f* (-; *-en*) constatazione *f*; *Polizei*: accertamento *m*; **'2tag** *m* (giorno *m* di) festa *f*
'Festung ['fɛstuŋ] *f* (-; *-en*) fortezza *f*
'festverzinslich ['fɛstfɛrtsinsliç] a tasso fisso
fett [fɛt] *adj*, **Fett** *n* (*-[e]s*; *-e*) grasso *m*
'fettig ['fɛtiç] grasso, unto
feucht [fɔʏçt] umido; **'~kalt** *adj* freddo umido
feu'dal [fɔʏ'dɑːl] feudale; **2'ismus** *m* (-; *senza pl*) feudalismo *m*
'Feuer ['fɔʏər] *n* (*-s*; -) fuoco *m*; **'~alarm** *m* allarme *m* d'incendio; **'~bestattung** *f* cremazione *f*; **'2fest** refrattario, a prova di fuoco, incombustibile; **'2gefährlich** infiammabile; **'~leiter** *f* scala *f* incendi; **'~löscher** *m* estintore *m*; **'~melder** *m* avvisatore *m* d'incendio; **'2sicher** a prova di fuoco; **'~stein** *m* pietra *f* focaia; *Feuerzeug*: pietrina *f*; **'~waffe** *f* arma *f* da fuoco; **'~wehr** *f* (-; *-en*) (corpo *m* dei) pompieri *m/pl*; **'~werk** *n* (*-[e]s*; *-e*) fuochi *m/pl* d'artificio (*od* artificiali); **'~zeug** *n* (*-[e]s*; *-e*) accendisigaro *m*, accendino *m*
FeWo ***Ferienwohnung*** appartamento per le vacanze
ff. ***folgende Seiten*** pagine seguenti
FH ***Fachhochschule*** *etwa*: istituto superiore tecnico
'Fiasko ['fjasko] *n* (*-s*; *-s*) fiasco *m*
'Fichte ['fiçtə] *f* (-; *-n*) *bot* abete *m* rosso; pino *m*
'Fieber ['fiːbər] *n* (*-s*; *senza pl*) febbre
'2haft, **'2ig** febbrile; **'~mittel** *n* antip retico *m*; **'~thermometer** *n* termome tro *m* clinico
Fi'gur [fi'guːr] *f* (-; *-en*) figura *f*; (*Ge stalt*) aspetto *m*
Fi'let [fi'leː] *n* (*-s*; *-s*) filetto *m*; **~stea** [-steːk] *n* bistecca *f* di filetto
Fi'liale [fil'jɑːlə] *f* (-; *-n*) filiale *f*, succu sale *f*
Film [film] *m* (*-[e]s*; *-e*) film *m*; *fot* pe licola *f*; **'2en** (*h*) cinematografare, fi mare, girare; **'~festspiele** *n/pl* festiv *m* cinematografico; **'~kamera** *f* ma china *f* da presa; **'~schauspieler(i** *m(f)* attore *m*, (attrice *f*) del cinem **'~star** *m* stella *f* del cinema
'Filt|er ['filtər] *m u n* (*-s*; -) filtro *n* **'2ern** (*h*) filtrare; **'~erzigarette** *f* sig retta *f* col filtro
'Filzstift ['filtsʃtift] *m* pennarello *m*
Fi'nale [fi'nɑːlə] *n* (*-s*; -) finale *n* *Sport*: finale *f*
Fi'nanz|amt [fi'nantsˀamt] *n* ufficio imposte; **~ausgleich** *m* (*-s*; *-e*) *ec* perequazione *f* finanziaria; **~en** *f/pl* nanze *f/pl*; **2'iell** [-ts'jɛl] finanziari **2'ieren** (*senza ge-*, *h*) finanziare; **~'i rung** *f* (-; *-en*) finanziamento *m*; **~n nister** *m* ministro *m* delle finanz **~wirtschaft** *f* sistema *m* finanziari gestione *f* finanziaria; finanze *f/pl*
'finden ['findən] (*fand*, *gefunden*, trovare; **~ *Sie nicht?*** non trova non Le pare?
'Finger ['fiŋər] *m* (*-s*; -) dito *m*; **'~a druck** *m* impronta *f* digitale; **'~ferti keit** *f* destrezza *f*; **'~nagel** *m* unghia **'~spitzen** *f/pl* punta *f* delle di **'~spitzengefühl** ['-ʃpitsəngəfyːl] tatto *m*, delicatezza *f*
fin'gier|en [fiŋ'giːrən] (*senza ge-*, fingere; simulare; **~t** fittizio, finto, mulato
'Finn|e *m* (*-n*; *-n*), **'~in** *f* (-; *-nen*), **'2is** finlandese *m/f*
Finnland ['finlant] *n* Finlandia *f*
'finster ['finstər] oscuro; *fig* tetro; **'2** *f* (-; *-se*) oscurità *f*; tenebre *f/pl*; *a* eclissi *f*
'Firma ['firmɑ] *f* (-; *-en*) ditta *f*, azier *f*; *Bezeichnung*: ragione *f* sociale
'Firmung *f* (-; *-en*) cresima *f*
First [first] *m* (*-[e]s*; *-e*) cima *f*; (*Dach*

comignolo *m*
Fisch [fiʃ] *m* (-[*e*]*s*; -*e*) pesce *m*; *astr* Pesci *m/pl*; '**2en** (*h*) pescare; '**~er** *m* (-*s*; -) pescatore *m*; '**~erboot** *n* barca *f* da pesca; '**~erdorf** *n* villaggio *m* di pescatori; **~e'rei** [fiʃə'raɪ] *f* (-; *senza pl*) pesca *f*; **~e'reihafen** *m* porto *m* di pesca; '**~händler** *m* pescivendolo *m*; '**~markt** *m* mercato *m* del pesce, pescheria *f*; '**~suppe** *f* zuppa *f* di pesce; '**~vergiftung** *f* ittismo *m*
'**Fiskus** ['fiskus] *m* (-; *senza pl*) fisco *m*
'**Fitness|center** ['fitnɛssɛntər] *n* fitness club *m*; '**~raum** *m* palestra *f*
FK'K [ɛfka:'ka:] → ***Freikörperkultur***; **~-Camp** *n* campo *m* nudisti; **~-Strand** *m* spiaggia *f* riservata ai nudisti
flach [flax] piatto; (*eben*) piano
'**Fläche** ['flɛçə] *f* (-; -*n*) piano *m*; (*ebenes Land*) pianura *f*; (*Ober2*) superficie *f*
'**Flächenstilllegung** *f* (-; -*en*) *econ* riduzione *f* delle aree coltivate
'**Flachland** ['flaxlant] *n* pianura *f*
'**flackern** ['flakərn] (*h*) vacillare
'**Flagge** ['flagə] *f* (-; -*n*) bandiera *f*
'**flämisch** ['flɛ:miʃ] fiammingo
'**Flamme** ['flamə] *f* (-; -*n*) fiamma *f*
Fla'nell [fla'nɛl] *m* (-*s*; -*e*) flanella *f*
'**Flank|e** ['flaŋkə] *f* (-; -*n*) fianco *m*; **2'ieren** (*senza ge-*, *h*) fiancheggiare
'**Flasche** ['flaʃə] *f* (-; -*n*) bottiglia *f*; (*Gas2*) bombola *f*; '**~nbier** *n* birra *f* in bottiglia; '**~nöffner** *m* apribottiglie *m*; '**~npfand** *n* deposito *m* per il vuoto
Flaute ['flaʊtə] *f* (-; -*n*) *mar* calma *f*; *econ* periodo *m* di ristagno
Flecht|e ['flɛçtə] *f* (-; -*n*) *med* eczema *m*; *bot* lichene *m*; '**2en** (*flocht*, *geflochten*, *h*) intrecciare
Fleck [flɛk] *m* (-[*e*]*s*; -*e*) macchia *f*; (*Stelle*) posto *m*; *med* ***blauer ~*** livido *m*; '**2enlos** senza macchie; '**~enwasser** *n* smacchiatore *m*; '**2ig** macchiato
Fledermaus ['fle:dərmaʊs] *f* pipistrello *m*
Fleisch [flaɪʃ] *n* (-[*e*]*s*; *senza pl*) carne *f*; *des Obstes*: polpa *f*; '**~brühe** *f* brodo *m*; '**~er** *m* (-*s*; -) macellaio *m*; **~e'rei** *f* (-; -*en*), '**~erladen** *m* macelleria *f*; '**2ig** carnoso; *Obst*: polposo; '**~klößchen** ['-klø:sçən] *n* polpetta *f*; '**~konserve** *f* carne *f* in scatola; '**2lich** carnale; '**~vergiftung** *f* intossicazione *f* da carne
Fleiß [flaɪs] *m* (-*es*; *senza pl*) diligenza *f*; assiduità *f*; *fig* ***mit ~*** apposta; '**2ig** diligente, assiduo
'**Flieder** ['fli:dər] *m* (-*s*; -) *bot* (fiori *m/pl* di) lillà *f*
'**Fliege** ['fli:gə] *f* (-; -*n*) mosca *f*; *Krawatte*: farfalla *f*
'**fliegen** ['fli:gən] *v/i* (*flog*, *geflogen*, *sn*) volare; andare in aereo
'**Fliegen** *n* (-*s*; *senza pl*) aviazione *f*
'**Flieger** ['fli:gər] *m* (-*s*; -) aviatore *m*; '**~alarm** *m* allarme *m* aereo
'**fliehen** ['fli:ən] (*floh*, *geflohen*) *v/i* (*sn*) fuggire
'**Fliese** ['fli:zə] *f* (-; -*n*) mattonella *f*; quadrello *m*
'**Fließ|band** ['fli:sbant] *n* catena *f* di montaggio; '**~bandarbeit** *f* lavoro *m* alla catena di montaggio; '**2en** (*floss*, *geflossen*, *sn*) scorrere; *ins Meer*: sboccare; '**2end** corrente; *fig Stil*: fluido; ***~ sprechen*** parlare perfettamente
'**flimmern** ['flimərn] (*h*) scintillare
'**Flinte** ['flintə] *f* (-; -*n*) fucile *m*
'**Flipper** ['flipər] *m* (-*s*; -) flipper *m*; '**2n** (*h*) giocare a flipper
Flirt [flœrt] *m* (-*s*; -*s*) flirt *m*; '**2en** (*h*) flirtare
'**Flitter** ['flitər] *m* (-*s*; *senza pl*) lustrino *m*; '**~wochen** *f/pl* luna *f* di miele
'**Flock|e** ['flɔkə] *f* (-; -*n*) fiocco *m*; '**2ig** in forma di fiocchi, a fiocchi
Floh [flo:] *m* (-[*e*]*s*; ⸚*e*) *zo* pulce *f*; '**~markt** *m* mercato *m* delle pulci
'**Flora** *bot* ['flo:ra] *f* (-; -*ren*) flora *f*
Florenz [flo'rɛnts] *n* Firenze *f*
flo'rieren [flo'ri:rən] (*senza ge-*, *h*) prosperare, fiorire
'**Floskel** ['flɔskəl] *f* (-; -*n*) frase *f* fatta
Floß [flo:s] *n* (-*es*; ⸚*e*) zattera *f*
'**Flosse** ['flɔsə] *f* (-; -*n*) pinna *f*; *avia* stabilizzatore *m*
'**Flöte** ['flø:tə] *f* (-; -*n*) flauto *m*
'**Flott|e** ['flɔtə] *f* (-; -*n*) flotta *f*; '**~enstützpunkt** *m* base *f* navale
Fluch [flu:x] *m* (-[*e*]*s*; ⸚*e*) maledizione *f*; (*Lästerung*) bestemmia *f*; '**2en** (*h*) bestemmiare
Flucht [fluxt] *f* (-; *senza pl*) fuga *f*; (*pl* -*en*) (*Reihe*) fila *f*
'**flücht|en** ['flyçtən] (*sn*) fuggire; '**~ig** **1.** *adj* fugace; *Personen*: fuggitivo; *Verbrecher*: latitante; (*schnell*) rapido; **2.**

adv in fretta; di sfuggita; '**Ձling** ['-liŋ] *m* (*-s*; *-e*) fuggitivo *m*; *pol* profugo *m*; *mil* disertore *m*; '**Ձlingslager** *n* campo *m* (di) profughi

'**Fluchtversuch** *m* tentativo *m* di fuga

Flug [fluːk] *m* (*-*[*e*]*s*; *=e*) volo *m*; '**~dauer** *f* durata *f* di volo

'**Flügel** ['flyːgəl] *m* (*-s*; *-*) ala *f*; *mus* piano *m* a coda; (*Tür*Ձ) battente *m*; (*Fenster*Ձ) imposta *f*

'**Flug|gast** *m* passeggiero *m*; '**~gesellschaft** *f* compagnia *f* aerea; '**~hafen** *m* aeroporto *m*; '**~linie** *f* aviolinea *f*; '**~lotse** *m* controllore *m* di volo; '**~reise** *f* viaggio *m* aereo; '**~ticket** *n* biglietto *m* aereo; '**~verkehr** *m* traffico *m* aereo; '**~zeit** *f* durata *f* di volo; '**~zeug** ['-tsɔyk] *n* (*-*[*e*]*s*; *-e*) aeroplano *m*, aereo *m*, velivolo *m*; '**~zeugentführer** *m* dirottatore *m*; pirata *m* dell'aria; '**~zeugunglück** *n* incidente *m* aereo

'**Flunder** ['flundər] *f* (*-*; *-n*) *zo* pesce *m* passera

Flur [fluːr] *m* (*-s*; *-e*) corridoio *m*; andito *m*

Fluss [flus] *m* (*-es*; *=e*) fiume *m*; *med u fis* flusso *m*; Ձ'**abwärts** a valle; Ձ'**aufwärts** a monte

'**flüssig** ['flysiç] liquido; *Gase*: fluido; *econ* disponibile; '**Ձkeit** *f* (*-*; *-en*) liquido *m*; fluido *m*; (*das Flüssigsein*) liquidità *f*, fluidità *f*; '**~machen** *v/t* (*sep*, *-ge-*, *h*) *econ* realizzare; mobilitare

'**flüstern** ['flystərn] *v/i* (*h*) sus(s)urrare

Flut [fluːt] *f* (*-*; *-en*) (*Welle*) flutto *m*; alta marea *f*; (*Überschwemmung*) inondazione *f*; *fig* diluvio *m*

Födera|'lismus [fœdera'lismus] *m* (*-*; *senza pl*) *pol* federalismo *m*; Ձ'**listisch** [-'listiʃ] federativo; ~'**tion** [-ts'joːn] *f* (*-*; *-en*) federazione *f*, confederazione *f*

Föhn [føːn] *m* (*-*[*e*]*s*; *-e*) (*Wind*) föhn *m*, (*Haartrockner*) asciugacapelli *m*

'**Folge** ['fɔlgə] *f* (*-*; *-n*) seguito *m*; (*Reihe*) serie *f*; (*Wirkung*) conseguenza *f*; ***zur ~ haben*** avere per conseguenza

'**folgen** ['fɔlgən] (*sn*) (*dat*) seguire; *an j-s Stelle*: succedere; '**~d** seguente; (*aufeinander~*) successivo; '**~der'maßen** ['-dər'maːsen] nel modo seguente

'**folgerichtig** conseguente, logico

'**folger|n** ['fɔlgərn] (*h*) arguire; concludere (***aus*** da); '**Ձung** *f* (*-*; *-en*) conclusione *f*

'**Folie** ['foːljə] *f* (*-*; *-n*) pellicola *f* (trasparente); (*Alu~*) foglio *m* (di alluminio)

Folk'lore [fɔlk'loːrə] *f* (*-*; *senza pl*) folclore *m*; **~abend** *m* serata *f* folcloristica

'**foltern** ['fɔltərn] (*h*) torturare

Fonds [fɔ̃ː] *m* (*-* [fɔ̃ː(s)]; *-* [fɔ̃ːs]) fondi *m/pl*

Fön® → ***Föhn***

Fon'täne [fɔn'tɛːnə] *f* (*-*; *-n*) fontana *f*

for'cieren [fɔr'siːrən] (*senza ge-*, *h*) accelerare; precipitare

'**fordern** ['fɔrdərn] (*h*) pretendere (***et von j-m*** qc da qu); esigere; reclamare; *Recht*: rivendicare

'**fördern** ['fœrdərn] (*h*) promuovere, favorire, incoraggiare, incrementare; *min* estrarre

'**Forderung** ['fɔrdəruŋ] *f* (*-*; *-en*) domanda *f*; pretesa *f*; rivendicazione *f*; *econ* credito *m*

'**Förderung** ['fœrdəruŋ] *f* (*-*; *-en*) promozione *f*; incoraggiamento *m*, incremento *m*; *min* estrazione *f*

Fo'relle [fo'rɛlə] *f* (*-*; *-n*) trota *f*

Form [fɔrm] *f* (*-*; *-en*) forma *f*; (*Machart*) fattura *f*; Ձ'**al** [-'maːl] formale; **~ali'tät** ['-malitɛːt] *f* (*-*; *-en*) formalità *f*

For'ma|t [-'maːt] *n* (*-*[*e*]*s*; *-e*) formato *m*; Ձ'**tieren** (*h*) *inform* formattare; **~'tierung** *f* (*-*; *-en*) *inform* formattazione *f*

'**Formblatt** *n* formulario *m*

'**Form|el** ['fɔrməl] *f* (*-*; *-n*) formula *f*; Ձ'**ell** [-'mɛl] formale; '**Ձen** ['-mən] (*h*) formare, foggiare; '**~fehler** *m* vizio *m* di forma; Ձ'**ieren** (*senza ge-*, *h*) formare

'**förmlich** ['fœrmliç] formale; '**Ձkeiten** *pl* cerimonie *f/pl*

'**form|los** ['fɔrmloːs] informe; disinvolto, informale; *fig* alla buona; '**Ձsache** formalità *f*; '**~schön** formoso

Formu'l|ar [-mu'laːr] *n* (*-s*; *-e*) modulo *m*; Ձ'**ieren** (*senza ge-*, *h*) formulare

'**forsch|en** ['fɔrʃən] (*h*) investigare; ricercare; indagare; '**Ձer** *m* (*-s*; *-*) ricercatore *m*; '**Ձung** *f* (*-*; *-en*) ricerca (scientifica); studi *m/pl*; '**Ձungsauftrag** *m* incario *m* di ricerca; '**Ձungsgebiet** *n* campo *m* di ricerche; '**Ձungszentrum** *n* centro *m* di ricerche

Forst [fɔrst] *m* (*-*[*e*]*s*; *-e*[*n*]) foresta *f*

'**Förster** ['fœrstər] *m* (*-s*; -) guardia *f* forestale; guardaboschi *m*

fort [fɔrt] avanti; (*weg*) via; ***und so ~*** e così via; '**~bestehen** (*irr, sep, senza -ge-, h,* → ***bestehen***) continuare ad esistere, perdurare; '**~bewegen**: ***sich ~*** (*sep, senza -ge-, h*) muoversi; '**~dauern** (*sep, -ge-, h*) continuare; '**~fahren** *v/i* (*irr, sep, -ge-, sn,* → ***fahren***) partire; continuare; '**~führen** (*sep, -ge-, h*) portare via; continuare; '**2führung** *f* (-; *senza pl*) rimozione *f*; continuazione *f*; '**2gang** *m* (-[*e*]*s*; *senza pl*) continuazione *f*, progresso *m*; '**~geschritten** progredito; *Kurs*: superiore; '**~laufend** continuo; progressivo; '**~pflanzen** (*sep, -ge-, h*) propagare; *fig* trasmettere; ***sich ~*** riprodursi; '**2pflanzung** *f* (-; *senza pl*) propagazione *f*; riproduzione *f*; *med* procreazione *f*; '**~schreiten** (*irr, sep, -ge-, sn,* → ***schreiten***) avanzare; progredire; '**~schreitend** progressivo; '**2schritt** *m* (-[*e*]*s*; *-e*) progresso *m*; '**~schrittlich** *adj* progressista *m*; '**~setzen** (*sep, -ge-, h*) continuare; '**2setzung** *f* (-; *-en*) continuazione *f*; '**~während** ['-vɛːrənt] continuo; *adv* di continuo, continuamente

Forts. ***Fortsetzung*** continuazione

Foto ['foːto] *n* (*-s*; *-s*) foto *f*; '**~apparat** *m* macchina *f* fotografica; **2gra'fieren** [-gra'fiːrən] (*senza ge-, h*) fotografare; '**~handy** *n* telefonino *m* con fotocamera, videofonino *m*; **~ko'pie** *f* fotocopia *f*; **2ko'pieren** (*senza ge-, h*) fotocopiare

Fo'yer [foa'jeː] *n* (*-s*; *-s*) *tea* ridotto *m*, atrio *m*

Fr. ***Frau*** signora (*abbr* sig.ra)

Fracht [fraxt] *f* (-; *-en*) carico *m*; trasporto *m*; *mar* nolo *m*; '**~brief** *m* lettera *f* di vettura, *mar* polizza *f* di carico; '**~gut** *n* (merci *f/pl* a) piccola velocità *f*; '**~kosten** *pl* spese *f/pl* di trasporto; '**~schiff** *n* nave *f* da carico, mercantile *m*

Frack [frak] *m* (-[*e*]*s*; *⸚e*) frac *m inv*, marsina *f*

Frag|e ['fraːgə] *f* (-; *-n*) domanda *f*; (*Streit2*) questione *f*; problema *m*; '**~ebogen** *m* questionario *m*; '**2en** (*h*) domandare (***j-n*** a qu; ***nach j-m*** di qu; ***j-n et*** qc a qu); ***es fragt sich*** ... la questione è ...; '**~ezeichen** *n* punto *m* interrogativo

'**fragwürdig** ['fraːkvyrdiç] problematico, equivoco

Frak'tion [frakts'joːn] *f* (-; *-en*) frazione *f*; *pol* gruppo *m* parlamentare; **2slos** indipendente; **~svorsitzende** *m/f* capogruppo *m*; **~szwang** *m* obbligo *m* dei membri di un gruppo di votare uniformemente

Franken ['fraŋkən] *n* Franconia *f*

Frankfurt ['fraŋkfurt] *n* Francoforte *f*; ***~ am Main*** Francoforte sul Meno; ***~ an der Oder*** Francoforte sull'Oder

fran'kier|en [fraŋ'kiːrən] (*senza ge-, h*) affrancare; **2maschine** *f* affrancatrice *f*

Frankreich ['frankraıç] *n* Francia *f*

'**Franse** ['franzə] *f* (-; *-n*) frangia *f*

Fran'zose [fran'tsoːzə] *m* (*-n*; *-n*) francese *m*

Fran'zös|in [-'tsøːzin] *f* (-; *-nen*), francese *f*; **2isch** francese *m/f*

Frau [frau] *f* (-; *-en*) donna *f*; (*Gattin*) moglie *f*; (*Haus2*) padrona *f*; *Anrede*: signora *f* ...; ***gnädige ~*** Signora

'**Frauen|arzt** *m*, **-ärztin** *f* ginecologo *m*, -a *f*; '**~bewegung** *f* femminismo *m*, movimento *m* femminista

'**Fräulein** ['frɔylaın] *n* (*-s*; -) signorina *f*

frech [frɛç] sfacciato, insolente

frei [fraı] libero; a scelta; *von Abgaben*: esente; (*kostenlos*) gratuito; (*unbesetzt*) vacante; *Kunst*: liberale; ***et ~ lassen*** (*nicht beschreiben*) lasciare in bianco; *j-n*: → ***freilassen***; ***~ machen*** *post* affrancare; ***sich ~ machen*** rendersi libero; *econ* ***~ Haus*** franco domicilio; ***~e Stelle*** posto vacante

'**Frei|bad** *n* piscina *f* all'aperto; '**2bekommen** (*irr, sep, senza -ge-, h,* → ***bekommen***) liberare; *Schule*: aver vacanza; '**2beruflich** *adj, adv* di libera professione; ***~ tätig sein*** fare il libero professionista

Freiburg ['fraiburk] *n* Friburgo *f*

'**Freie** ['fraıə] *n*: ***im ~n, ins ~*** all'aperto

'**Frei|exemplar** *n* esemplare *m* gratuito, (copia *f* in) omaggio *m*; '**~gabe** *f* (-; *senza pl*) liberazione *f*, restituzione *f*; svincolamento *m*, sblocco *m*; '**2geben** (*irr, sep, -ge-, h,* → ***geben***) liberare; *e-n Tag*: dare vacanza; '**2gebig** ['-geːbiç] generoso; munifico; '**2hal-**

ten (*irr, sep, -ge-, h,* → ***halten***) *Platz*: riservare; *Person*: pagar da bere (*od* da mangiare); spesare; '**⁓handelszone** *f* zona *f* di libero scambio

'**Freiheit** *f* (-; *-en*) libertà *f*; '**Ձlich** liberale; '**⁓sstrafe** *f* pena *f* detentiva

'**Frei|karte** *f* biglietto *m* gratuito; '**Ձkommen** (*irr, sep, -ge-, sn,* → ***kommen***) liberarsi; *jur* essere assolto; '**⁓körperkultur** *f* (-; *senza pl*) nudismo *m*; → ***FKK***; '**Ձlassen** (*irr, sep, -ge-, h,* → ***lassen***) *j-n*: rilasciare; rimettere in libertà; (*nicht beschreiben*) → ***frei***; '**⁓lassung** *f* (-; *-en*) liberazione *f*; *jur* scarcerazione *f*

'**Frei|lichtbühne** *f* teatro *m* (*od scena f*) all'aperto; '**Ձmachen** → ***frei***; '**Ձmütig** ['-my:tiç] franco; '**Ձsprechen** (*irr, sep, -ge-, h,* → ***sprechen***) assolvere; '**⁓spruch** *m* (-[*e*]*s*; ⁓*e*) *jur* assoluzione *f*; '**Ձstehen** (*irr, sep, -ge-, h,* → ***stehen***): ***es steht Ihnen frei zu …*** è libero di … *od* siete liberi di …; '**Ձstellen** (*sep, -ge-, h*): ***j-m et ⁓*** rimettere qc a qu; lasciare la scelta di qc a qu; **⁓ *von*** dispensare da; '**⁓stil** *m* (-[*e*]*s*; *senza pl*) *Sport*: stile *m* libero; '**⁓stoß** *m Fußball*: calcio *m* di punizione; '**⁓tag** *m* (-[*e*]*s*; *-e*) venerdì *m*; '**⁓tod** *m* suicidio *m*; '**⁓umschlag** *m* busta *f* affrancata; '**Ձwillig** ['-viliç] volontario

'**Freizeit** *f* (-; *senza pl*) tempo *m* libero; '**⁓angebot** *n* offerta *f* di attività per il tempo libero; '**⁓gestaltung** *f* impiego *m* del tempo libero; '**⁓kleidung** *f* abbigliamento *m* sportivo

'**Freizügigkeit** ['-tsy:giçkaɪt] *f* (-; *senza pl*) *jur* libera circolazione *f*

fremd [frɛmt] forestiero; (*ausländisch*) straniero; (*nicht zugehörig*) estraneo; (*anderen gehörig*) altrui; '**⁓artig** ['-ʔɑ:rtiç] estraneo; *fig* strano

'**Fremde** ['frɛmdə] *m*/*f* (*-n*; *-n*) straniero *m*, -a *f*

'**Fremden|führer(in)** *m*(*f*) guida *f* turistica; '**⁓legion** ['-legjo:n] *f* legione *f* straniera; '**⁓verkehr** *m* movimento *m* turistico, turismo *m*; '**⁓verkehrsbüro** *n* ente *m* per il turismo; ufficio *m* turistico; '**⁓zimmer** *n* camera *f* per turisti

'**Fremd|finanzierung** *f* finanziamento *m* esterno; '**⁓herrschaft** *f* dominio *m* straniero; '**⁓kapital** *n* capitale *m* di credito (*od* di terzi); '**⁓körper** *m* corpo *m* estraneo; '**⁓sprache** *f* lingua *f* straniera; '**Ձsprachlich** ['-ʃprɑ:xliç] di (*od* in) lingua straniera; '**⁓währung** *f* valuta *f* estera; '**⁓wort** *n* parola *f* straniera

Fre'quenz [fre'kvɛnts] *f* (-; *-en*) frequenza *f*

'**Fresko** ['frɛsko] *n* (*-s*; *-en*) affresco *m*

'**fressen** ['-sən] *v/t* (*fraß, gefressen, h*) *Tiere*: mangiare; P *Menschen*: divorare

'**Freude** ['frɔʏdə] *f* (-; *-n*) gioia *f*; (*Vergnügen*) piacere *m*; compiacimento *m*; '**⁓ntag** *m* giorno *m* di festa

'**freud|ig** ['-diç] lieto; *Empfang*: festoso; '**⁓los** ['frɔʏtlo:s] privo di gioia, triste

'**freuen** ['frɔʏən]: ***sich ⁓*** (*h*) rallegrarsi; ***es freut mich …*** mi fa piacere…, sono lieto (*od* contento) …; (***es***) ***freut mich*** tanto piacere!; ***sich über et ⁓*** essere contento di qc; ***sich auf et ⁓*** aspettare qc con gioia (ed impazienza)

Freund [frɔʏnt] *m* (-[*e*]*s*; *-e*), '**⁓in** ['frɔʏndin] *f* (-; *-nen*) amico *m*, -a *f*; '**Ձlich** ['-liç] amichevole; (*liebevoll*) amorevole; (*höflich*) gentile; cortese; (*heiter*) ridente; '**⁓schaft** ['-ʃaft] *f* (-; *-en*) amicizia *f*; '**Ձschaftlich** amichevole, da amico; '**⁓schaftsvertrag** *m* patto *m* d'amicizia

'**Frieden** ['fri:dən] *m* (*-s*; *senza pl*) pace *f*; *fig a* tranquillità *f*; ***im ⁓*** in tempo di pace

'**Friedens|bewegung** *f* movimento *m* pacifista; '**⁓nobelpreis** *m* premio *m* Nobel per la pace; '**⁓politik** *f* politica *f* della pace; '**⁓verhandlungen** *f/pl* trattative *f/pl* di pace; '**⁓vertrag** *m* trattato *m* di pace

'**Fried|hof** *m* cimitero *m*; '**Ձlich** pacifico; *Landschaft*: placido

'**frieren** ['fri:rən] (*fror, gefroren, h*) avere freddo; gelare; (*sn*) (con)gelarsi

Friesland ['fri:slant] *n* Frisia *f*

frisch [friʃ] fresco; (*gesund*) sano; (*neu*) nuovo; (*kürzlich*) recente; ***⁓ gestrichen!*** vernice fresca!

Fri's|eur [fri'zø:r] *m* (*-s*; *-e*) parrucchiere *m*; **⁓eursalon** [-zalõ:] *m* salone *m* da parrucchiere; **⁓euse** [-'zø:zə] *f* (-; *-n*) parrucchiera *f*; **Ձieren** (*senza ge-*, *h*) pettinare

Fri'sör → ***Friseur***

Frist [frist] *f* (-; *-en*) termine *m*; (*Aufschub*) proroga *f*; (spazio *m* di) tempo

m; '**2los** senza preavviso; su due piedi
Fri'sur [fri'zuːr] *f* (-; *-en*) pettinatura *f*
froh [froː] lieto; (*vergnügt*) allegro; ***ich wäre ~ zu...*** sarei contento (*od* felice) di ...
'fröhlich ['frøːliç] allegro
Fron'leichnam [froːn'laɪçnaːm] *m* (-[*e*]*s*; *senza pl*) Corpus Domini *m*
Front [frɔnt] *f* (-; *-en*) *arch* facciata *f*; *mil* fronte *m*; 2'**al** frontale
Frosch [frɔʃ] *m* (-[*e*]*s*; *⸚e*) rana *f*
Frost [frɔst] *m* (-[*e*]*s*; *⸚e*) gelo *m*; freddo *m*; '**2ig** freddo, gelido; glaciale; '**~schäden** *m/pl* danni *m/pl* causati dal gelo; '**~schutzmittel** ['-ʃutsmitəl] *n* anticongelante *m*
Frucht [fruxt] *f* (-; *⸚e*) frutto *m*; (*Leibes2*) feto *m*; '**2bar** fertile; fecondo; '**~saft** *m* succo *m* di frutta
früh [fryː] **1.** *adj* primo; (*morgendlich*) mattutino; *Tod*: prematuro; **2.** *adv* presto; ***heute ~*** stamane; ***morgen ~*** domattina; ***~ aufstehen*** alzarsi la mattina presto (*od* di buon'ora)
'früh|er ['fryːər] **1.** *adj* precedente; (*ehemalig*) vecchio, antico; ex ...; **2.** *adv* prima; (*damals*) allora; '**~est** ['-əst]: ***der ~e Zug*** il primo treno; '**~estens** al più presto possibile
'Früh|geburt ['fryːgəbuːrt] *f* parto *m* prematuro; '**~jahr** *n* (*-s*; *-e*), '**~ling** *m* (*-s*; *-e*) primavera *f*; '**~messe** *f* prima messa *f*; 2'**morgens** di buon mattino; '**~stück** *n* (*-s*; *-e*) colazione *f*; '**2stücken** (*h*) far colazione; '**~stücksbüfett** *n* buffet *m* della prima colazione; '**~stücksfernsehen** *n* breakfast television *f*, programmi *m/pl* del mattino
frz. ***französisch*** francese
Fuchs [fuks] *m* (*-es*; *⸚e*) volpe *f*; *fig* volpone *m*; (*Pferd*) sauro *m*
Fuge ['fuːgə] *f* (-; *-n*) *mus* fuga *f*; *tec* commessura *f*; *anat* giuntura *f*
fühlen ['fyːlən] (*h*) sentire; (*befühlen*) tastare; *Freude*: provare
führen ['fyːrən] (*h*) condurre, dirigere; *auto* guidare; *avia* pilotare; *pol* governare; *Waren, Prozess, Krieg*: fare; *Geschäft*: gestire; *Beweise*: produrre; '**~d** in testa; ***~ sein*** primeggiare
Führer ['fyːrər] *m* (*-s*; -), '**~in** *f* (-; *-nen*) guida *f* (*a Fremden2, Reise2*); capo *m*, direttore *m*, -trice *f*; *avia* pilota *m*; *Straßenbahn*: conduttore *m*, -trice *f*; *auto* conducente *m/f*; '**~schein** *m* patente *f* (di guida)
'Fuhrpark ['fuːrpark] *m* autoparco *m*
'Führung ['fyːruŋ] *f* (-; *-en*) guida *f*; direzione *f*; (*Besichtigung*) visita *f* guidata; (*Benehmen*) condotta *f*; (*der Bücher*) tenuta *f*; (*der Geschäfte*) gestione *f*; '**~szeugnis** *n* certificato *m* di buona condotta; *econ* benservito *m*
'Fülle ['fylə] *f* (-; *senza pl*) pienezza *f*
'füll|en ['fylən] (*h*) riempire; *Zahn*: otturare; *in Flaschen*: infiascare, imbottigliare; '**2er** ['fylər] *m* (*-s*; -) penna *f* stilografica; '**2ung** *f* (-; *-en*) empimento *m*; gonfiamento *m*; (*Zahn2*) otturazione *f*; *gastr* ripieno *m*
Fund [funt] *m* (-[*e*]*s*; *-e*) scoperta *f*
Funda'ment [funda'mɛnt] *n* (-[*e*]*s*; *-e*) *arch* fondamenta *f/pl*
'Fund|büro ['funtbyroː] *n* ufficio *m* oggetti smarriti; '**~gegenstand** *m* oggetto *m* trovato; '**~grube** *fig f* miniera *f*
fun'diert [fun'diːrt] consolidato; solido
'Fundort ['funtˀɔrt] *m* luogo *m* del ritrovamento
fünf ['fynf] *adj* cinque
Fünf *f* (-; *-en*) cinque *m*
'fünf|hundert cinquecento; '**~jährig** ['-jɛːriç] di cinque anni; '**2kampf** *m* *Sport*: pentatlon *m*; 2'**sternehotel** *n* albergo *m* cinque stelle; '**~tägig** ['-tɛːgiç] di cinque giorni; '**~tausend** cinquemila; '**~tens** ['-təns] in quinto luogo; '**~te** quinto; '**~zehn** quindici; '**~zig** ['-tsiç] cinquanta
fun'gieren [fuŋ'giːrən] (*senza ge-, h*) fungere
Funk [fuŋk] *m* (*-s*; *senza pl*) radio *f*
'funken ['fuŋkən] (*h*) trasmettere via radio; radiotelegrafare
'Funk|en *m* (*-s*; -) scintilla *f*; '**~er** *m* (*-s*; -) radiotelegrafista *m*; marconista *m*
'Funk|loch *n assenza di campo del cellulare*; '**~sprechgerät** *n* apparecchio *m* radiotrasmittente; '**~spruch** *m* radiogramma *m*; marconigramma *m*
'Funktion [funkts'joːn] *f* (-; *-en*) funzione *f*; **~'är** [-'nɛːr] *m* (*-s*; *-e*) funzionario *m*; 2'**ieren** (*senza ge-, h*) funzionare
für [fyːr] *prp* per; ***~ sich*** tra sé; ***~ sich leben*** vivere ritirato; ***~s Erste*** (*vorläufig*) per ora; in primo luogo; ***Wort ~ Wort*** parola per parola; **Für** *n inv*:

das ~ und Wider il pro ed il contro

Furcht [furçt] *f* (-; -) paura *f*

'furchtbar ['furçtbaːr] terribile

'fürchten ['fyrçtən] (*h*) *v/t* temere (***j-n*** qu); ***sich ~*** aver paura (***vor*** *dat* di)

'furcht|los ['furçtloːs] intrepido; **'~sam** timido, pauroso

'Für|sorge ['fyːrzɔrgə] *f* (-; *senza pl*) previdenza *f*; cura *f*; ***soziale ~*** previdenza *f* sociale; **'2sorglich** ['-zɔrkliç] premuroso; **'~sprache** *f* (-; *senza pl*) intercessione *f*

Fürst [fyrst] *m* (*-en*; *-en*) principe *m*; **'~entum** *n* (*-s*; *Fürstentümer*) principato *m*; **'~in** *f* (-; *-nen*) principessa *f*; **'2lich** principesco

Fu'runkel [fu'ruŋkəl] *m* (*-s*; -) *med* foruncolo *m*

Fu'sion [fuz'joːn] *f* (-; *-en*) fusione *f*; **2'ieren** (*senza ge-*, *h*) fondersi

Fuß [fuːs] *m* (*-es*; *⸚e*) piede *m*; (*Tier2*) zampa *f*; ***zu ~*** a piedi; ***am ~e des Berges*** ai piedi del monte

'Fuß|bad *n* pediluvio *m*; **'~ball** *m* (-[*e*]*s*; *Fußbälle*) pallone *m*; (*senza pl*) *Spiel* calcio *m*; **'~ballplatz** *m* campo *m* d calcio; **'~ballspiel** *n* gioco *m* del calcio **'~ballspieler** *m* calciatore *m*; **'~ballto-to** *n* totocalcio *m*; **'~boden** *m* pavimento *m*; **'~bremse** *f* freno *m* a pedale; **'~gänger** ['-gɛŋər] *m* (*-s*; -) pedone *m*; **'~gängerübergang** *m* passaggio *m* pedonale; **'~gängerzone** *f* isola *f* (*o* *zona f*) pedonale; **'~marsch** *m* marcia *f*, camminata *f*; **'~note** *f* nota *f* a piè di pagina; **'~pflege** *f* pedicure *f*; **'~sohle** pianta *f* del piede; **'~wanderung** *f* gita *f* a piedi; camminata *f*; **'~weg** *m* sentiero *m*

'Futter ['futər] *n* (*-s*; *senza pl*) mangime *m*; foraggio *m*; *für Vögel*: becchime *m* *Kleidung*: fodera *f*; **~'al** [futə'raːl] (*-s*; *-e*) custodia *f*; astuccio *m*

'füttern ['fytərn] *v/t* (*h*) dar da mangiare a; *Vögel*: imbeccare; *Kleidung*: foderare; *tec* rivestire

G

g ***Gramm*** grammo

'Gabe ['gaːbə] *f* (-; *-n*) dono *m*; *fig* dote *f*; (*Almosen*) elemosina *f*; (*Opfer2*) offerta *f*; *med* dose *f*

'Gabel ['gaːbəl] *f* (-; *-n*) forca *f*; (*Ess2*) forchetta *f*

'gabel|n ['gaːbəln]: ***sich ~*** (*h*) biforcarsi; **'2ung** *f* (-; *-en*) biforcazione *f*

'Gage ['gaːʒə] *f* (-; *-n*) paga *f*

'gähnen ['gɛːnən] (*h*) sbadigliare

'Gala ['gaːla] *f* (-; *senza pl*) gala *f*; serata *f* di gala

Galante'rie [galantə'riː] *f* (-; *-n*) galanteria *f*; **~waren** *f/pl* chincaglierie *f/pl*; articoli *m/pl* di fantasia

Gale'rie [-le'riː] *f* (-; *-n*) galleria *f*; balconata *f*, loggione *m*

'Galle ['galə] *f* (-; *-n*) fiele *m*; bile *f* (*a fig*); **'~nstein** *med m* calcolo *m* biliare

Ga'lopp [-'lɔp] *m* (*-s*; *-s u -e*) galoppo *m*; **2'ieren** (*senza ge-*, *sn*) galoppare

'Gammler ['gamlər] *m* (*-s*; -) capellone *m*

gang: ***~ und gäbe*** comunissimo

Gang [gaŋ] *m* (-[*e*]*s*; *⸚e*) corso *m*; camminata *f*; (*~art*) andatura *f*; corridoi *m*; *bei Tisch*: portata *f*; *Auto*: marci *f*; *Sport*: ripresa *f*; *Bewegung*: anda mento *m*; ***erster, zweiter ~*** prima, se conda (marcia) *f*; ***in ~ setzen*** metter in moto; ***im ~ sein*** essere in moto, fun zionare; ***es ist etwas im ~e*** si sta pre parando qc

'gängig ['gɛŋiç] corrente; *econ* di facil smercio; ordinario

'Gangschaltung ['gaŋʃaltuŋ] *f* cambi *m* delle marce

Gans [gans] *f* (-; *⸚e*) oca *f*

'Gänse|braten ['gɛnzəbraːtən] *m* arro sto *m* d'oca; **'~haut** *f*: ***ich kriege eine*** mi viene la pelle d'oca; **'~marsch** *m*: ***im ~ gehen*** andar in fila indiana

ganz [gants] **1.** *adj* tutto; (*vollständi* *von Zahlen*) intero; ***das ~e Buch*** tut il libro; ***~e zwei Wochen*** due settim ne intere; **2.** *adv* tutto; del tutto; int ramente; proprio; ***~ nass*** tutto bagn to; ***es ist ~ falsch*** è completamen sbagliato; ***~ schön*** abbastanza bel ***~ und gar*** affatto, assolutamente;

'2e *n* (*-n*; *senza pl*) tutto *m*; '2**tagsschule** *f* scuola *f* a tempo pieno

gar [gaːr] **1.** pronto; *Speise*: cotto; **2.** *adv* del tutto; magari; ~ ***nicht*** (*od* ***nichts***) non (*od* niente) … affatto; ~ ***keiner*** proprio nessuno

Ga'rage [ga'raːʒə] *f* (-; *-n*) (auto-)rimessa *f*, garage *m*

Garan'tie [garan'tiː] *f* (-; *-n*) garanzia *f*; **2ren** (*senza ge-*, *h*) garantire; **~schein** *m* certificato *m* di garanzia

Garde'rob|e [gardə'roːbə] *f* (-; *-n*) guardaroba *m*; vestiario *m*; **~enmarke** *f* contromarca *f*; scontrino *m* (per il guardaroba)

Gar'dine [gar'diːnə] *f* (-; *-n*) cortina *f*, tenda *f*

gären ['gɛːrən] (*gärte*/*gor*, *gegärt*/*gegoren*, *h*) fermentare; *Teig*: lievitare

Garn [garn] *n* (-[*e*]*s*; *-e*) filo *m*

gar'nier|en [gar'niːrən] (*senza ge-*, *h*) guarnire; **2ung** *f* (-; *-en*) guarnizione *f*

Garni'tur [-ni'tuːr] *f* (-; *-en*) *Kleidung*: guarnizione *f*; (*zusammenpassende Stücke*) combinazione *f*, completo *m*

Garten ['gartən] *m* (*-s*; ⸚) giardino *m*; (*Obst- u Gemüse2*) orto *m*; '**~anlage** *f* giardini *m*/*pl* pubblici; '**~fest** *n* festa *f* ingiardino; '**~lokal** *n* ristorante *m* con giardino

Gärtner ['gɛrtnər] *m* (*-s*; -), '**~in** *f* (-; *-nen*) giardiniere *m*, -a *f*; **~'ei** [-'raɪ] *f* (-; *-en*) giardinaggio *m*; orticultura *f*

Gas [gaːs] *n* (*-es*; *-e*) gas *m*; ~ ***geben*** (***wegnehmen***) *auto* accelerare (decelerare); '**~flasche** *f* bombola *f*; '**2förmig** ['-fœrmiç] gassoso; '**~hahn** *m* rubinetto *m* del gas; '**~heizung** *f* riscaldamento *m* a gas; '**~herd** *m* cucina *f* economica a gas; '**~leitung** *f* conduttura *f* del gas; '**~maske** *f* maschera *f* antigas; '**~pedal** *n auto* (pedale *m* dell') acceleratore *m*

Gasse ['gasə] *f* (-; *-n*) via *f*; *kleine*: vicolo *m*

Gast [gast] *m* (-[*e*]*s*; ⸚*e*) ospite *m*; cliente *m*; (*Eingeladener*) invitato *m*; (*Fremder*) forestiero *m*; ***zu ~ sein bei j-m*** essere ospite da qu; '**~arbeiter(in)** *m*(*f*) lavoratore *m* straniero

Gäste|buch ['gɛstəbuːx] *n* libro *m* degli ospiti; '**~zimmer** *n* camera *f* degli ospiti

Gast|freundlich ospitale; '**2freundschaft** *f* (-; *senza pl*) ospitalità *f*; '**2geber(in)** *m*(*f*) ospite *m*/*f*; padrone *m*, -a *f* di casa; '**2haus** *n* albergo *f*; '**2hof** *m* locanda *f*

gas'tieren [gas'tiːrən] (*senza ge-*, *h*) recitare *od* cantare (in un teatro, in una compagnia di cui non si fa parte)

'**Gast|land** *n* paese *m* ospitante; '**~spiel** *n* recita *f* straordinaria; '**~stätte** *f* ristorante *m*, trattoria *f*; esercizio *m* pubblico; '**~stube** *f* sala *f* (in trattorie)

Gastrono'mie [gastrono'miː] *f* (-; *senza pl*) gastronomia *f*

'**Gasvergiftung** *f* intossicazione *f* da gas

GATT (*General Agreement on Tariffs and Trade*) ***Allgemeines Zoll- und Handelsabkommen*** Accordo Generale sulle Tariffe Doganali ed il Commercio

'**Gatt|e** ['gatə] *m* (*-n*; *-n*) marito *m*; '**~en** *m*/*pl* coniugi *m*/*pl*; '**~in** *f* (-; *-nen*) consorte *f*; moglie *f*

'**Gaumen** ['gaʊmən] *m* (*-s*; -) palato *m*

'**Gauner** ['gaʊnər] *m* (*-s*; -) (*Schwindler*) imbroglione *m*

'**Gaze** ['gaːzə] *f* (-; *-n*) garza *f*

geb. ***geboren*** nato; ***gebunden*** rilegato

Ge'bäck [gə'bɛk] *n* (-[*e*]*s*; *-e*) pastine *f*/*pl*; pasticcini *m*/*pl*; *trockenes*: biscotti *m*/*pl*

Ge'bälk [-'bɛlk] *n* (-[*e*]*s*; *-e*) travatura *f*

ge'bärden [-'bɛːrdən] (*senza -ge-*, *h*): ***sich*** ~ comportarsi; atteggiarsi

ge'bär|en [-'bɛːrən] (*gebar*, *geboren*, *h*) partorire; dare alla luce; **2mutter** [-mutər] *f anat* utero *m*

Ge'bäude [-'bɔydə] *n* (*-s*; -) edificio *m*; costruzione *f*, stabilimento *m*, fabbricato *m*

'**geben** ['geːbən] (*gab*, *gegeben*, *h*) dare; (*übergeben*) consegnare; (*gewähren*) concedere; ***j-m et ~*** dare qc a qu; ***viel auf et*** (*acc*) ~ far molto conto di qc; *mil* ***Feuer ~*** far fuoco; ***was gibt es?*** che c'è?; ***es gibt*** c'è, ci sono; ***es wird ein Gewitter ~*** avremo un temporale; ***es wird „Othello" gegeben*** si rappresenta (*od* si dà) l'Otello

Ge'bet [gə'beːt] *n* (-[*e*]*s*; *-e*) orazione *f*, preghiera *f*

Ge'biet [-'biːt] *n* (-[*e*]*s*; *-e*) regione *f*, zona *f*, territorio *m*; *fig* campo *m*, settore *m*; '**~sanspruch** *m* rivendicazione *f*

G

territoriale
Ge'bilde [-'bildə] *n* (*-s*; -) creazione *f*; *geol* formazione *f*
ge'bildet [-'bildət] colto; (*wohlerzogen*) educato
Ge'birg|e [-'birgə] *n* (*-s*; -) montagna *f*; **2ig** montuoso, montagnoso
Ge'biss [-'bis] *n* (*-es*; *-e*) dentatura *f*; *künstliches*: dentiera *f*
ge'blümt [-'bly:mt] a fiori; (*Stoff*) a fantasia
ge'bogen [-'bo:gən] curvo, arcuato; *Nase*: aquilino
ge'boren [-'bo:rən] nato; ***~ werden*** nascere; ***~er Deutscher*** tedesco di nascita
ge'borgen [-'bɔrgən] al sicuro, sano e salvo; **2heit** *f* (-; *senza pl*) sicurezza *f*
Ge'bot [-'bo:t] *n* (-[*e*]*s*; *-e*) ordine *m*; *econ* offerta *f*; *rel* comandamento *m*
Gebr. ***Gebrüder*** fratelli (*abbr* F.lli)
ge'braten [-'bra:tən] arrosto
Ge'brauch [-'braʊx] *m* (-[*e*]*s*; *Gebräuche*) uso *m*; (*senza pl*) (*Anwendung*) impiego *m*; ***außer ~*** fuori servizio; ***~ machen von*** servirsi di; **2en** *v/t* (*senza -ge-*, *h*) adoperare, servirsi di; usare; *Zeit*, *Tag*: impiegare
ge'bräuchlich [-'brɔʏçliç] usato; in uso
Ge'brauchs|anweisung *f* istruzioni *f/pl* per l'uso; **2fertig** pronto per l'uso; **~gegenstand** *m* oggetto *m* d'uso
ge'braucht [-'braʊxt] usato; **2wagen** *m* auto *f* usata
Ge'bühr [-'by:r] *f* (-; *-en*) tassa *f*; diritto *m*; *tel* tariffa *f*; *TV* canone *m*
Ge'bühren|einheit *f tel* scatto *m*; **~erhöhung** *f* aumento *m* delle tasse; **2frei** esente da tasse; in franchigia; **~ordnung** *f* tariffa *f* dei diritti; **2pflichtig** soggetto a tassa; a pagamento
ge'bunden [-'bundən] *Buch*: rilegato; *Preis*: fisso; *fig* legato
Ge'burt [-'bu:rt] *f* (-; *-en*) nascita *f*; ***nach Christi ~*** dopo Cristo; **~enregelung** *f* (-; *senza pl*) controllo *m* delle nascite; **~enrückgang** *m* denatalità *f*; **2enschwach** a basso tasso di natalità; **2enstark** ad alto tasso di natalità
ge'bürtig [-'byrtiç] nativo (***aus*** di)
Ge'burts|datum *n* data *f* di nascita; **~helfer** *m* ostetrico *m*; **~helferin** *f* ostetrica *f*; **~jahr** *n* anno *m* di nascita; **~ort** *m* luogo *m* di nascita; luogo *m* n
tivo; **~stadt** *f* città *f* natale; **~tag**
compleanno *m*; data *f* di nascita; **~u**
kunde *f* certificato *m* di nascita
Ge'büsch [-'byʃ] *n* (-[*e*]*s*; *-e*) boscaglia
Ge'dächtnis [-'dɛçtnis] *n* (*-ses*; *-s*
memoria *f*; (*Andenken*) ricordo *r*
(*Ehrung*) commemorazione *f*
Ge'danke [-'daŋkə] *m* (*-n*; *-n*) pensie
m; idea *f*; ***in ~n sein*** essere soprappe
siero; ***sich ~n machen über et*** (*ac*
preoccuparsi di qc
Ge'danken|austausch *m* scambio
d'idee; **2los** distratto, inconsiderat
~strich *m* lineetta *f* di sospensione
Ge'deck [-'dɛk] *n* (-[*e*]*s*; *-e*) coperto
ge'denken [-'dɛŋkən] (*gedachte*, *g*
dacht, *h*) (*gen*) pensare a, ricorda
di; *feierlich*: commemorare (*acc*);
zu (*beabsichtigen*) pensare di, ave
l'intenzione di; far conto di
Ge'denk|stein *m* lapide *f* commemor
tiva; **~tag** *m* anniversario *m*
Ge'dicht [-'diçt] *n* (-[*e*]*s*; *-e*) poesia
ge'diegen [-'di:gən] solido; (*rein*) pur
(*sorgfältig*) accurato
Ge'dränge [-'drɛŋə] *n* (*-s*; *senza pl*) re
sa *f*
ge'drungen [-'druŋən] *Figur*: tarch
to; (*gedrängt*) conciso
Ge'duld [-'dult] *f* (-; *senza pl*) pazien
f; **2en** [-dən]: ***sich ~*** (*senza -ge-*, *h*) av
re pazienza, pazientare; **2ig** pazier
ge'ehrt [-'ʔe:rt]: ***Sehr ~er Herr***
Egregio signor …; ***Sehr ~e Frau***
Egregia signora …; ***Sehr ~e Dam***
und Herren Egregi signori
ge'eignet [-'aɪgnət] adatto; appropr
to
Ge'fahr [-'fa:r] *f* (-; *-en*) pericolo *m*;
schio *m*; ***~ laufen*** correre rischio,
schiare
ge'fähr|den [-'fɛ:rdən] (*senza -ge-*,
mettere in pericolo, comprometté
~lich pericoloso
ge'fahr|los [-'fa:rlo:s] senza perico
~voll pericoloso
Ge'fälle [-'fɛlə] *n* (*-s*; -) *pol* divario
dislivello *m*; pendenza *f*
ge'fallen [-'falən] (*gefiel*, *gefallen*,
piacere; ***sich ~*** compiacersi; ***das las***
ich mir nicht ~! questa non me la
cio fare!
Ge'fallen *m* (*-s*; -) piacere *m*; (*Gefäl*

keit a) favore *m*
ge'fangen [-'faŋən] *adj*, **2e** *m/f* (*-n*; *-n*) prigioniero *m*, -a *f*; **2enlager** *n* campo *m* di prigionia; **~nehmen** (*irr*, *sep*, *-ge-*, *h*, → **nehmen**) catturare, far prigioniero; **2schaft** *f* (-; *senza pl*) prigionia *f*
Ge'fängnis [-'fɛŋnis] *n* (*-ses*; *-se*) carcere *m*; prigione *f*; **~strafe** *f* (pena *f* di) carcere *m*
Ge'fäß [-'fɛːs] *n* (*-es*; *-e*) vaso *m*; (*Behälter*) recipiente *m*
ge'fasst [-'fast] contenuto; preparato; ***auf alles ~*** pronto a tutto
Ge'fecht [-'fɛçt] *n* (*-[e]s*; *-e*) combattimento *m*; **2sbereit** in armamento
ge'feit [-'faɪt]: ***~ gegen*** a prova di, protetto da, immune contro
ge'fleckt [-'flɛkt] macchiettato
Ge'flügel [-'flyːgəl] *n* (*-s*; *senza pl*) volatili *m/pl*; *gastr* pollame *m*; **~handlung** *f* polleria *f*
Ge'folge [-'fɔlgə] *n* (*-s*; -) seguito *m*; corteo *m*
ge'fragt [-'fraːkt] richiesto
Ge'freite [-'fraɪtə] *m* (*-n*; *-n*) *mil* caporale *m*; *Karabinieri*: appuntato *m*
ge'frier|en [-'friːrən] (*gefror*, *gefroren*, *sn*) congelarsi; **2punkt** *m* punto *m* di congelazione; **2truhe** *f* congelatore *m*
Ge'füge [-'fyːgə] *n* (*-s*; -) struttura *f*; compagine *f*
Ge'fühl [-'fyːl] *n* (*-[e]s*; *-e*) sentimento *m*; (*~ssinn*) tatto *m*; (*Empfindungsfähigkeit*) sensibilità *f*; (*Ahnung*) presentimento *m*; **2los** insensibile; **2voll** sensibile
ge'füllt [-'fylt] ripieno (***mit*** di)
ge'gebenenfalls [-'geːbənənfals] se si dà il caso; casomai
gegen ['geːgən] **1.** *Richtung*: verso; *feindlich*: contro; ***~ et stoßen*** urtare contro qc; ***Mittel ~ et*** rimedio contro qc; ***~ den Willen*** contro la volontà; **2.** (*ungefähr*) circa; verso; ***ich komme ~ drei Uhr*** vengo verso le tre; ***~ Abend*** verso sera; ***~ Ende des Monats*** verso la fine del mese; **3.** *Vergleich*: ***~ ihn ist er zu jung*** in confronto a lui è troppo giovane; **4.** *Austausch*: in cambio di, per; contro, dietro; ***~ eine Provision von 10%*** contro (*od* dietro) una provvigione del 10%
Gegen|angriff *m* contrattacco *m*; **'~beweis** *m* controprova *f*; prova *f* del contrario; **'~buchung** *f* contropartita *f*
'Gegend ['geːgənt] *f* (-; *-en*) paraggi *m/pl*, parti *f/pl*; zona *f*; regione *f*; (*Landschaft*) paesaggio *m*
gegen|ei'nander l'uno verso (*od* contro) l'altro; reciprocamente; **'2frage** *f* controdomanda *f*; **'2leistung** *f* prestazione *f* equivalente (*od* in cambio); **'2mittel** *n* rimedio *m*; **'2richtung** *f* direzione *f* contraria; **'2satz** *m* (*-[e]s*; *⸗e*) contrasto *m*; contrario *m*; antagonismo *m*; **'~sätzlich** ['-zɛtsliç] contrario, opposto, contrastante; **'2seite** *f* lato *m* opposto; *jur* parte *f* avversaria; **'~seitig** ['-zaɪtiç] reciproco; **'2stand** *m* (*-[e]s*; *⸗e*) oggetto *m*; *fig* argomento *m*, soggetto *m*; **'~standslos** ['-ʃtantsloːs] senza motivazione; **'2stück** *n* riscontro *m*, compagno *m*; **'2teil** *n* contrario *m*; opposto *m*; ***im ~*** al contrario
gegen'über [-'ʔyːbər] **1.** *adv* di fronte; **2.** *prp* (*dat*) di fronte a, dirimpetto a; *fig* davanti a; (*verglichen mit*) in confronto a; *persönlich*: verso; **~liegend** [-liːgənt] di fronte; **~stehen** (*irr*, *sep*, *-ge-*, *h*, → **stehen**) (*dat*) stare di fronte a; **~stellen** (*sep*, *-ge-*, *h*) mettere a confronto, confrontare; **2stellung** *f* (-; *-en*) confrontazione *f*
'Gegen|verkehr ['geːgənfɛrkeːr] *m* traffico *m* in senso opposto; doppia circolazione *f*; **'~vorschlag** *m* controproposta *f*; **'~wart** ['-vart] *f* (-; *senza pl*) presenza *f*; (*tempo m*) presente *m*; **'2wärtig** ['-vɛrtiç] presente, attuale; **'~wert** *m* equivalente *m*; controvalore *m*; **'~wind** *m* vento *m* contrario; **'2zeichnen** (*sep*, *-ge-*, *h*) controfirmare
'Gegner ['geːgnər] *m* (*-s*; -) avversario *m*; **'2isch** avverso
gegr. ***gegründet*** fondato
Ge'hackte [gə'haktə] *n* (*-n*; *senza pl*) carne *f* tritata
Ge'halt [-'halt] **1.** *m* (*-[e]s*; *-e*) contenuto *m*; (*Wert*) valore *m*; *chim* percentuale *f* (***an*** *dat* di); *fig* sostanza *f*; **2.** *n* (*pl ⸗er*) stipendio *m*; paga *f*; **2voll** sostanzioso
Ge'halts|abrechnung *f* conteggio *m* dello stipendio; **~erhöhung** *f* aumento *m* di stipendio; **~gruppe** *f* categoria *f* di stipendio; **~konto** *n* conto *m* stipendi; **~streifen** *m* scheda *f* delle retribu-

G

zioni

ge'hässig [-'hɛsiç] ostile; odioso; (*Hass hegend*) astioso

ge'heim [-'haɪm] segreto; (*heimlich*) clandestino; ~ **halten** tenere segreto; **2dienst** *m* servizio *m* segreto; **2fach** *n* cassetto *m* segreto; celare; **2nis** *n* (*-ses; -se*) segreto *m*; **2nummer** *f* numero *m* di codice segreto

'gehen ['ge:ən] *v/i* (*ging, gegangen, sn*) andare (*a fig*); *Fortbewegung*: camminare; *Maschine*: funzionare; *Weg*: prendere; ***der Zug geht um drei Uhr*** il treno parte alle tre; ***so gut es geht*** alla meglio; ***an die Arbeit*** ~ mettersi al lavoro; ***die Fenster*** ~ ***auf*** (*acc*) ... le finestre danno sul ...; ***es wird schon*** ~ andrà bene; ***danke, es geht*** grazie, non c'è male

Ge'hilf|e [gə'hilfə] *m* (*-n; -n*), **~in** *f* (*-; -nen*) aiutante *m/f*; assistente *m/f*

Ge'hirn [-'hirn] *n* (*-[e]s; -e*) cervello *m*; **~erschütterung** *f* commozione *f* cerebrale; **~schlag** *m* colpo *m* d'apoplessia cerebrale

ge'hoben [-'ho:bən]: ~***e Stellung*** posizione elevata

Ge'hör [-'hø:r] *n* (*-[e]s; senza pl*) udito *m*

ge'horchen [-'hɔrçən] (*senza -ge-, h*) (*dat*) ubbidire

ge'hör|en [-'hø:rən] (*senza -ge-, h*) appartenere; ***das gehört mir*** è mio; ***zu et*** ~ far parte di qc; ***das gehört nicht hierher*** questo non c'entra; ***sich*** ~ convenirsi; **~ig 1.** *adj* appartenente; conveniente; necessario; come si deve; **2.** *adv* debitamente; bene; a dovere

'Geh|steig ['ge:ʃtaɪk] *m* (*-[e]s; -e*), **'~weg** *m* marciapiede *m*

'Geier ['gaɪər] *m* (*-s; -*) avvoltoio *m*

'Geige ['gaɪgə] *f* (*-; -n*) violino *m*

'Geiger ['gaɪgər] *m* (*-s; -*), **'~in** *f* (*-; -nen*) violinista *m/f*

geil [gaɪl] lussureggiante; (*wollüstig*) libidinoso

'Geisel [gaɪzəl] *f* (*-; -n*) ostaggio *m*

Geist [gaɪst] *m* (*-[e]s; senza pl*) spirito *m*; mente *f*; intelletto *m*; (*~eshaltung*) mentalità *f*; (*kluger* ~) ingegno *m*; ***der Heilige*** ~ lo Spirito Santo; ***im*** ~***e*** mentalmente; (*pl -er*) (*Gespenst*) spettro *m*, fantasma *m*

'Geister|bahn ['gaɪstərba:n] *f* tunnel *m* dell'orrore; **'~fahrer** *m* automobilista *m* chi guida contromano

'geistes|abwesend ['gaɪstəsʔapve:zənt] distratto, trasognato; **'2arbeiter** *m* (lavoratore *m*) intellettuale *m*; **'2blitz** *m* lampo *m* di genio; **'~gegenwärtig** pronto; *adv* con presenza di spirito; **'~gestört** ['-gəʃtø:rt] malato di mente; **'~krank** alienato; **'2wissenschaften** *f/pl* scienze *f/pl* umanistiche; **'2zustand** *m* (*-[e]s; senza pl*) stato *m* mentale

'geistig ['gaɪstiç] spirituale; intellettuale; *Getränke*: alcolico

'geistlich ['-liç] spirituale; (*kirchlich*) clericale, ecclesiastico; **'2e** *m* (*-n; -n*) ecclesiastico *m*; *katholisch*: prete *m*; *protestantisch*: pastore *m*; **'2keit** *f* (*-; senza pl*) clero *m*

'geist|los ['-lo:s] senza spirito; stupido; **'~reich** spiritoso, ingegnoso

'geizig ['gaɪtsiç] avaro

ge'konnt [-'kɔnt] *fig* ben fatto; perfetto

ge'künstelt [-'kynstəlt] artificioso; affettato, manierato

Ge'lächter [-'lɛçtər] *n* (*-s; -*) risata *f*

ge'lähmt [-'lɛ:mt] paralizzato

Ge'lände [-'lɛndə] *n* (*-s; -*) terreno *m*, area *f*; **~fahrzeug** *n* fuoristrada *m*; **2gängig** [-gɛŋiç] adatto ad ogni terreno; **~wagen** *m* fuoristrada *m*; campagnola *f*

Ge'länder [-'lɛndər] *n* (*-s; -*) ringhiera *f*, parapetto *m*, balaustrata *f*

ge'langen [-'laŋən] (*senza -ge-, sn*) arrivare, giungere

ge'lassen [-'lasən] **1.** *adj* calmo, sereno, placido; **2.** *adv* con calma; **2heit** *f* (*-; senza pl*) calma *f*; serenità *f*, placidezza *f*

ge'läufig [-'lɔʏfiç] corrente; (*vertraut*) familiare

ge'launt [-'laʊnt] disposto; ***gut*** ~ di buon umore

gelb [gɛlp] giallo; **'2sucht** *f* (*-; senza pl*) *med* itterizia *f*

Geld [gɛlt] *n* (*-[e]s; -er*) denaro *m*; ***kleines*** ~ spiccioli *m/pl*; **'~anlage** *f* investimento *m* di capitale; **'~automat** *m* bancomat *m*, sportello *m* automatico; **'~beutel** *m* borsellino *m*; **'~buße** *f* multa *f*; **'~entwertung** *f* svalutazione *f*; **'~geber** *m* (*-s; -*) fornitore *m* di fo di; finanziatore *m*; '**~geschäft** *n* operazione *f* finanziaria; '**≈gierig** avido di danaro; '**~institut** *n* istituto *m* bancario (*od* di credito); '**~mangel** *m* mancanza *f* di danaro; '**~mittel** *n/pl* mezzi *m/pl* finanziari; '**~schein** *m* banconota *f*; '**~sendung** *f* rimessa *f* di danaro; '**~strafe** *f* multa *f*; '**~stück** *n* moneta *f*; '**~umtausch** *m* cambio *m*; '**~wechsel** *m* cambio *m*

Ge'lee [ʒe'le:] *n* (-*s*; -*s*) gelatina *f*

ge'legen [gə'le:gən] *örtlich*: situato; *fig* conveniente, a proposito, opportuno; ***es kommt mir ~*** mi viene proprio a proposito; ***mir ist daran ~, dass*** mi importa che

Ge'legenheit *f* (-; -*en*) occasione *f*; *günstige*: opportunità *f*; ***zu dieser ~*** in questa occasione; **~sarbeiter** *m* lavoratore *m* occasionale; **~skauf** *m* acquisto *m* d'occasione

ge'legentlich [-tliç] **1.** *adj* occasionale, d'occasione; **2.** *adv* all'occasione, ogni tanto

Ge'lehrte [-'le:rtə] *m/f* studioso *m*, -a *f*; scienziato *m*, -a *f*

Ge'leit [-'laɪt] *n* (-[*e*]*s*; -*e*) accompagnamento *m*; ***freies ~*** salvacondotto *m*; ***j-m das letzte ~ geben*** accompagnare qu all'ultima dimora

Ge'lenk [-'lɛŋk] *n* (-[*e*]*s*; -*e*) *med* articolazione *f*; *tec* giuntura *f*, snodo *m*, giunto *m*; **≈ig** articolato

ge'lernt [-'lɛrnt] *Arbeiter*: qualificato

Ge'liebte [-'li:ptə] *m/f* (-*n*; -*n*) amante *m/f*; ***mein ~r*** amore mio

ge'lingen [-'liŋən] (*gelang*, *gelungen*, *sn*) riuscire; ***es gelingt mir*** riesco (a), mi riesce (di)

Ge'lingen *n* (-*s*; *senza pl*) riuscita *f*

gelt|en ['gɛltən] (*galt*, *gegolten*, *h*) valere; *Gesetz*: essere in vigore; ***~ lassen*** accettare; ***für et ~*** passare per qc; ***das Gleiche gilt für …*** così pure per …, lo stesso dicasi per …; ***hier gilt es …*** (*mit inf*) qui bisogna …; '**~end** vigente; ***~ machen*** far valere; '**≈ung** *f* (-; *senza pl*) *fig* importanza *f*, peso *m*; autorità *f*; ***zur ~ kommen*** risaltare; ***sich ~ verschaffen*** farsi valere; '**≈ungsbereich** *m* ambito *m* di validità

ge'lungen [-'luŋən] ben riuscito

GEMA ***Gesellschaft für musikalische Aufführungs- u. mechanische Vervielfältigungsrechte*** Società per i diritti di rappresentazione musicale e di riproduzione meccanica

Ge'mälde [-'mɛ:ldə] *n* (-*s*; -) quadro *m*, pittura *f*; **~galerie** *f* galleria *f* di pittura

ge'mäß [-'mɛ:s] secondo, conforme a; **~igt** [-'mɛ:siçt] moderato

ge'mein [-'maɪn] comune; (*bösartig*) maligno; (*niederträchtig*) meschino

Ge'meinde [-də] *f* (-; -*n*) comune *m*; municipio *m*; *rel* comunità *f*; (*Pfarr≈*) parrocchia *f*; **~amt** *n* ufficio *m* comunale; **~rat** *m* consiglio *m* comunale; **~verwaltung** *f* amministrazione *f* comunale; **~vertreter** *m* rappresentante *m* del comune (*od* della comunità); **~vorsteher** *m* sindaco *m*; presidente *m* della comunità; **~wahlen** *f/pl* elezioni *f/pl* comunali

Ge'mein|gut [-'maɪngu:t] *n* (-[*e*]*s*; *senza pl*) bene *m* comune; **~heit** *f* (-; -*en*) bassezza *f*; infamia *f*; **≈nützig** [-'maɪnytsiç] di utilità pubblica; **≈sam** collettivo, comune; **~schaft** *f* (-; -*en*) (*Gesamtheit*) collettività *f*; (*Gemeinde*) comunità *f*; **≈schaftlich 1.** *adj* comune; **2.** *adv* in comune; **~wesen** *n* comunità *f*; **~wohl** *n* bene *m* pubblico

Ge'metzel [-'mɛtsəl] *n* (-*s*; -) macello *m*, carneficina *f*

Ge'misch [-'miʃ] *n* (-[*e*]*s*; -*e*) miscela *f*; **≈t** misto; ***~es Doppel*** *n* doppio *m* misto

Ge'müse ['-my:zə] *n* (-*s*; -) verdura *f*; ortaggi *m/pl*; (*Hülsenfrüchte*) legumi *m/pl*; **~händler(in)** *m*(*f*) erbivendolo *m*, -a *f*

Ge'müt [-'my:t] *n* (-[*e*]*s*; -*er*) animo *m*; sentimento *m*; **≈lich** comodo, *Zimmer*: accogliente; (*angenehm*) piacevole; *Personen*: alla buona, gioviale; ***machen Sie es sich ~!*** si accomodi!; **≈skrank** nevrotico; isterico; **~szustand** *m* stato *m* (*od disposizione f*) d'animo; umore *m*

Gen [ge:n] *n* (-*s*; -*e*) *biol* gene *m*

ge'nau [gə'naʊ] **1.** *adj* esatto; preciso; ***~ um drei Uhr*** alle tre precise; ***~ genommen*** a rigor di termini; **2.** *adv* ***~ nehmen*** prendere rigorosamente; guardare per il sottile; ***~ angeben*** precisare; **≈igkeit** *f* (-; *senza pl*) esattezza *f*; precisione *f*; **~so** altrettanto

ge'nehm [gə'ne:m] gradito; **~igen** [gə-

'ne:migən] *v/t* (*senza -ge-*, *h*) autorizzare, permettere; *Gesetz*: approvare; **2igung** *f* (-; *-en*) autorizzazione *f*; approvazione *f*; (*Erlaubnis*) permesso *m*; concessione *f*; **~igungspflichtig** [gə'ne:miguŋspflіçtіç] *adj* soggetto ad autorizzazione

Gene'ral [gene'rɑ:l] *m* (*-s*; *-e u* *⸚e*) generale *m*; **~direktor** *m* direttore *m* generale; **~probe** *f* prova *f* generale; **~streik** *m* sciopero *m* generale; **~versammlung** *f* assemblea *f* generale

Genera'tion [generats'jo:n] *f* (-; *-en*) generazione *f*

Genera'tionenvertrag *m* (*-s*; *Generationenverträge*) contratto *m* generazionale

Gene'rator *el* [gene'rɑ:tor] *m* (*-s*; *-en* [-ra'to:rən]) generatore *m*

gene'rell [gene'rɛl] generico

ge'nes|en [gə'ne:zən] (*genas*, *genesen*, *sn*) guarire; **2ung** *f* (-; *senza pl*) guarigione *f*

Genf [gɛnf] *n* Ginevra *f*; ***~er See*** Lago *m* di Ginevra

'Genforschung *f* ricerca *f* genetica

ge'nial [gen'jɑ:l] geniale

Ge'nick [gə'nik] *n* (-[*e*]*s*; *-e*) nuca *f*

Ge'nie [ʒe'ni:] *n* (*-s*; *-s*) genio *m*

ge'nieren [ʒe'ni:rən]: ***sich ~*** (*senza ge-*, *h*) ***(et zu tun)*** aver soggezione (a fare qc); ***~ Sie sich nicht!*** non faccia complimenti!

ge'nießen [gə'ni:sən] *v/t* (*genoss*, *genossen*, *h*) godere; (*kosten*) gustare

Geni'talien [geni'tɑ:ljən] *pl* parti *f/pl* genitali

'Gen|manipulation *f* (-; *-en*) *biol* manipolazione *f* genetica; **'2manipuliert** *biol* manipolato geneticamente

Ge'nossenschaft [gə'nɔsənʃaft] *f* (-; *-en*) società *f* cooperativa; **2lich** cooperativo; **~sbank** *f* banca *f* popolare cooperativa

'Gen|technik *f* ingegneria *f* genetica; **'2technisch** geneticamente; ***~ verändert*** *biol* modificato geneticamente

Genua ['ge:nua] *n* Genova *f*

ge'nug [gə'nu:k] abbastanza; ***~!*** basta!; ***~ haben von*** *fig* averne abbastanza di; ***nicht ~, dass*** non solo che

ge'nügen [-'ny:gən] (*senza -ge-*, *h*) bastare; **~d** sufficiente

Ge'nugtuung [-'nu:ktu:uŋ] *f* (-; *senza pl*) soddisfazione *f*

Ge'nuss [-'nus] *m* (*-es*; *⸚e*) godimento *m*; il mangiare *m*; il bere *m*; (*Nutznießung*) usufrutto *m*; **~mittel** *n/pl* merc*i* *f/pl* voluttuarie

ge'öffnet [-'ʔœfnət] aperto

Geo|gra'phie [geogra'fi:] *f* (-; *senza pl*) geografia *f*; **2'graphisch** geografico

Georgien [ge'ɔrgjən] *n* Georgia *f*

Ge'päck [gə'pɛk] *n* (-[*e*]*s*; *senza pl*) bagaglio *m*; **~abfertigung** *f* spedizione bagagli; **~annahme** *f* accettazione bagagli; **~aufbewahrung** *f* deposit*o* *m* bagagli; **~ausgabe** *f* consegna *f* bagagli; **~kontrolle** *f* controllo *m* dei bagagli; **~netz** *n* rete *f* portabagagl*i*; **~schalter** *m* sportello *m* di accettazio*ne* bagagli; **~schein** *m* scontrino *m* d*ei* bagagli; **~stück** *n* collo *m*; **~träger** *m* facchino *m*, portabagagli *m*; **~wage***n* *m* carrello *m*

ge'pflegt [-'pflɛ:kt] curato; distinto

ge'plant [-'plɑ:nt] *adj* progettato, pianificato

ge'rade [-'rɑ:də] **1.** *adj* diritto; *Charakter*: retto; *Linie*: retta; *Zahl*: pari; *adv* diritto; (*genau*) proprio, giust*o*; *zeitlich*: proprio ora, proprio allor*a*; ***nun ~!*** ora sì!; ***ich wollte ~ komme*** stavo per venire; **~'aus** [-'ʔaus] ser*n*pre diritto; **~richten** → ***richten***; **~st*e*hen** (*irr*, *sep*, *-ge-*, *h*, → ***stehen***): ***~ f*** rispondere di

Ge'rät [-'rɛ:t] *n* (-[*e*]*s*; *-e*) attrezzo *m*; *Radio*: apparecchio *m*; (*Haus2*) su*p*pellettili *f/pl*; (*Werkzeug*) utensile *m*

ge'raten (*geriet*, *geraten*, *sn*) cader*e*; (*gelingen*) riuscire; ***in Brand ~*** infiar*m*marsi, incendiarsi; ***in Streit ~*** metter*si* a litigare

Gerate'wohl [-rɑ:tə'vo:l] *n inv*: ***aufs*** a casaccio

ge'räuchert [-'rɔʏçərt] affumicato

ge'räumig [-'rɔʏmіç] spazioso; ampi*o*

Ge'räusch [-'rɔʏʃ] *n* (-[*e*]*s*; *-e*) rumo*re* *m*; **2los** *adj* silenzioso; *adv* senza r*u*more; **2voll** rumoroso

ge'recht [-'rɛçt] giusto; ***~ werden*** *j-* riconoscere la qualità di qu; *e-r Sac*h soddisfare qc; **~fertigt** giustifica*to*; **2igkeit** *f* (-; *senza pl*) giustizia *f*

ge'reizt [-'raıtst] irritato

Ge'richt [-'rіçt] *n* (-[*e*]*s*; *-e*) *jur* tribun*a*le *m*; corte *f*; *gastr* piatto *m*; ***o***

***Jüngste* ~** il giudizio universale; **2lich** **1.** *adj* giudiziario; legale; **2.** *adv* in giudizio
Ge'richts|beschluss *m* decisione *f* del tribunale; **~gebäude** *n* tribunale *m*; palazzo *m* di giustizia; **~hof** *m* (***der Europäischen Union***) Corte *f* di giustizia (delle Comunità Europee); **~kosten** *pl* spese *f/pl* processuali; **~saal** *m* sala *f* delle udienze; **~verhandlung** *f* dibattimento *m*; **~vollzieher** [-fɔltsi:ər] *m* (*-s*; -) ufficiale *m* giudiziario; **~weg** *m* via *f* legale
ge'ring [-'riŋ] **1.** *adj* piccolo; poco; (*niedrig*) basso; *Waren*: scadente; **2.** *adv* poco; **~fügig** [-fy:giç] insignificante, di poca importanza, meschino; **~schätzig** [-ʃɛtsiç] sprezzante; **2schätzung** *f* (-; *senza pl*) disprezzo *m*
ge'rinn|en [-'rinən] (*gerann*, *geronnen*, *sn*) rapprendersi; coagularsi; **2sel** [-zəl] *n* (*-s*; -) coagulo *m*
ge'rissen [-'risən] *fig* furbacchione
Ger'man|e [gɛr'ma:nə] *m* (*-n*; *-n*), **~in** *f* (-; *-nen*) germano *m*, -a *f*; **2isch** germanico; **~'istik** *f* (-; -), germanistica *f*
gern [gɛrn] volentieri; con piacere; ***nicht* ~** malvolentieri; ***ich sehe es* ~, *wenn* …** ho piacere se …, **'~haben** *v/t* (*irr*, *sep*, *-ge-*, *h* → ***haben***) ***j-n* ~** voler bene a qu
Ge'röll [-'rœl] *n* (*-[e]s*; *-e*) ciottoli *m/pl*
Gerste ['gɛrstə] *f* (-; *-n*) *bot* orzo *m*
Ge'ruch [gə'rux] *m* (*-[e]s*; *⸚e*) odore *m*; (*Sinn*) odorato *m*; **2los** inodore
Ge'rücht [-'ryçt] *n* (*-[e]s*; *-e*) voce *f*, diceria *f*; **2weise**: **~ *verlautet* …** corre voce …
Ge'rümpel [-'rympəl] *n* (*-s*; *senza pl*) anticaglie *f/pl*, ciarpame *m*
Ge'rüst [-'ryst] *n* (*-[e]s*; *-e*) palco *m*; armatura *f*; impalcatura *f*
Ges. *Gesellschaft* società; ***Gesetz*** legge
ge'samt [-'zamt] totale, intero, tutto; **2ausgabe** *f* edizione *f* completa; **2betrag** *m* importo *m* (*od somma f*, quota *f*) totale; **2bild** *n* prospetto *m* generale, quadro *m* complessivo; **2heit** *f* (-; *senza pl*) totalità *f*; collettività *f*; **2schule** *f modello di scuola media inferiore e superiore che integra la Haupt-, la Realschule e il Gymnasium*
Ge'säß [-'zɛ:s] *n* (*-es*; *-e*) sedere *m*

gesch. *geschieden* divorziato
Ge'schäft [-'ʃɛft] *n* (*-[e]s*; *-e*) affare *m*; (*Laden*) negozio *m*; (*Büro*) ufficio *m*; (*Unternehmen*) azienda *f*; (*Firma*) ditta *f*; ***gutes* ~** affarone *m*; **2ehalber** [-əhalbər] *adv* per affari; **2ig** affaccendato; **2lich** **1.** *adj* commerciale; d'affari; **2.** *adv* per affari
Ge'schäfts… [-'ʃɛfts]: *in Zssgn* d'affari, commerciale; **~abschluss** *m* conclusione *f* di un affare; **~anteil** *m* (quota *f* di) partecipazione *f*; **~aufgabe** *f* cessazione *f* di commercio; **~bericht** *m* rendiconto *m*; **~beziehung** *f* relazione *f* commerciale; **~essen** *n* (*-s*; -) pranzo *m* (*oder cena f*) di lavoro; **~frau** *f* donna *f* d'affari; **~freund** *m* corrispondente *m*; **~führer** *m* amministratore *m*, gerente *m*; **~jahr** *n* anno *m* d'esercizio; **~kosten** *pl* spese *f/pl* d'ufficio; **~leitung** *f* amministrazione *f*; **~mann** *m* (*-[e]s*; *-leute*) uomo *m* d'affari; **~reise** *f* viaggio *m* d'affari; **~schluss** *m* chiusura *f* dei negozi (*od* dell'ufficio); **~stelle** *f* ufficio *m*; **~zeiten** *f/pl Läden*: orario *m* d'apertura; *Büro*: orario *m* d'ufficio
ge'schehen [-'ʃe:ən] (*geschah*, *geschehen*, *sn*) accadere, succedere; esser fatto; ***es geschieht dir recht*** ben ti sta
Ge'schenk [-'ʃɛŋk] *n* (*-[e]s*; *-e*) regalo *m*
Ge'schicht|e [-'ʃiçtə] *f* (-; *-n*) storia *f*; passato *m*; **2lich** storico
ge'schickt [-'ʃikt] abile; agile, destro
ge'schieden [-'ʃi:dən] divorziato
Ge'schirr [-'ʃir] *n* (*-[e]s*; *-e*) (*Tisch2*) vasellame *m*; (*Ess2*) servizio *m*; (*irdenes*) stoviglie *f/pl*; **~tuch** *n* strofinaccio *m* asciugapiatti
Ge'schlecht [-'ʃlɛçt] *n* (*-[e]s*; *-er*) genere *m* (*a gram*); *männliches*, *weibliches*: sesso *m*; (*Stamm*) stirpe *f*
Ge'schlechts… [-'ʃlɛçts…]: *in Zssgn oft* sessuale; **~krankheit** *f* malattia *f* venerea; **~organe** *n/pl*, **~teile** *m/pl* organi *m/pl* genitali; **~verkehr** *m* rapporti *m/pl* intimi (*od* sessuali)
ge'schlossen [-'ʃlɔsən] chiuso; unito, compatto
Ge'schmack [-'ʃmak] *m* (*-[e]s*; *⸚e*) gusto *m*; *Speise*: sapore *m*; ***nach meinem* ~** a mio gusto; **2lich** *adj* del gusto; **2los** senza gusto; (*fade*) insipido; **~lo-**

sigkeit *f* (-; *senza pl*) *fig* mancanza *f* di gusto (*od* di tatto); **~(s)sache** *f* questione *f* di gusto; **2voll** di buon gusto

ge'schmort [-'ʃmoːrt] stufato

Ge'schoss [gə'ʃɔs] *n* (*-es*; *-e*) (*Stockwerk*) piano *m*; *mil* proiettile *m*

Ge'schrei [-'ʃraɪ] *n* (-[*e*]*s*; *senza pl*) grida *f/pl*; *fig* rumore *m*

Geschw. ***Geschwister*** fratelli e sorelle; ***Geschwindigkeit*** velocità

Ge'schwätz [-'ʃvɛts] *n* (*-es*; *senza pl*) chiacchiere *f/pl*; **2ig** chiacchierone

ge'schweige [-'ʃvaɪgə]: **~ *denn*** senza parlare di, tanto meno; e ancora meno

G

Ge'schwindigkeit [-'ʃvindiçkaɪt] *f* (-; *-en*) velocità *f*; **~sbeschränkung** *f* limite *m* di velocità; **~süberschreitung** *f* eccesso *m* di velocità

Ge'schwister [-'ʃvistər] *pl* fratelli *m/pl*

ge'schwollen [-'ʃvɔlən] gonfio

Ge'schworene [-'ʃvoːrənə] *m/f* (*-n*; *-n*) *jur* giurato *m*, -a *f*

Ge'schwulst [-'ʃvulst] *f* (-; *⸗e*) *med* tumore *m*

Ge'schwür [-'ʃvyːr] *n* (-[*e*]*s*; *-e*) *med* ulcera *f*

Ge'sell|e [-'zɛlə] *m* (*-n*; *-n*) apprendista *m* artigiano; lavorante *m*; operaio *m* qualificato; **~enbrief** *m* attestato *m* di esame artigianale; **~enprüfung** *f* esame *m* d'idoneità professionale; **2ig** socievole

Ge'sellschaft [-'zɛlʃaft] *f* (-; *-en*) società *f*; compagnia *f*; **~ *leisten*** tenere compagnia; **~ *mit beschränkter Haftung*** società *f* a responsabilità limitata

Ge'sellschaft|er [-'zɛlʃaftər] *m* (*-s*; -) socio *m*; ***stiller* ~** associato *m*; **2lich** sociale; della società

Ge'sellschafts|ordnung *f* ordinamento *m* sociale; **~politik** *f* politica *f* sociale; **~schicht** *f* classe *f* sociale; **~system** *n* sistema *m* sociale

Ge'setz [-'zɛts] *n* (*-es*; *-e*) legge *f*; **~buch** *n* codice *m*; **~geber** *m* (*-s*; -) legislatore *m*; **~gebung** *f* (-; *senza pl*) legislazione *f*; **2lich** legale; **2los** senza legge; **~mäßigkeit** *f* (-; *senza pl*) legalità *f*; regolarità *f*; **2widrig** [-viːdriç] illegale

ges. gesch. ***gesetzlich geschützt*** tutelato dalla legge; registrato

Ge'sicht [-'ziçt] *n* (-[*e*]*s*; *-er*) faccia *f*; viso *m*

Ge'sichts... [-'ziçts...]: *in Zssgn oft an*[…] facciale; *optisch*: visivo; **~ausdruck** […] espressione *f*; **~farbe** *f* carnagione […] **~kreis** *m* orizzonte *m*; **~punkt** *m* pu[…]to *m* di vista; **~züge** *m/pl* lineamen[…] *m/pl*

Ge'sindel [-'zindəl] *n* (*-s*; *senza pl*) pl[…]baglia *f*

Ge'sinnung [-'zinuŋ] *f* (-; *-en*) sent[…]menti *m/pl*; *politische*: principi *m/pl*

ge'sondert [-'zɔndərt] separato; a pa[…]te

ge'spannt [-'ʃpant] teso; *fig* curios[…] ansioso

Ge'spenst [-'ʃpɛnst] *n* (-[*e*]*s*; *-er*) fa[…]tasma *m*, spettro *m*; **2isch** spettrale

ge'sperrt chiuso, bloccato; ***für LKW*** […] proibito il transito ai camion

Ge'spött [-'ʃpœt] *n* (-[*e*]*s*; *senza pl*) d[…]leggio *m*; ***zum ~ machen*** mettere […] ridicolo

Ge'spräch [-'ʃprɛːç] *n* (-[*e*]*s*; *-e*) co[…]versazione *f*; colloquio *m*; dialog[…] *m*; *tel* comunicazione *f*, chiamata […] **2ig** loquace; **~spartner** *m* interlocut[…]re *m*; **~sstoff** *m* argomento *m*

gest. ***gestorben*** defunto

Ge'stalt [-'ʃtalt] *f* (-; *-en*) forma […] (*Menschen2*) figura *f*; *tea* personagg[…] *m*; **2en** (*senza -ge-*, *h*) formare, dare […] forma a; rappresentare; ***sich ~*** dive[…]tare; *fig* prendere una piega; **~ung** *f* (-; *senza pl*) (con)formazione *f*; config[…]razione *f*; rappresentazione *f*; asset[…] *m*

Ge'ständnis [-'ʃtɛntnis] *n* (*-ses*; -[…]) confessione *f*

Ge'stank [-'ʃtaŋk] *m* (-[*e*]*s*; *senza* […]) puzza *f*, puzzo *m*

ge'statten [-'ʃtatən] (*senza -ge-*, *h*) p[…]mettere; **~ *Sie!*** con permesso!

'Geste ['gɛstə] *f* (-; *-n*) gesto *m*

ge'stehen [-'ʃteːən] (*gestand*, *gest*[…]*den*, *h*) confessare; ***offen gestand***[…] a dire il vero, francamente

Ge'stein [-'ʃtaɪn] *n* (-[*e*]*s*; *-e*) pietra[…] *m*; *Mineralogie*: roccia *f*

'gestern ['gɛstərn] ieri; **~ *Morgen*** i[…] mattina; **~ *Abend*** ieri sera

Ge'stöber [-'ʃtøːbər] *n* (*-s*; -) turbi[…] *m*; (*Schnee2*) bufera *f* di neve

ge'storben [gə'ʃtɔrbən] morto

ge'streift [-'ʃtraɪft] rigato, a righe

Ge'stüt [-'ʃtyːt] *n* (-[*e*]*s*; -*e*) scuderia *f*
Ge'such [-'zuːx] *n* (-[*e*]*s*; -*e*) domanda *f*, petizione *f*, istanza *f*; **2t** ricercato
ge'sund [-'zunt] sano; di buona salute; **~ *sein*** star bene; **~ *werden*** guarire; **~*er Menschenverstand*** *m* buon senso *m* comune; **~en** [-dən] (*senza -ge-*, *sn*) guarire
Ge'sundheit [-'zunthaɪt] *f* (-; *senza pl*) salute *f*; **2lich 1.** *adj* sanitario; **2.** *adv* di salute; **~s'amt** *n* ufficio *m* d'igiene (*od* di sanità pubblica); **2sgefährdend** *adj* dannoso, nocivo alla salute; **~spolitik** *f* politica *f* sanitaria; **2sschädlich** nocivo alla salute; **~swesen** *n* sistema *m* sanitario, sanità *f*; **~szeugnis** *n* certificato *m* di sana e robusta costituzione; **~szustand** *m* stato *m* di salute
ge'sundschrumpfen [-ʃrumpfən] (*sep*, *-ge-*, *h*) risanare (riducendo)
Ge'töse [-'tøːzə] *n* (-*s*; *senza pl*) fragore *m*; detonazione *f*
Ge'tränk [-'trɛŋk] *n* (-[*e*]*s*; -*e*) bevanda *f*; (*alkoholfrei*) bibita *f*; **~eautomat** *m* distributore *m* automatico di bibite; **~ekarte** *f* *gastr* lista *f* delle bevande
Ge'treide [-'traɪdə] *n* (-*s*; -) cereali *m*/*pl*; grano *m*; **~anbau** *m* cerealicoltura *f*; **~ernte** *f* raccolto *m* del grano; **~wirtschaft** *f* economia *f* cerealicola
ge'trennt [-'trɛnt] *adj* separato; *adv* separatamente; **~ *zahlen*** pagare alla romana
Ge'triebe [-'triːbə] *n* (-*s*; -) ingranaggio *m*; *auto* cambio *m* delle marce; *fig* movimento *m*; **~öl** *n* olio *m* per cambi; **~schaden** *m* danno *m* all'ingranaggio (*od* al cambio)
ge'übt [-'ˀyːpt] abile, esperto
Gew. ***Gewicht*** peso
ge'wachsen [-'vaksən]: ***einer Sache ~ sein*** essere all'altezza di qc, potersi misurare con qc
ge'wählt [-'vɛːlt] distinto; scelto
Ge'währ [-'vɛːr] *f* (-; *senza pl*) garanzia *f*; **2en** *v/t* (*senza -ge-*, *h*) concedere; accordare; *Vergnügen*: procurare
Ge'walt [-'valt] *f* (-; -*en*) (*Macht*) potere *m*; violenza *f*; (*Kraft*) forza *f*; ***höhere ~*** forza *f* maggiore; ***mit ~*** con la forza; **~ *anwenden*** usare la forza; ***in seiner ~ haben*** dominare; **~herrschaft** *f* despotismo *m*; **2ig 1.** *adj* potente; violento; *fig* enorme; **2.** *adv* ***Sie irren sich ~*** Lei sbaglia di grosso; **~maßnahme** *f* misura *f* coercitiva; **2sam** violento; *adv* con la violenza; **~tat** *f* atto *m* di violenza; **2tätig** *adj* violento
ge'wandt [-'vant] (*flink*) lesto, agile; (*geschickt*) abile; destro
Ge'wässer [-'vɛsər] *n* (-*s*; -) acque *f*/*pl*; **~schutz** *m* protezione *f* delle acque
Ge'webe [-'veːbə] *n* (-*s*; -) tessuto *m*
Ge'wehr [-'veːr] *n* (-*s*; -*e*) fucile *m*; (*Jagd2*) fucile *m* da caccia; schioppo *m*
Ge'werbe [-'vɛrbə] *n* (-*s*; -) attività *f* (economica); commercio *m*; professione *f*; **~freiheit** *f* libertà *f* professionale; **~genehmigung** *f* licenza *f* d'esercizio; **2treibend** [-traɪbənt] industriale; esercente
ge'werb|lich [-'vɛrpliç] commerciale; industriale; **~smäßig** [-smɛːsiç] **1.** *adj* professionale; di professione; **2.** *adv* per professione
Ge'werk|schaft [-'vɛrkʃaft] *f* (-; -*en*) sindacato *m*; **~schaft(l)er** *m* (-*s*; -), **~schaft(l)erin** *f* (-; -*nen*) sindacalista *m*/*f*; **2schaftlich** sindacale; **~schaftsbund** *m* confederazione *f* sindacale; **~schaftsvertreter** *m* delegato *m* sindacale
Ge'wicht [-'viçt] *n* (-[*e*]*s*; -*e*) peso *m*; *fig* importanza *f*; ***nach ~*** a peso; ***ins ~ fallen*** contare
ge'willt [-'vilt]: **~ *sein*** avere l'intenzione; (*geneigt*) essere disposto (***zu*** a)
Ge'winde [-'vində] *n* (-*s*; -) (*Schrauben2*) filetto *m*, pane *m* della vite
Ge'winn [-'vin] *m* (-[*e*]*s*; -*e*) guadagno *m*; profitto *m*; (*Vorteil*) vantaggio *m*; (*Spiel2*) vincita *f*; **~ *bringend*** lucrativo; **~anteil** *m* partecipazione *f* agli utili; dividendo *m*; **~ausschüttung** [-ˀausʃʏtuŋ] *f* ripartizione *f* degli utili; **~beteiligung** *f* partecipazione *f* agli utili; **2bringend** *adj* lucrativo
ge'winn|en [-'vinən] (*gewann*, *gewonnen*, *h*) guadagnare; *Spiel*, *mil* vincere; *min* estrarre; *fig* ***an et*** (*dat*) **~** acquistare in qc; **2er** *m* (-*s*; -), **2erin** *f* (-; -*nen*) vincitore *m*, -trice *f*; **2spanne** *f* margine *m* di guadagno
ge'wiss [-'vis] **1.** *adj* certo; (*sicher*) sicuro; **2.** *adv* (di) certo
Ge'wissen [-'visən] *n* (-*s*; -) coscienza *f*; **2haft** coscienzioso; **2los** senza co-

scienza; **~sfrage** *f* caso *m* di coscienza
gewisser'maßen [-visər'maːsən] in certo qual modo
Ge'wissheit [-'vishaɪt] *f* (-; *senza pl*) certezza *f*; ***sich ~ verschaffen über*** (*acc*) accertarsi di
Ge'witter [-'vitər] *n* (-*s*; -) temporale *m*
ge'wittrig [-'vitriç] *adj* temporalesco
ge'wöhnen [-'vøːnən]: ***sich ~*** abituarsi, avvezzarsi (***an*** *acc* a)
Ge'wohnheit [-'voːnhaɪt] *f* (-; -*en*) abitudine *f*; **Ձsmäßig** [-smɛːsiç] abituale; **~srecht** *n* diritto *m* consuetudinario
ge'wöhnlich [-'vøːnliç] **1.** *adj* solito; (*allgemein*) comune; (*gemein*) ordinario; volgare; **2.** *adv* normalmente, di solito, comunemente
ge'wohnt [-'voːnt] abituato, avvezzo
Ge'wölb|e [-'vœlbə] *n* (-*s*; -) volta *f*; (*Grab*Ձ) cripta *f*; **Ձt** a volta
Ge'wühl [-'vyːl] *n* (-[*e*]*s*; *senza pl*) mischia *f*; calca *f*; ressa *f*
Ge'würz [-'vyrts] *n* (-*es*; -*e*) droga *f*; (*Würze, a fig*) condimento *m*
gez. ***gezeichnet*** firmato
Ge'zeiten [-'tsaɪtən] *pl* maree *f/pl*
GG ***Grundgesetz*** legge fondamentale
Gibraltar [gi'braltar] *n* Gibilterra *f*
Gicht [giçt] *f* (-; *senza pl*) *med* artrite *f*, gotta *f*, podagra *f*
'Giebel ['giːbəl] *m* (-*s*; -) frontone *m*; *des Daches*: comignolo *m*
Gier [giːr] *f* (-; *senza pl*) avidità *f*; (*Ess*Ձ) golosaggine *f*; **'Ձig** avido
'gieß|en ['giːsən] (*goss, gegossen, h*) versare; *tec* fondere; *in Formen*: gettare; *agr* irrigare, annaffiare; ***es gießt*** piove a dirotto; **'Ձkanne** *f* innaffiatoio *m*
Gift [gift] *n* (-[*e*]*s*; -*e*) veleno *m*; **'~gas** *n* gas *m* tossico; **'Ձig** velenoso; tossico; *fig* inviperito, virulento; maligno; **'~stoff** *m* materia *f* tossica
Gi'gant [gi'gant] *m* (-*en*; -*en*) gigante *m*; **Ձisch** gigantesco
'Gipfel ['gipfəl] *m* (-*s*; -) cima *f*; *pol* vertice *m*; *fig* culmine *m*; **'Ձn** (*h*) culminare; toccare l'apice; **'~konferenz** *f pol* conferenza *f* al vertice; **'~treffen** *n pol* incontro *m* al vertice, summit *m*
Gips [gips] *m* (-*es*; -*e*) gesso *m*
Gi'raffe [gi'rafə] *f* (-; -*n*) *zo* giraffa *f*
Gir'lande [gir'landə] *f* (-; -*n*) ghirlanda *f*
'Giro ['ʒiːro] *n* (-*s*; -*s*) girata *f*; **'~konto** *n* conto *m* corrente; **'~verkehr** *econ m* bancogiro *m*, clearing *m*
Gi'tarre [gi'tarə] *f* (-; -*n*) chitarra *f*
'Gitter ['gitər] *n* (-*s*; -) grata *f*; (*Fenster*Ձ) inferriata *f*; (*Zaun*) cancello *m*
Gla'diator [glad'jaːtoːr] *m* (-*s*; -*en* [-ja'toːrən]) gladiatore *m*
Glanz [glants] *m* (-*es*; *senza pl*) splendore *m*; *der Stoffe*: lucido *m*
'glänzen ['glɛntsən] (*h*) splendere; rilucere; *fig* brillare; **'~d** splendido; brillante
'Glanz|leistung *f* capolavoro *m*; **'Ձlos** senza lustro, smorto; *fig* oscuro
Glas [glaːs] *n* (-*es*; ⸗*er*) vetro *m* (*Trink*Ձ) bicchiere *m*; (*Brillen~*) lente *f*; ***ein ~ Bier*** un bicchiere di birra
'gläsern ['glɛːzərn] di vetro; vitreo
'Glas|malerei *f* pittura *f* su vetro; **'~scheibe** *f* (lastra *f* di) vetro *m*
Gla'sur [gla'zuːr] *f* (-; -*en*) smalto *m* (vitreo)
'Glas|waren ['glaːsvaːrən] *f/pl* cristalleria *f*; **'~wolle** *f* lana *f* di vetro
glatt [glat] **1.** *adj* liscio (*a fig*); *Weg* sdrucciolevole; (*Zahl*) tondo; ***hier ist es ~*** qui si scivola; **2.** *adv fig* prontamente, senza difficoltà; (*völlig*) assolutamente
'Glätte ['glɛtə] *f* (-; *senza pl*) l'essere liscio; scivolosità *f*
'Glatteis ['glatʔaɪs] *n* gelicidio *m*, gelata *f*; strade *f/pl* ghiacciate
'glätten ['glɛtən] (*h*) lisciare; (*ebnen*) appianare
'Glatze ['glatsə] *f* (-; -*n*) testa *f* calva
'Glaube ['glaʊbə] *m* (-*ns*; *senza pl*) fede *f*; ***in gutem ~n*** in buona fede
'glauben (*h*) credere (***an*** *acc* in); ***an j-~*** credere in qu; **'Ձsfreiheit** *f* libertà religiosa
'glaubhaft ['glaʊphaft] credibile
'gläubig ['glɔʏbiç] credente; **'Ձe** ['-bɡə] *m/f* (-*n*; -*n*) credente *m/f*; **~e(n)** *pl* fedeli *m/pl*; **'Ձer** *m* (-*s*; -) creditore *m*
'glaubwürdig ['glaʊpvyrdiç] degno di fede, attendibile
gleich [glaiç] **1.** *adj* uguale; identico; *Zahl*: pari; (*einerlei*) lo stesso; ***das ist mir ~*** per me fa lo stesso; **2.** *adv* (*ebenso*) ***~ groß*** della stessa grandezza; (*sofort*) subito; ***~ darauf*** subito dopo; ***~ bleibend*** invariabile; ***~ gesin***

di sentimenti uguali; ~ ***lautend*** consono

gleich|altrig ['glaɪç?altrɪç] coetaneo, della stessa età; '**~artig** ['-?ɑːrtɪç] simile; omogeneo; '**~bedeutend** equivalente; sinonimo; '**~berechtigt** con gli stessi diritti; '**2berechtigung** *f* (-; *senza pl*) uguaglianza *f* (*od parità f*) di diritti; '**~bleibend** *adj* invariabile; **~en** (*glich*, *geglichen*, *h*) assomigliare (*dat* a); '**~er'maßen**, '**~falls** parimenti, altrettanto; '**~gesinnt** *adj* di sentimenti uguali; '**2gewicht** *n* (-[*e*]*s*; *senza pl*) equilibrio *m*; '**~gültig** indifferente; '**2heit** *f* (-; *senza pl*) uguaglianza *f*; '**2heitsgrundsatz** *m* principio *m* d'uguaglianza; dello stesso tenore; '**~lautend** *adj* consono; '**~machen** (*sep*, *-ge-*, *h*) uguagliare; *Boden*: livellare; ***dem Boden ~*** radere al suolo; '**~mäßig** ['-mɛːsɪç] proporzionato, regolare; simmetrico; (*unverändert*) uniforme, continuo; '**~namig** ['-nɑːmɪç] omonimo; '**2nis** *n* (*-ses*; *-se*) confronto *m*; *let* similitudine *f*; *rel* parabola *f*; '**2strom** *el m* corrente *f* continua; '**2ung** *f* (-; *-en*) *mat* equazione *f*; '**~wertig** ['-veːrtɪç] equivalente; '**~zeitig** ['-tsaɪtɪç] simultaneo; contemporaneo; *adv* nel contempo, di pari passo, al tempo stesso, nello stesso tempo

leis [glaɪs] *n* (*-es*; *-e*) *fer* rotaie *f/pl*, binario *m*

leit|en ['glaɪtən] (*glitt*, *geglitten*, *sn*) sdrucciolare, scivolare; *avia* planare; ***~de Arbeitszeit*** *f* orario *m* flessibile; ***~de Lohnskala*** *f* scala *f* mobile; '**2flug** *m* volo *m* planato

letscher ['glɛtʃər] *m* (*-s*; -) ghiacciaio *m*

lied [gliːt] *n* (-[*e*]*s*; *-er*) *anat* membro *m*; *an e-r Kette*: anello *m*

lieder|n ['-dərn] (*h*) articolare; *fig* suddividere; disporre; ***gegliedert*** articolato; '**2ung** *f* (-; *-en*) articolazione *f*; disposizione *f*; struttura *f*

litzern ['glitsərn] (*h*) scintillare; '**~d** scintillante

o'bal [glo'bal] globale

obali'sierung [globali'ziːrʊŋ] *f* (-; *en*) *econ* globalizzazione *f*

o'balsteuerung *f* (-; *-en*) *econ* controllo *m* globale

lobus ['gloːbus] *m* (-[*ses*]; *-se u -ben*) globo *m* (terrestre)

'**Glocke** ['glɔkə] *f* (-; *-n*) campana *f*; ***et an die große ~ hängen*** strombazzare qc ai quattro venti; '**~nspiel** *n* carillon *m*; '**~nturm** *m* campanile *m*

Glück [glyk] *n* (-[*e*]*s*; *senza pl*) fortuna *f*; (*~seligkeit*) felicità *f*; ***zum ~*** per fortuna; ***auf gut ~*** a caso; ***j-m ~ wünschen*** augurare buona fortuna a qu; *zu Festtagen*: fare gli auguri a qu; '**2lich** ['glyklɪç] **1.** *adj* felice; *vom Glück begünstigt*: fortunato; **2.** *adv* felicemente; '**2licher'weise** ['-lɪçər'vaɪzə] fortunatamente

'**Glücks|fall** ['glyksfal] *m* caso *m* fortunato; '**~kind** *n*, '**~pilz** *m* nato *m* con la camicia; '**~spiel** *n* gioco *m* d'azzardo; '**~tag** *m* giorno *m* fortunato

'**Glückwunsch** *m* augurio *m*, felicitazione *f*; ***s-n ~ aussprechen*** fare gli auguri

'**Glühbirne** → ***Glühlampe***

'**glühen** ['glyːən] (*h*) essere infocato, essere rovente; '**~d** infocato; ardente

'**Glüh|lampe** *f* lampadina *f*; '**~wein** *m* vino *m* brûlé

Glut [gluːt] *f* (-; *-en*) calore *m*; *fig* fervore *m*; ardore *m*; (*Kohle*) brace *f*

GmbH ***Gesellschaft mit beschränkter Haftung*** Società a responsabilità limitata (*abbr* S.r.l.)

'**Gnade** ['gnɑːdə] *f* (-; *senza pl*) grazia *f*; (*Barmherzigkeit*) misericordia *f*; '**~nfrist** *f* dilazione *f*; '**~ngesuch** *n jur* domanda *f* di grazia

Gobe'lin [gobə'lɛ̃ː] *m* (*-s*; *-s*) arazzo *m*

Gold [gɔlt] *n* (-[*e*]*s*; *senza pl*) oro *m*; '**~barren** *m* lingotto *m* d'oro; '**2en** ['-dən] *adj* d'oro; *fig* aureo; '**~fisch** *m* pesce *m* rosso; '**~grube** *f* (*a fig*) miniera *f* d'oro; '**~medaille** *f* medaglia *f* d'oro; '**~münze** *f* moneta *f* d'oro; '**~preis** *m* prezzo *m* dell'oro; '**~schmied** [-ʃmiːt] *m* (-[*e*]*s*; *-e*) orefice *m*; '**~wert** *m* valore *m* dell'oro

Golf [gɔlf] *m* (-[*e*]*s*; *-e*) *geogr* golfo *m*; *n* (*-s*; *senza pl*) (*Spiel*) golf *m*; '**~ball** *m* pallina *f* da golf; '**~platz** *m* campo *m* da golf; '**~schläger** *m* mazza *f* da golf; '**~strom** *m geogr* corrente *f* del Golfo

'**Gondel** ['gɔndəl] *f* (-; *-n*) (*a Boot*) gondola *f*; navicella *f*; '**~führer** *m* gondoliere *m*

'gönn|en ['gœnən] (*h*) concedere; permettere; ***j-m et ~*** rallegrarsi che qu abbia ottenuto qc; ***j-m et nicht ~*** invidiare qu per qc; **'2er** *m* (*-s*; *-*) protettore *m*; mecenate *m*

Go'rilla [go'rila] *m* (*-s*; *-s*) *zo* gorilla *m*

'Gosse ['gɔsə] *f* (*-*; *-n*) cunetta *f*, tombino *m*; *auf der Straße*: rigagnolo *m*

'Got|ik ['go:tik] *f* (*-*; *senza pl*) *arch* arte *f* gotica, stile *m* gotico; **'2isch** gotico

Gott [gɔt] *m* (*-es*; *senza pl*) Dio *m*; (*pl* *⸚er*) *heidnisch*: dio *m* (*pl* dei); ***~ sei Dank!*** meno male!, fortunatamente!; ***um ~es willen!*** per amor di Dio!

'Gottes|dienst ['gɔtəsdi:nst] *m* funzione *f* religiosa; messa *f*; culto *m*; **'~lästerung** *f* bestemmia *f*

'Gottheit ['gɔthaɪt] *f* (*-*; *-en*) divinità *f*

'Göttin ['gœtin] *f* (*-*; *-nen*) dea *f*

Göttingen ['gœtiŋən] *n* Gottinga *f*

'göttlich ['gœtliç] divino

Grab [gra:p] *n* (*-[e]s*; *⸚er*) tomba *f*; sepolcro *m*

'graben (*grub*, *gegraben*, *h*) scavare

'Graben ['gra:bən] *m* (*-s*; *⸚*) fosso *m*; fossa *f*

'Grab|gewölbe *n* cripta *f*; **'~inschrift** *f* epitaffio *m*; **'~mal** *n* monumento *m* sepolcrale; **'~rede** *f* orazione *f* (*od elogio m*) funebre; **'~stätte** *f* sepolcro *m*; **'~stein** *m* lapide *f*

Grad [gra:t] *m* (*-[e]s*; *-e*; *als Maß im pl inv*) grado *m*

Graf [gra:f] *m* (*-en*; *-en*) conte *m*

Graf'fito [gra'fi:to] *m* (*-[s]*; *-ti*) graffito *m*

'Graf|ik ['grafik] *f* (*-*; *-en*) grafico *m*; grafica *f*; **'~ikkarte** *f* (*-*; *-n*) *inform* scheda *f* grafica; **'2isch** grafico

'Gräfin ['grɛ:fin] *f* (*-*; *-nen*) contessa *f*

'Grafschaft ['gra:fʃaft] *f* (*-*; *-en*) contea *f*

Gramm [gram] *n* (*-s*; *-e*; *im pl nach Zahlen inv*) grammo *m*

Gram'm|atik [gra'matik] *f* (*-*; *-en*) grammatica *f*; **2'atisch** grammaticale

Gra'natapfel *m* (*-s*; *Granatäpfel*) melagrana *f*

Gra'nate [gra'na:tə] *f* (*-*; *-en*) *mil* granata *f*; (*Hand2*) bomba *f* a mano

Gra'nit [gra'ni:t] *m* (*-s*; *-[e]*) granito *m*

'Graphik → ***Grafik***

Gras [gra:s] *n* (*-es*; *⸚er*) erba *f*

'Gräser ['grɛ:zər] *pl* graminacei *m/pl*

gras'sieren [gra'si:rən] (*senza ge-*, *h*) infierire

Grat [gra:t] *m* (*-[e]s*; *-e*) cresta *f*; spigol *m*; *arch* nervatura *f*

'Gräte ['grɛ:tə] *f* (*-*; *-n*) lisca *f*, spina

'gratis ['gra:tis] gratuitamente, gratis

Gratu'l|ant [gratu'lant] (*-en*; *-en*), **~'artin** *f* (*-*; *-nen*) persona *f* che si congratula; **~a'tion** [-ts'jo:n] *f* (*-*; *-en*) congratulazione *f*; **2'ieren** (*senza ge-*, *h*): ***j-*** ***zu et ~*** congratularsi di qc con qu; ***ic*** ***gratuliere zum Geburtstag*** tanti auguri di buon compleanno

grau [grau] grigio, bigio

'Gräuel ['grɔʏəl] *m* (*-s*; *-*) orrore *m*; ***j-*** ***ein ~ sein*** far orrore a qu; **'~tat** *f* atrocità *f*

'graugrün grigioverde

'grauhaarig ['grauha:riç] canuto

'graupeln ['graupəln] (*h*) grandina minutamente; nevicare a granelli

'grausam ['grauza:m] crudele; **'2keit** (*-*; *-en*) crudeltà *f*

gra'v|ieren [gra'vi:rən] (*senza ge-*, incidere; **~'ierend** *jur* aggravante

gra'ziös [grats'jø:s] grazioso

'greif|bar ['graɪfba:r] palpabile; *ec* disponibile; *fig* evidente; **'~en** (*griff*, *gegriffen*, *h*) afferrare *v/t*; ***na*** ***et ~*** stendere la mano verso qc; ***u*** ***sich ~*** propagarsi; ***zu et ~*** ricorrere qc; *fig* darsi a qc; *fig* ***j-m unter die A*** ***me ~*** porgere aiuto a qu; ***zu hoch g*** ***griffen*** esagerato

Greis [graɪs] *m* (*-es*; *-e*), **'~in** *f* (*-*; *-ne* vecchio *m*, -a *f*

grell [grɛl] *Töne*: acuto; *Licht*: sfaccto; *Farben*: stridente; sgargiante

'Gremium ['gre:mjum] *n* (*-s*; *-ien*) gano *m*, commissione *f*

'Grenz|e ['grɛntsə] *f* (*-*; *-n*) limite *geogr*, *pol*, *mil* frontiera *f*, confi *m*; **'2en** (*h*) confinare; **'2enl** ['-lo:s] sconfinato; smisurato; **'~fomalitäten** *f/pl* formalità *f/pl* di frontra; **'~gebiet** *n* zona *f* di confine; **'~kotrolle** *f* controllo *m* alla frontie **'~polizei** *f* polizia *f* confinaria; **'~übgang** *m* valico *m* di confine; passag *m* di frontiera; **'2überschreitend** ternazionale; **'~verkehr** *m* traffico di frontiera

Greuel → ***Gräuel***

'Griech|e ['gri:çə] *m* (*-n*; *-n*), **'~in** *f*

-*nen*) greco *m*, -a *f*; '**≗isch** greco
Griechenland ['griːçənlant] *n* Grecia *f*
Griff [grif] *m* (-[*e*]*s*; -*e*) *Stiel*: manico *m*; (*Tür≗*) maniglia *f*; *tec* manovella *f*, manetta *f*; ***er hat e-n glücklichen ~ getan*** *fig* ha avuto la mano felice; '**≗bereit** a portata di mano
Grill [gril] *m* (-*s*; -*s*) *gastr* griglia *f*; '**~e** ['grilə] *f* (-; -*n*) *zo* grillo *m*; '**≗en** (*h*) cuocere sulla griglia, fare ai ferri; '**~party** ['-pɑːrti] *f* (-; -*s u* -*ties*) grigliata *f*; '**~restaurant** *n* grill-room *m*
Grind [grint] *m* (-[*e*]*s*; -*e*) *med* tigna *f*; (*Schorf*) crosta *f*
Grippe ['gripə] *f* (-; -*n*) *med* influenza *f*; '**~welle** *f* epidemia *f* d'influenza
grob ['groːp] grosso; ruvido; grezzo; (*plump*) grossolano; *Ton*: brusco; *Fehler*: madornale; **~ *werden*** ricorrere a maniere grosse
Grog [grɔk] *m* (-*s*; -*s*) ponce *m*
grölen ['grøːlən] (*h*) gridare, fare chiasso
Grönland ['grønlant] *n* Groenlandia *f*
Groschen ['grɔʃən] *m* (-*s*; -) grosso *m*; (*10 Pfennig*) diecino *m*; F soldo *m*; ***der ~ ist gefallen*** *fig* ho capito
groß [groːs] grande; (*hochgewachsen*) alto; ***im ≗en und Ganzen*** in complesso; ***~es Los*** *n* gran premio *m*
Großaktionär *m* grande azionista *m*
großartig ['-ʔɑːrtiç] grandioso
Großbank *f* (-; -*en*) grande banca *f*
Groß|betrieb *m* grande azienda *f* (*od impresa f*); '**~bildschirm** *m* (-*s*; -*e*) *inform* maxischermo *m*; '**~buchstabe** *m* maiuscola *f*
Großbritannien [groːsbri'tanjən] *n* Gran Bretagna *f*
Größe ['grøːsə] *f* (-; -*n*) grandezza *f*; *e-r Person*: statura *f*; *mat* quantità *f*
Großeltern ['groːsʔɛltərn] *pl* nonni *m*/*pl*
Größenordnung ['grøːsənʔɔrdnuŋ] *f* ordine *m* di grandezza
größer ['grøːsər] più grande; più alto; maggiore
Groß|grundbesitz *m* latifondo *m*; '**~grundbesitzer(in)** *m*(*f*) latifondista *m*/*f*; '**~handel** *m* commercio *m* all'ingrosso; '**~handelspreis** *m* prezzo *m* all'ingrosso; '**~händler** *m* grossista *m*; '**~herzog** *m* granduca *m*; '**~herzogin** *f* granduchessa *f*; '**~herzogtum** *n* granducato *m*; '**~industrie** *f* grande industria *f*; '**~industrielle** *m* grande industriale *m*; '**~macht** *f* grande potenza *f*; '**~mutter** *f* nonna *f*; '**~raum** *m* grande area *f*; '**≗spurig** ['-ʃpuːriç] spaccone; '**~stadt** *f* grande città *f*; metropoli *f*; '**≗städtisch** da metropoli; '**~stadtverkehr** *m* traffico *m* della grande città; '**~tankstelle** *f* stazione *f* di servizio; '**~unternehmen** *n* grande impresa *f*; '**~wetterlage** *f* situazione *f* metereologica generale
'**größten'teils** ['grøːstən'taɪls] per la maggior parte
'**Groß|vater** *m* nonno *m*; '**≗zügig** ['-tsyːgiç] (*freigebig*) generoso; liberale; (*tolerant*) di larghe vedute; *adv* in grande stile
gro'tesk [gro'tɛsk] grottesco
'**Grotte** ['grɔtə] *f* (-; -*n*) grotta *f*
'**Grubenunglück** ['gruːbənʔunglyk] *n* incidente *m* di miniera
Gruft [gruft] *f* (-; ⸚*e*) tomba *f*; (*Kirchen≗*) cripta *f*; catacomba *f*
grün [gryːn] *adj* verde; *pol* verde, ecologico; *Obst*: acerbo; inesperto; *auto* ***~e Versicherungskarte*** carta *f* verde; '**≗anlage** *f* verde *m* pubblico; **~*n*** *f*/*pl* giardini *m*/*pl* pubblici
Grund [grunt] *m* (-[*e*]*s*; ⸚*e*) (*Beweg≗*) motivo *m*; (*Ursache*) causa *f*; (*Denk≗*) ragione *f*; (*Beweis≗*) argomento *m*; (*senza pl*) (*Boden*) terreno *m*; *arch u fig* fondamenta *f*/*pl*; ***~ und Boden*** proprietà *f* immobile; terre *f*/*pl*; ***auf ~ geraten*** *mar* arenare, incagliarsi; ***auf ~ von*** in base a, (*kraft*) in virtù di; ***von ~ auf*** radicalmente; ***e-r Sache auf den ~ gehen*** esaminare qc a fondo; ***im ~e genommen*** in fondo; → ***zugrunde***
'**Grund|bedingung** *f* condizione *f* essenziale; '**~begriffe** *m*/*pl* elementi *m*/*pl*; '**~besitz** *m* proprietà *f* fondiaria; '**~buch** *n* catasto *m*
'**gründ|en** ['gryndən] (*h*) fondare; ***sich ~ auf*** (*dat od acc*) basare, fondarsi su; '**≗er** *m* (-*s*; -), '**≗erin** *f* (-; -*nen*) fondatore *m*, -trice *f*
'**Grund|farbe** *f fis* colore *m* fondamentale; '**~fläche** *f* base *f*; '**~gebühr** *f* tariffa *f* base; '**~gesetz** *n* statuto *m* (*od legge f*) fondamentale; '**~haltung** *f* posizione *f* fondamentale; '**~kapital**

n capitale *m* sociale; '**~lage** *f* base *f*; '**2legend** ['-le:gənt] fondamentale
'**gründlich** ['gryntliç] **1.** *adj Person*: ordinato e preciso; *Handlung*: radicale, esatto; profondo; **2.** *adv* a fondo
'**grund|los** senza fondo; *fig* infondato; '**2nahrungsmittel** *n* alimento *m* base
Grün'donnerstag [gry:n'dɔnərsta:k] *m* giovedì *m* santo
'**Grund|recht** *n pol* diritto *m* costituzionale; '**~riss** *m arch* pianta *f*; '**~satz** *m* principio *m*; '**2sätzlich** ['-zɛtsliç] **1.** *adj* basilare; **2.** *adv* per principio; '**~schule** *f* scuola *f* elementare; '**~stein** *m fig* fondamento *m*, base *f*; '**~steuer** *f* imposta *f* fondiaria; '**~stoff** *m* materia *f* prima; *chim* elemento *m*; '**~stoffindustrie** *f* industria *f* di base; '**~stück** *n* terreno *m*
'**Gründung** ['grynduŋ] *f* (-; *-en*) fondazione *f*
'**Grund|wasser** *n* acqua *f* freatica (*od* del sottosuolo); '**2zug** *m* tratto *m* principale; caratteristica *f*
'**Grüne** ['gry:nə] *m*/*f* verde *m*; *pol* ecologista *m*/*f*; ***die ~n*** i verdi
'**Grün|fläche** *f* terreno *m* erboso; ***~n*** *pl* zone *f*/*pl* verdi; '**~gürtel** *m* cinta *f* di giardini
'**Grupp|e** ['grupə] *f* (-; *-n*) gruppo *m*; '**~enarbeit** *f* lavoro *m* di gruppo; '**~enbild** *n* (ritratto *m* di) gruppo *m*; '**~enreise** *f* viaggio *m* in comitiva; **2'ieren** (*senza ge-*, *h*) raggruppare; **~'ierung** *f* (-; *-en*) raggruppamento *m*
Gruß [gru:s] *m* (*-es*; *⸚e*) saluto *m*; ***viele Grüße*** tanti saluti; ***herzliche Grüße*** cordiali saluti; ***mit freundlichen Grüßen*** distinti saluti
'**grüßen** ['gry:sən] *v/t* (*h*) salutare
'**gucken** ['gukən] F (*h*) guardare
Guinea [gi'ne:a] *n* Guinea *f*
'**Gulasch** ['gu:laʃ] *n u m* (-[*e*]*s*; *-e u -s*) gulasch *m*, spezzatino *m* di carne all'ungherese
'**gültig** ['gyltiç] valido (***vom, bis zum*** dal, al); valevole; *Gesetz*: vigente; '**2keit** *f* (-; *senza pl*) validità *f*
'**Gummi** ['gumi] *n u m* (*-s*; *-s*) gomma *f*; caucciù *m*; '**2artig** gommoso; '**~band** *n* elastico *m*; '**~baum** *m* albero *m* della gomma; '**~knüppel** *m* sfollagente *m*; '**~reifen** *m* pneumatico *m*; '**~stiefel** *m*/*pl* stivali *m*/*pl* di gomma
Gunst [gunst] *f* (-; *senza pl*) favore *m*; ***zu m-n ~en*** in mio favore; → ***zugunsten***
'**günstig** ['gynstiç] favorevole, propizio; opportuno
'**gurgeln** ['gurgəln] (*h*) gargarizzare
'**Gurke** ['gurkə] *f* (-; *-n*) cetriolo *m*; '**~nsalat** *m* insalata *f* di cetrioli
Gurt ['gurt] *m* (-[*e*]*s*; *-e*) cinghia *f*; cintura *f*; '**~pflicht** *f* obbligo *m* di allacciare la cintura di sicurezza
'**Gürtel** ['gyrtəl] *m* (*-s*; -) cintura *f*; *fig* cinta *f*; '**~reifen** *m* (pneumatico *m*) cinturato *m*; '**~rose** *med f* erpete *m*
GUS ***Gemeinschaft Unabhängiger Staaten*** Comunità di Stati Indipendenti (*abbr* CSI)
gut [gu:t] (*besser*, *best*) **1.** *adj* buono; ***-en Abend*** buona sera; ***-en Morgen***, ***-en Tag*** buon giorno; ***-e Nacht*** buona notte; **2.** *adv* bene; ***~ gelaunt*** di buon umore; ***~ gemeint*** fatto con buone intenzioni; → ***guttun***; **3.** '**2e** *n* (*-n*; *senza pl*) bene *m*; ***alles ~e!*** auguri!
Gut [gu:t] *n* (-[*e*]*s*; *⸚er*) bene *m*; *pl* beni *m*/*pl*; *fer*, *econ* merci *f*/*pl*; (*Land2*) podere *m*; fattoria *f*
'**Gut|achten** ['gu:tˀaxtən] *n* (*-s*; -) perizia *f*; '**~achter** *m* (*-s*; -) perito *m*; '**2artig** d'indole buona; *med* benigno
'**Güte** ['gy:tə] *f* (-; *senza pl*) bontà *f*; *econ* qualità *f*; F ***du meine ~!*** Dio mio!; ***haben Sie die ~*** abbia la bontà
'**Güter** ['-tər] *n*/*pl* beni *m*/*pl*; *econ* merci *f*/*pl*; '**~bahnhof** *m* scalo *m* merci; '**~gemeinschaft** *f jur* comunione *f* dei beni; '**~trennung** *f jur* separazione *f* dei beni; '**~verkehr** *m* trasporto *m* merci; '**~zug** *m* treno *m* merci
'**Gut|haben** *n* (*-s*; -) credito *m*; '**2heißen** (*irr*, *sep*, *-ge-*, *h*, → ***heißen***) approvare
'**gütlich** ['gy:tliç] amichevole
'**gut|machen** (*sep*, *-ge-*, *h*) riparare; '**~mütig** ['-my:tiç] bonario; '**2schein** *m* buono *m*; tagliando *m*; '**~schreiben** (*irr*, *sep*, *-ge-*, *h*, → ***schreiben***) accreditare; '**2schrift** *f* accredito *m*; '**~situiert** *adj* agiato; '**~tun** *v/i* (*irr*, *sep*, *-ge-*, *h*, → ***tun***) far bene
Gym'n|asium [gym'na:zjum] *n* (-; *-ien*) *Unterstufe*: ginnasio *m*; *Oberstufe*: liceo *m* (classico); **~'astik** [-'nastik] *f* (-; *senza pl*) ginnastica *f*

H

ha ***Hektar*** ettaro

Haar [haːr] *n* (-[*e*]*s*; -*e*) pelo *m*; (*Kopf*♀) capello *m*; *gesamt*: capelli *m*/*pl*; ***um ein ~*** per un pelo; c'è mancato poco che; ***kein gutes ~ lassen an*** (*dat*) non dire altro che male di; '**~ausfall** *m* alopecia *f*; caduta *f* dei capelli

Haar|bürste *f* spazzola *f* per i capelli; '**~esbreite** ['-rəsbraɪtə] *f*: ***um ~*** per un pelo, per poco; '**♀genau** esattamente; proprio; '**~nadel** *f* forcina *f*; '**~nadelkurve** *f* tornante *m*; '**♀scharf** taglientissimo; *adv* con la massima precisione; '**~schneiden** *n* (-*s*; *senza pl*) taglio *m* dei capelli; '**~schneider** *m* parrucchiere *m*; '**~schnitt** *m* taglio *m* dei capelli; '**~spange** *f* fermaglio *m* per capelli; '**~trockner** ['-trɔknər] *m* (-*s*; -) asciugacapelli *m*; '**~wasser** *n* lozione *f* per i capelli; '**~wuchs** *m* crescita *f* dei capelli; capigliatura *f*

Hab [haːp]: ***~ und Gut*** *n* averi *m*/*pl*

Habe ['haːbə] *f* (-; *senza pl*) averi *m*/*pl*

haben ['haːbən] (*hatte*, *gehabt*, *h*) avere; (*besitzen*) possedere; tenere; ***~ zu inf*** (*müssen*) dovere, avere da; ***es gut ~*** passarsela bene; ***nicht mehr zu ~*** esaurito

Haben ['haːbən] *n* (-*s*; -) avere *m* credito *m*; '**~saldo** *n* saldo *m* a credito; '**~seite** *f econ* avere *m*; '**~zinsen** *m*/*pl* interessi *m*/*pl* attivi

habgierig ['haːpgiːriç] avido

habil. ***habilitatus*** abilitato alla libera docenza

Hacke ['hakə] *f* (-; -*n*) zappa *f*; *des Fußes*: tallone *m*; tacco *m*

hacken ['hakən] (*h*) *Vogel*: beccare; *Fleisch*: tritare; *Erde*: zappare; *Holz*: spaccare; ***auf j-n ~*** dare addosso a qu

Hacker ['hakə] *m* hacker *m*, pirata *m* dell'informatica

Hackfleisch ['hakflaɪʃ] *n* carne *f* tritata

Hafen ['haːfən] *m* (-*s*; ⸚) porto *m*; '**~anlagen** *f*/*pl* istallazioni *f*/*pl* portuarie, impianti *m*/*pl* del porto; '**~arbeiter** *m* portuale *m*; '**~behörde** *f* autorità *f* portuale; '**~einfahrt** *f* entrata *f* del porto; '**~gebühr** *f* diritti *m*/*pl* portuari; '**~polizei** *f* polizia *f* portuaria; '**~stadt** *f* città *f* portuale; '**~viertel** *n* (quartiere *m* del) porto *m*

'**Hafer** ['haːfər] *m* (-*s*; -) avena *f*; '**~flocken** *f*/*pl* fiocchi *m*/*pl* d'avena

Haft [haft] *f* (-; *senza pl*) arresto *m*; '**~antritt** *m* entrata *f* in carcere; '**♀bar** responsabile (***für*** di); '**♀en** (*h*) essere attaccato; *fig* ***für et ~*** garantire per qc, rispondere di qc, essere responsabile di qc

'**Häftling** ['hɛftliŋ] *m* (-*s*; -*e*) arrestato *m*; detenuto *m*

'**Haft|pflicht** ['haftpfliçt] *f* responsabilità *f* civile; '**~pflichtversicherung** *f* assicurazione *f* di responsabilità civile; '**~ung** *f* (-; *senza pl*) responsabilità *f*

'**Hagel** ['haːgəl] *m* (-*s*; *senza pl*) grandine *f*; '**♀n** (*h*) grandinare

Hahn [haːn] *m* (-[*e*]*s*; ⸚*e*) gallo *m*; *Vögel*: maschio *m*; *tec* rubinetto *m*

Hai *m* (-[*e*]*s*; -*e*), '**~fisch** ['haɪfiʃ] *m* pescecane *m*

'**häkeln** ['hɛːkəln] (*h*) lavorare all'uncinetto

'**Haken** ['haːkən] *m* (-*s*; -) gancio *m*; uncino *m*; *Kleidung*: fibbia *f*; '**~kreuz** *n* svastica *f*, croce *f* uncinata

halb [halp] **1.** *adj* mezzo; ***~ vier*** le tre e mezzo; ***eine ~e Stunde*** mezz'ora; **2.** *adv* a metà; *vor Adjektiven*: mezzo; ***~ automatisch*** semiautomatico; ***~ leer*** mezzo vuoto; ***~ so groß*** la metà; ***~ voll*** pieno a metà; ***~ wach*** mezzo sveglio; '**~automatisch** *adj* → ***halb***

'**Halbe** ['halbə] *f* (-*n*; -*n*) mezzolitro *m* di birra

'**Halb|fabrikat** ['halpfabrikaːt] *n* prodotto *m* semilavorato; '**♀fertig** semifinito; '**~gott** *m* semidio *m*; '**~göttin** *f* semidea *f*; **♀'ieren** [-'biːrən] (*senza -ge-*, *h*) dimezzare; *mat* dividere in due parti, bisecare; '**~insel** *f* penisola *f*; '**~jahr** *n* sei mesi; semestre *m*; '**♀jährig** ['-jɛːriç] semestrale, di sei mesi; '**♀jährlich** semestrale; '**~kreis** *m* semicerchio *m*; '**~kugel** *f mat* semisfera *f*; *geogr* emisfero *m*; '**2leer** *adj* → **halb**; '**~pension** *f* mezza pensione *f*; '**~schuh** *m* scarpa *f* bassa; scarpetta *f*; '**2stündig** ['-ʃtyndiç] di (una) mezz'ora; '**2stündlich** ['-ʃtyntliç] ogni mezz'ora; '**2tägig** ['-tɛgiç] di mezza giornata; '**2tags** *adv* a mezza giornata; '**~tagsarbeit** *f* lavoro *m* a mezza giornata (*od* part time); '**~tagskraft** *m* lavoratore *m* a mezza giornata; '**2trocken** *adj Wein*: semisecco; '**2voll** *adj* → **halb**; '**2wach** *adj* → **halb**; '**~waise** *f* orfano *m* di padre (*od* di madre); '**2wegs** a mezza strada; abbastanza; quasi; '**~welt** *f* società *f* equivoca; '**2wüchsig** ['-vy:ksiç] adolescente

H

'**Halde** ['haldə] *f* (-; -*n*) versante *m* d'una collina; *min* mucchio *m* di scorie

'**Hälfte** ['hɛlftə] *f* (-; -*n*) metà *f*; **zur ~** a metà

'**Halle** ['halə] *f* (-; -*n*) atrio *m*; *fer* tettoia *f*; *avia* aviorimessa *f*, hangar *m*; (*Vor*2) vestibolo *m*; (*Säulen*2) loggia *f*; (*Kauf*2) mercato *m* (coperto)

'**Hallenbad** ['halənba:t] *n* piscina *f* coperta

hal'lo [ha'lo:] **~!** ehi! (*Gruß*) ciao!, salve!; *tel* pronto!

Halm [halm] *m* (-[*e*]*s*; -*e*) gambo *m*; (*Stroh*2) fuscello *m*; cannuccia *f*

Halo'gen|lampe [halo'ge:nlampə] *f* lampada *f* alogena; **~scheinwerfer** *m* proiettore *m* alogeno

Hals [hals] *m* (-*es*; ⸚*e*) collo *m*; (*Kehle*) gola *f*; '**~band** *n* collana *f*; *für Tiere*: collare *m*; '**~entzündung** *f* infiammazione *f* della gola; angina *f*; '**~kette** *f* collana *f*; '**~schmerzen** *m/pl* mal *m* di gola; '**~tuch** *n* sciarpa *f*; foulard *m*

halt: **~!** ferma!; *mil* alt!

Halt [halt] *m* (-[*e*]*s*; *senza pl*) sostegno *m*; arresto *m*, fermata *f*

'**haltbar** ['-ba:r] sostenibile; *Stoff*: durevole, resistente, di durata

'**halten** ['haltən] (*hielt*, *gehalten*, *h*) **1.** *v/t* tenere; *Wort*: mantenere; **nicht Wort ~** mancare di parola; *für et*: ritenere; **von j-m ~** pensare di qu; **von et ~** pensare di qc; **viel** (**wenig**) **von j-m ~** avere molta (poca) stima di qu; **was hältst du davon?** che ne pensi?; **sich ~** conservarsi; **auf et** (*acc*) **~** tenere a qc; **2** *v/i* tenere; (*nicht entzweigehen*) reggere; (*haltbar sein*) durare; (*anhalten*) fermarsi

'**Halter** ['haltər] *m* (-*s*; -) sostegno *m*; appoggio *m*; (*Feder*2) portapenne *m*

'**Halte|signal** *n* segnale *m* di fermata; '**~stelle** *f* fermata *f*; *fer* stazione *f*; '**~verbot** *auto n* divieto *m* di sosta; '**~verbotsschild** *n* segnale *m* di divieto di sosta

'**halt|los** ['haltlo:s] inconsistente; *fi*… infondato

'**Haltung** ['haltuŋ] *f* (-; -*en*) portament… *m*; *moralische*: contegno *m*, condotta morale

Hamburg ['hamburk] *n* Amburgo *f*

'**Hammel** ['haməl] *m* (-*s*; -) montone *m*; '**~braten** *m* arrosto *m* di montone

'**Hammer** ['hamər] *m* (-*s*; ⸚) martello *m*

'**hämmern** ['hɛmərn] (*h*) martellare

Hämorrho'iden, **Hämor'ride** [hɛ:m… ro'i:dən] *f/pl* emorroidi *f/pl*

'**Hampelmann** ['hampəlman] *m* (-*s*; *Hampelmänner*) burattino *m*

'**Hamster** ['hamstər] *m* (-*s*; -) *zo* cricet… *m*; '**2n** (*h*) raccogliere, ammassare; fa… incetta, accaparrare

Hand [hant] *f* (-; ⸚*e*) mano *f*; **zu Hände… von** alla cortese attenzione di; **unte… der ~** *fig* sottomano, sottobanco; … nascosto; **~ voll** manciata *f*

'**Hand|arbeit** ['hantˀarbaɪt] *f* lavoro *m* manuale; lavoro *m* a mano; '**~ballspi…** *n* pallamano *f*; '**2breit** largo quan… una mano; '**~bremse** *f* freno *m* a man…

'**Händedruck** ['hɛndədruk] *m* (-[*e*]… *Händedrücke*) stretta *f* di mano

'**Handel** ['handəl] *m* (-*s*; *senza pl*) commercio *m*; (*Geschäft*) affare *m*; **~ tre… ben mit et** commerciare in qc

'**handeln** (*h*) agire; trattare (**von et** qc); (*feilschen*) contrattare; *econ* commerciare, negoziare; **es handelt si… um …** si tratta di …

'**Handels|abkommen** ['handəlsˀapk… mən] *n* accordo *m* commercial…; '**~bank** *f* banca *f* commerciale; '**~b… ziehungen** *f/pl* rapporti *m/pl* comme… ciali; '**~bilanz** *f* bilancia *f* commerci… le; '**~bilanzdefizit** *n* disavanzo *m* del… bilancia commerciale; '**~bilanzübe… schuss** *m* avanzo *m* della bilanc… commerciale; '**2einig** d'accordo; '**~…**

ma *f* ditta *f* commerciale; **'~flotte** *f* flotta *f* mercantile; **'~gesellschaft** *f* società *f* commerciale; **'~kammer** *f* camera *f* di commercio; **'~korrespondenz** *f* corrispondenza *f* commerciale; **'~marine** *f* marina *f* mercantile; **'~platz** *m* emporio *m*, piazza *f* commerciale; **'~politik** *f* politica *f* commerciale; **'~register** *n* registro *m* delle imprese; **'~schiff** *n* nave *f* mercantile; **'~schranke** *f* barriera *f* agli scambi; **'~schule** *f* scuola *f* commerciale; **'~spanne** *f* margine *m* di utile del commercio; **'~stadt** *f* città *f* commerciale; **'♀üblich** d'uso commerciale; **'~unternehmen** *n* impresa *f* commerciale; **'~vertrag** *m* trattato *m* di commercio; **'~vertreter** *m* rappresentante *m* di commercio; **'~vertretung** *f* rappresentanza *f* commerciale; **'~zweig** *m* ramo *m* commerciale (*od* di commercio)

Hand|fläche ['hantflɛçə] *f* palma *f*; **'~gelenk** *n* (articolazione *f* del) polso *m*; **'~gemenge** *n* (-*s*; -) zuffa *f*; **'~gepäck** *n* bagaglio *m* a mano; **'♀greiflich** ['-graɪfliç] chiaro, evidente; **'~griff** *m* maneggio *m*; maniglia *f*; manico *m*; **'♀haben** (*handhabte*, *gehandhabt*, *h*) maneggiare; *fig* adoperare; *Gesetz*: applicare; **'~karren** *m* carriola *f*; **'~koffer** *m* valigia *f*; **'~kuss** *m* baciamano *m*

Händler ['hɛndlər] *m* (-*s*; -), **'~in** *f* (-; -*nen*) commerciante *m/f*

hand|lich ['hantliç] maneggevole; **'♀lung** ['handluŋ] *f* (-; -*en*) azione *f*; (*Laden*) negozio *m*; *tea*, *let* trama *f*; **'♀lungsweise** *f* modo *m* d'agire; comportamento *m*

Hand|rücken ['hantrykən] *m* dorso *m* della mano; **'~schrift** *f* scrittura *f*, calligrafia *f*, *let* manoscritto *m*; **'♀schriftlich** manoscritto; *adv* per iscritto (a mano); **'~schuh** *m* guanto *m*; **'~tasche** *f* borsa *f*; valigetta *f*; **'~tuch** *n* asciugamano *m*; **'~voll** → ***Hand***

Hand|wagen *m* carrettino *m*; **'~werk** ['-vɛrk] *n* (-[*e*]*s*; -*e*) mestiere *m*; artigianato *m*; **'~werker** *m* (-*s*; -), **'~werkerin** *f* (-; -*nen*) artigiano *m*, -a *f*; operaio *m*, -a *f*; (*Kunst~*) artigiano *m*, -a *f*; **'~werksmeister** *m* maestro *m* artigiano, mastro *m*; **'~werkszeug** *n* (-[*e*]*s*; *senza pl*) ferri *m/pl*, utensili *m/pl*, strumenti *m/pl*, arnesi *m/pl*

'Handy ['hɛndi] *n* (-*s*; -*s*) *tel* cellulare *m*, telefonino *m*

Hanf [hanf] *m* (-[*e*]*s*; *senza pl*) canapa *f*

Hang [haŋ] *m* (-[*e*]*s*; ⸚*e*) pendio *m*; *fig* inclinazione *f*, tendenza *f*; disposizione *f*

'Hänge|brücke ['hɛŋəbrykə] *f* ponte *m* sospeso; **'~lampe** *f* lampada *f* sospesa, lampadario *m*; **'~matte** *f* amaca *f*

'hängen ['hɛŋən] **1.** *v/i* (*hing*, *gehangen*, *h*) pendere; essere sospeso (*od* attaccato); *fig* **an et** (*dat*), **an j-m ~** essere affezionato a, essere attaccato a; **~ *bleiben*** restare attaccato; **~ *lassen*** abbassare; **2.** *v/t* (*h*) appendere; *an den Galgen*: impiccare

'Hantel ['hantəl] *f* (-; -*n*) manubrio *m*

han'tieren [han'tiːrən] (*senza ge*-, *h*) maneggiare; manipolare; *geschäftig sein*: darsi da fare

'Hardware ['hartvɛːr] *f* (-; -*s*) *inform* hardware *m*

'Harem ['hɑːrɛm] *m* (-*s*; -*s*) arem *m*

'Harfe ['harfə] *f* (-; -*n*) arpa *f*

'Harke ['harkə] *f* (-; -*n*) rastrello *m*; **'♀n** (*h*) rastrellare

'harmlos ['harmloːs] ingenuo; innocente; *Sache*: innocuo

Harm|o'nie [harmo'niː] *f* (-; -*n*) armonia *f*; **♀o'nieren** (*senza ge*-, *h*) andar d'accordo; armonizzare; **♀'onisch** [-'moːniʃ] armonico; **~oni'sierung** [harmoni'ziːruŋ] *f* (-; -*en*) armonizzazione *f*; **~'onium** [-'moːnjum] *n* (-*s*; -*ien*) armonio *m*

Harn [harn] *m* (-[*e*]*s*; -*e*) urina *f*; **'~blase** *f* vescica *f* (urinaria)

Har'pune [har'puːnə] *f* (-; -*n*) rampone *m*; fiocina *f*

hart [hart] duro; *Ei*: sodo; *Verlust*: grave; *Zeit*: difficile; *Winter*: rigido; **~e *Währung*** valuta forte; **~ *werden*** indurirsi

'Härte ['hɛrtə] *f* (-; -*n*) durezza *f*; *des Winters*: rigore *m*; **'♀n** (*h*) indurire

'Hart|faserplatte ['hartfɑːzərplatə] *f* lastra *f* di fibra dura; compensato *m*; **'~geld** *n* (-*es*; *senza pl*) moneta *f* metallica; spiccioli *m/pl*; **'♀näckig** ['-nɛkiç] ostinato

Harz [hɑːrts] *n* (-*es*; -*e*) resina *f*

'haschen ['haʃən] (*h*) **1.** *v/t* acchiappare; **2.** *v/i* ***nach et*** **~** cercare di acchiap-

H

pare qc
'**Haschisch** ['haʃɪʃ] *n* (-[*s*]; *senza pl*) hascisc *m*
'**Hase** ['hɑːzə] *m* (-*n*; -*n*) lepre *f*
'**Haselnuss** ['hɑːzəlnus] *f* nocciola *f*
'**Hasenbraten** ['hɑːzənbrɑːtən] *m* arrosto *m* di lepre
Hass [has] *m* (-*sses*; *senza pl*) odio *m*
'**hassen** ['hasən] (*h*) odiare
'**hässlich** ['hɛsliç] brutto
Hast [hast] *f* (-; *senza pl*) fretta *f*; furia *f*; '**2en** (*sn*) affrettarsi; '**2ig** precipitoso
'**Haube** ['haubə] *f* (-; -*n*) cuffia *f*; *Motor*: cofano *m*
Hauch [haux] *m* (-[*e*]*s*; *senza pl*) alito *m*; '**2en 1.** *v/t* soffiare; *Geruch*: esalare; *fig* spirare; **2.** *v/i* alitare; *fig* sussurrare; *Wind*: soffiare
'**hauen** ['hauən] (*h*) **1.** *v/i* picchiare; **2.** *v/t* picchiare; *Holz*, *Stein*: spaccare; *Loch*: scavare; *Nagel*: piantare
'**Haufen** ['haufən] *m* (-*s*; -) mucchio *m*; (*Schar*) folla *f*
'**häufig** ['hɔʏfiç] frequente; *adv* spesso
Haupt ['haupt] *n* (-[*e*]*s*; *Häupter*) capo *m* (*a fig Führer*); '**~aktionär** *m* maggiore azionista *m*; '**2amtlich** in servizio attivo; '**~bahnhof** *m* stazione *f* centrale; '**~bestandteil** *m* parte *f* principale; '**~darsteller** *m*, '**~darstellerin** *f* protagonista *m/f*; '**~eingang** *m* entrata *f* (*od ingresso m*) principale; '**~gericht** *n* piatto *m* forte; '**~geschäft** *n* centrale *f*; '**~geschäftsstraße** *f* principale via *f* commerciale; '**~gewinn** *m* primo premio *m*
'**Haupt|linie** ['hauptliːnjə] *f fer* linea *f* principale (*od* diretta); '**~mahlzeit** *f* pasto *m* principale; '**~mann** *m* capitano *m*; '**~person** *f* personaggio *m* principale; protagonista *m/f*; '**~post** *f*, '**~postamt** *n* posta *f* centrale; ufficio *m* centrale delle poste; '**~reisezeit** *f* stagione *f* turistica; '**~rolle** *f* parte *f* principale; '**~sache** *f* essenziale *m*; '**2sächlich** ['-zɛçliç] principale; '**~saison** *f* alta stagione *f*; '**~schulabschluss** *m* diploma *m* finale della Hauptschule; '**~schule** *f tipo di scuola secondaria inferiore*; '**~speicher** *m* memoria *f* principale; '**~stadt** *f* capitale *f*; '**~straße** *f* strada *f* principale; '**~verkehrsstraße** *f* arteria *f* principale; '**~verkehrszeit** *f* ora *f* di punta; '**~versammlung** *f* assemblea *f* generale; '**~wohnsitz** *m* domicilio *m* principale
Haus [haus] *n* (-*es*; *Häuser*) casa *f*; *econ* casa *f*, ditta *f*; ***nach ~e*** a casa; ***wo ist er zu ~e?*** di dov'è?; ***bei uns zu ~e*** da noi; '**~apotheke** *f* farmacia *f* domestica; '**~arbeit** *f* lavoro *m* casalingo; '**~arzt** *m* medico *m* di famiglia; '**~aufgabe** *f* compiti *m/pl*; '**~besetzer** ['-bəzɛtsər] *m* (-*s*; -) occupante *m* abusivo di un edificio; '**~besetzung** *f* occupazione *f* abusiva di un edificio; '**~besitzer** *m*, '**~besitzerin** *f* proprietario *m*, -a *f* di casa; '**~flur** *m* ingresso *m*; corridoio *m*; '**~frau** *f* casalinga *f*; padrona *f* di casa; madre *f* di famiglia; '**~gast** *m* cliente *m*; ospite *m*; '**~gebrauch** *m* uso *m* domestico; '**~halt** *m* (-[*e*]*s*; -*e*) governo *m* della casa; casa *f*; nucleo *m* familiare; *pol* bilancio *m*; '**~hälterin** ['-hɛltərin] *f* (-; -*nen*) governante *f*; '**~haltsdefizit** *n* deficit *m* del bilancio pubblico; '**~haltsplan** *m* bilancio *m* preventivo; '**~herr** *m* padrone *m* di casa; '**2hoch** enorme
hau'sieren [hau'ziːrən] (*senza ge*-, *h*) ***mit et ~*** vendere qc di casa in casa
'**Haus|lehrer** *m* precettore *m*; '**~lehrerin** *f* istitutrice *f*
'**häuslich** ['hɔʏsliç] casalingo
'**Haus|marke** *f* marchio *m*; '**~meister** *m* amministratore *m* di una casa; (*Portier*) portinaio *m*; *Schule*: bidello *m*; '**~nummer** *f* numero *m* civico; '**~schlüssel** *m* chiave *f* di casa; '**~schuh** *m* ciabatta *f*; pantofola *f*
'**Hausse** ['hoːsə] *econ f* (-; -*n*) rialzo *m*
'**Haus|tier** *n* animale *m* domestico; '**~tür** *f* porta *f* di casa; '**~wirt** *m*, '**~wirtin** *f* padrone *m*, -a *f* di casa; '**~wirtschaft** *f* economia *f* domestica; '**~zelt** *n* tenda *f* a casetta
Haut [haut] *f* (-; *Häute*) pelle *f*; epidermide *f*; *dünne*: membrana *f*; '**~abschürfung** *f* escoriazione *f*; '**~arzt** *m* dermatologo *m*; '**~ausschlag** *m* eruzione *f* cutanea
'**Häutchen** ['hɔʏtçən] *n* (-*s*; -) pellicola *f*
'**Haut|creme** ['hautkreːm] *f* crema *f* per la pelle; '**~farbe** *f* colorito *m*, carnagione *f*; '**~krankheit** *f* malattia *f* cutanea; '**~pflege** *f* igiene *f* della pelle, cosm

tica *f*
Hava'rie [hava'ri:] *f* (-; *-n*) avaria *f*
Hbf. ***Hauptbahnhof*** stazione centrale
h. c. ***honoris causa*** honoris causa
'Hebamme ['he:pʔamə] *f* (-; *-n*) levatrice *f*, ostetrica *f*
'Hebel ['he:bəl] *m* (*-s*; -) leva *f*
'heben ['he:bən] (*hob*, *gehoben*, *h*) alzare; (*weg*~) levare; *Wrack*: ricuperare
He'bräler [he'brɛ:ər] *m* (*-s*; -), **~in** *f* (-; *-nen*) ebreo *m*, -a *f*; **2isch** ebraico
Hecht [hɛçt] *m* (-[*e*]*s*; -) luccio *m*
Heck *mar* [hɛk] *n* (-[*e*]*s*; *-e u -s*) poppa *f*
Hecke ['hɛkə] *f* (-; *-n*) siepe *f*
Heck|fenster *n* finestrino *m* posteriore; **'~motor** *m* motore *m* posteriore; **'~scheibe** *f* lunotto *m*; **'~scheibenwischer** *m* tergilunotto *m*
Heer [he:r] *n* (-[*e*]*s*; *-e*) esercito *m*
Hefe ['he:fə] *f* (-; *-n*) (*Sauerteig*) fermento *m*, lievito *m*; *spreg* feccia *f*
Heft [hɛft] *n* (-[*e*]*s*; *-e*) manico *m*; *Papier*: quaderno *m*; *Zeitschrift*: fascicolo *m*
heft|en ['hɛftən] (*h*) attaccare; *mit Naht*: imbastire; *Buch*: legare alla rustica; **'~ig** violento; impetuoso; **'2klammer** *f* punto *m* metallico, graffetta *f*; **'2pflaster** *n* cerotto *m*
Heide¹ ['haɪdə] *m* (*-n*; *-n*) pagano *m*
Heide² ['haɪdə] *f* (-; *-n*) brughiera *f*; **'~kraut** *n* erica *f*
Heidelbeere ['haɪdəlbe:rə] *f* (*Pflanze*) mirtillo *m*, (*Beere*) bacca *f*
heidnisch ['haɪdnɪʃ] pagano
heil [haɪl] sano; (*geheilt*) guarito; (*ganz*) intero
Heil [haɪl] *n* (*-s*; *senza pl*) salute *f*; (*Rettung*) salvezza *f*; (*Glück*) fortuna *f*
Heil|bad *n* bagno *m* termale; **'2bar** guaribile; **'2en** (*h*) guarire; curare, risanare; **'~gymnastik** *f* ginnastica *f* terapeutica
heilig ['haɪlɪç] santo; **2er** ***Abend*** *m* vigilia *f* di Natale
Heiligtum ['haɪlɪçtum] *n* (*-s*; *⸗er*) santuario *m*
Heil|kraft ['haɪlkraft] *f* virtù *f* salutare (*od* medicinale); **'~mittel** *n* rimedio *m*, farmaco *m*; **'~quelle** *f* sorgente *f* d'acqua minerale; **'~ung** *f* (-; *-en*) cura *f*; guarigione *f*; **'~wirkung** *f* effetto *m* curativo
heim [haɪm] *adv* a casa
Heim [haɪm] *n* (-[*e*]*s*; *-e*) casa *f*; (*Wohn*2) pensionato *m*; **'~arbeit** *f* lavoro *m* a domicilio; **'~arbeiter** *m* lavoratore *m* a domicilio
'Heimat ['haɪmɑ:t] *f* (-; *senza pl*) patria *f*; paese *m*; casa *f* paterna; **'~adresse** *f* recapito *m* nel paese di provenienza; **'~hafen** *mar m* porto *m* d'immatricolazione; **'2los** senza patria; **'2vertriebene** ['-fɛrtri:bən] profugo
'heim|bringen (*irr*, *sep*, *-ge-*, *h*, → ***bringen***) portare (*od* accompagnare) a casa; **'2fahrt** *f* viaggio *m* di ritorno; **'~gehen** (*irr*, *sep*, *-ge-*, *sn*, → ***gehen***) ritornare a casa; *fig* morire; **'2kehr** ['-ke:r] *f* (-; *senza pl*) ritorno *m* a casa; rimpatrio *m*; **'~kehren** (*sep*, *-ge-*, *sn*) ritornare a casa
'heimlich ['haɪmlɪç] (*geheim*) segreto; *adv* di nascosto, in segreto, furtivamente; **'2keit** *f* segretezza *f*
'Heim|reise ['haɪmraɪzə] *f* (viaggio *m* di) ritorno *m*; **'2wärts** ['-vɛrts] verso casa; **'~weg** ['-ve:k] *m* ritorno *m* (a casa); **'~weh** ['-ve:] *n* (-[*e*]*s*; *senza pl*) nostalgia *f*
'Heirat ['haɪrɑ:t] *f* (-; *-en*) matrimonio *m*; **'2en** **1.** *v/t* sposare; **2.** *v/i* sposarsi; **'~svermittlung** *f* agenzia *f* matrimoniale
'heiser ['haɪzər] rauco; fioco
heiß [haɪs] caldo; *Flüssigkeit*: bollente; *fig* ardente; **~** ***laufen*** *Motor*: (sur)riscaldarsi
'heißen ['haɪsən] (*hieß*, *geheißen*, *h*) *v/i* chiamarsi; (*bedeuten*) voler dire, significare; ***ich heiße ...*** mi chiamo ...; ***das heißt*** cioè; vuol dire; ***es heißt, dass*** si dice che; vuol dire che
'heiter ['haɪtər] sereno; (*froh*) allegro; *Stimmung*: festoso
'heiz|en ['haɪtsən] (*h*) *Zimmer*: riscaldare; *Ofen*: accendere; **'2er** *m* (*-s*; -) fochista *m*; **'2kessel** *m* caldaia *f* per riscaldamento; **'2kissen** *n el* cuscino *m* (termo)elettrico; termoforo *m*; **'2körper** *m* radiatore *m*; *e-r Zentralheizung*: elemento *m*; calorifero *m*; **'2ung** *f* (-; *-en*) riscaldamento *m*; (*Zentral*2) termosifone *m*, calorifero *m*
'Hektar ['hɛktər] *n* (*-s*; -) ettaro *m*
Held [hɛlt] *m* (*-en*; *-en*), **'~in** *f* (-; *-nen*) eroe *m*, eroina *f*
'helfen ['hɛlfən] (*half*, *geholfen*, *h*) aiu-

H

tare; soccorrere, assistere; (*nützen*) servire; giovare a; ***sich zu ~ wissen*** saper arrangiarsi

Helgoland ['hɛlgolant] *n* Isola *f* di Helgoland

hell [hɛl] chiaro; ***am ~en Tage*** in pieno giorno; ***es wird spät ~*** si fa giorno tardi; **'~blau** azzurro; **'~hörig** ['-hø:rıç] di udito fine; *fig* sveglio, attento

Helm [hɛlm] *m* (-[*e*]*s*; -*e*) elmo *m*; (*Schutz*2) casco *m*

Hemd [hɛmt] *n* (-[*e*]*s*; -*en*) camicia *f*

Hemi'sphäre [hemi'sfɛ:rə] *f* (-; -*n*) emisfero *m*

'hemm|en ['hɛmən] (*h*) fermare; contrastare, ostacolare; (*verhindern*) impedire; **'2ung** *f* (-; -*en*) impedimento *m*; *psic* inibizione *f*; (*Bedenken*) scrupolo *m*

H

Hengst [hɛŋst] *m* (-[*e*]*s*; -*e*) stallone *m*

'Henkel ['hɛŋkəl] *m* (-*s*; -) manico *m*

'Henker ['hɛŋkər] *m* (-*s*; -) carnefice *m*, boia *m*

'Henne ['hɛnə] *f* (-; -*n*) gallina *f*

her [he:r] qui, qua; (*in Verbindung mit „von" wird ~ mst nicht übersetzt*): ***von dort ~*** di là; ***von oben ~*** dall'alto; ***wo ist er ~?*** da dove viene?; ***es ist drei Jahre ~*** sono ormai tre anni; ***es ist lange ~*** è molto tempo ormai, è da molto (***dass*** che …)

he'rab [hɛ'rap] giù, in basso; ***von oben ~*** da sopra in giù, *fig* dall'alto in basso; **~hängen** (*irr, sep, -ge-, h,* → ***hängen***) pendere; **~setzen** (*sep, -ge-, h*) abbassare; *Preis*: ridurre, diminuire; **2setzung** *f* (-; -*en*) abbassamento *m*; riduzione *f*, diminuzione *f*; **~steigen** (*irr, sep, -ge-, sn,* → ***steigen***) scendere; *vom Pferd*: smontare

he'ran [hɛ'ran] accanto, vicino; **~gehen**: ***~ an*** (*acc*) (*irr, sep, -ge-, sn,* → ***gehen***) avvicinarsi a; **~kommen** (*irr, sep, -ge-, sn,* → ***kommen***) avvicinarsi; **~wachsen** (*irr, sep, -ge-, sn,* → ***wachsen***) crescere

he'rauf [hɛ'raʊf] su; quassù; in alto; **~kommen** (*irr, sep, -ge-, sn,* → ***kommen***), **~steigen** (*irr, sep, -ge-, sn,* → ***steigen***) salire; **'~setzen** (*sep, -ge-, h*) *Preis*: aumentare

he'raus [hɛ'raʊs] fuori; **~bekommen** (*irr, sep, senza -ge-, h,* → ***bekommen***) togliere; riuscire a scoprire; *Wechselgeld*: ricevere di resto; **~bringen** (*irr, sep, -ge-, h,* → ***bringen***) portar fuori; *fig* riuscir a cavare; *Buch*: pubblicare; *Ware*: lanciare; **2gabe** *f* (-; *senza pl*) restituzione *f*; *econ* emissione *f*; *let* pubblicazione *f*; **~geben** (*irr, sep, -ge-, h,* → ***geben***) dare; restituire; *Wechselgeld*: dare di resto; *let* pubblicare; *Buch*: curare l'edizione; *econ* emettere; **2geber** *m* (-*s*; -), **2geberin** *f* (-; -*nen*) editore *m*, -trice *f*; *vom Buch* curatore *m*, -trice *f*; **~holen** (*sep, -ge-, h*) cavar fuori; *fig* ricavare; **~kommen** (*irr, sep, -ge-, sn,* → ***kommen***) uscire (*a tip*); *fig* cavarsela; ***die Wahrheit wird ~*** la verità verrà a galla; **~lassen** (*irr, sep, -ge-, h,* → ***lassen***) lasciar uscire; **~nehmen**: *fig* ***sich ~*** (*irr, sep, -ge-, h,* → ***nehmen***) permettersi; **~platzen** (*sep, -ge-, sn*): ***mit et ~*** lasciarsi scappar di bocca qc; **~reden**: ***sich ~*** (*sep, -ge-, h*) scolparsi; **~schneiden** (*irr, sep, -ge-, h,* → ***schneiden***) estirpare; estrarre; **~stellen** (*sep, -ge-, h*) mettere in risalto; ***sich ~*** risultare; **~strecken** (*sep, -ge-, h*) stendere; sporgere; **~suchen** (*sep, -ge-, h*) scegliere

herb [hɛrp] acerbo

her'bei [hɛr'baı] qua, qui; da questa parte; **~eilen** (*sep, -ge-, sn*) accorrere; **~führen** (*sep, -ge-, h*) recare; *fig* causare; procurare; provvedere a; **~laufen** (*irr, sep, -ge-, sn,* → ***laufen***) accorrere; **~schaffen** (*sep, -ge-, h*) far venire, procurare

'Herberge ['hɛrbɛrgə] *f* (-; -*n*) locanda *f*; ricovero *m*; (*Jugend*2) ostello *m*

'herbringen ['he:rbrıŋən] (*irr, sep, -ge-, h,* → ***bringen***) portare qui

Herbst [hɛrpst] *m* (-[*e*]*s*; -*e*) autunno *m*; **'2lich** d'autunno; autunnale

Herd [he:rt] *m* (-[*e*]*s*; -*e*) focolare *m* (*fig Heim*); (*Küchen*2) cucina *f* (elettrica, a gas)

'Herde ['he:rdə] *f* (-; -*n*) gregge *m*

'her|fallen ['he:rfalən] (*irr, sep, -ge-, sn,* → ***fallen***) precipitarsi (***über*** *acc* su); *fig* dare addosso; **'~finden** (*irr, sep, -ge-, h,* → ***finden***) trovare la strada; **'~geben** (*irr, sep, -ge-, h,* → ***geben***) dare; ***sich ~*** prestarsi; **'~gehen** (*irr, sep, -ge-, sn,* → ***gehen***): ***hinter j-m ~*** seguire qu; ***neben j-m ~*** camminare accanto a qu; ***vor j-m ~*** precedere qu; ***es geht hoch***

~ si fa gran festa; '**~holen** (*sep*, *-ge-*, *h*) far venire

'**Hering** ['heːrɪŋ] *m* (*-s*; *-e*) aringa *f*

'**herkommen** ['heːrkɔmən] (*irr*, *sep*, *-ge-*, *sn*, → ***kommen***) venire; avvicinarsi; *fig* provenire

'**Herkunft** ['heːrkunft] *f* (*-*; *senza pl*) (*Abstammung*) origine *f*; *Waren*: provenienza *f*; '**~sland** *n* paese *m* di provenienza

'**herlaufen** (*irr*, *sep*, *-ge-*, *sn*, → ***laufen***) correre (***hinter*** *dat* dietro); ***hergelaufen*** venuto da chissà dove

her'metisch [hɛr'meːtɪʃ] ermetico

Hero'in [hero'iːn] *n* (*-s*; *senza pl*) eroina *f*

he'ro|isch [he'roːiʃ] eroico; **2'ismus** [-ro'ismus] *m* (*-*; *senza pl*) eroismo *m*

Herr [hɛr] *m* (*-[e]n*; *-en*) signore *m*; (*Haus2*, *Besitzer*, *Arbeitgeber*) padrone *m*; (*Tanz2*) cavaliere *m*

Herren|anzug *m* vestito *m* da uomo; '**~bekleidung** *f* abbigliamento *m* maschile; '**~friseur** *m* parrucchiere *m* per uomo; '**~mode** *f* moda *f* maschile; '**~toilette** *f* gabinetto *m* per uomini

herrichten ['heːrɪçtən] (*sep*, *-ge-*, *h*) preparare

Herr|in ['hɛrɪn] *f* (*-*; *-nen*) signora *f*; padrona *f*; '**2isch** imperioso; '**2lich** magnifico

Herrschaft ['hɛrʃaft] *f* (*-*; *-en*) governo *m*; (*senza pl*) dominio *m*; (*senza pl*) potere *m*; *fig* (*senza pl*) controllo *m*, padronanza *f*

herrsch|en ['hɛrʃən] (*h*) regnare; governare; '**2er** *m* (*-s*; *-*), '**2erin** *f* (*-*; *-nen*) sovrano *m*, -a *f*; '**2erhaus** *n* casa *f* regnante, dinastia *f*

her|stellen ['heːrʃtɛlən] (*sep*, *-ge-*, *h*) fare; fabbricare; produrre; (*wieder~*) ristabilire; '**2steller** ['-ʃtɛlər] *m* (*-s*; *-*) produttore *m*; '**2stellung** *f* (*-*; *senza pl*) fabbricazione *f*; produzione *f*; ristabilimento *m*; '**2stellungskosten** *pl* spese *f/pl* di produzione; '**2stellungspreis** *m* prezzo *m* di produzione

he'rüber [hɛ'ryːbər] di qua; da questa parte (*verso chi parla*)

he'rum [hɛ'rum] intorno, all'intorno; **~drehen** (*sep*, *-ge-*, *h*) girare; voltare; **~führen** (*sep*, *-ge-*, *h*) condurre in giro; **~kommen** (*irr*, *sep*, *-ge-*, *sn*, → ***kommen***) girare il mondo; **~reichen** (*sep*, *-ge-*, *h*) far circolare; *bei Tisch*: servire; **~reiten** (*irr*, *sep*, *-ge-*, *sn*) andare in giro a cavallo; *fig* ***auf et ~*** parlar sempre della stessa cosa; insistere su qc; **~treiben**: ***sich ~*** (*irr*, *sep*, *-ge-*, *h*, → ***treiben***) vagabondare

he'runter [hɛ'runtər] giù, in giù; abbasso, in basso; **~fallen** (*irr*, *sep*, *-ge-*, *sn*, → ***fallen***) cadere giù; **~gehen** (*irr*, *sep*, *-ge-*, *sn*, → ***gehen***) andare giù; **~handeln** (*sep*, *-ge-*, *h*) trattare sul prezzo; **~holen** (*sep*, *-ge-*, *h*) portare giù; **~kommen** (*irr*, *sep*, *-ge-*, *sn*, → ***kommen***) scendere; *fig* decadere; **~laden** *inform* (*h*) scaricare; **~schrauben** *v/t* (*sep*, *-ge-*, *h*) abbassare

her'vor [hɛr'foːr] fuori; **~bringen** (*irr*, *sep*, *-ge-*, *h*, → ***bringen***) produrre; *Worte*: proferire; **~gehen** (*irr*, *sep*, *-ge-*, *sn*, → ***gehen***) uscire; *fig* risultare; **~heben** (*irr*, *sep*, *-ge-*, *h*, → ***heben***) mettere in rilievo; **~kommen** (*irr*, *sep*, *-ge-*, *sn*, → ***kommen***) uscire; **~ragen** [-raː-gən] (*sep*, *-ge-*, *h*) sporgere; *fig* spiccare; **~ragend** sporgente; *fig* eminente; **~rufen** (*irr*, *sep*, *-ge-*, *h*, → ***rufen***) chiamar fuori; *fig* provocare; **~treten** (*irr*, *sep*, *-ge-*, *sn*, → ***treten***) farsi avanti; *fig* spiccare; **~tun**: ***sich ~*** (*irr*, *sep*, *-ge-*, *h*, → ***tun***) distinguersi; mettersi in evidenza

Herz [hɛrts] *n* (*-ens*; *-en*) cuore *m*; ***von ganzem ~en*** di tutto cuore; '**~anfall** *m* attacco *m* di cuore; '**~beschwerden** *f/pl* disturbi *m/pl* al cuore, affezione *f* cardiaca; '**~enslust** ['hɛrtsənslust] *f*: ***nach ~*** a piacimento; '**~enswunsch** *m* grande desiderio *m*; '**2ergreifend** commovente; '**~fehler** *m* vizio *m* cardiaco; '**2haft** forte; *adv* coraggiosamente, vigorosamente; **~infarkt** *m* infarto *m* cardiaco; '**~klopfen** *n* (*-s*; *senza pl*) palpitazione *f* (del cuore); *fig* batticuore *m*; '**2krank** malato di cuore; '**2lich** *adj* cordiale; *adv* di cuore; '**2los** spietato, crudele, freddo, senza cuore

'**Herzog** ['hɛrtsoːk] *m* (*-s*; *⸚e*) duca *m*; '**~in** *f* (*-*; *-nen*) duchessa *f*; '**~tum** *n* (*-s*; *Herzogtümer*) ducato *m*

'**Herz|schlag** ['hɛrtsʃlaːk] *m* battito *m* del cuore; (*Schlaganfall*) colpo *m* apoplettico; '**~spezialist** *m*, '**~spezialistin** *f* cardiologo *m*, -a *f*; '**~verpflanzung** *f*

H

(-; *-en*) trapianto *m* del cuore
Hessen ['hɛsən] *n* Assia *f*
'**Hetz|e** ['hɛtsə] *f* (-; *senza pl*) caccia *f*; (*Eile*) fretta *f*, furia *f*; *fig* campagna *f* diffamatoria; provocazione *f*; *pol* sobillazione *f*; '**2en** (*h*) dar la caccia a; *fig* aizzare, provocare; sobillare
Heu [hɔʏ] *n* (-[*e*]*s*; *senza pl*) fieno *m*
Heuch|e'lei [hɔʏçə'laɪ] *f* (-; *-en*) ipocrisia *f*; '**2eln** ['-çəln] (*h*) fingere
'**Heuer** *mar* ['hɔʏər] *f* (-; *-n*) paga *f*
'**heulen** ['hɔʏlən] (*h*) urlare; frignare
'**Heuschnupfen** ['hɔʏʃnupfən] *m* raffreddore *m* da fieno
'**heut|e** ['hɔʏtə] oggi; **~ *Abend*** stasera; **~ *Nacht*** stanotte; **~ *Morgen*** stamattina; **~ *vor acht Tagen*** otto giorni fa; '**~ig...** ['hɔɪtiç] di oggi, odierno; '**~zutage** al giorno d'oggi
'**Hexe** ['hɛksə] *f* (-; *-n*) strega *f*
hg. ***herausgegeben*** pubblicato
HGB ***Handelsgesetzbuch*** Codice di Commercio
hier [hiːr] qui, qua; **~ *ist*, ~ *sind*** ecco; **~ *bin ich*** eccomi; **~ *ist er*** eccolo; *beim Appell*: **~!** presente!; **~ *und da*** qua e là; *zeitlich*: di quando in quando; **~ *unten*** quaggiù
Hierar'chie [hiːerar'çiː] *f* (-; *-n*) gerarchia *f*
'**hier|auf** *örtlich* qua sopra; *zeitlich* dopo ciò; poi; '**~aus** di qui; *fig* da ciò; '**~bei** (*beiliegend*) qui unito; *fig* in quest'occasione; '**~durch** per di qui; *Brief*: con la presente; '**~für** per ciò; '**~her** qua, qui; '**~hin** di qua, qui, qua; **~ *und dorthin*** qua e là; '**~in** qui; in ciò; '**~mit** con ciò; *Brief*: con questa mia; '**~nach** da questo; dopo questo; secondo questo
hie'r|über [hiː'ryːbər] qua sopra; su questo; di questo; **~'unter** [-'runtər] qua sotto; fra questi; '**~von** di questo; ne; '**~zu** ['-tsuː] a ciò; inoltre; '**~zulande** ['-tsulandə] qui, in questo paese
'**hiesig** ['hiːziç] di qui, locale; *Produkte*: nostrano
'**Hilfe** ['hilfə] *f* (-; *-n*) aiuto *m*; assistenza *f*; soccorso *m*; ***Erste* ~** pronto soccorso *m*; ***mit* ~ *von*** con l'aiuto di; **~ *leisten*** prestare aiuto; '**~ruf** *m* grido *m* d'aiuto
'**hilflos** ['hilfloːs] privo d'aiuto; abbandonato
'**Hilfs|arbeiter** ['hilfsʔarbaɪtər] *m* manovale *m*; '**2bedürftig** bisognoso; '**2bereit** servizievole; soccorrevole; '**~bereitschaft** *f* (-; *senza pl*) premura *f*; '**~kraft** *f* aiuto *m*, assistente *m*/*f*; '**~lehrer** *m* maestro *m* (*od professore m*) supplente; '**~mittel** *n* rimedio *m*; espediente *m*
'**Himbeere** ['himbeːrə] *f* (-; *-n*) lampone *m*
'**Himmel** ['himəl] *m* (-*s*; -) cielo *m*; ***unter freiem* ~** all'aria aperta; '**~bett** *n* letto *m* a baldacchino; '**2blau** celeste; '**~fahrt** *f* (-; *senza pl*) *Christi*: Ascensione *f*; *Mariä*: Assunzione *f*; '**~skörper** *m* corpo *m* celeste; '**~srichtung** *f* punto *m* cardinale
hin [hin] là; ci; vi; *fig* F perduto, P in malora; **~ *und her*** qua e là; **~ *und zurück*** *fer* andata e ritorno
'**hinarbeiten** ['hinʔarbaɪtən]: ***auf e***... (*acc*) **~** (*sep*, *-ge-*, *h*): mirare a qc
hi'nauf [hi'nauf] in su, in alto; **~gehen** (*irr*, *sep*, *-ge-*, *sn*, → ***gehen***), **~steigen** (*irr*, *sep*, *-ge-*, *sn*, → ***steigen***) salire; **~tragen** (*irr*, *sep*, *-ge-*, *h*, → ***tragen***) portare su
hi'naus [hi'naus] fuori, in fuori; **~ *mi*... *euch!*** fuori di qua!; ***darüber* ~** i... più; **~gehen** (*irr*, *sep*, *-ge-*, *sn*, → ***gehen***) uscire; **~laufen** (*irr*, *sep*, *-ge-* *sn*, → ***laufen***) uscire di corsa; *fig* andare a finire, andare a parare; ***auf dasselbe*** (*od* ***auf eins***) **~** essere lo stesso, non fare differenza; **~lehnen** [-leːnən]: ***sich zum Fenster* ~** (*sep*, *-ge-*, *h*) sporgersi dalla finestra; **~schieben** (*irr*, *sep*, *-ge-*, *h*, → ***schieben***) *fig* differire, rimandare; **~werfen** (*irr*, *sep*, *-ge-*, *h*, → ***werfen***) buttare fuori, gettare fuori; *fig* cacciare via; ***zur Tür* ~** mettere all... porta
'**Hinblick** ['hinblik] *m*: ***im* ~ *auf*** (*acc*...) (in) riguardo a; considerato ...; tenut... conto di
'**hinder|n** ['hindərn] (*h*) impedire; '**2ni**... *n* (-*ses*; -*se*) impedimento *m*, ostacol... *m*
hin'durch [hin'durç] per; attravers... *zeitlich*: durante
hi'nein [hi'naɪn] dentro; ***bis tief in d*... *Nacht* ~** fino a notte inoltrata; **~den**... **ken**: ***sich in et*** (*acc*) **~** (*irr*, *sep*, *-ge*... *h*, → ***denken***) immedesimarsi in q... prendere confidenza con qc; **~finde**...

sich in et (*acc*) **~** (*irr, sep, -ge-, h,* → ***finden***) adattarsi a qc; ***sich in j-s*** (*acc*) ***Lage*** **~** mettersi nei panni di qu; **~gehen** (*irr, sep, -ge-, sn,* → ***gehen***) entrare; **~geraten** (*irr, sep, senza -ge-, sn,* → ***geraten***) cascarci; **~greifen** (*irr, sep, -ge-, h,* → ***greifen***) mettere le mani in

hin|fahren ['hinfɑːrən] (*irr, sep, -ge-,* → ***fahren***) **1.** *v/t* (*h*) condurvi; **2.** *v/i* (*sn*) andarci; ***ich fahre hin*** ci vado; **'℞fahrt** *f* andata *f*; ***auf der*** **~** ***nach …*** andando a …; **'~fallen** (*irr, sep, -ge-, sn,* → ***fallen***) cadere; **'~fällig** ['-fɛliç] cascante; (*schwach*) debole; (*vergänglich*) caduco; *fig* illusorio

Hin|gabe ['hingɑːbə] *f* (-; *senza pl*) dedizione *f*; abbandono *m*; **'℞geben** (*irr, sep, -ge-, h,* → ***geben***) dare; *fig* ***sich*** **~** darsi, dedicarsi (a qc); abbandonarsi; **℞'gegen** al contario; **'℞gehen** (*irr, sep, -ge-, sn,* → ***gehen***) andarci; ***ich gehe hin*** ci vado; **'℞halten** *v/t* (*irr, sep, -ge-, h,* → ***halten***) porgere; *fig j-n*: trattenere, tenere a bada

hinken ['hiŋkən] (*h*) zoppicare

hin|kommen ['hinkɔmən] arrivarci; ***wo wird es hingekommen sein?*** dove sarà andato a finire?; **'~legen** (*sep, -ge-, h*) posare; ***sich*** **~** coricarsi; sdraiarsi; *ins Bett*: mettersi a letto; **'~nehmen** (*irr, sep, -ge-, h,* → ***nehmen***) accettare; *fig* tollerare, sopportare; **'~reichen** (*sep, -ge-, h*) **1.** *v/t* porgere; *Hand*: tendere; **2.** *v/i* bastare; **'℞reise** *f* (viaggio *m* d')andata *f*; **'~richten** (*sep, -ge-, h*) *jur j-n*: giustiziare; **'℞richtung** *f* (-; *-en*) esecuzione *f* (capitale); **'~setzen** (*sep, -ge-, h*) porre, ***sich*** **~** sedersi, mettersi a sedere; **'℞sicht** *f* (-; *senza pl*) riguardo *m*; aspetto *m*; ***in dieser*** **~** a questo riguardo; **'~sichtlich** ['-ziçtliç] (*gen*) riguardo a; **'~stellen** (*sep, -ge-, h*) porre, *fig* (rap)presentare

hinten ['hintən] dietro; all'indietro; di dietro; in fondo; ***weiter*** **~** più in fondo; ***ganz*** **~** tutt'in fondo; ***nach*** **~** ***heraus*** sul di dietro

hinter ['hintər] **1.** *prp* dietro; *fig* **~** ***et*** (*acc*) ***kommen*** scoprire qc; **2.** *adj* posteriore, di dietro, ***der*** **~*e*, ~*ste*** l'ultimo; **'℞achse** *f* asse *f* posteriore; **'℞bein** *n*: ***sich auf die*** **~*e*** ***stellen*** *fig* impegnarsi; **℞'bliebene** *pl*: ***die*** **~*n*** i superstiti *m/pl*, i sopravvissuti *m/pl*; *am Grab*: i parenti *m/pl*

hinterei'nander [-ʔaɪ'nandər] di seguito; uno dopo l'altro; in fila indiana; ***drei Tage*** **~** tre giorni di seguito

'Hinter|gedanke *m* secondo fine *m*; **℞'gehen** (*irr, senza -ge-, h,* → ***gehen***) ingannare; **'~grund** *m* (-[*e*]*s*; *senza pl*) fondo *m*, retroscena *m*; *Malerei*: sfondo *m*; *fig* ***in den*** **~** ***treten*** perdere di importanza; **'~halt** *m* (-[*e*]*s*; *-e*) imboscata *f*; **'℞hältig** ['-hɛltiç] insidioso; **℞'her** *zeitlich* dopo; *örtlich* dietro; **'~kopf** *m* occipite *m*; **'~land** *n* (*-es*; *senza pl*) retroterra *m*; **℞'lassen** (*irr, senza -ge-, h,* → ***lassen***) lasciare; *Botschaft*: lasciar detto; **~'lassenschaft** [-'lasənʃaft] *f* (-; *-en*) eredità *f*; **℞'legen** (*senza -ge-, h*) depositare; **'~list** *f* (-; *senza pl*) astuzia *f*; insidia *f*; **'℞listig** astuto; perfido; insidioso; **'~n** *m* (*-s*; -) F sedere *m*; **'~rad** *n* ruota *f* posteriore; **'~teil** *n* parte *f* posteriore; **'~treppe** *f* scala *f* di servizio; **'~tür** *f* porta *f* di dietro; *fig* scappatoia *f*; **℞'ziehen** (*irr, senza -ge-, h,* → ***ziehen***) sottrarre; defraudare; **~'ziehung** *f* (-; *-en*) defraudazione *f*

hi'nüber [hi'nyːbər] di là; dall'altra parte; **~gehen** (*irr, sep, -ge-, sn,* → ***gehen***) passare dall'altra parte

'hin und 'her ['hinʔunt'heːr] di qua e di là

Hin- und 'Rückfahr|t [-'rykfɑːrt] *f* andata *f* e ritorno; **~*-Karte*** *f* biglietto *m* di andata e ritorno

'Hinweg ['hinveːk] *m* andata *f*

'Hin|weis ['hinvaɪs] *m* (*-es*; *-e*) indicazione *f*; cenno *m*; **'℞weisen** ['-vaɪzən] (*irr, sep, -ge-, h,* → ***weisen***) indicare (***auf et*** *acc* qc); accennare (***auf*** *acc* a); rimandare (***auf*** *acc* a), **'~weisschild** *n* segnale *m* d'indicazione; **'℞werfen** (*irr, sep, -ge-, h,* → ***werfen***) buttar via; *fig* buttar giù

'hin|zeigen: **~** ***auf*** (*acc*) (*sep, -ge-, h*) indicare, mostrare, additare; **'~ziehen** (*irr, sep, -ge-,* → ***ziehen***) **1.** *v/t* (*h*) attirare; *fig* tirare in lungo; **2.** *v/i* (*sn*) andare a stabilirsi

hin'zu [hin'tsuː] ivi, vi; oltre a ciò; per giunta; **~fügen** (*sep, -ge-, h*) aggiungere; *sprechend*: soggiungere; **~kommen**

H

(*irr*, *sep*, *-ge-*, *sn*, → ***kommen***) sopravvenire; ***es kommt noch hinzu*** si aggiunge; **~legen** (*sep*, *-ge-*, *h*), **~rechnen** (*sep*, *-ge-*, *h*), **~setzen** (*sep*, *-ge-*, *h*), **~tun** (*irr*, *sep*, *-ge-*, *h*, → ***tun***) aggiungere; **~ziehen** (*irr*, *sep*, *-ge-*, *h*, → ***ziehen***) consultare

Hirn [hirn] *n* (-[*e*]*s*; *-e*) cervello *m*; **'~gespinst** *n* chimera *f*; **'~hautentzündung** ['-haʊtˀɛnttsyndʊŋ] *f* meningite *f*

Hirsch [hirʃ] *m* (*-es*; *-e*) cervo *m*

'Hirse *bot* ['hirzə] *f* (-; *-n*) miglio *m*

'Hirt|e ['hirtə] *m* (*-n*; *-n*), **'~in** *f* (-; *-nen*) pastore *m*, -ella *f*

'hissen ['hisən] (*h*) issare

His'tor|iker [his'to:rikər] *m* (*-s*; -), **⁓isch** *adj* storico *m*

'Hitz|e ['hitsə] *f* (-; *senza pl*) *Wetter*: (gran) caldo *m*; calore *m*; afa *f*; *Sommer*: calura *f*; **'⁓ebeständig** resistente al calore; **'~ewelle** *f* ondata *f* di caldo; **'~schlag** *m* colpo *m* di calore

HIV (*Human Immundeficiency Virus*) ***Aids-Erreger*** virus dell'Aids

HIV-|'negativ [ha:ˀi:fau'negati:f] sieronegativo; **~'positiv** sieropositivo

HNO ***Hals-Nasen-Ohren-Heilkunde*** Otorinolaringoiatria (*abbr* ORL)

'Hobby ['hɔbi] *n* (*-s*; *-s*) hobby *m*, svago *m* preferito

'Hobel ['ho:bəl] *m* (*-s*; -) pialla *f*

'hobeln ['ho:bəln] (*h*) piallare

hoch [ho:x] **1.** ***ch*** *vor* ***e*** = ***h***: ***hohe***(***r***, ***-s***) ['ho:ər, '-əs], ***höher*** ['hø:ər], ***höchst*** [hø:çst] *adj* alto; **2.** *adv* in su; in alto; ***~!*** evviva!; ***~ begabt*** → ***hochbegabt***; **'⁓achtung** *f* stima *f*; **'~achtungsvoll** *adv* distinti saluti; **'⁓antenne** *f* antenna *f* aerea; **'⁓bau** *m* costruzione *f* insoprassuolo; **'~begabt** *adj* di molto talento; **'⁓betrieb** *m* (-[*e*]*s*; *senza pl*) attività *f* intensa; **'⁓deutsch** *n* tedesco *m* puro; *let* alto tedesco *m*; **'⁓druck** *m* (-[*e*]*s*; *senza pl*) alta pressione *f*; ***mit ~ arbeiten*** *fig* lavorare a tutto spiano; **'⁓druckgebiet** *n* zona *f* di alta pressione; **'⁓ebene** *f* altipiano *m*; **'~erfreut** felicissimo; **'⁓frequenz** *f* *Radio*: alta frequenza *f*; **'⁓gebirge** *n* alta montagna *f*; **'⁓haus** *n* palazzo *m*, palazzone *m*; (*Wolkenkratzer*) grattacielo *m*; **'~heben** (*irr*, *sep*, *-ge-*, *h*, → ***heben***) sollevare, alzare; **'⁓konjunktur** *f* alta congiuntura *f*; **'⁓land** *n* altipiano *m*; **'~leben**: ***er lebe ~!*** evviva!; ***j-n ~leben lassen*** fare un brindisi (*od* portare un evviva) a qu; **'~prozentig** ['-protsɛntiç] a percentuale elevata; **'⁓saison** *f* alta stagione *f*; **'⁓schätzung** *f* stima *f*; **'~schrauben** *v/t* (*sep*, *-ge-*, *h*) alzare; **'⁓schulabschluss** *m* diploma *m* universitario; **'⁓schule** *f* accademia *f*; scuola *f* (*od istituto m*) superiore; università *f*; politecnico *m*; **'⁓schulreife** *f* (-; *senza pl*) maturità *f*; **'⁓sommer** *m* cuore *m* dell'estate; **'⁓spannung** *f* alta tensione *f*; **'⁓sprung** *m* (-[*e*]*s*; *senza pl*) salto *m* in alto

Hoch [ho:x] *n* (*-s*; *-s*) *Ruf*: evviva *m*; *Wetterkunde*: zona *f* di alta pressione

höchst [hø:çst] (→ ***hoch***) il più alto; *fig* massimo; supremo; sommo; *adv* estremamente

'höchstens ['hø:çstəns] al massimo; tutt'al più

'Höchst|geschwindigkeit *f* velocità massima; **'~leistung** *f* *Sport*: record *m*, primato *m*; *tec* potenza *f* massima; massimo rendimento *m*; **'~preis** *m* prezzo *m* limite; **'~stand** *m* livello *m* massimo

'Hoch|verrat ['ho:xfɛra:t] *m* alto tradimento *m*; **'~wasser** *n* (*-s*; -) piena *f*, inondazione *f*

'Hochzeit ['hɔxtsaɪt] *f* (-; *-en*) nozze *f/pl*, sposalizio *m*; **'~sreise** *f* viaggio *m* di nozze

'hock|en ['hɔkən] (*h*) stare accovacciato; *fig* stare seduto; *zu Hause*: stare rintanato; **'⁓er** *m* (*-s*; -) *Möbel*: sgabello *m*

'Hockey ['hɔki] *n* (*-s*; *senza pl*) hockey *m*

'Hode ['ho:də] *f* (-; *-n*), **'Hoden** *m* (*-s*; -) testicolo *m*

Hof [ho:f] *m* (-[*e*]*s*; *⸗e*) (*Fürsten⁓*) corte *f* (*a fig*); (*Haus⁓*) cortile *m*; (*Hotel*) albergo *m*; *agr* masseria *f*

'hoff|en ['hɔfən] *v/t u v/i* (*h*) sperare (***auf*** *acc* in); **'~entlich** ['-tliç]: **~ …** speriamo che …, magari …

'Hoffnung ['hɔfnʊŋ] *f* (-; *-en*) speranza *f*; **'⁓slos** ['-slo:s] senza speranza; disperato

'höf|isch ['hø:fiʃ] cortigiano; cortigianesco; **'~lich** cortese; **'⁓lichkeit** *f* (-; *-en*) cortesia *f*

'Höhe ['hø:ə] *f* (-; *-n*) altezza *f*; *astr* altitudine *f*; *econ* ***in ~ von ...*** per l'ammontare di ...
'Hoheit|sgebiet [ho:haɪtsgəbi:t] *n* territorio *m* nazionale; **'~sgewässer** ['-gəvɛsər] *n/pl* acque *f/pl* territoriali; **'~szeichen** *n* emblema *m* di nazionalità
'Höhen|luft ['hø:ənluft] *f* (-; *senza pl*) aria *f* di montagna; **'~sonne** *f* sole *m* alpino; *med* sole *m* artificiale; lampada *f* a raggi ultravioletti; **'~unterschied** *m* dislivello *m*; **'~zug** *m* catena *f* di montagne
'Höhepunkt ['hø:əpuŋkt] *m* punto *m* culminante, colmo *m*; *fig a* apice *m*, sommo *m*, sommità *f*
'höher ['hø:ər] → ***hoch***; più alto, superiore
hohl [ho:l] incavato; *Glas*: concavo
Höhle ['hø:lə] *f* (-; *-n*) caverna *f*; grotta *f*; *für Tiere*: tana *f*
'Hohl|maß ['ho:lmɑ:s] *n* misura *f* di capacità; **'~raum** *m* cavità *f*, vuoto *m*; **'~spiegel** *m* specchio *m* concavo
Hohn [ho:n] *m* (-[*e*]*s*; *senza pl*) scherno *m*; ***j-m zum ~ und Trotz*** a dispetto marcio di qu
höhnisch ['hø:niʃ] beffardo
Holdinggesellschaft ['ho:ldiŋgəzɛlʃaft] *f* (società *f*) holding *f*
holen ['ho:lən] *v/t* (*h*) andare (*od* venire) a prendere; *Atem*: pigliare; ***~ lassen*** mandare a prendere; ***sich*** (*dat*) ***et ~*** pigliarsi, F buscarsi qc
Holland ['hɔlant] *n* Olanda *f*
Holländ|er ['hɔlɛndər] *m* (-*s*; -), **'~erin** *f* (-; *-nen*), **'≈isch** olandese *m/f*
Hölle ['hœlə] *f* (-; *senza pl*) inferno *m*
höllisch ['hœliʃ] infernale; *fig* maledetto
holp(e)rig ['hɔlp(ə)riç] ineguale; *Weg*: scabroso; *fig* zoppicante
Ho'lunder *bot* [ho'lundər] *m* (-*s*; -) sambuco *m*
Holz [hɔlts] *n* (-*es*; *⸚er*) legno *m*; (*Brenn*≈) legna *f*; (*Bau*≈, *Nutz*≈) legname *m*
hölzern ['hœltsərn] di legno; *fig* goffo
Holz|fäller ['hɔltsfɛlər] *m* (-*s*; -) boscaiolo *m*; taglialegna *m*; **'~hammer** *m* mazzuola *f*; **'≈ig** legnoso; **'~kohle** *f* carbone *m* di legno; **'~schnitzer** *m* intagliatore *m*; **'~schuh** *m* zoccolo *m*; **'~wolle** *f* trucioli *m/pl* di legno
'Home|banking ['ho:mbɛŋkɪŋ] *m* (-*s*; *senza pl*) home banking *m*; **'~page** ['-pe:tʃ] *f* (-; -*s*) home-page *f*; **'~shopping** ['-ʃɔpɪŋ] *n* (-*s*; *senza pl*) televendita *f*
Homoehe *f* matrimonio *m* gay
Homöo'p|ath [homø:o'pɑ:t] *m* (-*en*; -*en*) omeopatico *m*; **≈'athisch** omeopatico
homosexu'ell [homozɛksu'ɛl] omosessuale
'Honig ['ho:niç] *m* (-*s*; -*e*) miele *m*
Hono'r|ar [hono'rɑ:r] *n* (-*s*; -*e*) onorario *m*; **≈'ieren** (*senza ge-*, *h*) pagare; *Wechsel*: onorare, far onore a; *j-n*: retribuire
'Hopfen *bot* ['hɔpfən] *m* (-*s*; *senza pl*) luppolo *m*
'hopsen ['hɔpsən] (*sn*) saltellare
'hörbar ['hø:rbɑ:r] udibile
'horchen ['hɔrçən] (*h*) stare a sentire; (*zuhören*) ascoltare; *an der Tür*: origliare
'Horde ['hɔrdə] *f* (-; *-n*) orda *f*
'hör|en ['hø:rən] (*h*) udire; (*zu~*) sentire; (*an~*) ascoltare; *Vorlesung*: frequentare; ***von sich ~ lassen*** dare nuove di sé; ***nichts mehr von sich ~ lassen*** non farsi più vivo; ***schwer ~*** sentirci poco; **'≈er** *m* (-*s*; -), **'≈erin** *f* (-, -*nen*) uditore *m*, -trice *f*; (*a Radio*) ascoltatore *m*, -trice *f*, *Telefon*: ricevitore *m*; (*Kopf*≈) cuffia *f*; **'≈fehler** *m* *med* difetto *m* d'udito; **'≈gerät** *n* apparecchio *m* acustico; **'~ig** servo; soggetto a
Hori'zont [ho:ri'tsɔnt] *m* (-[*e*]*s*; -*e*) orizzonte *m*; **≈'al** [-'tɑ:l] orizzontale
Hor'mon [hɔr'mo:n] *n* (-*s*; -*e*) ormone *m*
Horn [hɔrn] *n* (-[*e*]*s*; *⸚er*) corno *m* (*a mus*); (*Berg*) punta *f*
'Hörnchen ['hœrnçən] *n* (-*s*; -) cornetto *m*
'Hornhaut ['hɔrnhaʊt] *f* callosità *f*; *des Auges*: cornea *f*
Hor'nisse [hɔr'nisə] *f* (-; *-n*) calabrone *m*
Hor'nist [hɔr'nist] *m* (-*en*; -*en*) cornista *m*
Horo'skop [horo'sko:p] *n* (-*s*; -*e*) oroscopo *m*
'Hör|saal ['hørzɑ:l] *m* aula *f*, uditorio *m*, auditorio *m*; **'~spiel** *n* radiocom-

H

media *f*; rappresentazione *f* radiofonica

Hort [hɔrt] *m* (-[*e*]*s*; -*e*) tesoro *m*; (*Kinder*ꝛ) asilo *m* infantile

'Hörweite ['høːrvaɪtə] *f* (-; *senza pl*) portata *f* della voce, portata *f* dell'udito

'Hose ['hoːzə] *f* (-; -*n*) calzoni *m/pl*, pantaloni *m/pl*; *kurze*: calzoni *m/pl* corti, calzoncini *m/pl*; **'~nrock** *m* gonna *f* pantalone; **'~ntasche** *f* tasca *f* dei calzoni; **'~nträger** *m/pl* bretelle *f/pl*

Hospi'tal [hɔspi'tɑːl] *n* (-*s*; -*e u* ⸚*er*) ospedale *m*

'Hostess ['hɔstɛs] *f* (-; -*en*) hostess *f*

Ho'tel [ho'tɛl] *n* (-*s*; -*s*) albergo *m*; **~besitzer** *m* albergatore *m*; **~halle** *f* hall *f* dell'albergo; **~verzeichnis** *n* elenco *m* degli alberghi; **~zimmer** *n* camera *f* d'albergo

Hr., **Hrn** ***Herrn*** (Al) Signor

hrsg. ***herausgegeben*** pubblicato

Hrsg. ***Herausgeber*** editore

'hüben ['hyːbən] di qua

'Hubraum ['huːpraʊm] *m* cilindrata *f*

hübsch [hypʃ] bello; *Person*: carino; *adv fig* bene, per benino

'Hubschrauber *avia* ['huːpʃraʊbər] *m* (-*s*; -) elicottero *m*; **'~landeplatz** *m* eliporto *m*

'Huckepackverkehr ['hukəpakfɛrkeːr] *m* trasporto *m* combinato rotaia-strada

Huf [huːf] *m* (-[*e*]*s*; -*e*) zoccolo *m*

'Hüfte ['hyftə] *f* (-; -*n*) anca *f*

'Hügel ['hyːgəl] *m* (-*s*; -) colle *m*, collina *f*; (*Grab*ꝛ) tumulo *m*; **'ꝛig** collinoso

Huge'nott|e [huːgə'nɔtə] *m* (-*n*; -*n*), **~in** *f* (-; -*nen*) ugonotto *m*, -a *f*

Huhn [huːn] *n* (-[*e*]*s*; ⸚*er*) gallina *f*; *gastr* pollo *m*

'Hühnchen ['hyːnçən] *n* (-*s*; -) pollastro *m*; ***ein ~ mit j-m zu rupfen haben*** aver da far i conti con qu

'Hühner|auge ['hyːnərʔaʊgə] *n* callo *m*; **'~brühe** *f* brodo *m* di pollo; **'~ei** ['-ʔai] *n* uovo *m* di gallina; **'~hof** *m* bassacorte *f*; **'~stall** *m* pollaio *m*; **'~zucht** *f* pollicoltura *f*

'huldigen ['huldigən] (*h*) rendere omaggio a; fare la corte a; *e-r Sache*: seguire; professare; coltivare, darsi a

'Hülle ['hylə] *f* (-; -*n*) involucro *m*; (*Umschlag*) copertina *f*; ***sterbliche ~*** salma *f*; ***in ~ und Fülle*** a bizzeffe; **'ꝛn** (*h*) avvolgere; ***sich in Schweigen ~*** rinchiudersi nel silenzio

'Hülse ['hylzə] *f* (-; -*n*) guscio *m*, buccia *f*; **'~nfrucht** *f* (-; *Hülsefrüchte*) legume *m*

hu'man [hu'mɑːn] umano; **~i'tär** umanitario; **ꝛi'tät** [-mani'tɛt] *f* (-; *senza pl*) umanità *f*, umanitarismo *m*

'Hummel ['huməl] *f* (-; -*n*) calabrone *m*; bombo *m*

'Hummer ['humər] *m* (-*s*; -) aragosta *f*

Hu'mor [hu'moːr] *m* (-*s*; *senza pl*) buon umore *m*; umorismo *m*; vena *f* comica; **~'ist** [-mo'rist] *m* (-*en*; -*en*), **~'istin** *f* (-; -*nen*) umorista *m/f*; **ꝛ'istisch** umoristico; **'ꝛvoll** spiritoso

'Humus ['huːmus] *m* (-; *senza pl*), **'~boden** *m* humus *m*

Hund [hunt] *m* (-[*e*]*s*; -*e*) cane *m*

'Hunde|hütte ['hundəhytə] *f* canile *m*; **'~leine** *f* guinzaglio *m*

'hundert ['hundərt] *adj* cento; ***etwa ~*** un centinaio; ***~ Gramm*** un etto *m*

'Hundert *n* (-*s*; -*e*) cento *m*; centinaio *m*; ***~e von Jahren*** centinaia di anni; ***10 vom Hundert*** (*abbr* ***v. H.***) dieci per cento; **'~er** *m* (-*s*; -) biglietto da cento, F centone *m*; **'ꝛfach**, **'ꝛfältig** ['-fax, '-fɛltiç] centuplo; **~'jahrfeier** [-'jɑːrfaɪər] *f* centenario; **'ꝛjährig** ['-jɛːriç] centenario; **'ꝛjährlich** ['-jɛːrliç] secolare; **'ꝛprozentig** ['-protsɛntiç] al cento per cento; **'~stel** ['-stəl] *n* (-*s*; -) centesimo *m*, centesima parte *f*

'Hundesteuer ['hundəʃtɔʏər] *f* imposta *f* sui cani

'Hündin ['hyndin] *f* (-; -*nen*) cagna *f*

'Hunger ['huŋər] *m* (-*s*; *senza pl*) fame (***nach*** di); **'~lohn** *m* salario *m* da fame; **'ꝛn** (*h*) aver fame; patire la fame; ***~ lassen*** lasciar patir la fame; **'~snot** fame *f*, carestia *f*; **'~streik** *m* sciopero *m* della fame; **'~tod** *m* (-[*e*]*s*; *senza pl*) morte *f* per fame

'hungrig ['huŋriç] affamato; ***~ sein*** aver fame

'Hupe ['huːpə] *f* (-; -*n*) clacson *m*, tromba *f*; **'ꝛn** (*h*) sonare il clacson

'Hupverbot ['huːpfɛrboːt] *n* divieto *m* di segnalazioni acustiche

'Hure P ['huːrə] *f* (-; -*n*) prostituta *f*, sgualdrina *f*

'husten ['huːstən] *(h)* tossire; aver la tosse
'Husten *m (-s; -)* tosse *f*; **'~mittel** *n* rimedio *m* contro la tosse
Hut¹ [huːt] *f (-; senza pl)* custodia *f*; ***auf der ~ sein*** stare in guardia
Hut² [huːt] *m (-[e]s; ⸚e)* cappello *m*; *(Damen*♀*)* cappellino *m*; *(steifer ~)* tubino *m*; *(hoher ~)* cilindro *m*, tuba *f*
'hüten ['hyːtən] *(h)* guardare; ***sich ~*** guardarsi *(**vor** dat* da)
Hütte ['hytə] *f (-; -n)* **1.** capanna *f*; rifugio *m*; **2.** *min* miniera *f*; **'~nindustrie** *f* industria *f* metallurgica; **'~nwesen** *n (-s; senza pl)* metallurgia *f*
Hy'äne [hy'ɛːnə] *f (-; -n)* iena *f*
Hya'zinthe *bot* [hya'tsintə] *f (-; -n)* giacinto *m*
Hy'dr|ant [hy'drant] *m (-en; -en)* idrante *m*; **~'at** [-'draːt] *n (-[e]s; -e)* idrato *m*
Hy'gien|e [hy'gjeːnə] *f (-; senza pl)* igiene *f*; **♀isch** igienico
'Hymne ['hymnə] *f (-; -n)* inno *m*
Hyp'n|ose [hyp'noːzə] *f (-; -n)* ipnosi *f*; **♀oti'sieren** [-noti'ziːrən] *(senza ge-, h)* ipnotizzare
Hypo'thek [hypo'teːk] *f (-; -en)* ipoteca *f*; ***eine ~ aufnehmen*** mettere *(od* accendere) un'ipoteca; **~enbank** [-'teːkənbaŋk] *f* banca *f* di credito ipotecario; **~enbrief** *m* ipoteca *f*; **~enzinsen** *pl* interessi *m/pl* ipotecari
Hypo'these [-'teːzə] *f (-; -n)* ipotesi *f*

I

i. A. ***im Auftrag*** per ordine
i. Allg. ***im Allgemeinen*** in genere
IATA *(International Air Transport Association)* ***Internationaler Luftverkehrsverband*** Associazione Internazionale per i Trasporti Aerei
IC ***Intercity-Zug*** treno Intercity
ich [iç] *pron* io; ***~ auch*** anch'io
Ide'al [ide'ɑːl] *adj*, **Ide'al** *n (-s; -e)* ideale *(m)*
Idee [i'deː] *f (-; -n)* idea *f*
Ident|ifi'zieren [identifi'tsiːrən] *(senza ge-, h)* identificare; **~isch** [-tiʃ] identico; **♀i'tät** *f (-; senza pl)* identità *f*
Ideol|o'gie [ideolo'giː] *f* ideologia *f*; **♀'ogisch** ideologico
idyllisch [i'dyliʃ] idillico
IG ***Industriegewerkschaft*** sindacato industriale
Igel ['iːgəl] *m (-s; -) zo* riccio *m*
igno'rieren [igno'riːrən] *(senza ge-, h)* ignorare, fingere di non conoscere
IHK ***Industrie- und Handelskammer*** Camera per l'Industria ed il Commercio
ihm [iːm] gli; *betont*: a lui
ihn [iːn] lo; *betont*: lui
ihnen ['iːnən] loro, a loro; F gli
Ihnen Le, a Lei; *pl*: Loro, a Loro; voi, a voi
ihr [iːr] **1.** le, *betont*: a lei; **2.** voi; **3.** (il) suo; il loro
Ihr il Suo, il Loro
'ihrer ['iːrər] di lei, di loro
'Ihrer di Lei, di Loro
'ihret'wegen ['iːrət'veːgən] per lei *(od* loro); per causa sua *(od* loro)
i. J. ***im Jahre*** nell'anno
'illegal ['ilegɑːl] illegale
illegi'tim [ileːgi'tiːm] illegittimo
illo'yal [iloa'jɑːl] sleale
Illu's|ion [iluz'joːn] *f (-; -en)* illusione *f*; **♀'orisch** [-'zoːriʃ] illusorio
Illustr|a'tion [ilustrats'joːn] *f (-; -en)* illustrazione *f*; **♀'ieren** *(senza ge-, h)* illustrare; **~'ierte** *f (-n; -n)* rivista *f* illustrata
im = ***in dem***
'Image ['imitʃ] *n (-[s]; -s)* immagine *f*; **'~pflege** *f* cura *f* della propria immagine
'Imbiss ['imbis] *m (-es; -e)* spuntino *m*; **'~bude** *f* chiosco *m* (di generi alimentari); **'~stube** *f* tavola *f* calda
Imita'tion [imitats'joːn] *f (-; -en)* imitazione *f*
'immer ['imər] sempre; ***~ wenn*** ogni volta che; ***~ besser*** di bene in meglio; ***~ schlechter*** di male in peggio; ***~ noch*** sempre, tuttora; ***~ noch nicht*** non ancora; **~'hin** comunque; meno male

Immo'bilien [imo'biːljən] *pl inv* (beni *m/pl*) immobili *m/pl*; **~makler** *m* agente *m* immobiliare
im'mun [i'muːn] immune; **~i'sieren** (*senza ge-, h*) immunizzare; **≈i'tät** *f* (-; *senza pl*) immunità *f*
Imperia'l|ismus [imperja'lismus] *m* (-; *senza pl*) imperialismo *m*; **≈'istisch** imperialistico
'impf|en ['impfən] (*h*) vaccinare; **'≈schein** *m* certificato *m* di vaccinazione; **'≈stoff** *m* vaccino *m*; **'≈ung** *f* (-; *-en*) vaccinazione *f*
Im'port [-'pɔrt] *m* (-[*e*]*s*; *-e*) importazione *f*; **~beschränkung** *f* restrizione *f* delle importazioni; **~'eur** [-'tøːr] *m* (*-s*; *-e*) importatore *m*; **≈'ieren** (*senza ge-, h*) importare
'impotent *med* ['-potɛnt] impotente
improvi'sieren [-provi'ziːrən] (*senza ge-, h*) improvvisare
Im'pul|s [-'puls] *m* (*-es*; *-e*) impulso *m*; **≈'siv** [-'ziːf] impulsivo
im'stande [im'ʃtandə]: **~ sein** essere in grado
in [in] (*dat u acc*) in; **~ dem** (**den**) nel, nello; **~ der** (**die**) nella; **~ den** (**die**) nei, negli, nelle; *Theater, Café*: al; *Auftrag*: per; *Ernst*: sul; *Zeitung*: sul; *zeitlich*: fra; **~** (*od* **über**) **drei Wochen** fra tre settimane; **~ der Nacht** durante la notte
'inbegriffen compreso, incluso
Inbe'triebnahme [-bə'triːpnaːmə] *f* (-; *-n*) messa *f* in servizio
in'dem [in'deːm] mentre; (*da*) poiché; **~ ich sagte** dicendo
'Inder ['indər] *m* (*-s*; -), **'~in** *f* (-; *-nen*) indiano *m*, -a *f* (d'India)
'Index ['indɛks] *m* (*-es*; *-e u -dizes* ['-ditseːs]) indice *m*
In'dian|er [ind'jaːnər] *m* (*-s*; -), **~erin** *f* (*-in*; *-nen*), **≈isch** indiano *m*, -a *f* (d'America)
Indien ['indjən] *n* India *f*
'indirekt ['-dirɛkt] indiretto
'indisch ['-diʃ] indiano
Indische(r) Ozean ['indiʃə(r)' oːtseaːn] *m* Oceano *m* Indiano
'indiskret ['-diskreːt] indiscreto
individu'ell [-dividu'ɛl] individuale
Indi'viduum [-di'viːduum] *n* (*-s*; *-duen* [-duən]) individuo *m*
Indonesien [indo'neːzjən] *n* Indonesia *f*
industr|iali'sieren [-dustriali'ziːrən] (*senza ge-, h*) industrializzare; **≈'ie** [-'striː] *f* (-; *-n*) industria *f*; **~- und Handelskammer** camera *f* dell'industria e del commercio; **≈'iegebiet** *n* zona *f* industriale; **≈'iekauffrau** *f*, **≈'iekaufmann** *m* perito *m/f* aziendale; **~'iell** [-stri'ɛl], **≈'ielle** *m* (*-n*; *-n*) industriale *m*; **≈'iestaat** *m* stato *m* industriale
inei'nander [inˀaɪ'nandər] l'uno nell'altro
In'farkt [-'farkt] *m* (-[*e*]*s*; *-e*) *med* infarto *m*
Infek'tion [-fɛkts'joːn] *f* (-; *-en*) *med* infezione *f*
infi'zieren [-fi'tsiːrən] (*senza ge-, h*) *med* contagiare, infettare
Infla'tion *econ* [-flats'joːn] *f* (-; *-en*) inflazione *f*; **~srate** *f* tasso *m* d'inflazione
in'folge [-'fɔlgə] in seguito a
Infor'matik [infor'matik] *f* (-; -) informatica *f*
Informa'tion [-fɔrmats'joːn] *f* (-; *-en*) informazione *f*; **~sbüro** *n* ufficio *m* informazioni; **~smaterial** *n* materiale *m* informativo; **~sschalter** *m* sportello *m* informazioni
infor'mieren [-'miːrən] (*senza ge-, h*) informare
'Infrastruktur ['infraʃtruktuːr] *f* infrastruttura *f*
Ing. ***Ingenieur*** ingegnere
Inge'nieur [inʒen'jøːr] *m* (*-s*; *-e*) ingegnere *m*
Inh. ***Inhaber*** proprietario; ***Inhalt*** contenuto
'Inhaber ['-haːbər] *m* (*-s*; -), **'~in** *f* (-; *-nen*) (*Besitzer*) proprietario *m*, -a *f*
inhaf'tier|en [-haf'tiːrən] (*senza -ge-, h*) arrestare; **≈ung** *f* (-; *-en*) arresto *m*
'Inhalt ['-halt] *m* (-[*e*]*s*; *-e*) contenuto *m*; *mat* volume *m*; (*Wortlaut*) testo *m*; **'≈lich** in riguardo al contenuto; **'~sverzeichnis** *n* indice *m*
Initia'tive [initsja'tiːvə] *f* (-; *-n*) iniziativa *f*
Injek'tion [injɛkts'joːn] *f* (-; *-en*) iniezione *f*
inkl. ***inklusive*** compreso
inklu'siv|e [-klu'ziːvə] *prp* inclusivo, compreso; **≈preis** *m* prezzo *m* globale
In'krafttreten [-'krafttreːtən] *n* (-

senza pl) entrata *f* in vigore

'Inland ['-lant] *n* (-[*e*]*s*; *senza pl*) paese *m* (interno); interno *m*; **'~sflug** *m* volo *m* nazionale; **'~sgeschäft** *n* commercio *m* interno; **'~sgespräch** *n* chiamata *f* interurbana; **'~smarkt** *m* mercato *m* interno

'innen ['ɪnən] dentro

'Innen|minister ['inənministər] *m* ministro *m* degli Interni; **'~ministerium** *n* ministero *m* degli Interni; **'~politik** *f* politica *f* interna; **'2politisch** di politica interna; **'~raum** *m* interno *m*; **'~stadt** *f* centro *m* della città

'inner|betrieblich ['inərbətriːpliç] interno all'azienda; **'~halb** entro; **'~lich** interiore

Innova'tion [inovats'joːn] *f* (-; -*en*) innovazione *f*

'Innung ['inuŋ] *f* (-; -*en*) corporazione *f*

'inoffiziell ['inʔɔfitsjɛl] ufficioso

ins [ins] = ***in das***

'Insass|e ['inzasə] *m* (-*n*; -*n*), **'~in** *f* (-; -*nen*) abitante *m*/*f*; *e-s Wagens*: passeggero *m*, -a *f*; **'~enversicherung** *f auto* assicurazione *f* terzi trasportati

insb. ***insbesondere*** in particolare; specialmente

insbe'sondere [insbə'zɔndərə] particolarmente

In'sekt [in'zɛkt] *n* (-[*e*]*s*; -*en*) insetto *m*; **~enschutzmittel** *n* insettifugo *m*; **~enstich** *m* puntura *f* d'insetto

Insel ['inzəl] *f* (-; -*n*) isola *f*

Inse'r|at [inzə'raːt] *n* (-[*e*]*s*; -*e*) inserzione *f*; **~'ent** [inzə'rɛnt] *m* (-*en*; -*en*) inserzionista *m*; **2'ieren** (*senza ge*-, *h*) fare un'inserzione (sul giornale)

insge'samt complessivamente

inso'fern per questo

insol|'vent [inzɔl'vɛnt] insolvente; **2'venz** *f* (-; -*en*) insolvenza *f*

Insp|ek'tion [inspɛkts'joːn] *f* (-; -*en*) ispezione *f*; **2i'zieren** (*senza ge*-, *h*) ispezionare

instal'lieren [insta'liːrən] (*senza ge*-, *h*) installare; montare

in'stand: **~ *setzen*** (*sep*, -*ge*-, *h*) assestare; restaurare; riattivare; riparare

Instantgetränk ['instəntgətrɛŋk] *n* bevanda *f* istantanea

In'stanz [in'stants] *f* (-; -*en*) *jur* istanza *f*; **~enweg** [in'-stantsənveːk] *m* via *f* gerarchica

Insti'tut [insti'tuːt] *n* (-[*e*]*s*; -*e*) instituto *m*; **~ion** [instituts'joːn] *f* (-; -*en*) istituzione *f*

Instru'ment [instru'mɛnt] *n* (-[*e*]*s*; -*e*) strumento *m*

Insze'nierung [instse'niːruŋ] *f* (-; -*en*) messa *f* in scena, sceneggiatura *f*

intell|ektu'ell [-tɛlɛk'tuɛl] intellettuale; **~i'gent** [intɛli'gɛnt] intelligente; **~i'genz** *f* (-; *senza pl*) intelligenza *f*; (*geistig Schaffende*) intellettuali *m*/*pl*

inten's|iv [intɛn'ziːf] intensivo; **~i'vieren** [intɛnzi'viːrən] (*senza* -*ge*-, *h*) intensificare

'interaktiv [intɛrak'tif] interattivo

Inter'city|netz [intər'sitinɛts] *n fer* rete *f* intercity; **~(zug)** *m* (treno *m*) intercity *m*; **~zuschlag** *m* supplemento *m* intercity

inter|es'sant [int(ə)rɛ'sant] interessante; **2'esse** [int(ə)'rɛsə] *n* (-*s*; -*n*) interesse *m* (***an*** *dat* per); **2es'sent** *m* (-*en*; -*en*) interessato *m*; **~es'sieren** (*senza ge*-, *h*) interessare; ***sich* ~ *für*** interessarsi di

in'tern [in'tɛrn] interno; **2'at** [int(ə)r'naːt] *n* (-[*e*]*s*; -*e*) collegio *m*

internatio'nal [intɛrnatsjo'naːl] internazionale

'Internet ['intərnɛt] *n* (-*s*; *senza pl*) *inform* Internet *m*; **'~auktion** *n* asta *f* online; **'~ca'fé** *n* (-*s*; -*s*) Cybercafé *m*, Internet Café *m*

INTERPOL ***Internationale Kriminalpolizeiliche Organisation*** Organizzazione Internazionale della Polizia Criminale

interpre'tieren [int(ə)rpretiːrən] (*senza ge*-, *h*) interpretare

Interpunk'tion [int(ə)rpuŋkts'joːn] *f* (-; *senza pl*) interpunzione *f*

'Interrailkarte ['intəreilkartə] *f fer* biglietto *m* Interrail

'Interview ['-tɛrvjuː] *n* (-*s*; -*s*) intervista *f*; **'2en** [-'vjuːən] (*senza* -*ge*-, *h*) intervistare

in'tim [-'tiːm] intimo

'intolerant ['intɔlərant] intollerante

'Intranet ['intranɛt] *n* (-*s*; *senza pl*) *inform* Intranet *m*

Invalidi'tät [-validi'tɛːt] *f* (-; *senza pl*) invalidità *f*

Inven'tar [-vɛn'taːr] *n* (-*s*; -*e*) inventario *m* (***aufnehmen*** fare)

Inven'tur [-'tu:r] *f* (-; *-en*) inventario *m*
inves't|ieren [-vɛs'ti:rən] (*senza ge-, h*) investire; **2i'tion** *f* (-; *-en*) investimento *m*; **2i'tionshilfe** *f* sovvenzionamento *m* per gli investimenti; **2i'tionsprogramm** *n* programma *m* d'investimenti
in'zwischen [-'tsviʃən] frattanto; intanto
IOK ***Internationales Olympisches Komitee*** Comitato Olimpico Internazionale
Ionische(s) Meer ['jo:niʃe(s) 'me:r] *n* Mar Ionio *m*
Irak [i'rɑ:k] *m* Iraq *m*
Iran [i'rɑ:n] *m* Iran *m*
'Ire ['i:rə] *m* (*-n*; *-n*) irlandese *m*
'irgend ['irgənt] in qualche modo; **'~'ein** (*pl* ***irgendwelche***) qualche (*mit sg*); uno … qualsiasi; ***ohne ~*** senza alcun; **'~'jemand** qualcuno; **'~'etwas** qualche cosa; **'~'wann** prima o poi; **'~'wie** in qualche modo; **'~'wo** in qualche luogo; da qualche parte
'Ir|in ['i:rin] *f* (-; *-nen*), **'2isch** ['i:riʃ] irlandese *f*
Irland ['irlant] *n* Irlanda *f*
Iro'n|ie [iro'ni:] *f* (-; *-n*) ironia *f*; **2isch** [i'ro:niʃ] ironico
'irreführen ['-fy:rən] (*sep, -ge-, h*) *fig* ingannare, trarre in inganno
'irren ['irən] *v/i* (*h*) errare; ***sich ~*** sbagliare, sbagliarsi
'Irr|sinn ['irzin] *m* (-[*e*]*s*; *senza pl*) pazzia *f*; **'2sinnig** pazzo; **'~tum** *m* (*-s*; *⸗er*) errore *m*; equivoco *m*; ***im ~*** in errore; **'2tümlich** ['-ty:mliç] erroneo; **'~weg** *m* strada *f* sbagliata; falsa strada *f*
'Ischias ['iʃjas, 'isçias] *m* (*a n, f*) (-; *senza pl*) *med* sciatica *f*
Is'lam [is'lɑ:m] *m* (*-s*; *senza pl*) *rel* islam *m*
Island ['i:slant] *n* Islanda *f*
'Isländ|er ['i:slɛndər] *m* (*-s*; -), **'~erin** *f* (-; *-nen*), **'2isch** islandese *m/f*
Iso'lier|band [izo'li:rbant] *n* nastro *m* isolante; **2en** (*senza ge-, h*) isolare; **~ung** *f* (-; *-en*) isolamento *m*
Israel ['israe:l] *n* Israele *m*
ital. ***italienisch*** italiano
Italien [i'tɑ:ljən] *n* Italia *f*
Ita'lien|er [ital'je:nər] *m* (*-s*; -), **~erin** *f* (-; *-nen*), **2isch** italiano *m*, -a *f*
i. V. ***in Vertretung*** in rappresentanza; per autorizzazione
IWF ***Internationaler Währungsfonds*** Fondo Monetario Internazionale (*abbr* FMI)

J

ja [jɑ:] *adv* sì; già; (*sogar*) anzi
Jacht [jaxt] *f* (-; *-en*) panfilo *m*
'Jacke ['jakə] *f* (-; *-n*) giacca *f*
Ja'ckett [ʒa'kɛt] *n* (*-s*; *-s*) giacca *f*
Jagd [jɑ:kt] *f* (-; *-en*) caccia *f*; ***auf die ~ gehen*** andare a caccia; **'~flugzeug** *n* (apparecchio *m* da) caccia *m*; **'~hund** *m* cane *m* da caccia; **'~schein** *m* licenza *f* di caccia
'jagen ['jɑ:gən] *v/t* (*h*) cacciare; *in die Flucht*: mettere in fuga; ***j-n aus … ~*** scacciare qu da …
'Jäger ['jɛ:gər] *m* (*-s*; -) cacciatore *m*
'Jaguar ['jɑ:guɑ:r] *m* (*-s*; *-e*) *zo* giaguaro *m*
Jahr [jɑ:r] *n* (-[*e*]*s*; *-e*) anno *m*; *Dauer*: annata *f*; ***vor zwei ~en*** due anni fa; **'~buch** *n* annuario *m*; **'2elang** ['-rəlaŋ] *adv* per anni ed anni
'Jahres|abonnement ['jɑ:rəsʔabɔnəmã] *n* abbonamento *m* annuale; **'~abschluss** *econ m* bilancio *m* di fine anno; **'~ausgleich** *m* conguaglio *m* annuale; **'~bericht** *m* rapporto *m* annuo; **'~bilanz** *f* bilancio *m* annuale; **'~einkommen** *n* reddito *m* annuo; **~'hauptversammlung** *f* assemblea *f* generale annua; **'~tag** *m* anniversario *m*; **'~umsatz** *m* giro *m* d'affari annuo; **'~wechsel** *m Fest*: Capodanno *m*; **'~zahl** *f* anno *m*; **'~zeit** *f* stagione *f*
Jahr'hundert *n* (*-s*; *-e*) secolo *m*; **~wende** *f*: ***um die ~*** a cavallo fra due secoli
'jährlich ['jɛ:rliç] annuo, annuale
'Jahr|markt ['jɑ:rmarkt] *m* fiera *f*; **~'tausend** *n* (*-s*; *-e*) millennio *m*; **~'tausendwende** *f* passaggio *m* da un millennio all'altro; **~'zehnt**

[-'tseːnt] *n* (-[*e*]*s*; -*e*) decennio *m*
'jähzornig ['jɛːtsɔrniç] collerico
Jalou'sie [ʒalu'ziː] *f* (-; -*n*) persiana *f*
'jammern ['jamərn] *v/i* (*h*) lamentarsi
Januar ['januaːr] *m* (-[*s*]; -*e*) gennaio *m*
Japan ['jaːpan] *n* Giappone *m*
Ja'pan|er [-'paːnər] *m* (-*s*; -), **~erin** *f* (-; -*nen*), **≗isch** giapponese *m/f*
Jazz [dʒɛs] *m* (-; *senza pl*) jazz *m*
je [jeː] (*jemals*) mai; (*pro*) ogni, ognuno; **~ *nachdem*** a seconda che; **~ *mehr* … *desto mehr*** quanto più … tanto più
Jeans [dʒiːns] *pl* (-; -) jeans *m/pl*
jeden'falls [jedn'fals] in ogni caso
jeder *m*, **'jede** *f*, **'jedes** *n* ['jeːdə(r, -s)] ogni; ***jeden Augenblick*** da un momento all'altro; **'~mann** (*gen -s, sonst inv*) ognuno; **'~'zeit** a tutte le ore, in ogni momento
je'doch [jeː'dɔx] però, tuttavia
jemals ['jeːmaːls] mai
jemand ['jeːmant] qualcuno
Jemen ['jeːmən] *n od* (*mit art*) *m* Jemen *m*
jener, **'jene**, **'jenes** ['jeːnə(r, -s)] quello, quella; *pl* quei
jenseits ['jeːnzaɪts] *prp* (al) di là, oltre
Jenseits *n* (-; *senza pl*) altro mondo *m*, aldilà *m*
Jerusalem [je'ruːzalɛm] *n* Gerusalemme *f*
Jesus ['jeːzus] *m* (*Jesu*; *senza pl*) Gesù *m*
jetzt [jɛtst] ora, adesso; ***für* ~** per il momento; ***bis* ~** finora; ***von* ~ *an*** d'ora in poi
jeweil|ig ['jeːvaɪliç] relativo, rispettivo; **'~s** rispettivamente
Jh. ***Jahrhundert*** secolo
JH ***Jugendherberge*** ostello per la gioventù
Job F [dʒɔb] *m* (-*s*; -*s*) lavoro *m*; **'≗ben** F ['dʒɔbən] (*h*) lavorare saltuariamente; **'~sharing** ['-ʃɛriŋ] *n* (-[*s*]; *senza pl*) job sharing *m*; **'~vermittlung** *f* mediazione *f* di lavoro
Jockei ['dʒɔke; '-ki] *m* (-*s*; -*s*) fantino *m*
Jod [joːt] *n* (-[*e*]*s*; *senza pl*) *chim* iodio *m*
Jo'hannisbeere [jo'hanisbeːrə] *f bot* ribes *m*
Joint 'Venture ['dʒɔint'vɛntʃə] *n* (-[*s*]; -*s*) joint-venture *f*
Jordanien [jɔr'daːnjən] *n* Giordania *f*
Journa'l|ismus [ʒurna'lismus] *m* (-; *senza pl*) giornalismo *m*; **~'ist** [-na'list] *m* (-*en*; -*en*), **~'istin** *f* (-; -*nen*) giornalista *m/f*
jr., **jun.** ***junior*** junior; figlio
Jt. ***Jahrtausend*** millennio
Jubi'läum [jubi'lɛːum] *n* (-*s*; -*läen*) giubileo *m*
'juck|en ['jukən] (*h*) prudere; pizzicare; **'≗reiz** *m* prurito *m*
'Jude ['juːdə] *m* (-*n*; -*n*) ebreo *m*
'Jüd|in ['jyːdin] *f* (-; -*nen*) ebrea *f*; **'≗isch** ebreo, ebraico; israelitico
'Jugend ['juːgənt] *f* (-; *senza pl*) gioventù *f*; (*Kindesalter*) infanzia *f*; **'~arbeitslosigkeit** *f* disoccupazione *f* giovanile; **'~freund** *m* amico *m* di gioventù; **'~herberge** *f* ostello *m* della gioventù; **'~kriminalität** *f* delinquenza *f* minorile; **'≗lich** giovanile; **'~liche** *m/f* (-*n*; -*n*) minore *m*, minorenne *m*; giovane *m/f*; **'~stil** *m* (-*s*; *senza pl*) liberty *m*; **'~zentrum** *n* centro *m* per la gioventù
Jugos'law|e [jugos'laːvə] *m* (-*n*; -*n*), **~in** [-vin] *f* (-; -*nen*), **≗isch** iugoslavo *m*, -a *f*
Jugoslawien [jugo'slaːvjən] *n* Iugoslavia *f*
'Juli ['juːli] *m* (-[*s*]; -*s*) luglio *m*
'Jumbojet ['jumbodʒɛt] *m* (-*s*; -*s*) *avia* jumbo *m*
jung [juŋ] giovane; *Wein*: nuovo
'Junge ['juŋə] **1.** *m* (-*n*; -*n*) ragazzo *m*; **2.** *n* (-*n*; -*n*) *zo* piccolo *m*; *Hunde*: cucciolo *m*; *Katzen*: gattino *m*
'jünger ['jyŋər] più giovane
'Jünger *m* (-*s*; -) *rel* discepolo *m*
'Jung|frau ['juŋfrau] *f* (-; -*en*) vergine *f* (*a astr*), *rel* Vergine *f*, Madonna *f*; **'~geselle** *m* scapolo *m*; celibe *m*
jüngst [jyŋst] *adj*: ***das ≗e Gericht*** il giudizio universale; ***der ~e*** il più giovane
'Jungunternehmer *m* giovane imprenditore *m*
'Juni ['juːni] *m* (-[*s*]; -*s*) giugno *m*
'Junior|chef ['juːnjɔrʃɛf] *m* figlio *m* del principale; **'~partner** *m* socio *m* giovane
'Jura *jur* ['juːra] *pl*: **~ *studieren*** studiare giurisprudenza

Ju'rist [ju'rist] *m* (-*en*; -*en*) giurista *m*; studente *m* di giurisprudenza; **≗isch** giuridico
'Jury ['ʒyːri] *f* (-; -*s*) giuria *f*
Justi'tiar [justits'jaːr] *m* (-*s*; -*e*) consulente *m* legale
Jus'tiz [jus'tiːts] *f* (-; *senza pl*) giustizia *f*; **~irrtum** *m* errore *m* giudiziario; **~minister** *m* ministro *m* di Grazia e Giustizia
Juwe'lier [-ve'liːr] *m* (-*s*; -*e*) gioielliere *m*

K

Kaba'rett [kaba'rɛt] *n* (-*s*; -*s u* -*e*) cabaret *m*
'Kabel ['kaːbəl] *n* (-*s*; -) cavo *m*; **'~fernsehen** *n* televisione *f* via cavo
Ka'bine [ka'biːnə] *f* (-; -*n*) cabina *f*
Kabi'nett [kabi'nɛt] *n* (-*s*; -*e*) gabinetto *m* (*a pol*)
'Kabrio ['kaːbrio] *n* (-*s*; -*s*), **Kabrio'lett** [kabrio'lɛt] *n* (-*s*; -*s*) decappottabile *f*, cabriolet *m*, cabriolè *m*; convertibile *f*
'Käfer ['kɛːfər] *m* (-*s*; -) coleottero *m*
'Kaffee ['kafeː] *m* (-*s*; -*s*) caffè *m*; **'~bohne** *f* chicco *m* di caffè; **'~ersatz** *m* surrogato *m* di caffè; **'~kanne** *f* caffettiera *f*; **'~maschine** *f* macchina *f* da caffè; (*Heißdampf≗*) macchina *f* espresso
'Käfig ['kɛːfiç] *m* (-*s*; -*e*) gabbia *f*
kahl [kaːl] nudo; *Kopf*: calvo; *Gegend*: raso; (*unbelaubt*) spoglio
Kahn [kaːn] *m* (-[*e*]*s*; ⸚*e*) barca *f*; barcone *m*, chiatta *f*; **'~fahrt** *f* gita *f* in barca
Kai [kaɪ] *m* (-*s*; -*s*) banchina *f*; molo *m*
Kairo ['kaɪro] *n* Cairo *m*
'Kaiser ['kaɪzər] *m* (-*s*; -) imperatore *m*; **'~in** *f* (-; -*nen*) imperatrice *f*; **'~reich** *n* impero *m*; **'~schnitt** *m med* taglio *m* cesareo
Ka'jüt|boot [ka'jyːtboːt] *n* cabinato *m*; **~e** *f* (-; -*n*) cabina *f*
Ka'kao [ka'kaʊ] *m* (-*s*; -*s*) cacao *m*; *Getränk*: cioccolata *f*
'Kaktus ['kaktus] *m* (-; -*teen* [-'teːən]) *bot* cactus *m*
Kalabrien [ka'laːbrjən] *n* Calabria *f*
Kalb [kalp] *n* (-[*e*]*s*; ⸚*er*) vitello *m*; **'~fleisch** *n* (carne *f* di) vitello *m*
'Kalbs|braten ['kalpsbraːtən] *m* vitello *m* arrosto, arrosto *m* di vitello; **'~hachse** ['-haksə] *f gastr* ossobuco *m*; **'~schnitzel** *n* scaloppina *f* di vitello
Ka'lender [ka'lɛndər] *m* (-*s*; -) calendario *m*; **~jahr** *n* anno *m* civile
Ka'liber [ka'liːbər] *n* (-*s*; -) calibro *m*
Kalifornien [kali'fɔrnjən] *n* California *f*
Kalk [kalk] *m* (-[*e*]*s*; -*e*) *chim* calce *f*; **'≗haltig** calcinoso; **'~stein** *m* calcare *m*
Kalkul|a'tion [kalkulats'joːn] *f* (-; -*en*) calcolo *m*; **≗'ieren** (*senza ge*-, *h*) calcolare
Kalo'rie [kalo'riː] *f* (-; -*n*) caloria *f*
kalt [kalt] freddo; ***es ist ~*** fa freddo; ***mir ist ~*** ho freddo; ***~ werden*** raffreddarsi; ***~e Küche*** piatti *m*/*pl* freddi; ***~ stellen*** mettere in fresco; **'~blütig** ['-blyːtiç] a sangue freddo
'Kälte ['kɛltə] *f* (-; *senza pl*) freddo *m*; **'~einbruch** *m* abbassamento *m* improvviso della temperatura; **'~grad** *m* grado *m* sotto zero; **'~welle** *f* ondata *f* di freddo
'Kalt|front *f* fronte *m* freddo; **'~miete** canone *m* di affitto escluse le spese di riscaldamento; **'≗stellen** → ***kalt***
Kambodscha [kam'bɔðʒa] *n* Cambogia *m*
Ka'mel [ka'meːl] *n* (-[*e*]*s*; -*e*) *zo* cammello *m*
'Kamera ['kaməra] *f* (-; -*s*) macchina fotografica; (*Film≗*) cinepresa *f*
Kamerun ['kaməruːn] *n* Camerun *m*
Ka'mille [-'milə] *f* (-; -*n*) *bot* camomilla *f*
Ka'min [-'miːn] *m* (-*s*; -*e*) camino *m*
Kamm [kam] *m* (-[*e*]*s*; ⸚*e*) pettine *m*; (*Gebirgs≗*) cresta *f* montuosa
'kämmen ['kɛmən] (*h*) pettinare
'Kammer|musik ['kamərmuzik] *f* musica *f* da camera; **'~sänger(in)** *m*(*f*) cantante *m*/*f* da camera
Kampanien [kam'paːnjən] *n* Campania *f*

Kampf [kampf] *m* (-[*e*]*s*; ⸗*e*) lotta *f*; battaglia *f*; conflitto *m*; *mil* combattimento *m*; (*Wett*⁓) gara *f*, competizione *f*; '**⁓bahn** *f* stadio *m*; lizza *f*; arena *f*; '**⁓bereit** pronto a combattere

'**kämpf|en** ['kɛmpfən] (*h*) lottare; combattere (**um** per, **gegen** contro); '**⁓er** *m* (-*s*; -) lottatore *m*; combattente *m*

'**Kampf|flugzeug** *n* aereo *m* da combattimento; '**⁓handlung** *f* operazione *f* militare; '**⁓los** senza opporre resistenza; '**⁓richter** *m* arbitro *m*; '**⁓unfähig** incapace di battersi

kam'pieren [kam'piːrən] (*senza ge-, h*) accamparsi; essere accampato

Kanada ['kanada] *n* Canada *m*

Ka'nad|ier [ka'nɑːdjər] *m* (-*s*; -), **⁓ierin** *f* (-; -*nen*), **⁓isch** canadese *m/f*

Ka'nal [ka'nɑːl] *m* (-*s*; *Kanäle*) canale *m*; (*Graben*) fosso *m*, fossato *m*; (*Abfluss*⁓) fogna *f*; **⁓isa'tion** [-lizats'joːn] *f* (-; -*en*) canalizzazione *f*; *städtische*: fognatura *f*

Ka'narienvogel [ka'nɑːrjənfoːgəl] *m* canarino *m*

Kanarische Inseln [ka'nɑːriʃə 'inzəln] *f/pl* Isole *f/pl* Canarie

Kandi'd|at [kandi'dɑːt] *m* (-*en*; -*en*) candidato *m*; **⁓a'tur** *f* (-; -*en*) candidatura *f*; **⁓'ieren** (*senza ge-, h*) presentarsi (come) candidato

Känguru, '**Känguruh** ['kɛŋguruː] *n* (-*s*; -*s*) *zo* canguro *m*

Ka'ninchen [ka'niːnçən] *n* (-*s*; -) *zo* coniglio *m*

Ka'nister [-'nistər] *m* (-*s*; -) recipiente *m*; *Benzin*: bidone *m*

Kanne ['kanə] *f* (-; -*n*) brocca *f*; *Kaffee*: bricco *m*; *Wein, Bier*: boccale *m*

Ka'none [ka'noːnə] *f* (-; -*n*) cannone *m*; *fig a* asso *m*; **⁓nkugel** *f* palla *f* di cannone

Kant|e ['kantə] *f* (-; -*n*) spigolo *m*; (*Saum*) orlo *m*; (*Rand*) bordo *m*; canto *m*; '**⁓en** *m* (-*s*; -) (*Brot*) cantuccio *m*

Kan'tine [-'tiːnə] *f* (-; -*n*) mensa *f*

Kan'ton [kan'toːn] *m* (-*s*; -*e*) cantone *m*

Ka'nüle [ka'nyːlə] *f* (-; -*n*) *med* cannula *f*

Kanzel ['kantsəl] *f* (-; -*n*) pulpito *m*

Kanz'lei [kants'lai] *f* (-; -*en*) cancelleria *f*; ufficio *m*

Kanzler ['kantslər] *m* (-*s*; -) cancelliere *m*

Kap [kap] *n* (-*s*; -*s*) *geogr* capo *m*; promontorio *m*

Kap. ***Kapitel*** capitolo

Kapazi'tät [kapatsi'tɛːt] *f* (-; -*en*) capacità *f*; **⁓s'auslastung** *f* sfruttamento *m* della capacità produttiva; **⁓serweiterung** *f* [-ˀɛrvai-] ampliamento *m* della capacità

Ka'pelle [ka'pɛlə] *f* (-; -*n*) cappella *f*; (*Musik*⁓) orchestra *f*; banda *f*

'**Kaper** ['kɑːpər] *f* (-; -*n*) *bot* cappero *m*

Kapi'tal [kapi'tɑːl] *n* (-*s*; -*e u* -*ien*) capitale *m*; **⁓anlage** *f* investimento *m* di capitale; **⁓ertrag** *m* reddito *m* di capitale; **⁓ertragssteuer** *f* imposta *f* sul reddito dei capitali; **⁓flucht** *f* fuga *f* di capitali; **⁓hilfe** *f* aiuto *m* finanziario; **⁓i'sieren** [-tali'ziːrən] (*senza ge-, h*) capitalizzare; **⁓'ismus** [-'lismus] *m* (-; *senza pl*) capitalismo *m*; **⁓'istisch** capitalista; **⁓markt** *m* mercato *m* finanziario

Kapi'tän [-pi'tɛːn] *m* capitano *m*

Ka'pitel [-'pitəl] *n* (-*s*; -) capitolo *m*

Kapi'tell [-pi'tɛl] *n* (-*s*; -*e*) capitello *m*

Kapitul|a'tion [-pitulats'joːn] *f* (-; -*en*) capitolazione *f*; **⁓'ieren** (*senza ge-, h*) capitolare

'**Kappe** ['kapə] *f* (-; -*n*) berretto *m*

Kapstadt ['kapʃtat] *n* Città *f* del Capo

ka'putt F [ka'put] rovinato, rotto, guasto; (*müde*) stanco morto, sfinito; **⁓gehen** rompersi

Ka'puze [-'puːtsə] *f* (-; -*n*) cappuccio *m*

Ka'raffe [-'rafə] *f* (-; -*n*) caraffa *f*

Ka'rat [-'rɑːt] *n* (-[*e*]*s*; -*e*; *als Maß im pl inv*) carato *m*

Kardi'nal [kardi'nɑːl] *m* (-*s*; *Kardinäle*) cardinale *m*

Kar'freitag [kar'fraitɑːk] *m rel* venerdì *m* santo

ka'riert [ka'riːrt] a quadri; *klein*: a quadretti

'**Karies** ['kɑːriɛs] *f* (-; *senza pl*) *med* carie *f*

Karika'tur [-rika'tuːr] *f* (-; -*en*) caricatura *f*

'**Karneval** ['karnəval] *m* (-*s*; -*e*) carnevale *m*

Kärnten ['kɛrntən] *n* Carinzia *f*

'**Karo** ['kɑːro] *n* (-*s*; -*s*) quadro *m*; *Kartenspiel*: quadri *m/pl*

Karosse'rie [karɔsə'riː] *f* (-; -*n*) carrozzeria *f*

Ka'rotte [ka'rɔtə] *f* (-; -*n*) carota *f*
'Karpfen ['karpfən] *m* (-*s*; -) *zo* carpa *f*
Kar'riere [kar'jɛːrə] *f* (-; -*n*) carriera *f*
'Karte ['kartə] *f* (-; -*n*) biglietto *m*; (*Post*⌒, *Ansichts*⌒) cartolina *f*; (*Speise*⌒) menu *m*; (*Visiten*⌒) biglietto *m* da visita; (*Land*⌒) carta *f* geografica; **~n spielen** giocare a carte; **nach der ~ essen** mangiare alla carta
Kar'tei [kar'taɪ] *f* (-; -*en*) schedario *m*; **~karte** *f* scheda *f*
Kar'tell [kar'tɛl] *n* (-*s*; -*e*) *econ* cartello *m*; lega *f*; **~amt** *n* ufficio *m* preposto al controllo sui cartelli economici; **~gesetz** *n* legge *f* sui cartelli
'Karten|spiel ['kartənʃpiːl] *n* gioco *m* delle carte; (*Spielkarten*) mazzo *m* di carte; **'~telefon** *n* telefono *m* a scheda; **'~verkauf** *m* vendita *f* dei biglietti
Kar'toffel [-'tɔfəl] *f* (-; -*n*) patata *f*; **~brei** *m* purè *m* di patate; **~chips** *pl* patatine *f/pl* fritte; chips *f/pl*; **~salat** *m* patate *f/pl* in insalata; insalata *f* di patate; **~suppe** *f* minestra *f* di patate
Kar'ton [-'tõ] *m* (-*s*; -*s*) cartone *m*; (*Schachtel*) scatola *f*
Karus'sell [karu'sɛl] *n* (-*s*; -*s u* -*e*) giostra *f*; carosello *m*
'Käse ['kɛːzə] *m* (-*s*; -*e*) formaggio *m*; cacio *m*; **'~kuchen** *m* torta *f* alla ricotta
Ka'serne [ka'zɛrnə] *f* (-; -*n*) caserma *f*
Ka'sino [-'ziːno] *n* (-*s*; -*s*) casinò *m*, circolo *m*
'Kaskoversicherung ['kaskofɛrziçəruŋ] *f* assicurazione *f* contro tutti i rischi
'Kasse ['kasə] *f* (-; -*n*) cassa *f*
'Kassen|arzt *m* medico *m* della mutua; **'~bestand** *m* effettivo *m* di cassa; **'~patient** *m* mutuato; **'~stunden** *f/pl* orario *m* di cassa; **'~verwalter** *m* cassiere *m*; **'~zettel** *m* scontrino *m*
Kas'sette [ka'sɛtə] *f* (-; -*n*) cassetta *f*; **~nrecorder** [-tənrekɔrdər] *m* (-*s*; -) registratore *m* a cassetta
kas'sier|en [-'siːrən] (*senza ge*-, *h*) incassare; **⌒er** *m* (-*s*; -) cassiere *m*; **⌒erin** *f* (-; -*nen*) cassiera *f*
Kas'tanie [kas'taːnjə] *f* (-; -*n*) *Frucht*: marrone *m*, castagna *f*; *Baum*: castagno *m*
Kas'tell [kas'tɛl] *n* (-*s*; -*e*) castello *m*, roccaforte *f*
'Kasten ['kastən] *m* (-*s*; ⸚) cassa *f*; *mit Schubläden*: cassettone *m*
kas'trieren [kas'triːrən] (*senza ge*-, *h*) castrare
Kata'log [kata'loːk] *m* (-*s*; -*e*) catalogo *m*; **~preis** *m* prezzo *m* di listino
Ka'tarr, **Ka'tarrh** [-'tar] *m* (-*s*; -*e*) *med* catarro *m*
katastr|o'phal [-tastro'faːl] catastrofico; **⌒o'phe** [-s'troːfə] *f* (-; -*n*) catastrofe *f*
Kateg|o'rie [-tego'riː] *f* (-; -*n*) categoria *f*; **⌒'orisch** categorico
'Kater ['kaːtər] *m* (-*s*; -) gatto *m*; (*Katzenjammer*) mal *m* di testa, malessere *m* (dopo una sbornia)
kath. ***katholisch*** cattolico
Kathe'drale [kate'draːlə] *f* (-; -*n*) cattedrale *f*
Kath|o'lik [-to'liːk] *m* (-*en*; -*en*), **~o'likin** *f* (-; -*nen*), **⌒'olisch** [-'toːliʃ] *adj* cattolico *m*, -a *f*
'Katze ['katsə] *f* (-; -*n*) gatto *m*; gatta *f*; **'~nsprung** *m*: ***es ist nur ein ~ bis*** sono solo quattro passi fino a
'kauen ['kauən] (*h*) **1.** *v/t* masticare; **2.** *v/i*: ***an et*** (*dat*) **~** rosicchiare qc
Kauf [kauf] *m* (-[*e*]*s*; *Käufe*) acquisto *m*, comp(e)ra *f*; *fig* ***mit in ~ nehmen*** chiudere un occhio su; accettare; **'~anreiz** *m* incentivo *m* all'acquisto; **'⌒en** (*h*) comp(e)rare
'Käufer ['kɔyfər] *m* (-*s*; -), **'~in** *f* (-; -*nen*) compratore *m*, -trice *f*; acquirente *m/f*
'Kauf|frau *f* commerciante *f*; **'~haus** *n* grande magazzino *m*, magazzini *m/pl*; **'~kraft** *f* potere *m* d'acquisto
'käuflich ['kɔyfliç] vendibile; *Personen*: venale; **~ *erwerben*** comp(e)rare
'Kauf|mann *m* (*pl* -*leute*) (*Ladenbesitzer*) negoziante *m*; (*Händler*) commerciante *m*; bottegaio *m*; (*Fabrikant*) industriale *m*; **'⌒männisch** ['-mɛniʃ] commerciale; **'~vertrag** *m* contratto *m* di compravendita
'Kaugummi ['kaugumi] *m* (-*s*; -*s*) gomma *f* da masticare
Kaukasus ['kaukazus] *m* Caucaso *m*
kaum [kaum] appena; (*schwerlich*) difficilmente
Kau'tion [kauts'joːn] *f* (-; -*en*) cauzione *f*

'Kaviar ['ka:vja:r] *m* (*-s*; *-e*) caviale *m*
'Kegel ['ke:gəl] *m* (*-s*; *-*) *Spiel*: birillo *m*; **'~bahn** *f* pista *f* dei birilli; **'2n** (*h*) giocare ai birilli
Kehl|e ['ke:lə] *f* (*-*; *-n*) *anat* gola *f*; **'~kopf** *m* laringe *f*
kehr|en ['ke:rən] (*h*) **1.** *v/t* spazzare, scopare; (*wenden*) voltare; **2.** *v/i* (*sn*) tornare; ***in sich gekehrt*** raccolto, assorto; **'2maschine** *f* spazzatrice *f*; **'2seite** *f* rovescio *m*
Keil [kaıl] *m* (*-[e]s*; *-e*) cuneo *m*; **'~riemen** *m auto* cinghia *f* trapezoidale
Keim [kaım] *m* (*-[e]s*; *-e*) *bot*, *med* germe *m*; **'2frei** sterilizzato
kein [kaın] nessuno; ***ich habe ~ …*** non ho …; ***es gibt ~e …*** non ci sono …; **'~er** ['kaınər] nessuno; **~er'lei** di nessun tipo; **~es'falls** in nessun caso; **'~es'wegs** ['-'ve:ks] niente affatto
Keks [ke:ks] *m* (*-es*; *-e*) biscotto *m*
Keller ['kɛlər] *m* (*-s*; *-*) cantina *f*; sotterraneo *m*; **~'ei** [-'raı] *f* (*-*; *-en*) bottiglieria *f*
Kellner ['kɛlnər] *m* (*-s*; *-*), **'~in** *f* (*-*; *-nen*) cameriere *m*, -a *f*
keltern ['kɛltərn] (*h*) pigiare
Kenia ['ke:nja] *n* Kenia *m*
kenn|en ['kɛnən] (*kannte*, *gekannt*, *h*) conoscere; (*wissen*) sapere; ***~ lernen*** conoscere; **'~enlernen** *v/t* (*sep*, *-ge-*, *h*) conoscere; **'2er** *m* (*-s*; *-*) conoscitore *m*
Kenntnis ['kɛntnis] *f* (*-*; *senza pl*) conoscenza *f*; -se *pl* (*Wissen*) nozioni *f/pl*; ***zur ~ nehmen*** prender atto di; ***~ erhalten von*** venire informato di; **'~nahme** *f* (*-*; *senza pl*) il prender atto; ***zu Ihrer ~*** per Sua informazione
Kenn|wort ['kɛnvɔrt] *n* sigla *f*; **'~zeichen** *n* segno *m* caratteristico; *auto* targa *f*
kentern ['kɛntərn] (*sn*) *mar* capovolgersi
Ke'ram|ik [ke'ra:mik] *f* (*-*; *-en*) ceramica *f*; **2isch** ceramico
Kerl [kɛrl] *m* (*-s*; *-e*) P tipo *m*; soggetto *m*; ***armer ~*** povero diavolo *m*; ***komischer ~*** bel tipo
Kern [kɛrn] *m* (*-[e]s*; *-e*) nocciolo (*a fig*); (*Samen2*, *Apfel2*) seme *m*; (*Nuss2*) gheriglio *m*; (*Trauben2*) acino *m*; (*Atom2*) nucleo *m*; **'~energie** *f* energia *f* nucleare; **'~forschung** *f* ricerca *f* nucleare; **'~fusion** *f* fusione *f* nucleare; **'~kraftgegner** *m* antinuclearista *m*; **'~kraftwerk** *n* centrale *f* nucleare; **'2los** senza semi; **'~punkt** *m* punto *m* essenziale; **'~reaktor** *m* reattore *m* nucleare; **'~spaltung** *f* fissione *f* nucleare; **'~technik** *f* tecnica *f* nucleare; **'~waffen** *f/pl* armi *f/pl* nucleari (*od* atomiche); **'2waffenfrei** denuclearizzato
'Kerze ['kɛrtsə] *f* (*-*; *-n*) candela *f*; (*Kirchen2*) cero *m*
'Kessel ['kɛsəl] *m* (*-s*; *-*) caldaia *f*; *gastr* paiolo *m*; *geogr* vallata *f*, conca *f*
'Kette ['kɛtə] *f* (*-*; *-n*) catena *f*; (*Hals2*) collana *f*; *fig* serie *f*
'keuch|en ['kɔʏçən] (*h*) ansare; **'2husten** *m med* pertosse *f*
kfm. ***kaufmännisch*** commerciale; mercantile
Kfm. ***Kaufmann*** commerciante
Kfz. ***Kraftfahrzeug*** automobile; veicolo a motore
kg ***Kilogramm*** chilogrammo
KG ***Kommanditgesellschaft*** Società in accomandita
'Kiefer[1] ['ki:fər] *m* (*-s*; *-*) *anat* mascella *f*; mandibola *f*
'Kiefer[2] *f* (*-*; *-n*) *bot* pino *m* silvestre
Kiel [ki:l] *m* (*-[e]s*; *-e*) penna *f* d'oca (per scrivere); *mar* chiglia *f*; **'~raum** *m* sentina *f*
'Kieme ['ki:mə] *f* (*-*; *-n*) *zo* branchia *f*
Kies [ki:s] *m* (*-es*; *-e*) ghiaia *f*
'Kieselstein ['ki:zəlʃtaın] *m* ciottolo *m*
'Kilo ['ki:lo] *n* (*-s*; *-[s]*) chilo *m*; **~'gramm** *n* chilogrammo *m*; **~'meter** *m* chilometro *m*; **~'watt** *el n* chilowatt *m*; **~'wattstunde** *f* chilowatt-ora *f*
Kind [kint] *n* (*-[e]s*; *-er*) bambino *m*; fanciullo *m*, -a *f*; *männliches*: maschio *m*; *weibliches*: femmina *f*; ***von ~ auf*** fin da bambino; ***~er*** *pl* figli *m/pl*
'Kinder|arzt *m* pediatra *m*; **'~betreuung** *f* (*-*; *senza pl*) assistenza *f* pediatrica; **'~fahrkarte** *f* biglietto *m* per ragazzi; **'~freibetrag** *m* detrazione *f* per figli a carico; **'2freundlich** *Hotel*: che accetta volentieri bambini; a misura di bambino; **'~garten** *m* asilo *m* infantile; **'~geld** *n* assegni *m/pl* familiari; **'~krankheiten** *f/pl* malattie *f/pl* infantili; **'~lähmung** *f med* poliomielite *f*, paralisi *f* infantile; **'2los** senza prole;

K

'**~mädchen** *n* bambinaia *f*; '**≈reich** con molti figli; prolifico; '**~spiel** *n*: F *fig* ***das ist kein ~*** non è mica una cosa facile; '**~spielplatz** *m* campo *m* giochi; '**~wagen** *m* carrozzella *f*, carrozzina *f* (da bambini); '**~zimmer** *n* stanza *f* dei bambini

'**Kindes|alter** ['kindəsˀaltər] *n* infanzia *f*; '**~entführung** *f* ratto *m* di minorenne

'**Kind|heit** ['kinthaɪt] *f* (-; *senza pl*) infanzia *f*; fanciullezza *f*; '**≈isch** ['-diʃ] bambinesco, puerile; '**≈lich** infantile; *Liebe*: filiale

Kinn [kin] *n* (-[*e*]*s*; -*e*) mento *m*

'**Kino** ['ki:no] *n* (-*s*; -*s*) cinema *m*

'**Kiosk** ['ki:ɔsk, kjɔsk] *m* (-[*e*]*s*; -*e*) chiosco *m*; (*Zeitungs≈*) edicola *f*

'**Kippe** ['kipə] *f* (-; -*n*) (*Zigarette*) cicca *f*; *fig* ***auf der ~ stehen*** star per cadere

'**kippen** ['kipən] **1.** (*h*) *v/t* rovesciare; **2.** (*sn*) *v/i* perdere l'equilibrio

K

'**Kirche** ['kirçə] *f* (-; -*n*) chiesa *f*; (*Gottesdienst*) messa *f*

'**Kirchen|lied** *n* canto *m* sacro; '**~musik** *f* musica *f* sacra; '**~schiff** *n* navata *f*; '**~steuer** *f* imposta *f* ecclesiastica; '**~tag** *m* sinodo *m*

'**kirch|lich** ecclesiastico; ***~ gesinnt*** clericale; '**≈turm** *m* campanile *m*; '**≈weihfest** *n* sagra *f*

'**Kirsch|baum** ['kirʃbaum] *m* ciliegio *m*; '**~e** ['kirʃə] *f* (-; -*n*) ciliegia *f*; '**~kuchen** *m* torta *f* di ciliege; '**~likör** *m* maraschino *m*; '**~saft** *m* succo *m* di ciliege

'**Kissen** ['kisən] *n* (-*s*; -) cuscino *m*

'**Kiste** ['kistə] *f* (-; -*n*) cassa *f*

Kitsch [kitʃ] *m* (-*es*; *senza pl*) kitsch *m*; robaccia *f*; oggetti *m*/*pl* di pessimo gusto; '**≈ig** di cattivo gusto; sdolcinato

'**Kittel** ['kitəl] *m* (-*s*; -) camice *m*

Kl. ***Klasse*** classe

'**klaffen** ['klafən] (*h*) essere spalancato; ***~de Wunde*** *f* ferita *f* aperta

'**Klag|e** ['klɑ:gə] *f* (-; -*n*) lagnanza *f*; (*Weh≈*) lamento *m*; *jur* querela *f*; causa *f*; processo *m*; ***~ erheben gegen j-n*** querelare qu; '**≈en** (*h*) **1.** *v/t* ***j-m sein Leid ~*** confidare i suoi affanni a qu; **2.** *v/i* lagnarsi (***über*** *acc* di); (*weh~*) lamentarsi; *jur* sporgere querela

'**Kläger** ['klɛ:gər] *m* (-*s*; -), '**~in** *f* (-; -*nen*) *jur* attore *m* -trice *f*

'**kläglich** ['klɛ:kliç] lamentevole; (*beklagenswert*) deplorevole; miserabile

klamm[1] [klam] stretto; scarso; *vor Kälte*: intirizzito

Klamm[2] [klam] *f* (-; -*en*) *geol* gola *f*

'**Klammer** ['klamər] *f* (-; -*n*) graffa *f* morsetto *m*; (*Wäsche≈*) molletta *f* '**~affe** *m* (-*s*; -*n*) *inform* chiocciola *f* at *m*; '**≈n**: ***sich ~ an*** (*acc*) (*h*) aggrapparsi a

Klang [klaŋ] *m* (-[*e*]*s*; ≐*e*) suono *m*; risonanza *f*; melodia *f*, armonia *f*; '**≈vol** sonoro; armonioso

'**Klappbett** ['klapbɛt] *n* letto *m* ribaltabile; (*Feldbett*) branda *f*

'**Klappe** ['klapə] *f* (-; -*n*) *tec u anat* valvola *f*; *an Ledersachen*: linguetta *f* *Kleidung*: ri(s)volta *f*

'**klappen** ['klapən] (*h*) **1.** *v/t*: ribaltare aprire; ***nach oben ~*** sollevare; ***nach unten ~*** abbassare; **2.** *v/i* sbattere *fig* andare bene (*od* liscio); funzionar

'**klappern** ['klapərn] (*h*) sbattere, battere; ***mit et ~*** far suonare qc; ***mit den Zähnen ~*** battere i denti

'**Klapp|fenster** ['klapfɛnstər] *n* finestr *f* ribaltabile; '**~messer** *n* coltello *m* serramanico; '**~sitz** *m Auto*: strapuntino *m*; '**~rad** *n* bicicletta *f* pieghevole '**~stuhl** *m* sedia *f* pieghevole; '**~tisc** *m* tavola *f* a ribalta

klar [klɑ:r] chiaro; *Wasser*: limpido; ~ ma certo!; → ***klarwerden***

'**Kläranlage** ['klɛ:rˀanlɑ:gə] *f* impiant *m* di depurazione

'**klären** ['klɛ:rən] (*h*) chiarire; filtrar depurare; ***sich ~*** rischiararsi

'**Klarheit** ['klɑ:rhaɪt] *f* (-; *senza pl*) chiarezza *f*; limpidezza *f*

'**klarstellen** (*sep*, -*ge*-, *h*) dichiarar spiegare, chiarire

'**Klärung** ['klɛ:ruŋ] *f* (-; -*en*) chiarificazione *f*; depurazione *f*; *fig* chiariment *m*

'**klarwerden** *v/i* (*irr*, *sep*, -*ge*-, *sn*, ***werden***): *fig* ***sich über et*** (*acc*) ***~*** cominciare a capire qc

'**Klasse** ['klasə] *f* (-; -*n*) classe *f*; ***erst zweite ~*** *fer*, *avia* prima/seconda class

klassifi'zieren [klasifi'tsi:rən] (*senz ge*-, *h*) classificare

'**Klass|ik** ['klasik] *f* (-; *senza pl*) period *m* classico; '**~iker** *m* (-*s*; -) (autore classico *m*; '**≈isch** *adj classico*; **~i'zismus** [-si'tsismus] *m* (-; *senza pl*) cla

sicismo *m*
Klatsch [klatʃ] *m* (*-es*; *senza pl*) tonfo *m*; (*Geschwätz*) pettegolezzo *m*
'klatschen ['klatʃən] (*h*): battere; ***Beifall ~*** applaudire; ***mit den Händen ~*** battere le mani; *fig* chiacchierare, far pettegolezzi
'Klausel ['klaʊzəl] *f* (-; *-n*) clausola *f*
Kla'vier [kla'viːr] *n* (*-s*; *-e*) *mus* pianoforte *m*; **~stück** *n* pezzo *m* per pianoforte
'kleb|en ['kleːbən] (*h*) **1.** *v/t* attaccare; appiccicare; *mit Leim*: incollare; **2.** *v/i* attaccarsi, attaccare; appiccicarsi; **'~rig** viscoso; attaccaticcio; **'2stoff** ['kleːpʃtɔf] *m* adesivo *m*; colla *f*; **'2streifen** *m* nastro *m* adesivo
'kleckern ['klɛkərn] (*h*) macchiare
Klee [kleː] *m* (*-s*; *senza pl*) trifoglio *m*
Kleid [klaɪt] *n* (*-[e]s*; *-er*) vestito *m*, abito *m*; **'2en** ['-dən] (*h*) *v/t u v/i* vestire; ***j-n gut ~*** star bene a qu
'Kleider|bügel ['klaɪdərbyːgəl] *m* gruccia *f*; **'~bürste** *f* spazzola *f* per vestiti; **'~haken** *m* attaccapanni *m*; **'~schrank** *m* armadio *m* dei (*od per i*) *vestiti*, *guardaroba f*
Kleidung ['klaɪdʊŋ] *f* abito *m*; vestiario *m*, abbigliamento *m*; **'~sstück** *n* capo *m* di vestiario; **~e** *pl* indumenti *m/pl*; vestiario *m*
klein [klaɪn] piccolo; *Buchstabe*: minuscolo; ***von ~ an*** fin dall'infanzia; ***bis ins 2ste*** con tutti i particolari; *oft durch Verkleinerungsform*: ***~er Bruder*** *m* fratellino *m*; **'2anzeige** *f* piccola pubblicità *f*; **'2arbeit** *f* lavoro *m* minuzioso; **'2bildkamera** *f* microcamera *f*; **'~bürgerlich** da borghesuccio; **'2gedruckte** ['-gədruktə] *n* (*-n*; *senza pl*) clausole *f/pl* di un contratto stampate a caratteri più piccoli; **'2geld** *n* spiccioli *m/pl*, moneta *f*; **'2igkeit** *f* (-; *-en*) piccolezza *f*, inezia *f*; **'2kind** *n* bambino *m* piccolo; **'2kram** *m* cianfrusaglie *f/pl*; *fig* dettagli *m/pl*; **'~lich** gretto; **'2stadt** *f* cittadina *f*; **'~städtisch** *adj* provinciale; **'2wagen** *m* (vettura *f*) utilitaria *f*
klemmen ['klɛmən] (*h*) serrare; incastrare
Klempner ['klɛmpnər] *m* (*-s*; -) stagnino *m*, lattoniere *m*
Klerus ['kleːrus] *m* (-; *senza pl*) clero *m*
'klettern ['klɛtɛrn] (*sn*) arrampicarsi (***auf*** *acc* su); scalare
'Klettverschluss ['klɛtfɛrʃlus] *m* chiusura *f* a strappo
Kli'ent [kli'ɛnt] *m* (*-en*; *-en*), **~in** *f* (-; *-nen*) *jur* cliente *m/f*
'Klim|a ['kliːma] *n* (*-s*; *-s*) clima *m*; **'~aanlage** ['-ʔanlagə]; *f* (impianto *m* di) aria *f* condizionata; ***mit ~*** climatizzato; **2'atisch** [-'maːtiʃ] climatico; **'~averänderung** *f* cambiamento *m* climatico
'Klinge ['kliŋə] *f* (-; *-n*) lama *f*
'Klingel ['kliŋəl] *f* (-; *-n*) campanello *m*; **'2n** (*h*) suonare; *tel* squillare
'klingen ['kliŋən] (*klang*, *geklungen*, *h*) suonare; avere un suono
'Klin|ik ['kliːnik] *f* (-; *-en*) clinica *f*; **'2isch** clinico
'Klinke ['kliŋkə] *f* (-; *-n*) saliscendi *m*; (*Griff*) maniglia *f*; nottolino *m*
klipp [klip]: ***~ und klar*** chiaro e tondo
'Klippe ['klipə] *f* (-; *-n*) *geol* scoglio *m*; *fig* difficoltà *f*, ostacolo *m*
'klirren ['klirən] (*h*) tintinnare
Kli'schee [kli'ʃeː] *n* (*-s*; *-s*) cliché *m*; **~vorstellung** *f* cliché *m*, stereotipo *m*
'Klitoris ['kliːtorɪs] *f* (-; -) clitoride *m od f*
Klo F [kloː] *n* (*-s*; *-s*) gabinetto *m*
'klopfen ['klɔpfən] (*h*) battere, picchiare; *an die Tür*: bussare; *Herz*: palpitare; *Puls*: pulsare
Klops [klɔps] *m* (*-es*; *-e*) polpetta *f*
Klo'sett [klo'zɛt] *n* (*-s*; *-s*) gabinetto *m*; **~papier** *n* carta *f* igienica
Kloß [kloːs] *m* (*-es*; *¨-e*) gnocco *m*
'Kloster ['kloːstər] *n* (*-s*; *¨*) convento *m*; monastero *m*; **'~kirche** *f* chiesa *f* conventuale
Klub [klup] *m* (*-s*; *-s*) circolo *m*, club *m*
klug [kluːk] intelligente; (*vorsichtig*) prudente; (*schlau*) astuto; (*weise*) assennato; ***nicht ~ werden aus et*** non riuscire a capire qc; **'2heit** *f* (-; *senza pl*) intelligenza *f*; prudenza *f*; saggezza *f*
'Klumpen ['klumpən] *m* (*-s*; -) massa *f* (compatta); ammasso *m*; *Erde*: zolla *f*; *Mehl*: gnocco *m*; *Blut*: grumo *m*
km ***Kilometer*** chilometro
'knabbern ['knabərn] (*h*) sgranocchiare, morsicchiare

K

'knack|en ['knakən] (*h*) **1.** *v/i* scricchiolare; **2.** *v/t* schiacciare; **'⌘wurst** *f* salsicciotto *m*
Knall [knal] *m* (-[*e*]*s*; -*e*) detonazione *f*; **'~bonbon** *m* confetto *m* fulminante; **'⌘en** (*h*) detonare, esplodere, scoppiare; **'~körper** *m* petardo *m*
knapp [knap] (*eng*) stretto; *fig* scarso; *Stil*: conciso; **'⌘heit** *f* (-; *senza pl*) strettezza *f*; scarsità *f*; concisione *f*
'knarren ['knarən] (*h*) scricchiolare
'knattern ['knatərn] (*h*) scoppiettare, crepitare
'Knäuel ['knɔʏəl] *m u n* (-*s*; -) gomitolo *m*
'Knebel ['kne:bəl] *m* (-*s*; -) nottola *f*; (*Mund*⌘) bavaglio *m*; **'⌘n** (*h*) legare; *den Mund*: imbavagliare
'kneifen ['knaɪfən] (*kniff*, *gekniffen*, *h*) **1.** *v/t* pizzicare, pizzicottare, dare un pizzicotto; **2.** *v/i fig* svignarsela
'Kneipe ['knaɪpə] *f* (-; -*n*) birreria *f*; osteria *f*; bettola *f*
'kneten ['kne:tən] (*h*) modellare; *Teig*: rimenare, impastare
Knick [knik] *m* (-[*e*]*s*; -*e*) piega *f*; (*Sprung*) fessura *f*; **'⌘en** (*h*) piegare
Knie [kni:] *n* (-*s*; -) ginocchio *m*; *tec* gomito *m*; ***et übers ~ brechen*** precipitare qc; **'~hosen** *f/pl* calzoni *m/pl* corti; **'~kehle** *f* poplite *m*; **'⌘n** [kni:n, 'kni:ən] (*h*) inginocchiarsi; stare in ginocchio; **'~strumpf** *m* calzettone *m*
Kniff [knif] *m* (-[*e*]*s*; -*e*) pizzicotto *m*; (*List*) trucco *m*, strat(t)agemma *m*
'knipsen ['knipsən] (*h*) (per)forare; bucare; F fotografare, fare una fotografia
'knirschen ['knirʃən] (*h*) scricchiolare, crepitare
'knistern ['knistərn] (*h*) crepitare: *Papier, Seide*: frusciare, cantare
'knitter|frei ['knitərfraɪ] ingualcibile; **'~n** ['knitərn] (*h*) sgualcire
'Knoblauch ['kno:blaʊx, 'knɔblaʊx] *m* (-[*e*]*s*; *senza pl*) *bot* aglio *m*
'Knöchel ['knœçəl] *m* (-*s*; -) (*Finger*⌘) nocca *f*; (*Fuß*⌘) malleolo *m*, noce *f*
'Knochen ['knɔxən] *m* (-*s*; -) osso *m*; **'~bau** *m* ossatura *f*; **'~bruch** *m* frattura *f* ossea; **'~hautentzündung** *f* periostite *f*; **'~mark** *n* midollo *m*; **'~splitter** *m* scheggia *f* di osso
'knochig ['knɔxiç] ossuto
'Knödel ['knø:dəl] *m* (-*s*; -) *gastr* gnocco *m*; (*Fleisch*⌘) polpetta *f*
'Knolle ['knɔlə] *f* (-; -*n*) tubero *m*; bitorzolo *m*; *bot* bulbo *m*
Knopf [knɔpf] *m* (-[*e*]*s*; ¨-*e*) bottone *m*; **'~loch** *n* occhiello *m*
'Knorpel ['knɔrpəl] *m* (-*s*; -) *anat* cartilagine *f*
'Knospe ['knɔspə] *f* (-; -*n*) *bot* (*Blüten*⌘) bocciolo *m*; bottone *m*; (*Blatt*⌘) gemma *f*
'Knoten ['kno:tən] *m* (-*s*; -) nodo *m*; *med* tubercolo *m*; **'~punkt** *m* crocicchio *m*; *fer* nodo *m* ferroviario
'Knüppel ['knypəl] *m* (-*s*; -) manganello *m*, randello *m*; (*Gummi*⌘) sfollagente *m*
'knurren ['knurən] (*h*) ringhiare; ruggire; *fig Magen*: brontolare
'knusprig ['knuspriç] croccante
'knutschen F ['knu:tʃən] (*h*) F pomiciare
k.'o. [ka:'ʔo:]: ***j-n ~ schlagen*** mandare qu a tappeto
koa'l|ieren [koʔa'li:rən] (*senza ge-*, *h*) *pol* coalizzarsi; **⌘i'tion** [-lits'jo:n] *f* (-; -*en*) *pol* coalizione *f*; **⌘i'tionsregierung** *f* governo *m* di coalizione
Koblenz ['ko:blɛnts] *n* Coblenza *f*
Koch [kɔx] *m* (-[*e*]*s*; ¨-*e*) cuoco *m*; **'~buch** *n* libro *m* di cucina
'kochen (*h*) **1.** *v/i* bollire; **2.** *v/t* cuocere; (*zubereiten*) cucinare; *Fleisch*: lessare; *Kaffee*: fare; *Milch*: far bollire
'Kocher *m* (-*s*; -) fornello *m*
'Kochgelegenheit *f* uso *m* di cucina
'Köchin ['kœçin] *f* (-; -*nen*) cuoca *f*
'Koch|nische *f* angolo *m* cottura; **'~topf** *m* pentola *f*
'Kode [ko:d] *m* (-*s*; -*s*) codice *m*, cifrario *m*
'Köder ['kø:dər] *m* (-*s*; -) esca *f*; **'⌘n** (*h*) *fig* adescare
Koffe'in [kɔfe'i:n] *n* (-*s*; *senza pl*) caffeina *f*; **⌘frei** *adj* decaffeinato
'Koffer ['kɔfər] *m* (-*s*; -) baule *m*; (*Hand*⌘) valigia *f*; **'~kuli** *m* carrello *m* portabagagli; **'~radio** *n* radio *f* portatile; **'~raum** *m* (*im Auto*) baule *m* portabagagli *m*
'Kognak ['kɔnjak] *m* (-*s*; -*s*) cognac *m*
Kohl [ko:l] *m* (-[*e*]*s*; -*e*) *bot* cavolo *m*
'Kohle ['ko:lə] *f* (-; -*n*) carbone *m*; *e* spazzola *f*; **'~hydrat** ['-hydra:t] *n* idrato *m* di carbonio

Kohlen|bergwerk *n* miniera *f* carbonifera; **'~händler** *m* carbonaio *m*; **'~oxyd** ['-ʔɔk'syːt] *n* ossido *m* di carbonio; **'~revier** *n* distretto *m* carbonifero; **'²sauer** carbonico; **'~säure** *f* acido *m* carbonico; **'~staub** *m* polvere *f* di carbone; **'~stoff** *m* carbonio *m*; **'~'wasserstoff** *m* idrogeno *m* carbonato, idrocarburo *m*

Kohle|papier *n* carta *f* carbone; **'~vorkommen** *n* giacimento *m* di carbone

Kohl|'rabi [koːl'rɑːbi] *m* (-[*s*]; -[*s*]) *bot* rapa *f* cavolo; **'~rübe** *f* navone *f*

Koje ['koːjə] *f* (-; -*n*) cabina *f*; cuccetta *f*

Koka'in [koka'iːn] *n* (-*s*; *senza pl*) cocaina *f*

ko'kett [ko'kɛt] civettuolo

Kokos|nuss ['koːkɔsnus] *f* (noce *f* di) cocco *m*; **'~palme** *f* cocco *m*

Koks [koːks] *m* (-*es*; *senza pl*) coke *m*; *Droge*: cocaina *f*

Kolben ['kɔlbən] *m* (-*s*; -) (*Gewehr²*) calcio *m*; *tec* pistone *m*, stantuffo *m*; (*Mais²*) pannocchia *f*

Kolik ['koːlik] *f* (-; -*en*) *med* colica *f*

Kol'laps [kɔ'laps] *m* (-*es*; -*e*) *med* collasso *m*

Kol'leg [kɔ'leːk] *n* (-*s*; -*s u* -*ien* [-'gɪən]) corso *m*, lezione *f*; ***ein ~ belegen*** iscriversi a un corso

Kol'leg|e [-'leːgə] *m* (-*n*; -*n*) collega *m*; **²'ial** [-leg'jɑːl] collegiale; da buon collega; **~in** *f* (-; -*nen*) collega *f*; **~ium** [-'leːgjum] *n* (-*s*; -*ien*) collegio *m*; (*Lehrer²*) corpo *m* degli insegnanti

Kol'lek|te [kɔ'lɛktə] *f* (-; -*n*) colletta *f*; **~'tion** [-ts'joːn] *f* collezione *f*; **~'tiv** [-'tiːf] *n* (-*s*; -*e*) *pol* collettivo *m*; (*Gemeinschaft*) comunità *f*; **²'tiv** *adj* collettivo

oll|i'dieren [kɔli'diːrən] *v/i* (*senza ge*-, *sn*) entrare in collisione, scontrarsi; *gleichzeitig stattfinden*: coincidere; **²i'sion** [-z'joːn] *f* (-; -*en*) collisione *f*

öln ['kœln] *n* Colonia *f*

olo'nie [kolo'niː] *f* (-; -*n*) colonia *f*

o'lonne [-'lɔnə] *f* (-; -*n*) colonna *f*

olumbien [ko'lumbjən] *n* Colombia *f*

Kombi ['kɔmbi] *m* (-[*s*]; -*s*), **'~wagen** *m* combi *f*; vettura *f* familiare; giardinetta *f*; **~na'tion** [-nats'joːn] *f* (-; -*en*) combinazione *f*

om'fort [kɔm'foːr] *m* (-*s*; *senza pl*) comfort *m*; comodità *f*/*pl*; **²'abel** [-fɔr'tɑːbəl] comodo; confortevole

'Kom|iker ['koːmikər] *m* (-*s*; -) comico *m*; **'²isch** strano; comico, buffo

Komi'tee [kɔmi'teː] *n* (-*s*; -*s*) comitato *m*

'Komma ['kɔma] *n* (-*s*; -*s u* -*ta*) virgola *f*

Komman'd|ant [kɔman'dant] *m* (-*en*; -*en*), **~'eur** [kɔman'døːr] *m* (-*s*; -*e*) comandante *m*; **²'ieren** (*senza ge*-, *h*) comandare; **~'itgesellschaft** *f* (-, -*en*) *econ* società *f* in accomandita

Kom'mando [kɔ'mando] *n* (-*s*; -*s*) comando *m*

'kommen ['kɔmən] (*kam*, *gekommen*, *sn*) venire; ***aus et ~*** uscire; ***hinter et*** (*acc*) ***~*** scoprire qc; ***zu et ~*** arrivare a qc; ***wie kommt das?*** come mai?; ***woher kommst du?*** da dove vieni?; ***~ aus*** venire da; *Zug usw*.: provenire da

'kommend venturo; *Woche*, *Monat*: entrante, prossimo

Kommen't|ar [kɔmɛn'tɑːr] *m* (-*s*; -*e*) commento *m*; **~'ator** [-'tɑːtɔr] *m* (-*s*; -*en* [-ta'toːrən]) commentatore *m*; **²'ieren** (*senza ge*-, *h*) commentare

kommerz|iali'sieren [kɔmɛrtsjali'ziːrən] (*senza ge*-, *h*) commercializzare; **~'iell** [-ts'jɛl] commerciale

Kommili'ton|e [-mili'toːnə] *m* (-*n*; -*n*), **~in** *f* (-; -*nen*) compagno *m*, -a *f* di studi (all'università)

Kommis'sar [-mi'sɑːr] *m* (-*s*; -*e*) commissario *m*; **²isch** commissariale; provvisorio

Kommis'sion [-mis'joːn] *f* (-; -*en*) commissione *f*

Kom'mode [-'moːdə] *f* (-; -*n*) cassettone *m*

komm|u'nal [-mu'nɑːl] comunale; **²u'nalpolitik** *f* politica *f* comunale; **²u'nalwahl** *f* elezione *f* comunale; **²'une** [-'muːnə] *f* (-; -*n*) (*Gemeinde*) comune *m*; **²unika'tion** [-nikats'joːn] *f* (-; -*en*) comunicazione *f*; **²u'nion** [-n'joːn] *f* (-; -*en*) comunione *f*; **²uni'qué** [-myni'keː] *n* (-*s*; -*s*) comunicato *m*; **²u'nismus** [-mu'nismus] *m* (-; *senza pl*) comunismo *m*; **²u'nist** [-'nist] *m* (-*en*; -*en*), **~u'nistisch** comunista *m*; **~uni'zieren** (*senza ge*-, *h*) comunicare

Ko'mödie [-'møːdjə] *f* (-; -*n*) *tea* commedia *f*

'Kompagnon ['kɔmpanjõ] *m* (*-s*; *-s*) compagno *m*; *econ* socio *m*
kom'pakt [kɔm'pakt] compatto
Kompa'nie [kɔmpa'niː] (*-*; *-n*) compagnia *f*
'Kompass ['kɔmpas] (*-es*; *-e*) bussola *f*; *mar* compasso *m*
kompa'tib|el [kɔmpa'tiːbəl] *adj* compatibile; **≈ili'tät** [-tibili'tɛːt] *f* (*-*; *-en*) compatibilità *f*
Kompens|a'tion [kɔmpɛnzats'joːn] *f* (*-*; *-en*) compensazione; **~a'tionsgeschäft** *n* operazione *f* di compensazione; **'≈ieren** (*senza ge-*, *h*) compensare
kompe't|ent [-pe'tɛnt] competente; **≈'enz** [-'tɛnts] *f* (*-*; *-en*) competenza *f*; **≈'enzbereich** *m* sfera *f* di competenza
kom'plett [-'plɛt] completo
Kom'plex [-'plɛks] *m* (*-es*; *-e*), **kom'plex** *adj* complesso *m*
Komplika'tion [kɔmplikats'joːn] *f* (*-*; *-en*) complicazione *f*
Kompli'ment [-pli'mɛnt] *n* (*-[e]s*; *-e*) complimento *m*
kompli'zieren [-pli'tsiːrən] (*senza ge-*, *h*) complicare
kompli'ziert [-pli'tsiːrt] complicato
Kom'plott [-'plɔt] *n* (*-[e]s*; *-e*) cospirazione *f*, complotto *m*
kompo|'nieren [-po'niːrən] (*senza ge-*, *h*) comporre; **≈'nist** *m* (*-en*; *-en*) compositore *m*
Kom'pott [-'pɔt] *n* (*-[e]s*; *-e*) frutta *f* cotta; composta *f*
Kom'presse [-'prɛsə] *f* (*-*; *-n*) *med* compressa *f*
Kompro'm|iss [-pro'mis] *m* (*-es*; *-e*) compromesso *m*; **≈itt'ieren** (*senza ge-*, *h*) compromettere
Kon'densmilch [kɔn'dɛnsmilç] *f* latte *m* condensato
Kondi'tion [-dits'joːn] *f* (*-*; *-en*) condizione *f*; (*senza pl*) *Sport*: forma *f*
Kondito'rei [-dito'raɪ] *f* (*-*; *-en*) pasticceria *f*
kondo'lieren [-do'liːrən] (*senza ge-*, *h*) fare le condoglianze
Kon'dom [kɔn'doːm] *n u m* (*-s*; *-e*) preservativo *m*
Konfek'tion [-fɛkts'joːn] *f* (*-*; *senza pl*) confezione *f*
Konfe'renz [-fe'rɛnts] *f* (*-*; *-en*) conferenza *f*
Konfes'sion [-fɛs'joːn] *f* (*-*; *-en*) confessione *f*; **≈slos** senza confessione
Konfirma'tion [-firmats'joːn] *f* (*-*; *-en*) cresima *f* (dei protestanti)
konfis'zieren [-fis'tsiːrən] *f* (*senza ge-*, *h*) confiscare
Konfi'türe [-fi'tyːrə] *f* (*-*; *-n*) marmellata *f*; confettura *f*
Kon'flikt [-'flikt] *m* (*-[e]s*; *-e*) conflitto *m*
konfron'tieren [-frɔn'tiːrən] (*senza ge-*, *h*) confrontare, mettere a confronto
Kon'gress [-'grɛs] *m* (*-es*; *-e*) congresso *m*; **~teilnehmer(in)** *m(f)* congressista *m/f*
'König ['køːniç] *m* (*-s*; *-e* ['-gə]) re *m*; **'~in** ['-nigin] *f* (*-*; *-nen*) regina *f*; **'~reich** *n* regno *m*; **'~shaus** *n* casa *f* reale
Konjug|a'tion [kɔnjugats'joːn] *f* (*-*; *-en*) *gram* coniugazione *f*; **≈'ieren** (*senza ge-*, *h*) coniugare
Konjunk'tur [-juŋk'tuːr] *f* (*-*; *-en*) *econ* congiuntura *f*
kon'kret [-'kreːt] concreto
Konkur'r|ent [-ku'rɛnt] *m* (*-en*; *-en*), **~in** *f* (*-*; *-nen*) concorrente *m/f*; **~'enz** *f* (*-*; *senza pl*) *econ* concorrenza *f*; **≈'enzfähig** capace di competere (o di sostenere la concorrenza); **~'enzkampf** *m* concorrenza *f*; **≈'ieren** (*senza ge-*, *h*) concorrere
Kon'kurs [-'kurs] *m* (*-es*; *-e*) fallimento *m*; **~masse** *f* massa *f* fallimentare; **~verwalter** *m* curatore *m* del fallimento
'können ['kœnən] (*konnte*, *gekonnt*, *h*) potere; (*wissen*) sapere; ***wie kannst du ...?*** come fai a ...?; ***ich kann es Ihnen nicht sagen*** non saprei dirLe; ***nicht anders ~ als*** non poter far a meno di; ***es kann sein*** può darsi; ***ich habe es nicht machen können*** non l'ho potuto fare; → ***dafürkönnen***
konse'|quent [kɔnze'kvɛnt] conseguente, coerente; **≈'quenz** [-'kvɛnts] *f* (*-*; *-en*) conseguenza *f*
konserv|a'tiv [-zɛrva'tiːf] *adj*, **≈a'tive** [-'tiːvə] *m* (*-n*; *-n*) conservatore *m*
Kon'serv|e [-'zɛrvə] *f* (*-*; *-n*) conserva *f*; **≈'ieren** (*senza ge-*, *h*) conservare; **~'ierungsmittel** *n* conservante *m*
Konso'nant [-zo'nant] *m* (*-en*; *-en*)

gram consonante *f*
Konstanz ['kɔnstants] *n* Costanza *f*
konstitu'ieren [-stitu'i:rən] (*senza ge-, h*) costituire
konstru'ieren [-stru'i:rən] (*senza ge-, h*) *tec, mat* costruire
Konstruk'tion [-strukts'jo:n] *f* (-; *-en*) *tec, mat* costruzione *f*
'Konsul ['kɔnzul] *m* (*-s*; *-n*) console *m*; **~'at** [-'la:t] *n* (-[*e*]*s*; *-e*) consolato *m*
Konsult|a'tion [kɔnzultats'jo:n] *f* (-; *-en*) consulto *m*; **≈'ieren** (*senza ge-, h*) consultare
Kon'sum [kɔn'zu:m] *m* (*-s*; *senza pl*) (*Verbrauch*) consumo *m*; **~artikel** *m* articolo *m* di consumo; **~'ent** [kɔnzu-'mɛnt] *m* (*-en*; *-en*) consumatore *m*; **~genossenschaft** ['kɔnzu:mgənɔs-ənʃaft] *f* cooperativa *f* di consumo; **~güter** [kɔn'zu:mgy:tər] *n/pl* generi *m/pl* di consumo
Kon'sumverhalten *n* (*-s*; -) comportamento *m* dei consumatori; ***umweltfreundliches ~*** comportamento *m* ecologico dei consumatori
Kon'takt [kɔn'takt] *m* (-[*e*]*s*; *-e*) contatto *m*
Kontinent ['kɔntinɛnt] *m* (-[*e*]*s*; *-e*) continente *m*; **~'aleuropa** *n* Europa *f* continentale; **~'alklima** *n* clima *m* continentale
Kontin'gent [kɔntiŋ'gɛnt] *n* (-[*e*]*s*; *-e*) *econ* contingente *m*; quota *f*
Konto ['kɔnto] *n* (*-s*; *-ten*) *econ* conto *m*; **'~auszug** *m* estratto *m* conto; **'~inhaber** *m* titolare *m* d'un conto; **'~nummer** *f* numero *m* del conto; **'~stand** *m* situazione *f* del conto
Kon'trast [kɔn'trast] *m* (-[*e*]*s*; *-e*) contrasto *m*
Kon'troll|e [kɔn'trɔlə] *f* (-; *-n*) controllo *m*; **≈'ieren** (*senza ge-, h*) controllare
Konventio'nalstrafe [kɔnvɛntsjo-'na:lʃtra:fə] *f* penale *f*
Konver'genz [kɔnfɛr'gɛnts] *f* (-; *-en*) *econ* convergenza *f*; **~kriterien** *pl econ* criteri *m/pl* di convergenza
konver't|ierbar [kɔnvɛr'ti:rba:r] convertibile; **≈'ierbarkeit** *f* (-; *senza pl*) *econ* convertibilità *f*; **~'ieren** (*senza ge-, h*) convertire; **≈'ierung** *f* (-; *-en*) *inform* conversione *f*
Konzentr|a'tion [-tsɛntrats'jo:n] *f* (-; *senza pl*) concentrazione *f*; **~a'tionslager** *n* campo *m* di concentramento; **≈ieren** (*senza ge-, h*) concentrare
Kon'zept [-'tsɛpt] *n* (-[*e*]*s*; *-e*) minuta *f*; piano *m*
Kon'zern [-'tsɛrn] *m* (*-s*; *-e*) gruppo *m* di imprese
Kon'zert [-'tsɛrt] *n* (-[*e*]*s*; *-e*) concerto *m*; **≈'iert** [-'ti:rt] *adj* concertato
Kooper|a'tion [koˀoperats'jo:n] *f* (-; *-en*) cooperazione *f*; **≈a'tiv** [-ˀ-ra'ti:f] *adj* cooperativo; **≈'ieren** (*senza ge-, h*) cooperare
Koordin|a'tion [-ˀɔrdinats'jo:n] *f* (-; *-en*) coordinazione *f*; **~'ieren** (*senza ge-, h*) coordinare
Kopenhagen [ko:pən'ha:gən] *n* Copenaghen *f*
Kopf [kɔpf] *m* (-[*e*]*s*; *⸚e*) testa *f*, capo *m*; (*Brief≈*) intestazione *f*; ***aus dem ~*** a memoria; ***Hals über ~*** a rotta di collo; ***den ~ hängen lassen*** scoraggiarsi; ***j-m über den ~ wachsen*** *fig* oltrepassare le capacità di qu; ***j-n vor den ~ stoßen*** *fig* offendere qu; **'~bahnhof** *m* stazione *f* di testa; **'~hörer** *m rad* cuffia *f*; **'~kissen** *n* guanciale *m*; **'~salat** *m* lattuga *f* (cappuccina); insalata *f* di lattuga; **'~schmerzen** *m/pl* mal *m* di testa; **'~schmerztablette** *f* compressa *f* per il mal di testa; **'~tuch** *n* foulard *m*; **'~zerbrechen** *n* rompicapo *m*
Ko'pie [ko'pi:] *f* (-; *-n*) copia *f*
ko'pier|en (*senza ge-, h*) copiare, fotocopiare; **≈er** *m* (*-s*; -) fotocopiatrice *f*
'Kopilot ['ko:pilo:t] *m* copilota *m*
Ko'ralle [ko'ralə] *f* (-; *-n*) corallo *m*
Ko'ran [ko'ra:n] *m* (*-s*; *senza pl*) Corano *m*
Korb [kɔrp] *m* (-[*e*]*s*; *⸚e*) cesto *m*; *kleiner:* canestro *m*; (*Markt≈*) sporta *f*; (*Papier≈*) cestino *m*; F *fig* rifiuto *m*; ***j-n einen ~ geben*** tirare un bidone a qu
Korea [ko're:a] *n* Corea *f*
'Korken ['kɔrkən] *m* (*-s*; -) tappo *m*, turacciolo *m*; **'~zieher** *m* cavatappi *m*
Korn [kɔrn] *n* (-[*e*]*s*; *⸚er u -e* [= *~arten*]) grano *m*; (*pl -e*) (*Visier*) mirino *m*
'körnig ['kœrniç] granuloso
'Körper ['kœrpər] *m* (*-s*; -) corpo *m*; (*Heiz≈*) elemento *m*; **'~bau** *m* corporatura *f*; statura *f*; **'~behinderte** *m/f* disabile *m/f*, handicappato *m*,-a *f* ; **'~größe** *f* statura *f*; **'~haltung** *f* porta-

mento *m*; '**2lich** corporale, fisico; '**~pflege** *f* cura *f* personale, igiene *f* del corpo; '**~schaft** *f* (-; *-en*) corporazione *f*; '**~schaftssteuer** *f* imposta *f* sugli enti collettivi; '**~verletzung** *f* lesione *f*

korpu'lent [kɔrpu'lɛnt] corpulento

kor'rekt [kɔ'rɛkt] corretto; **2'ur** [-'tuːr] *f* (-; *-en*) correzione *f*; **2'urband** *n* nastro *m* correttore

Korrespon'd|ent [kɔrɛspɔn'dɛnt] *m* (*-en*; *-en*), **~entin** *f* (-; *-nen*) corrispondente *m/f*; **~'enz** [-'dɛnts] *f* (-; *-en*) corrispondenza *f*; **2'ieren** (*senza ge-*, *h*) corrispondere

'**Korridor** ['-ridoːr] *m* (*-s*; *-e*) corridoio *m*

korri'gieren [-'giːrən] (*senza ge-*, *h*) correggere

korr|um'pieren [kɔrum'piːrən] (*senza ge-*, *h*) corrompere; **~'upt** [-'rupt] corrotto; **2up'tion** [-rupts'joːn] *f* (-; *-en*) corruzione *f*

Korsika ['kɔrzika] *n* Corsica *f*

Kos'metik [kɔs'meːtik] *f* (-; *senza pl*) cosmesi *f*; **~artikel** *m/pl* prodotti *m/pl* cosmetici (*od* di bellezza); **~koffer** *m* beauty-case *m*; **~salon** *m* istituto *m* di bellezza

Kosm|o'naut [-mo'naut] *m* (*-en*; *-en*) cosmonauta *m*; '**~os** ['-mɔs] *m* (*-s*; *senza pl*) cosmo *m*

Kost [kɔst] *f* (-; *senza pl*) alimentazione *f*; cibo *m*; dieta *f*; vitto *m*; **~ *und Logis*** vitto e alloggio

'**kostbar** ['-baːr] prezioso; (*teuer*) costoso; '**2keit** *f* (-; *-en*) preziosità *f*

'**kosten** ['kɔstən] (*h*) **1.** *v/i* costare; valere; ***was kostet es?*** quanto costa; **2.** *v/t* (*Speisen*) provare, assaggiare

'**Kosten** ['kɔstən] *pl inv* spese *f/pl*; '**~dämpfung** ['-dɛmpfuŋ] *f* (-; *-en*) contenimento *m* dei costi; '**~deckung** *f* copertura *f* delle spese; '**~erstattung** *f* rimborso *m* spese; '**~explosion** *f* esplosione *f* dei costi; '**~faktor** *m* fattore *m* costi; '**~frage** *f* questione *f* di costo; '**2günstig** conveniente; '**2los** gratuito; *adv* gratis; '**2pflichtig** soggetto a spese; '**~voranschlag** *m* preventivo *m*

'**köstlich** ['kœstliç] delizioso

'**Kostprobe** ['kɔstproːbə] *f* degustazione *f*; assaggio *m*

Kos'tüm [kɔs'tyːm] *n* (*-s*; *-e*) costume *m*; tailleur *m*

Kot [koːt] *m* (*-[e]s*; *raro -e u -s*) fango *m*; escrementi *m/pl*

Kote'lett [kɔt(ə)'lɛt] *n* (*-s*; *-s*) co(s)toletta *f*; **~en** *pl* (*Bart2*) basette *f/pl*

'**Kotflügel** ['koːtflyːgəl] *m* parafango *m*

Kr. ***Kreis*** distretto

'**Krabbe** ['krabə] *f* (-; *-n*) *zo* granchio *m*; F *fig* marmocchio *m*

Krach [krax] *m* (*-[e]s*; *senza pl*) fragore *m*; scoppio; (*Streit*) F scenata *f*; *econ* crac *m*; crisi *f*

kraft [kraft] *prp* in forza (*gen* di); in virtù (*gen* di)

'**kräftig** ['krɛftiç] forte, vigoroso, robusto; (*Speise*) sostanzioso

'**kraft|los** spossato; '**2probe** *f* dimostrazione *f* di forza; '**2stoff** *m* combustibile *m*, carburante *m*; '**2stoffgemisch** *n* miscela *f*; '**~voll** vigoroso; '**2werk** *n* centrale *f* elettrica

'**Kragen** ['kraːgən] *m* (*-s*; -) collare *m* colletto *m*; (*Mantel2*) bavero *m*

'**Krähe** ['krɛːə] *f* (-; *-n*) *zo* cornacchia *f*; '**2n** (*h*) cantare

'**kramen** ['kraːmən] (*h*) frugare (***in*** *da*… in), rovistare (in)

Krampf [krampf] *m* (*-[e]s*; *⸚e*) *med* crampo *m*; convulsioni *f/pl*; '**2haf**… convulsivo

Kran [kraːn] *m* (*-[e]s*; *⸚e*) *tec* gru *f*

krank [kraŋk] (am)malato; infermo; … ***werden*** ammalarsi; '**2e(r)** *m/f* (*-n*; *-n*) malato *m*, -a *f*

'**kränken** ['krɛŋkən] (*h*) mortificare (*beleidigen*) offendere

'**Kranken|geld** *n* indennità *f* per malattia; '**~haus** *n* ospedale *m*; '**~kasse** cassa *f* malattia; mutua *f*; '**~pflege**… *m* infermiere *m*; '**~schein** *m* certificato *m* d'assistenza della cassa malattia; '**~schwester** *f* infermiera *f*; '**~versi**…**cherung** *f* assicurazione *f* contro … malattie; '**~wagen** *m* ambulanza *f*

'**krank|haft** *med* morboso; patologico; '**2heit** *f* (-; *-en*) malattia *f*

'**Kränkung** ['krɛŋkuŋ] *f* (-; *-en*) offesa, umiliazione *f*

Kranz [krants] *m* (*-es*; *⸚e*) corona, ghirlanda *f*

krass [kras] forte, esagerato, spinto, grossolano

'**Krater** ['kraːtər] *m* (*-s*; -) cratere *m*

kratz|en ['kratsən] (*h*) grattare; *Wolle*: cardare; (*schaben*) raspare; (*jucken*) prudere; '**2er** *m* (*-s*; -) graffio *m*
Kraut [kraʊt] *n* (-[*e*]*s*; *Kräuter*) erba *f*; *bsd pl* erbette (aromatiche) *f/pl*; (*Weiß2*) cavolo *m*; F tabacco *m*
Kräutertee ['krɔʏtərteː] *m* infuso *m* d'erbe
Kra'wall [kra'val] *m* (*-s*; *-e*) putiferio *m*; (*Aufruhr*) sommossa *f*, tumulto *m*
Kra'watte [kra'vatə] *f* (-; *-n*) cravatta *f*
Krebs [kreːps] *m* (*-es*; *-e*) gambero *m* granchio *m*; *astr*, *med* cancro *m*; '**~geschwür** *n* carcinoma *m*; '**~vorsorgeunter'suchung** *f* (-; *-en*) *med* prevenzione *f* del cancro
Kre'dit [kre'diːt] *m* (-[*e*]*s*; *-e*) *econ* credito *m*; *fig* prestigio *m*, rispetto *m*; **2'ieren** [kredi'tiːrən] (*senza ge-*, *h*) dare a credito; **~institut** [kre'ditʔinstituːt] *n* (-[*e*]*s*; *-e*) istituto *m* di credito; **~karte** *f* carta *f* di credito; **~rahmen** *m* plafond *m* creditizio; **2würdig** solvente; solido
Kre'ieren [kre'iːrən] (*senza ge-*, *h*) creare; *Mode*: lanciare
Kreis [kraɪs] *m* (*-es*; *-e*) cerchio *m*; *el* circuito *m*; *fig* circolo *m*; (*Land2*, *Stadt2*) distretto *m*; circondario *m*; ***weite ~e ziehen*** *fig* aver larghe ripercussioni
kreisen ['kraɪzən] (*sn*) girare, roteare; (*Blut*) circolare
Kreislauf *m* giro *m*; *tec* circuito *m*; *Blut*: circolazione *f*; '**~mittel** *n* farmaco *m* contro disturbi circolatori; '**~störung** *f* disturbo *m* circolatorio
Kreis|stadt ['kraɪsʃtat] *f* capoluogo *m* distrettuale; '**~verkehr** *m* circolazione *f* rotatoria
Krema'torium [krema'toːrjum] *n* (*-s*; *-rien*) crematorio *m*
Kreml [kreːml] *m* Cremlino *m*
Kreta ['kreːta] *n* Creta *f*
Kreuz [krɔʏts] *n* (*-es*; *-e*) croce *f*; *anat* schiena *f*; *Kartenspiel*: fiori *m/pl*; *fig* pena *f*; afflizione *f*; ***kreuz und quer*** in tutti i sensi, in tutte le direzioni; '**2en** (*h*) incrociare; *Scheck*: sbarrare; '**~er** *m* (*-s*; -) *mar* incrociatore *m*; '**~fahrt** *f* *mar* crociera *f*; '**~feuer** *n* fuoco *m* incrociato; '**~gang** *m* *arch* chiostro *m*; '**2igen** ['-tsigən] (*h*) crocifiggere; '**~igung** *f* (-; *-en*) crocifissione *f*; '**~ung** *f* (-; *-en*) (*Straßen2*), *bot*, *zo* incrocio *m*; '**~worträtsel** ['-vɔrtrɛːtsəl] *n* parole *f/pl* incrociate
'**kriech|en** ['kriːçən] (*kroch*, *gekrochen*, *sn*) strisciare; serpeggiare; *aus dem Ei*: sgusciare; *fig* prostrarsi; '**2spur** *f* *Verkehr*: corsia *f* per veicoli lenti
Krieg [kriːk] *m* (-[*e*]*s*; *-e*) guerra *f*; ***~ führen*** fare la guerra; ***~ führend*** belligerante; '**2en** ['-gən] F (*h*) ottenere, ricevere; F buscare, prendersi; '**2erisch** bellicoso; ***~e Handlung*** azione *f* bellica
'**Kriegs|beschädigte** ['kriːksbəʃɛːdiçtə] *m* (*-n*; *-n*) mutilato *m*, invalido *m* di guerra; '**~dienst** *m* servizio *m* militare; '**~dienstverweigerer** *m* obiettore *m* di coscienza; '**~dienstverweigerung** *f* obiezione *f* di coscienza; '**~entschädigung** *f* indennità *f* di guerra; '**~erklärung** *f* dichiarazione *f* di guerra; '**~gebiet** *n* zona *f* di guerra; '**~gefangene** *m* prigioniero *m* di guerra; '**~gericht** *n* tribunale *m* militare; corte *f* marziale; '**~kamerad** ['-kamaraːt] *m* (*-en*; *-en*) compagno *m* d'armi; '**~kosten** *pl* spese *f/pl* di guerra; '**~marine** *f* marina *f* militare; '**~opfer** *n* vittima *f* della guerra; '**~schauplatz** *m* teatro *m* della guerra; '**~schiff** *n* nave *f* da guerra; '**~schulden** *f/pl* debiti *m/pl* di guerra; '**~teilnehmer** *m* combattente *m*; '**~verbrecher** *m* criminale *m* di guerra; '**~zustand** *m* stato *m* di guerra
Krim [krim] *f* Crimea *f*
'**Krimi** ['kriːmi, 'krɪmi] *m* (*-s*; *-s*) F giallo *m*
Krimi'nal|film [krimi'naːlfilm] *m* film *m* giallo (*od* poliziesco); **~i'tät** [kriminali'tɛːt] *f* (-; *senza pl*) delinquenza *f*; criminalità *f*; **~polizei** *f* polizia *f* criminale; **~roman** *m* romanzo *m* giallo
krimi'nell [krimi'nɛl] criminale
'**Krippe** ['kripə] *f* (-; *-n*) mangiatoia *f*; greppia *f*; *rel* presepio *m* (*Kinder2*) asilo *m* infantile
'**Kris|e** ['kriːzə] *f* (-; *-n*) crisi *f*; '**~ensituation** *f* situazione *f* di crisi; '**~enstab** *m* commissione *f* d'emergenza; staff *m* d'emergenza
Kri'stallwaren [kri'stalvaːrən] *f/pl* cristalleria *f*, cristalli *m/pl*
Kri'terium [kri'tɛrium] *n* (*-s*; *-ien*) crite-

K

rio *m*
Kri'tik ['kri'ti:k] *f* (-; *-en*) critica *f*; (*Rezension*) recensione *f*; ***vernichtende*** ~ stroncatura *f*; '**~iker** ['kri:tikər] *m* (*-s*; -) critico *m*; '**2isch** critico; (*entscheidend*) cruciale; **2i'sieren** [kriti'zi:rən] (*senza ge-*, *h*) criticare
Kroatien [kro'a:tsjən] *n* Croazia *f*
Kroko'dil [kroko'di:l] *n* (*-s*; *-e*) coccodrillo *m*
'**Kron|e** ['kro:nə] *f* (-; *-n*) corona *f*; *bot* corolla *f*; (*Baum2*) chioma *f*; '**~leuchter** *m* lampadario *m*; candelabro *m*; '**~prinz** *m* principe *m* ereditario
'**Krönung** ['krø:nuŋ] *f* (-; *-en*) incoronazione *f*; *fig* coronamento *m*
'**Kröte** ['krø:tə] *f* (-; *-n*) *zo* rospo *m*
'**Krücke** ['krykə] *f* (-; *-n*) gruccia *f*
Krug [kru:k] *m* (*-[e]s*; *=e*) brocca *f*; (*Trink2*) boccale *m*
'**Krümel** ['kry:məl] *m* (*-s*; -) briciola *f*
krumm [krum] curvo; *Bein*: storto; *Nase*: adunco; *fig* losco
'**krümm|en** ['krymən] (*h*) curvare; ***sich vor Schmerz*** ~ torcersi; '**2ung** *f* (-; *-en*) curva *f*; curvatura *f*
'**Krüppel** ['krypəl] *m* (*-s*; -) storpio *m*, mutilato *m*
'**Kruste** ['krustə] *f* (-; *-n*) crosta *f*
'**Kruzifix** ['kru:tsifiks] *n* (*-es*; *-e*) crocifisso *m*
KSZE ***Konferenz über Sicherheit und Zusammenarbeit in Europa*** Conferenza sulla Sicurezza e la Cooperazione in Europa (*abbr* CSCE)
Kto. ***Konto*** conto
Kuba ['ku:ba] *n* Cuba *f*
'**Kübel** ['ky:bəl] *m* (*-s*; -) tinozza *f*; (*Eimer*) secchio *m*
Ku'bik|inhalt [ku'bi:kʔinhalt] *m* volume *m*; **~meter** *m* metro *m* cubico
'**Küche** ['kyçə] *f* (-; *-n*) cucina *f*
'**Kuchen** ['ku:xən] *m* (*-s*; -) dolce *m*; (*Torte*) torta *f*; *kleiner*: pasta *f*
'**Küchen|messer** *n* coltello *m* da cucina; '**~schrank** *m* dispensa *f*; '**~zettel** *m* lista *f* delle vivande
'**Kuckuck** ['kukuk] *m* (*-s*; *-e*) *zo* cuculo *m*
'**Kufe** ['ku:fə] (-; *-n*) pattino *m* (della slitta)
'**Kugel** ['ku:gəl] *f* (-; *-n*) palla *f*; (*Gewehr2*) pallottola *f*; *geogr* globo *m*; *mat* sfera *f*; *Spiel*: boccia *f*; '**~kopf** *m* *von Schreibmaschine*: testina *f* rotan-te; '**~kopfmaschine** *f* macchina *f* da scrivere a testina rotante; '**~lager** *n* cuscinetto *m* a sfere; '**~schreiber** *m* penna *f* a sfera; '**~stoßen** *n* (*-s*; *senza pl*) lancio *m* del peso
Kuh [ku:] *f* (-; *=e*) vacca *f*; (*Milch2*) mucca *f*
kühl [ky:l] fresco; *fig* freddo; '**~en** (*h*) rinfrescare; refrigerare; *tec* raffreddare; '**2er** *m* (*-s*; -) *auto* radiatore *m*; '**2erhaube** *f* cofano *m* del radiatore; '**2flüssigkeit** *f* liquido *m* refrigerante; '**2schrank** *m* frigorifero *m*; '**2tasche** borsa *f* termica; '**2wasser** *n* acqua *f* di raffreddamento; acqua *f* del radiatore
kühn [ky:n] ardito
'**Küken** ['ky:kən] *n* (*-s*; -) *zo* pulcino *m*
ku'lant [ku'lant] *econ* compiacente; *Preis*: modico; *Bedingung*: convenien-te
'**Kuli** ['ku:li] *m* (*-s*; *-s*) coolie *m*; *Kugelschreiber*: penna *f*
Ku'lisse [-'lisə] *f* (-; *-n*) *tea* quinta *f*; *fi* ***hinter den ~n*** dietro le quinte
Kult [kult] *m* (*-[e]s*; *-e*) culto *m*; **2i'vie**[rt] [-ti'vi:rt] distinto, colto
Kul'tur [-'tu:r] *f* (-; *-en*) (*Bildung*) cultura *f*; *fig* civiltà *f*; (*e-s Volkes*) civilizzazione *f*; **~abkommen** *n* accordo *m* culturale; **~austausch** *m* scamb[i] *m/pl* culturali; **~beutel** *m* nécessair[e] *m* da viaggio; **2'ell** [-'rɛl] cultural[e]; **~programm** *n* programma *m* cultura[le]
'**Kultusminister** ['kultusministər] *m* ministro *m* dell'educazione
'**Kümmel** ['kyməl] *m* (*-s*; -) *bot* cumin[o] *m*; liquore *m* al cumino
'**Kummer** ['kumər] *m* (*-s*; *senza pl*) preoccupazione *f*; dolore *m*; dispiace[ri] *m/pl*
'**kümmern** ['kymərn] (*h*) interessar[e]; ***sich um et*** ~ occuparsi di qc; ***sic[h] um j-n*** ~ curarsi di qu
'**Kumpel** F ['kumpəl] *m* (*-s*; -) comp[a]gno *m* di lavoro; *min* minatore *m*
'**kündbar** ['kyntba:r] che si può disc[]re; licenziabile; revocabile
'**Kund|e** ['kundə] *m* (*-n*; *-n*) cliente *m*; '**~endienst** *m* servizio *m* di assisten[za] (tecnica); '**~gebung** *f* manifestazio[ne] *f*, dimostrazione *f*; '**2ig** ['-diç] espert[o] pratico
'**kündig|en** ['kyndigən] (*h*) **1.** *v/i j-m*:

cenziare; *selbst*: licenziarsi; **2.** *v/t Kapital, Wohnung*: disdire; *Vertrag*: sciogliere; '**2ungsfrist** *f* termine *m* di disdetta; '**2ungsschutz** *m* protezione *f* contro il licenziamento

'**Kund|in** ['kundin] *f* (-; *-nen*) cliente *f*; '**~schaft** ['kuntʃaft] *f* (-; *senza pl*) clientela *f*, clienti *m/pl*

'**künftig** ['kynftiç] *adj* futuro; *adv* in (*od* nell')avvenire

Kunst [kunst] *f* (-; *=e*) arte *f*; ***die bildende ~*** le arti figurative; '**~ausstellung** *f* mostra *f* (*od esposizione f*) d'arte; '**~faser** *f* fibra *f* sintetica; '**~gegenstand** *m* oggetto *m* d'arte; '**~geschichte** *f* storia *f* dell'arte; '**~gewerbe** *n* arte *f* industriale, arte *f* applicata; '**~kenner** *m* intenditore *m* d'arte; '**~leder** *n* fintapelle *f*

'**Künst|ler** ['kynstlər] *m* (*-s*; -), '**~lerin** *f* (-; *-nen*) artista *m* u *f*; '**2lerisch** artistico; '**2lich** artificiale; *Haar, Gebiss*: finto; posticcio; *tec* sintetico

Kunst|richtung *f* stile *m* (artistico); '**~sammlung** *f* collezione *f* di opere d'arte; '**~schätze** *f/pl* patrimonio *m* artistico; '**~seide** *f* seta *f* artificiale; '**~stoff** *m* materia *f* sintetica; plastica *f*, '**~stück** *n* gioco *m* di destrezza; *fig* abilità *f*; '**~werk** *n* opera *f* d'arte

Kupfer ['kupfər] *n* (*-s*; *senza pl*) rame *m*; '**~draht** *m* filo *m* di rame; '**2n** *adj* di rame; '**~stich** *m* incisione *f* (in rame)

Kuppe ['kupə] *f* (-; *-n*) cima *f*; (*Nadel2*) capocchia *f*

Kuppel ['kupəl] *f* (-; *-n*) cupola *f*

kupp|eln ['kupəln] (*h*) **1.** *v/t* accoppiare; *tec* abbinare; *Auto*: innestare; *fer* agganciare; **2.** *v/i* (*zusammen~*) combinare un matrimonio; ruffianeggiare; '**2lung** *f* (-; *-en*) agganciamento *m*; *Auto*: frizione *f*

Kur [ku:r] *f* (-; *-en*) cura *f*; trattamento *m*; '**~aufenthalt** *m* soggiorno *m* di cura; '**~bad** *n* stazione *f* termale

Kurbelwelle ['kurbəlvɛlə] *f* albero *m* a gomiti; *auto* biella *f*

Kürbis ['kyrbis] *m* (*-ses*; *-se*) *bot* zucca *f*

Kur|fürst ['ku:rfyrst] *m* principe *m* elettore; '**~gast** *m* ospite *m* di un luogo di cura; *im Badeort*: bagnante *m*; '**~haus** *n* stabilimento *m* di cura

Ku'rier [ku'ri:r] *m* (*-s*; *-e*) corriere *m*

ku'rieren [ku'ri:rən] (*senza ge-*, *h*) curare

'**Kurort** ['kurˀɔrt] *m* luogo *m* di cura; stazione *f* balneare; (*Luft2*) luogo *m* climatico

Kurs [kurs] *m* (*-es*; *-e*) (*Lehrgang*) corso *m*; *mar* rotta *f*; *econ* cambio *m*; ***zum ~ von*** al cambio di; '**~abfall** *m econ* cedimento *m* delle quotazioni; '**~anstieg** *m econ* rialzo *m* dei corsi; '**~buch** *n* orario *m* ferroviario

'**Kurs|gewinn** *m econ* profitto *m* sui cambi; '**~schwankungen** *f/pl* fluttuazioni *f/pl* del cambio; '**~wagen** *m fer* vagone *m* diretto; '**~wechsel** *m pol* inversione *f* di rotta

'**Kurtaxe** ['ku:rtaksə] *f* tassa *f* di soggiorno

'**Kurve** ['kurvə] *f* (-; *-n*) curva *f*, svolta *f*

'**Kurverwaltung** *f* azienda *f* di cura e soggiorno

kurz [kurts] *räumlich*: corto; *zeitlich*: breve; ***~ und gut*** insomma, per dirla breve, alle corte; ***~ darauf*** poco dopo; ***vor ~em*** poco fa, (*neulich*) recentemente; ***seit ~em*** da poco; → ***kurzfassen***; '**2arbeit** *f* lavoro *m* a orario ridotto; '**~atmig** ['-ˀa:tmiç] asmatico; *Pferde*: bolso

'**Kürz|e** ['kyrtsə] *f* (-; *senza pl*): ***in ~*** fra poco; '**2en** (*h*) accorciare; (*mindern*) ridurre; (*Text*) abbreviare

'**kurzer'hand** ['kurtsər'hant] subito; senz'altro

'**kurz|fassen** *v/r* (*sep*, *-ge-*, *h*) ***sich ~*** esser breve; farla breve; '**~fristig** ['-fristiç] a breve scadenza; '**~lebig** effimero

'**kürzlich** ['kyrtsliç] recentemente

'**Kurz|parkzone** ['kurtsparktso:nə] *f* zona *f* disco; '**~schluss** *el m* corto circuito *m*; '**~schrift** *f* stenografia *f*; '**2sichtig** ['-ziçtiç] *med*, *fig* miope

'**Kürzung** ['kyrtsuŋ] *f* (-; *-en*) accorciamento *m*; riduzione *f*; abbreviamento *m*

'**Kurzwahltaste** *f* (-; *-n*) *tel* tasto *m* di selezione rapida

'**Kurz|waren** ['kurtsva:rən] *f/pl* merceria *f*; minuterie *f/pl*; '**2weilig** divertente; '**~welle** *f rad* onda *f* corta

Ku'sine [ku'zi:nə] *f* (-; *-n*) cugina *f*

Kuss [kus] *m* (*-es*; *=e*) bacio *m*

'**küssen** ['kysən] (*h*) baciare

'**Küste** ['kystə] *f* (-; *-n*) costa *f*, lit(t)ora-

K

le *m*; '**~nschutz** *m* opere *f/pl* di protezione costiera

'**Kutsche** ['kutʃə] *f* (-; -*n*) carrozza *f*

'**Kutte** ['kutə] *f* (-; -*n*) tonaca *f*

'**Kutter** ['-tər] *m* (-*s*; -) *mar* cutter *m*

Ku'vert [ku'vɛr, -'vɛrt] *n* (-*s*; -*s*) (*Brief*2) busta *f* (per le lettere)

Kuwait [ku'vaɪt] *n* Kuwait *m*

kW ***Kilowatt*** chilowatt

L

l ***Liter*** litro

la'bil [la'bi:l] instabile, labile

La'bor [la'bo:r] *n* (-*s*; -*s u* -*e*) laboratorio *m*; **~'ant** [-bo'rant] *m* (-*en*; -*en*), **~'antin** *f* (-; -*nen*) assistente *m/f* di laboratorio; **~versuch** *m* prova *f* di laboratorio

Laby'rinth [laby'rint] *n* (-[*e*]*s*; -*e*) labirinto *m*

'**Lache** ['la:xə] *f* (-; -*n*) (*Pfütze*) pozza *f*, pantano *m*

'**lächeln** ['lɛçəln] (*h*) sorridere

'**lachen** ['laxən] (*h*) ridere (***über*** *acc* di)

'**lächerlich** ['lɛçərliç] ridicolo; ***sich ~ machen*** rendersi ridicolo

'**lachhaft** ridicolo

Lachs [laks] *m* (-*es*; -*e*) salmone *m*

Lack [lak] *m* (-[*e*]*s*; -*e*) vernice *f*; lacca *f*; **2'ieren** (*senza ge*-, *h*) verniciare

'**Lade|fläche** ['la:dəflɛçə] *f* superficie *f* di carico; '**~gewicht** *n* carico *m* utile

'**laden** ['la:dən] (*lud*, *geladen*, *h*) caricare

'**Laden** *m* (-*s*; ⸚) (*Kauf*2) negozio *m*, bottega *f*; '**~dieb** *m* taccheggiatore *m*; '**~diebstahl** *m* taccheggio *m*; '**~preis** *m* prezzo *m* di vendita; '**~schluss** *m* chiusura *f* dei negozi; '**~tisch** *m* banco *m*

'**Laderaum** *mar m* stiva *f*

'**Ladung** ['la:duŋ] *f* (-; -*en*) carico *m*; caricamento *m*

'**Lage** ['la:gə] *f* (-; -*n*) posizione *f*, situazione *f*; *fig a* condizioni *f/pl*; (*senza pl*) (*Zustand*) stato *m*; *geogr* sito *m*, ubicazione *f*; *Papier*: quinterno *m*; (*Schicht*) strato *m*; ***in der ~ sein zu*** ... essere in grado di ...

'**Lager** ['la:gər] *n* (-*s*; -) *Tier*: covo *m*; *mil* campo *m*; *pol* blocco *m*, partito *m*; *min* giacimento *m*; *econ* deposito *m*; '**~bestand** *m* giacenze *f/pl* in magazzino; '**~bestände** *m/pl* scorte *f/pl*, stock *m*; '**~feuer** *n* fuoco *m* di campo; '**~haltung** *f* magazzinaggio *m*; '**~haltungskosten** *pl* costi *m/pl* di stoccaggio; '**~haus** *n* magazzino *m*

'**lagern** ['la:gərn] (*h*) **1.** *v/i* giacere; *econ* essere in magazzino; **2.** *v/t* posare; *econ* immagazzinare

'**Lagerraum** *m* deposito *m*, magazzino *m*

La'gune [la'gu:nə] *f* (-; -*n*) laguna *f*

lahm → ***lahmlegen***

'**lähmen** ['lɛ:mən] (*h*) paralizzare

'**lahmlegen** [la'gu:nə] *v/t* (*sep*, -*ge*-, *h*) *fig* paralizzare

'**Lähmung** ['lɛ:muŋ] *f* (-; -*en*) paralisi *f*

Laib [laɪp] *m* (-[*e*]*s*; -) (*Brot*) pagnotta *f*

'**Laie** ['laɪə] *m* (-*n*; -*n*) laico *m*; *fig* profano *m*; '**2nhaft** profano, dilettantesco; '**~nspiel** *n* filodrammatica *f*

'**Laken** ['la:kən] *n* (-*s*; -) lenzuolo *m*

la'konisch [la'ko:niʃ] laconico

'**Lama** ['la:ma] *n* (-*s*; -*s*) *zo* lama *m*

Lamm [lam] *n* (-[*e*]*s*; ⸚*er*) agnello *m*

'**Lampe** ['lampə] *f* (-; -*n*) lampada *f*

'**Lampen|fieber** *n* febbre *f* della ribalta; '**~schirm** *m* paralume *m*

Lam'pion [lam'pjɔ̃] *m* (-*s*; -*s*) lampioncino *m*

Land [lant] *n* (-[*e*]*s*; ⸚*er*) terra *f*; (*senza pl*) campagna *f*; (*Acker*) terreno *m*; *geogr* paese *m*; ***aufs ~, auf dem ~*** in campagna; '**~arbeiter** *m* lavoratore *m* agricolo; '**~arzt** *m* medico *m* di campagna (*od* condotto); '**~aufenthalt** *m* soggiorno *m* in campagna; villeggiatura *f*; '**~besitz** *m* proprietà *f* fondiaria; '**~bewohner** *m* campagnolo *m*; '**~ebahn** ['landəba:n] *f* pista *f* di atterraggio; '**~eerlaubnis** [-ˀɛrlaubnis] permesso *m* di atterraggio; **2'einwärts** verso l'interno del paese; '**2en** (*sn*) *avia* atterrare; '**~enge** *f* istmo *m*; → ***hierzulande***

Länderkampf ['lɛndərkampf] *m* *Sport*: incontro *m* internazionale
'Landes|farben ['landəsfarbən] *f/pl* colori *m/pl* nazionali; **'~hoheit** *f* sovranità *f*; **'~sprache** *f* lingua *f* nazionale; **'2üblich** locale
Land|gericht *n* tribunale *m* provinciale; **'~haus** *n* villa *f*; villino *m*; **'~karte** *f* carta *f* geografica; **'~kreis** *m* distretto *m*
ländlich ['lɛntliç] campestre; rurale, rustico
Land|luft ['lantluft] *f* aria *f* di campagna; **'~partie** *f* scampagnata *f*; **'~schaft** *f* (-; *-en*) paesaggio *m*; *pol* regione *f*; **'2schaftlich** regionale; paesistico
Lands|mann ['lantsman] *m*, **'~männin** ['-mɛnin] *f* connazionale *m/f*; ***was ist er für ein ~?*** di che paese è?, che nazionalità ha?
Land|spitze ['lantʃpitsə] *f* lingua *f* di terra; **'~straße** *f* strada *f* provinciale; strada *f* maestra
Landung ['landuŋ] *f* (-; *-en*) sbarco *m*; *avia* atterraggio *m*; (*Mond2*) allunaggio *m*; **'~sbrücke** *f* ponte *m* d'approdo; **'~ssteg** *m* passerella *f*
andw. ***landwirtschaftlich*** agricolo
Land|weg *m*: ***auf dem ~*** via terra; **'~wirt** *m* agricoltore *m*; **'~wirtschaft** *f* (*senza pl*) agricoltura *f*; **'2wirtschaftlich** agricolo, agrario; **'~zunge** *f* lingua *f* di terra
ang [laŋ] **1.** *adj* lungo; ***~e Zeit*** molto tempo *m*; **2.** *adv* ***drei Jahre ~*** per tre anni
ange ['laŋə] *adv* a lungo, lungamente; molto tempo; ***wie ~?*** quanto tempo?
Länge ['lɛŋə] *f* (-; *-n*) lunghezza *f*; *zeitlich*: durata *f*; *geogr* longitudine *f*
angen ['laŋən] (*h*) (*ausreichen*) bastare; ***nach et ~*** allungare la mano verso qc
Längengrad ['lɛŋəngraːt] *m* grado *m* di longitudine
änger ['lɛŋər] più lungo; *zeitlich*: più tempo, più a lungo
Langeweile ['laŋəvaɪlə] *f* (-; *senza pl*) noia *f*; ***~ haben*** annoiarsi
ang|fristig ['laŋfristiç] a lungo termine; ***~e Planung*** pianificazione *f* a lungo termine; ***~er Wechsel*** cambiale *f* a lunga scadenza; **'2lauf** *m* sci *m* di fondo; **'2laufski** *m* sci *m* di fondo
'länglich ['lɛŋliç] bislungo; piuttosto lungo
längs [lɛŋs] (*gen od dat*) lungo (*acc*)
'langsam ['laŋzaːm] **1.** *adj* lento, tardo; **2.** *adv* lentamente, adagio
'Langspielplatte *f* disco *m* (microsolco *m*), ellepì *m*
längst [lɛŋst] **1.** *adj* il più lungo; **2.** *adv* da gran tempo; **'~ens** al più tardi
'Langstrecken|flugzeug *n* aereo *m* a grande autonomia; **'~lauf** *m* corsa *f* di fondo; **'~läufer** *m* fondista *m*
'lang|weilen ['-vaɪlən]: ***sich ~*** (*h*) annoiarsi; **'~weilig** ['-vaɪliç] noioso; **'2wellen** *f/pl* onde *f/pl* lunghe; **'~wierig** ['-viːriç] lungo, faticoso
'langzeit|arbeitslos disoccupato a lungo termine; **'2arbeitslosigkeit** *f* (-; *-en*) disoccupazione *f* a lungo termine
'Lappen ['lapən] *m* (*-s*; -) straccio *m*
Lappland ['laplant] *n* Lapponia *f*
'Lappländer ['laplɛndər] *m* (*-s*; -), **'~in** *f* (-; *-nen*) lappone *m/f*
'Laptop ['lɛptɔp] *m* (*-s*; *-s*) *inform* laptop *m*
'Lärche *bot* ['lɛrçə] *f* (-; *-n*) larice *m*
Lärm [lɛrm] *m* (-[*e*]*s*; *senza pl*) rumore *m*, chiasso *m*; **'2en** (*h*) strepitare, far chiasso; **'2end** rumoroso; **'~schutz** *m* protezione *f* contro l'inquinamento acustico
'Laser ['leːzər] *m* (*-s*; -) laser *m*; **'~drucker** *m* stampante *f* laser
'lassen ['lasən] *v/t* (*ließ, gelassen, h*) lasciare; (*veranlassen*) fare; ***holen ~*** mandare a prendere; ***den Vortritt ~*** cedere il passo; ***er lässt sich nichts sagen*** non intende ragione; ***lass das!*** smettila!
'lässig ['lɛsiç] indolente; noncurante; **'2keit** *f* (-; *senza pl*) indolenza *f*; noncuranza *f*
Last [last] *f* (-; *-en*) carico *m*; (*Gewicht*) peso *m*; ***j-m zur ~ fallen*** incomodare qu, importunare qu; ***zu Ihren ~en*** a Vostro debito; **'~enaufzug** ['-ənˀauf-] *m* montacarichi *m*; **'~enausgleich** ['-ənˀaus-] *m* compensazione *f* generale dei danni di guerra; risarcimento *m* per danni di guerra
'Laster ['lastər] *n* (*-s*; -) vizio *m*; **'2haft** vizioso
'lästern ['lɛstərn] (*h*) dir male di; ca-

L

lunniare, diffamare

'lästig ['lɛstɪç] noioso, fastidioso; **~e Sache** *od* **Geschichte** seccatura *f*

'Last|kahn ['lastkaːn] *m* barcone *m*, chiatta *f*; **'~kraftwagen** *m* autocarro *m*, camion *m*; **'~schiff** *n* nave *f* da carico; **'~schrift** *f* addebito *m*; **'~wagen** *m* camion *m*; **'~zug** *m* autotreno *m*

La'tein [la'taɪn] *n* (*-s*; *senza pl*) latino *m*; **&isch** latino

Lateinamerika [la'taɪnˀa'meːrika] *n* America *f* Latina

La'terne [la'tɛrnə] *f* (*-*; *-n*) lanterna *f*; (*Straßen&*) lampione *m*

'Latte ['latə] *f* (*-*; *-n*) stanga *f*, assicella *f*

lau [laʊ] tiepido

Laub [laʊp] *n* (*-[e]s*; *senza pl*) fogliame *m*, foglie *f/pl*; **'~e** *f* (*-*; *-n*) pergola *f*; *arch* arcata *f*; **'~engang** *m*, pergolato *m*; **'~frosch** *m* raganella *f*; **'~wald** *m* bosco *m* di latifoglie

Lauf [laʊf] *m* (*-[e]s*; *Läufe*) corsa *f*; *Verlauf*: corso *m*; **in vollem ~** in piena corsa; **den Dingen ihren ~ lassen** lasciar correre; **freien ~ lassen** dar libero corso; **der ~ der Dinge** l'andamento *m* delle cose; **'~bahn** *f* (*-*; *-en*) carriera *f*

'laufen ['laʊfən] (*lief*, *gelaufen*, *sn*) correre; *Räder*: girare; **'~d** corrente, in corso; **~es Jahr** *n* anno *m* corrente; **auf dem &en sein** essere al corrente

'Läufer ['lɔʏfər] *m* (*-s*; *-*) corridore *m*; (*Teppich*) guida *f*, passatoia *f*; pedana *f*

'Lauf|feuer ['laʊf-fɔʏər] *n* fuoco *m* di fila; **sich wie ein ~ verbreiten** diffondersi in un baleno; **'~masche** *f* smagliatura *f*; **'~pass** *m* congedo *m*; **j-m den ~ geben** mandare qu a spasso; **'~steg** *m* passerella *f*; **'~werk** *n tec* organo *m* motore; *inform* drive *m*; **'~zeit** *f* durata *f* di validità

'Lauge ['laʊgə] *f* (*-*; *-n*) liscivia *f*; *chim* soluzione *f* solina

'Laun|e ['laʊnə] *f* (*-*; *-n*) umore *m*; (*Grille*) capriccio *m*; **'&enhaft** capriccioso; **'&isch** lunatico; capriccioso

Laus [laʊs] *f* (*-*; *Läuse*) pidocchio *m*

'lauschen ['laʊʃən] (*h*) ascoltare; *heimlich*: origliare

laut [laʊt] **1.** *adj* alto; *Stimme*: *a* forte; sonoro; (*lärmend*) chiassoso, rumoroso; **2.** *adv* forte; **~ sprechen** parlare a voce alta; **3.** *prp* (*gen*) secondo; conformemente a

Laut *m* (*-[e]s*; *-e*) suono *m*; **keinen ~ von sich geben** non fiatare

'Laute ['laʊtə] *f* (*-*; *-n*) liuto *m*

'lauten ['laʊtən] (*h*) *Text*: dire, essere; **wie lautet der Brief?** che dice la lettera?

'läuten ['lɔʏtən] *v/t u v/i* (*h*) suonare

'laut|los ['laʊtloːs] silenzioso; **'&schrift** *f* trascrizione *f* fonetica; **'&sprecher** *m* altoparlante *m*; megafono *m*; **'&stärke** *f* intensità *f* del suono; (*Radio*) volume *m*

'Lava ['laːva] *f* (*-*; *Laven*) lava *f*

La'wine [la'viːnə] *f* (*-*; *-n*) valanga *f*

Laza'rett [latsa'rɛt] *n* (*-[e]s*; *-e*) *m*… ospedale *m* militare

LB **Landesbank** banca regionale

'Lebe|dame ['leːbədaːmə] *f* mondan… *f*; **'~mann** *m* gaudente *m*, buontempo… ne *m*

'leben ['leːbən] (*h*) vivere; esistere; **le… be wohl!** addio!

'Leben *n* (*-s*; *-*) vita *f*; esistenza *f*; **am … sein** essere in vita; **ums ~ komme…** perdere la vita; **sein ~ lang** per tut… la vita

'lebend vivo

le'bendig [le'bɛndɪç] vivo; *Temper…ment*: vivace

'Lebens|abend ['leːbənsˀaːbənt] … (*-s*; *senza pl*) vecchiaia *f*; **'~alter** … età *f*; **'~bedingungen** *f/pl* condizio… *f/pl* di vita; **'~dauer** *f* (*-*; *senza pl*) d… rata *f* della vita; **'~ende** *n* (*-*; *senza p…*) fine *f* della vita; morte *f*; **'~erfahrung** … esperienza *f*; **'~erwartung** *f* vita *f* m… dia; **'&fähig** vitale; **'~gefahr** *f* perico… *m* di morte; **'&gefährlich** pericolosiss… mo; **'~haltungskosten** *pl* costo *m* de… la vita; **'~lage** *f* situazione *f*; **'&länglic…** *Rente*: vitalizio; *jur* a vita; **'~lauf** *m* cu… riculum *m* (vitae), corso *m* della vi… **'&lustig** allegro, amante della vita

'Lebensmittel *n/pl* viveri *m/pl*; *ec…* generi *m/pl* alimentari; **'~abteilung** … reparto *m* alimentare; **'~geschäft** … negozio *m* di generi alimenta… **'~preis** *m* prezzo *m* dei generi alime… tari; **'~vergiftung** *f* intossicazione *f* a… mentare

'lebens|notwendig vitale; di prima n… cessità; **'&standard** *m* tenore *m* (*od* … *vello m od standard m*) di vita; **'&st…**

lung *f* posto *m* permanente; posizione *f* sociale; **'2unterhalt** *m* sostentamento *m*; sussistenza *f*; **'2versicherung** *f* assicurazione *f* sulla vita; **'~wichtig** di importanza vitale; **'2zeit** *f*: ***auf ~*** a vita

'Leber ['le:bər] *f* (-; *-n*) fegato *m*

'Lebewesen ['le:bəve:zən] *n* essere *m* vivente

'lebhaft ['le:phaft] vivace

'Leb|kuchen ['le:pku:xən] *m* panpepato *m*; **'2los** esanime

Leck [lɛk] *n* (-[*e*]*s*; *-e*) fessura *f*; *mar* falla *f*

lecken ['lɛkən] *v/t u v/i* (*h*) leccare

'lecker ['lɛkər] ghiotto; (*wohlschmeckend*) squisito, delizioso

'ed. ***ledig*** celibe

Leder ['le:dər] *n* (-*s*; -) cuoio *m*; *feines*: pelle *f*; **'~waren** *f/pl* corami *m/pl*, pellami *m/pl*; **'~warengeschäft** *n*, **'~warenhandlung** *f* pelletteria *f*; valigeria *f*

ledig ['le:diç] libero; (*unverheiratet*) *Mann*: celibe; *Frau*: nubile; **'~lich** ['-dikliç] unicamente; soltanto

eer [le:r] vuoto; *Stelle*: vacante; (*Platz*) libero; **'2e** *f* (-; *senza pl*) vuoto *m*; ***~ stehend*** *Haus*: non affittato; **'~en** (*h*) vuotare; **'2gut** *n* (-[*e*]*s*; *senza pl*) (recipiente *m*) vuoto *m*; **'2lauf** *m tec* funzionamento *m* a vuoto; *auto* marcia *f* in folle; **'2ung** *f* (-; *-en*) svuotamento *m*; *post* levata *f*

e'gal [le'ga:l] legale; **~i'sieren** (*senza ge-*, *h*) legalizzare

egen ['le:gən] (*h*) mettere, posare; porre, collocare; *Eier*: fare

.e'gende [le'gɛndə] *f* (-; *-n*) leggenda *f*

.egisla'tive [legisla'ti:və] *f* (-; *-n*) potere *m* legislativo

.egisla'turperiode [legisla'tu:rperjo:də] *f* legislatura *f*

egi'tim [legi'ti:m] legittimo; **2a'tion** [-timats'jo:n] *f* (-; *-en*) legittimazione *f*; **~'ieren** (*senza ge-*, *h*) legittimare; ***sich ~*** provare (*od* dimostrare) la propria identità

ehm [le:m] *m* (-[*e*]*s*; *-e*) argilla *f*; fango *m*; **'2ig** argilloso

.ehne ['le:nə] *f* (-; *-n*) spalliera *f*; (*Arm2*) bracciolo *m*

.ehnwort ['le:n-] *n* (-[*e*]*s*; *¨er*) parola *f* straniera adottata

.ehr|auftrag ['le:rʔauftra:k] *m* incarico *m* d'insegnamento; **'~befähigung** *f* abilitazione *f* all'insegnamento; **'~brief** *m* certificato *m* di assolto apprendistato; **'~buch** *n* libro *m* di testo

'Lehr|e ['le:rə] *f* (-; *-n*) (*Unterricht*) insegnamento *m*; lezione *f*; (*Lehrzeit*) tirocinio *m*; (*Rat*) consiglio *m*; **'2en** (*h*) insegnare (***j-n et*** qc a qu); **'~er** *m* (-*s*; -) insegnante *m*; (*Schul2*) maestro *m*; (*Gymnasial2*) professore *m*; **'~erin** *f* (-; *-nen*) insegnante *f*; maestra *f*; professoressa *f*; **'~fach** *n* materia *f* d'insegnamento; **'~gang** *m* corso *m*; **'~körper** *m* corpo *m* insegnante; **'~ling** ['-liŋ] *m* (-*s*; *-e*) apprendista *m*; **'~meister** *m* principale *m*; *fig* maestro *m*; **'2reich** istruttivo; **'~stelle** *f* posto *m* d'apprendistato; **'~stuhl** *m* cattedra *f*; **'~zeit** *f* noviziato *m*; tirocinio *m*

Leib [laɪp] *m* (-[*e*]*s*; *-er*) corpo *m*; (*Bauch*) ventre *m*; pancia *f*; ***mit ~ und Seele*** anima e corpo

'Leibes|kräfte ['laɪbəskrɛftə] *f/pl*: ***aus ~n*** a più non posso; **'~visitation** ['-vizitatsjo:n] *f* (-; *-en*) perquisizione *f* personale

'Leib|gericht ['laɪp-] *n gastr* piatto *m* favorito; **2'haftig** [-'haftiç] in carne ed ossa; **'2lich** corporale; *Verwandte*: carnale; **'~rente** *f* vitalizio *m*; **'~schmerzen** *m/pl* dolore *m* di ventre

'Leiche ['laɪçə] *f* (-; *-n*) morto *m*; (*Leichnam*) cadavere *m*

leichen|'blass [laɪçən'blas] pallido come un morto; **'2feier** *f* funerali *m/pl*, esequie *f/pl*; **'2halle** *f* cappella *f* mortuaria; **'2wagen** *m* carro *m* funebre; **'2zug** *m* corteo *m* funebre

'Leichnam ['laɪçna:m] *m* (-*s*; *-e*) cadavere *m*

leicht [laɪçt] leggero (*a fig*); (*einfach*) facile; **'2athletik** *f* atletica *f* leggera; **'~fertig** sconsiderato, frivolo; **'2gewicht** *n* peso *m* leggero; **'~gläubig** credulo; **'2igkeit** *f* (-; *senza pl*) facilità *f*; leggerezza *f*; **'2metall** *n* metallo *m* leggero; **'~nehmen** *v/t* (*irr*, *sep*, *-ge-*, *h*, → ***nehmen***) *fig* ***et ~*** prendere qc alla leggera; **'2sinn** *m* leggerezza *f*; noncuranza *f*; sconsideratezza *f*; **'~sinnig** sconsiderato; imprudente; frivolo

Leid [laɪt] *n* (-[*e*]*s*; *senza pl*) dolore *m*, pena *f*; (*Unrecht*) torto *m*, (*Trauer*) lutto *m*; → ***leidtun***

'leiden ['laɪdən] *v/i u v/t* (*litt, gelitten, h*) soffrire (*a fig*); ***ich kann ihn nicht ~*** non posso soffrirlo
'Leiden *n* (*-s; -*) sofferenza *f*; *med* male *m*
'leidend sofferente
'Leidenschaft ['laɪdənʃaft] *f* (*-; -en*) passione *f*; **'2lich** appassionato
'leider ['laɪdər] purtroppo, disgraziatamente
'Leid|tragende ['laɪttrɑːgəndə] *m/f* (*-n; -n*) (*Trauernder*) familiare *m/f* (del defunto); (*Geschädigter*) colpito *m*, -a *f*; danneggiato *m*, -a *f*; ***der ~ sein*** essere quello che ci rimette; **'2tun** *v/i* (*irr, sep, -ge-, h*, → ***tun***) dispiacere, rincrescere
'Leierkasten ['laɪərkastən] *m* organetto *m*
'Leih|bibliothek ['laɪ-] *f* biblioteca *f* circolante; **'2en** ['laɪən] (*lieh, geliehen, h*) prestare; (*entlehnen*) farsi prestare, prendere in prestito, prendere a noleggio; **'~gebühr** *f* tariffa *f* di noleggio; **'~haus** *n* monte *m* di pietà; **'~wagen** *m auto* macchina *f* a noleggio; **'2weise** a prestito
Leim [laɪm] *m* (*-[e]s; -e*) colla *f*; **'2en** (*h*) incollare
'Leine ['laɪnə] *f* (*-; -n*) corda *f*
'leinen *adj* di lino; di tela
'Leinen ['laɪnən] *n* (*-s; -*) tela *f*
'Leinwand ['laɪnvant] *f* tela *f*; *Film*: schermo *m*
Leipzig ['laɪptsɪç] *n* Lipsia *f*
'leise ['laɪzə] **1.** *adj* basso; *fig* lieve; **2.** *adv* piano; a bassa voce
'Leiste ['laɪstə] *f* (*-; -n*) listello *m*; *anat* inguine *m*
'leisten ['laɪstən] (*h*) fare; *Hilfe, Eid*: prestare; *Gesellschaft*: tenere; *Widerstand*: opporre; *Dienst*: rendere; ***er leistet etwas*** lavora bene
'Leistung ['laɪstʊŋ] *f* (*-; -en*) prestazione *f*; rendimento *m*; (*Arbeit*) lavoro *m*; **'~sbilanz** *f* bilancia *f* delle partite correnti; **'2sfähig** *adj* capace; efficiente; *econ* solvente; **'~sfähigkeit** *f* capacità *f*; *econ* solvibilità *f*; **'~sgesellschaft** *f* società *f* dell'efficienza; **'~sprinzip** *n* principo *m* di rendimento
'Leitartikel ['laɪtˀartiːkəl] *m* articolo *m* di fondo
'leiten ['laɪtən] (*h*) dirigere; guidare; **~de(r) *Angestellte(r)*** impiegato *m*, -a *f* con funzioni direttive
'Leiter ['laɪtər] **1.** *m* (*-s; -*) direttore *m*; **2.** *f* (*-; -n*) scala *f* a pioli
'Leitfaden ['laɪtfɑːdən] *m fig* guida *f*; manuale *m*; compendio *m*
'Leitung ['laɪtʊŋ] *f* (*-; senza pl*) direzione *f*; (*-; -en*) *tec* conduttura *f*; *el* filo *m*, linea *f*; **'~smast** *m el* palo *m* di conduttura; **'~snetz** *n* rete *f* di distribuzione (telefonica *od* elettrica); **'~swasser** *n* acqua *f* di rubinetto
'Leit|währung ['laitvɛːrʊŋ] *f* valuta *f* guida; **'~zins** *m* saggio *m* di sconto; interesse *m* di riferimento
Lek'tion [lɛkts'joːn] *f* (*-; -en*) lezione *f*
'Lektor ['-tɔr] *m* (*-s; -en* [-'toːrən]), **~in** *f* (*-; -nen*) *an der Universität*: lettore *m*, -trice *f*
Lek'türe [-'tyːrə] *f* (*-; -n*) lettura *f*
'Lende ['lɛndə] *f* (*-; -n*) lombo *m*
'lenkbar ['lɛŋkbɑːr] manovrabile; *Mensch*: docile
'lenken ['lɛnkən] (*h*) dirigere; *avia, mar* pilotare; *auto*: guidare, condurre; (*regieren*) reggere
'Lenk|er ['lɛŋkər] *m* (*-s; -*) guidatore *m*, conduttore *m*; *avia* pilota *m*; *tec* guida *f*; **'~rad** *n* volante *m*; **'~stange** *f* manubrio *m*; **'~ung** *f* (*-; senza pl*) guida *f*, direzione *f*
Leo'pard [leːo'part] *m* (*-en; -en*) leopardo *m*
'Lerche ['lɛrçə] *f* (*-; -n*) allodola *f*
'lernen ['lɛrnən] (*h*) imparare; studiare
'lesbar ['leːsbər] leggibile
'Lesebuch *n* libro *m* di lettura
'lesen ['leːzən] (*las, gelesen, h*) leggere
'Leser ['leːzər] *m* (*-s; -*), **'~in** *f* (*-; -nen*) lettore *m*, -trice *f*
'Lese|saal ['leːzəzɑːl] *m* sala *f* di lettura; **'~zeichen** *n* segnalibro *m*
'Lesung ['leːzʊŋ] *f* (*-; -en*) lettura *f*
'Lett|e ['lɛte] *m* (*-n; -n*), **'~in** *f* (*-; -nen*), **'2isch** lettone *m/f*
Lettland ['lɛtlant] *n* Lettonia *f*
letzt [lɛtst] ultimo; *Jahr, Woche*: scorso, passato; **'~'hin**, **'~lich** ultimamente
'Leucht|e ['lɔʏçtə] *f* (*-; -n*) lume *m*; lampada *f*; **'2en** (*h*) risplendere; *j-m*: far luce (a qu); **'2end** luminoso
'Leuchter ['lɔʏçtər] *m* (*-s; -*) candeliere *m*
'Leucht|feuer ['lɔʏçtfɔʏər] *n* fanale *m*

mar faro *m*; '**~reklame** *f* pubblicità *f* luminosa; '**~röhre** *f* tubo *m* fluorescente; '**~turm** *m* faro *m*; '**~zifferblatt** *n der Uhr*: quadrante *m* luminoso
leugnen ['lɔʏgnən] (*h*) negare
Leumund ['lɔʏmunt] *m* (-[*e*]*s*; *senza pl*) reputazione *f*
Leute ['lɔʏtə] *pl* gente *f*; ***die alten ~*** i vecchi; ***junge ~*** i giovani
Leutnant ['lɔʏtnant] *m* (-*s*; -*s*) sottotenente *m*
Lexikon ['lɛksikɔn] *n* (-*s*; -*ka*) enciclopedia *f*; (*Wörterbuch*) dizionario *m*
lfd. ***laufend*** corrente
lfd. J. ***laufenden Jahres*** dell'anno corrente (*abbr* c. a.)
lfd. M. ***laufenden Monats*** del mese corrente
lfd. Nr. ***laufende Nummer*** numero di serie
Libanon ['li:banɔn] *m* Libano *m*
libe'ral [libə'ra:l] liberale; **♀e** *m*/*f* (-*n*; -*n*) *pol* liberale *m*/*f*; **♀'ismus** [-'lismus] *m* (-; *senza pl*) liberalismo *m*
Libyen ['li:byən] *n* Libia *f*
licht chiaro, luminoso; *Haar*: rado
Licht [liçt] *n* (-[*e*]*s*; *senza pl*) luce *f*; lume *m*; (*pl* -*er*) (*Beleuchtung*) illuminazione *f*; ***ans ~ bringen*** (***kommen***) portare (venire) alla luce; '**~bild** *n* fotografia *f*; '**~bildervortrag** ['-bildərfo:rtra:k] *m* conferenza *f* con (proiezioni di) diapositive; '**~blick** *m* filo *m* (*od raggio m*) di speranza; '**♀empfindlich** sensibile alla luce; *fot* sensitivo
lichten ['liçtən] (*h*) *mar* levare; ***sich ~*** diradarsi, sfoltirsi
lichter'loh ['liçtər'lo:]: ***~ brennen*** bruciare in un mare di fiamme
Licht|geschwindigkeit *f* velocità *f* della luce; '**~pause** *f* copia *f* cianografica; '**~reklame** *f* pubblicità *f* luminosa; '**~schein** *m* chiarore *m*, splendore *m*; bagliore *m*; '**♀scheu** *adj* che teme la luce; '**~schutzfaktor** *m* fattore *m* (*od indice m*) di protezione antisolare; '**~stärke** *f* luminosità *f*; '**~strahl** *m* raggio *m* di luce
Lichtung ['liçtuŋ] *f* (-; -*en*) *Wald*: radura *f*; *des Ankers*: il salpare
Lid [li:t] *n* (-[*e*]*s*; -*er*) palpebra *f*; '**~schatten** *m* ombretto *m*
lieb [li:p] caro; (*angenehm*) gradevole, piacevole; ***j-n ~ haben*** voler bene a qu; ***~ gewinnen*** affezionarsi a
'**Liebe** ['li:bə] *f* (-; *senza pl*) amore *m*; ***aus ~*** per amore; ***~ machen*** fare (al)l'amore
'**lieb|en** ['li:bən] (*h*) amare; '**~enswürdig** amabile; gentile
'**lieber** ['li:bər] *adv* piuttosto; ***~ mögen*** *od* ***~ wollen*** preferire
'**Liebes|abenteuer** ['li:bəsʔa:bəntɔʏər] *n* avventura *f* amorosa; '**~brief** *m* lettera *f* d'amore; '**~erklärung** *f* dichiarazione *f* d'amore; '**~kummer** *m* pene *f*/*pl* d'amore; '**~lied** *n* canzone *f* d'amore; '**~paar** *n* coppietta *f*, coppia *f* d'amanti
'**liebevoll** ['li:bəfɔl] affettuoso, amoroso
'**lieb|gewinnen** → ***lieb***; '**~haben** → ***lieb***; '**♀haber** *m* amante *m*; *e-r Kunst* amatore *m*; **♀'kosung** [-'ko:zuŋ] *f* (-; -*en*) carezza *f*; '**♀ling** ['-liŋ] *m* (-*s*; -*e*) favorito *m*; beniamino *m*; *Anrede*: amore *m*; '**♀lings...** *in Zssgn* ... favorito, ... prediletto; '**~los** freddo, duro
liebst [li:pst] preferito, favorito; il più caro
Liechtenstein ['liçtənʃtaın] *n* Liechtenstein *m*
Lied [li:t] *n* (-[*e*]*s*; -*er*) canzone *f*; *ernst*: canto *m*
'**Liederabend** ['li:dərʔa:bənt] *m* serata *f* liederistica
Liefe'rant [li:fə'rant] *m* (-*en*; -*en*) fornitore *m*
'**liefer|bar** ['li:fər-] consegnabile; disponibile; '**♀frist** *f* termine *m* di consegna; '**~n** (*h*) fornire; (*ab~*) consegnare; '**♀schein** *m* bolletta *f* di consegna
'**Liefer|ung** ['li:fəruŋ] *f* (-; -*en*) fornitura *f*; consegna *f*; '**~ungsbedingungen** *f*/*pl* condizioni *f*/*pl* di consegna; '**~wagen** *m* furgone *m*
'**Liege** ['li:gə] *f* (-; -*n*) divano *m*; '**~wiese** *f* prato *m*
'**liegen** ['li:gən] (*lag*, *gelegen*, *h*) giacere; (*sein*, *sich befinden*) essere, stare; *Städte*: essere situato (*od* posto); ***~ bleiben*** restare a letto (*od* sdraiato, coricato); *Arbeit*: rimanere fermo; ***~ lassen*** (*vergessen*) dimenticare; '**~bleiben** (*Arbeit*) → ***liegen***
'**Liege|stuhl** *m* sedia *f* a sdraio; '**~wagen** *fer m* carrozza *f* con cuccette
Lift [lift] *m* (-[*e*]*s*; -*e u* -*s*) ascensore *m*

L

Ligurische(s) Meer [li'gu:rɪʃə(s) 'me:r] *n* Mar Ligure *m*
Li'kör [li'kø:r] *m* (*-s*; *-e*) liquore *m*
'lila *inv*, **'~farben** ['li:la:(farbən)] (color) lilla
Limo'nade [limo'na:də] *f* (*-*; *-n*) gassosa *f*; (*Zitronen*♀) limonata *f*
'Linde ['lində] *f* (*-*; *-n*) tiglio *m*
'lindern ['lindərn] (*h*) lenire; mitigare, alleviare
Line'al [line'a:l] *n* (*-s*; *-e*) riga *f*
'Linie ['li:njə] *f* (*-*; *-n*) linea *f*; **'~nbus** *m* autobus *m* di linea; **'~nflug** *m* volo *m* di linea; **'~nmaschine** *f* aero *m* di linea; **'~nrichter** *m* *Sport*: guardalinee *m*; **'~nschiff** *n* nave *f* di linea
link [liŋk] sinistro; **'♀e** *f* (*-n*; *-n*) sinistra *f*
Link *m* (*-s*; *-s*) *Internet* link *m*
links a sinistra; **'♀abbieger** *m* (*-s*; *-*) chi svolta a sinistra; **'~radikal** *adj* radicale di sinistra; **'♀steuerung** *f* *auto*: guida *f* a sinistra; **'♀verkehr** *m* circolazione *f* a sinistra
Li'noleum [li'no:leˀum] *n* (*-s*; *senza pl*) linoleum *m*
'Linse ['linzə] *f* (*-*; *-n*) *bot* lenticchia *f*; *fis* lente *f*
'Lippe ['lipə] *f* (*-*; *-n*) labbro *m*; **'~nstift** *m* rossetto *m*
li'quid *econ* [li'kvi:t] liquido, solvente; **~'ieren** (*senza ge-*, *h*) liquidare
'Lira ['li:ra] *f* (*-*; *Lire*) lira *f*
Lissabon ['lisabɔn] *n* Lisbona *f*
List [list] *f* (*-*; *-en*) astuzia *f*; trucco *m*
'Liste ['listə] *f* (*-*; *-n*) elenco *m*; lista *f*
'listig ['listiç] astuto
Lit. ***Literatur*** letteratura
Litauen ['litaʊən] *n* Lituania *f*
'Liter ['li:tər] *m* (*n*) (*-s*; *-*) litro *m*
Litera'tur [li:təra'tu:r] *f* (*-*; *-en*) letteratura *f*
'Litfasssäule ['litfaszɔʏlə] *f* (*-*; *-n*) colonna *f* per affissioni
'Livesendung ['laɪfzɛnduŋ] *f* trasmissione *f* in diretta
Li'zenz [li'tsɛnts] *f* (*-*; *-en*) licenza *f*
'Lkw ['ɛlkave] *m* (*-[s]*; *-s*) → ***Lastkraftwagen***; **'~-Fahrer** *m* autista *m*; **'~-Maut** *f* pedaggio *m* autostradale per camion, pedaggio *m* autostradale per veicoli pesanti
Lob [lo:p] *n* (*-[e]s*; *senza pl*) lode *f*; elogio *m*; **'♀en** ['-bən] (*h*) lodare; **'♀enswert** ['-bənsve:rt] lodevole

Loch [lɔx] *n* (*-[e]s*; *⸗er*) buco *m*; (*Öffnung*) apertura *f*, orifizio *m*; **'♀en** (*h*) forare; bucare; **'~karte** *f* scheda *f* perforata
'Locke ['lɔkə] *f* (*-*; *-n*) riccio(lo) *m*
'locken ['lɔkən] (*h*) allettare; (*reizen*) tentare
'locker ['lɔkər] non fermo, malfermo; *Schraube*: lento; (*licht*) rado; *Teig*: morbido; *fig* rilassato, sciolto; *Beziehung*: non fisso
'lockern *v/t* (*h*) allentare; *Boden*: dissodare
'lockig ['lɔkiç] ricciuto
'lodern ['lo:dərn] (*h*) divampare
'Löffel ['lœfəl] *m* (*-s*; *-*) cucchiaio *m*; **'♀n** (*h*) prendere col cucchiaio
'Loggia ['lɔdʒa] *f* (*-*; *-ien*) loggia *f*
'Logik ['lo:gik] *f* (*-*; *senza pl*) logica *f*
'logisch ['lo:giʃ] logico
Lohn [lo:n] *m* (*-[e]s*; *⸗e*) ricompensa *f*; (*Arbeits*♀) paga *f*; salario *m*; **'~ausfall** *m* perdita *f* del salario; **'~empfänger** *m* salariato *m*
'lohnen ['lo:nən] (*h*): ***es lohnt sich nicht*** non vale la pena
'Lohn|erhöhung ['lo:nˀɛrhø:uŋ] *f* aumento *m* salariale; **'~forderung** *f* richiesta *f* salariale; **'~gruppe** *f* categoria *f* salariale; **'~steuer** *f* imposta *f* sul salario; **'~steuerkarte** *f* cartella dell'imposta sul salario; **'~stopp** *m* blocco *m* dei salari; **'~streik** *m* sciopero *m* per l'aumento dei salari
lo'kal *adj* locale; del luogo
Lo'kal [lo'ka:l] *n* (*-s*; *-e*) locale *m* pubblico; **'♀i'sieren** (*senza ge-*, *h*) localizzare; **~presse** *f* stampa *f* locale; **~verbot** *n* divieto *m* di accesso a un locale
Lokomo|'tive [lokomo'ti:və] *f* (*-*; *-n*) locomotiva *f*; locomotore *m*; **~'tivführer** [-'ti:ffy:rər] *m* macchinista *m*
Lombardei [lɔmbar'daɪ] *f* Lombardia
London ['lɔndɔn] *n* Londra *f*
'Lorbeer ['lɔrbe:r] *m* (*-s*; *-en*) alloro
los [lo:s] **1.** *adj* sciolto; (*frei*) libero; *Knopf*: staccato; **2.** *adv* ***was ist ...*** che c'è?, che è successo?
Los [lo:s] *n* (*-es*; *-e*) sorte *f*; (*Lotterie*) biglietto *m* della lotteria
'losbinden (*irr*, *sep*, *-ge-*, *h*, → ***binden***) slegare
'Lösch|arbeit ['lœʃˀarbaɪt] *f* lavoro di estinzione; **'♀en** (*h*) spegnere (*a fi...*

Schuld, Hypothek: estinguere; *Schiff*: scaricare; *Durst*: togliersi; '**~gerät** *n* estintore *m*; '**~mannschaft** *f* squadra *f* antincendi

'**lose** ['lo:zə] *Zahn, Knopf*: malfermo; (*gelöst, unverpackt*) sciolto

'**Lösegeld** ['lø:zəgɛlt] *n* riscatto *m*

'**losen** ['lo:zən] *v/i* (*h*) tirare a sorte, sorteggiare

'**lösen** ['lø:zən] (*h*) sciogliere; liberare; *Aufgabe, Zweifel*: risolvere; *Fahrkarte*: fare; *Vertrag*: annullare

'**los|fahren** ['lo:sfɑ:rən] (*irr, sep, -ge-, sn,* → ***fahren***) partire; '**~gehen** (*irr, sep, -ge-, sn,* → ***gehen***) staccarsi; cominciare; *auf j-n*: avventarsi; '**~kaufen** (*sep, -ge-, h*) riscattare; '**~ketten** (*sep, -ge-, h*) sciogliere (dalla catena); '**~kommen** (*irr, sep, -ge-, sn,* → ***kommen***) sbarazzarsi, disfarsi (**von** di); riuscire a staccarsi; '**~lassen** (*irr, sep, -ge-, h,* → ***lassen***) lasciar andare

'**löslich** ['lø:sliç] solubile

'**los|machen** (*sep, -ge-, h*) staccare; ***sich ~*** liberarsi; '**~reißen** (*irr, sep, -ge-, h,* → ***reißen***) strappare; '**~sagen**: ***sich ~ von*** (*sep, -ge-, h*) romperla con; *von et*: desistere; liberarsi da

'**Losung** ['lo:zuŋ] *f* (-; *-en*) sorteggio *m*; parola *f* d'ordine

'**Lösung** ['lø:zuŋ] *f* (-; *-en*) soluzione *f*; (*Abbruch*) distacco *m*; '**~smittel** *n* solvente *m*

'**loswerden** ['lo:sve:rdən] (*irr, sep, -ge-, sn,* → ***werden***) disfarsi, liberarsi di; ***et ~*** riuscire a vendere qc

'**löten** ['lø:tən] (*h*) saldare

Lotion [lots'jo:n *a* 'louʃən] *f* (-; *-en*) lozione *f*

'**Lötkolben** ['lø:tkɔlbən] *m* saldatore *m*

'**Lotse** ['lo:tsə] *m* (*-n; -n*) *mar* pilota *m* di porto

Lotte'rie [lɔtə'ri:] *f* (-; *-n*) lotteria *f*; **~gewinn** *m* vincita *f* alla lotteria; **~los** *n* biglietto *m* di lotteria

'**Lotto** ['lɔto] *n* (*-s; -s*) lotto *m*

'**Löw|e** ['lø:və] *m* (*-n; -n*) leone *m* (*a astr*); '**~enmaul** *bot n* bocca *f* di leone; '**~enzahn** *bot m* (*senza pl*) dente *m* di leone; '**~in** ['-vin] *f* (-; *-nen*) leonessa *f*

. laut secondo

'**Luchs** [luks] *m* (*-es; -e*) lince *f*

'**Lücke** ['lykə] *f* (-; *-n*) lacuna *f*; '**⁓nhaft** incompleto, difettoso; pieno di lacune; '**⁓nlos** completo

Luft [luft] *f* (-; *⸗e*) aria *f*; ***an die frische ~*** all'aria fresca; ***keine ~ bekommen*** soffocare; ***in die ~ sprengen*** far saltare in aria; '**~angriff** *m* attacco *m* aereo; '**~ballon** *m* palloncino *m*; '**⁓dicht** ermetico; '**~druck** *m* (*-[e]s; senza pl*) pressione *f* atmosferica

'**lüften** ['lyftən] (*h*) arieggiare; *Geheimnis*: rivelare

'**Luft|fahrt** *f* (-; *senza pl*) aeronautica *f*, aviazione *f*; '**~fahrtgesellschaft** *f* compagnia *f* (di navigazione) aerea; '**~feuchtigkeit** *f* umidità *f* atmosferica; '**~fracht** *f* trasporto *m* merci (per) via aerea; '**~gewehr** *n* fucile *m* ad aria compressa; '**⁓ig** arioso; '**~kampf** *m* combattimento *m* aereo; '**~kissenboot** *n* hovercraft *m*; '**~krankheit** *f* mal *m* d'aria; '**~kurort** *m* stazione *f* climatica; '**~linie** *f* linea *f* d'aria (*od* diretta); *avia* linea *f* aerea; '**~loch** *n tec* foro *m* d'aerazione; *avia* vuoto *m* d'aria; '**~matratze** *f* materassino *m*; '**~post** *f* posta *f* aerea; '**~pumpe** *f* pompa *f* pneumatica; '**~raum** *m* spazio *m* aereo; '**~röhre** *f anat* trachea *f*; '**~schacht** *m* tubo *m* di ventilazione; '**~schicht** *f* strato *m* atmosferico; '**~schloss** *n* castello *m* in aria; '**~schutz** *m* protezione *f* antiaerea; '**~schutzraum** *m* ricovero *m* antiaereo; '**~sprung** *m* salto *m* in aria; capriola *f*; '**~strömung** *f* corrente *f* aerea; '**~taxi** *n* aerotaxi *m*; '**~temperatur** *f* temperatura *f* atmosferica

'**Lüftung** ['lyftuŋ] *f* (-; *-en*) aereazione *f*; ventilazione *f*

'**Luft|veränderung** ['luftfɛrˀɛndəruŋ] *f* cambiamento *m* d'aria; '**~verkehr** *m* traffico *m* aereo; '**~verschmutzung** *f* inquinamento *m* atmosferico; '**~verseuchung** *f* contaminazione *f* atmosferica; '**~waffe** *f* (-; *senza pl*) aeronautica *f od aviazione f militare*; '**~weg** ['-ve:k] *m* via *f* aerea; '**~zug** *m* (*-[e]s; senza pl*) corrente *f* (*od riscontro m*) d'aria

'**Lüge** ['ly:gə] *f* (-; *-n*) bugia *f*; ***~n strafen*** dare una smentita

'**lügen** ['ly:gən] (*log, gelogen, h*) mentire

'**Lügner** ['ly:gnər] *m* (*-s; -*), '**~in** *f* (-; *-nen*), '**⁓isch** *adj* bugiardo *m*, -a *f*

L

'Luke ['luːkə] *f* (-; *-en*) abbaino *m*; *mar* boccaporto *m*
lukra'tiv [lukra'tiːf] lucrativo
'Lumpen ['lumpən] *m* (-*s*; -) straccio *m*
Lunch [lanʃ] *m* (-[*e*]*s u* -; -[*e*]*s u -e*) lunch *m*; **'~paket** *n* cestino *m* da viaggio
'Lunge ['luŋə] *f* (-; *-n*) polmone *m*
'Lungen|entzündung *f* polmonite *f*; **'⁓krank**, **'⁓leidend** malato di polmoni, tisico; **'~tuberkulose** *f* tubercolosi *f* polmonare
'Lupe ['luːpə] *f* (-; *-n*) lente *f* (d'ingrandimento)
Lust [lust] *f* (-; *⸚e*) voglia *f*; (*senza pl*) (*Vergnügen*) piacere *m*; *fleischliche*: desiderio *m*; libidine *f*; ***keine ~ haben*** non aver voglia
'lüstern ['lystərn] voluttuoso; lascivo
'Lust|garten ['lustgartən] *m* parco *m*; **'⁓ig** divertente; allegro; ***sich über j-n ~ machen*** prendere in giro qu
'lust|los ['lustloːs] svogliato; **'⁓spiel** *n* commedia *f*; **'⁓spieldichter** *m* commediografo *m*
'lutsch|en ['lutʃn] succhiare; **'⁓er** ['lutʃər] *m* lecca-lecca *m*
Luxemburg ['luksəmburk] *n* Lussemburgo *m*
luxur'iös [luksur'jøːs] lussuoso
'Luxus ['luksus] *m* (-; *senza pl*) lusso *m*; **'~artikel** *m* articolo *m* di lusso **'~hotel** *n* albergo *m* di lusso
Luzern [lu'tsɛrn] *n* Lucerna *f*
'lynchen ['lynçən] (*h*) linciare
'Lyr|ik ['lyːrik] *f* (-; *senza pl*) lirica *f*; **'~iker** *m* (-*s*; -) poeta *m* lirico; **'⁓isch** lirico

M

m ***Meter*** metro
'Machart ['maxʔaːrt] *f* (-; *-en*) fattura *f*
'machen ['maxən] (*h*) fare; *Durst*, *Appetit*, *Ende*: mettere; *Mühe*: recare; *mit e-m Adjektiv*: rendere, *z. B.* ***glücklich ~*** rendere felice; ***sich an die Arbeit ~*** mettersi al lavoro; ***j-n auf et*** (*acc*) ***aufmerksam ~*** far notare qc a qu; ***ich mache mir nichts daraus*** non mi fa né caldo né freddo
Macht [maxt] *f* (-; *⸚e*) potenza *f*; (*Gewalt*) (*senza pl*) potere *m*; (*Kraft*) forza *f*; (*Einfluss*) influenza *f*, ascendente *m*; ***aus eigener ~*** di propria autorità; **'~apparat** *m* apparato *m* di potere; **'~befugnis** *f* pieni poteri *m/pl*; autorità *f*; **'~haber** ['-haːbər] *m* (-*s*; -) potente *m*; dittatore *m*
'mächtig ['mɛçtiç] potente; (*stark*) poderoso; (*groß*) immenso
'macht|los ['maxtloːs] impotente; **'⁓probe** *f* prova *f* di forza; **'⁓wort** *n* parola *f* decisiva
'Mädchen ['mɛːtçən] *n* (-*s*; -) ragazza *f*; fanciulla *f*; F figliola *f*; (*kleines ~*) bambina *f*; bimba *f*; femmina *f*; **'~name** *m* nome *m* di (*od* da) ragazza
'Made ['maːdə] *f* (-; *-n*) tarma *f*; verme *m*
'made in ... ['meɪd in] prodotto in ... made in ...
Ma'donna [ma'dɔna] *f* (-; *-nen*) Madonna *f*
Madrid [ma'drit] *n* Madrid *f*
Maga'zin [maga'tsiːn] *n* (-*s*; *-e*) magazzino *m*; deposito *m*; (*Zeitschrift*) rivista *f* illustrata
Magd [maːkt] *f* (-; *⸚e*) serva *f*
'Magen ['maːgən] *m* (-*s*; ⸚) stomaco *m* *Vögel*: ventriglio *m*; **'~beschwerden** *f/pl* disturbi *m/pl* di stomaco; indigestione *f*; **'~geschwür** *n* ulcera *f* gastrica; **'~schmerzen** *m/pl* dolori *m/pl* di stomaco
'mager ['maːgər] magro; **'⁓milch** *f* latte *m* scremato (*od* magro)
Ma'g|ie [ma'giː] *f* (-; *senza pl*) magia **'~ier** ['maːgjər] *m* (-*s*; -) mago *m* **'⁓isch** magico
Magis'trat [-s'traːt] *m* (-[*e*]*s*; *-e*) giunta *f* municipale; consiglio *m* comunale
Mag'net [mag'neːt] *m* (*-en*; *-e*) magnete *m*; calamita *f*; **~band** *n* nastro *m* magnetico; **~feld** *n* campo *m* magnetico **⁓isch** magnetico; **⁓i'sieren** (*senza ge-*, *h*) magnetizzare; **~'ismus** *m* magnetismo *m*; **~nadel** *f* ago *m* calamitato (*od* magnetico); **~platte** *f* disco

magnetico
Mähdrescher ['mɛdrɛʃər] *m* (-*s*; -) trebbiatrice *f*
mähen ['mɛːən] *agr v/t* (*h*) *Getreide*: mietere; *Gras*: falciare
Mahl [maːl] *n* (-[*e*]*s*; -*e*) pasto *m*; pranzo *m*; (*Fest*2) banchetto *m*; '**2en** ['maːlən] *v/t* (*h*) macinare; '**~zeit** *f* pasto *m*; F **~!** buon appetito!
Mahn|bescheid ['maːnbəʃaɪt] *m* ingiunzione *f* di pagamento; '**~brief** *m* (-[*e*]*s*; -*e*) sollecito *m* di pagamento
Mähne ['mɛːnə] *f* (-; -*n*) criniera *f*
mahn|en ['maːnən] (*h*) avvisare; esortare, avvertire, ammonire; ***j-n an et*** (*acc*) **~** ricordare qc a qu; *wegen Zahlung*: sollecitare (qc a qu); '**2gebühr** *f* tassa *f* d'ingiunzione; '**2mal** ['-maːl] *n* monumento *m* commemorativo; '**2ung** *f* (-; -*en*) *econ* sollecito *m*; *dir* ingiunzione *f*; avviso *m*; ammonimento *m*, ammonizione *f*
Mai [maɪ] *m* (-[*e*]*s*; *senza pl*) maggio *m*; '**~glöckchen** *n* mughetto *m*; '**~käfer** *m* maggiolino *m*
Mail ['meil] *f/n* mail *f*; **~-Adresse** *f* indirizzo *m* e-mail
Mailand ['maɪlant] *n* Milano *f*
Mail|box ['meːlbɔks] *f* (-; -*en*) mail-box *m*, casella *f* postale; '**2en** ['meːlən] (*h*) **1.** *v/i* mandare (una) e-mail; **2.** *v/t* mandare per e-mail
Main [maɪn] *m* Meno *m*
'Mainz [maɪnts] *n* Magonza *f*
Mais [maɪs] *m* (-*es*; -*e*) mais *m*, gran(o)turco *m*
Majo'näse → ***Mayonnaise***
Ma'jor [ma'joːr] *m* (-*s*; -*e*) maggiore *m*
Majoran *bot* ['maːjoraːn] *m* (-*s*; -*e*) maggiorana *f*
mäkeln ['mɛːkəln] *v/i* (*h*) cercare il pelo nell'uovo; ***an et*** (*dat*) **~** criticare qc
Make-'up ['meik'ʔap] *n* (-*s*; -*s*) trucco *m* (del viso)
Makka'roni [maka'roːni] *pl* maccheroni *m/pl*
Makler ['maːklər] *m* (-*s*; -) mediatore *m*; agente *m*; '**~gebühr** *f* diritti *m/pl* di mediazione
Ma'krele [ma'kreːlə] *f* (-; -*n*) sgombro *m*
Ma'krone [-'kroːnə] *f* amaretto *m*
Mal [maːl] *n* (-[*e*]*s*; -*e*) **1.** (*a* -[*e*]*s*; ⸚*er*) segno *m*; macchia *f*; (*Mutter*2) voglia *f*; **2.** volta *f*; ***nächstes*** **~** la prossima volta; ***drei mal drei*** tre per tre; ***jedes*** **~** tutte le volte; ogni volta; ***jedes*** **~** ***wenn*** ogni qualvolta
Ma'laria [ma'laːrja] *f* (-; *senza pl*) malaria *f*
'mal|en ['maːlən] (*h*) dipingere; '**2er** *m* (-*s*; -) pittore *m*; **2e'rei** *f* (-; -*en*) pittura *f*; '**2erin** *f* (-; -*nen*) pittrice *f*; '**~erisch** pittoresco
Mallorca [ma'jɔrka] *n* Maiorca *f*
Malta ['malta] *n* Malta *f*
Malz [malts] *n* (-*es*; *senza pl*) malto *m*; '**~kaffee** *m* caffè *m* d'orzo
Ma'ma [ma'maː; F 'mama] *f* (-; -*s*) mamma *f*
man [man] si; **~** ***muss*** si deve (*od* devono); **~** ***sagt*** si dice *od* dicono
'Manag|ement ['mɛnidʒmənt] *n* (-*s*; -*s*) management *m*; '**2en** (*h*) organizzare, gestire; '**~er** *m* (-*s*; -) impresario *m*; dirigente *m* d'azienda, manager *m*; '**~erkrankheit** *f* surmenage *m*
manch [manç] *pron* più d'uno, qualcuno; *adj* qualche; '**~e** *pl* alcuni; parecchi; **~** ***Menschen*** *m/pl* certi uomini *m/pl*; '**~er** taluno; '**~mal** talvolta, qualche volta
Man'dant [man'dant] *m* (-*en*; -*en*), '**~in** *f* (-; -*nen*) mandante *m/f*; cliente *m/f* (di avvocato)
Manda'rine *bot* [-da'riːnə] *f* (-; -*n*) mandarino *m*
Man'dat [-'daːt] *n* (-[*e*]*s*; -*e*) mandato *m*
'Mandel ['mandəl] *f* (-; -*n*) mandorla *f*; *anat* tonsilla *f*
'Mangel ['maŋəl] *m* (-*s*; ⸚) mancanza *f* (**an** *dat* di); insufficienza *f*; assenza *f*; **~** ***haben an*** (*dat*) mancare (*od* difettare) di; '**~beruf** *m* professione *f* scelta da pochi; '**2haft** manchevole; difettoso; insufficiente
'mangeln ['maŋəln] (*h*) (*fehlen*) mancare; ***es mangelt mir an et*** (*dat*) mi manca qc
'Mangelware *f* merce *f* rara
Mani'fest [mani'fɛst] *n* (-[*e*]*s*; -*e*) manifesto *m*
Mani'küre [-'kyːrə] *f* (-; -*n*) manicure *m/f*
Manip|ula'tion [-pulats'joːn] *f* (-; -*en*) manipolazione *f*; **2u'lieren** (*senza ge-*, *h*) manipolare
Mann [man] *m* (-[*e*]*s*; ⸚*er*; *mil u mar nach Zahlen pl inv*, *in Zssgn pl oft -leu-*

M

te) uomo *m*; (*Ehe*2) marito *m*; ***ein alter*** (***junger, armer***) **~** un vecchio (giovane, povero); ***mit 20*** **~** con venti uomini; **~** ***für*** **~** uno a uno

'Mannequin ['manəkɛ̃] *n* (*-s*; *-s*) manichino *m*; indossatrice *f*

'Mannesalter ['manəsʔaltər] *n* età *f* virile; ***im besten*** **~** nel vigore degli anni

'mannig|fach, **'~faltig** ['maniçfax, '-faltiç] molteplice, vario

'männlich ['mɛnliç] maschile; virile

'Mannschaft ['manʃaft] *f* (*-*; *-en*) uomini *m/pl*; *mil* truppa *f*; *mar* equipaggio *m*; *Sport*: squadra *f*

Man'sarde [man'zardə] *f* (*-*; *-n*) mansarda *f*

Man'schette [man'ʃɛtə] *f* (*-*; *-n*) polsino *m*; **~nknopf** *m* gemello *m*

'Mantel ['mantəl] *m* (*-s*; *⸚*) cappotto *m*; mantello *m*; *fig nur*: manto *m*; *Fahrrad, Auto*: copertone *m*; **'~tarif** *m* tariffa *f* tipo; **'~tarifvertrag** *m* contratto *m* collettivo di lavoro

manu'ell [manu'ɛl] *adj* manuale; *adv* a mano

Manufak'tur [manufak'tuːr] *f* (*-*; *-en*) manifattura *f*; **~arbeit** *f* manufatto *m*

Manu'skript [-'skript] *n* (*-[e]s*; *-e*) manoscritto *m*

'Mappe ['mapə] *f* (*-*; *-n*) cartella *f*

'Märchen ['mɛːrçən] *n* (*-s*; *-*) fiaba *f*; storiella *f*, racconto *m*

Marga'rine [marga'riːnə] *f* (*-*; *-n*) margarina *f*

Ma'rine [ma'riːnə] *f* (*-*; *-n*) marina *f*

mari'tim [mari'tiːm] *adj* marittimo

Mark[1] [mark] *n* (*-[e]s*; *senza pl*) midollo *m*; (*Frucht*2) polpa *f*; (*Tomaten*2) estratto *m*

Mark[2] *econ f inv hist* marco *m*; ***100*** **~** 100 marchi; ***deutsche*** **~** marco *m* tedesco

mar'kant [mar'kant] marcato, pronunciato; spiccato

'Marke ['markə] *f* (*-*; *-n*) marca *f*; (*Brief*2) francobollo *m*

'Marken|artikel ['markənʔartikəl] *m* articolo *m* di marca; **'~erzeugnis** *n* prodotto *m* di marca; **'~image** ['-ʔimidʒ] *f* immagine *f* del marchio; **'~schutz** *m* protezione *f* del marchio di fabbrica; **'~treue** *f* fedeltà *f* alla marca; **'~zeichen** *n* marchio *m* (di fabbrica)

'Marketing ['markətiŋ] *n* (*-[s]*; *senza pl*) marketing *m*; **'~abteilung** *f* repart *m* marketing

mar'kier|en [mar'kiːrən] (*senza ge-*, *h*) segnare; marcare, contrassegnare; *ir form* selezionare; **2ung** *f* (*-*; *-en*) ma catura *f*; (*Straßen*2) segnaletica *f*

Mar'kise [-'kiːzə] *f* (*-*; *-n*) tenda *f* per f nestra

Markt [markt] *m* (*-[e]s*; *⸚e*) mercato *m*; ***Gemeinsamer*** **~** Mercato *m* Comun; ***auf den*** **~** ***bringen*** lanciare sul merca to; **'~analyse** *f* analisi *f* di mercat; **'~anteil** *m* quota *f* di mercato; **'~beherrschung** *f* controllo *m* del merc to; **'2fähig** negoziabile; **'~forschung** indagine *f* (*od ricerca f*) di mercat; **'~führer** *m* leader *m* sul mercat azienda *f* leader; **'~lücke** *f* nicchia di mercato; **'~platz** *m* (piazza *f* de mercato *m*; **'~preis** *m* prezzo *m* co rente (*od* di mercato); **'~wert** *m* valo *m* di mercato; **'~wirtschaft** *f* (*-*; *sen pl*) economia *f* di mercato; **'2wirtschaftlich** *adj* dell'economia di me cato

Marme'lade [marmə'lɑːdə] *f* (*-*; *-* marmellata *f*

'Marmor ['marmɔr] *m* (*-s*; *-e*) marmo

marok'kanisch marocchino *m* -a *f*

Marokko [ma'rɔko] *n* Marocco *m*

Marsch[1] [marʃ] *f* (*-*; *-en*) polder *m*

Marsch[2] [marʃ] *m* (*-[e]s*; *⸚e*) marcia *f* *mus*); **'2ieren** (*senza ge-*, *sn*) marcia

Mar'x|ismus [mark'sismus] *m* (*-*; *sen pl*) marxismo *m*; **~'ist** *m* (*-en*; *-e* **~'istin** *f* (*-*; *-nen*) marxista *m/f*

März [mɛrts] *m* (*-[es]*; *senza pl*) mar *m*

Marzi'pan [martsi'pɑːn] *n* (*m*) (*-s*; marzapane *m*

'Masche ['maʃə] *f* (*-*; *-n*) maglia *f*

Ma'schin|e [ma'ʃiːnə] *f* (*-*; *-n*) macchi *f*; apparecchio *m*; **~** ***schreiben*** dattil grafare, scrivere a macchina; **2'** [-ʃi'nɛl] *adj* meccanico; *adv* a macc na

Ma'schinen|bau [-'ʃiːnənbaʊ] *m* struzione *f* di macchine; *Fach*: in gneria *f* meccanica; **~bauer** *m* costr tore *m* di macchine; **~bauingenieu** ingegnere *m* meccanico; **~fabrik** *f* f brica *f* di macchinari; **~pistole** *f* m *m*; **~schaden** *m* guasto *m* di macc na; **~schlosser** *m* meccanico *m*

Ma'schine(n)schreib|er [-'ʃiːnə(n)-ʃraɪbər] *m* (-*s*; -), **~erin** *f* (-; -*nen*) dattilografo *m*, -a *f*
Maschi'nist [maʃi'nist] *m* (-*en*; -*en*) macchinista *m*
Masern *med* ['mɑːzərn] *pl* morbillo *m*
Maß [mɑːs] *n* (-*s*; -*e*) misura *f*; ***in vollem ~e*** pienamente; ***~ halten*** moderarsi
Mass'age [ma'sɑːʒe] *f* (-; -*n*) massaggio *m*
Masse ['masə] *f* (-; -*n*) *a jur* massa *f*; (*Menge*) gran quantità *f*
Maßeinheit ['mɑːsʔaɪnhaɪt] *f* unità *f* di misura
Massen|'abfertigung ['masənʔapfɛrtiguŋ] *f* produzione *f* di massa; **'~absatz** *m* vendita *f* in massa (*od* su vasta scala); **'~andrang** *m* affluenza *f* in massa; **'~arbeitslosigkeit** *f* disoccupazione *f* di massa (generale); **'~artikel** *m* articolo *m* di gran consumo (*od* di serie); **'~entlassung** *f* licenziamenti *m/pl* in massa; **'~medien** *n/pl* mezzi *m/pl* di comunicazione di massa, mass-media *m/pl*; **'~mord** *m* strage *f*; **'~tierhaltung** *f* (-; -*en*) allevamento *m* di massa; **'~tourismus** *m* turismo *m* di massa; **'~verkehrsmittel** *n* mezzo *m* di trasporto pubblico; **'≗weise** in gran quantità
Mas'seur [ma'søːr] *m* (-*s*; -*e*) massaggiatore *m*; **~in** *f* (-; -*nen*) massaggiatrice *f*
maß|gebend ['mɑːsgeːbənt] *Person*: competente; *Sachen*: normativo, decisivo; **'~halten** → ***Maß***
mas'sieren [ma'siːrən] (*senza ge-*, *h*) *med* fare massaggi, massaggiare
mäßig ['mɛːsiç] moderato; (*mittel~*) mediocre; *im Essen*: sobrio; *Preis*: modico; **'~en** ['-gən] (*h*) moderare; ***gemäßigte Zone*** *f* zona *f* temperata
Maß|nahme ['mɑːsnɑːmə] *f* (-; -*n*) misura *f*; provvedimento *m*; **'~nahmenkatalog** *m* serie *f* di provvedimenti; **~nahmeregel** *f* misura *f*; provvedimento *m*; **'~stab** *m* misura *f*; *geogr* scala *f* (topografica); *fig* proporzione *f*; criterio *m*
Mast[1] [mast] *f* (-; -*en*) *agr* ingrasso *m*
Mast[2] *m* (-[*e*]*s*; -*e*[*n*]) *mar* (*a* **'~baum** *m*) albero *m*; (*Leitungs≗*) palo *m*
mästen ['mɛstən] (*h*) *agr* ingrassare
Match [mɛtʃ] *n* (-[*e*]*s*; -*s*) partita *f*, incontro *m*
Mate'rial [mater'jɑːl] *n* (-*s*; -*ien*) materiale *m*; **~fehler** *m* difetto *m* del materiale; **~'ismus** *m* (-; *senza pl*) materialismo *m*; **~'ist** *m* (-*en*, -*en*) *fil* materialista *m*; **≗'istisch** materialistico
Ma't|erie [-'teːrjə] *f* (-; -*n*) materia *f*; **≗eri'ell** [-ter'jɛl] materiale
Mathem|a'tik [matema'tiːk] *f* (-; *senza pl*) matematica *f*; **~'atiker** [-te'mɑːtikər] *m* (-*s*; -), **~'atikerin** *f* (-; -*nen*), **≗'atisch** *adj* matematico *m*, -a *f*
Mati'nee [mati'neː] *f* (-; -*n*) mattinata *f*
Ma'tratze [ma'tratsə] *f* (-; -*n*) materasso *m*
Ma'trize [ma'triːtsə] *f* (-; -*n*) matrice *f*
Ma'trose [-'troːzə] *m* (-*n*; -*n*) marinaio *m*
matt [mat] opaco; *Auge*: smorto; (*erschöpft*) stanco
'Matte ['matə] *f* (-; -*n*) stuoia *f*
'Mauer ['maʊər] *f* (-; -*n*) muro *m*; (*Wand*) parete *f*
Maul [maʊl] *n* (-[*e*]*s*; *Mäuler*) bocca *f*; (*Schnauze*) muso *m*
'Maul|esel ['maʊlʔeːzəl] *m* mulo *m*; **'~korb** *m* museruola *f*; **'~tier** *n* mulo *m*; **'~wurf** *m* talpa *f*
'Maurer ['maʊrər] *m* (-*s*; -) muratore *m*
Maus [maʊs] *f* (-; *Mäuse*) topo *m*; *inform* mouse *m*
'Mausefalle ['maʊzəfalə] *f* trappola *f* per i topi
'Mausklick [-klɪk] *m* (-*s*; -*s*) *inform* clic *m* del mouse; ***per ~*** *inform* cliccando col mouse
Maut [maʊt] *f* (-; -*en*) pedaggio *m*; **'~gebühr** *f* pedaggio *m*; **'~stelle** *f* dazio *m*; **'~straße** *f* strada *f* a pedaggio
maxi'mal [maksi'mɑːl] massimo
Maxi'mal|geschwindigkeit [-gəʃvindiçkaɪt] *f* velocità *f* massima; **~lohn** *m* salario *m* massimale; **~tarif** *m* tariffa *f* massima
maxi'mieren [-'miːrən] (*senza ge-*, *h*) massimizzare
'Maximum ['maksimum] *n* (-*s*; -*xima*) massimo *m*
Mayon'naise [majo'nɛːzə] *f* (-; -*n*) maionese *f*
Mazedonien [matse'doːnjən] *n* Macedonia *f*
mbH ***mit beschränkter Haftung*** a responsabilità limitata

Md ***Milliarde*** miliardo
MdB ***Mitglied des Bundestages*** Membro del Bundestag; Deputato
MdL ***Mitglied des Landtags*** Membro della Dieta Provinciale
m. E. ***meines Erachtens*** a mio parere
Me'chan|ik [me'çaːnik] *f* (-; *-en*) meccanica *f*; **~iker** *m* (-*s*; -), **²isch** *adj* meccanico *m u adj*; **²i'sieren** (*senza ge-, h*) meccanizzare; **~i'sierung** *f* (-; *-en*) meccanizzazione *f*
Mecklenburg-Vorpommern ['meːklənburk 'foːrpɔmərn] *n* Mecklenburgo-Pomerania Occidentale *m*
Me'daille [me'daljə] *f* (-; *-n*) medaglia *f*
'Mediaabteilung ['mediaʔaptailuŋ] *f* ufficio *m* pubblicità
'Medien ['meːdjən] *pl* mass media *m/pl*; **'~landschaft** *f* panorama *m* dei mass media
Medika'ment [medika'mɛnt] *n* (-[*e*]*s*; *-e*) farmaco *m*
'Medium ['meːdjum] *n* (-*s*; *-ien*) mezzo *m*; medium *m*
Medi'zin [medi'tsiːn] *f* (-; *-en*) medicina *f*; **²isch** medico; (*arzneilich*) medicinale
Meer [meːr] *n* (-[*e*]*s*; *-e*) mare *m*; **'~busen** *m* golfo *m*; **'~enge** *f* stretto *m*
'Meeres|früchte ['meːrəsfryçtə] *f/pl* frutti *m/pl* di mare; **'~spiegel** *m* livello *m* del mare
'Meerwasser *n* acqua *f* di mare
Mehl [meːl] *n* (-[*e*]*s*; *-e*) farina *f*; **'²ig** farinoso
mehr [meːr] più; **'²arbeit** *f* (-; *senza pl*) lavoro *m* straordinario; **'²aufwand** *m*, **'²ausgabe** *f* eccedenza *f* di spese; **'~deutig** ['-dɔytiç] ambiguo; **'²einnahme** *f* maggiore entrata *f*; **'~ere** ['-rərə] parecchi(e); più; **'~fach** ['-fax] **1.** *adj* molteplice; **2.** *adv* ripetutamente; più volte; **'~farbig** a più colori; **'²heit** *f* (-; *-en*) maggioranza *f*; **'²heitsbeschluss** *m* decisione *f* presa a maggioranza; **'²heitswahlrecht** *n* sistema *m* elettorale maggioritario; **'~malig** ['-maːliç] ripetuto; **'~mals** ['-maːls] più volte; **'²parteiensystem** *n* sistema *m* a più partiti; **'~silbig** ['-zilbiç] polisillabo; **'~sprachig** ['-ʃpraːxiç] poliglotta; plurilingue; **'~tägig** di più giorni; **'²wert** *m* (-[*e*]*s*; *senza pl*) plusvalore *m*; *econ* valore *m* aggiunto; **'²wertsteuer** *f* impost… sul valore aggiunto; **'²zahl** *f* (-; *sen…* *pl*) maggior parte *f*
'Meile ['maɪlə] *f* (-; *-n*) miglio *m*
mein [maɪn] (il) mio, (la) mia
'Meineid ['-ʔaɪt] *m* (-[*e*]*s*; *-e*) giurame… to *m* falso; spergiuro *m*; ***e-n ~ leist…*** giurare il falso
'meinen ['-nən] *v/t u v/i* (*h*) intende… (*denken*) pensare; (*glauben*) creder…
'meinet'wegen ['mainət'veːgən] … causa mia; per conto mio; per n… per amor mio
'Meinung ['-nuŋ] *f* (-; *-en*) opinione… parere *m*; avviso *m*; ***meiner ~ nach*** … condo me; ***j-m seine ~ sagen*** dire a… il fatto suo
'Meinungs|forschung *f* indagine *f* … moscopica; **'~forschungsinstitut** … istituto *m* demoscopico; **'~umfrag…** sondaggio *m* dell'opinione pubblic…
'Meise ['maɪzə] *f* (-; *-n*) cinciallegra…
'Meißel ['maɪsəl] *m* (-*s*; -) scalpello
meist [maɪst] la maggior parte (di, d… ***die ²en*** i più; ***am ~en*** di più, il più, … di tutto, più di ogni altra cosa; **'²b…** **tend** *adj* che offre di più; **'~ens** pe… più, per la maggior parte
'Meister ['maɪstər] *m* (-*s*; -) maestro (*Herr*) padrone *m*; *sport* campione **'~werk** *n* capolavoro *m*
melan'cholisch [melaŋ'koːliʃ] mal… conico
'Melde|behörde ['mɛldəbəhørdə] *f* … ficio *m* anagrafe; **'~bogen** *m* formu… rio *m* di denuncia (*od* di notific… **'~frist** *f* termine *m* di denuncia
'melden ['mɛldən] (*h*) annunciare; … *Behörden*: notificare; denuncia… ***sich ~*** presentarsi; ***sich krank ~*** d… malato
'Melde|pflicht ['mɛldəpfliçt] *f* obbl… *m* di notifica; **'~zettel** *m* modulo… di registrazione
'Meldung ['mɛlduŋ] *f* (-; *-en*) annun… *m*; *pol* notifica *f*; denuncia *f*; avviso… *Zeitung*: notizia *f*
'melken ['mɛlkən] (*molk, gemolken* … *a melkte, gemelkt*) mungere
Melo'die [melo'diː] *f* (-; *-n*) melodi…
Me'lone [me'loːnə] *f* (-; *-n*) melone… popone *m*; (*Wasser²*) cocomero *m*…
Me'moiren [me'moaːrən] *pl inv* me… rie *f/pl*

Memo'randum [-'randum] *n* (-*s*; -*den* *od* -*da*) promemoria *f*

'Meng|e ['mɛŋə] *f* (-; -*n*) quantità *f*; *Personen*: moltitudine *f*; (*Menschen***2**) folla *f*; **'~enrabatt** *m* sconto *m* per quantità

Menorca [me'nɔrka] *n* Minorca *f*

'Mensa ['mɛnza] *f* (-; -*s od* -*sen*) mensa *f* (universitaria)

Mensch [mɛnʃ] *m* (-*en*; -*en*) uomo *m*; essere *m* umano; persona *f*; individuo *m*

Menschen|alter ['mɛnʃənaltər] generazione *f*; **'2feindlich** misantropico; **'~fresser** *m* (-*s*; -) antropofago *m*, cannibale *m*; **'~geschlecht** *n* genere *m* umano; **'~hass** *m* misantropia *f*; **'~kenntnis** *f* conoscenza *f* del genere umano; esperienza *f* del mondo; **'~leben** *n* vita *f* umana; **'2leer** spopolato; deserto; **'~liebe** *f* filantropia *f*; **'~menge** *f* folla *f*; **'~raub** *m* sequestro *m* di persona; **'~recht** *n* diritto *m* dell'uomo; **'2scheu** *adj* timido; asociale; **'~würde** *f* dignità *f* umana

Mensch|heit ['mɛnʃhaɪt] *f* (-; *senza pl*) umanità *f*; **'2lich** umano

Menstrua'tion [mɛnstruats'jo:n] *f* (-; -*en*) mestruazioni *f*/*pl*

Mentali'tät [mɛntali'tɛ:t] *f* (-; -*en*) mentalità *f*

Me'nü [me'ny:] *n* (-*s*; -*s*) *gastr* menu *m*, *inform* menu *m*

Meri'dian [merid'jɑ:n] *m* (-*s*; -*e*) meridiano *m*

Merk|blatt ['mɛrkblat] *n* foglio *m* esplicativo; **'~buch** *n* taccuino *m*; **'2en** *v/t* (*h*) (*bemerken*) accorgersi di; notare; ***sich*** (*dat*) ***et*** **~** tener a mente qc, prender nota di qc; ***merk dir das!*** ricordatelo!; **'~mal** ['-mɑ:l] *n* (-[*e*]*s*; -*e*) segno *m*, caratteristica *f*; tratto *m* distintivo; sintomo *m*; **'2würdig** ['-vyrdiç] notevole; (*seltsam*) strano

Messe ['mɛsə] *f* (-; -*n*) messa *f*; *econ* fiera *f*; **'~aussteller** *m* espositore *m* alla fiera; **'~ausweis** *m* tessera *f* di riconoscimento; **'~besucher** *m* visitatore *m* della fiera; **'~gelände** *n* area *f* della fiera

messen ['mɛsən] (*maß*, *gemessen*, *h*) misurare; ***sich*** **~** ***mit*** competere con

Messeneuheit *f* novità *f* della fiera

Messer ['mɛsər] *n* (-*s*; -) coltello *m*; **'~spitze** *f* punta *f* del coltello

'Messestadt *f* città *f* sede della fiera

'Messgerät ['mɛsgərɛ:t] *n* strumento *m* di misurazione

'Messing ['mɛsiŋ] *n* (-*s*; *senza pl*) ottone *m*

'Messung ['mɛsuŋ] *f* (-; -*en*) misurazione *f*

Me'tall [me'tal] *n* (-*s*; -*e*) metallo *m*; **~** ***verarbeitend*** metallurgico; **~arbeiter** *m* (operaio *m*) metallurgico *m*; **~industrie** *f* industria *f* metallurgica; **2isch** metallico

Mete'or [-te'o:r] *m* (-*s*; -*e*) meteora *f*; **~o'loge** [-oro'lo:gə] *m* (-*n*; -*n*) meteorologo *m*; **~olo'gie** [-orolo'gi:] *f* (-; *senza pl*) meteorologia *f*

'Meter ['me:tər] *m u n* (-*s*; -) metro *m*; **'~maß** *n* metro *m* a nastro; (*Stab*) metro *m*

Me'thod|e [me'to:də] *f* (-; -*n*) metodo *m*; **2isch** *adj* metodico *adj*

'Metr|ik ['me:trik] *f* (-; -*en*) metrica *f*; **'2isch** metrico

'Metro ['me:tro] *f* (-; -*s*) metropolitana *f*, metró *m*

Metro'pole [metro'po:lə] *f* (-; -*n*) metropoli *f*

'Metzger ['mɛtsgər] *m* (-*s*; -) macellaio *m*; **~'ei** *f* (-; -*en*) macelleria *f*

Mexi'kan|er [mɛksi'kɑ:nər] *m* (-*s*; -), **~erin** (-; -*nen*), **2isch** messicano *m*, -a *f*

Mexiko ['mɛksiko] *n* Messico *m*

ME'Z [ɛm?e:'tsɛt] (***mitteleuropäische Zeit***) TMEC (Tempo Medio dell'Europa Centrale)

mfg ***mit freundlichen Grüßen*** cordiali saluti

mg ***Milligramm*** milligrammo

MHz ***Megahertz*** megaciclo

mich [miç] mi; *betont* me

'Miet|auto ['mi:t'auto] *n* auto *f* a noleggio; **'~dauer** *f* durata *f* dell'affitto; **'~e** ['mi:tə] *f* (-; -*n*) affitto *m*, locazione *f*; noleggio *m*; ***zur*** **~** ***wohnen*** abitare in affitto; *agr* silo *m*; **'2en** (*h*) prendere in affitto; noleggiare; **'~er** *m* (-*s*; -), **'~erin** *f* (-; -*nen*) inquilino *m*, -a *f*; **'~erschutz** *m* tutela *f* degli inquilini; **'~kauf** *m* locazione-vendita *f*; **'~vertrag** *m* contratto *m* d'affitto; **'~wagen** *m* automobile *f* a noleggio; **'~wohnung** *f* appartamento *m* in affitto

M

Mi'gräne [mi'grɛːnə] *f* (-; -*n*) emicrania *f*

'Mikro|chip ['mikrotʃip] *m* (-*s*; -*s*) microchip *m*; **'~fiche** ['-fiːʃ] *m* (-*s*; -*s*) microfiche *f*; **'~film** *m* (-[*e*]*s*; -*e*) microfilm *m*; **'~fon**, **'~phon** [-'foːn] *n* (-*s*; -*e*) microfono *m*; **~'skop** [-'skoːp] *n* (-*s*; -*e*) microscopio *m*; **'~welle** *f* (-; -*n*) microonda *f*; **'~wellenherd** *m* forno *m* a microonde

Milch [milç] *f* (-; *senza pl*) latte *m*; **'~bar** *f* bar-latteria *m*; **'~brötchen** *n* panino *m* al latte; **'~kaffee** *m* caffelatte *m*; **'~kanne** *f* lattiera *f*; **'~mixgetränk** latte *m* frappé; frullato *m*; **'~produkt** *n* latticinio *m*; **'~pulver** *n* latte *m* in polvere; **'~schokolade** *f* cioccolata *f* al latte; **'~straße** *f* via *f* lattea

mild [milt] mite; (*gnädig*) clemente; *Wein*: amabile; **'~ern** ['-dərn] (*h*) mitigare

Mi'lieu [mil'jøː] *n* (-*s*; -*s*) ambiente *m*

Mili'tär [mili'tɛːr] *n* (-*s*; *senza pl*) esercito *m*; truppe *f*/*pl*; soldati *m*/*pl*; forze *f*/*pl* armate; ***beim ~ sein*** essere sotto le armi; **~dienst** *m* servizio *m* militare; **~dienstverweigerer** *m* (-*s*; -) obiettore *m* di coscienza; **2isch** militare

Milita'rismus [milita'rismus] *m* (-; *senza pl*) militarismo *m*

Mill. ***Million*** milione

Mil'l|iarde [mil'jardə] *f* (-; -*n*) miliardo *m*; **~i'meter** [mili'meːtər] *m u n* millimetro *m*; **~'ion** [mil'joːn] *f* (-; -*en*) milione *m*; **~io'när** [-jo'nɛːr] *m* (-*s*; -*e*) milionario *m*

Milz [milts] *f* (-; -*en*) milza *f*

'Mimik ['miːmik] *f* (-; *senza pl*) mimica *f*

Min. ***Minute*** minuto

Mina'rett [mina'rɛt] *n* (-*s*; -*e*) minareto *m*

mind. ***mindestens*** almeno, come minimo

'minder ['mindər] minore; (*geringer*) inferiore; *adv* meno; **'2einnahme** *f* minore entrata *f*; **'2heit** *f* (-; -*en*) minoranza *f*; **'2heitsregierung** *f* governo *m* di minoranza; **'~jährig** ['-jɛːriç] minorenne; **'~n** (*h*) diminuire; **'~wertig** ['-veːrtiç] inferiore; scadente

'mindest ['-dəst] minimo; ***zum 2en*** almeno; ***nicht im 2en*** in nessun modo; **'2betrag** *m* importo *m* minimo; **'~ens** almeno; **'2gebot** *n* offerta *f* minima; **'2lohn** *m* salario *m* minimo; **'2preis** *m* prezzo *m* minimo; **'2umtausch** *m* cambio *m* minimo; **'2zeit** *Sport*: tempo *m* minimo

'Mine ['miːnə] *f* (-; -*n*) mina *f*; *min* mi niera *f*

Mine'ral [mine'raːl] *n* (-*s*; -*e u* -*ien*) minerale *m*; **2isch** minerale; **~o'gie** *f* (-; *senza pl*) mineralogia *f*; **'~öl** *n* olio *m* minerale; petrolio *m*; **~ölsteuer** *f* imposta *f* sulla fabbricazione degli o minerali; **~wasser** *n* acqua *f* mineral

'Minigolf ['minigɔlf] *n* (-*s*; *senza pl*) minigolf *m*; **'~anlage** *f* (-; -*n*) pista *f* d minigolf

mini'mal [mini'maːl] minimo

'Minimum ['miːnimum] *n* (-*s*; -*ma*) minimo *m*

'Minirock ['minirɔk] *m* (-[*e*]*s*; ⸚*e*) mini gonna *f*

Mi'nister [mi'nistər] *m* (-*s*; -) ministr *m*; **~ium** [-'teːrjum] *n* (-*s*; -*rien*) mini stero *m*; **~präsident** [mi'nisterprɛz dɛnt] *m*, **~präsidentin** *f* primo min stro *m*; *in Italien*: presidente *m*/*f* d consiglio dei ministri; **~rat** *m* consigl *m* dei ministri

'minus ['miːnus] meno; **'2betrag** *m* an manco *m*; **'2pol** *el m* polo *m* negativ

Mi'nute [mi'nuːtə] *f* (-; -*n*) minuto *m*

mir [miːr] mi, *betont*: a me

'Mischbrot *n* pane *m* misto

'misch|en ['miʃən] mischiare, mescol re; ***sich in et*** (*acc*) **~** immischiarsi qc; ***gemischt*** misto; **'2gemüse** *n* ve dura *f* mista; **'2ling** *m* (-*s*; -*e*) meticc *m*; **'2ung** *f* (-; -*en*) miscuglio *m*, mesc lanza *f*; miscela *f*; mistura *f*; **'2wald** bosco *m* misto

Mi'sere [mi'zeːrə] *f* (-; -*n*) miseria *f*

miss|'achten [mis'ʔaxtən] (*senza -ge h*) (di)sprezzare; **2'achtung** *f* (-; -*e* disprezzo *m*; **'2brauch** *m* (-*s*; *sen pl*) abuso *m*; **~'brauchen** (*senza g h*) abusare di; **'2erfolg** *m* (-[*e*]*s*; -*e*) successo *m*; **'2ernte** *f* cattivo raccol *m*

miss|'fallen [mis'falən] (*missfiel*, *mi fallen*, *h*) non piacere; **'2geschick** (-[*e*]*s*; -*e*) sfortuna *f*; **~'handeln** (*sen ge-*, *h*) maltrattare; **2'handlung** *f* -*en*) maltrattamento *m*

Mis'sion [mis'joːn] *f* (-; -*en*) mission

'Miss|klang ['misklaŋ] *m* (-[*e*]*s*; ⸚*e*) d

M

sonanza *f*; cacofonia *f*; **2'lingen** [-'liŋən] (*misslang, misslungen, sn*) fallire, non avere successo; far fiasco; **'~stand** *m* (*-es*; *⸗e*) inconveniente *m*; situazione *f* precaria; **2'trauen** [-'traʊən] (*senza ge-, h*) non fidarsi di; diffidare di; **'~trauen** *n* (*-s*; *senza pl*) sfiducia *f*; **'~trauensvotum** ['-svo:tum] *n* voto *m* di sfiducia; **'2trauisch** diffidente; **'~verhältnis** *n* (*-ses*; *-se*) sproporzione *f*; **'~verständnis** *n* (*-ses*; *-se*) malinteso *m*; **'2verstehen** (*missverstand, missverstanden, h*) fraintendere; **'~wirtschaft** *f* (*-*; *-en*) cattiva amministrazione *f*; malgoverno *m*

Mist [mist] *m* (*-es*; *senza pl*) sterco *m*; *Dünger*: concime *m*

mit [mit] **1.** *prp* con; (*bedecken, füllen, schmücken, zufrieden* ~) di; **~ *10 Jahren*** a dieci anni; **~ *leiser Stimme*** a bassa voce; **~ *Recht*** a ragione; ***was ist ~ ihm?*** che cosa ha?; **2.** *adv* anche; ***ich bin ~ dabei*** ci sto anch'io

Mit|arbeit ['mitˀarbaɪt] *f* (*-*; *senza pl*) collaborazione *f*, cooperazione *f*; **'~arbeiter** *m* (*-s*; *-*), **'~arbeiterin** *f* (*-*; *-nen*) collaboratore *m*, -trice *f*; **'~bestimmung** *f* (*-*; *senza pl*) cogestione *f*; **'2bringen** (*irr, sep, -ge-, h,* → ***bringen***) portare con sé; (*von der Reise*) ***et ~*** portare un regalo; **'~bringsel** ['-briŋzəl] *n* (*-s*; *-*) regalino *m*; **'~bürger** *m* (*-s*; *-*), **'~bürgerin** *f* (*-*; *-nen*) concittadino *m*, -a *f*; **'~eigentümer** ['-ˀaɪgənty:mər] *m* (*-s*; *-*), **'~eigentümerin** *f* (*-*; *-nen*) comproprietario *m*, -a *f*; **2ei'nander** l'uno con l'altro; insieme; **'2fahren** (*irr, sep, -ge-, sn,* → ***fahren***) venire (*od* andare) insieme (in macchina); **'~fahrzentrale** *f* agenzia *f* di autostop; **'2gehen** (*irr, sep, -ge-, sn,* → ***gehen***) andare con qu; accompagnare qu; **'~gift** *f* (*-*; *-en*) dote *f*; **'~glied** *n* (*-[e]s*; *-er*) membro *m*

Mitglieds|ausweis *m* tessera *f* di socio; **'~beitrag** *m* quota *f* sociale

Mit|gliedschaft *f* (*-*; *-en*) qualità *f* di membro; **'~gliedskarte** *f* tessera *f*; **'~gliedsland** *n* paese *m* membro; **'~gliedstaat** *m* Stato *m* membro; **'~hilfe** *f* (*-*; *senza pl*) aiuto *m*; cooperazione *f*; **'2hören** (*sep, -ge-, h*) ascoltare; **'2kommen** (*irr, sep, -ge-, sn,* → ***kommen***) venire con me (*od* te, lui *usw*); (*folgen*) tener dietro; *fig* riuscire a seguire (*od* capire); **'~leid** *n* (*-[e]s*; *senza pl*) compassione *f* (***mit*** di); **'2machen** (*sep, -ge-, h*) fare come gli altri; partecipare; ***machst du mit?*** ci stai?; **'~mensch** *m* (*-en*; *-en*) simile *m*, prossimo *m*; **'2nehmen** (*irr, sep, -ge-, h,* → ***nehmen***) portare (con sé); (*fortnehmen*) portar via; **'2reden** (*sep, -ge-, h*) prender parte alla conversazione; *fig* metterci bocca, F metterci il becco; **'~reisende** *m/f* (*-n*; *-n*) compagno *m*, -a *f* di viaggio; **'~schuld** *f* (*-*; *senza pl*) complicità *f*; **'2schuldig** complice; **'~schüler** *m* (*-s*; *-*), **'~schülerin** *f* (*-*; *-nen*) compagno *m*, -a *f* di scuola; **'2spielen** (*sep, -ge-, h*) giocare (*mus* suonare, *tea* recitare) con altri

'Mittag ['mita:k] *m* (*-[e]s*; *-e*) mezzogiorno *m*; mezzodì *m*; ***zu ~ essen*** pranzare; **'~essen** *n* pranzo *m*

'mittags ['mita:ks] a mezzogiorno; **'2hitze** *f* calura *f* meridiana; **'2pause** *f* pausa *f* di mezzogiorno; **'2schlaf** *m* pisolino *m* pomeridiano

'Mitte ['mitə] (*-*; *-n*) mezzo *m*; centro *m*, *des Monats*: metà *f*; (*Durchschnitt*) media *f*; **~ *Januar*** metà gennaio

'mit|teilen ['mitaɪlən] (*sep, -ge-, h*) comunicare, avvisare, informare, far sapere; **'2teilung** *f* (*-*; *-en*) comunicazione *f*; notizia *f*, avviso *m*

'Mittel ['mitəl] *n* (*-s*; *-*) mezzo *m*; modo *m*; (*Geld2*) *pl* risorse *f/pl*, fondi *m/pl*; mezzi *m/pl*; **'~alter** *n* (*-s*; *senza pl*) medioevo *m*; **'2alterlich** ['-ˀaltərliç] medioevale; **'2europäisch** centroeuropeo; **'2groß** di grandezza (*od* statura) media; **'~klasse** *f* media categoria *f*; *auto* media cilindrata *f*; **'~klassewagen** *m* autovettura *f* di media cilindrata; **'2los** senza mezzi, privo di mezzi; **'2mäßig** mediocre; **'~meer** *n* (Mare *m*) Mediterraneo *m*; **'~meerklima** *n* clima *m* mediterraneo; **'~ohrentzündung** *f* otite *f* media; **'~punkt** *m* centro *m*; **'2s** ['-təls] (*gen*) mediante, per mezzo di; **'~schule** *f* scuola *f* media; **'~streifen** *m* banchina *f* spartitraffico; **'~welle** *f* *rad* onda *f* media

Mittelamerika ['mitəlˀa'me:rika] *n* America *f* Centrale

Mitteleuropa ['mitəlˀɔʏro:pa] *n* Europa *f* Centrale

'mitten ['mitən]: **~ *in*** (***auf, an***) in mezzo a; nel mezzo di; **~ *in der Stadt*** nel centro della città

'Mitternacht ['-tərnaxt] *f* mezzanotte *f*

'mittler ['-tlər] *adj* medio; mezzo; centrale

'Mittwoch ['-vɔx] *m* (-[*e*]*s*; -*e*) mercoledì *m*

mit'unter [mit'ʔuntər] talvolta

'mit|verantwortlich ['mitfɛrʔantvɔrtliç] corresponsabile; **'~wirken** (*sep*, -*ge*-, *h*) collaborare, cooperare; **'≈wisser** ['-visər] *m* (-*s*; -), **'≈wisserin** (-;-*nen*) confidente *m*/*f*; complice *m*/*f*

'mix|en ['miksən] (*h*) mescolare; **'≈er** *m* (-*s*; -) *Gerät*: frullatore *m*

mm ***Millimeter*** millimetro

'mobben ['mɔpən] (*h*) fare mobbing

'Mobbing ['mɔpiŋ] *n* (-*s*; -*s*) mobbing *m*

'Möbel ['mø:bəl] *n* (-*s*; -) mobile *m*; **'~wagen** *m* furgone *m* per traslochi

mo'bil [mo'bil] mobile; **≈funknetz** *n* (-*s*; -*e*) *tel* rete *f* radiomobile

mobili'sieren [mobili'zi:rən] (*senza ge*-, *h*) mobilizzare, mobilitare

Mo'biltelefon *n* cellulare *m*

möbl. ***möbliert*** ammobiliato

mö'blier|en [mø'bli:rən] (*senza ge*-, *h*) mobiliare; **~t** [-'i:rt] ammobiliato

'möchte → ***mögen***

'Mode ['mo:də] (-; -*n*) moda *f*; ***nach der ~*** alla moda; **'~farbe** *f* colore *m* di moda; **'~geschäft** *n* negozio *m* di mode

Mo'dell [mo'dɛl] (-*s*; -*e*) modello *m*; (*weibliche Person*) modella *f*; *in Modezeitschriften*: figurino *m*

'Modem ['mo:dɛm] *n* (-*s*; -*s*) *inform* modem *m*

'Modenschau ['mo:dənʃaʊ] *f* sfilata *f* di moda

mo'dern [mo'dɛrn] moderno; *Kleidung*: alla moda, di moda

'Mode|salon ['mo:dəzalɔ̃] *m* casa *f* di mode; **'~schmuck** *m* bigiotteria *f*; **'~schöpfer** ['-ʃœpfər] *m* (-*s*; -), **'~schöpferin** *f* (-; -*nen*) creatore *m*, -trice *f* di moda, stilista *m*/*f*; **'~zeitschrift** *f* rivista *f* di moda

'modisch ['mo:diʃ] alla moda

'Mofa ['mo:fa] *n* (-*s*; -*s*) ciclomotore *m*

'mögen ['mø:gən] (*mochte*, *gemocht*, *h*) **1.** volere, aver voglia, desiderare; ***ich möchte …*** vorrei …; **2.** *v/i* potere; ***es mag sein*** può darsi; **3.** *v/t* ***ich mag es nicht*** non mi piace; ***ich mag ih[n] nicht*** (*Personen*) non lo posso soppo[r]tare; ***ich mag ihn sehr gern*** mi piac[e] molto, gli voglio bene; **4.** ***lieber ~*** pre[]ferire

'möglich ['mø:kliç] possibile; ***alles ≈*** tutto quello che è possibile; **~er'weis[e]** ['-çər'vaɪzə] è possibile che …; fors[e] **'≈keit** *f* (-; -*en*) possibilità *f*; **'~st: ~ ba[ld]** il più presto possibile, quanto prim[a] ***sein ≈es tun*** fare il possibile, fa[re] del proprio meglio

Mohamme'dan|er [mohame'da:nər] (-*s*; -) *neg!*, **~erin** *f* (-; -*nen*) *neg!*, **≈isc[h]** maomettano *m*, -a *f*

Mohn *bot* [mo:n] *m* (-[*e*]*s*; -*e*) papaver[o] *m*

'Möhre ['mø:rə] *f* (-; -*n*) carota *f*

'Mokka ['mɔka] *m* (-*s*; -*s*) moca *m*

Moldavia [mol'davia] *f* Moldawien *n*

'Mole *mar* ['mo:lə] *f* (-; -*n*) molo *m*

Molke'rei [mɔlkə'raɪ] *f* (-; -*en*) latteria caseificio *m*

'mollig ['mɔliç] (*weich*) molle; morb[i]do; (*warm*) bello caldo; (*rundlic[h]*) grassottello

Mo'ment [mo'mɛnt] *m* (-[*e*]*s*; -*e*) mo[]mento *m*; istante *m*; **≈'an** moment[a]neo

Mo'narch [mo'narç] *m* (-*en*; -*en*) m[o]narca *m*; **~'ie** [-'çi:] *f* (-; -*n*) monarch[ia] *f*

'Monat ['mo:nat] *m* (-[*e*]*s*; -*e*) mese *m*; **'≈elang** ['-təlaŋ] per mesi e me[si]; **'≈lich** mensile; ***100 Euro ~*** cento eu[ro] al mese

'Monats|abschluss ['mo:natsʔapʃlu[s]] *m* bilancio *m* mensile; **'~bericht** rapporto *m* mensile; **'~einkommen** stipendio *m* mensile; **'~gehalt** **'~geld** *n* stipendio *m* (mensile); me[n]silità *f*, paga *f*; **'~karte** *f* tessera *f* me[n]sile; abbonamento *m* mensile; **'~rat[e]** rata *f* mensile

Mönch [mœnç] *m* (-[*e*]*s*; -*e*) monaco

Mond [mo:nt] *m* (-[*e*]*s*; -*e*) luna *f*; **'~fä[h]re** *f* modulo *m* lunare; **'~finsternis** eclisse *f* lunare (*od* di luna); **'~la[n]dung** *f* allunaggio *m*; **'~schein** *m* ch[ia]ro *m* di luna; **'~sonde** *f* sonda *f* luna[re]; **'≈süchtig** sonnambulo

Mon'g|ole [mɔŋgo:lə] *m* (-*n*; -*n*), **~'o[lin]** *f* (-; -*nen*) mongolo *m*, -a *f*; **≈'olis[ch]** [-'go:liʃ] mongolico, mongolo

M

Monitor ['mo:nitɔr] *m* (-*s*; -*en* [mo:ni'to:rən]) monitor *m*
Mono'pol [mono'po:l] *n* (-*s*; -*e*) monopolio *m*; **ꝸi'sieren** [-poli'zi:rən] (*senza ge-, h*) monopolizzare; **~kapital** *n* capitale *m* monopolistico
Mon'sun [mɔn'zu:n] *m* (-*s*; -*e*) monsone *m*
Montag ['mo:nta:k] *m* (-[*e*]*s*; -*e*) lunedì *m*
Mon'tage [mɔn'ta:ʒə] *f* (-; -*n*) montaggio *m*
Mon'tan|industrie [mɔn'ta:nˀindustri:] *f* industria *f* mineraria e siderurgica; **~union** [-ˀunjo:n] *f* Comunità *f* Europea del Carbone e dell'Acciaio
Montblanc [mõ'blɑ̃:] *m* Monte *m* Bianco
Montenegro [mɔntə'ne:gro] *n* Montenegro *m*
Mon|'teur [-'tø:r] *m* (-*s*; -*e*) meccanico *m*; operaio *m* addetto al montaggio; **ꝸ'tieren** (*senza ge-, h*) *tec* montare
Moor [mo:r] *n* (-[*e*]*s*; -*e*) palude *f*; (*Torf*) torba *f*; **'~bad** *n* bagno *m* di fango, fanghi *m/pl*
Moos *bot* [mo:s] *n* (-*es*; -*e*) muschio *m*
Moped ['mo:pe:t] *n* (-*s*; -*s*) ciclomotore *m*, motociclo *m*
Mo'ral [mo'ra:l] *f* (-; *senza pl*) morale *f*; *der Truppe*: morale *m*; **ꝸisch** morale
Mord ['mɔrt] *m* (-[*e*]*s*; -*e*) omicidio *m*; **'~anschlag** *m* tentato omicidio *m*
Mörder ['mœrdər] *m* (-*s*; -), **'~in** *f* (-; -*nen*) omicida *m/f*
Mord|versuch ['mɔrtfɛrzu:x] *m* tentato omicidio *m*; **'~waffe** *f* arma *f* del delitto; arma *f* micidiale
morgen ['mɔrgən] *adv* domani; **~ *früh*** domattina
Morgen *m* (-*s*; -) mattina *f*; mattino *m*; (*Osten*) oriente *f*; *Maß*: iugero *m*; ***guten ~!*** buon giorno!; **'~land** *n* (-*es*; *senza pl*) oriente *m*; **'ꝸs** di mattina; ***früh~*** di buon mattino; **'~zeitung** *f* giornale *m* del mattino
morgig ['mɔrgiç] di domani
Morphium ['mɔrfjum] *n* (-*s*; *senza pl*) morfina *f*
morsch [mɔrʃ] marcio; guasto
Morse|alphabet ['mɔrzəˀalfabe:t] *n* alfabeto *m* Morse; **'~zeichen** ['-tsaiçən] *n* segnale *m* Morse
Mo'schee [mɔ'ʃe:] *f* (-; -*n*) moschea *f*
Mosel ['mo:zəl] *f* Mosella *f*
Moskau ['mɔskau] *n* Mosca *f*
Mos'kito [mɔs'ki:to] *m* (-*s*; -*s*) zanzara *f*; **~netz** *n* zanzariera *f*
'Moslem ['-lɛm] *m* (-*s*; -*s*) mus(s)ulmano *m*; **ꝸisch** [-z'lemiʃ] mus(s)ulmano
Most [mɔst] *m* (-[*e*]*s*; -*e*) mosto *m*; (*Obst*ꝸ) sidro *m*; ***zu ~ keltern*** ammostare
'Mostrich ['mɔstriç] *m* mostarda *f*
'Motel ['mo:tɛl] *n* (-*s*; -*s*) motel *m*
Mo'tiv [mo'ti:f] *n* (-*s*; -*e*) motivo *m* (*a mus*)
'Motor ['mo:tɔr] *m* (-*s*; -*en*) motore *m*; **'~boot** *n* motoscafo *m*; **'~haube** *f* cofano *m*; **ꝸi'sieren** [-tori'zi:rən] (*senza ge-, h*) motorizzare; **'~leistung** *f* rendimento *m* del motore; **'~öl** *n* olio *m* lubrificante; **'~panne** *f* panna *f* al motore; **'~rad** *n* motocicletta *f*; **'~roller** *m* motoretta *f*; (moto)scooter *m*; **'~schaden** *m* guasto *m* al motore
'Motte ['mɔtə] *f* (-; -*n*) tarma *f*, tignola *f*
'Möwe ['mø:və] *f* (-; -*n*) gabbiano *m*
MP'3-Player [ɛmpe:'draiple:jər] *m* (-*s*; -) lettore *m* MP3
m/sec ***Meter pro Sekunde*** metro al secondo
mtl. ***monatlich*** mensile
'Mücke ['mykə] *f* (-; -*n*) moscerino *m*
'müd|e ['my:də] stanco; ***~ machen*** stancare; ***~ werden*** stancarsi; **'ꝸigkeit** *f* (-; *senza pl*) stanchezza *f*
'Mühe ['my:ə] *f* (-; -*n*) fatica *f*; sforzo *m*; *fig* pena *f*; ***sich*** (*dat*) ***~ geben*** darsi la pena (***zu*** di)
'Mühle ['my:lə] *f* (-; -*n*) (*Gebäude*) mulino *m*; (*Gerät*) macinino *m*
'mühsam ['myzam], **'mühselig** ['myze:liç] faticoso
Mu'latt|e [mu'latə] *m* (-*n*; -*n*), **~in** *f* (-; -*nen*) mulatto *m*, -a *f*
Mull [mul] *m* (-[*e*]*s*; -*e*) garza *f*
Müll [myl] *m* (-*s*; *senza pl*) immondizie *f/pl*; rifiuti *m/pl*; **'~abfuhr** *f* (-; -*en*) trasporto *m* delle immondizie; *städtische*: nettezza *f* urbana; **'~container** *m* cassonetto *m*; **'~deponie** ['-deponi:] *f* (-; -*n*) discarica *f* pubblica; **'~eimer** *m* secchio *m* delle immondizie; cestino *m*
'Müller ['mylər] *m* (-*s*; -) mugnaio *m*
'Müll|schlucker ['mylʃlukər] *m* (-*s*; -) tromba *f* delle immondizie; **'~tonne** *f* bidone *m* della spazzatura; **'~tren-**

nung *f* (-; *-en*) *ecol* raccolta *f* differenziata dei rifiuti; **'~verbrennung** *f* incenerimento *m* dei rifiuti; **'~wagen** *m* camion *m* della nettezza urbana

'multi... multi...; **~'kulti** F ['multi'kulti] multiculturale; **Ձ'kulti-Gesellschaft** *f* (-; *-en*) società *f* multiculturale; **~kultu'rell** multiculturale; **~late'ral** [multilate'ra:l] multilaterale; **~natio'nal** multinazionale; **~pli'zieren** [multipli'tsi:rən] (*senza ge-, h*) moltiplicare (***mit*** per)

'Multi F ['multi] *m* (*-s*; *-s*) multinazionale *f*

'Mumie ['mu:mjə] *f* (-; *-n*) mummia *f*

Mumps *med* [mumps] *m inv* parotite *f*; F orecchioni *m/pl*

München ['mynçən] *n* Monaco *f*

Mund [munt] *m* (-[*e*]*s*; *⸚er*) bocca *f*; ***den ~ halten*** tenere la bocca chiusa; **'~art** *f* dialetto *m*

'münden ['myndən] (*h*) sboccare

'Mund|harmonika ['muntharmo:nika] *f* (-; *-s*) armonica *f* a bocca; **'~höhle** *anat f* cavità *f* orale

'mündig ['myndiç] maggiorenne

'mündlich ['myntliç] orale

M-und-'S-Reifen [ɛmʔunt'ʔɛsraɪfən] *f/pl* pneumatici *m/pl* antineve

'Mündung ['mynduŋ] *f* (-; *-en*) sbocco *m*; *e-s Flusses*: foce *f*

'Mundwasser *n* (*-s*; *Mundwässer*) collutorio *m*

Muni'tion [munits'jo:n] *f* (-; *senza pl*) munizione *f*

'Münster ['mynstər] *n* (*m*) (*-s*; -) cattedrale *f*

'munter ['muntər] vispo; (*wach*) sveglio; (*fröhlich*) allegro; arzillo

'Münz|automat ['myntsʔautoma:t] *m* distributore *m* automatico di monete; **'~e** *f* (-; *-n*) moneta *f*; (*Münzstätte*) zecca *f*; (*Gedenk*Ձ) medaglia *f*; ***für bare ~ nehmen*** prendere sul serio; **'Ձen** (*h*) coniare; monetare; *fig* ***auf j-n gemünzt sein*** valere per qu; **'~ensammler** *m* (*-s*; -), **'~ensammlerin** *f* (-; *-nen*) numismatico *m*, -a *f*

'mürbe ['myrbə] frollo; (*Fleisch*) tenero; (*gekocht*) ben cotto; (*reif*) maturo

'mürrisch ['myriʃ] burbero; brontolone; *Gesicht*: arcigno

Mus [mu:s] *n* (*-es*; *-e*) passato *m*; marmellata *f*; (*Brei*) pappa *f*

'Muschel ['muʃəl] *f* (-; *-n*) conchiglia *f*; *essbare*: tellina *f*; mollusco *m*; (*Ohr*Ձ) padiglione *m*

Mu'seum [mu'ze:um] *n* (*-s*; *Museen*) museo *m*

Mu'sik [-'zi:k] *f* (-; *senza pl*) musica *f*; **Ձ'alisch** [muzi'ka:liʃ] musicale; **~bo**[x] [mu'zi:kbɔks] *f* juke-box *m*; **'~e**[r] ['mu:zikər] *m* (*-s*; -) musicista *m* (*p*[l] *-i*); **~instrument** *n* strumento *m* musicale; **~lehrer** *m* maestro *m* di musica; **~unterricht** *m* lezioni *f/pl* di musica

musi'zieren [muzi'tsi:rən] (*senza ge-, h*) far della musica

'Muskel ['muskəl] *m* (*-s*; *-n*) muscol[o] *m*; **'~kater** *m* dolori *m/pl* muscolari; **'~krampf** *m* spasmo *m*, crampo *m* muscolare; **'~zerrung** *f* (-; *-en*) strappo *m* muscolare

Musk|ula'tur [muskula'tu:r] *f* (-; *-en*) muscolatura *f*; **Ձu'lös** [-'lø:s] muscoloso

'Müsli ['my:sli] *n* (*-s*; *-s*) muesli *m*

'Muße ['mu:sə] *f* (-; *senza pl*) agio *m*, ozio *m*

'müssen ['mysən] (*musste, gemusst, h*) dovere; ***man muss*** bisogna, si deve; ***ich habe es machen ~*** l'ho dovuto fare

'müßig ['my:siç] ozioso

'Muster ['mustər] *n* (*-s*; -) modello *m*; (*Schnitt*Ձ) stampo *m*; (*Probe*Ձ) campione *m*; *auf Stoffen*: disegno *m*; **'~beispiel** *n* esempio *m* tipico; **'Ձgültig**, **'Ձhaft** esemplare; **'~kollektion** campionario *m*; **'~messe** *f* fiera *f* campionaria; **'Ձn** *v/t* (*h*) esaminare; *schar*[f] squadrare; *econ* prelevare un campione; **'~ung** *f* (-; *-en*) esame *m*; *mil* rassegna *f*; rivista *f*

Mut [mu:t] *m* (-[*e*]*s*; *senza pl*) coraggio *m*; animo *m*; ***den ~ verlieren*** perdersi d'animo

'mut|ig ['mu:tiç] coraggioso; **'~los** scoraggiato

'Mutter[1] ['mutər] *f* (-; *⸚*) madre *f*; mamma *f*

'Mutter[2] *f tec* (-; *-n*) madrevite *f*

'mütterlich ['mytərliç] materno

'Mutter|liebe ['mutərli:bə] *f* amore materno; **'~milch** *f* latte *m* materno; **'~schaft** *f* (-; *senza pl*) maternità; **'~schutz** *m* protezione *f* della maternità; **'~sprache** *f* lingua *f* materna; li[...]

gua *f* madre; '**~tag** *m* giornata *f* della mamma

Mutti F ['muti] *f* mamma *f*

mutwillig ['mu:tviliç] malizioso; petulante; *adv* di proposito

Mütze ['mytsə] *f* (-; *-n*) berretto *m*; *ohne Schirm*: berretta *f*

MW ***Mittelwelle*** onde medie

MwSt, **MWSt** ***Mehrwertsteuer*** Imposta sul Valore Aggiunto (*abbr* IVA)

myste'riös [myster'jø:s] misterioso

'**Myst|ik** ['mystik] *f* (-; *senza pl*) mistica *f*; '**2isch** *adj* mistico

N

N ***Norden*** nord

na! [na] be'!; **~ *so was!*** che roba!; ma guarda un po'!

Nabel ['nabəl] *m* (*-s*; -) ombelico *m*

nach [na:x] **1.** *prp zeitlich*: dopo; *örtlich*: a; in; (*gemäß*) secondo; (*hinter*) dietro; **~ *mir*** dopo di me; **~ *Hause*** a casa; **~ *Berlin fahren*** andare a Berlino; **~ *Süden liegen*** essere esposto a mezzogiorno; ***reisen* ~** partire per; ***die Reise* ~ *Frankreich*** il viaggio in Francia; ***meiner Meinung* ~** secondo me, a parer mio; **~ *Gewicht*** a peso; **~ *Bedarf*** a richiesta; **~ *dieser Seite*** da questa parte; **~ *et schmecken*** sapere di qc; **~ *dem Gesetz*** secondo la legge; **~ *e-m Muster*** secondo un modello; ***zehn* ~ *drei*** le tre e dieci; **2.** *adv* dopo; dietro; **~ *und* ~** a poco a poco; **~ *wie vor*** come prima

nachahmen ['na:xʔa:mən] (*sep*, *-ge-*, *h*) imitare

Nachbar ['naxba:r] (*-n*; *-n*), '**~in** *f* (-; *-nen*) vicino *m*, -a *f*; '**~land** *n* paese *m* limitrofo; '**~ort** *m* luogo *m* vicino; '**~schaft** *f* (-; *senza pl*) vicinato *m*; (*Nähe*) vicinanza *f*

nach|bessern ['na:xbɛsərn] (*sep*, *-ge-*, *h*) ritoccare; '**~bestellen** (*sep*, *senza -ge-*, *h*) fare un'ordinazione supplementare di; ordinare dopo; '**2bildung** *f* (-; *-en*) copia *f*; imitazione *f*; riproduzione *f*

nach'dem [na:x'de:m] **1.** *adv* dopo; **2.** *cj* dopo che; secondo che; *meist mit inf übersetzt*: **~ *er die Arbeit beendet hatte*** dopo aver finito il lavoro; ***je* ~** secondo, a seconda di

nachdenken ['na:xdɛŋkən] *v/i* (*irr*, *sep*, *-ge-*, *h*, → ***denken***) riflettere; meditare (***über*** *acc* su)

'**Nach|druck** *m* (*-[e]s*; *senza pl*) energia *f*, vigore *m*; (*pl -e*) *tip* ristampa *f*, riproduzione *f*; **~ *auf et*** (*acc*) ***legen*** insistere su qc; '**2drücklich** ['na:xdrykliç] energico, insistente; **2ei'nander** l'uno dopo l'altro

Nachf. ***Nachfolger*** successore

'**Nachfolg|e** ['na:xfɔlgə] *f* (-; *senza pl*) successione *f*; '**2en** (*sep*, *-ge-*, *sn*) seguire; *im Amt*: succedere; '**2end** seguente, successivo; '**~er** *m* (*-s*; -) successore *m*

'**nach|forschen** (*sep*, *-ge-*, *h*) indagare; investigare; '**2forschung** *f* (-; *-en*) indagine *f*; *jur* inquisizione *f*; '**2frage** *f* (-; *-n*) domanda *f*; richiesta *f*; '**~fragen** (*sep*, *-ge-*, *h*) domandare; informarsi (***nach*** di); '**~fühlen** (*sep*, *-ge-*, *h*) condividere (un sentimento), sentire; ***ich fühle es Ihnen nach*** posso benissimo comprenderla; '**~füllen** (*sep*, *-ge-*, *h*) riempire ancora; '**~geben** (*irr*, *sep*, *-ge-*, *h*, → ***geben***) cedere; '**2gebühr** *f* (-; *-en*) tassa *f* supplementare; '**~gehen** (*irr*, *sep*, *-ge-*, *sn*, → ***gehen***) seguire; *Geschäften*: attendere a; *Uhr*: ritardare (***um*** di); '**2geschmack** *m* (*-[e]s*; *senza pl*) sapore *m* (che rimane in bocca); gusto *m* amaro (*od* cattivo); ***e-n unangenehmen* ~ *haben*** lasciare la bocca cattiva; '**~giebig** ['na:xgi:biç] cedevole; *fig* arrendevole; '**~haltig** ['na:xhaltiç] *Wachstum*: persistente; *Nutzung von Rohstoffen*: durevole; **~'hause** → ***Haus***; '**~'her** dopo, poi; '**~holen** (*sep*, *-ge-*, *h*) riguadagnare; ricuperare

'**Nachkomm|e** ['na:xkɔmə] *m* (*-n*; *-n*) discendente *m*; '**2en** (*irr*, *sep*, *-ge-*, *sn*, → ***kommen***) (*dat*) venir dopo; (*einholen*) raggiungere (*acc*); *Bitte*: esaudire (*acc*); *Wunsch*: soddisfare; *Ver-*

pflichtung: adempiere (*acc*), far fronte a

'Nach|lass ['na:xlas] *m* (*-es*; *-e u* *¨e*) (*Erbschaft*) eredità *f*; (*Preissenkung*) riduzione *f*; sconto *m*; (*Straf*2) condono *m*; **'~lassen** (*irr*, *sep*, *-ge-*, *h*, → **lassen**) **1.** *v/t* allentare; *Preis*: ribassare, ridurre; **2.** *v/i* *Geschäfte*: diminuire; *Wind*: calmarsi; *Regen*: cessare

'nachlässig ['na:xlɛsiç] trascurato, negligente; **'2keit** *f* (*-*; *senza pl*) trascuratezza *f*, negligenza *f*

'Nachlassverwalter *m jur* amministratore *m* dell'eredità

'nach|lesen (*irr*, *sep*, *-ge-*, *h*, → **lesen**) spigolare; racimolare; *Buch*: rileggere; **'~liefern** (*sep*, *-ge-*, *h*) fornire più tardi; completare la fornitura; **'~lösen** (*sep*, *-ge-*, *h*) ***e-e Fahrkarte ~*** fare il supplemento; **'~machen** (*sep*, *-ge-*, *h*) rifare; (*fälschen*) contraffare; ***j-m et ~*** imitare qu in qc

nachm. ***nachmittags*** di pomeriggio

'Nachmit|tag ['na:xmita:k] *m* (*-s*; *-e*) pomeriggio *m*; **'2tags** ['na:xmita:ks] nel (*od* di) pomeriggio

'Nach|nahme *post* ['na:xna:mə] *f* (*-*; *-n*) porto *m* assegnato; ***gegen ~*** contrassegno; **'~name** *m* (*-ns*; *-n*) cognome *m*; **'2rechnen** (*sep*, *-ge-*, *h*) verificare un conto; **'2reisen** (*sep*, *-ge-*, *h*) seguire (qu) in viaggio

'Nach|richt ['na:xriçt] *f* (*-*; *-en*) notizia *f*; ***~en*** *pl Radio*: giornale *m* radio, notiziario *m*; *TV*: telegiornale *m*; **'~richtenagentur** *f* agenzia *f* di informazioni (*od* di stampa); **'~ruf** *m* (*-[e]s*; *-e*) necrologio *m*; **'~saison** *f* (*-*; *-s*) bassa stagione *f*; **'2schicken** (*sep*, *-ge-*, *h*) mandare dopo; *Briefe*: inoltrare; far seguire; **'~schlagewerk** *n* opera *f* di consultazione; **'~schub** *m* (*-[e]s*; *senza pl*) rifornimento *m*; **'2sehen** (*irr*, *sep*, *-ge-*, *h*, → **sehen**) (*suchen*) guardare; (*prüfen*) controllare, esaminare; (*j-m et ~*) chiudere un occhio, perdonare; ***~, ob*** andare a vedere se; **'~sendeantrag** *m post* domanda *f* di inoltro della corrispondenza al nuovo indirizzo; **'2senden** (*sep*, *-ge-*, *h* → **senden**) mandare successivamente; inoltrare al nuovo recapito; ***bitte ~!*** prego inoltrare!; **'2sichtig** ['na:xziçtiç] indulgente; **'~speise** *f* (*-*; *-n*) dessert *m*, dolce;

'~spiel *n* (*-[e]s*; *-e*) *fig* conseguenz*f/pl*

nächst [nɛ:çst] **1.** *adj* (il) più vicin *Weg*: più breve; (*folgend*) prossim dopo; ***am ~en Tag*** il giorno dop ***am ~en Morgen*** l'indomani mattin ***in ~er Zeit*** prossimamente; **2.** *pr* (qui) appresso, qui di seguito

'Nächste ['nɛ:çstə] *m/f* (*-n*; *-n*) pross mo *m*

Nacht [naxt] (*-*; *¨e*) notte *f*; ***bei ~*** di no te; ***über ~*** durante la notte; *fig* da u momento all'altro; ***heute ~*** stanott ***gute ~!*** buona notte!; **'~dienst** *m* se vizio *m* notturno

'Nachteil ['na:xtaɪl] *m* (*-[e]s*; *-e*) svan taggio *m*; (*Schaden*) danno; ***j-m ge genüber im ~ sein*** essere in posizion svantaggiosa rispetto a qu; **'2ig** svan taggioso; dannoso

'Nacht|flug *m* volo *m* notturno; **'~fros** *m* gelo *m* notturno; **'~hemd** *n* camic *f* da notte

'Nachtigall ['naxtigal] *f* (*-*; *-en*) *zo* us gnolo *m*

'Nachtisch ['na:xtiʃ] *f* (*-[e]s*; *-e*) *gas* dolce *m*; dessert *m*

'Nacht|leben *n* vita *f* notturna; **'~lok** *n* locale *m* notturno; **'~portier** *m* po tiere *m* di notte; **'~quartier** ['-kvarti: *n* alloggio *m* per la notte

'nächtlich ['nɛçtliç] *adj* notturno

'Nachtrag ['na:xtra:k] *m* (*-[e]s*; *Nac träge*) supplemento *m*; (*Brief*2) p scritto *m*; **'2en** (*irr*, *sep*, *-ge-*, *h*, → **tr gen**) portar dietro; (*hinzufügen*) a giungere; ***j-m et ~*** serbare rancore qu; **'2end** permaloso, che serba ranc re

'nachträglich ['-trɛ:kliç] **1.** *adj* suppl mentare; successivo; **2.** *adv* in segui in ritardo

nachts [naxts] di notte, durante la n te

'Nacht|schicht *f* turno *m* di notte; **'~ rif** *m* tariffa *f* notturna; **'~tisch** *m* c modino *m*; **'~zug** *m* treno *m* della n te

'nachwachsen (*irr*, *sep*, *-ge-*, *sn*, **wachsen**) ricrescere

'Nachweis ['na:xvaɪs] *m* (*-es*; *-e*) pro *f*, dimostrazione *f*; ***den ~ erbring*** fornire la prova; **'2en** ['-zən] (*irr*, *s* *-ge-*, *h*, → **weisen**) indicare; *Arb*

N

procurare; (*beweisen*) provare; dimostrare

'Nach|welt ['na:xvɛlt] *f* (-; *senza pl*) posteri *m/pl*; **'~wirkung** *f* (-; *-en*) effetto *m*, conseguenze *f/pl*, reazione *f*, ripercussione *f*; **'~wuchs** *m* (*-es*; *senza pl*) *fig* nuova generazione *f*; F (*Kinder*) prole *f*; **'꠶zahlen** (*sep*, *-ge-*, *h*) pagare la differenza; **'~zahlung** *f* (-; *-en*) pagamento *m* suppletivo; **'꠶zählen** (*sep*, *-ge-*, *h*) (ri)contare

'Nacken ['nakən] *m* (*-s*; -) nuca *f*; *fig* collo *m*

nackt [nakt] nudo; **'꠶baden** *n* (*-s*; *senza pl*) il fare il bagno nudi; **'꠶badestrand** *m* spiaggia *f* per nudisti

'Nadel ['na:dəl] *f* (-; *-n*) ago *m*; (*Steck꠶*) spillo *m*; **'~baum** *m* conifera *f*; **'꠶öhr** *n* cruna *f*; **'~wald** *m* foresta *f* di conifere

Nagel ['na:gəl] *m* (*-s*; ⸚) chiodo *m*; (*Finger꠶*) unghia *f*; **'~feile** *f* lima *f* per le unghie; **'~lack** *m* smalto *m* per le unghie; **'~schere** *f* forbici *f/pl* per le unghie

nah, **'nahe** ['na:(ə)] vicino; *Verwandte*: stretto; *Freund*: intimo; ***j-m zu ~ treten*** offendere qu; ***von ~ und fern*** da vicino e lontano, da tutte le parti; → ***nahegehen***; → ***nahelegen***; *etc*

'Nah|aufnahme *f fot* (fotografia *f* di) primo piano *m*; **'~bereich** *m S-*, *U-Bahn*: brevi distanze *f/pl*, zona *f* urbana

'Nähe ['nɛ:ɛ] *f* (-; *senza pl*) vicinanza *f*; ***ganz in der ~*** qui vicino; ***aus der ~*** da vicino

'nahe|gehen *v/i* (*irr*, *sep*, *-ge-*, *sn*, → ***gehen***) *fig* toccare da vicino, addolorare; fare impressione; **'~legen** *v/t* (*sep*, *-ge-*, *h*) far capire; raccomandare; **'~liegend** *adj fig* ovvio

'nähen ['nɛ:ən] (*h*) cucire; *med* suturare

'näher ['nɛ:ər] più vicino; ***~e Auskünfte*** *f/pl* informazioni *f/pl* più particolareggiate; → ***näherkommen***; → ***näherliegend***

'Naherholungsgebiet *n* luogo *m* di villeggiatura vicino al centro urbano

'näher|kommen *v/i* (*irr*, *sep*, *-ge-*, *sn*, → ***kommen***): ***sich*** (*dat*) ***~*** *fig* conoscersi meglio; familiarizzarsi; **'~liegend** *adj* più ovvio; **'~n** ['nɛ:ərn]: ***sich ~*** (*h*) avvicinarsi; approssimarsi

Naher Osten ['na:ər 'ɔstən] *m* Medio Oriente *m*

'nahestehen *v/i* (*irr*, *sep*, *-ge-*, *h*, → ***stehen***): ***j-m ~*** essere in stretti rapporti con qu; **'~d** *adj Freund*: intimo

'Näh|garn *n* filo *m* da cucire; cucirini *m/pl*; **'~maschine** *f* macchina *f* da cucire; **'~nadel** *f* ago *m* (da cucire)

'nahrhaft ['na:rhaft] nutritivo

'Nahrung ['na:ruŋ] *f* (-; *senza pl*) nutrimento *m*; **'~smittel** *n* alimento *m*; *pl* viveri *m/pl*

'Nährwert ['nɛ:rve:rt] *m* valore *m* nutritivo

Naht [na:t] *f* (-; ⸚*e*) cucitura *f*; *med* sutura *f*; **'꠶los** senza cucitura

'Nah|verkehr ['na:fɛrke:r] *m* traffico *m* a breve distanza; servizio *m* locale; **'~verkehrszug** *m* treno *m* locale

'Nähzeug *n* occorrente *m* per cucire

na'iv [na'i:f] ingenuo

'Name ['na:mə] *m* (*-ns*; *-n*) nome *m*; ***dem ~n nach*** di nome; ***auf den ~n lautend*** nominativo; ***im ~n von*** a nome di

'Namenliste *f* lista *f* (*od elenco m*) dei nomi

'Namenstag *m* onomastico *m*

'namentlich ['-məntliç] nominale; ***~e Abstimmung*** *f* votazione *f* per appello nominale; *adv* per nome

'namhaft ['na:mhaft] considerevole, notevole, ragguardevole

'nämlich ['nɛ:mliç] **1.** *adj* stesso; **2.** *adv* cioè, vale a dire

'Narbe ['narbə] *f* (-; *-n*) cicatrice *f*

Nar'kose *med* [nar'ko:zə] *f* (-; *-n*) narcosi *f*; anestesia *f*

Narr [nar] *m* (*-en*; *-en*) pazzo *m*, matto *m*; (*Possenreißer*) buffone *m*

'Närr|in ['nɛrin] *f* (-; *-nen*) pazza *f*, matta *f*; **'꠶isch** pazzo, matto, folle

Nar'zisse *bot* [nar'tsisə] *f* (-; *-n*) narciso *m*

NASA (*National Aeronautics and Space Administration*) ***Nationales Amt für Luft- und Weltraumfahrt*** Amministrazione nazionale per la navigazione aerea ed interplanetaria (*abbr* NASA)

'naschen ['naʃən] (*h*) spilluzzicare, sbocconcellare

'Nase ['na:zə] *f* (-; *-n*) naso *m*; **'~nbluten** *n* (*-s*; *senza pl*): ***~ haben*** sanguinare dal naso; **'~nloch** *n* narice *f*; **'~nspitze** *f* punta *f* del naso

N

'Nashorn ['nɑːshɔrn] *n* rinoceronte *m*
nass [nas] bagnato; *Wetter*: umido; **~ machen** bagnare; **~ werden** bagnarsi
'Nässe ['nɛsə] *f* (-; *senza pl*) umidità *f*
'nass|kalt ['naskalt] freddo umido; **'~machen** → **nass**
Na'tion [nats'joːn] *f* (-; *-en*) nazione *f*; **Vereinte ~en** Nazioni *f/pl* Unite
natio'nal [-tsjo'nɑːl] nazionale; **2feiertag** *m* festa *f* nazionale; **2gericht** *n gastr* piatto *m* nazionale; **2getränk** *n* bevanda *f* nazionale; **~'istisch** nazionalistico; **2i'tät** *f* (-; *-en*) nazionalità *f*; **2mannschaft** *f Sport*: (squadra *f*) nazionale *f*; **2park** *m* parco *m* nazionale; **2tracht** *f* costume *m* nazionale
NATO (*North Atlantic Treaty Organization*) ***Nordatlantikpakt-Organisation*** Organizzazione del Patto Nordatlantico (*abbr* NATO)
'Natter ['natər] *f* (-; *-n*) biscia *f*; *giftige*: vipera *f*
Na'tur [na'tuːr] *f* (-; *senza pl*) natura *f*; *Anlage*: indole *f*; *Körperbeschaffenheit*: costituzione *f*; ***in der freien ~*** all'aria aperta; **2ali'sieren** (*senza ge-*, *h*) naturalizzare; **~a'lismus** *m* (-; *senza pl*) naturalismo *m*; verismo *m*; **2a'listisch** naturalista; verista; **~forscher** *m* naturalista *m*; **~geschichte** *f* storia *f* naturale
na'türlich [na'tyːrliç] **1.** *adj* naturale; (*einfach*) semplice; (*selbstverständlich*) ovvio; **2.** *adv* naturalmente; **~!** ma certo!
Na'tur|park *m* parco *m* naturale; **~produkt** *n* prodotto *m* naturale; **~schätze** ['-'ʃɛtsə] *pl* ricchezze *f/pl* naturali *od min* del sottosuolo; **~schutz** *m* protezione *f* della natura; **~schützer** [-ʃytsər] *m* (-*s*; -), **~schützerin** *f* (-; *-nen*) ecologista *m/f*; **~schutzgebiet** *n* zona *f* protetta, parco *m* nazionale; **~wissenschaft** *f* scienze *f/pl* naturali; **~zustand** *m* (-[*e*]*s*; *senza pl*) stato *m* naturale
n. Chr. ***nach Christus*** dopo Cristo (*abbr* d. C.)
NDR ***Norddeutscher Rundfunk*** Radio della Germania settentrionale
Neapel [ne'ɑːpəl] *n* Napoli *f*
'Nebel ['neːbəl] *m* (-*s*; -) nebbia *f*; (*Dunst*) foschia *f*; **'~scheinwerfer** *m auto* (faro *m*) fendinebbia *m*; **'~schlussleuchte** *f auto* (faro *m*) fendinebbia *m* posteriore
'neben ['neːbən] (*wo? dat*; *wohin? acc*) accanto a; (*außer*) oltre a; **~'an** lì (*od* qui) accanto; **'2anschluss** *m tel* secondo apparecchio *m*; **~'bei** lì (*od* qui) accanto; (*außerdem*) inoltre; (*beiläufig*) di passaggio; **'2beschäftigung** *f* secondo lavoro *m*; occupazione *f* secondaria
neben|ei'nander uno accanto all'altro; **'2eingang** *m* entrata *f* laterale; **'2einkünfte** *pl*, **'2einnahme** *f* entrate *f/pl* occasionali (*od* addizionali); **'2erwerb** *m* guadagno *m* secondario; **'2fluss** *m* affluente *m*; **'2gebäude** *n* fabbricato *m* annesso; **'2kosten** *pl* spese *f/pl* accessorie; **'2produkt** *n* sottoprodotto *m*; prodotto *m* secondario; **'2raum** *m* stanza *f* attigua; vano *m* accessorio; **'2sache** *f* cosa *f* di poca importanza; bagatella *f*; ***das ist ~*** questo non importa
neben|sächlich secondario; **'2straße** strada *f* laterale (*od* secondaria); **'2strecke** *fer f* linea *f* secondaria; **'2tisch** *m* tavolino *m* accanto; **'2wirkung** *f* effetto *m* collaterale; **'2zimmer** *n* stanza *f* attigua
'neblig ['neːbliç] nebbioso
'Neffe ['nɛfə] *m* (-*n*; -*n*) nipote *m*
'negativ ['neːgatiːf] negativo
'Negativ ['neːgatiːf] *n* (-*s*; -*e*) *fot* negativa *f*
'nehmen ['neːmən] (*nahm*, *genommen*, *h*) prendere; ***es genau ~*** andare per sottile; ***sich*** (*dat*) ***et nicht ~ lassen*** non rinunciare a qc; ***gefangen ~*** fa[re] prigioniero; ***ein Ende ~*** avare fin[e]; ***Rücksicht ~*** aver riguardo; ***wie man es nimmt*** secondo, dipende
Neid [naɪt] (-[*e*]*s*; *senza pl*) invidia; **'2isch** invidioso (***auf*** *acc* di)
'Neigung ['naɪgʊŋ] *f* (-; *-en*) inclinazione *f*, attitudine *f*
nein [naɪn] no; **~ *doch!*** ma no!; **~ *sagen*** dire di no
'Nelke ['nɛlkə] *f* (-; *-n*) *bot* garofano *m*; (*Gewürz2*) chiodi *m/pl* di garofano
'nenn|en ['nɛnən] (*nannte*, *genannt*, *h*) chiamare; nominare; ***sich ~*** chiamar[si]; (*mitteilen*) dire; **'~enswert** ['nɛnənveːrt] degno di nota; ragguardevole; **'2er** *m* (-*s*; -) *mat* denominatore *m*

'**&wert** *econ m* valore *m* nominale
Neon ['ne:ɔn] *n* (*-s*; *senza pl*) neon *m*; '**~beleuchtung** *f* illuminazione *f* al neon; '**~reklame** *f* réclame *f* luminosa; '**~röhre** *f* tubo *m* al neon
lepp [nɛp] *m* (*-s*; *senza pl*) F buggeratura *f*, furto *m*; '**&en** (*h*) F pelare
lerv [nɛrf] *m* (*-s*; *-en*) nervo *m*; F ***auf die ~en gehen*** dare ai nervi
Nerven|arzt *m* neurologo *m*, specialista *m* per malattie nervose; '**&aufreibend** snervante; '**~heilanstalt** *f* casa *f* di cura per malattie nervose; '**&krank** malato di nervi, nevrotico; '**~schmerz** *m* nevralgia *f*; '**~system** *n* sistema *m* nervoso; '**~zusammenbruch** *m* esaurimento *m* nervoso
er'vös [nɛr'vø:s] nervoso; ***j-n ~ machen*** dare sui nervi a qu; irritare qu
lerz [nɛrts] *m* (*-es*; *-e*) *zo* visone *m*
lest [nɛst] *n* (*-[e]s*; *-er*) nido *m*; *fig* covo *m*
leti'kette [nɛti'kɛt] *f* (*-*; *senza pl*) *inform* netiquette *f*
ett [nɛt] simpatico; carino; (*liebenswürdig*) gentile; ***das ist ~ von Ihnen!*** molto gentile da parte Sua
netto ['nɛto] *adv* al netto; *in Zssgn*: … netto; '**&einnahme** *f* introito *m* netto; '**&gewicht** *n* peso *m* netto; '**&preis** *m* prezzo *m* netto
etz [nɛts] *n* (*-es*; *-e*) *a inform* rete *f*; '**~haut** *f* retina *f*; '**~karte** *f* (*Verkehrsmittel*) biglietto *m* (*od abbonamento m*) per l'intera rete
eu [nɔʏ] nuovo; *Sprachen, Geschichte*: moderno; *vor kurzer Zeit geschehen*: recente; ***~este Mode*** *f* ultima moda *f*; ***von ~em*** di nuovo; ***was gibt's &es?*** che c'è di nuovo?; ***das ist mir ~*** questa mi giunge nuova; '**~artig** nuovo, moderno; '**&bau** *m* nuova costruzione *f*; '**&bauviertel** *n* quartiere *n* nuovo; '**&bauwohnung** *f* appartamento *m* di recente costruzione; **~er'dings** ['-ər'diŋs] recentemente; (*wieder*) di nuovo; '**&erscheinung** *f* pubblicazione *f* recente, novità *f* editoriale; **&erung** *f* (*-*; *-en*) innovazione *f*; '**&gier** ['-gi:r] *f* (*-*; *senza pl*) curiosità *f*; '**~gierig** curioso; '**&heit** *f* (*-*; *-en*) novità *f*; **&igkeit** *f* (*-*; *-en*) novità *f*; (*Nachricht*) nuova *f*; notizia *f*; '**&jahr** *n inv* anno *m* nuovo; capodanno *m*; '**~lich** ['-liç] recente; *adv* recentemente, poco fa; '**&ling** ['-liŋ] *m* (*-s*; *-e*) novizio *m*; '**&mond** *m* (*-[e]s*; *senza pl*) novilunio *m*
neun [nɔʏn] *adj* nove
Neun *f* (*-*; *-en*) nove *m*
'**neun|'hundert** novecento; '**~'tausend** novemila; '**&tel** ['-təl] *n* (*-s*; *-*) nona parte *f*; '**~te** ['-tə] nono; '**~zehn** diciannove; '**~zehnte** diciannovesimo; '**~zig** ['-tsiç] novanta; '**~zigste** *adj* novantesimo
'**Neuregelung** ['nɔʏre:gəluŋ] *f* nuovo regolamento *m*; riorganizzazione *f*
Neu'rose [nɔʏ'ro:zə] *f* (*-*; *-n*) *med* nevrosi *f*
Neuseeland [nɔʏ'ze:lant] *n* Nuova Zelanda *f*
neu'tral [nɔʏ'trɑ:l] neutrale; **&i'tät** [-trali'tɛ:t] *f* (*-*; *senza pl*) neutralità *f*
'**Neutron** ['-trɔn] *n* (*-s*; *-en* [-'tro:nən]) neutrone *m*
'**Neu|wahl** ['nɔʏva:l] *f* nuove elezioni *f/pl*; '**&wertig** come nuovo; '**~zeit** *f* (*-*; *senza pl*) età *f* moderna; tempi *m/pl* d'oggi; tempi *m/pl* moderni
nicht [niçt] non; ***ich ~*** io no; ***ich auch ~*** nemmeno (*od* neppure) io; ***heute ~*** oggi no; ***noch ~*** non ancora; ***~ einmal, auch ~*** nemmeno; ***~ doch!*** ma no!; '**&achtung** *f* noncuranza *f*; mancanza *f* di rispetto; disprezzo *m*; **&'angriffspakt** *pol* [-'ʔangrifspakt] *m* patto *m* di non aggressione; '**&beachtung** [bəʔax-] *f* inosservanza *f*
'**Nichte** ['niçtə] *f* (*-*; *-n*) nipote *f*
'**Nicht|einmischung** *f* non intervento *m*; '**~erfüllung** *f* inadempimento *m*
'**nichtig** ['niçtiç] nullo; (*unbedeutend*) futile; ***~er Vertrag*** contratto nullo; '**&keit** *f* (*-*; *-en*) nullità *f*; futilità *f*
'**Nicht|lieferung** *f* mancata consegna *f*; '**~raucher** *m* non fumatore *m*; (***für***) **~** vietato fumare; '**~raucherabteil** ['-ʔaptail] *n* (s)compartimento *m* per non fumatori; '**~raucherzone** *f* zona *f* riservata ai non fumatori; '**~schwimmer** *m* non nuotatore *m*; '**~schwimmerbecken** *n* piscina *f* per non nuotatori
nichts [niçts] niente, nulla; ***sonst ~*** nient'altro; ***~ als*** nient'altro che; ***das ist ~ für dich*** questo non fa per te; ***~ sagend → nichtssagend***; '**~sagend**

N

adj insignificante
'Nichtzutreffendes ['niçttsu:trɛfəndəs] *n*: **~ *streichen!*** cancellare ciò che non interessa!
'nicken ['nikən] (*h*) far cenno (con la testa); annuire
nie [ni:] mai; non … mai; **~ *mehr*** mai più
'nieder ['ni:dər] basso; *fig* inferiore, subordinato; *adv* abasso; **'~brennen** (*irr*, *sep*, *-ge-*, → ***brennen***) **1.** *v/t* (*h*) incenerire; **2.** *v/i* (*sn*) bruciare; **'~gedrückt** abbattuto, avvilito; depresso; **'~geschlagen** ['-gəʃla:gən] accasciato; → ***niedergedrückt***; **'~knien** (*sep*, *-ge-*, *sn*) inginocchiarsi; **'Ձlage** *f* (-; *-n*) deposito *m*; succursale *f*; *mil u fig* sconfitta *f*; **'Ձländer** ['-lɛndər] *m* (*-s*; -), **'Ձländerin** *f* (-; *-nen*), **'~ländisch** olandese *m/f*; **'~lassen** (*irr*, *sep*, *-ge-*, *h*, → ***lassen***) abbassare; ***sich* ~** mettersi a sedere; (*häuslich*) stabilirsi; **'Ձlassung** *f* (-; *-en*) stabilimento *m*; *econ* sede *f*; filiale *f*; **'~legen** (*sep*, *-ge-*, *h*) deporre; *Arbeit*: interrompere (per sciopero); *Amt*: dimettersi da; ***sich* ~** coricarsi, *aufs Sofa*: buttarsi; **'Ձschlag** *m atmosphärisch*: precipitazioni *f/pl*; *fig* ripercussioni *f/pl*; **'~schlagen** *v/t* (*irr*, *sep*, *-ge-*, *h*, → ***schlagen***) abbattere; atterrare; *Verfahren*, *Aufruhr*: reprimere; *med* calmare; *fig* ***sich* ~ *in*** (*dat*) riflettersi su, ripercuotersi su; **'~schlagsarm** ['-ˀarm] scarso di precipitazioni; **'~schlagsreich** ricco di precipitazioni; **'~trächtig** abietto; infame
Niederlande ['ni:dərlandə] *n/pl* Paesi *m/pl* Bassi
Niedersachsen ['ni:dərzaksən] *n* Bassa Sassonia *f*
'niedlich ['ni:tliç] grazioso
'niedrig ['ni:driç] basso; *Preis*: *a* modico
'nie|mals ['ni:ma:ls] mai; non … mai; **'~mand** ['-mant] nessuno, non … nessuno
'Niere ['ni:rə] *f* (-; *-n*) rene *m*; *gastr* rognone *m*
'Nieren|entzündung *f* nefrite *f*; **'~stein** *med m* calcolo *m* renale
'niesel|n ['ni:zəln] (*h*) piovigginare; **'Ձregen** *m* pioggerellina *f*
'niesen ['ni:zən] (*h*) starnutire
'Niete ['ni:tə] *f* (-; *-n*) biglietto *m* non vincente della lotteria; *fig* buono *m* a nulla
Nigeria [ni'ge:rja] *n* Nigeria *f*
Niko'tin [niko'ti:n] *n* (*-s*; *senza pl*) nicotina *f*; **Ձfrei** senza nicotina
'Nilpferd ['ni:lpfe:rt] *n zo* ippopotamo *m*
'nirgend|s ['nirgənts], **'~wo** *adv* da nessuna parte, in nessun luogo
'Nische ['ni:ʃə] *f* (-; *-n*) nicchia *f*
'nisten ['nistən] (*h*) nidificare; (*sein Nest haben*) annidare
Ni'veau [ni'vo:] *n* (*-s*; *-s*) livello *m*
Nizza ['nitsa] *n* Nizza *f*
n. J. *nächstes Jahr* l'anno prossimo
n. M. *nächsten Monat* il mese prossimo
N. N. *nomen nescio* (*lat.* = ***Name unbekannt***) N. N.; un signor X
NO *Nordosten* nordest
'nobel ['no:bəl] nobile; (*freigebig*) generoso; **'Ձhotel** *n* albergo *m* di lusso
No'belpreis [no'bɛlpraɪs] *m*, **~träger** *m* premio *m* Nobel
noch [nɔx] ancora; **~ *nicht*** non ancora; **~ *einmal*** ancora una volta; ***wer* ~?** chi altro?; ***was* ~?** che altro?; ***wo* ~?** dove ancora?; **~ *heute*** oggi stesso; **~ *so*** … per quanto; **'~malig** ['-ma:liç] reiterato; ripetuto; **'~mals** ancora
nomi'nal [nomi'na:l] nominale; **Ձ'einkommen** *n* reddito *m* nominale; **Ձ'wert** *m* valore *m* nominale
'Nonne ['nɔnə] *f* (-; *-n*) monaca *f*, suora *f*
Non'stopflug [nɔn'ʃtɔpflu:k] *m* volo senza scalo intermedio
Non'stop-Flug → ***Nonstopflug***
Nordafrika ['nɔrtˀa:frika] *n* Africa *f* del Nord
Nordamerika ['nɔrtˀa'me:rika] *n* America *f* del Nord
'Nord|en ['nɔrdən] *m* (*-s*; *senza pl*) nord *m*; ***im* ~ *von*** a nord di; **'Ձisch** nordico, settentrionale
Nordkorea ['nɔrtko're:a] *n* Corea *f* del Nord
'nördlich ['nœrtliç] **1.** *adj* del nord, settentrionale; boreale; artico; **2.** *adv* a nord; a settentrione
'Nord|licht ['nɔrtliçt] *n* aurora *f* boreale; **~'osten** *m* nord-est *m*; **'~pol** *m* polo *m* artico, polo *m* nord; **'~see** *f* geogr mare *m* del Nord; **'~seite** *f* lato nord; **'~stern** *m* stella *f* polare; **~'we**

ten *m* nord-ovest *m*; '**~wind** *m* vento *m* del nord

Nordrhein-Westfalen ['nɔrtraɪn vɛst-'fɑːlən] *n* Renania Settentrionale-Vestfalia *f*

'**nörgeln** ['nœrgəln] (*h*) cavillare, criticare

Norm [nɔrm] *f* (-; *-en*) norma *f*

nor'mal [-'mɑːl] normale; **2benzin** *m* benzina *f* normale; **~i'sieren** (*senza ge-, h*) normalizzare; **2verbraucher** *m* consumatore *m* medio

Normandie [nɔrman'diː] *f* Normandia *f*

Norwegen ['nɔrveːgən] *n* Norvegia *f*

Norweg|er ['nɔrveːgər] *m* (*-s*; -), '**~erin** *f* (-; *-nen*), '**2isch** norvegese *m*/*f*

Not [noːt] (-; *⸗e*) bisogno *m* (**an** *dat* di); (*Elend*) miseria *f*; calamità *f*; (*Gefahr*) pericolo *m*; ***zur ~*** in mancanza di meglio; ***~ leiden*** vivere in miseria; ***~ leidend*** bisognoso

No'tar [no'tɑːr] *m* (*-s*; *-e*) notaio *m*; **~i'at** [-tar'jɑːt] *n* (-[*e*]*s*; *-e*) notariato *m*; **2'iell** [-'jɛl] notarile

Not|arzt *m* medico *m* di guardia; '**~ausgang** *m* uscita *f* di sicurezza; '**~ausstieg** [-ʔausʃtiːk] *m* (-[*e*]*s*; *-e*) uscita *f* d'emergenza; '**~behelf** *m* (-[*e*]*s*; *-e*) espediente *m*, ripiego *m*, ultima risorsa *f*; '**~bremse** *f* segnale *m* d'allarme; '**~dienst** *m* servizio *m* d'emergenza; '**2dürftig** bisognoso; (*knapp*) appena sufficiente

Note ['noːtə] *f* (-; *-n*) nota *f*; (*Bank2*) banconota *f*, biglietto *m* di banca; *scuola* voto *m*

Notebook ['noːtbuk] *n* (*-s*; *-s*) notebook *m*, computer *m* portatile

Noten|bank *f* banca *f* d'emissione; '**~ständer** *m* leggio *m*

Not|fall ['noːtfal] *m* (caso *m* di) bisogno *m*; ***im ~*** in caso di bisogno; '**2gedrungen** costretto dalla necessità; forzato; *adv* per forza

no'tier|en [no'tiːrən] (*senza ge-, h*) annotare; *econ* quotare; **2ung** *f* (-; *-en*) *econ* annotazione *f*; quotazione *f*

nötig ['nøːtiç] necessario; ***das 2e*** l'occorrente *m*; ***~ sein*** occorrere; ***~ haben*** aver bisogno di; '**~en'falls** ['-gən'fals] all'occorrenza

No'tiz [no'tiːts] *f* (-; *-en*) appunto *m*; ***~ nehmen*** prendere nota, (*beachten*) farci caso; ***sich*** (*dat*) ***~en machen*** prendere degli appunti; **~block** *m*, **~buch** *n* taccuino *m*

'**Not|lage** *f* caso *m* d'emergenza; condizione *f* disperata; tristi condizioni *f*/*pl*; miseria *f*; '**2landen** (*-ge-, sn*) effettuare un atterraggio di fortuna; '**~landung** *f* (-; *-en*) *mar* sbarco *m*, *avia* atterraggio *m* di fortuna (*od* forzato); '**2leidend** *adj* bisognoso

no'torisch [no'toːriʃ] notorio

'**Not|quartier** *n* alloggio *m* di fortuna; '**~ruf** *m* chiamata *f* d'emergenza; '**~rufnummer** *f tel* numero *m* per chiamate d'emergenza; '**~rufsäule** *f* colonnina *f* per chiamate di soccorso; '**~stand** *m* stato *m* d'emergenza; '**~standsgebiet** *n* zona *f* sinistrata; '**~verband** *med m* fasciatura *f* provvisoria (*od* d'urgenza); '**~wehr** *f* (-; *senza pl*) legittima difesa *f*; '**2wendig** necessario; '**~wendigkeit** *f* (-; *senza pl*) necessità *f*

No'vember [no'vɛmbər] *m* (*-s*; -) novembre *m*

Nr. ***Nummer*** numero

Nu'ance [ny'ãsə] *f* (-; *-n*) sfumatura *f*

'**nüchtern** ['nyçtərn] digiuno; sobrio; *Magen*: vuoto; (*leidenschaftslos*) spassionato; (*prosaisch*) prosaico

'**Nudel|n** ['nuːdəln] *f*/*pl* pasta *f*; farinacei *m*/*pl*; spaghetti *m*/*pl*, maccheroni *m*/*pl*; '**~suppe** *f* pastina *f* in brodo

null [nul] zero; ***für ~ und nichtig erklären*** dichiarare nullo

Null *f* (-; *-en*) zero *m*; '**~punkt** *m* (punto *m*) zero *m*; '**~tarif** *m*: ***zum ~*** gratis; '**~wachstum** *n* crescita *f* zero

'**Nummer** ['-mər] *f* (-; *-n*) numero *m*; '**~nkonto** *n* conto *m* cifrato; '**~schild** *n auto* targa *f*

numme'rieren [numə'riːrən] (*senza ge-, h*) numerare

nun [nuːn] ora, adesso; ***~?*** ebbene?; ***was ~?*** e ora?; '**~mehr** oramai

nur [nuːr] solo, soltanto, solamente; pure; ***gehen Sie ~*** vada pure

Nürnberg ['nyrnbɛrk] *n* Norimberga *f*

Nuss [nus] *f* (-; *⸗e*) noce *f*; (*Hasel2*) nocciola *f*; *fig* ***harte ~*** osso *m* duro; '**~knacker** *m* (*-s*; -) schiaccianoci *m*

'**Nutte** P ['nutə] *f* (-; *-n*) puttana *f*

'**nutzbringend** ['nutsbriŋənt] vantaggioso; fruttuoso; ***~ anlegen*** mettere a frutto

N

'nutzen, **'nützen** ['nutsən, 'nytsən] *(h)* **1.** *v/i* giovare; ***zu et~*** servire a qc; **2.** *v/t* utilizzare; approfittare di
'Nutzen ['nutsən] *m (-s; senza pl)* utile *m*, utilità *f*, profitto *m*; ***von ~ sein*** giovare
'Nutzlast *f* carico *m* utile
'nützlich ['nytsliç] utile
'nutz|los ['nutslo:s] inutile; **'2ung** *f (-; -en)* uso *m*; utilizzazione *f*; messa *f* a frutto
NW ***Nordwesten*** nordovest
'Nymphe ['nymfə] *f (-; -n)* ninfa *f*

O

o. ***oben*** sopra
O ***Osten*** est
O'ase [o'a:zə] *f (-; -n)* oasi *f*
ob [ɔp] **1.** *cj* se; ***und ~!*** e come!; ***als ~*** come se; **2.** *prp (wegen)* per, a causa di
OB ***Oberbürgermeister*** borgomastro
ÖBB ***Österreichische Bundesbahnen*** Ferrovie Federali Austriache
'Obdach ['ɔpdax] *n (-[e]s; senza pl)* rifugio *m*, ricovero *m*; asilo *m*; **'2los** senza tetto, senza casa; **'~lose** *m/f (-n; -n)* senzatetto *m/f*
Obduk'tion *med* [ɔpdukts'jo:n] *f (-; -en)* autopsia *f*
'oben ['o:bən] sopra, su, in cima; *(an der Spitze)* in cima a; ***dort ~*** lassù; ***hier ~*** quassù; ***nach ~*** in alto, all'insù; ***von ~*** dall'alto; ***von ~ herab, von ~ nach unten*** dall'alto in basso; ***von ~ bis unten*** da cima a fondo; ***~ erwähnt*** *(od* ***genannt****)* suddetto, summenzionato
'oben... ['o:bən...] *in Zssgn mit Partizipien* su ..., sopra ...; **~'an** in testa, in alto, in cima; ***~ sitzen*** sedere a capotavola; **~'auf** in cima; di buon umore; **'~drein** inoltre, per giunta, per di più; **'~er'wähnt** *adj* → ***oben***; **'~ge'nannt** *adj* → ***oben***; **~'hin** all'insù; *fig* superficialmente
'ober ['o:bər] superiore
'Ober *m (-s; -)* cameriere *m*
'Ober|bürgermeister ['o:bərbyrgərmaɪstər] *m* borgomastro *m*, sindaco *m*; **'~deck** *n* ponte *m* di coperta; **'~fläche** *f* superficie *f*; **'2flächlich** ['o:bərflɛçliç] superficiale; **'~geschoss** *n (-sses; -sse)* piano *m* superiore; **'2halb** *(gen)* al di sopra di; in capo a; **'~haus** *n pol* Camera *f* Alta; **'~hemd** *n* camicia *f*; **'~herrschaft** *f* sovranità *f*; **'~kellner** *m* primo cameriere *m*, capocameriere *m*; **'~kiefer** *m* mascella *f* superiore; **'~körper** *m* busto *m*; **'~schenkel** *m* femore *m*; coscia *f*; **'~schule** *f* scuola superiore; **'~schwester** *f* capoinfermiera *f*; **'~seite** *f* parte *f* superiore; **'2st** ['-st] supremo; sommo; **'~teil** *m u n* disopra *m*; parte *f* superiore
ob'gleich [ɔp'glaɪç] sebbene, benché
Ob'jekt [ɔp'jɛkt] *n (-[e]s; -e)* oggetto *m*
objek'tiv [ɔpjək'ti:f] oggettivo
Objek'tiv [ɔpjək'ti:f] *n (-s; -e)* fo ob(b)iettivo *m*
O'blate [o'bla:te] *f (-; -n) (Gebäck)* cial da *f*; *rel* ostia *f*
Obliga't|ion [obligats'jo:n] *f (-; -en)* obbligazione *f*; **~'orisch** obbligatorio
O'boe [o'bo:ə] *f (-; -n)* oboe *m*
Observa'torium [ɔpzɛrva'to:rjum] *n (-s; -rien)* osservatorio *m*
Obst [o:pst] *n (-[e]s; senza pl)* frutta *f* *f/pl*; **'~baum** *m* albero *m* da frutta, albero *m* fruttifero; **'~ernte** *f* raccolta della frutta; **'~garten** *m* frutteto *m*; **'~kuchen** *m* dolce *m* di frutta; **'~plantage** *f* frutteto *m*; **'~saft** *m* succo *m* di frutta; **'~torte** *f* torta *f* di frutta
ob'wohl, **ob'zwar** [ɔp'vo:l, ɔp'tsva:r] sebbene
'Ochse ['ɔksə] *m (-n; -n)* bue *m*; ***junger ~*** manzo *m*
od. ***oder*** o
'öde ['ø:də] deserto; *fig* desolato; *(langweilig)* noioso
'oder ['o:dər] o, *vor Vokal* od; ***~ auch, ~ aber*** ovvero, oppure, ossia
OECD *(Organisation for Economic Co-operation and Development)* ***Organisation für wirtschaftliche Zusammenarbeit und Entwicklung*** Organizzazione per la Collaborazione e lo Sviluppo Economico *(abbr* OCSE)

Ofen ['o:fən] *m* (-*s*; ⁼) stufa *f*; (*Back*⁀) forno *m*; *tec* fornace *f*

offen ['ɔfən] aperto; (*unbedeckt*) scoperto; *See*: alto; *Giro*: in bianco; *Stelle*: vacante; (*freimütig*) franco; sincero; ***~er Wagen*** *m* vettura *f* scoperta; ***auf ~er Straße*** in mezzo alla strada; ***~ stehen*** *Tür*: stare aperto; *fig* → ***offenstehen***

offenbar ['ɔfənba:r] palese; (*augenscheinlich*) manifesto, evidente

offen'baren (*senza -ge-, h*) manifestare; rivelare; ***sich j-m ~*** confidarsi con qu

offen'sichtlich evidente

offen'siv [ɔfən'zi:f] offensivo

offenstehen *v/i* (*irr, sep, -ge-, h,* → ***stehen***) *Möglichkeiten*: stare aperto

öffentlich ['œfəntliç] pubblico; *adv* in pubblico; '**⁀keit** *f* (-; *senza pl*) pubblico *m*; pubblicità *f*; '**⁀keitsarbeit** *f* (-; *senza pl*) relazioni *f/pl* pubbliche

offi'z|iell [ɔfits'jɛl] ufficiale; **⁀'zier** [-'tsi:r] *m* (-*s*; -*e*) ufficiale *m*

öffn|en ['œfnən] (*h*) aprire; *Flaschen*: stappare; ***weit ~*** spalancare; '**⁀er** *m* (-*s*; -) apriscatole *m*; apribottiglie *m*; '**⁀ung** *f* (-; -*en*) apertura *f*; (*Loch*) foro *m*; orifizio *m*; '**⁀ungszeit** *f* orario *m* di apertura, orario *m*

oft [ɔft] spesso; sovente; molte volte; ***wie ~?*** quante volte?

o. g. ***oben genannt*** suddetto

OHG ***Offene Handelsgesellschaft*** Società in nome collettivo

ohne ['o:nə] **1.** *prp* senza; *vor Personalpronomen*: senza di; ***~ dass*** senza che; ***~ weiteres*** senz'altro; **2.** *cj* ***~ zu sehen*** senza vedere; **~'hin** comunque

Ohn|macht ['o:nmaxt] *f* (-; -*en*) debolezza *f*; *med* svenimento *m*; ***in ~ fallen*** svenire; '**⁀mächtig** impotente; *med* svenuto; ***~ werden*** svenire

Ohr [o:r] *n* (-[*e*]*s*; -*en*) orecchio *m*; (*Gehör*) udito *m*

Ohren|arzt ['o:rənˀa:rtst] *m* otoiatra *m*; '**~entzündung** *f* otite *f*

Ohr|feige *f* (-; -*n*) schiaffo *m*; ceffone *m*; '**~ring** *m* orecchino *m*

o. J. ***ohne Jahr*** senza data

Öko|bewegung ['økobəve:guŋ] *f* (-; -*en*) movimento *m* ecologista; **~lo'gie** [økolo'gi:] *f* (-; *senza pl*) ecologia *f*; **⁀'logisch** [øko'lo:giʃ] *adj* ecologico; **~no'mie** [økono'mi:] *f* (-; -*n*) economia *f*; **⁀'nomisch** [øko'no:miʃ] economico; '**~system** *n* ecosistema *m*

Ok'tober [ɔk'to:bər] *m* (-[*s*]; -) ottobre *m*

Öl [ø:l] *n* (-[*e*]*s*; -*e*) olio *m*; (*Erd*⁀) petrolio *m*; '**⁀en** ['ø:lən] (*h*) oliare; *tec* ingrassare, inoliare, lubrificare

'Öl|fleck ['ø:lflɛk] *m* macchia *f* d'olio; '**~gemälde** *n* quadro *m* ad olio

OLG ***Oberlandesgericht*** corte d'appello

O'live [o'li:və] *f* (-; -*n*) oliva *f*

'Öl|kanister ['ø:lkanistər] *m* bidone *m* dell'olio; '**~leitung** *f* oleodotto *m*; '**~pest** *f* marea *f* nera; '**~sardinen** *f/pl* sardine *f/pl* sott'olio; '**~stand** *m* livello *m* dell'olio; '**~teppich** *m* marea *f* nera, chiazza *f* di petrolio; '**~wechsel** *m* cambio *m* dell'olio

O'lymp [o'lymp] *m* (-*s*; *senza pl*) Olimpo *m*; **~'iade** [-p'ja:də] *f* (-; -*n*) *hist* olimpiade *f*; *Sport*: olimpiadi *f/pl*; **⁀isch** [o'lympiʃ] olimpico; ***~e Spiele*** giochi olimpici

'Oma ['o:ma] F *f* (-; -*s*) nonna *f*

Ome'lett [ɔm(ə)'lɛt] *n* (-[*e*]*s*; -*e u* -*s*) omelette *f*

'Omnibus ['ɔmnibus] *m* (-*ses*; -*se*) autobus *m*

Ona'n|ie [ona'ni:] *f* (-; *senza pl*) onanismo *m*; **⁀'ieren** (*senza ge-, h*) masturbarsi

'Onkel ['ɔŋkəl] *m* (-*s*; -) zio *m*

'online ['ɔnlaın] *inform* in linea, online

'Onlinedienst ['ɔnlaındi:nst] *m* (-*s*; -*e*) *inform* servizio *m* online

'Opa ['o:pa] *m* (-*s*; -*s*) nonno *m*

'Oper ['o:pər] *f* (-; -*n*) opera *f*

Oper|a'tion [opərats'jo:n] *f* (-; -*en*) operazione *f*; **~a'tionssaal** *m* sala *f* operatoria; **~'ette** [-'rɛtə] *f* (-; -*n*) operetta *f*; **⁀'ieren** *v/t u v/i* (*h*) operare; ***sich ~ lassen*** farsi operare

'Opern|sänger ['o:pərnzɛŋər] *m*, '**~sängerin** *f* cantante *m/f* d'opera; '**~vorstellung** *f* rappresentazione *f* di un'opera lirica

'Opfer ['ɔpfər] *n* (-*s*; -) sacrificio *m*; *das Geopferte*: vittima *f*; ***ein ~ bringen*** sacrificarsi; '**⁀n** (*h*) sacrificare

'Opium ['o:pjum] *n* (-*s*; *senza pl*) oppio *m*

O

Opportu'nismus [ɔpɔrtu'nismus] *m* (-; *senza pl*) opportunismo *m*
Opposi'tion [ɔpozits'joːn] *f* (-; *-en*) opposizione *f*
'Optik ['ɔptik] *f* (-; *senza pl*) ottica *f*; **'~er** *m* (*-s*; -), **'~erin** *f* (-; *-nen*) ottico *m/f*
Opti'm|ismus [ɔpti'mismus] *m* (-; *senza pl*) ottimismo *m*; **~'ist** *m* (*-en*; *-en*), **~'istin** (-; *-nen*) *f*, **2'istisch** ottimista *m/f*
'optisch ['ɔptiʃ] ottico
O'range [o'rãʒə] *f* (-; *-n*) arancia *f*, arancio *m*; **~nsaft** *m* succo *m* d'arancia; *frisch gepresst*: spremuta *f* d'arancia
Or'chester [ɔr'kɛstər] *n* (*-s*; -) orchestra *f*; **~dirigent** *m* (*-s*; *-en*) direttore *m* d'orchestra; **~konzert** *n* concerto *m* orchestrale
Orchi'dee [ɔrçi'deː] *f* (-; *-n*) orchidea *f*
'Orden ['ɔrdən] *m* (*-s*; -) ordine *m*; (*Auszeichnung*) decorazione *f*
'ordentlich ['ɔrdəntliç] **1.** *adj* ordinato; (*regelmäßig*) regolare; (*gut, tüchtig*) buono; **2.** *adv* debitamente; *fig* per bene
'Order ['-dər] *f* (-; *-n u -s*) ordine *m*; **'2n** (*h*) ordinare
ordin'är [-di'nɛːr] ordinario
'ord|nen ['ɔrdnən] (*h*) ordinare, mettere in ordine; sistemare; classificare; **'2ner** *m* (*-s*; -) ordinatore *m*; (*Heft2*) raccoglitore *m*; **'2nung** ['ɔrdnuŋ] *f* (-; *-en*) ordine *m*; *pol* regolamento *m*; ***in ~*** in regola; a posto; ***ist in ~!*** va bene!; ***in ~ bringen*** sistemare, mettere in ordine
'ordnungs|gemäß ['ɔrdnuŋsgəmɛːs] debitamente, conforme all'ordine; come d'ordine; **'2strafe** *f* punizione *f* disciplinare; **'2zahl** *f* numero *m* ordinale
ORF ***Österreichischer Rundfunk*** radiotelevisione austriaca
Or'gan [ɔr'gaːn] *n* (*-s*; *-e*) organo *m*; **~bank** *f* banca *f* degli organi; **~isa'tion** [-ganizats'joːn] *f* (-; *-en*) organizzazione *f*; **~isa'tionsstruktur** *f* struttura *f* organizzativa; **2isa'torisch** [-ganiza'toːriʃ] organizzatore; **2isch** organico; **2i'sieren** [-gani'ziːrən] (*senza ge-, h*) organizzare, sistemare; **~'ismus** [-'nismus] *m* (-; *-men*) organismo *m*; **~spender** *m* donatore *m* di organi; **~transplantation** *f* trapianto *m* di organo
'Orgel ['ɔrgəl] *f* (-; *-n*) organo *m*
'Orgie ['ɔrgjə] *f* (-; *-n*) orgia *f*
'Orient ['oːrjɛnt] *m* (*-s*; *senza pl*) oriente *m*; **2'alisch** [-'taːliʃ] *adj* orientale
2'ieren (*senza ge-, h*) orientare; *fig* ***sich ~*** informarsi; **~'ierung** *f* (-; *-en*) orientamento *m*; *fig* informazione *f*
Orig. ***Original*** originale
Origi'nal [origi'naːl] *n* (*-s*; *-e*), **origi'nal** *adj* originale *m u adj*; **~verpackung** confezione *f* originale
origi'nell [-gi'nɛl] originale
Or'kan [ɔr'kaːn] *m* (-[*e*]*s*; *-e*) uragano *m*
Ort [ɔrt] *m* (-[*e*]*s*; *-e*) luogo *m*; posto *m*; località *f*; sito *m*; punto *m*; ***an ~ und Stelle*** sul luogo, sul posto; ***am rechten ~*** al posto giusto
ortho|'dox [ɔrto'dɔks] ortodosso; **2gra'fie** [-gra'fiː] *f* (-; *-n*) ortografia *f*; **~'grafisch** [-'graːfiʃ] ortografico; **2pä'die** [-pɛː'diː] *f* (-; *senza pl*) ortopedia *f*
'örtlich ['œrtliç] locale
'Orts|angabe ['ɔrtsˀangaːbə] *f* indicazione *f* del luogo; **'2ansässig** *adj* residente nel luogo; **'~beschreibung** *f* topografia *f*
'Ortschaft ['ɔrtʃaft] *f* (-; *-en*) villaggio *m*, abitato *m*, borgata *f*; località *f*
'Orts|gespräch ['ɔrtsgəʃprɛːç] *n* telefonata *f* urbana; **'~tarif** *m* tariffa *f* locale; **'~verkehr** *m* servizio *m* locale
'~zeit *f* (-; *-en*) ora *f* locale
'Öse ['øzə] *f* (-; *-n*) maglietta *f*, occhiello *m*
Ost [ɔst] *m inv geogr* est *m*; **'~en** *m* (-; *senza pl*) est *m*, oriente *m*; levante *m*; ***der Nahe ~*** il Medio Oriente; ***der Ferne ~*** l'Estremo Oriente
'Oster|ei ['oːstərˀaɪ] *n* uovo *m* pasquale (*od* di Pasqua); **'~hase** *m* lepre *f* pasquale
'Ostern ['oːstərn] *n* Pasqua *f*
österr. ***österreichisch*** austriaco
Österreich ['øːstəraɪç] *n* Austria *f*
'Österreich|er ['østəraɪçər] *m* (*-s*; -), **'~erin** *f* (-; *-nen*), **'2isch** austriaco *m*, -a *f*
'östlich ['œstliç] orientale; *adv* ***~ von*** est di
'Ostsee ['ɔstzeː] *f* (-; *senza pl*) Mare Baltico; **'~wind** *m* vento *m* di levante
'Otter ['ɔtər] **1.** *m* (*-s*; -) lontra *f*; **2.** *f*

O

-n) (*Kreuz*≈) vipera *f*
'outen [aʊtən] (*h*): ***j-n* ~** rendere pubblica l'omosessualità di qu; ***sich* ~** *v/r* rivelare la propria omosessualità
Ouver'türe [uvɛr'ty:re] *f* (-; -*n*) ouverture *f*, preludio *m*
o'val [o'vɑ:l] ovale
Ova'tion [ovats'jo:n] *f* (-; -*en*) ovazione *f*
O'xid, O'xyd [ɔ'ksy:t] *n* (-[*e*]*s*; -*e*) ossido *m*
'Ozean ['o:tseɑ:n] *m* (-*s*; -*e*) oceano *m*; ***Atlantischer* ~** Atlantico *m*, Oceano *m* atlantico; **≈isch** [otse'ɑ:niʃ] *adj* oceanico
Ozeanien [otse'ɑ:njən] *n* Oceania *f*
O'zon [o'tso:n] *n* (-*s*; *senza pl*) ozono *m*; **~alarm** *m* (-*s*; *senza pl*) *ecol* allarme *m* ozono; **≈haltig** ozonico; **~loch** *n* buco *m* d'ozono; **~schicht** *f* strato *m* d'ozono

P

paar [pɑ:r] *adj*: ***ein* ~** (*einige*) qualche (*mit sg*); alcuni *m/pl* (-e *f/pl*), due, pochi *m/pl*, poche *f/pl*; ***ein* ~ *Mal*** un paio di volte
Paar [pɑ:r] *n* (-[*e*]*s*; -*e*) **1.** *für zusammengehörende Personen*: coppia *f*; ***ein glückliches* ~** una coppia felice; ***das junge* ~** gli sposi novelli; **2.** *für Sachen*: paio *m*; *z. B.* ***ein* ~ *Schuhe*** un paio di scarpe; **'≈en** (*h*) appaiare; *zur Begattung*: accoppiare; ***sich* ~** appaiarsi; accoppiarsi; **'~ung** *f* (-; -*en*) appaiamento *m*; accoppiamento *m*
Pacht [paxt] *f* (-; -*en*) affitto *m*; *öffentliche Einkünfte*: appalto *m*; **'≈en** (*h*) prendere in affitto; *Geschäft*: prendere in gestione
Pächter ['pɛçtər] *m* (-*s*; -), **'~in** *f* (-; -*nen*) affittuario *m*, -ia *f*; appaltatore *m*, -trice *f*; *Geschäft*: gerente *m/f*
Pachtvertrag ['paxtfɛrtrɑ:k] *m* contratto *m* d'affitto (*od* d'appalto)
Päckchen ['pɛkçən] *n* (-*s*; -) pacchetto *m*, pacchettino *m*
pack|en ['pakən] (*h*) *j-n*: afferrare; (*zusammen*) imballare; (*einwickeln*) involtare; *in Papier*: incartare; *Koffer*: fare; *fig* (*Eindruck machen*) impressionare, colpire; **'≈ung** *f* (-; -*en*) (*Paket*) pacchetto *m*
Päda'gog|e [pɛda'go:gə] *m* (-*n*; -*n*), **~in** *f* (-; -*nen*) pedagogo *m*, -a *f*
Paddel ['padəl] *n* (-*s*; -) pagaia *f*; **'~boot** *n* canoa *f*; canotto *m*; sandolino *m*; **'≈n** (*h*) andare in canotto (*od* sandolino); remare a pagaia
Page ['pɑ:ʒə] *m* (-*n*; -*n*) paggio *m*
Pa'ket [pa'ke:t] *n* (-[*e*]*s*; -*e*) pacco *m*; *kleines*: pacchettino *m*; **~annahme** *f* (**~ausgabe** *f*) accettazione *f* (distribuzione *f*) pacchi postali; **~karte** *f* bollettino *m* di spedizione (dei pacchi postali)
Pakt [pakt] *m* (-[*e*]*s*; -*e*) patto *m*
Pa'last [pa'last] *m* (-[*e*]*s*; *Paläste*) palazzo *m*
Palästina [palɛ'sti:na] *n* Palestina *f*
'Palme ['palmə] *f* (-; -*n*), **'~nbaum** *m* palma *f*
'Pampelmuse ['pampəlmu:zə] *f* (-; -*n*) pompelmo *m*
Panama ['panama] *n* Panama *m*
Pande'mie [pande'mi:] *f* (-; -*n*) pandemia *f*
'Panik ['pɑ:nik] *f* (-; -*en*), **'panisch** *adj* panico *m u adj*
'Panne ['panə] *f* (-; -*n*) panne *f*, guasto *m*; **'~ndienst** *m* servizio *m* di assistenza stradale; **'~hilfe** *f* soccorso *f* stradale
'Panther ['pantər] *m* (-*s*; -) pantera *f*
Pan'toffel [-'tɔfəl] *m* (-*s*; -*n*) pantofola *f*; ***unter dem* ~ *stehen*** lasciar portare i calzoni alla moglie; **~held** *m* marito *m* in gonnella
Panto'mime [-to'mi:me] *f* (-; -*n*) pantomima *f*
'Panzer ['pantsər] *m* (-*s*; -) (*Rüstung*) corazza *f*; armatura *f*; *mil* carro *m* armato
Pa'pa [pa'pɑ:; 'papa] *m* (-*s*; -*s*) papà *m*, babbo *m*
Papa'gei [-'gaɪ] *m* (-*en u* -*s*; -*e*[*n*]) pappagallo *m*

P

Pa'pier [-'piːr] *m* (*-s*; *-e*) carta *f*; (*Urkunde*) documento *m*; ***Stück ~*** pezzo *m* di carta; **~e** *pl* carte *f/pl*; *econ* valori *m/pl*, titoli *m/pl*; **~geld** *n* carta *f* moneta; **~korb** *m* cestino *m*; **~taschentuch** *n* fazzoletto *m* di carta

'Pappe ['papə] *f* (*-*; *-n*) cartone *m*

'Pappel *bot* ['papəl] *f* (*-*; *-n*) pioppo *m*

'Paprika ['paprika] *m* (*-s*; *-[s]*) peperone *m*; paprica *f*

Papst [paːpst] *m* (*-[e]s*; *⸗e*) papa *m*

'päpstlich ['pɛːpstliç] papale

Pa'rade [pa'raːdə] *f* (*-*; *-n*) *mil* sfilata *f*, rivista *f*; ***~ abhalten*** passare in rivista

Para|'dies [para'diːs] *n* (*-es*; *-e*) paradiso *m*; **⁀'dox** [-'dɔks] paradossale; **~'graph** [-'graːf] *m* (*-en*; *-en*) paragrafo *m*; *jur* articolo *m*

paral'lel [para'leːl] parallelo; **⁀e** *f* (*-*; *-n*) parallela *f*; *fig* parallelo *m*

para'phieren [para'fiːrən] (*senza ge-*, *h*) paraf(f)are, siglare

Para'sit [para'ziːt] *m* (*-en*; *-en*) parassita *m*

Par'don [par'dõ] *m* (*-s*; *senza pl*) perdono *m*; ***~ geben*** *mil* dar quartiere; F ***~!*** scusi!

Par'füm [par'fyːm] *n* (*-s*; *-e u -s*) profumo *m*; **~e'rie** [-fymə'riː] *f* (*-*; *-n*) profumeria *f*

Paris [pa'riːs] *n* Parigi *f*

Pari'tät [pari'tɛːt] *f* (*-*; *senza pl*) parità *f*; **⁀isch** paritetico

Park [park] *m* (*-s*; *-s*) parco *m*

'parken ['parkən] (*h*) *auto* parcheggiare, posteggiare

'Parken *n* (*-s*; *senza pl*) posteggio *m*, parcheggio *m*

Par'kett [par'kɛt] *n* (*-s*; *-e*) parquet *m*; *tea* platea *f*; **~handel** *m* (*-s*; *-*) *Börse*: negozio *m* alle grida

'Park|haus ['parkhaʊs] *n* autosilo *m*; **'~lücke** *f* posto *m* per parcheggiare, parcheggio *m*; **'~möglichkeit** *f* possibilità *f* di posteggio; **'~platz** *m* parcheggio *m*, posteggio *m*; **'~scheibe** *f* disco *m* orario; **'~uhr** *f* parchimetro *m*; **'~verbot** *n* divieto *m* di parcheggio

Parla'ment [parla'mɛnt] *n* (*-[e]s*; *-e*) parlamento *m*; **~'arier** [parlamɛn'taːrjər] *m* (*-s*; *-*) parlamentare *m*; **⁀'arisch** parlamentare

Parme'san [parme'zaːn] *m* (*-s*; *senza pl*) *gastr* parmigiano *m*

Pa'role [pa'roːlə] *f* (*-*; *-n*) parola *f* d'ordine; motto *m*

Par'tei [par'taɪ] *f* (*-*; *-en*) parte *f*; *pol* partito *m*; ***~ ergreifen*** prendere partito, parteggiare (***für*** per); **⁀isch**, **⁀lich** parziale; **⁀los** indipendente; neutro; **~tag** *m* congresso *m* del partito; **~zugehörigkeit** *f* appartenenza *f* ad un partito

Par'terre [par'tɛr] *n* (*-s*; *-s*) pianterreno *m*; *tea* platea *f*

'Partner ['partnər] *m* (*-s*; *-*), **'~in** *f* (*-*; *-nen*) compagno *m*, -a *f*; socio *m*, -a *f*; *Gespräch*: interlocutore *m*, -trice *f*; **'~schaft** *f* (*-*; *-en*) collaborazione *f*, cooperazione *f*; *von Städten*: gemellaggio *m*; **'~stadt** *f* città *f* gemellata

'Party ['paːrti] *f* (*-*; *-s*) party *m*, festa *f*; **~'service** *m*, *n* (*-*; *-*) servizio *m* catering

Pass [pas] *m* (*Passes*; *Pässe*) passaporto *m*; *geogr* passo *m*

Pas'sage [pas'saːʒə] *f* (*-*; *-n*) galleria *f*; *mar*, *avia*, *mus* passaggio *m*

Passa'gier [passa'ʒiːr] *m* (*-s*; *-e*) viaggiatore *m*; *mar*, *avia* passeggiero *m*; **~flugzeug** *n* aereo *m* passeggieri (*od* da turismo); **~schiff** *n* nave *f* passeggieri

Pas'sant [pa'sant] *m* (*-en*; *-en*) passante *m*

Pas'sat(wind) [pa'saːt] *m* (*-[e]s*; *-e*) (vento *m*) aliseo *m*

'Passbild ['pasbilt] *n* fotografia *f* formato tessera, fototessera *f*

'passen ['pasən] (*h*) andar (*od* star) bene; (*angemessen sein*) addirsi (***zu*** a); ***zueinander ~*** → ***zueinanderpassen***; **'~d** (*geeignet*) adatto; (*schicklich*) conveniente; *Gelegenheit*: opportuno; *Farben*: intonato

pas'sier|bar [pa'siːrbaːr] transitabile, praticabile; **~en** (*senza ge-*) **1.** *v/t* (*h*) passare; **2.** *v/i* (*sn*) accadere; succedere; **⁀schein** *m* lasciapassare *m*

Pas'sion [-s'joːn] *f* (*-*; *-en*) passione *f*

'passiv ['-siːf] *adj*, **'Passiv** *n* (*-s*; *-e*) passivo *adj u m*; **⁀i'tät** [-sivi'tɛːt] (*-*; *senza pl*) passività *f*; indifferenza

'Pass|kontrolle ['paskɔntrɔlə] *f* controllo *m* dei passaporti; **'~straße** *f* strada *f* di un passo; **'~wort** *n* (*-[e]s*; *Passwörter*) *inform* password *f*

'Paste ['pastə] *f* (*-*; *-n*) pasta *f*

P

Pastor ['pastɔr] *m* (*-s; -en*) pastore *m*, ministro *m* protestante
Pate ['pa:tə] *m* (*-n; -n*) padrino *m*; '**~nschaft** *f* comparatico *m*; *von Städten*: gemellaggio *m*
Pa'tent [pa'tɛnt] *n* (*-[e]s; -e*) brevetto *m*; ***zum ~ anmelden*** far brevettare; **~amt** *n* ufficio *m* brevetti; **♀'ieren** (*senza ge-, h*) brevettare; **~schutz** *m* protezione *f* mediante brevetto
Pa'tient [pats'jɛnt] *m* (*-en; -en*), **~in** *f* (*-; -nen*) paziente *m/f*, malato *m*, -a *f*
Patri'arch [patri'arç] *m* (*-en; -en*) patriarca *m*
Patri'ot [-'o:t] *m* (*-en; -en*), **~in** *f* (*-; -nen*) patriot(t)a *m/f*; **♀isch** patriot(t)ico
Pa'trone [pa'tro:nə] *f* (*-; -n*) cartuccia *f*
Pauk|e ['paʊkə] *f* (*-; -n*) *mus* timpano *m*; '**♀en** (*h*) suonare il timpano; (*büffeln*) sgobbare, studiare
Pau'schal [paʊ'ʃa:l] *adj* globale, forfettario; *adv* a forfait; **♀e** *f* (*-; -n*) somma *f* globale; forfait *m*; **♀preis** *m* prezzo *m* globale, prezzo *m* a forfait; **♀reise** *f* viaggio *m* tutto compreso; **♀summe** *f* somma *f* globale
Paus|e ['paʊzə] *f* (*-; -n*) pausa *f*; intervallo *m*; *Schule*: ricreazione *f*; (*Ruhezeit*) riposo *m*; '**~enzeichen** *n Radio*: segnale *m* d'intervallo
Pavillon ['paviljɔ̃] *m* (*-s; -s*) padiglione *m*
Pazifik [pa'tsi:fik] *m* Pacifico *m*
Pazi'fismus [patsi'fismus] *m* (*-; senza pl*) pacifismo *m*
PC ***Personal Computer*** Personal Computer (*abbr* PC)
PDS ***Partei des Demokratischen Sozialismus*** partito del socialismo democratico
Pech [pɛç] *n* (*-s; -e*) pece *f*; *fig* disgrazia *f*, disdetta *f*, sfortuna *f*; ***~ haben*** essere sfortunato; '**~strähne** *f* sequela *f* di guai, periodo *m* nero; '**~vogel** *m* sfortunato *m*
Pe'dal [pe'da:l] *n* (*-s; -e*) pedale *m*
Pedi'küre [-di'ky:rə] *f* (*-; -n*) pedicure *f*
Pein|igen ['paɪnigən] (*h*) tormentare; **~lich** ['-liç] penoso; imbarazzante; *Frage*: delicato; *Lage*: precario; *Überraschung*: spiacevole; ***j-m ~ sein*** dispiacere a qu
Peitsche ['paɪtʃə] *f* (*-; -n*) frusta *f*

Peking ['pe:kiŋ] *n* Pechino *f*
'Pell|e ['pɛlə] *f* (*-; -n*) pelle *f*; buccia *f*; '**♀en** (*h*) sbucciare; '**~kartoffeln** *f/pl* patate *f/pl* lesse
Pelz [pɛlts] *m* (*-es; -e*) pelo *m*; *Kleidung*: pelliccia *f*; '**~geschäft** *m* pellicceria *f*; '**~mantel** *m* (cappotto *m* di) pelliccia *f*; '**~mütze** *f* berretto *m* di pelo
'Pendel ['pɛndəl] *n* (*-s; -*) pendolo *m*; '**♀n** (*h*) oscillare; *Zug, Person*: (*sn*) fare la spola; '**~verkehr** *m* traffico *m* pendolare
'Penis ['pe:nɪs] *m* (*-; -se*) pene *m*
Penizil'lin [penitsi'li:n] *n* (*-s; -e*) penicillina *f*
'pennen F ['pɛnən] (*h*) dormire
Pen'sion [pãz'jo:n] *f* (*-; -en*) pensione *f*; **~'är** [-'nɛ:r] *m* (*-s; -e*) pensionato *m*; pensionante *m*; **♀'ieren** (*senza ge-, h*) pensionare; ***sich ~ lassen*** andare in pensione
Pen'sionspreis *m* prezzo *m* per la pensione
per [pɛr] per; ***~ Post*** con la posta
per'fekt [-'fɛkt] perfetto; compiuto; ***~ machen*** (*Vertrag*) concludere
Perga'ment [pɛrga'mɛnt] *n* (*-[e]s; -e*) pergamena *f*
Per'iod|e [pɛr'jo:də] *f* (*-; -n*) periodo *m*; *med* mestruazione *f*; **♀isch** periodico
Periphe'rie [perifə'ri:] *f* (*-; -n*) periferia *f*; **~geräte** *n/pl inform* unità *f/pl* periferiche
'Perl|e ['pɛrlə] *f* (*-; -n*) perla *f*; '**~mutter** *f* (*-; senza pl*) madreperla *f*
'Pers|er ['pɛrzər] *m* (*-s; -*), '**~in** *f* (*-; -nen*), '**♀isch** persiano *m*, -a *f*
Persien ['pɛrzjən] *n* Persia *f*
Persische(r) Golf ['pɛrziʃə(r) 'gɔlf] *m* Golfo Persico *m*
Per'son [pɛr'zo:n] *f* (*-; -en*) persona *f*; ***pro ~*** a testa
Perso'nal [-zo'na:l] *n* (*-s; senza pl*) personale *m*; **~abbau** *m* riduzione *f* del personale; **~abteilung** *f* ufficio *m* del personale; **~akten** *f/pl* atti *m/pl* personali; **~ausweis** *m* carta *f* d'identità; **~büro** *n* ufficio *m* personale; **~ien** *pl* generalità *f/pl*; **~mangel** *m* (*-s; senza pl*) mancanza *f* di personale; **~vertretung** *f* rappresentanza *f* del personale
Per'sonen|verkehr [pɛr'zo:nənfɛrke:r] *m* traffico *m* viaggiatori; servizio

P

m passeggieri; **~zug** *m* treno *m* viaggiatori; accelerato *m*
personifi'zieren [pɛrzoːnifi'tsiːrən] (*senza ge-, h*) personificare
per'sönlich [-'zøːnliç] personale; individuale; **~ *kennen*** conoscere di persona; **~!** *auf Briefen*: riservata!; **&keit** *f* (-; -*en*) personalità *f*
Perspek'tiv|e [-spɛk'tiːvə] *f* (-; -*n*) prospettiva *f*; **&isch** prospettico
Peru [pe'ruː] *n* Perù *m*
Pe'rücke [pe'rykə] *f* (-; -*n*) parrucca *f*
Pessi'm|ismus [pɛsi'mismus] *m* (-; *senza pl*) pessimismo *m*; **&'istisch** pessimistico, pessimista
Pest *med* [pɛst] *f* (-; *senza pl*) peste *f*
Peter'silie [petər'ziːljə] *f* (-; -*n*) prezzemolo *m*
Pe'troleum [-'troːleum] *n* (-*s*; *senza pl*) petrolio *m*; **~lampe** *f* lampada *f* a petrolio
Pfad [pfaːt] *m* (-[*e*]*s*; -*e*) sentiero *m*; **'~finder** *m* (-*s*; -), **'~finderin** *f* (-; -*nen*) boy-scout *m/f*; giovane esploratore *m*, -trice *f*
Pfahl [pfaːl] *m* (-[*e*]*s*; ¨*e*) palo *m*
Pfalz [pfalts] *f* Palatinato *m*
Pfand [pfant] *n* (-[*e*]*s*; ¨*er*) pegno *m*; deposito *m*
'pfänden ['pfɛndən] (*h*) sequestrare; pignorare
'Pfand|flasche ['pfantflaʃə] *f* vuoto *m* a rendere; **'~schein** *m* polizza *f* di pegno
'Pfändung ['pfɛnduŋ] *f* (-; -*en*) sequestro *m*; pignoramento *m*
'Pfann|e ['pfanə] *f* (-; -*n*) padella *f*; **'~kuchen** *m* omelette *f*; frittella *f*
'Pfarr|er ['pfarər] *m* (-*s*; -) parroco *m*; *evangelischer*: pastore *m*; **'~haus** *n* canonica *f*
Pfau [pfaʊ] *m* (-[*e*]*s*; -*en*) pavone *m*
Pfd. ***Pfund*** libbra
'Pfeffer ['pfɛfər] *m* (-*s*; -) pepe *m*; **'~kuchen** *m* panpepato *m*; panforte *m*; **'~minze** *bot f* (-; *senza pl*) menta *f* (piperita)
'pfeffern ['pfɛfərn] (*h*) pepare
'Pfeif|e ['pfaɪfə] *f* (-; -*n*) fischio *m*; fischietto *m*; (*Tabaks&*) pipa *f*; **'&en** (*pfiff, gepfiffen, h*) fischiare
Pfeil [pfaɪl] *m* (-[*e*]*s*; -*e*) freccia *f*
'Pfennig ['pfɛniç] *m* (-*s*; -*e*) *hist* pfennig *m*; centesimo *m* d'un marco; *fig* obolo *m*
Pferd [pfeːrt] *n* (-[*e*]*s*; -*e*) cavallo *m*
'Pferde|apfel ['pfeːrdə'apfəl] *m* sterc… *m* di cavallo; **'~rennen** *n* corsa *f* di ca… valli; **'~sport** *m* ippica *f*; **'~stall** *m* scu… deria *f*
'pfiffig ['pfifiç] scaltro; furbo
'Pfingst|en ['pfiŋstən] *n* (-; -) Penteco… ste *f*; **'~rose** *f* peonia *f*
'Pfirsich ['pfirziç] *m* (-*s*; -*e*) pesca *f*
'Pflanz|e ['pflantsə] *f* (-; -*n*) pianta *f* **'&en** (*h*) piantare; **'&lich** vegetale
'Pflaster ['pflastər] *n* (-*s*; -) cerotto *m* (*Straßen&*) selciato *m*, *mit Platten*: la… stricato *m*; ***Paris ist ein teures ~*** a Pa… rigi la vita è molto cara; **'~maler** *m* ma… donnaro *m*; **'&n** (*h*) selciare, *mit Plat… ten*: lastricare; **'~stein** *m* lastra *f*
'Pflaume ['pflaʊmə] *f* (-; -*n*) susina *f* prugna *f*; **'~nbaum** *m* susino *m*; **'~nku… chen** *m* torta *f* di prugne; **'~nmus** … marmellata *f* di prugne
'Pflege ['pfleːgə] (-; *senza pl*) cura *f* (*Fürsorge*) assistenza *f*; *fig* coltivazio… ne *f*; **'~eltern** *pl* genitori *m/pl* adottiv… **'~kind** *n* figlio *m* adottivo; (*Mündel*… pupillo *m*; **'~mutter** *f* madre *f* adottiv…
'pfleg|en ['-gən] *v/t* (*h*) curare; *Kranke*… assistere; *Umgang, Künste*: coltivare **~ *zu*** *inf* solere, essere solito (*inf* **'&er** *m* (-*s*; -) *med* infermiere *m*
Pflicht [pfliçt] *f* (-; -*en*) dovere *m*; **'&be… wusst** cosciente (del proprio dovere **'~bewusstsein** *n* coscienza *f* del dove… re; **'~gefühl** *n* senso *m* del dovere **'&gemäß** conforme al dovere; *adv* d… bitamente; **'~versicherung** *f* assicur… zione *f* obbligatoria
'pflücken ['pflykən] (*h*) cogliere
Pflug [pfluːk] *m* (-[*e*]*s*; ¨*e*) aratro *m*
'pflügen ['pflyːgən] (*h*) arare
'Pforte ['pfɔrtə] *f* (-; -*n*) porta *f*
'Pförtner ['pfœrtnər] *m* (-*s*; -) portina… *m*
'Pfote ['pfoːtə] *f* (-; -*n*) zampa *f*
Pfropf *med* [pfrɔpf] *m* (-[*e*]*s*; -*e*) coag… lo *m*; **'~en** *m* (-*s*; -) turacciolo *m*; **'&e…** (*h*) stipare; *Flaschen*: turare; *Pflanze*… innestare; **'~enzieher** *m* (-*s*; -) cav… tappi *m*
pfui! [pfui] puh!, vergogna!
Pfund [pfunt] *n* (-[*e*]*s*; -*e*) mezzo chi… *m*; **~ *Sterling*** lira *f* sterlina
'pfusch|en F ['pfuʃən] (*h*) acciabatt…

re; ***j-m ins Handwerk*** ~ guastare il mestiere a qu; '**2er** F *m (-s; -)* acciarpone *m*; *ärztlicher*: ciarlatano *m*
'Pfütze ['pfytsə] *f (-; -n)* pozzanghera *f*
Phäno'men [fɛːno'meːn] *n (-s; -e)* fenomeno *m*
Phanta'sie → ***Fantasie***
pharma'zeutisch [farma'tsɔytiʃ] farmaceutico
'Phase ['fɑːzə] *f (-; -n)* fase *f*
Philippinen [fili'piːnən] *pl* Filippine *f/pl*
Philo'soph [filo'soːf] *m (-en; -en)* filosofo *m*; **~'ie** [-zo'fiː] *f (-; -n)* filosofia *f*; **2'ieren** [-zo'fiːrən] *(senza ge-, h)* filosofare; **2isch** [-'zoːfiʃ] filosofico
phleg'matisch [flɛg'mɑːtiʃ] flemmatico
'Phosphor ['fɔsfɔr] *m (-s; senza pl)* fosforo *m*
'Phrase ['frɑːzə] *f (-; -n)* frase *f*
Phy'sik [fy'ziːk] *f (-; senza pl)* fisica *f*; **2'alisch** [fyzi'kɑːliʃ], **'~er** ['fyːzikər] *m (-s; -)*, **'~erin** *f (-; -nen)* fisico *m u adj*, -a *f*
'physisch ['fyːziʃ] fisico
Pia'nist [pia'nist] *m (-en; -en)*, **~in** *f (-; -nen)* pianista *m/f*
'Pickel ['pikəl] *m (-s; -)* pustoletta *f*
'picken ['pikən] *(h)* beccare
'Picknick ['piknik] *n (-s; -s)* picnic *m*, colazione *f* all'aperto; '**2en** *(h)* fare un picnic
Piemont [pje'mɔnt] *n* Piemonte *m*
Pie'tät [pie'tɛːt] *f (-; senza pl)* pietà *f*; devozione *f*; rispetto *m*
Pik [piːk] *n (-s; -s)* *Kartenspiel*: picche *f/pl*
pi'kant [pi'kant] piccante
pi'kiert [pi'kiːrt] offeso, risentito
'Pilger ['pilgər] *m (-s; -)* pellegrino *m*; **'~fahrt** *f* pellegrinaggio *m*; '**2n** *(sn)* pellegrinare, andare in pellegrinaggio
'Pille ['pilə] *f (-; -n)* pillola *f*
Pi'lot [pi'loːt] *m (-en; -en)* pilota *m*; **~projekt** *n* progetto *m* pilota
Pilz [pilts] *m (-es; -e)* fungo *m*
PIN ***Persönliche Identifikationsnummer*** numero di identificazione personale
'Pinguin ['piŋgviːn] *m (-s; -e)* pinguino *m*
'Pinie ['piːnje] *f (-; -n)* *bot* pino *m*
'Pinsel ['pinzəl] *m (-s; -)* pennello *m*; '**2n** *(h)* pennellare *(a med)*
Pin'zette [pin'tsɛtə] *f (-; -n)* pinza *f*, pinzette *f/pl*
Pio'nier [pio'niːr] *m (-s; -e)* pioniere *m*
Pi'rat [pi'rɑːt] *m (-en; -en)* pirata *m*
'piss|en P ['pisən] *(h)* pisciare; **2'oir** [piso'ɑːr] *n (-s; -e u -s)* orinatoio *m*
'Piste ['pistə] *f (-; -n)* pista *f*
Pis'tole [-s'toːlə] *f (-; -n)* pistola *f*
'Pixel ['piksəl] *inform n (-s; -)* pixel *m*
Pkt. ***Punkt*** punto
'Pkw ['peːkɑːveː] (***Personenkraftwagen***) *m (-[s]; -s)* autovettura *f*
Pl. ***Platz*** piazza
plä'dieren [plɛ'diːrən] *(senza ge-, h)* difendere una causa; **~ *für*** parlare in favore di
'Plage ['plɑːgə] *f (-; -n)* tormento *m*; '**2n** *(h)* tormentare; tribolare
Pla'kat [pla'kɑːt] *n (-[e]s; -e)* cartello *m*, manifesto *m*; cartellone *m*
Plan [plɑːn] *m (-[e]s; ¨e)* piano *m*; *(Entwurf)* progetto *m*; *e-r Stadt*: pianta *f*
'Plane ['plɑːnə] *f (-; -n)* copertone *m*, tendone *m*, telone *m*
'plan|en ['plɑːnən] *(h)* progettare; programmare; *econ* pianificare; '**2er** *m (-s; -)* progettista *m*, pianificatore *m*
Pla'net [pla'neːt] *m (-en; -en)* pianeta *m*; **~'arium** [-ne'tɑːrjum] *m (-s; -rien)* planetario *m*
pla'nieren [pla'niːrən] *(senza ge-, h)* livellare, appianare
'plan|los ['plɑːnloːs] senza metodo, senza sistema, senza piano; a casaccio; **'~mäßig** metodico; sistematico; conforme al progetto; *Beamter*: ordinario, di ruolo
'Planschbecken → ***Plantschbecken***
Plan'tage [plan'tɑːʒə] *f (-; -n)* piantagione *f*
'Plantsch|becken ['planʃbɛkən] *n* piscina *f* per bambini; '**2en** ['-ʃən] *(h)* diguazzare
'Plan|ung ['plɑːnuŋ] *f (-; -en)* progettazione *f*; **'~wirtschaft** *f* economia *f* pianificata
'Plastik[1] ['plastik] *f (-; -en)* *(Kunstwerk)* scultura *f*; *(Kunst)* arti *f/pl* plastiche
'Plastik[2] *n (-s; senza pl)* *(Kunststoff)* plastica *f*
'plastisch plastico
'Platin ['plɑːtiːn, pla'tiːn] *n (-s; senza*

P

pl) platino *m*
platt [plat] piatto; *Nase*: camuso; *fig* insulso; (*erstaunt*) perplesso; F ***e-n** **2en haben*** F avere una gomma a terra
'Plattdeutsch ['platdɔʏtʃ] *n* (-[*s*]; *senza pl*) basso tedesco *m*
'Platte ['platə] *f* (-; *-n*) lastra *f*; *Gericht*: piatto *m*; (*Kopf*) F pelata *f*; (*Schall*2) disco *m*; ***kalte ~*** affettato *m* misto
'Plattenspieler ['platənʃpiːlər] *m* giradischi *m*
'Plattform ['platfɔrm] *f* piattaforma *f*
Platz [plats] *m* (*-es*; *⸚e*) piazza *f* (*a econ*); (*Raum*, *Sitz*, *Stelle*) posto *m*; *Sport*: campo *m*; (*Raum*) capienza *f*, capacità *f*; ***~ nehmen*** prendere posto, sedersi; ***~ finden*** starci; ***~ machen*** fare posto (*od* largo); **'~anweiserin** ['-ˀanvaɪzərin] *f* (-; *-nen*) *im Kino*: maschera *f*
'Plätzchen ['plɛtsçən] *n* (*-s*; -) piazzetta *f*; posticino *m*; (*Gebäck*) biscotto *m*
'platz|en ['platsən] (*sn*) scoppiare; spaccarsi; *Naht*: scucirsi; **'2karte** *fer f* biglietto *m* di prenotazione; **'2regen** *m* acquazzone *m*; **'2wunde** *f* lacerazione *f*
plat'zieren [pla'tsiːrən] (*h*) collocare; *Sport*: piazzare
'plaudern ['plaudərn] (*h*) chiacchierare
pla'zieren → ***platzieren***
'pleite ['plaɪtə] *adj* fallito; F al verde; → ***pleitegehen***; ***~ sein*** essere al verde (*od* in bolletta)
'Pleite F *f* (-; *-n*) bancarotta *f*; F fiasco *m*; **'2gehen** *v/i* (*irr*, *sep*, *-ge-*, *sn*, → ***gehen***) far bancarotta
P
'Plenum ['pleːnum] *n* (*-s*; *senza pl*) adunanza *f* plenaria
plis'sieren [pli'siːrən] (*senza ge-*, *h*) pieghettare, increspare
PLO ***Palästinensische Befreiungsorganisation*** Organizzazione per la Liberazione della Palestina (*abbr* OLP)
'Plomb|e ['plɔmbə] *f* (-; *-n*) piombo *m*; *med* otturazione *f*; **2'ieren** (*senza ge-*, *h*) piombare; *med* otturare
'plötzlich ['plœtsliç] improvviso; *adv* improvvisamente, ad un tratto
plump [plump] goffo
'Plunder ['plundər] *m* (*-s*; *senza pl*) robaccia *f*, anticaglie *f/pl*
'plündern ['plyndərn] (*h*) saccheggiare; *j-n*: derubare
plus [plus] *adv* più
Plus *n inv* eccedenza *f*, sopravanzo *m*
PLZ ***Postleitzahl*** codice postale (*abbr* C. P.)
Po [poː] *m* (*-s*; *-s*) *Anat* F culetto *m*
'Pöbel ['pøːbəl] *m* (*-s*; *senza pl*) plebaglia *f*
'pochen ['pɔxən] *v/i u v/t* (*h*) battere; *an die Tür*: bussare; *fig* ***auf et*** (*acc*) ***~*** insistere su qc
'Pocke *med* ['pɔkə] *f* (-; *-n*) bolla *f*, pustola *f*; **'~n** *pl med* vaiolo *m*; **'~nimpfung** ['-ˀim-] *f* vaccinazione *f* antivaiolosa
'Podium ['poːdjum] *n* (*-s*; *-dien*) podio *m*
Poe'sie [poe'ziː] *f* (-; *-n*) poesia *f*
Po'inte [po'ɛ̃tə] *f* (-; *-n*) punta *f*; effetto *m* finale
Po'kal [po'kaːl] *m* (*-s*; *-e*) coppa *f*
'Poker ['poːkər] *n* (*-s*; *senza pl*) poker *m*
'pokern (*h*) giocare a poker
Pol [poːl] *m* (*-s*; *-e*) polo *m*
'Pole ['poːlə] *m* (*-n*; *-n*) polacco *m*
Po'lemik [po'leːmik] *f* (-; *-en*) polemica *f*
Polen ['poːlən] *n* Polonia *f*
po'lieren [po'liːrən] (*senza ge-*, *h*) brunire; *Möbel*: lustrare, lucidare
'Poliklinik ['pɔlikliːnik] *f* (-; *-en*) policlinico *m*
'Polin ['poːlin] *f* (-; *-nen*) polacca *f*
Poli'tesse [poli'tɛsə] *f* (-; *-n*) donna *f* poliziotto ausiliaria; *Verkehr*: vigilessa *f*
Pol|i'tik [poli'tiːk] *f* (-; *senza pl*) politica *f*; **~'itiker** [-'liːtikər] *m* (*-s*; -), **~'itikerin** *f* (-; *-nen*) politico *m*; **2'itisch** politico
Poli'tur [-'tuːr] *f* (-; *-en*) brunitura *f*; (*Glanz*) lustro *m*
Poli'zei [poli'tsaɪ] *f* (-; -) polizia *f*; **2lich** [poli'tsaɪliç] poliziesco, della (*od* di) polizia; ***~ verboten*** proibito dalla polizia; **~staat** *m* stato *m* di polizia; **~streife** *f* pattuglia *f* di polizia; **~stunde** *f* ora *f* di chiusura degli esercizi pubblici; **~wache** *f* posto *m* di polizia
Poli'zist [-'tsist] *m* (*-en*; *-en*) (*Polizeibeamter*) agente *m* di polizia; F poliziotto *m*; **~in** *f* (-; *-nen*) agente *f* della polizia femminile
'polnisch ['pɔlniʃ] polacco
'Polster ['pɔlstər] *n* (*-s*; -) cuscino *m*

(*Kopf* ♀) guanciale *m*; '~**möbel** *n* mobile *m* imbottito; '♀**n** (*h*) imbottire

'**Polter|abend** ['pɔltərˀa:bənt] *m* vigilia *f* delle nozze; '♀**n** (*h*) far fracasso, strepitare; (*brummen*) brontolare

Po'made [po'ma:də] *f* (-; -*n*) pomata *f*

Pommern ['pɔmərn] *n* Pomerania *f*

Pommes 'frites [pɔm'frit] *pl* patatine *pl* fritte

Pomp [pɔmp] *m* (-*es*; *senza pl*) pompa *f*; sfarzo *m*; ♀'**ös** [-'pø:s] sfarzoso

Pony ['pɔni] *n* (-*s*; -*s*) pony *m*

Pool [pu:l] *m* (-*s*; -*s*) *econ* pool *m*

popu'lär [popu'lɛ:r] popolare

'**Por|e** ['po:rə] *f* (-; -*n*) poro *m*; ♀'**ös** [po'rø:s] poroso

Porree *bot* ['pɔre:] *m* (-*s*; -*s*) porro *m*

Por'tal [pɔr'ta:l] *n* (-*s*; -*e*) portone *m*, porta *f* maggiore

Portemon'naie [pɔrtmɔ'nɛ:] *n* (-*s*; -*s*) portamonete *m*, borsellino *m*

Por'tier [pɔrt'je:] *m* (-*s*; -*s*) portinaio *m*, portiere *m*

Por'tion [pɔrts'jo:n] *f* (-; -*en*) porzione *f*; razione *f*

Portmo'nee → ***Portemonnaie***

Porto ['pɔrto] *n* (-*s*; -*s*, *a Porti*) porto *m*; '♀**frei** franco (di porto)

Por'trät [pɔr'trɛ:] *n* (-*s*; -*s*) ritratto *m*

Portugal ['pɔrtugal] *n* Portogallo *m*

Portu'gies|e [pɔrtu'gi:zə] *m* (-*n*; -*n*), ~**in** *f* (-; -*nen*), ♀**isch** portoghese

Portwein ['pɔrtvaɪn] *m* (-[*e*]*s*; -*e*) vino *m* d'Oporto

Porzel'lan [pɔrtsə'la:n] *n* (-*s*; -*e*) porcellana *f*

Po'saune *mus* [po'zaʊnə] *f* (-; -*n*) trombone *m*

Posi|'tion [pozits'jo:n] *f* (-; -*en*) posizione *f*; '♀**tiv** ['-ti:f] positivo

Posse ['pɔsə] *f* (-; -*n*) buffoneria *f*; *tea* farsa *f*

Post® [pɔst] *f* (-; *senza pl*) posta *f*; ***zur ~ bringen*** portare in posta; ***mit der ~*** per posta; ***mit getrennter ~*** in busta separata; '~**amt** *n* ufficio *m* postale; '~**anweisung** *f* vaglia *m* (postale); '~**bank** *f* banca *f* postale; '~**bote** *m*, '~**botin** *f* postino *m*, -a *f*; portalettere *m*/*f*

Posten ['pɔstən] *m* (-*s*; -) posto *m*; *econ* partita *f*; ***seinen ~ antreten*** entrare in servizio; ***auf ~ stehen*** montare la guardia; *fig* stare all'erta

Post|fach ['pɔstfax] *n* casella *f* (postale); '~**gebühr** *f* tassa *f* postale; porto *m*; ~**en** *pl* tariffe *f*/*pl* postali; '~**girokonto** *n* conto *m* corrente postale

pos'tieren [pɔs'ti:rən] (*senza ge-*, *h*) collocare

'**Post|karte** ['pɔstkartə] *f* cartolina *f* postale; '♀**lagernd** ['-la:gərnt] *adv* fermo posta; '~**leitzahl** *f* codice *m* di avviamento postale (*od* CAP); '~**schalter** *m* sportello *m* dell'ufficio postale; '~**scheck** *m* assegno *m* postale; '~**schließfach** *n* casella *f* postale; '~**sendung** *f* spedizione *f* postale; '~**sparbuch** *n* libretto *m* di risparmio postale; '~**stempel** *m* timbro *m* postale; '♀**wendend** ['-vɛndənt] a volta di corriere, a giro di posta; '~**wertzeichen** ['-ve:rttsaɪçən] *n*/*pl* valori *m*/*pl* postali; '~**wurfsendung** *f* spedizione *f* postale cumulativa di stampati; '~**zustellung** *f* recapito *m* della posta

Po'tenz [po'tɛnts] *f* (-; -*en*) potenza *f*

pp., **p. pa.**, **ppa.** ***per procura*** per procura

Pracht [praxt] *f* (-; *senza pl*) pompa *f*; lusso *m*; (*Glanz*) splendore *m*, magnificenza *f*

'**prächtig** ['prɛçtiç] magnifico; splendido

Prädi'kat [prɛdi'ka:t] *n* (-[*e*]*s*; -*e*) titolo *m*; *gram* predicato *m*; (*Schule*) voto *m*

Prag [pra:k] *n* Praga *f*

'**prägen** ['prɛ:gən] (*h*) imprimere, stampare; *Münzen*: coniare; *fig* improntare, formare

präg'nant [prɛg'nant] espressivo; (*genau*) esatto

'**prahlen** ['pra:lən] (*h*): ***mit et ~*** vantarsi di qc

Prakt|i'kant [prakti'kant] *m* (-*en*; -*en*), ~**i'kantin** *f* (-; -*nen*) praticante *m*/*f*; '~**iker** *m* (-*s*; -) uomo *m* pratico; '♀**isch** *adj* pratico; ♀***er Arzt*** *m* medico *m* generico; ♀**i'zieren** [-'tsi:rən] (*senza ge-*, *h*) praticare, esercitare

Pra'line [pra'li:nə] *f* (-; -*n*) cioccolatino *m* (ripieno), pralina *f*

prall [pral] teso; *fig* sodo, turgido; *Kleidung*: attillato; ***in der ~en Sonne*** in pieno sole; '~**en** (*sn*) rimbalzare; urtare (***gegen*** contro); *aufeinander*: cozzare

Prä'ludium [prɛ'lu:djum] *n* (-*s*; -*dien*) preludio *m*

P

'Prämie ['prɛːmjə] *f* (-; *-n*) premio *m*; ricompensa *f*

präm(i)'ieren [-'iːrən] (*senza ge-, h*) premiare

'Pranke ['praŋkə] *f* (-; *-n*) branca *f*, zampa *f*

Präpa'r|at [prɛpa'rɑːt] *n* (*-[e]s*; *-e*) preparato *m*; **꠸'ieren** (*senza ge-, h*) preparare

präsen'tieren [prɛzɛn'tiːrən] (*senza ge-, h*) presentare; *mil* presentare le armi

Präserva'tiv [prɛzɛrva'tiːf] *n* (*-s*; *-e*) preservativo *m*

Präsi'd|ent [-zi'dɛnt] *m* (*-en*; *-en*), **~'entin** *f* (-; *-nen*) presidente *m*, -essa *f*

Prä'sidium [-'ziːdium] *n* (*-s*; *-dien*) presidenza *f*

'Praxis ['praksis] *f* (-; *Praxen*) pratica *f*; prassi *f*; (*Anwalts*꠸) studio *m* (legale); (*Arzt*꠸) studio *m* (medico), ambulatorio *m*; **'~gebühr** *f med* etwa: tassa *f* ambulatoriale (*obbligo di pagare 10,- € la prima volta che in un trimestre ci si reca dal medico*)

Präze'denzfall [prɛtse'dɛntsfal] *m* (*-es*; *Präzedenzfälle*) precedente *m*

prä'z|is [-'tsiːs] preciso; **~i'sieren** [-tsi'ziːrən] (*senza ge-, h*) precisare; ***präzisierter Wechsel*** *m* cambiale *f* pagabile a data fissa; **꠸i'sion** [-tsiz'joːn] *f* (-; *senza pl*) precisione *f*

'predigen ['preːdigən] (*h*) predicare

'Predigt ['preːdiçt] *f* (-; *-en*) predica *f*

Preis [praɪs] *m* (*-es*; *-e*) prezzo *m*; (*Wert*) valore *m*; ***um jeden ~*** ad ogni costo; ***um keinen ~*** a nessun costo; ***unter ~ verkaufen*** vendere sotto costo, ***im ~ steigen*** aumentare di prezzo; **'~angabe** *f* indicazione *f* del prezzo; **'~anstieg** *m* aumento *m* dei prezzi; **'~aufschlag** *m* aumento *m* di prezzo; **'~ausschreiben** *n* concorso *m* a premi

'Preiselbeere ['praɪzəlbeːrə] *f* (-; *-n*) mirtillo *m* rosso

'preisen ['praɪzən] (*pries*; *gepriesen*, *h*) lodare, esaltare, celebrare

'Preis|erhöhung ['praɪsˀɛrhøːuŋ] *f* aumento *m* dei prezzi; **'~ermäßigung** *f* riduzione *f* di prezzo; **'~lage** *f* livello *m* di prezzo; ***in dieser ~*** su per giù di questo prezzo; **'~liste** *f* listino *m* dei prezzi; **'~nachlass** *m* sconto *m*; **'~niveau** *n* livello *m* dei prezzi; **'~regulierung** *f* azione *f* calmieratrice; **'~schwankung** *f* fluttuazione *f* dei prezzi; **'~senkung** *f* ribasso *m* dei prezzi; **'~stabilität** *f econ* stabilità *f* dei prezzi; **'~steigerung** *f* aumento *m* dei prezzi; **'~stopp** *m* blocco *m* dei prezzi; **'~sturz** *m* crollo *m* dei prezzi; **'~verzeichnis** *n* listino *m* dei prezzi; **'꠸wert** *adj* conveniente; *adv* a buon prezzo

'prell|en ['prɛlən] (*h*) urtare; *fig* (*betrügen*) imbrogliare; truffare; **'꠸ung** *f* (-; *-en*) contusione *f*

Pre'mier [prəm'jeː] *m* (*-s*; *-s*) primo ministro *m*; **~e** [-'jɛːrə] *f* (-; *-n*) prima *f* (rappresentazione *f*); **~minister** *m*, **~ministerin** *f* primo ministro *m*

'Prepaid-Handy ['priːpeɪt-] *tel n* cellulare *m* con scheda prepagata

'Presse ['prɛsə] *f* (-; *-n*) torchio *m*, pressa *f*; (*senza pl*) *Zeitungen*: stampa *f*; **'~büro** *n* ufficio *m* stampa; **'~freiheit** (-; *senza pl*) libertà *f* di stampa; **'~konferenz** *f* conferenza *f* stampa

'pressen ['prɛsən] (*h*) premere, stringere; (*zusammendrücken*) comprimere; *Wein*: pigiare; *Zitronen*: spremere

'Pressenotiz ['prɛsənotiːts] *f* notizia *f* di stampa

Pres'tige [prɛs'tiːʒə] *n* (*-s*; *senza pl*) prestigio *m*

'Preuß|e ['prɔʏsə] *m* (*-n*; *-n*), **'~in** *f* (-; *-nen*), **'꠸isch** prussiano *m*, -a *f*

Preußen ['prɔʏsn] *n* Prussia *f*

'prickeln ['prikəln] *v/i* (*h*) pizzicare; *Wein*: frizzare

'Priester ['priːstər] *m* (*-s*; -) prete *m*

'prima ['priːma] *econ* di prima qualità; F stupendo; grandioso

pri'mär [pri'mɛːr] primario

'Primel *bot* ['priːməl] *f* (-; *-n*) primula *f*

primi'tiv [primi'tiːf] primitivo

Prinz [prints] *m* (*-en*; *-en*), **~'essin** [-'tsɛsin] *f* (-; *-nen*) principe *m*, -essa *f*

Prin'zip [prin'tsiːp] *n* (*-s*; *-ien*) principio *m*; **꠸'iell** [-tsip'jɛl] (fatto) per principio

Priori'tät [priːɔri'tɛːt] *f* (-; *-en*) priorità *f*

'Prise ['priːzə] *f* (-; *-n*) presa *f*; *mar* preda *f*

'Prisma ['prisma] *n* (*-s*; *-men*) prisma *m*

pri'vat [pri'vɑːt] privato; **꠸besitz** *m* proprietà *f* privata; **꠸eigentum** *n* pro prietà *f* privata; **2fernsehen** *n* televisione *f* privata; **2leben** *n* vita *f* privata; **2patient** *m*, **2patientin** *f* paziente *m/f* privato *u* -a; **2quartier** *n*, **2unterkunft** *f* alloggio *m* privato; **~versichert** *adj* assicurato privatamente; **2wirtschaft** *f* economia *f* privata

Privi'leg [privi'le:k] *n* (-[*e*]*s*; -*ien*) privilegio *m*

pro [pro:] per; **~ *Kopf*** a testa; **~ *Meter*** al metro; **~ *Tag*** al giorno

'Probe ['pro:bə] *f* (-; -*n*) prova *f*; ***auf die ~ stellen*** mettere alla prova; **~ *fahren*** fare un giro di prova; collaudare; **'~fahrt** *f* corsa *f* di prova; **'2n** (*h*) assaggiare; *tea* provare; **'2weise** in via d'esperimento; a titolo di prova; **'~zeit** *f* periodo *m* di prova; tirocinio *m*

pro'bieren [pro'bi:rən] (*senza ge-, h*) provare; (*kosten*) assaggiare

Pro'blem [pro'ble:m] *n* (-*s*; -*e*) problema *m*; **2'atisch** [-ble'ma:tiʃ] problematico

Pro'dukt [-'dukt] *n* (-[*e*]*s*; -*e*) prodotto *m*

Prod|uk'tion [-dukts'jo:n] *f* (-; -*en*) produzione *f*; fabbricazione *f*; **~uk'tionskosten** *pl* costi *m/pl* di produzione; **~uk'tionsmenge** *f* quantità *f* prodotta; **2uk'tiv** [-'ti:f] produttivo; **~uktivi'tät** [-tivi'tɛ:t] *f* (-; *senza pl*) produttività *f*; **~u'zent** [-'tsent] *m* (-*en*; -*en*) produttore *m*; **2u'zieren** (*senza ge-, h*) produrre; ***sich* ~** esibirsi

Prof. ***Professor*** professore

profess|io'nell [profɛsjo'nɛl] *adj* di professione, professionale; **2or** [-'fɛsɔr] *m* (-*s*; -*en*), **2orin** [-'so:rin] *f* (-; -*nen*) professore *m*, -essa *f*

Profi F ['pro:fi] *m* (-*s*; -*s*) professionista *m/f*

Pro'fil [pro'fi:l] *n* (-*s*; -*e*) profilo *m*, sagoma *f*

Pro'fit [-'fi:t] *m* (-[*e*]*s*; -*e*) profitto *m*; **2'ieren** [-fi'ti:rən] (*senza ge-, h*) approfittare, trarre guadagno

Prog'nose [-g'no:zə] *f* (-; -*n*) prognosi *f*

Pro'gramm [-'gram] *n* (-*s*; -*e*) programma *m*; **2'ieren** (*senza ge-, h*) programmare; **~'ierer** *m* (-*s*; -) programmatore *m*; **2'iersprache** *f* linguaggio *m* di programmazione; **~'ierung** *f* (-; -*en*) programmazione *f*

Pro'jekt [-'jɛkt] *n* (-[*e*]*s*; -*e*) progetto *m*; **2'ieren** (*senza ge-, h*) progettare; **~'ion** [-ts'jo:n] *f* (-; -*en*) proiezione *f*

Proletar'iat [proletar'ja:t] *n* (-[*e*]*s*; *raro* -*e*) proletariato *m*

Prome'nade [-mə'na:də] *f* (-; -*n*) passeggio *m*; (*Weg*) passeggiata *f*

Pro'mille [pro'milə] *n* (-[*s*]; -) quantità *f* per mille

promi'nent [-mi'nɛnt] prominente

Promi'nenz [-mi'nɛnts] *f* (-; -*en*) notabili *m/pl*

prompt [prɔmpt] pronto

Propa'ganda [propa'ganda] *f* (-; *senza pl*) propaganda *f*; (*Reklame*) pubblicità *f*

Pro'peller *avia* [-'pɛlər] *m* (-*s*; -) elica *f*

prophy'laktisch [-fy'laktiʃ] profilattico

Propor'tion [-pɔrts'jo:n] *f* (-; -*en*) proporzione *f*; **2'al** [-jo'na:l] proporzionale

'Prosa ['pro:za] *f* (-; *senza pl*) prosa *f*

'prosit! ['pro:zit] *beim Trinken*: (alla) salute!, cin cin!; **~ *Neujahr!*** buon anno!

Pros'pekt [pros'pɛkt] *m* (-[*e*]*s*; -*e*) prospetto *m*

Prosti|tu'ierte [prostitu'i:rtə] *f* (-*n*; -*n*) prostituta *f*; **~tu'tion** [-tuts'jo:n] *f* (-; *senza pl*) prostituzione *f*

prot. ***protestantisch*** protestante

Pro'test [-'tɛst] *m* (-[*e*]*s*; -*e*) protesta *f*; *econ* protesto *m*; **2'ieren** (*senza ge-, h*) protestare

Pro'these [-'te:zə] *f* (-; -*n*) protesi *f*

Proto'koll [-to'kɔl] *n* (-*s*; -*e*) *jur* verbale *m*; *pol, diplomatisch*: protocollo *m*; ***zu* ~ *nehmen*** protocollare

Pro'viant [prov'jant] *m* (-*s*; -*e*) provviste *f/pl*, vettovaglie *f/pl*

Pro'vinz [-'vints] *f* (-; -*en*) provincia *f*

Prov|i'sion [-viz'jo:n] *f* (-; -*en*) provvigione *f*, provvisione *f*; **2i'sorisch** [-'zo:riʃ] provvisorio

Provo|ka'tion [-vokats'jo:n] *f* (-; -*en*) provocazione *f*; **2'zieren** [-'tsi:rən] (*senza ge-, h*) provocare

Pro'zent [-'tsɛnt] *n* (-[*e*]*s*; -*e*) percento *m*; **~satz** *m* percentuale *f*; tasso *m* d'interesse

Pro'zess [-'tsɛs] *m* (-*es*; -*e*) processo *m*; ***e-n* ~ *führen*** fare un processo

prozes'sieren [-'si:rən] (*senza ge-, h*) processare, fare un processo

P

Prozes'sion [-'joːn] *f* (-; *-en*) processione *f*
Pro'zesskosten [-kɔstən] *pl* spese *f*/*pl* processuali
'prüf|en ['pryːfən] (*h*) provare; (*untersuchen*) esaminare; (*inspizieren*) ispezionare; controllare; *tec* collaudare; **'♀ling** ['-liŋ] *m* (-*s*; -*e*) esaminando *m*; **'♀ung** *f* (-; -*en*) prova *f*; esame *m*; **'♀ungsarbeit** *f* compito *m* d'esame; **'♀ungszeugnis** *n* diploma *m*
'Prügel ['pryːgəl] *m* (-*s*; -) randello; *pl* bastonate *f*/*pl*; **'~ei** [-'laɪ] *f* (-; -*en*) zuffa *f*; **'♀n** (*h*) bastonare; **'~strafe** *f* pena *f* corporale
Prunk [pruŋk] *m* (-[*e*]*s*; *senza pl*) fasto *m*, sfarzo *m*; **'♀voll** sfarzoso
PS ***Pferdestärke*** cavallo vapore; ***Postskriptum*** poscritto
'Psych|e ['psyːçə] *f* (-; -*n*) psiche *f*; anima *f*; **~i'ater** [psyçi'ɑːtər] *m* (-*s*; -) psichiatra *m*; **'♀isch** ['psyːçiʃ] psichico; **~olo'gie** [psyçolo'giː] *f* (-; *senza pl*) psicologia *f*
Puber'tät [pubɛr'tɛːt] *f* (-; *senza pl*) pubertà *f*
Publika'tion [publiːkats'joːn] *f* (-; -*en*) pubblicazione *f*
'Publikum ['puːblikum] *n* (-*s*; *senza pl*) pubblico *m*
publi'zieren [publi'tsiːrən] (*senza ge-*, *h*) pubblicare
'Pudding ['pudiŋ] *m* (-*s*; -*e*) budino *m*
'Pudel ['puːdəl] *m* (-*s*; -) barboncino *m*, barbone *m*
'Puder ['puːdər] *m* (-*s*; -) cipria *f*; **'♀n** (*h*) incipriare
Puff [puf] *m* (-[*e*]*s*; ¨-*e*) spinta *f*, spintone *m*; colpo *m*; pugno *m*; ***Püffe austeilen*** dare dei cazzotti; (-*s*; -*s*) P (*Bordell*) casa *f* di tolleranza, P casino *m*
Pul'lover [pul'oːvər] *m* (-*s*; -) maglia *f*
Puls [puls] *m* (-*es*; -*e*) polso *m* (***fühlen*** sentire); **'~ader** *f* arteria *f* radiale
Pult [pult] *n* (-[*e*]*s*; -*e*) leggio *m*; *Schule*: cattedra *f*
'Pulver ['pulfər] *n* (-*s*; -) polvere *f*; *med* polverina *f*; **'~fass** *n* barile *m* di polvere; **'~kaffee** *m* caffè *m* in polvere; **'~schnee** *m* neve *f* farinosa
'Pumpe ['pumpə] *f* (-; -*n*) pompa *f*; **'♀n** (*h*) pompare; F (*leihen*) prestare; F (*entleihen*) prendere a prestito
'Pumpernickel ['-pərnikəl] *m* (-*s*; -) pane *m* nero della Vestfalia
Punkt [puŋkt] *m* (-[*e*]*s*; -*e*) punto *m*; ***~ 10 Uhr*** alle dieci in punto; ***der tote ~*** il punto morto
'pünktlich ['pyŋktliç] puntuale; **'♀keit** *f* puntualità *f*
Punsch [punʃ] *m* (-[*e*]*s*; -*e*) ponce *m*
Pu'pille [pu'pilə] *f* (-; -*n*) pupilla *f*
'Puppe ['pupə] *f* (-; -*n*) bambola *f*; (*Drahtpuppe u fig*) marionetta *f*
pur [puːr] puro; *Getränke*: liscio
Pü'ree [py'reː] *n* (-*s*; -*s*) purè *m*, passata *f* di patate
'Purpur ['purpur] *m* (-*s*; *senza pl*) porpora *f*
'Pustel ['pustəl] *f* (-; -*n*) pustola *f*
'pusten ['puːstən] (*h*) soffiare; (*keuchen*) ansimare
'Pute ['puːtə] *f* (-; -*n*) tacchina *f*; F (*dumme ~*) oca *f*
Putsch [putʃ] *m* (-[*e*]*s*; -*e*) tentativo *m* di rivolta; putsch *m*
Putz [puts] *m* (-*es*; *senza pl*) abbigliamento *m*; articoli *m*/*pl* di moda; *arch* intonaco *m*; **'♀en** (*h*) **1.** *v*/*t* pulire; *blank*: lustrare; *Haus*: far pulizia; *Nase*: soffiare; *arch* intonacare; **2. *sich ~*** abbigliarsi; **'~frau** *f* donna *f* delle pulizie; **'~lappen** *m* strofinaccio *m*
Py'jama [py'jaːma] *m* (-*s*; -*s*) pigiama *m*
Pyra'mide [-ra'miːdə] *f* (-; -*n*) piramide *f*
Pyrenäen [pyre'nɛːən] *pl* Pirenei *m*/*pl*

P

Q

q ***Quadrat*** quadrato
qkm ***Quadratkilometer*** chilometro quadrato
qm ***Quadratmeter*** metro quadrato
Qua'drat [kva'drɑːt] *n* (-[*e*]*s*; -*e*) quadrato *m*; **≈isch** quadrato; **~meter** *m u n* metro *m* quadrato; **~meterpreis** *m* prezzo *m* al metro quadrato
'quaken ['kvɑːkən] *v/i* (*h*) gracidare; *Enten*: schiamazzare
Qual [kvɑːl] *f* (-; -*en*) tormento *m*, pena *f*; martirio *m*
quälen ['kvɛːlən] (*h*) tormentare
Quali|fika'tion [kvalifikats'joːn] *f* (-; -*en*) qualificazione *f*, qualifica *f*; (*senza pl*) (*Fähigkeit*) attitudine *f*; **≈fi'zieren** (*senza ge-*, *h*) qualificare; **≈fi'ziert** qualificato, adatto, atto (***zu*** per)
Quali'tät [-'tɛːt] *f* (-; -*en*) qualità *f*; **≈ta'tiv** qualitativo; **~'tätskontrolle** *f* controllo *m* della qualità; **~'tätsmanagement** *n* gestione *f* di qualità
Quali'täts|sicherung *f* garanzia *f* di qualità; **~steigerung** *f* miglioramento *m* della qualità; **~ware** *f* merce *f* di prima qualità
Qualle ['kvalə] *f* (-; -*n*) *zo* medusa *f*
Qualm [kvalm] *m* (-[*e*]*s*; *senza pl*) fumo *m* denso, caligine *f*; **'≈en** (*h*) mandar un fumo denso
Quanti't|ät [kvanti'tɛːt] *f* (-; *senza pl*) quantità *f*; **≈a'tiv** quantitativo
Quaran'täne [karan'tɛːnə] *f* (-; -*n*) quarantena *f*
Quark [kvark] *m* (-*s*; *senza pl*) ricotta *f*
Quar'tal [kvar'tɑːl] *n* (-*s*; -*e*) trimestre *m*; **≈weise** a trimestri
Quar'tett [-'tɛt] *n* (-[*e*]*s*; -*e*) quartetto *m*
Quar'tier [-'tiːr] *n* (-*s*; -*e*) alloggio *m*
Quarz [kvarts] *m* (-*es*; -*e*) quarzo *m*
quasseln F ['kvasəln] (*h*) cianciare
Quaste ['kvastə] *f* (-; -*n*) nappa *f*
Quatsch F [kvatʃ] *m* (-*es*; *senza pl*) sciocchezze *f/pl*; **'≈en** (*h*) ciarlare; dire sciocchezze
Quecksilber ['kvɛkzilbər] *n* (-*s*; *senza pl*) mercurio *m*
'Quelle ['kvɛlə] *f* (-; -*n*) sorgente *f*; *fig* fonte *f*; ***aus guter ~ haben*** sapere da buona fonte; **'~nnachweis** *m* bibliografia *f*; **'~nsteuer** *f* imposta *f* alla fonte, ritenuta *f* alla base
'quengeln ['kvɛŋəln] (*h*) F piagnucolare
quer [kveːr] **1.** *adj* trasversale; **2.** *adv* di traverso; attraverso; ***~ durchgehen*** attraversare; → ***quergehen***; **'≈balken** *m* traversa *f*
'Quere ['kveːrə] *f* (-; *senza pl*) traverso *m*; ***j-m in die ~ kommen*** contrariare qu; ***es ist ihm et in die ~ gekommen*** ha avuto un contrattempo
quer|feld'ein [-fɛlt'ʔaɪn] attraverso i campi; **'~gehen** *v/i* (*irr*, *sep*, -*ge*-, *sn*, → ***gehen***) *fig* andar male; **'≈schiff** *n* *arch* navata *f* trasversale; **'≈schnitt** *m* sezione *f* trasversale; *arch* profilo *m*; **'≈straße** *f* traversa *f*; **'≈summe** *f* *mat* somma *f* delle cifre componenti un numero; **'≈treiber** *m* intrigante *m*; **'≈verbindung** *f* comunicazione *f* trasversale; filo *m* diretto
'quetsch|en ['kvɛtʃən] (*h*) schiacciare; ammaccare; (*aus~*) spremere; **'≈wunde** *f* contusione *f*
'quieken ['kviːkən] (*h*) strillare; *Tiere*: stridere
'quietschen ['kviːtʃən] (*h*) *Tür*: stridere, cigolare; *Tiere*: squittire
Quirl [kvirl] *m* (-[*e*]*s*; -*e*) frullino *m* (*a fig*)
quitt [kvit] libero; ***wir sind ~*** siamo pari
'Quitte *bot* ['kvitə] *f* (-; -*n*) cotogna *f*
quit't|ieren [kvi'tiːrən] (*senza ge-*, *h*) quietanzare; rilasciare una ricevuta per; accusare la ricevuta; **'≈ung** ['-tuŋ] *f* (-; -*en*) ricevuta *f*, quietanza *f*
Quiz [kvis] *n* (-; -) quiz *m* radiofonico (*od* televisivo); **'~master** ['-mɑːstər] *m* (-*s*; -) radiopresentatore *m*, telepresentatore *m* (di un gioco a quiz)
'Quote ['kvoːtə] *f* (-; -*n*) quota *f*; **'~nregelung** *f* quota *f* garantita

R

RA ***Rechtsanwalt*** avvocato
Ra'batt *econ* [ra'bat] *m* (-[*e*]*s*; -*e*) ribasso *m*; sconto *m*
'Rabe ['rɑːbə] *m* (-*n*; -*n*) *zo* corvo
rabi'at [rab'jɑːt] arrabbiato, furioso
'Rache ['raxə] *f* (-; *senza pl*) vendetta *f*
'Rachen ['raxən] *m* (-*s*; -) *anat* gola *f*; faringe *f*
'rächen ['rɛçən] (*h*) vendicare; ***sich ~*** vendicarsi (***an*** *dat* su)
Rad [rɑːt] *n* (-[*e*]*s*; ⸚*er*) ruota *f*; (*Fahr*♀) bicicletta *f*; ***~ fahren*** andare in bicicletta; **~'achse** *f* asse *m* della ruota; sala *f*
Ra'dar [ra'dɑːr] *m od n* (-*s*; *senza pl*) radar *m*; **~falle** *f* F radar *m*; **~kontrolle** *f* controllo *m* radar
Ra'dau F [-'daʊ] *m* (-*s*; *senza pl*) baccano *m*; **~bruder** *m* F chiassone *m*
'radeln F ['-dəln] (*sn*) andare in bicicletta, pedalare
'Rädelsführer ['rɛːdəlsfyːrər] *m* caporione *m*
'radfahren → ***Rad***
'Rad|fahrer(in) *m*(*f*) ciclista *m*/*f*; **'~fahrt** *f* gita *f* in bicicletta; **'~fahrweg** *m* pista *f* ciclabile
ra'dier|en [ra'diːrən] (*senza ge-*, *h*) raschiare; cancellare; **♀gummi** *m* gomma *f* per cancellare
Ra'dieschen *bot* [-'diːsçən] *n* (-*s*; -) ravanello *m*
radi'kal [-di'kɑːl] radicale; *pol* estremista
'Radius ['-djus] *m* (-; -*dien*) raggio *m*
'Rad|rennen *n* gara *f* ciclistica; (*Rundfahrt*) Giro *m*, Tour *f*; **'~sport** *m* ciclismo *m*; **'~tour** *f*, **'~wanderung** *f* gita *f* in bicicletta; **'~weg** *m* pista *f* ciclabile
RAF ***Rote Armee Fraktion*** organizzazione terroristica tedesca
Raffin|e'rie [rafinə'riː] *f* (-; -*n*) raffineria *f*; **~'esse** [-'nɛsə] *f* (-; -*n*) *fig* astuzia *f*; **♀'iert** *fig* astuto; furbo; scaltro
Ra'gout [ra'guː] *n* (-*s*; -*s*) *gastr* ragù *m*
Rahm [rɑːm] *m* (-[*e*]*s*; *senza pl*) crema *f* (del latte), panna *f*
'Rahmen ['rɑːmən] *m* (-*s*; -) cornice *f*; *fig* quadro *m*; ambito *m*; ***im ~ von*** *fig* nell'ambito di; ***aus dem ~ fallen*** essere fuori dell'ordinario; **'~bedingungen** *pl* condizioni *f*/*pl* generali; **'~gesetz** *n* legge *f* quadro
Ra'kete [ra'keːtə] *f* (-; -*n*) razzo *m*; *mil* missile *m*; **~nantrieb** ['-ʔan-] *m* propulsione *f* a razzo
'rammen ['ramən] (*h*) conficcare; *mar* speronare; *auto* tamponare
'Rampe ['rampə] *f* (-; -*n*) rampa *f*; **'~nlicht** *n* luce *f* della ribalta
Ramsch [ramʃ] *m* (-*es*; -*e*) robaccia *f*
Rand [rant] *m* (-[*e*]*s*; ⸚*er*) orlo *m*; bordi *m*/*pl*; (*Wasser*♀) sponda *f*; (*Papier*♀, *Wund*♀) margine *m*; (*Stadt*♀) periferia *f*; ***außer ~ und Band*** *fig* fuori di sé; → ***zurande***
randa'lieren [randa'liːrən] (*senza ge-*, *h*) *Betrunkene etc*: far baccano, strepitare
'Rand|bemerkung ['rantbəmɛrkuŋ] *f* nota *f* marginale; *fig* osservazione *f*; **'~löser** *m* (-*s*; -) *Schreibmaschine*: liberamargine *m*; **'~streifen** *m* *Autobahn*: corsia *f* d'emergenza
Rang [raŋ] *m* (-[*e*]*s*; ⸚*e*) grado *m*; categoria *f*, classe *f*; *tea* galleria *f*; *mil* rango *m*
Ran'gier|... [rã'ʒiːr...]: *in Zssgn fer* di manovra; **~bahnhof** *m* stazione *f* di smistamento; **♀en** (*senza ge-*, *h*) *fer* manovrare; *Platz*: occupare
'ranzig ['rantsiç] rancido
'Rappe ['rapə] *m* (-*n*; -*n*) morello *m*
Raps *bot* [raps] *m* (-*es*; -*e*) colza *f*
rar [rɑːr] raro; ***~ werden*** scarseggiare; **♀i'tät** [rari'tɛːt] *f* (-; -*en*) rarità *f*
ra'sant [ra'zant] radente; velocissimo
rasch [raʃ] **1.** *adj* pronto; veloce, rapido; **2.** *adv* presto
'rascheln ['raʃəln] *v/i* (*h*) frusciare
'rasen ['rɑːzən] *v/i* (*h*) (*toben*) smaniare, essere furioso; (*sn*) *Auto*: andare a gran carriera; sfrecciare; ***rase nicht so!*** non andare così in fretta!; **'~d** *adj* furioso; *Schmerz*: acutissimo
'Rasen ['rɑːzən] *m* (-*s*; -) tappeto *m*

R

verde; prato *m*, erba *f*; '**~mäher** *m* tosatrice *f*; '**~platz** *m* prato *m*

Ra'sier|apparat [ra'ziːrʔaparaːt] *m* rasoio *m*; *elektrisch*: rasoio *m* elettrico; **~creme** *f* crema *f* da barba; **&en** (*senza ge-, h*) fare la barba a; radere; ***sich*** (*dat*) **~ *lassen*** farsi fare la barba; **~klinge** *f* lametta *f* da rasoio; **~messer** *n* rasoio *m*; **~pinsel** *m* pennello *m* da barba; **~seife** *f* sapone *m* da barba; **~zeug** *n* utensili *m/pl* da barba

'**Rasse** ['rasə] *f* (-; *-n*) razza *f*; '**~nunruhen** ['-ʔun-] *f/pl* disordini *m/pl* razziali

'**rass|ig** ['rasiç] di razza; '**~isch** razziale

Rast [rast] *f* (-; *senza pl*) sosta *f*; (*Ruhe*) riposo *m*; ***ohne*** **~** senza posa

'**rast|en** ['rastən] (*h*) sostare; *ausruhen*: riposare; '**&haus** *n* posto *m* di ristoro; area *f* di servizio; '**~los** instancabile; (*unruhig*) irrequieto; '**&stätte** *f* autogrill *m*

Rat [raːt] *m* (-[*e*]*s*; *⸗e*) consiglio *m*; *Person*: consigliere *m*; ***auf j-s*** **~** per consiglio di qu; ***um*** **~** ***fragen*** chiedere consiglio (***j-n*** da qu) → ***zurate***

'**Rate** ['raːtə] *f* (-; *-n*) rata *f*

'**raten** ['raːtən] (*riet, geraten, h*) consigliare; (*er~*) indovinare

'**Raten|kauf** *m* acquisto *m* a rate; '**~zahlung** *f* pagamento *m* a rate

'**Rathaus** *n* palazzo *m* municipale, municipio *m*

Ratif|ika'tion [ratifikats'joːn] *f* (-; *-en*) ratifica *f*; **&i'zieren** (*senza ge-, h*) ratificare

ration|ali'sieren [ratsjonali'ziːrən] (*senza ge-, h*) razionalizzare; **&ali'sierung** *f* (-; *-en*) razionalizzazione *f*; **~'ell** [-'nɛl] razionale; **~'ieren** (*senza ge-, h*) razionare; **&'ierung** *f* (-; *-en*) razionamento *m*

rat|los perplesso; '**~sam** consigliabile; indicato; raccomandabile; prudente

Rätsel ['rɛːtsəl] *n* (*-s*; -) enigma *m*; *Spiel*: indovinello *m*; *fig* mistero *m*

'**Ratte** ['ratə] *f* (-; *-n*) ratto *m*; topo *m*

rattern ['ratərn] (*h*) crepitare

rau [raʊ] ruvido; (*heiser*) rauco; *Wetter*: rigido; *Gegend*: selvaggio; '**&reif** *m* brina *f*

Raub [raʊp] *m* (-[*e*]*s*; *senza pl*) rapina *f*; (*Beute*) preda *f*; (*Entführung*) ratto *m*; (*Überfall*) assalto *m*; '**~bau** *m* sfruttamento *m* predace; '**&en** ['-bən] (*h*) rubare; *j-n*: rapire

'**Räuber** ['rɔʏbər] *m* (*-s*; -) ladro *m*; (*Straßen&*) brigante *m*; (*Entführer*) rapitore *m*

'**Raub|mord** *m* assassinio *m* per rapina; '**~tier** *n* animale *m* rapace, bestia *f* feroce; '**~überfall** *m* aggressione *f* a scopo di rapina; assalto *m* a mano armata; '**~vogel** *m* uccello *m* rapace

Rauch [raʊx] *m* (-[*e*]*s*; *senza pl*) fumo *m*; '**&en** (*h*) fumare; '**~er** *m* (*-s*; -), '**~erin** *f* (-; *-nen*) fumatore *m*, -trice *f*; '**~erabteil** ['-ʔaptail] *n* (s)compartimento *m* per fumatori

'**Räucher|aal** ['rɔʏçərʔaːl] *m* anguilla *f* affumicata; '**~lachs** *m* salmone *m* affumicato; '**&n** (*h*) *gastr* affumicare

'**rauch|ig** fumoso; '**&verbot** *n* divieto *m* di fumare; '**&wolke** *f* nuvola *f* di fumo

rauh → ***rau***

Raum [raʊm] *m* (-[*e*]*s*; *Räume*) spazio *m*; (*Gebiet*) zona *f*; (*Räumlichkeit*) locale *m*; (*Zimmer*) vano *m*, ambiente *m*

'**räumen** ['rɔʏmən] (*h*) sgomb(e)rare; *Hindernisse*: togliere di mezzo; *Gebiet*: evacuare; ***aus dem Weg*** **~** sbarazzarsi di

'**Raum|fahrt** *f* astronautica *f*; '**~forschung** *f* esplorazione *f* spaziale

'**räumlich** ['rɔʏmliç] dello (*od* nello) spazio; spaziale; tridimensionale; '**&keit** *f* (-; *-en*) vano *m*; luogo *m*; locale *m*

'**Raum|schiff** *n* astronave *f*; '**~station** *f* stazione *f* spaziale

'**Räumung** ['rɔʏmuŋ] *f* (-; *-en*) abbandono *m*; sgomb(e)ro *m*; *e-s Ortes*: evacuazione *f*; '**~sverkauf** *m* liquidazione *f* totale

'**Raupe** ['raʊpə] *f* (-; *-n*) *zo* bruco *m*

raus! [raʊs] fuori!; → ***heraus***

Rausch [raʊʃ] *m* (-[*e*]*s*; *Räusche*) sbornia *f*; *fig* ebbrezza *f*; '**&en** ['-ʃən] (*h*) mormorare; *Regen*: scrosciare

'**Rauschgift** *n* stupefacente *m*; '**~bekämpfung** *f* lotta *f* contro gli stupefacenti; '**~handel** *m* traffico *m* di stupefacenti; narcotraffico *m*; '**~kriminalität** *f* criminalità *f* connessa con la droga; '**&süchtig** tossicomane

'**räuspern** ['rɔʏspərn]: ***sich*** **~** (*h*) schiarirsi la gola; F tossire

'**Razzia** ['ratsja] *f* (-; *-ien*) razzia *f*

R

rd. ***rund*** (***gerechnet***) in cifre tonde
rea'gieren [rea'giːrən] (*senza ge-, h*) reagire (***auf*** *acc* a)
Reak'tion [reakts'joːn] *f* (-; -*en*) reazione *f*; **2'är** *adj* reazionario
Re'aktor [re'aktɔr] *m* (-*s*; -*en* [-'toːrən]) reattore *m*
re'al [re'ɑːl] reale; **2einkommen** *n* reddito *m* reale; **~i'sieren** [-ali'ziːrən] (*senza ge-, h*) realizzare; **2i'sierung** *f* (-; *raro* -*en*) realizzazione *f*; **2ist** [rea'list] *m* (-*en*; -*en*) realista *m/f*; **~'istisch** realistico; **2i'tät** *f* (-; -*en*) realtà *f*; **2schule** *f* scuola *f* tecnica
'Rebe ['reːbə] *f* (-; -*n*) vite *f*
Re'bell [re'bɛl] *m* (-*en*; -*en*) ribelle *m*; **2'ieren** (*senza ge-, h*) ribellarsi
'Rebhuhn ['rɛphuːn] *n zo* pernice *f*
'Rechen|fehler ['rɛçənfeːlər] *m* errore *m* di calcolo; **'~maschine** *f* calcolatrice *f*; **'~schaft** *f* (-; *senza pl*) rendiconto *m*; ***~ ablegen*** rendere conto; ***j-n zur ~ ziehen*** domandar conto a qu; **'~schaftsbericht** *m* rendiconto *m*, bilancio *m* consuntivo; **'~zentrum** *n* centro *m* di calcolo elettronico
'rechn|en ['rɛçnən] (*h*) calcolare; ***mit et ~*** contare su qc; aspettarsi qc; ***mit j-m ~*** contare su qu; **'2er** *m* (-*s*; -) calcolatore *m*; *econ* computista *m*; computer *m*; **'~erisch** aritmetico; calcolatore; **'2ung** ['-nuŋ] *f* (-; -*en*) conto *m*; fattura *f*; ***in ~ stellen*** mettere in conto
'Rechnungs|ablage *f* rendiconto *m*; **'~betrag** *econ m* importo *m* della fattura; **'~führung** *f* contabilità *f*; **'~jahr** *n* esercizio *m*; **'~legung** *f* resa *f* dei conti; **'~wesen** *n* (-*s*; *senza pl*) contabilità *f*
recht [rɛçt] **1.** *fig adj* giusto; (*wirklich*) vero; *mat* retto; destro; **2.** *adv* assai; (*genau*) precisamente; ***zur ~en Zeit*** in tempo; ***ich weiß nicht ~*** non so proprio; ***es j-m ~ machen*** accontentare qu; ***ist es Ihnen ~?*** Le va bene?, Le torna comodo?; ***~ haben*** aver ragione
Recht [rɛçt] *n* (-[*e*]*s*; -*e*) diritto *m*; ragione *f*; legge *f*; ***mit ~*** a ragione; ***im ~ sein*** aver ragione; ***von ~s wegen*** di diritto; ***zu ~ bestehen*** essere sanzionato dalle leggi
'Recht|eck ['rɛçtˀɛk] *n* (-[*e*]*s*; -*e*) rettangolo *m*; **'2eckig** rettangolare; **'2fertigen** ['rɛçtfɛrtigən] (*h*) giustificare; **'~fertigung** *f* (-; -*en*) giustificazione *f*; **'2haberisch** ['rɛçthɑːbəriʃ] prepotente; **'2lich** retto; *jur* legale; **'2los** senza diritto; (*rechtswidrig*) illegale; (*unrechtmäßig*) illegittimo; **'2mäßig** legittimo
rechts [rɛçts] a destra; ***~ gehen*** tenere la destra
'Rechts|abbieger *m* (-*s*; -) *Verkehr*: chi svolta a destra; **'~anspruch** *m* diritto *m* (giuridico) (***auf*** *acc* a); **'~anwalt** *m* avvocato *m*; **'~anwältin** *f* avvocatessa *f*; **'~außen** *m* (-; -) *Sport*: ala *f* destra
'Rechtschreib|prüfpro'gramm *n inform* programma *m* di ortografia e grammatica; **'~re'form** *f* riforma *f* ortografica; **'~ung** *f* ortografia *f*
'rechts|extrem *adj* estremista di destra; **'2fall** *m* caso *m* giuridico; **'2frage** *f* questione *f* giuridica; **'~kräftig** valido; ***~ werden*** passare in giudicato; **'2mittel** *n* mezzo *m* legale; ricorso *m* (***einlegen*** interporre)
'Rechtsprechung ['rɛçtʃprɛçuŋ] *f* (-; *senza pl*) giurisprudenza *f*; giurisdizione *f*
'rechts|radikal *adj* radicale di destra; **'2schutz** *m* protezione *f* della legge; **'2schutzversicherung** *f* assicurazione *f* per la copertura delle spese giudiziarie; **'2staat** *m* Stato *m* di diritto; **'2streit** *m* causa *f*; **'2verkehr** *m* circolazione *f* a destra; **'2weg** *m jur* via *f* legale; **'~widrig** illegale; **'2wissenschaft** *f* giurisprudenza *f*
'recht|wink(e)lig ['rɛçtviŋk(ə)liç] rettangolare; **'~zeitig** ['-tsaɪtiç] opportuno; *adv* a proposito; in tempo; *fer* in orario
Redak|'teur [redak'tøːr] *m* (-*s*; -*e*), **~'teurin** *f* (-; -*nen*) redattore *m*, -trice *f*; **~'tion** [-ts'joːn] *f* (-; -*en*) redazione
'Rede ['reːdə] *f* (-; -*n*) discorso *m*; (*Sprache*) parole *f/pl*; (*Vortrag*) conferenza *f*; (*Gerücht*) voce *f*; ***eine ~ halten*** tenere un discorso; ***es ist nicht der ~ wert*** non vale la pena di parlarne; ***j-n zur ~ stellen*** chieder ragione a qu
'Rede|freiheit *f* libertà *f* di parola; **'2gewandt** eloquente; **'~kunst** *f* retorica *f*; **'~wendung** *f* locuzione *f*
'reden ['reːdən] (*h*) parlare; ***von sich machen*** far parlare di sé; ***mit sich lassen*** intender ragione
'Redner ['reːtnər] *m* (-*s*; -) oratore *m*

redu'zieren [redu'tsiːrən] (*senza ge-, h*) ridurre
'Reeder ['reːdər] (*-s; -*) armatore *m*; **~'rei** [-'raɪ] *f* (*-; -en*) società *f* di navigazione; società *f* d'armatori
re'ell [re'ɛl] reale; (*ehrlich*) onesto; *Waren*: solido; *Preis*: modesto
Refe'r|ent [refe'rɛnt] *m* (*-en; -en*) relatore *m*; **~'enz** [-'rɛnts] *f* (*-; -en*) referenza *f*
refl|ek'tieren [-flɛktiːrən] (*senza ge-, h*) riflettere; ***auf et*** (*acc*) **~** avere qc in vista; aspirare a qc; **2'ex** [-'flɛks] *m* (*-es; -e*) riflesso *m*
Re'form [-'fɔrm] *f* (*-; -en*) riforma *f*; **~a'tion** [-mats'joːn] *f* (*-; senza pl*) *hist* Riforma *f*; **~'ator** [-'mɑːtɔr] *m* (*-s; -en* [-ma'toːrən]) riformatore *m*; **~er** *m* (*-s; -*) riformista *m*; **2'ieren** (*senza ge-, h*) riformare; **~politik** *f* politica *f* delle riforme
Re'gal [re'gɑːl] *n* (*-s; -e*) scaffale *m*
Re'gatta [-'gata] *f* (*-; -ten*) *mar* regata *f*
Reg.-Bez. ***Regierungsbezirk*** distretto amministrativo
rege ['reːgə] (*tätig*) attivo; vivo
Regel ['reːgəl] *f* (*-; -n*): ***in der*** **~** di regola, normalmente, ordinariamente; **'2mäßig** regolare; **'2n** (*h*) regolare, sistemare, assestare; *Verkehr*: dirigere; **'~ung** *f* (*-; -en*) regolazione *f*, sistemazione *f*, assestamento *m*, coordinamento *m*, disciplina *f*; **'2widrig** irregolare
Regen ['reːgən] *m* (*-s; -*) pioggia *f*; **'~bogen** *m* arcobaleno *m*; **'~mantel** *m* impermeabile *m*; **'~schauer** *m* (*-s; -*) acquazzone *m*; **'~schirm** *m* ombrello *m*; **'~tag** *m* giornata *f* di pioggia; **'~tropfen** *m* goccia *f* di pioggia; **'~wetter** *n* tempo *m* piovoso; **'~wurm** *m* lombrico *m*; **'~zeit** *f* stagione *f* delle piogge
Re'gie [re'ʒiː] *f* (*-; senza pl*) regia *f*; *tea* direzione *f* artistica
re'gier|en [re'giːrən] (*senza ge-, h*) **1.** *v/i* regnare; **2.** *v/t* governare; **2ung** *f* (*-; -en*) governo *m*; *e-s Königs*: regno *m*
Re'gierungs|feindlich antigovernativo; **2chef** *m* capo *m* del governo; **2krise** *f* crisi *f* governativa; **2partei** *f* partito *m* del governo; **2programm** *n* programma *m* governativo; **2truppen** *f/pl* forze *f/pl* governative; **2wechsel** *m* cambiamento *m* di governo; **2zeit** *f* governo *m*; *e-s Königs*: regno *m*
Re'gime [re'ʒiːm] *n* (*-s; -* [-mɛ]) regime *m*
Re'gion [reg'joːn] *f* (*-; -en*) regione *f*; **2'al** [-gjo'nɑːl] *adj* regionale; *adv* regionalmente
Regis'seur [reʒi'søːr] *m* (*-s; -e*) regista *m*
Re'gist|er [-'gistər] *n* (*-s; -*) registro *m*; *Buch*: indice *m*; **2'rieren** (*senza ge-, h*) registrare
'regn|en ['reːgnən] (*h*) piovere; **'~erisch** ['-nəriʃ] piovoso
Re'gress [re'grɛs] *m* (*-es; -e*) *jur* regresso *m*
regu'l|är [regu'lɛːr] regolare; **~'ieren** (*senza ge-, h*) regolare
Reh [reː] *n* (*-[e]s; -e*) *zo* capriolo *m*
rehabili'tier|en [rehabili'tiːrən] (*senza ge-, h*) riabilitare; **2ung** *f* riabilitazione *f*
'reib|en (*rieb, gerieben, h*) (s)fregare; (*scheuern*) strofinare; **'~ungslos** *fig* liscio; senza difficoltà
reich [raɪç] ricco; **~** ***werden*** arricchire
Reich [raɪç] *n* (*-[e]s; -e*) regno *m*; (*Kaiser2*) impero *m*
'reichen ['raɪçən] (*h*) **1.** *v/i* giungere, arrivare a; stender la mano (***nach*** verso); (*genügen*) bastare; **2.** *v/t* porgere; (*herüber~*) passare
'reichhaltig ['raɪçhaltiç] abbondante
'reichlich ['raɪçliç] abbondante; ricco
'Reichtum ['raɪçtuːm] *m* (*-s; ¨er*) ricchezza *f*; abbondanza *f*
reif [raɪf] maturo
Reif [raɪf] *m* (*-[e]s; senza pl*) (*Frost*) brina *f*
'Reife ['raɪfə] *f* (*-; senza pl*) maturità *f*
'reifen (*sn*) *zu* ***reif***: maturare
'Reifen ['-fən] *m* (*-s; -*) *Auto, Fahrrad*: pneumatico *m*, gomma *f*; **'~druck** *m* pressione *f* delle gomme; **'~panne** *f* foratura *f*; **'~wechsel** *m* cambio *m* di pneumatico
'Reifezeugnis *n* certificato *m* di maturità
'reiflich ['-liç] maturo; **~** ***überlegen*** ponderare bene, riflettere profondamente
'Reihe ['raɪə] *f* (*-; -n*) fila *f*; (*Serie*) *mat* serie *f*; ***ich bin an der*** **~** tocca a me; ***der*** **~** ***nach*** per ordine; ***außer der*** **~**

fuori turno; '**~nfolge** *f* ordine *m*; turno *m*
rein[1] [raɪn] F = ***herein, hinein***
rein[2] [raɪn] **1.** *adj* puro; limpido; nitido; chiaro; (*sauber*) pulito; **2.** *adv* proprio
'**Rein|fall** *m* fiasco *m*; '**⁀fallen** (*irr, sep, -ge-, sn,* → ***fallen***) cascarci; '**~gewinn** *m* guadagno *m* netto; '**~heit** *f* (-; *senza pl*) purezza *f*
'**reinig|en** ['raɪnigən] (*h*) pulire; (*entflecken*) smacchiare; (*chemisch*) lavare a secco; '**⁀ung** *f* (-; *-en*) pulizia *f*; smacchiatura *f*; *chim* lavaggio *m* a secco; tintoria *f*; '**⁀ungsmittel** *n* detersivo *m*
Reis [raɪs] *m* (*-es*; *senza pl*) riso *m*
'**Reise** ['raɪzə] *f* (-; *-n*) viaggio *m*; '**~andenken** *n* ricordo *m* (di viaggio), souvenir *m*; '**~bekanntschaft** *f* conoscenza *f* fatta in viaggio; '**~apotheke** *f* farmacia *f* portatile; '**~bericht** *m* relazione *f* (*od descrizione f*) di un viaggio; '**~büro** *n* agenzia *f* (di) viaggi; '**~bus** *m* pullman *m*; '**⁀fertig** pronto a (*od* per) partire; '**~fieber** *n* febbre *f* della partenza; '**~führer** *m* guida *f* turistica (*Buch u Person*); '**~gepäck** *n* bagaglio *m*; '**~gepäckversicherung** *f* assicurazione *f* dei bagagli; '**~gesellschaft** *f* comitiva *f*; compagnia *f* (*od società f*) di viaggi; '**~leiter(in)** *m*(*f*) guida *f* di una comitiva; accompagnatore *m* turistico, accompagnatrice *f* turistica
'**reisen** ['raɪzən] (*sn*) viaggiare; (*ab~*) partire; '**⁀de** *m/f* (*-n*; *-n*) viaggiatore *m*, -trice *f*; turista *m/f*
'**Reise|pass** ['raɪzəpas] *m* passaporto *m*; '**~prospekt** *m* dépliant *m* turistico; '**~route** ['raɪzəru:tə] *f* itinerario *m*; '**~scheck** *m* assegno *m* turistico; '**~spesen** *pl* spese *f/pl* di viaggio; '**~tasche** *f* borsa *f* da viaggio; '**~verkehr** *m* traffico *m* turistico; turismo *m*; '**~versicherung** *f* assicurazione *f* a viaggio; '**~ziel** *n* meta *f* del viaggio
'**reiß|en** ['raɪsən] **1.** *v/t* (*riss, gerissen, h*) strappare; (*ziehen*) tirare; (*zerfleischen*) sbranare; *Witze*: dire; ***et an sich*** (*acc*) **~** *fig* impossessarsi di qc; **2.** *v/i* (*sn*) strapparsi; stracciarsi; *Geduld*: scappare; '**⁀verschluss** *m* chiusura *f* lampo; cerniera *f*; '**⁀zwecke** ['raistsvɛkə] *f* (-; *-n*) puntina *f* da disegno
'**reit|en** ['raitən] (*ritt, geritten*) **1.** *v/t* (*h*) cavalcare; **2.** *v/i* andare a cavallo; ***gut*** (***schlecht***) **~** star bene (male) a cavallo; '**⁀er** *m* (*-s*; -) cavaliere *m*; cavallerizzo *m*; fantino *m*; '**⁀erin** *f* (-; *-nen*) amazzone *f*; '**⁀lehrer** *m* maestro *m* d'equitazione; '**⁀sport** *m* equitazione *f*; ippica *f*; '**⁀unterricht** *m* lezione *f* d'equitazione
Reiz [raɪts] *m* (*-es*; *-e*) stimolo *m*; *fig* attrattiva *f*; (*Zauber*) fascino *m*; incanto *m*; '**⁀en** (*h*) stimolare; *Appetit, Neugierde*: stuzzicare; *med Gemüt*: irritare; (*anziehen*) attirare; *Kartenspiel* chiamare; '**⁀end** attraente, stimolante; incantevole; '**~gas** *n* gas *m* irritante; '**~klima** *n* clima *m* stimolante '**~ung** *f* (-; *-en*) eccitazione *f*; irritazione *f* (*a med*); '**⁀voll** pieno d'attrattive affascinante
Reklama'tion [reklamats'jo:n] *f* (-; *-en*) reclamo *m*
Re'klame [re'klɑ:mə] *f* (-; *-n*) reclame *f* pubblicità *f*; propaganda *f*
rekla'mieren [rekla'mi:rən] (*senza ge-, h*) reclamare
rekonstru'|ieren [-kɔnstru'i:rən] (*senza ge-, h*) ricostruire; **⁀k'tion** [-struk'tsjo:n] *f* (-; *-en*) ricostruzione
Re'kord [-'kɔrt] *m* (*-[e]s*; *-e*) record *m* primato *m*; ***den ~ aufstellen*** (***drücken, halten***) stabilire (battere, detenere) il record (*od* primato)
'**Rektor** ['rɛktɔr] *m* (*-s*; *-en* [-'to:rən]) (*Universität*) rettore *m*
rela'tiv [rela'ti:f] relativo
Re'lief [rel'jɛf] *n* (*-s*; *-s u -e*) rilievo *m*
Reli'gion [relig'jo:n] *f* (-; *-en*) religion *f*; fede *f*; **~sunterricht** ['-ˀun-] *m* insegnamento *m* religioso
reli'giös [-'jø:s] religioso; (*fromm*) pi
'**Reling** *mar* ['re:liŋ] *f* (-; *-s*) parapett *m*, guardacorpo *m*
Re'liquie [re'li:kvjə] *f* (-; *-n*) reliquia
Renais'sance [rənɛ'sãs] *f* (-; *senza p*) Rinascimento *m*
Rendez'vous [rãde'vu:] *n* (-; - [-'vu:s] appuntamento *m*
Ren'dite [rɛn'di:tə] *f* (-; *-n*) *econ* rend ta *f* annua
'**Renn|bahn** *f* pista *f*, (*Pferde⁀*) ippodromo *m*, (*Rad⁀*) velodromo *m*; '**~boot** *n* barca *f* da corsa; '**⁀en** (*rannt gerannt, sn*) *v/i* correre; '**~en** *n* (*-s*; corsa *f*; (*Wett⁀*) corse *f/pl*; gara *f* di co

R

sa; '**~fahrer** *m* corridore *m*; pilota *m* da corsa; '**~pferd** *n* cavallo *m* da corsa; '**~sport** *m* corse *f/pl*; gare *f/pl* di corsa; '**~strecke** *f* percorso *m*; pista *f*; '**~wagen** *m* macchina *f* da corsa

renom'miert [renɔ'mi:rt] rinomato; famoso

reno'vier|en [-no'vi:rən] (*senza ge-, h*) rinnovare; **2ung** *f* (-; *-en*) rinnovamento *m*; restauro *m*

ren'tab|el [rɛn'tɑ:bəl] redditizio; lucrativo; **2ili'tät** [-tabili'tɛ:t] *f* (-; *senza pl*) redditività *f*

'**Rent|e** ['rɛntə] *f* (-; *-n*) pensione *f*; *econ* rendita *f*; '**~enversicherung** *f* assicurazione *f* per la pensione; **2'ieren**: ***sich ~*** (*senza ge-, h*) fruttare; valere la pena; '**~ner** *m* (*-s*; -) pensionato *m*

Rep. ***Republik*** Repubblica

Repar|a'tur [repara'tu:r] *f* (-; *-en*) riparazione *f*; **~a'turwerkstatt** *f* officina *f* di riparazioni; **2'ieren** (*senza ge-, h*) accomodare, riparare, aggiustare

Repor't|age [-pɔr'tɑ:ʒə] *f* (-; *-n*) cronaca *f*; inchiesta *f*; **~er** [-'pɔrtər] *m* (*-s*; -) reporter *m*; cronista *m*; giornalista *m*, corrispondente *m*

Repräsen't|ant [-prɛzɛn'tant] *m* (*-en*; *-en*) rappresentante *m*; **2'ieren** (*senza ge-, h*) rappresentare

reprivati'sier|en [-privati'zi:rən] (*senza ge-, h*) *econ* riprivatizzare; **2ung** *f* (-; *-en*) *econ* riprivatizzazione *f*

Reproduk'tion [reprodukts'jo:n] *f* (-; *-en*) riproduzione *f*

Rep'til [rɛp'ti:l] *n* (-[*e*]*s*; *-ien*) rettile *m*

Repu'blik [repu'bli:k] *f* (-; *-en*) repubblica *f*; **~'aner** [-bli'kɑ:nər] *m* (*-s*; -), **2'anisch** *adj* repubblicano *m u adj*

Re'serve [-'zɛrvə] *f* (-; *-n*) riserva *f*; **~rad** *n* ruota *f* di scorta; **~tank** *m* tanica *f* di riserva

reser'vier|en [-zɛr'vi:rən] (*senza ge-, h*) riservare; *Zimmer*: prenotare; **2ung** *f* (-; *-en*) prenotazione *f*

Resi'denz [-zi'dɛnts] *f* (-; *-en*) residenza *f*

resig'nieren [-zig'ni:rən] (*senza ge-, h*) rinunciare; rassegnarsi

reso'lut [-zo'lu:t] risoluto, energico; **2'ion** [-luts'jo:n] *f* (-; *-en*) risoluzione *f*

Res'pekt [res'pɛkt] *m* (-[*e*]*s*; *senza pl*) rispetto *m*; **2'ieren** (*senza ge-, h*) rispettare

Res'sort [rɛ'so:r] *n* (*-s*; *-s*) spettanza *f*; incombenza *f*; (*Abteilung*) dicastero *m*; sezione *f*; reparto *m*

Rest [rɛst] *m* (-[*e*]*s*; *-e*) resto *m*; *von Stoffen*: scampolo *m*; (*Speise2*) avanzo *m*

Restau'r|ant [rɛsto'rã] *n* (*-s*; *-s*) ristorante *m*; **2'ieren** (*senza ge-, h*) restaurare

'**Rest|bestand** *m* rimanenza *f*; '**2los** totalmente, completamente, definitivamente; '**~summe** *f* somma *f* restante; '**~urlaub** *m* ferie *f/pl* residue

Resul'tat [rezul'tɑ:t] *n* (-[*e*]*s*; *-e*) risultato *m*

'**rett|en** ['rɛtən] (*h*) salvare; '**2er** *m* (*-s*; -) salvatore *m*

'**Rettich** *bot* ['rɛtiç] *m* (*-s*; *-e*) rafano *m*

'**Rettung** ['rɛtuŋ] *f* (-; *-en*) salvamento *m*, salvataggio *m*; '**~sboot** *n* battello *m* (*od barca f*) di salvataggio; '**2slos** *adj* senza scampo; *adv* irrimediabilmente; '**~sring** *m* salvagente *m*; '**~sstation** *f* guardia *f* medica

Re'vanch|e [rə'vã:ʃə] *f* (-; *-n*) rivincita *f*; **2'ieren**: ***sich ~*** (*senza ge-, h*) prendersi la rivincita; (*sich für et erkenntlich zeigen*) sdebitarsi

revi'dieren [revi'di:rən] (*senza ge-, h*) rivedere

Re'vier [-'vi:r] *n* (*-s*; *-e*) reparto *m*; (*Bezirk*) distretto *m*; (*Polizei2*) commissariato *m*

Revi'sion [-viz'jo:n] *f* (-; *-en*) *econ* revisione *f*; *jur* ricorso *m* in appello (***einlegen*** interporre)

Re'volt|e [-'vɔltə] *f* (-; *-n*) rivolta *f*; **2'ieren** (*senza ge-, h*) rivoltarsi

Revolu'tion [-voluts'jo:n] *f* (-; *-en*) rivoluzione *f*; **2'är** [-jo'nɛ:r] *m* rivoluzionario

Re'volver [-'vɔlvər] *m* (*-s*; -) rivoltella *f*

Re'vue [-'vy:] *f* (-; *-n*) rivista *f*

Rezen'sion [-tsɛnz'jo:n] *f* (-; *-en*) recensione *f*

Re'zept [-'tsɛpt] *n* (-[*e*]*s*; *-e*) *med* ricetta *f*; **2frei** acquistabile senza ricetta medica; **~'ion** [-tsɛpts'jo:n] *f* (-; *-en*) *Hotel*: réception *f*; **2pflichtig** [-pfliçtiç] da vendersi solo dietro prescrizione medica

Rezes'sion [retsɛs'jo:n] *f* (-; *-en*) *econ* recessione *f*

R

ˈR-Gespräch [ˈɛrgəʃprɛːç] *n tel* telefonata *f* a carico del destinatario
Rhein [raɪn] *m* Reno *m*
Rheinland-Pfalz [ˈraɪnlant ˈpfalts] *n* Renania-Palatinato *f*
ˈRheuma [ˈrɔʏma] *n* (-*s*; *senza pl*) F *med* reumatismo *m*
ˈRhythmus [ˈrytmus] *m* (-; -*men*) ritmo *m*
ˈrichten [ˈriçtən] (*h*) dirigere (***auf*** *acc* su), orientare (***auf*** *acc*, ***nach*** verso, su); (*instand setzen*) aggiustare; (*gerade* ~) raddrizzare; (*her*~) preparare; (*hin*~) giustiziare; *Bitten*: rivolgere; *Briefe*: indirizzare, ***sich nach et*** ~ regolarsi secondo qc
ˈRichter [ˈriçtər] *m* (-*s*; -) giudice *m*; **ˈ≈lich** del giudice, giudiziario; **ˈ~spruch** *m* sentenza *f*
ˈrichtig [ˈriçtiç] **1.** *adj* giusto; corretto, esatto; (*echt*) autentico, vero; **2.** *adv* bene; ***ganz ~!*** benissimo!; ***~!*** ah già!; ***meine Uhr geht ~*** il mio orologio segna l'ora giusta; ***für ~ halten*** ritenere giusto; **ˈ≈keit** *f* (-; *senza pl*) giustezza *f*; correttezza *f*; autenticità *f*; ***seine ~ haben*** essere giusto; **ˈ~stellen** *v/t* (*sep*, -*ge*-, *h*) rettificare; *Uhr*: regolare; **ˈ≈stellung** *f* (-; -*en*) rettifica *f*
ˈRicht|linie *f* direttiva *f*; **ˈ~preis** *m econ* prezzo *m* indicativo
ˈRichtung [ˈriçtuŋ] *f* (-; -*en*) direzione *f*; *fig* tendenza *f*; *Kunst*: scuola *f*; *pol* gruppo *m*; ***aus*** (***nach***) ***allen ~en*** da (in) tutte le direzioni; **ˈ≈weisend** normativo; determinante
ˈriech|en [ˈriːçən] (*roch*, *gerochen*, *h*) **1.** *v/t* sentire; (*wittern*) fiutare; **2.** *v/i* aver odore, odorare; ***gut ~*** aver un buon odore, profumare; ***nach et ~*** sapere di qc; ***übel ~*** puzzare; ***es riecht nach*** c'è odore di
ˈRiegel [ˈ-gəl] *m* (-*s*; -) chiavistello *m*; ***e-r Sache e-n ~ vorschieben*** porre rimedio a qc
ˈRiemen [ˈriːmən] *m* (-*s*; -) cinghia *f*; *mar* remo *m*; ***sich in die ~ legen*** vogare
ˈRiese [ˈriːzə] *m* (-*n*; -*n*) gigante *m*
ˈrieseln [ˈriːzəln] (*h*) scorrere; piovigginare
ˈRiesenschlange *f* boa *m*
ˈriesig [ˈriːziç] gigantesco; ***sich ~ amüsieren*** divertirsi un mondo
Riff [rif] *n* (-[*e*]*s*; -*e*) scogliera *f*
rigoˈros [rigoˈroːs] rigoroso
ˈRille [ˈrilə] *f* (-; -*n*) scanalatura *f*; (*Schallplatten≈*) solco *m*
Rind [rint] *n* (-[*e*]*s*; -*er*) *zo* bovino *m*
ˈRinde [ˈrində] *f* (-; -*n*) corteccia *f*; scorza *f*; (*Brot≈*) crosta *f*
ˈRind|erbraten *m* arrosto *m* di manzo; **ˈ~erwahnsinn** *m* la mucca *f* pazza, BSE *m*; **ˈ~fleisch** *n* (carne *f* di) manzo *m*
Ring [riŋ] *m* (-[*e*]*s*; -*e*) anello *m*; (*Ehe≈*) fede *f*; (*Reif u fig*) cerchio *m*; *pol u econ* cartello *m*, lega *f*; *Boxsport*: ring *m*; ***~e um die Augen*** occhiaie *f/pl*
ˈringel|n [ˈriŋəln] (*h*) arricciare; ***sich ~*** attorcigliarsi; **ˈ≈natter** *f* biscia *f* d'acqua
ˈring|en [ˈriŋən] (*rang*, *gerungen*, *h*) lottare (*a fig* ***um*** per); ***nach Atem ~*** respirare affannosamente; **ˈ≈er** *m* (-*s*; -) *Sport*: lottatore *m*; **ˈ≈kampf** *m* lotta *f*; **ˈ≈richter** *m Sport*: arbitro *m*
rings [riŋs], **ˈ~heˈrum**, **ˈ~ˈum** (tutt')intorno
ˈRing(straße) *m*(*f*) circonvallazione *f*
ˈRinn|e [ˈrinə] *f* (-; -*n*) canaletto *m*; (*Dach≈*) grondaia *f*; **ˈ≈en** (*rann*, *geronnen*, *sn*) scorrere; **ˈ~stein** *m* tombino *m*; scolo *m*
ˈRippe [ˈripə] *f* (-; -*n*) costola *f*
ˈRippenfellentzündung *f med* pleurite *f*
ˈRisiko [ˈriːziko] *n* (-*s*; -*s u* -*ken*) rischio *m*
risˈk|ant [risˈkant] arrischiato; **ˈ~ieren** (*senza ge*-, *h*) arrischiare
Riss [ris] *m* (-*es*; -*e*) strappo *m*; (*Haut≈*) scalfittura *f*; (*Spalt*) screpolatura *f*
ˈrissig [ˈrisiç] screpolato, pieno di crepe
ˈRitter [ˈritər] *m* (-*s*; -) cavaliere *m*
ˈRitus [ˈriːtus] *m* (-; -*ten*) rito *m*
Riˈval|e [riˈvɑːlə] *m* (-*n*; -*n*), **~in** *f* (-; -*nen*) rivale *m/f*; **~iˈtät** [-valiˈtɛːt] (-; -*en*) rivalità *f*
ˈRobbe [ˈrɔbə] *f* (-; -*n*) *zo* foca *f*
ˈRoboter [ˈrɔbɔtər] *m* (-*s*; -) robot *m*
roˈbust [roˈbust] robusto
ˈröcheln [ˈrœçəln] *v/i* (*h*) rantolare
Rock [rɔk] (-[*e*]*s*; ¨-*e*) (*Frauen≈*) gonna
ˈRodel|bahn [ˈroːdəlbɑːn] *f* pista *f* per slittini; **ˈ≈n** (*h*) andare in slitta; **ˈ~schlitten** *m* slittino *m*

R

'Rogen ['ro:gən] *m* (-*s*; -) uova *f/pl* di pesce
'Roggen ['rɔgən] *m* (-*s*; -) segale *f*; **'~brot** *n* pan(e) *m* nero (*od* di segale)
roh [ro:] crudo; *Metalle, Stoffe*: greggio; *fig* rozzo; brutale; **'²bau** *m* costruzione *f* rustica (*od* grezza)
'Rohheit ['-haɪt] *f* (-; *senza pl*) rozzezza *f*; brutalità *f*
'Roh|kost *f* vegetali *pl* crudi; alimentazione *f* a base di vegetali crudi; **'~material** *n* materiale *m* greggio; **'~öl** *n* petrolio *m* greggio
Rohr [ro:r] *n* (-[*e*]*s*; -*e*) *tec* tubo *m*; *bot* canna *f*
'Röhre ['rø:rə] *f* (-; -*n*) tubo *m*; *rad* valvola *f*
'Rohr|leitung *f* tubazione *f*; **'~post** *f* posta *f* pneumatica
'Rohstoff *m* materia *f* prima; **'²arm** povero di materie prime; **'²reich** ricco di materie prime
'Rohzustand *m* stato *m* greggio
Rokoko ['rɔkoko] *n* (-*s*; *senza pl*) rococò *m*; **'~stil** *m* stile *m* rococò
Rol'laden → ***Rollladen***
'Roll|bahn ['rɔlba:n] *f* pista *f* (d'atterraggio); **'~bett** *n* letto *m* a rotelle
Rolle ['rɔlə] *f* (-; -*n*) rotolo *m*; (*Rädchen*) rotella *f*; (*Garn²*) rocchetto *m*; *tea* parte *f*, ruolo *m*; ***aus der ~ fallen*** comportarsi male; ***e-e große ~ spielen*** avere (*od* rivestire) una parte importante, contare molto
rollen ['rɔlən] (*h*) **1.** *v/t* (*zusammen~*) arrotolare; (*weg~, hinunter~*) far rotolare; **2.** *v/i* (*a sn*) rotolare; *Donner*: rintronare
Roller ['rɔlər] *m* (-*s*; -) (*Kinder²*) monopattino *m*
Roll|feld ['rɔlfɛlt] *n avia* terreno *m* d'atterraggio; **'~film** *m* pellicola *f* a rotolo (*od* a bobina); **'~laden** *m* tapparella *f*; **'~mops** *m* aringa *f* arrotolata; **'~schuh** *m* pattino *m* a rotelle; **'~stuhl** *m* sedia *f* a rotelle; **'~stuhlfahrer** *m* persona che usa la sedia a rotelle per spostarsi; **'~treppe** *f* scala *f* mobile
Rom [ro:m] *n* Roma *f*
Roman [ro'ma:n] *m* (-*s*; -*e*) romanzo *m*; **~ik** [-'ma:nik] *f* (-; *senza pl*) romanico *m*; **²isch** romano *m*, -a *f*
Ro'man|tik [-'mantik] *f* (-; *senza pl*) romanticismo *m*; **'²tisch** romantico
'Röm|er ['rø:mər] *m* (-*s*; -), **'~erin** *f* (-; -*nen*), **'²isch** romano *m*, -a *f*
'röntgen ['rœntgən] (*h*) fare una radiografia a; **'²aufnahme** *f* radiografia *f*; **'²strahlen** *m/pl* raggi *m/pl* X
'rosa ['ro:za] (color) rosa
'Rose ['ro:zə] *f* (-; -*n*) *bot* rosa *f*; *med* erisipela *f*; ***wilde ~*** rosa *f* canina
'Rosen|kohl *m* cavolo *m* di Bruxelles; **'~kranz** *m* corona *f* di rose; *rel* rosario *m*; **'~montag** *m* lunedì *m* grasso; **'~öl** *n* essenza *f* di rose
Ro'sette [ro'zɛtə] *f* (-; -*n*) rosetta *f*; *arch* rosone *m*
Ro'sine [ro'zi:nə] *f* (-; -*n*) uva *f* passa; zibibbo *m*
Rost [rɔst] *m* (-[*e*]*s*; *senza pl*) ruggine *f*; (*Brat²*) griglia *f*; **'²en** (*sn od h*) arrugginire
'rösten ['rø:stən] *v/t* (*h*) *Brot*: tostare; *Fleisch*: arrostire sulla graticola
'rost|frei inossidabile; **'~ig** arrugginito; **'²schutzmittel** *n* antiruggine *m*
rot [ro:t] rosso; ***der ~e Faden*** il filo conduttore; ***~e Zahlen schreiben*** essere in rosso
Rota'tion [rotats'jo:n] *f* (-; -*en*) rotazione *f*
'Röteln ['rø:təln] *med pl* rosolia *f*
'rothaarig dai capelli rossi
ro'tieren [ro'ti:rən] (*h*) rotare
'Rot|käppchen ['ro:tkɛpçən] *n* Cappuccetto *m* rosso; **'~kohl** *m* cavolo *m* rosso
'rötlich ['rø:tliç] rossiccio
'Rot|stift *m* matita *f* rossa; **'~wein** *m* vino *m* rosso (*od* nero); **'~wild** *n* selvaggina *f* cervina
Rou'lade [ru'la:də] *f* (-; -*n*) involtino *m*
Rou'lett [ru'lɛt] *n* (-[*e*]*s*; -*e*) roulette *f*
'Route ['ru:tə] *f* (-; -*n*) rotta *f*; strada *f*, itinerario *m*
Rou'tin|e [ru'ti:nə] *f* (-; *senza pl*) routine *f*; pratica *f*; **²emäßig** abituale; **²'iert** [-ti'ni:rt] pratico
'Rowdy ['raudi] *m* (-*s*; -*s*) teppista *m*
'Rübe ['ry:bə] *f* (-; -*n*) rapa *f*; ***gelbe ~*** carota *f*; ***rote ~*** barbabietola *f*, ***weiße ~*** navone *m*
'Rubel ['ru:bəl] *m* (-*s*; -) rublo *m*
Ru'bin [ru'bi:n] *m* (-*s*; -*e*) rubino *m*
Ru'brik [ru'bri:k] *f* (-; -*en*) rubrica *f*; (*Spalte*) colonna *f*
Ruck [ruk] *m* (-[*e*]*s*; -*e*) scossa *f*; **²'artig**

R

di colpo (*od* scatto)

'**Rück|ansicht** ['rykʔanziçt] *f* vista *f* di dietro; '**~antwort** *f* risposta *f*; ***mit ~*** con risposta pagata; '**~blick** *m* sguardo *m* retrospettivo; '**≈datieren** (*senza ge-, h*) postdatare

'**rücken** ['rykən] **1.** *v/t* (*h*) muovere; (*schieben*) spingere; **2.** *v/i* (*sn*) muoversi; (*Platz machen*) scostarsi; (*näher ~*) avvicinarsi; ***an j-s Stelle ~*** prendere il posto di qu

'**Rücken** ['rykən] *m* (*-s; -*) dorso *m*; *anat a* schiena *f*, ***j-m in den ~ fallen*** assalire qu alle spalle; ***hinter j-s ~*** alle spalle di qu; '**~lage** *f* posizione *f* supina; '**~mark** *n* midollo *m* spinale; '**~schmerz** *m* mal *m* di schiena; '**~schwimmen** *n* nuoto *m* sul dorso; '**~wind** *m* vento *m* in poppa

'**Rück|erstattung** *f* restituzione *f*; rimborso *m*; '**~fahrkarte** *f* biglietto *m* d'andata e ritorno; '**~fahrscheinwerfer** *m auto* luce *f* di retromarcia; '**~fahrt** *f* ritorno *m*; '**~fall** *m* ricaduta *f*; *jur* recidiva *f*; '**~flug** *m* volo *m* di ritorno; '**~frage** *f* ulteriore richiesta *f* di informazioni; '**~gabe** *f* restituzione *f*; '**~gang** *m* diminuzione *f*; *econ* recessione *f*; *fig* decadenza *f*; '**≈gängig** retrogrado; ***~ machen*** F mandare all'aria; *Vertrag*: annullare; '**~gewinnung** *f a tec* ricupero *m*; '**~grat** *n anat* spina *f* dorsale; *fig* forza *f*, carattere *m*; '**~kauf** *m* riacquisto *m*; **~kehr** [-'ke:r] *f* (*-; senza pl*) ritorno *m*; '**~kopplung** *f* accoppiamento *m* reattivo; '**~lagen** ['-la:gən] *f/pl* riserve *f/pl*; '**≈läufig** ['-lɔʏfiç] retrogrado; '**~licht** *n auto* luci *f/pl* posteriori; '**~porto** *n* francobollo *m* per la risposta; '**~reise** *f* viaggio *m* di ritorno; '**~reiseverkehr** *m* traffico *m* del rientro

'**Rucksack** ['rukzak] *m* zaino *m*, sacco *m* da montagna; '**~tourist(in)** *m(f)* saccopelista *m/f*

'**Rück|schritt** *m* regresso *m*; '**≈schrittlich** retrogrado; reazionario; '**~seite** *f* rovescio *m*; *der Hand*: dorso *m*; *Schriften*: tergo *m*; ***auf der ~*** a tergo, a retro; '**~sendung** *f* rinvio *m*; '**~sicht** *f* (*-; senza pl*) riguardo *m*; ***mit ~ auf*** (*acc*) con riguardo a; '**≈sichtslos** ['-ziçtslo:s] senza nessun riguardo; indelicato; '**≈sichtsvoll** riguardoso; '**~sitz** *m auto* sedile *m* posteriore; '**~spiegel** *m* specchietto *m* retrovisore; '**~spiel** *n Sport*: incontro *m* di ritorno; '**~sprache** *f* colloquio *m*; ***~ nehmen*** conferire; '**~stand** *m* resto *m*; *chim* residuo *m*; ***im ~ sein*** essere in arretrato; '**≈ständig** ['-ʃtɛndiç] arretrato; retrivo; '**~stau** *m tec* ristagno *m*; '**~tritt** *m* ritiro *m*; *pol* dimissioni *f/pl*; '**~vergütung** *f* rimborso *m*; '**≈wärts** ['-vɛrts] (all')indietro; '**~wärtsgang** *m auto* retromarcia *f*; '**≈wirkend** retroattivo; '**≈zahlbar** rimborsabile; '**~zahlung** *f* rimborso *m*; '**~zieher** *m fig* ritrattazione *f*; smentita *f*; '**~zug** *m* (*-[e]s; senza pl*) ritirata *f*

'**Rudel** ['ru:dəl] *n* (*-s; -*) branco *m*, stuolo *m*

'**Ruder** ['ru:dər] *n* (*-s; -*) remo *m*; *a fig* (*Steuer*) timone *m*; *fig* ***ans ~ kommen*** salire al potere; '**~boot** *n* barca *f* a remi; '**~er** *m* (*-s; -*) rematore *m*; '**≈n** (*h*) remare; '**~sport** *m* canottaggio *m*

Ruf [ru:f] *m* (*-[e]s; -e*) grido *m*; (*Anruf*) chiamata *f*; (*Berühmtheit*) fama *f*; **≈en** **1.** *v/i* gridare; ***um Hilfe ~*** gridare aiuto; **2.** *v/t* chiamare; ***et ins Gedächtnis ~*** richiamare qc alla memoria, ricordare qc; ***ins Leben ~*** dar vita a, fondare, creare; ***Sie kommen wie gerufen*** viene proprio a proposito

'**Ruf|name** *m* prenome *m*; '**~nummer** numero *m* di telefono

'**Ruhe** ['ru:ə] *f* (*-; senza pl*) calma *f*; (*Stille*) quiete *f*; ***~!*** silenzio!; ***zur ~ setzen*** ritirarsi; ***in ~ lassen*** lasciar tranquillo (*od* in pace); ***angenehme ~*** buon riposo!; '**≈los** senza pace; irrequieto

'**ruhen** ['ru:ən] (*h*) riposare, *fig* poggiare; ***~ lassen*** lasciar stare; lasciare in pace; ***die Arbeit ruht*** non si lavora; ***hier ruht …*** qui giace …; '**~lassen** → ***ruhen***

'**Ruhe|pause** *f* pausa *f*; '**~stand** *m* (*-[e]s; senza pl*) riposo *m*; pensione *f*; '**~stätte** *f* luogo *m* di riposo; (*Grab*) sepolcro *m*; '**~störung** *f jur* perturbamento *m* della quiete pubblica; '**~tag** *m* giorno *m* di riposo; *Geschäft*: riposo *m* settimanale

'**ruhig** ['ru:iç] tranquillo; (*still*) quieto; *Fluss*: placido

Ruhm [ru:m] *m* (*-[e]s; senza pl*) gloria

R

Ruhr *med* [ru:r] *f* (-; *-en*) dissenteria *f*
'**Rührei** ['ry:rˀaɪ] *n gastr* uova *f/pl* strapazzate
'**rühr|en** ['ry:rən] (*h*) **1.** *v/t* muovere; (*um~*) rimestare; *fig* commuovere; **2.** *v/i* toccare (***an et*** *acc* qc); provenire (***von et*** da qc); '**2end** commovente; '**2ung** *f* (-; *senza pl*) commozione *f*
Ruhrgebiet ['ru:rgəbi:t] *n la* Ruhr *f*
Ruin [ru'i:n] *m* (*-s*; *senza pl*) rovina *f*; **~e** *f* (-; *-n*) rovine *f/pl*; **2ieren** [rui'ni:rən] (*senza ge-*, *h*) rovinare
Rum [rum] *m* (*-s*; *-s*) rum *m*
Ru'män|e [ru'mɛ:nə] *m* (*-n*; *-n*), '**~in** *f* (-; *-nen*), **2isch** romeno *m*, -a *f*
Rumänien [ru'mɛ:njən] *n* Romania *f*
'**Rummel** ['ruməl] *m* (*-s*; *senza pl*) baccano *m*; (*Jahrmarkt*) parco *m* dei divertimenti
Rumpf [rumpf] *m* (*-es*; *⸚e*) *anat* tronco *m*; *Kunst*: torso *m*; *mar* scafo *m*; *avia* fusoliera *f*
rund [runt] **1.** *adj* rotondo, tondo; **2.** *adv* (*ungefähr*) all'incirca; '**2blick** *m* (*Aussicht*) panorama *m*; '**2bogen** *m* arco *m* a tutto sesto; '**2e** ['-də] *f* (-; *-n*) giro *m*; cerchia *f*, circolo *m*; '**2fahrt** *f* giro *m*; *fer* viaggio *m* circolare; '**2flug** *m* volo *m* circolare; escursione *f* in aereo
'**Rundfunk** ['runtfuŋk] *m* (*-s*; *senza pl*) radio *f*; radiodiffusione *f*, radiotrasmissione *f*; '**~gerät** *n* radio *f*; '**~hörer(in)** *m*(*f*) radioascoltatore *m*, -trice *f*; '**~meldung** *f* comunicato *m* radiofonico; '**~programm** *n* radioprogramma *m*; '**~sender** *m* stazione *f* radio; '**~sendung** *f* trasmissione *f* radiofonica; '**~übertragung** *f* radiotrasmissione *f*, radiodiffusione *f*; '**~zeitung** *f* radiocorriere *m*
'**Rund|gang** ['runtgaŋ] *m* giro *m*; passeggiata *f*; '**2he'rum** *adv* intorno; '**~reise** *f* viaggio *m* circolare; '**~schreiben** *n* circolare *f*; '**~ung** *f* (-; *-en*) rotondità *f*; '**~wanderweg** *m* sentiero *m* circolare
'**runzeln** ['runtsəln] (*h*) corrugare; *Brauen*: aggrottare
'**rüpelhaft** [ry:pəlhaft] villano
'**Rüsche** ['ry:ʃə] *f* (-; *-n*) *Kleidung*: gala *f*
Ruß [ru:s] *m* (*-es*; *senza pl*) fuliggine *f*
'**Russ|e** ['rusə] *m* (*-n*; *-n*), '**~in** *f* (-; *-nen*) russo *m*, -a *f*
'**Rüssel** ['rysəl] *m* (*-s*; -) proboscide *f*, ruche *f*
'**russisch** ['rusiʃ] russo
Russland ['ruslant] *n* Russia *f*
'**rüst|en** ['rystən] (*h*) preparare; *mil*, *mar* armare; '**~ig** arzillo; robusto; '**2ung** *f* (-; *-en*) allestimento *m*; *mil*, *mar* armamento *m*; (*Harnisch*) armatura *f*; '**2ungsindustrie** *f* industria *f* degli armamenti; '**2ungsprogramm** *n* programma *m* degli armamenti
'**Rutsch|bahn** ['rutʃba:n] *f* scivolo *m*; '**~e** *tec f* (-; *-n*) piano *m* inclinato; '**2en** (*sn*) scivolare; sdrucciolare; slittare
'**rütteln** ['rytəln] (*h*) scuotere

S

S. ***siehe*** vedi
S ***Süden*** sud
S. ***Seite*** pagina
s. a. ***siehe auch*** vedi anche
Sa ***Summa, Summe*** somma; totale
Saal [za:l] *m* (-[*e*]*s*; *Säle*) sala *f*
Saarland ['za:rlant] *n* Saar *f*
Saat [za:t] *f* (-; *-en*) (*das Gesäte*) semenza *f*; seme *m*; semina *f*
Säbel ['zɛ:bəl] *m* (*-s*; -) sciabola *f*
Sabo't|age [zabo'ta:ʒə] *f* (-; *-n*) sabotaggio *m*; **2ieren** (*senza ge-*, *h*) sabotare
'**Sach|bearbeiter(in** *f*) ['zaxbəˀarbaɪtər(in)] *m* impiegato *m*, -a *f*, addetto ad un campo specifico, incaricato *m*, -a *f*; '**2dienlich** opportuno
'**Sache** ['zaxə] (-; *-n*) cosa *f*; (*Angelegenheit*) faccenda *f*; *jur u j-s ~*: causa *f*; *let u Gegenstand*: argomento *m*; ***zur ~ kommen*** entrare in materia, F venire al sodo; ***das gehört nicht zur ~*** questo non c'entra; ***das ist deine ~*** è affar tuo
'**sach|gemäß** ['zaxgəmɛ:s] conforme; appropriato; '**2kenntnis** *f* (-; *senza*

S

pl) cognizioni *f/pl* in materia; '**~kundig** competente; esperto; '**☊lage** *f* (-; *senza pl*) stato *m* delle cose; situazione *f* di fatto; '**~lich** ob(b)iettivo; oggettivo; positivo; (*zweckmäßig*) pratico; *Stil*: razionale

'**sächlich** ['zɛçliç] *gram* neutro

'**Sach|lichkeit** ['zaxliçkaɪt] *f* (-; *senza pl*) oggettività *f*; ob(b)iettività *f*; imparzialità *f*; '**~schaden** *m* danno *m* materiale

'**Sachse** ['zaksə] *m* (-*n*; -*n*) sassone *m*

Sachsen ['zaksən] *n* Sassonia *f*

Sachsen-Anhalt ['zaksən'anhalt] *n* Alta Sassonia *f*

'**Sächs|in** ['zɛksin] *f* (-; -*nen*), '**☊isch** sassone *f*

'**sacht(e)** ['zaxt(ə)] **1.** *adj* piano; delicato; **2.** *adv* piano piano; poco a poco

'**Sach|verhalt** ['zaxfɛrhalt] *m* (-[*e*]*s*; -*e*) stato *m* di cose; '**~verständige** *m* (-*n*; -*n*) perito *m*; '**~wert** *m* valore *m* reale

Sack [zak] *m* (-[*e*]*s*; ¨-*e*) sacco *m*; '**~gasse** *f* vicolo *m* cieco; '**~hüpfen** *n* corsa *f* nei sacchi

Sa'di|st [za'dist] *m* (-*en*; -*en*) sadico *m*; **☊stisch** sadico

'**säen** ['zɛːən] (*h*) seminare

'**Safe** [seːf] *m u n* (-*s*; -*s*) cassaforte *f*; cassetta *f* di sicurezza

Saft [zaft] *m* (-[*e*]*s*; ¨-*e*) sugo *m*; (*Obst*☊) succo *m*; *pl med* umori *m/pl*; '**☊ig** succoso

'**Sage** ['zɑːgə] *f* (-; -*n*) leggenda *f*, saga *f*

'**Säge** ['zɛːgə] *f* (-; -*n*) sega *f*

'**sagen** ['zɑːgən] (*h*) dire; ***et zu ~ haben*** aver voce in capitolo; ***das hat nichts zu ~*** ciò non vuol dir niente; ***wenn man so ~ darf*** se così si può dire

'**sägen** ['zɛːgən] (*h*) segare

Sahara [za'hɑːra] *f* Sahara *m*

'**Sahn|e** ['zɑːnə] *f* (-; *senza pl*) panna *f* (*Schlag*☊) panna *f* montata; '**☊ig** cremoso

Sai'son [zɛ'zɔ̃ː] *f* (-; -*s*) stagione *f*; **☊abhängig** stagionale; **~arbeiter** *m* operaio *m* stagionale; **~schlussverkauf** *m* svendita *f* di fine stagione

'**Saite** *mus* ['zaɪtə] *f* (-; -*n*) corda *f*; '**~ninstrument** ['zaitən?in-] *n* strumento *m* a corda

'**Sakko** ['zako] *m* (*n*) (-*s*; -*s*) giacca *f*

Sakris'tei [zakris'taɪ] *f* (-; -*en*) sagrestia *f*

Sala'mander [zala'mandər] *m* (-*s*; -) *zo* salamandra *f*

Sa'lami [sa'lɑːmi] *f* (-; -[*s*]) salame *m*

Sa'lat [za'lɑːt] *m* (-[*e*]*s*; -*e*) insalata *f*

'**Salbe** ['zalbə] *f* (-; -*n*) unguento *m*, pomata *f*

'**Saldo** *econ* ['zaldo] *m* (-*s*; *Salden u Saldi*) saldo *m*; '**~übertrag** *m* saldo *m* a nuovo

Sa'line [za'liːnə] *f* (-; -*n*) salina *f*

Salmi'ak [zalm'jak] *m* (-*s*; *senza pl*) *chim* sale *m* ammoniaco

Salmo'nellen [zalmo'nɛlən] *f/pl* salmonelle *f/pl*

Sa'lon [za'lɔ̃] *m* (-*s*; -*s*) salotto *m*; *großer*: salone *m*

sa'lopp [za'lɔp] trascurato, trasandato alla buona (*od* leggera)

Sal'peter [zal'peːtər] *m* (-*s*; *senza pl*) *chim* salnitro *m*

Sa'lut *mil* [za'luːt] *m* (-[*e*]*s*; -*e*) saluto *m*; **☊'ieren** (*senza ge*-, *h*) salutare

Salz [zalts] *n* (-*es*; -*e*) sale *m*; '**☊en** (*salzte*, *gesalzen*, *h*) salare; '**~gurke** cetriolo *m* in salamoia; '**☊ig** salato; *Gehalt*: salso; '**~säure** *f* acido *m* muriatico; '**~stange** *f* grissino *m* salato '**~streuer** ['-ʃtrɔʏər] *m* (-*s*; -) saliera *f*; '**~wasser** *n* acqua *f* salata

Salzburg ['zaltsburk] *n* Salisburgo *f*

'**Samen** ['zaːmən] *m* (-*s*; -) *bot* seme *m* grano *m*; *männlicher*: sperma *m*; *fig* germe *m*; '**~zelle** *f* spermatozoo *m*

'**Sammel|band** ['zaməlbant] *m let* raccolta *f*; miscellanea *f*; '**~mappe** *f* cartella *f*; '**☊n** (*h*) raccogliere; *Briefmarken*: collezionare; (*anhäufen*) accumulare; (*vereinigen*) radunare, concentrare; ***sich ~*** *fig* concentrarsi; raccogliersi; '**~punkt** *m* luogo *m* (*od punto m*) di raccolta (*od* di raduno); '**~stelle** *f* deposito *m* centrale; posto *m* di raccolta; **~'surium** [-'zuːrjum] *n* (-*s*; -*ren*) guazzabuglio *m*, miscuglio *m*; '**~transport** *m* trasporto *m* collettivo

'**Samml|er** ['-lər] *m* (-*s*; -), '**~erin** *f* (-; -*nen*) *von Marken*: collezionista *m/f*; '**~ung** *f* raccolta *f*; collezione *f*; (*Geld*☊) colletta *f*

'**Samstag** ['-stɑːk] *m* (-[*e*]*s*; -*e*) sabato *m*

samt [zamt] (*dat*) con; insieme

Samt [zamt] *m* (-[*e*]*s*; -*e*) velluto *m*

'**sämtlich** ['zɛmtliç] intero; tutto; ~

Werke *n/pl* opere *f/pl* complete
Sana'torium [zana'to:rjum] *n* (*-s; -rien*) sanatorio *m*
Sand [zant] *m* (*-[e]s; -e*) sabbia *f*; ***im ~e verlaufen*** insabbiarsi, non aver esito
San'dale [-'dɑ:lə] *f* (*-; -n*) sandalo *m*
'Sand|bank *f* banco *m* di sabbia; **'2ig** ['-diç] sabbioso; **'~papier** *n* carta *f* vetrata; **'~sack** *m* sacco *m* di sabbia; **'~stein** *m* pietra *f* arenaria; **'~strand** *m* spiaggia *f* sabbiosa; **~'uhr** *f* clessidra *f*
sanft [zanft] morbido; *fig* dolce; gentile; *adv* piano, adagio
Sänger ['zɛŋər] *m* (*-s; -*), **'~in** *f* (*-; -nen*) *Beruf*: cantante *m/f*
sa'nier|en [za'ni:rən] (*senza ge-, h*) risanare; **2ung** *f* (*-; -en*) risanamento *m*
sani'tär [zani'tɛ:r] sanitario; **2anlage** *f* impianto *m* sanitario
Sani'täter [zani'tɛ:tər] *m* (*-s; -*) infermiere *m*
Sani'tätsauto *m* autoambulanza *f*
Sankt [zaŋkt] San, Santo; Santa
Sankt Gotthard [zaŋkt 'gɔthart] *m* San Gottardo *m*
Sank'tion [zaŋkts'jo:n] *f* (*-; -en*) sanzione *f*; **2'ieren** [-'joni:rən] (*senza ge-, h*) sanzionare
Saphir ['zɑ:fir, za'fi:r] *m* (*-s; -e*) zaffiro *m*
Sard|e ['zardə] *m* (*-n; -n*), **'~in** *f* (*-; -nen*), **'2isch** sardo *m*, -a *f*
Sar'dine [zar'di:nə] *f* (*-; -n*) sardina *f*
Sardinien [zar'di:njən] *n* Sardegna *f*
Sarg [zark] *m* (*-[e]s; ⸚e*) cassa *f* (da morto); bara *f*; feretro *m*
sar'kastisch [zar'kastiʃ] sarcastico
Sarko'phag [-ko'fɑ:k] *m* (*-s; -e*) sarcofago *m*
Sat|an ['zɑ:tan] *m* (*-s; senza pl*) Satana *m*; **2'anisch** [za'ta:niʃ] satanico
Satel'lit [zatɛ'li:t] *m* (*-en; -en*) satellite *m*; **~enfernsehen** *n* televisione *f* via satellite; **~enstadt** *f* città *f* (*od quartiere m*) satellite
Sa'tir|e [za'ti:rə] *f* (*-; -n*) satira *f*; **2isch** satirico
satt [zat] sazio; → ***satthaben***
Sattel ['zatəl] *m* (*-s; ⸚*) sella *f*; (*Berg2*) cresta *f*; (*Fahrrad2*) sellino *m*; **'2fest** *fig* esperto; **'2n** (*h*) sellare; **'~schlepper** *m* motrice *f* con semirimorchio; autosnodata *f*
'satthaben *v/t* (*irr, sep, -ge-, h,* → ***haben***): ***et ~*** essere stufo di qc
'Sattler ['zatlər] *m* (*-s; -*) sellaio *m*
Satz [zats] *m* (*-es; ⸚e*) (*Sprung*) salto *m*; (*Boden2*) fondo *m*; *gram* frase *f*; proposizione *f*; (*Lehr2*) assioma *m*; teorema *m*; *tip* composizione *f*; *econ* tasso *m*; (*Tarif*) tariffa *f*; *mus* movimento *m*; tempo *m*; *Briefmarken usw.*: serie *f*; *Tennis*: set *m*
'Satzung ['zatsuŋ] *f* (*-; -en*) statuto *m*; **'2sgemäß** conforme agli statuti
'Satzzeichen ['zatstsaıçən] *n* segno *m* d'interpunzione
'sauber ['zaubər] pulito; accurato; **'2keit** *f* (*-; senza pl*) pulizia *f*; accuratezza *f*
'säubern ['zɔʏbərn] (*h*) pulire; *fig* epurare; *Straße*: sgombrare
Saudi-Arabien ['zaudi ɑ'rɑ:bjən] *n* Arabia *f* Saudita
'sauer ['zauər] (*saurer; ~st*) agro; *chim, Wein*: aspro; *Milch*: inacidito; (*dick*) rappreso; *fig* duro; *Hering*: marinato; ***~ werden*** inacidire; ***saure Gurken*** *f/pl* cetrioli *m/pl* sott'aceto; ***saure Milch*** *f* latte *m* inacidito; ***saurer Regen*** pioggia *f* acida; **'2braten** *m* arrosto *m* in agro
'Sauer|kirsche ['zauərkirʃə] *f* marasca *f*; **'~kraut** *n* crauti *m/pl*
'Sauerstoff ['zauərʃtɔf] *m* (*-[e]s; senza pl*) ossigeno *m*; **'~gerät** *n* ossigenatore *m*
'saufen ['zaufən] (*soff, gesoffen, h*) *Tiere*: bere; P *Menschen*: sbevazzare
'Säufer ['zɔʏfər] *m* (*-s; -*), **'~in** *f* (*-; -nen*) P beone *m*, -a *f*
'saugen ['zaugən] (*h, a irr*) succhiare; *Kinder*: poppare; *tec* aspirare, assorbire; ***sich*** (*dat*) ***et aus den Fingern ~*** inventare qc di sana pianta
'säug|en ['zɔʏgən] (*h*) allattare; **'2etier** *n* mammifero *m*
'Säugling ['zɔʏkliŋ] *m* (*-s; -e*) lattante *m*; **'~spflege** *f* cura *f* dei neonati; **'~ssterblichkeit** *f* mortalità *f* infantile
'Säule ['zɔʏlə] *f* (*-; -n*) colonna *f*; (*Pfeiler*) pilone *m*, pilastro *m*; **'~ngang** *m* colonnato *m*, portico *m*; **'~nhalle** *f* loggia *f*
Saum [zaum] *m* (*-[e]s; Säume*) orlo *m*
'säum|en ['zɔʏmən] *v/t* (*h*) orlare; **'~ig** tardo; *Zahler*: moroso

S

'Sauna ['zaʊna] *f* (-; *-nen*) sauna *f*
'Säure ['zɔʏrə] *f* (-; *-n*) acidità *f*; *chim* acido *m*; **'2beständig** resistente agli acidi
'sausen ['zaʊzən] (*sn*) sibilare; rombare; F rombare; correre; ***es saust mir in den Ohren*** mi fischiano gli orecchi
'Sau|wetter P *n* tempo *m* infame, tempaccio *m*; **'~wirtschaft** P *f* malgoverno *m*; caos *m* completo
Saxo'fon, **Saxo'phon** [zakso'foːn] *n* (*-s*; *-e*) sassofono *m*
'S|-Bahn ['ɛsbaːn] *f* ferrovia *f* urbana; **'~-Bahnhof** *m* stazione *f* della S-Bahn; **'~-Bahnnetz** *n* rete *f* della S-Bahn
SBB ***Schweizerische Bundesbahnen*** Ferrovie Federali Svizzere
scanne|n ['skɛnən] (*h*) *inform* scannerizzare; **2r** *m* scanner *m*
'Schabe ['ʃaːbə] *f* (-; *-n*) *zo* blatta *f*, scarafaggio *m*
'Schabernack ['ʃaːbərnak] *m* (-[*e*]*s*; *-e*) dispetto *m*, brutto tiro *m*
'schäbig ['ʃɛːbiç] logoro; *fig* sordido, misero
Scha'blone [ʃa'bloːnə] *f* (-; *-n*) modello *m*; sagoma *f*; stampo *m*; *fig* schema *m*
Schach [ʃax] *n* (*-s*; *-s*) scacchi *m/pl*; ***~ spielen*** giocare a scacchi; *fig* ***in ~ halten*** tenere a bada; **'~brett** *n* scacchiera *f*; **'~figur** *f* pezzo *m*; **2'matt** scaccomatto; **'~spiel** *n* (gioco *m* degli) scacchi *m/pl*
Schacht [ʃaxt] *m* (-[*e*]*s*; *≃e*) pozzo *m* (*min* di miniera)
'Schachtel ['ʃaxtəl] *f* (-; *-n*) scatola *f*
'Schachzug *m* mossa *f*; *fig a* stratagemma *m*
'schade ['ʃaːdə] peccato (***um*** per); ***es ist ~*** è peccato; ***schade!*** (che) peccato! ***sehr ~*** gran peccato
'Schädel ['ʃɛːdəl] *m* (*-s*; -) *anat* cranio *m*; F zucca *f*; (*Toten2*) teschio *m*
'schaden ['ʃaːdən] (*h*) nuocere; pregiudicare; causare danno; (*beschädigen*) danneggiare (*acc*); ***das schadet nicht*** non fa male
'Schaden ['ʃaːdən] *m* (*-s*; -) danno *m*; pregiudizio *m*, detrimento *m*; (*Einbuße*) perdita *f*; (*Beschädigung*) guasto *m*; *körperlicher*: lesione *f*; deformazione *f*; **'~ersatz** *m* indennizzo *m*; risarcimento *m* dei danni; **'~freiheitsrabatt** *m* *Versicherung*: bonus-malus *m*; **'~freude** *f* (-; *senza pl*) gioia *f* maligna
'2froh contento del danno altrui; maligno; **'~sfall** *m* (caso *m* di) sinistro *m*; **'~sregulierung** *f* liquidazione *f* del danno; **'~versicherung** *f* assicurazione *f* contro i danni
'schadhaft ['ʃaːthaft] difettoso; sciupato; *Kleidung*: logoro
'schäd|igen ['ʃɛːdigən] *v/t* (*h*) pregiudicare, danneggiare; ledere; **'~lich** ['-tliç] dannoso; **'2ling** [-liŋ] *m* (*-s*; *-e*) *zo* insetto *m* nocivo; pianta *f* nociva; **'2lingsbekämpfung** *f* disinfestazione *f*
'Schadstoff ['ʃaːtʃtɔf] *m* agente *m* inquinante, sostanza *f* nociva; **'2arm** a scarsa emissione di sostanze inquinanti; **'2frei** non inquinante
Schaf [ʃaːf] *n* (-[*e*]*s*; *-e*) *zo* pecora *f*; *fig* pecorone *m*; **'~bock** *m* montone *m*
'Schäfer ['ʃɛːfər] *m* (*-s*; -) pecoraio *m*, pastore *m*; **'~in** *f* (-; *-nen*) pecoraia *f*; **'~hund** *m* cane *m* pastore
'schaffen ['ʃafən] **1.** (*h*) (*bewältigen*) fare; (*ver~*) procurare; *an e-n Ort*: portare; *Ordnung*: fare; ***aus der Welt*** eliminare, far scomparire; **2.** (*schuf, geschaffen, h*) (*er~*) creare
'Schaffner ['ʃafnər] *m* (*-s*; -), **'~in** *f* (-; *-nen*) bigliettaio *m*, -a *f*
Scha'fott [ʃa'fɔt] *n* (-[*e*]*s*; *-e*) patibolo *m*
'Schafskäse *m* pecorino *m*
Schaft [ʃaft] *m* (-[*e*]*s*; *≃e*) fusto *m*; (*Gewehr2*) cassa *f*; (*Stiefel2*) gambale *m*
'Schaf|wolle ['ʃaːfvɔlə] *f* lana *f* di pecora; **'~zucht** *f* allevamento *m* di pecore
schal [ʃaːl] insipido; *fig a* insulso; (*abgestanden*) stantio
Schal [ʃaːl] *m* (*-s*; *-s u -e*) scialle *m*
'Schale ['ʃaːlə] *f* (-; *-n*) *Obst*: buccia *f*; *grüne Nüsse*: mallo *m*; *Nüsse, Kastanien, Eier, Tiere*: guscio *m*; (*Gefäß*) scodella *f*
'schälen ['ʃɛːlən] (*h*) sbucciare; sgusciare
Schall [ʃal] *m* (-[*e*]*s*; *-e*) suono *m*; (*Widerhall*) risonanza *f*; **'~dämpfer** *m* tec silenziatore *m*; **'2dicht** a isolamento acustico; **'2en** (*h*) risonare; rimbombare; **'2end** sonoro; **'~geschwindigkeit** *f* velocità *f* del suono; **'~mauer** *f* muro *m* del suono; **'~platte** *f* disco

m; '**~welle** *f* onda *f* sonora
'**schalt|en** ['ʃaltən] (*h*) regolare; *el* inserire; *auto* cambiare marcia; F capire; '**2er** *m* (*-s*; *-*) sportello *m*; *el* interruttore *m*; '**2erbeamte** *m fer, post, Bank*: impiegato *m* allo sportello; '**2erschluss** *m* chiusura *f* degli sportelli; '**2erstunden** *f/pl* orario *m* di sportello; '**2hebel** *m* leva *f* del cambio; '**2jahr** *n* anno *m* bisestile; '**2tafel** *f el* quadro *m* di distribuzione (*od* di comando)
'**Schalttag** *m* giorno *m* intercalare
'**Schaltung** *f* (*-*; *-en*) cambio *m*; *el* collegamento *m*; connessione *f*; *auto* cambio *m* di velocità
Scham [ʃaːm] *f* (*-*; *senza pl*) vergogna *f*; (*Gefühl*) pudore *m*; *anat* genitali *m/pl*; pube *m*
'**schämen** ['ʃɛːmən]: ***sich ~*** (*h*) vergognarsi
'**Scham|gefühl** ['ʃaːmgəfyːl] *n* pudore *m*; '**~gegend** *f* regione *f* del pube; '**2haft** pudibondo, pudico; '**2los** spudorato; impudico, indecente; (*frech*) svergognato
'**Schande** ['ʃandə] *f* (*-*; *senza pl*) vergogna *f*; disonore *m*
'**schänden** ['ʃɛndən] (*h*) disonorare; (*entheiligen*) profanare
'**schändlich** ['ʃɛntliç] vergognoso
'**Schandtat** ['ʃanttaːt] *f* infamia *f*
'**Schanze** ['ʃantsə] *f* (*-*; *-n*) trincea *f*; (*Sprung2*) trampolino *m* (di salto)
Schar [ʃaːr] *f* (*-*; *-en*) schiera *f*; (*Menge*) folla *f*; ***in ~en*** a frotte
scharen ['ʃaːrən] (*h*) schierare; ***sich ~*** schierarsi
scharenweise ['ʃaːrənvaɪzə] a frotte; a schiere
scharf [ʃarf] **1.** *adj* acuto; *Worte*: aspro, brusco, pungente; *Klinge*: affilato; *Brille*, *Geschmack*: forte; piccante; *Wind*: tagliente; *Gehör*: fine; *Trab*: serrato; *fot* nitido; (*bissig*) mordace; (*streng*) severo; (*genau hervortretend*) spiccato; F ***~ auf et*** *acc* ***sein*** avere voglia di qc; **2.** *adv* (*deutlich*) nettamente; ***~ bewachen*** guardare a vista; ***~ geladen*** (***schießen***) caricato (tirare) a palla; ***~ machen*** affilare; '**2blick** *m* (*-[e]s*; *senza pl*) perspicacia *f*
Schärfe ['ʃɛrfə] *f* (*-*; *senza pl*) acutezza *f*; nitidezza *f*; asprezza *f*; acredine *f*; mordacità *f*; finezza *f*; → ***scharf***
'**schärfen** ['ʃɛrfən] (*h*) affilare; aguzzare (*a fig*)
'**scharf|kantig** a spigoli vivi; '**~machen** → ***scharf***; '**2sinn** *m* (*-[e]s*; *senza pl*) acume *m*; '**~sinnig** sagace
'**Scharlach** ['ʃarlax] *m* (*-s*; *senza pl*) *med* scarlattina *f*
Schar'nier [-'niːr] *n* (*-s*; *-e*) cerniera *f*
'**Scharte** ['ʃartə] *f* (*-*; *-n*) tacca *f*, dente *m*; ***die ~ auswetzen*** *fig* rimediare al danno
'**Schatten** ['ʃatən] *m* (*-s*; *-*) ombra *f*; ***im ~*** all'ombra; ***in den ~ stellen*** *fig* eclissare; '**~kabinett** *n pol* gabinetto *m* ombra; '**~seite** *f fig* rovescio *m*
Schat'tierung [ʃa'tiːruŋ] *f* (*-*; *-en*) ombreggiatura *f*; *fig* sfumatura *f*
'**schattig** ['ʃatiç] ombroso
Schatz [ʃats] *m* (*-es*; *⸗e*) tesoro *m* (*a fig*)
'**schätz|en** ['ʃɛtsən] (*h*) stimare; valutare; (*achten*) apprezzare; ***ich schätze Sie auf 20 Jahre*** Le do venti anni
'**Schätz|preis** *m* prezzo *m* di stima; '**~ung** *f* (*-*; *-en*) *econ* stima *f*, valutazione *f*; '**2ungsweise** all'incirca, approssimativamente; '**~wert** *m* valore *m* di stima
Schau [ʃaʊ] *f* (*-*; *-en*) vista *f*; (*Ausstellung*) mostra *f*, esposizione *f*; (*Vorführung*) esibizione *f*; *tea* spettacolo *m*; rivista *f*; *fig* punto *m* di vista; panorama *m*
'**schauderhaft** [-dərhaft] orribile
'**schauen** ['ʃaʊən] (*h*) guardare
'**Schauer** ['ʃaʊər] *m* (*-s*; *-*) orrore *m*; *med* brivido *m*; (*Gewitter*) acquazzone *m*, rovescio *m*; (*Hagel2*) grandinata *f*; '**2lich** orrendo, spaventoso
'**Schaufel** ['-fəl] *f* (*-*; *-n*) pala *f*; '**2n** (*h*) *v/t u v/i* spalare, lavorare con la pala (*od* col badile)
'**Schaufenster** ['ʃaʊfɛnstər] *n* vetrina *f*; '**~bummel** *m* passeggiata *f* per guardare le vetrine
'**Schaukel** ['-kəl] *f* (*-*; *-n*) altalena *f*; '**2n** (*h*) fare l'altalena; '**~stuhl** *m* sedia *f* a dondolo
'**Schaulustige** *m/f* curioso *m*, -a *f*
Schaum [ʃaʊm] *m* (*-[e]s*; *Schäume*) schiuma *f*; *Wein*, *Meer*: spuma *f*
'**Schaum|bad** *n* bagnoschiuma *m*; '**~gummi** *n u m* gommapiuma *f*; '**2ig** spumoso; '**~wein** *m* (vino *m*) spuman-

S

te *m*
'schäumen ['ʃɔʏmən] (*h*) spumeggiare; *fig* avere la schiuma alla bocca
'Schau|platz *m* luogo *m*; *fig* scenario *m*; **'~spiel** *n* spettacolo *m*; *tea* dramma *m*, lavoro *m* drammatico, commedia *f*; **'~spieler** *m* attore *m*; **'~spielerin** *f* attrice *f*; **'~spielhaus** *n* teatro *m* drammatico; **'~steller** *m* (*-s*; -) espositore *m*
Scheck *econ* [ʃɛk] *m* (*-s*; *-s*) assegno *m*; **'~gebühr** *f* spese *f/pl* per assegno; **'~heft** *n* libretto *m* degli assegni; **'~karte** *f* carta *f* assegni
'Scheibe ['ʃaɪbə] *f* (-; *-n*) disco *m*; (*Brot*2) fetta *f*; (*Orangen*2, *Zitronen*2) spicchio *m*; (*Fenster*2) (lastra *f* di) vetro *m*, cristallo *m*
'Scheiben|bremse *f* freno *m* a disco; **'~waschanlage** ['-ʔan-] *f* lavacristallo *m*; **'~wischer** *m auto* tergicristallo *m*
'Scheide ['ʃaɪdə] *f* (-; *-n*) guaina *f*; *anat* vagina *f*
'scheid|en ['ʃaɪdən] (*schied*, *geschieden*) **1.** *v/t* (*h*) separare; dividere; *Ehe*: divorziare; ***sich ~ lassen*** divorziare; chiedere il divorzio; **2.** *v/i* (*sn*) separarsi; (*weggehen*) andarsene; ***aus dem Leben ~*** morire; **'2ung** *f* (-; *-en*) separazione *f*; (*Ehe*2) divorzio *m*; **'2ungsklage** *f* domanda *f* di divorzio
Schein [ʃaɪn] *m* (-[*e*]*s*; *senza pl*) luce *f*; (*Mond*2) chiaro *m*; chiarore *m*; (*An*2) apparenza *f*; (*pl -e*) (*Fahr*2, *Geld*2) biglietto *m*; (*Heiligen*2) aureola *f*; (*Gepäck*2) scontrino *m*; (*Schuld*2) obbligazione *f*; (*Bescheinigung*) certificato *m*; (*Formular*) modulo *m*; ***den ~ wahren*** *fig* salvare le apparenze; **'2bar** apparente; **'2en** (*schien*, *geschienen*, *h*) sembrare, parere; (*glänzen*) risplendere; ***die Sonne scheint*** c'è il sole, splende il sole; **'2heilig** ipocrita; **'~werfer** ['-vɛrfər] *m* (*-s*; -) riflettore *m*, faro *m*, fanale *m*
'Scheiß|e P ['ʃaɪsə] *f* (-; *senza pl*) merda *f*; **'2en** (*schiss*, *geschissen*, *h*) P cacare; **'~kerl** P *m* carogna *f*, fetente *m*
Scheit [ʃaɪt] *n* (-[*e*]*s*; *-e*) ceppo *m*
'Scheitel ['ʃaɪtəl] *m* (*-s*; -) vertice *m*; (*Haar*2) riga *f*, scriminatura *f*
'scheitern ['ʃaɪtərn] (*sn*) naufragare; (*fig a*) andare a monte, fare fiasco
'Schema ['ʃeːma] *n* (*-s*; *-s u -ata*) schema *m*; **2tisch** [ʃe'maːtiʃ] schematico
'Schenke ['ʃɛnkə] *f* (-; *-n*) osteria *f*; taverna *f*; bettola *f*
'Schenkel ['ʃɛnkəl] *m* (*-s*; -) coscia *f*; *mat* lato *m*; *Zirkel*: asta *f*; **'~bruch** *m med* frattura *f* del femore
'schenk|en ['-kən] (*h*) regalare; (*stiften*) donare; *Glauben*; prestare; *Gehör*: dare; ***ich habe es geschenkt bekommen*** l'ho ricevuto in regalo; **'2ung** *f* (-; *-en*) donazione *f*; **'2ungssteuer** *f* imposta *f* sulle donazioni; **'2ungsurkunde** *f* atto *m* di donazione
'Scherbe ['ʃɛrbə] *f* (-; *-n*) coccio *m*; frantume *m*; **~n** *pl fig* resti *m/pl*
'Schere ['ʃeːrə] *f* (-; *-n*) forbici *f/pl*
Schere'rei [ʃeːrə'raɪ] *f* (-; *-en*) F seccatura *f*
Scherz [ʃɛrts] *m* (*-es*; *-e*) scherzo *m schlechter*: burla *f*; tiro *m*; ***~ beiseite*** scherzi a parte!; ***im ~*** per scherzo; **'~artikel** *m/pl* articoli *m/pl* da carnevale **'2en** (*h*) scherzare; **'2haft** scherzoso
scheu [ʃɔʏ] timido; pauroso; (*menschen~*) poco socievole; *fig Pferde* ombroso; ***~ werden*** adombrarsi
'scheuen ['ʃɔʏən] (*h*) **1.** *v/i* adombrarsi **2.** *v/t* temere; *keine Kosten*, *Mühe*: non badare a; ***sich ~*** schivare; ***sich ~ vo*** (*dat*) aver paura di
'Scheuer|lappen ['ʃɔʏərlapən] *m* **'~tuch** *f* strofinaccio *m*; **'2n** (*h*) fregare; strofinare; pulire (*od* togliere) strofinando
'Scheune ['ʃɔʏnə] *f* (-; *-n*) granaio *m für Heu*: fienile *m*
'Scheusal ['-zaːl] *n* (*-s*; *-e*) mostro *m*
'scheußlich ['ʃɔʏsliç] mostruoso, orribile
Schi → ***Ski***
Schicht [ʃiçt] *f* (-; *-en*) strato *m*; (*Arbeits*2) turno *m* (di lavoro); **'~arbeit** *f* (-; *senza pl*) lavoro *m* a turni; **'2en** (*h*) disporre a strati; *Holz*: accatastare **'~wechsel** *m* cambio *m* di turno, mut *f*
schick [ʃik] *adj* chic, elegante
Schick *m* (-[*e*]*s*; *senza pl*) eleganza *f*
'schicken ['ʃikən] (*h*) mandare; inviare; *post*, *econ* spedire
Schicke'ria [ʃikə'riːa] *f* (-; *senza pl*) jet-society *f*, gente *f* bene
'Schicksal ['ʃikzaːl] *n* (*-s*; *-e*) destin *m*; (*Los*) sorte *f*; **~e** *pl* vicende *f/pl*

S

'Schiebe|dach ['ʃiːbədax] *n auto* tettuccio *m* apribile; **'~fenster** *n* finestra *f* scorrevole
'schieb|en ['ʃiːbən] (*schob*, *geschoben*, *h*) **1.** *v/t* spingere; *tec* far scorrere; *Schuld*: dare, gettare; ***Kegel* ~** giocare ai birilli; **2.** F fare loschi affari; vendere di nascosto; **'&ung** *f* (-; -*en*) *fig* corruzione *f*, truffa *f*
'Schieds|gericht ['ʃiːtsgəriçt] *n* tribunale *m* (*od collegio m*) arbitrale; **'~richter** *m* arbitro *m*; **'~spruch** *m* arbitrato *m*; **'~verfahren** *n* procedimento *m* arbitrale
schief [ʃiːf] **1.** *adj* obliquo; (*geneigt*) inclinato; *fig* ***~e Lage*** *f* posizione *f* falsa; ***~er Turm*** *m* torre *f* pendente; **2.** *adv* ~ **'*gehen*** camminare storto; → ***schiefgehen***; **'~gehen** *v/i* (*irr*, *sep*, *-ge-*, *sn*, → ***gehen***) F andar male (*od* di traverso)
'schielen ['ʃiːlən] *v/i* (*h*) essere guercio, avere gli occhi storti
'Schienbein ['ʃiːnbaɪn] *n* stinco *m*
Schiene ['ʃiːnə] *f* (-; -*n*) *fer* rotaia *f*; **~n** *pl* binari *m/pl*; *med* stecca *f*; (*Führungs&*) guida *f*; **'&n** *med* (*h*) steccare; riassestare; **'~nfahrzeug** *n* veicolo *m* su binari; **'~nnetz** *n* rete *f* ferroviaria; **'~nverkehr** *m* traffico *m* ferroviario; **'~nweg** *m* tratto *m* di rotaie; strada *f* ferrata
Schieß|bude ['ʃiːsbuːdə] *f* baracca *f* di tiro a segno; **'&en** (*schoss*, *geschossen*) **1.** *v/t* (*h*) sparare; tirare; *Jagd*: cacciare; ***e-n Bock* ~** *fig* pigliare un granchio; fare una papera; **~ *lassen*** (*Zügel*) *fig* abbandonare, rinunciare a; **2.** *v/i* (*h*) sparare, tirare; ***gut* ~** essere un buon tiratore; → ***danebenschießen***; (*sn*) (*wachsen*) crescere; *Blut*: salire; **~e'rei** [-'raɪ] *f* (-; -*en*) sparatoria *f*; **'~platz** *m* poligono *m*, campo *m* di tiro; **'~scheibe** *f* bersaglio *m*; **'~stand** *m* tiro *m* a segno; **'~übung** *f* esercitazione *f* di tiro
Schiff [ʃif] *n* (-[*e*]*s*; -*e*) nave *f*; *arch* navata *f*; *tec* navetta *f*
Schiffahrt → ***Schifffahrt***
schiff|bar ['ʃifbaːr] navigabile; **'&bau** *m* (-[*e*]*s*; *senza pl*) costruzioni *f/pl* navali; **'&bruch** *m* (-[*e*]*s*; *senza pl*) (*a fig*) naufragio *m*; **~ *erleiden*** *fig* naufragare; **'&brüchige** *m/f* (-*n*; -*n*) naufrago *m*; -a *f*; **'&er** *m* (-*s*; -) navigante *m*; armatore *m*; marinaio *m*; (*Fährmann*) barcaiolo *m*
'Schifffahrt ['ʃifaːrt] *f* (-; *senza pl*) navigazione *f*; **'~sgesellschaft** *f* società *f* di navigazione; **'~slinie** *f* linea *f* di navigazione
'Schiffs|arzt *m* medico *m* di bordo; **'~besatzung** *f* equipaggio *m*; **'~junge** *m* mozzo *m*; **'~koch** *m* cuoco *m* di bordo; **'~ladung** *f* carico *m*; **'~raum** *m* stazza *f*; stiva *f*; (*Tonnengehalt*) tonnellaggio *m*; **'~reise** *f* viaggio *m* in nave; **'~schraube** *f* elica *f*; **'~tagebuch** *n* giornale *m* di bordo; **'~verkehr** *m* traffico *m* marittimo; **'~werft** *f* cantiere *m* navale
Schi'kan|e [ʃi'kaːnə] *f* (-; -*n*) angheria *f*; vessazione *f*; **&'ieren** [-ka'niːrən] (*senza ge-*, *h*) angariare, vessare
Schild [ʃilt] *n* (-[*e*]*s*; -*er*) (*Laden&*) insegna *f*; (*Tür&*) targa *f*; cartellino *m*; scudo *m*; **'~drüse** *anat f* ghiandola *f* tiroidea; **'&ern** (*h*) dipingere, descrivere; **'~erung** ['-dəruŋ] *f* (-; -*en*) descrizione *f*; **'~kröte** *f* tartaruga *f*
Schilf [ʃilf] *n* (-[*e*]*s*; -*e*) *bot* canna *f*
'Schilling ['ʃiliŋ] *m* (-*s*; -*e*) *hist* scellino *m*
'Schimmel ['ʃiməl] *m* (-*s*; -) *zo* cavallo *m* bianco; (*senza pl*) *bot* muffa *f*; **'&ig** ammuffito; **'&n** (*h u sn*) ammuffire
'Schimmer ['ʃimər] *m* (-*s*; -) bagliore *m*; *fig* barlume *m*; **'&n** (*h*) scintillare
Schim'panse [ʃim'panzə] *m* (-*n*; -*n*) *zo* scimpanzè *m*
'schimpf|en ['ʃimpfən] *v/i* (*h*) imprecare; F dire le parolacce; ***mit j-m* ~** sgridare qu; ***auf j-n* ~** inveire contro qu; ***über et*** (*acc*) **~** lagnarsi di qc; **'&wort** *n* ingiuria *f*, parolaccia *f*
'Schinken ['ʃiŋkən] *m* (-*s*; -) prosciutto *m*; **'~brot** *n* panino *m* al prosciutto
'Schippe ['ʃipə] *f* (-; -*n*) pala *f*
Schirm [ʃirm] *m* (-[*e*]*s*; -*e*) riparo *m*; (*Regen&*) ombrello *m*; (*Sonnen&*) ombrellone *m*; (*Lampen&*) paralume *m*; **'~hülle** *f* fodero *m* dell'ombrello; **'~mütze** *f* berretto *m* con visiera; **'~ständer** *m* portaombrelli *m*
Schlacht [ʃlaxt] *f* (-; -*en*) battaglia *f*; **'&en** *v/t* (*h*) *Tiere*: macellare; **'~enbummler** *m* (-*s*; -) *Sport*: tifoso *m*; **'~feld** *n* campo *m* di battaglia; **'~hof**

S

m macello *m*; '**~plan** *m* piano *m* di battaglia; '**~schiff** *n* nave *f* da battaglia
Schlaf [ʃlaːf] *m* (-[*e*]*s*; *senza pl*) sonno *m*; '**~anzug** *m* pigiama *m*
'**Schläfe** ['ʃlɛːfə] *f* (-; -*n*) *anat* tempia *f*
'**schlafen** ['ʃlaːfən] (*schlief*, *geschlafen*, *h*) dormire; **~ *gehen*** andare a letto
schlaff [ʃlaf] rallentato; (*schlapp*) floscio; flaccido; *Personen*: fiacco
'**Schlaf|losigkeit** *f* (-; *senza pl*) insonnia *f*; '**~mittel** *n* sonnifero *m*; '**~mütze** *f fig* dormiglione *m*
'**schläfrig** ['ʃlɛːfriç] sonnolento; *fig* addormentato; **~ *sein*** aver sonno
'**Schlaf|sack** *m* sacco *m* a pelo; '**~stadt** *f* città *f* dormitorio; '**Ꝛtrunken** sonnacchioso; *Augen*: imbambolato; '**~wagen** *m fer* vagone *m* letto; '**~zimmer** *n* camera *f* da letto
Schlag [ʃlaːk] *m* (-[*e*]*s*; ⸗*e*) colpo *m* (*a med*); *Herz*: battito *m*; *Uhr*: tocco *m*; **~ *zehn Uhr*** alle dieci in punto; (*Blitz*Ꝛ) fulmine *m*; *el* scarica *f*, scossa *f*; *fig* (*Art*) stampo *m*, stampa *f*; ***ein schwerer* ~** *fig* un colpo duro; '**~ader** *f* arteria *f*; '**~anfall** *m med* colpo *m* apoplettico; '**Ꝛartig** *adv* di colpo, repentinamente; '**~baum** *m* barriera *f*
'**schlagen** ['ʃlaːgən] (*schlug*, *geschlagen*) **1.** *v/t* (*h*) battere; (*prügeln*) picchiare; (*besiegen*) sconfiggere, vincere; *Alarm*: dare; *Eier*: sbattere; *in die Flucht*: mettere; ***sich mit j-m* ~** battersi con qu; **2.** *v/i* (*a sn*) battere; *Uhr*: sonare; ***aus der Art* ~** degenerare; ***nach dem Vater*** (***nach der Mutter***) **~** somigliare al padre (alla madre)
'**Schlager** ['ʃlaːgər] *m* (-*s*; -) pezzo *m* di gran successo; *mus* canzonetta *f* (popolare); (*Tanz*Ꝛ) ballabile *m*
'**Schläger** ['ʃlɛːgər] *m* (-*s*; -) (*Raufbold*) accattabrighe *m*; *Tennis*: racchetta *f*; *Golf*: mazza *f*; *Hockey*: bastone *m*; **~'ei** *f* (-; -*en*) zuffa *f*, rissa *f*
'**schlag|fertig** ['ʃlaːkfɛrtiç] pronto, dalla risposta pronta; '**Ꝛinstrument** *n mus* strumento *m* a percussione; '**Ꝛloch** *n* buca *f*; ***Straße f voller Schlaglöcher*** strada *f* dissestata; '**Ꝛsahne** *f* panna *f* montata; '**Ꝛseite** *mar f* (-; *senza pl*) inclinazione *f*; '**Ꝛzeile** *f* titolo *m* a caratteri cubitali; '**Ꝛzeug** *n* (-[*e*]*s*; -*e*) *mus* batteria *f*
Schlamm [ʃlam] *m* (-[*e*]*s*; -*e*) fango *m*, melma *f*; '**Ꝛig** fangoso
Schlamp|e'rei [-pə'raɪ] *f* (-; -*en*) F negligenza, *f* trascuratezza *f*; disordine *m*; '**Ꝛig** negligente, sciatto, trascurato, disordinato
'**Schlange** ['ʃlaŋə] *f* (-; -*n*) serpente *m*; *fig* **~ *stehen*** fare la coda
'**schlängeln** ['ʃlɛŋəln]: ***sich* ~** (*h*) serpeggiare
'**Schlangenbiss** *m* morso *m* di serpente
schlank [ʃlaŋk] svelto; snello; *Figur* slanciato; *Finger*: affusolato; '**Ꝛheitskur** *f* cura *f* dimagrante
schlapp [ʃlap] fiacco, debole
'**Schlappe** ['ʃlapə] *f* (-; -*n*) batosta *f* sconfitta *f*
schlau [ʃlaʊ] furbo
Schlauch [ʃlaʊx] *m* (-[*e*]*s*; *Schläuche*) tubo *m*; otre *m*; (*Rad*Ꝛ) pneumatic*o* *m*, gomma *f*; (*Luft*Ꝛ) camera *f* d'aria; '**~boot** *n* canotto *m* pneumatico; '**Ꝛlos** senza camera d'aria
schlecht [ʃlɛçt] **1.** *adj* cattivo; *Zahn* guasto; **2.** *adv* male; ***mir ist* ~** mi sent*o* male; ***nicht* ~!** non c'è male!; ***es steh****t* ***sehr* ~ *mit ihm*** le sue cose vanno mol*to* male; **~ *gelaunt*** di cattivo umore; '**~gelaunt** *adj* → ***schlecht***; '**Ꝛigkeit** (-; *senza pl*) cattiveria *f*; '**~mache**n *v/t* (*sep*, -*ge*-, *h*) *fig* parlar male di; **Ꝛ'wetterperiode** *f* periodo *m* di mal tempo
'**schleich|en** ['ʃlaɪçən] (*schlich*, *ge*-*schlichen*, *sn*) andare (*od* scorrere) len*tamente*, andare di soppiatto, strisciare; '**~end** lento; furtivo; *med* latente; '**Ꝛwerbung** *f* pubblicità *f* occulta
'**Schleier** ['ʃlaɪər] *m* (-*s*; -) velo *m*; '**Ꝛhaft** oscuro, misterioso; incomprensibile
'**Schleife** ['ʃlaɪfə] *f* (-; -*n*) cappio *m*; laccio *m*; (*Band*Ꝛ) fiocco *m*
'**schleif|en** ['ʃlaɪfən] (*h*) **1.** *v/t* (*schliff*, *geschliffen*) *Messer*: arrotare, affilare; *Diamant*: sfaccettare; *Steine*: pulire; **2.** (*schleifte*, *geschleift*) *v/t* trascinare; *v/i* strisciare; '**Ꝛmaschine** *f* arrotatrice
Schleim [ʃlaɪm] *m* (-[*e*]*s*; -*e*) *med* muc*o* *m*; '**~auswurf** *m* (-[*e*]*s*; *Schleimauswürfe*) espettorazione *f*; '**~haut** *f* mucosa *f*; '**Ꝛig** viscoso; *med* mucoso; visc*i*do
'**schlemm|en** ['ʃlɛmən] (*h*) gozzov

gliare; '**♀erlokal** *n* locale *m* di specialità culinarie

schlend|ern ['ʃlɛndərn] (*sn*) andare a zonzo, girellare; '**♀rian** ['-driɑːn] *m* (-[*e*]*s*; *senza pl*) F andazzo *m*

schlepp|en ['ʃlɛpən] (*h*) trascinare; *mar*, *auto* rimorchiare; '**~end** strascicante; *Tempo*: strascicato; *Stil*: pesante; '**♀er** *m* (-*s*; -) trattore *m*; *mar* rimorchiatore *m*; '**♀lift** *m* sciovia *f*; '**♀tau** *n* cavo *m* da rimorchio; *fig* ***ins ~ nehmen*** rimorchiare; *fig* ***im ~ von*** sulla scia di

Schlesien ['ʃleːzjən] *n* Slesia *f*

Schleswig-Holstein ['ʃleːsviç 'holʃtaɪn] *n* Slesvig-Holstein *m*

Schleuder ['ʃlɔʏdər] *f* (-; -*n*) fionda *f*; (*Wäsche♀*) centrifuga *f* (della lavatrice); '**♀n** **1.** (*h*) *v/t* scagliare; *avia* catapultare; **2.** *v/i* (*a sn*) *Auto*: slittare, sbandare; ***ins Schleudern geraten*** cominciare a sbandare; '**~preis** *m* prezzo *m* irrisorio (*od* di svendita)

schleunig ['ʃlɔʏniç] **1.** *adj* pronto; **2.** *adv* subito; '**~st** al più presto

Schleuse ['ʃlɔʏzə] *f* (-; -*n*) chiusa *f*; cateratta *f*

schlicht [ʃliçt] schietto; semplice; *Kleidung*: dimesso; '**~en** (*h*) lisciare; *fig* accomodare; appianare; '**♀er** *m* (-*s*; -) levigatore *m*; conciliatore *m*; '**♀ung** *f* (-; *senza pl*) accomodamento *m*

schließ|en ['ʃliːsən] (*schloss*, *geschlossen*, *h*) chiudere, serrare; *in seine Arme*: abbracciare; stringere; *Vertrag*: concludere; *Ehe*: contrarre; *Frieden*, *Freundschaft*: fare; *Sitzung*: levare, togliere; (*beenden*) terminare; sospendere; (*folgern*) dedurre, concludere, inferire; '**♀fach** *n post* casella *f* postale; (*Bank♀*) cassetta *f* di sicurezza; *fer* deposito *m* bagagli a cassette; '**~lich** alla fine; in fin dei conti

Schliff [ʃlif] *m* (-[*e*]*s*; *senza pl*) taglio *m*; *Klingen*: affilatura *f*; *fig* educazione *f*

schlimm [ʃlim] **1.** *adj* brutto; (*böse*) cattivo; (*krank*) malato; ***es ist nicht so ~ wie …*** non è poi tanto male come …; **2.** *adv* male; '**~er**; **1.** *adj* peggiore; **2.** *adv* peggio; ***~ werden*** peggiorare; ***immer ~ werden*** andare di male in peggio; '**♀ste** peggiore; ***das Schlimmste ist, dass …*** il peggio è che …; ***im ~n Falle*** =; '**~stenfalls** ['-stən'fals] nel peggiore dei casi

'**Schlinge** ['ʃliŋə] *f* (-; -*n*) cappio *m*

'**schlingern** *mar* ['ʃliŋərn] (*h*) rullare

'**Schlingpflanze** ['ʃliŋpflantsə] *f* pianta *f* rampicante

Schlips [ʃlips] *m* (-*es*; -*e*) cravatta *f*

'**Schlitt|en** ['ʃlitən] *m* (-*s*; -) (*Rodel♀*) slitta *f*; slittino *m*; ***~ fahren*** andare in slitta; '**~enfahrt** *f* corsa *f* in slitta; '**♀ern** (*sn*) scivolare, sdrucciolare (sul ghiaccio)

'**Schlittschuh** ['-ʃuː] *m* pattino *m*; ***~ laufen*** pattinare; '**~läufer(in)** *m*(*f*) pattinatore *m*, -trice *f*

Schlitz [ʃlits] *m* (-*es*; -*e*) fessura *f*; *Kleidung*: spacco *m*

Schloss[1] [ʃlɔs] *n* (-*es*; ⸚*er*) *arch* palazzo *m*; (*Burg*) castello *m*

Schloss[2] *n* (-*es*; ⸚*er*) *tec* serratura *f*; (*Vorlege♀*) lucchetto *m*; ***hinter ~ und Riegel*** in gattabuia

'**Schlosser** ['ʃlɔsər] *m* (-*s*; -) magnano *m*, fabbro *m*

'**Schloss|park** *m* parco *m* del castello; '**~ruine** *f* rovine *f/pl* di un castello

'**schlottern** ['ʃlɔtərn] (*h*) tremare; vacillare, ciondolare

Schlucht [ʃluxt] *f* (-, -*en*) gola *f*; ***tiefe ~*** burrone *m*

'**schluchzen** ['ʃluxtsən] (*h*) singhiozzare

Schluck [ʃluk] *m* (-[*e*]*s*; -*e*) sorso *m*; '**~auf** *m* (-*s*; *senza pl*) singhiozzo *m*; '**♀en** (*h*) inghiottire; F mandare giù; *tec* assorbire; '**~impfung** *f* vaccinazione *f* per via orale

'**schlüpf|en** ['ʃlypfən] (*sn*) guizzare; '**♀er** *m* (-*s*; -) mutandine *f/pl*; slip *m*

'**schlüpfrig** ['ʃlypfriç] lubrico; scivoloso

'**Schlupfwinkel** ['ʃlupfviŋkəl] *m* nascondiglio *m*

'**schlürfen** [ʃlyrfən] (*h*) sorseggiare, centellinare

Schluss [ʃlus] *m* (-*es*; *senza pl*) (*Ende*) fine *f*; *e-r Rede*, *e-s Briefes*: chiusa *f*; (*pl* ⸚*e*) (*Folgerung*) conclusione *f*; ***~ machen*** farla finita; ***~ für heute*** basta per oggi; ***zum ~ kommen*** volgere alla fine; '**~bemerkung** *f* osservazione *f* finale; '**~bilanz** *f* bilancio *m* di chiusura

'**Schlüssel** ['ʃlysəl] *m* (-*s*; -) chiave *f* (*a fig*); *Chiffre*: codice *m*; '**~bein** *n* clavi-

S

cola *f*; '**~bund** *n* mazzo *m* di chiavi; '**≈fertig** *Haus*: pronto per la consegna; '**~industrie** *f* industria *f* chiave; '**~loch** *n* buco *m* della chiave, toppa *f*; '**~stellung** *f* posizione *f* chiave

'**Schlussfolgerung** *f* conclusione *f*; argomentazione *f*; conseguenza *f*

'**schlüssig** ['ʃlysiç] concludente; risoluto; ***sich ~ werden*** decidersi

'**Schluss|kurs** *m econ* corso *m* di chiusura; '**~licht** *n auto* fanale *m* posteriore; *fer u fig* fanalino *m* di coda; '**~notierung** *f* quotazione *f* di chiusura; '**~runde** *f Sport*: giro *m* finale; *Boxsport*: ultima ripresa *f*; '**~strich** *m* tratto *m* conclusivo; '**~verkauf** *m* liquidazione *f* di fine stagione; '**~wort** *n* (-[*e*]*s*; -*e*) ultima parola *f*; *let* epilogo *m*

'**schmackhaft** ['ʃmakhaft] saporito; gustoso

schmal [ʃmaːl] stretto; *fig* magro, esiguo

'**schmäler|n** ['ʃmɛːlərn] (*h*) ristringere; (*verringern*) diminuire; *fig* sminuire; '**≈ung** *f* (-; -*en*) diminuzione *f*; riduzione *f*

'**Schmal|film** ['ʃmaːlfilm] *m* film *m* a passo ridotto; '**~filmkamera** *f* macchina *f* da presa a passo ridotto; '**~spurbahn** *f* ferrovia *f* a scartamento ridotto; '**≈spurig** ['-ʃpuːriç] a scartamento ridotto

Schmalz [ʃmalts] *n* (-*es*; *senza pl*) strutto *m*; grasso *m*; sentimentalismo *m*; qualcosa *m* di sdolcinato; '**≈ig** grasso; *fig* unto, sentimentale

schma'rotzen [ʃma'rɔtsən] (*senza ge-, h*) *fig* vivere a scrocco

'**schmatzen** ['ʃmatsən] (*h*) *essend*: mangiare rumorosamente

'**schmecken** ['ʃmɛkən] (*h*) **1.** *v/t* assaggiare; **2.** *v/i* piacere; ***gut ~*** essere buono; ***nach et ~*** sapere di qc; ***schmeckt's?*** Le piace?; ***wie schmeckt Ihnen dieses ...?*** come trova questo ...?; ***das schmeckt mir sehr gut*** mi piace molto

'**schmeich|elhaft** ['ʃmaɪçəlhaft] lusinghiero; '**~eln** (*h*) (*dat*) lusingare (*acc*); adulare (*acc*); fare moine; '**≈ler** *m* (-*s*; -) adulatore *m*; '**~lerisch** lusinghiero; adulatorio

'**schmeißen** ['ʃmaɪsən] (*schmiss, geschmissen, h*) gettare, buttare

'**schmelz|en** (*schmolz, geschmolzen*) **1** *v/i* (*sn*) fondersi; *Eis*: sciogliersi; **2.** *v*. (*h*) fondere; '**≈punkt** *m* punto *m* di fu sione; '**≈tiegel** *m fig* crogiolo *m*

Schmerz [ʃmɛrts] *m* (-*es*; -*en*) dolor *m*; (*Kummer*) pena *f*; '**≈en** (*h*) **1.** *v/i* do lere; **2.** *v/t* addolorare, far soffrire '**~ensgeld** *n* indennità *f*; '**≈haft** dolo roso; '**≈lich** doloroso; '**≈lindernd** cal mante; '**≈los** senza dolore; *med* indo lore; '**≈stillend** calmante

'**Schmetterling** ['ʃmɛtərliŋ] *m* (-*s*; -*e zo* farfalla *f*

'**schmettern** ['ʃmɛtərn] (*h*) **1.** *v/t* scara ventare; **2.** *v/i Vögel*: cantare; *Tromp ten*: squillare

Schmied [ʃmiːt] *m* (-[*e*]*s*; -*e*) fabbro *m* (*Huf*≈) maniscalco *m*; '**~eeise** ['-də'ai-] *n* ferro *m* battuto; '**≈en** (*h* battere (il ferro); forgiare; *fig* ordire

'**schmier|en** ['ʃmiːrən] (*h*) spalmar (***mit*** di); *mit Butter*: imburrare; *m Öl*: ungere; *tec* lubrificare; ingrassar (*schreiben*) F scarabocchiare; *fig* ***j-n*** ungere le mani (*od* le ruote) a qu; co rompere qu; ***es geht wie geschmie*** va liscio come l'olio; '**≈geld** *n* F bust rella *f*; '**~ig** unto; sporco; *fig* sordid '**≈käse** *m* formaggio *m* da spalmar '**≈mittel** *n* lubrificante *m*

'**Schmink|e** ['ʃmiŋkə] *f* (-; -*n*) bellet *m*; *weiße*: biacca *f*; *rote*: rossetto *r* '**≈en**: ***sich ~*** (*h*) truccarsi

'**schmirgel|n** ['ʃmirgəln] (*h*) smerigli re; '**≈papier** *n* carta *f* smeriglio

'**Schmor|braten** ['ʃmoːrbraːtən] stufato *m*; '**≈en** (*h*) **1.** *v/t* stufare; *v/i* cuocere; *fig* bruciare

Schmuck [ʃmuk] *m* (-[*e*]*s*; *senza pl*) o namento *m*; (*Juwelen*) gioie *f/* gioielli *m/pl*

'**schmücken** ['ʃmykən] (*h*) orna adornare; *mit Orden*: fregiare; *K chen*: addobbare

'**Schmuck|kästchen** ['ʃmukkɛstçən (-*s*; -) cofanetto *m*; portagioie *m*; '**≈l** disadorno; '**~stück** *n* gioiello *m*, gio *f*

'**Schmugg|el** ['ʃmugəl] *m* (-*s*; *senza* contrabbando *m*; '**≈eln** (*h*) contra bandare

'**schmunzeln** ['ʃmuntsəln] (*h*) sorri re soddisfatto

'**schmusen** ['ʃmuːsən] (*h*) F pomicia

S

Schmutz [ʃmuts] *m* (*-es*; *senza pl*) sporcizia *f*; (*Schlamm*) fango *m*; sudiciume *m*; '**~fleck** *m* macchia *f*; '**2ig** sporco; sudicio
Schnabel ['ʃnaːbəl] *m* (*-s*; *=*) becco *m*
Schnake ['ʃnaːkə] *f* (*-*; *-n*) *zo* tipula *f*
Schnalle ['ʃnalə] *f* (*-*; *-n*) fibbia *f*
schnapp|en ['ʃnapən] (*h*) scattare; ***nach Luft ~*** boccheggiare; F ***frische Luft ~*** prendere una boccata d'aria; '**2schloss** *n* serratura *f* a scatto; '**2schuss** *m fot* istantanea *f*
Schnaps [ʃnaps] *m* (*-es*; *=e*) acquavite *f*; grappa *f*; '**~flasche** *f* fiaschetta *f* d'acquavite; '**~glas** *n* bicchierino *m* da liquore; '**~idee** *f* F idea *f* assurda
schnarch|en ['ʃnarçən] (*h*) russare; '**2er** *m* (*-s*; *-*) chi russa
schnattern ['ʃnatərn] (*h*) strepitare; *Ente*: schiamazzare
schnauben ['ʃnaubən] (*h*) sbuffare; soffiare
schnaufen ['ʃnaufən] (*h*) respirare; (*keuchen*) ansimare
Schnauz|e ['ʃnautsə] *f* (*-*; *-n*) muso *m*; P ***halt die ~!*** chiudi il becco!; '**2en** (*h*) vociare
schnäuzen ['ʃnɔʏtsən]: ***sich ~*** (*h*) soffiarsi il naso
Schnauzer *m* (*-s*; *-*) *zo* schnauzer *m*
Schnecke ['ʃnɛkə] *f* (*-*; *-n*) *zo* chiocciola *f*; *a fig* lumaca *f*; '**~ntempo** *n*: ***im ~*** a passo di lumaca
Schnee [ʃneː] *m* (*-s*; *senza pl*) neve *f*; '**2bedeckt** coperto di neve, innevato; '**~ball** *m* palla *f* di neve; '**~brille** *f* occhiali *m/pl* da sci (*od* da alpinista); '**~fall** *m* nevicata *f*, precipitazione *f* nevosa; '**~flocke** *f* fiocco *m* di neve; '**~gestöber** *n* nevischio *m*; '**~glöckchen** *bot n* (*-s*; *-*) bucaneve *m*; '**~grenze** *f* (*-*; *senza pl*) limite *m* delle nevi perpetue; '**~höhe** *f* altezza *f* della neve; '**~kette** *f* catena *f* da neve; '**~mann** *m* pupazzo *m* di neve; '**~pflug** *m* spazzaneve *m*; '**~schmelze** ['-ʃmɛltsə] *f* (*-*; *senza pl*) scioglimento *m* della neve, disgelo *m*; '**~sturm** *m* bufera *f* di neve; '**~treiben** *n* nevischio *m*; '**~wehe** *f* neve *f* ammucchiata
Schneide ['ʃnaɪdə] *f* (*-*; *-n*) filo *m*, taglio *m*; '**2n** (*schnitt*, *geschnitten*, *h*) tagliare; ***sich ~*** tagliarsi; '**2nd** tagliente; *Kälte*: pungente
'**Schneider** ['ʃnaɪder] *m* (*-s*; *-*), '**~in** *f* (*-*; *-nen*) sarto *m*, -a *f*
'**Schneidezahn** *m* dente *m* incisivo
'**schneien** ['ʃnaɪən] (*h*) nevicare
'**Schneise** ['ʃnaɪzə] *f* (*-*; *-n*) sentiero *m* (in un bosco)
schnell [ʃnɛl] rapido; veloce; pronto; *adv* presto
'**Schnell|boot** *mil* ['ʃnɛlboːt] *n* motosilurante *f*; '**2en** (*sn*) **1.** *v/i* (*sn*) scattare; *Preise*: salire rapidamente; **2.** *v/t* (*h*) scoccare; (*werfen*) lanciare; '**~gaststätte** *f* tavola *f* calda, snack-bar *m*; '**~gericht** *n gastr* piatto *m* rapido; '**~hefter** ['-hɛftər] *m* (*-s*; *-*) raccoglitore *m*; '**~igkeit** *f* (*-*; *senza pl*) rapidità *f*; velocità *f*; '**~straße** *f* superstrada *f*; '**~verfahren** *jur n* direttissima *f*; procedura *f* d'urgenza; '**~zug** *m* (treno *m*) espresso *m*
'**schneuzen** → ***schnäuzen***
'**Schnippchen** ['ʃnipçən] *n*: ***j-m ein ~ schlagen*** fare un brutto tiro a qu
'**Schnipsel** ['-səl] *m u n* (*-s*; *-*) ritaglio *m*, pezzettino *m*
'**Schnitt** [ʃnit] *m* (*-[e]s*; *-e*) taglio *m*; *med Kunst*: incisione *f*; *Kleidung*: foggia *f*; ***im ~*** in media; **~'blumen** *f/pl* fiori *m/pl* (da taglio); '**~e** *f* (*-*; *-n*) fetta *f*; '**~fläche** *f* sezione *f*; '**~lauch** *bot m* erba *f*; cipollina; '**~stelle** *f inform* interfaccia *f*; '**~wunde** *f* ferita *f* da taglio
'**Schnitz|el** ['ʃnitsəl] *n* (*-s*; *-*) *gastr* bistecca *f*, fettina *f*; ***Wiener ~*** *gastr* cotoletta *f* alla milanese; '**2en** (*h*) intagliare, scolpire (nel legno)
'**Schnorchel** ['ʃnɔrçəl] *m* (*-s*; *-*) *U-Boot*: Schnorchel *m*; *Taucher*: respiratore *m*
'**Schnörkel** ['ʃnœrkəl] *m* (*-s*; *-*) *Schrift*: svolazzo *m*; ghirigoro *m*; *arch* voluta *f*
'**Schnuller** ['ʃnulər] *m* (*-s*; *-*) F succhiotto *m*; ciuccio *m*
'**Schnupf|en** ['ʃnupfən] *m* (*-s*; *-*) costipazione *f*, raffreddore *m*; ***~ haben*** essere raffreddato, avere il raffreddore; '**2tabak** *m* tabacco *m* da fiuto
'**schnuppern** ['ʃnupərn] (*h*) fiutare
Schnur [ʃnuːr] *f* (*-*, *=e*) spago *m*, cordicella *f*; *von Perlen*: filo *m*; (*pl -en*) *el* cavo *m*, cordone *m*
'**Schnür|chen** ['ʃnyːrçən] *n*: ***wie am ~ laufen*** andare liscio come l'olio; '**2en** (*h*) allacciare

S

'Schnurrbart ['ʃnurbaːrt] *m* baffi *m/pl*
'schnurren ['ʃnurən] (*h*) ronzare; *Katze*: fare le fusa
'Schnür|schuh ['ʃnyːrʃuː] *m* scarpa *f* da allacciare; **'~senkel** *m* (*-s*; -) stringa *f*, laccio *m*
'schnurstracks ['ʃnuːrʃtraks] direttamente, difilato
'Schober ['ʃoːbər] *m* (*-s*; -) bica *f*; pagliaio *m*; fienile *m*
Schock [ʃɔk] *med m* (*-[e]s*; *-s*) choc *m*; collasso *m*; **2'ieren** (*senza ge-*, *h*) scandalizzare
'Schöffe ['ʃœfə] *m* (*-n*; *-n*) giurato *m*
Schoko'lade [ʃoko'laːdə] *f* (*-*; *-n*) cioccolata *f*
'Scholle ['ʃɔlə] *f* (*-*; *-n*) **1.** zolla *f*; (*Eis2*) lastra *f* di ghiaccio; **2.** *zo* sogliola *f*
schon [ʃoːn] già; ***~ gut*** va bene; ***~ lange*** già da tempo; ***~ wieder*** di nuovo; ***~ wegen ...*** non foss'altro per ...; ***~ der Gedanke*** il solo pensiero; ***er wird ~ kommen*** vedrai che verrà; ***das ~, aber*** va bene, ma
schön [ʃøːn] **1.** *adj* bello; ***das ist ~ von dir!*** è gentile da parte tua; ***das wäre noch ~er*** ci mancherebbe altro; ***das ist ~er*** questo è più bello; ***die ~en Künste*** le belle arti; ***sich ~ machen*** farsi bello; **2.** *adv* bene; ***~!*** va bene!; ***bitte ~!*** per favore!; faccia pure!
'schonen ['ʃoːnən] (*h*) aver cura di; *j-n*: risparmiare; ***sich ~*** riguardarsi; **'~d** delicato; indulgente; ***in ~er Weise*** con tutti i riguardi
'Schönheit ['ʃøːnhaɪt] *f* (*-*; *-en*) bellezza *f*; **'~skönigin** *f* reginetta *f*; **'~smittel** *n* cosmetico *m*; **'~spflege** *f* cura *f* della bellezza; cosmesi *f*; **'~ssalon** *m* istituto *m* di bellezza
'schönmachen ['ʃøːnmaxən] → ***schön***
'Schonung ['ʃoːnuŋ] *f* (*-*; *senza pl*) riguardi *m/pl*; attenzione *f*; (*pl -en*) *Bäume*: bosco *m* di riserva; **'2slos** spietato
'Schön'wetterlage *f* bel tempo *m*
'Schonzeit ['ʃoːntsaɪt] *f* chiusura *f* della caccia
'schöpf|en ['ʃœpfən] (*h*) attingere (*a fig*); *Atem*, *Mut*, *Verdacht*: prendere; *Hoffnung*: concepire; **'2er** *m* (*-s*; -) creatore *m*; **'~erisch** creativo; **'2kelle** *f*; mestolo *m*; ramaiolo *m*

'Schoppen ['ʃɔpən] *m* (*-s*; -) mezzett *f*; *Wein*: quartino *m*; *Bier*: pinta *f*
Schorf [ʃɔrf] *m* (*-[e]s*; *-e*) *med* crosta
'Schornstein ['ʃɔrnʃtaɪn] *m* camin *m*; *tec* ciminiera *f*; **'~feger** *m* spazzaca mino *m*
Schoß [ʃoːs] *m* (*-[e]s*; *⸚e*) grembo *m* (*fig*); ***die Hände in den ~ legen*** stars ne con le mani in mano
'Schote *bot* ['ʃoːtə] *f* (*-*; *-n*) baccello *m* ***~n*** *pl* piselli *m/pl* verdi (*od* freschi)
'Schott|e ['ʃɔtə] *m* (*-n*; *-n*), **'~in** *f* (*-nen*) scozzese *m/f*
'Schotter ['ʃɔtər] *m* (*-s*; -) ghiaia *f*, pi trisco *m*; *fer* massicciata *f*
Schottland ['ʃɔtlant] *n* Scozia *f*
schraf'fieren [ʃra'fiːrən] (*senza ge-*, *h* tratteggiare
schräg [ʃrɛːk] obliquo; *mat* diagona
'Schramme ['ʃramə] *f* (*-*; *-n*) scalfittu *f*; sfregio *m*; graffio *m*
Schrank [ʃraŋk] *m* (*-[e]s*; *⸚e*) armad *m*; (*Bücher2*) biblioteca *f*
'Schranke ['ʃraŋkə] *f* (*-*; *-n*) barriera
'schranken|los ['ʃraŋkənloːs] illimit to; (*zügellos*) sfrenato; **'2wärter** *m f* casellante *m*, cantoniere *m*
'Schraube ['ʃraubə] *f* (*-*; *-n*) vite *f*; *m* elica *f*; **'2n** (*h*) avvitare; *fig* ***g schraubt*** contorto; → ***herunte schrauben***; → ***hochschraube*** **'~nmutter** *f* (*-*; *-n*) madrevite **'~nschlüssel** *m* chiave *f* per viti, ch ve *f* inglese; **'~nzieher** ['-tsiːər] *m* (-) cacciavite *m*
Schreck [ʃrɛk] *m* (*-[e]s*; *-e*) spavento ***einen ~ bekommen*** prendersi u spavento, prendere paura; **'2en** ['ʃ kən] **1.** *v/t* spaventare, far prendere p ura a; **2.** *v/r* ***sich ~*** prendere pau spaventarsi; **'~en** *m* (*-s*; -) terrore (***einjagen*** incutere); paura *f*, spaven *m*
'Schreckensherrschaft *f* regime *m* terrore
'Schreck|gespenst ['ʃrɛkgəʃpɛnst] spauracchio *m*; **'2haft** pauroso; **'2li** terribile, tremendo, spaventoso; o bile; **'~schuss** *m* sparo *m* (*od* *m*) in aria
Schrei [ʃraɪ] *m* (*-[e]s*; *-e*) grido *m* (***a stoßen*** lanciare); *stärker*: urlo *m*
'Schreib|arbeit ['ʃraɪpʔarbaɪt] *f* lav *m* di scrittura; **'~büro** *n* copisteria

S

'2en ['-bən] **1.** (*schrieb, geschrieben, h*) scrivere; (*ab~*) copiare; (*Maschine ~*) dattilografare; **2.** '**~en** *n* (*-s; -*) lettera *f*; '**~er** *m* (*-s; -*), '**~erin** *f* (*-; -nen*) scrivente *m/f*; *tec* registratore *m*; (*Roman*2) scrittore *m*; '**2faul** ['ʃraɪpfaʊl] pigro nello scrivere; '**~fehler** *m* errore *m* di scrittura; '**~heft** *n* quaderno *m*; '**~kraft** *f* stenodattilografo *m*, -a *f*; '**~maschine** *f* macchina *f* da scrivere; ***mit der ~ schreiben*** scrivere a macchina; '**~materialien** *n/pl* occorrente *m* per scrivere; '**~papier** *n* carta *f* da scrivere; '**~tisch** *m* scrivania *f*; '**~ung** ['-buŋ] *f* (*-; -en*) grafia *f*; '**~unterlage** *f* sottomano *m*; '**~warengeschäft** *n* cartoleria *f*; '**~zeug** *n* (*-[e]s; senza pl*) occorrente *m* per scrivere

schrei|en ['ʃraɪən] (*schrie, geschrien, h*) gridare; ***um Hilfe ~*** gridare aiuto; '**~end** stridente; *Farbe*: vistoso; *Unrecht*: ingiustizia *f* che grida vendetta

Schreiner ['ʃrainər] *m* (*-s; -*) falegname *m*

schreiten ['ʃraɪtən] (*schritt, geschritten, sn*) camminare; ***zu et ~*** passare a qc *od* procedere a qc

Schrift [ʃrɪft] *f* (*-, -en*) scrittura *f*; *tip* caratteri *m/pl*; (*Werk*) scritto *m*; (*Abhandlung*) trattato *m*; ***die Heilige ~*** la Sacra Scrittura; '**~bild** *n* caratteri *m/pl*; scrittura *f*; '**~deutsch** *n* tedesco *m* letterario; '**~führer** *m* segretario *m*; '**2lich 1.** *adj* scritto; **2.** *adv* per iscritto; '**~probe** *f* prova *f* di scrittura; '**~sachverständige** *m* grafologo *m*; '**~sprache** *f* (*-; senza pl*) lingua *f* scritta; '**~steller** *m* (*-s; -*), '**~stellerin** *f* (*-; -nen*) scrittore *m*, -trice *f*; autore *m*; '**~stück** *n* documento *m*; '**~verkehr** *m*, '**~wechsel** *m* corrispondenza *f*; '**~zeichen** *n* segno *m* grafico; carattere *m*

schrill [ʃril] stridente

Schritt [ʃrit] *m* (*-[e]s; -e; als Maß im pl inv*) passo *m*; *Kleidung*: cavallo *m*; ***~ für ~*** a passo a passo; ***~ halten mit*** *fig* tenere dietro a; ***im ~*** al passo; '**~macher** *m* (*-s; -*) *fig* battistrada *m*; *med* (*Herz~*) pacemaker *m*; '**2weise** a passo a passo, progressivamente

schroff [ʃrɔf] scabroso; *Berg*: scosceso; *fig* brusco, secco

schröpfen ['ʃrœpfən] (*h*) salassare (*a fig*)

Schrot [ʃroːt] *m u n* (*-[e]s; -e*) pallini *m/pl*; *agr* farricello *m*; '**~brot** *n* pane *m* integrale; '**~flinte** *f* fucile *m* a pallini

Schrott [ʃrɔt] *f* (*-[e]s; -e*) *tec* rottami *m/pl* di metallo; *fig* robaccia *f*

'**schrubben** ['ʃrubən] (*h*) strofinare; *mar* frettare

'**schrumpfen** ['ʃrumpfən] (*sn*) restringersi; contrarsi; *med* atrofizzarsi; *fig* diminuire

Schub [ʃuːp] *m* (*-[e]s; ⸚e*) spinta *f*; gruppo *m*; '**~fach** *n*, **~'lade** *f* cassetto *m*; '**2weise** a spinte; a gruppi

'**schüchtern** ['ʃyçtərn] timido

Schuft [ʃuft] *m* (*-[e]s; -e*) canaglia *f*, furfante *m*; '**2en** F (*h*) sgobbare

Schuh [ʃuː] (*-[e]s; -e*) scarpa *f*; ***j-m et in die ~e schieben*** dare la colpa di qc a qu; '**~anzieher** ['-antsiːər] *m* (*-s; -*) calzatoio *m*; '**~bürste** *f* spazzola *f* per scarpe; '**~creme** *f* crema *f* (*od lucido m*, lustro *m*) da scarpe; '**~geschäft** *n* negozio *m* di scarpe; calzoleria *f*; '**~macher** *m* (*-s; -*) calzolaio *m*; '**~putzer** *m* (*-s; -*) lustrascarpe *m*; '**~sohle** *f* suola *f*

'**Schul|abschluss** ['ʃuːlˀapʃlus] *m* titolo *m* di studio; '**~amt** *n* ufficio *m* scolastico; '**~beginn** *m*: ***vor ~*** prima che incomincino le scuole; '**~besuch** *m* frequenza *f* scolastica; '**~bildung** *f* (*-; senza pl*) istruzione *f* scolastica

Schuld [ʃult] *f* (*-; senza pl*) colpa *f*; (*pl -en*) *Geld*: debito *m*; ***ich bin schuld daran*** è colpa mia; ***es ist meine ~*** è colpa mia; ***in j-s ~ stehen*** essere in debito con qu; ***j-m die ~ an et*** (*dat*) ***geben*** dare la colpa a qu per qc

'**schulden** ['ʃuldən] (*h*) dovere

'**Schulden|berg** *m* F montagna *f* di debiti; '**2frei** esente da debiti; '**~tilgung** *f* ammortamento *m* dei debiti

'**Schuldienst** ['ʃuːldiːnst] *m* insegnamento *m*; scuola *f*; ***im ~ tätig sein*** fare l'insegnante

'**schuldig** ['ʃuldiç] **1.** *adj* colpevole; (*gebührend*) debito; dovuto; ***j-m et ~ sein*** dovere qc a qu; ***wie viel bin ich Ihnen ~?*** quanto Le devo?; ***die Antwort ~ bleiben*** non fornire una risposta; → ***schuldigsprechen***; **2.** *adv* dovuto

'**Schuldig|e** *m/f* colpevole *m/f*; '**2sprechen** *v/t* (*irr, sep, -ge-, h,* → ***sprechen***)

S

dichiarare colpevole

'**schuld|los** ['ʃultloːs] innocente; '**≈ner** ['-nər] *m* (*-s*; -), '**≈nerin** *f* (-; *-nen*) debitore *m*, -trice *f*; '**≈schein** *m* titolo *m* di credito; '**≈verschreibung** ['-fɛrʃraɪbuŋ] *f* (-; *-en*) *econ* obbligazione *f*

'**Schule** ['ʃuːlə] *f* (-; *-n*) scuola *f*; ***höhere ~*** scuola superiore; ***zur ~ gehen*** andare a scuola

'**schulen** ['ʃuːlən] (*h*) ammaestrare; (*ausbilden*) istruire

'**Schul|englisch** *n* (*-s*; *senza pl*) inglese *m* scolastico; '**~französisch** *n* (*-s*; *senza pl*) francese *m* scolastico

'**Schüler** ['ʃyːlər] *m* (*-s*; -) allievo *m*; *der Grundschule*: scolaro *m*, alunno *m*; *des Gymnasiums*: studente *m*; '**~austausch** *m* scambio *m* di studenti; '**~in** *f* (-; *-nen*) allieva *f*; *der Grundschule*: scolara *f*, alunna *f*; *des Gymnasiums*: studentessa *f*

'**Schul|ferien** *pl* vacanze *f*/*pl* (scolastiche); '**≈frei** di vacanza, libero; '**~geld** *n* tassa *f* scolastica; '**~jahr** *n* anno *m* scolastico; '**~kamerad** *m* compagno *m* di scuola; '**~kind** *n* scolaretto *m*; alunno *m*; '**~pflicht** *f* istruzione *f* obbligatoria; '**≈pflichtig** soggetto all'istruzione obbligatoria; '**~schiff** *n* nave-scuola *f*; '**~schluss** *m* (*-es*; *senza pl*) fine *f* dell'anno scolastico

'**Schulter** ['ʃultər] *f* (-; *-n*) spalla *f*; '**≈n** (*h*) mettere in spalla

'**Schul|ung** ['ʃuːluŋ] *f* (-; *-en*) istruzione *f*, addestramento *m*, educazione *f*; '**~wesen** *n* (*-s*; *senza pl*) sistema *m* scolastico; istruzione *f* pubblica; '**~zeit** *f* (-; *senza pl*) ore *f*/*pl* di lezione; periodo *m* scolastico; anni *m*/*pl* di scuola; '**~zeugnis** *n* pagella *f*

Schund [ʃunt] *m* (-[*e*]*s*; *senza pl*) robaccia *f*, scarto *m*

'**Schuppe** ['ʃupə] *f* (-; *-n*) scaglia *f*; **~n** *pl* forfora *f*

'**Schuppen** ['ʃupən] *m* (*-s*; -) rimessa *f*; *avia* capannone *m*

'**schuppig** ['ʃupiç] squamoso

'**schüren** ['ʃyːrən] (*h*) attizzare; *fig* aizzare

'**Schurke** ['ʃurkə] *m* (*-n*; *-n*) briccone *m*

'**Schürze** ['ʃyrtsə] *f* (-; *-n*) grembiule *m*; '**~njäger** *m* F donnaiolo *m*

Schuss [ʃus] *m* (*-es*; *≈e*) colpo *m*; tiro *m*, sparo *m*; *Fußball*: tiro *m*; cannonata *f*; *Flüssigkeit*: goccio *m*; ***weit vom*** … fuori tiro; ***in ~ sein*** essere a posto

'**Schüssel** ['ʃysəl] *f* (-; *-n*) piatto *m* … scodella *f*

'**Schuss|linie** *f* linea *f* di tiro *m*; '**~waff**… *f* arma *f* da fuoco; '**~wunde** *f* ferita d'arma da fuoco

'**Schuster** ['ʃuːstər] *m* (*-s*; -) calzolai… *m*

Schutt [ʃut] *m* (-[*e*]*s*; *senza pl*) maceri… *f*/*pl*; detriti *m*/*pl*

'**Schüttel|frost** ['ʃytəlfrɔst] *m* (-[*e*]*s*; *senza pl*) brividi *m*/*pl*; '**≈n** (*h*) scuote… re; *Flüssigkeiten*: agitare; *Hand*: strin… gere; *Kopf*: scrollare

'**schütten** ['ʃytən] (*h*) versare; *fig* ***e***… ***schüttet*** diluvia

Schutz [ʃuts] *m* (*-es*; *senza pl*) prote… zione *f*; riparo *m*; (*Verteidigung*) dife… sa *f*; (*Zuflucht*) rifugio *m*, asilo *m*… (*Obhut*) salvaguardia *f*; '**~blech** *n* pa… rafango *m*; *Fahrrad*: copricatena *m*… '**~brief** *m auto* ACI-Passport *m*; '**~bri**… **le** *f* occhiali *m*/*pl* di protezione

'**Schütze** ['ʃytsə] *m* (*-n*; *-n*) tiratore *m*… *astr* sagittario *m*

'**schützen** ['ʃytsən] (*h*) proteggere (**vo**… *dat* da); *vor Wind*: riparare; *vor Gefah*… *ren*: difendere, salvaguardare (**vor** *d*… da)

'**Schutz|gebiet** *n* zona *f* protetta; *hi*… protettorato *m*; '**~haft** *f* arresto … per misura di sicurezza; '**~heilige** … (*-n*; *-n*) *rel* patrono *m*; '**~hülle** *f* cust… dia *f*; '**~hütte** *f* rifugio *m* alpino; '**≈im**… **fen** (*h*) vaccinare (per profilass… '**~impfung** *f* vaccinazione *f* preventiv…

'**schutz|los** ['ʃutsloːs] senza protezi… ne; '**≈marke** *f econ* marchio *m* di fa… brica; '**≈maßnahmen** *pl* misure *f*/*pl* … salvaguardia; '**≈umschlag** *m Buch*: s… praccoperta *f*; '**≈vorrichtung** *f* dispos… tivo *m* di sicurezza

Schwaben ['ʃvaːbən] *n* Svevia *f*

schwach [ʃvax] debole; fioco; ***~ we***… ***den*** indebolirsi, *fig* → ***schwachwe***… ***den***

'**Schwäche** ['ʃvɛçə] *f* (-; *senza pl*) d… bolezza *f*; (*Müdigkeit*) spossatezza … (*pl -en*) *fig* debole *m*

'**schwäch|en** ['ʃvɛçən] (*h*) indeboli… *fig* infirmare; '**≈ling** ['-liŋ] *m* (*-s*; … debole *m*

'**schwach|sichtig** ['ʃvaxziçtiç] *med*

S

vista debole; miope; '**2sinn** *m* (-[*e*]*s*; *senza pl*) *med* idiozia *f*; '**~sinnig** idiota; imbecille; '**2strom** *m el* corrente *f* a bassa tensione

'**Schwächung** ['ʃvɛçuŋ] *f* (-; *-en*) indebolimento *m*; estenuazione *f*

'**schwachwerden** *v/i* (*irr*, *sep*, *-ge-*, *sn*, → ***werden***) *fig* cadere in tentazione

'**Schwager** ['ʃvaːgər] *m* (*-s*; ⸚) cognato *m*

'**Schwägerin** ['ʃvɛːgərin] *f* (-; *-nen*) cognata *f*

'**Schwalbe** ['ʃvalbə] *f* (-; *-n*) rondine *f*

Schwall [ʃval] *m* (-[*e*]*s*; *-e*) *Wasser*: ondata *f*; getto *m*; *Worte*: fiumana *f*

Schwamm [ʃvam] *m* (-[*e*]*s*; ⸚*e*) spugna *f*; *bot* fungo *m*

Schwan [ʃvaːn] *m* (-[*e*]*s*; ⸚*e*) cigno *m*

'**schwanger** ['ʃvaŋər] incinta; gravida; '**2schaft** *f* (-; *-en*) gravidanza *f*

Schwank [ʃvaŋk] *m* (-[*e*]*s*; ⸚*e*) burla *f*; *tea* farsa *f*

schwank|en ['ʃvaŋkən] (*h*) barcollare, traballare, (*auch fig*) vacillare; (*unschlüssig*) tentennare; *Preise*: fluttuare; '**~end** (*unentschieden*) titubante; irresoluto; '**2ung** *f* (-; *-en*) barcollamento *m*; tentennamento *m*, incertezza *f*; fluttuazione *f*

Schwanz [ʃvants] *m* (*-es*; ⸚*e*) coda *f*; *fig* codazzo *m*; '**~flosse** *f* pinna *f* caudale

Schwarm [ʃvarm] *m* (-[*e*]*s*; ⸚*e*) sciame *m*; *avia*, *Vögel*: stormo *m*; *Menschen*: frotta *f*; (*senza pl*) *fig* ideale *m*, idolo *m*, passione *f*

schwärmen ['ʃvɛrmən] (*h*) sciamare; (*herum~*) gironzolare, vagabondare; *Vögel*: svolazzare; (*träumen*) fantasticare; (*verliebt sein*) spasimare (***für*** per); ***für et ~*** essere fanatico di (*od* per) qc

schwarz [ʃvarts] nero; ***~ auf weiß*** per iscritto; ***2e Kunst*** *f* negromanzia *f*; → ***schwarztauschen***; ***ins 2e treffen*** cogliere nel segno; ***~e Zahlen schreiben*** essere in nero (*od* in attivo); '**2arbeit** *f* (-; *senza pl*) lavoro *m* nero; '**~arbeiten** (*sep*, *-ge-*, *h*) lavorare clandestinamente; '**2arbeiter** *m* lavoratore *m* abusivo (*od* clandestino); '**2brot** *n* pane *m* nero

Schwarze ['ʃvartsə] *m/f* (*-n*; *-n*) moro *m*, -a *f*; ne(g)ro *m*, -a *f*

Schwarze(s) Meer ['ʃvartsə(s) 'meːr] *n* Mar *m* Nero

'**schwarz|fahren** (*irr*, *sep*, *-ge-*, *sn*, → ***fahren***) viaggiare senza biglietto; '**2fahrer** *m* viaggiatore *m* clandestino; '**2fahrt** *f Auto*: corsa *f* senza biglietto (*od* patente); '**~haarig** dai capelli neri; '**2handel** *m* commercio *m* clandestino; '**2händler** *m* borsanerista *m/f*; '**2markt** *m* mercato *m* nero, borsa *f* nera; '**2marktpreis** *m* prezzo *m* di mercato nero; '**~tauschen** *v/t* (*sep*, *-ge-*, *h*) cambiare clandestinamente; '**2weißfilm** *m* film *m* in bianco e nero; '**2wurzel** *bot f* scorzonera *f*

Schwarzwald ['ʃvartsvalt] *m* Selva *f* Nera

'**schwatz|en** ['ʃvatsən] *v/i* (*h*) chiacchierare; ciarlare; '**~haft** ciarliero

'**Schwebe** ['ʃveːbə] *f* (-; *senza pl*): ***in der ~*** in sospeso; '**~bahn** *f* funivia *f*; (*Seil2*) teleferica *f*

'**schweben** ['ʃveːbən] (*sn u h*) essere sospeso; *Verhandlungen*: pendere; ***in Gefahr ~*** versare in pericolo; '**~d** pendente; *Garten*: pensile; *Brücke*: sospeso

'**Schwed|e** ['ʃveːdə] *m* (*-n*; *-n*), '**~in** *f* (-; *-nen*), '**2isch** svedese *m/f*

Schweden ['ʃveːdən] *n* Svezia *f*

'**Schwefel** ['ʃveːfəl] *m* (*-s*; *senza pl*) zolfo *m*; '**2haltig** ['-haltiç] solforoso; '**~quellen** *f/pl* acque *f/pl* solfuree; '**~säure** *f* acido *m* solforico

'**schweifen** ['ʃvaɪfən] (*sn*) vagare; ***geschweift*** caudato; (*gerundet*) centinato; ***~ lassen*** (*h*) *Blick*: lasciar scorrere (lo sguardo), passare in rivista

'**schweig|en** ['ʃvaɪgən] (*schwieg*, *geschwiegen*, *h*) tacere; '**~end** taciturno; muto; silenzioso; '**2epflicht** *f* (-; *senza pl*) segreto *m* professionale; '**~sam** *adj* taciturno

Schwein [ʃvaɪn] *n* (-[*e*]*s*; *-e*) porco *m*, maiale *m*; P ***~ haben*** avere fortuna

'**Schweine|braten** ['ʃvaɪnəbraːtən] *m* arrosto *m* di maiale; '**~fleisch** *n* carne *f* suina (*od* di maiale); **~'rei** [-'raɪ] *f* (-; *-en*) porcheria *f*

Schweiß [ʃvaɪs] *m* (*-es*; *-e*) sudore *m*; '**~apparat** *m* saldatoio *m* autogeno; '**~brenner** *m* (*-s*; -) becco *m* per saldare; '**2en** *v/t* (*h*) *tec* saldare; '**2gebadet** in un lago di sudore; '**2ig** sudato; '**~stelle** *f* punto *m* di saldatura; '**2trie-**

fend grondante di sudore
Schweiz [ʃvaɪts] *f* Svizzera *f*
'**Schweiz|er** ['ʃvaɪtsər] *m* (*-s*; -), '**~erin** *f* (-; *-nen*) svizzero *m*, -a *f*; **~ *Käse*** *m* groviera *f*; '**≈erisch** svizzero
'**schwelen** ['ʃveːlən] (*h*) bruciare senza fiamma
'**schwelgen** ['ʃvɛlgən] (*h*) gozzovigliare; *fig in et*: nuotare
'**Schwelle** ['ʃvɛlə] *f* (-; *-n*) soglia *f*; *fer* traversa *f*; *fig* limite *m*
'**schwell|en** ['ʃvɛlən] *v/i* (*schwoll*, *geschwollen*, *sn*) gonfiarsi; ingrossare; '**≈ung** *f* (-; *-en*) rigonfiamento *m*; *med* gonfiore *m*
'**schwenken** ['ʃvɛŋkən] **1.** *v/t* (*h*) *Hut*: agitare; *Tuch*, *Fahne*: sventolare; *Glas*: sciacquare; **2.** *v/i* (*sn*) voltarsi; *mil* fare una conversione
schwer [ʃveːr] pesante; (*ernst*; ~ *zu ertragen*) grave; (*schwierig*) difficile; (*hart*) duro; *Herz*: gonfio; *Wein*, *Zigarre*: forte; *Gewitter*: violento; ***es fällt mir*** **~** mi costa molto; **~ *beladen*** sopraccarico; **~ *beschädigt*** *Sache*: gravemente danneggiato; → ***schwerfallen***; **~ *krank*** gravemente malato; **~ *verdaulich*** indigesto; **~ *verwundet*** gravemente ferito; **~ *wiegend*** molto grave; '**≈arbeit** *f* (-; *senza pl*) lavoro *m* pesante; '**~beschädigt** *adj Person*: invalido; (*Sache*) → ***schwer***
'**Schwere** ['ʃveːrə] *f* (-; *senza pl*) pesantezza *f*; (*Gewicht*) peso *m*; (*Schwierigkeit*) difficoltà *f*; *fig u fis* gravità *f*; '**~losigkeit** *f* (-; *senza pl*) assenza *f* di gravità
'**schwer|fallen** *v/i* (*irr*, *sep*, *-ge-*, *sn*, → ***fallen***) riuscire difficile; '**~fällig** pesante; *geistig*: tardo; '**~hörig** duro d'orecchio; '**≈industrie** *f* industria *f* pesante; '**~krank** → ***schwer***; '**~mütig** malinconico; '**~punkt** *m fis* centro *m* di gravità; baricentro *m*; *fig* punto *m* essenziale
Schwert [ʃveːrt] *n* (-[*e*]*s*; *-er*) spada *f*
'**schwer|ver'daulich** *adj* → ***schwer***; '**~ver'ständlich** *adj* → ***verständlich***; '**~ver'wundet** *adj* → ***schwer***; '**~wiegend** *adj* molto grave
'**Schwester** ['ʃvɛstər] *f* (-; *-n*) sorella *f*; *rel* suora *f*; *med* infermiera *f*
'**Schwieger|eltern** ['ʃviːgərʔɛltərn] *pl* suoceri *m*/*pl*; '**~mutter** *f* suocera *f*; '**~sohn** *m* genero *m*; '**~tochter** *f* nuora *f*; '**~vater** *m* suocero *m*
'**schwierig** ['-rɪç] difficile; *Weg*: arduc
'**≈keit** *f* (-; *-en*) difficoltà *f*
'**Schwimm|bad** ['ʃvɪmbaːt] *n*, '**~becken** *n* piscina *f*; '**≈en** **1.** (*schwamm*, *geschwommen*, *h u sn*) nuotare; *im Wasser treiben*: galleggiare; ***obenau*** **~** stare a galla; **2.** '**~en** *n* (*-s*; *senz* *pl*) nuoto *m*; '**~er** *m* (*-s*; -), '**~erin** (-; *-nen*) nuotatore *m*, -trice *f*; *tec* *mar* galleggiante *m*; '**~flosse** *f* pinn *f*; '**~halle** *f* piscina *f* coperta; '**~spo** *m* nuoto *m*; '**~weste** *f* giubbotto *r* di salvataggio
'**Schwindel** ['ʃvɪndəl] *m* (*-s*; *senza p* *med* capogiro *m*; *fig* vertigine *f*; F (*B* *trug*) inganno *m*; imbroglio *m*; **~ *erre* *gend*** vertiginoso; '**≈erregend** *adj* ve tiginoso; '**≈frei**: **~ *sein*** non soffrire c vertigini; '**≈n** (*h*) ingannare; racconta re fandonie
'**schwinden** ['ʃvɪndən] (*schwand*, *g* *schwunden*, *sn*) svanire
'**Schwindl|er** *m* (*-s*; -), '**~erin** *f* (-; *-ne* imbroglione *m*, -a *f*; '**≈ig** che dà le ve tigini; ***mir wird*** **~** mi vengono le ver gini
'**Schwingung** ['ʃvɪŋʊŋ] *f* (-; *-en*) osc lazione *f*; vibrazione *f*
Schwips F [ʃvɪps] *m* (*-es*; *-e*) sbornia F ***e-n*** **~ *haben*** essere un po' alticci
'**schwitzen** ['ʃvɪtsən] (*h*) sudare
'**schwören** ['ʃvøːrən] (*schwor*, *g* *schworen*, *h*) giurare; *Eid*: prestar *fig* **~ *auf*** (*acc*) avere fede assoluta i confidare ciecamente in
schwul [ʃvuːl] F omosessuale
schwül [ʃvyːl] afoso; '**≈e** *f* (-; *senza p* afa *f*
Schwund [ʃvʊnt] *m* (*-es*; *senza pl*) d perimento *m*; (*Verminderung*) din nuzione *f*; *med* atrofia *f*
Schwung [ʃvʊŋ] *m* (-[*e*]*s*; *=e*) balzo slancio *m*; (*Antrieb*) impulso *m*; brio *m*, estro *m*; ***in*** **~ *bringen*** avvia '**≈haft** pieno di slancio; *Handel*: f rente
Schwur [ʃvuːr] *m* (-[*e*]*s*; *=e*) giurame to *m*; '**~gericht** *n* corte *f* d'assise
sechs [zɛks] *adj* sei
Sechs *f* (-; *-en*) sei *m*; '**~eck** ['-ʔɛk] (-[*e*]*s*; *-e*) esagono *m*
'**sechs|fach** **1.** *adj* sestuplo; **2.** *adv* volte; '**~'hundert** seicento; '**~jäh**

di sei anni; '**~stündig** di sei ore; '**~stündlich** ogni sei ore; **2'tagerennen** [-'tɑːgərɛnən] *n Sport*: la sei giorni; '**~tägig** di sei giorni; '**~'tausend** seimila; '**2tel** ['-təl] *n (-s; -)* sesto *m*; '**~te** sesto; '**~tens** in sesto luogo

'**sechzehn** ['zɛçtseːn] sedici; '**~jährig** sedicenne; '**~te** sedicesimo; ***am 16. Januar*** il sedici gennaio

sechzig ['zɛçtsiç] *adj* sessanta

Sechzig *f* sessanta *m*; '**~er** *m (-s; -)* sessantenne *m*; ***in den ~n*** tra i 60 e i 70; ***in den ~n sein*** essere sulla sessantina

sechzigste sessantesimo

SED *hist* ***Sozialistische Einheitspartei Deutschlands*** (***DDR***) Partito Socialista Unificato della Germania (*RDT*)

See[1] [zeː] *f (-; senza pl)* mare *m*; *in Zssgn*: di (*od* del) mare; *geogr* marittimo; (*Kriegsmarine*) di (*od* della) marina; navale; *zo* marino; ***auf offener ~*** in alto mare; ***in ~ gehen*** (*od* ***stechen***) salpare, prendere il largo

See[2] [zeː] *m (-s; -n)* lago *m*; *in Zssgn*: del lago; lacustre, lacuale

See|bad *n (Ort)* stabilimento *m* balneare; '**~beben** *n* maremoto *m*; '**~blick** *m (-[e]s; senza pl)* vista *f* sul lago (*od* sul mare); '**~fahrer** *m* navigante *m*; '**~gang** *m (-[e]s; senza pl)* moto *m* ondoso; '**~hafen** *m* porto *m* di mare (*od* marittimo); '**~hund** *m* foca *f*; '**~igel** *m* riccio *m* di mare; '**~jungfrau** *f* sirena *f*; '**~karte** *f* carta *f* nautica; '**~klima** *n* clima *m* marittimo; '**2krank** che ha il mal di mare; ***~ sein*** avere il mal di mare; '**~krankheit** *f (-; senza pl)* mal *m* di mare

Seele ['zeːlə] *f (-; -n)* anima *f*; ***e-e treue ~*** un cuor d'oro; ***Sie haben mir aus der ~ gesprochen*** mi ha letto nel pensiero

Seelen|heil *n* salute *f* dell'anima; '**~leben** *n (-s; senza pl)* vita *f* interiore; '**2ruhig** sereno; *adv* pacificamente; '**2verwandt** affine; '**~zustand** *m* stato *m* d'animo

seelisch ['zeːliʃ] spirituale; psichico

Seelöwe ['-løːvə] *m* leone *m* marino

Seelsorg|e ['zeːlzɔrgə] *f (-; senza pl)* cura *f* delle anime; '**~er** *m (-s; -)* pastore *m* d'anime

See|luft *f (-; senza pl)* aria *f* di mare; '**~macht** ['zeːmaxt] *f* potenza *f* navale (*od* marittima); '**~mann** *m (-[e]s; -leute)* marinaio *m*; '**~meile** *f* miglio *m* marino; '**~not** *f (-; senza pl)* pericolo *m* di naufragio; '**~pferdchen** *n (-s; -) zo* cavalluccio *m* marino, ippocampo *m*; '**~räuber** *m* pirata *m*; '**~reise** *f* viaggio *m* per mare, crociera *f*; '**~rose** *bot f* ninfea *f*; '**~stern** *m zo* stella *f* marina; '**~streitkräfte** *f/pl* forze *f/pl* navali; '**~tang** *bot m* alga *f*; '**2tüchtig** atto al mare; '**~wasser** *n* acqua *f* di mare; '**~weg** ['-veːk] *m* strada *f* marittima; ***auf dem ~*** per mare

'**Segel** ['zeːgəl] *n (-s; -)* vela *f*; '**~boot** *n* barca *f* a vela; '**~flieger** *m* pilota *m* di aliante; '**~flugzeug** *n* aliante *m*, velivolo *m* (a vela); '**2n** (*h u sn*) andare a vela; veleggiare; guidare un veliero; '**~regatta** *f* regata *f* velica; '**~schiff** *n* nave *f* a vela, veliero *m*; '**~sport** *m* sport *m* velico; '**~tuch** *n (-[e]s; -e)* tela *f* da vela

'**Segen** ['zeːgən] *m (-s; senza pl)* benedizione *f*; *fig* bene *m*, beneficio *m*; (*Glück*) fortuna *f*

'**Segler** ['zeːglər] *m (-s; -)* veleggiatore *m*; (*Schiff*) veliero *m*

'**segnen** ['zeːgnən] (*h*) benedire

'**sehen** ['zeːən] **1.** *v/t (sah, gesehen, h)* vedere; (*zu~, nach et ~*) guardare; **2.** *v/i fig* ***auf et*** (*acc*) *~* badare a qc; ***gut ~*** vederci bene; avere buona vista; ; → ***ähnlichsehen***

'**Sehen** *n (-s; senza pl)* vista *f*; ***vom ~ kennen*** conoscere di vista

'**sehenswert** da vedere

'**Sehenswürdigkeit** *f (-; -en)* cosa *f* da vedere, bellezza *f*; ***die ~en*** *f/pl* ***e-r Stadt*** i monumenti *m/pl* (*od le curiosità f/pl*) di una città

'**Sehne** *anat* ['zeːnə] *f (-; -n)* tendine *m*

'**sehnen** ['zeːnən] (*h*): ***sich nach et ~*** (*h*) anelare qc, desiderare qc; avere nostalgia di qc

'**Sehnenscheidenentzündung** *med* ['-ʃaɪdənʔɛntsyndʊŋ] *f* tendinite *f*

'**Sehnerv** ['-nɛrf] *m* nervo *m* ottico

'**Sehn|sucht** ['zeːnzuxt] *f (-; ⸚e)* nostalgia *f*; bramosia *f*; anelito *m*; ardente desiderio *m*; '**2süchtig** ['-zyçtiç] nostalgico, appassionato; ansioso; ***~ erwarten*** attendere con ansia

sehr [zeːr] molto; ***~ groß*** grandissimo; ***~ schön*** bellissimo

S

'Seh|rohr ['ze:ro:r] *n e-s Unterseeboots*: periscopio *m*; '**~störung** *f* disturbo *m* della visita; '**~vermögen** *n* (*-s; senza pl*) facoltà *f* visiva
seicht [zaɪçt] basso; *fig* poco serio
'Seide ['zaɪdə] *f* (*-; -n*) seta *f*; ***aus reiner ~*** di pura seta
'seiden, **'Seiden...** ['-dən] di seta; '**2papier** *n* carta *f* velina
'seidig ['-diç] serico; fine come la seta
'Seife ['zaɪfə] *f* (*-; -n*) sapone *m*; ***Stück ~*** saponetta *f*; '**2n** (*h*) insaponare
'Seifen|blase *f* bolla *f* di sapone (*a fig*); '**~schaum** *m* schiuma *f* di sapone, saponata *f*
Seil [zaɪl] *n* (*-[e]s; -e*) corda *f*; (*Tau*) fune *f*; (*Kabel*) cavo *m*; '**~bahn** *f* funicolare *f*, funivia *f*, teleferica *f*; '**~schaft** *f* (*-; -en*) cordata *f*; '**~tänzer(in)** *m*(*f*) funambolo *m*, -a *f*, acrobata *m/f*
sein[1] [zaɪn] (*war, gewesen, sn*) essere; (*vorhanden ~*) esistere; *vorübergehend*: stare; ***Rechtsanwalt ~*** fare l'avvocato; ***lass das ~!*** smettila!; ***das ist zu tun*** è da fare; '**2lassen** *v/t* (*irr, senza -ge-, h*, → ***lassen***) → ***sein***[1]
sein[2] [zaɪn] *pron* suo; ***die Seinen*** i suoi; '**~er'seits** ['-nər'zaɪts] da parte sua, dal canto suo; '**~erzeit** tempo fa, allora; '**~es'gleichen** un par suo, suo pari; '**~et'wegen** per causa sua, per lui
Sein *n* (*-s; senza pl*) essere *m*; esistenza *f*
seit [zaɪt] **1.** *prp* da, fin da, a partire da; ***~ drei Jahren*** da tre anni; **2.** *cj* dopo che, da quando; dacché; **~'dem**; **1.** *adv* d'allora in poi; **2.** *cj* da quando
'Seite ['zaɪtə] *f* (*-; -n*) parte *f*; *anat, mil* fianco *m*; *mat fig* lato *m*; (*Buch2*) pagina *f*; ***schwache ~*** lato *m* debole; ***starke ~*** forte *m*; ***von 2n*** (*gen*) da parte di; ***von allen ~n*** da tutte le parti; ***auf beiden ~n*** su ambo i lati
'Seiten|ansicht *f* vista *f* laterale; profilo *m*; *inform* anteprima *f* di stampa; '**~flügel** *m*, '**~gebäude** *n* ala *f*, edificio *m* laterale
'seitens ['zaɪtəns] da parte di
'Seiten|schiff ['zaɪtənʃif] *arch n* navata *f* laterale; '**~sprung** *m fig* scappatella *f*, avventura *f* extraconiugale; '**~straße** *f* strada *f* laterale; '**~streifen** *m Straße*: banchina *f*; '**~zahl** *f* numero *m* delle pagine

'seit|lich ['-liç] laterale; '**~wärts** ['-vɛrts] lateralmente
Sek., **sek.** ***Sekunde*** secondo
Sekre't|är [zekre'tɛ:r] *m* (*-s; -e*) segretario *m*; (*Schreibtisch*) secrétaire *m*; **~a'riat** [-tar'jɑ:t] *n* (*-[e]s; -e*) segretariato *m*; segreteria *f*; **~'ärin** *f* (*-; -nen*) segretaria *f*
Sekt [zɛkt] *m* (*-[e]s; -e*) spumante *m*
'Sekte ['-tə] *f* (*-; -n*) setta *f*
Sek't|ion [-ts'jo:n] *f* (*-; -en*) sezione *f*; *med* dissezione *f*, autopsia *f*; '**~o[r]** ['-tɔr] *m* (*-s; -en* [-'to:rən]) settore *m*
sekun'där [zekun'dɛ:r] secondario
Se'kunde [-'kundə] *f* (*-; -n*) secondo *m*
'selber ['zɛlbər] stesso, medesimo
selbst [zɛlpst] **1.** *pron* stesso; ***von ~*** da sé; di propria iniziativa, spontaneamente; **2.** *adv* persino; ***~ wenn*** anche se; ***~ gemacht*** fatto in casa
'selbständig → ***selbstständig***
'Selbst|auslöser ['zɛlpstˀauslø:zər] *m fot* autoscatto *m*; scatto *m* automatico; '**~bedienung** *f* (*-; senza pl*) self-service *m*; '**~bedienungsladen** *m* supermercato *m*; self-service *m*; '**~bedienungsrestaurant** *n* self-service *m*; '**~beherrschung** *f* padronanza di sé stesso; '**~bestimmungsrecht** (*-[e]s; senza pl*) diritto *m* di autodeterminazione; '**2bewusst** conscio del proprio valore; (*anmaßend*) presuntuoso; '**~bewusstsein** *n* coscienza del proprio valore; presunzione '**~bildnis** *n* autoritratto *m*; '**~erhaltungstrieb** *m* (*-[e]s; senza pl*) istinto *m* di conservazione; '**~gespräch** *n* soliloquio *m*; *let* monologo *m*; '**~kosten** *pl* costi *m/pl* effettivi; '**~kostenpreis** *m* (*-es; senza pl*) *econ* prezzo *m* di costo (*od* di fabbrica); '**~kritik** *f* (*-; senza pl*) autocritica *f*; '**2los** disinteressato; altruistico; '**~mord** *m* suicidio *m*; '**2sicher** sicuro di sé; '**2ständig** indipendente; *econ* in proprio; ***sich ~ machen*** farsi indipendente; lavorare per proprio conto; metter su bottega; '**~ständige** *m/f* (*-n; -n*) lavoratore *m*, -trice autonomo *m*, -a *f* (*od* in proprio); '**~ständigkeit** *f* (*-; senza pl*) indipendenza *f*; '**2süchtig** ['-zyçtiç] egoistico; egoista; '**2tätig** automatico; '**~täuschung** *f* illusione *f*; '**~unterricht** autodidattica *f*; '**~verpflegung** *f*

senza pl) vitto *m* a proprie spese; **'~versorger** ['-fɛrzɔrgər] *m (-s; -)* produttore-consumatore *m*; **'2verständlich** ovvio; naturale; ***das ist ~*** s'intende; va da sé; **'~vertrauen** *n* fiducia *f* in se stesso; **'~verwaltung** *f* amministrazione *f* autonoma; autogestione *f*; **~wählverkehr** *tel m* teleselezione *f*; **'~zweck** *m* ultimo fine *m*, fine *m* a se stesso

Sellerie ['zɛləriː] *m (-s; -[s]) bot* sedano *m*

selten ['zɛltən] **1.** *adj* raro; *(sonderbar)* singolare; **2.** *adv* di rado; **'2heit** *f (-; -en) Gegenstand*: rarità *f*; *Fall*: rarità *f*

Selters ['-tərs] *f (-; -)*, **'~wasser** *n* acqua *f* di seltz

seltsam ['zɛltzaːm] strano

Se'mester [ze'mɛstər] *n (-s; -)* semestre *m*; **~ferien** *pl* vacanze *f/pl* semestrali

Semi'nar [-mi'naːr] *n (-s; -e) rel u Universität*: seminario *m*

Semmel ['zɛməl] *f (-; -n)* panino *m*

sen. ***senior*** senior

Se'nat [ze'naːt] *m (-[e]s; -e)* senato *m*; **~or** [-tɔr] *m (-s; -en [-na'toːrən])* senatore *m*

Send|egebiet *n* portata *f* del trasmettitore; **'2en** *(sandte, gesandt, h)* inviare; mandare; spedire; *(sendete, gesendet, h) rad* trasmettere, mandare in onda; **'~er** *m (-s; -) rad* stazione *f* trasmittente; trasmettitore *m*; **'~eschluss** *m (-es; senza pl)* fine *f* della trasmissione; **'~ezeit** *f (-; -en)* orario *m* delle trasmissioni; **'~ung** *f (-; -en)* spedizione *f*; *(Mission)* missione *f*, apostolato *m*; *rad* trasmissione *f*, emissione *f*

Senf [zɛnf] *m (-[e]s; -e)* senape *f*, mostarda *f*; ***s-n ~ dazugeben*** F metterci bocca

Senior ['zeːnjɔr] *m (-s; -en [zen'joːrən])* anziano *m*, senior *m*; **~enpass** *m* carta *f* d'argento

senk|en ['zɛŋkən] *(h)* abbassare; *Preise*: ridurre; ***sich ~*** *Boden*: abbassarsi; affondare; **'~recht** verticale; *mat* perpendicolare; *adv* a piombo; **'2ung** *f (-; -en) Preise*: ribasso *m*, calo *m*; abbassamento *m*, cedimento *m*

Sensa'tion [zɛnzats'joːn] *(-; -en)* sensazione *f*; **2'ell** [-jo'nɛl] sensazionale

sen'sib|el [zɛn'ziːbəl] sensibile; **2ili'tät** [-zibili'tɛːt] *f (-; senza pl)* sensibilità *f*

sentimen'tal [-timɛn'taːl] sentimentale

sepa'rat [zepa'raːt] separato; **2'ismus** [-ra'tismus] *m (-; senza pl)* separatismo *m*; **~'istisch** separatista

Sep'tember [zɛp'tɛmbər] *m (-[s]; -)* settembre *m*

Serbien ['zɛrbjən] *n* Serbia *f*

'Serie ['zeːrjə] *f (-; -n)* serie *f*; **'~nanfertigung** ['zeːrjənˀan-] *f* produzione *f* in serie; **'~nartikel** ['zeːrjənˀar-] *m* articolo *m* di serie; **'2nmäßig** *adj u adv* in serie; **'~nproduktion** *f* produzione *f* in serie; **'2nreif** pronto per la costruzione in serie

se'riös [zer'jøːs] serio

Serpen'tine [zɛrpɛn'tiːnə] *f (-; -n)* serpentina *f*

'Serum ['zeːrum] *n (-s; -en) med* siero *m*

Ser'vice[1] [zɛr'viːs] *n (-; -)* servizio *m*

'Service[2] ['sœrvis] *m (-; senza pl) tec* assistenza *f* tecnica; **'~netz** *n* rete *f* di assistenza tecnica

ser'v|ieren [zɛr'viːrən] *(senza ge-, h)* servire; **2'iette** [-v'jɛtə] *f (-; -n)* tovagliolo *m*

'Servolenkung *f auto* servosterzo *m*

'Sessel ['zɛsəl] *m (-s; -)* poltrona *f*; **'~lift** *m* seggiovia *f*

'setzen ['zɛtsən] *(h)* collocare, porre, mettere; *Hoffnung*: riporre; *Denkmal*: erigere; *mus tip* comporre; *Spiel*: puntare; *Frist*: fissare, stabilire; *bot* piantare; *fig* ***alles daran~*** fare di tutto; ***in Kenntnis ~*** informare; ***sich ~*** sedersi; mettersi a sedere; ***sich zur Ruhe ~*** ritirarsi

'Setzer ['-tsər] *m (-s; -) tip* compositore *m*; **~'ei** [-'raɪ] *f (-; -en)* officina *f* di composizione

'Seuche ['zɔʏçə] *f (-; -n)* epidemia *f*; **'~ngefahr** *f* pericolo *m* di epidemie

'Seufzer ['zɔʏftsər] *m (-s; -)* sospiro *m*

Sex [sɛks] *m (-[es]; senza pl)* sesso *m*; *fig* erotismo *m*

Sexu|ali'tät [zɛksuali'tɛːt] *f (-; senza pl)* sessualità *f*; **2'ell** [-ksu'ɛl] sessuale

sFr ***schweizer Franken*** franco svizzero *(abbr* CHF)

Sham'poo [ʃam'pu] *n (-s; -s)* shampoo *m*

Sibirien [zi'biːrjən] *n* Siberia *f*

si'birisch [zi'bi:riʃ] siberiano

sich [ziç] si; sé (*acc*), a sé (*dat*); ***für ~*** per sé; ***an und für ~*** di per sé

'sicher ['ziçər] sicuro; (*gewiss*) certo; ***~ vor*** (*dat*) al sicuro da; (*fraglos*) indubbio; (*fest*) fermo; (*als Antwort*) certamente; ***seiner Sache ~ sein*** essere sicuro del fatto proprio; **'~gehen** (*irr, sep, -ge-, sn,* → ***gehen***) essere (*od* stare) certo; **'2heit** *f* (-; *-en*) sicurezza *f*; *econ* garanzia *f*; ***in ~ bringen*** mettere al sicuro (*od* in salvo); **'2heitsdienst** *m* servizio *m* di pubblica sicurezza; **'2heitsgurt** *m* cintura *f* di sicurezza; **'~heitshalber** per maggiore sicurezza; **'2heitskopie** *f inform* back up *m*, copia *f* di sicurezza; **'2heitsleistung** *f* garanzia *f*; **'2heitsmaßnahme** *f* misura *f* di sicurezza; **'2heitsnadel** *f* spillo *m* di sicurezza; **'2heitsschloss** *n* serratura *f* di sicurezza; lucchetto *m*; **'2heitsschlüssel** *m* chiave *f* di sicurezza; **'~lich** sicuramente; **'~n** (*h*) assicurare; (*schützen*) proteggere contro; ***~ vor*** (*dat*) salvaguardare da; **'~stellen** (*sep, -ge-, h*) assicurare; mettere al sicuro

'Sicherung *f* (-; *-en*) sicurezza *f*; *el* fusibile *m*; valvola *f* di sicurezza; assicurazione *f*; *am Gewehr*: sicura *f*; **'~sdiskette** *f inform* dischetto *m* di sicurezza

Sicht [ziçt] *f* (-; *senza pl*) vista *f*; *Wetter*: visibilità *f*; *econ* ***auf ~*** a vista; ***auf kurze*** (***lange***) ~ a breve (lunga) scadenza; **'2bar** visibile; (*offenbar*) evidente; **'2en** (*h*) avvistare, scorgere; (*ordnen*) ordinare; (*prüfen*) esaminare, vagliare; **'2lich** ['ziçtliç] visibile; *adv* visibilmente; **'~weite** *f* portata *f* di vista (*od* d'occhio)

sie [zi:] ella, lei; essa; *pl* essi, esse; *acc* la; *pl* li; le; **Sie** *sg* Lei; *acc* La; *pl* Loro

Sieb [zi:p] *n* (-[*e*]*s*; *-e*) *Tee, Kaffee*: colino *m*

'sieben *adj* sette; ***böse ~*** megera *f*; **'~hundert** settecento; **'~tägig** di sette giorni; **'~'tausend** settemila

'Sieben ['zi:bən] *f* (-; -) sette *m*

'sieb(en)te ['zi:bəntə] settimo; ***den*** (***am***) ***~n Juni*** il sette giugno; **'~ns** in settimo luogo

'sieb|zehn ['zi:ptse:n] diciassette; **'~zehnte** diciassettesimo; **'~zig** ['-tsiç] *adj* settanta; **'2zig** *f* (-; *-en*) settanta *m*; **'2zigerjahre** ['-tsigər] *n/pl* ***in den ~*** negli anni settanta; **'~zigjährig** settantenne; **'~zigste** settantesimo

'sieden ['zi:dən] (*h*) **1.** *v/i* bollire; **2.** *v/t* (far) bollire; **'~d** bollente

'Siedepunkt *m* punto *m* d'ebollizione

'Siedlung ['zi:dluŋ] *f* (-; *-en*) colonia *f*; centro *m* abitato; ***ländliche ~*** colonia rurale; (*Arbeiter2*) quartiere *m* operaio

Sieg [zi:k] *m* (-[*e*]*s*; *-e*) vittoria *f*; *fig* trionfo *m*

'Siegel ['zi:gəl] *n* (*-s*; -) sigillo *m*; **'~lack** *m* ceralacca *f*; **'2n** (*h*) sigillare; **'~ring** *m* anello *m* col sigillo

'sieg|en ['zi:gən] (*h*) vincere (***über j-n*** qu); *fig* trionfare; **'2er** *m* (*-s*; -) vincitore *m*

'Sieg|esgöttin *f* (dea *f* della) Vittoria; **'2reich** vittorioso

'siehe ['zi:ə]: ***~ Seite ...*** vedi (*od* vedere *od* vedasi) pagina ...

Sig'nal [zig'na:l] *n* (-[*e*]*s*; *-e*) segnale *m*; **~feuer** *n* fuoco *m* di segnalazione; **2i'sieren** [-nali'zi:rən] (*senza ge-, h*) segnalare; **~rakete** *f* razzo *m* di segnalazione

Sig'n|et [zin'je:] *n* (*-s*; *-s*) sigla *f* dell'editore; **2'ieren** [zi'gni:rən] (*senza ge-, h*) segnare; (*unterzeichnen*) firmare

'Silbe ['zilbə] *f* (-; *-n*) sillaba *f*; **'~nrätsel** *n* sciarada *f*; **'~ntrennung** *f* divisione in sillabe, sillabazione *f*, spelling *m*

'Silber ['zilbər] *n* (*-s*; *senza pl*) argento *m*; (*Tafel2*) argenteria *f*; **'~hochzeit** nozze *f/pl* d'argento; **'2n** d'argento; **'~papier** *n* (*-s*; *senza pl*) carta *f* argentata; **'~tanne** *bot f* abete *m* bianco; **'~waren** *f/pl* argenteria *f*; **'2weiß** argenteo

Silhou'ette [zilu'ɛtə] *f* (-; *-n*) silhouette

Sil'vester [zil'vɛstər] *n* (*-s*; -) san Silvestro; **~abend** *m* notte *f* di capo d'anno

'SIM-Karte ['zimkartə] *f tel* carta *f* SIM

'simsen ['zɪmzən] (*h*) F messaggiare, mandare messaggini, scambiarsi SMS

Simul|a'tion [zimulats'jo:n] *f* (-; *-en*) simulazione *f*; **2'ieren** (*senza ge-, h*) simulare

simul'tan [zimul'ta:n] simultaneo; **2dolmetscher(in)** *m(f)* interprete *m/f* simultaneo, -a

Sinfo'nie [zinfo'ni:] *f* (-; *-n*) sinfonia *f*; **~orchester** *n* orchestra *f* sinfonica

S

'singen ['ziŋən] (*sang, gesungen, h*) cantare
'Single ['sɪŋəl] *m* (*–s; -s*) (*Person*) persona *f* sola
'sinken ['ziŋkən] (*sank, gesunken, sn*) (*fallen*) cadere; *Preise, Sonne*: calare; *Schiff*: affondare; *zu Boden*: accasciarsi; *Boden*: sprofondarsi; abbassarsi; *moralisch*: cadere in basso
Sinn [zin] *m* (*-[e]s; -e*) senso *m*; (*Besinnung*) sensi *m/pl*; (*senza pl*) (*Bedeutung*) significato *m*; (*Gefühl*) senso *m*; ***im ~ haben*** avere in mente; avere l'intenzione; ***in j-s*** (*gen, dat*) ***~e handeln*** agire secondo le intenzioni di qu; ***das hat keinen ~*** è inutile; non ha senso; **'2entstellend** che svisa il senso
Sinnes|änderung *f* cambiamento *m* d'idea; **'~täuschung** *f* allucinazione *f*
sinn|gemäß conforme al senso; **'~lich** sensuale; voluttuoso; (*wahrnehmbar*) sensibile; **'~los** senza senso; (*zwecklos*) inutile; **'2losigkeit** *f* (*-; senza pl*) assurdità *f*; **'~voll** sensato
Sintflut ['zintflu:t] *f* (*-; senza pl*) diluvio *m* universale
Si'rene [zi're:nə] *f* (*-; -n*) sirena *f*
Sitte ['zitə] *f* (*-; -n*) costume *m*; (*Brauch*) uso *m*; ***es ist bei uns ~*** si usa da noi; **'~nbild** *n* quadro *m* di costumi; **'~nlosigkeit** *f* (*-; senza pl*) scostumatezza *f*; **'~npolizei** *f* polizia *f* del buon costume; **'~nverfall** *m* depravazione *f*
Sittich ['zitiç] *m* (*-s; -e*) *zo* pappagallo *m*
sittlich ['zitliç] morale; **'2keitsverbrechen** *n* delitto *m* sessuale
Situa'tion [zituats'jo:n] *f* (*-; -en*) situazione *f*, condizione *f*
situ'iert [-tu'i:rt]: ***gut ~*** agiato
Sitz [zits] *m* (*-es; -e*) sede *f*; *pol* seggio *m*; (*~platz*) posto *m*; *Auto, Bus*: sedile *m*; (*Wohn2*) domicilio *m*; *des Kleides*: taglio *m*; **'2en** (*saß, gesessen, h*) sedere, essere seduto; (*sein, sich befinden*) stare, trovarsi; *Kleidung*: stare; (*gefangen*) F essere al fresco; ***eine Beleidigung auf sich ~ lassen*** mandar giù un'offesa; **'2end** seduto; **'~platz** *m* posto *m* (a sedere); **'~streik** *m* sciopero *m* bianco
Sitzung *f* (*-; -en*) seduta *f*; **'~sprotokoll** *n* verbale *m* della seduta; **'~ssaal** *m* sala *f* delle sedute; aula *f* delle adunanze
Sizi'lian|er [zitsil'ja:nər] *m* (*-s; -*), **~erin** *f* (*-; -nen*), **2isch** siciliano *m*, -a *f*
Sizilien [zi'tsi:ljən] *n* Sicilia *f*
'Skala ['ska:la] *f* (*-; -en u -s*) scala *f*
Skan'dal [skan'da:l] *m* (*-s; -e*) scandalo *m*; (*Lärm*) chiasso *m*, baccano *m*; **~presse** *f* stampa *f* scandalistica; **2ös** [-da'lø:s] scandaloso
Skandinavien [skandi'na:vjən] *n* Scandinavia *f*
Skandi'nav|ier [skandi'navjər] *m* (*-s; -*), **~ierin** *f* (*-; -nen*), **2isch** scandinavo *m*, -a *f*
Ske'lett [ske'lɛt] *n* (*-[e]s; -e*) scheletro *m*
'skeptisch ['skɛptiʃ] scettico
Ski [ʃi:] *m* (*-s; -er u -*) sci *m*; ***~ laufen*** sciare; **'~anzug** *m* tuta *f* da sci; **'~ausrüstung** *f* equipaggiamento *m* da sci; **'~gebiet** *n* zona *f* sciistica; **'~kurs** *m* corso *m* di sci; **'~läufer(in)** *m(f)* sciatore *m*, -trice *f*; **'~lehrer(in)** *m(f)* maestro *m*, -a *f* di sci; **'~lift** *m* sciovia *f*; **'~springen** *n* salto *m* con gli sci; **'~stiefel** *m/pl* scarponi *m/pl* da sci; **'~stock** *m* bastone *m*, racchetta *f* da sci; **'~urlaub** *m* vacanze *f/pl* sciistiche (*od* sulla neve)
'Skizz|e ['skitsə] *f* (*-; -n*) schizzo *m*; abbozzo *m*; **2'ieren** (*senza ge-, h*) schizzare, abbozzare
'Sklav|e ['skla:və] *m* (*-n; -n*), **'~in** *f* (*-; -nen*) schiavo *m*, -a *f*; **'2isch** da schiavo
Skle'rose *med* [skle'ro:zə] *f* (*-; -n*) sclerosi *f*
skon'|tieren [skɔn'ti:rən] (*senza ge-, h*) *econ* scontare; **'2to** ['-to] *m u n* (*-s; -s*) *econ* sconto *m*
Skor'pion [skɔrp'jo:n] *m* (*-s; -e*) *zo, astr* scorpione *m*
'Skrupel ['skru:pəl] *m* (*-s; -*) scrupolo *m*; **'2los** senza scrupoli
Skulp'tur [skulp'tu:r] *f* (*-; -en*) scultura *f*
'Slalom ['sla:lɔm] *m* (*-s; -s*) slalom *m*
'Slaw|e ['sla:və] *m* (*-n; -n*), **'~in** *f* (*-; -nen*), **'2isch** slavo *m*, -a *f*
'Slogan ['slo:gən] *m* (*-s; -s*) slogan *m*
Slowakei [slova'kaɪ] *f* Slovacchia *f*
Slowenien [slo've:njən] *n* Slovenia *f*
Smog [smɔk] *m* (*-[s]; -s*) smog *m*; **'~alarm** *m* allarme *m* smog; **'~warn-**

S

stufe *f* livello *m* d'attenzione
'Smoking ['smo:kiŋ] *m* (-*s*; -*s*) smoking *m*
SMS [ɛsɛm'ɛs] *f tel* sms *m*, F messaggino *m*
so [zo:] così; *betont*: tanto; ***so bald wie möglich*** al più presto (possibile); ~ ***genannt*** → ***sogenannt***; ~ ***sehr***, ~ ***viel*** tanto; ~ ***lange*** tanto tempo; ~***?*** ah sì? proprio?; ***ach*** ~***!*** ho capito!; ~ ***gut wie*** praticamente, quasi, poco meno che; ***so daß*** → ***sodass***
s. o. ***siehe oben*** vedi sopra
SO ***Südosten*** sudest
so'bald [-'balt] appena
'Socke ['zɔkə] *f* (-; -*n*) calzino *m*; ***dicke*** ~ calzettone *m*
'Sockel ['-kəl] *m* (-*s*; -) piedestallo *m*, zoccolo *m*
sodass così, cosicché, dimodoché
'Sodbrennen *med* ['zo:tbrɛnən] *n* (-*s*; *senza pl*) pirosi *f*, bruciore *m* di stomaco
so'eben [zo'ˀe:bən] in questo momento, or ora
'Sofa ['zo:fa] *n* (-*s*; -*s*) sofà *m*
so'fern [zo'fɛrn] per quanto; in quanto che; → ***insofern***
so'fort [zo'fɔrt] subito; ~**ig** immediato
'Software ['sɔftuɛə] *f* (-; -*s*) software *m*
sog. ***sogenannt*** cosiddetto
so'|gar [zo'ga:r] persino; **'~genannt** *adj* cosiddetto; **~'gleich** subito
'Sohle ['zo:lə] *f* (-; -*n*) (*Fuß*≈) pianta *f*; *Schuh*: suola *f*
Sohn [zo:n] *m* (-[*e*]*s*; ⸚*e*) figlio *m*, figliuolo *m*
so'lange [zo'laŋə] finché
solch [zɔlç] tale
Sol'dat [zol'da:t] *m* (-*en*; -*en*) soldato *m*
soli'd|arisch [zoli'da:riʃ] solidale; **≈ari'tät** [zolidari'tɛ:t] *f* (-; *senza pl*) solidarietà *f*
so'lid(e) [zo'li:t (zo'li:də)] solido; *fig* regolato; *econ* solvente
So'list [zo'list] (-*en*; -*en*), **~in** *f* (-; -*nen*) solista *m*/*f*
Soll *econ* [zɔl] *n* (-[*s*]; -[*s*]) debito *m*; ~ ***und Haben*** *n* dare ed avere *m*
'sollen ['zɔlən] (*sollte*, *gesollt*/*sollen*, *h*) dovere; ***sollte jemand kommen*** se venisse qu; ***was soll das?*** che significa?
'Soll|seite *f econ* pagina *f* del dare; **'~zinsen** *m*/*pl econ* interessi *m*/*pl* a debito
so'mit [zo'mit] quindi, perciò
'Sommer ['zɔmər] *m* (-*s*; -) estate *f*; ***im*** ~ d'estate; **'~anfang** *m* inizio *m* dell'estate; **'~fahrplan** *m* orario *m* estivo; **'~ferien** *pl* vacanze *f*/*pl* estive; **'~gast** *m* villeggiante *m*; *im Badeort*: bagnante *m*; **'≈lich** estivo; di (*od* da) estate; **'~reifen** *m* pneumatico *m* estivo; **'~schlussverkauf** *m* liquidazione di fine stagione (estiva); **'~sprosse** (-; -*n*) lentiggine *f*; **'~urlaub** *m* vacanze *f*/*pl* estive; **'~zeit** *f* (-; *senza pl*) ora estiva, ora *f* legale
'Sonde ['zɔndə] *f* (-; -*n*) *med*, *fis* sonda
'Sonder|angebot ['zɔndərˀangəbo:t] *n* offerta *f* speciale; **'~ausgabe** *f* edizione *f* speciale; *e-r Zeitung*: edizione *f* straordinaria; **'≈bar** strano; **'~berichterstatter** ['-ˀɛr-] *m* inviato *m* speciale; **'~fahrt** *f fer* viaggio *m* speciale, gita *f* turistica; **'~fall** *m* caso *m* speciale; **'≈lich** straordinario; speciale, singolare, particolare; *adv* ***nicht*** ~ non molto; **'~marke** *f post* francobollo *m* commemorativo; **'~maschine** *f avi* volo *m* straordinario
sondern ['zɔndərn] *cj* ma, invece
'Sonder|preis *m* prezzo *m* speciale; **'~stellung** *f* (-; *senza pl*) posizione privilegiata; **'~zeichen** *n inform* simbolo *m*; **'~zug** *m fer* treno *m* straordinario
'Sonnabend ['zɔnˀa:bənt] *m* (-*s*; -*e*) sabato *m*
'Sonn|e ['zɔnə] *f* (-; -*n*) sole *m*; **'≈en** (*h*) soleggiare; ***sich*** ~ prendere il sole, mettersi al sole
'Sonnen|aufgang *m* il levar *m* del sole; **'~bad** *n* bagno *m* di sole; *med* elioterapia *f*; **'~blume** *f* girasole *m*; **'~brand** *m* (-[*e*]*s*; *senza pl*) scottatura *f*; **'~brille** *f* occhiali *m*/*pl* da sole; **'~creme** *f* crema *f* solare (*od* abbronzante); **'~dach** *n* tenda *f*; **'~deck** *n mar* ponte *m* passeggio; **'~finsternis** *f* eclisse *f* solare; **'~öl** *n* olio *m* abbronzante; **'~schein** *m* (-[*e*]*s*; *senza pl*) luce *f* del sole; **'~schirm** *m* ombrellone *m*; **'~seite** *f* lato *m* esposto al sole (*od* soleggiato); **'~stich** *m* (-[*e*]*s*; *senza pl*) insolazione *f*; **'~strahl** *m* raggio *m* di sole; **'~system** *n* sistema *m* solare

'**~untergang** *m* tramonto *m*; '**~wende** *f astr* solstizio *m*
'**sonnig** ['-niç] soleggiato; *fig* raggiante
'**Sonn|tag** ['zɔntaːk] *m* (*-s*; *-e*) domenica *f*; '**2tags** di domenica; '**~tagsdienst** *m* servizio *m* festivo
sonst [zɔnst] altrimenti; (*zeitlich*) altre volte; di solito; *mit pron, cj od adv*: altro; **~ *nichts*** nient'altro; ***wer ~?*** chi altro?; ***mehr als ~*** più dell'ordinario; **~ *wo*** altrove; '**~ig** altro
so'oft [zo'ʔɔft] ogniqualvolta
So'pran [zo'praːn] *m* (*-s*; *-e*) soprano *m*
'**Sorg|e** ['zɔrgə] *f* (*-*; *senza pl*) (*Fürsorge*) cura *f*; (*pl -n*) (*Unruhe*) pensiero *m*; preoccupazione *f*; ***sich*** (*dat*) ***~n machen*** darsi pensiero; ***keine ~!*** stai (*od* stia) tranquillo!; '**2en** (*h*) *für et*: provvedere; pensarci; ***ich werde dafür ~*** ci penserò io; ***sich ~*** preoccuparsi (***um*** per); essere in pensiero; '**2enfrei** senza pensieri; spensierato; '**2fältig** accurato; '**2los** noncurante; (*ruhig*) spensierato
Sort|e ['zɔrtə] *f* (*-*; *-n*) tipo *m*, specie *f*; sorta *f*; (*Qualität*) qualità *f*; **2'ieren** (*senza ge-, h*) assortire; classificare; selezionare; **~i'ment** [-ti'mɛnt] *n* (*-[e]s*; *-e*) assortimento *m*
so'sehr [zo'zeːr] per quanto
Soße ['zoːsə] *f* (*-*; *-n*) salsa *f*; (*Fleisch2*) sugo *m*
Soundkarte ['saʊntkartə] *f inform* scheda *f* audio
Souve'nir [zuvə'niːr] *n* (*-s*; *-s*) souvenir *m*, ricordo *m*
souve'rän [zuvə'rɛːn] *adj* sovrano; *adv* sovranamente; **2i'tät** [-rɛni'tɛːt] *f* (*-*; *senza pl*) sovranità *f*
so'|viel [zo'fiːl]: **~ *ich weiß*** per quanto io sappia; **~'weit** per quanto; **~'wenig** tanto poco; **~'wie** nonché; non appena; **~wie'so** lo stesso; in ogni caso
So'wjet *hist* [sɔ'vjɛt] *m* (*-s*; *-s*) soviet *m*; **~regierung** *hist f* governo *m* sovietico
Sowjetunion [zɔ'vjətʔunjoːn] *hist f* Unione *f* Sovietica
so'wohl [zo'voːl]: **~ ... *als auch*** tanto ... quanto; sia ... che
so'zial [zots'jaːl] sociale; **2abgaben** *f/pl* contributi *m/pl* sociali; **2demokrat** *m*, **~demokratisch** socialdemocratico (*m*); **2hilfe** *f* (*-*; *senza pl*) assistenza *f* sociale; **~i'sieren** [-tsjali'siːrən] (*senza ge-, h*) socializzare; **2'ismus** [-'lismus] *m* (*-*; *senza pl*) socialismo *m*; **~'istisch** socialista; **2politik** *f* politica *f* sociale; **2produkt** *n* (*-[e]s*; *senza pl*) prodotto *m* nazionale; **2versicherung** *f* previdenza *f* sociale; **2wohnung** *f* casa *f* popolare
Sozio'log|e [zotsjo'loːgə] *m* (*-n*; *-n*) sociologo *m* -a *f*; **~'ie** *f* sociologia
'**Sozius** ['zoːtsjus] *m* (*-s*; *-sse*) *econ* socio *m*; (*Sitz*) F sellino *m* posteriore
sozu'sagen [zotsu'zaːgən] per così dire
Spalt [ʃpalt] *m* (*-[e]s*; *-e*) fessura *f*; '**~e** *f* (*-*; *-n*) fessura *f*; (*Gletscher2*) crepaccio *m*; *tip* colonna *f*; '**2en** (*spaltete, gespaltet/gespalten, h*) spaccare; dividere; *fig* scindere; '**~ung** *f* (*-*; *-en*) *fis* fissione *f*, disintegrazione *f*; *fig* divisione *f*, scissione *f*
'**Spange** ['ʃpaŋə] *f* (*-*; *-n*) fermaglio *m*
Spanien ['ʃpaːnjən] *n* Spagna *f*
'**Span|ier** ['ʃpaːnjər] *m* (*-s*; *-*), '**~ierin** *f* (*-*; *-nen*), '**2isch** spagnolo *m*, -a *f*
'**Spanne** ['ʃpanə] *f* (*-*; *-n*) spanna *f*; *econ* margine *m*; (*Zeit*) lasso *m* di tempo
'**spann|en** ['ʃpanən] (*h*) tendere; (*strecken*) stirare; *Hahn*: alzare; *fig* ***auf die Folter ~*** lasciare in sospeso; ***gespannt*** (*auch fig*) teso, *Aufmerksamkeit*: intenso; ***gespannt sein zu ...*** essere curioso di (vedere, sapere) ...; '**~end** interessante; avvincente; '**2ung** *f* (*-*; *-en*) tensione *f*; *el* voltaggio *m*; (*senza pl*) (*Ungeduld*) impazienza *f*; attenzione *f*
'**Spar|buch** ['ʃpaːrbuːx] *n* libretto *m* di risparmio; '**~büchse** *f* salvadanaio *m*; '**2en** (*h*) risparmiare; far economia
'**Spargel** ['ʃpargəl] *m* (*-s*; *-*) asparago *m*
'**Spar|guthaben** *n* deposito *m* a risparmio; '**~kasse** *f* cassa *f* di risparmio; '**~konto** *n* conto *m* di risparmio
'**spärlich** ['ʃpɛːrliç] scarso; *Mahlzeiten*: frugale; (*dünn*) rado
'**Spar|maßnahme** ['ʃpaːrmaːsnaːmə] *f* misura *f* economica; '**~paket** *n pol* pacchetto *m* risparmio; '**2sam** economo; *Verbrauch*: economico; ***mit et ~ umgehen*** economizzare qc; '**~samkeit** *f* (*-*; *senza pl*) economia *f*
Spass [ʃpaːs] *A* → ***Spaß***
Spaß [ʃpaːs] *m* (*-es*; *⸚e*) scherzo *m*, burla *f*, celia *f*; (*Freude*) piacere *m*; (*Vergnügen*) divertimento *m*; ***das macht***

mir **~** mi diverte; ***keinen ~ verstehen*** non saper stare allo scherzo; **'2en** (*h*) scherzare; **'~vogel** *m* burlone *m*

spät [ʃpɛːt] **1.** *adj* tardo; **2.** *adv* tardi; ***wie ~ ist es?*** che ora è?; ***bis ~ in die Nacht*** fino a notte inoltrata

'Spaten ['ʃpɑːtən] *m* (*-s*; *-*) vanga *f*

'spät|er ['ʃpɛːtər] **1.** *adj* posteriore; **2.** *adv* più tardi; ***bis ~*** a più tardi; **'~estens** ['-təstəns] al più tardi

Spatz [ʃpatz] *m* (*-en*; *-en*) passero *m*

spa'zieren [ʃpa'tsiːrən] (*senza ge-*, *sn*) passeggiare; **~ *fahren*** fare un giro (in automobile, carrozza, barca *usw*); **~ *gehen*** fare una passeggiata (*od* gita), andare a spasso (*od* a passeggio)

Spa'zier|gang *m* passeggiata *f*, passeggio *m*, gita *f*; scappata *f*; **'~stock** *m* bastone *m* da passeggio

SPD ***Sozialdemokratische Partei Deutschlands*** Partito Socialdemocratico della Germania

Specht [ʃpɛçt] *m* (*-[e]s*; *-e*) *zo* picchio *m*

Speck [ʃpɛk] *m* (*-[e]s*; *-e*) lardo *m*

Spedi't|eur [ʃpedi'tøːr] *m* (*-s*; *-e*) spedizioniere *m*; **~'ion** [-ts'joːn] *f* (*-*; *-en*) spedizione *f*

Speer [ʃpeːr] *m* (*-[e]s*; *-e*) giavellotto *m*; **'~werfen** *n* (*-s*; *senza pl*) *Sport*: lancio *m* del giavellotto

'Speiche ['ʃpaɪçə] *f* (*-*; *-n*) *tec* raggio *m*; *anat* radio *m*

'Speichel ['-çəl] *m* (*-s*; *senza pl*) saliva *f*; (*Auswurf*) sputo *m*

'Speicher ['-çər] *m* (*-s*; *-*) magazzino *m*; (*Boden*) soffitta *f*; *inform* memoria *f*; **'~kapazität** *f* (*-*; *senza pl*) *inform* capacità *f* di memoria; **'2n** (*h*) immagazzinare; accumulare; depositare; *inform* memorizzare

'Speise ['ʃpaɪzə] *f* (*-*; *-n*) cibo *m*; (*Gericht*) pietanza *f*; piatto *m*; *süße*: dolce *m*; **~n** *pl* vivande *f/pl*; **'~eis** *n* gelato *m*; **'~karte** *f* menu *m*, lista *f* delle vivande; **'~lokal** *n* ristorante *m*

'speisen ['ʃpaɪzən] (*h*) **1.** *v/i* mangiare; *zu Mittag*: desinare; pranzare; *zu Abend*: cenare; **2.** *v/t* cibare; *tec* alimentare

'Speise|röhre *f* esofago *m*; **'~saal** *m* sala *f* da pranzo; **'~wagen** *fer m* carrozza *f* (*od vagone m*) ristorante

Spek'takel [ʃpɛk'tɑːkəl] *m* (*-s*; *senza pl*) chiasso *m*

Speku'l|ant [ʃpeku'lant] *m* (*-en*; *-en*) speculatore *m*; giocatore *m* di borsa; **~a'tion** [-lats'joːn] *f* speculazione *f*; **2'ieren** (*senza ge-*, *h*) speculare; giocare in borsa; *fig* ***auf et*** *acc* **~** mettere gli occhi su qc

'Spend|e ['ʃpɛndə] *f* (*-*; *-n*) offerta *f*, contributo *m*; **'2en** (*h*) elargire; distribuire; donare; **2'ieren** (*senza ge-*, *h*) offrire

'Sperling ['ʃpɛrlɪŋ] *m* (*-s*; *-e*) passero *m*

'Sperma ['ʃpɛrma] *n* (*-s*; *-men u -mata*) sperma *m*

'Sperre ['ʃpɛrə] *f* (*-*; *-n*) sbarramento *m*; chiusura *f*; *mar*, *mil* blocco *m*; (*Verbot*) proibizione *f*; **'2n** (*h*) chiudere; (*ver~*) sbarrare; *Stadt*, *Hafen*: bloccare; *Handel*: interdire; *Verkehr*: impedire

'Sperr|gebiet *n* zona *f* vietata; **'~gut** merci *f/pl* ingombranti; **'2ig** ingombrante; voluminoso; **'~konto** *n* conto *m* vincolato

'Spesen ['ʃpeːzən] *pl* spese *f/pl*

Spe'zial|gebiet [ʃpets'jɑːlgəbiːt] campo *m* di specializzazione; specialità *f*; **~geschäft** *n* negozio *m* specializzato; **2i'sieren** [-li'ziːrən] (*senza ge-*, *h*): ***sich*** **~** specializzarsi; **~'ist** *m* (*-en*; *-en*), **~'istin** *f* (*-*; *-nen*) specialista *m/f*; **~i'tät** *f* (*-*; *-en*) specialità *f*; **~i'tätenrestaurant** *n* ristorante *m* di specialità

spe'zifisch [ʃpe'tsiːfiʃ] specifico

'Spiegel ['ʃpiːgəl] *m* (*-s*; *-*) specchio *m*; **'~bild** *n* immagine *f* riflessa dallo specchio; **'~eier** *n/pl* uova *f/pl* al tegame (*od* a occhio di bue); **'2'glatt** liscio come uno specchio; **'2n** (*h*) **1.** *v/i* brillare; **2.** *v/t* riflettere; **3.** ***sich*** **~** specchiarsi

Spiel [ʃpiːl] *n* (*-[e]s*; *-e*) gioco *m*; (**~** *Karten*) mazzo *m*; *tea* interpretazione *f*, rappresentazione *f*; *Sport*: partita *f*; *mus* esecuzione *f*; ***aufs ~ setzen*** porre a repentaglio; ***die Hand im ~ haben*** aver le mani in pasta; **'~automat** *m* macchina *f* da gioco; **'~bank** *f* (*-*; *-en*) casinò *m*

'spiel|en ['ʃpiːlən] (*h*) **1.** *v/i* giocare (*um* di); *tea* recitare; *mus* suonare; *Handlung*: svolgersi; **2.** *v/t* *Karten*, *Schach*: giocare a; *mus* suonare; *Rolle*, *Part*: fare; rappresentare, interpretare; (*vorgeben*) simulare, fingere; **'~er**

S

adv fig con la massima facilità; '**2er** *m* (*-s*; -) giocatore *m*; *tea* attore *m*; *mus* suonatore *m*

'**Spiel|feld** ['ʃpi:lfɛlt] *n* campo *m* (di gioco); '**~film** *m* lungometraggio *m*; '**~halle** *f* sala *f* giochi; '**~karte** *f* carta *f* da gioco; '**~kasino** *n* casinò *m*; '**~marke** *f* gettone *m*; '**~platz** *m* campo *m* di (*od da*) gioco; *luogo m di ricreazione per bambini*; '**~raum** *m fig* libertà *f* di movimento; '**~regel** *f* regola *f* di gioco; '**~sachen** *pl* giocattoli *m/pl*; '**~schuld** *f* debito *m* di gioco; '**~uhr** *f* orologio *m* a soneria; '**~verderber** *m* guastafeste *m*; '**~waren** *f/pl* giocattoli *m/pl*; '**~zeit** *f tea* stagione *f*; *Sport*: durata *f* della partita; '**~zeug** *n* (-[*e*]*s*; *senza pl*) giocattolo *m*; *fig* trastullo *m*

Spieß [ʃpi:s] *m* (*-es*; *-e*) spiedo *m*

Spi'nat [ʃpi'na:t] *m* (-[*e*]*s*; *-e*) spinaci *m/pl*

Spind [ʃpint] *n u m* (-[*e*]*s*; *-e*) armadio *m*

Spinn|e ['ʃpinə] *f* (-; *-n*) *zo* ragno *m*; '**2en** (*spann*, *gesponnen*, *h*) filare; *fig* tramare; F fantasticare

Spi'on [ʃpi'o:n] *m* (*-s*; *-e*), **~in** *f* (-; *-nen*) spia *f*; **~'age** [-o'na:ʒə] *f* (-; *senza pl*) spionaggio *m*

Spi'rale [ʃpi'ra:lə] *f* (-; *-n*) spirale *f*

Spiri'tuosen [ʃpiritu'o:zən] *f/pl* bevande *f/pl* alcooliche

spitz [ʃpits] appuntito, a punta; *Zunge*: tagliente; *mat* acuto; *fig* pungente; '**2bogen** *m* arco *m* a sesto acuto

Spitze ['ʃpitsə] *f* (-; *-n*) punta *f*; (*Ende*) estremità *f*; *e-s Berges*: cima *f*; *Stoff*: pizzo *m*, merletto *m*; (*Rang*) vertice *m*; (*Person*) autorità *f*; ***an der ~*** in testa; ***auf die ~ treiben*** spingere agli estremi

Spitzel ['ʃpitsəl] *m* (*-s*; -) spia *f*; delatore *m*; (*Polizei2*) confidente *m*

spitzen ['ʃpitsən] (*h*) appuntare; *Ohren*: aguzzare

Spitzen... ['ʃpitsən...]: *in Zssgn* (*Höchst...*) massimo; (*Haupt...*) principale; '**~gruppe** *f* (-; *-n*) *Sport*: gruppo *m* in testa; '**~klasse** *f* (-; *senza pl*) prima qualità *f*; '**~leistung** *f Sport*: primato *m*; *Fabrikat*: prodotto *m* di prim'ordine; rendimento *m* massimo; '**~mannschaft** *f Sport*: squadra *f* di prim'ordine; '**~reiter** *m* successo *m*; il numero uno

'**Splitter** ['ʃplitər] *m* (*-s*; -) scheggia *f*; (*Bruchstück*) frammento *m*; '**2frei**: ***~es Glas*** *n* vetro *m* infrangibile; '**2n** (*h u sn*) scheggiarsi

SPÖ ***Sozialdemokratische Partei Österreichs*** Partito Socialdemocratico dell'Austria

'**spon|sern** ['ʃpɔnzərn] (*h*) sponsorizzare; '**2sor** ['-zɔr] *m* sponsor *m*

spon'tan [ʃpɔn'ta:n] spontaneo

Sport [ʃpɔrt] *m* (-[*e*]*s*; *senza pl*) sport *m* (*Berg2*) alpinismo *m*; (*Pferde2*) ippica *f*; (*Rad2*) ciclismo *m*; (*Wasser2*) sport *m* nautico; '**~anzug** *m* abito *m* sportivo; '**~art** *f* tipo *m* di sport; '**~artikel** *m* articolo *m* sportivo; '**~geschäft** *n* negozio *m* di articoli sportivi; '**~hotel** *n* hotel *m* con attrezzature sportive; '**~ler** ['-lər] *m* (*-s*; -), '**~lerin** *f* (-; *-nen*) sportivo *m*, -a *f*; '**2lich** sportivo; '**~möglichkeit** *f* opportunità *f* di attività sportive; '**~nachrichten** *f/pl Radio*: notiziario *m* sportivo; '**~platz** *m* campo *m* sportivo; '**~verein** *m* società *f* sportiva; '**~wagen** *m* vettura *f* sportiva; '**~zeitung** *f* rivista *f* sportiva; gazzetta *f* dello sport

Spott [ʃpɔt] *m* (-[*e*]*s*; *senza pl*) beffa *f*; '**2en** (*h*) beffarsi, farsi beffe (***über j-n*** di qu)

'**spöttisch** ['ʃpœtiʃ] beffardo

'**Sprache** ['ʃpra:xə] *f* (-; *-n*) lingua *f*; *das Sprechen*: parola *f*; linguaggio *m*; ***zur ~ bringen*** mettersi a parlare di; '**~nschule** *f* scuola *f* di lingue

'**Sprach|erkennung** *f inform* riconoscimento *m* vocale; '**~führer** *m* manuale *m* di conversazione; '**2gewandt** eloquente, facondo; '**~kenntnis** *f* conoscenza *f* delle lingue; '**2kundig** esperto nelle lingue straniere; poliglotta; '**~kurs** *m* corso *m* di lingua; **~lehrer(in)** *m(f)* insegnante *m/f*; '**2lich** linguistico; concernente la lingua; '**2los** senza parola; ***~ sein*** rimanere a bocca aperta; '**~reise** *f* viaggio *m* studio (a scopo linguistico); '**~studium** *n* studio *m* delle lingue; '**~unterricht** *m* lezione *f* di lingua straniera; '**~wissenschaft** *f* filologia *f*, linguistica *f*

'**Sprech|anlage** ['ʃprɛçˀanla:gə] *f* citofono *m*; '**2en** (*sprach*, *gesprochen*,

S

h) v/t u v/i parlare (***j-n*** a qu *od* con qu; ***über*** *acc*, **von** di; ***über ein Thema*** *a* su); *Worte*: dire; *Urteil*: pronunciare; **'~er** *m (-s; -)*, **'~erin** *f (-; -nen)* oratore *m*, -trice *f*; *pol* portavoce *m*; *(Ansager)* presentatore *m*, annunciatore *m*; **'~funk** *m* radiotelefono *m*; **'~stunde** *f* orario *m* (per le visite); ora *f* d'ufficio; **~ *haben*** ricevere; **'~stundenhilfe** *f med* assistente *f* di studio medico; **'~zimmer** *n* studio *m*; *med* ambulatorio *m*

'spreizen ['ʃpraɪtsən] *(h) (öffnen)* aprire, spalancare; *Beine*: allargare

'sprengen ['ʃprɛŋən] *(h)* far saltare; far scoppiare; *mit Wasser*: innaffiare, annaffiare

'Spreng|körper ['ʃprɛŋkœrpər] *m* ordigno *m* esplosivo; **'~stoff** *m* esplosivo *m*; **'~ung** *f (-; -en)* il far saltare in aria

Spreu [ʃprɔʏ] *f (-; senza pl)* lolla *f*

'Sprich|wort ['ʃprɪçvɔrt] *n (-[e]s; -wörter)* proverbio *m*; **'2wörtlich** proverbiale

'sprießen ['ʃpriːsən] *(spross, gesprossen, sn)* spuntare, germogliare

'Spring|brunnen ['ʃprɪŋbrunən] *m* fontana *f*; **'2en** *(sprang, gesprungen, sn)* saltare; *Ball*: balzare; *Glas*: rompersi; *Haut*: screpolarsi; spaccarsi; *Fontäne*: zampillare; ***~der Punkt*** *m* punto *m* saliente; **'~flut** *f* alta marea *f*

'Spritz|e ['ʃprɪtsə] *f (-; -n) med* siringa *f*; *(Einspritzung)* iniezione *f*; *(Feuer2)* pompa *f*; **'2en** *(h)* **1.** *v/i (a sn)* schizzare; **2.** *v/t* spruzzare; *med* iniettare; **'~tour** *f* F piccola gita *f*

'spröde ['ʃprøːdə] *(zerbrechlich)* fragile; *(rau)* ruvido; *fig von Personen*: ritroso, schifiltoso

Spross [ʃprɔs] *m (-es; -e)* germoglio *m*; rampollo *m*; *fig* discendente *m*

Spruch [ʃprux] *m (-[e]s; ⸚e)* detto *m*; *jur* sentenza *f*

'Sprudel ['ʃpruːdəl] *m (-s; -) (Quelle)* sorgente *f* di acque minerali; *Getränk*: gassosa *f*; **'2n** *(sn u h)* scaturire (gorgogliando); *(sieden)* bollire; *Sekt*: spumeggiare; frizzare

'sprühen ['ʃpryːən] *(h)* **1.** *v/t* schizzare; *Funken*: mandare; **2.** *v/i (a sn)* sprizzare, sfavillare; *(regnen)* piovigginare; **'~d** brillante

'Sprühregen ['ʃpryːreːgən] *m* pioggerella *f*

Sprung [ʃprʊŋ] *m (-[e]s; ⸚e)* salto *m*; *(Riss)* crepa *f*; **'~brett** ['-brɛt] *n* trampolino *m*; **'~schanze** *f* trampolino *m* da salto

'Spuck|e ['ʃpʊkə] *f (-; senza pl)* sputo *m*; **'2en** *(h)* sputare

Spuk [ʃpuːk] *m (-[e]s; senza pl)* apparizione *f*; fantasmi *m/pl*, spiriti *m/pl* F strepito *m*; **'2en** *(h)*: ***es spukt*** ci sono gli spiriti

'spülen ['ʃpyːlən] *(h)* risciacquare; *Teller*: lavare; *med* irrigare; *Mund*: sciacquare; *an Land*: rigettare

Spur [ʃpuːr] *f (-; -en)* traccia *f*; *(Fuß2)* orma *f*; *(Rad2)* rotaia *f*; *fer* scartamento *m*; *(Fährte)* pesta *f*; *fig* indizio *m*

'spür|bar ['ʃpyːrbaːr] percettibile, palpabile; **'~en** *(h)* **1.** *v/i* seguire le tracce di; **2.** *v/t* sentire, provare, avvertire

'Spurweite *fer* ['ʃpuːrvaɪtə] *f* scartamento *m*, interasse *m*

SS ***Sommersemester*** semestre estivo

SSV ***Sommerschlussverkauf*** saldi estivi di fine stagione

St.[1] ***Sankt*** San; Santa

St.[2], **Std.** ***Stunde*** ora

Staat [ʃtaːt] *m (-[e]s; -en)* Stato *m*; **'~enbund** *m* confederazione *f*; **'2enlos** apolide; **'2lich** statale; dello *(o* dallo) Stato; nazionale

'Staats|akt ['ʃtaːts'akt] *m* cerimonia ufficiale; **'~angehörige** *m* cittadino *m*; **'~angehörigkeit** *f* cittadinanza *f*; nazionalità *f*; **'~anleihe** *f* prestito *m* dello Stato; **'~anwalt** *m* procuratore *m* della Repubblica; *jur* pubblico ministero *m*; **'~archiv** *n* archivio *m* di Stato; **'~beamte** *m* impiegato *m* statale *(od* dello Stato); **'~bürger** *m*, **'~bürgerin** *f* cittadino *m*, -a *f*; **'~bürgerschaft** *f* cittadinanza *f*; **'~dienst** *m* servizio *m* dello Stato *(od* pubblico); **'~eigentum** *n* proprietà *f* dello Stato *o* erariale; **'~examen** *n* esame *m* di Stato; **'~feind** *m* nemico *m* dello Stato; **'~geheimnis** *n* segreto *m* di Stato; **'~haushalt** *m* bilancio *m* pubblico *(od* dello Stato); **'~kasse** *f* erario *m*, fisco *m*; **'~kosten** *pl*: ***auf*** **~** a spese pubbliche; **'~mann** *m* uomo *m* di Stato, statista *m*; **'~oberhaupt** *n* capo *m* dello Stato; **'~sekretär** *m* segretario *m* di Stato; **'~streich** *m* colpo *m* di Stato

S

golpe *m*; '**~zugehörigkeit** *f* cittadinanza *f*

Stab [ʃtaːp] *m* (-[*e*]*s*; ⸗*e*) bastone *m*; (*Stange*) stecca *f*, asta *f*; *dünner*: bacchetta *f*; *am Gitter*: sbarra *f*; '**~hochsprung** ['-hoːxʃpruŋ] *m* salto *m* con l'asta

sta'bil [ʃta'biːl] solido, stabile; **~i'sieren** [-bili'ziːrən] (*senza ge-*, *h*) stabilizzare; **2i'sierung** *f* (-; -*en*) stabilizzazione *f*; **2i'tät** [-'tɛːt] *f* (-; *senza pl*) stabilità *f*; **2i'tätspolitik** [-politik] *f* politica *f* della stabilità

Stachel ['ʃtaxəl] (-*s*; -*n*) pungiglione *m*; *bot* spina *f*; *fig* pungolo *m*; '**~beere** *f* uva *f* spina; '**~draht** *m* filo *m* spinato; '**2ig** spinoso; *Tiere*: irto; *fig* pungente

Stad|ion ['ʃtaːdjɔn] *n* (-*s*; -*dien*) stadio *m*; '**~ium** ['-djum] *n* (-*s*; -*dien*) fase *f*

Stadt [ʃtat] *f* (-; ⸗*e*) città *f*; (*Groß2*) metropoli *f*; '**~autobahn** *f* autostrada *f* urbana; '**~bahn** *f* metropolitana *f*; ferrovia *f* metropolitana *f* (*od* urbana); '**2bekannt** notorio; '**~bezirk** *m* rione *m*; '**~bild** *n* fisionomia *f* della città; '**~bummel** *m* giro *m* in città

Städte|bau ['ʃtɛːtəbau] *m* urbanistica *f*; '**~partnerschaft** *f* gemellaggio *m*; '**~planung** *f* urbanistica *f*

Stadtgebiet ['ʃtatgəbiːt] *n* territorio *m* comunale

städtisch ['ʃtɛtiʃ] comunale; municipale; cittadino

Stadt|mauer ['ʃtatmauər] *f* mura *f*/*pl* cittadine; '**~mitte** *f* centro *m* (della città); '**~plan** *m* pianta *f* (della città); '**~rand** *m* periferia *f* (della città); '**~rat** *m* consiglio *m* comunale; consigliere *m* municipale; *Person a*: assessore *m* comunale; '**~rundfahrt** *f* giro *m* turistico della città; '**~teil** *m* quartiere *m*, rione *m*; '**~viertel** *n* quartiere *m*; '**~zentrum** *n* centro *m* della città

Staffel ['ʃtafəl] *f* (-; -*n*) scalino *m*; *Sport*: staffetta *f*; *avia* squadriglia *f*

Stagn|a'tion [ʃtagnats'joːn] *f* (-; -*en*) ristagno *m*; **2'ieren** (*senza ge-*, *h*) stagnare; *fig* languire

Stahl [ʃtaːl] *m* (-[*e*]*s*; ⸗*e*) acciaio *m*; '**~werk** *n* acciaieria *f*

Stall [ʃtal] *m* (-[*e*]*s*; ⸗*e*) stalla *f*; (*Renn2*) scuderia *f*

Stamm [ʃtam] *m* (-[*e*]*s*; ⸗*e*) tronco *m*; (*Familie*) stirpe *f*; (*Volks2*) tribù *f*; (*Wurzel*) radice *f*; '**~aktie** *f* azione *f* ordinaria; '**~aktionär** *m* azionista *m* ordinario; '**~baum** *m* albero *m* genealogico

'**stammeln** ['ʃtaməln] (*h*) balbettare

'**stammen** ['ʃtamən] (*h*, *a sn*) discendere; *Dinge*: provenire; *aus e-m Lande*: essere originario di

'**Stamm|gast** ['ʃtamgast] *m* avventore *m* abituale; '**~kapital** *n* capitale *m* sociale; '**~kneipe** *f* birreria *f* (*od osteria f*) abituale; '**~kunde** *m* cliente *m* abituale; '**~lokal** *n* solita birreria *f* (*od trattoria f*, solito caffè *m usw*); '**~tisch** *m* tavolo *m* riservato ai clienti abituali

'**stampfen** ['ʃtampfən] (*h*) **1.** *v/t* pestare; ***aus dem Boden ~*** far sbucare dal nulla; **2.** *v/i* scalpitare; ***mit den Füßen ~*** pestare i piedi

Stand [ʃ'tant] *m* (-[*e*]*s*; ⸗*e*) stato *m*; (*Lage*, *Rang*) situazione *f*; condizione *f*; (*Beruf*) professione *f*; (*Klasse*) ceto *m*, classe *f*; *des Wassers*, *der Sonne*: altezza *f*; (*auf e-r Ausstellung*) padiglione *m*; reparto *m*; (*~ort*) posto *m*; sito *m*; posizione *f*; → ***außerstande***, ***imstande***, ***instand***, ***zustande***

'**Standard** ['ʃtandart] *m* (-*s*; -*s*) standard *m*; (*Lebens2*) livello *m* di vita; **2i'sieren** [-di'ziːrən] (*senza ge-*, *h*) standardizzare; **~i'sierung** *f* (-; -*en*) standardizzazione *f*

'**Ständchen** ['ʃtɛntçən] *n* (-s; -*n*) serenata *f*

'**Ständer** ['ʃtɛndər] *m* (-*s*; -) pilastro *m*; *e-r Säule*: piedistallo *m*; *tec* supporto *m*; montante *m*

'**Standes|amt** ['ʃtandəsʔamt] *n* (ufficio *m* di) stato *m* civile; anagrafe *f*; '**2gemäß** conforme alla propria condizione (*od* posizione sociale)

'**stand|haft** ['ʃtanthaft] costante; stabile; '**2haftigkeit** *f* (-; *senza pl*) costanza *f*; stabilità *f*; '**~halten** (*irr*, *sep*, -*ge*-, *h*, → ***halten***) resistere; (*dat* a); tener testa, tener duro

'**ständig** ['ʃtɛndiç] fisso; permanente; continuo; *adv* continuamente

'**Stand|licht** ['ʃtandliçt] *n Auto*: fanalino *m* di posizione; '**~ort** *m* posto *m*; luogo *m*, sito *m*; *fig* posizione *f*; '**~punkt** *m* punto *m* di vista; '**~seilbahn** *f* funicolare *f*; '**~spur** *f* corsia *f* d'emergenza

S

'Stange ['ʃtaŋə] *f* (-; *-n*) pertica *f*; polo *m*; bastone *m*; *dünne*: bacchetta *f*; ***j-m die ~ halten*** *fig* mettersi dalla parte di qu; dare man forte a qu; ***von der ~ kaufen*** comprare bell'e fatto (*Anzug*: già confezionato)
'Stängel ['ʃtɛŋəl] *m* (*-s*; -) gambo *m*
'Stapel ['ʃtɑ:pəl] *m* (*-s*; -) catasta *f*, mucchio *m*; *mar* varo *m*; ***vom ~ lassen*** varare; **~lauf** *m* varo *m*; **'2n** (*h*) accatastare
Star¹ [ʃta:r] *m zo* (*-[e]s*; *-e*) stornello *m*
Star² *m med* (*-[e]s*; *-e*): ***grauer ~*** cateratta *f*; ***grüner ~*** glaucoma *m*
Star³ *m* (*-[e]s*; *-e*) star *f*, stella *f*
stark [ʃtark] **1.** *adj* forte; robusto, vigoroso; *tec* potente, possente; *Material*: solido; (*dick*) grosso; *Familie*: numeroso; ***~ werden*** ingrossare; **2.** *adv* forte, fortemente; (*sehr, viel*) molto
'Stärke ['ʃtɛrkə] *f* (-; *-n*) (*Kraft*) forza *f*; robustezza *f*, vigore *m*; *tec* potenza *f*; *Material*: solidità *f*; (*Anzahl*) quantità *f*; (*Dicke*) grossezza *f*; **'2n** (*h*) fortificare; *mit Gründen*: corroborare; *Wäsche*: inamidare; *med* tonificare
'Starkstrom ['ʃtarkʃtro:m] *m* corrente *f* ad alta tensione
'Stärkung ['ʃtɛrkuŋ] *f* (-; *-en*) rinforzamento *m*; corroboramento *m*
starr [ʃtar] rigido; *Blick*: fisso; ***~ vor Kälte*** intirizzito; **'~en**: ***~ auf*** (*acc*) ***od nach*** (*h*) guardare fisso, fissare (con gli occhi)
Start [ʃtart] *m* (*-[e]s*; *-s*) partenza *f*; inizio *m*; start *m*; *avia* decollo *m*; **'~automatik** *f* starter *m* automatico; **'~bahn** *f* pista *f* di decollo; **'2en** *v/i* (*sn*) partire; *avia* decollare; *Motor*: avviare; **'~ordnung** *f* ordine *m* di partenza; **'~- und Lande-Bahn** *f* pista *f* di volo; **'~zeichen** *n* segnale *m* di partenza; ***das ~ geben*** dare il via

S

Sta'tion [ʃtats'jo:n] *f* (-; *-en*) stazione *f*; *med* reparto *m*; (*Aufenthalt*) fermata *f*; **2'är** [-tsjo'nɛr] stazionario; **~svorsteher** *m* capostazione *m*
'statisch ['ʃta:tiʃ] statico
Sta'tist|ik [ʃta'tistik] *f* (-; *-en*) statistica *f*; **'2isch** *adj* statistico
statt [ʃtat] *prp* invece
Statt *f* (-; *senza pl*) luogo *m*; ***an Kindes ~ annehmen*** adottare
'stattfinden ['-findən] (*irr, sep, -ge-, h*, → ***finden***) aver luogo; realizzarsi
'stattlich ['ʃtatliç] imponente; *Summe*: considerevole; *Person*: prestante
'Statue ['ʃta:tuə] *f* (-; *-n*) statua *f*
'Status ['ʃtatus] *m* (-; *senza pl*) stato *m*; posizione *f*
'Sta'tut [ʃta'tu:t] *n* (*-[e]s*; *-en*) statuto *m*
Stau [ʃtau] *m* (*-[e]s*; *-s*; *-e*) ristagno *m*; *auto* coda *f*, ingorgo *m*
Staub [ʃtaup] *m* (*-[e]s*; *tec -e u Stäube*) polvere *f*; ***sich aus dem ~ machen*** svignarsela
'Staubecken ['ʃtaubɛkən] *n* bacino *m* di raccolta
'stauben ['-bən] (*h*) alzar polvere; ***es staubt*** c'è polvere
'staub|ig ['ʃtaubiç] polveroso; **'2sauger** *m* (*-s*; -) aspirapolvere *m*; **'2tuch** *n* straccio *m* per spolverare
'Staudamm ['ʃtaudam] *m* argine *m*
'Staude ['-də] *f* (-; *-n*) arbusto *m*; (*Salat2*) cesto *m*
'stauen ['-ən] (*h*) arrestare; *mar* stivare; *Wasser*: arginare; ***sich ~*** (*Verkehr*) congestionarsi
'staunen ['ʃtaunən] (*h*) stupirsi, meravigliarsi (***über*** *acc* di)
'Stausee ['ʃtauze:] *m* lago *m* artificiale
'stech|en ['ʃtɛçən] (*stach, gestochen, h*) **1.** *v/t* pungere; *Loch*: fare; **2.** *v/i* pungere; *Sonne*: scottare; *med* ***es sticht*** ho delle fitte; ***nach j-m ~*** dare una pugnalata a qu; *mar* ***in See ~*** (*sn*) mettersi in mare, salpare; **'2mücke** *f* zanzara *f*; **'2uhr** *f* orologio *m* segnatempo
'Steckdose ['ʃtɛkdo:zə] *f el* presa *f* di corrente
'stecken ['ʃtɛkən] (*h*) **1.** *v/t* mettere; infilare; *mit Nadeln*: appuntare; *Ziel*: prefiggere; ***et in Brand ~*** incendiare qc; **2.** *v/i allg* essere; ***dahinter steckt et*** c'è qualcosa sotto, gatta ci cova; ***~ bleiben*** rimanere preso (*od* bloccato); impigliarsi; *fig* arenarsi, incagliarsi; ***~ lassen*** *Schlüssel*: lasciare nella toppa; **'~bleiben** *fig* → ***stecken***; **'~lassen** → ***stecken***
'Stecker *el* ['ʃtɛkər] *m* (*-s*; -) spina *f*
'Steck|kontakt *el* ['ʃtɛkkɔntakt] *m* innesto *m*, presa *f* di corrente; **'~nadel** *f* spillo *m*
Steg [ʃte:k] *m* (*-[e]s*; *-e*) sentiero *m*; (*Brücke*) passerella *f*; **'~reif** ['ʃte:kraɪf] *m*: ***aus dem ~ sprechen*** improvvisare

provvisare

'stehen ['ʃte:ən] (*stand, gestanden, h*) stare; stare in piedi; (*sein, sich befinden*) essere; *Uhr*: esser fermo; *Modell usw*: fare da; **~ bleiben** fermarsi; rimanere; **~ lassen** lasciare; lasciar stare; *j-n*: piantare; *Speise*: non toccare; **'~d** ritto, in piedi; (*fest*) fisso; (*senkrecht*) verticale; *Wasser*: stagnante; **'~lassen** (*j-n; Speise*) → **stehen**

'Steh|kragen ['-kra:gən] *m* colletto *m* alto; **'~lampe** *f* lampada *f* a stelo

'stehlen ['ʃte:lən] (*stahl, gestohlen, h*) rubare

'Stehplatz ['-plats] *m* posto *m* in piedi

Steiermark ['ʃtaɪərmark] *f* Stiria *f*

steif [ʃtaɪf] rigido; *Wäsche*: inamidato, saldo; *Haltung*: impettito; *Hut*: duro; **~ dastehen** stare impalato; **~er Hals** *m* torcicollo *m*

Steig [ʃtaɪk] *m* (-[*e*]*s*; -*e*) sentiero *m*

steigen ['-gən] (*stieg, gestiegen, sn*) salire; montare; ascendere; scendere (**von, aus** da); scavalcare (**über et** *acc* qc); *Pferd*: inalberarsi; (*zunehmen*) aumentare, crescere

steig|ern ['ʃtaɪgərn] *v/t* (*h*) aumentare; alzare; *Miete*: rincarare; **sich ~** crescere; **'≗erung** *f* (-; -*en*) aumento *m*; rincaro *m*; **≗erungsrate** *f* tasso *m* d'incremento

Steigung ['ʃtaɪguŋ] *f* (-; -*en*) salita *f*

steil [ʃtaɪl] erto; **'≗hang** *m* pendio *m* ripido; **'≗küste** *f* costa *f* ripida

Stein [ʃtaɪn] *m* (-[*e*]*s*; -*e*) pietra *f*, sasso *m*; *im Obst*: nocciolo *m*; **'~bock** *m* (-*s*, -*e*) stambecco *m*; *astr* capricorno; **'~bruch** *m* cava *f* (di pietra); **'≗ern** di pietra; **'~gut** *n* (-*es*; *senza pl*) maiolica *f*; **'≗ig** pietroso, sassoso; **'~kohle** *f* carbon *m* fossile; **'~metz** ['-mɛts] *m* (-*en*; -*en*) scalpellino *m*; **'~obst** *n* frutta *f*/*pl* col nocciolo; **'~pilz** *m* boleto *m* giallo, F porcino *m*; **'~zeit** *f* età *f* della pietra

Steiß [ʃtaɪs] *m* (-*es*; -*e*) sedere *m*

Stelle ['ʃtɛlə] *f* (-; -*n*) posto *m*; luogo *m*; *Beruf*: impiego *m*; *e-s Buches*: passo *m*, passaggio *m*; (*Behörde*) ufficio *m*; (*Verwaltung*) organo *m*; (*Amt*) carica *f*, funzione *f*; **auf der ~** immediatamente; **an deiner ~** al tuo posto

stellen ['ʃtɛlən] (*h*) **1.** *v/t* mettere, porre, collocare; *Preis, Frage*: fare; *Kaution*: presentare; *Aufgabe*: assegnare; *Frist*: fissare; *Uhr*: regolare; *Fallen*: tendere; (*anhalten*) fermare; **in Rechnung ~** mettere in conto; **zur Rede ~** chiedere spiegazioni a; **2. sich ~** presentarsi; *der Polizei*: costituirsi; *fig* **sich** (*krank usw*) **~** fingersi

'Stellen|abbau *m econ* riduzione *f* dei posti di lavoro; **'~angebot** ['ʃtɛlənˀ-angəbo:t] *n* offerta *f* d'impiego; **'~gesuch** *n* domanda *f* d'impiego; **'~vermittlung** *f* collocamento *m*; **'≗weise** qua e là; parzialmente; in diversi punti

'Stellplatz ['ʃtɛlplats] *m* posto-auto *m*

'Stellung ['-luŋ] *f* (-; -*en*) posizione *f*; (*An≗*) impiego *m*; posto *m*; (*Stellen*) collacamento *m*; **'~nahme** ['-na:me] *f* (-; -*n*) presa *f* di posizione; **'≗slos** senza impiego; **'~ssuche** *f* ricerca *f* di un impiego

stellv. ***stellvertretend*** vice, facente funzioni

'Stell|vertreter ['ʃtɛlfɛrtre:tər] *m* (-*s*; -), **'~vertreterin** *f* (-; -*nen*) rappresentante *m*/*f*; im Amt: sostituto *m*, -a *f*; *in der Schule*: supplente *m*/*f*; **'~vertretung** *f* rappresentanza *f*; *in der Schule*: supplenza *f*

'Stempel ['ʃtɛmpəl] *m* (-*s*; -) timbro *m*; bollo *m*

'stempeln ['ʃtɛmpəln] (*h*) bollare (*a fig*), timbrare

Stengel → ***Stängel***

'Steno ['ʃteno] *f* (-; *senza pl*); stenografia *f*; **'~gramm** [-'gram] *n* (-*s*; -*e*) stenogramma *m*; **~'graph** [-'gra:f] *m* (-*en*; -*en*), **~'graphin** *f* (-; -*nen*) stenografo *m*, -a *f*; **~gra'phie** [-gra'fi:] *f* (-; -*n*) stenografia *f*; **≗gra'phieren** [-gra'fi:rən] (*senza ge-, h*) stenografare; **≗'graphisch** stenografico; **~ty'pist** [-ty-'pist] *m* (-*en*; -*en*), **~ty'pistin** *f* (-; -*nen*) stenodattilografo *m*, -a *f*

'Steppdecke ['ʃtɛpdɛkə] *f* coltrone *m*

'Steppe ['ʃtɛpə] *f* (-; -*n*) steppa *f*

'Sterbe|bett ['ʃtɛrbəbɛt] *n* letto *m* di morte; **'~fall** *m* decesso *m*

'sterben ['ʃtɛrbən] (*starb, gestorben, sn*) morire (**an** *dat*, **vor** *dat* di)

'sterblich ['ʃtɛrpliç] mortale

Stereoanlage [ʃtereo'ˀan-] *f* impianto *m* stereofonico, stereo *m*

steril [ʃte'ri:l] sterile; **~i'sieren** [-rili-'zi:rən] (*senza ge-, h*) sterilizzare

Stern [ʃtɛrn] *m* (-[*e*]*s*; -*e*) stella *f*; **'~bild**

S

n costellazione *f*; **'~chen** ['-çən] *n* (*-s*; -) stellina *f*; **~enhimmel** ['ʃtɛrnənhiməl] *m* firmamento *m*; cielo *m* stellato

'Stern|fahrt ['ʃtɛrnfaːrt] *f* rally *m*; **'~schnuppe** ['-ʃnupə] *f* (-; *-n*) stella *f* cadente; **'~warte** *f* (-; *-n*) osservatorio *m* (astronomico)

'stet|ig [ʃteːtiç] costante, assiduo; **~s** [ʃteːts] sempre

'Steuer¹ ['ʃtɔʏər] *f* (-; *-n*) tassa *f*, imposta *f*, contributo *m*

'Steuer² *n* (*-s*; -) *mar u avia* timone *m*; *Auto*: volante *m*; sterzo *m*; *Fahrrad*: manubrio *m*

'Steuer|abzug ['ʃtɔʏərˀaptsuːk] *m* ritenuta *f* fiscale; **'~aufkommen** *n* gettito *m* delle tasse; **'~befreiung** *f* esenzione *f* dalle imposte; **'~berater** *m* consulente *m* fiscale; **'~bord** *mar n* (*-[e]s*; *-e*) tribordo *m*; **'~erklärung** *f* dichiarazione *f* dei redditi; **'~ermäßigung** *f* riduzione *f* delle imposte; **'♀frei** esentasse; **'~freibetrag** *m* quota *f* esente da tasse; **'~hinterziehung** *f* evasione *f* fiscale; **'~jahr** *n* esercizio *m* finanziario; **'~klasse** *f* categoria *f* (*od classe f*) fiscale

'steuern ['ʃtɔʏərn] (*h*) *v/t Auto*: guidare, condurre (*a mar*), pilotare (*a avia*); *nur mar*: governare

'Steuer|nachlass ['ʃtɔʏərnaːxlas] *m* sgravio *m* fiscale; **'♀pflichtig** ['-pfliçtiç] soggetto a tasse; **'~rad** *n* ruota *f* del timone; *Auto*, *avia*: volante *m*; **'~rückvergütung** *f* rimborso *m* di imposte; **'~senkung** *f* ribasso *m* delle imposte; **'~ung** *f* (-; *-en*) timone *m*; *tec* dispositivo *m* di comando; *Steuerrad*: volante *m*, sterzo *m*; *das Steuern*: *mar*, *avia* pilotaggio *m*; *mar* governo *m*; *Auto*: guida *f*; **'~vergünstigung** *f* agevolazione *f* fiscale; **'~vorauszahlung** *f* imposta *f* d'acconto; **'~zahler** *m* contribuente *m*

'Steward ['stjuːərt] *m* (*-s*; *-s*) steward *m*, assistente *m* di bordo (*od* di volo); **'~ess** ['-dɛs] *f* (-; *-dessen*) hostess *f*

StGB ***Strafgesetzbuch*** Codice penale tedesco

Stich [ʃtiç] *m* (*-es*; *-e*) puntura *f*; fitta *f*; ***im ~ lassen*** piantare in asso, abbandonare; **'♀haltig** valido, plausibile; ***die Gründe sind nicht ~*** le ragioni non reggono; **'~probe** *f* prova *f* (a caso); **'~tag** *m* giorno *m* fissato; *zur Einführung des Euro*: €-day *m*; **'~wort** *n* spunto *m*; (*im Wörterbuch*) voce *f*, lemma *m*

'stick|en ['ʃtikən] (*h*) ricamare; **'~ig** soffocante; **'♀stoff** *m* (*-[e]s*; *senza pl*) azoto *m*

'Stiefbruder ['ʃtiːfbrudər] *m* fratellastro *m*

'Stiefel ['ʃtiːfəl] *m* (*-s*; -) stivale *m*

'Stief|mutter ['ʃtiːfmutər] *f* matrigna *f*; **'~mütterchen** *bot n* (*-s*; -) viola *f* del pensiero; **'~schwester** *f* sorellastra *f*; **'~sohn** *m* figliastro *m*; **'~tochter** *f* figliastra *f*; **'~vater** *m* patrigno *m*

'Stiege ['ʃtiːgə] *f* (-; *-n*) scala *f*, *große*: scalinata *f*

Stiel [ʃtiːl] *m* (*-[e]s*; *-e*) manico *m*; *bo*[…] gambo *m*

Stier [ʃtiːr] *m* (*-[e]s*; *-e*) toro *m* (*a astr*) **'♀en** (*h*) guardare con occhi stralunati fissare; **'~kampf** *m* corrida *f*

Stift¹ [ʃtift] *m* (*-[e]s*; *-e*) perno *m*; (*Blei♀*) matita *f*, lapis *m inv*

Stift² *n* (*-[e]s*; *-e*) convento *m*; casa *f* pia opera *f* pia

'stiften (*h*) fondare; (*schenken*) donare

'Stiftung ['ʃtiftuŋ] *f* (-; *-en*) fondazione *f*; (*Schenkung*) donazione *f*

Stil [ʃtiːl] *m* (*-[e]s*; *-e*) stile *m*; ***in großem ~*** su vasta scala; **♀'istisch** stilistico

still [ʃtil] fermo; silenzioso; (*ruhig*) calmo, quieto; ***~!*** silenzio!; ***sei ~!*** sta zitto!; ***im ~en*** in segreto; ***~er Teilhaber*** socio *m* occulto

'Stille ['ʃtilə] *f* (-; *senza pl*) calma *f*, silenzio *m*

'still|en ['ʃtilən] (*h*) calmare; *Durst*: spegnere; *Blut*: arrestare; *Kind*: allattare; **'~halten** (*irr*, *sep*, *-ge-*, *h*, → ***halten***) star fermo; non muoversi; (*anhalten*) fermarsi; *fig* rassegnarsi; **'~legen** (*sep*, *-ge-*, *h*) chiudere; *zeitweilig*: sospendere; *Verkehr*: paralizzare; **~ung** *f* (-; *-en*) chiusura *f*; **'~schweigen** (*irr*, *sep*, *-ge-*, *h*, → ***schweigen***) tacere; **'~schweigend** tacito; *adv* senza obiezioni; **'♀stand** *m* (*-[e]s*; *senza pl*) interruzione *f*, arresto *m*; *econ* ristagno *m*; **'~stehen** (*irr*, *sep*, *-ge-*, *h*, → ***stehen***) star fermo; non muoversi; *Betrieb*: essere fermo; avere sospeso il lavoro; *mil* ***stillgestanden!*** attenti!

'Stimm|band ['ʃtimbant] *n* corda *f* vocale; '**2berechtigt** che ha diritto di voto, elettore
'Stimme ['ʃtimə] *f* (-; -*n*) voce *f*; (*Wahl2*) voto *m*
'stimmen ['-mən] (*h*) **1.** *v/i* accordarsi; *Rechnung*: combinare; *pol* votare; ***das stimmt*** è giusto, è vero; **2.** *v/t* *mus* accordare
'Stimmen|mehrheit ['ʃtimənme:rhaɪt] (**'~minderheit**) *f*(*f*) maggioranza *f* (minoranza *f*) di voti
'Stimm|enthaltung ['ʃtimˀɛnthaltuŋ] *f* astensione *f* dal voto; **'~enzähler** *m* scrutatore *m*; **'~recht** *n* diritto *m* di voto (*od* di votare)
'Stimmung ['ʃtimuŋ] *f* (-; -*en*) intonazione *f*; *des Gemüts*: disposizione *f*, stato *m* d'animo; (*Laune*) umore *m*; (*Milieu*) ambiente *m*; atmosfera *f*; *fröhliche*: allegria *f*; baldoria *f*; **'2svoll** pieno di sentimento; espressivo, animato
Stimmzettel ['ʃtim'tsɛtəl] *m* scheda *f* elettorale
'stink|en ['ʃtiŋkən] (*stank*, *gestunken*, *h*) puzzare (***nach*** di); **'~end**, **'~ig** puzzolente
Stipen'di|at [ʃtipɛnd'ja:t] *m* (-*en*; -*en*), **~'atin** *f* (-; -*nen*) borsista *m/f*; **~um** ['-pɛndjum] *n* (-*s*; -*dien*) borsa *f* di studio
Stirn [ʃtirn] *f* (-; -*en*) fronte *f*; ***die ~ bieten*** *fig* tener testa
Stock[1] [ʃtɔk] *m* (-[*e*]*s*; ⸗*e*) bastone *m*; (*Stumpf*) tronco *m*; (*Wein2*) vite *f*
Stock[2] *arch* (-[*e*]*s*; -*e u* ~*werke*) piano *m*; ***im ersten ~*** al primo piano
stocken ['ʃtɔkən] (*h u sn*) fermarsi; *fig* languire; *im Gespräch*: impuntarsi; (*schimmeln*) ammuffire; *Verkehr*: congestionarsi; arrestarsi; *fig Blut*: gelarsi; ***ins Stocken geraten*** languire; incepparsi
Stockholm ['ʃtɔkhɔlm] *n* Stoccolma *f*
Stockung ['ʃtɔkuŋ] *f* (-; -*en*) arresto *m*; interruzione *f*; *Verkehr*: congestionamento *m*; intasamento *m*; *Handel*: ristagno *m*
Stockwerk ['ʃtɔkvɛrk] *n* (-[*e*]*s*; -*e*) piano *m*
Stoff [ʃtɔf] *m* (-[*e*]*s*; -*e*) stoffa *f*, tessuto *m*; (*Material*) materia *f*; materiale *m*; (*Inhalt*) argomento *m*; *chim* elemento *m*; **'2lich 1.** *adj fig* materiale; **2.** *adv* quanto al contenuto; **'~wechsel** *m* *med* ricambio *m*, metabolismo *m*
'stöhnen ['ʃtø:nən] (*h*) gemere; ***~ über*** (*acc*) *fig* lamentarsi di
'Stollen ['ʃtɔlən] *m* (-*s*; -) *min* galleria *f*; (*Gebäck*) panettone *m*
'stolpern ['ʃtɔlpərn] (*sn*) inciampare (***über*** *acc* in)
stolz [ʃtɔlts] *adj* superbo, fiero; orgoglioso (***auf*** *acc* di)
Stolz *m* (-*es*; *senza pl*) superbia *f*, fierezza *f*; orgoglio *m*
stolz'ieren (*senza ge-*, *sn*) pavoneggiarsi
Stop → ***Stopp***
'stopfen ['ʃtɔpfən] (*h*) riempire; *Magen*: rimpinzare; *schließen*: turare; *Mund*: tappare; (*et hineinstecken*) cacciare in
Stopp [ʃtɔp] *m* (-*s*; -*s*) fermata *f*
'stopp|en ['ʃtɔpən] (*h*) *v/t* fermare; *v/i* fermarsi; **'2schild** *n* (segnale *m* di) stop *m*; **'2uhr** *f* cronometro *m*
'Stöpsel ['ʃtœpsəl] *m* (-*s*; -) tappo *m*; *el* spina *f*
Storch [ʃtɔrç] *m* (-[*e*]*s*; ⸗*e*) cicogna *f*
'stören ['ʃtø:rən] (*h*) disturbare; molestare, incomodare; *Ordnung*, *Ruhe*: turbare; ***lassen Sie sich nicht ~*** non si incomodi
stor'n|ieren [ʃtɔr'ni:rən] (*senza ge-*, *h*) annullare, stornare
'Storno ['ʃtɔrno] *m* (-*s*; *Storni*) storno *m*; **~gebühr** *f* spese *f/pl* di storno
'störrisch ['ʃtœriʃ] caparbio
'Störung ['ʃtø:ruŋ] *f* (-; -*en*) disturbo *m*; F seccatura *f*, molestia *f*; *Wetter*: perturbazione *f*; *seelisch*: turbamento *m*; *tec* guasto *m*; *Radio*: interferenza *f*; **'~sstelle** *f* servizio *m* riparazioni, ufficio *m* guasti
Stoß [ʃto:s] *m* (-*es*; ⸗*e*) colpo *m*; *Zusammenstoß zweier Körper*: urto *m*; (*Schub*) spinta *f*; (*Erschütterung*) scossa *f*; **'~dämpfer** ['-dɛmpfər] *m* (-*s*; -) ammortizzatore *m*
'stoßen ['ʃto:sən] (*stieß*, *gestoßen*, *h*) **1.** *v/t* urtare; (*schlagen*) colpire; (*fort~*) (s)cacciare; *Messer*: piantare; **2.** *v/i* (*a sn*) urtare (***gegen*** contro); (*begegnen*) imbattersi (***j-n*** in qu); confinare (***an et*** *acc* con); cercare di colpire (***nach j-m*** qu); *Wagen*: urtare, cozzare;

S

3. ***sich an et ~*** (*dat*) urtare contro qc; *fig* formalizzarsi (***an et*** *dat* per qc)
'Stoß|stange ['ʃtoːsʃtaŋə] *f Auto*: paraurti *m*; **'~verkehr** *m* traffico *m* delle ore di punta; **'~zeit** *f* ora *f* di punta
'stottern ['ʃtɔtərn] (*h*) balbettare, tartagliare; F ***auf Stottern*** a rate
StPO ***Strafprozessordnung*** Codice tedesco di procedura penale
Str. ***Straße*** via
'Straf|anstalt ['ʃtraːfˀanʃtalt] *f* penitenziario *m*; **'~arbeit** *f Schule*: esercizio *m* assegnato per castigo; **'2bar** punibile; ***sich ~ machen*** rendersi colpevole, incorrere in un reato
'Strafe ['ʃtrɑːfə] *f* (-; -*n*) castigo *m*; *jur nur*: pena *f*; (*Geld*2) multa *f*; ***zur ~*** per castigo
'strafen ['ʃtrɑːfən] (*h*) punire; *Kinder*: castigare
straff [ʃtraf] **1.** *adj* teso; *fig* rigido; severo; energico; ***~ anziehen*** stringere; **2.** *adv* forte
'straffällig ['ʃtraːffɛliç] punibile
'straffen ['ʃrafən] (*h*) tendere
'straf|frei ['ʃrɑːffraɪ] esente da pena; **'2freiheit** *f* (-; *senza pl*) impunità *f*; **'2gefangene** *m*/*f* (-*n*; -*n*) detenuto *m* -a *f*; **'2gesetzbuch** *n* codice *m* penale
'sträf|lich ['ʃtrɛːfliç] punibile; *fig* imperdonabile; **'2ling** ['-liŋ] *m* (-*s*; -*e*) detenuto *m*
'Straf|mandat ['ʃtrɑːfmandɑːt] *n* avviso *m* di contravvenzione; **'~porto** *n* soprattassa *f*; **'~prozess** *m* processo *m* penale; **'~recht** *n* diritto *m* penale; **'~stoß** *m* calcio *m* di rigore, rigore *m*; **'~tat** *f* delitto *m*; **'~verfahren** *n* procedimento *m* penale; **'~vollzug** *m* esecuzione *f* della pena; ***sich dem ~ entziehen*** sottrarsi alla giustizia; **'~zettel** *m* contravvenzione *f*, multa *f*
Strahl [ʃtrɑːl] *m* (-[*e*]*s*; -*en*) raggio *m*; (*Wasser*2) getto *m*; **'2en** (*h*) raggiare; *fig* essere raggiante
'Strahlen|behandlung ['ʃtrɑːlənbehandluŋ] *f* radioterapia *f*; **'~therapie** *f* radioterapia *f*
'Strahlung ['-luŋ] *f* (-; -*en*) radiazione *f*
'Strähne ['ʃtrɛːnə] *f* (-; -*n*) matassa *f*; *Haare*: ciocca *f*
stramm [ʃtram] teso; *fig* energico, robusto
'strampeln ['ʃtrampəln] (*h*) sgambettare
Strand [ʃtrant] *m* (-[*e*]*s*; ⸚*e*) spiaggia *f*; **'~bad** *n* stabilimento *m* balneare; bagno *m*; **'2en** ['-dən] (*sn*) arenarsi (*a fig*); **'~korb** *m* poltrona *f* da spiaggia; **'~nähe** *f* vicinanza *f* alla spiaggia; **'~promenade** *f* lungomare *m*
Strang [ʃtraŋ] *m* (-[*e*]*s*; ⸚*e*) corda *f*; (*Bahn*2) binari *m*/*pl*; *Wolle*: matassa *f*; ***an e-m ~ ziehen*** *fig* mirare allo stesso scopo
Stra'p|aze [ʃtra'pɑːtsə] *f* (-; -*n*) strapazzo *m*; **2a'zieren** [-pa'tsiːrən] (*senza ge-*, *h*) strapazzare
Straßburg ['ʃtrasburk] *n* Strasburgo *f*
'Straße ['ʃtrɑːsə] *f* (-; -*n*) strada *f*; *vor Namen*: via *f*
'Straßen|arbeiten *f*/*pl* ['ʃtrɑːsənarbaɪtən] *pl* lavori *pl* in corso; **'~bahn** *f* tram *m*, tranvai *m*; **'~bahnhaltestelle** *f* fermata *f* del tram; **'~bau** *m* costruzione *f* di strade; lavori *m*/*pl* stradali; **'~beleuchtung** *f* illuminazione *f* stradale; **'~benutzungsgebühr** *f* pedaggio *m*; **'~café** *n* bar *m* con tavolini all'aperto; **'~händler** *m* venditore *m* ambulante; **'~karte** *f* carta *f* stradale; **'~kreuzung** *f* bivio *m*, crocevia *m*, crocicchio *m*; **'~lage** *f auto* tenuta *f* di strada; **'~reinigung** *f* nettezza *f* urbana; **'~schild** *n* cartello *m* stradale; **'~sperre** *f* blocco *m* stradale; **'~verhältnisse** *n*/*pl* percorribilità *f* delle strade; **'~verkehr** *m* circolazione *f* stradale, traffico *m* stradale; **'~verkehrsordnung** *f* codice *m* della strada; **'~zustand** *m* stato *m* delle strade
Strat|e'gie [ʃtrate'giː] *f* (-; -*n*) strategia *f*; **2'egisch** [-'teːgiʃ] strategico
sträuben ['ʃtrɔʏbən] (*h*) (far) rizzare; ***sich ~*** rizzarsi; *fig* opporsi (***gegen*** a); rifiutarsi (***et zu tun*** di fare qc)
Strauch [ʃtraʊx] *m* (-[*e*]*s*; *Sträucher*) arbusto *m*; cespuglio *m*
Strauß [ʃtraʊs] *m* (-*es*; *Sträuße*) (*Blumen*2) mazzo *m* (di fiori)
'streb|en ['ʃtreːbən] **1.** (*h*) aspirare (***nach*** a); ambire; *von Dingen*: tendere; **2.** **'2en** *n* (-*s*; *senza pl*) aspirazione *f*; **'~sam** ['ʃtreːpzɑːm] zelante; (*ehrgeizig*) ambizioso
'Strecke ['ʃtrɛkə] *f* (-; -*n*) tratto *m*; *zurückgelegte*: percorso *m*; tragitto *m*; (*Entfernung*) distanza *f*; (*Bahn*2) l

nea *f*
'**strecken** ['ʃtrɛkən] (*h*) stendere; *Vorräte*: allungare, razionare; *Zunge*: mostrare; (*heraus~*) sporgere
Streich [ʃtraɪç] *m* (-[*e*]*s*; -*e*) colpo *m*; ***böser ~*** tiro *m*; (*Jungen≈*) ragazzata *f*; ***lustiger ~*** burla *f*; ***toller ~*** pazzia *f*; ***~e machen*** farne di tutti i colori
'**streicheln** ['ʃtraɪçəln] (*h*) accarezzare, passare (lievemente) la mano su
'**streichen** ['ʃtraɪçən] (*strich*, *gestrichen*, *h*) verniciare; (*auftragen*) spalmare; (*durch~*) cancellare; *Auftrag*: annullare; *mit Hand*: passare la mano, accarezzare
'**Streich|holz** ['ʃtraɪçhɔlts] *n* fiammifero *m*; '**~ung** *f* (-; -*en*) soppressione *f*, cancellazione *f*; annullamento *m*
'**Streife** ['ʃtraɪfə] *f* (-; -*n*) ronda *f*, pattuglia *f*
'**streifen** ['ʃtraɪfən] **1.** *v/t* (*h*) sfiorare; (*ab~*) levare; *Stoffe*: rigare; *Ärmel*: rimboccare; **2.** *v/i* (*sn*) vagare; ***auf et*** (*acc*) ~ rasentare qc
'**Streifen** *m* (-*s*; -) striscia *f*; *in Kleiderstoffen*: riga *f*; (*an den Hosen*) gallone *m*
'**Streifenwagen** *m* (*Polizei*) radiomobile *f*; macchina *f* della polizia
'**Streifzug** ['ʃtraɪftsuːk] *m* rassegna *f*; *mil* incursione *f*; escursione *f*
Streik [ʃtraɪk] *m* (-[*e*]*s*; -*s*) sciopero *m*; ***in den ~ treten*** entrare in sciopero; '**~brecher** *m* crumiro *m*; '**≈en** (*h*) scioperare; '**~posten** *m* picchetto *m*; '**~recht** *n* diritto *m* di sciopero
Streit [ʃtraɪt] *m* (-[*e*]*s*; -*e*) lite *f*; (*Wort≈*) disputa *f*; (*Tätlichkeit*) rissa *f*; (*Kampf*) lotta *f*; *pol* conflitto *m*; ***~ stiften*** mettere zizzania
'**streit|en** ['ʃtraɪtən] (*stritt*, *gestritten*, *h*) litigare (***mit j-m um et*** con qc per qc); (*kämpfen*) combattere, lottare; discutere, dibattere (***über et*** *acc* qc); ***darüber lässt sich ~*** su ciò si può essere di pareri diversi; '**≈frage** *f* punto *m* controverso; '**~kräfte** *f/pl* forze *f/pl* armate
streng [ʃtrɛŋ] rigoroso, severo; *auf Briefen*: ***~ vertraulich!*** personale, riservato!; *Sitten*: austero; ***~, ~stens, aufs ≈ste*** strettamente; rigorosamente; ***~ genommen*** rigorosamente parlando; '**≈e** *f* (-; *senza pl*) rigore *m*; austerità *f*; rigidità *f*; asprezza *f*

Stress [ʃtrɛs] *m* (-*es*; -*e*) stress *m*
'**stress|en** (*h*) stressare; '**~ig** *adj* stressante
'**streuen** ['ʃtrɔʏən] (*h*) spargere; (*ver~*) sparpagliare; *Sand in die Augen*: gettare
Strich [ʃtrɪç] *m* (-[*e*]*s*; -*e*) tratto *m*; riga *f*, linea *f*; (*Pinsel≈*) pennellata *f*; (*Feder≈*) tratto *m* di penna; ***j-m e-n ~ durch die Rechnung machen*** scompigliare i progetti di qu
'**Strichkode** ['ʃtrɪçkoːd] *m* codice *m* a barre
'**strichweise** ['ʃtrɪçvaɪzə] a tratti
Strick [ʃtrɪk] *m* (-[*e*]*s*; -*e*) corda *f*; '**≈en** (*h*) **1.** *v/i* lavorare a maglia; **2.** *v/t* fare a maglia; *Strümpfe*: fare; '**~nadel** *f* ferro *m* da calza; **~waren** *f/pl* (articoli *m/pl* di) maglieria *f*
'**Strieme** ['ʃtriːmə] *f* (-; -*n*) livido *m*
strikt [ʃtrɪkt] **1.** *adj* rigoroso; preciso; **2.** *adv* strettamente
'**strittig** ['ʃtrɪtɪç] controverso
Stroh [ʃtroː] *n* (-[*e*]*s*; *senza pl*) paglia *f*; '**~dach** *n* tetto *m* di paglia; '**~halm** *m* festuca *f*; '**~hut** *m* cappello *m* di paglia; '**~sack** *m* pagliericcio *m*
Strom [ʃtroːm] *m* (-[*e*]*s*; ¨*e*) corrente *f* (*a el*); *nur el* energia *f*; (*Fluss*) fiume *m*; *Lava*: colata *f*; *fig nur*: torrente *m*; ***es regnet in Strömen*** piove a catinelle; **≈'ab**, **≈'abwärts** a valle; '**~abnehmer** *el m* collettore *m*; pantografo *m*; utente *m* (di energia elettrica); '**~anschluss** *m* allacciamento *m* alla rete elettrica; **≈'auf**, **≈'aufwärts** a monte; '**~ausfall** *m* mancanza *f* di corrente
'**strömen** ['ʃtrøːmən] (*sn*) scorrere; (*stark regnen*) diluviare; *Menge*: affluire; (*aus~*) sgorgare, scaturire; *Regen*: venir giù a catinelle
'**Strom|erzeuger** *el* ['ʃtroːmʔɛrtsɔʏgər] *m* generatore *m*; '**~kreis** *m* circuito *m* elettrico; '**≈linienförmig** aerodinamico; '**~netz** *n* rete *f* elettrica; '**~stärke** *f* intensità *f* di corrente, amperaggio *m*
'**Strömung** ['ʃtrøːmʊŋ] *f* (-; -*en*) corrente *f* (*a fig*)
'**Strom|verbrauch** ['ʃtroːmfɛrbraʊx] *m* consumo *m* di energia elettrica; '**~versorgung** *f* distribuzione *f* di energia elettrica; '**~zähler** *m* contatore *m*

S

'Strophe ['ʃtroːfə] *f* (-; *-n*) strofa *f*

Struk'tur [ʃtruk'tuːr] *f* (-; *-en*) struttura *f*

Strumpf [ʃtrumpf] *m* (-[*e*]*s*; *=e*) calza *f*

'Stube ['ʃtuːbə] *f* (-; *-n*) camera *f*; ***gute ~*** salotto *m*

Stück [ʃtyk] *n* (-[e]*s*; *-e*; *als Maß im pl inv*) pezzo *m*; brano *m*; ***pro ~*** al pezzo; ***drei Euro das ~*** tre euro l'uno; *Vieh*: capo *m*; (*Bruch*2) frammento *m*

'Stück|lohn ['ʃtykloːn] *m* salario *m* a cottimo; **'2weise** pezzo per pezzo; brano per brano; al minuto

Stu'dent [ʃtu'dɛnt] *m* (*-en*; *-en*), **~in** *f* (*-in*; *-nen*) studente *m*, -essa *f*; **~enaustausch** [-ˀaʊs-] *m* scambio *m* di studenti; **~enausweis** *m* tessera *f* dello studente; **~enheim** *n* casa *f* dello studente, studentato *m*

'Studie ['ʃtuːdjə] *f* (-; *-n*) studio *m*

'Studien|abbrecher *m* (*-s*; -) chi interrompe gli studi; **'~abschluss** *m* diploma *f* di studi universitari; **'~aufenthalt** *f* soggiorno *m* di studio; **'~rat** *m*, **'~rätin** *f* professore *m*, -oressa *f* di scuola media; **'~reise** *f* viaggio *m* di studio

stu'dieren [ʃtu'diːrən] (*senza ge-*, *h*) studiare (all'università)

'Stud|io ['ʃtuːdjo] *n* (*-s*; *-s*) studio *m*; laboratorio *m*; **'~ium** ['djum] *n* (*-s*; *-dien*) studio *m*

'Stufe ['ʃtuːfə] *f* (-; *-n*) scalino *m*, gradino *m*

'stufenweise ['ʃtuːfənvaɪzə] grad(u)atamente

Stuhl [ʃtuːl] *m* (-[*e*]*s*; *=e*) sedia *f*; seggiola *f*; cattedra *f*; **'~gang** *m* defecazione *f*; ***keinen ~ haben*** non andar di corpo

'stülpen ['ʃtylpən] (*h*) (*um~*) rovesciare; (*auf~*, *über~*) mettere

stumm [ʃtum] muto; *fig* silenzioso; ***~ werden*** ammutolire

S

stumpf *adj* ottuso (*a fig*); *Bleistift*: spuntato; (*gefühllos*) apatico

Stumpf [ʃtumpf] *m* (-[*e*]*s*; *=e*) mozzicone *m*; *e-s Baumes*, *e-s Gliedes*: troncone *m*; tronco *m*; (*Arm*2) moncherino *m*

'Stumpfsinn *m* (-[*e*]*s*; *senza pl*) stupidità *f*, stupidaggine *f*

'stumpfsinnig stupido, ebete

'Stunde ['ʃtundə] *f* (-; *-n*) ora *f*; (*Lehr*2) lezione *f*

'Stunden|geschwindigkeit ['ʃtundəngəʃvindiçkaɪt] *f* velocità *f* oraria; **'~kilometer** *m* chilometro *m* orario; **'2lang 1.** *adj* che dura ore ed ore; **2.** *adv* per ore intere; **'~lohn** *m* salario *m* orario; **'~plan** *m* orario *m* (delle lezioni); **'2weise** ad ore

'stündlich ['ʃtyntliç] **1.** *adj* orario; **2.** *adv* ogni ora; ora per ora

'Stundung ['ʃtunduŋ] *f* (-; *-en*) proroga *f*, dilazione *f*, moratoria *f*

Sturm [ʃturm] *m* (-[*e*]*s*; *=e*) tempesta *f*, burrasca *f*; *der Leidenschaften*: tumulto *m*; *des Beifalls*: uragano *m*

'stürmen ['ʃtyrmən] (*h*) **1.** *v/i* (*a sn*) infuriare; ***es stürmt*** c'è burrasca; *fig* precipitarsi; **2.** *v/t* dare l'assalto a; (*er~*) prendere d'assalto; *e-e Tür*: forzare

'Sturmflut ['ʃturmfluːt] *f* mareggiata *f*; alta marea *f*

'stürmisch ['ʃtyrmiʃ] tempestoso; *Beifall*: vibrante, frenetico

'Sturmwarnung *f* avviso *m* di tempesta

Sturz [ʃturts] *m* (*-es*; *=e*) caduta *f*; *arch* crollo *m*

'stürzen ['ʃtyrtsən] (*h*) **1.** *v/t* far cadere; (*um~*) rovesciare (*a fig*), ribaltare; ***die Regierung ~*** rivesciare il governo; **2.** *v/refl*: ***sich ~*** gettarsi (***aus dem Fenster*** dalla finestra); **3.** *v/i* (*sn*) cadere; (*eilen*) precipitarsi

'Sturzhelm ['ʃturtshɛlm] *m* casco *m*

'Stute ['ʃtuːtə] *f* (-; *-n*) cavalla *f*

'Stütze ['ʃtytsə] *f* (-; *-n*) sostegno *m*; supporto *m*; *fig* appoggio *m*, aiuto *m*

'stutzen[1] ['ʃtutsən] (*h*) *v/t* accorciare; *Flügel*: tarpare; *Bäume*: svettare; *Haare*: spuntare

'stutzen[2] *v/i* restare sorpreso, rimanere perplesso

'stützen ['ʃtytsən] (*h*) sostenere; *Mauer*: puntellare; *auf et*: appoggiare; ***sich auf et*** (*acc*) *~ fig* basarsi su qc, fondarsi su qc

'Stützpunkt ['ʃtytspuŋkt] *m* punto *m* d'appoggio; *mil* caposaldo *m*; base *f*

StVO ***Straßenverkehrsordnung*** Codice Stradale tedesco

s. u. ***siehe unten*** vedi sotto

Sub'jekt [zup'jɛkt] *n* (-[*e*]*s*; *-e*) soggetto *m*; **2'iv** [-'tiːf] soggettivo

Sub'stanz [zup'stants] *f* (-; *-en*) sostanza *f*

subtra'hieren [zuptra'hi:rən] (*senza ge-, h*) sottrarre; **ʻventʼtion** [-vɛn'tsjo:n] *f* (-; *-en*) sovvenzione *f*; **~ven-tio'nieren** [-jo'ni:rən] (*senza ge-, h*) sovvenzionare

'Such|e ['zu:xe] *f* (-; *senza pl*) ricerca *f*; ***auf der ~ nach*** in cerca di; **'ʻen** (*h*) cercare (***nach j-m*** qu); **'~maschine** *f* *inform* motore *m* di ricerca

Sucht [zuxt] *f* (-; *ᅳe*) mania *f*; passione *f* (***nach*** per); avidità *f* (***nach*** di)

'süchtig ['zyçtiç] tossicomane

Südafrika ['zy:t'ʔɑ:frika] *n* Sudafrika *m*

Südamerika ['zy:tʔa'me:rika] *n* America *f* del Sud

'Süd|en ['zy:dən] *m* (*-s*; *senza pl*) sud *m*; meridione *m*; **'~früchte** *f/pl* frutta *f/pl* del mezzogiorno; *Apfelsinen, Zitronen*: agrumi *m/pl*

Südkorea ['zy:tko're:a] *n* Corea *f* del Sud

'südlich ['zy:tliç] **1.** *adj* del sud; meridionale; **2.** *adv* a sud

Süd|'osten *m* sud-est *m*; **'~pol** *m* polo *m* sud (*od* antartico); **'~westen** *m* sud-ovest *m*; **'~wind** *m* vento *m* dal sud

sugge'rieren [zugə'ri:rən] (*senza ge-, h*) suggerire

Sühn|e ['zy:nə] *f* (-; *-n*) espiazione *f*; **'ʻen** (*h*) espiare

Sülze ['zyltsə] *f* (-; *-n*) gelatina *f* (di carne); aspic *m*

Summ|e ['zumə] *f* (-; *-n*) somma *f*; **'ʻen** (*h*) ronzare; canticchiare (a bocca chiusa); ***es summt*** c'è un ronzio

sum'mieren [zu'mi:rən] (*senza ge-, h*) addizionare; ***sich ~*** accumularsi

Sumpf [zumpf] *m* (*-[e]s*; *ᅳe*) palude *f*; *kleinerer ~ u fig*: pantano *m*; **'ʻig** paludoso

Sünde ['zyndə] *f* (-; *-n*) peccato *m*

Sünder ['zyndər] *m* (*-s*; -), **'~in** *f* (-; *-nen*) peccatore *m*, -trice *f*

sündigen ['zyndigən] (*h*) peccare

super ['zu:pər] fantastico, grande, grandioso

Super|(benzin) *n* (*-s*; *senza pl*) (benzina *f*) super *f*; **'~lativ** ['-lati:f] *m* (*-s*; *-e*) superlativo *m*; **'~markt** *m* supermercato *m*

Suppe ['zupə] *f* (-; *-n*) minestra *f*, zuppa *f*

'Suppen|löffel ['zupənlœfəl] *m* mestolo *m*; **'~schüssel** *f* zuppiera *f*; **'~teller** *m* piatto *m* fondo

'Surf|brett ['sœrfbrɛt] *n* tavola *f* da surfing, surf *m*; **'ʻen** (*h, sn*) praticare il surf; ***im Internet ~*** navigare su Internet; **'~er** *m* (*-s*; -), **'~erin** *f* (-; *-nen*) surfista *m/f*

'surren ['zurən] (*h*) sussurrare; *Insekten*: ronzare

süß [zy:s] dolce; *fig a* soave; *Wein*: abboccato; **'~en** (*h*) indolcire, dolcificare; *mit Zucker*: zuccherare; **'ʻigkeit** *f* (-; *-en*) dolcezza *f*; ***~en pl*** dolciumi *m/pl*, dolci *m/pl*; **'~lich** dolciastro; *fig* sdolcinato; **'~'sauer** agrodolce; **'ʻspeise** *f* dolce *m*; **'ʻstoff** *m* (*-[e]s*; *senza pl*) dolcificante *m*; saccarina *f*; **'ʻwasser** *n* (*-s*; -) acqua *f* dolce

SV ***Sportverein*** società sportiva

SW ***Südwesten*** sudovest

'Swimmingpool ['sviminpu:l] *m* (*-s*; *-s*) piscina *f*

Sym'bol [zym'bo:l] *n* (*-s*; *-e*) simbolo *m*; **ʻisch** [-'bo:liʃ] simbolico; **ʻi'sieren** [-li'zi:rən] (*senza ge-, h*) simboleggiare

Symm|e'trie [-me'tri:] *f* (-; *-n*) simmetria *f*; **ʻetrisch** [-'me:triʃ] simmetrico

Symp|a'thie [-pa'ti:] *f* (-; *-n*) simpatia *f*; **ʻ'athisch** [-'pa:tiʃ] simpatico; **ʻathi'sieren** [-pati'zi:rən] (*senza ge-, h*) simpatizzare

Sympho'nie [-fo'ni:] → ***Sinfonie***

Symp'tom [-p'to:m] *n* (*-s*; *-e*) sintomo *m*

Syna'goge [zyna'go:gə] *f* (-; *-n*) sinagoga *f*

synchroni'sier|en [zynkroni'zi:rən] (*senza ge-, h*) sincronizzare; *Film a*: doppiare; **ʻung** *f* (-; *-en*) sincronizzazione *f*; *Film a*: doppiaggio *m*

Sy'node [zy'no:də] *f* (-; *-n*) sinodo *m*

Syno'nym [-'ny:m] *n* (*-s*; *-e*) sinonimo *m*

Syn'th|ese [-'te:zə] *f* (-; *-n*) sintesi *f*; **ʻ'etisch** sintetico

Syrien ['zy:rjən] *n* Siria *f*

Sys'tem [zys'te:m] *n* (*-s*; *-e*) sistema *m*; **ʻatisch** [-'ma:tiʃ] sistematico

'Szene ['stse:nə] *f* (-; *-n*) scena *f*; (*Streit*) scenata *f*

S

T

t ***Tonne*** tonnellata

'Tabak ['ta:bak] *m* (*-s*; *-e*) tabacco *m*; **'~laden** *m* tabaccheria *f*

tabel'l|arisch [tabɛ'la:riʃ] *adj* tabellare, in forma di tabella; sinottico; **2e** [ta-'bɛlə] *f* (*-*; *-n*) tabella *f*

Ta'blett [-'blɛt] *n* (*-[e]s*; *-s u -e*) vassoio *m*; **~e** *f* (*-*; *-n*) *med* compressa *f*

Tacho'meter [-xo'me:tər] *m* (*-s*; *-*) tachimetro *m*

'Tadel ['ta:dəl] *m* (*-s*; *-*) biasimo *m*; (*Fehler*) difetto *m*; **'2los** inappuntabile, irreprensibile, impeccabile; *Ware*: senza difetto; *allg* eccellente; **'2n** (*h*) biasimare; criticare (***wegen*** per); (*rügen*) riprendere, rimproverare

'Tafel ['ta:fəl] *f* (*-*; *-n*) (*Holz2*) tavola *f*; (*Stein2*) lastra *f*; (*Schiefer2*) lavagna *f*; *Schokolade*: tavoletta *f*; (*langer Tisch*) mensa *f*; **'2n** (*h*) banchettare, pranzare; **'2wein** *m* vino *m* da pasto

Taft [taft] *m* (*-[e]s*; *-e*) taffetà *m*

Tag [ta:k] *m* (*-[e]s*; *-e*) giorno *m*; *Dauer, Vorkommnisse*: giornata *f*; ***bei ~*** di giorno; ***am hellen ~*** in pieno giorno; *min* ***unter ~e*** sottoterra, nel sottosuolo; ***über ~*** in superficie; a cielo aperto; ***am ~ vor*** la vigilia di; ***am ~e nach*** l'indomani di; ***eines ~es*** un giorno; ***~ für ~*** giorno per giorno

'Tage|bau *min* ['-gəbaʊ] *m* (*-[e]s*; *senza pl*) lavoro *m* a cielo aperto; **'~blatt** *n* giornale *m*; **'~buch** *n* diario *m*; **'~geld** *n* diaria *f*; **'2lang** per giornate intere; per diversi giorni

'tagen ['ta:gən] (*h*) tener una seduta; riunirsi

'Tages|anbruch ['ta:gəs'anbrux] *m*: ***bei ~*** sul fare (*od* sullo spuntare) del giorno; **'~angabe** *f* data *f*; **'~fahrt** *f* gita *f* organizzata di un giorno; **'~gericht** *n* piatto *m* del giorno; **'~karte** *f* biglietto *m* valido per un giorno; (*Speisekarte*) lista *f* del giorno; **'~kasse** *f tea* cassa *f* diurna; **'~kurs** *m* cambio *m* della giornata; **'~licht** *n* luce *f* del giorno; **'~ordnung** *f* ordine *m* del giorno; programma *m* di lavoro; **'~rückfahrkarte** *f* biglietto *m* di andata e ritorno (a tariffa speciale e con validità di un giorno); **'~schau** *f TV*: telegiornale *m*; **'~suppe** *f* minestra *f* del giorno; **'~zeit** *f* ora *f* del giorno; **'~zeitung** *f* (giornale *m*) quotidiano *m*

'tageweise ['-gəvaɪzə] a giornate

tägl. ***täglich*** giornalmente; ogni giorno

'täglich ['tɛ:kliç] **1.** *adj* giornaliero; diurno; (*all~*) quotidiano; **2.** *adv* giornalmente; ogni giorno

'tagsüber ['ta:ks'y:bər] durante la giornata, di giorno

'Tagung ['ta:guŋ] *f* (*-*; *-en*) congresso *m*, riunione *f*; sessione *f*

Tai'fun [taɪ'fu:n] *m* (*-s*; *-e*) tifone *m*

'Taille ['taljə] *f* (*-*; *-n*) vita *f*

Takt [takt] *m* (*-[e]s*; *-e*) battuta *f* (*Rhythmus*) tempo *m*; *fig* tatto *m* **'~ik** *f* (*-*; *-en*) tattica *f*; **'2isch** tattico *m u adj*; **'2los** senza tatto; **'~stock** *m* bacchetta *f*; **'2voll** delicato, discreto, pieno di tatto

Tal [ta:l] *n* (*-[e]s*; *⸚er*) valle *f*

Ta'lent [ta'lɛnt] *n* (*-[e]s*; *-e*) talento *m*

Talg [talk] *m* (*-[e]s*; *-e*) sego *m*

'Tal|sperre ['ta:lʃpɛrə] *f* diga *f* (di sbarramento); **'~station** *f* stazione *f* a valle

Tam'pon [tam'pɔ̃] *m* (*-s*; *-s*) tampone *m*; **2'ieren** [-po'ni:rən] (*senza ge-*, *h*) tamponare

'Tandem ['tandɛm] *n* (*-s*; *-s*) tandem *m*

Tang *bot* [taŋ] *m* (*-[e]s*; *-e*) fuco *m*

Tank [taŋk] *m* (*-[e]s*; *-s*) (*Behälter*) serbatoio *m*; tanica *f*; *mil* carro *m* armato; **'~anzeige** *f* indicatore *m* del livello del carburante; **'2en** (*h*) fare benzina → ***volltanken***; **'~er** *m* (*-s*; *-*) petroliera *f*; **'~schiff** *n* nave *f* cisterna; **'~stelle** *f* distributore *m* (di benzina), stazione *f* di servizio; **'~wagen** *m fer* vagone *m* cisterna; *Auto*: autocisterna *f*, autobotte *f*; **'~wart** *m* benzinaio *m*

'Tann|e ['tanə] *f* (*-*; *-n*), **'~enbaum** *m* abete *m*; **'~enzapfen** *m* pi(g)na *f*

'Tante ['tantə] *f* (*-*; *-n*) zia *f*; **~-'Emma-Laden** [-'ɛmala:dən] *m* (*-s*; *Tante-Emma-Läden*) piccolo negozio *m* di me…

T

ce varia

Tanz [tants] *m (-es; ⸗e)* ballo *m*, danza *f*; '**~bar** *f* locale *m* da ballo

'**tanzen** ['tantsən] *(h, a sn)* ballare; *Ballett*: danzare

'**Tänzer** ['tɛntsər] *m (-s; -)*, '**~in** *f (-; -nen)* ballerino *m*, -a *f*; *nicht professionell*: danzatore *m*, -trice *f*

'**Tanz|lokal** ['tantslo'kɑːl] *n* locale *m* da ballo; '**~musik** *f* musica *f* da ballo; '**~saal** *m* sala *f* da ballo; '**~veranstaltung** *f* festa *f* danzante

Ta'pete [ta'peːtə] *f (-; -n)* tappezzeria *f*

tape'zieren [-'petsiːrən] *(senza ge-, h)* tappezzare

'**tapfer** ['tapfər] valoroso, coraggioso

Ta'rif [ta'riːf] *m (-s; -e)* tariffa *f*; **~autonomie** [-ʔautonomiː] *f (-; -n)* autonomia *f* tariffaria; **~erhöhung** *f* aumento *m* della tariffa; **~konflikt** *m* conflitto *m* tariffario; **⁓lich** tariffario, tariffale; conforme alla tariffa; **~lohn** *m* paga *f* sindacale; **~partner** *m* firmatario *m* di un accordo tariffario; **~verhandlung** *f* negoziato *m* tariffario; **~vertrag** *m* convenzione *f* tariffale; contratto *m* collettivo di lavoro

'**tarnen** ['tarnən] *(h)* *mil* mimetizzare, mascherare

'**Tasche** ['taʃə] *f (-; -n)* tasca *f*; *(Reise⁓)* borsa *f*; *(Geld⁓)* borsellino *m*; *(Akten⁓)* cartella *f*

'**Taschen|buch** ['taʃənbuːx] *n* libro *m* tascabile; '**~dieb** *m* borsaiolo *m*; '**~geld** *n* denaro *m* per le piccole spese; '**~kalender** *m* agenda *f*; taccuino *m*; '**~lampe** *f* lampadina *f* tascabile; '**~messer** *n* temperino *m*; '**~tuch** *n* fazzoletto *m*

Tasse ['tasə] *f (-; -n)* tazza *f*; *klein*: chicchera *f*; F *fig* ***nicht alle ~n im Schrank haben*** non avere il cervello a posto

Tast|a'tur [tasta'tuːr] *f (-; -en)* tastiera *f*; '**~e** *f (-; -n)* tasto *m*; '**⁓en** *(h)* tastare; ***nach et ~*** stendere la mano per toccare qc; '**~entelefon** *n* telefono *m* a tastiera

Tastsinn *m* (senso *m* del) tatto *m*

Tat [tɑːt] *f (-; -en)* fatto *m*; *(Handlung)* azione *f*; atto *m*; *(Straf⁓)* delitto *m*; ***auf frischer ~*** sul fatto

Täter [tɛːtər] *m (-s; -)* autore *m*; colpevole *m*

Tätigkeit ['tɛːtiçkaɪt] *f (-; -en)* attività *f*; *(Beschäftigung)* occupazione *f*; *(Beruf)* professione *f*

'**tätlich** ['tɛːtliç] con i fatti; violento; ***~ werden*** passare a vie di fatto; *miteinander*: venire alle mani; '**⁓keit** *f (-; -en)* violenza *f*; vie *f/pl* di fatto

täto'wier|en [tɛto'viːrən] *(senza ge-, h)* tatuare; **⁓ung** *f (-; -en)* tatuaggio *m*

'**Tat|sache** ['tɑːtzaxə] *f* fatto *m*; **⁓'sächlich** *adj* effettivo; reale, positivo; *adv* realmente, veramente

'**Tatze** ['tatsə] *f (-; -n)* branca *f*, zampa *f*

Tau[1] [taʊ] *n (-[e]s; -e)* cavo *m*, fune *f*; *mar* canapo *m*, gomena *f*

Tau[2] *m (-[e]s; senza pl)* rugiada *f*

taub [taʊp] sordo; *(leer)* vuoto; *(starr)* intormentito; ***sich ~ stellen*** fingersi (*od* fare il) sordo; '**⁓e** ['taʊbə] *f (-; -n)* piccione *m*, colomba *f*; '**⁓enschlag** *m* piccionaia *f*; '**⁓heit** ['taʊphaɪt] *f (-; senza pl)* sordità *f*; '**⁓stumm** sordomuto

'**tauch|en** ['taʊxən] *(h)* **1.** *v/i* tuffarsi; *U-Boot*: immergersi; **2.** *v/t* tuffare; *in die Schüssel usw*: intingere; '**⁓er** *m (-s; -)* palombaro *m*; '**⁓sieder** ['-ziːdər] *m (-s; -) el* bollitore *m*, scaldaacqua *m* ad immersione

'**tauen** ['taʊən] *(h u sn)* *Schnee*: sgelare, sciogliersi; *Tau*: formarsi

'**Tauf|e** ['taʊfə] *f (-; -n)* battesimo *m*; '**⁓en** *(h)* battezzare

'**taug|en** ['taʊgən] *(h)* essere buono, servire; *(wert sein)* valere; '**~lich** ['-kliç] buono; idoneo; *mil* abile; '**⁓lichkeit** *f (-; senza pl)* idoneità *f*

Tausch [taʊʃ] *m (-[e]s; -e)* (s)cambio *m*; '**⁓en** *(h)* (s)cambiare; barattare

'**täuschen** ['tɔʏʃən] *(h)* ingannare; *Erwartungen*: deludere; ***sich ~*** illudersi

'**Tausch|geschäft** ['taʊʃgəʃɛft] *n* baratto *m*; '**~handel** *m* baratto *m*, traffico *m* di cambio

'**Täuschung** ['tɔʏʃuŋ] *f (-; -en)* illusione *f*; *(Betrug)* inganno *m*; *(Irrtum)* equivoco *m*

'**tausend** ['taʊzənt] *adj* mille; ***etwa ~*** un migliaio; ***~ und aber ~*** migliaia e migliaia di, molte migliaia di

'**Tausend** *n (-s; -e)* mille *m*

'**tausend|erlei** ['-dərlaɪ] di mille specie; '**~fach**, '**~fältig** ['-fɛltiç] mille volte tanto; '**~jährig** ['-jɛriç] millenario; '**~mal** mille volte

'Tauwetter ['taʊvɛtər] *n* (tempo *m* di) sgelo *m*
Taxa'meter [taksa'meːtər] *m* (*-s*; -) tassametro *m*
'Taxe ['taksə] *f* (-; *-n*) tassa *f*; (*Mietauto*) tassì *m*
'Taxi ['taksi] *n* (*-s*; *-s*) tassì *m*; **2'ieren** [ta'ksiːrən] (*senza ge-, h*) (*veranschlagen*) valutare, stimare
'Taxi|fahrer *m*, **'~fahrerin** *f* tassista *m/f*; **'~parkplatz** *m* stazionamento *m* tassì; **'~stand** *m* posteggio *m* di tassì
Tbc ***Tuberkulose*** tubercolosi
Team [tiːm] *n* (*-s*; *-s*) team *m*
'Techn|ik ['tɛçnik] *f* (-; *-en*) tecnica *f*; (*Wissenschaft*) tecnologia *f*; (*Verfahren*) metodo *m*, procedimento *m*; **'~iker** *m* (*-s*; -) tecnico *m*; **'2isch** tecnico; **~olo'gie** [-nolo'giː] *f* tecnologia *f*; **~olo'gietransfer** *m* trasferimento *m* di tecnologia; **2o'logisch** tecnologico
Tee [teː] *m* (*-s*; *-s*) tè *m*; **'~beutel** *m* bustina *f* di tè; **'~kanne** *f* teiera *f*; **'~kessel** *m* bollitore *m* per il tè; **'~löffel** *m* cucchiaino *m*
Teer [teːr] *m* (*-[e]s*; *-e*) catrame *m*
'Tee|sieb ['teːziːp] *n* colino *m* da tè; **'~tasse** *f* tazza *f* da tè
Teich [taɪç] *m* (*-[e]s*; *-e*) stagno *m*; (*Fisch2*) vivaio *m*
Teig [taɪk] *m* (*-[e]s*; *-e*) pasta *f*; **'2ig** ['-giç] pastoso; **'~waren** *f/pl* farinacei *m/pl*
Teil [taɪl] *m u n* (*-[e]s*; *-e*) parte *f*; porzione *f*; ***zum ~*** in parte; **'2bar** divisibile; **'2en** (*h*) dividere; (*ver~*) spartire; **'2haben** (*irr, sep, -ge-, h,* → ***haben***) avere (*od* prendere) parte; esservi interessato; **'~haber** ['-haːbər] *m* (*-s*; -), **'~haberin** *f* (-; *-nen*) socio *m*, -a *f*; **'~kaskoversicherung** *f* polizza *f* casco parziale; **'~nahme** ['-naːmə] *f* (-; *senza pl*) partecipazione *f*; *fig* simpatia *f*; (*Mitgefühl*) compassione *f*; interessamento *m*; *an Arbeit*: cooperazione *f*; *an Verbrechen*: complicità *f*; **'2nahmslos** indifferente; apatico; **'2nehmen** (*irr, sep, -ge-, h,* → ***nehmen***) partecipare, prendere parte (***an*** *dat* a); (*anwesend sein*) assistere a; (*mitwirken*) collaborare a; **'~nehmer** *m* (*-s*; -) partecipante *m*; *econ* associato *m*; *tel* abbonato *m*
teils [taɪls] in parte
'Teil|sendung ['taɪlzənduŋ] *f* consegna *f* parziale; **'~strecke** *f* sezione *f* di linea; tratto *m*; **'~ung** ['-luŋ] *f* (-; *-en*) divisione *f*; spartizione *f*; **'2weise** ['taɪlvaɪzə] parziale; (*zum Teil*) in parte; **'~zahlung** *f* acconto *m*; rata *f*; rateazione *f*; pagamento *m* rateale (*od* a rate); **'~zeitjob** ['-tsaɪtdʒɔb] *m* lavoro *m* part-time
Tel. ***Telefon*** telefono
Tele'fon [tele'foːn] *n* (*-s*; *-e*) telefono *m*; **~anruf** *m* chiamata *f* telefonica; **~anschluss** *m* collegamento *m* alla rete telefonica; **~buch** *n* elenco *m* telefonico; **~gespräch** *n* telefonata *f*, conversazione *f* telefonica; **2'ieren** [-fo'niːrən] (*senza ge-, h*) telefonare, essere al telefono; **2isch** [-'foːniʃ] telefonico; *adv* per telefono; **~karte** *f* carta *f* (*od scheda f*) telefonica; **'~konferenz** *f* teleconferenza *f*; **~leitung** *f* linea *f* telefonica; **~marke** *f* gettone *m*; **~netz** *n* rete *f* telefonica; **~nummer** *f* numero *m* telefonico; **~zelle** *f* cabina *f* telefonica; **~zentrale** *f* centralino *m*
Tele'graf [-'graːf] *m* (*-en*; *-en*) telegrafo *m*; **~enamt** ['-ˀamt] *n* ufficio *m* telegrafico; **2'ieren** [-gra'fiːrən] (*senza ge-, h*) telegrafare; **2isch** [-'graːfiʃ] telegrafico; *adv* per telegrafo
Tele'gramm [tele'gram] *n* (*-s*; *-e*) telegramma *m*; ***ein ~ aufgeben*** fare un telegramma; **~adresse** *f* indirizzo *m* telegrafico
Tele'graph → ***Telegraf***
'Telekommunikation *f* telecomunicazione *f*
'Teleobjektiv ['teːleˀɔpjɛktiːf] *n* teleobiettivo *m*
Tele'phon → ***Telefon***
Teles'kop [teles'koːp] *n* (*-s*; *-e*) telescopio *m*
'Teller ['tɛlər] *m* (*-s*; -) piatto *m*
'Tempel ['tɛmpəl] *m* (*-s*; -) tempio *m*
Tempera'ment [tɛmpəra'mɛnt] *n* (*-[e]s*; *-e*) temperamento *m*; **2voll** pieno di temperamento; brioso, vivace
Tempera'tur [-ra'tuːr] *f* (-; *-en*) temperatura *f*
'Tempo ['-po] *n* (*-s*; *-s u -pi*) *mus* tempo *m*; (*Schnelligkeit*) velocità *f*; **'~limit** ['-limit] *n* (*-s*; *-s u -e*) limite *m* di velocità
Ten'denz [tɛn'dɛnts] *f* (-; *-en*) tendenz

f

ten'dieren [tɛn'di:rən] (*senza ge-, h*) tendere (***nach*** a)

'Tennis ['tɛnis] *n* (-; *senza pl*) tennis *m*; **'~platz** *m* campo *m* di tennis; **'~spieler** *m*, **'~spielerin** *f* tennista *m/f*

Te'nor *mus* [te'no:r] *m* (-*s*; ⸗*e*) tenore *m*

'Teppich ['tɛpiç] *m* (-*s*; -*e*) tappeto *m*

Ter'min [tɛr'mi:n] *m* (-*s*; -*e*) appuntamento *m*; *jur* udienza *f*; **~kalender** *m* agenda *f*

Terpen'tin [-pɛn'ti:n] *n* (-*s*; *senza pl*) trementina *f*

Ter'rasse [tɛ'rasə] *f* (-; -*n*) terrazza *f*

Ter'rine [-'ri:nə] *f* (-; -*n*) terrina *f*

Terri'torium [tɛrito:rjum] *n* (-*s*; -*rien*) territorio *m*

'Terror ['tɛrɔr] *m* (-*s*; *senza pl*) terrore *m*, terrorismo *m*; **~'ist** *m* (-*en*; -*en*), **~'istin** *f* (-; -*nen*) terrorista *m/f*

Tessin [tɛ'si:n] *m* (*Fluss*) *u n* (*Kanton*) Ticino *m*

Test [tɛst] *m* (-[*e*]*s*; -*s u* -*e*) test *m*; prova *f*, esame *m*

Testa'ment [tɛsta'mɛnt] *n* (-[*e*]*s*; -*e*) testamento *m*; **~seröffnung** [-ˀɛr-] *f* apertura *f* del testamento

'testen ['tɛstən] (*h*) sottoporre ad un test, esaminare

'teuer ['tɔyər] caro; ***wie ~ ist ...?*** quanto costa ...?; ***teurer werden*** rincarare; **'²ung** *f* (-; -*en*) carovita *m*; rincaro *m*; **'²ungsrate** *f* tasso *m* di rincaro

Teufel ['tɔyfəl] *m* (-*s*; -) diavolo *m*; ***mal den ~ nicht an die Wand!*** non chiamare le disgrazie!

Text [tɛkst] *m* (-[*e*]*s*; -*e*) testo *m*

Tex'til|ien [tɛks'ti:ljən] *pl* tessuti *m/pl*; **~industrie** *f* industria *f* tessile

Text|verarbeitung *f* elaborazione *f* testi, word-processing *m*; **'~verarbeitungssystem** *m* programma *m* di elaborazione testi

TH ***Technische Hochschule*** Politecnico

Thailand ['taılant] *n* Tailandia *f*

The'ater [te'ɑ:tər] *n* (-*s*; -) teatro *m*; *fig* commedia *f*; **~aufführung** *f* spettacolo *m* teatrale; **~karte** *f* biglietto *m* per il teatro; **~kasse** *f* botteghino *m*; **'~stück** *n* lavoro *m* teatrale; **~vorstellung** *f* rappresentazione *f* teatrale

Theke ['te:kə] *f* (-; -*n*) banco *m*

Thema ['te:ma] *n* (-*s*; -*men*) argomento *m*; *mus* tema *m*

Themse ['tɛmzə] *f* Tamigi *m*

Theo|'loge [teo'lo:gə] *m* (-*n*; -*n*) teologo *m*; **~lo'gie** [teolo'gi:] *f* (-; -*n*) teologia *f*; **~'retiker** [-'re:tikər] *m* (-*s*; -), **²retisch** *adj* teorico *m u adj*

Theo'rie [-'ri:] *f* (-; -*n*) teoria *f*

Thera'p|eut [tera'pɔyt] *m* (-*en*; -*en*), **~'eutin** *f* (-; -*nen*) terapeuta *m/f*; **~'ie** *f* (-; -*n*) terapia *f*

Ther'malbad [tɛr'mɑ:lbɑ:t] *n* stabilimento *m* termale

Thermo|'meter [tɛrmo'me:tər] *n* (-*s*; -) termometro *m*; **'~sflasche®** *f* termos *m*; **~s'tat** [-'stɑ:t] *m* (-[*e*]*s*; -*en*) termostato *m*

'These ['te:zə] *f* (-; -*n*) tesi *f*

Throm'bose *med* [trɔm'bo:zə] *f* (-; -*n*) trombosi *f*

Thron [tro:n] *m* (-[*e*]*s*; -*e*) trono *m*; **'~folger** *m* (-*s*; -) erede *m* al trono

'Thunfisch ['tu:nfiʃ] *m* tonno *m*

Thüringen ['ty:riŋən] *n* Turingia *f*

Tiber ['ti:bər] *m* Tevere *m*

'ticken ['tikən] (*h*) fare tic tac

'Ticket ['-kət] *n* (-*s*; -*s*) biglietto *m*

tief [ti:f] **1.** *adj* profondo; (*niedrig u mus*) basso; *Wasser, Schnee*: alto; *Farbe*: cupo; *Dunkel*: fitto; ***zwei Meter ~ liegen*** giacere a due metri di profondità; ***im ~sten Winter*** nel cuore dell'inverno; **2.** *adv* profondamente; *kränken*: gravemente; **'²druckgebiet** *n* zona *f* di bassa pressione

'Tief|e ['ti:fə] *f* (-; -*n*) profondità *f*; bassezza *f*; (*Grund*) fondo *m*; (*Abgrund*) abisso *m*; **'~ebene** *f* bassopiano *m*; **'~flug** *m avia* volo *m* a bassa quota; **~land** *n* bassopiano *m*; **'~stand** *m* (-[*e*]*s*; *senza pl*) livello *m* basso; depressione *f*

'Tiegel ['ti:gəl] *m* (-*s*; -) tegame *m*

Tier [ti:r] *n* (-[*e*]*s*; -*e*) animale *m*; bestia *f*; ***wildes ~*** belva *f*; (*Raub²*) fiera *f*; **'~arzt** *m* veterinario *m*; **'²isch** animale; (*viehisch*) bestiale; **~quäle'rei** *f* maltrattamento *m* degli animali

'Tiger ['ti:gər] *m* (-*s*; -) tigre *f*; **'~in** *f* (-; -*nen*) tigre *f* (femmina)

'tilg|en [til'gən] (*h*) annullare; cancellare; *econ* estinguere; (*amortisieren*) ammortizzare; *fig* espiare; **'²ung** *f* (-; -*en*) annullamento *m*; cancellazione *f*; *econ* estinzione *f*; ammortizzazione

T

f; 'Ձ**ungsfonds** *m* fondo *m* d'ammortamento

'**Tinte** ['tintə] *f* (-; *-n*) inchiostro *m*

Tipp [tip] (*-s*; *-s*) F *Sport*: pronostico *m*; (*Ratschlag*) consiglio *m*

'**tippen** ['tipən] (*h*) toccare leggermente; *Schreibmaschine*: scrivere a macchina; ~ ***auf*** (*acc*) puntare su

'**Tippfehler** ['tipfe:lər] *m* errore *m* di battuta

Tirol [ti'ro:l] *n* Tirolo *m*

Tisch [tiʃ] *m* (-[*e*]*s*; *-e*) tavola *f*; ***vor*** (***nach***) ~ prima di (dopo) pranzo; ***den*** ~ ***decken*** apparecchiare la tavola; '**~decke** *f* tovaglia *f*; '**~gast** *m* convitato *m*; '**~gebet** *n* benedicite *m*

'**Tischler** ['tiʃlər] *m* (*-s*; -) falegname *m*; **~'ei** [-'raɪ] *f* (-; *-en*) falegnameria *f*

'**Tisch|tennis** ['tiʃtenis] *n* tennis *m* da tavolo, pingpong *m*; '**~tuch** *n* tovaglia *f*; '**~wein** *m* vino *m* da pasto

'**Titel** ['ti:təl] *m* (*-s*; -) titolo *m*; '**~bild** *n* vignetta *f* del frontespizio; '**~blatt** *n* frontespizio *m*; '**~geschichte** *f* articolo *m* (*od inchiesta f*) di copertina

Toast [to:st] *m* (-[*e*]*s*; *-e u -s*) (*Trinkspruch*) brindisi *m*; ***einen*** ~ ***ausbringen*** fare un brindisi (***auf j-n*** a qu); '**~brot** *n* pane *m* da toast; *getoastet*: pane *m* tostato

'**toben** ['to:bən] (*h*) infuriare; (*lärmen*) strepitare

'**Tochter** ['tɔxtər] *f* (-; ⁼) figlia *f*; '**~gesellschaft** *f* società *f* affiliata

Tod [to:t] *m* (*-es*; *senza pl*) morte *f*

'**Todes|anzeige** ['to:dəsˀantsaɪgə] *f* necrologio *m*; partecipazione *f* di morte; '**~fall** *m med* caso *m* letale; decesso *m*; ***im*** ~ in caso di morte; '**~kampf** *m* agonia *f*; '**~opfer** *n* vittima *f*; '**~strafe** *f* pena *f* di morte, pena *f* capitale; '**~stunde** *f* ora *f* della morte; '**~urteil** *n* condanna *f* a morte

tod'krank [to:t'kraŋk] in fin di vita

'**tödlich** ['tø:tliç] mortale; letale

'**tod|'müde** ['to:t'my:də] stanco morto; '**~'sicher** assolutamente sicuro

Toi'lette [toa'lɛtə] *f* (-; *-n*) toletta *f*; (*Abtritt*) gabinetto *m*; **~npapier** *n* carta *f* igienica

Tokio ['to:kjo] *n* Tokio *f*

tole'r|ant [tole'rant] tollerante; Ձ'**anz** *f* tolleranza *f*

toll [tɔl] pazzo; sfrenato; (*rasend*) frenetico; *Hund*: rabbioso, *fig* magnifico, stupendo, grandioso; '**~en** (*h*) scorazzare; fare un baccano infernale; '**~kühn** temerario; 'Ձ**wut** *f* idrofobia *f*; '**~wütig** rabbioso; idrofobo

To'mate [to'mɑ:tə] *f* (-; *-n*) pomodoro *m*; **~nmark** *n* concentrato *m* di pomodoro; **~saft** *m* succo *m* di pomodoro

'**Tombola** ['tɔmbola] *f* (-; *-s*) tombola *f*

Ton[1] [to:n] *m* (-[*e*]*s*; ⁼*e*) tono *m*; (*Schall*) suono *m*; (*Tonart*) tonalità *f*; ***den*** ~ ***angeben*** dare il tono

Ton[2] (-[*e*]*s*; *-e*) *Mineralogie*: argilla *f*

'**Ton|abnehmer** *m* pick-up *m*; '**~band** *n* nastro *m* magnetico; '**~bandgerät** *n* registratore *m* a nastro, magnetofono *m*

'**tönen** ['tø:nən] (*h*) **1.** *v/i mus* risonare, suonare; **2.** *v/t* (*schattieren*) sfumare

'**tönern** ['tø:nərn] d'argilla

'**Ton|fall** ['to:nfal] *m* accento *m*; *mus* cadenza *f*; '**~film** *m* film *m* sonoro; '**~höhe** *f* altezza *f* del tono; '**~ingenieur** *m* ingegnere *m* del suono; '**~leiter** *mus f* scala *f* musicale, gamma *f*

'**Tonne** [tɔnə] *f* (-; *-n*) botte *f*; *mar u tec* tonnellata *f*

'**Ton|techniker** ['to:ntɛçnikər] *m* tecnico *m* del suono; '**~verstärker** *m Radio* amplificatore *m* (del suono)

Topf [tɔpf] *m* (-[*e*]*s*; ⁼*e*) vaso *m* (*Koch*Ձ) pentola *f*

'**Töpfer** ['tœpfər] *m* (*-s*; -) vasaio *m* (*Ofensetzer*) fumista *m*; **~'ei** [-'raɪ] (-; *-en*) fabbrica *f* di stoviglie; mestiere *m* del vasaio (*od* del ceramista) *Kunst*: ceramica *f*; '**~ware** *f* ceramiche *f/pl*

Tor [to:r] *n* (-[*e*]*s*; *-e*) portone *m*; *Stadt* *Fußball*: porta *f*; *Sport*: rete *f*; ***ein*** ~ ***schießen*** fare un gol

Torf [tɔrf] *m* (-[*e*]*s*; *senza pl*) torba *f*

'**Torheit** ['to:rhaɪt] *f* (-; *-en*) stoltezza *f* follia *f*

'**törich**t ['tø:riçt] stolto, folle

Tor'pedo [tɔr'pe:do] *n* (*-s*; *-s*) torpedine *f*; **~boot** *n* torpediniera *f*

'**Torte** ['tɔrtə] *f* (-; *-n*) torta *f*

'**Torwart** *m* (*-s*; *-e*) portiere *m*

'**tosen** ['to:sən] (*h*) mugghiare; strepitare

Toskana [tɔs'kɑ:na] *f* Toscana *f*

tot [to:t] morto; (*untätig*) inerte; *Kapital*: infruttifero; ***wir sind an einer***

~en Punkt siamo al punto morto
to'tal [to'taːl] totale; intero, completo; **ℒausverkauf** *m* liquidazione *f* totale; **ℒschaden** *m* danno *m* totale
'Tote ['toːtə] *m/f* (*-n*; *-n*) morto *m*, -a *f* defunto *m*, -a *f*
'töten [tøːtən] (*h*) uccidere; ammazzare
toten|'blass [toːtən'blas], **~'bleich** [-'blaɪç] bianco come un morto, pallido come la morte; **'ℒgräber** ['-grɛːbər] *m* (*-s*; -) becchino *m*; **'ℒkopf** *m* testa *f* di morto, teschio *m*; **'ℒmesse** *f* messa *f* funebre, messa *f* di requie; **'ℒschein** *m* certificato *m* di morte; **'ℒstille** *f* silenzio *m* di morte
'Toto [toːto] *m* (*-s*; *-s*) totocalcio *m*; **'~schein** *m* schedina *f* (del totocalcio)
'tot|schießen ['toːtʃiːsən] (*irr, sep, -ge-, h*) uccidere (con un colpo d'arma da fuoco); **'ℒschlag** *m* (*-[e]s*; *senza pl*) omicidio *m*; **'~schlagen** (*irr, sep, -ge-, h*) ammazzare; **'~stechen** (*irr, sep, -ge-, h*) ammazzare (con una coltellata)
'Tötung ['tøːtuŋ] *f* (-; *-en*) uccisione *f*
Tour [tuːr] *f* (-; *-en*) (*Ausflug*) gita *f*; **~'ismus** [tu'rismus] *m* (-; *senza pl*) turismo *m*
Tou'rist [tu'rist] *m* (*-en*; *-en*), **~in** *f* (-; *-nen*) turista *m/f*; **~enklasse** *f* classe *f* turistica; **~enort** *m* località *f* turistica; **~enverkehr** *m* movimento *m* turistico; turismo *m*; **ℒisch** turistico
Tour'nee [tur'neː] *f* (-; *-s u -n*) tournée *f*
Tra'bant [tra'bant] *m* (*-en*; *-en*) satellite *m*; **~enstadt** *f* città *f* satellite
trab|en ['traːbən] (*sn*) trottare; **'ℒrennen** ['traːprenən] *n* corse *f/pl* al trotto
Tracht [traxt] *f* (-; *-en*) costume *m*
trachten ['traxtən] (*h*) cercare (***zu*** di); ***nach et ~*** mirare a qc; aspirare a qc; **'ℒfest** *n* festa *f* in costume regionale; **'ℒgruppe** *f* gruppo *m* folcloristico
Tradi'tion [tradits'joːn] *f* (-; *-en*) tradizione *f*; **ℒ'ell** [-jo'nɛl] tradizionale
Trag|bahre ['traːkbaːrə] *f* barella *f*; **'ℒbar** portatile; *Kleidung*: portabile; *fig* tollerabile
Trage ['traːgə] *f* (-; *-n*) barella *f*
träge ['trɛːgə] indolente; (*faul*) pigro
tragen ['traːgən] (*trug, getragen, h*) **1.** *v/t* portare; (*stützen*) reggere; (*einbringen*) rendere; *Kosten*: sopportare; *Früchte*: dare; *Schuld*: addossarsi; **2.** *v/i Eis*: reggere; *Baum*: dare frutti; *Tier*: essere pregno
'Träger ['trɛːgər] *m* (*-s*; -) portatore *m*; *arch* architrave *m*; (*Last*ℒ, *Gepäck*ℒ) facchino *m*, portabagagli *m*; *tec* supporto *m*, sostegno *m*; *für die Hose*: bretella *f*; *am Kleid*: bretellina *f*; **'~rakete** *f* missile *m* vettore
'Trag|etasche ['traːgətaʃə] *f* sporta *f*, borsa *f*; **'~fähigkeit** ['traːkfɛːiçkaɪt] *f* capacità *f* di carico; (*Nutzlast*) carico *m* utile; **'~fläche** *avia f* ala *f*; **'~flügelboot** *n* aliscafo *m*
'Trägheit ['trɛːkhaɪt] *f* (-; *senza pl*) indolenza *f*; *Faulheit*: pigrizia *f*
'Trag|ik ['traːgik] *f* (-; *senza pl*) tragicità *f*; **'ℒisch** tragico
Tra'gödie [tra'gøːdjə] *f* (-; *-n*) tragedia *f*
'Train|er ['trɛːnər] *m* (*-s*; -) allenatore *m*; **ℒ'ieren** [trɛ'niːrən] (*senza ge-, h*) allenare; **'~ing** ['trɛːniŋ] *n* (*-s*; *-s*) allenamento *m*; **'~ingsanzug** ['trɛːniŋs'antsuːk] *m* tuta *f* sportiva
'Traktor ['traktɔr] *m* (*-s*; *-en* [-'toːrən]) trattore *m*
'Trambahn ['trambaːn] *f* tranvai *m*
'trampen ['trɛmpən] (*sn*) fare l'autostop
Tramper ['trɛmpər] *m* (*-s*; -), **'~in** *f* (-; *-nen*) autostoppista *m/f*
'Träne ['trɛːnə] *f* (-; *-n*) lagrima *f*, lacrima *f*; **'ℒn** (*h*) lacrimare
'Tränengas ['trɛːnəngas] *n* gas *m* lacrimogeno
'Tränke ['trɛŋkə] *f* (-; *-n*) abbeveratoio *m*; **'ℒn** (*h*) dar da bere a; *Vieh*: abbeverare; *Stoff, Papier*: imbevere
Trans|ak'tion [trans'akts'joːn] *f* (-; *-en*) transazione *f*; **~'fer** [-'feːr] *m* (*-s*; *-s*) *econ* trasferimento *m*; **ℒfe'rieren** [-fe'riːrən] (*senza ge-, h*) trasferire; **ℒ'gen** [trans'geːn] transgenico
Tran'sit [tran'ziːt] *m* (*-s*; *-s u -e*) transito *m*; **~strecke** *f* tratto *m* di solo transito; **~verkehr** *m* traffico *m* di transito; **~visum** *n* visto *m* di transito; **~zoll** *m* diritti *m/pl* di transito
Transpa'rent [transpa'rɛnt] *n* (*-[e]s*; *-e*) (*Spruchband*) striscione *m*
Trans'port [trans'pɔrt] *m* (*-[e]s*; *-e*) trasporto *m*; **ℒ'ieren** (*senza ge-, h*) trasportare; **~kosten** *pl* spese *f/pl* di trasporto; **~unternehmen** *n* impresa *f* di

T

trasporti; **~unternehmer** *m* spedizioniere *m*; **~wesen** *n* (sistema *m* di) trasporti *m/pl*

Tra'pez [tra'pe:ts] *n* (*-es*; *-e*) trapezio *m*

'Trasse *fer* ['trasə] *f* (-; *-n*) traccia *f*

'Tratte *econ* ['tratə] *f* (-; *-n*) tratta *f*

'Traube ['traubə] *f* (-; *-n*) grappolo *m*; (*Wein*≈) grappolo *m* d'uva; **~n** *pl* uva *f*

'Trauben|saft ['traubənzaft] *m* succo *m* d'uva; **'~zucker** *m* glucosio *m*

'trauen ['trauən] (*h*) **1.** *v/i* fidarsi (***j-m*** di qu); **2.** *v/t* sposare; **3.** ***sich ~ zu*** osare, azzardarsi a

'Trauer ['trauər] *f* (-; *senza pl*) lutto *m*; *fig* afflizione *f*; (*Traurigkeit*) tristezza *f*; ***~ haben*** essere in lutto; **~fall** *m* triste evento *m*; decesso *m*; **'≈n** (*h*) essere afflitto; *um j-n*: piangere (*acc*), *äußerlich*: essere in lutto; ***die Trauernden*** i dolenti; **'~spiel** *n* tragedia *f*; **'~zug** *m* corteo *m* funebre

Traum [traum] *m* (-[*e*]*s*; *Träume*) sogno *m*

'träum|en ['trɔʏmən] (*h*) sognare; **'≈er** *m* (*-s*; -) sognatore *m*; **'~erisch** trasognato

'traurig ['trauriç] triste; ***~ machen*** rattristare; ***~ werden*** rattristarsi; **'≈keit** *f* (-; *senza pl*) tristezza *f*

'Trau|ring ['-riŋ] *m* fede *f*, anello *m* matrimoniale; **'~schein** *m* certificato *m* di matrimonio; **'~ung** *f* (-; *-en*) sposalizio *m*; ***kirchliche ~*** matrimonio *m* religioso; ***standesamtliche ~*** matrimonio *m* civile; **'~zeuge** *m* testimone *m* di nozze

'Travellerscheck ['trɛvələrʃɛk] *m* travellers' cheque *m*, assegno *m* turistico

Trecking → ***Trekking***

treff|en ['trɛfən] (*traf*, *getroffen*, *h*) **1.** *v/i* cogliere nel segno; **2.** *v/t* colpire; (*begegnen*) incontrare; *Ball*, *Ziel*: cogliere; *Wahl*: fare; *vom Los*: toccare a; *gut*, *schlecht*: riuscire; **3.** *v/refl* ***sich ~*** incontrarsi; darsi appuntamento; ***es traf sich, dass*** si dette il caso che; ***sich getroffen fühlen*** *fig* sentirsi colpito; **'≈en** *n* (*-s*; -) incontro *m* (*a Sport*); *mil* scontro *m*; **'~end** *fig* che coglie nel segno; azzeccato; ben trovato; giusto; **'≈punkt** *m* luogo *m* d'incontro

'treib|en ['traɪbən] (*trieb*, *getrieben*) **1.** *v/t* (*h*) spingere; (*fort~*) cacciare; (*ein~*) piantare; *Vieh*: condurre; *Blüten*: mettere; *Handwerk*: esercitare; dedicarsi a; *Musik*, *Sprachen*: studiare; *Unsinn*, *Spott*: fare; *Wild*: scovare; ***was treibst du da?*** che fai?; **2.** *v/i* (*h u sn*) *mar* essere in balia delle onde; andare alla deriva; *Pflanzen*: germogliare; (*gären*) fermentare; ***~de Kraft*** *f* forza *f* motrice; (*Person*) iniziatore *m*; **3.** **'≈en** *n* (*-s*; *senza pl*) (*Tun*) attività *f*; (*Bewegung*) movimento *m*, animazione *f*

'Treib|haus ['traɪphaus] *n* serra *f*; ***~effekt*** *m* effetto *m* serra; **'~stoff** *m* carburante *m*

'Trekking ['trɛkiŋ] *n* (*-s*; *-s*) trekking *m*

Trend [trɛnt] *m* (*-s*; *-s*) tendenza *f*, trend *m*

'trenn|en ['trɛnən] (*h*) separare; dividere; (*absondern*) segregare; (*entzweien*) disunire; (*ab~*) recidere, staccare; *Ehe*: sciogliere; *Naht*: disfare; **'≈ung** *f* (-; *-en*) separazione *f*; divisione *f*; segregazione *f*; (*Abreise*) distacco *m*; (*Spaltung*) scissione *f*

'Treppe ['trɛpə] *f* (-; *-n*) scala *f*; (*Stockwerk*) piano *m*

'Treppen|geländer ['trɛpəngəlɛndər] *n* ringhiera *f*; **'~haus** *n* (tromba *f* delle) scale *f/pl*

Tre'sor [tre'zo:r] *m* (*-s*; *-e*) (*Stahlkammer*) camera *f* blindata; (*Geldschrank*) cassaforte *f*; **~raum** *m* camera *f* blindata

'treten ['tre:tən] (*trat*, *getreten*) **1.** *v/i* (*sn*) posare il piede; → ***beiseitetreten***; ***näher ~*** venire avanti; *zu j-m*: accostarsi *a qu*; raggiungere *qu*; *auf j-s Fuß*, *Kleid*: pestare (*acc*); *an die Stelle*: subentrare; *in Ausstand*, *an die Spitze*: mettersi; *in den Hintergrund*: passare; *in Kraft*: entrare; ***vor j-n ~*** presentarsi a qu; ***zwischen et ~*** frapporsi a qc; ***über die Ufer ~*** straripare; ***j-m zu nahe ~*** offendere qu; **2.** *v/t* (*h*) pestare; ***mit Füßen ~*** calpestare

treu [trɔʏ] fedele (*a fig*); leale; **'≈e** *f* (-; *senza pl*) fedeltà *f*; lealtà *f*; **'≈hand** ['-hant] *f* (-; *senza pl*) amministrazione *f* fiduciaria; **'≈handvertrag** *m* contratto *m* fiduciario; **'~los** infedele; sleale

Tri'büne [tri'by:nə] *f* (-; *-n*) tribuna *f*

'Trichter ['triçtər] *m* (*-s*; -) imbuto *m*; (*Vulkan*≈, *Granat*≈) cratere *m*

T

Trick [trik] *m* (*-s*; *-s*) trucco *m*
Trieb [tri:p] *m* (*-[e]s*; *-e*) *äußerer*: spinta *f*; *innerer*: impulso *m*; (*Instinkt*) istinto *m*; (*Neigung*) inclinazione *f*; (*Verlangen*) desiderio *m*; mania *f*; *bot* germoglio *m*; '**~kraft** *f* forza *f* motrice; '**~wagen** *m* automotrice *f*, trattrice *f*; **~werk** *n* congegno *m* (*od meccanismo m*) motore; (*Getriebe*) ingranaggio *m*
Trient [tri'ɛnt] *n* Trento *f*
Trier [tri:r] *n* Treviri *f*
'**triftig** ['triftiç] fondato, buono, valido, plausibile
Tri'kot [tri'ko:] *m u n* (*-s*; *-s*) maglia *f*
'**trink|bar** ['triŋkba:r] bevibile; *Wasser*: potabile; '**2becher** *m* coppa *f*; calice *m*; '**~en** (*trank*, *getrunken*, *h*) bere; *Kaffee*, *Tee*: prendere; '**2er** *m* (*-s*; *-*), '**2erin** *f* (*-*; *-nen*) bevitore *m*, -trice *f*; beone *m*, -a *f*; ubriacone *m*, -a *f*; '**2geld** *n* mancia *f*; '**2wasser** *n* acqua *f* potabile
Trio ['tri:o] *n* (*-s*; *-s*) trio *m*
'**Tripper** *med* ['tripər] *m* (*-s*; *-*) gonorrea *f*
Tritt [trit] *m* (*-[e]s*; *-e*) passo *m*; (*Spur*) orma *f*; (*Fuß2*) calcio *m*; '**~brett** *n* pedana *f*, predellino *m*
Tri'umph [tri'umf] *m* (*-[e]s*; *-e*) trionfo *m*; **~bogen** *m* arco *m* di trionfo; **2'ieren** (*senza ge-*, *h*) trionfare
'**trocken** ['trɔkən] secco (*a fig*); asciutto; *Boden*: arido; **~ *werden*** seccare; asciugare; '**2haube** *f* casco *m* asciugacapelli; '**2heit** *f* (*-*; *senza pl*) secchezza *f* (*a fig*); asciuttezza *f*; aridità *f*; *wegen Regenmangels*: siccità *f*; '**~legen** (*sep*, *-ge-*, *h*) *Gelände*: prosciugare; *Kind*: cambiare i panni a; '**2rasierapparat** *m* rasoio *m* elettrico
'**trocknen** ['-nən] (*h*) seccare; (*abwischen*) asciugare; ***sich die Haare ~*** asciugarsi i capelli
'**Trödel** ['trø:dəl] *m* (*-s*; *senza pl*) ciarpame *m*; stracci *m/pl*; anticaglie *f/pl*; '**~markt** *m* mercato *m* delle pulci
Trog [tro:k] *m* (*-[e]s*; *⸚e*) trogolo *m*
'**Trommel** ['trɔməl] *f* (*-*; *-n*) tamburo *m*; '**~fell** *n* pelle *f* del tamburo; *anat* timpano *m*; '**2n** (*h*) suonare il tamburo, tambureggiare
Trom'pete [trɔm'pe:tə] *f* (*-*; *-n*) tromba *f*; **2n** (*senza ge-*, *h*) suonare la tromba; **~r** *m* (*-s*; *-*) trombettiere *m*

'**Tropen** ['tro:pən] *pl* tropici *m/pl*; '**~klima** *n* clima *m* tropicale
Tropf [trɔpf] *m* (*-[e]s*; *-e*) fleboclisi *f*
'**tropfen** ['trɔpfən] (*h*) gocciolare
'**Tropfen** *m* (*-s*; *-*) goccia *f*; '**~fänger** *m* (*-s*; *-*) fermagocce *m*; '**2weise** a gocce
'**Tropfsteinhöhle** ['trɔpfʃtaɪnhølə] *f* grotta *f* di stalattiti
'**tropisch** ['tro:piʃ] tropicale
Trost [tro:st] *m* (*-[e]s*; *senza pl*) consolazione *f*, conforto *m*
'**trösten** ['trø:stən] (*h*) confortare, consolare
'**trost|los** ['tro:stlo:s] sconsolato; (*untröstlich*) inconsolabile; *Ding*: sconfortante; (*öde*) desolato; '**2preis** *m* premio *m* di consolazione
trotz [trɔts] *prp* (*gen u dat*) nonostante, malgrado; **~ *der …*** nonostante (*od* malgrado) la …; **~ *alledem*** con tutto ciò
Trotz *m* (*-es*; *senza pl*) ostinazione *f*; ***j-m zum ~*** a dispetto di qu; ***ihm zum ~*** a suo dispetto
'**trotz|dem** **1.** *adv* ciononostante; **2.** *cj* sebbene; '**~en** (*h*) affrontare (*acc*); resistere a; intestardirsi; (*schmollen*) tenere il broncio a; '**~ig** caparbio; dispettoso
'**trüb(e)** ['try:b(e)] torbido; *Himmel*: coperto; *Stimmung*: cupo; *Tag*: nero; *Glas*: opaco, (*beschlagen*) appannato; *fig* mesto, triste; **~ *werden*** intorbidirsi; offuscarsi; incupirsi
'**Trubel** ['tru:bəl] *m* (*-s*; *senza pl*) confusione *f*
'**trüb|en** ['try:bən] (*h*) intorbidire; *fig* turbare; *Licht*: offuscare; *Stimmung*: guastare; '**2sinn** *m* (*-[e]s*; *senza pl*) malinconia *f*, umore *m* tetro
'**trüg|en** ['try:gən] (*trog*, *getrogen*, *h*) ingannare; '**~erisch** ingannevole; fallace; illusorio
'**Trugschluss** ['tru:kʃlus] *m* conclusione *f* erronea; sofisma *m*
'**Truhe** ['tru:ə] *f* (*-*; *-n*) cassapanca *f*
'**Trümmer** ['trymər] *pl* (*stehende Reste*) rovine *f/pl*; (*Schutt*) macerie *f/pl*
Trumpf [trumpf] *m* (*-[e]s*; *⸚e*) *Kartenspiel*: briscola *f*; punto *m* di vantaggio; *fig* argomento *m* valido
'**Trunkenheit** ['truŋkənhaɪt] *f* (*-*; *senza pl*) ub(b)riachezza *f*; *fig* ebbrezza *f*
Trupp [trup] *m* (*-s*; *-s*) gruppo *m*; *Arbei-*

ter: squadra *f*; *mil* drappello *m*; '**~e** *f* (-; -*n*) *mil* truppa *f*
Trust [trast] *m* (-[e]*s*; -*e u* -*s*) trust *m inv*, sindacato *m*
'**Tschech|e** ['tʃɛçə] *m* (-*n*; -*n*), '**~in** *f* (-; -*nen*), '**&isch** ceco *m*, -a *f*
Tschechien ['tʃɛçiən] *n* Repubblica *f* Ceca
tschüs(s)! [tʃys *od* tʃyːs] ciao
'**T-Shirt** ['tiːʃœrt] *n* (-*s*; -*s*) maglietta *f*
TU ***Technische Universität*** Università Tecnica
'**Tube** ['tuːbə] *f* (-; -*n*) tubetto *m*
Tuberku'lose [tubɛrku'loːzə] *f* (-; -*n*) tubercolosi *f*
Tübingen ['tyːbɪŋən] *n* Tubinga *f*
Tuch [tuːx] *n* (-[*e*]*s*; ⸚*er*) panno *m*; (*Kopf*-, *Hals*&) fazzoletto *m*; (*Tisch*&) tovaglia *f*; (*Lappen*) cencio *m*; (*pl* -*e*) (*Stoff*) stoffa *f*; tessuto *m*
'**tüchtig** ['tyçtiç] bravo; capace; abile; (*vortrefflich*) buono; *adv* molto; F per bene
'**Tugend** ['tuːgənt] *f* (-; -*en*) virtù *f*
'**Tulpe** *bot* ['tulpə] *f* (-; -*n*) tulipano *m*
'**tummel|n** ['tuməln]: ***sich ~*** (*h*) muoversi; (*sich beeilen*) spicciarsi; '**&platz** *m* (*Kinderspielplatz*) campo *m* giochi
tun [tuːn] (*tat*, *getan*, *h*) fare; *Blick*: dare; *Dienst*: prestare; *Eintrag*: recare; (*hinein~*) mettere; → ***leidtun***; ***das hat damit nichts zu ~*** questo non c'entra
Tunesien [tu'neːzjən] *n* Tunisia *f*
Tunfisch → ***Thunfisch***
'**Tunke** ['tuŋkə] *f* (-; -*n*) salsa *f*
'**Tunnel** ['tunəl] *m* (-*s*; -) galleria *f*
'**tupfen** ['tupfən] (*h*) toccare leggermente, picchiettare
Tür [tyːr] *f* (-; -*en*) porta *f*; uscio *m*; (*Wagen*&) sportello *m*; ***hinter verschlossenen ~en*** a porte chiuse; ***vor der ~ stehen*** *fig* essere prossimo; stare per venire
'**Turban** ['turbaːn] *m* (-*s*; -*e*) turbante *m*
Tur'bine [-'biːnə] *f* (-; -*n*) turbina *f*
Turin [tu'riːn] *n* Torino *f*
'**Türk|e** ['tyrkə] *m* (-*n*; -*n*), '**~in** *f* (-; -*nen*), '**&isch** turco *m*, -a *f*
Türkei [tyr'kaɪ] *f* Turchia *f*
'**Türklinke** ['tyːrkliŋkə] *f* maniglia *f*
Turm [turm] *m* (-[*e*]*s*; ⸚*e*) torre *f*; (*Kirch*&, *Glocken*&) campanile *m*; '**~spitze** *f* guglia *f*; '**~springen** *n Sport*: tuffo *m* alto
'**turn|en** ['turnən] (*h*) fare ginnastica; '**&en** *n* (-*s*; *senza pl*) ginnastica *f*; '**&er** *m* (-*s*; -), '**&erin** *f* (-; -*nen*) ginnasta *m*/*f*; '**&gerät** *n* attrezzi *m*/*pl* da ginnastica; '**&halle** *f* palestra *f*; '**&hose** *f* pantaloncini *m*/*pl* (*od calzoncini m*/*pl*) da ginnastica
Tur'nier [tur'niːr] *n* (-*s*; -*e*) torneo *m*
'**Turn|schuhe** ['turnʃuːə] *m*/*pl* scarpe *f*/*pl* da ginnastica; '**~verein** *m* società *f* ginnastica
'**Tür|schild** ['tyːrʃilt] *n* targhetta *f*; '**~schloss** *n* serratura *f*; '**~schlüssel** *m* chiave *f* della porta
'**Tusche** ['tuʃə] *f* (-; -*n*) inchiostro *m* di china
'**Tüte** ['tyːtə] *f* (-; -*n*) cartoccio *m*; sacchetto *m* di carta
TÜV [tyf] (***Technischer Überwachungs-Verein***) *m* (-; *senza pl*) ente *m* di supervisione tecnica; *etwa*: ispettorato *m* della motorizzazione; controllo *m* tecnico periodico
Typ [tyːp] *m* (-*s*; -*en*), **Type** *f* (-; -*n*) tipo *m*; '**~enrad** *n tec* margherita *f* (per macchina da scrivere); '**~enradschreibmaschine** *f* macchina *f* da scrivere a margherita (*od* con ruota portacaratteri); '**~enreiniger** *m* (-*s*; -) pasta *f* per pulire i caratteri
Typhus ['tyːfus] *m* (-; *senza pl*) tifo *m*
typisch ['tyːpiʃ] tipico (**für** di)
Tyrann [ty'ran] *m* (-*en*; -*en*) tiranno *m*; **~ei** [-'naɪ] *f* (-; -*en*) tirannia *f*; **&i'siere**[n] [-ni'ziːrən] (*senza ge*-, *h*) tiranneggiare
Tyrrhenische(s) Meer [ty'reːniʃə(s) 'meːr] *n* Mar Tirreno *m*

U

u. ***und*** e

u. a. ***unter anderem*** fra l'altro; ***und anderes*** ed altro

'U|-Bahn ['u:ba:n] (*abbr für Untergrundbahn*) *f* (-; *-en*) metropolitana *f*; **'~-Bahnhof** *m* stazione *f* della metropolitana; **'~-Bahn-Netz** *n* rete *f* della metropolitana

'übel ['y:bəl] **1.** *adj* cattivo; **2.** *adv* male; ***nicht ~!*** non c'è male!; ***mir wird ~*** mi sento male; ***~ nehmen*** prendersela a male; ***nehmen Sie das nicht ~!*** non se l'abbia a male!; non se la prenda a male!; ***~ riechend*** maleodorante; **'≈keit** *f* (-; *senza pl*) nausea *f*; **'~nehmen** → ***übel***; **'~riechend** *adj* maleodorante; **'≈täter** *m* malfattore *m*

'üben ['y:bən] (*h*) **1.** *v/t* esercitare; **2.** *v/i* fare degli esercizi, esercitarsi

'über ['y:bər] **1.** *prp* (*dat u acc*) sopra; (*reisen, gehen ~*) per, via; (*sprechen, lachen, staunen ~*) di; ***~ Folgendes berichten*** riferire su quanto appresso; ***~ die Straße gehen*** attraversare la strada; (*vor Zahlen*) più di; **2.** *adv* ***den Tag ~*** tutto il giorno; ***~ und ~*** interamente; ***~ et hinweg sein*** aver superato qc; **3.** (*durch Vermittlung*) tramite, attraverso

über|'all [y:bər'ʔal] dappertutto, da tutte le parti; **'≈angebot** *n* offerta *f* eccessiva; **~'anstrengen** (*senza -ge-, h*) affaticare troppo; **≈'anstrengung** *f* (-; *-en*) fatica *f* eccessiva; esaurimento *m*; **~'arbeiten** (*senza -ge-, h*) ritoccare; rifare; ***sich ~*** lavorare troppo; **'~aus** oltremodo

über|belichten (*senza -ge-, h*) *fot* sovresporre; **'~bewerten** (*sep, senza -ge-, h*) sopravvalutare; sovrestimare; **~'bieten** (*irr, senza -ge-, h,* → ***bieten***) offrire più di qu; *Spiel* rilanciare; *fig* sorpassare, battere; ***sich ~*** superare se stesso; **'≈blick** *m* (-[*e*]*s*; *-e*) visione *f* generale; vista *f*; sintesi *f*; **~'blicken** (*senza -ge-, h*) abbracciare con lo sguardo; *fig* rendersi conto di; **~'brücken** [y:bər'brykən] *v/t* (*senza -ge-, h*) gettare un ponte sopra; *fig* superare, trovare un espediente a

über|'dauern (*senza -ge-, h*) durare di più; (*überleben*) sopravvivere a; **'~denken** (*irr, senza -ge-, h,* → ***denken***) riflettere su; (*überprüfen*) riesaminare; **'~drüssig** ['y:bərdrysiç] disgustato da; **'~durchschnittlich** superiore alla media

über|'eilen [y:bər'ʔaılən] (*senza -ge-, h*) precipitare; **~'eilt** precipitoso

überei'nander [y:bər'ʔaı'nandər] l'uno sull'altro

über'ein|kommen [y:bər'ʔaınkɔmən] (*irr, sep, -ge-, sn,* → ***kommen***) mettersi d'accordo; **≈kunft** [y:bər'aınkunft] *f* (-; *Übereinkünfte*) accordo *m*; ***in ~ mit*** conformemente a; **~stimmen** (*sep, -ge-, h*) essere d'accordo; *Dinge*: concordare, corrispondere; **≈stimmung** *f* (-; *-en*) accordo *m*; concordanza *f*; ***in ~ mit*** d'accordo con

über|'fahren (*irr, senza -ge-, h,* → ***fahren***) investire; travolgere, mettere sotto; *Signal*: passare (senza farci attenzione); **'≈fahrt** *f* (-; *-en*) traversata *f*; tragitto *m*; **'≈fall** *m* (-[*e*]*s*; *Überfälle*) aggressione *f*; *mil* assalto *m*; attacco *m*; **~'fallen** *v/t* (*irr, senza -ge-, h,* → ***fallen***) assalire di sorpresa; sorprendere; **'~fällig** in ritardo; *econ* scaduto, in sofferenza; **~'fliegen** (*irr, senza -ge-, h,* → ***fliegen***) sorvolare, trasvolare; *fig* scorrere rapidamente; **'≈fluss** *m* (*-sses*; *senza pl*) abbondanza *f*; **'~flüssig** superfluo; inutile; di troppo; **~'fluten** (*senza -ge-, h*) inondare; **~'fordern** (*senza -ge-, h*) chiedere (*od* esigere) troppo; **~'führen** (*senza -ge-, h*) *jur* convincere; **≈'führung** *f* (-; *-en*) trasporto *m*; *fer* cavalcavia *m*; *jur* convincimento *m*; **~'füllt** [y:bər'fylt] pieno zeppo; gremito, affollato

'Über|gabe *f* (-; *-n*) consegna *f*; *mil* resa *f*; **'~gang** *m* (-[*e*]*s*; *Übergänge*) passaggio *m*; *pol* transizione *f*; **'~gangsphase** *f* periodo *m* transitorio; **'~gangsstelle** *f* passaggio *m*; **≈'geben**

U

(*irr*, *senza -ge-*, *h*, → ***geben***) consegnare; ***sich*** ∼ vomitare; '**Ձgehen 1.** *v/i* (*irr*, *sep*, *-ge-*, *sn*, → ***gehen***) passare a; ***in et*** (*acc*) ∼ trasformarsi in qc; **2.** [y:bər'ge:ən] *v/t* (*irr*, *senza -ge-*, *h*, → ***gehen***) passare sopra a; (*auslassen*) omettere; '**Ձgeordnet** superiore; '**∼gepäck** *n avia* eccesso *m* di bagaglio; '**∼gewicht** *n* (-[*e*]*s*; *senza pl*) eccedenza *f* di peso; sovraccarico *m*; *fig* preponderanza *f*; '**Ձgreifen** (*irr*, *sep*, *-ge-*, *h*, → ***greifen***) estendersi a; *fig* invadere; usurpare; '**∼griff** *m* (-[*e*]*s*; *-e*) soverchieria *f*; abuso *m*; '**∼größe** *f* taglia *f* forte; **Ձhaben**: ***et*** ∼ averne abbastanza di qc

über'handnehmen [y:bər'hantne:mən] *v/i* (*irr*, *sep*, *-ge-*, *h*, → ***nehmen***) prendere il sopravvento; crescere; (*sich verbreiten*) propagarsi, diffondersi

über|'haupt in genere; del tutto; ∼ ***nicht*** proprio no; neanche un po', proprio per niente; ∼'**heblich** [y:bər'he:pliç] arrogante, presuntuoso; ∼'**holen** (*senza -ge-*, *h*) lasciarsi dietro; *Auto u fig*: sorpassare, superare; (*überprüfen*) ripassare, controllare; (*erneuern*) rimettere a nuovo; Ձ'**holspur** *f* corsia *f* di sorpasso; ∼'**holt** [y:bər'ho:lt] *fig* antiquato; Ձ'**holverbot** *n* divieto *m* di sorpasso; ∼'**hören** (*senza -ge-*, *h*) non udire; *absichtlich*: far finta di non sentire; '**∼irdisch** soprannaturale

über|'lassen (*irr*, *senza -ge-*, *h*, → ***lassen***) lasciare; cedere; (*käuflich*) vendere; (*hingeben*) abbandonare; ***ich überlasse es Ihnen*** mi rimetto a Lei; ∼ ***Sie es mir*** lasci fare a me; ∼'**lasten** (*senza -ge-*, *h*) sovraccaricare; *fig* oberare; esigere troppo; ∼'**lastet** *adj* sovraccarico; *fig* oberato di lavoro; '**∼laufen 1.** *v/i* (*irr*, *sep*, *-ge-*, *sn*, → ***laufen***) traboccare; *zum Feind*: passare al nemico, disertare; **2.** [y:bər'laufən] *adj* sovraffollato, troppo frequentato; ∼'**leben** (*senza -ge-*, *h*) sopravvivere a; Ձ'**lebende** *m* (*-n*; *-n*) superstite *m*; ∼'**legen**; **1.** (*senza -ge-*, *h*): ***et*** ∼ riflettere su qc; **2.** *adj* superiore; Ձ'**legung** *f* (-; *-en*) riflessione *f*; (*Vorsatz*) premeditazione *f*; '**∼leiten** (*sep*, *-ge-*, *h*) passare; tramandare; Ձ'**lieferung** *f* (-; *-en*) tradizione *f*

'**über|mäßig** eccessivo, esagerato; '**∼menschlich** sovrumano; ∼'**mitteln** (*senza -ge-*, *h*) trasmettere; Ձ'**mittlung** *f* (-; *senza pl*) trasmissione *f*; '**∼morgen** dopodomani; ∼'**müdet** [y:bər'my:dət] spossato, sovraffaticato; '**∼mütig** ['y:bərmy:tiç] petulante; baldanzoso

'**über|nächst**: ***am ∼en Tag*** due giorni dopo; ∼'**nachten** [y:bər'naxtən] (*senza -ge-*, *h*) passare la notte, pernottare; Ձ'**nachtung** *f* (-; *-en*) pernottamento *m*; ∼ ***mit Frühstück*** pernottamento *m* con prima colazione; '**Ձnahme** ['y:bərna:mə] *f* (-; *-n*) assunzione *f*; (*Annahme*) accettazione *f*; presa *f* in consegna; *mar* trasbordo *m*; *econ* rilevamento *m*; ***feindliche*** ∼ *econ* scalata *f* ostile; '**Ձnahmeangebot** [-ˀangəbo:t] *n* offerta *f* d'acquisto; '**∼national** sopranazionale; '**∼natürlich** soprannaturale; ∼'**nehmen** (*irr*, *senza -ge-*, *h*, → ***nehmen***) assumere; (*von j-m et*) ricevere; (*in Besitz nehmen*) impossessarsi; *Auftrag*: incaricarsi di

'**Über|produktion** *f* sovrapproduzione *f*; Ձ'**prüfen** (*senza -ge-*, *h*) verificare, rivedere, riesaminare; ∼'**prüfung** *f* (-; *-en*) verifica *f*, revisione *f*; **Ձqueren** (*senza -ge-*, *h*) attraversare

über|'raschen [y:bər'raʃən] (*senza -ge-*, *h*) sorprendere; Ձ'**raschung** *f* (-; *-en*) sorpresa *f*; *Besuch*: improvvisata *f*; ∼'**reden** (*senza -ge-*, *h*) persuadere; convincere; '**∼regional** sovraregionale; ∼'**reichen** (*senza -ge-*, *h*) presentare; consegnare; '**Ձrest** *m* avanzo *m* **∼e** *pl* avanzi *m/pl*; ∼'**runden** (*senza -ge-*, *h*) *Sport*: oltrepassare (di un giro)

über|'sättigt [y:bər'zɛtiçt] satollo, sazio; ∼'**schätzen** (*senza -ge-*, *h*) sopravvalutare; *fig* dare troppa importanza a; '**Ձschlag** *m* (-[*e*]*s*; *Überschläge*) (*KostenՁ*) preventivo *m*; ∼'**schlagen** (*irr*, *senza -ge-*, *h*, → ***schlagen***) (*berechnen*) calcolare approssimativamente; ***sich*** ∼ rovesciarsi; ribaltarsi *avia*, *Auto*: capovolgersi, capotare ∼'**schneiden**: ***sich*** ∼ (*irr*, *senza -ge-*, *h*, → ***schneiden***) incrociarsi; *fig* (*zeitlich*) coincidere; interferire; ∼'**schreiben** (*irr*, *senza -ge-*, *h*, → ***schreiben***) scrivere il titolo di, intitolare; *econ* ***Aufträge*** ∼ trasmettere (*od* passare ordini; '**Ձschrift** *f* (-; *-en*) titolo *m*; so

U

prascritta *f*; '**≈schuss** *m* (*-es*; *Überschüsse*) eccedenza *f*; '**≈schussproduktion** *f* produzione *f* in eccedenza; '**~schüssig** eccedente; '**~schwänglich** ['-ʃvɛŋliç] esagerato; esuberante; **~'schwemmen** (*senza -ge-, h*) inondare (***mit*** di); **≈'schwemmung** *f* (*-; -en*) inondazione *f*
'Übersee ['y:bərze:] *f inv* oltremare *m*
über|'sehen (*irr, senza -ge-, h,* → ***sehen***) abbracciare (*od* dominare) con lo sguardo; (*nicht sehen*) non osservare; ***ich habe es ~*** mi è sfuggito; **~'senden** (*senza -ge-, h*) mandare, spedire, inviare
'übersetzen **1.** ['y:bərzɛtsən] (*sep, -ge-, h*) portare (*od* passare) all'altra riva; *mit Fähre*: traghettare; **2.** [y:bər-'zɛtsən] (*senza -ge-, h*) *Text*: tradurre
Über|'setzer *m* (*-s; -*) traduttore *m*; **~'setzerin** *f* (*-; -nen*) traduttrice *f*; **~'setzung** *f* (*-; -en*) traduzione *f*
Über'setzung's|büro *n* agenzia *f* di traduzioni; **~'dienst** *m* agenzia *f* di traduzioni; **~pro'gramm** *n inform* programma *m* di traduzione; **~'software** *f* software *m* di traduzione
'Übersicht *f* (*-; -en*) vista *f* generale (*od* d'insieme); (*Auszug*) sommario *m*; (*Zusammenstellung*) prospetto *m*; '**≈lich** chiaro, perspicuo; *Gelände*: aperto; '**≈skarte** *f* carta *f* generale
über'spannt *adj* esaltato; esagerato; **~'spielen** (*senza -ge-, h*) *auf Band*: registrare; **~'stehen** *v/t* (*irr, senza -ge-, h,* → ***stehen***) sopportare; *Gefahr*: superare; ***glücklich ~*** uscirne bene; **~'stimmen** (*senza -ge-, h*) mettere in minoranza; '**≈stunde** *f* (*-; -n*) ora *f* straordinaria; ***~n*** *pl* straordinario *m*; '**≈stundenzuschlag** *m* indennità *f* per lavoro straordinario; **~'stürzen** (*senza -ge-, h*) precipitare
Über|trag ['-tra:k] *m* (*-[e]s; Überträge*) *econ* riporto *m*; **≈'tragbar** cedibile; trasferibile; (*a Krankheit*) trasmissibile; **≈'tragen** (*irr, senza -ge-, h,* → ***tragen***) trasmettere; (*abtreten*) cedere; (*beauftragen*) incaricare (***j-m et*** qu di qc); **~'tragung** *f* (*-; -en*) *rad, TV* trasmissione *f*; *jur* trasferimento *m*; *von Wechsel*: girata *f*; *econ* riporto *m*; *med* infezione *f*; **≈'treiben** (*irr, senza -ge-, h,* → ***treiben***) esagerare; '**≈treten** ['y:bərtre:tən] **1.** *v/i* (*irr, sep, -ge-, sn,* → ***treten***) *Flüsse*: straripare; *rel* convertirsi; *fig* passare; **2.** [y:bər'tre:tən] *v/t* (*irr, senza -ge-, h,* → ***treten***) contravvenire a; *Gesetz*: trasgredire; infrangere, violare; **≈'trieben** esagerato
Über|'völkerung [-'fœlkəruŋ] *f* (*-; senza pl*) sovrappopolazione *f*; **≈'vorteilen** [-'fɔrtaılən] (*senza -ge-, h*) ingannare, sfruttare; F bidonare
über|'wachen (*senza -ge-, h*) sorvegliare; **≈'wachung** *f* (*-; -en*) sorveglianza *f*; **~'weisen** (*irr, senza -ge-, h,* → ***weisen***) rimettere, trasferire; assegnare; ***auf ein Konto ~*** trasferire su un conto; **≈'weisung** *f* (*-; -en*) bonifico *m*; rimessa *f*; *econ* trasferimento *m*; **≈'weisungsformular** *n* modulo *m* di versamento; **~'wiegen** (*irr, senza -ge-, h,* → ***wiegen***) prevalere; predominare; **~d** preponderante; *adv* in preponderanza (*od* maggioranza); **~'winden** *v/t* (*überwand, überwunden, h*) vincere; *Schwierigkeiten*: superare
über|'zeugen (*senza -ge-, h*) convincere; ***sich ~*** accertarsi; **~'zeugend** convincente; *adv* in modo convincente; **≈'zeugung** *f* convinzione *f*; **~'ziehen** (*irr, senza -ge-, h,* → ***ziehen***) (*mit*) rivestire, ricoprire; *Möbel*: tappezzare; ***das Konto ~*** lasciare allo scoperto; **≈'ziehungskredit** *m* credito *m* su base scoperta
'üblich ['y:pliç] usuale; ***wie ~*** come al solito, come di consueto; ***~ sein*** essere uso, usare
'U-Boot ['u:bo:t] *n* sommergibile *m*
'übrig ['y:briç] *adj* restante, rimanente; ***die ~en*** gli altri; ***~ sein*** essere rimasto; ***~ bleiben*** avanzare; restare; *fig* ***es bleibt nichts anderes ~, als*** non resta altro che; '**~bleiben** → ***übrig***; '**~ens** ['-gəns] del resto; tra l'altro; '**~haben** *v/t* (*irr, sep, -ge-, h,* → ***haben***): ***für j-n et ~*** avere delle simpatie per qu; ***dafür habe ich nichts übrig*** questo non mi interessa
'Übung ['y:buŋ] *f* (*-; -en*) esercizio *m*; pratica *f*
u. d. M. ***unter dem Meeresspiegel*** sotto il livello del mare
ü. d. M. ***über dem Meeresspiegel*** sopra il livello del mare
UdSSR *hist* ***Union der Sozialistischen***

Sowjetrepubliken Unione delle Repubbliche Socialiste Sovietiche (*abbr* URSS)
'Ufer ['u:fər] *n* (*-s*; -) riva *f*; **'~promenade** *f* passeggiata *f* lungomare; **'~straße** *f* litoranea *f*; lungomare *m*
Uhr [u:r] *f* (-; *-en*) orologio *m*; (*Stunde*) ora *f*; ***wie viel ~ ist es?*** che ora è?; ***um wie viel ~?*** a che ora?; ***es ist ein ~*** è l'una; ***es ist 6 ~*** sono le sei; ***der 5-Uhr-Zug*** il treno delle cinque; **'~macher** *m* (*-s*; -) orologiaio *m*; **'~zeiger** *m* lancetta *f*; **'~zeigersinn** *m* (-[*e*]*s*; *senza pl*) senso *m* orario; **'~zeit** *f* ora *f*
Ukraine [u'kraınə] *f* Ucraina *f*
UKW ***Ultrakurzwellen*** onde ultracorte; modulazione di frequenza
Ultra|'kurzwelle [ultra:'kurtsvɛlə] (*abbr UKW*) *f* onda *f* ultracorta; **'~schall** *m* ultrasuono *m*; **'2violett** ultravioletto
um [um] **1.** *prp* intorno a; *Zeit*: a, per; ***~ Ostern*** verso Pasqua; ***~ 4 Uhr*** alle quattro; *Grund*, *Preis*: per; *Maß*, *Vergleich*: di; **2.** *cj* ***~ zu …*** per … (*inf*); **3.** *adv* ***~ und ~*** tutt'intorno; ***~ sein*** F *Zeit*: essere passato; essere finito; ***~ so*** → ***umso***
um'armen [-'ʔarmən] (*senza -ge-*, *h*) abbracciare
'Umbau *m* (-[*e*]*s*; *-ten*) ricostruzione *f*; (*Reparaturen*) restauri *m*/*pl*; **'2en** (*sep*, *-ge-*, *h*) ricostruire
'umbild|en (*sep*, *-ge-*, *h*) trasformare; *pol* rimpastare; **'2ung** *f* (-; *-en*) trasformazione *f*; *pol* impasto *m*
'umbinden (*irr*, *sep*, *-ge-*, *h*, → ***binden***) legare (attorno); *Kleidung*: mettersi
'umblättern (*sep*, *-ge-*, *h*) voltare la pagina
'umbringen (*irr*, *sep*, *-ge-*, *h*, → ***bringen***) uccidere, ammazzare
'umbuch|en (*sep*, *-ge-*, *h*) *econ* trasferire da un conto all'altro; cambiare il biglietto *od* la prenotazione; **'2ung** *f* (-; *-en*) *econ* riporto *m* da un conto all'altro; cambio *m* di prenotazione
'umdatieren (*sep*, *senza -ge-*, *h*) cambiare la data
'umdisponieren (*sep*, *senza -ge-*, *h*) modificare, disporre in un altro modo
'umdrehen (*sep*, *-ge-*, *h*) (ri)voltare; ***sich ~*** voltarsi
'umfallen (*irr*, *sep*, *-ge-*, *sn*, → ***fallen***) cadere (a terra); *Gegenstand*: ribaltarsi; F svenire
'Umfang *m* (-[*e*]*s*; *Umfänge*) estensione *f* (*a fig*); perimetro *m*; (*Körper2*) volume *m*; *fig* proporzioni *f*/*pl*, entità *f*; **'2reich** voluminoso; (*ausgedehnt*) esteso
um'fassen (*senza -ge-*, *h*) abbracciare; (*enthalten*) comprendere, contenere; (*umschließen*) cingere
umfassend ampio, vasto
'Umfrage *f* (-; *-n*) inchiesta *f* (***halten*** fare)
'Umgangs|sprache *f* lingua *f* parlata (*od d'uso*, *comune*), *linguaggio m familiare*; **'2sprachlich** della lingua parlata
Um'gebung [-'ge:buŋ] *f* (-; *-en*) dintorni *m*/*pl*; (*Umwelt*) ambiente *m*
'umgeh|en 1. *v/i* (*irr*, *sep*, *-ge-*, *sn*, → ***gehen***) girare; *Gerüchte*: circolare, correre; ***mit j-m ~*** frequentare qu; (*behandeln*) trattare; ***mit et sparsam ~*** fare economia di qc; **2.** [um'ge:ən] *v/t* (*irr*, *senza -ge-*, *h*, → ***gehen***) girare *Gesetz* eludere; *mil* aggirare; **'~end** immediato; *adv* subito, immediatamente; (*postwendend*) a volta di corriere; **2ungsstraße** [-uŋsʃtra:sə] *f* circonvallazione *f*
'umgekehrt ['-gəke:rt] inverso; (*entgegengesetzt*) opposto; *adv* all'opposto ***und ~*** e viceversa
'umgestalt|en (*sep*, *senza -ge-*, *h*) trasformare; **'2ung** *f* (-; *-en*) trasformazione *f*
'Umhängetasche *f* borsa *f* a tracolla
um'her [um'he:r] attorno, intorno (*rings~*) tutt'intorno
um'hin [-'hin]: ***nicht ~ können*** non poterne fare a meno
'umkehren *v/i* (*sep*, *-ge-*, *sn*) voltare, tornar indietro; → ***umgekehrt***
'umkleide|n: ***sich ~*** (*sep*, *-ge-*, *h*) cambiarsi; **'2raum** *m*; camerino *m*, cabina *f*; *Sport*: spogliatoio *m*
'umkommen (*irr*, *sep*, *-ge-*, *sn*, → ***kommen***) perire; (*verderben*) andare a male; *fig* morire (***vor*** *dat* di)
'umladen (*irr*, *sep*, *-ge-*, *h*, → ***laden***) trasbordare; *anders laden*: ricaricare
'Umlauf *m* (-[*e*]*s*; *Umläufe*) giro *m*; *Geld*, *Akten*: circolazione *f*; *astr* rivoluzione *f*; (*Schreiben*) circolare *f*; ***in***

U

bringen mettere in circolazione; ***in ~ sein*** circolare; **'2en** (*irr, sep, -ge-, sn,* → ***laufen***) girare; *Geld*: circolare

'umleit|en (*sep, -ge-, h*) deviare; **'2ung** *f* (-; *-en*) deviazione *f*; **'2ungsschild** *n* segnale *m* di deviazione

'umlernen (*sep, -ge-, h*) cambiare sistema; *Beruf*: riqualificarsi

'umliegend circostante; ***~e Gegend*** *f* dintorni *m/pl*

'umquartieren ['-kvartiːrən] (*sep, senza -ge-, h*) far cambiare alloggio a; sloggiare

'umrechn|en (*sep, -ge-, h*) cambiare; calcolare in altra moneta; **'2ung** *f* conversione *f*; **'2ungskurs** *m* cambio *m*; tasso *m* di cambio

um'reißen (*irr, senza -ge-, h,* → ***reißen***) tracciare i contorni di; delineare

'umrühren (*sep, -ge-, h*) mescolare

'Umsatz *m* (*-es*; *Umsätze*) *econ* giro *m* d'affari; fatturato *m*; volume *m* (*od cifra f*) d'affari; (*Verkauf*) vendite *f/pl*; *Börse*: quantitativo *m* trattato; **'~provision** *f* provvigione *f* sul fatturato; **'~rückgang** *m* regressione *f* delle vendite; **'~steigerung** *f* aumento *m* del fatturato; **'~steuer** *f* imposta *f* sull'entrata

'um|schalten (*sep, -ge-, h*) *el* commutare; *rad, TV* cambiare canale; **~schauen**: ***sich ~*** (*sep, -ge-, h*) guardare intorno; voltarsi a guardare

'Umschlag *m* (-[*e*]*s*; *Umschläge*) *Buch*: copertina *f*; (*Brief2*) busta *f*; (*Hülle*) involucro *m*; *med* compressa *f*; *econ* trasbordo *m*; **'~hafen** *m* porto *m* di transito; **'~platz** *m* emporio *m*

umschuld|en (*sep, -ge-, h*) *econ* convertire (crediti); **'2ung** *f* (-; *-en*) *econ* conversione *f* del credito

umschul|en (*sep, -ge-, h*) *beruflich*: riqualificare; **'2er** *m*, **'2erin** *f* persona *f* che si riqualifica; **'2ung** *f* (-; *-en*) *beruflich*: riavviamento *m* professionale, riqualificazione *f*; **2ungs'maßnahme** *f* misure *f/pl* di riqualificazione

umseitig ['umzaɪtɪç] sul retro, a tergo

umsichtig ['umzɪçtɪç] circospetto

umso: ***~ besser*** tanto meglio; ***~ mehr*** tanto più; ***~ weniger*** tanto meno

um'sonst (*kostenlos*) gratuitamente; (*vergeblich*) invano; ***~ sein*** essere inutile; ***nicht ~*** non per nulla

'Umstand *m* (-[*e*]*s*; *Umstände*) circostanza *f*; (*Tatsache*) fatto *m*; (*Fall*) caso *m*

'Umstände ['-ʃtɛndə] *m/pl* circostanze *f/pl*; condizioni *f/pl*; situazione *f*; ***die näheren ~*** i particolari *m/pl*; ***unter ~n*** in certi casi; ***in anderen ~n*** in stato interessante

'umständlich ['-ʃtɛntlɪç] circostanziato; (*weitschweifig*) prolisso; ***das ist zu ~*** è troppo noioso (*od* lungo *od* complicato)

'umsteigen (*irr, sep, -ge-, sn,* → ***steigen***) *fer* cambiar treno (*od* vettura)

'umstell|en *v/t* (*sep, -ge-, h*) disporre in modo diverso; mettere altrove; *tec* invertire; ***sich*** (*geistig*) ***~*** riorientarsi; ***sich ~ auf*** (*acc*) adattarsi a; **'2ung** *f* (-; *-en*) *fig* riorientazione *f*; (*Anpassung*) adattamento *m*; *Betrieb*: riorganizzazione *f*

um'stritten [-'ʃtritən] discusso; contrastato

'umstrukturier|en (*sep, senza -ge-, h*) ristrutturare; **'2ung** *f* (-; *-en*) ristrutturazione *f*

'Umsturz *m* (-[*e*]*s*; *Umstürze*) caduta *f*; *fig, pol* sovversione *f*; rivoluzione *f*

'Umtausch *m* (-[*e*]*s*; *-e*) cambio *m*, scambio *m*; **'2en** (*sep, -ge-, h*) cambiare; dare in cambio; **'~kurs** *m econ* corso *m* dei cambi; cambio *m*

'Umwälzung ['umvɛltsuŋ] *f* (-; *-en*) sovvertimento *m*; rivoluzione *f*

'umwandeln (*sep, -ge-, h*) trasformare; *econ* convertire

'Umweg ['umveːk] *m* (-[*e*]*s*; *-e*) giro *m*; ***e-n ~ machen*** far la via più lunga

'Umwelt *f* (-; *senza pl*) ambiente *m*, mondo *m* circostante; **'2bedingt** condizionato dall'ambiente; **'~belastung** *f* inquinamento *m* ambientale; **'~bewusstsein** *n* coscienza *f* ecologica; **'~einfluss** *m* influsso *m* dell'ambiente; **'2feindlich** inquinante; **'2freundlich** ecologico, non inquinante; **'~schäden** *m/pl* danni *m/pl* all'ambiente; **'2schädlich** nocivo all'ambiente, inquinante; **'~schutz** *m* protezione *f* dell'ambiente; **'~schützer** ['umvɛltʃytsər] *m* (*-s*; -) ecologista *m/f*; **'~verschmutzung** *f* inquinamento *m* dell'ambiente; **'2verträglich** *ecol* ecologico, a basso impatto ambientale

U

'umwerfen (*irr, sep, -ge-, h,* → ***werfen***) rovesciare

'umziehen (*irr, sep, -ge-,* → ***ziehen***) **1.** *v/i* (*sn*) cambiar casa, traslocare; **2.** *v/t* (*h*) cambiare; ***sich ~*** cambiarsi, mettersi un altro vestito

'Umzug *m* (*-[e]s; Umzüge*) *Wohnung*: trasloco *m*; cambio *m* della casa; (*Festzug*) sfilata *f*; *rel* processione *f*

'unab|hängig ['un?aphɛŋiç] indipendente; **'♀hängigkeit** *f* (*-; senza pl*) indipendenza *f*; **~'kömmlich** [un?ap'kœmliç] indispensabile; insostituibile; **'~sichtlich** ['un?apziçtliç] involontario; *adv* senza volere

'unan|gebracht ['un?angəbraxt] inopportuno, sconveniente; **'~gemeldet** non annunziato; inatteso; *pol* non notificato; **'~gemessen** inadeguato; (*unschicklich*) sconveniente; **'~genehm** spiacevole; ***et ist mir ~*** qc mi dà fastidio; **'♀nehmlichkeit** *f* (*-; -en*) dispiacere *m*; fastidio *m*; inconveniente *m*; ***~en*** *pl* noie *f/pl*, seccature *f/pl*; **'~ständig** indecente; (*anstößig*) sconcio; **~'tastbar** [-'tastbɑːr] intangibile

'unappetitlich ['un?ap-] poco appetitoso; (*widerlich*) ripugnante; (*ekelig*) stomachevole

unästhetisch ['un?ɛsteːtiʃ] inestetico; (*geschmacklos*) di cattivo gusto; (*hässlich*) brutto

'unauf|fällig ['un?aʊf-] poco appariscente; discreto; **'~merksam** disattento; (*zerstreut*) distratto; **'~richtig** insincero, falso; **~'schiebbar** [-'ʃiːpbɑːr] improrogabile

'unausgeglichen ['-?ausgəgliçən] non equilibrato; *econ* non bilanciato

'unbe|absichtigt ['-bə?apziçtiçt] involontario; **'~antwortet** senza risposta; **'~arbeitet** non lavorato; (*roh*) grezzo; **'~denklich** sicuro; (*unverdächtig*) non sospetto; (*ungefährlich*) non pericoloso; *adv* senza scrupoli; senza esitare; **'~deutend** insignificante, senza importanza; **'~dingt** incondizionato; *adv* assolutamente; **'~fangen** senza pregiudizi; sereno; (*unvoreingenommen*) imparziale; (*ungezwungen*) disinvolto; **'~friedigend** poco soddisfacente; insufficiente; **'~friedigt** scontento, insod(d)isfatto; **'~fristet** a tempo indeterminato; **'~fugt** non autorizzato; *jur* incompetente; *adv* (*~erweise*) senza permesso (*od* autorizzazione); **'~gabt** poco dotato; incapace; **~'greiflich** inconcepibile; incomprensibile; **'~grenzt** illimitato; **'~gründet** infondato; **'~hindert** indisturbato; libero; **~holfen** ['-hɔlfən] impacciato; **~kannt** sconosciuto; ***er ist mir ~*** non lo conosco; **~kleidet** nudo; **'~liebt** malvisto poco simpatico; impopolare; **'~mannt** *avia* senza equipaggio; **'~merkt** inosservato; **'~mittelt** senza (*od* privo di) mezzi; indigente; **'~nutzt** non adoperato; inutilizzato; **'~obachtet** inosservato; **'~quem** scomodo; **'♀quemlichkeit** *f* (*-; -en*) incomodo *m*; **~'rechenbar** incalcolabile; *Personen*: imprevedibile; **'~rechtigt** non autorizzato; ingiusto; **'~rührt** intatto; **'~schädigt** intatto; **'~schränkt** illimitato; **~'schreiblich** [-'ʃraɪpliç] indescrivibile; **'~sehen** senza averlo visto; **'~setzt** libero; *Amt*: vacante; **'~ständig** incostante; *Wetter*: variabile; **'~stechlich** incorruttibile; **'~stimmt** indefinito (*unsicher*) indeciso, vago, incerto **'~stritten** *adj* incontestato; *adv* senza contrasto; **'~teiligt** estraneo (***bei*** a); disinteressato (***an*** *dat* in); **'~wacht** incustodito; **'~waffnet** disarmato; inerme **'~weglich** immobile; *fig* irremovibile ***~e Güter*** *n/pl* beni *m/pl* immobili **'~wohnt** inabitato; **'~wusst** inconscio istintivo; *adv* senza rendersi conto **~'zahlbar** impagabile; **'~zahlt** non pagato

'unbrauchbar inservibile, inutilizzabile; *Personen*: inabile

'unbrennbar incombustibile

und [unt] e; ***~?*** ebbene?; ***~ so weiter*** (*od* ***usw***) eccetera (*od* ecc), e così via

'undankbar ingrato

'undatiert ['-datiːrt] senza data

'undeutlich indistinto; (*verschwommen*) vago; (*Laut*) inarticolato

'undicht permeabile; *Gefäß*: non ermetico; ***~ sein*** perdere; *mar* ***~ werden*** far acqua

'undiszipliniert indisciplinato

undurch'dringlich [-durç'driŋliç] impenetrabile; *für Flüssigkeiten usw*: impermeabile

undurch'führbar ineseguibile, inattuabile

'undurchlässig impermeabile
'undurchsichtig opaco; *fig* imperscrutabile
'uneben ['unˀebən] disuguale; non piano *od* piatto; *Gelände*: accidentato
'unecht ['unˀɛxt] falso; finto; artificiale; *Haar*: posticcio
'unehelich ['unˀeː-] illegittimo
'unehrlich ['unˀeː-] disonesto
'uneigennützig ['unˀaɪ-] disinteressato
'uneingeschränkt ['unˀaɪ-] illimitato
'uneinig ['unˀaɪ-] discorde; **~ sein** essere discorde, essere in discordia; essere in urto
'unempfindlich ['unˀɛmpf-] insensibile
un'endlich ['unˀɛnt-] infinito; immenso
unent|'behrlich [-ˀɛnt'beːrliç] indispensabile; **'~geltlich** ['-gɛltliç] gratuito; **'~schieden** indeciso, incerto; **'~schlossen** irresoluto, indeciso; **~'schuldbar** [-'ʃultbaːr] inescusabile
'uner|fahren ['unˀɛr-] inesperto; **'~forscht** inesplorato; **'~freulich** spiacevole; **'~heblich** irrilevante; **'~'hört** ['-'høːrt] *fig* incredibile, straordinario; *adv* da non dire; **~!** cose dell'altro mondo!; **'~kannt** ['-kant] sconosciuto; **~'klärlich** [-'klɛːrliç] inspiegabile; inesplicabile; **~'lässlich** [-'lɛsliç] indispensabile; inderogabile; **'~laubt** illecito; **~'messlich** [-'mɛsliç] immenso, smisurato; **~'müdlich** [-'myːtliç] instancabile; **'~schrocken** intrepido; **~'schütterlich** imperturbabile; (*unbeweglich*) incrollabile; **~'schwinglich** inaccessibile, esorbitante; **~'setzlich** insostituibile; *Verlust*: irreparabile; **~'träglich** insopportabile; **'~wartet 1.** *adj* inatteso; **2.** *adv* all'improvviso; **'~wünscht** indesiderato; **'~zogen** maleducato, ineducato
UNESCO (*United Nations Educational, Scientific and Cultural Organization*) ***Organisation der Vereinten Nationen für Erziehung, Wissenschaft und Kultur*** Organizzazione delle Nazioni Unite per l'Educazione, le Scienze e la Cultura
'unfähig incapace (**zu** di); **'2keit** *f* (-; *senza pl*) incapacità *f*
'unfair ['-fɛːr] sleale, poco corretto
'Unfall *m* (-[*e*]*s*; *Unfälle*) infortunio *m*; (*Verkehrs2*) incidente *m*; (*Unglück*) disgrazia *f*; **'~flucht** *f* fuga *f* del conducente; **'~hergang** ['-heːrgaŋ] *m* (-[*e*]*s*; *senza pl*) svolgimento *m* dell'incidente; **'~station** *f* (posto *m* di) pronto soccorso *m*; guardia *f* medica; **'~versicherung** *f* assicurazione *f* contro gli infortuni; **'~wagen** *m* (*Rettungswagen*) autoambulanza *f*
un'fassbar *fig* incomprensibile
'unförmig ['-fœrmiç] informe; (*missgestaltet*) deforme
'unfrankiert non affrancato
'unfrei non libero; (*versklavt*) schiavo; **'2heit** *f* (-; *senza pl*) mancanza *f* di libertà; (*Sklaverei*) schiavitù *f*; (*Befangenheit*) soggezione *f*
'unfreiwillig involontario; (*gezwungen*) forzato
'unfreundlich scortese; *Klima*: inclemente
'Unfriede *m* (-*ns*; *senza pl*) discordia *f*
'unfruchtbar sterile; (*unergiebig*) improduttivo
'Unfug ['-fuːk] *m* (-[*e*]*s*; *senza pl*) stupidaggini *f/pl*; *grober*: eccessi *m/pl*
'Ungar ['uŋgar] *m* (-*n*; -*n*), **'~in** *f* (-; -*nen*), **'2isch** ungherese *m/f*
Ungarn [uŋgarn] *n* Ungheria *f*
'ungastlich inospitale
'unge|achtet ['ungəˀaxtət] **1.** *adj* poco stimato; **2.** *prp* (*gen*) malgrado, nonostante; **3.** *cj* sebbene; **'~ahnt** impensato; **'~bildet** ignorante, incolto; **'~bräuchlich** inusitato, poco usato; **'~braucht** nuovo; **'~deckt** ['-dɛkt] *econ* scoperto; **'~duldig** impaziente; **'~eignet** inadegnato; disadatto; **'~fähr** ['-fɛːr] circa, press'a poco; **von ~** per caso; **'~fährlich** inoffensivo, non pericoloso; (*unschädlich*) innocuo; **'~hemmt** libero; sfrenato; **'2heuer** ['-hɔyər] *n* (-*s*; -) mostro *m*; **'~heuer** *adj* enorme; immenso; **'~heuerlich** mostruoso; **'~hindert** libero; **'~hörig** importuno; (*unpassend*) sconveniente; **'~horsam** disubbidiente; **'~kündigt** non licenziato; **'~künstelt** naturale, non artificiale; **'~laden** non invitato; *Waffe*: scarico; **'~legen** inopportuno, importuno; ***zu ~er Zeit*** male a proposito, ad un'ora sconveniente; **'~lernt** *Arbeiter*: non qualificato, non specia-

lizzato; **'~mustert** senza disegno; ***~er Stoff*** *m* stoffa *f* a tinta unita; **'~mütlich** poco piacevole; incomodo; poco accogliente; **'~nau** inesatto; **'≈nauigkeit** *f* (-; *-en*) inesattezza *f*; **'~niert** ['-ʒeniːrt] senza soggezione, disinvolto; *adv* senza (fare tanti) complimenti; **'~nießbar** pessimo; immangiabile; imbevibile; **'~nügend** insufficiente; **'~nutzt** inutilizzato; *adv* senza approfittarne; **'~ordnet** disordinato; **'~pflegt** trascurato; incolto; **'~rade** non diritto; *Linie*: curvo; *Zahl*: dispari; **'~recht** ingiusto; **'~rechtfertigt** ingiustificato; **'≈rechtigkeit** *f* (-; *-en*) ingiustizia *f*; **'~regelt** non regolato; sregolato

'ungern malvolentieri, contro voglia, a malavoglia; ***ich sehe es ~, dass*** vedo con dispiacere che; non mi piace (*od* F va) che

'unge|schickt maldestro, inetto; **'~schminkt** non imbellettato; *fig* nudo e crudo; (*Wahrheit*) puro; **'~schoren** ['-ʃoːrən]: *fig* ***~ lassen*** lasciare in pace; **'~schützt** indifeso, non protetto; **'~sehen** inosservato; **'~sellig** insocievole; **'~setzlich** illegale; **'~spritzt** senza anticrittogamici; **'~stört** indisturbato; **'~straft** impunito; *adv* impunemente; **'~sund** malsano; *Personen*: di poca salute, malaticcio; *Ort*: insalubre; **'~trübt** imperturbato; (*heiter*) sereno; *fig* non offuscato; *Glück*: inalterabile; **'~übt** ['-ʔyːpt] senza pratica, poco pratico; **'~waschen** non lavato; **'~wiss** incerto; (*zweifelhaft*) dubbio; (*unentschlossen*) indeciso; **'≈wissheit** *f* (-; *senza pl*) incertezza *f*; **'~wöhnlich** insolito; straordinario; (*seltsam*) strano, singolare; **'~wohnt** insolito; non abituato; poco pratico; non avvezzo; **'≈ziefer** ['-tsiːfər] *n* (*-s*; *senza pl*) insetti *m/pl* parassiti; **'~zogen** ['-tsoːgən] maleducato; *Kinder*: cattivo; **'~zwungen** spontaneo; (*natürlich*) disinvolto

'ungläubig incredulo; irreligioso; (*heidnisch*) pagano; miscredente

un'glaublich incredibile

'ungleich **1.** *adj* disuguale; (*~mäßig*) ineguale; **2.** *adv* molto, assai; incomparabilmente; **'≈heit** *f* (-; *senza pl*) disuguaglianza *f*; **'~mäßig** ineguale; sproporzionato

'Unglück *n* (-[*e*]*s*; *-e*) sventura *f*; (*Unfall*) incidente *m*; (*Pech*) sfortuna *f*; ***ins ~ stürzen*** gettare nella disgrazia; mandare in rovina; **'≈lich** infelice; sfortunato; disgraziato; **'≈licher'weise** disgraziatamente

'ungültig non valido, nullo; ***für ~ erklären, ~ machen*** annullare; invalidare; **'≈keitserklärung** ['-ʔɛr-] *f* annullamento *m*

'ungünstig sfavorevole; svantaggioso; poco propizio (*od* promettente)

'unhaltbar *fig* insostenibile

'unhandlich poco maneggevole; scomodo

'Unheil *n* (*-s*; *senza pl*) malanno *m*; (*Unglück*) disgrazia *f*; **'≈bar** incurabile

'unheimlich poco rassicurante; inquietante; sinistro; *adv* F straordinariamente

'unhöflich scortese; **'≈keit** *f* (-; *senza pl*) scortesia *f*

'unhygienisch ['-hygjeːniʃ] antigienico

Uni'form [uni'fɔrm] *f* (-; *-en*) divisa *f*, uniforme *f*

'uninteress|ant per nulla interessante; **'~iert** indifferente, disinteressato

Un'ion [un'joːn] *f* (-; *-en*) unione *f*

univer|'sal [univɛr'zaːl] universale; **~'sell** [-'zɛl] universale

Universi'tät [univɛrzi'tɛːt] *f* (-; *-en*) università *f*; **~szeit** *f* anni *m/pl* d'università

'unkenn|tlich irriconoscibile; **'≈tnis** (-; *senza pl*) ignoranza *f*

'unkindlich non da bambino; precoce

'unklar poco chiaro; ***im ≈en sein über*** (*acc*) essere all'oscuro di; **'≈heit** *f* (-; *-en*) poca chiarezza *f*

'unklug imprudente; poco intelligente

'unkonventionell inconvenzionale

'unkorrekt scorretto

'Unkosten *pl inv* spese *f/pl*

'Unkraut *n* (-[*e*]*s*; *Unkräuter*) erbacce *f/pl*

'unkultiviert incolto

'unkündbar irredimibile; che non può essere disdetto (*od* licenziato); *Staatspapier*: consolidato; *Stellung*: permanente

'unlauter impuro; (*unedel*) ignobile; *econ* sleale

'unleidlich insopportabile

U

'unleserlich illeggibile
'unlogisch illogico
'unlös|bar, **'~lich** insolubile
'unmännlich effeminato
'unmäßig smoderato
'Unmenge *f* (-; *-en*) quantità *f* enorme; infinità *f*
'unmenschlich disumano; **'2keit** *f* (-; *senza pl*) crudeltà *f*
'unmerklich impercettibile
'unmissverständlich ['-misfɛrʃtɛntliç] inequivocabile; categorico
'unmittelbar immediato; ***in ~er Nähe*** nell'immediata vicinanza
'unmöbliert non ammobiliato
'unmodern fuori moda; passato di moda, antiquato
'unmöglich *adj* impossibile; *adv* ***er kann ~ kommen*** è impossibile che venga
'unmoralisch immorale
'unmotiviert ['-motiviːrt] infondato, immotivato; *adv* senza alcuna ragione
'unmündig minorenne
'unnach'ahmlich ['-naːx'ʔaːmliç] inimitabile
'unnachgiebig inarrendevole; intransigente, inflessibile
'unnatürlich innaturale; (*geziert*) affettato; (*unmenschlich*) snaturato
'unnotiert *econ* non quotato
'unnötig non necessario; superfluo
'unnütz ['-nyts] inutile; cattivo
UNO ***Organisation der Vereinten Nationen*** Organizzazione delle Nazioni Unite (*abbr* ONU)
'unordentlich disordinato
'Unordnung *f* (-; *senza pl*) disordine *m*
'unparteiisch imparziale
unpassend non conveniente; sconveniente; (*ungeeignet*) improprio; (*ungelegen*) inopportuno
unpass'ierbar impraticabile, intransitabile; *mar* innavigabile
unpersönlich impersonale
unpolitisch impolitico, apolitico
unpopulär impopolare
unpraktisch poco pratico; *Personen*: poco abile
unproduktiv improduttivo
unproportioniert sproporzionato
unpünktlich non puntuale; **'2keit** *f* (-; *senza pl*) mancanza *f* di puntualità
unrasiert non rasato
'unrationell irrazionale
'unrecht **1.** *adj* ingiusto; iniquo; **2.** *adv* male; a torto
'Unrecht *n* (-[*e*]*s*; *senza pl*) ingiustizia *f*; torto *m*; ***zu ~*** a torto; ingiustamente; ***im ~ sein*** essere dalla parte del torto
'unrechtmäßig illegittimo; ***sich et ~ aneignen*** usurpare, prendere illegittimamente
'unreell malfido; (*unredlich*) disonesto, sleale
'unregelmäßig irregolare; **'2keit** *f* (-; *-en*) irregolarità *f*
'unreif immaturo
'unrentabel non redditizio
'Unruhe *f* (-; *senza pl*) irrequietezza *f*; *fig* (*Seelen2*) inquietudine *f*; (*Bewegung*) agitazione *f*; **~n** *pl pol* disordini *m/pl*
'Unruhestifter ['-ruːəʃtiftər] *m* (*-s*; -) mettimale *m*; *öffentlicher*: mestatore *m*; (*Störer*) perturbatore *m*, sobillatore *m*
'unruhig irrequieto, inquieto; *Meer*: agitato; (*aufrührerisch*) turbolento
uns [uns] ci; (*betont*) *acc* noi, *dat* a noi; ***ein Freund von ~*** un nostro amico
'unsachlich non obiettivo
'unsauber sporco
'unschädlich innocuo, inoffensivo; ***~ machen*** mettere nell'impossibilità di nuocere; *Gift*: neutralizzare
'unscharf *fot* sfocato, poco nitido
'unschätzbar ['-ʃɛtsbaːr] inestimabile
'unscheinbar poco appariscente; poco vistoso; (*schlicht*) modesto; (*unbedeutend*) insignificante
un'schlagbar [-'ʃlaːkbaːr] imbattibile
'unschlüssig irresoluto, indeciso
'Unschuld *f* (-; *senza pl*) innocenza *f*; **'2ig** innocente; ***~ an et*** (*dat*) ***sein*** non aver colpa di qc
'unselbstständig dipendente; *fig* debole; che ha bisogno dell'aiuto altrui
unser ['unzər] **1.** *pron* di noi; **2.** *adj* nostro; **'~er'seits** ['-rər'zaɪts] dal canto nostro
'unsicher malsicuro; (*ungewiss*) incerto; **'2heit** *f* (-; *senza pl*) insicurezza *f*; incertezza *f*
'unsichtbar invisibile
'Unsinn *m* (-[*e*]*s*; *senza pl*) nonsenso *m*; assurdo *m*; (*dummes Zeug*) sciocchezze *f/pl*; **'2ig** insensato

'Unsitt|e *f* cattiva abitudine *f*; **'~lich** immorale
'unsolide poco solido
'unsozial asociale
'unsportlich poco sportivo
un'sterblich immortale; *adv* F in modo da non dirsi; **~keit** *f* (-; *senza pl*) immortalità *f*
'Unstimmigkeit ['-ʃtimiçkaɪt] *f* (-; *-en*) dissidio *m*; divergenza *f*
'unsympathisch antipatico
'untätig inattivo, inerte; **'~keit** *f* (-; *senza pl*) inattività *f*, inerzia *f*
'untauglich inetto; *mil* inabile
'unten ['untən] giù; ***dort* ~** laggiù; ***hier* ~** quaggiù; ***weiter* ~** più giù; ***von oben bis* ~** dall'alto in basso; ***siehe* ~** vedi sotto; **~ *stehend*** sottoindicato; sottostante
'unter ['untər] *prp* (*dat u acc*) sotto; (*zwischen*) fra, tra; *fig* a; con; a meno di; **~ *anderem*** fra l'altro; **~ *der Bedingung*** a condizione (*od* patto); **~ *zehn Euro*** meno di dieci euro; **~ *der Hand*** sottomano; **~ *vier Augen*** a quattr'occhi; **~ *uns*** tra di noi; ***was verstehst du* ~ *diesem Wort?*** come interpreti questa parola?
'unter... *adj* inferiore; sottostante; → ***unterste***
'Untere *m* (*-s*; -) *Kartenspiel*: fante *m*
'unter|entwickelt sottosviluppato; **'~ernährt** ['-ʔɛrnɛːrt] denutrito; **'~ernährung** *f* (-; *senza pl*) alimentazione *f* insufficiente; denutrizione *f*; **~'führung** *f* (-; *-en*) sottopassaggio *m*; **'~gang** *m* (-[*e*]*s*; *Untergänge*) sfacelo *m*; *Sonne*: tramonto *m*; *Schiff*: naufragio *m*; *Welt*: fine *f*; (*Verfall*) decadenza *f*; **~'gebene** [-'geːbənə] *m*/*f* (*-n*; *-n*) dipendente *m*/*f*; *Beamte*: subalterno *m*, -a *f*; **'~gehen** (*irr*, *sep*, *-ge-*, *sn*, → ***gehen***) andare sotto; *Schiff*: andare a fondo, colare a picco, naufragare; *Welt*: finire; *Sonne u fig* tramontare; (*vernichtet werden*) andare in rovina; crollare; **'~geordnet** ['-gəʔɔrdnət] subordinato; sottoposto; **'~grund** *m* (-[*e*]*s*; *Untergründe*) sottosuolo *m* (*senza pl*) *pol* clandestinità *f*; **'~grundbahn** *f* ferrovia *f* sotterranea; metropolitana *f*; **'~halb** (*gen*) al di sotto di
'Unterhalt ['-halt] *m* (-[*e*]*s*; *senza pl*) sostentamento *m*, mantenimento *m*; manutenzione *f*; **~en** [-'haltən] (*irr*, *senza -ge-*, *h*, → ***halten***) mantenere; *belustigend*: divertire; ***sich* ~** conversare, discorrere; (*sich vergnügen*) divertirsi; **'~skosten** *pl* spese *f*/*pl* di manutenzione
Unter'haltung *f* (-; *-en*) divertimento *m*; conversazione *f*; (*senza pl*) *tec* manutenzione *f*
'Unter|händler *m* (*-s*; -) negoziatore; (*Vermittler*) mediatore *m*; **'~haus** *n* (*-es*; *senza pl*) *pol* Camera *f* dei Comuni; **'~hemd** *n* maglia *f*; **'~hose** *f* mutande *f*/*pl*; **'~irdisch** sotterraneo; **~'jochen** [-'jɔxən] (*senza -ge-*, *h*) soggiogare; **'~kiefer** *m anat* mascella *f* inferiore; **'~kommen** (*irr*, *sep*, *-ge-*, *sn*, → ***kommen***) trovare un posto; *Quartier*: trovare alloggio; *Stellung*: trovare impiego; **'~kunft** *f* (-; *Unterkünfte*) alloggio *m*; **'~lage** *f* base *f*; *tec* sostegno *m*; *beim Schreiben*: cartella *f*, scannello *m*; **~n** *pl* documentazione *f*; documenti *m*/*pl*; **~'lassen** (*irr*, *senza -ge-*, *h*, → ***lassen***) tralasciare; **'~leib** *m* basso ventre *m*, addome *m*; **~'liegen** (*irr*, *senza -ge-*, *sn*, → ***liegen***) soccombere *mil* essere vinto (*od* sconfitto); *fig* essere soggetto a; ***keinem Zweifel* ~** essere indubitato; **'~lippe** *f* labbro *m* inferiore; **'~mieter(in)** *m*(*f*) subaffittuario *m*, -a *f*
unter'nehm|en (*irr*, *senza -ge-*, *h*, → ***nehmen***) intraprendere; **~en** *n* (*-s*; -) impresa *f*; **~ensberater** *m* consulente *m u f* aziendale; **~ensberatung** *f* consulenza *f* aziendale; **~er** *m* (*-s*; -), **~eri**n *f* (-; *-nen*) imprenditore *m*, -trice *f*; **~ungslustig** intraprendente
'unter|ordnen (*sep*, *-ge-*, *h*) subordinare; ***von untergeordneter Bedeutung*** di importanza secondaria; **~'redung** *f* (-; *-en*) colloquio *m*
'Unterricht ['-riçt] *m* (-[*e*]*s*; *senza pl*) insegnamento *m*; (**~*sstunde***) lezione *f*; **~en** [-'riçtən] (*senza -ge-*, *h*) istruire (***j-n in et*** *dat* qu in qc); dar lezioni; insegnare (***j-n in et*** *dat* qc a qu); informare (***j-n von et*** qu di qc)
'Unterrock *m* sottana *f*
unter|'sagen (*senza -ge-*, *h*) proibire, interdire; **~'schätzen** (*senza -ge-*, *h*) sottovalutare; *herabsetzend*: deprezzare; **~'scheiden** (*irr*, *senza -ge-*, *h*

→ ***scheiden***) distinguere
'Unterschenkel *m anat* gamba *f*
'Unterschied ['-ʃiːt] *m* (-[*e*]*s*; -*e*) differenza *f*; (*Unterscheidung*) distinzione *f*; **'♀lich** diverso
unter|'schlagen [-'ʃlaːgən] (*irr, senza -ge-, h,* → ***schlagen***) *Geld*: sottrarre; *öffentliche Gelder*: malversare; *Brief*: intercettare; **♀'schlagung** *f* (-; -*en*) sottrazione *f*; appropriazione *f* indebita; malversazione *f*; **~'schreiben** (*irr, senza -ge-, h,* → ***schreiben***) sottoscrivere; *et*: firmare; **'♀schrift** *f* (-; -*en*) firma *f*
'Unterseeboot ['-zeːboːt] *mar n* sommergibile *m*, sottomarino *m*
unter'setzt [-'zɛtst] tozzo, tarchiato
'unterst ['untərst] il più basso
'unterste ['untərstə] infimo
unter'stütz|en (*senza -ge-, h*) sostenere; (*befürworten*) appoggiare; (*helfen*) aiutare; spalleggiare; (*fördern*) favorire; **♀ung** *f* (-; -*en*) appoggio *m*; aiuto *m*; sovvenzione *f*; (*Geld♀*) sussidio *m*
unter'suchen (*senza -ge-, h*) esaminare; saggiare; verificare; (*nachforschen*) ricercare, indagare; *jur* inquisire, *med* visitare
Unter'suchung [-'zuːxuŋ] *f* (-; -*en*) esame *m*; ricerca *f*; investigazione *f*; *chim* analisi *f*; *med* visita *f*; *jur* indagine *f*; **~sausschuss** [-ˀaus-] *m* commissione *f* d'inchiesta; **~srichter** *m* giudice *m* istruttore
Unter|tan ['-taːn] *m* (-*s*; -*en*) suddito *m*; **'~tasse** *f* piattino *m*; **'♀tauchen** (*sep, -ge-, sn*) immergersi; *fig* sparire; rendersi latitante; **'~teil** *n* disotto *m*; parte *f* inferiore; **'~titel** *m* sottotitolo *m*; **'~wäsche** *f* (-; *senza pl*) biancheria *f* intima; **♀'wegs** [-'veːks] per via; strada facendo; in giro; **♀'weisen** (*irr, senza -ge-, h,* → ***weisen***) istruire; **♀'werfen** (*irr, senza -ge-, h,* → ***werfen***) sottomettere; **'♀würfig** ['-vyrfiç] sottomesso; (*knechtisch*) servile
unter'zeichn|en (*senza -ge-, h*) sottoscrivere; *et*: firmare; **♀ung** *f* (-; -*en*) sottoscrizione *f*; firma *f*
unter'ziehen (*irr, senza -ge-, h,* → ***ziehen***) sottoporre; ***sich et*** (*dat*) **~** accollarsi qc; *e-r Prüfung, Operation*: sottoporsi a
un'tragbar *fig* intollerabile
'untrennbar inseparabile
'untreu infedele
'unüber|legt ['-ˀyːberleːkt] sconsiderato, inconsiderato; **~'sehbar** [-'zeːbaːr] sterminato, immenso; *adv* a perdita d'occhio; **'~sichtlich** poco chiaro; indistinto; **~'troffen** insuperato
unum|'gänglich [-ˀum'gɛŋliç] (*notwendig*) indispensabile; (*unvermeidlich*) inevitabile; **~'schränkt** [-'ʃrɛŋkt] illimitato; **'~wunden** ['-vundən] franco; *adv* francamente, chiaramente
'ununterbrochen 1. *adj* ininterrotto; **2.** *adv* senza interruzione
'unveränd|erlich ['-fɛrˀɛndərliç] invariabile; **'~ert** invariato
unver|'antwortlich [-'ˀantvɔrtliç] irresponsabile; imperdonabile, ingiustificabile, inescusabile; **~'besserlich** [-'bɛsərliç] incorreggibile; **'~bindlich** non vincolante; senz'impegno; (*unhöflich*) scortese; **'~bleit** senza piombo; **'~daulich** indigesto; **'~dient** immeritato; **~'einbar** incompatibile; **'~fänglich** innocuo; **'~froren** sfrontato; **'~gänglich** imperituro; **~'gesslich** indimenticabile; **~'gleichlich** [-'glaiçliç] incomparabile; **'~heiratet** celibe; *Mädchen*: nubile; **'~hofft** ['-hɔft] insperato; **'~käuflich** invendibile; **~'kennbar** [-'kɛnbaːr] evidente; inconfondibile; **'~letzt** illeso; **~'meidlich** inevitabile; *Schicksal*: ineluttabile; **'~mindert** non diminuito; uguale; **'~mittelt** immediatamente; **'♀mögen** *n* (-*s*; *senza pl*) incapacità *f*; impotenza *f*; **'~mutet** impensato; (*unerwartet*) inatteso; **'~nünftig** irragionevole; assurdo, insensato; (*unklug*) imprudente
'unver|schämt impertinente; **'~sehrt** ['-zeːrt] sano e salvo, incolume; illeso; **'~sichert** non assicurato; **'~standen** ['-ʃtandən] incompreso; **'~ständlich** incomprensibile; **'~steuert** non tassato; in franchigia; **'~sucht** intentato; ***nichts ~ lassen*** tentare tutto il possibile; **'~träglich** intrattabile; incompatibile; *Speise*: indigesto; **'~wandt** *Blick*: fisso; **~'wüstlich** [-'vyːstliç] indistruttibile; **~'zeihlich** imperdonabile; **~'züglich** [-'tsyːkliç] immediato
'unvoll|endet ['-fɔlˀɛndət] incompiuto; incompleto; **'~kommen** imperfetto; **'~ständig** incompleto

'unvor|bereitet ['-fo:rbəraɪtət] impreparato; **'~eingenommen** spregiudicato; obiettivo; **'~hergesehen** ['-he:rgəze:ən] imprevisto; **'~sichtig** imprudente; **~'stellbar** inconcepibile; **'~teilhaft** ['-fɔrtaɪlhaft] svantaggioso

'unwahr falso; **'2heit** *f* (-; *-en*) falsità *f*; (*Lüge*) menzogna *f*; bugia *f*

'unwahrscheinlich improbabile

'unweigerlich ['-vaɪgərliç] irrecusabile; *adv* innegabilmente

'unwesentlich irrilevante

'Unwetter *n* (-*s*; -) maltempo *m*; (*Gewitter*) temporale *m*, tempesta *f*

'unwichtig irrilevante; *~ sein* non avere importanza

unwider'ruflich [-vi:dər'ru:fliç] irrevocabile

'unwill|ig **1.** *adj* indignato; irritato; *~ werden* indignarsi; **2.** *adv* di malavoglia; **2'kürlich** [-'ky:rliç] involontario; istintivo; spontaneo

'unwirk|lich irreale; **'~sam** inefficace

'unwirsch ['-virʃ] arcigno, brusco

'unwirtlich ['-virtliç] inospitale

'unwirtschaftlich antieconomico

'unwissen|d ['-visənt] ignorante; **'2heit** *f* (-; *senza pl*) ignoranza *f*

'unwohl indisposto; *mir ist ~* mi sento male; **'2sein** *n* (-*s*; *senza pl*) indisposizione *f*

un'zählig [-'tsɛ:liç] innumerevole

unzer|'brechlich [-tsɛr'brɛçliç] infrangibile; **~'trennlich** [-'trɛnliç] inseparabile

'Unzucht *f* (-; *senza pl*) *jur* impudicizia *f*

'unzüchtig impudico; *Worte*: osceno

'unzu|frieden scontento; **'2friedenheit** *f* (-; *senza pl*) malcontento *m*; scontentezza *f*; **'~lässig** inammissibile; **'~reichend** insufficiente; **'~sammenhängend** sconnesso, incongruente; **'~verlässig** poco sicuro; non fidato

'unzweckmäßig inopportuno; inadeguato; (*schädlich*) controproducente

'unzweifelhaft indubbio

'üppig ['ypiç] rigoglioso; *Natur*: lussureggiante; *Figur*: formoso; (*prächtig*) sontuoso; (*sinnlich*) lussurioso

U'ran *chim* [u'ra:n] *n* (-*s*; *senza pl*) uranio *m*; **2haltig** uranifero

'Ur|aufführung ['u:rˀauffy:ruŋ] *f mus* prima esecuzione *f*; *tea* prima *f* (rappresentazione *f*); *Kino*: prima visione *f*; **'~bevölkerung** *f*, **'~einwohner** *m/p*[l] aborigeni *m/pl*; **'~enkel** *m*, **'~enkelin** *f* pronipote *m/f*; **'~form** *f* forma *f* originale; **'2ge'mütlich** molto accogliente comodissimo; **'~großmutter** *f* bisnonna *f*; **'~großvater** *m* bisnonno *m*; **'~heber** *m* (-*s*; -) autore *m*; **'~heberrecht** *n* diritto *m* d'autore

U'rin [u'ri:n] *m* (-*s*; -*e*) urina *f*

'Urkund|e ['u:rkundə] *f* (-; -*n*) documento *m*; certificato *m*; **'~enfälschung** *f* falso *m* in atto pubblico contraffazione *f* di documenti; **'2lich** ['-tliç] documentato

'Urlaub ['-laup] *m* (-[*e*]*s*; -*e*) vacanz[e] *f/pl*; **'~er** ['-bər] *m* (-*s*; -) vacanziere *m*, villeggiante *m*; **'~erstrom** *m* flusso *m* dei vacanzieri

'Urlaubs|anschrift *f* recapito *m* durante le vacanze; **'~geld** *n* indennità *f* per ferie; **'~ort** *m* luogo *m* di villeggiatura; **'~reise** *f* viaggio *m* per le vacanze; **'~vertretung** *f* sostituzione *f* per il periodo delle ferie; **'~zeit** *f* periodo *m* delle ferie

'Urne ['urnə] *f* (-; -*n*) urna *f*

'Ur|sache *f* (-; -*n*) causa *f*, motivo *m*; ca[gione] *f*; *alle ~ haben zu* avere tutte l[e] ragioni per; *keine ~!* non c'è di che; **'2sächlich** causale; **'~sprung** *m* (-*s*; *Ursprünge*) origine *f*; **'2sprünglich** [1.] *adj* originario; **2.** *adv* in origine

urspr. *ursprünglich* originariamente

'Urteil ['urtaɪl] *n* (-*s*; -*e*) giudizio *m*; (*Meinung*) parere *m*; *jur* sentenza [*f*]; (*Gutachten*) perizia *f*; **'2en** (*h*) giudicare

'Ur|wald *m* foresta *f* vergine; giungla [*f*]; **'2wüchsig** ['-vy:ksiç] naturale; *St*[...] vigoroso; **'~zeit** *f* (-; -*en*) preistoria [*f*]; **'~zustand** *m* stato *m* primitivo

USA (*United States of America*) ***Vereinigte Staaten von Nordmerika*** Sta[ti] Uniti d'America (*abbr* USA)

usw. ***und so weiter*** eccetera

Uten'silien [utɛn'zi:ljən] *pl inv* utensi[li] *m/pl*

Uto'p|ie [uto'pi:] *f* (-; -*n*) utopia *f*; **2isc[h]** [u'to:piʃ] utopistico

U'V-Strahlen *m/pl* raggi *m/pl* ultravioletti

V

'. von di; da
'. Volt volt
'aga'bund [vaga'bunt] *m* (*-en*; *-en*) vagabondo *m*
'age ['vaːgə] vago; impreciso
'akuum ['vaːku?um] *n* (*-s*; *-kua*, *-kuen*) vuoto *m*
'a'luta [va'luːta] *f* (-; *-ten*) valuta *f*
'am'pir [vam'piːr] *m* (*-s*; *-e*) vampiro *m*
'a'nille [va'nil(j)ə] *f* (-; *senza pl*) vaniglia *f*
'a'ri|ante [va'riantə] *f* (-; *-n*) variante *f*; **~e'tee** [-e'teː] *n* (*-s*; *-s*) teatro *m* di varietà; **2'ieren** (*senza ge-*, *h*) variare
'ase ['vaːzə] *f* (-; *-n*) vaso *m*
'ater ['faːtər] *m* (*-s*; *=*) padre *m*; F babbo *m*; **'~land** *n* (*-[e]s*; *Vaterländer*) patria *f*; **'~landsliebe** ['-lantsliːbə] *f* (-; *senza pl*) amor *m* patrio, patriottismo *m*
'äterlich ['fɛːtərliç] paterno
'ater|schaft *f* (-, *senza pl*) paternità *f*; **2'unser** *n* (*-s*; -) padrenostro *m*
'atikanstadt [vati'kaːnʃtat] *f* Città *f* del Vaticano
Chr. ***vor Christus*** avanti Cristo (*abbr* a. C.)
'ege't|arier [vege'taːrjər] *m* (*-s*; -), **~'arierin** *f* (-; *-nen*), **2'arisch** *adj* vegetariano *m u adj*, -a *f*; **~a'tion** [-ta'tsjoːn] *f* (-; *-en*) vegetazione *f*; **2'ieren** (*senza ge-*, *h*) vegetare
'eilchen ['failçən] *n* (*-s*; -) violetta *f*, viola *f*
'ene ['veːnə] *f* (-; *-n*) vena *f*
'enedig [ve'neːdiç] *n* Venezia *f*
'en'til [vɛn'tiːl] *n* (*-s*; *-e*) valvola *f*; **~'ator** [-ti'laːtər] *m* (*-s*; *-en*) ventilatore *m*
'er'abred|en [fɛr'?apreːdən] (*senza -ge-*, *h*) combinare; concordare; ***sich ~*** darsi un appuntamento; **2ung** *f* (-; *-en*) accordo *m*; appuntamento *m*
'er'ab|scheuen [fɛr'?apʃɔyən] (*senza -ge-*, *h*) aborrire; **~schieden** [-ʃiːdən] (*senza -ge-*, *h*) congedare; *Gesetz*: approvare; ***sich ~*** accomiatarsi, salutare; **2schiedung** *f* (-; *-en*) commiato *m*; saluti *m/pl* d'addio; *Gesetz*: approvazione *f*; varo *m*
ver'achten (*senza -ge-*, *h*) (di)sprezzare
Ver'achtung *f* (-; *senza pl*) disprezzo *m*
verallge'meinern [-?algə'mainərn] (*senza -ge-*, *h*) generalizzare
ver'altet [-'?altət] antiquato
Ve'randa [ve'randa] *f* (-; *-den*) veranda *f*
ver'änder|lich [fɛr'?ɛndərliç] variabile, mutabile; **~n** (*senza -ge-*, *h*) cambiare; **2ung** *f* (-; *-en*) cambiamento *m*
ver'an|lagen [-'?anlaːgən] (*senza -ge-*, *h*) tassare; ***gut veranlagt*** dotato, predisposto; **2lagung** *f* (-; *-en*) tassazione *f*; disposizione *f* intellettuale; inclinazione *f*; talento *m*; **~lassen** (*senza -ge-*, *h*) cagionare; ***j-n zu et ~*** indurre qu a qc; **2lassung** *f* (-; *-en*) motivo *m*; ***auf ~ von*** per iniziativa di; **~schlagen** (*senza -ge-*, *h*) valutare; **~stalten** [-ʃtaltən] (*senza -ge-*, *h*) preparare; *Fest*: organizzare; **2staltung** *f* (-; *-en*) preparazione *f*; organizzazione *f*; *Sport*: manifestazione *f*; **2staltungskalender** *m* calendario *m* delle manifestazioni
ver'antwort|en *v/t* (*senza -ge-*, *h*) rispondere di; **~lich** responsabile (***für*** di); *jur* ***gegenseitig ~*** solidario; **2ung** *f* (-; *-en*) responsabilità *f*; ***j-n zur ~ ziehen*** chiedere conto a qu, rendere qu responsabile; ***auf eigene ~*** a proprio rischio; **~ungslos** irresponsabile, incosciente
ver'arbeiten (*senza -ge-*, *h*) lavorare; elaborare; trasformare (***zu*** in); (*verbrauchen*) consumare; *geistig*: assimilare
ver'ärgern (*senza -ge-*, *h*) irritare
verarmen [-'?armən] (*senza -ge-*, *sn*) impoverire
Verb [vɛrp] *n* (*-s*; *-en*) verbo *m*
Ver'band *m* (*-[e]*; *=e*) legame *m*; (*Verein*) federazione *f*, lega *f*, associazione *f*; *med* fasciatura *f*; **~mull** *m* garza *f* idrofila; **~(s)kasten** *m* cassetta *f* del pronto soccorso
ver'bann|en [-'banən] (*senza -ge-*, *h*) esiliare; *fig* bandire; **2ung** *f* (-; *-en*) esi-

lio *m*
ver'bergen (*verbarg*, *verborgen*, *h*) nascondere
ver'besser|n (*senza -ge-*, *h*) migliorare; *Fehler*: correggere; **2ung** *f* (-; *-en*) miglioramento *m*; correzione *f*
ver'beug|en [-'bɔygən] ***sich ~*** (*senza -ge-*, *h*) inchinarsi; **2ung** *f* (-; *-en*) inchino *m*
ver'biegen (*verbog*, *verbogen*, *h*) storcere
ver'bieten (*verbot*, *verboten*, *h*) proibire, vietare
ver'bind|en (*verband*, *verbunden*, *h*) legare; collegare; (*vereinigen*) unire; congiungere; associare; *med* fasciare; *tel* mettere in comunicazione; **~lich** [-'bintliç] *econ* obbligatorio
Ver'bindung *f* (-; *-en*) collegamento *m*; *mit j-m*: relazione *f*; contatti *m/pl*; *fer*, *tel* comunicazione *f*; ***in ~ stehen mit*** (***j-m***) essere in contatto con (qu)
ver'bitten: ***sich*** (*dat*) ***et ~*** (*verbat*, *verbeten*, *h*) pregare di non fare qc; non tollerare qc, non ammettere qc
ver'bitter|t [-'bitərt] amareggiato; **2ung** *f* (-; *-en*) amarezza *f*; astio *m*
ver'blassen [-'blasən] (*senza -ge-*, *sn*) impallidire; *Stoff*: sbiadire
Ver'bleib [-'blaɪp] *m* (-[*e*]*s*; *senza pl*): ***nichts über den ~ einer Sache wissen*** non sapere dove sia rimasto (*od* andato a finire) qc; **2en** (*verblieb*, *verblieben*, *sn*) rimanere; restare; permanere
ver'bleit [-'blaɪt] *adj* con piombo
ver'blüff|en [-'blyfən] (*senza -ge-*, *h*) sbalordire; **~t** perplesso
ver'blühen (*senza -ge-*, *sn*) sfiorire
ver'bluten (*senza -ge-*, *sn*) perdere il sangue; dissanguarsi
ver'bohrt [-'boːrt] testardo, ostinato
ver'borgen **1.** *v/t* (*senza -ge-*, *h*) imprestare; **2.** *adj* nascosto; (*geheim*) segreto
Ver'bot [-'boːt] *n* (-[*e*]*s*; *-e*) divieto *m*; proibizione *f*; **~sschild** *n* segnale *m* di divieto
Ver'brauch *m* (-[*e*]*s*; *senza pl*) consumo *m*; **2en** (*senza -ge-*, *h*) consumare; **~er** *m* (*-s*; -) consumatore *m*; **~ermarkt** *m* ipermercato *m*; **~erschutz** *m* difesa *f* dei consumatori; **~erzentrale** *f* associazione *f* dei consumatori; **~sgüter** *n/pl* beni *m/pl* di consumo; **~ssteuer** *f* imposta *f* di consumo
Ver'brech|en [-'brɛçən] *n* (*-s*; -) delitt… *m*; **~er** *m* (*-s*; -), **~erin** *f* (-; *-nen*) delin… quente *m/f*; **2erisch** delittuoso
ver'breit|en (*senza -ge-*, *h*) diffonder… divulgare; ***sich ~ über*** (*acc*) diffonde… si su; **~ern** (*senza -ge-*, *h*) allargare
ver'brenn|en (*verbrannte*, *verbrann*… *v/t* (*h*), *v/i* (*sn*) bruciare; *Tote*: cremar… **2ung** *f* (-; *-en*) combustione *f*; (*Le*… *chen2*) cremazione *f*; **2ungsmotor** … motore *m* a combustione
ver'bringen (*verbrachte*, *verbracht*, … *Zeit*: passare, trascorrere
ver'brühen (*senza -ge-*, *h*) scottare
ver'buchen (*senza -ge-*, *h*) *econ* allibr… re, registrare
Ver'|bund [-'bunt] *m* (-[*e*]*s*; *-e*) unione … *tec* aderenza *f*; **2'bünden** [-'byndər… ***sich ~*** (*senza -ge-*, *h*) allearsi; **~'bü**… **dete** *m/f* (*-n*; *-n*) alleato *m*, -a *f*
Ver'bundsystem *n* sistema *m* co… pound
ver'bürgen garantire; ***sich ~ für*** … spondere di
Ver'dacht [-'daxt] *m* (-[*e*]*s*; *-e u* *⸗e*) s… spetto *m*; ***~ schöpfen*** insospettirsi
ver'dächtig [-'dɛçtiç] sospetto; **~**… [-'gən] (*senza -ge-*, *h*) sospettare … *jur* incolpare; **2ung** *f* (-; *-en*) sospet… *m*
ver'damm|en [-'damən] (*senza -ge-*, … condannare; **~t** maledetto; F ***~ noc***… ***mal!*** F maledizione!
ver'dampfen *v/i* (*senza -ge-*, *sn*) evap… rare
ver'danken (*senza ge-*, *h*) (*a* ***zu ~ h***… ***ben***) dovere; (*danken*) ringraziare
ver'dau|en [-'daʊən] (*senza -ge-*, *h*) … gerire; **~lich** digeribile; **2ung** *f* (-; *se*… *za pl*) digestione *f*
Ver'deck *n* (-[*e*]*s*; *-e*) *mar* coperta *f*; *A*… *to*: cappotta *f*; **2en** (*senza -ge-*, *h*) … prire; (*verbergen*) nascondere; *fig* … occultare
ver'derb|en [-'dɛrbən] (*verdarb*, *v*… *dorben*) **1.** *v/i* (*sn*) guastarsi; andar… male; **2.** *v/t* (*h*) guastare; rovinare; *s*… *lich*: corrompere; **2en** *n* (*-s*; *senza* … deterioramento *m*; rovina *f*; ***j-n in*** … ***stürzen*** mandar qu in rovina; **~li**… [-pliç] pernicioso; corruttibile; (*lei*… *verderbend*) deteriorabile
ver'deutlichen [-'dɔytliçən] (*sen*…

-ge-, *h*) chiarire

ver.di ***Vereinte Dienstleistungsgewerkschaft*** sindacato tedesco del settore dei servizi

ver'dicken [-'dikən] (*senza -ge-, h*) (*verdichten*) condensare; (*verstärken*) ispessire; (*dick machen*) ingrossare

ver'dien|en (*h*) meritare; *Geld*: guadagnare; ***sein Brot ~*** guadagnarsi la vita; **2er** *m* (-*s*; -) produttore *m* di reddito, chi guadagna

Ver'dienst¹ [-'di:nst] (-[*e*]*s*; -*e*) *n* merito *m*

Ver'dienst² *m* guadagno *m*; (*Nutzen*) profitto *m*; (*Lohn*) salario *m*

ver'doppeln [-'dɔpəln] (*senza -ge-, h*) raddoppiare

ver'dorben [-'dɔrbən] sciupato, guasto; *sittlich*: corrotto; *Luft*: viziato

ver'drängen (*senza -ge-, h*) scacciare

ver'drehen (*senza -ge-, h*) storcere; ***j-m den Kopf ~*** far perdere la testa a qu

ver'drücken (*senza -ge-, h*) sgualcire; F *fig* ***sich ~*** tagliare la corda

Ver'druss [-'drus] *m* (-*es*; *senza pl*) dispiacere *m*; (*Ärger*) dispetto *m*

ver'dunkel|n [-'duŋkəln] (*senza -ge-, h*) oscurare; *fig* offuscare; **2ung** *f* (-; -*en*) oscuramento *m* (antiaereo); *jur* occultamento *m*

ver'dünnen [-'dynən] (*senza -ge-, h*) assottigliare; *Luft*: rarefare; *Flüssigkeit*: diluire; *Wein, Kaffee*: allungare

ver'dunsten [-'dunstən] (*senza -ge-, sn*) evaporare

ver'dursten (*senza -ge-, sn*) morire di sete

ver'ehr|en (*senza -ge-, h*) venerare; (*anbeten*) adorare; ***j-m et ~*** offrire qc a qu; **2ung** *f* (-; *senza pl*) venerazione *f*; ammirazione *f*

ver'eidigen [-'ʔaɪdigən] *v/t* (*senza -ge-, h*) far giurare

Ver'ein [-'ʔaɪn] *m* (-[*e*]*s*; -*e*) società *f*, associazione *f*; unione *f*; **2baren** [-'ʔaɪnba:rən] (*senza -ge-, h*) mettersi d'accordo su; conciliare; (*übereinkommen*) combinare; **~barung** *f* (-; -*en*) accordo *m*

ver'ein|en (*senza -ge-, h*) unire; congiungere; ***mit vereinten Kräften*** unendo tutte le forze; ***die Vereinten Nationen*** le Nazioni Unite; **~fachen** [-faxən] (*senza -ge-, h*) semplificare; **~heitlichen** [-haɪtliçən] (*senza -ge-, h*) unificare; uniformare; standardizzare; **2heitlichung** *f* (-; -*en*) unificazione *f*; standardizzazione *f*; **~igen** (*senza -ge-, h*) unire; (*in Übereinstimmung bringen*) conciliare; **2igung** *f* (-; -*en*) unione *f*; (*Zusammentreffen*) riunione *f*

Vereinigte Staaten von Amerika [fɛr-'ʔaɪniçtə 'ʃtɑ:tən fɔn a'me:rika] *m/pl* Stati Uniti d'America *m/pl*

ver'einzelt [-'ʔaɪntsəlt] *adv* in casi isolati, sporadicamente

ver'eiteln [-'ʔaɪtəln] (*senza -ge-, h*) sventare; *Absicht*: deludere

ver'enden (*senza -ge-, sn*) *Tiere*: crepare

ver'erben (*senza -ge-, h*) lasciare (in eredità); *fig* trasmettere

ver'fahren (*verfuhr, verfahren*) **1.** *v/i* (*sn*) procedere; trattare (***mit j-m*** qu); **2.** *v/t* (*h*) *Geld*: spendere in viaggi; *Geschäft*: imbrogliare; ***sich ~*** smarrirsi; imbrogliarsi

Ver'fahren *n* (-*s*; -) procedimento *m*; (*Handlungsweise*) condotta *f*; tecnica *f*; *jur* procedura *f*, *gegen j-n*: processo *m*

Ver'fall *m* decadenza *f*; rovina *f*; *der Sitten*: corruzione *f*, depravazione *f*; *econ* scadenza *f*; **2en** *v/i* (*verfiel, verfallen, sn*) decadere; *Wechsel*: scadere; *arch* rovinare, andare in rovina; *körperlich*: deperire; **~sdatum** *n* data *f* di scadenza

ver'fälschen (*senza -ge-, h*) falsificare

ver'fass|en (*senza -ge-, h*) scrivere; *Artikel*: redigere; comporre; **2er** *m* (-*s*; -) autore *m*; **2ung** *f* (-; -*en*) composizione *f*; (*Zustand*) stato *m*; condizione *f*; (*Gemüts2*) umore *m*; *pol, econ* costituzione *f*, **~ungsgemäß** costituzionale; **~ungswidrig** anticostituzionale

ver'faulen (*senza -ge-, sn*) imputridire

ver'fehlen (*senza -ge-, h*) *Weg, Beruf*: sbagliare; *j-n*: non trovare; *Ziel*: fallire

ver'feinden [-'faɪndən]: ***sich ~*** (*senza -ge-, h*) inimicarsi

ver'feinern [-'faɪnərn] (*senza -ge-, h*) raffinare; ingentilire

ver'film|en (*senza -ge-, h*) filmare; **2ung** *f* (-; -*en*) versione *f* cinematografica

ver'flecht|en (*verflocht, verflochten, h*)

intrecciare; **2ung** *f* (-; *-en*) intrecciamento *m*; (*Wirtschafts2*) interdipendenza *f*; fusione *f*

ver'fluchen *v/t* (*senza -ge-, h*) maledire

verflüchtigen [-'flyçtigən] (*senza -ge-, h*) volatilizzare

ver'folg|en [-'fɔlgən] (*senza -ge-, h*) seguire; *Flüchtige*: inseguire; incalzare; *Zweck*: perseguire; *ungerecht*: perseguitare; *geistig*: tener dietro a, osservare; ***j-n gerichtlich ~*** procedere contro qu; **2ung** *f* (-; *-en*) inseguimento *m*; persecuzione *f*

ver'früht [-'fry:t] prematuro; anticipato

ver'füg|bar [-'fy:kba:r] disponibile; **~en** [-gən] (*senza -ge-, h*) **1.** *v/t* disporre, ordinare; **2.** *v/i* ~ ***über*** (*acc*) disporre di; **2ung** *f* (-; *-en*) disposizione *f*

ver'führ|en (*h*) sedurre; *sittlich*: corrompere; *zu et*: istigare; **2er** *m* (*-s*; -), **2erin** *f* (-; *-nen*) seduttore *m*, -trice *f*; corruttore *m*, -trice *f*; **2ung** *f* (-; *-en*) seduzione *f*; corruzione *f*; istigazione *f*

Ver'gangenheit [fɛr'gaŋənhaɪt] *f* (-; *senza pl*) passato *m*

ver'gänglich [-'gɛŋliç] passeggero, effimero; (*hinfällig*) caduco

Ver'gaser [-'ga:zər] *auto m* (*-s*; -) carburatore *m*

ver'geb|en (*vergab, vergeben, h*) (*weggeben*) dare (via); *Auftrag*: aggiudicare, assegnare; (*verzeihen*) perdonare; ***sich et ~*** perderci qc; compromettersi; **~ens** *adv* invano; **~lich** [-pliç] **1.** *adj* inutile, vano; **2.** *adv* invano

ver'gehen (*verging, vergangen, sn*) passare

Ver'gehen *n* (*-s*; -) *jur* trasgressione *f*; *schwer*: delitto *m*

verge'sellschaften [-gə'zɛlʃaftən] (*senza -ge-, h*) socializzare

ver'gessen [-'gɛsən] (*vergaß, vergessen, h*) dimenticare

ver'gesslich [-'gɛsliç] smemorato

verge'waltig|en [-gə'valtigən] (*senza -ge-, h*) violentare; **2ung** *f* (-; *-en*) stupro *m*, violenza *f* sessuale

verge'wissern [-gə'visərn]: ***sich ~*** (*senza -ge-, h*) accertarsi

ver'gießen (*senza -ge-, h*; → ***gießen***) spandere, versare

ver'gift|en [-'giftən] (*senza -ge-, h*) avvelenare; intossicare; **2ung** *f* (-; *-en*) avvelenamento *m*; intossicazione *f*

Ver'gissmeinnicht *bot* [-'gismaɪniçt] *n* (-[*e*]*s*; -[*e*]) nontiscordardimé *m*

ver'glasen [-'gla:zən] (*senza -ge-, h*) vetrificare; *Fenster*: mettere i vetri a

Ver'gleich *m* (-[*e*]*s*; *-e*) confronto *m*; *jur* accomodamento *m*; (*Ausgleich*) concordato *m*, transazione *f*; **2bar** paragonabile; **2en** (*verglich, verglichen, h*) paragonare (***mit*** con, a); *Streitende* metter d'accordo; **2sweise** in via di paragone

ver'gnügen [-'gny:gən] ***sich ~*** (*senza -ge-, h*) divertirsi; distrarsi

Ver'gnügen *n* (*-s*; -) piacere *m*; divertimento *m*; ***viel ~!*** buon divertimento!

Ver'gnügungspark *m* parco *m* di divertimenti

Ver'gnügungsviertel *n* quartiere *m* dei divertimenti

ver'golden (*senza -ge-, h*) (in)dorare

ver'graben (*vergrub, vergraben, h*) sotterrare

ver'griffen [-'grifən] esaurito

ver'größer|n [-'grø:sərn] (*senza -ge-, h*) ingrandire; **2ung** *f* (-; *-en*) ingrandimento *m*

Ver'günstigung [-'gynstiguŋ] *f* (-; *-en*) favore *m*; *econ* facilitazione *f*

ver'güt|en [-'gy:tən] (*senza -ge-, h*) *Schaden*: rifondere; *Geld*: rimborsare; ***j-m et ~*** indennizzare qu di qc; **2ung** *f* (-; *-en*) rifusione *f*; rimborso *m*; indennizzo *m*; (*Gehalt*) stipendio *m*

verh. ***verheiratet*** sposato

ver'haft|en (*senza -ge-, h*) arrestare; **2ung** *f* (-; *-en*) arresto *m*

ver'halten *v/t* (*verhielt, verhalten, h*) trattenere; (*unterdrücken*) reprimere; ***sich ~*** stare; (*sich benehmen*) comportarsi

Ver'halten *n* (*-s*; *senza pl*) contegno *m*, condotta *f*, comportamento *m*

Ver'hältnis [-'hɛltnis] *n* (*-ses*; *-se*) rapporto *m*; *persönliches*: rapporti *m/pl*; (*Liebes2*) relazione *f*; (*Lage*) situazione *f*; ***im ~ zu*** in rapporto a; **~se** *n/pl* condizioni *f/pl*; circostanze *f/pl*; **2mäßig** **1.** *adj* proporzionato; **2.** *adv* in proporzione; **~wahl** *f* elezione *f* secondo il sistema proporzionale; **~wahlrecht** *n* (-[*e*]*s*; *senza pl*) diritto *m* di voto proporzionale; **~wahlsystem** *n* sistema elettorale proporzionale

V

ver'hand|eln (*senza -ge-, h*) **1.** *v/t* negoziare; *jur* trattare *una causa*; **2.** *v/i* discutere (***über*** *acc* di); ***gerichtlich ~*** procedere giudiziariamente; **2lung** *f* (-; *-en*) trattativa *f*; *diplomatisch*: negoziazione *f*, negoziato *m*; *jur* dibattimento *m*

ver'häng|en (*senza -ge-, h*) coprire; *Konkurs*: dichiarare; *Strafe*: infliggere (***über*** *acc* a); **~nisvoll** fatale

ver'harren (*senza -ge-, h*) perseverare, persistere (***bei*** in)

ver'härten (*senza -ge-, h*) indurire

ver'heilen (*senza -ge-, sn*) guarire; rimarginarsi

ver'heimlichen [-'haımliçən] (*senza -ge-, h*) celare

ver'heiraten (*senza -ge-, h*) sposare; ***sich ~*** sposarsi; ***verheiratet sein*** essere sposato

ver'herrlichen [-'hɛrliçən] (*senza -ge-, h*) glorificare; esaltare

ver'hindern (*senza -ge-, h*) impedire

ver'höhnen [-'høːnən] (*senza -ge-, h*) schernire, dileggiare

Ver'hör [-'høːr] *n* (-[*e*]*s*; *-e*) interrogatorio *m*, **2en** *v/t* (*senza -ge-, h*) interrogare; *Zeugen*: udire, esaminare; ***sich ~*** capire male

ver'hungern (*senza -ge-, sn*) morire di fame

ver'hüt|en (*senza -ge-, h*) evitare; prevenire, scongiurare; (*bewahren*) preservare; (*verhindern*) impedire; **2ung** *f* (-; *senza pl*) prevenzione *f*, profilassi *f*; **2ungsmittel** *n* anticoncezionale *m*, contraccettivo *m*

ver'irren [fɛr'ʔirən]: ***sich ~*** (*senza -ge-, h*) smarrirsi; *fig* traviarsi

ver'jähr|t [-'jɛːrt] caduto in prescrizione; **2ung** *f* (-; *-en*) prescrizione *f*; **2ungsfrist** *f* termine *m* di prescrizione

ver'kabel|n (*senza -ge-, h*) cablare; **2ung** *f* (-; *-en*) cablaggio *m*

ver'kalk|t [-'kalkt] calcificato; *med* sclerotico; **2ung** *f* (-; *-en*) calcificazione *f*; *med* sclerosi *f*

verkalku'lieren: ***sich ~*** (*senza -ge-, h*) sbagliare il calcolo; *fig* far male i propri calcoli

Ver'kauf [-'kauf] *m* (-[*e*]*s*; *Verkäufe*) vendita *f*; **2en** (*senza -ge-, h*) vendere

Ver'käuf|er *m* (*-s*; -) venditore *m*; *Laden*: commesso *m*; **~erin** *f* (-; *-nen*) venditrice *f*; commessa *f*

Ver'kaufs|leiter *m* direttore *m* delle vendite; **2offen** *adj* aperto; ***~er Samstag*** *sabato in cui i negozi sono aperti anche il pomeriggio*; **~preis** *m* prezzo *m* di vendita; **~stand** *m* banco *m* di vendita

Ver'kehr [-'keːr] *m* (*-s*; *senza pl*) movimento *m*, circolazione *f*; (*Straßen2*) traffico *m* (stradale); (*Beziehung*) relazione *f*; **2en** *v/i* (*senza -ge-, h*) *mit j-m*: essere in relazione; ***bei j-m ~*** frequentare qu; (*Verbindung unterhalten*) essere in relazione (con); (*sn*) *Züge*: andare, circolare

Ver'kehrs|ader *f* arteria *f*; **~ampel** *f* semaforo *m*; **~aufkommen** *n* densità *f* del traffico; **~büro** *n* ufficio *m* viaggi; **~chaos** *n* paralisi *f* del traffico; **~dichte** *f* intensità *f* del traffico; **~flugzeug** *n* aereo *m* passeggieri; **~meldung** *f* informazione *f* radiofonica sulle condizioni del traffico; **~minister** *m* ministro *m* dei Trasporti; **~mittel** *n* mezzo *m* di trasporto; **~polizei** *f* polizia *f* stradale; **~polizist** *m* vigile *m* urbano; agente *m* di polizia stradale; **~regeln** *f/pl* norme *f/pl* del traffico; **~regelung** *f* regolamento *m* stradale; **2reich** molto frequentato; **~schild** *n* cartello *m* stradale; **~stockung** *f* ingorgo *m*, congestione *f* del traffico; **~unfall** *m* incidente *m* stradale; **~verbindungen** *pl* collegamenti *m/pl* stradali; **~verbund** *m* associazione *f* di imprese di trasporti; **2widrig** [-'keːrsviːdriç] antiregolamentare; **~zeichen** *n* cartello *m* indicatore; segnale *m* stradale

ver'kehrt [-'keːrt] **1.** *adj* rovesciato; ***~e Seite*** *f* rovescio *m*; **2.** *adv* alla rovescia; *fig* in modo errato, sbagliatamente

ver'klagen (*senza -ge-, h*) querelare

ver'klapp|en *ecol* (*h*) scaricare a mare; **2ung** *f ecol* scarica *f* a mare

ver'kleiner|n [-'klaınərn] (*senza -ge-, h*) rimpiccolire; diminuire, ridurre; (*herabsetzen*) denigrare; ***verkleinerter Maßstab*** *m* scala *f* ridotta; **2ung** *f* (-; *-en*) rimpicciolimento *m*; riduzione *f*; detrazione *f*

V

ver'klingen (*verklang, verklungen, sn*) andar perdendosi

ver'knüpfen [-'knypfən] (*senza -ge-, h*) annodare; *fig* congiungere

ver'kommen 1. *v/i* (*verkam, verkommen, sn*) deperire; *moralisch*: abbrutire; (*verderben*) deteriorarsi; **2.** *adj* decaduto; depravato
ver'körper\|n [-'kœrpərn] (*senza -ge-, h*) personificare; *fig* rappresentare; incarnare; **2ung** *f* (-; *-en*) personificazione *f*; incarnazione *f*
ver'kraften F (*senza -ge-, h*) sopportare, superare; reggere a
ver'krampft [-'krampft] contratto; *fig* imbarazzato
ver'kriechen: ***sich ~*** (*verkroch, verkrochen, h*) rintanarsi, nascondersi
ver'krüppelt [-'krypəlt] storpiato
ver'kümmern *v/i* (*senza -ge-, sn*) intristire; rattrappire
ver'künd(ig)en (*senza -ge-, h*) annunciare; *feierlich*: proclamare; *Urteil*: pronunciare
ver'kürzen (*senza -ge-, h*) accorciare; (*vermindern*) ridurre; diminuire; *Zeit*: ingannare
ver'laden (*verlud, verladen, h*) caricare; *mar* imbarcare
Ver'lag [-'la:k] *m* (-[*e*]*s*; *-e*) casa *f* editrice
ver'lagern (*senza -ge-, h*) spostare
Ver'lags\|katalog *m* catalogo *m* delle pubblicazioni; **~wesen** *n* (*-s*; *senza pl*) editoria *f*
ver'langen (*senza -ge-, h*) **1.** *v/t* domandare; richiedere; pretendere; **2.** *v/i* ***nach et ~*** desiderare qc; ***nach j-m ~*** domandare di qu
Ver'langen *n* (*-s*; *senza pl*) (vivo) desiderio *m*
ver'länger\|n [-'lɛŋərn] (*senza -ge-, h*) allungare; *Frist*: prolungare; **2ung** *f* (-; *-en*) allungamento *m*; prolungamento *m*
ver'langsamen [-'laŋza:mən] (*senza -ge-, h*) rallentare; ritardare
ver'lassen 1. *v/t* (*verließ, verlassen, h*) abbandonare; *j-n a*: piantare; ***sich auf j-n ~*** fare affidamento su qu, fidarsi di qu, confidare in qu; **2.** *adj* abbandonato
Ver'lauf *m* (-[*e*]*s*; *Verläufe*) corso *m*; svolgimento *m*; **2en** *v/i* (*verlief, verlaufen, sn*) scorrere; ***gut ~*** andare bene; ***sich ~*** (*h*) smarrirsi; perdersi; *Menge*: sperdersi
ver'leben (*senza -ge-, h*) passare
ver'legen 1. *v/t* (*senza -ge-, h*) spostare trasportare; *Geschäft*: trasferire (*falsch legen*) smarrire; non rimettere al suo posto; *e-n Weg*: sbarrare; *Buch* pubblicare; **2.** *adj* impacciato, confuso; timido
Ver'leger [-'le:gər] *m* (*-s*; -) editore *m*
Ver'legung *f* (-; *-en*) trasferimento *m* *zeitlich*: spostamento *m*; *tec* posa *f*; installazione *f*
ver'leiden (*senza -ge-, h*): ***j-m et ~*** fa perdere la voglia a qu di qc, rovinare il gusto a qu di qc; *Freude*: turbare
Ver'leih [fɛr'laɪ] *m* (-[*e*]*s*; *senza pl*) prestito *m*, noleggio *m*; *Film*: distribuzione *f*; **2en** (*verlieh, verliehen, h*) prestare; dare a noleggio; ***verliehen*** *Buch*: in lettura, a prestito
ver'leiten (*senza -ge-, h*) *zu et*: istigare indurre
ver'lernen (*senza -ge-, h*) disimparare
ver'letz\|en (*senza -ge-, h*) ferire; (*beleidigen*) offendere; *Gesetze*: violare *Pflicht*: mancare a; *Ehre*: ledere **2ung** *f* (-; *-en*) lesione *f*; (*Wunde*) ferita *f*; *jur* violazione *f*; infrazione *f*
ver'leugnen (*senza -ge-, h*) rinnegare (*nicht anerkennen*) sconfessare; disconoscere; ***sich ~ lassen*** far dire che non si è in casa
ver'leumden [-'lɔʏmdən] (*senza -ge-, h*) calunniare
ver'lieb\|en: ***sich ~*** (*senza -ge-, h*) innamorarsi (***in*** *acc* di); **~t** [-pt] innamorat
ver'lieren [-'li:rən] (*verlor, verloren, h*) perdere
ver'loben (*senza -ge-, h*): ***sich ~*** fidanzarsi
ver'lobt [-'lo:pt] fidanzato
Ver'lobung [-buŋ] *f* (-; *-en*) fidanzamento *m*
ver'loren [-'lo:rən] perduto
ver'los\|en (*senza -ge-, h*) sorteggiare estrarre (a sorte); **2ung** *f* (-; *-en*) sorteggio *m*, estrazione *f* (a sorte)
ver'löten (*senza -ge-, h*) saldare
Ver'lust [-'lust] *m* (-[*e*]*s*; *-e*) perdita *econ* deficit *m inv*; disavanzo *m*
Ver'mächtnis [-'mɛçtnis] *n* (*-ses*; *-s*) lascito *m*; testamento *m*
Vermählung *f* (-; *-en*) sposalizio *m*
ver'mehr\|en (*senza -ge-, h*) aumentar ***sich ~*** moltiplicarsi, crescere; **2ung** (-; *-en*) aumento *m*; moltiplicazione

ver'meid|bar [-'maɪtbɑːr] evitabile; **~en** [-dən] (*vermied, vermieden, h*) evitare; scansare

Ver'merk [-'mɛrk] *m* (-[*e*]*s*; -*e*) nota *f*; **2en** (*senza -ge-, h*) notare

ver'mess|en **1.** *v/t* (*vermaß, vermessen, h*) misurare; **2.** *adj* temerario; **2ung** *f* (-; -*en*) misurazione *f*; (*Feldvermessung*) agrimensura *f*

ver'miet|en (*senza -ge-, h*) affittare; *Gegenstand*: dare a nolo; **2er** *m* (-*s*; -), **2erin** *f* (-; -*nen*) locatore *m*, -trice *f*; noleggiatore *m*, -trice *f*

ver'mindern (*senza -ge-, h*) diminuire; ridurre

ver'missen [-'misən] (*senza -ge-, h*) non trovare; dare per disperso; *schmerzlich*: sentire la mancanza di

ver'mitt|eln [-'mitəln] (*senza -ge-, h*) servire da mediatore in; (*verschaffen*) procurare; *Kenntnisse*: comunicare; *tel* mettere in comunicazione; **2ler** *m* (-*s*; -) intermediario *m*; mediatore *m*; **2lung** *f* (-; -*en*) mediazione *f*; accomodamento *m*; negoziazione *f*; conciliazione *f*; intervento *m*; *tel* centralino *m*, (*das Vermitteln*) smistamento *m*

Ver'mögen [-'møːgən] *n* (-*s*; -) potere *m*; (*senza pl*) *geistig*: facoltà *f*; (*Besitz*) fortuna *f*, sostanza *f*, patrimonio *m*

Ver'mögens|beratung [-'møːgənsbəraːtuŋ] *f* consulenza *f* patrimoniale; **~steuer** *f* imposta *f* sul patrimonio; **~werte** *pl* fondi *m/pl* patrimoniali

ver'mummen [-'mumən] (*senza -ge-, h*) camuffare; (*maskieren*) mascherare

ver'mut|en [-'muːtən] (*senza -ge-, h*) supporre, presumere; **~lich** presumibile, presunto; (*wahrscheinlich*) probabile; **2ung** *f* (-; -*en*) supposizione *f*; sospetto *m*

ver'nachlässigen [-'naːxlɛsigən] (*senza -ge-, h*) trascurare

ver'narben [-'narbən] (*senza -ge-, sn*) cicatrizzarsi

ver'nehm|en *v/t* (*vernahm, vernommen, h*) intendere; (*wahrnehmen*) percepire; *jur* interrogare; **2ung** *f* (-; -*en*) interrogatorio *m*

ver'neigen [-'naɪgən]: ***sich ~*** (*senza -ge-, h*) inchinarsi

ver'nein|en [fɛr'naɪnən] (*senza -ge-, h*) negare; *Fragen*: rispondere negativamente a; **2ung** *f* (-; -*en*) negazione *f*

ver'nicht|en [-'niçtən] (*senza -ge-, h*) annientare; (*zerstören*) distruggere; (*ausrotten*) sterminare; **2ung** *f* (-; -*en*) annientamento *m*, distruzione *f*; sterminio *m*

Ver'nunft [-'nunft] *f* (-; *senza pl*) ragione *f*; ***~ annehmen*** mettere giudizio; ***zur ~ bringen*** far mettere giudizio

ver'nünftig [-'nynftiç] ragionevole; (*besonnen*) sensato; ***~ werden*** mettere giudizio

ver'öden [-'ʔøːdən] (*senza -ge-, sn*) diventare deserto; spopolarsi

ver'öffentlich|en [-'ʔœfəntliçən] (*senza -ge-, h*) pubblicare; *Gesetz*: promulgare; **2ung** *f* (-; -*en*) pubblicazione *f*

ver'ord|nen (*senza -ge-, h*) ordinare; prescrivere; **2nung** *f* (-; -*en*) ordinanza *f*; ordine *m*; *med* ordinazione *f*; prescrizione *f*; ricetta *f*

ver'pacht|en (*senza -ge-, h*) dare in affitto; appaltare; **2ung** *f* (-; -*en*) appalto *m*

ver'pack|en (*senza -ge-, h*) impacchettare; imballare; **2ung** *f* (-; -*en*) imballaggio *m*, confezione *f*; **2ungsmaterial** *n* materiale *m* da imballaggio

ver'passen (*senza -ge-, h*) perdere; *j-n*: non incontrare; *et*: lasciarsi sfuggire, perdere

ver'pfänden (*senza -ge-, h*) impegnare; *Grundstück*: ipotecare

ver'pflanzen (*senza -ge-, h*) trapiantare

ver'pfleg|en (*senza -ge-, h*) alimentare, dare da mangiare; *mit Speisen*: mantenere; **2ung** *f* (-; *senza pl*) alimentazione *f*; mantenimento *m*; (*Kost*) vitto *m*; vettovagliamento *m*

ver'pflicht|en [-'pfliçtən] (*senza -ge-, h*) impegnare; obbligare; ***sich ~ zu*** obbligarsi a; **2ung** *f* (-; -*en*) obbligo *m*; impegno *m*

ver'prügeln (*senza -ge-, h*) bastonare, F riempire di botte

ver'putzen [-'putsən] (*senza -ge-, h*) *arch* intonacare

ver'quollen [-'kvɔlən] gonfio

Ver'rat [-'raːt] *m* (-[*e*]*s*; *senza pl*) tradimento *m*; **2en** (*verriet, verraten, h*) tradire; *Geheimnis*: svelare, rivelare

Ver'räter [-'rɛːtər] *m* (-*s*; -), **~in** *f* (-; -*nen*), **2isch** traditore *m*, -trice *f*

ver'rechn|en (*senza -ge-, h*) calcolare; mettere in conto; ***sich ~*** sbagliare i calcoli; contare male; *fig* sbagliarsi; **2ung** *f* (-; *-en*) computo *m*; *econ* compensazione *f*, clearing *m*; ***nur zur ~*** da accreditare; **2ungsscheck** *m* assegno *m* sbarrato (*od* da accreditare)

ver'reis|en *v/i* (*senza -ge-, sn*) partire, andare in viaggio; **~t** in viaggio, partito

ver'renk|en [-'rɛŋkən] (*senza -ge-, h*) slogare; **2ung** *f* (-; *-en*) slogatura *f*, lussazione *f*

ver'riegeln [-'riːgəln] *v/t* (*senza -ge-, h*) chiudere col chiavistello; *fig* sbarrare

ver'ringern [-'riŋərn] (*senza -ge-, h*) diminuire, ridurre

ver'rosten (*senza -ge-, sn*) arrugginire, ossidarsi

ver'rücken (*senza -ge-, h*) spostare

ver'rückt [fɛ'rykt] pazzo

Vers [fɛrs] *m* (*-es; -e*) verso *m*; (*Strophe*) strofa *f*

ver'sagen [-'zaːgən] (*senza -ge-, h*) **1.** *v/t* mancare all'impegno; *j-m et*: rifiutare; **2.** *v/i* mancare, fallire; *tec* non funzionare; *Kräfte*: venire a mancare

Ver'sagen *n* (*-s; senza pl*) rifiuto *m*; fallimento *m*; *med* disfunzione *f*

ver'salzen (*senza -ge-, h*) salar troppo; *fig* guastare

ver'samm|eln (*senza -ge-, h*) radunare; riunire; **2lung** *f* (-; *-en*) adunanza *f*; riunione *f*; *pol* assemblea *f*

Ver'sand [-'zant] *m* spedizione *f*; invio *m*; (*Ausfuhr*) esportazione *f*; **~abteilung** *f* reparto *m* spedizione; **2fertig** condizionato; ***~ machen*** condizionare; **~haus** *n* ditta *f* di vendite per corrispondenza; **~hauskatalog** *m* catalogo *m* di vendita per corrispondenza

ver'säumen *v/t* (*senza -ge-, h*) trascurare; (*unterlassen*) tralasciare, omettere; *Zug, Zeit*: perdere; *Pflicht*: mancare a; ***nicht ~, zu*** (*inf*) non mancare di (*inf*)

ver'schaffen (*senza -ge-, h*) procurare, procacciare

ver'schämt [-'ʃɛːmt] vergognoso; (*verlegen*) confuso

ver'schärfen (*senza -ge-, h*) inasprire; aggravare, intensificare; **2ung** *f* (-; *-en*) inasprimento *m*; aggravamento *m*

ver'schätzen: ***sich ~*** (*senza -ge-, h*) valutare male, sbagliare i conti

ver'schenken (*senza -ge-, h*) dare in regalo; regalare

ver'schicken (*senza -ge-, h*) spedire; mandare, inviare

ver'schieben (*verschob, verschoben h*) spostare; (*aufschieben*) differire, ri mandare; *Züge*: manovrare; *Waren* vendere di sottomano

ver'schieden [-'ʃiːdən] diverso, diffe rente; **~e** *pl* (*mehrere*) diversi, vari

ver'schießen (*verschoss, verschossen* **1.** *v/i* (*sn*) sbiadire; **2.** *v/t* (*h*) esaurir le munizioni

ver'schimmeln (*senza -ge-, sn*) am muffire

ver'schlafen 1. *v/t* (*verschlief, verschla fen, h*): ***die Zeit ~*** alzarsi troppo tardi ***et ~*** perdere qc per avere dormito trop po; *fig* dimenticare qc; **2.** *adj* assonna to; mezzo addormentato

ver'schlechter|n [-'ʃlɛçtərn] (*senz -ge-, h*) peggiorare (*a* ***sich ~***); **2ung** (-; *-en*) peggioramento *m*

ver'schleiern [-'ʃlaɪərn] (*senza -ge-, h* velare; *fig* occultare

Ver'schleiß [-'ʃlaɪs] *m* (*-es; senza pl* (*Abnutzung*) logoramento *m*; *körper lich*: logorio *m*; **2en** (*verschliss, ver schlissen, h*) logorare

ver'schleppen (*senza -ge-, h*) *j-n*: por tar via con la violenza; sequestrare deportare; *Krankheit*: non curare (*aufschieben*) tirare per le lunghe

ver'schließen [-'ʃliːsən] (*verschlos verschlossen, h*) chiudere

ver'schlimmern [-'ʃlimərn] (*senz -ge-, h*): (***sich***) ~ peggiorare

ver'schlingen (*verschlang, verschlu gen, h*) *ineinander*: intrecciare; (*hinu terschlucken*) inghiottire, trangugiar

ver'schlossen [-'ʃlɔsən] *adj* chiuso; *f* riservato; ***hinter ~en Türen*** a port chiuse

ver'schlucken (*senza -ge-, h*) inghiott re; ***ich habe mich verschluckt*** m andato qc per traverso

Ver'schluss *m* (*-es; ⸚e*) chiusura *f*; *f* otturatore *m*; ***unter ~*** sotto chiave

ver'schmähen [-'ʃmɛːən] (*senza -ge h*) disprezzare; sdegnare; *Arbeit*: rifi tare

ver'schmelzen (*verschmolz, ve schmolzen*) **1.** *v/t* (*h*) fondere; **2.** (*sn*) fondersi

ver'schmerzen *v/t* (*senza -ge-, h*) co solarsi di

ver'schmutz|en (*senza -ge-, h*) insuc

ciare; *ecol* inquinare; **≈ung** *f* (-; *-en*) insudiciamento *m*; *ecol* inquinamento *m*
ver'schnaufen: **sich ~** (*senza -ge-, h*) riprender fiato
ver'schneit [-'ʃnaɪt] coperto di neve
ver'schnüren (*senza -ge-, h*) legare
ver'schollen [-'ʃɔlən] scomparso; *mil* disperso
ver'schönern [-'ʃøːnərn] (*senza -ge-, h*) abbellire
ver'schreib|en (*verschrieb, verschrieben, h*) *Arznei*: prescrivere; **sich ~** sbagliarsi (a scrivere); **~ungspflichtig** *adj* soggetto a prescrizione medica
ver'schrotten [-'ʃrɔtən] (*senza -ge-, h*) ridurre in rottami
ver'schuld|en (*senza -ge-, h*) **1.** causare; avere la colpa di; ***et verschuldet haben*** aver fatto qc; ***er hat es verschuldet!*** la colpa è sua!; **sich ~** indebitarsi; **2. ≈en** *n* (*-s*; *senza pl*) colpa *f*; **~et** *adj* indebitato; **≈ung** *f* (-; *-en*) colpa *f*; indebitamento *m*; debiti *m/pl*
ver'schütten [-'ʃytən] (*senza -ge-, h*) versare; *Graben*: colmare; (*begraben*) seppellire
ver'schweigen (*verschwieg, verschwiegen, h*) tacere
ver'schwend|en [-'ʃvɛndən] (*senza -ge-, h*) scialare, dissipare; *Vermögen*: dilapidare; *Zeit*: perdere; sprecare; **~erisch 1.** *adj* prodigo; **2.** *adv* a profusione
ver'schwiegen [-'ʃviːgən] taciturno, riservato; segreto
ver'schwinden *v/i* (*verschwand, verschwunden, sn*) sparire, scomparire
ver'schwör|en: **sich ~** (*verschwor, verschworen, h*) congiurare; cospirare; **≈ung** *f* (-; *-en*) congiura *f*; cospirazione *f*
ver'sehen [-'zeːən] *v/t* (*versah, versehen, h*) accudire a; ***mit et*** **~** provvedere (*od* dotare) di qc; **sich ~** (*irren*) sbagliarsi
ver'sehen *n* (*-s*; -) svista *f*, inavvertenza *f*; errore *m*, equivoco *m*
ver'sehrt [fɛr'zeːrt] invalido
ver'senden (*versandte, versandt, h*) spedire; mandare, inviare
ver'senken [-'zɛŋkən] (*senza -ge-, h*) sommergere, immergere (*a fig*); *mar* affondare; *Sarg*: calare
ver'setz|en (*senza -ge-, h*) spostare; rimuovere; *Beamte*: trasferire; *Schüler*: promuovere; *Bäume*: trapiantare; *in e-e Lage bringen*: mettere; ***in den Ruhestand*** **~** mettere in riposo; ***sich in j-s Lage*** **~** mettersi nei panni di qu; **≈ung** *f* (-; *-en*) spostamento *m*; trasposizione *f*; trasferimento *m*; (*Schüler*) promozione *f*
ver'seuch|en [-'zɔʏçən] (*senza -ge-, h*) infestare, contaminare; **≈ung** *f* (-; *-en*) contaminazione *f*; *der Luft*: inquinamento *m*
Ver'sicher|er [-'ziçərər] *m* (*-s*; -) assicuratore *m*; **≈n** (*senza -ge-, h*) assicurare; (*behaupten*) affermare, asserire; **~te** *m/f* (*-n*; *-n*) assicurato *m*, -a *f*; **~ung** *f* (-; *-en*) assicurazione *f*; ***e-e ~ abschließen*** stipulare un'assicurazione
Ver'sicherungs|agent [-'ziçəruŋsʔ-agɛnt] *m* agente *m* d'assicurazione; **~anstalt** *f* istituto *m* d'assicurazione; **~gesellschaft** *f* compagnia *f* (*od società f*) d'assicurazione; **~karte** *f Auto*: carta *f* verde; **~marke** *f* marchetta *f* d'assicurazione; **~nehmer** *m* (*-s*; -) assicurato *m*; **~police** [-poliːsə] *f* (-; *-n*), **~schein** *m* polizza *f* d'assicurazione
ver'sickern [-'zikərn] (*senza -ge-, sn*) infiltrarsi; trapelare
ver'siegen (*senza -ge-, sn*) esaurirsi
ver'sinken (*versank, versunken, sn*) sprofondare
ver'söhn|en [-'zøːnən] (*senza -ge-, h*) riconciliare; **≈ung** *f* (-; *-en*) riconciliazione *f*
ver'sorg|en (*senza -ge-, h*) provvedere (***mit*** di); (*Stelle verschaffen*) collocare; **≈ung** *f* (-; *senza pl*) mantenimento *m*; cura *f*; rifornimento *m*; approvvigionamento *m*; (*Lebensmittel≈*) vettovagliamento *m*; alimentazione *f*; **≈ungsengpass** *m*, **≈ungslücke** *f*, **≈ungsschwierigkeit** *f* difficoltà *f/pl* di rifornimento
ver'spät|en [-'ʃpɛːtən]: **sich ~** (*senza -ge-, h*) ritardarsi; far tardi; *fer* essere in ritardo; **≈ung** *f* (-; *-en*) ritardo *m*; ***~ haben*** essere in ritardo
ver'spielen *v/t* (*senza -ge-, h*) perdere al gioco
ver'spotten (*senza -ge-, h*) schernire, ridicolizzare; beffarsi *od* burlarsi di; F prendere in giro
ver'sprech|en (*versprach, verspro-*

chen, *h*) promettere; **2en** *n* (*-s*; -), **2ung** *f* (-; *-en*) promessa *f*

ver'spritzen (*senza -ge-*, *h*) spruzzare; spargere; *Blut*: versare

ver'staatlich|en [-'ʃtaːtliçən] (*senza -ge-*, *h*) nazionalizzare; **2ung** *f* (-; *-en*) nazionalizzazione *f*

Ver'stand [-'ʃtant] *m* (-[*e*]*s*; *senza pl*) intelletto *m*; *praktischer*: intelligenza *f*; (*Vernunft*) ragione *f*; (*Sinn*) senso *m*; (*Urteilskraft*) giudizio *m*

ver'standesmäßig ragionevole

ver'ständ|ig [-'ʃtɛndiç] intelligente; ragionevole; **~igen** [-gən] (*senza -ge-*, *h*) far intendere; informare (**von** di); **sich ~** intendersi; **2igung** *f* (-; *senza pl*) *pol* intesa *f*; spiegazione *f*; **~lich** [-tliç] comprensibile; (*deutlich*) chiaro; **schwer ~** difficile da capire; **allgemein ~** alla portata di tutti

Vers'tändnis [-tnis] *n* (*-ses*; *senza pl*) intelligenza *f*; **2los** senza comprensione; **2voll** comprensivo; *adv* con comprensione

ver'stärk|en (*senza -ge-*, *h*) rinforzare, rafforzare; *fig a* intensificare; **2er** *m* (*-s*; -) amplificatore *m*; **2ung** *f* (-; *-en*) rafforzamento *m*

ver'stauben (*senza -ge-*, *sn*) impolverarsi

ver'stauchen [-'ʃtaʊxən] (*senza -ge-*, *h*) storcere, slogare

Ver'steck [-'ʃtɛk] *n* (-[*e*]*s*; *-e*) nascondiglio *m*; **2en** (*senza -ge-*, *h*) nascondere (**vor** *dat* da)

ver'stehen (*verstand*, *verstanden*, *h*) capire, comprendere; intendere; (*können*) sapere; **er versteht keinen Spaß** con lui non si scherza; **sich mit j-m ~** intendersela con qu

ver'steifen (*senza -ge-*, *h*) *tec* rinforzare; **sich ~** irrigidirsi; **sich ~ auf** (*acc*) *fig* ostinarsi in, incaponirsi su; volere a tutti i costi

ver'steiger|n [-'ʃtaɪgərn] (*senza -ge-*, *h*) mettere all'asta; vendere all'incanto; **2ung** *f* (-; *-en*) asta *f*

ver'steinern (*senza -ge-*, *h*) pietrificare; *fig* impietrire

ver'stell|bar spostabile; **~en** (*senza -ge-*, *h*) spostare; **sich ~** fingere

ver'steuern *v/t* (*senza -ge-*, *h*) pagare l'imposta per; (*seitens des Staates*) mettere un'imposta su

ver'stopf|en (*senza -ge-*, *h*) *Loch*: tap pare, turare; *Nase*: intasare; *Leib*: co stipare; **~t** *med* stitico; **2ung** *f* (-; *-en* ostruzione *f*; intasamento *m*; costipa zione *f*, stitichezza *f*

ver'storben [-'ʃtɔrbən] defunto

ver'stört [-'ʃtøːrt] turbato; *Aussehen* sconvolto

Ver'stoß [-'ʃtoːs] *m* (*-es*; *⸚e*) mancanz *f* (**gegen** *acc* verso); contravvenzione (a); **2en** (*verstieß*, *verstoßen*, *h*) **1.** *v* scacciare; *Kinder*: rinnegare; *Frau*: ri pudiare; **2.** *v/i* mancare; **gegen da Gesetz ~** trasgredire la legge

ver'streichen (*verstrich*, *verstrichen*) *v/i* (*sn*) trascorrere; *Termin*: scadere; *v/t* (*h*) spalmare, stendere; *Ritzen*: o turare

ver'streuen (*senza -ge-*, *h*) spargere sparpagliare

ver'stümmeln [-'ʃtyməln] (*senza -ge* *h*) mutilare (*a fig*)

ver'stummen [-'ʃtumən] (*senza -ge* *sn*) ammutolire

Ver'such [-'zuːx] *m* (-[*e*]*s*; *-e*) tentativ *m*; *wissenschaftlicher*: esperimento *n* **2en** *v/t* (*senza -ge-*, *h*) tentare (*a fig* provare (*a kosten*), assaggiare; **~** *inf* cercare di *inf*; **2sweise** in via esperimento; **~ung** *f* (-; *-en*) tentazi ne *f*; **in ~ führen** indurre in tentazion

ver'tag|en (*senza -ge-*, *h*) aggiornar **2ung** *f* (-; *-en*) aggiornamento *m*, ri vio *m*

ver'tauschen (*senza -ge-*, *h*) cambia

ver'teidig|en [-'taɪdigən] (*senza -ge-*, difendere; **2er** *m* (*-s*; -) difensore **2ung** *f* (-; *senza pl*) difesa *f*

ver'teil|bar distribuibile; ripartibil **~en** (*senza -ge-*, *h*) distribuire; ripar re; **2ung** *f* (-; *-en*) distribuzione *f*

ver'tief|en [-'tiːfən] (*senza -ge-*, *h*) a profondire; **sich ~** diventare profo do; *fig* immergersi; **2ung** *f* (-; *-en*) a profondimento *m*

verti'kal [verti'kaːl] verticale

ver'tilgen [fɛr'tilgən] (*senza -ge-*, sterminare; (*ausrotten*) estirpare; (*au löschen*) cancellare; F mangiarsi, pa parsi

ver'tonen [-'toːnən] (*senza -ge-*, mettere in musica; musicare; *Film*: s norizzare

Ver'trag [-'traːk] *m* (-[*e*]*s*; *⸚e*) contrat

m; *pol* trattato *m*
ver'tragen *v/t* (*vertrug*, *vertragen*, *h*) (*ertragen*) sopportare; *Speisen*: poter digerire; *Alkohol*: reggere a; ***sich ~*** andare d'accordo
ver'traglich [-'trɑːkliç] contrattuale
Ver'trags|händler *m* concessionario *m*; **~partner** *m* parte *f* contraente; **~werkstatt** *f* officina *f* convenzionata
ver'trauen *v/i* (*senza -ge-*, *h*): ***j-m ~*** fidarsi di qu; ***auf et*** (*acc*) **~** confidare in qc
Ver'trauen *n* (*-s*; *senza pl*) fiducia *f*; *bei Mitteilungen*: confidenza *f*; ***im ~ sagen*** dire in confidenza; ***im ~ gesagt*** detto fra noi; ***~ haben zu*** avere fiducia in
Ver'trauens|frage [-'trauənsfrɑːgə] *f*: ***die ~ stellen*** porre la questione di fiducia; **~stellung** *f* posto *m* di fiducia; **2voll** fiducioso
ver'traulich confidenziale; (*intim*) intimo; familiare; **~!** riservato!
ver'traut [-'traʊt] familiare; *Freund*: intimo; ***mit et ~ sein*** avere dimestichezza con qc; ***sich ~ machen*** familiarizzarsi
ver'treiben (*vertrieb*, *vertrieben*, *h*) cacciare; *Langeweile*: far passare; *Zeit*: ingannare; *Waren*: spacciare
ver'tret|en (*vertrat*, *vertreten*, *h*) sostituire; rimpiazzare; ***j-n ~ od j-s Stelle ~*** rappresentare qu, fare le veci di qu; *Meinung*, *Interessen*: sostenere; difendere; **2er** *m* (*-s*; *-*) rappresentante *m*; *im Amt*: sostituto *m*; **2ung** *f* (*-*; *-en*) rappresentanza *f*; *im Amt*: supplenza *f*; **~ungsweise** in rappresentanza
Ver'trieb *m* (*-*[*e*]*s*; *senza pl*) (*Verkaufsstelle*) spaccio *m*; (*Verkauf*) vendita *f*; (*das Absetzen*) smercio *m*
Ver'triebs|abteilung *f* ufficio *m* vendite; **~leiter** *m*, **~leiterin** *f* direttore *m*, -trice *f* delle vendite
ver'trocknen (*senza -ge-*, *sn*) inaridirsi, seccare
ver'trösten (*senza -ge-*, *h*) consolare; ***j-n auf et*** (*acc*) **~** fare sperare qc a qu
ver'un|glücken (*senza -ge-*, *sn*) rimanere vittima di una disgrazia; (*sterben*) perire in una disgrazia; **2glückte** *m/f* (*-n*; *-n*) infortunato *m*, -a *f*; sinistrato *m*, -a *f*; **~reinigen** (*senza -ge-*, *h*) insudiciare, sporcare, lordare; *Luft*, *Wasser*: inquinare; *fig* contaminare; **~treuen** [-trɔyən] (*senza -ge-*, *h*) malversare; sottrarre; rubare
ver'ur|sachen [-'ʔuːrzaxən] (*senza -ge-*, *h*) causare, provocare, cagionare; **~teilen** [-'ʔurtaɪlən] (*senza -ge-*, *h*) condannare; **2teilung** *f* (*-*; *-en*) condanna *f*
ver'vielfältig|en [-'fiːlfɛltigən] (*senza -ge-*, *h*) moltiplicare; *fot*, *tip* riprodurre; **2ung** *f* (*-*; *-en*) moltiplicazione *f*; riproduzione *f*
ver'vollkommnen [-'fɔlkɔmnən] (*senza -ge-*, *h*) perfezionare
ver'vollständigen [-'fɔlʃtɛndigən] (*senza -ge-*, *h*) completare
verw. ***verwitwet*** vedovo
ver'wahr|en [-'vɑːrən] (*senza -ge-*, *h*) custodire; (*sichern*) assicurare; ***sich ~*** premunirsi (***gegen*** contro); **~lost** [-loːst] trascurato, malandato
ver'waist [-'vaɪst] orfano
ver'walt|en [-'valtən] (*senza -ge-*, *h*) amministrare; **2er** *m* (*-s*; *-*), **2erin** *f* (*-*; *-nen*) amministratore *m*, -trice *f*; **2ung** *f* (*-*; *-en*) amministrazione *f*; **2ungskosten** *pl* spese *f/pl* d'amministrazione
ver'wand|eln (*senza -ge-*, *h*) trasformare; *in Geld*: convertire; *in Staub*: ridurre; *e-e Strafe*: commutare; **2lung** *f* (*-*; *-en*) trasformazione *f*; cambio *m*; conversione *f*; riduzione *f*; commutazione *f*
ver'wandt [-'vant] affine (***mit*** a); (*familien~*) parente (***mit*** di), imparentato (***mit*** con); **2e** *m/f* (*-n*; *-n*) parente *m/f*; **2schaft** *f* (*-*; *senza pl*) parentela *f*; *fig* affinità *f*; analogia *f*
ver'wechs|eln (*senza -ge-*, *h*) scambiare, confondere; **2(e)lung** *f* (*-*; *-en*) equivoco *m*; scambio *m*, confusione *f*
ver'weichlichen [-'vaɪçliçən] (*senza -ge-*, *h*) effeminare; rammollire; *Kinder*: viziare
ver'weiger|n (*senza -ge-*, *h*) rifiutare; **2ung** *f* (*-*; *-en*) rifiuto *m*
Ver'weis [-'vaɪs] *m* (*-es*; *-e*) ammonizione *f*; (*Tadel*) rimprovero *m*; rabbuffo *m*; (*Hinweis*) rinvio *m* (***auf*** *acc* a); **2en** [-zən] (*verwies*, *verwiesen*, *h*) ammonire; rimproverare; (*hinweisen*) rimandare; **~ung** *f* (*-*; *-en*) rinvio *m*; espulsione *f*; relegazione *f*

ver'welken (*senza -ge-, sn*) appassire
ver'wend|bar [-'vɛntbaːr] adoperabile; utilizzabile; buono a; **~en** [-dən] (*verwandte/verwendete, verwandt/verwendet, h*) impiegare; (*gebrauchen*) adoperare; **Ձung** *f* (-; -*en*) impiego *m*; uso *m*; ***keine ~ haben für*** non saper che fare di
ver'werf|en (*verwarf, verworfen, h*) rigettare; (*tadeln*) riprovare; **~lich** riprovevole; *jur* ricusabile
ver'werten (*senza -ge-, h*) utilizzare
ver'wes|en [-'veːzən] *v/i* (*senza -ge-, sn*) putrefarsi; decomporsi; **Ձung** *f* (-; *senza pl*) putrefazione *f*; decomposizione *f*
ver'wickeln [-'vikəln] (*senza -ge-, h*) intricare, ingarbugliare; *j-n in et*: implicare
ver'wilder|n [-'vildərn] (*senza -ge-, sn*) inselvatichire; **~t** *Feld*: abbandonato, incolto
ver'wirklich|en [-'virkliçən] (*senza -ge-, h*) effettuare, realizzare; **Ձung** *f* (-; -*en*) realizzazione *f*
ver'wirr|en [-'virən] (*senza -ge-, h*) aggrovigliare; (*Unordnung bringen*) mettere in disordine; *j-n*: confondere; **~t** imbrogliato, confuso; **Ձung** *f* (-; -*en*) groviglio *m*; disordine *m*; confusione *f*, sconcerto *m*, disorientamento *m*
ver'wischen (*senza -ge-, h*) cancellare
ver'wittern [-'vitərn] (*senza -ge-, sn*) essere roso dal tempo; guastarsi (per l'azione dell'aria); *chim* venire in efflorescenza
ver'witwet [-'vitvət] vedovo, vedova
ver'wöhnen [-'vøːnən] (*senza -ge-, h*) viziare
ver'worren [-'vɔrən] *adj* imbrogliato; *fig* confuso
ver'wundbar [-'vuntbaːr] vulnerabile
ver'wunden (*senza -ge-, h*) ferire
ver'wundern (*senza -ge-, h*) stupire; meravigliare; ***es ist nicht zu ~*** non c'è da meravigliarsi
Ver'wund|ete [-'vundətə] *m/f* (-*n*; -*n*) ferito *m*, -a *f*; **~ung** [-duŋ] *f* (-; -*en*) ferimento *m*; (*Wunde*) ferita *f*
ver'wunschen [-'vunʃən] incantato
ver'wünschen *v/t* (*senza -ge-, h*) maledire; stregare
ver'wurzelt [-'vurtsəlt] radicato
ver'wüsten [-'vyːstən] (*senza -ge-, h*) devastare
ver'zählen: ***sich ~*** (*senza -ge-, h*) sbagliare contando
ver'zaubern (*senza -ge-, h*) incantare; ***~ in*** (*acc*) trasformare in
ver'zehren [-'tseːrən] (*senza -ge-, h*) consumare; (*essen*) mangiare; ***sich ~*** *fig* struggersi, rodersi
ver'zeichn|en (*senza -ge-, h*) (*aufzeichnen*) annotare; (*eintragen*) registrare; **Ձis** *n* (-*ses*; -*se*) lista *f*; elenco *m*
ver'zeih|en [fɛrtsaɪən] (*verzieh, verziehen, h*) perdonare; **Ձung** *f* (-; *senza pl*) perdono *m*; ***~!*** scusi tanto!; ***um ~ bitten*** chiedere perdono
ver'zerr|en [-'tsɛrən] (*senza -ge-, h*) contorcere; sfigurare; **Ձung** *f* (-; -*en*) contorcimento *m*; sfiguramento *m*
ver'zetteln [-'tsɛtəln] (*senza -ge-, h*) sparpagliare; ***sich ~*** *fig* perdersi
ver'zichten [-'tsiçtən] (*senza -ge-, h*) rinunciare (***auf*** *acc* a)
ver'ziehen [-'tsiːən] (*verzog, verzogen*) **1.** *v/t* (*h*) torcere; *Kinder*: viziare; **2.** ***sich ~*** (*h*) contrarsi; *Holz*: piegarsi; F andarsene; **3.** *v/i* (*sn*) cambiar casa
ver'zier|en (*senza -ge-, h*) ornare; **Ձung** *f* (-; -*en*) ornamento *m*
ver'zins|en [-'tsinzən] (*senza -ge-, h*) ***et mit 5% ~*** pagare per qc un interesse del 5%; ***sich mit 5% ~*** fruttare il 5%; **Ձung** *f* (-; -*en*) reddito *m*; interessi *m/pl*
ver'zöger|n (*senza -ge-, h*) ritardare; ***sich ~*** tardare, andare per le lunghe; **Ձung** *f* (-; -*en*) ritardo *m*, differimento *m*
ver'zollen [-tsɔlən] *v/t* (*senza -ge-, h*) sdoganare; ***haben Sie et zu ~?*** ha qc da dichiarare?
ver'zweifeln (*senza -ge-, sn*) disperare (***an*** *dat* di); disperarsi
ver'zweigen [-'tsvaɪgən]: ***sich ~*** (*senza -ge-, h*) ramificarsi
Vete'ran [vete'raːn] *m* (-*en*; -*en*) veterano *m*
Veteri'när [veteri'nɛːr] *m* (-*s*; -*e*) veterinario *m*
'Veto ['veːto] *n* (-*s*; -*s*): ***sein ~ einlegen*** porre il veto
'Vetter ['fɛtər] *m* (-*s*; -*n*) cugino *m*; **'~nwirtschaft** *f* (-; *senza pl*) nepotismo *m*
vgl. ***vergleiche*** paragona

V

v. g. u. ***vorgelesen, genehmigt, unterschrieben*** letto, approvato, firmato
VHS ***Volkshochschule*** Università Popolare
vi'brieren [vi'bri:rən] (*senza ge-, h*) vibrare
'Video ['vi:deo] *n* (*-s; -s*) video *m*; **'~film** *m* videofilm *m*; **'~kamera** *f* videocamera *f*; **'~kassette** *f* videocassetta *f*; **'~rekorder** ['-rekɔrdər] *m* (*-s; -*) videoregistratore *m*; **~'thek** [-'te:k] *f* (*-; -en*) videoteca *f*
Vieh [fi:] *n* (*-[e]s; senza pl*) bestiame *m*; *fig* bruto *m*; (***Stück*** *n*) **~** capo *m* di bestiame; bestia *f*; **'~futter** *n* foraggio *m*; **'~händler** *m* commerciante *m* di bestiame; **'≈isch** ['fi:iʃ] bestiale; **'~zucht** *f* allevamento *m* di bestiame; **'~züchter** *m* allevatore *m* di bestiame
viel [fi:l] (***mehr; meist***) molto; tanto; ***wie*** **~** quanto; ***zu*** **~** troppo; ***sehr*** **~** moltissimo; *Vergnügen, Glück*: grande; ***et zu ~, ein bisschen ~*** un po' troppo; **~** ***sagend*** espressivo; **~** ***versprechend*** molto promettente; **'~er'lei** ['-lər'laı] ogni specie di; **'~fach** ['-fax] **1.** *adj* molteplice; **2.** *adv* ripetutamente; **'~farbig** multicolore; **~'leicht** forse; **~!** può darsi!; **'~mals** ['-ma:ls] spesso; *danken, grüßen*: vivamente; **'~mehr** anzi, piuttosto, per contro; **'~sagend** *adj* espressivo; **'~seitig** ['-zaıtiç] multilaterale; *Geist*: versatile; *Bildung*: vasto; **'~versprechend** *adj* molto promettente; **'≈völkerstaat** *m* stato *m* plurinazionale
vier [fi:r] *adj* quattro; ***auf allen ~en*** carponi
Vier *f* (*-; -en*) quattro *m*
Vier|eck ['fi:rʔɛk] *n* (*-[e]s; -e*) quadrilatero *m*
vier|eckig ['fi:rʔɛkiç] quadrangolare; quadrato; **'~fach** ['-fax] quadruplo; **'~jährig** ['-jɛriç] di quattro anni; **'~mal** quattro volte; **'~motorig** quadrimotore; **'~sitzig** ['-zitsiç] a quattro posti; **'~stöckig** [-ʃtœkiç] di quattro piani; **'≈taktmotor** *m* motore *m* a quattro tempi; **'~te** quarto; ***am ~n Juni*** il quattro giugno
Viertel ['firtəl] *n* (*-s; -*) quarto *m*; (*Stadt≈*) quartiere *m*; ***drei*** **~** ***fünf*** le quattro e tre quarti; **~** ***nach zehn*** le dieci e un quarto; **~** ***vor zehn*** le dieci meno un quarto; **~'jahr** *n* trimestre *m*; **'≈jährig** [-jɛ:riç] di tre mesi; **≈'jährlich** **1.** *adj* trimestrale; **2.** *adv* ogni tre mesi; **~'stunde** *f* quarto *m* d'ora; **≈'stündlich** ogni quarto d'ora
'viertens ['fi:rtəns] in quarto luogo
'vierzehn ['firtse:n] quattordici; **~** ***Tage*** *m/pl* quindici giorni *m/pl*
'vierzig ['firtsiç] quaranta; **'~jährig** quarantenne; **'~ste** quarantesimo
Vietnam [vjɛt'nam] *n* Vietnam *m*
Vig'nette [vın'jɛtə] *f* (*-; -n*) *öst, Schweiz*: bollino *m* autostradale
'Villa ['vila] *f* (*-; Villen*) villa *f*
vio'lett [vio'lɛt] violetto
Vio'lin|e [-'li:nə] *f* (*-; -n*) violino *m*; **~'ist** [-li'nist] *m* (*-en; -en*), **~'istin** *f* (*-; -nen*) violinista *m/f*
virtu'os [virtu'o:s] virtuoso; **≈e** [-'o:zə] *m* (*-n; -n*), **≈in** *f* (*-; -nen*) virtuoso *m*, -a *f*
'Virus ['vi:rus] *n, m* (*-; Viren*) virus *m*
Vi'sier [vi'zi:r] *n* (*-s; -e*) visiera *f*; *am Gewehr*: mira *f*
Vi'sion [viz'jo:n] *f* (*-; -en*) visione *f*
Vi'site [-'zi:tə] *f* (*-; -n*) visita *f*; **~nkarte** *f* biglietto *m* da visita
'Visum ['vi:zum] *n* (*-s; Visa od Visen*) visto *m*
vi'tal [vi'ta:l] vitale; **≈i'tät** [-tali'tɛ:t] *f* (*-; senza pl*) vitalità *f*
Vita'min [vita'mi:n] *n* (*-s; -e*) vitamina *f*
Vi'trine [vi'tri:nə] *f* (*-; -n*) vetrina *f*
'Vizekanzler ['fi:tsəkantslər] *m* vice-cancelliere *m*
v. J. ***vorigen Jahres*** dell'anno passato
v. M. ***vorigen Monats*** del mese scorso
'Vogel ['fo:gəl] *m* (*-s; ⸚*) uccello *m*; **'≈frei** fuori legge; **'~futter** *n* becchime *m*; **'~grippe** *f* influenza *f* aviaria; **'~haus** *n* uccelliera *f*; **'~nest** *n* nido *m* d'uccelli; **'~netz** *n* rete *f* per gli uccelli; **'~perspektive** *f*: ***aus der*** **~** a volo d'uccello; **'~scheuche** *f* spauracchio *m*; **'~warte** *f* stazione *f* ornitologica
Vo'kabel [vo'ka:bəl] *f* (*-; -n*) vocabolo *m*
Vo'kal [vo'ka:l] *m* (*-s; -e*) vocale *f*
Volk [fɔlk] *n* (*-[e]s; ⸚er*) popolo *m*; nazione *f*; (*senza pl*) (*Pöbel*) volgo *m*; plebe *f*
'Völker|kunde ['fœlkərkundə] *f* (*-; senza pl*) etnologia *f*; **'~recht** *n* (*-s; senza pl*) diritto *m* internazionale; **'≈recht-**

V

lich *adj* di diritto internazionale; **'~verständigung** *f* (-; *senza pl*) intesa *f* fra i popoli; **'~wanderung** *f* (-; *-en*) migrazione *f* dei popoli; *als hist Ereignis*: invasione *f* dei barbari

'Volks|abstimmung ['fɔlksˀapʃtimuŋ] *f* referendum *m*, plebiscito *m*; **'~charakter** *m* carattere *m* nazionale; **'~entscheid** *m* plebiscito *m*; **'~fest** *n* festa *f* popolare; **'~gunst** *f* popolarità *f*; **'~hochschule** *f* università *f* popolare; **'~kunst** *f* arte *f* popolare; **'~lied** *n* canzone *f* popolare; **'~schule** *f* scuola *f* elementare; **'~stamm** *m* tribù *f*; **'~tanz** *m* danza *f* popolare; **'~tracht** *f* costume *m* nazionale; **'≈tümlich** ['-ty:mliç] popolare; **'~vertreter** *m* rappresentante *m* del popolo; **'~wirtschaft** *f* economia *f* politica; **'~wirtschaftler** *m*, **'~wirtschaftlerin** *f* economista *m/f*; **'≈wirtschaftlich** economico; **'~zählung** *f* censimento *m*

Volksrepublik China ['fɔlksrepubli:k 'çi:na] *f* Repubblica Popolare Cinese *f*

voll [fɔl] pieno (*a fig*); (*ganz*) intero, totale, completo; ***in ~en Zügen*** a grandi sorsi; ***in ~em Ernst*** con tutta serietà; → ***vollfüllen***; → ***vollmachen*** *etc.*

'voll|auf in abbondanza; **'≈beschäftigung** *f* (-; *senza pl*) piena occupazione *f*; **~'bringen** (*irr, senza -ge-, h,* → ***bringen***) compiere; *jur* perpetrare; **'≈dampf** *m*: ***mit ~*** a tutto vapore; **~'enden** (*senza -ge-, h*) terminare; compiere; **~'endet** terminato; (*vollkommen*) perfetto; **~e *Tatsache*** *f* fatto *m* compiuto; **'~ends** ['-lɛnts] interamente; specialmente; **≈'endung** *f* (-; *senza pl*) compimento *m*; perfezionamento *m*; **~'führen** (*senza -ge-, h*) eseguire; **'~füllen** *v/t* (*sep, -ge-, h*) colmare; **'≈gas** *n*: ***~ geben*** *Auto*: spingere il motore a tutta velocità; ***mit ~*** a tutto gas

'völlig ['fœliç] interamente, completamente

'voll|jährig ['fɔljɛ:riç] maggiorenne; **'≈jährigkeit** *f* (-; *senza pl*) maggiore età *f*; **'≈kaskoversicherung** *f* assicurazione *f* contro tutti i rischi, polizza *f* casco; **~'kommen** perfetto; **'≈kornbrot** *n* pane *m* integrale; **'~machen** *v/t* (*sep, -ge-, h*) colmare, completare; ***e-e Summe ~*** arrotondare una cifra; **'≈macht** *f* (-; *-en*) pieni poteri *m/pl*; *jur, econ* procura *f*, delega *f*; **'≈milch** *f* latte *m* intero; **'≈mond** *m* luna *f* piena, plenilunio *m*; **'≈pension** *f* (-; *senza pl*) pensione *f* completa; **'~schlank** corpacciuto; **'~ständig** completo; **~'strecken** (*senza -ge-, h*) eseguire, dar esecuzione a; **≈'streckung** *f* (-; *-en*) esecuzione *f*; **'~tanken** *v/t* (*sep, -ge-, h*) fare il pieno; **'≈text** *m inform* testo *m* completo; **'≈textsuche** *f inform* ricerca *f* nel testo completo; **'≈versammlung** *f* seduta *f* plenaria; **'~wertig** ['-ve:rtiç] che ha pieno valore; **'~zählig** ['-tsɛ:liç] completo; *Sitzung*: in numero; **~'ziehen** (*irr, senza -ge-, h,* → ***ziehen***) eseguire; *Vertrag*: ratificare; **≈'zug** *m* (-[*e*]*s*; *senza pl*) esecuzione *f*

Volon|'tär [volɔn'tɛ:r] *m* (*-s*; *-e*) stagista *m*; praticante *m*; **~tari'at** [volɔntari'a:t] *n* (*-s*; *-e*) stage *m*; praticantato *m*

Volt [vɔlt] *n* (- *u* -[*e*]*s*; -) volta *m*

Vo'lumen [vo'lu:mən] *n* (*-s*; - *u -mina*) volume *m*; capacità *f*

vom [fɔm] = ***von dem***

von [fɔn] *prp* **1.** di; ***Bürgermeister ~ Rom*** sindaco *m* di Roma; ***e-r ~ uns*** uno di noi; ***~ wem sprechen Sie?*** di chi parla?; ***der Größte ~ allen*** il più grande di tutti; **2.** da (*passiv, Trennung*); ***~ allen gelobt*** lodato da tutti; ***ich komme ~ zu Hause*** vengo da casa; ***~ wem haben Sie es erhalten?*** da chi lo ha ricevuto?; ***was wollen Sie ~ mir*** che vuole da me?; ***~ außen*** dal di fuori; ***~ innen*** dal di dentro; ***~ den Alpen bis …*** dalle Alpi sino a …; **3.** (*mit adv od prp*) ***~ heute an*** da oggi in poi; ***~ wo*** di dove; ***~ dort*** di là; **4.** ***ein Freund ~ mir*** un mio amico; ***es war ein Fehler ~ Ihnen*** fu uno sbaglio da parte Sua; **~ei'nander** [-ˀaɪ'nandər] uno dell'altro (*od* dall'altro)

vor [fɔ:r] (*mit dat od mit acc*) **1.** *räumlich*: ***~ dem*** (*od* ***das***) ***Haus*** davanti alla casa; ***~ allen*** davanti a tutti; ***~ allem*** soprattutto; **2.** *zeitlich*: ***~ drei Uhr*** prima delle tre; ***~ drei Stunden*** tre ore fa; ***zehn ~ vier*** le quattro meno dieci; ***~ kurzem*** poco tempo fa; **3.** *angesichts*: davanti a; al cospetto di; ***~ der ganzen Welt*** davanti a tutto il mondo; **4.** *Ursache*: di, da; ***~ Hunger sterben*** morire di fame; ***~ Freude*** di gioia; **5.** ***sich ~ e***

V

(*dat*) **hüten** guardarsi da qc; ~ **Gericht** in tribunale; ~ **et** (*dat*) **schützen** proteggere contro qc

'Vorabend ['foːrʔɑːbənt] *m* vigilia *f*; **am ~ von** alla vigilia di

vo'ran [foː'ran] avanti; **~gehen** (*irr, sep, -ge-, sn,* → **gehen**) andare avanti; avere la precedenza; **mit gutem Beispiel ~** dare il buon esempio; **~kommen** (*irr, sep, -ge-, sn,* → **kommen**) andare avanti, procedere

'Voranmeldung ['foːrʔanmɛlduŋ] *f tel* preavviso *m*

'Voranzeige ['foːrʔantsaɪgə] *f* preavviso *m*

'Vorarbeit ['-ʔarbaɪt] *f* lavoro *m* preparatorio; **'2en** (*sep, -ge-, h*) preparare un lavoro; *fig* preparare il campo

vo'raus [-'raʊs] avanti; **im Voraus** anticipatamente; in anticipo; *im Brief, formell*: **vielen Dank im Voraus** ringraziandoLa fin d'ora; **~datieren** (*sep, senza -ge-, h*) antidatare; **~gehen** (*irr, sep, -ge-, sn,* → **gehen**) andare avanti; *fig* precedere; **~gesetzt**: **~, dass** supposto che; alla condizione che; **~haben**: **er hat mir viel voraus** mi supera in molte cose; **2sage** *f* predizione *f*, *med* pronostico *m*; **~sagen** (*sep, -ge-, h*) predire; **~sehen** (*irr, sep, -ge-, h,* → **sehen**) prevedere; **2setzung** *f* (-; *-en*) presupposto *m*, premessa *f*; (*Bedingung*) condizione *f*; **~sichtlich** probabile, presumibile; **2zahlung** *f* pagamento *m* anticipato

'Vorbedingung *f* condizione *f* preliminare; premessa *f*

'Vorbehalt ['-bəhalt] *m* (-[*e*]*s*; *-e*) riserva *f*; **2en** (*irr, sep, -ge-, h,* → **behalten**) riservare; **2los** senza riserva

vor'bei [foːrbaɪ] *örtlich*: davanti (**an** *dat* a); *zeitlich*: passato; **es ist sechs Uhr ~** sono le sei passate; **~ sein** esser finita (**mit j-m** per qu); **~fahren** (*irr, sep, -ge-, sn,* → **fahren**), **~gehen** (*irr, sep, -ge-, sn,* → **gehen**), **~kommen** (*irr, sep, -ge-, sn,* → **kommen**) passare (**an** *dat* davanti a); **~lassen** (*irr, sep, -ge-, h,* → **lassen**) lasciar passare

'Vorbeimarsch *m* sfilata *f*

'Vorbemerkung ['foːrbəmɛrkuŋ] *f* avvertenza *f*

'vorbereit|en (*sep, senza -ge-, h*) preparare; **'2ung** *f* (-; *-en*) preparativo *m*

'vorbestell|en (*sep, senza -ge-, h*) prenotare; farsi riservare; **2ung** *f* prenotazione *f*

'vorbestraft pregiudicato

'vorbeug|en ['-bɔygən] (*sep, -ge-, h*) **1.** *v/i* (*dat*) prevenire; **2.** *v/t* piegare in avanti; **'2ung** *f* (-; *-en*) prevenzione *f*; *med* profilassi *f*; **'2ungsmaßnahmen** *f/pl* misure *f/pl* preventive

'Vorbild *n* (-[*e*]*s*; *-er*) modello *m*; esempio *m*; ideale *m*; (*Urbild*) prototipo *m*; **'2lich** esemplare; tipico

'vor|bringen (*irr, sep, -ge-, h,* → **bringen**) produrre; *Meinungen*: manifestare; *Vorschläge*; avanzare; *Worte*: proferire; **'~datieren** (*sep, senza -ge-, h*) antidatare

'vorder ['fɔrdər] di davanti; anteriore; **'2achse** *f* asse *f* anteriore; **'2ansicht** *f* facciata *f*; **2grund** *m* (-[*e*]*s*; *senza pl*) primo piano *m*; **in den ~ treten** salire in primo piano; **'2rad** *n* ruota *f* anteriore; **'2seite** *f* parte *f* anteriore; *arch* facciata *f*; **'2st**: **der Vorderste** il più avanzato; il primo; il più avanti; **'2teil** *n* parte *f* anteriore

'vor|drängen ['foːrdrɛŋən] (*sep, -ge-, h*) spingere avanti; **sich ~** farsi avanti; *fig* mettersi in vista, **'~dringen** (*irr, sep, -ge-, sn,* → **dringen**) avanzare, andare innanzi; **'2druck** *m* (-[*e*]*s*; *-e*) modulo *m*, formulario *m*

'voreilig precipitato; *Person*: precipitoso

'vorenthalten: **j-m et ~** (*irr, sep, senza -ge-, h,* → **enthalten**) ritenere (ingiustamente) qc a qu; (*verheimlichen*) nascondere qc a qu

'vorfahr|en (*irr, sep, -ge-, sn,* → **fahren**) precedere; **bei j-m ~** passare davanti alla casa di qu, fermarsi davanti a qu; **'2t** *f* precedenza *f*; **die ~ beachten** rispettare la precedenza; **'2tsrecht** *n* diritto *m* di precedenza; **'2tsstraße** *f* strada *f* con diritto di precedenza

'Vorfall *m* (-[*e*]*s*; *Vorfälle*) accaduto *m*; (*Ereignis*) avvenimento *m*; *med* prolasso *m*; **'2en** (*irr, sep, -ge-, sn,* → **fallen**) accadere, succedere

'vorführ|en ['foːrfyrən] (*sep, -ge-, h*) condurre davanti a; (*zur Schau*) presentare; *Gründe, Beweise*: addurre, allegare; *Film*: proiettare; *tea* rappresentare; **'2ung** *f* (-; *-en*) esibizione *f*,

presentazione *f*; dimostrazione *f*; *tea* rappresentazione *f*; *Film*: proiezione *f*
'Vor|gang *m* (-[*e*]*s*; *Vorgänge*) svolgimento *m*; caso *m*; *tec* procedimento *m*; (*Akten*2) pratica *f*; **~'gänger** [-'gɛŋər] *m* (-*s*; -), **~'gängerin** *f* (-; -*nen*) predecessore *m*, -a *f*; **'2geben** (*irr, sep, -ge-, h,* → ***geben***) sostenere, pretendere; *fälschlich*: dare ad intendere; **'2gehen 1.** *v/i* (*irr, sep, -ge-, sn,* → ***gehen***) andare avanti; *fig* avere la precedenza; *mit et*: procedere; **2. ~gehen** *n* (-*s*; *senza pl*) modo *m* di procedere, procedimento *m*
'Vorge|schichte *f* (-; *senza pl*) antefatto *m*; preistoria *f*; **'~schmack** *m* (-[*e*]*s*; *senza pl*) assaggio *m*; idea *f*; **'~setzte** ['-zɛtstə] *m/f* (-*n*; -*n*) superiore *m/f*
'vorgestern l'altro ieri
'vor|greifen (*irr, sep, -ge-, h,* → ***greifen***) anticipare; *Fragen, Rechten*: pregiudicare; **'~haben** (*irr, sep, -ge-, h,* → ***haben***) avere davanti (a sé); (*planen*) progettare, intendere; ***was haben Sie heute vor?*** che progetti ha per oggi?; **'2haben** *n* (-*s*; -) intenzione *f*; progetto *m*
'vorhalt|en (*irr, sep, -ge-, h,* → ***halten***) **1.** *v/t* tenere davanti; (*vorwerfen*) rinfacciare; **2.** *v/i* bastare; (*dauern*) durare; **'2ung** *f* (-; -*en*) rimostranza *f*, rimprovero *m*
vor'handen [-'handən] esistente; ***~ sein*** esserci; esistere
'Vorhang *m* (-[*e*]*s*; *Vorhänge*) (*Fenster*2) tenda *f*; *tea* sipario *m*
'Vorhängeschloss *n* lucchetto *m*
'vor'her ['-'he:r] prima; (*im Voraus*) in anticipo; **2bestimmung** *f* (-; *senza pl*) predisposizione *f*; predestinazione *f*; **~gehen** (*irr, sep, -ge-, sn,* → ***gehen***) precedere; **~gehend** precedente, antecendente, anteriore
'Vorherrschaft *f* (-; *senza pl*) predominio *m*; supremazia *f*; egemonia *f*
Vor'her|sage *f* (-; -*n*) previsione *f*; **2sagen** (*sep, -ge-, h*) predire; **2sehen** (*irr, sep, -ge-, h,* → ***sehen***) prevedere
'vorhin ['-hin] or ora, poco fa
'Vorhinein ['fo:rhinaın]: ***im ~*** fin dal principio; in anticipo; già prima
'vor|ig precedente; *Jahr*: passato; scorso; ***~es Mal*** l'altra volta, la volta scorsa (*od* passata); **'2jahr** *n* anno *m* precedente; ***im ~*** l'anno scorso; **'2kasse** *f* pagamento *m* anticipato; **'2kehrung** ['-ke:ruŋ] *f* (-; -*en*) disposizione *f*, misura *f*; **'2kenntnis** *f* cognizione *f* preliminare; ***~se haben*** esser pratico
'vorkomm|en *v/i* (*irr, sep, -ge-, sn,* → ***kommen***) (*zum Vorschein kommen*) apparire; (*geschehen*) succedere; (*sich finden*) trovarsi
'Vorkommen *n* (-*s*; -) accaduto *m*; *econ, mil* presenza *f*
'Vorkommnis *n* (-*ses*; -*se*) fatto *m*, caso *m*
'Vorladung *f* (-; -*en*) citazione *f*; invito *m* a presentarsi; mandato *m* di comparizione
'Vor|lage *f* (-; -*n*) presentazione *f*; (*Gesetzes*2) progetto *m* (di legge); **'2lassen** (*irr, sep, -ge-, h,* → ***lassen***) far (*od* lasciar) passare; *in j-s Gegenwart*: ammettere; **'2läufig** provvisorio; *adv* per ora; **'2laut** indiscreto, invadente intromettente
'vorlegen (*sep, -ge-, h*) presentare; (*unterbreiten*) sottoporre; *Schloss*: mettere
'vorles|en (*irr, sep, -ge-, h,* → ***lesen***) leggere (ad alta voce); **2ung** *f* (-; -*en*) (*Vortrag*) conferenza *f*; (*Universitäts*2) lezione *f*
'vor|letzt penultimo; **'2liebe** *f* (-; -*n*) predilezione *f* (***für*** per); **~liegen** (*irr, sep, -ge-, h,* → ***liegen***) (*vorhanden sein*) esserci; esistere; **~liegend** presente; **'~machen** (*sep, -ge-, h*) (*zeigen*) mostrare, far vedere; **'2machtstellung** *f* (-; -*en*) egemonia *f*, supremazia *f*; preponderanza *f*; **'2marsch** *m* avanzata *f*; offensiva *f*; **'~merken** (*sep, -ge-, h*) prenotare; prendere nota, annotare
vorm. ***vormals*** già; ex; ***vormittags*** a mattino
'Vormittag *m* mattina(ta) *f*; ***im Laufe des ~s*** in mattinata; **'2s** di mattina
'Vormund *m* (-[*e*]*s*; -*e*, *Vormünder*) tutore *m*
vorn [fɔrn] davanti; *im Buch*: sul principio; ***nach ~*** in avanti; ***nach ~ hinaus*** sul davanti; ***von ~*** dal davanti; (*gesehen*) di faccia; ***von ~*** (*angefangen*) da capo; ***von ~ bis hinten*** da cima a fondo
'Vorname *m* nome *m* (di battesimo)
'vornehm ['fo:rne:m] distinto; (*adlig*

nobile; **~en** (*irr, sep, -ge-, h,* → ***nehmen***) mettersi a fare; ***sich et ~*** proporsi qc
vornhe'rein ['fɔrnhɛraɪn]: ***von ~*** fin da principio, dall'inizio
Vorort ['foːrˀɔrt] *m* sobborgo *m*; **~(s)zug** *m* treno *m* suburbano
Vor|rang *m* (-[*e*]*s*; *senza pl*) precedenza *f*; **'~rangstellung** *f* (-; *senza pl*) posizione *f* predominante; **'~rat** *m* (-[*e*]*s*; *Vorräte*) provviste *f/pl*; scorta *f*; riserva *f*; ***solange der ~ reicht*** fino a che durano le scorte; **'≗rechnen** (*sep, -ge-, h*) fare il conto; **'~recht** *n* (-[*e*]*s*; *-e*) privilegio *m*
vorricht|en (*sep, -ge-, h*) approntare; **'≗ung** *f* (-; *-en*) preparativo *m*; *tec* dispositivo *m*; meccanismo *m*
vorrücken *v/i* (*sep, -ge-, sn*) avanzare; farsi avanti
Vor|ruhestand *m* pensionamento *m* anticipato; **'≗sagen** (*sep, -ge-, h*) dire; (*Schule*) suggerire; **'~saison** *f* bassa stagione *f*; **'~satz** *m* (*-es*; *Vorsätze*) proponimento *m*; proposito *m*; intenzione *f*; *jur* dolo *m*; (*Entschluss*) decisione *f*; **'≗sätzlich** ['-zɛtsliç] intenzionale; *jur* premeditato; *adv* di proposito; **'~schau** *f*: ***~ auf*** (*acc*) previsione *f* di; *Film*: provini *m/pl*; **'~schein** *m*: ***zum ~ bringen*** portare alla luce, far apparire; scoprire; ***zum ~ kommen*** venir fuori, comparire; **'≗schieben** (*irr, sep, -ge-, h,* → ***schieben***) spingere avanti; *Riegel*: mettere: *fig* addurre come pretesto; **'≗schießen** (*irr, sep, -ge-, h,* → ***schießen***) *Geld*: anticipare
ors. *Vorsitzender* presidente
/orschlag *m* (-[*e*]*s*; *Vorschläge*) proposta *f*, **'≗en** (*irr, sep, -ge-, h,* → ***schlagen***) proporre
/orschrift *f* (-; *-en*) (*Verordnung*) prescrizione *f*; regolamento *m*; *med* ordinazione *f*; **'≗smäßig** regolamentare; *mil* d'ordinanza; *adv* secondo le prescrizioni
/or|schule *f* scuola *f* preparatoria; **'~schuss** *m* (*-es*; *Vorschüsse*) anticipo *m*
'orsehen (*irr, sep, -ge-, h,* → ***sehen***) prevedere; ***sich ~*** guardarsi (***vor*** *dat* da); prendere delle misure di precauzione
/orsicht *f* (-; *senza pl*) precauzione *f*, previdenza *f*; (*Umsicht*) cautela *f*, prudenza *f*; ***~!*** attenzione!; **'≗ig** prudente, cauto
'Vor|silbe *f* prefisso *m*; **'≗singen** (*irr, sep, -ge-, h,* → ***singen***): ***j-m et ~*** cantare qc a qu; **'~sitz** *m* (*-es*; *senza pl*) presidenza *f*; ***den ~ führen*** presiedere; **'~sitzende** *m/f* (*-n*; *-n*) presidente *m/f*
'vor|sorgen (*sep, -ge-, h*) provvedere; **'≗speise** *f* antipasto *m*; **'~spiegeln** (*sep, -ge-, h*) fingere, simulare; millantare
'vor|spielen (*sep, -ge-, h*): ***j-m et ~*** recitare (*od* suonare) qc a qu; **'≗sprung** *m* (-[*e*]*s*; *Vorsprünge*) vantaggio *m*; *arch* aggetto *m*; **'≗stadt** *f* sobborgo *m*; periferia *f*
'Vorstand *m* (-[*e*]*s*; *Vorstände*) consiglio *m* direttivo (*od* d'amministrazione)
'Vorstandsetage ['-ˀetaːʒə] *f* piano *m* della direzione
'Vorsteher *m* (*-s*; -) direttore *m*; **'~drüse** *med f* prostata *f*
'vorstell|en (*sep, -ge-, h*) mettere davanti; *Uhr*: mettere avanti; *j-n* presentare; ***sich*** (*dat*) ***et ~*** immaginarsi qc; **'≗ung** *f* (-; *-en*) presentazione *f*; concetto *m*; *tea* rappresentazione *f*; **'≗ungsgespräch** *n* colloquio *m* di presentazione
'Vor|stoß *m* (*-es*; *Vorstöße*) avanzata *f*; attacco *m*; offensiva *f*; **'~stufe** *f* primo grado *m*; *fig* elementi *m/pl*; **'~tag** *m* giorno *m* prima; **'~teil** ['fɔrtaɪl] *m* (*-s*; *-e*) vantaggio *m*; **'~trag** ['foːrtraːk] *m* (-[*e*]*s*; *Vorträge*) conferenza *f*; **'≗tragen** ['-gən] (*irr, sep, -ge-, h,* → ***tragen***) (*berichten*) riferire; *Gedicht*: recitare; *mus* eseguire; *econ* riportare; **'~tritt** *m* precedenza *f*; ***j-m den ~ lassen*** dare la precedenza a qu
vo'rüber [foː'ryːbər] passato; **~gehen** (*irr, sep, -ge-, sn,* → ***gehen***) passare; **~gehend** *adj* passeggero; (*~ gültig*) transitorio; *adv* di passaggio
'Vor|untersuchung *f* istruttoria *f*; **'~urteil** *n* (*-s*; *-e*) pregiudizio *m*; **'~verkauf** *m* (-[*e*]*s*; *senza pl*) prevendita *f*; **'~wahl** *f*, **'~wählnummer** *f* prefisso *m*
'vorwärts ['foːrvɛrts] avanti; **'~kommen** *v/i* (*irr, sep, -ge-, sn,* → ***kommen***) *fig* progredire; *in der Welt*: farsi strada
'vor|weisen (*irr, sep, -ge-, h,* → ***weisen***)

presentare, mostrare, esibire; '**~werfen** (*irr, sep, -ge-, h,* → ***werfen***) gettare, lanciare in avanti; rimproverare; *fig* rinfacciare; '**~wiegend** prevalente; dominante; *adv* in prevalenza; '**2wort** *n* (*-[e]s; -e*) prefazione *f*; '**2wurf** *m* (*-[e]s; Vorwürfe*) rimprovero *m*; '**~zählen** (*sep, -ge-, h*) contare (davanti a qu); '**~zeigen** (*sep, -ge-, h*) presentare

'**vor|ziehen** (*irr, sep, -ge-, h,* → ***ziehen***) tirare in avanti; *fig* preferire; '**2zimmer** *n* anticamera *f*; '**2zug** *m* (*-[e]s; Vorzüge*) prerogativa *f*; (*Bevorzu-gung*) preferenza *f*; (*Eigenschaft*) pre-gio *m*; '**~züglich** [-'tsy:kliç] eccellen-te; ottimo; *Speise*: squisito; ***mit ~e*** ***Hochachtung*** con distinta stima *adv* a meraviglia

'**Vorzugs|preis** ['-tsu:kspraɪs] *m* prez-zo *m* di favore; '**2weise** di preferenz

vulgär [vul'gɛ:r] volgare

Vulkan [vul'ka:n] *m* (*-s; -e*) vulcano *m* **2i'sieren** (*senza ge-, h*) vulcanizzare

W

W ***Westen*** ovest

Waage ['va:gə] *f* (*-; -n*) bilancia *f* (*a astr*); '**2recht** orizzontale

wach [vax] desto, sveglio; ***~ werden*** svegliarsi; '**2e** *f* (*-; -n*) guardia *f*; (*Posten*) sentinella *f*; (*Wachbleiben*) veglia *f*; ***~ halten, ~ stehen*** essere di guardia

Wa'cholder *bot* [va'xɔldər] *m* (*-s; -*) ginepro *m*

Wachs [vaks] *n* (*-es; -e*) cera *f*

'**wachsam** ['vaxza:m] vigile

'**wachs|en** ['vaksən] **1.** *v/i* (*wuchs, gewachsen, sn*) crescere; *fig* aumentare; (*steigen*) salire; ***gut gewachsen sein*** avere una buona figura; ***e-r Sache gewachsen sein*** essere all'altezza di qc; **2.** *v/t* (*h*) *Ski*: dare la cera a; '**~end** crescente; '**2figur** *f* figura *f* di cera; '**2tuch** *n* incerata *f*; tela *f* incerata

'**Wachstum** ['vakstu:m] *n* (*-s; senza pl*) crescita *f*; (*Entwicklung*) sviluppo *m*; '**~srate** *f econ* tasso *m* di crescita

'**Wächter** ['vɛçtɛr] *m* (*-s; -*) guardiano *m*

'**wack|(e)lig** ['vak(ə)liç] malfermo; *Möbel*: zoppo; *fig* poco sicuro; '**2elkontakt** *el m* contatto *m* lasco; '**~eln** (*h*) vacillare; (*locker*) tentennare

'**Wade** ['va:də] *f* (*-; -n*) polpaccio *m*

'**Waffe** ['vafə] *f* (*-; -n*) arma *f*; ***zu den ~n greifen*** prendere le armi

'**Waffel** ['vafəl] *f* (*-; -n*) cialda *f*

'**Waffen|gattung** ['vafəngatuŋ] *f* (*-; -en*) arma *f*; '**~gewalt** *f* (*-; senza pl*) forza *f* delle armi; ***mit ~*** a mano armata; '**~ruhe** *f* tregua *f*, armistizio *m*; '**~schein** *m* porto *m* d'armi

'**wagen** ['va:gən] *v/t* (*h*) *zu tun*: osar di; *et*: arrischiare; ***sich ~*** arrischiarsi

'**Wagen** *m* (*-s; -*) carrozza *f*; vettura veicolo *m*; *Auto*: macchina *f*; *fer* vago ne *m*; *astr* carro *m*; (*Schreibmaschi nen2*) carrello *m*

'**Wagen|fenster** *n* finestrino *m* dell vettura; '**~führer** *m* vetturino *m*; *Stra ßenbahn*: manovratore *m*; conduttor *m*; '**~heber** *m* (*-s; -*) *auto* cricco *m* '**~papiere** *pl* documenti *m/pl* dell'au toveicolo; '**~park** *m* parco *m* veicol *fer* materiale *m* rotabile; '**~tür** *f* spo tello *m*

Wag'gon [va'gɔŋ] *m* (*-s; -s*) vagone

Wahl [va:l] *f* (*-; -en*) scelta *f*; *pol, in Ve einen*: elezione *f*; ***die ~ treffen*** fare l scelta; '**2berechtigt** con diritto di vc to; '**~beteiligung** *f* partecipazione *f* a le elezioni

'**wähl|en** ['vɛ:lən] (*h*) **1.** *v/t* sceglier *pol* eleggere; **2.** *v/i* votare, dare il vot fare il numero; '**2er** *m* (*-s; -*), '**2erin** *f* (*-nen*) *pol* elettore *m*, -trice *f*

'**Wahlergebnis** ['va:lˀɛrge:pnis] *n* r sultato *m* elettorale

'**wählerisch** ['vɛ:ləriʃ] schizzinoso

'**Wahl|heimat** *f* patria *f* adottiv '**~kampf** *m* lotta *f* elettorale; '**~krei** *m* collegio *m* elettorale; '**~lokal** *n* se gio *m* elettorale; '**2los** *adv* senza d stinzione; a caso; '**~propaganda** *f* pr paganda *f* elettorale; '**~recht** *n* dirit *m* elettorale; ***allgemeines ~*** suffrag *m* universale; '**~rede** *f* discorso *m* ele

torale
'Wählscheibe ['vɛːlʃaɪbə] *f tel* disco *m* combinatore
'Wahl|sieg ['vaːlziːk] *m* vittoria *f* elettorale; **'~versammlung** *f* adunanza *f* elettorale; **'~zettel** *m* scheda *f* elettorale
'Wahnsinn ['vaːnzin] *m* (-[*e*]*s*; *senza pl*) pazzia *m*; **'⁊ig** pazzo
wahr [vaːr] vero; ***das ist* ~** è vero; ***nicht* ~*?*** non è vero?
'während ['vɛːrənt] **1.** *prp* durante; ***~ des Tages*** durante il giorno; **2.** *cj* mentre; ***~ ich schrieb*** mentre scrivevo
'Wahrheit ['vaːrhaɪt] *f* (-; -*en*) verità *f*; ***um die ~ zu sagen*** a dire il vero; **'⁊sgemäß** conforme al vero; **'⁊sgetreu** veritiero, veridico
'wahr|nehmbar ['-neːmbaːr] percettibile; **'~nehmen** (*irr, sep, -ge-, h* → ***nehmen***) percepire; (*sehen*) scorgere; *Gelegenheit*: cogliere; *Rechte*: salvaguardare, tutelare; **'~sagen** (*a sep, -ge-, h*) divinare; **'⁊sager(in)** *m(f)* indovino *m*, -a *f*; **~'scheinlich** [-'ʃaɪnliç] verosimile, probabile; **⁊'scheinlichkeit** [-'ʃaɪnliçkaɪt] *f* (-; -*en*) verosimiglianza *f*; probabilità *f*; ***aller ~ nach*** secondo ogni probabilità
'Währung ['vɛːruŋ] *f* (-; -*en*) valuta *f*
'Währungs|fonds ['-fõ] *m econ* fondo *m* monetario; **'~kurs** *m* corso *m* valutario; **'~ordnung** *f econ* ordine *m* monetario; **'~politik** *f* politica *f* monetaria; **'~reform** *f* riforma *f* monetaria; **'~system** *n* sistema *m* monetario; **'~umstellung** *f econ* riforma *f* monetaria; **'~union** *f econ* unione *f* monetaria
Wahrzeichen ['vaːrtsaɪçən] *n* segno *m*
Waise ['vaɪzə] *f* (-; -*n*) orfano *m*, orfana *f*; **'~nhaus** *n* orfanotrofio *m*
Wal [vaːl] *m* (-[*e*]*s*; -*e*) *zo* balena *f*
Wald [valt] *m* (-[*e*]*s*; ⸚*er*) bosco *m*; *großer*: selva *f* (*a fig*), foresta *f*; **'~brand** *m* incendio *m* forestale; **'~gegend** *f* regione *f* boscosa; **'⁊ig** ['-diç] coperto di boschi, boscoso; **'~meister** *m bot* asperula *f* odorosa; **'~rand** *m* margini *m/pl* del bosco; **'⁊reich** boscoso; **'~sterben** *n* (-*s*; *senza pl*) moria *f* dei boschi; **'~weg** *m* sentiero *m* nel bosco; via *f* forestale
'Wallfahrt ['valfaːrt] *f* pellegrinaggio *m*
'Wallfahrts|kirche *f* chiesa *f* di pellegrinaggio; **'~ort** *m* luogo *m* di pellegrinaggio
'Walnuss ['vaːlnus] *f* noce *f*
'Walze ['valtsə] *f* (-; -*n*) *tec* cilindro *m*; rullo *m*; (*Straßen⁊*) appianatoio *m*
'Walz|er ['valtsər] *m* (-*s*; -) *Tanz*: valzer *m*; **'~werk** *n* laminatolo *m*
Wand [vant] *f* (-; ⸚*e*) parete *f*; muro *m*; *Fels*: dirupo *m*; ***spanische ~*** paravento *m*; ***~ an ~*** muro a muro
'Wandel ['vandəl] *m* (-*s*; *senza pl*) (*Lebens⁊*) condotta *f*; (*Änderung*) cambiamento *m*; **'~halle** *f* atrio *m*; corridoio *m*
'Wander|er ['vandərər] (-*s*; -) viandante *m*; nomade *m*; **'~karte** *f* carta *f* stradale; **'⁊n** (*sn*) camminare; fare delle escursioni a piedi; viaggiare a piedi; (*umher~*) girovagare; (*Völker, Vögel*) migrare; **'~pokal** *m Sport*: coppa *f* challenge; **'~ung** *f* (-; -*en*) escursione *f*; **'~weg** *m* sentiero *m*
'Wand|gemälde ['vantgəmɛːldə] *n* dipinto *m* murale, *oft*: affresco *m*; **'~leuchter** *m* candelabro *m* a braccio; applique *f*; **'~lung** ['-dluŋ] *f* (-; -*en*) mutamento *m*; *rel* transustanziazione *f*, elevazione *f* dell'ostia; **'~schrank** *m* armadio *m* a muro; **'~teppich** *m* arazzo *m*
'Wange ['vaŋe] *f* (-; -*n*) guancia *f*
'wankelmütig ['vaŋkəlmyːtiç] incostante, instabile
wann [van] quando; ***dann und ~*** di quando in quando
'Wanne ['vanə] (-; -*n*) vasca *f* (da bagno); *tec* coppa *f*
'Wanze ['vantsə] *f* (-; -*n*) *zo* cimice *f*
'Wappen ['vapən] *n* (-*s*; -) stemma *m*, blasone *m*
'Ware ['vaːrə] *f* (-; -*n*) merce *f*; articoli *m/pl*
'Waren|angebot *n* offerta *f* di prodotti; **'~bestand** *m* merci *f/pl* in magazzino; **'~haus** *n* grandi magazzini *m/pl*; emporio *m*; **'~lager** *n* deposito *m*; **'~probe** *f* campione *m*; **'~rechnung** *f* fattura *f*; **'~sendung** *f* spedizione *f* di merce; **'~test** *m* test *m* dei prodotti; **'~zeichen** *n* marchio *m* di fabbrica
warm [varm] caldo; *fig* caloroso; ***es ist* ~** fa caldo; ***mir ist* ~** ho caldo; → ***warm-***

W

halten; → ***warmlaufen***; ~ ***stellen*** mettere a scaldare; ~ ***machen*** riscaldare; ~ ***werden*** riscaldarsi; ***sich*** ~ ***anziehen*** coprirsi bene

'Wärme ['vɛrmə] *f* (-; *senza pl*) calore *m*; **'~grad** *m* grado *m* di calore; **'~kraftwerk** *n* centrale *f* termica; **'2n** (*h*) scaldare

'Wärmflasche ['-flaʃə] *f* boule *f*, borsa *f* d'acqua calda

'Warm|front *f* fronte *m* caldo; **'2halten** *v/t* (*irr, sep, -ge-, h,* → ***halten***): ***sich j-n*** ~ *fig* tenersi buono qu; **'2herzig** caloroso, cordiale; **'2laufen** *v/i* (*irr, sep, -ge-, sn,* → ***laufen***) *tec* surriscaldarsi; **'~luft** *f* aria *f* riscaldata; **'2machen** → ***warm***; **'2** → ***warm***

Warm'wasser|heizung [-'vasərhaɪtsuŋ] *f* riscaldamento *m* ad acqua calda; **~versorgung** *f* distribuzione *f* di acqua calda

'Warn|blinkanlage ['varnbliŋkʔanlaːgə] *f auto* lampeggiatore *m*; **'~dreieck** *n auto* triangolo *m* di segnalazione; **'2en** (*h*) avvertire; ~ ***vor*** mettere in guardia contro; ***vor ... wird gewarnt*** guardarsi da ...; **'~schild** *n* segnale *m* di pericolo; **'~streik** *m* sciopero *m* d'avvertimento; **'~ung** *f* (-; *-en*) avvertimento *m*; *gegen j-n*: diffida *f*

Warschau ['varʃaʊ] *n* Varsavia *f*

'warten ['vartən] (*h*) **1.** *v/i* aspettare (***auf j-n*** qu, ***auf et*** qc); **2.** *v/t* assistere a; *tec* curare, mantenere

'Wärter ['vɛrtər] *m* (-*s*; -), **'~in** *f* (-; *-nen*) guardiano *m*, -a *f*; (*Kranken2*) infermiere *m*, -a *f*

'Warte|saal *m*, **'~zimmer** *n* sala *f* d'aspetto (*od d'attesa*); *anticamera f*; **'~zeit** *f* tempo *m* d'attesa

'Wartung ['-tuŋ] *f* (-; *-en*) assistenza *f*; *tec* manutenzione *f*

wa'rum [vaː'rum] perché

'Warze ['vartsə] *f* (-; *-n*) verruca *f*; (*Brust2*) capezzolo *m*

was [vas] *interr* che, che cosa; (*wie viel*) quanto; (*warum*) perché; *relativ*: ciò che, quello che; F (*etwas*) qualcosa; ~ ***für*** che; (*wie groß, welcher Art*) quale; ~ ***für ein schöner Tag!*** che bella giornata!; ~ ***für ein Buch hast du gelesen?*** quale (*od* che) libro hai letto?; ~ ***immer*** qualunque cosa; ~ ***ihn betrifft*** quanto a lui; ***alles*** ~ tutto quello che

'Wasch|anlage *f auto* impianto *m* di lavaggio; **'2bar** lavabile; **'~becken** *n* lavabo *m*

'Wäsche ['vɛʃə] *f* (-; *senza pl*) **1.** *Kleidung*: biancheria *f*; **2.** (*pl -n*) *das Waschen*: bucato *m*; ***in die*** ~ ***geben*** dar a lavare

'waschecht ['vaʃʔɛçt] lavabile; *fig* schietto

'Wäsche|klammer *f* molletta *f*; **'~leine** *f* corda *f* per il bucato

'waschen ['vaʃən] (*wusch, gewaschen, h*) lavare; (*Wäsche haben*) fare il bucato; *fig* ***j-m den Kopf*** ~ fare una lavata di capo a qu

Wäsche'|rei [vɛʃə'raɪ] *f* (-; *-en*) lavanderia *f*; **'~schleuder** *f* asciugatrice *f* centrifuga

'Wasch|lappen *m* strofinaccio *m*; cencio *m* per lavarsi; *fig* moscione *m*; **'~maschine** *f* lavatrice *f*; **'~mittel** *n* detersivo *m*; **'~raum** *m* lavatoio *m*; **'~salon** *m* lavanderia *f* a gettoni; **'~schüssel** *f* bacinella *f*, catino *m*

'Wasser ['vasər] *n* (-*s*; ⸗) acqua *f*; ***Kölnisch*** ~ acqua *f* di Colonia; ***ins*** ~ ***fallen*** andare a monte; ***sich über*** ~ ***halten*** tenersi a galla; ***mir läuft das*** ~ ***im Munde zs*** mi vien l'acquolina in bocca; ***es wird überall mit*** ~ ***gekocht*** tutto il mondo è paese; **'2arm** povero d'acqua; **'~ball** *m* pallanuoto *f*; **'~behälter** *m* serbatoio *m* d'acqua; **'~blase** *med f* bollicina *f* d'acqua; **'~dampf** *m* vapore *m* acqueo; **'2dicht** impermeabile; **'~fall** *m* cascata *f*; cateratta *f*; **'~flugzeug** *n* idrovolante *m*; idroplano *m*; **'~graben** *m* fossato *m*; **'~hahn** *m* rubinetto *m* dell'acqua; **'~klosett** *n* (*abbr WC*) *water closet m*; **'~kraft** *f* forza *f* idraulica; **'~kühlung** *f* (-; *-en*) raffreddamento *m* ad acqua; **'~leitung** *f* acquedotto *m*; *im Hause*: condotto *m* dell'acqua; **'~mangel** *m* mancanza *f* d'acqua; **'~mann** *m* (-[*e*]*s*; *Wassermänner*) *astr* Acquario *m*; **'~melone** *f* cocomero *m*, F popone *m*; **'~pflanze** *f* pianta *f* acquatica; **'~rohr** *n* tubo *m* dell'acqua; **'~schaden** *m* danno *m* causato dall'acqua; **'2scheu** che ha paura dell'acqua; *med* idrofobo; **~ski** *n* (-*s*; *senza pl*) idrosci *m*; sci *m* nautico; **'~spiegel** *m* livello *m* dell'acqua; **'~sport** *m* sport *m* nautico (*od* acqua

W

tico); '**~spülung** *f* sciacquone *m*; '**~stand** *m* livello *m* dell'acqua; '**~stoff** *m* (-[*e*]*s*; *senza pl*) *chim* idrogeno *m*; '**~stoffbombe** *f* bomba *f* all'idrogeno, bomba *f* H; '**~tier** *n* animale *m* acquatico; '**~tropfen** *m* goccia *f* d'acqua; '**~uhr** *f* contatore *m* dell'acqua; '**~versorgung** *f* rifornimento *m* dell'acqua; '**~waage** *f* livella *f* ad acqua; '**~weg** *m*: ***auf dem ~*** per via d'acqua; '**~werfer** ['-vɛrfər] *m* (-*s*; -) idrante *m*; '**~zeichen** *n* filigrana *f*

Watt[1] [vat] *n geogr* (-[*e*]*s*; -*en*) bassofondo *m* lasciato dalla marea

Watt[2] *n el* (-*s*; -*s*) watt *m*

'**Watte** ['vatə] *f* (-; -*n*) ovatta *f*, cotone *m*

WC ***water closet, Wasserklosett*** WC, gabinetto

WDR ***Westdeutscher Rundfunk*** Radio della Germania nordoccidentale

'**Wechsel** ['vɛksəl] *m* (-*s*; -) cambiamento *m*; (*Austausch*) scambio *m*; *econ* cambio *m*; ***e-n ~ übertragen*** girare una cambiale; '**~beziehung** *f* correlazione *f*; relazioni *f/pl* mutue (*od* reciproche); '**~fälle** ['-fɛlə] *m/pl* vicissitudini *f/pl*, peripezie *f/pl*; '**~geld** *n* (-[*e*]*s*; *senza pl*) moneta *f*, spiccioli *m/pl*; '**2haft** variabile; '**~jahre** *n/pl biol* anni *m/pl* climaterici; '**~kurs** *m* cambio *m*, corso *m* dei cambi; '**~kursmechanismus** *m econ* meccanismo *m* dei cambi; '**~kursrisiko** *n econ* rischio *m* di cambio; '**~kursschwankungen** *pl econ* fluttuazione *f* del cambio

wechseln ['vɛksəln] (*h*) *Geld*: cambiare; *Worte*: scambiare; (*ab~*) alternarsi; ***können Sie ~?*** può cambiare?; '**~d** variabile

Wechsel|strom *el m* corrente *f* alternata; '**~stube** *f* agenzia *f* di cambio

Weck|dienst ['vɛkdi:nst] *m* (-[*e*]*s*; *senza pl*) (servizio *m*) sveglia *f* automatica; '**2en** (*h*) svegliare; *fig* destare, suscitare; '**~er** *m* (-*s*; -) (*Uhr*) sveglia *f*

wedeln ['ve:dəln] (*h*): ***mit dem Schwanz ~*** scodinzolare

weder ['ve:dər]: ***~ ... noch*** né ... né

weg [vɛk] via; (*abwesend*) assente; (*verschwunden*) scomparso; (*fortgegangen*) uscito

Weg [ve:k] *m* (-[*e*]*s*; -*e*) via *f* (*a fig*); strada *f*; *kleiner*: sentiero *m*; (*Strecke*) percorso *m*; (*Route*) itinerario *m*; (*Art u Weise*) modo *m*; ***im ~e sein*** essere tra i piedi, essere d'ostacolo; ***sich auf den ~ machen*** incamminarsi; ***auf halbem ~e*** a metà strada; ***auf gütlichem ~e*** in via amichevole; ***auf direktem ~e*** direttamente; ***in die ~e leiten*** dare l'avvio a, avviare, iniziare

'**wegbringen** (*irr, sep, -ge-, h,* → ***bringen***) portar via

'**wegen** ['ve:gən] (*gen*) a causa di; per via di; per

'**weg|fahren** ['vɛkfa:rən] (*irr, sep, -ge-, sn,* → ***fahren***) partire (***nach*** per); '**~fallen** (*irr, sep, -ge-, sn,* → ***fallen***) essere soppresso; (*ausfallen*) non aver luogo; '**~geben** (*irr, sep, -ge-, h,* → ***geben***) dar via; '**~gehen** (*irr, sep, -ge-, sn,* → ***gehen***) andar via, andarsene; '**~kommen** (*irr, sep, -ge-, sn,* → ***kommen***) sparire, andare perduto; allontanarsi; ***gut bei et ~*** cavarsela bene in qc; '**~lassen** (*irr, sep, -ge-, h,* → ***lassen***) omettere; lasciar andar via; '**~laufen** (*irr, sep, -ge-, sn,* → ***laufen***) correre via; '**~legen** (*sep, -ge-, h*) metter da parte; '**~nehmen** (*irr, sep, -ge-, h,* → ***nehmen***) togliere, portar via; *Auto*: ***Gas ~*** togliere il gas; '**~räumen** (*sep, -ge-, h*) rimuovere; '**~schicken** (*sep, -ge-, h*) mandar via; '**~schütten** (*sep, -ge-, h*) versare via; '**~sehen** (*irr, sep, -ge-, h,* → ***sehen***) volgere gli occhi altrove; '**~tun** (*irr, sep, -ge-, h,* → ***tun***) toglier via; metter via

'**weg|weisend** ['ve:kvaɪzənt] orientatore; '**2weiser** *m* (-*s*; -) indicatore *m* stradale

'**wegwerf|en** ['vɛkwɛrfən] (*irr, sep, -ge-, h,* → ***werfen***) gettare via; '**2flasche** *f* vuoto *m* a perdere; '**2gesellschaft** *f* società *f* degli sprechi

weh [ve:] *adv* male; ***~tun*** → ***wehtun***

'**Wehe** ['ve:ə] *f* (-; -*n*) (*Schnee2*) cumulo *m* (di neve)

'**wehen** (*h*) spirare; soffiare; *Fahne*: sventolare

'**Wehen** *med pl* doglie *f/pl*

'**wehleidig** ['-laɪdɪç] piagnucoloso

Wehr[1] [ve:r] *f* (-; *senza pl*) difesa *f*; ***sich zur ~ setzen*** difendersi; opporre resistenza

Wehr[2] *n* (-[*e*]*s*; -*e*) (*Damm*) diga *f*, argine *m*

'**Wehr|dienst** *m* (-[*e*]*s*; *senza pl*) servizio *m* militare; '**~dienstverweigerer** *m* (*-s*; -) obiettore *m* di coscienza; '**2en**: ***sich ~*** (*h*) difendersi; '**2los** inerme; indifeso; '**~pass** *m* passaporto *m* militare; '**~pflicht** *f* (-; *senza pl*) obbligo *m* del servizio militare; '**2pflichtig** di leva; soggetto al servizio militare; sottoposto alla leva

'**wehtun** *v/i* (*irr, sep, -ge-, h,* → ***tun***) far male; ***sich*** (*dat*) **~** farsi male

Weib [vaɪp] *n* (-[*e*]*s*; *-er*) *mst spreg* donna *f*; '**~chen** *zo* ['-çən] *n* (*-s*; -) femmina *f*; '**2lich** ['-pliç] femminile

weich [vaɪç] molle; (*zart*) tenero; *Sofa*: soffice; *Haut, Haar*: morbido; ***~ gekocht*** *Eier*: à la coque; → ***weichwerden***

'**Weiche** ['vaɪçə] *f* (-; *-n*) *fer* scambio *m*

'**weichen** ['vaɪçən] *v/i* (*wich, gewichen, sn*) cedere; (*~ von*) muoversi

'**weichgekocht** *adj* → ***weich***

'**Weich|heit** *f* (-; *senza pl*) mollezza *f*; tenerezza *f*; pastosità *f*; *fig* dolcezza *f*; morbidezza *f* (→ ***weich***); '**~teile** *pl anat* parti *f/pl* molli; (*Eingeweide*) viscere *f/pl*; '**~tier** *n* mollusco *m*; '**2werden** *v/i* (*irr, sep, -ge-, sn,* → ***werden***) *fig* intenerirsi

'**Weide** ['vaɪdə] *f* (-; *-n*) **1.** *bot* salice *m*; **2.** *agr* (*~fläche*) pascolo *m*; '**~land** *n* pascoli *m/pl*; '**2n** *v/i* (*h*) pascolare

'**weiger|n** ['vaɪgərn]: ***sich ~*** (*h*) rifiutarsi; '**2ung** *f* (-; *-en*) rifiuto *m*

'**weihen** ['vaiən] (*h*) consacrare; *Priester*: ordinare; *Brot, Wasser*: benedire; (*widmen*) dedicare

'**Weihnacht** ['vaɪnaxt] *f* (-; *senza pl*), **Weihnachten** *n* (-; -) (*mst ohne art*) Natale *m*; ***Fröhliche ~!*** Buon Natale!

'**weihnachtlich** di Natale, natalizio

'**Weihnachts|abend** ['-ʔa:bənt] *m* vigilia *f* di Natale; '**~baum** *m* albero *m* di Natale; '**~ferien** *pl* vacanze *f/pl* di Natale; '**~fest** *n* festa *f* di Natale; '**~geld** *n* gratifica *f* natalizia, tredicesima *f*; '**~geschäft** *n* giro *m* d'affari natalizio; '**~geschenk** *n* strenna *f* natalizia, regalo *m* di Natale; '**~lied** *n* canzone *f* di Natale; '**~mann** *m* (-[*e*]*s*; *Weihnachtsmänner*) babbo *m* Natale; '**~stollen** *m* (*Gebäck*) panettone *m*; '**~zeit** *f* (-; *senza pl*) periodo *m* natalizio

'**Weih|rauch** ['vaɪraʊx] *m* (-[*e*]*s*; *senza pl*) incenso *m*; '**~wasser** *n* (*-s*; *senza pl*) acqua *f* santa

weil [vaɪl] perché

'**Weile** ['vaɪlə] *f* (-; *senza pl*) pezzo *m*; ***für e-e ganze ~*** per un bel pezzo (*od* po')

Wein [vaɪn] *m* (-[*e*]*s*; *-e*) vino *m*; (*~traube*) uva *f*; (*~stock*) vite *f*; ***reinen ~ einschenken*** *fig* dire la verità; '**~bau** *m* (-[*e*]*s*; *senza pl*) viticultura *f*; '**~beere** *f* chicco *m* d'uva; '**~berg** *m* vigna *f*; '**~brand** *m* (-[*e*]*s*; *⸚e*) brandy *m*; cognac *m*

'**weinen** ['vaɪnən] (*h*) piangere; ***um j-n ~*** piangere qu

'**Wein|flasche** *f* bottiglia *f* da (*od* di) vino; '**~gegend** *f* regione *f* viticola; '**~glas** *n* bicchiere *m* da (*od* di) vino; '**~gut** *n* vigneto *m*; '**~händler** *m* negoziante *m* di vini; vinaio *m*; '**~karte** *f* lista *f* dei vini; '**~kenner** *m* conoscitore *m* di vini; '**~lese** *f* vendemmia *f*; '**~lokal** *n* locale *m* di degustazione di vini; '**~probe** *f* degustazione *f* del vino; '**~stube** *f* bottiglieria *f*; fiaschetteria *f*; '**~traube** *f* (grappolo *m* d')uva *f*

'**weise** ['vaɪzə] *adj* saggio

'**Weise** *f* (-; *-n*) (*Art*) modo *m*, maniera *f*; *mus* aria *f*; ***auf welche ~?*** in che maniera?; ***auf diese ~*** in questo modo, così; ***in der ~, dass*** dimodoché

'**weisen** (*wies, gewiesen, h*) mostrare; *den Weg*: indicare; mandare (***an j-n*** da qu)

'**Weis|heit** ['vaɪshaɪt] *f* (-; *-en*) saggezza *f*; sapienza *f*; '**~heitszahn** *m* dente *m* del giudizio; '**2machen** (*sep, -ge-, h*) ***j-m et ~*** darla a bere a qu

weiß [vaɪs] *adj* bianco; '**2bier** *n* birra *f* bianca; '**2brot** *n* pane *m* bianco; '**2e** *m/f* (*-n*; *-n*) bianco *m*, -a *f*; '**~haarig** canuto; '**2kohl** *m*, **2kraut** *n* cavolo *m* bianco; '**2wein** *m* vino *m* bianco

Weißrussland ['vais 'ruslant] *n* Bielorussia *f*

'**Weisung** ['vaɪzuŋ] *f* (-; *-en*) ordine *m*, istruzione *f*

weit [vaɪt] **1.** *adj* ampio; (*umfassend*) vasto; (*ausgedehnt*) esteso; (*breit*) largo; *Weg, Reise*: lungo; (*entfernt*) lontano; ***in ~en Kreisen*** a (*od* da) moltissima gente; ***~er machen*** allargare; ***im ~esten Sinn des Wortes*** nel senso più largo (*od* ampio) della parola; **2**

adv ampiamente, vastamente; largamente; (*entfernt*) lontano; ***wie ~ ist es nach …?*** quanto ci vuole fino a …?; ***wie ~ bist du?*** a che punto sei?; ***wenn es so ~ ist*** a suo tempo; ***zu ~ gehen*** andar troppo oltre; ***das würde zu ~ führen*** porterebbe troppo per le lunghe; ***das geht zu ~*** questo è troppo; ***~ und breit*** dappertutto; ***~ reichend*** esteso; ***~ verbreitet*** molto diffuso (*od* frequente); → ***Weite, weiter***; **'≗blick** *m* (-[*e*]*s*; *senza pl*) perspicacia *f*; **'≗e** *f* (-; *-n*) ampiezza *f*; (*Breite*) larghezza *f*; (*Trag≗*) portata *f*; (*Entfernung*) lontananza *f*

'weiter ['vaɪtər] **1.** *adj* altro; ulteriore; ***~e zwei Wochen*** altre due settimane; **2.** *adv* avanti; ***und so ~*** e così via, e via dicendo; ***~!*** avanti!; ***ohne ~es*** senz'altro; ***bis auf ~es*** sino a nuovo ordine; ***des ≗en*** inoltre; **'~bilden** (*sep*, *-ge-*, *h*) aggiornare, perfezionare; ***sich ~*** specializzarsi; **'≗bildung** *f* (-; *senza pl*) aggiornamento *m*; perfezionamento *m*; **~fahren** (*sep*, *-ge-*, *sn*) proseguire (***nach*** per); **'≗fahrt** *f* (-; *senza pl*) proseguimento *m* del viaggio; **'≗flug** *m* (-[*e*]*s*; *senza pl*) proseguimento *m* del volo; **'~führen** (*sep*, *-ge-*, *h*) continuare; proseguire in; **'~geben** (*irr*, *sep*, *-ge-*, *h*, → ***geben***) trasmettere; (far) passare (***an*** *acc* a); **'~gehen** (*irr*, *sep*, *-ge-*, *sn*, → ***gehen***) andare avanti; continuare; **'~'hin** inoltre; in avvenire; **'~kommen** (*irr*, *sep*, *-ge-*, *sn*, → ***kommen***) avanzare; andare avanti; progedire; **'~leiten** (*sep*, *-ge-*, *h*) trasmettere; far inoltrare; **'~machen** (*sep*, *-ge-*, *h*) continuare (a fare); **'≗reise** *f* (-; *senza pl*) continuazione *f* del viaggio; **'~reisen** (*sep*, *-ge-*, *sn*) continuare il viaggio; **'≗verkauf** *m* (-[*e*]*s*; *senza pl*) rivendita *f*

weit|gehend ['vaɪtgeːənt] ampio; considerevole; *adv* in larga misura, su vasta scala; **'~läufig** lontano; esteso, vasto; (*ausführlich*) dettagliato; **'~sichtig** ['-ziçtiç] presbite; *fig* preveggente; **'≗sprung** *m* (-[*e*]*s*; *senza pl*) *Sport*: salto *m* in lungo; **'≗winkelobjektiv** *n* obiettivo *m* grandangolare

Weizen ['vaɪtsən] *m* (-*s*; -) grano *m*; **'~brot** *n* pane *m* di grano

welche ['vɛlçə], **'welcher**, **'welches** *relativ*: che, il quale; *interr* quale?, che?; *unbestimmt*: ***ich habe welche gekauft*** ne ho comprati alcuni

welk [vɛlk] appassito; (*schlaff*) vizzo

'Well|blech ['vɛlblɛç] *n* lamiera *f* ondulata; **'~e** *f* (-; *-n*) (*a el*) onda *f*; *große*: ondata *f* (*a fig*); *tec* albero *m*; cilindro *m*

'Wellen|länge ['vɛlənlɛŋə] *f fis* lunghezza *f* d'onda; **'~linie** *f* linea *f* ondulata; **'~reiten** *n* (-*s*; *senza pl*) surf *m*; **'~sittich** *m zo* pappagallo *m* ondulato

'Wellness ['vɛlnɛs] *f* (-; *senza pl*) wellness *f*

Welt [vɛlt…] *f* (-; *-en*) mondo *m*; (*senza pl*) (*Erde*) terra *f*; ***alle ~*** tutto il mondo; tutti (quanti); ***auf der ~*** nel mondo; F ***am Ende der ~*** a casa del diavolo; ***aus der ~ schaffen*** togliere di mezzo

Welt… ['vɛlt…]: *in Zssgn oft* mondiale, universale; del mondo; **'~all** *n* universo *m*; **'~anschauung** *f* ideologia *f*, concezione *f* del mondo (*od* della vita); **'~ausstellung** *f* esposizione *f* mondiale; **'~bank** *f* (-; *senza pl*) banca *f* mondiale; **'≗berühmt** di fama mondiale, celebre in tutto il mondo; **'~bild** *n* concezione *f* del mondo; **'~bürger** *m* cosmopolita *m*; **'~firma** *f* ditta *f* mondiale; **'≗fremd** ignaro del mondo; goffo; **'~frieden** *m* pace *f* mondiale; **'≗gewandt** di mondo; **'~handel** *m* commercio *m* mondiale; **'~herrschaft** *f* dominio *m* del mondo; **'~karte** *f* mappamondo *m*; **'~krieg** *m* guerra *f* mondiale; **'≗lich** mondano; *Priester*: secolare; *Schule*: laico; ***~e Macht*** *f* potere *m* temporale; **'~literatur** *f* (-; *senza pl*) letteratura *f* universale; **'~macht** *f* potenza *f* mondiale; **'~markt** *m econ* mercato *m* mondiale; **'~meister(in)** *m(f)* *Sport*: campione *m*, -essa *f* mondiale; **'~meisterschaft** *f* campionato *m* mondiale; **'~raum** *m* (-[*e*]*s*; *senza pl*) spazio *m* interplanetario (*od siderale*), *cosmo m*; **'~raumforschung** *f* (-; *senza pl*) ricerche *f/pl* spaziali; **'~raumstation** *f* stazione *f* interplanetaria; **'~reise** *f* viaggio *m* attorno al mondo; giro *m* del mondo; **'~rekord** *m Sport*: primato *m* (*od record m*) mondiale; **'~ruf** *m* (-[*e*]*s*; *senza pl*) fama *f* mondiale; **'~sprache** *f* lingua *f* universale; **'~stadt** *f* metropoli *f*; '**~untergang** *m* fine *f* del mondo; '**~wirtschaft** *f* (-; *senza pl*) economia *f* mondiale; '**~wirtschaftskonferenz** *f* conferenza *f* sull'economia mondiale; '**~wunder** *n* meraviglia *f* del mondo

wem [veːm] (*dat von pron* **wer**) a chi; **von ~** da chi

wen [veːn] (*acc von pron* **wer**) chi

'**Wende** ['vɛndə] *f* (-; *-n*) giro *m*; (*Änderung*) cambiamento *m*; *des Jahrhunderts*: scorcio *m*

'**wend|en** ['vɛndən] (*h*) **1.** *v/t* voltare; *mar* virare; (*um~*) girare; **2. sich an j-n ~** (*wandte, gewandt*) rivolgersi a qu; **3.** *v/i* svoltare; virare; **bitte ~** vedasi a tergo; '**2epunkt** *m* svolta *f*; momento *m* critico; *fig* crisi *f*; '**~ig** agile, snello; *Fahrzeuge*: maneggevole; '**2ung** *f* (-; *-en*) volta *f*; (*Änderung*) mutamento *m*; cambio *m*; *fig* piega *f*

'**wenig** ['veːniç] *adj u adv* poco; **~ Brot** poco pane; **ein ~ Brot, Milch** un poco (*od* un po') di pane, di latte; **nur ~e Tage** solo pochi giorni; '**~er** ['-gər] meno; **umso ~** tanto meno; **~ werden** diminuire; '**~st** ['-niçst] minimo; **die ~en Menschen** pochissime persone; **am ~en** meno di tutto; **~stens** al meno

wenn [vɛn] *Bedingung*: se; *Zeit*: quando; **~ nur** purché; **außer ~** salvo il caso che; **selbst ~** anche se; **na, ~ schon!** e se anche così fosse?; **~'gleich** [-'glaɪç] benché, sebbene, per quanto

wer [veːr] chi; quello che

'**Werbe|abteilung** ['vɛrbəˀaptaɪluŋ] *f* reparto *m* pubblicità; '**~agentur** *f* agenzia *f* pubblicitaria (*od* di pubblicità); '**~fachmann** *m* pubblicitario *m*; '**~geschenk** *n* omaggio *m* pubblicitario; **als ~** in omaggio; '**~material** *n* materiale *m* pubblicitario; '**2n** (*warb, geworben, h*) fare pubblicità; fare propaganda; '**~slogan** *m* slogan *m* pubblicitario; '**~spot** ['-spɔt] *m* (*-s*; *-s*) spot *m* pubblicitario

'**Werbung** *f* (-; *senza pl*) pubblicità *f*; *bsd pol* propaganda *f*; '**~skosten** *pl* spese *f/pl* di pubblicità

'**Werdegang** ['veːrdəgaŋ] *m* (-[*e*]*s*; *senza pl*) sviluppo *m*, evoluzione *f*; (*Laufbahn*) carriera *f*

'**werden** ['veːrdən] **1.** *v/i* (*wurde, geworden, sn*) diventare; divenire; (*entstehen*) nascere, farsi; **groß ~** ingrandire; crescere; **schlank ~** dimagrire; **rot ~** arrossire; **es wird Tag** si fa giorno; **du bist groß geworden** ti sei fatto grande; **was will er ~?** che vuol fare?; **es wird mir schwer** mi riesce difficile; **2.** *Hilfsverb*: **geliebt ~** essere (*od* venire) amato

'**werfen** ['vɛrfən] (*warf, geworfen, h*) **1.** *v/t* gettare; buttare; (*schleudern*) lanciare; *Junge*: partorire; **2.** *v/i* **mit et um sich ~** gettar via qc a piene mani

Werft [vɛrft] *f* (-; *-en*) *mar* cantiere *m* navale

Werk [vɛrk] *n* (-[*e*]*s*; *-e*) opera *f*; (*Arbeit*) lavoro *m*; (*Fabrik*) stabilimento *m*; (*Betrieb*) azienda *f*; (*Getriebe*) meccanismo *m*; **ans ~ gehen** mettersi all'opera; '**~statt** *f* (-; *⁼en*) laboratorio *m*; officina *f*; '**~stoff** *m* materiale *m* di fabbricazione; '**~tag** *m* giorno *m* feriale; '**2tags** nei giorni feriali; '**2tätig** attivo; occupato; '**~zeug** *n* (-[*e*]*s*; *-e*) (*a fig*) strumento *m*; *tec* attrezzo *m*, utensile *m*

'**Wermut** ['veːrmuːt] *m* (-[*e*]*s*; *senza pl*) (*Wein*) vermut *m*; *bot* assenzio *m*

wert [veːrt] *adj* (*würdig*) degno; (*geschätzt*) pregiato; **~ sein** valere; **es ist nichts ~** non vale nulla; **das ist nicht der Rede ~** non vale la pena parlarne

Wert *m* (-[*e*]*s*; *-e*) valore *m*; *fig* pregio *m*; **im ~ von** per il valore di; **~ legen** dare importanza (**auf** *acc* a); '**~angabe** *f* indicazione *f* del valore; '**2beständig** di valore costante; '**2en** (*h*) valutare; *Sport*: qualificare (**nach** secondo); '**~gegenstand** *m* oggetto *m* di valore; '**2los** senza valore; '**~minderung** ['-mindəruŋ] *f* (-; *-en*) deprezzamento *m*; '**~papiere** *n/pl* valori *m/pl*, effetti *m/pl*, titoli *m/pl*; '**~papiermärkte** *pl* *econ* mercato *m* dei valori; '**~sachen** *f/pl* oggetti *m/pl* di valore; '**~ung** *f* (-; *-en*) valutazione *f*; *Sport*: classifica *f*; '**~urteil** *n* apprezzamento *m*; valutazione *f*; '**2voll** prezioso; di gran valore

'**Wesen** ['veːzən] *n* (*-s*; -) essere *m* (*senza pl*) (*Charakter*) naturale *m*, indole *f*, carattere *m*; (*Benehmen*) maniere *f/pl*, modi *m/pl*, fare *m*

'**wesentlich** ['veːzəntliç] essenziale **im 2en** in sostanza

wes'halb [-'halp] perché; *relativisch*

per la qual ragione; perciò
'Wespe ['vɛspə] *f* (-; *-n*) *zo* vespa *f*
'wessen ['vɛsən] (*gen von pron* **wer**) di chi; (*gen von pron* **was**) di che
'Weste ['vɛstə] *f* (-; *-n*) panciotto *m*, gilè *m*
'West|en ['vɛstən] *m* (*-s*; *senza pl*) ovest *m*, occidente *m*; **'2lich** occidentale, dell'ovest; **'~wind** *m* vento *m* di ponente
wes'wegen [vɛs've:gən] perché; *relativisch*: per cui
'Wettbewerb ['vɛtbəvɛrp] *m* (-[*e*]*s*; *-e*) concorso *m*; *econ* concorrenza *f*; *Sport*: competizione *f*; ***unlauterer ~*** concorrenza *f* sleale
'Wettbewerbs|fähigkeit *f econ* competitività *f*; **'~nachteil** *m econ* svantaggio *m* competitivo; **'~vorteil** *m econ* vantaggio *m* competitivo
'Wett|büro *n* ricevitoria *f* di scommesse; **'~e** *f* (-; *-n*) scommessa *f*; *Sport*: competizione *f*, gara *f*; **'2en** (*h*) scommettere (**um** per)
'Wetter ['vɛtər] *n* (*-s*; -) tempo *m*; ***schönes*** (***schlechtes***) **~** bel (cattivo) tempo; **'~aussichten** *f/pl* previsioni *f/pl* del tempo; **'~bericht** *m* bollettino *m* meteorologico; **'2fest** resistente alle intemperie; **'2fühlig** ['-fy:liç] sensibile ai cambiamenti del tempo; meteoropatico; **'~lage** *f* situazione *f* meteorologica; **'~umschwung** *m* cambiamento *m* del tempo; **'~vorhersage** *f* (-; *-n*) previsioni *f/pl* del tempo; **'2wendisch** ['-vɛndiʃ] incostante
'Wett|kampf ['vɛtkampf] *m* lotta *f*; gara *f*; competizione *f*; incontro *m*; competizione *f*; **'~kämpfer** *m* partecipante *m* ad una gara, concorrente *m*; **'~streit** *m* contesa *f*, gara *f*
WEZ ***Westeuropäische Zeit*** ora dell'Europa occidentale
WG ***Wohngemeinschaft*** appartamento condiviso con altri
WHO (*World Health Organization*) ***Weltgesundheitsorganisation*** Organizzazione Mondiale della Sanità (*abbr* OMS)
wichtig ['viçtiç] importante; **'2keit** *f* (-; *senza pl*) importanza *f*; ***von ~ sein*** essere importante
wickeln ['vikəln] (*h*) avvolgere; *Kind*: fasciare; *Haare*: arricciare
'Widder ['vidər] *m* (*-s*; -) *zo*, *astr* ariete *m*
'wider ['vi:dər] (*acc*) contro; **~'fahren** (*irr*, *senza -ge-*, *sn*, → ***fahren***) capitare; ***ihm ist viel Ehre ~*** è stato colmato di onori; ***j-m Gerechtigkeit ~ lassen*** rendere giustizia a qu; **'2hall** *m* (-[*e*]*s*; *-e*) eco *f*; *fig* ripercussioni *f/pl*; **'~hallen** (*sep*, *-ge-*, *h*) echeggiare; *fig* ripercuotersi; **~'legen** [-'le:gən] (*senza -ge-*, *h*) confutare; **'~lich** schifoso; **'~natürlich** contro natura; perverso; **'~rechtlich** illegale; arbitrario; **~'rufen** (*irr*, *senza -ge-*, *h*, → ***rufen***) ritrattare; *Befehl*, *Gesetz*: revocare; *Nachricht*: smentire; **~'setzen**: ***sich ~*** (*senza -ge-*, *h*) opporsi; **'~spenstig** ['-ʃpɛnstiç] ricalcitrante; **'~spiegeln** (*sep*, *-ge-*, *h*) rispecchiare, riflettere; **~'sprechen** (*irr*, *senza -ge-*, *h*, → ***sprechen***) contraddire; essere contrario; **'2spruch** *m* (-[*e*]*s*; *¨e*) resistenza *f*, protesta *f*; contraddizione *f*; ***im ~ stehen zu*** *od* ***mit*** essere in contrasto con; **'2stand** *m* (-[*e*]*s*; *¨e*) resistenza *f* (*a el*); **'~standsfähig** ['-ʃtantsfɛ:iç] resistente, forte; **~'streben** (*senza -ge-*, *h*) opporsi; (*zuwider sein*) ripugnare; **'~wärtig** ['-vɛrtiç] antipatico; (*widerlich*) ripugnante; **'2wille** *m* (*-n*; *senza pl*) avversione *f*; (*Ekel*) ripugnanza *f*; **'~willig** *adj* riluttante; *adv* di mala voglia
'widm|en ['vitmən] (*h*) dedicare; **'2ung** *f* (-; *-en*) dedica *f*
wie [vi:] come; *zeitlich*: quando; ***~ ich*** come me; ***~ hoch ist es?*** quant'è alto?; ***~ groß ist es?*** quant'è grande?; ***~ ich höre*** a quel che sento; ***~ gesagt*** come dicevo; ***~ lange, ~ viel?*** quanto?; ***und ~!*** eccome!, altro che!; ***~ kommt es?*** come mai?; ***~ teuer?*** quanto costa?; ***~ schön!*** che bello!; ***~ viel*** quanto; ***~ gehts?*** come va?
'wieder ['vi:dər] di nuovo, un'altra volta, ancora; ***nicht ~*** non … più; ***schon ~?*** di nuovo?
'wieder… ['vi:dər…] (*in Zssgn mst* ri…, *vor* i *jedoch*: re…, *z. B.* ***~ anstellen*** reintegrare; *wo* ri *nicht möglich ist*, *mst*: di nuovo, ancora, *z. B.* ***~ erzählen*** raccontare di nuovo) ***~aufnehmen*** riprendere; *j-n*: riassumere; ***~ beleben*** ravvivare, richiamare in vita; rianimare, riattivare; ***~ erkennen*** riconoscere;

~ ***erzählen*** raccontare di nuovo; (*wiederholen*) ripetere; ~ ***finden*** ritrovare; ~ ***herstellen*** restaurare; ~ ***sehen*** rivedere; ≈'**aufbau** *m* (-[*e*]*s*; *senza pl*) ricostruzione *f*; ≈'**aufbereitung** *f* (-; -*en*) ritrattamento *m*, rigenerazione *f*; ≈'**aufbereitungsanlage** *f* stazione *f* di ritrattamento, impianto *m* di rigenerazione; '~**bekommen** (*irr, sep, senza -ge-, h*, → ***bekommen***) riavere; '~**erlangen** (*sep, senza -ge-, h*) ricuperare; '≈**eröffnung** *f* riapertura *f*; '≈**gabe** *f* (-; *senza pl*) restituzione *f*; *let* riproduzione *f*; traduzione *f*; '~**geben** (*irr, sep, -ge-, h*, → ***geben***) restituire; rendere; ridare; riprodurre; (*übersetzen*) tradurre; ≈'**gutmachung** *f* (-; -*en*) riparazione *f*; risarcimento *m*; ~'**herstellen** (*sep, -ge-, h*) *Gesundheit*: ristabilire; ≈'**herstellung** *f* restaurazione *f*; guarigione *f*; *tec* riparazione *f*; restauro *m*; riattamento *m*; ~'**holen** (*senza -ge-, h*) ripetere; ~'**holt** [-'hoːlt] ripetuto, reiterato; *adv* ripetutamente; ≈'**holung** *f* (-; -*en*) ripetizione *f*; *tea, TV*: replica *f*; '~**kehren** (*sep, -ge-, sn*), '~**kommen** (*irr, sep, -ge-, sn*, → ***kommen***) ritornare; ricorrere; '≈**sehen** *n* (-*s*; -) incontro *m*; ***vielleicht gibt es ein*** ~ può darsi che ci rivediamo; ***auf*** ~***!*** arrivederci!, arrivederLa!; '≈**vereinigung** *f* riunificazione *f*; '≈**verwendung** *f* riutilizzazione *f*; '≈**wahl** *f* rielezione *f*; ≈'**zulassung** *f* riammissione *f*

'**Wiege** ['viːgə] *f* (-; -*n*) culla *f*; '≈**n** *v/t, v/i* (*wog, gewogen, h*) pesare

'**wiehern** ['viːərn] (*h*) nitrire

Wien [viːn] *n* Vienna *f*

'**Wiese** ['viːzə] *f* (-; -*n*) prato *m*

wie'so? [viː'soː] perché?; come mai?

wie'vielte [viː'fiːltə] che, quale; ***der Wievielte ist heute?*** quanti ne abbiamo oggi?

wild [vilt] *adj* selvaggio; *bot, zo* selvatico; *Kind*: vivace, turbolento; (*wütend*) furente; ~***es Tier*** *n* belva *f*, bestia *f* feroce

Wild *n* (-[*e*]*s*; *senza pl*) selvaggina *f*; '~**braten** *m* arrosto *m* di selvaggina; '~**bret** ['-brɛt] *n* (-*s*; *senza pl*) selvaggina *f*; cacciagione *f*

'**Wilde** ['-də] *m/f* (-*n*; -*n*) selvaggio *m*, -a *f*

'**Wild|leder** *n* camoscio *m*; '~**nis** *f* (-; -*se*) regione *f* solitaria (*od deserta*), *contrada f selvaggia*; '~**park** *m* parco *m* per la selvaggina; '~**schwein** *n* cinghiale *m*

'**Wille** ['vilə] *m* (-*ns*; *senza pl*) volontà *f*; ***freier*** ~ libero arbitrio *m*; ***aus freiem*** ~***n*** spontaneamente; ***wider*** ~***n*** controvoglia; ***Letzter*** ~ ultime volontà *f/pl*

'**willenlos** ['vilənloːs] senza volontà

'**Willens|erklärung** *f* atto *m* di volontà; '~**kraft** *f* (-; *senza pl*) forza *f* di volontà, energia *f*; '≈**schwach** *med* abulico; '≈**stark** energico

'**will|ig** **1.** *adj* volonteroso; (*fügsam*) docile; **2.** *adv* di buona voglia; ~'**kommen** *adj* benvenuto; ***j-n*** ~ ***heißen*** dare il benvenuto a qu; '≈**kür** ['-kyːr] *f* (-; *senza pl*) arbitrio *m*; '~**kürlich** arbitrario

'**wimmeln** ['viməln] (*h*) brulicare, pullulare

'**Wimpel** ['vimpəl] *m* (-*s*; -) pennone *m*

'**Wimper** ['vimpər] *f* (-; -*n*) ciglio *m*; ***ohne mit der*** ~ ***zu zucken*** senza battere ciglio

Wind [vint] *m* (-[*e*]*s*; -*e*) vento *m*; ***bei*** ~ ***und Wetter*** con tutte le intemperie; ***in alle*** ~***e*** ai quattro venti; '~**beutel** *m gastr* bignè *m*

'**Winde** ['vində] *f* (-; -*n*) argano *m*; *mar* verricello *m*

'**Windel** ['vindəl] *f* (-; -*n*) fascia *f*; pannolino *m* per neonati

'**wind|geschützt** ['-gəʃytst] riparato dal vento; '~**ig** ['-diç] ventoso; esposto al vento; *fig* sventato; ~ ***sein*** tirar vento; '≈**jacke** *f* giacca *f* a vento; '≈**licht** *n* torcia *f* a vento; '≈**mühle** *f* mulino *m* a vento; '≈**pocken** *f/pl med* varicella *f*; '≈**richtung** *f* direzione *f* del vento; '≈**schatten** *m*: ***im*** ~ protetto dal vento; '≈**schutzscheibe** ['-ʃutsʃaıbə] *f auto* parabrezza *m*; '≈**stärke** *f* intensità *f* del vento; '~**still** calmo; '≈**stoß** *m* raffica *f*, folata *f* di vento

Wink [viŋk] *m* (-[*e*]*s*; -*e*) cenno *m*; *fig* avvertimento *m*; ***j-m e-n*** ~ ***geben*** *fig* avvisare qu

'**Winkel** ['viŋkəl] *m* (-*s*; -) angolo *m* (*Versteck*) cantuccio *m*; '≈**ig** ['-kəliç] angoloso; tortuoso; stretto e storto *Städtchen*: ricco di vicoli e di cantucci '~**züge** ['-tsyːgə] *m/pl* raggiri *m/pl*

'**winken** ['-kən] (*h*) far cenno, far segno; ***mit et*** ~ agitare qc

W

'Winter ['vintər] *m* (-*s*; -) inverno *m*; **'~anfang** *m* inizio *m* dell'inverno; **'~einbruch** *m* arrivo *m* improvviso dell'inverno; **'~fahrplan** *m* orario *m* invernale; **'~kurort** *m* stazione *f* invernale; **'~landschaft** *f* paesaggio *m* invernale; **'2lich** invernale; da inverno; **'~mantel** *m* cappotto *m*; **'~reifen** *m auto* pneumatico *m* invernale; **'~schlussverkauf** *m* liquidazione *f* di fine stagione (invernale); **'~sport** *m* sport *m* invernale; **'~urlaub** *m* vacanze *f/pl* invernali

'Winzer ['vintsər] *m* (-*s*; -) vendemmiatore *m*

'winzig ['vintsiç] minuscolo

wir [viːr] noi; *im Gegensatz zu anderen*: noialtri

'Wirbel ['virbəl] *m* (-*s*; -) vortice *m*; (*Rücken2*) vertebra *f*; F *fig* tumulto *m*; **'~säule** *f* colonna *f* vertebrale

'wirk|en ['virkən] *v/i* (*h*) agire; fare effetto; ***auf j-n ~*** influire su qu; ***lächerlich ~*** far ridere; **'~lich 1.** *adj* reale; effettivo; **2.** *adv* veramente; davvero; ***ich weiß ~ nicht*** non so davvero; **'2lichkeit** *f* (-; *senza pl*) realtà *f*; **'~sam** efficace; (*wirkend*) attivo; **'2stoff** *m* sostanza *f* attiva; *med* ormone *m*; vitamina *f*

Wirkung ['-kuŋ] *f* (-; -*en*) effetto *m*; (*hervorgerufene Tätigkeit*) reazione *f*; **'~sbereich** *m* raggio *m* d'azione; **'2slos** inefficace; senza effetto; **'2svoll** di grande effetto, efficace; *fig* impressionante

wirr [vir] confuso; (*verwickelt*) intricato; *Haar*: scompigliato; **'2warr** *m* (-*s*; *senza pl*) guazzabuglio *m*; caos *m*, confusione *f*, F babele *f*

Wirt [virt] *m* (-[*e*]*s*; -*e*), **'~in** *f* (-; -*nen*) albergatore *m*, -trice *f*; oste *m*, ostessa *f*; affittacamere *m/f*

Wirtschaft ['-ʃaft] *f* (-; -*en*) *econ* economia *f*; (*Haus2*) economia *f* domestica; governo *m* della casa; (*Gast2*) ristorante *m*; **'2en** (*h*) amministrare; *im Haus*: tenere il governo della casa; **'~erin** *f* (-; -*nen*) (*Angestellte*) governante *f*; **'~ler** *m* (-*s*; -) economista *m*; **'2lich** economico; finanziario; (*rentabel*) redditizio; **'~lichkeit** *f* (-; *senza pl*) redditività *f*; economia *f*, parsimonia *f*

'Wirtschafts... ['virtʃafts...]: *in Zssgn mst* economico; **'~abkommen** *n* accordo *m* economico; **'~aufschwung** *m* incremento *m* economico; espansione *f* economica; **'~beziehungen** *f/pl* relazioni *f/pl* economiche; **'~gemeinschaft** *f*: ***Europäische ~*** Comunità *f* Economica Europea; **'~hilfe** *f* aiuti *m/pl* economici; **'~krise** *f* crisi *f* economica; **'~lage** *f* situazione *f* economica; **'~minister** *m* Ministro *m* del bilancio; **'~politik** *f* politica *f* economica; **'2politisch** politico-economico; **'~prüfer** *m* (-*s*; -) perito revisore *m* contabile; **'~wachstum** *n* crescita *f* economica, sviluppo *m* economico; **'~wissenschaft** *f* scienze *f/pl* economiche; **'~wunder** *n* miracolo *m* economico

'Wirts|haus ['virtshaus] *n* ristorante *m*; birreria *f*, locanda *f*, (*Weinhaus*) osteria *f*; **'~leute** *pl* padroni *m/pl* (della locanda), osti *m/pl*

'wisch|en ['viʃən] (*h*) pulire; ***Staub ~*** spolverare; *Schweiß*, *Tränen*: asciugare; **'2tuch** *m* cencio *m*, strofinaccio *m*

'wissbegierig ['visbəgiːriç] bramoso di sapere; curioso

'wissen ['visən] (*wusste*, *gewusst*, *h*) sapere; ***nicht ~*** ignorare; ***soviel ich weiß*** per quanto ne so, che io sappia

'Wissen *n* (-*s*; *senza pl*) sapere *m*; (*Kenntnisse*) cognizioni *f/pl*; ***ohne mein ~*** a mia insaputa; ***wider besseres ~*** in mala fede; ***meines ~s*** ch'io sappia

'Wissenschaft *f* (-; -*en*) scienza *f*; **'~ler** *m* (-*s*; -), **'~lerin** *f* (-; -*nen*) scienziato *m*, -a *f*; **'2lich** scientifico

'wissenswert degno d'essere noto; interessante

'wissentlich ['-tliç] **1.** *adj* consapevole; intenzionale; **2.** *adv* consapevolmente, apposta

'wittern ['vitərn] (*h*) fiutare (*a fig*)

'Witterung *f* (-; -*en*) tempo *m*; (*Geruchssinn*) fiuto *m*

'Witwe ['vitvə] *f* (-; -*n*) vedova *f*; **'~r** *m* (-*s*; -) vedovo

Witz [vits] *m* (-*es*; -*e*) (*Scherz*) scherzo *m*; (*witziger Einfall*) spiritosaggine *f*, barzelletta *f*; **'2ig** spiritoso

WM ***Weltmeisterschaft*** campionato del mondo

wo [voː] dove; **~'anders** altrove

wo'bei [voː'baɪ] dove; *interrogativ*: presso che cosa, a che cosa, con che cosa; *relativisch*: presso il quale; in cui; *gleichzeitig*: mentre

'Woche ['vɔxə] *f* (-; *-n*) settimana *f*; **~n** *med pl* puerperio *m*

'Wochen... ['-xən]: *in Zssgn* settimanale; **'~arbeitszeit** *f* orario *m* di lavoro settimanale; **'~ende** *n* (*-s*; *-n*) fine *m*/*f* settimana; **'~endhaus** *n* casetta *f* per il fine settimana; **'~karte** *f* abbonamento *m* settimanale; **'2lang** per settimane intere; **'~tag** *m* giorno *m* feriale

'wöchentlich ['vœçəntlɪç] **1.** *adj* settimanale; **2.** *adv* ogni settimana

wo|'durch [voː'durç] *interrogativ*: in che modo; per quale luogo, attraverso che cosa; come; *relativ*: con cui, per cui, per la qual ragione; per il mezzo del quale; **~'für** *interrogativ*: per che cosa; di che cosa; *relativ*: per cui, per la qual (*od* che) cosa

'Woge ['voːgə] *f* (-; *-n*) onda *f*

wo|'her [voː'heːr] (*sep*) di dove; da dove; (*irgendwoher*) da qualunque luogo; *fig* come; **~ *wissen Sie ...?*** come sa ...?; **~ *kommt es, dass ...?*** come avviene (*od* è) che ...?; **~'hin** (*sep*) dove, in quale direzione; per dove; (*irgendwohin*) in qualunque luogo

wohl [voːl] *adv* bene; (*vielleicht*) forse; (*ungefähr*) all'incirca, più o meno, circa; (*zwar*) certamente; (*vermutlich*) probabilmente; *verstärkend*: ma (insomma); **~ *oder übel*** volente o nolente, per amore o per forza; ***mir ist nicht* ~** non mi sento bene; **~ *bekomm's!*** buon prò!; ***leb ~!*** addio!; ***leben Sie ~!*** stia bene!

Wohl *n* (-[*e*]*s*; *senza pl*) bene *m*; benessere *m*; prosperità *f*; ***auf Ihr ~!*** alla Sua salute!; **'2behalten** *adj* sano e salvo; **'~fahrtseinrichtung** *f* istituzione *f* assistenziale; **'~fahrtsstaat** *m* stato *m* assistenziale; **'2habend** benestante

'wohl|klingend melodioso, armonioso; **'~schmeckend** gustoso; saporito, squisito; **'2stand** *m* (-[*e*]*s*; *senza pl*) benessere *m*; **'2standsgesellschaft** *f* società *f* del benessere; **'2tat** *f* (-; *-en*) beneficio *m*; *fig* sollievo *m*; **'~tätig** benefico; **'~tuend** ['-tuːənt] benefico; *fig* gradevole; **'~verdient** ben meritato; benemerito (***um*** di); **'~weislich** prudentemente; **'~wollend** benevolo

'wohn|en ['voːnən] (*h*) abitare; *vorübergehend*: alloggiare; (*leben*) vivere; **'2geld** *n* indennità *f* d'alloggio; **'~haft** domiciliato, residente; **'2haus** *n* casa *f* di abitazione; **'~lich** comodo; **'2mobil** ['-mobiːl] *n* (*-s*; *-e*) autocaravan *f*; **'2ort** *m* residenza *f*; domicilio *m*; **'2raum** *m* vano *m*; **'2sitz** *m* domicilio *m*; dimora *f*; residenza *f*

'Wohnung ['voːnuŋ] *f* (-; *-en*) appartamento *m*; abitazione *f*; alloggio *m*; *amtlich*: domicilio *m*

'Wohnungs|amt *n* ufficio *m* alloggi; **'~bau** *m* (-[*e*]*s*; *senza pl*) edilizia *f* abitativa; **'~not** *f* (-; *senza pl*) crisi *f* degli alloggi; mancanza *f* d'abitazioni; **'~wechsel** *m* cambiamento *m* di domicilio

'Wohn|wagen *m auto* rimorchio *m* da campeggio; roulotte *f*; **'~zimmer** *n* salotto *m*; soggiorno *m*

Wolf [vɔlf] *m* (-[*e*]*s*; *⸚e*) *zo* lupo *m*

'Wolke ['vɔlkə] *f* (-; *-n*) nuvola *f*; *Rauch, Staub a*: nuvolo *m*

'Wolken|bruch ['vɔlkənbrux] *m* nubifragio *m*; **'~kratzer** *m* grattacielo *m*; **'2los** sereno

'wolkig ['vɔlkiç] nuvoloso

'Wolle ['vɔlə] *f* (-; *-n*) lana *f*

'wollen ['vɔlən] (*wollte, gewollt*/*wollen, h*) volere; (*wünschen*) desiderare; (*fordern*) chiedere, esigere; ***lieber* ~** preferire; ***irgendwohin* ~** voler andare in qualche luogo; ***wo* ~ *Sie hin?*** dove vuole andare?; ***wir* ~ *sehen*** vedremo; ***das will ich hoffen!*** lo spero bene!

'woll|ig lanoso; **'2stoff** *m* tessuto *m* di lana

wo|'mit [voː'mit] con che, con quale; *relativ*: con cui; **~ *kann ich Ihnen dienen?*** in che cosa posso servirla?; **~'möglich** possibilmente; **~'nach** dopo di che; secondo la qual cosa; **~ *fragt er?*** che cosa domanda?; **~ *schmeckt es?*** che gusto ha?

wo'r|an [voː'ran] *interrogativ*: a che (cosa), su che cosa; da che cosa; *relativ*: a cui, al quale; su cui, sul quale; dove; (*woraufhin*) perciò; **~'auf** *interrogativ*: su che cosa; che cosa; *relativ*: su cui, sul quale; dove; **~'aus** *interrogativ*: da dove; da che cosa; di che cosa; *relativ*: dal quale, da cui; del quale

W

di cui; **~'in** *interrogativ*: in che cosa; dove; *relativ*: in cui, nel quale
Wort [vɔrt] *n* (-[*e*]*s*; -*e*; *einzeln*: *pl* ⸗*er*) parola *f*; (*Ausdruck*) espressione *f*, termine *m*; *rel* Verbo *m*; ***ums ~ bitten*** chiedere la parola; ***mit anderen ~en*** in altri termini; ***in ~en*** in lettere; ***mit e-m ~*** in due parole; ***nicht zu ~e kommen*** non riuscire a parlare; ***das ~ ergreifen*** prendere la parola
'Wörterbuch ['vœrtərbu:x] *n* dizionario *m*
'wortkarg laconico, taciturno
'wörtlich ['vœrtliç] **1.** *adj* letterale; testuale; **2.** *adv* alla lettera
'wort|los ['vɔrtlo:s] *adv* senza dire parola; **'2wechsel** *m* diverbio *m*
wo'rüber [vo:'ry:bər] su che; *relativ*: su cui
wor'um di (*od* a, per) che; *relativ*: di (*od* a, per) cui
wo'von di che; *relativ*: di cui
wo'vor da che, davanti a che, di che; *relativ*: da cui, davanti a cui, di cui
wo'zu a che, perché; a che prò, a che fine; *relativ*: a cui, alla qual cosa
Wrack [vrak] *n* (-[*e*]*s*; -*e*) relitto *m*; *a fig* carcassa *f*
WS ***Wintersemester*** semestre invernale
WSV ***Winterschlussverkauf*** saldi invernali di fine stagione
Wucher ['vu:xər] *m* (-*s*; *senza pl*) usura *f*; **'2n** (*h*) esercitare l'usura; *Pflanzen*: lussureggiare; *med* proliferare; **'~preis** *m* prezzo *m* esorbitante; **'~ung** *f* (-; -*en*) *med* escrescenza *f*; **'~zins** *m* interesse *m* usurario
wühlen ['vy:lən] (*h*) scavare; *Schwein*: grufolare; *fig* frugare
wund [vunt] ferito; ***~e Stelle*** *f* piaga *f*; *fig* punto *m* debole; **'2e** ['-də] *f* (-; -*n*) *a fig* ferita *f*
Wunder ['vundər] *n* (-*s*; -) miracolo *m*; prodigio *m*; meraviglia *f*; ***die sieben ~ der Welt*** le sette meraviglie del mondo; ***kein ~*** non c'è da meravigliarsi; **'2bar** (*staunenerregend*) meraviglioso; **'~kind** *n* bambino *m* prodigio; **'2lich** stravagante, strano; **'~mittel** *n* toccasana *m*; **'2n**: ***sich ~*** (*h*) meravigliarsi (***über*** *acc* di); **'2'schön** bellissimo; **'2voll** meraviglioso
Wundstarrkrampf ['vuntʃtarkrampf] *m med* tetano *m*
Wunsch [vunʃ] *m* (-[*e*]*s*; ⸗*e*) desiderio *m*; (*Glück*2) augurio *m*; ***auf ~*** a richiesta; ***nach ~*** a piacere, a discrezione
'wünschen ['vynʃən] (*h*) desiderare; *j-m et*: augurare; ***was ~ Sie?*** cosa desidera?; **'~swert** desiderabile
'wunsch|gemäß ['vunʃgəmɛ:s] come desiderato; **'2konzert** *n* concerto *m* di musiche richieste; **'~los** senza desideri; contento; **'2zettel** *m* lista *f* dei desideri
'Würde ['vyrdə] *f* (-; *senza pl*) dignità *f*; **'2los** indegno
'würdig ['vyrdiç] degno; (*würdevoll*) dignitoso; ***sich e-r Sache ~ erweisen*** dimostrarsi degno di qc; **'~en** ['-gən] (*h*) apprezzare; **'2ung** *f* (-; -*en*) apprezzamento *m*; degnazione *f*
Wurf [vurf] *m* (-[*e*]*s*; ⸗*e*) getto *m*; lancio *m*; *Kegel*: colpo *m*; *Würfel*: tiro *m*; *Brut*: figliata *f*
'Würfel ['vyrfəl] *m* (-*s*; -) dado *m*; *mat* cubo *m*; (*Eis*2) cubetto *m*; ***die ~ sind gefallen*** il dado è tratto; **'~becher** *m* bussolotto *m*
'würfeln *v/i* (*h*) giocare ai dadi; ***gewürfelt*** a quadri
'Wurfel|spiel *n* gioco *m* dei dadi; **'~zucker** *m* zucchero *m* in zollette
'Wurfscheibe *f* disco *m*
Wurm [vurm] *m* (-[*e*]*s*; ⸗*er*) verme *m*; **'~mittel** *n* vermifugo *m*; **'2stichig** ['-ʃtiçiç] tarlato; *Obst*: bacato
Wurst [vurst] *f* (-; ⸗*e*) salsiccia *f*; salame *m*; (*Wurstwaren*) salumi *m/pl*
'Würstchen ['vyrstçən] (-*s*; -) salsicciotto *m*, würstel *m*
'Wurstwaren *f/pl* insaccati *m/pl*; salumi *m/pl*
'Würze ['vyrtsə] *f* (-; -*n*) spezie *f/pl*; *gast u fig* condimento *m*; *des Weines*: aroma *m*
'Wurzel ['vurtsəl] *f* (-; -*n*) radice *f*; (*Zahn*2) radice *f*; **'2n** (*h*) radicare; *fig* avere le radici; **'~werk** *n bot* barbe *f/pl*; **'~ziehen** *n* (-*s*; *senza pl*) *mat* estrazione *f* della radice
'würz|en ['vyrtsən] (*h*) condire (*a fig*); aromatizzare; **'~ig** aromatico; saporito
Wust [vu:st] *m* (-[*e*]*s*; *senza pl*) guazzabuglio *m*
wüst [vy:st] deserto; *Kopf*: confuso;

Leben: dissoluto
Wüste ['vy:stə] *f* (-; *-n*) deserto *m*
Wut [vu:t] *f* (-; *senza pl*) rabbia *f*, furore *m*, furia *f*; **'~anfall** *m* accesso *m* di rabbia
'wüten ['vy:tən] (*h*) infuriare; *Sturm*: imperversare; *Seuche*: infierire
wütend ['vy:tənt] furente; furioso, arrabbiato; ***~ werden*** arrabbiarsi; ***~ sein auf j-n*** essere arrabbiato con qu; ***j-n ~ machen*** far arrabbiare qu
Wwe. ***Witwe*** vedova
WWU ***Wirtschafts- und Währungsunion*** Unione Economica e Monetaria (*abbr* UEM)
WWW ***World Wide Web*** www, web

X

'X|-Beine ['iksbaınə] *n/pl* gambe *f/pl* storte; **'♀-beliebig** uno qualsiasi, un tizio; **'♀-mal** mille volte, chissà quante volte

Y

Yacht [jaxt] *f* jacht *m*; → ***Jacht***
'Yoga ['jo:ga] *m u n* (-[*s*]; *senza pl*) yoga *m*
'Youngster ['jʌŋstə] *m* (*-s*; *-s*) giovane giocatore *m*
'Yuppie ['jupi] *m* (*-s*; *-s*) yuppie *m*

Z

Z. ***Ziffer*** cifra
'Zacke ['tsakə] *f* (-; *-n*) (*Spitze*) punta *f*; *Kamm*, *Säge*: dente *m*; (*Geweih*) ramo *m*
'zaghaft ['tsa:khaft] timido; pauroso; irresoluto
Zagreb ['za:grɛp] *n* Zagabria *f*
zäh [tsɛ:] tenace; *Fleisch*: tiglioso; duro; **'~flüssig** viscoso; ***~er Verkehr*** traffico congestionato
Zahl [tsa:l] *f* numero *m*; (*Zahlzeichen*) cifra *f*; (*Anzahl*) quantità *f*; **'♀bar** pagabile
zahlen ['tsa:lən] (*h*) pagare; ***Kellner, ~!*** cameriere, il conto!; ***was habe ich zu ~?*** quanto Le devo?
'zählen ['tsɛ:lən] (*h*) contare; ***auf j-n ~*** fare assegnamento su qu
'Zahlen|angaben ['tsa:lən?anga:bən] *f/pl* dati *m/pl* numerici; **'♀mäßig** numerico; **'~material** *n* materiale *m* statistico
'Zähler ['tsɛ:lər] *m* (*-s*; -) (*a tec*) contatore *m*; *mat* numeratore *m*
'Zahl|grenze *f Verkehr*: limite *m* di tariffa; **'~karte** *f post* modulo *m* di versamento; **'♀los** innumerevole; **♀reich** **1.** *adj* numeroso; **2.** *adv* in gran numero
'Zahlung ['tsa:luŋ] *f* (-; *-en*) pagamento *m*; ***eine ~ leisten*** fare (*od* effettuare) un pagamento; ***in ~ geben*** (***nehmen***) dare (prendere) in pagamento
'Zählung ['tsɛ:luŋ] *f* (-; *-en*) numerazione *f*; *der Stimmen*: spoglio *m*
'Zahlungs... ['tsa:luŋs...]: *in Zssgn* di pagamento; **'~anweisung** *f* mandato *m* di pagamento; **'~aufforderung** *f* intimazione *f* di pagamento; **'~aufschub** *m* proroga *f*, dilazione *f* di pagamento; **'~bedingungen** *f/pl* condizioni *f/pl* di pagamento; **'~befehl** *m* ordine *m* di pagamento; **'~bilanz** *f* bilancia *f* dei pagamenti; **'~bilanzdefizit** *n* disavanzo *m* della bilancia dei pagamenti; **'~bilanzüberschuss** *m* eccedenza *f* della bilancia dei pagamenti

'**~frist** *f* termine *m* di pagamento; '**~mittel** *n* mezzo *m* di pagamento; '**~schwierigkeit** *f* difficoltà *f* di pagamento; '**≗unfähig** insolvibile; '**~verkehr** *m econ* pagamenti *m/pl*; *econ* ***elektronischer ~*** pagamento *m* elettronico

zahm [tsaːm] mansueto; (*gezähmt*) addomesticato

'**zähmen** ['tsɛːmən] (*h*) addomesticare; *Tiere*: domare

Zahn [tsaːn] *m* (-[*e*]*s*; *⸗e*) dente *m*; ***j-m e-n ~ ziehen*** estrarre (*od* cavare) un dente a qu; '**~arzt** *m*, '**~ärztin** *f* dentista *m/f*; '**~bürste** *f* spazzolino *m* da denti; '**~creme** *f* dentifricio *m*; '**~ersatz** *m* dentiera *f*; protesi *f* dentale; '**~fleisch** *n* gengiva *f*; '**~füllung** *f* impasto *m* per l'otturazione di un dente; '**~paste** *f* dentifricio; *m*; '**~pflege** *f* cura *f* dei denti; igiene *f* orale; '**~rad** *n tec* ruota *f* dentata; pignone *m*; '**~radbahn** *f* ferrovia *f* a cremagliera; '**~schmerz** *m* mal *m* di denti; '**~stein** *m med* tartaro *m*; '**~stocher** ['-ʃtɔxər] *m* (-*s*; -) stuzzicadenti *m*

'**Zange** ['tsaŋə] *f* (-; -*n*) *tec* tenaglie *f/pl*; (*Zucker≗*, *Feuer≗*) molle *f/pl*

'**zanken** ['tsaŋkən]: ***sich ~*** (*h*) litigare, bisticciarsi

'**Zäpfchen** ['tsɛpfçən] *n* (-*s*; -) *anat* ugola *f*; *med* supposta *f*

'**zapf|en** ['tsapfən] **1.** *v/t* (*h*) spillare; **2.** '**≗en** *m* (-*s*; -) zaffo *m*, caviglia *f*; (*Fass≗*) tappo *m*; *bot* strobilo *m*; (*Tannen≗*) pigna *f*; (*Eis≗*) ghiacciuolo *m*; (*Stift*) perno *m*; '**≗säule** *f* distributore *m*

zart [tsaːrt] tenero; *Haut*, *Gesundheit*: delicato; ***~ fühlend*** delicato; '**~fühlend** *adj* delicato

'**zärtlich** ['tsɛːrtliç] affettuoso; '**≗keit** *f* (-; -*en*) tenerezza *f*, affettuosità *f*; (*Liebkosung*) carezza *f*

Zäsur [tsɛ'zuːr] *f* (-; -*en*) cesura *f*

'**Zauber** ['tsaubər] *m* (-*s*; *senza pl*) incanto *m*; *nur fig*: fascino *m*; ***fauler ~*** imbroglio *m*, inganno *m*; '**~er** *m* (-*s*; -) mago *m*; **≗haft** magico; *fig* incantevole, affascinante; '**~in** *f* (-; -*nen*) maga *f*; '**~künstler** *m* prestigiatore *m*; **~kunststück** ['-kunstʃtyk] *n* gioco *m* di prestigio; '**≗n** (*h*) esercitare la magia; fare giochi di prestigio; '**~stab** *m* bacchetta *f* magica

Zaun [tsaun] *m* (-[*e*]*s*; *Zäune*) siepe *f*, recinto *m*; *aus Holz*: steccato *m*; ***einen Streit vom ~ brechen*** provocare una lite (*od* un conflitto)

z. B. ***zum Beispiel*** per esempio

z. d. A. ***zu den Akten*** agli atti; da archiviare

ZDF ***Zweites Deutsches Fernsehen*** *secondo canale della televisione tedesca*

'**Zebra** ['tseːbra] *n* (-*s*; -*s*) *zo* zebra *f*; '**~streifen** *m Straße*: strisce *f/pl* pedonali

'**Zeche** ['tsɛçə] *f* (-; -*n*) scotto *m*; *min* miniera *f*; ***die ~ bezahlen*** pagare il conto

'**Zecke** ['tsɛkə] *f* (-; -*n*) *zo* zecca *f*

'**Zeder** *bot* ['tseːdər] *f* (-; -*n*) cedro *m*

Zeh [tseː] *m* (-*s*; -*en*), '**~e** ['tseːə] *f* (-; -*n*) dito *m* del piede; ***große ~*** alluce *m*; '**~enspitze** *f*: ***auf ~n*** sulla punta dei piedi

zehn [tseːn] *adj* dieci; ***etwa ~*** una decina

Zehn *f* (-; -*en*) dieci *m*; '**~er** *m* (-*s*; -) → ***Zehnpfennigstück***; *mat* decina *f*; '**~erkarte** *f* biglietto *m* valido per dieci volte (a dieci tagliandi); '**≗fach**, '**≗jährig** decennale; '**≗mal** dieci volte; **~'pfennigstück** *n hist* moneta *f* da dieci pfennig; '**≗tägig** di dieci giorni; '**≗tausend** diecimila; '**≗te** *adj* decimo; '**~tel** *n* (-*s*; -) decimo *m*, decima parte *f*; '**≗tens** in decimo luogo

'**Zeichen** ['tsaiçən] *n* (-*s*; -) segno *m*; (*An≗*) indizio *m*; (*Erkennungs≗*) marca *f*, contrassegno *m*; *fer* segnale *m*; *econ* marca *f*; *med* sintomo *m*; (*Stern≗*) costellazione *f*; (*Wink*) cenno *m*; '**~erklärung** *f* legenda *f/pl*; '**~papier** *n* carta *f* da disegno; '**~setzung** ['-zɛtsuŋ] *f* (-; *senza pl*) interpunzione *f*; '**~sprache** *f* linguaggio *m* mimico; '**~stift** *m* lapis *m*; **~trickfilm** *m* cartone *m* animato

'**zeichn|en** ['tsaiçnən] (*h*) segnare; *Malerei*: disegnare; (*unter~*) sottoscrivere; firmare; *Plan*: tracciare; *Wäsche*: marcare; '**≗er** *m* (-*s*; -), '**≗erin** *f* (-; -*nen*) disegnatore *m*, -trice *f*; sottoscrittore *m*, -trice *f*; **≗ung** *f* (-; -*en*) segnatura *f*; disegno *m*; sottoscrizione *f*; '**~ungsberechtigt** autorizzato a fir-

mare
'Zeigefinger ['tsaɪgəfiŋər] *m* indice *m*
zeig|en ['tsaɪgən] (*h*) mostrare; far vedere; *nach*: indicare; ***das wird sich ~*** vedremo; ***es zeigt sich, dass*** si vede che; ***sich ~*** farsi vedere; **'2er** *m* (-*s*; -) indicatore *m*; (*Uhr2*) lancetta *f*
'Zeile ['tsaɪlə] *f* (-; -*n*) linea *f*; riga *f*; (*Reihe*) fila *f*; **'~nabstand** ['-ʔap-] *m* interlinea *f*
Zeit [tsaɪt] *f* (-; *senza pl*) tempo *m*; (*pl -en*) (*Jahres2*) stagione *f*; (*Zeitraum*) periodo *m*; (*Zeitalter*) era *f*, epoca *f*; (*Uhr2*) ora *f*; (*Termin*) termine *m*; (*Datum*) data *f*; (*Kulturepoche*) età *f*, secolo *m*; *econ* ***auf ~*** a termine; ***es hat ~*** c'è tempo; ***ich habe keine ~*** non ho tempo; ***vor kurzer ~*** poco fa; ***lange ~*** molto tempo; F parecchio tempo; ***in der ~ der ...*** ai tempi della ...; ***es ist die höchste ~*** non c'è tempo da perdere; ***zur rechten ~*** al momento buono; ***die guten alten ~en*** i bei vecchi tempi; ***von ~ zu ~*** ogni tanto; ***zeit seines Lebens*** durante tutta la sua vita; ***es ist an der ~, zu*** è ora di; ***eine ~ lang*** per un po' di tempo; ***~ raubend*** → ***zeitraubend***; → ***zurzeit***
'Zeit|alter *n* età *f*; era *f*; (*Jahrhundert*) secolo *m*; **~ansage** *f Radio*: segnale *m* orario; **'~arbeit** *f* lavoro *m* a tempo definito; **'~aufwand** *m* dispendio *m* di tempo; **'~ersparnis** *f* risparmio *m* di tempo; **'~frage** *f* questione *f* di tempo; problema *m* del giorno; **2gemäß** moderno, attuale, conforme allo spirito dei tempi; **'~genosse** *m*, **'2genössisch** ['-gənœsɪʃ] *adj* contemporaneo *m u adj*; **'2ig** presto, per tempo; (*frühmorgens*) di buon'ora; **'~karte** *f Verkehrsmittel*: abbonamento *m*; **'~lang** *f* → ***Zeit***; **2lebens** [-'le:bəns] *adv* per tutta la vita; **'2lich** temporale, cronologico; mondano; **'~lohn** *m* salario *m* a tempo; **'2los** eterno; non soggetto a cambiamenti, indipendente dalla moda; **'~lupe** *f* rallentatore *m*; **'~mangel** *m* (-*s*; *senza pl*) mancanza *f* di tempo; **'~punkt** *m* momento *m*; **'2raubend** che richiede molto tempo; **'~raum** *m* (spazio *m* di) tempo *m*; **'~rechnung** *f* cronologia *f*; *christliche*: era *f*; **'~schrift** *f* rivista *f*
Zeitung ['tsaɪtuŋ] *f* (-; -*en*) giornale *m*
'Zeitungs|anzeige *f* annuncio *m*, inserzione *f*; **'~artikel** *m*, **'~bericht** *m* articolo *m* di giornale; **'~beilage** *f* supplemento *m* di giornale; **'~ente** *f* F canard *m*; invenzione *f* dei giornali; **'~kiosk** *m* edicola *f* (di giornali); **'~notiz** *f* trafiletto *m*, stelloncino *m*; **'~papier** *n* carta *f* da giornali; **'~verkäufer(in)** *m(f)* giornalaio *m*, -a *f*
'Zeit|unterschied ['tsaɪtʔuntərʃi:t] *m* differenza *f* di orario; **'~verlust** *m* (-[*e*]*s*; *senza pl*) perdita *f* di tempo; **'~vertreib** ['-fɛrtraɪp] *m* (-[*e*]*s*; -*e*) passatempo *m*; **'2weilig** ['-vaɪliç] temporaneo; **'2weise** di quando in quando; temporaneamente; **'~zeichen** *n Radio*: segnale *m* orario; **'~zone** *f* fuso *m* orario
'Zell|e ['tsɛlə] *f* (-; -*n*) cella *f*; *biol*, *fig* cellula *f*; (*Bade2*, *Telefon2*) cabina *f*; **'~stoff** *m* (-[*e*]*s*; *senza pl*) cellulosa *f*
Zelt [tsɛlt] *n* (-[*e*]*s*; -*e*) tenda *f*; ***die ~e aufschlagen*** piantare le tende; **'2en** (*h*) attendarsi, campeggiare, accamparsi; **'~platz** *m* campeggio *m*
Ze'ment [tse'mɛnt] *m* (-[*e*]*s*; -*e*) cemento *m*; **2ieren** (*senza ge-*, *h*) cementare
zen's|ieren [tsɛn'zi:rən] (*senza ge-*, *h*) censurare; sottoporre alla censura; (*beurteilen*) giudicare; **'2ur** [-'zu:r] *f* (-; *senza pl*) censura *f*; (*pl -en*) *Schule*: voto *m*
Zenti'meter [-ti'me:tər] *m u n* centimetro *m*
'Zentner ['tsɛntnər] *m* (-*s*; -) mezzo quintale *m*
zen'tral [-'tra:l], **Zentral...** *in Zssgn* centrale; **2bank** *f* banca *f* centrale; **2bankpräsi'dent** *m* presidente *m* della Banca centrale; **2e** *f* (-; -*n*) centrale *f*; **2heizung** *f* riscaldamento *m* centrale; **~i'sieren** [-trali'zi:rən] (*senza ge-*, *h*) accentrare, centralizzare; **2'ismus** [-tra'lismus] *m* (-; *senza pl*) *pol* centralismo *m*
'Zentrum ['-trum] *n* (-*s*; -*tren*) centro *m*
zer'brech|en (*zerbrach*, *zerbrochen*) **1.** *v/t* (*h*) rompere; ***sich den Kopf ~*** rompersi la testa; **2.** *v/i* (*sn*) rompersi; **~lich** fragile
zer'drücken (*senza -ge-*, *h*) schiacciare; *Kleidung*: sgualcire
Zeremo'niell [tseremon'jɛl] *n* (-*s*; -*e*) cerimoniale *m*; *diplomatisches*: proto-

collo *m*
Zer'fall *m* (-[*e*]*s*; *senza pl*) rovina *f*, sfacelo *m*; *fig* decadenza *f*; (*Atom*≈) disintegrazione *f*; **≈en** *v/i* (*zerfiel*, *zerfallen*, *sn*) sfasciarsi; decomporsi; disintegrarsi; *fig* decadere
zer'fressen rodere; *chim* corrodere
zer'gehen (*zerging*, *zergangen*, *sn*) struggersi, sciogliersi; *in Flüssigkeit*: liquefarsi
zer'hacken (*senza -ge-*, *h*) spezzare; *in Stücke*: fare a pezzi
zer'kauen (*senza -ge-*, *h*) masticar bene
zer'kleinern [-'klaɪnərn] (*senza -ge-*, *h*) sminuzzare; (*zermalmen*) tritare
zer'klüftet [-'klyftət] frastagliato, dirupato
zer'knittern, **zer'knüllen** (*senza -ge-*, *h*) sgualcire
zer'legen (*senza -ge-*, *h*) scomporre; *tec* smontare
zer'lumpt [-'lumpt] cencioso
zer'quetschen (*senza -ge-*, *h*) schiacciare
zer'reiben (*zerrieb*, *zerrieben*, *h*) tritare; polverizzare
zer'reißen [-'raɪsən] (*zerriss*, *zerrissen*) **1.** *v/t* (*h*) strappare; lacerare; **2.** *v/i* (*sn*) lacerarsi; spezzarsi; squarciarsi
'zerr|en ['tsɛrən] (*h*) *med* storcere, tirare; **'≈ung** *med f* (-; *-en*) stiramento *m*
Zer'rissenheit [-'risənhaɪt] *f* (-; *senza pl*) *fig* disunione *f*; *seelisch*: sconcerto *m*, profondo scontento *m*
zer'rütt|en [-'rytən] (*senza -ge-*, *h*) scompigliare; *Kraft*: logorare; *Verhältnisse*: dissestare; ***zerrüttete Verhältnisse*** *n/pl* dissesti *m/pl* finanziari; **≈ung** *f* (-; *-en*) scompiglio *m*; rovina *f*; disorganizzazione *f*; dissesto *m*
zer'sägen [-'zɛːgən] (*senza -ge-*, *h*) segare
zer'schlagen **1.** *v/t* (*zerschlug*, *zerschlagen*, *h*) fracassare; distruggere; rompere, spezzare; ***sich ~*** *fig* andare a monte; **2.** *adj* (*müde*) stanco morto
zer'schneiden (*zerschnitt*, *zerschnitten*, *h*) tagliare a pezzi; tagliuzzare; trinciare
zer'splitter|n (*senza -ge-*) **1.** *v/t* (*h*) scheggiare; *fig* disperdere; **2.** *v/i* (*sn*) andare in schegge; **≈ung** *f* (-; *-en*) sparpagliamento *m*; *pol* frazionamento *m*, disgregamento *m*
zer'stör|en (*senza -ge-*, *h*) distruggere; demolire; rovinare; **≈ung** *f* (-; *-en*) distruzione *f*
zer'streu|en (*senza -ge-*, *h*) disperdere; ***sich ~*** disperdersi; *fig* distrarsi; **~t** disperso; *fig* distratto; **≈ung** *f* (-; *-en*) *fig* distrazione *f*
zer'teilen (*senza -ge-*, *h*) dividere; (*zerlegen*) scomporre
Zertifi'kat [tsɛrtifi'kaːt] *n* (-[*e*]*s*; *-e*) certificato *m*; diploma *m*
zer'treten (*zertrat*, *zertreten*, *h*) calpestare
zer'trümmer|n [-'trymərn] (*senza -ge-*, *h*) sconquassare; *fig nur*: distruggere; *Gebäude*: abbattere; *Atom*: disintegrare; **≈ung** *f* (-; *-en*) rovina *f*; demolizione *f*; sconquasso *m*; *Atom*: disintegrazione *f*
Zerve'latwurst [-və'laːtvurst] *f* cervellata *f*
'Zettel ['tsɛtəl] *m* (*-s*; -) biglietto *m*; foglietto *m*; (*Wahl*≈) scheda *f*; (*Anschlag*≈) manifesto *m*
Zeug [tsɔʏk] *n* (-[*e*]*s*; *senza pl*) (*Sachen*) roba *f*; (*Fähigkeit*) capacità *f*; F stoffa *f*; F ***dummes ~*** stupidaggini *f/pl*; ***er hat das ~ zum Minister*** ha la stoffa del ministro; ***sich ins ~ legen*** F darsi da fare
'Zeug|e ['tsɔʏgə] *m* (*-n*; *-n*) testimone *m*; *jur* teste *m*; **'≈en** (*h*) **1.** *v/i* deporre, testimoniare; provare; ***von et ~*** essere la prova di qc; **2.** *v/t* generare
'Zeugen|aussage ['tsɔʏgənʔaʊszaːgə] *f* deposizione *f*; testimonianza *f*; **'~vernehmung** *f* escussione *f* dei testi
'Zeug|in *f* (-; *-nen*) testimone *f*; **'~nis** *n* (*-ses*; *-se*) testimonianza *f*; (*Bescheinigung*) certificato *m*; (*Schul*≈) pagella *f*
'Zeugung *f* (-; *-en*) *biol* riproduzione *f*, procreazione *f*
'zeugungsunfähig ['-ʔun-] impotente; sterile
z. Hd. ***zu Händen von*** sue proprie mani; all'attenzione di
Zi. ***Zimmer*** camera
'Zickzack ['tsiktsak] *m* (-[*e*]*s*; *-e*) zigzag *m*; **'~linie** *f* linea *f* a zigzag
'Ziege ['tsiːgə] *f* (-; *-n*) *zo* capra *f*
'Ziegel ['tsiːgəl] *m* (*-s*; -) mattone *m*; (*Dach*≈) tegola *f*; **'~stein** *m* mattone *m*
'Ziegen|käse *m* (formaggio *m*) caprino *m*; **'~peter** ['-peːtər] *m* (*-s*; *senza pl*)

med orecchioni *m/pl*

'zieh|en ['tsiːən] (*zog, gezogen, h*) **1.** *v/t* tirare; *Brettspiele*: muovere; *Bilanz, Vergleich*: fare; *Pflanzen*: coltivare; *Los*: estrarre; *Nutzen*: ricavare; *Zahn*: cavare; *Striche*: tracciare; *in Erwägung*: prendere; ***zurate ~*** consultare; *fig* ***den kürzeren ~*** aver la peggio; ***Folgen nach sich ~*** avere delle conseguenze; **2.** *v/i* (*a sn*) tirare; (*an~*) attirare; (*um~*) cambiar casa, traslocare; *Ortswechsel*: recarsi; *Vögel, Wolken*: passare; ***es zieht*** c'è corrente; ***den Tee ~ lassen*** mettere il tè in infusione; ***sich in die Länge ~*** andare per le lunghe; **'2harmonika** *f mus* fisarmonica *f*; **'2ung** *f* (-; *-en*) estrazione *f*

Ziel [tsiːl] *n* (-[*e*]*s*; *-e*) meta *f*, obiettivo *m*, scopo *m*; *mil* bersaglio *m*, mira *f*; (*Ende*) fine *m*; *Sport*: traguardo *m*, arrivo *m*; ***zum ~ gelangen*** arrivare allo scopo; **'2en** (*h*) mirare (***auf*** *acc* a); *fig a* aspirare a, anelare a; **'~gerade** *f Sport*: rettilineo *m* d'arrivo; **'~gruppe** *f* target-group *m*, gruppo-obiettivo *m*; **'~hafen** *m* porto *m* di destinazione; **'~linie** *f Sport*: linea *f* d'arrivo; **'2los** senza meta; *adv* alla ventura; **'~markt** *m* mercato target *m*

Zielscheibe *f* bersaglio *m*; *fig* ***~ des Spottes*** zimbello *m*

Ziel|sprache *f* lingua *f* d'arrivo; **'2strebig** che va diritto alla meta; *fig* energico, volitivo, sicuro del fatto suo

'ziemlich ['tsiːmliç] **1.** *adj* conveniente, opportuno; passabile; **2.** *adv* assai, abbastanza; ***so ~*** press'a poco; ***~ viel*** abbastanza

'zier|en ['tsiːrən] (*h*) ornare; decorare, abbellire; ***geziert*** affettato; **'~lich** grazioso, carino; **'2pflanze** *f* pianta *f* ornamentale

'Ziffer ['tsifər] *f* (-; *-n*) cifra *f*, numero *m*; **'~blatt** *n* quadrante *m*

Ziga'rette [tsiga'rɛtə] *f* (-; *-n*) sigaretta *f*

Zigarettenautomat [-ˀautomaːt] *m* distributore *m* automatico di sigarette

Ziga'rillo [-'rilo] *m u n* (*-s*; *-s*) sigaro *m*

Zi'garre [tsi'garə] *f* (-; *-n*) sigaro *m*

'Zimmer ['tsimər] *n* (*-s*; -) stanza *f*, camera *f*; **'~einrichtung** *f* arredamento *m*; **'~kellner** *m* cameriere *m*; **'~mädchen** *n* cameriera *f*; **'~mann** *m* (-[*e*]*s*; *-leute*) carpentiere *m*; **'~nachweis** *m* informazioni *f/pl* posti letto; **'~nummer** *f* numero *m* di camera; **'~service** *m* servizio *m* in camera

'zimperlich ['tsimpərliç] smorfioso; delicato, suscettibile; effeminato

Zimt [tsimt] *m* (-[*e*]*s*; *-e*) cannella *f*

Zink [tsiŋk] *n* (-[*e*]*s*; *senza pl*) zinco *m*

'Zinke ['tsiŋkə] *f* (-; *-n*) punta *f*; (*Gabel2*) rebbio *m*

Zinn [tsin] *n* (-[*e*]*s*; *senza pl*) stagno *m*; **'~e** *f* (-; *-n*) *arch* pinnacolo *m*

Zins [tsins] *m* (*-es*; *-en*) (*Abgabe*) tributo *m*; (*Miet2*) fitto *m*; (*Geld2*) interesse *m*; **'~en** *pl* (*Kapital2*) interessi *m/pl*; ***von den ~en leben*** vivere di rendita; ***3% ~en*** un interesse del tre per cento

'Zins|eszins ['tsinzəstsins] *m* interesse *m* composto; **'~fuß** *m* tasso *m* di interesse; **'2günstig** agevolato, a basso tasso d'interesse; **'2los** senza interessi; **'2pflichtig** ['-pfliçtiç] tributario; **'~rechnung** *f* calcolo *m* degli interessi; **'~satz** *m* tasso *m* d'interesse

'Zipfel ['tsipfəl] *m* (*-s*; -) estremità *f*, cocca *f*; *am Rock*: lembo *m*

'zippen ['tsipən] (*h*) *inform* zippare comprimere

'zirka ['tsirkɑ] circa, all'incirca, approssimativamente

'Zirkel ['-kəl] *m* (*-s*; -) circolo *m*; *Werkzeug*: compasso *m*

zirku'lieren [-ku'liːrən] (*senza ge-, h*) circolare

'Zirkus ['-kus] *m* (-; *-se*) circo *m*

'zischen ['tsiʃən] (*h*) fischiare; sibilare

Zita'delle [tsita'dɛlə] *f* (-; *-n*) cittadella *f*

Zi'tat [-'tɑːt] *n* (-[*e*]*s*; *-e*) citazione *f*

zi'tieren [-'tiːrən] (*senza ge-, h*) citare

Zi'trone [-'troːnə] *f* (-; *-n*) limone *m*; **~nlimonade** *f* limonata *f*; **~nsaft** *m* succo *m* di limone

'zittern ['tsitərn] (*h*) tremare (***vor*** *da* da); **'~d** tremante

zi'vil [tsi'viːl] *adj* civile

Zi'vil *n* (*-s*; *senza pl*) *Kleidung*: abito *m* borghese; ***in ~*** in borghese; **~bevölkerung** *f* popolazione *f* civile; **'~dienst** *m* servizio *m* civile; **~gesetzbuch** *n* codice *m* civile; **~isa'tion** [-vilizats'joːn] (-; *-en*) civiltà *f*; **2i'sieren** (*senza ge-, h*) civilizzare; **~'ist** [-vi'list] *m* (*-en*; *-en*) borghese *m*; **~recht** *n* diritto *m* civile

Z

'zögern ['tsøːgərn] (*h*) esitare (**mit** con); (*schwanken*) titubare, tentennare; **'~d** titubante
Zoll [tsɔl] *m* (-[*e*]*s*; *als Maß im pl inv*) (*Maß*) pollice *m*; (*pl* ⸚*e*) (*Grenz*♀) dogana *f*, dazio *m* doganale
'Zoll|abfertigung ['tsɔlʔapfɛrtigʊŋ] *f* disbrigo *m* delle formalità doganali; **'~amt** *n* ufficio *m* di dogana (*od doganale*); *dogana f*; **'~beamte** *m* doganiere *m*; **'~erklärung** *f* dichiarazione *f* doganale; **'♀frei** esente da dazio (*od* da dogana); **'~kontrolle** *f* controllo *m* (*od ispezione f*) doganale; **'♀pflichtig** ['-pflɪçtɪç] soggetto a dazio (*od* a dogana); **'~schranke** *f* barriera *f* doganale; **'~stock** *m tec* metro *m* pieghevole; **'~union** *f* unione *f* doganale
'Zone ['tsoːnə] *f* (-; -*n*) zona *f*; **'~ntarif** *m Verkehr*, *post* tariffa *f* a zona
Zoo [tsoː] *m* (-*s*; -*s*) (*abbr für* ***Zoologischer Garten***) giardino *m* zoologico; zoo *m*
zoo'logisch [tsoʔo'loːgɪʃ] zoologico
Zopf [tsɔpf] *m* (-[*e*]*s*; ⸚*e*) treccia *f*
Zorn [tsɔrn] *m* (-[*e*]*s*; *senza pl*) collera *f*, ira *f*; sdegno *m*; **'♀ig** adirato
ZPO ***Zivilprozessordnung*** Codice tedesco di procedura civile
z. T. ***zum Teil*** in parte
Ztr. ***Zentner*** mezzo quintale
zu [tsuː] **1.** *prp* a; ~ *m-m Bedauern*: con; ~ *Ehren*, *Gunsten*: in; ~*m Glück*: per; ~ *j-m gehen*, *kommen*: da; ***zum Minister ernennen*** nominare ministro; **2.** *vor inf mst* di; (*nach haben u nach sein*) da; (*einladen*, *anfangen*, *lernen*, *zwingen*, *schwer*, *leicht* ~) a; **3.** *adv*: ~, ***~ viel***, ***~ sehr*** troppo; ***~ wenig*** troppo poco; ***~ zweien*** a due a due: ***nur ~!*** faccia pure!; sempre avanti!; **4.** (*geschlossen*) ***es ist*** ~ è chiuso; ***Tür ~!*** si chiuda la porta!
Zubehör ['-bəhøːr] *n* (-[*e*]*s*; -*e*) *tec* accessori *m*/*pl*; (*Wohnungs*♀) annessi *m*/*pl*
zubereit|en (*sep*, *senza -ge-*, *h*) preparare; *gastr a* cucinare; **'♀ung** *f* (-; -*en*) preparazione *f*; *gastr* maniera *f* di cucinare (*od* preparare)
zubinden (*irr*, *sep*, *-ge-*, *h*, → ***binden***) legare; *Augen*: bendare
zubring|en (*irr*, *sep*, *-ge-*, *h*, → ***bringen***) **1.** portare; **2.** *Zeit*: passare; **'♀er** *m* (-*s*; -) *Verkehr*: raccordo *m*; **'♀erbus** *m* autobus *m* navetta; **'♀erdienst** *m* servizio *m* di collegamento; **'♀erstraße** *f* raccordo *m*, svincolo *m*
Zucht [tsuxt] *f* (-; -*en*) *zo* allevamento *m*; *bot* coltivazione *f*; (*Rasse*) razza *f*
'zücht|en ['tsyçtən] (*h*) *zo* allevare; *Blumen*: coltivare; **'♀er** *m* (-*s*; -) allevatore *m*; coltivatore *m*
'Zucht|haus ['tsuxthaʊs] *n Gebäude*: penitenziario *m*; *Strafe*: reclusione *f*; **'~perle** *f* perla *f* coltivata
'Züchtung ['tsyçtʊŋ] *f* (-; -*en*) *zo* allevamento *m*; *mus* coltivazione *f*
'zucken ['tsukən] (*h*) **1.** *v*/*t* scuotere; ***die Achseln ~*** alzare le spalle; **2.** *v*/*i* scuotersi; *Glieder*: palpitare; *Blitz*: guizzare
'Zucker ['tsukər] *m* (-*s*; -) zucchero *m*; **'~dose** *f* zuccheriera *f*; **'~fabrik** *f* zuccherificio *m*; **'~guss** *m* glassa *f*; **'♀haltig** ['-haltɪç] zuccheroso, saccarifero; **'♀krank** diabetico; **'~krankheit** *f* diabete *m*; **'♀n** (*h*) zuccherare; **'~rohr** *n* canna *f* da zucchero; **'~rübe** *f* barbabietola *f* da zucchero
'zudecken ['tsuːdɛkən] (*sep*, *-ge-*, *h*) coprire
zu'dem [tsu'deːm] inoltre
'zudrehen (*sep*, *-ge-*, *h*) (*schließen*) chiudere (girando)
'zudringlich indiscreto; importuno
zuei'nander a vicenda; l'uno per (*od* verso) l'altro; **~passen** *v*/*i* (*sep*, *-ge-*, *h*) star bene insieme; *Kleidung*, *Farben*: intonarsi, accordarsi
'zuerkennen (*irr*, *sep*, *senza -ge-*, *h*, → ***erkennen***) aggiudicare; *eine Strafe*: infliggere
zu'erst prima; (*als Erster*) per primo
'Zufahrt *f* (-; -*en*) accesso *m*; **'~sstraße** *f* strada *f* d'accesso
'Zufall *m* (-[*e*]*s*; *Zufälle*) caso *m*
'zufällig *adj* fortuito; occasionale; accidentale; *adv* per caso, per combinazione
Zuflucht *f* (-; -*en*) rifugio *m*; ***zu j-m ~ nehmen*** rifugiarsi presso qu; *fig* ricorrere a qu
zu'folge [-'fɔlgə] secondo (*acc*), a seconda di
zu'frieden [-'friːdən] contento, soddisfatto (**mit** di); ***~ stellen*** → ***zufriedenstellen***; ***~ stellend*** → ***zufriedenstellend***; **~geben** *v*/*r* (*irr*, *sep*, *-ge-*, *h*, →

Z

geben): ***sich ~ mit*** accontentarsi di; **~lassen** *v/t* (*irr, sep, -ge-, h,* → ***lassen***) lasciare in pace; **~stellen** *v/t* (*sep, -ge-, h*) accontentare, soddisfare; **~stellend** *adj* soddisfacente; *Note*: sufficiente

'zufrieren (*irr, sep, -ge-, sn,* → ***frieren***) gelarsi

'zufügen (*sep, -ge-, h*) *Schaden*: causare; *fig* infliggere, inferire

'zuführen (*sep, -ge-, h*) portare; trasportare; addurre; apportare; rifornire di

Zug [tsu:k] *m* (*-[e]s; ⸚e*) *fer* treno *m*; *Spiel*: mossa *f*; *von Vögeln*: passaggio *m*; (*Fest*〜) corteo *m*; (*Berg*〜) catena *f*; (*Luft*〜) corrente *f* d'aria; (*Atem*〜) fiato *m*; *beim Rauchen*: tirata *f*; *beim Trinken*: sorso *m*; (*Gesichts*〜) lineamento *m*; ***auf e-n ~, in e-m ~*** d'un fiato; ***zum ~e kommen*** entrare in azione

'Zugabe ['tsu:ga:bə] *f* (*-; -n*) aggiunta *f*

'Zugabteil ['-ˀap-] *n* scompartimento *m*

'Zugang ['tsu:gaŋ] *m* (*-[e]s; Zugänge*) accesso *m*; corridoio *m*, sbocco *m*

'zugänglich ['-gɛŋliç] accessibile; *fig* aperto (***für*** a); ***leicht ~*** da raggiungere facilmente

'Zug|anschluss *m fer* coincidenza *f* (di treni *usw*); **'~brücke** *f* ponte *m* levatoio

'zugeben ['tsu:ge:bən] (*irr, sep, -ge-, h,* → ***geben***) aggiungere; *fig* ammettere; concedere; ***zugegeben!*** d'accordo!

'Zugehörigkeit ['-gəhø:riçkaɪt] *f* (*-; senza pl*) appartenenza *f*

'Zügel ['tsy:gəl] *m* (*-s; -*) redine *f*, *mst* redini *f/pl*; *fig* freno *m*; **'〜los** senza briglia; *fig* sfrenato; **'〜n** (*h*) imbrigliare; *fig* frenare

'Zugereiste ['tsu:gəraɪstə] *m/f* (*-n; -n*) immigrato *m*, -a *f*

'Zugeständnis *n* (*-ses; -se*) concessione *f*

'zugestehen (*irr, sep, -ge-, h,* → ***gestehen***) concedere

'Zugführer *m fer* capotreno *m*

'zugig ['-giç] esposto alla corrente d'aria; ***es ist ~*** c'è corrente

'zügig ['tsy:giç] di buona lena; rapidamente

'zugkräftig attraente; che fa colpo

zu'gleich [tsu'glaɪç] nello stesso tempo

'Zug|personal *n fer* personale *m* viaggiante; **'~pflaster** *n med* vescicante *m*

'zugreifen ['tsu:graɪfən] (*irr, sep, -ge-, h,* → ***greifen***) cogliere l'occasione; afferrare; *bei Tisch*: servirsi

zu'grunde [tsu'grundə]: ***~ gehen*** andare in rovina, perire; ***et ~ legen*** prendere qc per base; ***~ liegen*** essere il fondamento (*od* la causa)

'Zug|schaffner *m fer* controllore *m*; **'~telefon** *n* telefono *m* sul treno

zu'gunsten [tsu'gunstən] (*gen*) a favore di

zu'gute [-'gu:tə]: **~halten** *v/t* (*irr, sep, -ge-, h,* → ***halten***) ***j-m et ~*** dare conto a qu di qc; **~kommen** *v/i* (*irr, sep, -ge-, sn,* → ***kommen***) ***j-m ~*** tornare utile a qu; tornare a favore di qu

'Zug|verbindung *f* collegamento *m* ferroviario; (*Anschluss*) coincidenza *f*; **'~verkehr** *m* traffico *m* ferroviario; **'~verspätung** *f* ritardo *m* del treno

zu'hause [tsu'haʊzə] → ***Haus***

Zu'hause [tsu'haʊzə] *n* (*-s; senza pl*) casa *f*

'zuheilen ['tsu:haɪlən] (*sep, -ge-, sn*) rimarginarsi; cicatrizzarsi

'zuhör|en ['tsu:hørən] (*sep, -ge-, h*) (stare ad) ascoltare; **'〜er** *m* (*-s; -*), **'〜erin** *f* (*-; -nen*) ascoltatore *m*, -trice *f*

'zujubeln (*sep, -ge-, h*): ***j-m ~*** acclamare qu; salutare qu con giubilo

'zukleben (*sep, -ge-, h*) incollare

'zuklinken ['tsu:kliŋkən] (*sep, -ge-, h*) chiudere con la sola maniglia

'zuknöpfen ['-knœpfən] (*sep, -ge-, h*) abbottonare; ***zugeknöpft*** *fig* riservato

'Zukunft ['tsu:kunft] *f* (*-; senza pl*) avvenire *m*, futuro *m* (*a gram*)

'zukünftig ['-kynftiç] **1.** *adj* futuro; **2.** *adv* in futuro

'Zukunftsindustrie *f* industria *f* del futuro

'Zulage *f* (*-; -n*) aggiunta *f*; supplemento *m*; maggiorazione *f*

'zulassen (*irr, sep, -ge-, h,* → ***lassen***) **1.** ammettere; (*erlauben*) permettere; **2.** *Tür*: lasciar chiuso

'zulässig ['-lɛsiç] ammissibile

'Zulassung *f* (*-; -en*) ammissione *f*; autorizzazione *f*; *auto* immatricolazione *f*

zu'letzt [tsu'lɛtst] in ultimo; (*als Letzter*) all'ultimo

zu'liebe [-'li:bə]: ***j-m ~*** per amore di qu

mir ~ per amor mio

'Zulieferindustrie *f* industria *f* indotta

'zumachen ['tsu:maxən] (*sep*, *-ge-*, *h*) F chiudere; *Kleid*: abbottonare

zu'mal [tsu'ma:l] specialmente; ~ ***da*** tanto più che

zu'meist per lo più

zu'mindest almeno

'zumüllen ['tsumy:lən] (*h*) *mit E-Mails*: fare spam, fare spamming

'zumut|en ['tsu:mu:tən] (*sep*, *-ge-*, *h*): ***j-m et*** ~ pretendere qc da qu; ***sich zu viel*** ~ pretendere troppo dalle proprie forze; **2ung** *f* (-; *-en*) pretesa *f*

zu'nächst [tsu'nɛ:çst] in primo luogo, innanzi tutto, intanto, in un primo tempo; (*vorläufig*) per il momento

'zunähen (*sep*, *-ge-*, *h*) cucire

'Zunahme ['-na:mə] *f* (-; *-n*) aumento *m*; incremento *m*

'Zuname *m* cognome *m*

'zünd|en ['tsyndən] (*h*) **1.** *v/t* accendere; *fig* elettrizzare; **2.** *v/i* accendersi; **'2holz** *n* fiammifero *m*; **'2kerze** *f auto* candela *f* d'accensione; **'2schloss** *n auto* interruttore *m* dell'accensione; **'2schlüssel** *m auto* chiavetta *f* d'accensione; **'2schnur** *f* miccia *f*; **'2ung** *f* (-; *-en*) *auto* accensione *f*; ***die*** ~ ***einstellen*** regolare l'accensione

zunehmen (*irr*, *sep*, *-ge-*, *h*, → ***nehmen***) aumentare (***an*** *dat* di); *Größe*: crescere; *Gewicht*: ingrassare

Zuneigung *f* (-; *-en*) inclinazione *f*; affetto *m*; simpatia *f*

Zunge ['tsuŋə] *f* (-; *-n*) lingua *f*; (*Klappe*) linguetta *f*; ***es liegt mir auf der*** ~ ce l'ho sulla punta della lingua

zu'nichte [tsu'niçtə]: ~**machen** *v/t* (*sep*, *-ge-*, *h*) annientare; (*vereiteln*) frustrare

zu'nutze [tsu'nutsə]: ***sich*** (*dat*) ***et*** ~ ***machen*** trarre profitto da qc

zupacken (*sep*, *-ge-*, *h*) afferrare; (*arbeiten*) darsi da fare, mettersi al lavoro

zupfen ['tsupfən] (*h*) tirare

zu'rande [tsu'ra:ndə]: ***mit et*** ~ ***kommen*** venire a capo di qc

zu'rate ['tsu:ra:tə]: ***j-n*** ~ ***ziehen*** consultare qu

zuraten ['tsu:ra:tən] (*irr*, *sep*, *-ge-*, *h*, → ***raten***) consigliare; ***auf sein Zuraten*** su suo consiglio

'zurechnungsfähig ['-rɛçnuŋsfɛ:iç] sano di mente

zu'recht|finden [tsu'rɛçtfindən]: ***sich*** ~ (*irr*, *sep*, *-ge-*, *h*, → ***finden***) raccapezzarsi; ~**legen** (*sep*, *-ge-*, *h*) mettere in ordine; (*vorbereiten*) preparare; ***sich*** (*dat*) ***et*** ~ *fig* escogitare qc; ~**weisen** (*irr*, *sep*, *-ge-*, *h*, → ***weisen***) riprendere; rimproverare

'zureden ['tsu:re:dən] (*sep*, *-ge-*, *h*) consigliare

Zürich ['tsy:riç] *n* Zurigo *f*

zu'rück [tsu'ryk] indietro; (~*gekehrt*) di ritorno; ~ ***sein*** essere tornato; ~**bekommen** (*irr*, *sep*, *senza -ge-*, *h*, → ***bekommen***) riavere; *Wechselgeld*: ricevere di resto; ~**bleiben** (*irr*, *sep*, *-ge-*, *sn*, → ***bleiben***) rimanere indietro; ~**blicken** (*sep*, *-ge-*, *h*) guardare indietro; ~**bringen** (*irr*, *sep*, *-ge-*, *h*, → ***bringen***) riportare; ~**datieren** (*sep*, *senza -ge-*, *h*) antidatare; ~**erstatten** (*sep*, *senza -ge-*, *h*) rimborsare; **2erstattung** *f* rimborso *m*; ~**fahren** (*irr*, *sep*, *-ge-*, *sn* → ***fahren***) andare (*od* tornare) indietro; (*zurückstoßen*) fare marcia indietro; ~**fordern** (*sep*, *-ge-*, *h*) richiedere, chiedere indietro; rivendicare; ~**führen** (*sep*, *-ge-*, *h*) ricondurre; *fig* ridurre; (*zuschreiben*) attribuire

zurück|geben (*irr*, *sep*, *-ge-*, *h*, → ***geben***) restituire, rendere; ~**geblieben** [-gəbli:bən] rimasto indietro; *fig* arretrato; ~**gehen** (*irr*, *sep*, *-ge-*, *sn*, → ***gehen***) andare indietro; (~*kehren*) ritornare; *auf die Quelle*: risalire a; ~**gezogen** [-gətso:gən] ritirato; ~**halten** (*irr*, *sep*, *-ge-*, *h*, → ***halten***) trattenere; (*unterdrücken*) soffocare; ***sich*** ~ trattenersi; ~**haltend** riservato; **2haltung** *f* (-; *senza pl*) riservatezza *f*; ~**holen** (*sep*, *-ge-*, *h*) andare a riprendere; ~**kehren** (*sep*, *-ge-*, *sn*), ~**kommen** (*irr*, *sep*, *-ge-*, *sn*, → ***kommen***) ritornare; ***komme sofort zurück*** torno subito; ***auf et*** *acc* ~ ritornare su qc; ~**lassen** (*irr*, *sep*, *-ge-*, *h*, → ***lassen***) lasciare indietro; ~**legen** (*sep*, *-ge-*, *h*) mettere da parte; *Weg*: percorrere, coprire; ~**nehmen** (*irr*, *sep*, *-ge-*, *h*, → ***nehmen***) riprendere; *fig Worte*, *Gesetze*: ritirare; ~**rufen** (*irr*, *sep*, *-ge-*, *h*, → ***rufen***) richiamare (***ins Gedächtnis*** alla memoria); ***ins Leben*** ~ richiamare in vita, risuscitare; **~schalten** (*sep*, *-ge-*, *h*) *auto* innestare una marcia più bassa; **~schicken** (*sep*, *-ge-*, *h*) rimandare; **~schieben** (*irr*, *sep*, *-ge-*, *h*, → ***schieben***) spingere indietro; respingere; **~schrecken** (*sep*, *-ge-*, *sn*): ~ ***vor*** (*dat*) non osare, avere paura di; **~setzen** (*sep*, *-ge-*, *h*) mettere indietro (*od* da parte); *j-n*: trattare ingiustamente; umiliare; **~stehen** (*irr*, *sep*, *-ge-*, *h*, → ***stehen***) stare indietro; *fig* ***hinter j-m*** ~ essere inferiore a qu; **~stellen** (*sep*, *-ge-*, *h*) (*Uhr*) mettere indietro; *fig* rimandare; trascurare; **~stoßen** (*irr*, *sep*, *-ge-*, *h*, → ***stoßen***) respingere; **~tragen** (*irr*, *sep*, *-ge-*, *h*, → ***tragen***) riportare; **~treten** (*irr*, *sep*, *-ge-*, *sn*, → ***treten***) farsi indietro; retrocedere; *fig* (*verzichten*) rinunciare; *vom Amt*: dimettersi, ritirarsi; **~weisen** (*irr*, *sep*, *-ge-*, *h*, → ***weisen***) respingere; ***auf et*** *acc* ~ rimandare a qc; **~zahlen** (*sep*, *-ge-*, *h*) rimborsare; **~ziehen** (*irr*, *sep*, *-ge-*, *h*, → ***ziehen***) ritirare; ***sich*** ~ ritirarsi

'zurufen ['tsu:rufən] (*irr*, *sep*, *-ge-*, *h*, → ***rufen***): ***j-m et*** ~ gridare qc a qu; ***j-m*** ~ (*Sport*) incitare qu con grida

'zurzeit attualmente

zus. ***zusammen*** insieme

'Zusage ['tsu:za:gə] *f* (-; *-n*) promessa *f* (di fare *od di venire usw*); *assenso m*; **'2n** (*sep*, *-ge-*, *h*) **1.** *v/t* accettare; (*versprechen*) promettere; **2.** *v/i* (*gefallen*) piacere; *Einladung*: accettare un invito

zu'sammen [tsu'zamən] insieme, assieme (***mit*** a); (*im Ganzen*) in tutto; **2arbeit** *f* (-; *senza pl*) collaborazione *f*; cooperazione *f*; **~arbeiten** (*sep*, *-ge-*, *h*) collaborare; cooperare; **~beißen** (*irr*, *sep*, *-ge-*, *h*, → ***beißen***): ***die Zähne*** ~ stringere i denti; **~bleiben** (*irr*, *sep*, *-ge-*, *sn*, → ***bleiben***) restare insieme, rimanere uniti; **2bruch** *m* (-[*e*]*s*; *Zusammenbrüche*) sfacelo *m*, crollo *m*; *econ* fallimento *m*; rovina *f*; bancarotta *f*; **~fallen** (*irr*, *sep*, *-ge-*, *sn*, → ***fallen***) crollare; *Personen*: deperire; *mat*, *Zeit*: coincidere; **~fassen** (*sep*, *-ge-*, *h*) comprendere; *fig* abbracciare; *Gedanken*: riassumere, raccogliere; *kurz*: compendiare, riepilogare; **2fassung** *f* (-; *-en*) riassunto *m*, ricapitolazione *f*; **~fügen** (*sep*, *-ge-*, *h*) congiungere; **~gehören** (*sep*, *senza -ge-*, *h*) formare un insieme; stare bene insieme; esser fatto l'uno per l'altro; **2halt** *m* (-[*e*]*s*; *senza pl*) coesione *f*; *fig* accordo *m*; **~halten** (*irr*, *sep*, *-ge-*, *h*, → ***halten***) **1.** *v/t* tenere congiunti; (*vergleichen*) paragonare; **2.** *v/i* stare uniti; *fig* andare d'accordo; **2hang** *m* (-[*e*]*s*; *Zusammenhänge*) connessione *f*, nesso *m*; *fig* coerenza *f*; contesto *m*; (*Beziehung*) relazione *f*; ***in ~ stehen*** stare in rapporto; ***ohne*** ~ sconnesso, incoerente; **~hängen** (*irr*, *sep*, *-ge-*, *h*, → ***hängen***) essere in relazione; ***wie hängt das zusammen?*** come si spiega questo?; **~hängend** continuo; coerente; **~klappbar** [-klapba:r] pieghevole; **~kommen** (*irr*, *sep*, *-ge-*, *sn*, → ***kommen***) riunirsi; ***mit j-m*** ~ incontrarsi, trovarsi con qu; **2kunft** [-kunft] *f* (-; *Zusammenkünfte*) incontro *m*; convegno *m*; **~leben** (*sep*, *-ge-*, *h*) convivere; **~legen** [-le:gən] (*sep*, *-ge-*, *h*) mettere insieme; unire, congiungere; *Aktien* consolidare; (*falten*) piegare; **~nehmen** (*irr*, *sep*, *-ge-*, *h*, → ***nehmen***) riunire; (*sammeln*) raccogliere; *Kräfte* concentrare; ***nimm dich zusammen*** non lasciarti andare!, controllati! **~passen** (*sep*, *-ge-*, *h*); **1.** *v/t* aggiustare; adattare; **2.** *v/i* star (*od* andare) bene insieme; *tec* combaciare; **~rechnen** (*sep*, *-ge-*, *h*) sommare, addizionare

zusammen|reißen: ***sich*** ~ (*irr*, *sep*, *-ge-*, *h*, → ***reißen***) farsi forza; **~rollen** (*sep*, *-ge-*, *h*) arrotolare; **~rotten** [-rɔtən]: ***sich*** ~ (*sep*, *-ge-*, *h*) assembrarsi; **~rücken** (*sep*, *-ge-*) **1.** *v/t* (*h*) avvicinare; **2.** *v/i* (*sn*) stringersi; **~rufen** (*irr*, *sep*, *-ge-*, *h*, → ***rufen***) convocare; **~schlagen** (*irr*, *sep*, *-ge-*); **1.** *v/t* (*h*) (*zerschlagen*) rompere, fare a pezzi; battere; piegare; F pestare; **2.** *v/i* (*sn*) abbattersi; **~schließen** (*irr*, *sep*, *-ge-*, *h*, → ***schließen***) serrare; congiungere, unire; ***sich*** ~ unirsi; associarsi; **2schluss** *m* (*-es*, *Zusammenschlüsse*) unione *f*, fusione *f*; **~schreiben** (*irr*, *sep*, *-ge-*, *h*, → ***schreiben***) *zwei Wörter*: scrivere in una parola; **~setzen** (*sep*, *-ge-*, *h*) mettere insieme; (*aus Teilen ein Ganzes* ~) comporre; ***sich*** ~ *zu Besprechungen*: riunirsi; **2setzung** *f* (-; *-en*) composto *m*; (*das 2setzen*) compos zione *f*; montaggio *m*; **~stellen** (*sep*, *-ge-*, *h*) porre (*od* mettere) insieme; *fer* combinare; **2stoß** *m* (-[*e*]*s*; *Zusammenstöße*) urto *m*; scontro *m* (*a mil*); collisione *f*; *fig* conflitto *m*; **~stoßen** (*irr*, *sep*, *-ge-*, *sn*, → ***stoßen***) urtarsi; scontrarsi; collidere, entrare in collisione; (*angrenzen*) confinare; **~suchen** (*sep*, *-ge-*, *h*) andare a cercare; raccogliere da tutte le parti; **~tragen** (*irr*, *sep*, *-ge-*, *h*, → ***tragen***) portare insieme; **~treffen** (*irr*, *sep*, *-ge-*, *sn*, → ***treffen***) incontrarsi; *Dinge*: coincidere; **2treffen** *n* (*-s*; *senza pl*) incontro *m*; coincidenza *f*; *zufälliges*: combinazione *f*; *von Umständen*: concorso *m*; **~treten** (*irr*, *sep*, *-ge-*, *sn*, → ***treten***) (*sich versammeln*) radunarsi; **~zählen** (*sep*, *-ge-*, *h*) sommare; **~ziehen** (*irr*, *sep*, *-ge-*, → ***ziehen***); **1.** *v/t* (*h*) contrarre; *Personen*: riunire; (*verkürzen*) restringere; **2.** *v/i* (*sn*) andare ad abitare insieme

'Zusatz ['tsu:zats] *m* (*-es*; *Zusätze*) aggiunta *f*; **'~abkommen** *n* accordo *m* aggiunto (*od* addizionale)

'zusätzlich ['tsu:zɛtslıç] addizionale, supplementare; *adv* in più

'zuschau|en (*sep*, *-ge-*, *h*) stare a guardare; **'2er** *m* (*-s*; *-*), **'2erin** *f* (*-*; *-nen*) spettatore *m*, -trice *f*

'zuschicken (*sep*, *-ge-*, *h*) mandare, spedire, inviare

'Zuschlag ['-ʃla:k] *m* (-[*e*]*s*; *Zuschläge*) supplemento *m*; *Steuer*, *Zoll*, *fer* soprattassa *f*; **'2en** ['-gən] (*irr*, *sep*, *-ge-*, → ***schlagen***) **1.** *v/i* (*h*) picchiare, battere; *Tür*: (*sn*) chiudersi con fracasso; **2.** *v/t* (*h*) *Tür*: sbattere; **'~karte** *f* (biglietto *m* di) supplemento *m*; **'2pflichtig** soggetto a supplemento

'zuschließen (*irr*, *sep*, *-ge-*, *h*, → ***schließen***) chiudere (a chiave)

'zuschnappen (*sep*, *-ge-*, *sn*) chiudersi scattando; (*h*) (*zubeißen*) azzannare

'zuschneiden (*irr*, *sep*, *-ge-*, *h*, → ***schneiden***) tagliare; ***auf j-n zugeschnitten*** *fig* riferendosi a qu

'zuschrauben (*sep*, *-ge-*, *h*) avvitare

'Zuschrift *f* lettera *f*

'Zuschuss ['tsu:ʃus] *m* (*-es*; *Zuschüsse*) aggiunta *f*; (*Hilfe*) sussidio *m*; sovvenzione *f*; **'~betrieb** *m* impresa *f* sovvenzionata

'zusehen (*irr*, *sep*, *-ge-*, *h*, → ***sehen***) stare a guardare; assistere

'zusicher|n (*sep*, *-ge-*, *h*) assicurare; **2ung** *f* (*-*; *-en*) assicurazione *f*

'zuspielen (*sep*, *-ge-*, *h*) *Ball*: passare; ***j-m et ~*** far avere qc a qu

'zuspitzen (*sep*, *-ge-*, *h*) appuntare, aguzzare; ***sich ~*** *fig* farsi critico; inasprirsi

'zusprechen (*irr*, *sep*, *-ge-*, *h*, → ***sprechen***) **1.** *v/t* aggiudicare; ***Mut ~*** fare animo; **2.** *v/i* ***j-m ~*** fare animo a qu, infondere coraggio a qu

'Zustand *m* (-[*e*]*s*; *Zustände*) stato *m*; (*senza pl*) (*Beschaffenheit*) condizioni *f/pl*; (*Lage*) situazione *f*

zu'stande [tsu'ʃtandə]: ***~ bringen*** riuscire a fare; venire a capo di; ***~ kommen*** realizzarsi, effettuarsi; aver luogo

'zuständig ['tsu:ʃtɛndıç] spettante; *Behörde*: competente

'zu|stehen (*irr*, *sep*, *-ge-*, *h*, → ***stehen***) spettare; **'~steigen** (*irr*, *sep*, *-ge-*, *sn*, → ***steigen***) salire

'zustell|en (*sep*, *-ge-*, *h*): ***j-m et ~*** recapitare (*od* consegnare) qc a qu; **2ung** *f* (*-*; *-en*) consegna *f*, recapito *m*

'zustimm|en (*sep*, *-ge-*, *h*) (*dat*) aderire; (*einwilligen*) acconsentire; **2ung** *f* (*-*; *senza pl*) adesione *f*; consenso *m*

'zustoßen (*irr*, *sep*, *-ge-*, → ***stoßen***) **1.** *v/t* (*h*) chiudere (con uno spintone); **2.** *v/i* (*sn*) capitare; ***ist dir et zugestoßen?*** ti è successo qc?

zu'tage [tsu'ta:gə]: ***~ fördern*** scavare; portare alla luce; *fig* produrre; ***~ treten*** venire alla luce; *fig* essere evidente

'Zutat ['tsu:ta:t] *f* (*-*; *-en*) ingrediente *m*

zuteil|en ['tsu:taılən] (*sep*, *-ge-*, *h*) distribuire; (*anweisen*) assegnare; **2ung** *f* (*-*, *-en*) ripartizione *f*; assegnazione *f*

'zutrauen (*sep*, *-ge-*, *h*) ***j-m et ~*** credere qu capace di qc; ***sich zuviel ~*** fidarsi troppo di sé

'Zutrauen *n* (*-s*; *senza pl*) fiducia *f*

'zutreffen (*irr*, *sep*, *-ge-*, *h*, → ***treffen***) avverarsi; risultare giusto; ***~ auf*** (*acc*) addirsi a

zutreffend giusto; che interessa

'zutrinken (*irr*, *sep*, *-ge-*, *h*, → ***trinken***): ***j-m ~*** bere alla salute di qu, brindare a qu

'Zutritt *m* (-[*e*]*s*; *senza pl*) accesso *m*;

(*Eintritt*) entrata *f*
'zuverlässig ['tsu:fɛrlɛsiç] sicuro, fidato; *Quelle*: attendibile, autentico; **'ꝏkeit** *f* (-; *senza pl*) fidatezza *f*; attendibilità *f*
'Zuversicht ['tsu:fɛrziçt] *f* (-; *senza pl*) sicurezza *f*; fiducia *f* (***auf j-n*** in qu)
zuviel → ***zu***
zu'vor [-'fo:r] prima; **~kommen** (*irr, sep, -ge-, sn*, → ***kommen***) prevenire
'Zuwachs ['tsu:vaks] *m* (-*es*; *senza pl*) aumento *m*, incremento *m*; **'ꝏen** (*irr, sep, -ge-, sn*, → ***wachsen***) crescere; *Wunde* chiudersi; (*zufallen*) toccare; **'~rate** *f* ritmo *m* d'incremento
'zuweisen ['tsu:vaɪzən] *et*: assegnare; *j-n*: indirizzare; (*zusenden*) inviare
zuwenig → ***zu***
'zuwerfen ['tsu:vɛrfən] (*irr, sep, -ge-, h*, → ***werfen***) gettare; *Tür*: sbattere; *Loch*: colmare
'zuwider [tsu'vi:dər] contro; contrario a; **~ *sein*** dare fastidio; F (*anwidern*) ripugnare
'zuzahlen (*sep, -ge-, h*) pagare in più
'zuziehen ['tsu:tsi:ən] (*irr, sep, -ge-*, → ***ziehen***) **1.** *v/t* (*h*) tirare; chiudere tirando; *j-n*: chiamare; consultare; ***sich*** (*dat*) ***et*** **~** tirarsi addosso; *Krankheiten*: buscarsi, pigliarsi; **2.** *v/i* (*sn*) stabilirsi, venire a stare
zw. ***zwischen*** tra
Zwang [tsvaŋ] *m* (-[*e*]*s*; ¨*e*) obbligo *m*; (*Gewalt*) violenza *f*, forza *f*; *jur* coazione *f*, coercizione *f*; ***sich*** (*dat*) **~ *antun*** farsi forza; ***sich*** (*dat*) ***keinen*** **~ *antun*** non fare complimenti
'zwängen ['tsvɛŋən] (*h*) comprimere; *Schuh*: premere; (*hinein~*) far entrare per forza
'zwanglos ['tsvaŋlo:s] libero; senza cerimonie; a scelta, a piacere; non ufficiale; alla buona; *Personen*: disinvolto
'Zwangs|arbeit ['tsvaŋsˀarbaɪt] *f* lavori *m/pl* forzati; **'~jacke** *f* camicia *f* di forza; **'ꝏläufig** ['-lɔyfiç] obbligatorio; inevitabile; *adv* per forza; **'~maßnahme** *f* misura *f* coercitiva; **'~räumung** *f* sfratto *m*; sgombero *m* forzato; **'~verfahren** *n* procedura *f* coercitiva; **'~versicherung** *f* assicurazione *f* obbligatoria; **'~versteigerung** *f* asta *f* giudiziaria; **'~vollstreckung** *f* sequestro *m*; **'ꝏweise** per forza

'zwanzig ['tsvantsiç] venti; ***etwa*** **~** una ventina
zwar [tsva:r] è vero che; certo; a dire il vero; ***und*** **~** e precisamente
Zweck [tsvɛk] *m* (-[*e*]*s*; -*e*) fine *m*, scopo *m*; ***das hat keinen*** **~** è inutile; **'ꝏlos** senza scopo, inutile; **'ꝏmäßig** opportuno; **ꝏs** (*gen*) allo scopo di
zwei [tsvaɪ] *adv* due
Zwei *f* (-; -*en*) due *m*; **'~bettzimmer** *n* camera *f* doppia (a due letti)
'zwei|deutig ['-dɔytiç] equivoco, ambiguo; **~er'lei** [-ər'laɪ] di due specie; ***das ist*** **~** F è un altro paio di maniche; **'~fach** ['-fax] doppio; **'~farbig** bicolore
'Zweifel ['tsvaɪfəl] *m* (-*s*; -) dubbio *m*; **'ꝏhaft** dubbio; dubbioso; (*ungewiss*) incerto; (*verdächtig*) sospetto; **'ꝏlos** **1.** *adj* indubbio; **2.** *adv* senza dubbio; indubbiamente
'zweifeln ['tsvaɪfəln] (*h*) dubitare (***an*** *dat* di); **'~d** scettico
'Zweifelsfall ['tsvaɪfəlsfal] *m* caso *m* di dubbio
Zweig [tsvaɪk] *m* (-[*e*]*s*; -*e*) ramo *m*, ramoscello *m*; *fig a* branca *f*, settore *m*, specialità *f*
'zweigleisig ['tsvaɪglaɪziç] a due binari
'Zweigstelle ['tsvaɪkʃtɛlə] *f* filiale *f*, succursale *f*; **'~nleiter** *m*, **'~nleiterin** *f* direttore *m*, -trice *f* della filiale
'zwei|händig ['tsvaɪhɛndiç] **1.** *adj* bimano; **2.** *adv* a due mani; **~'hundert** duecento; **'~jährig** di due anni; **'~mal** due volte; **'~monatlich** bimestrale; **'~motorig** *avia* ['-moto:riç] bimotore; **'~reihig** ['-raɪiç] a due file; *Sakko*: a doppio petto; **'~seitig** ['zaɪtiç] bilaterale; **'~sprachig** ['-ʃpra:xiç] bilingue; **'~spurig** ['-ʃpu:riç] a doppio binario; **'~stöckig** ['-ʃtœkiç] di (*od* a) due piani; **'~stündig** di due ore; **'~tägig** di due giorni; **'ꝏtaktmotor** *m* motore *m* a due tempi
'zweite ['tsvaɪtə] secondo
'zwei|teilig ['tsvaɪtaɪliç] in due parti; bipartito; **'~tens** in secondo luogo
'zweitklassig ['-klasiç] di seconda classe
'Zwerchfell ['tsvɛrçfɛl] *n anat* diaframma *m*
Zwerg [tsvɛrk] *m* (-[*e*]*s*; -*e*) nano *m*

Zwetsch(g)e ['tsvɛtʃ(g)ə] *f* (-; *-n*) prugna *f*, susina *f*
'zwicken ['tsvikən] (*h*) pizzicare
'Zwieback ['tsvi:bak] *m* (-[*e*]*s*; *⸚e u -e*) fette *f/pl* biscottate *m*
'Zwiebel ['tsvi:bəl] *f* (-; *-n*) cipolla *f*; (*Blumen*♀) bulbo *m*
'Zwie|spalt ['tsvi:ʃpalt] *m* (-[*e*]*s*; *senza pl*) dissidio *m*; **'~tracht** *f* (-; *senza pl*) discordia *f*
'Zwilling ['tsviliŋ] *m* (*-s*; *-e*) gemello *m* (*a astr*)
'Zwillings|bruder ['-bru:dər] *m* fratello *m* gemello; **'~schwester** *f* sorella *f* gemella
'zwing|en ['tsviŋən] (*zwang*, *gezwungen*, *h*) costringere; forzare; ***sich ~*** costringersi (***zu*** a); fare uno sforzo; **'~end** coercitivo; ***~e Notwendigkeit*** *f* necessità *f* assoluta; **'♀er** *m* (*-s*; -) torre *f* fortificata; serraglio *m*
'zwinkern ['tsviŋkərn] (*h*) ammiccare; ***mit e-m Auge ~*** fare l'occhiolino
Zwirn [tsvirn] *m* (-[*e*]*s*; *-e*) refe *m*, filo *m*
'zwischen ['tsviʃən] (*dat u acc*) fra, tra; in mezzo a; **'♀aufenthalt** *m* sosta *f*; **'♀deck** *mar n* interponte *m*; **~'durch** *zeitlich*: di quando in quando, nel frattempo, talvolta; **'♀fall** *m* incidente *m*; **'♀landung** *f* scalo *m*, atterraggio *m* intermedio; **'♀lösung** *f* soluzione *f* provvisoria; **'♀raum** *m* spazio *m*; *zeitlich*: intervallo *m*; *tip* spazieggiatura *f*; **'♀ruf** *m* interruzione *f*; **♀speicher** *m* cache *f*; **'♀spiel** *n* intermezzo *m*; **'♀station** *f* stazione *f* intermedia; **'♀stufe** *f* grado *m* intermedio; **'♀wand** *f* tramezzo *m*; **'♀zeit** *f*: ***in der ~*** nel frattempo
Zwist [tsvist] *m* (-[*e*]*s*; *-e*) dissenso *m*; discordia *f*, controversia *f*
'zwitschern ['tsvitʃərn] (*h*) cinguettare
'Zwitter ['tsvitər] *m* (*-s*; -) ermafrodito *m*
zwölf [tsvœlf] *adj* dodici; ***um ~ Uhr*** alle dodici, a mezzogiorno (*od* mezzanotte); ***~ Stück*** una dozzina
Zwölf *f* (-; *-en*) dodici *m*
Zyan'kali *chim* [tsyan'kɑ:li] *n* (*-s*; *senza pl*) cianuro *m* di potassio
'Zyklus ['tsy:klus] *m* (-; *Zyklen*) ciclo *m*
Zy'linder [tsi'lindər] *m* (*-s*; -) cilindro *m*
zy'lindrisch [tsi'lindriʃ] cilindrico
'Zyniker ['tsy:nikər] *m* (*-s*; -), **'zynisch** ['tsy:niʃ] *adj* cinico *m u adj*
Zy'nismus [tsy'nismus] *m* (-; *-men*) cinismo *m*
Zypern ['tsy:pərn] *n* Cipro *f*
Zy'presse *bot* [tsy'prɛsə] *f* (-; *-n*) cipresso *m*
'Zyste *med* ['tsystə] *f* (-; *-n*) cisti *f*
zz., **zzt** ***zurzeit*** attualmente
zzgl. ***zuzüglich*** più

Anhang
Appendice

Die Konjugation der italienischen Verben

Um die Konjugation eines italienischen Verbes festzustellen, sucht man den betreffenden Infinitiv heraus. Die dem Infinitiv beigefügte Nummer (1, 2, 3, 4) und der Buchstabe verweisen auf die folgenden Musterbeispiele.

In den Tabellen der Konjugationen (**1a**, **2a**, **3a**, **4a**) sind die Stämme mit gewöhnlicher und die Endung mit *kursiver* Schrift gedruckt.

Die unterstrichenen Buchstaben werden betont. Soweit kein Buchstabe unterstrichen ist oder einen Akzent hat, wird die vorletzte Silbe der Verbform betont.

Erste Konjugation

1 a **mandare.** Der Stamm bleibt in Schrift und Aussprache unverändert.

I. Einfache Zeiten

Indicativo				Condizionale
presente	*imperfetto*	*passato remoto*	*futuro*	
mand*o*	mand*avo*	mand*ai*	mander*ò*	mander*ei*
mand*i*	mand*avi*	mand*asti*	mander*ai*	mander*esti*
mand*a*	mand*ava*	mand*ò*	mander*à*	mander*ebbe*
mand*iamo*	mand*avamo*	mand*ammo*	mander*emo*	mander*emmo*
mand*ate*	mand*avate*	mand*aste*	mander*ete*	mander*este*
mand*ano*	mand*avano*	mand*arono*	mander*anno*	mander*ebbero*

Congiuntivo		Imperativo
presente	*imperfetto*	
mand*i*	mand*assi*	–
mand*i*	mand*assi*	mand*a*
mand*i*	mand*asse*	mand*i*
mand*iamo*	mand*assimo*	mand*iamo*
mand*iate*	mand*aste*	mand*ate*
mand*ino*	mand*assero*	mand*ino*

Participio presente: mand*ante* *Participio passato*: mand*ato*

Gerundio presente: mand*ando*

II. Zusammengesetzte Zeiten

1. Im Aktiv

(Durch Vorsetzen von *avere*)

Infinito

passato: *aver* mandato

Gerundio

passato: *avendo* mandato

Indicativo

passato pross.: *ho* mandato
trapassato pross.: *avevo* mandato
trapassato remoto: *ebbi* mandato
futuro anteriore: *avrò* mandato

Condizionale

passato: *avrei* mandato

Congiuntivo

passato: *abbia* mandato
trapassato: *avessi* mandato

2. Im Passiv

(Durch Vorsetzen von *essere*)

Infinito

presente: *essere* mandato, *-a*, *-i*, *-e*
passato: *essere stato* (*stata*, *stati*, *state*) mandato, *-a*, *-i*, *-e*

Gerundio

presente: *essendo* mandato, *-a*, *i*, *-e*
passato: *essendo stato* (*stata*, *stati*, *state*) mandato, *-a*, *-i*, *-e*

Indicativo

presente: *sono* mandato, *-a*
imperf.: *ero* mandato, *-a*
pass. rem.: *fui* mandato, *-a*
pass. pross.: *sono stato* (*stata*) mandato, *-a*
trap. pross.: *ero stato* (*stata*) mandato, *-a*
trap. rem.: *fui stato* (*stata*) mandato, *-a*
fut. sempl.: *sarò* mandato, *-a*
fut. ant.: *sarò stato* (*stata*) mandato, *-a*

Condizionale

pres.: *sarei* mandato, *-a*
pass.: *sarei stato* (*stata*) mandato, *-a*

Congiuntivo

presente: *sia* mandato, *-a*
imperf.: *fossi* mandato, *-a*
passato: *sia stato* (*stata*) mandato, *-a*
trapassato: *fossi stato* (*stata*) mandato, -

Imperativo

sii mandato, *-a*

Nach diesem Muster werden die zusammengesetzten Zeiten aller Verben gebilde

pr. ind.	*p. r.*	*fut.*	*pr. cong.*	*imper.*

1 b **celare.** Betontes geschlossenes Stamm-*e* wird zu offenem *e*.

celo	celai	celerò	celi	–
celiamo	celammo	celeremo	celiamo	celiamo
celano	celarono	celeranno	celino	celino

participio passato: celato

1 c **lodare.** Betontes geschlossenes Stamm-*o* wird zu offenem *o*.

lodo	lodai	loderò	lodi	–
lodiamo	lodammo	loderemo	lodiamo	lodiamo
lodano	lodarono	loderanno	lodino	lodino

participio passato: lodato

1 d **cercare.** Der Stammauslaut *c* wird vor *i* und *e* zu *ch*.

cerco	cercai	cercherò	cerchi	–
cerchiamo	cercammo	cercheremo	cerchiamo	cerchiamo
cercano	cercarono	cercheranno	cerchino	cerchino

participio passato: cercato

1 e **pagare.** Der Stammauslaut *g* wird vor *i* und *e* zu *gh*.

pr. ind.	*p. r.*	*fut.*	*pr. cong.*	*imper.*
pago	pagai	pagherò	paghi	–
paghiamo	pagammo	pagheremo	paghiamo	paghiamo
pagano	pagarono	pagheranno	paghino	paghino

participio passato: pagato

1 f **baciare.** Abwerfen des *i*, wenn ein zweites *i* oder *e* unmittelbar darauf folgt.

pr. ind.	*p. r.*	*fut.*	*pr. cong.*	*imper.*
bacio	baciai	bacerò	baci	–
baciamo	baciammo	baceremo	baciamo	baciamo
baciano	baciarono	baceranno	bacino	bacino

participio passato: baciato

1 g **pigliare.** Abwerfen des *i*, wenn ein zweites *i* folgt.

pr. ind.	*p. r.*	*fut.*	*pr. cong.*	*imper.*
piglio	pigliai	piglierò	pigli	–
pigliamo	pigliammo	piglieremo	pigliamo	pigliamo
pigliano	pigliarono	piglieranno	piglino	piglino

participio passato: pigliato

1 h **inviare.** Die auf *i* betonten Formen behalten das *i* bei, auch wenn ein weiteres *i* folgt.

pr. ind.	*p. r.*	*fut.*	*pr. cong.*	*imper.*
invio	inviai	invierò	invii	–
inviamo	inviammo	invieremo	inviamo	inviamo
inviano	inviarono	invieranno	inviino	inviino

participio passato: inviato

1 i **annoiare.** Bei Verben auf *-iare* mit unbetontem *i* und vorhergehendem Vokal fällt ein unmittelbar herantretendes *i* weg.

pr. ind.	*p. r.*	*fut.*	*pr. cong.*	*imper.*
annoio	annoiai	annoierò	annoi	–
annoiamo	annoiammo	annoieremo	annoiamo	annoiamo
annoiano	annoiarono	annoieranno	annoino	annoino

participio passato: annoiato

1 k **studiare.** Bei Verben auf *-iare* mit unbetontem *i* und vorhergehendem Konsonant fällt meistens das unmittelbar herantretende *i* auch in den stammbetonten Formen weg; also: *tu studi*. Zeitwörter auf *-liare* haben immer *-lii*, z. B.: *esiliare, esilii*.

pr. ind.	*p. r.*	*fut.*	*pr. cong.*	*imper.*
studio	studiai	studierò	studi	–
studiamo	studiammo	studieremo	studiamo	studiamo
studiano	studiarono	studieranno	studino	studino

participio passato: studiato

1 l **abitare.** In den stammbetonten Formen liegt die Betonung auf der ersten Silbe.

pr. ind.	*p. r.*	*fut.*	*pr. cong.*	*imper.*
abito	abitai	abiterò	abiti	–
abitiamo	abitammo	abiteremo	abitiamo	abitiamo
abitano	abitarono	abiteranno	abitino	abitino

participio passato: abitato

1 m **collaborare.** In den stammbetonten Formen liegt die Betonung auf der zweiten Stammsilbe.

collaboro	collaborai	collaborerò	collabori	–
collaboriamo	collaborammo	collaboreremo	collaboriamo	collaboriamo
collaborate	collaborarono	collaboreranno	collaborino	collaborino

participio passato: collaborato

1 n **aggomitolare.** In den stammbetonten Formen liegt die Betonung auf der dritten oder vierten Stammsilbe.

aggomitolo	aggomitolai	aggomitolerò	aggomitoli	–
aggomitoliamo	aggomitolammo	aggomitoleremo	aggomitoliamo	aggomitoliamo
aggomitolano	aggomitolarono	aggomitoleranno	aggomitolino	aggomitolino

participio passato: aggomitolato

1 o **giocare.** Betontes Stamm-*o* kann zu *-uo* erweitert werden.

gioco	giocai	giocherò	giochi	–
giochiamo	giocammo	giocheremo	giochiamo	giochiamo
giocano	giocano	giocheranno	giochino	giochino

participio passato: giocato

1 p **andare.** Wechsel der Stämme *and-* und *vad-*; im *futuro* und *condizionale* fällt das anlautende *e* der Endung aus.

vado	andai	andrò	vada	–
vai	andasti	andrai	vada	va, va', vai
va	andò	andrà	vada	vada
andiamo	andammo	andremo	andiamo	andiamo
andate	andaste	andrete	andiate	andate
vanno	andarono	andranno	vadano	vadano

participio passato: andato

1 q **stare.** Stamm *sta. Passato remoto* (*stetti* usw.); *imperfetto del congiuntivo* (*stessi* usw.) nach der 2. Konjugation; im *futuro* und *condizionale* Wechsel von *e* in *a*.

sto	stetti	starò	stia	–
stai	stesti	starai	stia	sta', stai
sta	stette	starà	stia	stia
stiamo	stemmo	staremo	stiamo	stiamo
state	steste	starete	stiate	state
stanno	stettero	staranno	stiano	stiano

participio passato: stato

1 r **dare.** Stamm *da. Imperfetto del congiuntivo dessi* usw.; im *passato remoto* die Nebenformen *detti, dette, dettero.*

do	diedi, detti	darò	dia	–
dai	desti	darai	dia	da', dai
dà	diede, dette	darà	dia	dia
diamo	demmo	daremo	diamo	diamo
date	deste	darete	diate	date
danno	diedero, dettero	daranno	diano	diano

participio passato: dato

Zweite Konjugation

2 a **temere.** Der Stamm bleibt in Schrift und Aussprache unverändert.

I. Einfache Zeiten

Indicativo				Condizionale
presente	*imperfetto*	*passato remoto*	*futuro*	
temo	temevo	temei, temetti	temerò	temerei
temi	temevi	temesti	temerai	temeresti
teme	temeva	temette	temerà	temerebbe
temiamo	temevamo	temmemmo	temeremo	temeremmo
temete	temevate	temeste	temerete	temereste
temono	temevano	temettero, -erono	temeranno	temerebbero

Congiuntivo		Imperativo
presente	*imperfetto*	
tema	temessi	–
tema	temessi	temi
tema	temesse	tema
temiamo	temessimo	temiamo
temiate	temeste	temete
temano	temessero	temano

Participio presente: temente *Participio passato*: temuto
Gerundio presente: temendo

II. Zusammengesetzte Zeiten

Hilfsverb *essere* oder *avere*, gefolgt vom *participio passato* (siehe 1a).

pr. ind.	*p. r.*	*fut.*	*pr. cong.*	*imper.*
2 b **avere.** Im *futuro* und *condizionale* Ausfall des anlautenden *e* der Endung.				
ho	ebbi	avrò	abbia	–
hai	avesti	avrai	abbia	abbi
ha	ebbe	avrà	abbia	abbia
abbiamo	avemmo	avremo	abbiamo	abbiamo
avete	aveste	avrete	abbiate	abbiate
hanno	ebbero	avranno	abbiano	abbiano
participio passato: avuto				
2 c **cadere.** Im *futuro* und *condizionale* Ausfall des anlautenden *e* der Endung.				
cado	caddi	cadrò	cada	–
cadiamo	caddemmo	cadremo	cadiamo	cadiamo
cadono	caddero	cadranno	cadano	cadano
participio passato: caduto				
2 d **calere.** Fast nur in der 3. Person Singular gebraucht. Ungebräuchlich.				
gli cale	gli calse	–	gli caglia	–
participio passato: caluto				

pr. ind.	*p. r.*	*fut.*	*pr. cong.*	*imper.*

2e **dolere.** Im *presente* tritt *g* zwischen Stamm und Endung *o* oder *a*. Im *futuro* und *condizionale* Wechsel von *l* in *r* und Ausfall des *e* der Endung.

dolgo	dolsi	dorrò	dolga	–
duole	dolse	dorrà	dolga	dolga
dogliamo	dolemmo	dorremo	dogliamo	dogliamo
dolgono	dolsero	dorranno	dolgano	dolgano

participio passato: doluto

2f **dovere.** Wechsel von *o* zu *e* in den stammbetonten Formen. Im *futuro* und *condizionale* Ausfall des *e*.

devo	dovetti	dovrò	debba, deva	–
devi	dovesti	dovrai	debba, deva	devi
deve	dovette	dovrà	debba, deva	debba, deva
dobbiamo	dovemmo	dovremo	dobbiamo	dobbiamo
dovete	doveste	dovrete	dobbiate	dovete
devono	dovettero	dovranno	debbano, devano	debbano, devano

participio passato: dovuto

2g **lucere.** Ungebräuchlich

2h **parere.** Im *futuro* und *condizionale* Ausfall des *e* der Endung.

paio	parvi	parrò	paia	–
pa(r)iamo	paremmo	parremo	pa(r)iamo	–
paiono	parvero	parranno	paiano	–

participio passato: parso

2i **persuadere.**

persuado	persuasi	persuaderò	persuada	–
persuadiamo	persuademmo	persuaderemo	persuadiamo	persuadiamo
persuadono	persuasero	persuaderanno	persuadano	persuadano

participio passato: persuaso

2k **piacere.**

piaccio	piacqui	piacerò	piaccia	–
piacciamo	piacemmo	piaceremo	piacciamo	piacciamo
piacciono	piacquero	piaceranno	piacciano	piacciano

participio passato: piaciuto

2l **potere.** Im *futuro* und *condizionale* Ausfall des *e* der Endung.

posso	potei	potrò	possa	–
puoi	potesti	potrai	possa	–
può	poté	potrà	possa	–
possiamo	potemmo	potremo	possiamo	–
potete	poteste	potrete	possiate	–
possono	poterono	potranno	possano	–

participio passato: potuto

r. ind.	p. r.	fut.	pr. cong.	imper.

2 m **rimanere.** Im *presente* tritt *g* zwischen Stamm und Endung *o* oder *a*; *passato remoto* auf *-si* und *participio passato* auf *-sto* mit Ausfall des Stamm-*n*; im *futuro* und *condizionale* Wandel von *n* zu *r*.

imango	rimasi	rimarrò	rimanga	–
imaniamo	rimanemmo	rimarremo	rimaniamo	rimaniamo
imangono	rimasero	rimarranno	rimangano	rimangano

participio passato: rimasto

2 n **sapere.** Im *futuro* und *condizionale* Wegfall des *e*; 2. Person Plural des *imperativo* aus dem *congiuntivo*.

o	seppi	saprò	sappia	–
ai	sapesti	saprai	sappia	sappi
a	seppe	saprà	sappia	sappia
appiamo	sapemmo	sapremo	sappiamo	sappiamo
apete	sapeste	saprete	sappiate	sappiate
anno	seppero	sapranno	sappiano	sappiano

participio presente: sapiente *participio passato*: saputo

2 o **sedere.** Das *e* des Stammes wird *ie* in den stammbetonten Formen; im *presente* Nebenformen auf *segg-*

iedo, seggo	sedei	sederò	sieda, segga	–
ediamo	sedemmo	sederemo	sediamo	sediamo
iedono, seggono	sederono	sederanno	siedano, seggano	siedano, seggano

participio passato: seduto

p **solere.** Ungebräuchlich.

oglio	solei	–	soglia	–
ogliamo	–	–	sogliamo	–
ogliono	–	–	sogliano	–

gerundio: solendo *participio passato*: solito

q **tenere.** Einschiebung von *g* zwischen Stamm und Endung *o* oder *a*. Im *futuro* und *condizionale* Wandel von *n* zu *r*.

engo	tenni	terrò	tenga	
eni	tenesti	terrai	tenga	tieni
niamo	tenemmo	terremo	teniamo	teniamo
ngono	tennero	terranno	tengano	tengano

participio passato: tenuto

r **valere.** Einschiebung von *g* zwischen Stamm und Endung *o* oder *a*. Im *futuro* und *condizionale* Wandel von *l* zu *r*.

algo	valsi	varrò	valga	–
aliamo	valemmo	varremo	valiamo	valiamo
algono	valsero	varranno	valgano	valgano

participio passato: valso

pr. ind.	*p. r.*	*fut.*	*pr. cong.*	*imper.*

2 s **vedere.** Im *futuro* und *condizionale* Ausfall des anlautenden *e* der Endung.

vedo	vidi	vedrò	veda	–
vediamo	vedemmo	vedremo	vediamo	vediamo
vedono	videro	vedranno	vedano	vedano

participio passato: visto

2 t **volere.** Im *futuro* und *condizionale* Wandel von *l* zu *r* und Ausfall des anlautenden *e* der Endung; 2. Person Plural des *imperativo* aus dem *congiuntivo*.

voglio	volli	vorrò	voglia	–
vuoi	volesti	vorrai	voglia	vogli
vuole	volle	vorrà	voglia	voglia
vogliamo	volemmo	vorremo	vogliamo	vogliamo
volete	voleste	vorrete	vogliate	vogliate
vogliono	vollero	vorranno	vogliano	vogliano

participio passato: voluto

Dritte Konjugation

3 a **vendere.** Der Stamm bleibt in Schrift und Aussprache unverändert.

I. Einfache Zeiten

Indicativo				Condizionale
presente	*imperfetto*	*passato remoto*	*futuro*	
vend*o*	vend*evo*	vend*etti*, vend*ei*	vender*ò*	vender*ei*
vend*i*	vend*evi*	vend*esti*	vender*ai*	vender*esti*
vend*e*	vend*eva*	vend*ette*	vender*à*	vender*ebbe*
vend*iamo*	vend*evamo*	vend*emmo*	vender*emo*	vender*emmo*
vend*ete*	vend*evate*	vend*este*	vender*ete*	vender*este*
vend*ono*	vend*evano*	vend*ettero*, vend*erono*	vender*anno*	vender*ebbero*

Congiuntivo		Imperativo
presente	*imperfetto*	
vend*a*	vend*essi*	–
vend*a*	vend*essi*	vend*i*
vend*a*	vend*esse*	vend*a*
vend*iamo*	vend*essimo*	vend*iamo*
vend*iate*	vend*este*	vend*ete*
vend*ano*	vend*essero*	vend*ano*

Participio presente: vend*ente* *Participio passato*: vend*uto**

Gerundio presente: vend*endo*

*Von *spandere*: *spanto*.

II. Zusammengesetzte Zeiten

Hilfsverb *essere* oder *avere*, gefolgt vom *participio passato* (siehe 1a).

3 b **chiudere.**

pr. ind.	*p. r.*	*fut.*	*pr. cong.*	*imper.*
chiudo	chiusi	chiuderò	chiuda	–
chiudiamo	chiudemmo	chiuderemo	chiudiamo	chiudiamo
chiudono	chiusero	chiuderanno	chiudano	chiudano

participio passato: chiuso

3 c **prendere.**

pr. ind.	*p. r.*	*fut.*	*pr. cong.*	*imper.*
prendo	presi	prenderò	prenda	–
prendiamo	prendemmo	prenderemo	prendiamo	prendiamo
prendono	presero	prenderanno	prendano	prendano

participio passato: preso

3 d **fingere.** Das *participio passato* von *stringere* ist *stretto.*

pr. ind.	*p. r.*	*fut.*	*pr. cong.*	*imper.*
fingo	finsi	fingerò	finga	–
fingiamo	fingemmo	fingeremo	fingiamo	fingiamo
fingono	finsero	fingeranno	fingano	fingano

participio passato: finto

3 e **addurre.** Zusammengezogen aus *adducere.*

pr. ind.	*p. r.*	*fut.*	*pr. cong.*	*imper.*
adduco	addussi	addurrò	adduca	–
adduci	adducesti	addurrai	adduca	adduci
adduce	addusse	addurrà	adduca	adduca
adduciamo	adducemmo	addurremo	adduciamo	adduciamo
adducete	adduceste	addurrete	adduciate	adduciate
adducono	addussero	addurranno	adducano	adducano

participio passato: addotto

3 f **assistere.** Im *passato remoto* Nebenformen auf *-etti.*

pr. ind.	*p. r.*	*fut.*	*pr. cong.*	*imper.*
assisto	assistei	assisterò	assista	–
assistiamo	assistemmo	assisteremo	assistiamo	assistiamo
assistono	assisterono	assisteranno	assistano	assistano

participio passato: assistito

3 g **assolvere.**

pr. ind.	*p. r.*	*fut.*	*pr. cong.*	*imper.*
assolvo	assolsi, ~vetti	assolverò	assolva	–
assolviamo	assolvemmo	assolveremo	assolviamo	assolviamo
assolvono	assolsero, assolvettero	assolveranno	assolvano	assolvano

participio passato: assolto

3 h **assumere.**

pr. ind.	*p. r.*	*fut.*	*pr. cong.*	*imper.*
assumo	assunsi	assumerò	assuma	–
assumiamo	assumemmo	assumeremo	assumiamo	assumiamo
assumono	assunsero	assumeranno	assumano	assumano

participio passato: assunto

pr. ind.	*p. r.*	*fut.*	*pr. cong.*	*imper.*

3 i **bere.** Wird konjugiert nach der Form *bevere.* Im *futuro* und *condizionale* Wandel von *v* zu *r* und Ausfall des *e* der Endung.

bevo	bevvi, bevetti	berrò	beva	–
bevi	bevesti	berrai	beva	bevi
beve	bevve, bevette	berrà	beva	beva
beviamo	bevemmo	berremo	beviamo	beviamo
bevete	bevveste	berrete	beviate	bevete
bevono	bevvero, bevettero	berranno	bevano	bevano

participio passato: bevuto

3 k **chiedere.**

chiedo	chiesi	chiederò	chieda	–
chiediamo	chiedemmo	chiederemo	chiediamo	chiediamo
chiedono	chiesero	chiederanno	chiedano	chiedano

participio passato: chiesto

3 l **concedere.**

concedo	concessi, concedetti	concederò	conceda	–
concediamo	concedemmo	concederemo	concediamo	concediamo
concedono	concessero, concedettero	concederanno	concedano	concedano

participio passato: concesso

3 m **connettere.**

connetto	connessi, connettei	connetterò	connetta	–
connettiamo	connettemmo	connetteremo	connettiamo	connettiamo
connettono	connessero, connetterono	connetteranno	connettano	connettano

participio passato: connesso

3 n **conoscere.**

conosco	conobbi	conoscerò	conosca	–
conosciamo	conoscemmo	conosceremo	conosciamo	conosciamo
conoscono	conobbero	conosceranno	conoscano	conoscano

participio passato: conosciuto

3 o **correre.**

corro	corsi	correrò	corra	–
corriamo	corremmo	correremo	corriamo	corriamo
corrono	corsero	correranno	corrano	corrano

participio passato: corso

pr. ind.	*p. r.*	*fut.*	*pr. cong.*	*imper.*

3 p **cuocere.** Wandel von *uo* zu *o* in unbetonten Silben. *Imperfetto cocevo* bzw. *cocessi.*

cuocio	cossi	cuocerò	cuocia	–
cociamo	cocemmo	cuoceremo	cociamo	cociamo
cuociono	cossero	cuoceranno	cuociano	cuociano

participio passato: cotto

3 q **decidere.**

decido	decisi	deciderò	decida	–
decidiamo	decidemmo	decideremo	decidiamo	decidiamo
decidono	decisero	decideranno	decidano	decidano

participio passato: deciso

3 r **deprimere.**

deprimo	depressi	deprimerò	deprima	–
deprimiamo	deprimemmo	deprimeremo	deprimiamo	deprimiamo
deprimono	depressero	deprimeranno	deprimano	deprimano

participio passato: depresso

3 s **devolvere.**

devolvo	devolvei, devolvetti	devolverò	devolva	–
devolviamo	devolvemmo	devolveremo	devolviamo	devolviamo
devolvono	devolverono, devolvettero	devolveranno	devolvano	devolvano

participio passato: devolto, devoluto

3 t **dire.** Zusammengezogen aus *dicere. Imperfetto* regelmäßig nach *dicere*: *dicevo* usw.

dico	dissi	dirò	dica	–
dici	dicesti	dirai	dica	–
dice	disse	dirà	dica	–
diciamo	dicemmo	diremo	diciamo	diciamo
dite	diceste	direte	diciate	dite
dicono	dissero	diranno	dicano	dicano

participio passato: detto

3 u **dirigere.**

dirigo	diressi	dirigerò	diriga	–
dirigiamo	dirigemmo	dirigeremo	dirigiamo	dirigiamo
dirigono	diressero	dirigeranno	dirigano	dirigano

participio passato: diretto

3 v **discutere.**

discuto	discussi	discuterò	discuta	–
discutiamo	discutemmo	discuteremo	discutiamo	discutiamo
discutono	discussero	discuteranno	discutano	discutano

participio passato: discusso

pr. ind.	*p. r.*	*fut.*	*pr. cong.*	*imper.*

3 w **esigere.**

esigo	esigei, esigetti	esigerò	esiga	–
esigiamo	esigemmo	esigeremo	esigiamo	esigiamo
esigono	esigerono, esigettero	esigeranno	esigano	esigano

participio passato: esatto

3 x **esimere.** Ungebräuchlich.

3 y **espellere.**

espello	espulsi	espellerò	espella	–
espelliamo	espellemmo	espelleremo	espelliamo	espelliamo
espellono	espulsero	espelleranno	espellano	espellano

participio passato: espulso

3 z **essere.** Ganz unregelmäßig. *Imperfetto dell'indicativo*: ero, eri, era, eravamo, eravate, erano; *imperfetto del congiuntivo*: fossi, fossi, fosse, fossimo, foste, fossero.

sono	fui	sarò	sia	–
sei	fosti	sarai	sia	sii
è	fu	sarà	sia	sia
siamo	fummo	saremo	siamo	siamo
siete	foste	sarete	siate	siate
sono	furono	saranno	siano	siano

participio passato: stato

3 aa **fare.** Zusammengezogen aus *facere. Imperfetto* regelmäßig nach der Form *facere*: *facevo* usw.

faccio	feci	farò	faccia	–
fai	facesti	farai	faccia	fa', fai
fa	fece	farà	faccia	faccia
facciamo	facemmo	faremo	facciamo	facciamo
fate	faceste	farete	facciate	fate
fanno	fecero	faranno	facciano	facciano

participio passato: fatto

3 bb **fondere.**

fondo	fusi	fonderò	fonda	–
fondiamo	fondemmo	fonderemo	fondiamo	fondiamo
fondono	fusero	fonderanno	fondano	fondano

participio passato: fuso

3 cc **leggere.**

leggo	lessi	leggerò	legga	–
leggiamo	leggemmo	leggeremo	leggiamo	leggiamo
leggono	lessero	leggeranno	leggano	leggano

participio passato: letto

pr. ind	p. r.	fut.	pr. cong.	imper.

3 dd mescere.

mesco	mescei	mescerò	mesca	–
mesciamo	mescemmo	mesceremo	mesciamo	mesciamo
mescono	mescerono	mesceranno	mescano	mescano

participio passato: mesciuto

3 ee mettere.

metto	misi	metterò	metta	–
mettiamo	mettemmo	metteremo	mettiamo	mettiamo
mettono	misero	metteranno	mettano	mettano

participio passato: messo

3 ff muovere.

muovo	mossi	muoverò	muova	–
muoviamo	movemmo	muoveremo	muoviamo	muoviamo
muovono	mossero	muoveranno	muovano	muovano

participio passato: mosso

3 gg nascere.

nasco	nacqui	nascerò	nasca	–
nasciamo	nascemmo	nasceremo	nasciamo	nasciamo
nascono	nacquero	nasceranno	nascano	nascano

participio passato: nato

3 hh nascondere.

nascondo	nascosi	nasconderò	nasconda	–
nascondiamo	nascondemmo	nasconderemo	nascondiamo	nascondiamo
nascondono	nascosero	nasconderanno	nascondano	nascondano

participio passato: nascosto

3 ii nuocere. Wandel von *uo* zu *o* in unbetonten Silben.

nuoccio	nocqui	nuocerò	nuoccia	–
nociamo	nocemmo	nuoceremo	nociamo	nuociamo
nuocciono	nocquero	nuoceranno	nuocciano	nuocciano

participio passato: nociuto

3 kk **piovere.** Nur in der 3. Person Singular und Plural, in den zwei Partizipien und im *gerundio* gebräuchlich: *presente dell'indicativo* piove, piovono; *passato remoto* piovve, piovvero; *futuro* pioverà, pioveranno; *presente del congiuntivo* piova, piovano; *participio passato* piovuto.

3 ll **porre.** Im *futuro* und *condizionale* Wandel von *n* zu *r* unter dem Einfluss des folgenden *r*.

pr. ind	*p. r.*	*fut.*	*pr. cong.*	*imper.*
pongo	posi	porrò	ponga	–
poni	ponesti	porrai	ponga	poni
pone	pose	porrà	ponga	ponga
poniamo	ponemmo	porremo	poniamo	poniamo
ponete	poneste	porrete	poniate	ponete
pongono	posero	porranno	pongano	pongano

participio passato: posto

3 mm prefiggere.

prefiggo	prefissi	prefiggerò	prefigga	–
prefiggiamo	prefiggemmo	prefiggeremo	prefiggiamo	prefiggiamo
prefiggono	prefissero	prefiggeranno	prefiggano	prefiggano

participio passato: prefisso

3 nn recere. Ungebräuchlich.

recio	recetti	recerò	recia	–
reciamo	recemmo	receremo	reciamo	reciamo
reciono	recettero	receranno	reciano	reciano

participio passato: reciuto

3 oo redigere.

redigo	redassi	redigerò	rediga	–
redigiamo	redigemmo	redigeremo	redigiamo	redigiamo
redigono	redassero	redigeranno	redigano	redigano

participio passato: redatto

3 pp redimere.

redimo	redensi	redimerò	redima	–
redimiamo	redimemmo	redimeremo	redimiamo	redimiamo
redimono	redensero	redimeranno	redimano	redimano

participio passato: redento

3 qq riflettere. Im *passato remoto* und im *participio passato* in der Bedeutung von „überlegen“ meist die Form auf *-ei* und *-uto*; in der Bedeutung von „zurückwerfen“ meist *-ssi*, *-sso*.

rifletto	riflettei, riflessi	rifletterò	rifletta	–
riflettiamo	riflettemmo	rifletteremo	riflettiamo	riflettiamo
riflettono	rifletterono, riflessero	rifletteranno	riflettano	riflettano

participio passato: riflettuto, riflesso

3 rr rompere.

rompo	ruppi	romperò	rompa	–
rompiamo	rompemmo	romperemo	rompiamo	rompiamo
rompono	ruppero	romperanno	rompano	rompano

participio passato: rotto

pr. ind.	p. r.	fut.	pr. cong.	imper.

3 ss **scegliere.** Vor den Endungen *o* und *a* verwandelt sich der Stammauslaut *gli* in *lg*.

scelgo	scelsi	sceglierò	scelga	–
scegli	scegliesti	sceglierai	scelga	scegli
sceglie	scelse	sceglierà	scelga	scelga
scegliamo	scegliemmo	sceglieremo	scegliamo	scegliamo
scegliete	sceglieste	sceglierete	scegliate	scegliete
scelgono	scelsero	sceglieranno	scelgano	scelgano

participio passato: scelto

3 tt **scrivere.**

scrivo	scrissi	scriverò	scriva	–
scriviamo	scrivemmo	scriveremo	scriviamo	scriviamo
scrivono	scrissero	scriveranno	scrivano	scrivano

participio passato: scritto

3 uu **spargere.**

spargo	sparsi	spargerò	sparga	–
spargiamo	spargemmo	spargeremo	spargiamo	spargiamo
spargono	sparsero	spargeranno	spargano	spargano

participio passato: sparso

3 vv **spegnere.** Vor den Endungen *o* und *a* verwandelt sich der Stammlaut *gn* in *ng*.

spengo	spensi	spegnerò	spenga	–
spegni	spegnesti	spegnerai	spenga	spegni
spegne	spense	spegnerà	spenga	spenga
spegniamo	spegnemmo	speneremo	spegniamo	spegniamo
spegnete	spegneste	spegnerete	spegniate	spegnete
spengono	spensero	spegneranno	spengano	spengano

participio passato: spento

3 ww **svellere.**

vello	svelsi	svellerò	svella	–
velliamo	svellemmo	svelleremo	svelliamo	svelliamo
vellono	svelsero	svelleranno	svellano	svellano

participio passato: svelto

3 xx **trarre.**

traggo	trassi	trarrò	tragga	–
trai	traesti	trarrai	tragga	trai
trae	trasse	trarrà	tragga	tragga
traiamo	traemmo	trarremo	traiamo	traiamo
traete	traeste	trarrete	traiate	traete
traggono	trassero	trarranno	traggano	traggano

participio passato: tratto

pr. ind.	*p. r.*	*fut.*	*pr. cong.*	*imper.*

3 yy **vigere.** Nur gebräuchlich 3. Person Singular und Plural des *indicativo presente*, *imperfetto* und *futuro*, *condizionale*, *congiuntivo imperfetto* sowie *participio presente*.
Indicativo presente: vige, vigono; *imperfetto*: vigeva, vigevano; *futuro*: vigerà, vigeranno. – *Congiuntivo imperfetto*: vigesse, vigessero. – *Condizionale*: vigerebbe, vigerebbero. – *Participio presente*: vigente.

3 zz **vivere.**

vivo	vissi	vivrò	viva	–
viviamo	vivemmo	vivremo	viviamo	viviamo
vivono	vissero	vivranno	vivano	vivano

participio passato: vissuto

Vierte Konjugation

4 a **partire.** Der Stamm bleibt in Schrift und Aussprache unverändert.

I. Einfache Zeiten

Indicativo				Condizionale
presente	*imperfetto*	*passato remoto*	*futuro*	
parto*	partivo	partii	partirò	partirei
parti	partivi	partisti	partirai	partiresti
parte	partiva	partì	partirà	partirebbe
partiamo	partivamo	partimmo	partiremo	partiremmo
partite	partivate	partiste	partirete	partireste
partono*	partivano	partirono	partiranno	partirebbero

Congiuntivo		Imperativo
presente	*imperfetto*	
parta*	partissi	–
parta*	partissi	parti
parta*	partisse	parta*
partiamo	partissimo	partiamo
partiate	partiste	partite
partano*	partissero	partano*

Participio presente: partente *Participio passato*: partito
Gerundio presente: partendo

* Bei *cucire* und *sdrucire* wird vor *a* und *o* ein *i* eingeschoben: *cucio*, *sdruciono* usw.

II. Zusammengesetzte Zeiten

Hilfsverb *essere* oder *avere*, gefolgt vom *participio passato* (siehe 1a).

pr. ind.	*p. r.*	*fut.*	*pr. cong.*	*imper.*

4 b **sentire.** Betontes geschlossenes Stamm-*e* wird zu offenem *e*.

sento	sentii	sentirò	senta	–
sentiamo	sentimmo	sentiremo	sentiamo	sentiamo
sentono	sentirono	sentiranno	sentano	sentano

participio passato: sentito

pr. ind.	*p. r.*	*fut.*	*pr. cong.*	*imper.*

4 c **dormire.** Betontes geschlossenes Stamm-*o* wird zu offenem *o*.

pr. ind.	*p. r.*	*fut.*	*pr. cong.*	*imper.*
dormo	dormii	dormirò	dorma	–
dormiamo	dormimmo	dormiremo	dormiamo	dormiamo
dormono	dormirono	dormiranno	dormano	dormano

participio passato: dormito

4 d **finire.** In der 1., 2. und 3. Person Singular und 3. Person Plural des *presente* (*indicativo* und *congiuntivo*) und des *imperativo* tritt *isc* zwischen Stamm und Endung.

pr. ind.	*p. r.*	*fut.*	*pr. cong.*	*imper.*
finisco	finii	finirò	finisca	–
finisci	finisti	finirai	finisca	finisci
finisce	finì	finirà	finisca	finisca
finiamo	finimmo	finiremo	finiamo	finiamo
finite	finiste	finirete	finiate	finite
finiscono	finirono	finiranno	finiscano	finiscano

participio passato: finito

4 e **apparire.** *Presente* nach 4d.

pr. ind.	*p. r.*	*fut.*	*pr. cong.*	*imper.*
appaio, apparisco	apparvi, apparsi, apparii	apparirò	appaia, apparisca	–
appariamo	apparimmo	appariremo	appariamo	appariamo
appaiono, appariscono	apparvero, apparsero, apparirono	appariranno	appaiano, appariscano	appaiano, appariscano

participio passato: apparso

4 f **aprire.**

pr. ind.	*p. r.*	*fut.*	*pr. cong.*	*imper.*
apro	apersi, aprii	aprirò	apra	–
apriamo	aprimmo	apriremo	apriamo	apriamo
aprono	apersero, aprirono	apriranno	aprano	aprano

participio passato: aperto

4 g **compiere.** Auch *compire.*

pr. ind.	*p. r.*	*fut.*	*pr. cong.*	*imper.*
compio	compii	compirò	compia	–
compiamo	compimmo	compiremo	compiamo	compiamo
compiono	compirono	compiranno	compiano	compiano

participio passato: compito, compiuto; *participio presente*: compiente; *gerundio*: compiendo

4 h **gire.** Ungebräuchlich.

pr. ind.	*p. r.*	*fut.*	*pr. cong.*	*imper.*
–	–	girò	–	–
–	gisti	girai	–	–
–	gì	girà	–	–
–	gimmo	giremo	–	–
gite	giste	girete	–	gite
–	girono	giranno	–	–

participio passato: gito

4 i **ire.** Ungebräuchlich.

–	*2. P. sg.* isti	–	–	–
–	–	*1. P. pl.* iremo	–	–
2. P. pl. ite	–	*2. P. pl.* irete	–	*2. P. pl.* ite
–	*3. P. sg.* irono	*3. P. pl.* iranno	–	–

participio passato: ito

4 k **morire.**

muoio	morii	mor(i)rò	muoia	–
moriamo	morimmo	mor(i)remo	moriamo	moriamo
muoiono	morirono	mor(i)ranno	muoiano	muoiano

participio passato: morto

4 l **olire.** Ungebräuchlich.

4 m **salire.** *Presente* nach 4a mit Einschiebung von *g* vor *o* und *a*.

salgo	salii	salirò	salga	–
saliamo	salimmo	saliremo	saliamo	saliamo
salgono	salirono	saliranno	salgano	salgano

participio passato: salito

4 n **udire.** *Presente* nach 4a mit Wandel von *u* in *o* in den stammbetonten Formen.

odo	udii	ud(i)rò	oda	–
udiamo	udimmo	ud(i)remo	udiamo	udiamo
odono	udirono	ud(i)ranno	odano	odano

participio passato: udito

4 o **uscire.** Bildet die stammbetonten Formen des *presente* nach *escire* (4a).

esco	uscii	uscirò	esca	–
esci	uscisti	uscirai	esca	esci
esce	uscì	uscirà	esca	esca
usciamo	uscimmo	usciremo	usciamo	usciamo
uscite	usciste	uscirete	usciate	uscite
escono	uscirono	usciranno	escano	escano

participio passato: uscito

4 p **venire.**

vengo	venni	verrò	venga	–
vieni	venisti	verrai	venga	vieni
viene	venne	verrà	venga	venga
veniamo	venimmo	verremo	veniamo	veniamo
venite	veniste	verrete	veniate	venite
vengono	vennero	verranno	vengano	vengano

participio passato: venuto

Die Deklination im Italienischen

1. Das Genus

Italienische Substantive sind entweder feminin oder maskulin. Das deutsche Neutrum gibt es im Italienischen nicht: **das Wetter** *il tempo*. Die meisten Substantive auf **-o** sind männlich, die meisten Substantive auf **-a** weiblich. Substantive auf **-e** können je nach ihrer Herkunft feminin oder maskulin sein.

Feminin:	Maskulin:
la finestra *das Fenster*	**l'uomo** *der Mann*
la sorella *die Schwester*	**il lavoro** *die Arbeit*
la sedia *der Stuhl*	**il bambino** *das Kind*
la notte *die Nacht*	**il ponte** *die Brücke*

aber

il pilota *der Pilot*, **il problema** *das Problem*, **il pianeta** *der Planet*, **la mano** *die Hand.*

2. Die Bildung des Plurals

Substantive auf **-o** und **-e** sowie männliche Substantive auf **-a** enden in der Mehrzahl auf **-i**:

il lavoro, i lavori	*die Arbeit, die Arbeiten*
la notte, le notti	*die Nacht, die Nächte*
il turista, i turisti	*der Tourist, die Touristen*

Weibliche Substantive auf **-a** enden im Plural auf **-e**:

la finestra, le finestre	*das Fenster, die Fenster*

Besonderheiten

Substantive auf **-co**, **-ca**, **-go** und **-ga** erhalten die Aussprache durch Einschieben eines **-h-**:

il bosco, i boschi	*der Wald, die Wälder*
l'amica, le amiche	*die Freundin, die Freundinnen*
il lago, i laghi	*der See, die Seen*
la collega, le colleghe	*die Kollegin, die Kolleginnen*

aber

l'amico, gli amici	*der Freund, die Freunde*
il medico, i medici	*der Arzt, die Ärzte*

Substantive auf **-io** und **-ia** und mit betontem **-i-** folgen der Grundregel:

lo zio, gli zii	*der Onkel, die Onkel*
la farmacia, le farmacie	*die Apotheke, die Apotheken*

Bei Substantiven auf **-io** und **-ia** und mit unbetontem **-i-** entfällt ein **-i**:

l'occhio, gli occhi	*das Auge, die Augen*
il figlio, i figli	*der Sohn, die Söhne; das Kind, die Kinder*
l'arancia, le arance	*die Orange, die Orangen*
la valigia, le valige	*der Koffer, die Koffer*

aber

la camicia, le camicie	*das Hemd, die Hemden*

Ausnahmen

Im Singular und Plural lauten folgende Substantive gleich:

la città, le città	*die Stadt, die Städte*

il tassì, i tassì	*das Taxi, die Taxis*
la crisi, le crisi	*die Krise, die Krisen*
il film, i film	*der Film, die Filme*
la moto, le moto	*das Motorrad, die Motorräder*
la serie, le serie	*die Reihe, die Reihen*
il re, i re	*der König, die Könige*

Folgende Substantive haben wechselndes Genus:

il braccio, le braccia	*der Arm, die Arme*
il dito, le dita	*der Finger, die Finger*
il ginocchio, le ginocchia	*das Knie, die Knie*
l'uovo, le uova	*das Ei, die Eier*

Sonderfälle:

il dio, gli dei	*der Gott, die Götter*
l'uomo, gli uomini	*der Mann, die Männer; der Mensch, die Menschen*
il bue, i buoi	*der Ochse, die Ochsen*

3. Der Artikel

Die Artikelform richtet sich nach dem grammatischen Geschlecht und dem Anfangslaut des folgenden Wortes.

Der bestimmte Artikel

maskulin

Anfangslaut	**Singular**		**Plural**	
vor einfachem Konsonant	**il**	**il libro** *das Buch*	**i**	**i libri** *die Bücher*
vor s + Konsonant vor z	**lo**	**lo scolaro** *der Schüler* **lo zio** *der Onkel*	**gli**	**gli scolari** *die Schüler* **gli zii** *die Onkel*
vor Vokal	**l'**	**l'albero** der Baum	**gli**	**gli alberi** die Bäume

feminin

Anfangslaut	**Singular**		**Plural**	
vor Konsonant	**la**	**la pagina** *die Seite*	**le**	**le pagine** *die Seiten*
vor Vokal	**l'**	**l'ora** *die Stunde*	**le**	**le ore** *die Stunden*

Folgende **Präpositionen** verschmelzen mit dem bestimmten Artikel zu folgenden Formen:

	il	**lo**	**i**	**l'**	**gli**	**la**	**le**
a	al	allo	ai	all'	agli	alla	alle
di	del	dello	dei	dell'	degli	della	delle
da	dal	dallo	dai	dall'	dagli	dalla	dalle
in	nel	nello	nei	nell'	negli	nella	nelle
su	sul	sullo	sui	sull'	sugli	sulla	sulle

Der unbestimmte Artikel

maskulin

Anfangslaut	Singular	
vor einfachem Konsonant oder Vokal	**un**	**un libro** *ein Buch* **un amico** *ein Freund*
vor s + Konsonant vor z	**uno**	**uno scolaro** *ein Schüler* **uno zio** *ein Onkel*

feminin

Anfangslaut	Singular	
vor Konsonant	**una**	**una pagina** *eine Seite*
vor Vokal	**un'**	**un'ora** *eine Stunde*

Der Teilungsartikel

Der Teilungsartikel bezeichnet eine unbestimmte Menge als Teil einer größeren Menge: Er wird gebildet mit **di** und dem bestimmten Artikel. Im Deutschen fehlt der Artikel in diesem Fall ganz.

di + il	**del pane** *Brot*
di + lo	**dello speck** *Speck*
di + l' *f*	**dell'insalata** *Salat*
di + l' *m*	**dell'aceto** *Essig*
di + la	**della carne** *Fleisch*
di + i	**dei pomodori** *Tomaten*
di + gli	**degli spinaci** *Spinat*
di + le	**delle mele** *Äpfel*

Kein Teilungsartikel steht

- bei der Nennung von Dingen im Allgemeinen: **vorrei mangiare carne, non pesce** *ich möchte gerne Fleisch essen, nicht Fisch*
- in Aufzählungen: **in un cassetto ho trovato buste, carta e francobolli** *in einer Schublade habe ich Briefumschläge, Papier und Briefmarken gefunden*
- in fragenden und verneinenden Sätzen: **avete pane?** *habt ihr Brot?*; **non ho più pane** *ich habe kein Brot mehr*
- und nach Präpositionen: **senza denaro** *ohne Geld*

4. Das Adjektiv

Das Adjektiv richtet sich in Genus und Zahl immer nach seinem Bezugswort. Analog zu den Substantiven bilden Adjektive auf **-o** und auf **-e** den Plural auf **-i**, Adjektive auf **-a** bilden den Plural auf **-e**.

rosso → rossi
rossa → rosse
interessante → interessanti

Attributive Adjektive

Attributive Adjektive sind dem Substantiv direkt zugeordnet:

il tappeto rosso	*der rote Teppich*
i tappeti rossi	*die roten Teppiche*

la lampada rossa	*die rote Lampe*
le lampade rosse	*die roten Lampen*
un libro interessante	*ein interessantes Buch*
dei libri interessanti	*interessante Bücher*
una storia interessante	*eine interessante Geschichte*
delle storie interessanti	*interessante Geschichten*

Prädikative Adjektive

Prädikative Adjektive sind durch ein Verb – meist **essere** – dem Substantiv zugeordnet und werden dekliniert:

il tappeto è rosso	*der Teppich ist rot*
i libri sono interessanti	*die Bücher sind interessant*

Stellung

Das Adjektiv steht in der Regel hinter dem Substantiv. Einige kurze Adjektive wie **tutto**, **molto**, **poco** stehen davor: **molti/pochi soldi** *viel/wenig Geld.*
Manche Adjektive verändern je nach Stellung ihre Bedeutung:
un caro amico *ein lieber Freund* – **un vestito caro** *ein teueres Kleid*
una vera amica *eine wahre Freundin* – **oro vero** *echtes Gold*

Sonderformen

grande *groß* und **santo** *heilig* werden vor Substantiven, die nicht mit **s** + Konsonant, **gn**, **pn**, **ps**, **x** oder **z** beginnen, zu **gran** bzw. **grand'** (vor Vokal) und **san** bzw. **sant'** (vor Vokal) verkürzt: **una gran gioia** *eine große Freude*, **una grand'idea** *eine gute Idee*, **San Pietro** *Sankt Peter*, **Sant'Antonio** *Sankt Anton.*

bello *schön* und **quello** *jene, jener, jenes* verhalten sich wie der bestimmte Artikel:

un bel paese *ein schönes Land*	**quel paese** *jenes Land*
un bell'albergo *ein schönes Hotel*	**quell'albergo** *jenes Hotel*
un bello spagnolo *ein schöner Spanier*	**quello spagnolo** *jener Spanier*
una bella macchina *ein schönes Auto*	**quella macchina** *jenes Auto*
bei paesi *schöne Länder*	**quei paesi** *jene Länder*
begli alberghi *schöne Hotels*	**quegli alberghi** *jene Hotels*
delle belle donne *schöne Frauen*	**quelle donne** *jene Frauen*

Besonderheiten in der Pluralbildung

Die Abweichungen in der Pluralbildung erfolgen analog zu den Substantiven auf **-go**, **-co**, **-ga**, **-ca** sowie auf **-io**, **-ia**:
magnifico, magnifici
magnifica, magnifiche
necessario, necessarie
pio, pii
fradicio, fradici
fradicia, fradice

Die Steigerung der Adjektive

regelmäßig

Positiv	**Komparativ**	**relativer Superlativ**	**absoluter Superlativ**
bello	più bello	il più bello	bellissimo

unregelmäßig

Positiv	**Komparativ**	**relativer Superlativ**	**absoluter Superlativ**
buono	migliore	il migliore	ottimo
cattivo	peggiore	il peggiore	pessimo
grande	maggiore	il maggiore	massimo
piccolo	minore	il minore	minimo

In ihrer Grundbedeutung können alle Adjektive auch regelmäßig gesteigert werden, z. B.:
Guido è più buono (cattivo) di suo fratello
Guido ist braver (böser) als sein Bruder
Lucia è più piccola (grande) di sua sorella
Lucia ist kleiner (größer) als ihre Schwester

Nach dem Komparativ wird „als" meistens mit **di** übersetzt:
Torino è più grande di Siena *Turin ist größer als Siena*

Statt **di** wird **che** gebraucht, wenn zwei Substantive, zwei Verben, zwei Adjektive oder zwei Adverbien miteinander verglichen werden:
C'erano più signore che signori *Es waren mehr Damen als Herren da*

5. Das Adverb

Das Adverb ist unveränderlich und definiert Art und Weise, Ort, Zeit, Menge und Intensität. Einfache Adverbien mit eigener Form: **oggi** *heute*, **già** *schon*, **forse** *vielleicht*.

Regelmäßige Ableitung von Adjektiven

	Adjektiv	**Adverb**
Adjektive auf **-o** hängen an die weibliche Form **-mente** an	**sicuro** **vero**	**sicuramente** **veramente**
Adjektive auf **-e** hängen direkt an das Adjektiv **-mente** an	**dolce** **felice**	**dolcemente** **felicemente**
Adjektive auf **-le** und **-re** hängen **-mente** an und verlieren das **-e**	**facile** **particolare**	**facilmente** **particolarmente**

Unregelmäßige Adverbbildung

Adjektiv	Adverb
una buona ricetta *ein gutes Rezept*	**ho mangiato bene** *ich habe gut gegessen*
un gusto cattivo *ein schlechter Geschmack*	**mi sento male** *ich fühle mich schlecht*

6. Pronomen

Das Personalpronomen als Subjekt steht nur bei Hervorhebung der Person:
io ci vado *Ich gehe hin*
l'ha detto lui *Er hat das gesagt*

Wer oder was?

io *ich*	**noi** *wir*
tu *du*	**voi** *ihr*
lui *er*	**Voi** *Sie*
lei *sie*	**loro** *sie*
Lei *Sie*	**Loro** *Sie*

Das unbetonte Personalpronomen

Wen oder was?
mi *mich*: **mi chiamano** *sie rufen mich*
ti *dich*: **ti chiamano** *sie rufen dich*
lo *ihn*: **lo chiamano** *sie rufen ihn*
la *sie*: **la chiamano** *sie rufen sie (eine Frau)*
La *Sie*: **La chiamano** *sie rufen Sie (eine Person, die man siezt)*
ci *uns*: **ci chiamano** *sie rufen uns*
vi *euch*: **vi chiamano** *sie rufen euch*
Vi *Sie*: **Vi chiamano** *sie rufen Sie (mehrere Personen, die man siezt)*
li *sie*: **li chiamano** *sie rufen sie (mehrere Personen)*
le *sie*: **le chiamano** *sie rufen sie (mehrere Frauen)*

Wem?
mi *mir*: **mi compro una torta** *ich kaufe mir eine Torte*
ti *dir*: **ti compro una torta** *ich kaufe dir eine Torte*
gli *ihm*: **gli compro una torta** *ich kaufe ihm eine Torte*
gli *ihnen*: **gli compro una torta** *ich kaufe ihnen eine Torte*
le *ihr*: **le compro una torta** *ich kaufe ihr eine Torte*
Le *Ihnen*: **Le compro una torta** *ich kaufe Ihnen eine Torte*
ci *uns*: **ci compro una torta** *ich kaufe uns eine Torte*
vi *euch*: **vi compro una torta** *ich kaufe euch eine Torte*
Vi *Ihnen*: **Vi compro una torta** *ich kaufe Ihnen eine Torte*
loro *ihnen*: **compro loro una torta** *ich kaufe ihnen eine Torte*
Loro *Ihnen*: **compro Loro una torta** *ich kaufe Ihnen eine Torte*

Das betonte Personalpronomen

Wen?
me: **chiamano me** *sie rufen mich*
te: **chiamano te** *sie rufen dich*

lui: **chiamano lui** *sie rufen ihn*
lei: **chiamano lei** *sie rufen sie* (*eine Frau*)
Lei: **chiamano Lei** *sie rufen Sie* (*eine Person, die man siezt*)
noi: **chiamano noi** *sie rufen uns*
voi: **chiamano voi** *sie rufen euch*
Voi: **chiamano Voi** *sie rufen Sie* (*mehrere Personen, die man siezt*)
loro: **chiamano loro** *sie rufen sie* (*mehrere Personen*)
Loro: **chiamano Loro** *sie rufen Sie* (*mehrere Personen, die man siezt*)

Wem?
a me: **lo danno a me** *sie geben das mir*
a te: **lo danno a te** *sie geben das dir*
a lui: **lo danno a lui** *sie geben das ihm*
a lei: **lo danno a lei** *sie geben das ihr*
a Lei: **lo danno a Lei** *sie geben das Ihnen*
a noi: **lo danno a noi** *sie geben das uns*
a voi: **lo danno a voi** *sie geben das euch*
a Voi: **lo danno a Voi** *sie geben das Ihnen*
a loro: **lo danno a loro** *sie geben das ihnen*
a Loro: **lo danno a Loro** *sie geben das Ihnen*

Die betonten Objektformen werden mit Präpositionen verwendet:
questo appartiene a me *das gehört mir*
da te *bei dir*, **secondo lui** *seiner Meinung nach*, **per lei** *für sie*, **con voi** *mit euch*

Die Höflichkeitsform ist die großgeschriebene weibliche 3. Person Singular (**Lei**, **a Lei**, **La**, **Le**) bzw. die 2. Person Plural (**Vi**, **Voi**, **a Voi**). Selten wird auch die 3. Person Plural verwendet (**Li**, **Le**, **Loro**, **a Loro**):
Lei come si chiama? *wie heißen Sie*?
Voi come vi chiamate? *wie heißen Sie*?

Li und **le** werden nie apostrophiert: **le hai scritto?** *hast du ihr geschrieben*?
aber
(**ti**) **t'ha scritto?** *hat er/sie dir geschrieben*?
(**lo/la**) **non l'ho più visto** (*oder* **vista**) *ich habe ihn* (*oder sie*) *nicht mehr gesehen.*

Treffen zwei Personalpronomen zusammen, so steht der Dativ vor dem Akkusativ: **mi**, **ti**, **ci**, **vi** werden zu **me**, **te**, **ce**, **ve**: **ce lo dai?** *gibst du es uns*? **te la compro!** *ich kaufe sie dir*! **diglielo!** *sag es ihm/ihr*!

Das Pronomen steht vor dem konjugierten Verb:
ti telefono! *ich rufe dich an*!

oder es wird angehängt:
telefonami! *ruf mich an*!
non potevo telefonarti *ich konnte dich nicht anrufen*
fammi questo piacere! *tu mir den Gefallen*!

loro (*Plural*) steht immer hinter dem Verb:
ho invitato loro a cena *ich habe sie zum Essen eingeladen*
Üblicher ist aber:
li ho invitati a cena *ich habe sie zum Essen eingeladen*

Das Possessivpronomen

Singular Maskulin	Plural Maskulin
(il) **mio** *mein*	**i miei** *meine*
(il) **tuo** *dein*	**i tuoi** *deine*
(il) **suo** *sein* (il) **Suo** *Ihr*	**i suoi** *seine* **i Suoi** *Ihre*
(il) **nostro** *unser*	**i nostri** *unsere*
(il) **vostro** *euer*	**i vostri** *eure*
(il) **loro** *ihr* (il) **Loro** *Ihr*	**i loro** *ihre* **i Loro** *Ihre*

Singular Feminin	Plural Feminin
(la) **mia** *meine*	**le mie** *meine*
(la) **tua** *deine*	**le tue** *deine*
(la) **sua** *seine* (la) **Sua** *Ihre*	**le sue** *seine* **le Sue** *Ihre*
(la) **nostra** *unser*	**le nostre** *unsere*
(la) **vostra** *eure*	**le vostre** *eure*
(la) **loro** *ihre* (la) **Loro** *Ihre*	**le loro** *ihre* **le Loro** *Ihre*

Bei Familienbezeichnungen im Singular entfällt der bestimmte Artikel:
mia madre *meine Mutter*
tuo fratello *dein Bruder*

Er steht dagegen im Plural, bei erweiterten Bestimmungen und bei **loro**:
le mie sorelle *meine Schwestern*
la mia cara mamma *meine liebe Mama*
il loro padre *ihr Vater*

Die Höflichkeitsform ist die meist großgeschriebene 3. Person Singular (**il Suo ...**) bzw. die 2. Person Plural (**il Vostro ...**). Selten wird auch die 3. Person Plural verwendet (**il Loro**):
è la Sua valigia? *ist das Ihr Koffer?*

In der Regel stehen die Possessivpronomen vor dem Substantiv:
mi dai il tuo indirizzo? *gibst du mir deine Adresse?*

aber
è colpa tua *es ist deine Schuld*
a casa mia *bei mir zu Hause*

Lista alfabetica dei verbi irregolari tedeschi

(*cong.* = *cong.impf.*)

backen *pres.* backe, bäckst (backst), bäckt (backt); *impf.* backte (buk); *cong.* backte (büke); *imp.* back(e); *part.pt.* gebacken

befehlen *pres.* befehle, befiehlst, befiehlt; *impf.* befahl; *cong.* beföhle; *imp.* befiehl; *part.pt.* befohlen

beginnen *pres.* beginne, beginnst, beginnt; *impf.* begann; *cong.* begänne (begönne); *imp.* beginn(e); *part.pt.* begonnen

beißen *pres.* beiße, beißt, beißt; *impf.* biss, bissest; *cong.* bisse; *imp.* beiß(e); *part.pt.* gebissen

bergen *pres.* berge, birgst, birgt; *impf.* barg; *cong.* bärge; *imp.* birgt; *part.pt.* geborgen

bersten *pres.* berste, birst (berstest), birst (berstet); *impf.* barst, barstest; *imp.* birst; *part.pt.* geborsten

bewegen *pres.* bewegte, bewegst, bewegt; *impf.* bewegte (*fig.* bewog); *cong. fig.* bewöge; *imp.* beweg(e); *part.pt.* bewegt (*fig.* bewogen)

biegen *pres.* biege, biegst, biegt; *impf.* bog; *cong.* böge; *imp.* bieg(e); *part.pt.* gebogen

bieten *pres.* biete, biet(e)st, bietet; *impf.* bot, bot(e)st; *cong.* böte; *imp.* biet(e); *part.pt.* geboten

binden *pres.* binde, bindest, bindet; *impf.* band, band(e)st; *cong.* bände; *imp.* bind(e); *part.pt.* gebunden

bitten *pres.* bitte, bittest, bittet; *impf.* bat, bat(e)st; *cong.* bäte; *imp.* bitte; *part.pt.* gebeten

blasen *pres.* blase, bläst, bläst; *impf.* blies, bliesest; *cong.* bliese; *imp.* blas (blase); *part.pt.* geblasen

bleiben *pres.* bleibe, bleibst, bleibt; *impf.* blieb, bliebst; *cong.* bliebe; *imp.* bleib(e); *part.pt.* geblieben

braten *pres.* brate, brätst, brät; *impf.* briet, briet(e)st; *cong.* briete; *imp.* brat(e); *part.pt.* gebraten

brechen *pres.* breche, brichst, bricht; *impf.* brach; *cong.* bräche; *imp.* brich; *part.pt.* gebrochen

brennen *pres.* brenne, brennst, brennt; *impf.* brannte; *cong.* brennte; *imp.* brenn(e); *part.pt.* gebrannt

bringen *pres.* bringe, bringst, bringt; *impf.* brachte; *cong.* brächte; *imp.* bring(e); *part.pt.* gebracht

denken *pres.* denke, denkst, denkt; *impf.* dachte; *cong.* dächte; *imp.* denk(e); *part.pt.* gedacht

dreschen *pres.* dresche, drischst, drischt; *impf.* drosch, droschst; *cong.* drösche; *imp.* drisch; *part.pt.* gedroschen

dringen *pres.* dringe, dringst, dringt; *impf.* drang, drangst; *cong.* dränge; *imp.* dring(e); *part.pt.* gedrungen

dünken *pres.* mich dünkt (deucht); *impf.* dünkte (deuchte); *cong.* –; *imp.* –; *part.pt.* gedünkt (gedeucht)

dürfen *pres.* darf, darfst, darf; dürfen; *impf.* durfte; *cong.* dürfte; *imp.* –; *part.pt.* gedurft

empfangen *pres.* empfange, empfängst, empfängt; *impf.* empfing; *cong.* empfinge; *imp.* empfang(e); *part.pt.* empfangen

empfehlen *pres.* empfehle, empfiehlst, empfiehlt; *impf.* empfahl; *cong.* empföhle (empfähle); *imp.* empfiehlt; *part.pt.* empfohlen

empfinden *pres.* empfinde, empfindest, empfindet; *impf.* empfand, empfand(e)st; *cong.* empfände; *imp.* empfind(e); *part.pt.* empfunden

erlöschen *pres.* erlösche, erlischst, erlischt; *impf.* erlosch, erlosch(e)st; *cong.* erlösche; *imp.* erlisch; *part.pt.* erloschen

erschrecken *v/i pres.* erschrecke, erschrickst, erschrickt; *impf.* erschrak *cong.* erschräke; *imp.* erschrick; *part.pt.* erschrocken

erwägen *s.* wägen; *part.pt.* erwogen

essen *pres.* esse, isst (issest), isst; *impf.* aß, aßest; *cong.* äße; *imp.* iss; *part.pt.* gegessen

fahren *pres.* fahre, fährst, fährt; *impf.* fuhr, fuhrst; *cong.* führe; *imp.* fahr(e); *part.pt.* gefahren

fallen *pres.* falle, fällst, fällt; *impf.* fiel; *cong.* fiele; *imp.* fall(e); *part.pt.* gefallen

fangen *pres.* fange, fängst, fängt; *impf.*

fing; *cong.* finge; *imp.* fang(e); *part.pt.* gefangen

fechten *pres.* fechte, fichst, ficht; *impf.* focht, focht(e)st; *cong.* föchte; *imp.* ficht; *part.pt.* gefochten

finden *pres.* finde, findest, findet; *impf.* fand, fand(e)st; *cong.* fände; *imp.* find(e); *part.pt.* gefunden

flechten *pres.* flechte, flichtst, flicht; *impf.* flocht, flochtest; *cong.* flöchte; *imp.* flicht; *part.pt.* geflochten

fliegen *pres.* fliege, fliegst, fliegt; *impf.* flog, flogst; *cong.* flöge; *imp.* flieg(e); *part.pt.* geflogen

fliehen *pres.* fliehe, fliehst, flieht; *impf.* floh, flohst; *cong.* flöhe; *imp.* flieh(e); *part.pt.* geflohen

fließen *pres.* fließe, fließt, fließt; *impf.* floss, flossest; *cong.* flösse; *imp.* fließ(e); *part.pt.* geflossen

fressen *pres.* fresse, frisst, frisst; *impf.* fraß, fraßest; *cong.* fräße; *imp.* frisst; *part.pt.* gefressen

frieren *pres.* friere, frierst, friert; *impf.* fror; *cong.* fröre; *imp.* frier(e); *part.pt.* gefroren

gären *pres.* gäre, gärst, gärt; *impf.* gor (*bsd. fig. auch* gärte); *cong.* göre (gärte); *imp.* gär(e); *part.pt.* gegoren (gegärt)

gebären *pres.* gebäre, gebärst (gebierst), gebärt (gebiert); *impf.* gebar; *cong.* gebäre; *imp.* gebär(e) (gebier); *part.pt.* geboren

geben *pres.* gebe, gibst, gibt; *impf.* gab; *cong.* gäbe; *imp.* gib; *part.pt.* gegeben

gedeihen *pres.* gedeihe, gedeihst, gedeiht; *impf.* gedieh; *cong.* gediehe; *imp.* gedeih(e); *part.pt.* gediehen

geh(e)n *pres.* gehe, gehst, geht; *impf.* ging; *cong.* ginge; *imp.* geh(e); *part.pt.* gegangen

gelingen *pres.* es gelingt; *impf.* es gelang; *cong.* es gelänge; *imp.* geling(e); *part.pt.* gelungen

gelten *pres.* gelte, gilst, gilt; *impf.* galt, galt(e)st; *cong.* gölte (gälte); *imp.* gilt; *part.pt.* gegolten

genesen *pres.* genese, genest, genest; *impf.* genas, genasest; *cong.* genäse; *imp.* genese; *part.pt.* genesen

genießen *pres.* genieße, genießt, genießt; *impf.* genoss, genossest; *cong.* genösse; *imp.* genieß(e); *part.pt.* genossen

geschehen *pres.* es geschieht; *impf.* es geschah; *cong.* es geschähe; *imp.* –; *part.pt.* geschehen

gewinnen *pres.* gewinne, gewinnst, gewinnt; *impf.* gewann, gewannst; *cong.* gewönne (gewänne); *imp.* gewinn(e); *part.pt.* gewonnen

gießen *pres.* gieße, gießt, gießt; *impf.* goss, gossest; *cong.* gösse; *imp.* gieß(e); *part.pt.* gegossen

gleichen *pres.* gleiche, gleichst, gleicht; *impf.* glich, glichst; *cong.* gliche; *imp.* gleich(e); *part.pt.* geglichen

gleiten *pres.* gleite, gleitest, gleitet; *impf.* glitt, glitt(e)st; *cong.* glitte; *imp.* gleit(e); *part.pt.* geglitten

glimmen *pres.* glimme, glimmst, glimmt; *impf.* glomm (glimmte); *cong.* glömme (glimmte); *imp.* glimm(e); *part.pt.* geglommen (geglimmt)

graben *pres.* grabe, gräbst, gräbt; *impf.* grub, grubst; *cong.* grübe; *imp.* grab(e); *part.pt.* gegraben

greifen *pres.* greife, greifst, greift; *impf.* griff, griffst; *cong.* griffe; *imp.* greif(e); *part.pt.* gegriffen

haben *pres.* habe, hast, hat; *impf.* hatte; *cong.* hätte; *imp.* habe; *part.pt.* gehabt

halten *pres.* halte, hältst, hält; *impf.* hielt, hielt(e)st; *cong.* hielte; *imp.* halt(e); *part.pt.* gehalten

hängen *v/i pres.* hänge, hängst, hängt; *impf.* hing; *cong.* hinge; *imp.* häng(e); *part.pt.* gehangen

hauen *pres.* haue, haust, haut; *impf.* haute (hieb); *cong.* haute (hiebe); *imp.* hau(e); *part.pt.* gehauen

heben *pres.* hebe, hebst, hebt; *impf.* hob, hobst; *cong.* höbe; *imp.* heb(e); *part.pt.* gehoben

heißen *pres.* heiße, heißt, heißt; *impf.* hieß, hießest; *cong.* hieße; *imp.* heiß(e); *part.pt.* geheißen

helfen *pres.* helfe, hilfst, hilft; *impf.* half, halfst; *cong.* hülfe; *imp.* hilf; *part.pt.* geholfen

kennen *pres.* kenne, kennst, kennt; *impf.* kannte; *cong.* kennte; *imp.* kenne; *part.pt.* gekannt

klimmen *pres.* klimme, klimmst, klimmt; *impf.* klomm (klimmte); *cong.* klömme (klimmte); *imp.* klimm(e); *part.pt.* geklommen (geklimmt)

klingen *pres.* klinge, klingst, klingt;

impf. klang, klangst; *cong.* klänge; *imp.* kling(e); *part.pt.* geklungen

kneifen *pres.* kneife, kneifst, kneift; *impf.* kniff, kniffst; *cong.* kniffe; *imp.* kneif(e); *part.pt.* gekniffen

kommen *pres.* komme, kommst, kommt; *impf.* kam; *cong.* käme; *imp.* komm(e); *part.pt.* gekommen

können *pres.* kann, kannst, kann; können; *impf.* konnte; *cong.* könnte; *imp.* –; *part.pt.* gekonnt

kriechen *pres.* krieche, kriechst, kriecht; *impf.* kroch; *cong.* kröche; *imp.* kriech(e); *part.pt.* gekrochen

laden *pres.* lade, lädst, lädt; *impf.* lud, ludst; *cong.* lüde; *imp.* lad(e); *part.pt.* geladen

lassen *pres.* lasse, lässt, lässt; *impf.* ließ, ließest; *cong.* ließe; *imp.* lass; *part.pt.* gelassen

laufen *pres.* laufe, läufst, läuft; *impf.* lief, liefst; *cong.* liefe; *imp.* lauf(e); *part.pt.* gelaufen

leiden *pres.* leide, leidest, leidet; *impf.* litt, litt(e)st; *cong.* litte; *imp.* leid(e); *part.pt.* gelitten

leihen *pres.* leihe, leihst, leiht; *impf.* lieh, liehst; *cong.* liehe; *imp.* leih(e); *part.pt.* geliehen

lesen *pres.* lese, liest, liest; *impf.* las, lasest; *cong.* läse; *imp.* lies; *part.pt.* gelesen

liegen *pres.* liege, liegst, liegt; *impf.* lag; *cong.* läge; *imp.* lieg(e); *part.pt.* gelegen

lügen *pres.* lüge, lügst, lügt; *impf.* log, logst; *cong.* löge; *imp.* lüg(e); *part.pt.* gelogen

meiden *pres.* meide, meidest, meidet; *impf.* mied, mied(e)st; *cong.* miede; *imp.* meid(e); *part.pt.* gemieden

melken *pres.* melke, melkst, melkt; *impf.* melkte (molk); *cong.* mölke; *imp.* melk(e); *part.pt.* gemolken (gemelkt)

messen *pres.* messe, misst, misst; *impf.* maß, maßest; *cong.* mäße; *imp.* miss; *part.pt.* gemessen

misslingen *pres.* es misslingt; *impf.* es misslang; *cong.* es misslänge; *imp.* –; *part.pt.* misslungen

mögen *pres.* mag, magst, mag; mögen; *impf.* mochte; *cong.* möchte; *imp.* –; *part.pt.* gemocht

müssen *pres.* muss, musst, muss; müssen, müsst, müssen; *impf.* musste; *cong.* müsste; *imp.* -; *part.pt.* gemusst

nehmen *pres.* nehme, nimmst, nimmt; *impf.* nahm, nahmst; *cong.* nähme; *imp.* nimm; *part.pt.* genommen

nennen *pres.* nenne, nennst, nennt; *impf.* nannte; *cong.* nennte; *imp.* nenn(e); *part.pt.* genannt

pfeifen *pres.* pfeife, pfeifst, pfeift; *impf.* pfiff, pfiffst; *cong.* pfiffe; *imp.* pfeif(e); *part.pt.* gepfiffen

preisen *pres.* preise, preist, preist; *impf.* pries, priesest; *cong.* priese; *imp.* preise; *part.pt.* gepriesen

quellen (*v/i*) *pres.* quelle, quillst, quillt; *impf.* quoll; *cong.* quölle; *imp.* quill; *part.pt.* gequollen

raten *pres.* rate, rätst, rät; *impf.* riet riet(e)st; *cong.* riete; *imp.* rat(e); *part.pt.* geraten

reiben *pres.* reibe, reibst, reibt; *impf.* rieb, riebst; *cong.* riebe; *imp.* reib(e); *part.pt.* gerieben

reißen *pres.* reiße, reißt, reißt; *impf.* riss, rissest; *cong.* risse; *imp.* reiß(e); *part.pt.* gerissen

reiten *pres.* reite, reitest, reitet; *impf.* ritt, ritt(e)st; *cong.* ritte; *imp.* reit(e); *part.pt.* geritten

rennen *pres.* renne, rennst, rennt; *impf.* rannte; *cong.* rennte; *imp.* renn(e); *part.pt.* gerannt

riechen *pres.* rieche, riechst, riecht; *impf.* roch; *cong.* röche; *imp.* riech(e); *part.pt.* gerochen

ringen *pres.* ringe, ringst, ringt; *impf.* rang; *cong.* ränge; *imp.* ring(e); *part.pt.* gerungen

rinnen *pres.* rinne, rinnst, rinnt; *impf.* rann, rannst; *cong.* ränne; *imp.* rinn(e); *part.pt.* geronnen

rufen *pres.* rufe, rufst, ruft; *impf.* rief, riefst, *cong.* riefe; *imp.* ruf(e); *part.pt.* gerufen

saufen *pres.* saufe, säufst, säuft; *impf.* soff; *cong.* söffe; *imp.* sauf(e); *part.pt.* gesoffen

saugen *pres.* sauge, saugst, saugt; *impf.* sog (saugte); *cong.* söge; *imp.* saug(e); *part.pt.* gesogen (gesaugt)

schaffen (er~) *pres.* schaffe, schaffst, schafft; *impf.* schuf, schufst; *cong.* schüfe; *imp.* schaff(e); *part.pt.* geschaffen

scheiden *pres.* scheide, scheidest,

scheidet; *impf.* schied, schied(e)st; *cong.* schiede; *imp.* scheid(e); *part.pt.* geschieden
scheinen *pres.* scheine, scheinst, scheint; *impf.* schien, schienst; *cong.* schiene; *imp.* schein(e); *part.pt.* geschienen
schelten *pres.* schelte, schiltst, schilt; *impf.* schalt, schaltst; *cong.* schölte; *imp.* schilt; *part.pt.* gescholten
scheren *pres.* schere, scherst, schert; *impf.* schor, schorst; *cong.* schöre; *imp.* scher(e); *part.pt.* geschoren
schieben *pres.* schiebe, schiebst, schiebt; *impf.* schob, schobst; *cong.* schöbe; *imp.* schieb(e); *part.pt.* geschoben
schießen *pres.* schieße, schießt, schießt; *impf.* schoss, schossest; *cong.* schösse; *imp.* schieß(e); *part.pt.* geschossen
schlafen *pres.* schlafe, schläfst, schläft; *impf.* schlief, schliefst; *cong.* schliefe; *imp.* schlaf(e); *part.pt.* geschlafen
schlagen *pres.* schlage, schlägst, schlägt; *impf.* schlug, schlugst; *cong.* schlüge; *imp.* schlag(e); *part.pt.* geschlagen
schleichen *pres.* schleiche, schleichst, schleicht; *impf.* schlich, schlichst; *cong.* schliche; *imp.* schleich(e); *part.pt.* geschlichen
schleifen *pres.* schleife, schleifst, schleift; *impf.* schliff; *cong.* schliffe; *imp.* schleif(e); *part.pt.* geschliffen
schließen *pres.* schließe, schließt, schließt; *impf.* schloss, schlossest; *cong.* schlösse; *imp.* schließ(e); *part.pt.* geschlossen
schlingen *pres.* schlinge, schlingst, schlingt; *impf.* schlang, schlangst; *cong.* schlänge; *imp.* schling(e); *part.pt.* geschlungen
schmeißen *pres.* schmeiße, schmeißt, schmeißt; *impf.* schmiss, schmissest; *cong.* schmisse; *imp.* schmeiß(e); *part.pt.* geschmissen
schmelzen *pres.* schmelze, schmilzt, schmilzt; *impf.* schmolz, schmolzest; *cong.* schmölze; *imp.* schmilz; *part.pt.* geschmolzen
schneiden *pres.* schneide, schneidest, schneidet; *impf.* schnitt, schnitt(e)st; *cong.* schnitte; *imp.* schneid(e); *part.pt.* geschnitten
schrecken (*v/i* = er~) *pres.* schrecke, schrickst, schrickt; *impf.* schrak, schrakst; *cong.* schräke; *imp.* schrick; *part.pt.* erschrocken
schreiben *pres.* schreibe, schreibst, schreibt; *impf.* schrieb, schriebst; *cong.* schriebe; *imp.* schreib(e); *part.pt.* geschrieben
schreien *pres.* schreie, schreist, schreit; *impf.* schrie; *cong.* schriee; *imp.* schrei(e); *part.pt.* geschrie[e]n
schreiten *pres.* schreite, schreitest, schreitet; *impf.* schritt, schritt(e)st; *cong.* schritte; *imp.* schreit(e); *part.pt.* geschritten
schweigen *pres.* schweige, schweigst, schweigt; *impf.* schwieg, schwiegst; *cong.* schwiege; *imp.* schweig(e); *part.pt.* geschwiegen
schwellen *v/i pres.* schwelle, schwillst, schwillt; *impf.* schwoll, schwollst; *cong.* schwölle; *imp.* schwill; *part.pt.* geschwollen
schwimmen *pres.* schwimme, schwimmst, schwimmt; *impf.* schwamm, schwammst; *cong.* schwömme (schwämme); *imp.* schwimm(e); *part.pt.* geschwommen
schwinden *pres.* schwinde, schwindest, schwindet; *impf.* schwand, schwand(e)st; *cong.* schwände; *imp.* schwind(e); *part.pt.* geschwunden
schwingen *pres.* schwinge, schwingst, schwingt; *impf.* schwang; *cong.* schwänge; *imp.* schwing(e); *part.pt.* geschwungen
schwören *pres.* schwöre, schwörst, schwört; *impf.* schwor (schwur); *cong.* schwüre; *imp.* schwör(e); *part.pt.* geschworen
sehen *pres.* sehe, siehst, sieht; *impf.* sah; *cong.* sähe; *imp.* sieh; *part.pt.* gesehen
sein *pres.* bin, bist, ist; sind, seid, sind; *cong.* sei, sei(e)st, sei; seien, seiet, seien; *imp.* war, warst, war; waren; *cong.* wäre; *imp.* sei, seid; *part.pt.* gewesen
senden *pres.* sende, sendest, sendet; *impf.* sandte (sendete*); *cong.* sendete; *imp.* send(e); *part.pt.* gesandt (gesendet*)

*) Radio.

sieden *pres.* siede, siedest, siedet; *impf.* sott (siedete), sottest (siedetest); *cong.* sötte (siedete); *imp.* sied(e); *part.pt.* gesotten (gesiedet)
singen *pres.* singe, singst, singt; *impf.* sang, sangst; *cong.* sänge; *imp.* sing(e); *part.pt.* gesungen
sinken *pres.* sinke, sinkst, sinkt; *impf.* sank, sankst; *cong.* sänke; *imp.* sink(e); *part.pt.* gesunken
sinnen *pres.* sinne, sinnst, sinnt; *impf.* sann, sannst; *cong.* sänne (sönne); *imp.* sinn(e); *part.pt.* gesonnen
sitzen *pres.* sitze, sitzt, sitzt; *impf.* saß, saßest; *cong.* säße; *imp.* sitz(e); *part.pt.* gesessen
sollen *pres.* soll, sollst, soll; *impf.* sollte; *cong.* sollte; *imp.* –; *part.pt.* gesollt
speien *pres.* speie, speist, speit; *impf.* spie; *cong.* spiee; *imp.* spei(e); *part.pt.* gespie(e)n
spinnen *pres.* spinne, spinnst, spinnt; *impf.* spann, spannst; *imp.* spinn(e); *part.pt.* gesponnen
spleißen *pres.* spleiße, spleißt (spleißest), spleißt; *impf.* spliss, splissest; *cong.* splisse; *imp.* spleiß(e); *part.pt.* gesplissen
sprechen *pres.* spreche, sprichst, spricht; *impf.* sprach, sprachst; *cong.* spräche; *imp.* sprich; *part.pt.* gesprochen
sprießen *pres.* sprieße, sprießt (sprießest), sprießt; *impf.* spross, sprossest; *cong.* sprösse; *imp.* sprieß(e); *part.pt.* gesprossen
springen *pres.* springe, springst, springt; *impf.* sprang, sprangst; *cong.* spränge; *imp.* spring(e); *part.pt.* gesprungen
stechen *pres.* steche, stichst, sticht; *impf.* stach, stachst; *cong.* stäche; *imp.* stich; *part.pt.* gestochen
stecken *v/i pres.* stecke, steckst, steckt; *impf.* steckte (stak); *cong.* steckte (stäke); *imp.* steck(e); *part.pt.* gesteckt
stehen *pres.* stehe, stehst, steht; *impf.* stand, stand(e)st; *cong.* stände (stünde); *imp.* steh(e); *part.pt.* gestanden
stehlen *pres.* stehle, stiehlst, stiehlt; *impf.* stahl; *cong.* stähle; *imp.* stiehl; *part.pt.* gestohlen
steigen *pres.* steige, steigst, steigt; *impf.* stieg, stiegst; *cong.* stiege; *imp.* steig(e); *part.pt.* gestiegen
sterben *pres.* sterbe, stirbst, stirbt; *impf.* starb; *cong.* stürbe; *imp.* stirb; *part.pt.* gestorben
stinken *pres.* stinke, stinkst, stinkt; *impf.* stank, stankst; *cong.* stänke; *imp.* stink(e); *part.pt.* gestunken
stoßen *pres.* stoße, stößt, stößt; *impf.* stieß, stießest; *cong.* stieße; *imp.* stoß(e); *part.pt.* gestoßen
streichen *pres.* streiche, streichst, streicht; *impf.* strich, strichst; *cong.* striche; *imp.* streich(e); *part.pt.* gestrichen
streiten *pres.* streite, streitest, streitet; *impf.* stritt, stritt(e)st; *cong.* stritte; *imp.* streit(e); *part.pt.* gestritten
tragen *pres.* trage, trägst, trägt; *impf.* trug; *cong.* trüge; *imp.* trag(e); *part.pt.* getragen
treffen *pres.* treffe, triffst, trifft; *impf.* traf, trafst; *cong.* träfe; *imp.* triff; *part.pt.* getroffen
treiben *pres.* treibe, treibst, treibt; *impf.* trieb; *cong.* triebe; *imp.* treib(e); *part.pt.* getrieben
treten *pres.* trete, trittst, tritt; *impf.* trat, trat(e)st; *cong.* träte; *imp.* tritt; *part.pt.* getreten
trinken *pres.* trinke, trinkst, trinkt; *impf.* trank, trankst; *cong.* tränke; *imp.* trink(e); *part.pt.* getrunken
trügen *pres.* trüge, trügst, trügt; *impf.* trog, trogst; *cong.* tröge; *imp.* trüg(e); *part.pt.* getrogen
tun *pres.* tue, tust, tut; tun; *impf.* tat, tat(e)st; *cong.* täte; *imp.* tu(e); *part.pt.* getan
verderben *pres.* verderbe, verdirbst, verdirbt; *impf.* verdarb; *cong.* verdürbe; *imp.* verdirb; *part.pt.* verdorben
verdrießen *pres.* verdrieße, verdrießt, verdrießt; *impf.* verdross, verdrossest; *cong.* verdrösse; *imp.* verdrieß(e); *part.pt.* verdrossen
vergessen *pres.* vergesse, vergisst, vergisst; *impf.* vergaß, vergaßest; *cong.* vergäße; *imp.* vergiss; *part.pt.* vergessen
verlieren *pres.* verliere, verlierst, verliert; *impf.* verlor; *cong.* verlöre; *imp.* verlier(e); *part.pt.* verloren
verschleißen *pres.* verschleiße, verschleißt (verschleißest), verschleißt;

impf. verschliss, verschlissest; *cong.* verschlisse; *imp.* verschleiß(e); *part.pt.* verschlissen

wachsen *pres.* wachse, wächst, wächst; *impf.* wuchs, wuchsest; *cong.* wüchse; *imp.* wachs(e); *part.pt.* gewachsen

wägen *pres.* wäge, wägst, wägt; *impf.* wog (wägte); *cong.* wöge (wägte); *imp.* wäg(e); *part.pt.* gewogen (gewägt)

waschen *pres.* wasche, wäschst, wäscht; *impf.* wusch, wuschest; *cong.* wüsche; *imp.* wasch(e); *part.pt.* gewaschen

weichen *pres.* weiche, weichst, weicht; *impf.* wich, wichst; *cong.* wiche; *imp.* weich(e); *part.pt.* gewichen

weisen *pres.* weise, weist, weist; *impf.* wies, wiesest; *cong.* wiese; *imp.* weis (weise); *part.pt.* gewiesen

wenden *pres.* wende, wendest, wendet; *impf.* wandte (wendete); *cong.* wendete; *imp.* wende; *part.pt.* gewandt (gewendet)

werben *pres.* werbe, wirbst, wirbt; *impf.* warb; *cong.* würbe; *imp.* wirb; *part.pt.* geworben

werden *pres.* werde, wirst, wird; *impf.* wurde; *cong.* würde; *imp.* werde; *part.pt.* geworden (worden*)

werfen *pres.* werfe, wirfst, wirft; *impf.* warf, warfst; *cong.* würfe; *imp.* wirf; *part.pt.* geworfen

wiegen *pres.* wiege, wiegst, wiegt; *impf.* wog; *cong.* wöge; *imp.* wieg(e); *part.pt.* gewogen

winden *pres.* winde, windest, windet; *impf.* wand, wandest; *cong.* wände; *imp.* winde; *part.pt.* gewunden

wissen *pres.* weiß, weißt, weiß; wissen, wisst, wissen; *impf.* wusste; *cong.* wüsste; *imp.* wisse; *part.pt.* gewusst

wollen *pres.* will, willst, will; wollen; *impf.* wollte; *cong.* wollte; *imp.* wolle; *part.pt.* gewollt

wringen *pres.* wringe, wringst, wringt; *impf.* wrang; *cong.* wränge; *imp.* wring(e); *part.pt.* gewrungen

zeihen (ver~) *pres.* zeihe, zeihst, zeiht; *impf.* zieh, ziehst; *cong.* ziehe; *imp.* zeih(e); *part.pt.* geziehen

ziehen *pres.* ziehe, ziehst, zieht; *impf.* zog, zogst; *cong.* zöge; *imp.* zieh(e); *part.pt.* gezogen

zwingen *pres.* zwinge, zwingst, zwingt; *impf.* zwang, zwangst; *cong.* zwänge; *imp.* zwing(e); *part.pt.* gezwungen

---

*) Quando accompagnato dal *part.pt.* di altri verbi

La declinazione in tedesco

Il nominativo è il caso del soggetto: *der Mann hat Hunger* – l'uomo ha fame.
Il genitivo specifica l'appartenenza a qualcuno / qualcosa: *das ist die Tasche meiner Frau* – E' la borsa di mia moglie. Alcuni verbi e le seguenti preposizioni reggono il genitivo: *anstatt, außerhalb, diesseits, halber, infolge, inmitten, innerhalb, jenseits, kraft, längs, laut, mittels, oberhalb, seitens, trotz, um ... willen, ungeachtet, unterhalb, während, wegen, zugunsten.*
Il dativo specifica l'oggetto indiretto: *ich gebe es meiner Freundin* – lo do alla mia amica. Alcuni verbi e le seguenti preposizioni reggono il dativo: *aus, bei, entgegen, gegenüber, gemäß, mit, nach, seit, von, zu, zuliebe.*
L'accusativo specifica l'oggetto diretto: *er liebt seine Frau* – ama sua moglie, *sie liebt ihn* – lo ama. Le seguenti preposizioni reggono l'accusativo: *bis, durch, für, gegen, ohne, um, wider.*
Le preposizioni *an, auf, hinter, in, neben, über, unter, vor, zwischen* reggono il dativo se specificano uno stato in luogo, e reggono l'accusativo se specificano un moto a luogo: *ich stelle die Flasche auf den Tisch, die Flasche steht auf dem Tisch* – metto la bottiglia sul tavolo, la bottiglia è sul tavolo.
Le desinenze del plurale sono: **-** *die Mädchen*, **¨** *die Mütter*, **-e** *die Stifte*, **¨e** *die Bäume*, **-en** *die Frauen*, **-er** *die Bilder*, **¨er** *die Bücher*, **-n** *die Boten*, **-nen** *die Lehrerinnen*, **-s** *die Radios*, **-se** *die Busse.*
Sostantivi al dativo plurale che già terminano in **-n**, non aggiungono più la **-n** del dativo plurale (*der Garten, den Gärten*).
Sostantivi, che formano il plurale in **-s**, non prendono la **-n**. Sostantivi maschili e neutri monosillabici e se terminano in **-ld**, **-lg**, **-nd**, **-s** o **-z** formano il genitivo con **-es** (*das Haus, des Hauses*). Quando il sostantivo rimane invariato al genitivo singolare, si trova, nel vocabolario, il segno (-). Anche quando non esiste una desinenza per il plurale si trova il segno (-).

1. L'articolo determinato

	maschile	**femminile**	**neutro**	**plurale**
Nominativo	der Mann	die Frau	das Kind	die Leute
Genitivo	des Mannes	der Frau	des Kindes	der Leute
Dativo	dem Mann	der Frau	dem Kind	den Leuten
Accusativo	den Mann	die Frau	das Kind	die Leute

In modo analogo si declinano anche gli aggettivi dimostrativi, p. es. *dieser* questo:

	maschile	**femminile**	**neutro**	**plurale**
Nominativo	dieser Mann	diese Frau	dies(es) Kind	diese Leute
Genitivo	dieses Mannes	dieser Frau	dieses Kindes	dieser Leute
Dativo	diesem Mann	dieser Frau	diesem Kind	diesen Leuten
Accusativo	diesen Mann	diese Frau	dies(es) Kind	diese Leute

L'articolo determinativo può essere usato anche come pronome dimostrativo; in tal caso viene accentuato.

Le indicazioni (*-en*) o (*-n*) per i sostantivi maschili si riferiscono alla declinazione „n“, secondo la quale al sostantivo si applica sempre la desinenza **-(e)n**, eccetto al nominativo singolare:

	singolare	**plurale**
Nominativo	der Student	die Stundenten
Genitivo	des Studenten	der Stundenten
Dativo	dem Studenten	den Stundenten
Accusativo	den Studenten	die Stundenten

2. L’articolo indeterminato

	maschile	**femminile**	**neutro**
Nominativo	ein Mann	eine Frau	ein Kind
Genitivo	eines Mannes	einer Frau	eines Kindes
Dativo	einem Mann	einer Frau	einem Kind
Accusativo	einen Mann	eine Frau	ein Kind

Ugualmente si declinano anche i pronomi possessivi *mein, dein, sein, ihr, unser, euer* e la negazione *kein*: *mein Mann, keines Mannes* ecc.

3. L’aggettivo dopo l’articolo determinato

	maschile	**femminile**	**neutro**	**plurale**
Nominativo	der alte Mann	die große Frau	das kleine Kind	die alten Leute
Genitivo	des alten Mannes	der großen Frau	des kleinen Kindes	der alten Leute
Dativo	dem alten Mann	der großen Frau	dem kleinen Kind	den alten Leuten
Accusativo	den alten Mann	die große Frau	das kleine Kind	die alten Leute

Ugualmente anche dopo *dieser, jener, welcher, mancher, solcher* e, al plurale, dopo *alle, keine; meine, deine, seine, ihre, unsere, eure, ihre; irgendwelche, sämtliche*: *dieser alte Mann, alle alten Leute* ecc.

4. L'aggettivo dopo l'articolo indeterminato

	maschile	femminile	neutro
Nominativo	ein alter Mann	eine große Frau	ein kleines Kind
Genitivo	eines alten Mannes	einer großen Frau	eines kleinen Kindes
Dativo	einem alten Mann	einer großen Frau	einem kleinen Kind
Accusativo	einen alten Mann	eine große Frau	ein kleines Kind

Ugualmente dopo *kein, mein, dein, sein, ihr, unser, euer, ihr; folgend*: *mein alter Freund, keinen alten Mann* ecc.

5. L'aggettivo senza articolo

	maschile	femminile	neutro	plurale
Nominativo	alter Wein	lange Zeit	frisches Brot	alte Leute
Genitivo	alten Weines	langer Zeit	frischen Brotes	alter Leute
Dativo	altem Wein	langer Zeit	frischem Brot	alten Leuten
Accusativo	alten Wein	lange Zeit	frisches Brot	alte Leute

Ugualmente anche dopo *manch, solch, welch* e, nel plurale, dopo *andere, einige, etliche, mehrere, verschiedene, viele, wenige, folgende*: *manch guter Wein, viele liebe Leute.*

Aggettivi possono essere usati come sostantivi. Anche in tal caso si declinano come aggettivi:
Angestellte *m/f = der Angestellte, die Angestellte, ein Angestellter, dem Angestellten* ecc.
Gute *n = das Gute, ein Gutes* ecc.

6. I gradi di comparazione dell'aggettivo

positivo	comparativo	superlativo
schnell	schneller	schnellst
		avverbiale: am schnellsten

Forme molto irregolari del comparativo e del superlativo vengono indicate nel vocabolario. Aggettivi monosillabici formano nella maggior parte dei casi il comparativo e il superlativo con l'Umlaut: *groß, größer, am größten.* Mentre il superlativo formato con *am ...sten* non si declina, gli aggettivi attributivi si declinano come sopra: *der größere Mann, dem jüngsten Kind, ein älterer Herr* ecc.
Aggettivi che terminano in **-el**, **-en** e **-er** perdono una **-e-** se declinati, p.es.: *dunkel, dunkler*.

7. Il pronome personale

Nominativo *in italiano*	**Nominativo**	**Genitivo**	**Dativo**	**Accusativo**
io	ich	meiner	mir	mich
tu	du	deiner	dir	dich
lui	er	seiner	ihm	ihn
lei	sie	ihrer	ihr	sie
–	es	seiner	ihm	es
noi	wir	unser	uns	uns
voi	ihr	euer	euch	euch
loro	sie	ihrer	ihnen	sie
Lei, Voi	Sie	Ihrer	Ihnen	Sie
interrogativo per persone	wer?	wessen?	wem?	wen?
interrogativo per cose	was?	wessen?	–	was?

8. Il pronome relativo

	maschile	**femminile**	**neutro**	**plurale**
Nominativo	der Mann, der ...	die Frau, die ...	das Kind, das ...	die Leute, die ...
Genitivo	der Mann, dessen ...	die Frau, deren ...	das Kind, dessen ...	die Leute, deren ...
Dativo	der Mann, dem ...	die Frau, der ...	das Kind, dem ...	die Leute, denen ...
Accusativo	der Mann, den ...	die Frau, die ...	das Kind, das ...	die Leute, die ...

9. Il pronome riflessivo

Accusativo	**Dativo**
ich freue mich	ich kaufe mir etwas
du freust dich	du kaufst dir etwas
Sie freuen sich	Sie kaufen sich etwas
er/sie/es freut sich	er/sie/es kauft sich etwas
wir freuen uns	wir kaufen uns etwas
ihr freut euch	ihr kauft euch etwas
Sie freuen sich	Sie kaufen sich etwas
sie freuen sich	sie kaufen sich etwas

Buchstabieralphabet
Alfabeto telefonico

Ancona	[a]	**A, a**	[aː]	Anton, (CH) Anna
Bologna	[bi]	**B, b**	[beː]	Berta
Como	[tʃi]	**C, c**	[tseː]	Cäsar
Domodossola	[di]	**D, d**	[deː]	Dora, (CH) Daniel
Empoli	[e]	**E, e**	[eː]	Emil
Firenze	['ɛffe]	**F, f**	[ɛf]	Friedrich
Genova	[dʒi]	**G, g**	[geː]	Gustav
hotel	['akka]	**H, h**	[haː]	Heinrich
Imola	[i]	**I, i**	[iː]	Ida
i lunga, jolly	[i l'unga]	**J, j**	[jɔt]	Julius, (CH) Jakob
Kuwait	['kappa]	**K, k**	[kaː]	Kaufmann, (CH) Kaiser
Livorno	['ɛlle]	**L, l**	[ɛl]	Ludwig, (CH) Leopold
Milano	['ɛmme]	**M, m**	[ɛm]	Martha, (CH) Marie
Napoli	['ɛnne]	**N, n**	[ɛn]	Nordpol, (CH) Niklaus, (A) Norbert
Otranto	[ɔ]	**O, o**	[oː]	Otto
Padova	[pi]	**P, p**	[peː]	Paula, (CH) Peter
quadro	[ku]	**Q, q**	[kuː]	Quelle
Roma	['ɛrre]	**R, r**	[ɛr]	Richard, (CH) Rosa
Savona	['ɛsse]	**S, s**	[ɛs]	Samuel, (CH) Sophie, (A) Siegfried
Torino	[ti]	**T, t**	[teː]	Theodor
Udine	[u]	**U, u**	[uː]	Ulrich
Venezia	[vu, vi]	**V, v**	[fau]	Viktor
Washington	[vu doppia]	**W, w**	[veː]	Wilhelm
xilofono	[iks]	**X, x**	[iks]	Xanthippe, (CH), Xaver
yacht	['ipsilon]	**Y, y**	['ʏpsilɔn]	Ypsilon, (CH) Yverdon
Zara	['dzɛːta]	**Z, z**	[tsɛt]	Zacharias, (CH) Zürich
Esempio: *A come Ancona*		**Ä, ä**	[ɛː]	Ärger
Beispiel: *O wie Otto*		**Ö, ö**	[øː]	Ökonom, (A) Österreich
		Ü, ü	[yː]	Übermut, (A) Übel
		ß	[ɛs'tsɛt]	–

Geschäftskorrespondenz
Corrispondenza commerciale

Die Briefbestandteile

1. Datum

Ortsangabe und Datum stehen in der Regel oben rechts und bilden einen einheitlichen Abschluss mit dem rechten äußeren Briefrand. Die Italiener schreiben den Monat meist aus, wie im Deutschen folgt ein Komma auf den Ortsnamen. Nach dem Tag muss kein Punkt folgen. Für das Datum sind mehrere Schreibweisen möglich:

Monaco, 15 giugno 2006 oder *Monaco, 15.06.06* oder *Monaco, 15/06/06*

2. Anschrift des Empfängers

Die Anschrift des Empfängers steht links im oberen Viertel des Briefbogens. Auf die in Italien gebräuchliche höfliche Bezeichnung des Empfängers (*Gent.*, *Egr.*, bei Firmen *Spett.* – d. h. *Gentile*, *Egregio* oder *Egregia*, *Spettabile*) folgen der Name der Person oder Firma und die Straße mit der Hausnummer, die durch ein Komma abgetrennt wird.
Die Postleitzahl (*Codice di Avviamento Postale, CAP*) ist fünfstellig; die letzten beiden Ziffern beziehen sich bei Provinzhauptstädten auf den Stadtteil und bei kleineren Städten auf den Zustellungsbereich. Um Irrtümer zu vermeiden, wird die entsprechende Provinz hinzugefügt, z. B. *Jesolo* (*VE*) (s. S. 566).

a) an Einzelpersonen:

Egregio Sig.
Michele Rossi
Via Buonarroti, 35
20149 Milano (*MI*)

oder

Gent.ssima Sig.ra
Marina Freni
Corso Vittorio Emanuele, 138
20052 Monza (*Milano*)

b) an Firmen:

Spett.le
LAMON S.p.A.
Via dei Clerici, 4/6
00181 Roma (*RM*)

oder

Spett. Ditta
M.C.M. Industria Tessile
Via XXV Aprile, 57
35031 Abano Terme (*PD*)

Ist der Brief an eine bestimmte Person gerichtet, steht unter der Anschrift:
Alla cortese attenzione del Sig. Bianchi oder *c.a. Sig. Bianchi*

Ist der Brief an verschiedene Personen gerichtet, schreibt man:

per conoscenza
Spett SAR Assicurazioni
Piazza Mazzini, 96
40124 Bologna (*BO*)

e p.c.
Dott. Mario Bianchi
Via Matteotti, 5
20017 Rho (*MI*)

oder man verbindet die verschiedenen Adressen auf gleicher Höhe mit diesem Vermerk.
Handelt es sich um einen vertraulichen oder persönlichen Brief, kennzeichnet man ihn mit
(*lettera*) *confidenziale* bzw. (*lettera*) *personale*

3. Bezugszeichen und Betreffzeile

In italienischen Geschäftsbriefen stehen die Bezugszeichen entweder zwischen Anschrift und Anrede oder unter dem Datum.
Prot. N° ... Vs. rif. ... ns. rif. ...
Da citare nella risposta ...

Die Betreffzeile steht vor der Anrede und fasst den Inhalt des Briefes zusammen.
Beispiel:
oggetto: invio documenti relativi all'offerta

4. Anrede

Wie in der deutschen Geschäftskorrespondenz werden auch in Italien Briefe an Firmen häufig ohne die einleitende Anrede „*Gentili Signori*“ oder „*Egregi Signori*“ geschrieben; man trifft sie jedoch vielfach noch an. An Einzelpersonen richtet man die Anrede:

Gentile Signora	*Egregio Avvocato*
Egregio Signore	*Egregio Dottor Bianchi*

Kennt man sich gut, kann „*Caro Signore*“, „*Caro dottore*“ usw. den Brief einleiten. Ab und zu trifft man auch auf die Anrede „*Egregio Commendatore*“ und „*Egregio Cavaliere*“, wobei es sich um Ehrentitel handelt.

Die höfliche Anrede „Sie“ im Brieftext wird ausgedrückt durch:
a) *Lei* + Verb in der 3. Person Singular, wenn es sich um eine einzelne Person handelt
b) *Voi* + Verb in der 2. Person Plural (oder selten *Loro* + Verb in der 3. Person Plural), wenn es sich um mehrere Personen handelt.

Die Personalpronomen *Lei*, *Voi* und *Loro* können groß- und kleingeschrieben werden. Jedoch trifft man im geschäftlichen Briefwechsel meist die Großschreibung an.

5. Brieftext

Der italienische Brief beginnt mit einem Großbuchstaben, obwohl nach der einleitenden Anrede ein Komma steht. Der Aufbau eines Briefes entspricht dem deutschen.
Beim Brief ist besonders auf die richtige Verteilung des verfügbaren Raumes und auf die Einteilung des Textes in einzelne Abschnitte für jedes neue Thema zu achten. Gleichmäßiger Rand, richtige Trennungen, sowie genügend Raum für Schlussformel und Unterschrift sind im Auge zu behalten. Man vermeide, dass der Text des Briefes die ganze Seite füllt und nur die Schlussformel auf die nächste Seite kommt.

6. Schlussformel

Die Höflichkeitsformel sind kürzer und nüchterner geworden; meist werden sie in den Schlusssatz mit einbezogen.

Üblicherweise schreibt man:

Con i nostri migliori saluti	*Distinti saluti*
Distintamente Vi salutiamo	*Distintamente*

In Briefen an Behörden, Bittschriften und Gesuchen schließt man mit:

Con osservanza	*Con ossequi*

7. Unterschrift

Die Unterschrift steht unter dem Firmennamen, der generell noch mit dem rechten Rand abschließt oder in die Mitte unter den Brieftext rückt. Die Vornamen sollten ausgeschrieben werden. Häufig erfolgt auch die Bezeichnung der ausgeübten Stelle: *il Direttore* oder *il Responsabile.*

Ein Prokurist zeichnet in Prokura: *p.pa* bzw. *p.p.* bzw. *ppa* (*per procura*). Angestellte können im Auftrag zeichnen: *p.* oder *p.o.* (*per ordine*).

8. Anlagen

Fügt man dem Brief etwas bei, so vermerkt man dies am Ende kurz durch einfache Angabe oder durch eine nähere Beschreibung:
allegati N° 4 oder *all.: listino prezzi*

Eine Nachschrift sollte man möglichst vermeiden. Wenn man sie dennoch benötigt, leitet man sie mit P.S. (post scriptum) ein.

Le parti della lettera

1. Data

Luogo e data si scrivono normalmente con 8 cifre: 6 cifre per la data (due per giorno/mese/anno) divise da due punti:
14.07.06

Il mese si può scrivere anche per intero, dopo il giorno rimane sempre il punto:
14. Juli 2006

Il luogo si può collegare alla data con una virgola:
Köln, den 14. Juli 2006 oder *Köln, 14.07.06*

2. Indirizzo del destinatario

L'indirizzo può avere al massimo 9 righe, perché questo è lo spazio dato dalla finestrella delle buste.

a) Nelle prime due righe si può trovare il tipo di lettera che si manda, la forma di spedizione o il tipo di disposizione (per esempio: *Drucksache*, *Einschreiben*, *Nicht nachsenden*, *Warensendung*, *Eilzustellung*, *Luftpost* ecc.).

b) Il destinatario, se è una persona, deve essere accompagnato da un'introduzione (*Herrn*, *Frau*) e, eventualmente, dalla professione. L'introduzione *Fräulein* (signorina) non si usa più, al suo posto si trova sempre *Frau*. Gradi accademici si trovano prima del nome:

Herrn *Hans Meier*	*Frau Hanna Maier* *Präsidentin des Verbundes der ...*
Herrn Rechtsanwalt *Peter Schwarz*	*Frau* *Dr. Hanna Braun*

Negli indirizzi di ditte, industrie ecc. viene tralasciata la parola „*Firma*" quando questa è riconoscibile dal nome del destinatario stesso:
Fritz Bauer GmbH oppure *Firma*
Fritz Bauer

c) Seguono la casella postale, o la via e il numero:
Postfach 12 34 56 oppure *Neusser Straße 557*

d) Il codice postale (*Postleitzahl*) e la città di destinazione:
80779 München

Prima del nome della persona all'interno di una ditta a cui viene mandata una lettera, si aggiunge: *z. Hd.* (*zu Händen*):
z. Hd. Frau Maier

e) Se la lettera viene mandata per conoscenza a qualcuno, si aggiunge all'indirizzo:
z. K. (*zur Kenntnis*): *z. K. Frau Maier*
Se la lettera è confidenziale, si aggiunge all'indirizzo *vertraulich* oppure *persönlich*.

3. Riferimento e oggetto

Il riferimento e l'oggetto vengono normalmente introdotti da alcune formule:
Ihr Zeichen: ... *Ihre Nachricht vom ...*
Unser Zeichen: ... *Unsere Nachricht vom ...*

La riga per l'oggetto contiene una brevissimo riassunto o titolo del contenuto della lettera:
Ihr Auftrag Nr. 123 vom 03.02.06

4. Introduzione

Tra l'oggetto e l'introduzione si lasciano due righe e tra l'introduzione ed il testo della lettera una riga. Se non si conosce il nome del destinatario si scrive:
Sehr geehrte Damen und Herren,

Se si conosce il nome invece:
Sehr geehrte Frau Maier, *Sehr geehrter Herr Maier,*

L'introduzione si conclude sempre con una virgola, la parola che segue comincia quindi con una minuscola.

5. Corpo della lettera

Il corpo della lettera è composto normalmente da introduzione, parte principale e conclusione.
Tra l'introduzione ed il testo della lettera e tra il testo della lettera e la conclusione si lascia una riga. Anche i paragrafi componenti il testo della lettera si separano con una riga.

6. Conclusione

Tipiche conclusioni sono:
Mit freundlichem Gruß *Freundliche Grüße*
Mit freundlichen Grüßen
La conclusione *Hochachtungsvoll* (con ossequi) si trova ancora solo in lettere molto ufficiali.

7. Firma

La firma si trova normalmente sotto la conclusione, il nome della ditta e, eventualmente, la carica del sottoscrivente.
Se si firma in procura, si scrive prima della firma:
ppa. (*per procura*).
Se si firma per ordine, si scrive prima della firma:
i. A. (*im Auftrag*).
Se si firma in sostituzione di qualcuno, si scrive prima della firma:
i. V. (*in Vertretung*).

8. Allegati

Un rimando a eventuali allegati si trova alla fine della lettera in basso a sinistra, per esempio:
Mit freundlichen Grüßen

ppa. ....
Petra Maier

Anlagen
1 Preisliste
1 Prospekt

Formulierungshilfen
Modelli di frasi

1. In riferimento a lettere o colloqui precedenti	1. Bezug auf vorausgegangene Schreiben oder Gespräche
Con riferimento alla Vostra circolare del 04/03/06	Unter Bezugnahme auf Ihr Rundschreiben vom 04.03.06
Mi riferisco alla pregiata Vostra del 04/03/06	Bezug nehmend auf Ihr geschätztes Schreiben vom 04.03.06
Riferendoci alla Vostra del 12 corr., Vi ringraziamo per la fiducia accordataci.	Wir nehmen Bezug auf Ihr Schreiben vom 12. d. M. und danken Ihnen für das uns erwiesene Vertrauen.
Riscontriamo la pregiata Vs. dell'8 c.m. con la quale	In Beantwortung Ihres geschätzten Briefes vom 8. d. M., mit dem Sie ...
Abbiamo ricevuto la Vostra cortese lettera ...	Wir haben Ihren freundlichen Brief erhalten ...
In risposta alla gradita Vostra del ...	Unter Beantwortung Ihres geschätzten Briefes vom ...
In conformità di quanto comunicato Vi con la ns. del ...	Gemäß unserem Schreiben vom ...
Facendo seguito al colloquio avuto con il Dott. Rossi ...	Wir beziehen uns auf unser Gespräch mit Herrn Dr. Rossi ...
In riferimento al fax del 15 c.m. ...	Wir beziehen uns auf das Fax vom 15. d. M. ...
A conferma della ns. comunicazione telefonica con il Sig. Rossi del 04/02/06	Wir bestätigen unser Telefongespräch mit Herrn Rossi vom 04.02.06
Facciamo seguito al Vs. e-mail del ...	Wir beziehen uns auf Ihre E-Mail vom ...
Confermiamo quanto Vi abbiamo comunicato telefonicamente ...	Wir bestätigen unser Telefongespräch ...
Ci pregiamo farLe presente che ...	Gern teilen wir Ihnen mit, dass ...

2. In riferimento alla spedizione di merci	2. Betreffend Warenversand
Abbiamo appreso che avete ottenuto ...	Wir erfuhren, dass Sie ... erhalten haben
Vi informiamo che ci è pervenuta la merce ...	Wir teilen Ihnen mit, dass wir die Ware erhalten haben ...
Ci pregiamo spedirVi ...	Wir freuen uns, Ihnen ... schicken zu können
Vi saremmo grati se vorrete cortesemente fornirci ...	Wir wären Ihnen dankbar, wenn Sie uns ... liefern könnten
Riceviamo in data odierna l'ordine conferitoci ...	Wir erhalten zum heutigen Datum Ihre Bestellung ...
Attenendoci alle Vs. istruzioni, abbiamo ...	Gemäß Ihren Anweisungen haben wir ...
Favorite spedirci con cortese urgenza ...	Wir bitten Sie, uns schnellstmöglich ... zu schicken

Gradiremmo sapere se foste in grado di ...	Wir bitten um Bescheid, ob es Ihnen möglich ist ...
Purtroppo non possiamo spedirVi ... per la data da Voi desiderata.	Leider können wir Ihnen ... zum gewünschten Zeitpunkt nicht liefern.

3. Sollecitazione, rammarico, scusa, preghiera / 3. Mahnung, Bedauern, Entschuldigung, Bitten

Vi invitiamo a comunicarci se ...	Wir bitten Sie um Mitteilung, ob ...
Vi facciamo rilevare che ...	Wir möchten Sie darauf hinweisen, dass ...
Ci permettiamo ricordarVi che ...	Wir erlauben uns, Sie daran zu erinnern, dass ...
Siamo privi a tutt'oggi di una risposta alla ns. del 02/02/06	Auf unser Schreiben vom 02.02.06 haben wir bis heute keine Antwort erhalten
Non ci è ancora pervenuta una Vs. risposta alla ns. lettera del 12 c.m. ...	Wir haben noch keine Antwort auf unser Schreiben vom 12. d. M. ...
Da un esame della ns. contabilità risulta che ...	Aus einer Prüfung durch unsere Buchhaltung ergibt sich, dass ...
Con nostro vivo rincrescimento dobbiamo rilevare che ...	Zu unserem großen Bedauern müssen wir feststellen, dass ...
Vi comunichiamo che ...	Wir teilen Ihnen mit, dass ...
Dobbiamo notare con vivo disappunto che ...	Mit großem Bedauern müssen wir feststellen, dass ...
Vi preghiamo di scusarci per la spedizione ritardata, ma ...	Wir bitten den verspäteten Versand zu entschuldigen, aber ...
Ci rincresce informarVi che ...	Es tut uns Leid, Ihnen mitteilen zu müssen, dass ...
Nel ringraziarVi per la Vs. pazienza e scusandoci nuovamente per l'inconveniente, restiamo a Vs. intera disposizione.	Wir danken Ihnen für Ihre Geduld und bitten Sie nochmal, die Unannehmlichkeiten zu entschuldigen. Wir stehen jederzeit zu Ihrer Verfügung.
Vi saremmo grati di ricevere conferma dell'avvenuto pagamento.	Wir wären Ihnen dankbar, wenn Sie uns den Eingang der Bezahlung bestätigen würden.
Ci auguriamo ricevere cenno di riscontro.	Wir wären Ihnen dankbar, wenn Sie sich melden würden.
Vi invitiamo pertanto a volerci comunicare con cortese urgenza se ...	Wir bitten Sie deshalb höflich, uns schnellstmöglich mitzuteilen, ob ...

4. Pagamenti / 4. Zahlungen

L'importo d.f. è di Euro ..., pagamento metà D/P, metà a mezzo assegno bancario a 3 mesi	Die zu zahlende Summe beträgt ... Euro. 50% Dokumente gegen Kasse, 50% durch Scheck, nach drei Monaten
Evaderemo immediatamente l'ordine a pagamento avvenuto a mezzo versamento bancario (c.c. 1234/56 Banca Commerciale).	Wir werden den Auftrag erledigen nach Eingang der Zahlung durch Banküberweisung (Girokonto 1234/56 Banca Commerciale)

Le ns. condizioni di pagamento sono netto a 30 gg., sconto del 2% per pagamento entro 10 gg. d.f.	Unsere Zahlungsbedingungen sind netto in 30 Tagen und 2% Skonto auf Zahlung innerhalb von 10 Tagen ab Rechnungsdatum.
... si intende a carico del destinatario	... geht zu Lasten des Empfängers
... sarà franco, mentre ... sarà a carico Vostro	... ist frei, während ... zu Ihren Lasten geht
... è fatturato a costo	... ist berechnet zum Selbstkostenpreis
... è pagabile con due cambiali	... ist zahlbar durch zwei Bankwechsel
La ns. partita IVA è ...	Unsere MWSt.-Nummer ist ...

5. Allegati / 5. Anlagen

Allegato alla presente Vi rimettiamo ...	Beiliegend übersenden wir Ihnen *oppure* Als Anlage übersenden wir Ihnen
Alleghiamo alla presente la relativa fattura di Euro ...	Wir fügen dem Schreiben eine Rechnung über ... Euro bei
Invieremo con posta separata tutti gli altri documenti.	Wir schicken die weiteren Dokumente mit getrennter Post.

6. Conclusioni / 6. Schlussformeln

Distinti saluti	Mit freundlichen Grüßen
Cordiali saluti	Mit herzlichen Grüßen
Vi porgiamo i ns. migliori saluti	Wir grüßen Sie bestens
Cordialmente La salutiamo *oder* La salutiamo distintamente	Wir grüßen Sie herzlich
Nella fiducia di ..., Vi preghiamo di gradire i ns. migliori saluti	In der Hoffnung auf ... verbleiben wir mit freundlichen Grüßen
Con i nostri migliori saluti *oder* Vi preghiamo di gradire distinti saluti	Mit den besten Grüßen
... e cogliamo l'occasione per porgere i ns. migliori saluti	... und verbleiben mit besten Grüßen
Restiamo in attesa di Vs. notizie e distintamente Vi salutiamo.	Wir verbleiben in Erwartung Ihrer Nachricht und grüßen Sie bestens.
Nella fiducia di ricevere Vs. immediato riscontro, Vi preghiamo di gradire i ns. migliori saluti.	In Erwartung Ihrer baldigen Antwort verbleiben wir mit besten Grüßen.
Rimaniamo a Vs. completa disposizione per ogni chiarimento.	Für Fragen stehen wir gerne zu Ihrer Verfügung.

Vermerke auf Briefen und Briefumschlägen
Note su lettere e buste

Rifiutato dal destinatario	Annahme verweigert
Prego inoltrare oder *Far proseguire*	Bitte nachsenden
Stampati oder *Stampe*	Drucksache
Espresso	Eilboten
urgente	Eilt
Raccomandata	Einschreiben
Destinatario sconosciuto	Empfänger unbekannt
Destinatario trasferito	Empfänger verzogen
Documenti d'affari	Geschäftsdokumente
Per via aerea	Luftpost
Contrassegno	Nachnahme
Lettera personale	Persönlich
Fermo posta	Postlagernd
Campione senza valore	Warenmuster
Valore dichiarato	Wertangabe
Rispedire al mittente	Zurück an Absender
Lettera confidenziale	Vertraulich
Sollecito di pagamento	Mahnung

Zahlwörter – Numerali

Grundzahlen – Numeri cardinali

0 zero *null*
1 uno *eins*
2 due *zwei*
3 tre *drei*
4 quattro *vier*
5 cinque *fünf*
6 sei *sechs*
7 sette *sieben*
8 otto *acht*
9 nove *neun*
10 dieci *zehn*
11 undici *elf*
12 dodici *zwölf*
13 tredici *dreizehn*
14 quattordici *vierzehn*
15 quindici *fünfzehn*
16 sedici *sechzehn*
17 diciassette *siebzehn*
18 diciotto *achtzehn*
19 diciannove *neunzehn*
20 venti *zwanzig*
21 ventuno *einundzwanzig*
22 ventidue *zweiundzwanzig*
23 ventitre *dreiundzwanzig*
28 ventotto *achtundzwanzig*
29 ventinove *neunundzwanzig*
30 trenta *dreißig*
31 trentuno *einunddreißig*
32 trentadue *zweiunddreißig*
33 trentatre *dreiunddreißig*
38 trentotto *achtunddreißig*
39 trentanove *neununddreißig*
40 quaranta *vierzig*
41 quarantuno *einundvierzig*
42 quarantadue *zweiundvierzig*
50 cinquanta *fünfzig*
60 sessanta *sechzig*
70 settanta *siebzig*
80 ottanta *achtzig*
90 novanta *neunzig*
100 cento *hundert*
101 cent(o)uno *hunderteins*
102 centodue *hundertzwei*
108 centotto *hundertacht*
109 centonove *hundertneun*
110 centodieci *hundertzehn*
111 centoundici *hundertelf*
120 centoventi *hundertzwanzig*
130 centotrenta *hundertdreißig*
200 duecento *zweihundert*
201 duecento uno *zweihundert(und)eins*
300 trecento *dreihundert*
400 quattrocento *vierhundert*
500 cinquecento *fünfhundert*
600 seicento *sechshundert*
700 settecento *siebenhundert*
800 ottocento *achthundert*
900 novecento *neunhundert*
1000 mille *tausend*
1001 mille (e) uno *tausendeins*
2000 duemila *zweitausend*
3000 tremila *dreitausend*
4000 quattromila *viertausend*
5000 cinquemila *fünftausend*
10 000 diecimila *zehntausend*
100 000 centomila *hunderttausend*
1 000 000 un milione *eine Million*
2 000 000 due milioni *zwei Millionen*

Ordnungszahlen – Numeri ordinali

1° il primo *der/das Erste/erste*
1ª la prima *die Erste/erste*
2° il secondo *zweite*
3° il terzo *dritte*
4° il quarto *vierte*
5° il quinto *fünfte*
6° il sesto *sechste*
7° il settimo *siebente*
8° l'ottavo *achte*
9° il nono *neunte*
10° il decimo *zehnte*
11° l'undicesimo *elfte*
12° il dodicesimo *zwölfte*
13° tredicesimo *dreizehnte*
14° quattordicesimo *vierzehnte*
15° quindicesimo *fünfzehnte*
16° sedicesimo *sechzehnte*
17° diciassettesimo *siebzehnte*
18° diciottesimo *achtzehnte*
19° diciannovesimo *neunzehnte*
20° ventesimo *zwanzigste*
21° ventunesimo *einundzwanzigste*

22° ventiduesimo *zweiundzwanzigste*
23° ventitreesimo *dreiundzwanzigste*
24° ventiquattresimo *vierundzwanzigste*
25° venticinquesimo *fünfundzwanzigste*
26° ventiseiesimo *sechsundzwanzigste*
27° ventisettesimo *siebenundzwanzigste*
28° ventottesimo *achtundzwanzigste*
29° ventinovesimo *neunundzwanzigste*
30° trentesimo *dreißigste*
40° quarantesimo *vierzigste*
50° cinquantesimo *fünfzigste*
60° sessantesimo *sechzigste*
70° settantesimo *siebzigste*
80° ottantesimo *achtzigste*
90° novantesimo *neunzigste*
100° centesimo *hundertste*
101° centunesimo *hunderterste*
102° centoduesimo *hundertzweite*
103° centotreesimo *hundertdritte*
200° duecentesimo *zweihundertste*
1000° millesimo *tausendste*
1001° millesimo primo *tausenderste*
2000° duemillesimo *zweitausendste*
100 000° centomillesimo *hunderttausendste*
1 000 000° milionesimo *millionste*

Bruchzahlen – Frazioni

$^1/_2$ un mezzo *ein halb*; la metà *die Hälfte*
$^1/_3$ un terzo *ein Drittel*
$^2/_3$ due terzi *zwei Drittel*
$^1/_4$ un quarto *ein Viertel*
$^3/_4$ tre quarti *drei Viertel*
$^1/_5$ un quinto *ein Fünftel*
$^1/_{10}$ un decimo *ein Zehntel*
$1^1/_2$ uno e mezzo *anderthalb*
$2^3/_4$ due e tre quarti *zwei drei Viertel*

Vervielfältigungszahlwörter – Numerali moltiplicativi

doppio *zweifach/doppelt*
triplo *dreifach*
quadruplo *vierfach*
quintuplo *fünffach*
sestuplo *sechsfach*
settuplo *siebenfach*
ottuplo *achtfach*
nonuplo *neunfach*
dieci volte maggiore (*od* tanto) *zehnfach*
undici volte maggiore (*od* tanto) *elffach*
centuplo *hundertfach*

Maße und Gewichte
Misure e pesi correnti

Misure lineari
Längenmaße

1 mm *millimetro* Millimeter
1 cm *centimetro* Zentimeter
1 dm *decimetro* Dezimeter
1 m *metro* Meter
1 km *chilometro* Kilometer
1 mn *miglio navale* Seemeile = 1852 m

Misure di capacità
Hohlmaße

1 cl *centilitro* Zentiliter
1 dl *decilitro* Deziliter
1 l *litro* Liter
1 hl *ettolitro* Hektoliter

Misure di superficie
Flächenmaße

1 mm^2 *millimetro quadrato* Quadratmillimeter
1 cm^2 *centimetro quadrato* Quadratzentimeter
1 dm^2 *decimetro quadrato* Quadratdezimeter
1 m^2 *metro quadrato* Quadratmeter
1 km^2 *chilometro quadrato* Quadratkilometer
1 a *ara* Ar
1 ha *ettaro* Hektar

Misure di volume
Raummaße

1 mm^3 *millimetro cubo* Kubikmillimeter
1 cm^3 *centimetro cubo* Kubikzentimeter
1 dm^3 *decimetro cubo* Kubikdezimeter
1 m^3 *metro cubo* Kubikmeter
1 TSL *tonnellata di stazza lorda* Bruttoregistertonne

Pesi
Gewichte

1 mg *milligrammo* Milligramm
1 g *grammo* Gramm
1 dag *decagrammo* Dekagramm
1 kg *chilogrammo* Kilogramm
1 q *quintale* Doppelzentner
1 t *tonnellata* Tonne

Notizen – Appunti

Notizen – Appunti

Notizen – Appunti